D1666115

BB

KOMMENTAR

Kommentar zum Markenrecht

Herausgegeben von

Dr. Detlef von Schultz, Hamburg

Bearbeitet von

Dr. Detlef von Schultz, Hamburg
Dr. Stephan Gruber, München
Dr. Stefan Schweyer, München
Dr. Marc Stuckel, Stuttgart
Dr. Matthias Brandi-Dohrn, München
Prof. Dr. Christian Donle, Berlin
Christian Hertz-Eichenrode, Hamburg
Dr. Ludwig von Zumbusch, München
Sebastian Eble, Hamburg

3., überarbeitete Auflage 2012

Deutscher Fachverlag GmbH
Fachmedien Recht

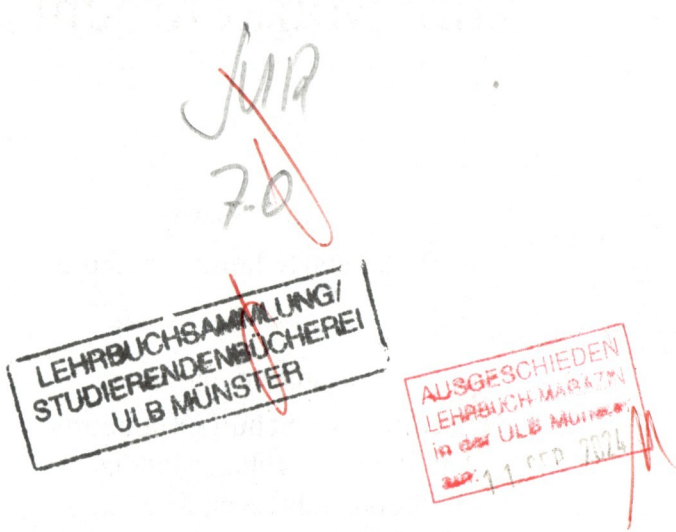

Bibliografische Information der Deutschen Nationalbibliothek

Die Deutsche Nationalbibliothek verzeichnet diese Publikation in der Deutschen Nationalbibliografie; detaillierte bibliografische Daten sind im Internet über http://dnb.d-nb.de abrufbar.

ISBN 978-3-8005-1507-3

Satzkonvertierung: Lichtsatz Michael Glaese GmbH, 69502 Hemsbach

Druck und Verarbeitung: Wilhelm & Adam, Werbe- und Verlagsdruck GmbH, 63150 Heusenstamm

Gedruckt auf säurefreiem, alterungsbeständigem Papier, hergestellt aus FSC-zertifiziertem Zellstoff

Printed in Germany

Vorwort zur 3. Auflage

Seit der Vorauflage (Redaktionsschluss 28.2.2006) hat sich das Markenrecht in vielen Detailfragen fortentwickelt. Diese berücksichtigt die vorliegende Neuauflage. Redaktionsschluss war der 30. September 2011. Teilweise konnte noch die während des Lektorats ergangene Spruchpraxis eingefügt werden.

Die vorliegende Auflage verfolgt wiederum das Ziel einer straffen Darstellung sämtlicher rechtlich erheblichen Gesichtspunkte unter Einbeziehung aller wesentlichen Entscheidungen aus der Rechtsprechung einschließlich der gemeinschaftsmarkenrechtlichen Spruchpraxis. Vereinzelt war jedoch eine Erweiterung des Umfangs der Kommentierungen unerlässlich.

Für die Kommentierung zeichnen diejenigen Autoren verantwortlich, die bereits in der zweiten Auflage kommentiert haben. Allen Autoren danke ich für ihre Sorgfalt. Herrn Rechtsreferendar Clemens Burgenmeister danke ich für seine Hilfe bei der Erstellung der Verzeichnisse. Und ein weiteres Mal danke ich meiner Frau und meiner Familie für ihre Geduld und Unterstützung.

Hamburg im Februar 2012   *Dr. Detlef von Schultz*

Vorwort zur 1. Auflage

Der vorliegende Kommentar zum Markengesetz geht auf eine Anregung von *Reinhold Trinkner* zurück, dem 1997 verstorbenen langjährigen Leiter der Redaktion Wirtschaftsrecht des Verlages Recht und Wirtschaft, Heidelberg. Seine Idee war es, einen möglichst praxisnahen Kommentar zu schaffen, der auf die Vertiefung von dogmatischen Streitigkeiten und rechtshistorische Betrachtungen verzichtet und dennoch dem Benutzer möglichst erschöpfende Hinweise zur Behandlung markenrechtlicher Fragen auf der Grundlage der aktuellen Rechtsprechung und des aktuellen Gesetzestexts gibt.

Die Erläuterungen basieren auf der seit dem 1.1.2002 gültigen Fassung des Markengesetzes einschließlich der zu diesem Datum in Kraft getretenen, umfangreichen Änderungen aufgrund des Kostenbereinigungsgesetzes.

Das Werk richtet sich in erster Linie an den Praktiker – auch an den, der nicht täglich mit markenrechtlichen Fragen befasst ist und einen leicht verständlichen Einstieg sucht. Den Erläuterungen vorangestellt ist ein Einführungsteil, der die wesentlichen Grundzüge des Markenrechts unter besonderer Berücksichtigung der verschiedenen Formen und der Systematik des Erwerbs des Markenschutzes zusammenfasst.

Ein besonderes Augenmerk liegt auf dem Gemeinschaftsmarkenrecht. Hierzu enthalten die Erläuterungen zum Markengesetz spezielle Anmerkungen zu den entsprechenden Regelungen der Gemeinschaftsmarkenverordnung und der dazu ergangenen Spruchpraxis.

Der vorliegende Kommentar ist ein Gemeinschaftswerk, das ausschließlich von Rechtsanwälten verfasst wurde. Mein besonderer Dank gilt meinen Mitautoren *Dr. Stephan Gruber* (§§ 5, 15, 97–106, 126–139), *Dr. Stefan Schweyer* ((§§ 14, 32–47), *Dr. Ludwig v. Zumbusch* (§§ 16–17, 125 a–h, 140–165), *Dr. Marc Stuckel* (§§ 20–26, 48–55), *Dr. Matthias Brandi-Dohrn* (§§ 27–31), *Dr. Christian Donle* (§§ 56–96) und *Christian Hertz-Eichenrode* (§§ 107–125). Herrn Rechtsreferendar *Sebastian Eble* danke ich für seine Mithilfe bei der Erstellung der Verzeichnisse.

Hamburg, im April 2002 *Dr. Detlef von Schultz*

Inhaltsverzeichnis

A. Einführung

B. Kommentierung zum Markengesetz

Teil 1
Anwendungsbereich

Teil 2
Voraussetzungen, Inhalt und Schranken des Schutzes von Marken und geschäftlichen Bezeichnungen; Übertragung und Lizenz

Abschnitt 1
Marken und geschäftliche Bezeichnungen; Vorrang und Zeitrang

Abschnitt 2
Voraussetzungen für den Schutz von Marken durch Eintragung

Abschnitt 3
Schutzinhalt; Rechtsverletzungen

Abschnitt 4
Schranken des Schutzes

Abschnitt 5
Marken als Gegenstand des Vermögens

Teil 3
Verfahren in Markenangelegenheiten

Abschnitt 1
Eintragungsverfahren

Abschnitt 2
Berichtigung; Teilung;
Schutzdauer und Verlängerung

Abschnitt 3
Verzicht, Verfall und Nichtigkeit;
Löschungsverfahren

Abschnitt 4
Allgemeine Vorschriften für das Verfahren
vor dem Patentamt

Abschnitt 5
Das Verfahren vor dem Patentgericht

Teil 4
Kollektivmarken

Teil 5
Schutz von Marken nach dem Madrider Markenabkommen und nach dem Protokoll zum Madrider Markenabkommen

Abschnitt 1
Schutz von Marken nach dem Madrider Markenabkommen

Abschnitt 2
Schutz von Marken nach dem Protokoll
zum Madrider Markenabkommen

Abschnitt 3
Gemeinschaftsmarken

Teil 6
Geografische Herkunftsangaben

Abschnitt 1
Schutz geografischer Herkunftsangaben

Abschnitt 2
Schutz von geografischen Angaben und Ursprungsbezeichnungen gemäß der Verordnung (EG) Nr. 510/2006

Abschnitt 3
Ermächtigungen zum Erlass von Rechtsverordnungen

Teil 7
Verfahren in Kennzeichenstreitsachen

Teil 8
Straf- und Bußgeldvorschriften; Beschlagnahme bei der Einfuhr und Ausfuhr

Abschnitt 1
Straf- und Bußgeldvorschriften

Abschnitt 2
Beschlagnahme von Waren bei der Einfuhr und Ausfuhr

Teil 9
Übergangsvorschriften

Anhang
Gesetze und Materialien

Abkürzungsverzeichnis und Verzeichnis der abgekürzt zitierten Literatur

a.	auch
a.a.O.	am angegebenen Ort
a.A.	anderer Ansicht
a.F.	alte(r) Fassung
ABl.	Amtsblatt
ABl. HABM	Amtsblatt Harmonisierungsamt für den Binnenmarkt
Abs.	Absatz
Abschn.	Abschnitt
AdÜ	Aussetzung der Überlassung
AEUV	Vertrag über die Arbeitsweise der Europäischen Union (Lissabon Vertrag)
AfP	Archiv für Presserecht (Jahr und Seite)
AG	Amtsgericht
AktG	Aktiengesetz
allg. Ans.	allgemeine Ansicht
Alt.	Alternative
a.M.	anderer Meinung
AMG	Gesetz über den Verkehr mit Arzneimitteln (Arzneimittelgesetz)
amtl. Begr.	amtl. Begründung
Anh.	Anhang
Anm.	Anmerkung
AO	Anordnung
Art.	Artikel
Aufl.	Auflage
Bappert/Maunz/ Schricker	Bappert/Maunz/Schricker, Verlagsrecht, Kommentar, 2. Auflage 1984
Baumbach/Lauterbach/ Albers/Hartmann	Baumbach/Lauterbach/Albers/Hartmann, Zivilprozessordnung, Kommentar, 70. Auflage 2011
BB	Betriebs-Berater (Jahr und Seite)
BeckRS	Rechtsprechungssammlung des Beck-Verlages *(www.beck-online.de)* (Jahr und Kennnummer)
BeitrittsG	Gesetz über den Beitritt des Reiches zu dem Madrider Abkommen über die internationale Registrierung von Fabrik- oder Handelsmarken v. 12.7.1922
Benkard-(Bearbeiter)	Benkard, Patentgesetz und Gebrauchsmustergesetz, Kommentar, 10. Auflage 2006
Beschl.	Beschluss
BFD	Bundesfinanzdirektion
BFH	Bundesfinanzhof
BGB	Bürgerliches Gesetzbuch
BGBl.	Bundesgesetzblatt (Teil und Seite)
BGH	Bundesgerichtshof

BKartA	Bundeskartellamt
BlPMZ	Blatt für das Patent-, Muster- und Zeichenwesen (Jahr und Seite)
BMF	Bundesministerium der Finanzen
BMJ	Bundesministerium der Justiz
BPatG	Bundespatentgericht
BPatGE	Entscheidungen des Bundespatentgerichts (Band und Seite)
BRAGO	Bundesrechtsanwaltsgebührenordnung
BT-Drucks.	Drucksachen des Bundestages (Jahr und Seite)
BtMG	Betäubungsmittelgesetz
BVerfG	Bundesverfassungsgericht
BVerwG	Bundesverwaltungsgericht
Buchst.	Buchstabe
ca.	circa
Cour Cass.	Cour de Cassation, Paris
CR	Computer und Recht (Jahr und Seite)
DB	Der Betrieb (Jahr und Seite)
DDR	Deutsche Demokratische Republik
Diss.	Dissertation
DPA	Deutsches Patentamt
DPMA	Deutsches Patent- und Markenamt
DVGMV	Verordnung Nr. 2868/95 (EG) der Kommission vom 13.12.1995 zur Durchführung der Verordnung Nr. 40/94 (EG) des Rates über die Gemeinschaftsmarke
DZWIR	Deutsche Zeitschrift für Wirtschafts- und Insolvenzrecht (Jahr und Seite)
ECU	European Currency Unit
EG	Europäische Gemeinschaften; EG-Vertrag
EGBGB	Einführungsgesetz zum Bürgerlichen Gesetzbuch vom 18.8.1896
EG-FranchiseVO	Verordnung (EWG) Nr. 4087/88 der Kommission vom 30.11.1988 über die Anwendung von Art. 85 Abs. 3 des Vertrages auf Gruppen von Franchisevereinbarungen
EGV	Vertrag zur Gründung der Europäischen Gemeinschaft
EinigV	Vertrag zwischen der Bundesrepublik Deutschland und der Deutschen Demokratischen Republik über die Herstellung der Einheit Deutschlands vom 31.8.1990
Einl.	Einleitung
Eisenführ/Schennen	Gemeinschaftsmarkenordnung, Kommentar, 3. Auflage 2010
Engelhardt/App	Verwaltungsvollstreckungsgesetz, Verwaltungszustellungsgesetz: VwVG – VwZG, Kommentar, 9. Auflage 2011
Entsch.	Entscheidung
EPÜ	Europäisches Patentübereinkommen
ErstrG	Gesetz über die Erstreckung von gewerblichen Schutzrechten (Erstreckungsgesetz) vom 23.4.1992
ERvGewRV	Verordnung über den elektronischen Rechtsverkehr im gewerblichen Rechtsschutz
etc.	et cetera
EU	Europäische Union

EuG	Gericht I. Instanz beim Europäischen Gerichtshof
EuGH	Europäischer Gerichtshof
EuGVÜ	Übereinkommen der Europäischen Gemeinschaft über die gerichtliche Zuständigkeit und die Vollstreckung gerichtlicher Entscheidungen vom 27.9.1968
EuGVVO	Europäische Gerichtsvollstreckungsverordnung
EUR	Euro
EuZW	Europäische Zeitschrift für Wirtschaftsrecht (Jahr und Seite)
EWR	Abkommen über den europäischen Wirtschaftsraum
EWG	Europäische Wirtschaftsgemeinschaft
Ex	vormals (bei der Koordination von Lissabon-Vertrag und älterem EG-Vertrag
Fezer	Fezer, Markenrecht, Kommentar zum Markengesetz, 4. Aufl. 2009
f. (ff.)	fortfolgende(r)
FGG	Gesetz über die Angelegenheiten der freiwilligen Gerichtsbarkeit
FGO	Finanzgerichtsordnung
Fn.	Fußnote
FS	Festschrift
Fußn.	Fußnummer
GATT	General Agreement of Tariffs and Trade
GAusfO	Gemeinsame Ausführungsordnung zum Madrider Abkommen über die internationale Registrierung von Marken und zum Protokoll zu diesem Abkommen
Gbl. DDR	Gesetzblatt der DDR (Jahr und Seite)
GbR	Gesellschaft bürgerlichen Rechts
GebrMG	Gebrauchsmustergesetz
gem.	gemäß
GenG	Genossenschaftsgesetz
GeschmMG	Geschmacksmustergesetz
GG	Grundgesetz
ggf.	gegebenenfalls
GKG	Gerichtskostengesetz
GmbH	Gesellschaft mit beschränkter Haftung
GmbHG	Gesetz betreffend die Gesellschaft mit beschränkter Haftung (GmbH-Gesetz)
GMI	Gazette OMPI des marques internationales
GmS-OGB	Gemeinsamer Senat der obersten Gerichtshöfe des Bundes
GMV	Verordnung (EG) Nr. 207/2009 des Rates vom 26. Februar 2009 über die Gemeinschaftsmarke (kodifizierte Fassung)
GenG	Gesetz betreffend die Erwerbs- und Wirtschaftsgenossenschaften
grds.	grundsätzlich
Großkomm. (-*Bearbeiter*)	Großkommentar zum Gesetz gegen den unlauteren Wettbewerb mit Nebengesetzen, 2. Aufl. 2006
GRUR	Gewerblicher Rechtsschutz und Urheberrecht (Jahr und Seite)
GRUR Int.	Gewerblicher Rechtsschutz und Urheberrecht, Internationaler Teil (Jahr und Seite)

GRUR-Prax	Gewerblicher Rechtsschutz und Urheberrecht, Praxis im Immaterialgüter- und Wettbewerbsrecht (Jahr und Seite)
GRUR-RR	Gewerblicher Rechtsschutz und Urheberrecht, Rechtsprechungsreport (Jahr und Seite)
GVG	Gerichtsverfassungsgesetz
GVO	Gruppenfreistellungsverordnung
GVTT	GruppenfreistellungsVO für Technologietransfer-Vereinbarungen
GWB	Gesetz gegen Wettbewerbsbeschränkungen
HABM	Harmonisierungsamt für den Binnenmarkt (Marken, Muster, Modelle)
Harte/Henning	Harte-Bavendamm/Henning-Bodewig, Gesetz gegen den unlauteren Wettbewerb, Kommentar, 2. Auflage 2009
HGB	Handelsgesetzbuch
h.M.	herrschende Meinung
Hs.	Halbsatz
i.d.F.	in der Fassung
i.d.R.	in der Regel
Immenga/Mestmäcker	Immenga/Mestmäcker, Wettbewerbsrecht, Kommentar, Band 2: GWB, 4. Aufl. 2007
Ingerl/Rohnke	Ingerl/Rohnke, Markengesetz, Kommentar, 3. Aufl. 2010
INN	Recommended International Nonproprietary Names
InsO	Insolvenzordnung
i.e.S.	im eigentlichen (engeren) Sinne
i. Erg.	im Ergebnis
IR-Marke	international registrierte Marke
i.S.d.	im Sinne des (der)
i.V.m.	in Verbindung mit
JUS	Juristische Schulung (Jahr und Seite)
JVEG	Justizvergütungs- und -entschädigungsgesetz
KAAG	Kapitalanlagegesellschaftsgesetz
Kap.	Kapitel
KäseVO	Käseverordnung
KG	Kommanditgesellschaft; Kammergericht
Köhler/Bornkamm	Köhler/Bornkamm, Gesetz gegen den unlauteren Wettbewerb, Kommentar, 29. Aufl. 2011
KPA	Kaiserliches Patentamt
krit.	kritisch
KUG	Kunsturhebergesetz
LG	Landgericht
lit.	litera
LM	Lindenmaier/Möhring, Nachschlagewerk des BGH
LMBG	Gesetz zur Neuordnung und Bereinigung des Rechts im Verkehr mit Lebensmitteln, Tabakerzeugnissen, kosmetischen Mitteln und sonstigen Bedarfsgegenständen (Lebensmittelbedarfsgegenständegesetz)
LMRR	Lebensmittelrecht Rechtsprechung (Jahr und Seite)

LUA	Lissaboner Abkommen über den Schutz der Ursprungsbezeichnungen und ihre internationale Registrierung vom 31.10.1958
LugÜ	Lugano-Übereinkommen über die gerichtliche Zuständigkeit und Vollstreckung gerichtlicher Entscheidungen in Zivil- und Handelssachen vom 16.9.1988
MA	Markenartikel (Jahr und Seite)
MarkenanmeldungenRL	Richtlinie für die Prüfung von Markenanmeldungen vom 27.10.1995
MarkenG	Markengesetz
MarkenR	Zeitschrift für deutsches, europäisches und internationales Markenrecht (Jahr und Seite)
MarkenRÄndG	Markenrechtsänderungsgesetz vom 19.7.1996
Markenrechtsrichtlinie	Erste Richtlinie 89/104/EWG des Rates zur Angleichung der Rechtsvorschriften der Mitgliedstaaten über die Marken vom 21.12.1988
MarkenRRG	Gesetz zur Reform des Markenrechts und zur Umsetzung der Ersten Richtlinie 89/104/EWG des Rates vom 21.12.1988 zur Angleichung der Rechtsvorschriften der Mitgliedstaaten über die Marken vom 25.10.1994 (Markenrechtsreformgesetz)
MarkenV	Markenverordnung
MD	Magazindienst (Jahr und Seite)
MDR	Monatsschrift für Deutsches Recht (Jahr und Seite)
MHA	Madrider Abkommen vom 14.4.1891 über die Unterdrückung falscher oder irreführender Herkunftsangaben
Mitt.	Mitteilungen der Deutschen Patentanwälte (Jahr und Seite)
MMA	Madrider Markenabkommen vom 14.4.1891 über die internationale Registrierung von Fabrik- und Handelsmarken
MMR	Multimedia und Recht (Jahr und Seite)
MRRL	Richtlinie 2008/95/EG des Europäischen Parlaments und des Rates vom 22.10.2008 zur Angleichung der Rechtsvorschriften der Mitgliedstaaten über die Marken (kodifizierte Fassung) (Markenrechtsrichtlinie)
v. Mühlendahl/Ohlgart	v. Mühlendahl/Ohlgart, Die Gemeinschaftsmarke, 1998
MünchKommBGB	Münchener Kommentar zum Bürgerlichen Gesetzbuch, Band 1, 6. Auflage 2012
MuW	Markenschutz und Wettbewerb (Jahr und Seite)
m.w.N.	mit weiteren Nachweisen
NJOZ	Neue Juristische Online Zeitschrift (Jahr und Seite)
NJW	Neue Juristische Wochenschrift (Jahr und Seite)
NJW-RR	NJW Rechtsprechungsreport Zivilrecht (Jahr und Seite)
NJW-CoR	Computerreport der Neuen Juristischen Wochenschrift (Jahr und Seite)
NJWE-WettbR	NJW-Entscheidungsdienst Wettbewerbsrecht
NKA	Abkommen von Nizza über die internationale Klassifikation von Waren und Dienstleistungen für die Eintragung von Marken vom 15.6.1977
Nr.	Nummer

NVwZ-RR	Neue Zeitschrift für Verwaltungsrecht Rechtsprechungs-Report (Jahr und Seite)
o.	oben
OFD	Oberfinanzdirektion
OHG	Offene Handelsgesellschaft
OLG	Oberlandesgericht
OLGR	OLG-Report (Jahr und Seite)
OMPI	Organisation Mondiale de la Propriété Intellectuelle
ÖOGH	Österreichischer Oberster Gerichtshof
OWiG	Gesetz über Ordnungswidrigkeiten
Palandt-(*Bearbeiter*)	Palandt, Bürgerliches Gesetzbuch, Kommentar, 70. Aufl. 2011
PartGG	Gesetz über Partnerschaftsgesellschaften Angehöriger freier Berufe
PatG	Patentgesetz
PatGebO	Gesetz über die Gebühren des Patentamts und des Patentgerichts
PatGebZV	Verordnung über die Zahlung von Gebühren des Deutschen Patentamts und des Bundespatentgerichts
PatKostG	Gesetz über die Kosten des Deutschen Patent- und Markenamts und des Bundespatentgerichts (Patentkostengesetz)
PharmR	Pharmarecht (Jahr und Seite)
Pierson/Ahrens/Fischer	Recht des geistigen Eigentums, 2007
Piper/Ohly/Sosnitza	Piper/Ohly/Sosnitza, Gesetz gegen den unlauteren Wettbewerb, Kommentar, 5. Aufl. 2010
ProdhaftG	Produkthaftungsgesetz
PrPG	Gesetz zur Stärkung des geistigen Eigentums und zur Bekämpfung der Produktpiraterie vom 7.3.1990 (Produktpirateriegesetz)
PrPVO	Produktpiraterieverordnung (Verordnung Nr. 3295/94 des Rates über Maßnahmen zum Verbot der Überführung nachgeahmter Waren und unerlaubt hergestellter Vervielfältigungsstücke und Nachbildungen in den zollfreien Verkehr oder in ein Nichterhebungsverfahren sowie zum Verbot ihrer Ausfuhr und Wiederausfuhr vom 22.12.1994)
PVÜ	Pariser Verbandsübereinkunft vom 20.3.1883 zum Schutz des gewerblichen Eigentums
RAL	Vereinbarungen des Ausschusses für Lieferbedingungen und Gütesicherungen beim Deutschen Normenausschuss
RG	Reichsgericht
RGBl.	Reichsgesetzblatt (Jahr und Seite)
RGZ	Entscheidungen des Reichsgerichts in Zivilsachen (Band und Seite)
Richter/Stoppel	Richter/Stoppel, Die Ähnlichkeit von Waren und Dienstleistungen, 15. Aufl. 2011
RiStBV	Richtlinien für das Strafverfahren und das Bußgeldverfahren
Rn.	Randnummer
Rom-I-VO	Verordnung (EG) 593/2005 vom 17.6.2008 über das auf vertragliche Schuldverhältnisse anzuwendende Recht (Rom I), ABl. EG Nr. L 177 v. 4.7.2008, 6

RPA	Reichspatentamt
Rspr.	Rechtsprechung
RVG	Rechtsanwaltsvergütungsgesetz
s.	siehe
s. a.	siehe auch
s. o.	siehe oben
S.	Satz; Seite
Schweiz. BG	Schweizerisches Bundesgericht
SFR	Schweizer Franken
Slg.	Sammlung der Rechtsprechung des Europäischen Gerichtshofs (Jahr und Seite)
sog.	so genannt(-e, -r)
SortG	Sortenschutzgesetz
st. Rspr.	ständige Rechtsprechung
StGB	Strafgesetzbuch
StPO	Strafprozessordnung
Ströbele/Hacker	Ströbele/Hacker, Markengesetz, 9. Aufl. 2009 (nach Redaktionsschluss erschienen: 10. Aufl. 2012)
TKG	Telekommunikationsgesetz
TRIPS	Übereinkommen zur Errichtung der Welthandelsorganisation, Übereinkommen über handelsbezogene Aspekte der Rechte des geistigen Eigentums
TTVO	TechnologietransferVO
Tz.	Textziffer
u.	unten
u. a.	unter anderem(-n)
u. Ä.	und Ähnliche (-s)
UKlaG	Unterlassungsklagen-Gesetz
u. U.	unter Umständen
UrhG	Gesetz über das Urheberrecht und verwandte Schutzrechte
Urt.	Urteil
usw.	und so weiter
UWG	Gesetz gegen den unlauteren Wettbewerb
v.	vom/von
VAG	Gesetz über die Beaufsichtigung der Versicherungsunternehmen
Verz.	Verzeichnis
vgl.	vergleiche
VO	Verordnung
VwZG	Verwaltungszustellungsgesetz
WeinG	Gesetz über Wein, Likörwein, Schaumwein, weinhaltige Getränke und Branntwein aus Wein (Weingesetz)
WeinV	Verordnung zur Durchführung des Weingesetzes
WIPO	World Intellectual Property Organisation
WM	Wertpapier-Mitteilungen (Jahr und Seite)
WRP	Wettbewerb in Recht und Praxis (Jahr und Seite)
WTO	World Trade Organisation
WuW	Wirtschaft und Wettbewerb (Jahr und Seite)

WuW/E	Wirtschaft und Wettbewerb (Entscheidungssammlung)
WZG	Warenzeichengesetz
z.B.	zum Beispiel
z.Zt.	zur Zeit
ZGR	Zentralstelle Gewerblicher Rechtschutz
ZHR	Zeitschrift für das gesamte Handelsrecht (Jahr und Seite)
Ziff.	Ziffer
ZiP	Zeitschrift für Wirtschaftsrecht und Insolvenzpraxis (Jahr und Seite)
ZLR	Zeitschrift für Lebensmittelrecht (Jahr und Seite)
Zöller-(Bearbeiter)	Zöller, Zivilprozessordnung, Kommentar, 28. Aufl. 2010 (Nach Redaktionsschluss erschienen: 29. Auflage 2011)
ZollKostV	Zollkostenverordnung
ZPO	Zivilprozessordnung
ZUM	Zeitschrift für Urheber- und Medienrecht (Jahr und Seite)
ZUM-RD	Zeitschrift für Urheber- und Medienrecht (Jahr und Seite) – Rechtsprechungsdatenbank
ZvW	Zurückhaltung von Ware
zw.	zweifelhaft
§ (§§)	Paragraph(en)

A. Einführung

Übersicht

I. Definition und Bedeutung der Marke

Die Marke als eine der tragenden Säulen im System des gewerblichen Rechtsschutzes hat **1**
in den vergangenen Jahrzehnten eine stetig wachsende wirtschaftliche Bedeutung erfahren.
Nach § 3 Abs. 1 dient die Marke dazu, Waren oder Dienstleistungen eines Unternehmens
von den Waren oder Dienstleistungen anderer Unternehmen zu unterscheiden. Der Marke
kommt damit in erster Linie eine *Herkunftsfunktion* zu, indem sie dazu bestimmt ist, Waren
des Markeninhabers zu individualisieren und damit beim Publikum die Erinnerung an den
Zeicheninhaber auszulösen und aufrechtzuerhalten. Zusätzlich hat die Marke auch eine
Garantie-, eine Qualitäts- und eine Werbefunktion. Denn mit der Marke ist die Vorstellung
von gleichbleibender Qualität und Eigenschaft der gekennzeichneten Ware oder Dienstleistung verbunden, auf die sich der Verbraucher verlassen können soll. Diese Markenfunktionen werden unterstützt durch das Recht des Markeninhabers, für mit der Marke gekenn-

zeichnete Waren oder Dienstleistungen umfänglich Werbung zu treiben. Damit kann einer Marke eine überragende wirtschaftliche Bedeutung zukommen.

2 Wie die sonstigen gewerblichen Schutzrechte (Patente, Gebrauchsmuster, Geschmacksmuster, Sorten) und das Urheberrecht gewährt auch die Marke ihrem Inhaber ein *Ausschließlichkeitsrecht*. Dies ist das ausschließliche Recht, Waren oder Dienstleistungen mit der geschützten Marke zu kennzeichnen und die Marke gegen Beeinträchtigungen Dritter, insbesondere gegen das Herstellen, Anbieten und Inverkehrbringen identischer oder ähnlicher Waren bzw. gegen das Anbieten und Erbringen identischer oder ähnlicher Dienstleistungen unter identischen oder ähnlichen Marken, zu verteidigen.

3 Die Durchsetzbarkeit des markenrechtlichen Ausschließlichkeitsrechts steht und fällt mit dem *Prioritätsprinzip*. Dementsprechend gewährt das Markenrecht die sich aus dem Markenschutz ergebenden Rechte im Grundsatz nur dem Inhaber der relativ älteren Rechte. Im Falle eingetragener Marken ist das derjenige, dessen Marke auf das frühere Anmeldedatum zurückgeht.

II. Rechtsentwicklung

4 Das heutige Markenrecht geht in seinem Ursprung im Sinne einer einheitlichen Regelung auf das *Reichsgesetz über Markenschutz* aus dem Jahre 1874 zurück.[1] Dem Gesetz über Markenschutz vorausgegangen war eine Vielzahl höchst unterschiedlicher gesetzlicher Regelungen auf Landesebene. Materiell lagen die wesentlichsten Unterschiede zwischen dem Gesetz über Markenschutz und dem heutigen Markenrecht zum einen in der Beschränkung des Markenschutzes auf Bildzeichen; reine Wortzeichen waren nicht schutzfähig. Zum anderen kannte das Gesetz über Markenschutz noch nicht die *Dienstleistungsmarke*; es sah lediglich die Kennzeichnung von Waren vor.

5 Die Eintragbarkeit reiner Wortzeichen wurde erst mit dem *Gesetz zum Schutz der Warenbezeichnungen* aus dem Jahre 1894[2] eingeführt. Die neue Regelung brachte auch eine Ausdehnung des Markenrechts auf alle Gewerbetreibenden als mögliche Inhaber mit sich. Ferner wurde ein Anmeldeverfahren mit Vorprüfungssystem eingeführt. Dies war verbunden mit einer Erweiterung der Schutzversagungsgründe sowie der Aufnahme des Freizeichenschutzes. Das gesamte Eintragungsverfahren wurde beim Kaiserlichen Patentamt zentralisiert; dieses führte seitdem eine einheitliche Zeichenrolle.

6 1936 wurde das Gesetz zum Schutz der Warenbezeichnungen durch das *Warenzeichengesetz*[3] ersetzt. Neben einer weitgehenden Vereinheitlichung war die wesentlichste Neuerung die Einführung der Eintragbarkeit durchgesetzter Zeichen (§ 4 Abs. 3). Danach konnte bei Nachweis einer hinreichenden Verkehrsdurchsetzung Zeichenschutz kraft Eintragung auch für solche Zeichen erworben werden, die nach ihrer Natur aufgrund fehlender Unterscheidungskraft oder eines Freihaltebedürfnisses zugunsten Dritter nicht eintragbar waren.

7 Nach der patentamtlosen Zeit infolge des Zweiten Weltkriegs, die durch einen weitgehenden Rechtsstillstand gekennzeichnet war, nahm am 1.10.1949 das Deutsche Patentamt mit

---

1 RGBl., 143.
2 RGBl., 441.
3 RGBl. II, 134.

Sitz in München seine Arbeit auf. Aus der Rechtsentwicklung des Warenzeichenrechts in der Bundesrepublik Deutschland sind insbesondere die Einführung des Benutzungszwangs und die Eintragbarkeit von Dienstleistungsmarken hervorzuheben:

Die Einführung des Benutzungszwangs aufgrund des *Gesetzes zur Änderung des Patent-* **8** *gesetzes, des Warenzeichengesetzes und weiterer Gesetze* vom 4.9.1967[4] sollte einer Über- füllung der Zeichenrolle entgegenwirken. Der Benutzungszwang hält jeden Markeninha- ber dazu an, seine Marke spätestens nach Ablauf einer Frist von fünf Jahren nach der Ein- tragung ernsthaft und in der eingetragenen Form zu benutzen. Tut er dies nicht, haben Drit- te die Möglichkeit, die Marke wegen fehlender Benutzung löschen zu lassen. Aber auch bei formellem Fortbestand einer über einen Zeitraum von fünf Jahren unbenutzten Marke kann deren Inhaber aus dieser keine Rechte mehr gegenüber dem Inhaber oder Benutzer einer prioritätsjüngeren Marke herleiten, sofern dieser die Einrede der Nichtbenutzung er- hebt.

Aufgrund des *Gesetzes über die Eintragbarkeit von Dienstleistungsmarken* vom **9** 29.1.1979[5] wurde die Eintragbarkeit von Dienstleistungsmarken ermöglicht. Hierzu wurde ein Katalog von sieben (seit 1.1.2002 zehn) verschiedenen Klassen erstellt, in die die bean- spruchten Dienstleistungen eingeordnet werden können.

Zielrichtung des Gesetzes zur Stärkung des Schutzes des geistigen Eigentums und zur Be- **10** *kämpfung der Produktpiraterie* vom 7.3.1990[6] war im Bereich des Markenrechts im We- sentlichen die Bekämpfung der internationalen Markenpiraterie. Mit ihm wurden ein er- weiterter Auskunftsanspruch des verletzten Markeninhabers, ein Anspruch auf Vernich- tung schutzrechtsverletzender Piraterieware und ein verbesserter strafrechtlicher Schutz eingeführt.

In der DDR war im Jahre 1954 das bis dahin geltende einheitliche Warenzeichengesetz au- **11** ßer Kraft gesetzt und durch ein eigenes *Warenzeichengesetz*[7] ersetzt worden. Allerdings führte das Markenrecht in der DDR in der Zeit bis zur Wiedervereinigung lediglich ein Schattendasein. Dieses fand in der vergleichsweise geringen Zahl von Markenanmeldun- gen Ausdruck.

Mit der Wiedervereinigung kam es zur Rechtsvereinheitlichung. Für das Markenrecht fand **12** diese ihre Grundlage im Einigungsvertrag vom 31.8.1990, in dessen Anlage 1 (Kapitel III, Sachgebiet E) der gewerbliche Rechtsschutz geregelt war. Der *Einigungsvertrag*[8] aner- kannte die Existenz territorial begrenzter Altrechte, soweit diese vor dem Inkrafttreten des Einigungsvertrages am 3.10.1990 beim Deutschen Patentamt oder beim DDR-Patentamt („Amt für Erfindungs- und Patentwesen") angemeldet worden waren. Die sich aus der Rechtsvereinheitlichung ergebenden Schwierigkeiten regelte das *Gesetz über die Erstre-* *ckung von gewerblichen Schutzrechten* (ErstrG) vom 23.4.1992,[9] das im Grundsatz eine Erstreckung der in der Bundesrepublik Deutschland und in der DDR vor dem 3.10.1990 angemeldeten Schutzrechte auf das jeweils andere Gebiet vorsah. Die zentralen Vorschrif- ten für die Regelung von Kollisionen übereinstimmender (identischer und ähnlicher) Mar-

---

4 BGBl. I, 359.
5 BGBl. I, 125.
6 BGBl. I, 422.
7 GBl. DDR, 216.
8 BGBl. 1990 II, 889.
9 BGBl. I, 938.

kenrechte in alten und neuen Bundesländern infolge der Erstreckung finden sich in §§ 30–32 ErstrG. Nach dem dort zum Ausdruck kommenden Grundsatz des beiderseitigen Bestandsschutzes darf eine territorial begrenzte Altmarke im jeweils anderen Gebiet nur mit Zustimmung des Inhabers einer dortigen prioritätsälteren Marke benutzt werden.

13 Eine grundlegende Neuregelung erfuhr das deutsche Markenrecht durch das am 1.1.1995 in Kraft getretene *Gesetz über den Schutz von Marken und sonstigen Kennzeichen* (MarkenG) vom 25.10.1994.[10] Die Einführung des MarkenG ging auf eine sich aus der *Ersten Richtlinie des Rates zur Angleichung der Rechtsvorschriften der Mitgliedstaaten über die Marken* (Markenrechtsrichtlinie) vom 21.12.1988[11] ergebende Umsetzungsverpflichtung zurück. Das MarkenG bündelt sämtliche Kennzeichnungsrechte. Neben Marken regelt es auch den Schutz geschäftlicher Bezeichnungen und geografischer Herkunftsangaben. Ebenfalls zum 1.1.1995 trat die *Verordnung zur Ausführung des Markengesetzes* (MarkenV) in Kraft.[12] Nachdem am 1.6.2004 die *Verordnung über das deutsche Patent- und Markenamt* (DPMAV)[13] in Kraft trat – die DPMAV enthält gemeinsame Bestimmungen für das Verfahren vor dem DPMA in Patent-, Gebrauchsmuster-, Marken-, Geschmacksmuster- und Halbleitersachen – war gleichzeitig eine grundlegende Neufassung der MarkenV erforderlich. Auch diese trat am 1.6.2004 in Kraft.[14] Ergänzende Bestimmungen insbesondere organisatorischer Natur im Bereich des DPMA enthält schließlich die *Verordnung über die Wahrnehmung einzelner, den Prüfungsstellen, der Gebrauchsmusterstelle, den Markenstellen und den Abteilungen des Patentamts obliegender Geschäfte* (WahrnV) vom 14.12.1994.[15]

14 Die wesentlichste Änderung erfuhr das MarkenG aufgrund des *Markenrechtsänderungsgesetzes 1996* vom 19.7.1996,[16] das der inzwischen eingeführten Gemeinschaftsmarke aufgrund der *Verordnung (EG) Nr. 40/94 des Rates über die Gemeinschaftsmarke* vom 20.12.1993 (ABl. EG Nr. L 11 vom 11.1.1994, 1), die inzwischen in kodifizierter Fassung vorliegt[17] (s. Anhang Nr. 9), durch Einfügung der §§ 125a) – 125i) Rechnung trug. Änderungen vor allem in Kosten- und Gebührenfragen ergaben sich aufgrund des zum 1.1.2002 in Kraft getretenen Gesetzes zur Bereinigung von Kostenregelungen auf dem Gebiet des geistigen Eigentums vom 13.12.2001.[18] Aufgrund der Durchsetzungsrichtlinie 2004/48/EG[19] wurden mit dem Gesetz zur Durchsetzung von Rechten des geistigen Eigentums vom 7.7.2008[20] Verschärfungen insbesondere des Auskunftsanspruchs sowie ein Rückrufsanspruch neu in das MarkenG eingeführt.

---

10 BGBl. I, 3082.
11 89/104/EWG, ABl. EG Nr. L 40 v. 11.2.1989, 1 – kodifizierte Fassung vom 22.10.2008, 2008/95/EG, ABl. EU Nr. L 299, 25 – Anhang Nr. 7.
12 BGBl. I, 3555.
13 BGBl. I, 514.
14 BGBl. I, 872.
15 BGBl. I, 3812.
16 BGBl. I, 1014.
17 VO 207/2009/EG, ABl. EU 2009 Nr. L 78, 1.
18 BGBl. I, 3656.
19 ABl. EU Nr. L 195 v. 2.6.2004, 16.
20 BGBl. I, 1191, 2070.

III. Grundzüge des Markenrechts nach dem MarkenG

1. Schutzgegenstand und Markenformen

Der Schutzgegenstand des MarkenG ist wesentlich umfassender als der des bis zum **15** 31.12.1994 gültigen Warenzeichengesetzes (WZG). Nach § 1 schützt das MarkenG nicht nur *Marken*, sondern auch *geschäftliche Bezeichnungen* und *geografische Herkunftsangaben*. Das frühere Recht schützte geschäftliche Bezeichnungen im Rahmen des § 16 UWG. Geografische Herkunftsangaben waren im Wesentlichen über das Irreführungsverbot nach § 3 UWG sowie über einige spezialgesetzliche Regelungen geschützt.

Auch der Begriff der *Marke* ist im neuen Markenrecht wesentlich weiter gefasst als im al- **16** ten Warenzeichenrecht. Gem. § 3 Abs. 1 umfasst er neben Wörtern und Abbildungen (Bildmarken) auch Buchstaben, Zahlen, Hörzeichen, dreidimensionale Gestaltungen einschließlich der Form einer Ware oder ihrer Verpackung sowie sonstige Aufmachungen einschließlich Farben und Farbzusammenstellungen. Nicht ausdrücklich erwähnt, aber ebenso Zeichen i. S. d. § 3 Abs. 1, sind sonstige Markenformen wie Geruchsmarken, Geschmacksmarken, Tastmarken, Bewegungsmarken und Kennfadenmarken.

Voraussetzung der Markenfähigkeit ist die Eignung des jeweiligen Zeichens, Waren oder **17** Dienstleistungen eines Unternehmens von denjenigen anderer Unternehmen zu unterscheiden. Diese Eignung zur Unterscheidung hat im Markenrecht zwei Komponenten: In § 3 Abs. 1 geht es um die Frage, ob ein Zeichen im *abstrakten* Sinne, also nach seiner Natur, zur Unterscheidung von Waren oder Dienstleistungen eines Unternehmens von den Waren oder Dienstleistungen anderer Unternehmen geeignet ist. In § 8 Abs. 2 Nr. 1 geht es hingegen um die Frage, ob das jeweilige Zeichen gerade im Hinblick auf die jeweils beanspruchten Waren oder Dienstleistungen *konkret* geeignet ist, die Waren oder Dienstleistungen eines Unternehmens von den Waren oder Dienstleistungen eines anderen Unternehmens zu unterscheiden.

Der Schutzgegenstand der *Marke* ist auch keineswegs auf die eingetragene Marke (§ 4 **18** Nr. 1) beschränkt. Der Schutz umfasst vielmehr auch die – nicht eingetragene – Benutzungsmarke, soweit sie innerhalb beteiligter Verkehrskreise *als Marke* Verkehrsgeltung erworben hat (§ 4 Nr. 2), sowie die – ebenfalls nicht eingetragene – notorisch bekannte Marke (§ 4 Nr. 3). Bei der Benutzungsmarke handelt es sich weitgehend um die Fortsetzung dessen, was im früheren Recht unter dem Begriff des „Ausstattungsschutzes" (§ 25 Abs. 1 WZG) verstanden wurde. In der praktischen Handhabung betrifft dieser im Wesentlichen solche Marken, die wegen fehlender Unterscheidungskraft (§ 8 Abs. 2 Nr. 1), eines bestehenden Freihaltebedürfnisses (§ 8 Abs. 2 Nr. 2) oder als üblich gewordene Bezeichnung (§ 8 Abs. 2 Nr. 3) nach ihrer Natur nicht eintragbar sind oder waren. Die Verkehrsgeltung führt zur Überwindung dieser der Eintragung entgegenstehenden Versagungsgründe mit der Folge, dass die Benutzungsmarke den gleichen Schutz wie die eingetragene Marke genießt. Die – ebenfalls nicht registrierte – notorisch bekannte Marke (§ 10) setzt einen die Verkehrsgeltung noch übersteigenden Bekanntheitsgrad voraus, der sich vorzugsweise durch eine Verkehrsbefragung ermitteln lässt.

2. Die eingetragene Marke (§ 4 Nr. 1)

a) Materielle Schutzvoraussetzungen

19   Der Markenschutz nach § 4 Nr. 1 entsteht durch die Eintragung des Zeichens in das vom Deutschen Patent- und Markenamt (DPMA) geführte Register. Voraussetzung ist, dass das Zeichen i. S. d. § 3 *abstrakt* markenfähig ist. Darüber hinaus muss die Marke die materiellen Schutzvoraussetzungen erfüllen, die sich in zwei Gruppen einteilen lassen, nämlich die *absoluten* Schutzhindernisse (§ 8) und die *relativen* Schutzhindernisse (§ 9). Im Mittelpunkt der absoluten Schutzhindernisse stehen die Unterscheidungskraft und das Freihaltebedürfnis. Bei den relativen Schutzhindernissen geht es um entgegenstehende ältere Markenrechte Dritter.

aa) Absolute Schutzhindernisse

20   Gem. § 8 Abs. 1 ist Voraussetzung für die Eintragung als Marke, dass das jeweilige Zeichen grafisch darstellbar ist. Bei Wort- oder Bildzeichen ist diese Voraussetzung immer erfüllt. Probleme können lediglich bei besonderen Markenformen wie z. B. Farb-, Hör-, Tast- und Geruchsmarken auftreten. Im Mittelpunkt der Diskussion stand lange Zeit die grafische Darstellbarkeit der Farbmarke, die inzwischen jedoch allgemein bejaht wird.[21]

21   Für die Schutzfähigkeit einer Marke ist deren *Unterscheidungskraft* (§ 8 Abs. 2 Nr. 1) unerlässlich. Bei der Unterscheidungskraft nach § 8 geht es um die Frage, ob eine Marke *konkret* geeignet ist, die beanspruchten Waren und Dienstleistungen eines Unternehmens von den Waren und Dienstleistungen eines anderen Unternehmens zu unterscheiden. Dies ist bei rein beschreibenden Angaben regelmäßig nicht der Fall. Gleiches gilt etwa für – bei Wortzeichen – Allerweltsbegriffe oder – bei Bildzeichen – für piktogrammartige Darstellungen, denen der Verkehr den Charakter eines *Herkunftshinweises* schlechthin nicht entnehmen kann. Immer kommt es also darauf an, dass das Zeichen in irgendeiner Weise geeignet ist, dem Verkehr die Vorstellung zu vermitteln, bei der mit dem betreffenden Zeichen gekennzeichneten Ware oder Dienstleistung handele es sich um eine Ware oder Dienstleistung aus einem bestimmten Geschäftsbetrieb. Bei den Anforderungen an die erforderliche Unterscheidungskraft darf allerdings kein strenger Maßstab angelegt werden. Dies ergibt sich schon aus dem Wortlaut des § 8 Abs. 2 Nr. 1, wonach (nur) diejenigen Marken von der Eintragung ausgeschlossen sind, „denen für die Waren oder Dienstleistungen *jegliche* Unterscheidungskraft fehlt". Die Schutzfähigkeit ist also bereits bei geringer Unterscheidungskraft zu bejahen. Dementsprechend hieß es bereits in der Begründung des Entwurfs zum MarkenG, dass „jede, wenn auch noch so geringe Unterscheidungskraft" ausreiche, um die Schutzvoraussetzung des § 8 Abs. 2 Nr. 1 zu erfüllen.[22]

22   Zentrale Bedeutung hat ferner das absolute Schutzhindernis des *Freihaltebedürfnisses*. Nach der gesetzlichen Formulierung des § 8 Abs. 2 Nr. 2 sind solche Marken von der Eintragung ausgeschlossen, die ausschließlich aus Zeichen oder Angaben bestehen, die im Verkehr zur Bezeichnung der Art, der Beschaffenheit, der Menge, der Bestimmung des Wertes, der geografischen Herkunft, der Zeit der Herstellung der Waren oder der Erbrin-

---

21 BGH, WRP 1999, 853 f. = GRUR 1999, 730 f. – Farbmarke magenta/grau; Mitt. 1999, 108 – Farbmarke gelb/schwarz; EuGH, GRUR 2004, 858, 859 – Heidelberger Bauchemie GmbH.
22 Vgl. Begründung des Gesetzentwurfs in BlPMZ Sonderheft 1994, S. 70.

gung der Dienstleistungen oder zur Bezeichnung sonstiger Merkmale der Waren oder Dienstleistungen dienen können. Vereinfacht gesagt ist ein Zeichen dann freihaltebedürftig, wenn es geeignet ist, vom Verkehr als *beschreibende Angabe* für die Waren oder Dienstleistungen, für die das Zeichen Schutz beansprucht, deren Eigenschaften, Merkmale oder Charakteristika verwendet zu werden. Aus der Formulierung „dienen können" ergibt sich überdies, dass ein Freihaltebedürfnis keineswegs nur dann vorliegt, wenn das Zeichen im Verkehr bereits als beschreibende Angabe verwendet wird. Vielmehr genügt auch die *Eignung* einer zukünftigen Verwendung als beschreibende Angabe, wofür allerdings konkrete Anhaltspunkte vorliegen müssen.

Neben den zentralen Schutzvoraussetzungen der Unterscheidungskraft und des Freihalte- **23** bedürfnisses zählt § 8 noch einen Katalog weiterer absoluter Schutzhindernisse auf:

Nach § 8 Abs. 2 Nr. 3 sind von der Eintragung ausgeschlossen die *üblich gewordenen Be-* **24** *zeichnungen.* Im Wesentlichen handelt es sich dabei um Gattungsbezeichnungen, wobei allerdings der konkrete Bezug zu den beanspruchten Waren oder Dienstleistungen zu beachten ist. Schutzunfähig sind ferner Angaben, die ersichtlich zur Irreführung des Verkehrs geeignet sind (§ 8 Abs. 2 Nr. 4), sittenwidrige Zeichen (§ 8 Abs. 2 Nr. 5), Hoheitszeichen (§ 8 Abs. 2 Nr. 6 und 8), amtliche Prüf- und Gewährzeichen (§ 8 Abs. 2 Nr. 7), Marken, deren Benutzung „ersichtlich nach sonstigen Vorschriften im öffentlichen Interesse untersagt werden kann" (§ 8 Abs. 2 Nr. 9), sowie Marken, die bösgläubig angemeldet worden sind (§ 8 Abs. 2 Nr. 10).

Eine Marke, der ein Schutzhindernis i.S.d. § 8 nicht entgegensteht, ist grundsätzlich **25** schutzfähig und daher als Marke eintragbar. In Einzelfällen kann eine Marke allerdings auch versehentlich ins Register gelangen, wenn nämlich seitens des DPMA das Bestehen eines absoluten Schutzhindernisses übersehen wurde. In diesem Fall kann die Marke auf Antrag wieder gelöscht werden (vgl. § 50).

Als Sonderform der Eintragung als Marke behandelt § 8 Abs. 3 den Fall der *durchgesetzten* **26** *Marke.* Danach kann eine Marke, obwohl ihr ein Schutzversagungsgrund nach § 8 Abs. 2 Nr. 1 (fehlende Unterscheidungskraft), Nr. 2 (Freihaltebedürfnis) und/oder Nr. 3 (üblich gewordene Bezeichnung) entgegensteht, eingetragen werden, wenn sie sich „infolge ihrer Benutzung für die Waren oder Dienstleistungen, für die sie angemeldet worden ist, in den beteiligten Verkehrskreisen durchgesetzt hat". In Betracht kommt diese Form der Eintragung regelmäßig nur, wenn eine Marke bereits seit längerer Zeit in so erheblichem Umfang benutzt worden ist, dass sie in weiten Teilen der beteiligten Verkehrskreise als Kennzeichen eines bestimmten Unternehmens erkannt wird. Auf diese Weise lässt sich der Schutz eines Zeichens als registrierte Marke erreichen, obwohl das Zeichen aufgrund absoluter Schutzhindernisse auf „normalem" Wege nicht eintragbar war bzw. gewesen wäre.

bb) Relative Schutzhindernisse

Unter „relativen Schutzhindernissen" i.S.d. § 9 versteht man ältere Kennzeichenrechte **27** Dritter. Das Nichtbestehen relativer Schutzhindernisse ist formal nicht Voraussetzung der Eintragung einer Marke, die nach Abschluss der Prüfung des DPMA auf absolute Schutzhindernisse erfolgt. Relative Schutzhindernisse können aber im Wege des *Widerspruchs* zur vollständigen oder teilweisen Löschung der bereits eingetragenen Marke führen. Sie können dem Inhaber der Marke überdies im Verletzungsfalle (§ 14) entgegengehalten werden. Drei Grundfälle sind zu unterscheiden:

- Gegen die nach Prüfung auf absolute Schutzhindernisse eingetragene Marke kann nach § 42 Abs. 1 binnen einer Frist von drei Monaten seit dem Datum der Veröffentlichung der Marke beim Deutschen Patent- und Markenamt Widerspruch aufgrund einer angemeldeten oder eingetragenen Marke mit älterem Zeitrang (§ 42 Abs. 2 Nr. 1 i.V.m. § 9 Abs. 1 Nr. 1 oder 2), einer notorisch bekannten Marke mit älterem Zeitrang (§ 42 Abs. 2 Nr. 2 i.V.m. § 10 i.V.m. § 9 Abs. 1 Nr. 1 oder 2), einer Agentenmarke (§ 42 Abs. 2 Nr. 3 i.V.m. § 11) oder aufgrund einer nicht eingetragenen Marke nach § 4 Nr. 2 oder einer geschäftlichen Bezeichnung i.S.d. § 5 (§ 42 Abs. 2 Nr. 4) erhoben werden.
- Auch ohne ein vorangegangenes Widerspruchsverfahren kann der Inhaber älterer Rechte (angemeldete oder eingetragene Marken, notorisch bekannte Marken, Agentenmarken, durch Benutzung erworbene Marken und geschäftliche Bezeichnungen, sonstige ältere Rechte) die Löschung der eingetragenen Marke im Wege der vor den ordentlichen Gerichten einzureichenden Löschungsklage beantragen (§§ 51 Abs. 1, 55).
- Im Verletzungsfall (Regelfall: Der Inhaber einer Marke verklagt den Benutzer eines identischen oder ähnlichen Zeichens auf Unterlassung, § 14 Abs. 2, 5) kann der Angegriffene dem Unterlassungskläger seine älteren Markenrechte oder sonstigen Rechte entgegenhalten.

28   Ältere Markenrechte lassen sich im *Widerspruchsverfahren* nur dann erfolgreich entgegenhalten, wenn sie

- einen älteren Zeitrang aufweisen (Prioritätsgrundsatz),
- Schutz für identische oder ähnliche Waren oder Dienstleistungen beanspruchen und
- mit der jüngeren Marke identisch oder dieser ähnlich sind.

Auch bei der außerhalb des Widerspruchsverfahrens erfolgenden Geltendmachung anderer älterer Rechte (z.B. älterer Firmenkennzeichen) ist deren älterer Zeitrang unverzichtbare Voraussetzung. Die übrigen Voraussetzungen regeln sich nach den jeweils in Betracht kommenden gesetzlichen Bestimmungen.

29   Um sich gegen jüngere identische oder verwechslungsfähige Marken wehren zu können, empfiehlt sich für den Inhaber älterer Zeichenrechte eine regelmäßige Überwachung seines Zeichens auf jüngere Marken. Da der Inhaber einer älteren Marke zur Überwachung oder zur Erhebung eines Widerspruchs aber nicht verpflichtet ist, empfiehlt sich für denjenigen, der eine Marke beim DPMA anmelden oder eine Marke in Benutzung nehmen möchte, sich zuvor durch eine Prioritätsrecherche des Nichtbestehens älterer Rechte (insbesondere älterer Marken- und Firmenrechte) zu versichern. Ansonsten riskiert er, trotz einer zu seinen Gunsten eingetragenen Marke, gegen die aber kein Widerspruch erhoben wurde, nach Aufnahme der Benutzung der Marke vom Inhaber älterer Rechte auf Unterlassung der Benutzung und Löschung der Marke in Anspruch genommen zu werden.

b) Formelle Schutzvoraussetzungen

30   Die Frage formeller Schutzvoraussetzungen stellt sich naturgemäß nur bei einer Marke i.S.d. § 4 Nr. 1, deren Eintragung ins Markenregister begehrt wird. Erste Voraussetzung ist die *Anmeldung* der Marke, die beim DPMA einzureichen ist. Das Anmeldeformular kann im Internet[23] heruntergeladen werden. Nach § 32 Abs. 2 Nr. 1 muss die Anmeldung Anga-

---

23 Unter www.dpma.de/formulare/marke, Dok.-Nr. W 7005.

ben enthalten, die es erlauben, die Identität des Anmelders festzustellen. Anmelder kann jedermann sein; es kann sich also um eine natürliche Person, eine juristische Person oder eine Personengesellschaft handeln, die mit der Fähigkeit ausgestattet ist, Rechte zu erwerben und Verbindlichkeiten einzugehen (vgl. § 7). Über einen Geschäftsbetrieb muss der Anmelder nicht verfügen.

§ 32 Abs. 2 Nr. 2 verlangt eine Wiedergabe der Marke in der Anmeldung. Gegenstand der **31** Markenanmeldung ist also das, was in der Anmeldung als Marke individualisiert ist. Bei Wortzeichen bedarf es der schriftlichen Wiedergabe. Wird Schutz für ein Wortzeichen in bestimmter Stilisierung ersucht, bedarf es der schriftlichen bzw. grafischen Wiedergabe des Wortes in exakt dieser Konfiguration. Entsprechendes gilt für Bildzeichen. Besonderheiten gelten bei Hörmarken, bei denen eine schriftliche Wiedergabe des Notenbildes den Anforderungen an die Wiedergabe der Marke genügt. Eine spätere Änderung der mit der Anmeldung beim DPMA eingereichten Wiedergabe der Marke ist ausgeschlossen. In Fällen, in denen der Anmelder Schutz für eine geänderte Wiedergabe der Marke begehrt, ist er deshalb auf den Weg einer Neuanmeldung angewiesen.

§ 32 Abs. 2 Nr. 3 verlangt schließlich die Einreichung eines Verzeichnisses der Waren oder **32** Dienstleistungen, für die die Eintragung der Marke beantragt wird (Empfehlungsliste für die Fassung des Verzeichnisses der Waren und Dienstleistungen s. Anhang Nr. 14). Eine nachträgliche Erweiterung des Verzeichnisses der Waren oder Dienstleistungen ist unzulässig.

Sind die vorstehenden Voraussetzungen erfüllt, gilt die Anmeldung als eingereicht. Dies **33** hat zur Folge, dass die Marke den Tag des Eingangs der Anmeldung als Prioritätsdatum beanspruchen kann. Mit der Anmeldung ist überdies eine Anmeldegebühr zu zahlen, deren Höhe sich nach der Anzahl der Klassen richtet, in die die beanspruchten Waren und Dienstleistungen fallen. Die konkret zu zahlenden Gebühren ergeben sich aus dem Gebührenverzeichnis zum Patentkostengesetz (PatkostG – s. Anhang Nr. 18). Die Zahlung der Gebühren hat allerdings nicht notwendig zusammen mit der Anmeldung zu erfolgen. Sofern der Anmelder die Anmeldegebühr noch nicht gezahlt hat, fordert das DPMA ihn unter Fristsetzung zur Zahlung auf. Erfolgt eine Zahlung auch binnen dieser Frist nicht, gilt die Anmeldung als zurückgenommen.

Weitere Anmeldevoraussetzungen finden sich in Teil II der MarkenV (s. Anhang Nr. 1). **34** Die dortigen Bestimmungen enthalten Regeln für die Anmeldung von Kollektivmarken (§ 4), die erforderlichen Angaben zum Anmelder und zu seinem Vertreter (§ 5), die Angaben zur Markenform (§ 6) sowie für die Anmeldung von Wortmarken (§ 7), Bildmarken (§ 8), dreidimensionalen Marken (§ 9), Kennfadenmarken (§ 10), Hörmarken (§ 11) und sonstigen Markenformen (§ 12).

c) Eintragungsverfahren

aa) Anmeldung und Eingangsbearbeitung

Das Eintragungsverfahren richtet sich nach §§ 32–44. Es beginnt mit dem Eingang der **35** Markenanmeldung beim DPMA. Die Eingangsbearbeitung bei der dort zuständigen Markenstelle umfasst nach § 36 die Prüfung der formellen und materiellen Anmeldeerfordernisse. Festgestellte Mängel bei der Prüfung der zwingenden formellen Anmeldevoraussetzungen gem. § 32 Abs. 2 kann der Anmelder binnen einer seitens des DPMA gesetzten Frist beseitigen. Tut er dies nicht, gilt die Anmeldung als nicht eingereicht (§ 36 Abs. 2).

36 Sind die zwingenden formellen Voraussetzungen erfüllt, erkennt die Markenstelle der Anmeldung den betreffenden Anmeldetag zu (§ 33); dieser ist maßgeblich für das Prioritätsdatum der Marke. Abweichend von diesem Grundsatz kann der Anmelder ggf. auch eine frühere ausländische Priorität oder eine frühere Ausstellungspriorität in Anspruch nehmen. Diese hat der Anmelder spätestens binnen einer Frist von zwei Monaten nach dem Anmeldetag anzugeben.

37 Zur Eingangsbearbeitung gehört schließlich die Prüfung der Frage, ob die Anmeldung den sonstigen Anmeldeerfordernissen (insbesondere denjenigen der MarkenV) entspricht und ob die Anmeldegebühren entrichtet wurden. Zur Beseitigung von Mängeln setzt das DPMA eine Frist. Verstreicht diese ungenutzt, weist das Amt die Anmeldung zurück. Eine Zurückweisung der Anmeldung erfolgt ferner, wenn der Anmelder nicht Inhaber einer Marke i. S. d. § 7 sein kann.

bb) Absolute Schutzhindernisse

38 Im zweiten Schritt prüft das DPMA die Anmeldung auf Schutzhindernisse i. S. d. §§ 3, 8 oder 10. Ist die Markenstelle der Auffassung, dass ein Eintragungshindernis im Sinne dieser Vorschriften vorliegt, hat sie dies dem Anmelder mitzuteilen und ihm die Möglichkeit zu geben, zur Auffassung der Markenstelle Stellung zu nehmen. Behält die Markenstelle ihre Auffassung trotz Stellungnahme des Anmelders bei, weist sie die Anmeldung zurück. Gegen diese Entscheidung steht dem Anmelder der Rechtsbehelf der *Erinnerung* (§ 64) bzw. in Einzelfällen die *Beschwerde* (§ 66) zur Verfügung. Weist das Patent- und Markenamt auch in der Erinnerungsinstanz die Markenanmeldung zurück, kann der Anmelder Beschwerde (§ 66) einlegen. Zuständig für die Entscheidung über die Beschwerde ist das Bundespatentgericht (BPatG). Beide Rechtsbehelfe sind binnen eines Monats seit Zustellung des Beschlusses beim DPMA einzulegen.

39 Ist der Anmelder an einer beschleunigten Prüfung seiner Anmeldung interessiert, kann er dies beantragen (§ 38). Allerdings hat er mit dem Antrag auch eine zusätzliche Gebühr zu zahlen. Im Übrigen ist der Anmelder jederzeit frei, seine Anmeldung zurückzunehmen. Sprachliche Fehler, Schreibfehler oder sonstige offensichtliche Unrichtigkeiten können auf Antrag berichtigt werden.

40 § 40 gewährt dem Anmelder die Möglichkeit der *Teilung* seiner Markenanmeldung. Für den Anmelder ist dies insbesondere dann von Interesse, wenn absolute Schutzhindernisse nur im Hinblick auf einen Teil der beanspruchten Waren oder Dienstleistungen bestehen. Um das Eintragungsverfahren zu beschleunigen, kann der Anmelder denjenigen Teil, hinsichtlich dessen absolute Schutzhindernisse nicht bestehen, abtrennen, damit der abgetrennte Teil zeitnah im Register eingetragen werden kann. Zur Teilung bedarf es einer Erklärung des Anmelders, dass die Anmeldung der Marke für die in der Teilungserklärung aufgeführten Waren und Dienstleistungen als abgetrennte Anmeldung weiterbehandelt werden soll. Für die Teilung ist eine Gebühr zu entrichten. Genügt der Anmelder diesem Erfordernis nicht, gilt die abgetrennte Anmeldung als zurückgenommen.

41 Gelangt die Markenstelle zum Ergebnis, dass der Markenanmeldung (oder der abgetrennten Anmeldung) keine Schutzhindernisse entgegenstehen, wird die Marke in das Register eingetragen (§ 41). Die Eintragung wird im *Markenblatt* veröffentlicht (Muster einer Markenveröffentlichung mit Erklärung s. Anhang Nr. 15), das seit 2004 nur noch in elektronischer Version existiert, die über die Internetseite des DPMA[24] einsehbar ist.

cc) Widerspruchsverfahren

Inhaber älterer angemeldeter oder eingetragener sowie notorisch bekannter Marken haben **42** binnen einer Frist von drei Monaten seit dem Tag der Veröffentlichung im *Markenblatt* die Möglichkeit, beim DPMA *Widerspruch* gegen die Eintragung der Marke mit dem Ziel ihrer Löschung zu erheben. Das Formular für die Einlegung eines Widerspruchs kann im Internet heruntergeladen werden.[25] Erfolgsaussichten hat ein Widerspruch, wenn die von den sich gegenüberstehenden Marken beanspruchten Waren oder Dienstleistungen identisch oder ähnlich sind und auch die Vergleichsmarken identisch oder hinreichend ähnlich sind, so dass Verwechslungsgefahr besteht (§ 9 Abs. 1 Nr. 1 und 2). Dies gilt auch für einen auf die notorisch bekannte Marke i.S.d. § 10 gestützten Widerspruch. Einen Sonderfall des Widerspruchs behandelt § 42 Abs. 2 Nr. 3, wonach der Inhaber einer Marke Widerspruch gegen die Eintragung einer Marke erheben kann, die ohne Zustimmung des Inhabers durch den Agenten oder dessen Vertreter angemeldet wurde. Aufgrund des neu eingefügten § 42 Abs. 2 Nr. 4 kann ein Widerspruch nun auch aufgrund der in § 12 genannten Rechte, nämlich der Benutzungsmarke i.S.d. § 4 Nr. 2 und der geschäftlichen Bezeichnung i.S.d. § 5, eingelegt werden.

Der Widersprechende hat *binnen der Widerspruchsfrist* eine Widerspruchsgebühr in Höhe **43** von 120 EUR zu entrichten (§ 42 Abs. 3). Hat er wirksam Widerspruch eingelegt, ist die Markenstelle gehalten, über den Widerspruch zu entscheiden. In der Praxis unternehmen die Parteien, d.h. der Widersprechende und der Inhaber der angegriffenen Marke, allerdings häufig den Versuch einer vorherigen außeramtlichen Verständigung. Im Rahmen einer solchen anerkennt der Inhaber der angegriffenen Marke zumeist die älteren Rechte des Widersprechenden und verpflichtet sich, das Verzeichnis der Waren und Dienstleistungen und die Benutzung der Marke durch Streichung oder Konkretisierung einzelner Waren oder Dienstleistungen zu beschränken. Kommt es zu einer solchen Verständigung, nimmt der Widersprechende den Widerspruch zurück, so dass es einer Entscheidung seitens des DPMA über den Widerspruch nicht mehr bedarf.

Gegen einen Widerspruch kann sich der Inhaber der angegriffenen Marke verteidigen. Ne- **44** ben dem Bestreiten einer hinreichenden Ähnlichkeit der zu vergleichenden Waren und Dienstleistungen sowie der Ähnlichkeit der sich gegenüberstehenden Marken ist insbesondere die Einrede mangelnder Benutzung der Widerspruchsmarke (§ 43 Abs. 1) von Bedeutung. Ihre Grundlage findet die Einrede mangelnder Benutzung in § 26, wonach der Inhaber einer Marke diese für die Waren oder Dienstleistungen, für die sie eingetragen ist, im Inland ernsthaft benutzen muss, sofern die fünfjährige Benutzungsschonfrist, die jede Marke genießt und die mit dem Zeitpunkt der Eintragung beginnt, verstrichen ist. Stellt sich im Widerspruchsverfahren auf die Einrede mangelnder Benutzung heraus, dass eine dem Be-

---

24 Siehe http://register.dpma.de/DPMAregister/blattdownload/marken.
25 Siehe www.dpma.de/formulare/marke, Dok.-Nr. W 7202.

nutzungszwang unterliegende Widerspruchsmarke in den vergangenen fünf Jahren nicht entsprechend den Anforderungen des § 26, d. h.

- markenmäßig,
- in der eingetragenen Form oder, im Falle einer Abweichung von der eingetragenen Form, in einer Form, die den kennzeichnenden Charakter der Marke nicht verändert und
- ernsthaft, d. h. in ausreichendem Umfang

benutzt wurde, kann das DPMA den Widerspruch zurückweisen, ohne dass es auf eine Prüfung der Verwechslungsgefahr ankommt. Allerdings ist dem Widersprechenden ausreichend Gelegenheit zu geben, die Benutzung seiner Widerspruchsmarke entsprechend den Anforderungen des § 26 glaubhaft zu machen.

45 Über den Widerspruch entscheidet das DPMA im Beschlusswege. Wie bei Beschlüssen, mit denen eine Markenanmeldung wegen entgegenstehender absoluter Schutzhindernisse zurückgewiesen wird, findet gegen Beschlüsse der Markenstelle im Widerspruchsverfahren der Rechtsbehelf der „Erinnerung" (§ 64) statt. Gegen den Beschluss des Erinnerungsprüfers kann die „Beschwerde" (§ 66) eingelegt werden.

46 Die Rechtskraft eines im Widerspruchsverfahren gefassten Beschlusses des DPMA oder des BPatG kann folgende Konsequenzen haben:

- Wird der Widerspruch zurückgewiesen, ist das Widerspruchsverfahren abgeschlossen. Die jüngere Marke kann nun nur noch im Klagewege vor den Zivilgerichten angegriffen werden.
- Wird auf einen Widerspruch die Verwechslungsgefahr bejaht, löscht das DPMA die angegriffene Marke ganz oder teilweise, d. h. im Umfang derjenigen Waren oder Dienstleistungen, hinsichtlich derer Verwechslungsgefahr besteht.

d) Schutzwirkung

47 Das Markenrecht ist ein *Ausschließlichkeitsrecht*. Dies gilt nicht nur hinsichtlich der eingetragenen Marke, sondern auch hinsichtlich der sonstigen Kennzeichen, nämlich der geschäftlichen Bezeichnungen (§ 1 Nr. 2) und geografischen Herkunftsangaben (§ 1 Nr. 3). Wie bei allen Ausschließlichkeitsrechten im gewerblichen Rechtsschutz genießt der Inhaber eines Markenrechts

- ein positives Benutzungsrecht und
- ein negatives Verbietungsrecht.

48 Aus dem positiven Benutzungsrecht ergibt sich eine umfassende Rechtsposition des Inhabers der Marke. Als Vermögenswert kann er die Marke verkaufen oder Dritten eine ausschließliche (§ 30) oder einfache Benutzungslizenz erteilen. Überdies unterliegt die Marke gem. § 29 der Pfändung. Sie kann ferner Gegenstand von Zwangsvollstreckungsmaßnahmen sein und spielt dementsprechend auch im Insolvenzverfahren des Markeninhabers eine Rolle.

49 Das negative Verbietungsrecht ist im MarkenG umfassend geregelt. Zum einen kann sich der Markeninhaber schon im Widerspruchsverfahren (vgl. § 42) gegen die Eintragung jüngerer Marken wenden. Zum anderen ermöglicht das negative Verbietungsrecht dem Berechtigten, gegen Benutzer identischer und ähnlicher Zeichen für identische und ähnliche

Waren oder Dienstleistungen im Klagewege vorzugehen, vorausgesetzt, dass sich der angegriffene Benutzer seinerseits nicht auf ältere Rechte berufen kann. Insoweit umfasst das negative Verbietungsrecht im Wesentlichen einen Anspruch auf *Unterlassung* der Benutzung (§§ 14 Abs. 5, 15 Abs. 4) und einen *Löschungsanspruch* (§ 51 Abs. 1 i.V.m. §§ 9–13 für den Fall, dass es sich bei der angegriffenen Bezeichnung um eine eingetragene Marke handelt). Ergänzend stehen dem Verletzten ein *Auskunftsanspruch* betreffend Art und Umfang sämtlicher Verletzungshandlungen sowie die Herkunft und den Vertriebsweg der widerrechtlich gekennzeichneten Gegenstände (§ 19), Ansprüche auf *Vorlage-* und *Besichtigung* (§ 19a), *Sicherung von Schadensersatzansprüchen* (§ 19b), *Urteilsbekanntmachung* (§ 19c), *Schadensersatz* (§§ 14 Abs. 6, 15 Abs. 5) sowie ein *Vernichtungsanspruch* (§ 18) zu, wonach der Verletzer verpflichtet ist, die rechtswidrig gekennzeichneten Gegenstände zu vernichten, sofern die Rechtsverletzung nicht auf andere Weise beseitigt werden kann oder im Einzelfall unverhältnismäßig ist. Im neu eingefügten § 18 Abs. 2 ist ferner ein *Rückrufanspruch* geregelt.

Die vorstehenden Ansprüche verjähren binnen einer Frist von drei Jahren seit dem Zeitpunkt, in dem der Berechtigte von der Verletzung seines Rechts und der Person des Verletzers Kenntnis erlangt hat (§ 20). Auch kann der Verletzte seine Ansprüche verwirken (§ 21). Dies ist der Fall, wenn er in Kenntnis der Benutzung des verletzenden Zeichens während eines Zeitraums von fünf aufeinanderfolgenden Jahren untätig geblieben ist und die Benutzung geduldet hat. Eine Ausnahme von diesem Grundsatz gilt nur im Falle der Bösgläubigkeit des Verletzers. **50**

e) Schutzdauer

Wie bei den sonstigen registrierten gewerblichen Schutzrechten ist auch die Schutzdauer **51** einer eingetragenen Marke begrenzt. Nach § 47 endet sie zehn Jahre nach Ablauf des Monats, in den der Anmeldetag fällt. Anders als bei den übrigen registrierten Schutzrechten ist die Schutzdauer aber beliebig oft verlängerbar, und zwar jeweils um zehn weitere Jahre. Die Verlängerung erfolgt durch Zahlung der Verlängerungsgebühr. Eines gesonderten Antrages auf Verlängerung bedarf es zwar nicht; er empfiehlt sich gleichwohl, um dem DPMA den Verwendungszweck der Zahlung erkennbar zu machen. Das Formular zum Verlängerungsantrag kann im Internet heruntergeladen werden.[26] Wird die Verlängerungsgebühr nicht bis zum letzten Tag der Schutzdauer gezahlt, kann eine Verlängerung nur noch durch Zahlung der Verlängerungsgebühr zzgl. eines Zuschlags bewirkt werden. Überdies kann das DPMA dem Inhaber der betreffenden Marke mitteilen, sofern nicht bis zum letzten Tag der Schutzdauer die Verlängerungsgebühr bezahlt worden ist, dass die Eintragung der Marke gelöscht wird, wenn nicht die Gebühr mit Zuschlag innerhalb einer Frist von sechs Monaten nach Ablauf des Monats, in dem die Mitteilung zugestellt worden ist, gezahlt wird. Unabhängig vom Zeitpunkt der Zahlung der Verlängerungsgebühr wird die Verlängerung der Schutzdauer am Tag nach dem Ablauf der Schutzdauer wirksam.

f) Löschung einer Marke

Bei der Löschung einer eingetragenen Marke sind die folgenden Fallgruppen zu unter- **52** scheiden:

---

26 Siehe unter www.dpma.de/formulare/marke, Dok.-Nr. W 7412.

aa) Verzicht (§ 48)

53 Unproblematisch ist der Verzicht des Markeninhabers auf seine Marke insgesamt oder für einen Teil der eingetragenen Waren oder Dienstleistungen. Das Formular für den Löschungsantrag wegen Verzicht kann im Internet heruntergeladen werden.[27]

bb) Verfall (§ 49)

54 Wesentlich schwieriger ist die Regelung des Verfalls gem. § 49. Hauptfall ist die Nichtbenutzung einer Marke innerhalb eines ununterbrochenen Zeitraums von fünf Jahren (§ 49 Abs. 1). Ob ein Fall der Nichtbenutzung vorliegt, richtet sich nach § 26 (vgl. Rn. 44). Weitere Fälle zählt § 49 Abs. 2 auf. Danach ist der Verfall einer Marke auch gegeben,

– wenn sie zu einer Gattungsbezeichnung geworden ist (§ 49 Abs. 2 Nr. 1),
– wenn sie infolge der Art und Weise ihrer Benutzung geeignet ist, das Publikum über Art, Beschaffenheit oder geografische Herkunft der so gekennzeichneten Waren zu täuschen (§ 49 Abs. 2 Nr. 2) oder
– wenn der Inhaber der Marke nicht mehr die gesetzlichen Anforderungen an die Inhaberschaft (§ 7) erfüllt (§ 49 Abs. 2 Nr. 3).

55 Liegt ein Verfallsgrund vor, kann die Löschung der betroffenen Marke beim DPMA (§§ 49 Abs. 1, 53) beantragt (das Formular für den Löschungsantrag wegen Verfalls kann im Internet heruntergeladen werden)[28] oder durch Klage vor den ordentlichen Gerichten (§ 55) verfolgt werden. Widerspricht allerdings der Inhaber der angegriffenen Marke dem beim DPMA eingereichten Löschungsantrag, kann der Antragsteller seinen Löschungsanspruch nur noch im Wege der auf Löschung gerichteten Klage vor den Zivilgerichten geltend machen.

cc) Nichtigkeit wegen absoluter Schutzhindernisse (§ 50)

56 Die Löschung kommt weiterhin bei Nichtigkeit der Marke wegen absoluter Schutzhindernisse in Betracht (§ 50). Nichtig sind:

– Marken, die eingetragen wurden, obwohl ihnen die abstrakte Eignung, als Marke zu dienen, fehlt (§ 3),
– Marken, die eingetragen wurden, obwohl deren Inhaber nicht die Voraussetzungen der Inhaberschaft i. S. d. § 7 erfüllt,
– Marken, die eingetragen wurden, obwohl ihnen absolute Schutzhindernisse entgegenstanden (§ 8). Der Antrag auf Löschung wegen absoluter Schutzhindernisse ist beim DPMA zu stellen. Ein Musterformular kann im Internet heruntergeladen werden.[29] Gegen den Beschluss des DPMA steht den Parteien der Rechtsbehelf der Beschwerde an das BPatG zu (§ 66 Abs. 1 S. 1).

---

27 Siehe unter www.dpma.de/formulare/marke, Dok.-Nr. W 7437.
28 Siehe unter www.dpma.de/formulare/marke, Dok.-Nr. W 7440.
29 Siehe unter www.dpma.de/formulare/marke, Dok.-Nr. W 7442.

dd) Nichtigkeit wegen des Bestehens älterer Rechte

Ein weiterer Fall der Nichtigkeit ist das Bestehen älterer Rechte (§ 51). Anders als im Wi- **57**
derspruchsverfahren ist der Inhaber der älteren Rechte hier allerdings auf den gegenüber
dem patentamtlichen Verfahren kostenintensiveren Weg einer Klage vor den ordentlichen
Gerichten angewiesen (§ 55). Zumeist lässt sich der Weg einer Klage aber dadurch vermeiden, dass der Inhaber einer Marke die notwendigen Vorkehrungen für deren Überwachung
auf Kollisionen mit Neueintragungen trifft. Er kann dann rechtzeitig Widerspruch beim
DPMA einlegen und auf diese Weise eine Entscheidung des Amtes herbeiführen, die zur
teilweisen oder vollständigen Löschung der Neueintragung führen kann, oder sich außer-
amtlich mit dem Inhaber der jüngeren Marke über eine Abgrenzung des Verzeichnisses der
Waren und Dienstleistungen verständigen. Wird der Widerspruch jedoch rechtskräftig zurückgewiesen, hat der Inhaber der älteren Rechte nur noch die Möglichkeit der Geltendmachung seiner Rechte im Klagewege vor den ordentlichen Gerichten.

3. IR-Marken

Das Schutzbewilligungsverfahren für IR-Marken (s. a. Rn. 81), die Schutz in der Bundes- **58**
republik Deutschland beanspruchen, folgt im Wesentlichen den für das Eintragungsverfahren einer nationalen Markenanmeldung geltenden Bestimmungen. § 107 sieht insoweit
ausdrücklich eine entsprechende Anwendung der Bestimmungen des MarkenG vor. Daraus
folgt, dass insbesondere die materiellen Schutzvoraussetzungen für die Schutzbewilligung
bezüglich des die Bundesrepublik Deutschland betreffenden Teils einer IR-Marke gleich
sind. Zwar entspricht der Wortlaut der §§ 8 und 9 nicht genau dem Wortlaut der entsprechenden Vorschrift des Art. 6^{quinquies} Abschn. B PVÜ, doch geht die Rechtsprechung in
ständiger Spruchpraxis davon aus, dass das MarkenG mit den Bestimmungen der PVÜ
grundsätzlich übereinstimmt,[30] so dass die auf der Grundlage der Bestimmungen des deutschen Rechts entwickelte Rechtsprechung auch bei IR-Marken, die Schutz für die Bundesrepublik Deutschland beanspruchen, Anwendung findet.

Will der Inhaber einer deutschen Marke eine internationale Registrierung seiner Marke er- **59**
reichen, hat er über das Deutsche Patent- und Markenamt einen entsprechenden Antrag
beim Internationalen Büro der OMPI (Organisation Mondiale de la Propriété Intellectuelle) bzw. WIPO (World Intellectual Property Organisation) zu stellen. In diesem hat er
neben den Angaben zur deutschen Basismarke insbesondere diejenigen Länder zu benennen, in denen die IR-Marke Schutz beanspruchen soll.[31] Erfolgt der Antrag auf internationale Registrierung binnen einer Frist von sechs Monaten seit dem Tag der Anmeldung der
deutschen Basismarke, kann deren Priorität in Anspruch genommen werden (Art. 4 PVÜ).
Die Liste der Länder, in denen die IR-Marke Schutz beanspruchen soll, lässt sich jederzeit
erweitern (nachträgliche Schutzerstreckung vgl. § 111). Sie ist allerdings naturgemäß beschränkt auf die Vertragsstaaten des MMA und des PMMA. Eine jeweils aktualisierte Liste
der Vertragsstaaten lässt sich der Homepage der OMPI entnehmen.

---

30 BPatG, GRUR 1998, 706 – Montre I.
31 Musterformulare für die Anmeldung von IR-Marken können unter www.ompi.int/madrid/en/
forms bzw. www. wipo.int/madrid/en/forms, das dazugehörige Begleitschreiben an das DPMA unter www.dpma.de/formulare/marke, Dok.-Nr. M 8005 heruntergeladen werden.

60 Nach Hinterlegung des Antrages auf internationale Registrierung einer Marke wird diese in der – nur noch in elektronischer Form erscheinenden – *Gazette OMPI des marques internationales* (WIPO Gazette of international marks) veröffentlicht. Da es sich bei einer IR-Marke um ein Bündel nationaler Marken handelt, orientiert sich die Prüfung der materiellen Schutzvoraussetzungen (absolute und relative Schutzhindernisse) grundsätzlich am nationalen Recht des jeweiligen Vertragsstaats. Dieser ist bei der Beurteilung der Schutzhindernisse jedoch an die entsprechenden Bestimmungen der PVÜ (insbesondere Art. 6^{quinquies} Abschn. B PVÜ) gebunden. Kommt das Markenamt eines Vertragsstaats zu dem Ergebnis, dass der Schutzbewilligung absolute und/oder relative Schutzhindernisse entgegenstehen, hat es dies dem internationalen Büro in Genf (OMPI) binnen einer Frist von einem Jahr seit dem Datum der Veröffentlichung der Marke mitzuteilen. Die Beanstandung stellt das OMPI sodann dem Markeninhaber bzw. dessen Vertreter zu. Wie auch im deutschen Recht hat der Markeninhaber die Möglichkeit, sich gegen die amtliche Beanstandung zu verteidigen.

61 Die Schutzdauer der IR-Marke beträgt grundsätzlich zwanzig Jahre (Art. 6 Abs. 1 MMA – dagegen sieht die IR-Marke gem. PMMA nur eine zehnjährige Schutzfrist vor). Faktisch beträgt sie jedoch nur zehn Jahre, da auch die Gebühren nur für jeweils zehn Jahre einzuzahlen sind. Innerhalb der ersten fünf Jahre seit dem Zeitpunkt der internationalen Registrierung ist die IR-Marke abhängig vom Schicksal der nationalen Basismarke (Art. 6 Abs. 2 MMA). Wird diese innerhalb des genannten Zeitraums also ganz oder teilweise gelöscht, gilt Entsprechendes auch für die IR-Marke.

62 Den Schutz von IR-Marken nach dem MMA und dem PMMA im Lichte des deutschen MarkenG regeln im Übrigen die Bestimmungen des Teils 5 dieses Gesetzes: Abschnitt 1 (§§ 107–118) betrifft den Schutz von Marken nach dem MMA, wohingegen Abschnitt 2 (§§ 119–125) den Schutz von Marken nach dem PMMA regelt (zu den Einzelheiten s. Kommentierung dort).

4. Die Benutzungsmarke (§ 4 Nr. 2)

63 Nach § 4 Nr. 2 kann der Markenschutz auch ohne Eintragung durch die Benutzung des Zeichens im geschäftlichen Verkehr entstehen, sobald es innerhalb beteiligter Verkehrskreise als Marke Verkehrsgeltung erworben hat. Die Entstehung des Schutzes hängt von folgenden Voraussetzungen ab:

a) Zeichen

64 Den Schutz kraft Verkehrsgeltung kann jedes Zeichen erlangen, das die Voraussetzungen der Markenfähigkeit i. S. d. § 3 aufweist und nicht den Ausschlussgründen des § 8 Abs. 2 Nr. 4–10 unterliegt.

b) Konkret benutzte Waren oder Dienstleistungen

65 Anders als die eingetragene Marke kann die Benutzungsmarke nur Schutz für diejenigen Waren oder Dienstleistungen erlangen, für die das Zeichen tatsächlich benutzt wird. Dies ist evident, denn für Waren oder Dienstleistungen, für die ein Zeichen nicht benutzt wurde, kann auch keine Verkehrsgeltung entstehen.

c) Beteiligte Verkehrskreise

Die Entstehung der Verkehrsgeltung setzt voraus, dass sich die Marke *innerhalb beteiligter*   **66**
Verkehrskreise durchgesetzt hat. Eine Durchsetzung der Marke in der Gesamtbevölkerung
ist nicht erforderlich. Neben den mit den konkreten Waren befassten Händlern zielt die Formulierung *innerhalb beteiligter Verkehrskreise* insbesondere auf diejenigen Endabnehmer
ab, die als tatsächliche Käufer oder Interessenten der betreffenden Waren in vergleichbarer
Qualität und/oder im gleichen Preissegment in Betracht kommen. Dementsprechend kann
bei Waren des täglichen Lebens auf breiteste Bevölkerungsschichten abzustellen sein, wohingegen etwa bei Luxusartikeln lediglich diejenigen Verkehrskreise zu berücksichtigen
sind, die im Hinblick auf gerade diese Artikel ernsthaft als Käufer oder Interessenten in
Betracht kommen. Entsprechendes gilt bei Dienstleistungen.

d) Verkehrsgeltung

Die Verkehrsgeltung ließ sich in der Vergangenheit vorzugsweise durch ein Meinungsfor-   **67**
schungsgutachten ermitteln. Dabei differenzierte die bisherige Rechtsprechung bei der
Feststellung des erforderlichen Maßes der Verkehrsgeltung vornehmlich nach der Stärke
des Freihaltebedürfnisses. Die Rechtsprechung ging davon aus, dass je stärker das Freihaltebedürfnis einzuschätzen sei, desto höher die Anforderungen an den Bekanntheitsgrad
sein müssten. In vielen Fällen wurden daher selbst Bekanntheitsgrade von 50 % oder 70 %
für unzureichend gehalten.

Die Grundsätze dieser Rechtsprechung sind aufgrund der *Chiemsee*-Entscheidung des   **68**
EuGH[32] aber fragwürdig geworden, denn dem EuGH scheinen einheitliche Größenordnun-
gen für alle Benutzungsmarken vorzuschweben, bei denen eine Verschärfung der Anforderungen bei gesteigertem Freihaltebedürfnis nicht stattfinden soll. In gleichem Maße wie
quantitative sollen auch qualitative Kriterien eine Rolle spielen, wie z. B. der von der Marke gehaltene Marktanteil, die Intensität, die geografische Verbreitung und vor allem die
Dauer der Benutzung der Marke, der Werbeaufwand des Unternehmens für die Marke sowie Erklärungen von Industrie- und Handelskammern oder von anderen Berufsverbänden.[33]

e) Sonstiges

Der Schutz eines Zeichens als Benutzungsmarke mit Verkehrsgeltung i. S. d. § 4 Nr. 2 kann   **69**
(anders als im Falle der Verkehrsdurchsetzung nach § 8 Abs. 3) auch in einem abgegrenzten Teilgebiet der Bundesrepublik entstehen. Maßgebend ist dabei der Zeitpunkt, in dem
die Voraussetzungen für die Verkehrsgeltung festgestellt wurden. Der Schutz entfällt, wenn
die erforderliche Verkehrsgeltung nicht mehr vorliegt. Letzteres kann Folge mangelnder
Benutzung des Zeichens oder fehlender bzw. nicht ausreichender Bewerbung sein, die die
Bekanntheit des Zeichens zu unterstützen geeignet ist.

---

32 WRP 1999, 629, 634 = GRUR 1999, 723.
33 EuGH, WRP 1999, 629, 634 Tz. 51 = GRUR 1999, 723, 727 – Chiemsee; WRP 1999, 806, 808
    Tz. 23 = GRUR Int. 1999, 734, 736 – Lloyd; WRP 2002, 924, 930 Tz. 60–62 = GRUR 2002, 804,
    808 – Philips.

5. Die notorisch bekannte Marke (§ 4 Nr. 3)

70 Ebenfalls unabhängig von einer Eintragung entsteht der Markenschutz aufgrund notorischer Bekanntheit der Marke. Die praktische Bedeutung des § 4 Nr. 3 ist allerdings eher gering. Denn nahezu ausnahmslos wird ein notorisch bekanntes Zeichen auch die Schutzvoraussetzungen des § 4 Nr. 2 erfüllen, der einen geringeren Bekanntheitsgrad erfordert als das notorisch bekannte Zeichen. § 4 Nr. 3 wird daher regelmäßig nur für solche Zeichen relevant, die im Inland nicht oder nicht ausreichend benutzt werden, aber dennoch als Zeichen, die von einem Dritten (im Ausland) benutzt werden, bekannt sind. Der zu fordernde Durchsetzungsgrad dürfte neben qualitativen Anforderungen nicht unterhalb des Schwellenwertes von 60 % anzusiedeln sein.

6. Geschäftliche Bezeichnungen

71 Neben Marken schützt das MarkenG *geschäftliche Bezeichnungen* (§§ 1 Nr. 2, 5, 15). Begrifflich umfassen diese *Unternehmenskennzeichen* und *Werktitel*. Unternehmenskennzeichen sind der Name eines Geschäftsbetriebs (dessen Rechtsform keine Rolle spielt) einschließlich des bürgerlichen Namens, unter dem jemand geschäftlich tätig wird, die Firma sowie die besondere Bezeichnung eines Geschäftsbetriebs. Die besondere Bezeichnung eines Geschäftsbetriebs ist unabhängig vom Namen des Gewerbetreibenden oder der Firma. Bei ihr handelt es sich um eine Bezeichnung, die neben der Firma als geschäftliches Kennzeichen des Unternehmens verwendet wird. Ebenfalls geschützt sind die sog. Geschäftsabzeichen. Anders als bei den geschäftlichen Bezeichnungen ist hier zur Schutzentstehung Verkehrsgeltung erforderlich.

72 Der Begriff der geschäftlichen Bezeichnung bezieht ferner *Werktitel* ein. Werktitel sind, wie § 5 Abs. 3 formuliert, die „Namen oder besonderen Bezeichnungen von Druckschriften, Filmwerken, Tonwerken, Bühnenwerken oder sonstigen vergleichbaren Werken". In diese Fallgruppe gehören auch die Titel von Computer-Software.

73 Voraussetzung für die Entstehung des Schutzes eines Zeichens als geschäftliche Bezeichnung ist deren Ingebrauchnahme. Der Begriff der Ingebrauchnahme ist großzügig auszulegen. Im Firmenrecht können auch schon konkrete Vorbereitungshandlungen ausreichen; beim Titelschutz kann bereits eine Titelschutzanzeige genügen. Voraussetzung für den Schutz als geschäftliche Bezeichnung ist ferner deren Kennzeichnungskraft. Anders als bei der *Marke* liegt der Grad der erforderlichen Unterscheidungskraft in der Regel wesentlich niedriger. Der Schutz erlischt mit der Aufgabe der Benutzung. Problematisch können Fälle der vorübergehenden Unterbrechung der Benutzung sein.

74 Der Schutz der geschäftlichen Bezeichnung ist die unerlässliche Ergänzung des Schutzes der Marke. Im Grundsatz können prioritätsältere Unternehmenskennzeichen jüngeren Unternehmenskennzeichen wie auch jüngeren Marken entgegengehalten werden. Voraussetzung dafür ist aber immer ein die Nähe der zu vergleichenden Branchen begründender Bezug zwischen den jeweiligen Waren oder Dienstleistungen sowie die Identität oder Ähnlichkeit der sich gegenüberstehenden Bezeichnungen. Die Voraussetzungen für die Regelung von Kollisionen eines Unternehmenskennzeichens mit jüngeren Kennzeichen regelt § 15.

7. Geografische Herkunftsangaben

Wie die geschäftlichen Bezeichnungen bedingt auch der Schutz der geografischen Herkunftsangabe keine formelle Registrierung. Er entsteht vielmehr kraft Benutzung, sofern die Voraussetzungen eines rechtmäßigen Gebrauchs erfüllt sind. Der unberechtigte Benutzer einer geografischen Herkunftsangabe kann keinerlei Rechte gegenüber dritten – ebenfalls unberechtigten – Benutzern geltend machen. Auch gegenüber anderen rechtmäßigen Benutzern einer geografischen Herkunftsangabe können keinerlei Rechte hergeleitet werden. Insoweit kann von einer „eingeschränkten Ausschließlichkeitsfunktion" gesprochen werden. **75**

Die näheren Bestimmungen zum Schutz der geografischen Herkunftsangaben finden sich in §§ 126–139. Ergänzt werden diese Bestimmungen durch § 144, der den strafrechtlichen Schutz gegen die unberechtigte Benutzung regelt. **76**

8. Markenrecht und konkurrierende gesetzliche Regelungen

Das MarkenG schließt die ergänzende Heranziehung anderer Vorschriften nicht aus (§ 2), sofern nicht das MarkenG als Spezialgesetz den jeweiligen Tatbestand abschließend regelt. Dies gilt insbesondere für die Heranziehung des § 4 UWG sowie des deliktsrechtlichen Schutzes nach §§ 823, 1004 BGB. Uneingeschränkt ergänzend anwendbar sind die Vorschriften des UrhG und des GeschmMG. Ergänzend anwendbar sind ferner (insbesondere beim Schutz der Unternehmenskennzeichen) der Namensschutz nach § 12 BGB sowie die Bestimmung des § 37 Abs. 2 HGB zum unbefugten Firmengebrauch. Anspruchskonkurrenz besteht überdies hinsichtlich des wettbewerbsrechtlichen Irreführungsschutzes nach §§ 2 ff. UWG und entsprechenden Spezialregelungen (beispielsweise § 17 Abs. 1 Nr. 5 LMBG). **77**

IV. Anhang: Deutsches und internationales Markenrecht

1. Territorialitätsprinzip

Das internationale Markenrecht wird – wie auch die übrigen gewerblichen Schutzrechte – durch den Begriff des Territorialitätsprinzips geprägt. Dieses besagt, dass sich der Schutz einer Marke wie auch die sich daraus ergebenden Rechtswirkungen auf das Gebiet des jeweiligen Schutzstaates beschränken und ausschließlich nach dessen Rechtsordnung regeln. Das MarkenG regelt daher nur den Kennzeichenschutz in der Bundesrepublik Deutschland. Die Rechtsordnungen anderer Staaten sind auf das nationale Markenrecht ohne Einfluss. So kann beispielsweise die Benutzung einer Marke in einem anderen Staat die fehlende Benutzung einer in der Bundesrepublik Deutschland eingetragenen Marke nicht heilen (vgl. aber das Deutsch-Schweizerische Abkommen aus dem Jahre 1892 – s. Anhang Nr. 5). Aufgrund des Territorialitätsprinzips kommt es also zu einer klaren Trennung der nationalen Markenrechte, die sich im zwischenstaatlichen Handel häufig als nicht unerhebliche Handelshemmnisse entpuppen können. Das Territorialitätsprinzip gilt auch für international registrierte Marken (IR-Marken), die jeweils ein Bündel territorial begrenzter, nämlich auf die Territorien der jeweils beanspruchten Staaten beschränkter Markenrechte enthalten. Keine Geltung beansprucht der auf einzelstaatliche Territorien begrenzte Grund- **78** satz des Territorialitätsprinzips demgegenüber bei der Gemeinschaftsmarke, deren Eintragung EU-weite Rechtswirkungen mit sich bringt. Insoweit statuiert die Gemeinschaftsmarkenverordnung (GMV) allerdings ein EU-weites Territorialitätsprinzip.

2. Internationale Abkommen

79 Trotz des im MarkenG zum Ausdruck kommenden Territorialitätsprinzips ist auch das internationale Markenrecht, das in mehreren Abkommen Ausdruck findet, von erheblicher Bedeutung für das Markenrecht in der Bundesrepublik Deutschland. Insbesondere gilt dies hinsichtlich der IR-Marken, sodann aber auch für das deutsche Markenrecht, das in einigen Fallgestaltungen vom internationalen Recht beeinflusst wird. Eine Sonderrolle nehmen das TRIPS-Abkommen und die Gemeinschaftsmarkenverordnung ein.

a) Pariser Verbandsübereinkunft (PVÜ)

80 Das grundlegende Abkommen auf dem Gebiet des gewerblichen Rechtsschutzes, die *Pariser Verbandsübereinkunft* (PVÜ) vom 20.3.1883 (Anhang Nr. 2), statuiert in Art. 2 Abs. 1 und 2 den Grundsatz der Inländerbehandlung, wonach Ausländer in ihrer Rechtsstellung wie Inländer zu behandeln sind. Die Bedingungen für den Erwerb und die Aufrechterhaltung einer Marke sowie deren Rechtswirkungen müssen für Ausländer und Inländer also gleich sein. Aus dem Grundsatz der Unionspriorität i. S. d. Art. 4 PVÜ ergibt sich, dass der Anmelder einer nationalen Marke binnen einer Frist von sechs Monaten ab dem Datum der Anmeldung in einem anderen PVÜ-Verbandsstaat für eine identische Marke die Priorität der inländischen Erstanmeldung beanspruchen kann. Art. 6 Abs. 1 PVÜ unterstreicht die Gültigkeit des Territorialitätsprinzips in sämtlichen Verbandsstaaten. Dieses findet Ausdruck im Grundsatz der Unabhängigkeit der Marke, der besagt, dass das Schicksal einer in einem Verbandsstaat angemeldeten und eingetragenen Marke unabhängig vom Schicksal der in einem anderen Verbandsstaat angemeldeten Marke ist. Eine wichtige Ausnahme von diesem Grundsatz ist allerdings bei IR-Marken zu beachten, wonach die Unabhängigkeit von der nationalen Basismarke erst nach einer Frist von fünf Jahren ab dem Zeitpunkt der internationalen Registrierung eintritt (Art. 6 Abs. 2 MMA). Als besonders bedeutsam ist der Grundsatz des sog. *Telle-quelle-Schutzes* hervorzuheben (Art. 6^{quinquies} PVÜ). Danach ist jede im Ursprungsland eingetragene Marke „so, wie sie ist" in den übrigen Verbandsländern eintragbar. Nach Art. 6^{quinquies} Abschn. B darf ein Verbandsland die Eintragung nur verweigern, wenn ältere Rechte Dritter entgegenstehen (Nr. 1), die Marke jeder Unterscheidungskraft entbehrt oder freihaltebedürftig ist (Nr. 2) oder wenn die Marke geeignet ist, gegen die guten Sitten oder die öffentliche Ordnung zu verstoßen (Nr. 3). Materiell ist die Bestimmung insoweit von Bedeutung, als sie die Beurteilung von Eintragungshindernissen dem nationalen Recht entzieht, sofern sich der Anmelder auf den Telle-quelle-Schutz beruft. Die Beurteilung, ob einer der Schutzversagungsgründe i. S. d. Art. 6^{quinquies} Abschn. B PVÜ vorliegt, obliegt allerdings den nationalen Gerichten, die angesichts der weitgehenden Wortlautgleichheit der Schutzversagungsgründe des § 8 Abs. 2 Nr. 1 (Unterscheidungskraft) und 2 (Freihaltebedürfnis) und des Art. 6^{quinquies} Abschn. B Nr. 2 PVÜ davon ausgehen, dass das MarkenG mit den Bestimmungen der PVÜ grundsätzlich übereinstimmt.[34]

---

34 BPatG, GRUR 1998, 706 – Montre I.

b) Madrider Markenabkommen (MMA)

Das mit der PVÜ eng verbundene *Madrider Abkommen über die internationale Registrie-* **81** *rung von Marken* (MMA) vom 14.4.1891 (s. Anhang Nr. 3) regelt die internationale Registrierung von Marken beim Internationalen Büro in Genf (OMPI – *Organisation Mondiale de la Propriété Intellectuelle* bzw. WIPO – *World Intellectual Property Organisation*). Voraussetzung der internationalen Registrierung einer Marke ist deren Anmeldung und Eintragung als nationale Marke in einem zum MMA gehörigen Ursprungsland. Beansprucht werden kann der Schutz für beliebig viele Vertragsstaaten, in denen die IR-Marke jeweils wie ein nationales Schutzrecht behandelt wird. Dementsprechend handelt es sich bei der IR-Marke nicht um eine in den genannten Vertragsstaaten einheitlich gültige Marke, sondern um ein Bündel nationaler Marken (zur IR-Marke s. a. Rn. 58–62).

c) Protokoll zum MMA (PMMA)

Die wesentliche Bedeutung des *Protokolls zum MMA* (PMMA) vom 27.6.1989 (s. Anhang **82** Nr. 4) liegt darin, dass Anmelder aus den Mitgliedstaaten des MMA den Schutz für ihre internationalen Registrierungen auch auf diejenigen Mitgliedstaaten des PMMA ausdehnen können, die zwar nicht Mitglieder des MMA, wohl aber des PMMA sind. Dies gilt beispielsweise für Länder wie Großbritannien, die USA und Japan, aber auch für die Europäische Gemeinschaft als solche, die mit Wirkung zum 1.10.2004 dem PMMA beigetreten ist. Die gemeinsame Ausführungsordnung (GAusfO) v. 18.1.1996 enthält Regelungen zur vereinheitlichenden Anwendung von MMA und PMMA.

d) Nizzaer Klassifikationsabkommen (NKA)

Das *Nizzaer Abkommen über die internationale Klassifikation* (NKA) vom 15.6.1957 führ- **83** te zu einer einheitlichen internationalen Klassifikation für Waren und Dienstleistungen und deren Einteilung in Klassen. Für internationale Registrierungen ist diese Klassifikation verbindlich. Sie entspricht im Übrigen nahezu vollständig der Klasseneinteilung für Waren und Dienstleistungen nach deutschem Recht.

e) Madrider Herkunftsabkommen (MHA)

Die Bedeutung des Madrider Abkommens über die Unterdrückung falscher oder irrefüh- **84** render *Herkunftsangaben* (Madrider Herkunftsabkommen – MHA) vom 14. 4. 1891 liegt in der Verpflichtung der Vertragsstaaten, Herkunftsangaben anderer Vertragsstaaten zu schützen. Das MarkenG enthält eine entsprechende Verpflichtung der Bundesrepublik Deutschland in §§ 126 ff. (zum Inhalt und zur Bedeutung des Schutzes von Herkunftsangaben vgl. Anmerkungen zu §§ 126 ff.).

f) Lissaboner Ursprungsabkommen (LUA)

Das *Lissaboner Ursprungsabkommen* (LUA) vom 31.10.1958 weist gewisse Parallelen **85** zum MHA auf. Im Wesentlichen zielt es auf den Schutz von im Ursprungsland kraft gesetzlicher Vorgaben oder gerichtlicher Entscheidungen anerkannter und geschützter Ursprungsbezeichnungen ab. Die Bundesrepublik Deutschland ist dem LUA allerdings nicht beigetreten.

3. TRIPS

86 Das TRIPS-Abkommen hat mit Wirkung vom 1.1.1995 das Freihandelsabkommen GATT abgelöst. Bestimmungen zum Markenrecht befinden sich in Teil II Abschn. 2 (Art. 15–21) des Abkommens. Die dortigen Postulate werden vom MarkenG vollumfänglich erfüllt. Die Bedeutung des TRIPS-Abkommens für die Anwendung und Auslegung des MarkenG ist daher gering. Es ist im Übrigen auch keine Anspruchsgrundlage.[35]

4. Markenrechtsrichtlinie

87 Mit der *ersten Richtlinie des Rates zur Angleichung der Rechtsvorschriften der Mitglied-staaten über die Marken* vom 21.12.1988[36] haben die Europäischen Gemeinschaften das grundlegende Regelungswerk zur Rechtsvereinheitlichung auf dem Gebiet des Markenrechts geschaffen. Seit Oktober 2008 liegt die Richtlinie in kodifizierter Form vor[37] (s. Anhang Nr. 7). Das MarkenG ist das Ergebnis der Umsetzung der Markenrechtsrichtlinie in Deutschland. Damit ist die Bedeutung der Markenrechtsrichtlinie indes nicht erschöpft, denn nach ihr richtet sich die Auslegung zahlreicher Bestimmungen des MarkenG. Dementsprechend gelangte in den vergangenen Jahren eine Vielzahl seitens deutscher Gerichte vorgelegter Fragen zur Auslegung von Bestimmungen der Richtlinie zum EuGH. Damit ist die Markenrechtsrichtlinie in weitem Umfang Grundlage für die Anwendung und Auslegung des deutschen und des nationalen Markenrechts der übrigen EU-Mitgliedsländer.

5. Gemeinschaftsmarkenrecht

88 Mit der *Verordnung (EG) Nr. 40/94 des Rates vom 20.12.1993 über die Gemeinschaftsmarke* (GMV),[38] die aufgrund der *Verordnung (EG) Nr. 207/2009 vom 26.2.2009* inzwischen in kodifizierter Form vorliegt[39] (s. Anhang Nr. 6) hat der Rat der Europäischen Union die Gemeinschaftsmarke ins Leben gerufen. Anders als die nationale Marke und die IR-Marke entfaltet die Gemeinschaftsmarke nicht einen nationalen, sondern einen sich auf das gesamte Gebiet der EU-Mitgliedstaaten erstreckenden Markenschutz. Nationales Recht ist neben der GMV nicht anwendbar, soweit die Regelungen zum Erwerb, zur Aufrechterhaltung und zur Verletzung einer Gemeinschaftsmarke in der GMV bzw. der Durchführungsverordnung (GMDV – VO (EG) Nr. 2868/95) abschließend enthalten sind. Allerdings enthält die GMV zahlreiche Verweise auf nationales Recht (z. B. Auskunfts- und Schadensersatzansprüche im Verletzungsfall).

89 Ergänzt wird die GMV durch die *Verordnung Nr. 2868/95 (EG) der Kommission vom 13.12.1995 zur Durchführung der Verordnung Nr. 40/94 (EG) des Rates über die Gemein-

---

35 BPatG, GRUR 1997, 53 – Chinesische Schriftzeichen.
36 89/104/EWG, ABl. EG Nr. L 40 v. 11.2.1989, 1.
37 2008/95/EG, ABl. EU Nr. L 299 v. 8.11.2008, 25.
38 ABl. EG Nr. L 11 v. 14.1.1994, 1.
39 ABl. EU Nr. L 78 v. 24.3.2009, 1.

schaftsmarke[40] und die *Verordnung Nr. 2869/95 (EG) der Kommission vom 13.12.1995 über die an das Harmonisierungsamt für den Binnenmarkt (Marken, Muster und Modelle) zu entrichtenden Gebühren.*[41] Sämtliche Verordnungen sind in allen EU-Mitgliedstaaten unmittelbar geltendes Recht. Das Verhältnis zwischen Gemeinschaftsmarke und nationaler Marke (einschließlich der IR-Marke) regelt das MarkenG in §§ 125a–125i.

---

40 ABl. EG Nr. L 303 v. 15.12.1995, 1.
41 ABl. EG Nr. L 303 v. 15.12.1995, 33.

B. Kommentierung zum Markengesetz
Teil 1
Anwendungsbereich

§ 1
Geschützte Marken und sonstige Zeichen

Nach diesem Gesetz werden geschützt:

1. Marken,
2. geschäftliche Bezeichnungen,
3. geografische Herkunftsangaben.

Übersicht

Literatur: *Krings,* Haben §§ 14 Abs. 2 Nr. 3 und 15 Abs. 3 MarkenG den Schutz der berühmten Marke sowie des berühmten Unternehmenskennzeichens aus §§ 12, 823 Abs. 1, 1004 BGB ersetzt?, GRUR 1996, 624; *Piper,* Der Schutz der bekannten Marken, GRUR 1996, 429; *Sack,* Sonderschutz bekannter Marken, GRUR 1995, 81; *Starck,* Die Auswirkungen des MarkenG auf das Gesetz gegen den unlauteren Wettbewerb, DZWir 1996, 313.

I. Allgemeines

1   § 1 regelt den sachlichen Geltungsbereich des MarkenG. Regelungsgegenstand ist das Recht der *Kennzeichen,* die § 1 begrifflich in *geschützte Marken* und *sonstige Kennzeichen* unterteilt. Die Zusammenfassung sämtlicher Kennzeichen in einem Gesetz dient dem Ziel der Vereinheitlichung des Kennzeichenschutzes. Dies bedeutet jedoch nicht, dass sämtliche Kennzeichenrechte gleich zu behandeln sind. So finden etwa die für den Schutz der geschäftlichen Bezeichnungen maßgeblichen Regeln in §§ 5 und 15 ihre spezielle Ausprägung, während sich der Schutz der geografischen Herkunftsangaben nach §§ 126–139 richtet.

II. Die einzelnen Regelungsgegenstände des MarkenG
1. Marken (§ 1 Nr. 1)

2   Hauptregelungsgegenstand des MarkenG ist die *Marke.* Wie schon im bis zum Inkrafttreten des MarkenG gültigen WZG umfasst der Begriff der *Marke* Warenmarken, Dienst-

leistungsmarken und Kollektivmarken (vgl. §§ 97 ff.). Die Marke dient zur Kennzeichnung einer Ware oder einer Dienstleistung. Ihr wesentliches Ziel ist es, die Ware oder die Dienstleistung, die sie kennzeichnet, zu identifizieren, von den Waren oder Dienstleistungen anderer Unternehmen auf dem Markt zu unterscheiden und das Charakterbild der Ware oder der Dienstleistung in der Öffentlichkeit zu kommunizieren.

Hauptform der i.S.d. § 1 Nr. 1 geschützten Marke ist die angemeldete und eingetragene **3** Marke (§ 4 Nr. 1). Hierzu gehören auch international registrierte Marken, sofern sie Schutz für die Bundesrepublik Deutschland beanspruchen (§ 107), nicht aber Gemeinschaftsmarken, deren materielles Recht in der GMV geregelt ist.

Auch ohne Anmeldung und Eintragung kann eine Marke Schutz genießen. Dies ist nach **4** § 4 Nr. 2 der Fall, wenn ein nach der Art einer Marke benutztes Kennzeichen innerhalb beteiligter Verkehrskreise als Marke derart bekannt geworden ist, dass es *Verkehrsgeltung* erlangt hat. Und schließlich kann der Markenschutz aufgrund *notorischer Bekanntheit* der Marke entstehen (§ 4 Nr. 3). Der Begriff der notorischen Bekanntheit orientiert sich an Art. 6bis PVÜ.

Die maßgeblichen materiellrechtlichen Bestimmungen für das Eintragungsverfahren und **5** den Schutz von Marken finden sich in den Teilen 2 (§§ 3–31) und 3 (§§ 32–96) des MarkenG. Zu verweisen ist ferner auf die Bestimmungen zur Kollektivmarke in Teil 4 (§§ 97–106) sowie zu den IR-Marken (§§ 107–125) und zu den Gemeinschaftsmarken (§§ 125a–125i) in Teil 5. Bei Letzteren sind allerdings die wechselseitigen Bezüge zum deutschen Markenrecht zu beachten (s. Kommentierung zu §§ 125a–125i).

2. Geschäftliche Bezeichnungen (§ 1 Nr. 2)

Bis zum Inkrafttreten des MarkenG war der Schutz geschäftlicher Bezeichnungen in § 16 **6** UWG geregelt. Diese Bestimmung ist durch die §§ 5, 15 ersetzt worden; eine wesentliche Änderung des materiellen Rechts ist damit jedoch nicht verbunden.

Bei den *geschäftlichen Bezeichnungen* i.S.d. § 1 Nr. 2 ist zwischen *Unternehmenskennzeichen* **7** *chen* und *Werktiteln* zu unterscheiden. Unter Unternehmenskennzeichen versteht man namensartige Bezeichnungen wie den im geschäftlichen Verkehr benutzten Namen einer natürlichen Person, den Namen einer Firma und die besondere Geschäftsbezeichnung (§ 5 Abs. 2 S. 1) sowie Geschäftsabzeichen und sonstige betriebliche Unterscheidungszeichen (§ 5 Abs. 2 S. 2). Der Schutz von Unternehmenskennzeichen setzt keine Anmeldung oder Eintragung im formellen Sinne voraus; er entsteht vielmehr kraft Aufnahme der Benutzung im geschäftlichen Verkehr. Für den Schutz von Geschäftsabzeichen und betrieblichen Unterscheidungszeichen bedarf es allerdings als weiterer Voraussetzung, dass das Zeichen innerhalb beteiligter Verkehrskreise als Kennzeichen eines Erwerbsgeschäfts gilt, innerhalb dieser Kreise also Verkehrsgeltung erlangt hat.

Auch der Schutz des *Werktitels* (§ 5 Abs. 3) entsteht kraft Benutzungsaufnahme. Der Be- **8** griff *Werktitel* umfasst im Wesentlichen die Titel (Einzel- und Reihentitel) von Druckschriften, Bühnen-, Film- und Tonwerken (Musikwerke, Hörfunksendungen). Er umfasst ferner Titel oder Titelserien von Computerprogrammen.

3. Geografische Herkunftsangaben (§ 1 Nr. 3)

9   *Geografische Herkunftsangaben* sind Angaben, die die Herkunft einer Ware (oder Dienstleistung) aus einem bestimmten geografischen Gebiet (Orte, Gebietsbezeichnungen, Länder etc.) individualisieren. Mit der Aufnahme der geografischen Herkunftsangaben in den Katalog der nach dem MarkenG geschützten Kennzeichen ist im Wesentlichen beabsichtigt, ein Instrumentarium für den Schutz der Verbraucher vor Irreführungen zu schaffen. Im alten Recht fand dieser Schutz namentlich in der Rechtsprechung zum Verbot der irreführenden Werbung nach § 3 UWG seine Grundlage.

10   Auch der Schutz *geografischer Herkunftsangaben* setzt keine Anmeldung oder Eintragung voraus; er entsteht kraft Benutzung (§ 126 Abs. 1). Die Eintragung geografischer Herkunftsbezeichnungen als Marke ist in der Regel nur bei Kollektivmarken möglich (vgl. § 99). Einzelne Anmelder werden geografische Herkunftsangaben demgegenüber nur in seltenen Ausnahmefällen erfolgreich als Marke anmelden können.[1]

III. Gemeinschaftsmarkenrecht

11   Der Anwendungsbereich der GVM ist wesentlich enger als derjenige des MarkenG. Schon Art. 1 Abs. 1 GMV definiert den Anwendungsbereich der Verordnung im Sinne der Gemeinschaftsmarke als *eingetragener Marke*. Dementsprechend erfolgt auch der Erwerb einer Gemeinschaftsmarke gem. Art. 6 GMV ausschließlich durch Eintragung. Eine Benutzungsmarke wie in § 4 Nr. 2 kennt die GMV ebenso wenig wie den Schutz geschäftlicher Bezeichnungen oder geografischer Herkunftsangaben. Das MarkenG enthält einige Bestimmungen zum Verhältnis zwischen dem MarkenG und der GMV, insbesondere zur Anwendung der Vorschriften des MarkenG, in § 125a–125i.

---

1   BPatG, GRUR Int. 1992, 62 – Vittel.

§ 2
Anwendung anderer Vorschriften

Der Schutz von Marken, geschäftlichen Bezeichnungen und geografischen Herkunftsangaben nach diesem Gesetz schließt die Anwendung anderer Vorschriften zum Schutz dieser Kennzeichen nicht aus.

Übersicht

Literatur: *Bärenfänger*, Symbiotische Theorie zum Kennzeichen- und Lauterkeitsrecht, Teil 1 in WRP 2011, 16, Teil 2 in WRP 2011, 160; *Bornkamm*, Die Schnittstellen zwischen gewerblichem Rechtsschutz und UWG – Grenzen des lauterkeitsrechtlichen Verwechslungsschutzes, GRUR 2011, 1; *Bunnenberg*, Das Markenrecht als abschließendes Regelungssystem, MarkenR 2008, 148; *Büscher*, Schnittstellen zwischen Markenrecht und Wettbewerbsrecht, GRUR 2009, 230; *Deutsch*, Anspruchskonkurrenzen im Marken- und Kennzeichenrecht, WRP 2000, 854; *Fezer*, Kumulative Normenkonkurrenz im Kennzeichenrecht, WRP 2000, 863; *ders.*, Normenkonkurrenz zwischen Kennzeichenrecht und Lauterkeitsrecht, WRP 2008, 1; *Helm*, Zur ergänzenden Anwendung wettbewerbsrechtlicher Bestimmungen auf markenrechtliche Tatbestände, GRUR 2001, 291; *Henning-Bodewig*, Relevanz der Irreführung, UWG-Nachahmungsschutz und die Abgrenzung Lauterkeitsrecht/IP-Rechte, GRUR 2007, 986; *Ingerl*, Der wettbewerbsrechtliche Kennzeichenschutz und sein Verhältnis zum MarkenG in der neuen Rechtsprechung des BGH und in der UWG-Reform, WRP 2004, 809; *Köhler*, Das Verhältnis des Wettbewerbsrechts zum Recht des geistigen Eigentums – zur Notwendigkeit einer Neubestimmung aufgrund der Richtlinie über unlautere Geschäftspraktiken, GRUR 2007, 548; *ders.*, Der Schutz vor Produktnachahmung im Markenrecht, Geschmacksmusterrecht und neuen Lauterkeitsrecht, GRUR 2009, 445; *Krings*, Haben §§ 14 Abs. 2 Nr. 3 und 15 Abs. 3 MarkenG den Schutz der berühmten Marke sowie des berühmten Unternehmenskennzeichens aus §§ 12, 823 Abs. 1, 1004 BGB ersetzt?, GRUR 1996, 624; *Kur*, Confusion Over Use? – Die Benutzung „als Marke" im Lichte der EuGH-Rechtsprechung, GRUR Int. 2008, 1; *Ohly*, Designschutz im Spannungsfeld von Geschmacksmuster-, Kennzeichen- und Lauterkeitsrecht, GRUR 2007, 731; *Piper*, Der Schutz der bekannten Marke, GRUR 1994, 429; *Sack*, Markenschutz und UWG, WRP 2004, 1405; *ders.*, Markenrechtliche Probleme vergleichender Werbung, GRUR 2008, 201; *ders.*, Unlautere vergleichende Werbung und Markenrecht, WRP 2011, 288; *Schreiber*, Wettbewerbsrechtliche Kennzeichenrechte, GRUR 2009, 113; *Schricker*, Urheberrechtschutz für Spiele, GRUR Int. 2008, 200; *Schulz*, Grenzlinien zwischen Markenrecht und wettbewerbsrechtlichem Leistungsschutz, FS Helm, 2002, 237; *Starck*, Bemerkungen zum Regelungsumfang von § 2 MarkenG, FS Erdmann, 2002, 485; *Stieper*, Das Verhältnis von Immaterialgüterrechtsschutz und Nachahmungsschutz nach neuem UWG, WRP 2006, 291.

I. Grundsatz

1 Nach seinem Wortlaut bestätigt § 2 die Gültigkeit des auch schon im Warenzeichenrecht anerkannten Grundsatzes, dass das MarkenG den Kennzeichenschutz keineswegs abschließend regelt. Ein kennzeichenrechtlich relevanter Tatbestand muss also keineswegs ausschließlich nach den Bestimmungen des MarkenG beurteilt werden. Der Bundesgerichtshof geht insoweit allerdings vom Vorrang markengesetzlicher Regelungen aus.[1] Danach stellt das MarkenG eine in sich geschlossene Regelung dar, die in ihrem Anwendungsbereich für eine gleichzeitige Anwendung anderer, insbesondere wettbewerbsrechtlicher Regelungen grundsätzlich keinen Raum lässt. Diese „Vorrangthese" hat der Bundesgerichtshof auch im Lichte der gemeinschaftsrechtlichen „Lauterkeitsrichtlinie" 2005/29/EWG und ihrer Umsetzung durch die neu eingeführte Bestimmung des § 5 Abs. 2 UWG grundsätzlich beibehalten. Allerdings geht der BGH – etwa im Bereich des wettbewerbsrechtlichen Leistungsschutzes – davon aus, dass wettbewerbsrechtliche Regelungen ergänzend anwendbar sind, wenn sich das MarkenG als nicht anwendbar erweist (etwa weil es am Tatbestand der markenmäßigen Benutzung fehlt) oder wenn ein vom MarkenG nicht erfasster rechtlicher Gesichtspunkt zu würdigen ist.

II. Einzelheiten

1. Wettbewerbsrechtliche Regelungen

a) Wettbewerbsrechtlicher Nachahmungsschutz gem. § 4 Nr. 9 lit. a und b UWG

2 Der Bundesgerichtshof nimmt in ständiger Rechtsprechung an, dass Ansprüche nach § 4 Nr. 9 lit. a UWG jedenfalls dann nicht durch die Vorschriften des MarkenG ausgeschlossen sind, wenn nicht die Frage des Schutzes für eine *Kennzeichnung*, sondern der Schutz eines Erzeugnisses als *„konkretes Leistungsergebnis"* zu würdigen ist. In der Entscheidung *Stufenleitern* sah der Bundesgerichtshof Raum für die Anwendung des § 4 Nr. 9 lit. a UWG mit der Erwägung, dass die Klägerin über eine durch gleichartige Gestaltungsmittel charakterisierte Serie von Leitern und Tritten verfügte.[2] In der Entscheidung *Rillenkoffer* ergab sich die Anwendbarkeit wettbewerbsrechtlicher Regelungen unter dem Gesichtspunkt, dass die Klägerin Schutz für eine Produktpalette ihrer Koffer als konkretes Leistungsergebnis beanspruchte.[3] Und in der *DAX*-Entscheidung bejahte der Bundesgerichtshof die Anwendbarkeit wettbewerbsrechtlicher Regelungen angesichts des Aktienindizes DAX als konkretem Leistungsergebnis.[4] Im Gegenschluss zeigt die Rechtsprechung des Bundesgerichtshofs, dass aufgrund der „Vorrangthese" die Anwendbarkeit des § 4 Nr. 9 lit. a UWG immer dann ausscheidet, wenn die Frage einer verbotenen Nachahmung eines konkreten Produkts im Lichte der Existenz einer entsprechenden Warenformmarke rechtlich zu würdigen ist, ohne dass irgendwelche Sachverhaltselemente hinzutreten, die im Rahmen des MarkenG nicht geprüft werden (etwa die *Unlauterkeit* des Verhaltens). Inso-

---

1 BGH, WRP 1998, 1181, 1182 = GRUR 1999, 161, 162 – MAC Dog.
2 BGH, WRP 2007, 313, 317 Tz. 23 = GRUR 2007, 339, 342.
3 BGH, WRP 2008, 1196, 1199 Tz. 26 = GRUR 2008, 793, 795.
4 BGH, WRP 2009, 1526, 1530 f. Tz. 40 = GRUR 2009, 1162, 1165.

weit ist die Frage der Anwendbarkeit auf der Grundlage der bisherigen Spruchpraxis aber bei Weitem noch nicht abschließend geklärt.

Auf der Grundlage der Überlegungen des Bundesgerichtshofs zum unterschiedlichen **3** Schutzgegenstand ist auch eine – begrenzte – Anwendbarkeit des § 4 Nr. 9 lit. b UWG möglich, der wettbewerbsrechtlichen Schutz gegen Nachahmungen bietet, mit denen die Wertschätzung der nachgeahmten Ware oder Dienstleistung unangemessen ausgenutzt oder beeinträchtigt wird. Der Anwendungsbereich des § 4 Nr. 9 lit. b UWG darf allerdings nicht die markenrechtlichen Wertungen – insbesondere diejenigen des § 14 Abs. 2 Nr. 3 – unterlaufen. Neben § 14 Abs. 2 Nr. 3 anwendbar bleibt § 4 Nr. 9 lit. b UWG aber jedenfalls dann, wenn es um den Schutz des konkreten Leistungsergebnisses geht.[5]

Noch keinen hinreichenden Niederschlag hat in der bisherigen Rechtsprechung des Bun- **4** desgerichtshofs die grundsätzliche Überlegung gefunden, dass das Markenrecht und das Recht des unlauteren Wettbewerbs unterschiedliche Tatbestände und unterschiedliche Rechtsfolgen zum Gegenstand haben. Es mehren sich daher die Stimmen, die einen Gleichlauf, d. h. eine parallele Anwendung von Markenrecht und wettbewerbsrechtlichem Leistungsschutz i. S. d. § 4 Nr. 9 lit. a und b UWG verlangen.[6] Hier besteht ohne Zweifel Nachholbedarf in der Spruchpraxis der Gerichte.[7]

b) Herabsetzung und Verunglimpfung (§ 4 Nr. 7 UWG)

Nach § 4 Nr. 7 UWG handelt unlauter, wer die Kennzeichen, Waren, Dienstleistungen, Tä- **5** tigkeiten oder persönlichen oder geschäftlichen Verhältnisse eines Mitbewerbers herabsetzt oder verunglimpft. Überschneidungen mit dem Markenrecht bestehen im Anwendungsbereich der Herabsetzung oder Verunglimpfung von Kennzeichen der Mitbewerber. Im Anwendungsbereich des § 14 Abs. 2 Nr. 3 ist für die zusätzliche Anwendung des § 4 Nr. 7 UWG kein Raum, soweit die in § 14 Abs. 2 Nr. 3 erforderliche Unlauterkeit nicht vorliegt. Auch ist die parallele Anwendbarkeit des § 4 Nr. 7 UWG ausgeschlossen, wenn der markenrechtliche Verbotstatbestand des § 14 Abs. 2 Nr. 3 aufgrund von Rechtfertigungsgründen auf Seiten des Verletzers scheitert.[8] Regelmäßig wird § 4 Nr. 7 UWG daher nur anwendbar sein, wenn nicht nur eine bloße Ausnutzung oder Beeinträchtigung der Unterscheidungskraft oder der Wertschätzung der bekannten Marke (§ 14 Abs. 2 Nr. 3), sondern eine qualitativ weitergehende Herabsetzung oder Verunglimpfung zu würdigen ist.[9]

c) Behinderungswettbewerb (§ 4 Nr. 10 UWG)

Nach § 4 Nr. 10 UWG ist die gezielte Behinderung von Mitbewerbern unzulässig. Der Be- **6** hinderungswettbewerb ist eine typischerweise dem Anwendungsbereich des UWG zuzuordnende Materie, die im MarkenG keine Regelung erfährt. Damit genießt § 4 Nr. 10 UWG eine uneingeschränkte Anwendbarkeit neben markengesetzlichen Ansprüchen. In

---

5 BGH, WRP 2009, 1526, 1530 f. Tz. 40 = GRUR 2009, 1162, 1165 – DAX.
6 So z. B. *Köhler*, GRUR 2009, 445, 446 f.
7 Vgl. insoweit OLG Köln, NJOZ 2010, 2103 – Festivalplaner; OLG Jena, GRUR-RR 2011, 208 – EUR, EPAL im Oval/WORLD im Oval.
8 BGH, GRUR 2005, 583, 585 – Lila Postkarte.
9 Vgl. *Hacker*, in: Ströbele/Hacker, § 2 Rn. 238.

den Anwendungsbereich des § 4 Nr. 10 UWG fallen etwa die Fälle der Entfernung fremder Kennzeichen[10] sowie die Fälle der Behinderung durch Zeichenerwerb.[11]

d) Schutz geografischer Herkunftsangaben

7   Der Schutz geografischer Herkunftsangaben richtet sich nach den Spezialregelungen der §§ 126–129, die insoweit abschließend sind und eine ergänzende Anwendung der §§ 3, 5 UWG in ihrem Anwendungsbereich ausschließen.[12] Anwendbar sind die Vorschriften der §§ 3, 5 UWG dagegen auf Sachverhalte, die tatbestandlich nicht in den Anwendungsbereich der §§ 126–129 fallen. Dies betrifft Fälle fiktiver Herkunftsangaben,[13] nicht benutzter Herkunftsangaben oder nicht als Herkunftsangabe benutzter Bezeichnungen.[14]

e) Irreführung über die betriebliche Herkunft (§ 5 Abs. 2 UWG)

8   Nach § 5 Abs. 2 UWG, der aufgrund des Art. 6 Abs. 2 lit. a) der Richtlinie über Unlautere Geschäftspraktiken (2005/29/EG) in das UWG eingefügt wurde, ist eine geschäftliche Handlung irreführend, wenn sie im Zusammenhang mit der Vermarktung von Waren oder Dienstleistungen eine Verwechslungsgefahr mit einer Marke oder einem anderen Kennzeichen hervorruft. Nach allgemeiner Auffassung ist § 5 Abs. 2 UWG neben markenrechtlichen Regelungen parallel anwendbar.[15] Denn zum einen ist der Irreführungstatbestand nach § 5 Abs. 2 UWG darauf gerichtet, Fehlvorstellungen zu vermeiden, die ein Marktverhalten beeinflussen können.[16] Zum anderen sind – anders als im Falle kennzeichenrechtlicher Ansprüche – sämtliche in § 8 Abs. 3 UWG genannten Parteien aktivlegitimiert.

f) Sonstige Irreführungstatbestände (§§ 3, 5 UWG)

9   Irreführungstatbestände außerhalb des Bereichs der Irreführung über die betriebliche Herkunft werden vom MarkenG nicht erfasst, so dass § 5 UWG insoweit uneingeschränkt anwendbar ist. Namentlich betrifft dies Fälle der irreführenden Verwendung eines Schutzrechtshinweises wie des Symbols ®, das der Verkehr dahingehend versteht, dass das mit einem derartigen Zusatz versehene Zeichen für den Verwender als Marke eingetragen ist

---

10 BGH, WRP 2008, 226, 229 Tz. 24 = GRUR 2008, 160, 162 – CORDARONE; WRP 2004, 1486, 1488 = GRUR 2004, 1039, 1041 – SB-Beschriftung; OLG Hamburg, GRUR-RR 2003, 101, 103 – Pflasterspender.

11 BGH, WRP 2000, 1293 = GRUR 2000, 1032, 1034 – EQUI 2000; WRP 2008, 226 = GRUR 2008, 160 – CORDARONE; GRUR 2008, 621 – AKADEMIKS; vgl. a. BGH, GRUR 2008, 917 – EROS.

12 St. Rspr., insbesondere BGH, WRP 1998, 1002 = GRUR 1999, 252, 253 – Warsteiner II; WRP 2000, 1284, 1287 = GRUR 2001, 73, 76 – Stich den Buben; WRP 2001, 1450 = GRUR 2002, 160, 161 – Warsteiner III; GRUR 2007, 884, 886 Tz. 31 – Cambridge Institute.

13 BGH, WRP 1979, 855 = GRUR 1980, 173 – Fürstenthaler.

14 BGH, WRP 1995, 398 = GRUR 1995, 354 – Rügenwalder Teewurst II.

15 *Ingerl/Rohnke*, § 2 Rn. 3; *Bornkamm*, GRUR 2011, 1, 3; *Büscher*, GRUR 2009, 230, 236.

16 BGH, WRP 2007, 303, 308 Tz. 34 = GRUR 2007, 247 – Regenwaldprojekt I; WRP 2008, 666, 669 Tz. 29 = GRUR 2008, 443, 445 – Saugeinlagen; vgl. o. OLG Düsseldorf, GRUR-RR 2011, 94, 95 – Hapimag-Aktien.

v. Schultz

oder dass ihm der Markeninhaber eine Lizenz erteilt hat.[17] Dabei genügt es, wenn ein angemeldetes oder eingetragenes Zeichen in einem Mitgliedstaat der Europäischen Union existiert.[18]

g) Vergleichende Werbung (§ 6 Abs. 2 UWG)

Die Frage der parallelen Anwendbarkeit des § 6 Abs. 2 UWG neben kennzeichenrechtlichen Regelungen stellt sich im Hinblick darauf, dass die Nennung einer fremden Marke in einer vergleichenden Werbung regelmäßig eine markenmäßige Benutzung darstellt.[19] Nach zutreffender Ansicht genießt das Markenrecht keinen Vorrang vor der wettbewerbsrechtlichen Regelung des § 6 Abs. 2 UWG.[20] Vereinzelt wird vertreten, § 6 Abs. 2 UWG sei lex specialis gegenüber den markenrechtlichen Vorschriften.[21] Dafür könnte sprechen, dass der EuGH im Falle des Vorliegens aller Zulässigkeitsbedingungen einer vergleichenden Werbung i. S. d. Richtlinie 84/450/EWG keinen Raum für einen Untersagungstatbestand nach Markenrecht sieht.[22] Andererseits kann eine vergleichende Werbung, die einen zeichenrechtlichen Verbotstatbestand beinhaltet, nicht die Zulässigkeitsbedingungen einer vergleichen Werbung i. S. d. Richtlinie 84/450/EWG erfüllen.[23] Die Streitfrage des Vorrangs des Markenrechts oder des § 6 Abs. 2 UWG kann indes dahinstehen. Denn aus der *O2*-Entscheidung des EuGH ergibt sich, dass eine vergleichende Werbung nur zulässig ist, wenn keine Verwechslungsgefahr i. S. d. Markenrechts besteht und die Zulässigkeitsvoraussetzungen i. S. d. Gemeinschaftsrichtlinie 84/450/EWG erfüllt sind.[24]

2. Sonstige Normen

a) Bürgerlich-rechtlicher Namensschutz

Die Regelungen über den bürgerlich-rechtlichen Namensschutz nach § 12 BGB (s. Anhang Nr. 10) werden im Anwendungsbereich des MarkenG von den markengesetzlichen Regelungen verdrängt.[25] § 12 BGB kommt demnach im Grundsatz nur in Fällen der Benutzung eines Namens außerhalb des geschäftlichen Verkehrs in Betracht. Dagegen soll § 12 BGB anwendbar sein, wenn der Funktionsbereich eines Unternehmens ausnahmsweise durch ei-

10

11

---

17 BGH, GRUR 2009, 888, 889 Tz. 16 – Thermoroll; vgl. a. BGH 1990, 364, 365 – Baelz; OLG Stuttgart, WRP 1994, 136 – DOMO; OLG Düsseldorf, Mitt. 1996, 355, 357 – pasofast.
18 EuGH, GRUR Int. 1991, 215, 216 – Pall Corp./Dahlhausen.
19 EuGH, GRUR 2008, 698, 699 Tz. 33, 36 – O2 und O2 (UK)/H3G); GRUR 2009, 756, 761 Tz. 53, 65 – L'Oréal/Bellure.
20 BGH, WRP 2010, 527, 529 Tz. 26 = GRUR 2010, 343, 345 – Oracle; WRP 2008, 930, 932 Tz. 15 f. = GRUR 2008, 628, 629 f. – Imitationswerbung; WRP 2008, 936, 937 Tz. 15 = GRUR 2008, 726, 727 – Duftvergleich mit Markenparfum; WRP 2010, 252, 258 Tz. 35 = GRUR 2010, 161, 166 – Gib mal Zeitung; OLG Frankfurt/M., MarkenR 2011, 188, 189 Tz. 24 – one 2 be.
21 *Sack*, WRP 2011, 288, 290 ff.
22 EuGH, GRUR 2008, 698, 700 Tz. 51 – O2 und O2 (UK)/H3G.
23 EuGH, a. a. O.
24 Vgl. a. BGH, WRP 2010, 1165, 1168 Tz. 41 = GRUR 2010, 835, 838 – POWER BALL.
25 BGH, GRUR 2005, 430, 431 – mho.de; WRP 2002, 694, 696 = GRUR 2002, 622, 624 – shell.de; WRP 2002, 691, 692 = GRUR 2002, 706, 707 – vossius.de; BeckRS 2011, 25856 Tz. 32 – Basler Haar-Kosmetik.

ne Verwendung der Unternehmensbezeichnung außerhalb der kennzeichenrechtlichen Verwechslungsgefahr berührt wird.[26] Namentlich gilt dies für den Anspruch auf Löschung eines Domain-Namens, der aus kennzeichenrechtlichen Vorschriften grundsätzlich nicht hergeleitet werden kann.[27]

b) Urheber- und Geschmacksmusterrecht

12   Neben dem MarkenG können *gleichzeitig* Ansprüche aufgrund des UrhG oder des GeschmMG in Betracht kommen, da diese Gesetze eine vom MarkenG grundlegend unterschiedliche Schutzrichtung verfolgen. Von Relevanz kann dies vornehmlich bei Bild- oder (dreidimensionalen) Warenformmarken sein, bei denen im Falle eines künstlerischen oder gestalterischen Überschusses auch ein urheber- oder geschmacksmusterrechtlicher Schutz denkbar ist.

c) §§ 823, 1004 BGB

13   Für eine Anwendbarkeit der §§ 823, 1004 BGB (s. Anhang Nr. 10) auf die Fallgruppe des Schutzes der berühmten Marke gegen Verwässerung besteht aufgrund der insoweit abschließenden Regelung des § 14 Abs. 2 Nr. 3 kein Raum mehr.[28] Allgemeine zivilrechtliche Bestimmungen können daher ergänzend nur herangezogen werden, wenn der Schutz nach dem Markengesetz versagt. Der Umstand, dass das für einen markenrechtlichen Verbotsanspruch unabdingbare Tatbestandsmerkmal des geschäftlichen Verkehrs nicht gegeben ist, ist ebenso wenig geeignet, die Anwendbarkeit des § 823 Abs. 1 BGB auf Fallgestaltungen außerhalb des Handelns im geschäftlichen Verkehr auszudehnen.[29]

d) § 37 HGB

14   Uneingeschränkt anwendbar neben den Bestimmungen des MarkenG sind die Regelungen über den unbefugten Firmengebrauch nach § 37 Abs. 2 HGB. Dies folgt aus den grundlegend unterschiedlichen Schutzrichtungen von HGB und MarkenG.

---

26 BGH, BeckRS 2011, 25856 Tz. 32 – Basler Haar-Kosmetik.
27 BGH, BeckRS 2011, 25856 Tz. 32 – Basler Haar-Kosmetik.
28 BGH, WRP 1998, 1181, 1182 = GRUR 1999, 161, 162 – MAC Dog; WRP 2002, 694, 696 = GRUR 2002, 622, 623 – shell.de.
29 BGH, WRP 2009, 967, 970 f. Tz. 37 = GRUR 2009, 871, 874 – Ohrclips.

Teil 2
Voraussetzungen, Inhalt und Schranken des Schutzes von Marken und geschäftlichen Bezeichnungen; Übertragung und Lizenz

Abschnitt 1
Marken und geschäftliche Bezeichnungen; Vorrang und Zeitrang

§ 3
Als Marke schutzfähige Zeichen

(1) Als Marke können alle Zeichen, insbesondere Wörter einschließlich Personennamen, Abbildungen, Buchstaben, Zahlen, Hörzeichen, dreidimensionale Gestaltungen einschließlich der Form einer Ware oder ihrer Verpackung sowie sonstige Aufmachungen einschließlich Farben und Farbzusammenstellungen geschützt werden, die geeignet sind, Waren oder Dienstleistungen eines Unternehmens von denjenigen anderer Unternehmen zu unterscheiden.

(2) Dem Schutz als Marke nicht zugänglich sind Zeichen, die ausschließlich aus einer Form bestehen,

1. die durch die Art der Ware selbst bedingt ist,
2. die zur Erreichung einer technischen Wirkung erforderlich ist oder
3. die der Ware einen wesentlichen Wert verleiht.

Übersicht

Literatur: *Bauer*, Die Ware als Marke, GRUR 1996, 319; *Becker*, Kennzeichenschutz der Hörmarke, WRP 2000, 56; *Berlit*, Schutz und Schutzumfang von Warenformmarken am Beispiel des Schokoladen-Osterhasen, GRUR 2011, 369; *Boeckh*, Markenschutz an Namen und Bildnissen realer Personen, GRUR 2001, 29; *Eichmann*, Die dreidimensionale Marke im Verfahren vor dem DPA und dem BPatG,

GRUR 1995, 184; *ders.*, Die dreidimensionale Marke, FS Vieregge, 1995, 125; *Eisenführ*, Schutzfähigkeit und Schutzumfang nach dem neuen Markenrecht, FS DPA – 100 Jahre Marken-Amt, 1994, 71; *Fezer*, Die Nichtakzessorietät der Marke und ihre rechtliche Konnexität zu einem Unternehmer, FS Vieregge, 1995, 229; *ders.*, Markenrechtliche Produktabgrenzung zwischen Ware und Dienstleistung – zur markenrechtlichen Produkteigenschaft von Leasing, Computersoftware und Franchising, GRUR Int. 1996, 445; *ders.*, Grundprinzipien und Entwicklungslinien im europäischen und internationalen Markenrecht, WRP 1998, 1; *ders.*, Farbmarkenschutz, MarkenR 1999, 73; *ders.*, Die Markenfähigkeit nach § 3 MarkenG, FS Piper, 1996, 525; *Fresenmaier/Müller*, Kein Gelb für Puffreis – Das Ende der abstrakten Farbmarke? Anmerkungen zum BPatG-Beschluss „Farbmarke gelb", GRUR 2006, 724; *v. Gamm*, Schwerpunkte des neuen Markenrechts, GRUR 1994, 775; *Gärtner/Crütgen*, Die Warenformmarke als Produktschutzrecht, MarkenR 2011, 288; *Haarhoff*, Prominenten-Portraits als Marke? – Anmerkungen zu den Beschlüssen des BGH „Marlene-Dietrich-Bildnis I" und des BPatG „Portraitfoto Marlene Dietrich II", GRUR 2011, 183; *Hauck*, Aktuelle Entwicklungen bei der Eintragung von Farbmarken, GRUR 2005, 363; *Heise*, Positionsmarke und Disclaimer, GRUR 2008, 286; *Jaeger-Lenz*, Neues zum Farbenschutz, WRP 1999, 290; *Jaeschke*, „Die Produktform als Corporate Identity?", Klemmbausteine und die Frage der „Kumulation von Schutzrechten", GRUR 2008, 749; *Klaka*, Die Schutzfähigkeit der dreidimensionalen Benutzungsmarke, GRUR 1996, 613; *Krüger*, Zum markenrechtlichen Schutz von Kfz-Karosserie-Ersatzteilen, MarkenR 2005, 10; *Kur*, Formalschutz dreidimensionaler Marken – Neue Aufgaben für die Markenabteilung des Deutschen Patentamts, FS DPA – 100 Jahre Marken-Amt, 1994, 175; *Lewalter/Schrader*, Die Fühlmarke, GRUR 2005, 476; *Sahr*, Die Marken- und Eintragungsfähigkeit von Persönlichkeitsmerkmalen – zugleich Anmerkung zu BPatG „Portraitfoto Marlene Dietrich" und „GEORG-SIMON-OHM", GRUR 2008, 461; *Sambuc*, Designschutz mit Markenrecht, GRUR 2009, 333; *v. Schultz*, Die Farbmarke: ein Sündenfall?, GRUR 1997, 714; *Starck*, Zur aktuellen Rechtsprechung des Bundesgerichtshofes im Markenrecht, MarkenR 2001, 89; *Ströbele*, Die Eintragungsfähigkeit neuer Markenformen, GRUR 1999, 1041; *ders.*, Der erforderliche Grad der Verkehrsdurchsetzung, GRUR 2008, 569; *Thilo*, Neue Formen der Marke im Markenrecht und in der Gemeinschaftsmarkenverordnung, 1998; *Völker/Semmler*, Markenschutz für Farben und Farbkombinationen, GRUR 1998, 93; *Winkler*, Erfahrungen des DPA mit dem erweiterten Markenbegriff, MA 1996, 516; *Wittenzellner*, Schutzfähigkeit von Farben als Marken nach dem neuen Markengesetz, FS Beier, 1996, 333.

I. Allgemeines

1 § 3 befasst sich mit der Frage der Markenfähigkeit eines Zeichens. Die Bestimmung ist anwendbar auf alle Marken i. S. d. § 4, also *eingetragene Marken* (§ 4 Nr. 1), *Benutzungsmarken* (§ 4 Nr. 2) und *notorisch bekannte Marken* (§ 4 Nr. 3). Regelungsgegenstand der Bestimmung ist die Markenfähigkeit im *abstrakten* Sinne, also die Frage, ob ein Zeichen nach seiner Natur geeignet ist, als Marke zu dienen oder erfasst zu werden, es also abstrakt geeignet ist, i. S. d. Herkunftsfunktion der Marke Waren oder Dienstleistungen eines Unternehmens von denjenigen anderer Unternehmen zu unterscheiden. Maßgebend ist mithin, ob dem jeweiligen Zeichen nach seiner Natur bzw. seinem Erscheinungsbild eine produkt- oder dienstleistungsidentifizierende Funktion zukommen kann. Diese Frage ist abstrakt zu beurteilen; auf die *konkreten* Waren oder Dienstleistungen, für die ein Zeichen als Marke angemeldet wird, kommt es bei der Prüfung der Markenfähigkeit nicht an. Der konkrete Waren- bzw. Dienstleistungsbezug eines Zeichens spielt dagegen eine Rolle im Rahmen der Prüfung der konkreten Unterscheidungskraft i. S. d. § 8 Abs. 2 Nr. 1. Trotz ähnlicher Formulierung ist die abstrakte Markenfähigkeit i. S. d. § 3 Abs. 1 daher klar von der konkreten Unterscheidungskraft nach § 8 Abs. 2 Nr. 1 zu trennen. Die abstrakte Markenfähigkeit ist insbesondere auch Voraussetzung für eine Eintragung kraft Verkehrsdurchsetzung

i. S. d. § 8 Abs. 3. Eine Marke, der die abstrakte Markenfähigkeit fehlt, kann folglich nicht im Wege der Verkehrsdurchsetzung eingetragen werden.

II. Voraussetzungen der Markenfähigkeit

Die Rechtsprechung prüft zwei Voraussetzungen der abstrakten Markenfähigkeit: Zunächst muss das Zeichen *als solches* abstrakt, d. h. ohne Bezug zu den beanspruchten Waren, geeignet sein, Waren oder Dienstleistungen eines Unternehmens von denjenigen eines anderen Unternehmens zu unterscheiden.[1] Die Rechtsprechung verneint eine derartige Eignung nur in extremen Ausnahmefällen, in denen das Zeichen im genannten Sinne unter keinem denkbaren Umstand geeignet ist, als Herkunftshinweis zu dienen.[2]

Sodann prüft die Rechtsprechung die notwendige Selbstständigkeit der Marke gegenüber der Ware, eine Voraussetzung, die schon begrifflich auf dreidimensionale Warenformmarken zugeschnitten ist. Das Zeichen darf also kein funktionell notwendiger Bestandteil der Ware sein,[3] sondern muss über die Grundform der Ware hinausreichende Elemente aufweisen, die zwar nicht physisch, aber doch gedanklich von der Ware abstrahierbar sind und die Identifizierungsfunktion der Marke erfüllen können.[4]

III. Welche Zeichen sind markenfähig?

§ 3 Abs. 1 enthält eine *nicht abschließende Liste* markenfähiger Zeichen. Gegenüber dem früheren Recht (WZG) bringt die Bestimmung eine bemerkenswerte Erweiterung des Markenbegriffs mit sich, indem sie neben den herkömmlichen Markenformen (Wörtern, Abbildungen) generell alle Zeichenformen dem Markenschutz zugänglich macht, sofern diese markenfähig sind. Beispielhaft erwähnt § 3 Abs. 1 Buchstaben und Zahlen, Hörzeichen, dreidimensionale Gestaltungen einschließlich der Form einer Ware oder ihrer Verpackung, sonstige Aufmachungen sowie Farben und Farbzusammenstellungen. Grundsätzlich ist jede Zeichenform denkbar; Entsprechendes gilt für Mischformen wie z. B. Wort-/Bildmarken. Die als Marke schutzfähigen Zeichen i. S. d. § 3 Abs. 1 im – nicht abschließenden – Überblick:

1. Wörter

Wörter sind ohne Weiteres markenfähige Zeichen. Dies gilt einschränkungslos für deutsche wie für fremdsprachige oder aus fremden Schriftzeichen bestehende Wörter. Marken-

2

3

4

5

---

1 EuGH, WRP 2002, 924, 931, Tz. 73 = GRUR 2002, 804, 806 – Philips; BGH, WRP 2004, 752, 755 = GRUR 2004, 502, 503 – Gabelstapler II; WRP 2008, 107, 108 Tz. 11 = GRUR 2008, 71 – Fronthaube; GRUR 2008, 1093 Tz. 10 – Marlene-Dietrich-Bildnis; GRUR 2006, 679, 680 Tz. 11 – Porsche Boxster.
2 BPatG, MarkenR 2004, 153, 155 – Kelly-bag.
3 BGH, WRP 2004, 749, 750 = GRUR 2004, 507, 508 – Transformatorengehäuse.
4 BGH, WRP 2004, 749, 750 = GRUR 2004, 507, 508 – Transformatorengehäuse; WRP 2004, 752, 755 = GRUR 2004, 502, 503 – Gabelstapler II; GRUR 2007, 148, 150 Tz. 12 – Tastmarke; instruktiv auch BPatG, MarkenR 2004, 153, 155 – Kelly-bag.

fähig sind auch Wortkombinationen, Sätze und Texte.[5] Markenfähig sind ferner die ausdrücklich in § 3 Abs. 1 erwähnten *Personennamen*.[6] Gleiches gilt grundsätzlich auch für
Namen bekannter Personen.[7] Die Markenfähigkeit erstreckt sich schließlich auch auf Kombinationen von Wortelementen mit anderen Markenformen.

2. Buchstaben

6   *Buchstaben* als mögliche Markenform werden in § 3 Abs. 1 ausdrücklich erwähnt. Einzelbuchstaben und aus mehreren Buchstaben zusammengesetzten Buchstabenkombinationen
kommt daher im Grundsatz die uneingeschränkte Markenfähigkeit zu.[8] Die Eintragung
derartiger Zeichen wird allerdings häufig an der fehlenden *konkreten* Unterscheidungskraft oder einem entgegenstehenden Freihaltebedürfnis scheitern.

3. Zahlen

7   Auch *Zahlen* werden als mögliche Markenformen beispielhaft in § 3 Abs. 1 erwähnt. Auch
sie sind damit ohne Weiteres markenfähig.

4. Abbildungen

8   Markenfähig sind ferner (zweidimensionale) Abbildungen jeglicher Art. Dies gilt selbst
für einfachste Gestaltungen wie Piktogramme und geometrische Grundformen, denen es
allerdings an der konkreten Unterscheidungskraft i. S. d. § 8 Abs. 2 Nr. 1 fehlen kann. Markenfähig sind insbesondere auch Bildnisse verstorbener oder lebender Personen.[9]

5. Hörmarken

9   Seit Einführung des MarkenG markenfähig sind ferner Hörmarken.[10] Bei der Anmeldung
einer Hörmarke ist § 11 Abs. 2 MarkenV zu beachten, wonach die Hinterlegung in Notenschrift oder als Sonagramm vorgesehen ist.

6. Dreidimensionale Gestaltungen

10   Nach § 3 Abs. 1 ist die Markenfähigkeit dreidimensionaler Marken ausdrücklich anerkannt. Im alten Recht konnte an einer dreidimensionalen Gestaltung lediglich Ausstattungsschutz kraft Verkehrsgeltung erworben werden; die Eintragung als Marke kam nicht
in Betracht. Der Begriff der dreidimensionalen Gestaltung i. S. d. § 3 Abs. 1 ist weit auszu-

---

5 BPatG, GRUR 2009, 1060, 1061 – Trüffel-Pralinen.
6 EuGH, GRUR 2004, 946 Tz. 25 – Nichols; BPatG, GRUR 2008, 512, 513 – Ringelnatz; GRUR 2010, 1015, 1016 – Schumpeter School.
7 BPatG, BeckRS 2008, 5314 – Maya Blisitskaya.
8 BGH, GRUR 2001, 161 – Buchstabe K.
9 BGH, WRP 2008, 1428, 1429 Tz. 10 = GRUR 2008, 1093, 1094 – Marlene-Dietrich-Bildnis; a. A. BPatG, GRUR 2010, 73, 75 f. – Portraitfoto Marlene Dietrich II.
10 Zur Rechtslage nach altem Recht vgl. BGH, GRUR 1988, 306 – Hörzeichen.

v. Schultz

legen. Er umfasst nicht nur dreidimensionale Phantasiegestaltungen, sondern, wie die beispielhafte Aufzählung in § 3 Abs. 1 verdeutlicht, auch die Form einer Ware selbst[11] und deren Verpackung.[12] Bei Warenformmarken ist aufgrund des Postulats der Selbstständigkeit der Marke von der Ware ferner Voraussetzung, dass die Marke über die technisch bedingte Grundform hinaus reichende Elemente aufweisen muss, die zwar nicht physisch, aber doch gedanklich von der Ware abstrahierbar sind.[13] Darüber hinaus findet die Markenfähigkeit dreidimensionaler Marken ihre Grenzen in den Ausschlussgründen des § 3 Abs. 2.

7. Farben und Farbzusammenstellungen

Auch Farben und Farbzusammenstellungen (Farbkombinationen) sind grundsätzlich markenfähig. Dies gilt unabhängig von der Aufmachung im Einzelfall auch für konturlose (abstrakte) Farben und Farbzusammenstellungen.[14] Nach anfänglicher Zurückhaltung[15] hat sich inzwischen die Rechtsprechung dieser Auffassung angeschlossen.[16] Diese entspricht auch dem Standpunkt des EuGH.[17] Dem Schutz von Farbmarken und Farbkombinationen kann in der Praxis allerdings die fehlende konkrete Unterscheidungskraft oder ein Freihaltebedürfnis entgegenstehen. Daher wird der Anmelder häufig auf den Nachweis der Verkehrsdurchsetzung angewiesen sein, die ihm die Eintragbarkeit der Farbmarke als *durchgesetzte Marke* i. S. d. § 8 Abs. 3 ermöglicht.[18]

11

---

11 BPatG, GRUR 1998, 706, 707 – Montre I; BPatGE 39, 238, 241 – Uhrengehäuse.

12 BGH, WRP 2001, 261, 262 = GRUR 2001, 334, 335 – Gabelstapler; BGH, WRP 2001, 265, 266 – Stabtaschenlampen; BGH, WRP 2001, 269, 270 – Rado-Uhr; BGH, WRP 2000, 1290, 1291 = GRUR 2001, 56, 57 – Likörflasche; BPatG, GRUR 1998, 580 – Dimple-Flasche; BPatG, GRUR 1998, 581 – weiße Kokosflasche; BPatG, GRUR 1998, 582, 583 – blaue Vierkantflasche; BPatG, GRUR 1998, 584, 585 – Kleine Kullerflasche; BPatG, GRUR 1998, 1018, 1019 – Honigglas; BPatG, GRUR 2011, 68, 70 – Goldhase in neutraler Aufmachung.

13 BGH, WRP 2004, 752 = GRUR 2004, 502 – Gabelstapler II; BGH, WRP 2004, 749, 750 = GRUR 2004, 507, 508 – Transformatorengehäuse; BPatG, MarkenR 2004, 153, 155 – Kelly-bag; BPatG, GRUR 2005, 330 – Fahrzeugkarosserie; BPatG, GRUR 2005, 333, 334 – Kraftfahrzeugteile; MarkenR 2005, 56, 57 – BMW-Motorhaube.

14 *Wittenzellner*, FS Beier, 1996, 333 ff.; *v. Schultz*, GRUR 1997, 714, 717; *Völker/Semmler*, GRUR 1998, 93, 95; *Jaeger-Lenz*, WRP 1999, 290, 291 ff.; *Fezer*, MarkenR 1999, 73, 75 f.

15 BPatG, GRUR 1996, 881 – Farbmarke; BPatG, GRUR 1998, 574 – schwarz/zink-gelb; BPatG, GRUR 1998, 1015 – weiß/zink-gelb; BPatG, GRUR 1998, 1016 – grün/gelb.

16 BGH, WRP 2001, 1198, 1199 – Farbmarke violettfarben; BGH, WRP 1999, 430 = GRUR 1999, 491 – Farbmarke gelb/schwarz; BGH, WRP 1999, 853 = GRUR 1999, 730 – Farbmarke magenta/grau; BPatGE 40, 158, 162 ff. – ARAL-blau I; BPatGE 40, 177 – ARAL-blau II; BPatGE 40, 167, 170 ff. – ARAL-blau III; BPatG, GRUR 1999, 61, 62 f. – ARAL-Blau/Weiß; BPatG, GRUR 2009, 164 – Farbmarke Gelb-Rot.

17 EuGH, WRP 2003, 735, 739 Tz. 40–42 = GRUR 2003, 604, 606 f. – Libertel; GRUR 2004, 858, 860 Tz. 40 – Heidelberger Bauchemie GmbH.

18 Vgl. BGH, WRP 2001, 1198, 1201 – Farbmarke violettfarben; BGH, WRP 1999, 853 = GRUR 1999, 730, 731 – Farbmarke magenta/grau; BPatGE 40, 167, 176 – ARAL-Blau III; BPatG, GRUR 1999, 61, 64 – ARAL/Blau-Weiß; der Nachweis der Verkehrsdurchsetzung führte schon zur Eintragung der für „Milka"-Schokoladewaren bekannten lila Farbe, vgl. DE-Marke 2 906 959, veröffentlicht im Markenblatt 1995, 4106; auch ohne Verkehrsdurchsetzung für schutzfähig gehalten hat der BGH die Farbe „Grün" – BGH, WRP 2002, 452 = GRUR 2002, 538 – grün eingefärbte Prozessorengehäuse.

8. Sonstige Markenformen

12 Da die Aufzählung der möglichen Markenformen in § 3 Abs. 1 nicht abschließend ist, kommen als weitere markenfähige Markenformen *Geruchs-, Geschmacks-, Fühl-* und *Tast-*[19]*, Bewegungs-, Kennfaden-, Positions-* und *virtuelle Marken* in Betracht.[20] Denkbar sind überdies Zusammensetzungen gleicher und Kombinationen verschiedener Markenformen.

IV. Ausschlusstatbestände des § 3 Abs. 2

1. Grundsätze

13 § 3 Abs. 2 formuliert drei Ausschlussgründe. Liegt ein solcher vor, ist die Markenfähigkeit zu verneinen. Nach seiner Formulierung gilt § 3 Abs. 2 nur für dreidimensionale Marken, allerdings beschränkt auf als dreidimensionale Marken, allerdings beschränkt auf Formen der beanspruchten Waren *(Warenformmarken)* sowie auf Formen von Verpackungen der beanspruchten Waren *(Verpackungsformmarken)*. Dies ist konsequent, wenn man mit dem EuGH annimmt, dass der Begriff der „Warenform" auch die Form der Verpackung einschließt.[21] Anwendbar ist § 3 Abs. 2 ferner auf zweidimensionale Bildmarken, die sich auf die ausschließliche Wiedergabe der Form der Ware oder ihrer Verpackung beschränken.[22] Eine analoge Anwendung auf andere Markenformen findet grundsätzlich nicht statt.[23] Dies gilt namentlich auch für Fühl- und Tastmarken, da sich die Prüfung ihrer Markenfähigkeit nicht auf die Dreidimensionalität i. S. d. § 3 Abs. 2 MarkenG beschränkt.[24] Auch eine Anwendung auf Bildmarken in Form der Wiedergabe des Kopfes einer Persönlichkeit findet nicht statt. Denn ein derartiges Bildzeichen zeigt nicht eine der beanspruchten Waren in einer durch deren Art bedingten Form.[25]

14 Sinn und Zweck des § 3 Abs. 2 ist es, rein produktbezogene Gestaltungsformen vom Markenschutz auszunehmen.[26] Die Bestimmung soll damit verhindern, dass Inhaber des Markenrechts technische Lösungen oder Gebrauchseigenschaften einer Ware für sich monopolisieren und Dritte kraft ihrer Markeneintragung daran hindern können, ihre Waren mit diesen technischen Lösungen oder Eigenschaften zu versehen.[27] Die Markenfähigkeit bedingt

---

19 BGH, GRUR 2007, 148, 150 Tz. 12 – Tastmarke.
20 Vgl. *Fezer*, § 3 Rn. 279 ff.
21 EuGH, WRP 2004, 475, 478 Tz. 37 = GRUR Int. 2004, 413, 416 – Henkel; vgl. a. BGH, WRP 2000, 1290, 1291 = GRUR 2001, 56, 57 – Likörflasche.
22 EuGH, WRP 2002, 924, 931 Tz. 76 = GRUR 2002, 804, 809 – Philips.
23 *Fezer*, MarkenR 1999, 73, 75.
24 A. A. *Lewalter/Schrader*, GRUR 2005, 476, 477.
25 BGH, GRUR 2008, 1093, 1094 Tz. 11 – Marlene-Dietrich-Bildnis.
26 BPatG, GRUR 2005, 333, 334 – Kraftfahrzeugteile.
27 EuGH, WRP 2003, 627, 633 Tz. 72 = GRUR 2003, 514, 519 – Linde, Winward u. Rado; BGH, WRP 2010, 377, 383 Tz. 34 = GRUR 2010, 231, 233 – Legostein; WRP 2010, 260, 261 Tz. 14 = GRUR 2010, 138, 139 – ROCHER-Kugel; WRP 2008, 107, 108, Tz. 13 = GRUR 2008, 71, 72 – Fronthaube; GRUR 2006, 679, 681 Tz. 13 – Porsche Boxster; BGH, WRP 2004, 755 = GRUR 2004, 506 – Stabtaschenlampen II; BGH, WRP 2004, 749, 750 = GRUR 2004, 507, 508 – Transformatorengehäuse.

v. Schultz

also, dass sich die Marke vom *Wesen der Ware* unterscheidet.[28] Das, was zum Wesen einer Ware gehört, kann keine Marke sein.[29] Zum Wesen der Ware gehören alle Formen, die durch die Art der Ware selbst bedingt sind, zur Erreichung einer technischen Wirkung erforderlich sind oder der Ware einen wesentlichen Wert verleihen.

Bei der Anwendung der Ausschlussgründe des § 3 Abs. 2 ist nach allgemeiner Auffassung **15** Zurückhaltung zu üben.[30] Dies ergibt sich schon aus dem Wort „ausschließlich"; demnach kommt ein Ausschlussgrund nur zum Tragen, wenn sich die Markenfähigkeit des dreidimensionalen Zeichens nicht aus einem anderen Gesichtspunkt ergibt.[31] Nur wenn der Ausschlussgrund hinsichtlich des *gesamten* Zeichens gilt und dieses keine andere Beurteilung zulässt, kann die Markenfähigkeit zu verneinen sein. Ist einer der Ausschlussgründe gegeben, führt die damit fehlende Markenfähigkeit zum definitiven Ausschluss der Eintragbarkeit. Insbesondere ist auch eine Heilung durch Eintragung im Wege der Verkehrsdurchsetzung nach § 8 Abs. 3 ausgeschlossen.

2. Warenartbedingte Formen (§ 3 Abs. 2 Nr. 1)

Nach § 3 Abs. 2 Nr. 1 sind solche dreidimensionalen Zeichen dem Markenschutz nicht zu- **16** gänglich, die *ausschließlich* aus einer Form bestehen, die *durch die Art der Ware selbst bedingt* ist. Dies ist der Fall, wenn sich die betreffende Form zwangsläufig aus dem technischen oder funktionellen Zweck der Ware ergibt, sich darin aber auch erschöpft und keine darüber hinausgehenden Elemente aufweist, die nicht durch den technischen oder funktionellen Zweck bedingt sind. Sämtliche bei der als Marke angemeldeten Form vorhandenen Merkmale müssen also zwingend erforderlich sein, um die jeweilige Ware auszumachen, d.h. es dürfte kein Merkmal weggelassen werden können, ohne dass das Wesensmäßige der Ware entfiele. Dies kommt nur in Betracht, wenn die angemeldete Form lediglich die Grundform der Ware darstellt.[32] Dies ist z.B. bei einem Trinkbecher die nach oben offene Gefäßform, wobei die konkrete Ausgestaltung eines Bechers aber durchaus markenfähige, weil nicht warenartbedingte Merkmale aufweisen kann (z.B. die Gestaltung des Henkels eines Trinkbechers). Durch die Warenart bedingte Gestaltungsmerkmale einer Handtasche sind ein zur Aufnahme von Gegenständen geeigneter Hohlkörper, der verschließbar ist, also ein Korpus und eine Klappe.[33] Auch bei Kfz-Karosserieteilen handelt es sich nicht zwingend um eine warenartbedingte Form, weil Abweichungen von der typmäßigen Formgebung denkbar und auch gewollt sein können, z.B. bei Tuning- oder Aerodynamikteilen.[34] Bei Kfz-Karosserien (z.B. Porsche 911) ist eine warenartbedingte Form so lange zu verneinen, wie sich die in vielen Details ausgestaltete Karosserie als Gestaltungseinheit präsentiert.[35]

---

28 BGH, WRP 2001, 31 = GRUR 2001, 239 – Zahnpastastrang.
29 BPatG, GRUR 2005, 333, 334 – Kraftfahrzeugteile; MarkenR 2005, 56 – BMW-Motorhaube.
30 *Ströbele*, GRUR 1999, 1041, 1044.
31 Vgl. BPatG, BeckRS 2010, 15699.
32 BGH, WRP 2001, 261 = GRUR 2001, 334 – Gabelstapler; WRP 2001, 269, 270 – Rado-Uhr; WRP 2008, 791, 792 Tz. 16 = GRUR 2008, 510, 511 – Milchschnitte; WRP 2010, 260, 261 Tz. 14 = GRUR 2010, 138, 139 – ROCHER-Kugel; BPatG, MarkenR 2004, 153, 155 – Kelly-bag.
33 BPatG, MarkenR 2004, 153, 155 – Kelly-bag.
34 BPatG, GRUR 2005, 333, 335 – Kraftfahrzeugteile; MarkenR 2005, 56, 58 – BMW-Motorhaube.
35 BPatG, GRUR 2005, 330, 331 – Fahrzeugkarosserie.

17   Ausgeschlossen ist die Annahme einer warenartbedingten Form regelmäßig, wenn die beanspruchten Waren in den verschiedensten Formen denkbar, insbesondere auch auf dem Markt erhältlich sind.[36] Gleiches gilt im Falle der Existenz einer Vielzahl „unterschiedlicher Gestaltungsmöglichkeiten" bei im Wesentlichen gleich bleibender Grundform.[37]

3. Erforderlich zur Erreichung einer technischen Wirkung (§ 3 Abs. 2 Nr. 2)

18   Nach § 3 Abs. 2 Nr. 2 sind diejenigen Zeichen nicht markenschutzfähig, die *ausschließlich* aus einer Form bestehen, die *zur Erreichung einer technischen Wirkung erforderlich* ist. Nach der Rechtsprechung des EuGH setzt dieser Ausschlussgrund allerdings nicht voraus, dass die konkret angemeldete Form als solche zwingend erforderlich ist, um eine bestimmte technische Wirkung zu erreichen. Es reicht vielmehr aus, dass die *wesentlichen Formmerkmale* technisch bedingt[38] bzw. nur einer technischen Wirkung zuzuschreiben sind.[39] Daher ist es unerheblich, ob dieselbe technische Wirkung auch mit Hilfe einer anderen Formgestaltung verwirklicht werden könnte.[40] Unerheblich ist auch, ob dieselbe technische Wirkung mit der gleichen technischen Lösung, aber mit unterschiedlichen Gestaltungsmöglichkeiten zu erreichen ist.[41] Denn auch im letzteren Fall werden Mitbewerber von der freien Verwendbarkeit einer Warenform ausgeschlossen, die allein der Erzielung einer technischen Wirkung dient.

19   Richtigerweise wird man den Ausschlussgrund des § 3 Abs. 2 Nr. 2 jedoch nur dann als erfüllt ansehen können, wenn alle wesentlichen funktionellen Merkmale der Form einer Ware *nur* der technischen Wirkung zuzuschreiben sind[42] bzw. für das Erreichen der jeweiligen technischen Wirkung technisch kausal sind. In diesem Zusammenhang ist das Vorhandensein nicht wesentlicher Merkmale ohne technische Funktion unerheblich. Der Schutzausschließungsgrund des § 3 Abs. 2 Nr. 2 scheidet jedoch aus, wenn in der Form der betreffenden Ware ein wichtiges nicht funktionales – insbesondere dekoratives oder phantasievolles – Element, das für die betreffende Form von Bedeutung ist, verkörpert wird.[43]

20   Die sachgerechte Anwendung der genannten Grundsätze wird in der Praxis nur in Ausnahmefällen zur Bejahung des Ausschlusstatbestands des § 3 Abs. 2 Nr. 2 führen. Zu verneinen war er bei einer Waschmitteltablette die – als farbige Marke – aus drei in verschiedenen Farben gehaltenen Schichten bestand, wobei die konkrete farbliche Ausgestaltung keinen technischen Vorgaben folgte;[44] bei einer Handtasche, die etliche nicht konkret technisch bedingte Merkmale aufwies wie z.B. einen umlaufenden Gürtel, der rückseitig geteilt war

---

36 BGH, WRP, 2008, 791, 792 Tz. 17 = GRUR 2008, 510, 511 – Milchschnitte; WRP 2010, 260, 261 Tz. 15 = GRUR 2010, 138, 139 – ROCHER-Kugel.

37 BPatG, GRUR 2011, 68, 70 – Goldhase in neutraler Aufmachung.

38 EuGH, WRP 2002, 924, 931 Tz. 81 ff. = GRUR 2002, 804, 809 – Philips.

39 BPatG, GRUR 2011, 68, 71 – Goldhase in neutraler Aufmachung.

40 BGH, WRP 2006, 900, 902 Tz. 18 = GRUR 2006, 589, 591 – Rasierer mit drei Scherköpfen; BGH, GRUR 2010, 138, 139 Tz. 16 ff. – ROCHER-Kugel; WRP 2010, 377, 379 Tz. 25 = GRUR 2010, 233, 231 – Legostein.

41 BGH, WRP 2010, 377, 381 Tz. 34 = GRUR 2010, 231, 234 – Legostein.

42 BPatG, MarkenR 2004, 153, 156 – Kelly-bag.

43 EuGH, WRP 2010, 1359, 1366 Tz. 52 = GRUR 2010, 1008, 1010 – Lego.

44 BPatG, GRUR 2005, 327, 328 – Waschmitteltablette.

und im Übrigen aus dem Taschenkorpus heraustrat;[45] bei der Karosserie des Porsche 911, die sich aufgrund vieler Details als Gestaltungseinheit präsentierte;[46] bei einer dreilagigen Cremeschnitte;[47] bei einer in Kugelform gestalteten Praline mit raspeliger Oberfläche;[48] bei der Form einer Kfz-Fronthaube, wenn vielfältige Gestaltungsmöglichkeiten bestehen;[49] bei einem Transformatorengehäuse, dessen Gestaltungsmerkmale wie z. B. die Anordnung und Ausgestaltung der Lüftungsschlitze in ihrer konkreten Formgebung zur Erzielung einer technischen Wirkung nicht erforderlich waren.[50] Als erfüllt sah die Rechtsprechung den Ausschlussgrund des § 3 Abs. 2 Nr. 2 bei der Form eines rechteckigen Schokoladenriegels mit abgeschrägten Seiten und mittig angeordneter, quer verlaufender Rille,[51] beim Scherkopf des Philips-Rasierers,[52] bei einem Taucherventil,[53] bei der Motorhaube eines BMW,[54] bei BMW-Karosserieteilen,[55] bei der Gestaltung des bekannten Spielbausteins „Lego"[56] und bei der detailgetreuen Wiedergabe von Schusswaffen[57] an. Die Entscheidungen zu den BMW-Karosserieteilen begegnen indes Bedenken, da sie den Begriff der *technischen Bedingtheit* überbewerten und Elemente der Detailgestaltung zu Unrecht als dekoratives Beiwerk vernachlässigen. Dem Umstand, dass die individuelle Formgebung einen Herkunftshinweis vermitteln kann, wird damit nicht genügend Rechnung getragen.

4. Wesentlicher Wert der Ware (§ 3 Abs. 2 Nr. 3)

Nach § 3 Abs. 2 Nr. 3 fehlt die Markenfähigkeit Zeichen, die *ausschließlich* aus einer Form   **21** bestehen, die der Ware einen *wesentlichen Wert* verleiht. Das Schutzhindernis greift nur ein, wenn der Verkehr allein in dem ästhetischen Gehalt der beanspruchten Form den wesentlichen Wert der Ware sieht und es deshalb von vornherein als ausgeschlossen angesehen werden kann, dass der Form neben ihrer ästhetischen Wirkung zumindest auch die Funktion eines Herkunftshinweises zukommen kann.[58] Dies wird in der Regel nur in Betracht kommen, wenn der Verkehr in der ästhetischen Formgebung selbst die eigentliche handelbare Ware sieht.[59] Erscheint die ästhetische Formgebung indes nur als „Zutat" zur betreffenden Ware, deren Nutz- oder Verwendungszweck auf anderen Eigenschaften beruht, kommt der Schutzausschließungsgrund des § 3 Abs. 2 Nr. 3 nicht Betracht.[60] Die Formulierung des Ausschlusstatbestands ist verschiedentlich als „verunglückt" angesehen

---

45 BPatG, MarkenR 2004, 153, 156 – Kelly-bag.
46 BPatG, GRUR 2005, 330, 331 – Fahrzeugkarosserie.
47 BGH WRP 2008, 791, 792 Tz. 16 = GRUR 2008, 510, 511 – Milchschnitte.
48 BGH, WRP 2010, 260, 262 Tz.18 = GRUR 2010, 138, 139 – ROCHER-Kugel.
49 BGH, WRP 2008, 107, 108 Tz. 16 = GRUR 2008, 71, 72 – Fronthaube.
50 BGH, WRP 2004, 749, 750 = GRUR 2004, 507, 508 – Transformatorengehäuse.
51 BPatG, Beschl. v. 12.10.2010 – 25 W (pat) 192/09, BeckRS 2010, 26251.
52 BPatG, Beschl. v. 10. 12. 2003 – 28 W (pat) 147/02.
53 BPatG, Beschl. v. 5. 10. 2004 – 27 W (pat) 60/01.
54 BPatG, MarkenR 2005, 56, 58 – BMW-Motorhaube.
55 BPatG, GRUR 2005, 333, 334 – Kraftfahrzeugteile.
56 BGH, WRP 2010, 377, 382 f. Tz. 32 ff. = GRUR 2010, 231, 234 – Legostein.
57 BPatG, BeckRS 2010, 15699.
58 BGH, WRP 2008, 107, 109 Tz. 18 = GRUR 2008, 71, 72 – Fronthaube; WRP 2010, 260, 262, Tz. 18 = GRUR 2010, 138, 139 – ROCHER-Kugel; BPatG, GRUR 2011, 68, 71 – Goldhase in neutraler Aufmachung.
59 BGH, WRP 2008, 107, 109 Tz. 19 = GRUR 2008, 71, 72 – Fronthaube.
60 BGH, a. a. O.

worden.[61] Zweck des Ausschlussgrundes ist es, die Eintragung solcher Formmarken zu unterbinden, deren Wert gerade im ästhetischen Gehalt liegt, also eher dem Bereich des Urheber- und Geschmacksmusterrechts zuzuordnen ist. Die Dominanz des ästhetischen Gehalts muss aber in jedem Fall so bedeutend sein, dass die Herkunftsfunktion als Hauptfunktion der Marke verdrängt wird.[62]

22 Naheliegend ist die Anwendbarkeit des Ausschlusstatbestands des § 3 Abs. 2 Nr. 3 bei Schmuckwaren, bei denen die ästhetische Funktion häufig alleinbestimmend im Vordergrund steht und damit das Wesen der Ware ausmacht.[63] Entsprechendes gilt für Kunstwerke, die als solche erst durch die konkrete Formgebung enstehen. Dennoch ist die Bestimmung mit größter Vorsicht anzuwenden, damit nicht zu Unrecht Details der individuellen Formgebung die Fähigkeit, einen Herkunftshinweis zu vermitteln, abgesprochen wird. Richtigerweise hat das BPatG daher die Anwendbarkeit des § 3 Abs. 2 Nr. 3 bei einer Handtasche verneint, deren ästhetische Elemente nicht mehr als eine bloße Zutat zur Hauptware seien.[64] Auch bei einer BMW-Motorhaube verneinte der BGH den Ausschlussgrund des § 3 Abs. 2 Nr. 3, da der Nutzwert der Motorhaube nicht völlig hinter dem ästhetischen Wert der Formgebung zurücktrete.[65] Auch in der ästhetischen Formgebung einer Praline sah der BGH nicht die eigentliche handelbare Ware.[66] Denn Geschmack und Qualität der Ware und ihrer Zutaten gerieten gegenüber der ästhetischen Formgebung nicht völlig in den Hintergrund.[67] Bei einem Kraftfahrzeugersatzteil in Form einer Motorhaube bejahte das BPatG den Ausschlussgrund des § 3 Abs. 2 Nr. 3, da die ästhetischen Elemente des Zeichens das Wesen der Ware ausmachten.[68]

V. Gemeinschaftsmarkenrecht

23 In der GMV findet § 3 Abs. 1 seine Entsprechung in Art. 4 GMV, dessen Formulierung weitgehende Ähnlichkeiten aufweist. Allerdings knüpft Art. 4 GMV die Markenfähigkeit zusätzlich an das Erfordernis der grafischen Darstellbarkeit, das sich im MarkenG erst in § 8 Abs. 1 wiederfindet. Im Übrigen bestehen jedoch keine materiellrechtlich bedeutsamen Unterschiede, so dass auch die GMV von einem weiten Markenbegriff geprägt ist. Dieser findet beispielhaft Ausdruck in einer Beschwerdeentscheidung des HABM zur Geruchsmarke „The smell of fresh cut grass"[69] Auch konturlose Farben und Farbkombinatio-

---

61 Vgl. *Kur*, FS DPA – 100 Jahre Marken-Amt, 175, 191 ff.; *Ingerl/Rohnke*, § 3 Rn. 58; dagegen aber *Ströbele/Hacker*, § 3 Rn. 106.
62 *Ströbele/Hacker*, § 3 Rn. 107.
63 Vgl. BPatG, BlPMZ 2002, 228 – Schmuckring.
64 BPatG, MarkenR 2004, 153, 156 – Kelly-bag.
65 BGH, WRP 2008, 107, 109 Tz. 18 = GRUR 2008, 71, 72 – Fronthaube; a. A. noch BPatG, MarkenR 2005, 56, 58 f. – BMW-Motorhaube.
66 BGH, WRP 2010, 260, 262 Tz. 19 = GRUR 2010, 138, 139 f. – ROCHER-Kugel.
67 BPatG, GRUR 2011, 68, 71 – Goldhase in neutraler Aufmachung.
68 BPatG, MarkenR 2005, 56, 58 f. – BMW-Motorhaube – zw., da das BPatG herkunftshinweisende Elemente wie z. B. die Ausnehmung für den charakteristischen Kühlergrill außer Acht gelassen hat.
69 MarkenR 1999, 142; vgl. a. HABM-BK, GRUR 2002, 348 – Der Duft von Himbeeren; EuGH, MarkenR 2003, 26 – Sieckmann.

nen hielt das HABM schon frühzeitig für markenfähig.[70] Grundsätzlich markenfähig sind ferner auch dreidimensionale Warenform- und -verpackungsmarken.[71] Die ausschließlich auf dreidimensionale Marken zugeschnittenen Ausschlussgründe des § 3 Abs. 3 finden sich nahezu wortlautgleich in Art. 7 Abs. 1 lit. e) GMV wieder. Anders als im deutschen Recht gehören diese Ausschlussgründe damit systematisch nicht zur Frage der Markenfähigkeit; es handelt sich vielmehr um absolute Eintragungshindernisse, die der Prüfung der Markenfähigkeit nachgeschaltet sind. Wie im deutschen Recht kann auch das Vorliegen eines Ausschlussgrundes i.S.d. Art. 7 Abs. 1 lit. e) GMV nicht durch intensive Benutzung bzw. Verkehrsdurchsetzung überwunden werden.[72]

---

70 HABM, MarkenR 1999, 108, 110 – LIGHT GREEN; GRUR Int. 1998, 612 – Orange; zur Markenfähigkeit neuer Markenformen i.S.d. Art. 4 GMV vgl. a. *Bender*, MarkenR 1999, 117 ff.
71 EuG, ABl. HABM 2002, 1322 – Taschenlampe; MarkenR 2001, 418 – Waschmitteltablette.
72 EuGH, WRP 2010, 1359, 1365 Tz. 40 ff. = GRUR 2010, 1008, 1010 – Lego.

§ 4
Entstehung des Markenschutzes

Der Markenschutz entsteht

1. durch die Eintragung eines Zeichens als Marke in das vom Patentamt geführte Register,

2. durch die Benutzung eines Zeichens im geschäftlichen Verkehr, soweit das Zeichen innerhalb beteiligter Verkehrskreise als Marke Verkehrsgeltung erworben hat, oder

3. durch die im Sinne des Artikels 6bis der Pariser Verbandsübereinkunft zum Schutz des gewerblichen Eigentums (Pariser Verbandsübereinkunft) notorische Bekanntheit einer Marke.

Übersicht

Literatur: *Berlit*, Die grafisch nicht darstellbare abstrakte Farbmarke als Benutzungsmarke i.S. von § 4 Nr. 2 MarkenG, GRUR-RR 2007, 97; *Erdmann*, Schutz von Werbeslogans, GRUR 1996, 550; *Fezer*, Der Monopoleinwand im MarkenR, WRP 2005, 1; *Hackbarth*, Freihaltebedürfnis und Verkehrsdurchsetzung in der Rechtsprechung des EuGH, MarkenR 1999, 329; *Klaka*, Schutzfähigkeit der dreidimensionalen Benutzungsmarke nach § 4 Nr. 2 MarkenG, GRUR 1996, 613; *Meyer*, Der Begriff bekannte Marke im MarkenG, 1999; *Munz*, Die Zuordnung einer Marke durch Verkehrsgeltung des Zeichens im Verhältnis zwischen Hersteller und Händler nach Beendigung des Vertragsverhältnisses (§ 4 Nr. 2 MarkenG), GRUR 1995, 474; *Schramm*, MA 1973, 87.

I. Allgemeines

1   § 4 behandelt die drei möglichen Entstehungstatbestände des Markenschutzes und betrifft ausdrücklich *Marken*. Die Entstehung des Schutzes geschäftlicher Bezeichnungen behandelt § 5; die Bestimmungen zur Entstehung des Schutzes geografischer Herkunftsangaben

finden sich in §§ 126, 130. Nach § 4 kann der Markenschutz entstehen durch Eintragung (Nr. 1), durch Verkehrsgeltung kraft Benutzung (Nr. 2) sowie durch notorische Bekanntheit (Nr. 3). Sämtliche Erwerbstatbestände können auch kumulativ nebeneinander auftreten.

II. Die eingetragene Marke (Nr. 1)

Die „klassische" Form der Entstehung des Markenschutzes ist die Eintragung eines Zeichens als Marke in das vom DPMA geführte Register. Voraussetzung ist die Anmeldung der Marke entsprechend den Bestimmungen der §§ 32–44 (zu den Einzelheiten s. Kommentierung dort) beim DPMA. Die materiellrechtlichen Voraussetzungen für den Markenschutz kraft Eintragung finden sich in §§ 3 und 7–13. Der Marken*schutz* entsteht nicht schon mit der Anmeldung, sondern erst mit der Eintragung der Marke. Erst von diesem Zeitpunkt an kann der Markeninhaber Verbietungsrechte sowie Schadensersatz- (§ 14), Auskunfts- (§ 19), Vernichtungs- (§ 18) sowie die in §§ 19 a–c geregelten Ansprüche geltend machen. Allerdings kann er auch schon vor der Eintragung aufgrund einer angemeldeten Marke Widerspruch gegen die Eintragung einer jüngeren Marke einlegen (§ 42 Abs. 2 Nr. 1). **2**

III. Die Benutzungsmarke (Nr. 2)

1. Allgemeines

Unabhängig von der Anmeldung und Eintragung (Nr. 1) kann der Markenschutz auch durch die bloße Benutzung eines Zeichens im geschäftlichen Verkehr entstehen, sofern das Zeichen innerhalb beteiligter Verkehrskreise als Marke Verkehrsgeltung erworben hat (*Benutzungsmarke*). Hier handelt es sich nicht um ein eingetragenes, sondern um ein *kraft Benutzung* erworbenes Markenrecht. Im früheren Recht war dieser Schutzentstehungstatbestand als *Ausstattungsschutz* in § 25 WZG geregelt. In den wesentlichen Grundzügen hat das MarkenG die frühere Regelung übernommen. In der Praxis relevant wird die Benutzungsmarke vor allem, wenn der Benutzer die Anmeldung eines Zeichens als Marke versäumt hat oder die Eintragung an absoluten Schutzausschließungsgründen gescheitert war, das Zeichen in der Zwischenzeit aufgrund intensiver Benutzung innerhalb beteiligter Verkehrskreise aber Verkehrsgeltung erlangt hat. Im Falle der Markenverletzung kann die Benutzungsmarke somit zu einem wichtigen Instrument für den Benutzer eines solchen Zeichens werden. Für die Entstehung des Schutzes als Benutzungsmarke kann es ausreichen, wenn die Verkehrsgeltung kraft Benutzung nur in einem bestimmten abgrenzbaren Gebiet erreicht wird,[1] das einen einheitlichen Wirtschaftsraum darstellen muss.[2] Allerdings kann die Benutzungsmarke ihre Schutzwirkungen in diesen Fällen auch nur in dem betreffenden Gebiet entfalten. **3**

---

1 BGH, GRUR 1957, 88, 93 – Ihr Funkberater.
2 BGH, GRUR 1979, 470 – RBB/RBT.

2. Welche Zeichen erfasst die Benutzungsmarke?

4 Der Schutz als Benutzungsmarke kommt für alle Zeichen in Betracht, die markenfähig sind. Neben den in § 3 Abs. 1 ausdrücklich erwähnten Markenformen gehören hierzu auch sonstige Markenformen wie *Geruchs-, Geschmacks-, Fühl-* und *Tast-, Bewegungs-, Kennfaden-, Positions-* und *virtuelle Marken*.[3] Als Benutzungsmarken nicht schutzfähig sind demnach diejenigen Zeichen, denen die abstrakte Eignung i.S.d. § 3 Abs. 1 fehlt, Waren oder Dienstleistungen eines Unternehmens von denjenigen anderer Unternehmen zu unterscheiden, sowie dreidimensionale Gestaltungen, bei denen ein Ausschlussgrund nach § 3 Abs. 2 vorliegt. Nach allgemeiner Auffassung ausgeschlossen ist die Entstehung einer Benutzungsmarke ferner, wenn ein Eintragungshindernis nach § 8 Abs. 2 Nr. 4–10 vorliegt.[4] Dies folgt aus der Formulierung des § 8 Abs. 3, wonach der Nachweis der Verkehrsdurchsetzung nur die Überwindung von Eintragungshindernissen i.S.d. § 8 Abs. 2 Nr. 1–3, nicht aber von Schutzhindernissen i.S.d. § 8 Abs. 2 Nr. 4–10 ermöglicht. Entsprechendes muss auch für die Benutzungsmarke gelten, so dass die fehlende Unterscheidungskraft des Zeichens, ein entgegenstehendes Freihaltungsbedürfnis oder der Umstand, dass es sich um ein üblich gewordenes Zeichen handelt, durch den Nachweis der Verkehrsgeltung innerhalb beteiligter Verkehrskreise überwunden werden können.

3. Grafische Darstellbarkeit i.S.d. § 8 Abs. 1

5 Nach § 8 Abs. 1 ist ein Zeichen als Marke nur eintragbar, wenn es *grafisch darstellbar* ist. Entsprechend seiner systematischen Stellung wie auch nach seinem Wortlaut ist die Schutzvoraussetzung der grafischen Darstellbarkeit auf Registermarken konzentriert. Eine analoge Anwendung auf die Benutzungsmarke ist weder sachgerecht, noch erforderlich.[5] Dieser Auffassung hat sich auch der Bundesgerichtshof angeschlossen,[6] der zutreffend auf den Sinn des Kriteriums der grafischen Darstellbarkeit verweist, der Beurteilung der jeweiligen Marke im Eintragungsverfahren „eine festgelegte Form zugrunde legen zu können".[7] Der Schutz der Benutzungsmarke richte sich – anders als die Registermarke – vielmehr nach der konkreten *Gestaltung*, wie sie dem Publikum entgegentrete.

4. Für welche Waren/Dienstleistungen kann der Schutz entstehen?

6 Der Schutz als Benutzungsmarke kann nur für diejenigen Waren und Dienstleistungen begründet werden, für die ein Zeichen konkret benutzt wurde.[8] Dies ist folgerichtig, wenn man bedenkt, dass die Entstehung des Schutzes den Nachweis der Verkehrsgeltung voraussetzt, die ja durch die Benutzung des Zeichens entstanden ist. Dies ist naturgemäß nur im Hinblick auf diejenigen Waren oder Dienstleistungen denkbar, für die das Zeichen tatsächlich benutzt wurde.

---

3 Für die Bewegungsmarke vgl. OLG Frankfurt, GRUR 2000, 1063, 1065 – Spee-Fuchs.

4 *Fezer*, § 4 Rn. 101; *Ingerl/Rohnke*, § 4 Rn. 9.

5 Vgl. *Berlit*, GRUR-RR 2007, 97, 99; *Ströbele/Hacker*, § 4 Rn. 12.

6 BGH, WRP 2009, 956, 959 Tz. 30 = GRUR 2009, 783, 785 f. – UHU; anders noch OLG Köln, GRUR-RR 2007, 100, 101 – Sekundenkleber.

7 BGH, a. a. O.

8 Instruktiv OLG Koblenz, GRUR 2009, 230, 232 – Fadenkreuz „Tatort".

5. Konkretisierung des Gegenstands der Benutzungsmarke

Gegenstand der Benutzungsmarke kann nur das konkret benutzte Zeichen in derjenigen **7** Gestaltung sein, in der es dem Publikum entgegentritt.[9] Dies kann auch ein gemeinsam kennzeichnendes Merkmal bei ansonsten verschiedenen Gestaltungen oder Aufmachungen sein.[10] Allerdings muss das gemeinsame Merkmal klar und eindeutig bestimmt sein. Weitgehend unproblematisch ist dies etwa in Fällen, in denen Schutz für eine einzelne Farbe ohne räumliche Begrenzung beansprucht wird.[11] Schwierigkeiten wirft die eindeutige Bestimmung des Gegenstands der Benutzung dagegen in Fällen der Verwendung einer Farbkombination bei unterschiedlichen Farbanteilen auf.[12] In derartigen Fällen sind konkrete Angaben zur systematischen Anordnung und zum flächenmäßigen Verhältnis der Farben unerlässlich.[13] Möglich ist die Entstehung des Schutzes als Benutzungsmarke auch im Hinblick auf einzelne Zeichenbestandteile eines aus mehreren Elementen zusammengesetzten Zeichens.[14]

6. Wer ist Inhaber einer Benutzungsmarke?

Die Frage, wer als Inhaber einer Benutzungsmarke anzusehen ist, beantwortet das Mar- **8** kenG nicht ausdrücklich; § 7 ist insoweit nicht anwendbar, da diese Bestimmung nur die Inhaberschaft bei eingetragenen Marken regelt. Nach der Begründung des Gesetzentwurfs ist Inhaber der Benutzungsmarke derjenige, zu dessen Gunsten die Verkehrsgeltung erworben wurde.[15] Das ist regelmäßig derjenige, der vom Verkehr als Inhaber des Unternehmens aufgefasst wird, für den das Zeichen tatsächlich benutzt wird,[16] namentlich das Herstellerunternehmen der betreffenden Waren.[17] Dass die beteiligten Verkehrskreise den Namen oder die Firma kennen, ist nicht erforderlich. Die Zuordnung zum Herstellerunternehmen ist auch nicht gestört, wenn die jeweiligen Waren keinen Hinweis auf das Herstellerunternehmen, sondern nur auf den Vertreiber enthalten.[18] In Einzelfällen ist es möglich, dass die beteiligten Verkehrskreise ein- und dieselbe Benutzungsmarke unterschiedlichen Unternehmen zuordnen. Dies ergibt sich aus der Möglichkeit des örtlich begrenzten Schutzes der Benutzungsmarke, wenn nämlich unterschiedliche Benutzer desselben Zeichens dieses in geografisch verschiedenen Gebieten benutzen und kraft der Benutzung Verkehrsgeltung bei den jeweils beteiligten Verkehrskreisen erworben haben.[19] In der Praxis wird es in derartigen Fällen zumeist am Erfordernis des Hinweises auf *einen* bestimmten Inhaber fehlen, so dass der Erwerb einer Benutzungsmarke dann häufig ausscheidet.[20] Nach der *Alm-*

---

9 BGH, GRUR 1953, 40, 41 – Gold-Zack; WRP 2009, 956, 958 Tz. 23 = GRUR 2009, 783, 785 – UHU.
10 BGH, GRUR 1982, 672, 674 – Aufmachung von Qualitätsseifen.
11 BGH, GRUR 2004, 151 – Farbmarkenverletzung I.
12 Zur früheren Rechtsprechung vgl. BGH, GRUR 1968, 371, 374 – Maggi II.
13 BGH, WRP 2009, 956, 959 Tz. 33 = GRUR 2009, 783, 786 – UHU.
14 BGH, GRUR 1956, 179, 180 – Ettaler Klosterliqueur; GRUR 1966, 30, 32 – Konservenzeichen I.
15 BlPMZ Sonderheft 1994, 60.
16 BGH, GRUR 1961, 347, 352 – Almglocke.
17 BGH, WRP 2008, 1319, 1324 Tz. 40 f. = GRUR 2008, 917, 920 f. – EROS.
18 BGH, WRP 2008, 1319, 1324 Tz. 40 = GRUR 2008, 917, 920 – EROS.
19 BGH, GRUR 1955, 406 – Grüne Wickelsterne.
20 BGH, GRUR 1961, 347, 352 – Almglocke.

glocke-Entscheidung ist allerdings auch anerkannt, dass der Verkehr verschiedene Geschäftsbetriebe, die dasselbe Zeichen benutzen, als Einheit im Sinne verschiedener Mitglieder eines Konzerns ansehen kann.[21] In derartigen Fällen ist die Marke den verschiedenen Benutzern gemeinschaftlich zuzuordnen; diese können auch nur gemeinsam über die Marke verfügen.[22] Möglich ist überdies die Entstehung einer „Kollektivbenutzungsmarke".[23] Eine solche kommt namentlich in Betracht, wenn sich mehrere Firmen zu einem Verband (Kollektiv) zusammenschließen und ein gemeinsames Zeichen benutzen.[24]

9 Im Falle der lizenzierten Benutzung des Zeichens kommt die Inhaberschaft grundsätzlich dem Lizenzgeber zu.[25] Da für die Frage der Inhaberschaft jedoch allein die Verkehrsauffassung ausschlaggebend ist, ist dem Lizenzgeber zur Vermeidung von Zuordnungsproblemen zu empfehlen, den Lizenznehmer zur Benutzung eines Lizenzvermerks anzuhalten.[26] Unterlässt er dies, läuft er Gefahr, dass der Verkehr das Zeichen als Hinweis auf den Geschäftsbetrieb des Lizenznehmers ansieht; in diesem Fall kann der Lizenzgeber der Inhaberschaft an der Benutzungsmarke verlustig gehen.[27] Allerdings könnte nach Beendigung des Lizenzvertrags ein schuldrechtlicher Anspruch des Lizenzgebers auf Übertragung der Rechte an der vom Lizenznehmer erworbenen Benutzungsmarke entstehen.[28] Um derartige Schwierigkeiten zu vermeiden, ist es ratsam, dass sich Lizenzgeber und Lizenznehmer bereits bei Abschluss des Lizenzvertrages über das Schicksal der Benutzungsmarke nach Beendigung des Lizenzvertrages einigen.

7. Beteiligte Verkehrskreise

10 Die Benutzungsmarke muss innerhalb beteiligter Verkehrskreise Verkehrsgeltung erlangt haben. Die Abgrenzung kann im Einzelfall Schwierigkeiten bereiten. Grundsätzlich sind die beteiligten Verkehrskreise funktions- und produktspezifisch zu bestimmen.[29] Zu fragen ist dabei nach der Art der betreffenden Waren oder Dienstleistungen, deren Zweckbestimmung sowie den Absatzmöglichkeiten. Es kommt damit auf diejenigen Verkehrskreise an, für deren Kaufentscheidung das benutzte Zeichen in seiner Identifizierungsfunktion irgendwie von Bedeutung ist.[30] Dies sind vornehmlich die *Abnehmer*, zu denen neben den *Endverbrauchern* auch *Händler* und *Wiederverkäufer* zählen.[31] Dabei ist keineswegs nur auf die aktuellen Käufer abzustellen; einzubeziehen sind auch die ernsthaften Interessenten, solche Kreise also, die als Abnehmer von Waren oder Dienstleistungen vergleichbarer Art und Güte (möglicherweise auch erst zukünftig) in Betracht kommen und sich deshalb

---

21 BGH, GRUR 1961, 347, 352.
22 BGH, GRUR 1961, 347, 353.
23 *Ströbele/Hacker*, § 4 Rn. 57.
24 BGH, GRUR 1964, 381, 384 – WKS-Möbel; BGH, WRP 2002, 544, 546 = GRUR 2002, 616, 618 – Verbandsausstattungsrecht.
25 BGH, GRUR 1963, 485, 489 – Micky-Maus-Orangen; vgl. a. BGH, GRUR 1960, 144 – Bambi; OLG München, WRP 1955, 223 – Elastic; OLG Hamm, WRP 1982, 534 – Eulenspiegel.
26 Vgl. RG, GRUR 1937, 66, 72 – Brillenbügel.
27 Vgl. RG, GRUR 1937, 66, 72; OLG Köln, GRUR-RR 2010, 433, 435 – Oerlikon.
28 OLG Köln, a. a. O.
29 BGH, GRUR 1960, 130, 132 – Sunpearl II.
30 *Fezer*, § 4 Rn. 124.
31 BGH, GRUR 1969, 681, 682 – Kochendwassergerät.

v. Schultz

mit dem betreffenden Waren- oder Dienstleistungsangebot befassen.[32] Anders als bei der Bestimmung der beteiligten Verkehrskreise im Falle der Verkehrsdurchsetzung nach § 8 Abs. 3 können für die Bestimmung der Verkehrskreise bei der Frage des Erwerbs der Benutzungsmarke im Einzelfall auch qualitative und preisliche Überlegungen von Bedeutung sein. So werden bei Luxusgütern regelmäßig nur diejenigen Abnehmer zu den beteiligten Verkehrskreisen zählen, die als Käufer oder Interessenten derartiger Waren (oder Dienstleistungen) ernsthaft in Betracht kommen.[33] Wesentlich breiter bestimmen sich die beteiligten Verkehrskreise bei Waren und Dienstleistungen des täglichen Bedarfs. Hier ist grundsätzlich auf alle Abnehmer (Endverbraucher, Händler, Wiederverkäufer) abzustellen.[34] Nicht zu den beteiligten Verkehrskreisen gehören die bloß potenziellen Abnehmer, diejenigen Verkehrskreise also, die sich mit den betreffenden Waren oder Dienstleistungen überhaupt noch nicht befasst haben. Wer z. B. nicht sehbehindert ist, wird daher regelmäßig auch nicht zu den beteiligten Verkehrskreisen im Hinblick auf Brillen und andere Sehhilfen gehören. Zu beachten ist allerdings, dass die Rechtsprechung dazu neigt, die beteiligten Verkehrskreise eher großzügig zu bestimmen,[35] so dass im Einzelfall die Abgrenzung zwischen ernsthaften Interessenten und potenziellen Abnehmern Schwierigkeiten bereitet.

8. Verkehrsgeltung

a) Die ältere Rechtsprechung

Für den Erwerb der Verkehrsgeltung genügte nach der älteren Rechtsprechung die Bekanntheit des Zeichens als Herkunftshinweis bei einem „nicht unerheblichen Teil" der beteiligten Verkehrskreise.[36] Eine allgemeingültige Definition des „nicht unerheblichen Teils" kannte die Rechtsprechung jedoch nicht. Sie ließ sich vielmehr von dem Gedanken leiten, dass umso strengere Anforderungen an den erforderlichen Grad der Verkehrsgeltung zu stellen seien, je stärker das Freihaltebedürfnis der Mitbewerber hinsichtlich des konkreten Zeichens sei.[37] Der jeweils unterschiedlich zu bewertende Grad des Freihaltebedürfnisses veranschaulicht, weshalb allgemeingültige Prozentsätze für den erforderlichen Grad der Verkehrsgeltung in der Rechtsprechung nicht auftauchten. Dies gilt auch hinsichtlich einer allgemeingültigen untersten Grenze. In der Literatur wurde diese bei mindestens 20 % angesetzt.[38]

11

---

32 BGH, GRUR 1963, 622 – Sunkist; GRUR 1982, 672, 674 – Aufmachung von Qualitätsseifen.

33 BGH, GRUR 1982, 672, 674 – Aufmachung von Qualitätsseifen; BayObLG, WRP 1995, 222, 223 – Rolex-Ausstattungsschutz; *Ströbele/Hacker*, § 4 Rn. 28.

34 RGZ 167, 171, 176 – Alpenmilch; BGH, GRUR 1971, 305 – Konservenzeichen II; OLG Hamburg, GRUR-RR 2002, 356 – Marzipanherzen.

35 BGH, GRUR 1974, 220, 222 – Club-Pilsener.

36 RGZ 167, 171, 176 – Alpenmilch; BGH, GRUR 1960, 130, 133 – Sunpearl II; GRUR 1969, 681, 682 – Kochendwassergerät.

37 BGH, GRUR 1957, 88 – Ihr Funkberater; GRUR 1969, 345, 347 – red white; GRUR 1969, 541, 542 – Grüne Vierkantflasche; GRUR 1990, 681, 683 – Schwarzer Krauser; GRUR 1997, 366, 367 – quattro II.

38 *Piper*, GRUR 1996, 429, 433; *Ströbele/Hacker*, § 4 Rn. 39: 20–25 %; *Schramm*, MA 1973, 87, 92: 25 %.

12   Die Rechtsprechung war durch sehr unterschiedliche Entscheidungen gekennzeichnet. So ließ sie einen Bekanntheitsgrad von 25 %[39] bei einer Angabe ausreichen, an der ein besonderes Freihaltebedürfnis nicht festgestellt werden konnte. Lag ein solches hingegen vor, wurde ein wesentlich größerer Bekanntheitsgrad verlangt. So waren selbst Bekanntheitsgrade von 74 % für die Gattungsbezeichnung eines Kräuterlikörs[40] und 58,6 % für die Sortenbezeichnung *Kroatzbeere*[41] unzureichend. Ebenfalls für nicht ausreichend gehalten wurden Bekanntheitsgrade von 64 % für eine bestimmte Flaschengestaltung[42] und 52,1 % bei einer Gattungsbezeichnung für Tabak,[43] ein Marktanteil von 51,1 % für eine Sachbezeichnung im Arzneimittelbereich[44] sowie Bekanntheitsgrade von 36,7 % für das Zeichen *Aqua* bei Kochendwassergeräten[45] und 36 % für eine beschreibende Angabe im Lebensmittelbereich.[46] In der *Apropos-Film-II*-Entscheidung vertrat der BGH die Auffassung, dass im Falle eines Freihaltebedürfnisses die untere Grenze für die Annahme einer Verkehrsdurchsetzung „jedenfalls nicht unterhalb von 50 % angesetzt" werden könne.[47] Entsprechendes gilt im Falle eines nur geringen Grades an originärer Kennzeichnungskraft, bei dem die Rechtsprechung einen deutlich über 50 % hinausgehenden Durchsetzungsgrad verlangt.[48] Bei freihaltebedürftigen Zeichen oder solchen mit originär nur geringer Kennzeichnungskraft ist mithin eine analoge Anwendbarkeit der Rechtsprechung zur Eintragung im Wege der Verkehrsdurchsetzung nach § 8 Abs. 3 durchaus nahe liegend. Im Übrigen jedoch ist eine unterschiedliche Behandlung der Fälle der Verkehrsdurchsetzung und des Erwerbs der Benutzungsmarke angezeigt.

b) Die Chiemsee-Entscheidung

13   Die bisherige Rechtsprechung ist aufgrund der *Chiemsee*-Entscheidung des EuGH[49] allerdings fragwürdig geworden. Denn nach Auffassung des EuGH ist eine Differenzierung des erforderlichen Durchsetzungsgrades (die Entscheidung erging zur Auslegung des insoweit vergleichbaren § 8 Abs. 3) nach dem Grad des Freihaltebedürfnisses an der jeweiligen Angabe unzulässig.[50] Diese Aussage trägt dem Gedanken Rechnung, dass es bei stark freihaltebedürftigen Marken ohnehin erheblich schwieriger ist, einen gewissen Durchsetzungsgrad zu erreichen, wohingegen sich durchschnittlich oder nur wenig freihaltebedürftige Angaben schon nach ihrer Natur wesentlich leichter im Verkehr durchsetzen können.[51]

---

39 BGH, GRUR 1963, 622, 623 – Sunkist.
40 BGH, GRUR 1974, 337, 339 – Stonsdorfer.
41 BGH, GRUR 1975, 67, 69.
42 BGH, GRUR 1969, 541, 543 – Grüne Vierkantflasche.
43 BGH GRUR 1990, 681, 683 – Schwarzer Krauser.
44 BGH, GRUR 1990, 453, 455 – L-Thyroxin.
45 BGH, GRUR 1969, 681, 682 – Kochendwassergerät.
46 BGH, GRUR 1960, 83, 88 – Nährbier.
47 BGH, GRUR 1990, 360, 361 – Apropos Film II; GRUR 1992, 48, 51 – frei öl.
48 OLG Hamburg, GRUR-RR 2002, 356 – Marzipanherzen; OLG Frankfurt/M., GRUR 1999, 591, 593 – Kabelbinderkopf.
49 WRP 1999, 629 = GRUR 1999, 723.
50 EuGH, WRP 1999, 629, 634 Tz. 48 = GRUR 1999, 723, 727.
51 Unzutreffend daher *Ströbele/Hacker*, § 4 Rn. 41.

v. Schultz

Darüber hinaus kann nach der *Chiemsee*-Entscheidung[52] die Feststellung der Verkehrs- **14** durchsetzung i. S. d. § 8 Abs. 3 (und damit auch der Verkehrsgeltung i. S. d. § 4 Nr. 2) nicht allein aufgrund abstrakter Prozentsätze erfolgen (zur Abgrenzung der Begriffe *Verkehrsgeltung* und *Verkehrsdurchsetzung* vgl. § 8 Rn. 226 ff.). Neben dem Teil der beteiligten Verkehrskreise, der die Waren oder Dienstleistungen aufgrund des Zeichens als von einem bestimmten Unternehmen stammend erkennt, sollen qualitative Kriterien hinzutreten, wie der von der Marke gehaltene *Marktanteil,* die *Intensität* und die *Dauer der Benutzung* des Zeichens sowie der *Werbeaufwand* des Unternehmens für die Marke. Daneben sollen *Erklärungen* von Industrie- und Handelskammern oder anderen Berufsverbänden berücksichtigt werden.[53] Mit der vorzugsweisen Berücksichtigung qualitativer Kriterien wird die Ermittlung und Feststellung der Verkehrsgeltung gegenüber der bisherigen Rechtsprechung in praktischer Hinsicht nicht erleichtert;[54] indes kann sie zu weniger schematischen und damit sachgerechteren Ergebnissen führen. Eine Beurteilung allein aufgrund quantitativer Kriterien wie insbesondere bestimmter Prozentsätze, die durch Verbraucherbefragungen ermittelt werden, scheidet demnach aus. Naturgemäß schließt dies nicht aus, dass auch demoskopische Gutachten allein hinreichend aussagekräftig sein können, sofern sich derjenige, der den Erwerb einer Benutzungsmarke geltend macht, darauf beruft. Eine zusätzliche sorgfältige Analyse der Marktverhältnisse und der Verbrauchererwartungen ist jedoch unerlässlich.[55]

In der seit der *Chiemsee*-Entscheidung des EuGH ergangenen Rechtsprechung in Deutsch- **15** land hat sich das vom EuGH propagierte System der Feststellung von Verkehrsgeltung und Verkehrsdurchsetzung aufgrund qualitativer Kriterien noch nicht durchsetzen können. Dementsprechend verlangt die Rechtsprechung namentlich in denjenigen Fällen, in denen einer Eintragung des jeweiligen Zeichens Schutzhindernisse i. S. d. § 8 Abs. 2 Nr. 1, 2 oder 3 entgegenstehen (*qualifizierte Verkehrsgeltung*), nach wie vor einen Durchsetzungsgrad von mindestens 50 % innerhalb der beteiligten Verkehrskreise.[56]

Die zukünftige Rechtsprechung wird sich vermehrt an qualitativen Kriterien für die Fest- **16** stellung der Verkehrsgeltung innerhalb beteiligter Verkehrskreise i. S. d. § 4 Nr. 2 orientieren müssen. Dementsprechend hat der Bundesgerichtshof bereits die zutreffende Auffassung vertreten, dass das für den Erwerb der Benutzungsmarke notwendige Maß an Verkehrsgeltung nicht in der Weise festgelegt werden könne, dass einem prozentmäßig bestimmten Anteil der angesprochenen Verkehrskreise bekannt sein müsse, dass das Zeichen für bestimmte Waren oder Dienstleistungen auf die Herkunft aus einem bestimmten Unternehmen hinweise.[57] Vielmehr seien auch die Umstände des Einzelfalls zu berücksichtigen. Dementsprechend kann die prozentuale Messung der Verkehrsdurchsetzung neben diesen Kriterien nur als ein zusätzlicher Faktor herangezogen werden.[58] Eine alleinige Beurteilung aufgrund abstrakter Prozentzahlen kann jedoch nicht verlangt werden. Ebenso wenig kann

---

52 EuGH, WRP 1999, 629, 634 Tz. 52 = GRUR 1999, 723, 727.

53 EuGH, WRP 1999, 629, 634 Tz. 51 = GRUR 1999, 723, 727.

54 Krit. zur Chiemsee-Entscheidung *Hackbarth,* MarkenR 1999, 329; vgl. a. § 8 Rn. 145 f.

55 *Fezer,* WRP 2005, 14.

56 Vgl. BGH, WRP 2001, 1205, 1207 = GRUR 2001, 1042, 1043 – REICH UND SCHOEN (zu § 8 Abs. 3); OLG Hamburg, GRUR-RR 2002, 356 – Marzipanherzen; OLG Frankfurt, GRUR 1999, 591, 593 – Kabelbinderkopf.

57 BGH, GRUR 2004, 151, 153 – Farbmarkenverletzung I.

58 *Fezer,* WRP 2005, 19.

das Unterschreiten eines Bekanntheitsgrades von 50% auch in Fällen der qualifizierten Verkehrsgeltung nicht zur Verneinung der Verkehrsgeltung führen, wenn diese aufgrund erfüllter qualitativer Kriterien angezeigt ist. Auch kann – in Fällen evident fehlender originärer Unterscheidungskraft wie z. B. bei der Bezeichnung „Kinder" – nicht eine *nahezu einhellige Verkehrsdurchsetzung* verlangt werden;[59] wohl aber können umso strengere Anforderungen an den Inhalt der qualitativen Kriterien gestellt werden, je geringer die originäre Kennzeichnungskraft des jeweiligen Zeichens ist.[60]

9. Örtlich begrenzter Schutz

17 Anders als die durchgesetzte Marke i. S. d. § 8 Abs. 3, die sich innerhalb beteiligter Verkehrskreise im gesamten Bundesgebiet durchgesetzt haben muss, kann der Schutz eines Zeichens als Benutzungsmarke auch in einem abgegrenzten Teil des Bundesgebietes entstehen.[61] Voraussetzung ist nur, dass es sich um einen einheitlichen Wirtschaftsraum handelt, der nach Umfang und wirtschaftlicher Bedeutung einen Ausschluss verwechslungsfähiger Zeichen in diesem Gebiet rechtfertigt.[62] Bei der Prüfung dieser Frage ist insbesondere auf die konkrete Ware, ihre übliche Vertriebsform, ihr Absatzgebiet und die Betriebsstruktur des betreffenden Unternehmens abzustellen.[63] Wird dementsprechend die Entstehung des Schutzes eines Zeichens als Benutzungsmarke in einem abgegrenzten Teil des Bundesgebiets festgestellt, erstrecken sich die Schutzwirkungen einer solchen Benutzungsmarke auch lediglich auf diesen konkreten Teil des Bundesgebiets. Außerhalb dieses Gebiets entfaltet eine derartige Benutzungsmarke keine Rechtswirkungen.[64] Als problematisch haben sich in diesem Zusammenhang die Fälle erwiesen, in denen ein Unternehmen bundesweit tätig ist, jedoch nur in einem abgegrenzten räumlichen Bereich einen für den Erwerb der Benutzungsmarke ausreichenden Bekanntheitsgrad erlangt hat. Der Bundesgerichtshof hat den Erwerb der Benutzungsmarke in derartigen Fällen für möglich gehalten.[65] Nach Auffassung des OLG Köln kann diese Rechtsprechung – vorbehaltlich grundsätzlicher Zweifel – jedenfalls für Online-Angebote, die sich an Verkehrskreise im gesamten Bundesgebiet richten, keine Geltung beanspruchen.[66] Der Auffassung des OLG Köln steht die Überlegung entgegen, dass im Falle einer räumlich begrenzten Benutzungsmarke Schutzwirkungen auch nur in diesem räumlich begrenzten Gebiet entfaltet werden.[67]

10. Entstehung und Verlust des Schutzes

18 Der Schutz eines Zeichens als Benutzungsmarke entsteht ab dem Zeitpunkt, in dem die quantitativen und/oder qualitativen Kriterien für die Verkehrsgeltung vorliegen. Von Be-

---

59 *Fezer*, WRP 2005, 19 Fn. 97.
60 Vgl. OLG Köln, MarkenR 2003, 158, 159 – Weinbrandpraline; MarkenR 2005, 153, 155 – Telekom.
61 BGH, GRUR 1957, 88, 93 – Ihr Funkberater.
62 RG, GRUR 1942, 217, 219 – Goldbronzierte Likörflaschen.
63 BGH, GRUR 1979, 470, 471 – RBB/RBT.
64 Vgl. OLG Dresden, GRUR-RR 2002, 257, 259 – Halberstädter Würstchen.
65 BGH, GRUR 1979, 470, 472 – RBB/RBT.
66 OLG Köln, GRUR-RR 2007, 272, 273 – 4 DSL; GRUR 2008, 79, 80 – Zeichen 4E.
67 Zutreffend *Ströbele/Hacker*, § 4 Rn. 33.

v. Schultz

deutung ist der Zeitpunkt der Schutzentstehung für das Prioritätsdatum und den sich daraus ergebenden Zeitrang im Kollisionsfall. Die Ermittlung des genauen Entstehungszeitspunkts der Verkehrsgeltung kann im Einzelfall Schwierigkeiten bereiten. Insbesondere betrifft dies die Fälle der Ermittlung eines in der Vergangenheit liegenden Zeitpunkts der Entstehung der Verkehrsgeltung.

Die Aufgabe und die nachlassende Intensität der Benutzung des Zeichens können ebenso wie dessen Benutzung in abweichender Form zum Verlust des Schutzes als Benutzungsmarke führen. Maßgebend ist, ob sich die quantitativen und/oder qualitativen Kriterien, die zur Feststellung der Schutzentstehung geführt haben, derart zum Nachteil des Benutzers geändert haben, dass die Voraussetzungen für die Verkehrsgeltung nicht mehr gegeben sind. Der Inhaber einer Benutzungsmarke muss daher in besonderem Maße – vorzugsweise durch intensive werbliche Bemühungen und eine konsequente Absatzpolitik – darauf achten, dass die Grundlagen für den Schutz als Benutzungsmarke unverändert bestehen bleiben. Eine bloße Unterbrechung der Benutzung führt nicht notwendig zum Verlust des Schutzes, denn maßgebend für die Existenz der Benutzungsmarke ist die Frage, ob (noch) Verkehrsgeltung vorliegt. Dies kann naturgemäß auch der Fall sein, wenn das Zeichen nicht (mehr) benutzt wird. Aus der Möglichkeit des örtlich begrenzten Schutzes der Benutzungsmarke ergibt sich schließlich, dass der Schutz auch für einen Teil des Gebietes verloren gehen kann, in dem dem Zeichen ursprünglich der Schutz als Benutzungsmarke zukam. Mit dem Ende der Verkehrsgeltung verliert die Benutzungsmarke ihre Wirkung.[68]

19

11. Welche Rechte hat der Inhaber einer Benutzungsmarke?

Der Inhaber einer Benutzungsmarke genießt grundsätzlich die gleichen Rechte wie der Inhaber einer i. S. d. § 4 Nr. 1 eingetragenen Marke. Dies gilt insbesondere für die sich aus §§ 14 (Unterlassung und Schadensersatz), 18 (Vernichtung) und 19 (Auskunft) ergebenden Ansprüche. Im Falle eines regional beschränkten Schutzes sind diese Rechte allerdings auf dasjenige geografische Gebiet beschränkt, in dem der Schutz als Benutzungsmarke besteht bzw. im Prozessfall nachgewiesen werden kann. Nach § 42 Abs. 2 Nr. 4 kann aufgrund der Benutzungsmarke ferner Widerspruch beim DPMA gegen eine prioritätsjüngere Marke (soweit diese nach dem 1.10.2009 angemeldet wurde) eingelegt werden.

20

IV. Die notorisch bekannte Marke (Nr. 3)

1. Allgemeines

Als dritten Tatbestand für die Entstehung des Markenschutzes nennt § 4 Nr. 3 die notorische Bekanntheit i. S. d. Art. 6bis PVÜ. Die notorische Bekanntheit i. S. d. MarkenG kann – abweichend von Art. 6bis PVÜ – nicht nur bei Warenmarken, sondern auch bei Dienstleistungsmarken entstehen. Eine Definition des Begriffs der *notorischen Bekanntheit* enthalten allerdings weder das MarkenG noch die PVÜ.

21

---

68 OLG Köln, MarkenR 2003, 158, 159 – Weinbrandpraline.

2. Wann ist eine Marke notorisch bekannt?

22   Die Entstehung des Schutzes als notorisch bekannte Marke setzt nicht notwendig eine Benutzung des Zeichens im Inland voraus. Erforderlich ist nur, dass die notorische Bekanntheit der Marke im Inland vorliegt.[69] Die Feststellung der notorischen Bekanntheit im Ausland genügt demgegenüber nicht. Die notorische Bekanntheit muss nicht bei der Gesamtbevölkerung, sondern innerhalb der beteiligten Verkehrskreise im Inland festgestellt werden. Auch ist nicht erforderlich, dass die notorische Bekanntheit im gesamten Bundesgebiet nachgewiesen wird; es genügt, dass sie in einem wesentlichen Teil des Bundesgebiets
vorliegt. Ein wesentlicher Teil ist jedoch nicht gegeben, wenn sich die notorische Bekanntheit lediglich auf eine Stadt oder deren Umland beschränkt.[70] In welcher Größenordnung
der erforderliche Bekanntheitsgrad anzusiedeln ist, ist streitig. Einigkeit besteht lediglich
darüber, dass er deutlich ausgeprägter sein muss als im Falle der Verkehrsgeltung i. S. d. § 4
Nr. 2.[71] Als Anhaltspunkte werden – im Wege demoskopischer Befragungen festgestellte –
Bekanntheitsgrade von 60–70 %[72] bzw. deutlich über 50 %[73] gefordert.

3. Anwendungsbereich

23   Der praktische Anwendungsbereich des § 4 Abs. 3 ist allerdings begrenzt. Denn eine notorisch bekannte Marke wird – jedenfalls bei inländischer Benutzung – zumeist auch die Voraussetzungen für den Schutz als Benutzungsmarke i. S. d. § 4 Nr. 2 erfüllen. Damit ist die
Bedeutung des § 4 Nr. 3 praktisch auf die Fälle der im Inland unbenutzten Marke beschränkt, deren notorische Bekanntheit im Inland auf eine Benutzung im Ausland zurückzuführen ist.[74] Eine Besonderheit gegenüber der Benutzungsmarke weist die notorisch bekannte Marke dennoch auf, denn gem. § 42 Abs. 2 Nr. 2 kann aufgrund einer notorisch bekannten Marke Widerspruch gegen die Eintragung einer jüngeren Marke eingelegt werden.
Allerdings gilt dies nur im Rahmen der Tatbestandsvoraussetzungen des § 9 Abs. 1 oder 2.
Die zu vergleichenden Waren und/oder Dienstleistungen müssen also zumindest ähnlich
sein.

V. Gemeinschaftsmarkenrecht

24   Die GMV kennt lediglich die eingetragene Gemeinschaftsmarke (vgl. Art. 1 Abs. 1 und
Art. 6 GMV). Der Schutz eines Zeichens als Benutzungsmarke oder als notorisch bekannte
Marke ist in der GMV nicht geregelt.

---

69 BGH, GRUR Int. 1969, 257, 258 – Recrin.
70 EuGH, GRUR 2008, 70 Tz. 17 f. – Nuño/Franquet.
71 Vgl. *Ströbele/Hacker*, § 4 Rn. 74; *Ingerl/Rohnke*, § 4 Rn. 31.
72 *Ingerl/Rohnke*, § 4 Rn. 31.
73 *Ströbele/Hacker*, § 4 Rn. 74.
74 Vgl. BGH, GRUR Int. 1969, 257, 258 – Recrin.

§ 5
Geschäftliche Bezeichnungen

(1) Als geschäftliche Bezeichnungen werden Unternehmenskennzeichen und Werktitel geschützt.

(2) Unternehmenskennzeichen sind Zeichen, die im geschäftlichen Verkehr als Name, als Firma oder als besondere Bezeichnung eines Geschäftsbetriebes oder eines Unternehmens benutzt werden. Der besonderen Bezeichnung eines Geschäftsbetriebes stehen solche Geschäftsabzeichen und sonstige zur Unterscheidung des Geschäftsbetriebs von anderen Geschäftsbetrieben bestimmte Zeichen gleich, die innerhalb beteiligter Verkehrskreise als Kennzeichen des Geschäftsbetriebs gelten.

(3) Werktitel sind die Namen oder besonderen Bezeichnungen von Druckschriften, Filmwerken, Tonwerken, Bühnenwerken oder sonstigen vergleichbaren Werken.

Übersicht

Literatur: *Ahrens,* Die Notwendigkeit eines Geschäftsbetriebserfordernisses für Geschäftsbezeichnungen nach dem neuen Markengesetz, GRUR 1995, 635; *Baronikians,* Buchstabenkombinationen als Unternehmenskennzeichen, GRUR 2001, 795; *Berlit,* Die Marke kraft Verkehrsgeltung – eine aktuelle Bestandsaufnahme zu § 4 Ziff. 2 MarkenG, WRP 2002, 177; *Betten,* Titelschutz von Computerprogrammen, GRUR 1995, 5; *ders.,* Titelschutz von Computerprogrammen?, CR 1995, 383; *Bokelmann,* Das Recht der Firmen und Geschäftsbezeichnungen, 1997; *Deutsch,* Der Werktitel als Gegenstand des Rechtsverkehrs, WRP 1998, 14; *ders.,* Zusätzlicher Schutz für Werktitel durch Markeneintragung, GRUR 2004, 642; *Deutsch/Mittas,* Titelschutz, 1999; *Eichmann,* Der Schutz von bekannten Kennzeichen, GRUR 1998, 201; *Fezer,* Zum Anwendungsbereich des Werktitelrechts, GRUR 2001, 369; *ders.,* Kennzeichenschutz an Namen fiktiver Figuren; WRP 1997, 887; *ders.,* Liberalisierung und Europäisierung des Firmenrechts – Vom handelsrechtlichen Firmenregisterschutz zum kennzeichenrechtlichen Immaterialgüterrechtsschutz, ZHR 161 (1997), 52; *Fleckstein,* Der Schutz territorial beschränkter Kennzeichen, 1999; *v. Gamm,* Rufausnutzung und Beeinträchtigung bekannter Marken und geschäftlicher Bezeichnungen, FS Piper 1996, 537; *Goldmann,* Der Schutz des Unternehmenskennzeichens, 2. Aufl., 2005; *Goldmann/Rau,* Der Schutz von Buchstabenkombinationen als Unternehmenskennzeichen, GRUR 1999, 216; *Hertin,* Schutz des Titels an urheberrechtlich gemeinfrei gewordenen Werken und fiktiven Figuren?, WRP 2000, 889; *Ingerl,* Allgemeiner Namensschutz für geistige Produkte, WRP 1997, 1127; *Jacobs,* Werktitelschutz für Computerspiele und Computerprogramme, GRUR 1996, 601; *Knaak,* Zur Einbeziehung des Schutzes der Unternehmenskennzeichen in das neue Markengesetz, FS Beier, 1996, 243; *Krings,* Der Schutz von Buchstabenkennzeichen, WRP 1999, 50; *Lehmann,* Der Schutz der geschäftlichen Bezeichnung im neuen Markengesetz, FS Beier, 1996, 279; *ders.,* Neuer Titelschutz von Software im Markengesetz, CR 1995, 129; *ders.,* Titelschutz von Computerprogrammen, GRUR 1995, 250; *ders.,* Der Titelschutz als besonderes Kennzeichnungsrecht, FS Vieregge, 1995, 585; *v. Linstow,* Die rechtsverletzende Titelschutzanzeige – ein vierstöckiger Hausbesitzer?, FS Erdmann, 2002, 375; *Mittas,* Der Schutz des Werktitels nach UWG, WZG und MarkenG, 1995; *W. Nordemann,* Entstehung des Titelschutzes, FS Erdmann, 2002, 437; *Oelschlägel,* Der Titelschutz von Büchern, Bühnenwerken, Zeitungen und Zeitschriften, 1997; *Schricker,* Zum Schutz bildlicher Unternehmenskennzeichen, GRUR 1998, 310; *ders.,* Der Schutz des Werktitels im neuen Kennzeichenrecht, FS Vieregge, 1995, 775; *Starck,* Zur Vereinheitlichung des Rechts der Kennzeichen im geschäftlichen Verkehr durch das neue Markengesetz, FS DPA – 100 Jahre Marken-Amt, 1994, 291; *ders.,* Rechtsprechung des Bundesgerichtshofes zum neuen Markenrecht, WRP 1996, 269; *ders.,* Die Auswirkungen des Markengesetzes auf das Gesetz gegen den unlauteren Wettbewerb, DZWir 1996, 313; *Ullmann,* Die Verwendung von Marke, Geschäftsbezeichnung und Firma im geschäftlichen Verkehr, insbesondere Franchising, NJW 1994, 1255; *Zahrnt,* Titelschutz für Software-Produkte – ein Irrtum?!, BB 1996, 1570.

I. Allgemeines

1. Gegenstand der gesetzlichen Regelung und Gang der Kommentierung

1   Nach § 5 werden geschäftliche Bezeichnungen, nämlich Unternehmenskennzeichen und Werktitel, als Immaterialgüterrechte geschützt. Die Unternehmenskennzeichen unterteilen sich zum einen in die im geschäftlichen Verkehr als Name, Firma oder besondere Bezeichnung eines Unternehmens geschützten Kennzeichen, § 5 Abs. 2 S. 1; hierzu zählt die Rechtsprechung auch die Domains (s. u. Anhang zu § 5). Zum anderen zählen zu den Un-

ternehmenskennzeichen die Geschäftsabzeichen, die nur kraft Verkehrsgeltung geschützt sind, § 5 Abs. 2 S. 2. Weiterhin sind als geschäftliche Bezeichnungen Werktitel geschützt, § 5 Abs. 3; die im Gesetzestext genannte Aufzählung von Werkarten ist nicht abschließend. In jüngerer Zeit hat insbesondere der Titelschutz für Software Bedeutung erlangt (s. u. Rn. 57).

Nachfolgend werden die Voraussetzungen für die Entstehung des Schutzes von Unternehmenskennzeichnungen (Rn. 7 ff.) und des Schutzes von Werktiteln (Rn. 55 ff.) dargestellt, wobei die Verletzung dieser Rechte bei § 15 abgehandelt wird. Weiterhin wird der Namensschutz nach § 12 BGB außerhalb des geschäftlichen Verkehrs kommentiert, wobei hier zugleich die Rechtsfolgen einer Namensverletzung erörtert werden (Rn. 45 ff.). Die Internetdomains werden im Anhang zu § 5 behandelt. **2**

2. Verhältnis zum alten Recht und zum harmonisierten Recht

Der Schutz der geschäftlichen Bezeichnungen war im alten Recht in *§ 16 UWG* geregelt. **3** Um zu erreichen, dass alle Kennzeichenrechte zusammenfassend im neuen Markengesetz geregelt werden, hat der Gesetzgeber die bisher nach § 16 UWG geschützten geschäftlichen Bezeichnungen in das neue Gesetz aufgenommen. Dies sollte jedoch nicht zu einer Änderung der Rechtslage führen.[1] Dementsprechend sollen die Regelungen des § 5 ohne sachliche Änderung an die Stelle von § 16 UWG getreten sein.[2]

Allerdings darf der Einfluss der *Markenrechtsrichtlinie* nicht außer Acht gelassen werden. **4** Die Markenrechtsrichtlinie gilt zwar einerseits nur für eingetragene Marken (Art. 1 Markenrechtsrichtlinie). § 5 unterliegt somit nicht dem Gebot der richtlinienkonformen Auslegung. Auch der BGH betont, dass geschäftliche Bezeichnungen nicht vom Harmonisierungsgebot umfasst werden; aber es sollen Vorschriften, die in Umsetzung der Markenrechtsrichtlinie geschaffen wurden und die gleichermaßen für alle Kennzeichen gelten, richtlinienkonform ausgelegt werden.[3] Da die geschäftlichen Bezeichnungen jedoch hinsichtlich Schutzvoraussetzungen, insbesondere der Unterscheidungskraft und der Verkehrsgeltung, sowie der Rechtsfolgen weitgehende Übereinstimmungen mit dem System des harmonisierten Markenrechts aufweisen, sind bei der Auslegung von § 5 die Ergebnisse des harmonisierten Markenrechts zu berücksichtigen, um eine Konkordanz der Bewertungen zu erreichen.[4] Dies ist auch die Praxis der Rechtsprechung.[5]

3. Abgrenzung gegenüber anderen Instituten

Zum *formellen Firmenrecht* gehören registerrechtliche Regelungen über die Firmenbildung/-änderung und -eintragung im Handelsregister (insbesondere §§ 17 ff. HGB), ferner die Verpflichtung zur Unterscheidung von anderen ortsansässigen Firmen (§ 30 HGB) so- **5**

---

1 Siehe amtl. Begr., S. 67.
2 BGH, WRP 1997, 446 = GRUR 1996, 68 – COTTON LINE; WRP 1999, 523 = GRUR 1999, 492 – Altberliner; WRP 1998, 394 = GRUR 1998, 391 – Dr. St. ... Nachfahren.
3 BGH, WRP 1999, 931 = Markenrecht 1999, 291 – BIG PACK.
4 Ebenso *Ingerl/Rohnke*, § 15 Rn. 38.
5 Vgl. BGH, WRP 2001, 273 = GRUR 2001, 344 – DB-Immobilienfonds; WRP 2001, 931 = GRUR 2001, 1164 – buendgens; WRP 2000, 525 = GRUR 2000, 605 – comtes/ComTel.

wie das Verbot einer firmenrechtlich unzulässigen Firmenführung und eines unbefugten Firmengebrauchs (§ 37 HGB). Das formelle Firmenrecht und das materielle Firmenrecht des § 5 sind voneinander unabhängig. Das materielle Firmenrecht, das ein Immaterialgut ist,[6] entsteht außerhalb und unabhängig von der Handelsregistereintragung.[7]

6 § 5 regelt den Schutz von Namen, die im geschäftlichen Verkehr als Bezeichnung eines Geschäftsbetriebes oder eines Unternehmens benutzt werden. Insoweit geht der *bürgerlich-rechtliche Namensschutz nach § 12 BGB* für die Bezeichnung eines Unternehmens grundsätzlich nicht weiter als der Schutz nach § 5.[8] Der Namensschutz nach § 12 BGB hat weiterhin Bedeutung für die Benutzung außerhalb des geschäftlichen Verkehrs und für diejenigen Personen/Personenvereinigungen, denen ein Schutz nach § 5 nicht zukommt, s. u. Rn. 45 ff. Der Schutz des Namens als sonstiges Recht nach dem subsidiären *§ 823 Abs. 1 BGB* hat seine Bedeutung für Schadensersatzansprüche, da § 12 BGB nur einen Unterlassungsanspruch gibt. Die Rechtsprechung prüft § 823 Abs. 1 BGB insbesondere dann, wenn der Name ohne Zustimmung des Namensträgers in der Werbung benutzt wird.[9]

II. Schutzobjekt von Unternehmenskennzeichnungen

1. Firma, Firmenbestandteile, Firmenschlagwort

7 Die *Firma* eines Kaufmanns ist der *Name*, unter dem er seine Geschäfte betreibt (§ 17 HGB). Nach § 1 HGB ist Kaufmann, wer ein Handelsgewerbe betreibt. Handelsgewerbe ist jeder Gewerbebetrieb, es sei denn, dass das Unternehmen nach Art oder Umfang einen in kaufmännischer Weise eingerichteten Gewerbebetrieb nicht erfordert. Jedoch wird auch ein solcher Gewerbebetrieb zum Handelsgewerbe und damit der Inhaber zum Kaufmann, wenn die Firma des Unternehmens in das Handelsregister eingetragen ist, § 2 HGB. Die Firma eines Kaufmannes ergibt sich somit aus dem im Handelsregister eingetragenen (vollständigen) Firmenwortlaut.[10] Geschützt ist die Firma der Personengesellschaft und der Kapitalgesellschaft,[11] für die nach außen tätige Kapitalgesellschaft auch vor deren Eintragung ins Handelsregister.[12] Schutz nach § 5 genießen auch die Namen von eingetragenen Vereinen[13] oder von Gesellschaften bürgerlichen Rechts,[14] die im geschäftlichen Verkehr benutzt werden.

8 *Firmenbestandteile* sind Teil der vollständigen, im Handelsregister eingetragenen Firma, z. B. „GEFA" aus „GEFA Gesellschaft für Absatzfinanzierung mbH". Firmenbestandteile genießen die Priorität der vollständigen Firma, wenn sie selbstständig kennzeichnungs-

---

6 BGH, WRP 1995, 918 = GRUR 1995, 825 – Torres.
7 BGH, WRP 1983, 261 = GRUR 1983, 182 – Concordia-Uhren.
8 BGH, GRUR 1954, 195 – KfA; WRP 1993, 175 = GRUR 1993, 404 – Columbus; WRP 2002, 694 = GRUR 2002, 622 – shell.de; s. u. Anhang zu § 5 Rn. 25.
9 BGH, GRUR 1959, 430 – Catarina Valente; GRUR 1981, 846 – Carrera.
10 Vgl. OLG Düsseldorf, GRUR 1996, 361 – Teco.
11 Vgl. BGH, GRUR 1960, 550 – Promonta.
12 Sog. Vorgesellschaft; BGH, WRP 1993, 175 = GRUR 1993, 404 – Columbus; WRP 1997, 952 = GRUR 1997, 749 – L'Orange.
13 BGH, WRP 2008, 1530 ff. = GRUR 2008, 1102 ff. – Haus und Grund I bis III; WRP 2005, 614 = GRUR 2005, 517 – Literaturhaus.
14 BGH, WRP 2002, 691 = GRUR 2002, 706 – vossius.de.

kräftig sind. Sie sind dann selbstständig kollisionsbegründend.[15] Der Firmenbestandteil muss eigene Unterscheidungskraft aufweisen und seiner Art nach im Vergleich zu den übrigen Firmenbestandteilen geeignet erscheinen, sich im Verkehr als schlagwortartiger Hinweis auf das Unternehmen durchzusetzen.[16] Liegen diese Voraussetzungen vor, ist es unerheblich, ob der Firmenbestandteil tatsächlich als Firmschlagwort in Alleinstellung verwendet wird oder ob Verkehrsgeltung vorliegt.[17] Anders als im Markenrecht kommt es hier also zu einer Art „Abspaltung" des kennzeichnungskräftigen Teils der vollständigen Firma, der selbstständig kollisionsbegründend ist. Diese „Abspaltung" rechtfertigt sich aus der Gewohnheit der angesprochenen Verkehrskreise, längere Firmenbezeichnungen durch Abkürzungen zu ersetzen, die die Firmenbezeichnung einprägsamer machen und ihren Gebrauch erleichtern.[18]

Von einem *Firmenschlagwort* wird – bei nicht ganz einheitlicher Terminologie – gesprochen, wenn die Kurzbezeichnung aus der vollständigen Firma abgeleitet ist (z.B. aus deren Anfangsbuchstaben gebildet ist), ohne Bestandteil der vollständigen Firma zu sein, z.B. „GEFA" aus „Gesellschaft für Absatzfinanzierung mbH". Werden solche Firmenschlagworte vom Inhaber des Geschäftsbetriebes zu dessen Kennzeichnung selbstständig herausgestellt (z.B. neben der Firma auf dem Briefkopf), so werden sie wie eine besondere Geschäftsbezeichnung geschützt.[19] Wird das Firmenschlagwort vom Inhaber des Unternehmens nicht besonders herausgestellt, so ist für einen selbstständigen Schutz Verkehrsgeltung erforderlich.[20] **9**

2. Besondere Geschäftsbezeichnung

Die *besondere Geschäftsbezeichnung* kann unabhängig und zusätzlich zur Firma geführt **10** (z.B. auf den Briefköpfen herausgestellt) werden. Die besondere Geschäftsbezeichnung weist anders als Name oder Firma nicht auf den Unternehmensträger hin, sondern auf das Unternehmen oder den *Geschäftsbetrieb* als organisatorische Einheit (*v. Gamm*, Kap. 56 Rn. 9). Gegenstand der besonderen Geschäftsbezeichnung kann aber auch ein organisato-

---

15 BGH, WRP 2008, 1530 Tz. 12 = GRUR 2008, 1102 – Haus & Grund I; WRP 2008, 1537 Tz. 29 = GRUR 2008, 1108 – Haus & Grund III; BGH, WRP 2002, 1066 = GRUR 2002, 898 – defacto; WRP 2002, 1156 = GRUR 2002, 972 – FROMMIA; WRP 1997, 1093 = GRUR 1997, 468 – NetCom; WRP 1985, 338 = GRUR 1985, 461 – GEFA/GEWA; GRUR 1954, 195 – KfA.

16 BGH, WRP 2008, 1537 Tz. 32 = GRUR 2008, 1108 – Haus & Grund III; WRP 2008, 1192 Tz. 19 = GRUR 2008, 803 – HEITEC; WRP 2005, 336 = GRUR 2005, 262 – soco.de; BGH, WRP 1997, 1093 = GRUR 1997, 468 – NetCom; WRP 1985, 338 = GRUR 1985, 461 – GEFA/GEWA; WRP 1997, 446 = GRUR 1996, 68 – COTTON LINE; WRP 1997, 1091 = GRUR 1997, 845 – Immo-Data.

17 BGH, WRP 2009, 971 Tz. 75 = GRUR 2009, 772 – Augsburger Puppenkiste; BGH, WRP 2004, 1284 – Mustang; WRP 2004, 758 – Telekom; WRP 1991, 482 = GRUR 1991, 556 – Leasing Partner; WRP 1999, 523 = GRUR 1999, 492 – Altberliner.

18 BGH, WRP 1985, 338 = GRUR 1985, 461 – GEFA/GEWA; WRP 1979, 534 = GRUR 1979, 470 – RBB/RBT; GRUR 1982, 420 – BBC/DDC.

19 BGH, GRUR 1954, 195 – KfA; GRUR 1960, 93 – Martinsberg; WRP 1985, 338 = GRUR 1985, 461 – GEFA/GEWA.

20 BGH, GRUR 1954, 195 – KfA; WRP 1985, 338 = GRUR 1995, 461 – GEFA/GEWA; WRP 1990, 613 = GRUR 1992, 329 – AjS.

risch verselbstständigter Teil des Unternehmens sein.[21] Auch ein Firmenbestandteil kann als besondere Geschäftsbezeichnung benutzt werden und somit deren Schutz genießen.[22] Für die besondere Geschäftsbezeichnung bestehen – anders als für die Firma – keine Vorschriften für deren Bildung nach formellem Firmenrecht.[23] Damit hat die besondere Geschäftsbezeichnung ihre Bedeutung für all diejenigen Gewerbetreibenden, die keine Firma i. S. d. §§ 17 ff. HGB führen.[24] Da die besondere Geschäftsbezeichnung unabhängig von und/oder zusätzlich zur Firma geführt wird, werden über sie auch die sog. Etablissement-Bezeichnungen geschützt.[25] Nach der Rechtsprechung werden auch sog. Internet-Domains als besondere Geschäftsbezeichnung geschützt, wobei auch der Schutz nach § 12 BGB angewandt wird (s. hierzu Anhang zu § 5 Rn. 3 ff.).

3. Geschäftsabzeichen

11 Das nach § 5 Abs. 2 S. 2 geschützte *Geschäftsabzeichen* wird durch die Abgrenzung gegenüber der Firma und der besonderen Geschäftsbezeichnung definiert: Es handelt sich um ein Kennzeichnungsmittel, das – auch wenn ursprünglich unterscheidungskräftig – nicht zur namensmäßigen Kennzeichnung des Unternehmensträgers/-inhabers dient (dies ist die Funktion der Firma) und das auch nicht das Unternehmen oder einen Geschäftsbetrieb kennzeichnet (dies ist die Funktion der besonderen Geschäftsbezeichnung), das aber dennoch zur Individualisierung dient.[26] Kennzeichen des Geschäftsabzeichens ist also, dass es keine Namensfunktion hat, aber dennoch individualisiert, also ein Unterscheidungsmerkmal ist. *Beispielsfälle* für Geschäftsabzeichen sind: Telegrammadressen[27] und Fernschreibkennungen;[28] bildliche Darstellungen und Logos,[29] wobei bei bildlichen Darstellungen diskutiert wird, ob sie bei ursprünglicher Unterscheidungskraft ohne die nach § 5 Abs. 2 S. 2 erforderliche Verkehrsgeltung geschützt sind.[30] Sieht man für die Firma und die besondere Geschäftsbezeichnung die namensmäßige Unterscheidungskraft/Namensfunktion als wesentlich an, so kann ein Schutz von bildlichen Darstellungen – mangels Namensfunktion – nur über Verkehrsgeltung erfolgen.[31] Weitere Beispiele für Geschäftsabzeichen sind Hausfarben[32] und Werbeslogans[33] sowie eine kennzeichnende Architektur des

---

21 BGH, WRP 1988, 443 = GRUR 1988, 560 – Christophorus-Stiftung; die organisatorische Selbstständigkeit wurde verneint in BGH, WRP 2002, 537 – BANK24.
22 BGH, WRP 1970, 262 = GRUR 1970, 479 – Treppchen.
23 *v. Gamm*, Kap. 57 Rn. 2.
24 Vgl. BGH, GRUR 1960, 93 – Martinsberg; BGH, GRUR 1963, 430 – Erdener Treppchen.
25 Vgl. BGH, GRUR 1960, 93 – Martinsberg; GRUR 1963, 430 – Erdener Treppchen; BGHZ 24, 238 – Tabu I; BGH, WRP 1957, 264 = GRUR 1957, 550 – Tabu II; WRP 1976, 695 = GRUR 1977, 165 – Parkhotel.
26 Vgl. BGHZ 21, 182 – Funkberater; BGH, GRUR 1954, 194 – KfA; BGHZ 8, 387 – Fernsprechnummer.
27 BGH, WRP 1956, 302 = GRUR 1957, 85 – Meisterbrand.
28 BGH, WRP 1986, 267 = GRUR 1986, 475 – Fernschreibkennung.
29 BGH, WRP 1957, 180 = GRUR 1957, 281 – Karo-As; GRUR 1964, 71 – personifizierte Kaffeekanne; WRP 2005, 605 – Räucherkate.
30 So *Ingerl/Rohnke*, § 5 Rn. 30.
31 BGH, WRP 2005, 605 – Räucherkate.
32 Vgl. BGH, WRP 1968, 18 = GRUR 1968, 371 – Maggi.
33 KG, WRP 1980, 623 – Fernsehkummer? Jägernummer.

Gruber

Unternehmensgebäudes.[34] Geschäftsabzeichen sind auch bei ursprünglicher Unterscheidungskraft nur kraft *Verkehrsgeltung* geschützt.

III. Schutzvoraussetzungen

1. Namensmäßige Unterscheidungskraft

Insbesondere zum alten Recht hatte die Rechtsprechung formuliert, dass der Schutz der **12** Firma, des Firmenbestandteils/Firmenschlagwortes und der besonderen Geschäftsbezeichnung voraussetzt, dass eine unterscheidungskräftige Bezeichnung mit Namensfunktion vorliegt.[35] Die neuere Rechtsprechung betont die namensmäßige Kennzeichnungskraft.[36] Die Unterscheidungskraft ist spezifisch für das konkrete Unternehmen zu bestimmen;[37] hier sind also konkrete Feststellungen zu treffen. Weiterhin hängt die Unterscheidungskraft von der jeweiligen Verkehrsauffassung ab.[38] Die sonach erforderliche Unterscheidungskraft kann hinsichtlich Firma, Firmenbestandteil und besonderer Geschäftsbezeichnung auf ursprünglicher oder Unterscheidungskraft kraft Verkehrsgeltung beruhen. Bei Geschäftsabzeichen i.S.d. § 5 Abs. 2 S. 2 ist auch bei gegebener ursprünglicher Unterscheidungskraft stets Verkehrsgeltung notwendig, da das Geschäftsabzeichen keine Namensfunktion hat (s.o. Rn. 11).

2. Ursprüngliche Unterscheidungskraft

Ursprüngliche Unterscheidungskraft liegt vor, wenn die Bezeichnung – nach dem Verkehrsverständnis – als individualisierender Herkunftshinweis wirkt.[39] In der Vergangenheit hat die Rechtsprechung an die Annahme einer ausreichenden Unterscheidungskraft deutlich geringere Anforderungen gestellt, als dies für die Eintragung einer Marke nach dem damaligen WZG erforderlich war (vgl. u. Rn. 16).

Für den Schutz der geschäftlichen Bezeichnungen enthält das Markengesetz – anders als **14** für eingetragene Marken nach § 8 – keine *absoluten Schutzversagungsgründe*. Auch wenn § 5 nichtharmonisiertes Recht darstellt (s.o. Rn. 4), so ist im Hinblick auf eine größtmögliche Konkordanz der Bewertungsmaßstäbe § 8 Abs. 2 rechtsähnlich anzuwenden.[40] Ebenso berücksichtigt die Rechtsprechung das Freihaltebedürfnis der Mitbewerber.[41] Irreführenden Firmen wird der Schutz nach § 5 versagt; damit wird die Rechtsprechung zum

---

34 BGH, GRUR 1977, 615 – Gebäudefassade.
35 Vgl. BGH, GRUR 1954, 194 – KfA; WRP 1985, 338 = GRUR 1985, 461 – GEFA/GEWA.
36 BGH, WRP 2005, 605 – Räucherkate; WRP 1998, 51 = GRUR 1998, 165 – RBB II; anders BGH, WRP 1997, 446 = GRUR 1996, 68 – COTTON LINE: Unterscheidungskraft, sowie BGH, WRP 2008, 1532 Tz. 17 = GRUR 2008, 1104 – Haus & Grund II: „Kennzeichenrechtliche Unterscheidungskraft".
37 Vgl. BGH, WRP 2009, 616 Tz. 76 = GRUR 2009, 484 – Metrobus.
38 Vgl. BGH, WRP 2008, 1537 Tz. 33 = GRUR 2008, 1108 – Haus & Grund III.
39 Vgl. BGH, WRP 1997, 446 = GRUR 1996, 68 – COTTON LINE.
40 Ebenso *Ingerl/Rohnke*, § 5 Rn. 34 u. 40; *Ströbele/Hacker*, § 5 Rn. 47.
41 BGH, WRP 2001, 1188 = GRUR 2001, 1050 – Tagesschau; WRP 1979, 534 = GRUR 1979, 470 – RBB/RBT.

„befugten Gebrauch" der Firma nach § 16 UWG a. F. fortgesetzt, § 5 setzt als ungeschriebenes Tatbestandsmerkmal den *befugten* Gebrauch voraus.[42]

15 Die ursprüngliche *Unterscheidungskraft fehlt* beispielsweise bei *Gattungsbezeichnungen*.[43] Bei Beschaffenheitsangaben und *beschreibenden Angaben* ist zu prüfen, ob gerade im Hinblick auf die Tätigkeit des Unternehmens ein beschreibender Gehalt vorliegt.[44] Bei allein produktbeschreibenden Angaben kann Unterscheidungskraft gegeben sein.[45] Mehrdeutige Angaben, die auch in einer beschreibenden Variante verstanden werden konnten, wurde nach älterer Rechtsprechung Unterscheidungskraft zugebilligt.[46] Nach der Rechtsprechung des EuGH und des BGH kann die Unterscheidungskraft im Rahmen des § 8 verneint werden, wenn festgestellt wurde, dass das Zeichen in einer von mehreren Bedeutungen beschreibend ist;[47] dieser strengere Maßstab ist nunmehr auch für Unternehmenskennzeichen anzuwenden. Bei *geografischen Herkunftsangaben* fehlt die Unterscheidungskraft.[48] Sie ist aber zu bejahen, wenn die Tätigkeit des Unternehmens keinen Bezug zum geografischen Gebiet aufweist.[49] Die Unterscheidungskraft kann sich auch durch die Kombination von geographischer Herkunftsangabe und Gattungsbezeichnung ergeben.[50] Weiterhin fehlt die Unterscheidungskraft, wenn zugunsten der Mitbewerber ein *Freihaltebedürfnis* an der Bezeichnung vorliegt.[51] Andererseits ist die *Unterscheidungskraft gegeben*, wenn geringfügige Abweichungen von Beschaffenheitsangaben vorliegen,[52] ein Wort der Alltagssprache mit verfremdetem Sinngehalt benutzt wird[53] oder beschreibende Angaben kombiniert werden.[54] Diese Grundsätze gelten auch für *fremdsprachige Angaben*, die vom inländischen Verkehr ohne Weiteres verstanden werden.[55]

16 Die ursprüngliche *Unterscheidungskraft* wurde *bejaht*: BGH, GRUR 1954, 331 – Altpa; GRUR 1957, 561 – Rheinchemie; GRUR 1958, 339 – Technika; GRUR 1960, 296 – Reiherstieg-Holzlager; GRUR 1965, 540 – Hudson; GRUR 1966, 38 – Centra; WRP 1966,

---

42 BGH, WRP 2010, 266 Tz. 23 = GRUR 2010, 156 – EIFEL-ZEITUNG, zum Titelschutz; BGH, GRUR 1960, 434 – Volks-Feuerbestattung; WRP 1998, 394 = GRUR 1998, 391 – Dr. St. … Nachfahren; WRP 2003, 640 – gemeinnützige Wohnungsgesellschaft; WRP 2004, 610 = GRUR 2004, 512 – Leysieffer; WRP 2002, 691 = GRUR 2002, 706 – vossius.de.
43 Vgl. BGH, GRUR 1954, 192 – KfA.
44 Vgl. BGH, WRP 1997, 446 = GRUR 1996, 68 – COTTON LINE.
45 BGH, WRP 2002, 982 = GRUR 2002, 809 – FRÜHSTÜCKS-DRINK; in dieser Allgemeinheit bedenklich.
46 BGH, GRUR 1976, 643 – Interglas; WRP 1990, 229 = GRUR 1989, 856 – Commerzbau.
47 EuGH, GRUR 2004, 674 Tz. 57 u. 97 – Koninglijke KPN Nederland; EuGH, GRUR 2004, 146 Tz. 33 – DOUBLEMINT; GRUR 2004, 680 Tz. 42 – Campina Melkunie; BGH, WRP 2008, 1338 = GRUR 2008, 900 Tz. 15 – SPA II.
48 Vgl. BGH, WRP 1994, 616 = GRUR 1994, 905 – Schwarzwald-Sprudel.
49 BGH, WRP 1999, 523 = GRUR 1999, 492 – Altberliner; vgl. a. BGH, Bl. f. PMZ 2001, 210 – Windsurfing Chiemsee.
50 BGH, WRP 2009, 971 = GRUR 2009, 772 – Augsburger Puppenkiste.
51 BGH, WRP 2001, 1188 = GRUR 2001, 1050 – Tagesschau; WRP 1979, 534 = GRUR 1979, 470 – RBB/RBT.
52 OLG Frankfurt, WRP 1982, 420 – Multicolor.
53 BGHZ 24, 239 – Tabu I.
54 BGH, GRUR 1957, 561 – Rheinchemie; WRP 1995, 307 = GRUR 1995, 156 – Garant-Möbel; WRP 2009, 971 = GRUR 2009, 772 – Augsburger Puppenkiste.
55 BGH, WRP 1997, 446 = GRUR 1996, 68 – COTTON LINE; WRP, 1980, 85 – GRUR 1980, 319 – Videorent.

369 = GRUR 1966, 495 – Uniplast; GRUR 1973, 265 – Charme & Chic; GRUR 1976, 643
– Interglas; WRP 1976, 695 = GRUR 1977, 165 – Parkhotel; WRP 1977, 95 = GRUR
1977, 226 – Wach und Schließ; WRP 1985, 21 = GRUR 1985, 72 – Consilia; WRP 1990,
229 = GRUR 1989, 856 – Commerzbau; WRP 1991, 387 = GRUR 1991, 472 – Germania;
WRP 1993, 705 = GRUR 1993, 923 – PicNic; WRP 1995, 307 = GRUR 1995, 156 – Garant-Möbel; WRP 1997, 1093 = GRUR 1997, 468 – NetCom; WRP 1997, 1091 = GRUR
1997, 845 – Immo-Data; WRP 1999, 523 = GRUR 1999, 492 – Altberliner; Bl. f. PMZ
2001, 210 – Windsurfing Chiemsee; WRP 2001, 1207 = GRUR 2001, 1161 – CompuNet;
WRP 2002, 1066 = GRUR 2002, 898 – defacto; WRP 2004, 1284 – Mustang; WRP 2005,
336 = GRUR 2005, 262 – soco.de; WRP 2008, 1189 = GRUR 2008, 801 – Hansenbau;
WRP 2008, 1192 = GRUR 2008, 803 – HEITEC; WRP 2009, 971 = GRUR 2009, 772 –
Augsburger Puppenkiste.

Die ursprüngliche *Unterscheidungskraft* wurde dagegen *verneint*: BGH, GRUR 1954, 195   **17**
– Kaufstätte für Alle; GRUR 1957, 426 – Getränkeindustrie; BGHZ 21, 182 – Funkberater;
OLG Frankfurt, GRUR 1966, 621 – Bau und Boden; BGH, WRP 1976, 46 = GRUR 1976,
254 – Managementseminar; GRUR 1979, 67 – Chemotechnik; OLG Köln, WRP 1974, 503
– Areal; OLG Hamburg, WRP 1974, 41 – Churrasco; OLG Hamburg, WRP 1987, 261 =
GRUR 1987, 184 – Sicherheit + Technik; BGH, WRP 1991, 482 = GRUR 1991, 556 – Lea-
sing-Partner; GRUR 1992, 865 – Volksbank; WRP 1994, 616 = GRUR 1994, 905 –
Schwarzwald Sprudel; WRP 1997, 446 = GRUR 1996, 68 – COTTON LINE; WRP 2002,
987 = GRUR 2003, 792 – Festspielhaus; WRP 2005, 1246 – Star Entertainment; WRP
2005, 614 – Literaturhaus; WRP 2005, 1246 = GRUR 2005, 873 – Star Entertainment;
WRP 2004, 758 = GRUR 2004, 514 – Telekom; WRP 2007, 1193 = GRUR 2007, 888 –
Euro Telekom.

Buchstabenkombinationen waren nach der Rechtsprechung zu § 16 UWG dann ursprüng-   **18**
lich unterscheidungskräftig, wenn sie namensmäßige Kennzeichnungskraft hatten, d. h.
wie ein Wort aussprechbar waren; fehlte die Aussprechbarkeit, so wurde die namensmäßige Unterscheidungskraft verneint.[56] Nach § 3 sind nunmehr Buchstabenkombinationen
markenfähig; sie können unabhängig von einer Aussprechbarkeit die für die Eintragung
notwendige Unterscheidungskraft aufweisen.[57] Obwohl § 5 nichtharmonisiertes Recht ist,
hat die Rechtsprechung die Wertung des § 3 übernommen: Nunmehr wird auch nicht aussprechbaren Buchstabenkombinationen ursprüngliche Unterscheidungskraft i. S. d. § 5 zuerkannt.[58]

3. Verkehrsgeltung/durch Benutzung gewonnene Unterscheidungskraft

Fehlt die ursprüngliche Unterscheidungskraft, so setzt der Schutz von Firma, Firmenbe-   **19**
standteil/Firmenschlagwort und besonderer Geschäftsbezeichnung *Verkehrsgeltung* oder

---

56 Vgl. BGH, GRUR 1954, 195 – KfA; WRP 1975, 668 = GRUR 1975, 606 – IFA; WRP 1979, 534 =
GRUR 1979, 470 – RBB/RBT; GRUR 1982, 420 – BBC/DDC; WRP 1985, 338 = GRUR 1985,
462 – GEFA/GEWA.
57 Vgl. BGH, WRP 1997, 450 = GRUR 1996, 202 – UHQ.
58 BGH, WRP 2001, 273 = MarkenR 2001, 54 – DB Immobilienfonds; WRP 2002, 705 = GRUR
2002, 626 – IMS; WRP 2006, 488 – mho.de; WRP 2009, 803 = GRUR 2009, 685 – ahd.de.

durch Benutzung gewonnene Unterscheidungskraft voraus. Verkehrsgeltung ist nicht mit Verkehrsdurchsetzung zu verwechseln. § 4 Nr. 2 geht davon aus, dass ein Zeichen durch seine Benutzung im geschäftlichen Verkehr Verkehrsgeltung erworben hat; damit übernimmt das Gesetz den aus § 25 Abs. 1 WZG hervorgegangenen Begriff Verkehrsgeltung. In § 8 Abs. 3 verwendet das Gesetz den Terminus Verkehrsdurchsetzung, der bereits in § 4 Abs. 3 WZG benutzt wurde. Damit verbleibt es nach dem Willen des Gesetzgebers auch nach neuem Markenrecht bei der Differenzierung zwischen „Verkehrsgeltung" und „Verkehrsdurchsetzung".[59] Da durch die Verkehrsdurchsetzung (jetzt § 8 Abs. 3) die einer Marke entgegenstehenden Eintragungshindernisse überwunden werden, waren die Anforderungen an die Verkehrsdurchsetzung deutlich höher als an die Verkehrsgeltung.[60] Dies war nach der *Chiemsee*-Entscheidung des EuGH[61] fraglich geworden, § 8 Rn. 241 ff.[62]

20 Verkehrsgeltung muss in den *beteiligten Verkehrskreisen* bestehen. Die beteiligten Verkehrskreise sind funktions- und produktspezifisch nach Art der Waren und Dienstleistungen zu bestimmen.[63] Es kommt auf diejenigen Verkehrskreise an, für deren Kaufentscheidung das benutzte Zeichen in seiner Identifizierungsfunktion von Bedeutung ist;[64] regelmäßig sind dies die Endverbraucher.[65] Zu weiteren Einzelheiten vgl. § 4 Rn. 10 u. § 8 Rn. 235.

21 Das durch Benutzung entstehende Unternehmenskennzeichen steht dem zeichenführenden Unternehmen als *Inhaber* zu. Benutzen mehrere in einem Verband zusammengeschlossene Unternehmen ein gemeinschaftliches Unternehmenskennzeichen, so kann auch eine *Verbandskennzeichnung* entstehen.[66] Voraussetzung hierfür ist, dass die Benutzer dem Verkehr als wirtschaftliche Einheit, nämlich in irgendeiner Weise zusammengehörend, gegenübertreten und nicht als miteinander konkurrierende Unternehmen aufgefasst werden.[67] Im Übrigen kommt die Verkehrsbekanntheit eines einheitlich Unternehmenskennzeichens auch den einzelnen Mitgliedsunternehmen einer *Unternehmensgruppe* zugute, wenn der Verkehr das Kennzeichen auch dem einzelnen Unternehmen zuordnet.[68]

22 Der für die Verkehrsgeltung erforderliche *Zuordnungsgrad* (Zuordnung zu einem bestimmten, wenn auch nicht namentlich zu nennenden Unternehmen) wurde von der Rechtsprechung zu § 16 UWG in Abhängigkeit vom Freihaltebedürfnis bestimmt.[69] Grundsätzlich genügte die Zuordnung als Herkunftshinweis bei einem (nicht unerheblichen) Teil der beteiligten Verkehrskreise.[70] Das Ausmaß des erforderlichen Durchsetzungsgrades stieg an,

59 Amtl. Begr., S. 65.
60 St. Rspr., vgl. z. B. BGH, WRP 1960, 318 = GRUR 1960, 83 – Nährbier; ferner *Ingerl/Rohnke*, § 4 Rn. 11.
61 WRP 1999, 629 = GRUR 1999, 723.
62 Vgl. a. *Ingerl/Rohnke*, § 4 Rn. 11; *Hacker/Ströbele*, § 4 Rn. 30 u. § 8 Rn. 412.
63 EuGH, WRP 2005, 1159 Tz. 25 = GRUR 2005, 763 – Nestlé; WRP 2008, 1087 Tz. 31 = GRUR 2008, 710 – VISAGE; WRP 2002, 330 = GRUR 2002, 340 – Fabergé.
64 Vgl. *Fezer*, § 4 Rn. 125; *Ingerl/Rohnke*, § 8 Rn. 330.
65 BGH, GRUR 1986, 894 – OCM.
66 Vgl. BGH, WRP 2002, 544 = GRUR 2002, 616 – Verbandsausstattungsrecht.
67 BGH, a. a. O.; WRP 1961, 248 = GRUR 1961, 347 – Almglocke.
68 BGH, WRP 2005, 97 – CompuNet/ComNet II.
69 BGH, WRP 1979, 534 = GRUR 1979, 470 – RBB/RBT.
70 BGH, GRUR 1960, 130 – Sunpearl II; GRUR 1969, 681 – Kochendwassergerät.

je stärker das Freihaltebedürfnis der Mitbewerber war.[71] In der Rechtsprechung zu § 16 UWG wurden die höchsten Anforderungen bei nicht aussprechbaren Buchstabenkombinationen gefordert.[72] Jedoch war fraglich geworden, ob die von der deutschen Rechtsprechung vorgenommene Abstaffelung der erforderlichen Durchsetzungsgrade nach dem Ausmaß des Freihaltebedürfnisses zulässig ist.[73] Für Marken hat der Europäische Gerichtshof[74] entschieden, dass die durch Benutzung gewonnene Unterscheidungskraft unabhängig von einem Freihaltebedürfnis zu bestimmen sei; die durch Benutzung gewonnene Unterscheidungskraft sei die gleiche Unterscheidungskraft wie die, die für die Eintragung kraft ursprünglicher Unterscheidungskraft erforderlich sei. Auch genügt dem EuGH eine durch Benutzung gewonnene Unterscheidungskraft in einem erheblichen Teil der beteiligten Verkehrskreise; eine Durchsetzung im überwiegenden Teil der beteiligten Verkehrskreise wurde nicht gefordert. Demgegenüber hat auch die jüngere Rechtsprechung des BGH für die Verkehrsdurchsetzung mehrfach festgestellt, dass nur in Ausnahmefällen ein Mindestdurchsetzungsgrad von 50 % unterschritten werden dürfe.[75] Auch fordert der BGH höhere Durchsetzungsgrade in Abhängigkeit vom Ausmaß des beschreibenden Charakters oder des Freihaltebedürfnisses; bei glatt beschreibenden Angaben wird eine „nahezu einhellige" Verkehrsdurchsetzung[76] oder in jüngeren Entscheidung ein „deutlich erhöhter" Durchsetzungsgrad verlangt.[77] Diese Grundsätze gelten auch für die Verkehrsgeltung nach § 5.[78]

Eine *örtlich begrenzte Verkehrsgeltung* wird von der Rechtsprechung nur unter bestimmten **23** Voraussetzungen anerkannt. Es muss ein hinreichend abgegrenzter Wirtschaftsraum vorliegen. Der bloße Sitz eines beispielsweise bundesweit tätigen Unternehmens an einem bestimmten Ort ist nicht geeignet, einen einheitlichen, abgrenzbaren Wirtschaftsraum darzutun.[79]

4. Geschäftsabzeichen

Der Schutz der Geschäftsabzeichen setzt auch bei ursprünglicher Unterscheidungskraft **24** Verkehrsgeltung voraus, § 5 Abs. 2 S. 2. Die erforderliche Verkehrsgeltung ist nach den gleichen Maßstäben wie für Firma, Firmenbestandteile/Firmenschlagworte zu ermitteln (s. o. Rn. 19–23).

---

71 Vgl. für Marken: BGH, GRUR 1969, 541 – Grüne Vierkantflasche; BGH, GRUR 1990, 681 – Schwarzer Krauser; GRUR 1990, 453 – L-Thyroxin sowie weitere Nachweise bei § 8 Rn. 243 ff.

72 Vgl. BGH, GRUR 1982, 420 – BBC/DDC: 70 % Durchsetzungsgrad sind unbedenklich ausreichend; BGH, WRP 1979, 534 = GRUR 1979, 470 – RBB/RBT: 27 % Durchsetzungsgrad sind nicht ausreichend.

73 Vgl. auch *Ströbele/Hacker*, § 8 Rn. 412.

74 WRP 1999, 629 = GRUR 1999, 723 – Chiemsee.

75 St. Rspr.; s. z. B. BGH, WRP 2010, 260 Tz. 41 = GRUR 2010, 138 – ROCHER-Kugel; WRP 2009, 1250 Tz. 24 = GRUR 2009, 954 – Kinder III; WRP 2009, 815 Tz. 25 = GRUR 2009, 669 – Post II; WRP 2008, 791 Tz. 23 = GRUR 2008, 510 – Milchschnitte; WRP 2006, 1130 = GRUR 2006, 760 – LOTTO; WRP 2007, 1461 Tz. 30 = GRUR 2007, 1071 – Kinder II; WRP 2001, 1205 = GRUR 2001, 1042 – REICH UND SCHOEN.

76 WRP 2003, 1431 = BGH, GRUR 2003, 1040 – Kinder I.

77 BGH, GRUR 2007, 1071 Tz. 17 – Kinder II; vgl. auch WRP 2006, 1130 Tz. 21 = GRUR 2006, 760 – LOTTO: Durchsetzungsgrad von „weit über 50 %"; siehe auch WRP 2004, 227 = BGH, GRUR 2004, 151 – Farbmarkenverletzung I: 58 % ausreichend für die Farbe Magenta.

78 *Ingerl/Rohnke*, § 5 Rn. 53; *Ströbele/Hacker*, § 5 Rn. 46 u. § 4 Rn. 37.

79 BGH, WRP 1979, 534 = GRUR 1979, 470 – RBB/RBT.

IV. Entstehung des Schutzes

1. Benutzungsaufnahme von unterscheidungskräftigen Kennzeichen

25 Das materielle Firmenrecht entsteht originär in der Person des Unternehmensträgers durch die *Benutzungsaufnahme* einer ursprünglich unterscheidungskräftigen Firma (eines Firmenbestandteils/Firmenschlagworts) oder Geschäftsbezeichnung;[80] der Zeitpunkt der Inbenutzungnahme ist maßgeblich für die *Priorität*.[81] Ein im Rahmen der Firma selbstständiger schutzfähiger Firmenbestandteil (s. o. Rn. 8) genießt die Priorität der Gesamtbezeichnung.[82] Erforderlich ist eine Benutzung *im geschäftlichen Verkehr*.[83] Weiterhin ist eine Benutzung als *Unternehmenskennzeichen*, also namensmäßig, erforderlich; eine Benutzung als Marke/Produktkennzeichnung reicht nicht aus.[84] Da materielles Firmenrecht und formelles Firmenrecht voneinander unabhängig sind, kommt es auf die Eintragung der Firma im Handelsregister nicht an; somit genießt auch die Vorgesellschaft einer juristischen Person die Priorität der vor dem Handelsregistereintrag liegenden Benutzungsaufnahme.[85]

26 Prioritätsbegründend ist jede *Benutzungsaufnahme*, die auf den Beginn einer dauernden wirtschaftlichen Betätigung im Inland schließen lässt.[86] Daher genügen Benutzungshandlungen in einem geschäftlichen *Vorbereitungsstadium*, also vor Eröffnung des eigentlichen Geschäftsbetriebs,[87] solange es sich um eine nach außen in Erscheinung tretende Benutzung handelt.[88] Als ausreichende prioritätsbegründende Benutzungshandlungen werden genannt: die Aufnahme von Lieferbeziehungen, die Anmietung von Geschäftsräumen, die Einstellung von Personal, die Firmenanmeldung zum Handelsregister, die Schaltung eines Telefonanschlusses.[89]

2. Verkehrsgeltung/durch Benutzung gewonnene Unterscheidungskraft

27 Liegt eine nicht ursprünglich unterscheidungskräftige Firma (Firmenbestandteil/Firmenschlagwort) oder Geschäftsbezeichnung vor, so entsteht das materielle Firmenrecht mit der maßgeblichen *Priorität* mit Erreichen des für die Verkehrsgeltung notwendigen

80 St. Rspr., vgl. BGH, WRP 2008, 1520 Tz. 16 u. 36 = GRUR 2008, 1099 – afilias.de.
81 St. Rspr., vgl. z. B. BGH, WRP 1980, 70 = GRUR 1980, 114 – Concordia I; GRUR 1966, 38 – Centra; WRP 1993, 175 = GRUR 1993, 404 – Columbus.
82 BGH, WRP 2009, 803 = GRUR 2009, 685 – ahd.de Tz. 17; WRP 2005, 1164 = GRUR 2005, 871 – Seicom.
83 Vgl. BGH, WRP 1997, 952 = GRUR 1997, 749 – L'Orange.
84 BGH, WRP 1995, 918 = GRUR 1995, 825 – Torres.
85 BGH, WRP 1993, 175 = GRUR 1993, 404 – Columbus.
86 Vgl. BGH, GRUR 1954, 195 – KfA; WRP 1969, 235 = GRUR 1969, 357 – Sihl; WRP 1997, 1081 – GARONOR; BGH, WRP 2008, 1520 Tz. 16 = GRUR 2008, 1099 – afilias.de.
87 BGH, GRUR 1966, 38 – Centra; WRP 1980, 70 = GRUR 1980, 114 – Concordia I; WRP 1997, 1081 – GARONOR.
88 BGH, WRP 2008, 1520 Tz. 38 = GRUR 2008, 1009 – afilias.de; BGH, WRP 2008, 1537 Tz. 42 = GRUR 2008, 1108 – Haus & Grund III.
89 Vgl. *Ströbele/Hacker*, § 5 Rn. 43; *Ingerl/Rohnke*, § 5 Rn. 57.

Gruber

Durchsetzungsgrades. Bei Geschäftsabzeichen ist stets Verkehrsgeltung erforderlich, § 5 Abs. 2 S. 2.

V. Schutzgegenstand

1. Territorialer Geltungsbereich

Die Frage des territorialen Schutzbereiches wird i. d. R. im Zusammenhang mit dem Verlet- **28** zungstatbestand erörtert. Da das materielle Firmenrecht als Immaterialgut durch Benutzungsaufnahme einer unterscheidungskräftigen Kennzeichnung oder durch Verkehrsgeltung entsteht, ist es sachgerecht, vorab zu prüfen, für welchen *territorialen Bereich* das jeweilige Kennzeichenrecht Schutz genießt. *Im Grundsatz genießt das materielle Firmenrecht Schutz im gesamten Territorium der Bundesrepublik Deutschland.*[90]

Einschränkungen dieses territorialen Schutzbereiches ergeben sich für Unternehmen mit **29** einem aus der Natur des Geschäftsbetriebes folgenden *räumlich beschränkten* Tätigkeitsbereich,[91] z. B. Gaststätten, örtlicher Einzelhandel, Kleinbetriebe des Handwerks oder nur regional tätigen Dienstleistern. Der Schutz beschränkt sich dementsprechend auf diesen räumlichen Bereich.[92] Jedoch sind auch bei einem zunächst räumlich beschränkten Schutzbereich bereits zum Kollisionszeitpunkt künftige *räumliche Ausdehnungstendenzen* zu berücksichtigen.[93] Allerdings lässt eine Internetpräsenz allein noch nicht auf Ausdehnungstendenzen schließen.[94] Bei einer Firmenkennzeichnung mit räumlich beschränktem Schutzbereich (z. B. Etablissementbezeichnung für eine Eisdiele) stellt sich die Frage, ob gegenüber einem jüngeren, bundesweit benutzten Kennzeichen ein örtlich begrenzter Unterlassungsanspruch durchgesetzt werden kann. Der Bundesgerichtshof nimmt hier eine Interessenabwägung im Rahmen der Verwechslungsgefahr vor.[95]

Zur Problematik der Erstreckung von Firmenrechten im Rahmen der *Wiedervereinigung* **30** vgl. BGH, WRP 1995, 910 = GRUR 1995, 754 – Altenburger Spielkartenfabrik, WRP 1997, 952 = GRUR 1997, 749 – L'Orange, und WRP 2002, 1148 = GRUR 2002, 967 – Hotel Adlon.

---

90 BGH, WRP 2007, 1200 Tz. 29 = GRUR 2007, 884 – Cambridge Instutite, WRP 1995, 910 = GRUR 1995, 754 – Altenburger Spielkartenfabrik; GRUR 1961, 535 – arko; *v. Gamm*, Kap. 57 Rn. 41.
91 BGH, WRP 2007, 1200 Tz. 29 = GRUR 2007, 884 – Cambridge Instutite, WRP 2005, 336 = GRUR 2005, 262 – soco.de.
92 BGHZ 24, 238 – Tabu I; BGH, WRP 1957, 264 = GRUR 1957, 548 – Tabu II; WRP 1970, 262 = GRUR 1970, 479 – Treppchen; WRP 1976, 695 = GRUR 1977, 165 – Parkhotel; WRP 1977, 95 = GRUR 1977, 226 – Wach- und Schließ.
93 BGH, WRP 1985, 21 = GRUR 1985, 72 – Consilia; WRP 1993, 705 = GRUR 1993, 923 – PicNic.
94 BGH, WRP 2006, 238 Tz. 18 = GRUR 2006, 159 – hufeland.de; WRP 2005, 336 = GRUR 2005, 262 – soco.de zum „umgekehrten" Fall der Verletzung; *Ströbele/Hacker*, § 5 Rn. 58.
95 Vgl. BGH, WRP 1991, 162 = GRUR 1991, 155 – Rialto (zw.); vgl. Folgeentscheidung des OLG München in OLG-Report 1994, 103 – Rialto II.

2. Sachlicher Geltungsbereich

31 Die Frage, in welchem sachlichen Bereich der Inhaber des prioritätsälteren Firmenrechts tätig ist, ist im Rahmen der zur Verwechslungsgefahr gehörenden Branchennähe zu prüfen;[96] dabei ist auf den maßgeblichen *Kollisionszeitpunkt* abzustellen, nicht auf spätere Veränderungen.[97] Daher ist es zweckmäßig, vorab zu prüfen, für welchen *sachlichen Bereich* oder welche *Tätigkeit* durch Benutzungsaufnahme einer ursprünglich unterscheidungskräftigen Kennzeichnung oder durch Verkehrsgeltung eine entsprechende Priorität begründet wurde. Maßgeblich ist hierbei der Schwerpunkt der geschäftlichen Tätigkeit unter dem Kennzeichen aus der Sicht des Verkehrs.[98] *Hilfsgeschäfte* bleiben außer Betracht.[99]

32 Treten Änderungen im sachlichen Bereich ein, z. B. Ausweitung der Benutzung auf eine andere Unternehmenstätigkeit, so ergibt sich hierfür grundsätzlich eine neue Priorität.[100] Es können also *unterschiedliche Teilprioritäten* bestehen. Jedoch sind unter die erste Priorität Tätigkeiten einzubeziehen, die sich aus *zukünftigen Ausweitungsmöglichkeiten* ergeben, sofern diese nicht nur theoretisch, sondern nach den tatsächlichen Gegebenheiten aus der Sicht des Verkehrs nicht gänzlich fern liegend sind.[101]

VI. Erlöschen des Schutzes

1. Einstellung der Benutzung

33 Da ursprünglich unterscheidungskräftige Unternehmenskennzeichen mit Benutzungsaufnahme entstehen, erlöschen die Unternehmenskennzeichen spiegelbildlich, wenn die Unternehmenskennzeichen nicht mehr verwendet werden, z. B. das Unternehmen seine geschäftliche Tätigkeit, für die es die Unternehmensbezeichnung verwendet, oder die *Kennzeichnungsbenutzung einstellt.*[102] Eine zeitweise Aufgabe der Benutzung des Unternehmenskennzeichens oder Einstellung des Geschäftsbetriebes schadet nicht, wenn die Absicht und Möglichkeit vorhanden ist, die Benutzung innerhalb eines solchen Zeitraums fortzusetzen, der nach Verkehrsauffassung nur als *vorübergehende Unterbrechung* erscheint.[103] Hier sind alle Umstände des Einzelfalls, wie z. B. Marktstellung und Bekanntheit des Unternehmens vor der Unterbrechung, Dauer und Grund der Unterbrechung sowie

---

96 Vgl. BGH, WRP 1991, 83 = GRUR 1990, 1042 – Datacolor.

97 BGH, WRP 1993, 175 = GRUR 1993, 404 – Columbus.

98 BGH, WRP 2009, 616 Tz. 73 = GRUR 2009, 484 – Metrobus; WRP 2002, 1066 = GRUR 2002, 898 – defacto; WRP 1991, 83 = GRUR 1990, 1042 – Datacolor; WRP 1959, 273 = GRUR 1959, 484 – Condux.

99 *Ingerl/Rohnke,* § 15 Rn. 97; *Ströbele/Hacker,* § 15 Rn. 53.

100 BGH, WRP 2004, 610 = GRUR 2004, 512 – Leysieffer.

101 BGH, WRP 2002, 1066 = GRUR 2002, 898 – defacto; WRP 1993, 175 = GRUR 1993, 404 – Columbus; WRP 1991, 568 = GRUR 1991, 863 – Avon; WRP 1984, 323 = GRUR 1984, 471 – Gabor/Caber.

102 Vgl. BGH, WRP 1956, 279 = GRUR 1957, 25 – Hausbücherei; GRUR 1962, 419 – Leona; WRP 1997, 952 = GRUR 1997, 749 – L'Orange; WRP 2002, 1156 = GRUR 2002, 9872 – Frommia; WRP 2005, 1164 – Seicom.

103 BGH, WRP 1960, 23 = GRUR 1960, 137 – Astra; WRP 1961, 254 = GRUR 1961, 420 – Cuypers; GRUR 1967, 199 – Napoleon II; WRP 1997, 952 = GRUR 1997, 749 – L'Orange; WRP 2005, 1164 – Seicom.

Fortwirkung der Bekanntheit des Unternehmenskennzeichens nach Unterbrechung zu berücksichtigen.[104] Wirkt die Bekanntheit des Unternehmenskennzeichens nach, so ist es nach der Rechtsprechung denkbar, dass bei einer Benutzungsaufnahme nach längerer Unterbrechung die Kennzeichenrechte mit der ursprünglichen Priorität wieder aufleben.[105]

2. Änderungen des Kennzeichens und des Geschäftsbetriebes

Bei einer *Firmenänderung*, d. h. zur Kennzeichnung des Unternehmens wird eine neue Firma gewählt, ist regelmäßig eine Benutzungseinstellung der alten Firma gegeben. Diese erlischt, und die neue Firma genießt mit Benutzungsaufnahme eine neue Priorität. Das Gleiche gilt für die Inbenutzungnahme einer neuen Geschäftsbezeichnung.[106] Etwas anderes gilt jedoch, wenn die abgeänderte Firma die *unveränderten prägenden Bestandteile* aufweist; dann bleibt die Priorität erhalten.[107] Wird der *Geschäftsbetrieb geändert*, z. B. unter dem gleichen Kennzeichen ein neuer Betrieb unter Aufgabe – also ohne Fortsetzung – des alten Betriebes eröffnet, so erlischt die alte Priorität, und die Inbenutzungnahme des Kennzeichens für den neuen Betrieb begründet eine neue Priorität;[108] Gleiches gilt, wenn die Firma für einen neu gegründeten Teilgeschäftsbetrieb benutzt wird.[109] **34**

Änderungen der *Rechtsform* (z. B. Umwandlungen) schaden der Priorität nicht;[110] dies gilt auch dann, wenn der Inhaber des Unternehmenskennzeichens erlischt (z. B. bei einer Verschmelzung durch Aufnahme), solange nur der Rechtsnachfolger den Geschäftsbetrieb und die Unternehmenskennzeichnung fortführt.[111] **35**

3. Trennung von Firma und Unternehmen

Nach § 23 HGB besteht ein Veräußerungsverbot für die Firma ohne den Geschäftsbetrieb. Das Unternehmenskennzeichen ist an den Geschäftsbetrieb gebunden.[112] Bei einer nach § 23 HGB unwirksamen *Übertragung* des Firmenrechts *ohne Geschäftsbetrieb* ist das Rechtsgeschäft *nichtig*; das Firmenrecht bleibt beim Veräußerer.[113] Setzt der Veräußerer, bei dem das Firmenrecht verblieben ist, den Geschäftsbetrieb nicht fort oder stellt er die Benutzung der Firma ein, so erlischt das Firmenrecht.[114] Die Firmenbenutzung durch den Erwerber – für einen neuen Betrieb – begründet eine neue Priorität.[115] Fraglich ist, ob die Regelung des § 23 HGB vor dem Hintergrund des § 27 MarkenG noch sachgerecht ist. De **36**

---

104 BGH, WRP 2002, 1148 = GRUR 2002, 967 – Hotel Adlon.
105 So BGH, WRP 2002, 1148 = GRUR 2002, 967 – Hotel Adlon.
106 BGH, WRP 1973, 576 = GRUR 1973, 661 – Metrix; WRP 1995, 910 = GRUR 1995, 754 – Altenburger Spielkartenfabrik; WRP 2005, 1164 – Seicom.
107 BGH, WRP 1995, 600 = GRUR 1995, 505 – Apiserum.
108 BGH, WRP 1957, 264 = GRUR 1957, 550 – Tabu II.
109 WRP 2005, 1164 – Seicom.
110 BGH, WRP 1983, 261 = GRUR 1983, 182 – Concordia-Uhren.
111 BGH, WRP 1991, 83 = GRUR 1990, 1042 – Datacolor.
112 BGH, WRP 2002, 1156 = GRUR 2002, 972 – FROMMIA; BGH, WRP 2001, 931 – buendgens.
113 BGHZ 6, 137 – Lockwell; BGH, WRP 1972, 578 = GRUR 1973, 363 – Baader; WRP 1985, 213 = GRUR 1986, 325 – Peters.
114 BGH, GRUR 1967, 89 – Rose.
115 Vgl. BGH, WRP 1957, 264 = GRUR 1957, 550 – Tabu II.

lege lata ist § 23 HGB weiterhin anzuwenden, zumal sich der Gesetzgeber bei der Änderung des Markenrechts darauf beschränkt, die vorangegangene Änderung des § 8 WZG in § 27 MarkenG zu übernehmen.[116]

4. Verlust der Verkehrsgeltung und der Kennzeichnungskraft

37   Ist das Unternehmenskennzeichen nur kraft Verkehrsgeltung geschützt, so erlischt der Schutz, wenn die Verkehrsgeltung verloren geht (vgl. oben Rn. 19–23). Auch im Fall ursprünglicher Unterscheidungs-/Kennzeichnungskraft kann diese nachträglich entfallen, wenn die beteiligten Verkehrskreise in dem Zeichen keinen Herkunftshinweis mehr erkennen. An eine solche *Umwandlung* zur nicht kennzeichnungskräftigen Angabe sind strenge Maßstäbe anzulegen.[117]

VII. Schutz ausländischer Firmen

38   Nach dem den gesamten gewerblichen Rechtschutz als international privatrechtliche Kollisionsvorschrift beherrschenden *Territorialitätsprinzip* richten sich die Entstehung, das Erlöschen und der Inhalt eines Immaterialgutes nach dem Recht des Schutzlandes. Daher ist für ausländische Firmen ein Firmenschutz im Inland auch nur nach Inlandsrecht möglich. Art. 2 PVÜ postuliert den Inländerbehandlungsgrundsatz und stellt damit die Gleichbehandlung von In- und Ausländern sicher. Korrespondierend hierzu bestimmt Art. 8 PVÜ, dass der Handelsname im Inland unabhängig von einer Hinterlegung oder Eintragung geschützt wird. Der Begriff Handelsname umfasst die vollständige handelsrechtliche Firma sowie Firmenbestandteile und -schlagworte.[118] Daher setzt der *Schutz* der Unternehmenskennzeichnungen von Ausländern – wie der Schutz der Unternehmenskennzeichnungen für den Inländer – die *Benutzungsaufnahme* einer unterscheidungskräftigen Bezeichnung im *Inland* voraus. Fehlt die erforderliche Unterscheidungskraft, so bedarf es – wie bei reinen Inlandsfirmen – der Verkehrsgeltung.[119] Der Schutz nach Art. 2, 8 PVÜ im Inland ist dabei unabhängig von einem Schutz im jeweiligen Heimatland.[120] Erfolgt eine *Aufgabe* der *Benutzung* im *Inland*, so erlischt das inländische Kennzeichenrecht, auch wenn die Benutzung im Ausland fortgesetzt wird.[121]

39   Für die Anforderungen an die prioritätsbegründende Benutzung gelten die gleichen *Maßstäbe* wie für die *prioritätsbegründende Benutzung* durch einen Inländer. Es genügt jede

---

116 Vgl. amtl. Begr., S. 84; *Ingerl/Rohnke*, § 5 Rn. 72; vgl. auch *Fezer*, § 15 Rn. 163.
117 BGH, WRP 1977, 95 = GRUR 1977, 226 – Wach- und Schließ; WRP 1958, 337 = GRUR 1959, 38 – Buchgemeinschaft II.
118 BGH, WRP 1973, 576 = GRUR 1973, 661 – Metrix; vgl. a. GRUR 1987, 292 – KLINT.
119 BGH, WRP 2002, 1156 = GRUR 2002, 972 – FROMMIA; WRP 1997, 1081 – GARONOR; WRP 1980, 70 = GRUR 1980, 114 – Concordia I; WRP 1971, 323 = GRUR 1971, 517 – Swops; GRUR 1966, 267 – White horse; GRUR 1967, 199, 202 – Napoléon II.
120 BGH, WRP 1995, 918 = GRUR 1995, 825 – Torres.
121 BGH, WRP 2002, 1156 = GRUR 2002, 972 – FROMMIA.

Gruber

Benutzung, die auf den Beginn einer dauernden Betätigung im Inland schließen lässt.[122] Die Benutzungsaufnahme kann auch durch *Dritte* im Inland (z. B. Lizenznehmer, verbundene Unternehmen etc.) mit Zustimmung des Kennzeicheninhabers erfolgen,[123] soweit es sich um eine Benutzung als Unternehmenskennzeichen handelt.

VIII. Formelles Firmenrecht

1. Unabhängigkeit des materiellen Firmenrechts

Zum *formellen Firmenrecht* gehören registerrechtliche Regelungen über die Firmenbildung/-änderung und -eintragung im Handelsregister (insbesondere §§ 17 ff. HGB), ferner die Verpflichtung zur Unterscheidung von anderen ortsansässigen Firmen (§ 30 HGB) sowie die Verbote einer firmenrechtlich unzulässigen Firmenführung (§ 37 Abs. 1 HGB) und eines unbefugten Firmengebrauchs (§ 37 Abs. 2 HGB). **40**

Das *materielle Firmenrecht ist unabhängig* vom formellen Firmenrecht; das materielle Firmenrecht als Immaterialgut entsteht außerhalb und unabhängig von der Handelsregistereintragung;[124] auch die Übertragung der Firma – soweit nach § 23 HGB zulässig – erfolgt unabhängig vom und außerhalb des Handelsregisters. Bei der Beurteilung der ursprünglichen Unterscheidungskraft ist der Richter auch nicht an die Eintragung/Entscheidung des Registergerichts gebunden.[125]

2. Untersagungsverfügung und Unterlassungsklage nach § 37 HGB

Die *Untersagungsverfügung* des Registergerichtes nach § 37 Abs. 1 HGB beruht nicht auf materiellem Firmenrecht; durch die Untersagungsverfügung soll vielmehr die Einhaltung der Vorschriften der §§ 17 ff. HGB über die Firmenbildung und Firmenführung sichergestellt werden.[126] Die *Unterlassungsklage* nach § 37 Abs. 2 HGB ergänzt das öffentlich-rechtliche Untersagungsverfahren. Die Unterlassungsklage wendet sich ebenso wie die Untersagungsverfügung allein gegen den nach den Vorschriften des formellen Firmenrechts unbefugten Gebrauch einer Firma;[127] die Benutzung eines Firmenschlagwortes fällt nicht unter § 37 Abs. 2 HGB.[128] Hauptfälle des § 37 Abs. 2 HGB liegen nach der anscheinend sehr geringen gerichtlichen Praxis in § 30 HGB (fehlende Unterscheidbarkeit gegenüber im gleichen Register eingetragenen Firmen) und in § 18 Abs. 2 HGB (irreführende Firma). **41**

---

122 Vgl. BGH, WRP 2008, 1520 Tz. 16 = GRUR 2008, 1099 – afilias.de; WRP 2003, 657 = GRUR 2003, 428 – BIG BERTHA; WRP 2002, 1156 = GRUR 2002, 972 – FROMMIA; GRUR 1970, 315 – Napoleon III; WRP 1971, 323 = GRUR 1971, 517 – Swops, s. o. Rn. 25 ff.

123 BGH, WRP 1994, 652 = GRUR 1994, 652 – VIRION; WRP 1973, 576 = GRUR 1973, 661 – Metrix.

124 BGH, WRP 1983, 261 = GRUR 1983, 182 – Concordia-Uhren.

125 BGH, GRUR 1985, 151 – Filopharm.

126 *v. Gamm*, Kap. 55 Rn. 12.

127 *v. Gamm*, Kap. 55 Rn. 13.

128 Vgl. OLG Düsseldorf, GRUR 1996, 361 – Teco.

3. Unbefugter Gebrauch des materiellen Firmenrechts

42   Nach *§ 16 UWG* war Anspruchsvoraussetzung, dass die *Firma* vom Inhaber *befugt* geführt wurde. Als Fall des unbefugten Gebrauchs wurde es angesehen, wenn eine nach den Vorschriften der §§ 17 ff. HGB nach formellem Firmenrecht *unzulässig gebildete Firma* benutzt wurde.[129] Das Recht zur Benutzung besonderer Geschäftsbezeichnungen bleibt aber von den Vorschriften des formellen Firmenrechts unberührt; der Kann-Kaufmann (§ 2 HGB) kann somit eine Phantasiebezeichnung als besondere Geschäftsbezeichnung benutzen.[130] Als weiterer Fall der unbefugten Benutzung wurde die *irreführende Firma* (vgl. §§ 18 Abs. 2 HGB) angesehen.[131] Eine dem § 16 UWG entsprechende Formulierung fehlt zwar in § 5. § 5 setzt als ungeschriebenes Tatbestandsmerkmal den befugten Gebrauch voraus.[132]

IX. Verfügungen und Lizenzen über die Firma

1. Veräußerungsverbot des § 23 HGB

43   § 23 HGB enthält ein Veräußerungsverbot für die Firma ohne gleichzeitige Übertragung des Geschäftsbetriebes; eine gegen § 23 HGB verstoßende *Übertragung* des Firmenrechts *ohne Geschäftsbetrieb* ist *nichtig*; das Firmenrecht bleibt beim Veräußerer.[133] Rechtsähnlich der Regelung zum alten § 8 WZG genügt es, wenn zusammen mit der Firma der *wesentliche Geschäftsbetrieb* übertragen wird und damit eine Fortsetzung des Betriebes zusammen mit der Firma möglich ist.[134] Allerdings darf die Teilgeschäftsbetriebsübertragung nicht zu einer Aufspaltung oder Vervielfältigung der Firma führen.[135] Die notwendige Übertragung des Firmenrechts zusammen mit dem Geschäftsbetrieb muss nicht gleichzeitig oder in einer Vertragsurkunde erfolgen; es genügt vielmehr ein *zeitlicher und wirtschaftlicher Zusammenhang*.[136]

2. Schuldrechtliche Gestattungen

44   Jedoch kann der Firmeninhaber mit schuldrechtlicher Wirkung einem Dritten gestatten, das Kennzeichen zu benutzen; die *Lizenz* wird als Verzicht auf die Geltendmachung von

---

129 *v. Gamm*, Kap. 57 Rn. 3.
130 Vgl. BGH, GRUR 1960, 93 – Martinsberg; *v. Gamm*, Kap. 57 Rn. 2.
131 BGH, GRUR 1960, 434 – Volks-Feuerbestattung; *v. Gamm*, Kap. 57 Rn. 5.
132 BGH, WRP 2010, 266 Tz. 23 = GRUR 2010, 156 – EIFEL-ZEITUNG; BGH, GRUR 1960, 434 – Volks-Feuerbestattung; WRP 1998, 394 = GRUR 1998, 391 – Dr. St. … Nachfahren; WRP 2003, 640 – gemeinnützige Wohnungsgesellschaft; WRP 2004, 610 = GRUR 2004, 512 – Leysieffer; WRP 2002, 691 = GRUR 2002, 706 – vossius.de.
133 BGHZ 6, 173 – Lockwell; BGH, WRP 1972, 578 = GRUR 1973, 363 – Baader; WRP 1985, 213 = GRUR 1986, 325 – Peters.
134 BGH, GRUR 1954, 274 – Goldwell.
135 BGH, GRUR 1989, 422 – FLASH.
136 Vgl. BGH, GRUR 1971, 573 – Nocado (zu einem Fall des § 8 WZG).

Ansprüchen verstanden.[137] Folge einer solchen schuldrechtlichen Gestattung ist es, dass sich der Lizenznehmer in entsprechender Anwendung von § 986 BGB gegenüber Dritten auf die Priorität der Firma des Dritten berufen kann.[138]

X. Namensschutz nach § 12 BGB

1. Namensschutz außerhalb des geschäftlichen Verkehrs

Im geschäftlichen Verkehr geht der bürgerlich-rechtliche Namensschutz nach § 12 BGB **45** nicht weiter als der Schutz nach § 5.[139] Handeln beide Partei im geschäftlichen Verkehr, so ist § 12 BGB nicht anwendbar.[140] Von praktischer Bedeutung ist der Namensschutz nach § 12 BGB somit *außerhalb des geschäftlichen Verkehrs.* Denkbar sind z. B. folgende Konstellationen: Verletzung von Unternehmenskennzeichen durch Kennzeichen, die nicht im geschäftlichen Verkehr benutzt werden;[141] Verletzung eines „privaten" Namens durch ein Unternehmenskennzeichen[142] sowie Schutz der Kennzeichen von wirtschaftlich tätigen Personen und Personenvereinigungen, die kein Gewerbe betreiben.[143]

2. Schutzobjekt und Schutzvoraussetzungen

Tauglicher Namensträger sind die natürliche Person, juristische Personen des privaten und **46** des öffentlichen Rechts, z. B. eingetragene Vereine,[144] Gebietskörperschaften[145] und Universitäten;[146] Gleiches gilt für politische Parteien.[147] Auf die Rechtsfähigkeit des Namensträgers kommt es nicht an;[148] daher genießen neben nicht rechtsfähigen Vereinen[149] auch andere, nicht rechtsfähige Organisationen mit einer dauerhaften organisatorischen Verselbstständigung[150] den Namensschutz nach § 12. Das Namensrecht erlischt grundsätzlich

---

137 Vgl. BGH, GRUR 1970, 528 – Migrol; WRP 1991, 645 = GRUR 1991, 780 – TRANSATLANTISCHE; GRUR 1993, 574 – Decker.
138 Vgl. BGH, GRUR 1957, 122 = GRUR 1957, 34 – Hadef; WRP 1985, 410 = GRUR 1985, 567 – Hydair; GRUR 1993, 574 – Decker; WRP 1995, 96 = GRUR 1995, 117 – NEUTREX.
139 Vgl. BGH, GRUR 1954, 195 – KfA; WRP 1993, 175 = GRUR 1993, 404 – Columbus.
140 BGH, WRP 2002, 694 = GRUR 2002, 622 – shell.de; WRP 2002, 691 = GRUR 2002, 706 – vossius.de; WRP 2005, 489 – mho.de.
141 BGH, WRP 1976, 102 = GRUR 1976, 379 – KSB; WRP 2002, 694 = GRUR 2002, 622 – shell.de; s. u. Anhang zu § 5 Rn. 21.
142 BGH, WRP 1996, 541 = GRUR 1996, 422 – Winter.
143 Vgl. OLG München, NJW-RR 1993, 621 für eine Anwaltssozietät.
144 BGH, WRP 2008, 1530 Tz. 12 = GRUR 2008, 1102 – Haus & Grund I; WRP 2005, 614 = GRUR 2005, 517 – Literaturhaus; WRP 1994, 822 = GRUR 1994, 844 – Rotes Kreuz.
145 BGH, WRP 2002, 1169 = GRUR 2002, 917 – Düsseldorfer Stadtwappen; WRP 1963, 345 = GRUR 1964, 38 – Dortmund grüßt … .
146 BGH, WRP 1993, 101 = GRUR 1993, 151 – Universitätsemblem.
147 BGHZ 79, 265 – Aktionsgemeinschaft Vierte Partei.
148 BGH, WRP 1988, 443 = GRUR 1988, 560 – Christophorus-Stiftung.
149 RGZ 78, 101 – Gesangverein Germania.
150 BGH, WRP 1988, 443 = GRUR 1988, 560 – Christophorus-Stiftung zu einem Fall des § 16 UWG.

mit *Wegfall des Namensträgers*.[151] Die Rechtsprechung hat jedoch die ungenehmigte Namensverwendung in der Werbung als Verletzung des *postmortalen Persönlichkeitsrechts* behandelt.[152] Damit besteht der Namensschutz auf anderer Grundlage (§ 823 Abs. 1 BGB) fort. Allerdings erlischt auch der Schutz des postmortalen Persönlichkeitsrechtes gegen vermögensrechtliche Beeinträchtigungen durch Zeitablauf.[153]

47 Unter den *Begriff des Namens* fällt zunächst der bürgerliche Name; geschützt ist aber auch der *Vorname*, wenn er aufgrund seiner Bekanntheit hinreichend individualisierend wirkt.[154] In ähnlicher Weise werden *Pseudonyme* nur dann geschützt, wenn sie Verkehrsgeltung genießen.[155] Auch Vereinsembleme, Wappen etc. können entsprechend § 12 BGB geschützt werden.[156]

48 Der Namensschutz nach § 12 setzt *namensmäßige Unterscheidungskraft* voraus. § 12 wird auch angewandt auf Abkürzungen und Schlagworte mit ursprünglicher oder durch Verkehrsgeltung erlangter Namensfunktion.[157]

3. Verletzung durch Namensleugnung

49 Namensleugnung oder Namensbestreitung setzt voraus, dass ein Dritter dem Namensträger das Recht zum Gebrauch des Namens bestreitet und damit den Bestand des Namensrechts in Frage stellt. Das Bestreiten kann insbesondere darin liegen, dass ein eigenes Recht an dem Namen in Anspruch genommen wird.[158]

4. Verletzung durch Namensanmaßung

50 Namensanmaßung setzt voraus, dass ein Dritter den gleichen Namen – oder einen verwechslungsfähigen Namen – des Namensträgers unbefugt gebraucht und dadurch ein schutzwürdiges Interesse des Namensträgers verletzt.[159] Namensgebrauch ist nicht schon jede Form der Verwendung eines fremden Namens wie etwa die bloße Namensnennung;[160] vielmehr sind nur solche Namensanmaßungen tatbestandsmäßig, die geeignet sind, eine *namensmä-*

---

151 Für den Tod einer natürlichen Person vgl. BGH, WRP 2007, 1078 Tz. 8 = GRUR 2007, 168 – kinski-klaus.de.
152 BGH, WRP 2002, 999 = GRUR 2002, 690 – Marlene Dietrich; WRP 2000, 746 = GRUR 2000, 709 – Marlene Dietrich.
153 BGH, WRP 2007, 1078 Tz. 15 ff. = GRUR 2007, 168 kinski-klaus.de.
154 BGH, WRP 2008, 1524 Tz. 12 = GRUR 2008, 1124 – Zerknitterte Zigarrenschachtel; WRP 1983, 339 = GRUR 1983, 262 – Uwe.
155 BGH, WRP 2007, 1078 Tz. 8 = GRUR 2007, 168 – kinski-klaus.de; WRP 2003, 1215 – maxem. de; GRUR 1959, 430 – Catarina Valente.
156 BGH, WRP 1994, 822 = GRUR 1994, 844 – Rotes Kreuz; WRP 1993, 101 = GRUR 1993, 151 – Universitätsemblem; zur abweichenden Beurteilung von bildlichen Darstellungen im Rahmen des § 5 s. o. Rn. 11.
157 BGH, WRP 1976, 102 = GRUR 1976, 379 – KSB.
158 Vgl. hierzu BGH, WRP 2002, 694 = GRUR 2002, 622 – shell.de; zur Verletzung eines Namensrechts durch eine Domain s. u. Anh. zu § 5 Rn. 6 u. 19.
159 BGH, WRP 2002, 694 = GRUR 2002, 622 – shell.de – dort auch zu Domain-Namen; s. u. Anh. zu § 5 Rn. 19.
160 Vgl. BGH, GRUR 1981, 846 – Carrera.

ßige Identitäts- oder Zuordnungsverwirrung hervorzurufen.[161] Eine solche Zuordnungsverwirrung liegt nicht nur bei einem namens- oder kennzeichenmäßigen Gebrauch durch den Dritten vor, sondern auch bei solchen Verwendungsweisen, durch die der Namensträger zu bestimmten Einrichtungen, Gütern oder Erzeugnissen in Beziehung gesetzt wird, mit denen er nichts zu tun hat.[162] Für eine Zuordnungsverwirrung kann es auch genügen, wenn im Verkehr der Eindruck entsteht, der Namensträger habe dem Benutzer ein Recht zu entsprechender Verwendung des Namens erteilt.[163] Bei der Verwendung, insb. auch der „bloßen" Registrierung und Konnektierung eines (fremden) Namens als Internetadresse liegt die namensmäßige Identitäts- oder Zuordnungsverwirrung im Allgemeinen vor.[164]

Unbefugt ist der Gebrauch des Namens, wenn der Dritte über kein eigenes Benutzungsrecht oder eine vertragliche Gestattung verfügt.[165] Weiterhin muss eine *Interessenverletzung* des Namensträgers vorliegen; hier kann grundsätzlich auch ein ideelles Interesse genügen.[166] Nimmt allerdings ein Unternehmen den Namensschutz des § 12 BGB in Anspruch, beispielsweise gegenüber einer Benutzung durch Dritte im nichtgeschäftlichen Bereich, so wird eine Interessensverletzung hinsichtlich ideeller Belange nur bejaht, wenn sie sich in geschäftlichen Interessen niederschlägt.[167] Somit gilt für den Namensschutz von Unternehmenskennzeichnungen der weite Interessenbegriff nicht. Ihnen kommt Namensschutz nur im Rahmen des Tätigkeitsbereichs des Unternehmens zu, der Schutz ist also auf geschäftliche Interessen beschränkt.[168] **51**

Bei der Benutzung eines nichtidentischen Kennzeichens prüft der BGH im Rahmen des § 12 BGB die *Verwechslungsgefahr* nach den Grundsätzen für die Beurteilung der Verwechslungsgefahr bei Unternehmenskennzeichen.[169] **52**

5. Rechtsfolgen

§ 12 BGB gibt zunächst einen *Unterlassungs- und Beseitigungsanspruch*; der markenrechtliche Löschungsanspruch folgt aus § 13 Abs. 2 Nr. 1 MarkenG. § 12 BGB beinhaltet keinen Schadensersatzanspruch. Bei schuldhaften Namensverletzungen gibt die Rechtsprechung *Schadensersatz* aus § 823 Abs. 1 BGB, insbesondere wenn (auch) eine Verletzung des allgemeinen Persönlichkeitsrechts vorliegt; im letzteren Fall entsteht auch ein Anspruch nach § 812 BGB unabhängig vom Verschulden.[170] **53**

161 Vgl. BGH, WRP 1996, 541 = GRUR 1996, 422 – Winter; WRP 1993, 101 = GRUR 1993, 151 – Universitätsemblem.
162 Vgl. BGH, WRP 2002, 1169 = GRUR 2002, 917 – Düsseldorfer Stadtwappen; WRP 1993, 101 = GRUR 1993, 151 – Universitätsemblem.
163 BGH, WRP 2005, 500 = GRUR 2005, 357 – Pro Fide Catholica; WRP 1994, 822 = GRUR 1994, 844 – Rotes Kreuz.
164 BGH, WRP 2002, 694 = GRUR 2002, 622 – shell.de; BGH BeckRS 2011, 25856 Tz. 32 ff. – Basler Haarkosmetik.
165 BGH, WRP 1996, 541 = GRUR 1996, 422 – Winter.
166 Vgl. BGH, WRP 19970, 271 = GRUR 1970, 481 – Weserklause.
167 BGH, WRP 1976, 102 = GRUR 1976, 379 – KSB.
168 BGH, WRP 1998, 604 = GRUR 1998, 696 – Rolex-Uhr mit Diamanten; GRUR 1991, 157 – Johanniter-Bier.
169 Vgl. BGH, WRP 1994, 822 = GRUR 1994, 844 – Rotes Kreuz.
170 BGH, WRP 2008, 1524 Tz. 10 = GRUR 2008, 1124 – Zerknitterte Zigarrenschachtel; WRP 1994, 599 = GRUR 1994, 732 – McLaren; GRUR 1981, 846 – Carrera; GRUR 1959, 430, 431 – Catarina Valente.

6. Übertragung und Lizenz

54 Wegen der persönlichkeitsrechtlichen Natur des Namens können die daran begründeten Rechte *nicht übertragen* werden.[171] Zulässig ist jedoch die schuldrechtliche Abrede, dass gegenüber Dritten auf die Geltendmachung und die Durchsetzung des Namensrechts verzichtet wird.[172]

XI. Titelschutz

1. Allgemeines

55 § 5 Abs. 3 schützt als *Werktitel* die Bezeichnungen von Druckschriften, Filmwerken, Tonwerken, Bühnenwerken oder sonstigen vergleichbaren Werken. Neben § 5 Abs. 3 können auch der urheberrechtliche Titelschutz bei Vorliegen der erforderlichen Werksqualität nach § 2 UrhG und der Schutz eines Titels als eingetragene Marke eingreifen. Die Werktitel des § 5 Abs. 3 dienen grundsätzlich der *Unterscheidung eines Werkes von anderen Werken*; einen Hinweis auf den Hersteller oder den Inhaber des Werkes, also einen *Herkunftshinweis*, beinhalten sie regelmäßig *nicht*.[173] Dies schließt allerdings nicht aus, dass der Verkehr bei *bekannten Titeln* mit diesen die Vorstellung einer *betrieblichen Herkunft* verbindet.[174] Umstritten ist, inwieweit der Werktitel zum Werk akzessorisch ist; bei strenger *Akzessorietät*[175] kann der Titel nicht ohne das zugrunde liegende Werk übertragen werden.[176] Die Rechtsprechung geht davon aus, dass eine „enge Verbindung von Titel und Werk" besteht; der BGH hat die Frage der Akzessorietät jedoch noch nicht entschieden.[177]

2. Schutzobjekte

56 § 16 UWG nannte nur Werktitel für *Druckschriften*. Unproblematische Schutzobjekte sind insoweit Bücher,[178] und zwar auch als Buchreihe oder Serie[179] sowie Zeitungen und Zeit-

---

171 BGHZ 32, 103 – Vogeler.
172 Vgl. BGH, WRP 1985, 410 = GRUR 1985, 567 – Hydair.
173 BGH, WRP 2005, 213 = GRUR 2005, 264 – Das Telefonsparbuch; WRP 2003, 519 = GRUR 2003, 342 – Winnetou; WRP 2002, 1279 = GRUR 2002, 1083 – 1, 2, 3 im Sauseschritt; WRP 2000, 533 = GRUR 2000, 504 – FACTS; WRP 1999, 519 = GRUR 1999, 581 – MAX; WRP 1993, 383 = GRUR 1993, 693 – Guldenburg; GRUR 1988, 377 – Apropos Film; WRP 1982, 407 = GRUR 1982, 431 – POINT.
174 BGH, WRP 1982, 407 = GRUR 1982, 431 – POINT; WRP 2001, 1188 = GRUR 2001, 1050 – Tagesschau; WRP 1999, 519 = GRUR 1999, 581 – MAX; WRP 2000, 533 = GRUR 2000, 504 – FACTS.
175 So *Deutsch*, GRUR 2000, 129; *ders.* WRP 1998, 14.
176 Zum Meinungsstand vgl. *Ingerl/Rohnke*, § 5 Rn. 102; *Fezer*, § 15 Rn. 170; sowie *Bappert/Maunz/ Schricker*, 2. Aufl., §§ 13/39 UrhG Rn. 28.
177 BGH, WRP 1989, 91 = GRUR 1990, 218 – Verschenktexte I.
178 BGH, WRP 2005, 213 = GRUR 2005, 264 – Das Telefonsparbuch; WRP 2003, 644 = GRUR 2003, 440 – Winnetous Rückkehr; WRP 2002, 1279 = GRUR 2002, 1083 – 1, 2, 3 im Sauseschritt; WRP 1991, 151 = GRUR 1991, 153 – Pizza & Pasta.
179 BGH, WRP 1993, 318 = GRUR 1993, 488 – Verschenktexte II.

schriften.[180] Nach heutiger Rechtsprechung ist eine im Internet erscheinende Zeitung ein titelschutzfähiges Werk, da sie nach ihrem Inhalt einer Druckschrift vergleichbar ist.[181] Die Rechtsprechung hatte als taugliche *Schutzobjekte* überdies Bühnenwerke,[182] Filmwerke,[183] Fernsehsendungen,[184] Nachrichtenmagazine[185] und Hörfunksendungen[186] anerkannt.

§ 5 Abs. 3 nennt nun neben Druckschriften, Film-, Ton- und Bühnenwerken auch die sons-   **57** tigen vergleichbaren Werke. Kennzeichnend für ein titelschutzfähiges Werk ist die darin beschlossene eigenständige geistige Leistung.[187] Ob das Werk urheberrechtsschutzfähig ist, ist für seine Einordnung als titelschutzfähiges Werk unerheblich.[188] Zu § 16 UWG hat der BGH entschieden, dass im Interesse eines umfassenden Werktitelschutzes auch Computerprogramme titelschutzfähig sind, da geistige Leistungen, soweit sie als Gegenstand des Rechtsverkehrs bezeichnungsfähig sind, von anderen Leistungen geistiger Art unterscheidbar sein müssen.[189] Auch ein Warenkatalog ist ein geeignetes Schutzobjekt, einmal weil es sich um eine Druckschrift handelt, zum anderen weil die Auswahl und Darstellung der dort abgebildeten Waren eine eigenständige geistige Leistung ist.[190] Für ein Geschicklichkeitsspiel, bei dem nicht der gedankliche Inhalt im Vordergrund steht, hat der BGH diesen Werktitelschutz abgelehnt.[191] Einen Werktitelschutz für Veranstaltungen hält der BGH für nicht ausgeschlossen; er lässt jedoch offen, unter welchen Voraussetzungen eine Veranstaltung ein titelschutzfähiges Werk ist.[192]

3. Schutzvoraussetzung

Werktitel dienen der *Unterscheidung eines Werks von anderen Werken*; einen Herkunfts-   **58** hinweis auf den Hersteller oder den Inhaber stellen sie regelmäßig nicht dar.[193] Dies ist bei der Bemessung der *Unterscheidungskraft* zu berücksichtigen. Werktitel sind einmal aufgrund *ursprünglicher Unterscheidungskraft* geschützt. Zum anderen besteht Schutz bei

---

180 Vgl. BGH, WRP 2010, 266 Tz. 14 = GRUR 2010, 156 – EIFEL-ZEITUNG; GRUR 1957, 29 – Spiegel; BGH, WRP 1959, 54 = GRUR 1959, 45 – Deutsche Illustrierte; BGH, GRUR 1961, 232 – Hobby; BGH, GRUR 1988, 638 – Hauers Auto-Zeitung.
181 BGH, WRP 2010, 266 Tz. 9 = GRUR 2010, 156 – EIFEL-ZEITUNG.
182 RGZ 135, 209 – Der Brand im Opernhaus.
183 BGH, WRP 1958, 243 = GRUR 1958, 354 – Sherlock Holmes.
184 BGH, WRP 1977, 394 = GRUR 1977, 543 – Der 7. Sinn.
185 BGH, WRP 2001, 1188 = GRUR 2001, 1050 – Tagesschau; WRP 2001, 1193 = GRUR 2001, 1054 – Tagesreport.
186 BGH, WRP 1982, 407 = GRUR 1982, 431 – POINT.
187 BGH, WRP 2005, 1525 = GRUR 2005, 959 – FACTS II.
188 BGH, WRP 2003, 644 = GRUR 2003, 440 – Winnetous Rückkehr.
189 BGH, WRP 1997, 1184 = GRUR 1998, 155 – PowerPoint; nunmehr st. Rspr., vgl. a. BGH, WRP 1997, 1181 = GRUR 1997, 902 – FTOS; WRP 1998, 877 = GRUR 1998, 1010 – WINCAD.
190 BGH, WRP 2005, 1525 = GRUR 2005, 1525 – FACTS II.
191 BGH, WRP 1993, 701 = GRUR 1993, 767 – Zappel-Fisch.
192 BGH, GRUR 2010, 642 Tz. 33 – WM-Marken; ablehnend: BGH, WRP 1989, 590 = GRUR 1989, 626 – Festival Europäischer Musik.
193 BGH, WRP 1993, 383 = GRUR 1993, 692 – Guldenburg; WRP 1999, 186 = GRUR 1999, 236 – Wheels Magazine; WRP 1999, 1279 = MarkenR 1999, 398 – Szene Hamburg.

durch *Verkehrsgeltung* gewonnener Unterscheidungskraft.[194] Gegenüber den für Unternehmenskennzeichen erforderlichen Grad an Originalität gewährt die Rechtsprechung einen Werktitelschutz bereits bei deutlich verminderten Anforderungen an die ursprüngliche Unterscheidungskraft.[195] So genügt z.B. bei Zeitschriften ein Mindestmaß an Individualität, das dem Verkehr die Unterscheidung von anderen Zeitschriften erlaubt.[196] Daher ist es unerheblich, ob ein Titel als Marke eintragungsfähig wäre.[197]

59 Ebenso wie bei den Unternehmenskennzeichnungen (s.o. Rn. 8) kann auch ein *Bestandteil des Titels* selbstständig kollisionsbegründend sein, wenn dieser Bestandteil unterscheidungskräftig ist und für einen nicht unbeachtlichen Teil des Verkehrs als abgekürzte Bezeichnung des Werkes nahe liegt.[198]

60 Die ursprüngliche *Unterscheidungskraft* wurde *bejaht* für *Zeitschriftentitel*: BGH, WRP 2010, 266 = GRUR 2010, 156 – EIFEL-ZEITUNG; WRP 1997, 751 = GRUR 1997, 661 – B.Z./Berliner Zeitung; WRP 1991, 151 = GRUR 1991, 153 – Pizza & Pasta; BGHZ 21, 85 – Der Spiegel; GRUR 1958, 141 – Spiegel der Woche; WRP 1960, 187 = GRUR 1959, 541 – Nussknacker; GRUR 1961, 232 – Hobby; GRUR 1963, 378 – Deutsche Zeitung; GRUR 1988, 638 – Hauer's Auto-Zeitung; WRP 1991, 383 = GRUR 1991, 331 – Ärztliche Allgemeine; WRP 1997, 751 = GRUR 1997, 661 – B.Z./Berliner Zeitung; WRP 1999, 186 = GRUR 1999, 236 – Wheels Magazine; WRP 1999, 1279 = MarkenR 1999, 398 – Szene Hamburg; OLG Köln, GRUR 1997, 663 – FAMILY; OLG Köln, WRP 1996, 342 = GRUR 1997, 63 – PC-Welt; OLG Köln, GRUR 1989, 690 – High Tech; OLG Köln, WRP 1994, 410 = GRUR 1994, 386 – Die Geschäftsidee; OLG Düsseldorf, GRUR 1983, 794 – Rheinische Post; für *Sachbuchtitel*: BGH, WRP 2005, 213 = GRUR 2005, 264 – Das Telefonsparbuch; OLG Karlsruhe, GRUR 1996, 554 – Abenteuer heute; OLG München, GRUR 1993, 991 – Deutsch im Alltag; für *Rundfunkprogramme*: BGH, GRUR 1988, 377 – Apropos Film; WRP 1993, 755 = GRUR 1993, 769 – Radio Stuttgart; *Nachrichtensendungen*: BGH, WRP 2001, 1188 = GRUR 2001, 1050 – Tagesschau; WRP 2001, 1193 = GRUR 2001, 1054 – Tagesreport.

61 Die ursprüngliche *Unterscheidungskraft* wurde *verneint* für *Zeitschriften*: BGH, WRP 1959, 54 = GRUR 1959, 45 – Deutsche Illustrierte; BGH, GRUR 1957, 276 – Star-Revue; OLG Stuttgart, GRUR 1951, 38 – Das Auto; für *Buchtitel*: LG München I, GRUR 1991, 931 – Wellness.

4. Entstehung und Erlöschen des Schutzes

62 *Inhaber* des Titelschutzes ist bei Büchern der Verfasser, und zwar sowohl bei einem von Natur aus unterscheidungskräftigen Titel als auch bei einem Titel, der erst durch die vom

---

194 BGH, WRP 2001, 1188 = GRUR 2001, 1050 – Tagesschau; GRUR 1988, 638 – Hauer's Auto-Zeitung; WRP 1959, 54 = GRUR 1959, 45 – Deutsche Illustrierte.
195 S. *Ingerl/Rohnke*, § 5 Rn. 91; *Ströbele/Hacker*, § 5 Rn. 89.
196 BGH, WRP 2002, 89 = GRUR 2002, 176 – Auto Magazin.
197 BGH, WRP 2003, 519 = GRUR 2003, 342 – Winnetou; WRP 2003, 644 = GRUR 2003, 440 – Winnetous Rückkehr.
198 BGH, GRUR 1988, 638 – Hauer's Auto-Zeitung; WRP 1991, 151 = GRUR 1991, 153 – Pizza & Pasta.

Verleger veranstaltete Benutzung Unterscheidungskraft und damit Schutz erlangt.[199] Bei Zeitschriften und Zeitungen ist der Inhaber der Verlag.[200]

Bei ursprünglicher *Unterscheidungskraft* entsteht der Schutz des Werktitels grundsätzlich **63** mit der *Benutzung* des Werks im *geschäftlichen Verkehr*, wenn also Werkstücke unter dem Titel in Verkehr gebracht werden,[201] wobei eine Benutzung als Titel erforderlich ist.[202] Umstritten ist, ob und unter welchen Voraussetzungen der Titelschutz entstehen kann, wenn das Werk fertiggestellt ist oder sich in der Fertigstellungsphase befindet, aber noch nicht in den Markt eingeführt ist.[203] In der zu Computerprogrammen ergangenen FTOS-Entscheidung stellte der BGH hinsichtlich des Erfordernisses der Werkexistenz auf den Zeitpunkt der endgültigen Markteinführung ab,[204] da die Möglichkeit einer Prioritätsvorverlagerung durch eine Titelschutzanzeige bestehe (s. u. Rn. 64); danach sind der Vertrieb des Produkts oder eine der Auslieferung des fertigen Produkts unmittelbar vorausgehende Werbeankündigung zeitrangbegründend. Nach der ebenfalls zu Computerprogrammen ergangenen Entscheidung „WINCAD" ist für die Entstehung des Werktitelschutzes der Vertrieb des fertigen, mit dem Titel versehenen Produktes oder eine der Auslieferung unmittelbar vorangehende werbende Ankündigung erforderlich.[205] Nunmehr lässt der BGH die weitgehende Fertigstellung genügen.[206] Wollte man mit der (älteren) BGH-Rechtsprechung auf die endgültige Benutzung im Verkehr abstellen, so ergibt sich ein Unterschied zu den Unternehmenskennzeichen; dort genügen nämlich auch Benutzungshandlungen in einem Vorbereitungsstadium (s. o. Rn. 26). Bei ursprünglich nicht unterscheidungskräftigen Titeln, also im Falle der *Verkehrsgeltung*, entsteht der Titelschutz mit Erreichen des erforderlichen Zuordnungsgrades.

Die Priorität eines Titelschutzrechts kann jedoch durch eine sog. *Titelschutzanzeige* (in den **64** hierfür üblicherweise benutzten Medien) vorverlegt werden, sofern das Werk binnen angemessener Frist nach Veröffentlichung der Titelschutzanzeige erscheint.[207] Diese Titelschutzanzeige kann auch durch *Dritte* (Anonymität) erfolgen.[208] Ob neben förmlichen Titelschutzanzeigen auch *andere Veröffentlichungsformen* ausreichen, beurteilt die Rechtsprechung sehr restriktiv, wenn auch nicht abschließend.[209] Da die Titelschutzanzeige die Ausnahme von der Regel ist, dass nach der Rechtsprechung grundsätzlich nur die Benutzungsaufnahme prioritätsbegründend ist, sollten andere Verlautbarungsformen nicht zuge-

---

199 BGH, WRP 1989, 91 = GRUR 1990, 218 – Verschenktexte.

200 BGH, WRP 1997, 751 = GRUR 1997, 661 – B.Z./Berliner Zeitung.

201 BGH, WRP 1998, 877 = GRUR 1998, 1010 – WINCAD; WRP 1990, 242 = GRUR 1989, 760 – Titelschutzanzeige; WRP 1991, 383 = GRUR 1991, 331 – Ärztliche Allgemeine.

202 BGH, WRP 1999, 1279 = GRUR 2000, 70 – SZENE.

203 Vgl. *Teplitzky*, GRUR 1993, 645; *Deutsch*, GRUR 1994, 673; *Ingerl*, WRP 1994, 1127; OLG Düsseldorf, WRP 1985, 638 – Mädchen hinter Gittern, für einen bereitgehaltenen, aber noch nicht vorgeführten Film; *Ingerl/Rohnke*, § 5 Rn. 85; *Fezer*, § 15 Rn. 311.

204 BGH, WRP 1997, 1181 = GRUR 1997, 902 – FTOS.

205 BGH, WRP 1998, 877 = GRUR 1998, 1010 – WINCAD.

206 BGH, WRP 2009, 1533 Tz. 41 = GRUR 2009, 1055 – airdsl.

207 BGH, WRP 2001, 1193 = GRUR 2001, 1054 – Tagesreport; WRP 1990, 242 = GRUR 1989, 760 – Titelschutzanzeige.

208 BGH, WRP 1990, 242 = GRUR 1989, 760 – Titelschutzanzeige; WRP 1998, 976 = GRUR 1998, 956 – Titelschutzanzeige für Dritte.

209 BGH, WRP 1998, 877 = GRUR 1998, 1010 – WINCAD.

lassen werden.[210] Der angemessene *Zeitraum* wird danach bemessen, welche Vorbereitungszeit für ein entsprechendes Werk üblich ist. I. d. R. wird der angemessene Zeitraum bis zu sechs Monate betragen dürfen,[211] wobei bei bestimmten Werkkategorien auch ein längerer Zeitraum denkbar ist; im Filmrecht wird die Angemessenheit des Zeitraums nach der normalerweise zur Herstellung eines Filmes benötigten Zeit bestimmt.[212]

65   Der Titelschutz an einer unterscheidungskräftigen, als Titel benutzten Bezeichnung erlischt nicht, wenn das mit ihm gekennzeichnete, ursprünglich nach Urheberrecht geschützte Werk gemeinfrei geworden ist, da es für den Titelschutz auf die Urheberrechtsfähigkeit von Werk und/oder Titel nicht ankommt.[213] Der *Titelschutz erlischt* ebenso wie die geschäftliche Bezeichnung, wenn die *Benutzung* des Titels *eingestellt* wird. Bei periodischen Druckschriften stellt sich die Frage, ob der Verkehr aus dem gesamten Verhalten des Titelinhabers erkennen kann, dass die Druckschrift nicht zu einem späteren Zeitpunkt wieder fortgeführt werden soll.[214] Jedoch darf die vom Verkehr damit antizipierte Unterbrechung der Benutzung nicht zu lange dauern.[215] Bei Büchern erlischt das Titelrecht nicht bereits dann, wenn das Buch vergriffen ist, da der Verkehr weiß, dass größere Abstände zwischen einzelnen Buchauflagen keine Seltenheit sind,[216] es sei denn, der Inhalt des Werks (z. B. bei Sachbüchern) veraltet durch Zeitablauf so sehr, dass der Verkehr nicht mehr mit einer Neuauflage rechnet.[217] Schließlich *entfällt* der durch *Verkehrsgeltung* begründete Titelschutz durch Wegfall derselben.[218]

5. Übertragbarkeit des Titelschutzrechts

66   Bejaht man die strenge *Akzessorietät*[219] zwischen Titel und zugrunde liegendem Werk, ist der Titel ohne das zugrunde liegende Werk *nicht frei übertragbar*. Die Rechtsprechung des BGH hat die Frage der Akzessorietät nicht entschieden; in der Entscheidung im Fall *Verschenktexte I*[220] wurde der in Rede stehende Untertitel zusammen mit den Rechten am Werk übertragen; offen blieb auch, ob es sich um eine schuldrechtliche oder dingliche Übertragung handelte.[221] Geht man vom Grundsatz der freien Übertragbarkeit von Rechten aus, so darf man die Einschränkung der freien Übertragbarkeit nur auf der Grundlage eines gesetzlichen Veräußerungsverbots (wie z. B. § 23 HGB) annehmen, das aber für Titelschutzrechte nicht gegeben ist.[222]

---

210 A. A. *Ingerl/Rohnke*; § 5 Rn. 86; wie hier *Ströbele/Hacker*, § 5 Rn. 99.
211 Vgl. OLG Hamburg, WRP 1981, 30 – Woche Aktuell; OLG Köln, GRUR 1989, 690 – High Tech; *Ströbele/Hacker*, § 5, Rn. 100.
212 OLG München, GRUR 1955, 436 – An der schönen blauen Donau.
213 BGH, WRP 2003, 644 – Winnetous Rückkehr.
214 BGH, WRP 1959, 54 = GRUR 1959, 45 – Deutsche Illustrierte; GRUR 1959, 541 – Nussknacker.
215 Vgl. OLG Köln, WRP 1996, 342 = GRUR 1997, 63 – PC-Welt.
216 BGH, GRUR 1960, 346 – Naher Osten.
217 KG, GRUR 1988, 158 – Who is who.
218 Vgl. BGH, WRP 1959, 54 = GRUR 1959, 45 – Deutsche Illustrierte.
219 So z. B. *Deutsch*, GRUR 2000, 129; *ders.* WRP 1998, 14.
220 BGH, WRP 1989, 91 = GRUR 1990, 218.
221 Zum Meinungsstand hinsichtlich der freien Übertragbarkeit des Titels wird auf *Ingerl/Rohnke*, § 5 Rn. 108, *Fezer*, § 15 Rn. 30, sowie *Bappert/Maunz/Schricker*, 2. Aufl., §§ 13/39 UrhG Rn. 28 verwiesen.
222 Im Ergebnis ebenso *Ingerl/Rohnke*, § 5 Rn. 108; *Fezer*, § 15 Rn. 334; a. A. *Ströbele/Hacker*, § 27 Rn. 72.

Anhang zu § 5
Internet-Domains

Übersicht

Literatur zu den Internet-Domains: *Abel*, Generische Domains, WRP 2001, 1426; *Allmendinger*, Probleme bei der Umsetzung namens- und markenrechtlicher Unterlassungsverpflichtungen im Internet, GRUR 2000, 966; *Berlit*, Multimedia und Marken, NJW 1999, 701; *Bettinger*, ICANN'S Uniform Domain Name Dispute Resolution Policy, CR 2000, 234; *ders.*, Online-Schiedsgerichte für Domainnamensstreitigkeiten, WRP 2000, 1109; *ders.*, Kennzeichenrechte im Cyberspace: Der Kampf um die Domain-Namen, GRUR Int. 1997, 402; *Bettinger/Freytag*, Verantwortlichkeit der DENIC e.G. für rechtswidrige Domains?, CR 1999, 28; *Biermann*, Kennzeichenrechtliche Probleme des Internets: Das Domain-Name-System, WRP 1999, 997; *Fezer*, Die Kennzeichenfunktion von Domainnamen, WRP 2000, 669; *Hoeren*, Rechtsfragen des Internet, 1998; *Kunze*, Die Frage der Identität des Domainnamens mit der Marke im STOP-Verfahren, WRP 2003, 339; *Kur*, Neue Perspektiven für die Lösung von Domainnamen-Konflikten: WIPO-Interim Report, GRUR Int. 1999, 212; *dies.*, Territorialität versus Globalität – Kennzeichenkonflikte im Internet, WRP 2000, 935; *Lehmann*, Domains – weltweiter Schutz für Name, Firma, Marke, geschäftliche Bezeichnung im Internet?, WRP 2000, 947; *Nägele*, Die Rechtsprechung des Bundesgerichtshofs zu Internet-Domains, WRP 2002, 138; *ders.*, zwilling.de, WRP 1998, 841; *A. Nordemann*, Internet-Domains und zeichenrechtliche Kollisionen, NJW 1997, 1891; *Omsels*, Die Kennzeichenrechte im Internet, GRUR 1997, 328; *Plaß*, Die Zwangsvollstreckung in die Domain, WRP 2000, 1077; *Reinhart*, Bedeutung und Zukunft der Top-Level-Domains im Markenrecht einerseits und im Namens- und Wettbewerbsrecht andererseits, WRP 2002, 628; *ders.*, Kollisionen zwischen eingetragenen Marken und Domain-Namen, WRP 2001, 13; *Schafft*, Streitigkeiten über eu-Domains, GRUR 2004, 986; *Schmidt-Bogatzky*, Zeichenrechtliche Fragen im Internet, GRUR 2000, 95; *ders.*, Die Verwendung von Gattungsbegriffen als Internetdomains, GRUR 2002, 941; *Schreibauer/Mulch*, Die im Jahr 2000 veröffentlichte Rechtsprechung zum Internetrecht, WRP 2001, 481; *dies.*, Die im Jahr 2001 veröffentlichte Rechtsprechung zum Internetrecht, WRP 2002, 886; *dies.*, Neuere Rechtsprechung zum Internetrecht, WRP 2005, 442; *Ubber*, Rechtsschutz bei Missbrauch von Internet-Domains, WRP 1997, 652; *ders.*, Markenrecht im Internet, 2002; *Viefhues*, Gleichnamigkeit im Internet: Sind doch einige gleicher als die anderen?, MMR 2002, 341; *Wegner*, Rechtlicher Schutz von Internetdomains, CR 1998, 676; *Wendtlandt*, Gattungsbegriffe als Domainnamen, WRP 2001,

629; *Wiebe*, Zur Kennzeichnungsfunktion von Domain Namen, CR 1998, 157; *Wüstenberg*, Die Haftung der Internetauktionatoren auf Unterlassung wegen Markenrechtsverletzungen im Internet, WRP 2002, 497; *ders.*, Das Namensrecht der Domainnamen, GRUR 2003, 109.

I. Allgemeines

1 Domain-Namen dienen auf einer *technischen Ebene* als Adressen im Internet. Wegen der geringen Akzeptanz von numerischen Adressen durch die Benutzer werden mehrstellige „Namen" als *alphanumerische Adressen* vergeben, die der Identifizierung des Inhabers des Internetanschlusses auf technischer Ebene dienen. Eine Domain kann, einer Telefonnummer vergleichbar, auf dem jeweiligen Domain-Level nur ein einziges Mal vergeben werden. Dies führt zu dem bekannten Effekt, dass dem Inhaber älterer Marken und geschäftlicher Bezeichnungen auf einer faktischen Ebene der Zugang zum Internet/Level versperrt ist, wenn eine mit seinem Kennzeichen identische Domain für einen Dritten registriert wird. Da im Internet ein identischer „Name" für jedes Level nur einmal vergeben werden kann, ergibt dies einen neuartigen Tatbestand gegenüber der Benutzung von Kennzeichen in herkömmlichen Medien, da dort sogar identische Kennzeichnungen parallel benutzt werden können, ohne dass die Benutzung der einen Kennzeichnung die Benutzung der anderen – identischen – Kennzeichnung aus tatsächlichen Gründen behindern würde. Dieser faktische Paradigmenwechsel stellte die rechtliche Bewertung von Domains vor besondere Herausforderungen.

2 Die technische Zuweisung eines einzelnen Domain-Namens zu einem bestimmten Benutzer hat zwar eine faktische Ausschlusswirkung; ein absolutes Recht erwirbt der Domain-Inhaber damit aber nicht: Durch den Vertrag mit der Vergabestelle entsteht auf der *zivilrechtlichen Ebene* eine rein *schuldrechtliche Befugnis*, den ausgewählten Domain-Namen zu verwenden.[1] Diese schuldrechtliche Position ist nach § 857 Abs. 1 ZPO pfändbar.[2] Die Rechtsposition des Domaininhabers genießt den verfassungsrechtlichen Schutz der *Eigentumsgarantie* von Art. 14 Abs. 1 S. 1 GG, wobei die bei Verletzung eines älteren Kennzeichenrechtes durch eine jüngere Domain entstehenden Ansprüche eine zulässige Schranke der Eigentumsgarantie der (jüngeren) Domain darstellen.[3]

3 Von der so umschriebenen Rechtsposition des Domain-Inhabers ist die *immaterialgüterrechtliche Ebene* zu unterscheiden; zu fragen ist, ob und unter welchen Voraussetzungen durch die Benutzung eines unterscheidungskräftigen Domain-Namens welche Kennzeichenrechte entstehen.

---

1 BGH, WRP 2009, 1533 = GRUR 2009, 1055 Tz. 55 – airdsl; WRP 2008, 1520 = GRUR 2008, 1099 Tz. 21 – afilias.de; WRP 2002, 694 = GRUR 2002, 622 – shell.de.
2 BGH, WRP 2006, 107 = GRUR 2005, 969 – Domain-Pfändung.
3 BVerfG, GRUR 2005, 261 – adacta.de.

II. Der internetspezifische Kennzeichenschutz von Domains

1. Ausgangspunkt und Schutzmöglichkeiten

Anknüpfend an den technischen Charakter einer Domain wurde in der Vergangenheit zu- **4** nächst vielfach vertreten, dass es sich um eine *reine Adresse* ohne jede Kennzeichnungs- funktion handele.[4] Einer benutzten Domain wird nunmehr von der Rechtsprechung *Kennzeichnungsfunktion* zugemessen.[5] Die weitere Diskussion war davon geprägt, mit welchen Rechtsfiguren Domains geschützt werden. Als Institute für den Schutz einer – benutzten – Domain stehen die besondere Geschäftsbezeichnung nach § 5 Abs. 2 S. 1, das Geschäftsabzeichen nach § 5 Abs. 2 S. 2, der Namensschutz nach § 12 BGB und der Werktitelschutz nach § 5 Abs. 3 zur Verfügung. Durch die Rechtsprechung des BGH ist nun eine erste Klärung eingetreten, wobei je nach Lage des Falls ein immaterialgüterrechtlicher Schutz nach § 5 MarkenG[6] oder nach § 12 BGB[7] denkbar ist (s. u. Rn. 7 u. 8). Diese alternierenden Anspruchsgrundlagen erklären sich vor folgendem Hintergrund:

Bei der Einordnung des Schutzes von Domains in das bestehende System des Kennzei- **5** chenrechts ist einerseits zu beachten, dass der Inhaber einer Domain ein schützenswertes Interesse daran hat, gegenüber verwechslungsfähigen Kennzeichen einen effektiven Rechtsschutz zu genießen. Daher ist ein Schutz als *Geschäftsabzeichen*, der auch bei vorhandener Unterscheidungskraft Verkehrsgeltung voraussetzt, abzulehnen.[8] Andererseits muss vermieden werden, dass für Domains eine die Systematik des Kennzeichenrechts sprengende „Sonderjudikatur" entsteht. Hierbei ist zu bedenken, dass nach der Rechtsprechung des BGH der Schutz *als Namen nach § 12 BGB* für Unternehmenskennzeichen, die von deren Inhaber – per definitionem – im geschäftlichen Verkehr benutzt werden, grundsätzlich nicht weiter reichen kann als der Schutz nach § 5 (s. § 5 Rn. 45 und Anhang zu § 5 Rn. 21). Daher ist eine Anwendung von § 12 BGB zum Schutz von Domains nur möglich, wenn entweder der klagende Domaininhaber nicht gewerblich tätig ist oder im spiegelbildlichen Fall das klagende Unternehmen aus seiner Domain gegen die Nutzung einer jüngeren Domain im privaten Bereich vorgeht. Handeln beide Parteien im geschäftlichen Verkehr, so ist § 12 BGB grundsätzlich nicht anwendbar.[9] Weiterhin ist bei der rechtlichen Einordnung des Schutzes von Domains die Rechtsfolgenseite zu beachten: Gewährt man einer Domain, die im geschäftlichen Verkehr *benutzt* wird, Schutz als *besondere Geschäftsbezeichnung* nach § 5 Abs. 2 S. 1, wirft der Schutz der älteren Domain gegenüber einer jüngeren, *lediglich registrierten* Domain konstruktive Probleme auf, da die gebotene Prü-

---

4 Vgl. *Kur*, CR 1996, 325; *Nordemann* et al., CR 1996, 645; *Hoeren*, CR 1996, 355; *Ubber*, WRP 1997, 5497; *Bettinger*, GRUR Int. 1997, 402; *Fezer*, WRP 2000, 669.
5 BGH, WRP 2009, 1533 Tz. 41, 42 = GRUR 2009, 1055 – airdsl; WRP 2005, 338 = MarkenR 2005, 141 – soco.de; vgl. a. BGH, WRP 2002, 694 = GRUR 2002, 622 – shell.de; s. ferner OLG Hamburg, CR 1999, 184 – emergency.de; OLG Düsseldorf, WRP 1999, 343 – ufa.de; OLG München, CR 1999, 778 – tnet; OLG Hamburg Mitt. 2001, 41 – Internetkennung.
6 Geschäftsbezeichnung: BGH, WRP 2005, 338 = MarkenR 2005, 140 – soco.de; vgl. a. BGH, WRP 2005, 489 – mho.de; Titelschutz: WRP 2009, 1533 Tz. 41, 42 = GRUR 2009, 1055 – airdsl.
7 Namensschutz: BGH, WRP 2002, 694 = GRUR 2002, 622 – shell.de.
8 A. A. anscheinend *Fezer*, WRP 2000, 669; *Ströbele/Hacker* § 15 Rn. 74.
9 BGH, WRP 2002, 694 = GRUR 2002, 622 – shell.de; WRP 2002, 691 = GRUR 2002, 706 – vossius.de; WRP 2005, 489 – mho.de; zum Sonderfall der jüngeren Domain, die außerhalb der Branchenähnlichkeit der älteren Firma benutzt wird vgl. Rn. 21.

fung der Verwechslungsgefahr nach Kennzeichenähnlichkeit und Branchennähe nicht vorgenommen werden kann, wenn wie im Regelfall unbekannt ist, wofür die jüngere Domain benutzt werden soll. Aus diesem Grund wendet die Rechtsprechung in der analogen Situation, in der eine ältere Firma gegen eine jüngere, lediglich registrierte und nur im privaten Bereich benutzte Domain vorgeht, § 12 BGB an, da dann Prüfung auf Branchennähe nicht erforderlich ist (s. u. Rn. 19 u. 21). Diese potenzielle Schutzlücke bei einer Instrumentierung des Schutzes über das Institut der besonderen Geschäftsbezeichnung zwingt jedoch nicht dazu, § 12 BGB anzuwenden; diese „Schutzlücke" besteht zudem in ähnlicher Weise, wenn aus einer älteren Marke gegen eine jüngere, lediglich registrierte Domain vorgegangen wird, da auch hier die tatsächlichen Grundlagen für die Prüfung auf Warenähnlichkeit i.d.R. fehlen. Diese „Schutzlücke" kann daher – soweit sie besteht – mit den Mitteln des *§ 4 UWG* geschlossen werden.

6 Die Tatsache, dass eine Domain pro Level aus technischen Gründen nur einmal vergeben werden kann, führt bei strikter Anwendung des Prioritätsprinzips bei der Registrierung von Domains nicht immer zu sachgerechten Ergebnissen. Daher hat die Rechtsprechung ein *internetspezifisches Recht der Gleichnamigen* entwickelt.[10] Hierzu ist eine umfassende Abwägung zwischen den Interessen des Inhabers des älteren Kennzeichens und des Inhabers der jüngeren Domain vorzunehmen. Auch wenn durch dieses Recht der Gleichnamigen eine internetspezifische Schutzumfangszumessung für das ältere Kennzeichenrecht erfolgt, so sind die damit verbundenen Wertungen auch beim *ergänzenden Schutz nach § 4 UWG* im Fall des Vorgehens gegen eine jüngere Domain zu berücksichtigen.

2. Titelschutz

7 In der Instanzrechtsprechung war der Schutz von Domains als *Werktitel* frühzeitig erörtert worden.[11] Voraussetzung für den Werktitelschutz ist, dass die durch die Domain gekennzeichnete Homepage die für den Titelschutz erforderliche Werksqualität aufweist, die voraussetzt, dass eine Leistung geistiger Art vorliegt, bei der der gedankliche Inhalt im Vordergrund steht (s. o. § 5 Rn. 57). Zum anderen ist umstritten, ob eine Homepage die für den Titelschutz erforderliche Bezeichnungsfähigkeit im Rechtsverkehr aufweist.[12] Der BGH hält den Werktitelschutz von Domains für möglich, wenn eine aktive Website gekennzeichnet wird.[13] Hinsichtlich der Titelschutzfähigkeit von Homepages wird man unterscheiden müssen: Bei Websites mit redaktionellen Inhalten wird diese i.d.R. zu bejahen sein; bei allein werbenden Homepages wird sich der Domain-Name i.d.R. als Hinweis auf das Unternehmen oder dessen Produkte darstellen, weshalb die Titelschutzfähigkeit nicht gegeben ist,[14] wobei allerdings zu beachten ist, dass die Rechtsprechung auch Warenkataloge als titelschutzfähige Werke betrachtet (s. o. § 5 Rn. 57). Weiterhin hat der Bundesgerichts-

---

10 BGH, WRP 2002, 694 = GRUR 2002, 622 – shell.de; WRP 2002, 691 = GRUR 2002, 703 – vossius.de; WRP 2002, 1066 = GRUR 2002, 898 – defacto; BGH, WRP 2006, 238 = MarkenR 2006, 26 – hufeland.de; WRP 2010, 880 Tz. 29 = GRUR 2010, 738 – Peek & Cloppenburg; s. u. Rn. 24.

11 OLG Dresden, CR 1999, 102 – dresden-online.de; OLG Dresden, CR 1999, 589 – cyberspace.de; *Hackbarth*, CR 1999, 186; vgl. a. OLG München, WRP 2001, 571 – kuecheonline.de.

12 S. *Fezer*, WRP 2000, 669 und *Fezer*, Einl. G Rn. 39 ff.; *Ströbele/Hacker*, § 5 Rn. 84.

13 BGH, WRP 2009, 1533 Tz. 41, 42 = GRUR 2009, 1055 – airdsl.de.

14 *Ingerl/Rohnke*, nach § 15 Rn. 54.

hof einer Domain, die identisch mit dem Titel einer Internetzeitung war, Titelschutz nach § 5 gewährt.[15]

3. Namensschutz

Ein Teil der Rechtsprechung schützte die Domain in der ferneren Vergangenheit allein über **8** *§ 12 BGB*.[16] Ein erster Grund hierfür mag darin liegen, dass die Rechtsprechung zu Domains ihren Ausgangspunkt u. a. bei der Verletzung des Namens von Gebietskörperschaften durch Domains eines Dritten gefunden hat.[17] Ein weiterer Grund mag sein, dass die Verbindung einer Domain mit dem Namensschutz des § 12 BGB das Vorgehen gegen lediglich registrierte, aber noch nicht benutzte Domains erleichtern bzw. ermöglichen soll: Wird in der analogen Situation aus einer älteren Marke oder Firma gegen eine nur registrierte Domain vorgegangen, ist bereits zweifelhaft, ob eine Verletzungshandlung vorliegt (s. u. Rn. 17 u. 18). Zudem bereitet die Prüfung der Verwechslungsgefahr nach Kennzeichenähnlichkeit und Branchennähe erhebliche Schwierigkeiten, wenn unbekannt ist, für welche Waren- und/oder Dienstleistungen die angegriffene Domain benutzt werden soll. Demgegenüber genügt bei der Verletzung eines Namensrechts nach § 12 BGB bereits eine Namensanmaßung (s. § 5 Rn. 50), deren Voraussetzungen unabhängig von einer Warenähnlichkeit oder Branchennähe festzustellen sind. Die Frage, ob eine Domain in ein fremdes Namensrecht eingreift, sagt jedoch nichts dazu, ob die Domain selbst den Namensschutz nach § 12 BGB genießt. Zu beachten ist weiterhin, dass nach ständiger BGH-Rechtsprechung der Schutz nach § 12 BGB nicht weiter gehen darf als der Schutz nach § 5, soweit ein Handeln im geschäftlichen Verkehr vorliegt (s. § 5 Rn. 45). Daher ist § 12 BGB grundsätzlich nicht anwendbar, wenn beide Parteien im geschäftlichen Verkehr handeln.[18] Auch ist zu berücksichtigen, dass die Domain nicht den Unternehmensträger kennzeichnen muss, also ex lege keine originäre namensmäßige Funktion hat. Daher ist die Anwendung des *§ 12 BGB* für diejenigen Domains, die im *geschäftlichen Verkehr* benutzt werden, zweifelhaft.[19] Soweit eine Domain vom Inhaber nur *außerhalb des geschäftlichen Verkehrs* benutzt wird, erfolgt der Schutz – bei namensmäßiger Kennzeichnungsfunktion – über *§ 12 BGB*. Das Problem der namensmäßigen Kennzeichnungsfunktion stellt sich dann, wenn die Domain vom (bürgerlichen) Namen des privat handelnden Domain-Inhabers abweicht. Hier ist ein Schutz nur bei Verkehrsgeltung denkbar, da die Rechtsprechung auch bei „Pseudonymen" Verkehrsgeltung verlangt.[20]

---

15 BGH, WRP 2010, 266 Tz. 9 = GRUR 2010, 156 – EIFEL-ZEITUNG.
16 Vgl. LG Frankfurt, CR 1997, 287 – das.de; OLG Hamburg, CR 1999, 184 – emergency; vgl. a. LG Düsseldorf, GRUR 1998, 159 – epson.de, wo zugleich § 12 BGB und § 5 MarkenG erörtert werden.
17 Vgl. LG Mannheim, GRUR 1997, 377 – Heidelberg.de; LG Braunschweig, NJW 1997, 2687 – Braunschweig.de; LG Lüneburg, GRUR 1997, 470 – celle.de; BGH, WRP 2006, 90 = GRUR 2006, 158 – segnitz.de.
18 BGH, WRP 2002, 694 = GRUR 2002, 622 – shell.de; WRP 2002, 691 = GRUR 2002, 706 – vossius.de; WRP 2005, 489 – mho.de; zum Sonderfall der Benutzung außerhalb der Branchennähe s. Rn. 21.
19 Vgl. *Hackbarth*, CR 1999, 186.
20 BGH, WRP 2003, 1215 = GRUR 2003, 897 – maxem.de.

4. Besondere Geschäftsbezeichnung

9 Weiterhin ist eine im *geschäftlichen Verkehr* benutzte Domain mit dem Institut der *besonderen Geschäftsbezeichnung* zu schützen.[21] Gegen den Schutz als besondere Geschäftsbezeichnung könnte sprechen, dass die besondere Geschäftsbezeichnung auf das Unternehmen und seinen Geschäftsbetrieb als organisatorische Einheit hinweist (s. o. § 5 Rn. 10), während eine Domain ex lege nur als ein Kennzeichnungsmittel für einen Teil der Außenaktivitäten des Unternehmens aufgefasst werden könnte. Folgt man dieser Argumentation, wäre im Rahmen von § 5 nur ein Schutz als Geschäftsabzeichen möglich.[22] Andererseits gibt es keinen Rechtssatz des Inhalts, dass ein Unternehmen in allen Medien stets die identische Kennzeichnung als Hinweis auf seinen Geschäftsbetrieb benutzen muss, um den Schutz von § 5 Abs. 2 S. 1 zu genießen. Auch die Rechtsfolgenseite spricht nicht gegen den Schutz als besondere Geschäftsbezeichnung. Die Kollisionsfälle zwischen einer älteren und einer jüngeren, lediglich registrierten, aber nicht benutzten Domain, muss man über den flexiblen Tatbestand des § 4 UWG (Behinderungswettbewerb) lösen. In der ähnlichen Situation der Kollision zwischen einer älteren Marke und/oder Firma und einer jüngeren, lediglich registrierten Domain wendet ein Teil der Rechtsprechung ebenfalls § 4 UWG an (s. u. Rn. 24).

10 Der *Bundesgerichtshof* hat mittlerweile entschieden, dass durch die Benutzung eines Domain-Namens ein entsprechendes *Unternehmenskennzeichen* entstehen kann, wenn durch die Art der Benutzung deutlich wird, dass der Domain-Name nicht lediglich als Adressbezeichnung verwendet wird und der Verkehr daher in der als Domain-Namen gewählten Bezeichnung einen Herkunftshinweis erkennt.[23] Der Schutz einer Domain erfordert also nicht, dass der Domain-Name identisch ist mit der Firma oder dem Firmenschlagwort des Domain-Inhabers. Gefordert ist ein „Herkunftshinweis", also namensmäßige Unterscheidungskraft (s. § 5 Rn. 12), bei der im Allgemeinen von einem solchen Herkunftshinweis ausgegangen werden kann.[24] Auch wenn der Bundesgerichtshof die Art des entstehenden Unternehmenskennzeichens nicht näher eingegrenzt hat, kommt nur eine besondere Geschäftsbezeichnung in Frage, da der Schutz als Geschäftsabzeichen Verkehrsgeltung voraussetzt. Damit ist – implizit – auch anerkannt, dass die *benutzte unterscheidungskräftige Domain* ein Immaterialgut ist, denn die geschäftlichen Bezeichnungen stellen Immaterialgüter dar.[25]

---

21 OLG München, CR 1999, 778 – tnet; OLG Hamburg, CR 1999, 184 – emergency.de; KG, CR 2004, 301 – arena-berlin.de; LG Braunschweig, CR 1998, 364 – deta.com; LG München I, GRUR 2000, 800 – fnet.de.

22 So anscheinend *Fezer*, WRP 2000, 669 und *Fezer*, Einl. G Rn. 38.

23 BGH, WRP 2009, 803 Tz. 29 = GRUR 2009, 685 – ahd.de; WRP 2008, 1520 Tz. 22 = GRUR 2008, 1099 – afilias.de; WRP 2005, 1164 = GRUR 2005, 871 – Seicom; WRP 2005, 338 = GRUR 2005, 262 – soco.de; vgl. a. BGH, WRP 2005, 489 – mho.de.

24 Vgl. zur rechtsverletzenden Benutzung BGH, WRP 2009, 1533 Tz. 49 = GRUR 2009, 1055 – airdsl.

25 Vgl. BGH, WRP 1995, 918 = GRUR 1995, 825 – Torres u. § 15 Rn. 1.

5. Schutzvoraussetzungen

Die *gewerblich genutzte* Domain ist als *besondere Geschäftsbezeichnung* geschützt, wenn **11**
sie ursprüngliche *namensmäßige Unterscheidungskraft* aufweist.[26] Daran fehlt es, wenn
die Domain als beschreibend[27] oder – ausnahmsweise – als bloße Adressangabe verstanden
wird.[28] Eine bloß produktkennzeichnende Verwendung reicht ebenfalls nicht aus.[29] Abzulehnen ist die Auffassung, dass eine Domain nur dann ursprünglich unterscheidungskräftig
sei, wenn es sich um den Namen einer Person, eines Unternehmens oder einer Stadt handele;[30] diese Auffassung hätte zur Folge, dass ein Schutz als von der Firmierung unabhängige
besondere Geschäftsbezeichnung ausscheidet und damit – wenn die Domain z.B. nicht
identisch mit der Firma ist – ein Schutz nur als Geschäftsabzeichen im Falle der Verkehrsgeltung in Frage käme. Beim Schutz als *Werktitel* ist *Unterscheidungskraft* erforderlich.[31]
Die Rechtsprechung prüft die Unterscheidungskraft von *gewerblich genutzten* Domains
nach herkömmlichen Maßstäben; diese wurde in folgenden Beispielsfällen bejaht: LG
Frankfurt, CR 1997, 287 – das.de; LG Braunschweig, CR 1998, 364 – deta.com; OLG
Hamburg, CR 1999, 184 – emergency; OLG München, CR 1999, 778 – tnet; LG München
I, GRUR 2000, 800 – fnet.de. Die ursprüngliche Unterscheidungskraft wurde verneint:
OLG Köln, GRUR 2001, 525 – online.de; KG, CR 2001, 125 – toolshop.de. *Privat genutzte*
Domains, die den Namen des Inhabers enthalten, sind nach § 12 BGB geschützt. Wird ein
„Pseudonym" benutzt, so ist Verkehrsgeltung erforderlich (s. o. Rn. 8).

Da bei der Vergabe von Domains nicht geprüft wird, ob diese ursprünglich unterschei- **12**
dungskräftig sind, wurde in der Rechtsprechung der Instanzgerichte erörtert, ob die Registrierung einer beschreibenden Domain oder eines *Gattungsbegriffes* ein Fall des *Behinderungswettbewerbs* ist.[32] Hintergrund dieser Rechtsprechung war, dass aus technischen
Gründen identische Domains nur einmal vergeben werden können, und durch die Verwendung von Gattungsbezeichnungen – über die üblichen Suchmaschinen – eine Kanalisie-
rung von Kundenströmen eintreten kann. Der BGH hat dazu entschieden, dass die Benutzung einer Gattungsbezeichnung unter (nur) einer Top-Level-Domain nicht gegen § 4
UWG verstößt.[33] Allerdings ist auch bei der Verwendung einer Gattungsbezeichnung als
Domain zu prüfen, ob nicht eine Irreführung eintritt.[34]

---

26 BGH, WRP 2008, 1520 Tz. 22 = GRUR 2008, 1099 – afilias.de; s. o. § 5 Rn. 12.
27 BGH, WRP 2005, 336 = GRUR 2005, 262 – soco.de.
28 BGH, WRP 2005, 1164 = GRUR 2006, 873 – Seicom.
29 *Ingerl/Rohnke*, nach § 15 Rn. 45; anders anscheinend BGH, WRP 2009, 803 Tz. 30 = GRUR
    2009, 655 – ahd.de.
30 S. *Fezer*, WRP 2000, 669.
31 S. o. § 5 Rn. 58 sowie BGH, WRP 2009, 1533 Tz. 41, 42 = GRUR 2009, 1055 – airdsl.de.
32 So OLG Hamburg, CR 1999, 779 – Mitwohnzentrale; a. A. OLG Frankfurt, GRUR 1997, 481 –
    Wirtschaft-Online; OLG München, MMR 2001, 615 – autovermietung.com.
33 BGH, WRP 2001, 1286 = GRUR 2001, 1061 – mitwohnzentrale.de; WRP 2005, 893 –
    weltonline.de; WRP 2005, 614 = GRUR 2005, 517 – Literaturhaus; vgl. auch NJW 2003, 504 –
    rechtsanwaelte-notar.de; NJW 2003, 662 – presserecht.de.
34 BGH, a. a. O.

6. Entstehung des Schutzes

13 Sowohl beim Schutz der Domain als *besondere Geschäftsbezeichnung* oder als *Titel* als auch beim Schutz der Domain nach *§ 12 BGB* entsteht das Recht mit *Benutzungsaufnahme*. Hier sollten die gleichen Maßstäbe gelten wie für die prioritätsbegründende Benutzung im allgemeinen Unternehmenskennzeichenrecht;[35] dort ist anerkannt, dass bereits Vorbereitungsmaßnahmen im geschäftlichen Verkehr prioritätsbegründend wirken (s. § 5 Rn. 26). Die *bloße Registrierung* oder *Konnektierung* (Baustellenschild) der Domain ist dennoch keine ausreichende Vorbereitungshandlung, da noch keine Benutzung im geschäftlichen Verkehr vorliegt und – auf einer rein pragmatischen Ebene – wegen des potenziell beliebigen Inhalts einer Homepage nicht festgestellt werden kann, für welche Waren/Dienstleistungen der Domain-Name benutzt werden wird/soll. Daher hat der Bundesgerichtshof entschieden,[36] dass bei einer im geschäftlichen Verkehr benutzten Domain eine prioritätsbegründende Benutzung nur bei einer aktiven Homepage vorliegt, auf der Waren/Dienstleistungen angeboten werden. Wird die Domain als Titel geschützt, so genügt eine „weitgehende Fertigstellung",[37] da bereits dann festgestellt werden kann, welche Waren/Dienstleistungen gekennzeichnet werden sollen (zur Titelschutzfähigkeit von Homepages s. o. Rn. 7). An einer prioritätsbegründenden Benutzung kann es fehlen, wenn der Zugriff auf die Website nur einem *beschränkten Personenkreis* möglich ist, da dann die Benutzung im geschäftlichen Verkehr fehlt.[38] Die Benutzungsaufnahme muss im Inland oder – im Hinblick auf den globalen Zugriff auf eine Homepage – mit *Inlandsbezug* erfolgen. Die Frage des Inlandsbezugs ist nach den gleichen Maßstäben zu behandeln wie die Frage der verletzenden Benutzung im Inland.[39]

7. Übertragbarkeit und Pfändbarkeit der Domain

14 Nach dem jetzigen Stand der Diskussion ist die *freie Übertragbarkeit* der mit der benutzten Domain verbundenen Kennzeichenrechte als Immaterialgut ein ungelöstes Problem. Bei einem Schutz nach § 12 BGB ist zu beachten, dass das Recht am Namen nach § 12 BGB nicht übertragbar ist. Bei einem Schutz als besondere Geschäftsbezeichnung ist § 23 HGB zu beachten, wobei die Vorschrift nach ihrem Wortlaut nur auf die vollständige handelsrechtliche Firma anwendbar ist (s. § 5 Rn. 43). Für Titelrechte ist ebenfalls umstritten, ob diese frei übertragbar sind (s. § 5 Rn. 66). Die gegenüber der Vergabestelle bestehende schuldrechtliche Benutzungsbefugnis (s. Rn. 1) mag nach den vertraglichen Regelungen übertragbar sein, sie ist aber mit dem durch Benutzung entstehenden Unternehmenskennzeichenrecht gerade nicht identisch (s. Rn. 2).

---

35 Vgl. OLG München, CR 1999, 778 – tnet; LG München I, GRUR 2000, 800 – fnet.de; LG Frankfurt, CR 1999, 190 – warez.de.
36 BGH, WRP 2009, 1533 Tz. 40 = GRUR 2009, 1055 – airdsl; GRUR 2009, 685 Tz. 30 – ahd.de.
37 BGH, WRP 2009, 1533 Tz. 41 = GRUR 2009, 1055 – airdsl.
38 BGH, WRP 2008, 1520 Tz. 31 = GRUR 2008, 1099 – afilias.de.
39 OLG Hamburg, GRUR–RR 2005, 381 – abebooks; vgl. a. OLG München, GRUR–RR 2005, 375 – 800-FLOWERS; s. u. Rn. 28.

Zur *Pfändbarkeit* wurden von der Instanzrechtsprechung unterschiedliche Auffassungen   **15** vertreten.[40] Der BGH hat nun entschieden, dass die Domain als solche zwar kein Vermögensrecht ist, Gegenstand einer zulässigen Pfändung und Verwertung nach §§ 857 Abs. 1, 844 Abs. 1 ZPO aber die Gesamtheit der schuldrechtlichen Ansprüche gegenüber der Vergabestelle sei.[41] Über die Pfändbarkeit des Immaterialgüterrechts/Kennzeichenrechts wurde dort nicht entschieden.

III. Verletzung älterer Rechte durch jüngere Domains

1. Allgemeines

Da eine benutzte Domain Kennzeichnungsfunktion hat (s. o. Rn. 2), kann sie entsprechend   **16** den allgemeinen Regeln in ein älteres Unternehmenskennzeichen, in eine ältere Marke, einen älteren Titel und ein älteres Namensrecht sowie in eine ältere Domain eingreifen. Durch eine jüngere Domain kann also zum einen ein älteres *Namensrecht* verletzt werden.[42] Zum anderen kann eine jüngere Domain in eine ältere *Firma oder Marke* eingreifen.[43] Weiterhin kann eine jüngere Domain eine *ältere Domain* verletzen, wenn diese benutzt wird, denn hierbei handelt es sich um die Verletzung einer besonderen Geschäftsbezeichnung oder eines Titelschutzrechts, soweit der Inhaber der Domain diese im geschäftlichen Verkehr benutzt oder um die Verletzung eines Namensrechts im Fall der nur privat genutzten Domain (s. o. Rn. 7 u. 8). Schließlich kann die jüngere Domain in ein älteres *Titelschutzrecht* eingreifen. Zur Verletzung einer geografischen Herkunftsangabe durch eine Domain s. OLG München[44] sowie § 128 Rn. 2.

2. Passivlegitimation und Verletzungshandlung

Die Fragen der Passivlegitimation stehen im Zusammenhang mit der Rechtsprechung des   **17** I. Zivilsenats zur Täter-/Teilnehmerhaftung einerseits und zur Störerhaftung andererseits: Die Haftung als *Mittäter/Teilnehmer* setzt entsprechend § 830 Abs. 1 S. 1 BGB bewusstes und gewolltes Zusammenwirken voraus;[45] eine Haftung als Teilnehmer scheidet daher regelmäßig aus, wenn der in Anspruch genommene keine Kenntnis von der Haupttat hat.[46] Bei der Verletzung von absoluten Rechten wie z. B. auch Kennzeichenrechten wendet der I. Zivilsenat (weiterhin) die *Störerhaftung* an.[47] Danach haftet als Störer – ohne Täter oder

---

40 Vgl. LG Essen, CR 2000, 247; LG Düsseldorf, CR 2001, 468; LG München I, CR 2000, 620 u. CR 2001, 342.
41 BGH, WRP 2006, 107 = GRUR 2005, 969 – Domain-Pfändung.
42 BGH, WRP 2002, 694 = GRUR 2002, 622 – shell.de; OLG Hamm, CR 1998, 241 – krupp.de; OLG München, GRUR 2000, 519 – rolls-royce.de.
43 Vgl. OLG München, CR 1998, 559 – freundin.de; OLG Stuttgart, CR 1998, 621 – steiff.de.
44 OLG München, GRUR-RR 2002, 17 – champagner.de.
45 BGH, WRP 2009, 730 Tz. 19 = GRUR 2009, 597 – Halzband.
46 BGH, WRP 2007, 1173 Tz. 14 = GRUR 2007, 890 – Jugendgefährdende Medien bei eBay; BGH, WRP 2007, 964 Tz. 31 = GRUR 2007, 708 – Internet-Versteigerung II.
47 BGH, WRP 2008, 1104 Tz. 50 = GRUR 2008, 702 – Internet-Versteigerung III; WRP 2008, 1517 Tz. 16 = GRUR 2008, 1097 – Namensklau im Internet; BGH, WRP 2010, 912 Tz. 19 = GRUR 2010, 633 – Der Sommer unseres Lebens.

Teilnehmer zu sein – derjenige, der unter Verstoß gegen Prüfpflichten eine Ursache für die Schutzrechtsverletzung gesetzt hat.[48] Für die Benutzung von Domains lässt sich daraus ableiten: Geklärt ist, dass grundsätzlich der *Inhaber*[49] der Domain passivlegitimiert ist. Passivlegitimiert ist bei entsprechendem Nachweis auch der *tatsächliche Benutzer*, der nicht Inhaber ist.[50] Die *Vergabestelle* für Domains ist i. d. R. nicht passivlegitimiert, es sei denn, die Rechtsverletzung wäre auch ohne Recherche/Nachforschungen offenkundig, da bei einer Erstregistrierung keine Prüfungspflicht besteht.[51] Dies gilt auch, wenn der Markeninhaber auf seine Marke hingewiesen hat.[52] Gleiches gilt für den Admin-C: Auch dieser hat grundsätzlich keine Prüfungspflicht.[53]

18   Die für eine aktive Homepage *benutzte jüngere Domain* stellt aufgrund der Kennzeichenfunktion einer Domain (s. o. Rn. 2) eine Verletzungshandlung dar, die nach allgemeinen Regeln zu prüfen ist.[54] Probleme wirft die nicht benutzte Domain auf: Die frühere Instanzrechtsprechung hatte die *bloße Registrierung* oder *Konnektierung* (Baustellenschild) einer Domain unter dem Gesichtspunkt der *Erstbegehungsgefahr* als Verletzungshandlung zu qualifizieren versucht.[55] Eine Verletzungshandlung unter dem Gesichtspunkt der Erstbegehungsgefahr setzt voraus, dass sich die zukünftige Verletzungshandlung (im Wege der Prognose) bestimmen lässt, d. h. aufgrund konkreter Hinweise Feststellungen dazu getroffen werden können, für welche Waren/Dienstleistungen die Domain eingesetzt werden soll. Dies ist bei einer lediglich registrierten/konnektierten Domain regelmäßig problematisch bis fraglich.[56]

19   Mit der Rechtsprechung des *Bundesgerichtshofes* wird man wie folgt differenzieren können: Kann der Inhaber der älteren Kennzeichenrechte – ausnahmsweise – (s. Rn. 7 u. 21) aus *§ 12 BGB* vorgehen, so liegt bereits in der Registrierung der jüngeren Domain eine Namensverletzung durch Namensanmaßung vor, die unabhängig von Branchennähe oder Warenähnlichkeit zu prüfen ist.[57]

20   Werden die geltend gemachten Ansprüche auf *ältere Markenrechte* oder *ältere Unternehmenskennzeichen* gestützt, so liegt in der bloßen Registrierung oder Konnektierung keine

48 BGH, WRP 2002, 532 = GRUR 2002, 618 – Meißner Dekor; WRP 2008, 1104 Tz. 50 = GRUR 2008, 702 – Internet-Versteigerung III; WRP 2010, 912 Tz. 19 = GRUR 2010, 633 – Der Sommer unseres Lebens.
49 Vgl. BGH, WRP 2007, 1207 = GRUR 2007, 811 – grundke.de.
50 BGH, WRP 2002, 691 = GRUR 2002, 706 – vossius.de.
51 BGH, WRP 2001, 1305 = GRUR 2001, 1038 – ambiente.de; OLG Hamburg, GRUR-RR 2003, 332 – nimm2.com.
52 OLG Frankfurt, GRUR-RR 2003, 607 – viagra-tip.de.
53 BGH, BeckRS 2011, 25856 Tz. 48 ff. – Basler Haarkosmetik; OLG Hamburg, WRP 2005, 758 = GRUR-RR 2005, 209 – Rammstein; *Ingerl/Rohnke*, nach § 15 Rn. 222.
54 BGH, WRP 2009, 1533 Tz. 49 = GRUR 2009, 1055 – airdsl; BGH, WRP 2005, 493 = GRUR 2005, 431 – Hotel Maritime.
55 Vgl. OLG Hamburg CR 2002, 217 – veltins.com; OLG Hamburg GRUR-RR 2002, 226 – Berlin Location; OLG Stuttgart CR 1998, 621 – steiff.com; OLG Karlsruhe Mitt. 2002, 144 – dino.de; OLG Köln WRP 2002, 244 – lotto-privat.de.
56 BGH, WRP 2008, 1353 Tz. 17 = GRUR 2008, 912 – Metrosex; vgl. auch BGH, WRP 2009, 616 Tz. 64 = GRUR 2009, 484 – Metrobus.
57 BGH, WRP 2005, 489 – mho.de; WRP 2003, 1215 = GRUR 2003, 897 – maxem.de; WRP 2002, 694 = GRUR 2002, 622 – shell.de.

Verletzungshandlung,[58] es sei denn, es kann – ausnahmsweise – mit den Grundsätzen der Erstbegehungsgefahr geholfen werden (s. o. Rn. 18). Diese Schutzlücke kann einmal mittels § 4 UWG (s. Rn. 24) geschlossen werden. Nunmehr gibt die Rechtsprechung des BGH auch bei „nur" registrierten oder konnektierten Domains einen Löschungsanspruch nach § 12 BGB (s. Rn. 21 ff.).

3. Namensrechtliche Ansprüche

Die Verletzung von *Namensrechten nach § 12 BGB* setzt eine Namensleugnung oder Namensanmaßung voraus.[59] Nach der Rechtsprechung des BGH liegt bei der Benutzung einer Domain allerdings keine Namensleugnung, sondern eine Namensanmaßung vor. Eine Namensanmaßung verlangt, dass der Verletzer einen gleichen oder ähnlichen Namen benutzt, wodurch eine Zuordnungsverwirrung ausgelöst und ein schutzwürdiges Interesse des Namensträgers verletzt wird. Im Fall der Verwendung eines Namens als Internetadresse liegen diese Voraussetzungen im Allgemeinen vor[60] und zwar auch bei der nur registrierten oder nur konnektierten Domains.[61] Demgegenüber kann aus Kennzeichenrechten gegen eine nur registrierte oder konnektierte Domain i. d. R. nicht vorgegangen werden (s. Rn. 19). **21**

Zu beachten ist in diesem Zusammenhang, dass der zeichenrechtliche Schutz nach §§ 5, 15 MarkenG in seinem Anwendungsbereich dem Namensschutz nach § 12 an sich vorgeht. Ein Schutz von Unternehmenskennzeichen nach § 12 BGB kommt bei einem Handeln beider Parteien im geschäftlichen Bereich somit grundsätzlich nicht in Betracht (Vorrang des Schutzes nach §§ 5, 15). § 12 BGB ist einmal anwendbar, wenn der Verletzer nicht im geschäftlichen Verkehr handelt;[62] in einem solchen Fall kann der gewerblich tätige Kläger seine Ansprüche also auf seine Firma (= Name des Kaufmanns, § 17 HGB) stützen und nach § 12 BGB vorgehen, also auch gegen eine Domain für eine nicht aktive Homepage. Hiervon soll nach der Rechtsprechung des BGH eine Ausnahme gelten, wenn der Inhaber außerhalb der Branche des Klägers, mithin außerhalb des Schutzbereichs des klägerischen Unternehmenskennzeichens i. S. v. § 15 handelt; hier soll der Kläger seine Ansprüche dann auf § 12 BGB (Firma als Name des Kaufmanns) stützen können.[63] Weiterhin gibt die Rechtsprechung des BGH einen auf § 12 BGB gestützten Löschungsanspruch auch dann, wenn firmen- und markenrechtliche Ansprüche mangels Verletzungshandlung auf der kennzeichenrechtlichen Ebene (Rn. 20) gerade nicht möglich sind.[64] **22**

---

58 BGH, WRP 2009, 616 Tz. 64 = GRUR 2009, 484 – Metrobus; WRP 2008, 1353 Tz. 16 = GRUR 2008, 912 – Metrosex; WRP 2005, 893 = GRUR 2005, 689 – weltonline.de.

59 Vgl. OLG Hamm, CR 1998, 241 – krupp.de; OLG München, GRUR 2000, 511 – rolls-royce.de.

60 BGH, WRP 2002, 694 = GRUR 2002, 622 – shell.de; GRUR 2008, 1099 Tz. 19 – afilias.de; WRP 2003, 1215 = GRUR 2003, 897 – maxem.de.

61 BGH, BeckRS 2011, 25856 Tz. 32 ff. – Basler Haarkosmetik.

62 BGH, WRP 2002, 694 = GRUR 2002, 622 – shell.de; WRP 2002, 691 = GRUR 2002, 706 – vossius.de; WRP 2005, 489 – mho.de.

63 BGH, GRUR 2008, 1099 Tz. 10 – afilias.de; GRUR 2005, 440 – mho.de.

64 BGH, BeckRS 2011, 25856 Tz. 32 ff. – Basler Haarkosmetik.

4. Kennzeichenrechtliche Ansprüche – Prüfung auf Verwechslungsgefahr

23   Die Prüfung auf Verwechslungsgefahr/Warenähnlichkeit/Branchennähe bei der Verletzung eines *älteren Kennzeichenrechts* durch eine jüngere Domain folgt allgemeinen Regeln. Es gibt keine Sonderrechtsprechung zur Verwechslungsgefahr im Internet.[65] Bei der Prüfung der Verwechslungsgefahr bleibt die Top-Level-Domain als Bestandteil der jüngeren Domains außer Betracht.[66] Damit die Prüfung auf Verwechslungsgefahr vorgenommen werden kann, müssen die zur Beurteilung der Warenähnlichkeit/Branchennähe notwendigen Tatsachen festgestellt werden, insbesondere also, für welche Waren/Dienstleistungen die angegriffene Domain benutzt wird (Wiederholungsgefahr) oder benutzt werden soll (Erstbegehungsgefahr).[67]

5. Ergänzende Ansprüche aus UWG und BGB

24   Besondere Schwierigkeiten ergeben sich, wenn die erforderliche Prüfung auf Warenähnlichkeit im Fall der älteren Marke nicht möglich ist, weil nicht bekannt ist, wofür die jüngere Domain benutzt werden soll, so bei lediglich registrierten oder nur konnektierten Domains (Rn. 19). Hier werden in der Rechtsprechung Ansprüche aus § 4 UWG und § 826 BGB diskutiert. Diese ergänzenden Anspruchsgrundlagen sind z.B. auch dann zu prüfen, wenn Ansprüche aus älteren Marken gegen eine Domain für eine aktive Homepage an der (fehlenden) Warenähnlichkeit scheitern. Die Rechtsprechung arbeitet hier einmal mit dem Gesichtspunkt des unzulässigen *Behinderungswettbewerbs* nach § 4 UWG.[68] Auch soweit die Rechtsprechung davon ausgeht, dass wettbewerbsrechtliche Anspruchsgrundlagen im Anwendungsbereich des MarkenG ausgeschlossen sind,[69] kann das UWG angewandt werden, soweit es sich gegen ein Verhalten richtet, das gerade nicht im MarkenG geregelt ist.[70] Daher hält auch der BGH § 4 UWG für die Fälle des Behinderungswettbewerbs mittels Domains für anwendbar.[71] Die Stellung als Mitbewerber gem. § 2 Abs. 1 Nr. 3 UWG ergibt sich bereits aus der „Konkurrenz" um den Domain-Namen.[72] Besonders kritisch ist hier der

---

65 KG, GRUR-RR 2002, 180 – checkin.com; OLG München, MMR 2000, 101 – vossius.de; OLG Hamburg, WRP 2001, 717 – startup.de; OLG Hamburg, GRUR 2001, 832 – 1001buecher.de; OLG Hamburg, GRUR-RR 2002, 256 – 24 translate.

66 OLG Stuttgart, CR 1998, 621 – steiff.de; OLG München, GRUR 2000, 518 – buecherde.com; OLG Hamburg, GRUR 2001, 832 – 1001buecher.de.

67 OLG Karlsruhe, GRUR-RR, 2002, 138 – dino.de; OLG Hamburg, CR 2002, 833 – siehan.de; OLG Hamburg, GRUR-RR 2004, 77 – schuhmarkt.de; OLG Düsseldorf, GRUR-RR 2003, 80 – exes.de; KG, CR 2004, 135 – bandit.de; OLG Hamburg, MR 2004, 187 – holzmann-bauberatung.de.

68 Vgl. LG Düsseldorf, GRUR 1998, 159 – epson.de; OLG Dresden, CR 1999, 589 – cyberspace.de; OLG München, GRUR 2000, 518 – buecherde.com; OLG Karlsruhe, WRP 1998, 900 – zwilling.de; OLG Frankfurt, MMR 2001, 532 – praline-tv.de; a.A. OLG Frankfurt, WRP 2000, 772 – alcon.de; OLG München, Mitt. 2000, 512 – teambus.de; OLG Karlsruhe, GRUR-RR 2002, 138 – dino.de.

69 Vgl. BGH, WRP 1998, 1181 = GRUR 1999, 161 – MAC DOG.

70 BGH, WRP 2009, 803 Tz. 38 = GRUR 2009, 685 – ahd.de; WRP 2008, 1196 Tz. 26 = GRUR 2008, 793 – Rillenkoffer.

71 BGH, WRP 2005, 612 – Literaturhaus.

72 BGH, WRP 2009, 803 Tz. 40 = GRUR 2009, 685 – ahd.de.

Fall, dass dem Inhaber einer älteren Marke, der mangels Warenähnlichkeit nicht vorgehen kann, der Zugang zu einem Top-Level unter seinem Kennzeichen durch eine jüngere identische Domain versperrt wird. Ohne weitere Unlauterkeitsmomente kann die Tatsache der „Sperrung" eines Levels durch eine jüngere Domain nicht ausreichen, um einen Anspruch aus § 4 UWG zu begründen;[73] diese „Sperrwirkung" beruht nämlich auf dem Umstand, dass pro Level nur eine identische Domain/alphanumerische Adresse eingerichtet werden kann (s. Rn. 1). Die Lösung erfolgt hier vielmehr über das Recht der Gleichnamigen im Internet (s. u. Rn. 25). Der Bundesgerichtshof billigt einen Anspruch aus § 4 UWG bei der Registrierung mehrerer, mit dem älteren Kennzeichen jeweils im Kern identischer Domains.[74] Ein Anspruch besteht weiterhin, wenn von Dritten benutzte Kennzeichen ohne wirklichen Benutzungswillen zum Zwecke des Weiterverkaufs als Domain registriert werden.[75] Ein Indiz für den Behinderungstatbestand ist es, wenn eine Vielzahl von fremden Kennzeichen ohne ersichtlichen sachlichen Grund als Domain registriert wird,[76] wobei allerdings zu beachten ist, dass der Domainhandel als solcher nicht rechtswidrig ist.[77] Fallweise wendet die Rechtsprechung auch *§ 826 BGB* an.[78] Dies sollte nur in klaren Fällen des Domain-Grabbing geschehen; der BGH hält einen solchen Anspruch jedoch nicht für ausgeschlossen.[79]

6. Recht der Gleichnamigen im Internet

In den „alten" Medien können identische Kennzeichen jederzeit parallel benutzt werden, ohne dass sie sich auf einer kommunikativen Ebene gegenseitig stören. Etwas anderes gilt im Internet, da dort rein faktisch – pro Level – nur eine identische Kennzeichnung benutzt werden kann. Dies gilt auch für den Fall, dass die Inhaber zwei identischer Kennzeichen diese im Verhältnis zueinander befugt benutzen („shell" als Firma/Name eines Mineralölkonzerns und eines Privatmannes). Daher hat die Rechtsprechung ein den Erfordernissen des Internet angepasstes Recht der Gleichnamigen entwickelt.[80] Dieses internetspezifische Recht der Gleichnamigen gilt – abweichend vom herkömmlichen Recht der Gleichnamigen – nicht nur für Träger des identischen bürgerlichen Namens, sondern für alle Kennzeichen, die Unternehmen oder private Kennzeicheninhaber im Verhältnis zueinander befugt führen.[81] Danach gilt: **25**

Sind mehrere Unternehmen/Kennzeicheninhaber im Verhältnis zueinander berechtigt, ein Zeichen zu führen, so kommen sie sämtlich als Inhaber eines unter Verwendung des Zei- **26**

73 Vgl. BGH, WRP 2009, 803 Tz. 41 = GRUR 2009, 685 – ahd.de.
74 BGH, WRP 2005, 614 – Literaturhaus.
75 BGH, WRP 2009, 803 Tz. 43 = GRUR 2009, 685 – ahd.de; WRP 2008, 1520 Tz. 33 = GRUR 2008, 1099 – afilias.de.
76 Vgl. OLG Karlsruhe, WRP 1998, 900 – zwilling.de.
77 *Ingerl/Rohnke*, nach § 15 Rn. 172.
78 OLG Frankfurt, MMR 2001, 696 – weltwunder.de; OLG Frankfurt, WRP 2000, 645 – weide glueck.de; OLG München, GRUR 2000, 518 – buecherde.com; a.A. OLG München, Mitt. 2000, 512 – teambus.de.
79 BGH, WRP 2005, 893 – weltonline.de.
80 BGH, WRP 2002, 694 = GRUR 2002, 622 – shell.de.
81 Vgl. BGH, WRP 2002, 1066 = GRUR 2002, 898 – defacto; OLG Hamburg, GRUR-RR 2004, 78 – holzmann-bauberatung.de.

chens gebildeten Domain-Namens in Betracht.[82] Für die Registrierung und Nutzung von Domains gilt in einem solchen Fall das *Prioritätsprinzip* als eine einfach zu handhabende Grundregel.[83] Die Registrierung und Nutzung einer Domain darf nicht zu einer Änderung der kennzeichenrechtlichen *Gleichgewichtslage* zwischen den beteiligten Unternehmen/ Kennzeicheninhabern führen; allerdings führt die Benutzung einer bundes-/weltweit abrufbaren Domain durch ein Unternehmen, das sich auf einen bestimmten räumlichen Wirkungskreis beschränkt hat, noch nicht zu einer räumlichen Aufweitung des Tätigkeitsbereichs und damit einer Störung der Gleichgewichtslage;[84] eine Störung der Gleichgewichtslage tritt allerdings ein, wenn bei gleichnamigen Unternehmen in der nämlichen Branche aber mit verschiedenen Standorten eines der Unternehmen das Unternehmenskennzeichen als Domain benutzt.[85] Für den Fall, dass das Interesse eines „Gleichnamigen" an der unveränderten Benutzung seines Namens als Internetadresse deutlich überwiegt, trifft den anderen „Gleichnamigen" ein *Gebot der Rücksichtnahme*. Bei dieser Interessenabwägung sind Bekanntheit, Dauer der Verwendung, Benutzungsart (geschäftlich/privat) etc. der Kennzeichen gegeneinander abzuwägen. Dieses Gebot der Rücksichtnahme kann dazu führen, dass der jüngeren Domain ein individualisierender Zusatz (als Bestandteil der Domain) hinzugefügt werden muss[86] oder unter Beibehaltung der Domain ein aufklärender Hinweis auf der ersten Internetseite aufgenommen werden muss.[87]

7. Rechtsfolgen

27 Die Ansprüche bei der Verletzung eines älteren Rechts folgen den allgemeinen Regeln. Der *Unterlassungsanspruch* ist darauf gerichtet, die Domain in ihrer konkreten Schreibweise und für konkret bezeichnete Waren/Dienstleistungen nicht weiter zu benutzen.[88] Der *Beseitigungsanspruch* ist darauf gerichtet, dass der Inhaber der rechtsverletzenden Domain gegenüber der Registrierungsstelle auf die Domain verzichtet.[89] Ein solcher Löschungsanspruch besteht, wenn der Kläger aus einem *Namensrecht nach § 12 BGB* vorgehen kann, denn dann stellt bereits die Registrierung eine Namensverletzung dar (vgl. oben Rn. 19).[90] Geht der Kläger aus einer *Marke* oder aus einem *Unternehmenskennzeichen* vor, so setzt ein kennzeichenrechtlicher Beseitigungs-/Verzichtsanspruch voraus, dass schon in der bloßen Registrierung eine Rechtsverletzung liegt, d.h. eine Verletzungshandlung gegeben ist.[91]

---

82 BHG, WRP 2002, 694 = GRUR 2002, 622 – shell.de; WRP 2002, 691 = GRUR 2002, 703 – vossius.de; WRP 2002, 1066 = GRUR 2002, 898 – defacto; WRP 2006, 90 = GRUR 2006, 158 – segnitz.de.

83 BGH, WRP 2002, 694 = GRUR 2002, 622 – shell.de; WRP 2002, 691 = GRUR 2002, 703 – vossius.de; GRUR 2005, 430 – mho.de.

84 BGH, WRP 2006, 238 = MarkenR 2006, 26 – hufeland.de.

85 BGH, WRP 2010, 880 Tz. 24, 25 = GRUR 2010, 738 – Peek & Cloppenburg I.

86 BGH, WRP 2002, 694 = GRUR 2002, 622 – shell.de.

87 BGH, WRP 2002, 691 = GRUR 2002, 706 – vossius.de; WRP 2010, 880 Tz. 31 = GRUR 2010, 738 – Peek & Cloppenburg I.

88 OLG Düsseldorf, WRP 1999, 343 – ufa.de.

89 BGH, WRP 2007, 76 Tz. 25 = GRUR 2007, 259 – solingen-info; WRP 2002, 694 = GRUR 2002, 622 – shell.de; OLG Düsseldorf, WRP 1999, 343 – ufa.de.

90 BGH, WRP 2002, 694 = GRUR 2002, 622 – shell.de.

91 BGH, WRP 2009, 803 Tz. 36 = GRUR 2009, 685 – ahd.de; WRP 2007, 1193 Tz. 13, 31 = GRUR 2007, 888 – Euro Telekom.

Gruber

Eine Verletzungshandlung wird bei Ansprüchen aus Marken und Unternehmenskennzeichen i. d. R. nicht vorliegen (s. Rn. 20). In diesen Fällen gibt die Rechtsprechung des BGH nunmehr dem Marken- oder Firmeninhaber einen Beseitigungs-/Verzichtsanspruch nach § 12 BGB.[92] Wird ein Anspruch aus *§ 4 UWG* (s. Rn. 22) geltend gemacht, so kommt ein *Verzichtsanspruch als Schadensersatzanspruch* in Betracht.[93] Die Instanzrechtsprechung[94] hatte vertreten, dass ein Anspruch auf *Übertragung* der jüngeren Internet-Domain besteht. Damit sollte dem Kläger die „Priorität" der verletzenden Domain gesichert werden, da bei einer bloßen Löschung der jüngeren Domain die Gefahr bestand, dass die nunmehr frei gewordene Domain an einen Dritten vergeben wird, der bei der Vergabestelle bereits deren Zuteilung beantragt hatte. Dieser Anspruch auf Übertragung der Domain ist vom BGH[95] abgelehnt worden. Den gleichen Effekt erreicht man auch über einen *Dispute-Antrag* beim DEN-IC. Einen Anspruch auf *generelle Sperrung* eines Namens zur Verwendung in einer Domain hat die Rechtsprechung abgelehnt, da nicht vorhergesehen werden könne, ob potenzielle Inhaber der Domain nicht bessere Rechte hätten.[96]

8. Anwendbares Recht und Zuständigkeit

Nach dem internationalen Privatrecht des Immaterialgüterrechts (Art. 8 Rom II-VO, früher: Art. 40 EGBGB) bestimmt sich das *anwendbare materielle Recht* nach der älteren Entscheidungspraxis entweder nach dem Recht des Handlungsorts oder nach dem Recht des Erfolgsorts, wobei der Geschädigte die Wahl hat. Im Wettbewerbsrecht wird der Erfolgsort als Ort der wettbewerblichen Interessenkollision aufgefasst.[97] Wendet man diese Regel unbesehen auf das für Internet-Domains anwendbare Recht an, so liegt der Erfolgsort überall dort, wo die Homepage aufgerufen werden kann.[98] Da eine Homepage „weltweit" aufrufbar ist, hätte sie einen weltweiten Einzugsbereich für die dort angebotenen Waren/Dienstleistungen und es käme so zu einer Kumulierung der anwendbaren Rechte.   **28**

Daher stellt die Rechtsprechung für die *Anwendung deutschen Rechts* darauf ab, ob der Inhalt der Homepage einen *wirtschaftlich relevanten Inlandsbezug* aufweist. Hier sind zu prüfen: Art der beworbenen Waren, benutzte Sprache, Bestell- und ggf. Versandmöglichkeiten, wirtschaftliche Auswirkungen auf die Rechtsposition des Klägers im Inland im relevanten Umfang.[99] Analoge Fragestellungen ergeben sich bei verletzenden Angeboten im Internet zum grenzüberschreitenden Schutz von Urheberrechten[100] und geographischen Herkunftsangaben.[101]   **29**

---

92 BGH, BeckRS 2011, 25856 Tz. 36 ff. – Basler Haarkosmetik; im Ergebnis ebenso Vorauflage.

93 BHG, WRP 2005, 614 = GRUR 2005, 517 – Literaturhaus; WRP 2009, 803 Tz. 39 = GRUR 2009, 685 – ahd.de.

94 OLG München, WRP 1999, 955 = CR 1999, 382 – shell.de.

95 WRP 2002, 694 = GRUR 2002, 622 – shell.de.

96 BGH, WRP 2004, 769 = GRUR 2004, 619 – kurt-biedenkopf.de.

97 BGH, GRUR 1964, 316 – Stahlexport; BGH, WRP 1971, 26 = GRUR 1971, 1543 – Tampax; BGH, WRP 1982, 463 = GRUR 1982, 495 – Domgarten-Brand.

98 Vgl. KG, NJW 1997, 3321 – concertconcept.de; LG Düsseldorf, GRUR 1998, 159 – epson.de.

99 BGH, WRP 2005, 493 – Hotel Maritime; vgl. a. LG Hamburg, CR 1999, 785 – animalplanet.de; OLG Frankfurt, CR 1999, 450; OLG Bremen, CR 2000, 770; KG, GRUR Int. 2002, 448 – Knoblauchkapseln.

100 BGH, GRUR Int. 2007, 928 – Wagenfeld-Leuchte.

101 BGH, GRUR 2007, 67 – Pietra di Soln.

30 Die *internationale Zuständigkeit* ist sowohl am Handlungsort als auch am Erfolgsort gegeben.[102] Auf der Ebene des nationalen Verfahrensrechts ergibt sich die Zuständigkeit aus § 32 ZPO (Gerichtsstand der unerlaubten Handlung). Zu beachten ist, dass Art. 5 Nr. 3 EuGVÜ durch den inhaltlich gleich laufenden Art. 5 Nr. 3 der EG-Verordnung 44/2001 ersetzt worden ist. Die internationale Zuständigkeit ist unabhängig von der Frage der Anwendbarkeit des materiellen Rechts zu prüfen. Für die internationale Zuständigkeit genügt es, wenn nach dem Vortrag des Klägers eine Verletzungshandlung im Inland behauptet wird und diese nicht von vornherein ausgeschlossen ist.[103] Ein deutsches Gericht kann also seine internationale Zuständigkeit bejahen und dennoch die Anwendung deutschen Rechts – und damit eine Verletzung im Inland – ablehnen.

31 Für den *nationalen, fliegenden Gerichtsstand* der unerlaubten Handlung (§ 32 ZPO) ist Folgendes zu beachten: Der Bundesgerichtshof hat entschieden, dass ein Unternehmen, das sich auf einen räumlich beschränkten Wirkungskreis beschränkt hat, nicht dadurch bundesweit tätig wird, dass es eine Homepage zum Angebot seiner Waren/Dienstleistungen benutzt.[104] Allein aus der Benutzung einer Homepage kann also ein bundesweiter Gerichtsstand bei einem nur regional tätigen Unternehmen nicht abgeleitet werden.

9. Grundzüge der Streitschlichtungsverfahrens

32 Um den Rechtsschutz gegenüber einer „missbräuchlichen" Registrierung oder Verwendung von Domains, insbesondere auf einer internationalen Ebene, zu vereinfachen, wurden u. a. bei der WIPO selbstständige Verfahren eingerichtet, die einem Schiedsverfahren nahe kommen. Grundlage sind die von den (bei der ICANN akkreditierten) Vergabestellen vorgesehenen privatrechtlichen Schlichtungsregeln. Diesen *Schlichtungsregeln* unterwirft sich jeder Domain-Inhaber mit dem *Registrierungsvertrag* bei der jeweiligen Vergabestelle.[105] Grundlage des Schiedsverfahrens für generische Top-Level-Domains wie .com, .org, .net, .biz, .info, und .name sowie einige landesspezifische Top-Level-Domains (nicht jedoch Deutschland) ist die sog. Uniform Domain Name Dispute Resolution Policy (UDRP-Policy). Für Länder-Top-Level-Domains gelten die Schiedsregeln der UDRP-Policy nicht automatisch, sondern nur für diejenigen Länder, in denen sich die jeweilige Vergabestelle freiwillig der UDRP-Policy unterworfen hat. Die UDRP-Policy wird ihrerseits ergänzt durch die UDRP-Rules. Die WIPO hat ihrerseits, insbesondere für die Verfahren, sog. Supplemental Rules erlassen.

33 Nach Art. 4 (a) UDRP kann der Antrag nur auf eine *Marke* gestützt werden. Der Begriff wird von den WIPO-Schiedsgerichten weit ausgelegt. Daher können auch nicht registrierte Markenrechte wie Benutzungsmarken hierunter fallen. Allerdings soll dies nicht gelten für Unternehmenskennzeichen (weiterführende Hinweise/Entscheidungen auf der Homepage der WIPO unter arbiter.wipo.int/domain). Nach Art. 4 (i) UDRP kann der Antragsteller die *Löschung* oder die *Übertragung* des als verletzend angegriffenen Domain-Namens auf sich beantragen; Ansprüche auf Schadensersatz, Unterlassung etc. können nicht geltend ge-

---

102 Vgl. BGH, NJW 1996, 1413; NJW 1987, 592.

103 BGH, WRP 2005, 493 – Hotel Maritime; s. a. BGH, GRUR 2010, 461 – The New York Times für das Persönlichkeitsrecht.

104 BGH, WRP 2005, 338 = GRUR 2005, 262 – soco.de; BGH, WRP 2006, 238 = MarkenR 2006, 26 – hufeland.de.

105 Weiter führende Hinweise auf der Homepage der WIPO unter arbiter.wipo. int/domain.

macht werden. Nach Art. 4 (a) UDRP sind folgende *Voraussetzungen* kumulativ erforderlich: (1) Der Domain-Name ist identisch oder verwechslungsfähig, und (2) der Domain-Inhaber hat kein Recht oder legitimes Interesse an der Nutzung des Domain-Namens, und (3) die Domain-Registrierung *und* die Benutzung durch den Domain-Inhaber erfolgen bösgläubig. Der Begriff der Bösgläubigkeit wird in Art. 4 (b) UDRP konkretisiert. Die Entscheidungen der WIPO-Schiedsgerichte hierzu sind von den Einzelfallumständen geprägt. Insbesondere wird z.B. vertreten, dass eine bösgläubige Benutzung auch bei lediglich registrierten Domains vorliegen könne (weiterführende Hinweise auf der Homepage der WIPO unter arbiter.wipo.int/domain; auch dort durch Abdrucke der Entscheidungen).

Das *Verfahren* unterliegt keinem Anwaltszwang. Es wird in schriftlicher oder elektroni **34** scher Form ohne mündliche Verhandlung geführt. Im Regelfall entscheidet ein Schiedsrichter, die Parteien können jedoch auch beantragen, dass ein dreiköpfiges Schiedsgericht entscheidet. Während des Verfahrens kann die Domain nicht übertragen werden. Es gilt auch für einen Zeitraum von 15 Tagen nach Beendigung des Verfahrens. Der Provider/Vergabestelle löscht oder überträgt die Domain, sobald ihm die Entscheidung vorgelegt wird (Art. 3 (c) UDRP). Damit wird eine förmliche Zwangsvollstreckung (ggf. im Ausland) überflüssig. Durch das Verfahren vor der WIPO wird ein Verfahren vor den ordentlichen Gerichten nicht ausgeschlossen. Das Verfahren vor den ordentlichen Gerichten kann vor, parallel und nach dem Verfahren bei der WIPO geführt werden. Wird 10 Tage nach der Entscheidung des Schiedsgerichts eine Klage vor den ordentlichen Gerichten anhängig gemacht, so wird die Entscheidung des WIPO-Schiedsgerichtes nicht vollzogen (Art. 4 (k) UDRP).

Für die Top-Level-Domain .eu sieht die Verordnung (EG) Nr. 874/204 ein alternatives **35** Streitschlichtungsverfahren vor. Voraussetzung ist, dass eine .eu-Domain spekulativ oder missbräuchlich ist, Art. 21 VO. Rechtsfolge ist der Widerruf oder nach Wahl des Antragsstellers die Übertragung der Domain. Die Verfahrensregelungen nach Art. 22 VO sind in Anlehnung an das UDRP-Verfahren gestaltet. Neben dem Streitschlichtungsverfahren ist auch die Klage vor den ordentlichen Gerichten möglich; dort kommt auch Art. 21 VO als materiell-rechtliche Anspruchsgrundlage in Betracht.[106]

---

106 OLG Düsseldorf, GRUR-RR 2008, 58 – lastminute.eu.

§ 6
Vorrang und Zeitrang

(1) Ist im Falle des Zusammentreffens von Rechten im Sinne der §§ 4, 5 und 13 nach diesem Gesetz für die Bestimmung des Vorrangs der Rechte ihr Zeitrang maßgeblich, wird der Zeitrang nach den Absätzen 2 und 3 bestimmt.

(2) Für die Bestimmung des Zeitrangs von angemeldeten oder eingetragenen Marken ist der Anmeldetag (§ 33 Abs. 1) oder, falls eine Priorität nach § 34 oder nach § 35 in Anspruch genommen wird, der Prioritätstag maßgeblich.

(3) Für die Bestimmung des Zeitrangs von Rechten im Sinne des § 4 Nr. 2 und 3 und der §§ 5 und 13 ist der Zeitrang maßgeblich, zu dem das Recht erworben wurde.

(4) Kommt Rechten nach den Absätzen 2 und 3 derselbe Tag als ihr Zeitrang zu, so sind die Rechte gleichrangig und begründen gegeneinander keine Ansprüche.

Übersicht

Literatur zum MarkenG: *Schäfer*, Seniorität und Priorität, GRUR 1998, 350; *Schöne/Wüllrich*, Das Prioritätsprinzip im Markenrecht am Beispiel der Kollision von älterer Marke und jüngerer geschäftlicher Bezeichnung, WRP 1997, 514.

I. Allgemeines

1 § 6 regelt das allgemein im gewerblichen Rechtsschutz anwendbare Prioritätsprinzip speziell für das gesamte Kennzeichenrecht. Die Bedeutung des Prioritätsprinzips liegt darin, dass sich der Inhaber älterer Kennzeichenrechte gegenüber dem jüngeren Kennzeichenrecht im Kollisionsfall auf seine besseren Rechte berufen kann. Dies ist Voraussetzung für die Geltendmachung von Ansprüchen des Inhabers älterer Kennzeichenrechte namentlich im Verletzungsverfahren, im Widerspruchsverfahren und im Löschungsverfahren nach §§ 9–13. Das Prioritätsprinzip gilt für Kollisionen sämtlicher Kennzeichenrechte, nämlich Marken i.S.d. § 4, geschäftliche Bezeichnungen i.S.d. § 5 und sonstige Rechte i.S.d. § 13.

II. Grundsatz (§ 6 Abs. 1)

§ 6 Abs. 1 statuiert den Grundsatz des Prioritätsprinzips, wonach bei Kollisionen von **2** Kennzeichenrechten und sonstigen Rechten i. S. d. §§ 4, 5 und 13 der Zeitrang ihrer Entstehung maßgeblich ist. Der Inhaber der zeitälteren Rechte kann diese danach im Grundsatz gegenüber demjenigen zur Geltung bringen, dessen Rechte auf einen jüngeren Zeitpunkt zurückgehen. Eine Interessenabwägung findet dagegen grundsätzlich nicht statt (vgl. aber die Ausnahme im gleichnamigen Recht – s. Rn. 10). Zur Frage, wie der Zeitrang solcher Rechte zu ermitteln ist, verweist die Bestimmung auf § 6 Abs. 2 und 3.

III. Bestimmung des Zeitrangs

1. Angemeldete oder eingetragene Marken (§ 6 Abs. 2)

Nach § 6 Abs. 2 bestimmt sich der Zeitpunkt der Entstehung des Rechts an einer angemel- **3** deten bzw. eingetragenen Marke i. S. d. § 4 Nr. 1 nach dem Anmeldetag (§ 33 Abs. 1). Dies ist i. d. R. der Tag des Eingangs der Markenanmeldung beim DPMA. Fehlt es einer Markenanmeldung am Tage ihres Eingangs beim DPMA noch an zwingenden formellen Voraussetzungen i. S. d. § 32 Abs. 2 Nr. 1–3, verschiebt sich der Anmeldetag (und damit auch die Priorität) gem. § 36 Abs. 2 S. 2 auf denjenigen Tag, an dem die zwingenden formellen Voraussetzungen sämtlich vorliegen. Eine Verschiebung des Zeitrangs kommt nach § 37 Abs. 2 weiterhin in Fällen in Betracht, in denen ein anfänglich vorhandenes Schutzhindernis i. S. d. § 8 Abs. 2 Nr. 1–3 erst im Verlaufe des Eintragungsverfahrens ausgeräumt wird, etwa durch den Nachweis der Verkehrsdurchsetzung nach § 8 Abs. 3. Der Zeitrang verschiebt sich hier auf denjenigen Tag, zu dem die Verkehrsdurchsetzung nachgewiesen werden kann.

Anstelle der Priorität des Anmeldetages kann der Anmelder bei Vorliegen der Vorausset- **4** zungen des § 34 eine ältere ausländische Priorität in Anspruch nehmen. Voraussetzung ist, dass die im Ausland angemeldete oder eingetragene Marke identisch ist. Dies gilt auch hinsichtlich der beanspruchten Waren oder Dienstleistungen. Wird in der deutschen Anmeldung ein gegenüber der ausländischen Marke, deren Priorität in Anspruch genommen wird, erweitertes Verzeichnis der Waren und Dienstleistungen hinterlegt, kann die ausländische Priorität nur hinsichtlich derjenigen Waren oder Dienstleistungen in Anspruch genommen werden, für die die ausländische Priorität bereits Schutz beansprucht (zu den Einzelheiten s. Kommentierung zu § 34).

Anstelle des Anmeldetags kann der Anmelder auch eine Ausstellungspriorität (§ 35) bean- **5** spruchen. Hat der Anmelder bestimmte Waren oder Dienstleistungen unter der betreffenden Marke binnen einer Frist von längstens sechs Monaten vor dem Tag des Eingangs der Anmeldung beim DPMA i. S. d. § 33 Abs. 1 auf einer in § 35 näher definierten Ausstellung zur Schau gestellt, so kann er für die betreffenden Waren die auf den Zeitpunkt der Ausstellung zurückgehende Ausstellungspriorität in Anspruch nehmen (zu den Einzelheiten s. Kommentierung zu § 35).

2. Andere Kennzeichenrechte (§ 6 Abs. 3)

6   § 6 Abs. 3 regelt die Ermittlung des Zeitrangs anderer Kennzeichenrechte als angemeldeter und eingetragener Marken, nämlich der Benutzungsmarken (§ 4 Nr. 2), der notorisch bekannten Marken (§ 4 Nr. 3), der geschäftlichen Bezeichnungen (§ 5) und der sonstigen Rechte i. S. d. § 13. Danach ist für die Bestimmung des Zeitrangs von Benutzungsmarken auf den Zeitpunkt abzustellen, zu dem erstmals der Erwerb der Verkehrsgeltung nachgewiesen werden kann.[1] Entsprechend kommt es bei notorisch bekannten Marken auf denjenigen Zeitpunkt an, zu dem erstmals die notorische Bekanntheit festgestellt werden kann. Bei Unternehmenskennzeichen i. S. d. § 5 Abs. 2 S. 1 ist der Zeitpunkt der Benutzungsaufnahme maßgeblich. Für Geschäftsabzeichen i. S. d. § 5 Abs. 2 S. 2 gilt – wie bei der Benutzungsmarke – der Zeitpunkt, zu dem erstmals die Verkehrsgeltung des Zeichens festgestellt werden kann. Bei Werktiteln i. S. d. § 5 Abs. 3 ist wie bei Unternehmenskennzeichen auf den Zeitpunkt der Benutzungsaufnahme abzustellen. Der Benutzungsaufnahme gleichgestellt ist die Titelschutzanzeige (zu den Einzelheiten der Benutzungsaufnahme bei Unternehmenskennzeichen und Werktiteln s. § 5 Rn. 25 f., 62 f.). Für die sonstigen Rechte i. S. d. § 13 bestimmt sich der Zeitrang ihrer Entstehung nach den jeweiligen spezialgesetzlichen Regelungen.

IV. Gleichrangigkeit (§ 6 Abs. 4)

7   § 6 Abs. 4 behandelt die Fälle der Gleichrangigkeit, in denen Kennzeichenrechte i. S. d. §§ 4, 5 und 13 zusammentreffen, die dasselbe Prioritätsdatum aufweisen. Maßgebend ist allein der *Tag* als solcher; eine weitere Differenzierung nach der Uhrzeit findet nicht statt. § 6 Abs. 4 bestimmt für diese Fälle, dass die betreffenden Kennzeichenrechte koexistieren und deren Inhaber aufgrund dieser Rechte keine Ansprüche gegeneinander geltend machen können.

V. Ausnahmen vom Prioritätsgrundsatz

8   Im MarkenG nicht ausdrücklich geregelt sind einige Ausnahmen vom Prioritätsgrundsatz, die sich in der Rechtsprechung herausgebildet haben:

1. Entstehung von Zwischenrechten

9   Eine häufige Ausnahme vom Prioritätsgrundsatz bilden die Fälle der Entstehung „besserer" Zwischenrechte. Solche Rechte entstehen vornehmlich, wenn eine eingetragene Marke nach Ablauf der fünfjährigen Schonfrist dem Benutzungszwang unterliegt, jedoch nicht entsprechend den Anforderungen des § 26 benutzt wird. Bis zur Aufnahme (oder Wiederaufnahme) der Benutzung ist eine solche Marke löschungsreif (§ 49 Abs. 1 S. 1). Entsteht oder fortbesteht während des Zustands der Löschungsreife der älteren Marke ein Kennzeichenrecht i. S. d. §§ 4, 5 oder 13 mit jüngerem Zeitrang, kann der Inhaber der älteren Marke

---

1 Vgl. OLG Köln, GRUR-RR 2010, 433, 435 – Oerlikon.

gegen dieses jüngere Recht selbst dann nicht vorgehen, wenn er die Benutzung der älteren Marke in einer den Voraussetzungen des § 26 genügenden Art und Weise aufnimmt und damit den Zustand der Löschungsreife des älteren Zeichens beseitigt. Dies gilt unabhängig davon, ob der Inhaber der jüngeren Marke dem Inhaber der älteren Marke die Löschung wegen Nichtbenutzung zuvor angedroht oder gar Löschungsklage erhoben hat. Unternimmt der Inhaber eines Zwischenrechts nichts gegen die ältere Marke während der Dauer ihrer Löschungsreife und nimmt deren Inhaber die Benutzung der älteren Marke entsprechend den Voraussetzungen des § 26 auf, entfällt allerdings auch die Möglichkeit des Inhabers des jüngeren Rechts, gegen die ältere Marke vorzugehen (dies bestätigt § 22 Abs. 2). In diesem Fall gilt auch hier der Grundsatz der Koexistenz.

2. Gleichnamigenrecht

Auch im Gleichnamigenrecht ist der Prioritätsgrundsatz nur eingeschränkt anwendbar.[2] **10** Das Gleichnamigenrecht behandelt Kollisionsfälle, in denen sich zumeist zwei Unternehmenskennzeichnungen begegnen, die als kollisionsbegründenden Bestandteil den gleichen Eigennamen enthalten oder diesen als schlagwortartige Firmenkurzbezeichnung führen. Nach ständiger Rechtsprechung führt das Prioritätsprinzip in diesen Fällen nicht zu einem generellen Anspruch auf Unterlassung; im Rahmen des erforderlichen Interessenausgleichs ist der Inhaber der prioritätsjüngeren Kennzeichnung aber verpflichtet, dafür Sorge zu tragen, dass sich seine Kennzeichnung hinreichend von der prioritätsälteren Kennzeichnung unterscheidet. Dies wird regelmäßig dadurch gewährleistet, dass der prioritätsjüngeren Kennzeichnung ein unterscheidungskräftiger Zusatz hinzugefügt wird.[3]

3. Unberechtigte Sperre durch Zeichenerwerb

Der Prioritätsgrundsatz wird ferner in den Fällen der unberechtigten Sperre durch Zeichenerwerb durchbrochen. Darunter versteht man diejenigen Fälle, in denen der Vorbenutzer eines identischen oder verwechslungsfähigen, jedoch im Inland nicht als Marke geschützten Zeichens gegenüber dem Inhaber einer jüngeren angemeldeten oder eingetragenen Marke einen Unterlassungs- und Löschungsanspruch nach § 4 Nr. 10 UWG besitzt.[4] Die Ansprüche greifen jedoch nur durch, wenn sich der Zeichenerwerb durch den Inhaber der jüngeren Marke als unlauter darstellt. Dies ist insbesondere der Fall, wenn die Anmeldung der Marke darauf abzielt, dem Vorbenutzer die Weiterbenutzung seiner Marke zu untersagen.[5] Die bloße Kenntnis der Vorbenutzung der jeweiligen Bezeichnung genügt jedoch

---

2 Vgl. *v. Schultz*, GRUR 1992, 487, 488.
3 RGZ 170, 265, 270 – Hänsel; BGH, GRUR 1952, 511 – Farina Urkölsch; GRUR 1957, 342, 346 – Underberg; GRUR 1960, 33, 36 – Zamek; BGH, WRP 1985, 210, 211 = GRUR 1985, 389, 390 – Familienname; BGH, WRP 1991, 222 = GRUR 1991, 393 – Ott International; GRUR 1993, 579 – Römer GmbH.
4 BGH, WRP 1980, 74 = GRUR 1980, 110, 111 – TORCH; GRUR 1984, 210 – AROSTAR; BGH, WRP 1986, 142, 143 = GRUR 1986, 74, 76 – Shamrock III.
5 BGH, WRP 1998, 978, 981 = GRUR 1998, 1034, 1037 – Makalu; BGH, WRP 1998, 373, 375 = GRUR 1998, 412, 414 – Analgin; BGH, WRP 2000, 1293, 1294 = GRUR 2000, 1032, 1034 – EQUI 2000.

nicht. Verlangt wird schließlich auch, dass der Vorbenutzer an der Bezeichnung einen schutzwürdigen Besitzstand erlangt hat.[6]

VI. Gemeinschaftsmarkenrecht

12 Betrachtet man § 6 als Regelung betreffend die Kollision von Kennzeichenrechten, so enthält die GMV keine entsprechenden Regelungen. Allerdings finden sich in der GMV recht umfassende Bestimmungen zur Priorität der Gemeinschaftsmarke, die – ähnlich dem deutschen Recht – auf den Tag der Anmeldung fällt (Art. 27 GMV). Wie im deutschen Recht ist auch im Gemeinschaftsrecht der Anmeldetag derjenige Tag, an dem sämtliche zwingenden Voraussetzungen für eine Markenanmeldung vorliegen (Art. 26 Abs. 1 GMV). In Art. 29–35 enthält die GMV umfängliche Regelungen zur Inanspruchnahme einer früheren Priorität. Im Mittelpunkt steht dabei der Grundsatz des Art. 29, der demjenigen, der in einem PVÜ-Verbandsland eine Marke hinterlegt hat, die Inanspruchnahme von deren Priorität bei Anmeldung einer identischen Gemeinschaftsmarke für identische Waren oder Dienstleistungen ermöglicht, sofern die Gemeinschaftsmarke innerhalb eines Zeitraums von sechs Monaten ab dem Tag der Anmeldung der früheren Marke eingereicht wird. Art. 33 enthält Bestimmungen zur Inanspruchnahme einer Ausstellungspriorität; die Bestimmung entspricht weitgehend deutschem Recht (§ 35).

---

6 BGH, GRUR 1967, 304 f. – Siroset; GRUR 1967, 298 – Modess; BGH, WRP 1980, 74 = GRUR 1980, 110 – TORCH; BGH, WRP 1986, 142 = GRUR 1986, 74 – Shamrock III.

v. Schultz

Abschnitt 2
Voraussetzungen für den Schutz von Marken durch Eintragung

§ 7
Inhaberschaft

Inhaber von eingetragenen und angemeldeten Marken können sein:

1. natürliche Personen,
2. juristische Personen oder
3. Personengesellschaften, sofern sie mit der Fähigkeit ausgestattet sind, Rechte zu erwerben und Verbindlichkeiten einzugehen.

Übersicht

Literatur: *Fezer*, Die Markenrechtsfähigkeit der Gesellschaft bürgerlichen Rechts, FS Boujong, 1996, 123; *Haedicke*, Nutzungsbefugnisse und Ausgleichspflichten in der Bruchteilsgemeinschaft an Marken, GRUR 2007, 23; *Starck*, Zur aktuellen Rechtsprechung des Bundesgerichtshofs im Markenrecht, MarkenR 2001, 89; *Thun*, Zur Markenrechtsfähigkeit der Gesellschaft bürgerlichen Rechts, GRUR 1999, 862.

I. Allgemeines

§ 7 regelt die Frage, wer Inhaber von angemeldeten und eingetragenen Marken sein kann. **1** Hierzu zählt die Bestimmung in Nr. 1–3 natürliche Personen, juristische Personen und Personengesellschaften, die mit der Fähigkeit ausgestattet sind, Rechte zu erwerben und Verbindlichkeiten einzugehen, auf. An weitere Anforderungen knüpft § 7 die Inhaberschaft nicht. Insbesondere ist nicht Voraussetzung, dass der Inhaber einer Marke einen Geschäftsbetrieb unterhält.

II. Natürliche Personen

In Nr. 1 nennt § 7 *natürliche Personen* als mögliche Inhaber einer angemeldeten oder eingetragenen Marke. Der Begriff der natürlichen Person richtet sich nach § 1 BGB. Als Inhaber kommen sowohl Einzelpersonen als auch mehrere natürliche Personen in Betracht. **2**

Auch Minderjährige können Inhaber einer Marke sein. Zur Wirksamkeit der Markenanmeldung eines Minderjährigen bedarf es allerdings der Einwilligung seines (oder seiner)[1] gesetzlichen Vertreters (§ 107 BGB).

III. Juristische Personen

3 Markenrechtsfähig sind gem. § 7 Nr. 2 ferner alle *juristischen Personen*. Für den Begriff der juristischen Person ist maßgebend, ob die Person Träger von Rechten und Pflichten sein kann. Demgemäß gehören zum Kreis der juristischen Personen der rechtsfähige Verein (§§ 21–23 BGB), die Stiftung (§ 80 BGB), der Versicherungsverein auf Gegenseitigkeit (§ 15 VAG), die Aktiengesellschaft (§ 1 Abs. 1 AktG), die Kommanditgesellschaft auf Aktien (§ 278 Abs. 1 AktG), die Gesellschaft mit beschränkter Haftung (§ 13 Abs. 1 GmbHG), die Genossenschaft (§ 17 Abs. 1 GenG) und die Kapitalanlagegesellschaft (§ 1 Abs. 3 KAGG). Im Rahmen des Begriffs der Rechtsfähigkeit kommen auch Vorgesellschaften und in Liquidation befindliche Gesellschaften in Betracht. Neben den juristischen Personen des Privatrechts sind auch juristische Personen des öffentlichen Rechts markenrechtsfähig. Es sind dies die rechtsfähigen Körperschaften, Anstalten und Stiftungen des öffentlichen Rechts.

IV. Personengesellschaften

4 *Personengesellschaften* behandelt § 7 Nr. 3 nur insoweit als mögliche Inhaber von eingetragenen und angemeldeten Marken, als sie mit der Fähigkeit ausgestattet sind, Rechte zu erwerben und Verbindlichkeiten einzugehen. Dies gilt namentlich für die offene Handelsgesellschaft (§§ 105 ff. HGB), die Kommanditgesellschaft (§§ 161 ff. HGB) und die Partnerschaftsgesellschaft (§ 7 Abs. 2 PartGG). Die Gesellschaft bürgerlichen Rechts (GbR) zählte demgegenüber zunächst nicht zu den markenrechtsfähigen Personengesellschaften.[2] Insoweit konnten nur die *Mitglieder* einer GbR (als natürliche Personen) Inhaber einer Marke sein. Nach einer BGH-Entscheidung v. 29. 1. 2001[3] besitzt jedoch auch die Gesellschaft bürgerlichen Rechts als Teilnehmerin am Rechtsverkehr grundsätzlich Rechtsfähigkeit. Dies hat – neben breiter Zustimmung in der Literatur[4] – auch das BPatG veranlasst, die Markenrechtsfähigkeit der GbR anzuerkennen.[5]

5 Markenrechtsfähig ist auch der nicht rechtsfähige Verein, was sich aus dem Verweis des § 54 S. 1 BGB auf die Vorschriften über die Gesellschaft bürgerlichen Rechts ergibt.[6] Keine Markenrechtsfähigkeit besitzt hingegen die Erbengemeinschaft.

---

1 BGH, BeckRS 2008, 22575.

2 So noch BGH, MarkenR 2000, 355 – Ballermann.

3 BGH, MarkenR 2001, 129.

4 Vgl. *Starck*, MarkenR 2001, 89; a. A. nur *Ströbele/Hacker*, § 7 Rn. 8.

5 BPatG, MarkenR 2004, 485 – Markenregisterfähigkeit einer GbR; Beschl. v. 25.1.2005 – 24 W (pat) 219/02 – UEXKÜLL & STOLBERG; GRUR 2008, 448, 449 f. – Widerspruchseinlegung durch Gesellschafter einer GbR.

6 *Ströbele/Hacker*, § 7 Rn. 6 mit zutreffendem Verweis auf BGH, NJW 2008, 69, 74 Tz. 55; a. A. *Ingerl/Rohnke*, § 7 Rn. 13.

v. Schultz

V. Anmeldermehrheiten

Auch *Anmeldermehrheiten* können Inhaber von eingetragenen und angemeldeten Marken **6**
sein. Anmeldermehrheiten liegen vor, wenn als Inhaber einer Marke eine Mehrheit von natürlichen und/oder juristischen Personen und/oder Personengesellschaften firmiert. Auch
muss die Anmeldermehrheit nicht aus Rechtssubjekten gleicher Art bestehen.[7] Die vorstehenden Regeln gelten auch unabhängig davon, ob die Anmeldermehrheit als Gesellschaft
„zur gesamten Hand" i. S. d. §§ 705 ff. BGB oder als Gemeinschaft nach Bruchteilen nach
§§ 741 ff. BGB gestaltet ist.[8]

VI. Gemeinschaftsmarkenrecht

Die gemeinschaftsrechtliche Regelung der Inhaberschaft von Gemeinschaftsmarken ent- **7**
spricht weitgehend derjenigen des MarkenG. Der Inhaber einer Gemeinschaftsmarke muss
rechtsfähig sein. Dementsprechend können nach Art. 5 Abs. 1 GMV natürliche und juristische Personen einschließlich der Körperschaften des öffentlichen Rechts Inhaber von
Gemeinschaftsmarken sein. Eine Ergänzung findet sich in Art. 3 GMV, wonach Gesellschaften und andere juristische Einheiten, die nach dem für sie maßgebenden Recht die
Fähigkeit haben, im eigenen Namen Träger von Rechten und Pflichten jeder Art zu sein,
Verträge zu schließen oder andere Rechtshandlungen vorzunehmen und vor Gericht zu stehen, juristischen Personen gleichgestellt sind. Dementsprechend kann nach der Spruchpraxis des HABM auch eine GbR unter ihrem Namen in das Markenregister eingetragen werden.[9]

---

7 BPatG, GRUR 2004, 685, 688 – LOTTO.
8 BPatG, a. a. O.
9 Vgl. *Eisenführ/Schennen*, Art. 3 Rn. 25.

§ 8
Absolute Schutzhindernisse

(1) Von der Eintragung sind als Marke schutzfähige Zeichen im Sinne des § 3 ausgeschlossen, die sich nicht grafisch darstellen lassen.

(2) Von der Eintragung ausgeschlossen sind Marken,

1. denen für die Waren oder Dienstleistungen jegliche Unterscheidungskraft fehlt,
2. die ausschließlich aus Zeichen oder Angaben bestehen, die im Verkehr zur Bezeichnung der Art, der Beschaffenheit, der Menge, der Bestimmung, des Wertes, der geografischen Herkunft, der Zeit der Herstellung der Waren oder der Erbringung der Dienstleistungen oder zur Bezeichnung sonstiger Merkmale der Waren oder Dienstleistungen dienen können,
3. die ausschließlich aus Zeichen oder Angaben bestehen, die im allgemeinen Sprachgebrauch oder in den redlichen und ständigen Verkehrsgepflogenheiten zur Bezeichnung der Waren oder Dienstleistungen üblich geworden sind,
4. die geeignet sind, das Publikum insbesondere über die Art, die Beschaffenheit oder die geografische Herkunft der Waren oder Dienstleistungen zu täuschen,
5. die gegen die öffentliche Ordnung oder die gegen die guten Sitten verstoßen,
6. die Staatswappen, Staatsflaggen oder andere staatliche Hoheitszeichen oder Wappen eines inländischen Ortes oder eines inländischen Gemeinde- oder weiteren Kommunalverbandes enthalten,
7. die amtliche Prüf- oder Gewährzeichen enthalten, die nach einer Bekanntmachung des Bundesministeriums der Justiz im Bundesgesetzblatt von der Eintragung als Marke ausgeschlossen sind,
8. die Wappen, Flaggen oder andere Kennzeichen, Siegel oder Bezeichnungen internationaler zwischenstaatlicher Organisationen enthalten, die nach einer Bekanntmachung des Bundesministeriums der Justiz im Bundesgesetzblatt von der Eintragung als Marke ausgeschlossen sind, oder
9. deren Benutzung ersichtlich nach sonstigen Vorschriften im öffentlichen Interesse untersagt werden kann,
10. die bösgläubig angemeldet worden sind,

(3) Absatz 2 Nr. 1, 2 und 3 findet keine Anwendung, wenn die Marke sich vor dem Zeitpunkt der Entscheidung über die Eintragung infolge ihrer Benutzung für die Waren oder Dienstleistungen, für die sie angemeldet worden ist, in den beteiligten Verkehrskreisen durchgesetzt hat.

(4) Absatz 2 Nr. 6, 7 und 8 ist auch anzuwenden, wenn die Marke die Nachahmung eines dort aufgeführten Zeichens enthält. Absatz 2 Nr. 6, 7 und 8 ist nicht anzuwenden, wenn der Anmelder befugt ist, in der Marke eines der dort aufgeführten Zeichen zu führen, selbst wenn es mit einem anderen der dort aufgeführten Zeichen verwechselt werden kann. Absatz 2 Nr. 7 ist ferner nicht anzuwenden, wenn die Waren oder Dienstleistungen, für die die Marke angemeldet worden ist, mit denen, für die das Prüf- oder Gewährzeichen eingeführt ist, weder identisch noch diesen ähnlich sind. Absatz 2 Nr. 8 ist ferner nicht anzuwenden, wenn die angemeldete Marke nicht geeignet ist, beim Publikum den unzutreffenden Eindruck einer Verbindung mit der internationalen zwischenstaatlichen Organisation hervorzurufen.

v. Schultz

Übersicht

Literatur: *Alber*, Das Allgemeininteresse in der markenrechtlichen Entscheidungspraxis des EuGH, GRUR 2005, 127; *Bender*, Das Baby wird trocken! Teil 1, 2 und 3, MarkenR 2004, 129, 269 und 216; *ders.*, Die grafische Darstellbarkeit bei den neuen Markenformen, FS von Mühlendahl 2005, 157; *ders.*, Have a Break ... Have a Praktiker – Die Gemeinschaftsmarke in Reform und Rechtsprechung im Jahr 2005 – Teil I – Die absoluten Schutzversagungsgründe, MarkenR 2006, 11; *ders.*, Mit Celltech über die Bainbridge und vorbei am Arcol-Cap ins Limoncello-Land. Die Entwicklung der Gemeinschaftsmarke in Rechtsprechung und Praxis im Jahr 2007 – Teil 1: Die absoluten Schutzversagungsgründe, MarkenR 2008, 41; *ders.*, Das Allgemeininteresse am Freihaltebedürfnis. Die Entwicklung der Gemeinschaftsmarke in Rechtsprechung und Praxis im Jahr 2008 – Teil 1, MarkenR 2009, 85; *ders.*, Das Allgemeininteresse am Freihaltungsbedürfnis – Teil 1, MarkenR 2009, 85; *ders.*, Das Allgemeininteresse am Freihaltungsbedürfnis – Teil 2, MarkenR 2009, 133; *ders.*, Europäisches Markenrecht in neuer (Ver-)Fassung – Teil 1, MarkenR 2010, 1; *ders.*, Europäisches Markenrecht in neuer (Ver-)Fassung – Teil 2, MarkenR 2010, 57; *ders.*, Luftsprung durch Technik – Teil 1 – Die absoluten Schutzversagungsgründe, MarkenR 2011, 49; *Berlit*, Der Schutzumfang von Farbmarken, GRUR 2005, 998; *ders.*, Die Fußball-Weltmeisterschaft und ihre markenrechtliche Auswirkung, GRUR-RR 2008, 33; *ders.*, Die Markenregistrierung von Werktiteln bei Verkehrsdurchsetzung, GRUR 2006, 542; *ders.*, Der Schutz von Buchstabenmarken nach der Gemeinschaftsmarkenverordnung, MarkenR 2011, 295; *ders.*, Schutz und Schutzumfang von Warenformmarken am Beispiel des Schokoladen-Osterhasen, GRUR 2011, 369; *Bingener*, Das Wesen der Positionsmarke oder Wo die Positionsmarke hingehört, MarkenR 2004, 377; *Bittner*, Zur Schutzfähigkeit von Ortsbezeichnungen für touristische Sehenswürdigkeiten nach dem Deutschen Markengesetz, WRP 2010, 1321; *Bölling*, Der EuGH und die abstrakte Farbmarke – von der bewussten Entwertung einer Markenform, MarkenR 2004, 384; *ders.*, Der maßgebliche Zeitpunkt bei der Überprüfung einer Marke auf absolute Schutzhindernisse, GRUR 2011, 472; *Buchroithner/Rungg/Donath*, Der Markenschutz von Sportgroßveranstaltungen im Abseits?, WRP 2006, 1443; *Busch*, Kein Markenschutz für ein sportliches Ereignis?, MarkenR 2004, 333; *Büscher*, Der Schutzbereich zusammengesetzter Zeichen, GRUR 2005, 802; *Deufel*, Die aktuelle Entwicklung in Sachen Klemmbausteine, MarkenR 2011, 248; *Eisenführ*, Der Schutzbereich zusammengesetzter Zeichen, GRUR 2005, 811; *ders.*, Die graphische Darstellbarkeit der Marke in der deutschen und europäischen Praxis – Eine Bestandsaufnahme, Mitt. 2006, 413; *Felchner*, Vorrang der EuGH-Rechtsprechung vor der Bindungswirkung, MarkenR 2007, 294; *Fesenmair/Müller*, Kein Gelb für Puffreis, das Ende der abstrakten Farbmarke? Anmerkungen zum BPatG-Beschluss „Farbmarke", GRUR 2006, 724; *Fezer*, Die grafische Darstellung der Farbmarke, WRP 2007, 223; *ders.*, Markenschutzfähigkeit der Kommunikationszeichen (§§ 3 und 8 MarkenG) und Kommunikationsschutz der Marken (§§ 14 und 23 MarkenG), WRP 2010, 165; *Fuchs-Wissemann*, Eventmarke – Eintragungsvoraussetzungen und sonstiger Kennzeichenschutz, MarkenR 2007, 372; *ders.*, Neuere Entwicklung in der markenrechtlichen Rechtsprechung des Bundespatentgerichts und des Bundesgerichtshofs, MarkenR 2008, 1; *Gameritz*, Zur Eintragungsfähigkeit dreidimensionaler Formmarken nach Art. 7 Abs. 1 lit. e) GMV, WRP 2009, 334; *Gärtner/Crützen*, Die Warenformmarke als Produktschutzrecht, MarkenR 2011, 288; *Gauß*, „Human Brands" – Markenschutz für Name, Bildnis, Signatur und Stimme einer Person, WRP 2005, 570; *Grabrucker*, Aktuelle Rechtsprechung zu den Warenformmarken, Mitt. 2005, 1; *ders.*, Nichtkonventionelle Markenformen im Spannungsverhältnis zwischen Marketing und Rechtsprechung am Beispiel der abstrakten Farbmarke und der dreidimensionalen Marke, FS Ullmann 2006, 223; *ders.*, Die bösgläubige Markenanmeldung und das Löschungsverfahren, Mitt. 2008, 532; *Grabrucker/Fink*, Aus der Rechtsprechung des Bundespatentgerichts im Jahr 2004 – Teil 1: Markenrecht, GRUR 2005, 289; *dies.*, Aus der Rechtsprechung des Bundespatentgerichts im Jahre 2005. Teil I: Markenrecht, GRUR 2006, 265; *dies.*, Aus der Rechtsprechung des Bundespatentgerichts im Jahre 2006, Teil I: Markenrecht, GRUR 2007, 267; *dies.*, Aus der Rechtsprechung des Bundespatentgerichts im Jahre 2007 – Teil I: Markenrecht, GRUR 2008, 371; *dies.*, Aus der Rechtsprechung des Bundespatengerichts im Jahre 2008 – Teil I: Markenrecht, GRUR 2009, 429; *Grabrucker/Kopacek*, Aus der Rechtsprechung des Bundespatentgerichts im Jahre 2009 – Teil I: Markenrecht, GRUR 2010, 369; *Guth*, Das Urteil des EuGH zur Riechmarke – Anmerkungen und Folgerungen, Mitt. 2003, 97; *Haarhoff*, Prominenten-Porträts als Marke? Anmerkung zu den Beschlüssen des BGH „Marlene-Dietrich-Bildnis I" und des BPatG „Porträtfoto Marlene Dietrich II", GRUR 2011, 183; *Hauck*, Aktuelle Entwicklungen bei der Eintragung von Farbmarken, GRUR 2005, 363; *Heise*, Positionsmarke und Disclaimer, GRUR 2008, 286; *Hoffrichter-Daunicht*, Grafische Darstellbarkeit von Hörmarken: Wo ist das Problem?, GRUR 2007, 935; *Hölk*, Geruchs- und Fühlmarken – Eintragungsvoraussetzungen –, FS Ullmann 2006, 239; *Hüttmann/Storz*, Zur grafischen Darstellbarkeit von Hörmarken nach der neueren Rechtsprechung des EuGH, Mitt. 2005, 156; *Jäcker*, „babyRuf" – der Weckruf für „BABY-DRY"?, MarkenR 2006, 155; *Jaeschke*, Ambush Marketing, 1. Aufl. 2008; *ders.*, Ambush Marketing – Schutzstrategien für Veranstalter von Sport(-Großereignissen) und Markenartikeln, MarkenR 2007, 411; *ders.*, Die „Produktform als Corporate Identity"? – Klemmbausteine und die Frage der „Kumulation von Schutzrechten", GRUR 2008, 749; *ders.*, Kein Markenschutz für den Legostein, MarkenR 2010, 167; *ders.*, Markenschutz für Sportgroßveranstaltungen?, MarkenR 2008, 141;

Jänich/Schrader, Markenrechte und ihre Durchsetzung nach dem Wegfall staatlicher Monopole – „Post", „Telekom" und „Die Bahn" als Marken, WRP 2006, 656; *Kern*, Verkehrsdurchsetzung für den Anmelder – ein Erfordernis des Verfahrens nach § 8 III MarkenG?, GRUR 2001, 792; *Kopacek/Kortge*, Aus der Rechtsprechung des Bundespatentgerichts im Jahre 2010. Teil I: Markenrecht, GRUR 2011, 273; *Koschtial*, Die Freihaltebedürftigkeit wegen besonderer Form im europäischen und deutschen Markenrecht, GRUR Int. 2004, 106; *Kübling*, Ungleichbehandlung beim Markenschutz, GRUR 2007, 849; *Kunz-Hallstein*, Art. 6 quinquies PVÜ – Grundlage einer einheitlichen Eintragungspraxis von Marken in der Gemeinschaft?, MarkenR 2006, 487; *Kurtz*, Beschreibende und täuschende geografische Herkunftsangaben als absolute Eintragungshindernisse, MarkenR 2006, 295; *Lerach*, Nachspiel für die Veranstaltungsmarke, MarkenR 2008, 461; *Lewalter*, Akustische Marken. Anmerkung zu EuGH „Shield Mark/Kist" und HABM „Roar of a Lion" and „HEXAL", GRUR 2006, 546; *ders.*, Defensivmarken für Veranstaltungsbezeichnungen eine Fallgruppe bösgläubiger Markenanmeldung gem. § 8 II Nr. 10 MarkenG?, GRUR 2009, 107; *ders.*, „…die TOOOR macht weit" – Relevanz der Benutzungsmodalitäten für die Schutzfähigkeit sprachlicher Zeichen?, GRUR 2011, 872; *Lewalter/Schrader*, Die Fühlmarke, GRUR 2005, 476; *Mühlendahl*, Eintragung und Benutzung von Defensivmarken, Serienmarken und Abwandlungen, WRP 2009, 1; *Niedermann*, Empirische Erkenntnisse zur Verkehrsdurchsetzung, GRUR 2006, 367; *Ohde*, Ermittlung der Verkehrsauffassung durch demoskopische Umfragen in: Gloy/Loschelder, Handbuch des Wettbewerbsrechts, 3. Aufl., München 2005; *Osterloh*, Zur bösgläubigen Markenanmeldung, FS Ullmann 2006; *Prüfer*, Verkehrsdurchsetzung durch staatliches Monopol? – Zugleich eine Besprechung der BPatG-Entscheidung „POST", GRUR 2008, 103; *Pszczolla*, Abstrakter Farbmarkenschutz im Licht aktueller Rechtsprechung zur grafischen Darstellbarkeit von Register- und Benutzungsformmarken, MarkenR 2007, 193; *Raab*, „Alles klar in Sachen WM" – Zur markenrechtlichen Eintragungsfähigkeit sportlicher Großveranstaltungen, MarkenR 2006, 522; *Rieken*, Die Eventmarke, MarkenR 2006, 438; *Riesenhuber*, Lego – Stein des Anstoßes, WRP 2005, 1118; *Rohnke/Thiering*, Die Entwicklung des Markenrechts seit Mitte 2005 – Teil 1, GRUR 2008, 937; *dies.*, Die Rechtsprechung des EuGH und des BGH zum Markenrecht in den Jahren 2009 und 2010 (Teil I), GRUR 2011, 8; *Sahr*, Die Marken- und Eintragungsfähigkeit von Persönlichkeitsmerkmalen – Zugleich Anmerkung zu BPatG „Porträtfoto Marlene Dietrich" und „GEORG-SIMON-OHM", GRUR 2008, 461; *Schafft*, Rechtsschutz aus Gemeinschaftsmarken zwischen Anmeldung und Eintragung, WRP 2005, 986; *Schmitz*, Zur grafischen Darstellbarkeit von Hörmarken: EuGH contra Freiheit des markenrechtlichen Schutzes?, GRUR 2007, 290; *Schwippert*, Anmerkung zu BPatG – SCHWABENPOST und BPatG – Papaya, GRUR 2007, 337; *Sekretaruk*, Farben als Marke, 2005; *Sendrowski*, Blauer Brief per Schwabenpost, GRUR 2007, 841; *ders.*, Rechtssicherheit im Zeichen der „Burg Lissingen", GRUR 2009, 1112; *Sosnitza/Fröhlich*, Freihaltebedürfnis bei mehrdeutigen Zeichen – Unterschiede in der Beurteilung durch EuGH, BGH und BPatG?, MarkenR 2006, 383; *Ströbele*, Probleme bei der Eintragung dreidimensionaler Marken, FS von Mühlendahl 2005, 235; *ders.*, Der erforderliche Grad der Verkehrsdurchsetzung, GRUR 2008, 569; *Töbelmann*, Mehr Rechtssicherheit für Markenanmelder – Anmerkung zu EuGH „SCHWABENPOST", GRUR 2009, 1007; *Trautmann*, Anmerkung zu BPatG – 14.10.2009 – 29 W (pat) 134/05 – My World, MarkenR 2009, 526; *Ullmann*, Die bösgläubige Markenanmeldung und die Marke des Agenten – überschneidende Kreise, GRUR 2009, 364; *Weiher/Keser*, Markenfähigkeit abstrakter Farben im konkreten Verwendungszusammenhang, MarkenR 2005, 117.

I. Allgemeines

1   Als eine der zentralen Bestimmungen des MarkenG regelt § 8 die sog. „absoluten" Schutzhindernisse, die in der Natur der Marke begründet sind. In Abs. 1 und 2 enthält die Bestimmung einen umfassenden Katalog der in Betracht kommenden Schutzhindernisse, auf deren Vorliegen das DPMA jede angemeldete Marke von Amts wegen zu prüfen hat (§ 37). Liegt ein Schutzhindernis vor, wird die Anmeldung zurückgewiesen (§ 37 Abs. 1). Ist eine Marke trotz Bestehens eines absoluten Schutzhindernisses eingetragen worden, kann sie im Wege des Löschungsverfahrens vor dem DPMA gelöscht werden (§§ 50 Abs. 1 Nr. 3, 54).

Systematisch stellt die Prüfung einer Marke auf der Eintragung entgegenstehende absolute   **2**
Schutzhindernisse i. S. d. § 8 Abs. 2 die materiell-rechtliche Ergänzung zur Vorprüfung auf
ihre allgemeine Markenfähigkeit (§ 3) dar. Während § 3 im *abstrakten* Sinne danach fragt,
ob einem Zeichen die Eignung zukommen kann, Waren oder Dienstleistungen eines Unternehmens von denjenigen anderer Unternehmen zu unterscheiden, geht es bei den absoluten
Schutzhindernissen des § 8 Abs. 2 um die Frage, ob die Marke für die *konkret* angemeldeten Waren oder Dienstleistungen eingetragen werden kann oder ob ihr insoweit ein Schutzhindernis entgegensteht.

Dem Katalog der absoluten Schutzhindernisse vorangestellt hat der Gesetzgeber in § 8   **3**
Abs. 1 das Erfordernis der grafischen Darstellbarkeit eines Zeichens. Nach zutreffender
Auffassung[1] handelt es sich dabei nicht um ein absolutes Schutzhindernis, sondern um ein
zwingendes Erfordernis der Markenfähigkeit. Systematisch gehört es daher eher in den Bereich der Prüfung eines Zeichens auf seine abstrakte Markenfähigkeit i. S. d. § 3. Die grafische Darstellbarkeit einer Marke ist damit Vorfrage für die Prüfung eines Zeichens auf absolute Schutzhindernisse i. S. d. § 8 Abs. 2.

Im Mittelpunkt des Katalogs der absoluten Schutzhindernisse des § 8 Abs. 2 stehen die   **4**
fehlende Unterscheidungskraft (Nr. 1) und das Allgemeininteresse an einer von Monopolrechten freien Verwendung beschreibender Angaben (Nr. 2). Als weitere Schutzhindernisse nennt § 8 Abs. 2 üblich gewordene Bezeichnungen (Nr. 3), täuschende Zeichen (Nr. 4),
gegen die öffentliche Ordnung oder die guten Sitten verstoßende Zeichen (Nr. 5), Hoheitszeichen (Nr. 6), amtliche Prüf- und Gewährzeichen (Nr. 7), Kennzeichen internationaler
Organisationen (Nr. 8), Zeichen, deren Benutzung im öffentlichen Interesse untersagt werden kann (Nr. 9), sowie Zeichen, die bösgläubig angemeldet worden sind (Nr. 10).

Ein Zeichen, dem absolute Schutzhindernisse i. S. d. § 8 Abs. 2 Nr. 1–3 entgegenstehen,   **5**
kann ausnahmsweise nach § 8 Abs. 3 eintragbar sein. Danach finden die Schutzhindernisse
des § 8 Abs. 2 Nr. 1–3 keine Anwendung, wenn sich das betreffende Zeichen kraft und infolge seiner Benutzung für bestimmte Waren oder Dienstleistungen in den beteiligten Verkehrskreisen als Marke durchgesetzt hat („durchgesetzte Marke"). Auf andere Schutzhindernisse als die in § 8 Abs. 2 Nr. 1–3 normierten findet § 8 Abs. 3 allerdings keine Anwendung. Auch kann die Verkehrsdurchsetzung weder die fehlende Markenfähigkeit eines Zeichens i. S. d. § 3 noch dessen fehlende grafische Darstellbarkeit (§ 8 Abs. 1) heilen.

II. Grafische Darstellbarkeit (§ 8 Abs. 1)

1. Allgemeines

Als Marke ist ein Zeichen nur eintragbar, wenn es *grafisch darstellbar* ist. Das Erfordernis   **6**
der grafischen Darstellbarkeit dient dem Zweck, die Marke selbst festzulegen, um den genauen Gegenstand des Schutzes zu bestimmen, den die eingetragene Marke ihrem Inhaber
gewährt.[2] Die Marke soll nämlich durch ihre Eintragung in das Markenregister den zuständigen Behörden und der Öffentlichkeit, insbesondere den Wirtschaftsteilnehmern, zugäng-

---

1 Vgl. *Ströbele/Hacker*, § 3 Rn. 15.
2 EuGH, GRUR 2004, 858, 859 Tz. 27 – Heidelberger Bauchemie GmbH.

lich gemacht werden. Gerade Letztere müssen in der Lage sein, klar und eindeutig alle erforderlichen Informationen über Markenrechte Dritter zu erlangen.[3]

7 Das Erfordernis der grafischen Darstellbarkeit gilt nur für sog. *Registermarken*. Dies folgt aus dem Zweck des Erfordernisses der grafischen Darstellbarkeit, der jeweiligen Marke im Eintragungsverfahren eine festgelegte Form zugrunde legen zu können, die Eintragung ins Register überhaupt zu ermöglichen und die Eintragung im Interesse der Allgemeinheit zur Unterrichtung über die in Kraft stehenden Marken und ihren Schutzbereich zu veröffentlichen.[4] Auf Benutzungsmarken i. S. d. § 4 Nr. 2 und notorisch bekannte Marken (§ 4 Nr. 3) ist § 8 Abs. 1 daher nicht anwendbar.[5]

2. Grundsatz

8 Den Begriff der grafischen Darstellbarkeit definiert das MarkenG nicht. In höchstrichterlicher Rechtsprechung ist inzwischen anerkannt, dass die grafische Darstellbarkeit nicht verlangt, dass ein Zeichen *visuell wahrnehmbar* ist.[6] Die grafische Darstellung muss es indes ermöglichen, das jeweilige Zeichen insbesondere mit Hilfe von Figuren, Linien oder Schriftzeichen sichtbar so wiederzugeben, dass es genau identifiziert werden kann.[7] Diese grafische Darstellung muss *in sich abgeschlossen, leicht zugänglich* und *verständlich* sein, damit die Benutzer eines Markenregisters die genaue Ausgestaltung einer Marke bestimmen können.[8] Die Darstellung muss ferner *dauerhaft* sein, um eine zeitlich unbegrenzte Wahrnehmung in derjenigen Form, in der die Marke hinterlegt wurde, zu ermöglichen.[9] Um jeder subjektiven Interpretation einer eingetragenen Marke vorbeugen zu können, muss deren grafische Darstellung schließlich *unzweideutig und objektiv* sein.[10] Diese Anforderungen an den Begriff der grafischen Darstellbarkeit hat die deutsche Rechtsprechung übernommen.[11]

3. Einzelne Markenformen

9 Unproblematisch gegeben ist die grafische Darstellbarkeit bei allen herkömmlichen Markenformen, die durch Schrift, Schriftzeichen, grafische Abbildungen, Bilder und Fotografien dargestellt werden können. Dies betrifft insbesondere Wortmarken (einschließlich Buchstaben- und Zahlenmarken), Bildmarken, Kennfadenmarken sowie Kombinationen der vorstehenden Zeichenformen. Als problematischer hat sich die Frage der grafischen Darstellbarkeit bei verschiedenen neuen Markenformen erwiesen.

---

3 EuGH, a. a. O. Tz. 28–30.
4 BGH, WRP 2009, 956, 959 Tz. 30 = GRUR 2009, 783, 786 – UHU.
5 BGH, a. a. O.
6 EuGH, WRP 2003, 249, 252 Tz. 45 = GRUR 2003, 145, 147 – Sieckmann.
7 EuGH, WRP 2003, 249, 252 Tz. 46 = GRUR 2003, 145, 147 – Sieckmann; EuGH, WRP 2003, 735, 738 Tz. 28 = GRUR 2003, 604, 606 – Libertel; EuGH, GRUR 2004, 54, 57 Tz. 55 – Shield Mark/Kist; EuGH, GRUR 2004, 858, 859 Tz. 25 – Heidelberger Bauchemie GmbH.
8 EuGH, WRP 2003, 249, 253 Tz. 52 = GRUR 2003, 145, 148 – Sieckmann.
9 EuGH, a. a. O. Tz. 53.
10 EuGH, a. a. O. Tz. 54.
11 Vgl. BGH, WRP 2007, 69, 71 Tz. 16 ff. = GRUR 2007, 148, 150 – Tastmarke.

Weitgehend geklärt ist dabei die grafische Darstellung von *abstrakten Farbmarken*. Diese   **10**
kann durch Vorlage eines Farbmusters sowie zusätzlich einer sprachlichen Beschreibung
erfolgen.[12] Da eine solche sprachliche Beschreibung zumeist nicht den Anforderungen an
die Klarheit und Eindeutigkeit genügen wird, ist in aller Regel die Bezeichnung einer Farbe
nach einem international anerkannten Kennzeichnungscode (PANTONE, RAL, HKS) unerlässlich.[13] Sofern die konkrete Farbe nicht in einem international anerkannten Kennzeichnungscode enthalten ist, empfiehlt sich die Angabe desjenigen Farbtons, der dem hinterlegten Farbton am nächsten kommt.

Bei *Farbzusammenstellungen* ist die grafische Darstellung nach Auffassung des EuGH nur   **11**
gewährleistet, wenn sie „systematisch so angeordnet ist, dass die betreffenden Farben in
vorher festgelegter und beständiger Weise verbunden sind".[14] Eine entsprechende Markenanmeldung muss mithin konkrete Angaben zur Verteilung und Zuordnung der einzelnen
Farben enthalten,[15] nämlich

– eine eindeutige und dauerhafte Bezeichnung der beanspruchten Farben
– konkrete Festlegungen zum quantitativen Verhältnis der Farben zueinander
– konkrete Festlegungen zur räumlichen Anordnung der beanspruchten Farben.

Daher genügt eine Festlegung auf „ungefähr 50 : 50" den Anforderungen an die konkrete
Festlegung des quantitativen Verhältnisses der Farben zueinander nicht.[16] Ausreichend ist
demgegenüber die (uneingeschränkte) Angabe „1 : 1".[17] Variable Angaben zur farblichen
Verteilung stehen dem Erfordernis der grafischen Darstellbarkeit hingegen grundsätzlich
entgegen.[18] Keiner weiteren Präzisierungen bedarf es im Hinblick auf die systematische
Anordnung der kombinierten Farben, wenn die beteiligten Farben mit fest definierter
Schnittstelle aneinandergrenzend und nebeneinander oder übereinander angeordnet in ihrer Farbabfolge im Sinne eines Streifenformats angemeldet sind.[19]

Bei dreidimensionalen Marken erfolgt die Wiedergabe vorzugsweise durch Lichtbilder   **12**
und/oder hinreichend eindeutige Symbole wie insbesondere Figuren, Linien, oder Schriftzeichen.[20] Zu beachten ist jedoch, dass durch die bildliche Wiedergabe der beanspruchten
Gestaltung deutlich werden muss, inwieweit Schutz in Bezug auf die „dritte Dimension"
begehrt wird.[21] Der Schutzgegenstand muss also in seiner Dreidimensionalität vollständig
definiert werden. Es ist daher empfehlenswert, den Schutzgegenstand aus mehreren Perspektiven abzubilden, um nicht bereits eine Zurückweisung wegen nicht hinreichender De-
finierbarkeit des Schutzgegenstandes zu riskieren.[22]

---

12 EuGH, WRP 2003, 735, 738 Tz. 36 = GRUR 2003, 604, 606 – Libertel.
13 BGH, GRUR 2010, 637, 638 Tz. 10 – Farbe gelb; BPatG, GRUR 2010, 71, 72 – Farbe Lila.
14 EuGH, GRUR 2004, 858, 859 Tz. 35 – Heidelberger Bauchemie GmbH.
15 BGH, WRP 2007, 73, 74 Tz. 13 = GRUR 2007, 55, 56 – Grün/Gelb II; BPatG, GRUR 2009, 157,
     159 – Orange/Schwarz IV.
16 BPatG, BeckRS 2011, 07985.
17 EuG, MarkenR 2011, 125 – Farbmarke lichtgrau/verkehrsrot.
18 BPatG, GRUR 2009, 157, 158 – Orange/Schwarz IV.
19 BPatG, MarkenR 2009, 164 – Farbmarke Gelb/Rot.
20 BPatG, BeckRS 2011, 20036.
21 BPatG, a. a. O.
22 Vgl. beispielhaft insoweit BPatG, a. a. O.

13 Bei *Hörmarken* sind die Anforderungen an die grafische Darstellung erfüllt, wenn das Zeichen durch ein in Takte gegliedertes Notensystem dargestellt wird, das insbesondere einen Notenschlüssel, Noten- und Pausenzeichen, deren Form ihren relativen Wert angeben, und ggf. Vorzeichen enthält.[23] Sofern eine Wiedergabe in der vorbeschriebenen Form nicht möglich ist, kommt eine Darstellung durch ein *Sonagramm* in Betracht.[24] Unzureichend sind demgegenüber bloße Beschreibungen des Hörzeichens durch Schriftsprache, Onomatopoetika und Notenfolgen ohne weitere Erläuterung.[25]

14 *Riechmarken* genügen den Anforderungen an die grafische Darstellung weder durch eine chemische Formel oder eine Beschreibung in Worten noch durch die Hinterlegung einer Geruchsprobe oder einer Kombination dieser Erfordernisse.[26] Unzureichend ist auch eine zweidimensionale Farbgrafik, da eine solche allenfalls für Parfümeure verständlich ist.[27] Ebenso ungenügend ist die Beschreibung „Duft einer reifen Erdbeere", die sich auf mehrere Sorten und demnach mehrere verschiedene Düfte beziehen kann und somit weder eindeutig noch präzise ist.[28]

15 Auch *Tastmarken* sind grafisch darstellbar. Voraussetzung dafür ist, dass der den Wahrnehmungsvorgang auslösende Gegenstand in seinen maßgeblichen Eigenschaften objektiv hinreichend bestimmt bezeichnet wird. Diesem Erfordernis kann bei einer Tastmarke, bei der ein Herkunftshinweis durch eine bestimmte, aus Vertiefungen bestehende Oberflächenstruktur eines Gegenstands über den Tastsinn vermittelt werden soll, dadurch genügt werden, dass präzise Angaben der Größenverhältnisse der Vertiefungen und Erhebungen sowie ihrer Anordnung zueinander erfolgen.[29] Bloße Abbildungen dürften nur dann genügen, wenn sich ihnen Eigenschaften des betreffenden Gegenstands entnehmen lassen, die der Verkehr mit individualisierbaren und aus diesem Grunde objektiv eindeutigen Tasteindrücken beim Betasten des abgebildeten Objekts verbindet.[30]

16 Das Erfordernis der Objektivierbarkeit aufgrund einer verbalen Beschreibung dürfte in der Regel auch der grafischen Darstellbarkeit von *Geschmacksmarken* entgegenstehen. Gleiches gilt für sog. *variable Marken*, deren Größenverhältnisse bzw. Proportionen sich je nach Art des gekennzeichneten Gegenstands ändern.[31] Nur in Einzelfällen hinreichend präzisierbar dürfte ferner die *Bewegungsmarke* sein. Ohne Weiteres einer schriftlichen (und hinreichend präzisen) Beschreibung zugänglich sind demgegenüber *Positionsmarken*, bei denen sich ein bestimmtes Zeichen wiederkehrend immer an der gleichen Stelle einer Ware befindet.

---

23 EuGH GRUR 2004, 54, 57 Tz. 62 – Shield Mark/Kist.
24 Vgl. *Ströbele/Hacker*, § 3 Rn. 68; zustimmend HABM, GRUR Int. 2004, 333, 334 Tz. 23 ff. – Geräuschmarken; MarkenR 2005, 541, 543 f. – Schallmarke Hexal.
25 EuGH, GRUR 2004, 54, 57 Tz. 59 ff. – Shield Mark/Kist.
26 EuGH, WRP 2003, 249, 254 Tz. 72 = GRUR 2003, 145, 149 – Sieckmann.
27 Vgl. HABM, GRUR Int. 2004, 857, 859 Tz. 19 – Duftmarke.
28 EuG, MarkenR 2005, 536, 539 f. Tz. 32–34 – Odeur de fraise mûre.
29 BGH, WRP 2007, 69, 71 Tz. 14 ff. = GRUR 2007, 148, 150 – Tastmarke.
30 BGH, WRP 2007, 69, 72 Tz. 23 = GRUR 2007, 148, 151 – Tastmarke.
31 BPatG, GRUR 2008, 416 – Variabler Strichcode.

v. Schultz

4. Gemeinschaftsmarkenrecht

Die GMV behandelt die grafische Darstellbarkeit eines Zeichens in Art. 4 als Frage der **17** abstrakten Markenfähigkeit eines Zeichens. Im Rahmen dieser Bestimmung weist der Begriff der grafischen Darstellbarkeit keine wesentlichen definitionsmäßigen Unterschiede gegenüber der entsprechenden Bestimmung des MarkenG in § 8 Abs. 1 auf. Die Prüfungsrichtlinien des HABM sehen eine weite Auslegung vor (Ziff. 8. 2.). In Abkehr von der anfänglich großzügigeren Spruchpraxis[32] ist die jüngere Spruchpraxis des HABM jedoch eher von der zurückhaltenden Beurteilung des EuGH geprägt.[33]

III. Absolute Schutzhindernisse (§ 8 Abs. 2)

1. Unterscheidungskraft (§ 8 Abs. 2 Nr. 1)

a) Begriff der Unterscheidungskraft

Anders als § 3 Abs. 1, der die Markenfähigkeit eines Zeichens nach ihrer *abstrakten Unter-* **18** *scheidungseignung* beurteilt, behandelt § 8 Abs. 2 Nr. 1 die Frage der *konkreten Unterscheidungskraft* eines Zeichens. Unterscheidungskraft i. S. d. § 8 Abs. 2 Nr. 1 ist die einer Marke innewohnende (konkrete) Eignung, vom Verkehr als Unterscheidungsmittel für bestimmte Waren oder Dienstleistungen eines Unternehmens gegenüber solchen anderer Unternehmen aufgefasst zu werden.[34] Denn die Hauptfunktion der Marke ist es, die Ursprungsidentität der gekennzeichneten Waren und Dienstleistungen zu gewährleisten.[35] Ein Wortzeichen darf also nicht lediglich aus einer glatt beschreibenden Bezeichnung wie z. B. „Stuhl" für die Warenangabe *Möbel* bestehen. Es darf sich ferner nicht um ein gebräuchliches Wort handeln, das stets nur als solches und nicht als Unterscheidungsmittel verstanden wird.[36] Entsprechendes gilt für Bildzeichen, die sich nicht lediglich in der naturgetreuen Abbildung der beanspruchten Ware selbst erschöpfen dürfen, soweit auch die Ware selbst keinerlei charakteristische Merkmale aufweist, in denen die angesprochenen Verkehrskreise einen Hinweis auf die betriebliche Herkunft sehen könnten.[37]

b) Abgrenzung Unterscheidungskraft/Allgemeininteresse an der Freihaltung beschreibender Angaben

Die Eintragungshindernisse des Fehlens jeglicher Unterscheidungskraft (§ 8 Abs. 2 Nr. 1) **19** und des Allgemeininteresses an der Freihaltung beschreibender Angaben (§ 8 Abs. 2 Nr. 2) sind schon begrifflich deutlich voneinander zu trennen. Dies entspricht allgemeiner

---

32 Z. B. Geruchsmarke „The smell of fresh cut grass" – HABM, MarkenR 1999, 142.

33 Vgl. HABM, GRUR Int. 2004, 333 – Geräuschmarken [roar of the lion]; GRUR Int. 2004, 857 – Duftmarke; vgl. a. EuG, MarkenR 2005, 536, 539 f. Tz. 27 ff. – Odeur de fraise mûre.

34 St. Rspr., vgl. EuGH, WRP 2010, 364, 368 Tz. 33 = GRUR 2010, 228, 229 – Audi [Vorsprung durch Technik]; BGH, WRP 2009, 439, 440 Tz. 10 = GRUR 2010, 1100 f. – TOOOR!; WRP 2010, 260, 262 Tz. 23 = GRUR 2010, 138, 140 – ROCHER-Kugel; GRUR 2009, 411 Tz. 8 – STREETBALL; WRP 2009, 960, 960 Tz. 9 = GRUR 2009, 952 f. – DeutschlandCard.

35 BGH, a. a. O.

36 BGH, MarkenR 2004, 39, 40 – Cityservice.

37 BGH, WRP 2004, 1040, 1042 = GRUR 2004, 683, 684 – Farbige Arzneimittelkapsel.

Auffassung. Während es bei der Unterscheidungskraft um die Frage geht, ob beachtliche Teile der *angesprochenen Verkehrskreise* in einer Marke einen betrieblichen Herkunftshinweis erkennen, kommt es beim Allgemeininteresse an der Freihaltung beschreibender Angaben auf die Frage an, ob die *Mitbewerber* das jeweilige Zeichen zur Beschreibung oder Bestimmung ihrer Waren oder Dienstleistungen oder deren Eigenschaften benötigen. Bei der Beurteilung des Allgemeininteresses kommt es also auf die Sicht der Mitbewerber, nicht der beteiligten Verkehrskreise an. In der Praxis sind häufig beide Schutzhindernisse nebeneinander gegeben, doch kann die Eintragung einer Marke auch ohne Bestehen eines Freihaltebedürfnisses an der fehlenden Unterscheidungskraft scheitern.[38] Umgekehrt kann die Eintragung einer an sich unterscheidungskräftigen Marke auch am Vorliegen eines Allgemeininteresses an der Freihaltung beschreibender Angaben scheitern.[39]

20 Nicht mit dem Allgemeininteresse an der Freihaltung beschreibender Angaben nach § 8 Abs. 2 Nr. 2 zu verwechseln ist ferner der Umstand, dass die Rechtsprechung verlangt, dass § 8 Abs. 2 Nr. 1 im Lichte des Allgemeininteresses auszulegen ist, das dem Schutzhindernis zugrunde liegt.[40] Das *Allgemeininteresse* ist vom Freihaltungsinteresse nach § 8 Abs. 2 Nr. 2 strikt zu trennen. Auch dürfen Erwägungen im Hinblick auf ein mögliches Freihaltungsinteresse nach § 8 Abs. 2 Nr. 2 nicht zu erhöhten Anforderungen an das Vorliegen der Unterscheidungskraft i. S. d. § 8 Abs. 2 Nr. 1 führen.[41]

c) Umfang der erforderlichen Unterscheidungskraft

21 Nach dem Gesetzeswortlaut sind solche Marken von der Eintragung ausgeschlossen, denen für die konkreten Waren oder Dienstleistungen *jegliche* Unterscheidungskraft fehlt (vgl. Art. 3 Abs. 1 lit. b) Markenrechtsrichtlinie und Art. 7 Abs. 1 lit. b) GMV: „die *keine* Unterscheidungskraft haben"; Art. 6[quinquies] B Nr. 2 PVÜ: „wenn die Marken *jeder* Unterscheidungskraft entbehren"). § 8 Abs. 2 Nr. 1 ist damit so formuliert, dass jede, wenn auch noch so geringe Unterscheidungskraft ausreicht, um dieses Schutzhindernis zu überwinden.[42] Die Zurückweisung einer Marke wegen fehlender Unterscheidungskraft kann deshalb nur in eindeutigen Fällen in Betracht kommen.[43] Der Begriff der Unterscheidungskraft ist somit in dem Sinne großzügig auszulegen, dass eine Marke unterscheidungskräftig ist, wenn ihr für die angemeldeten Waren oder Dienstleistungen *irgendeine* Unterscheidungskraft zukommt.[44]

22 In der früheren Rechtsprechung des BPatG zum MarkenG hat das Gebot einer großzügigen Auslegung des Schutzhindernisses der Unterscheidungskraft zunächst nur selten Ausdruck

---

38 BPatG, GRUR 1993, 670, 671 – Diva; BPatG, GRUR 1998, 706, 708 – Montre I.
39 BPatGE 16, 244 – Weisel; BPatG, Mitt. 1975, 13 – FLINT; BPatG, GRUR 2002, 263, 264 – Avena.
40 Vgl. EuGH, GRUR 2008, 608, 610 Tz. 55 – EUROHYPO; BGH, WRP 2009, 439, 439 Tz. 7 = GRUR 2009, 411 – STREETBALL; GRUR 2010, 637, 638 Tz. 12 – Farbe gelb.
41 St. Rspr., vgl. EuGH, GRUR 2008, 608, 610 Tz. 55 ff. – EUROHYPO; BGH, WRP 2009, 439, 439 Tz. 7 = GRUR 2009, 411 – STREETBALL; WRP 2001, 1205, 1206 = GRUR 2001, 1042, 1043 – REICH UND SCHOEN; WRP 2001, 1202, 1204 = GRUR 2001, 1043, 1045 – Gute Zeiten – Schlechte Zeiten.
42 Begründung zum Gesetzentwurf, BlPMZ Sonderheft 1994, 70.
43 Begründung zum Gesetzentwurf, a. a. O.
44 Zutreffend: *Fezer*, § 8 Rn. 41.

v. Schultz

gefunden.[45] Zumeist wurde – zunächst auch seitens des BGH – darauf hingewiesen, dass § 8 Abs. 2 Nr. 1 keine Änderung gegenüber der Rechtslage nach dem WZG (§ 4 Abs. 2 Nr. 1) enthalte.[46] Inzwischen hat sich in der höchstrichterlichen Rechtsprechung jedoch das Gebot einer der Begründung zum Gesetzentwurf entsprechenden *großzügigen Handhabung* des Begriffs der Unterscheidungskraft durchgesetzt.[47] Danach gilt, dass bei der Beurteilung der einer Marke innewohnenden (konkreten) Eignung, vom Verkehr als Unterscheidungsmittel für die angemeldeten Waren oder Dienstleistungen eines Unternehmens gegenüber solchen anderer Unternehmen aufgefasst zu werden, von einem großzügigen Maßstab auszugehen ist. Jede auch noch so geringe Unterscheidungskraft reicht aus, um das Schutzhindernis zu überwinden.[48] Das BPatG hat seine zwischenzeitliche Tendenz, das Schutzhindernis des § 8 Abs. 2 Nr. 1 restriktiv zu handhaben[49] nach deutlicher Kritik des BGH[50] nicht weiterverfolgt, wenngleich die verschiedenen Senate des BPatG in der praktischen Handhabung der Prüfung des Schutzhindernisses des § 8 Abs. 2 Nr. 1 nach wie vor unterschiedlich strenge Maßstäbe anwenden.

Aus dem Postulat der großzügigen Handhabung des Begriffs der Unterscheidungskraft ergibt sich ferner, dass für die Erfüllung dieses Merkmals insbesondere auch keine *besondere Originalität* gefordert werden kann.[51] Auch muss das Zeichen nicht *eigenartig* sein[52] und auch keinen *weitreichenden fantasievollen Überschuss* aufweisen.[53] **23**

Die großzügige Handhabung des Begriffs der Unterscheidungskraft gilt im Sinne eines einheitlichen Verständnisses dieses Begriffs für alle Markenformen. Insbesondere auch an die Unterscheidungskraft von neuen Markenformen wie z. B. Farbmarken[54] und dreidimensionalen Marken, welche die Form der Ware selbst darstellen,[55] dürfen keine höheren Anforderungen gestellt werden als bei herkömmlichen Markenformen wie z. B. Wort- oder Bildmarken.[56] Dies schließt indes nicht aus, dass die Unterscheidungskraft einer jeden Markenform im Lichte des jeweiligen *wettbewerblichen Umfeldes* zu beurteilen ist. Dies hat etwa dazu geführt, dass der EuGH bei Warenformmarken ein *erhebliches* Abweichen von der **24**

---

45 Vgl. BPatG, GRUR 1996, 499, 500 – Paradies; BPatG, GRUR 1995, 814 – Absperrpoller.

46 BGH, WRP 1995, 617 = GRUR 1995, 410 – TURBO; BGH, WRP 1996, 1160, 1161 = GRUR 1996, 771, 772 – THE HOME DEPOT; vgl. a. BGH, GRUR 1997, 366, 367 – quattro II.

47 BlPMZ Sonderheft 1994, S. 70.

48 BGH, WRP 1999, 1167, 1168 = GRUR 1999, 1089, 1091 – YES; WRP 1999, 1169, 1171 = GRUR 1999, 1093, 1094 – FOR YOU; WRP 1999, 1173, 1174 = GRUR 1999, 1096, 1097 – ABSOLUT; WRP 2000, 739 = GRUR 2000, 720 – Unter Uns; MarkenR 2000, 264 – LOGO; WRP 2000, 1290, 1291 = GRUR 2001, 56, 57 – Likörflasche; WRP 2001, 157 = GRUR 2001, 240 – SWISS ARMY; WRP 2004, 1040, 1042 = GRUR 2004, 683, 684 – Farbige Arzneimittelkapsel; WRP 2005, 490, 492 = GRUR 2005, 417, 418 – BerlinCard; WRP 2010, 1504, 1505 Tz. 10 = GRUR 2010, 1100 f. – TOOOR!; MarkenR 2012, 19 Tz. 8 – Link economy.

49 Vgl. BPatG, GRUR 2008, 430, 431 – My World in Reaktion auf EuGH, GRUR 2004, 680 – BIOMILD; GRUR 2003, 58 – Companyline; GRUR 2004, 674 – POSTKANTOOR.

50 Vgl. insbesondere BGH, WRP 2009, 963, 964 Tz. 11 = GRUR 2009, 949, 950 – My World; WRP 2010, 260, 262 Tz. 23 = GRUR 2010, 138, 140 – ROCHER-Kugel.

51 BGH, WRP 2000, 1290, 1291 = GRUR 2001, 56, 58 – Likörflasche.

52 BPatG, GRUR 2005, 327, 329 – Waschmitteltablette.

53 BPatG, GRUR 2004, 333 – ZEIG DER WELT DEIN SCHÖNSTES LÄCHELN.

54 BGH, WRP 2004, 1040, 1042 = GRUR 2004, 683, 684 – Farbige Arzneimittelkapsel.

55 EuGH, WRP 2003, 627, 631 Tz. 46 = GRUR 2003, 514, 517 – Linde, Winward u. Rado; BGH, WRP 2004, 752, 754 = GRUR 2004, 502, 504 – Gabelstapler II.

56 Vgl. a. BPatG, MarkenR 2006, 83, 85 – zweifarbige Farbkombination Dunkelblau/Hellblau.

Norm oder der Branchenüblichkeit fordert, um einer Marke die erforderliche Herkunfts-kennzeichnungsfunktion zusprechen zu können.[57]

d) Beurteilung des konkreten Zeichens

25 Bei der Prüfung der Unterscheidungskraft ist immer das konkrete Zeichen *als Ganzes* in der Form, in der es dem Verkehr entgegentritt, zu beurteilen.[58] Nur wenn das Zeichen sowohl als Gesamtheit als auch hinsichtlich sämtlicher Bestandteile jeglicher Unterscheidungskraft entbehrt, kommt das Schutzhindernis zur Anwendung. Von Bedeutung ist dies insbesondere bei kombinierten oder zusammengesetzten Zeichen, bei denen ein Bestandteil (möglicherweise auch der optisch auffälligere) jeglicher Unterscheidungskraft entbehrt, wohingegen der andere Bestandteil durchaus unterscheidungskräftig sein kann. Ein typisches Beispiel für diese Fallkonstellation ist eine Wort-/Bildmarke mit schutzunfähigem Wortbestandteil und unterscheidungskräftigem Bildbestandteil. Auch die bildhafte Verfremdung eines Wortes kann das Schutzhindernis der fehlenden Unterscheidungskraft ausräumen.[59] Im Verletzungsprozess ist dies allerdings entsprechend bei der Definition des Schutzbereichs der betreffenden Marke zu berücksichtigen; ein Verbietungsanspruch gegenüber anderen Marken mit identischem Wortbestandteil wird sich in diesen Fällen häufig nur bejahen lassen, wenn ausreichende Ähnlichkeiten auch hinsichtlich der bildhaften Verfremdung gegeben sind.[60]

26 Unter Berücksichtigung des Grundsatzes, dass eine Marke immer in derjenigen Form zu beurteilen ist, in der sie dem Verkehr entgegentritt, findet bei der Prüfung der Unterscheidungskraft insbesondere auch keine *analysierende* oder *zergliedernde* Betrachtungsweise statt, im Wege derer sich ein denkbarer beschreibender Gehalt nur in mehreren gedanklichen Schriften ermitteln lässt.[61] Dies schließt eine gesonderte Prüfung der einzelnen Wort-oder sonstigen Bestandteile einer Marke nicht aus; jedoch muss die Unterscheidungskraft auf der *Gesamtwahrnehmung* der Marke beruhen, nicht aber auf der Vermutung, dass Bestandteile, die isoliert betrachtet nicht unterscheidungskräftig sind, auch im Fall ihrer Kombination nicht unterscheidungskräftig werden können.[62] Der Ausschluss einer analysieren-

---

57 EuGH, WRP 2004, 475, 479 Tz. 49 = GRUR 2004, 428, 431 – Henkel.
58 BGH, GRUR 2011, 65, 66 Tz. 10 – Buchstabe T mit Strich; WRP 2001, 35, 36 = GRUR 2001, 162, 163 – RATIONAL SOFTWARE CORPORATION; WRP 2001, 1082, 1083 = GRUR 2001, 1151, 1152 – marktfrisch.
59 BGH, GRUR 1991, 136 – NEW MAN; WRP 1998, 185 = GRUR 1998, 394 – Active Line; BPatG, MarkenR 2000, 285 – Immo-Börse; GRUR 2004, 336, 338 f. – beauty24.de; GRUR 2004, 873, 874 – FRISH.
60 BGH, WRP 2004, 1173, 1174 = GRUR 2004, 778, 779 – URLAUB DIREKT; BPatG, GRUR 2004, 873, 874 – FRISH.
61 BGH, MarkenR 2012, 19, 20 Tz. 12 – Link economy; WRP 2009, 960, 962 Tz. 19 = GRUR 2009, 952 f. – DeutschlandCard; WRP 1999, 1167, 1168 = GRUR 1999, 1089, 1091 – YES; WRP 1999, 1169, 1171 = GRUR 1999, 1093, 1094 – FOR YOU; WRP 2000, 300, 302 = GRUR 2000, 323, 324 – Partner with the Best; WRP 2000, 520, 522 = GRUR 2000, 502, 503 – St. Pauli Girl; WRP 2001, 35, 36 = GRUR 2001, 162, 163 – RATIONAL SOFTWARE CORPORATION; WRP 2001, 1082, 1083 = GRUR 2001, 1151, 1152 – marktfrisch; BPatG, GRUR 2005, 337, 339 – VISAGE; vgl. a. EuGH, WRP 2004, 475, 479 Tz. 53 = GRUR Int. 2004, 413, 417 – Waschmittelflasche; GRUR 2003, 58, 60 Tz. 24 – Companyline; GRUR Int. 2004, 635, 638 f. Tz. 44 – Dreidimensionale Tablettenform II.
62 EuGH, GRUR Int. 2005, 1012, 1014 Tz. 29 – BioID; GRUR 2004, 943, 945 Tz. 35 – SAT.2.

den Betrachtungsweise kann im Einzelfall jedoch auch zur Vernachlässigung eines im Gesamtzeichen visuell zurücktretenden Bestandteils bei der Beurteilung der Unterscheidungskraft führen.

e) Konkrete Waren/Dienstleistungen

Bei der Unterscheidungskraft i. S. d. § 8 Abs. 2 Nr. 1 ist die Frage der Unterscheidungseignung eines Zeichens in Abgrenzung zur abstrakten Unterscheidungskraft i. S. d. § 3 Abs. 1 konkret im Hinblick auf diejenigen Waren oder Dienstleistungen zu beurteilen, für die das Zeichen Schutz beansprucht.[63] Zu fragen ist also, ob das Zeichen gerade im Hinblick auf diese Waren oder Dienstleistungen unterscheidungskräftig ist. Daraus folgt, dass ein Zeichen für einzelne Waren oder Dienstleistungen durchaus unterscheidungskräftig sein kann, wohingegen ihm im Hinblick auf andere Waren oder Dienstleistungen jede Unterscheidungskraft fehlen kann.[64]

27

f) Beteiligte Verkehrskreise

Für die Beurteilung des Schutzhindernisses der fehlenden Unterscheidungskraft kommt es ausschließlich auf die Auffassung der beteiligten bzw. angesprochenen inländischen Verkehrskreise an.[65] Auf die Auffassung ausländischer Verkehrskreise kommt es dagegen nicht an. Maßgeblich ist die Auffassung *aller* beteiligten bzw. angesprochenen Verkehrskreise. Das sind diejenigen Verkehrskreise, die mit den Waren oder Dienstleistungen, für die eine Marke konkret Schutz beansprucht, in Berührung kommen. Dazu gehören neben den Händlern (auf sämtlichen Handelsstufen) vornehmlich die Endabnehmer, an die sich die konkreten Waren und Dienstleistungen wenden. Richtet sich eine Marke aufgrund der beanspruchten Waren oder Dienstleistungen an breite Verkehrskreise, ist für die Beurteilung der erforderlichen Unterscheidungskraft auf das Verständnis eines *durchschnittlich informierten, aufmerksamen und verständigen Verbrauchers* abzustellen.[66] Je nach der Art der konkret beanspruchten Waren oder Dienstleistungen können die maßgeblichen Verkehrskreise unterschiedlich zu bestimmen sein.[67] In Einzelfällen kann zur Ermittlung der maßgeblichen Verkehrsauffassung ausschließlich auf die Auffassung des mit den konkret beanspruchten Waren oder Dienstleistungen in Berührung kommenden *Fachverkehrs* ab-

28

---

63 EuGH, GRUR Int. 2004, 500, 505 Tz. 71 – POSTKANTOOR; BGH, WRP 2009, 963, 964 Tz. 13 = GRUR 2009, 949, 950 – My World; WRP 2010, 1504, 1505 Tz. 10 = GRUR 2010, 1100 f. – TOOOR!

64 Anschaulich BGH, WRP 2010, 1504, 1505 Tz. 10 = GRUR 2010, 1100 f. – TOOOR!; WRP 2001, 1202 = GRUR 2001, 1043 – Gute Zeiten-Schlechte Zeiten; BGH, WRP 2001, 1205 = GRUR 2001, 1042 – REICH UND SCHOEN; BPatG, GRUR 2005, 948, 953 – FUSSBALL WM 2006.

65 BGH, GRUR 1989, 666, 667 – Sleepover; WRP 1994, 747, 748 = GRUR 1994, 730, 731 – VALUE; GRUR 1994, 803, 804 – TRILOPIROX; GRUR 1995, 408, 409 – PROTECH.

66 EuGH, GRUR 2008, 608, 611 Tz. 67 – EUROHYPO; GRUR 2006, 1022, 1023 Tz. 25 – Wicklerform; GRUR 2006, 233, 234 Tz. 25 – Standbeutel; WRP 2004, 722, 723 Tz. 47 = GRUR Int. 2004, 631, 632– Henkel/HABM – Dreidimensionale Tablettenform I; WRP 2004, 475, 479 Tz. 50 = GRUR Int. 2004, 413, 417 – Waschmittelflasche; BGH, WRP 2010, 1504, 1505 Tz. 10 = GRUR 2010, 1100 f. – TOOOR!; WRP 2009, 439 Tz. 8 = GRUR 2009, 411 – STREETBALLL; WRP 2009, 960 Tz. 9 = GRUR 2009, 952 – DeutschlandCard; WRP 2000, 535, 539 = GRUR 2000, 506, 508 – ATTACHÉ/TISSERAND.

67 BGH, GRUR 2000, 506, 508 – ATTACHÉ/TISSERAND.

zustellen sein.[68] Dies kommt jedoch nur in Betracht, wenn die Endabnehmer mit den betreffenden Waren oder Dienstleistungen nicht befasst werden.

29 Als Grundlage für die Ermittlung der maßgeblichen Verkehrsauffassung kommen alle üblichen Erkenntnisquellen in Betracht wie z.B. Lexika, Wörter- und Fachwörterbücher, Aufsätze, Kataloge, Unternehmensbroschüren, Kataloge sowie insbesondere Werbebeispiele. Von zentraler Bedeutung sind inzwischen Internetrecherchen geworden, die sowohl von den Markenstellen beim DPMA als auch von den Senaten des BPatG durchgeführt werden. Verkehrsbefragungen zur Ermittlung der maßgeblichen Verkehrsauffassung werden im registerrechtlichen, auf eine rasche Erledigung einer Vielzahl von Anmeldungen angelegten Eintragungsverfahren nicht durchgeführt.[69] Eine vom Anmelder in das Eintragungsverfahren eingeführte Verkehrsbefragung darf allerdings nicht unberücksichtigt bleiben.[70]

g) Geteilte Verkehrsauffassung

30 Die für die Beurteilung der Unterscheidungskraft maßgebliche Verkehrsauffassung ist häufig nicht einheitlich. Denn während ein Teil der beteiligten Verkehrskreise in einem Zeichen eine reine Fantasiemarke erkennen wird, wird ein anderer Teil des Verkehrs – möglicherweise auch aufgrund besonderer Kenntnisse – von einer nicht unterscheidungskräftigen Sachbezeichnung ausgehen.[71] In solchen Fällen der *geteilten Verkehrsauffassung* verlangt die Rechtsprechung, dass zumindest *beachtliche* Teile der angesprochenen Verkehrskreise die Marke als unterscheidungskräftig ansehen.[72] Eine vernachlässigenswerte Minderheit genügt demgegenüber nicht.[73] Die Definition der *beachtlichen* Verkehrskreise kann im Einzelfall Schwierigkeiten bereiten. Dabei kommt es nicht allein auf das rein zahlenmäßige Verhältnis beider Teile des Verkehrs an. Vielmehr ist eine *wertende Betrachtung* angezeigt.[74] Dementsprechend kann auch nicht ohne Weiteres verlangt werden, dass mindestens 50% der beteiligten Verkehrskreise mit dem jeweiligen Zeichen einen Herkunftshinweis verbinden.[75]

h) Übliche Kennzeichnungsgewohnheiten

31 Verschiedentlich kann sich, so z.B. bei Portraitfotos oder anderen naturgetreuen Abbildungen bekannter Personen,[76] aber auch bei Wortmarken[77] die Frage stellen, ob und welche

---

68 BGH, GRUR 1994, 805, 807 – Alphaferon.
69 BPatGE 32, 237, 239 – Z-TECH; BGH, GRUR 1989, 421, 422 – Conductor.
70 Vgl. BPatG, GRUR 1996, 489, 490 – Hautactiv.
71 Vgl. instruktiv – allerdings zur GMV – BGH, GRUR 2004, 947 – Gazoz („Gazoz" als türkisches Wort für „Brause").
72 BGH, GRUR 1994, 805, 807 – Alphaferon; BPatG, GRUR 1995, 734, 736 – While You Wait; vgl. a. BGH, GRUR 1969, 345, 347 – red white.
73 BGH, GRUR 1994, 805, 807 – Alphaferon; GRUR 1969, 345, 346 – red white; zu weitgehend und dogmatisch fragwürdig BPatG, GRUR 1996, 489, 490 – Hautactiv.
74 BGH, WRP 2004, 1364, 1365 = GRUR 2004, 947, 948 – Gazoz: Beachtlichkeit des Verkehrsverständnisses des türkischsprachigen Teils des Publikums, das die Hälfte des im konkreten Fall angesprochenen Verkehrs ausmachte.
75 A.A. *Ströbele/Hacker*, § 8 Rn. 104.
76 BGH, WRP 2008, 1428 = GRUR 2008, 1093 – Marlene-Dietrich-Bildnis I; WRP 2010, 1149 = GRUR 2010, 825 – Marlene-Dietrich-Bildnis II.
77 BGH, WRP 2010, 1504 = GRUR 2010, 1100 – TOOOR!.

Formen der Verwendung des Zeichens nach den üblichen Kennzeichnungsgewohnheiten in Betracht kommen. Aus Sicht des BGH ist die Herkunftseignung jedenfalls dann nicht zu verneinen, wenn es „praktisch bedeutsame und nahe liegende Möglichkeiten" gibt, das Zeichen nach der Art eines Herkunftshinweises zu benutzen.[78] Der Begriff der „üblichen Kennzeichnungsgewohnheiten" ist umfassend zu verstehen; eine restriktive Auslegung ist nicht sachgerecht.

i) Ergänzende Prüfungsmaßstäbe

Die Prüfung der konkreten Unterscheidungskraft i. S. d. § 8 Abs. 2 Nr. 1 ist eine Einzelfall- **32** betrachtung. Gegenstand der Prüfung ist das gesamte Zeichen in der Form, in der es dem Verkehr entgegentritt.[79] Die Bejahung des Schutzhindernisses der fehlenden Unterscheidungskraft darf sich nur auf konkrete Feststellungen stützen. Dementsprechend sind formelhafte Vermutungen oder Unterstellungen, die nicht auf konkrete Tatsachen gegründet sind, nicht geeignet, das Fehlen der Unterscheidungskraft zu begründen.

Für die Prüfung der Unterscheidungskraft ist es ohne jede Bedeutung, wer Inhaber der je- **33** weiligen Marke ist.[80] Grundlage der Prüfung ist mithin allein das angemeldete Zeichen als solches.

j) Relevanter Zeitpunkt für die Beurteilung der Unterscheidungskraft

Für die Beurteilung, ob einem Zeichen jegliche Unterscheidungskraft fehlt, ist nach stän- **34** diger Rechtsprechung der Zeitpunkt der Eintragung des Zeichens maßgebend.[81] Eine Eintragung kommt demgemäß auch dann in Betracht, wenn dem Zeichen zum Zeitpunkt der Anmeldung das Schutzhindernis fehlender Unterscheidungskraft entgegenstand, dieses Hindernis später jedoch weggefallen ist. In diesen Fällen kann allerdings eine Prioritätsverschiebung auf den Zeitpunkt desjenigen Tages angezeigt sein, an dem das Schutzhindernis weggefallen ist.

k) Sonderproblem: Berücksichtigung von Voreintragungen

Ein Sonderproblem bei der Frage der Unterscheidungskraft nach § 8 Abs. 2 Nr. 1 (wie auch **35** bei der Frage des Allgemeininteresses an der Freihaltung beschreibender Angaben nach § 8 Abs. 2 Nr. 2) ist die Frage der Berücksichtigung von identischen oder ähnlichen Voreintragungen. Diese Frage stellt sich insbesondere dann, wenn ein Zeichen wegen fehlender Unterscheidungskraft zurückgewiesen wird, der Anmelder jedoch auf die Existenz von *eingetragenen* identischen oder ähnlichen Zeichen verweisen kann. Die bisherige Recht-

---

78 BGH, WRP 2008, 1428, 1431 Tz. 22 = GRUR 2008, 1093, 1096 – Marlene-Dietrich-Bildnis I; WPR 2010, 1149, 1152 Tz. 21 = GRUR 2010, 825, 827 . – Marlene-Dietrich-Bildnis II; WRP 2010, 1504, 1507 Tz. 28 = GRUR 2010, 1100, 1102 – TOOOR!; BPatG, BeckRS 2010, 06996 – In Kölle jebore; BeckRS 2010, 06995 – In Kölle doheim; BeckRS 2010, 27933 – Hochkant stehendes Rechteck.
79 BGH, WRP 2001, 35, 36 = GRUR 2001, 162, 162 – RATIONAL SOFTWARE CORPORATION.
80 BGH, WRP 2006, 475 = GRUR 2006, 503 – CASINO BREMEN; BPatG, BeckRS 2011, 24150 – Melodien der Herzen.
81 BPatG, GRUR 2011, 232, 234 – Gelbe Seiten.

sprechung hatte insoweit eine Bindungswirkung verneint, eine Indizwirkung – insbesondere bei identischen Voreintragungen – aber bejaht.[82] In einer grundlegenden Entscheidung vom 12. Februar 2009 hat sich der EuGH nun zu diesem Fragenkreis geäußert.[83]

36 Nach Auffassung des EuGH darf die Prüfung der einem Zeichen möglicherweise entgegenstehenden Eintragungshindernisse nicht abstrakt erfolgen. Vielmehr ist die Schutzfähigkeit einer Marke konkret unter Berücksichtigung ihrer Eigenschaften darauf zu prüfen, ob ein Eintragungshindernis ihrer Eintragung entgegensteht.[84] Somit kommt es für die Frage, ob einer Markenanmeldung ein Eintragungshindernis entgegensteht, allein darauf an, ob die tatbestandlichen Vorausetzungen eines der gesetzlich geregelten Schutzhindernisse gegeben sind.[85] Nicht maßgebend ist demgegenüber der Umstand, dass in der Vergangenheit identische oder ähnliche Zeichen als Marken eingetragen worden sind.[86] Identische oder ähnliche Voreintragungen sind zwar im Rahmen der Prüfung zu „berücksichtigen", ob in gleichem Sinne zu entscheiden ist oder nicht;[87] eine Bindung an die frühere Entscheidung besteht jedoch nicht.[88] Dies gilt erst recht, wenn sich der Anmelder auf eine *ausländische* identische Voreintragung beruft.[89]

37 Die deutsche Rechtsprechung hat sich der EuGH-Entscheidung *Bild.T-Online.de u. ZVS [Schwabenpost]* sogleich angeschlossen.[90] Danach steht nunmehr fest, dass das DPMA zwar gehalten ist, seine früheren Entscheidungen in vergleichbaren und gleichgelagerten Fällen in die Prüfung der Schutzfähigkeit eines Zeichens mit einzubeziehen (dies schon im Hinblick auf das Verbot einer wettbewerbsverzerrenden Diskriminierung);[91] eine *Bindung* an frühere Entscheidungen, geschweige denn ein Anspruch auf Eintragung aufgrund früherer Amtsentscheidungen ist jedoch ausgeschlossen.

l) Unterscheidungskraft in Fallgruppen

38 Die Spruchpraxis des BGH und des BPatG zum Eintragungshindernis der fehlenden konkreten Unterscheidungskraft i. S. d. § 8 Abs. 2 Nr. 1 erlaubt eine Untergliederung in folgende Fallgruppen:

aa) Wortmarken

(1) Wörter

39 Die häufigste Erscheinungsform einer Marke ist die Wortmarke, also eine Marke, die lediglich Wortbestandteile und keine sonstigen (z. B. Bild-)Bestandteile aufweist (zum Be-

---

82 EuGH, GRUR Int. 2004, 500, 504 Tz. 43 f. – Postkantoor; BGH, WRP 2005, 889, 893 = GRUR 2005, 578, 580 – Lokmaus.
83 EuGH, GRUR 2009, 667 – Bild.T-Online.de u. ZVS [Schwabenpost].
84 EuGH, GRUR 2009, 667, 668 Tz. 14 – Bild.T-Online.de u. ZVS [Schwabenpost].
85 BGH, WRP 2011, 347, 348 Tz. 10 = GRUR 2011, 230, 231 – SUPERgirl.
86 EuGH, a. a. O. Tz. 15.
87 BGH, WRP 2011, 347, 348 Tz. 10 = GRUR 2011, 230, 231 – SUPERgirl.
88 EuGH, GRUR 2009, 667, 668 Tz. 17 – Bild.T-Online. de u. ZVS [Schwabenpost].
89 EuGH, a. a. O.
90 BGH, WRP 2011, 347 = GRUR 2011, 230 – SUPERgirl; BPatG, GRUR 2009, 1173 – Freizeit-Rätsel-Woche; MarkenR 2010, 145 – Linuxwerkstatt; GRUR 2010, 425 – Volksflat.
91 Vgl. BPatG, GRUR 2009 1173, 1175 – Freizeit-Rätsel-Woche.

griff der *Wortmarke* s.o. § 3 Rn. 3). Grundsätzlich fehlt einer Wortmarke *jegliche* Unterscheidungskraft, wenn ihr ein für die fraglichen Waren oder Dienstleistungen im Vordergrund stehender beschreibender Begriffsinhalt zugeordnet werden kann[92] oder wenn es sich um ein gebräuchliches Wort der deutschen Sprache oder einer bekannten Fremdsprache handelt, das vom Verkehr – etwa auch wegen einer entsprechenden Verwendung in der Werbung – stets nur als solches und nicht als Unterscheidungsmittel verstanden wird.[93] Bei Angaben, die sich auf Umstände beziehen, die die Ware oder Dienstleistung selbst nicht unmittelbar betreffen, kann die Unterscheidungskraft nur verneint werden, wenn durch die Angabe ein enger beschreibender Bezug zu den angemeldeten Waren oder Dienstleistungen hergestellt wird.[94] Bei dieser Beurteilung ist ausnahmslos von einem großzügigen Maßstab auszugehen, weshalb auch jede noch so geringe Unterscheidungskraft ausreicht, um das Schutzhindernis des § 8 Abs. 2 Nr. 1 zu überwinden (s.o. Rn. 21–24). Auch ist zu berücksichtigen, dass der Verkehr ein als Marke verwendetes Zeichen in aller Regel so aufnimmt, wie es ihm entgegentritt. Eine zergliedernde oder analysierende Betrachtungsweise findet nicht statt (s.o. Rn. 26). Der Begriff der Unterscheidungskraft verlangt schließlich auch keine *besondere Originalität* oder einen *fantasievollen Überschuss* (s.o. Rn. 23).

(a) Unmittelbar beschreibende Wortmarken

Beschreibend sind Marken, die die angemeldeten Waren oder Dienstleistungen *unmittel-* **40** *bar* beschreiben,[95] also einen im Vordergrund stehenden beschreibenden Begriffsinhalt aufweisen, der für die in Frage stehenden Waren oder Dienstleistungen ohne Weiteres und ohne Unklarheiten als solcher erfasst wird.[96] Unmittelbar beschreibend ist z.B. die Angabe „Cityservice" i.V.m. Informationen über die in einer Stadt angebotenen Dienstleistungen und ihre Anbieter.[97] Unmittelbar beschreibend ist ferner der Slogan „Hier sind Sie sicher" i.V.m. Versicherungsdienstleistungen.[98] Beschreibend ist auch die Angabe „Gourmet", die als Qualitätsangabe für Speisen und Getränke verstanden wird.[99]

---

92 EuGH, GRUR 2004, 674, 678 Tz. 86 – POSTKANTOOR; BGH, WRP 2005, 490, 491 = GRUR 2005, 417, 418 – BerlinCard; WRP 2006, 1121, 1125 Tz. 19 = GRUR 2006, 850, 854 – FUSSBALL WM 2006; WRP 2009, 960, 961 Tz. 10 = GRUR 2009, 952, 953 – DeutschlandCard; BPatG, BeckRS 2011, 01094 – Das Örtliche.

93 BGH, WRP 2009, 960, 961 Tz. 10 = GRUR 2009, 952, 953 – DeutschlandCard; WRP 2009, 963, 966 Tz. 27 = GRUR 2009, 949, 951 – My World; WRP 2006, 1121, 1125 Tz. 19 = GRUR 2006, 850, 854 – FUSSBALL WM 2006; WRP 2003, 1429, 1430 = GRUR 2003, 1050, 1051 – Cityservice; WRP 2002, 1281, 1282 = GRUR 2002, 1070, 1071 – Bar jeder Vernunft; BGH, WRP 2001, 1445, 1446 = GRUR 2002, 64 – INDIVIDUELLE; WRP 2003, 519, 520 = GRUR 2003, 342, 343 – Winnetou; BPatG, GRUR-RR 2010, 197 – Tageskarte; BeckRS 2011, 01094 – Das Örtliche.

94 BGH, WRP 2009, 960, 961 Tz. 10 = GRUR 2009, 952, 953 – DeutschlandCard; WRP 2006, 1121, 1125 Tz. 19 = GRUR 2006, 850, 854 – FUSSBALL WM 2006; WRP 2005, 490, 492 = GRUR 2005, 417, 419 – BerlinCard; vgl. a. BGH, WRP 1998, 492, 493 = GRUR 1998, 465, 468 – BONUS II.

95 Z.B. BGH, WRP 2001, 1082, 1083 = GRUR 2001, 1151, 1152 – marktfrisch; WRP 2001, 1201, 1202 = GRUR 2001, 1153, 1154 – anti Kalk.

96 BGH, WRP 2009, 960, 961 Tz. 10 = GRUR 2009, 952, 953 – DeutschlandCard; WRP 2009, 439, 439 Tz. 9 = GRUR 2009, 411 – STREETBALL; WRP 2006, 1121, 1125 Tz. 19 = GRUR 2006, 850, 854 – FUSSBALL WM 2006; WRP 2005, 490, 492 = GRUR 2005, 417, 418 – BerlinCard.

97 BGH, WRP 2003, 1429, 1430 = GRUR 2003, 1050, 1051 – Cityservice.

98 BPatG, BeckRS 2009, 01139.

99 BPatG, BeckRS 2010, 22443.

41   Ein beschreibender Charakter fehlt demgegenüber Wörtern, bei denen es zur Vermittlung eines hinreichend bestimmten Sinngehalts der Hinzufügung weiterer sinntragender Wörter bedarf, die die beanspruchten Waren oder Dienstleistungen inhaltlich beschreiben.[100] In Alleinstellung vermitteln derartige Wörter nämlich häufig nur unklare, verschwommene Assoziationen ohne konkret warenbeschreibenden Inhalt.[101]

42   Am beschreibenden Charakter einer Marke kann es ferner auch in Fällen der *Mehrdeutigkeit* fehlen.[102] Eine Mehrdeutigkeit in einem die Unterscheidungskraft begründenden Sinne setzt allerdings voraus, dass eine Mehrheit von Bedeutungen nebeneinander in Betracht kommt. Dies ist entscheidend unter Berücksichtigung der beanspruchten Waren, im Zusammenhang mit denen die betreffende Marke dem Verkehr begegnen wird, zu beurteilen.

(b) Wortmarken mit „engem beschreibenden Bezug"

43   Neben unmittelbar beschreibenden Angaben fehlt auch solchen Zeichen jegliche Unterscheidungskraft, die aus Angaben bestehen, die sich auf Umstände beziehen, die die beanspruchte Ware oder Dienstleistung selbst zwar nicht unmittelbar betreffen, aber dennoch einen *engen beschreibenden Bezug* zu den beanspruchten Waren oder Dienstleistungen herstellen. Bei derartigen Angaben nimmt die Spruchpraxis an, dass der Verkehr den beschreibenden Begriffsinhalt als solchen *ohne Weiteres und ohne Unklarheiten*, d. h. ohne analysierende Gedankenschritte und weiteres Nachdenken erfasst.[103] Mit ähnlicher Formulierung spricht der EuGH insoweit von einem „konkreten und direkten Bezug" zwischen dem jeweiligen Zeichen und den beanspruchten Waren oder Dienstleistungen.[104] Die Feststellung eines *engen* beschreibenden Bezugs des angemeldeten Zeichens im Hinblick auf alle angemeldeten Waren oder Dienstleistungen ist mithin unerlässlich.[105] Ein nur *mittelbarer* Waren- oder Dienstleistungsbezug des Zeichens genügt hingegen nicht, um die Eintragung zu versagen (so. z. B. bei Vertriebsmodalitäten der beanspruchten Ware[106] oder sonstigen „irgendwie bedeutsamen Umständen mit Bezug auf die Ware"[107]). Die Überlegungen zur Feststellung eines *engen beschreibenden Bezugs* sind mit größter Sorgfalt durchzuführen. Dies gilt schon im Hinblick darauf, dass eine ungerechtfertigte Überdehnung des Begriffs des *engen beschreibenden Bezugs* zu ungerechtfertigten Zurückweisungen führen könnte.

---

100 BGH, WRP 1999, 858, 859 = Mitt. 1999, 229, 230 – PREMIERE II.
101 BPatG, Beschl. v. 18. 5. 1994 – 26 W (pat) 241/92 – MAXIME; BPatG, GRUR 1996, 499, 500 – Paradies.
102 Vgl. BGH, WRP 2009, 963, 964 Tz. 12 = GRUR 2009, 949, 951 – My World; WRP 2009, 813, 814 Tz. 12 = GRUR 2009, 778, 779 – Willkommen im Leben; MarkenR 2012, 19, 20 Tz. 10 – Link economy; anders dagegen die Beurteilung von Fällen der Mehrdeutigkeit im Zusammenhang mit dem Schutzhindernis des § 8 Abs. 2 Nr. 2 (s. Rn. 115 f.).
103 BGH, WRP 2009, 960 Tz. 10 = GRUR 2009, 952, 953 – DeutschlandCard; WRP 2009, 439 Tz. 9 = GRUR 2009, 411 – STREETBALL; WRP 2009, 439, 444 Tz. 23 = GRUR 2010, 1100 f. – TOOOR!
104 EuGH, GRUR 2010, 534 f. Tz. 29 – PRANAHAUS.
105 BGH, WRP 2005, 490, 492 = GRUR 2005, 417, 419 – BerlinCard.
106 BGH, WRP 1998, 492, 493 = GRUR 1998, 465 – BONUS.
107 BGH, WRP 1999, 858, 859 = Mitt. 1999, 229, 230 – PREMIERE II.

v. Schultz

(c) Gebräuchliche Wörter

Die Unterscheidungskraft fehlt weiterhin solchen Zeichen, die aus gebräuchlichen Wör- **44** tern oder Wendungen der deutschen Sprache bestehen, die – etwa wegen entsprechender Verwendung in der Werbung oder in den Medien – stets nur als solche und nicht als Unterscheidungsmittel verstanden werden.[108] Die Versagung jeglicher Unterscheidungskraft ist indes Ausnahmefällen vorbehalten.[109] Sie kommt nur in Betracht, wenn feststeht, dass das jeweilige Zeichen *ausschließlich* als gebrauchsübliche Bezeichnung oder Wendung der deutschen Sprache (Gleiches gilt für fremdsprachige Wörter, soweit diese in den deutschen Sprachgebrauch Eingang gefunden haben) und eben nicht als Unterscheidungsmittel verstanden wird.[110] Die bloße Eignung eines Zeichens, als Werbeaussage zu dienen, reicht nicht aus, um ihm jegliche Unterscheidungskraft abzusprechen.[111] Liegt insoweit Mehrdeutigkeit vor, etwa ein Verständnis als schlagwortartige Aussage, die die Aufmerksamkeit des Verkehrs wecken soll, spricht dies indiziell für die Bejahung hinreichender Unterscheidungskraft. Demnach kommt die Verneinung jeglicher Unterscheidungskraft bei gebräuchlichen oder bekannten Wörtern der deutschen Sprache oder einer bekannten Fremdsprache nur in Betracht, wenn die entsprechende Angabe vom Verkehr nur und ausschließlich in diesem Sinne und nicht als Unterscheidungsmittel verstanden wird.[112]

(d) Unterscheidungskräftige Wörter

Unterscheidungskräftig sind solche Wörter, die weder unmittelbar beschreibend sind oder **45** einen engen beschreibenden Bezug aufweisen noch gebräuchliche Wörter der deutschen Sprache sind. Uneingeschränkt unterscheidungskräftig sind danach sog. Fantasiewörter. Unter Fantasiewörtern versteht man in erster Linie deutsche und fremdsprachige Wörter, die weder lexikalisch nachweisbar noch (auch umgangssprachlich) gebräuchlich sind.[113] Unterscheidungskräftig können weiterhin auch bekannte und gebräuchliche Worte des deutschen oder fremdsprachigen Wortschatzes sein, wenn ihnen gerade im Hinblick auf die konkret beanspruchten Waren oder Dienstleistungen kein im Vordergrund stehender beschreibender Begriffsinhalt zugeordnet werden kann. Aber auch solchen Wörtern hat die Rechtsprechung in der Vergangenheit mitunter die Eintragung mit der Begründung versagt, es handele sich um ein Wort ohne fantasievoll wirkenden Überschuss.[114] Besonders

---

108 BGH, WRP 2009, 960, 961 Tz. 10 = GRUR 2009, 952, 953 – DeutschlandCard; WRP 2009, 963, 966 Tz. 27 = GRUR 2009, 949, 951 – My World; WRP 2006, 1121, 1125 Tz. 19 = GRUR 2006, 850, 854 – FUSSBALL WM 2006; WRP 2003, 1429, 1430 = GRUR 2003, 1050, 1051 – Cityservice.

109 Zutreffend *Ströbele/Hacker*, § 8 Rn. 49.

110 Vgl. BGH, WRP 2010, 891, 892 Tz. 13 = GRUR 2010, 640, 641 – hey!; BPatG, BeckRS 2010, 22002 – Avanti.

111 BGH, WRP 2009, 963, 966 Tz. 28 = GRUR 2009, 949, 951 – My World.

112 Vgl. BGH, WRP 2010, 891 = GRUR 2010, 640 – hey!; WRP 1999, 1167 = GRUR 1999, 1089 – YES; WRP 1999, 1169 = GRUR 1999, 1093 – FOR YOU; WRP 1999, 1173 = GRUR 1999, 1096 – ABSOLUT; WRP 2002, 1281, 1282 = GRUR 2002, 1070, 1071 – Bar jeder Vernunft; WRP 2006, 1121 = GRUR 2006, 850 – FUSSBALL WM 2006; WRP 2003, 519 = GRUR 2003, 342 – Winnetou.

113 Vgl. BPatG, GRUR 1996, 355 – Benvenuto.

114 BGH, WRP 1995, 495, 496 – Today (zw.).

betrifft dies Wörter der Umgangssprache[115] sowie bekannte allgemeine Ausdrücke.[116] Diese Rechtsprechung ist seit den Entscheidungen *YES*[117] und *ABSOLUT*[118] indes nicht mehr ohne Weiteres anwendbar.[119] Daraus folgt, dass die Verneinung *jeglicher* Unterscheidungskraft regelmäßig nur noch in den Fällen in Betracht kommt, in denen das jeweilige Zeichen einen *unmittelbar* waren- oder dienstleistungs*beschreibenden* Inhalt hat[120] und vom Verkehr – in Bezug auf die beanspruchten Waren – auch nicht als gebräuchliches Wort der deutschen Sprache oder einer bekannten Fremdsprache verstanden wird.[121] Zur Schutzfähigkeit aufgrund bildhafter Verfremdung bzw. Stilisierung eines – für sich genommen – schutzfähigen Wortes s. Rn. 75.

(2) Wortzusammensetzungen und Wortschöpfungen

46   Besondere Schwierigkeiten kann die Beurteilung der Unterscheidungskraft von *Wortzusammensetzungen und Wortschöpfungen* bereiten. Zumeist handelt es sich dabei nämlich um Wörter, die sich aus sprachüblichen, bekannten und zumeist beschreibenden Bestandteilen, insbesondere Abkürzungen, zusammensetzen. Trotz fehlender lexikalischer Nachweisbarkeit oder Sprachüblichkeit solcher Wortzusammensetzungen können diesen häufig im Vordergrund stehende beschreibende Begriffsinhalte zugeordnet werden, so dass es an der erforderlichen Unterscheidungskraft fehlt. Dies ist regelmäßig der Fall, wenn sich die Wortzusammensetzung als bloße Aneinanderreihung beschreibender Bestandteile ohne Vornahme einer ungewöhnlichen Änderung – etwa syntaktischer oder semantischer Art – darstellt.[122] Der Umstand, dass es sich bei der Wortzusammensetzung um eine Wortneuschöpfung handelt, führt zu keiner anderen Bewertung. Danach fehlt es nur dann am beschreibenden Charakter der Wortzusammensetzung, wenn diese aufgrund der Ungewöhnlichkeit der Kombination einen Eindruck erweckt, der über die bloße Aneinanderreihung von – für sich genommen – beschreibenden Bestandteilen hinausgeht.[123] Die Unterscheidungskraft setzt also voraus, dass ein merklicher Unterschied zwischen dem Gesamtgebilde und der bloßen Summe der Bestandteile besteht. Dies setzt bei Wortzusammensetzungen sprachliche oder begriffliche Besonderheiten voraus, die die gewählte Verbindung als ungewöhnlich und über die bloße Summenwirkung der Einzelworte hinausgehend erscheinen lässt.[124] Dies hat der EuGH etwa für die Bezeichnung *EUROHYPO* verneint.[125] Keine Besonderheit im vorstehenden Sinne stellt das Stilelement der Binnengroßschreibung dar,

---

115 BGH, GRUR 1992, 514, 515 – Ole; BPatG, Beschl. v. 29.4.1999 – 25 W (pat) 149/98 – Ole.

116 BPatG, GRUR 1999, 740, 742 – BONUS II (zw.).

117 BGH, WRP 1999, 1167 = GRUR 1999, 1089 – *FOR YOU*; BGH, WRP 1999, 1169 = GRUR 1999, 1093.

118 BGH, WRP 1999, 1173 = GRUR 1999, 1096.

119 Vgl. a. BGH, MarkenR 2000, 262 – Unter Uns; MarkenR 2000, 264 – LOGO; BPatG, MarkenR 2000, 285 – Immo-Börse; MarkenR 2001, 29, 30 f. – SWISS ARMY.

120 *Jonas*, Anm. zu „FOR YOU", GRUR 1999, 1091, 1093; anders noch BPatG, GRUR 1999, 740, 742 – BONUS II.

121 BGH, WRP 2002, 1281, 1282 = GRUR 2002, 1070, 1071 – Bar jeder Vernunft.

122 Grundlegend EuGH, GRUR 2004, 674, 678 Tz. 98 – POSTKANTOOR; GRUR 2004, 680, 681 Tz. 39 – BIOMILD; GRUR 2006, 229, 231 Tz. 34 ff. – BioID.

123 EuGH, a. a. O. Tz. 41 – POSTKANTOOR.

124 BPatG, BeckRS 2008, 25519 – IDEAL REVOLUTION.

125 GRUR 2008, 608, 611 Tz. 69; vgl. a. EuG, GRUR Int. 2005, 919, 921 Tz. 31 – DigiFilm.

v. Schultz

da es sich hierbei lediglich um ein einfaches grafisches Gestaltungselement handelt, das dem Verkehr bekannt ist.[126]

Im Mittelpunkt der Prüfung der Unterscheidungskraft von Wortzusammensetzungen und Wortneuschöpfungen steht regelmäßig die Prüfung, ob das Zeichen nach seinem Gesamteindruck unmittelbar beschreibend ist oder einen engen beschreibenden Bezug im Hinblick auf die beanspruchten Waren aufweist. Dabei ist maßgebend, ob dies von den angesprochenen Verkehrskreisen ohne Weiteres und ohne Unklarheiten erfasst wird. Auf der Grundlage dieser Überlegungen hat der BGH etwa die Wortzusammensetzung *DeutschlandCard* als nicht unterscheidungskräftig angesehen, da es als Angabe des Einsatzgebiets als Ausweis-, Berechtigungs-, Kredit- oder Kundenkarte verstanden werde.[127] Auch die Angabe *STREETBALL* hielt der BGH für unmittelbar beschreibend in Bezug auf die beanspruchten Waren *Sportschuhe* und *Sportbekleidung*.[128] Die Bezeichnung *BuchPartner* sah das BPatG als beschreibend im Hinblick auf den *Einzelhandel mit Büchern* an, nicht aber hinsichtlich der Ware *Druckereierzeugnisse*.[129] **47**

In der jüngeren Rechtsprechung zum MarkenG wurde die Unterscheidungskraft z.B. bejaht für die Bezeichnungen *Textmaker*;[130] *FotoCity*;[131] *Das Speisesyndikat*;[132] *EQUIFORUM*;[133] *voicetrading*;[134] *FLEXPLUS*;[135] *MultiStar*;[136] *SchwabenBus*;[137] *Allpetro*;[138] *INFOLIVE*;[139] *firstprint*;[140] *ProdFLOW*;[141] *BuchPartner*;[142] *InfoVoice*;[143] *Autopack*.[144] Die Unterscheidungskraft wurde hingegen verneint für *NETPILOT*;[145] *SolarWorld*;[146] *PLAYZONE*;[147] *KlickInfo*;[148] *Socialnet*;[149] *backWERK*;[150] *egovKomune*;[151] *RECHTLEGAL*;[152] *Bio-* **48**

---

126 BPatG, GRUR 2007, 58, 59 – BuchPartner; vgl. a. BGH, WRP 2001, 1201 = GRUR 2001, 1153 – antiKALK.
127 BGH, WRP 2009, 960, 961 Tz. 13 f. = GRUR 2009, 952, 953 f. – DeutschlandCard.
128 BGH, WRP 2009, 439, 440 Tz. 10 ff. = GRUR 2009, 411, 412 – STREETBALL.
129 BPatG, GRUR 2007, 58, 60 – BuchPartner.
130 BPatG, BeckRS 2009, 15028.
131 BPatG, BeckRS 2009, 26843.
132 BPatG, BeckRS 2008, 25787.
133 BPatG, BeckRS 2007, 12763.
134 BPatG, BeckRS 2008, 24242.
135 BPatG, BeckRS 2008, 10991.
136 BPatG, BeckRS 2008, 10991 (zw.).
137 BPatG, BeckRS 2009, 87479.
138 BPatG, BeckRS 2009, 20010.
139 BPatG, BeckRS 2010, 00595.
140 BPatG, BeckRS 2010, 19673.
141 BPatG, BeckRS 2010, 17150.
142 BPatG, GRUR 2007, 58 – schutzfähig für *Druckereierzeugnisse*, nicht dagegen für den *Einzelhandel mit Büchern*.
143 BPatG, GRUR 2008, 172.
144 BPatG, MarkenR 2011, 128.
145 BPatG, BeckRS 2009, 00706.
146 BPatG, BeckRS 2009, 01459.
147 BPatG, BeckRS 2009, 03112.
148 BPatG, BeckRS 2008, 26628.
149 BPatG, BeckRS 2008, 26711.
150 BPatG, BeckRS 2007, 11424.
151 BPatG, BeckRS 2007, 11825.
152 BPatG, BeckRS 2008, 07648.

friends;[153] *FineLine;*[154] *OpenPath;*[155]   *Robotlab;*[156] *PhoneSTOP;*[157] *TravelSumo;*[158] *iFinder;*[159] *saug auf;*[160] *EuroStarch;*[161] *SAFETYSOUND;*[162] *Sneakerloft;*[163] *AssayBuilder;*[164] *primaklimastrom;*[165] *MAXsecure;*[166] *Mediascore.*[167]

49   In Einzelfällen kann sich die Schutzfähigkeit von Wortzusammensetzungen, die für sich genommen nicht unterscheidungskräftig sind, aus der konkreten grafischen Ausgestaltung der Marke ergeben.[168] Für den Schutzbereich derart zur Eintragung gelangter Marken gelten die allgemeinen Regeln[169] zur Eintragungsfähigkeit von nicht unterscheidungskräftigen Wörtern aufgrund grafischer Verfremdung (s. Rn. 74 m. w. N.).

50   Kein Argument für die Schutzfähigkeit von Wortzusammensetzungen bilden die Fälle der Ersetzung eines beschreibenden Wortbestandteils durch ein gleichklingendes Zahlzeichen. Insbesondere betrifft dies die Fälle der Verwendung der Zahl „2" für „to" und des Zahlzeichens „4" für „for". Der Verkehr ist an die Vielzahl von entsprechend zusammengesetzten Wortverbindungen gewöhnt, so dass der beschreibende Charakter einer Wortzusammensetzung durch derartige Stilmittel nicht ausgeräumt wird.[170] Entsprechendes gilt für Fälle der Ersetzung des englischen *you* durch den Großbuchstaben „U".[171]

(3) Mehrwortzeichen

51   Die Rechtsprechung zu *Mehrwortzeichen* folgt im Wesentlichen der Spruchpraxis zu Wortzusammensetzungen und Wortschöpfungen. Maßgebend ist deshalb auch hier, dass dem Mehrwortzeichen kein für die beanspruchten Waren oder Dienstleistungen im Vordergrund stehender beschreibender Begriffsinhalt zugeordnet werden kann,[172] dass durch das Zei-

---

153 BPatG, BeckRS 2007, 12754.
154 BPatG, BeckRS 2008, 05305.
155 BPatG, BeckRS 2009, 06064.
156 BPatG, BeckRS 2008, 23734.
157 BPatG, BeckRS 2008, 04832.
158 BPatG, BeckRS 2008, 18855.
159 BPatG, BeckRS 2009, 11551.
160 BPatG, GRUR-RR 2010, 9.
161 BPatG, BeckRS 2009, 86019.
162 BPatG, BeckRS 2010, 10239.
163 BPatG, Beschl. v. 9.2.2010 – 27 W (pat) 511/10.
164 BPatG, BeckRS 2010, 24111.
165 BPatG, BeckRS 2011, 21837.
166 BPatG, BeckRS 2011, 21668.
167 BPatG, BeckRS 2011, 24862.
168 BPatG, BeckRS 2010, 25519 – speedfitness; BeckRS 2010, 25559 – TIP DER WOCHE; BeckRS 2010, 09414 – Getränke Star; BeckRS 2010, 24676 – VIDEOWEB; verneint hingegen in Fällen einfacher Gestaltungselemente der grafischen Ausgestaltung, vgl. BPatG, BeckRS 2010, 13151 – Premium PLUS; BeckRS 2010, 13605 – dentalline othodontec Products; BeckRS 2010, 09806 – APPARTMENTS for Living.
169 Vgl. BGH, WRP 2004, 1173, 1174 = GRUR 2004, 778, 779 – URLAUB DIREKT; BPatG, GRUR 2004, 873, 875 – FRISH.
170 Vgl. BPatG, BeckRS 2009, 02511 – Call 2 day; BPatG, Beschl. v. 22.1.2001 – 30 W (pat) 42/00 – SCAN 2 Print; BPatG, BeckRS 2008, 26429 – click2procure.
171 BPatG, BeckRS 2009, 01985 – IPO 4 U.
172 BGH, GRUR 1995, 408, 409 – PROTECH.

chen kein enger beschreibender Bezug zu den beanspruchten Waren hergestellt wird und dass es sich auch nicht um eine gebräuchliche Wortfolge der deutschen Sprache oder einer bekannten Fremdsprache handelt, die vom Verkehr – etwa auch wegen einer entsprechenden Verbindung in der Werbung – gerade in Bezug auf die beanspruchten Waren/Dienstleistungen stets nur als solche und nicht als Unterscheidungsmittel verstanden wird.[173] Ferner ist zu beachten, dass sich die Unterscheidungskraft gerade auch aus der konkreten Verbindung von – für sich genommen – nicht unterscheidungskräftigen Bestandteilen ergeben kann.[174] Daher ist auch bei Mehrwortzeichen eine in die Einzelelemente zergliedernde Betrachtungsweise unangebracht, da sie einem Mehrwortzeichen als Ganzem und in seinem Gesamteindruck nicht gerecht wird.[175] Führen die verschiedenen Bestandteile eines Mehrwortzeichens jedoch auch bei einer Betrachtung als Gesamtheit nicht zur Bejahung eines über den rein beschreibenden Charakter hinausgehenden Gehalts, bleibt für die Annahme hinreichender Unterscheidungskraft kein Raum.[176] Bejaht hingegen für *ECHT KÖLLSCHE MÄDCHE*;[177] *derma fit*;[178] *Rolli Klick*;[179] *Das Örtliche*;[180] *Connectors Unlimited*.[181] In der älteren Spruchpraxis wurde die Unterscheidungskraft bejaht z.B. für *DESIGN-POST*;[182] *TOTAL FrameWork*;[183] *FRONTAL-SCHRAUBE*;[184] *Europa-Hölzer*;[185] *RATIONAL SOFTWARE CORPORATION*,[186] *TAKE CARE SECURITY*,[187] *RETAIL LINK*;[188] zum Gemeinschaftsmarkenrecht vgl. *CARGO PARTNER*.[189]

Unter den Begriff „Mehrwortzeichen" fallen ferner Wortfolgen, die nicht als „Werbeslogans" einzustufen sind (zu Werbeslogans s. Rn. 55).   **52**

---

173 BGH, WRP 2002, 1281, 1282 = GRUR 2002, 1070, 1071 – Bar jeder Vernunft.
174 BPatG, GRUR 1992, 607 – FLEUR Charme; BPatG, Mitt. 1994, 217 – MultiStar.
175 BGH, WRP 1996, 1160, 1161 = GRUR 1996, 771, 772 – THE HOME DEPOT; BGH, WRP 2001, 35, 36 = GRUR 2001, 162, 163 – RATIONAL SOFTWARE CORPORATION.
176 Vgl. EuGH, GRUR-RR 2008, 47 – MAP & GUIDE; GRUR 2010, 931 – COLOR EDITION; EuG, GRUR-RR 2011, 250 – executive edition; BPatG, Beck RS 2011, 25438 – KID FLEX; MarkenR 2009, 278 – MINI PLUS; BeckRS 2007, 17960 – hot edition; BeckRS 2011, 10175 – urban edition; BeckRS 2008, 21570 – Magic of Coffee; BeckRS 2009, 06606 – Modern Talking; BeckRS 2009, 28092 – ALLFINANZ DEUTSCHE VERMÖGENSBERATUNG; BeckRS 2011, 14888 – GoldPassion; BeckRS 2010, 09409 – TrendEvent; aus der älteren Spruchpraxis vgl.: BPatGE 40, 81 – BAUMEISTER-HAUS; BPatG, Beschl. v. 19.10.1998 – 30 W (pat) 160/97 – COMPUTER SHOPPER; BPatG, Beschl. v. 21.4.1998 – 27 W (pat) 183/96 – SCHUH CITY; BPatG, Beschl. v. 7.10.1998 – 28 W (pat) 24/98 – EURO-LINE; BPatG, Beschl. v. 7.7.1998 – 24 W (pat) 174/97 – Quick-fill; BPatG, Beschl. v. 22.4.1997 – 24 W (pat) 73/96 – MULTI-PILOT.
177 BPatG, BeckRS 2009, 87913.
178 BPatG, BeckRS 2010, 05795.
179 BPatG, BeckRS 2011, 00183.
180 BPatG, BeckRS 2011, 01094.
181 BPatG, BeckRS 2010, 16254.
182 BPatG, Beschl. v. 31.3.1998 – 24 W (pat) 204/96.
183 BPatG, Beschl. v. 17.2.1998 – 24 W (pat) 22/97.
184 BPatG, Beschl. v. 19.6.1998 – 33 W (pat) 231/97.
185 BPatG, Beschl. v. 15.10.1997 – 26 W (pat) 4/95.
186 BGH, WRP 2001, 35 = GRUR 2001, 162.
187 BPatG, Beschl. v. 22.5.2003 – 25 W (pat) 283/01.
188 BPatG, GRUR 2003, 714, 715.
189 EuG, GRUR Int. 2005, 1023, 1025 Tz. 55 ff.

(4) Domains

53 Entsprechend der Spruchpraxis zu Mehrwortzeichen ist auch die Unterscheidungskraft von *Domains* als Marken zu beurteilen. Markenbestandteile wie *http, www, .de,*[190] *.net*[191] etc. stellen grundsätzlich nur Kürzel für Teile von Internetadressen dar, die keine betriebliche herkunftshinweisende Wirkung aufweisen. Als schutzunfähig beurteilte das BPatG daher Marken wie *WWWSCAN,*[192] *http://www.cyberlaw.de,*[193] *klebewelten.de,*[194] *beauty24.-de;*[195] *handy.de.*[196] Als schutzfähig wurde dagegen *WEB.DE* beurteilt.[197] Ohne Unterscheidungskraft ist auch das „@"-Zeichen.[198] Auch die häufig zu beobachtende Ersetzung des Buchstabens „a" durch das „@"-Zeichen führt nicht zur Begründung der Unterscheidungskraft.[199] Insbesondere lässt sich aufgrund der häufigen Benutzung des @ auch keine hinreichende bildhafte Verfremdung begründen.[200]

(5) Abwandlungen beschreibender Sachangaben

54 Häufig stellt sich die Frage der Unterscheidungskraft bei Abwandlungen unmittelbar beschreibender Sachangaben. Derartige Zeichen hält die Rechtsprechung regelmäßig für unterscheidungskräftig, sofern die Abwandlung der beschreibenden Angabe nicht ohne Weiteres erkennbar ist.[201] Häufig hat die Rechtsprechung sogar die Auswechslung eines einzelnen – klanglich kaum unterschiedlichen – Buchstabens als hinreichende Abwandlung ausreichen lassen.[202] Die gleichen Grundsätze hat die Rechtsprechung bei Abwandlungen von geografischen Angaben,[203] sowie bei Annäherungen an internationale chemische Kurzbezeichnungen INN (International Nonproprietary Name) angewandt.[204] Bei internationalen chemischen Kurzbezeichnungen bejaht der BGH in ständiger Rechtsprechung die erforder-

---

190 BPatG, Beschl. v. 6.8.2002 – 32 W (pat) 302/02 – caselaw.de.
191 BPatG, GRUR 2001, 518 – d3.net/d.3.
192 BPatG, Beschl. v. 13.3.2000 – 30 W (pat) 210/99.
193 BPatG, BlPMZ 2000, 294.
194 BPatG, BeckRS 2010, 19671 – schutzfähig aber für Dienstleistungen der Klasse 35.
195 BPatG, GRUR 2004, 336.
196 BPatG, Mitt. 2003, 569; vgl. a. EuG, GRUR Int. 2008, 330 – suchen.de.
197 BPatG, Beschl. v. 3.11.1999 – 29 W (pat) 281/98.
198 BPatG, GRUR 2003, 794 – @-Zeichen.
199 BPatG, GRUR 2003, 796 – @ctiveIO; BPatG, Beschl. v. 6.3.2001 – 27 W (pat) 216/00 – Web-tr@iner.
200 BPatG, a.a.O. – @ctiveIO.
201 BGH, GRUR 1984, 815 – Indorektal [als Abwandlung des medizinischen Fachausdrucks *endorektal*]; GRUR 1985, 1053 – ROAL [*Royal*]; BPatG, GRUR 2004, 873, 874 – FRISH [*FRISCH*]; BPatGE 27, 51 – USTOP [*US-TOP*]; BPatGE 27, 225 – ZEN [*zehn*]; BPatG, Mitt. 1989, 240 – BiC [*big*]; verneinend EuG, GRUR Int. 2008, 1037, 1039 – BioGeneriX [*biogenerics*].
202 BPatG, Mitt. 1988, 176 – Karex [*Karec*]; Mitt. 1991, 83 – NATUA [*Natur*]; BPatGE 29, 163 – FOOTVAX [*footwax*]; BPatG, Beschl. v. 28.5.1999 – 33 W (pat) 158/98 – CELL GENESYS [*Cell Genesis*].
203 BPatG, GRUR 1987, 236, 237 – Balfast [*Belfast*]; BPatG, BlPMZ 1991, 252 – GIRONDA [*Gironde*]; verneinend aber BGH, GRUR 2003, 882, 883 – Lichtenstein [*Liechtenstein*].
204 BPatG, GRUR 1992, 700 – Luxabendol; BGH, GRUR 1994, 803, 804 – TRILOPIROX; BGH, GRUR 1994, 805, 806 – Alphaferon; BGH, GRUR 1995, 48, 49 – Metoproloc; BGH, WRP 2002, 455, 456 = GRUR 2002, 540, 541 – OMEPRAZOK; BGH, WRP 2005, 99, 100 = GRUR 2005, 258, 259 – Roximycin.

liche Unterscheidungskraft, wenn der Verkehr in der Abwandlung ohne Weiteres den ihm bekannten Fachbegriff als solchen erkennt und zu erwarten ist, dass auch die Teile des Verkehrs, denen der Fachbegriff nicht bekannt ist, in der Abwandlung die Sachbezeichnung selbst ohne Weiteres erkennen werden, wenn sie das Fachwort kennen gelernt haben.[205] Eine veränderte Schreibweise stellt schließlich dann keine Abwandlung beschreibender Angaben dar, wenn die veränderte Schreibweise selbst gebräuchlich geworden ist.[206]

(6) Werbeslogans (Sloganmarke)

Für Werbeslogans geltend grundsätzlich die gleichen Regeln wie für „normale" Wortzei- **55** chen. Dementsprechend fehlt Werbeslogans jegliche Unterscheidungskraft, wenn der Marke entweder ein im Vordergrund stehender beschreibender Sinngehalt zugeordnet werden kann,[207] wenn ein hinreichend enger Bezug des Zeichens zu den beanspruchten Waren oder Dienstleistungen vorliegt oder wenn es sich um ein gebräuchliches Wort bzw. um eine gebräuchliche Wortfolge handelt, die vom Verkehr stets nur in ihrem Wortsinn und nicht als Unterscheidungsmittel verstanden wird. Insbesondere kann nicht gefordert werden, dass der Werbeslogan einen selbstständig kennzeichnenden Bestandteil oder einen soweit reichenden fantasievollen Überschuss in der Aussage oder in der sprachlichen Form aufweist, dass der angesprochene Verkehr mit dem Wiedererkennungseffekt einen Hinweis auf die betriebliche Herkunft verbindet.[208] Auch ist die Unterscheidungskraft von Werbeslogans nicht schon deshalb ausgeschlossen, weil es sich – auch – um eine Werbeaussage handelt.[209] Auch Werbeslogans üblicherweise innewohnende suggestive Andeutungen sind grundsätzlich nicht geeignet, einer Marke die erforderliche Unterscheidungskraft zu nehmen.[210] Und selbst wenn der Slogan eine einfache Sachaussage enthält, kann ihm dennoch die Eignung als Herkunftshinweis zukommen. Dies kommt insbesondere in Betracht, wenn die *Sloganmarke* nicht nur in einer gewöhnlichen Werbemitteilung besteht, sondern eine gewisse Originalität oder Prägnanz aufweist (ohne zwingend *phantasievoll* sein zu müssen), ein Mindestmaß an Interpretationsaufwand erfordert oder bei den angesprochenen

---

205 BGH, GRUR 1994, 803, 804 – TRILOPIROX; BGH, GRUR 1994, 805, 806 – Alphapheron; BGH, GRUR 1995, 48, 49 – Metoproloc; BGH, WRP 2002, 455, 456 = GRUR 2002, 540, 541 – OMEPRAZOK; BGH, WRP 2005, 99, 100 = GRUR 2005, 258, 259 – Roximycin.
206 EuG, GRUR Int. 2002, 604, 606 – LITE *[light]*.
207 BGH, WRP 2009, 813, 815 Tz. 16 ff. = GRUR 2009, 778, 779 – Willkommen im Leben.
208 EuGH, GRUR 2004, 943, 945 Tz. 41 – SAT.2; GRUR 2010, 228, 230 Tz. 39 – Vorsprung durch Technik; HABM, BeckRS 2004, 78105 Tz. 31 f. – Erpo Möbelwerk; BGH, WRP 2000, 298, 299 = GRUR 2000, 321, 322 – Radio von hier; BGH, WRP 2000, 300 = GRUR 2000, 323 – Partner with the Best; BGH, WRP 2000, 739, 740 = GRUR 2000, 720, 721 – Unter Uns; BGH, WRP 2002, 1281, 1282 = GRUR 2002, 1070, 1071 – Bar jeder Vernunft; BGH, WRP 2001, 1080, 1081 = GRUR 2001, 1047, 1048 – LOCAL PRESENCE GLOBAL POWER; BGH, WRP 2001, 692, 693 = GRUR 2001, 735, 736 – Test it; vgl. a. EuGH, GRUR 2004, 1027, 1030 Tz. 50 – DAS PRINZIP DER BEQUEMLICHKEIT.
209 EuGH, GRUR 2004, 1027, 1029 Tz. 41 – DAS PRINZIP DER BEQUEMLICHKEIT; anders noch EuG, GRUR Int. 2003, 356, 358 Tz. 30 – REAL PEOPLE; REAL SOLUTIONS; MarkenR 2003, 314, 316 Tz. 30 – Best Buy; GRUR Int. 2004, 944, 946 Tz. 29 – MEHR FÜR IHR GELD.
210 EuGH, GRUR 2010, 228, 229 Tz. 35 – Vorsprung durch Technik; BPatG, GRUR 2004, 333 – ZEIG DER WELT DEIN SCHÖNSTES LÄCHELN.

Verkehrskreisen einen Denkprozess auslöst.[211] Ohne Zweifel stellt die Entscheidung *Vorsprung durch Technik* eine gegenüber der bisherigen deutschen Spruchpraxis wesentlich liberalere Tendenz hinsichtlich der Beurteilung der Unterscheidungskraft von Werbeslogans dar. Die im Anschluss an die *Vorsprung durch Technik*-Entscheidung ergangene Spruchpraxis lässt allerdings noch keine Kohärenz erkennen. Als schutzfähig wurden beurteilt: *nur für mich!*;[212] *SCHÜTZT WAS GUT IST*;[213] *Habt Ihr kein Zuhause?*;[214] *KEEP THE CHANGE.*[215] Nicht schutzfähig dagegen: *LEBEN IST BEWEGUNG*;[216] *Momente des Glücks*;[217] *Jeden Tag anders*;[218] *ENTDECKE DIE NACHBARSCHAFT FÜR DICH!*.[219] Ebenfalls nicht schutzfähig ist eine sich über mehrere Zeilen erstreckende Wortfolge, die nicht den Eindruck eines betrieblichen Herkunftshinweises vermittelt.[220]

(7) Werbeschlagwörter

56 Bei Werbeschlagwörtern finden die gleichen Grundsätze wie bei Werbeslogans Anwendung (s. o. Rn. 55). Unterscheidungskraft ist mithin zu verneinen im Falle eines unmittelbar beschreibenden Charakters, eines hinreichend engen Bezuges zu den beanspruchten Waren oder Dienstleistungen oder im Falle der Verwendung gebräuchlicher Wörter oder Wendungen der deutschen Sprache oder einer bekannten Fremdsprache. Wie bei Werbeslogans sind auch bei Werbeschlagwörtern die Grundsätze der EuGH-Entscheidung *Vorsprung durch Technik* zu beachten.[221] Danach reicht der Umstand, dass das Zeichen jedenfalls suggestiv eine Sachaussage enthält, für sich genommen nicht aus, um das Fehlen jeglicher Unterscheidungskraft zu bejahen. Indizien für die Bejahung der Unterscheidungskraft sind auch bei Werbeschlagwörtern deren Phantasiegehalt, Originalität, Kürze, Prägnanz, Mehrdeutigkeit und Interpretationsbedürftigkeit.[222]

(8) Inhaltsbeschreibende Werktitel

57 Einen Sonderfall bildet die Spruchpraxis zu Wörtern und Wortfolgen, die nach der Art eines inhaltsbeschreibenden Werktitels gebildet sind. Die geringen Anforderungen an die Schutzfähigkeit von Werktiteln i. S. d. § 5 Abs. 3 sind im Rahmen der Prüfung der erforder-

---

211 EuGH, GRUR 2010, 228, 231 Tz. 57 – Vorsprung durch Technik; vgl. a. BGH, WRP 2000, 298, 299 = GRUR 2000, 321, 322 – Radio von hier; BGH, WRP 2000, 300, 302 = GRUR 2000, 323 f. – Partner with the Best; BGH, WRP 2000, 739, 740 = GRUR 2000, 720, 721 – Unter Uns; BGH, WRP 2001, 1080, 1081 = GRUR 2001, 1047, 1049 – LOCAL PRESENCE, GLOBAL POWER; BPatG, GRUR 2003, 1053, 154 – Bar jeder Vernunft; WRP 2009, 813, 815 Tz. 16 ff. = GRUR 2009, 778, 779 – Willkommen im Leben; MarkenR 2012, 19, 20 Tz. 11 – Link economy.
212 BPatG, BeckRS 2010, 12393.
213 BPatG, BeckRS 2011, 14012.
214 BPatG, BeckRS 2011, 89027.
215 BPatG, BeckRS 2010, 19676.
216 BPatG, BeckRS 2010, 07002.
217 BPatG; BeckRS 2010, 24115.
218 BPatG, Beschl. v. 18.3.2010 – 27 W (pat) 32/10.
219 BPatG, BeckRS 2011, 20535.
220 BGH, GRUR 2010, 935 Tz. 11 – Die Vision.
221 EuGH, GRUR 2010, 228.
222 Vgl. EuGH, GRUR 2010, 228, 231 Tz. 57 – Vorsprung durch Technik; vgl. a. BGH, WRP 2009, 963, 964 Tz. 12 = GRUR 2009, 949, 950 – My World.

v. Schultz

lichen Unterscheidungskraft nicht anwendbar. Die Unterscheidungskraft ist zu verneinen, wenn und soweit die nach Art eines Werktitels gebildete Marke einen direkten und nahe liegenden inhaltsbeschreibenden Bezug im Hinblick auf die beanspruchten Waren und Dienstleistungen hat.[223] Maßgebend ist, ob das Zeichen als Hinweis auf den Inhalt des Werkes verstanden wird und sie damit eine werktitelähnliche Funktion erlangt.[224] Dabei ist nicht erforderlich, dass der Werkinhalt durch das Zeichen thematisch genau definiert wird.[225] Naturgemäß bezieht sich diese Fallgruppe auf diejenigen Waren und Dienstleistungen, in deren Zusammenhang eine Verwendung als Werktitel in Betracht kommt, z.B. Druckereierzeugnisse, Computerspiele, Tonträger, Unterhaltung, Filmvorführung etc.

In den Bereich der inhaltsbeschreibenden Werktitel fallen neben Wörtern und Wortfolgen **58** auch Eigennamen oder Wortfolgen, die einen Eigennamen enthalten.[226] Ein Eigenname könne nämlich – so die Begründung der Rechtsprechung – durchaus Leben und Werk des Trägers des Eigennamens zum Thema haben.[227] Entsprechendes gilt für Pseudonyme.[228] Bei fiktiven Namen nimmt das BPatG hingegen eine Schutzfähigkeit an,[229] es sei denn, der fiktive Name habe sich zu einem Synonym eines bestimmten Charaktertyps entwickelt.[230]

(9) Fremdsprachige Bezeichnungen

Für fremdsprachige Bezeichnungen gelten die gleichen Grundsätze wie bei deutschen **59** Wörtern, Wortzusammensetzungen oder Mehrwortzeichen. Maßgebend ist also, ob nicht nur unbeachtliche Teile des inländischen Verkehrs dem fremdsprachigen Ausdruck ohne Weiteres eine beschreibende Bedeutung[231] oder einen hinreichend engen Bezug im Hinblick auf die beanspruchten Waren oder Dienstleistungen entnehmen und es sich nicht um ein gebräuchliches Wort handelt, das *nur* als solches und nicht als Kennzeichnungsmittel verstanden wird.[232] Auch hier gilt, dass jede auch noch so geringe Unterscheidungskraft ausreicht, um das Schutzhindernis zu überwinden. Dabei kommt es ausschließlich auf das Sprachverständnis der angesprochenen *inländischen* Verkehrskreise an. Ob diese ohne Weiteres den Sinngehalt eines fremdsprachigen Ausdrucks erkennen, hängt davon ab, inwieweit die Bezeichnung vom inländischen Verkehr verstanden wird bzw. in den inländischen Verkehr eingedrungen ist. Bei Wörtern der Welthandelssprachen Englisch und Französisch ist dies aufgrund eigener Sprachkenntnisse der inländischen Verkehrskreise eher

223 BGH, WRP 2000, 1140, 1141 = GRUR 2000, 882, 883 – Bücher für eine bessere Welt; BGH, WRP 2001, 1205, 1206 = GRUR 2001, 1042, 1043 – REICH UND SCHOEN; BGH, WRP 2001, 1202, 1204 = GRUR 2001, 1043, 1045 – Gute Zeiten – Schlechte Zeiten; WRP 2009, 963, 965 Tz. 16 f. = GRUR 2009, 949, 951 – My World; WRP 2009, 439, 440 Tz. 13 ff. = GRUR 2010, 1100 f. – TOOOR!; BPatG, GRUR 2006, 593 – Der kleine Eisbär; GRUR 2009, 1063, 1064 – Die Drachenjäger; BeckRS 2009, 01802 – Fräuleinwunder.
224 BGH, WRP 2009, 963, 965 Tz. 17 = GRUR 2009, 949, 951 – My World; WRP 2009, 439, 440 Tz. 13 = GRUR 2010, 1100 f. – TOOOR!
225 BGH, WRP 2009, 963, 965 Tz. 17 = GRUR 2009, 949, 951 – My World.
226 BPatG, GRUR 2008, 518 – Karl May; GRUR 2010, 421 – Kisch-Preis.
227 BPatG, GRUR 2010, 421, 422 – Kisch-Preis; GRUR 2008, 518, 520 – Karl May.
228 BPatG, GRUR 2008, 512, 514 – Ringelnatz.
229 BPatG, GRUR 2008, 522, 523 – Percy Stuart.
230 BGH, GRUR 2003, 342 – Winnetou.
231 BGH, GRUR 1989, 666, 667 – Sleepover; GRUR 1992, 514 – Ole.
232 BGH, GRUR 1995, 408, 409 – PROTECH; BGH, WRP 1999, 1167, 1169 = GRUR 1999, 1089, 1091 – YES; BGH, WRP 1999, 1169, 1171 = GRUR 1999, 1093, 1094 – FOR YOU.

anzunehmen als bei Wörtern anderer Sprachen.[233] Aber auch bekanntere Wörter anderer Sprachen wie des Spanischen oder Italienischen können als den inländischen Verkehrskreisen geläufige Bezeichnungen,[234] insbesondere wegen eines beschreibenden Charakters[235] der erforderlichen Unterscheidungskraft entbehren. Im Übrigen gilt auch bei fremdsprachigen Bezeichnungen der Grundsatz, dass sich ihr Charakter als Sachangabe allein im Hinblick auf die konkret beanspruchten Waren oder Dienstleistungen beurteilt.[236] Wörter unbekannter Sprachen wie der japanischen oder chinesischen Sprache sind – trotz möglicherweise beschreibenden Charakters – in aller Regel unterscheidungskräftig.[237] Im Einzelfall kann ihrer Eintragung jedoch ein Freihaltebedürfnis entgegenstehen.[238] Auch Wörter toter Sprachen wie der lateinischen oder griechischen Sprache sind zumeist unterscheidungskräftig.[239]

60 Besondere Schwierigkeiten können neben der Beurteilung des tatsächlichen Sprachverständnisses der inländischen Verkehrskreise die Fälle *fremdsprachiger Wortzusammensetzungen* aufwerfen. Dabei ist allerdings davon auszugehen, dass die angesprochenen Verkehrskreise jedenfalls aus der englischen Sprache stammende Wortzusammensetzungen ohne Weiteres verstehen. Daher können Wortzusammensetzungen auch bei sprachregelwidriger Bildung aus Sicht des inländischen Verkehrs auf eine ohne Weiteres verständliche und naheliegende beschreibende Angabe im Hinblick auf die beanspruchten Waren oder Dienstleistungen beschränkt sein.[240] Wenn die Bezeichnung allerdings keinen ohne Weiteres erkennbaren und verständlichen beschreibenden Gehalt aufweist, spricht alles für ihre hinreichende Unterscheidungskraft.[241] Dies gilt insbesondere, wenn eine beschreibende Sachaussage nicht spontan, sondern erst nach einer analysierenden oder zergliedernden Betrachtung erkennbar wird, also mehrere Gedankenschritte erfordert. In diesen Fällen kann von einer *ohne Weiteres erkennbaren* beschreibenden Angabe nicht gesprochen werden. Auch bei mehrdeutigen Wortzusammensetzungen ist zumeist Unterscheidungskraft

---

233 Vgl. BGH, MarkenR 2003, 39, 40 – Cityservice; BPatG, GRUR 2003, 714, 715 – RETAIL LINK.

234 BGH, GRUR 1992, 514 – Ole; GRUR 1976, 587 – Happy; BPatG, GRUR 1996, 978 – Ciao; BeckRS 2010, 22002 – Avanti; BeckRS 2010, 16687 – Porco; BeckRS 2010, 11252 – buff; BeckRS 2010, 22443 – Gourmet; BeckRS 2010, 28717 – Core.

235 BGH, WRP 1997, 446 = GRUR 1996, 68 – COTTON LINE; BPatG, Beschl. v. 27.1.1998 – 27 W (pat) 100/96 – Dessous for you; BPatG, GRUR 1995, 734 – While You Wait.

236 BGH, WRP 1994, 747, 748 = GRUR 1994, 730, 731 – VALUE.

237 BGH, WRP 2000, 520 – St. Pauli Girl; anders noch BPatG, GRUR 1988, 696 – JIN SHIN DO.

238 BPatG, GRUR 2005, 675, 676 – JIN SHIN JYUTSU; BPatG, BlPMZ 1985, 370 – Fläkt.

239 BPatGE 5, 152 – HELVETIA.

240 BPatG, Beschl. v. 13.5.1997 – 24 W (pat) 204/95 – NETFAX; BPatG, Beschl. v. 29.9.1997 – 33 W (pat) 22/97 – GASTRONet; BPatG, Beschl. v. 25.4.1997 – 33 W (pat) 185/96 – Paperfill; GRUR 1997, 133 – ErgoPanel; BPatG, Beschl. v. 23.4.1999 – 33 W (pat) 186/98 – NETBANKING; BPatG, Beschl. v. 1.9.1999 – 32 W (pat) 151/99 – TRAVELWORLD; BPatG, Beschl. v. 30.9.1999 – 30 W (pat) 111/99 – TURBOSCAN; BPatG, BeckRS 2009, 00706 – NETPILOT; BPatG, BeckRS 2009, 01459 – SolarWorld; BeckRS 2009, 03112 – PLAYZONE; BeckRS 2008, 26711 – Socialnet.

241 BGH, GRUR 1995, 408, 409 – PROTECH; GRUR 1995, 269 – U-KEY; BPatG, MarkenR 2003, 44, 45 – STARTLINE; GRUR 2003, 157, 161 – Smartweb; GRUR 1993, 741 – Glassline; GRUR 1989, 666 – Sleepover; Mitt. 1988, 19 – Hydrojoint; Mitt. 1987, 114 – BLAZEMASTER; Mitt. 1992, 250 – newtech; BPatG, BeckRS 2008, 24242 – voicetrading; BPatG, BeckRS 2008, 10991 – MultiStar (zw.); BPatG, BeckRS 2010, 00595 – INFOLIVE; BPatG, BeckRS 2010, 19673 – firstprint; BPatG, BeckRS 2010, 17150 – ProdFLOW; BPatG, BeckRS 2011, 15064 – FULLMEX; BPatG, GRUR 2008, 172 – InfoVoice.

v. Schultz

gegeben.[242] Im Einzelfall kommt hier allerdings das Fehlen jeglicher Unterscheidungskraft wegen eines hinreichend engen Bezuges zu den beanspruchten Waren oder Dienstleistungen in Betracht.

(10) Geografische Bezeichnungen

Geografische Bezeichnungen wie Ortsnamen sind jedenfalls dann unterscheidungskräftig, **61** wenn es sich um weithin unbekannte geografische Bezeichnungen handelt.[243] Gegen eine hinreichende Unterscheidungskraft spricht demgegenüber die Bekanntheit der geografischen Bezeichnung.[244] Entsprechendes gilt, wenn ein Zeichen nur im Sinne einer geografischen Angabe verstanden werden kann.[245] Aber auch bekannteren geografischen Angaben darf die Unterscheidungskraft nicht per se abgesprochen werden. Die eigentliche Problematik bei der Eintragbarkeit von Ortsangaben liegt jedoch im Bereich des Allgemeininteresses an der freien Verwendbarkeit beschreibender Angaben.[246]

(11) Personennamen

Wie geografischen Bezeichnungen kommt auch Personennamen i.d.R. die erforderliche **62** Unterscheidungskraft zu. Dies gilt im Grundsatz unabhängig davon, ob es sich um lebende oder tote, bekannte oder weniger bekannte Personen handelt. Im Hinblick auf bekannte Personennamen hat sich in den vergangenen Jahren eine Spezialrechtsprechung herausgebildet. Danach werden Namen historischer Persönlichkeiten als Teil des kulturellen Erbes der Allgemeinheit vom Verkehr nicht als Herkunftshinweis erfasst.[247] Im Falle weniger bekannter Personennamen verfängt diese Argumentation hingegen nicht.[248] In Fällen bekannter Personennamen kann sich allerdings im Einzelfall die Frage stellen, ob ein derartiges Zeichen geeignet ist, vom Publikum im Zusammenhang mit Druckereierzeugnissen etc. als inhaltsbeschreibende Sachangabe wahrgenommen zu werden (hierzu s. Rn. 57 f.). Auf dieser Linie liegt auch die Entscheidung *Marlene-Dietrich-Bildnis* des BGH.[249] Der BGH hat sich zur Frage der Unterscheidungskraft des Namens bekannter Persönlichkeiten als Wortzeichen noch nicht geäußert.

Ausnahmsweise kann einem Personennamen (unabhängig von seiner Bekanntheit) die Un- **63** terscheidungskraft fehlen, wenn er zugleich einen beschreibenden Gehalt hat (z.B. der Name „Schneider" für *Kleidungsstücke* oder der Name „Diesel" für *Kraftfahrzeuge*). Besonders häufig stellt sich in diesem Zusammenhang auch die Frage des Schutzhindernisses

---

242 BPatG, Beschl. v. 11.3.1992 – 28 W (pat) 154/90 – STARFIX.
243 BPatG, BeckRS 2011, 21108 – Cayenne; Mitt. 1993, 349 – Jackson; Mitt. 1975, 13 – FLINT.
244 BPatG, GRUR 2011, 922, 925 – Neuschwanstein.
245 BPatG, GRUR 2011, 918, 921 – STUDENGASSE MÜNSTER; vgl. a. BPatG, BeckRS 2010, 22444 – Rhein-Center-Neuss; BeckRS 2011, 08559 – Niedersachsen Ports.
246 Vgl. BPatG, GRUR 2000, 149, 150 – WALLIS; GRUR 2000, 1050, 1051 – Cloppenburg; GRUR 2001, 741, 742 – Lichtenstein; s.a. Rn. 130 ff.
247 BPatG, MarkenR 2008, 33, 36 – Leonardo Da Vinci; vgl. a. BPatG, BeckRS 2009, 25612 – Copernikus.
248 BPatG, GRUR 2010, 421 – Kisch-Preis; GRUR 2008, 517 – Mirabeau; MarkenR 2006, 365, 366 – GEORG-SIMON-OHM; BPatG, BeckRS 2009, 87906 – TRUMAN; GRUR 2010, 1015 – Schumpeter School.
249 GRUR 2008, 1093.

des § 8 Abs. 2 Nr. 2.[250] Ebenfalls in Betracht kommt die Frage einer bösgläubigen Markenanmeldung i. S. d. § 8 Abs. 2 Nr. 10.

(12) Insbesondere: Die Eventmarke

64 Für die sog. *Eventmarke*, also die Bezeichnung einer – zumeist sportlichen – Veranstaltung wie z. B. „Fußball WM 2006", gelten keine anderen Grundsätze als für sonstige Marken. Die Frage des Schutzes derartiger Bezeichnungen stellt sich insbesondere im Hinblick auf die von vielen Unternehmen verfolgte Strategie, durch die Benutzung der Bezeichnung eines Events von dessen Bekanntheit zum Zwecke der Bewerbung eigener Waren oder Dienstleistungen zu profitieren, ohne vom Veranstalter entsprechend autorisiert worden zu sein (sog. „Ambush-Marketing").[251] Gemeinsames Merkmal der „Eventmarke" ist, dass der Sinn der jeweiligen Bezeichnung vom Verkehr in der Regel ohne Weiteres erfasst wird. Der Streit um die „Eventmarke", der sich insbesondere im Zusammenhang mit den vor der Fussballweltmeisterschaft 2006 eingetragenen Marken „FUSSBALL WM 2006" und „WM 2006" entzündete, ist nach den zu diesen Marken ergangenen BGH-Entscheidungen inzwischen entschärft.[252] Danach gilt, dass der „Eventmarke" nicht nur im Hinblick auf Waren und Dienstleistungen, die sich auf die Organisation oder Durchführung der Veranstaltung beziehen,[253] sondern auch im Hinblick auf die im Zusammenhang mit einer Veranstaltung eingesetzten Hilfsmittel und Hilfsdienstleistungen (z. B. Fanartikel, Bekleidungsstücke, Reisedienstleistungen, Souvenirs etc.) sowie die üblicherweise mit Sportveranstaltungen verbundenen Dienstleistungen (z. B. die Sitzplatzreservierung)[254] die erforderliche Unterscheidungskraft fehlt. Gleiches gilt im Ergebnis auch für solche Waren und Dienstleistungen, die keinen Bezug zu der Veranstaltung aufweisen (Merchandising-Artikel wie Kosmetika, Sonnenbrillen, Lederwaren, Bekleidungsstücke, Lebensmittel, alkoholische und alkoholfreie Getränke), da der Verkehr den beschreibenden Gehalt der „Eventmarke" ohne Weiteres erkennt und darin lediglich einen Hinweis auf die Veranstaltung als solche, nicht aber ein Unterscheidungsmittel sieht.[255] Dementsprechend wird die fehlende Unterscheidungskraft der reinen „Eventmarke" ohne herkunftshinweisende Zusätze in der heutigen Spruchpraxis nicht mehr in Frage gestellt.[256]

bb) Buchstaben und Zahlen

65 Für Buchstaben und Buchstabenkombinationen, Zahlen und Kombinationen von Buchstaben und Zahlen gelten die gleichen Anforderungen an die Unterscheidungskraft wie bei Wortmarken. *Buchstabenkombinationen* wird die hinreichende Unterscheidungskraft zu-

---

250 BPatG, GRUR 2004, 432 – FRUNDSBERG.
251 Zu Begriff und Erscheinungsformen vgl. *Jaeschke*, Ambush-Marketing, S. 2 ff.
252 BGH, GRUR 2006, 850 – FUSSBALL WM 2006; BeckRS 2006, 09470 – WM 2006.
253 BGH, WRP 2006, 1121, 1128 Tz. 32 = GRUR 2006, 850, 856 – FUSSBALL WM 2006.
254 Vgl. BGH, a. a. O.
255 BGH, WRP 2006, 1121, 1129 Tz. 45 = GRUR 2006, 850, 857 – FUSSBALL WM 2006; BeckRS 2006, 09470 Tz. 47 – WM 2006; a. A. noch BPatG, GRUR 2005, 948, 953 f. – FUSSBALL WM 2006.
256 Vgl. etwa BPatG, BeckRS 2009, 89060 – EM 2012.

v. Schultz

meist nicht abgesprochen werden können,[257] es sei denn, es handelt sich um eine jedermann geläufige Abkürzung[258] oder schlicht um eine beschreibende Abkürzung.[259] Entsprechendes gilt, wenn die Abkürzung in einem hinreichend engen Bezug zu den beanspruchten Waren oder Dienstleistungen steht.[260] Auch in Fällen der Mehrdeutigkeit einer Abkürzung wird die Unterscheidungskraft überwiegend bejaht.[261]

Einzelbuchstaben in üblicher einfacher Schreibweise entbehrten dagegen nach der anfänglichen Spruchpraxis zum MarkenG i. d. R. der Unterscheidungskraft,[262] ohne dass es auf eine konkrete Prüfung des jeweiligen Buchstabens auf einen etwa beschreibenden Gehalt im Hinblick auf die beanspruchten Waren oder Dienstleistungen ankommen sollte.[263] Die Eintragbarkeit von Einzelbuchstaben kam demnach nur bei hinreichender grafischer Verfremdung in Betracht.[264] Nach inzwischen ständiger Spruchpraxis, die mit einer Entscheidung des BGH aus dem Jahre 2001 eingeleitet wurde,[265] wird die Unterscheidungskraft auch seitens des BPatG nicht mehr in Frage gestellt, sofern nicht feststellbar ist, dass der Verkehr den jeweiligen Buchstaben für bestimmte Waren *nicht* als Herkunftsbezeichnung versteht.[266] Derartiges kommt etwa in Betracht, wenn ein Einzelbuchstabe in Bezug auf die konkret beanspruchten Waren oder Dienstleistungen die Eignung hat, als Abkürzung für Baureihen, Typenklassen, Serien, Größen oder sonstige technische Merkmale verstanden zu werden.[267] Nicht unterscheidungskräftig wäre auch der Buchstabe „D" als Abkürzung für „Diesel" auf dem Kfz-Sektor.[268]

66

Einen Sonderfall stellen Zeichen dar, die aus einer beschreibenden Wortkombination und einer Buchstabenfolge entstehen, die eine Abkürzung der Anlaute der beschreibenden Wortfolge darstellen. Das BPatG hat die Unterscheidungskraft unter Hinweis darauf ver-

67

---

257 BPatG, Beschl. v. 16.2.1998 – 30 W (pat) 310/96 – MCS; BPatGE 40, 85 – CT; BPatG, Beschl. v. 3.5.2000 – 33 W (pat) 215/99 – RE; BPatG, Beschl. v. 17.4.2002 – 28 W (pat) 66/01 – ATR; BPatG, Beschl. v. 10.6.2003 – 24 W (pat) 242/01 – TQ.

258 BPatG, Beschl. v. 8.12.1997 – 30 W (pat) 18/97 – XXL; vgl. a. EuGH, GRUR 2004, 943, 944 Tz. 31 – SAT.2, vgl. a. HABM, GRUR Int. 1998, 136 – IX.

259 EuG, MarkenR 2011, 353, 354 Tz. 18 – TDI.

260 BPatG, GRUR-RR 2010, 242, 243 – ID.

261 BPatG, Beschl. v. 8.12.1997 – 30 W (pat) 75/97 – SCM; anders BPatG, Beschl. v. 28.4.1997 – 30 W (pat) 59/96 – FKS.

262 BPatGE 38, 116 – L; BPatGE 39, 29 – K; BPatGE 39, 55 – M; BPatG, Beschl. v. 20.5.1999 – 25 W (pat) 67/96 – P.

263 BPatGE 39, 140, 144 – M.

264 BPatGE 39, 140, 144 – M; BPatG, Beschl. v. 17.11.1998 – 27 W (pat) 2/98 – g; zur grafischen Verfremdung von Buchstabenzeichen vgl. a. BGH, BlPMZ 1980, 327 – FE; BlPMZ 1990, 430 – ST; GRUR 1992, 397 – rdc-group; vgl. a. BGH, GRUR 2011, 65 – Buchstabe T mit Strich.

265 BGH, WRP 2001, 33, 34 = GRUR 2001, 161, 162 – Buchstabe „K".

266 BPatG, Beschl. v. 29.3.2000 – 26 W (pat) 69/99 – Z; BPatG, Beschl. v. 17. 10. 2000 – 33 W (pat) 40/99 – M; BGH, WRP 2003, 517, 518 = GRUR 2003, 343, 344 – Buchstabe „Z"; BPatG, GRUR 2003, 345, 346 – Buchstabe „K"; GRUR 2003, 347, 348 – Buchstabe „E"; vgl. a. HABM, GRUR-RR 2003, 46 – T.

267 HABM, GRUR 2007, 429, 430 Tz. 16 – Einzelbuchstabe „E" für *Windkraftanlagen*; Unterscheidungskraft aber bejaht für *medizinische Erzeugnisse und Geräte*; EuG, GRUR Int. 2008, 1035, 1037 Tz. 44 ff. – Buchstabe „E".

268 Oder der Buchstabe „E" als Abkürzung für *Energie*, vgl. EuG, GRUR Int. 2008, 838, 839 Tz. 25 ff.

neint, dass die Abkürzung vom Markenanmelder selbst beschreibend verwendet werde;[269] die Buchstabenfolge „TRM" in Alleinstellung hätte hingegen mangels Anhaltspunkten für das Vorliegen eines beschreibenden Charakters zur Eintragung geführt.[270] Zur Klärung der Rechtsfrage hat das BPatG zwei Vorabentscheidungsverfahren eingeleitet.[271]

68 Bei *Zahlen* und *Zahlenkombinationen* ohne jede grafische Verfremdung stellt sich die Frage der Unterscheidungskraft insbesondere deshalb, weil dem Verkehr derartige Zeichen häufig nicht in herkunftshinweisender Funktion, sondern als Typen-, Mengen-, Größen- oder Preisangaben etc. begegnen.[272] Dies ist im Wege einer Einzelfallbeurteilung festzustellen.[273] Im Einzelfall kann zwischen den konkret beanspruchten Waren oder Dienstleistungen zu differenzieren sein.[274] Bei hinreichender grafischer Verfremdung sind Zahlen und Zahlenkombinationen i. d. R. unterscheidungskräftig. Aber auch ohne grafische Ausgestaltung können Zahlen schutzfähig sein, wenn eine beschreibende Funktion nicht ersichtlich ist und der Verkehr auf dem betreffenden Warensektor an nackte Ziffern als Warenkennzeichnung nicht gewöhnt ist. Dies betrifft vorwiegend Anmeldungen von *Grundzahlen*.[275] Die Unterscheidungskraft von *Zahlwörtern* wurde auch schon in der Vergangenheit großzügiger beurteilt.[276]

69 Kombinationen von Buchstaben und Zahlen sind zumeist auch ohne grafische Verfremdung hinreichend unterscheidungskräftig.[277] Auch der Umstand, dass eine zusammengesetzte Marke nur aus Bestandteilen ohne Unterscheidungskraft besteht, ist noch kein hinreichender Grund, um einer Kombination von Buchstaben und Zahlen als solcher die erfor-

---

269 BPatG, MarkenR 2007, 519 – TRM Tenant Relocation Management.

270 BPatG, a. a. O., 524.

271 BPatG, GRUR 2011, 524 – NAI – Der Natur-Aktien-Index; GRUR 2011, 527 – Multi Markets Fund MMF.

272 Vgl. EuGH, MarkenR 2011, 112, 115 Tz. 34 – 1000; BPatG, GRUR 2000, 330 – Zahl 128; BPatGE 39, 45, 47 – 442; zur fehlenden Unterscheidungskraft der Zahl „24" als die 24-stündige Verfügbarkeit indizierende Angabe vgl. BPatG, GRUR 2004, 336 – beauty24.de.

273 BGH, WRP 2002, 1071, 1072 = GRUR 2002, 970, 971 – Zahl „1"; BPatG, GRUR 1998, 403–442; BPatG, Beschl. v. 5.5.1999 – 26 W (pat) 3/97 – 556; BPatG, Beschl. v. 5.5.1999 – 26 W (pat) 8/97 – 230; BPatG, Beschl. v. 5.5.1999 – 26 W (pat) 5/99 – 242; vgl. dagegen BPatG, Beschl. v. 16.7.1997 – 28 W (pat) 270/96 – 420; BPatG, Beschl. v. 16.7.1997 – 28 W (pat) 271/96 – 430; BPatG, Beschl. v. 16.7.1997 – 28 W (pat) 232/96 – 440; BPatG, GRUR 2000 330 – Zahl 128; vgl. aber BPatG, Beschl. v. 8.11.2000 – 29 W (pat) 378/99 und 88/00 – Verbindungsnetzkennzahlen *01070* und *01072*; BPatG, Beschl. v. 28.2.2001 – 29 W (pat) 27/00 – 0800 – Freecall; unterscheidungskräftig dagegen das Zeichen *1012 – privat* – BPatG, Beschl. v. 7.2.2001 – 29 W (pat) 222/99.

274 BPatG, GRUR 1998, 572, 573 – 9000: Marke 9000 unterscheidungskräftig für Dienstleistungen auf dem EDV-Sektor, nicht unterscheidungskräftig dagegen für Hardware- und Standard-Software-Produkte.

275 BGH, WRP 2002, 1071, 1072 = GRUR 2002, 970, 971 – Zahl 1; BPatG, GRUR 1999, 1086 – Zahl 1; BPatG, GRUR 1999, 1088 – Zahl 6.

276 BGH, GRUR 1997, 366 – quattro II; BGH, WRP 2000, 95 = GRUR 2000, 231 – FÜNFER; BPatGE 38, 258 – UNO DUE; vgl. a. BPatG, Beschl. v. 30.6.1999 – 29 W (pat) 180/98 – DAS ERSTE; BPatG, Beschl. v. 26.7.2000 – 26 W (pat) 38/00 – DREI.

277 BPatG, Beschl. v. 21.7.1997 – 30 W (pat) 140/96 – P20; BPatG, Beschl. v. 22.10.1997 – 29 W (pat) 243/96 – C 1; BPatG, Beschl. v. 5.11.2001 – 30 W (pat) 18/01 – FF2; nicht eintragbar aber *K 50* – BPatG, GRUR 1999, 999, da das Zeichen längere Zeit als Werkstoffkurzzeichen verwendet wurde, und *T-205* – BPatG, GRUR 1999, 1000, da häufige Verwendung von Buchstaben-/Zahlenkombinationen im konkreten Warenbereich.

derliche Unterscheidungskraft abzusprechen.[278] Eine zurückhaltendere Beurteilung kommt jedoch in Betracht, wenn der Sinngehalt der Kombination eindeutig ist[279] oder wenn der Verkehr auf dem betreffenden Waren- oder Dienstleistungsgebiet an die Verwendung derartiger Kombinationen gewöhnt ist.

Zum Sonderfall der Kombination von Zahlzeichen wie „2" oder „4" als Variable für die **70** englischen Wörter „to" oder „for" mit weiteren Wortbestandteilen s. Kommentierung zu Rn. 50.

cc) Bildmarken

Für Bildzeichen gelten die gleichen Regeln wie für Wortmarken. Da bei Bildzeichen eine **71** unendliche Vielzahl von Gestaltungsmöglichkeiten besteht, wird solchen Zeichen nur in Ausnahmefällen die erforderliche Unterscheidungskraft fehlen.[280] Nicht unterscheidungskräftig sind namentlich Zeichen, die nur aus einfachen grafischen Mitteln wie Punkten, Strichen, Quadraten, Dreiecken und anderen geometrischen Grundformen bestehen.[281] Auch Piktogramme, deren Aussagegehalt sich auf allgemein verständliche Hinweise beschränkt,[282] sind i. d. R. nicht unterscheidungskräftig,[283] es sei denn, dass sie einen gestalterischen Überschuss aufweisen.[284] Ein bestimmter Grad an Eigentümlichkeit oder Originalität der Gestaltungshöhe kann für die konkrete Unterscheidungskraft jedoch nicht verlangt werden, solange dem Zeichen keine beschreibende Bedeutung für die beanspruchten Waren oder Dienstleistungen zugeordnet werden kann.[285] Ausgeschlossen ist die Unterscheidungskraft von Bildmarken ferner, wenn das jeweilige Zeichen vom Verkehr als Bestimmungsangabe im Hinblick auf die beanspruchten Waren oder Dienstleistungen verstanden wird.[286] Gleiches gilt, wenn eine Bildmarke einen engen Sachbezug zu den beanspruchten Waren oder Dienstleistungen aufweist. Dies setzt voraus, dass der Sachbezug vom Verkehr ohne Weiteres und ohne Unklarheiten erfasst wird.[287] Dies ist nicht der Fall, wenn sich ein möglicher Sachbezug erst auf dem Wege einer analysierenden Betrachtungsweise und als Ergebnis mehrerer gedanklicher Schritte darstellt, die für den Durchschnittsverbraucher nicht nahe liegen.[288] Einen hinreichenden Sachbezug hat das BPatG im Falle der weitgehend naturalistischen Wiedergabe eines Apfels im Zusammenhang mit die Zähne betref-

---

278 EuGH, GRUR 2004, 943, 944 Tz. 35 – SAT.2.
279 BPatG, Beschl. v. 24.10.2000 – 28 W (pat) 169/99 – V 5; EuG, GRUR-RR 2011, 258 – 5 HTP (als Abkürzung eines Arzneimittelwirkstoffs); EuG, BeckRS 2011, 80304 – AK 47 (als Hinweis auf ein Sturmgewehr).
280 BGH, GRUR 1955, 421 – Forellenzeichen.
281 Instruktiv BGH, GRUR 1985, 383 – BMW-Niere; BPatG, BlPMZ 1993, 28, 29 – Bierhand; BPatG, Beschl. v. 19.3.2003 – 29 W (pat) 52/01 – rotes Parallelogramm.
282 Beispiele finden sich in der Entscheidung BPatG, BlPMZ 1993, 28, 29 – Bierhand.
283 BPatGE 18, 90; BPatG, GRUR 1997, 530 – Rohrreiniger.
284 BPatG, BlPMZ 1993, 28, 29 – Bierhand.
285 BPatG, Beschl. v. 19.3.2003 – 29 W (pat) 52/01.
286 BGH, WRP 2004, 351, 352 = GRUR 2004, 331, 332 – Westie Kopf; BGH, WRP 2005, 217 f. = GRUR 2005, 257 f. – Bürogebäude (verneint für die Dienstleistung *Immobilienwesen*, demgegenüber bejaht für *Geschäftsführung etc.*).
287 Für Wortmarken vgl. BGH, WRP 2005, 490, 492 = GRUR 2005, 417, 419 – BerlinCard; WRP 2006, 1121, 1125 = GRUR 2006, 850, 854 – Fußball-WM 2006.
288 BPatG, BeckRS 2010, 24065 – Granny-Smith-Apfel.

fenden Waren und Dienstleistungen daher verneint.[289] Grundsätzlich unterscheidungskräftig sind auch fotografische Bildnisse von Personen, soweit derartige Bildnisse keinen beschreibenden Sachbezug (etwa für Bücher, Druckereierzeugnisse etc.) aufweisen.[290]

72 Bei Bildmarken ist in der jüngeren Rechtsprechung vereinzelt die Unterscheidungskraft im Hinblick darauf in Frage gestellt worden, dass es möglicherweise an Verwendungsmöglichkeiten fehle, die vom Verkehr als markenmäßige Benutzung verstanden werden.[291] Der Bundesgerichtshof vertritt insoweit ein weites Verständnis der Kennzeichnungsgewohnheiten. Soweit es – wie im Regelfall – praktisch bedeutsame und nahe liegende Möglichkeiten der Anbringung des Zeichens gibt, bei denen das Zeichen vom Verkehr als Herkunftshinweis verstanden wird, steht die grundsätzliche Unterscheidungseignung außer Frage.[292]

73 Besonders problematisch sind Bildmarken, die sich in der bloßen Abbildung der Ware selbst erschöpfen, für die der markenrechtliche Schutz beansprucht wird. Nach ständiger Rechtsprechung des BGH fehlt derartigen Marken im Allgemeinen auch bei Anlegung eines großzügigen Prüfungsmaßstabs die erforderliche Unterscheidungskraft.[293] Dies gilt auch, wenn das die beanspruchte Ware darstellende Bildzeichen sich in einfachen dekorativen Gestaltungsmitteln erschöpft, an die sich der Verkehr angesichts üblicher Werbe- und Verbrauchsgrafik gewöhnt hat.[294] Unterscheidungskraft kommt daher nur in Betracht, wenn derartige Bildzeichen über die für die Darstellung der Ware typischen Merkmale hinausgehende charakteristische Merkmale aufweisen, in denen der Verkehr einen Hinweis auf die betriebliche Herkunft sieht.[295]

74 Sofern sich Bildzeichen auf die naturgetreue Wiedergabe der beanspruchten Ware beschränken, kommen die gleichen Grundsätze zur Anwendung, die die Rechtsprechung bei dreidimensionalen Marken, die die Form der beanspruchten Ware wiedergeben, zur Anwendung. Danach setzt die Unterscheidungskraft derartiger Abbildungen regelmäßig voraus, dass die beanspruchte Ware erheblich von der Norm bzw. den branchenüblichen Gestaltungsvarianten abweicht und sich nicht nur in gebräuchlichen bzw. funktionell bedingten Gestaltungsmerkmalen erschöpft.[296] Auf die Kommentierung zur Unterscheidungskraft von dreidimensionalen Waren- und Verpackungsformmarken wird insoweit verwiesen (s. Rn. 76 ff.).

---

289 BPatG, a. a. O.

290 BGH, WRP 2008, 1428, 1429 Tz. 12 ff. = GRUR 2008, 1093, 1094 f. – Marlene-Dietrich-Bildnis.

291 BPatG, GRUR 2010, 73, 75 – Portraitfoto Marlene Dietrich II.

292 BGH, WRP 2010, 1149, 1151 Tz. 18 f. = GRUR 2010, 825, 827 – Marlene-Dietrich-Bildnis II; vgl. a. BPatG, BeckRS 2010, 27933 – Hochkant stehendes Rechteck; BPatG, BeckRS 2011, 22213 – Ampelmännchen.

293 BGH, GRUR 2011, 158 Tz. 8 – Hefteinband.

294 BGH, a. a. O.

295 BGH, GRUR 2011, 158 Tz. 8 – Hefteinband; WRP 2005, 217 = GRUR 2005, 257, 258 – Bürogebäude; WRP 2004, 752 = GRUR 2004, 502 – Gabelstapler II; BGH, WRP 2004, 749, 751 = GRUR 2004, 507, 509 – Transformatorengehäuse; BGH, WRP 2001, 31, 32 = GRUR 2001, 239, 240 – Zahnpastastrang; WRP 2000, 520, 522 = GRUR 2000, 502, 503 – St. Pauli Girl; BPatG, GRUR 2005, 330, 331 – Fahrzeugkarosserie.

296 Vgl. nur EuGH, GRUR 2006, 233, 234 Tz. 31 – Standbeutel; GRUR Int. 2006, 842, 844 Tz. 25 – Form eines Bonbons II; GRUR Int. 2004, 639, 643 Tz. 37 – Dreidimensionale Tablettenform III.

dd) Wort-/Bildmarken (Kombinationsmarken)

Kombinationsmarken, also Marken, die aus Wort- und Bildelementen bestehen, entbehren **75** nur selten jeglicher Unterscheidungskraft. Die Unterscheidungskraft von Kombinationsmarken kann sich entweder aus beiden Elementen, nur aus dem Wortelement bzw. nur aus dem Bildelement oder aus dem Gesamteindruck ergeben, den die Kombination von Wort- und Bildelement vermittelt.[297] Besondere Bedeutung gewinnt der vorstehende Grundsatz bei bildhaft verfremdeten Wortmarken,[298] insbesondere bei nicht unterscheidungskräftigen Wörtern. Deren Verfremdung durch *einfache* grafische Elemente genügt regelmäßig nicht, um die konkrete Unterscheidungskraft zu bejahen.[299] Gleiches gilt für die Verfremdung durch Verwendung einer bestimmten Schriftart, die eine hochgradige Nähe zu einer Standardschrift aufweist.[300] Die fehlende Unterscheidungskraft folgt allerdings nicht schon aus dem Umstand, dass der schutzunfähige Wortbestandteil das Gesamtzeichen dominiert.[301] Auch bloß ornamentale, schmückende Gestaltungselemente sind nicht ohne Weiteres geeignet, die Unterscheidungskraft zu begründen.[302] Schutzfähig ist die Verfremdung jedenfalls immer dann, wenn sie verhindert, dass das Zeichen ausschließlich im Sinne seines Wortbestandteils verstanden wird.[303] Die bildhafte Verfremdung eines Wortzeichens durch Ersetzung des Buchstabens „a" durch das Zeichen „@" dürfte aufgrund der Bekanntheit des Symbols und der Werbeüblichkeit der Ersetzung des Buchstabens „a" durch das Zeichen nur in seltenen Ausnahmefällen eine hinreichende Unterscheidungskraft begründen.[304] Im Verletzungsverfahren ist bei Wort-/Bildmarken, die nur aufgrund ihrer grafischen Verfremdung in das Register gelangt sind, zu beachten, dass der Schutzbereich eines solches Zeichens im Wesentlichen durch die bildhafte Verfremdung des im Übrigen beschreibenden Wortbestandteils bestimmt wird. Der Schutzbereich derartiger Marken kann daher im Einzelfall auf identische oder quasi-identische Benutzungsformen beschränkt sein.

ee) Dreidimensionale Marken

Für dreidimensionale Marken gelten im Grundsatz die gleichen Regeln wie für Bildmarken. **76** Sofern sich dreidimensionale Gebilde nicht in der beanspruchten Ware selbst erschöpfen, gilt daher auch hier, dass eine unerschöpfliche Vielfalt von Gestaltungsmöglichkeiten besteht, die dem Verkehr ohne Weiteres eine Herkunftsfunktion vermitteln können.[305]

---

297 BPatG, Mitt. 1993, 367, 368 – EXTREME.

298 BGH, GRUR 1991, 136 – NEW MAN; BPatG, GRUR 1992, 607 – FLEUR Charme.

299 BGH, WRP 2001, 1201 = GRUR 2001, 1153 f. – antiKALK; WRP 2008, 1087, 1089 Tz. 19 = GRUR 2008, 710, 711 – VISAGE; WRP 2010, 891, 893 Tz. 16 f. = GRUR 2010, 640, 641 – hey!; BPatG, BeckRS 2011, 04415 – XXXL; BeckRS 2011, 10175 – urban edition; BeckRS 2011, 25437 – FREIZEIT SPASS; BeckRS 2011, 25372 – ACTIVE SKIN PROTECTION; BeckRS 2011, 16237 – HORSE CARE (u. E. Unterscheidungskraft zu Unrecht verneint); BeckRS 2011, 15062 – Indischer Chai; BeckRS 2011, 21222 – YOUNGStyle; BeckRS 2011, 20424 – Deutsches Institut für Menschenrechte; BeckRS 2011, 21109 – WOHN.HAUS; BeckRS 2011, 21836 – IMMOPOSTER; BeckRS 2010, 13605 – dentalline; Beck RS 2010, 13151 – Premium PLUS.

300 BPatG, GRUR-RR 2009, 426, 427 – Yoghurt-Gums.

301 Zw. daher BPatG, BeckRS 2011, 16237 – HORSE CARE.

302 BGH, GRUR 2000, 502, 503 – St. Pauli Girl; GRUR 2001, 734, 735 – Jeanshosentasche.

303 BPatG, BeckRS 2011, 20037 – MAZ & MORE.

304 Vgl. BPatG, Beschl. v. 29.11.2000 – 29 W (pat) 7/00 – WebTr@iner.

305 Vgl. BPatG, BeckRS 2009, 15266 – Perle.

77 Problematisch sind dagegen diejenigen Fälle, in denen sich die angemeldete dreidimensionale Marke auf die Form der beanspruchten Ware beschränkt. Entsprechendes gilt für dreidimensionale Marken, die sich in der *Verpackung* der beanspruchten Ware erschöpfen (z. B. Formen von Flaschen, Flacons etc.). Beide Fälle sind grundsätzlich gleich zu behandeln.[306] Die Frage der markenrechtlichen Schutzfähigkeit derartiger Warenform- oder Verpackungsmarken bildet einen Schwerpunkt der in den vergangenen Jahren zunehmend strenger gewordenen Spruchspraxis von BGH und BPatG.

78 Auch bei dreidimensionalen Warenform- und Verpackungsmarken geht die Rechtsprechung im Grundsatz davon aus, dass ein großzügiger Maßstab bei der Beurteilung der Unterscheidungskraft anzulegen ist, sodass jede auch noch so geringe Unterscheidungskraft genügt, um das Schutzhindernis zu überwinden.[307] Indes weisen dreidimensionale Marken, die allein aus der Form der Ware oder ihrer Verpackung bestehen, die Besonderheit auf, dass sie vom Verkehr nicht notwendig in der gleichen Weise wahrgenommen werden wie eine Wort- oder Bildmarke, die aus einem Zeichen besteht, das vom Erscheinungsbild der gekennzeichneten Ware unabhängig ist.[308] Denn wenn grafische oder Wortelemente fehlen, schließen die Durchschnittsverbraucher aus der Form der Ware oder ihrer Verpackung üblicherweise nicht auf die Herkunft dieser Waren.[309] Die Rechtsprechung geht daher davon aus, dass dreidimensionale Warenform- und Verpackungsmarken trotz Anlegung eines großzügigen Prüfungsmaßstabs in der Regel die konkrete Unterscheidungskraft fehlt.[310] Die Unterscheidungskraft lässt sich daher nur bei Vorliegen besonderer Umstände bejahen. Solche sind nach Auffassung der inzwischen ständigen Spruchpraxis nur dann gegeben, wenn die beanspruchte Form *erheblich* von der Norm oder Branchenüblichkeit abweicht.[311] Ein *erhebliches Abweichen* von dem vorhandenen Formenschatz ist nicht schon dann gegeben, wenn die beanspruchte Form ein ästhetisch ansprechendes Produkt darstellt. Auch die bloße Abwandlung einer im Übrigen bekannten Grundform begründet für sich genommen nicht die konkrete Unterscheidungskraft. Mithin ist genau zu prüfen, ob sich die Marke in den vorhandenen Formenschatz auf dem jeweiligen Warengebiet eingliedert oder ob sie *erheblich* vom üblichen Formenschatz abweicht. Dies ist einer Einzelfallprüfung vorbehalten.

79 Auf der Grundlage des Erfordernisses des *erheblichen Abweichens* von der Norm oder Branchenüblichkeit neigt die Spruchpraxis dazu, einer dreidimensionalen Warenform-

---

306 EuGH, WRP 2005, 475, 478 Tz. 32 ff. = GRUR Int. 2004, 413, 415 – Henkel.
307 BGH, WRP 2010, 260, 262 Tz. 23 f. = GRUR 2010, 138, 140 – ROCHER-Kugel.
308 EuGH, GRUR 2008, 339, 342 Tz. 80 – Devely/HABM; GRUR Int. 2005, 135 Tz. 30 – Maglite; GRUR 2006, 1022, 1023 Tz. 27 – Wicklerform; BGH, WRP 2010, 260, 262 Tz. 24 = GRUR 2010, 138, 140 – ROCHER-Kugel.
309 St. Rspr., vgl. nur EuGH, GRUR 2008, 339, 342 Tz. 80 – Devely/HABM; GRUR 2006, 233, 234 Tz. 28 – Standbeutel; BGH, WRP 2010, 260, 262 Tz. 24 = GRUR 2010, 138, 140 – ROCHER-Kugel.
310 BGH, WRP 2010, 260, 262 Tz. 25 = GRUR 2010, 138, 140 – ROCHER-Kugel; BPatG, MarkenR 2011, 68, 71 – Goldhase in neutraler Aufmachung.
311 EuGH, WRP, 475, 478 Tz. 32 ff. = GRUR Int. 2004, 413, 416 – Henkel; GRUR 2006, 233, 234 Tz. 31 – Standbeutel; GRUR 2006, 1022, 1023 Tz. 28 – Wicklerform; GRUR 2008, 339, 342 Tz. 81 – Devely/HABM; BGH, GRUR 2006, 679, 681 Tz. 17 – Porsche Boxster; GRUR 2008, 71, 73 Tz. 24 – Fronthaube; WRP 2010, 260, 263 Tz. 28 = GRUR 2010, 138, 140 – ROCHER-Kugel; BPatG, GRUR 2011, 68, 71 – Goldhase in neutraler Aufmachung; GRUR 2010, 1017, 1018 – Bonbonform; GRUR 2010, 338, 341 – Etikett.

v. Schultz

oder Verpackungsmarke nur noch in selteneren Fällen eine originäre Unterscheidungskraft zuzumessen. Angesichts des erst in der *Henkel*-Entscheidung des EuGH[312] formulierten Erfordernisses des *erheblichen Abweichens* von der Norm oder Branchenüblichkeit ist die dieser Entscheidung zeitlich vorangehende Entscheidungskasuistik für die Praxis nur noch eingeschränkt verwertbar. Beispiele aus der jüngeren Rechtsprechung für die Bejahung einer originären Unterscheidungskraft dreidimensionaler Warenform- und Verpackungsmarken: BGH, GRUR 2006, 679, 681 Tz. 17 ff. – Porsche Boxster; BPatG, BeckRS 2010, 21999 – Steckverbinder; BeckRS 2010, 03241 – L-förmiges Fußgestell; MarkenR 2008, 461, 463 – Bleistift mit Kappe; BeckRS 2008, 01879 – Flaschenform; BeckRS 2008, 12573 – Verpackung in Wellenform; BeckRS 2008, 19474 – Form eines Behälters; BeckRS 2010, 08179 – Pumpen- bzw. Elektromotorengehäuse. Beispiele aus der umfänglichen Entscheidungskasuistik für die Verneinung der originären Unterscheidungskraft: BGH, WRP 2010, 260, 262 Tz. 23 f. = GRUR 2010, 138, 140 – ROCHER-Kugel; BPatG, GRUR 2010, 338 – Etikett; GRUR 2010, 1017 – Bonbonform; BeckRS 2010, 15699 – Schusswaffen; BeckRS 2010, 18721 – Magnetstreifenkarte; Beck RS 2010, 28174 – Anhängeetikett; BeckRS 2011, 00179 – Flüssigkeitsspender; BeckRS 2010, 26251 – MERCI-Riegel; BeckRS 2010, 08181 – Technische Schnittzeichnung; GRUR 2011, 68 – Goldhase in neutraler Aufmachung; BeckRS 2009, 89063 – Schokoladenhase; BeckRS 2009, 18235, 18236 und 18237 – Bürostuhl; BeckRS 2009, 28554 – Flaschenöffner; BeckRS 2009, 07812 – Möbelstück; BeckRS 2008, 18257, BeckRS 2008, 09923, BeckRS 2008, 10083, BeckRS 2009, 03692 und BeckRS 2009, 08391 – sämtlich für Flaschenformen; BeckRS 2008, 01884 – Mini-Leberkäse; BeckRS 2007, 17312 – Prismenschachtel für Zigaretten. In Einzelfällen wurde die fehlende Unterscheidungskraft im Wege der Verkehrsdurchsetzung nach § 8 Abs. 3 überwunden.[313]

ff) Farbmarken

Nach § 3 Abs. 1 sind Farben und Farbzusammenstellungen grundsätzlich markenfähig. **80** Das BPatG hatte anfänglich die abstrakte Markenfähigkeit konturloser Farben und Farbzusammenstellungen noch verneint;[314] eine Farbe bzw. Farbkombination sei nur im Rahmen einer Aufmachung nach § 3 Abs. 1 markenfähig.[315] Diese Auffassung ist inzwischen überholt.[316] Auch der EuGH hat die abstrakte Markenfähigkeit anerkannt.[317]

Nach inzwischen gefestigter Rechtsprechung ist eine abstrakte Farbmarke auch grafisch **81** darstellbar i. S. d. § 8 Abs. 1. Nach Auffassung des EuGH muss eine Farbmarke genau identifiziert werden können. Die Wiedergabe muss daher klar, eindeutig, in sich geschlossen, leicht zugänglich, verständlich, dauerhaft und objektiv sein.[318] Daher ist die Konkretisierung auf einen bestimmten Farbton unerlässlich; diese Voraussetzung kann durch Vorlage

312 EuGH, WRP 2005, 475 = GRUR Int. 2004, 413.
313 Vgl. nur BGH, WRP 2010, 260 = GRUR 2010, 138 – ROCHER-Kugel.
314 BPatG, GRUR 1996, 881, 882 – Farbmarke.
315 BPatGE 39, 247 – magenta/grau.
316 BGH, WRP 2001, 1198, 1199 = GRUR 2001, 1154, 1155 – Farbmarke violettfarben; WRP 1999, 430, 431 = GRUR 1999, 491 – Farbmarke gelb/schwarz; WRP 1999, 853, 854 = GRUR 1999, 730 – Farbmarke magenta/grau.
317 EuGH, WRP 2003, 735, 739 Tz. 42 = GRUR 2003, 604, 607 – Libertel; GRUR 2004, 858, 859 Tz. 23 – Heidelberger Bauchemie GmbH.
318 EuGH, WRP 2003, 249, 254 Tz. 70 = GRUR 2003, 145, 148 – Sieckmann.

eines Farbmusters zusammen mit der Bezeichnung der betreffenden Farbe nach einem international anerkannten Kennzeichnungscode (z. B. *Pantone*) geschehen.[319] Bei *Farbkombinationen* sind Besonderheiten bei der grafischen Darstellung zu beachten. Neben der Benennung der kombinierten Farben nach einem international anerkannten Kennzeichnungscode ist auch das Verhältnis der einzelnen Farben zueinander (räumliche Anordnung, Farbanteile) präzise anzugeben.[320]

82 Für die Beurteilung der konkreten Unterscheidungskraft kommen die allgemeinen Grundsätze zur Anwendung; insbesondere ist – wie bei allen anderen Markenformen – von einem großzügigen Maßstab auszugehen.[321]

83 Der EuGH steht der konkreten Unterscheidungskraft von Farbmarken reserviert gegenüber. Farben vermittelten zwar bestimmte gedankliche Verbindungen und Gefühle, seien aber nach ihrer Natur kaum geeignet, eindeutige Informationen zu übermitteln. Sie seien dies umso weniger, als sie in der Werbung und bei der Vermarktung von Waren und Dienstleistungen wegen ihrer Anziehungskraft gewöhnlich in großem Umfang und ohne eindeutigen Inhalt verwendet würden.[322] Dementsprechend seien es die Verbraucher nicht gewöhnt, aus der Farbe von Waren oder ihrer Verpackung ohne grafische oder Wortelemente auf die Herkunft von Waren zu schließen, da grundsätzlich nicht davon ausgegangen werden könne, dass Farben als Mittel der Identifizierung verwendet würden.[323] In der Regel komme eine originäre Unterscheidungskraft daher nur in Betracht, wenn die Zahl der Waren oder Dienstleistungen, für die die Farbmarke angemeldet werde, sehr beschränkt und der maßgebliche Markt sehr spezifisch sei.[324] Nach Auffassung des EuGH soll die Annahme einer originären Unterscheidungskraft daher nur in „außergewöhnlichen Fällen" in Betracht kommen.[325]

84 Der BGH hat sich der Auffassung des EuGH im Wesentlichen angeschlossen. Bei Farbmarken sei nämlich zu beachten, dass sie vom Verkehr nicht notwendig in gleicher Weise wahrgenommen würden wie eine herkömmliche Wort- oder Bildmarke, die ein gesondertes Zeichen darstelle und vom Erscheinungsbild der gekennzeichneten Ware unabhängig sei.[326] Aus der Farbe eines Produkts würden die Verbraucher zumeist nicht auf die Herkunft der Ware aus einem bestimmten Unternehmen schließen.[327] Überdies sei bei abstrakten Farbmarken auch im Rahmen der Überprüfung des Schutzhindernisses mangelnder Unterscheidungskraft das Allgemeininteresse an der freien Verfügbarkeit der Farben für die anderen Wirtschaftsteilnehmer zu berücksichtigen. Im Ergebnis nimmt der BGH daher an, dass

---

319 EuGH, WRP 2003, 735, 738 Tz. 36 ff. = GRUR 2003, 604, 606 – Libertel.
320 Vgl. EuGH, WRP 2003, 735, 738 Tz. 34 f. = GRUR 2003, 604, 607 – Libertel; BGH, GRUR 2007, 55, 56 Tz. 10 ff. – Farbmarke gelb/grün II.
321 EuGH, GRUR Int. 2005, 227, 231 Tz. 78 – Farbe Orange; BGH, GRUR 2010, 637, 638 Tz. 12 – Farbe gelb; BPatG, GRUR 2004, 870, 871 – Zweifarbige Kombination grün/gelb.
322 EuGH, GRUR 2004, 858, 859 f. Tz. 37 f. – Heidelberger Bauchemie GmbH.
323 EuGH, WRP 2003, 735, 740 Tz. 65 = GRUR 2003, 604, 608 – Libertel.
324 EuGH, a. a. O. Tz. 66 – Libertel.
325 EuGH, WRP 2003, 735, 740 Tz. 66 = GRUR 2003, 604, 608 – Libertel; GRUR 2004, 858, 860 Tz. 39 – Heidelberger Bauchemie GmbH.
326 BGH, GRUR 2010, 637, 638 Tz. 12 – Farbe gelb.
327 BGH, a. a. O.

v. Schultz

abstrakten Farbmarken im Allgemeinen die Unterscheidungskraft i. S. d. § 8 Abs. 2 Nr. 1 fehlt.[328]

Auch das BPatG folgt dem gedanklichen Ansatz von EuGH und BGH – dies insbesondere   **85** in der Erwägung, dass der Verkehr regelmäßig nicht daran gewöhnt sei, allein aus der Farbe von Waren oder ihrer Verpackung auf die Herkunft aus einem bestimmten Betrieb zu schließen, da eine abstrakte Farbe im Verkehr grundsätzlich nicht als Mittel der Identifizierung verwendet werde.[329]

Der dogmatische Ausgangspunkt der Rechtsprechung von EuGH, BGH und BPatG begeg-   **86** net insoweit Bedenken, als die originäre Unterscheidungskraft recht allgemein mit der Erwägung verneint wird, der Verkehr sei nicht daran gewöhnt, allein aus der Farbe von Waren oder ihrer Verpackung auf die Herkunft der Waren zu schließen, da eine abstrakte Farbe im Verkehr grundsätzlich nicht als Mittel der Identifizierung verwendet werde. Tatsächlich können es aber gerade Farben und insbesondere Farbkombinationen sein, die dem Verkehr in besonders subtiler und einfacher, aber ebenso wirksamer Weise Herkunftsvorstellungen vermitteln können.[330] Zuzugeben ist indes, dass die diesbezüglichen Verkehrsgewohnheiten auf den jeweiligen Warengebieten unterschiedlich zu beurteilen sind. Als besonders offensichtliches Beispiel mag auf die Farbe von Kraftfahrzeugen verwiesen werden, bei denen eine Gewöhnung des Verkehrs, aus der Farbe eines Autos auf seine Herkunft zu schließen, ausgeschlossen erscheint. Gleiches gilt für in farbigen Verpackungen vertriebene Lebensmittel, für farblich gestaltete Umschläge von Büchern, für Bekleidungsstücke, Verpackungen von Arzneimitteln und Kosmetika etc. Stets ist mithin das wettbewerbliche Umfeld präzise zu prüfen, insbesondere die Frage, ob der Verkehr auf dem spezifischen Warengebiet an die herkunftshinweisende Verwendung abstrakter Farben gewöhnt ist und diesen nicht nur einen rein dekorativen Charakter beimisst.[331] Die Verwendung von Farben als Unterscheidungsmittel auf dem einschlägigen Warensektor ist mithin Grundvoraussetzung für die originäre Unterscheidungskraft von abstrakten Farbmarken und Farbkombinationsmarken.[332]

Auch bei Feststellung der Gewöhnung des Verkehrs an die Verwendung von Farben als   **87** Herkunftshinweisen auf dem einschlägigen Warengebiet betont die Rechtsprechung durchgängig, dass die Bejahung einer originären Unterscheidungskraft nur in Ausnahmefällen in Betracht kommt. Dabei steht es der originären Unterscheidungskraft regelmäßig entgegen, wenn mit den betreffenden Farben oder Farbkombinationen eine Sachaussage verbunden ist.[333] So wird etwa die Farbe *Grün* als Hinweis auf eine Herstellung mit umweltverträglichen Methoden verstanden.[334] Im Zusammenhang mit Lebensmitteln kann der Farbe *Orange* ein Sachhinweis im Hinblick auf Südfrüchte entnommen und die Farbe *Rot* als

---

328 BGH, a. a. O. Tz. 13.

329 BPatG, GRUR 2008, 428, 429 – Farbmarke Rot; GRUR 2009, 161 f. – Farbmarke Gelb – Yello; GRUR 2009, 167, 168 – Farbmarke Sonnengelb; GRUR 2009, 170, 171 – Farbmarke Rapsgelb; GRUR 2010, 71, 72 – Farbe Lila; BPatG, BeckRS 2011, 16236 – Grünton.

330 BPatG, MarkenR 2006, 83, 85 – zweifarbige Farbkombination Dunkelblau/Hellblau.

331 Vgl. beispielhaft zur Prüfung der Verkehrsgewohnheiten BPatG, GRUR 2008, 428, 429 – Farbmarke Rot; GRUR 2009, 170, 171 f. – Farbmarke Rapsgelb; GRUR 2010, 71, 72 – Farbe Lila.

332 Vgl. instruktiv BPatG, GRUR 2009, 164, 165 – Farbmarke Gelb-Rot.

333 Vgl. *Sekretaruk*, S. 30.

334 BPatG, GRUR 2003, 803, 804 – Aufmachungsfarbmarke grün/grün; vgl. a. BPatG, GRUR 2004, 870, 872 – Zweifarbige Kombination grün/gelb.

Sachhinweis auf die Geschmacksrichtung Erdbeere verstanden werden. Die Farbe *Rot* hat darüber hinaus auf zahlreichen Warengebieten eine Warnfunktion. Entsprechendes gilt für die Farben Gelb und Rot, sofern sie in Verbindung mit Schwarz als Hinweis auf Gefahren eingesetzt werden.[335] Eine Warnfunktion kommt auch der Farbkombination lichtgrau/verkehrsrot zu.[336] Dagegen kann z. B. dem von der „Milka"-Schokolade her bekannten Farbton *Lila* kein beschreibender Hinweis auf die Ware *Schokolade* entnommen werden (angesichts der Vielzahl der auf dem Lebensmittelsektor verwendeten Farben kommt eine originäre Unterscheidungskraft aber dennoch nicht in Betracht). Neben der Qualität eines verständlichen Sachhinweises spricht ferner gegen die Annahme originärer Unterscheidungskraft, wenn eine Farbe wegen häufiger Verwendung in der Werbung seitens verschiedenster Anbieter so gebräuchlich ist, dass ein Verständnis als Hinweis auf die betriebliche Herkunft ausgeschlossen erscheint.[337] Dahingehende Feststellungen bedingen eine präzise Prüfung des wettbewerblichen Umfeldes.

88 Die Rechtsprechung betont schließlich, dass eine originäre Unterscheidungskraft ausnahmsweise dann in Betracht kommt, wenn die Zahl der Waren oder Dienstleistungen, für die die Marke angemeldet ist, sehr gering und der maßgebliche Markt sehr spezifisch ist.[338] Ein zwingendes rechtliches Erfordernis stellt diese Vorgabe freilich nicht dar. Indes ist nicht zu verkennen, dass im Falle besonders spezifischer Konkretisierung des Waren- oder Dienstleistungssegments eine Gewöhnung des Verkehrs an Farben oder Farbkombinationen als Herkunftshinweise erfahrungsgemäß umso eher in Betracht kommt.[339]

89 Auf der Grundlage der dargestellten Grundsätze der Rechtsprechung wird die Bejahung originärer Unterscheidungskraft abstrakter Farbmarken in der Tat nur in eher seltenen Ausnahmefällen in Betracht kommen; sie ist aber auch keineswegs ausgeschlossen, wie das Beispiel der „Farbe Gelb"[340] zeigt. Beispiele der Verneinung originärer Unterscheidungskraft von abstrakten Farbmarken: Farbmarke Rot;[341] Farbmarke Gelb-Yello;[342] Farbmarke Sonnengelb;[343] Farbmarke Rapsgelb;[344] Farbe Lila.[345]

Beispiele für originär unterscheidungskräftige abstrakte Farbkombinationen: gold/gelb;[346] zweifarbige Kombination Grün/Gelb;[347] grün/grün/gelb;[348] abstrakte Farbmarke magenta/

---

335 BPatG, GRUR 2009, 164, 166 – Farbmarke Gelb-Rot.

336 *Verkehrszeichen an Bahnschranken,* vgl. EuG, MarkenR 2011, 125, 127 Tz. 33 f. – Farbmarke lichtgrau/verkehrsrot.

337 Vgl. *Sekretaruk*, S. 31 f.

338 EuGH, WRP 2003, 735, 740 Tz. 71 = GRUR 2003, 604, 608 – Libertel; GRUR Int. 2005, 227 Tz. 79 – Farbe Orange; BGH, GRUR 2010, 637, 639 Tz. 13 – Farbe gelb.

339 Vgl. BGH, GRUR 2010, 637, 639 Tz. 23 ff. mit Bejahung originärer Unterscheidungskraft für verschiedene Dienstleistungen *„im Energiebereich"*.

340 BGH, GRUR 2010, 637, 639 f.

341 BPatG, GRUR 2008, 428.

342 BPatG, GRUR 2009, 161, 162.

343 BPatG, GRUR 2009, 167, 168.

344 BPatG, GRUR 2009, 170, 171.

345 BPatG, GRUR 2010, 71, 72; Beschl. v. 28.10.2009 – 29 W (pat) 1/09; Beschl. v. 30.3.2011 – 28 W (pat) 65/10.

346 BPatG, MarkenR 2002, 31.

347 BPatG, GRUR 2004, 870, 872.

348 BPatG, Beschl. v. 17.12.2003 – 29 W (pat) 90/03.

v. Schultz

grau II;[349] zweifarbige Farbkombination Dunkelblau/Hellblau;[350] Farbmarke Gelb-Rot.[351] Abstrakte Farbmarken und Farbkombinationsmarken, denen die originäre Unterscheidungskraft fehlt, können aber im Wege der Verkehrsdurchsetzung nach § 8 Abs. 3 schutzfähig sein.[352]

Von abstrakten Farbmarken zu unterscheiden sind *Aufmachungsfarbmarken*, bei denen Gegenstand die konkrete Aufmachung der beanspruchten Ware in einer oder mehreren Farben ist.[353] Die Unterscheidungskraft von Aufmachungsfarbmarken folgt den gleichen Grundsätzen wie bei abstrakten Farben und Farbkombinationen. Von Hause aus unterscheidungskräftig sind daher Aufmachungsfarbmarken insbesondere dann, wenn der jeweilige Markt überschaubar ist und die wenigen Hersteller auf jeweils bestimmte Farben festgelegt sind.[354] **90**

Weiter von Farbmarken zu unterscheiden sind *farbige Bildmarken*, die flächenmäßig begrenzt sind. Während die Einfärbung von Bildmarken, die die Ware selbst wiedergeben, in aller Regel die Unterscheidungskraft nicht zu begründen vermag, können flächenmäßig begrenzte Farben wie z. B. eine rechteckige begrenzte Fläche in blauer Einfärbung[355] oder nebeneinander angeordnete streifenförmige Farbflächen durchaus ein erforderliches Mindestmaß an Unterscheidungskraft aufweisen.[356] Bei der Beurteilung der Unterscheidungskraft sind die konkret beanspruchte Form und Dimension zugrunde zu legen. **91**

gg) Sonstige Markenformen

Für sonstige Markenformen (Geruchs-, Geschmacks-, Fühl-, Tast-, Bewegungs-, Kennfaden-, Positions- und virtuelle Marken) gelten grundsätzlich die gleichen Anforderungen an die Unterscheidungskraft wie bei den übrigen Markenformen. Die Erfahrungen der Rechtsprechung mit der Prüfung der konkreten Unterscheidungskraft sind jedoch noch nicht sehr ausgeprägt. Im Wesentlichen hat sich die Spruchpraxis (auch auf europäischer Ebene) vielmehr mit der Frage der Anforderungen an die grafische Darstellbarkeit befasst (s. o. Rn. 8 ff.). **92**

Bei *Hörmarken* liegt das Fehlen der erforderlichen Unterscheidungskraft nahe, wenn die Lautfolge eine Bestimmungsangabe vermittelt (z. B. das gewöhnliche Läuten eines Telefons). Auch aus nur einem einzigen Ton bestehende Laute sind – vergleichbar der Spruchpraxis zu Piktogrammen – i. d. R. nicht unterscheidungskräftig. Besondere Bedeutung kommt bei der Beurteilung der Unterscheidungskraft den Gewohnheiten und Üblichkeiten in der Werbung auf dem jeweiligen Waren- und Dienstleistungssektor zu. **93**

---

349 BPatG, GRUR 2003, 149.

350 BPatG, MarkenR 2006, 83, 86.

351 BPatG, GRUR 2009, 164, 166.

352 Vgl. hierzu Rn. 224 ff.

353 Vgl. grundlegend BGH, WRP 2002, 452 = GRUR 2002, 538 – grün eingefärbte Prozessorengehäuse.

354 BPatG, Beschl. v. 29.4.2003 – 33 W (pat) 13/01; ebenso BPatG, GRUR 2003, 883, 885 – Aufmachungsfarbmarke grün/grün.

355 BPatG, BeckRS 2010, 27933 – Hochkant stehendes Rechteck.

356 BPatG, GRUR 1997, 285, 286 – VISA-Streifenbild; BPatG, Beschl. v. 1.12.1999 – 33 W (pat) 173/99 – grau/gelb; BPatG, Beschl. v. 26.4.2004 – 30 W (pat) 24/03 – Regenbogenfarbige Streifen; vgl. a. BPatG, GRUR 1998, 713, 714 ff. – Zahnpastastrang.

94 *Tastmarken*, also solche Zeichen, die über den Tastsinn wahrnehmbar sind, können im Grundsatz eintragungsfähig sein.[357] Auch insoweit gelten die gleichen Kriterien für die Beurteilung der Unterscheidungskraft wie für alle anderen Markenkategorien.[358] Im Einzelfall kann es jedoch an der für die Herkunftseignung erforderlichen Gewöhnung des Verkehrs fehlen, aus haptischen Eindrücken bestimmter Waren oder ihrer Verpackung auf die Herkunft der beanspruchten Waren zu schließen (verneint für „das rauhe Gefühl von feinem Sand- oder Schleifpapier" bei Verpackungen von alkoholischen und nicht alkoholischen Getränken).[359]

95 Zunehmende Bedeutung unter den sonstigen Markenformen hat die *Positionsmarke* erlangt. Die Besonderheit von Positionsmarken besteht in der immer wiederkehrenden Platzierung bzw. Positionierung eines bestimmten Elements (bei dem es sich auch um eine einfachste geometrische Figuren handeln kann) an gleicher Stelle, in gleicher Konfiguration und in gleich bleibender Größe, ohne dass dieser Positionierung eine funktionale Bedeutung zukommt. So hat das BPatG einem roten, an stets gleich bleibender Stelle in einen Schuhabsatz eingearbeiteten Querstreifen die erforderliche Unterscheidungskraft zuerkannt.[360] Bei Positionsmarken besonders zu beachten ist allerdings die der Anmeldung hinzuzufügende Beschreibung, in welcher Form, an welcher Stelle der beanspruchten Ware oder ihrer Verpackung und in welcher Größe das Positionselement befindlich ist.[361] In der Entscheidung *Schultütenspitze* hat das BPatG bei der Prüfung der Unterscheidungskraft darüber hinaus ein *erhebliches Abweichen* von der Norm oder Branchenüblichkeit verlangt.[362]

96 Auch für *Kennfadenmarken* gelten die allgemeinen Grundsätze. Die Ähnlichkeiten mit der dreidimensionalen Marke werden darin deutlich, dass ein *erhebliches* Abweichen der betreffenden Gestaltung von den im Bereich der jeweils beanspruchten Waren üblichen Gestaltungen verlangt wird.[363]

97 Den Sonderfall einer „variablen Marke" behandelt die Entscheidung *Strichcode auf Buchrücken*.[364] Beansprucht war ein am Fuß eines Buchrückens befindlicher Strichcode, der je nach Buch zu Variationen im Erscheinungsbild führte. Abgesehen von der fehlenden grafischen Darstellbarkeit i. S. d. § 8 Abs. 1 beanstandete das BPatG die fehlende Unterscheidungskraft, da der Verkehr in einem Strichcode nur eine Art der Kennzeichnung zur Identifikation der beanspruchten Waren sieht.[365]

357 BGH, WRP 2007, 69 = GRUR 2007, 148 – Tastmarke.
358 BPatG, GRUR 2008, 348, 349 – Tastmarke.
359 BPatG, GRUR 2008, 348, 349 f. – Tastmarke.
360 BPatG, GRUR 1998, 390 – Roter Streifen im Schuhabsatz; vgl. a. BPatG, GRUR 1998, 819 – Jeanstasche mit Ausrufezeichen; BPatGE 40, 76 – Zick-Zack-Linie auf Turnschuh; BPatG, Beschl. v. 21.9.2004 – 27 W (pat) 212/02 – drei Parallelstreifen auf Hose; BPatG, Beschl. v. 6.7.2004 – 27 W (pat) 369/03 – Roter Streifen auf Gürtelschlaufe; die Unterscheidungskraft verneinend BPatG, Mitt. 2000, 114, 115 – Positionierungsmarke; BPatG, Beschl. v. 18.4.2000 – 27 W (pat) 109/99, 111/99 und 161/99 – Positionsmarken bei Bekleidungsstücken (zw.).
361 Daran fehlte es in der Entscheidung BPatG, MarkenR 2009, 569 – Schultütenspitze; vgl. a. BPatG, BeckRS 2010, 20925.
362 BPatG, MarkenR 2009, 569, 570 f. – Schultütenspitze.
363 Vgl. BPatG, Beschl. v. 21.9.2004 – 24 W (pat) 225/03.
364 BPatG, GRUR 2008, 416 – variabler Strichcode.
365 BPatG, a. a. O., 419.

v. Schultz

m) Gemeinschaftsmarkenrecht

Art. 7 Abs. 1 lit. b) GMV schließt Marken, die *keine* Unterscheidungskraft haben, von der **98** Eintragung aus. Unterscheidungskraft i. S. d. Bestimmung bedeutet, dass eine Marke geeignet ist, die Ware, für die die Eintragung beantragt wird, als von einem bestimmten Unternehmen stammend zu kennzeichnen und diese Ware somit von denjenigen anderer Unternehmen zu unterscheiden.[366] Dabei genügt – wie im deutschen Recht – ein Minimum an Unterscheidungskraft, um das Eintragungshindernis des Art. 7 Abs. 1 lit. b) GMV entfallen zu lassen.[367] Die fehlende Unterscheidungskraft ergibt sich nicht schon aus der Feststellung, dass es dem jeweiligen Zeichen an Fantasieüberschuss mangele oder dass es weder ungewöhnlich noch auffallend sei.[368] Entscheidend für die Beurteilung der Unterscheidungskraft ist der Gesamteindruck. Dabei kann die Unterscheidungskraft einer Marke nur im Hinblick auf die von der Anmeldung erfassten Waren oder Dienstleistungen und auf die Wahrnehmung der Marke durch das maßgebende Publikum beurteilt werden.[369] Es ist darauf abzustellen, wie ein durchschnittlich informierter, aufmerksamer und verständiger Durchschnittsverbraucher die jeweilige Waren- oder Dienstleistungskategorie vermutlich wahrnimmt.

Bei Wortzeichen ist die Unterscheidungskraft auf der Grundlage des Verständnisses eines **99** Verbrauchers der Sprache des betreffenden Zeichens zu beurteilen.[370] Aus mehreren Elementen zusammengesetzte Marken sind in ihrer Gesamtheit zu betrachten, wobei der Gesamteindruck maßgebend ist. Dies schließt jedoch nicht aus, dass die Unterscheidungskraft anhand einer gesonderten Prüfung ihrer einzelnen Wort- oder sonstigen Bestandteile beurteilt wird; allerdings muss die Beurteilung jedenfalls auf der Gesamtwahrnehmung der Marke durch die maßgeblichen Verkehrskreise beruhen, nicht aber auf der Vermutung, dass Bestandteile, die isoliert betrachtet nicht unterscheidungskräftig sind, auch im Fall ihrer Kombination nicht unterscheidungskräftig werden könnten.[371] Dass jeder dieser Bestandteile für sich betrachtet keine Unterscheidungskraft hat, schließt nicht aus, dass ihre Kombination unterscheidungskräftig sein kann.[372] Voraussetzung ist jedoch, dass die Kombination sprachliche oder begriffliche Besonderheiten enthält, die über die bloße Summenwirkung der Einzelworte hinausgeht.

Werbeslogans stand die gemeinschaftsmarkenrechtliche Spruchpraxis zunächst zurückhal- **100** tend gegenüber. So beurteilte der EuG den Slogan *REAL PEOPLE, REAL SOLUTIONS*[373]

---

366 EuGH, WRP 2003, 627, 631 Tz. 40 = GRUR 2003, 514, 517 – Linde, Winward u. Rado; GRUR Int. 2005, 224, 226 Tz. 42 – DAS PRINZIP DER BEQUEMLICHKEIT; EuG, GRUR Int. 2005, 1023, 1025 Tz. 47 – CARGO PARTNER.

367 EuG, GRUR Int. 2002, 592, 594 Tz. 39 – EUROCOOL; GRUR Int. 2005, 1023, 1025 Tz. 45 – CARGO PARTNER.

368 EuG, WRP 2001, 528, 531 Tz. 39 = GRUR Int. 2001, 756, 758 – EASYBANK.

369 EuGH, GRUR Int. 2005, 224, 226 Tz. 42 – DAS PRINZIP DER BEQUEMLICHKEIT; EuG, GRUR Int. 2003, 834, 836 – BEST BUY; GRUR Int. 2004, 326, 327 Tz. 29 – Form einer Flasche; EuG, GRUR Int. 2005, 217, 317, 319 Tz. 48 – Bonbonverpackung.

370 EuGH, WRP 2001, 1276, 1279 Tz. 42 = GRUR 2001, 1145, 1147 – Baby-dry; EuG, GRUR Int. 2005, 1023, 1025 Tz. 49 – CARGO PARTNER.

371 EuGH, GRUR 2004, 943, 945 Tz. 35 – SAT 2; GRUR Int. 2005, 1012, 1014 Tz. 29 – BioID.

372 EuGH, GRUR 2004, 680, 681 Tz. 40 f. – BIOMILD; GRUR Int. 2004, 500, 507 Tz. 99 – POST-KANTOOR; GRUR Int. 2004, 943, 944 Tz. 28 – SAT 2.

373 EuG, GRUR Int. 2003, 356.

als nicht unterscheidungskräftig, da die maßgebenden Verkehrskreise die Wortfolge in erster Linie als einen Werbeslogan, nicht aber als Marke wahrnehmen würden.[374] Dieselbe Argumentation findet sich auch in weiteren Entscheidungen des EuG,[375] ist aber seit der EuGH-Entscheidung *DAS PRINZIP DER BEQUEMLICHKEIT*[376] nicht mehr haltbar. Der EuGH führte aus, dass die Unterscheidungskraft einer Marke nicht schon aufgrund ihrer Natur eines Werbeslogans oder einer Kaufaufforderung ausgeschlossen sei; allein maßgebend seien vielmehr die allgemeinen Grundsätze zur Beurteilung der Unterscheidungskraft.[377] Dementsprechend hielt das EuG den Slogan *LOOKS LIKE GRASS … FEELS LIKE GRASS … PLAYS LIKE GRASS …* für nicht unterscheidungskräftig, da es sich um eine beschreibende Angabe im Hinblick auf Eigenschaften der beanspruchten synthetischen Rasenbeläge handele.[378] Aufgrund der EuGH-Entscheidung zum Slogan *Vorsprung durch Technik*[379] dürfte eine noch großzügigere Tendenz bei der Beurteilung der Unterscheidungskraft von Werbeslogans angezeigt sein. Merkmale, die für die Unterscheidungskraft eines Werbeslogans sprechen können, sind Mehrdeutigkeit, Wortspielcharakter, Phantasiegehalt, Kürze und Prägnanz. Unerheblich ist dabei, dass der Slogan vom Publikum in erster Linie als Werbeslogan erkannt wird.[380]

101   Farbmarken steht das EuG nach wie vor reserviert gegenüber. Dieses findet augenfällig Ausdruck in der Entscheidung „Grau und Grün".[381] Die Berechtigung dieser Sichtweise erklärt der EuGH damit, dass im Fall eines Zeichens, das aus einer Farbe als solcher bestehe, die Wahrnehmung durch die angesprochenen Verkehrskreise nicht notwendig die gleiche sei wie im Fall einer Wort- oder Bildmarke, die aus einem Zeichen bestehe, das unabhängig sei vom Aussehen der mit ihr gekennzeichneten Waren.[382] Die Unterscheidungskraft einer Farbe als solcher sei daher nur unter außergewöhnlichen Umständen vorstellbar, insbesondere wenn die Zahl der Waren oder Dienstleistungen, für die die Marke angemeldet werde, sehr gering und der maßgebliche Markt sehr spezifisch sei.[383] Trotz dieser Vorgabe hielt das HABM die Anmeldung einer Farbmarke in bestimmter Form, Größe und in einem bestimmten Verhältnis auf der Grundlage des vorgegebenen Streifenformats für unterscheidungskräftig.[384]

102   Bei Bildmarken wie auch bei dreidimensionalen Marken, die sich in der Wiedergabe der Form der beanspruchten Ware erschöpfen, ist nach der grundlegenden Entscheidung des EuGH v. 12.2.2004[385] auch im Rahmen des Art. 7 Abs. 1 lit. b) GMV zu berücksichtigen, dass nur eine Marke, die *erheblich* von der Norm oder der Branchenüblichkeit abweicht,

---

374 EuG, a. a. O., 358 Tz. 30 – REAL PEOPLE, REAL SOLUTIONS.
375 EuG, MarkenR 2003, 314, 316 Tz. 29 – BEST BUY; GRUR Int. 2004, 944, 947 Tz. 34 – MEHR FÜR IHR GELD; HABM-BK, GRUR-RR, 2004, 74 – Die Bank, die weiter denkt.
376 EuGH, GRUR 2004, 1027.
377 EuGH, GRUR 2004, 1027, 1029 f. Tz. 40 ff. – DAS PRINZIP DER BEQUEMLICHKEIT.
378 EuG, MarkenR, 2004, 203.
379 EuGH, WRP 2010, 370 = GRUR 2010, 228.
380 EuGH, GRUR 2010, 228, 230 Tz. 45, 57 – Vorsprung durch Technik.
381 EuG, GRUR Int. 2003, 59.
382 EuGH, GRUR Int. 2005, 227, 231 Tz. 78 – Farbe Orange.
383 EuGH, a. a. O., Tz. 79 – Farbe Orange.
384 HABM, GRUR 2005, 598, 599 – Rot/Blau im Streifenformat.
385 EuGH, WRP 2004, 475 = GRUR Int. 2004, 413 – Henkel.

Unterscheidungskraft haben kann.[386] Dies hat die – weitgehend mit der Spruchpraxis in Deutschland vergleichbare – Entscheidungskasuistik bestätigt.[387] In diesen Fällen bleibt dem Anmelder nur die Möglichkeit der Eintragung im Wege der Verkehrsdurchsetzung nach Art. 7 Abs. 3 GMV. Bei Bildmarken oder dreidimensionalen Marken muss ein solcher Nachweis in der Regel für alle Mitgliedstaaten der EU geführt werden.[388]

Bei Positionsmarken verlangt der Europäische Gerichtshof – wie bei Waren- und Verpackungsformmarken – in der Regel, dass das als Positionsmarke beanspruchte Zeichen *erheblich* von der Norm oder Branchenüblichkeit abweicht.[389] Dies gilt insbesondere dann, wenn das Positionszeichen mit der beanspruchten Ware selbst verschmilzt.[390] **103**

Bei sonstigen Markenformen besteht – wie im deutschen Recht – Zurückhaltung schon im Bereich des Art. 7 Abs. 1 lit. a) GMV, der Frage der grafischen Darstellbarkeit. Veröffentlichte Entscheidungen zur Unterscheidungskraft sind daher auch vereinzelt geblieben.[391] **104**

2. Beschreibende Angaben (§ 8 Abs. 2 Nr. 2)

a) Allgemeines

Nach § 8 Abs. 2 Nr. 2 sind solche Marken von der Eintragung ausgeschlossen, die ausschließlich aus Zeichen oder Angaben bestehen, die im Verkehr zur Bezeichnung der Art, der Beschaffenheit, der Menge, der Bestimmung, des Wertes, der geografischen Herkunft, der Zeit der Herstellung der Waren oder der Erbringung der Dienstleistungen oder zur Bezeichnung sonstiger Merkmale der Waren oder Dienstleistungen dienen können. Mit dem Ausschluss solcher Zeichen oder Angaben von der Eintragung als Marke verfolgt § 8 Abs. 2 Nr. 2 das im Allgemeininteresse liegende Ziel, dass Zeichen oder Angaben, die die Waren oder Dienstleistungen beschreiben, für die die Eintragung beantragt wird, von jedermann frei verwendet werden können. Die Bestimmung erlaubt es daher nicht, dass solche Zeichen oder Angaben durch ihre Eintragung als Marke einem einzigen Unternehmen vorbehalten werden.[392] **105**

In begrifflicher Hinsicht hat sich gerade im Hinblick auf die auf europäischer Ebene ergangenen Entscheidungen eine Abkehr vom Begriff des *Freihaltebedürfnisses* angedeu- **106**

---

386 EuGH, WRP 2004, 722, 726 Tz. 39 = GRUR Int. 2004, 631, 634 – Dreidimensionale Tablettenform I; GRUR Int. 2004, 635, 638 Tz. 37 – Dreidimensionale Tablettenform II; GRUR Int. 2004, 639, 643 Tz. 37 – Dreidimensionale Tablettenform III.

387 Vgl. EuG, GRUR Int. 2005, 425 – Spülmittelbehälter; GRUR Int. 2005, 329 – Käseschachtel; GRUR 2011, 425 – Goldhase; BeckRS 2011, 81063 – Form einer Uhr; EuGH, MarkenR 2009, 108 – Gondelverkleidung; GRUR Int. 2006, 842 – August Storck KG/HABM; GRUR 2006, 233, Standbeutel.

388 EuG, GRUR 2011, 425, 429 Tz. 63 ff. – Goldhase.

389 EuG, MarkenR 2010, 348, 350 Tz. 25 – X Technology Swiss GmbH (orangefarbene Sockenspitzen); HABM, GRUR-RR 2007, 393, 394 Tz. 36 – Injektionsspritze.

390 EuG, a. a. O. Tz. 26.

391 HABM-BK, Mitt. 2004, 40 – The taste of artificial strawberry flavour (Riechmarke); MarkenR 2005, 541, 543 – Schallmarke Hexal.

392 EuGH, WRP 1999, 629, 632 Tz. 25 = GRUR 1999, 723, 725 – Chiemsee; WRP 2003, 627, 633 Tz. 73 = GRUR 2003, 514, 519 – Linde, Winward u. Rado; GRUR Int. 2004, 500, 505 Tz. 70 – POSTKANTOOR; GRUR Int. 2004, 410, 412 Tz. 34 – BIOMILD; GRUR 2004, 146, 147 Tz. 31 – DOUBLEMINT.

tet.[393] Teilweise wird diese begriffliche Komponente auch schon von der deutschen Spruchpraxis nachvollzogen.[394] Vermittelnd wird auch von einem *Allgemeininteresse an der Freihaltung*[395] gesprochen.

107 Ein festgestelltes Allgemeininteresse an der Freihaltung beschreibender Angaben führt zur Zurückweisung der Markenanmeldung. In diesen Fällen kommt eine Eintragung des Zeichens nur noch nach § 8 Abs. 3 in Betracht. Eine Eintragung ist danach trotz bestehenden Allgemeininteresses an der Freihaltung beschreibender Angaben möglich, wenn sich das Zeichen infolge seiner Benutzung für die beanspruchten Waren oder Dienstleistungen in den beteiligten Verkehrskreisen durchgesetzt hat (s. Rn. 224 ff.).

108 Das Schutzhindernis des § 8 Abs. 2 Nr. 2 ist im Zusammenhang mit § 23 Nr. 2 zu sehen. Nach dieser Bestimmung kann der Inhaber einer Marke Dritten, insbesondere den Mitbewerbern, die rein beschreibende *Benutzung* einer mit der Marke identischen oder ähnlichen Angabe im Hinblick auf die jeweiligen Waren oder Dienstleistungen nicht untersagen, sofern die *Benutzung* nicht gegen die guten Sitten verstößt. Wie § 8 Abs. 2 Nr. 2 ist damit auch § 23 Nr. 2 Ausdruck des Prinzips des Allgemeininteresses an der Freihaltung beschreibender Angaben. Anders als § 8 Abs. 2 Nr. 2 ist § 23 Nr. 2 auf das Verletzungsverfahren zugeschnitten, indem die Bestimmung dem Benutzer des angegriffenen Zeichens eine Verteidigungsmöglichkeit bietet. Im Eintragungsverfahren findet § 23 jedoch keine Anwendung;[396] insoweit ist der Regelungsgehalt beider Bestimmungen grundlegend unterschiedlich.[397]

109 Den Nachweis, dass ein Zeichen geeignet ist, die beanspruchten Waren oder Dienstleistungen zu beschreiben, hat das DPMA von Amts wegen zu führen. An den Vortrag des Markenanmelders ist es nicht gebunden.[398]

b) Voraussetzungen der Anwendbarkeit

110 Die Bejahung des Schutzhindernisses des § 8 Abs. 2 Nr. 2 setzt voraus, dass das jeweilige Zeichen nach der Verkehrsauffassung die konkret beanspruchten Waren oder Dienstleistungen *ausschließlich* und *aktuell* i. S. d. in der Vorschrift genannten Merkmale beschreibt. Der Katalog dieser Merkmale ist jedoch, was sich aus der generalklauselartigen Formulierung „oder zur Bezeichnung sonstiger Merkmale der Waren oder Dienstleistungen dienen können" ergibt, nicht abschließend.

---

393 EuGH, a. a. O., s. o. Rn. 71.
394 Vgl. BPatG, MarkenR 2005, 346 – SPA.
395 BPatG, GRUR 2005, 677 – Newcastle.
396 BGH, WRP 1998, 752 = GRUR 1998, 930 – Fläminger; BPatG, GRUR-RR 2009, 128, 131 – Stadtwerke Bochum; MarkenR 2000, 68, 70 – WALLIS; vgl. a. *Grabrucker*, GRUR 2000, 366, 374 f.
397 EuGH, GRUR 2004, 946, 947 Tz. 32 f. – Nichols; BPatG, GRUR 2005, 677, 679 – Newcastle; instr. auch BPatG, MarkenR 2007, 527, 530 – Rapido.
398 Allg. Ans., vgl. EuGH, MarkenR 2007, 204, 207 Tz. 38 f. – CELLTECH.

aa) Verkehrsauffassung

Das Bestehen eines Freihaltebedürfnisses beurteilt sich nach dem Verständnis der ange- **111**
sprochenen inländischen Verkehrskreise,[399] also danach, ob das jeweilige Zeichen von den
angesprochenen inländischen Verkehrskreisen ohne Weiteres als Angabe über die Beschaffenheit oder die Bestimmung der Ware verstanden wird.[400] Angesprochene Verkehrskreise
i. S. d. § 8 Abs. 2 Nr. 2 sind diejenigen Teile des Verkehrs, die mit den beanspruchten Waren oder Dienstleistungen in Berührung kommen. Neben den durchschnittlich informierten, aufmerksamen und verständigen Durchschnittsverbrauchern[401] gehören dazu insbesondere die Mitbewerber (Hersteller, Händler, Anbieter gleichartiger Dienstleistungen
etc.), die identische Waren oder Dienstleistungen anbieten und vertreiben. Ein Freihaltebedürfnis kommt insbesondere auch dann in Betracht, wenn allein die Fachkreise in dem jeweiligen Zeichen eine beschreibende Angabe sehen.[402] Anders als bei der Unterscheidungskraft, bei der es in erster Linie auf die subjektiven Vorstellungen der angesprochenen
Verkehrskreise ankommt, sind bei der Prüfung des Freihaltebedürfnisses objektive Komponenten maßgebend. Denn es kommt darauf an, ob ein Zeichen objektiv geeignet ist, als
beschreibende Angabe angesehen und als solche von den Mitbewerbern benötigt zu werden. Daher kann ein Freihaltebedürfnis auch bei wenig bekannten oder gebräuchlichen
Fachausdrücken zu bejahen sein. Dabei kommt es nicht darauf an, dass die Zahl derer, die
sich des jeweiligen Zeichens in beschreibendem Sinne bedienen wollen, besonders erheblich ist.[403]

Bei der Ermittlung der Verkehrsauffassung ist, sofern es sich nicht um allgemeinverständ- **112**
liche Angaben handelt, insbesondere die lexikalische Nachweisbarkeit mit ihrem dort konkret niedergelegten Sinngehalt zu berücksichtigen.[404] Weitere Hinweise lassen sich den Gepflogenheiten im Wirtschaftsleben, insbesondere in der Werbung entnehmen. So kann gerade die Benutzung eines Zeichens in der Werbung ein deutliches Indiz für sein beschreibendes Verständnis bei den angesprochenen Verkehrskreisen sowie für seine Gebrauchsüblichkeit sein.[405] Besondere Bedeutung kommt in der Spruchpraxis des DPMA und des
BPatG dem Internet als Erkenntnisquelle zu.[406]

Schwierigkeiten kann die Ermittlung der Auffassung der beteiligten Verkehrskreise in Fäl- **113**
len von Abwandlungen unmittelbar beschreibender Sachangaben[407] und Wortzusammen-

399 BGH, WRP 1996, 1160, 1161 = GRUR 1996, 771, 772 – THE HOME DEPOT; GRUR 1995, 498,
    499 – PROTECH; WRP 1994, 747, 748 = GRUR 1994, 730, 731 – VALUE.
400 BGH, GRUR 1988, 379 – RIGIDITE; GRUR 1989, 421, 422 – Conductor.
401 EuGH, GRUR Int. 1998, 795, 797 Tz. 31 – Gut Springenheide; EuG, GRUR 2004, 148, 149 –
    OLDENBURGER.
402 EuGH, GRUR 2006, 411, 412 Tz. 24 – Matratzen Concord/Hukla; BPatG, MarkenR 2007, 527,
    530 – Rapido.
403 BPatG, MarkenR 2007, 527, 530 – Rapido.
404 Vgl. etwa die Ermittlungen in BGH, GRUR 1997, 366, 367 f. – quattro II; GRUR 1993, 746 –
    Premiere.
405 Vgl. BGH, WRP 1996, 1042 = GRUR 1996, 770 – MEGA.
406 Dies veranschaulichen die Entscheidungen BPatG, MarkenR 2005, 346, 349 ff. – SPA; MarkenR
    2007, 178, 179 – CASHFLOW.
407 BGH, GRUR 1984, 815 – Indorektal; GRUR 1985, 1053 – ROAL.

setzungen bzw. Wortneuschöpfungen[408] bereiten. Ein weiteres Problemfeld ist die Feststellung der Verkehrsauffassung bei *fremdsprachigen* Wörtern[409] und Wortzusammensetzungen.[410]

bb) „Ausschließlich" beschreibend

114 Das Schutzhindernis des § 8 Abs. 2 Nr. 2 greift nur, wenn die jeweilige Marke *ausschließlich* aus beschreibenden Angaben besteht. „Ausschließlich" bedeutet, dass der beschreibende Sinngehalt des Zeichens dessen ausschließliche Bedeutung ausmachen muss.[411] Weist z. B. ein an sich beschreibendes Wort eine bildhafte Verfremdung auf, hinsichtlich derer ein Allgemeininteresse an einer Freihaltung nicht festgestellt werden kann, kann dem Zeichen die Eintragung unter Berufung auf den Schutzversagungsgrund des § 8 Abs. 2 Nr. 2 nicht verweigert werden. In derartigen Fällen ist allerdings auch der Schutzbereich eines solchermaßen eingetragenen Zeichens entsprechend beschränkt. Gleiches gilt für Abwandlungen in der Schreibweise an sich beschreibender Wörter wie z. B. „FRISH" anstelle „frisch".[412] Gegenstand der Schutzgewährung eines derartigen Zeichens ist die eingetragene Gestaltung des Zeichens in der konkret angemeldeten Schreibweise, nicht jedoch die klangliche Wiedergabe.[413]

115 Das Merkmal „ausschließlich" ist nicht in dem Sinne zu verstehen, dass es sich bei der beschreibenden Bedeutung im Hinblick auf die beanspruchten Waren um die einzig mögliche Bedeutung des betreffenden Zeichens handeln muss. Nach jüngerer Rechtsprechung genügt es für die Bejahung des Schutzhindernisses des § 8 Abs. 2 Nr. 2, wenn das betreffende Zeichen zumindest in *einer seiner möglichen Bedeutungen* ein Merkmal der beanspruchten Waren oder Dienstleistungen bezeichnet.[414] Der Gesichtspunkt der Mehrdeutigkeit eines Zeichens ist im Rahmen der Prüfung des Freihaltebedürfnisses mithin irrelevant.

116 Das Merkmal „ausschließlich" bedeutet ferner nicht, dass es sich bei dem betreffenden Zeichen um die einzig mögliche Alternative zur Beschreibung der beanspruchten Waren handeln muss. Darauf, dass den Mitbewerbern möglicherweise noch andere Ausdrücke zur Verfügung standen oder stehen, um auf die Art oder Bestimmung einschlägiger Waren oder Dienstleistungen hinzuweisen, kommt es nicht an. Für die Anwendung des § 8 Abs. 2 Nr. 2 spielt es keine Rolle, ob gleichwertige oder sogar gebräuchlichere Angaben existieren, mit

---

408 BGH, GRUR 1995, 408 – PROTECH; WRP 1966, 369 = GRUR 1966, 495 – UNIPLAST; BPatG, Mitt. 1997, 98 – JUMBOMOBIL; Mitt. 1992, 250 – newtech; Mitt. 1990, 103 – ROCKPAN; s. a. Rn. 140 ff.
409 BGH, WRP 1994, 747 = GRUR 1994, 730 – VALUE.
410 BPatG, Mitt. 1990, 235 – DENTACONTROL; Mitt. 1990, 194 – SNUGGLEDOWN; Mitt. 1990, 175 – OXYDIVE.
411 BPatG, MarkenR 2005, 346, 352 – SPA.
412 BPatG, GRUR 2004, 873, 875 – FRISH.
413 Vgl. a. BGH, GRUR 1991, 136, 137 – NEW MAN.
414 EuGH, MarkenR 2008, 160, 162 Tz. 35 – HAIRTRANSFER; GRUR 2004, 674, 678 Tz. 97 – POSTKANTOOR; GRUR 2004, 680, 681 Tz. 38 – BIOMILD; GRUR 2004, 146, 147 Tz. 32 – DOUBLEMINT; BGH, GRUR 2009, 669, 669 Tz. 11 – POST II; WRP 2008, 1338, 1340 Tz. 15 = GRUR 2008, 900, 901 – SPA II; BPatG, BeckRS 2011, 22130 – Blue Coat.

denen dieselben Merkmale der betreffenden Waren oder Dienstleistungen bezeichnet werden können.[415]

cc) Konkret beanspruchte Waren/Dienstleistungen

Ein Allgemeininteresse an der Freihaltung muss immer und gerade im Hinblick auf diejenigen Waren oder Dienstleistungen bestehen, für die eine Marke konkret Schutz beansprucht.[416] Ob ein Freihalteinteresse für *andere* – möglicherweise auch für ähnliche – Waren oder Dienstleistungen existiert, für die ein Zeichen Schutz beansprucht, ist bei der Prüfung des *konkreten* Zeichens irrelevant.[417] Im Einzelfall kann ein Freihaltebedürfnis im Hinblick auf die konkret beanspruchten Waren oder Dienstleistungen auch teilweise zu bejahen und teilweise zu verneinen sein.[418] **117**

Wird ein Allgemeininteresse an der Freihaltung eines Zeichens im Hinblick auf eine konkrete Ware oder Dienstleistung bejaht, kann dieser Beurteilung auch nicht mit einem Disclaimer im Waren-/Dienstleistungsverzeichnis dahingehend begegnet werden, dass die betreffenden Waren oder Dienstleistungen ein bestimmtes Merkmal nicht aufweisen.[419] Nach der Rechtsprechung würde eine derartige Einschränkung des Waren-/Dienstleistungsverzeichnisses zu einer nicht hinnehmbaren Rechtsunsicherheit hinsichtlich des Umfangs des Markenschutzes führen.[420] **118**

dd) Aktuelles Allgemeininteresse an der Freihaltung

Die Feststellung eines *aktuellen* Allgemeininteresses an der Freihaltung setzt konkrete Anhaltspunkte für die Annahme voraus, dass die inländischen Verkehrskreise das fragliche Zeichen *gegenwärtig* oder *zukünftig* zur Beschreibung oder Bestimmung der beanspruchten Waren oder Dienstleistungen benötigen. Dass auch *zukünftige* Entwicklungen nicht außer Acht gelassen werden können, ergibt sich aus der Formulierung „dienen können". Das Schutzhindernis des § 8 Abs. 2 Nr. 2 erfordert nicht, dass die Angabe, aus der die Marke besteht, in dem für die Entscheidung über die Schutzfähigkeit maßgeblichen Zeitpunkt ihrer Eintragung bereits *tatsächlich* zu beschreibenden Zwecken für die von der Marke erfassten Waren oder Dienstleistungen verwendet wird.[421] Ein Freihalteinteresse kann insbesondere auch zu bejahen sein, wenn eine beschreibende Verwendung des Zeichens für die beanspruchten Waren oder Dienstleistungen vernünftigerweise für die Zukunft zu erwarten **119**

---

415 EuGH, GRUR 2004, 674, 676 ff. Tz. 57 und 101 – POSTKANTOOR; GRUR 2004, 680, 681 Tz. 42 – BIOMILD; BPatG, GRUR 2005, 865, 868 – SPA.

416 BGH, GRUR 1999, 988, 989 f. – House of Blues; WRP 1977, 578 = GRUR 1977, 717, 718 – Cokies; GRUR 1990, 517, 518 – SMARTWARE; die Prüfung im Hinblick auf die konkreten Waren oder Dienstleistungen veranschaulichen die Entscheidungen BPatG, GRUR 2005, 865, 867 f. – SPA; GRUR 2005, 677, 678 – Newcastle; EuG, GRUR 2004, 148, 149 – OLDENBURGER.

417 BGH, GRUR 1999, 988, 989 f. – House of Blues; GRUR 1990, 517, 518 – SMARTWARE.

418 Anschaulich BGH, WRP 2001, 1202 = GRUR 2001, 1043 – Gute Zeiten – Schlechte Zeiten; WRP 2001, 1205 = GRUR 2001, 1042 – REICH UND SCHOEN.

419 EuGH, GRUR 2004, 674, 679 Tz. 114 – POSTKANTOOR.

420 BPatG, GRUR 2008, 518, 521 – Karl May; GRUR 2008, 512, 515 – Ringelnatz; MarkenR 2007, 178, 180 – CASHFLOW.

421 EuGH, MarkenR 2008, 160, 162 Tz. 35 – HAIRTRANSFER; BPatG, GRUR 2005, 865, 868 – SPA.

ist.[422] Dabei kommt es nicht darauf an, ob ein Zeichen oder eine Angabe im allgemeinen Sprachgebrauch üblich geworden ist oder werden könnte.[423]

120 Ein aktuelles oder – im Wege der Zukunftsprognose zu beurteilendes – zukünftiges Freihalteinteresse muss – im Sinne eines Korrektivs – *konkret* festgestellt werden. Bloß theoretische oder hypothetische Überlegungen sind ungeeignet. Es bedarf vielmehr konkreter, objektiv nachprüfbarer Anhaltspunkte, die eine beschreibende Verwendung des Zeichens für die Zukunft *vernünftigerweise* erwarten lassen. Die bloß theoretische Möglichkeit zukünftiger Entwicklungen reicht insoweit nicht aus. Vielmehr bedarf es der Feststellung von Tatsachen, die einen sicheren und konkreten Anhalt für die vorausgesetzte Entwicklung bieten, sowie hierauf gegründeter sicherer Erwägungen.[424] Dabei müssen die Gründe, die ein zukünftiges Freihaltebedürfnis als möglich erscheinen lassen, sorgfältig geprüft werden.[425] Die jüngere Spruchpraxis insbesondere des BPatG lässt erkennen, dass die Frage, was unter der Formulierung „vernünftigerweise für die Zukunft zu erwarten" konkret zu verstehen ist, noch Schwierigkeiten bereitet. Zu weitgehend ist die Auffassung, das Eintragungsverbot des § 8 Abs. 2 Nr. 2 sei nur dann nicht gegeben, wenn die konkret beanspruchten Waren oder Dienstleistungen „vernünftigerweise weder gegenwärtig noch in absehbarer Zukunft in Verbindung" mit der betreffenden Angabe gebracht werden könnten.[426] Gleiches gilt für die Überlegung, ein zukünftiges Freihaltebedürfnis setze eine nicht lediglich spekulative, sondern realitätsbezogene Prognose voraus, die auch mögliche, nicht außerhalb der Wahrscheinlichkeit liegende zukünftige wirtschaftliche Entwicklungen berücksichtige.[427] Ebenfalls zu weitgehend ist die allgemeine Erwägung (im Hinblick auf die Gestaltung eines Gabelstaplers als dreidimensionale Warenformmarke), die Konstruktion derartiger Industriegeräte müsse auch in der Zukunft frei von Markenrechten Dritter erfolgen können.[428] Gleiches gilt für die Auffassung, auf dem Warengebiet der Kraftfahrzeuge existiere ein überragendes Interesse der Allgemeinheit an der Freihaltung der Formenvielfalt, weshalb Freihaltebedürftigkeit nach § 8 Abs. 2 Nr. 2 gegeben sei.[429] Besondere Bedeutung hat die Prüfung eines vernünftigerweise für die Zukunft zu erwartenden Freihaltebedürfnisses im Zusammenhang mit geografischen Angaben erlangt. Auf die diesbezügliche Kommentierung (Rn. 130 ff.) wird insoweit verwiesen.

---

422 EuGH, WRP 1999, 629, 633 Tz. 31 = GRUR 1999, 723, 726 – Chiemsee; GRUR 2004, 674, 676 Tz. 56 – POSTKANTOOR; GRUR 2004, 680, 681 Tz. 38 – BIOMILD; BGH, GRUR 2008, 900, 902 Tz. 23 – SPA II.

423 EuGH, GRUR 2010, 534, 535 f. Tz. 52 – PRANAHAUS; vgl. a. BGH, GRUR 2008, 900, 901 Tz. 18 – SPA II.

424 BGH, WRP 1996, 1160, 1161 = GRUR 1996, 771, 772 – THE HOME DEPOT; GRUR 1992, 515, 516 – Vamos.

425 BGH, GRUR 1983, 768, 769 – Capri-Sonne; GRUR 1992, 515, 516 – Vamos; BPatG, GRUR 1996, 499, 500 – Paradies.

426 So BPatG, GRUR 2005, 677 – Newcastle.

427 BPatG, GRUR-RR 2009, 128, 130 – Stadtwerke Bochum.

428 BPatG, MarkenR 2005, 238 – Gabelstapler III.

429 BPatG, GRUR 2005, 333, 336 – Kraftfahrzeugteile; vgl. a. BPatG, GRUR 2005, 330 – Fahrzeugkarosserie.

c) Beschreibende Angaben i. S. d. § 8 Abs. 2 Nr. 2

Vom Grundgedanken her liegt eine beschreibende Angabe i. S. d. § 8 Abs. 2 Nr. 2 vor, wenn **121** der beschreibende Charakter *unmittelbar und eindeutig* ist. Sind für die Ermittlung eines möglicherweise beschreibenden Charakters hingegen komplizierte Gedankenschritte erforderlich, die der Verkehr naturgemäß nicht unternimmt, besteht i. d. R. kein Freihaltebedürfnis,[430] da der beschreibende Charakter in diesen Fällen nicht *ohne Weiteres* erkennbar ist. Auch diffuse, verschwommene Andeutungen eines beschreibenden Charakters (sog. „sprechende" Zeichen) genügen i. d. R. nicht, um ein Freihaltebedürfnis zu bejahen.[431] Überdies ist bei der Prüfung des Freihaltebedürfnisses zu beachten, dass der Verkehr nicht dazu neigt, eine Marke hinsichtlich ihrer Bestandteile begrifflich zu analysieren, um möglicherweise beschreibende Begriffsinhalte zu ermitteln.[432]

§ 8 Abs. 2 Nr. 2 enthält eine nicht abschließende Liste beschreibender Angaben. Aus- **122** drücklich erwähnt werden Zeichen und Angaben, die im Verkehr zur Bezeichnung der Art, der Beschaffenheit, der Menge, der Bestimmung, des Wertes, der geografischen Herkunft, der Zeit der Herstellung der Waren oder der Erbringung der Dienstleistungen oder zur Bezeichnung sonstiger Merkmale der Waren oder Dienstleistungen dienen können. Damit lässt sich die Prüfung des Freihaltebedürfnisses in Fallgruppen einteilen.

aa) Artangaben

Angaben zur Art der Waren oder Dienstleistungen sind vornehmlich Gattungsangaben wie **123** z. B. *Stuhl, Wein* oder die Abkürzung *PR* für Public-Relations-Dienstleistungen. Artangaben sind in der Eintragungspraxis des DPMA eher selten;[433] sie überschneiden sich überdies zumeist mit den Beschaffenheitsangaben.

bb) Beschaffenheitsangaben

Einen breiten Raum nimmt die Spruchpraxis zu Beschaffenheitsangaben ein. Der Begriff **124** der *Beschaffenheitsangabe* ist im umfassenden Sinne zu verstehen. Er umfasst Angaben zu allen Eigenschaften der konkret beanspruchten Waren oder Dienstleistungen. Bei Waren betrifft dies etwa deren Aussehen, Qualität (insbesondere Güteangaben), Funktionsweise, Zusammensetzung und Einsatzmöglichkeiten. Bei Dienstleistungen stehen Angaben zu Art und Umständen ihrer Erbringung sowie ihrer Zielrichtung im Vordergrund. Dabei ist keineswegs Voraussetzung, dass die Beschaffenheitsangabe bereits bekannt oder gar lexikalisch nachweisbar ist. Es kommt vielmehr allein auf das Verkehrsverständnis an. Daher

---

430 BGH, GRUR 1992, 515, 516 – VAMOS; WRP 1994, 747, 748 = GRUR 1994, 730, 731 – VALUE; GRUR 1995, 269, 270 – U-KEY; BPatG, Mitt. 1987, 114, 115 – BLAZE MASTER.

431 BPatG, Mitt. 1990, 175, 176 – OXYDIVE; Mitt. 1988, 53 – Virugard; Mitt. 1988, 19 – Hydrojoint; Mitt. 1988, 34 – SOFT MATE.

432 EuGH, GRUR 2003, 58, 59 Tz. 24 – Companyline; GRUR Int. 2005, 135, 137 Tz. 20 – Maglite; GRUR 2004, 943, 944 Tz. 28 – SAT.2; WRP 2001, 1276, 1279 Tz. 39 = GRUR 2001, 1145, 1147 Tz. 44 – Baby-dry; BGH, WRP 2002, 91, 92 = GRUR 2002, 261, 262 – AC; WRP 2001, 35, 36 = GRUR 2001, 162, 163 – RATIONAL SOFTWARE CORPORATION; WRP 1999, 1169, 1170 = GRUR 1999, 1093, 1094 – FOR YOU; GRUR 1992, 515, 516 – VAMOS; WRP 1994, 747, 748 = GRUR 1994, 730, 731 – VALUE; BGH, GRUR 1995, 269, 270 – U-KEY; BPatG, MarkenR 2011, 128, 129 – Autopack.

433 Vgl. aber BPatG, GRUR 2004, 685, 689 – LOTTO.

können neben Wortzeichen selbstverständlich auch Abkürzungen von Wörtern und Bildzeichen als Beschaffenheitsangaben verstanden werden.

125   Beispiele für Beschaffenheitsangaben i. S. d. § 8 Abs. 2 Nr. 2: *MEGA* für Zigaretten;[434] *Colorholz* für Holzbretter aus Naturholz;[435] *Quick-Fill* für Teile und Zubehör von Atemschutzeinrichtungen, Atemluftflaschen;[436] *SHOE CITY* für Bekleidungsstücke, Schuhwaren;[437] *Finishmaster* für Bügelmaschinen;[438] *ManuFact* für Möbel, Spiegel und Rahmen;[439] *klimaaktivplus* für Bekleidungsstücke;[440] *Hautactiv* für Mittel zur Körper- und Schönheitspflege;[441] *ULTIMATE* für Waren der Klassen 18, 20, 22 und 25;[442] *JURIS LIBRI* für die Veröffentlichung und Herausgabe von Büchern, Zeitungen und Zeitschriften; Druckerzeugnisse;[443] *BAUMEISTER-HAUS* für Immobilien, Ein- und Mehrfamilienhäuser, bebaute Grundstücke;[444] *SWISS ARMY* für modische Armbanduhren schweizer Ursprungs;[445] *GASTRO-Net* für Werbung und Telekommunikation, Geschäftsführung und Unternehmensverwaltung;[446] *NETFAX* für elektrische und elektronische Apparate etc.;[447] *MAPINFO* für Computerprogramme;[448] *Autopartner* für Waren und Dienstleistungen mit unmittelbarem Bezug zu Automobilen;[449] *ELEGANCE* für Duschabtrennungen;[450] *Competence* für Prothesen, orthopädische Artikel;[451] *Die Legende* für Biere, Mineralwässer und Fruchtgetränke;[452] *FARMERS* für Geflügel und Geflügelteile etc.;[453] *PROMT* für Zahnfüllmittel, Zahnlack etc.;[454] *VIGNETTE* für Dienstleistungen u. a. im Zusammenhang mit einem Gebührensystem;[455] *Free* für pharmazeutische Erzeugnisse;[456] *BAU CONCEPT-HAUS* für die Vergabe von Lizenzen für Bausysteme;[457] *Internet-Versicherer* für Versicherungsdienstleistungen;[458] *Gigastore* für Onlinebanking, Electronic-Shopping und weitere Dienstleistungen;[459] *TeleKiosk* für Lehr- und Unterrichtsmittel, Büroartikel;[460] *PHARMA NETWORK* für u. a.

434 BGH, WRP 1996, 1042 = GRUR 1996, 770.
435 BPatG, Beschl. v. 26.6.1998 – 33 W (pat) 20/98.
436 BPatG, Beschl. v. 7.7.1998 – 24 W (pat) 174/97.
437 BPatG, Beschl. v. 21.4.1998 – 27 W (pat) 183/96.
438 BPatGE 35, 249.
439 BPatGE 36, 144.
440 BPatG, BlPMZ 1997, 209.
441 BPatG, GRUR 1996, 489.
442 BPatG, GRUR 1997, 467.
443 BPatG, GRUR 1998, 58.
444 BPatGE 40, 81.
445 BPatG, GRUR 1999, 58.
446 BPatG, Beschl. v. 29.9.1997 – 33 W (pat) 22/97.
447 BPatG, Beschl. v. 13.5.1997 – 24 W (pat) 204/95.
448 BPatG, Beschl. v. 21.7.1997 – 30 W (pat) 35/96.
449 BPatG, Beschl. v. 7.3.1997 – 33 W (pat) 87/96.
450 BPatG, Beschl. v. 13.10.1999 – 32 W (pat) 394/99.
451 BPatG, Beschl. v. 17.11.1999 – 28 W (pat) 207/98.
452 BPatG, Beschl. v. 7.7.1999 – 26 W (pat) 64/98.
453 BPatG, Beschl. v. 31.1.2001 – 28 W (pat) 79/00.
454 BPatG, Beschl. v. 18.1.2001 – 25 W (pat) 3/00.
455 BPatG, Beschl. v. 20.3.2001 – 23 W (pat) 125/00.
456 BPatG, Beschl. v. 7.5.2001 – 30 W (pat) 173/99.
457 BPatG, Beschl. v. 20.9.2001 – 25 W (pat) 28/01.
458 BPatG, Beschl. v. 8.5.2001 – 33 W (pat) 270/00.
459 BPatG, Beschl. v. 19.3.2001 – 30 W (pat) 47/00.
460 BPatG, Beschl. v. 21.3.2001 – 29 W (pat) 393/99.

Suchen und Bereitstellen von Informationen auf dem pharmazeutischen Gebiet durch Telematikserver, Bereitstellung von Informationen auf pharmazeutischem Gebiet;[461] *Telemall* für Datenverarbeitungsgeräte, Computersoftware;[462] *Schinkenland* für u.a. Fleisch und Wurstwaren;[463] *KlickInfo* für Waren der Klasse 16, Dienstleistungen der Klassen 35 und 38;[464] *TDI* für Kraftfahrzeuge;[465] *SPA* für Parfümerien, Mittel zur Körper- und Schönheitspflege, Betrieb von Bädern, Spülbädern und Saunen;[466] *BackWerk* für Dienstleistungen der Klasse 35 und 43;[467] *hot edition* für Waren der Klasse 3;[468] *Robotlab* für u.a. Roboter, Computer etc.;[469] *OpenPath* u.a. für Waren der Klasse 9;[470] *PhoneStop* für bestimmte Baumaterialien;[471] *SCHULKOMPASS* für u.a. Waren der Klassen 9 und 16;[472] *bonusstrom* für Dienstleistungen auf dem Energiesektor;[473] *PORCO* für Futtermittel, Tiernahrung;[474] *Gourmet* für u.a. Waren der Klasse 16 und Dienstleistungen aus dem Event-Bereich.[475]

Nicht unter das Schutzhindernis des § 8 Abs. 2 Nr. 2 fielen: *BONUS* für chemische Erzeugnisse einschließlich solcher mit biologischen Grundstoffen für land-, garten- und forstwirtschaftliche Zwecke etc.;[476] *BerlinCard* für Waren der Klassen 9 und 16 sowie ein umfängliches Dienstleistungsverzeichnis;[477] *DESIGN POST* für Computerprogramme und mit Programmen versehene Datenträger aller Art;[478] *INFOASSISTENT* für Computer und deren Teile, Computerperipheriegeräte;[479] *COSTVIEW* für Computerprogramme und Software etc.;[480] *FORMPACK* für bahnförmige Abdeckmaterialien aus Kunststoff zum Verschließen von Warenträgern und Warenbehältnissen;[481] *LUNCH-BOX* für Backwaren, Getränke; Verpflegung und Beherbergung von Gästen;[482] *BauMineral* für Baumaterialien;[483] *Intersport* für Ski, Skistiefel, Tennisbekleidung etc.;[484] *EXACT* für Präparate gegen Akne;[485] *Remark* für Werbung, Marktanalyse;[486] *Meister* für Edelmetalle, Juwelierwaren;[487] *KOKAIN BALL*

126

461 BPatG, Beschl. v. 21.2.2002 – 25 W (pat) 63/01.
462 BPatG, Beschl. v 25.4.2002 – 25 W (pat) 68/01.
463 BPatG, Beschl. v. 26.3.2003 – 28 W (pat) 22/02.
464 BPatG, BeckRS 2008, 26628.
465 EuG, GRUR Int. 2004, 328.
466 BPatG, GRUR 2005, 346, 349.
467 BPatG, BeckRS 2007, 11424.
468 BPatG, BeckRS 2007, 17960.
469 BPatG, BeckRS 2008, 23734.
470 BPatG, BeckRS 2009, 06064.
471 BPatG, BeckRS 2008, 04832.
472 BPatG, BeckRS 2009, 25953.
473 BPatG, BeckRS 2009, 88553.
474 BPatG, BeckRS 2010, 16687.
475 BPatG, BeckRS 2010, 22443.
476 BGH, WRP 1998, 492 = GRUR 1998, 465.
477 BGH, WRP 2005, 490, 492 = GRUR 2005, 417, 419.
478 BPatG, Beschl. v. 31.3.1998 – 24 W (pat) 24/96.
479 BPatG, Beschl. v. 13.1.1998 – 24 W (pat) 253/96.
480 BPatG, Beschl. v. 7.10.1998 – 29 W (pat) 1/98.
481 BPatG, Beschl. v. 19.1.1998 – 33 W (pat) 165/97.
482 BPatG, Beschl. v. 22.4.1998 – 29 W (pat) 117/97.
483 BPatG, Beschl. v. 25.6.1997 – 28 W (pat) 180/96.
484 BPatG, GRUR 1997, 281.
485 BPatG, Beschl. v. 24.7.1997 – 25 W (pat) 74/95.
486 BPatG, Beschl. v. 20.8.1999 – 33 W (pat) 110/99.
487 BPatG, Beschl. v. 14.4.1999 – 29 W (pat) 301/98.

für Karnevalsveranstaltungen, Bälle; Unterhaltung;[488] *FLEXPLUS* für Haushaltsgeräte wie Geschirrspülmaschinen etc.;[489] *voicetrading* für u. a. Geräte zur Aufzeichnung, Übertragung und Wiedergabe von Ton und Bild;[490] *medico consult* für Beratungsdienstleistungen auf dem Medizinsektor;[491] *Inavigation* für u. a. Waren der Klasse 9;[492] *OPTIMO* für diverse Baumaterialien;[493] *LEDviev* für Waren der Klassen 10 und 11;[494] *Tageskarte* für Druckereierzeugnisse, nämlich Zeitschriften.[495]

cc) Mengenangaben

127 Der Begriff *Mengenangaben* umfasst auch Maß- und Gewichtsangaben wie *Liter, Dutzend, Meter, Hektar, Gramm, Pfund, Kilo* etc. Auch Zahlenangaben können Mengenangaben sein. Bei der Annahme eines Allgemeininteresses an der Freihaltung ist hier allerdings größte Zurückhaltung geboten.[496] Ein solches Interesse kommt insbesondere in Betracht, wenn die Mengenangabe nicht ohne praktische Bedeutung im Hinblick auf die beanspruchten Waren oder Dienstleistungen ist.[497] Ferner ist zu prüfen, ob die in der Zahl enthaltene Mengenangabe nach den Gepflogenheiten auf dem Gebiet der in Anspruch genommenen Waren auch ohne weitergehende Angaben verständlich ist.[498] Veraltete Mengenbezeichnungen sind schutzfähig, wenn sie im Verkehr nicht mehr als solche verstanden bzw. verwendet werden. Zum Freihaltebedürfnis an Zahlen und Zahlzeichen s. Rn. 155.

dd) Bestimmungsangaben

128 Der Begriff der *Bestimmungsangaben* umfasst inhaltliche Aussagen zum Bestimmungszweck von Waren oder Dienstleistungen, insbesondere zum Verwendungszweck, sowie zu Art, Zeit und Ort des Gebrauchs oder des Vertriebs einer Ware oder der Erbringung einer Dienstleistung oder zu den Abnehmerkreisen. Häufig sind Bestimmungsangaben gleichzeitig auch Beschaffenheitsangaben. Beispiele für freihaltebedürftige Bestimmungsangaben: *Kinder* für Schokoladewaren;[499] *Saugauf* für u. a. Staubsauger und Zubehör;[500] *malmit* für Farben, Papier und Pinsel, eintragbar aber für Schreibmaschinen, Spielkarten;[501] *Baufix* für Metallwaren;[502] *Backmix* für Lebensmittel;[503] *IRONMAN TRIATHLON* für Turn- und Sportartikel aller Art;[504] *BATIDA* für Spirituosen, Liköre, eintragbar aber für Mineralwäs-

---

488 BPatG, GRUR 2004, 875, 876.
489 BPatG, BeckRS 2008, 10991.
490 BPatG, BeckRS 2008, 24242.
491 BPatG, BeckRS 2009, 07817.
492 BPatG, BeckRS 2010, 01230.
493 BPatG, BeckRS 2011, 00182.
494 BPatG, BeckRS 2011, 22856.
495 BPatG, GRUR-RR 2010, 1979.
496 BGH, GRUR 1997, 366 – quattro II.
497 BGH, GRUR 1997, 366, 367 – quattro II.
498 BGH, WRP 2000, 95, 97 = GRUR 2000, 231, 232 – FÜNFER.
499 BGH, GRUR 2003, 1040, 1043.
500 BPatG, MarkenR 2009, 413.
501 BPatG, GRUR 1972, 652.
502 DPA, BlPMZ 1958, 305.
503 DPA, BlPMZ 1964, 376.
504 BPatGE 33, 12.

v. Schultz

ser und kohlensäurehaltige Wässer;[505] *ASTHMA-BRAUSE* für Arzneimittel.[506] Eintragbar dagegen *FERROBRAUSE* für pharmazeutische Produkte.[507] Auch Bildmarken können sich auf eine Bestimmungsangabe beschränken.[508]

ee) Wertangaben

Unter den Begriff *Wertangaben* fallen alle allgemeinen und speziellen Angaben, die zur **129** Bestimmung des Wertes der beanspruchten Waren oder Dienstleistungen dienen. Hierunter fallen Angaben wie „billig", „teuer", „günstig", „exklusiv" etc. Eine allgemeine Angabe wie „VALUE"[509] fällt als Sachbegriff ohne konkrete Wertaussage nicht unter den Begriff der Wertangaben. Geht man von einem weiten Begriffsverständnis aus und versteht unter Wertangaben sämtliche wertbildenden Faktoren, wird zumeist auch eine Beschaffenheitsangabe gegeben sein. Zum Begriff der Wertangaben gehören ferner Währungs- und Münzbezeichnungen. Freihaltebedürftig sind daher Währungsangaben wie „Euro", „Cent", „Dollar", „Rubel", „Yen" etc. Bei veralteten Währungs- und Münzbezeichnungen ist die Freihaltebedürftigkeit nur zu bejahen, wenn die Angabe gültige Währungen und Münzen bezeichnet oder wenn sie im Verkehr noch als solche verstanden werden (z. B. „Groschen", „Pfennig", „Mark" sowie die Abkürzung „DM").

ff) Geografische Herkunftsangaben

Geografische Herkunftsangaben i. S. d. § 8 Abs. 2 Nr. 2 bezeichnen den Ort der Herstel- **130** lung der beanspruchten Waren bzw. der Herkunft der für die Herstellung der beanspruchten Waren erforderlichen Grundstoffe, nicht aber den Ort des Vertriebs. Bei Dienstleistungen bezieht sich die geografische Herkunftsangabe auf den Ort der Erbringung der Dienstleistungen. Die Notwendigkeit des Ausschlusses geografischer Herkunftsangaben erklärt sich aus dem Erfordernis, dass geografische Angaben, derer sich auch die Mitbewerber zur Bezeichnung der Herkunft ihrer Waren oder Dienstleistungen bedienen können müssen, nicht monopolisiert werden dürfen. Ausnahmsweise eintragbar sind geografische Herkunftsangaben als Kollektivmarken (s. Kommentierung zu § 99). Den Schutz der Herkunftsangaben kraft Inbenutzungnahme regeln §§ 126 ff. (s. Kommentierung dort).

Seit der *Capri-Sonne*-Entscheidung[510] verlangte die Rechtsprechung konkrete Feststellun- **131** gen, dass die fragliche Ortsbezeichnung als Herkunftsangabe für die konkret beanspruchten Waren oder Dienstleistungen gegenwärtig oder zukünftig ernsthaft in Betracht kommt und als solche von den beteiligten Verkehrskreisen zum freien Gebrauch benötigt wird. Diese Rechtsprechung hat der EuGH mit der *Chiemsee*-Entscheidung[511] in einigen wichtigen Punkten modifiziert. Nach Auffassung des EuGH kommt es auf das Vorliegen eines konkreten, aktuellen oder ernsthaften Freihaltebedürfnisses nicht mehr an.[512] Nach dem

---

505 BPatG, Mitt. 1991, 80.
506 BPatG, GRUR 1997, 640.
507 BPatG, GRUR 1997, 639 – FERROBRAUSE.
508 Vgl. BPatG, GRUR 1997, 530 – Rohrreiniger.
509 BGH, WRP 1994, 747, 748 = GRUR 1994, 730, 731.
510 BGH, GRUR 1983, 768.
511 EuGH, WRP 1999, 629 = GRUR 1999, 723.
512 EuGH, WRP 1999, 629, 633 Tz. 35 = GRUR 1999, 723, 726.

Verkehrsverständnis sei der Begriff der geografischen Herkunftsangabe nicht nur auf die Angabe des Herstellungsortes beschränkt; sie könne sich vielmehr auch aus der Verbindung zwischen der jeweiligen Warengruppe und dem geografischen Ort sowie aus anderen Anknüpfungspunkten ergeben wie z. B. dem Umstand, dass die jeweilige Ware an dem betreffenden geografischen Ort entworfen worden sei.[513] Daher komme es darauf an, ob eine geografische Bezeichnung einen Ort bezeichne, der von den beteiligten Verkehrskreisen gegenwärtig mit der betreffenden Warengruppe *in Verbindung gebracht werde* oder ob dies *vernünftigerweise für die Zukunft zu erwarten sei*.[514] Dabei sei maßgebend, inwieweit den beteiligten Verkehrskreisen die betreffende geografische Bezeichnung bekannt sei und welche Eigenschaften der bezeichnete Ort und die betreffende Warengruppe haben.[515]

132   Die Frage, ob die beteiligten Verkehrskreise die jeweilige geografische Bezeichnung *vernünftigerweise* mit den betreffenden Waren oder Dienstleistungen in Verbindung bringen werden, bedarf einer genauen Untersuchung. Stellt sich dabei heraus, dass die betreffenden Waren oder Dienstleistungen mit dem als geografische Bezeichnung erkennbaren Ort vernünftigerweise nicht in Verbindung gebracht werden, greift § 8 Abs. 2 Nr. 2 nicht.[516] Wird hingegen festgestellt, dass die konkret beanspruchten Waren an dem betreffenden Ort bereits produziert bzw. die konkret beanspruchten Dienstleistungen dort bereits erbracht werden, ist das Schutzhindernis des § 8 Abs. 2 Nr. 2 mit großer Wahrscheinlichkeit zu bejahen. Findet die jeweilige wirtschaftliche Betätigung an dem bezeichneten Ort noch nicht statt, kann sich ein Allgemeininteresse an der Freihaltung aus einer näheren Untersuchung des geografischen Umfeldes, insbesondere der wirtschaftlichen Region und ihrer Infrastruktur ergeben.[517] Diese Prüfung hat den BGH etwa veranlasst, der Bezeichnung *Lichtenstein* die Eintragung zu versagen.[518] Der BGH berief sich darauf, dass in der Gemeinde Lichtenstein, einem Ort in Sachsen, ein sehr großes Gewerbegebiet beheimatet sei. Die Region unterliege einem ständigen Strukturwandel. In unmittelbarer Nähe habe ein bedeutender Pharmaproduzent seinen Sitz; weitere Pharmaunternehmen seien im größeren Umfeld angesiedelt. Die Ansiedlung pharmazeutischer Unternehmen in Lichtenstein erscheine daher durchaus möglich.[519] Auf der gleichen Linie liegt eine Entscheidung des EuG, das ein Allgemeininteresse an der Freihaltung des von der Stadt Oldenburg abgeleiteten Adjektivs OLDENBURGER erkannte.[520] Die Marke war für Waren der Klassen 29, 30 und 32 angemeldet worden. Das EuG konnte feststellen, dass Oldenburg über eine von der Agrarwirtschaft, insbesondere des Milch und Fleisch erzeugenden und verarbeitenden Gewerbes geprägt sei. Auch seien zahlreiche Agrarerzeugnisse mit der Bezeichnung OLDENBURGER i.V.m. einer Gattungsbezeichnung versehen.[521]

133   Der Blick auf die Entscheidungen *Lichtenstein* und *OLDENBURGER* zeigt, dass je größer und bedeutsamer die hinter der jeweiligen Bezeichnung stehende geografische Einheit ist,

---

513 EuGH, WRP 1999, 629, 633 Tz. 36 = GRUR 1999, 723, 726.
514 EuGH, WRP 1999, 629, 633 Tz. 31 f. = GRUR 1999, 723, 726.
515 EuGH, WRP 1999, 629, 633 Tz. 37 = GRUR 1999, 723, 726.
516 Vgl. EuGH, GRUR 2010, 534, 536 Tz. 53 – PRANAHAUS; BPatG, GRUR 2006, 509, 510 – PORTLAND.
517 BPatG, BeckRS 2011, 23580 – Grönwohlder.
518 BGH, WRP 2003, 1226, 1227 = GRUR 2003, 882, 883 – Lichtenstein.
519 BGH, a. a. O.
520 EuG, GRUR 2004, 148, 149 Tz. 29 ff. – OLDENBURGER.
521 EuG, a. a. O. Tz. 37.

v. Schultz

desto größer auch die Wahrscheinlichkeit für die Annahme eines Allgemeininteresses an der Freihaltung ist. Besonders gilt dies für Länder,[522] Bundesstaaten oder -länder,[523] Gebietsbezeichnungen[524] und Städte[525] einschließlich Stadtteilen.[526] Auch bei kleineren Städten kann Freihaltebedürftigkeit gegeben sein,[527] es sei denn, es handele sich um eine Kleinstadt, deren Namen weder in wirtschaftlicher Hinsicht noch als Name schlechthin bekannt sei.[528] Richtigerweise wird jedoch unabhängig von der Größe und Bekanntheit des Ortes im Grundsatz darauf abzustellen sein, ob sich bei der Prüfung der wirtschaftlichen Bedeutung des Ortes und seines Umfeldes sowie der Infrastruktur der umliegenden Region herausstellt, dass die Möglichkeit der Eröffnung von Betrieben zur Produktion der beanspruchten Waren bzw. zur Erbringung der beanspruchten Dienstleistungen vernünftigerweise zu erwarten ist.[529] Vor diesem Hintergrund ist auch das Freihaltebedürfnis bei Bezeichnungen zu prüfen, die als touristische Sehenswürdigkeiten bekannt sind.[530]

Bei Bezeichnungen von Gewässern (z. B. Chiemsee) kann sich die Frage stellen, ob sie zugleich eine Bezeichnung für ein geografisches Gebiet darstellen.[531] Im Übrigen dürften Namen von Gewässern (z. B. des indischen Flusses *Padma*[532]), Bergen und Gebirgen überwiegend eintragungsfähig sein. Denn hier scheidet i. d. R. jegliche wirtschaftliche Betätigung ohne weitere Prüfung offensichtlich aus (z. B. Mont Blanc). Anders kann der Fall hingegen bei Straßennamen liegen. Denn auch insoweit besteht grundsätzlich eine Vermutung dafür, dass das Zeichen vom Verkehr als geografischer Hinweis und nicht als Hinweis auf ein bestimmtes Unternehmen wahrgenommen wird.[533] Insbesondere gilt dies bei bekannten Straßen.[534]

134

---

522 BPatG, Beschl. v. 20.7.1999 – 24 W (pat) 40/98 – Brazil.
523 BPatG, Beschl. v. 20.7.1999 – 24 W (pat) 120/98 – California; BPatG, Beschl. v. 18.11.2003 – 24 W (pat) 71/02 – DAKOTA; BPatG, GRUR 2000, 149, 150 – WALLIS; BPatG, BeckRS 2008, 26557 – JAVA.
524 BPatG, Beschl. v. 19.1.2000 – 29 W (pat) 35/99 – Franken.
525 BPatG, Beschl. v. 2.2.2000 – 32 W (pat) 137/99 – Lübecker Hanse; BPatG, GRUR 2000, 150 – Cloppenburg; anders aber EuG, Urt. v. 25.10.2005, T – 379/03 – Cloppenburg, mit der Begründung, wegen der geringen Größe und der nicht feststellbaren wirtschaftlichen Bedeutung der Stadt *Cloppenburg* fehle es an einem beschreibenden Charakter (i. S. d. Art. 7 Abs. 1 lit. c) GMV; vgl. a. BPatG, BeckRS 2008, 06757 – Monza; BPatG, BeckRS 2011, 21108 – Cayenne.
526 BPatG, GRUR 2009, 491 – Vierlinden; MarkenR 2010, 342 – Speicherstadt.
527 BPatG, Beschl. v. 21.7.2004 – 26 W (pat) 140/02 – LUDWIGSLUST; BeckRS 2010, 01226 – Grafenau; GRUR 2009, 1175 – Burg Lissingen; BeckRS 2011, 00637 – Oppenheim; BeckRS 2007, 12764 – Warburg.
528 BPatG, BeckRS, 2009, 16073 – SONTRA; BPatG, Beschl. v. 21.7.2009 – 24 W (pat) 96/07 – BRIXTON; BPatG, BeckRS 2009, 87917 – Carcavelos.
529 BPatG, BeckRS, 2011, 23580 – Grönwohlder.
530 BPatG, MarkenR 2011, 79, 82 – Neuschwanstein; vgl. a. BPatG, MarkenR 2010, 342 – Speicherstadt (nicht hinreichend differenzierend hinsichtlich der konkret beanspruchten Waren und Dienstleistungen).
531 EuGH, WRP 1999, 629, 633 Tz. 34 = GRUR 1999, 723, 726 – Chiemsee.
532 BPatG, Beschl. v. 10.5.2004 – 30 W (pat) 184/02.
533 BPatG, GRUR 2011, 918, 919 – STUBENGASSE MÜNSTER.
534 BPatG, Beschl. v. 27.1.1982 – 27 W (pat) 216/81 – BOND STREET; BPatG, GRUR 1964, 313 – Champs-Elysée; GRUR 1972, 652 – Park Avenue; BPatGE 7, 53 – Broadway; anders BPatGE 38, 157 – BROADWAY.

135 Keine Rolle bei der Prüfung des Allgemeininteresses an der Freihaltung einer geografischen Angabe spielt eine eventuelle Mehrdeutigkeit, die dadurch hervorgerufen wird, dass es eine bestimmte geografische Bezeichnung mehrfach gibt.[535] Ebenso wenig spielt es eine Rolle, ob die geografische Bezeichnung auch als Eigenname feststellbar ist.[536] Auch adjektivische Ableitungen von Ortsbezeichnungen, die unmittelbar auf den betreffenden Ort Bezug nehmen, führen zu keiner anderen Beurteilung.[537]

136 In aller Regel eintragbar sind *unbestimmte Ortsangaben* wie *City,*[538] *Avenue*[539] und *Highway.* Gleiches gilt für Ortsnamen, die neben einer geografischen Bedeutung auch noch andere Bedeutungen haben,[540] Ortsnamen, die nicht hinreichend individualisierbar sind,[541] Abwandlungen von Ortsnamen[542] sowie Phantasienamen.[543] Eintragbar sind ferner Ortsnamen, hinsichtlich deren Verwendung der Markenanmelder aufgrund tatsächlicher oder rechtlicher Verhältnisse das Monopolrecht[544] bzw. exklusive Rechte besitzt.[545] Bei dieser Gruppe handelt es sich um Fälle, in denen ausschließlich der Zeichenanmelder selbst als Hersteller oder Lieferant von Waren aus dem fraglichen Ort in Betracht kommt.[546] Diese Grundsätze gelten auch für Lagennamen, d.h. Lagen und Bereiche i.S.d. WeinV. Lagennamen sind demnach eintragbar, wenn die jeweilige Lage im Alleinbesitz des Markeninhabers steht.[547] Bei Mitbesitz sind Lagennamen als Kollektivmarken eintragbar.[548]

gg) Zeitangaben

137 Zeitangaben beziehen sich auf die Zeit der Herstellung der Waren bzw. der Erbringung der Dienstleistungen. Sie sind selten und nur dann freihaltebedürftig, wenn der Verkehr die Angabe in produktbezogenem Sinne versteht. Dies ist häufig bei Jahreszeiten, Monaten, Wochen- und Feiertagen der Fall.[549] Eintragbar sind hingegen alle Angaben, bei denen die Annahme fern liegt, dass der Verkehr sie als Hinweis auf die Zeit der Herstellung der beanspruchten Waren oder der Erbringung der beanspruchten Dienstleistungen versteht. Unter

---

535 BGH, WRP 2003, 1226, 1227 = GRUR 2003, 882, 883 – Lichtenstein.
536 BPatG, GRUR 2000, 1050 – Cloppenburg; BGH, WRP 2003, 1226, 1227 = GRUR 2003, 882, 883 – Lichtenstein.
537 EuG, GRUR 2004, 148, 149 – OLDENBURGER.
538 BPatG, Mitt. 1975, 15.
539 BPatGE 5, 207.
540 BPatG, GRUR 1967, 428 – Paola.
541 BPatG, Mitt. 1991, 98 – SANTIAGO; Mitt. 1993, 349 – Jackson.
542 BPatG, Mitt. 1991, 252 – GIRONDA; GRUR 1987, 238 – Balfast; GRUR 1989, 825, 826 – Merrilund; Mitt. 1993, 351 – JUTLANDIA; BPatG, Beschl. v. 13.8.1982 – 24 W (pat) 71/82 – Mabella; anders aber BGH, WRP 2003, 1226, 1227 = GRUR 2003, 882, 883 – Lichtenstein, da eine große Ähnlichkeit mit der Schreibweise des Fürstentums Liechtenstein bestehe.
543 BPatG, Mitt. 1991, 164 – MONTE GAUDIO.
544 BPatG, GRUR Int. 1992, 62, 63 – Vittel.
545 BGH, GRUR 2008, 900, 902 Tz. 24 – SPA II.
546 BPatG, Beschl. v. 20.3.1984 – 26 W (pat) 79/81 – SAN PELLEGRINO; BPatG, Beschl. v. 14.12.1988 – 26 W (pat) 8/87 – WATERFORD; BPatG, GRUR 1993, 43 – Römigberg I; GRUR 1993, 395 – Römigberg II.
547 BGH, GRUR 1983, 440, 441 – Burkheimer Schloßberg; vgl. a. BPatG, Mitt. 1991, 78, 79 – Drachenblut.
548 BGH, WRP 1993, 769 = GRUR 1993, 832 – Piesporter Goldtröpfchen.
549 Vgl. BPatG, GRUR 1970, 136 – Sonniger September.

dem Gesichtspunkt der Zeitangabe sind Wörter wie *Weekend* und *Holiday* unbedenklich; es kann sich bei ihnen jedoch um eine Beschaffenheits- oder Bestimmungsangabe handeln.[550]

hh) Sonstige Merkmale

Der Terminus *sonstige Merkmale* stellt klar, dass auch solche Zeichen und Angaben dem **138** Schutzhindernis des § 8 Abs. 2 Nr. 2 unterliegen, die zur Bezeichnung sonstiger Merkmale der beanspruchten Waren oder Dienstleistungen dienen. Es muss sich also um andere Merkmale als die zuvor in § 8 Abs. 2 Nr. 2 bereits erwähnten handeln. In Betracht kommen allerdings nur Merkmale und Umstände, die aus Sicht der angesprochenen Verkehrskreise hinsichtlich der beanspruchten Waren oder Dienstleistungen bedeutsam sind.[551] Dies ist nicht der Fall bei mit der Art, der Beschaffenheit, der Menge, der Bestimmung, dem Wert, der geografischen Herkunft, der Zeit der Herstellung oder sonstigen Merkmalen nur mittelbar in Beziehung stehenden Vertriebsmodalitäten oder sonstigen, die jeweiligen Waren oder Dienstleistungen selbst *nicht unmittelbar* betreffenden Umständen.[552] Auch Angaben, die nur irgendwie bedeutsame Umstände mit Bezug auf die beanspruchten Waren oder Dienstleistungen beschreiben, sind keine „sonstigen Merkmale".[553] In der Praxis ist die Fallgruppe der sonstigen Merkmale eher selten.[554]

d) Beschreibende Marken: Einzelfälle

aa) Abwandlungen beschreibender Angaben

Abwandlungen beschreibender Angaben sind nach ständiger Rechtsprechung eintragbar, **139** wenn es sich um Angaben handelt, die der Verkehr nicht ohne Weiteres als eng angelehnte Abwandlung einer freizuhaltenden Sachangabe erkennt. Eine ohne Weiteres erkennbare Abwandlung einer beschreibenden Angabe ist im Wesentlichen nur anzunehmen, wenn die Abänderung so gering ist, dass sie entweder kaum wahrgenommen oder allenfalls als Wiedergabefehler bzw. als bewusste (werbemäßige) Verstümmelung einer beschreibenden Angabe verstanden wird. Eintragbar daher *Indorektal*;[555] *ROAL*;[556] *USTOP*;[557] *Zen*;[558] *FOOTVAX*;[559] *Combina*;[560] *Swensor*;[561] *Arthrodest*;[562] *alpharma*;[563]

---

550 Vgl. BPatG, Beschl. v. 31.3.1992 – 27 W (pat) 133/90 – WEEK-END; BPatG, Beschl. v. 10.2.1993 – 26 W (pat) 131/90 – Holiday; vgl. a. BGH, BlPMZ 1998, 248 – Today.
551 BGH, WRP 1999, 858, 859 = Mitt. 1999, 229, 230 – PREMIERE II.
552 BGH, WRP 1998, 492, 493 = GRUR 1998, 465, 467 – BONUS; vgl. a. BGH, WRP 2002, 1073, 1074 = GRUR 2002, 816, 817 – BONUS II.
553 BGH, WRP 1999, 858, 859 = Mitt. 1999, 229, 230 – PREMIERE II; vgl. a. BPatG, Beschl. v. 17.11.1999 – 28 W (pat) 207/98 – Competence.
554 Vgl. BGH, GRUR 1997, 366, 368 – quattro II.
555 BGH, GRUR 1984, 815 (als Abwandlung des Fachausdrucks endorektal).
556 BGH, GRUR 1985, 1053 (Royal).
557 BPatGE 27, 51 (US-TOP).
558 BPatGE 27, 225 (Zehn).
559 BPatGE 29, 163 (Footwax).
560 BPatG, Mitt. 1987, 157 (Combine).
561 BPatG, Mitt. 1987, 220 (Sensor).
562 BPatG, Mitt. 1987, 221 (Arthrodese).
563 BPatG, Mitt. 1988, 31 (Allpharma).

adato;[564] *Karex;*[565] *BiC;*[566] *NATUA.*[567] Nicht eintragbar dagegen *WELLCARE*[568] und *CELL GENESYS.*[569] Bei der Abwandlung nicht allgemein bekannter Sachangaben kommt es darauf an, ob der Verkehr den Abwandlungscharakter ohne Weiteres erkennen würde, wenn ihm die betreffende Sachangabe bereits bekannt wäre.[570] Diese Grundsätze wendet die Rechtsprechung insbesondere auch bei internationalen chemischen Kurzbezeichnungen für pharmazeutische Substanzen (INN) an. Eintragbar daher *LUXABENDOL;*[571] *TRILOPIROX;*[572] *Alphaferon;*[573] *Metoproloc;*[574] *Roximycin.*[575]

bb) Wortneubildungen und Wortzusammensetzungen

140 Wortneubildungen sind Wörter, die weder lexikalisch nachweisbar noch in sonstiger Weise bekannt sind. Zumeist handelt es sich dabei um Zusammensetzungen von zwei oder mehr sprachüblichen bzw. beschreibenden Wörtern (z.B. *MASTERSOUND*[576]) oder Abkürzungen (z.B. *PROTECH*[577]). Nach herkömmlicher Spruchpraxis unterlagen derartige Wortneubildungen bzw. Wortzusammensetzungen dem Schutzhindernis des § 8 Abs. 2 Nr. 2, sofern die beteiligten Verkehrskreise ihren unmittelbar beschreibenden Gehalt ohne Weiteres erkennen konnten. Immer war dabei zu beachten, dass Gegenstand der Beurteilung grundsätzlich allein die Marke in ihrer angemeldeten Form ist.[578] Dementsprechend war auch eine analysierende, möglichen Bestandteilen und/oder deren Bedeutung nachgehende Betrachtungsweise ebenso wie eine zergliedernde Betrachtungsweise, die die einzelnen Bestandteile einer Wortzusammensetzung auf ihre möglicherweise beschreibende Bedeutung untersuchte, unzulässig.[579] Der unmittelbar beschreibende Gehalt von Wortneubildungen und Wortzusammensetzungen muss sich mithin unmittelbar und ohne die Notwendigkeit besonderer (= analysierender) Gedankenschritte erschließen.

141 Nach jüngerer Spruchpraxis genügt es für die Bejahung eines beschreibenden Charakters nicht, dass die einzelnen Bestandteile einer Wortneubildung oder -zusammensetzung für sich genommen einen beschreibenden Charakter im Hinblick auf die beanspruchten Waren oder Dienstleistungen haben.[580] Allerdings bleibt die sich aus der bloßen Aneinanderrei-

---

564 BPatG, Mitt. 1988, 55 (adatto).
565 BPatG, Mitt. 1988, 176 (Carex).
566 BPatG, Mitt. 1989, 240 (big).
567 BPatG, Mitt. 1991, 83 (Natur).
568 BPatG, Mitt. 1988, 290 (well-cared).
569 BPatG, Beschl. v. 28.5.1999 – 33 W (pat) 158/98 (Cell Genesis); vgl. a. EuG, GRUR Int. 2008, 1037 – BioGeneriX (bio generics).
570 BGH, GRUR 1985, 1053, 1054 – ROAL.
571 BPatG, GRUR 1992, 700 (Luxabendazol).
572 BGH, GRUR 1994, 803 (rilopirox).
573 BGH, GRUR 1994, 805, 806 (Interferon).
574 BGH, GRUR 1995, 48, 49 (Metoprolol).
575 BGH, WRP 2005, 99, 101 = GRUR 2005, 258, 260 (Roxithromycin).
576 BPatG, Beschl. v. 13.2.1995 – 30 W (pat) 134/94.
577 BGH, GRUR 1995, 408 – PROTECH.
578 BGH, GRUR 1995, 408, 409 – PROTECH.
579 EuGH, WRP 2001, 1276, 1279 Tz. 39 ff. = GRUR 2001, 1145, 1147 – Baby-dry; BGH, GRUR 1995, 269, 270 – U-KEY; WRP 2001, 35, 36 = GRUR 2001, 162, 163 – RATIONAL SOFTWARE CORPORATION; WRP 2002, 91, 92 = GRUR 2002, 261, 262 – AC.
580 EuGH, GRUR 2008, 608, 609 f. Tz. 41 – EUROHYPO.

hung derart beschreibender Bestandteile ergebende Wortkombination in der Regel auch in ihrer Kombination beschreibend.[581] Mithin lässt sich ein beschreibender Charakter nur verneinen, wenn ein *merklicher Unterschied* zwischen der sprachlichen Neuschöpfung und der bloßen Summe ihrer Bestandteile besteht. Dies setzt entweder voraus, dass das Wort aufgrund der Ungewöhnlichkeit der Kombination, insbesondere syntaktischer oder symantischer Art, in Bezug auf die beanspruchten Waren oder Dienstleistungen einen Eindruck erweckt, der hinreichend von dem abweicht, der bei bloßer Zusammenfügung der seinen Bestandteilen zu entnehmenden Angaben entsteht und somit über die Summe dieser Bestandteile hinausgeht, oder dass das Wort in den allgemeinen Sprachgebrauch eingegangen ist und dort eine ihm eigene Bedeutung erlangt hat, so dass es nunmehr gegenüber seinen Bestandteilen autonom ist. Im letzteren Falle ist naturgemäß weiter zu prüfen, ob das Wort, das eine eigene Bedeutung erlangt hat, nicht selbst beschreibend ist.[582] Ergänzend macht der EuGH darauf aufmerksam, dass es bei der Beurteilung des beschreibenden Charakters keine Rolle spielt, ob es Synonyme gibt, mit denen dieselben Merkmale der beanspruchten Waren oder Dienstleistungen bezeichnet werden können.[583]

In der den EuGH-Entscheidungen *BIOMILD* und *POSTKANTOOR* nachfolgenden Eintragungspraxis des DPMA machte sich zunächst zunehmend eine deutlich strengere Prüfungstendenz bei lexikalisch oder im Marktauftritt nicht belegbaren Wörtern, insbesondere Wortzusammensetzungen und Wortneubildungen, bemerkbar.[584] Inzwischen steht jedoch fest, dass strengere Anforderungen für die Prüfung des Schutzhindernisses des § 8 Abs. 2 Nr. 2 aus der EuGH-Rechtsprechung nicht hergeleitet werden können.[585] Unangetastet bleibt jedoch die Auffassung, dass die bloße Aufsummierung von für sich genommen beschreibenden Bestandteilen zu einer Wortzusammensetzung oder Wortneubildung noch nicht genügt, um den beschreibenden Charakter auszuräumen. Immer sind über die bloße Aufsummierung hinausgehende Änderungen (etwa syntaktischer oder semantischer Art) erforderlich, um dem Kompositum Schutzfähigkeit zu verleihen.[586] **142**

Beispiele für beschreibende Wortneubildungen und Wortzusammensetzungen (nach älterer Spruchpraxis): MASTERSOUND;[587] COLORSCRIPT;[588] ASTHMA-BRAUSE;[589] Küchenprofi;[590] antiKALK;[591] BAUMEISTER-HAUS;[592] Colorholz;[593] ErgoPanel;[594] euro- **143**

---

581 Vgl. EuGH, GRUR 2004, 674, 678 Tz. 98 – Postkantoor.

582 Vgl. EuGH, GRUR Int. 2004, 410, 412 Tz. 37–41 – BIOMILD; GRUR Int. 2004, 500, 507 Tz. 97–100 – POSTKANTOOR; GRUR 2008, 608, 610 Tz. 45 – EUROHYPO.

583 EuGH, GRUR Int. 2004, 410, 413 Tz. 42 – BIOMILD; GRUR Int. 2004, 500, 507 Tz. 101 – POSTKANTOOR.

584 Vgl. etwa BPatG, MarkenR 2006, 37, 38 – Choco'n'Cream; MarkenR 2006, 38, 40 – Choco'n'-More.

585 BGH, WRP 2010, 260, 262 Tz. 23 f. = GRUR 2010, 138, 140 – ROCHER-Kugel; WRP 2009, 963, 964 Tz. 11 = GRUR 2009, 949, 950 – My World.

586 Vgl. instr. BPatG, BeckRS 2008, 25519 – IDEAL REVOLUTION.

587 BPatG, Beschl. v. 13.2.1995 – 30 W (pat) 134/94.

588 BPatG, Beschl. v. 3.7.1995 – 30 W (pat) 335/93.

589 BPatG, GRUR 1997, 640.

590 BPatG, Beschl. v. 8.4.1998 – 28 W (pat) 3/98.

591 BPatG, Beschl. v. 14.8.1998 – 33 W (pat) 41/98.

592 BPatGE 40, 81.

593 BPatG, Beschl. v. 26.6.1998 – 33 W (pat) 20/98.

594 BPatG, GRUR Int. 1997, 749.

rechner;[595] StarKontor;[596] DEPONIERECHNER;[597] MAKLERHAUS;[598] TURBOTABS;[599] FotoCity;[600] BestChoice;[601] AuditMaster[602] und BahnComfort.[603]

Auf der Grundlage der früheren Spruchpraxis für eintragbar gehalten wurden dagegen: PROTECH;[604] JUMBOMOBIL;[605] Discware;[606] INTERSHOP;[607] FERROBRAUSE,[608] Formpack;[609] FRONTAL-SCHRAUBE;[610] KaufMarkt;[611] POLYMERLAND;[612] REP-NET;[613] KIDSUITES[614] und SUPERVARIO.[615]

144 Beispiele aus der jüngeren Rechtsprechung von BGH und BPatG für die Bejahung eines beschreibenden Charakters (die zumeist zu § 8 Abs. 2 Nr. 1 ergangenen Entscheidungen lassen sich auch im Sinne einer Bejahung eines beschreibenden Charakters i. S. d. § 8 Abs. 2 Nr. 2 verstehen): DeutschlandCard;[616] STREETBALL;[617] PhotoPerfect;[618] printAdvice;[619] Safetysound;[620] Sneakerloft;[621] iFinder;[622] saugauf;[623] bonusstrom;[624] eMailBasic;[625] Robotlab;[626] PhoneSTOP;[627] TravelSumo;[628] BackWERK[629] und Netpilot.[630]

---

595 BPatG, Beschl. v. 11.1.1999 – 30 W (pat) 197/98.
596 BPatG, Beschl. v. 13.7.1999 – 27 W (pat) 22/99.
597 BPatG, Beschl. v. 1.9.1999 – 32 W (pat) 100/99.
598 BPatG, Beschl. v. 3.3.2000 – 33 W (pat) 207/99.
599 BPatG, Beschl. v. 1.3.2000 – 29 W (pat) 100/99.
600 BPatG, BPatG, BeckRS 2009, 26843.
601 BPatG, Beschl. v. 11.11.2004, 25 W (pat) 282/02.
602 BPatG, Beschl. v. 10.11.2004 – 29 W (pat) 93/03.
603 BPatG, Beschl. v. 12.10.2004 – 25 W (pat) 187/03.
604 BGH, GRUR 1995, 408.
605 BPatG, Mitt. 1997, 98.
606 BPatG, CR 1996, 470.
607 BPatG, GRUR 1997, 280.
608 BPatG, GRUR 1997, 639.
609 BPatG, Beschl. v. 9.1.1998 – 33 W (pat) 156/97.
610 BPatG, Beschl. v. 19.6.1998 – 33 W (pat) 231/97.
611 BPatG, Beschl. v. 30.6.1999 – 26 W (pat) 44/98.
612 BPatG, Beschl. v. 17.5.1999 – 33 W (pat) 195/98.
613 BPatG, Beschl. v. 15.11.2000 – 29 W (pat) 327/99.
614 BPatG, Beschl. v. 21.6.2000 – 29 W (pat) 116/99.
615 BPatG, Beschl. v. 27.6.2000 – 27 W (pat) 44/00.
616 BGH, WRP 2009, 960 = GRUR 2009, 952.
617 BGH, WRP 2009, 439 = GRUR 2009, 411.
618 BPatG, Beschl. v. 28.5.2010 – 27 W (pat) 31/10.
619 BPatG, BeckRS 2010, 22434.
620 BPatG, BeckRS 2010, 10239.
621 BPatG, Beschl. v. 9.2.2010 – 27 W (pat) 511/10.
622 BPatG, BeckRS 2009, 11551.
623 BPatG, GRUR-RR 2010, 9.
624 BPatG, BeckRS 2009, 88553.
625 BPatG, Beschl. v. 16.9.2009 – 26 W (pat) 33/09.
626 BPatG, BeckRS 2008, 23734.
627 BPatG, BeckRS 2008, 04832.
628 BPatG, BeckRS 2008, 18855.
629 BPatG, BeckRS 2007, 11424.
630 BPatG, BeckRS 2009, 00706.

v. Schultz

Für schutzfähig wurden dagegen gehalten: firstprint;[631] MYSPACE;[632] ProdFlow;[633] Vendorplay;[634] ALLPETRO;[635] Inavigation;[636] Infolive;[637] SchwabenBus;[638] EUROPART;[639] MultiStar;[640] FLEXPLUS[641] und voicetrading.[642]

cc) Mehrwortzeichen

Bei Zeichen, die aus mehreren Wörtern bestehen, gelten die gleichen Grundsätze wie bei   **145** Wortneubildungen und Wortzusammensetzungen. Setzen sich Mehrwortzeichen demnach ausschließlich aus beschreibenden Sachangaben zusammen, wird das Schutzhindernis des § 8 Abs. 2 Nr. 2 häufig gegeben sein.[643] Anders liegt der Fall, wenn sich ein Mehrwortzeichen zwar aus – für sich genommen – schutzunfähigen Bestandteilen zusammensetzt, sich in seiner eine Zeicheneinheit bildenden Gesamtheit aber nicht als freihaltebedürftige, beschreibende Angabe darstellt.[644] Hier wird es in Übereinstimmung mit der Rechtsprechung des EuGH[645] entscheidend darauf ankommen, dass die Marke nach ihrem Gesamteindruck merklich über den bloßen Charakter der Aneinanderreihung von an sich schutzunfähigen Bestandteilen hinausgeht.[646]

dd) Fremdsprachige Ausdrücke

Nach ständiger Rechtsprechung stehen fremdsprachige Wörter und Wortbildungen ent-   **146** sprechenden deutschen Wörtern und Wortbildungen nicht grundsätzlich gleich. Ein der Eintragung entgegenstehendes Allgemeininteresse an der Freihaltung besteht bei fremdsprachigen Zeichenwörtern insbesondere, wenn diese in ihrer warenbeschreibenden Aussage im Inland ohne Weiteres verstanden und benötigt werden oder wenn sie wegen ihres beschreibenden Gehalts für Zwecke des Imports oder Exports bzw. des inländischen Absatzes sowie im Hinblick auf mehrsprachige Sachhinweise (Gebrauchsanleitungen, lebensmittelrechtliche Zutatenverzeichnisse etc.) freigehalten werden müssen.[647] Auch bei

---

631 BPatG, BeckRS 2010, 19673.
632 BPatG, BeckRS 2010, 19673.
633 BPatG, BeckRS 2010, 17150.
634 BPatG, BeckRS 2010, 30233.
635 BPatG, BeckRS 2009, 20010.
636 BPatG, BeckRS 2010, 01230.
637 BPatG, BeckRS 2010, 00595.
638 BPatG, BeckRS 2009, 87479.
639 BPatG, BeckRS 2008, 21487.
640 BPatG, BeckRS 2009, 04938.
641 BPatG, BeckRS 2008, 10991.
642 BPatG, BeckRS 2008, 24242.
643 Zu weitgehend aber noch BPatG, GRUR 1984, 445 – van Linnen Primeur.
644 BPatG, GRUR 1992, 607 – FLEUR charme; GRUR 1993, 828 – I-STAT; Mitt. 1996, 215, 216 – MOD'elle; BGH, WRP 2001, 35, 36 = GRUR 2001, 162, 163 – RATIONAL SOFTWARE CORPORATION.
645 EuGH, GRUR Int. 2004, 410 – BIOMILD; GRUR Int. 2004, 500 – POSTKANTOOR.
646 EuGH, GRUR 2010, 931, 932 Tz. 61 ff. – COLOR EDITION.
647 BGH, GRUR 1992, 514 – Ole; GRUR 1992, 515, 516 – Vamos; GRUR 1989, 666, 667 – Sleepover; GRUR 1990, 517 – SMARTWARE; WRP 1994, 249 = GRUR 1994, 370 – rigidite III; BPatG, GRUR 1998, 399 – Rack-Wall; BPatG, Beschl. v. 29.4.1999 – 25 W (pat) 149/98 – Olé.

fremdsprachigen Ausdrücken genügt es für die Bejahung eines Freihaltebedürfnisses, wenn der *beteiligte Fachverkehr* das jeweilige Zeichen in beschreibendem Sinne versteht.[648]

147   Zur Gruppe der fremdsprachigen Ausdrücke, deren beschreibende Bedeutung die beteiligten Verkehrskreise ohne Weiteres erfassen, gehören angesichts der weit verbreiteten Fremdsprachenkenntnisse bei den inländischen Verkehrskreisen sämtliche leicht verständlichen fremdsprachigen Ausdrücke, insbesondere des englischen und des französischen, spanischen und italienischen Sprachraums. So wird z.B. dem Wort *ULTIMATE* in den maßgeblichen deutschen Publikumskreisen ein Hinweis auf Spitzenqualität entnommen.[649] Für die inländischen Verkehrskreise ohne Weiteres verständlich sind ferner Wörter, Wortbildungen und Mehrwortzeichen wie *Rapido;*[650] *VALUE;*[651] *NEW MAN;*[652] *MADE IN PARADISE;*[653] *COMPUTER ASSOCIATES;*[654] *THE OUTDOOR CHANNEL;*[655] *HAND BOOK;*[656] *LIMITED;*[657] *Do it;*[658] *Test it;*[659] *ONE FOR ALL;*[660] *A BETTER DESIGN – A BETTER WORLD.*[661] Auch bei leicht verständlichen fremdsprachigen Ausdrücken ist jedoch genau zu prüfen, ob die angesprochenen inländischen Verkehrskreise in diesen einen *beschreibenden* Hinweis auf die konkret beanspruchten Waren oder Dienstleistungen sehen.[662] Dabei ist – wie generell bei der Prüfung des Freihaltebedürfnisses – nicht nur auf die Endabnehmer, sondern auch auf die am Handel beteiligten Fachverkehrskreise abzustellen.[663] Nicht als fremdsprachige Ausdrücke werden demgegenüber Wörter behandelt, die ohnehin schon Eingang in den deutschen Sprachschatz gefunden haben[664] und schon deshalb in beschreibendem Sinne verstanden werden. Ein beschreibender Charakter ist ferner – auch unabhängig vom Charakter als Welthandelssprache – zu bejahen, wenn ein fremdsprachiger Ausdruck im Inland als generischer Begriff bekannt ist.[665]

148   Wesentlich schwieriger ist die Beurteilung derjenigen Fälle, in denen die inländischen Verkehrskreise die beschreibende Bedeutung des fremdsprachigen Begriffs nicht ohne Weiteres erkennen.[666] In diesen Fällen ist zu prüfen, ob der Geschäftsverkehr, insbesondere die Mitbewerber, die betreffende Bezeichnung für die beschreibende Verwendung im inländi-

---

648 EuGH, GRUR 2006, 411, 412 Tz. 24 – Matratzen Concord/Hukla.
649 BPatG, GRUR 1997, 467 – ULTIMATE; vgl. a. BGH, WRP 1998, 745 = GRUR 1998, 813 – CHANGE.
650 BPatG, MarkenR 2007, 527.
651 BGH, WRP 1994, 747 = GRUR 1994, 730.
652 BGH, GRUR 1991, 136.
653 BPatG, GRUR 1994, 217.
654 BPatG, Mitt. 1994, 20.
655 BPatG, GRUR 1998, 719.
656 BPatG, Beschl. v. 29.7.1997 – 24 W (pat) 16/96.
657 BPatG, Beschl. v. 31.3.1998 – 27 W (pat) 190/96.
658 BPatG, Beschl. v. 20.2.1998 – 33 W (pat) 244/97.
659 BPatG, GRUR 1999, 168.
660 BPatG, Beschl. v. 3.8.1998 – 30 W (pat) 227/97.
661 BPatG, Beschl. v. 24.11.1998 – 24 W (pat) 152/97.
662 BGH, WRP 1999, 1038 = GRUR 1999, 988 – HOUSE OF BLUES.
663 BPatG, BeckRS 2007, 07998 – BAGNO; BeckRS 2007, 11636 – Frutto; BeckRS 2007, 14631 – Capolavoro.
664 BGH, WRP 1994, 385 = GRUR 1993, 746 – Premiere; BPatGE 26, 176 – VARIO.
665 BPatG, GRUR 2005, 675, 676 – JIN SHIN JYUTSU.
666 BGH, GRUR 1988, 379 – RIGIDITE; GRUR 1989, 421, 422 – CONDUCTOR.

schen Handelsverkehr sowie beim Export benötigen.[667] Die Bejahung eines Freihalteinteresses ist in diesem Zusammenhang keineswegs nur auf Wörter der Welthandelssprachen Englisch, Französisch und Spanisch beschränkt. Auch Ausdrücke in anderen Sprachen können beim Ex- und Import der beanspruchten Waren benötigt werden.[668] Eine besondere Rolle kann im Einzelfall auch die Überlegung spielen, dass eine beschreibende Bedeutung der fremdsprachigen Angabe ernsthaft nur in einem konkretisierenden textlichen Zusammenhang in Betracht kommt.[669] Im Zweifelsfall ist hier ein beschreibender Charakter zu verneinen, was jedoch nicht dazu führen darf, dass den Mitbewerbern die Benutzung der Angabe in rein beschreibender Funktion (insbesondere im textlichen Zusammenhang) untersagt werden kann.

Besondere Schwierigkeiten werfen die Fälle von Wortneubildungen und Wortzusammensetzungen auf, die sich aus fremdsprachigen Begriffen zusammensetzen. Die Behandlung dieser Fälle folgt der durch die Rechtsprechung des EuGH vorgegebenen Linie.[670] Auf die Darstellung dieser Rechtsprechung wird verwiesen (s. Rn. 140 ff.).   **149**

Auch nach früherer Spruchpraxis wurden fremdsprachige Wortneubildungen, Wortzusammensetzungen und Mehrwortzeichen häufig als beschreibend beurteilt. Dies hat das BPatG angenommen z. B. bei *NETFAX* für elektrische und elektronische Apparate;[671] *GASTRONet* für Werbung und Telekommunikation;[672] *Paperfill* für schüttfähige Polstermaterialien;[673] *ART TECH* für Druckerzeugnisse;[674] *MAPINFO* für Computerprogramme;[675] *ErgoPanel*;[676] *TURBOSCAN* für digitale Hochgeschwindigkeitsabtasteinrichtungen etc.;[677] *TRAVEL-WORLD* für u. a. Vermittlung von Reise und Urlaubsdienstleistungen und -veranstaltungen;[678] *InViVo* für Computerprogramme für die Visualisierung von Daten aus dem Bereich der Medizin u. a.[679] Anders beurteilte die Spruchpraxis des BPatG dagegen *CABLEPORT* für Computerhardware und -software;[680] *Natural Pulping* für Papier, Karton, Baumaterialien, Materialbearbeitung;[681] *Lipostyling* für ärztliche Versorgung und Schönheitspflege u. a.;[682] *CarePlan* für pharmazeutische Erzeugnisse.[683]   **150**

---

667 BGH, GRUR 1988, 379, 380 – RIGIDITE; GRUR 1989, 421, 422 – CONDUCTOR.
668 BPatG, Mitt. 1986, 111 – Fläkt; GRUR 1997, 286, 287 – VODNI STAVBY.
669 BGH, WRP 1994, 245, 248 = GRUR 1994, 366, 369 – RIGIDITE II; WRP 1994, 249, 251 = GRUR 1994, 370, 371 – RIGIDITE III; BPatG, GRUR 1997, 286 – VODNI STAVBY.
670 EuGH, GRUR Int. 2004, 410 – BIOMILD; GRUR Int. 2004, 500 – POSTKANTOOR.
671 BPatG, Beschl. v. 13.5.1997 – 24 W (pat) 204/95.
672 BPatG, Beschl. v. 29.9.1997 – 23 W (pat) 22/97.
673 BPatG, Beschl. v. 29.9.1997 – 33 W (pat) 185/96.
674 BPatG, Beschl. v. 18.6.1997 – 29 W (pat) 121/95.
675 BPatG, Beschl. v. 21.7.1997 – 30 W (pat) 35/96.
676 BPatG, GRUR Int. 1997, 749.
677 BPatG, Beschl. v. 30.9.1999 – 30 W (pat) 111/99.
678 BPatG, Beschl. v. 1.9.1999 – 32 W (pat) 151/99.
679 BPatG, Beschl. v. 3.8.1999 – 27 W (pat) 66/99.
680 BPatG, Beschl. v. 10.2.1999 – 29 W (pat) 169/98.
681 BPatG, Beschl. v. 5.5.1999 – 29 W (pat) 267/98.
682 BPatG, Beschl. v. 7.7.1999 – 32 W (pat) 80/99.
683 BPatG, Beschl. v. 22.3.1999 – 30 W (pat) 154/98.

ee) Wörter toter Sprachen

151 Wörter und Wortfolgen toter Sprachen (z. B. Latein) unterliegen nur dann einem Allgemeininteresse an der Freihaltung, wenn sie die beanspruchten Waren oder Dienstleistungen unmittelbar beschreiben und entweder bereits nachweislich in den allgemeinen Wortschatz oder den Fachwortschatz übergegangen sind[684] oder der Wortschatz der „toten" Sprache auf dem beanspruchten Waren- oder Dienstleistungssektor üblicherweise zur Bildung neuer Fachausdrücke verwendet wird.[685]

ff) Werbeslogans

152 Ein Allgemeininteresse an der Freihaltung von Werbeslogans und für die inländischen Verkehrskreise ohne Weiteres verständlichen schlagwortartigen Werbehinweise besteht i. d. R. nicht, es sei denn, dass sie sich auf einen unmittelbar sachbeschreibenden Inhalt beschränken.[686] Rein suggestive Andeutungen genügen nicht, um den beschreibenden Charakter zu begründen. Üblicherweise sind Werbeslogans aber derart strukturiert, dass die dem Slogan innewohnende Aussage merklich über den rein beschreibenden Gehalt hinausgeht. Daher steht bei Werbeslogans und Schlagworten in erster Linie die Frage der Unterscheidungskraft im Mittelpunkt (s. dazu Kommentierung zu Rn. 55 f.).

gg) Fehlen eines konkreten Sinnzusammenhangs

153 In Einzelfällen offenbaren als beschreibende Angaben in Betracht kommende Begriffe ihren beschreibenden Charakter nur in einem konkretisierenden textlichen Zusammenhang, wohingegen das isolierte Wort als solches allenfalls bei intensivem Nachdenken die mögliche Vorstellung von einer beschreibenden Funktion erweckt. Die übliche Verwendung eines derartigen Begriffs in Werbeslogans,[687] in sonstigen Wortkombinationen sowie in adjektivischen Funktionen steht seiner Eintragung als Einzelwort in diesen Fällen nicht entgegen.[688] Ein Allgemeininteresse an der Freihaltung kommt deshalb nur in Betracht, wenn das betreffende Wort auch *in Alleinstellung*, also in der Form, in der es dem Verkehr gegenübertritt, etwas Konkretes über die Qualität, die Eigenschaften oder sonstige bedeutsame Umstände der beanspruchten Waren oder Dienstleistungen aussagt.[689] Der entsprechende Gedanke gilt grundsätzlich auch für Buchstaben.[690] Handelt es sich bei dem jeweiligen Begriff um eine allgemein anpreisende Aussage, ist zu prüfen, ob diese im Verkehr *üblicherweise* in Alleinstellung benutzt wird. Im Einzelfall wird die Eintragbarkeit derartiger Wör-

---

684 BPatG, Mitt. 1987, 76 – ARS ELECTRONICA; GRUR 2002, 263, 264 – Avena.

685 BPatG, GRUR 1998, 58 – JURIS LIBRI; Mitt. 1983, 115 – LEGALITER.

686 BPatG, GRUR 1994, 217, 218 – MADE IN PARADISE; GRUR 1997, 643 – SOMETHING SPECIAL IN THE AIR.

687 BPatG, GRUR 1994, 217 – MADE IN PARADISE.

688 BPatG, GRUR 1996, 499, 500 – Paradies; nicht eintragbar dagegen der Werbeslogan *MADE IN PARADISE* – BPatG, GRUR 1994, 217, 218 (zw.); eintragbar auch *MAXIME* – BPatG, Beschl. v. 18.5.1994 – 26 W (pat) 241/92.

689 Vgl. BGH, WRP 1999, 858, 859 = Mitt. 1999, 229, 230 – PREMIERE II; BPatG, GRUR 1996, 499, 500 – Paradies; WRP 2001, 1445, 1446 = GRUR 2002, 64, 65 – INDIVIDUELLE.

690 Vgl. BPatG, Beschl. v. 17.10.2000 – 33 W (pat) 40/99 – M; GRUR 2003, 347, 348 – E.

ter daher auch im Hinblick auf § 8 Abs. 2 Nr. 3 zu überprüfen sein.[691] Das Eintragungshindernis des § 8 Abs. 2 Nr. 3 ist allerdings mit großer Zurückhaltung anzuwenden.[692]

hh) Abkürzungen

Abkürzungen unterliegen einem Allgemeininteresse an der Freihaltung i. S. d. § 8 Abs. 2 Nr. 2, wenn sie im Verkehr als beschreibende Angaben erkannt, verstanden und benötigt werden. Entsprechendes gilt, wenn dies zukünftigerweise vernünftig zu erwarten ist. Die lexikalische Nachweisbarkeit einer Abkürzung ist ebenso wie deren Aufnahme in ein Abkürzungsverzeichnis zwar Indiz, aber – für sich genommen – noch kein hinreichend sicherer Anhaltspunkt für die Annahme einer beschreibenden Funktion. Zu fragen ist daher nach der Gebräuchlichkeit und der Verständlichkeit der jeweiligen Abkürzung bei den beteiligten Verkehrskreisen bzw. im Einzelfall beim Fachverkehr – dies unter konkreter Berücksichtigung der beanspruchten Waren oder Dienstleistungen. Beispiele aus der Spruchpraxis: *BGHZ*;[693] *Inter*;[694] *VARIO*;[695] *ISOL*;[696] schutzfähig dagegen *IMRA*.[697] Zur Freihaltebedürftigkeit von aus Buchstaben oder Buchstabenkombinationen bestehenden Abkürzungen s. nachfolgend Rn. 155. **154**

ii) Buchstaben und Zahlen

Buchstaben, Zahlen und Kombinationen von Buchstaben und Zahlen sind von der Eintragung ausgeschlossen, wenn sie von den beteiligten Verkehrskreisen als Hinweis auf bestimmte Eigenschaften oder Merkmale der beanspruchten Waren oder Dienstleistungen verstanden werden oder wenn dies zukünftig vernünftigerweise zu erwarten ist.[698] Ein beschreibender Charakter kommt insbesondere bei Typenbezeichnungen und Abkürzungen in Betracht. Existieren mehrere Bedeutungsgehalte eines Buchstaben- oder Zahlzeichens, steht dies der Annahme eines beschreibenden Charakters i. S. d. § 8 Abs. 2 Nr. 2 nicht entgegen, wenn die angesprochenen Verkehrskreise jedenfalls eine mögliche Bedeutung im Sinne einer sachbezogenen Aussage verstehen.[699] Eine andere Beurteilung kommt in Betracht, wenn ein Buchstaben- oder Zahlzeichen nicht ohne konkretisierenden Zusammenhang in beschreibendem Sinne verstanden wird.[700] Bei Einzelbuchstaben konnte nach früherer Rechtsprechung des BPatG ein Freihalteinteresse zumeist nur bei einer ausreichen- **155**

---

691 BGH, WRP 1996, 1042 = GRUR 1996, 770 – MEGA.
692 BGH, WRP 1999, 1167, 1168 = GRUR 1999, 1089, 1090 – YES; WRP 1999, 1169, 1172 = GRUR 1999, 1093, 1095 – FOR YOU; WRP 1999, 1173 f. = GRUR 1999, 1096 f. – ABSOLUT.
693 BPatG, GRUR 1998, 51.
694 BPatGE 22, 84.
695 BPatGE 26, 176.
696 BPatG, Mitt. 1979, 88, 89; vgl. a. BGH, GRUR 2002, 261, 262 – AC; HABM – BK, ABl. HABM 1998, 1044 – XTRA.
697 BPatG, Beschl. v. 22.2.2000 – 27 W (pat) 88/99.
698 BGH, WRP 2003, 517, 518 = GRUR 2003, 343, 344 – Buchstabe „Z“.
699 BGH, WRP 2005, 217, 219 = GRUR 2005, 257, 258 – Bürogebäude; BPatG, GRUR-RR 2010, 242, 243 – ID.
700 BPatG, GRUR 2003, 347, 348 – Buchstabe „E“; BPatGE 40, 85 – CT; BPatG, Beschl. v. 17.4.2002 – 28 W (pat) 66/01 – ATR; nicht eintragbar *XXL* als allgemeine Größenangabe aller Branchen – BPatG, Beschl. v. 8.12.1997 – 30 W (pat) 18/97 und BPatG, Beschl. v. 7.6.2000 – 26 W (pat) 159/99; BPatGE 38, 182 – MAC; BPatG, GRUR 1998, 731 – DSS; BPatG, Beschl. v.

den Stilisierung des Buchstabens verneint werden.[701] Der BGH bejahte demgegenüber ein Freihalteinteresse nur, wenn der konkrete Buchstabe einen *im Vordergrund stehenden beschreibenden Charakter* im Hinblick auf die beanspruchten Waren oder Dienstleistungen hat.[702] Abweichend von dieser Rechtsprechung ist nach heutigem Verständnis ein Allgemeininteresse an der Freihaltung von Buchstaben oder Buchstabenkombinationen immer dann zu bejahen, wenn ein Buchstabe (bzw. eine Buchstabenkombination) *in einer seiner möglichen Bedeutungen* von den beteiligten Verkehrskreisen als beschreibende Angabe verstanden werden kann.[703] Bei Einzelbuchstaben ist darüber hinaus zu berücksichtigen, dass die Verfügbarkeit derartiger Zeichen angesichts der begrenzten Anzahl der Buchstaben im Alphabet mit besonderer Sorgfalt zu prüfen ist. Dementsprechend haben auch die Beschwerdekammern beim Harmonisierungsamt in zahlreichen Fällen einzelnen Buchstaben – auch mit gewisser grafischer Ausgestaltung – die Eintragung versagt.[704] Freihaltebedürftig sind Einzelbuchstaben auch in Fällen der Verbindung mit Wörtern oder Zahlen, wenn der Buchstabe vom Verkehr im Sinne eines Wortes verstanden wird (z. B. „4" für „for") und die auf diese Weise gebildete Kombination beschreibend ist.[705]

156 Einen Sonderfall stellen die in der jüngeren Rechtsprechung wiederholt diskutierten Fälle von Zeichen dar, die aus mehreren Wortbestandteilen sowie einer Buchstabenkombination besteht, wobei sich Letztere aus den Anfangsbuchstaben der Wortbestandteile zusammensetzt. Auch wenn die Abkürzung als solche für sich genommen vom Verkehr nicht in beschreibendem Sinne verstanden wird, liegt aus Sicht des BPatG die Annahme eines beschreibenden Charakters nahe, da sich die Kombination beschreibender Angaben und die hinzugefügte Abkürzung gegenseitig in beschreibendem Sinne zu erläutern geeignet seien. Die bisherige Spruchpraxis war uneinheitlich (zurückgewiesen *TRM Tenat Relocation Management*;[706] eingetragen hingegen *CLIMA Climate Life Investment Management Advisor*).[707] Das BPatG hat die Frage der Schutzfähigkeit derart gebildeter Marken nun im Wege der Vorabentscheidung dem EuGH vorgelegt.[708]

157 *Zahlen* sind nicht schon aufgrund der ihnen wesensmäßig allgemein zuzusprechenden abstrakten Eignung, als Bezeichnung von Mengenangaben zu dienen, freizuhalten.[709] Der Ausschlussgrund des § 8 Abs. 2 Nr. 2 greift daher nur ein, wenn für eine Zahl oder ein Zahlwort die konkrete Möglichkeit einer für den Verkehr sinnvollen Verwendung im Hinblick auf die beanspruchten Waren besteht[710] oder dies zukünftig vernünftigerweise zu er-

---

16.2.1998 – 30 W (pat) 310/96 – MCS; BPatG, Beschl. v. 8.12.1997 – 30 W (pat) 75/97 – SCM; nicht eintragbar ferner *TDI* als Abkürzung für „Turbo Diesel Injection", EuG, GRUR-RR 2004, 239 – TDI; MarkenR 2011, 353, 354 Tz. 18 – TDI.

701 BPatGE 39, 140, 143 – M; vgl. a. BPatGE 38, 116 – L; BPatG, GRUR 1998, 10 – K; BPatG, Beschl. v. 20.5.1999 – 25 W (pat) 67/96 – P.

702 BGH, WRP 2001, 33, 34 = GRUR 2001, 161, 162 – Buchstabe „K".

703 BPatG, BeckRS 2011, 26895 – B & P.

704 Vgl. HABM, GRUR 2007, 429 – Einzelbuchstabe „E" mit zahlreichen Nachweisen aus der Spruchpraxis des HABM, s. dort Tz. 31 f.

705 Vgl. BPatG, BeckRS 2009, 01985 – IPO 4 U.

706 BPatG, MarkenR 2007, 519.

707 BPatG, BeckRS 2009, 102.

708 BPatG, GRUR 2011, 524 – NAI der Natur-Aktien-Index; BPatG, GRUR 2011, 527 – Multi Markets Fund MMF.

709 BGH, GRUR 1997, 366, 367 – quattro II.

710 BGH, GRUR 1997, 366, 367 – quattro II.

warten ist.[711] So hat das BPatG die Grundzahlen *1* und *6* auch ohne besondere grafische Ausgestaltung für schutzfähig gehalten, da im Bereich der Tabakwaren reine Zahlzeichen für die Angabe von Stückzahlen, Maßen und sonstigen Daten im Allgemeinen nicht benötigt würden.[712] Ein Freihalteinteresse besteht auch nicht im Hinblick auf das ausgeschriebene Zahlwort *FÜNFER* als schlagwortartigem und werbewirksam abgekürztem Hinweis.[713] Als beschreibend hat das BPatG dagegen die Zahl *128* angesehen, bei der es verschiedene Möglichkeiten der Beschreibung von Merkmalen im Bereich der elektronischen Datenverarbeitung ermittelte.[714] Hinsichtlich der Zahl *20* wies das BPatG auf die Notwendigkeit des umfänglichen Einsatzes von Zahlencodes für die beanspruchten Waren hin, die als Ordnungssystem ungehindert verwendet werden können müssten.[715] Beschreibend ist ferner auch die häufig benutzte Zahl „24" als Angabe für eine rund um die Uhr bestehende Verfügbarkeit der so gekennzeichneten Waren oder Dienstleistungen.[716] Der für Kraftfahrzeuge sowie deren Teile angemeldeten Marke *4* versagte das BPatG im Hinblick auf die überragende Bedeutung von Zahlen, die auf dem Kfz-Sektor für eine Vielzahl von Funktionen Verwendung fänden, die Eintragung.[717] Kein Allgemeininteresse an der Freihaltung sah das BPatG hingegen bei der Zahl *9000*.[718] Eine gewisse Zurückhaltung hinsichtlich der Freigabe von Zahlzeichen wird jedoch in einer jüngeren Entscheidung des EuGH zur Zahl *1000* erkennbar.[719]

Auf Kombinationen von Buchstaben und Zahlen lassen sich die dargestellten Grundsätze zur Eintragbarkeit von Buchstaben- und Zahlmarken entsprechend anwenden.[720] Als beschreibend wurde *RISC 86* für die Ware Computer beurteilt, da *RISC* als Abkürzung für einen bestimmten Rechner und *86* als Hinweis auf eine Prozessorenfamilie verstanden werde.[721] Auch *V 5* hielt das BPatG wegen des eindeutigen Sinngehaltes der Abkürzung für schutzunfähig.[722] Ein beschreibender Charakter lässt sich hingegen nicht bei willkürlich gebildeten Kombinationen aus Buchstaben und Zahlen feststellen, wenn sie vom Verkehr weder als beschreibender Hinweis noch als konkrete Abkürzung beschreibender Angaben verstanden werden.[723]

158

---

711 EuGH, MarkenR 2011, 112, 116 f. Tz. 50–1000.

712 BPatG, GRUR 1999, 1086, 1087 – Zahl „1"; GRUR 1999, 1088 – Zahl „6"; vgl. a. BGH, GRUR 1995, 732, 734 – Füllkörper.

713 BGH, WRP 2000, 95, 97 = GRUR 2000, 231, 232 – FÜNFER; vgl. a. BPatG, Beschl. v. 26.7.2000 – 26 W (pat) 38/00 – DREI; BPatG, GRUR 1993, 45, 47 – 11er.

714 BPatG, GRUR 2000, 330 – Zahl 128.

715 BPatG, Beschl. v. 26.2.2003 – 28 W (pat) 106/02 – 20.

716 BPatG, Beschl. v. 14.7.2004 – 25 W (pat) 280/01 – alarm24.

717 BPatG, Beschl. v. 1.10.2003 – 28 W (pat) 65/03 – 4.

718 BPatG, GRUR 1998, 572 – 9000.

719 EuGH, MarkenR 2011, 112 – 1000.

720 Einen offensichtlichen Fall eines beschreibenden Charakters beschreibt die Entscheidung EuG, BeckRS 2011, 80304 – AK 47.

721 BPatG, Beschl. v. 14.8.1997 – 30 W (pat) 137/95; zum beschreibenden Charakter von Kombinationen mit der Zahl 24 vgl. BPatG, Beschl. v. 14.7.2004 – 25 W (pat) 280/01 – alarm24.

722 BPatG, Beschl. v. 24.10.2000 – 28 W (pat) 169/99.

723 BPatG, GRUR 1998, 404 – A3; BPatG, Beschl. v. 21.7.1997 – 30 W (pat) 140/96 – P20; BlPMZ 1998, 478 – C1.

jj) Bildmarken

159 Das Schutzhindernis des § 8 Abs. 2 Nr. 2 ist bei Bildmarken angesichts der nahezu unbegrenzten Möglichkeiten bildlicher Wiedergaben zurückhaltend zu beurteilen. Es wird zumeist nur bei einfachen Motiven wie Piktogrammen[724] in Betracht kommen, da hier eine beschreibende Aussage in aller Regel erkennbar sein wird. Maßgebend ist immer, ob das jeweilige Zeichen *ausschließlich* im Sinne einer beschreibenden Sachangabe verstanden wird.[725]

160 Im Mittelpunkt der Spruchpraxis zum Freihaltebedürfnis an Bildmarken stehen die eigentlich problematischen Fälle der bildlichen oder naturgetreuen – nicht notwendig fotografisch genauen – Wiedergabe der beanspruchten Waren selbst. Grundsätzlich können derartige Zeichen bei Vorliegen eines hinreichenden grafischen Überschusses schutzfähig sein.[726] Die Fälle, in denen schon die bildliche Wiedergabe einen grafischen Überschuss aufweist, spielen in der Praxis allerdings eine nur untergeordnete Rolle. Im Mittelpunkt stehen die Fälle der naturgetreuen Wiedergabe der beanspruchten Waren *ohne* grafischen Überschuss. Diese Fallgruppe wird im Rahmen der nachfolgenden Anmerkungen zu dreidimensionalen Marken behandelt.[727]

kk) Dreidimensionale Marken

161 Bei dreidimensionalen Marken (die die bisherige Spruchpraxis ganz überwiegend unter dem Gesichtspunkt der Unterscheidungskraft prüft) stellt sich die Frage des Allgemeininteresses an einer Freihaltung insbesondere dann, wenn sich die Marke in der Darstellung der beanspruchten Ware abschließend erschöpft. Dies ist regelmäßig der Fall, wenn das Zeichen lediglich die äußere Gestaltung der beanspruchten Ware beschreibt, was bei dreidimensionalen Warenform- und Verpackungsmarken regelmäßig gegeben ist, da sich derartige Marken naturgemäß in der Beschreibung der äußeren Gestaltung der beanspruchten Ware oder Verpackung beschränken. Derartige Gestaltungen sollen im Grundsatz nicht einem Unternehmen vorbehalten bleiben, sondern frei verwendet werden können. Insoweit besteht ein besonderes Interesse der Allgemeinheit daran, dass derartige Gestaltungen frei verwendet werden können.[728]

162 Angesichts der grundsätzlich immer einschlägigen beschreibenden Funktion einer Warenform- bzw. Verpackungsmarke wird – wie bei der Prüfung der Unterscheidungskraft (s. Rn. 76 ff.) – auch bei der Prüfung des Allgemeininteresses an der Freihaltung der beanspruchten Form das Schutzhindernis des § 8 Abs. 2 Nr. 2 dann ausscheiden können, wenn die beanspruchte Form hinreichend deutlich („erheblich") vom branchenüblichen For-

---

724 BPatGE 18, 90; nicht freihaltebedürftig aber BPatG, GRUR 1987, 826, 827 – Einfache geometrische Form.

725 Dies hat das BPatG etwa hinsichtlich des naturgetreu wiedergegebenen ehemaligen DDR-Staatswappens bejaht, vgl. BPatG, GRUR-RR 2009, 19.

726 BGH, GRUR 1995, 732 – Füllkörper; WRP 1997, 755 = GRUR 1997, 527 – Autofelge.

727 Für die Anwendung gleicher Beurteilungsgrundsätze für Warenform-Bildmarken und dreidimensionale Warenformmarken vgl. EuGH, WRP 2002, 924, 931 Tz. 74 = GRUR 2002, 804, 809 – Philips/Remington.

728 BGH, GRUR 2006, 679, 681 f. Tz. 20 – Porsche Boxster; GRUR 2007, 973, 974 Tz. 12 ff. – Rado-Uhr III; GRUR 2008, 1000, 1001 Tz. 16 ff. – Käse in Blütenform II; WRP 2010, 260, 263 Tz. 29. = GRUR 2010, 138, 140 – ROCHER-Kugel.

menschatz abweicht und auch keine Anhaltspunkte dafür ersichtlich sind, dass sich die beanspruchte Form in Zukunft zu einer von den Mitbewerbern als solcher benötigten Waren- oder Verpackungsform entwickeln wird.[729] Das Allgemeininteresse an der Freihaltung wird demnach regelmäßig fehlen, wenn sich die beanspruchte Form innerhalb einer auf dem relevanten Warensektor üblichen Formvielfalt bewegt und die Möglichkeiten, die Produktgestaltung im Interesse einer Individualisierung zu variieren, beschränkt sind.[730] Grundformen oder „Archetypen" einer Warenform wird demnach ausnahmslos das Schutzhindernis des § 8 Abs. 2 Nr. 2 entgegenstehen. Immer muss sich die beanspruchte Form deutlich aus dem vorhandenen Formenschatz auf dem einschlägigen Warensektor herausheben.[731] Derartiges kommt insbesondere in Betracht, wenn auf dem einschlägigen Warensektor eine große Zahl von Gestaltungsmöglichkeiten besteht und die beanspruchte Form nicht zu den auf dem Warengebiet üblichen Gestaltungen gehört.[732] Auch wenn sich eine beanspruchte Ware aus – für sich genommen – bekannten Formelementen zusammensetzt, kann sich die beanspruchte Kombination dieser Formelemente noch hinreichend deutlich von den auf dem Warengebiet üblichen Formgestaltungen abheben.[733] Im Übrigen dürfte ein im Rahmen der Unterscheidungskraft bejahtes erhebliches Abweichen vom vorhandenen Formenschatz zugleich auch gegen ein Allgemeininteresse an der Freihaltung der beanspruchten Form sprechen.[734] Auf die diesbezügliche Kommentierung wird insoweit verwiesen (s. Rn. 78 f.).

ll) Farbmarken

Das Allgemeininteresse an der freien Verfügbarkeit von Farben für andere Wirtschaftsteilnehmer wird nach ständiger Spruchpraxis[735] bereits im Rahmen der Prüfung des Schutzhindernisses mangelnder Unterscheidungskraft berücksichtigt. Im Regelfall lässt die Rechtsprechung – soweit sie eine originäre Unterscheidungskraft verneint – die Prüfung des Schutzhindernisses des § 8 Abs. 2 Nr. 2 dahingestellt, wobei sie vereinzelt kursorisch und ohne nähere Begründung darauf hinweist, dass auch das Schutzhindernis des § 8 Abs. 2 Nr. 2 zu bejahen sei. **163**

Die Notwendigkeit eines weitgehenden Allgemeininteresses an der Freihaltung von konturlosen Farben und Farbkombinationen wird verbreitet damit begründet, dass die geringe Zahl tatsächlich verfügbarer Farben zur Folge habe, dass mit der Gewährung markenrechtlichen Schutzes der Bestand an verfügbaren Farben schnell und ungerechtfertigt erschöpft werden könne.[736] Diese Auffassung befriedigt in ihrer Allgemeinheit nicht ohne Weiteres. Sie berücksichtigt weder, dass es beim Farbmarkenschutz keineswegs nur um die Frage der Monopolisierung von *Grundfarben*, sondern zumeist um ganz spezielle Farbnuancen geht. **164**

---

729 BPatG, BeckRS 2008, 01879 – Form einer Weinflasche.
730 BGH, WRP 2004, 752, 754 f. = GRUR 2004, 502, 505 – Gabelstapler II; BPatG, MarkenR 2009, 461, 462 – Bleistift mit Kappe; GRUR 2010, 338, 340 – Etikett.
731 BPatG, GRUR 2010, 338, 340 – Etikett.
732 BPatG, MarkenR 2009, 461, 464 – Bleistift mit Kappe.
733 BGH, GRUR 2007, 973, 974 Tz. 15 – Rado-Uhr III.
734 Zw. daher BGH, GRUR 2006, 679, 681 Tz. 20 f. – Porsche Boxster.
735 EuGH, WRP 2003, 735, 738 Tz. 60 = GRUR 2003, 604, 607 – Libertel; GRUR 2004, 858, 859 Tz. 41 – Heidelberger Bauchemie GmbH, BGH, GRUR 2010, 637, 638 – Farbe Gelb.
736 EuGH, WRP 2003, 735, 739 Tz. 54 f. = GRUR 2003, 604, 607 – Libertel; ebenso BPatG, MarkenR 2005, 455, 459 – grün/gelb 2.

Zu berücksichtigen ist ferner, dass jährlich Hunderte von neuen Farben entwickelt werden.[737] Von einem begrenzten Vorrat von Farben kann demnach nicht ohne Weiteres gesprochen werden.

165 Ein Allgemeininteresse an der Freihaltung konkreter konturloser Farben oder Farbkombinationen lässt sich richtigerweise immer dann annehmen, wenn sich der konkret beanspruchten Farbe oder Farbkombination im Hinblick auf die beanspruchten Waren oder Dienstleistungen ein beschreibender Bedeutungsgehalt zuordnen lässt, insbesondere wenn die beanspruchte Ware selbst von Natur aus den betreffenden Farbton aufweist[738] oder der Farbton zur Beschreibung der beanspruchten Waren oder Dienstleistungen bzw. ihrer Merkmale geeignet ist.[739] Zu prüfen sind in diesem Zusammenhang insbesondere ästhetische, dekor-, material-, sicherheits- oder funktionsbedingte Gesichtspunkte.[740] Die Frage des Allgemeininteresses an der Freihaltung einer abstrakten Farbe oder Farbkombination hängt schließlich von den Gebrauchsüblichkeiten und Gewohnheiten auf dem konkret betroffenen Waren-/Dienstleistungsgebiet ab. Liegt danach die Annahme nahe, dass eine Farbe oder Farbkombination bereits Gegenstand zahlreicher Verwendungen auf dem einschlägigen Waren-/Dienstleistungsgebiet ist, ist neben fehlender Unterscheidungskraft zumeist auch das Schutzhindernis des § 8 Abs. 2 Nr. 2 gegeben.

166 Für die Bejahung eines Allgemeininteresses an der Freihaltung einer abstrakten Farbe oder Farbkombination genügt es, wenn der beschreibende Sachbezug einer Farbe oder Farbkombination nur eine unter mehreren möglichen Bedeutungen darstellt. Besonders nahe liegend ist ein Allgemeininteresse an der Freihaltung von *Grundfarben*, wobei in der Praxis aber von den Grundfarben abweichende Farbnuancen im Mittelpunkt stehen. Beispiele für ein Allgemeininteresse an der Freihaltung sind im Lebensmittelbereich die Farbe *Gelb* für Zitronengeschmack[741] oder die Farbe *Braun* für Schokolade, in anderen Bereichen etwa die Farbe *Rot* für Feuerlöscher, die Farbe *Grün* für Waren des Jagdbedarfs oder die Farbe *Silber* für Bestecke.

mm) Sonstige Markenformen

167 Bei *Hörmarken* ist die Bejahung eines Allgemeininteresses an der Freihaltung insbesondere bei sachbezogenen Geräuschen angezeigt, die eine Ware oder Dienstleistung unmittelbar betreffen, wie beispielsweise ein typisches Kfz-Motorengeräusch im Hinblick auf die Ware „Kraftfahrzeuge" oder die Dienstleistungen einer Reparaturwerkstatt.[742] Bei *Positionsmarken* lässt sich das Schutzhindernis des § 8 Abs. 2 Nr. 2 nur bejahen, wenn das auf einem bestimmten Teil einer Ware in stets gleich bleibender Positionierung befindliche Element technisch-funktional bedingt oder gebrauchsüblich ist.[743] Entsprechend der jünge-

---

737 Vgl. *Sekretaruk*, S. 60.

738 BPatG, GRUR 2005, 585, 588 – Farbmarke gelb.

739 BPatG, GRUR 2005, 585, 588 – Farbmarke gelb; GRUR 2004, 870, 873 – zweifarbige Kombination Grün/Gelb; GRUR 2003, 149, 152 – abstrakte Farbmarke magenta/grau II; vgl. a. BGH, WRP 2001, 1198, 1199 = GRUR 2001, 1154, 1155 – Farbmarke violettfarben.

740 BPatG, GRUR 2009, 164, 167 – Farbmarke Gelb – Rot.

741 BPatG, GRUR 2005, 585, 588 – Farbmarke gelb.

742 *Ströbele*, GRUR 1999, 1041, 1045.

743 Vgl. BPatG, GRUR 1998, 390 – Roter Streifen im Schuhabsatz; vgl. a. BPatG, GRUR 1998, 819 – Jeanstasche mit Ausrufezeichen; BPatGE 40, 76 – Zick-Zack-Linie auf Turnschuh.

v. Schultz

ren Rechtsprechung zur Unterscheidungskraft von Positionsmarken kommt auch bei der Prüfung eines Allgemeininteresses an der Freihaltung die Notwendigkeit eines *erheblichen Abweichens* von der Norm- oder Branchenüblichkeit in Betracht.[744] Bei *Geruchsmarken* stellt sich die Frage eines beschreibenden Charakters in erster Linie bei produktspezifischen oder -typischen Gerüchen. Die derzeitige Rechtsprechung zu Geruchsmarken konzentriert sich in Deutschland wie auch auf Gemeinschaftsebene allerdings auf die Frage der grafischen Darstellbarkeit.[745] Entsprechendes gilt für Tastmarken und Bewegungsmarken.

e) Bindung an in- und ausländische Voreintragungen

Nach jüngster Rechtsprechung findet eine Bindung an identische und ähnliche (in- und ausländische) Voreintragungen nicht statt.[746] Das DPMA kann im Anmeldeverfahren allerdings identische Voreintragungen (auch solche in anderen Mitgliedstaaten) indiziell berücksichtigen.[747] Eine wie auch immer geartete Bindungswirkung ist jedoch ausgeschlossen (zu den Einzelheiten s. Rn. 35 ff.). **168**

f) Gemeinschaftsmarkenrecht

Das Gemeinschaftsmarkenrecht enthält in Art. 7 Abs. 1 lit. c) GMV eine mit § 8 Abs. 2 Nr. 2 wortlautgleiche Bestimmung. Die Prüfungsrichtlinien des Harmonisierungsamts enthalten in Ziff. 8.4.1 und 8.4.2 verschiedene Beispiele für beschreibende Angaben. So sind z. B. die Wörter „Küche" und „Bad" rein beschreibende Bestimmungsangaben für Putzmittel und die Angabe „light" eine Beschreibung der Art von nikotinarmen Zigaretten. Die seitens des HABM, insbesondere der Beschwerdekammern, angewandten Rechtsgrundsätze bei der Prüfung des Freihaltebedürfnisses entsprechen bei Wortmarken weitgehend denen der deutschen Spruchpraxis; insbesondere ist auch das Gemeinschaftsrecht stark geprägt von der Rechtsprechung des EuGH, die bei der Auslegung des Art. 3 Abs. 1 lit. c) Markenrechtsrichtlinie einerseits und des Art. 7 Abs. 1 lit. c) GMV andererseits keine Unterschiede erkennen lässt.[748] Damit kann die zwischenzeitliche Liberalisierung der Eintragungspraxis von Gemeinschaftsmarken aufgrund der EuGH-Entscheidung *Baby-Dry*[749] als überholt betrachtet werden. Der EuGH hatte seinerzeit noch gemeint, dass unter das Schutzhindernis des Art. 7 Abs. 1 lit. c) GMV nur solche Angaben und Zeichen fallen, die im normalen Sprachgebrauch nach dem Verständnis des Verbrauchers die angemeldeten Waren oder Dienstleistungen entweder unmittelbar oder durch Hinweis auf eines ihrer wesentlichen Merkmale bezeichnen könnten. Nach inzwischen ständiger Rechtsprechung des EuGH greift das Schutzhindernis des Art. 7 Abs. 1 lit. c) GMV bei Wortzeichen ein, wenn das Zeichen zumindest in einer seiner möglichen Bedeutungen ein Merkmal der bean- **169**

---

744 BPatG, MarkenR 2009, 569, 570 f. – Schultütenspitze.

745 Vgl. nur EuGH, WRP 2003, 249 = GRUR 2003, 145 – Sieckmann.

746 EuGH, GRUR 2009, 667 – Bild.T-Online.de u. ZVS; BGH, GRUR 2011, 230 – SUPERgirl; BPatG, GRUR 2009, 1173 – Freizeit-Rätsel-Woche; MarkenR 2010, 145 – Linuxwerkstatt; GRUR 2010, 425 – Volksflat.

747 EuGH, a. a. O. Tz. 15.

748 EuGH, GRUR 2004, 146 – DOUBLEMINT; GRUR 2004, 680 – BIOMILD; GRUR Int. 2004, 500 – POSTKANTOOR.

749 WRP 2001, 1276 = GRUR 2001, 1145.

spruchten Waren oder Dienstleistungen bezeichnet.[750] Bei Marken, die in der Kombination von Bestandteilen bestehen, von denen jeder Merkmale der beanspruchten Waren oder Dienstleistungen beschreibt, ist auch im Hinblick auf Art. 7 Abs. 1 lit. c) GMV anerkannt, dass die bloße Aneinanderreihung solcher Bestandteile nicht genügt, um einer derart gebildeten Wortschöpfung den beschreibenden Charakter zu nehmen. Vielmehr ist insoweit Voraussetzung, dass die Wortschöpfung aufgrund der Ungewöhnlichkeit der Kombination in Bezug auf die beanspruchten Waren oder Dienstleistungen einen Eindruck erweckt, der hinreichend weit von dem abweicht, der bei bloßer Zusammenfügung der ihren Bestandteilen zu entnehmenden Angaben entsteht.[751]

170 Bei geografischen Bezeichnungen gilt – unter Berücksichtigung der *Chiemsee*-Entscheidung –,[752] dass eine beschreibende Angabe i. S. d. § 7 Abs. 1 lit. c) GMV nicht vorliegt, wenn die geografische Bezeichnung den beteiligten Verkehrskreisen nicht oder zumindest nicht als Bezeichnung eines geografischen Ortes bekannt ist und wenn es ferner wegen der Eigenschaften des bezeichneten Ortes auch nur wenig wahrscheinlich ist, dass die beteiligten Verkehrskreise annehmen könnten, dass die beanspruchten Waren oder Dienstleistungen von diesem Ort stammen könnten.[753] Die Prüfung des beschreibenden Charakters von Buchstabenzeichen richtet sich nach den allgemeinen Grundsätzen.[754]

171 Die gesamte veröffentlichte Rechtsprechung des EuGH wie auch des EuG und des HABM zur markenrechtlichen Schutzfähigkeit *dreidimensionaler Warenform- und Verpackungsmarken* beschäftigt sich – soweit ersichtlich – in erster Linie mit der Frage der konkreten Unterscheidungseignung.[755] Entsprechendes gilt für Farbmarken.[756] Allerdings bestand in den entschiedenen Fällen auch keinerlei Veranlassung zur Prüfung des Schutzhindernisses des § 7 Abs. 1 lit. c) GMV, da bereits das Fehlen der Unterscheidungskraft bejaht worden war. Verneint hat das HABM ein Freihaltebedürfnis jedoch in der Entscheidung LIGHT

---

750 EuGH, GRUR 2004, 674, 676 Tz. 57 f. – POSTKANTOOR; GRUR 2004, 680, 681 Tz. 42 – BIOMILD; GRUR 2004, 146, 148 Tz. 33 – DOUBLEMINT; MarkenR 2008, 160, 162 – HAIR-TRANSFER.

751 EuGH, GRUR 2004, 674, 678 Tz. 98 – POSTKANTOOR; GRUR 2004, 680, 681 Tz. 39 – BIOMILD; GRUR 2010, 931, 932 Tz. 61 – COLOR EDITION; Urt. v. 8.6.2005 – T-315/03 Tz. 63 – ROCKBASS; vgl. a. EuG, WRP 2002, 510, 512 Tz. 29 = GRUR Int. 2002, 747, 748 – CARCARD; GRUR Int. 2004, 324, 325 Tz. 39 – ROBOTUNITS.

752 EuGH, WRP 1999, 629 = GRUR 1999, 723.

753 EuG, GRUR 2004, 148, 149 Tz. 33 – OLDENBURGER; EuG, Urt. v. 25.10.2005 – T 379/03, Tz. 34 ff. – Cloppenburg.

754 Bejaht hinsichtlich der Wortmarke *TDI*, HABM, GRUR-RR 2004, 239; vgl. a. EuG, BeckRS 2011, 80304 – AK 47; GRUR-RR 2011, 258; HABM, GRUR 2007, 429 – Einzelbuchstabe „E".

755 Vgl. nur EuGH, MarkenR 2009, 108 – Gondelverkleidung; GRUR 2006, 233 – Standbeutel; GRUR Int. 2006, 842 – Storck ./. HABM – Form eines Bonbons II; GRUR Int. 2006, 846 – Storck ./. HABM – Bonbonverpackung; MarkenR 2005, 311 – Form einer Bierflasche; MarkenR 2004, 461 – Mag Lite; WRP 2004, 722 = GRUR Int. 2004, 631 – dreidimensionale Tablettenform I; GRUR Int. 2004, 635 – dreidimensionale Tablettenform II; GRUR Int. 2004, 639 – dreidimensionale Tablettenform III; GRUR Int. 2005, 425 – Spülmittelflasche; GRUR Int. 2005, 329 – Frischpack; GRUR Int. 2003, 944 – Zigarrenform; EuG, MarkenR 2003, 162 – Kühlergrill; GRUR 2011, 425 – Goldhase; HABM, GRUR 2004, 1033 – Smart-Turm.

756 EuGH, GRUR Int. 2005, 227 – Farbe Orange; EuG, GRUR Int. 2003, 836 – Farbkombination Orange-Grau; GRUR Int. 2003, 59 – Grau und Grün; HABM, GRUR 2005, 598 – Rot/Blau im Streifenformat.

GREEN.[757] Zu beachten sind schließlich auch im Gemeinschaftsmarkenrecht die Grundsätze der zur Auslegung der Markenrechtslinie ergangenen Rechtsprechung des EuGH.[758]

3. Üblich gewordene Zeichen (§ 8 Abs. 2 Nr. 3)

Nach § 8 Abs. 2 Nr. 3 sind Zeichen oder Angaben, die im allgemeinen Sprachgebrauch   **172** oder in den redlichen und ständigen Verkehrsgepflogenheiten zur Bezeichnung der Waren oder Dienstleistungen üblich geworden sind, von der Eintragung als Marke ausgeschlossen. Nach Auffassung des BGH erschöpft sich die Bedeutung der Bestimmung darin, allgemein sprachgebräuchliche oder verkehrsübliche Bezeichnungen für die jeweils in Frage stehenden Waren oder Dienstleistungen von der Eintragung auszuschließen.[759] Dabei handelt es sich zum einen um ursprünglich unterscheidungskräftige *Freizeichen*, die von mehreren Unternehmen zur Bezeichnung bestimmter Waren verwendet werden und deshalb vom Verkehr nicht mehr als kennzeichnend verstanden werden,[760] und zum anderen um *Gattungsbezeichnungen*, die angesichts ihres beschreibenden Gehalts von der Eintragung als Marke ausgeschlossen sind.[761] Bei Gattungsbezeichnungen werden zumeist auch die Schutzversagungsgründe des § 8 Abs. 2 Nr. 1 und 2 vorliegen. Vom Schutzhindernis des § 8 Abs. 2 Nr. 3 werden schließlich auch noch verkehrsübliche Angaben wie z.B. Werbeschlagworte,[762] allgemeine Qualitätshinweise und Kaufaufforderungen erfasst. Ein *beschreibender* Sinngehalt ist insoweit nicht erforderlich; wohl aber muss die betreffende Angabe für die konkret beanspruchten Waren oder Dienstleistungen üblich geworden sein. Der Erwerb von Verkehrsüblichkeit für andere als die beanspruchten Waren oder Dienstleistungen begründet ein Schutzhindernis i.S.d. § 8 Abs. 2 Nr. 3 nicht. Der tatsächliche Anwendungsbereich der Bestimmung ist somit eher gering.[763]

Die Richtigkeit der Auffassung des BGH hat der EuGH in einer Entscheidung aus dem Jahre 2001 bestätigt.[764] Art. 3 Abs. 1 lit. d) Markenrechtsrichtlinie stehe der Eintragung einer   **173** Marke nur entgegen, wenn die Zeichen oder Angaben, aus denen die Marke ausschließlich bestehe, im allgemeinen Sprachgebrauch oder in den redlichen und ständigen Verkehrsgepflogenheiten zur *Bezeichnung* der beanspruchten Waren oder Dienstleistungen üblich geworden seien.[765] Auf einen konkret *beschreibenden* Charakter komme es nicht an.

Im Gemeinschaftsmarkenrecht findet § 8 Abs. 2 Nr. 3 seine Entsprechung in Art. 7 Abs. 1   **174** lit. d) GMV. Nach Ziff. 8.5. der Prüfungsrichtlinien ist Art. 7 Abs. 1 lit. d) GMV in dem

---

757 HABM, MarkenR 1999, 108, 111 Tz. 27; ebenso HABM, GRUR 2005, 598, 599 Tz. 21 – Rot/ Blau im Streifenformat.

758 EuGH, WRP 2003, 735 = GRUR 2003, 604 – Libertel; GRUR 2004, 858 – Heidelberger Bauchemie GmbH.

759 BGH, WRP 1998, 492, 495 = GRUR 1998, 465, 468 – BONUS; GRUR 1999, 988, 990 – HOUSE OF BLUES.

760 Vgl. BGH, WRP 2005, 889, 893 = GRUR 2005, 578, 580 – LOKMAUS.

761 BGH, WRP 1999, 1167, 1168 = GRUR 1999, 1089, 1090 – YES; WRP 1999, 1169, 1172 = GRUR 1999, 1093, 1095 – FOR YOU; WRP 1999, 1173 = GRUR 1999, 1096 – ABSOLUT.

762 Einschließlich fremdsprachiger Grußformeln, vgl. BPatG, BeckRS 2011, 04790 – BONSOIR.

763 Anders noch die frühere Spruchpraxis des BPatG, vgl. z.B. BPatG, GRUR 1999, 170, 171 – ADVANTAGE; GRUR 1997, 279, 280 – FOR YOU; GRUR 1997, 642 – YES; GRUR 1996, 411 – Avanti; GRUR 1996, 978 – Ciao; GRUR 1996, 355 – Benvenuto; GRUR 1995, 737 – Bonus.

764 EuGH, MarkenR 2001, 403 – Bravo.

765 EuGH, a.a.O., 406, Tz. 31.

Sinne zu verstehen, dass eine Marke nicht ausschließlich aus Zeichen oder Angaben bestehen darf, die im allgemeinen Sprachgebrauch oder in den redlichen und ständigen Verkehrsgepflogenheiten der Branche, auf die sich die Marke bezieht, üblich geworden sind. Dabei ist es ohne Bedeutung, ob es sich dabei um Werbeschlagworte, Qualitätshinweise oder Aufforderungen zum Kauf der beanspruchten Waren oder Dienstleistungen handelt. Allerdings ist die Eintragung einer Gemeinschaftsmarke, die aus Zeichen oder Angaben besteht, die sonst als Werbeschlagworte, Qualitätshinweise oder Aufforderungen zum Kauf der beanspruchten Waren oder Dienstleistungen verwendet werden, nicht schon wegen einer derartigen Verwendung als solcher ausgeschlossen. Vielmehr ist zu prüfen, ob solche Zeichen oder Angaben im allgemeinen Sprachgebrauch oder in den redlichen und ständigen Verkehrsgeflogenheiten zur Bezeichnung der konkret beanspruchten Waren oder Dienstleistungen üblich geworden sind.[766]

4. Täuschende Zeichen (§ 8 Abs. 2 Nr. 4)

a) Allgemeines

175 § 8 Abs. 2 Nr. 4 verbietet die Eintragung täuschender Zeichen als Marken. Sinn und Zweck der Regelung ist es, zu verhindern, dass Marken eingetragen werden, die geeignet sind, beim Publikum Irreführungen über die Art, die Beschaffenheit oder die geografische Herkunft der beanspruchten Waren oder Dienstleistungen hervorzurufen. Nach § 37 Abs. 3 findet das Eintragungshindernis des § 8 Abs. 2 Nr. 4 im Eintragungsverfahren allerdings nur auf Marken Anwendung, deren Eignung zur Täuschung *ersichtlich* ist. Im Löschungsverfahren nach §§ 50 Abs. 1 Nr. 3, 54 gilt die Einschränkung des § 37 Abs. 3 hingegen nicht, so dass auch hier *nicht ersichtliche* Täuschungen zur Löschung einer Marke führen können.[767]

b) Unrichtigkeit der Marke

176 Die Gefahr der Irreführung setzt voraus, dass die Marke als solche bzw. einzelne Bestandteile der Marke eine oder mehrere unrichtige Informationen enthält und damit zur Täuschung des Publikums geeignet ist. Die Unrichtigkeit kann sich auf sämtliche wertbestimmenden Eigenschaften der beanspruchten Waren oder Dienstleistungen beziehen. Unter den Begriff der *wertbestimmenden Eigenschaften* fallen neben der in § 8 Abs. 2 Nr. 4 ausdrücklich erwähnten *Art*, der *Beschaffenheit* und der *geografischen Herkunft* sämtliche Eigenschaften der beanspruchten Waren oder Dienstleistungen sowie alle tatsächlichen Verhältnisse, die sich auf die konkret beanspruchten Waren oder Dienstleistungen oder das Unternehmen des Markenanmelders beziehen. Bei der Beurteilung der Irreführungsgefahr ist ausschließlich auf die Marke als solche abzustellen. Eine mögliche spätere irreführende *Benutzung* einer ihrer Natur nach nicht zur Irreführung geeigneten Marke ist im Eintragungsverfahren unbeachtlich;[768] sie kann aber einen Verstoß gegen § 5 UWG begründen.

---

766 EuG, GRUR Int. 2007, 751, 752 Tz. 36 f., 39 f. – BSS; GRUR 2006, 498, 499 f. Tz. 51 – WEISSE SEITEN; GRUR-RR 2011, 258 Tz. 26 – 5 HTP.
767 BPatG, GRUR-RR 2009, 131, 135 – DRSB Deutsche Volksbank.
768 BGH, WRP 2002, 455, 456 = GRUR 2002, 540, 541 – OMEPRAZOK; BPatG, MarkenR 2006, 85, 87 – Miss Cognac; GRUR-RR 2009, 131, 135 – DRSB Deutsche Volksbank.

Zur Beurteilung der Irreführungsgefahr können ergänzend Spezialgesetze herangezogen werden (z. B. § 17 Abs. 1 Nr. 5 LMBG, § 45 Abs. 3 WeinG); ein Verstoß gegen spezialgesetzliche Irreführungsverbote stellt immer auch einen Verstoß gegen § 8 Abs. 2 Nr. 4 dar. Bei anderen Verstößen gegen Spezialgesetze kommt eine Anwendung des § 8 Abs. 2 Nr. 9 in Betracht.[769]

c) Maßgebliche Auffassung des beteiligten Verkehrs

Die Gefahr einer Irreführung beurteilt sich nach der Auffassung der beteiligten Verkehrs- **177** kreise. Anders als in der früheren Rechtsprechung kommt es dabei nicht auf die Auffassung des flüchtigen und unkritischen, sondern des *durchschnittlich informierten, aufmerksamen und verständigen Durchschnittsverbrauchers* an, der aufgrund ausreichender Informationen in der Lage sein muss, seine Entscheidung auf dem Markt frei zu treffen.[770] Neben den Endabnehmern der beanspruchten Waren und Dienstleistungen sind auch die Hersteller und Händler der betreffenden Waren bzw. die Erbringer der beanspruchten Dienstleistungen zu berücksichtigen.[771] Nach der Rechtsprechung des EuGH muss nachweislich eine *erhebliche* Anzahl von Verbrauchern irregeführt werden können.[772] Einen Mindestanteil irregeführter Verbraucher hat die bisherige Spruchpraxis nicht benannt. Einigkeit besteht jedoch darüber, dass der Begriff des *erheblichen Teils* einen wesentlich größeren Anteil Irregeführter verlangt als die frühere deutsche Rechtsprechung, die bereits 10 % bis 15 % ausreichen ließ. Der Frage nach einer Definition des *erheblichen Teils* ist in der patentamtlichen Praxis indes nur von untergeordneter Bedeutung, weil die Einholung von Meinungsforschungsgutachten zur Ermittlung der Täuschungsgefahr das registerrechtliche Eintragungsverfahren überfordern würde.[773]

d) Verzeichnis der Waren und Dienstleistungen

Die Irreführungsgefahr ist immer und ausschließlich im Hinblick auf die konkret bean- **178** spruchten Waren oder Dienstleistungen zu beurteilen. Für die Beurteilung der Irreführungsgefahr unbeachtlich sind hingegen Umstände, die den Anmelder, Inhaber oder seinen Geschäftsbetrieb betreffen.[774] Aufgrund des konkreten Bezuges auf die beanspruchten Waren oder Dienstleistungen wird das Schutzhindernis des § 8 Abs. 2 Nr. 4 häufig nur hinsichtlich eines Teils der beanspruchten Waren oder Dienstleistungen in Betracht kommen, wenn die Marke unrichtige Informationen nur hinsichtlich dieser Waren oder Dienstleistungen enthält. Einer solchen Marke kann die Eintragung daher auch nur im Hinblick auf diese Waren oder Dienstleistungen versagt werden. Gegebenenfalls kann der Irreführungsgefahr auch durch eine Konkretisierung des Verzeichnisses der Waren oder Dienstleistungen begegnet werden. Bei fremdsprachigen Zeichen, die auf eine ausländische Warenherkunft hinweisen, kann dies etwa durch einen Import- bzw. Exportvermerk geschehen. Ei-

---

769 Vgl. BPatG, GRUR-RR 2009, 131, 135 – DRSB Deutsche Volksbank.
770 EuGH, WRP 1998, 848, 850 Tz. 31 = GRUR Int. 1998, 795, 797 – Gut Springenheide; WRP 1999, 307, 310 Tz. 36 = GRUR Int. 1999, 345, 348 – Sektkellerei Kessler; GRUR Int. 1990, 955, 956 – GB-Inno I; WRP 1995, 677, 678 – Mars.
771 EuGH, GRUR 2004, 682, 683 Tz. 23 ff. – Bostongurka.
772 EuGH, WRP 1993, 233, 234 Tz. 16 = GRUR Int. 1993, 951, 952 – Nissan.
773 Vgl. *Ströbele/Hacker*, § 8 Rn. 473.
774 BPatG, GRUR-RR 2009, 131, 135 – DRSB Deutsche Volksbank.

nen solchen kann das DPMA allerdings nicht verlangen, wenn nicht ausgeschlossen werden kann, dass das Zeichen auch für Waren fremdländischer Herkunft Verwendung finden kann.[775] Denn eine bloß theoretisch mögliche Irreführungsgefahr rechtfertigt weder eine Eintragungsversagung,[776] noch die Forderung nach einem Import- bzw. Exportvermerk.[777]

e) Ersichtlichkeit

179 Im registerrechtlichen Eintragungsverfahren kommt eine Eintragungsversagung nach § 8 Abs. 2 Nr. 4 nur in Betracht, wenn eine *ersichtliche* Irreführungsgefahr gegeben ist (§ 37 Abs. 3). *Ersichtlich* ist die Irreführungsgefahr, wenn das jeweilige Zeichen in Bezug auf die beanspruchten Waren oder Dienstleistungen in jedem möglichen Fall seiner anmeldungsgemäßen Benutzung im geschäftlichen Verkehr Anlass zu Irreführungen gibt.[778] Der Begriff *ersichtlich* bedeutet dagegen nicht, dass die Irreführungsgefahr *offensichtlich* sein muss; er hindert das DPMA auch nicht an der Vornahme gewisser Recherchen. Allerdings sind besonders umfangreiche und zeitraubende Ermittlungen im registerrechtlichen Eintragungsverfahren ausgeschlossen.[779] Kommen aber sowohl täuschende als auch nichttäuschende Verwendungsmöglichkeiten in Betracht, so begründet dies keine im Eintragungsverfahren zu berücksichtigende *ersichtliche* Eignung zur Täuschung.[780] Seine entscheidende Bedeutung findet der Begriff der *Ersichtlichkeit* somit darin, dass die Eignung zur Irreführung in *jedem* denkbaren Fall der Benutzung der Marke bestehen muss.[781] Ist es – auch nur theoretisch – denkbar, dass die Marke auch in einer Art und Weise verwendet werden könnte, bei der sich eine Irreführungsgefahr nicht bejahen ließe, scheidet das Eintragungshindernis des § 8 Abs. 2 Nr. 4 mangels Ersichtlichkeit aus.[782]

f) Einzelfälle der Irreführungsgefahr

aa) Allgemeines

180 Seit dem *Molino*-Urteil des BPatG,[783] mit dem die „Ersichtlichkeits"-Rechtsprechung eingeführt wurde, hat der Tatbestand der Irreführungsgefahr als Eintragungshindernis erheblich an Bedeutung verloren. Dies gilt hinsichtlich sämtlicher Fallgruppen:

bb) Geografische Herkunft

181 Angaben zur geografischen Herkunft von Waren oder Dienstleistungen können in Form geografischer Angaben jeder Art (Städte-, Länder-, Bezirks-, Landschaftsnamen etc.) sowie mittelbar in Form fremdsprachiger – nicht notwendig geografischer – Bezeichnungen

---

775 BPatG, GRUR 1989, 593, 594 – Molino.
776 BPatG, GRUR 2007, 789, 790 – Miss Cognac.
777 BPatG, GRUR 1989, 593, 594 – Molino.
778 BPatG, GRUR 1989, 593, 594 – Molino; DPA, Mitt. 1990, 37, 38 – VERMOP eurocar.
779 *Ströbele/Hacker*, § 8 Rn. 473.
780 Vgl. Prüfungsrichtlinie DPMA, Ziff. IV 5.9.
781 BPatGE 45, 1, 3 – KOMBUCHA.
782 BPatG, GRUR-RR 2009, 131, 135 – DRSB Deutsche Volksbank.
783 BPatG, GRUR 1989, 593.

auftreten.[784] Angesichts der fortschreitenden Verflechtung des internationalen Handelsverkehrs sowie der zunehmenden Gebrauchsüblichkeit fremdsprachiger Ausdrücke hat der inländische Verkehr aber nur noch eine geringe Neigung, mit fremdsprachigen Angaben konkrete Herkunftshinweise zu assoziieren. Daher ist der Anwendungsbereich des § 8 Abs. 2 Nr. 4 auch bei mittelbaren geografischen Herkunftsangaben nur noch auf Ausnahmefälle beschränkt. Aufgrund der „Ersichtlichkeits"-Rechtsprechung scheitert das Eintragungshindernis des § 8 Abs. 2 Nr. 4 im Übrigen schon dann, wenn auch nur *denkbar* ist, dass die jeweilige Marke für Waren benutzt wird, die aus dem mit der geografischen Angabe bezeichneten Gebiet stammen (für Dienstleistungen gilt entsprechendes hinsichtlich des Erbringungsorts). So kommt etwa bei der Bezeichnung *Wodka Woronoff* eine ersichtliche Irreführungsgefahr nur in Betracht, wenn das Warenverzeichnis „*Spirituosen inländischer Herkunft*" lautet. Ist es mit der Angabe „*Spirituosen*" hingegen allgemeiner formuliert, ist es denkbar, dass das Zeichen für einen aus Russland stammenden Wodka benutzt wird. Eine *ersichtliche* Täuschung ist dann ausgeschlossen. Stellt sich später heraus, dass die Marke tatsächlich für ein deutsches Erzeugnis benutzt wird, ist die Frage der Irreführungsgefahr durch die konkrete Art und Weise der Benutzung im Wege des Wettbewerbsprozesses (§ 5 UWG) zu prüfen.

Auch bei *Lagennamen* (Weinbergslagen) hat die „Ersichtlichkeits"-Rechtsprechung zu einer erheblichen Liberalisierung der früheren strengen Spruchpraxis geführt, so dass das Eintragungshindernis des § 8 Abs. 2 Nr. 4 i. d. R. nicht zur Anwendung kommt.[785] Als Lagenamen kommen vornehmlich Bezeichnungen in Betracht, die typische Begriffe wie *Domäne, Kloster, Schloss, Château, Castello* enthalten.[786] Aber auch bei sonstigen Bezeichnungen, die als Hinweis auf Lagenamen verstanden werden können („scheingeografische Angaben"),[787] neigt das BPatG nach inzwischen gefestigter Spruchpraxis zur Verneinung einer ersichtlichen Täuschungsgefahr.[788] Diese Auffassung ist vor dem Hintergrund gerechtfertigt, dass sich mit einem nicht existenten Lagenamen auch keine Qualitätsvorstellungen verbinden lassen.[789] Darüber hinaus ist das kursorische Eintragungsverfahren auch nicht geeignet, umfangreiche Ermittlungen hinsichtlich der Verkehrsauffassung anzustellen. Diese sind vielmehr einem etwaigen wettbewerbsrechtlichen Verfahren (§ 5 UWG) oder einem Löschungsverfahren nach § 50 Abs. 1 vorbehalten.[790]   **182**

cc) Beschaffenheits- und Bestimmungsangaben

Aufgrund der „Ersichtlichkeits"-Rechtsprechung kann auch bei Beschaffenheits- und Bestimmungsangaben nur selten eine Irreführung i. S. d. § 8 Abs. 2 Nr. 4 bejaht werden. So hat das BPatG z. B. der für Pflaster und Verbandmaterial bestimmten Wortmarke *KARDIAKON* die Eintragung mit der Begründung versagt, dass die beteiligten Verkehrskreise von einer therapeutischen Wirkung insbesondere bei Herzerkrankungen ausgingen, die den be-   **183**

---

784 BGH, GRUR 1963, 589, 591 – Lady Rose; GRUR 1976, 587 – Happy; WRP 1987, 625, 627 = GRUR 1987, 535, 537 – Wodka Woronoff.
785 BPatG, GRUR 1996, 885, 886 – Schloss Wachenheim; vgl. dagegen noch BPatG, GRUR 1992, 170 – Schloss Caestrich.
786 BPatGE 40, 149, 152 – Villa Marzolini; vgl. a. BPatGE 31, 262 – MONTE GAUDIO.
787 Vgl. BPatG, GRUR 2007, 791, 792 – ST. JACOB.
788 BPatGE 43, 30, 32 ff. – HERRENSTEIN.
789 BPatG, GRUR 2007, 791, 792 – ST. JACOB.
790 BPatG, GRUR 1996, 885, 886 – Schloss Wachenheim.

anspruchten Waren ersichtlich nicht zukommen könne.[791] Ebenso hat das BPatG der Wortmarke *KOMBUCHA* die Eintragung für *Biere, ohne Zusatz von Kombucha* versagt.[792] Für ersichtlich täuschend hielt das BPatG ferner die für u. a. *alkoholische (ausgenommen aus Schlehen gewonnene oder mit Schlehen hergestellte) Getränke* angemeldete Wortmarke „Schlehdorn", da der Verbraucher stets in seiner berechtigten Erwartung getäuscht werde, ein auf der Grundlage von Schlehen erzeugtes oder nach Schlehen schmeckendes Produkt zu erhalten.[793] Die für *Anthurien* angemeldete Marke „BELLADONNA" sei ersichtlich irreführend, da die allgemeinen Verkehrskreise mit der angemeldeten Bezeichnung den Namen der Pflanzenart der Tollkirsche, nicht aber der Anthurie verbinde.[794] Für täuschend hielt das BPatG ferner das u. a. für *alkoholische Getränke* angemeldete Zeichen „FREI", da der verständige Durchschnittsverbraucher damit den Hinweis „Frei von Alkohol" verbinde.[795]

dd) Name, Firma und Unternehmensangaben

184 Namen, insbesondere Eigennamen, rechtfertigen nur in seltenen Fällen die Beurteilung als ersichtliche Täuschung. Sie sind daher i. d. R. als Marke eintragbar, da sich aus der Benutzung eines fremden (möglicherweise auch bekannten) Namens nicht per se eine Täuschungseignung ableiten lässt. Der Vorlage einer Zustimmungserklärung des Namensträgers bedarf es daher nicht.[796] Denn angesichts der zunehmenden Vermarktung von Namen (Merchandising) sind geschäftliche Beziehungen zwischen dem Namensträger und dem Markenanmelder durchaus denkbar. Darüber hinaus hängt die Beurteilung der Irreführung nur von den konkreten Waren oder Dienstleistungen ab, nicht jedoch von den zwischen Namensträger und Markenanmelder bestehenden Rechtsverhältnissen. Dementsprechend hat das DPMA auch die frühere Eintragungspraxis im Zusammenhang mit Phantasie- und Adelsnamen[797] aufgegeben, nach der ein Nachweis der sachlichen Berechtigung des Markenanmelders verlangt wurde (insbesondere betrifft dies die Fallgruppe der Anmeldung von Phantasie- und tatsächlich existierenden Adelsnamen als Marken für Weine und Schaumweine),[798] so dass eine Täuschungseignung nur noch bei Verwendung eines weithin bekannten Adelsnamens wie z. B. „Baron de Rothschild" in Betracht kommt. Einen Nachweis verlangt das DPMA im Einzelfall noch für andere unternehmensbezogene Angaben, die für die Wertschätzung der beanspruchten Waren oder Dienstleistungen von Bedeutung sein können. Hierzu gehören insbesondere Altersangaben wie *Seit 1895*.[799]

ee) Sonstige Fälle

185 Auch in sonstigen Fällen lässt sich eine *ersichtliche* Täuschung nur ausnahmsweise bejahen:

---

791 BPatG, BlPMZ 1991, 249, 250 – KARDIAKON.
792 BPatGE 45, 1, 3 f. – KOMBUCHA.
793 BPatG, BeckRS 2011, 21638 – Schlehdorn.
794 BPatG, BeckRS 2010, 27672 – BELLADONNA.
795 BPatG, BeckRS 2010, 28364 – FREI.
796 BPatGE 29, 89 – BORIS.
797 BPatGE 22, 235 – DUC DE SANDRY; BPatGE 36, 190 – MARQUIS DE MONTESQUIOU.
798 Vgl. BPatG, MarkenR 2000, 338 – MARQUIS DE ST. AMBRE.
799 BPatG, GRUR 1995, 411, 412 – Seit 1895.

v. Schultz

– Verwendung eines akademischen Grades wie z. B. „Dr.": keine ersichtliche Täuschung bei Verwendung eines von der veterinärmedizinischen Fakultät stammenden Dr.-Titels für pharmazeutische Erzeugnisse;[800]
– Markenzusätze „Euro" und „Inter": i. d. R. keine Täuschung, weil über die Bundesrepublik Deutschland hinausgehende wirtschaftliche Aktivitäten denkbar sind;[801]
– Schutzrechtshinweise wie „patentiert" („pat.") oder „®": Eine ersichtliche Täuschung liegt nur vor, wenn kein Patent- oder Markenschutz besteht (Anmeldung genügt). Genießt eine Marke zwar nicht in Deutschland, wohl aber in einem anderen Mitgliedstaat der EU Markenschutz, scheidet eine ersichtliche Täuschung jedoch aus.[802] Eine ersichtliche Täuschung ist ferner gegeben, wenn der Schutzrechtshinweis optisch in Beziehung zu einem Markenbestandteil gesetzt wird, der keinen Markenschutz genießt.[803]

g) Gemeinschaftsmarkenrecht

Im Gemeinschaftsmarkenrecht findet sich die nahezu wortlautgleiche Entsprechung zu § 8 Abs. 2 Nr. 4 in Art. 7 Abs. 1 lit. g) GMV. Anders als im deutschen Recht ist eine Beschränkung der Prüfung einer Marke im Eintragungsverfahren auf *ersichtliche* Täuschungen jedoch weder in der GMV noch in den Prüfungsrichtlinien (Ziff. 8. 8.) vorgesehen. In der Praxis wird eine Täuschungseignung indes – ähnlich wie im deutschen Recht – nur bejaht, wenn eine Markenanmeldung im Verhältnis zur beanspruchten Ware oder Dienstleistung eine unrichtige Angabe enthält, die objektiv in jedem vernünftigerweise denkbaren Fall ihrer anmeldungsgemäßen Benutzung zur Irreführung geeignet ist; ist es dagegen vorstellbar und nicht ganz unwahrscheinlich, dass die Marke in nicht irreführender Weise verwendet wird, greift das Schutzhindernis des Art. 7 Abs. 1 lit. g) GMV nicht.[804] Besonders betont wird in den Prüfungsrichtlinien des HABM die Möglichkeit der *Einschränkung des Waren- oder Dienstleistungsverzeichnisses* zur Vermeidung einer amtlichen Beanstandung wegen der Täuschungseignung einer Marke. **186**

5. Ordnungs- und sittenwidrige Marken (§ 8 Abs. 2 Nr. 5)

a) Allgemeines

Nach § 8 Abs. 2 Nr. 5 sind solche Marken nicht eintragbar, die gegen die öffentliche Ordnung oder gegen die guten Sitten verstoßen. Die Bestimmung kommt nur in eindeutigen Fällen zur Anwendung. **187**

---

800 BPatG, GRUR 1991, 144 – DR. SCHOCK'S.
801 BGH, GRUR 1994, 120, 121 f. – EUROCONSULT; vgl. a. BPatG, GRUR 1997, 280, 281 – INTERSHOP.
802 EuGH, WRP 1991, 562, 563 Tz. 23 = GRUR Int. 1991, 215, 216 – Pall Corp./P.J. Dahlhausen & Co.
803 BPatG, GRUR 1992, 704 – Royals®.
804 HABM – BK v. 16.3.2000 – R 322/1999 – 3, Tz. 22 – XS; HABM – BK v. 15.10.2004 – R 39/2004 – 2, Tz. 25 – PAN SPEZIALITÄTEN.

b) Ordnungswidrige Marken

188   Der Begriff der *öffentlichen Ordnung* i. S. d. § 8 Abs. 2 Nr. 5 ist eng auszulegen. Er umfasst alle wesentlichen Grundlagen und Regeln des deutschen Rechts. Hierzu gehören etwa die Grundrechte, die freiheitliche und demokratische Grundordnung der Bundesrepublik Deutschland, die Verfassungsorgane sowie die verfassungsrechtlichen Prinzipien. Nicht eintragbar sind demnach Marken, die in verfassungsfeindlichem Sinne verstanden werden (z. B. das Hakenkreuz-Symbol), insbesondere solche Marken, die sich nach ihrem Inhalt feindlich, verachtend, verhöhnend oder diskriminierend gegen staatliche Institutionen oder verfassungsrechtliche Prinzipien richten.[805] Normale Gesetzesverstöße fallen nicht unter den Tatbestand des § 8 Abs. 2 Nr. 5; sie werden jedoch zumeist von § 8 Abs. 2 Nr. 9 erfasst.

c) Sittenwidrige Marken

189   Auch bei der Beurteilung einer Marke unter dem Gesichtspunkt eines Verstoßes gegen die guten Sitten ist Zurückhaltung geboten.[806] Eine Marke verstößt nicht schon dann gegen die guten Sitten, wenn nur das allgemeine sittliche Empfinden betroffen ist. Vielmehr muss die betreffende Marke geeignet sein, das Empfinden eines beachtlichen Teils der beteiligten Verkehrskreise zu verletzen, indem sie sittlich, politisch, moralisch, ethisch oder religiös anstößig wirkt oder eine grobe Geschmacksverletzung enthält.[807] Maßgeblich ist dabei die Auffassung des angesprochenen Publikums in seiner Gesamtheit, wobei jedoch auch das Empfinden von Minderheiten zu berücksichtigen ist.[808] Maßgeblich für die Beurteilung ist die weder übertrieben laxe noch besonders feinfühlige Meinung des durchschnittlich informierten, aufmerksamen und verständigen Durchschnittsverbrauchers.[809] Dabei ist dem Umstand Rechnung zu tragen, dass die maßgebliche Verkehrsauffassung von einer fortschreitenden Liberalisierung der Anschauung über Sitte und Moral geprägt ist.[810] Ein Verstoß wird demnach nur dort in Betracht kommen, wo die Grenzen des Anstands in unerträglicher Weise überschritten sind.[811] Insbesondere kann dies der Fall sein, wenn das Scham- oder Sittlichkeitsgefühl eines wesentlichen Teils des Verkehrs durch geschlechtsbezogene Angaben betroffen ist.[812] Dies ist insbesondere bei sexuellen Aussagen der Fall, die massiv (z. B. geschlechtsspezifisch) diskriminierend und/oder die Menschenwürde beeinträchtigend sind bzw. ernsthaft so verstanden werden können.[813] Beim Begriff „FICKEN" ist dies nach Auffassung des BPatG nicht der Fall.[814] Dies folge schon aus der vielfachen Verwendung des Markenworts (etwa als Titel von Theaterstücken und Filmen).

---

805 BPatG, BeckRS 2010, 10244 – Gelbe Seiten.
806 BPatG, GRUR 1996, 408, 409 – COSA NOSTRA.
807 BPatG, MarkenR 2011, 2035, 2036 – Arschlecken24; GRUR-RR 2011, 311, 312 – RCQT; BeckRS 2011, 21631 – FICKEN.
808 BPatG, BeckRS 2009, 14629 – Dalai Lama.
809 BPatG, MarkenR 2011, 2035, 2036 – Arschlecken24; BeckRS 2011, 21631 – FICKEN.
810 BPatG, BeckRS 2011, 21631 – FICKEN.
811 BPatG, BeckRS 2010, 10244 – Gelbe Seiten.
812 BPatG, BeckRS 2011, 21631 – FICKEN.
813 BGH, GRUR 1995, 592, 595 – Busengrapscher.
814 BPatG, BeckRS 2011, 21631 – FICKEN.

Auch sei ein *unerträglicher* Verstoß nicht schon dann zu bejahen, wenn ein Markenwort nicht den Anforderungen des guten Geschmacks genüge.[815]

Beispiele für sittenwidrige Marken: *SCHLUMPFWICHSE* für div. Alkoholika;[816] *Arschlecken24* für Waren der Klassen 14, 16, 21 und 25;[817] *RCQT* (als Abkürzung für reconquista" für Waren der Klassen 18, 24 und 25;[818] (ehemaliges) DDR-Symbol der Sicherheitskräfte (Bildmarke) für u. a. Waren der Klassen 18, 25 und 33;[819] *Schenkelspreizer* für alkoholische Getränke;[820] *Schlüpferstürmer* für alkoholische Getränke;[821] *Schoasdreiber* für Wein, Spirituosen und Liköre;[822] *Busengrapscher* für Liköre;[823] *Messias* für Waren der Klasse 25;[824] *CORAN* für Arzneimittel;[825] *REEFER* für Tabakwaren, eintragbar jedoch für Raucherbedarfsartikel;[826] *Dalai Lama* für u. a. Fungizide, Herbizide.[827] Eintragbar dagegen: *FICKEN* für Waren der Klassen 25, 32 und 33,[828] *COSA NOSTRA* (Name einer Verbrecherorganisation) für Waren der Klassen 3, 14 und 25,[829] *CANNABIS* für Raucherbedarfsartikel[830] und *OPIUM* für Parfum.[831]   **190**

d) Gemeinschaftsmarkenrecht

Eine mit § 8 Abs. 2 Nr. 5 identische Regelung findet sich in Art. 7 Abs. 1 lit. f) GMV. Die   **191**
Prüfungsrichtlinien (Ziff. 8. 7.) verweisen beispielhaft auf beleidigende oder blasphemische Wörter oder Abbildungen wie z. B. Schimpfwörter oder rassistische Abbildungen. Zurückgewiesen wurden Marken wie *BIN LADEN*;[832] *FUCK of the YEAR*;[833] *Johannes Paul II.*[834]

---

815 BPatG, BeckRS 2011, 21631 – FICKEN.
816 BPatG, BeckRS 2011, 25440 – SCHLUMPFWICHSE.
817 BPatG, MarkenR 2011, 235, 236 – Arschlecken24.
818 BPatG, GRUR-RR 2011, 311, 312 – RCQT.
819 BPatG, GRUR 2009, 68, 69 – (Ehemaliges) DDR-Symbol der Sicherheitskräfte.
820 Ärgerniserregend und sittenwidrig – BPatG, BeckRS 2011, 13266 – Schenkelspreizer.
821 Verletzung des Schamgefühls – DPA, Mitt. 1985, 215, 216 – Schlüpferstürmer.
822 BPatG, Mitt. 1983, 156 – Schoasdreiber.
823 BGH, WRP 1995, 688, 690 f. = GRUR 1995, 592, 594 f. (zu § 1 UWG a. F.) – Busengrapscher.
824 Grob geschmacklos – BPatG, GRUR 1994, 377 – Messias.
825 BPatGE 28, 41 – CORAN.
826 BPatGE 38, 127 – REEFER.
827 BPatG, BeckRS 2009, 14629 – Dalei Lama.
828 BPatG, BeckRS 2011, 21631 – FICKEN.
829 BPatG, GRUR 1996, 408 – COSA NOSTRA.
830 BPatG, Beschl. v. 1.7.1998 – 26 W (pat) 112/97 – CANNABIS.
831 OLG Hamburg, GRUR 1990, 456 – OPIUM.
832 HABM – BK v. 29.9.2004 – R 176/2004 – 2, Tz. 25 ff. – BIN LADEN
833 EU 306 399 – FUCK OF THE YEAR.
834 EU 958 280 – Johannes Paul II.

6. Hoheitszeichen (§ 8 Abs. 2 Nr. 6)

a) Allgemeines

192   § 8 Abs. 2 Nr. 6 untersagt die Eintragung von Marken, die Staatswappen, Staatsflaggen oder andere staatliche Hoheitszeichen oder Wappen eines inländischen Ortes oder eines inländischen Gemeinde- oder weiteren Kommunalverbandes enthalten. Untersagt ist ferner die Eintragung von Nachahmungen der benannten Hoheits- und anderen Zeichen. Der gesetzgeberische Zweck der Vorschrift liegt darin, zu verhindern, dass öffentliche Hoheitszeichen für geschäftliche Zwecke ausgenutzt oder missbraucht werden, insbesondere, dass sie nicht Gegenstand von Monopolrechten einzelnen Privater werden.[835]

b) Staatliche Hoheitszeichen

193   Staatliche Hoheitszeichen i. S. d. § 8 Abs. 2 Nr. 6 sind:

- in- und ausländische Staatsflaggen sowie deutsche Dienstflaggen,[836] nicht jedoch die Bundesfarben als solche;[837]
- in- und ausländische Staatswappen einschließlich der Wappen der deutschen Bundesländer;
- andere in- und ausländische staatliche Hoheitszeichen wie Staatssiegel, Orden, Münzen und Nationalhymnen. Im Eintragungsverfahren bereitet die Identifizierung gerade ausländischer staatlicher Hoheitszeichen besondere Schwierigkeiten. Die Prüfung des DPMA beschränkt sich daher auf die ihm vorliegenden Verzeichnisse, die die PVÜ-Verbandsländer auf der Grundlage des Art. 6ter Abs. 3 lit. a) PVÜ austauschen.

c) Inländische kommunale Wappen

194   Als kommunale Wappen von der Eintragung ausgeschlossen sind Wappen eines inländischen Ortes oder eines inländischen Gemeinde- oder weiteren Kommunalverbandes (Städte, Gemeinden, Dörfer, Landkreise, Regierungsbezirke). Der Eintragung ausländischer kommunaler Wappen steht § 8 Abs. 2 Nr. 6 nicht entgegen.

195   Das Verbot des § 8 Abs. 2 Nr. 6 betrifft nicht nur Marken, die ausschließlich aus derartigen Hoheitszeichen bestehen, sondern auch solche, die derartige Hoheitszeichen neben anderen Bestandteilen enthalten. Im letzteren Fall ist allerdings Voraussetzung, dass das Hoheitszeichen hinreichend deutlich in Erscheinung tritt.[838] Dies ist nicht der Fall, wenn das Hoheitszeichen lediglich als bloßes Gestaltungs- oder Dekorationsmerkmal Verwendung findet.[839] Auch schließt § 8 Abs. 2 Nr. 6 nur solche Marken von der Eintragung aus, die mit den dort genannten Hoheitszeichen und anderen Zeichen *übereinstimmen*.[840]

---

835 BPatG, GRUR 2009, 495, 496 – Flaggenball.
836 Vgl. Anordnung über die deutschen Flaggen v. 13.11.1996 – BGBl. I, 1729.
837 BPatG, GRUR 2005, 679, 681 – D-Info.
838 BPatG, GRUR 2005, 679, 680 – D-Info.
839 BPatG, GRUR 2009, 495, 498 – Flaggenball.
840 BPatG, GRUR 2010, 77 – BSA.

v. Schultz

d) Sonstige Wappen

Private Wappen sind ohne Weiteres und insbesondere auch ohne Zustimmung eines Dritten **196** als Marke eintragungsfähig. Gleiches gilt für veraltete und nicht mehr gebräuchliche staatliche Hoheitszeichen sowie für wörtliche Benennungen staatlicher Hoheitszeichen oder ihrer Bestandteile.[841]

e) Nachahmungen

Nach § 8 Abs. 4 S. 1 gilt das Eintragungsverbot auch für Nachahmungen der in § 8 Abs. 2 **197** Nr. 6 genannten Zeichen. Der Begriff der *Nachahmung* ist deutlich enger als derjenige der Verwechslungsgefahr i. S. d. §§ 9 Abs. 1 Nr. 2 und 14 Abs. 2 Nr. 2[842] und knüpft an den in der PVÜ enthaltenen Begriff der „Nachahmung im heraldischen Sinne" an.[843] Darunter fallen insbesondere solche Nachahmungen, die gerade die charakteristischen heraldischen Merkmale aufweisen.[844] Abzustellen ist dabei nicht auf die geometrische Übernahme des Hoheitszeichens, sondern auf die heraldische Beschreibung.[845] Die bloße Stilisierung als solche reicht daher für sich genommen noch nicht aus, um eine Nachahmung im heraldischen Sinne auszuschließen.[846]

f) Ausschlussgründe

Nach § 8 Abs. 4 S. 2 ist das Eintragungsverbot des § 8 Abs. 2 Nr. 6 unanwendbar, wenn **198** sich der Markenanmelder auf eine Genehmigung des jeweiligen Hoheitsträgers zur Führung des Hoheitszeichens als Marke oder Bestandteil einer Marke berufen kann. § 8 Abs. 2 Nr. 6 ist ferner nicht anwendbar in Fällen der Benutzung einzelner Bestandteile eines Hoheitszeichens (sofern dies nicht den Tatbestand einer Nachahmung erfüllt).

g) Gemeinschaftsmarkenrecht

Nach Art. 7 Abs. 1 lit. i) GMV sind Marken, die unter Art. 6ter PVÜ fallende Abzeichen, **199** Embleme und Wappen, die von besonderem öffentlichen Interesse sind, enthalten, vorbehaltlich der Zustimmung der zuständigen Stellen von der Eintragung ausgeschlossen. Die Bestimmung ist im engen Zusammenhang mit dem Schutzhindernis des Art. 7 Abs. 1 lit. h) GMV zu sehen, wonach solche Marken von der Eintragung ausgeschlossen sind, die mangels Genehmigung durch die zuständigen Stellen gem. Art. 6ter PVÜ zurückzuweisen sind. Nach den Prüfungsrichtlinien ist eine Marke anhand des Verzeichnisses nach der

841 BPatG, GRUR 1993, 47, 48 – SHAMROCK als wörtliche Benennung des dreiblättrigen Kleeblatts als irisches Nationalsymbol.
842 BPatG, GRUR 2010, 77 – BSA.
843 BPatG, GRUR 2005, 679, 681 – D-Info; GRUR 2010, 77, 78 – BSA.
844 EuG, GRUR 2004, 773 Tz. 40 f. – ECA.
845 EuG, a. a. O. Tz. 44 – ECA.
846 EuG, a. a. O. Tz. 41 – ECA; BPatG, GRUR 2010, 77, 78 – BSA; vgl. a. EuGH, MarkenR 2009, 478, 583 Tz. 48 ff. – American Clothing/HABM; die konkrete Darstellung eines Flaggenausschnitts Georgiens im Inneren des stilisierten Umrisses des Staatsgebietes von Georgien hat das BPatG allerdings nicht für einen Verstoß gegen § 8 Abs. 2 Nr. 6 gehalten, vgl. BPatG, BeckRS 2011, 21618.

PVÜ zu überprüfen. Wenn die Marke aus Elementen dieses Verzeichnisses besteht, derartige Elemente enthält oder diesen unter heraldischen Gesichtspunkten ähnlich ist, ist eine Marke zurückzuweisen, es sei denn, die Verwendung sei von der zuständigen Behörde genehmigt worden.

200 Die Prüfungsrichtlinien (Ziff. 8.10.) weisen darauf hin, dass das HABM über keine vorhandenen Bezugsquellen für Symbole von besonderem öffentlichen Interesse verfügt. Dieses werde sich im Laufe der Zeit aus der Entscheidungspraxis ergeben. Im Mittelpunkt dieser Entscheidungspraxis steht das Europa-Emblem, das bei Verwendung durch Dritte nur dann für zulässig gehalten wird, wenn eine Verwechslung zwischen dem Verwender und der Europäischen Union oder dem Europarat ausgeschlossen ist und wenn das Emblem nicht für Maßnahmen oder Ziele verwendet wird, die in Widerspruch zu den Zielen und Grundsätzen der Europäischen Union oder des Europarates stehen.[847] Wie das deutsche Recht erlaubt auch das Gemeinschaftsrecht – durch die Anknüpfung an Art. 6ter Abs. 1 PVÜ – keine Nachahmungen, die gerade die charakteristischen heraldischen Merkmale aufweisen.[848]

7. Amtliche Prüf- oder Gewährzeichen (§ 8 Abs. 2 Nr. 7)

201 § 8 Abs. 2 Nr. 7 untersagt die Eintragung amtlicher Prüf- oder Gewährzeichen als Marken oder als Bestandteil von Marken. Amtliche Prüf- oder Gewährzeichen i. S. d. Bestimmung sind Zeichen, die die Übereinstimmung bestimmter Waren oder Dienstleistungen mit den durch das jeweilige Prüf- oder Gewährzeichen dokumentierten Merkmalen amtlich bestätigen (z. B. Legierungsstempel für Edelmetalle; Eichstempel). Dem Eintragungshindernis des § 8 Abs. 2 Nr. 7 unterliegen nur solche Zeichen, die nach einer Bekanntmachung des Bundesministeriums der Justiz im BGBl. von der Eintragung als Marke ausgeschlossen sind.[849] Nach § 8 Abs. 4 S. 3 greift das Eintragungshindernis nur hinsichtlich solcher Waren, die mit denjenigen Waren, für die das Prüf- oder Gewährzeichen bekannt gemacht ist, identisch oder ähnlich sind (daher zulässig die Anmeldung eines für Edelmetalle bekannt gemachten Legierungsstempels als Marke für Bekleidungsstücke). Nach § 8 Abs. 4 S. 2 entfaltet § 8 Abs. Nr. 7 ferner keine Wirkungen gegenüber dem befugten Benutzer eines Prüf- oder Gewährzeichens. Aufgrund der Regelung des § 8 Abs. 4 S. 1 sind schließlich auch Nachahmungen amtlicher Prüf- oder Gewährzeichen von der Eintragung ausgeschlossen.

202 Im Gemeinschaftsmarkenrecht findet das Schutzhindernis des § 8 Abs. 2 Nr. 7 keine Entsprechung.

8. Kennzeichen internationaler zwischenstaatlicher Organisationen (§ 8 Abs. 2 Nr. 8)

203 Nach § 8 Abs. 2 Nr. 8 ist die Eintragung von Wappen, Flaggen oder anderen Kennzeichen, Siegeln oder Bezeichnungen internationaler zwischenstaatlicher Organisationen als Marke oder als Bestandteil einer Marke untersagt, sofern das betreffende Kennzeichen in einer

---

847 HABM, GRUR 2005, 684, 685 Tz. 35 – efcon.
848 EuG, GRUR 2004, 773 – Bildmarke ECA; EuGH, MarkenR 2009, 478, 483 Tz. 48 ff. – American Clothing/HABM.
849 Vgl. Übersicht bei *Fezer*, § 8 Rn. 629.

v. Schultz

Bekanntmachung des Bundesjustizministeriums im BGBl. aufgeführt ist. Die Bestimmung setzt Art. 6ter Abs. 1 lit. b PVÜ in Deutsches Recht um. Wie bei Hoheitszeichen nach § 8 Abs. 2 Nr. 6 sind auch „Nachahmungen im heraldischen Sinne" von Kennzeichen i. S. d. Nr. 8 von der Eintragung ausgeschlossen. Nach § 8 Abs. 4 S. 2 greift das Eintragungshindernis jedoch nicht hinsichtlich desjenigen Anmelders, der ein Kennzeichen i. S. d. § 8 Abs. 2 Nr. 8 befugterweise benutzt. Nach § 8 Abs. 4 S. 4 ist das Eintragungshindernis des § 8 Abs. 2 Nr. 8 ferner nicht anwendbar, wenn die angemeldete Marke nicht geeignet ist, beim Publikum den unzutreffenden Eindruck einer Verbindung mit der betreffenden internationalen zwischenstaatlichen Organisation hervorzurufen. Die Prüfung dieser Frage kann je nach beanspruchter Ware oder Dienstleistung unterschiedlich ausfallen; sie liegt im Ermessen desjenigen Verbandslandes, das einen entsprechenden Fall zu beurteilen hat.

Im Mittelpunkt der Praxis stehen Benutzungsformen des Kennzeichens des Europarates, eines Kranzes von 12 Sternen auf blauem Grund.[850] In diesem Zusammenhang hat die Rechtsprechung festgestellt, dass der Nachahmungscharakter nicht dadurch ausgeräumt wird, dass das Kennzeichen des Europarates in schwarz/weiß (anstelle blau/gelb) wiedergegeben wird.[851] Auch die Hinzufügung von Wortbestandteilen führt nicht notwendig vom Eindruck einer Nachahmung weg. Im Einzelfall kann ein Wortbestandteil den Eindruck einer Verbindung mit dem Europarat sogar verstärken.[852] Die Verwendung der EU-Flagge als Marke für T-Shirts soll regelmäßig allerdings nicht auf sachliche Beziehungen zwischen dem Anmelder und der EU schließen lassen,[853] da die EU-Flagge als Marke für T-Shirts regelmäßig nicht auf sachliche Beziehungen zwischen dem Anmelder und der EU schließen lässt.[854] Auch kann die Marke in der Form, in der sie sich konkret dem Publikum darstellt, als solche ungeeignet sein, beim Publikum den Eindruck einer sachlichen Verbindung hervorzurufen. **204**

Im Gemeinschaftsmarkenrecht findet sich eine § 8 Abs. 2 Nr. 8 entsprechende Regelung in Art. 7 Abs. 1 lit. h) GMV, die auf Art. 6ter PVÜ verweist. Auch hier gilt, dass Nachahmungen im heraldischen Sinne der Eintragung entgegenstehen. Das Eintragungshindernis greift nicht, wenn eine Genehmigung der zuständigen Stellen vorliegt.[855] **205**

9. Sonstige gesetzliche Benutzungverbote (§ 8 Abs. 2 Nr. 9)

a) Allgemeines

§ 8 Abs. 2 Nr. 9 schließt solche Marken von der Eintragung aus, deren Benutzung ersichtlich nach sonstigen Vorschriften im öffentlichen Interesse untersagt werden kann. Die Bestimmung stellt ausdrücklich auf die *Benutzung* der Marke ab, setzt aber nicht voraus, dass die Marke tatsächlich bereits benutzt wird. Nur wenn die Benutzung *ersichtlich*, also – wie im Falle der Irreführungsgefahr nach § 8 Abs. 2 Nr. 4 – in jeder Hinsicht und in jeder denk- **206**

---

850 Vgl. BlPMZ 1980, 1.
851 EuG, GRUR 2004, 773 f. Tz. 44 ff. – Bildmarke ECA.
852 EuG, GRUR 2004, 773, 774 f. Tz. 69 – Bildmarke ECA; BPatG, BeckRS 2011, 21637 – EURO LEERGUT.
853 Vgl. HABM, GRUR 2005, 684 – efcon.
854 Vgl. aus der insoweit vergleichbaren Spruchpraxis zu Art. 7 Abs. 1 lit. i) GMV: HABM, GRUR 2005, 684 – efcon; EuG, GRUR 2004, 773 – Bildmarke ECA.
855 HABM, GRUR 2005, 684 – efcon.

baren Form der Benutzung gegen ein *gesetzliches Verbot* verstößt, kommt das Eintragungs-hindernis des § 8 Abs. 2 Nr. 9 zur Anwendung.[856] Dementsprechend scheidet es in allen Fällen aus, in denen aufgrund des Verzeichnisses der Waren und Dienstleistungen eine zulässige Benutzung denkbar ist.[857] Das Schutzhindernis ist im Übrigen nur im Hinblick auf die betreffende Marke als solche zu beurteilen. In der Person des Anmelders oder Inhabers liegende Umstände dürfen bei der Beurteilung nicht herangezogen werden.[858] Darüber hinaus ist eine zurückhaltende Auslegung des Schutzhindernisses angezeigt.[859]

b) Sonstige Vorschriften

207 „Sonstige Vorschriften" i. S. d. § 8 Abs. 2 Nr. 9 sind alle spezialgesetzlichen Regelungen des Deutschen Rechts sowie sonstige Vorschriften, die in der Bundesrepublik Deutschland unmittelbare Geltung beanspruchen, etwa aufgrund bilateraler oder multinationaler Verträge oder Rechtsakte der Europäischen Union, die nicht mehr der Umsetzung durch nationale Gesetze bedürfen.[860] Nicht unter die Bestimmung fallen damit EU-Richtlinien, die noch nicht in nationales Recht umgesetzt sind.[861]

c) Beispiele gesetzlicher Benutzungsverbote

208 Eine typische Fallgestaltung für ein gesetzliches Benutzungsverbot ist die Anmeldung einer lebensmittelrechtlichen Verkehrsbezeichnung als Marke für andere Waren als diejenigen, für die die Verkehrsbezeichnung vorgesehen ist. So ist z. B. die Eintragung einer die Bezeichnung *Käse* enthaltenden Wortmarke unzulässig, wenn die im Warenverzeichnis enthaltenen Waren nicht der Begriffsbestimmung des § 1 Abs. 1, 3 oder 3a) KäseVO entsprechen. Neben den vielfältigen lebensmittelrechtlichen Benutzungsverboten[862] kommen als gesetzliche Benutzungsverbote i. S. d. § 8 Abs. 2 Nr. 9 weiterhin namentlich geografische Herkunftsangaben,[863] Weinbezeichnungen, weitere außermarkenrechtliche gesetzliche Bestimmungen mit kennzeichnungsrechtlicher Relevanz[864] sowie Benutzungsverbote nach dem BtMG in Betracht.[865] Zu den gesetzlichen Benutzungsverboten gehören ferner bilaterale Abkommen, insbesondere betreffend den Schutz von Herkunftsangaben sowie Kennzeichnungsbestimmungen des EU-Rechts. Dies gilt jedoch nicht für EU-Richtlinien, solange sie noch nicht in das nationale Recht umgesetzt sind.[866]

---

856 BGH, WRP 2002, 455, 456 = GRUR 2002, 540, 541 – OMEPRAZOK; GRUR 2005, 258, 260 – Roximycin.

857 BPatG, GRUR 1992, 516, 517 – EGGER NATUR-BRÄU.

858 BPatG, GRUR-RR 2009, 131, 135 – DRSB Deutsche Volksbank.

859 Begründung des Gesetzentwurfs, BlPMZ Sonderheft 1994, 71.

860 BPatG, MarkenR 2007, 85, 87 – Miss Cognac.

861 BPatG, BeckRS 2010, 10244 – Gelbe Seiten.

862 Vgl. Überblick bei *Fezer*, § 8 Rn. 654.

863 Einschließlich *scheingeografischer* Angaben, vgl. BPatG, GRUR 2007, 791, 792 – ST. JACOB.

864 Wie z. B. Richtlinie 92/27/EWG über die Etikettierung und die Packungsbeilage von Humanarzneimitteln, vgl. BGH, WRP 2005, 99, 101 = GRUR 2005, 258, 260 – Roximycin.

865 Vgl. BPatG, GRUR 2004, 875, 876 – KOKAIN BALL; BPatGE 38, 127 – REEFER; BPatG, Beschl. v. 1.7.1998, 26 W (pat) 112/97 – CANNABIS.

866 BPatG, BeckRS 2010, 10244 – Gelbe Seiten.

v. Schultz

d) Gemeinschaftsmarkenrecht

Das Gemeinschaftsmarkenrecht sieht ein den sonstigen gesetzlichen Benutzungsverboten   **209**
des § 8 Abs. 2 Nr. 9 entsprechendes allgemeines Eintragungshindernis nicht vor. Zu verweisen ist jedoch auf die Eintragungshindernisse des Art. 7 Abs. 1 lit. j) und h) GMV betreffend geografische Angaben zur Kennzeichnung von Weinen und Spirituosen bzw. Marken, die eine gem. VO (EG) Nr. 510/2006 zum Schutz von geografischen Angaben und Ursprungsbezeichnungen für Agrarerzeugnisse und Lebensmittel eingetragene Angabe enthalten.

10. Bösgläubigkeit (§ 8 Abs. 2 Nr. 10)

a) Allgemeines

Das Eintragungshindernis der bösgläubigen Markenanmeldung ist mit Wirkung zum   **210**
1.6.2004 in das MarkenG eingefügt worden. Nach dem bis dahin gültigen Recht war die
bösgläubige Markenanmeldung lediglich als Löschungsgrund ausgestaltet (§ 50 Abs. 1
Nr. 4). Die Einfügung als Schutzhindernis i. S. d. § 8 Abs. 2 verlagert die Möglichkeit, die
Bösgläubigkeit zu berücksichtigen, in das patentamtliche Prüfungsverfahren vor.

b) Ersichtliche Bösgläubigkeit

Die Versagung der Eintragung einer Marke wegen Bösgläubigkeit ist auf Fälle der *ersicht-*   **211**
lichen Bösgläubigkeit beschränkt (§ 37 Abs. 3). Nach den Prüfungslinien des DPMA bedeutet dies, dass die Bösgläubigkeit des Anmelders für die Markenstelle aus den Anmelde-
unterlagen oder aufgrund des Fachwissens und der üblichen allgemein zugänglichen Informationsquellen ohne Weiteres erkennbar sein muss (Ziff. IV.5.10.). Eine Verpflichtung des
DPMA zur Durchführung von Ermittlungen oder Recherchen besteht jedoch nicht. Des
Tatbestandsmerkmals der *Ersichtlichkeit* bedarf es ferner im Falle der Löschung von Amts
wegen (§ 50 Abs. 3 Nr. 3). Auf die Ersichtlichkeit der bösgläubigen Markenanmeldung
kommt es hingegen nicht im Falle des Antrages eines Dritten auf Löschung wegen Bösgläubigkeit an (§ 50 Abs. 1).

c) Grundsätze

Nach ständiger Rechtsprechung ist Bösgläubigkeit des Anmelders gegeben, wenn die An-   **212**
meldung rechtsmissbräuchlich oder sittenwidrig erfolgt. Das MarkenG knüpft insoweit an
die Grundsätze an, die die Spruchpraxis zur Beurteilung der Bösgläubigkeit unter Geltung
des § 50 Abs. 1 Nr. 4 MarkenG a. F. entwickelt hat.[867] Diese Grundsätze gelten nach Einführung des Eintragungshindernisses des § 8 Abs. 2 Nr. 10 (was zum Wegfall des § 50
Abs. 1 Nr. 4 führte) weiter.[868]

Eine bösgläubige Markenanmeldung kommt in Betracht, wenn der Anmelder weiß, dass   **213**
ein Dritter dasselbe oder ein damit verwechselbares Zeichen (das Vorliegen eines gleichen

---

867 BGH, GRUR 2004, 510, 511 – S 100; MarkenR 2010, 444, 445 Tz. 13 – LIMES LOGISTIC.
868 BGH, MarkenR 2010, 444, 445 – LIMES LOGISTIC.

oder zum Verwechseln ähnlichen Zeichens ist zwingende Voraussetzung)[869] für dieselben oder ähnliche Waren oder Dienstleistungen benutzt, ohne hierfür einen formalen Kennzeichenschutz erworben zu haben und wenn besondere Umstände hinzukommen, die die Erwirkung der Zeicheneintragung als rechtsmissbräuchlich oder sittenwidrig erscheinen lassen.[870] Bei der Beurteilung der *besonderen Umstände* sind stets sämtliche Umstände des konkreten Einzelfalles zu berücksichtigen,[871] wobei eine statische Beurteilung nicht angezeigt ist. Der EuGH nennt insbesondere die folgenden Faktoren:[872]

– die Tatsache, dass der Anmelder weiß oder wissen muss, dass ein Dritter ein gleiches oder ähnliches Zeichen für eine gleiche oder mit dem angemeldeten Zeichen verwechselbar ähnliche Ware oder Dienstleistung verwendet,

– die Absicht des Anmelders, diesen Dritten an der weiteren Verwendung eines solchen Zeichens zu hindern sowie

– der Grad des rechtlichen Schutzes, den das Zeichen des Dritten und das angemeldete Zeichen genießen.

214 Aus der vom EuGH verwendeten Formulierung „insbesondere" ergibt sich, dass es sich hierbei um keine abschließende Aufzählung der besonderen Umstände handelt, die die Bösgläubigkeit i. S. d. § 8 Abs. 2 Nr. 10 begründen können. Ergänzend ist mithin die gefestigte Rechtsprechung des BGH heranzuziehen.[873]

d) Indizielle Faktoren im Einzelnen

215 Ein wesentliches Indiz für die Bösgläubigkeit ist die Kenntnis des Anmelders von der Benutzung eines gleichen oder verwechselbaren Zeichens für gleiche oder verwechselbar ähnliche Waren oder Dienstleistungen. Offensichtlich ist die Kenntnis in Fällen, in denen Anmelder und Dritter zur Zeit oder vor der Anmeldung in vertraglichen Beziehungen oder Verhandlungen über den Vertrieb identischer oder ähnlicher Waren im Inland gestanden haben.[874] Bestanden derartige Beziehungen nicht, kann der Nachweis der Kenntnis des Anmelders problematisch sein. Daher setzt der EuGH die positive Kenntnis des Anmelders mit dessen *Wissenmüssen* gleich.[875] Der Begriff des „Wissenmüssens" ist im Sinne einer Vermutung dahingehend zu verstehen, dass der Anmelder von der Verwendung eines gleichen oder ähnlichen Zeichens für gleiche oder ähnliche Waren oder Dienstleistungen Kenntnis hatte, wobei allgemeine Kenntnisse der konkreten Verwendung auf dem betreffenden Wirtschaftssektor, insbesondere auch die Dauer der Verwendung herangezogen werden können.[876] Die Kenntnis von der Verwendung eines gleichen oder ähnlichen Zei-

---

869 Vgl. BPatG, GRUR 2010, 435, 436 – Käse in Blütenform.

870 BGH, GRUR 2009, 780, 781 Tz. 13 – Ivadal; MarkenR 2009, 452, 454 Tz. 16 – Schuhverzierung; MarkenR 2010, 444, 445 Tz. 13 – LIMES LOGISTIC.

871 EuGH, GRUR 2009, 763, 765 Tz. 37 – Lindt & Sprüngli/Franz Hauswirth; BPatG, GRUR 2010, 435, 436 – Käseblütenform III.

872 EuGH, a. a. O.

873 BPatG, BeckRS 2011, 19562 – Kaupmann.

874 Vgl. etwa BPatG, GRUR-RR 2008, 389 – Salvatore Ricci/Nina Ricci; BPatG, BeckRS 2007, 18379 – S. 100; BeckRS 2008, 23885 – Waldschatz.

875 EuGH, GRUR 2009, 763, 765 Tz. 39 – Lindt & Sprüngli/Franz Hauswirth.

876 EuGH, a. a. O.

chens für gleiche oder ähnliche Waren durch einen Dritten genügt für sich genommen jedoch noch nicht, um den Tatbestand der Bösgläubigkeit zu begründen.[877]

Für die Bösgläubigkeit des Anmelders kann es sprechen, wenn der Benutzer über einen **216**
schützwürdigen Besitzstand an dem betreffenden Zeichen verfügt. Anhaltspunkte für die
Beurteilung, ob ein schutzwürdiger Besitzstand vorliegt, sind Umsatzzahlen, Marktanteile,
die geografische Verbreitung der Benutzung und ggf. Erkenntnisse zur Bekanntheit der
Marke.[878] Immer ist jedoch erforderlich, dass der schutzwürdige Besitzstand des Benutzers
einen hinreichenden Inlandsbezug aufweist. Ein solcher kann sich z. B. aus dem Umstand
ergeben, dass das Zeichen im Ausland eine überragende Verkehrsgeltung besitzt. Ein hinreichender Inlandsbezug kann sich ferner daraus ergeben, dass der Benutzer das Zeichen
demnächst auf dem inländischen Markt benutzen will.[879] Selbst wenn eine konkrete diesbezügliche Absicht (noch) nicht vorliegt, kann sich dem Anmelder nach den Umständen
die Kenntnis aufdrängen, dass der Inhaber der ausländischen Marke die Absicht hat, das
Zeichen in absehbarer Zeit auch im Inland zu benutzen.[880]

Das Vorliegen eines *schutzwürdigen Besitzstands* ist allerdings keine zwingende Voraus-   **217**
setzung für die Bejahung der Bösgläubigkeit der Markenanmeldung. In Fällen, in denen
ein *schutzwürdiger* Besitzstand nicht vorliegt, ist die Frage der Kenntnis des Anmelders
von der Benutzung des Zeichens umso genauer zu prüfen. Besonders gilt dies, wenn eine
Benutzung nur im Ausland vorlag. Ohne Kenntnis (oder Kennen-Müssen) des Anmelders
von der ausländischen Benutzung dürfte eine Bösgläubigkeit regelmäßig ausgeschlossen
sein.

Indiziell für die Bösgläubigkeit der Markenanmeldung spricht die Absicht des Anmelders,   **218**
für den Benutzer den weiteren Gebrauch der Marke zu sperren oder den Besitzstand des
Vorbenutzers zu stören.[881] Dies setzt voraus, dass Anhaltspunkte vorliegen müssen, dass
der Benutzer der Marke im Zeitpunkt der Anmeldung beabsichtigte, die Marke zukünftig
auch auf dem deutschen Markt einzusetzen.[882] Gegen eine solche Annahme kann sprechen,
dass der Benutzer dasjenige Produkt, für das er die Marke im Ausland benutzt hat, in
Deutschland bislang unter einer anderen Bezeichnung vertrieben hat.[883] Bösgläubigkeit
wird dagegen regelmäßig gegeben sein, wenn sich der Anmelder und der ausländische Benutzer in Verhandlungen über einen inländischen Vertriebsvertrag befanden oder wenn ein
bestehender Vertriebsvertrag gekündigt wird.[884] Bösgläubigkeit dürfte im Übrigen immer
dann gegeben sein, wenn der Anmelder nicht nur ein gleiches oder verwechselbar ähnliches Zeichen anmeldet, sondern auch bereits solche Waren unter dem Zeichen vertreibt,

---

877 EuGH, a. a. O., Tz. 40; BPatG, BeckRS 2008, 23885 – Waldschatz; BeckRS 2007, 18379 – S 100.
878 EuGH, GRUR 2009, 763, 765 Tz. 52   Lindt & Sprüngli/Franz Hauswirth
879 BGH, BeckRS 2009, 13397 Tz. 18 – Flexotide.
880 BGH, GRUR 2008, 621, 624 Tz. 30 – AKADEMIKS.
881 BGH, GRUR 1998, 1034 – Makalu; GRUR 2000, 1032, 1034 – EQUI 2000; GRUR 2008, 621,
623 Tz. 21 – AKADEMIKS; WRP 2009, 820, 821 Tz. 13 = GRUR 2009, 780, 781 – Ivadal; MarkenR 2009, 452, 454 Tz. 16 – Schuhverzierung.
882 Vgl. BGH, GRUR 2009, 780, 781 Tz. 15 – Ivadal.
883 BGH, WRP 2008, 226, 229 Tz. 21 = GRUR 2008, 160, 162– CORDARONE; BeckRS 2009,
13397 Tz. 18 – Flixotide; WRP 2009, 820, 822 Tz. 15 = GRUR 2009, 780, 781 – Ivadal.
884 BGH, WRP 2008, 1319, 1322 Tz. 24 ff. = GRUR 2008, 917, 919 – EROS.

die mit denen identisch sind, für die der Vorbenutzer das Zeichen benutzt oder zu benutzen beabsichtigt.[885]

219   Ein weiteres Indiz für die Bösgläubigkeit der Markenanmeldung ist das Fehlen eines ernsthaften Benutzungswillen des Anmelders,[886] was im Regelfall die Annahme nahe legen kann, der Anmelder wolle die Marke zu dem Zweck verwenden, Dritte, die identische oder ähnliche Bezeichnungen verwenden, in rechtsmissbräuchlicher Weise mit Unterlassungs- und Schadensersatzansprüchen zu überziehen.[887] Das Fehlen eines ernsthaften Benutzungswillens kann etwa zu bejahen sein, wenn der Anmelder regelmäßig Marken anmeldet, die im Inland nicht geschützt sind, im Ausland jedoch registriert sind und benutzt werden.[888] Besonders offensichtlich ist dies, wenn der Anmelder in der Vergangenheit bereits Markenanmeldungen vorgenommen hatte, die mit bekannten Marken identisch sind.[889] Auch bei Markenagenturen, die regelmäßig eine Vielzahl von Marken anmelden, die sodann an potenzielle Interessenten verkauft oder lizenziert werden, liegt indiziell die Vermutung bösgläubigen Handelns nahe.[890] Wird ein derart von einer Markenagentur zur Eintragung gebrachtes Zeichen später übertragen, ändert dies an der Bösgläubigkeit der Markenanmeldung als Löschungsgrund nichts. Insbesondere gilt dies, wenn bereits im Zeitpunkt der Anmeldung die Veräußerung des Zeichens an einzelne, bereits bestimmte Dritte nahe liegt, deren Interesse aufgrund der besonderen Umstände jedoch lediglich auf die Behinderung der Verwendung des Zeichens durch den Vorbenutzer gerichtet sein kann.[891] Die Benutzung der angemeldeten Marke durch einen Dritten ersetzt insbesondere auch nicht den fehlenden Benutzungswillen des Anmelders.[892] An den Nachweis des eigenen Benutzungswillens des Anmelders sind strenge Anforderungen zu stellen. Die bloße Behauptung eines eigenen Benutzungswillens genügt nicht.[893] Insbesondere sind auch Scheinvorbereitungshandlungen nicht geeignet, ein eigenes Vermarktungskonzept zu belegen.[894]

220   Die Ermittlung der für den Nachweis der Bösgläubigkeit maßgeblichen Umstände begegnet häufig Schwierigkeiten, da Umstände wie die Kenntnis des Anmelders von der Benutzung des älteren Zeichens oder gar vom Bestehen eines schutzwürdigen Besitzstands und die Behinderungsabsicht üblicherweise im subjektiven Bereich des Anmelders angesiedelt sind. Die Rechtsprechung beurteilt diese subjektiven Tatbestandsmerkmale daher anhand der objektiven Umstände des konkreten Falls.[895]

221   Maßgeblicher Zeitpunkt für die Beurteilung des Vorliegens der die Bösgläubigkeit begründenden Gegebenheiten ist der Zeitpunkt der Anmeldung des Zeichens.[896] Nach Auf-

---

885 BGH, GRUR 2008, 621, 624 Tz. 34 – AKADEMIKS.
886 BGH, WRP 2009 820, 822 Tz. 19 = GRUR 2009, 780, 782 – Ivadal.
887 Vgl. BGH, GRUR 2001, 242, 244 – Classe E.
888 BPatG, BeckRS 2010, 15357 – Maxitrol.
889 BPatG, BeckRS 2007, 09565 – GIVES YOU WINGS.
890 BGH, BeckRS 2009, 13397 Tz. 20 ff. – Flixotide; WRP 2009, 820, 822 Tz. 19 f. = GRUR 2009, 780, 782 – Ivadal.
891 BGH, WRP 2009, 820, 822 Tz. 20 = GRUR 2009, 780, 782 – Ivadal.
892 BGH, GRUR 2001, 242, 244 – Classe E.
893 BPatG, BeckRS 2011, 00178 – Sachsendampf.
894 BPatG, BeckRS 2009, 87087 – AGPRO.
895 EuGH, GRUR 2009, 763, 765 Tz. 42 – Lindt & Sprüngli/Franz Hauswirth; BPatG, BeckRS 2007, 18379 – S 100; GRUR 2010, 435, 436 – Käse in Blütenform III.
896 EuGH, GRUR 2009, 763, 765 Tz. 41 – Lindt Sprüngli/Franz Hauswirth; BPatG, BeckRS 2008, 26067 – 601 deluxe.

fassung des BGH soll der maßgebliche Zeitpunkt derjenige der Entscheidung über die Eintragung sein.[897] Dieser Auffassung ist nur dann beizutreten, wenn sie dahingehend zu verstehen ist, dass auch Umstände in der Person des Anmelders, die zwischen dem Zeitpunkt der Anmeldung und dem Zeitpunkt der Entscheidung über die Eintragung liegen, als die Bösgläubigkeit begründend herangezogen werden können (wie z. B. rechtliche Schritte des Anmelders gegen evtl. Markenanmeldungen des dritten Benutzers).

Der Bösgläubigkeit steht schließlich entgegen, wenn sich der Anmelder auf einen rechtfertigenden Grund berufen kann. Ein rechtfertigender Grund ist etwa zu bejahen, wenn der Anmelder die betreffende Kennzeichnung bereits selbst benutzt hat. Dies gilt insbesondere auch, wenn die Anmeldung erfolgt, um einen Dritten, der erst seit kurzer Zeit das Zeichen kopiert, an der Verwendung dieses Zeichens zu hindern.[898] **222**

Beispiele aus der Rechtsprechung zum Bösgläubigkeitstatbestand i. S. d. § 8 Abs. 2 Nr. 10: **223**

— *Seid bereit*: Keine Bösgläubigkeit bei Anmeldung eines ehemaligen DDR-Symbols; eine eigene schöpferische Leistung des Anmelders bei der Gestaltung der Marke kann nicht verlangt werden.[899]
— *GIVES YOU WINGS*: Behinderungsabsicht offenkundig, da der Anmelder bereits in der Vergangenheit mit bekannten Marken identische Markenanmeldungen vorgenommen hatte.[900]
— *Salvatore Ricci/Nina Ricci*: Bösgläubigkeit verneint schon wegen fehlender Verwechslungsgefahr zwischen den Zeichen „Salvatore Ricci" und „Nina Ricci".[901]
— *Waldschatz*: Bösgläubigkeit bei Anmeldung des Zeichens nach Abbruch der Geschäftsbeziehungen zwischen Anmelder und Benutzer, der begonnen hat, mit dem Zeichen gekennzeichnete Waren nach Deutschland zu importieren.[902]
— *BO-DISCO*: Keine Bösgläubigkeit, da der Markenanmelder beabsichtigte, das Zeichen für aus dem Ausland parallelimportierte Arzneimitel zu benutzen und bereits längere Zeit unter der betreffenden Marke aufgetreten war.[903]
— *Astire*: Keine Bösgläubigkeit, da bei Fehlen konkreter Anhaltspunkte von der Vermutung eines generellen Nutzungswillens bei der Anmeldung auszugehen ist. Dies gilt selbst dann, wenn der Anmelder zum Zeitpunkt der Anmeldung über keinen Geschäftsbetrieb verfügt.[904]
— *601 deluxe*: Keine Bösgläubigkeit bei Anmeldung der Marke durch einen Verein, der die Marke zum Zwecke der Traditionspflege anmeldet.[905]
— *frieFOOD*: Kein Ausschluss der Bösgläubigkeit bei fehlerhafter Einschätzung der Rechtslage durch die Markenanmeldung veranlassenden Patentanwalt.[906]

---

897 BGH, WRP 2009, 820, 821 Tz. 11 = GRUR 2009, 780, 781 – Ivadal.
898 EuGH, GRUR 2009, 763, 765 Tz. 48 f. – Lindt & Sprüngli/Franz Hauswirth.
899 BPatG, GRUR 2007, 240 – Seid bereit.
900 BPatG, BeckRS 2007, 09565 – GIVES YOU WINGS.
901 BPatG, GRUR-RR 2008, 389 – Salvatore Ricci/Nina Ricci.
902 BPatG, BeckRS 2008, 23885 – Waldschatz.
903 BPatG, BeckRS 2008, 10996– BO-DISCO.
904 BPatG, BeckRS 2008, 08494 – Astire.
905 BPatG, BeckRS 2008, 26067 – 601 deluxe.
906 BPatG, BeckRS 2008, 16901 – frieFOOD.

- *PAN AM*: Keine Bösgläubigkeit, da Nichtbenutzung der Marke „PAN AM" seit mehr als fünf Jahren und Benutzung der Marke durch den Anmelder. Daran ändere auch die evtl. fortbestehende Bekanntheit der Marke „PAN AM" nichts.[907]
- *AKADEMIKS*: Bösgläubigkeit bei Kenntnis der ausländischen Benutzung, wenn sich dem Anmelder die Kenntnis aufdrängen muss, dass der Inhaber der ausländischen Marke die Absicht hat, das Zeichen in absehbarer Zeit auch im Inland zu benutzen (die Entscheidung erging noch zu §§ 3, 4 Nr. 10 UWG).[908]
- *Flixotide*: Fehlender Benutzungswillen bei auf Vorrat angemeldetem Zeichen, sofern im Zeitpunkt der Anmeldung die Veräußerung an einzelne, bereits bestimmte Dritte nahe liegt, deren Interesse an einem Erwerb der Markenrechte im Wesentlichen durch den Umstand begründet wird, dass sie in Folge der Eintragung der Marke auf den Anmelder an der Verwendung der bislang ungeschützten Kennzeichnung gehindert werden können.[909]
- *Ivadal*: Bösgläubige Markenanmeldung bei Benutzung durch Lizenzierung oder Veräußerung an im Zeitpunkt der Anmeldung bereits bestimmte Dritte, deren Interesse an einem Erwerb der Marke nur durch den Umstand begründet wird, dass besagte Dritte in Folge der Eintragung an der Verwendung der bislang ungeschützten Kennzeichnung gehindert werden könnten.[910]
- *Schuhverziehrung*: Keine Bösgläubigkeit, weil die angemeldete Marke mit der vom Vorbenutzer verwendeten Bezeichnung weder identisch noch zum Verwechseln ähnlich war.[911]
- *Cordarone*: Bösgläubigkeit, sofern die Anmeldung der Marke in Verkaufsabsicht erfolgte (Benutzung der Marke im Ausland, Vertrieb des betreffenden Produkts in Deutschland unter einer anderen Marke).[912]
- *Lightsüß Hat*: Keine Bösgläubigkeit bei bereits mehrjähriger Benutzung des Zeichens zum Zeitpunkt der Anmeldung bei vorheriger endgültiger Einstellung der Benutzung des Zeichens durch den Dritten.[913]
- *Hooschebaa*: Bösgläubigkeit bei Anmeldung der bildlichen Wiedergabe einer urheberrechtlich geschützten Marke ohne Gestattung durch den Inhaber des Urheberrechts.[914]
- *Petlas*: Bösgläubige Markenanmeldung in Kenntnis des ausländischen Besitzstandes, auch wenn der Benutzer der Marke erst $1^1/_2$ Jahre nach Markenanmeldung wegen Vertriebs von mit der Marke gekennzeichneten Waren in Deutschland abgemahnt wird.[915]
- *AGPRO*: Bösgläubigkeit bei Scheinvorbereitungshandlungen einer Benutzung.[916]
- *Maxitrol*: Bösgläubigkeit, da der Anmelder die Marke nur habe eintragen lassen, um diese an den Arzneimittelhersteller zu veräußern bzw. zu lizenzieren, der die Bezeichnung „Maxitrol" bereits im Ausland registriert und benutzt habe.[917]

907 BPatG, BeckRS 2008, 12793 – PAN AM.
908 BGH, GRUR 2008, 621 – AKADEMIKS.
909 BGH, BeckRS 2009, 13397 – Flixotide.
910 BGH, WRP 2009, 820 = GRUR 2009, 780 – Ivadal.
911 BGH, WRP 2009, 1104 = GRUR 2009, 992 – Schuhverziehrung.
912 BGH, PharmR 2009, 469 – Cordarone.
913 BPatG, BeckRS 2009, 18238 – Lightsüß Hat.
914 BPatG, NJOZ 2009, 304 – Hooschebaa.
915 BPatG, BeckRS 2009, 23959 – Petlas.
916 BPatG, BeckRS 2009, 87087 – AGPRO.
917 BPatG, BeckRS 2010, 15357– Maxitrol.

v. Schultz

- *KRYSTALLPALAST VARIETE*: Die Bösgläubigkeit des Markenanmelders wurde insbesondere durch die Geltendmachung finanzieller Forderungen in zivilrechtlichen Verfahren gegen die Nachfolgerin offenkundig.[918]
- *Käse in Blütenform III*: Keine bösgläubige Anmeldung, da die fragliche Marke mit dem Zeichen, für das ein schutzwürdiger Besitzstand geltend gemacht wurde, nicht identisch oder zum Verwechseln ähnlich war.[919]
- *FONIMAP*: Keine Bösgläubigkeit angesichts der Absicht, bei der Bundesnetzagentur die Zuteilung einer entsprechenden Vanity-Nummer zu erhalten.[920]
- *Flasche mit Grashalm*: Keine Bösgläubigkeit bei Anmeldung einer Marke durch den Vertragspartner, der diese zur Abwehr von potenziellen Angriffen der inländischen Mitkonkurrenten verwenden will.[921]
- *Thermoroll*: Keine Bösgläubigkeit, wenn sich die Situation bei objektiver Betrachtung als prioritäre Markenanmeldung herausstellt und Umstände, die eine Bösgläubigkeit begründen könnten, nicht ersichtlich sind.[922]
- *Sachsendampf*: Bösgläubigkeit, da das Gericht annahm, dass die Markenanmeldung erst nach Kenntnis vom Hintergrund der Marke „Sachsendampf" vorgenommen worden sei – dies mit dem Ziel, die wettbewerbliche Entfaltung der Betreiber des Netzwerks „Sachsendampf" zu behindern.[923]
- *Kaupmann*: Kein Inlandsbezug des ausländischen Besitzstandes, wenn eine Ausdehnungstendenz nach Deutschland nicht erkennbar ist.[924]
- *Gelbe Seiten*: Keine Bösgläubigkeit angesichts fehlender Anhaltspunkte zum Bestehen eines in- oder ausländischen Besitzstandes eines Dritten zum Anmeldezeitpunkt.[925]

IV. Verkehrsdurchsetzung (§ 8 Abs. 3)

1. Allgemeines

Nach § 8 Abs. 3 finden die Eintragungshindernisse des § 8 Abs. 2 Nr. 1, 2 und 3 keine Anwendung, wenn sich die Marke vor dem Zeitpunkt der Entscheidung über die Eintragung infolge ihrer Benutzung für die Waren oder Dienstleistungen, für die sie angemeldet worden ist, in den beteiligten Verkehrskreisen durchgesetzt hat. Zeichen, denen jegliche Unterscheidungskraft fehlt, die freihaltebedürftig sind oder die zu üblichen Bezeichnungen geworden sind, können demnach als Marke eingetragen werden, wenn dem Anmelder der Nachweis gelingt, dass sich die konkrete Marke als Kennzeichen des Anmelders für die beanspruchten Waren oder Dienstleistungen in den beteiligten Verkehrskreisen durchgesetzt hat. Liegen diese Voraussetzungen vor, wird die Marke mit dem Vermerk „Durchgesetztes Zeichen" eingetragen; als solche ist sie wie jede andere eingetragene Marke geschützt und zu behandeln. § 8 Abs. 3 heilt allerdings nur die Eintragungshindernisse des **224**

---

918 BPatG, BeckRS 2010, 10291 – KRYSTALLPALAST VARIETE.
919 BPatG, GRUR 2010, 435 – Käse in Blütenform III.
920 BPatG, BeckRS 2010, 29752 – FONIMAP.
921 BPatG, GRUR 2010, 431 – Flasche mit Grashalm.
922 BPatG, BeckRS 2010, 23964 – Thermoroll.
923 BPatG, BeckRS 2011, 00178 – Sachsendampf.
924 BPatG, BeckRS 2011, 19562 – Kaupmann.
925 BPatG, GRUR 2011, 232, 239 – Gelbe Seiten.

§ 8 Abs. 2 Nr. 1–3. Liegen Eintragungshindernisse nach § 8 Abs. 2 Nr. 4–10 vor, fehlt der Marke die Markenfähigkeit i. S. d. § 3 oder ist sie grafisch nicht darstellbar, ist § 8 Abs. 3 unanwendbar.

225 Eine Eintragung kraft Verkehrsdurchsetzung kommt bei allen Markenformen in Betracht. Voraussetzung ist nur, dass das Zeichen markenfähig i. S. d. § 3 und grafisch darstellbar i. S. d. § 8 Abs. 1 ist und dass ihm (insbesondere der dreidimensionalen Marke) kein Ausschlussgrund nach § 3 Abs. 2 entgegensteht. Mit dem Nachweis der Verkehrsdurchsetzung lassen sich jedoch nur Eintragungshindernisse i. S. d. § 8 Abs. 2 Nr. 1–3 überwinden. Eintragungshindernisse nach § 8 Abs. 2 Nr. 4–10 heilt eine Verkehrsdurchsetzung nicht, so dass das jeweilige Zeichen im Falle eines solchen Eintragungshindernisses uneintragbar bleibt.

2. Begriffliche Abgrenzung

226 § 8 Abs. 3 verwendet den Begriff der *Verkehrsdurchsetzung*. Ein wichtiger Aspekt bei der Feststellung der Verkehrsdurchsetzung ist die Bekanntheit des Zeichens in den beteiligten Verkehrskreisen. Da die Bekanntheit eines Zeichens auch in anderen Bestimmungen des MarkenG eine wichtige Rolle spielt, ist eine klare Abgrenzung erforderlich. Abzugrenzen ist die Eintragung kraft *Verkehrsdurchsetzung* nach § 8 Abs. 3 von der *Verkehrsgeltung*, die den Schutz der Benutzungsmarke i. S. d. § 4 Nr. 2 und den Schutz eines sonstigen betrieblichen Unterscheidungszeichens i. S. d. § 5 Abs. 2 S. 2 begründet, von der im Inland *bekannten Marke* nach §§ 9 Abs. 1 Nr. 3, 14 Abs. 2 Nr. 3 und der *notorisch bekannten Marke* i. S. d. § 10.

227 Die Eintragung als durchgesetztes Zeichen i. S. d. § 8 Abs. 3 verlangt eine Verkehrsdurchsetzung im gesamten Bundesgebiet. Der Schutz der Benutzungsmarke i. S. d. § 4 Nr. 2 und des sonstigen betrieblichen Unterscheidungszeichens i. S. d. § 5 Abs. 2 S. 2 kann demgegenüber bereits entstehen, wenn das Zeichen in einem geografisch abgrenzbaren Teil des Bundesgebiets Verkehrsgeltung erlangt hat. Ist dies der Fall, beschränken sich die Schutzwirkungen der Benutzungsmarke bzw. des sonstigen betrieblichen Unterscheidungszeichens auch nur auf das betreffende Gebiet, wohingegen die kraft Verkehrsdurchsetzung nach § 8 Abs. 3 eingetragene Marke Schutz im gesamten Bundesgebiet genießt.

228 Die Begriffe *Verkehrsdurchsetzung* nach § 8 Abs. 3 und *Verkehrsgeltung* i. S. d. §§ 4 Nr. 2, 5 Abs. 2 S. 2 erlaubten nach früherer Rechtsprechung eine graduelle Differenzierung. So war in ständiger Rechtsprechung[926] anerkannt, dass die Anforderungen an Art und Umfang der Verkehrsdurchsetzung deutlich strenger zu handhaben sind als im Falle der Verkehrsgeltung, die bereits bei relativ niedrigeren Bekanntheitsgraden gegeben sein kann. Infolge der *Chiemsee*-Entscheidung des EuGH[927] hat die graduelle Differenzierung jedoch ihre Berechtigung verloren, da es sowohl bei der Verkehrsdurchsetzung als auch bei der Verkehrsgeltung allein auf die durch Benutzung erworbene Unterscheidungskraft der jeweiligen Marke ankommt, deren Entstehung einheitlichen Vorgaben folgen muss (näher s. Rn. 237 ff.)

---

926 BGH, GRUR 1960, 83, 87 – Nährbier.
927 EuGH, WRP 1999, 629 = GRUR 1999, 723.

Die Tatbestände der unlauteren Rufausbeutung der §§ 9 Abs. 1 Nr. 3, 14 Abs. 2 Nr. 3 spre-   **229**
chen von der *im Inland bekannten Marke*. Nach ihrem Wortlaut sind die Bestimmungen damit – anders als §§ 8 Abs. 3, 4 Nr. 2 und 5 Abs. 2 S. 2 – nicht nur auf die *beteiligten* Verkehrskreise beschränkt. Richtigerweise wird es auf die Bekanntheit des Zeichens bei allen
angesprochenen Verkehrskreisen ankommen, also bei den tatsächlichen und potenziellen
Abnehmern der betreffenden Waren oder Dienstleistungen.[928] Die Bestimmung des erforderlichen Bekanntheitsgrades orientiert sich in erster Linie an *qualitativen* Gesichtspunkten, nicht hingegen allein an aufgrund von im Wege demoskopischer Gutachten festzustel-
lenden Prozentsätze.[929] Entgegen der früheren Rechtsprechung[930] lässt sich die Bekanntheit
damit auch nicht mehr automatisch bei Überschreiten einer Untergrenze von 30 % bejahen.
Maßgebend sind vielmehr *qualitative Kriterien* wie die geografische Verbreitung, die Intensität und Dauer der Benutzung, der Marktanteil der Marke sowie der Werbeaufwand für
die Marke – mithin weitgehend identische Kriterien wie im Falle der Prüfung der Voraussetzungen einer Benutzungsmarke i. S. d. § 4 Nr. 2.

Die *notorisch bekannte Marke* setzt nicht notwendig eine Benutzung des Zeichens im In-   **230**
land voraus; eine Benutzung des Zeichens im Ausland genügt. Die notorische Bekanntheit
muss jedoch im Inland festgestellt werden. Nach allgemeiner Auffassung erfordert die notorische Bekanntheit einen zwischen der *bekannten Marke* und der *berühmten Marke* liegenden Bekanntheitsgrad, der kaum unterhalb der Schwelle von 60 % liegen dürfte (s. a.
§ 4 Rn. 22). Allerdings werden auch hier künftig vermehrt qualitative Gesichtspunkte wie
die Dauer und die geografische Verbreitung der Benutzung etc. ergänzend zu berücksichtigen sein.

3. Materielle Voraussetzungen der Verkehrsdurchsetzung i. S. d. § 8 Abs. 3

a) Markenmäßige Benutzung

Die Verkehrsdurchsetzung infolge Benutzung gem. § 8 Abs. 3 hat zur Voraussetzung, dass   **231**
die Benutzung des angemeldeten Zeichens *markenmäßig* erfolgt sein muss.[931] Eine bloß
beschreibende Verwendung ist als Grundlage der Verkehrsdurchsetzung ungeeignet. Erforderlich ist also eine Art und Weise der Benutzung, die dazu dient, dass die angesprochenen
Verkehrskreise die Ware oder Dienstleistung als von einem bestimmten Unternehmen
stammend identifizieren.[932] Dies setzt nicht voraus, dass die jeweilige Marke eigenständig
benutzt wird; vielmehr kann eine Marke auch in Folge ihrer Benutzung als Teil einer kom-
plexen Kennzeichnung oder in Verbindung mit anderen Marken Unterscheidungskraft er-

---

928 Vgl. BGH, WRP 2003, 647 = GRUR 2003, 428 – BIG BERTHA; WRP 2002, 330, 332 = GRUR
2002, 340, 341 – Fabergé.
929 EuGH, WRP 1999, 1130, 1132 Tz. 25 = GRUR Int. 2000, 73, 74 – Chevy; BGH, WRP 2002, 330,
332 = GRUR 2002, 340, 341 – Fabergé.
930 BGH, WRP 1985, 399 = GRUR 1985, 550 – DIMPLE.
931 EuGH, WRP 2002, 924, 930 Tz. 64 = GRUR 2002, 804, 808 – Philips/Remington; BGH, WRP
2008, 1087, 1089 Tz. 23 = GRUR 2008, 710, 711 – VISAGE; GRUR 2009, 669, 670 Tz. 18 –
POST II; BPatG, GRUR 2005, 585, 590 – Farbmarke gelb; GRUR 2004, 685, 691 – LOTTO.
932 BGH, GRUR 2009, 669 Tz. 18 – POST II.

langen.[933] Schwieriger kann die Beurteilung der markenmäßigen Benutzung bei Bildzeichen oder dreidimensionalen Marken sein, deren Gegenstand die beanspruchte Ware selbst ist. Insoweit hat die Rechtsprechung jedoch anerkannt, dass der Umstand, dass im Rahmen eines demoskopischen Gutachtens 50% der Befragten die dreidimensionale Marke nur einem bestimmten Unternehmen zuordnen, folgt, dass die Produktform von diesen Verkehrskreisen auch als Herkunftshinweis aufgefasst wird.[934] Dies gilt selbst dann, wenn das Produkt (wie etwa Pralinen), dessen Form Gegenstand der Marke ist, nur verpackt vertrieben wird.[935] Die Frage der markenmäßigen Benutzung stellt sich nicht, wenn bereits die Vorfrage der Markenfähigkeit i. S. d. § 3 verneint wird.

b) Konkret benutztes Zeichen

232 Der Nachweis der Verkehrsdurchsetzung muss für das *konkret angemeldete Zeichen* erbracht werden. Dies setzt jedoch nicht notwendig voraus, dass die Marke, deren Eintragung beantragt wird, *eigenständig benutzt* worden sein muss.[936] Denn die Identifizierung der beanspruchten Ware oder Dienstleistung als von einem bestimmten Unternehmen stammend kann sich sowohl aus der Benutzung eines Teils einer eingetragenen Marke als deren Bestandteil als auch aus der Benutzung einer anderen Marke i. V. m. einer eingetragenen Marke ergeben.[937] Daher kann z. B. der Wortfolge „HAVE A BREAK", die im Verkehr ausschließlich im Rahmen des Slogans „HAVE A BREAK … HAVE A KIT KAT" benutzt wird, nicht die Möglichkeit einer Eintragung kraft Verkehrsdurchsetzung abgesprochen werden.[938] Auch die Eintragung von dreidimensionalen Marken oder Farbmarken kraft Verkehrsdurchsetzung scheidet nicht schon deshalb aus, weil sie im Verkehr ausschließlich zusammen mit einer *Wortmarke* benutzt werden.[939] Besondere Schwierigkeiten bereitet die Beurteilung einer unmittelbar beschreibenden Angabe in stilisierter Form.[940]

c) Benutzung für bestimmte Waren oder Dienstleistungen

233 Eine Verkehrsdurchsetzung kommt nur hinsichtlich derjenigen Waren oder Dienstleistungen in Betracht, für die der Anmelder die Marke benutzt hat und hinsichtlich derer ihm der Nachweis der Verkehrsdurchsetzung gelungen ist.[941] Eine Eintragung für andere (auch ähn-

---

933 EuGH, GRUR 2005, 763 Tz. 30 – Nestlé/Mars; BGH, GRUR 2008, 710, 713 Tz. 38 – VISAGE; GRUR 2009, 954, 956 Tz. 19 – Kinder III.
934 BGH, GRUR 2008, 510, 512 Tz. 25 – Milchschnitte; WRP 2010, 260, 264 Tz. 34 = GRUR 2010, 138, 141 – ROCHER-Kugel.
935 BGH, a. a. O.
936 EuGH, GRUR Int. 2005, 826, 827 Tz. 27 – Nestlé/Mars; BGH, WRP 2008, 1087, 1091 Tz. 38 = GRUR 2008, 710, 713 – VISAGE; WRP 2010, 260, 264 Tz. 39 = GRUR 2010, 138, 142 – ROCHER-Kugel.
937 EuGH, a. a. O., Tz. 30 – Nestlé/Mars.
938 Zutreffend EuGH, a. a. O., Tz. 32 – Nestlé/Mars.
939 BPatG, GRUR 2005, 585, 590 – Farbmarke gelb.
940 Vgl. BGH, WRP 2003, 1431 = GRUR 2003, 1040 – Kinder.
941 BPatG, GRUR 1996, 490, 491 – PREMIERE I; GRUR 1996, 494, 495 – PREMIERE III.

v. Schultz

liche) Waren oder Dienstleistungen, für die der Nachweis der Verkehrsdurchsetzung nicht erbracht wird, findet hingegen nicht statt.[942]

d) Durchsetzung nur für den Anmelder

Die Eintragung eines Zeichens kraft Verkehrsdurchsetzung kommt nur für denjenigen An- **234** melder in Betracht, der das Zeichen als Marke benutzt hat bzw. dem die Benutzungshandlungen zuzurechnen sind.[943] Dritte können die Eintragung des Zeichens als durchgesetztes Zeichen nicht mit Erfolg beantragen. Problematisch sind Fallgestaltungen, in denen ein nach § 8 Abs. 2 Nr. 1, 2 oder 3 schutzunfähiges Zeichen von mehreren Unternehmen als Marke benutzt wird und nicht nachvollziehbar ist, welchem der betreffenden Unternehmen die beteiligten Verkehrskreise das Zeichen zuordnen. Hier wird eine Eintragung des Zeichens zugunsten nur eines der betreffenden Unternehmen regelmäßig ausscheiden, da eine Zurechnung von Benutzungshandlungen Dritter ausgeschlossen ist.[944] Entsprechendes gilt im Grundsatz auch für Benutzungshandlungen eines Unternehmens, das mit dem Unternehmen des Anmelders nicht identisch ist, aber zum gleichen Konzern wie dieses gehört. Im Falle der berechtigten Benutzung durch ein Konzernunternehmen werden die Rechte an der Durchsetzung allerdings regelmäßig dem Anmelder zuzurechnen sein.

e) Beteiligte Verkehrskreise

Wie bei der Benutzungsmarke i.S.d. § 4 Nr. 2 kann auch bei der durchgesetzten Marke **235** nach § 8 Abs. 3 die Definition der *beteiligten Verkehrskreise* Schwierigkeiten bereiten. Anders als bei der Benutzungsmarke ist bei der durchgesetzten Marke immer auf die beteiligten Verkehrskreise im *gesamten Bundesgebiet* abzustellen. Dabei kommt es auf diejenigen Verkehrskreise an, denen gegenüber das jeweilige Zeichen Verwendung finden und/oder Auswirkungen zeitigen soll.[945] Das sind diejenigen Kreise, an die sich die betreffenden Waren oder Dienstleistungen im üblichen Vertriebsweg sowie ihrer üblichen bestimmungsgemäßen Verwendung nach richten. In erster Linie sind dies die Endabnehmer der betroffenen Waren[946] sowie die mit diesen Waren oder Dienstleistungen befassten Hersteller und Händler. Dagegen bleiben diejenigen Kreise außer Betracht, die mit den fraglichen Waren oder Dienstleistungen weder tatsächlich noch nach einer vernünftigen Prognose in Berührung kommen werden. Waren des Massenkonsums (z.B. Schokoladenwaren) richten sich in aller Regel an die gesamten Bevölkerungskreise. Dagegen kann bei Spezialwaren eine Begrenzung auf die ernsthaft interessierten Teile der Bevölkerung angezeigt sein. Werbekonzeptionen und Vermarktungsstrategien, die jederzeit geändert werden können, sind allerdings kein probates Mittel zur Eingrenzung der beteiligten Verkehrskreise.[947] Dement-

---

942 BGH, WRP 2001, 1205, 1207 = GRUR 2001, 1042, 1043 – REICH UND SCHOEN; BPatG, GRUR 1996, 490, 491 – PREMIERE I; GRUR 1996, 494, 495 – PREMIERE III.
943 EuGH, WRP 2002, 924, 930 Tz. 65 = GRUR 2002, 804, 808 – Philips.
944 Zu §§ 1 und 3 UWG a.F. vgl. BGH, WRP 1995, 815, 818 = GRUR 1995, 697, 700 – FUNNY PAPER.
945 BGH, GRUR 1986, 894, 895 – OCM; GRUR 1990, 360, 361 – Apropos Film II.
946 EuGH, WRP 2004, 728, 730 Tz. 23–25 = GRUR 2004, 682, 683 – Bostongurka.
947 BGH, WRP 2002, 330, 332 = GRUR 2002, 340, 341 – Fabergé.

sprechend ist der Kreis der Endabnehmer nach den objektiven Merkmalen der beanspruchten Waren zu bestimmen.[948]

236   Einschränkungen des Verzeichnisses der Waren oder Dienstleistungen sind nur in Einzelfällen geeignet, die beteiligten Verkehrskreise einzuschränken. Unbehelflich ist etwa eine
Beschränkung auf bestimmte Handelsstufen oder bestimmte Abnehmerkreise. Denn auch
diese Waren oder Dienstleistungen landen in aller Regel beim Endverbraucher, so dass eine
ausschließliche Berücksichtigung der beteiligten Verkehrskreise auf der Endverbraucher-
ebene vorgelagerten Handelsstufen nicht sachgerecht ist.[949] In Betracht kommt demnach
nur eine Einschränkung des Verzeichnisses der Waren oder Dienstleistungen nach objektiven Kriterien, die sich durch Änderungen bei den Vermarktungsstrategien des Markeninhabers nicht umgehen lassen. Anderes gilt z. B. bei Vorprodukten, bei denen als Abnehmer
nur die verarbeitende Industrie in Betracht kommt. Mit diesen Waren kommt der Endverbraucher nie in Berührung; er zählt daher auch nicht zu den beteiligten Verkehrskreisen
(bei der Anmeldung der Wortmarke *Apropos Film* als durchgesetzte Marke für die Dienstleistung „Produktion einer Fernsehsendung" hielt der BGH eine Beschränkung auf solche
Fachkreise, die Fernsehproduktionen in Auftrag geben und/oder erwerben, allerdings nicht
für sachgerecht; auch der Fernsehzuschauer als Endabnehmer sei in die Überlegungen einzubeziehen[950]). Nicht generell unberücksichtigt bleiben dürfen ferner Einschränkungen
des Verzeichnisses der Waren oder Dienstleistungen, die bestimmte Verbrauchergruppen
eingrenzen (z. B. Bekleidungsstücke für Teens und Twens). Dies setzt allerdings voraus,
dass die betreffenden Waren nach ihrer Natur entsprechend eingrenzbar sind (z. B. Rasierwasser). Das Preisniveau der betreffenden Waren oder Dienstleistungen ist im Sinne einer
Einschränkung des Verzeichnisses kein geeignetes Abgrenzungsmittel.

f) Umfang der Verkehrsdurchsetzung

237   Zur Frage des erforderlichen Umfangs der Verkehrsdurchsetzung hat sich der EuGH in
zwei Grundsatzentscheidungen aus dem Jahre 1999 geäußert.[951] Danach soll es für die
Feststellung der Verkehrsdurchsetzung allein auf die Frage ankommen, ob das jeweilige
Zeichen in Folge seiner Benutzung Unterscheidungskraft erlangt hat.[952] Der Nachweis der
Verkehrsdurchsetzung soll sich nach Auffassung des EuGH nicht nur auf quantitative Kriterien stützen. In den Vordergrund sollen vielmehr qualitative Kriterien wie der von der
Marke gehaltene Marktanteil, die Intensität, die geografische Verbreitung und die Dauer
der Benutzung der Marke sowie der Werbeaufwand des Unternehmens für die Marke treten.[953] Daneben sollen Erklärungen von Industrie- und Handelskammer oder anderen Be-
rufsbänden berücksichtigt werden.[954] Mit der besonderen Betonung der Bedeutung qualitativer Kriterien wird die Feststellung der Verkehrsdurchsetzung gegenüber der allein auf
quantitativen Kriterien rekurrierenden bisherigen deutschen Rechtsprechungspraxis zwar

---

948 BGH, WRP 2008, 1087, 1090 Tz. 32 = GRUR 2008, 710, 712 – VISAGE.
949 BGH, GRUR 1986, 894, 895 – OCM; BPatGE 23, 78, 79 f. – HP; BPatGE 24, 67, 73 – India.
950 BGH, GRUR 1990, 360, 361 – Apropos Film II.
951 EuGH, WRP 1999, 629 = GRUR 1999, 723 – Chiemsee; WRP 1999, 1130 = GRUR Int. 2000, 73
– Chevy.
952 EuGH, WRP 1999, 629, 634 Tz. 47 = GRUR 1999, 723, 727 – Chiemsee.
953 EuGH, WRP 1999, 1130, 1132 Tz. 27 = GRUR Int. 2000, 73, 75 – Chevy.
954 EuGH, WRP 1999, 629, 634 Tz. 51 = GRUR 1999, 723, 727.

auf den ersten Blick erschwert. Sie bietet aufgrund der Vernachlässigung quantitativer Kriterien aber die Chance, zu sachgerechteren Ergebnissen zu gelangen, indem in einer Gesamtschau sämtliche Gesichtspunkte zu prüfen sind, die zeigen können, dass das jeweilige Zeichen in Folge seiner Benutzung die Eignung erlangt hat, die betreffenden Waren oder Dienstleistungen als von einem bestimmten Unternehmen stammend zu kennzeichnen.

Aus der Rechtsprechung des EuGH folgt, dass bei der Beurteilung der Verkehrsdurchsetzung von einer *Gesamtschau aller Gesichtspunkte* auszugehen ist, die zeigen können, dass die Marke die Eignung erlangt hat, die fragliche Ware oder Dienstleistung als von einem bestimmten Unternehmen stammend zu kennzeichnen und damit von den Waren oder Dienstleistungen anderer Unternehmen zu unterscheiden.[955] Dazu gehören alle Maßnahmen des Anmelders, seine Marke auf dem Markt zur Geltung zu bringen, insbesondere   **238**

– der von der Marke gehalten Marktanteil,
– die unter Benutzung der Marke erzielten Umsätze,
– die Intensität der Benutzung,
– die geografische Verbreitung der Benutzung,
– die Dauer der Benutzung sowie
– der Werbeaufwand des Unternehmens für die Marke.

Diese qualitativen Elemente erkennt im Grundsatz auch die deutsche Spruchpraxis an.[956]   **239**
Trotz dieser eindeutigen Vorgaben hat die Rechtsprechung des Bundespatentgerichts aber nur in Einzelfällen anerkannt, dass die erforderlichen Feststellungen zur Verkehrsdurchsetzung *nicht nur* aufgrund von generellen und abstrakten Prozentsätzen demoskopischer Untersuchungen möglich sind, sondern dass die Verkehrsdurchsetzung auch allein aufgrund in einer Gesamtschau zu sehender qualitativer Kriterien zu beurteilen ist.[957]

Ganz überwiegend geht die Spruchpraxis allerdings noch davon aus, dass die Vorlage eines   **240**
demoskopischen Gutachtens unerlässlich sei. Im Ausgangspunkt ist diese Auffassung angesichts der Rechtsprechung des EuGH[958] bedenklich, da sich der EuGH eindeutig dafür ausgesprochen hat, dass allein qualitative Erwägungen zur Feststellung der Verkehrsdurchsetzung ausreichen können. Allerdings gibt es durchaus Fallgestaltungen, in denen die Vorlage eines demoskopischen Gutachtens deshalb angezeigt ist, weil keine hinreichenden qualitativen Anhaltspunkte vorhanden sind oder zu verwertbaren Erkenntnissen führen. Namentlich betrifft dies diejenigen Fälle, in denen das angemeldete Zeichen nach den tatsächlichen Gegebenheiten immer nur zusammen mit einem anderen Zeichen oder Zeichenbestandteil wie z. B. einer Dachmarke benutzt wird. In derartigen Fällen lässt sich nämlich allein aufgund qualitativer Kriterien nicht klären, ob die Durchsetzung im Verkehr tatsächlich auf die angemeldete Marke oder aber auf die komplexe Marke bezogen ist.[959] Einschlägig ist die hier erörterte Fallgestaltung ferner bei dreidimensionalen Marken, deren Gegenstand die beanspruchte Ware selbst oder deren Verpackung ist, die naturgemäß mit Wortelementen versehen ist.[960] In derartigen Fallgestaltungen wird in der Tat nur durch ein de-

955 BGH, WRP 2008, 1087, 1089 Tz. 26 = GRUR 2008, 710, 712 – VISAGE.
956 BGH, MarkenR 2004, 31, 36 – Kinder; WRP 2004, 351, 353 = GRUR 2004, 331, 332 – Westie-Kopf; BPatG, GRUR 2005, 330, 333 – Fahrzeugkarosserie.
957 BPatG, BeckRS 2007, 12764 – Warburg; BeckRS 2011, 00637 – Oppenheim; BPatG, GRUR 2009, 167 – Farbmarke Sonnengelb; GRUR 2008, 428 – Farbmarke Rot.
958 EuGH, GRUR 1999, 723, 727 Tz. 51 – Chiemsee; GRUR 2005, 763, 764 Tz. 31 – Nestlé/Mars.
959 Vgl. instruktiv BGH, WRP 2008, 1087, 1089 Tz. 24 = GRUR 2008, 710, 712 – VISAGE.
960 BPatG, GRUR 2011, 68, 72 – Goldhase in neutraler Aufmachung.

moskopisches Gutachten aufzuklären sein, ob sich die angemeldete Marke als solche (d. h. ohne die im Verkehr benutzten Zusätze) im Verkehr durchgesetzt hat. Ist jedoch Gegenstand der Markenanmeldung ein einzelnes Wort und wird dies nach den tatsächlichen Gegebenheiten auch immer in Alleinstellung (also auch ohne Dachmarke) benutzt, kann die Vorlage eines demoskopischen Gutachtens nicht zwingend verlangt werden. In diesen Fällen ist der Markenanmelder jedoch gehalten, umfängliches Material vorzulegen, das es erlaubt, die qualitativen Gesichtspunkte (Marktanteil, Umsätze, Intensität, geografische Verbreitung und Dauer der Benutzung, Werbeaufwand) abschließend zu beurteilen.

241   Sofern der Anmelder seinen Nachweis der Verkehrsdurchsetzung der angemeldeten Marke auf ein demoskopisches Gutachten stützt bzw. soweit die Eintragungspraxis von BPatG und BGH dies verlangt, wird in ständiger Spruchpraxis nach wie vor ein quantitativer Bekanntheitsgrad von mindestens 50 % in den beteiligten Verkehrkreisen verlangt.[961] Die Grenze von 50 % versteht die Rechtsprechung als Untergrenze, die nur in seltenen Fällen unterschritten werden kann.[962] Im Einzelfall wird sogar eine „nahezu einhellige" Durchsetzung verlangt. Dies gilt namentlich für solche Zeichen, die die fraglichen Waren oder Dienstleistungen glatt beschreiben.[963] Der BGH versteht den Begriff der *einhelligen Durchsetzung* allerdings nicht im Sinne eines gegen 100 % gehenden Durchsetzungsgrades. Er erkennt insoweit an, dass die Voraussetzungen für eine Verkehrsdurchsetzung eines glatt beschreibenden Begriffs nicht so hoch angesiedelt werden dürfen, dass eine Verkehrsdurchsetzung in der Praxis von vornherein ausgeschlossen ist.[964]

242   Beispiele aus der jüngeren Rechtsprechung zu den Anforderungen an die quantitative Bekanntheit:

243   Ausreichend: 84,6 % für die für die *Dienstleistung der Beförderung und Zustellung von Gütern, Briefen und Paketen* angemeldete Angabe „POST";[965] dreidimensionale Marke „ROCHER"-Kugel – 62 % für *Pralinen;*[966] „ kinder" (farbig schwarz/rot) für *Schokolade* – 77,3 %[967] – „kinder" (schwarz-rot); dreidimensionale Marke (Darstellung eines Goldhasen in neutraler Ausstattung) für *Schokoladewaren* – 67,3 %;[968] dreidimensionale Marke „Milchschnitte" für *Fertigkuchen* – 52,0 bzw. 61,0 %;[969] „SPAR" für *Einzelhandels- und Großhandelsdienstleistungen im Bereich von Lebensmitteln* – 52,2 %;[970] Farbmarke „Rapsgelb" für *Branchen-Telefonbücher und -verzeichnisse* – 61,7 %;[971] Farbmarke „LILA" für

---

961 BGH, MarkenR 2009, 297, 300 Tz. 25 – POST II; WRP 2008, 791, 793 Tz. 23 = GRUR 2008, 510, 512 – Milchschnitte; GRUR 2009, 954, 956 Tz. 24 – Kinder III; WRP 2010, 260, 263 Tz. 41 = GRUR 2010, 138, 142 – ROCHER-Kugel; WRP 2008, 1087, 1089 Tz. 26 = GRUR 2008, 710, 712 – VISAGE; GRUR 2006, 760, 762 Tz. 20 – LOTTO; WRP 2001, 1205 = 2001, 1042 – REICH UND SCHOEN.
962 So etwa BPatG, GRUR 2007, 593, 596 – Ristorante – 49,9 %; vgl. dagegen BPatG, PharmR 2007, 467, 471 – Melissengeist – 49,3 % unzureichend.
963 BGH, GRUR 2006, 760, 762 Tz. 20 – LOTTO.
964 BGH, GRUR 2009, 669, 671 Tz. 27 – POST II.
965 BGH, GRUR 2009, 669 – Post II.
966 BGH, WRP 2010, 260 = GRUR 2010, 138 – ROCHER-Kugel.
967 BPatG, MarkenR 2007, 167 – Kinder.
968 BPatG, GRUR 2011, 68 – Goldhase in neutraler Ausstattung.
969 BGH, WRP 2008, 791 = GRUR 2008, 510 – Milchschnitte.
970 BPatG, BeckRS 2010, 22010 – SPAR.
971 BPatG, GRUR 2009, 170 – Farbmarke Rapsgelb.

Tapetenkleister – 52,0 % bei Berücksichtigung weiterer Umstände;[972] Farbmarke „Braun"
für u. a. *Transport und Zustellung von Briefen etc.* – 71,9 %.[973]

Unzureichend: „LOTTO" für *u. a. Lotteriespiele* – 58,0 %;[974] „Melissengeist" für *Arznei-* **244**
mittel, nämlich Destillat aus Melisse u. a. – 49,3 %.[975] Die Praxis des BPatG erweist sich
dabei als weit strenger als diejenige des BGH.[976]

Die seitens der Spruchpraxis von BGH und BPatG postulierte Mindestgrenze von 50 % **245**
sowie die Erhöhung dieser Anforderungen bei glatt beschreibenden Angaben bis hin zur
„nahezu einhelligen" Durchsetzung begegnet Bedenken. Dies gilt in zweierlei Hinsicht:
Zum einen erscheint es ungerechtfertigt, bei glatt beschreibenden Angaben eine „nahezu
einhellige Bekanntheit" zu fordern. Denn ein nicht beschreibendes Zeichen, das im Wege
der Verkehrsdurchsetzung eingetragen wird, erreicht die Schwelle der ausreichenden Bekanntheit empirisch wesentlich einfacher als ein glatt beschreibender Begriff. Erreicht
Letzterer dann aber auch eine mit der nicht beschreibenden Bezeichnung vergleichbare
Größenordnung, ist nicht nachzuvollziehen, aus welchen Gründen insoweit ein nochmals
erhöhtes Anforderungsprofil erforderlich sein soll. Zum anderen lässt das Festhalten an der
sog. „50+"-Regel eine angemessene Berücksichtigung der *Gesamtschau aller Gesichtspunkte* vermissen. Das diesbezügliche Postulat des EuGH ist eindeutig.[977]

g) Zeitpunkt der Verkehrsdurchsetzung

Wie bei jeder anderen eingetragenen Marke beginnt auch der Schutz der kraft Verkehrs- **246**
durchsetzung eingetragenen Marke regelmäßig mit dem Anmeldetag. Dies setzt voraus,
dass dem Anmelder der Nachweis gelingt, dass sämtliche Voraussetzungen für die Verkehrsdurchsetzung am Anmeldetag vorlagen.[978] Gelingt ihm dieser Nachweis erst im Laufe des
Anmeldeverfahrens, kommt in Einzelfällen eine Prioritätsverschiebung nach § 37 Abs. 2 in
Betracht. Dies ist z. B. der Fall, wenn eine während des Anmeldeverfahrens eingereichte demoskopische Umfrage keine Rückbeziehung auf den Anmeldetag zulässt. Die Zeitrangverschiebung, die im Übrigen das Einverständnis des Anmelders voraussetzt, hat praktische Bedeutung nur für die Bestimmung des Prioritätsdatums (§ 6 Abs. 2). Für die Schutzdauer des
Zeichens und seine Verlängerung (§ 47) bleibt hingegen der Anmeldetag maßgeblich.

h) Wirkungen einer durchgesetzten Marke

Eine kraft Verkehrsdurchsetzung eingetragene Marke folgt verfahrens- und materiellrecht- **247**
lich den allgemeinen Regeln. So wird die Marke wie jede andere Marke im *Markenblatt* veröffentlicht. Dritte haben sodann die Möglichkeit zur Einlegung von Widersprüchen. Wie jede andere Marke kann auch die kraft Verkehrsdurchsetzung eingetragene Marke wegen Ver-

---

972 BPatG, BeckRS 2009, 07650 – LILA.
973 BPatG, BeckRS 2007, 08028 – Farbmarke „Braun".
974 BGH, GRUR 2006, 760 – LOTTO.
975 BPatG, PharmR 2007, 467 – Melissengeist.
976 Vgl. BGH, WRP 2010, 260 = GRUR 2010, 138 – ROCHER-Kugel.
977 WRP 1999, 629, 634 Tz. 52 = GRUR 1999, 723, 727 – Chiemsee; WRP 1999, 1130, 1132 Tz. 25
    = GRUR Int. 2000, 73, 75 – Chevy.
978 Vgl. EuG, BeckRS 2010, 91155 – Farbkombination eines Traktors.

falls (§ 49) oder Nichtigkeit (§ 50 Abs. 1 Nr. 3) gelöscht werden. Im Verletzungsprozess ist das ordentliche Gericht an die Eintragung kraft Verkehrsdurchsetzung gebunden.[979]

248 In materieller Hinsicht genießt eine kraft Verkehrsdurchsetzung eingetragene Marke in der Regel durchschnittliche Kennzeichnungskraft.[980] Eine quantitativ und qualitativ besonders starke Verkehrsdurchsetzung kann aber auch zu einer überdurchschnittlichen Kennzeichnungskraft führen. Im Kollisionsfall findet dies in einem entsprechend erweiterten Schutzbereich der Marke seinen Niederschlag.[981]

4. Gemeinschaftsmarkenrecht

249 Nach Art. 7 Abs. 3 GMV finden die Schutzhindernisse des Art. 7 Abs. 3 lit. b) (fehlende Unterscheidungskraft), c) (Freihaltebedürfnis) und d) GMV (üblich gewordene Zeichen) keine Anwendung, wenn die Marke für die Waren oder Dienstleistungen, für die die Eintragung beantragt wird, infolge ihrer Benutzung Unterscheidungskraft erlangt hat. Dabei ist anerkannt, dass die notwendige Unterscheidungskraft in Folge ihrer Benutzung bereits vor dem Anmeldetag der Marke erworben worden sein muss.[982] Für den Nachweis der Verkehrsdurchsetzung gelten grundsätzlich vergleichbare quantitative und qualitative Kriterien wie im deutschen Recht. Neben dem Bekanntheitsgrad sind insbesondere der von der Marke gehaltene Marktanteil, die Intensität, die geografische Verbreitung und die Dauer der Benutzung der Marke sowie der Werbeaufwand des Unternehmens für die Marke von Bedeutung.[983] Eine Differenzierung der Unterscheidungskraft nach dem Freihaltebedürfnis findet nicht statt.[984] Bezieht sich der Mangel der Unterscheidungskraft nur auf einen Teil der Gemeinschaft, muss der Nachweis nur für diesen Teil erbracht werden (vgl. Ziff. 8. 12. 2. der Prüfungsrichtlinien des HABM). Art. 7 Abs. 3 GMV verlangt damit eine Verkehrsdurchsetzung in allen Teilgebieten des Geltungsbereichs der GMV, in denen ein Eintragungshindernis i. S. d. Art. 7 Abs. 1 lit. b), c) oder d) GMV besteht. Daher beurteilte der EuGH den Nachweis der Verkehrsdurchsetzung des Zeichens „OPTIONS" für Großbritannien als unzureichend, da dem Zeichen auch in der französischen Sprache keinerlei Unterscheidungskraft zukomme.[985] Hinsichtlich vieler Begriffe ist allerdings denkbar, dass diese in einzelnen Ländern mangels jeglichen Sprachverständnisses nicht verstanden werden und schon deshalb originäre Unterscheidungskraft haben. In diesen Fällen beschränkt sich der Nachweis nach Art. 7 Abs. 3 auf diejenigen Länder, in denen das Zeichen keine originäre Unterscheidungskraft i. S. d. Art. 7 Abs. 1 lit. b) GMV hat. Bei dreidimensionalen Marken, deren Gegenstand die Form der Ware selbst ist, spricht jedoch eine Vermutung dafür, dass die Beurteilung ihrer Unterscheidungskraft in der gesamten Europäischen

---

979 BGH, WRP 1966, 369 = GRUR 1966, 495, 497 – UNIPLAST; WRP 1979, 780 = GRUR 1979, 853, 854 – LILA.

980 BGH, GRUR 1964, 381, 383 – WKS-Möbel; GRUR 1986, 72, 73 – Tabacco d'Harar; WRP 1991, 296, 297 = GRUR 1991, 609, 610 – SL.

981 BGH, GRUR 1990, 367, 370 – alpi/Alba moda.

982 EuGH, MarkenR 2009, 365, 368 – Imagination Technologies.

983 EuGH, WRP 1999, 629, 634 Tz. 51 = GRUR 1999, 723, 727 – Chiemsee; vgl. a. *Bender*, MarkenR 2000, 118, 129.

984 Vgl. EuGH, WRP 1999, 629, 634 Tz. 48 = GRUR 1999, 723, 727.

985 EuGH, MarkenR 2000, 150, 151 f. – OPTIONS; HABM, GRUR Int. 2001, 69, 71 – ARAL BLAU WEISS: Der Nachweis der Erlangung einer durch Benutzung erlangten Unterscheidungskraft in Deutschland ist unzureichend.

v. Schultz

Union gleich ausfällt, weshalb der Nachweis der Erlangung von Unterscheidungskraft auch für alle Mitgliedstaaten geführt werden muss.[986]

V. Sonderbestimmungen (§ 8 Abs. 4)

§ 8 Abs. 4 enthält einige Sonderbestimmungen für die in § 8 Abs. 2 Nr. 6, 7 und 8 aufge- **250** führten Schutzhindernisse (s. o. Rn. 192, 196, 198).

---

986 EuG, GRUR 2011, 425, 429 Tz. 65 ff. – Goldhase; BeckRS 2010, 91155 Tz. 30 – Farbkombination eines Traktors; HABM, GRUR-RR 2008, 125, 129 Tz. 37 ff. – Luxusuhr.

Vorbemerkungen zu §§ 9–13

1 Die §§ 9–13 befassen sich mit dem Verhältnis zwischen älteren Marken und sonstigen Rechten einerseits und jüngeren eingetragenen Marken andererseits. Bei den älteren Rechten handelt es sich um sog. *relative Schutzhindernisse*, deren Begründetheit zur Löschung der jüngeren eingetragenen Marke führen kann. Die in der Praxis wichtigste Bestimmung ist § 9, der Kollisionen mit älteren Rechten Dritter aufgrund angemeldeter oder eingetragener Marken mit älterem Zeitrang behandelt. §§ 10–12 befassen sich mit der Löschung der Eintragung einer Marke aufgrund anderer *prioritätsälterer* Kennzeichenrechte, nämlich der (nicht eingetragenen) notorisch bekannten Marke (§ 10), der durch Benutzung erworbenen Marke und geschäftlichen Bezeichnung (§ 12) und des sonstigen älteren Rechts (§ 13). § 11 betrifft die Löschung der Agentenmarke. Gemeinsames Merkmal sämtlicher relativer Schutzhindernisse i. S. d. §§ 9–13 ist, dass sie im Wege der vor den Zivilgerichten einzureichenden Löschungsklage der Eintragung einer jüngeren Marke entgegengehalten werden können (§ 51 Abs. 1). Die Löschung der Eintragung einer Marke aufgrund eines beim DPMA eingelegten Widerspruchs (§ 42) kommt bei den relativen Schutzhindernissen des § 9 Abs. 1 Nr. 1 und 2 sowie bei notorisch bekannten Marken (allerdings nur, sofern die Voraussetzungen des § 9 Abs. 1 Nr. 1 oder 2 vorliegen) in Betracht. Ein Widerspruch findet ferner gegen die Agentenmarke statt. Nach dem neu eingefügten § 42 Abs. 2 Nr. 4 kann ein Widerspruch nun auch auf der Grundlage der in § 12 erwähnten Kennzeichenrechte eingelegt werden.

v. Schultz

§ 9
Angemeldete oder eingetragene Marken
als relative Schutzhindernisse

(1) Die Eintragung als Marke kann gelöscht werden,

1. wenn sie mit einer angemeldeten oder eingetragenen Marke mit älterem Zeitrang identisch ist und die Waren oder Dienstleistungen, für die sie eingetragen worden ist, mit den Waren oder Dienstleistungen identisch sind, für die die Marke mit älterem Zeitrang angemeldet oder eingetragen worden ist,

2. wenn wegen ihrer Identität oder Ähnlichkeit mit einer angemeldeten oder eingetragenen Marke mit älterem Zeitrang und der Identität oder der Ähnlichkeit der durch die beiden Marken erfassten Waren oder Dienstleistungen für das Publikum die Gefahr von Verwechslungen besteht, einschließlich der Gefahr, dass die Marken gedanklich miteinander in Verbindung gebracht werden, oder

3. wenn sie mit einer angemeldeten oder eingetragenen Marke mit älterem Zeitrang identisch oder dieser ähnlich ist und für Waren oder Dienstleistungen eingetragen worden ist, die nicht denen ähnlich sind, für die die Marke mit älterem Zeitrang angemeldet oder eingetragen worden ist, falls es sich bei der Marke mit älterem Zeitrang um eine im Inland bekannte Marke handelt und die Benutzung der eingetragenen Marke die Unterscheidungskraft oder die Wertschätzung der bekannten Marke ohne rechtfertigenden Grund in unlauterer Weise ausnutzen oder beeinträchtigen würde.

(2) Anmeldungen von Marken stellen ein Eintragungshindernis im Sinne des Absatzes 1 nur dar, wenn sie eingetragen werden.

Übersicht

Literatur: S. Angaben zu § 14.

I. Allgemeines

§ 9 ist die zentrale Bestimmung für die Geltendmachung von Ansprüchen auf *Löschung* **1**
einer eingetragenen Marke. Die Durchsetzung von Löschungsansprüchen i. S. d. § 9 erfolgt
im Wege des Widerspruchsverfahrens vor dem Deutschen Patent- und Markenamt (§ 42)

oder im Wege der vor den ordentlichen Gerichten einzureichenden Löschungsklage nach §§ 51, 55.

2 § 9 Abs. 1 sieht drei Löschungstatbestände vor, nämlich die Identverletzung (Nr. 1), die Verwechslungsgefahr (Nr. 2) und den Schutz der bekannten Marke gegen Ausnutzung oder Beeinträchtigung der Unterscheidungskraft oder der Wertschätzung (Nr. 3). Im patentamtlichen Löschungsverfahren kommen allerdings – anders als im Löschungsverfahren vor den ordentlichen Gerichten – nur die Löschungsgründe des § 9 Abs. 1 Nr. 1 u. 2 zum Zuge. Allen Löschungstatbeständen gemein ist die Voraussetzung der Priorität des Rechts, auf den der Löschungsanspruch gestützt wird.

3 § 9 regelt nur den Fall des Anspruchs auf Löschung einer *eingetragenen* Marke. Den Fall eines Anspruchs auf Rücknahme der *Anmeldung* einer Marke regelt § 9 hingegen nicht. In Betracht kommt insoweit aber eine auf Rücknahme einer Markenanmeldung gerichtete Klage (§§ 51, 55).

4 Der Löschungsanspruch des § 9 kann sowohl auf eingetragene als auch auf angemeldete prioritätsältere Marken gestützt werden. Eine (patentamtliche oder gerichtliche) Entscheidung über den Löschungsanspruch aufgrund einer älteren *angemeldeten* Marke kann aber nur ergehen, wenn die ältere Marke eingetragen ist (Abs. 2).

II. Die Löschungstatbestände des § 9

1. Älteres Recht

5 § 9 bezieht sich nur auf den Fall der Löschung aufgrund einer prioritätsälteren angemeldeten oder eingetragenen *Marke*. Der Begriff der *Marke* i. S. d. § 9 umfasst alle angemeldeten und eingetragenen deutschen Marken (DE), die ehemaligen DDR-Marken (DD), international registrierten (IR) Marken, die Schutz in der Bundesrepublik Deutschland genießen (§ 114) und Gemeinschaftsmarken (§ 125b Nr. 1).

6 Unabdingbare Voraussetzung des Löschungsanspruchs ist die Priorität desjenigen Rechts, auf das der Löschungsanspruch gestützt wird. Die Prioritätsfrage regelt § 6 Abs. 2. Grundsätzlich ist danach auf die Priorität des Anmeldetags abzustellen (bei IR-Marken: Tag der internationalen Registrierung bzw. – bei Wahrung der 6-Monatsfrist – Tag der Anmeldung der nationalen Basismarke). In Betracht kommt ferner eine ältere ausländische Priorität (§ 34) sowie eine Ausstellungspriorität (§ 35). Bei anderen Kennzeichenrechten als angemeldeten und eingetragenen Marken wie Benutzungsmarken (§ 4 Nr. 2), notorisch bekannten Marken (§ 4 Nr. 3), geschäftlichen Bezeichnungen (§ 5) und sonstigen Rechten i. S. d. § 13 bestimmt sich der Prioritätszeitpunkt nach speziellen Regeln wie z. B. dem Zeitpunkt des Erwerbs der Verkehrsgeltung oder der Benutzungsaufnahme. Zur näheren Erläuterung der Bestimmung des Prioritätszeitpunkts wird auf die Kommentierung zu § 6 verwiesen (angemeldete oder eingetragene Marken: Rn. 3–5; andere Kennzeichenrechte: Rn. 6).

2. Identität (§ 9 Abs. 1 Nr. 1)

7 Nach § 9 Abs. 1 Nr. 1 kann die Eintragung einer Marke gelöscht werden, wenn sie mit einer prioritätsälteren Marke identisch ist, die für identische Waren oder Dienstleistungen angemeldet oder eingetragen ist. Liegt eine solche Fallkonstellation vor, ist ein Löschungsgrund immer unproblematisch gegeben.

3. Verwechslungsgefahr (§ 9 Abs. 1 Nr. 2)

In der Praxis am wichtigsten ist der Löschungstatbestand des § 9 Abs. 1 Nr. 2, der die Verwechslungsgefahr behandelt. Danach kann die Eintragung einer Marke gelöscht werden, wenn ihr eine identische oder ähnliche angemeldete oder eingetragene Marke mit älterem Zeitrang entgegengehalten wird, die Schutz für identische oder ähnliche Waren oder Dienstleistungen beansprucht. Nach dem letzten Halbsatz des § 9 Abs. 1 Nr. 2 schließt der Begriff der Verwechslungsgefahr auch die Gefahr ein, dass die Marken gedanklich miteinander in Verbindung gebracht werden. Der Begriff der Verwechslungsgefahr ist eine reine Rechtsfrage. Er wird im Wesentlichen durch drei Komponenten bestimmt, die zueinander im Wechselwirkungsverhältnis stehen: **8**

Erforderlich ist zunächst, dass die Waren oder Dienstleistungen, für die die sich gegenüberstehenden Marken angemeldet oder eingetragen sind, identisch oder ähnlich sind. Die Frage der Ähnlichkeit bestimmt sich nach der Verkehrsauffassung; deren Ermittlung kann in Grenzfällen erhebliche Schwierigkeiten aufwerfen. Folgt man der Rechtsprechung des EuGH, sind die sich gegenüberstehenden Waren oder Dienstleistungen dann ähnlich, wenn zwischen diesen so enge Beziehungen bestehen, dass sich den Abnehmern, wenn sie an den Waren dasselbe Zeichen angebracht sehen, der Schluss aufdrängt, dass diese Waren von demselben Unternehmen stammen.[1] Beim Vergleich der beiderseitigen Waren oder Dienstleistungen ist demgemäß auf ihre regelmäßige betriebliche Herkunft, ihren Vertriebs- oder Erbringungsort, ihre Beschaffenheit, ihre wirtschaftliche Bedeutung und ihren Verwendungs- oder Einsatzzweck abzustellen. Einen Anhaltspunkt für die Beurteilung der Ähnlichkeit von Waren oder Dienstleistungen mag häufig die Entscheidungssammlung von *Richter/Stoppel* bieten.[2] Sie fußt teilweise noch auf der früheren Rechtsprechung zur *Gleichartigkeit* von Waren oder Dienstleistungen. Der Gleichartigkeitsbegriff ist jedoch nicht deckungsgleich mit dem Begriff der *Ähnlichkeit* i.S.d. § 9 Abs. 1 Nr. 2.[3] An die zur Beurteilung der Warengleichartigkeit entwickelten Kriterien kann zwar angeknüpft werden, doch ist der Ähnlichkeitsbegriff eher weiter auszulegen als der Gleichartigkeitsbegriff i.S.d. alten Rechts.[4] **9**

Ergibt sich bei der Prüfung der Warenähnlichkeit, dass eine solche nicht vorliegt, ist ein Löschungsgrund i.S.d. § 9 Abs. 1 Nr. 2 nicht gegeben. Liegt hingegen eine Identität oder eine hinreichende Ähnlichkeit der sich gegenüberstehenden Waren oder Dienstleistungen vor, ist im zweiten Schritt die Identität oder Ähnlichkeit der sich gegenüberstehenden Marken zu prüfen. Ergibt sich bei dieser Prüfung, dass die Marken identisch oder hinreichend ähnlich sind, ist – vorbehaltlich der Prüfung der Kennzeichnungskraft – Verwechslungsgefahr i.S.d. § 9 Abs. 1 Nr. 2 gegeben. **10**

---

1 EuGH, GRUR Int. 1994, 614, 615 – Ideal-Standard II.
2 *Richter/Stoppel*, Die Ähnlichkeit von Waren und Dienstleistungen, 14. Aufl.
3 BGH, WRP 1995, 320, 324 = GRUR 1995, 216, 219 – Oxygenol II.
4 BPatG, GRUR 1995, 584, 586 – Sonett; zu den Einzelheiten des markenrechtlichen Ähnlichkeitsbegriffs s. Kommentierung zu § 14.

11 Generell geht es bei der Prüfung der Verwechslungsgefahr um die Frage, ob die zu vergleichenden Zeichen derart große Ähnlichkeiten aufweisen, dass beim Publikum die Gefahr von Verwechslungen entstehen kann. Die Prüfung der Frage der Verwechslungsgefahr ist sehr vielschichtig. Neben der abstrakten Frage, ob überhaupt eine klangliche, schriftbildliche oder unter anderen Gesichtspunkten zu bejahende Ähnlichkeit zwischen den Vergleichszeichen vorliegt, sind zahlreiche weitere Faktoren in die Überlegungen einzubeziehen. Dazu gehört insbesondere der Grad der Kennzeichnungskraft der älteren Marke. So können bei nur geringer Kennzeichnungskraft der älteren Marke schon geringfügige Abweichungen beim jüngeren Zeichen genügen, um die Markenähnlichkeit zu verneinen. Gerade in diesem Zusammenhang kann das Prinzip der Wechselwirkung besonders bedeutsam werden, wonach der Grad der Waren- oder Dienstleistungsähnlichkeit den für die Verwechslungsgefahr erforderlichen Grad der Ähnlichkeit der sich gegenüberstehenden Marken beeinflusst. Die Prüfung der Verwechslungsgefahr basiert somit auf einer Gesamtbetrachtung mehrerer Faktoren (zu den Einzelheiten s. Kommentierung zu § 14).

12 Dies gilt auch für die Gefahr, dass die Marken gedanklich miteinander in Verbindung gebracht werden (§ 9 Abs. 1 Nr. 2, letzter Halbsatz). Diese Formulierung, die auf Art. 4 Abs. 1 lit. b) der Markenrechtsrichtlinie zurückgeht, war vereinzelt zunächst in dem Sinne ausgelegt worden, dass bereits eine bloße Assoziation die Verwechslungsgefahr i. S. d. § 9 Abs. 1 Nr. 2 begründen könne. Inzwischen hat der EuGH jedoch klargestellt, dass die bloße Assoziation für die Bejahung der Verwechslungsgefahr nicht ausreicht.[5] Das Bestehen einer Verwechslungsgefahr ist demnach auch im Fall der gedanklichen Verbindung unerlässlich (zu den Einzelheiten s. Kommentierung zu § 14).

4. Schutz der bekannten Marke (§ 9 Abs. 1 Nr. 3)

13 Der Löschungsgrund des § 9 Abs. 1 Nr. 3 behandelt den Tatbestand der unlauteren Ausnutzung oder Beeinträchtigung der Unterscheidungskraft oder der Wertschätzung der bekannten Marke. Anders als die in Nr. 1 und 2 geregelten Tatbestände ist Nr. 3 auf Fallkonstellationen zugeschnitten, in denen es an einer Ähnlichkeit der sich gegenüberstehenden Waren oder Dienstleistungen fehlt. Über den Wortlaut der Bestimmung hinaus ist § 9 Abs. 1 Nr. 3 aber auch auf Fälle anwendbar, in denen die sich gegenüberstehenden Waren oder Dienstleistungen identisch oder ähnlich sind.[6] Mit der Aufnahme der Bestimmung in den Katalog der relativen Schutzhindernisse des § 9 Abs. 1 hat der Gesetzgeber eine Rechtsprechung gesetzlich normiert, die sich in den 80er Jahren entwickelt hatte.[7] Der Tatbestand liegt vor, wenn die Benutzung des jüngeren (eingetragenen) Zeichens die Unterscheidungskraft oder die Wertschätzung einer bekannten älteren Marke ohne rechtfertigenden Grund in unlauterer Weise ausnutzt oder beeinträchtigt. Anders als die eher registerrechtlich orientierten Schutzhindernisse des § 9 Abs. 1 Nr. 1 und 2 enthält der Tatbestand des § 9 Abs. 1 Nr. 3 somit eine eher wettbewerbsrechtliche Komponente (zu den Einzelheiten s. Kommentierung zu § 14).

---

5 EuGH, WRP 1998, 39, 41 = GRUR 1998, 387, 389 – Springende Raubkatze.
6 EuGH, WRP 2003, 370, 374 Tz. 30 = GRUR 2003, 240, 243 – Davidoff/Gofkid.
7 BGH, GRUR 1983, 247 – Rolls Royce; WRP 1985, 399 = GRUR 1985, 550 – DIMPLE; WRP 1991, 228 = GRUR 1991, 465 – Salomon; WRP 1991, 296, 297 = GRUR 1991, 609 – SL.

v. Schultz

III. Rechtsfolgen

Liegt ein Fall der Identität i. S. d. § 9 Abs. 1 Nr. 1, der Verwechslungsgefahr i. S. d. § 9 **14**
Abs. 1 Nr. 2 oder der unlauteren Ausnutzung bzw. Beeinträchtigung der Unterscheidungskraft oder der Wertschätzung der bekannten Marke i. S. d. § 9 Abs. 1 Nr. 3 vor, kann die
Eintragung der jüngeren Marke gelöscht werden. Der Löschungsanspruch greift jedoch
nur in dem Umfang durch, in dem ein Löschungsgrund i. S. d. § 9 Abs. 1 Nr. 1–3 vorliegt.
Häufig kommt daher nur eine *Teillöschung* der angegriffenen Marke in Betracht. Ergibt
nämlich die Prüfung, dass Identität oder Verwechslungsgefahr nur hinsichtlich eines Teils
der von der jüngeren Marke beanspruchten Waren oder Dienstleistungen gegeben ist,
scheidet eine Löschung der jüngeren Marke für die übrigen beanspruchten Waren oder
Dienstleistungen aus. Dieses Prinzip der Teillöschung bestätigen § 43 Abs. 2 S. 1 für den
Fall des Widerspruchsverfahrens und § 51 Abs. 5 für den Fall der Löschungsklage.

IV. Durchsetzung des Löschungsanspruchs

Löschungsansprüche i. S. d. § 9 Abs. 1 können im Wege des Widerspruchs (§ 42) oder der **15**
Löschungsklage (§§ 51, 55) verfolgt werden. Für das Widerspruchsverfahren kommen lediglich die Löschungsgründe des § 9 Abs. 1 Nr. 1 und 2 in Betracht (§ 42 Abs. 2 Nr. 1 und
2). Im gerichtlichen Löschungsverfahren ist darüber hinaus auch die Geltendmachung des
Löschungsgrunds der unlauteren Rufausbeutung (§ 9 Abs. 1 Nr. 3) möglich.

Anders als bei der Löschungsklage kann ein Widerspruch auch auf eine ältere Marke ge- **16**
stützt werden, die sich noch im Anmelde- oder Widerspruchsverfahren befindet und folglich noch nicht endgültig eingetragen ist. Eine Entscheidung über einen derart erhobenen
Widerspruch darf jedoch nur ergehen, wenn die ältere Marke (Widerspruchsmarke) eingetragen worden ist (§ 9 Abs. 2). Das Widerspruchsverfahren ist mithin bis zur rechtskräftigen Entscheidung über die Eintragung der Widerspruchsmarke auszusetzen.

Für das Widerspruchsverfahren ist ferner zu beachten, dass die Erhebung eines Wider- **17**
spruchs gem. § 42 Abs. 1 nur innerhalb einer Frist von drei Monaten nach dem Tag der
Veröffentlichung der Eintragung der jüngeren Marke zulässig ist. Die Erhebung der Löschungsklage ist demgegenüber fristungebunden möglich; toleriert der Inhaber der älteren
Marke jedoch die *Benutzung* der jüngeren Marke während eines Zeitraums von fünf aufeinander folgenden Jahren in Kenntnis dieser Benutzung, entfällt die Möglichkeit der Löschung der jüngeren Marke aufgrund des älteren Rechts (§ 51 Abs. 2 S. 1). Ebenso muss
sich der Inhaber einer älteren Marke seine einmal erteilte Zustimmung entgegenhalten lassen (§ 51 Abs. 2 S. 4).

Die Löschung scheidet weiterhin aus, wenn der Inhaber der angegriffenen Marke im Wi- **18**
derspruchsverfahren die Einrede der Nichtbenutzung erhebt (zu den Einzelheiten s. Kommentierung zu § 43 Rn. 6 ff.). Entsprechendes gilt im gerichtlichen Löschungsverfahren, in
dem die Löschungsreife des älteren Zeichens wegen Nichtbenutzung (Verfall) einredeweise wie auch im Wege der Widerklage geltend gemacht werden kann (zu den Einzelheiten s.
Kommentierung zu § 55 Rn. 23 f.). Nach § 51 Abs. 4 Nr. 2 scheidet die Löschung der Eintragung einer jüngeren Marke ferner aus, wenn die ältere Marke wegen absoluter Schutzhindernisse nach § 50 hätte gelöscht werden können.

19 Die Löschung der Eintragung einer jüngeren Marke entfällt auch, wenn deren Inhaber über ältere Rechte an einem identischen oder ähnlichen Zeichen für identische oder ähnliche Waren oder Dienstleistungen verfügt. Im gerichtlichen Löschungsverfahren können diese Rechte dem Kläger einredeweise entgegengehalten oder im Wege einer auf Löschung der entgegengehaltenen Marke gerichteten Widerklage geltend gemacht werden. Im summarischen Widerspruchsverfahren können dem Widersprechenden ältere Rechte des Inhabers der angegriffenen Marke hingegen nicht entgegengehalten werden, da Gegenstand des Widerspruchsverfahrens ausschließlich die Kollision zwischen Widerspruchsmarke und jüngerer Marke ist. Dennoch bleiben seine Rechte an dem älteren Zeichen nicht unberücksichtigt; indes ist er auf deren Geltendmachung im Wege der *Eintragungsbewilligungsklage* nach § 44 oder auf eine auf Löschung des Widerspruchszeichens gerichteten Klage nach § 51 angewiesen. In diesen Fällen kommt eine Aussetzung des Widerspruchsverfahrens bis zur rechtskräftigen Entscheidung über das vom Inhaber der angegriffenen Marke eingeleitete Verfahren in Betracht.

20 Im Widerspruchsverfahren ist der Widerspruch auf *Löschung* der angegriffenen Marke gerichtet. Sofern der Widerspruch Erfolg hat, nimmt das DPMA die Löschung vor. Die *Löschungsklage* ist demgegenüber auf *Einwilligung in die Löschung* des jüngeren Zeichens gerichtet. Das Löschungsurteil dient sodann als Grundlage für die Durchsetzung des Löschungsanspruchs beim DPMA.

V. IR-Marken

21 § 9 findet auf IR-Marken entsprechende Anwendung. So kann sowohl aufgrund einer älteren IR-Marke, die Schutz für die Bundesrepublik Deutschland beansprucht, Widerspruch gegen eine jüngere deutsche oder IR-Marke eingelegt (§ 116) als auch aufgrund einer älteren deutschen oder IR-Marke Widerspruch gegen den die Bundesrepublik Deutschland betreffenden Teil einer IR-Marke eingelegt (§ 114) werden. Die Unterschiede beschränken sich auf begriffliche Nuancen: So richten sich Widersprüche gegen eine IR-Marke nicht auf die *Löschung* der Eintragung, sondern auf die *Verweigerung des Schutzes* des die Bundesrepublik Deutschland betreffenden Teils der IR-Marke (§ 114 Abs. 3). Entsprechend sind Verfahren nach §§ 51, 55 nicht auf Löschung, sondern auf *Schutzentziehung* des die Bundesrepublik Deutschland betreffenden Teils der IR-Marke gerichtet (§ 115 Abs. 1).

VI. Gemeinschaftsmarkenrecht

22 Das Gemeinschaftsmarkenrecht enthält inhaltlich dem § 9 weitgehend entsprechende Bestimmungen. Die Tatbestände des § 9 Abs. 1 Nr. 1 und 2 sind nahezu wortlautgleich mit denjenigen des Art. 8 Abs. 1a) und b) GMV. Entsprechendes gilt für den Tatbestand der unlauteren Beeinträchtigung oder Ausnutzung der Unterscheidungskraft oder Wertschätzung der bekannten Marke gem. § 9 Abs. 1 Nr. 3 bzw. Art. 8 Abs. 5 GMV. Anders als im deutschen Recht kann der Tatbestand der unlauteren Rufausbeutung auch im Wege des Widerspruchsverfahrens entgegengehalten werden. Ältere Rechte Dritter behandelt die GMV als relative Nichtigkeitsgründe (Art. 53). Auf deren Grundlage kann der Inhaber älterer Rechte die Löschung der jüngeren Gemeinschaftsmarke auch im Wege der Widerklage nach Art. 100 GMV erreichen.

§ 10
Notorisch bekannte Marken

(1) Von der Eintragung ausgeschlossen ist eine Marke, wenn sie mit einer im Inland im Sinne des Artikels 6bis der Pariser Verbandsübereinkunft notorisch bekannten Marke mit älterem Zeitrang identisch oder dieser ähnlich ist und die weiteren Voraussetzungen des § 9 Abs. 1 Nr. 1, 2 oder 3 gegeben sind.

(2) Absatz 1 findet keine Anwendung, wenn der Anmelder von dem Inhaber der notorisch bekannten Marke zur Anmeldung ermächtigt worden ist.

Übersicht

Literatur zum MarkenG: *Kur*, Die notorisch bekannte Marke im Sinne von 6bis PVÜ und die „bekannte Marke" i. S. d. Markenrechtsrichtlinie, GRUR 1994, 330; *dies.*, Die WIPO-Vorschläge zum Schutz notorisch bekannter und berühmter Marken, GRUR 1999, 866; *Piper*, Der Schutz der bekannten Marken, GRUR 1996, 429; *Sack*, Sonderschutz bekannter Marken, GRUR 1995, 81; *Schneider*, Die notorische Marke: Entstehung eines neuen Markentyps im internationalen Recht und ihre Konsequenzen für das schweizerische Markenrecht, GRUR Int. 1998, 461.

I. Allgemeines

Mit der notorisch bekannten Marke sieht das MarkenG in § 10 ein weiteres relatives **1** Schutzhindernis vor, das in seinen Ursprüngen auf Artikel 6bis PVÜ zurückgeht. Anders als nach der PVÜ-Regelung können sich nach § 10 nicht nur Ausländer, sondern auch Inländer auf die notorisch bekannte Marke berufen.

II. Schutzvoraussetzungen

Die Schutzvoraussetzungen richten sich nach § 4 Nr. 3 (zu den Einzelheiten s. § 4 **2** Rn. 21 f.).

III. Notorisch bekannte Marke als Eintragungshindernis

Als relatives Eintragungshindernis kann die Existenz einer prioritätsälteren notorisch be- **3** kannten Marke zur Löschung einer jüngeren Marke führen, wenn sie mit dieser identisch oder ihr ähnlich ist und die weiteren Voraussetzungen des § 9 Abs. 1 Nr. 1, 2 oder 3 gegeben sind. Zusätzlich zur Feststellung der Identität oder Ähnlichkeit der Vergleichszeichen müssen also noch die Identität der zu vergleichenden Waren oder Dienstleistungen (§ 9 Abs. 1 Nr. 1), Verwechslungsgefahr (§ 9 Abs. 1 Nr. 2) oder ein Fall der unlauteren Ausnutzung oder Beeinträchtigung der Unterscheidungskraft oder der Wertschätzung der Marke (§ 9 Abs. 1 Nr. 3) vorliegen. Sind diese Voraussetzungen gegeben, kann § 10 wie folgt zur Anwendung gelangen:

1. Beanstandung von Amts wegen

4   Nach § 37 Abs. 1 und 4 kann das DPMA im Rahmen seiner Prüfung auf absolute Schutzhindernisse von Amts wegen eine Markenanmeldung wegen einer prioritätsälteren notorisch bekannten Marke beanstanden bzw. zurückweisen, wenn die Notorietät der älteren Marke amtsbekannt ist und die weiteren Voraussetzungen des § 9 Abs. 1 oder 2 gegeben sind. Der Anwendungsbereich des § 10 ist damit auf den identischen oder ähnlichen Waren- oder Dienstleistungsbereich beschränkt. Auch ist das DPMA nicht gehalten, hinsichtlich der eventuellen Existenz einer notorisch bekannten Marke zu recherchieren. Nur eine *amtsbekannte* – identische oder verwechslungsfähige – Marke kann es dem Anmelder entgegenhalten. Das DPMA muss die entsprechende Beanstandung jedoch fallen lassen, wenn der Anmelder der jüngeren Marke von dem Inhaber der notorisch bekannten Marke zur Anmeldung ermächtigt worden ist (§ 10 Abs. 2), wobei die Ermächtigung bereits zum Zeitpunkt der Anmeldung der jüngeren Marke vorliegen muss.

2. Widerspruch

5   Gemäß § 42 Abs. 2 Nr. 2 hat der Inhaber einer notorisch bekannten Marke die Möglichkeit, aufgrund der notorisch bekannten Marke Widerspruch gegen eine eingetragene jüngere Marke einzulegen. Wie sich aus dem Verweis des § 42 Abs. 2 Nr. 2 auf § 9 Abs. 1 Nr. 1 und 2 ergibt, ist der Widerspruch – wie die Beanstandung von Amts wegen – auf Fälle der Identität und der Verwechslungsgefahr im Bereich identischer oder ähnlicher Waren oder Dienstleistungen beschränkt. Der über den Ähnlichkeitsbereich hinausgehende Tatbestand der unlauteren Ausnutzung oder Beeinträchtigung der Unterscheidungskraft oder Wertschätzung der (notorisch) bekannten Marke i.S.d. § 9 Abs. 1 Nr. 3 ist demgegenüber kein Widerspruchsgrund.

3. Löschungsklage

6   Der Inhaber einer notorisch bekannten Marke hat ferner die Möglichkeit, die Eintragung einer jüngeren Marke im Wege der Löschungsklage (§§ 51, 55) anzugreifen. Anders als im Widerspruchsverfahren kann er seine Klage auch auf den Tatbestand der unlauteren Ausnutzung oder Beeinträchtigung der Unterscheidungskraft oder Wertschätzung i.S.d. § 9 Abs. 1 Nr. 3 stützen.

4. Rechtsfolgen

Liegen die Voraussetzungen des § 10 Abs. 1 vor und kann sich der Anmelder der jüngeren   **7**
Marke auch nicht auf eine Ermächtigung des Inhabers der notorisch bekannten Marke be-
rufen (Abs. 2), ist die jüngere Marke löschungsreif. Im Falle einer Beanstandung nach § 37
Abs. 4 sowie im Widerspruchsverfahren kommt neben der vollständigen Löschung auch
eine Teillöschung in Betracht, wenn die jüngere Marke neben ähnlichen auch Schutz für
Waren oder Dienstleistungen außerhalb des Ähnlichkeitsbereichs beansprucht.

IV. Verletzungsklage

Der Inhaber einer prioritätsälteren notorisch bekannten Marke kann seine sich daraus erge-   **8**
benden Verbietungsrechte gegenüber Dritten (§§ 14 ff.) im Wege eines gerichtlichen Verletzungsverfahrens verfolgen. Dieses kann unproblematisch mit einem gegen die jüngere
Marke gerichteten Löschungsantrag verbunden werden.

V. Gemeinschaftsmarkenrecht

Im Gemeinschaftsmarkenrecht bilden notorisch bekannte Marken ein relatives Schutzhin-   **9**
dernis (Art. 8 Abs. 2 lit. c] GMV). Auch hier kann ein Widerspruch auf eine prioritätsältere
notorisch bekannte Marke gestützt werden. Anders als im MarkenG ist ein solcher Widerspruch jedoch nicht auf den Identitäts- und Ähnlichkeitsbereich der betreffenden Waren
oder Dienstleistungen beschränkt. Er kann auch auf den Tatbestand der unlauteren Rufausbeutung (Art. 8 Abs. 5 GMV) gestützt werden. Als relativer Nichtigkeitsgrund i. S. d.
Art. 53 Abs. 1 lit. a) GMV lassen sich Löschungsansprüche gegenüber prioritätsjüngeren
Gemeinschaftsmarken auch im Wege der Widerklage (Art. 100 GMV) verfolgen.

§ 11
Agentenmarken

Die Eintragung einer Marke kann gelöscht werden, wenn die Marke ohne die Zustimmung des Inhabers der Marke für dessen Agenten oder Vertreter eingetragen worden ist.

Übersicht

Literatur zum MarkenG: *Hoffmann,* Agentenmarke – „die Zweite", MarkenR 2004, 131; *ders.,* Agentenmarke vs. lokale, inländische Geschäftsherrenmarke, MarkenR 2002, 112; *Ingerl,* Die Neuregelung der Agentenmarke im Markengesetz, GRUR 1998, 1; *Ullmann,* Die bösgläubige Markenanmeldung die Marke und die Marke des Agenten – Überschneidende Kreise, GRUR 2009, 364.

I. Allgemeines

1   Das relative Schutzhindernis des § 11 betrifft die sog. *Agentenmarke.* Aufgrund ihrer systematischen Stellung im MarkenG ist § 11 als Löschungsgrund ausgestaltet, der insbesondere auch als Grundlage eines Widerspruchs dient (§ 42 Abs. 2 Nr. 3). Für den Verletzungsprozess enthält § 17 auf der Rechtsfolgenseite weiter gehende Ansprüche wie die Übertragung der Agentenmarke, die Unterlassung und den Schadenersatz.

2   Begrifflich betrifft die *Agentenmarke* die nicht selten anzutreffende Fallkonstellation, dass ein im Ausland ansässiger Markeninhaber die Vermarktung der mit der Marke gekennzeichneten Waren im Inland einem Dritten (Agenten) anvertraut, der wiederum ohne Wissen des Markeninhabers im Inland eine identische Marke für identische Waren zur Eintragung bringt. Eine solchermaßen zur Eintragung gelangte Marke eröffnet dem ungetreuen Agenten im Falle der Beendigung des Vertragsverhältnisses mit dem Geschäftsherren die Möglichkeit, Druck auf diesen im Hinblick auf die Fortsetzung des Vertragsverhältnisses auszuüben. Dagegen richten sich die Bestimmungen der §§ 11 und 17, indem sie Löschungs-, Übertragungs-, Unterlassungs- und Schadensersatzansprüche normieren.

v. Schultz

II. Voraussetzungen des Schutzes gegen die Agentenmarke

1. Eingetragene Marke

Nach seiner Formulierung gewährt § 11 dem Markeninhaber einen Löschungsanspruch ge- **3**
genüber der *eingetragenen* Agentenmarke. Ist die Marke angemeldet, aber noch nicht eingetragen, ist § 11 nicht anwendbar. In diesem Fall steht dem Markeninhaber aber ein Anspruch auf *Rücknahme* oder auf *Übertragung* der angemeldeten Agentenmarke auf der
Grundlage des § 17 Abs. 1 zu.

Begrifflich ist die Agentenmarke keineswegs auf mit der Marke des Inhabers identische **4**
Zeichen beschränkt; es kann sich auch um eine ähnliche Marke i. S. d. § 9 Abs. 1 Nr. 2 handeln.[1] Dies ist schon im Hinblick darauf geboten, dass der Inhaber der älteren Marke ansonsten mittels einer auch nur ähnlichen Agentenmarke dauerhaft daran gehindert werden
könnte, inländischen Markenschutz zu erlangen.[2]

2. Älteres Markenrecht des Inhabers

Der „Inhaber der Marke" muss Inhaber eines *Markenrechts* mit älterem Zeitrang sein; an- **5**
dere als Markenrechte (z. B. Rechte aufgrund der geschäftlichen Bezeichnung) fallen nicht
in den Anwendungsbereich des § 11. Das ältere Markenrecht kann, muss aber nicht in
Deutschland existieren. Es genügt vielmehr – und dies ist die übliche Fallkonstellation bei
der rechtswidrigen Agentenmarke –, dass der Inhaber über ein Markenrecht in einem Drittland verfügt. Als solches kommen nicht nur PVÜ-Verbandsländer, sondern grundsätzlich
alle Drittländer in Betracht. Auch muss es sich nicht um ein registriertes Markenrecht handeln; ein kraft Benutzung erworbenes Markenrecht (Benutzungsmarke) genügt.[3] Ob ein
derartiges Markenrecht besteht, richtet sich nach dem Recht des jeweiligen Landes.[4] In jedem Falle aber muss das Markenrecht des Geschäftsherrn über die „bessere Priorität" verfügen als die Agentenmarke.

Aus der Tatsache, dass es sich bei dem älteren Markenrecht auch um ein inländisches Recht **6**
handeln kann, folgt, dass § 11 auch auf reine Inlandssachverhalte anwendbar ist. Typischerweise betrifft dies den Fall der örtlich beschränkten Benutzungsmarke (vgl. Kommentierung zu § 4 Rn. 17).

3. Agent oder Vertreter

§ 11 definiert den Begriff des Agenten oder Vertreters nicht. Grundsätzlich hat der Agent **7**
aufgrund eines Vertragsverhältnisses mit dem Inhaber der älteren Marke (Geschäftsherrn)
in irgendeiner Weise dessen Interessen im geschäftlichen Verkehr wahrzunehmen.[5] Ent-

---

1 BPatG, Mitt. 2001, 264, 266 – Kümpers.
2 BGH, WRP 2011, 1154, 1157 Tz. 34 = GRUR 2010, 828, 831 – DiSC.
3 BGH, GRUR 2008, 917, 921 Tz. 45 – EROS; WRP 2010, 1154, 1157 Tz. 31 = GRUR 2010, 828,
  831 – DiSC.
4 BGH, WRP 2010, 1154, 1157 Tz. 31 = GRUR 2010, 828, 831 – DiSC.
5 BGH, GRUR 2008, 611, 613 Tz. 21 – audison; OLG Hamburg, GRUR-RR 2003, 269, 271 – SNO-
  MED.

scheidend ist dabei, ob sich aus dem Vertragsverhältnis eine Interessenbindung ergibt, die es verbietet, die Marke ohne Zustimmung des anderen eintragen zu lassen,[6] weil eine über den bloßen Güteraustausch hinausgehende Geschäftsbeziehung mit der Verpflichtung besteht, die Interessen des anderen wahrzunehmen.[7] Bei der Verpflichtung zur Interessenwahrnehmung reicht es aus, wenn es sich um eine aus der Natur der vertraglichen Beziehungen hervorgehende Nebenpflicht handelt.[8] Daraus folgt, dass es auf die Verwendung von Begriffen wie „Agent", „Prinzipal", „Handelsvertreter" o. Ä. nicht ankommt. Klar ist überdies, dass eine Agentenstellung bei einfachen Kauf- oder Lieferverträgen regelmäßig ausscheidet.[9] Erforderlich ist vielmehr eine darüber hinausgehende Interessenverbindung, wie sie typischerweise beim Alleinvertriebshändler, dem Alleinimporteur, dem Handelsvertreter, dem Kommissionär, dem Franchise-Nehmer und sonstigen Personen, deren Beziehung zum Inhaber der Marke sich in ähnlicher Weise kennzeichnen lässt, vorliegt. Selbst eine einseitige Interessenbindung des Agenten kann genügen.[10] Eine analoge Anwendung auf den Lizenznehmer[11] dürfte dagegen zu weit gehen. Der Begriff des Agenten oder Vertreters bezieht sich auch auf den hinter dem Agenten oder Vertreter stehenden *Strohmann*, der im Auftrag oder auf Weisung des Agenten oder Vertreters handelt.[12]

8 Der Rechtsnachfolger des Agenten oder Vertreters ist im Rahmen des § 11 wie der Agent selbst zu behandeln. Daher haftet der Rechtsnachfolger namentlich ausnahmslos in Fällen des Erwerbs der Agentenmarke, ohne dass es insoweit auf die Kenntnis des Rechtsnachfolgers von den die Löschungsreife der Agentenmarke begründenden Tatumstände ankommt.

4. Eintragung ohne Zustimmung des Markeninhabers

9 § 11 verlangt ferner, dass die Marke des Agenten oder Vertreters ohne Zustimmung des Markeninhabers eingetragen wurde. Nach richtiger Auffassung muss das Agenten- oder Vertreterverhältnis jedoch nicht erst zum Zeitpunkt der Eintragung, sondern bereits zum Zeitpunkt der Anmeldung der Marke durch den Agenten oder Vertreter bestehen.[13] Denkbar ist allerdings, dass sich die Parteien zum Zeitpunkt der Anmeldung der Marke (noch) in Verhandlungen über das einzugehende Vertragsverhältnis befanden. Auch diese Fallkonstellation wird von § 11 erfasst.

10 Die Zustimmung des Markeninhabers kann ausdrücklich oder konkludent erteilt werden. Sie kann sich auch aus den Umständen ergeben, insbesondere aus den Gesamtumständen des die Parteien bindenden Vertragsverhältnisses. Einer Zustimmung gleichzustellen ist die nachträgliche Genehmigung. Die Zustimmung kann jederzeit widerrufen werden.[14] Auch dies kann konkludent geschehen,[15] so z. B. mit der Beendigung des Vertragsverhältnisses oder mit dem Verlangen nach Übertragung der Agentenmarke. Zumeist wird es je-

---

6 BGH, WRP 2008, 940, 442 – audison; GRUR 2008, 917, 921 Tz. 45 – EROS.
7 OLG Hamburg, GRUR-RR 2003, 269, 271 – SNOMED.
8 BGH, WRP 2008, 940, 942 Tz. 21 = GRUR 2008, 611, 613 – audison.
9 BGH, a. a. O.
10 BGH, a. a. O.
11 *Bauer*, GRUR Int. 1971, 496, 500.
12 BGH, WRP 2008, 940, 941 Tz. 17 = GRUR 2008, 611, 612 – audison.
13 BGH, WRP 2008, 940, 942 Tz. 20 = GRUR 2008, 611, 613 – audison.
14 Vgl. Begründung des Gesetzentwurfs, BlPMZ Sonderheft 1994, S. 67.
15 OLG Hamburg, GRUR-RR 2003, 269, 271 – SNOMED.

v. Schultz

doch hilfreich sein, die Frage des konkludenten Widerrufs der Zustimmung unter genauer Berücksichtigung der besonderen Umstände des jeweiligen Vertragsverhältnisses zu beurteilen. Im Streitfall hat der Agent oder Vertreter die Zustimmung des Markeninhabers darzulegen und zu beweisen. Auf eine eventuelle Bösgläubigkeit des Agenten oder Vertreters kommt es dabei nicht an;[16] maßgeblich ist allein, ob eine Zustimmung (oder Genehmigung) erteilt wurde oder nicht.

5. Rechtfertigung

Über den Wortlaut des § 11 hinaus ist anerkannt, dass eine Rechtfertigung des Handelns des Agenten im Einzelfall möglich ist.[17] In Betracht kommt eine Rechtfertigung namentlich, wenn der Agent die Marke bereits vor Beginn seiner Zusammenarbeit mit dem Geschäftsherrn in Benutzung hatte,[18] wenn der Geschäftsherr seine geschäftlichen Aktivitäten aufgegeben oder in sonstiger Weise sein Desinteresse an der Marke zum Ausdruck gebracht hat, nicht aber schon angesichts erheblicher Investitionen des Agenten.   **11**

6. Löschungsreife

Liegen die Voraussetzungen des § 11 vor, ist die ohne Zustimmung eingetragene Marke des Agenten oder Vertreters *löschungsreif.*   **12**

III. Verfahrensrecht

Gegen die rechtswidrig eingetragene (identische oder verwechslungsfähige) Agentenmarke kann der Inhaber der Marke Widerspruch beim DPMA einlegen (§ 42 Abs. 2 Nr. 3 i.V.m. § 11). Im Falle der durch rechtskräftigen Beschluss festgestellten Löschungsreife löscht das DPMA die Marke selbstständig. Darüber hinaus kann der Geschäftsherr seine Rechte im Wege der vor den ordentlichen Gerichten zu erhebenden Löschungsklage gem. §§ 51 Abs. 1, 55 verfolgen. Die Löschungsklage ist auf *Einwilligung in die Löschung* gerichtet. Im Wege der Verletzungsklage kann der Inhaber der Marke auch die Unterlassung der Benutzung der Agentenmarke verlangen sowie Schadensersatz-, Auskunfts- und ggf. Vernichtungsansprüche gegen den Agenten durchsetzen. Wird er vom Agenten selbst auf Unterlassung in Anspruch genommen, kann er diesem seine Berechtigung i. S. d. § 11 einredeweise entgegenhalten.[19]   **13**

IV. Grenzen der Anwendbarkeit

§ 11 ist nur auf solche eingetragenen Agentenmarken anwendbar, die der untreue Agent oder Vertreter während der Dauer des Vertragsverhältnisses angemeldet hat. Erfolgte die   **14**

---

16 *Ullmann,* GRUR 2009, 364, 368.
17 *Ströbele/Hacker,* § 11 Rn. 30; *Ingerl/Rohnke,* § 11 Rn. 19.
18 Vgl. *Bauer,* GRUR Int. 1971, 496, 502.
19 *Ingerl/Rohnke,* § 11 Rn. 20.

Anmeldung erst nach Beendigung des Vertragsverhältnisses, scheidet ein Löschungsgrund i. S. d. § 11 aus. Allerdings ist der Markeninhaber in diesen Fällen keineswegs rechtlos gestellt. In Betracht kommt hier eine Löschungsklage unter dem Gesichtspunkt der bösgläubigen Markenanmeldung nach §§ 54 Abs. 1, 50 Abs. 1 (in diesem Falle hat der Kläger auch die Voraussetzungen der Bösgläubigkeit der Markenanmeldung darzulegen und zu beweisen). Denkbar ist ferner ein auf § 4 Nr. 10 UWG gegründeter Löschungsanspruch, sofern die Voraussetzungen einer Fallkonstellation der *Sperre durch unberechtigten Zeichenerwerb* vorliegen.[20] Überdies kommt die Verletzung nachvertraglicher Treuepflichten in Betracht, aus der sich ebenfalls Ansprüche auf Unterlassung, Löschung und Übertragung der jüngeren Marke an den Inhaber ergeben können.

V. Gemeinschaftsmarkenrecht

15   In der GMV findet § 11 seine Entsprechung in Art. 8 Abs. 3, wonach der Markeninhaber Widerspruch gegen die Eintragung einer Marke einlegen kann, die der Agent oder Vertreter des Markeninhabers ohne dessen Zustimmung in seinem eigenen Namen angemeldet hat. Im letzten Halbsatz sieht Art. 8 Abs. 3 GMV ausdrücklich die Möglichkeit vor, dass der Agent oder Vertreter seine Handlungsweise rechtfertigt. Der Gesichtspunkt ist wie im deutschen Recht zu behandeln (s. o. Rn. 11). Liegen die Voraussetzungen des Art. 8 Abs. 3 GMV vor, hat der Markeninhaber neben der Möglichkeit der Einlegung eines Widerspruchs einen Anspruch auf Unterlassung der Benutzung der Agentenmarke (Art. 11 GMV) sowie einen Löschungsanspruch nach Art. 53 Abs. 1 lit. b) GMV. Die Ansprüche auf Unterlassung und Löschung setzen allerdings die Eintragung der Agentenmarke voraus.

---

20 BGH, WRP 1986, 142 = GRUR 1986, 74 – Shamrock III; WRP 1980, 74 = GRUR 1980, 110 – TORCH; GRUR 1984, 210 – AROSTAR.

§ 12
Durch Benutzung erworbene Marken und geschäftliche Bezeichnungen mit älterem Zeitrang

Die Eintragung einer Marke kann gelöscht werden, wenn ein anderer vor dem für den Zeitrang der eingetragenen Marke maßgeblichen Tag Rechte an einer Marke im Sinne des § 4 Nr. 2 oder an einer geschäftlichen Bezeichnung im Sinne des § 5 erworben hat und diese ihn berechtigen, die Benutzung der eingetragenen Marke im gesamten Gebiet der Bundesrepublik Deutschland zu untersagen.

Übersicht

I. Allgemeines

§ 12 stellt eine wichtige Ergänzung im System der relativen Schutzhindernisse dar, indem auch Benutzungsmarken i. S. d. § 4 Nr. 2 und geschäftliche Bezeichnungen i. S. d. § 5 als Schutzhindernisse für eingetragene Marken anerkannt werden. § 12 ist Ausdruck des Prinzips der Gleichwertigkeit der Kennzeichenrechte untereinander. **1**

II. Voraussetzungen

Voraussetzung für das Bestehen eines Löschungsgrundes i. S. d. § 12 ist das Bestehen prioritätsälterer Rechte an einer Benutzungsmarke i. S. d. § 4 Nr. 2 oder einer geschäftlichen Bezeichnung i. S. d. § 5, die nicht territorial beschränkt sein dürfen, sondern den Anspruchsinhaber berechtigen müssen, die Benutzung der jüngeren eingetragenen Marke im gesamten Bundesgebiet zu untersagen. **2**

1. Benutzungsmarke i. S. d. § 4 Nr. 2

Der Schutz eines Zeichens als Benutzungsmarke i. S. d. § 4 Nr. 2 (zu den Schutzvoraussetzungen s. § 4 Rn. 4 ff.) kann bundesweit oder in einem bestimmten geografisch abgrenzbaren Gebiet der Bundesrepublik Deutschland erworben werden. § 12 erfasst nur solche Benutzungsmarken, die sich innerhalb beteiligter Verkehrskreise im *gesamten Bundesgebiet* durchgesetzt haben und deshalb Unterlassungsansprüche nicht nur hinsichtlich eines geografisch abgrenzbaren Gebiets, sondern im gesamten Bundesgebiet gewähren. Entsprechend dem Prioritätsprinzip müssen die Rechte an der Benutzungsmarke vor Anmeldung **3** der Marke, deren Löschung beansprucht wird, erworben worden sein. Abzustellen ist dabei auf denjenigen Zeitpunkt, zu dem der Erwerb der Verkehrsgeltung erstmals nachgewiesen werden kann.

2. Geschäftliche Bezeichnungen i.S.d. § 5

4   Der Begriff der geschäftlichen Bezeichnung ist umfassend auszulegen. Er umfasst Unternehmenskennzeichen und Werktitel, deren Schutz i.S.d. § 5 kraft Benutzungsaufnahme entsteht, und Geschäftsabzeichen, für deren Schutzentstehung Verkehrsgeltung erforderlich ist (zur Schutzentstehung von Unternehmenskennzeichnungen s. § 5 Rn. 25f., von Werktiteln § 5 Rn. 62ff.). Auch bei den geschäftlichen Bezeichnungen ist deren *bundesweite* Geltung unabdingbare Voraussetzung für die Entstehung eines Löschungsanspruchs nach § 12.[1] Unternehmenskennzeichen, die, wie z.B. eine Eisdiele,[2] nur in territorial beschränktem Umfang in Erscheinung treten und auch nur in dem entsprechenden Gebiet die Geltendmachung von Unterlassungsansprüchen erlauben, sind daher ebenso wenig ein Löschungsgrund i.S.d. § 12 wie etwa der Titel eines regional verteilten Anzeigenblatts.

III. Rechtsfolgen

5   Besteht zwischen der jüngeren eingetragenen Marke und der prioritätsälteren Benutzungsmarke bzw. der prioritätsälteren geschäftlichen Bezeichnung Verwechslungsgefahr, ist die eingetragene Marke löschungsreif. Dies gilt allerdings nicht, wenn die prioritätsälteren Rechte i.S.d. § 12 territorial beschränkt sind (s. Rn. 6). Die Löschung kann alternativ im Wege der vor den ordentlichen Gerichten zu erhebenden Löschungsklage (§§ 51, 55) oder im Wege des Widerspruchsverfahrens vor dem DPMA (§ 42 Abs. 2 Nr. 4) durchgesetzt werden. Nach § 165 Abs. 2 besteht die Möglichkeit der Einlegung eines Widerspruchs jedoch nur gegenüber ab dem 1.10.2009 eingereichten Markenanmeldungen. Dem Inhaber prioritätsälterer Rechte i.S.d. § 12 stehen ferner die in §§ 14ff. geregelten Ansprüche gegen den Inhaber der jüngeren eingetragenen Marke zu. Im gegen ihn gerichteten Verletzungsrechtsstreit kann der Inhaber von Rechten i.S.d. § 12 seine älteren Rechte gegenüber dem Inhaber der eingetragenen Marke einredeweise geltend machen.

IV. Territorial beschränkte Rechte

6   Sind die Rechte an einer Benutzungsmarke oder einer geschäftlichen Bezeichnung auf ein bestimmtes geografisch abgrenzbares Gebiet der Bundesrepublik Deutschland beschränkt, ist § 12 unanwendbar.[3] Der Inhaber solcher Rechte ist vielmehr auf einen Verletzungsrechtsstreit i.S.d. §§ 14, 15 angewiesen, der jedoch nur auf Unterlassung der Benutzung in demjenigen Gebiet, auf das sich die Rechte an der Benutzungsmarke oder der geschäftli-

---

1 BGH, WRP 2011, 1171, 1172 Tz. 14 – Gartencenter Pötschke.
2 BGH, WRP 1991, 162 = GRUR 1991, 155 – Rialto, und OLG München, Mitt. 1994, 273 – Rialto.
3 BGH, WRP 2011, 1171, 1172 Tz. 14 – Gartencenter Pötschke.

chen Bezeichnung beschränken, nicht aber auf Löschung der eingetragenen Marke gerichtet sein kann.[4]

V. Gemeinschaftsmarkenrecht

In der GMV befindet sich eine mit § 12 korrespondierende Bestimmung in Art. 8 Abs. 4,   **7** der auch als Widerspruchsgrund ausgestaltet ist. Die Bestimmung verlangt – anders als im Deutschen Recht – nicht, dass die „nicht eingetragene Marke" oder das „sonstige im geschäftlichen Verkehr benutzte Kennzeichenrecht" im gesamten Gemeinschaftsgebiet von Bedeutung ist. Erforderlich ist jedoch eine mehr als lediglich örtliche Bedeutung. Die Ausdehnung des Begriffs der *lediglich örtlichen Bedeutung* bereitet Schwierigkeiten. Nach richtiger Auffassung ist darunter nicht zwingend ein auf einen gesamten Mitgliedstaat bezogener räumlicher Schutzbereich zu verstehen. Ausreichend sind vielmehr Gebiete von nicht unerheblicher wirtschaftlicher Bedeutung im Gesamtgefüge der Gemeinschaft.[5] Dies können auch Teile von Mitgliedstaaten wie z.B. *Bundesländer* sein oder Regionen, in denen sich die Marke z.B. aufgrund geografischer oder sprachlicher Umstände etablieren konnte.[6]

Art. 8 Abs. 4 GMV ist ferner ein relativer Nichtigkeitsgrund i.S.d. Art. 53 Abs. 1 lit. c)   **8** GMV, aufgrund dessen die Löschung der jüngeren Gemeinschaftsmarke beantragt werden kann. Anders als im Deutschen Recht liegt somit ein Nichtigkeits- und damit Löschungsgrund auch in Fällen vor, in denen die Rechte i.S.d. Art. 8 Abs. 4 GMV auf ein bestimmtes geografisch abgrenzbares Gebiet der Gemeinschaft oder eines Mitgliedstaates beschränkt sind.

---

4 Vgl. Begründung des Gesetzentwurfs, BlPMZ Sonderheft 1994, S. 68.
5 Siehe *v. Mühlendahl/Ohlgart*, § 5 Rn. 11.
6 *Eisenführ/Schennen*, Art. 107 Rn. 7.

§ 13
Sonstige ältere Rechte

(1) Die Eintragung einer Marke kann gelöscht werden, wenn ein anderer vor dem für den Zeitrang der eingetragenen Marke maßgeblichen Tag ein sonstiges, nicht in den §§ 9 bis 12 aufgeführtes Recht erworben hat und dieses ihn berechtigt, die Benutzung der eingetragenen Marke im gesamten Gebiet der Bundesrepublik Deutschland zu untersagen.

(2) Zu den sonstigen Rechten im Sinne des Absatzes 1 gehören insbesondere

1. Namensrechte,

2. das Recht an der eigenen Abbildung,

3. Urheberrechte,

4. Sortenbezeichnungen,

5. geografische Herkunftsangaben,

6. sonstige gewerbliche Schutzrechte.

Übersicht

I. Allgemeines

1 § 13 schließt das Kapitel der relativen Schutzhindernisse ab, indem es die Löschung eingetragener Marken auch aufgrund *sonstiger älterer Rechte* ermöglicht, sofern deren Inhaber aufgrund eines solchen Rechts ein Verbietungsrecht im gesamten Gebiet der Bundesrepublik Deutschland zusteht. Die Bestimmung ist Ausdruck des Prinzips der Gleichstellung sämtlicher gewerblicher Schutzrechte, wobei jeweils das Prioritätsprinzip maßgeblich ist. Steht dem Inhaber aufgrund eines sonstigen älteren Rechts ein Unterlassungsanspruch gegen den Inhaber einer eingetragenen Marke zu, regelt § 13 den in den jeweiligen spezialgesetzlichen Regelungen nicht vorgesehenen Löschungsanspruch. Insoweit handelt es sich bei der Bestimmung um eine Rechtsfolgenergänzung,[1] wobei die Voraussetzungen für das Bestehen eines Unterlassungsanspruchs den jeweils einschlägigen gesetzlichen Spezialbestimmungen außerhalb des MarkenG zugewiesen ist. Lediglich die Entstehung des Schutzes der geografischen Herkunftsangaben (§ 13 Abs. 2 Nr. 5) ist im MarkenG selbst geregelt (§§ 126–139).

---

1 *Ingerl/Rohnke,* § 13 Rn. 3.

II. Voraussetzungen

Ein relatives Schutzhindernis (Löschungsgrund) i. S. d. § 13 Abs. 1 entsteht, wenn ein Drit- **2** ter Inhaber eines gegenüber einer eingetragenen Marke prioritätsälteren sonstigen Rechts i. S. d. nicht abschließenden Liste des Abs. 2 ist. Wie die in § 12 genannten Rechte muss auch das sonstige ältere Recht i. S. d. § 13 im *gesamten* Bundesgebiet gültig sein, seinem Inhaber also nicht nur einen regional beschränkten Unterlassungsanspruch gewähren.

III. Sonstige Rechte i. S. d. § 13 Abs. 2

1. Namensrechte

Namensrechte i. S. d. § 13 Abs. 2 Nr. 1 sind Namensrechte i. S. d. § 12 BGB. Anders als die **3** geschäftliche Bezeichnung i. S. d. § 5 Abs. 2, die sich als Löschungsgrund in § 12 wiederfindet, umfasst der Name i. S. d. § 12 BGB sämtliche Arten eines Namens unter Einschluss des bürgerlichen Namens natürlicher Personen einschließlich Künstlernamen[2] und Spitznamen,[3] juristischer Personen, sämtliche Formen von Personenvereinigungen, Körperschaften öffentlichen Rechts[4] sowie Firmenbezeichnungen, wobei letztere eine namensmäßige Unterscheidungskraft aufweisen müssen (zum Namensbegriff s. § 5 Rn. 47). Der Namensschutz des § 12 BGB richtet sich nicht nur gegen den kennzeichenmäßigen, sondern gegen jeden unbefugten Gebrauch; er findet seine Grenzen im erforderlichen schutzwürdigen Interesse des Namensinhabers.

Bei Namensrechten ist besonders genau zu prüfen, ob diese im Einzelfall einen bundeswei- **4** ten Schutz genießen. Dies ist nur der Fall, wenn in der Benutzung des Namens durch die Marke eines Dritten bundesweit eine Verletzung der Interessen und Rechte des Namensträgers zu sehen ist. Verkehrsgeltung ist jedoch nicht erforderlich.[5] Ein wichtiger Anhaltspunkt kann die Frage sein, ob der jeweilige Name im geschäftlichen Verkehr benutzt wird. Bei einem örtlich beschränkten Namensschutz wie z. B. dem Namen für ein Gebäude[6] scheidet § 12 als Löschungsgrund aus.

2. Recht an der eigenen Abbildung

Das Recht an der eigenen Abbildung gem. § 13 Abs. 2 Nr. 2 richtet sich nach § 22 KUG, **5** wonach Bildnisse nur mit Einwilligung des Abgebildeten verbreitet oder zur Schau gestellt werden dürfen. Die Verletzung des Rechts an der eigenen Abbildung kommt namentlich in denjenigen Fällen in Betracht, in denen eine (lebende oder tote) Person in einer Bildmarke in identifizierbarer Weise wiedergegeben wird. Im Falle der Einwilligung des Abgebildeten entfällt der Schutz des § 22 KUG. Zwar normiert § 23 KUG einige Ausnahmen zu § 22 KUG; diese betreffen jedoch nicht die werbliche Verwendung der eigenen Abbildung, so

---

2 Vgl. OLG Stuttgart, GRUR-RR 2002, 55, 56 – IVAN REBROFF.
3 LG München I, GRUR-RR 2007, 214, 215 – Schweini.
4 OLG München, GRUR-RR 2007, 211 – Kloster Andechs.
5 OLG München, GRUR-RR 2007, 214, 215 – Schweini, a. a. *Ströbele/Hacker*, § 13 Rn. 10.
6 LG Düsseldorf, GRUR-RR 2001, 311, 313 – Skylite.

dass § 23 KUG im Rahmen des § 13 Abs. 2 Nr. 2 regelmäßig ohne Relevanz ist. Das Recht des Abgebildeten nach § 22 KUG ist lebenslang gültig. Nach § 22 S. 3 KUG kann es bis zu zehn Jahre nach dem Tod des Abgebildeten von seinen Angehörigen geltend gemacht werden.[7] Das Recht an der eigenen Abbildung kann als Ausfluss des allgemeinen Persönlichkeitsrechts auch im Wege des quasi-negatorischen Unterlassungsanspruchs nach §§ 823 Abs. 1, 1004 BGB analog geltend gemacht werden.

3. Urheberrechte

6 Urheberrechte i. S. d. § 13 Abs. 2 Nr. 3 sind solche i. S. d. § 2 UrhG. Reine Wortmarken werden jedoch in den seltensten Fällen Urheberrechte an Sprachwerken (§ 2 Abs. 1 Nr. 1 UrhG) verletzen, da sie den für die urheberrechtliche Schutzfähigkeit erforderlichen schöpferischen Grad zumeist nicht aufweisen.[8] In Sonderheit gilt dies für Werbeslogans, die wegen ihrer Kürze kaum einen schöpferischen Spielraum aufweisen und daher nur in Ausnahmefällen urheberrechtlichen Schutz genießen.[9] Häufiger kann eine Verletzung urheberrechtlich geschützter Werke der Musik (§ 2 Abs. 1 Nr. 2 UrhG) in Betracht kommen, wenn nämlich eine eingetragene Bildmarke das Notenbild eines Werkes der Musik wiedergibt. Entsprechendes gilt für Hörmarken. Besondere Relevanz kann auch Werken der angewandten Kunst und Entwürfen solcher Werke (§ 2 Abs. 1 Nr. 4 UrhG) sowie Darstellungen wissenschaftlicher oder technischer Art wie Zeichnungen, Plänen, Karten, Skizzen, Tabellen und plastischen Darstellungen (§ 2 Abs. 1 Nr. 7 UrhG) zukommen. Hier sind es insbesondere Bildmarken und dreidimensionale Marken, die eine urheberrechtliche Verletzung begründen können. Ist die urheberrechtliche Schutzfähigkeit eines Werkes i. S. d. § 2 Abs. 1 UrhG gegeben und verletzt eine jüngere Marke diese Rechte, ergibt sich der – bundesweite – Unterlassungsanspruch aus § 97 Abs. 1 UrhG.[10]

4. Sortenbezeichnungen

7 Sortenbezeichnungen i. S. d. § 13 Abs. 2 Nr. 4 sind im SortG geregelt. Die Eintragung einer Sortenbezeichnung in das Sortenschutzregister beim Bundessortenamt richtet sich nach § 7 SortG. Der Schutz der Sortenbezeichnung richtet sich gem. § 37 Abs. 1 Nr. 2 SortG gegen die Benutzung identischer oder verwechselbarer Sortenbezeichnungen „für eine andere Sorte derselben oder einer verwandten Art". Dementsprechend ist § 13 Abs. 2 Nr. 4 auch nur als Löschungsgrund im Hinblick auf identische oder verwandte *Sorten*, nicht aber für identische oder ähnliche *Waren* eingetragene Marken zu verstehen.

5. Geografische Herkunftsangaben

8 § 13 Abs. 2 Nr. 5 erwähnt *geografische Herkunftsangaben* im Katalog der *sonstigen Rechte*. In dogmatischer Hinsicht begegnet dies Bedenken, da geografische Herkunftsan-

---

7 BGH, GRUR 2000, 709 – Marlene Dietrich.

8 EuGH, GRUR 2009, 1041, 1044 Tz. 46 – Infopaq/DDF.

9 Vgl. *Wandtke/Bullinger*, GRUR 1997, 573, 776.

10 Das BPatG scheint in diesen Fällen zugleich ein Schutzhindernis i. S. d. § 8 Abs. 2 Nr. 10 annehmen zu wollen (zw.), vgl. BPatG, GRUR 2009, 195 – Hooschebaa.

v. Schultz

gaben keinen Individualschutz, sondern nur wettbewerbsrechtlichen Schutz begründen (vgl. Vorbemerkung zu §§ 126–129 Rn. 3).

Die Entstehung des Schutzes geografischer Herkunftsangaben ist – anders als die Entste- **9** hung des Schutzes der übrigen sonstigen Rechte i. S. d. § 13 Abs. 2 – im MarkenG selbst geregelt (§§ 126–139). Geografische Herkunftsangaben weisen auf ein bestimmtes geografisches Gebiet (Land, Gegend, Ort) hin, aus dem eine Ware stammt. Grundsätzlich entstehen Rechte an einer geografischen Herkunftsangabe mit der Aufnahme ihrer Benutzung (zu den Einzelheiten s. Kommentierung zu § 126 Rn. 4 ff.).

6. Sonstige gewerbliche Schutzrechte

§ 13 Abs. 2 Nr. 6 erwähnt abschließend die sonstigen gewerblichen Schutzrechte. Unter **10** diesen kommt vornehmlich Geschmacksmustern eine praktische Bedeutung zu, da bei diesen die Möglichkeit von Kollisionen mit Bild- sowie insbesondere dreidimensionalen Marken auf der Hand liegt.[11] Eine Geschmacksmusterverletzung liegt vor, wenn die jüngere Marke keinen anderen Gesamteindruck als das geschützte Muster erweckt (§ 38 Abs. 2 GeschmMG). Der geschmacksmusterrechtliche Unterlassungsanspruch ergibt sich aus § 42 Abs. 1 GeschmMG. Als sonstige gewerbliche Schutzrechte i. S. d. § 13 Abs. 2 Nr. 6 kommen weiterhin Gebrauchsmusterrechte sowie Patentrechte in Betracht.

7. Internet-Domains

Aus nicht nur registrierten, sondern auch benutzten Internet-Domains lassen sich ältere **11** Rechte herleiten, wenn sie ursprünglich unterscheidungskräftig sind. In Betracht kommt dabei insbesondere der Schutz als besondere Geschäftsbezeichnung (s. Anhang zu § 5 Rn. 5), nach a. A. auch nach § 12 BGB (s. Anhang zu § 5 Rn. 3) bzw. als Werktitel (s. Anhang zu § 5 Rn. 7). Sieht man die Grundlage des Schutzes von Internet-Domains zutreffenderweise in § 5 (besondere Geschäftsbezeichnung), handelt es sich *nicht* um „sonstige gewerbliche Schutzrechte" i. S. d. § 13 Abs. 2 Nr. 6.

IV. Rechtsfolgen

Besteht ein spezialgesetzlicher Unterlassungsanspruch i. S. d. § 13 Abs. 1 aufgrund der **12** Verletzung eines sonstigen Rechts i. S. d. Abs. 2 Nr. 1–6, ist die jüngere eingetragene Marke löschungsreif. Den sich daraus ergebenden Löschungsanspruch kann der Inhaber eines sonstigen Rechts i. S. d. § 13 Abs. 2 nur im Wege der vor den ordentlichen Gerichten zu erhebenden Löschungsklage nach §§ 51, 55 durchsetzen. Die Geltendmachung im Widerspruchsverfahren vor dem DPMA ist demgegenüber ausgeschlossen (vgl. die insoweit abschließende Liste der Widerspruchsgründe gem. § 42 Abs. 2).

---

11 Vgl. *Gottschalk/Gottschalk*, GRUR Int. 2006, 461, 467.

V. Ältere Markenrechte und jüngere sonstige Rechte

13   Den umgekehrten Fall des § 13 – die Kollision zwischen älterem Markenrecht und jüngerem sonstigen Recht – regelt das MarkenG nicht ausdrücklich. Zur Geltendmachung seiner Rechte ist der Inhaber eines älteren Markenrechts insoweit auf § 14 angewiesen.[12]

VI. Gemeinschaftsmarkenrecht

14   Anders als bei den korrespondierenden GMV-Bestimmungen zu §§ 9–12 sind *sonstige ältere Rechte* in der GMV nicht als Widerspruchsgründe ausgestaltet. Zum Widerspruch i. S. d. Art. 8 GMV berechtigen lediglich ältere Marken- und Kennzeichenrechte. Möglichen Kollisionen von Gemeinschaftsmarken und sonstigen älteren Rechten trägt die GMV dadurch Rechnung, dass sie diese als relative Nichtigkeitsgründe behandelt (Art. 53 Abs. 2 GMV). Zur Nichtigerklärung eingetragener Gemeinschaftsmarken aufgrund älterer sonstiger Rechte kommt es jedoch nur, wenn nach dem nationalen Recht, dem das ältere Recht unterliegt, die Benutzung einer eingetragenen Marke untersagt werden kann.[13]

---

12 Zur Rspr. zum WZG vgl. BGH, GRUR 1966, 681, 684 f. – Laternenflasche.
13 *v. Mühlendahl/Ohlgart*, § 19 Rn. 64.

Abschnitt 3
Schutzinhalt; Rechtsverletzungen

§ 14
Ausschließliches Recht des Inhabers einer Marke; Unterlassungsanspruch; Schadensersatzanspruch

(1) Der Erwerb des Markenschutzes nach § 4 gewährt dem Inhaber der Marke ein ausschließliches Recht.

(2) Dritten ist es untersagt, ohne Zustimmung des Inhabers der Marke im geschäftlichen Verkehr

1. ein mit der Marke identisches Zeichen für Waren oder Dienstleistungen zu benutzen, die mit denjenigen identisch sind, für die sie Schutz genießt,

2. ein Zeichen zu benutzen, wenn wegen der Identität oder Ähnlichkeit des Zeichens mit der Marke und der Identität oder Ähnlichkeit der durch die Marke und das Zeichen erfassten Waren oder Dienstleistungen für das Publikum die Gefahr von Verwechslungen besteht, einschließlich der Gefahr, dass das Zeichen mit der Marke gedanklich in Verbindung gebracht wird, oder

3. ein mit der Marke identisches Zeichen oder ein ähnliches Zeichen für Waren oder Dienstleistungen zu benutzen, die nicht denen ähnlich sind, für die die Marke Schutz genießt, wenn es sich bei der Marke um eine im Inland bekannte Marke handelt und die Benutzung des Zeichens die Unterscheidungskraft oder die Wertschätzung der bekannten Marke ohne rechtfertigenden Grund in unlauterer Weise ausnutzt oder beeinträchtigt.

(3) Sind die Voraussetzungen des Absatzes 2 erfüllt, so ist es insbesondere untersagt,

1. das Zeichen auf Waren oder ihrer Aufmachung oder Verpackung anzubringen,

2. unter dem Zeichen Waren anzubieten, in den Verkehr zu bringen oder zu den genannten Zwecken zu besitzen,

3. unter dem Zeichen Dienstleistungen anzubieten oder zu erbringen,

4. unter dem Zeichen Waren einzuführen oder auszuführen,

5. das Zeichen in Geschäftspapieren oder in der Werbung zu benutzen.

(4) Dritten ist es ferner untersagt, ohne Zustimmung des Inhabers der Marke im geschäftlichen Verkehr

1. ein mit der Marke identisches Zeichen oder ein ähnliches Zeichen auf Aufmachungen oder Verpackungen oder auf Kennzeichnungsmitteln wie Etiketten, Anhängern, Aufnähern oder dergleichen anzubringen,

2. Aufmachungen, Verpackungen oder Kennzeichnungsmittel, die mit einem mit der Marke identischen Zeichen oder einem ähnlichen Zeichen versehen sind, anzubieten, in den Verkehr zu bringen oder zu den genannten Zwecken zu besitzen oder

3. Aufmachungen, Verpackungen oder Kennzeichnungsmittel, die mit einem mit der Marke identischen Zeichen oder einem ähnlichen Zeichen versehen sind, einzufüh-

ren oder auszuführen, wenn die Gefahr besteht, dass die Aufmachungen oder Verpackungen zur Aufmachung oder Verpackung oder die Kennzeichnungsmittel zur Kennzeichnung von Waren oder Dienstleistungen benutzt werden, hinsichtlich deren Dritten die Benutzung des Zeichens nach den Absätzen 2 und 3 untersagt wäre.

(5) Wer ein Zeichen entgegen den Absätzen 2 bis 4 benutzt, kann von dem Inhaber der Marke auf Unterlassung in Anspruch genommen werden. Der Anspruch besteht auch dann, wenn eine Zuwiderhandlung erstmalig droht.

(6) Wer die Verletzungshandlung vorsätzlich oder fahrlässig begeht, ist dem Inhaber der Marke zum Ersatz des durch die Verletzungshandlung entstandenen Schadens verpflichtet. Bei der Bemessung des Schadensersatzes kann auch der Gewinn, den der Verletzer durch die Verletzung des Rechts erzielt hat, berücksichtigt werden. Der Schadensersatzanspruch kann auch auf der Grundlage des Betrages berechnet werden, den der Verletzer als angemessene Vergütung hätte entrichten müssen, wenn er die Erlaubnis zur Nutzung der Marke eingeholt hätte.

(7) Wird die Verletzungshandlung in einem geschäftlichen Betrieb von einem Angestellten oder Beauftragten begangen, so kann der Unterlassungsanspruch und, soweit der Angestellte oder Beauftragte vorsätzlich oder fahrlässig gehandelt hat, der Schadensersatzanspruch auch gegen den Inhaber des Betriebs geltend gemacht werden.

Übersicht

Literatur: *Artmann*, Markenrechtsverletzung durch Transit von Waren, WRP 2005, 1377; *Becker*, Kennzeichenschutz der Hörmarke, WRP 2000, 56; *Bender*, Have a Break, have a Praktiker, Die Gemeinschaftsmarke in Reform und Rechtsprechung im Jahr 2005, Teil 2, – Die relativen Schutzversagungsgründe und ein Ausblick auf 2006, MarkenR 2006, 60; *ders.*, Die Gemeinschaftsmarke verliert die Form und gewinnt an Kontur, Die Entwicklung in Rechtsprechung und Praxis im Jahr 2006, Teil 2 – Die relativen Schutzversagungsgründe, MarkenR 2007, 93; *ders.*, Mit Celltech über die Bainbridge und vorbei am Arcol-Cap ins Limoncello-Land, Die Entwicklung der Gemeinschaftsmarke in Rechtsprechung und Praxis im Jahr 2007, Teil 2 – Die relativen Schutzversagungsgründe, MarkenR 2008,

89; *ders.*, Das Allgemeininteresse am Freihaltebedürfnis, Die Entwicklung der Gemeinschaftsmarke in Rechtsprechung und Praxis im Jahr 2008, Teil 2 – Die relativen Schutzversagungsgründe, MarkenR 2009, 133; *ders.*, Luftsprung durch Technik, Die Entwicklung der Gemeinschaftsmarke in Rechtsprechung und Praxis im Jahr 2010, Teil 2 – Die relativen Schutzversagungsgründe, MarkenR 2011, 89; *Berlit*, Die Verkehrsbekanntheit von Kennzeichen (§§ 9 II Nr. 3, 14 II Nr. 3, 15 III), GRUR 2002, 572; *ders.*, Schutz und Schutzumfang von Warenformmarken am Beispiel des Schokoladenosterhasen; *Beuthien/Wasmann*, Zur Herausgabe des Verletzergewinns bei Verstößen gegen das Markengesetz – Zugleich Kritik an der sogenannten dreifachen Schadensberechnung, GRUR 1997, 255; *Bottenschein*, Markenrecht versus Bestimmungshinweise, GRUR 2006, 462; *Bous*, Kehrtwende des BGH bei Auslegung des Begriffs der Ähnlichkeit von Waren und Dienstleistungen – Zugleich der Versuch einer Begriffsbestimmung, GRUR 2002, 19; *Büscher*, Der Schutzbereich zusammengesetzter Zeichen, GRUR 2005, 802; *ders.*, Koexistenz von Marken und Handelsnamen, MarkenR 2007, 453; *Eisenführ*, Der Schutzbereich zusammengesetzter Zeichen, GRUR 2005, 811; *Ekey*, Der markenrechtliche Gebrauch im Spannungsfeld der Rechtsprechung des EuGH nach L'Oréal, MarkenR 2009, 475; *Erdmann*, Schwerpunkte der markenrechtlichen Rechtsprechung des Bundesgerichtshofs, GRUR 2001, 609; *Fammler*, Bekanntheitsschutz bei Produktähnlichkeit, MarkenR 2004, 89; *Felchner*, Armer Picasso – Die „Neutralisierungslehre" des EuG, MarkenR 2005, 377; *ders.*, Die Spruchpraxis der Gerichte zur Verletzung von 3D-Formmarken im engeren Sinne im Zeitraum 2002–2005, MarkenR 2005, 209; *v. Gamm/Kobiako v. Gamm*, Durchfuhr als Markenverletzungshandlung, MarkenR 2005, 475; *Goldmann*, Die Berechnung des Schadensersatzanspruchs vor und nach Umsetzung der Durchsetzungsrichtlinie, WRP 2011, 950; *Grabrucker/Fink*, Aus der Rechtsprechung des Bundespatentgerichts im Jahre 2004 – Teil I: Markenrecht, GRUR 2005, 289; *dies.*, Aus der Rechtsprechung des Bundespatentgerichts im Jahre 2005, – Teil I: Markenrecht, GRUR 2006, 265; *dies.*, Aus der Rechtsprechung des Bundespatentgerichts aus dem Jahre 2006 – Teil I: Markenrecht, GRUR 2007, 267; *dies.*, Aus der Rechtsprechung des Bundespatentgerichts im Jahre 2007 – Teil I: Markenrecht, GRUR 2008, 371; *dies.*, Aus der Rechtsprechung des Bundespatentgerichts aus dem Jahre 2008 – Teil I: Markenrecht, GRUR 2009, 429: *Grabrucker/Kopacek*, Aus der Rechtsprechung des Bundespatentgerichts im Jahre 2009 – Teil I: Markenrecht, GRUR 2010, 369; *Grüger*, „Catwalk" – Synonym für eine höhere Schadensliquidation? Zugleich Besprechung von BGH, GRUR 2006, 143, GRUR 2006, 536; *Hacker*, Die Warendurchfuhr zwischen Markenverletzung, Grenzbeschlagnahme und Warenverkehrsfreiheit, MarkenR 2004, 257; *ders.*, Funktionenlehre und Benutzungsbegriff nach L'Oréal, MarkenR 2009, 333; *Ch. Heinze/S. Heinze*, Transit als Markenverletzung – Schlusswort des EuGH in der Entscheidung Montex/Diesel, GRUR 2007, 740; *Hye-Knudsen/Schafft*, Territorial unterschiedliche Verwechslungsgefahr bei der Verletzung von Gemeinschaftsmarken, MarkenR 2004, 209; *Ingerl*, Rechtsverletzende und rechtserhaltende Benutzung im Markenrecht, WRP 2002, 861; *Keller/Glinke*, Die „Medion"-Entscheidung des EuGH: Neujustierung der verwechslungsrelevanten Markenähnlichkeit bei Kombinationsmarken, WRP 2006, 21; *Knitter*, Feststellung der Warenähnlichkeit im neuen Licht, MarkenR 2003, 377; *Kochendörfer*, Zweitmarke oder selbständig kennzeichnende Stellung?, GRUR 2010, 195; *Köhler*, Wegfall der Erstbegehungsgefahr durch „entgegengesetztes Verhalten"?, GRUR 2011, 879; *Krüger*, Bekanntheit und Prägetheorie, MarkenR 2004, 213; *Lange*, Der Konflikt zwischen Marke und Unternehmenskennzeichen, MarkenR 2007, 457; *Lewalter/Schrader*, Die Fühlmarke, GRUR 2005, 476; *Onken*, Was prägt Barbara Becker oder kommt es darauf gar nicht an?, MarkenR 2011, 141; *Pahlow*, Das Recht an der Marke als Benutzungsrecht des Markeninhabers, MarkenR 2006, 97; *Renck/Petersen*, Das Ende dreidimensionaler Marken in der EU, WRP 2004, 440; *Rohnke*, Die Prägetheorie nach „THOMSON LIFE", GRUR 2006, 21; *Rohnke/Thiering*, Die Entwicklung des Markenrechts seit Mitte 2005 – Teil 1, GRUR 2008, 937; Teil 2, GRUR 2008, 1047; *dies.*: Die Rechtsprechung des EuGH und des BGH zum Markenrecht in den Jahren 2009 und 2010 (Teil 1), GRUR 2011, 8; (Teil 2), GRUR 2011, 93; *Sosnitza*, Ein weiterer Baustein der Gemeinschafts-Serienmarke, GRUR 2011, 867; *Starck*, Die Benutzung von Marken – Der Benutzungsbegriff im Rahmen der Rechtsverletzung und der Rechtserhaltung, MarkenR 2005, 169; *Thalmaier/Bingener*, Was prägt wen, warum, seit wann, wie lang, MarkenR 2009, 146.

I. Allgemeines

1. Übersicht

§ 14 ist die *zentrale Bestimmung* des materiellen Markenrechts. Er regelt das durch den **1** Erwerb einer Marke begründete *Recht* und den *Schutz*, den dieses Recht genießt. Geregelt ist einerseits, welche *Handlungen* dem Markeninhaber vorbehalten sind, und andererseits, welcher *Schutzumfang* der Marke zukommt. Die Marke genießt Schutz gegen eine Verwechslungen hervorrufende Benutzung im geschäftlichen Verkehr. Eine bekannte Marke ist unter den in § 14 Abs. 2 Nr. 3 geregelten Voraussetzungen auch ohne Verwechslungsgefahr gegen eine Drittbenutzung geschützt. Welche Handlungen dem Markeninhaber danach im Einzelnen vorbehalten sind, ist in § 14 Abs. 3 und 4 beispielhaft aufgeführt. Schließlich regeln § 14 Abs. 5 und 6 die aus einer Markenverletzung resultierenden Unterlassungs- und Schadensersatzansprüche und Abs. 7 die Haftung des Inhabers eines geschäftlichen Betriebes für Verletzungshandlungen, die im Rahmen des Betriebes von einem Angestellten oder Beauftragten begangen wurden.

2. Harmonisiertes Recht

§ 14 ist eine Umsetzung von Art. 5 Markenrechtsrichtlinie. Die Absätze 1–3 entsprechen **2** nahezu wörtlich Art. 5 Abs. 1–3 Markenrechtsrichtlinie, wobei mit § 14 Abs. 2 Nr. 3 von der Option gem. Art. 5 Abs. 2 Markenrechtsrichtlinie Gebrauch gemacht wurde. Die Auslegung dieser den Schutzinhalt betreffenden Regelungen hat somit *richtlinienkonform* zu erfolgen und erfordert ggf. eine Vorlage an den EuGH.

Art. 5 Markenrechtsrichtlinie bezieht sich allerdings – wie die gesamte Markenrechtsricht- **3** linie – nur auf eingetragene Marken. Dagegen umfasst § 14 durch die Bezugnahme auf § 4 *alle Formen des Markenschutzes*, d. h., er gilt gleichermaßen für die eingetragene Marke, die durch Benutzung erworbene Marke und die aufgrund notorischer Bekanntheit geschützte Marke. Der eingetragenen Marke nach § 4 Nr. 1 steht eine international registrierte Marke, deren Schutz auf das Gebiet der Bundesrepublik Deutschland erstreckt worden ist, gleich (§§ 112, 124).

II. Ausschließliches Recht

§ 14 Abs. 1 regelt den nach § 4 begründeten Markenschutz als ein dem Inhaber der Marke **4** gewährtes *ausschließliches Recht*. Wesentlicher Inhalt dieses Rechts ist das gegenüber jedermann bestehende *Verbietungsrecht*, wie es in den weiteren Bestimmungen des § 14 im Einzelnen geregelt ist. Ob diesem ausschließlichen Recht auch ein *positives Benutzungsrecht* immanent ist,[1] ist eine dogmatische Frage von geringer praktischer Relevanz. Der Erwerb einer Marke gewährt ihrem Inhaber kein weiter gehendes Benutzungsrecht, als er es zuvor innehatte. Der Markenerwerb sichert das Benutzungsrecht aber für die Zukunft, da durch die damit begründete Priorität (vgl. § 6) Dritte am Erwerb eines der Benutzung ent-

---

1 Vgl. hierzu insbesondere *Lehmann/Schönfeld*, GRUR 1994, 481, 484 ff.; *Pahlow*, MarkenR 2006, 97.

gegenstehenden Verbietungsrechts gehindert werden. Soweit anerkannt ist, dass das prioritätsältere Recht einem jüngeren Recht auch einredeweise entgegengehalten werden kann, wird dies meist nicht mit einem positiven Benutzungsrecht begründet.[2]

5   Als ein dem Markeninhaber zustehendes absolutes Recht stellt das Markenrecht auch einen *Vermögenswert* dar. Die Marke kann ganz oder teilweise auf Dritte übertragen (§ 27) oder zum Gegenstand ausschließlicher oder nichtausschließlicher Lizenzen gemacht werden (§ 30). Sie kann auch verpfändet, gepfändet oder durch ein Insolvenzverfahren erfasst werden (§ 29). Das durch die Marke begründete ausschließliche Recht geht in diesen Fällen auf einen anderen Rechtsträger über bzw. kann von dem Lizenznehmer neben dem Markeninhaber geltend gemacht werden.

III. Inhalt und Reichweite des Verbietungsrechts

6   Das dem Inhaber einer Marke gewährte Verbietungsrecht geht dahin, dass Dritten – ohne Zustimmung des Inhabers – jede Benutzung eines kollidierenden Zeichens im geschäftlichen Verkehr untersagt ist. § 14 Abs. 3 nennt beispielhaft, aber nicht abschließend, die in Betracht kommenden Benutzungshandlungen. Diese können freilich nur insoweit untersagt werden, als sie im territorialen Geltungsbereich des MarkenG begangen werden.

1. Territorialer Geltungsbereich der Marke

7   Eine *eingetragene Marke* genießt *Schutz im Gesamtgebiet der Bundesrepublik Deutschland*. Entsprechendes gilt für eine notorisch bekannte Marke, deren Notorietät als Schutzvoraussetzung im gesamten Bundesgebiet gegeben sein muss. Dagegen kann der Geltungsbereich einer kraft *Verkehrsgeltung* geschützten, nicht eingetragenen Marke *lokal oder regional begrenzt* sein, wenn eine Verkehrsgeltung nur für einen solch abgegrenzten Teil des Bundesgebiets besteht (vgl. § 4 Rn. 17).

8   Durch das im Anschluss an die Wiedervereinigung erlassene *Erstreckungsgesetz (ErstrG)* wurde der Schutz ehemals in der DDR eingetragener oder mit Wirkung für die DDR international registrierter Marken mit Wirkung zum 1.5.1992 auf das Gebiet der alten Bundesrepublik erstreckt, wie umgekehrt die dort eingetragenen oder mit Wirkung für die alte Bundesrepublik registrierten internationalen Marken auf das Gebiet der vormaligen DDR erstreckt wurden. Seit dem 1.5.1992 genießen somit im Grundsatz die in den vormaligen Teilgebieten kraft Eintragung oder internationaler Registrierung geschützten Marken *Schutz im Gesamtgebiet der Bundesrepublik Deutschland in den heutigen Grenzen* (s.a. Einführung Rn. 12).

2. Benutzung im geschäftlichen Verkehr

9   Das Verbietungsrecht des Markeninhabers erstreckt sich nur auf Benutzungshandlungen *im geschäftlichen Verkehr*. Dieser Begriff ist weit auszulegen und umfasst nach inzwischen gefestigter Rechtsprechung jede Benutzung, *die im Zusammenhang mit einer auf einen wirtschaftlichen Vorteil gerichteten kommerziellen Tätigkeit und nicht ausschließlich im*

---

2 So aber *Eichmann*, MarkenR 2003, 10, 21.

privaten Bereich erfolgt.[3] Es genügt auch eine der Förderung eines fremden Geschäftszwecks dienende Tätigkeit, auch soweit sie nicht von einem Wirtschaftsunternehmen ausgeht. Die wirtschaftliche Betätigung der öffentlichen Hand oder eines gemeinnützigen Vereins fällt daher ebenso unter den geschäftlichen Verkehr wie das Handeln eines Privaten, der damit die wirtschaftlichen Interessen eines Dritten fördert. Die Benutzung eines mit der Marke identischen oder ihr ähnlichen Zeichens durch einen Dritten erfordert aber jedenfalls, dass der Dritte das Zeichen im Rahmen seiner eigenen kommerziellen Tätigkeit selbst benutzt. Der von Google betriebene, durchaus kommerzielle Dienst *AdWords*, der es zulässt, dass Kunden mit einer Marke identische oder ähnliche Zeichen als Schlüsselwörter eingeben, benutzt diese Zeichen gleichwohl nicht selbst.[4]

Rein *privates Handeln* stellt kein Handeln im geschäftlichen Verkehr dar. Es stellt daher **10** keine Markenverletzung dar, wenn ein Privatmann eine widerrechtlich gekennzeichnete Ware aus dem Ausland für den Eigengebrauch einführt.[5] Wenn freilich gleichartige Piraterieware in größerer Stückzahl von Privatleuten eingeführt wird, wird ein Handeln im geschäftlichen Verkehr vermutet.[6] Entsprechendes gilt für Internetversteigerungen von Privatleuten. Hier kann insbesondere aus der Häufigkeit von Verkaufshandlungen und der Art der angebotenen Waren auf ein Handeln im geschäftlichen Verkehr geschlossen werden[7] (zur Störerhaftung des Internetauktionshauses s. u. Rn. 251). Eine ähnliche Problematik ergibt sich bei vermeintlich privaten Flohmärkten. Auch hier kann aus Häufigkeit und Umfang solcher Verkäufe auf ein Handeln im geschäftlichen Verkehr geschlossen werden, insbesondere wenn dort eigens zu diesem Zweck erworbene Ware angeboten wird.[8] Es ist dagegen kein Handeln im geschäftlichen Verkehr, wenn im privaten Bereich mit einer Marke versehene leere Behältnisse wiederbefüllt werden. Dies gilt auch, wenn ein Gewerbetreibender im Auftrag des Privaten tätig wird, also z.B. offene Milch in eine vom Kunden mitgebrachte, mit einer Marke versehene Milchflasche abfüllt.

Handlungen, mit denen ausschließlich *hoheitliche, wissenschaftliche, kirchliche oder soziale Zwecke* verfolgt werden und mit denen sich keine geschäftlichen Interessen verbinden, stellen kein Handeln im geschäftlichen Verkehr dar. Dagegen wurde es als ein Handeln im geschäftlichen Verkehr angesehen, wenn im betrieblichen oder behördlichen Bereich Handtuchspender, die die Marke der darin enthaltenen Papierhandtücher trugen, mit Handtüchern anderer Herkunft nachgefüllt wurden. In der noch zum WZG ergangenen Entscheidung führt der BGH aus, dass die Zeichenverwendung im geschäftlichen Verkehr grundsätzlich alle Bereiche umfasse, in denen *außerhalb des Privatbereichs* einer *unbestimmten Vielzahl von Personen* die Ware unter dem fraglichen Warenzeichen – nicht notwendig gegen Entgelt – angeboten werde.[9] Allerdings scheidet eine Verletzung der auf **11**

---

3 EuGH, GRUR 2003, 55 Tz. 40 – Arsenal FC; GRUR 2007, 318 Tz. 18 – Adam Opel; GRUR 2007, 971 Tz. 17 – Céline; GRUR 2010, 445 Tz. 50 – Google und Google France; BGH, GRUR 2007, 780, 782 – Pralinenform; GRUR 2009, 871, 872 – Ohrclips.
4 EuGH, GRUR 2010, 445 Tz. 56 – Google und Google France.
5 LG Düsseldorf, Mitt. 1996, 22 – Windsurfing Chiemsee.
6 LG Mannheim, WRP 1999, 1057, 1058 – Joop.
7 Vgl. BGH, GRUR 2009, 871, 873 – Ohrclips; OLG Frankfurt, GRUR-RR 2005, 317, 318 – Cartierschmuck II; GRUR-RR 2005, 240, 241 – Cartier-Uhr; GRUR 2004, 1042 – Cartierschmuck; OLG Köln, GRUR-RR 2006, 50, 51 – Rolex-Internetversteigerung; LG Berlin, GRUR-RR 2004, 16, 17 – Fernglas.
8 Vgl. LG Berlin, CR 2002, 371.
9 BGH, GRUR 1987, 438, 440 – Handtuchspender.

dem Spender angebrachten Marke aus, wenn das darin enthaltene Produkt selbst eine deutlich erkennbare andere Kennzeichnung aufweist.[10]

3. Benutzung als Marke

12 Seinem Wortlaut nach betrifft § 14 *jede Benutzung* eines kollidierenden Zeichens im geschäftlichen Verkehr. Auch in der amtlichen Begründung zu § 14 heißt es explizit, dass nach den Absätzen 2 und 3 jede Benutzung eines kollidierenden Zeichens im geschäftlichen Verkehr untersagt sei.[11]

13 Aufgrund der Vorgaben des EuGH besteht aber inzwischen Einigkeit darüber, dass zur Benutzung im geschäftlichen Verkehr als weiteres, ungeschriebenes Tatbestandsmerkmal eine Benutzung als Marke hinzukommen muss. Begründet wird dies damit, dass das in Art. 5 Abs. 1 Markenrechtsrichtlinie niedergelegte ausschließliche Recht gewährt wurde, um dem Markeninhaber den Schutz seiner spezifischen Interessen zu ermöglichen, d.h. um sicherzustellen, dass die Marke ihre Funktionen erfüllen kann. Die Ausübung dieses Rechts müsse daher auf Fälle beschränkt bleiben, in denen die Benutzung des Zeichens durch einen Dritten die Funktionen der Marke und insbesondere ihre Hauptfunktion, d.h. die Gewährleistung der Herkunft der Ware gegenüber den Verbrauchern, beeinträchtigt oder beeinträchtigen könnte.[12]

14 Was die Markenfunktionen betrifft, differenziert der EuGH inzwischen. Während eine Verwechslungsgefahr im Sinne von Art. 5 Abs. 1 lit.b) eine Beeinträchtigung der Herkunftsfunktion der Marke voraussetzt, kann in den Fällen der Doppelidentität (Art. 5 Abs. 1 lit a)) und im Anwendungsbereich des Art. 5 Abs. 2 eine Markenverletzung auch gegeben sein, wenn lediglich andere Markenfunktionen, wie z.B. die Werbefunktion, tangiert sind.[13] Die Herkunftsfunktion ist allerdings auch tangiert, wenn ein Dritter die Marke zwar zur Kennzeichnung seiner Dienstleistungen benutzt, er damit aber nur die Herkunft der Waren bezeichnet, auf die sich seine Dienstleistungen beziehen.[14] Abgesehen von diesem Ausnahmefall, muss die Benutzung als Marke aber – um Verwechslungen hervorzurufen – herkunftshinweisend auf den eigenen Betrieb des Verletzers benutzt werden.

15 Während die Instanzgerichte ohnehin überwiegend an dem Erfordernis eines *markenmäßigen Gebrauchs* als ungeschriebenem Tatbestandsmerkmal des § 14 festgehalten haben,[15] konnte der BGH diese Streitfrage zunächst offenlassen, weil ein markenmäßiger Gebrauch

---

10 BGH, WRP 2006, 1025, 1027 – Seifenspender.
11 Begründung des Gesetzentwurfs, BlPMZ Sonderheft 1994, 69; so auch *Fezer*, GRUR 1996, 566, 568 ff.; *Starck*, GRUR 1996, 688, 691.
12 So grundlegend EuGH, WRP 2002, 1415 = GRUR 2003, 55 Tz. 51 – Arsenal FC; vgl. a. EuGH, WRP 2008, 95 = GRUR 2007, 971 Tz. 26 – Céline; WRP 2007, 299 = GRUR 2007, 319 Tz. 21 – Adam Opel/Autec.
13 EuGH, WRP 2009, 930 = GRUR 2009, 756 Tz. 50 u. 65 – L'Oréal; vgl. dazu *Ekey*, MarkenR 2009, 475; *Hacker*, MarkenR 2009, 333.
14 EuGH, MarkenR 1999, 84 – BMW; vgl. a. EuGH, WRP 2007, 299 = GRUR 2007, 318 Tz. 27 – Adam Opel/Autec.
15 OLG Hamburg, WRP 1996, 572, 576 – Les-Paul-Gitarren; GRUR 1996, 982, 983 – Für Kinder; OLG München, Mitt. 1996, 174 – FAT TIRE; KG, GRUR 1997, 295 – Alles wird teurer; OLG Hamburg, WRP 1997, 106, 108 – Gucci.

entweder zweifelsfrei gegeben war[16] oder weil eine Markenverletzung jedenfalls nach § 23 ausschied.[17] Inzwischen folgt aber auch der BGH der vorstehend erörterten Rechtsprechung des EuGH, wonach eine Markenrechtsverletzung nicht schon bei jeder wie auch immer gearteten Benutzung im geschäftlichen Verkehr angenommen werden kann, sondern voraussetzt, dass die Benutzung jedenfalls auch der *Unterscheidung der Waren/Dienstleistungen eines Unternehmens von denen anderer* dient. Auch bekennt sich der BGH jetzt ausdrücklich zu dem „in der Rechtsprechung anerkannten" Erfordernis eines *markenmäßigen Gebrauchs*,[18] der im Anwendungsbereich von § 14 Abs. 2 Nr. 1 und Nr. 3, also bei Doppelidentität und Benutzung einer bekannten Marke, auch gegeben sein kann, wenn andere Markenfunktionen als die Herkunftsfunktion, wie z.B. die Werbefunktion beeinträchtigt werden (vgl. Rn. 14).[19]

Bei *beschreibenden Angaben* oder *Herkunftsangaben* wird es weiterhin vom Einzelfall abhängen, ob sie in einer Weise benutzt werden, dass sie als Marke erscheinen. Dabei beurteilt sich die Frage, ob eine beschreibende Angabe als Marke benutzt wird, also herkunftshinweisend wirkt, nach der Auffassung des Verkehrs, und zwar eines *durchschnittlich informierten, verständigen und aufmerksamen Durchschnittsverbrauchers*.[20]   **16**

Gleiches gilt für *Farben, dreidimensionale Gestaltungen und Gerüche*, die im Allgemeinen nicht als Herkunftshinweis, sondern als *Produktgestaltungsmittel* aufgefasst werden,[21] bei denen im Einzelfall aber auch eine markenmäßige Benutzung in Betracht kommt. Dabei ergibt sich die Besonderheit, dass die Auffassung des Verkehrs zu der Frage, ob solche Produktgestaltungsmittel im Kollisionsfall herkunftshinweisend wirken, maßgeblich von der Verkehrsgeltung der verletzten Marke bestimmt wird. Je vertrauter dem Verkehr die Verwendung einer Farbe oder Form als Kennzeichnungsmittel des Markeninhabers ist, desto   **17**

---

16 BGH, WRP 1998, 732, 737 = GRUR 1998, 830, 835 – Les-Paul-Gitarren.
17 BGH, WRP 1998, 763, 765 = GRUR 1998, 697, 699 – VENUS MULTI; WRP 1999, 189, 191 f. = GRUR 1999, 238, 239 – Tour de Culture; WRP 1999, 931 934 = GRUR 1999, 992, 994 – BIG PACK.
18 BGH, WRP 2011, 230, 233 = GRUR 2011, 148, 150 – Goldhase II; WRP 2010, 1508, 1510 Tz. 25 = GRUR 2010, 1103, 1105 – Pralinenform II; WRP 2009, 1533, 1538 Tz. 49 = GRUR 2009, 1055, 1058 – airdsl; WRP 2009, 1527, 1532 Tz. 55 = GRUR 2009, 1162, 1166 – DAX; WRP 2009, 441, 443 Tz. 22 = GRUR 2009, 502, 504 – pcb; WRP 2009, 451, 452 Tz. 11 = GRUR 2009 498, 499 – bananabay; WRP 2009, 831, 836 Tz. 45 = GRUR 2009, 766, 770 – Stofffähnchen; WRP 2008, 1196, 1197 Tz. 15 = GRUR 2008, 793, 794 – Rillenkoffer; WRP 2008, 797, 798 Tz. 16 = GRUR 2008, 505, 507 – TUC-Salzcracker; WRP 2007, 1090, 1092 Tz. 22 = GRUR 2007, 780, 782 – Pralinenform; WRP 2007, 186, 189 Tz. 28 = GRUR 2007, 235, 238 – Goldhase; WRP 2005, 896, 897 = GRUR 2005, 583 f. – Lila-Postkarte; WRP 2005, 1521, 1524 = GRUR 2005, 1044, 1046 – Dentale Abformmasse; WRP 2004, 227, 231 = GRUR 2004, 151, 153 – Farbmarkenverletzung I; WRP 2003, 521, 523 = GRUR 2003, 332, 333 – Abschlussstück; WRP 2002, 987, 989 = GRUR 2002, 814 f. – Festspielhaus.
19 BGH, WRP 2011, 1602 Tz. 11 = GRUR 2011, 1135 – GROSSE INSPEKTION FÜR ALLE.
20 BGH, WRP 2002, 985, 987 = GRUR 2002, 812, 813 – FRÜHSTÜCKS-DRINK II; WRP 2003, 1353, 1354 = GRUR 2003, 963 – AntiVir/AntiVirus; WRP 2005, 605, 607 = GRUR 2005, 419, 421 – Räucherkate.
21 Vgl. BGH, WRP 2008, 797, 799 Tz. 25 = GRUR 2008, 505, 507 – TUC-Salzcracker; WRP 2007, 1090, 1093 Tz. 26 = GRUR 2007, 780, 782 – Pralinenform; HABM, GRUR 2002, 348 – Der Duft von Himbeeren.

eher wird er auch eine kollidierende Verwendung als herkunftshinweisend ansehen und der Gefahr von Verwechslungen unterliegen.[22]

18 Fehlt es an einer markenmäßigen Benutzung, ist bereits der Verbotstatbestand des § 14 nicht erfüllt; dies kann aber regelmäßig dahinstehen, da eine Markenverletzung jedenfalls nach § 23 Nr. 2 ausscheidet.[23] Wird eine beschreibende Angabe dagegen nicht nur beschreibend, sondern als Marke benutzt, ist der Anwendungsbereich des § 14 eröffnet, es kommt aber gleichwohl eine Privilegierung nach § 23 in Betracht, sofern die Benutzung nicht gegen die guten Sitten verstößt. Dies ist unter Berücksichtigung aller Umstände des Einzelfalls zu beurteilen.[24] Früher vertretene Auffassungen, dass § 23 Nr. 2 bei einer markenmäßigen Benutzung von Haus aus unanwendbar sei oder eine solche Benutzung jedenfalls regelmäßig i. S. d. § 23 gegen die guten Sitten verstoße,[25] sind damit überholt.

19 Die Fälle, in denen eine Marke nicht zur Kennzeichnung der Waren oder Dienstleistungen des Verletzers benutzt wird, sondern *mit Bezug auf die Waren und Dienstleistungen des Markeninhabers*, stellen nach der BMW-Entscheidung des EuGH eine relevante Benutzungshandlung dar, sofern nur auch ein Bezug zu dem eigenen Waren- und Dienstleistungsangebot desjenigen, der die Marke benutzt, gegeben ist. So stellt die Benutzung einer fremden Marke als *Bestimmungsangabe*, bei der früher ein zeichenmäßiger Gebrauch verneint wurde, eine Benutzung als Marke dar, die aber nach § 23 Nr. 3 vom Markenschutz ausgenommen ist, soweit die Benutzung als Hinweis auf die Bestimmung notwendig ist.[26] Auch die Nennung einer fremden Marke im Rahmen *vergleichender Werbung* erfolgt zugleich zur Förderung des Absatzes der eigenen Waren/Dienstleistungen und bezeichnet die Herkunft der Waren/Dienstleistungen, mit denen sich der Werbende messen will. Entgegen der Begründung des Gesetzentwurfs[27] fällt eine solche Benutzung damit grundsätzlich unter § 14 Abs. 2, sie ist aber, wenn es sich um eine wettbewerbsrechtlich zulässige vergleichende Werbung handelt, nach § 23 Nr. 2 privilegiert, da mit dem Werbevergleich Art und Beschaffenheit des beworbenen Produkts bezeichnet werden sollen. Dagegen stellt es keine Markenverletzung dar, wenn eine Marke in *Nachschlagewerken, fachlichen Abhandlungen oder sonstiger Berichterstattung* wiedergegeben wird, da die Marke hier nur als solche und nicht mit Bezug auf Waren oder Dienstleistungen benutzt wird.[28] Es ist schon fraglich, inwieweit in diesen Fällen überhaupt eine Benutzung im geschäftlichen Verkehr vorliegt (vgl. § 16 Rn. 2).

20 Die unter den Instanzgerichten lange Zeit umstrittene Frage, ob die Verwendung einer Marke als Schlüsselwort für eine *adwords*-Werbung im Internet eine Benutzung als Marke dar-

---

22 Vgl. BGH, WRP 2008, 1196, 1198 Tz. 18 = GRUR 2008, 793, 794 – Rillenkoffer; WRP 2005, 616, 619 = GRUR 2005, 427, 429 – Lila-Schokolade; WRP 2004, 227, 231 = GRUR 2004, 151, 154 – Farbmarkenverletzung I; WRP 2004, 232, 234 = GRUR 2004, 154, 155 – Farbmarkenverletzung II.

23 BGH, WRP 1999, 931, 934 = GRUR 1999, 992, 994 – BIG PACK.

24 Vgl. EuGH, GRUR 2004, 234, 235 – Gerolsteiner/Putsch; dazu Vorlagebeschluss des BGH, WRP 2002, 547, 549 = GRUR 2002, 613, 615 – GERRI/KERRY Spring.

25 Vgl. den vom BGH, a. a. O. wiedergegebenen Meinungsstand.

26 EuGH, MarkenR 1999, 84, 89 – BMW; vgl. a. EuGH, GRUR Int. 2005, 479 – Gillette.

27 Begründung des Gesetzesentwurfs, BlPMZ Sonderheft 1994, 69.

28 Vgl. OLG Frankfurt, GRUR 2000, 1066, 1067 – Abkürzung ACC.

stellt,[29] ist inzwischen höchstrichterlich geklärt. Schlüsselwörter für adwords-Anzeigen unterscheiden sich von sogenannten Metatags (bei denen die Bejahung einer Verletzungshandlung unproblematisch bejaht wird) dadurch, dass das Schlüsselwort im Werbetext selbst nicht aufscheint – andernfalls erschiene die Werbung bei Eingabe des Suchbegriffs in der Trefferliste –, sondern nur als verdecktes Schlüsselwort für eine bezahlte Werbung verwendet wird, die separat von der Trefferliste in einer eigenen Anzeigenrubrik aufscheint. Der BGH hat die Frage zunächst dem EuGH zur Vorab-Entscheidung vorgelegt und dabei u.a. auch die Frage aufgeworfen, ob bei einem mit der Marke identischen Schlüsselwort und einer Werbung für identische Waren/Dienstleistungen zwingend auch die Herkunftsfunktion der Marke beeinträchtigt sein muss, oder ob es nicht auch genüge, dass deren Werbefunktion beeinträchtigt wird.[30] Der EuGH, dem entsprechende Vorlagen auch aus Frankreich und Österreich vorlagen, hat darauf geantwortet, dass die Werbefunktion nicht beeinträchtigt werde, da der Markeninhaber ja bei Eingabe seiner Marke als Suchbegriff zumeist an vorderer Stelle in der Trefferliste erscheine und der Verkehr zwischen Trefferliste und Anzeigenrubrik zu unterscheiden wisse, und dass es für eine Beeinträchtigung der Herkunftsfunktion darauf ankomme, ob für einen Durchschnittsinternetnutzer nicht oder nur schwer zu erkennen sei ob die in der Anzeige beworbenen Waren oder Dienstleistungen von dem Inhaber der Marke oder einem mit ihm wirtschaftlich verbundenen Unternehmen stammen. Insoweit komme es auf die Gestaltung der Anzeige im Einzelfall an. Gleichzeitig hat der EuGH aber klargestellt, dass der Betreiber des von ihm sogenannten Internetreferenzierungsdienstes, also Google, die Marke in diesem Fall nicht selbst benutze.[31] Dies schließt allerdings eine Haftung von Internetplattformen als Störer nicht aus, wenn sie vom Markeninhaber auf verletzende Angebote hingewiesen werden.[32] In seiner abschließenden Bananabay-Entscheidung hat der BGH dann die Klage abgewiesen, da nach den EuGH-Vorgaben die Werbefunktion nicht beeinträchtigt sei, und der Verkehr durch die konkrete Anzeigengestaltung auch nicht zu der Annahme verleitet werde, zwischen dem Werbenden und dem Markeninhaber bestünde eine wirtschaftliche Verbindung.[33] Gleichzeitig stellt der BGH aber klar, dass zwischen der Schaltung eines Schlüsselwortes für adwords-Anzeigen und dem Einsatz von Metatags zu unterscheiden sei. Bei den Ergebnissen in der Trefferliste werde für den Internetnutzer in der Regel nicht hinreichend deutlich, ob der Verwender des Metatags, der identische oder ähnliche Produkte anbietet, im Verhältnis zum Markeninhaber Dritter oder mit diesem wirtschaftlich verbunden sei.[34]

Nach der Rechtsprechung des EuGH stellt es auch eine Benutzung als Marke dar, wenn ein **21** Dritter die *Originalware* unter der Marke des Markeninhabers anbietet, vertreibt oder bewirbt. Diese Fälle regeln sich über die *Erschöpfung* (§ 24) bzw. stellen eine Markenverletzung dar, wenn die betreffende Originalware vom Markeninhaber noch nicht mit erschöp-

---

29 Vgl. z.B. OLG Stuttgart, WRP 2007, 1265, 1267 einerseits, OLG Frankfurt, WRP 2008, 830, 831 andererseits.
30 BGH, WRP 2009, 451, 453 Tz. 17 = GRUR 2009, 498, 499 – Bananabay.
31 EuGH, GRUR 2010, 445, 449 – Google und Google France; GRUR 2010, 451, 453 – BergSpechte/trecking.at Reisen; GRUR 2010, 641, 642 – Eis.de/BBY Vertriebsgesellschaft (Bananabay).
32 BGH, vom 17.8.2011, Az. I ZR 57/09 – Stiftparfüm.
33 BGH, MarkenR 2011, 367, 379 Tz. 28 ff.
34 BGH, a.a.O. Tz. 28; so auch schon BGH, WRP 2010, 1165 Tz. 25 = GRUR 2010, 835 – POWER BALL; WRP 2009, 1520, 1522 Tz. 15 = GRUR 2009, 1167, 1168 – Partnerprogramm; WRP 2007, 1095, 1097 Tz. 18 = GRUR 2007, 784, 785 – AIDOL; WRP 2006, 1513, 1515 Tz. 17 = GRUR 2007, 65, 66 f. – Impuls; vgl. auch *Menke*, WRP 1999, 982.

fender Wirkung in Verkehr gebracht wurde. Bewirbt ein Händler nicht gekennzeichnete Originalware mit der Marke des Herstellers oder bringt ein Parallelimporteur die von ihm eingeführte Originalware in einer eigenen, mit der Marke des Herstellers gekennzeichneten Umverpackung in Verkehr, stellt dies eine verletzende Benutzung dar.

22 Die Fälle, in denen die fremde Marke als *Produktdekor*, im Rahmen einer *Abbildung oder verkleinerten Nachbildung der Originalware* (z. B. Spielzeugautos) oder zur Vermarktung von *Scherzartikeln* eingesetzt wird, können nach der Rechtsprechung des EuGH gleichfalls eine Benutzung als Marke darstellen: Wenn die Marke für identische Waren/Dienstleistungen eingetragen ist, auch ohne Beeinträchtigung der Herkunftsfunktion, wenn andere Markenfunktionen, wie z. B. die Werbe- oder Garantiefunktion beeinträchtigt werden; wenn die Marke nur für ähnliche Waren/Dienstleistungen eingetragen ist, nur bei einer Beeinträchtigung der Herkunftsfunktion, wenn also der Verkehr annimmt, die mit der Marke versehenen Produkte stammten vom Markeninhaber; und wenn es sich um eine bekannte Marke handelt, auch bei Warenunähnlichkeit, wenn die Benutzung, die Unterscheidungskraft oder die Wertschätzung der Marke für die von der Markeneintragung erfassten Waren/ Dienstleistungen ohne rechtfertigenden Grund in unlauterer Weise ausnutzt oder beeinträchtigt.[35] In der Regel betreffen diese Fälle der Markenbenutzung bekannte Marken im Sinne von § 14 Abs. 2 Nr. 3. *Markenverunglimpfungen*, wie der Vertrieb von Präservativen unter dem Slogan „Mars macht mobil bei Sex-Sport und Spiel"[36] oder ein Aufkleber mit BMW-Emblem und der Inschrift „Bumms mal wieder"[37], lassen sich somit sachgerecht entscheiden. Aber auch die Produktdekor- und Modellauto-Fälle dürften regelmäßig eine Ausnutzung der Wertschätzung einer bekannten Marke beinhalten, wobei allenfalls bei den Spielzeugmodellen der Gesichtspunkt der originalgetreuen Wiedergabe als Rechtfertigungsgrund für die Markenwiedergabe angesehen werden könnte.[38]

4. Benutzung als geschäftliche Bezeichnung

23 Unter Geltung des WZG war anerkannt, dass die Benutzung eines Zeichens als *Firmenbestandteil* oder *Geschäftsbezeichnung* regelmäßig zugleich einen zeichenmäßigen Gebrauch darstellte. Begründet wurde dies damit, dass die firmenmäßige Verwendung eines Zeichens zwar unmittelbar nur den Geschäftsbetrieb, mittelbar aber auch die Herkunft der aus dem Betrieb stammenden Waren kennzeichne.[39] Dies galt auch dann, wenn die unter einer Firmenbezeichnung angebotenen Waren mit einer davon abweichenden Kennzeichnung versehen waren, da der Verkehr darin auch eine Zweitmarke sehen könne.[40] Der Bestimmung in § 16 WZG, wonach durch die Eintragung eines Warenzeichens niemand gehindert war, seine Firma zu gebrauchen, sofern der Gebrauch nicht warenzeichenmäßig er-

---

35 Vgl. EuGH, WRP 2007, 299, 302 Tz. 34 = GRUR 2007, 318, 320 – Adam Opel.
36 BGH, WRP 1994, 495 = GRUR 1994, 808 – Markenverunglimpfung; vgl. a. BGH, WRP 1995, 92 = GRUR 1995, 57 – Markenverunglimpfung II.
37 Vgl. a. BGH, GRUR 1986, 759 – BMW; in dieser Entscheidung wurden wettbewerbsrechtliche Ansprüche mangels eines Wettbewerbsverhältnisses abgelehnt.
38 Vgl. BGH, WRP 1994, 599, 603 = GRUR 1994, 732, 734 f. – McLaren, zu § 1 UWG; zu weiteren Rechtfertigungsgründen, wie insbesondere Art. 5 GG bei Scherzartikeln vgl. Rn. 208.
39 BGH, GRUR 1975, 275 – Buddelei; GRUR 1977, 789, 790 – Tina-Spezialversand I.
40 BGH, GRUR 1984, 354, 356 – Tina-Spezialversand II.

folgte, kam somit keine Bedeutung zu, da ein solcher zeichenmäßiger Gebrauch regelmäßig zu bejahen war.

Daran ist auch unter dem geltenden Markenrecht im Grundsatz festzuhalten. Die *Benut-* **24** *zung eines kollidierenden Zeichens in einer Firma, die Waren vertreibt oder Dienstleistungen erbringt*, stellt eine *Benutzung im geschäftlichen Verkehr* dar, die mittelbar auch zur Unterscheidung der von dem Firmeninhaber angebotenen Waren oder Dienstleistungen dient. Da der Katalog der in § 14 Abs. 3 aufgeführten Benutzungsarten nicht abschließend ist, ist es nicht erforderlich, die Benutzung als Firma unter einen der dort geregelten Tatbestände zu subsumieren. Dies wäre freilich ohne Weiteres möglich, da auf Waren und deren Verpackung zumeist auch Firmenangaben erscheinen, die Firma selbstverständlich in Geschäftspapieren und in der Werbung benutzt wird und die unter den Nr. 2–4 geregelten Tatbestände jeweils auch erfüllt sind, wenn der Handelnde unter einer kollidierenden Firma auftritt. Besonders deutlich wird dies bei Dienstleistungen, bei denen eine unmittelbare Kennzeichnung regelmäßig ausscheidet und die Kennzeichnung ohnehin nur mittelbar über die Bezeichnung des die Dienstleistung erbringenden Unternehmens erfolgt.

Dementsprechend enthält § 23 auch keine Regelung mehr, wonach der Markeninhaber den **25** Gebrauch einer Firma nicht verbieten kann. Etwas anderes gilt nur dann, wenn eine Firma mit dem Namen ihres Inhabers gebildet ist. Hier greift die Regelung des § 23 Nr. 1 ein, unter dem Vorbehalt, dass die Benutzung nicht gegen die guten Sitten verstößt (s. u. Rn. 38).

Allerdings haben der EuGH – und ihm folgend der BGH – klargestellt, dass die Benutzung **26** eines mit einer Marke kollidierenden Zeichens *ausschließlich zur Kennzeichnung eines Unternehmens*, bei der es also an einer die Markenfunktionen beeinträchtigenden Verbindung zu von dem Unternehmen angebotenen *Waren oder Dienstleistungen* fehlt, keine Benutzung *für Waren oder Dienstleistungen* sei, die der Markeninhaber verbieten könne.[41] Es ist somit in tatsächlicher Hinsicht stets zu prüfen, ob der Verkehr die Geschäftsbezeichnung auch auf die in dem Geschäft angebotenen Waren oder Dienstleistungen bezieht und ob dadurch die Funktionen der Marke beeinträchtigt werden oder jedenfalls beeinträchtigt werden können oder ob der Verkehr zu der Annahme veranlasst wird, dass eine Verbindung zwischen dem angegriffenen Unternehmenskennzeichen und den von dem Dritten angebotenen oder vertriebenen Waren oder Dienstleistungen besteht.[42] Das ist z. B. nicht der Fall, wenn es sich um die Firma einer Betreibergesellschaft handelt, deren Geschäfte unter anderer Bezeichnung betrieben werden; es ist auch nicht der Fall, wenn der Verkehr zweifelsfrei erkennt, dass in dem Geschäft ausschließlich Markenwaren anderer Herkunft vertrieben werden. Konsequenzen ergeben sich aus dieser Rechtsprechung vor allem für den Klageantrag. Der bisher übliche Antrag, es zu unterlassen, das Zeichen zur Kennzeichnung eines Geschäfts für XY-Waren zu benutzen, dürfte daher zu weit gefasst sein, da er auch einen rein firmenmäßigen Gebrauch erfasst.[43] Richtig muss der Antrag lauten, es zu unterlassen, das Zeichen *im geschäftlichen Verkehr für XY-Waren* zu benutzen.[44]

---

41 EuGH, GRUR 2005, 153, 155 Tz. 64 – Anheuser-Busch/Budvar; GRUR 2007, 971, 972 Tz. 21 – Céline; BGH, WRP 2008, 236, 238 Tz. 22 = GRUR 2008, 254, 255 f. – THE HOME STORE; WRP 2008, 1434, 1436 Tz. 22 = GRUR 2008, 1002, 1003 – Schuhpark; BGH, BeckRS 2011, 25097 Tz. 17 – Schaumstoff Lübke.

42 BGH, BeckRS 2011, 25097 Tz. 17 – Schaumstoff Lübke.

43 Vgl. BGH, a. a. O. – THE HOME STORE.

44 Vgl. BGH, a. a. O. – Schuhpark.

27 Was vorstehend für die Firmenbenutzung ausgeführt wurde, gilt entsprechend für die Benutzung einer *besonderen Geschäftsbezeichnung* oder eines *Geschäftsabzeichens*.

28 Werktitel dienen nach der Rechtsprechung grundsätzlich nur der *Unterscheidung eines Werkes von anderen* und enthalten keinen Hinweis auf die Herkunft aus einem bestimmten Unternehmen (vgl. § 15 Rn. 55). Diese Rechtsprechung bezieht sich allerdings nur auf den Schutz des Werktitels als eines für den geistigen Werkinhalt zur Verfügung stehenden Kennzeichens. Davon zu unterscheiden ist die das Werk verkörpernde Ware, für die unabhängig von einem bestehenden Titelschutz der Erwerb einer Marke in Betracht kommt.[45] Dementsprechend stellt auch die Benutzung eines kollidierenden Zeichens in einem Werktitel, wenn damit zugleich die das Werk verkörpernde Ware gekennzeichnet wird, einen markenmäßigen Gebrauch dar. Dies gilt beispielsweise für die Benutzung eines Zeichens im Titel einer Zeitung oder Zeitschrift, eines Computerprogramms oder eines als Ware vertriebenen Spiels. Bei Büchern bezeichnet der Titel dagegen regelmäßig nur den Inhalt des Werkes, während zur Herkunftskennzeichnung andere Mittel eingesetzt werden, wie insbesondere der Verlagsname oder eine bestimmte Aufmachung. Bei der Benutzung eines Zeichens in einem Buchtitel wird es daher häufig an einem markenmäßigen Gebrauch fehlen.

29 Die Benutzung eines kollidierenden Zeichens als *Internet-Domain* stellt eine Markenverletzung dar, soweit sie im geschäftlichen Verkehr erfolgt, es sich also nicht um eine rein private Internet-Adresse handelt. Erforderlich ist freilich ein *Bezug zu bestimmten Waren oder Dienstleistungen*, so dass die bloße Registrierung eines Domain-Namens noch nicht unter § 14 fällt, wohl aber einen vorbeugenden Unterlassungsanspruch auslösen kann.[46] Dies setzt allerdings voraus, dass sich konkret feststellen lässt, für welche Waren oder Dienstleistungen die betreffende Domain eingesetzt werden soll (s. dazu. Anhang zu § 5 Rn. 16).

5. Ohne Zustimmung des Markeninhabers

30 § 14 knüpft das dem Markeninhaber gewährte Verbietungsrecht an die Voraussetzung, dass der Dritte *ohne seine Zustimmung* handelt. Nach Auffassung des BGH handelt es sich dabei aber nicht um ein *negatives Tatbestandsmerkmal*, das im Streitfall vom Kläger darzulegen und zu beweisen wäre, sondern um einen vom Verletzer zu beweisenden *Rechtfertigungsgrund*. Die geltende Fassung des Gesetzes betone den Charakter des Markenrechts als Ausschließlichkeitsrecht, beinhalte aber keinen sachlichen Unterschied zu der früher in § 24 WZG vorausgesetzten *Widerrechtlichkeit*.[47]

31 Die Zustimmung ist eine *Willenserklärung*. Sie kann ausdrücklich oder stillschweigend erteilt werden. Im letzteren Fall ist sie freilich von einer bloß *faktischen Duldung* zu unterscheiden, welche den Verletzungstatbestand nicht entfallen lässt, sondern allenfalls eine *Verwirkung* von Verletzungsansprüchen zur Folge haben kann (vgl. § 21).

---

45 Vgl. BGH, WRP 1997, 1184, 1185 = GRUR 1998, 155, 156 – PowerPoint.
46 Vgl. OLG Stuttgart, CR 1998, 620 – steiff.com.
47 BGH, WRP 2000, 1280, 1282 f. = GRUR 2000, 879, 880 – stüssy.

Schweyer

6. Berechtigte Benutzung

Das ausschließliche Recht des Markeninhabers erfährt eine Einschränkung, wenn es mit *besseren oder gleichrangigen Rechten Dritter* zusammentrifft.

a) Priorität

Das Recht des Markeninhabers versagt gegenüber einer *prioritätsälteren* Kennzeichnung. **33** Der das Markenrecht beherrschende *Prioritätsgrundsatz* ist in § 6 allgemein geregelt, so dass zunächst auf die dortige Kommentierung verwiesen wird. § 14 setzt demgemäß voraus, dass die dort erwähnte Marke jeweils das gegenüber dem kollidierenden Zeichen *prioritätsältere Recht* ist. Trifft diese Voraussetzung nicht zu, scheiden markenrechtliche Ansprüche allerdings nicht von vornherein aus; der Dritte muss sich vielmehr erst auf sein prioritätsälteres Recht *berufen*. Der Dritte kann aus seinem prioritätsälteren Recht die *Löschung der Marke* betreiben (§ 51); er kann sich aber auch darauf beschränken, sein prioritätsälteres Recht *einredeweise* geltend zu machen. Ansprüche aus der jüngeren Marke können ihm gegenüber dann nicht durchgesetzt werden. Die *Einrede des prioritätsälteren Rechts* erlangt insbesondere dann Bedeutung, wenn die Löschung aufgrund eines der in § 51 Abs. 2–4 geregelten Tatbestände nicht in Betracht kommt oder wenn sie gegenüber einer nicht eingetragenen Marke erhoben wird.

b) Koexistenz

Es gibt eine Reihe von Fällen, in denen der Inhaber einer Marke die Koexistenz eines kolli- **34** dierenden Zeichens hinnehmen muss.

aa) Gleichrangigkeit

Das sind zunächst die Fälle der *Gleichrangigkeit* i. S. v. § 6 Abs. 4. Dass eingetragene Mar- **35** ken denselben Anmeldetag und damit denselben Zeitrang aufweisen, ist ein in der Praxis eher selten anzutreffender Zufall. Dieser Fall erlangt aber immer dann Bedeutung, wenn infolge einer Änderung der Rechtslage ein bis dahin bestehendes Eintragungshindernis entfällt. Die im Vorgriff auf die zu erwartende Änderung angemeldeten Marken erhalten dann alle den Tag, an dem das neue Recht in Kraft tritt, als Anmeldetag. So wurde in Deutschland die Eintragbarkeit von Dienstleistungsmarken erst durch das diesbezügliche Gesetz vom 29.1.1979 eingeführt. Dieses Gesetz trat am 1.4.1979 in Kraft. Bereits vor diesem Zeitpunkt konnten Dienstleistungsmarkenanmeldungen eingereicht werden. Sie erhielten dann aber, da der 1.4.1979 ein Sonntag war, alle den 2.4.1979 als Anmeldetag zuerkannt. Gleiches wiederholte sich beim Inkrafttreten des MarkenG, als das bis dahin bestehende Eintragungshindernis für Zeichen, die ausschließlich aus Zahlen oder Buchstaben bestehen (§ 4 Abs. 2 Nr. 1 WZG), entfiel. Soweit solche Markenanmeldungen bei Inkrafttreten des MarkenG bereits anhängig waren und der Anmelder sich mit einer Verschiebung des Zeitranges einverstanden erklärte (um eine Zurückweisung zu vermeiden), erhielten diese Marken gem. § 156 den Anmeldetag 1.1.1995.[48]

---

48 Vgl. BPatG, Mitt. 1997, 70, 71 – UHQ II.

36   Eine danach mit dem Zeitrang 1.1.1995 eingetragene Marke kann dann auch mit einer *gleichrangigen Geschäftsbezeichnung* konfrontiert werden. Während es zunächst den An-schein hatte, dass der BGH im Firmenrecht an seiner bisherigen Rechtsprechung festhalten wolle, wonach reinen Buchstabenkombinationen die Eignung fehle, ein Unternehmen na-mensmäßig zu kennzeichnen,[49] ist jetzt geklärt, dass auch im Firmenrecht reinen Buchsta-benkombinationen als Firmenschlagwort oder besonderer Geschäftsbezeichnung originäre Unterscheidungskraft zukommen kann.[50] Da dies mit dem Inkrafttreten des MarkenG und der gebotenen Gleichbehandlung der Kennzeichenrechte begründet wird, muss konsequen-terweise solchen Buchstabenkombinationen, die bereits vor dem 1.1.1995 in Gebrauch ge-nommen wurden, ebenfalls der 1.1.1995 als Zeitrang zuerkannt werden.[51]

37   Ansonsten gestaltet sich bei nicht eingetragenen Marken und sonstigen Rechten i. S. d. § 6 Abs. 3 die *Bestimmung des Zeitrangs* mitunter schwierig. Schon die Ingebrauchnahme ei-ner Bezeichnung lässt sich zumeist nicht auf den Tag genau datieren; wenn es auf den Er-werb von Verkehrsgeltung ankommt, bereitet eine solche genaue Datierung erst recht Schwierigkeiten. Es fragt sich dann, zu wessen Lasten es geht, wenn sich die Priorität nicht eindeutig klären lässt. Nach *allgemeinen Beweisregeln* wird hier zunächst der Markeninha-ber darzulegen und zu beweisen haben, dass seine Marke bereits zu einem bestimmten Kol-lisionszeitpunkt über eine für den Markenschutz ausreichende Verkehrsgeltung oder noto-rische Bekanntheit verfügte, und es obliegt dann dem Inhaber der angegriffenen Bezeich-nung, darzulegen und zu beweisen, dass er zu diesem Zeitpunkt bereits über ein zumindest gleichrangiges Recht verfügte.

bb) Andere Fälle der Koexistenz

38   Neben der in § 6 Abs. 4 geregelten Gleichrangigkeit gibt es Fälle einer hinzunehmenden Koexistenz trotz besseren Zeitranges. Hierunter fallen insbesondere:

– die *Verwirkung* von Ansprüchen, wie sie in § 21 geregelt ist und sich daneben auch wei-terhin aus § 242 BGB ergeben kann (§ 21 Abs. 4);
– der in § 22 Abs. 1 geregelte Fall der *Bestandskraft* einer eingetragenen Marke gegen-über einem erst nach deren Zeitrang begründeten *erweiterten Schutz* der älteren Marke nach § 14 Abs. 2 Nr. 3;
– der in § 22 Abs. 2 geregelte Fall eines sog. *Zwischenrechts*, welches in einem Zeitraum entstanden ist, zu dem die ältere Marke löschungsreif war.

Insoweit wird auf die Kommentierung der genannten Bestimmungen verwiesen.

cc) Anderes Gegenrecht

39   Die Einrede eines besseren Rechts kommt nicht nur in Betracht, wenn die angegriffene Be-zeichnung selbst prioritätsälter ist als die geltend gemachte Marke, sondern auch dann, wenn sich der Dritte auf ein *anderes Recht* berufen kann, welches der geltend gemachten Marke im Rang vorgeht. Dabei kann es sich sowohl um eine *ältere eingetragene Marke* handeln als auch um ein *älteres sachliches Recht*, wie insbesondere das Recht an einer ge-

---

49 BGH, WRP 1998, 51, 53 = GRUR 1998, 165, 166 – RBB.
50 BGH, WRP 2001, 273, 275 = GRUR 2001, 344, 345 – DB-Immobilienfonds.
51 So auch OLG Düsseldorf, GRUR-RR 2001, 106, 108 – DVP.

Schweyer

schäftlichen Bezeichnung. Der Inhaber einer Marke ist somit nicht nur gehindert, gegen eine prioritätsältere geschäftliche Bezeichnung vorzugehen, sondern sein Recht versagt auch gegenüber einer aus der älteren Firma abgeleiteten, an sich prioritätsjüngeren Marke.[52] Der Grund für diese Durchbrechung des Prioritätsgrundsatzes liegt darin, dass es rechtsmissbräuchlich erscheint, aus einer Marke hervorzugehen, die an sich dem besseren Recht des Dritten weichen müsste. Der *Einwand des Rechtsmissbrauchs* setzt allerdings voraus, dass das ältere Gegenrecht ein *Verbietungsrecht* gegen die geltend gemachte Marke gewährt. Ist ein solches, z.B. wegen einer hinzunehmenden Koexistenz (s.o.) nicht gegeben, scheidet die Berufung auf ein solches Gegenrecht aus.[53]

Bei dem einredeweise geltend gemachten Gegenrecht kann es sich auch um das *prioritätsältere Recht eines Dritten* handeln, wenn sich derjenige, der die Einrede erhebt, auf ein *daraus abgeleitetes Benutzungsrecht* berufen kann. Handelt es sich dabei um eine *Lizenz* an einer älteren Marke, kommt eine unmittelbare *Berufung auf die Priorität* dieser Marke in Betracht, wenn man der Markenlizenz dingliche Wirkung beimisst (vgl. dazu § 30 Rn. 16). In der Rechtsprechung ist jedoch anerkannt, dass auch eine nur *schuldrechtliche Gestattung* der Benutzung der angegriffenen Bezeichnung durch den Inhaber des prioritätsälteren Rechts einredeweise geltend gemacht werden kann, wenn der Inhaber des prioritätsälteren Rechts den Markeninhaber seinerseits auf Unterlassung in Anspruch nehmen könnte. Begründet wird dies mit einer entsprechenden Anwendung des § 986 Abs. 1 BGB.[54] Voraussetzung ist aber auch hier, dass das ältere Recht einen gegenüber der geltend gemachten Marke *durchsetzbaren Anspruch* gewährt,[55] und dass die Berufung auf diesen durchsetzbaren Anspruch auch dem *Willen des Inhabers* des prioritätsälteren Rechts entspricht.[56]

40

dd) Gleichnamigkeit

Es entspricht allgemeiner Auffassung, dass das in der Rechtsprechung entwickelte *Gleichnamigenrecht*, welches einen Interessenausgleich zwischen Trägern eines gleichen Familiennamens herbeiführen soll, auch unter dem MarkenG fortgilt. Das Gleichnamigenrecht basiert auf dem Grundsatz, dass jeder das Recht hat, sich unter seinem bürgerlichen Namen auch im geschäftlichen Verkehr zu betätigen, soweit dies redlich und insbesondere ohne die Absicht geschieht, Verwechslungen herbeizuführen oder sich an eine im Verkehr bekannte Bezeichnung anzulehnen oder in sonstiger Weise gegen die Grundsätze des lauteren Wettbewerbs zu verstoßen.[57] Da der kollidierende Namensgebrauch insbesondere bei Unternehmenskennzeichen Bedeutung erlangt, ist das Gleichnamigenrecht bei § 15 Rn. 32 ff. kommentiert. Auch im Rahmen des § 14 kann aber eine *redliche Ingebrauchnahme des eigenen Namens* im geschäftlichen Verkehr zur *Kollision mit einer prioritätsälteren, den gleichen Namen enthaltenden Marke* führen. Es ist fraglich, ob die Berufung auf den redli-

41

---

52 Vgl. BGH, WRP 1991, 477, 481 = GRUR 1991, 475, 478 – Caren Pfleger.
53 Vgl. BGH, WRP 1994, 536, 539 = GRUR 1994, 652, 654 – Virion.
54 BGH, WRP 2009, 445, 448 Tz. 25 = GRUR 2009, 515, 517 – Motorradreiniger; WRP 2007, 1200, 1204 Tz. 46 = GRUR 2007, 884, 887 – Cambridge Institut; WRP 2002, 1148, 1151 = GRUR 2002, 967, 970 – Hotel Adlon; WRP 1994, 536, 538 = GRUR 1994, 652, 653 – Virion; GRUR 1993, 574, 576 – Decker.
55 BGH, WRP 1994, 536, 539 = GRUR 1994, 652, 653 – Virion.
56 BGH, WRP 1995, 96, 100 = GRUR 1995, 117, 120 – NEUTREX; vgl. a. OLG Hamburg, GRUR 1997, 843, 844 f. – MATADOR.
57 Vgl. BGH, GRUR 1966, 623, 625 – Kupferberg.

chen Gebrauch des eigenen Namens auch im Rahmen des harmonisierten § 14 einen selbstständigen, den Verbotstatbestand einschränkenden Einwand darstellen kann. Jedenfalls greift in diesen Fällen die *Schrankenbestimmung* des § 23 Nr. 1 ein, in der der allgemeine Grundsatz, dass niemand an der lauteren Führung seines Namens im geschäftlichen Verkehr gehindert werden soll, zum Ausdruck kommt.[58] Abweichend von der vergleichbaren Regelung in § 16 WZG betrifft die Bestimmung nicht mehr den Gebrauch der Firma, sondern nur des Namens, erfasst damit aber auch eine den Namen beinhaltende Firma und zwar auch, wenn eine Nachfolge in der Person des Firmeninhabers eingetreten ist und der neue Inhaber rechtmäßig die alte Firma mit dem Namen des ursprünglichen Firmeninhabers fortführt.[59] Das Recht zum Namensgebrauch gilt aber nicht uneingeschränkt, sondern, wie alle in § 23 privilegierten Handlungen, nur unter dem Vorbehalt, dass die Benutzung nicht gegen die guten Sitten verstößt. Daraus folgt, dass der prioritätsjüngere Namensträger, wie auch in der Gleichnamigenrechtsprechung gefordert, alles Erforderliche und Zumutbare zu unternehmen hat, um einer Verwechslungsgefahr entgegenzuwirken, er also insbesondere gehalten sein kann, seinem Namen unterscheidende Zusätze anzufügen (vgl. § 15 Rn. 36 und § 23 Rn. 10).

42 Das Recht zum Namensgebrauch betrifft auch grundsätzlich nur einen *firmenmäßigen Namensgebrauch*. Es kann daraus nicht das Recht abgeleitet werden, den Namen auch zur Kennzeichnung von Waren oder Dienstleistungen zu benutzen.[60] Unter engen Voraussetzungen hat es der BGH allerdings für möglich erachtet, dass ein Namensträger seinen durch besondere Leistungen auf einem bestimmten Gebiet bekannt gewordenen Namen auch zur Kennzeichnung dieser von ihm auf dem speziellen Gebiet geschaffenen Waren verwenden darf.[61]

IV. Zeichenkollision

43 § 14 Abs. 2 regelt im Einklang mit § 9 drei Fallgruppen einer für eine Markenverletzung erforderlichen Zeichenkollision. Es sind dies einmal die Benutzung eines mit der Marke identischen Zeichens für identische Waren oder Dienstleistungen (§ 14 Abs. 2 Nr. 1), die Benutzung eines mit der Marke identischen oder ihr ähnlichen Zeichens für identische oder ähnliche Waren oder Dienstleistungen, wenn hierdurch für das Publikum die Gefahr von Verwechslungen hervorgerufen wird (§ 14 Abs. 2 Nr. 2), sowie schließlich die Benutzung eines mit einer bekannten Marke identischen oder ihr ähnlichen Zeichens, durch dessen Benutzung die Kennzeichnungskraft oder die Wertschätzung der bekannten Marke ohne rechtfertigenden Grund in unlauterer Weise ausgenutzt oder beeinträchtigt wird (§ 14 Abs. 2 Nr. 3).

---

58 Begründung des Gesetzentwurfs, BlPMZ Sonderheft 1994, 74.
59 Begründung des Gesetzentwurfs, BlPMZ Sonderheft 1994, 74.
60 BGH, GRUR 1966, 499, 501 – Merck; vgl. a. für Gemeinschaftsmarken EuG, GRUR Int. 2005, 846, 848 Tz. 46 – Julián Murúa Entrena.
61 BGH, WRP 1991, 477, 481 = GRUR 1991, 475, 478 – Caren Pfleger.

Schweyer

1. Identität (§ 14 Abs. 2 Nr. 1)

§ 14 Abs. 2 Nr. 1 betrifft den praktisch nur bei der Markenpiraterie gegebenen Fall, dass **44** ein mit der Marke identisches Zeichen für Waren oder Dienstleistungen benutzt wird, die mit denjenigen identisch sind, für die sie Schutz genießt. Erforderlich ist eine *Identität in zweifacher Hinsicht*, also einmal hinsichtlich der sich gegenüberstehenden Zeichen und zum anderen hinsichtlich der sich gegenüberstehenden Waren/Dienstleistungen. Die Fälle, in denen nur in einer Hinsicht Identität besteht, werden von § 14 Abs. 2 Nr. 2 erfasst.

Bei der Prüfung der Zeichenidentität ist von der geschützten Marke in ihrer *eingetragenen* **45** *oder durch Benutzung erworbenen Form* auszugehen. Identität ist nur gegeben, wenn das von einem Dritten benutzte Zeichen *in jeder Hinsicht* mit dieser geschützten Marke übereinstimmt. Es darf kein Markenbestandteil fehlen oder hinzugefügt werden, die Anordnung der Markenbestandteile muss übereinstimmen, ebenso die Schreibweise und ggf. die grafische Gestaltung der Marke.

Auch hinsichtlich der sich gegenüberstehenden Waren/Dienstleistungen muss *vollständige* **46** *Identität* bestehen. Dies ist freilich auch dann der Fall, wenn die Marke für einen Oberbegriff Schutz genießt und das identische Zeichen für eine unter diesen Oberbegriff fallende Ware oder Dienstleistung benutzt wird. Genießt die Marke Schutz für Damenoberbekleidung und wird das kollidierende Zeichen nur für Röcke benutzt, liegt somit gleichwohl Identität vor.

2. Verwechslungsgefahr (§ 14 Abs. 2 Nr. 2)

a) Grundsätze

Entscheidendes Kriterium für eine Markenverletzung ist die *Verwechslungsgefahr*. Eine **47** Marke ist nicht nur dagegen geschützt, dass ein Dritter sie identisch für übereinstimmende Waren/Dienstleistungen benutzt, sondern gegen jede Benutzung auch eines von der Marke abweichenden Zeichens, bei der für das Publikum die Gefahr von Verwechslungen besteht, einschließlich der Gefahr, dass das Zeichen mit der Marke gedanklich in Verbindung gebracht wird.

Diese Verwechslungsgefahr muss auf einer *Identität* oder *Ähnlichkeit der sich gegenüber-* **48** *stehenden Zeichen* und auf einer *Identität* oder *Ähnlichkeit der sich gegenüberstehenden Waren/Dienstleistungen* beruhen. Dabei besteht eine *Wechselbeziehung*: Je größer die Übereinstimmung zwischen der Marke und dem kollidierenden Zeichen ist, umso eher ist eine Verwechslungsgefahr auch noch bei großem Abstand der sich gegenüberstehenden Waren/Dienstleistungen zu bejahen, wie umgekehrt eine Verwechslungsgefahr auch noch bei größerem Zeichenabstand gegeben sein kann, wenn das kollidierende Zeichen für übereinstimmende oder sehr ähnliche Waren/Dienstleistungen benutzt wird.[62]

Die dritte, im Gesetz nicht ausdrücklich erwähnte Komponente bei der Beurteilung der **49** Verwechslungsgefahr ist die *Kennzeichnungskraft der Marke*. Je größer die ursprünglich

---

62 St. Rspr. vgl. zuletzt BGH, WRP 2010, 381, 382 Tz. 15 = GRUR 2010, 235 – AIDA/AIDU; WRP 2009, 831, 834 Tz. 26 = GRUR 2009, 766, 768 – Stofffähnchen; vgl. auch BGH, WRP 2004, 1043, 1044 = GRUR 2004, 783, 784 – NEURO-VIBOLEX/NEURO-FIBRAFLEX; WRP 2004, 1046, 1049 = GRUR 2004, 779, 781 – Zwilling/Zweibrüder.

oder durch Benutzung erworbene Kennzeichnungskraft der Marke ist, desto größer ist der der Marke von Rechts wegen zuzubilligende Schutzumfang und umso größer ist daher auch die von Rechts wegen anzunehmende Verwechslungsgefahr, und zwar unabhängig davon, wie sich die Bekanntheit der Marke tatsächlich auf die Verwechslungsgefahr auswirkt.[63]

50 Es besteht somit eine *Wechselbeziehung* zwischen allen *drei in Betracht zu ziehenden Faktoren*, so dass ein geringerer Grad der Ähnlichkeit der Waren oder Dienstleistungen durch einen höheren Grad der Ähnlichkeit der Zeichen oder durch erhöhte Kennzeichnungskraft der älteren Marke ausgeglichen werden kann und umgekehrt.[64]

b) Ähnlichkeit der Waren oder Dienstleistungen

51 Der durch eine Umsetzung der Markenrechtsrichtlinie in das MarkenG übernommene Begriff der *Ähnlichkeit von Waren oder Dienstleistungen* ist nicht mit dem früher verwendeten Begriff der *Gleichartigkeit* gleichzusetzen. Es handelt sich vielmehr um einen neuen, eigenständigen Rechtsbegriff, der in Übereinstimmung mit den Bestimmungen der Markenrechtsrichtlinie, denen er entnommen ist, auszulegen ist. Insbesondere kommt dem Begriff nicht mehr, wie dem Begriff der Gleichartigkeit im früheren Recht, die Funktion einer „zweiten Säule" des Markenschutzes neben der gesondert zu prüfenden Verwechslungsgefahr zu, sondern es handelt sich um eines von mehreren zueinander in *Wechselwirkung* tretenden und deshalb von Fall zu Fall auch *unterschiedlich zu gewichtenden* Kriterien für die Beurteilung der Rechtsfrage, ob eine Verwechslungsgefahr besteht.[65]

52 Die praktische Anwendung des Begriffs bereitete jedoch anfangs Schwierigkeiten und führte zu einem heftigen Meinungsstreit darüber, ob die Beurteilung der Ähnlichkeit der Waren/Dienstleistungen nunmehr jeweils von Fall zu Fall unter Berücksichtigung der sich *konkret gegenüberstehenden Marken* zu erfolgen habe,[66] oder ob nicht doch, entsprechend bisheriger Praxis, zunächst eine *absolute Grenze der Ähnlichkeit* abstrakt zu bestimmen sei, so dass eine Prüfung der Verwechslungsgefahr unter Berücksichtigung des dann näher zu bestimmenden Abstands der Waren/Dienstleistungen nur innerhalb dieses so abgesteckten Ähnlichkeitsbereichs zu erfolgen habe.[67] Auch nach dieser Auffassung ist der *Ähnlichkeitsbereich* aber *grundsätzlich weiter* zu ziehen als der *Bereich der Gleichartigkeit* nach früherem Recht, damit in Kollisionsfällen mit identischen Zeichen und gesteigerter Kennzeichnungskraft der älteren Marke die Feststellung der Verwechslungsgefahr nicht an einem zu eng bemessenen Ähnlichkeitsbereich der Waren/Dienstleistungen scheitern müsste.[68] Unterstellt man aber bei der abstrakten Prüfung der Ähnlichkeit neben identischen Zeichen eine größtmögliche Kennzeichnungskraft der geschützten Marke, führen beide Auffassungen zu demselben Ergebnis.[69]

---

63 Vgl. die in Rn. 45 angeführten Entscheidungen; vgl. a. BGH, WRP 2004, 353, 354 = GRUR 2004, 239 – DONLINE; WRP 2004, 360, 362 = GRUR 2004, 235, 237 – Davidoff II.

64 BGH, WRP 2010, 381, 382 Tz. 15 = GRUR 2010, 235 – AIDA/AIDU; WRP 2009, 616, 619 Tz. 23 = GRUR 2009, 484, 486 – Metrobus; WRP 2009, 831, 834 Tz. 26 = GRUR 2009, 766, 768 – Stofffähnchen; WRP 2008, 232 Tz. 20 = GRUR 2008, 258 – INTERCONNECT/T-InterConnect.

65 BGH, WRP 1995, 320, 324 = GRUR 1995, 216, 219 – Oxygenol II.

66 So *Teplitzky*, GRUR 1996, 1, 4.

67 So insbesondere *Kliems*, GRUR 1995, 198.

68 BPatG, GRUR 1995, 584, 586 – Sonett; *Kliems*, GRUR 1995, 198, 203.

69 So auch *Teplitzky*, GRUR 1996, 1, 4.

Der EuGH hat bereits in einer frühen Vorlageentscheidung zur Auslegung von Art. 4 **53**
Abs. 1 lit. b) Markenrechtsrichtlinie zur Begriffsklärung beigetragen. Die Entscheidung
verweist zwar auf die *zehnte Begründungserwägung der Markenrechtsrichtlinie*, in der es
heißt, dass es unbedingt erforderlich sei, den Begriff der Ähnlichkeit im Hinblick auf die
Verwechslungsgefahr auszulegen, und gelangt zu dem Ergebnis, dass bei der Beurteilung,
ob die Ähnlichkeit der sich gegenüberstehenden Waren oder Dienstleistungen ausreicht,
um eine Verwechslungsgefahr herbeizuführen, neben der Zeichenübereinstimmung *auch
die Kennzeichnungskraft* der prioritätsälteren Marke, insbesondere ihre Bekanntheit, zu berücksichtigen ist, stellt aber auch fest, dass für die Anwendung des Art. 4 Abs. 1 lit. b) –
selbst wenn eine Identität der Marke besteht, deren Kennzeichnungskraft besonders ausgeprägt ist – weiterhin *der Beweis* zu erbringen sei, dass eine *Ähnlichkeit zwischen den gekennzeichneten Waren oder Dienstleistungen* besteht. Im Gegensatz zu Art. 4 Abs. 4 lit. a),
der sich ausdrücklich auf die Fälle bezieht, in denen die Waren oder Dienstleistungen nicht
ähnlich seien, sehe Art. 4 Abs. 1 lit. b) nämlich vor, dass eine Verwechslungsgefahr eine
Identität oder eine Ähnlichkeit der gekennzeichneten Waren oder Dienstleistungen voraussetzt.[70] Inzwischen billigt es der EuGH, dass die Ähnlichkeit der sich gegenüberstehenden
Waren/Dienstleistungen *absolut* geprüft wird, d. h. „ohne diesem Vergleich die Annahme
zugrunde zu legen, dass die ältere Marke eine Kennzeichnungskraft besitze".[71]

Der BGH hält zwar daran fest, dass von einer Unähnlichkeit der Waren oder Dienstleistun- **54**
gen nur ausgegangen werden kann, wenn trotz (unterstellter) Identität der Marken die Annahme einer Verwechslungsgefahr wegen des Abstands der Waren und Dienstleistungen
von vornehein ausgeschlossen ist; er stellt aber zugleich klar, dass es eine *absolute Wa-
ren- und Dienstleistungsunähnlichkeit* gebe, die auch bei Identität der Zeichen nicht durch
eine erhöhte Kennzeichnungskraft der prioritätsälteren Marke ausgeglichen werden kann.[72]
Bereits zuvor hatte der BGH die Praxis des BPatG gebilligt, zunächst den Bereich der Ähnlichkeit der in Frage stehenden Waren/Dienstleistungen mittels *verwechslungsrelevanter
Ähnlichkeitskriterien abstrakt* zu bestimmen und in eine Prüfung der Verwechslungsgefahr
nur einzutreten, wenn sich zumindest eine entfernte Ähnlichkeit der einander gegenüberstehenden Waren/Dienstleistungen feststellen lässt.[73] In Verletzungsfällen ist es eher unerheblich, ob eine absolute, jede Verwechslungsgefahr ausschließende Unähnlichkeit der
sich gegenüberstehenden Waren/Dienstleistungen angenommen wird oder ob nur im konkreten Fall eine Verwechslungsgefahr aufgrund des gegebenen Waren- bzw. Dienst-
leistungsabstands verneint wird. Gleichwohl ist aber auch hier nunmehr anerkannt, dass es
für die Ähnlichkeit der Waren/Dienstleistungen eine *absolute Grenze* gibt, die auch bei
noch so großer Kennzeichnungskraft einer Marke nicht überwunden werden kann.[74] Diese
Notwendigkeit einer absoluten Grenze der Unähnlichkeit der Waren/Dienstleistungen ist

---

70 EuGH, GRUR 1998, 922, 923 Tz. 22–24 – Canon.
71 Vgl. EuGH, GRUR-Int. 2009, 397, 401 Tz. 67 – Les Editions Albert René ./. HABM.
72 BGH, WRP 2009, 616, 619 Tz. 25 = GRUR 2009, 484, 486 – Metrobus; vgl. a. BGH, WRP 2007,
   321, 323 Tz. 20 = GRUR 2007, 321, 322 – COHIBA; WRP 2006, 1235, 1236 Tz. 13 = GRUR
   2006, 941, 942 – TOSCA BLU.
73 Vgl. BGH, WRP 1998, 747, 749 = GRUR 1999, 158, 159 – GARIBALDI; WRP 1998, 1078, 1080
   = GRUR 1999, 164, 165 – JOHN LOBB; WRP 1999, 196, 198 = GRUR 1999, 245, 246 – Libero;
   WRP 1999, 528, 530 = GRUR 1999, 496, 497 – TIFFANY; WRP 1999, 928, 930 = GRUR 1999,
   731, 732 – Canon II.
74 Vgl. BGH, WRP 2004, 909, 912 = GRUR 2004, 594, 596 – Ferrari-Pferd; WRP 2004, 357, 359 =
   GRUR 2004, 241, 243 – GeDIOS; WRP 2003, 647, 652 = GRUR 2003, 428, 432 – BIG BERTHA;

natürlich auch durch § 14 Abs. 2 Nr. 3 vorgegeben, der sonst keinen Anwendungsbereich hätte.

55 Die tatsächlichen Verhältnisse, nach denen sich die Ähnlichkeit von Waren oder Dienstleistungen beurteilt, können einem *Wandel* unterliegen. Es stellt sich dann die Frage, auf welchen *Zeitpunkt* bei der Beurteilung abzustellen ist. Grundsätzlich ist dies im Verletzungsverfahren, soweit es den Unterlassungsanspruch betrifft, der Zeitpunkt der *letzten mündlichen Verhandlung* in der Tatsacheninstanz. Wenn jedoch der Verletzer an der kollidierenden Bezeichnung ein eigenes Recht begründet hat, z. B. durch Anmeldung einer eigenen Marke oder durch den Erwerb von Verkehrsgeltung an dem benutzten Zeichen, kann es nach dem *Prioritätsprinzip* nur auf die Verhältnisse im Zeitpunkt der *Begründung dieses Rechts* ankommen (so verhält es sich auch bei der Kennzeichnungskraft, vgl. u. Rn. 154). Die Frage stellt sich auch im Widerspruchsverfahren und wurde dort kontrovers entschieden.[75]

aa) Warenähnlichkeit

56 Bei der Beurteilung der Warenähnlichkeit sind *alle erheblichen Faktoren* zu berücksichtigen, die das Verhältnis zwischen den Waren kennzeichnen; hierzu gehören insbesondere die *Art der Waren*, ihr *Verwendungszweck* und ihre *Nutzung* sowie ihre *Eigenart als miteinander konkurrierende oder einander ergänzende Waren*.[76] Für die Praxis stellt sich dabei vor allem die Frage, inwieweit bei der Beurteilung noch auf den großen Fundus der zum früheren Recht ergangenen *Gleichartigkeitsentscheidungen* zurückgegriffen werden kann, die ja zum Teil wertvolle tatsächliche Feststellungen beinhalten. Hier wird man unterscheiden müssen: Soweit nach früherem Recht die *Gleichartigkeit bejaht* wurde, wird wegen des grundsätzlich weiter zu ziehenden Ähnlichkeitsbereichs regelmäßig auch eine *Warenähnlichkeit* gegeben sein.[77] Insoweit kann die in Form eines Nachschlagewerkes herausgegebene Zusammenstellung ergangener Gleichartigkeitsentscheidungen von *Richter/Stoppel*, die jetzt auch die zum geltenden Recht ergehenden Entscheidungen einschließt, für die Praxis weiterhin als Orientierungshilfe dienen. Bei festgestellter *Warenungleichartigkeit* kommt den alten Entscheidungen dagegen *keine Präjudizwirkung* mehr zu; insbesondere darf sich die Prüfung der Warenähnlichkeit nicht darauf beschränken, ob eine früher festgestellte Ungleichartigkeit noch dem heutigen Erscheinungsbild der Waren entspricht, sondern es muss anhand der jetzt maßgeblichen Kriterien eine eigenständige Beurteilung erfolgen.[78]

WRP 2002, 330, 331 = GRUR 2002, 340 – Fabergé; WRP 2002, 537, 539 = GRUR 2002 544, 546 – BANK 24.

75 Vgl. einerseits BGH, GRUR 1993, 316, 318 – Smarty, wo auf den Zeitpunkt der Entscheidung abgestellt wurde, andererseits BGH, WRP 928, 931 = GRUR 1999, 731, 733 – Canon II, wonach es auf den Zeitpunkt der Anmeldung der jüngeren Marke ankommt; so auch BPatG, BeckRS 2009, 17730 – Helux/VELUX.

76 EuGH, GRUR Int. 2009, 397, 401 Tz. 65 – Les Editions Albert René ./. HABM; GRUR 1998, 922, 923 Tz. 23 – Canon; BGH, WRP 2004, 357, 359 = GRUR 2004, 241, 243 – GeDIOS; WRP 2001, 694, 696 = GRUR 2001, 507, 508 – EVIAN/REVIAN; WRP 1999, 928, 930 = GRUR 1999, 731, 732 – Canon II.

77 BPatGE 35, 196, 198 – Swing.

78 BGH, WRP 1999, 196, 199 = GRUR 1999, 245, 247 – Libero.

Die dabei nach der Rechtsprechung des EuGH zu berücksichtigenden Faktoren unterschei- **57** den sich von den Kriterien, nach denen sich die Gleichartigkeit bestimmte. Dies beruht auf der vom EuGH neu definierten *Herkunftsfunktion der Marke*. Auch im geltenden Marken- recht besteht die Hauptfunktion der Marke darin, dem Verbraucher oder Endabnehmer die *Ursprungsidentität* der gekennzeichneten Ware oder Dienstleistung zu garantieren;[79] es kommt aber nicht mehr allein auf die Herkunft aus demselben Geschäftsbetrieb an. An die Stelle einer so eng verstandenen Herkunftsfunktion der Marke ist im geltenden Recht eine nur noch das Produkt bzw. die Dienstleistung kennzeichnende Funktion getreten,[80] die frei- lich nicht losgelöst von einer damit regelmäßig verbundenen *Gewährleistung einer gleich- bleibenden Qualität* gesehen werden kann. Dies setzt wiederum eine Kontrolle des Mar- keninhabers über die Herstellung der Waren bzw. Erbringung der Dienstleistungen voraus, weshalb es auch bei der Frage, ob Waren oder Dienstleistungen einander ähnlich sind, jetzt vornehmlich darauf ankommt, ob der Verkehr zu der Auffassung gelangen kann, sie wür- den *unter der Kontrolle ein und desselben Unternehmens oder ggf. auch wirtschaftlich mit- einander verbundener Unternehmen* hergestellt bzw. erbracht.[81]

Danach stellt es zwar nach wie vor das wichtigste Kriterium für eine bestehende Waren- **58** ähnlichkeit dar, wenn die zu vergleichenden Waren sich in der *Herstellungsweise ähneln und üblicherweise von denselben Herstellern angeboten* werden; soweit aber im früheren Recht die Warengleichartigkeit verneint wurde, weil diese Voraussetzung nicht erfüllt war, kommt diesem Kriterium heute keine allein ausschlaggebende Bedeutung mehr zu. Im Vordergrund stehen vielmehr die *für den Abnehmer ersichtlichen Berührungspunkte* zwi- schen den Waren, zu denen neben ihrer Einordnung unter eine bestimmte *Warengattung* vor allem ihr *Verwendungszweck*, ihre *Nutzung* sowie ihre *Eigenart als miteinander kon- kurrierende oder einander ergänzende Waren* zählen. Daher sind auch die *Berührungs- punkte im Vertrieb*, denen früher nur geringe Bedeutung beigemessen wurde, heute stärker zu gewichten. Insbesondere wenn die Waren in Spezialgeschäften nebeneinander angebo- ten werden, kann dies die Annahme einer einheitlichen Kontrollverantwortlichkeit nahe le- gen. Bei alldem ist zu berücksichtigen, dass die Beurteilung der Warenähnlichkeit einem stärkeren Wandel unterliegen kann als die frühere Gleichartigkeitsrechtsprechung. Ent- scheidend ist, ob der Verkehr zu der Auffassung gelangen kann, die Waren würden unter *einheitlicher Kontrolle* hergestellt, und diese Verkehrsauffassung wird maßgeblich dadurch beeinflusst, inwieweit Hersteller dazu übergehen, die Waren, mögen sie auch noch so ver- schieden sein, unter derselben Marke nebeneinander zu vertreiben.

(1) Beispiele

Unter dem Gesichtspunkt des *sich ergänzenden Verwendungszwecks* wurden *bespielte Vi-* **59** *deokassetten* und die entsprechenden *Aufnahme- und Wiedergabegeräte* als entfernt ähn- lich angesehen, obgleich keine Herstellerüberschneidungen festzustellen waren;[82] auch

---

79 EuGH, GRUR 1998, 922, 924 Tz. 28 – Canon.
80 Vgl. *Kunz-Hallstein*, GRUR 1996, 6, 8.
81 EuGH, GRUR 1998, 922, 924 Tz. 29 – Canon; BGH, WRP 2008, 1092, 1095 Tz. 32 = GRUR 2008, 714, 717 – idw; WRP 2008, 1098, 1102 Tz. 29 = GRUR 2008, 719, 722 – idw Informations- dienst Wissenschaft; WRP 2007, 321, 323 Tz. 20 = GRUR 2007, 321, 322 – COHIBA; WRP 2006, 1235, 1236 Tz. 13 = GRUR 2006, 941, 942 – TOSCA BLU; WRP 1999, 528, 530 = GRUR 1999, 496, 498 –TIFFANY; WRP 1999, 928, 930 = GRUR 1999, 731, 733 – Canon II.
82 BGH, WRP 1999, 928, 930 = GRUR 1999, 731, 733 – Canon II.

Filterzigaretten und *Raucherartikel, nämlich Feuerzeuge, Aschenbecher, Zigarettenhalter, Zigarettenkästen* wurden wegen ihres *funktionellen Zusammenhangs* als ähnlich erachtet, aber auch im Hinblick darauf, dass diese Waren in denselben Fachgeschäften vertrieben werden und einige bekanntere Hersteller von Zigaretten auch Raucherartikel unter ihrer Marke vertreiben.[83] Zwischen *Mineralwasser* und *Wein* wurde nicht nur eine Warenähnlichkeit, sondern auch kein besonders weiter Warenabstand angenommen, da die Waren nicht nur generell nach Art und Funktion ähnlich seien, sondern auch nebeneinander im Handel angeboten würden und vor allem neben- oder sogar miteinander konsumiert werden.[84] Dagegen wurde zwischen *Teigwaren* und *Weinen* italienischer Herkunft, trotz eines sich ergänzenden Verwendungszwecks und trotz des Umstands, dass diese Waren in italienischen Feinkostläden oft nebeneinander vertrieben werden, ein hinreichender, eine Warenähnlichkeit begründender Zusammenhang verneint. Die Entscheidung stellt bedenklich auf die unterschiedliche *Stoffbeschaffenheit* der Waren und die unterschiedlichen *Produktionsstätten* ab und misst dem sich ergänzenden Verwendungszweck mit dem Hinweis, vom Verkehr werde zwischen Essen und Trinken klar unterschieden, nur geringe Bedeutung zu.[85]

60   Auch zwischen *Schuhen* und *Bekleidungsstücken* besteht nach Auffassung des BGH keine Warenähnlichkeit, obgleich das BPatG eine wenn auch nur entfernte Ähnlichkeit bejaht hatte. Diese Entscheidung beruht allerdings auch darauf, dass das BPatG für seine Auffassung, dass diese Waren zunehmend in denselben Geschäften nebeneinander vertrieben würden, nur unzureichende tatsächliche Feststellungen getroffen hatte.[86] Zwischen *Sportschuhen* und *Sportbekleidung*, die regelmäßig von denselben Herstellern angeboten werden, wurde dagegen schon nach der früheren Rechtsprechung Warengleichartigkeit angenommen, so dass diese Waren auch heute unbedenklich als einander ähnlich angesehen werden können; es dürfte hier sogar ein eher geringer Warenabstand anzunehmen sein. Entsprechend wurde wegen des sich ergänzenden Verwendungszwecks und Überschneidungen im Vertrieb auch eine Ähnlichkeit zwischen *Fahrradbekleidung* und *Fahrrädern* angenommen.[87]

61   Eine wenn auch nur geringe Ähnlichkeit wurde zwischen *Wein und Schaumwein* einerseits sowie einem *Magenbitter* andererseits angenommen. Hier stellte der BGH auf die Zugehörigkeit zu der verhältnismäßig engen Warengattung der alkoholischen Getränke ab sowie auf den Umstand, dass die Waren sich auch im Verwendungszweck ergänzten, indem sie während oder zum Abschluss eines Essens zu sich genommen würden.[88]

62   Zwischen *Türen und Fenstern* einerseits und *mechanischen, pneumatischen, hydraulischen und/oder elektrischen Geräten zum Bewegen von Türen, Toren, Fenstern sowie elektrischen und/oder elektronischen Schalt-, Steuer-, Kontroll- und Überwachungsgeräten zum Feststellen, Öffnen und/oder Schließen von Türen, Toren, Fenstern* andererseits, wurde wegen der einander ergänzenden Funktionen, Verwendungsweisen und Zweckbestimmungen in einer letztlich miteinander kombinierten Funktionseinheit, trotz möglicherweise verschie-

83 BGH, WRP 1999, 528, 530 = GRUR 1999, 496, 498 – TIFFANY; vgl. a. BPatGE 37, 246 – PUMA.
84 BGH, WRP 2001, 694 = GRUR 2001, 507 – EVIAN/REVIAN.
85 BGH, WRP 1998, 747, 749 = GRUR 1999, 158, 160 – GARIBALDI.
86 BGH, WRP 1998, 1078, 1080 = GRUR 1999, 164, 166 – JOHN LOBB.
87 BPatGE 38, 1, 2 f. – Banesto.
88 BGH, WRP 1999, 196, 199 = GRUR 1999, 245, 247 – Libero.

denartiger Herstellungsstätten, Warenähnlichkeit angenommen. Maßgeblich für diese Entscheidung war aber auch, dass die meisten Hersteller von Fenstern und Türen solche Geräte unter ihren Marken mit vertreiben, weshalb sogar ein beachtlicher Ähnlichkeitsgrad angenommen wurde.[89] Nur eine geringe Ähnlichkeit wurde für das Jahr 1997 zwischen *Solarkollektoren* einerseits und *Dachfenstern* andererseits angenommen. Inzwischen haben sich die Verhältnisse aber geändert, indem Hersteller von Dachfenstern dazu übergegangen sind, auch Solarkollektoren zu vertreiben, die wie ein Dachfenster unter Verwendung der gleichen Eindeckrahmen in das Dach integriert werden können, so dass jetzt von einer mittleren Ähnlichkeit auszugehen wäre.[90]

Eine Ähnlichkeit mittleren Grades wurde zwischen den Waren *Oberbekleidungsstücke* und **63** *Waren aus Leder, Lederimitationen und Textilstoffen* angenommen sowie eine jedenfalls noch entfernte Ähnlichkeit mit *Reise- und Handkoffern*.[91] Was die Ähnlichkeit von *Oberbekleidungsstücken* mit *Reise- und Handkoffern* betrifft, beruht die Entscheidung auf dem sich ergänzenden Verwendungszweck dieser Waren im Sport- und Freizeitbereich sowie dem Umstand, dass hier von zahlreichen Herstellern Sport- und Funktionsbekleidung neben Rucksäcken und Sporttaschen angeboten wird; eine Ähnlichkeit zwischen herkömmlichen Koffern und klassischer Bekleidung dürfte daher eher nicht anzunehmen sein. Eine noch entfernte Ähnlichkeit aufgrund ähnlicher *stofflicher Beschaffenheit* wurde schließlich zwischen einer *selbstklebenden Kunststoff-Folie* zum Verkleiden von Flächen und *selbstklebenden Kunststoff-Haltepunkten für CDs* angenommen.[92]

(2) Sonderfälle

Die Feststellung, dass Waren häufig unter einer einheitlichen *Handelsmarke* vertrieben **64** werden, kann die Annahme einer Warenähnlichkeit begünstigen,[93] jedoch nur, wenn zwischen den Waren auch sonstige Berührungspunkte bestehen, die dem Verkehr die Annahme einer Ursprungsidentität nahelegen, wie z.B. insbesondere eine Zugehörigkeit zu derselben Warengattung oder ein sich ergänzender Verwendungszweck. Insofern Handelsmarken für ein breit gefächertes Warensortiment eingesetzt werden, wie dies bei großen Handelsketten in Betracht kommt, vermögen sie dagegen keine Verkehrsauffassung zu begründen, dass diese Waren auch sonst gleichen Ursprungs seien. Inhaber von Handelsmarken sind daher darauf angewiesen, ihre Marke umfassend für alle in Betracht kommenden Waren schützen zu lassen.

Auch die Praxis, bekannte Marken auch für nicht funktionsverwandte Produkte zu lizenzieren, begründet keine Warenähnlichkeit. Zwar steht diese Verwertungsmöglichkeit **65** durchaus unter dem Schutz des Markenrechts, das die Wertschätzung und die Unterscheidungskraft bekannter Marken vor einer Ausnutzung oder Beeinträchtigung schützt (§ 14 Abs. 2 Nr. 3); sie bestimmt aber nicht die Grenzen der Warenähnlichkeit.[94] Daher keine

---

89 BPatGE 41, 29, 33 f. – DORMA.
90 Vgl. BPatG, BeckRS 2009, 17730 – Helux/VELUX.
91 BPatGE 42, 1, 4 ff. – Chevy.
92 BGH, WRP 2004, 763, 764 = GRUR 2004, 600, 601 – d-c-fix/CD-FIX.
93 S. dazu bereits BPatG, GRUR 1972, 602, 603 – Filigran, zur *Gleichartigkeit von Tee und Kakao*.
94 BGH, WRP 2006, 1235, 1237 Tz. 14 = GRUR 2006, 941, 942 f. – TOSCA BLU.

Ähnlichkeit zwischen *Parfum* und *Lederwaren*. Warenunähnlichkeit auch zwischen Zigarren und Verpflegungsdienstleistungen.[95]

66 Zwischen *Sachgesamtheiten* und ihren Bestandteilen wurde früher eine Warengleichartigkeit nur bejaht, wenn das einzelne Bauteil nach der Verkehrsauffassung *bestimmend für das Wesen der Gesamtheit* war und deshalb vom Verkehr als selbstständige Ware des Herstellers der Sachgesamtheit gewertet wurde.[96] Daran ist grundsätzlich festzuhalten, wobei es jetzt allerdings weniger darauf ankommen dürfte, inwieweit das einzelne Bauteil bestimmend für das Wesen der Sachgesamtheit ist, als vielmehr darauf, inwieweit der *Verkehr die für die Sachgesamtheit benutzte Marke auch auf die darin verarbeiteten Teile bezieht*.[97] Wenn es z. B. auf dem betreffenden Warengebiet üblich ist, dass die Hersteller der Sachgesamtheit deren Teile auch separat unter ihrer Marke als Originalersatzteile vertreiben, wie dies etwa bei Kraftfahrzeugen der Fall ist, folgert der Verkehr daraus, dass diese Teile einer Qualitätskontrolle des Herstellers der Sachgesamtheit unterliegen. In diesem Fall ist daher Warenähnlichkeit gegeben.

67 Keine Ähnlichkeit besteht zwischen einer *Hauptware* und *Hilfswaren*, die lediglich den Absatz der Hauptware fördern sollen. Hierzu gehören beispielsweise Verpackungsmittel und Werbematerial. Entscheidend ist, ob der Hersteller der Hauptware auch mit der anderen Ware selbstständig in Wettbewerb zu anderen Unternehmen tritt oder ob diese Ware nur als Hilfsmittel im Rahmen des Vertriebs der Hauptware eingesetzt wird. So wurde beispielsweise nach früherem Recht die Gleichartigkeit zwischen *Arzneimitteln* und *Fachzeitschriften für Pharmazeutika* verneint, weil die von Pharmaunternehmen herausgegebenen Hauszeitschriften lediglich Hilfsmittel für den Arzneimittelvertrieb darstellten.[98]

68 *Rohstoffe* und *Halbfertigfabrikate* einerseits und *Fertigwaren* andererseits wurden nach früherer Rechtsprechung grundsätzlich als ungleichartig erachtet, da Waren unterschiedlicher Fertigungsstufen regelmäßig in verschiedenen Betrieben hergestellt und zumeist auch in verschiedenen Verkaufsstätten und an verschiedene Abnehmerkreise vertrieben würden.[99] Das gilt im Grundsatz unverändert, weshalb z. B. zwischen den Waren *Datenverarbeitungsgeräte, Computer* einerseits und *unbestückten Leiterplatten* andererseits nur eine am Rande bestehende Ähnlichkeit angenommen wurde. Diese Waren würden weder nebeneinander als sich ergänzende oder miteinander konkurrierende Produkte im Verkehr angeboten und erworben, noch von denselben Betrieben hergestellt oder aus der Sicht der angesprochenen Verkehrskreise einer gemeinsamen betrieblichen Verantwortung und Ursprungsidentität zugeordnet.[100] Etwas anderes gilt dann, wenn das Vorprodukt die *Eigenschaften und Wertschätzung des Endprodukts wesentlich mitbestimmt* und insbesondere wenn dies dem Verbraucher durch eine begleitende, auf das Vorprodukt hinweisende Mar-

---

95 BGH,WRP 2007, 321, 323 Tz. 22–26 = GRUR 2007, 321, 322 f. – COHIBA.

96 Vgl. BGH, GRUR 1994, 377, 378 – Litronic, keine Gleichartigkeit zwischen *Baggern, Planier- und Laderaupen, Radladern* einerseits und *Bremsanlagen sowie Steuer- und Messgeräten* andererseits; GRUR 1958, 339, 340 – Technika, keine Gleichartigkeit zwischen *Großbaumaschinen* und den darin möglicherweise enthaltenen *optischen und physikalischen Geräten*.

97 Vgl. dazu bereits BGH, GRUR 1958, 339, 340 – Technika.

98 BGH, GRUR 1970, 141, 144 – Europharma.

99 Vgl. BGH, GRUR 1970, 80 – Dolan.

100 BPatG, BeckRS 2008, 27003 – Hy Pad/High Pad.

Schweyer

ke bewusst gemacht wird, wie dies beispielsweise bei Chemiefasern üblich ist.[101] Insbesondere fördert die Verwendung begleitender Marken eine Verkehrsauffassung, wonach Vor- und Endprodukte unter der einheitlichen Kontrolle wirtschaftlich miteinander verbundener Unternehmen hergestellt werden.

bb) Ähnlichkeit von Dienstleistungen

Die Ähnlichkeit von Dienstleistungen beurteilt sich nach denselben Grundsätzen wie die   **69** Warenähnlichkeit (s. o. Rn. 56). Auch hier kommt es darauf an, ob der Verkehr zu der Auffassung gelangen kann, die unter den kollidierenden Zeichen angebotenen Dienstleistungen würden unter der Kontrolle desselben Unternehmens oder wirtschaftlich miteinander verbundener Unternehmen erbracht. Auch die für die Ermittlung der Verkehrsauffassung maßgeblichen Kriterien entsprechen sich weitgehend. Im Vordergrund steht die Prüfung, inwieweit die Dienstleistungen *wirtschaftlich miteinander im Zusammenhang* stehen und üblicherweise *aus einer Hand* angeboten werden. Daneben können auch die *Art der Erbringung* der Dienstleistung, die *Vertriebswege* und die angesprochenen *Abnehmerkreise* die Verkehrsauffassung beeinflussen.[102] Dienstleistungen, zwischen denen ein enger wirtschaftlicher Zusammenhang besteht und die daher im vorstehenden Sinne als ähnlich zu erachten sind, sind beispielsweise: die *Beherbergung von Gästen* und deren *Verpflegung*;[103] ebenso die *Beherbergung von Gästen* und die *Vermittlung von Ferienwohnungen*;[104] die *Vermittlung von Finanzierungen, Immobilien* und *Versicherungen*;[105] die *Unternehmensberatung* und die *Schulung und Beratung auf dem Gebiet der EDV*;[106] *Unternehmensberatung* und *Wirtschaftsprüfung*;[107] die *Personalberatung* einerseits und *Marketing, Marktforschung und -analyse* andererseits;[108] im durchschnittlichen Ähnlichkeitsbereich liegen auch *Dienstleistungen auf dem Gebiet des Versicherungswesens* einerseits und *Kreditberatung und Nachforschung in Geldangelegenheiten* bzw. *das Aufstellen von Statistiken und Unternehmensberatung* andererseits sowie *Dienstleistungen auf dem Gebiet der Medizin* und *das Aufstellen von Statistiken; Sammeln und Liefern von Nachrichten*.[109] Die Dienstleistungsähnlichkeit wird nicht dadurch in Frage gestellt, dass eine Dienstleistung nur gegenüber einem bestimmten Kundenkreis erbracht wird. So wurde die Ähnlichkeit zwischen einer Dienstleistung *Verarbeiten und Speichern von Daten und Nachrichten sowie das Vermieten von Datenverarbeitungsanlagen auf pharmazeutischem und medizinischem Gebiet und im Bereich des Gesundheitswesens* und der Dienstleistung einer Beklagten, die *über Scannvorgänge Kundendaten auf elektronische Medien transportiert, zu diesem Zweck Hard- und Software eingesetzt und diese auch an ihre Kunden veräußert hatte*, unbedenklich bejaht.[110]

---

101 BGH, GRUR 1970, 80, 81 – Dolan; zum neuen Recht vgl. BGH, WRP 2001, 37, 40 = GRUR 2000, 886, 887 – Bayer/BeiChem.
102 Vgl. BPatGE 40, 192, 199 – AIG.
103 BPatG vom 30.6.2004, Az. 32 W (pat) 236/02, sehr enger Zusammenhang.
104 BPatG, Mitt. 1989, 156.
105 BPatGE 40, 192, 199 – AIG.
106 BPatG, zitiert bei *Richter/Stoppel*, S. 366.
107 BPatG, zitiert bei *Richter/Stoppel*, S. 366.
108 BPatG, Mitt. 1993, 26.
109 BPatG, BeckRS 2008, 26368 – MediLine/MEDILINE.
110 BGH, WRP 2002, 705 = GRUR 2002, 626 – IMS.

70 Es ist jeweils zu prüfen, inwieweit den Dienstleistungen eine *selbstständige wirtschaftliche Bedeutung* zukommt. *Hilfsdienstleistungen*, die im Rahmen der eigentlichen Dienstleistung mit erbracht werden und mit denen das Dienstleistungsunternehmen nicht in Wettbewerb zu anderen Unternehmen tritt, die diese Dienstleistung hauptsächlich erbringen, bleiben unberücksichtigt (s. o. Rn. 67). So wurde nach früherem Recht die Gleichartigkeit zwischen den Dienstleistungen *Veröffentlichung und Herausgabe von Büchern, Zeitungen und Zeitschriften, Werbung* einerseits und *Filmvermietung, Filmvorführungen* andererseits verneint, da Filmtheater zwar anderen Unternehmen die Möglichkeit der Werbung einräumten, aber nicht selbst Werbung betrieben und die Herausgabe von Programmzeitschriften das Publikum nur zum Kinobesuch animieren solle und daher eine Hilfsdienstleistung darstelle.[111] Dagegen wurde eine entfernte Ähnlichkeit zwischen *Büroarbeiten* einerseits und *Filmproduktion, Marketing* andererseits angenommen, da Markenrecherchen ergeben hätten, dass eine Reihe von Dienstleistungsunternehmen beide Dienstleistungen jeweils wirtschaftlich selbstständig für Dritte anböten.[112]

cc) Ähnlichkeit zwischen Waren und Dienstleistungen

71 Im Gegensatz zu § 1 Abs. 2 WZG enthält das MarkenG keine ausdrückliche Regelung, wonach eine die Verwechslungsgefahr begründende Ähnlichkeit auch zwischen Waren und Dienstleistungen gegeben sein kann; der Gesetzeswortlaut umfasst aber auch diese Möglichkeit, so dass sich insoweit am früheren Rechtszustand nichts geändert hat. Es gelten insoweit auch keine Besonderheiten, vielmehr ist auch hier zu prüfen, inwieweit zwischen den sich gegenüberstehenden Waren und Dienstleistungen ein so *enger wirtschaftlicher Zusammenhang* besteht, dass der Verkehr zu der Auffassung gelangen kann, die Herstellung der Waren und die Erbringung der Dienstleistung erfolgten unter der *Kontrolle desselben Unternehmens bzw. wirtschaftlich miteinander verbundener Unternehmen.*

72 Ein solch enger wirtschaftlicher Zusammenhang kommt namentlich zwischen der *Dienstleistung* einerseits und den *zu ihrer Erbringung eingesetzten oder durch die Dienstleistung hervorgebrachten Waren* andererseits in Betracht. Dieser *funktionelle Zusammenhang* reicht aber für sich allein nicht aus, um generell eine Ähnlichkeit zwischen der Dienstleistung und diesen Waren anzunehmen. Im Hinblick darauf, dass zwischen Dienstleistungen und Waren von Haus aus ein gewisser Abstand gegeben ist, ist vielmehr im Einzelfall zu prüfen, inwieweit der Verkehr zu der Auffassung gelangen kann, das Dienstleistungsunternehmen befasse sich auch selbstständig mit der Herstellung und dem Vertrieb dieser Waren oder der Hersteller der Waren erbringe selbstständig auch diese Dienstleistungen.[113]

73 Es sind stets beide Seiten – Hersteller und Dienstleistungsunternehmen – zu berücksichtigen, und es ist stets zu prüfen, inwieweit es sich bei der Ware nicht nur um ein *Hilfsmittel* zur Erbringung der Dienstleistung handelt oder umgekehrt bei der Dienstleistung um eine *unselbstständige Nebenleistung* des Herstellers der Ware. Zwar handelt es sich bei den zur Erbringung einer Dienstleistung verwendeten Waren i. d. R. nur um Hilfsmittel, so dass

---

111 BGH, GRUR 1987, 238, 239 – Lupe.
112 BPatG, BeckRS 2009, 14241 – DEEFIX/Idefix.
113 BGH, WRP 1999, 928, 931 = GRUR 1999, 731, 733 – Canon II; GRUR 1999, 586, 587 – White Lion.

sich unter diesem Gesichtspunkt keine Warenähnlichkeit begründen lässt.[114] Dagegen kann es sich aus der Sicht des Herstellers um eine *Dienstleistung von eigener wirtschaftlicher Bedeutung* handeln, wenn er neben dem bloßen Vertrieb auch gleich die Verarbeitung oder sonstige bestimmungsgemäße Verwendung seiner Waren anbietet. So hatte das BPatG in einer auch auf das geltende Recht übertragbaren Entscheidung die Gleichartigkeit zwischen der Dienstleistung *Waschen von Wäsche* und der Ware *Waschmittel* verneint, da weder festzustellen sei, dass Wäschereibetriebe Waschmittel herstellten und vertrieben, noch dass Waschmittelhersteller auch Wäschereien betrieben. Der BGH billigte die erstgenannte Feststellung, hielt es aber für möglich, dass der Verkehr zu der Vorstellung gelangen könne, ein Waschmittel-Hersteller betreibe zur Förderung seines Absatzes an Waschmitteln auch Wäschereien, insbesondere Waschsalons, in denen zugleich sein Waschmittel vertrieben werde. In diesem Fall greife auch nicht der Gesichtspunkt, dass das Waschmittel ein bloßes Hilfsmittel für die Erbringung der Dienstleistung des Waschens von Wäsche sei.[115] *Filmvorführgeräte* sind bloße Hilfsmittel bei der Erbringung der Dienstleistung *Vorführung von Filmen* und verleiten den Verkehr nicht zu der Annahme, ein Filmtheater würde auch Filmvorführgeräte herstellen. Denkbar wäre allerdings die Vorstellung, die Hersteller solcher Geräte würden in relevantem Umfang auch Filmtheater betreiben und Filme vorführen. Das Arri-Filmtheater in München ist ein Beispiel dafür.[116] Zwischen der Dienstleistung *Veranstaltung von Messen und Ausstellungen, insbesondere für elektrische und elektronische Geräte und Bauteile,* und den Waren *maschinenartige Geräte für die Mikroelektronik und Halbleiterindustrie* wäre auch nach geltendem Recht die Ähnlichkeit zu verneinen, da dem Verkehr bekannt ist, dass die Veranstalter von Messen und Ausstellungen die dort ausgestellten Erzeugnisse nicht selbst herstellen und die Hersteller der betreffenden Waren zwar eigene Ausstellungen in Form von „Hausmessen" veranstalten mögen, es sich dabei aber nicht um eine selbstständige Dienstleistung handelt, sondern nur um eine Präsentation des eigenen Warenangebotes.[117] Keine Ähnlichkeit besteht auch zwischen der Dienstleistung *Recherchen auf dem Gebiet des gewerblichen Rechtsschutzes* und den Waren *magnetische oder optische Datenaufzeichnungsträger, Datenverarbeitungsgeräte und Computer,* da die Tätigkeit des Rechercheurs zwar vornehmlich unter Einsatz dieser Geräte erfolgt, es sich aber doch nur um typische Hilfsmittel bei der Erbringung der Dienstleistung handelt.[118] Auch zwischen den Dienstleistungen *Wach- und Objektschutz, Personenschutz, Kontrolldienste, Dienstleistungen eines Kaufhausdetektivs* und den Waren *Alarmapparate und Signalgeber* wurde keine Ähnlichkeit angenommen, da die mögliche den Einsatz des Wach- und Schutzpersonals auslösende Aufschaltung einer Alarmanlage allein nicht ausreiche um gemeinsame oder zumindest miteinander verbundene Ursprungsstätten nahezulegen.[119] Dagegen wurde zwischen der Ware *Arzneimittel* und der Dienstleistung *Sammeln, Bearbeiten und Vertreiben von Erkenntnissen und wissenschaftlichen Ergebnissen auf dem Gebiet der Medizin und Pharmazie einschließlich der Beratung von Ärzten, Apothekern und Laien* die Gleichartigkeit bejaht, da der Erbringung dieser Dienstleistun-

---

114 Vgl. BPatG, Mitt. 1988, 76 – Deflex, *Abdichtmaterial* nicht gleichartig mit *Abdichtungsarbeiten.*
115 BGH, GRUR 1986, 380, 381 – RE-WA-MAT; vgl. aber BPatGE 29, 137, 142 – RE-WA-MAT II, wo die Gleichartigkeit mangels konkreter Anhaltspunkte für eine solche Verkehrsauffassung letztlich doch verneint wurde.
116 Vgl. dazu BGH, WRP 1999, 928, 931 = GRUR 1999, 731, 733 – Canon II.
117 Vgl. BGH, GRUR 1989, 347, 348 – MICROTONIC.
118 BPatG, Mitt. 2003, 282 – iti/T.
119 BPatG, Mitt. 2003, 282 – iti/T.

gen durch Arzneimittelhersteller selbstständige wirtschaftliche Bedeutung zukomme.[120] Entsprechend wurde auch eine Ähnlichkeit zwischen der Ware *Kraftfahrzeuge* und *Dienstleistungen des Kfz-Leasing, der Finanzierung von Kfz-Anschaffungen und -Reparaturen und der Kfz-Versicherung* bejaht, da Autohersteller diese Dienstleistungen in erheblichem Umfang über darauf spezialisierte Konzerngesellschaften erbringen, und zwar durchaus im Wettbewerb zu darauf spezialisierten Dienstleistungsunternehmen.[121] Ähnlichkeit wurde auch zwischen der Dienstleistung *soins d'hygiène* und den Waren *ätherische Öle und Mittel zur Körper- und Schönheitspflege* angenommen, da derartige Erzeugnisse von den entsprechenden Dienstleistungsunternehmen häufig selbst entwickelt würden, um als spezielle Ergänzung der erbrachten Leistungen eingesetzt zu werden. Deshalb liege für das Publikum der Gedanke nicht fern, dass sie einem gemeinsamen Verantwortungsbereich zuzuordnen seien.[122]

74   Bei *Lebensmitteln* besteht eine verbreitete Übung der Hersteller, sich selbstständig auch der Bewirtung von Gästen unter Verwendung ihrer Waren zu widmen. So betreiben Brauereien, Weingüter, Bäckereien, Konditoreien, Metzgereien und Kaffeeröstereien nicht selten gleichzeitig Gaststätten, Cafés, Imbissstuben oder Ausschankstellen zur Förderung ihres Warenabsatzes. Demgemäß wurde auch die Gleichartigkeit zwischen den Waren *Tee, Speiseeis* und der Dienstleistung *Verpflegung von Gästen* bejaht.[123] In zum geltenden Recht ergangenen Entscheidungen wurde eine Ähnlichkeit zwischen der *Verpflegung von Gästen* und *Wein* sowie mit *Backwaren und Fertiggerichten* bejaht,[124] ebenso eine Ähnlichkeit, wenn auch mit weitem Abstand, mit *Spirituosen*.[125] Bei Spirituosen ist es zwar nicht üblich, dass deren Hersteller auch Gaststätten betreiben; der wirtschaftliche Bezug zur Verpflegung von Gästen wird hier aber darin gesehen, dass sich die Marken auf der Speisekarte von Gaststätten und Restaurants in unmittelbarem Zusammenhang begegnen können und der Verkehr daraus auf einen Ursprungszusammenhang schließt.[126] Für den Warenabstand kann dabei aber auch der Markeninhalt von Bedeutung sein. Wenn diesem zu entnehmen ist, dass es sich um eine für Getränkemärkte bestimmte *Handelsmarke* handelt, ist von einem sehr weiten Abstand auszugehen, da Getränkemärkte im Allgemeinen nicht die Dienstleistung *Verpflegung von Gästen* erbringen wie umgekehrt Gaststätten im Allgemeinen keine Getränkemärkte betreiben und in diesem Fall auch nicht zu erwarten steht, dass sich die Marken auf einer Speisekarte begegnen könnten.[127]

75   Zwischen der *handwerklichen Herstellung von Waren* als Dienstleistung und den betreffenden Waren dürfte vielfach Ähnlichkeit anzunehmen sein. So betreiben etwa Schneider auch Modegeschäfte oder Schreinereien Ausstellungsräume, in denen auch vorgefertigte Erzeugnisse zum Verkauf gelangen. Eine enge Ähnlichkeit besteht insbesondere auch zwischen der Dienstleistung des *Erstellens von Datenverarbeitungsprogrammen* und *Datenverarbeitungsprogrammen* als Ware. Es wurde sogar eine Ähnlichkeit, wenn auch nur im

---

120 BGH, WRP 1991, 231, 233 = GRUR 1991, 317, 319 – MEDICE.
121 OLG München, 6.4.2000 – 29 U 4419/99.
122 BPatG, BeckRS 2009, 15206 – isi/ISIS.
123 BPatGE 28, 161, 164 – kik.
124 BPatG, zitiert bei *Richter/Stoppel*, S. 369.
125 BPatG, GRUR 1996, 419, 420 – Fontana.
126 So schon BPatG, GRUR 1983, 117, 119 – Schnick-Schnack.
127 BPatG, GRUR 1996, 419, 420 – Fontana.

mittleren Bereich, zu *Datenverarbeitungsgeräten* angenommen.[128] Ähnlichkeit besteht auch zwischen der *Dienstleistung eines Ingenieurs* und einer *Software, die die betreffenden Dienstleistungen ergänzt oder ersetzt.*[129] Dagegen reicht der Umstand, *dass eine bestimmte Dienstleistung auf dem Gebiet des Geld- und Devisenhandels EDV-gestützt erbracht* wird, *ohne dass die Software dabei als selbstständig beworbene und bezeichnete Handelsware in Erscheinung tritt,* nicht aus, um eine Ähnlichkeit mit der Ware *Software* anzunehmen. Der Verkehr unterliegt deshalb nicht der Fehlvorstellung, dass Banken als Softwarehersteller tätig werden oder Softwarehersteller Geldgeschäfte betreiben.[130]

Zwischen *Reparaturleistungen* und der reparierten Ware besteht vielfach Ähnlichkeit, so- **76** weit sich die Warenhersteller selbstständig auch mit Reparaturdienstleistungen befassen. Am deutlichsten tritt dies bei Autos zutage, aber auch viele andere Hersteller technischer Geräte unterhalten eigene Reparaturwerkstätten. So wurde beispielsweise nach früherem Recht die Gleichartigkeit zwischen der Dienstleistung *Reparatur und Instandhaltung von Maschinenbau-Erzeugnissen* und der Ware *Werkzeugmaschinen* bejaht; ebenso zwischen der Dienstleistung *Reparatur von Heizungs-, Lüftungs- und Klimaanlagen* und *Koch- und Heizapparaten.*[131]

c) Zeichenähnlichkeit

aa) Allgemeines

Eine Verwechslungsgefahr i. S. d. § 14 Abs. 2 Nr. 2 ist nur gegeben, wenn neben einer Iden- **77** tität oder Ähnlichkeit der sich gegenüberstehenden Waren/Dienstleistungen zumindest auch eine *Ähnlichkeit der kollidierenden Zeichen* gegeben ist. Zu vergleichen sind dabei die ältere Marke in ihrer eingetragenen oder durch Benutzung erworbenen Form und das jüngere Zeichen, wie es tatsächlich benutzt wird. Eine die Gefahr von Verwechslungen hervorrufende Ähnlichkeit kann dabei, je nach Markenform, in mehrfacher Hinsicht vorliegen. Man unterscheidet üblicherweise zwischen

– einer *klanglichen* Ähnlichkeit,
– einer Ähnlichkeit im *Erscheinungsbild* und
– einer Ähnlichkeit im *Bedeutungs- bzw. Sinngehalt,*

wobei es noch ständiger deutscher Rechtsprechung entspricht, dass in der Regel bereits die *hinreichende Übereinstimmung in einer Hinsicht* ausreicht, um eine Verwechslungsgefahr zu bejahen.[132] Andererseits kann in Einzelfällen auch durch das *Zusammenwirken von Übereinstimmungen,* die jeweils für sich nicht ausreichen würden, um eine Verwechslungsgefahr zu begründen, eine sog. *komplexe Verwechslungsgefahr* hervorgerufen werden.[133]

---

128 BPatG, zitiert bei *Richter/Stoppel*, S. 343.
129 OLG München, Mitt. 2003, 523 – IR-Check.
130 Vgl. BGH, WRP 2004, 357, 359 = GRUR 2004, 241, 243 – GeDIOS.
131 DPA bzw. BPatG, zitiert bei *Richter/Stoppel*, S. 360.
132 Vgl. BGH, WRP 2009, 1533, 1536 Tz. 26 = GRUR 2009, 1055, 1056 – airdsl; WRP 2008, 1192, 1194 Tz. 21 = GRUR 2008, 803, 804 – HEITEC; WRP 2006, 92, 94 Tz. 17 = GRUR 2006, 60, 62 – coccodrillo; BGH, WRP 1999, 192, 194 = GRUR 1999, 241, 243 – Lions; BPatG, GRUR 2010, 78, 79 – Xxero/Zero.
133 BPatG, GRUR 1994, 291, 292 – Calimbo/CALYPSO; zum WZG vgl. BPatGE 6, 131 – Plastipac/Pagelastic; BPatGE 22, 227, 229 – Frukina/Frutera.

78 Der EuGH geht demgegenüber zweistufig vor. Er fordert ebenfalls zunächst eine gesonderte Prüfung der klanglichen, visuellen und begrifflichen Ähnlichkeit. In einem zweiten Schritt stellt der EuGH aber auf den Gesamteindruck der Zeichen ab und betont, dass, je nach der Art der Waren und den Bedingungen unter denen sie vertrieben werden, Ähnlichkeiten in einer Hinsicht durch Unterschiede in anderer Hinsicht *neutralisiert* werden können. Der EuGH hat das zuerst für den Fall entschieden, dass einem der kollidierenden Zeichen ein klarer *Begriffsinhalt* zukommt.[134] Inzwischen ist aber auch entschieden, dass *visuelle Unterschiede* eine klangliche Ähnlichkeit neutralisieren können, insbesondere bei Waren, die auf Sicht gekauft werden.[135] Der BGH, der dem letztgenannten Gesichtspunkt bislang eine klare Absage erteilt hat (s. o.), hatte bisher nur anerkannt, dass ein klarer Begriffsinhalt bei klanglicher Ähnlichkeit einer Verwechslungsgefahr entgegenwirken kann.[136] Neuerdings schließt der BGH aber auch eine Neutralisierung klanglicher Ähnlichkeiten durch *visuelle Unterschiede* nicht mehr gänzlich aus, wenn die betreffenden Waren regelmäßig nur auf Sicht gekauft werden.[137]

79 Nur *Wortmarken* begegnen dem Verkehr freilich in allen drei Erscheinungsformen. Bei *Bildmarken, dreidimensionalen Gestaltungen, Aufmachungen und Farbmarken* scheidet eine klangliche Ähnlichkeit aus, da diese Marken nur visuell wahrgenommen werden können. Dabei erstreckt sich die Wahrnehmung allerdings sowohl auf die *konkrete bildliche Ausgestaltung* der Marke bzw. deren *Erscheinungsbild* oder *Farbwirkung*, als auch ggf. auf das darin zum Ausdruck kommende *Motiv*. Bei *Hörmarken* kommt nur eine klangliche Ähnlichkeit in Betracht. Die Darstellung in einer üblichen Notenschrift oder durch ein Sonagramm ist zwar ein Anmeldungserfordernis, die funktionsgerechte Benutzung dieser Marken besteht aber in ihrer *klanglichen Wiedergabe*. Die weiteren neuen Markenformen wie *Geruchs-, Geschmacks- oder Tastmarken* entziehen sich diesen herkömmlichen Ähnlichkeitskriterien. An die Stelle der Klang-, Bild- oder Farbwirkung tritt hier die *Geruchs-, Geschmacks- oder Tastwirkung*, deren objektive Beurteilung freilich erhebliche, bislang noch ungeklärte Probleme aufwirft.[138]

80 Nach ständiger Rechtsprechung ist die Frage der Verwechslungsgefahr und damit auch die Frage einer durch Zeichenähnlichkeit hervorgerufenen Verwechslungsgefahr eine *Rechtsfrage*, die als solche keiner Beweiserhebung zugänglich ist. Dabei hängt die Beurteilung einer Verwechslungsgefahr maßgeblich davon ab, welches Verbraucherbild und welche Wahrnehmungssituation dabei zugrunde gelegt werden.

81 Die Rechtsprechung ist hier früher, vor allem bei Waren des täglichen Bedarfs, von dem Bild eines *flüchtigen Verbrauchers* ausgegangen, der die Zeichen nicht nebeneinander wahrnimmt und daher beim Vergleich auf ein *unvollkommenes Erinnerungsbild* der Marke angewiesen ist. Ein solcher Verbraucher neigt dazu, die Zeichen schon aufgrund gegebener Übereinstimmungen miteinander zu verwechseln, während er Unterschieden zwischen den

---

134 EuGH, GRUR 2006, 237, 238 Tz. 20 – PICASSO; GRUR 2006, 413, 415 Tz. 35 – ZIRH/SIR.
135 EuGH, GRUR 2008, 343, 344 Tz. 36 – Il Ponte Finanziaria Spa/HABM.
136 Vgl. BGH, WRP 2010, 381, 383 Tz. 21 = GRUR 2010, 235, 236 – AIDA/AIDU; so auch schon GRUR1959, 183, 185 – Quick/Glück; WRP 1992, 96, 98 = GRUR 1992, 130, 132 – Bally/Ball; vgl. a. BPatG 2007, 154 – Chrisma/Charisma.
137 BGH, GRUR 2011, 824, 825 Tz. 31 – Kappa.
138 Vgl. dazu HABM, GRUR 2002, 348 – Der Duft von Himbeeren; BGH, GRUR 2007, 148 – Tastmarke; *Lewalter/Schrader*, GRUR 2005, 476, zur Fühlmarke.

Zeichen geringere Aufmerksamkeit beimisst.[139] Einen *kritischeren Verbraucher*, der auch *Zeichenunterschieden* Beachtung beimisst, unterstellte die Rechtsprechung nur, wenn sich das Angebot der betreffenden Waren/Dienstleistungen an *Fachkreise* richtete oder wenn es sich um *höherwertige Waren/Dienstleistungen* handelte, denen der Verkehr beim Bezug größere Aufmerksamkeit widmet.[140]

In jüngerer Zeit hat der BGH das Bild vom flüchtigen, d.h. oberflächlichen und unauf- **82** merksamen Verbraucher korrigiert. Er folgt inzwischen der Auffassung des EuGH,[141] wonach bei der Beurteilung der Verwechslungsgefahr auf einen *durchschnittlich informierten, aufmerksamen und verständigen Durchschnittsverbraucher* der betreffenden Waren abzustellen ist.[142] Dieses Verbraucherleitbild ist weiterhin maßgeblich, auch wenn es in jüngeren Entscheidungen nicht mehr problematisiert wird. Der BGH spricht jetzt vielmehr nur noch vom Durchschnittsverbraucher.[143] Zu berücksichtigen ist allerdings, dass sich dem Durchschnittsverbraucher nur selten die Möglichkeit bietet, verschiedene Marken unmittelbar miteinander zu vergleichen; er muss sich daher auf das unvollkommene Bild verlassen, das er von ihnen im Gedächtnis behalten hat. Außerdem ist zu berücksichtigen, dass die Aufmerksamkeit des Durchschnittsverbrauchers je nach Art der betreffenden Waren oder Dienstleistungen unterschiedlich hoch sein kann.[144] Wenngleich danach im Grundsatz von einem *aufmerksameren Verbraucher* auszugehen ist, wird für die Beurteilung der Verwechslungsgefahr doch weiterhin *maßgeblich auf die Übereinstimmungen* und nicht so sehr auf die Unterschiede zwischen den Zeichen abzustellen sein, da die *übereinstimmenden Merkmale im Erinnerungsbild regelmäßig stärker hervortreten*.[145] In jüngerer Zeit verwendet der BGH allerdings – wiederum dem EuGH folgend – mehr die Formel, dass bei der Beurteilung der Verwechslungsgefahr auf den Gesamteindruck der Zeichen abzustellen sei, wobei insbesondere die unterscheidungskräftigen und dominierenden Elemente zu berücksichtigen seien. Der Gesamteindruck sei deshalb maßgeblich, weil der Durchschnittsverbraucher eine Marke regelmäßig als Ganzes wahrnehme und nicht auf die verschiedenen Einzelheiten achte.[146] In der Tendenz führen die Harmonisierung der Markenrechte der EU-Mitgliedstaaten, die europäische Rechtsprechung zur Auslegung der Markenrechtsrichtlinie und die europäische Spruchpraxis zur Gemeinschaftsmarke dazu, dass die früher strengen Maßstäbe des deutschen Markenrechts auch zur Frage der Verwechslungsgefahr herabgesetzt werden müssen. Eine Erwägung, die auch in Entscheidungen des BPatG anklingt und die in Grenzfällen den Ausschlag dafür geben kann, eine Verwechslungsgefahr zu verneinen.

---

139 Vgl. z.B. BGH, GRUR 1982, 111, 113 – Original-Maraschino.
140 Vgl. z.B. BGH, GRUR 1993, 118, 119 – Corvaton/Corvasal.
141 Vgl. EuGH, GRUR Int. 1999, 734, 736 Tz. 26 – Lloyd .
142 BGH, WRP 2000, 535, 539 = GRUR 2000, 506, 508 – ATTACHÉ/TISSERAND; WRP 2002, 1152, 1155 = GRUR 2002, 1067, 1070 – DKV/OKV; BPatG, GRUR 2000, 1049 – 21st Century.
143 Vgl. BGH, WRP 2007, 186, 188 Tz. 21 = GRUR 2007, 235, 237 – Goldhase; WRP 2008, 797, 799 Tz. 18 = GRUR 2008, 505, 507 – TUC-Salzcracker.
144 Vgl. EuGH, GRUR 2006, 237, 238 Tz. 17 – PICASSO; GRUR Int. 1999, 734, 736 Tz. 26 – Lloyd.
145 BGH, WRP 2003, 1436, 1438 = GRUR 2003, 1044, 1046 – Kelly; WRP 2000, 535, 539 = GRUR 2000, 506, 508 – ATTACHÉ/TISSERAND.
146 EuGH, WRP 2007, 1322, 1325 Tz. 33 = GRUR 2008, 343 Tz. 33 – Il Ponte Finanziaria/HABM [Bainbridge]; BGH, WRP 2008, 797, 798 Tz. 18 = GRUR 2008, 505, 507 – TUC-Salzcracker.

bb) Klangliche Ähnlichkeit

(1) Wortmarken

83 Bei der Beurteilung der *klanglichen Ähnlichkeit* von Wortmarken ist zunächst von den *Übereinstimmungen* auszugehen. Um sich klanglich nahe zu kommen, müssen die Zeichen Übereinstimmungen in der Wortlänge, im Silbenaufbau und zumindest in einzelnen Vokalen und Konsonanten aufweisen. Häufig werden sich auch ganze Zeichenbestandteile identisch entsprechen. Für die klangliche Ähnlichkeit ist dabei aber nicht die Abfolge der einzelnen Buchstaben entscheidend, sondern vielmehr, welche Laute hier bei der Aussprache des Wortes erzeugt werden, so dass sich auch äußerlich übereinstimmende Zeichenbestandteile klanglich unterscheiden können. Sodann sind die *Abweichungen* daraufhin zu untersuchen, inwieweit sie sich klanglich auswirken. So unterscheiden sich beispielsweise die Worte „Motor" und „Meter" bei korrekter Aussprache klanglich recht deutlich, da der Gesamtklang des Wortes „Motor" durch die beiden geschlossenen o-Laute, der des Wortes „Meter" dagegen durch einen geschlossenen und einen offenen e-Laut bestimmt wird. Dagegen wurde zwischen den Zeichen „Gabor" und „Caber" eine klangliche Ähnlichkeit bejaht, da das offene „o" als unbetonter Auslaut in „Gabor" dem offenen „e" in „Caber" klanglich sehr nahe kommt.[147]

84 Die zeichenrechtliche Ähnlichkeit beurteilt sich aber nicht nur nach phonetischen Regeln, sondern es kommt vor allem auch darauf an, inwieweit die Unterschiede etwa bei flüchtiger Aussprache klanglich zurücktreten und inwieweit sie sich dem Verkehr als Unterscheidungsmerkmal einprägen. Insoweit lassen sich keine festen Regeln aufstellen; die Rechtsprechung arbeitet hier aber mit sog. *Erfahrungssätzen*, die weiterhin Geltung beanspruchen können. Diese nachfolgend dargestellten Erfahrungssätze dürfen aber nicht schematisch angewandt werden; maßgeblich ist vielmehr stets der klangliche Gesamteindruck der sich gegenüberstehenden Zeichen.[148] Auch die nachfolgend zitierte Rechtsprechung kann nicht unbesehen auf andere Kollisionsfälle übertragen werden, da die Beurteilung der Verwechslungsgefahr im Einzelfall stets unter Berücksichtigung des Abstands der sich gegenüberstehenden Waren/Dienstleistungen und der Kennzeichnungskraft der geschützten Marke zu erfolgen hat. Auch sind die älteren Entscheidungen heute kritisch daraufhin zu überprüfen, ob sie noch den heute bei der Beurteilung der Verwechslungsgefahr zugrunde zu legenden Maßstäben (s. o. Rn. 82) entsprechen.

85 Im Allgemeinen wird der Gesamteindruck eines Zeichens durch den *Wortanfang* stärker geprägt als durch nachfolgende Wortteile.[149] Ein übereinstimmender Wortanfang kann daher häufig eine Verwechslungsgefahr begründen.[150] Entsprechend sind abweichende *Endungen* meist nicht geeignet, Verwechslungen entgegenzuwirken, und zwar u.U. auch dann, wenn es sich dabei um zusätzliche Endsilben handelt, die eine *unterschiedliche Zei-*

---

147 Vgl. BGH, GRUR 1984, 471, 472 – Gabor/Caber.
148 Vgl. z. B. BGH, GRUR 1992, 110, 111 – dipa/dib; BGH, GRUR 1976, 356, 357 – Boxin.
149 Vgl. BGH, WRP 2003, 1436, 1438 = GRUR 2003 1044, 1046 – Kelly m. w. N.
150 Vgl. BGH, GRUR 1995, 50, 53 – Indorektal/Indohexal; GRUR 1993, 118, 120 – Corvaton/Corvasal; GRUR 1992, 110, 112 – dipa/dib; GRUR 1975, 370, 371 – Protesan – verwechselbar mit Protefix; BPatG, Mitt. 1971, 50 – Crinin/Kreon.

chenlänge bewirken.[151] Allerdings führt eine zusätzliche Silbe im Regelfall zu einem anderen Gesamteindruck, so dass eine Verwechslungsgefahr nur bei stark übereinstimmenden Wortanfängen in Betracht kommt.[152] Demgegenüber bewirkt ein abweichender Wortanfang, trotz Übereinstimmung im Übrigen, häufig einen die Verwechslungsgefahr ausschließenden Gesamteindruck.[153] Es gibt freilich auch Fälle, in denen ein abweichender Wortanfang gegenüber sonstigen Übereinstimmungen klanglich zurücktritt und kein hinreichendes Unterscheidungsmerkmal darstellt.[154]

Der *Vokalfolge* kommt für eine *übereinstimmende Klangwirkung* meist größere Bedeutung **86** zu, als den die Vokale verbindenden Konsonanten.[155] *Markante Unterschiede in den Konsonanten* können aber trotz übereinstimmender Vokalfolge eine Verwechslungsgefahr ausschließen.[156] Bei abweichenden Vokalen oder Konsonanten ist jeweils zu berücksichtigen, wie sich die Unterschiede klanglich auswirken. Auch bei unterschiedlicher Vokalfolge und abweichenden Konsonanten kann sich noch ein übereinstimmender klanglicher Gesamteindruck ergeben.[157]

Bei langen, *mehrsilbigen Bezeichnungen* treten Unterschiede eher zurück als bei kurzen **87** Bezeichnungen, sei es, dass die Unterschiede klanglich nicht hervortreten, sei es, dass sie dem Verkehr weniger in Erinnerung bleiben. Dies gilt einmal für die bereits behandelten Abweichungen am Zeichenende (vgl. die Beispiele in Rn. 85), kann aber auch für klanglich nicht hervortretende Vorsilben gelten.[158] Auch eingeschobene *Zwischensilben* können, insbesondere wenn auf ihnen keine Betonung liegt, im klanglichen Gesamteindruck untergehen.[159] Selbst eine *Silbenvertauschung* oder eine *Umstellung ganzer Markenbestandteile* (sog. *Klangrotation*) kann bei weitgehender Übereinstimmung im Übrigen noch einen übereinstimmenden Gesamteindruck hervorrufen.[160]

---

151 Vgl. EuG, GRUR Int. 2007, 597 – terra verwechselbar mit Terranus; HABM R 0115/001-1 v. 22.3.2002 – MUNDICOR/MUNDICOLOR; BGH, WRP 1998, 875, 876 = GRUR 1998, 924, 925 – salvent/Salventerol; BGH, GRUR 1966, 432, 453 – Epigran/Epigranul; BPatG, BeckRS 2008, 16114 – perfect/perfector.

152 Sehr weitgehend, weil ungeachtet des beachtlichen klanglichen und schriftbildlichen Unterschieds allein mit dem übereinstimmenden Wortanfang und der erhöhten Kennzeichnungskraft der älteren Marke begründet, BPatG, MarkenR 2011,129 – TEFLON/TEFLEXAN.

153 Vgl. z.B. BGH, WRP 1999, 855, 857 = GRUR 1999, 735 – MONOFLAM/POLYFLAM; GRUR 1976, 356, 357 – Boxin – nicht verwechselbar mit Froxi.

154 Vgl. BGH, GRUR 1993, 972, 975 – Sana/Schosana; GRUR 1974, 30, 31 – Erotex – verwechselbar mit Protex; BPatG, GRUR 1997, 287, 289 – Intecta – verwechselbar mit tecta.

155 Vgl. BGH, GRUR 1995, 50, 53 – Indorektal/Indohexal.

156 Vgl. BPatG, Mitt. 1988, 117, 118 – Portasan – nicht verwechselbar mit Tobasan; BPatG, Mitt. 1970, 233 – Castora/Valora.

157 Vgl. BGH, GRUR 1984, 471, 472 – Gabor – verwechselbar mit Caber; BPatG BeckRS 2008, 08483 – Pro Tian verwechselbar mit PROJAHN.

158 Vgl. BGH, GRUR 1993, 972, 975 – Sana/Schosana.

159 Vgl. BGH, GRUR 1967, 294, 296 – Triosorbin – verwechselbar mit Trisomin; BPatG, Mitt. 66, 214 – Hygenita/Hygetta; DPA, Mitt. 1959, 113 – Senarol/Serol.

160 Vgl. BPatG, MarkenR 2007, 277 – Quellgold verwechselbar mit Goldquell; OLG München, GRUR 2003, 169, 170 – ARTDECO – verwechselbar mit DÉCO ART; GRUR 1990, 685 – VITA-MED/MEDIVITAN; BPatGE 36, 123 – Babalu/Baluba; BPatG, Mitt. 1988, 154 – Gastropirenz – verwechselbar mit Pirenzgast; BPatG, Mitt. 1980, 115 – FIXIDENT/Dentofixin; BPatG, Mitt. 1975, 115 – Milram – verwechselbar mit Miramil.

88   Bei *kurzen Zeichenwörtern* treten Unterschiede stärker hervor, so dass hier eingeschobene Zwischensilben, insbesondere wenn auf ihnen die Betonung liegt, regelmäßig einen abweichenden Gesamteindruck hervorrufen.[161] Auch abweichenden Endungen kommt hier größeres Gewicht zu, insbesondere wenn sich die Zeichen dadurch in der Silbenzahl unterscheiden.[162] Stimmen *kurze, zweisilbige Wörter* nur in der ersten Silbe überein und verleihen die Abweichungen in der zweiten Silbe dem Zeichen ein anderes Klanggepräge, kann trotz übereinstimmender Vokalfolge eine Verwechslungsgefahr ausscheiden. Der Grundsatz, dass der Verkehr dem Wortanfang größere Beachtung schenkt, greift bei so kurzen Bezeichnungen nicht ein.[163] Einer Abweichung in markanten Konsonanten kommt hierbei größere Bedeutung zu als einer Abweichung in einem unbetonten Schlussvokal.[164] Ein unbetonter Schlussvokal reicht insbesondere dann nicht zur Unterscheidung aus, wenn ein Zeichen vollständig in dem anderen enthalten ist.[165] Bei *Kurzworten* kann schon die Abweichung in einem einzigen Konsonanten einen gänzlich anderen klanglichen Gesamteindruck bewirken, wobei hier aber sehr genau zu untersuchen ist, ob sich die Konsonanten klanglich hinreichend unterscheiden. Der Unterschied zwischen einem harten und markant gesprochenen Konsonanten gegenüber einem weichen Zischlaut kann daher zur hinreichenden Unterscheidung ausreichen.[166] Bei großem Warenabstand kann auch die Einfügung eines klangschwachen Konsonanten dazu führen, dass eine noch beachtliche Gefahr der klanglichen Zeichenverwechslung nicht mehr vorliegt.[167] Kommen sich die *Anfangskonsonanten* bei im Übrigen übereinstimmenden Zeichen phonetisch nahe, ist – insbesondere bei *Fantasieworten*, die keinen eindeutigen begrifflichen Inhalt aufweisen – von einer erheblichen Zeichennähe auszugehen.[168] Unterschiedliche *Konsonanten am Wortende* tragen bei Kurzworten im Allgemeinen wenig zur Unterscheidung bei, soweit sie nicht die Aussprache des vorangegangenen Vokals beeinflussen.[169] Dagegen kann sich eine andere Klangwirkung ergeben, wenn die Abweichung im Konsonanten eine unterschiedliche Betonung des vorausgegangenen Vokals zur Folge hat. So wäre etwa ein Zeichen „Tor" bei dem durch den begrifflichen Inhalt eine lange Aussprache des Vokals „o" nahegelegt wird, mit einem Zeichen „Tox" wohl nicht verwechselbar.

---

161 Vgl. BGH, WRP 2001, 1207, 1210 = GRUR 2001, 1161, 1163 – CompuNet/ComNet; BPatG, Mitt. 1996, 172, 174 – Via/Viega; DPA Bl. 1953, 424 – Zuka/Zumoka.

162 Vgl. BGH, WRP 1992, 96, 98 = GRUR 1992, 130, 132 – Bally/BALL; BPatG, Mitt. 1986, 94, 95 – Gliss/Glister; anders dagegen BPatG, Mitt. 1971, 50 – Crinin/Kreon – unter Zugrundelegung einer möglichen Betonung beider Zeichen auf der ersten Silbe.

163 BPatG, Mitt. 1989, 243 – Mona/Moras – auch unter Berücksichtigung des begrifflichen Inhalts von Mona als weiblicher Vorname.

164 Vgl. BGH, GRUR 1990, 367, 368 – alpi/Alba Moda – alpi danach verwechselbar mit Alba.

165 Vgl. BGH, GRUR 1992, 110, 112 – dipa/dib – unter der zweifelhaften Annahme, die Zeichen unterscheiden sich nicht in der Aussprache der ersten Silbe; BPatG, Mitt. 1976, 121, 122 – ANGO/ANG.

166 Vgl. BPatG, Mitt. 1967, 9 – Kyr/SIR; anders dagegen BGH, GRUR 1969, 355, 356 – Kim II – Kim danach verwechselbar mit Dim.

167 BPatG, GRUR 1991, 537, 538 – ELTA/ETA, bereits unter Zugrundelegung eines weniger strengen „europäischen" Maßstabs an die Beurteilung der Verwechslungsgefahr, s. o. Rn. 82.

168 Vgl. BPatG, GRUR 2000, 807, 808 – Lior/Dior; BPatG, GRUR 1996, 496, 498 – PARK/Jean Barth – PARK danach verwechselbar mit LARK, da die Anfangskonsonanten nur Augenblickslaute seien; BPatGE 6, 141 – ZEO/Teo; BPatG, Mitt. 1970, 193, 194 – REA/ZEA – auch unter Berücksichtigung des Klanggewichts der Vokale.

169 Vgl. BGH, GRUR 1957, 499, 502 – Wipp – verwechselbar mit Wit.

Schweyer

Für die Klangwirkung ist von der *üblichen Betonung und Aussprache* auszugehen. Eine **89** fehlerhafte oder mundartliche Aussprache ist grundsätzlich nicht zu berücksichtigen. Dagegen ist bei fremdsprachigen Wörtern neben der korrekten *fremdsprachigen Aussprache* regelmäßig auch eine *Aussprache nach deutschen Sprachregeln* zu berücksichtigen, soweit es sich nicht um Wörter handelt, deren Kenntnis beim deutschen Verbraucher vorausgesetzt werden kann, was bislang nur bei *gebräuchlichen Wörtern der englischen Sprache* angenommen wird.[170] Buchstaben und Zahlen sind so zu berücksichtigen, wie sie ausgesprochen werden.[171] Ausnahmsweise kann für die Beurteilung der Verwechslungsgefahr auch eine *sprachunübliche Aussprache* zu berücksichtigen sein, wenn sie dem Verkehr durch eine bekannte Marke in demselben Geschäftsbereich nahegelegt wird. So besteht Verwechslungsgefahr zwischen der bekannten Marke „T-online" und einem Zeichen „DON-LINE", da dem Verkehr im Bereich der Telekommunikation der Begriff „online" wie auch die Marke „T-online" bekannt sind, so dass es naheliegt, auch das Zeichen „DONLINE", trotz zusammenhängender Schreibweise als „D-ONLINE" auszusprechen.[172] Allerdings ist bei *zusammenhängender Schreibweise*, neben einer möglicherweise auch in Betracht kommenden zergliederten Aussprache, regelmäßig auch die *zusammenhängende Aussprache* zu berücksichtigen.[173]

(2) Hörmarken

Zur *Klangwirkung von Hörmarken* liegen noch keine Erfahrungen vor. Die Ähnlichkeit **90** kann hier auf einer *Übereinstimmung in der Abfolge einzelner Töne*, auf übereinstimmenden *Tonintervallen*, jeweils auch unter Berücksichtigung von *Klangfarbe* und *Rhythmus*, beruhen. Auch werden bei *längeren Tonfolgen* Abweichungen weniger ins Gewicht fallen als bei kurzen, und es wird möglicherweise auch hier Übereinstimmungen am *Anfang einer Tonfolge* größeres Gewicht zukommen als Übereinstimmungen im weiteren Verlauf. Welches *musikalische Empfinden* der angesprochenen Verkehrskreise dabei vorauszusetzen ist, ist noch ungeklärt.

cc) Ähnlichkeit im Erscheinungsbild

Eine *Ähnlichkeit im Erscheinungsbild* kommt sowohl bei reinen Wortmarken in Betracht, **91** wenn diese ein *übereinstimmendes Schriftbild* aufweisen, als auch bei Bildmarken, einschließlich grafisch gestalteter Wortmarken, bei dreidimensionalen Marken und bei aus Wort-, Bild- bzw. Gestaltungselementen zusammengesetzten Zeichen, wenn die *Übereinstimmung in den Bild- bzw. grafischen Elementen* einen insgesamt *ähnlichen Gesamteindruck* hervorruft. Zu einer Ähnlichkeit im Erscheinungsbild zählt auch eine Ähnlichkeit in der Farbwirkung bei farbigen Aufmachungen oder abstrakten Farbmarken.

---

170 Vgl. BPatG, GRUR 1996, 414, 416 – Racoon/Dragon.
171 Vgl. BGH, GRUR 1982, 420, 422 – BBC/DDC, verwechselbar wegen der klanglich ähnlichen Anfangsbuchstaben und der übereinstimmenden dreifachen Wiederholung des Vokals „e" bei der Aussprache der Buchstabenfolge.
172 BGH, WRP 2004, 353, 355 = GRUR 2004, 239 – DONLINE.
173 Vgl. BGH, WRP 2004, 355, 356 = GRUR 2004, 240, 241 – MIDAS/medAS.

(1) Wortmarken

92 Bei *reinen Wortmarken* wird eine schriftbildliche Ähnlichkeit meist mit einer klanglichen Ähnlichkeit einhergehen. Es sind aber auch Fälle denkbar, in denen sich die Ähnlichkeit auf das Schriftbild beschränkt. Würden sich beispielsweise die Bezeichnungen „Patt" und „Puff" gegenüberstehen, wäre eine klangliche Ähnlichkeit wohl zu verneinen, eine schriftbildliche Ähnlichkeit wäre dagegen möglicherweise gegeben.

93 Beim schriftbildlichen Vergleich sind alle *verkehrsüblichen Schreibweisen* zu berücksichtigen, wenn die ältere Marke in Normalschrift und nicht in einer bestimmten grafischen Gestaltung eingetragen wurde. Dies gilt insbesondere für die Schreibweise in Groß- und Kleinbuchstaben, aber auch für die verschiedenen Schrifttypen, wie sie in der Textverarbeitung Verwendung finden.[174] Die *handschriftliche Wiedergabe* findet nur dort Berücksichtigung, wo sie im geschäftlichen Verkehr eine Rolle spielt; dies ist insbesondere der Fall bei Arzneimitteln, wegen ihrer handschriftlichen Verschreibung.[175]

94 Bei Wortmarken, die in einer bestimmten *grafischen Gestaltung* eingetragen sind, ist von dieser eingetragenen Gestaltung auszugehen. Deren Übernahme in einem kollidierenden Zeichen kann zu einer *Ähnlichkeit in der Bildwirkung* führen, auch wenn sich die Zeichenworte nach Klang- und Schriftbild hinreichend unterscheiden.[176] So genießt beispielsweise das „Bayer-Kreuz" – auch aufgrund seiner hohen Verkehrsgeltung – einen weitreichenden Schutz gegen die Verwendung anderer Zeichenworte in entsprechender Kreuzform.[177] Erhebliche Bedeutung kommt der grafischen Gestaltung bei Bezeichnungen zu, die als Wortmarke mangels Unterscheidungskraft nicht eintragungsfähig wären und die somit nur hinsichtlich ihrer Bildwirkung Schutz genießen.[178]

(2) Bildmarken und dreidimensionale Gestaltungen

95 Bei *reinen Bildmarken* kommt es ebenfalls darauf an, ob das kollidierende Zeichen eine *ähnliche Bildwirkung* aufweist. Maßgeblich ist auch hier der Gesamteindruck,[179] der freilich durch einzelne Bildelemente unterschiedlich geprägt werden kann. Insbesondere vermögen schutzunfähige Bildelemente den Gesamteindruck nicht zu prägen.[180] Ob einem Bildelement Unterscheidungskraft zukommt, ist aber nicht abstrakt sondern stets mit Bezug auf die konkret beanspruchten Waren/Dienstleistungen zu beurteilen, weshalb der Darstellung eines sich aufbäumenden Pferdes für die Waren „Kraftfahrzeuge und deren Ersatzteile" die Unterscheidungskraft nicht abgesprochen werden kann. Der Gesamteindruck einer solchen Marke wird daher auch durch dieses Motiv und nicht nur durch seine konkrete Darstellung geprägt.[181] Bei der Ähnlichkeit ist wiederum zu berücksichtigen, dass die kol-

---

174 Beispiel: BPatGE 22, 227, 230 – Frukina/Frutera, Ähnlichkeit bei Wiedergabe in normaler Schreibmaschinenschrift.
175 Vgl. BPatGE 17, 158, 159, 160 – Proctavenon, bei handschriftlicher Wiedergabe verwechselbar mit Pentavenon.
176 Vgl. BGH, WRP 2004, 360, 363 = GRUR 2004, 235, 237 – Davidoff II.
177 Vgl. OLG Düsseldorf, GRUR 1976, 595 – Bayer/Rorer.
178 Vgl. BGH, GRUR 1991, 136, 137 – NEW MAN.
179 EuGH, GRUR 1998, 387, 390 Tz. 23 – Sabèl/Puma.
180 Vgl. BGH, GRUR 1979, 242, 244 – Visuelles Gesamtbild; zur Prägung des Gesamteindrucks durch einzelne Zeichenbestandteile, s.a. Rn. 119 ff.
181 Vgl. BGH, WRP 2004, 909, 914 = GRUR 2004, 594, 797 – Ferrari-Pferd.

lidierenden Zeichen nicht nebeneinander wahrgenommen werden, so dass es für die Frage der Ähnlichkeit insbesondere auf die Übereinstimmung in solchen Merkmalen ankommt, die das Erinnerungsbild von der geschützten Marke prägen. Dies kann eine bestimmte Form der bildlichen Darstellung sein, insbesondere aber auch das den Gesamteindruck der Marke prägende Bildmotiv, wenn es im kollidierenden Zeichen in ähnlicher Gestaltung wiederkehrt. Ein reiner *Motivschutz*, d. h. ein Schutz gegen die Verwendung desselben Motivs in einer nicht verwechselbaren Darstellung, kommt dagegen nicht in Betracht.[182]

Bei Bildzeichen spielt auch die Farbe eine Rolle. Dabei gilt grundsätzlich, dass *schwarz-weiß eingetragene Marken* auch gegen eine *farbige Wiedergabe* geschützt sind.[183] Etwas anderes gilt nur, wenn durch die farbige Wiedergabe eine andere Bildwirkung erzielt wird, indem z. B. untergeordnete Bildelemente durch eine farbige Hervorhebung prägende Bedeutung erlangen.[184] Bei *farbig eingetragenen Marken* wird der Schutzumfang der Marke dagegen durch die farbige Eintragung mitbestimmt.[185] Abweichende Farben im kollidierenden Zeichen können daher der Ähnlichkeit entgegenwirken; umgekehrt kann sich aber auch ein weiterer Schutzumfang ergeben, wenn der ähnliche Gesamteindruck des kollidierenden Zeichens auf der *übereinstimmenden Farbwirkung* beruht. **96**

Für *dreidimensionale Gestaltungen*, deren Erscheinungsbild ebenfalls visuell wahrgenommen wird, gelten diese Grundsätze entsprechend. Auch diese Marken können sich sowohl in ihrem konkreten Erscheinungsbild ähneln als auch in einem in der Gestaltung zum Ausdruck kommenden Motiv. Ein farbiger Eintrag hat dieselben Auswirkungen auf den Schutzumfang wie bei einer Bildmarke. Bei dreidimensionalen Marken, die die *Form der Ware* wiedergeben, ist allerdings stets zu prüfen, welche Gestaltungsmerkmale an der *herkunftskennzeichnenden Wirkung der Marke* teilhaben und welche Merkmale für die Bestimmung der Schutzwirkung unbeachtet bleiben müssen, weil sie nach § 3 Abs. 2 MarkenG dem Schutz als Marke nicht zugänglich sind. Solche *nicht schutzfähigen Merkmale* vermögen jedenfalls für sich eine Verwechslungsgefahr nicht zu begründen.[186] Aber auch willkürliche Gestaltungsmerkmale, denen eine herkunftshinweisende Funktion zukommen kann, können solchen Marken regelmäßig nur zu einer *schwachen Kennzeichnungskraft* verhelfen, insbesondere wenn nur *enge Spielräume bei der Formgestaltung* bestehen. Daher können im Kollisionsfall schon geringe Formunterschiede zum Ausschluss einer Verwechslungsgefahr führen.[187] **97**

In jüngeren BGH-Entscheidungen verlagert sich die Problematik allerdings etwas. Bei der eingetragenen Marke, an deren Schutzfähigkeit der Verletzungsrichter gebunden ist, wird jetzt mehr auf den Gesamteindruck abgestellt, der durchaus auch von schutzunfähigen Gestaltungsmerkmalen mitgeprägt sein kann; im Gegenzug wird aber bei der *angegriffenen dreidimensionalen Gestaltung* stets kritisch geprüft, inwieweit diese markenmäßig benutzt **98**

---

182 EuGH, GRUR 1998, 387, 390 Tz. 26 – Sabèl/Puma; s. dazu u. Rn. 112.
183 BGH, GRUR 1956, 183, 185 – Drei Punkt-Urteil.
184 BGH, GRUR 1956, 183, 185 – Drei Punkt-Urteil.
185 Grundlegend BPatG, MarkenR 2000, 348, 352 – Farbige Arzneimittelkapsel; vgl. a. BPatG, GRUR 1997, 283, 284 – TAX FREE.
186 Vgl. BGH, WRP 2000, 631, 633 = GRUR 2000, 888, 889 – MAG-LITE; WRP 2003, 521, 525 = GRUR 2003, 332, 335 – Abschlussstück; zu der entsprechenden Problematik im Eintragungsverfahren vgl. § 8 Rn. 77 f.
187 Vgl. BGH, WRP 2007, 1090, 1094 Tz. 31 = GRUR 2007, 780, 783 – Pralinenform I; OLG Köln, MarkenR 2005, 452 – Wurst in Kleeblatt-Form; s. a. u. Rn. 148.

wird, und zwar auch dann, wenn diese Gestaltung der eingetragenen Marke weitgehend entspricht.[188] Dementsprechend bedarf es auch zur Bejahung einer Verwechslungsgefahr einer Übereinstimmung gerade in den Gestaltungsmerkmalen, die bei der angegriffenen Gestaltung als herkunftshinweisend aufgefasst werden.[189] Eine gesteigerte Kennzeichnungskraft der geschützten Marke kann allerdings bewirken, dass der Verkehr auch den damit übereinstimmenden Merkmalen der angegriffenen Gestaltung herkunftshinweisende Funktion beimisst.[190] Entsprechendes gilt auch bei der Verletzung abstrakter Farbmarken (s. u. Rn. 115).

99 Eine die Gefahr von Verwechslungen begründende Ähnlichkeit kann auch zwischen einer *zweidimensionalen Bildmarke und einer dreidimensionalen Wiedergabe eines Motivs* bestehen. Dies folgt schon daraus, dass der Verkehr daran gewöhnt ist, dass ihm dreidimensionale Gegenstände in zweidimensionalen Abbildungen begegnen. Unter Geltung des WZG konnten dreidimensionale Aufmachungen ohnehin nur als zweidimensionale Abbildungen zur Eintragung angemeldet werden. Der Schutz einer solchen Marke erstreckte sich dann aber selbstverständlich gleichwohl auf die dreidimensionale Aufmachung.[191] Für schutzunfähige Merkmale gelten die Ausführungen in Rn. 98 entsprechend.

(3) Farbige Aufmachungen und abstrakte Farbmarken

100 § 3 nennt *Farben und Farbzusammenstellungen* nur als besondere Ausprägung einer Aufmachung. Es handelt sich dabei um eine Markenform, die von der in § 3 nicht ausdrücklich geregelten *abstrakten Farbmarke* zu unterscheiden ist.

101 Eine *konkrete zwei- oder dreidimensionale Aufmachung*, bei der die Farbe mehr oder weniger prägend für den Gesamteindruck sein kann, konnte schon nach früherem Recht im Rahmen einer eingetragenen Bildmarke oder als Element einer Ausstattung nach § 25 WZG Schutz erlangen. Nach § 3 sind solche Aufmachungen jetzt auch in dreidimensionaler Form eintragungsfähig. Ihre Ähnlichkeit beurteilt sich nach ihrer Bildwirkung; insoweit kann auf Rn. 95 ff. verwiesen werden.

102 Daneben gibt es die *„abstrakte Aufmachungsfarbmarke"*, wie sie ebenfalls auch schon nach früherem Recht den Gegenstand einer Ausstattung bilden oder kraft Verkehrsgeltung zur Eintragung gelangen konnte. Die in beiden Fällen erforderliche Verkehrsgeltung konnte dadurch erlangt werden, dass eine bestimmte Farbe oder Farbkombination umfangreich in unterschiedlichen Aufmachungen benutzt wurde, so dass sich dem Verkehr vor allem die *allen Aufmachungen gemeinsame Farbe* als Herkunftshinweis einprägte.[192] Wenngleich

188 BGH, WRP 2010, 1508, 1510 Tz. 28 = GRUR 2010, 1103, 1105 – Pralinenform II; WRP 2008, 797, 800 Tz. 28 = GRUR 2008, 505, 508 – TUC-Salzcracker; WRP 2007, 1090, 1094 Tz. 31 = GRUR 2007, 780, 783 – Pralinenform I; WRP 2007, 186, 188 Tz. 21 = GRUR 2007, 235, 237 – Goldhase; WRP 2005, 610, 612 = GRUR 2005 414, 416 – Russisches Schaumgebäck.
189 BGH, WRP 2007, 1090, 1095 Tz. 40 = GRUR 2007, 780, 784 – Pralinenform I; WRP 2003, 521, 525 = GRUR 2003, 332, 335 – Abschlussstück.
190 BGH, WRP 2007, 186, 189 Tz. 28 = GRUR 2007, 235, 238 – Goldhase; WRP 2007, 1090, 1094 Tz. 30 = GRUR 2007, 780, 783 – Pralinenform I.
191 Vgl. BGH, GRUR 1956, 179 – Ettaler-Klosterliqueur; zum neuen Recht: BGH, WRP 2008, 797, 799 Tz. 19 = GRUR 2008, 505, 507 – TUC-Salzcracker; WRP 2000, 535, 538 = GRUR 2000, 506 – ATTACHÉ/TISSERAND.
192 Vgl. BGH, GRUR 1968, 371 – Maggi.

Schweyer

damit ein von einer konkreten Aufmachung losgelöster *abstrakter Farbenschutz* anerkannt wurde, knüpfte dieser doch weiterhin an die *konkreten Aufmachungen* an, auf denen die für die Farbe in Anspruch genommene Verkehrsgeltung beruhte. Folgerichtig bejahte die Rechtsprechung den Farbenschutz nur i.V. m. *weiteren Ausstattungselementen*, die allen benutzten Aufmachungen gemeinsam waren, wie beispielsweise eine bestimmte Flächenanordnung, Farbaufteilung, Benutzung als Hintergrund- oder Schriftfarbe etc.[193] Auch diese Fallgestaltung ist für das geltende Recht weiterhin von erheblicher Bedeutung, da sich ein Schutz für eine solche an weitere Aufmachungsmerkmale anknüpfende Farbmarke leichter erlangen lässt als für eine *konturlose Farbe bzw. Farbkombination*. Es kann hier schon von Haus aus eine größere *Unterscheidungskraft* gegeben sein; vor allem aber bildet sich eine *Verkehrsgeltung* zunächst an dem Erscheinungsbild der verschiedenen vom Markeninhaber benutzten Aufmachungen, so dass sich für die diesen Aufmachungen gemeinsame Verwendung der Farbe stets eine höhere Verkehrsgeltung ergeben wird als für die Farbe als solche. Knüpft die nachgewiesene Verkehrsgeltung aber an weitere den benutzten Aufmachungen gemeinsame Merkmale an, entsteht auch ein Schutz nur in diesem eingeschränkten Umfang bzw. kommt auch eine Eintragung kraft Verkehrsdurchsetzung nur als Aufmachungsmarke in Betracht.[194]

Grundsätzlich gibt es aber die *abstrakte Farbmarke*, die in § 3 nicht ausdrücklich erwähnt **103** ist, deren Markenfähigkeit mit Rücksicht auf die nicht abschließende Aufzählung in § 3 aber heute allgemein anerkannt ist (vgl. § 3 Rn. 11). Bei der abstrakten Farbmarke wird der Schutzgegenstand allein durch eine bestimmte *Farbe oder Farbkombination* bestimmt. Einer solchen Farbe oder Farbkombination kann zwar, wenn sie für die beanspruchte Ware oder Dienstleistung äußerst ungewöhnlich erscheint, von Haus aus Unterscheidungskraft zukommen;[195] diese Voraussetzung wird aber nur selten gegeben sein. Die Eintragung einer solchen Marke kommt daher i. d. R. nur in Betracht, wenn sich die Farbe bzw. Farbkombination *als solche*, d. h. losgelöst von jeglicher Verwendung im Rahmen konkreter Aufmachungen, im Verkehr als Herkunftshinweis durchgesetzt hat. Für den durch eine solche Marke bewirkten Schutz ist dann aber zu beachten, dass er sich auch nur auf die Verwendung der Farbe als *abstraktes Kennzeichnungsmittel* erstreckt. Im Verletzungsfall ist daher vorrangig zu prüfen, ob die Farbe in der angegriffenen Verwendungsform überhaupt als Kennzeichnungsmittel eingesetzt, also *markenmäßig benutzt* wird. Das kann nur ausnahmsweise angenommen werden, da die Verbraucher es nicht gewöhnt sind, aus der Farbe von Waren oder deren Verpackung auf die Herkunft der Waren zu schließen. Eine solche Ausnahme kommt aber in Betracht, wenn einerseits die geschützte Marke über eine durch Benutzung erworbene gesteigerte Kennzeichnungskraft verfügt und aufgrund dessen eine entsprechende Gewöhnung des Verkehrs besteht, bei Waren der in Rede stehenden Art in der geschützten Farbe einen Herkunftshinweis zu sehen, und wenn die Farbe andererseits auch in der angegriffenen Verwendungsform ein wesentliches, durch herkömmliche Herkunftshinweise nicht in den Hintergrund gedrängtes Gestaltungsmittel ist.[196]

---

193 Vgl. BGH, GRUR 1968, 371, 374 – Maggi.
194 Vgl. *Ströbele*, GRUR 1999, 1041, 1049.
195 BGH, WRP 1999, 853, 854 = GRUR 1999, 730, 731 – Farbmarke Magenta/Grau; EuGH, GRUR 2003, 604, 608 – Libertel.
196 BGH, WRP 2005, 616, 618 = GRUR 2005, 427, 428 f. – Lila-Schokolade; WRP 2004, 227, 231 = GRUR 2004, 151, 154 – Farbmarkenverletzung I; WRP 2004, 232, 234 = GRUR 2004, 154, 156 – Farbmarkenverletzung II.

104 Gegen eine Verwendung derselben oder einer ähnlichen Farbe in einem farbigen Bild oder im Rahmen einer farbigen Aufmachung kann der Markeninhaber auch nur dann vorgehen, wenn die Farbe dort als *selbstständiges Kennzeichnungsmittel* erscheint oder nach den unten dargestellten Grundsätzen für Kombinationsmarken (Rn. 117 ff.) den Gesamteindruck der aus Bild-, Farb- ggf. Wortelementen zusammengesetzten Kennzeichnung prägt und daher Verwechslungsgefahr besteht.[197]

105 Angesichts der begrenzten Fähigkeit des Verkehrs, Farbtöne aus der Erinnerung heraus zu unterscheiden, erhebt sich bei abstrakten Farbmarken, stärker noch als bei Aufmachungsmarken, die Frage, wie die Verwechslungsgefahr im Falle *abweichender Farbtöne* zu beurteilen ist. Grundsätzlich wird man davon ausgehen können, dass bei einer Aufmachungsmarke, da hier neben der verwendeten Farbe bzw. Farbkombination noch weitere Merkmale den Gesamteindruck mitprägen, auch noch bei größeren Abweichungen im Farbton ein insgesamt *ähnlicher Gesamteindruck* gegeben sein kann. Bei der abstrakten Farbmarke stellt dagegen der konkrete Farbton bzw. die Kombination konkreter Farbtöne das *einzige Kennzeichnungsmittel* dar, so dass der Verkehr aufmerksamer auf Abweichungen achten wird. Gleichwohl fallen Abweichungen im Farbton, die so gering sind, dass sie dem Verkehr nicht bewusst werden, in jedem Fall noch in den Ähnlichkeitsbereich.[198] Es ist eine Frage des Einzelfalls und insbesondere der Bekanntheit einer Farbmarke, inwieweit auch bei größeren Farbabweichungen noch eine Verwechslungsgefahr gegeben sein kann.[199]

dd) Ähnlichkeit im Sinngehalt

106 Eine *Ähnlichkeit im Sinngehalt* kommt nur bei *Wortmarken sowie bei Bild- und dreidimensionalen Marken* in Betracht. Die Verwechslungsgefahr beruht hier darauf, dass der Verkehr bei einer Wortmarke, die einen allgemein verständlichen *Begriff* beinhaltet, oder bei einer Bildmarke bzw. dreidimensionalen Gestaltung, die ein gegenständliches *Motiv* wiedergibt, vor allem die Bedeutung dieses Begriffs bzw. das Bildmotiv in Erinnerung behalten wird, und dass diese Erinnerung angesprochen wird, wenn ihm ein Zeichen mit *derselben begrifflichen oder bildlichen Aussage* begegnet.

(1) Wortmarken

107 Bei Wortmarken lassen sich hier im Wesentlichen zwei Fallgruppen unterscheiden: Die eine Fallgruppe betrifft das *Synonym*, also das andere Wort mit derselben Bedeutung. Es kann sich hierbei um ein *anderes Wort* der deutschen Sprache handeln,[200] insbesondere aber auch um das *entsprechende Wort in einer anderen Sprache*, oder es stehen sich zwei *fremdsprachige Wörter* mit derselben Bedeutung gegenüber. Eine verwechslungsrelevante Zei-

---

197 Vgl. BGH, GRUR 2005, 427, 429 – Lila-Schokolade; WRP 2004, 227, 231 = GRUR 2004, 151, 154 – Farbmarkenverletzung I; WRP 2004, 232, 234 = GRUR 2004, 154, 156 – Farbmarkenverletzung II; vgl. a. *Ströbele*, GRUR 1999, 1041, 1047; *v. Schultz*, GRUR 1997, 714, 719.
198 Vgl. BGH, WRP 2005, 616, 619 = GRUR 2005, 427, 429 – Lila-Schokolade; ÖOGH, GRUR Int. 1970, 58, 59 – Aralfarben.
199 Vgl. *v. Schultz*, GRUR 1997, 714, 719.
200 Vgl. BGH, WRP 2004, 1046, 1050 = GRUR 2004, 779, 782 – Zwilling/Zweibrüder; OLG Köln, MarkenR 2007, 126 – Schlaufuchs/Lernfuchs, wo die Verwechslungsgefahr allerdings jeweils verneint wurde; BPatG, MarkenR 2007, 277 – Quellgold verwechselbar mit Goldquell; OLG München, GRUR 2003, 169, 170 – ARTDECO – verwechselbar mit DÉCO ART.

chenähnlichkeit ist in diesen Fällen nur gegeben, *wenn sich dem deutschen Verkehr die Bedeutung des fremdsprachigen Begriffs erschließt.* Die Rechtsprechung ist hier nicht ganz einheitlich.[201] Generell wird die Gefahr begrifflicher Verwechslungen bei fremdsprachigen Bezeichnungen durch die Notwendigkeit des vorherigen *Übersetzungsvorganges* herabgesetzt; dies gilt umso mehr, wenn sich ein fremdsprachiger Begriff erst durch *sprachliche Zergliederung* eines einheitlichen Zeichenwortes erschließt.[202] Wenn sich die Begriffe auch in der Übersetzung nicht entsprechen und sich allenfalls *gedankliche Assoziationen* einstellen mögen, besteht auch bei nahezu identischen Dienstleistungen und hoher Kennzeichnungskraft der prioritätsälteren Marke keine Verwechslungsgefahr.[203] Eine begriffliche Verwechslungsgefahr kann auch dann ausscheiden, wenn sich die Begriffe wörtlich entsprechen und die Übersetzung des fremdsprachigen Begriffs dem deutschen Verkehr auch keine Schwierigkeiten bereitet, wenn der deutsche Begriff aber vor allem in einem *abstrakten, übertragenen Sinn* gebraucht wird, den er in der fremden Sprache nicht aufweist.[204]

Die andere Fallgruppe einer begrifflichen Ähnlichkeit ist dadurch gekennzeichnet, dass **108** sich eine Marke aus *mehreren Begriffen* zusammensetzt, die in dem anderen Zeichen teils identisch, teils in ähnlicher Bedeutung enthalten sind. Die völlige Übereinstimmung in dem einen Begriff führt hier bereits zu einer so weitgehenden Zeichenähnlichkeit, dass eine Verwechslungsgefahr schon dann gegeben ist, wenn der weitere Begriff eine irgendwie ähnliche Bedeutung aufweist, ohne dass es sich dabei um ein Synonym handeln muss.[205]

In den vorgenannten Fällen kommt auch eine *mittelbare Verwechslungsgefahr* (s. u. **109** Rn. 167 ff.) in Betracht, insbesondere wenn die ältere Marke über eine hohe Verkehrsgeltung verfügt. So wurde in den Entscheidungen, die die Marken Mövenpick und Playboy betrafen, offengelassen, ob die Bezeichnungen Mövenpick und Mövennest bzw. Playboy und Playmen unmittelbar verwechselbar seien, da sich diese Marken in ihrer Aussage so ähnlich seien, dass der Verkehr jedenfalls annehmen werde, es handele sich um eine weitere Marke desselben Unternehmens. Auch bei fremdsprachigen Synonymen kommt eine mittelbare Verwechslungsgefahr in Betracht, indem der Verkehr annimmt, derselbe Markeninhaber verfüge über eine in mehrere Sprachen übersetzte Marke.

---

201 Bejaht wurde eine Verwechslungsgefahr z. B. in BPatG, Mitt. 1986, 76 – Spring Garden/Frühlingsgarten; BPatG, Mitt. 1984, 56 – Rancher/Farmer; BPatG, Mitt. 1970, 196 – Picador/Torero; BPatG, Mitt. 1967, 233 – Botschafter/Ambassadeur. Verneint wurde eine Verwechslungsgefahr wegen nicht hinreichend verbreiteter Sprachkenntnisse in BPatGE 22, 180 – Espada/Sword; BPatG, Mitt. 1971, 111 – Gemini/Zwilling; BPatG, Beschl. vom 23.10.1996 – 28 W (pat) 34/96 FLEUR D'OR/GOLDBLUME.
202 Vgl. BPatG, Mitt. 1974, 238, 239 – CHATONDOR/gold cats.
203 Vgl. BGH, WRP 1997, 310, 311 = GRUR 1997, 311, 313 – Yellow Phone – nicht verwechselbar mit Gelbe Seiten; OLG München, GRUR 2000, 801, 802 – Deutsche Telekom/Germancom.
204 BPatG, GRUR 1997, 293, 295 – GREEN POINT/Der grüne Punkt – wobei sich freilich nicht etwa Entsorgungssysteme, sondern die Waren *alkoholische Getränke* einerseits und *Biere* und *alkoholfreie Getränke* andererseits gegenüberstanden, so dass dem Zeichen „Der grüne Punkt" keine gesteigerte Kennzeichnungskraft zuzubilligen war.
205 In diese Fallgruppe fallen beispielsweise die Entscheidungen BGH, Mitt. 1968, 196 – Jägerfürst/Jägermeister; BPatGE 30, 112 – Mövennest/Mövenpick; BPatGE 28, 57 – Playboy/Playmen; BPatG, Mitt. 1967, 103 – Starlight/Starlux; BPatGE 7, 193 – KING'S CLUB/Royal Club. Auch hier ist die Rechtsprechung aber nicht ganz einheitlich. So wurde beispielsweise eine Verwechslungsgefahr verneint in BPatG, Mitt. 1969, 171 – Alpenflora/Alpenblüte, weil der botanische Begriff „Flora" dem deutschen Verkehr nicht geläufig sei.

110   Eine in diesem Zusammenhang zu erörternde Fallgruppe ist auch der *Ausschluss einer klanglichen oder schriftbildlichen Zeichenähnlichkeit* durch einen *unterschiedlichen Sinngehalt*. Hier ist Zurückhaltung geboten, da bei einer klanglichen Verwechslung von Zeichen der unterschiedliche Sinngehalt häufig gar nicht wahrgenommen wird. Bejaht wurde ein solcher Ausschluss der Verwechslungsgefahr daher nur in Fällen, in denen auch bei flüchtiger Wahrnehmung der unterschiedliche Sinngehalt sofort erfasst wird.[206] Der EuGH spricht in diesem Zusammenhang von „Neutralisierung" der klanglichen oder visuellen Ähnlichkeit.[207]

(2) Bildmarken und dreidimensionale Gestaltungen

111   Bei *Bildmarken* kommt eine Ähnlichkeit im Sinngehalt in Betracht, wenn die sich gegenüberstehenden Zeichen in dem darin wiedergegebenen Motiv übereinstimmen, auch wenn sich dessen konkrete Darstellung hinreichend unterscheidet. Dabei muss die *Übereinstimmung im Motiv* die Gefahr von Verwechslungen begründen, was der Fall sein kann, wenn sich dem Verkehr vor allem das Motiv einprägt, während die Erinnerung an dessen konkrete Darstellung verblasst. Die Rechtsprechung ist mit dieser Annahme freilich zurückhaltend. Es gilt der Grundsatz, dass eine Verwechslungsgefahr nach dem Sinngehalt umso eher zu verneinen ist, je allgemeiner dieser Sinngehalt gefasst werden muss, um die Gleichheit des Motivs der in Vergleich zu setzenden Zeichen zu begründen.[208] Im Übrigen besteht zwischen dem Sinngehalt eines Zeichens und seiner bildlichen Gestaltung eine Wechselwirkung dergestalt, dass das Motiv einer Darstellung umso weniger die für den Verkehr prägende und herkunftsbestimmende Rolle spielt, je einprägsamer, charakteristischer und individueller seine bildliche Gestaltung ist.[209] Danach bleibt für eine Ähnlichkeit der Fall, dass es sich um ein ausgefallenes Motiv in einer wenig einprägsamen Darstellung handelt oder dem Motiv kraft Verkehrsgeltung eine besondere Kennzeichnungskraft zukommt.[210]

112   In jedem Fall muss die Verwendung desselben Motivs die *Gefahr von Verwechslungen* begründen. Auch bei noch so großer Verkehrsgeltung kommt ein *reiner Motivschutz*, d. h. ein Schutz gegen die Verwendung desselben Motivs in einer die Verwechslungsgefahr ausschließenden Weise nicht in Betracht.[211] Auch unter dem Gesichtspunkt der Gefahr einer gedanklichen Verbindung, wie sie in § 14 Abs. 2 Nr. 2 angesprochen ist, lässt sich ein solcher Motivschutz nicht begründen, da die Gefahr der gedanklichen Verbindung keine Alternative zum Begriff der Verwechslungsgefahr darstellt, sondern nur dessen Umfang genauer bestimmen soll. Der Markenschutz erstreckt sich daher nicht auf eine *rein assoziative gedankliche Verbindung*, die nicht zugleich eine Verwechslungsgefahr begründet.[212]

---

206 Vgl. BGH, WRP 2010, 381, 383 Tz. 19 = GRUR 2010, 235, 236 – AIDA/AIDU; WRP 1992, 96, 98 = GRUR 1992, 130, 132 – Bally/BALL; BGH, GRUR 1959, 183, 185 – Quick/Glück.
207 EuGH, GRUR 2006, 237, 238 Tz. 20 – PICASSO; s. a. o. Rn. 77.
208 BGH, GRUR 1996, 198, 200 – Springende Raubkatze; GRUR 1974, 467, 468 – Sieben-Schwaben-Motiv.
209 BGH, GRUR 1984, 872, 873 – Wurstmühle.
210 Vgl. BGH, WRP 2004, 909, 914 = GRUR 2004, 594, 597 – Ferrari-Pferd; EuGH, GRUR 1998, 387, 390 – Sabèl/Puma.
211 Vgl. BGH, GRUR 1964, 71, 73 – Personifizierte Kaffeekanne; KG, GRUR-RR, 2003, 325, 326 – Nofretete.
212 EuGH, GRUR 1998, 387, 389 – Sabèl/Puma; BGH, WRP 2004, 1046, 1050 = GRUR 2004, 779, 782 – Zwilling/Zweibrüder; WRP 1998, 1177, 1178 = GRUR 1999, 240, 241 – Stephanskrone I.

(3) Ähnlichkeit zwischen Wortmarken, Bildmarken und
  dreidimensionalen Gestaltungen

Eine *Ähnlichkeit im Sinngehalt* kommt insbesondere auch *zwischen Wort- und Bildmarken* **113**
in Betracht. Eine solche ist gegeben, wenn zwischen dem prägenden Bildbestandteil einer
Bildmarke und dem prägenden Wortbestandteil einer Wortmarke Übereinstimmung im
Sinngehalt besteht. So wurde beispielsweise zwischen dem Bild eines Schlüssels und dem
Wortbestandteil „Schlüssel" einer älteren Widerspruchsmarke Verwechslungsgefahr angenommen, da auch das Bildzeichen in aller Regel mit dem Wort „Schlüssel" benannt werde.[213] Eine Verwechslungsgefahr zwischen einer Bilddarstellung und einer Wortmarke
kommt aber nur dann in Betracht, wenn das Wort die naheliegende ungezwungene und erschöpfende Benennung des Bildes ist.[214]

Für *dreidimensionale Gestaltungen* gilt das Vorstehende wiederum entsprechend. Auch **114**
hier kann ein in der Gestaltung zum Ausdruck kommendes Motiv eine Ähnlichkeit im
Sinngehalt begründen, und zwar sowohl mit einer dreidimensionalen als auch mit einer
zweidimensionalen Wiedergabe desselben Motivs. Auch hier muss die *Motivübereinstim-
mung* aber die *Gefahr von Verwechslungen* begründen; ein reiner Motivschutz kommt nicht
in Betracht. Auch was die Verwechslungsgefahr mit einem Wortzeichen betrifft, ergeben
sich aus einer dreidimensionalen Darstellung des Motivs keine Besonderheiten gegenüber
einer zweidimensionalen Bildmarke. Der Schlüssel in der vorstehend erwähnten BGH-
Entscheidung hätte ebenso gut als dreidimensionale Marke geschützt sein können, ohne
dass dies am Ergebnis etwas geändert hätte.

(4) Farbmarken

Soweit farbige Aufmachungen ein Motiv wiedergeben, gelten wiederum die Ausführungen **115**
zu Bildmarken und dreidimensionalen Gestaltungen entsprechend. Eine Ähnlichkeit im
Sinngehalt kommt aber insbesondere auch zwischen einer Wortmarke und einer abstrakten
Farbmarke in Betracht. Entsprechend den für die Ähnlichkeit zwischen Wort- und Bildmarken dargestellten Grundsätzen stellt die Rechtsprechung hier darauf ab, ob das als Marke eingetragene Wort eine naheliegende, ungezwungene und erschöpfende Benennung der
Farbe ist.[215] Zu berücksichtigen ist aber, dass eine *Farbbezeichnung als Wortmarke* unterscheidungskräftig sein kann, ohne dass deshalb auch der entsprechenden Farbe die Eignung zur Herkunftskennzeichnung zukommt. Es ist somit jeweils gesondert zu prüfen, ob
der Verkehr nicht nur das Wort, sondern gerade auch die *übereinstimmende Bedeutung von
Wort und Farbe* und damit die Farbe selbst als Herkunftshinweis erachtet. Dies gilt insbesondere auch, wenn das Wort aufgrund Verkehrsdurchsetzung eingetragen wurde, da sich
diese Verkehrsdurchsetzung nicht ohne Weiteres auch auf die Farbe erstreckt.[216] Die Fälle,
dass aus einer Wortmarke erfolgreich gegen eine farbige Aufmachung vorgegangen werden kann, dürften danach selten sein.

---

213 BGH, WRP 1999, 1041, 1043 = GRUR 1999, 990, 992 – Schlüssel.
214 BGH, WRP 2006, 92, 95 = GRUR 2006, 60, 63 – cocodrillo; WRP 2006, 227, 233 = GRUR 2006,
  859, 863 – Malteserkreuz; GRUR 1986, 248, 249 – Sporthosen; GRUR 1979, 853, 854 – Lila;
  GRUR 1967, 355, 358 – Rabe.
215 BGH, GRUR 1979, 853, 854 – Lila.
216 Vgl. BGH, GRUR 1979, 853, 854 – Lila.

ee) Ähnlichkeit bei neuen Markenformen

116 Der weite Markenbegriff des § 3 umfasst auch Markenformen, die nicht klanglich oder bildlich in Erscheinung treten wie z. B. *Geruchs-, Geschmacks- oder Tastmarken* (vgl. § 3 Rn. 12). Die Ähnlichkeit beurteilt sich hier zunächst danach, inwieweit ein kollidierendes Zeichen mit der geschützten Marke *im Geruch, Geschmack oder in der haptischen Wirkung übereinstimmt.* Welches Geruchs-, Geschmacks- oder haptisches Empfinden hier vorausgesetzt werden kann, ist aber noch völlig ungeklärt. Wie bei Farbmarken sind die möglichen Geruchs- und Geschmacksnoten bzw. die Möglichkeiten, das haptische Empfinden anzusprechen, vielfältig, die Fähigkeit des Verkehrs, diese Eindrücke aus der Erinnerung heraus zu unterscheiden, aber beschränkt. Anders als bei Farbmarken erscheint die Kennzeichnung von Waren mit einem Geruch oder Geschmack – soweit es sich dabei nicht um ein Beschaffenheitsmerkmal handelt – ungewöhnlich, so dass diesen Marken ohne Weiteres eine hohe *originäre Unterscheidungskraft* und damit auch ein entsprechend weiter Schutzumfang gegen die Verwendung *ähnlicher Geruchs- bzw. Geschmacksnoten* zukommen kann. Auch bei diesen Marken kommt eine *Ähnlichkeit im Sinngehalt* in Betracht, wenn etwa einer für Tennisbälle eingetragenen Geruchsmarke, die mit „Der Duft von frisch geschnittenem Gras" beschrieben wurde,[217] ein entsprechendes Wortzeichen gegenüberstünde.[218] Auch bei Geschmacksmarken erscheint eine Kollision zwischen einer geschützten Geschmacksnote und ihrer verbalen Beschreibung denkbar. Zum Schutzumfang dieser neuen Markenformen, bei denen noch ungeklärt ist, ob sie je praktische Relevanz erlangen werden, gibt es freilich noch keine Rechtsprechung.

ff) Kombinationsmarken

117 *Kombinationsmarken* begegnen dem Verkehr in unterschiedlichen Erscheinungsformen. So kann sich eine Marke innerhalb einer Markenform aus mehreren Bestandteilen zusammensetzen, also z. B. eine *Wortmarke aus mehreren Wortbestandteilen* oder eine *Bildmarke aus mehreren Bildbestandteilen*; es gibt aber auch Mischformen, wie insbesondere die *Wort-/Bildmarke*, die sich aus *Wort- und Bildbestandteilen* zusammensetzt, *dreidimensionale Marken mit Wortbestandteilen* oder auch andere Kombinationen wie z. B. eine Kombination von *Wort- und Klangbestandteilen* oder die Kombination von *Wort- und/oder Bildbestandteilen mit abstrakten Farbmerkmalen.* In diesen Fällen stellt sich zunächst die Frage, ob es sich wirklich um eine aus mehreren Bestandteilen *zusammengesetzte Kennzeichnung* handelt oder um *mehrere selbstständige Kennzeichnungen.* Und zwar stellt sich diese Frage vor allem, wenn die kollidierende Bezeichnung mehrere Bestandteile aufweist, und bei einer älteren Benutzungsmarke. Bei eingetragenen Marken bestimmt zwar die Eintragung den Schutzgegenstand; auch dies schließt es aber nicht aus, dass einzelne Bestandteile der eingetragenen Marke als Benutzungsmarke selbstständigen Schutz erlangen. Zu prüfen ist dabei stets, ob der Verkehr einzelnen Bestandteilen der sich gegenüberstehenden Kennzeichnungen eine *selbstständig kennzeichnende Funktion* beimisst.[219] Stehen sich selbstständige Kennzeichnungen gegenüber, kann sich die Prüfung der Verwechslungsge-

---

217 Vgl. HABM, MarkenR 1999, 142 – The smell of fresh cut grass.
218 Vgl. a. *Viefhues*, MarkenR 1999, 249, 253.
219 Vgl. BGH, WRP 2004, 1281, 1283 = GRUR 2004, 865, 866 – Mustang; WRP 2001, 1315, 1317 = GRUR 2002, 171, 174 – Marlboro-Dach; vgl. a. BGH, WRP 2005, 616, 619 = GRUR 2005, 427, 429 – Lila-Schokolade.

fahr auf diese beschränken. In allen anderen Fällen stellt sich dagegen das Problem, ob eine Verwechslungsgefahr bereits dann angenommen werden kann, wenn zwei Zeichen nur in einem der mehreren Bestandteile übereinstimmen, wobei drei Fallgestaltungen in Betracht kommen: (1) Die *geschützte Marke* weist *nur einen Bestandteil* auf, der in dem kollidierenden Zeichen neben anderen Bestandteilen in identischer oder ähnlicher Form enthalten ist; (2) das *kollidierende Zeichen* weist *nur einen Bestandteil* auf, der in der geschützten mehrgliedrigen Marke enthalten ist; (3) es stehen sich *zwei mehrgliedrige Zeichen* gegenüber, die in jeweils einem Bestandteil miteinander übereinstimmen.

Nach ständiger Rechtsprechung ist in all diesen Fällen bei der Beurteilung der Verwechslungsgefahr auf den *Gesamteindruck* der einander gegenüberstehenden Zeichen abzustellen. Dabei kommt es nicht darauf an, welches Zeichen *prioritätsälter* ist. Es ist also nicht zulässig, ein Element aus einer geschützten Gesamtbezeichnung herauszugreifen und dieses allein mit einem anderen Zeichen auf seine Identität oder Ähnlichkeit zu prüfen, und es ist gleichermaßen nicht zulässig, aus der angegriffenen Bezeichnung ein Element herauszulösen und dessen Übereinstimmung mit der geschützten Marke festzustellen. Dies beruht auf der Erwägung, dass der markenrechtliche Schutz von der *eingetragenen Gestaltung der Marke* auszugehen hat und eine Ähnlichkeit der Marke mit einem angegriffenen Zeichen nur in Bezug auf die *konkrete Form*, in der dieses verwendet wird, festgestellt werden kann.[220] Soweit es in der älteren Rechtsprechung in seltenen Ausnahmefällen für möglich erachtet wurde, glatt beschreibende Zeichenteile *abzuspalten* und bei der Beurteilung der Verwechslungsgefahr außer Betracht zu lassen,[221] dürfte diese Rechtsprechung überholt sein. Eine solche Betrachtungsweise wurde in der Rechtsprechung zuletzt regelmäßig abgelehnt.[222]

118

Der Gesamteindruck ist insbesondere auch in den Fällen maßgeblich, in denen eine *prioritätsältere* Marke *vollständig* in ein weitere Bestandteile enthaltendes kollidierendes Zeichen übernommen wurde.[223] Dies wurde in der Literatur zum Teil unter Hinweis darauf kritisiert, dass das ausschließliche Recht des Markeninhabers unangemessen verkürzt werde, wenn es Dritten gestattet wäre, die Marke als Baustein in ein anderes Zeichen zu übernehmen, sofern nur noch weitere Bestandteile hinzugefügt werden. Dieser Fall sei daher aus Rechtsgründen und ohne Rücksicht auf das Bestehen einer Verwechslungsgefahr als Markenverletzung anzusehen.[224] Der BGH begründete seine Auffassung demgegenüber damit, dass dem Verkehr, auf dessen Sicht es für die Beurteilung der Verwechslungsgefahr allein

119

---

220 Vgl. z.B. BGH, WRP 2000, 173, 174 = GRUR 2000, 233, 234 – RAUSCH/ELFI RAUCH; WRP 1999, 662, 663 = GRUR 1999, 583, 584 – LORA DI RECOARO; WRP 1997, 571 = GRUR 1996, 977 – DRANO/P3-drano; WRP 1997, 567, 569 = GRUR 1996, 406, 407 – JUWEL; WRP 1997, 448 = GRUR 1996, 200 – Innovadiclophlont; GRUR 1996, 198, 199 – Springende Raubkatze; ebenso EuGH, GRUR 1998, 387, 390 Tz. 23 – Sabèl/Puma; zum WZG vgl. BGH, GRUR 1991, 319, 320 – HURRICANE; GRUR 1989, 264, 265 – REYNOLDS R1/EREINTZ; GRUR 1989, 425, 427 – Herzsymbol.

221 Vgl. BPatGE 10, 93 – EXTRAVERAL, verwechselbar mit Verla.

222 Vgl. insbesondere BGH, WRP 1997, 448, 449 = GRUR 1996, 200, 201 – Innovadiclophlont.

223 Vgl. BGH, WRP 1997, 569, 570 = GRUR 1996, 777, 778 – Joy; WRP 1996, 739 = GRUR 1996, 404 – Blendax Pep; WRP 1997, 567 = GRUR 1996, 406 – JUWEL.

224 *Tillmann*, GRUR 1996, 702, 703; *Ingerl/Rohnke*, 2. Aufl., § 14 Rn. 709; für eine Berücksichtigung der Prioritätslage auch *Fezer*, 3. Aufl., § 14 Rn. 206; OLG Düsseldorf, GRUR-RR 2004, 322 – THOMSON LIFE.

ankomme, die Prioritätslage i. d. R. unbekannt sei.[225] Nach jüngerer, vom EuGH geprägter Rechtsprechung kommt in diesen Fällen aber eine Verwechslungsgefahr in Betracht, wenn die ältere Marke in einem jüngeren Kombinationszeichen eine *selbstständig kennzeichnende Stellung* behält.[226]

120   Der Grundsatz, wonach stets auf den Gesamteindruck der einander gegenüberstehenden Zeichen abzustellen sei, besagt indessen nicht, dass nicht einem einzelnen Bestandteil eine besondere, *das Gesamtzeichen prägende Kennzeichnungskraft* zukommen *kann*, so dass bei einer Übereinstimmung zweier Zeichen in diesem prägenden Bestandteil eine Verwechslungsgefahr zwischen den so geprägten Gesamtzeichen in Betracht kommt. Diese *„Prägetheorie"* gilt sowohl für den Fall, dass der Gesamteindruck der prioritätsälteren Marke durch einen Bestandteil besonders geprägt wird, als auch für den Fall, dass in dem kollidierenden Zeichen ein Bestandteil den Gesamteindruck prägt.[227]

121   Zur Frage der prägenden Wirkung einzelner Bestandteile in mehrgliedrigen Zeichen gibt es eine umfangreiche, stark einzelfallbetonte Rechtsprechung, aus der sich freilich folgende Grundregeln ableiten lassen:

(1) Mehrwortzeichen

122   Um eine *Mehrwortmarke* handelt es sich nur, wenn sich die Marke aus mehreren selbstständigen Worten zusammensetzt. Bilden dagegen zwei Worte einen *sprachüblichen Gesamtbegriff* mit einem eigenständigen Bedeutungsgehalt, verbietet es sich, ein solches Markenwort in seine Bestandteile zu zerlegen. In diesen Fällen kann der Beurteilung der Verwechslungsgefahr nur der Gesamtbegriff zugrunde gelegt werden.[228]

123   Bei Mehrwortzeichen spielt dagegen zunächst die *originäre Unterscheidungskraft* der Zeichenbestandteile eine entscheidende Rolle. Besteht ein Zeichen aus Wortbestandteilen, die *gleichermaßen unterscheidungskräftig* sind oder eine gleichermaßen geringe Unterscheidungskraft aufweisen, ist *ein Bestandteil allein nicht geeignet, den Gesamteindruck des Kombinationszeichens zu prägen.* Besteht eine Zeichenähnlichkeit daher nur hinsichtlich eines Bestandteils, ist eine Verwechslungsgefahr regelmäßig nicht gegeben. Dabei ist es wiederum gleichgültig, ob sich die prioritätsältere Marke oder das kollidierende jüngere Zeichen aus solchen gleichgewichtigen Elementen zusammensetzt. So wurde die Verwechslungsgefahr z. B. verneint zwischen der prioritätsälteren, für Druck- und Verlagswerke eingetragenen Marke „Kompass" und dem jüngeren, ebenfalls für ein Verlagserzeugnis benutzten Zeichen „BranchenKompass";[229] ebenso zwischen der älteren Marke

---

225 BGH, GRUR 1999, 198, 199 – Springende Raubkatze.
226 EuGH, MarkenR 2005, 438 –THOMSON LIFE; BGH, WRP 2006, 227 = GRUR 2006, 859 – Malteserkreuz, s. dazu u. Rn. 133.
227 Vgl. BGH, GRUR 1999, 198, 199 – Springende Raubkatze; GRUR 1986, 72, 73 – Tabacco d'Harar; GRUR 1989, 425, 427 – Herzsymbol.
228 Vgl. BGH, WRP 2009, 616, 620 = GRUR 2009, 484, 487 – Metrobus; GRUR 1999, 586, 587 – White Lion; WRP 1998, 868, 870 = GRUR 1998, 932, 933 – MEISTERBRAND; BPatG, GRUR 2002, 438, 440 – WISCHMAX/Max.
229 OLG Frankfurt, GRUR-RR 2003, 69 – BranchenKompass.

Schweyer

„SALMI" und dem jüngeren Zeichen „Sali Toft"[230] und zwischen der prioritätsälteren Marke „JOY" und dem jüngeren Zeichen „Foot-Joy"[231].

Setzt sich dagegen ein Zeichen aus *einem unterscheidungskräftigen Bestandteil* und *weiteren nicht unterscheidungskräftigen Bestandteilen* zusammen, kommt dem *unterscheidungskräftigen Bestandteil* regelmäßig *eine das Gesamtzeichen prägende Bedeutung* zu. Daher wurde eine Verwechslungsgefahr in Betracht gezogen zwischen der prioritätsälteren Marke „Alpi" und dem kollidierenden Zeichen „Alba Moda", da der Verkehr in dem Bestandteil „Moda" den beschreibenden Begriff „Mode" erkenne, weshalb der Gesamteindruck der Bezeichnung „Alba Moda" maßgeblich durch den Bestandteil „Alba" geprägt werde.[232] Eine Verwechslungsgefahr zwischen der Marke „Alpi" und dem durch den Bestandteil „Alba" geprägten Gesamtzeichen „Alba Moda" wurde jedoch nur für den Fall angenommen, dass der Marke „Alpi" eine durch Benutzung gesteigerte Kennzeichnungskraft zukomme. In derselben Entscheidung wurde allerdings – auch bei unterstellter durchschnittlicher Kennzeichnungskraft – eine Verwechslungsgefahr zwischen der Marke „Alpi" und der Bezeichnung „Alba Modelle" angenommen, weil das Wort „Modelle" in der angegriffenen Gesamtbezeichnung nicht als *Markenbestandteil*, sondern als bloßer Sachhinweis erscheine.[233] Es ist somit bei beschreibenden Bestandteilen in verletzenden Bezeichnungen zunächst zu prüfen, ob diese überhaupt Bestandteil eines Kombinationszeichens sind oder ob es sich um *zusätzliche warenbeschreibende Angaben neben der eigentlichen Kennzeichnung* handelt. Zur Anwendung der „Prägetheorie" gelangt man nur, wenn der beschreibende Zusatz Markenbestandteil ist, wie dies für das Wort „Moda" in der Gesamtbezeichnung „Alba Moda" angenommen wurde (vgl. o. Rn. 117).

124

Die Prägetheorie besagt, dass bereits Übereinstimmungen in den prägenden Bestandteilen zweier sich gegenüberstehender Zeichen eine Verwechslungsgefahr begründen können. Dies besagt aber nicht, dass *Übereinstimmungen in nichtprägenden Bestandteilen* bei der Bestimmung des Gesamteindrucks überhaupt nicht zu berücksichtigen wären. Solche Übereinstimmungen können vielmehr mit zur Ähnlichkeit oder Unterscheidbarkeit der Zeichen beitragen und in Grenzfällen den Ausschlag für die Annahme oder Ablehnung einer Verwechslungsgefahr geben.[234]

125

Neben der originären Unterscheidungskraft kommt auch einer *durch Benutzung gesteigerten Kennzeichnungskraft* eines Zeichenbestandteils Bedeutung für die Frage zu, ob dieser Bestandteil den Gesamteindruck des Zeichens prägt. Dies folgt schon daraus, dass einem Zeichen, dem eine besondere Kennzeichnungskraft zukommt, von Rechts wegen ein *erweiterter sachlicher Schutzumfang* zuzubilligen ist (s. u. Rn. 142). Dabei wirkt sich die gesteigerte Kennzeichnungskraft einer älteren Marke auch auf die Beurteilung eines kollidierenden Zeichens aus, in dem diese Marke als Bestandteil enthalten ist, und führt dazu, dass

126

---

230 BGH, WRP 1996, 903, 904 = GRUR 1996, 775, 776 – Sali Toft.
231 BGH, WRP 1997, 569, 570 = GRUR 1996, 777, 778 – JOY. Aus der älteren Rechtsprechung fallen in diese Kategorie die Entscheidungen BGH, GRUR 1991, 319 – HURRICANE; GRUR 1986, 72 – Tabacco d'Harar; GRUR 1983, 768 – Capri-Sonne; GRUR 1976, 353 – COLORBOY.
232 BGH, GRUR 1990, 367, 370 – Alpi/Alba Moda.
233 BGH, a. a. O., S. 368.
234 Vgl. BGH, WRP 2009, 971, 974 Tz. 32 = GRUR 2009, 772, 774 – Augsburger Puppenkiste; WRP 2009, 1533, 1536 Tz. 30 = GRUR 2009, 1055, 1057 – airdsl; WRP 2005, 341, 342 = GRUR 2005, 326, 327 – il Padrone/Il Portone; WRP 2004, 1043, 1045 = GRUR 2004, 783, 785 – NEURO-VI-BOLEX/NEURO-FIBRAFLEX.

der Verkehr diesem Bestandteil auch in dem kollidierenden Zeichen einen Herkunftshinweis entnimmt. So wurde bei unterstellter erhöhter Kennzeichnungskraft der Marke „City Plus" der Deutschen Telekom AG eine Verwechslungsgefahr mit dem jüngeren Zeichen „D2-BestCityPlus" angenommen, und zwar unter Berücksichtigung des Umstands, dass den weiteren Zeichenbestandteilen „D2" als Herstellerangabe und „Best" als rein beschreibender Angabe keine prägende Wirkung in dem zusammengesetzten Zeichen zukam.[235] In der älteren Entscheidung „Tabacco d'Harar" hatte der BGH dagegen noch entschieden, dass der Umstand, dass die Marke „Tabac" als durchgesetztes Zeichen zur Eintragung gelangt war und ihr daher mindestens durchschnittliche Kennzeichnungskraft zuzubilligen war, nicht dazu führe, dass dem Bestandteil „Tabacco" in dem kollidierenden Zeichen „Tabacco d'Harar" prägende Bedeutung zukomme. In dieser Gesamtbezeichnung erscheine der Bestandteil „Tabacco" vielmehr nur als beschreibender Hinweis auf eine Duftnote.[236]

127 Bei *Eigennamen* ging die Rechtsprechung früher von einem *Erfahrungssatz* aus, dass der *Nachname* den Gesamteindruck eher präge als der Vorname. Bejaht wurde die Verwechslungsgefahr daher zwischen „Umberto Rosso" und „Rossi",[237] während sie zwischen „Vittorio Rossi" und „Vittorio" verneint wurde.[238] Von diesem Erfahrungssatz ist die Rechtsprechung *abgerückt*. So wurde zunächst entschieden, dass bei *ausgefallenen Vornamen*, insbesondere i.V.m. alltäglichen Nachnamen, etwas anderes gelten könne.[239] Es ist aber vor allem auch zu berücksichtigen, inwieweit es auf dem betreffenden Warengebiet *üblich* ist, *Eigennamen auf den Nachnamen zu verkürzen*.[240] Insoweit hat der BGH den Erfahrungssatz formuliert, dass der Verkehr, *soweit er auf einem bestimmten Warengebiet daran gewöhnt ist, dass Kennzeichen aus einem vollständigen, Vor- und Familiennamen umfassenden Namen bestehen*, die Marke so verstehe, wie sie ihm entgegentritt, d.h. einschließlich des Vornamens.[241] Der BGH ist in dieser Entscheidung auch von dem bisher geltenden Grundsatz abgerückt, wonach ein Vorname jeglicher Unterscheidungskraft entbehre, wenn die mit dem aus Vor- und Zunamen gebildeten Zeichen zu vergleichende Kennzeichnung ihrerseits lediglich aus einem Familiennamen besteht und deshalb vom Verkehr angenommen werden kann, dass der Träger des allein stehenden Familiennamens gerade diesen Vornamen hat.[242] Die Feststellung, ob der angesprochene Verkehr einem einzelnen Bestandteil einer Kombinationsmarke eine deren Gesamteindruck prägende Wirkung beimisst, sei allein *anhand der Gestaltung der Marke selbst* zu treffen; auf die Frage, wie das kollidierende Zeichen gestaltet ist, komme es dabei grundsätzlich nicht an.[243] Danach ist auf den Warengebieten, auf denen die Kennzeichnung mit Vor- und Nachnamen üblich ist – in den bisher ergangenen Entscheidungen wurde dies für den Bereich der *Mode* und der *Kosmetik*

---

235 BGH, WRP 2003, 1228, 1230 = GRUR 2003, 880, 881 – City Plus; ebenso BGH, WRP 2007, 1193, 1196 = MarkenR 2007, 390, 392 – Euro Telekom; vgl. dazu a. *Thalmaier/Bingener*, MarkenR 2009, 146.
236 BGH, GRUR 1986, 72, 74 – Tabacco d'Harar.
237 BGH, GRUR 1961, 628, 630 – Umberto Rosso.
238 BPatG, Mitt. 1985, 174.
239 Vgl. BGH, WRP 1991, 477, 480 = GRUR 1991, 475, 477 – Caren Pfleger; BPatG, GRUR 1996, 496, 498 – PARK/Jean Barth.
240 BGH, WRP 1999, 192, 196 = GRUR 1999, 241, 244 – Lions.
241 BGH, WRP 2000, 173, 175 = GRUR 2000, 233, 234 – RAUSCH/ELFI RAUCH.
242 BGH, WRP 1991, 477, 480 = GRUR 1991, 475, 477 – Caren Pfleger.
243 BGH, WRP 2000, 173, 176 = GRUR 2000, 233, 235 – RAUSCH/ELFI RAUCH; BGH, GRUR 2000, 895, 896 – EWING.

angenommen –, jetzt regelmäßig davon auszugehen, dass ein dem übereinstimmenden Nachnamen hinzugefügter Vorname genügt, um eine Verwechslungsgefahr mit der älteren, nur den Nachnamen enthaltenden Marke auszuschließen.[244] In jüngster Zeit stellt der BGH im *Regelfall* auf den *vollständigen Namen* ab und bejaht eine Prägung der Gesamtbezeichnung durch den Nachnamen nur noch im begründeten Ausnahmefall. Eine Annahme, dass der Verkehr den vollständigen Namen verkürzt nur mit dem Nachnamen wiedergeben könnte, erscheint danach nur gerechtfertigt, wenn dafür *konkrete Anhaltspunkte* gegeben sind.[245] Gegen eine solche Annahme kann insbesondere eine den Zusammenhang von Vor- und Nachnamen hervorhebende *grafische Gestaltung* der eingetragenen Marke sprechen.[246] Umgekehrt kann eine grafische Gestaltung, bei der der Vorname in den Hintergrund tritt, im Einzelfall die Annahme rechtfertigen, dass der Gesamteindruck der Marke durch den Nachnamen geprägt wird. Entsprechendes gilt, wenn der Nachname *ungewöhnlich* erscheint oder wenn es sich um einen sehr *bekannten* Namen handelt. So kann sich insbesondere auch aus einer *gesteigerten Kennzeichnungskraft* der nur aus dem Nachnamen gebildeten älteren Marke ergeben, dass dieser Nachname auch in der jüngeren Marke den Gesamteindruck prägt.[247] Die europäische Rechtsprechung hielt bisher daran fest, dass der Nachname den Gesamteindruck einer aus Vor- und Nachnamen gebildeten Marke prägt, allerdings immer unter Berücksichtigung der Verkehrsauffassung in den betreffenden Ländern.[248]

Einen weiteren Hauptanwendungsfall der Rechtsprechung zu unterschiedlich prägenden Zeichenbestandteilen bilden die Fälle, in denen ein Zeichenbestandteil den Hersteller bezeichnet. Hier gilt der Grundsatz, dass eine dem Verkehr *bekannte oder als solche erkennbare Herstellerangabe* in einem Gesamtzeichen weitgehend in den Hintergrund tritt, weil der Verkehr die Waren meist *nicht nach dem Namen des Herstellers* unterscheidet, sondern seine Aufmerksamkeit auf die *sonstigen produktbezogenen Zeichenbestandteile* richtet.[249] „Blendax Pep" wurde daher für verwechselbar erachtet mit einer prioritätsälteren Marke „PEP"[250], „NSU-Fox" mit „Auto-Fox"[251], da der Gesamteindruck beider Zeichen durch den Bestandteil „Fox" geprägt wurde und „MERCOL" mit der prioritätsälteren Marke „Esso-Marcol"[252]. In der Entscheidung *ALKA-SELTZER* standen sich die ältere Marke „ALKA-SELTZER" und das jüngere Zeichen „Togal-Seltzer" gegenüber. Auch hier wurde angenommen, dass in der Bezeichnung „Togal-Seltzer" der Bestandteil „Togal" als erkennbare Herstellerangabe zurücktrete und der Gesamteindruck dieses Zeichens durch den Bestand-

128

---

244 So BPatG, in dem auf die Zurückverweisung ergangenen Beschluss RAUSCH/ELFI RAUCH vom 21.3.2000 – 24 W (pat) 61/95; ebenso BPatG, Beschl. v. 8.2.2000 – 24 W (pat) 121/98 – FAI-RAL/Chris Farrell.
245 BGH, WRP 2000, 1155, 1157 = GRUR 2000, 1031, 1032 – Carl Link.
246 BGH, a. a. O.
247 Vgl. BGH, WRP 2005, 744, 745 = GRUR 2005, 513, 514 – MEY/Ella May.
248 Vgl. z. B. EuG, GRUR Int. 2005, 499 Tz. 53 ff. – Vincenzo Fusco ./. HABM; GRUR Int. 2005, 846 Tz. 75 – Julián Murúa Entrena ./. HABM; GRUR Int. 2009, 603 Tz. 35, 37 – Harman International Industries ./. HABM (Barbara Becker); stärker differenzierend jetzt EuGH, MarkenR 2010, 315 – Barbara Becker.
249 BGH, WRP 1998, 990 = GRUR 1998, 942 – Alka-Seltzer; WRP 1996, 739, 740 = GRUR 1996, 404, 405 – Blendax Pep; BPatG, GRUR 2000, 1052, 1056 – Rhoda-Hexan/Sota-Hexal; zum WZG grundlegend BGH, GRUR 1954, 123, 124 – NSU-Fox; GRUR 1977, 218, 219 – MERCOL.
250 BGH, WRP 1996, 739, 740 = GRUR 1996, 404, 405 – Blendax Pep.
251 BGH, GRUR 1954, 123, 124 – NSU-Fox.
252 BGH, GRUR 1977, 218, 219 – MERCOL.

teil „Seltzer" geprägt werde. Da aber in der prioritätsälteren Marke „ALKA-SELTZER" das Wort „ALKA" einen unterscheidungskräftigen und den Gesamteindruck mitprägenden Bestandteil bildete, wurde eine Verwechslungsgefahr im Ergebnis verneint.[253] Sind freilich die Gesamtbegriffe insgesamt miteinander verwechselbar, führt der Umstand, dass die Übereinstimmung auch auf einer den Gesamteindruck nicht mitprägenden Herstellerangabe in einem Zeichen beruht, nicht dazu, dass die Verwechslungsgefahr deshalb zu verneinen wäre.[254]

129   Der Grundsatz, dass eine dem Verkehr *erkennbare Herstellerangabe* den Gesamteindruck eines Zeichens regelmäßig nicht prägt, *gilt entsprechend für bekannte Stammbestandteile von Serienzeichen.* Bereits in der Entscheidung *Blendax Pep* findet sich ein Hinweis, dass es unerheblich sei, dass dem Verkehr „Blendax" nicht nur als Herstellername, sondern auch als Warenzeichen bekannt sei. Die Bekanntheit des Herstellernamens und dessen in der Sicht des Verkehrs relativierte Bedeutung als prägendes Unterscheidungsmerkmal eines Gesamtzeichens werde nämlich nicht dadurch in Frage gestellt, dass der Herstellername wiederholt zur Bildung von Gesamtzeichen herangezogen wird.[255] In der kurz darauf ergangenen Entscheidung *DRANO/P3-drano* wurde die Verwechslungsgefahr zwischen den sich gegenüberstehenden Bezeichnungen dann unter anderem damit begründet, dass es sich bei dem Bestandteil „P3" um ein für die Markeninhaberin durchgesetztes und als Stammbestandteil für eine Vielzahl von Zeichen verwendetes Element handelte, welches – wie eine bekannte Firmenbezeichnung – für den Verkehr die Annahme nahelege, die Zeicheninhaberin verwende ihn zusammen mit produktbezogenen Sortennamen. Aus diesem Grund wurde dem anderen Bestandteil „drano" eine das Gesamtzeichen prägende Bedeutung zuerkannt.[256]

130   Wichtig ist, dass der vorgenannte Grundsatz, wonach eine Herstellerangabe oder ein Stammbestandteil von Serienzeichen in einer Gesamtbezeichnung regelmäßig zurücktritt und keine prägende Wirkung entfaltet, nur gilt, wenn es sich für den Verkehr *erkennbar um ein solches Element* handelt.[257] So wurde der Widerspruch aus der Marke „Compo-Sana" gegen die jüngere Bezeichnung „Tresana" zurückgewiesen, weil in dem prioritätsälteren Zeichen der Bestandteil „Compo" weder als Herstellerangabe *erkennbar* war, noch für den Verkehr Veranlassung bestand, darin einen Stammbestandteil einer Zeichenserie zu sehen.[258] Insbesondere bei einer Herstellerangabe ist es allerdings nicht erforderlich, dass sie dem Verkehr bereits bekannt ist; die Erkennbarkeit kann sich im Einzelfall auch aus anderen Umständen – z. B. der auf eine Unternehmensbezeichnung hinweisenden Art der Markenbildung – ergeben.[259]

131   Der Grundsatz, dass eine Herstellerangabe in einem mehrgliedrigen Zeichen keine prägende Wirkung entfaltet, erfährt auch dann eine *Durchbrechung,* wenn die weiteren Zeichenbestandteile nur eine *geringe Unterscheidungskraft* aufweisen. So wurde in den Entschei-

---

253 BGH, WRP 1998, 990 = GRUR 1998, 942 – ALKA-SELTZER.
254 BPatG, GRUR 2000, 1052, 1056 – Rhoda-Hexan/Sota-Hexal.
255 BGH, WRP 1996, 739, 741 = GRUR 1996, 404, 406 – Blendax Pep.
256 BGH, WRP 1997, 571 = GRUR 1996, 977 – DRANO/P3-drano.
257 Vgl. BGH, GRUR 1996, 198, 200 – Springende Raubkatze; WRP 1999, 662, 664 = GRUR 1999, 583, 585 – LORA DI RECOARO.
258 BGH, WRP 1998, 872, 874 = GRUR 1998, 927, 929 – COMPO-SANA.
259 BGH, WRP 1999, 662, 664 = GRUR 1999, 583, 585 – LORA DI RECOARO; vgl. a. *Ströbele/ Hacker,* § 9 Rn. 316.

Schweyer

dungen *REYNOLDS R1/EREINTZ* und *Roth-Händle-Kentucky/Cenduggy* jeweils die Verwechslungsgefahr verneint, weil die Firmenbezeichnungen hier durch ihre Voranstellung und Verbindung mit freihaltebedürftigen Angaben dem Verkehr als für die Herkunftsunterscheidung jedenfalls auch wesentliche Bestandteile nahe gebracht würden.[260]

Schließlich sollen für die Frage, ob der Herstellerangabe in einem Kombinationszeichen eine Herkunftshinweisfunktion zukommt und sie daher den Gesamteindruck des Zeichens mitprägt, die *Bezeichnungsgewohnheiten auf dem jeweiligen Warengebiet* zu berücksichtigen sein. So wird insbesondere auf dem Gebiet der *Mode* angenommen, dass der Verkehr daran gewöhnt sei, dass in Marken häufig ein Hinweis auf den Modeschöpfer oder das gleichnamige Unternehmen enthalten sei, weshalb der Herstellerangabe in Modebezeichnungen eine herkunftsbezeichnende Funktion nicht abgesprochen werden könne.[261] Auch beim *Bier* und in der *Unterhaltungselektronik* orientiert sich der Verkehr zur Produktunterscheidung auch an der Herstellerangabe, so dass diese den Gesamteindruck eines zusammengesetzten Zeichens zumindest mitprägt.[262] In jüngerer Zeit betont der BGH den Gesichtspunkt, dass die hier behandelten Erfahrungssätze nicht besagten, dass nicht die stets erforderliche Berücksichtigung aller *Umstände des Einzelfalls* zu einem von dem Erfahrungssatz abweichenden Ergebnis führen könne. So wurde eine unmittelbare Verwechslungsgefahr zwischen den für identische Waren eingetragenen Marken „Panto" und „Pantohexal" verneint, obgleich Hexal erkennbar den Hersteller bezeichnete. Da der Markenbestandteil „Panto" in Fachkreisen als Abkürzung für Pantoprazol verstanden wurde, trat die Herstellerangabe in der Gesamtbezeichnung nicht völlig zurück.[263]

132

Die Prägetheorie, wie sie in der Rechtsprechung bisher entwickelt wurde, lässt die Prioritätslage unberücksichtigt (s.o. Rn. 119). Dies führt zu unbefriedigenden Ergebnissen, wenn eine ältere Marke in einem jüngeren Zeichen vollständig enthalten ist und ihr lediglich ein weiterer Bestandteil hinzugefügt wurde. Wenn dieser weitere Bestandteil den Gesamteindruck mitprägt, wie z.B. eine Herstellerangabe in den oben genannten Branchen, in denen sich der Verkehr auch daran orientiert, scheidet nach der Prägetheorie eine Verwechslungsgefahr aus, und die ältere Marke wäre schutzlos der Usurpation ausgesetzt. Das OLG Düsseldorf hat daher dem EuGH die Frage vorgelegt, ob eine Verwechslungsgefahr i.S.v. Art. 5 Abs. 1b) Markenrechtsrichtlinie auch dann bestehen kann, wenn ein jüngeres Zeichen durch die Aneinanderreihung der Unternehmensbezeichnung eines Dritten zum einen und einer normal kennzeichnungskräftigen eingetragenen Marke zum anderen gebildet wird, und Letztere in dem zusammengesetzten Zeichen, ohne allein seinen Gesamteindruck zu prägen, eine selbstständig kennzeichnende Stellung behält.[264] Der EuGH hat diese Frage bejaht.[265] Der Bundesgerichtshof folgt dieser Entscheidung, ohne deshalb die Präge-

133

---

260 BGH, GRUR 1989, 264, 265 – REYNOLDS R1/EREINTZ; BGH, GRUR 1989, 349, 350 – ROTH-HÄNDLE-KENTUCKY/Cenduggy; vgl. a. BGH, GRUR 1970, 552, 553 – Felina-Britta.

261 BGH, WRP 1997, 567, 568 = GRUR 1996, 406, 407 – JUWEL; vgl. a. BGH, GRUR 1996, 774, 745 – falke-run/LE RUN.

262 Vgl. BGH, WRP 2001, 1320, 1324 = GRUR 2002,167, 169 – Bit/Bud; OLG Düsseldorf, GRUR-RR 2004, 322, 323 – THOMSON LIFE; BPatG, GRUR 2003, 64, 66 – T-Flexitel/Flexitel; GRUR 2003, 70, 73 – T-INNOVA/Innova.

263 BGH, WRP 2008, 1349, 1351 Tz. 27 = GRUR 2008, 2008, 905, 907 – Pantohexal; vgl. a. BGH, WRP 2008, 232, 234 Tz. 27 = GRUR 2008, 258, 260 – INTERCONNECT/T-InterConnect; WRP 2002, 326, 329 = GRUR 2002, 342, 344 – ASTRA/ESTRA-PUREN.

264 OLG Düsseldorf, GRUR-RR 2004, 322, 323 – THOMSON LIFE.

265 EuGH, MarkenR 2005, 438 – THOMSON LIFE.

theorie zu verwerfen. Vielmehr ist jetzt bei Kombinationsmarken stets zusätzlich zu prüfen, ob ein mit einer älteren Marke identischer oder ähnlicher Bestandteil in einem diesen beinhaltenden jüngeren Zeichen eine selbstständig kennzeichnende Stellung behält, und zwar auch dann, wenn der Gesamteindruck des zusammengesetzten jüngeren Zeichens durch den anderen Bestandteil dominiert oder geprägt wird. In diesem Fall überlagert also der dem älteren Zeichen zuzubilligende Schutz die diesen bisher vernachlässigende Prägetheorie.[266] Eine selbstständig kennzeichnende Stellung behält eine in eine Gesamtbezeichnung übernommene Marke insbesondere dann, wenn ihr lediglich eine Unternehmensbezeichnung (so in der Entscheidung THOMSON LIFE), ein Stammbestandteil von Serienzeichen[267] oder ein erkennbar an eine Unternehmensbezeichnung angelehnter Begriff[268] hinzugefügt wird. Der EuGH hat allerdings jüngst entschieden, dass die Beurteilung jeweils dem Einzelfall vorbehalten bleiben muss, und er hat nicht von vornherein ausgeschlossen, dass ein Nachname eine selbstständig kennzeichnende Stellung behält, wenn ihm lediglich ein Vorname hinzugefügt wird.[269] Auch ein *prägender Bestandteil* einer älteren Marke kann in einer jüngeren Kombinationsmarke eine selbstständig kennzeichnende Stellung behalten (s. o. Fn. 267). Prägt der übernommene Bestandteil die ältere Marke dagegen nicht, kann ohne Hinzutreten besonderer Umstände nicht davon ausgegangen werden, dieser Bestandteil habe in der jüngeren Marke auch ohne dies zu prägen, eine selbstständig kennzeichnende Stellung.[270] Was die Verwechslungsgefahr betrifft, bleibt es auch der Beurteilung des Einzelfalls überlassen, ob in diesen Fällen eine *unmittelbare Verwechslungsgefahr* angenommen wird (so im Fall „Malteserkreuz"[271]) oder eine *Verwechslungsgefahr im weiteren Sinn* (s. dazu Rn. 175 ff. – so in den jüngeren Fällen „INTERCONNECT/T-InterConnect"[272] und „Pantohexal"[273]). Die ältere Marke verliert ihre selbstständig kennzeichnende Stellung aber dann, wenn sie in der jüngeren Marke zu einem Gesamtbegriff verschmolzen wird.[274] Das gilt – insoweit abgrenzend zu dem „Thomson Life"-Fall und zu der vorerwähnten Entscheidung „Pantohexal" – auch dann, wenn sie mit einer dem Verkehr *nicht bekannten Herstellerbezeichnung* verbunden wird.[275]

(2) Wort-/Bildzeichen

134   *Wort-/Bildzeichen* weisen die Besonderheit auf, dass bei der mündlichen Wiedergabe allein der Wortbestandteil zum Tragen kommt. Bei der Beurteilung der klanglichen Verwechslungsgefahr entspricht es daher ständiger Rechtsprechung, dass der Verkehr sich bei normaler Kennzeichnungskraft des Wortbestandteils eher an dem Wort- als an dem Bildbestandteil orientiert, der *Wortbestandteil* somit *den Gesamteindruck des Zeichens prägt.*[276]

---

266 BGH, WRP 2006, 1227, 1230 Tz. 21 = GRUR 2006, 859, 861 – Malteserkreuz.
267 Vgl. BGH, WRP 2008, 232 = GRUR 2008, 258 – INTERCONNECT/T-InterConnect.
268 BGH, BeckRS 2011, 29054 – LIFETEC.
269 EuGH, GRUR 2010, 933, Rn. 38 – Barbara Becker.
270 BGH, WRP 2008, 1342, 1345 Tz. 34 = GRUR 2008, 903, 905 – SIERRA ANTGUO.
271 BGH, WRP 2006, 1227, 1230 Tz. 21 = GRUR 2006, 859, 861 – Malteserkreuz.
272 Vgl. BGH, WRP 2008, 232 = GRUR 2008, 258 – INTERCONNECT/T-InterConnect.
273 BGH, WRP 2008, 1349, 1352 Tz. 37 = GRUR 2008, 905, 908 – Pantohexal.
274 Vgl. BGH, WRP 2008, 1345, 1349 Tz. 39 = GRUR 2008, 909, 911 – Pantogast.
275 BGH, WRP 2010, 1046, 1050 Tz. 35 = GRUR 2010, 729, 732 – MIXI.
276 BGH, GRUR 1996, 198, 199 – Springende Raubkatze; WRP 1998, 752, 754 = GRUR 1998, 930 – Fläminger.

Zu den Wort-/Bildzeichen zählen nach herkömmlicher Auffassung nicht nur Zeichen, die sich aus einem Wort- und einem Bildbestandteil zusammensetzen, sondern auch Zeichen, die sich in der *grafischen Wiedergabe eines Wortes oder eines Buchstabens* erschöpfen oder die einen so *allgemein bekannten Begriff* wiedergeben, dass es naheliegt, sie mit dem entsprechenden Wort zu bezeichnen.[277] Es muss sich dabei freilich um die ungezwungene und erschöpfende Bezeichnung der Marke handeln, eine Voraussetzung, die nicht erfüllt ist, wenn die Marke mehrere Deutungen zulässt oder ihr Gesamteindruck wesentlich von der grafischen Wirkung geprägt wird.[278] Soweit das BPatG dazu tendiert, bei Waren, die insbesondere auf Sicht erworben werden, eine differenzierende Betrachtung anzustellen und dem visuellen Erscheinungsbild der Marke mehr Gewicht beizumessen,[279] hat der BGH dem bisher eine Absage erteilt. Solange eine mündliche Benennung von Marken im Verkaufsgespräch oder bei privaten Empfehlungen in Betracht kommt, werde der Markenschutz unangemessen verkürzt, wenn eine dabei bestehende Gefahr von klanglichen Verwechslungen außer Betracht bleibe.[280] An dieser Rechtsprechung wird der BGH wohl festhalten. Nur bei *in der Regel nur auf Sicht* gekauften Waren schließt es der BGH – im Anschluss an die Rechtsprechung des EuGH[281] – nicht mehr gänzlich aus, dem Bildbestandteil eine die klangliche Übereinstimmung neutralisierende Wirkung beizumessen.[282]

Der Grundsatz, dass der Gesamteindruck von Wort-/Bildzeichen regelmäßig durch den **135** Wortbestandteil geprägt wird, gilt aber nur für die Beurteilung der *klanglichen Verwechslungsgefahr*.[283] Bei der Beurteilung der *Bildwirkung einer Marke* sind deren Bestandteile dagegen *grundsätzlich gleichwertig*, was es aber nicht ausschließt, dass auch die Bildwirkung einer Kombinationsmarke maßgeblich durch den Wortbestandteil geprägt wird.[284] Umgekehrt kann aber auch ein besonders *markanter Bildbestandteil* das visuelle Erscheinungsbild der Marke *vorrangig* prägen.[285]

Bildbestandteile gewinnen in solchen Zeichen insbesondere dann an Bedeutung, wenn der **136** *Wortbestandteil nur geringe oder gar keine Unterscheidungskraft* aufweist. So kann etwa bei Marken, die nur aufgrund des Bildbestandteils zur Eintragung gelangt sind, nicht davon ausgegangen werden, dass der glatt beschreibende oder freihaltungsbedürftige Wortbestandteil den Gesamteindruck der Marke präge.[286] Solche Marken eignen sich dann auch

---

277 Vgl. BGH, WRP 1999, 1041, 1043 = GRUR 1999, 992 – Schlüssel.
278 Vgl. BPatG, Beschl. v. 6.5.2002 – 30 W (pat) 147/01 – Buchstabe K.
279 Vgl. BPatGE 35, 58, 60 f. – ADA GRIMALDI; BPatGE 36, 123, 125 – babalu/BALUBA; BPatG, GRUR 1996, 287, 288 – BRANDT ECCO/ECCO MILANO; GRUR 1996, 879, 880 – Patric Lion/Lions.
280 BGH, WRP 1999, 192, 195 = GRUR 1999, 241, 244 – Lions, vgl. a. EuGH, GRUR Int. 1999, 734, 736 Tz. 28 – Lloyd.
281 EuGH, GRUR 2008, 343, 344 Tz. 36 – Il Ponte Finanziaria Spa/HABM, s. o. Rn. 78.
282 BGH, WRP 2011, 1157, 1160 Tz. 33 = GRUR 2011, 824, 826 – Kappa.
283 Vgl. BGH, WRP 2000, 535, 539 = GRUR 2000, 506, 509 – ATTACHÉ/TISSERAND.
284 BGH, a. a. O. – ATTACHÉ/TISSERAND; WRP 2006, 92, 94 – coccodrillo.
285 BGH, WRP 2006, 1227, 1232 Tz. 30 = GRUR 2006, 859, 862 – Malteserkreuz; WRP 1999, 192, 195 = GRUR 1999, 241, 244 – Lions; GRUR 1999, 733, 735 – LION DRIVER.
286 Vgl. z. B. BGH, WRP 2004, 1173, 1174 = GRUR 2004, 778, 779 – URLAUB DIREKT; WRP 2004, 1037, 1038 = GRUR 2004, 775, 777 – EURO 2000; WRP 2003, 1431, 1435 = GRUR 2003, 1040, 1043 – Kinder; WRP 2002, 987, 990 = GRUR 2002, 814, 815 – Festspielhaus I; GRUR 1992, 203, 205 – Roter mit Genever; GRUR 1990, 681, 684 – Schwarzer Krauser; BPatG, GRUR 2002, 68, 69 – Comfort-Hotel; vgl. a. EuG, GRUR Int. 2007, 520 – Mast-Jägermeister ./. HABM (VENADO, VENADO ESPECIAL).

nicht zur mündlichen Benennung allein anhand des Wortbestandteils bzw. es muss eine solche Benennung aus Rechtsgründen außer Betracht bleiben.[287] Dies kann sich wiederum ändern, wenn sich der Wortbestandteil im Verkehr als Herkunftshinweis durchgesetzt hat, da ihm dann zumindest normale Kennzeichnungskraft zuzubilligen ist (s. u. Rn. 152). Schließlich kommt auch bei Wort-/Bildmarken der neu zu berücksichtigende Gesichtspunkt in Betracht, dass eine ältere Bildmarke in dem jüngeren Zeichen eine selbstständig kennzeichnende Stellung behält.[288]

(3) Wortbestandteile in neuen Markenformen

137 Die vorstehenden Grundsätze gelten entsprechend für *Wortbestandteile in Form- und Farbmarken*. Hier kommt aber zusätzlich die von Haus aus *geringe Unterscheidungskraft* dieser Markenformen zum Tragen, die nur durch eine hohe Verkehrsgeltung überwunden werden kann. Dabei kann nicht davon ausgegangen werden, dass eine der Marke insgesamt zukommende Verkehrsgeltung auch den Form- bzw. Farbbestandteilen allein zukommt.[289]

138 *Dreidimensionale Marken* bestehen häufig aus der Form der Ware oder ihrer Verpackung. Der Verkehr sieht darin erfahrungsgemäß eher eine *funktionelle oder ästhetische Gestaltung* und keinen Herkunftshinweis und wird sich daher auch bei der visuellen Wahrnehmung vorrangig an einem unterscheidungskräftigen Wortbestandteil orientieren.[290] Etwas anderes gilt aber, wenn der Form der Ware oder Verpackung, losgelöst von Wortbestandteilen, *selbstständige Unterscheidungskraft* zukommt, die gar nicht besonders hoch sein muss, um den Gesamteindruck des zusammengesetzten Zeichens mitzuprägen. Der BGH betont in jüngeren Entscheidungen, dass es keinen Erfahrungssatz gebe, wonach der Verkehr auch bei der rein visuellen Wahrnehmung einer Wort-/Bildmarke nur den Wortbestandteil, nicht jedoch den Bildbestandteil in sein Erinnerungsbild aufnehme (s. o. Rn. 135) und dass für dreidimensionale Marken, die neben der Form weitere Zeichenbestandteile aufweisen, nichts anderes gelte.[291]

139 Für die *farbliche Gestaltung* einer Ware oder Verpackung gilt grundsätzlich ebenfalls, dass sie vom Verkehr nur als ästhetisches Element und nicht als Herkunftshinweis aufgefasst wird, so dass abstrakten Farbmarken in aller Regel *keine originäre Unterscheidungskraft* zukommt. Bei einer Kombination mit Wortbestandteilen entfaltet die Farbe somit regelmäßig keine prägende Wirkung. Wenn eine Farbmarke aber durch umfangreiche Benutzung Unterscheidungskraft erlangt, führt dies dazu, dass der Verkehr der Verwendung der Farbe auch in Kombination mit anderen Kennzeichenbestandteilen eine *selbstständig kennzeich-*

---

287 Vgl. BPatG, MarkenR 2000, 103, 106 – Netto 62.

288 BGH, WRP 2006, 1227, 1230, Tz. 21 = GRUR 2006 , 859, 861 – Malteserkreuz; s.a. Rn. 133.

289 BGH, GRUR 1992, 48, 51 – frei öl; vgl. a. BGH, WRP 2008, 1087, 1091 Tz. 38 = GRUR 2008, 710, 713 – VISAGE, zur Verkehrsgeltung einer nur in Verbindung mit einer durchgesetzten Marke benutzten Zweitmarke.

290 BGH, WRP 2011, 230, 234 Tz. 32 = GRUR 2011, 148, 151 – Goldhase II; WRP 2003, 889, 891 = GRUR 2003, 712, 714 – Goldbarren; vgl. a. OLG Frankfurt, GRUR-RR 2004, 134 – Plastikzitrone; GRUR-RR 2004, 136 – Goldhase.

291 BGH, WRP 2008, 797, 800 Tz. 28 = GRUR 2008, 505, 508 – TUC-Salzcracker; WRP 2007, 186, 188 Tz. 22 = GRUR 2007, 235, 237 – Goldhase.

Schweyer

nende Funktion beimisst. Insbesondere i.V. m. wenig unterscheidungskräftigen Wort- und/ oder Bildbestandteilen kann daher eine Verwechslungsgefahr zu bejahen sein.[292]

Auch bei *Hörmarken* kommt eine Kombination mit Wortbestandteilen in Betracht, soweit **140** diese zur *Klangwirkung* beitragen. Ob hier Wort- oder sonstige Klangbestandteile eine allein prägende Wirkung entfalten, hängt von deren originärer oder durch Benutzung erworbener Unterscheidungskraft ab. Es gelten insoweit dieselben Grundsätze wie bei der Bildwirkung von Wort-/Bildmarken. Lediglich bei *Geruchs-, Geschmacks- oder Tastmarken* scheidet eine Kombination mit anderen Kennzeichnungsmitteln aus, da diese nicht an der spezifischen Wirkung dieser neuen Markenformen teilnehmen können. Soweit hier zusätzlich Wort-, Bild- oder Klangbestandteile eingesetzt werden, handelt es sich dabei stets um selbstständige Kennzeichen und nicht um Bestandteile einer Kombinationsmarke.

d) Kennzeichnungskraft

aa) Allgemeines

Wie bereits einleitend erwähnt (Rn. 49), ist bei der Beurteilung der Verwechslungsgefahr **141** neben der Ähnlichkeit der sich gegenüberstehenden Zeichen und der sich gegenüberstehenden Waren/Dienstleistungen auch die *Kennzeichnungskraft* der älteren Marke zu berücksichtigen. Die Verwechslungsgefahr ist umso größer, je größer sich die Kennzeichnungskraft der älteren Marke darstellt.[293]

Es handelt sich hierbei um ein *aus Rechtsgründen zu berücksichtigendes Korrektiv*, wel- **142** ches auf der Überlegung fußt, dass einer von Haus aus originellen Marke oder einer Marke, die durch Benutzung im Verkehr eine besondere Kennzeichnungskraft erlangt hat, ein *erweiterter sachlicher Schutzumfang* zuzubilligen ist. Es kann somit nicht eingewandt werden, dass die Bekanntheit einer Marke der Gefahr von Verwechslungen auch entgegenwirken kann, indem dem Verkehr die bekannte Marke stets gegenwärtig ist, während er andernfalls auf ein mehr oder weniger ungenaues Erinnerungsbild angewiesen ist. Es ist vielmehr davon auszugehen, dass eine erhöhte Kennzeichnungskraft auch gegenüber abgewandelten Bezeichnungen einen erweiterten Schutz genießt.[294]

bb) Zum Begriff der Kennzeichnungskraft

Bei der Kennzeichnungskraft unterscheidet man zwischen der originären Kennzeichnungs- **143** kraft einer Marke und einer durch Benutzung im Verkehr erworbenen Kennzeichnungskraft.

Die *originäre Kennzeichnungskraft* ist ein Synonym für den in § 8 gebrauchten Begriff der **144** *Unterscheidungskraft*. Es kann daher zunächst in vollem Umfang auf die Kommentierung zu § 8 Abs. 2 Nr. 1 verwiesen werden (§ 8 Rn. 18 ff.).

---

292 Vgl. BGH, WRP 2004, 227, 231 = GRUR 2004, 151, 154 – Farbmarkenverletzung I; WRP 2004, 232, 234 = GRUR 2004, 154, 155 – Farbmarkenverletzung II; WRP 2005, 616, 619 = GRUR 2005, 427, 429 – Lila-Schokolade.
293 BGH, GRUR 1996, 198, 199 – Springende Raubkatze; ebenso EuGH, GRUR 1998, 387, 390 – Sabèl/Puma.
294 BGH, GRUR 1996, 198, 199 – Springende Raubkatze; BPatG, GRUR 2000, 807 – LIOR/DIOR; Mitt. 2005, 572 – NATALLA/Nutella.

145 Allerdings ist nach § 8 Abs. 2 Nr. 1 eine Marke nur dann von der Eintragung ausgeschlossen, wenn ihr für die betreffenden Waren oder Dienstleistungen *jegliche* Unterscheidungskraft fehlt, während es für die Beurteilung der Verwechslungsgefahr auf den *Grad der Kennzeichnungskraft* ankommt. Insoweit unterscheidet man zwischen geringer, normaler und gesteigerter Kennzeichnungskraft.

146 Eine *geringe Kennzeichnungskraft* weisen sog. *sprechende Marken* auf, d. h. Marken, denen der Verkehr zwar eine beschreibende Aussage entnimmt, die aber nicht unmittelbar beschreibend für die Waren/Dienstleistungen sind, für die sie eingetragen sind.[295] Hierunter fallen auch Marken, die *an beschreibende oder freihaltungsbedürftige Angaben angelehnt* sind, wie z. B. die bei Arzneimitteln beliebten Abwandlungen der internationalen chemischen Kurzbezeichnungen (INN = *I*nternational *N*onproprietary *N*ame).[296] Auch Abwandlungen von phonetisch ausgeschriebenen Kombinationen von Buchstaben und/oder Zahlen, mit denen das im früheren Recht insoweit geltende absolute Eintragungsverbot umgangen werden konnte, weisen im Allgemeinen nur eine geringe Kennzeichnungskraft auf.[297] Im Einzelnen kann hier auf die Kommentierung in § 8 Rn. 54 ff. verwiesen werden. Alle dort aufgeführten, an der Grenze der Eintragungsfähigkeit angesiedelten Marken, die ihre Eintragung nur deshalb erlangt haben, weil ihnen nicht jegliche Unterscheidungskraft fehlt oder weil es nur an einem konkreten Freihaltebedürfnis für die in Frage stehenden Waren/Dienstleistungen fehlte, weisen eine eher geringe Kennzeichnungskraft auf. Weisen *Bestandteile von Kombinationsmarken* im vorstehenden Sinn eine geringe Kennzeichnungskraft auf, wird dem schon im Rahmen der Prägetheorie Rechnung getragen, indem der Wortbestandteil in diesen Fällen nicht geeignet ist, den Gesamteindruck der Marke zu prägen.[298]

147 Marken, die *erkennbar an freihaltungsbedürftige Angaben angelehnt* sind, ist auch *aus Rechtsgründen nur ein geringer Schutzumfang* beizumessen. Zeitweilig wurde versucht, solchen Marken durch eine restriktive Eintragungspraxis zu begegnen, indem der Begriff der freihaltebedürftigen Angabe weit ausgelegt wurde.[299] Diese Rechtsprechung wurde dann aber wieder aufgegeben unter Hinweis darauf, dass dem Freihaltebedürfnis durch eine *sachgerechte Handhabung des Begriffs der Verwechslungsgefahr* Rechnung getragen werden müsse.[300] Seitdem gilt, dass der Inhaber einer *an eine freihaltebedürftige Angabe angelehnten Marke* nicht gegen ein jüngeres Zeichen vorgehen kann, welches nur deshalb die Gefahr von Verwechslungen hervorruft, weil es seinerseits die freihaltebedürftige Angabe wiedergibt oder noch näher daran angelehnt ist.[301]

---

295 Vgl. z. B. BGH, WRP 2010, 1046, 1049 = GRUR 2010, 729, 731 – MIXI; WRP 1998, 492 = GRUR 1998, 465 – BONUS; WRP 1997, 758, 760 = GRUR 1997, 634, 636 – Turbo II; GRUR 1995, 408, 410 – PROTECH; WRP 1994, 747, 748 = GRUR 1994, 730, 731 – VALUE.
296 Beispiele solcher Abwandlungen finden sich in BGH, GRUR 1994, 805, 807 – Alphaferon (Abwandlung von Interferon-alpha), und GRUR 1995, 48, 49 – Metoproloc (Abwandlung von Metoprolol). Beispiele von Abwandlungen anderer freihaltungsbedürftiger Begriffe finden sich in BGH, GRUR 1985, 1053, 1054 – ROAL (Abwandlung von Royal) und WRP 1999, 189, 191 = GRUR 1999, 238, 240 – Tour de culture (abgewandelt in Tour de Kultur).
297 Vgl. z. B. BGH, GRUR 1989, 264, 265 – REYNOLDS R1/EREINTZ.
298 Vgl. BGH, GRUR 1990, 367, 370 – alpi/Alba Moda.
299 BGH, GRUR 1968, 694, 695 – Polyestra.
300 BGH, GRUR 1984, 815, 817 – Indorektal.
301 Vgl. BGH, WRP 2003, 1353, 1355 = GRUR 2003, 963, 965 – AntiVir/AntiVirus; WRP 1999, 189, 191 = GRUR 1999, 238, 240 – Tour de culture.

Auch *Bildmarken und dreidimensionale Marken*, die an beschreibende oder freihaltebedürftige Angaben angelehnt sind oder einen sonst wenig originellen Inhalt aufweisen, sind als kennzeichnungsschwach einzustufen, so etwa ein Herzsymbol für ein Herzmittel,[302] beliebte Symbole wie Anker oder Krone,[303] einfachste geometrische Figuren[304] sowie Formgestaltungen, die in erster Linie die funktionelle und ästhetische Ausgestaltung der Ware selbst betreffen, wobei allerdings die Kennzeichnungsgewohnheiten auf dem jeweiligen Warengebiet zu berücksichtigen sind.[305] Auch Farben und Farbkombinationen, denen von Haus aus regelmäßig jegliche Unterscheidungskraft fehlt, haben eine eher unterdurchschnittliche Kennzeichnungskraft, wenn sie ausnahmsweise ohne Verkehrsdurchsetzung zur Eintragung gelangt sind (vgl. o. Rn. 103). **148**

Bezeichnungen, denen von Haus aus eine normale Kennzeichnungskraft zukäme, können dadurch eine *Schwächung* erfahren, dass sie auf dem betreffenden Waren-/Dienstleistungsgebiet vielfach Verwendung finden. Dabei handelt es sich um einen *Ausnahmetatbestand*, der voraussetzt, dass die Drittzeichen im Bereich der gleichen oder eng benachbarten Waren und in einem Umfang in Erscheinung treten, der geeignet erscheint, die erforderliche *Gewöhnung des Verkehrs* an die Existenz weiterer Kennzeichnungen im Ähnlichkeitsbereich zu bewirken.[306] Es kommt hier stets darauf an, inwieweit solche *Drittzeichen* auch tatsächlich *benutzt* werden, da nur in diesem Fall von einer Gewöhnung des Verkehrs an solche Zeichen und einer daraus resultierenden Originalitätsschwäche ausgegangen werden kann. Nach ständiger Rechtsprechung können aber auch Drittzeichen, die nur in die *Zeichenrolle* eingetragen sind, ohne benutzt zu werden, für die Prüfung der Kennzeichnungskraft einer Marke bedeutsam werden, da ihnen zumindest *Indizwirkung* dafür zukommt, dass es sich um naheliegende, verbrauchte Wortbildungen von geringer Originalität handelt, denen somit von Haus aus nur eine geringe Kennzeichnungskraft zukommt.[307] Für den *Schwächungseinwand* bedarf es regelmäßig einer größeren Anzahl von Zeichen im engsten Ähnlichkeitsbereich.[308] Eigene Marken des Markeninhabers oder solche, die mit seiner Zustimmung benutzt werden,[309] bleiben dabei außer Betracht. **149**

Liegen keine Anzeichen dafür vor, dass einer Marke von Haus aus oder aufgrund vielfacher Benutzung durch Dritte nur geringe Kennzeichnungskraft zukommt, ist von einer *normalen (durchschnittlichen) Kennzeichnungskraft* auszugehen. Es wird also bei Fantasiebezeichnungen nicht nochmals nach dem Grad der Originalität unterschieden. **150**

Eine *gesteigerte Kennzeichnungskraft* wird aber dann angenommen, wenn zu einer normalen Kennzeichnungskraft noch eine *Verkehrsbekanntheit* hinzutritt, deren Grad vom Um- **151**

---

302 BGH, GRUR 1989, 425, 427 f. – Herzsymbol.

303 BGH, GRUR 1958, 393, 394 – Ankerzeichen; BPatG, GRUR 1984, 434 – Kronenbild.

304 BGH, GRUR 1960, 124, 125 – Füllhalterclip – Darstellung eines Pfeils; GRUR 1965, 601, 603 – Roter Punkt.

305 Vgl. BGH, WRP 2003, 521, 525 = GRUR 2003, 332, 334 – Abschlussstück; GRUR 2000, 888, 889 – MAG-LITE.

306 Vgl. BGH, WRP 2002, 1066, 1068 = GRUR 2002, 898, 899 – defacto; WRP 2002, 705, 708 = GRUR 2002, 626, 628 – IMS; WRP 2001, 1207, 1209 f. = GRUR 2001, 1161, 1162 – CompuNet/ComNet.

307 BGH, WRP 1999, 192, 194 = GRUR 1999, 241, 243 – Lions; BGH, GRUR 1967, 246 – Vitapur; BPatG GRUR 2005, 773, 776 – Blue Bull/RED BULL.

308 BGH, GRUR 1982, 611, 613 – Prodont m. w. N.; OLG Hamburg, NJOZ 2008, 2753, 2756 – Navigon/Nav N Go.

309 Vgl. dazu OLG Karlsruhe, GRUR 1988, 390, 391 – Südwestfunk.

fang und der Dauer der Benutzung der Marke abhängt. Hier gibt es somit *graduelle Steigerungen der Kennzeichnungskraft* einer Marke, die sich einmal auf die Beurteilung der Verwechslungsgefahr nach § 14 Abs. 2 Nr. 2 auswirken,[310] denen aber auch durch einen erweiterten Schutz der bekannten Marke nach § 14 Abs. 2 Nr. 3 Rechnung getragen wird. Eine gesteigerte Kennzeichnungskraft der älteren Marke führt aber nur dann zu einem erweiterten Schutzumfang, wenn diese Kennzeichnungskraft auch auf dem Warengebiet der jüngeren Bezeichnung besteht. So wurde der für „Limonade mit Orangensaft" bekannten Marke „FANTA" ein erweiterter Schutz gegenüber einem Zeichen „FAN" für „Schaumweine" versagt, da ihr auf diesem Warengebiet nur normale Kennzeichnungskraft zukam.[311] Bei *Kombinationsmarken* kommt eine durch Benutzung gesteigerte Kennzeichnungskraft zunächst nur der Gesamtkombination zugute.[312] Diese gesteigerte Kennzeichnungskraft kann sich aber auch auf die Unterscheidungskraft einzelner Markenbestandteile und damit auf deren prägende Wirkung innerhalb der Gesamtkombination auswirken (vgl. o. Rn. 137 f.). Daneben können einzelne Markenbestandteile durch entsprechend umfangreiche Benutzung auch selbstständigen Schutz als Benutzungsmarke (§ 4 Nr. 2) erlangen, wenn ihnen der Verkehr innerhalb der Gesamtkombination eine *selbstständig kennzeichnende Funktion* beimisst.

152 Kommt einer Marke von Haus aus nur *schwache Kennzeichnungskraft* zu, führt eine durch Benutzung erworbene *Bekanntheit* zunächst dazu, dass ihr *normale Kennzeichnungskraft* zuzubilligen ist,[313] wie ja auch das Eintragungshindernis des Fehlens jeglicher Unterscheidungskraft dadurch überwunden werden kann, dass sich die Marke für die Waren oder Dienstleistungen, für die sie angemeldet worden ist, in den beteiligten Verkehrskreisen *durchgesetzt* hat (s. § 8 Rn. 224 ff.). Eine kraft Verkehrsdurchsetzung eingetragene Marke genießt dann – mindestens – normale Kennzeichnungskraft (vgl. § 8 Rn. 248). Auch bei solchen Marken ist dann aber noch eine *Steigerung möglich*, so dass bei entsprechend hoher Verkehrsbekanntheit auch eine *gesteigerte Kennzeichnungskraft* oder eine *bekannte Marke* vorliegen kann.[314] An die Verkehrsbekanntheit werden insoweit aber hohe Anforderungen gestellt. So genügte bei der von Haus aus nur schwach kennzeichnungskräftigen Marke „Telekom" eine festgestellte Bekanntheit von 60 % nur zur Annahme einer normalen Kennzeichnungskraft. Nur bei einer originär unterscheidungskräftigen Marke hätte derselbe Prozentsatz die Annahme einer gesteigerten Kennzeichnungskraft gerechtfertigt.[315] Bei Zeichen, denen von Haus aus jegliche Unterscheidungskraft fehlt, fordert der BGH gar eine nahezu einhellige Verkehrsbekanntheit.[316] Eine geringere Verkehrsdurchsetzung – über 70 % – hat der BGH aber für die von Haus aus nicht unterscheidungskräftige

---

310 Vgl. z. B. WRP 2004, 1046, 1049 = BGH, GRUR 2004, 779, 781 – Zwilling/Zweibrüder.
311 BGH, GRUR 1978, 170, 171 – FAN; vgl. a. BGH, WRP 1992, 96, 99 = GRUR 1992, 130, 131 – Bally/BALL; GRUR 1990, 367, 370 – alpi/Alba Moda; GRUR 1990, 37 – Quelle.
312 Vgl. BGH, GRUR 1992, 48, 51 – frei öl.
313 Vgl. BGH, WRP 2007, 1461, 1463 Tz. 28 = GRUR 2007, 1971, 1072 f. – Kinder II; WRP 2003, 1431, 1434 = GRUR 2003, 1040, 1043 – Kinder I; WRP 2004, 758, 760 = GRUR 2004, 514, 516 – Telekom; WRP 1997, 310, 311 = GRUR 1997, 311, 313 – Yellow Phone; WRP 1993, 694, 696 – apetito/apitta; WRP 1991, 296, 297 = GRUR 1991, 609, 610 – SL.
314 Vgl. BGH, WRP 2005, 616, 619 = GRUR 2005, 427, 429 – Lila-Schokolade; WRP 1997, 310, 311 = GRUR 1997, 311, 313 – Yellow Phone; vgl. ferner so bekannte, aber von Haus aus nur schwach kennzeichnungskräftige Buchstaben-Marken wie VW oder BMW.
315 Vgl. BGH, WRP 2004, 758, 760 = GRUR 2004, 514, 516 – Telekom.
316 BGH, WRP 2003, 1431, 1435 = GRUR 2003, 1041, 1044 – Kinder I.

Marke „Kinder" in ihrer konkreten grafischen und farblichen Gestaltung ausreichen lassen.[317]

cc) Darlegungs- und Beweislast

Die *Darlegungs- und Beweislast* für eine starke oder geringe Kennzeichnungskraft trifft **153** denjenigen, der sich darauf beruft. Der *Markeninhaber* muss also, wenn eine Verwechslungsgefahr nur unter Zugrundelegung *starker Kennzeichnungskraft* zu bejahen wäre, deren Vorliegen beweisen; der *Verletzer* trägt die Beweislast für eine behauptete *Schwächung der Kennzeichnungskraft* durch Drittzeichen. Der Nachweis einer gesteigerten Kennzeichnungskraft durch Verkehrsgeltung konnte früher zumeist nur durch ein demoskopisches Gutachten bzw. – soweit ausschließlich Fachkreise betroffen waren – durch eine Umfrage der einschlägigen Fachverbände erbracht werden. Nach der *Chiemsee*-Entscheidung des EuGH[318] beurteilt sich die Verkehrsgeltung einer Marke allerdings nicht mehr allein quantitativ nach ihrer in Prozenten ausgedrückten Bekanntheit. Es sind vielmehr auch andere Kriterien zu berücksichtigen, wie der von der Marke gehaltene Marktanteil, die Intensität, geografische Verbreitung und Dauer der Benutzung der Marke sowie der dafür getätigte Werbeaufwand (vgl. § 8 Rn. 238 f.). Damit ist es jetzt auch verstärkt möglich, aus solchen vom Markeninhaber darzulegenden und zu beweisenden Umständen auf eine hinreichende Bekanntheit der Marke zu schließen und auf Umfragen zu verzichten.

dd) Maßgeblicher Zeitpunkt

Der *maßgebliche Zeitpunkt* für die Beurteilung der Kennzeichnungskraft liegt häufig in **154** der Vergangenheit. Nur bei der Geltendmachung von Unterlassungsansprüchen kommt es regelmäßig auf den *Zeitpunkt der letzten mündlichen Verhandlung* in der Tatsacheninstanz an. Auch hier gilt freilich etwas anderes, wenn der Verletzer ein *eigenes Recht an der angegriffenen Bezeichnung* begründet hat, sei es durch Anmeldung einer eigenen Marke, durch den Erwerb von Verkehrsgeltung an einem benutzten Zeichen oder durch die Benutzung der Bezeichnung als Unternehmenskennzeichnung. In diesen Fällen kommt es für die Kennzeichnungskraft der älteren Marke auf den *Zeitpunkt der Begründung des jüngeren Rechts* an.[319] Konnte der Markeninhaber zu diesem Zeitpunkt nicht gegen die jüngere Bezeichnung vorgehen, kommt ihm eine spätere Stärkung der Kennzeichnungskraft seiner Marke nicht mehr zugute (vgl. a. § 22 Abs. 1 Nr. 1 für den Fall, dass die jüngere Bezeichnung eine eingetragene Marke ist). Auch soweit *Schadensersatzansprüche* für die Vergangenheit geltend gemacht werden, muss differenziert werden, ob die eine Verwechslungsgefahr begründende *Kennzeichnungskraft auch schon in der Vergangenheit* gegeben war. Diese Feststellung bereitet im Allgemeinen *Schwierigkeiten*, da sich jedenfalls in quantitativer Hinsicht die Bekanntheit einer Marke zu einem früheren Zeitpunkt durch Umfragen nicht mehr zuverlässig ermitteln lässt.[320] Inwieweit sich aus einer *gegenwärtigen* Bekanntheit *Rückschlüsse* auf die Vergangenheit ziehen lassen, hängt von den Umständen des Einzelfalls ab, insbesondere von Dauer und Umfang der Markenbenutzung vor dem fraglichen

---

317 BGH, WRP 2009, 1250, 1253 Tz. 39 = GRUR 2009, 954, 957 – Kinder III.
318 EuGH, GRUR 1999, 723.
319 BGH, GRUR 1975, 370, 371 – Protesan; GRUR 1965, 665, 666 f. – Liquiderma m. w. N.
320 Vgl. OLG München, GRUR 1996, 63, 66 – McDonald's.

Zeitpunkt, den zwischenzeitlich eingetretenen Veränderungen und der Frage, wie weit der maßgebliche Zeitpunkt zurückliegt.[321]

3. Gedankliche Verbindung

a) Allgemeines

155 § 14 Abs. 2 Nr. 2 untersagt eine Zeichenbenutzung, wenn aufgrund einer Identität oder Ähnlichkeit des Zeichens mit einer älteren Marke oder einer Identität oder Ähnlichkeit der sich gegenüberstehenden Waren/Dienstleistungen die Gefahr von Verwechslungen besteht – einschließlich der Gefahr, dass das Zeichen mit der Marke *gedanklich in Verbindung* gebracht wird.

156 Aus der Wortwahl der Bestimmung, wonach die Verwechslungsgefahr die Gefahr einer gedanklichen Verbindung *einschließt*, folgt, dass es sich dabei um keinen eigenen, neben die Verwechslungsgefahr tretenden *Markenverletzungstatbestand* handelt, sondern lediglich um eine nähere Bestimmung des *Umfangs der Verwechslungsgefahr*.[322] Die Möglichkeit einer gedanklichen Verbindung rechtfertigt es auch nicht, eine Verwechslungsgefahr zu vermuten; es bedarf vielmehr stets des *positiven Nachweises*, dass die Gefahr einer gedanklichen Verbindung die Gefahr von Verwechslungen in sich birgt.[323] Damit ist aber noch nicht geklärt, ob die Gefahr gedanklicher Verbindung den Begriff der Verwechslungsgefahr erweitert[324] oder ob damit nur die Fälle angesprochen sind, in denen die Rechtsprechung auch schon nach früherem Recht eine Verwechslungsgefahr angenommen hat.[325]

157 Schon nach früherem Recht umfasste der Begriff der Verwechslungsgefahr nicht nur den Fall, dass zwei Zeichen aus der Erinnerung heraus als übereinstimmend angesehen und daher *unmittelbar* miteinander verwechselt werden (unmittelbare Verwechslungsgefahr), sondern darüber hinaus auch den Fall, dass der Verkehr die Zeichen zwar unterscheidet, aber aufgrund gegebener Übereinstimmungen entweder annimmt, es handele sich um *verschiedene Zeichen desselben Unternehmens* (mittelbare Verwechslungsgefahr) oder zwischen den die Zeichen benutzenden Unternehmen bestünden zumindest *wirtschaftliche oder organisatorische Verbindungen* (Verwechslungsgefahr im weiteren Sinn). Es ist anerkannt, dass die Gefahr der gedanklichen Verbindung i. S. d. § 14 Abs. 2 Nr. 2 nach geltendem Recht zumindest diese Fallgruppen einer schon bisher angenommenen Verwechslungsgefahr umfasst.[326]

158 Andererseits besteht auch Einigkeit darüber, dass *nicht jede mögliche gedankliche Verbindung*, die zwischen einem neu hinzutretenden Zeichen und einer älteren Marke hergestellt

---

321 Vgl. dazu BGH, WRP 2003, 1228, 1229 = GRUR 2003, 880, 881 – City Plus.
322 Vgl. EuGH, GRUR 1968, 387, 389 Tz. 18 – Sabèl/Puma; BGH, WRP 1999, 855, 857 = GRUR 1999, 735, 736 – MONOFLAM/POLYFLAM.
323 Vgl. EuGH, MarkenR 2000, 255, 257 – Marca Mode/Adidas.
324 Vgl. dazu *Eisenführ*, Mitt. 1995, 22 ff.
325 In diesem Sinne wohl die Begründung zum Gesetzentwurf, BlPMZ Sonderheft 1994, 65; vgl. a. *Ingerl/Rohnke*, § 14 Rn. 1165.
326 Begründung zum Gesetzentwurf, BlPMZ Sonderheft 1994, S. 65; BGH, WRP 2000, 529, 531 = GRUR 2000, 608, 609 – ARD-1; BPatG, GRUR 1996, 282, 283 – Adalbert Prinz von Bayern; BPatG, GRUR 1995, 739 – Garibaldi; BPatG, GRUR 1995, 416, 417 – Rebenstolz; vgl. a. *Teplitzky*, GRUR 1996, 1, 2 m. w. N.; *Ingerl/Rohnke*, § 14 Rn. 1166 ff.

werden kann, die Gefahr von Verwechslungen begründet.[327] Im Wesentlichen wird sich der Anwendungsbereich der neuen Bestimmung daher auf die Fälle beschränken, in denen schon bisher eine Verwechslungsgefahr angenommen wurde, nämlich eine *Verwechslungsgefahr unter dem Gesichtspunkt des Serienzeichens*, eine unmittelbare oder mittelbare *begriffliche Verwechslungsgefahr* und eine *Verwechslungsgefahr im weiteren Sinne*.

b) Verwechslungsgefahr unter dem Gesichtspunkt des Serienzeichens

Die *Verwechslungsgefahr unter dem Gesichtspunkt des Serienzeichens* bildete schon in der Rechtsprechung zum WZG den Hauptfall einer mittelbaren Verwechslungsgefahr. Sie setzt voraus, dass die einander gegenüberstehenden Zeichen in einem Bestandteil übereinstimmen, welchen der Verkehr als *Stamm mehrerer Zeichen* eines Unternehmens ansieht, weshalb er nachfolgende Bezeichnungen, die einen *identischen oder wesensgleichen Stamm* aufweisen, dem gleichen Markeninhaber zuordnet.[328] Die Rechtsprechung zum Serienzeichen beruht auf der dem Verkehr bekannten Übung mancher Unternehmen, sich eines Stammzeichens für alle ihre Waren zu bedienen und dieses (dabei als solches erkennbar bleibende) Stammzeichen für einzelne Waren zu deren individueller Kennzeichnung abzuwandeln.[329]

aa) Stammcharakter

Um als *Stammbestandteil* mehrerer Zeichen eines Unternehmens zu erscheinen, muss diesem Bestandteil in den sich gegenüberstehenden Gesamtbezeichnungen eine *Eigenständigkeit* gegenüber den weiteren Zeichenbestandteilen zukommen. Er darf also nicht dergestalt *in der Gesamtbezeichnung aufgehen*, dass eine Aufspaltung in Stammbestandteil und abgewandelte Zeichenform fern liegt.[330] Um die Eigenständigkeit eines vermeintlichen Stammbestandteils zu bejahen, muss vor allem auch eine entsprechende *Gliederung der*

159

160

---

327 EuGH, GRUR 1998, 387, 390 Tz. 26 – Sabèl/Puma; BGH, WRP 2004, 1046, 1050 = GRUR 2004, 779, 782 – Zwilling/Zweibrüder; WRP 2002, 537, 540 = GRUR 2202, 544, 547 – BANK 24; WRP 1998, 1177, 1178 = GRUR 1999, 240, 241 – STEPHANSKRONE I; WRP 1997, 569, 570 = GRUR 1996, 777, 778 – JOY; WRP 1997, 448, 450 = GRUR 1996, 200, 202 – Innovadiclophlont; BPatGE 37, 179, 183 – BARBEIDOS/VITA MED badedas; BPatG, GRUR 1996, 893 – NISSKOSHER/Nissen; BPatG, GRUR 1995, 416, 417 – Rebenstolz; vgl. a. *Eisenführ*, Mitt. 1995, 22, 23.

328 BGH, GRUR 2003, 70, 74 – T-INNOVA/Innova; WRP 2002, 534, 536 = GRUR 2002, 542, 544 – BIG; WRP 1999, 530, 533 = GRUR 1999, 587, 589 – Cefallone; BGH, WRP 1998, 1177, 1178 = GRUR 1999, 240, 241 – STEPHANSKRONE I; BGH, WRP 1997, 448, 449 = GRUR 1996, 200, 202 – Innovadiclophlont.

329 BGH, WRP 2002, 534, 536 = GRUR 2002, 542, 544 – BIG; WRP 1999, 530, 533 = GRUR 1999, 587, 589 – Cefallone; WRP 1997, 569, 570 = GRUR 1996, 777, 778 – JOY; GRUR 1975, 312, 313 – BiBA; GRUR 1969, 40, 41 – Pentavenon.

330 Vgl. BGH, GRUR 1978, 170, 171 – FAN, wo eine Eigenständigkeit des Bestandteils FAN in der bekannten Marke FANTA verneint wurde; BGH, WRP 1998, 1006, 1007 = GRUR 1999, 155, 156 – DRIBECK's LIGHT, keine Eigenständigkeit des in dem Eigennamen *Dribeck* enthaltenen Bestandteils *beck*; vgl. a. BPatG, GRUR 1996, 879 – Patric Lion, keine Eigenständigkeit des Bestandteils LION; BPatG, GRUR 1996, 894 – NISSKOSHER/Nissen; BPatG, Mitt. 1995, 255, 257 – JACOMO/JAC; BPatGE 32, 1 – FEERIE/FEE; BPatGE 23, 66, 70 – BAURAL/RAL – Eigenständigkeit des übereinstimmenden Bestandteils jeweils verneint.

Gesamtbezeichnung naheliegen.[331] Auch bei an sich selbstständigen Begriffen kann die Eigenständigkeit dadurch verloren gehen, dass sie in einen neuen beschreibenden *Gesamtbegriff* eingebunden werden.[332]

161 Darüber hinaus fordert die Rechtsprechung, dass der Stammbestandteil für den prioritätsälteren Markeninhaber eine *Hinweisfunktion* besitzt. Diese kann insbesondere darauf beruhen, dass der Markeninhaber eine bereits mit diesem Stammbestandteil gebildete *Zeichenserie* benutzt, so dass der *Verkehr an abgewandelte Bezeichnungen mit diesem Bestandteil gewöhnt* ist.[333] In diesem Fall ist es nicht erforderlich, dass dem Stammbestandteil originäre Unterscheidungskraft zukommt.[334] Der Stammcharakter kann aber auch daraus folgen, dass der betreffende Markenbestandteil innerhalb der Gesamtbezeichnung *charakteristisch hervortritt*,[335] dass es sich um einen *im Verkehr durchgesetzten Bestandteil* handelt,[336] dass es sich um ein *Firmenschlagwort* handelt oder dass der Bestandteil erkennbar aus einem Firmenschlagwort abgeleitet wurde.[337]

162 Die Annahme eines Stammbestandteils setzt nicht voraus, dass dieser bereits in mehreren Zeichen tatsächlich Verwendung findet. Auch bei *erstmaliger Verwendung* kann die übereinstimmende Verwendung in dem kollidierenden Zeichen den Eindruck eines Serienzeichens hervorrufen.[338] An den *Hinweischarakter* und an die *Wesensgleichheit* des Stammbestandteils mit dem angegriffenen Zeichen sind dann aber *strenge Anforderungen* zu stellen. So wurde einer farblosen, lediglich aus zwei Buchstaben bestehenden Silbe „bi" der Hinweischarakter abgesprochen.[339] Die Marken „Diclophlogont" und „Innovadiclophlont" wurden nicht für verwechselbar erachtet, da die Inhaberin der älteren Marke „Diclophlogont" selbst vorgetragen hatte, dass sie den Bestandteil „phlogont" als Stammbestandteil von Serienzeichen benutze. Es lag daher die Annahme fern, in einem mit diesem Wortstamm gebildeten Zeichen „Diclophlogont" einen weiteren eigenständigen Zeichenstamm zu sehen, der dem Bestandteil „Diclophlont" des jüngeren Zeichens hätte gegenübergestellt werden können. Zwischen „phlogont" und „phlont" fehlte es dagegen an der Wesensgleichheit des Zeichenstamms.[340]

---

331 Vgl. BGH, GRUR 1967, 660, 662 – Sirax, nicht verwechselbar mit Sir, da naheliegendere Gliederung Si-rax und mögliche Schwächung durch Drittzeichen; BGH, GRUR 1962, 522, 523 – Ribana, nicht verwechselbar mit Ariba wegen fehlender Eigenständigkeit des Bestandteils rib; BPatGE 10, 269 – METOCAL, nicht verwechselbar mit Togal, da naheliegende Gliederung METO-CAL; BPatGE 10, 83 – Opticortenol, nicht verwechselbar mit Optocor, da naheliegende Gliederung OPTI-CORTENOL.

332 Vgl. BPatGE 20, 276, Wasserquelle/Quelle; BPatG, Mitt. 1972, 234 – Milchquelle/Quelle.

333 BGH, WRP 1999, 530, 533 = GRUR 1999, 587, 589 – Cefallone; GRUR 1989, 350, 351 – Abbo/Abo; GRUR 1975, 312, 313 – BiBa; BPatG, GRUR 2002, 345, 346 – ASTRO BOY/Boy.

334 BGH, WRP 2002, 534, 536 = GRUR 2002, 542, 544 – BIG.

335 Vgl. BGH, GRUR 1989, 350, 351 – Abbo/Abo; OLG Hamburg, GRUR-RR 2004, 42, 45 – Sitting Bull, verwechselbar mit RED BULL; BPatG, GRUR 1998, 1027, 1028 – Boris/BORIS BECKER.

336 BGH, GRUR 1996, 267, 269 – Aqua; GRUR 1969, 538, 540 – Rheumalind.

337 BGH, GRUR 1989, 350, 351 – Abbo/Abo; GRUR 1969, 357, 359 – Sihl.

338 BGH, WRP 1997, 448, 449 = GRUR 1996, 200, 202 – Innovadiclophlont; GRUR 1996, 267, 269 – Aqua; GRUR 1969, 538, 540 – Rheumalind; GRUR 1966, 35, 36 – multikord; BPatGE 30, 112, 117 – Mövennest/Mövenpick; a. A. BPatG, GRUR 2002, 438, 440 – WISCHMAX/Max, wo die Verwechslungsgefahr aber aus anderen Gründen bejaht wurde.

339 BGH, GRUR 1975, 312, 314 – BiBa.

340 Vgl. BGH, WRP 1997, 448, 450 = GRUR 1996, 200, 202 – Innovadiclophlont.

Schweyer

Es gibt verschiedene Faktoren, die der Annahme *entgegenstehen*, dass ein Markenbestand- **163** teil vom Verkehr als Stammbestandteil von Serienzeichen aufgefasst wird. Weist der Stammbestandteil keine oder nur geringe Unterscheidungskraft auf, etwa weil er sich in einer *beschreibenden Angabe* erschöpft oder er an eine solche angelehnt ist, fehlt ihm im Allgemeinen die Eignung, eine Hinweisfunktion auszuüben;[341] dies gilt selbst dann, wenn die weiteren Zeichenbestandteile auch nur beschreibender Natur sind.[342] Bei hoher Verkehrsgeltung und einer daraus resultierenden *gesteigerten Kennzeichnungskraft* gegenüber anderen Zeichenbestandteilen kann aber auch einer beschreibenden Angabe die Eignung, als Stammbestandteil von Serienzeichen zu wirken, zukommen.[343]

Auch ohne eine unmittelbar beschreibende Bedeutung kann einem *kennzeichnungsschwa-* **164** *chen Bestandteil* die Eignung fehlen, als Stammbestandteil eines Serienzeichens zu wirken.[344] Dabei kann die Kennzeichnungsschwäche auch auf einer *Schwächung durch Dritt-zeichen* beruhen.[345] Die Anlehnung an eine *geografische Angabe* kann ebenfalls gegen einen Stammcharakter sprechen.[346] Auch *verbrauchten Vor- oder Endsilben*, wie sie insbesondere bei Arzneimitteln anzutreffen sind, kommt im Allgemeinen keine Hinweisfunktion zu.[347]

Ob eine Marke den Eindruck eines Serienzeichens hervorruft, hängt schließlich auch von **165** der *Stellung des vermeintlichen Stammbestandteils in der Gesamtbezeichnung* ab. So kann die Annahme eines Serienbestandteils fern liegen, wenn die Stellung nicht der entspricht, die *auf dem betreffenden Warengebiet üblich* ist.[348]

---

341 Vgl. BGH, WRP 2003, 1431, 1435 = GRUR 2003, 1040, 1043 – Kinder, ohne Verkehrsdurchsetzung nicht verwechselbar mit „Kinder Kram".

342 Vgl. BGH, GRUR 1961, 347, 350 – Almglocke, nicht verwechselbar mit Almquell; GRUR 1967, 485, 488 – badedas, nicht verwechselbar mit Badegold; GRUR 1969, 40, 41 – Pentavenon, nicht verwechselbar mit Essavenon, wegen Anlehnung an den Fachausdruck „Veno"; BPatG, GRUR 2004, 433, 435 – OMEGA/OMEGA LIFE, nicht verwechselbar, da „Omega" beschreibend für Omega-Fettsäuren; BPatG, Mitt. 1996, 149 – nOvafit, nicht verwechselbar mit formfit und topfit wegen des beschreibenden Charakters von „fit"; BPatG, Mitt. 1996, 171 – HORTIVER, nicht verwechselbar mit HORTIPLUS, wegen Anlehnung an „Hortikultur"; BPatG, GRUR 1995, 416, 417 – Rebenstolz, nicht verwechselbar mit Rebenstern, Rebenkrone, Rebendank; BPatG, Mitt. 1972, 53 – POLINOVA, nicht verwechselbar mit Polli für Poliermittel.

343 Vgl. BGH, GRUR 1996, 267, 269 – Aqua; GRUR 1969, 681, 682 f. – Kochendwassergerät, jeweils für den im Verkehr durchgesetzten Zeichenbestandteil „Aqua"; BGH, GRUR 1969, 538, 540 – Rheumalind, für den Fall einer durch Benutzung gesteigerten Kennzeichnungskraft des für Steppdecken von Haus aus wenig unterscheidungskräftigen Bestandteils „lind"; anders BGH, GRUR 1970, 85, 86 – Herba, wo die Verwechslungsgefahr mit Herbapon trotz Verkehrsdurchsetzung von Herba verneint wurde.

344 Vgl. BGH, WRP 1998, 1077, 1078 = GRUR 1999, 240, 241 – STEPHANSKRONE I – gebräuchlicher Vorname grundsätzlich zur Serienzeichenbildung ungeeignet; BPatGE 21, 132 – ratiopharm, nicht verwechselbar mit RATIOTEST; BPatGE 19, 204 – MEISTER, nicht verwechselbar mit Kräutermeister.

345 Vgl. BGH, GRUR 1970, 85, 86 – Herba; GRUR 1969, 538, 540 – Rheumalind.

346 Vgl. BGH, GRUR 1972, 549, 550 – Messinetta, nicht verwechselbar mit Messina-Perle.

347 Vgl. BGH, GRUR 1957, 339 – Venostasin, nicht verwechselbar mit Topostasin.

348 Vgl. BPatG, GRUR 1997, 292, 293 – CHIN LEE, nicht verwechselbar mit Lee, da bei Tabakmarken eine Voranstellung des Stammbestandteils üblich ist.

bb) Wesensgleichheit

166 Neben der Eignung, als Stammbestandteil zu erscheinen, setzt die Annahme einer Verwechslungsgefahr unter dem Gesichtspunkt des Serienzeichens die *Wesensgleichheit* dieses Bestandteils in dem jüngeren Zeichen voraus. Eine bloße Ähnlichkeit genügt dafür nicht, vielmehr müssen die Bestandteile entweder *identisch übereinstimmen* oder sie müssen jedenfalls *als identisch erscheinen*. Diese strenge Beurteilung ist deshalb geboten, weil die Annahme einer Verwechslungsgefahr bei gleichen Stammbestandteilen eine Ausnahme von dem Grundsatz darstellt, dass Zeichen regelmäßig nur dann übereinstimmen, wenn sie ihrem Gesamteindruck nach verwechselbar sind.[349] Nach der Rechtsprechung stehen nur solche Abweichungen der Annahme eines Serienzeichens nicht entgegen, die so unerheblich sind, dass sie den Stammbestandteil *in seinem Wesen nicht verändern und vom flüchtigen Verkehr nicht zur Kenntnis genommen werden*.[350]

c) Mittelbare begriffliche Verwechslungsgefahr

167 Neben der Verwechslungsgefahr unter dem Gesichtspunkt eines Serienzeichens kommt eine mittelbare Verwechslungsgefahr auch dann in Betracht, wenn zwischen der älteren Marke und dem kollidierenden Zeichen *begriffliche Übereinstimmungen* bestehen, der Verkehr die Marken aber auseinander hält, so dass eine unmittelbare Verwechslungsgefahr ausscheidet (s. o. Rn. 106 ff.). Dieser Fall ist insbesondere dann gegeben, wenn die Marken sich in ihrem Sinngehalt nicht voll entsprechen, aber einen *Sinnzusammenhang* aufweisen, der die Annahme nahelegt, dass es sich um ursprungsgleiche Marken handelt.

168 Der Sinnzusammenhang kann dadurch gegeben sein, dass die Marken in *einem Bestandteil übereinstimmen* und auch im Übrigen einen *ähnlichen Sinngehalt* oder eine *übereinstimmende Art der Zeichenbildung* aufweisen (vgl. die Beispielsfälle in Rn. 107 f.). In diesen Fällen verläuft die Grenze zu einer unmittelbaren Verwechslungsgefahr fließend, und es kann meist offen bleiben, ob der Verkehr aus der Erinnerung heraus zu der Auffassung gelangt, er habe es mit derselben Marke zu tun, oder ob er jedenfalls annimmt, es handele sich um verschiedene Marken desselben Inhabers (vgl. o. Rn. 109). In diesen Fällen verläuft auch die Grenze zu einer Verwechslungsgefahr unter dem Gesichtspunkt des Serienzeichens fließend, da der übereinstimmende Bestandteil auch als Stamm einer Zeichenserie aufgefasst werden kann, wenn er die Anforderungen an den Hinweischarakter erfüllt.[351]

169 Eine Verwechslungsgefahr nach dem Sinngehalt kommt aber insbesondere auch dann in Betracht, wenn der übereinstimmende Bestandteil keinen Stammcharakter aufweist, die Marken aber *durch ihren Sinngehalt und die Art der Zeichenbildung eng aufeinander bezogen* sind (z. B. Adalbert Prinz von Bayern, verwechselbar mit Luitpold Prinz von Bayern für Bier wegen des gemeinsamen Bezugs zum bayerischen Königshaus[352]; OKLAHOMA-

---

349 BGH, GRUR 1989, 350 – ABBO/Abo.
350 BGH, GRUR 1989, 350, 352 – Abbo/Abo, Wesensgleichheit bejaht; GRUR 1972, 549, 550 – Messinetta, Wesensgleichheit mit „Messina" verneint; vgl. a. BPatGE 22, 193 – RHINISAT/Ysat; BPatGE 19, 220 – Minu/Milupa; BPatG, Mitt. 1971, 25 – Armoglos/Arno – Wesengleichheit dort jeweils verneint; OLG München, GRUR 1989, 598 – Wolff, Wesensgleichheit zwischen „Wolff" und der Endsilbe „nolf" bei Arzneimitteln bejaht.
351 Vgl. BPatGE 30, 112, 117 f. – MÖVENNEST/Mövenpick.
352 BPatG, GRUR 1996, 282, 283.

SOUND/MISSISSIPPISOUND, verwechselbar für alkoholische/alkoholfreie Getränke wegen Südstaatenbezug und übereinstimmender Zeichenbildung[353]; QUEENSCLUB/ QUEENSGARDEN, verwechselbar für Mineralwasser/alkoholfreie Getränke, weil auch die Bestandteile „Club" und „Garden" gedanklich miteinander in Verbindung gebracht werden können und wegen des gemeinsamen britischen Flairs und der Genitiv-Verklammerung der Markenbestandteile[354]; PLAYBOY/PLAYMEN, verwechselbar für Druckschriften wegen des übereinstimmenden Sinngehalts, der auch die Gefahr unmittelbarer Verwechslungen nahelegt[355]; Black John/Lord John verwechselbar für Wein wegen der für diese Ware unüblichen Art der Zeichenbildung[356]; ESDUR/C DUR, verwechselbar für Holzspanplatten wegen des gemeinsamen Bezugs auf eine Dur-Tonart[357]; Herrenwitz/Winzerwitz, verwechselbar für Weine wegen der besonderen Art der Zeichenbildung und ähnlichen Sinngehalts auch in den Bestandteilen „Herren" und „Winzer"[358]; Die Blauen Seiten als Bezeichnung für ein im Internet angebotenes Branchenverzeichnis, verwechselbar mit der im Verkehr durchgesetzten Marke „Gelbe Seiten" für Branchenfernsprechverzeichnisse wegen der für ein Branchenfernsprechverzeichnis ungewöhnlichen Bezeichnung „Seiten"[359]. In einem ähnlich gelagerten Fall, in dem das BPatG gleichfalls Verwechslungsgefahr angenommen hatte, entschied der BGH allerdings entgegengesetzt. Trotz übereinstimmender Zeichenbildung wurden die Zeichen „Spessarträuber" und „Seeräuber" nicht für verwechselbar erachtet, da sie ungeachtet einer gewissen Originalität des Stammbestandteils „Räuber" für Spirituosen nicht den Eindruck von Serienzeichen hervorriefen.[360] Es fällt auf, dass in dieser Entscheidung nur die Voraussetzungen einer Verwechslungsgefahr unter dem Gesichtspunkt des Serienzeichens verneint wurden, ohne auf den zwischen den Zeichen bestehenden Sinnzusammenhang einzugehen.

Eine weitere Fallgruppe von im Sinngehalt aufeinander bezogenen Marken bilden die Fälle, in denen ein Zeichen den Eindruck erweckt, es handele sich um eine *anwendungs- oder zielgruppenorientierte Abwandlung* der rangbesseren Marke, z.B. volvisti, verwechselbar mit „Volvo", da Bezeichnung von Liebhabern dieser Automarke;[361] WISCHMAX/Max, anwendungsbezogene Abwandlung der u.a. für Putzmittel eingetragenen Marke „Max";[362] KIMBOY'S/KIMLADY, verwechselbar für Bekleidung;[363] Monsieur Michel, verwechselbar mit Michelle für Parfümerien und Mittel zur Körper- und Schönheitspflege;[364] Denticovision/MEDICOVISION, für Bild- und Tonträger mit medizinischen Themen, verwechselbar wegen der Zielgruppenaussage Ärzte/Zahnärzte.[365] **170**

Einen Fall von im Sinngehalt aufeinander bezogenen Marken sieht das BPatG auch als gegeben an, wenn einer *älteren Marke* durchschnittlicher Kennzeichnungskraft in einer *jün-* **171**

---

353 BPatG, Mitt. 1996, 133, 134 f.
354 BPatGE 35, 212, 217.
355 BPatGE 28, 57.
356 BPatG, GRUR 1984, 655.
357 BPatG, Mitt. 1974, 132, 133.
358 BPatG, Mitt. 1971, 110.
359 OLG Frankfurt, GRUR 1997, 52, 53.
360 BGH, GRUR 1974, 93, 94 – Räuber.
361 BPatG, GRUR 2005, 56, 57.
362 BPatG, GRUR 2002, 438, 441.
363 BPatGE 40, 26, 31.
364 BPatG, GRUR 1996, 247, 248.
365 BPatGE 23, 74, 77.

geren Marke eine *Unternehmenskennzeichnung* oder ein *Stammbestandteil von Serienzeichen* hinzugefügt wird und auf diese Weise der Eindruck erweckt wird, auch das ältere Zeichen gehöre zu dieser *Markenfamilie*. Das BPatG hat die Frage, ob diese Fallgestaltung von dem Tatbestand umfasst wird, dass die Marken gedanklich in Verbindung gebracht werden, dem EuGH zur Vorabentscheidung vorgelegt.[366] Letztlich handelt es sich dabei um die gleiche Fallgestaltung, zu der der EuGH bereits entschieden hat, dass auch eine unmittelbare Verwechslungsgefahr in Betracht komme (vgl. o. Rn. 133), während das BPatG, ausgehend von der Prägetheorie, im entschiedenen Fall eine unmittelbare Verwechslungsgefahr verneint hat, da der Gesamteindruck des jüngeren Zeichens T-Flexitel durch den bekannten T-Bestandteil mitgeprägt werde.[367]

172 Ungeachtet der Vielzahl von Entscheidungen, in denen eine Verwechslungsgefahr nach dem Sinnzusammenhang bejaht wurde, ist bei dieser Fallgruppe doch Zurückhaltung geboten. Dass die Zeichen ihrem Sinngehalt nach aufeinander bezogen sind, muss sich dem Verkehr jedenfalls *ohne Weiteres erschließen*.[368] Die Abgrenzung, ob Zeichen *nach ihrem Sinngehalt aufeinander bezogen* sind oder ob sich lediglich eine allgemeine, *für eine Verwechslungsgefahr nicht ausreichende Assoziation* einstellt (s. o. Rn. 158), bereitet im Einzelfall Schwierigkeiten. So erging die Entscheidung „Zwilling/Zweibrüder" gegen zwei anders lautende Urteile in den Vorinstanzen und vermag auch nicht voll zu überzeugen.

173 Der eine Verwechslungsgefahr begründende Sinnzusammenhang zwischen zwei Marken kann sich auch aus Bildbestandteilen ergeben. So wurde das für Beerenweine angemeldete Wortzeichen „BEERENHEXE" mit einem für Heidelbeerwein eingetragenen Wortbildzeichen mit dem Wortbestandteil „Waldhexe" für mittelbar verwechselbar erachtet, da die bildliche Darstellung einer Hexe mit einem beerengefüllten Korb den Sinngehalt einer „beerensammelnden Hexe" vermittelte.[369] Ein Bildbestandteil kann einer Verwechslungsgefahr aber auch entgegenwirken. So wurde die Wort-/Bildmarke „MILAN 1899", deren Bildbestandteil den typischen Eindruck des Emblems eines Fußballvereins vermittelt, weshalb „Milan" als Hinweis auf die Stadt Mailand verstanden wird, mit einer Wortmarke „MILAN" für verwechselbar erachtet, nicht aber mit einer Wort-/Bildmarke, die neben dem Wortbestandteil „MILAN" das Bild eines Raubvogels zeigt und damit auf die weitere Bedeutung des Wortes „Milan" als Bezeichnung einer Vogelart hinweist.[370]

174 In der älteren Rechtsprechung wurde eine mittelbare Verwechslungsgefahr zuweilen auch angenommen, wenn ein Zeichen als eine *verkürzte oder modernisierte Fassung* der älteren Marke erscheinen konnte: z. B. UFAC als Straffung von ULTRA-FAC[371]; Sletten als Straf-

---

366 BPatG, GRUR 2003, 64 – T-Flexitel/Flexitel.
367 Vgl. dazu auch BPatG, GRUR 2003, 70, 74 – T-Innova/Innova, wo die Frage aber nicht entscheidungserheblich war, da die ältere Marke Innova auch Unternehmenskennzeichen war und daher eine Verwechslungsgefahr im weiteren Sinne angenommen wurde; s. u. Rn. 178.
368 Vgl. BGH, WRP 2004, 1046, 1050 = GRUR 2004, 779, 782 – Zwilling/Zweibrüder, Verwechslungsgefahr trotz bekannter Marke und identischer Waren verneint, da nur geringe Übereinstimmung im begrifflichen Zeicheninhalt und unterschiedliche Zeichenbildung; WRP 1999, 855, 857 = GRUR 1999, 735, 737 – MONOFLAM/POLYFLAM, Verwechslungsgefahr für pharmazeutische Erzeugnisse verneint, da der Gegensatzcharakter der Markenbestandteile „Mono" und „Poly" nur Personen mit gehobener Bildung geläufig ist.
369 BPatGE 22, 214, 220.
370 BPatG, GRUR 1997, 654, 657 – MILAN.
371 BPatGE 22, 173.

Schweyer

fung von Salzletten[372]; Albiose als Straffung von Aletobiose[373]. Auch bei *Verkleinerungen* wurde teils eine mittelbare Verwechslungsgefahr angenommen: Marina, verwechselbar mit Marinella[374]; anders dagegen Rollinos, nicht verwechselbar mit Rolo[375]. Ob in diesen Fällen auch unter dem geltenden Recht eine Verwechslungsgefahr anzunehmen ist, erscheint eher zweifelhaft. Eine gedankliche Verbindung drängt sich hier nicht unbedingt auf, und der BGH hat in einem Fall, in dem das Berufungsgericht bei einer *abgewandelten Bildmarke* eine mittelbare Verwechslungsgefahr im weiteren Sinne bejaht hatte, den Gesichtspunkt einer modernisierenden Abwandlung überhaupt nicht angesprochen, sondern lediglich auf die nicht gegebenen Voraussetzungen einer Verwechslungsgefahr unter dem Gesichtspunkt des Serienzeichens und einer Verwechslungsgefahr im weiteren Sinne abgestellt.[376]

d) Verwechslungsgefahr im weiteren Sinne

Von einer Verwechslungsgefahr im weiteren Sinne spricht man, wenn der Verkehr zwischen zwei sich gegenüberstehenden Zeichen unterscheidet und sie darüber hinaus unterschiedlichen Unternehmen zuordnet, wenn er aber gleichwohl aufgrund der Ähnlichkeit der sich gegenüberstehenden Waren/Dienstleistungen und bestehender Übereinstimmungen zwischen den Zeichen zu der unzutreffenden Annahme gelangt, zwischen den Ursprungsunternehmen bestünden *wirtschaftliche oder organisatorische Beziehungen*. **175**

Die Rechtsfigur der Verwechslungsgefahr im weiteren Sinne wurde im *Firmenrecht* entwickelt, wo sich unmittelbar auf das Unternehmen hinweisende Kennzeichnungen gegenüberstehen, so dass, wenn die Kennzeichnungen voneinander unterschieden werden, damit zugleich auch die so gekennzeichneten Unternehmen voneinander unterschieden werden (vgl. § 15 Rn. 14). Im *Markenrecht* kommt dieser Rechtsfigur schon deshalb *geringere Bedeutung* zu, weil bei Marken, die zwar voneinander unterschieden, aber aufgrund bestehender Übereinstimmungen für zusammengehörig erachtet werden, zunächst die Annahme naheliegt, es handle sich um verschiedene Zeichen desselben Unternehmens (mittelbare Verwechslungsgefahr). Nur wenn der Verkehr Grund zu der Annahme hat, dass es sich um Zeichen verschiedener Unternehmen handelt, besteht überhaupt eine Veranlassung, eine Verwechslungsgefahr im weiteren Sinne zu prüfen. **176**

Die Rechtsprechung bejaht eine Verwechslungsgefahr im weiteren Sinne bei Marken aber nur dann, wenn es sich bei der prioritätsälteren Marke *zugleich um eine Firmenkennzeichnung* handelt.[377] Begründet wird dies damit, dass es nicht üblich sei, durch ähnlich gebildete Marken auf wirtschaftliche oder organisatorische Verbindungen zwischen zwei Unternehmen hinzuweisen, so dass keine Veranlassung bestehe, solche Verbindungen zu vermuten, wenn der Verkehr die Zeichen ungeachtet einer bestehenden Warennähe auseinander **177**

---

372 BPatGE 6, 127.
373 BPatGE 5, 185.
374 BPatGE 2, 135.
375 BPatG, Mitt. 1983, 58.
376 BGH, WRP 2000, 529, 531 = GRUR 2000, 608, 609 f. – ARD-1.
377 Vgl. BGH, WRP 2004, 907, 909 = GRUR 2004, 598, 599 – Kleiner Feigling; WRP 2000, 529, 531 = GRUR 2000, 608, 610 – ARD-1; BGH, WRP 1991, 231, 233 = GRUR 1991, 317, 318 – MEDICE; BGH, GRUR 1977, 491, 493 – ALLSTAR.

hält.[378] Allerdings kann auch eine *Bildmarke*, die zugleich als Unternehmenskennzeichen verwendet wird, eine Verwechslungsgefahr im weiteren Sinne begründen, wenn sie von einem anderen Unternehmen i. V. m. einer eigenen Firmenkennzeichnung benutzt wird.[379]

178 *Bejaht* wurde eine Verwechslungsgefahr im weiteren Sinne danach beispielsweise zwischen der u. a. für Schuhe eingetragenen Marke „Mustang" und einer ebenfalls für Schuhe eingetragenen Wort-/Bildmarke, die neben vielen anderen Bestandteilen den klein gedruckten Hinweis „by Mustang" beinhaltete[380], zwischen einer auch als Firmenschlagwort benutzten Marke „Innova" und dem Zeichen T-INNOVA bei teils identischen, teils ähnlichen Waren/Dienstleistungen[381], zwischen dem für Outdoor-Bekleidung geschützten Tatzensymbol der Firma Jack Wolfskin und dessen Verwendung mit der eine Zeitung kennzeichnenden Aufschrift „taz" für von dieser Zeitung verteilte Werbegeschenke[382], zwischen der Marke „ELEKTROSTAR" für Staubsauger und dem Zeichen „ALLSTAR" für Staubsaugerdüsen[383], zwischen der für Arzneimittel eingetragenen Marke „MEDICE" und dem Zeichen „MEDICAID" für wissenschaftliche Dienstleistungen auf dem Gebiet der Medizin und Pharmazie[384] und zwischen der Marke „Farina" und dem Zeichen „Farinissima", jeweils für Kosmetika, unter Berücksichtigung des Umstands, dass es mehrere miteinander im Wettbewerb stehende „Farina"-Firmen gibt, die sich durch Zusatzbezeichnungen voneinander abgrenzen, so dass der Verkehr, wenn ihm der Superlativ „Farinissima" in Alleinstellung begegne, zwangsläufig gedankliche Verbindungen zu diesen „Farina"-Firmen herstelle. *Verneint* wurde eine Verwechslungsgefahr im weiteren Sinne beispielsweise bei der für alkoholfreie Getränke und Mineralwasser eingetragenen Marke „FANTA" und einem für Schaumweine bestimmten Zeichen „FAN", weil es schon an der Voraussetzung fehlte, dass die Marke zugleich als Firmenkennzeichen in Gebrauch war,[385] zwischen einer Marke „Fontana Stuttgart" als Name eines Hotels und einem Zeichen „fontana Getränkemarkt" für alkoholische und nichtalkoholische Getränke, wegen der erheblichen Branchenferne zwischen einem Hotel und einem Getränkemarkt,[386] sowie zwischen der Marke „McDonald's" für Schnellrestaurants und einem Zeichen „McPaint" für Farben, Lacke, ebenfalls wegen nicht gegebener Waren- bzw. Branchennähe und auch nicht gegebener Zeichenähnlichkeit;[387] diese Entscheidung wendet sich auch gegen einen allenfalls wettbewerbsrechtlich zu begründenden Schutz für ein *Markenbildungsprinzip* ohne Rücksicht auf das Bestehen einer Verwechslungsgefahr oder der Voraussetzungen für einen erweiterten markenrechtlichen Schutz nach § 14 Abs. 2 Nr. 3 MarkenG. Ebenfalls wegen nicht gegebener Zeichenähnlichkeit wurde eine Verwechslungsgefahr[388] im weiteren Sinne auch zwischen der grafisch gestalteten 1 des Senders ARD und der nur entfernt ähnlich gestalteten 1 des Senders Kabel 1 verneint.[389] Auch zwischen der älteren Marke SIERRA ANTI-

---

378 BGH, GRUR 1978, 170, 172 – FAN.
379 Vgl. OLG Hamburg, GRUR 2003, 211, 213 – Jack Wolfskin.
380 BGH, WRP 2004, 1281 = GRUR 2004, 867 – Mustang.
381 BPatG, GRUR 2003, 70, 75 – T-INNOVA/Innova.
382 OLG Hamburg, GRUR 2003, 211, 213 – Jack Wolfskin.
383 BGH, GRUR 1977, 491, 493 – ALLSTAR.
384 BGH, WRP 1991, 231, 233 = GRUR 1991, 317, 319 – MEDICE.
385 BGH, GRUR 1978, 170, 172 – FAN.
386 BPatG, GRUR 1996, 419, 420 – Fontana.
387 OLG Düsseldorf, WRP 1997, 588, 590, 592 – McPaint.
388 BPatG, GRUR 1978, 50, 51 – Farina.
389 BGH, WRP 2000, 529, 531 = GRUR 2000, 608, 610 – ARD-1.

GUO und der jüngeren Marke 1800 ANTIGUO fehlte es schon an der Zeichenähnlichkeit.[390] Eine *parodistische Anlehnung* an eine ältere Marke spricht im Allgemeinen nicht für eine Unternehmensverbindung, weshalb eine Verwechslungsgefahr zwischen einer für Zeitschriften geschützten Wort-/Bildmarke „SUPERMAN" und einem ebenfalls für Zeitschriften bestimmten Wort-Bild-Zeichen „SUPER-MEIER" mit der Darstellung einer die bekannte Comic-Figur SUPERMAN parodierenden Witzfigur verneint wurde.[391]

4. Schutz der bekannten Marke (§ 14 Abs. 2 Nr. 3)

a) Allgemeines

Dass einer bekannten Marke aus Rechtsgründen ein erweiterter Schutz zuzubilligen ist, findet bereits bei der Beurteilung der Verwechslungsgefahr Berücksichtigung, indem bei Marken mit einer durch Benutzung gesteigerten Kennzeichnungskraft geringere Anforderungen an die Ähnlichkeit der einander gegenüberstehenden Waren/Dienstleistungen bzw. der einander gegenüberstehenden Zeichen gestellt werden, um eine Verwechslungsgefahr anzunehmen. Wenn sich die einander gegenüberstehenden Waren/Dienstleistungen aber *gänzlich unähnlich* sind, kommt eine Verwechslungsgefahr nach § 14 Abs. 2 Nr. 2 nicht in Betracht. § 14 Abs. 2 Nr. 3 erweitert nun den Schutz einer im Inland bekannten Marke dergestalt, dass diese auch Schutz gegen die Benutzung eines mit der Marke identischen oder ihr ähnlichen Zeichens für Waren oder Dienstleistungen genießt, die nicht denen ähnlich sind, für die die Marke Schutz genießt, wenn durch die Benutzung des Zeichens die *Unterscheidungskraft* oder die *Wertschätzung* der bekannten Marke ohne rechtfertigenden Grund in unlauterer Weise *ausgenutzt* oder *beeinträchtigt* wird. **179**

§ 14 Abs. 2 Nr. 3 betrifft seinem Wortlaut nach nur die Benutzung eines mit der Marke identischen oder ihr ähnlichen Zeichens für Waren oder Dienstleistungen, die denen, für die die Marke Schutz genießt, nicht ähnlich sind. Bei einer *Benutzung für ähnliche Waren oder Dienstleistungen* wird im Allgemeinen Verwechslungsgefahr gegeben sein, so dass es des erweiterten Schutzes nach § 14 Abs. 2 Nr. 3 nicht bedarf. Es gibt aber auch Fälle, in denen eine Verwechslungsgefahr nicht in Betracht kommt, gleichwohl aber eine *Beeinträchtigung der bekannten Marke* i. S. d. § 14 Abs. 2 Nr. 3 gegeben ist. Für diesen Fall hat der EuGH entschieden, dass der § 14 Abs. 2 Nr. 3 entsprechende Art. 5 Abs. 2 Markenrechtsrichtlinie keine Auslegung erfahren dürfe, die zur Folge hätte, dass bekannte Marken im Fall einer Benutzung eines Zeichens für identische oder ähnliche Waren oder Dienstleistungen in geringerem Maße geschützt wären als im Fall der Benutzung für nichtähnliche Waren oder Dienstleistungen.[392] Der EuGH hat dies in einer nachfolgenden Entscheidung auch noch einmal bestätigt und klargestellt, dass der erweiterte Schutz nach Art. 5 Abs. 2 Markenrechtsrichtlinie *keine Verwechslungsgefahr* voraussetzt. Es genüge, dass der Grad der Ähnlichkeit zwischen der bekannten Marke und dem kollidierenden Zeichen bewirke, dass die beteiligten Verkehrskreise das Zeichen und die Marke *gedanklich miteinander verknüpfen*.[393] Unter einer solchen *gedanklichen Verknüpfung* versteht der EuGH offenbar *Assoziationen an die bekannte Marke*, die nicht notwendigerweise eine Verwechslungs- **180**

---

390 BGH, WRP 2008, 1342, 1344 Tz. 31 = GRUR 2008, 903, 905 – SIERRA ANTIGUO.
391 BPatG, GRUR 1989, 266, 268 – SUPER-MEIER.
392 EuGH, GRUR 2003, 240, 242 – Davidoff/Gofkid.
393 EuGH, GRUR 2004, 58, 60 – Adidas/Fitnessworld.

gefahr begründen, während die *gedankliche Verbindung* i. S. d. § 14 Abs. 2 Nr. 2 ja einen Unterfall der Verwechslungsgefahr darstellt (s. o. Rn. 156).

181 Das frühere Recht kannte keine dem § 14 Abs. 2 Nr. 3 entsprechende Regelung. Der in der Rechtsprechung entwickelte *Schutz berühmter Marken* gegen eine Verwässerung ihrer auf Alleinstellung beruhenden starken Werbewirkung fußte auf Rechtsnormen außerhalb des Warenzeichengesetzes. Er wurde unter dem Gesichtspunkt des Eingriffs in den eingerichteten und ausgeübten Gewerbebetrieb aus §§ 1004, 823 Abs. 1 BGB gewährt und, soweit es sich bei der berühmten Marke um einen Namen handelte, auch aus § 12 BGB. Dabei wurde stets betont, dass es sich um einen Ausnahmetatbestand handele, der nur unter engen Voraussetzungen in Betracht komme.[394] Eine *unlautere Rufausbeutung* erfüllte den Tatbestand des § 1 UWG, dessen Anwendung aber ein Wettbewerbsverhältnis voraussetzte. Hier entwickelte die Rechtsprechung erstmals in der Entscheidung „Rolls-Royce"[395] die Formel, dass es für die Annahme eines Wettbewerbsverhältnisses bei der Rufausbeutung genüge, wenn die Parteien hinsichtlich der Nutzung des Rufs der bekannten Marke zu Werbezwecken miteinander in Wettbewerb stünden.[396] Damit konnte einer unlauteren Ausnutzung des Rufs bekannter Marken mit § 1 UWG wirksam Einhalt geboten werden. Dieser Schutz setzte auch nicht die *überragende Verkehrsgeltung* einer berühmten Marke voraus (mindestens 80 %, wobei eine höhere Bekanntheit in den eigentlichen Käuferkreisen mit zu berücksichtigen war[397]), sondern er wurde bereits bei einem geringeren Bekanntheitsgrad gewährt (30 % jedenfalls dann ausreichend, wenn die wirtschaftliche Verwertbarkeit des Rufs noch durch andere Umstände positiv beeinflusst wurde[398]).

182 Nunmehr stellt § 14 Abs. 2 Nr. 3 eine *umfassende spezialgesetzliche Regelung* dar, mit der der vor Inkrafttreten des MarkenG in der Rechtsprechung entwickelte Schutz bekannter Marken fixiert und ausgebaut werden sollte. Diese Regelung ist an die Stelle des bis dahin von der Rechtsprechung entwickelten Schutzes getreten und lässt in ihrem Anwendungsbereich für eine gleichzeitige Anwendung des UWG oder des § 823 BGB grundsätzlich keinen Raum.[399] § 14 Abs. 2 Nr. 3 gewährt nicht nur *Schutz gegen eine Verwässerung*, sondern er erfasst *jede Beeinträchtigung der Unterscheidungskraft oder der Wertschätzung* der bekannten Marke und damit insbesondere auch die Fälle einer *Markenverunglimpfung*. Er setzt auch keine berühmte Marke i. S. d. früheren Rechtsprechung voraus, sondern übernimmt den *Begriff* der „bekannten" Marke in Art. 5 Abs. 2 Markenrechtsrichtlinie, der nunmehr für die Rufausnutzung und -beeinträchtigung einheitlich zu definieren ist. Bei der Rufausbeutung erfasst § 14 Abs. 2 Nr. 3 jede Konstellation, bei der der Ruf einer Marke auf unlautere Weise für ein anderes Produkt oder eine andere Dienstleistung ausgenutzt werden soll, ohne Rücksicht auf ein bestehendes Wettbewerbsverhältnis. In dem Tatbestandsmerkmal „ohne rechtfertigenden Grund in unlauterer Weise" kommt aber zum Ausdruck, dass es sich gleichwohl um einen eher wettbewerbsrechtlichen Tatbestand handelt, bei dessen Ausfüllung auf die bisher in der Rechtsprechung entwickelten Beurteilungskri-

---

394 BGH, WRP 1991, 568, 570 = GRUR 1991, 863, 865 f. – Avon; GRUR 1987, 711, 713 – Camel Tours; GRUR 1966, 623 – Kupferberg; GRUR 1959, 182, 186 – Quick.
395 BGH, GRUR 1983, 247, 249.
396 Vgl. a. BGH, GRUR 1985, 550, 552 – DIMPLE; GRUR 1988, 453, 454 – Ein Champagner unter den Mineralwässern; WRP 1991, 228, 229 = GRUR 1991, 465, 466 – Salomon.
397 Vgl. BGH, WRP 1991, 568, 572 = GRUR 1991, 863, 867 – Avon.
398 Vgl. BGH, GRUR 1985, 550, 552 – DIMPLE.
399 BGH, WRP 1998, 1181, 1182 = GRUR 1999, 161, 162 – MAC Dog.

terien zurückgegriffen werden kann. Trotz einer möglichen Ausnutzung der Wertschätzung einer bekannten Marke erfasst § 14 Abs. 2 Nr. 3 nicht den Fall, dass ein *rechtmäßig erworbenes Markenerzeugnis* vom Erwerber zu Werbezwecken zusätzlich mit der *eigenen Kennzeichnung* versehen wird. Das Recht an der bekannten Marke ist in diesem Fall *erschöpft* (§ 24), weshalb sich der Markeninhaber einer solchen Benutzung auch nicht aus berechtigten Gründen widersetzen kann (§ 24 Abs. 2). Im Ergebnis Entsprechendes kommt in Fallgestaltungen in Betracht, in denen das so gekennzeichnete Erzeugnis weiterveräußert oder im Rahmen eines Preisrätsels ausgelobt wird.[400] Berechtigte Gründe i.S.d. § 24 Abs. 2 können sich in derartigen Fallgestaltungen allerdings aus den konkreten Umständen des Sachverhalts ergeben.

b) Bekannte Marke

Voraussetzung des erweiterten Schutzes nach § 14 Abs. 2 Nr. 3 ist, dass es sich um eine *im Inland bekannte Marke* handelt. Ob dieses Merkmal rein *quantitativ* zu verstehen ist oder ob auch *qualitative* Anforderungen im Sinne eines guten Rufes erfüllt sein müssen, ist strittig.[401] Beide Auffassungen können sich auf den Wortlaut des § 14 Abs. 2 Nr. 3 berufen, indem man entweder darauf abstellt, dass der Tatbestand offenbar voraussetzt, dass einer bekannten Marke auch Wertschätzung entgegengebracht wird, oder aber darauf, dass dieses Kriterium nur alternativ zur Unterscheidungskraft genannt wird. Der EuGH hat sich, was die Auslegung des Art. 5 Abs. 2 Markenrechtsrichtlinie betrifft, eindeutig gegen eine Definition der Bekanntheit allein nach bestimmten Prozentsätzen ausgesprochen. Danach ist der erforderliche Bekanntheitsgrad als erreicht anzusehen, wenn die ältere Marke einem *bedeutenden Teil des Publikums* bekannt ist, das von den durch diese Marke erfassten Waren oder Dienstleistungen *betroffen* ist, wobei das nationale Gericht bei der Prüfung dieser Voraussetzung *alle relevanten Umstände des Falls* zu berücksichtigen hat, also insbesondere den Marktanteil der Marke, die Intensität, die geografische Ausdehnung und die Dauer ihrer Benutzung sowie den Umfang der Investitionen, die das Unternehmen zu ihrer Förderung getätigt hat.[402] Diese bei der Beurteilung der Bekanntheit zu berücksichtigenden Umstände stellen aber keine qualitativen Kriterien im Sinne einer *besonderen Wertschätzung* der Marke dar, wie sie nach früherer Rechtsprechung sowohl für den Schutz der berühmten Marke[403] als auch für den Tatbestand der Rufausbeutung nach § 1 UWG[404] gefordert wurde. Die Wertschätzung der Marke spielt erst eine Rolle, wenn es um deren Beeinträchtigung oder Ausnutzung geht; sie stellt keine allgemeine Voraussetzung für den Schutz der bekannten Marke dar.[405]

183

---

400 OLG Frankfurt, GRUR-RR 2003, 99, 100 – Ferrari als Hauptpreis; vom BGH, WRP 2006, 470 = GRUR 2006, 329 – Gewinnfahrzeug mit Fremdemblem, bestätigt.

401 Dafür z.B. Begründung des Gesetzentwurfs, BlPMZ Sonderheft 1994, 66; *Fezer*, § 14 Rn. 758 ff.; dagegen *Ingerl/Rohnke*, § 14 Rn. 1338.

402 EuGH, MarkenR 1999, 388, 390 Tz. 26, 27 – Chevy; ebenso zu § 14 Abs. 2 Nr. 3 BGH, WRP 2003, 647, 652 = GRUR 2003, 428, 432 – BIG BERTHA; WRP 2002, 330, 332 = GRUR 2002, 340, 341 – Fabergé; vgl. a. EuGH, GRUR Int. 1999, 727, 731 Tz. 51 – Chiemsee, zu der verwandten Frage, welche Bekanntheit für die Verkehrsdurchsetzung einer von Haus aus nicht unterscheidungskräftigen Marke erforderlich ist.

403 Vgl. BGH, WRP 1991, 568, 573 = GRUR 1991, 863, 867 – Avon.

404 Vgl. BGH, GRUR 1985, 550, 552 – DIMPLE; vgl. a. *Sack*, GRUR 1995, 81, 86.

405 Vgl. a. *Ingerl/Rohnke*, § 14 Rn. 1338.

184 Wenngleich nunmehr bei der Feststellung der Bekanntheit alle relevanten Umstände zu berücksichtigen sind, wird doch weiterhin ein prozentualer Bekanntheitsgrad zu ermitteln sein. Die zusätzliche Berücksichtigung weiterer Kriterien erfordert aber eine flexible Handhabung des für den erweiterten Schutz nach § 14 Abs. 2 Nr. 3 erforderlichen Bekanntheitsgrades.[406] Fest steht, dass eine überragende Verkehrsgeltung i. S. d. Rechtsprechung zur berühmten Marke nicht mehr gefordert werden kann. Es genügt vielmehr eine deutlich niedrigere Bekanntheit, wie sie der zu § 1 UWG ergangenen Rechtsprechung zur Rufausbeutung zugrunde gelegt wurde. Dort lag der kritische Schwellenbereich etwa zwischen 30 und 40 %.[407] Unter Berücksichtigung der Umstände des Einzelfalls können aber auch weniger als 30 % der beteiligten Verkehrskreise einen bedeutenden Teil des Publikums ausmachen.

185 Die Bekanntheit muss nicht in der Gesamtbevölkerung gegeben sein, sondern, auch wenn dies aus dem Gesetz nicht eindeutig hervorgeht, nur *innerhalb der beteiligten Verkehrskreise*.[408] Es sind dies – ebenso wie bei der Verkehrsgeltung i. S. d. § 4 Nr. 2 und der Verkehrsdurchsetzung i. S. d. § 8 Abs. 3 – die Kreise, die *als Abnehmer für die unter der Marke vertriebenen Waren bzw. Dienstleistungen in Betracht kommen*.[409] Dabei genügt es, wenn eine für mehrere Waren/Dienstleistungen geschützte Marke bei den für *eine* Ware oder Dienstleistung in Betracht kommenden Abnehmern über die erforderliche Bekanntheit verfügt; es darf dann aber auch nur *diese* Ware oder Dienstleistung bei der Prüfung der weiteren Tatbestandsvoraussetzungen des § 14 Abs. 2 Nr. 3 zugrunde gelegt werden. Entgegen einer teilweise vertretenen Auffassung[410] kommt es bei der Prüfung der Bekanntheit als Schutzvoraussetzung auf die Abnehmer der Waren/Dienstleistungen, für die das *kollidierende* Zeichen benutzt wird, nicht an.[411] Dass die Marke auch in diesen Abnehmerkreisen über eine gewisse Bekanntheit verfügt, wird aber regelmäßig Voraussetzung für die weiteren Tatbestandsvoraussetzungen des § 14 Abs. 2 Nr. 3 sein (s. u. Rn. 193, 201).

186 Fraglich ist, ob bei einer Marke von *ursprünglich schwacher Kennzeichnungskraft* erhöhte Anforderungen an die Bekanntheit zu stellen sind. Wenn etwa ein schutzunfähiges Zeichen nur aufgrund Verkehrsdurchsetzung zur Eintragung gelangt (§ 8 Abs. 3) oder kraft Verkehrsgeltung Schutz genießt (§ 4 Nr. 2), gelangt damit erst der *normale*, auf *ähnliche* Waren/Dienstleistungen begrenzte Schutz gegen verwechselbare Bezeichnungen zur Entstehung. Dass die gleiche Bekanntheit ausreichen sollte, um der Marke auch den *erweiterten* Schutz nach § 14 Abs. 2 Nr. 3 zuzubilligen, erscheint nicht ohne Weiteres plausibel.[412] Es ist aber andererseits zu berücksichtigen, dass eine von Haus aus nicht unterscheidungskräftige Bezeichnung nur infolge intensiver Benutzung Unterscheidungskraft erlangt und damit bereits in diesem Moment einen Besitzstand darstellt, der den einerseits erweiterten, andererseits aber auch an andere Voraussetzungen geknüpften Schutz nach § 14 Abs. 2

---

406 Vgl. a. *Starck*, MarkenR 2000, 73, 75.
407 Vgl. BGH, GRUR 1985, 550 – DIMPLE; WRP 1991, 228, 230 = GRUR 1991, 465 – Salomon.
408 EuGH, MarkenR 1999, 388, 390 Tz. 24 – Chevy; BGH, WRP 2003, 647, 653 = GRUR 2003, 428, 433 – BIG BERTHA.
409 BGH, WRP 2003, 647, 653 = GRUR 2003, 428, 433 – BIG BERTHA; vgl. a. § 4 Rn. 9, § 8 Rn. 235 f.
410 *Schweer*, S. 114; missverständlich auch BGH, WRP 1991, 228, 230 = GRUR 1991, 465, 466 – Salomon.
411 Vgl. a. EuGH, MarkenR 1999, 388, 390 Tz. 24 – Chevy.
412 Zweifelnd auch *Ingerl/Rohnke*, § 14 Rn. 1314.

Nr. 3 rechtfertigt. Dementsprechend lehnt auch die Begründung zum Gesetzentwurf zu § 9 eine kategorische Abgrenzung zwischen Verkehrsdurchsetzung und Bekanntheit i. S. v. § 9 Abs. 1 Nr. 3 ausdrücklich ab. Auch die Rechtsprechung des EuGH lässt keine Differenzierung zwischen der für eine Verkehrsdurchsetzung und der für Art. 5 Abs. 2 Markenrechtsrichtlinie erforderlichen Bekanntheit erkennen (vgl. o. Rn. 183).

In *territorialer Hinsicht* besagt das Merkmal, wonach es sich um eine *im Inland* bekannte Marke handeln muss, nicht, dass die Bekanntheit sich auf das Gesamtgebiet der Bundesrepublik Deutschland erstrecken müsste. Der EuGH hat zur Auslegung von Art. 5 Abs. 2 Markenrechtsrichtlinie entschieden, dass es vielmehr genüge, wenn die Marke in einem *wesentlichen Teil eines Mitgliedstaats* Bekanntheit genießt.[413] Eine nur regionale Bekanntheit kann sich aber insofern auf die Beurteilung auswirken, als damit auch nur in begrenztem Umfang eine Rufausbeutung in Betracht kommt.[414]   **187**

Dass es sich um eine *im Inland bekannte* Marke handeln muss, setzt nicht notwendig voraus, dass die Bekanntheit auch auf einer *Benutzung im Inland* beruht. Wenngleich dies nur in Ausnahmefällen in Betracht kommen wird, ist es doch durchaus denkbar, dass eine Marke z. B. durch Berichterstattung in den Medien bereits inländische Bekanntheit erlangt, ehe sie im Inland benutzt wird.[415]   **188**

Die in der Praxis weiterhin bedeutsamen Feststellungen zur prozentualen Bekanntheit einer Marke in den maßgeblichen Verkehrskreisen werden sich i. d. R. nur auf der Grundlage eines *demoskopischen Gutachtens* treffen lassen. Das bedeutet aber nicht, dass Umfrageergebnisse stets unkritisch zu übernehmen sind oder dass nicht auch zurückliegende oder in anderem Zusammenhang eingeholte Umfragen als Grundlage für die gerichtliche Feststellung eines mindestens gegebenen Bekanntheitsgrades dienen können. Andererseits kann das Gericht eine Beweiserhebung über die Bekanntheit einer Marke auch ablehnen, wenn dafür keine hinreichenden Tatsachen vorgetragen werden oder der Tatsachenvortrag es ausgeschlossen erscheinen lässt, dass die Marke über die erforderliche Bekanntheit verfügt.   **189**

Was den *maßgeblichen Zeitpunkt* für die Bekanntheit betrifft, kann auf die Ausführungen zur gesteigerten Kennzeichnungskraft (o. Rn. 154) verwiesen werden. Wenn die *kollidierende Bezeichnung ihrerseits Schutz* genießt, muss die Bekanntheit bereits zu dem Zeitpunkt gegeben sein, *zu dem das kollidierende Recht begründet wurde*; sie muss außerdem noch bis zur Gegenwart fortdauern. Einen *Anwartschaftsschutz* für eine Marke, die die erforderliche Bekanntheit noch nicht erreicht hat, gibt es nicht. In Ausnahmefällen kann die Anlehnung an eine noch nicht hinreichend bekannte Kennzeichnung aber einen Verstoß gegen § 1 UWG a. F. – jetzt § 3 UWG – darstellen.[416]   **190**

c) Beeinträchtigung der Unterscheidungskraft

Bei der *Beeinträchtigung der Unterscheidungskraft* der bekannten Marke geht es um den *Verwässerungsschutz*, wie er nach früherem Recht nur der berühmten Marke zugebilligt wurde. Unterscheidungskraft ist hier gleichbedeutend mit der bei der Verwechslungsgefahr   **191**

---

413 EuGH, MarkenR 1999, 388, 390 Tz. 28 – Chevy; ebenso EuGH, GRUR 2009, 1158, 1159 Tz. 28 – PAGO/Tirolmilch.
414 Vgl. dazu BGH, WRP 1991, 228, 230 = GRUR 1991, 465, 466 – Salomon.
415 Ebenso *Ingerl/Rohnke*, § 14 Rn. 1322.
416 Vgl. hierzu BGH, WRP 1997, 748, 750 = GRUR 1997, 754, 755 – Grau/Magenta.

zu berücksichtigenden *Kennzeichnungskraft* zu verstehen, also nicht nur die ursprüngliche Unterscheidungskraft i. S. v. § 8 Abs. 2 Nr. 1.[417] Gerade solche Marken, die ihre Kennzeichnungskraft nur ihrer Verkehrsdurchsetzung verdanken, können durch Drittbenutzungen leicht an Unterscheidungskraft einbüßen.

192 Eine Beeinträchtigung der Unterscheidungskraft der bekannten Marke kommt insbesondere in Betracht, wenn es sich bei dem kollidierenden Zeichen um ein *identisches* oder zumindest *in den charakteristischen Merkmalen mit der bekannten Marke übereinstimmendes Zeichen* handelt.[418] Zwar beurteilt sich die Zeichenähnlichkeit in § 14 Abs. 2 Nr. 3 nach denselben Maßstäben, wie sie bei der Beurteilung der Verwechslungsgefahr nach § 14 Abs. 2 Nr. 2 anzulegen sind,[419] doch wird der Verkehr in Anbetracht der in § 14 Abs. 2 Nr. 3 vorausgesetzten Unähnlichkeit der sich gegenüberstehenden Waren/Dienstleistungen nur ein *weitgehend identisches* Zeichen derart mit der bekannten Marke in Verbindung bringen, dass die Unterscheidungskraft darunter leiden könnte. Etwas anderes gilt aber bei der vom EuGH geforderten erweiterten Anwendung des § 14 Abs. 2 Nr. 3 auf Fälle, in denen sich ähnliche Waren/Dienstleistungen gegenüberstehen, eine Verwechslungsgefahr aber nicht gegeben ist (s. o. Rn. 180). Hier bedarf es einer flexibleren, auch dem Grad der Ähnlichkeit zwischen den Waren/Dienstleistungen Rechnung tragenden Beurteilung. Danach kommt eine Beeinträchtigung der Unterscheidungskraft der bekannten Marke bereits in Betracht, wenn zwischen der bekannten Marke und dem kollidierenden Zeichen ein Grad der Ähnlichkeit besteht, der bewirkt, dass die beteiligten Verkehrskreise das Zeichen und die Marke gedanklich miteinander verknüpfen.[420]

193 Weitere Voraussetzung ist, dass sich die Zeichen *im Verkehr begegnen*, d. h., das *kollidierende Zeichen* muss *von den Verkehrskreisen, in denen die ältere Marke Bekanntheit genießt*, zumindest *wahrgenommen* werden. Dies setzt nicht notwendig voraus, dass diese Verkehrskreise auch als Abnehmer der unter dem kollidierenden Zeichen vertriebenen Waren/Dienstleistungen in Betracht kommen. Schon durch bloße *Wahrnehmung* der unter dem kollidierenden Zeichen angebotenen Waren/Dienstleistungen, insbesondere der dafür betriebenen Werbung, kann die Unterscheidungskraft der bekannten Marke Schaden nehmen. Auch dieser Gesichtspunkt fand bereits in der früheren Rechtsprechung Berücksichtigung, wo gefordert wurde, dass die Bekanntheit der berühmten Marke in die Abnehmerkreise des kollidierenden Zeichens *ausstrahlen* müsse.[421] Nachdem der Schutz der bekannten Marke aber nicht mehr die Bekanntheit in der Gesamtbevölkerung voraussetzt, wie dies bei der berühmten Marke der Fall war, erscheint es sachgerechter, hier auf die *Wahrnehmung derjenigen Verkehrskreise* abzustellen, *innerhalb derer die bekannte Marke die Unterscheidungskraft genießt*, die durch das kollidierende Zeichen beeinträchtigt wird. Je nachdem, um welche Waren es sich handelt, kann dies die Gesamtbevölkerung sein oder auch nur ein abgegrenzter Verbraucherkreis. Fehlt es freilich an jeglicher Berührung zwischen den Zeichen, etwa weil sich das beiderseitige Angebot der Waren/Dienstleistungen ausschließlich an unterschiedliche Fachkreise richtet, scheidet eine Beeinträchtigung der

---

417 Ebenso *Ingerl/Rohnke*, § 14 Rn. 1367.
418 So auch schon die Rechtsprechung zur berühmten Marke, vgl. BGH, GRUR 1956, 172, 179 – Magirus; BGH, GRUR 1959, 182, 186 – Quick.
419 BGH, WRP 2004, 909, 913 = GRUR 2004, 594, 596 – Ferrari-Pferd; WRP 2000, 1142, 1147 = GRUR 2000, 875, 878 – Davidoff I.
420 Vgl. EuGH, GRUR 2004, 58, 60 – Adidas/Fitnessworld.
421 Vgl. BGH, WRP 1991, 568, 573 = GRUR 1991, 863, 867 – Avon.

Schweyer

Unterscheidungskraft der bekannten Marke regelmäßig aus. Der EuGH fordert in diesem Zusammenhang, dass sich das wirtschaftliche Verhalten der Durchschnittsverbraucher der Waren oder Dienstleistungen, für die die ältere Marke eingetragen ist, infolge der Benutzung der jüngeren Marke geändert hat oder dass die ernsthafte Gefahr einer künftigen Änderung dieses Verhaltens besteht.[422]

Schließlich darf die Unterscheidungskraft der bekannten Marke nicht schon durch andere **194** Zeichen in einem Maße beeinträchtigt sein, dass der Beeinträchtigung durch ein weiteres Zeichen kein Gewicht mehr zukommt. Zwar setzt der Schutz der bekannten Marke nicht mehr die für die berühmte Marke geforderte *Alleinstellung* voraus,[423] doch kann die *Existenz einer größeren Anzahl von Drittzeichen*, die bereits i. S. d. vorstehenden Ausführungen eine Beeinträchtigung der Unterscheidungskraft der bekannten Marke bewirken, im Einzelfall der Annahme entgegenstehen, dass das Hinzutreten eines weiteren Zeichens noch eine *relevante zusätzliche Beeinträchtigung* zur Folge hat.[424]

d) Beeinträchtigung der Wertschätzung

Regelmäßig wird eine Beeinträchtigung der Unterscheidungskraft der bekannten Marke **195** auch eine *Beeinträchtigung der dieser Marke entgegengebrachten Wertschätzung* zur Folge haben. Dies gilt insbesondere, wenn das kollidierende Zeichen für Waren/Dienstleistungen benutzt wird, die einem *besonderen Prestige* der bekannten Marke abträglich sind (z. B. die Benutzung einer an die bekannte Marke „Yves Rocher" eines Herstellers von Naturkosmetika angelehnten Marke „Yves Roche" für ein in Sektflaschen abgefülltes aromatisiertes, alkoholhaltiges Billiggetränk, welches für den Export in GUS-Staaten bestimmt war[425]). Aber auch die nur *durchschnittliche Wertschätzung*, wie sie einem bekannten Markenartikel stets entgegengebracht wird, kann eine Beeinträchtigung erfahren, wenn die bekannte Marke durch das Hinzutreten übereinstimmender Drittzeichen an Unterscheidungskraft einbüßt.

Es gibt aber auch Fälle, in denen der Tatbestand einer Beeinträchtigung der Wertschätzung **196** der bekannten Marke *eigenständige Bedeutung* erlangt, weil die Unterscheidungskraft der bekannten Marke durch die Drittbenutzung nicht tangiert wird. Dies sind die Fälle einer *Markenverunglimpfung*, in denen in einer die Wertschätzung beeinträchtigenden Weise auf die bekannte Marke selbst Bezug genommen wird. Diese Fälle, in denen früher zumeist der zeichenmäßige Gebrauch verneint wurde, stellen heute eine Markenbenutzung im geschäftlichen Verkehr dar, die den Tatbestand des § 14 Abs. 2 Nr. 3 verwirklichen kann (s. o. Rn. 22). So stellt es z. B. eine Beeinträchtigung der Wertschätzung der bekannten Marke dar, wenn die Marke zum Gegenstand *geschmackloser Scherzartikel* gemacht wird.[426]

---

422 EuGH, GRUR 2009, 56, 60 – Intel Corporation/CPM United Kingdom.
423 Die allerdings auch schon dahingehend relativiert wurde, dass eine Benutzung auf ganz entlegenem Gebiet als unschädlich erachtet wurde, BGH, GRUR 1966, 623, 624   Kupferberg.
424 Vgl. dazu OLG München, GRUR 1996, 63, 65 – Mac Fash.
425 Vgl. OLG Hamburg, GRUR 1999, 339 – Yves Roche.
426 BGH, WRP 1994, 495 = GRUR 1994, 808 – Markenverunglimpfung I; WRP 1995, 92 = GRUR 1995, 57 – Markenverunglimpfung II; dagegen noch ablehnend mit zweifelhafter Begründung BGH, GRUR 1986, 759 – BMW.

e) Ausnutzung der Wertschätzung

197   Während bei der *Beeinträchtigung* die Unterscheidungskraft der bekannten Marke im Vordergrund steht, geht es bei der *Ausnutzung* vornehmlich um den *Ruf der bekannten Marke*. Es sind dies die Fälle, die die Rechtsprechung vor Inkrafttreten des MarkenG unter Anwendung von § 1 UWG a.F. gelöst hat und die jetzt unabhängig vom Bestehen eines Wettbewerbsverhältnisses von § 14 Abs. 2 Nr. 3 erfasst werden.

198   Eine Rufausbeutung setzt zunächst ebenfalls einen *Grad der Zeichenähnlichkeit* voraus, der bewirkt, dass die beteiligten Verkehrskreise das kollidierende Zeichen und die bekannte Marke *gedanklich miteinander verknüpfen* (s. o. Rn. 192). Bei identischen Waren und offensichtlicher Anlehnung an die bekannte Marke sollten hier aber keine zu strengen Anforderungen gestellt werden. Die Ablehnung des Tatbestands einer Rufausbeutung mit der Begründung, dass es nicht genüge, wenn das kollidierende Zeichen durch bloße *Assoziationen an die bekannte Marke* Aufmerksamkeit erwecke,[427] vermag daher nicht zu überzeugen. Bloße Assoziationen genügen nicht für die Annahme einer Verwechslungsgefahr; eine solche wird aber in § 14 Abs. 2 Nr. 3 gerade nicht vorausgesetzt.[428]

199   Auch darf die bekannte Marke nicht durch *Drittzeichen* bereits soweit *in ihrer Unterscheidungskraft beeinträchtigt* sein (s. o. Rn. 194), dass der Verkehr ein übereinstimmendes Zeichen auf einem anderen Warengebiet gar nicht zwangsläufig mit der bekannten Marke assoziiert. *Abweichende Assoziationsmöglichkeiten* können der Annahme einer Rufausnutzung entgegenstehen.[429]

200   An den Ruf der bekannten Marke im Sinne besonderer *Gütevorstellungen* sind keine zu hohen Anforderungen zu stellen. Insbesondere kommt eine Rufausbeutung nicht nur bei ausgesprochenen Prestigemarken in Betracht. Es genügt grundsätzlich die *einem bekannten Markenartikel entgegengebrachte Wertschätzung*, wie sie bereits durch die *erfolgreiche wirtschaftliche Betätigung* unter der Marke und deren daraus resultierender *Bekanntheit* indiziert wird.[430]

201   Entscheidend ist, dass sich diese Wertschätzung auf die Waren/Dienstleistungen *übertragen* lässt, die unter dem kollidierenden Zeichen angeboten werden. Dies setzt zunächst voraus, dass die bekannte Marke auch in den Kreisen der Abnehmer der unter dem kollidierenden Zeichen angebotenen Waren/Dienstleistungen Wertschätzung genießt. Sie muss also auch in diesen Verkehrskreisen über einen hinreichenden Bekanntheitsgrad verfügen, mit dem sich eine gewisse Wertschätzung verbindet. In der früheren Rechtsprechung zu § 1 UWG war dies Voraussetzung für die Annahme eines Wettbewerbsverhältnisses. Ein solches kam nur in Betracht, wenn die bekannte Marke über einen so überragenden Ruf verfügte, dass ihr Inhaber diesen selbst seinerseits auch außerhalb seiner eigentlichen Warenbereiche wirtschaftlich nutzen konnte.[431] Auch wenn es heute auf ein Wettbewerbsverhältnis nicht mehr ankommt, bleibt doch die *Verwertbarkeit des Rufes der bekannten Mar-*

---

427 BGH, WRP 2004, 1046, 1051 = GRUR 2004, 779, 783 – Zwilling/Zweibrüder.

428 Vgl. EuGH, GRUR 2004, 58, 60 – Adidas/Fitnessworld.

429 Vgl. WRP 1991, 228, 231 = BGH, GRUR 1991, 465, 467 – Salomon; GRUR 1987, 711, 714 – Camel Tours.

430 Vgl. BGH, WRP 1991, 568, 573 = GRUR 1991, 863, 867 – Avon.

431 BGH, GRUR 1985, 550, 552 – DIMPLE; WRP 1991, 228, 229 = GRUR 1991, 465, 466 – Salomon.

ke auf dem Warengebiet, für das das kollidierende Zeichen benutzt wird, eine Voraussetzung des Ausnutzungstatbestands.

Für die Verwertbarkeit des Rufs kommt es freilich entscheidend auf die sich gegenüberstehenden Waren/Dienstleistungen an. Je allgemeiner und produktübergreifender sich der Ruf einer bekannten Marke darstellt, desto eher wird er sich auf andere Warengebiete übertragen lassen. So können insbesondere *allgemeine Prestigevorstellungen*, die sich mit einer Marke verbinden, auch für den Absatz anderer Produkte nutzbar gemacht werden.[432] Bei einer bekannten Whiskymarke wurde angenommen, dass sich deren Ruf auf eine gehobene Herrenkosmetikserie übertragen lasse, nicht aber auf andere im angegriffenen Warenverzeichnis enthaltene Waren, wie z. B. Wasch- und Bleichmittel.[433] Aus der unter Skisportlern bekannten Marke „Salomon" konnte dagegen nicht gegen die Benutzung einer Zigarettenmarke „Salomon" vorgegangen werden, da sich zum einen schon die jeweils angesprochenen Verkehrskreise nur zu einem geringen Teil überschnitten, zum anderen aber Gütevorstellungen, die an die technische Präzision einer Skibindung anknüpfen, nicht auf Zigaretten übertragbar seien.[434] **202**

f) Ausnutzung der Unterscheidungskraft

Eine *Ausnutzung der Unterscheidungskraft* der bekannten Marke kommt in Betracht, wenn sich Waren gegenüberstehen, bei denen eine *Übertragung von Gütevorstellungen ausscheidet*, gleichwohl aber die Unterscheidungskraft der bekannten Marke absatzfördernd genutzt wird. Zu denken ist hier vor allem an die Fälle, in denen eine bekannte Marke als *Produktdekor* eingesetzt wird.[435] Auch die oben behandelten Fälle der *Markenverunglimpfung* fallen hierunter, da diese ja auch in erster Linie den Absatz der betreffenden Scherzartikel fördern sollen, wobei die Schädigung der bekannten Marke nur eine in Kauf genommene Nebenfolge ist. Die Wertschätzung, die Mars-Schokoriegeln entgegengebracht wird, lässt sich sicherlich nicht auf Präservative übertragen. Gleichwohl wird die bekannte Marke hier als *Vorspann* für das eigene Warenangebot ausgenutzt und damit deren Unterscheidungskraft ausgenutzt.[436] Auch in den Produktdekor-Fällen dient die bekannte Marke als Vorspann für das vertriebene Produkt, ohne dass damit eine Übertragung von Gütevorstellungen verbunden wäre. Es ist die bloße Aufmerksamkeit erheischende Bekanntheit der Marke, die hier zur Absatzförderung eingesetzt wird.[437] Auf eine genaue Abgrenzung zur Rufausbeutung kommt es freilich nicht an. Der Ausnutzungstatbestand in § 14 Abs. 2 Nr. 3 umfasst jetzt alle Fälle, in denen sich die Bekanntheit einer Marke absatzfördernd für andere Waren/Dienstleistungen nutzen lässt. **203**

---

432 BGH, GRUR 1983, 247 – Rolls-Royce.
433 BGH, GRUR 1985, 550, 553 – DIMPLE.
434 BGH, WRP 1991, 228, 230 = GRUR 1991, 465, 467 – Salomon.
435 Vgl. BGH, WRP 1994, 516, 518 = GRUR 1994, 635, 636 – Pulloverbeschriftung.
436 BGH, WRP 1994, 495, 499 = GRUR 1994, 808, 811 – Markenverunglimpfung I; vgl. a. BGH, WRP 2005, 896, 897 = GRUR 2005, 583, 584 – Lila-Postkarte.
437 Vgl. a. OLG München, MarkenR 2000, 65, 67 – Allianz, zur Benutzung der bekannten Marke „Allianz" als Name für eine Musikgruppe.

g) Ohne rechtfertigenden Grund in unlauterer Weise

204 Nach § 14 Abs. 2 Nr. 3 muss – anders als bei den Tatbeständen der Nr. 1 und Nr. 2 – zu der Ausnutzung oder Beeinträchtigung der Unterscheidungskraft oder Wertschätzung der bekannten Marke noch hinzutreten, dass dies *ohne rechtfertigenden Grund in unlauterer Weise* erfolgt. Bei der hier angesprochenen Unlauterkeit handelt es sich um einen *gemeinschaftsrechtlichen Begriff*, der nicht ohne Weiteres mit der Sittenwidrigkeit gem. § 1 UWG gleichgesetzt werden kann, bei dessen Ausfüllung aber wohl doch weitgehend auf die zu § 1 UWG entwickelten Grundsätze zurückgegriffen werden kann.[438] Auch erweist es sich nicht als zweckmäßig, zwischen Unlauterkeit einerseits und Rechtfertigung andererseits zu unterscheiden, sondern es ist vielmehr eine *umfassende Unlauterkeitsprüfung* anzustellen, in deren Rahmen notwenig auch alle Rechtfertigungsgründe zu würdigen sind.

205 Diese Unlauterkeitsprüfung erfordert eine *umfassende Interessenabwägung*, in die insbesondere auch einzufließen hat, welche *Absicht* mit der Benutzung des kollidierenden Zeichens verfolgt wird. So wurde z. B. eine anlehnende Bezugnahme an eine bekannte Marke, die nur dazu diente, das *eigene Dienstleistungsangebot zu beschreiben*, trotz der damit verbundenen Rufausbeutung als zulässig erachtet.[439] Bei Spielzeugautos lässt der Gesichtspunkt, dass sie eine *originalgetreue Abbildung der Wirklichkeit* darstellen sollen, die Nachbildung des Originals und eine damit verbundene Rufausbeutung nicht anstößig erscheinen, solange dies ohne ausdrückliche Nennung des Namens des Markeninhabers und ohne anderweit werbende Herausstellung des Originalfahrzeugs, seines Rufs und/oder seines Vorbildcharakters für das Spielzeugauto geschieht.[440]

206 Der Unlauterkeitsvorwurf setzt die *Kenntnis der Marke und ihrer Bekanntheit* voraus; die fehlende Kenntnis lässt den Vorwurf aber nur für die Vergangenheit und nicht für den Zeitraum ab Kenntniserlangung entfallen.

207 Die Unlauterkeitsprüfung nach § 14 Abs. 2 Nr. 3 hat sich insbesondere auch auf die *Sachverhalte des § 23* zu erstrecken, so dass der Regelung des § 23 gegenüber dem erweiterten Schutz einer bekannten Marke *grundsätzlich keine eigenständige Bedeutung* zukommt.[441]

208 Als weitere Rechtfertigungsgründe kommen, z. B. bei der satirischen Markenverunglimpfung, auch das *Grundrecht der Meinungsfreiheit* oder der *Freiheit der Kunst* (Art. 5 GG) in Betracht.[442] Diese aus dem Grundgesetz abgeleiteten Rechtfertigungsgründe setzen eine *sorgfältige Interessenabwägung* voraus und können jedenfalls nur dann eingreifen, wenn sich mit der Markenbenutzung keine *grobe Herabsetzung* der bekannten Marke oder *ausschließlich kommerzielle Zwecke* verbinden. Dass mit einer satirischen Postkarte *auch*

---

438 Vgl. Begründung des Gesetzentwurfs, BlPMZ Sonderheft 1994, 66.
439 BGH, WRP 1997, 310, 312 = GRUR 1997, 311, 313 – Yellow Phone; vgl. a. BGH, WRP 2009, 839, 843 Tz. 34 = GRUR 2009, 678, 682 – POST/regioPost, wo offengelassen wurde, ob der Begriff „Post" eine bekannte Marke darstelle, weil die kollidierende Benutzung jedenfalls nicht unlauter war.
440 BGH, WRP 1994, 599, 603 = GRUR 1994, 732, 734 – McLaren.
441 BGH, WRP 1999, 931, 934 = GRUR 1999, 992, 994 – BIG PACK.
442 Abgelehnt in BGH, WRP 1994, 4495, 498 = GRUR 1994, 808, 810 – Markenverunglimpfung; bejaht in BGH, WRP 2005, 896, 898 = GRUR 2005, 583, 585 – Lila-Postkarte; GRUR 1984, 684, 685 – Mordoro; LG Hamburg, NJW-RR 1999, 1060 – Bild Dir keine Meinung.

Schweyer

kommerzielle Zwecke verfolgt werden, soll der Privilegierung durch Art. 5 GG dagegen nicht entgegenstehen.[443]

V. Die in § 14 Abs. 3 geregelten Benutzungsarten

§ 14 betrifft *jede Benutzung eines kollidierenden Zeichens im geschäftlichen Verkehr* (s. o. Rn. 9). § 14 Abs. 3 beinhaltet daher nur eine nicht abschließende Aufzählung der wesentlichen Erscheinungsformen einer Benutzung.   **209**

1. Anbringen des Zeichens

§ 14 Abs. 3 nennt an erster Stelle das *Anbringen des Zeichens* auf Waren oder ihrer Aufmachung oder Verpackung. Im Einklang mit dem früheren Recht stellt bereits die widerrechtliche Kennzeichnung einer Ware eine Markenverletzung dar, unabhängig davon, ob sich daran noch eine weitere Benutzung anschließt. Damit fallen auch betriebsinterne Vorgänge unter den Tatbestand. Allerdings dürfte eine rechtserhebliche Benutzungshandlung nur vorliegen, wenn die Kennzeichnung zumindest der *Vorbereitung anschließender Vertriebshandlungen* dient, da andernfalls eine Zeichenkollision nicht zu befürchten steht.[444] Wird ein Zeichen somit auf Gegenständen angebracht, die noch gar keine Handelsware darstellen – z. B. Prototypen, Verpackungsmuster etc. –, dürfte eine Verletzung ausscheiden.[445]   **210**

Eine Markenverletzung liegt somit auch dann vor, wenn eine im Inland gekennzeichnete Ware *ausschließlich für den Export bestimmt* ist. Dies folgt auch aus § 14 Abs. 3 Nr. 4, wo der Export als eigene Verletzungshandlung aufgeführt ist. Es kommt dabei nicht darauf an, ob die verletzte Marke auch im Ausland Schutz genießt und ob im Ausland Verwechslungsgefahr besteht. Die *Verwechslungsgefahr* als Rechtsfrage ist vielmehr nach *inländischen Maßstäben* zu beurteilen.[446] Lediglich im Rahmen des Schutzes bekannter Marken gem. § 14 Abs. 2 Nr. 3 muss mit der Kennzeichnung der Exportware die *Möglichkeit einer unlauteren Ausnutzung* der Unterscheidungskraft oder Beeinträchtigung der Wertschätzung der bekannten Marke *im Inland* einhergehen.[447]   **211**

Unter einem Anbringen des Zeichens ist *jede Form einer mit der Ware verbundenen Kennzeichnung* zu verstehen. Neben einer Beschriftung der Ware oder ihrer Verpackung selbst kommt daher auch die Kennzeichnung mittels Etiketten oder Anhängern in Betracht. Auch das Einfüllen der Ware in gekennzeichnete Behältnisse fällt darunter.[448] Ebenso die Kennzeichnung von Behältnissen, aus denen die Ware abgefüllt wird, wie z. B. Zapfstellen von Bier oder Benzinzapfsäulen, wo dies die einzig mögliche Form der Kennzeichnung der Ware ist.[449] Ansonsten fallen nicht mit der Ware verbundene Kennzeichnungen, wie etwa die Kennzeichnung von Regalen im Selbstbedienungshandel, unter das Anbieten von Waren unter dem Zeichen (§ 14 Abs. 3 Nr. 2).   **212**

---

443 BGH, a. a. O. – Lila-Postkarte.
444 Ähnlich *Fezer*, § 14 Rn. 846.
445 Ebenso *Ingerl/Rohnke*, § 14 Rn. 223.
446 BGH, WRP 2009, 445, 448 = GRUR 2009, 515, 517 – Motorradreiniger.
447 Vgl. dazu OLG Hamburg, GRUR 1999, 339, 342 – Yves Roche.
448 BGH, GRUR 1987, 438, 439 – Handtuchspender.
449 Ebenso *Ströbele/Hacker*, § 14 Rn. 107; a. A. *Ingerl/Rohnke*, § 14 Rn. 222.

213   Unter die Nr. 1 fallen dagegen die Fälle, in denen ein Parallelimporteur die von ihm eingeführte Originalware in einer neuen, mit der Marke des Herstellers gekennzeichneten *Umverpackung* in Verkehr bringt.[450] Eine solche in die Rechte des Markeninhabers eingreifende Kennzeichnung der Umverpackung wurde selbst dann angenommen, wenn die Umverpackung lediglich ein durchsichtiges Fenster aufwies, durch das die vom Hersteller auf der
inliegenden Originalware aufgebrachte Marke sichtbar gemacht wurde.[451]

2. Anbieten und Inverkehrbringen von Waren und der Besitz zu diesen Zwecken

214   Nach § 14 Abs. 3 Nr. 2 ist es insbesondere untersagt, unter dem kollidierenden Zeichen
Waren anzubieten, in Verkehr zu bringen oder zu den genannten Zwecken zu besitzen.

a) Anbieten

215   Das *Anbieten einer Ware* unter dem Zeichen kann grundsätzlich in zweierlei Form erfolgen. Der Tatbestand ist ohne Weiteres erfüllt, wenn erkennbar eine *mit der Marke versehene Ware angeboten* wird, ohne dass es erforderlich wäre, dass die Marke in dem Angebot
nochmals gesondert in Erscheinung tritt. Vor allem ist der Tatbestand aber auch dann erfüllt, wenn das *kollidierende Zeichen nur in dem Angebot in Erscheinung tritt*, die Ware
selbst dagegen ungekennzeichnet bleibt oder gar eine andere Kennzeichnung trägt (z.B.
Benutzung des kollidierenden Zeichens in der Werbung oder zur Kennzeichnung von Dis-
plays, Regalen o.Ä.).

216   Um ein Anbieten unter dem Zeichen handelt es sich auch dann, wenn *Nachbildungen* bekannter Markenprodukte offen als solche angeboten, dabei aber *mit der bekannten Marke
bezeichnet* werden.[452] Bei gegebener Identität von Ware und Zeichen kommt es dabei nicht
auf eine Verwechslungsgefahr an. Aber auch wenn eine Verwechslungsgefahr zu prüfen
wäre, wäre nicht darauf abzustellen, ob in der konkreten Verkaufssituation die Produkte
miteinander verwechselt werden, sondern nur auf die abstrakte Verwechslungsgefahr zwischen den Zeichen.[453]

217   Unter Anbieten ist *jede Form des Feilhaltens* einer Ware zu verstehen, und nicht etwa nur
ein bindendes Vertragsangebot. Es genügt, dass der Anbietende in irgendeiner Weise die
Bereitschaft zur Überlassung der Ware zum Ausdruck bringt. Dies kann mündlich oder
schriftlich erfolgen, individuell oder an einen unbestimmten Adressatenkreis. Unter das
Anbieten fällt damit insbesondere auch die *allgemeine Werbung in Anzeigen oder Prospekten*, so dass sich die Tatbestände der Nr. 2 und der Nr. 5 (Benutzung in der Werbung)
überschneiden.

218   Das Anbieten ist eine *selbstständige Verletzungshandlung*, die im Inland auch dann verfolgbar ist, wenn alle anderen Benutzungshandlungen im Ausland vorgenommen werden.

---

450 Vgl. BGH, GRUR Int. 2003, 67, 68 – Zantac/Zantic; GRUR Int. 2003, 250, 254 – Aspirin; GRUR
Int. 2003, 953, 954 – Bricanyl I.
451 BGH, WRP 1997, 742, 745 = GRUR 1997, 629, 632 – Sermion II; vgl. dazu im Einzelnen § 24
Rn. 34 ff.
452 BGH, GRUR 2005, 66, 69 – Internet-Versteigerung.
453 BGH, GRUR 2005, 66, 69 – Internet-Versteigerung.

b) Inverkehrbringen

Unter einem *Inverkehrbringen von Waren* ist jede Handlung zu verstehen, mit der sich der **219**
Handelnde der *tatsächlichen Verfügungsgewalt* über die Ware begibt. Der Tatbestand ist
derselbe, wie er nach § 24 zur *Erschöpfung des Markenrechts* führt, wenn der Markeninhaber selbst oder ein Dritter mit seiner Zustimmung die Ware in Verkehr bringt. Auf die
Kommentierung zu § 24 wird somit ergänzend Bezug genommen.

Entscheidend ist die *tatsächliche Verfügungsgewalt*. Ein Inverkehrbringen liegt somit auch **220**
dann vor, wenn der Handelnde weiterhin die rechtliche Verfügungsgewalt über die Ware
behält. Die miet- oder leihweise Überlassung von Waren stellt somit ebenso ein Inverkehrbringen dar, wie ihre Übergabe an einen Spediteur oder Frachtführer im Rahmen eines
Transportvertrages oder ihre Einlagerung zum Zweck der Verwahrung.[454]

Kein Inverkehrbringen stellen *betriebs- oder konzerninterne Vorgänge* dar, ebenso der **221**
Transport von Waren, soweit er durch eigenes Personal erfolgt. Bei einem Wechsel der tatsächlichen Verfügungsgewalt zwischen verschiedenen Konzerngesellschaften kommt es
freilich auf die Beherrschungsverhältnisse an. Ein Inverkehrbringen liegt nur dann nicht
vor, wenn die Ware *in der Verfügungsgewalt des beherrschenden Unternehmens* verbleibt.
Typischer Fall ist die Lieferung von Waren von dem produzierenden Unternehmen an eine
Vertriebsgesellschaft, wenn entweder das produzierende Unternehmen die beherrschende
Konzerngesellschaft ist oder beide Unternehmen von einer dritten Gesellschaft beherrscht
werden. Dabei können auch noch weitere beherrschte Vertriebsgesellschaften in der Kette
zwischengeschaltet sein. Die Ware gelangt in diesem Fall erst in Verkehr, wenn sie aus der
tatsächlichen Verfügungsgewalt des Konzerns ausscheidet. Fehlt es dagegen bei konzerninternen Liefervorgängen an der *Klammer einer gemeinsamen Beherrschung*, kann auch
der Wechsel der Verfügungsgewalt von einer Konzerngesellschaft auf eine andere ein Inverkehrbringen begründen.[455]

Die Abgrenzung, ob bei Transportgeschäften oder konzerninternen Lieferungen ein Inver- **222**
kehrbringen vorliegt, spielt insbesondere eine Rolle bei der Frage, ob Waren im Inland in
Verkehr gebracht werden. Wird die Ware im Inland zum Zwecke des Exports an einen Spediteur übergeben, liegt ein Inverkehrbringen vor; wird sie mit eigenen Fahrzeugen ins Ausland verbracht, ist zwar der Tatbestand des Exports, nicht aber der des Inverkehrbringens
im Inland erfüllt. Entsprechendes gilt bei konzerninternen Lieferungen. Liefert eine ausländische Konzerngesellschaft – ohne Zwischenschaltung von Spediteuren – an eine im Inland ansässige beherrschte Vertriebsgesellschaft und diese – wiederum ohne Zwischenschaltung von Spediteuren – an eine andere Vertriebsgesellschaft im Ausland, liegt kein
Inverkehrbringen im Inland, wohl aber ein Export vor (zur Durchfuhr s. u. Rn. 231).

c) Besitz zum Zweck des Anbietens oder Inverkehrbringens

Dieser Tatbestand ist mit dem MarkenG neu eingeführt worden. Er bewirkt eine *Vorverla-* **223**
gerung des Markenschutzes und rechtfertigt sich damit, dass sich im Falle eines zweckgerichteten Besitzes die Gefahr tatsächlich eintretender Kollisionen bereits in einer Weise

---

454 Allg. Ans. vgl. a. *Ingerl/Rohnke*, § 14 Rn. 229 ff.; OLG München, GRUR-RR 2003, 338 – Herrenhemden.
455 Vgl. a. *Ingerl/Rohnke*, § 14 Rn. 235.

verdichtet hat, dass die Annahme einer Markenverletzung zum wirksamen Schutz des Markeninhabers erforderlich erscheint.[456]

224 Zwar wird in diesen Fällen vielfach auch ohne eine bereits festgestellte Markenverletzung ein *vorbeugender Unterlassungsanspruch* bezüglich des Anbietens und Inverkehrbringens begründet sein, und der bloße Besitz dürfte auch keine quantifizierbare Schadensersatzpflicht auslösen; es ist aber vor allem für den *Auskunftsanspruch* nach § 19 von Bedeutung, dass der *Besitz bereits eine selbstständige Verletzungshandlung* darstellt. Dies ermöglicht es, auch schon vom Besitzer einer Ware Auskunft über die Herkunft und den Vertriebsweg zu fordern und damit die *Quelle der Verletzungshandlungen* ausfindig zu machen.

225 Voraussetzung dafür ist freilich, dass dem Besitzer nachgewiesen werden kann, dass er die Ware *zum Zweck des Anbietens oder des Inverkehrbringens* besitzt. An diesen Nachweis werden keine großen Anforderungen zu stellen sein, wenn die Ware im Lager eines Händlers ausfindig gemacht wird. Dagegen kann nicht angenommen werden, dass ein Spediteur oder Lagerhalter eine Markenverletzung begeht, wenn er die Waren in Besitz nimmt. Insbesondere *kann dem gutgläubigen Spediteur oder Lagerhalter auch nicht die Zweckrichtung des Auftraggebers zugerechnet werden*, um ihn als Verletzer haften zu lassen.[457]

226 Fraglich ist, ob nur der Tatbestand des Besitzens im Inland erfüllt sein muss oder ob auch die damit *bezweckten Handlungen Inlandshandlungen* sein müssen. Letzteres dürfte zutreffen, so dass in der Tat eine *Schutzlücke* besteht, wenn im Inland verletzende Ware festgestellt wird, die ausschließlich für den Export bestimmt ist. Da der *Export kein in Nr. 2 genannter Zweck* ist, begründet der Besitz allein in diesem Fall noch keine Verletzung.

3. Anbieten und Erbringen von Dienstleistungen

227 Da eine unmittelbare Kennzeichnung von Dienstleistungen kaum je in Betracht kommen dürfte (Beispiel: Benutzung einer Hörmarke im Rahmen einer Musikdarbietung), regelt das Gesetz nur das Anbieten und Erbringen von Dienstleistungen unter dem Zeichen. Darunter ist *jede Benutzung eines Zeichens im Zusammenhang mit dem Angebot oder der Erbringung von Dienstleistungen* zu verstehen. In Betracht kommt insbesondere die Benutzung in *Geschäftspapieren oder in der Werbung* (insoweit volle Übereinstimmung mit Nr. 5), die *Kennzeichnung von Hilfswaren* (z. B. Umzugskartons einer Möbelspedition, Klebebänder eines Verpackungsservices), die *Kennzeichnung von Geschäftsräumen, Fahrzeugen, Berufskleidung* etc. Es genügt auch eine *mündliche Benutzung des Zeichens*, z. B. bei der Meldung am Telefon. Eine *Benutzung* des kollidierenden Zeichens als *geschäftliche Bezeichnung* (s. o. Rn. 23 ff.) beinhaltet bei einem Dienstleistungsunternehmen stets auch ein Anbieten und Erbringen der Dienstleistungen unter dem Zeichen.

---

456 *Starck*, GRUR 1995, 688, 692.
457 Vgl. zum Patentrecht BGH, GRUR 2009, 1142, 1144 – MP3-Player-Import; High Court of Justice, GRUR Int. 1980, 54, 55 – British Airways; *Benkard/Scharen*, PatG § 9 Rn. 48; a. A. OLG Köln, WRP 2005, 1294, 1296 = GRUR-RR 2005, 342, 343 – Lagerkosten nach Grenzbeschlagnahme; *Ingerl/Rohnke*, § 14 Rn. 236; *Ströbele/Hacker*, § 14 Rn. 118.

Schweyer

4. Ein- und Ausfuhr

Die *Einfuhr widerrechtlich gekennzeichneter Waren* stellt unabhängig von einem Inver- **228**
kehrbringen im Inland eine *selbstständige Verletzungshandlung* dar. Da die im Ausland erfolgte Kennzeichnung der Waren infolge des Territorialitätsprinzips nicht vom Verbietungsrecht des Markeninhabers erfasst wird, soll bereits der *Eintritt* der mit dem Zeichen
versehenen Waren *in den Geltungsbereich des MarkenG*, unabhängig von einem anschließenden Inverkehrbringen, als inländische Verletzungshandlung verfolgbar sein.[458] Dies
entspricht der Regelung in anderen Rechtsgebieten, wie z.B. dem Patentrecht. Mit der
Einfuhr als Verletzungshandlung korrespondiert die in § 146 geregelte *Grenzbeschlagnahme* bei offensichtlichen Rechtsverletzungen. Auch die *Einfuhr von Originalware* des
Markeninhabers stellt eine Verletzungshandlung dar, sofern nicht gem. § 24 Erschöpfung
eingetreten ist. Allerdings soll nach Auffassung des EuGH der Tatbestand der Einfuhr
gem. Art. 5 Abs. 3 lit. c) der Markenrechtsrichtlinie die Verbringung solcher Ware in die
Europäische Gemeinschaft *zum Zweck ihres dortigen Inverkehrbringens* voraussetzen. Die
Überführung von Nichtgemeinschaftsware in das externe Versand- oder das Zolllagerverfahren i.S.d. Verordnung (EWG) Nr. 2913/92 vom 12.10.1992 zur Festlegung des Zollkodex der Gemeinschaft,[459] also in ein Verfahren, das auch zollrechtlich noch nicht als Einfuhr gewertet wird, stelle als solche noch keine Verletzung des Rechts des Markeninhabers
dar, das erste Inverkehrbringen in der Gemeinschaft zu kontrollieren.[460] Der EuGH stellt
aber auch klar,[461] dass ein Anbieten oder ein Verkauf der Waren, während für sie das externe Versand- oder das Zolllagerverfahren gilt, eine Markenverletzung darstellt, wenn diese
Handlungen ein Inverkehrbringen in der Gemeinschaft notwendig implizieren. Für die
Einfuhr aus einem Mitgliedstaat der Gemeinschaft in den Geltungsbereich des Markengesetzes gilt die Entscheidung des EuGH nicht unmittelbar. Insbesondere greifen hier die
zollrechtlichen Erwägungen nicht. Der übergeordnete Gedanke, dass die Einfuhr das Recht
des Markeninhabers, das erstmalige Inverkehrbringen zu kontrollieren, tangieren muss,
gilt aber gleichermaßen auch für die innergemeinschaftliche Einfuhr.[462] Insoweit spielt es
auch keine Rolle, ob die Ware bei der Einfuhr besonders versiegelt oder unter Verschluss
gehalten wird; entscheidend ist nur, dass keine Umstände ersichtlich sind, die ein Inverkehrbringen im Geltungsbereich des Markengesetzes implizieren. Die bloße Gefahr eines
Inverkehrbringens reicht nach der EuGH-Rechtsprechung nicht aus, um den Einfuhrtatbe-
stand zu verwirklichen. Wenn also eine Ware in den Geltungsbereich des Markengesetzes
verbracht wird, und diese Ware, ohne dass ein Wechsel in der tatsächlichen Verfügungsgewalt stattfindet, wieder ausgeführt werden soll, liegt eine bloße Durchfuhr vor, die das ausschließliche Recht des Markeninhabers dann konsequenterweise ebenfalls nicht tangiert
(s.u. Rn. 231).

Dass auch die *Ausfuhr*, unabhängig davon, ob die Ware zuvor in den Inlandsverkehr ge- **229**
langt ist, *eine selbstständige Verletzungshandlung* darstellt, ist neu. Damit wird insbesondere auch der *mit eigenen Fahrzeugen durchgeführte Transport ins Ausland* als Verlet-

---

458 Vgl. z.B. OLG Hamburg, GRUR-RR 2002, 129, 130 – Kfz-Ersatzteile.
459 ABl. EG Nr. L 302, 1.
460 EuGH, GRUR 2006, 146, 149 Tz. 34, 55 – Class International/Colgate-Palmolive.
461 EuGH, a.a.O. Tz 61.
462 Ebenso *Ingerl/Rohnke*, § 14 Rn. 243; *Heinze/Heinze*, GRUR 2007, 740, 744; a.A. *Ströbele/
Hacker*, § 14 Rn. 124.

zungshandlung erfasst, während bei der Versendung durch einen Spediteur immer schon ein Inverkehrbringen im Inland angenommen wurde.

230 Ebenso wie bei der Kennzeichnung ausschließlich für den Export bestimmter Waren kommt es nicht darauf an, ob die verletzte Marke auch im Ausland Schutz genießt. Die *Verwechslungsgefahr ist ausschließlich nach inländischen Maßstäben* zu beurteilen (vgl. o. Rn. 211).

231 Strittig ist, wie die in § 14 Abs. 3 nicht geregelte *Durchfuhr widerrechtlich gekennzeichneter Waren* zu behandeln ist, also der *reine Transit* ohne einen Umschlag im Inland. Die Rechtsprechung zum WZG, die es insoweit ausschließlich auf den in § 15 WZG geregelten Tatbestand des Inverkehrsetzens der Ware abstellte, verneinte bei der reinen Durchfuhr eine Zeichenverletzung im Inland.[463] Indem freilich § 14 die Ein- und Ausfuhr der mit dem Zeichen versehenen Ware als selbstständige Benutzungshandlungen erfasst und auch die amtliche Begründung zu § 14 klarstellt, dass die Nichterwähnung der Durchfuhr nicht etwa bedeute, dass darin keine Markenverletzung gesehen werden könne,[464] ging die überwiegende Meinung vorübergehend dahin, dass sich das Verbietungsrecht des Markeninhabers auch auf die bloße Durchfuhr von im Ausland gekennzeichneter und für das Ausland bestimmter Ware erstrecke.[465] In Anbetracht der jüngeren Rechtsprechung des EuGH lässt sich diese Auffassung aber nicht mehr aufrechterhalten. So hat der EuGH schon in einer Entscheidung, die allerdings nicht die Auslegung von Art. 5 Abs. 3 Markenrechtsrichtlinie betraf, zum Ausdruck gebracht, dass der *spezifische Gegenstand des Markenrechts* darin bestehe, dem Inhaber das ausschließliche Recht zu sichern, die Marke beim *erstmaligen Inverkehrbringen einer Ware* zu benutzen, und dass die bloße Durchfuhr einer Ware durch das Hoheitsgebiet eines Mitgliedstaats diesen spezifischen Gegenstand nicht verletze.[466] Auch in der den Tatbestand der Einfuhr betreffenden Entscheidung *Class International* (vgl. Rn. 228) betont der EuGH das Recht des Markeninhabers, das *erstmalige Inverkehrbringen* zu kontrollieren. Das OLG Koblenz hat daraufhin entschieden, dass der ohne Zustimmung des Rechtsinhabers vorgenommene *ungebrochene Transit* gekennzeichneter Ware durch das Bundesgebiet keine Verletzungshandlung i. S. d. § 14 Abs. 2 Nr. 1 darstelle.[467] Inzwischen hat der EuGH auf Vorlage des BGH[468] und im Anschluss an seine vorerwähnte Rechtsprechung erneut entschieden, dass die bloße Durchfuhr gekennzeichneter Ware die Rechte des Markeninhabers nicht tangiert, solange nicht konkrete Anhaltspunkte dafür bestehen, dass die Ware in dem Durchfuhrstaat in Verkehr gebracht werden soll.[469] Damit steht jetzt fest, dass die in § 14 Abs. 3 nicht explizit geregelte, ungebrochene

---

463 BGH, GRUR 1958, 189, 197 – Zeiß; BGH, GRUR 1957, 352, 353 – Pertussin II; BGH, GRUR 1957, 231, 234 – Pertussin I.
464 Begründung des Gesetzentwurfs, BlPMZ Sonderheft 1994, S. 69.
465 KG, GRUR-RR 2001, 159, 161 – EURO-Paletten; *Fezer*, 3. Aufl., § 14 Rn. 483; *Ingerl/Rohnke*, 2. Aufl., § 14 Rn. 200; *Ströbele/Hacker*, 7. Aufl., § 14 Rn. 100; *Sack*, FS Piper, 1996, 614 ff.; *Meister*, WRP 1995, 1005, 1013; vgl. a. EuGH, WRP 2000, 713 – The Polo/Lauren Company – zur Auslegung der ProduktpiraterieVO (EG) Nr. 3295/94; dazu *Sack*, WRP 2000, 702 ff.; a. A. *Starck*, GRUR 1996, 688, 693.
466 EuGH, GRUR Int. 2004, 39, 40 Tz. 27 – Rioglass.
467 OLG Koblenz, GRUR-RR 2004, 289, 290 – ungenehmigte Durchfuhr.
468 BGH, WRP 2005, 1011, 1012 = GRUR 2005, 768, 769 – Diesel.
469 EuGH, GRUR 2007, 146, 147 – Montex Holdings/Diesel.

Durchfuhr ausländischer Ware ohne Hinzutreten weiterer Umstände kein dem Markeninhaber vorbehaltener Benutzungstatbestand ist.[470]

5. Benutzung des Zeichens in Geschäftspapieren oder in der Werbung

Die *Benutzung eines Zeichens in Geschäftspapieren oder in der Werbung* wird zumeist   **232** auch ein Anbieten von Waren oder Dienstleistungen unter dem Zeichen beinhalten. Der Tatbestand ist jedoch weiter und umfasst die Wiedergabe eines kollidierenden Zeichens auf *geschäftlichen Unterlagen aller Art* sowie in *jeglicher Form der Werbung*.

Das Verbietungsrecht des Markeninhabers erstreckt sich nicht auf die *Werbung eines*   **233** *Händlers* für die von ihm vertriebene, *vom Markeninhaber mit der Kennzeichnung in Verkehr gebrachte Originalware*. Begründet wird dies teils mit einer sich auf die Werbung erstreckenden *Erschöpfung* des Markenrechts,[471] teils mit einem *selbstständigen Ankündigungsrecht* des Händlers[472] oder – zum früheren Recht – mit der Annahme einer *konkludent erteilten Lizenz*.[473] Richtigerweise regelt sich auch das Ankündigungsrecht des Händlers über die *Erschöpfung*, da auch die Benutzung in der Werbung eine Benutzung „für Waren" darstellt, die der Markeninhaber nach § 24 nicht untersagen kann, soweit Erschöpfung eingetreten ist.[474] Soweit keine Erschöpfung eingetreten ist, also insbesondere in den Fällen, in denen die Originalware vom Markeninhaber ungekennzeichnet in Verkehr gebracht wurde, besteht auch kein Ankündigungsrecht des Händlers (s. o. Rn. 21).

Fraglich ist, ob eine Benutzung „in der Werbung" voraussetzt, dass die Markenbenutzung   **234** bereits nach außen in Erscheinung getreten ist. Dann wären Vorbereitungshandlungen, wie z. B. die Herstellung und Lagerung von Werbemitteln, nicht erfasst. Entsprechend der Tendenz des Gesetzes, dem Markeninhaber auch Schutz gegen Vorbereitungshandlungen zu gewähren, sollte man den Tatbestand weit auslegen und auch die *Benutzung im Rahmen der Vorbereitung von Werbemaßnahmen* darunter fallen lassen. Damit würde insbesondere auch der Auskunfts- und Vernichtungsanspruch eingreifen, wenn widerrechtlich gekennzeichnete Werbemittel bereits vor ihrer Verbreitung sichergestellt werden.[475]

VI. Vorbereitungshandlungen (§ 14 Abs. 4)

§ 14 Abs. 4 betrifft die Verwendung eines identischen oder ähnlichen Zeichens für Aufma   **235** chungen, Verpackungen oder Kennzeichnungsmittel wie Etiketten, Anhänger, Aufnäher oder dergleichen, ehe durch deren Verbindung mit Waren oder Dienstleistungen, für die die Marke Schutz genießt, der Tatbestand einer Benutzung des Zeichens für diese Waren/

---

470 So jetzt auch BGH, WRP 2007, 1185, 1187 = GRUR 2007, 876, 877 – Diesel II; *Ingerl/Rohnke*, § 14 Rn. 248; kritisch und differenzierend *Ströbele/Hacker*, § 14 Rn. 131 ff.
471 *Ingerl/Rohnke*, § 14 Rn. 254.
472 *Fezer*, § 14 Rn. 956.
473 *Bußmann*, GRUR 1952, 315; *v. Gamm*, § 15 WZG, Rn. 26.
474 Vgl. BGH, WRP 2003, 1231, 1232 = GRUR 2003, 878, 879 – Vier Ringe über Audi; WRP 2003, 534, 536 = GRUR 2003, 340, 341 – Mitsubishi.
475 Ebenso *Ingerl/Rohnke*, § 14 Rn. 259.

Dienstleistungen erfüllt wird. Unbeschadet des Umstands, dass solche Handlungen einen vorbeugenden Unterlassungsanspruch auslösen oder – wenn die Kennzeichnungsmittel ihre bestimmungsgemäße Verwendung gefunden haben – eine Teilnahme an fremder Markenverletzung darstellen können, erfasst § 14 Abs. 4 diese *Vorbereitungshandlungen als selbstständige Markenverletzung.* Dies hat insbesondere Bedeutung, wenn die Aufmachungen, Verpackungen oder Kennzeichnungsmittel von gutgläubigen Dritten im Auftrag des Markenverletzers hergestellt werden, da damit gegenüber diesen Dritten nicht nur ein Unterlassungsanspruch, sondern auch Auskunfts- und Vernichtungsansprüche (§§ 18, 19) sowie, bei regelmäßig gegebener Fahrlässigkeit, auch Schadensersatzansprüche geltend gemacht werden können.

236   Der Tatbestand des § 14 Abs. 4 steht selbstständig neben den Abs. 2 und 3. Abweichend von der nicht abschließenden Aufzählung von Verletzungshandlungen in Abs. 3 sind die vom Verbietungsrecht des Markeninhabers erfassten *Vorbereitungshandlungen in Abs. 4 abschließend geregelt.*

237   In Anlehnung an die in Abs. 3 geregelten Tatbestände erfasst Abs. 4 *das Anbringen* eines mit der Marke identischen oder ähnlichen Zeichens *auf Aufmachungen, Verpackungen* oder *auf Kennzeichnungsmitteln* wie Etiketten, Anhängern, Aufnähern oder dergleichen, das *Anbieten oder In-Verkehr-Bringen* der mit dem Zeichen versehenen Gegenstände oder *deren Besitz zu den genannten Zwecken* sowie die *Ein- und Ausfuhr* der mit dem Zeichen versehenen Gegenstände. Das Anbringen auf Geschäftspapieren oder in der Werbung ist hier nicht angeführt, kann also nur mit der hier vertretenen weiten Auslegung des Abs. 3 Nr. 5 erfasst werden.[476]

238   Die *Aufzählung sonstiger Kennzeichnungsmittel* in § 14 Abs. 4 ist *nicht abschließend.* Neben weiteren denkbaren Mitteln zur Warenkennzeichnung fallen hierunter insbesondere auch Hilfswaren zur Kennzeichnung von Dienstleistungen (s. o. Rn. 227).

239   Das Verbietungsrecht des Markeninhabers erstreckt sich auf diese Handlungen allerdings nur, wenn – objektiv – die *Gefahr* besteht, dass die Aufmachungen, Verpackungen oder sonstigen Kennzeichnungsmittel *für Waren oder Dienstleistungen benutzt* werden, hinsichtlich derer Dritten die Benutzung des Zeichens nach den Abs. 2 und 3 untersagt wäre.

240   Die Gefahr ist anhand *konkreter tatsächlicher Anhaltspunkte* unter Einbeziehung der *Lebenserfahrung* festzustellen.[477] Regelmäßig wird diese Feststellung keine größeren Schwierigkeiten bereiten, wenn die Kennzeichnungsmittel neben der Marke noch weitere Angaben beinhalten, die eine bestimmte Verwendung nahe legen. Aus der identischen Wiedergabe einer bekannten, grafisch gestalteten Marke wird man regelmäßig auf die Gefahr einer Markenpiraterie oder eine Benutzung i. S. d. § 14 Abs. 2 Nr. 3 schließen können. Es werden nur wenige Fälle verbleiben, in denen sich nicht feststellen lässt, wofür die Kennzeichnungsmittel Verwendung finden sollen. Umgekehrt kann sich natürlich ergeben, dass sie für andere Waren/Dienstleistungen bestimmt sind, auf die sich das Verbietungsrecht des Markeninhabers nicht erstreckt; dann scheidet eine Markenverletzung aus.

241   Da die Abs. 2 und 3, auf die § 14 Abs. 4 Bezug nimmt, nur im Inland begangene Verletzungshandlungen betreffen, erfasst § 14 Abs. 4 nicht den Fall der Herstellung und des Vertriebs von Kennzeichnungsmitteln, bei denen objektiv eine *Gefahr inländischer Verwen-*

---

476 A. A. *Ingerl/Rohnke,* § 14 Rn. 259.
477 Vgl. *Starck,* FS Piper, 1996, 636.

dung nicht besteht. Ein deutscher Hersteller von Verpackungs- oder Kennzeichnungsmit-teln kann daher einen ausländischen Kunden mit solchen Verpackungs- oder Kennzeich-nungsmitteln beliefern, sofern keine konkreten Anhaltspunkte dafür bestehen, dass die so gekennzeichneten Waren wieder nach Deutschland eingeführt oder so gekennzeichnete Dienstleistungen auch in Deutschland erbracht werden sollen.

VII. Rechtsfolgen der Markenverletzung

Nach § 14 Abs. 5 kann derjenige, der ein Zeichen entgegen den Absätzen 2–4 benutzt, **242** vom Inhaber der Marke auf Unterlassung in Anspruch genommen werden. Eine vorsätzli-che oder fahrlässige Markenverletzung verpflichtet gem. § 14 Abs. 6 zum Ersatz des da-raus entstandenen Schadens.

1. Aktivlegitimation

Anspruchsberechtigt (aktivlegitimiert) ist zunächst der *Inhaber der verletzten Marke*, und **243** zwar der *materiell berechtigte Inhaber*. Die Eintragung im Markenregister begründet nur eine widerlegbare Vermutung zugunsten des Eingetragenen (§ 28 Abs. 1) und ist – abwei-chend von der das patentamtliche Verfahren betreffenden Regelung in § 28 Abs. 2 – nicht Voraussetzung für die Geltendmachung von Verletzungsansprüchen.

Neben dem Markeninhaber kann auch ein *Lizenznehmer* Klage wegen Verletzung der Mar- **244** ke erheben, allerdings nur *mit Zustimmung des Markeninhabers* (§ 30 Abs. 3). Auch ein sonstiger Dritter kann kraft *ausdrücklicher Ermächtigung* des Markeninhabers Verlet-zungsansprüche im eigenen Namen geltend machen, wenn er ein eigenes *schutzwürdiges Interesse* an der Rechtsverfolgung hat (sog. *gewillkürte Prozessstandschaft*). Das schutz-würdige Interesse ist beispielsweise zu bejahen, wenn eine Konzernmuttergesellschaft von einer Tochtergesellschaft zur Klageerhebung ermächtigt wird[478] oder eine inländische Ver-triebsgesellschaft von der ausländischen Markeninhaberin.[479] Eine gewillkürte Prozess-standschaft kommt allerdings nicht in Betracht, wenn der verletzte Markeninhaber auch selbst Klage erhebt.[480] Für die Klagebefugnis des Lizenznehmers, der insoweit eigene An-sprüche geltend macht, gilt diese Einschränkung nicht (vgl. § 30 Abs. 4).

2. Passivlegitimation

Anspruchsverpflichtet (passivlegitimiert) ist *derjenige, der die Marke entgegen den* **245** *Abs. 2–4 benutzt*, ggf. auch *Mittäter, Anstifter oder Gehilfen* gemäß den allgemeinen de-liktsrechtlichen Bestimmungen (§ 830 BGB). Daneben kommt aber auch eine Haftung desjenigen in Betracht, der – ohne Täter oder Teilnehmer zu sein – verletzende Handlungen in irgendeiner Weise unterstützt. Neben gesetzlichen Regelungen gibt es hier verschiedene, in der Rechtsprechung erarbeitete dogmatische Ansätze.

---

478 Vgl. BGH, WRP 1995, 13, 17 = GRUR 1995, 54, 57 – Nicoline.
479 Vgl. BGH, WRP 1992, 96, 97 = GRUR 1992, 130 – Bally/BALL.
480 Vgl. BGH, GRUR 1989, 350, 353 – Abbo/Abo.

a) Haftung des Betriebsinhabers

246 Von besonderer Bedeutung ist die in § 14 Abs. 7 geregelte *Haftung des Betriebsinhabers* für die in seinem geschäftlichen Betrieb von *Angestellten* oder *Beauftragten* begangenen Verletzungshandlungen. Die Regelung entspricht weitgehend derjenigen in § 8 Abs. 2 UWG, so dass auch die zu dieser Bestimmung bzw. die zu § 13 Abs. 4 UWG (a. F.) ergangene Rechtsprechung zur Auslegung herangezogen werden kann. Abweichend von der Regelung im UWG erstreckt sich die Haftung des Betriebsinhabers nach § 14 Abs. 7 aber auch auf den *Schadensersatzanspruch*, wobei es auf das Verschulden des Angestellten bzw. Beauftragten ankommt. Die persönliche Haftung der Personen, die die Markenverletzung unmittelbar zu verantworten haben, bleibt von der ergänzend eingreifenden Haftung des Betriebsinhabers unberührt.

247 Der haftungsbegründende Tatbestand ist grundsätzlich *weit auszulegen*. Der Zweck der Bestimmung geht dahin, dass sich ein Betriebsinhaber nicht hinter von ihm abhängigen Dritten verstecken kann.[481] Unter dem geschäftlichen Betrieb ist dabei der gesamte *Betriebsorganismus* zu verstehen, zu dem insbesondere auch eine *Vertriebsorganisation* gehören kann.[482]

248 *Angestellter* i. S. d. Bestimmung ist danach jeder, der in einem geschäftlichen Betrieb in *abhängiger Stellung beschäftigt* ist, also nicht nur Angestellte im engeren Sinne, sondern auch Arbeiter, Auszubildende oder Praktikanten.

249 *Beauftragter* ist jede Person, die kraft eines *Vertragsverhältnisses* in den Betriebsorganismus dergestalt *eingegliedert* ist, dass einerseits der *Erfolg* ihrer Handlung zumindest auch *dem Betriebsinhaber zugutekommt* und andererseits dem Betriebsinhaber ein *bestimmender Einfluss* jedenfalls auf diejenige Tätigkeit eingeräumt ist, in deren Bereich die Verletzungshandlung fällt.[483] Dabei kommt es nicht darauf an, welchen Einfluss sich der Betriebsinhaber gesichert hat, sondern welchen Einfluss er sich sichern konnte und musste.[484] Auch *selbstständige Unternehmen* kommen als Beauftragte in Betracht, so z. B. ein selbstständiger Handelsvertreter[485] oder eine Werbeagentur.[486] Schließlich sind auch solche Personen als beauftragt i. S. d. Bestimmung anzusehen, die als *Mitarbeiter oder Beauftragte eines Beauftragten* in dessen Geschäftsbetrieb tätig sind.[487]

250 *Betriebsinhaber* ist der *Eigentümer* des Betriebes, ggf. auch ein *Pächter*, nicht dagegen ein eingesetzter Betriebsleiter. Betriebsinhaber kann auch eine *juristische Person* sein, die für rechtsverletzende Handlungen ihrer *gesetzlichen Vertreter* nach § 31 BGB einzustehen hat. Umgekehrt haftet ein *gesetzlicher Vertreter* aber auch persönlich für die in dem von ihm geleiteten Unternehmen begangenen Rechtsverletzungen, wenn er entweder selbst daran teilgenommen hat oder wenn er zumindest davon Kenntnis und die Möglichkeit hatte, sie zu verhindern.[488]

---

481 St. Rspr. zu § 13 Abs. 4 UWG (a. F.) seit RGZ 151, 287, 292 – Alpina.
482 RGZ 151, 287, 292; vgl. a. BGH, GRUR 1959, 38, 44 – Buchgemeinschaft II.
483 Vgl. BGH, WRP 1995, 696, 698 = GRUR 1995, 605, 607 – Franchise-Nehmer.
484 BGH, GRUR 1959, 38, 44 – Buchgemeinschaft II.
485 BGH, GRUR 1971, 119, 120 – Branchenverzeichnis.
486 BGH, GRUR 1991, 772, 774 – Anzeigenrubrik I.
487 BGH, GRUR 1959, 38, 44 – Buchgemeinschaft II.
488 BGH, WRP 2009, 803, 807 Tz. 33 = GRUR 2009, 685,688 – ahd.de; WRP 2005, 1511, 1515 = GRUR 2005, 1061, 1064 – Telefonische Gewinnauskunft; GRUR 1986, 248, 250 – Sporthosen.

Schweyer

b) Störerhaftung

Bei der Verletzung einer Marke, die als *absolutes Rechtsgut* auch nach §§ 823 Abs. 1, 1004 **251** BGB Schutz genießt, kommt ein Unterlassungs- und Beseitigungsanspruch – nicht aber ein Schadensersatzanspruch – auch gegen denjenigen in Betracht, der – ohne Täter oder Teilnehmer zu sein – *willentlich und adäquat kausal* zur Markenverletzung beiträgt. Da eine solche *Störerhaftung* aber nicht über Gebühr auf Dritte erstreckt werden darf, die nicht selbst die rechtswidrige Beeinträchtigung vorgenommen haben, setzt die Haftung des Störers die Verletzung von *Prüfungspflichten* voraus. Deren Umfang bestimmt sich danach, ob und inwieweit dem als Störer in Anspruch Genommenen nach den Umständen eine Prüfung zuzumuten ist.[489] Bei der Domainvergabe im Internet werden diese Prüfungspflichten im Allgemeinen gering angesetzt.[490] Auch bei einem Presseunternehmen, das in der Online-Ausgabe seines Presseerzeugnisses einen Link zu einem rechtswidrigen Glücksspiel unterhalten hatte, wurde eine Prüfungspflicht verneint.[491] Einem Internetauktionshaus, welches an den zustande kommenden Verkäufen Provisionen verdient, wird dagegen zugemutet, mit geeigneten Mitteln Vorsorge gegen klar erkennbare Markenverletzungen zu treffen; dem Interesse an einem kostengünstigen und reibungslosen Ablauf des Geschäftsverkehrs kommt hier geringeres Gewicht zu.[492]

c) Die Verletzung einer Rechtspflicht

Neben der Störerhaftung, an der vor allem der I. Zivilsenat des BGH bei Schutzrechtsverletzungen noch festhält, gibt es den vom X. Zivilsenat des BGH verfolgten Ansatz, über **252** die *Verletzung einer Rechtspflicht* zur Vermeidung von Schutzrechtsverletzungen zu einer *Mittäterschaft* zu gelangen. Für den Bereich des Patentrechts setzt die Verantwortlichkeit für eine Patentverletzung danach nicht voraus, dass der in Anspruch genommene in seiner Person eine der in § 9 S. 2 PatG bezeichneten Handlungen vornimmt. Schuldner der Ansprüche auf Unterlassung, Schadensersatz, Auskunft und Vernichtung der verletzenden Gegenstände kann vielmehr auch sein, wer lediglich eine weitere Ursache für die Rechtsverletzung setzt, indem er eine von ihm ermöglichte Rechtsverletzung durch einen Dritten nicht unterbindet, obwohl dies von ihm zu erwarten wäre.[493] Allerdings reicht der Mitverursachungsbeitrag zur Begründung einer Verantwortlichkeit allein nicht aus, andernfalls man zu einer uferlosen Einstandspflicht gelangte. Die *Zurechnung der fremden Rechtsverletzung* bedarf vielmehr einer zusätzlichen Rechtfertigung, die in der Regel in der – auch

---

489 St. Rspr. vgl. z. B. BGH, WRP 2008, 1104, 1109 = GRUR 2008, 703, 706 – Internetversteigerung III; WRP 2007, 964, 968 = GRUR 2007, 798, 711 – Internetversteigerung II; WRP 2004, 1287, 1292 = GRUR 2004, 860, 864 – Internetversteigerung I; WRP 2001, 1305, 1307 = GRUR 2001, 1038, 1039 – ambiente.de.
490 Vgl. BGH, WRP 2004, 769, 770 = GRUR 2004, 619, 620 – kurt-biedenkopf.de; WRP 2001, 1305, 1307 = GRUR 2001, 1038, 1039 – ambiente.de.
491 BGH, GRUR 2004, 693, 695 – Schöner Wetten.
492 BGH, WRP 2008, 1104, 1109 = GRUR 2008, 703, 706 – Internetversteigerung III; WRP 2004, 1287, 1292 = GRUR 2004, 860, 864 – Internetversteigerung I; OLG Köln, GRUR-RR 2006, 50, 51 – Rolex-Internetversteigerung.
493 BGH, GRUR 2009, 1142, 1145 Tz. 34 – MP3-Player-Import; GRUR 2004, 845, 848 – Drehzahlermittlung; GRUR 1999, 977, 979 – Räumschild.

nur fahrlässigen – Verletzung einer *Rechtspflicht zum Schutz des verletzten absoluten Rechts* besteht.[494]

253   Dieser dogmatische Ansatz entspricht einem nun auch vom I. Zivilsenat des BGH anerkannten *neuen Haftungsmodell.* Danach stellt es eine Verletzung einer Rechtspflicht dar, wenn ein Ehemann seine Zugangsdaten für die Teilnahme an eBay-Versteigerungen nicht unter Verschluss gehalten und es damit seiner Ehefrau ermöglicht hatte, dort – unter seiner Registrierung – rechtsverletzende Gegenstände anzubieten. Der BGH gelangte so zu dem Ergebnis, dass der Ehemann sich das Verhalten seiner Ehefrau zurechnen lassen müsse, wie wenn er selbst das rechtsverletzende Angebot bei eBay eingestellt hätte.[495]

254   Können Ansprüche wegen Markenverletzung danach gegen mehrere Beteiligte geltend gemacht werden, besteht gegen jeden Beteiligten ein *gesonderter Unterlassungsanspruch.* Für den entstandenen Schaden haften mehrere Beteiligte als *Gesamtschuldner* (§ 840 BGB).

3. Der Unterlassungsanspruch (§ 14 Abs. 5)

255   Wie bei allen gewerblichen Schutzrechten kommt auch im Markenrecht dem *verschuldensunabhängigen Unterlassungsanspruch* besondere Bedeutung zu. Damit können Verletzungshandlungen für die Zukunft unterbunden werden, während der Verschulden voraussetzende Schadensersatzanspruch die in der Vergangenheit bereits erfolgten Verletzungshandlungen betrifft.

256   Der Unterlassungsanspruch ist unter zweierlei Voraussetzungen gegeben: zum einen, wenn es bereits zu Verletzungshandlungen gekommen ist und die *Gefahr der Wiederholung* besteht, zum anderen aber auch, wenn die *erstmalige Begehung* einer Markenverletzung drohend bevorsteht (vorbeugender Unterlassungsanspruch). Im Rahmen der *Störerhaftung* besteht ein Unterlassungsanspruch oder Beseitigungsanspruch auch schon bei willentlicher Verursachung eines *fortbestehenden Störungszustands.*

a) Wiederholungsgefahr

257   Die *Wiederholungsgefahr* ist eine *materiellrechtliche Voraussetzung* des Unterlassungsanspruchs.[496] Ein darauf gestützter Unterlassungsanspruch besteht nur, wenn die begangene Handlung im Zeitpunkt ihrer Begehung eine Rechtsverletzung darstellte und auch weiterhin als Rechtsverletzung zu qualifizieren wäre.[497] Die Gefahr, dass eine rechtsverletzende Handlung wiederholt wird, kann somit durch eine Änderung der Rechtslage entfallen, aber

---

494 BGH, a. a. O. Tz. 36 – MP3-Player-Import.
495 BGH, WRP 2009, 730, 733 Tz. 20 = GRUR 2009, 597, 598 – Halzband.
496 Vgl. BGH, WRP 2005, 117, 119 = GRUR 2005, 76, 77 – „Rivalin" von Uschi Glas; WRP 1992, 314, 315 = GRUR 1992, 318, 319 – Jubiläumsverkauf; GRUR 1983, 127, 128 – Vertragsstrafeversprechen.
497 Vgl. BGH, WRP 2005, 474 = GRUR 2005, 442 – Direkt ab Werk; WRP 2005, 89 f. = GRUR 2005, 166, 167 – Puppenausstattungen.

auch durch eine Änderung der eine Rechtswidrigkeit begründenden tatsächlichen Verhältnisse.[498]

Eine bereits erfolgte Markenverletzung begründet allerdings stets die *Vermutung*, dass sich **258** die begangene Handlung wiederholt. Diese Vermutung kann i. d. R. nur dadurch widerlegt werden, dass der Verletzer gegenüber dem Anspruchsberechtigten eine sog. *strafbewehrte Unterlassungserklärung* abgibt, d. h. eine Erklärung, in der er sich bei Meidung einer Vertragsstrafe für jeden Fall der Zuwiderhandlung verpflichtet, die konkret bezeichnete Verletzungshandlung künftig zu unterlassen. Dabei muss die Vertragsstrafe so hoch bemessen sein, dass sie die *Gewähr für die Einhaltung der Verpflichtung* bietet.[499] Die bloße Einstellung der Verletzungshandlungen oder eine nicht strafbewehrte Erklärung, diese künftig unterlassen zu wollen, genügt zur Ausräumung der Wiederholungsgefahr nicht.

Eine strafbewehrte Unterlassungserklärung geht häufig auf eine vom Anspruchsberechtig- **259** ten ausgesprochene *Abmahnung* (s. u. Rn. 292 ff.) zurück, wie sie insbesondere zur Vermeidung der Kostenfolge des § 93 ZPO vor Einleitung rechtlicher Schritte erforderlich ist. Dabei ist es üblich, dass der Anspruchsberechtigte die geforderte Erklärung vorformuliert. Wird die Erklärung mit diesem vorformulierten Inhalt abgegeben, kommt bereits damit ein *Unterlassungsvertrag* zustande.[500] Auch eine *einseitige, vom Verletzer formulierte Unterlassungserklärung* beseitigt allerdings die Wiederholungsgefahr, wenn sie *ausreichend strafbewehrt* ist, die *beanstandete Handlung vollständig bezeichnet* und *keine Bedingungen oder Einschränkungen* enthält, die ihre Verbindlichkeit in Frage stellen.[501] In diesem Fall trägt der Verletzer das *Risiko*, dass die Erklärung diesen Anforderungen genügt.[502] Auch wenn eine Unterlassungsverpflichtung nur die *ganz konkrete Verletzungshandlung* bezeichnet, ist sie dahin auszulegen, dass sie auch alle *im Kern gleichartigen Verletzungshandlungen* erfassen soll. Dies rechtfertigt sich damit, dass auch die Wiederholungsgefahr, die durch die Unterlassungsverpflichtung ausgeräumt werden soll, alle im Kern gleichartigen Verletzungshandlungen erfasst.[503] Als gleichartige Verletzungshandlung kommt bei einer Markenverletzung beispielsweise eine nur geringfügige Abwandlung des kollidierenden Zeichens oder seine Benutzung für nur geringfügig andere Waren in Betracht.

Das Risiko einer nicht ausreichend bemessenen Vertragsstrafe kann dadurch vermieden **260** werden, dass ein *Vertragsstrafeversprechen nach „Hamburger Brauch"* abgegeben wird. Dieses Vertragsstrafeversprechen geht dahin, dass die Höhe der Vertragsstrafe erst im Fall der Zuwiderhandlung vom Anspruchsberechtigten angemessen festzusetzen ist, wobei die

498 Vgl. BGH, WRP 2005, 117, 119 = BGH, GRUR 2005, 76, 78 – „Rivalin" von Uschi Glas, wo es darum ging, dass die Klägerin ihr Privatleben selbst öffentlich gemacht hatte und somit die Veröffentlichung eines Fotos jetzt nicht mehr in ihr Persönlichkeitsrecht eingriff.
499 Vgl. z. B. BGH, WRP 1998, 718, 723 = GRUR 1998, 824, 828 – Testpreis-Angebot; WRP 1994, 506, 508 = GRUR 1994, 516, 517 – Auskunft über Notdienste; WRP 1994, 37, 38 = GRUR 1994, 146, 147 – Vertragsstrafebemessung; GRUR 1983, 127, 128 f. – Vertragsstrafeversprechen.
500 Vgl. *Teplitzky*, GRUR 1996, 696, 697.
501 Vgl. BGH, GRUR 1988, 459, 460 – Teilzahlungsankündigung, m. w. N.
502 Vgl. z. B. zum Inhalt der Unterlassungsverpflichtung BGH, WRP 1996, 199, 201 = GRUR 1996, 290, 291 – Wegfall der Wiederholungsgefahr; WRP 1996, 284, 285 = GRUR 1997, 379, 380 – Wegfall der Wiederholungsgefahr II, in einem Fall wurde eine auf die konkrete Verletzungshandlung beschränkte Unterlassungsverpflichtung für ausreichend erachtet, im anderen nicht.
503 Vgl. BGH, WRP 2005, 485, 488 = GRUR 2005, 445, 446 – Ansprechen in der Öffentlichkeit II; WRP 2003, 1116, 1117 = GRUR 2003, 889, 900 – Olympiasiegerin.

Angemessenheit der Vertragsstrafe im Streitfall gerichtlich überprüft werden kann.[504] Ein solches Vertragsstrafeversprechen kann auch einen *Höchstbetrag* vorsehen, der freilich wiederum ausreichend bemessen sein muss.[505]

261   Ohne Abgabe einer strafbewehrten Unterlassungserklärung kann die *Vermutung der Wiederholungsgefahr* kaum je widerlegt werden. Sie wurde beispielsweise auch bei einem nach der Verletzungshandlung ausgeschiedenen Geschäftsführer bejaht[506] und dürfte auch bei der endgültigen Einstellung eines geschäftlichen Betriebes, in dem die Verletzungshandlungen begangen wurden, weiterhin gegeben sein, solange der Betriebsinhaber keine strafbewehrte Unterlassungserklärung abgibt.[507] Es ist in diesen Fällen stets zu berücksichtigen, dass gerade die Weigerung, eine strafbewehrte Unterlassungserklärung abzugeben, Anlass gibt, ein Fortbestehen der Wiederholungsgefahr anzunehmen.

262   Die Wiederholungsgefahr kann auch entfallen, wenn *einem Dritten gegenüber* eine strafbewehrte Unterlassungserklärung abgegeben wurde. Ob dies der Fall ist, hängt stets von den Umständen des Einzelfalls ab und setzt jedenfalls voraus, dass der Dritte die Gewähr dafür bietet, die Einhaltung der Unterlassungsverpflichtung zu überwachen.[508] Auch einem in einem Hauptsacheverfahren ergangenen rechtskräftigen *Unterlassungsurteil* kommt grundsätzlich die Eignung zu, die Wiederholungsgefahr auch gegenüber Dritten entfallen zu lassen.[509] In diesen Fällen ist es aber stets erforderlich, dass sich der Verletzer auf den Wegfall der Wiederholungsgefahr infolge der *Drittunterwerfung* bzw. des ergangenen Urteils beruft.[510]

b) Erstbegehungsgefahr

263   Es ist anerkannt, dass ein Unterlassungsanspruch auch schon gegeben sein kann, wenn eine Verletzungshandlung noch nicht stattgefunden hat, eine solche aber zu befürchten steht. Voraussetzung für einen solchen *vorbeugenden Unterlassungsanspruch* ist eine *konkrete Erstbegehungsgefahr*, für die es nach der Rechtsprechung genügt, dass eine Rechtsverletzung *ernstlich und unmittelbar zu besorgen ist*.[511]

264   Eine solche Erstbegehungsgefahr kann nur angenommen werden, wenn das Verhalten des Verletzers dafür *konkrete Veranlassung* bietet. In erster Linie kommen dafür *konkrete Ankündigungen* in Betracht. Wenn ein Unternehmen ankündigt, zu einem bestimmten Zeitpunkt ein neues Produkt unter einem bestimmten Zeichen auf den Markt zu bringen, ist davon auszugehen, dass es diese Absicht auch verwirklichen wird. Auch die Ankündigung einer Erweiterung der unter einem bestimmten Zeichen angebotenen Waren/Dienstleistungen begründet hinsichtlich einer dadurch erstmals auftretenden Kollision mit einer älteren Marke eine Erstbegehungsgefahr, so z.B. wenn ein auf dem Gebiet der Mode tätiges Unternehmen ankündigt, es werde demnächst unter seiner Marke auch ein Parfum vertreiben.

---

504 Vgl. BGH, GRUR 1978, 192, 193 – Hamburger Brauch I.
505 BGH, GRUR 1985, 155, 157 – Vertragsstrafe bis zu ….
506 BGH, WRP 2000, 525, 529 = GRUR 2000, 605, 607 f. – comtes/ComTel.
507 Vgl. BGH, WRP 1998, 718, 724 = GRUR 1998, 824, 828 – Testpreis-Angebot.
508 Vgl. BGH, GRUR 1983, 186, 188 – Wiederholte Unterwerfung I.
509 BGH, WRP 2003, 511, 514 = GRUR 2003, 450, 452 – Begrenzte Preissenkung.
510 BGH, a. a. O. – Begrenzte Preissenkung.
511 BGH, WRP 2008, 1434, 1436 = GRUR 2008, 1002, 1003 – Schuhpark; WRP 1994, 543, 545 = GRUR 1994, 530, 532 – Beta.

Schon die *Einreichung einer Markenanmeldung* begründet im Regelfall die Gefahr, dass **265**
der Anmelder die Marke auch benutzen wird, wenn keine konkreten Umstände vorliegen,
die gegen eine solche Benutzungsabsicht sprechen.[512] Dies gilt grundsätzlich für alle im
Verzeichnis angegebenen Waren und Dienstleistungen und jedenfalls, soweit die Marke für
konkrete Waren/Dienstleistungen angemeldet wurde. Dem Markeninhaber ist es grundsätzlich nicht zuzumuten, abzuwarten, für welche Waren und Dienstleistungen die Marke dann
tatsächlich benutzt wird.[513] Etwas anderes kann gelten, wenn das Verzeichnis der Waren/
Dienstleistungen *unspezifiziert nur die Klassenoberbegriffe* wiedergibt und Anhaltspunkte
dafür bestehen, dass eine *Benutzungsabsicht nur für bestimmte Waren* besteht. In diesem
Fall erstreckt sich die Erstbegehungsgefahr nicht auch auf alle anderen von den Oberbegriffen erfassten Waren.[514] Auch bei Markenanmeldungen von Werbeagenturen oder sonstigen Dienstleistungsunternehmen, die erkennbar nur *Vorratsanmeldungen* sind, kann
zweifelhaft sein, ob eine Benutzung bereits unmittelbar zu besorgen ist. Ebenso begründen
erkennbar in *Behinderungsabsicht angemeldete Marken* ohne Hinzutreten weiterer Umstände noch nicht die Gefahr einer unmittelbar bevorstehenden Benutzung.[515] In den vorgenannten Fällen kommen daher nur ein Löschungsanspruch nach § 55 und ggf. Schadensersatzansprüche in Betracht.

Eine Erstbegehungsgefahr kann insbesondere auch aus *bereits erfolgten Benutzungshand-* **266**
lungen folgen, und zwar für weitere, *noch nicht verwirklichte Benutzungsarten*. Es ist dabei
zu berücksichtigen, dass sich die aus der erfolgten Verletzung resultierende Wiederholungsgefahr stets nur auf die konkret begangene Handlung bezieht, dass daraus aber regelmäßig eine Erstbegehungsgefahr für weitere Benutzungsarten folgt. Dies gilt insbesondere
für die von § 14 Abs. 4 erfassten *Vorbereitungshandlungen*, die bereits tatbestandsmäßig
die Gefahr voraussetzen, dass die betreffenden Aufmachungen oder Verpackungen auch
bestimmungsgemäß benutzt werden. Ebenso begründet die Anbringung eines Zeichens auf
Waren die Gefahr, dass die so gekennzeichneten Waren auch in Verkehr gebracht werden;
auch das Angebot, die werbliche Ankündigung oder die Einfuhr einer Ware unter dem Zeichen begründet die Gefahr des bevorstehenden Inverkehrbringens. Etwas anderes gilt nur,
wenn diese Handlungen ersichtlich ausschließlich zum Zwecke des Exports erfolgen. Dann
begründet zwar das Anbringen des Zeichens auf der Ware eine Erstbegehungsgefahr hinsichtlich des Exports, aber nicht hinsichtlich des Anbietens und Inverkehrbringens im Inland.[516] Solche Exporthandlungen rechtfertigen auch nicht die Annahme eines unmittelbar
drohenden Re-Imports.

Ebenso wie die Wiederholungsgefahr entfällt auch die Erstbegehungsgefahr, wenn der po- **267**
tenzielle Verletzer bereits vorbeugend eine *strafbewehrte Unterlassungserklärung* abgibt.
Die Erstbegehungsgefahr kann aber auch auf andere Weise ausgeräumt werden. Folgt sie
allein aus einer Markenanmeldung, entfällt sie, wenn der Anmelder auf die Marke *verzich-*
tet. Beruht sie auf einer *Ankündigung*, kann es genügen, wenn der Ankündigende *eindeutig*
und ohne Vorbehalt von dem angekündigten Vorhaben Abstand nimmt. Schließlich entfällt

---

512 BGH, WRP 2009, 1533, 1535 = GRUR 2009, 1055, 1056 – airdsl; WRP 2009, 616, 623 = GRUR
    2009, 485, 490 – Metrobus.
513 OLG München, MD 1996, 1017, 1018; vgl. a. OLG Köln, WRP 1997, 872 – Spring/Swing.
514 BGH, GRUR 1985, 550, 553 – DIMPLE.
515 Zu weit gehend daher OLG München, WRP 1997, 116, 117 – Deutsche Telekom.
516 A. A. OLG Hamburg, GRUR 1999, 339, 342 – Yves Roche, wobei die dort in Frage stehende
    Ware im Inland nicht einmal verkehrsfähig war.

mit der Wiederholungsgefahr für eine bereits erfolgte Verletzungshandlung (z. B. durch Abgabe einer strafbewehrten Unterlassungserklärung) auch die Erstbegehungsgefahr für daran anknüpfende weitere Benutzungsarten.

4. Der Beseitigungsanspruch

268 Der Unterlassungsanspruch wird ergänzt durch den ebenfalls *verschuldensunabhängigen Beseitigungsanspruch*, wie er von der Rechtsprechung analog § 1004 BGB entwickelt wurde. Dieser Beseitigungsanspruch besteht insbesondere auch neben den in § 18 geregelten Ansprüchen auf Vernichtung und Rückruf. Der Anspruch ist gerichtet auf die Beseitigung eines *fortwährenden Störungszustandes*, wie er beispielsweise in einem fortbestehenden Telefonbuch-Eintrag oder bei fortbestehender Registrierung einer verletzenden Internet-Domain bestehen kann. Zumeist stellen sich solche Störungszustände aber auch als eine fortgesetzte Benutzung dar, so dass ihnen auch mit dem Unterlassungsanspruch begegnet werden kann. Bei dem durch die Eintragung einer verletzenden Marke hervorgerufenen Störungszustand greift der ausdrücklich geregelte Löschungsanspruch ein (§ 55). Schon vor der Eintragung der verletzenden Marke kann aber, als Ausprägung eines vorbeugenden Beseitigungsanspruchs, die Rücknahme der Markenanmeldung verlangt werden.[517] Soweit die Rechtsprechung früher einen Anspruch auf *Rückruf* bereits ausgelieferten Werbematerials oder bereits ausgelieferter gekennzeichneter Produkte unter dem Gesichtspunkt der Störungsbeseitigung zuerkannt hat,[518] dürfte dies in Anbetracht der jetzt geltenden gesetzlichen Regelung dieses Anspruchs in § 18 Abs. 2 überholt sein. Diese Regelung bleibt aber insofern hinter der bisherigen Rechtslage zurück, als sie sich ihrem Wortlaut nach nur noch auf widerrechtlich gekennzeichnete Waren bezieht und sonstiges widerrechtlich gekennzeichnetes Material i. S. von § 14 Abs. 4 nicht einschließt (zum Meinungsstand, ob hier eine erweiternde Auslegung in Betracht kommt, vgl. die Kommentierung bei § 18 Rn. 8 f.). Auch der Beseitigungsanspruch ist nicht nur gegen den Verletzer, sondern insbesondere auch gegen den nicht als Täter oder Teilnehmer haftenden *Verursacher des Störungszustandes* gegeben (vgl. Rn. 251). Hier spielen dann auch Prüfungspflichten eine geringere Rolle, da an der Aufrechterhaltung eines rechtswidrigen Störungszustandes kein vorrangiges Interesse bestehen kann.[519]

5. Der Schadensersatzanspruch (§ 14 Abs. 6)

a) Voraussetzungen

269 Der Schadensersatzanspruch setzt voraus, dass die Verletzungshandlung *vorsätzlich oder fahrlässig* begangen worden ist. *Vorsatz* ist gegeben, wenn der Verletzer *Kenntnis von allen anspruchsbegründenden Tatsachen* hatte, also insbesondere vom Bestehen der älteren Marke und den Waren/Dienstleistungen, für die sie Schutz genießt, und sich darüber hinaus der *Rechtswidrigkeit* seines Handelns bewusst ist. Von Fällen der Markenpiraterie abgesehen, ist diese Voraussetzung nur selten erfüllt. *Fahrlässigkeit* ist dagegen immer schon

---

517 BGH, WRP 1993, 399, 402 = GRUR 1993, 556, 558 – TRIANGLE.
518 Vgl. BGH, GRUR 1974, 666, 669 – Reparaturversicherung.
519 Vgl. BGH, WRP 2004, 1287, 1292 = GRUR 2004, 860, 864 – Internetversteigerung I, auch unter Hinweis auf § 11 S. 1 Nr. 2 TDG n. F.

dann gegeben, wenn der Verletzer bei seinem Handeln die im *Verkehr erforderliche Sorgfalt* außer Acht lässt, wobei an den Sorgfaltsmaßstab *strenge Anforderungen* gestellt werden.

Die Sorgfaltspflicht umfasst zunächst die Verpflichtung, sich unter *Ausschöpfung aller Recherchemöglichkeiten* über entgegenstehende Kennzeichenrechte Dritter kundig zu machen. Dazu genügt es nicht, nur eine sog. *Identitätsrecherche* anzustellen, also festzustellen, ob das konkret in Aussicht genommene Zeichen schon für Dritte eingetragen ist oder anderweitig benutzt wird, sondern es muss grundsätzlich, unter Einschaltung fachlichen Rats, auch nach *ähnlichen Zeichen* geforscht werden.[520] Solche Ähnlichkeitsrecherchen basieren auf einer EDV-gestützten Erfassung eingetragener Marken nach schematischen Ähnlichkeitskriterien; sie bedürfen stets der fachlichen Auswertung, welche der dabei hervorgebrachten Zeichen tatsächlich im markenrechtlichen Sinne verwechselbar erscheinen. Auch die beste Markenrecherche bietet keine Gewähr für Vollständigkeit; der Verletzer genügt damit aber im Allgemeinen seiner Sorgfaltspflicht. **270**

Schwierig ist die Recherche bei *nicht eingetragenen Kennzeichenrechten*, wie insbesondere durch Benutzung erworbenen Marken. Hier muss sich ein Gewerbetreibender zumindest auf *seinem Warengebiet* in zumutbaren Grenzen über Wettbewerber, ihre Erzeugnisse, Marken und Ausstattungen unterrichten.[521] Das Risiko wird hier dadurch gemildert, dass solche Marken *Verkehrsgeltung* aufweisen müssen, um Schutz zu genießen. Vielfach können solche Marken aufgrund ihrer *Benutzung im Internet* ermittelt werden. **271**

Ein *Rechtsirrtum* kommt nicht nur bei der Beurteilung der Verwechslungsgefahr, sondern auch bei anderen Rechtsfragen in Betracht, wie z.B. beim *rechtsirrigen Vertrauen auf die Löschungsreife* der älteren Marke oder auf eine eingetretene *Erschöpfung oder Verwirkung* des Markenrechts. In all diesen Fällen stellt die Rechtsprechung an einen Ausschluss des Verschuldens außerordentlich *strenge Anforderungen*. Fahrlässig handelt bereits, wer sich erkennbar in einem *Grenzbereich des rechtlich Zulässigen* bewegt, in welchem er eine von der eigenen Einschätzung *abweichende Beurteilung* durch die Gerichte in Betracht ziehen muss. Ein Verstoß gegen die Sorgfaltspflicht ist bei einem Rechtsirrtum nur dann zu verneinen, wenn es sich um die Beurteilung eines *rechtlich schwierigen Sachverhalts* handelt, für den die Rechtsprechung im Zeitpunkt der Zuwiderhandlung noch *keine festen Grundsätze* entwickelt hat und der Handelnde sich für seine Auffassung auf *namhafte Vertreter im Schrifttum und/oder auf gerichtliche Entscheidungen* berufen konnte.[522] **272**

Angesichts dieser strengen Anforderungen sind die Fälle, in denen sich ein Verletzer auf mangelndes Verschulden berufen kann, selten. Praktisch relevant ist aber der Fall, dass der Verletzer sein Zeichen bereits vor Anmeldung der geltend gemachten Marke in Benutzung genommen hatte – oder auch zu einem Zeitpunkt, zu dem diese Markenanmeldung mangels Veröffentlichung noch nicht recherchierbar war –, da die strengen Sorgfaltsanforderungen nach der Rechtsprechung nur denjenigen treffen, der ein Zeichen neu in Benutzung nimmt und/oder zur Eintragung anmeldet.[523] Eine *fortwährende Beobachtungspflicht*, ob das benutzte Zeichen mit neu entstehenden Rechten Dritter kollidiert, besteht nicht.[524] **273**

---

520 BGH, GRUR 1960, 186, 189 – Arctos.
521 BGH, GRUR 1960, 186, 189 – Arctos.
522 Vgl. BGH, WRP 1997, 562, 567 = GRUR 1996, 271, 275 – Gefärbte Jeans.
523 BGH, GRUR 1971, 251, 253 – Oldtimer.
524 Vgl. a. BGH, WRP 2009, 445, 449 Tz. 38 = GRUR 2009, 515, 518 – Motorradreiniger.

b) Inhalt

274 Was den Inhalt des Schadensersatzanspruchs betrifft, hat der Markeninhaber, wie bei allen gewerblichen Schutzrechten, die Wahl zwischen drei Schadensberechnungsarten. Er kann entweder den ihm *entgangenen Gewinn* geltend machen oder den *vom Verletzer erzielten Gewinn* herausfordern oder nach der sog. *Lizenzanalogie* den Betrag fordern, den der Verletzer nach marktüblichen Sätzen hätte zahlen müssen, wäre ihm eine Lizenz an dem benutzten Zeichen eingeräumt worden. Dieses *Wahlrecht* braucht nicht sogleich ausgeübt zu werden, insbesondere nicht, bevor die zur Berechnung des Schadens nach den einzelnen Berechnungsarten erforderlichen Auskünfte erteilt wurden (s. u. Rn. 290). Das Wahlrecht erlischt erst, wenn der nach einer bestimmten Berechnungsweise geltend gemachte Anspruch entweder erfüllt oder rechtskräftig zuerkannt worden ist.[525] Schließlich kann ein geltend gemachter Schaden alternativ auch auf mehrere Berechnungsarten gestützt werden, und das Gericht hat dann die für den Kläger günstigste Berechnungsart anzuwenden.[526]

aa) Entgangener Gewinn

275 Bei der *Schadensberechnung nach dem entgangenen Gewinn* bereitet der Nachweis des *Ursachenzusammenhangs* zwischen der Verletzungshandlung und Gewinneinbußen des Markeninhabers regelmäßig Schwierigkeiten. Aus diesem Grund wurden in der Rechtsprechung die beiden anderen Schadensberechnungsarten als sog. objektive Methoden der Schadensberechnung entwickelt, weshalb der Schadensberechnung nach dem entgangenen Gewinn in der Praxis nur geringe Bedeutung zukommt.

276 Allerdings ergeben sich aus § 252 S. 2 BGB i.V.m. § 287 ZPO auch bei dieser Schadensberechnung gewisse *Beweiserleichterungen*. Nach § 252 S. 2 BGB genügt es, wenn ein bestimmter Gewinn nach dem gewöhnlichen Lauf der Dinge oder besonderen, vom Markeninhaber ggf. darzulegenden und zu beweisenden Umständen, mit *Wahrscheinlichkeit* erwartet werden konnte. § 287 ZPO ergänzt diese Regelung, indem das Gericht über die Höhe eines entstandenen Schadens unter Würdigung aller Umstände *nach freier Überzeugung* entscheidet. Diese Bestimmungen entheben den Verletzten der Notwendigkeit, den entgangenen Gewinn genau zu belegen. Sie ersparen es ihm aber nicht, dem Gericht eine *tatsächliche Grundlage* zu unterbreiten, die diesem *eine wenigstens im Groben zutreffende Schätzung* des entgangenen Gewinns ermöglicht.[527] Der Verletzer muss danach jedenfalls eine *genaue, produktbezogene Kalkulation* vorlegen und darf sich nicht schon für die Höhe seiner Gewinnspanne auf allgemeine Erfahrungswerte berufen. Was den *Kausalzusammenhang* betrifft, ist dagegen bei einer Markenverletzung davon auszugehen, dass Geschäfte des Verletzers zu einer Beeinträchtigung der Umsatzerwartung des Berechtigten geführt haben. Zu welchem *Anteil* die vom Verletzer getätigten Umsätze ohne die Verletzungshandlung vom Markeninhaber erzielt worden wären, ist dann *erforderlichenfalls zu schätzen*.[528]

---

525 BGH, WRP 1992, 700, 703 = GRUR 1993, 55, 57 – Tchibo/Rolex II.
526 BGH, a. a. O., S. 58.
527 BGH, GRUR 1980, 841, 842 – Tolbutamid; GRUR 1962, 509, 513 – Dia-Rähmchen II.
528 BGH, WRP 2008, 1227, 1229 Tz. 19 = GRUR 2008, 933, 935 – Schmiermittel; WRP 1993, 625, 626 = GRUR 1993, 757, 759 – Kollektion Holiday.

bb) Herausgabe des Verletzergewinns

Bei der *Schadensberechnung nach dem Verletzergewinn*, wie er jetzt in § 14 Abs. 6 S. 2 ge- **277**
setzlich geregelt ist, kommt es allein auf den Verletzergewinn an, ohne Rücksicht darauf,
ob der Markeninhaber in der Lage gewesen wäre, selbst diesen Gewinn zu erzielen.[529] Allerdings stößt auch diese Schadensberechnung auf Schwierigkeiten. Zum einen kann dieser
Schadensberechnung nur die vom Verletzer offengelegte *Kalkulation* zugrunde gelegt werden, und diese ist regelmäßig nur *schwer nachprüfbar*. Nur in den Fällen, in denen der Verletzer keine eigenen Gestehungskosten geltend machen kann, sondern sich der Verletzergewinn unschwer aus der Differenz zwischen Einkaufs- und Verkaufspreis unter Berücksichtigung etwaiger Vertriebskosten errechnen lässt, bietet sich eine einigermaßen verlässliche Grundlage für die Schadensberechnung. Hinzu kommt aber, dass der Verletzergewinn
keineswegs insgesamt herausverlangt werden kann, sondern *nur zu dem Anteil, der gerade
auf die Benutzung des kollidierenden Zeichens und nicht auf andere Umstände zurückzuführen ist*.[530] Dieser Anteil ist erforderlichenfalls zu *schätzen*. In der Entscheidung *Tchibo/
Rolex II* hat es der BGH bei einem nahezu identischen Imitat der bekannten Rolexuhren,
das allerdings zu einem Billigstpreis über die Tchibo-Geschäfte abgesetzt wurde, für ausgeschlossen erachtet, dass der durch die Imitatwirkung verursachte Gewinnanteil mehr als
1/3 des Verletzergewinns ausgemacht haben könnte.[531] Die Schadensberechnung nach der
Lizenzanalogie führte daher im konkreten Fall zu einem höheren Ergebnis. Die Herausgabe des Verletzergewinns scheitert allerdings nicht schon daran, dass für die Schätzung
des ursächlichen Anteils jeglicher Anhaltspunkt fehlt. Steht fest, dass der Gewinn jedenfalls zum Teil auf die Verletzungshandlungen zurückgeht, muss das Gericht im *Wege der
Schätzung jedenfalls einen Mindestschaden* ermitteln.[532]

Die Schadensberechnung nach dem Verletzergewinn hat an großer Bedeutung gewonnen, **278**
nachdem der BGH entschieden hat, dass bei der Ermittlung des Verletzergewinns die *Gemeinkosten nicht Gewinn mindernd in Abzug* gebracht werden dürfen; nur wenn und soweit
solche Gemeinkosten der Verletzungshandlung ausnahmsweise *unmittelbar zugerechnet*
werden können, sind sie weiterhin bei der Gewinnermittlung zu berücksichtigen.[533] In derselben Entscheidung, in der es allerdings um eine Geschmacksmusterverletzung ging, hat
der BGH auch entschieden, dass der Verletzergewinn in voller Höhe herauszugeben sei,
und nicht eingewandt werden könne, dass er zum Teil auf der *eigenen Vertriebsleistung* des
Verletzers beruhe. Dies betrifft aber nur die im entschiedenen Fall im Streit stehende Vertriebsleistung und stellt nicht in Frage, dass der Verletzergewinn im Übrigen nur insoweit
herauszugeben ist, als er auf der Rechtsverletzung beruht.[534]

Bei der Schadensberechnung nach dem Verletzergewinn ist somit zunächst zu prüfen, wel- **279**
che Kosten vom erzielten Umsatz in Abzug gebracht werden können. Das sind bei den *Pro-
duktionskosten* nur die der Herstellung des Produkts *unmittelbar zurechenbaren variablen
Kosten*, also z. B. die Kosten des Materials und der für die Produktion benötigten Energie,

---

529 Vgl. BGH, WRP 2010, 390, 392 Tz. 18 = GRUR 2010, 237, 238 – Zoladex.
530 Vgl. BGH, WRP 1992, 700, 704 = GRUR 1993, 55, 58 – Tchibo/Rolex II; GRUR 1974, 53, 54 –
     Nebelscheinwerfer.
531 BGH, GRUR 1993, 55, 59.
532 BGH, a. a. O.
533 BGH, GRUR 2001, 329, 231 – Gemeinkostenanteil.
534 BGH, a. a. O., S. 232; für das Markenrecht bestätigt BGH, WRP 2006, 587, 589 Tz. 16 = GRUR
     2006, 419, 421 – Noblesse.

die Kosten der Sachmittel für Verpackung und Vertrieb, aber auch die anteiligen Lohnkosten und die – bezogen auf ihre Lebensdauer – anteiligen Kosten für Maschinen und Räumlichkeiten, die nur für die Produktion und den Vertrieb der verletzenden Produkte verwendet werden. Nicht abzugsfähig sind dagegen all die Kosten, die unabhängig vom Umfang der Produktion und des Vertriebs durch die Unterhaltung des Betriebs entstehen, wie allgemeine Marketingkosten, Geschäftsführergehälter, Verwaltungskosten und die Kosten des Anlagevermögens, das nicht konkret der rechtsverletzenden Fertigung zugerechnet werden kann. Nicht abzugsfähig sind ferner Anlauf- und Entwicklungskosten sowie Kosten für die – etwa in Folge einer Unterlassungsverpflichtung – nicht mehr veräußerbaren Produkte.[535] Dabei ist der Verletzer *darlegungs- und beweispflichtig* für die Höhe und Zurechenbarkeit der von ihm in Abzug gebrachten Kosten.[536]

280 Bei einem *Händler* entspricht der Verletzergewinn zunächst der Differenz zwischen seinem Einkaufspreis und dem Verkaufspreis. Zusätzlich können aber die für den Vertrieb aufgewandten Kosten in Abzug gebracht werden, wie ausschließlich das verletzende Produkt betreffende Werbekosten, Verpackungs- und Transportkosten sowie produktbezogene Provisionen, Boni und Sconti.

281 Bei einer *Absatzkette*, ist der Verletzte grundsätzlich berechtigt, den Verletzergewinn auf *jeder Handelsstufe* abzuschöpfen. Wenn aber der Hersteller oder auch ein Zwischenhändler von seinem Abnehmer wegen dessen Inanspruchnahme durch den Verletzten in *Regress* genommen wird, kann er geleistete Schadensersatzzahlungen von seinem herauszugebenden Verletzergewinn in Abzug bringen. Hat er bereits an den Verletzten geleistet, ehe er seinem Abnehmer den entstandenen Schaden ersetzt hat, kann er von dem Verletzten den insoweit zu viel gezahlten Verletzergewinn nach § 812 BGB zurückfordern.[537]

282 Was die Höhe des herauszugebenden Verletzergewinns betrifft, ist insbesondere bei einer Markenverletzung stets zu prüfen, inwieweit der vom Verletzer erzielte Gewinn gerade auf die Benutzung der fremden Marke zurückzuführen ist und nicht auf das unter dieser Marke vertriebene Produkt.[538] Der herauszugebende Anteil des Verletzergewinns ist in diesen Fällen in Form einer Quote des Verletzergewinns nach § 287 ZPO zu schätzen.[539] In Produktpirateriefällen, in denen der Wert des nachgeahmten Erzeugnisses im Wesentlichen durch die widerrechtliche Kennzeichnung selbst bestimmt wird, ist – jedenfalls bei identischer Übernahme – im Grundsatz der vollständige oder nahezu vollständige Verletzergewinn herauszugeben. Ebenso liegt es bei geringwertigen Produkten, die sich ausschließlich wegen der darauf aufgebrachten Marke verkaufen lassen.[540] Liegt keine Identität mit der verletzten Marke, sondern lediglich Verwechslungsgefahr vor, kann aber auch ein wesentlich geringerer Anteil gerechtfertigt sein.[541]

283 Es ist bei den Gerichten eine gewisse Tendenz festzustellen, den herauszugebenden Anteil des Verletzergewinns so zu schätzen, dass keine allzu große Diskrepanz zu einer Schadens-

---

535 BGH, WRP 2007, 533, 536 Tz. 32 f. = GRUR 2007, 431, 434 – Steckverbindergehäuse.
536 OLG Hamburg, GRUR-RR 2009, 136, 137 – Gipürespitze II.
537 BGH, WRP 2009, 1129, 1139 Tz. 79 = GRUR 2009, 856, 864 – Tripp-Trapp-Stuhl.
538 Vgl. OLG Frankfurt, GRUR-RR 2003, 274, 277 – Vier-Streifen-Kennzeichnung.
539 BGH, WRP 2006, 587, 589 = GRUR 2006, 419, 420 – Noblesse.
540 Vgl. OLG Hamburg, GRUR-RR 2005, 258, 260 – Ahoj-Brause.
541 OLG Frankfurt, GRUR-RR 2003, 274, 277 – Vier-Streifen-Kennzeichnung: 20 %.

Schweyer

berechnung nach der Lizenzanalogie entsteht.[542] Es ist aber kein rechtlich beachtlicher Einwand, dass der Anspruch auf Herausgabe des Verletzergewinns eine ansonsten geltende Lizenzvergütung beträchtlich übersteige. Die Konsequenzen, die sich aus der Änderung der BGH-Rechtsprechung zur Berechnung des Verletzergewinns und der Nichtberücksichtigung von Gemeinkostenanteilen ergeben, können nicht auf diese Weise korrigiert werden.[543]

cc) Lizenzanalogie

Die *Berechnungsart nach der Lizenzanalogie* – jetzt geregelt in § 14 Abs. 6 S. 3 – bereitet in der Praxis die geringsten Probleme, hat aber an Bedeutung verloren, da die Herausgabe des Verletzergewinns doch regelmäßig zu höheren Ergebnissen führt. Dieser Berechnungsart liegt die Überlegung zugrunde, dass derjenige, der zu Unrecht eine dem Rechtsinhaber ausschließlich vorbehaltene Befugnis in Anspruch genommen hat, dafür zumindest den Betrag zu zahlen hat, den er bei Einräumung einer Lizenz üblicherweise hätte zahlen müssen. Diese *Fiktion eines Lizenzvertrages* setzt nicht voraus, dass der Markeninhaber bei korrektem Verhalten des Verletzers tatsächlich zum Abschluss eines Lizenzvertrages bereit gewesen wäre.[544] Für die *Höhe der fiktiven Lizenzgebühr* ist maßgeblich, was *vernünftige Vertragsparteien* üblicherweise vereinbart hätten. Dabei sind auch Umstände zu berücksichtigen, die sich üblicherweise erhöhend oder mindernd auf einen vereinbarten Lizenzsatz auswirken. Der Verletzer kann aber nicht geltend machen, dass er einen Lizenzvertrag zu üblichen Bedingungen nicht abgeschlossen hätte, z. B. weil ihm dann kein Gewinn verblieben wäre, da dies auf eine *unzulässige Vermengung unterschiedlicher Berechnungsarten* hinausliefe. Auch widerspräche dieser Einwand dem Grundsatz, dass ein Verletzer bei der Schadensermittlung im Wege der Lizenzanalogie weder schlechter noch besser gestellt werden darf als ein vertraglicher Lizenznehmer.[545]   **284**

Welcher Lizenzsatz danach angemessen erscheint, hängt sehr stark von den in Frage stehenden Waren/Dienstleistungen und der der konkreten Marke entgegengebrachten Wertschätzung ab. Lange Zeit galt der in der Entscheidung Meßmer-Tee II zuerkannte Lizenzsatz von 1 % als eine gewisse Richtschnur. Mit der heute weit größeren Bedeutung von Markenlizenzverträgen dürften sich übliche Lizenzsätze eher zwischen 2 % und 5 % bewegen. Es gibt aber Warengebiete wie etwa modische Bekleidung oder Parfümeriewaren, bei denen die Marke ganz wesentlich den Preis des Produkts bestimmt, was zur Folge hat, dass hier Lizenzsätze in einer Größenordnung von 10 % und darüber üblich sind. Die Bezugsgröße ist dabei jeweils der vom Verletzer erzielte *Nettoumsatz*. Die Benutzung einer Marke in der Werbung kann aber als eigenständige Verletzungshandlung auch die Bestimmung einer für diese Form der Benutzung üblichen (Pauschal)-Lizenz erforderlich machen.[546]   **285**

Eine Benutzung des kollidierenden Zeichens für qualitativ minderwertige Billigprodukte führt im Allgemeinen zu einer *Erhöhung der Lizenzgebühr*, als Ausgleich für die damit   **286**

---

542 So schon BGH, GRUR 1993, 55, 59 – Tchibo/Rolex II.
543 BGH, GRUR 2004, 53, 54 – Gewinnherausgabeanspruch.
544 BGH, WRP 2010, 384, 387 = GRUR 2010, 239, 242 – BTK; WRP 2006, 117, 119 = GRUR 2006, 143, 145 – Catwalk; WRP 1992, 700, 704 = GRUR 1993, 55, 58 – Tchibo/Rolex II; BGH, GRUR 1966, 377 – Meßmer-Tee II.
545 BGH, WRP 1992, 700, 704 = GRUR 1993, 55, 58 – Tchibo/Rolex II.
546 BGH, WRP 2006, 117, 120 = GRUR 2006, 143, 146 – Catwalk.

verbundene Beeinträchtigung der lizenzierten Marke.[547] Das Vorhandensein weiterer Verletzungen kann sich *lizenzmindernd* auswirken,[548] allerdings wohl nur insoweit, als auch in Lizenzverträgen dem Vorhandensein weiterer Lizenznehmer üblicherweise lizenzmindernd Rechnung getragen wird. Dass der Markeninhaber sich im Fall einer Verletzung die üblicherweise in einem Lizenzvertrag vorgesehene *Qualitätskontrolle* erspart, kann *nicht lizenzmindernd* berücksichtigt werden, da dieser Ersparnis regelmäßig die Gefahr einer erhöhten, gerade auf dem Fehlen einer Kontrolle beruhenden Beeinträchtigung der Marke gegenübersteht.[549]

dd) Marktverwirrungsschaden

287 Ein *Marktverwirrungsschaden*, wie er durch die Benutzung eines mit der Marke verwechselbaren Zeichens regelmäßig hervorgerufen wird, kann grundsätzlich *neben* dem nach einer der drei vorgenannten Methoden ermittelten Schaden geltend gemacht werden.[550] Bei der Schadensberechnung nach der Lizenzanalogie gilt dies allerdings nur insoweit, als die die Marktverwirrung hervorrufenden Umstände nicht schon bei der Bemessung der Lizenzgebühr erhöhend berücksichtigt wurden. Ansonsten lässt sich der Marktverwirrungsschaden – obgleich regelmäßig gegeben[551] – nur schwer beziffern. Art und Umfang der vom Verletzer unter der verletzenden Bezeichnung getätigten Werbung können einen *Anknüpfungspunkt für die Schadensschätzung* darstellen, nicht aber der vom Verletzer getätigte *Werbeaufwand*.[552] Anerkannt ist, dass ein dem Markeninhaber entstandener Aufwand für eine der Marktverwirrung *entgegenwirkende Werbung* einen Anhaltspunkt für den zu ersetzenden Schaden darstellen kann, allerdings nur, soweit sich die Werbung inhaltlich und dem Umfang nach in dem dafür *erforderlichen Rahmen* hält. Wurden solche konkreten Werbemaßnahmen nicht getroffen, kommt eine Berücksichtigung *fiktiver Kosten* einer angemessenen Gegenwerbung nicht in Betracht.[553]

ee) Abmahnkosten

288 Bei außergerichtlicher Streitbeilegung stellen auch die sog. *Abmahnkosten* einen *zusätzlich auszugleichenden Schadensposten* dar. Es sind dies die Kosten, die dem Markeninhaber dadurch entstanden sind, dass er einen Rechts- oder Patentanwalt mit der Rechtsverfolgung beauftragt hat und dieser den Verletzer zunächst außergerichtlich (wie es wegen § 93 ZPO erforderlich ist) zur Abgabe einer strafbewehrten Unterlassungserklärung und/oder Anerkennung der Schadensersatzpflicht aufgefordert hat (s. u. Rn. 292 ff.). Strittig ist, ob die Kosten eines Patentanwalts auch zusätzlich zu denen eines Rechtsanwalts geltend gemacht

---

547 BGH, WRP 1992, 700, 704 = GRUR 1993, 55, 58 – Tchibo/Rolex II, wo im Ergebnis ein Lizenzsatz von 12,5 % für angemessen erachtet wurde; vgl. a. OLG Düsseldorf, GRUR-RR 2003, 209, 210 – Meißner Dekor, wo für eine sehr intensive Benutzung der Bezeichnung „Meißner Dekor" in der Werbung für minderwertiges Porzellan ein Lizenzsatz von 10 % für angemessen erachtet wurde.
548 BGH, GRUR 1993, 55, 58.
549 BGH, GRUR 1966, 375, 378 – Meßmer-Tee II.
550 BGH, GRUR 1975, 85, 86 – Clarissa; BGH, GRUR 1966, 375, 378 – Meßmer-Tee II.
551 BGH, WRP 1999, 530, 534 = GRUR 1999, 587, 590 – Cefallone.
552 BGH, GRUR 1987, 364, 365 – Vier-Streifen-Schuh.
553 BGH, GRUR 1982, 491 – Korrekturflüssigkeit.

werden können, und zwar ohne Prüfung der Notwendigkeit der Mitwirkung. Dies wurde lange mit einer entsprechenden Anwendung des § 140 Abs. 3 MarkenG begründet.[554] Neuerdings gibt es Gegenmeinungen.[555] Der BGH hat die Erstattungsfähigkeit unlängst bejaht, dabei aber nicht deutlich gemacht, ob er von einer entsprechenden Anwendung des § 140 Abs. 3 MarkenG ausgeht, oder ob im konkreten Fall die Notwendigkeit der Mitwirkung gegeben war.[556] In einer jüngst ergangenen Entscheidung hat der BGH die entsprechende Anwendung des § 140 Abs. 3 MarkenG auf die Kosten einer Abmahnung aber ausdrücklich abgelehnt.[557] Damit steht fest, dass die Kosten des Patentanwalts für eine Abmahnung nur erstattungsfähig sind, wenn er entweder allein gehandelt hat oder wenn seine Mitwirkung bei der Abmahnung im Einzelfall notwendig war (vgl. a. § 140 Rn. 18).[558] Nach ständiger Rechtsprechung sind die Abmahnkosten auch als Aufwendungsersatz nach den Grundsätzen der Geschäftsführung ohne Auftrag (§ 683 BGB) zu erstatten, was insbesondere dann Bedeutung erlangt, wenn ein Schadensersatzanspruch mangels Verschuldens oder bei einer von einem Verband ausgesprochenen Abmahnung nicht gegeben ist.[559] Schließt sich an die Abmahnung ein Rechtsstreit an, sind die Abmahnkosten gebührenrechtlich zum Teil auf die dann entstehende Verfahrensgebühr anzurechnen (VV Teil 3 Vorbemerkung 3 Abs. 4), so dass dann nur noch der nicht anzurechnende Teil als zusätzlicher Schaden geltend gemacht werden kann und im Übrigen nur ein prozessualer Kostenerstattungsanspruch nach § 91 ZPO besteht (vgl. § 15a RVG).

6. Der Bereicherungsanspruch

Da das durch den Erwerb einer Marke begründete Recht ein Recht mit *ausschließlichem* 289 *Zuweisungsgehalt* ist (§ 14 Abs. 1), kommt bei einem *schuldlosen Eingriff* in dieses Recht auch ein Anspruch auf *Herausgabe des Erlangten nach § 812 BGB* in Betracht.[560] Auch *nach Verjährungseintritt* ist das durch die Markenverletzung Erlangte nach den Vorschriften über die Herausgabe einer ungerechtfertigten Bereicherung herauszugeben (§ 20 i.V.m. § 852 BGB). Da das Erlangte – der aus dem Gebrauch des verletzenden Zeichens gezogene Vorteil – seiner Natur nach nicht herausgegeben werden kann, ist dessen *objektiver Wert* zu ersetzen (§ 818 Abs. 2 BGB). Dieser bemisst sich wiederum nach der dafür *üblicherweise zu entrichtenden Lizenzgebühr*, so dass insoweit auf die vorstehenden Ausführungen zur Lizenzanaloge verwiesen werden kann.[561]

554 Vgl. OLG Hamburg, GRUR-RR 2008, 370, 371 – Pizza-Flitzer; OLG Frankfurt a. M., GRUR-RR 2001, 199; OLG München, Mitt. 1982, 218 – Ciao: OLG München, Mitt. 1982, 199 – Adico.
555 OLG Frankfurt a. M., GRUR-RR 2010, 127; OLG Düsseldorf, BeckRS 2008, 05681.
556 BGH, GRUR 2009, 888 – Thermoroll.
557 BGH, GRUR 2011, 754, 755 Tz. 14 – Kosten des Patentanwalts II.
558 A. A., unter Berufung auf die „Thermoroll"-Entscheidung, noch *Ingerl/Rohnke*, § 140 Rn. 61.
559 Vgl. grundlegend BGH, GRUR 1970, 189, 190 – Fotowettbewerb; GRUR 1973, 384 – Goldene Armbänder.
560 Grundlegend BGH, GRUR 1987, 520, 523 – Chanel No. 5 I.
561 Vgl. BGH, WRP 2009, 445, 450 Tz. 43. = GRUR 2009, 515, 519 – Motorradreiniger; GRUR 1987, 520, 523 – Chanel No. 5.

7. Der vorbereitende Auskunftsanspruch

290 Zur Berechnung des ihm entstandenen Schadens und auch zur Bezifferung eines Bereicherungsanspruchs benötigt der Verletzte *umfassende Auskünfte* über den Umfang der Verletzungshandlungen mit allen zur Berechnung des jeweiligen Anspruchs erforderlichen Angaben. Der eine andere Zielrichtung verfolgende Auskunftsanspruch gem. § 19 umfasst nur einen Teil dieser benötigten Auskünfte. Daneben hat der Markeninhaber einen *allgemeinen, aus § 242 BGB abgeleiteten Anspruch auf Erteilung all derjenigen Auskünfte, die er zur Bezifferung seines Schadensersatz- bzw. Bereicherungsanspruchs benötigt.*[562] Dieser Anspruch umfasst insbesondere die für alle drei Schadensberechnungsarten benötigten Angaben sowie Angaben über Art und Umfang der betriebenen Werbung zur Ermittlung des Marktverwirrungsschadens. Er umfasst auch *Angaben, die zur Kontrolle der erteilten Auskünfte benötigt werden*, wie eine genaue Bezeichnung aller Lieferungen nach Zeitpunkt, Menge, erzieltem Preis und Empfänger der Lieferung. Mit einer *pauschalen, nicht aufgeschlüsselten Umsatzauskunft* braucht sich der Markeninhaber nicht zu begnügen. Für die Herausgabe des Verletzergewinns bedarf es einer *detaillierten Auskunft über die Gestehungskosten*, unter Aufschlüsselung der einzelnen Kostenfaktoren. Für den Marktverwirrungsschaden kann zusätzlich *Auskunft über den Umfang der Werbung*, aufgeschlüsselt nach den einzelnen Werbemaßnahmen, Auflage und Verbreitung von Werbematerial oder Printmedien, in denen die Werbung erschienen ist, zeitliche Angaben zu den einzelnen Werbemaßnahmen etc. verlangt werden. Ist nur ein Bereicherungsanspruch gegeben, können nur die Angaben zur Berechnung des Bereicherungsausgleichs nach der Lizenzanalogie gefordert werden. Zur zeitlichen Beschränkung des Anspruchs vgl. u. Rn. 297.

291 Der Umfang der zu erteilenden Auskünfte stellt für den dazu verurteilten Verletzer i. d. R. eine *erhebliche Belastung* dar und kann einer vergleichsweisen Einigung über den zu leistenden Schadensersatz förderlich sein. Bei den *Namen und Anschriften der Empfänger von Lieferungen bzw. Angeboten oder Werbematerial* gewährte die Rechtsprechung früher den sog. *Wirtschaftsprüfervorbehalt*, der besagte, dass der Verletzer diese Angaben nur einem zur Verschwiegenheit verpflichteten Wirtschaftsprüfer zu machen hatte, der dem Markeninhaber auf Anfrage mitteilen musste, ob bestimmte Empfänger in der Liste verzeichnet waren.[563] Damit wurde dem *Kontrollzweck* dieser Auskunft hinreichend genügt. Nachdem jedoch § 19 Abs. 2 ohne einen solchen Vorbehalt zur Mitteilung von Namen und Anschriften gewerblicher Abnehmer verpflichtet,[564] kommt ein Wirtschaftsprüfervorbehalt allenfalls noch für *nichtgewerbliche Abnehmer* in Betracht.

VIII. Durchsetzung von Ansprüchen

1. Abmahnung

292 Der gerichtlichen Durchsetzung von Ansprüchen wegen Verletzung einer Marke geht regelmäßig eine *Abmahnung* voraus, da der Markeninhaber andernfalls Gefahr liefe, im Falle

---

562 St. Rspr. vgl. z. B. BGH, GRUR 1995, 50, 53 – Indorektal/Indohexal.
563 Vgl. BGH, GRUR 1981, 535 – Wirtschaftsprüfervorbehalt.
564 Vgl. zu der entsprechenden Bestimmung in § 140b PatG: BGH, GRUR 1995, 338, 342 – Kleiderbügel.

eines sofortigen Anerkenntnisses mit den Kosten des Rechtsstreits belastet zu werden (§ 93 ZPO).

Die Abmahnung muss erkennen lassen, *welche Marke* geltend gemacht wird. Dafür genügt **293** grundsätzlich die Angabe der *Registernummer*. Es empfiehlt sich freilich, eine Ablichtung der Markenveröffentlichung oder einen Registerauszug beizufügen. Bei Geltendmachung einer nicht eingetragenen Marke bedarf es zumindest der Behauptung einer bestehenden *Verkehrsgeltung*. Auch hier erscheinen nähere Darlegungen, die dem Verletzer die Verkehrsgeltung glaubhaft erscheinen lassen, zweckmäßig.

Die Abmahnung muss sodann die Aufforderung beinhalten, für eine *bestimmt zu bezeich-* **294** *nende Verletzungshandlung* eine *strafbewehrte Unterlassungserklärung* (s. o. Rn. 258) abzugeben sowie die *Androhung gerichtlicher Schritte* für den Fall, dass diese Erklärung nicht innerhalb einer bestimmten Frist abgegeben wird. Soll die Abmahnung eine Schadensersatzklage vorbereiten, hat sie darüber hinaus die Aufforderung zu beinhalten, *die Schadensersatzpflicht dem Grunde nach anzuerkennen* und die zur Schadensberechnung erforderlichen Auskünfte zu erteilen. Üblich ist es schließlich noch, die dem Markeninhaber durch die Abmahnung entstandenen *Kosten* zu beziffern und sogleich deren Ersatz, als Teil des entstandenen Schadens, zu fordern. Es ist auch üblich, dem Abmahnschreiben eine *vorformulierte Erklärung* des gewünschten Inhalts beizufügen, die der Abgemahnte nur zu unterzeichnen braucht. Erforderlich ist dies aber nicht; ergibt sich aus dem Abmahnschreiben mit hinreichender Bestimmtheit, welche Handlung Anlass zu der Abmahnung gegeben hat, muss der Verletzer die zur Vermeidung eines Rechtsstreits gebotenen Erklärungen erforderlichenfalls selbst formulieren.

2. Klage

Für die Durchsetzung markenrechtlicher Ansprüche kommt in erster Linie eine Klage beim **295** zuständigen Landgericht in Betracht (§ 140 Abs. 1). Dabei wird üblicherweise die *Unterlassungsklage* mit einer *Klage auf Feststellung der Schadensersatzpflicht und Erteilung der für die Schadensberechnung benötigten Auskünfte* verbunden. Eine für den Schadensersatzanspruch an sich mögliche *Stufenklage* (§ 254 ZPO) empfiehlt sich nicht, da hier die Verurteilung zur Auskunft in der ersten Stufe keine rechtskräftige Feststellung über den Grund des nachfolgenden Leistungsanspruchs bewirkt. Im gesamten gewerblichen Rechtsschutz wird daher unbedenklich ein *rechtliches Interesse an der Feststellung der Schadensersatzpflicht dem Grunde nach* bejaht, vorausgesetzt, es besteht zumindest eine *gewisse Wahrscheinlichkeit* für den Eintritt eines Schadens, wofür der regelmäßig gegebene Marktverwirrungsschaden genügt.[565] Die festgestellte Schadensersatzpflicht bietet sodann eine *rechtskräftige Grundlage für das sich daran anschließende Betragsverfahren* (s. u. Rn. 299 ff.).

In der Klage ist, insbesondere für den Unterlassungstenor, mangels eines solchen aber auch **296** zur Bezeichnung der zum Schadensersatz verpflichtenden Handlung, die *beanstandete Handlung bestimmt zu bezeichnen*, also z. B.: „im geschäftlichen Verkehr Parfümeriewaren, insbesondere ein Rasierwasser, mit dem Zeichen … zu versehen und die solchermaßen gekennzeichneten Waren anzubieten oder in Verkehr zu bringen". Der Antrag muss sich an

---

565 BGH, WRP 1999, 530, 534 = GRUR 1999, 587, 590 – Cefallone.

der *konkret erfolgten Verletzungshandlung* orientieren; für den *vorbeugenden Unterlassungsanspruch* kann er sich auch auf *weitere zu befürchtende Benutzungshandlungen* erstrecken. Wenn die Marke für einen *Oberbegriff* Schutz genießt und das kollidierende Zeichen nur für eine bestimmte Ware benutzt wird, wird häufig versucht, den Oberbegriff in den Klageantrag aufzunehmen; es empfiehlt sich dann aber, mit dem Wort *„insbesondere"* auch die ganz konkrete Verletzungshandlung zu bezeichnen. Das Gericht kann dann entweder den allgemeiner gefassten Tenor zusprechen oder die Verurteilung auf die mit „insbesondere" bezeichnete Verletzungsform beschränken. Die Verurteilung nur nach dem Insbesondere-Antrag hat eine Klageabweisung im Übrigen jedenfalls dann zur Folge, wenn der zu weit gefasste Antrag auch materiell-rechtlich nicht begründet war.[566]

297 Die Ansprüche auf Feststellung der Schadensersatzpflicht und Auskunftserteilung beziehen sich ebenfalls auf die so bezeichnete Verletzungshandlung, allerdings ohne die nur vorbeugend aufgeführten Elemente. Sie bedürfen einer *zeitlichen Eingrenzung*, da sie frühestens ab dem Zeitpunkt gegeben sind, in dem der Markenschutz nach § 4 entstanden ist. Der Meinungsstreit ob der Markeninhaber darüber hinaus als *klagebegründende Tatsache* vorzutragen habe, wann eine zum Schadensersatz verpflichtende Verletzungshandlung erstmals begangen worden ist,[567] ist beigelegt, nachdem sich der I. Zivilsenat des BGH der ablehnenden Auffassung des X. Senates[568] angeschlossen hat.[569] Es bedarf danach lediglich des Vortrags einer Verletzungshandlung für einen bis zum Beginn des Markenschutzes zurückreichenden Auskunftsausspruch. Wird die Verjährungseinrede erhoben, bedarf der Feststellungsantrag der Modifizierung, wonach *für den verjährten Zeitraum lediglich die Herausgabe des auf Kosten des Markeninhabers Erlangten* nach den Vorschriften über die Herausgabe einer ungerechtfertigten Bereicherung geschuldet ist. Auch der Auskunftsanspruch bedarf insofern einer zeitlichen Eingrenzung, als *für den verjährten Zeitraum* nur die für die *Bezifferung einer üblichen Lizenz* erforderlichen Auskünfte gefordert werden können.

298 Neben der üblichen Verknüpfung des Unterlassungsantrags mit dem Antrag auf Feststellung der Schadensersatzpflicht und auf Auskunftserteilung kann die Klage weitere Anträge umfassen, wie insbesondere einen Antrag auf Markenlöschung (§ 55) oder auf Vernichtung (§ 18).

3. Betragsverfahren

299 Da eine bezifferte Schadensersatzklage stets die vorherige Erteilung der zur Schadensermittlung erforderlichen Auskünfte voraussetzt, kann sie regelmäßig erst in einem *zweiten Schritt* erfolgen, sei es als zweite Stufe im Rahmen einer Stufenklage, sei es, wie im gewerblichen Rechtsschutz üblich, in einem gesonderten Prozess, nachdem die Schadensersatzpflicht dem Grunde nach festgestellt wurde, dem sog. *Betragsverfahren*. Ein solches kann natürlich auch eingeleitet werden, wenn bereits auf eine vorprozessuale Abmahnung hin alle erforderlichen Auskünfte erteilt wurden und danach nur noch die Höhe des zu leistenden Schadensersatzes streitig ist.

---

566 Vgl. BGH, WRP 2003, 380, 382 = GRUR 2003, 242 – Dresdner Stollen.
567 Vgl. BGH, GRUR 1988, 307, 308 – Gaby.
568 Vgl. BGH, WRP 1993, 170, 175 = GRUR 1992, 612, 616 – Nicola.
569 BGH, WRP 2007, 1187, 1190 = GRUR 2007, 877, 879 – Windsor Estate.

Für das Betragsverfahren gelten keine prozessualen Besonderheiten. Die Klage setzt einen *bezifferten Antrag* voraus und eine *Begründung*, die auf eine der drei Schadensberechnungsarten gestützt ist. Die Klage kann *alternativ auf mehrere Berechnungsarten* gestützt sein, wobei sich der eingeklagte Betrag zumeist nur aus einer dieser Berechnungsarten ergibt. Diese ist dann vom Gericht vorrangig zu prüfen, während die anderen zu einem niedrigeren Ergebnis führenden Berechnungsarten Hilfsbegründungen darstellen.[570] Eines *Hilfsantrages* bedarf es insoweit nicht, da eine Schadensberechnung, die nicht den eingeklagten Betrag erreicht, nur zur Folge hat, dass die Klage teilweise abzuweisen ist.   **300**

Betragsverfahren sind in der Praxis eher selten, da die Parteien nach Abschluss des vorangegangenen Prozesses häufig des Streitens müde sind und sich auf der Basis der erteilten Auskünfte auf einen Schadensbetrag einigen. Kommt eine solche Einigung nicht zustande, sind die Verfahren langwierig und bedürfen vielfach der Einschaltung eines Sachverständigen, wenn etwa Fragen der Gewinnkalkulation streitig sind oder die Höhe des auf dem fraglichen Gebiet üblichen Lizenzsatzes.   **301**

4. Einstweilige Verfügung

In dringlichen Fällen kann der Unterlassungsanspruch auch im Wege der *einstweiligen Verfügung* (§§ 935, 940 ZPO) geltend gemacht werden.[571] Auch der in § 19 geregelte Auskunftsanspruch kann in Fällen offensichtlicher Rechtsverletzung im Wege der einstweiligen Verfügung durchgesetzt werden (s. § 19 Rn. 35 ff.).   **302**

Ob der *Verfügungsgrund*, die sog. *Dringlichkeit*, bei einer Markenverletzung der besonderen Darlegung bedarf, ist nach wie vor strittig und wird insbesondere von den Oberlandesgerichten unterschiedlich beurteilt. Nach wohl noch herrschender Auffassung gilt die *Dringlichkeitsvermutung* des § 12 Abs. 2 UWG (§ 25 UWG a. F.) auch für Markenverletzungen.[572] Die Gegenmeinung lehnt eine solche Analogie ab.[573] In der Praxis dürfte dem Meinungsstreit nur geringe Bedeutung zukommen, da wegen der dem Wettbewerbsrecht *vergleichbaren Interessenlage* an die Darlegung einer Dringlichkeit jedenfalls *keine hohen Anforderungen* zu stellen sind. Vielmehr genügt die von jeder Markenverletzung ausgehende Gefährdung der geschützten Marke im Allgemeinen, um ein berechtigtes Interesse des Markeninhabers an der Unterbindung weiterer Verletzungshandlungen im Wege der Einstweiligen Verfügung zu bejahen.[574] In der Praxis empfiehlt es sich jedenfalls, zur Dringlichkeit vorzutragen.   **303**

---

570 Vgl. BGH, WRP 1992, 700, 703 = GRUR 1993, 55, 57 f. – Tchibo/Rolex II.
571 Dazu allgemein *Ahrens*, Der Wettbewerbsprozess, 6. Aufl. 2009; *Teplitzky*, Wettbewerbsrechtliche Ansprüche und Verfahren, 9. Aufl. 2007.
572 Vgl. z. B. OLG Hamburg, GRUR-RR 2009, 309, 310 – agenda; KG, MarkenR 2008, 219 – Zurückhalten der Beschwerdebegründung; OLG Zweibrücken, GRUR-RR 2008, 346 – namensgleiche Neugründung; OLG Stuttgart, GRUR-RR 2005, 307, 308 – e-motion/iMOTION; sowie *Ströbele/Hacker*, § 14 Rn. 326; *Fezer*, § 14 Rn. 1081 ff.; *Ekey*, in HK MarkenR, § 14 Rn. 513 ff.; *Ahrens/Schmukle*, a.a.O § 45 Rn. 64; unentschieden *Ingerl/Rohnke*, § 14 Rn. 193 ff.
573 Vgl. z. B. OLG München, GRUR 2007, 174 – Wettenvermittlung; OLG Düsseldorf, GRUR-RR 2002, 212 – TopTicket, OLG Frankfurt, GRUR-RR 2002, 1096 – Dringlichkeit im Markenrechtsstreit; sowie insbesondere *Teplitzky*, a. a. O., § 54 Rn. 20; *Retzer*, GRUR 2009, 329, 331; *Köhler/Bornkamm*, § 12 Rn. 3.14.
574 OLG Frankfurt, a. a. O. – Dringlichkeit im Markenrechtsstreit.

304   Die Dringlichkeit, ob vermutet oder nicht, gilt als *widerlegt*, wenn der Verletzte bei Einreichung des Antrages auf Erlass einer einstweiligen Verfügung bereits seit Längerem Kenntnis von der Verletzungshandlung hatte und zunächst untätig geblieben ist. Durch solch *zögerliches Verhalten* gibt der Verletzte selbst zu erkennen, dass ihm die Rechtsverfolgung nicht dringlich erscheint.

305   Welcher *Zeitraum der Untätigkeit* als dringlichkeitsschädlich angesehen wird, wird in den einzelnen Oberlandesgerichtsbezirken unterschiedlich gehandhabt. Die Frist bewegt sich hier zwischen einem Monat (München, Nürnberg, Köln, Düsseldorf, Braunschweig, Hamm, Karlsruhe, Saarbrücken, Jena) und maximal 2 Monaten (Hamburg, Frankfurt, Berlin, Brandenburg). Bei den meisten Oberlandesgerichten kommt es dabei auf die *Umstände des Einzelfalls* an, während in den Bezirken der Oberlandesgerichte München, Nürnberg und Hamm die Frist von einem Monat sehr strikt gehandhabt wird.[575]

306   Auch bei *strikter Handhabung der Frist* beginnt diese aber nicht schon, wenn dem Verletzten die Verletzungshandlung irgendwie zur Kenntnis gelangt ist, sondern erst mit dem Zeitpunkt, zu dem er im *Besitz aller Informationen und Unterlagen* ist, um mit Aussicht auf Erfolg einen Verfügungsantrag stellen zu können. Dies kann sich auch auf die Einholung eines demoskopischen Gutachtens erstrecken, wenn für den Verfügungsanspruch die Verkehrsgeltung der Marke glaubhaft zu machen ist. Der Verletzte muss sich aber in jedem Fall mit der *gebotenen Eile und dem gehörigen Nachdruck* um die Beschaffung aller erforderlichen Unterlagen bemühen.[576] Fraglich ist, inwieweit durch veränderte Umstände eine neue Dringlichkeit eröffnet werden kann. Wenn eine Markenanmeldung eine *Erstbegehungsgefahr* für die Benutzung der angemeldeten Marke begründet (s. o. Rn. 263), müsste der Inhaber einer kollidierenden Marke grundsätzlich schon zu diesem Zeitpunkt dagegen vorgehen, und es bestünde keine Dringlichkeit mehr, wenn es dann tatsächlich zu einer Benutzung dieser Marke für die bereits aus der Anmeldung konkret ersichtlichen Waren/Dienstleistungen kommt.[577] Richtiger erscheint es, mit dem Übergang von einer bloßen Erstbegehungsgefahr zu deren Verwirklichung durch konkrete Benutzungshandlungen von einem *Wiederaufleben der Dringlichkeit* oder schlicht von einer *neuen Dringlichkeit* auszugehen.[578]

307   Die Dringlichkeit kann auch noch durch das *Verhalten im Prozess* widerlegt werden. So kann – wenn das Gericht über den Antrag auf Erlass einer einstweiligen Verfügung Termin zur mündlichen Verhandlung anberaumt – schon ein Antrag des Verfügungsklägers auf *Terminverlegung* die Dringlichkeit in Frage stellen. Im Berufungsverfahren nach zurückgewiesenem Verfügungsantrag darf der Verfügungskläger nach der Rechtsprechung des OLG München zwar die Fristen zur Berufungseinlegung und Berufungsbegründung voll ausschöpfen; lässt er sich die Berufungsbegründungsfrist *verlängern*, gilt die Dringlichkeit

---

575   Vgl. zu der Rechtsprechung der einzelnen Oberlandesgerichte insbesondere die Nachweise in *Ahrens/Schmukle*, Der Wettbewerbsprozess, 6. Aufl., Kap. 45, Rn. 42 ff.; *Harte/Henning/Retzer*, Anhang zu § 12, und *Köhler/Bornkamm*, § 12 Rn. 3.15.

576   OLG München, WRP 1993, 49, 50 – Fahrpreiserstattung; OLG München, WRP 1992, 264, 266 – Super-Spar-Fahrkarten.

577   So insbesondere OLG Köln, WRP 1997, 872 – Spring/Swing; *Teplitzky*, a. a. O. § 54 Rn. 37 m. w. N.; *Fezer*, § 14 Rn. 1078.

578   So OLG Stuttgart OLGR 2009, 633, 635 – Ordensphotos; OLG München OLGR 1992, 103; *Ingerl/Rohnke*, Vor §§ 14–19 Rn. 202; *Ströbele/Hacker*, § 14 Rn. 329; *Ahrens/Schmukle*, a. a. O. § 45 Rn. 60; *Schulz*, WRP 2000, 258, 262 f.

aber als widerlegt.[579] Diese *prozessualen Fallstricke* gelten nicht, soweit der Verfügungskläger bereits durch eine erlassene einstweilige Verfügung gesichert ist.

Eine einstweilige Verfügung kann entweder einseitig als *Beschluss* erlassen werden oder, **308**
nach Anberaumung eines Termins zur mündlichen Verhandlung, als *Urteil*. Wird gegen die
als Beschluss erlassene einstweilige Verfügung *Widerspruch* eingelegt (§§ 936, 924 ZPO)
ist über die Rechtmäßigkeit des Erlasses der einstweiligen Verfügung durch *Urteil* zu entscheiden (§§ 936, 925 ZPO). Die erlassene einstweilige Verfügung bedarf der *Vollziehung*,
wenn sie nicht der Aufhebung nach §§ 936, 927 ZPO anheim fallen soll. Es gilt insoweit
die *Vollziehungsfrist* von einem Monat gem. § 929 Abs. 2 ZPO. Der Vollziehung bedarf sowohl die *erstmals als Beschluss oder Urteil erlassene einstweilige Verfügung* als auch jede
spätere Entscheidung, die den Tenor der einstweiligen Verfügung inhaltlich abändert. Die
Vollziehung der einstweiligen Verfügung erfolgt durch Zustellung einer Ausfertigung des
entsprechenden Beschlusses bzw. Urteils im Parteibetrieb.

Eine einstweilige Verfügung stellt stets nur eine *vorläufige Maßnahme* dar, die nicht zu ei- **309**
ner rechtskräftigen Feststellung des Anspruchs i. S. d. § 197 Abs. 1 Nr. 3 BGB führt. Gegen
eine Beschlussverfügung kann *unbefristet Widerspruch* eingelegt werden, wobei insbesondere zu beachten ist, dass der Antrag auf Erlass einer einstweiligen Verfügung nach neuem
Recht zwar zu einer *Hemmung der Verjährung* führt (§ 204 Abs. 1 Nr. 9 BGB), der Anspruch aber nach Beendigung der Hemmung (vgl. § 204 Abs. 2 BGB) binnen kurzer Frist
verjähren kann und die einstweilige Verfügung dann auf Widerspruch aufzuheben wäre.
Auch eine durch Urteil rechtskräftig zugesprochene einstweilige Verfügung kann der *Aufhebung nach §§ 926, 927 ZPO* anheim fallen, wobei auch hier die Anspruchsverjährung
nach Beendigung der Hemmung zu beachten ist. Es muss somit vor Eintritt der Verjährung
entweder die erneut verjährungshemmende (§ 204 Abs. 1 Nr. 1 BGB) Hauptsacheklage erhoben werden oder die Parteien einigen sich darauf, die einstweilige Verfügung als eine
endgültige, einem Hauptsachetitel gleichstehende Regelung zu behandeln. Herbeigeführt
wird eine solche Einigung durch ein sog. *Abschlussschreiben*, in dem der Verfügungsbeklagte aufgefordert wird, die einstweilige Verfügung als endgültige, einem Hauptsachetitel
gleichstehende Regelung anzuerkennen und auf einen Widerspruch nach § 924 ZPO (bei
Beschlussverfügungen) sowie auf die Rechte nach §§ 926, 927 ZPO zu verzichten. Da ein
solches Abschlussschreiben Kosten verursacht, kann der Verfügungsbeklagte eine solche
Erklärung auch unaufgefordert von sich aus abgeben, wofür ihm eine *Überlegungsfrist* zuzubilligen ist, die üblicherweise mit zwei Wochen angesetzt wird.[580] Ein vor Ablauf dieser
Frist versandtes Abschlussschreiben löst somit keinen Kostenerstattungsanspruch aus. Die
Abschlusserklärung bewirkt, da auf alle Rechtsbehelfe und Aufhebungsgründe verzichtet
wird, dass die einstweilige Verfügung nunmehr einen *endgültigen Unterlassungstitel* darstellt.

IX. Gemeinschaftsmarkenrecht

Art. 9 GMV entspricht in den Abs. 1 und 2 wörtlich Art. 5 Abs. 1–3 Markenrechtsrichtlinie **310**
und sieht in Abs. 2 lit. c) auch den erweiterten Schutz der bekannten Marke vor, wie er in

---

579 OLG München, GRUR 1992, 328 – Dringlichkeitsvermutung.
580 Vgl. z. B. OLG Frankfurt, GRUR 2003, 274, 278 – Vier-Streifen-Kennzeichnung.

Art. 5 Abs. 2 Markenrechtsrichtlinie optional vorgesehen ist. Damit stimmt Art. 9 GMV auch nahezu wörtlich mit § 14 Abs. 1–3 überein, so dass sich Besonderheiten nur insoweit ergeben, als sich der Schutz der Gemeinschaftsmarke *territorial auf das gesamte Gebiet der Gemeinschaft* erstreckt.

1. Verwechslungsgefahr

311   Die Verwechslungsgefahr beurteilt sich bei der Verletzung einer Gemeinschaftsmarke nach denselben Grundsätzen, wie sie vorstehend zu § 14 dargestellt wurden. Maßgeblich sind auch insoweit die zu Art. 5 Markenrechtsrichtlinie ergangenen Entscheidungen des EuGH, die wegen der Deckungsgleichheit der Vorschriften auch bei der Auslegung von Art. 9 GMV zugrunde zu legen sind. Es ergeben sich daher auch in der Spruchpraxis des HABM keine signifikanten Unterschiede zur deutschen Rechtsprechung, sieht man von der in der deutschen Rechtsprechung so noch nicht übernommenen *Neutralisierungstheorie* (s.o. Rn. 78) ab.[581]

312   Die Sprachenvielfalt in der Gemeinschaft kann aber dazu führen, dass die Zeichenähnlichkeit und die daraus resultierende *Verwechslungsgefahr* in Teilen der Gemeinschaft *unterschiedlich* zu beurteilen ist. Auch kann eine innerhalb der Gemeinschaft differierende *Verkehrsauffassung* oder eine unterschiedlich ausgeprägte *Kennzeichnungskraft* der Gemeinschaftsmarke dazu führen, dass nur in Teilen der Gemeinschaft durch die Benutzung eines ähnlichen Zeichens die Gefahr von Verwechslungen hervorgerufen wird. Andererseits bestimmt Art. 1 Abs. 2 GMV, dass die Gemeinschaftsmarke *einheitliche Wirkung für die gesamte Gemeinschaft* hat. Sie kann insbesondere nur für dieses gesamte Gebiet eingetragen werden, und ihre Benutzung kann nur für die gesamte Gemeinschaft untersagt werden, sofern sich nicht aus der Verordnung etwas anderes ergibt.

313   Für das *Eintragungsverfahren* regelt Art. 8 Abs. 1 lit. b) GMV, dass die angemeldete Marke von der Eintragung ausgeschlossen ist, wenn für das Publikum die Gefahr von Verwechslungen in dem Gebiet besteht, in dem die ältere Marke Schutz genießt. Handelt es sich bei der älteren Marke um eine *nationale Marke*, ergibt sich eine Kollision nur in den territorialen Grenzen, in denen diese Marke geschützt ist; es kommt dann auch für die Beurteilung der Verwechslungsgefahr nur *auf die Verhältnisse in diesem Schutzgebiet* an.[582] Handelt es sich bei der Widerspruchsmarke um eine *Gemeinschaftsmarke*, deren Schutz sich stets auf das gesamte Gebiet der Gemeinschaft erstreckt, stellt es bereits ein Eintragungshindernis dar, wenn eine Verwechslungsgefahr zwischen den Zeichen *irgendwo in der Gemeinschaft* gegeben ist.[583] Eine sprachlich unkorrekte oder dialektbedingte Aussprache bleibt dabei außer Betracht (s.o. Rn. 89).

---

581 Vgl. die Nachweise bei *Eisenführ/Schennen*, Art. 8, die Zusammenstellung ergangener Widerspruchsentscheidungen bei *Preglau/Neuffer*, MarkenR 1999, 41 ff., und die Rechtsprechungsübersichten bei *Bender*, MarkenR 2011, 89; MarkenR 2010, 57; MarkenR 2009, 133; MarkenR 2008, 89; MarkenR 2007, 93; MarkenR 2006, 60; MarkenR 2005, 69; MarkenR 2004, 216; MarkenR 2003, 253, 256 ff.; MarkenR 2002, 37, 46 ff.

582 Vgl. insbesondere EuG, Markenrecht 2002, 417 – Matratzen Concord Markt/Matratzen; da das Wort „Matratzen" im Spanischen keine Bedeutung aufweist und damit aus spanischer Sicht auch den Gesamteindruck der Gemeinschaftsmarkenanmeldung „Matratzen Markt Concord" prägte, wurde dem Widerspruch aus der spanischen Marke „Matratzen" stattgegeben.

583 So auch *v. Mühlendahl/Ohlgart*, § 6 Rn. 28.

Fraglich ist, auf welches Gebiet es für die Beurteilung der Verwechslungsgefahr im Rah- **314** men des Art. 9 GMV ankommt, wenn die Verwechslungsgefahr innerhalb der Gemeinschaft unterschiedlich beurteilt wird. Da Art. 9 GMV eine *aus der Benutzung des jüngeren Zeichens resultierende Verwechslungsgefahr* voraussetzt, wird man hier zunächst auf das Gebiet abstellen müssen, in dem das jüngere Zeichen benutzt wird. Begründet die Benutzung des Zeichens in diesem Gebiet für das Publikum die Gefahr von Verwechslungen, liegt eine Verletzungshandlung nach Art. 9 GMV vor, und es folgt daraus ein *gemeinschaftsweiter Unterlassungsanspruch*. Der Einwand, dass in anderen Teilen der Gemeinschaft keine Verwechslungsgefahr bestünde, ist unerheblich, da Art. 1 Abs. 2 GMV eine Teilabweisung einer Klage wegen nicht gegebener Verwechslungsgefahr in bestimmten Gebieten der Gemeinschaft nicht zulässt.[584] Problematisch ist der Fall, dass dort, wo das jüngere Zeichen benutzt wird, eine Verwechslungsgefahr nicht gegeben ist, während eine Benutzung in anderen Teilen der Gemeinschaft die Gefahr von Verwechslungen mit der älteren Gemeinschaftsmarke hervorrufen würde. In diesem Fall wurde aber an *keinem Ort* der Gemeinschaft der Verletzungstatbestand nach Art. 9 GMV verwirklicht, so dass eine Verletzungsklage insgesamt abzuweisen wäre, es sei denn, es ließe sich wegen drohender Benutzungshandlungen in den Gebieten, in denen eine Verwechslungsgefahr bestünde, ein *vorbeugender Unterlassungsanspruch* begründen. Der *Streitgegenstand* und damit die *Rechtskraft* einer solchen Klageabweisung wäre dann aber auf Benutzungshandlungen in dem Gebiet, für das eine Verwechslungsgefahr verneint wurde, beschränkt, und würde einer erneuten Klage, wenn das jüngere Zeichen später auch in anderen Teilen der Gemeinschaft benutzt wird, nicht entgegenstehen.[585]

2. Bekanntheit

Art. 9 Abs. 1c) entspricht zwar nahezu wörtlich § 14 Abs. 2 Nr. 3, allerdings mit dem Un- **315** terschied, dass die Bekanntheit der Marke *in der Gemeinschaft* gegeben sein muss. Dabei stellt sich die Frage, ob die Marke überall in der Gemeinschaft die erforderliche Bekanntheit genießen muss, eine Vorraussetzung, die nur wenige Marken erfüllen dürften. Der EuGH hat zur Auslegung des Art. 5 Markenrechtsrichtlinie bereits entschieden, dass es genügt, wenn sich die Bekanntheit auf einen wesentlichen Teil des Gebietes eines Mitgliedstaates erstreckt.[586] Entsprechendes muss auch für die Auslegung des Art. 9 GMV gelten. Danach ist eine Marke in der Gemeinschaft *bekannt*, wenn sie in einem *wesentlichen Teil der Gemeinschaft* die erforderliche Bekanntheit genießt. Dies ist jedenfalls der Fall bei einer Bekanntheit, die sich auf das Gebiet eines Mitgliedstaates erstreckt; insbesondere bei den größeren Mitgliedstaaten kann aber auch schon ein *Teil eines Mitgliedstaates* als wesentlicher Teil des Gemeinschaftsgebiets anzusehen sein.[587]

---

584 A.A. *Knaak*, GRUR 2001, 21, 23, der offenbar eine Teilabweisung auf entsprechenden Vortrag des Beklagten für möglich hält; in diesem Sinne a. *Hye-Knudsen/Schafft*, MarkenR 2004, 209, 213.

585 Ebenso *v. Mühlendahl/Ohlgart*, § 6 Rn. 7; vgl. a. *Knaak*, GRUR 2001, 21, 22 f.

586 EuGH, MarkenR 1999, 388, 390 Tz. 28 – Chevy; s. o. Rn. 187.

587 Vgl. a. *v. Mühlendahl/Ohlgart*, § 5 Rn. 34.

3. Durchsetzung von Ansprüchen aus der Gemeinschaftsmarke

316 Art. 9 GMV regelt unmittelbar den aus einer Gemeinschaftsmarkenverletzung resultieren-den *Unterlassungsanspruch*. Daneben sieht Art. 9 Abs. 3 GMV einen *Anspruch auf ange-messene Entschädigung* für Handlungen vor, die in dem *Zeitraum zwischen der Veröffentli-chung der Anmeldung einer Gemeinschaftsmarke und der Veröffentlichung ihrer Eintra-gung* vorgenommen werden. Damit wird der langen Dauer des Eintragungsverfahrens, wie sie durch das vorgeschaltete Widerspruchsverfahren bedingt ist (vgl. § 42 Rn. 36), Rech-nung getragen. Die Klage auf angemessene Entschädigung kann bereits *vor der Veröffentli-chung* der Eintragung der Gemeinschaftsmarke erhoben werden – wie dies zur Verjäh-rungsunterbrechung erforderlich sein kann –, doch muss der Rechtsstreit danach *ausgesetzt* werden, da das Gericht vor der Veröffentlichung der Eintragung der Gemeinschaftsmarke keine Entscheidung treffen kann (Art. 9 Abs. 3 S. 3 GMV). Für *alle anderen Sanktionen*, insbesondere einen Anspruch auf *Schadensersatz* und die diesen Anspruch vorbereitenden Ansprüche auf *Auskunft* und *Feststellung der Schadensersatzpflicht*, verweist Art. 102 Abs. 2 GMV auf das *nationale Recht des Mitgliedstaates, in dem die Verletzungshandlun-gen begangen worden sind oder drohen*.

317 Zuständig für Klagen wegen Verletzung einer Gemeinschaftsmarke sind die von den Mit-gliedstaaten benannten *Gemeinschaftsmarkengerichte* (Art. 95 GMV). Während die meis-ten Mitgliedstaaten jeweils nur ein Gericht erster und zweiter Instanz bestimmt haben, de-cken sich die deutschen Gemeinschaftsmarkengerichte, soweit landesrechtlich von der Konzentrationsermächtigung Gebrauch gemacht wurde, mit den Gerichten für Kennzei-chenstreitsachen gem. § 140 (aufgeführt bei § 140 Rn. 10). Von den anderen Bundeslän-dern wurden zusätzliche Gerichte benannt; außerdem umfassen die Gemeinschaftsmarken-gerichte auch die jeweils übergeordneten Oberlandesgerichte.[588] Welches dieser Gemein-schaftsmarkengerichte *international zuständig* ist, beurteilt sich primär nach dem Sitz des Beklagten, in Ermangelung eines solchen innerhalb der Gemeinschaft nach einer dort vor-handenen Niederlassung (Art. 97 Abs. 1 GMV). Hat der Beklagte in der Gemeinschaft we-der Sitz noch Niederlassung, ist das Gericht am Sitz des Klägers zuständig bzw., in Erman-gelung eines solchen, das Gericht am Sitz seiner Niederlassung (Art. 97 Abs. 2 GMV). Hat auch der Kläger in der Gemeinschaft weder Sitz noch Niederlassung, greift ersatzweise ei-ne Zuständigkeit der Gemeinschaftsmarkengerichte in Spanien ein (Spanien deshalb, weil das Harmonisierungsamt dort seinen Sitz hat; Art. 97 Abs. 3 GMV). Schließlich sind ne-ben diesen *nur in der genannten Reihenfolge* zuständigen Gerichten die Gemeinschafts-markengerichte derjenigen Mitgliedsländer international zuständig, in denen *Verletzungs-handlungen* begangen wurden (Art. 97 Abs. 5 GMV). Gemäß Art. 97 Abs. 4 GMV kann zwischen den Parteien auch eine andere internationale Zuständigkeit *vereinbart* werden. Zu beachten ist, dass nur die nach Art. 97 Abs. 1–4 zuständigen Gemeinschaftsmarkenge-richte über eine gemeinschaftsweite Jurisdiktion verfügen, wohingegen ein nach Art. 97 Abs. 5 GMV zuständiges Gericht nur für Handlungen zuständig ist, die in dem betreffen-den Mitgliedstaat begangen wurden (vgl. Art. 98 GMV). Es kann sich gleichwohl die Wahl dieses Gerichtsstands empfehlen, da eine gemeinschaftsweite Verletzungsklage jedenfalls dann kaum zu bewältigende Schwierigkeiten birgt, wenn auch Schadensersatzansprüche

---

588 Das vollständige Verzeichnis ist wiedergegeben in BlPMZ 2001, 307 f.

geltend gemacht werden sollen, auf die das jeweilige nationale Recht der Mitgliedstaaten anzuwenden ist.[589]

Die Gemeinschaftsmarkengerichte wenden in allen von der GMV nicht erfassten Fragen ihr nationales Recht einschließlich ihres internationalen Privatrechts an; auch das anzuwendende *Verfahrensrecht* bestimmt sich nach dem Sitz des Gerichts (Art. 101 GMV). Grundsätzlich kommt auch wegen der Verletzung einer Gemeinschaftsmarke der Erlass einer *einstweiligen Verfügung* in Betracht, mit der Besonderheit, dass für alle einstweiligen Maßnahmen auch eine Zuständigkeit der nationalen Markengerichte gegeben ist (Art. 103 Abs. 1 GMV). Bei einer einstweiligen Verfügung gegen einen Angehörigen eines anderen Mitgliedstaates ist dabei zu beachten, dass nach der Rechtsprechung des EuGH Entscheidungen im einstweiligen Verfügungsverfahren, die ohne Ladung der Gegenpartei ergangen sind, nach der EuGVO nicht anzuerkennen und zu vollstrecken sind. Wegen des *Anerkennungs- und Vollstreckungsvorbehalts* in Art. 103 Abs. 2 GMV kommt daher eine Beschlussverfügung nur gegen einen Angehörigen desselben Mitgliedstaates in Betracht.[590]

318

---

589 Vgl. dazu *Schulte-Beckhausen*, WRP 1999, 300, 306.
590 Vgl. zum Ganzen *Knaak*, GRUR 2001, 21 ff.

§ 15
Ausschließliches Recht des Inhabers einer geschäftlichen Bezeichnung; Unterlassungsanspruch; Schadensersatzanspruch

(1) Der Erwerb des Schutzes einer geschäftlichen Bezeichnung gewährt ihrem Inhaber ein ausschließliches Recht.

(2) Dritten ist es untersagt, die geschäftliche Bezeichnung oder ein ähnliches Zeichen im geschäftlichen Verkehr unbefugt in einer Weise zu benutzen, die geeignet ist, Verwechslungen mit der geschützten Bezeichnung hervorzurufen.

(3) Handelt es sich bei der geschäftlichen Bezeichnung um eine im Inland bekannte geschäftliche Bezeichnung, so ist es Dritten ferner untersagt, die geschäftliche Bezeichnung oder ein ähnliches Zeichen im geschäftlichen Verkehr zu benutzen, wenn keine Gefahr von Verwechslungen im Sinne des Absatzes 2 besteht, soweit die Benutzung des Zeichens die Unterscheidungskraft oder die Wertschätzung der geschäftlichen Bezeichnung ohne rechtfertigenden Grund in unlauterer Weise ausnutzt oder beeinträchtigt.

(4) Wer eine geschäftliche Bezeichnung oder ein ähnliches Zeichen entgegen Absatz 2 oder 3 benutzt, kann von dem Inhaber der geschäftlichen Bezeichnung auf Unterlassung in Anspruch genommen werden.

(5) Wer die Verletzungshandlung vorsätzlich oder fahrlässig begeht, ist dem Inhaber der geschäftlichen Bezeichnung zum Ersatz des daraus entstandenen Schadens verpflichtet.

(6) § 14 Abs. 7 ist entsprechend anzuwenden.

Übersicht

Literatur: S. Literaturverzeichnis zu § 5 und Anhang zu § 5.

I. Allgemeines

1. Gegenstand der gesetzlichen Regelung und Gang der Kommentierung

§ 15 regelt die Rechte, die dem Inhaber einer geschäftlichen Bezeichnung – Unterneh- **1** menskennzeichen nach § 5 Abs. 2 und Werktitel nach § 5 Abs. 3 – gegenüber Dritten zu- stehen. § 15 setzt die Entstehung des jeweiligen Kennzeichenrechts entsprechend den Vor- schriften des § 5 voraus. § 15 Abs. 1 bestimmt zunächst, dass die geschäftlichen Bezeich- nungen *Ausschließlichkeitsrechte*, nämlich Immaterialgüter, sind,[1] die den verfassungs- rechtlichen Schutz der *Eigentumsgarantie* nach Art. 14 Abs. 1 GG genießen.[2] In § 15 Abs. 2 wird normiert, dass es Dritten untersagt ist, ein mit der geschäftlichen Bezeichnung *identisches oder verwechslungsfähiges Zeichen* im geschäftlichen Verkehr unbefugt zu be- nutzen, wenn hierdurch Verwechslungsgefahr entsteht; damit hat der Gesetzgeber an die Regelung des § 16 Abs. 1 UWG angeknüpft.[3] Die Regelung findet ihre Parallele für die Verletzung von Marken in § 14 Abs. 2 Nr. 1 und Nr. 2; allerdings hat der Gesetzgeber da- rauf verzichtet, die für Marken in § 14 Abs. 3 und Abs. 4 gegebene beispielhafte Aufzäh- lung von Verletzungshandlungen in den Wortlaut des § 15 Abs. 2 aufzunehmen. § 15 Abs. 3 regelt den Schutz der *bekannten geschäftlichen Bezeichnung*; die Vorschrift korres- pondiert mit § 14 Abs. 2 Nr. 3 zum Schutz der bekannten Marke. In §§ 15 Abs. 4 und 15 Abs. 5 werden der *Unterlassungsanspruch* und der *Schadensersatzanspruch* normiert. § 15 Abs. 6 bestimmt durch Verweisung auf § 14 Abs. 7, dass der Inhaber eines Betriebes für die von seinen *Angestellten oder Beauftragten* begangenen Verletzungshandlungen auf Un- terlassung und bei deren Verschulden auf Schadensersatz haftet.

Nachfolgend werden nach einem Überblick über die Anspruchsvoraussetzungen und Ein- **2** wendungen bei der Verletzung von Unternehmenskennzeichnungen (Rn. 5 ff.) die Verlet- zungshandlung (Rn. 10 ff.) und die Verwechslungsgefahr (Rn. 14 ff.) mit Ähnlichkeit

---

1 Amtliche Begründung, S. 67; vgl. BGH, WRP 1995, 918 = GRUR 1995, 825 – Torres zu § 16 UWG.
2 BVerfG, GRUR 2005, 261 – ad-acta.de.
3 Amtliche Begründung, S. 76.

(Rn. 19 ff.) und Branchennähe (Rn. 24 ff.) dargestellt. Weiterhin wird der Schutz der bekannten Unternehmenskennzeichnung (Rn. 29 ff.) und das Recht der Gleichnamigen behandelt (Rn. 32 ff.). Die Verletzung von Titelschutzrechten (Rn. 38 ff.) schließt die Kommentierung ab. Hinsichtlich der Rechtsfolgen einer Verletzung wird auf die Kommentierung zu § 14 verwiesen.

2. Verhältnis zum alten Recht

3 Die amtliche Begründung (S. 76) betont, dass § 15 Abs. 2 der Regelung in § 16 Abs. 1 UWG entspricht, so dass nahtlos an die bisherige Rechtslage angeknüpft werden könne. Keine Entsprechung im alten Markenrecht findet die Vorschrift des § 15 Abs. 3, damit soll „bekannten" geschäftlichen Bezeichnungen in gleicher Weise wie „bekannten" Marken ein erweiterter Schutzbereich zukommen. § 15 Abs. 6 geht über § 16 Abs. 4 UWG hinaus; nunmehr wird die Haftung des Betriebsinhabers unabhängig von eigenem Verschulden auch auf Schadensersatz erweitert. Auch die Rechtsprechung betont, dass die Grundsätze des § 16 UWG fortgelten.[4]

3. Verhältnis zum harmonisierten Recht und Gemeinschaftsmarkenrecht

4 § 15 ist ebenso wie § 5 nichtharmonisiertes Recht, da sowohl die *Markenrechtsrichtlinie* (Art. 1) als auch die *GMV* nur für eingetragene Marken, nicht aber für geschäftliche Bezeichnungen gelten. Dennoch sind auch bei der Auslegung von § 15 die Ergebnisse des *harmonisierten Markenrechts zu berücksichtigen* (s. § 5 Rn. 4), zumal der Gesetzgeber in § 15 Abs. 3 den Schutz der „bekannten" geschäftlichen Bezeichnungen in gleicher Weise wie den Schutz der „bekannten" Marken in § 14 Abs. 2 Nr. 3 normiert hat, wobei § 14 Abs. 2 und Abs. 3 der Option des Art. 5 Abs. 2 Markenrechtsrichtlinie entspricht. Der BGH hat in der Entscheidung „Torres"[5] ausgesprochen, die Anforderungen an die Verwechslungsgefahr entsprächen den allgemeinen Rechtsprechungsgrundsätzen des deutschen Rechts, die mit dem Gemeinschaftsrecht vereinbar seien, solange eine anderweitige Rechtsvereinheitlichung nicht erfolgt sei, da die Markenrechtsrichtlinie nicht für Unternehmenskennzeichen gelte. Daraus kann jedoch nicht abgeleitet werden, dass z. B. der Begriff der Verwechslungsgefahr in § 15 ein grundsätzlich anderer sei als im harmonisierten Recht. Zudem hat der BGH – wenn auch in anderem Zusammenhang – ausgesprochen, dass alle Vorschriften, die in Umsetzung der Markenrechtsrichtlinie geschaffen wurden und die gleichermaßen für alle Kennzeichen gelten, richtlinienkonform ausgelegt werden.[6] Eine unterschiedliche Bewertung der Verwechslungsgefahr ist auch nicht sachgerecht, da die Harmonisierung des markenrechtlichen Begriffes der Verwechslungsgefahr (Aufgabe des statischen Warengleichartigkeitsbegriffs) eine Annäherung an die von der deutschen

---

4 BGH, WRP 1997, 446 = GRUR 1996, 68 – COTTON LINE; WRP 1999, 523 = GRUR 1999, 492 – Altberliner.
5 BGH, WRP 1995, 918 = GRUR 1995, 825.
6 BGH, WRP 1999, 931 = MarkenR 1999, 291 – BIG PACK.

Rechtsprechung seit jeher geübte Beurteilung der „firmenrechtlichen" Verwechslungsgefahr mit sich gebracht hat.[7]

II. Unternehmenskennzeichen: Anspruchsvoraussetzungen und Einwendungen im Überblick

Bezogen auf den Zeitpunkt der letzten mündlichen Verhandlung im Rechtsstreit – für in die Vergangenheit gerichtete Schadensersatzansprüche auch für den zurückliegenden Zeitraum – muss ein *prioritätsälteres Unternehmenskennzeichen* vorliegen. Hier sind zu prüfen: **5**

a) Schutzobjekt, nämlich vollständige Firma/Firmenbestandteil, besondere Geschäftsbezeichnung oder Geschäftsabzeichen (s. § 5 Rn. 7–11);
b) Schutzvoraussetzungen, nämlich ursprüngliche oder durch Benutzung gewonnene Unterscheidungskraft/Verkehrsgeltung (s. § 5, Rn. 12–24);
c) Entstehung des Schutzes durch Benutzung eines unterscheidungskräftigen Kennzeichens oder durch Benutzung gewonnene Unterscheidungskraft/Verkehrsgeltung (s. § 5 Rn. 25–27);
d) territorialer und sachlicher Geltungsbereich (s. § 5 Rn. 28–32);
e) befugte Benutzung des prioritätsälteren Unternehmenskennzeichens (s. § 5 Rn. 42).

Zu beachten ist, dass anders als bei den durch Eintragung entstehenden Markenrechten die Unternehmenskennzeichen durch Einstellung der Benutzung (§ 5 Rn. 33), Änderung des Kennzeichens und des Geschäftsbetriebes (s. § 5 Rn. 34–35) oder Verlust der ggf. erforderlichen Verkehrsgeltung (s. § 5 Rn. 37) erlöschen können.

Weiterhin muss eine *Verletzung* der Unternehmenskennzeichnung vorliegen, nämlich: **6**

a) Rechtsverletzende Benutzung (s. u. Rn. 10 ff.);
b) Benutzung eines identischen oder verwechslungsfähigen Zeichens gemäß § 15 Abs. 2 (s. u. Rn. 14 ff.);
c) ggf. Schutz des bekannten Unternehmenskennzeichens nach § 15 Abs. 3 (s. u. Rn. 29 ff.).

§ 15 Abs. 2 verlangt weiterhin, dass die Benutzung durch den Beklagten unbefugt ist; in § 15 Abs. 3 fehlt dieses Merkmal. Hier liegt ein Redaktionsversehen vor,[8] da nach der amtlichen Begründung sowohl § 15 Abs. 2 als auch Abs. 3 die unbefugte Benutzung zum Gegenstand haben.[9] Das Merkmal „unbefugt" wird vielfach einem prioritätsälteren Gegenrecht des Beklagten zugeordnet; dies ergibt sich jedoch bereits aus dem Prioritätsprinzip, vgl. u. Rn. 8. Praktisch relevant wird das Tatbestandsmerkmal, wenn eine Gestattung, Lizenz oder Abgrenzungsvereinbarung mit dem Inhaber des Klagezeichens vorliegt. In ähnlicher Weise normiert § 14 Abs. 2, dass eine Markenverletzung vorliegt, wenn eine Benutzung „ohne Zustimmung des Inhabers" vorliegt. Der BGH hat nun entschieden, dass so-   **7**

---

7 Vgl. BGH, WRP 1995, 320 = GRUR 1995, 216 – Oxygenol II sowie unten Rn. 17; wie hier *Ingerl/Rohnke*, § 15 Rn. 47.
8 *Ingerl/Rohnke*, § 15 Rn. 19.
9 Amtliche Begründung, S. 78.

wohl die Formulierungen in § 14 Abs. 2 als auch in § 15 Abs. 2 nichts anderes als das Erfordernis der Widerrechtlichkeit zum Ausdruck bringen.[10] Zur Beweislast s. u. Rn. 9.

8   Der Beklagte kann sich mit folgenden *Einwendungen und Einreden* verteidigen:

a) prioritätsälteres Gegenrecht; diese Einwendung ist aus dem Prioritätsprinzip abzuleiten (vgl. § 6 und amtliche Begründung, S. 78);

b) kein zulässiger Einwand ist die bloße Vorbenutzung ohne eigenes prioritätsälteres Recht;[11]

c) eine Berufung auf ältere Kennzeichenrechte Dritter ist nicht zulässig, da dies eine unzulässige exceptio ex jure tertii darstellt;[12]

d) eine Berufung auf das ältere Recht eines Dritten ist entsprechend dem Rechtsgedanken von § 986 Abs. 1 BGB ausnahmsweise dann zulässig, wenn der Beklagte zur Benutzung des älteren Rechts aufgrund schuldrechtlicher Gestattung berechtigt ist und das Recht des Dritten gegenüber dem Kläger durchsetzbar ist;[13]

e) Berufung auf das Recht der Gleichnamigen (s. u. Rn. 32 ff.);

f) Verjährung gem. § 20;

g) Verwirkung gem. § 21;

h) Erschöpfung gem. § 24.

9   Der Kläger hat die *Vortrags- und Beweislast* für die Entstehung der geschäftlichen Bezeichnung sowie für die Verletzungshandlung und die zur Bemessung des Schutzumfangs notwendigen Tatsachen (s. o. Rn. 5 f.). Der Verletzer trägt die Vortrags- und Beweislast für das Erlöschen der Unternehmenskennzeichnungen, da es sich hierbei um rechtsvernichtende Tatsachen handelt (s. o. Rn. 5). Nicht unproblematisch ist die Beweislast hinsichtlich der die Widerrechtlichkeit ausschließenden Zustimmung/Gestattung des Zeicheninhabers (s. o. Rn. 7). Die Formulierung von § 14 Abs. 2, die mit § 15 Abs. 2 inhaltlich deckungsgleich ist,[14] deutet auf ein negatives Tatbestandsmerkmal hin, das der Rechtsinhaber zu beweisen hätte. Der BGH hat nun entschieden, dass die Beweislast für die die Widerrechtlichkeit ausschließende Zustimmung des Markeninhabers entsprechend den allgemeinen Grundsätzen beim Beklagten liegt.[15] Die Vortrags- und Beweislast hinsichtlich sonstiger Einwendungen und Einreden (Rn. 8) trägt ebenfalls der Beklagte.

III. Unternehmenskennzeichen: Verletzungshandlung

1. Ausgangspunkt

10   Zu § 16 UWG wurde eine *kennzeichenmäßige* Benutzung verlangt; wegen des Grundsatzes der Gleichartigkeit aller Kennzeichen genügte eine namensmäßige, firmenmäßige oder warenzeichenmäßige Benutzung des jüngeren Kennzeichens.[16] Wegen der andersartigen

---

10 BGH, WRP 2000, 1280 = GRUR 2000, 879 – Stüssy.

11 BGH, WRP 1984, 194 = GRUR 1984, 210 – AROSTAR.

12 BGH, WRP 1993, 101 = GRUR 1993, 151 – Universitätsemblem.

13 BGH, GRUR 1993, 574 – Decker sowie § 5 Rn. 44.

14 BGH, WRP 2000, 1280 = GRUR 2000, 879 – Stüssy.

15 BGH, WRP 2000, 1280 = GRUR 2000, 879 – Stüssy.

16 BGH, WRP 1977, 708 = GRUR 1977, 789 – Tina-Spezialversand I; GRUR, 1983, 764 – Haller II; GRUR, 1984, 354 – Tina-Spezialversand II.

Funktion eines Werktitels, der keinen Herkunftshinweis auf das dahinter stehende Unternehmen enthält, sondern nur ein Werk von einem anderen Werk unterscheidet (s. § 5 Rn. 58), wurde in der Verwendung eines jüngeren Titels keine zeichenmäßige Verwendung gesehen, es sei denn, der Titel werde vom Verkehr als Hinweis auf die betriebliche Herkunft des Werkes verstanden.[17]

2. MarkenG – kennzeichenmäßige Benutzung

§ 15 enthält ebenso wie § 16 Abs. 1 UWG keine Aufzählung der dem Inhaber des Unternehmenskennzeichens vorbehaltenen *Benutzungshandlungen/Verletzungshandlungen*. Da sowohl § 14 als auch § 15 bestimmen, dass die Verletzungshandlung im geschäftlichen Verkehr stattfinden muss, sind bei der Auslegung von § 15 Abs. 2 die in § 14 Abs. 3 und Abs. 4 ausdrücklich ausformulierten Verletzungshandlungen entsprechend heranzuziehen.[18] Die Rechtsprechung hat nun entschieden, dass die Verletzung *kennzeichenmäßig* erfolgen muss, wie dies bereits zu § 16 UWG anerkannt war.[19] Diese kennzeichenmäßige Benutzung umfasst neben der Verletzung durch eine *jüngere Firma* auch eine markenmäßige Benutzung, d. h. die Verletzung durch eine *jüngere Marke* oder *Produktbezeichnung*.[20] Dies gilt trotz der Rechtsprechung des EuGH und BGH zum gleichsam spiegelbildlichen Fall der Verletzung einer eingetragenen Marke durch ein jüngeres Unternehmenskennzeichen: Dort wird für die Verletzungshandlung eine markenmäßige Verwendung verlangt, die in einer firmenmäßigen Benutzung gerade nicht verwirklicht sein soll.[21] Zu den Anforderungen an eine verletzende Benutzung im Einzelnen wird im Übrigen auf die Kommentierung bei § 14 Rn. 12 ff. verwiesen. Für Verletzungshandlungen bei Unternehmenskennzeichen bestehen im Übrigen folgende Spezialkonstellationen: Bereits die *Anmeldung einer Firma zum Handelsregister* stellt eine Verletzungshandlung dar.[22] Gleiches gilt für die Anmeldung eines wirtschaftlich tätigen Vereins zum Vereinsregister.[23] Auch die Verwendung der Firmenbezeichnung des Anmelders bei der Einreichung von Anmeldungen beim DPMA ist ein kennzeichenmäßiger Gebrauch im geschäftlichen Verkehr; fraglich ist dies aber, wenn die Anmeldung vom Ausland her erfolgt.[24] Allerdings begründet die *Anmeldung einer Marke* noch keine Verletzungshandlung, da sie nicht auf die Benutzung eines Unternehmenskennzeichens gerichtet ist.[25] Die Verletzung eines Unternehmenskennzeichens

11

---

17 Vgl. BGH, WRP 1994, 743 = GRUR 1994, 908, 910 – WIR IM SÜDWESTEN.
18 Vgl. Amtliche Begründung, S. 76/77; BGH, WRP 2010, 384 Tz. 44 = GRUR 2010, 239 – BTK; *Ingerl/Rohnke*, § 15 Rn. 35; *Ströbele/Hacker*, § 15 Rn. 25.
19 BGH, WRP 2009, 803 Tz. 20 = GRUR 2009, 685 – ahd.de; WRP 2009, 435 Tz. 13 = GRUR 2009, 500 – Beta Layout; WRP 1997, 446 = GRUR 1996, 68 – COTTON LINE; WRP 2002, 1148 = GRUR 2002, 967 – Hotel Adlon.
20 BGH, WRP 2009, 803 Tz. 20 = GRUR 2009, 685 – ahd.de; GRUR 2007, 65 Tz. 15 – Impuls; WRP 2005, 1164 = GRUR 2005, 871 – Seicom; WRP 2004, 610 – Leysieffer.
21 EuGH, GRUR 2007, 971 – Céline; BGH, WRP 2008, 235 = GRUR 2008, 254 – THE HOME STORE, Ls.
22 BGH, WRP 2008, 1353 = GRUR 2008, 912 Tz. 28 – Metrosex; GRUR 1957, 426 – Getränke Industrie.
23 BGH, WRP 2008, 1532 Tz. 31 = GRUR 2008, 1104 – Haus & Grund II.
24 BGH, GRUR 1960, 372 – Kodak; WRP 1994, 543 = GRUR 1994, 530 – Beta.
25 BGH, WRP 2008, 1353 Tz. 28 = GRUR 2008, 912 – Metrosex.

durch einen *jüngeren Titel* setzt voraus, dass dieser Herkunftsfunktion aufweist, was bei einem Titel nur ausnahmsweise der Fall ist (s. Rn. 39).

3. Internet-Domains

12 Herrschende Meinung ist, dass einer Internet-Domain Kennzeichnungsfunktion zukommt, d.h. die *Benutzung einer Internet-Domain* für eine aktive Homepage eine verletzende, kennzeichenmäßige Handlung ist.[26]

13 Mit der Rechtsprechung gilt, dass die bloße *Registrierung* oder *Konnektierung* einer Domain keine Verletzung von älteren Markenrechten oder Unternehmenskennzeichen ist, es sei denn, es kann ausnahmsweise mit einer Erstbegehungsgefahr geholfen werden (s. Anh. zu § 5 Rn. 18 ff.). Soweit gegen die Registrierung oder Konnektierung ausnahmsweise wegen der Verletzung eines *Namensrechts nach § 12 BGB* vorgegangen werden kann, ergibt sich die Verletzungshandlung unter dem Gesichtspunkt der Namensanmaßung (s. Anh. zu § 5 Rn. 21).

IV. Unternehmenskennzeichen: Verwechslungsgefahr

1. Arten und Modi der Verwechslungsgefahr; Rechtsfrage

14 Der BGH hatte in Anlehnung an die Entscheidungspraxis des EuGH die Terminologie zu den verschiedenen Arten der Verwechslungsgefahr modifiziert.[27] Nunmehr ist er zur herkömmlichen Terminologie zurückgekehrt.[28] Danach ist bei den Arten der Verwechslungsgefahr wie folgt zu unterscheiden: Es gibt einmal die *unmittelbare Verwechslungsgefahr*, bei der ein Zeichen fälschlicherweise für das andere gehalten wird. Die nächste Fallgruppe betrifft die *mittelbare Verwechslungsgefahr*, wonach die Zeichen selbst vom Verkehr zwar unterschieden werden, der Verkehr jedoch aufgrund der Übereinstimmung annimmt, sie bezeichneten dasselbe Unternehmen. Schließlich gibt es die *Verwechslungsgefahr im weiteren Sinne*. Dort kann der Verkehr zwar die Kennzeichnungen und die gekennzeichneten Unternehmen voneinander unterscheiden. Er meint jedoch wegen der Übereinstimmungen irrtümlich, es bestünden zwischen den bezeichneten Unternehmen vertragliche, organisatorische oder sonstige wirtschaftliche Zusammenhänge.[29] Diese von der Rechtsprechung

---

26 S. Anh. zu § 5 Rn. 16 sowie BGH, WRP 2002, 694 = GRUR 2002, 622 – shell.de; WRP 2005, 338 = MarkenR 2005, 141 – soco.de; OLG Hamburg, CR 1999, 184 – emergency; OLG Düsseldorf, WRP 99, 343 – ufa.de; OLG München, CR 1999, 778 – tnet; OLG Hamburg, Mitt. 2001, 41 – Internetkennung; LG Düsseldorf, MMR 1999, 369 – nazar.de.

27 Vgl. BGH, WRP 2002, 534 – BIG; WRP 2001, 1315 = GRUR 2002, 171 – Marlboro-Dach; WRP 2001, 1193 = GRUR 2001, 1054 – Tagesreport; WRP 2001, 1188 = GRUR 2001, 1050 – Tagesschau.

28 Vgl. BGH, WRP 2009, 616 Tz. 30 = GRUR 2009, 484 – Metrobus; GRUR 2008, 905 Tz. 37 – Pantohexal.

29 BGH, WRP 2010, 381 Tz. 25 = GRUR 2010, 235 – AIDU/AIDA; WRP 2009, 803 Tz. 27 = GRUR 2009, 685 – ahd.de; WRP 2009, 616 Tz. 52, 79 = GRUR 2008, 484 – Metrobus; WRP 2002, 1066 = GRUR 2002, 898 – defacto; WRP 1999, 523 = GRUR 1999, 492 – Altberliner; WRP 1995, 910 = GRUR 1995, 854 – Altenburger Spielkartenfabrik.

zu § 16 UWG angewandten Prüfungsmaßstäbe[30] werden auch auf § 15 angewandt.[31] Der EuGH hatte diese Grundsätze – im Hinblick auf Art. 30 und 36 EWG-Vertrag – gebilligt.[32] Besondere Bedeutung hat die Verwechslungsgefahr im weiteren Sinne, da jedenfalls die Rechtsprechung zum alten Recht die Verwechslungsgefahr im weiteren Sinne bei einer Markenverletzung nur dann bejaht hat, wenn die Marke identisch mit der Firma oder dem Firmenschlagwort war oder sonstige besondere Umstände hinzutraten.[33]

Diesen Arten der Verwechslungsgefahr kann der Verkehr auf verschiedene Weisen unterliegen. Als *Modi* der Verwechslung sind seit jeher die klangliche, schriftliche und bildliche Verwechslungsgefahr sowie die Verwechslungsgefahr nach Bedeutungs- bzw. Sinngehalt anerkannt.[34]   **15**

Die Verwechslungsgefahr ist *Rechtsfrage* und daher in vollem Umfang revisibel.[35] Die tatsächlichen Voraussetzungen der Verwechslungsgefahr (Kennzeichnungskraft des Klagezeichens; Tatsachen zur Branchennähe etc.) müssen jedoch von den Instanzgerichten festgestellt werden.   **16**

2. Wechselwirkung zwischen Kennzeichnungskraft, Ähnlichkeit und Branchennähe

Im Recht der Unternehmenskennzeichnungen ist es seit jeher anerkannt, dass im Rahmen   **17** der Verwechslungsgefahr die *Ähnlichkeit* der Kennzeichnungen, die *Branchennähe* und die *Kennzeichnungskraft* des älteren Kennzeichens zu prüfen sind. Dabei besteht eine *Wechselwirkung* derart, dass z.B. bei Branchenidentität auch eine geringere Ähnlichkeit der zu vergleichenden Kennzeichen zur Bejahung der Verwechslungsgefahr genügen kann. Andererseits kann ein erheblicher Branchenabstand durch eine hohe Kennzeichnungskraft und/ oder einen hohen Ähnlichkeitsgrad oder gar die Identität (vgl. Wortlaut von § 15 Abs. 2) der Kennzeichen überwunden werden.[36] Diese Grundsätze gelten auch für das neue Recht.[37] Für die Branchennähe gibt es indessen eine (absolute) Grenze: Von einer Unähnlichkeit der Branchen ist auszugehen, wenn trotz – unterstellter – Identität der Kennzeichen der Parteien die Annahme einer Verwechslungsgefahr von vornherein ausgeschlossen ist. Es gibt also eine absolute Branchenunähnlichkeit, die auch bei Identität der Zeichen nicht durch eine erhöhte Kennzeichnungskraft des prioritätsälteren Unternehmenskennzeichens ausgeglichen werden kann. Die Frage, ob die absolute Grenze der Branchenähnlichkeit erreicht ist, ist dabei unabhängig von der konkreten Kennzeichnungskraft des Klagezeichens

---

30 Vgl. BGH, WRP 1986, 82 = GRUR 1986, 255 – Zentis; WRP 1984, 323 = GRUR 1984, 471 – Gabor/Caber.
31 BGH, WRP 1995, 910 = GRUR 1995, 754, 756 – Altenburger Spielkartenfabrik.
32 EuGH, WRP 1994, 294 = GRUR 1994, 286 – Quattro/Quadra.
33 BGH, WRP 1977, 264 = GRUR 1977, 491 – ALLSTAR; WRP 1978, 41 = GRUR 1978, 170 – FAN; so auch zum neuen Recht BGH, WRP 2008, 1342 = GRUR 2008, 903 – Sierra Antiguo; einschränkend BGH, WRP 2006, 1227 = GRUR 2006, 859 – Malteserkreuz; s.a. § 14 Rn. 175.
34 Ständige Rechtsprechung vgl. BGH, GRUR 1992, 110 – dipa/dib; s.a. § 14 Rn. 77.
35 BGH, GRUR 1992, 110 – dipa/dib.
36 Vgl. zu § 16 UWG: BGH, GRUR 1986, 255 – Zentis.
37 BGH, WRP 2002, 1066 = GRUR 2002, 898 – defacto; WRP 2002, 705 = GRUR 2002, 626 – IMS; WRP 2002, 536 – BIG; WRP 1997, 1093 = GRUR 1997, 468 – NetCom; BGH, WRP 1999, 523 = GRUR 1999, 494 – Altberliner.

zu bestimmen.[38] Nachdem der statische Warengleichartigkeitsbegriff des alten WZG im MarkenG nicht mehr gilt, hat die Branchennähe eine entsprechende Funktion, wie sie der *Waren-/Dienstleistungsähnlichkeit* bei der Verletzung einer Marke zukommt:[39] Auch dort gibt es die Wechselwirkung zwischen Kennzeichenkraft, Ähnlichkeit der Zeichen und Ähnlichkeit der Waren/Dienstleistungen. Die Warenähnlichkeit findet jedoch auch dort eine absolute Grenze;[40] diese absolute Grenze ist – jedenfalls nach der Rechtsprechung des BGH – unabhängig von der konkreten Kennzeichnungskraft der Klagemarke zu bestimmen.[41] Die Ähnlichkeit von Waren/Dienstleistungen und die Branchenähnlichkeit werden also mit strukturell ähnlichen Kriterien bestimmt.

3. Internet-Domains

18 Für die Prüfung der Verwechslungsgefahr eines älteren Rechts i. S. d. § 5 mit einer jüngeren Internet-Domain gelten keine Besonderheiten; soweit z. B. aus einer älteren Firma vorgegangen wird, sind Kennzeichnungskraft, Ähnlichkeit der Zeichen und Branchennähe *nach allgemeinen Regeln* zu prüfen. Es gibt keine Sonderrechtsprechung zur Verwechslungsgefahr im Internet.[42]

V. Unternehmenskennzeichen: Ähnlichkeit

1. Grundsatz

19 Die *Ähnlichkeit* der Zeichen ist im Rahmen der Prüfung auf Verwechslungsgefahr neben der Branchennähe und der Kennzeichnungskraft des älteren Unternehmenskennzeichens zu prüfen (s. o. Rn. 17). Die *allgemeinen Grundsätze* für die Verwechslungsgefahr, wie sie von der Rechtsprechung bei der Verletzung von Marken entwickelt wurden (s. § 14 Rn. 77 ff.), gelten auch für die Verwechslung von Unternehmenskennzeichen, wobei der Verwechslungsgefahr im weiteren Sinne bei der Verletzung von Unternehmenskennzeichen eine größere Bedeutung als bei der Verletzung von Marken zukommt (s. o. Rn. 14).

2. Besonderheiten für die Ähnlichkeit von Unternehmenskennzeichen

20 Wegen der teilweise geringen Anforderungen an die Unterscheidungskraft von Unternehmenskennzeichen (s. § 5 Rn. 15) wird häufig aus Zeichen mit *geringer Kennzeichnungs-*

---

38 BGH, GRUR Prax 2011, 377 Tz. 23, 24 – BCC.
39 BGH, WRP 1995, 320 = GRUR 1995, 216 – Oxygenol II.
40 EuGH, GRUR 1998, 922 Tz. 15 – Canon; BGH, WRP 2007, 321 Tz. 20 = GRUR 2007, 321 – COHIBA.
41 BGH, WRP 2002 – 537 = GRUR 2002, 544 – BANK 24; EuGH; GRUR Int. 2009, 397 Tz. 67 – MOBELIX/OBELIX; s. a. § 14 Rn. 53 ff.
42 KG, GRUR-RR 2002, 180 – checkin.com; OLG München, MMR 2000, 101 – vossius.de; OLG München, CR 1998, 559 – freundin.de; OLG Frankfurt, WRP 2000, 772 – alcon.de; OLG München, Mitt. 2000, 512 – teambus; LG Hamburg, CR 1999, 47 – eltern.de; unzutreffend insoweit LG Düsseldorf, GRUR 1998, 159 – epson.de; s. Anh. zu § 5 Rn. 20.

kraft vorgegangen.[43] Damit korrespondiert ein engerer Schutzumfang;[44] eine zwangsläufige Beschränkung auf eine identische Verletzung folgt daraus aber nicht.[45]

Der BGH hatte für die Kollision von Mehrwortmarken die sog. Prägetheorie entwickelt; **21** nach den wechselnden Formulierungen des BGH kommt es im Rahmen der Prüfung nach dem Gesamteindruck darauf an, ob der „kollisionsbegründende" Bestandteil den Gesamteindruck prägt, weil die anderen Bestandteile der Marke bei ihrer Wahrnehmung vernachlässigt werden[46] oder weil die anderen Bestandteile weitgehend in den Hintergrund treten.[47] Unabhängig davon, ob die Prägetheorie aufgrund der neueren Rechtsprechung des EuGH[48] eine (erneute) Abwandlung oder Ergänzung dahin erfahren hat, dass es auf eine selbstständige kennzeichnende Stellung des kollisionsbegründenden Bestandteils ankommt (sog. Selbstständigkeitstheorie);[49] wird in der älteren Firma ein *Firmenbestandteil* stets als *selbstständig kollisionsbegründend* herausgegriffen, wenn er seiner Art nach im Vergleich zu den übrigen Firmenbestandteilen als geeignet erscheint, sich im Verkehr als schlagwortartiger Hinweis auf das Unternehmen durchzusetzen; anders als bei der Verletzung von Marken kommt es hier zu einer Art „Abspaltung" eines solchen Firmenbestandteils.[50] Die gleichen Grundsätze gelten auch für die *jüngere, angegriffene Firma*.[51] Zweifelhaft ist es jedoch, wenn angenommen wird, der Verkehr könne im Wege der Abkürzung der vollständigen Firma auch solche Teile der Firma als kollisionsbegründend heranziehen, die in beschreibender oder sprechender Weise den sachlichen Tätigkeitsbereich des Unternehmens näher eingrenzen.[52] Für aus *Vor- und Nachnamen* bestehende Firmen gelten besondere Grundsätze.[53]

Nach der Rechtsprechung des BGH sind auch nicht aussprechbare *Buchstabenkombinatio-* **22** *nen* bei ursprünglicher Unterscheidungskraft dem Schutz nach § 5 zugänglich.[54] Ursprünglich hatte die Rechtsprechung hier eine generelle Beschränkung des Schutzumfangs ange-

---

43 BGH, WRP 2008, 1189 Tz. 12 = GRUR 2008, 801 – Hansen-Bau.
44 BGH, WRP 2008, 1532 Tz. 23 = GRUR 2008, 1104 – Haus & Grund II; WRP 2008, 1189 Tz. 12 = GRUR 2008, 801 – Hansen-Bau.
45 BGH, WRP 1992, 478 = GRUR 1992, 550 – ac-pharma.
46 So noch BGH, WRP 2001, 1320 = GRUR 2002, 167 – Bit/Bud.
47 BGH, WRP 2008, 1349 Tz. 25 = GRUR 2008, 905 – Pantohexal; WRP 2008, 1345 Tz. 26 = GRUR 2008, 909 – Pantogast; WRP 2004, 1281 = GRUR 2004, 865 – Mustang; s.a. § 14 Rn. 120 ff.
48 EuGH, WRP 2005, 1505 = MarkenR 2005, 438 – THOMSON LIFE.
49 BGH, GRUR 2006, 859 Tz. 18 – Malteserkreuz; WRP 2009, 1533 Tz. 23 = GRUR 2009, 1055 – airdsl; WRP 2009, 971 Tz. 57 = GRUR 2009, 772 – Augsburger Puppenkiste; s.a. § 14 Rn. 133.
50 BGH, WRP 2007, 1193 Tz. 17 = GRUR 2007, 888 – Euro Telekom; GRUR 2007, 65 Tz. 13 – Impuls; WRP 2005, 1164 = GRUR 2005, 871 – Seicom; WRP 2005, 336 = GRUR 2005, 262 – soco.de; WRP 2004, 1281 = GRUR 2004, 865 – Mustang; WRP 2002, 1066 = GRUR 2002, 898 – defacto; s. o. § 5 Rn. 8.
51 Vgl. BGH, WRP 2008, 1192 Tz. 19 = GRUR 2008, 803 – HEITEC; WRP 2002, 1066 = GRUR 2002, 898 – defacto; GRUR 1993, 913 – KOWOG; WRP 1991, 383 = GRUR 1991, 331 – Ärztliche Allgemeine; WRP 1997, 1091 = GRUR 1997, 845 – Immo-Data; WRP 1999, 523 = GRUR 1999, 492 – Altberliner.
52 Wie hier *Ingerl/Rohnke*, § 15 Rn. 68; mit dieser Tendenz aber BGH, WRP 1995, 615 = GRUR 1995, 507 – City-Hotel; GRUR 1988, 638 – Hauer's-Auto-Zeitung für einen Titel; GRUR 1993, 913 – KOWOG.
53 BGH, WRP 1991, 477 = GRUR 1991, 475 – Caren Pfleger.
54 BGH, WRP 2001, 273 = MarkenR 2001, 54 – DB-Immobilienfond; WRP 2002, 705 = GRUR 2002, 626 – IMS; WRP 2005, 488 – mho; s. § 5 Rn. 18.

deutet.[55] Nunmehr geht die Rechtsprechung von normaler Kennzeichnungskraft aus.[56] Dies ist abzulehnen, da bei Buchstabenkombinationen bereits geringfügige Unterschiede ausreichen müssen, um eine Verwechslungsgefahr zu verneinen.[57] Der Grund für diese Beschränkung des Schutzumfangs ist das Interesse der Allgemeinheit und der Mitbewerber an der Verwendung von Abkürzungen.

3. Beispielsfälle

23 Bei den nachfolgenden Beispielsfällen ist zu beachten, dass die Zeichenähnlichkeit nur einer der im Rahmen der Verwechslungsgefahr neben Branchennähe und Kennzeichenkraft zu prüfenden Punkte ist. Die nachstehenden Entscheidungen können daher ohne Berücksichtigung der Besonderheiten des jeweiligen Falls nicht auf andere Fälle übertragen werden. Die *Verwechslungsgefahr* wurde *bejaht*: BGH, GRUR 1954, 123 – Auto-Fox/ NSU Fox; GRUR 1954, 331 – Altpa/Alpha; WRP 1957, 180 = GRUR 1957, 281 – Karo-As Spielkarte/Piek-Sieben Spielkarte; GRUR 1957, 426 – Getränke Industrie Darmstadt/Hessische Getränke Industrie GmbH; WRP 1959, 273 = GRUR 1959, 484 – Condux/Kondex; GRUR 1960, 296 – Reiherstieg Holzlager Aktiengesellschaft/Reiherstieg Lagerhaus Gertrud Brixner; GRUR 1966, 38 – Centra/Rentra; GRUR 1981, 66 – G-man GmbH/ MAN; WRP 1995, 910 = GRUR 1995, 754 – Altenburger Spielkartenfabrik/Altenburger und Stralsunder Spielkarten-Fabriken ASS; WRP 1995, 307 = GRUR 1995, 156 – Garant-Möbel/Garant; OLG Frankfurt, WRP 1994, 118 – Deutsche Bank/Deutsche Direktbank; OLG München, WRP 1993, 427 = GRUR 1993, 582 – Bayerisches Fernsehen/Privatfernsehen Bayern; BGH, GRUR 1993, 913 – COWO/KOWOG Baukonzept; GRUR 1993, 579 – Römer GmbH/Römer & K. GmbH; WRP 1990, 613 = GRUR 1992, 329 – AS/AjS; WRP 1991, 222 = GRUR 1991, 393 – Ott International GmbH/Cris Ott GmbH; WRP 1991, 231 = GRUR 1991, 317 – MEDICE/MEDICAID; GRUR 1990, 367 – alpi/Alba; OLG Hamburg, GRUR 1990, 696 – Commerzbank/Boden-Commerz; BGH, WRP 1989, 717 = GRUR 1989, 449 – MARITIM Hotelgesellschaft mbH/Air Maritim Reisebüro GmbH; WRP 1986, 82 = GRUR 1986, 253 – Zentis/Säntis; WRP 1985, 338 = GRUR 1985, 461 – GEFA/GEWA; WRP 2009, 616 = GRUR 2009, 484 – METRO/Metrobus für bestimmte Waren; WRP 2008, 1192 = GRUR 2008, 803 – HEITEC/HAITEC.

24 Die *Verwechslungsgefahr* wurde *verneint*: BGHZ 28, 320 – Quick/Glück; BGH, WRP 1970, 262 = GRUR 1970, 479 – Zum Treppchen/Biehler Treppchen; GRUR 1975, 441 – Passion/Face Fashion; GRUR 1982, 420 – DDC/BBC; WRP 1995, 615 = GRUR 1995, 507 – City-Hotel/City-Hilton; WRP 1992, 96 = GRUR 1992, 130 – Bally/Ball; WRP 1990, 170 = GRUR 1990, 37 – Quelle/Getränkequelle; WRP 1992, 776 = GRUR 1992, 865 – Volksbank Homburg/Volksbank Saar-West; WRP 1984, 323 = GRUR 1984, 471 – Caber/Gabor; WRP 2002, 982 = GRUR 2002, 809 – Frühstücks-Drink-GmbH/Dietz-Frühstücks-Trunk; WRP 2001, 1207 = GRUR 2001, 1161 – CompuNet/ComNet; WRP 2009, 971 = GRUR 2009, 772 –Augsburger Puppenkiste/Leipziger Puppenkiste; WRP 2009, 616 = GRUR 2009, 484 – METRO/Metrobus für bestimmte Waren; WRP 2008, 1530 = GRUR 2008, 1102 – Haus & Grund/H (Familienname) Haus + Grund eK; GRUR 2004, 779 – Zwilling/ Zweibrüder.

---

55 BGH, WRP 2001, 273 = MarkenR 2001, 54 – DB-Immobilienfonds.
56 BGH, WRP 2002, 1152 = GRUR 2002, 1067 – DKV/OKV.
57 So im Ergebnis auch BGH, WRP 2002, 1152 = GRUR 2002, 1067 – DKV/OKV.

Gruber

VI. Unternehmenskennzeichen: Branchennähe/-ferne

1. Grundsatz

Die Verwechslungsgefahr setzt neben der Zeichenähnlichkeit voraus, dass zwischen den **25** Unternehmen ausreichende sachliche *Berührungspunkte* bestehen, so dass die angesprochenen Verkehrskreise – irrtümlich – zumindest geschäftliche Zusammenhänge annehmen (Verwechslungsgefahr im weiteren Sinne) oder gar zu einer unmittelbaren Verwechslungsgefahr gelangen.[58] Bei der Bemessung dieser „Berührungspunkte"[59] sind *alle Umstände* des Einzelfalls zu berücksichtigen, z. B. die in den jeweiligen Branchen und für die jeweiligen Produkte maßgeblichen Unterschiede hinsichtlich Vertrieb, Produktion, Verwendungszweck etc.[60] Da es nur auf Berührungspunkte ankommt, sind nicht nur Überschneidungen heranzuziehen. Ebenso wenig ist eine formale Betrachtung angebracht, z. B. die Suche nach einer übergreifenden „Gesamtbranche" für die in Rede stehenden Unternehmen.

Ausgangspunkt für die Beurteilung der Branchennähe ist der Schwerpunkt der wirtschaft- **26** lichen Tätigkeit des älteren Unternehmens im *Kollisionszeitpunkt*, wobei zukünftige Ausweitungsmöglichkeiten zu berücksichtigen sind (s. o. § 5 Rn. 32).

2. Beispielsfälle

Die nachstehenden Beispielsfälle stehen unter dem Vorbehalt, dass die Branchennähe ne- **27** ben der Zeichenähnlichkeit und der Kennzeichnungskraft im Rahmen der Verwechslungsgefahr zu prüfen ist. Da eine relative Branchenferne durch eine gesteigerte Kennzeichnungskraft ausgeglichen werden kann (s. o. Rn. 17), sind die nachstehenden Beispiele nicht ohne Weiteres auf andere als die entschiedenen Fallkonstellationen übertragbar. Die *Branchennähe* wurde *bejaht*: BGH, WRP 2002, 537 – Finanzdienstleistungen/Immobiliendatenbank; GRUR 1980, 1003 – Bademoden/Motorradbekleidung; WRP 1986, 268 – Damenbekleidung/Körperpflegemittel; WRP 1989, 717 = GRUR 1989, 449 – Hotel/Reisebüro; WRP 1986, 82 = GRUR 1986, 253 – Marmelade, Konfitüre/Fruchtjoghurt; OLG München, GRUR Int. 1981, 180 – Bekleidung/Tabakwaren; BGH, WRP 1973, 576 = GRUR 1973, 661 – Schleifmaschinen/elektrische Geräte; GRUR 1974, 162 – Verpackungen/Preisauszeichnungsgeräte; GRUR 1966, 267 – Whisky/Kosmetika; GRUR 1965, 540 – Damenstrümpfe/Kosmetika; GRUR 1954, 457 – Dieselmotoren/Landwirtschaftsmaschinen; WRP 2009, 803 = GRUR 2009, 685 – Systemhaus/Webhosting; WRP 2009, 616 = GRUR 2009, 484 – Großhandelsmärkte/alle darin üblicherweise angebotenen Waren/Dienstleistungen; MarkenR 2010, 47 – Dachverband mit Haus-, Wohnungs- und Grundeigentümern/Immobilienmakler; GRUR 2008, 1102 – Dachverband mit Haus-, Wohnungs- und Grundeigentümern/Makler und Bauunternehmer; GRUR 2008, 1104 – Dachverband mit Haus-, Wohnungs- und Grundeigentümern/Immobilienmakler und Hausverwalter;

---

58 BGH, WRP 2001, 1211 = GRUR 2002, 59 – ISCO; WRP 1991, 83 = GRUR 1990, 1042 – Datacolor.
59 BGH, WRP 2002, 1066 = GRUR 2002, 898 – defacto; WRP 1997, 1093 = GRUR 1997, 468 – NetCom.
60 Vgl. BGH, WRP 1986, 82 = GRUR 1986, 253 – Zentis.

GRUR 2008, 801 – Bauunternehmen für Massivbauhäuser/Vertrieb von Fertighäusern; GRUR 2005, 263 – EDV-Unternehmen/Netzwerke.

28 Die *Branchennähe* wurde hingegen *verneint*: BGH, WRP 1993, 175 = GRUR 1993, 404 – Kraftfahrzeughandel/Kapitalanlagegeschäfte; WRP 1991, 83 = GRUR 1990, 1042 – Farb-mess-Datenverarbeitungsanlagen/Computerformulare; WRP 1984, 323 = GRUR 1984, 471 – Modische Damenschuhe/Ski-Bekleidung; WRP 1975, 668 = GRUR 1975, 606 – Lebensmittel und Gebrauchsgüter/Hotels; GRUR 1958, 339 – Baumaschinenhandel/Kameras; GRUR 1995, 154 – Textilien/Börseninformationsdienst; OLG Frankfurt, GRUR 2000, 517 – Kfz-Zulieferer/EDV-Dienstleistungen; BGH, WRP 2009, 971 = GRUR 2009, 772 – Marionettentheater/Puppengeschäft; OLG Düsseldorf, WRP 1997, 588 – Schnell-restaurants/Farben, Lacke; OLG Düsseldorf, GRUR 1996, 361 – Elektronisch gesteuerte Werkzeugmaschinen/Scanner, Telefax, Monitore.

VII. Der Schutz der bekannten Unternehmenskennzeichnung

1. Allgemeines

29 Nach § 15 Abs. 3 soll bekannten geschäftlichen Bezeichnungen in gleicher Weise wie be-kannten Marken ein *erweiterter Schutzbereich* zukommen. Während der Schutz bekannter Marken nach § 14 Abs. 2 Nr. 3 jenseits des Bereichs der ähnlichen Waren oder Dienstleis-tungen eintritt, wird nach § 15 Abs. 2 für die bekannten geschäftlichen Bezeichnungen for-muliert, dass der erweiterte Schutz auch ohne *Verwechslungsgefahr* gewährt wird.[61] Damit wird klarer als bei § 14 Abs. 2 Nr. 3 herausgestellt, dass der erweiterte Schutzbereich des § 15 Abs. 2 unabhängig davon eingreift, ob die für § 15 Abs. 1 erforderliche Verwechs-lungsgefahr mangels Ähnlichkeit der Zeichen oder mangels Branchennähe fehlt. Die Kri-terien für den erweiterten Schutz der bekannten geschäftlichen Bezeichnungen sind diesel-ben wie für die bekannten Marken,[62] so dass hinsichtlich der Voraussetzungen im Einzel-nen auf die Kommentierung bei § 14 Rn. 179 ff. verwiesen werden kann.

2. Die Verletzungshandlungen

30 § 15 Abs. 3 kennt *vier Tatbestandsalternativen*, nämlich

a) Ausnutzung der Wertschätzung,
b) Beeinträchtigung der Wertschätzung,
c) Ausnutzung der Unterscheidungskraft,
d) Beeinträchtigung der Unterscheidungskraft.

In allen vier Varianten muss das bekannte geschäftliche Kennzeichen in unlauterer Weise und ohne rechtfertigenden Grund benutzt werden. Nach der amtlichen Begründung (S. 72) sollen die Ausnutzung oder Beeinträchtigung der Unterscheidungskraft Verwässerungstat-bestände darstellen, die Ausnutzung oder Beeinträchtigung der Wertschätzung Rufausbeu-tungstatbestände. Näher liegt es, die Ausnutzung der Wertschätzung und die Ausnutzung

---

61 Amtliche Begründung, S. 76.
62 Amtliche Begründung, S. 76.

der Unterscheidungskraft als *Ausbeutungstatbestände* zu verstehen; die Beeinträchtigung der Unterscheidungskraft sollte als *Rufschädigung* eingeordnet werden, wohingegen allein die Beeinträchtigung der Unterscheidungskraft einen *Verwässerungstatbestand* darstellt. Rechtsprechung zu § 15 Abs. 3 ist in größerem Umfang noch nicht bekannt geworden. In einem veröffentlichten Fall wurde es als unlautere Ausnutzung der Unterscheidungskraft einer bekannten Kennzeichnung angesehen, wenn deren Erinnerungswert zur Erzielung eines besonderen Aufmerksamkeitseffekts und eines damit einhergehenden Kommunikationsvorsprungs benutzt wird.[63]

Fraglich ist, ob das Zeichen die erforderliche Bekanntheit als Unternehmenskennzeichen **31** genießen muss, wofür eine *Bekanntheit* als Marke aber nicht genügen würde.[64] Hiergegen spricht, dass der Verkehr i. d. R. nicht zwischen Marke und Firma unterscheidet; entscheidend ist, dass § 14 Abs. 2 Nr. 3 ebenso wie § 15 Abs. 2 Nr. 3 Ausbeutungs- und Verwässerungs- bzw. Rufschädigungstatbestände enthält; deren Anwendung ist unabhängig von der Qualifikation des Zeichens als Unternehmenskennzeichen.

VIII. Das Recht der Gleichnamigen

1. Allgemeines

Das von der Rechtsprechung entwickelte Recht der Gleichnamigen *durchbricht* den *Prio-* **32** *ritätsgrundsatz.* Werden z. B. in einer älteren und in einer jüngeren Firma die identischen bürgerlichen Namen benutzt, muss der Inhaber des prioritätsälteren Rechts die Benutzung des jüngeren Firmenrechts dulden, wenn der Inhaber der jüngeren Firma an deren Führung ein berechtigtes Interesse hat und durch unterscheidungskräftige Zusätze die Verwechslungsgefahr soweit wie möglich ausschließt, wobei ein Rest von Verwechslungsgefahr hinzunehmen sein kann.[65] Das Reichsgericht hatte diese Durchbrechung des Prioritätsgrundsatzes mit dem Zwang des formellen Firmenrechts nach HGB zur Namensführung begründet.[66] Demgegenüber ist in der Rechtsprechung des BGH die Berufung des Prioritätsjüngeren auf das Recht des Gleichnamigen auch dann anerkannt, wenn kein Zwang nach formellem Firmenrecht bestand, den bürgerlichen Namen in die Firma aufzunehmen.[67] Von diesem herkömmlichen Recht der Gleichnamigen ist das *internetspezifische Recht der Gleichnamigen* zu unterscheiden, das spezifischen Regeln folgt (s. Anh. zu § 5 Rn. 25).

2. Voraussetzungen und Rechtsfolgen

In der Rechtsprechung des BGH wurden in erster Linie Fallkonstellationen entschieden, **33** bei denen der bürgerliche Name in einer älteren Firma enthalten war.[68] Die Grundsätze des

---

63 OLG München, MarkenR 2000, 66 – ALLIANZ.
64 So *Ingerl/Rohnke*, § 15 Rn. 113.
65 Vgl. GRUR 1993, 579 – Römer GmbH; BGHZ 4, 96 – Farina Urkölsch.
66 Vgl. RGZ 110, 234 – Malzmann; RGZ 116, 210 – Stollwerck.
67 BGH, GRUR 1966, 623 – Kupferberg.
68 Ausnahme: BGH, GRUR 1966, 499 – Merck.

Rechts der Gleichnamigen gelten jedoch auch für andere *ältere Kennzeichen*, solange dort der *bürgerliche Name* kennzeichnungskräftig ist.[69]

34 Weitere Voraussetzung ist, dass die prioritätsjüngere Kennzeichnung als *Firma* benutzt wird; da an der Eintragung eines Namens als Marke in weit geringerem Maße ein schutzwürdiges Interesse besteht als an der Führung des eigenen Namens als Firma, gilt das Recht der Gleichnamigen in aller Regel *nicht* für die Benutzung des Namens als *Marke* oder auch für die *Eintragung als Marke*.[70] Nur dann, wenn die Parteien gleichlautende Unternehmenskennzeichen jahrzehntelang unbeanstandet nebeneinander benutzt haben und deshalb eine kennzeichenrechtliche Gleichgewichtslage besteht (s. Rn. 37), auf die die Grundsätze des Rechts der Gleichnamigen anzuwenden sind, kann ausnahmsweise und unter engen Voraussetzungen eine Partei die Unternehmensbezeichnung auch als Marke eintragen lassen; das allgemeine Interesse an einer zweckmäßigen oder wirtschaftlich sinnvollen markenmäßigen Verwendung reicht jedoch hierzu nicht aus.[71] Bei Bestehen einer Gleichgewichtslage muss die andere Partei die Eintragung einer Marke zur Absicherung eines nur regional benutzten Unternehmenskennzeichens allenfalls dann hinnehmen, wenn keine andere Möglichkeit besteht, eine Schwächung des von beiden Parteien verwendeten Zeichens zu verhindern.[72]

35 Weitere Voraussetzung ist die *lautere Wahl und Führung des Namens*.[73] Daher erfolgt keine Anwendung des Rechts der Gleichnamigen, wenn der „Namensgeber" der jüngeren Firma nur ein *Strohmann* ist[74] oder wenn die Bezeichnung gewählt wird, um eine *Verwechslungsgefahr* oder *Rufausbeutung* herbeizuführen.[75]

36 Bei Benutzungsaufnahme durch den *Prioritätsjüngeren* gilt die Durchbrechung des Prioritätsgrundsatzes nur, wenn der Prioritätsjüngere alles Erforderliche tut, um eine *Verwechslungsgefahr auszuschließen* oder auf ein hinnehmbares Maß *zu verringern*.[76] Hierbei sind durch *Interessenabwägung* alle Umstände des Einzelfalls zu berücksichtigen, z.B. Alter und Bekanntheitsgrad des älteren Kennzeichens, Ausmaß der Branchennähe oder -ferne, schutzwürdiges Interesse des Prioritätsjüngeren etc.[77] Strengere Anforderungen sind an die Pflicht zur Verringerung der Verwechslungsgefahr zu stellen, wenn der Prioritätsjüngere zur Firmenbildung nach formellem Firmenrecht nicht gezwungen war, sondern seine Firma frei wählen konnte.[78] Welche Anforderungen an das Ausmaß der *Unterscheidungskraft* der hinzuzufügenden *Zusätze* zu stellen sind, bestimmt sich nach den Umständen des jeweiligen Einzelfalls im Rahmen einer umfassenden Interessenabwägung.[79] Der BGH hält

---

69 *v. Schultz*, GRUR 1992, 487 ff.
70 BGH, GRUR 1966, 499 – Merck; BGH, WRP 1991, 477 = GRUR 91, 475 – Caren Pfleger; WRP 2010, 880 Tz. 38 = GRUR 2011, 623 – Peek & Cloppenburg II.
71 BGH, WRP 2011, 886 = GRUR 2011, 623 – Peek & Cloppenburg II, Ls.
72 BGH, GRUR 2011, 835 – Gartencenter Pötschke, Ls.
73 BGH, GRUR 1993, 579 – Römer GmbH.
74 Vgl. BGHZ 4, 96 – Farina Urkölsch; BGH, GRUR 1958, 185 – Wyeth.
75 Vgl. BGH, GRUR 1966, 623 – Kupferberg.
76 BGH, GRUR 1955, 43 – Farina Rote Marke; WRP 1985, 210 = GRUR 1985, 389 – Familienname; WRP 1991, 222 = GRUR 1991, 393 – Ott International; GRUR 1993, 579 – Römer GmbH; GRUR 2008, 801 – Hansen-Bau.
77 Vgl. BGH, GRUR 1993, 579 – Römer GmbH.
78 BGH, GRUR 1993, 579 – Römer GmbH; BGH, WRP 1968, 95 = GRUR 1968, 212 – Hellige.
79 Vgl. BGH, GRUR 1955, 43 – Farina Rote Marke; GRUR 1957, 343 – Underberg; WRP 1985, 210 = GRUR 1985, 389 – Familienname; WRP 1987, 30 = GRUR 1987, 182 – Stoll.

Gruber

es auch nicht für ausgeschlossen, dass – im Rahmen einer umfassenden Interessenabwägung – der *Prioritätsältere* die Pflicht hat, die Verwechslungsgefahr durch Aufnahme unterscheidungskräftiger Zusätze auszuräumen.[80]

Die vorgenannten Grundsätze gelten auch, wenn aufgrund einer sonach zulässigen Namens- und Firmenführung die Kennzeichnungen parallel verwendet werden und hierdurch eine *Gleichgewichtslage* entsteht. In diesem Fall sind beide Namensträger – in erster Linie der Prioritätsjüngere – dazu verpflichtet, alles zu unterlassen, was die an sich bestehende, nicht völlig ausgeräumte Verwechslungsgefahr noch erhöhen könnte.[81]   **37**

IX. Die Verletzung von Titelschutzrechten

1. Allgemeines

Nach der Rechtsprechung des BGH dienen Werktitel grundsätzlich nur der *Unterscheidung* eines Werkes von anderen; einen *Herkunftshinweis* auf den Hersteller oder Inhaber des Werkes, also das dahinter stehende Unternehmen, stellen sie regelmäßig *nicht* dar.[82] Sie sind daher i. d. R. nur gegen eine *unmittelbare Verwechslungsgefahr* geschützt.[83] Dementsprechend haben Titel als sachgerechten Ausgleich für die niedrigen Anforderungen an die Schutzfähigkeit nur einen geringen Schutzumfang, insbesondere bei Zeitungen, da der Verkehr dort an eine Vielzahl „ähnlicher" Titel gewöhnt ist.[84]   **38**

Der Unterscheidungsfunktion des Titels steht nicht entgegen, dass der Verkehr mit dem Titel gleichzeitig auch die Vorstellung einer *bestimmten betrieblichen Herkunft* verbinden kann.[85] Ein solcher Herkunftshinweis ist insbesondere denkbar bei bekannten, periodisch erscheinenden Druckschriften,[86] bei bekannten Fernsehserien[87] und bei bekannten Nach-   **39**

---

80 Vgl. BGH, GRUR 1957, 345 – Underberg, wo die Verpflichtung im entschiedenen Fall jedoch dem Jüngeren auferlegt wurde; vgl. a. GRUR 1990, 364 – Baelz, für den Fall der Änderung einer Gleichgewichtslage.

81 Vgl. BGH, GRUR 1958, 143 – Schwardmann; GRUR 1957, 342 – Underberg; GRUR 1955, 49 – Farina Rote Marke; WRP 1987, 30 = GRUR 1987, 182 – Stoll; GRUR 1990, 364 – Baelz; WRP 1985, 210 = GRUR 1985, 389 – Familienname; WRP 2010, 880 = GRUR 2010, 738 – Peek & Cloppenburg I, Tz. 16 + 20; WRP 2011, 886 Tz. 38 = GRUR 2011, 623 – Peek & Cloppenburg II.

82 BGH, WRP 2001, 1188 = GRUR 2001, 1050 – Tagesschau; WRP 2001, 1193 = GRUR 2001, 1054 – Tagesreport; WRP 2000, 533 = GRUR 2000, 504 – FACTS; WRP 1999, 1279 – SZENE; WRP 1999, 519 = MarkenR 1999, 136 – Max; WRP 1999, 186 = GRUR 1999, 236 – Wheels Magazine; WRP 1993, 383 = GRUR 1993, 692 – Guldenburg; GRUR 1988, 377 – Apropos Film; WRP 1982, 407 = GRUR 1982, 431 – POINT.

83 BGH, WRP 1999, 519 = MarkenR 1999, 136 – Max; BGH, WRP 1999, 186 = GRUR 1999, 236 – Wheels Magazine.

84 Vgl. BGH, WRP 1992, 759 = GRUR 1992, 547 – Berliner Morgenpost; WRP 1991, 383 = GRUR 1991, 331 – Ärztliche Allgemeine.

85 BGH, WRP 2000, 533 = GRUR 2000, 504 – FACTS; WRP 1999, 1279 – SZENE; WRP 1999, 519 = MarkenR 1999, 136 – Max; WRP 1999, 186 = GRUR 1999, 236 – Wheels Magazine; WRP 1993, 383 = GRUR 1993, 692 – Guldenburg; GRUR 1988, 377 – Apropos Film; WRP 1982, 407 = GRUR 1982, 431 – POINT.

86 BGH, WRP 2000, 533 = GRUR 2000, 504 – FACTS; WRP 1999, 1279 – SZENE.

87 BGH, WRP 1993, 383 = GRUR 1993, 692 – Guldenburg.

richtensendungen.[88] Bei Einzelwerktiteln, auch wenn diese bekannt sind, verneint der BGH einen Herkunftshinweis regelmäßig.[89] Die Rechtsprechung betrachtet die Entstehung eines Herkunftshinweises durch Bekanntheit als einen Ausnahmefall[90] und stellt daher hohe Anforderungen an die Bekanntheit: So ist eine Verkehrsbekanntheit von 10,6 % bzw. 14,1 % nicht als ausreichend angesehen worden.[91] Auch die langjährige Benutzung des Titels genügt für sich genommen nicht.[92] Liegt besondere Kennzeichnungskraft vor, also ein Hinweis auf den Hersteller des Werks, so genießt der Titel auch Schutz gegen *mittelbare Verwechslungsgefahr* oder ggf. *Verwechslungsgefahr im weiteren Sinne.*[93]

2. Verletzungshandlung

40 Bereits bei § 16 UWG war im Hinblick auf die besondere Funktion des Titels als Verletzungshandlung eine *titelmäßige Benutzung* erforderlich, da ein Titel grundsätzlich nur der Unterscheidung eines Werks von einem anderen dient (s. o. Rn. 38). Dies gilt uneingeschränkt auch für das neue Recht.[94] Eine solche Verwendung liegt vor, wenn eine Kennzeichnung in einer Weise benutzt wird, dass ein nicht unerheblicher Teil des angesprochenen Verkehrs in der jüngeren Bezeichnung die Unterscheidung des Werkes von anderen Werken sieht.[95] Auch eine Internetdomain kann Werktitelcharakter haben.[96] Hierbei handelt es sich also um eine *werksbezogene Verwechslungsgefahr.* Davon ist die *herkunftsbezogene Verwechslungsgefahr* zu unterscheiden, die besonderen Regeln folgt:[97] Die Verletzung eines Titels durch eine *jüngere Marke* ist ein Fall der Verwechslungsgefahr im weiteren Sinne und setzt daher eine besondere Kennzeichnungskraft des älteren Titels, nämlich einen Herkunftshinweis auf das hinter dem Titel stehende Unternehmen voraus (s. o. Rn. 39).[98] Dies gilt auch für eine Verletzung durch ein *jüngeres Unternehmenskennzeichen.*[99]

3. Verwechslungsgefahr

41 Bei der Prüfung der Verwechslungsgefahr ist auf *drei Faktoren* abzustellen: auf die Kennzeichnungskraft des älteren Titels, auf die Identität oder Ähnlichkeit der sich gegenüber-

---

88 BGH, WRP 2001, 1188 = GRUR 2001, 1050 – Tagesschau; WRP 2001, 1193 = GRUR 2001, 1054 – Tagesreport.

89 BGH, GRUR 2005, 264 – Das Telefon-Sparbuch; GRUR 2002, 1083 – 1, 2, 3 im Sauseschritt; bes. anschaulich: BGH, GRUR 2003, 342 – Winnetou.

90 BGH, WRP 2002, 1279 = GRUR 2002, 1083 – 1, 2, 3 im Sauseschritt.

91 BGH, WRP 1999, 519 = MarkenR 1999, 138 – MAX.

92 BGH, WRP 1999, 1279 – SZENE.

93 BGH, WRP 1999, 519 = MarkenR 1999, 138 – Max; WRP 1999, 186 = GRUR 1999, 236 – Wheels Magazine; MarkenR 1999, 396 – Szene; WRP 1993, 383 = GRUR 1993, 692 – Guldenburg.

94 BGH, WRP 1999, 1279 – SZENE.

95 BGH, WRP 1994, 743 = GRUR 1994, 908 – WIR IM SÜDWESTEN; BGH, WRP 1999, 1279 – SZENE.

96 S.o. Anh. zu § 5 Rn. 5; zur verletzenden Benutzung: BGH, GRUR 2005, 687 – weltonline.de.

97 S. *Ströbele/Hacker,* § 15 Rn. 22; *Fezer,* § 15 Rn. 350; abweichend: *Ingerl/Rohnke,* § 15 Rn. 143.

98 Vgl. BGH, MarkenR 1999, 136 – Max.

99 Vgl. BGH, WRP 1991, 383 = GRUR 1991, 331 – Ärztliche Allgemeine; GRUR 1980, 247 – Capital-Service.

Gruber

stehenden Werktitel und auf die Identität oder Ähnlichkeit der sich gegenüberstehenden Werke.[100] Die Ähnlichkeit der Werkkategorien der sich gegenüberstehenden Werke hat die gleiche Funktion wie das Merkmal der Branchennähe bei Unternehmenskennzeichen.[101] Diese drei Faktoren stehen untereinander in *Wechselwirkung*, wie dies von der Prüfung der Verwechslungsgefahr mit einem älteren Unternehmenskennzeichen (s. o. Rn. 17) bekannt ist:[102] Stimmen z. B. die Titel überein, so müssen die Werkunterschiede umso deutlicher hervortreten, um die Verwechslungsgefahr zu verneinen.[103] Diese strukturelle Übereinstimmung mit der Prüfung der Verwechslungsgefahr bei Unternehmenskennzeichen sollte jedoch nicht darüber hinwegtäuschen, dass die Prüfung der Verwechslungsgefahr bei Titelschutzrechten *Besonderheiten* unterliegt: Dies gilt einmal für die Kennzeichnungskraft von Titeln (Rn. 42) und zum anderen für die Prüfung auf Ähnlichkeit der Werkkategorien sowie – im Fall der Verletzung durch eine jüngere Marke oder ein jüngeres Unternehmenskennzeichen – auf Produktähnlichkeit (Rn. 44). Schließlich und endlich ist zu berücksichtigen, dass die Rechtsprechung des BGH für bekannte Nachrichtensendungen besondere, schutzumfangbeschränkende Regeln aufgestellt hat (Rn. 49).

4. Kennzeichnungskraft und Zeichenähnlichkeit

Da im Rahmen des Titelschutzes nur geringe Anforderungen an die schutzbegründende Unterscheidungskraft gestellt werden, ist korrespondierend dazu von einer geringen ursprünglichen Kennzeichnungskraft des Titels auszugehen. Diese geringe Kennzeichnungskraft führt dazu, dass die Rechtsprechung solchen Titeln nur einen beschränkten Schutzumfang zumisst und schon geringfügige Abweichungen zum Fehlen der Verwechslungsgefahr führen. Dies ist die als ständig zu bezeichnende Rechtsprechung für Zeitungstitel,[104] für Fachzeitschriften[105] und ist von der Rechtsprechung auch für bekannte Nachrichtensendungen bejaht worden.[106] **42**

Bei der Prüfung der Ähnlichkeit gilt, wie im gesamten Kennzeichenrecht, der Grundsatz, dass es auf den Gesamteindruck ankommt.[107] Ähnlich wie bei der Prüfung von Mehrwortmarken auf Verwechslungsgefahr (s. § 14 Rn. 120 ff.) kann auch ein Bestandteil eines Titels prägend wirken.[108] Ebenso wie bei den Unternehmenskennzeichnungen (s. o. Rn. 21) ist als *Ausnahme* von den Grundsätzen der Prüfung auf Ähnlichkeit zu beachten, dass beim älteren Titel ein *Bestandteil* des Titels selbstständig kollisionsbegründend wirken kann, wenn dieser Bestandteil unterscheidungskräftig ist und für einen nicht unbeachtlichen Teil **43**

---

100 BGH, WRP 2005, 213 – Das Telefon-Sparbuch; WRP 2001, 1188 = GRUR 2001, 1050 – Tagesschau; WRP 2003, 644 = GRUR 2003, 440 – Winnetous Rückkehr.
101 BGH, WRP 2001, 1188 = GRUR 2001, 1050 – Tagesschau.
102 BGH, WRP 2005, 213 – Das Telefon-Sparbuch.
103 BGH, WRP 2000, 533 = GRUR 2000, 504 – FACTS.
104 Vgl. BGH, WRP 1997, 751 – B.Z./Berliner Zeitung.
105 Vgl. BGH, WRP 2002, 89 = GRUR 2002, 176 – Auto Magazin.
106 BGH, WRP 2001, 1188 = GRUR 2001, 1050 – Tagesschau; WRP 2001, 1193 = GRUR 2001, 1054 – Tagesreport; zu den Besonderheiten s. u. Rn. 46.
107 BGH, GRUR 2006, 594 – Smartkey, Tz. 23; WRP 2005, 213 = GRUR 2005, 264 – Das Telefonsparbuch; WRP 2002, 1279 = GRUR 2002, 1082 – 1, 2, 3 im Sauseschritt; WRP 2000, 533 = GRUR 2000, 504 – FACTS; BGH, WRP 1991, 151 = GRUR 1991, 153 – Pizza & Pasta.
108 BGH, WRP 2001, 1188 = GRUR 2001, 1050 – Tagesschau; WRP 2001, 1193 = GRUR 2001, 1054 – Tagesreport.

des Verkehrs als abgekürzte Bezeichnung des Werkes naheliegt.[109] Dies gilt insbesondere für das Weglassen von Untertiteln.[110] Die gleichen Regeln gelten für den *angegriffenen jüngeren Titel*.

5. Werknähe und Produktähnlichkeit

44 Bei Werktiteln tritt an die Stelle der Prüfung auf Branchennähe die Prüfung auf Identität oder Ähnlichkeit der sich gegenüberstehenden Werke.[111] Bei der Prüfung der Ähnlichkeit der Werkkategorien oder *Werknähe* kommt es bei Druckschriften, insbesondere bei Zeitschriften, auf die Marktverhältnisse, die Aufmachung, Erscheinungsweise und Vertriebsform der jeweiligen Zeitschriften an.[112]

45 Regelfall der Verwechslungsgefahr ist wegen der besonderen Funktion des Titelschutzes die *Werkverwechslung* (Rn. 38), also *unmittelbare Verwechslungsgefahr*. Daher ist eine Titelverletzung zunächst nur bei *identischen Werkkategorien* denkbar. Betreffen die zu vergleichenden Titel nämlich unterschiedliche Werke, so scheidet die Annahme einer unmittelbaren Verwechslungsgefahr mangels Werknähe regelmäßig aus, wenn der angesprochene Werkverkehr das eine Werk aufgrund der Unterschiede nicht für das andere hält.[113] Ob bei Druckwerken die erforderliche Werksidentität oder –nähe vorliegt, bestimmt sich nach den konkreten Marktverhältnissen, insbesondere nach Gegenstand, Aufmachung, Erscheinungsweise und Vertriebsform der einander gegenüberstehenden Werke.[114] Stimmen die Titel und deren optisches Erscheinungsbild überein, so müssen die Werkunterschiede umso deutlicher hervortreten, um eine Verwechslungsgefahr auszuschließen. Ein Unterschied im sachlichen Inhalt genügt bei identischen Zeitschriftentiteln zum Ausschluss der Verwechslungsgefahr nur dann, wenn er äußerlich deutlich hervortritt.[115]

Betreffen die zum Vergleich stehenden Titel *unterschiedliche Werkkategorien* (beispielsweise das gleichnamige Spiel zur Fernsehsendung),[116] so scheidet eine Werkverwechslung grundsätzlich aus, und es kommt nur eine Herkunftsverwechslung, also *Serienverwechslungsgefahr* (mittelbare Verwechslungsgefahr) oder eine *Verwechslungsgefahr im weiteren Sinne*, in Frage. Diese setzen eine *besondere Bekanntheit* des älteren Titels voraus (s. o. Rn. 39). Eine Verwechslungsgefahr im weiteren Sinne setzt zudem sachliche Berührungspunkte zwischen dem Inhalt des älteren und des jüngeren Werks voraus.[117] Daher kann die unterschiedliche Werkart die Verwechslungsgefahr selbst bei Zeichenidentität

---

109 BGH, GRUR 1988, 638 – Hauer's Auto-Zeitung.

110 BGH, WRP 1991, 151 = GRUR 1991, 153 – Pizza & Pasta; WRP 2000, 533 = GRUR 2000, 504 – FACTS.

111 BGH, WRP 2005, 213 – Das Telefon-Sparbuch; WRP 2003, 644 = GRUR 2003, 440 – Winnetous Rückkehr; GRUR 2001, 1050 – Tagesschau.

112 BGH, WRP 2002, 89 = GRUR 2002, 176 – Auto Magazin; WRP 2000, 533 = GRUR 2000, 504 – FACTS; WRP 1976, 35 = GRUR 1975, 604 – Effecten-Spiegel.

113 BGH, GRUR 2006, 594 Tz. 22 – Smartkey; WRP 2005, 213 – Das Telefon-Sparbuch.

114 BGH, WRP 2005, 213 – Das Telefon-Sparbuch; WRP 2000, 533 = GRUR 2000, 504 – FACTS; WRP 2002, 89 = GRUR 2002, 176 – Auto Magazin.

115 BGH, WRP 2000, 533 = GRUR 2000, 504 – FACTS.

116 Vgl. BGH, WRP 1977, 394 = GRUR 1977, 543 – Der 7. Sinn.

117 BGH, WRP 1977, 394 = GRUR 1977, 543 – Der 7. Sinn.

Gruber

ausschließen.[118] Allerdings scheint der BGH bei *Einzelwerktiteln* – deren herkunftshinweisenden Charakter er regelmäßig verneint (s. o. Rn. 39) – auch bei unterschiedlichen Werkkategorien eine unmittelbare Verwechslungsgefahr zu prüfen.[119]

Wird der Titel zur Kennzeichnung eines jüngeren *Unternehmens* oder als *Marke* benutzt, **46** so handelt es sich um einen Fall der *Verwechslungsgefahr im weiteren Sinne*, der besondere Bekanntheit erfordert (s. o. Rn. 39). Weitere Voraussetzung ist, dass ein gewisser *sachlicher Zusammenhang* zwischen dem unter dem Titel veröffentlichten Werk und den gekennzeichneten Waren/Unternehmen erkennbar ist.[120] Fehlt ein solcher sachlicher Zusammenhang, so ist die – irrige – Annahme von *lizenzvertraglichen Verbindungen* notwendig; diese wird nur angenommen, wenn es sich bei dem Titel um eine Kennzeichnung von besonderer Originalität und Einprägsamkeit handelt (z. B. Bambi-Figur, die Mainzelmännchen oder Asterix und Obelix). Entsprechendes gilt bei identischer Verwendung eines überaus bekannten Titels auf einer Ware, wenn die Verkehrsvorstellung entstehen kann, der Hersteller der Ware habe wegen der Werbewirksamkeit des Titels eine Lizenz von dessen Inhaber erlangt.[121]

6. Beispielsfälle zur Verwechslungsgefahr

Die *Verwechslungsgefahr* wurde *bejaht*: BGH, WRP 1999, 186 = GRUR 1999, 236 – **47** Wheels Magazine/Wheels nationals; WRP 1997, 751 – B.Z./Berliner Zeitung; GRUR 1988, 638, 639 – Auto-Zeitung/Hauer's Autozeitung; GRUR 1961, 232 – Tonbandaufnahmen unser Hobby/hobby – Das Magazin der Technik; GRUR 1957, 29 – Wochenspiegel/ Der Spiegel; WRP 1991, 151 = GRUR 1991, 153 – Pizza/Pizza & Pasta; WRP 1993, 755 = GRUR 1993, 769, 770 – Stadtradio Stuttgart/Radio Stuttgart; OLG Köln, GRUR 1997, 663 – FAMILY/for family; BGH, GRUR 1995, 508, 509 – BRAVO Sports/SPORTS Life; OLG München, CR 1995, 394 – Das MULTIMEDIA-Kompendium/Multi-media; OLG Köln, GRUR 1989, 690 – HIGHTECH – Das deutsche Technologiemagazin/high tech – und neue Medien; OLG Hamm, GRUR 1988, 477 – WAS/WAZ; OLG München, GRUR 1987, 925, 926 – SPORT EXPRESS/EXPRESS; OLG Hamburg, WRP 1981, 30 – die aktuelle Woche/ Woche aktuell; OLG München, GRUR 1980, 320 – MEIN GARTEN zuhause/Im Garten zu Hause; OLG Hamm, WRP 1979, 881 – ärztliches Reise & Kultur Journal/Ärzte Journal; OLG Karlsruhe, GRUR 1988, 390 – RPR Privatradio Südwest/Südwestfunk; OLG Karlsruhe, GRUR 1993, 406 – südwestbild/Südwestfunk; OLG Köln, GRUR 1984, 751 – Ex-Press-Agentur/Express; LG München, GRUR 2000, 516 – Sorge Dich nicht, lebe/Sorge Dich – lebe trotzdem (zw.).

Die *Verwechslungsgefahr* wurde *verneint*: BGH, WRP 1976, 35 = GRUR 1975, 604, 605, **48** 606 – Effecten-Spiegel/Der Spiegel; GRUR 1963, 378, 380 – Deutsche Allgemeine Zei-

---

118 BGH, WRP 2005, 213 – Das Telefon-Sparbuch.
119 BGH, GRUR 2003, 440 – Winnetous Rückkehr; zu dieser Sonderrechtsprechung zu Recht kritisch *Ströbele/Hacker*, § 15 Rn. 77.
120 BGH, WRP 2004, 357 = GRUR 2004, 241 – GeDIOS; WRP 1999, 519 = MarkenR 1999, 138 – Max; WRP 1977, 394 = GRUR 1977, 543 – Der 7. Sinn; WRP 1982, 407 = GRUR 1982, 431 – POINT; WRP 1993, 383 = GRUR 1993, 692 – Guldenburg; WRP 1991, 383 = GRUR 1991, 331 – Ärztliche Allgemeine.
121 BGH, WRP 1999, 519 = MarkenR 1999, 138 – Max; WRP 1993, 383 = GRUR 1993, 692 – Guldenburg.

tung/Deutsche Zeitung; GRUR 1957, 275, 277 – Star-Revue/Revue; WRP 1999, 1279 –
Szene Hamburg/Szene Hamburg (Rubriküberschrift); OLG Frankfurt, WRP 1992, 185 –
Oldtimer Praxis/Oldtimer Magazin; OLG Hamburg GRUR 1992, 336 – Sachsenspiegel/
Der Spiegel; OLG Hamburg, WRP 1991, 327 – petra look/look; OLG Frankfurt, WRP
1992, 117 – Hessen Report/Report; OLG Hamburg, GRUR 1992, 73 – Tagesbild/Tages-
schau; LG München I, GRUR 1993, 500 – Super 3/Super TV.

7. Schutz bekannter Titel nach § 15 Abs. 3

49 Die Rechtsprechung hat vor Inkrafttreten des MarkenG bekannte Titel gegen Rufausbeu-
tung nach § 1 UWG geschützt.[122] Der erweiterte Schutz bekannter Titel gilt nun in gleicher
Weise wie für bekannte Marken und bekannte Unternehmenskennzeichnungen.[123] Die
Rechtsprechung ist bei der Anwendung des Tatbestands jedoch zurückhaltend.[124] Die
Rechtsprechung hat zwar den Schutz des bekannten Titels dem Grunde nach für bekannte
Nachrichtensendungen anerkannt.[125] Gleichzeitig hat sie den Verletzungstatbestand durch
den jüngeren Titel einer anderen Nachrichtensendung verneint: Bestehe für Nachrichten-
sendungen die Übung, nur wenig unterscheidungskräftige Bezeichnungen zu wählen, so
müsse bei der Bemessung des Schutzumfangs des Titels das schutzwürdige Interesse der
Wettbewerber berücksichtigt werden, ihre Werke ebenfalls mit einer „sprechenden Kennzeichnung" zu versehen.[126] Diese Rechtsprechung ist zu Recht als nicht gerechtfertigte
Sonderrechtsprechung für Rundfunk und Fernsehen kritisiert worden.[127] Die Regelung in
§ 15 Abs. 3 ist im Übrigen abschließend; sie verdrängt in ihrem Anwendungsbereich § 5
UWG.[128]

X. Rechtsfolgen

50 Die Rechtsfolgen bei der Verletzung von geschäftlichen Bezeichnungen hinsichtlich Unterlassung, Schadensersatz und Auskunft sind die gleichen wie bei der Verletzung von
Marken; insofern wird auf die Kommentierung zu § 14 verwiesen.

---

122 Vgl. BGH, GRUR 1960, 144 – Bambi.
123 Amtliche Begründung, S. 76; BGH, WRP 1999, 519 = MarkenR 1999, 138 – Max; GRUR 2000,
    71 – SZENE.
124 BGH, WRP 2005, 893 = GRUR 2005, 687 – weltonline.de; WRP 2003, 644 = GRUR 2003, 440 –
    Winnetous Rückkehr.
125 BGH, WRP 2001, 1188 = GRUR 2001, 1050 – Tagesschau; WRP 2001, 1193 = GRUR 2001,
    1054 – Tagesreport.
126 BGH, a. a. O.
127 *Deutsch*, GRUR 2002, 311; *Ingerl/Rohnke*, § 15 Rn. 135.
128 BGH, WRP 2001, 1188 = GRUR 2001, 1050 – Tagesschau; WRP 2001, 1193 = GRUR 2001,
    1054 – Tagesreport.

§ 16
Wiedergabe einer eingetragenen Marke in Nachschlagewerken

(1) Erweckt die Wiedergabe einer eingetragenen Marke in einem Wörterbuch, einem Lexikon oder einem ähnlichen Nachschlagewerk den Eindruck, dass es sich bei der Marke um eine Gattungsbezeichnung für die Waren oder Dienstleistungen handelt, für die die Marke eingetragen ist, kann der Inhaber der Marke vom Verleger des Werkes verlangen, das der Wiedergabe der Marke ein Hinweis beigefügt wird, dass es sich um eine eingetragene Marke handelt.

(2) Ist das Werk bereits erschienen, so beschränkt sich der Anspruch darauf, dass der Hinweis nach Absatz 1 bei einer neuen Auflage des Werkes aufgenommen wird.

(3) Die Absätze 1 und 2 sind entsprechend anzuwenden, wenn das Nachschlagewerk in der Form einer elektronischen Datenbank vertrieben wird oder wenn zu einer elektronischen Datenbank, die ein Nachschlagewerk enthält, Zugang gewährt wird.

Übersicht

Literatur: *Ingerl*, Der Schutz eingetragener Marken vor Wiedergabe als Gattungsbezeichnung in Nachschlagewerken, WRP 1997, 817.

I. Allgemeines

Die Vorschrift regelt den Schutz des Inhabers einer eingetragenen Marke gegen die Gefahr 1 der Denaturierung der Marke zu einer *Gattungsbezeichnung* durch einen den Anschein einer Gattungsbezeichnung erweckenden Gebrauch der Marke in *Nachschlagewerken*. Dieser Gefahr soll der Markeninhaber nach § 16 dadurch entgegenwirken können, dass er die Hinzufügung eines Schutzrechtshinweises verlangen kann.[1]

Die Vorschrift ist durch das MarkenG neu eingeführt worden; das WZG kannte keine ent- 2 sprechende Vorschrift. Allerdings wurde ein dem § 16 vergleichbarer Schutz auch schon im alten Recht unter Heranziehung von § 823 Abs. 1 BGB diskutiert bzw. gewährt.[2] Die auf allgemein bürgerlich- bzw. wettbewerbsrechtliche Anspruchsgrundlagen gestützten Ansprüche des Markeninhabers zur Abwehr von Verwässerungsgefahren durch eine Wiedergabe in Nachschlagewerken bleiben neben § 16 anwendbar, was insbesondere im Hinblick auf nicht auf einer formalen Eintragung beruhende Kennzeichenrechte von Bedeutung ist.

---

1 Vgl. BPatG, BeckRS 2011, 12504 – Gelbe Seiten.
2 BGH, GRUR 1964, 82 – Lesering.

II. Voraussetzungen des Hinweisanspruchs

3 Besonders die Wiedergabe von Marken in Nachschlagewerken birgt die Gefahr, dass die Marke als Gattungsbezeichnung für die entsprechenden Waren oder Dienstleistungen aufgefasst wird und somit aufgrund eines entsprechenden Verständnisses maßgeblicher Teile der Verkehrskreise ihren rechtlichen Schutz als Marke sukzessive einbüßt (vgl. § 8 Abs. 2 Nr. 3). Um derartige der Kennzeichnungskraft bzw. dem Rechtsschutz der Marke drohende Gefahren abzuwehren, kann der Markeninhaber nicht auf die regulären Verletzungstatbestände i. S. d. § 14 zurückgreifen, da die Benutzung in Nachschlagewerken *mangels Handelns im geschäftlichen Verkehr* keine Verletzung darstellt. Für diesen Tatbestand kommt lediglich die Anspruchsgrundlage des § 16 in Betracht, die die Ansprüche wegen Markenverletzung um den Hinweisanspruch bei nicht markenmäßiger bzw. nicht geschäftsmäßiger Benutzung der Marke in Nachschlagewerken ergänzt.

4 Den Schutz nach § 16 genießen nur deutsche, im Markenregister *eingetragene* Marken oder auf Deutschland erstreckte IR-Marken (§§ 112, 124). Nicht anwendbar ist § 16 auf angemeldete, aber noch nicht eingetragene Marken, auf Marken i. S. d. § 4 Nr. 2 und 3 und auf geschäftliche Kennzeichen i. S. d. § 5; insoweit scheidet auch eine analoge Anwendung aus.[3]

5 Der Anspruch nach § 16 setzt voraus, dass die Marke in einem Wörterbuch oder Lexikon oder einem derartigen Werken funktionell vergleichbaren Nachschlagewerk wiedergegeben wird. Der *Nachschlagezweck* muss der wesentliche Zweck des Werkes sein; darunter zu subsumieren sind möglicherweise noch Kommentare, aber keineswegs alle Arten von Kompendien, Werken oder Registern. Gegen ein im Ausland erscheinendes Nachschlagewerk richtet sich der Anspruch dann, wenn dieses auch im Inland bestimmungsgemäß in erheblichem Umfang angeboten oder vertrieben wird, so dass es einen nennenswerten Einfluss auf die inländische Verkehrsauffassung hat.

6 Gemäß der Klarstellung in § 16 Abs. 3 ist der Begriff des Nachschlagewerkes nicht auf herkömmliche Printwerke beschränkt, sondern auch auf Nachschlagewerke in elektronischer (digitaler) Form auszudehnen. Dabei sind nicht alle elektronischen Datenbanken erfasst, sondern nur solche, die ein Nachschlagewerk darstellen, in dessen Mittelpunkt der Nachschlagezweck stehen muss.

7 Der Hinweisanspruch nach § 16 besteht dort, wo die Marke durch das Nachschlagewerk selbst wiedergegeben wird. Ein Anspruch besteht nicht, soweit die Wiedergabe nur als Angabe eines Dritten erfolgt, beispielsweise in Zitaten oder Sammlungen von Originaltexten (Archiven).

8 Der Anspruch nach § 16 setzt weiterhin voraus, dass die Wiedergabe der Marke *den Eindruck erweckt*, als handle es sich bei der Marke um eine Gattungsbezeichnung für die Waren oder Dienstleistungen, für die die Marke eingetragen ist. Maßgeblich für die Beurteilung der Gattungsbezeichnung ist die aktuelle inländische Verkehrsauffassung, wobei auf die Sicht des *verständigen Nutzers* des Nachschlagewerkes abzustellen ist.[4] Ist nach dieser auszuschließen, dass die Marke als Gattungsbezeichnung aufgefasst wird, z. B. weil es sich offensichtlich um eine Phantasieangabe handelt, ist der Anspruch nicht gegeben.

---

3 Vgl. *Ingerl/Rohnke*, § 16 Rn. 6.
4 Vgl. *Fezer*, § 16 Rn. 6.

v. Zumbusch

III. Rechtsfolgen des Hinweisanspruchs

Der Hinweisanspruch beschränkt sich gem. § 16 Abs. 2 grundsätzlich auf *noch nicht er-*   **9**
schienene Auflagen eines Nachschlagewerkes. Ist das Werk hingegen bereits erschienen,
kann der Hinweisanspruch nur im Hinblick auf noch nicht erschienene Neuauflagen geltend gemacht werden. Maßgeblich ist der *Zeitpunkt des Zugangs* des Verlangens gem. § 16
Abs. 1 *beim Verleger*. Im Hinblick auf zu diesem Zeitpunkt noch nicht erschienene Nachschlagewerke ist der Verleger verpflichtet, den Hinweis anzubringen. Kommt es zum
Rechtsstreit über den Hinweisanspruch, ist der Verleger zur Anbringung des Hinweises nur
für *nach* Erlass eines entsprechenden rechtskräftigen Urteils erscheinende Neuauflagen
verpflichtet. Erscheint das Werk während des Rechtsstreits, wird der Markeninhaber seinen Klageantrag ggf. entsprechend anpassen müssen. Um einem drohenden Erscheinen zu-
vorzukommen, ist der Anspruch des § 16 im Wege einstweiligen Rechtsschutzes durchsetzbar.

Der gesetzliche Anspruch des § 16 ist beschränkt auf die Anbringung des Schutzhinweises.   **10**
Ab Zugang eines entsprechenden Hinweisverlangens des Markeninhabers beim Verleger
oder aufgrund einer vertraglichen Vereinbarung zwischen Markeninhaber und Verleger
kann die Verletzung der Hinweispflicht durch den Verleger zu Schadensersatzansprüchen
(§ 823 Abs. 1 BGB) und im Falle einer vertraglichen Zusage des Verlegers (§§ 823 Abs. 1,
1004 BGB) auch zu Unterlassungsansprüchen führen.

Hinsichtlich der Ausgestaltung des Hinweises enthält § 16 keine Vorgaben. Es ist grund-   **11**
sätzlich dem Verleger überlassen, die Art des Hinweises festzulegen. Allerdings sollte der
Markeninhaber einen Anspruch haben, dass der Hinweis auf Markenschutz im Hinblick
auf seine Marke nicht anders ausgestaltet wird als im Hinblick auf andere Marken in dem
fraglichen Nachschlagewerk. Am gebräuchlichsten ist der Schutzrechtshinweis®. In Betracht kommen ferner Abkürzungen wie „TM" (= Trademark), „WZ" (= Warenzeichen)
oder Hinweise wie „geschützte Marke", „eingetragene Marke", „Schutzmarke" etc. Über
den bloßen Schutzrechtshinweis hinausgehende Ansprüche hat der Markeninhaber nicht.

Der Anspruch aus § 16 steht allein dem *Markeninhaber* selbst zu. Er richtet sich aus-   **12**
schließlich gegen den *Verleger* des Nachschlagewerks.[5] Bei elektronischen Nachschlagewerken richtet sich der Anspruch gegen den *Anbieter* des Werkes bzw. des Dienstes.

IV. Gemeinschaftsmarkenrecht

Art. 10 GMV enthält eine inhaltlich dem § 16 entsprechende Regelung für einen Hinweis-   **13**
anspruch des Inhabers einer eingetragenen Gemeinschaftsmarke bei Benutzung in Nachschlagewerken.

---

5 Vgl. *Ingerl/Rohnke*, § 16 Rn. 16.

§ 17
Ansprüche gegen Agenten oder Vertreter

(1) Ist eine Marke entgegen § 11 für den Agenten oder Vertreter des Inhabers der Marke ohne dessen Zustimmung angemeldet oder eingetragen worden, so ist der Inhaber der Marke berechtigt, von dem Agenten oder Vertreter die Übertragung des durch die Anmeldung oder Eintragung der Marke begründeten Rechts zu verlangen.

(2) Ist eine Marke entgegen § 11 für einen Agenten oder Vertreter des Inhabers der Marke eingetragen worden, so kann der Inhaber die Benutzung der Marke im Sinne des § 14 durch den Agenten oder Vertreter untersagen, wenn er der Benutzung nicht zugestimmt hat. Handelt der Agent oder Vertreter vorsätzlich oder fahrlässig, so ist er dem Inhaber der Marke zum Ersatz des durch die Verletzungshandlung entstandenen Schadens verpflichtet. § 14 Abs. 7 ist entsprechend anzuwenden.

Übersicht

Literatur: *Hoffmann*, Agentenmarke vs. lokale, inländische Geschäftsherrenmarke, MarkenR 2002, 112; *Ingerl*, Die Neuregelung der Agentenmarke im Markengesetz, GRUR 1998, 1; *Ullmann*, Die bösgläubige Markenanmeldung und die Marke des Agenten – überschneidende Kreise, GRUR 2009, 364.

I. Allgemeines

1   § 17 ist im Zusammenhang zu sehen mit §§ 11, 42 Abs. 2 Nr. 3 und 51, welche einen Widerspruchsgrund bzw. einen Löschungsanspruch für den Inhaber einer inländischen oder ausländischen Marke vorsehen gegenüber Eintragungen dieser Marke, die von einem (untreuen) Agenten oder Vertreter eigenmächtig veranlasst worden sind. Über diese Ansprüche hinausgehend sieht § 17 Abs. 1 einen *Anspruch auf Übertragung* einer solchen durch den Agenten oder Vertreter des Markeninhabers (Geschäftsherrn) ohne dessen Einwilligung vorgenommenen Markenanmeldung auf ihn, den Markeninhaber, vor. Die wesentliche zusätzliche Schutzfunktion des § 17 für den Markeninhaber besteht darin, dass sich durch den Übertragungsanspruch die Priorität der durch den Vertreter eigenmächtig vorgenommenen Anmeldung wahren und sichern lässt. *Benutzt* der untreue Agent eine ohne Zustimmung des Markeninhabers angemeldete Marke, so stehen diesem gemäß § 17 Abs. 2 im Wesentlichen die als Folgeansprüche einer Markenverletzung vorgesehenen Ansprüche nach § 14 zu.

II. Anspruchsvoraussetzungen

§ 17 Abs. 1 und 2 betreffen durch ihre Bezugnahme auf § 11 den Tatbestand der *Agenten-* **2**
marke. Grundvoraussetzung für die Ansprüche nach § 17 ist somit, dass der Geschäftsherr
im Inland oder Ausland über ein gegenüber der inländischen Agenten- oder Vertretermarke
älteres Markenrecht verfügt (s. dazu § 11 Rn. 5–6).

Auch bei den Tatbeständen des § 17 ist Anspruchsvoraussetzung ein Agenten- oder Vertre- **3**
terverhältnis zwischen dem Anmelder bzw. Inhaber der Agentenmarke und dem aufgrund
eines älteren Markenrechts wahrhaft berechtigten Geschäftsherrn (s. dazu § 11 Rn. 7–8).[1]
Die Ansprüche des § 17 greifen hingegen nicht ein gegenüber beliebigen Dritten. Dies gilt
auch für Fälle der allgemeinen Markenanmaßung (Markenanmelde-Piraterie).

III. Ansprüche gegen den Agenten oder Vertreter

Nach § 17 Abs. 1 ist der Agent oder Vertreter verpflichtet, die Anmeldung oder die regis- **4**
trierte Marke gemäß §§ 27, 31 auf den Geschäftsherrn zu übertragen (*Übertragungsan-*
spruch), ggf. beschränkt auf einen Teil des Waren-/Dienstleistungsverzeichnisses (vgl.
§ 27 Abs. 1 und 4). Soweit eine Klage erforderlich ist, ist diese auf Abgabe der Übertra-
gungserklärung in einer zum Nachweis des Rechtsübergangs nach § 27 Abs. 3 und 33 ff.
MarkenV geeigneten Form zu richten.[2] Die Vollstreckung eines derartigen Titels erfolgt
nach § 894 ZPO. Um einer denkbaren Vereitelung des Übertragungsanspruchs durch
Rücknahme oder Verzicht durch den Vertreter zu begegnen, kann der Anspruch durch eine
als Verfügungsverbot zu erlassende einstweilige Verfügung gesichert werden. Im Falle der
noch schwebenden Anmeldung kann der Geschäftsherr als Minus zum Übertragungsanspruch auch deren Rücknahme verlangen.

Liegt der Tatbestand der Agentenmarke vor (vgl. oben Rn. 2–3), hat der Geschäftsherr **5**
nach § 17 Abs. 2 einen dem Verletzungstatbestand des § 14 Abs. 5 entsprechenden *Unter-*
lassungsanspruch, mit dem er dem untreuen Agenten oder Vertreter die Benutzung der
durch ihn unberechtigt angemeldeten Marke untersagen kann. Ebenfalls in Entsprechung
zur Regelung des allgemeinen Verletzungstatbestands in § 14 Abs. 6 hat der Geschäftsherr
nach § 17 Abs. 2 S. 2 *Schadensersatzansprüche* gegen den Agenten oder Vertreter, soweit
dieser die Marke ohne Zustimmung des Geschäftsherrn benutzt (hat). Da der Tatbestand
der Agentenmarke überdies einen Bruch der Verpflichtungen aus dem Vertretungsverhältnis impliziert, wird das für den Schadensersatzanspruch erforderliche Verschulden im Regelfall gegeben sein. Überdies stehen dem Markeninhaber auch *Vernichtungsansprüche*
i. S. d. § 18 und Ansprüche auf *Auskunft* i. S. d. § 19 zu. Auf ein Verschulden des untreuen
Agenten oder Vertreters kommt es bei diesen Ansprüchen nicht an.

§ 17 Abs. 2 S. 3 erklärt § 14 Abs. 7 für anwendbar und besagt damit, dass der Agent oder **6**
Vertreter auch dann zur Unterlassung und zur Leistung von Schadensersatz verpflichtet ist,

---

1 OLG Hamburg, GRUR RR 2003, 269, 271 – SNOMED; zum Begriff des Agenten oder Vertreters,
   vgl. BGH, GRUR 2008, 611, 613 – audison.
2 Vgl. OLG Hamburg, GRUR RR 2003, 269, 270 – SNOMED.

wenn die Benutzung der Agentenmarke durch seine Angestellten oder Beauftragten erfolgt.

IV. Ansprüche gegen Rechtsnachfolger und sonstige Dritte

7   Nach richtiger Auffassung kann der *Übertragungsanspruch* des § 17 Abs. 1 auch gegenüber *Rechtsnachfolgern* oder *Strohmännern* des Agenten durchgesetzt werden.[3] Ansonsten geriete der Übertragungsanspruch nämlich in Gefahr, durch den Agenten oder Vertreter vereitelt zu werden.[4] Ansprüche aus §§ 11 und 17 MarkenG belasten die Marke und bestehen gegenüber dem Erwerber fort.[5] Die Eintragung durch einen Strohmann steht der Eintragung des Agenten gleich.[6]

8   Hat der Agent oder Vertreter Dritten an der Anmeldung oder Marke Lizenzen oder sonstige Rechte eingeräumt, sind diese mit Übertragung auf den Geschäftsherrn gemäß § 17 *hinfällig*. Der *Sukzessionsschutz* des § 30 Abs. 5 greift hier nicht ein, da der Vertreter als Nichtberechtigter gehandelt hat und der gute Glaube Dritter an den Bestand von Markenrechten nicht geschützt wird.[7] Der Übertragungsanspruch nach § 17 verleiht dessen Inhaber, also dem Geschäftsherrn, überdies eine Einrede gegenüber etwaigen vom Agenten oder Vertreter als formellem Inhaber der Marke geltend gemachten Ansprüchen aus dieser Marke.

9   Streitig ist, ob auch die Ansprüche des § 17 Abs. 2 gegen Rechtsnachfolger oder Lizenznehmer des Vertreters geltend gemacht werden können. Richtigerweise ist dies zu verneinen, da derartige Dritte, welche nicht durch das Agenten- oder Vertretungsverhältnis mit dem Geschäftsherrn verbunden sind, nicht anders – insbesondere nicht schlechter – als sonstige Verletzer zu behandeln sind.[8]

V. Nicht eingetragene Agentenmarke

10   Die §§ 17 und 11 setzen tatbestandlich voraus, dass der Agent oder Vertreter eine Marke *angemeldet* oder ein Markenrecht kraft *Eintragung* erworben hat. Nicht unmittelbar geregelt ist damit der Fall, dass der Agent oder Vertreter die Marke des Geschäftsherrn lediglich *benutzt*, was die Gefahr in sich birgt, dass Markenrechte i. S. d. § 4 Nr. 2 entstehen können. Unproblematisch ist dieser Fall nur, wenn die Verkehrsauffassung die Marke ohnehin dem Geschäftsherrn zuordnet, da sie als Herstellermarke aufgefasst wird und sie nicht dem nur den Vertrieb bzw. den Handel organisierenden Agenten zugeordnet wird.[9]

---

3 Vgl. BGH, GRUR 2008, 611, 612 – audison; BGH, GRUR 2010, 828, 831 – DiSC; OLG Hamburg, GRUR RR 2003, 269, 270 – SNOMED; *Ingerl/Rohnke*, § 17 Rn. 12.
4 *Ingerl*, GRUR 1998, 1, 5.
5 BGH, GRUR 2010, 828, 831 – DiSC.
6 BGH, GRUR 2008, 611, 612 – audison.
7 *Ingerl*, GRUR 1998, 1, 5.
8 Vgl. *Ingerl/Rohnke*, § 17 Rn. 16; *Ingerl*, GRUR 1998, 1, 5; a. A. *Fezer*, § 17 Rn. 7.
9 Vgl. BGH, GRUR 1994, 652 – Virion – für die vergleichbare Frage der Zuordnung bei Firmennamen.

v. Zumbusch

In den Fällen allerdings, in welchen die Verkehrsauffassung dahin geht, dass die Rechte an **11** der Marke aufgrund intensiver Benutzung i. S. d. § 4 Nr. 2 dem Agenten oder Vertreter zu-zuordnen seien, stellt sich die Frage einer analogen Anwendung des § 17. Zwar wird hier die *Inbenutzungnahme* durch den Agenten oder Vertreter in der Regel durchaus mit Zu-stimmung des Geschäftsherrn erfolgt sein. Da im Übrigen aber die Interessenlage unmittel-bar gleichliegend ist, ist die analoge Anwendung von § 17 auf derartige Fälle zu befürwor-ten. Sie ist als eine die spezielle Interessenlage konkret regelnde Vorschrift der bisher in vergleichbaren Fallkonstellationen herangezogenen Beurteilung und Lösung nach §§ 1 UWG, 242 BGB vorzuziehen.[10]

Eine analoge Anwendung des § 17 Abs. 2 kommt schließlich in Betracht, wenn der Agent **12** oder Vertreter die Marke des Geschäftsherrn vertragswidrig bzw. nach Ende des Vertrages in der Weise benutzt, dass er diese als Firmenbestandteil oder sonstige geschäftliche Be-zeichnung verwendet.[11] Ein Übertragungsanspruch kommt demgegenüber nicht in Be-tracht, da eine Übertragung der Firma ohne dazugehörigen Geschäftsbetrieb nicht möglich ist.

VI. Gemeinschaftsmarkenrecht

Art. 11 (Unterlassungsanspruch) und Art. 18 GMV (Übertragungsanspruch) enthalten den **13** beiden Absätzen von § 17 entsprechende Regelungen. Nach Art. 52 Abs. 1 lit. b GMV steht dem Geschäftsherrn überdies ein Löschungsanspruch zu.

---

10 Vgl. *Ingerl/Rohnke*, § 17 Rn. 23; für einen nach § 1 UWG entschiedenen Fall vgl. BGH, GRUR 1963, 485 – Micky-Maus-Orangen.
11 Vgl. *Ingerl*, GRUR 1998, 1, 6.

§ 18
Vernichtungsanspruch

(1) Der Inhaber einer Marke oder einer geschäftlichen Bezeichnung kann den Verletzer in den Fällen der §§ 14, 15 und 17 auf Vernichtung der im Besitz oder Eigentum des Verletzers befindlichen widerrechtlich gekennzeichneten Waren in Anspruch nehmen. Satz 1 ist entsprechend auf die im Eigentum des Verletzers stehenden Materialien und Geräte anzuwenden, die vorwiegend zur widerrechtlichen Kennzeichnung der Waren gedient haben.

(2) Der Inhaber einer Marke oder einer geschäftlichen Bezeichnung kann den Verletzer in den Fällen der §§ 14, 15 und 17 auf Rückruf von widerrechtlich gekennzeichneten Waren oder auf deren endgültiges Entfernen aus den Vertriebswegen in Anspruch nehmen.

(3) Die Ansprüche nach den Absätzen 1 und 2 sind ausgeschlossen, wenn die Inanspruchnahme im Einzelfall unverhältnismäßig ist. Bei der Prüfung der Verhältnismäßigkeit sind auch die berechtigten Interessen Dritter zu berücksichtigen.

Übersicht

Literatur: *Dörre/Maaßen*, Das Gesetz zur Verbesserung der Durchsetzung von Rechten des geistigen Eigentums – Teil 1: Änderungen im Patent-, Gebrauchsmuster-, Marken- und Geschmacksmusterrecht, GRUR-RR 2008, 217; *Gärtner/Worm*, Möglichkeiten zur Bekämpfung von Produktpiraterie (Teil 1), Mitt. 2007, 254; *Jänich*, Der Rückruf- und Entfernungsanspruch im Markenrecht nach Umsetzung der Enforcement-Richtlinie 2004/48/EG; *Jestaedt*, Die Ansprüche auf Rückruf und Entfernen schutzrechtsverletzender Gegenstände aus den Vertriebswegen, GRUR 2009, 102; *Kitz*, Rechtsdurchsetzung im geistigen Eigentum – Die neuen Regeln, NJW 2008, 2374; *Köhler*, Die Begrenzung wettbewerbsrechtlicher Ansprüche durch den Grundsatz der Verhältnismäßigkeit, GRUR 1996, 82, 87; *Meister*, Die Verteidigung von Marken – Eine Skizze zum neuen Recht, WRP 1995, 366; *Pickrahn*, Die Bekämpfung von Parallelimporten nach dem neuen Markengesetz, GRUR 1996, 383; *Retzer*, Einige Überlegungen zum Vernichtungsanspruch bei der Nachahmung von Waren oder Leistungen, FS Piper, 1996, 421; *Schmieder*, LM Nr. 1 zu § 18 MarkenG; *Seichter*, Die Umsetzung der Richtlinien zur Durchsetzung der Rechte des geistigen Eigentums, WRP 2006, 391; *Spindler/Weber*, Die Umsetzung der Enforcement-Richtlinie nach dem Regierungsentwurf für ein Gesetz zur Verbessung der Durchsetzung von Rechten des geistigen Eigentums, ZUM 2007, 257; *Thun*, Der immaterialgüterrechtliche

Vernichtungsanspruch, 1998; *Trube*, Zum Vernichtunganspruch nach § 18 MarkenG bei „nicht-erschöpfter" Ware, MarkenR 2001, 255; *Walchner*, Der Beseitigungsanspruch im gewerblichen Rechtsschutz und Urheberrecht, 1998.

I. Allgemeines

§ 18 ist zum Zwecke der Umsetzung des Art. 10 der Durchsetzungsrichtlinie 2004/48/EG **1**
mit Wirkung zum 1. September 2008 neu gefasst worden. Zum – teilweise modifizierten –
Vernichtungsanspruch, den die Neufassung in Abs. 1 regelt, ist der Rückruf- und Entfernungsanspruch nach Abs. 2 hinzugetreten.

§ 18 Abs. 1 regelt den zivilrechtlichen Vernichtungsanspruch, der neben den Unterlas- **2**
sungsanspruch (§§ 14 Abs. 5, 15 Abs. 4, 17 Abs. 2), den Auskunftsanspruch (§ 19), den
Schadensersatzanspruch (§§ 14 Abs. 6, 15 Abs. 5, 17 Abs. 2) und die in §§ 19a–19c neu
hinzugekommenen Ansprüche tritt. Nach dem klaren Wortlaut des § 18 Abs. 1 ist der Vernichtungsanspruch auf die Fälle der §§ 14 (Markenverletzung), 15 (Firmen- und Titelverletzung) und 17 (Agentenmarke) beschränkt. Inhaltlich ist § 18 Abs. 1 darauf gerichtet,
dass widerrechtlich gekennzeichnete *Waren* oder zur widerrechtlichen Kennzeichnung benutzte *Materialien und Geräte* vernichtet und damit dem Wirtschaftskreislauf vollständig
und endgültig entzogen werden können. Im Einzelfall kann eine Vernichtung allerdings unverhältnismäßig sein (Abs. 3).

Der in Abs. 2 vorgesehene Rückruf- und Entfernungsanspruch ist darauf gerichtet, die **3**
markenrechtsverletzenden Waren aus den Vertriebswegen zu entfernen, um den weiteren
Absatz der Waren durch die Abnehmer des Verletzers zu unterbinden.

II. Vernichtungsanspruch (§ 18 Abs. 1)

1. Kennzeichenverletzung

Der Vernichtungsanspruch setzt eine *Kennzeichenverletzung* i. S. d. §§ 14, 15 oder 17 vo- **4**
raus. Das Bestehen eines *Unterlassungsanspruchs* ist nicht Voraussetzung. Die Kennzeichenverletzung muss aber widerrechtlich erfolgt sein. Dies ist bei Vorliegen der Voraussetzungen der §§ 14 Abs. 2, 3 und 4, 15 Abs. 2 und 3 bzw. 17 Abs. 2 S. 1 regelmäßig indiziert.
Ein Verschulden ist – anders als beim Schadensersatzanspruch – beim Vernichtungsanspruch nicht Voraussetzung.[1]

2. Anspruchsberechtigter und -verpflichteter

Zur Geltendmachung des Vernichtungsanspruchs berechtigt ist der *Inhaber* einer verletz- **5**
ten Marke, einer verletzten geschäftlichen Bezeichnung oder eines verletzten Werktitels.
In Betracht kommt ferner eine Anspruchsberechtigung des *ausschließlichen Lizenzneh-*

---

1 BGH, WRP 1997, 562, 567 = GRUR 1996, 271, 275 – Gefärbte Jeans; GRUR 2006, 504, 507 Tz.
  52 – Parfümtestkäufe.

mers (vgl. § 30). Hier ist jedoch die Zustimmung des Markeninhabers erforderlich, zu deren Erteilung der Markeninhaber unter dem Gesichtspunkt von Treu und Glauben (§ 242 BGB) freilich gehalten sein kann.

6 Anspruchsverpflichtet ist zunächst der *Verletzer* i. S. d. §§ 14, 15 und 17. Voraussetzung ist jedoch ein Handeln im geschäftlichen Verkehr, so dass die Geltendmachung eines Vernichtungsanspruchs gegenüber dem privaten Endabnehmer ausscheidet.[2] Die Durchsetzbarkeit des Vernichtungsanspruchs erfordert ferner, dass der Verletzer – im Falle des § 18 Abs. 1 S. 1 – *Eigentümer* oder *Besitzer* der widerrechtlich gekennzeichneten Waren ist. Gerade der gegen den *Besitzer* gerichtete Vernichtungsanspruch kommt in der Praxis besonders häufig vor, so etwa im Falle des Verkaufs markenrechtswidriger Ware durch den Kommissionär (z. B. durch „Second Hand"-Läden). Anspruchsverpflichtet kann insbesondere auch der *gutgläubige* Besitzer (etwa Spediteure, Lagerhalter, Frachtführer und sonstige mit der Beförderung von Gütern Beschäftigte) sein.[3] Aus dem umfassend zu verstehenden Begriff des *Besitzes* ergibt sich ferner, dass der Vernichtungsanspruch auch gegenüber dem *Besitzmittler* durchsetzbar ist. Befindet sich die rechtswidrig gekennzeichnete Ware weder im Eigentum noch im Besitz des Verletzers, ist der Vernichtungsanspruch nicht durchsetzbar.[4] Im Falle des § 18 Abs. 1 S. 2 richtet sich der Vernichtungsanspruch hingegen nur gegen den *Eigentümer* von zur Kennzeichnung bestimmten Materialien und Geräten.

3. Gegenstand des Vernichtungsanspruchs

7 Vom Vernichtungsanspruch des § 18 werden zum einen widerrechtlich gekennzeichnete *Waren* (§ 18 Abs. 1 S. 1) und zum anderen *Materialien* und *Geräte* (Abs. 1 S. 2) umfasst, soweit diese vorwiegend zur widerrechtlichen Kennzeichnung der Waren gedient haben.

a) Waren (Abs. 1 S. 1)

8 Der Vernichtungsanspruch des Abs. 1 S. 1 bezieht sich auf alle *Waren*, die mit der widerrechtlichen Kennzeichnung versehen sind. Der Begriff *Waren* ist enger als die in § 18 Abs. 1 a. F. erwähnten *Gegenstände*. Angesichts des klaren Wortlauts wird vertreten, dass der Vernichtungsanspruch auch tatsächlich auf rechtswidrig gekennzeichnete *Waren* beschränkt sei.[5] Berücksichtigt man jedoch, dass der aus Art. 10 der Durchsetzungsrichtlinie stammende Begriff *Waren* einheitlich in den entsprechenden Bestimmungen des PatG, des GebrMG, des GeschmMG und des UrhG übernommen wurde, und trägt man weiterhin dem Umstand Rechnung, dass eine Vernichtung anderer Gegenstände als nur Waren typischerweise angezeigt ist, ist eine weite Auslegung des Begriffs *Waren* i. S. d. § 18 Abs. 1 a. F. zwingend geboten, um den Vernichtungsanspruch nicht zu wesentlichen Teilen leer laufen zu lassen.[6]

---

2 Vgl. LG Düsseldorf, Mitt. 1996, 22, 23 – Chiemsee.

3 OLG Köln, WRP 2005, 1294, 1296 – Lagerkosten nach markenrechtlicher Grenzbeschlagnahme; OLG Düsseldorf, BeckRS 2008, 00088.

4 Vgl. BT Drucks. 16/5048, S. 31.

5 *Ströbele/Hacker*, § 18 Rn. 20.

6 Wie hier *Dörre/Maaßen*, GRUR-RR 2008, 217, 218 Fn. 22; *Fezer*, § 18 Rn. 33; *Ingerl/Rohnke*, § 18 Rn. 11 ff.

Der Vernichtungsanspruch des Abs. 1 S. 1 umfasst nach dem hier vertretenen Verständnis mithin nicht nur die gekennzeichnete Ware selbst (z. B. Turnschuh), sondern auch ihre *Aufmachung* und/oder ihre *Verpackung* (z. B. mit der Kennzeichnung versehener Schuhkarton), *Kennzeichnungsmittel* wie Etiketten, Anhänger, Aufnäher usw. (vgl. § 14 Abs. 4 Nr. 1), *Geschäftspapiere* und *Werbemittel* (Kataloge, Prospekte, Broschüren – vgl. § 14 Abs. 3 Nr. 5).   **9**

Dem Vernichtungsanspruch unterliegen jedoch nur *widerrechtlich gekennzeichnete* Gegenstände. Die Widerrechtlichkeit ist i. d. R. indiziert. Aufgrund des begrenzten territorialen Geltungsbereichs des Erschöpfungsgrundsatzes (§ 24) ist Widerrechtlichkeit i. S. d. § 18 auch in Fällen des unzulässigen Parallelimports (§ 24 Abs. 1) oder der Veränderung von Originalware (§ 24 Abs. 2) gegeben.[7]   **10**

b) Materialien und Geräte (Abs. 1 S. 2)

Abs. 1 S. 1 erstreckt den Vernichtungsanspruch auch auf im Eigentum des Verletzers stehende Materialien und Geräte, soweit diese vorwiegend zur widerrechtlichen Kennzeichnung der Waren gedient haben.   **11**

Die Begriffe *Materialien und Geräte* entsprechen dem in § 18 Abs. 2 a. F. verwendeten Begriff der *Vorrichtungen*. Dabei handelt es sich um diejenigen Geräte, Anlagen, Instrumente und Apparate, die im *Eigentum* des Verletzers (der *Besitz* reicht nicht aus) stehen und vorwiegend dazu gedient haben müssen, die widerrechtliche Kennzeichnung auf Waren i. S. d. Abs. 1 S. 1 anzubringen. In Betracht kommen damit Vorrichtungen, die nach ihrer Zweckbestimmung zur widerrechtlichen Kennzeichnung benutzt werden können wie z. B. Siegel, Schablonen, Stempel, Druckstöcke, Drucksiegel, Negative und Formen.[8] Relevante Kennzeichnungsvorrichtungen sind ferner Druck-, Etikettier-, Nähmaschinen, Kopiergeräte und andere Werkzeuge und Maschinen.   **12**

Der Vernichtungsanspruch greift jedoch nur, wenn die betreffenden Materialien und Geräte auch tatsächlich zur Anbringung widerrechtlicher Kennzeichnungen Verwendung gefunden haben. Dabei ist es unschädlich, wenn die betreffenden Materialien und Geräte *auch* für andere Zwecke benutzt worden sind. Es genügt, wenn sie *vorwiegend* zur rechtswidrigen Kennzeichnung gedient haben. Der Begriff „vorwiegend" ist i. S. d. hauptsächlichen Nutzungsform zu verstehen.   **13**

Im Prozess obliegt dem Kläger die – in Einzelfall Schwierigkeiten begegnende – Beweislast, dass diejenigen Materialien und Geräte, auf die sich der Vernichtungsanspruch bezieht, konkret – und vor allem *vorwiegend* – zur widerrechtlichen Kennzeichnung benutzt wurden. Ist dieser Beweis jedoch geführt, kann der Verletzer dem Vernichtungsanspruch nicht mehr durch eine die jeweiligen Materialien und Geräte betreffende geänderte Zweckbestimmung entgehen. Auch die Absicht einer zukünftig rechtmäßigen Benutzung ist mithin unbehelflich.   **14**

---

7 Vgl. BGH, WRP 1997, 562, 567 = GRUR 1996, 271, 275 – Gefärbte Jeans; GRUR 2006, 504, 508 Tz. 52 – Parfümtestkäufe.
8 Vgl. LG Köln, MA 1993, 15, 16 – Vulkollan.

4. Vernichtung und Unverhältnismäßigkeit der Vernichtung

a) Grundsatz: Vernichtung

15 Im Grundsatz sieht § 18 Abs. 1 die *Vernichtung* der widerrechtlich gekennzeichneten Gegenstände bzw. der Kennzeichnungsvorrichtungen *insgesamt* vor. Unter *Vernichtung* ist die Zerstörung einer Sache in ihrer Substanz (etwa durch Verbrennen, Zerschneiden, Einstampfen, Schreddern u. a.) zu verstehen.

b) Ausnahmen vom Grundsatz der Vernichtung

16 Während der Anspruch auf Vernichtung die Regel bildet, können ausnahmsweise weniger einschneidende Maßnahmen in Betracht kommen. Dies kommt namentlich in Fällen in Betracht, in denen der durch die Rechtsverletzung verursachte Zustand auch auf andere Weise beseitigt werden kann. Aufgrund des Sanktionscharakters des § 18 und des damit verbundenen generalpräventiven Effekts ist der Fall der Unverhältnismäßigkeit jedoch der Ausnahmefall.[9] Dies wirkt sich insbesondere im Rahmen der Prüfung der Unverhältnismäßigkeit der Vernichtung im konkreten Einzelfall aus.

17 Weitgehend unproblematisch ist die Prüfung der Verhältnismäßigkeit unter dem Gesichtspunkt der *anderweitigen Beseitigungsmöglichkeit*. Es muss also eine andere Maßnahme als die der Vernichtung möglich sein, die zur wirksamen Beseitigung des durch die Rechtsverletzung verursachten Zustands geeignet ist. Eine solche Maßnahme ist etwa das Entfernen eines Anhängeetiketts oder das Heraustrennen eines Einnähetiketts.[10] Unzureichend ist die Entfernung eines rechtsverletzenden Kennzeichens jedoch, wenn auch noch weitere Merkmale der Originalware übernommen wurden, die Rechte des Markeninhabers verletzen.[11] Als Beseitigungsmöglichkeit kommt ferner das Schwärzen rechtswidriger Kennzeichnungen (insbesondere in Katalogen und Broschüren) in Betracht, vorausgesetzt, dass die rechtswidrige Kennzeichnung damit dauerhaft abgedeckt ist. Unzureichend ist demgegenüber das Überkleben eines rechtsverletzenden Kennzeichens,[12] da ein Ablösen der Überklebung nicht ausgeschlossen ist. Maßgebend ist immer, dass die betreffende Maßnahme die Rechtsverletzung *vollständig und mit Sicherheit beseitigt*. Eine Abwendungsbefugnis in Geld (vgl. § 101 UrhG) scheidet als Beseitigungsmöglichkeit aus.

18 Sofern eine anderweitige Beseitigungsmöglichkeit als milderes Mittel existiert, folgt daraus nicht zwingend die Unverhältnismäßigkeit der Vernichtung der Ware insgesamt. Im Rahmen dieser Frage hat eine umfassende Abwägung des Vernichtungsinteresses des Verletzten und des Erhaltungsinteresses des Verletzers unter Einbeziehung des generalpräventiven Effekts des § 18 zu erfolgen. Zu berücksichtigen sind dabei: Schuldlosigkeit bzw. Grad der Schuld des Verletzers,[13] die Schwere des Eingriffs (unmittelbare Übernahme oder Verletzung im Randbereich) und der Umfang des bei einer Vernichtung für den Verletzer

---

9 BGH, WRP 1997, 1189, 1191 = GRUR 1997, 899, 901 – Vernichtungsanspruch.

10 Vgl. BGH, WRP 1997, 1189, 1191 = GRUR 1997, 899, 901 – Vernichtungsanspruch; vgl. a. OLG Frankfurt a. M., GRUR 2000, 162, 163 – Wiederbefüllte Toner-Kartusche.

11 Vgl. OLG Düsseldorf, ZUM 1997, 490 – Beuys.

12 Vgl. *Ströbele/Hacker*, § 18 Rn. 38.

13 BGH, GRUR 2006, 504, 507 Tz. 52 – Parfümtestkäufe.

v. Schultz

entstehenden Schadens im Vergleich zu dem durch die Verletzung eingetretenen wirtschaftlichen Schaden des Rechtsinhabers.[14]

Einen Sonderfall bildet die insbesondere in Fällen des Parallelimports relevante Frage der Vernichtung von Originalware. Das insoweit vom LG Düsseldorf vorgeschlagene Einfuhrverbot durch Verfügungsbeschränkung nach § 147 Abs. 3 S. 2[15] erweist sich als ungeeignet, da die betreffende Ware unverändert bleibt.[16] Verhältnismäßig dürfte der Vernichtungsanspruch hinsichtlich Originalwaren auch sein, wenn etwa durch Umverpacken eine Qualitätsbeeinträchtigung vorliegt.[17] **19**

Nach Abs. 3 sind bei der Prüfung der Verhältnismäßigkeit auch berechtigte Interessen Dritter zu berücksichtigen. Solche sind immer dann berührt, wenn die dem Vernichtungsanspruch unterliegenden Gegenstände i. S. d. Abs. 1 Eigentums- oder Besitzinteressen Dritter berühren. Unerheblich ist dies freilich, wenn der Dritte selbst Störer ist. **20**

Im Prozess obliegt die Beweislast für das Vorliegen der tatbestandlichen Voraussetzungen der Ausnahmeregelung des § 18 Abs. 3 dem Verletzer. **21**

5. Durchführung der Vernichtung

Grundsätzlich ist die Vernichtung vom Verletzer selbst oder einem vom Verletzer mit der Vernichtung zu beauftragenden Unternehmen auf seine Kosten durchzuführen. Die erfolgte Vernichtung hat er dem Verletzten nachzuweisen. Der Nachweis erfolgt durch Vorlage geeigneter Dokumente (z.B. Transportbescheinigung, Vernichtungsbescheinigung der Müllverbrennungsanlage). Bei Zweifeln hat der Verletzer zusätzlich eine die erfolgte Vernichtung belegende eidesstattliche Versicherung vorzulegen. Alternativ kann der Verletzte auch die Herausgabe der widerrechtlich gekennzeichneten Gegenstände an sich zum Zwecke der Vornahme der Vernichtung durch ihn bzw. einen von ihm zu beauftragenden Dritten – jedoch auf Kosten des Verletzers – verlangen.[18] Eine Herausgabe an den *Verletzten* ist immer dann zu empfehlen, wenn das Risiko, dass die Verletzungsgegenstände erneut in den Marktkreislauf geraten, zu besorgen ist. Dies gilt namentlich in Fällen der Produktpiraterie. Dasselbe Ziel lässt sich auch durch einen auf Herausgabe an einen *Gerichtsvollzieher* zum Zwecke der Vernichtung gerichteten Antrag erreichen.[19] **22**

6. Durchsetzung des Vernichtungsanspruchs

a) Klageverfahren

Der Vernichtungsanspruch wird im Klagewege durch Stellung eines Antrages auf Verurteilung zur (Vornahme der) Vernichtung oder – insbesondere bei bereits sequestrierter Ware – **23**

---

14 BGH, WRP 1997, 1189, 1191 = GRUR 1997, 899, 901 – Vernichtungsanspruch; vgl. a. *Trube*, MarkenR 2001, 225, 226.
15 WRP 1995, 979, 982 = GRUR 1996, 66, 68 – adidas-Import.
16 Zutreffend *Ströbele/Hacker*, § 18 Rn. 38.
17 Vgl. BGH, GRUR 1996, 271, 275 – Gefärbte Jeans.
18 LG Köln, MA 1993, 15, 16 f. – Vulkollan; LG München I, CR 1993, 698; wohl auch BGH, WRP 1997, 1189, 1192 = GRUR 1997, 899, 902 – Vernichtungsanspruch.
19 LG München I, CR 1993, 698, 699; (zu § 98 UrhG) LG München I, ZUM 1993, 432, 433.

Einwilligung in die Vernichtung der widerrechtlich gekennzeichneten Waren durchgesetzt. Entsprechendes gilt im Grundsatz für Materialien und Geräte i.S.d. Abs. 1 S. 2. In Betracht kommt ferner die Herausgabe des widerrechtlich gekennzeichneten Warenbestandes an den Gerichtsvollzieher zum Zwecke der Vernichtung. Ein darauf gerichteter Antrag empfiehlt sich insbesondere, wenn sichergestellt werden soll, dass bereits sequestrierte Ware nicht wieder verwendet wird. Die Vollstreckung des auf Vernichtung gerichteten Urteils erfolgt, da es sich regelmäßig um eine vertretbare Handlung handelt, nach §§ 883, 887, 892 ZPO oder im Wege der Ersatzvornahme durch einen Gerichtsvollzieher. Problematisch ist im Einzelfall die Frage, ob Geräte und Materialien i.S.d. Abs. 1 *vorwiegend* der Anbringung der rechtswidrigen Kennzeichnung gedient haben. Die Beurteilung dieser Frage durch den zuständigen Gerichtsvollzieher begegnet in der Praxis erheblichen Schwierigkeiten. Im Hinblick darauf ist eine konkrete Benennung der zu vernichtenden Geräte und Materialien im Klagantrag empfehlenswert. Zumeist besteht diesbezüglich seitens des Klägers zum Zeitpunkt der Stellung des Antrags jedoch keine oder keine hinreichende Kenntnis. Daher könnte sich eine vorherige Geltendmachung eines Besichtigungsanspruchs i.S.d. § 19a empfehlen. Allerdings dürfte auch dies nur im Einzelfall einen Einblick in die konkret zur rechtswidrigen Kennzeichnung verwendeten Geräte und Materialien geben.

b) Vorläufige Sicherung des Vernichtungsanspruchs

24 Ein im Klagewege geltend gemachter Vernichtungsanspruch läuft häufig leer, da der Verletzer die Ware zwischenzeitlich abverkauft, an seinen Lieferanten retourniert oder in sonstiger Weise dem Zugriff des Verletzten entzieht. Gleiches ist im Falle einer vorherigen Abmahnung zu befürchten. Daher wird dem Verletzten – insbesondere in typischen Fällen offensichtlicher Produktpiraterie – häufig zu empfehlen sein, zur Sicherung seines Vernichtungsanspruchs auch *ohne vorherige Abmahnung* den Erlass einer einstweiligen Verfügung zu beantragen, die auf Herausgabe der Verletzungsprodukte an einen Gerichtsvollzieher zum Zwecke der *Verwahrung* oder *Sequestration* im Hinblick auf die Sicherung der späteren Vernichtung[20] gerichtet ist. Als wesentlich kostengünstigere – und gleichermaßen effektive – Maßnahme ist dabei der Weg der *amtlichen Verwahrung* vorzugswürdig. Die Vernichtung selbst darf durch eine einstweilige Verfügung nicht angeordnet werden, da sie nicht mehr rückgängig gemacht werden kann und daher typischerweise zum auf Vernichtung gerichteten Hauptsacheverfahren gehört.[21]

25 Der im Wege der einstweiligen Verfügung durchgesetzte Wegnahmeanspruch ist binnen der Monatsfrist des § 929 Abs. 2 ZPO zu vollziehen; die bloße Zustellung der „Sequestrationsverfügung" genügt hingegen nicht. Zur effizienten Durchführung der Wegnahme kann sich ein vorheriger Antrag auf Erlass einer Durchsuchungsanordnung nach §§ 758, 758a ZPO empfehlen. In der Praxis bedarf es einer solchen Maßnahme jedoch zumeist nicht, da die Verweigerung der Herausgabe rechtswidrig gekennzeichneter Gegenstände regelmäßig Gefahr im Verzug begründen dürfte.

---

20 OLG Hamburg, WRP 1997, 106, 112 – Gucci; OLG Nürnberg, WRP 2002, 345, 346 = GRUR-RR 2002, 98, 99 – NIKE Sportschuhe.
21 OLG Koblenz, GRUR 1987, 730 – GS-Zeichen.

v. Schultz

Auch ohne vorherige Abmahnung sind die Kosten eines einstweiligen Verfügungsverfah- 26
rens in Sequestrations- bzw. Verwahrungsfällen, selbst wenn der Verletzer sofort anerkennt
(§ 93 ZPO), i. d. R. vom Verletzer zu tragen. Dies findet seine Rechtfertigung in der Erwägung, dass eine vorherige Abmahnung dem Verletzer die Möglichkeit eröffnen würde, zur
Vermeidung wirtschaftlicher Nachteile den vorhandenen markenverletzenden Warenbestand beiseite zu schaffen und damit den Anspruch des Verletzten auf Vernichtung zu unterlaufen.[22] Eine vorherige Abmahnung (mit der Folge der Kostensanktion des § 93 ZPO)
kann daher in Sequestrationsfällen nur verlangt werden, wenn aus Sicht des Verletzten
z. Zt. der Einreichung des Verfügungsantrags konkrete Anhaltspunkte vorliegen, die die zu
vermutende Gefahr des Beiseiteschaffens der Waren und/oder anderer Vernebelungsaktio-
nen *ausnahmsweise* ausschließen.[23] Liegen solche Anhaltspunkte nicht vor, ist die Besorgnis, dass der Unterlassungsschuldner sich im Falle einer vorherigen Abmahnung um
schnelle Beseitigung des noch vorhandenen Warenbestandes bemühen werde, grundsätzlich berechtigt, so dass auch eine Obliegenheit zur vorherigen Abmahnung grundsätzlich
entfällt.[24] Gegenteiliger Auffassung ist lediglich das OLG Braunschweig, das ein Abmahn-
erfordernis grundsätzlich auch bei Sequestrationsansprüchen bejaht[25] und das Abmahner-
fordernis ausnahmsweise nur für verzichtbar hält, wenn objektiv erkennbare Anhaltspunkte dafür bestehen, dass eine vorhergehende Abmahnung die Sequestrationsmöglichkeiten
nachhaltig erschweren oder sogar vereiteln würde. Diese Auffassung verkennt indes den
Erfahrungssatz, dass eine vorherige Abmahnung den Anbieter von offensichtlichen Verletzungsprodukten auch bei geringsten wirtschaftlichen Werten nahezu ausnahmslos zu einem sofortigen Beiseiteschaffen verleitet. Zu verneinen ist die Besorgnis eines Beiseiteschaffens dagegen, wenn die Strukturen des Unterlassungsschuldners ein Beiseiteschaffen
schon aus logistischen Gründen weitgehend ausschließen. Dies kommt namentlich bei re-
nommierten Warenhäusern sowie überregional oder bundesweit agierenden Warenhaus-,
Einzelhandels- oder Großmarktketten in Betracht.[26] Ferner scheidet die Gefahr der Waren-
beseitigung regelmäßig im Falle der Verletzung durch die öffentliche Hand aus.[27] Ebenso
fehlt es an der Gefahr eines Beiseiteschaffens, wenn die Art der betroffenen Ware ein Beiseiteschaffen nicht ohne Weiteres ermöglicht, wie z. B. eine im Betrieb fest verankerte Ma-
schine[28] (anders dagegen die sog. „flüchtige", d. h. leicht transportierbare Ware). Ein Verzicht auf die Obliegenheit einer vorherigen Abmahnung kommt im Übrigen in den Fällen
einer missbräuchlichen Geltendmachung des Sequestrationsanspruchs in Betracht, namentlich in Fällen, in denen der Sequestrationsanspruch nur geltend gemacht wird, um die
hinsichtlich des Unterlassungsanspruchs grundsätzlich bestehende Abmahnungsobliegen-

---

22 OLG Köln, OLGR 2001, 157 f.; OLG Nürnberg, WRP 1981, 342 f.; OLG Hamburg, GRUR-RR
   2007, 29 – Cerebro Card; KG, GRUR-RR 2008, 372 – Abmahnungskosten; LG Hamburg GRUR-
   RR 2004, 191 – Flüchtige Ware.
23 OLG Düsseldorf, WRP 1997, 471, 472 – Ohrstecker; OLGR 1998, 270 – Possession-Ring; vgl. a.
   OLG Hamburg, GRUR 1984, 758 – Abmahnung bei Sequestration; LG Hamburg, GRUR-RR
   2004, 191, 193 – Flüchtige Ware; OLG Nürnberg, WRP 1995, 427 – Schutzrechtspiraterie; OLG
   Frankfurt, GRUR 1983, 753, 757 – Pengo; OLG Stuttgart, NJW-RR 2001, 257; KG, WRP 1984,
   325, 326; OLG Köln, OLGR 2001, 157 f.; OLG München, NJWE-WettbR 1999, 239.
24 KG, GRUR-RR 2008, 372 – Abmahnungskosten; LG Hamburg, GRUR-RR 2004, 191 – Flüchtige
   Ware.
25 OLG Braunschweig, GRUR-RR 2005, 103 – Flüchtige Ware.
26 OLG Düsseldorf, WRP 1979, 471, 472 – Ohrstecker.
27 Vgl. OLG Düsseldorf, WRP 1997, 471, 471 – Ohrstecker.
28 OLG Düsseldorf, WRP 1997, 471, 472 – Ohrstecker.

heit zu umgehen. Als Indiz für eine missbräuchliche Geltendmachung des Sequestrationsanspruchs kann im Einzelfall anzusehen sein, dass eine einstweilige Verfügung hinsichtlich des Sequestrationsanspruchs nicht vollzogen wird.[29]

c) Gewährung von Aufbrauchs- und Umstellungsfristen

27 Anstelle der Durchsetzung des Vernichtungsanspruchs vereinbaren die Parteien in der Praxis zur Vermeidung von zu großen Nachteilen auf Seiten des Verletzers nicht selten die Gewährung einer Aufbrauchs- bzw. Umstellungsfrist durch den Verletzten. Dem Verletzer eröffnet dies die Möglichkeit zum Abverkauf des noch vorhandenen Bestandes an kennzeichenverletzenden Gegenständen. Im Regelfall betragen derartige Fristen zwischen wenigen Wochen und drei Monaten. Üblicherweise übernimmt der Verletzer im Gegenzug
sämtliche auf Seiten des Verletzten entstandenen Anwaltskosten und zahlt ihm überdies
häufig auch eine – in der Höhe zu verhandelnde – Abstandssumme. Von der Gewährung
einer Aufbrauchsfrist sollte in Fällen einer offensichtlichen Rechtsverletzung (insbesondere in Produktpirateriefällen) jedoch abgesehen werden.

28 In sehr seltenen Ausnahmefällen kann auch eine seitens des Gerichts gewährte Aufbrauchsfrist in Betracht kommen.[30] Als Beispiel sei auf die Möglichkeit der weiteren Benutzung der bereits ausgedruckten und aufgebundenen Exemplare umfänglicher Waren-
oder Versandhauskataloge verwiesen, wenn diese neben vielen anderen auch eine Abbildung eines kennzeichenverletzenden Gegenstands enthalten. Eine einheitliche Spruchpraxis hat sich hier indes nicht herausgebildet; nach wie vor überwiegt richtigerweise die Neigung der Gerichte, die Gewährung von Aufbrauchs- und Umstellungsfristen ausnahmslos
abzulehnen.

d) Kosten

29 Die Kosten der Vernichtung fallen vollumfänglich, d.h. einschließlich der Kosten der Beförderung zum Ort der Vernichtung, dem Anspruchsgegner zur Last. Ebenfalls zu tragen
hat der Anspruchsgegner die Kosten der Sequestration einschließlich der im Zusammenhang damit entstehenden Kosten der Einlagerung. Dieser Anspruch folgt direkt aus § 18.[31]
Für das auf Vernichtung oder auf vorläufige Sicherung des Vernichtungsanspruchs gerichtete Hauptsache- oder einstweilige Verfügungsverfahren hat der BGH jüngst entschieden,
dass die *gesamten* Sequestrationskosten im Kostenfestsetzungsverfahren geltend gemacht
werden können.[32] Dies betrifft nicht nur die Kosten der Wegnahme und der Verbringung
der Verletzungsprodukte an den Lagerort einschließlich der Einlagerung als solcher, sondern auch die im Anschluss daran entstehenden weiteren Lagerkosten. Die Kosten der Vernichtung selbst sind hingegen nicht Kosten des Kostenfestsetzungsverfahrens und müssen
daher gesondert geltend gemacht werden.

---

29 KG, GRUR-RR 2008, 372 – Abmahnungskosten; OLG Frankfurt a.M., GRUR 2006, 264 – Ab-
   mahnerfordernis.
30 OLG Köln, GRUR 1984, 874, 875f. – Biovital/Revital; für die Gewährung einer Aufbrauchsfrist
   im einstweiligen Verfügungsverfahren vgl. a. OLG Stuttgart, WRP 1989, 832.
31 OLG Köln, WRP 2005, 1294, 1296 – Lagerkosten nach markenrechtlicher Grenzbeschlagnahme.
32 BGH, Beschl. v. 20.7.2006 – I ZB 105/05 – Sequestrationskosten.

v. Schultz

III. Rückruf- und Entfernungsanspruch (Abs. 2)

Mit Wirkung zum 1. September 2008 neu in das Markengesetz eingefügt wurden die Regelungen zum Rückruf- und Entfernungsanspruch in § 18 Abs. 2.   **30**

Der Rückrufanspruch gem. der 1. Alt. des Abs. 2 ist auf die Verpflichtung des Verletzers gerichtet, rechtswidrig gekennzeichnete Waren zurückzurufen. Die Relevanz der Bestimmung betrifft Fälle, in denen der Verletzer die rechtswidrig gekennzeichnete Ware an gewerbliche Abnehmer (Zwischenhändler) verkauft und ausgeliefert, jedoch keine rechtliche oder tatsächliche Verfügungsgewalt hinsichtlich der Ware mehr innehat. Diese Situation führt allerdings auch zum Blick auf die praktischen Schwächen des Rückrufanspruchs. Denn wenn der Verletzer keine tatsächliche und auch keine rechtliche Verfügungsgewalt mehr hat, ist der Rückrufanspruch notwendig darauf beschränkt, dass der Verletzer seine Abnehmer aufzufordern hat, die bei ihnen und in ihrer Verfügungsgewalt befindlichen rechtswidrig gekennzeichneten Waren an ihn, den Verletzer, zurückzugeben. Verweigert der Abnehmer die Rückgabe, läuft der Rückrufanspruch im Ergebnis leer. Sachgerecht wird es daher sein, wenn der zum Rückruf Verpflichtete seine Abnehmer nicht nur zur Rückgabe auffordert, sondern ihnen eine vollständige Rückabwicklung des Kaufvertrages unter Erstattung nicht nur des Kaufpreises, sondern auch sämtlicher im Zusammenhang mit der betreffenden Ware entstandener Kosten anbietet. Konkrete Vorgaben hinsichtlich der im Rahmen des Anspruchs auf Rückruf/Entfernung zu ergreifenden Maßnahmen kann der Verletzte dem Verletzer jedoch nicht machen.[33]   **31**

Der Rückrufanspruch richtet sich nur auf Rückruf der rechtswidrig gekennzeichneten Ware von den gewerblichen Abnehmern des Verletzers, die die inkriminierte Ware weiterverkaufen, nicht aber von privaten Endabnehmern und gewerblichen Endnutzern.[34]   **32**

Er richtet sich nur gegen den Verletzer, nicht aber die gewerblichen Abnehmer selbst. Ist aber die Identität des gewerblichen Abnehmers dem Inhaber der verletzten Marke bekannt, greift gegen diesen ein selbstständiger Vernichtungsanspruch bzw. – zu dessen Sicherung – ein im Wege der einstweiligen Verfügung durchsetzbarer Wegnahmeanspruch (s.o. Rn. 24 ff.).   **33**

Der Anspruch auf endgültiges Entfernen aus den Vertriebswegen nach Abs. 2 2. Alt. ist neben dem Rückrufanspruch möglich,[35] greift aber nicht konkret bei der Fallgestaltung, in der der Rückrufanspruch einschlägig ist, also bei entfallener Dispositionsbefugnis des Verletzers über die rechtswidrig gekennzeichnete Ware. Anders als der Rückrufanspruch setzt der Entfernungsanspruch nämlich voraus, dass der Verletzer noch irgendeine rechtliche Möglichkeit innehat, die betreffende Ware aus den Vertriebswegen zu entfernen. Das Bestehen einer solchen rechtlichen Möglichkeit beurteilt sich regelmäßig nach dem Inhalt des auf die betreffende Ware bezogenen Rechtsgeschäfts zwischen Verletzer und gewerblichem Abnehmer. Besteht danach keine rechtliche Möglichkeit des Verletzers, die Entfernung der rechtswidrig gekennzeichneten Ware aus den Vertriebswegen selbst zu veranlassen, läuft der Anspruch leer. In diesen Fällen kommt lediglich ein Rückrufanspruch in Betracht.   **34**

---

33 Vgl. LG Mannheim, GRUR-RR 2011, 49, 53 – convenant not to sue – zu § 140a Abs. 3 PatG.

34 Allg. Ans., vgl. *Jänich*, MarkenR 2008, 413, 416; LG Mannheim, GRUR-RR 2011, 49, 53 – convenant not to sue – zu § 140a Abs. 3 PatG.

35 *Jänich*, a.a.O.

35 Die Durchsetzung sowohl des Rückruf- als auch des Entfernungsanspruchs unterliegt der Verhältnismäßigkeitsschranke des § 18 Abs. 3. Eine Unverhältnismäßigkeit des Rückruf- und Entfernungsanspruchs wird zunächst dann anzunehmen sein, wenn auch ein Vernichtungsanspruch gem. Abs. 1 unverhältnismäßig wäre. Unverhältnismäßigkeit kommt ferner in Betracht, wenn sich die Geltendmachung der Ansprüche gem. Abs. 2 als rechtsmissbräuchlich erweist. Keinen Einfluss auf die Beurteilung der Verhältnismäßigkeit hat dagegen die Überlegung, dass der Rückruf der betreffenden Ware die Beziehungen zwischen Verletzer und gewerblichem Abnehmer belasten könnte. Andererseits kann ein krasses Missverhältnis zwischen dem Wert der dem Rückrufanspruch unterliegenden Waren und den Kosten des Rücktransports eine Unverhältnismäßigkeit begründen. Entsprechendes kommt in Betracht, wenn bekannt ist, dass der gewerbliche Abnehmer allenfalls noch über geringe Restbestände (insbesondere bei flüchtiger Ware) verfügt.

36 Die Durchsetzung des Anspruchs auf Rückruf und Entfernung aus den Vertriebswegen ist im Klagewege durchsetzbar. Eine Geltendmachung im Wege der einstweiligen Verfügung scheidet dagegen aus. Im Zwangsvollstreckungsverfahren findet § 888 ZPO Anwendung.

IV. Gemeinschaftsmarkenrecht

37 Die in § 18 geregelten Ansprüche sind im Gemeinschaftsmarkenrecht nicht vorgesehen. Insoweit verweist Art. 102 Abs. 2 GMV auf das nationale Recht des jeweiligen Mitgliedstaats, in dem die kennzeichenrechtsverletzende Handlung begangen wurde. Für Verletzungen von Gemeinschaftsmarken in Deutschland ergeben sich der Vernichtungs-, Rückruf- und Entfernungsanspruch also aus Art. 102 Abs. 2 GMV i.V.m. § 18.

v. Schultz

§ 19
Auskunftsanspruch

(1) Der Inhaber einer Marke oder einer geschäftlichen Bezeichnung kann den Verletzer in den Fällen der §§ 14, 15 und 17 auf unverzügliche Auskunft über die Herkunft und den Vertriebsweg von widerrechtlich gekennzeichneten Waren oder Dienstleistungen in Anspruch nehmen.

(2) In Fällen offensichtlicher Rechtsverletzung oder in Fällen, in denen der Inhaber einer Marke oder einer geschäftlichen Bezeichnung gegen den Verletzer Klage erhoben hat, besteht der Anspruch unbeschadet von Absatz 1 auch gegen eine Person, die in gewerblichem Ausmaß

1. rechtsverletzende Ware in ihrem Besitz hatte,
2. rechtsverletzende Dienstleistungen in Anspruch nahm,
3. für rechtsverletzende Tätigkeiten genutzte Dienstleistungen erbrachte oder
4. nach den Angaben einer in Nummer 1, 2 oder Nummer 3 genannten Person an der Herstellung, Erzeugung oder am Vertrieb solcher Waren oder an der Erbringung solcher Dienstleistungen beteiligt war,

es sei denn, die Person wäre nach den §§ 383 bis 385 der Zivilprozessordnung im Prozess gegen den Verletzer zur Zeugnisverweigerung berechtigt. Im Fall der gerichtlichen Geltendmachung des Anspruchs nach Satz 1 kann das Gericht den gegen den Verletzer anhängigen Rechtsstreit auf Antrag bis zur Erledigung des wegen des Auskunftsanspruchs geführten Rechtsstreits aussetzen. Der zur Auskunft Verpflichtete kann von dem Verletzten den Ersatz der für die Auskunftserteilung erforderlichen Aufwendungen verlangen.

(3) Der zur Auskunft Verpflichtete hat Angaben zu machen über

1. Namen und Anschrift der Hersteller, Lieferanten und anderer Vorbesitzer der Waren oder Dienstleistungen sowie der gewerblichen Abnehmer und Verkaufsstellen, für die sie bestimmt waren, und
2. die Menge der hergestellten, ausgelieferten, erhaltenen oder bestellten Waren sowie über die Preise, die für die betreffenden Waren oder Dienstleistungen bezahlt wurden.

(4) Die Ansprüche nach den Absätzen 1 und 2 sind ausgeschlossen, wenn die Inanspruchnahme im Einzelfall unverhältnismäßig ist.

(5) Erteilt der zur Auskunft Verpflichtete die Auskunft vorsätzlich oder grob fahrlässig falsch oder unvollständig, ist er dem Inhaber einer Marke oder einer geschäftlichen Bezeichnung zum Ersatz des daraus entstehenden Schadens verpflichtet.

(6) Wer eine wahre Auskunft erteilt hat, ohne dazu nach Absatz 1 oder Absatz 2 verpflichtet gewesen zu sein, haftet Dritten gegenüber nur, wenn er wusste, dass er zur Auskunftserteilung nicht verpflichtet war.

(7) In Fällen offensichtlicher Rechtsverletzung kann die Verpflichtung zur Erteilung der Auskunft im Wege der einstweiligen Verfügung nach den §§ 935 bis 945 der Zivilprozessordnung angeordnet werden.

(8) Die Erkenntnisse dürfen in einem Strafverfahren oder in einem Verfahren nach dem Gesetz über Ordnungswidrigkeiten wegen einer vor der Erteilung der Auskunft begangenen Tat gegen den Verpflichteten oder gegen einen in § 52 Abs. 1 der Strafprozessordnung bezeichneten Angehörigen nur mit Zustimmung des Verpflichteten verwertet werden.

(9) Kann die Auskunft nur unter Verwendung von Verkehrsdaten (§ 3 Nr. 30 des Telekommunikationsgesetzes) erteilt werden, ist für ihre Erteilung eine vorherige richterliche Anordnung über die Zulässigkeit der Verwendung der Verkehrsdaten erforderlich, die von dem Verletzten zu beantragen ist. Für den Erlass dieser Anordnung ist das Landgericht, in dessen Bezirk der zur Auskunft Verpflichtete seinen Wohnsitz, seinen Sitz oder eine Niederlassung hat, ohne Rücksicht auf den Streitwert ausschließlich zuständig. Die Entscheidung trifft die Zivilkammer. Für das Verfahren gelten die Vorschriften des Gesetzes über das Verfahren in Familiensachen und in den Angelegenheiten der freiwilligen Gerichtsbarkeit entsprechend. Die Kosten der richterlichen Anordnung trägt der Verletzte. Gegen die Entscheidung des Landgerichts ist die Beschwerde zum Oberlandesgericht statthaft. Die Beschwerde ist binnen einer Frist von zwei Wochen einzulegen. Die Vorschriften zum Schutz personenbezogener Daten bleiben im Übrigen unberührt.

(10) Durch Absatz 2 in Verbindung mit Absatz 9 wird das Grundrecht des Fernmeldegeheimnisses (Artikel 10 des Grundgesetzes) eingeschränkt.

Übersicht

Literatur: *Ahrens*, Anm. zu BGH – I ZR 152/92, GRUR 1994, 635; *Amschewitz*, Selbstständiger und akzessorischer Auskunftsanspruch nach Umsetzung der Durchsetzungsrichtlinie, WRP 2011, 301; *Czychowski/Nordemann*, Vorratsdaten und Urheberrecht – Zulässige Nutzung gespeicherter Daten, NJW 2008, 3095; *Dörre/Maaßen*, Das Gesetz zur Verbesserung der Durchsetzung von Rechten des geistigen Eigentums – Teil I: Änderungen im Patent-, Gebrauchsmuster-, Marken- und Geschmacksmusterrecht, GRUR-RR 2008, 217; *Eisenkolb*, Die Enforcement-Richtlinie und ihre Wirkung – Ist die Enforcement-Richtlinie mit Ablauf der Umsetzungsfrist unmittelbar wirksam?, GRUR 2007, 387; *Hoeren*, Vorratsdaten und Urheberrecht – Keine Nutzung gespeicherter Daten, NJW 2008, 3099; *Meister*, Die Verteidigung von Marken – Eine Skizze zum neuen Recht, WRP 1995, 366; *Musiol*, Erste

Erfahrungen mit der Anwendung des § 101 IX UrhG – Wann erreicht die Verletzung ein „gewerbliches Ausmaß"?, GRUR-RR 2009, 1; *Oppermann*, Der Auskunftsanspruch im gewerblichen Rechtsschutz und Urheberrecht, dargestellt unter besonderer Berücksichtigung der Produktpiraterie, 1997; *Otten*, Die auskunftsrechtliche Anordnung nach § 101 IX UrhG in der gerichtlichen Praxis, GRUR-RR 2009, 369; *Pickrahn*, Die Bekämpfung von Parallelimporten nach dem neuen Markengesetz, GRUR 1996, 383; *Raabe*, Der Auskunftsanspruch nach dem Referentenentwurf zur Verbesserung der Durchsetzung von Rechten des geistigen Eigentums, ZUM 2006, 439; *Schmid/Huber*, Schadenersatz bei falscher oder unvollständiger Erteilung einer Auskunft, WRP 2008, 296; *Seichter*, Die Verfolgung von Verletzungen geistiger Eigentumsrechte durch Verbraucher im Internet, VuR 2007, 291; *Spindler*, „Die Tür ist auf" – Europarechtliche Zulässigkeit von Auskunftsansprüchen gegenüber Providern – Urteilsanmerkung zu EuGH „Promusicae/Telefónica", GRUR 2008, 574; *ders.*, Der Geheimnisschutz nach Art. 7 der Enforcement-Richtlinie, MMR 2006, 711; *Ulrich*, Anm. zu OLG Hamburg – 3 U 9/96 – Original Alpha, WRP 1996, 1048; *Wilhelmi*, Das gewerbliche Ausmaß als Voraussetzung der Auskunftsansprüche nach dem Durchsetzungsgesetz, ZUM 2008, 942.

I. Allgemeines

Der Auskunftsanspruch i. S. d. § 19 ist aufgrund des am 1. September 2008 in Kraft getretenen Gesetzes zur Verbesserung der Durchsetzung von Rechten des geistigen Eigentums,[1] das der Umsetzung der sog. „Durchsetzungsrichtlinie" (Enforcement-Richtlinie) dient,[2] neu gefasst worden. Die Neufassung bezweckt eine Verbesserung der Stellung der Rechtsinhaber beim Kampf gegen Produktpiraterie. Im Wesentlichen weitet sie den Kreis der auskunftspflichtigen Personen aus und erweitert überdies den Umfang der Auskunftsverpflichtung, die neben der Menge der eingekauften Ware auch die hierfür gezahlten Einkaufspreise umfasst. **1**

§ 19 gewährt dem Verletzten den im Falle einer Kennzeichenverletzung i. S. d. §§ 14, 15, 17 bedeutsamen Anspruch auf *Drittauskunft*, wonach der Verletzer verpflichtet ist, dem Verletzten Auskunft über die *Herkunft* und den *Vertriebsweg* von widerrechtlich gekennzeichneten Gegenständen zu erteilen. Diese Auskunft ermöglicht es dem Verletzten, in der Vertriebskette auch gegen Vorlieferanten und gewerbliche Abnehmer vorzugehen und den Vertrieb widerrechtlich gekennzeichneter Gegenstände somit effektiv zu unterbinden. Der Anspruch auf Drittauskunft umfasst ferner Angaben zur relevanten Menge der Verletzungsprodukte sowie zu den Preisen, die hierfür gezahlt wurden. Der Anspruch auf Drittauskunft umfasst dagegen nicht die Auskunft zur Vorbereitung des Schadensersatzanspruchs (Angaben zu dem mit dem Vertrieb der widerrechtlich gekennzeichneten Gegenstände erzielten Umsatz und Gewinn). Dieser Anspruch ergibt sich aus § 242 BGB i. V. m. § 14 Abs. 6. Von besonderer Bedeutung ist, dass der Anspruch auf Drittauskunft in Fällen offensichtlicher Rechtsverletzung auch im Wege der einstweiligen Verfügung durchgesetzt werden kann (§ 19 Abs. 7). **2**

---

1 BGBl. I 2008, S. 1191.
2 ABl. EU Nr. L 195 v. 2.6.2004, 16.

II. Voraussetzungen des Auskunftsanspruchs (§ 19 Abs. 1)

1. Auskunftsberechtigter

3 Auskunftsberechtigt ist der Verletzte. Über den in § 19 Abs. 1 ausdrücklich genannten *Inhaber* der Marke ist dies auch der *Lizenznehmer*, sofern der Markeninhaber gem. § 30 Abs. 3 seine Zustimmung zur Klageerhebung des Lizenznehmers erteilt hat.[3] Bei fehlender Zustimmung des Markeninhabers kann sich die Klageberechtigung des *ausschließlichen* Lizenznehmers aus den Grundsätzen von Treu und Glauben (§ 242 BGB) ergeben.

2. Kennzeichenrechtsverletzung

4 Der Auskunftsanspruch setzt das Bestehen einer Kennzeichenverletzung i. S. d. §§ 14, 15 oder 17 voraus. Liegen also die Voraussetzungen eines der in § 14 Abs. 2–4, § 15 Abs. 2 und 3 oder § 17 Abs. 2 S. 1 normierten Tatbestände vor, ist zugleich auch der Auskunftsanspruch gegeben. Die Widerrechtlichkeit der Verletzungshandlung ist bei Vorliegen des objektiven Verletzungstatbestands indiziert. Auf ein Verschulden des Verletzers kommt es nicht an.[4]

3. Widerrechtlich gekennzeichnete Waren oder Dienstleistungen

5 Der Drittauskunftsanspruch bezieht sich auf widerrechtlich gekennzeichnete *Waren oder Dienstleistungen*. Eine Einschränkung gegenüber dem in § 19 a. F. verwendeten Begriff der widerrechtlich gekennzeichneten *Gegenstände* ist mit der Formulierung „Waren" nicht verbunden.[5] Dies folgt schon aus der Formulierung des § 14 Abs. 3 Nr. 5, Abs. 4, der die Verletzungshandlungen der Kennzeichnung von Aufmachungen, Verpackungen, Etiketten, Anhängern, Aufnähern oder dergleichen sowie Geschäftspapieren und Werbemitteln erwähnt. Eine Verkürzung des Auskunftsanspruchs auf rechtswidrig gekennzeichnete *Waren* würde im Übrigen auch dem Ziel der Stärkung der Stellung des Rechtsinhabers zuwiderlaufen. Keine Auskunftspflicht besteht hingegen hinsichtlich der in § 18 Abs. 1 S. 2 genannten *Materialien und Geräte*, die zur widerrechtlichen Kennzeichnung dienen.

6 Anders als § 19 a. F. statuiert die Neufassung auch eine Auskunftspflicht hinsichtlich widerrechtlich gekennzeichneter Dienstleistungen. Auch hier richtet sich der Auskunftsanspruch auf sämtliche Werbemittel und sonstigen dienstleistungsbezogenen Kennzeichnungsformen.

---

3 OLG Hamburg, GRUR-RR 2005, 181 f. – ZUMEG/Asco Top; GRUR-RR 2005, 265, 268 – Belegvorlage.
4 BGH, GRUR 2006, 504, 505 Tz. 32 – Parfümtestkäufe.
5 *Ingerl/Rohnke*, § 19 Rn. 9, a. A. *Ströbele/Hacker*, § 19 Rn. 11.

4. Auskunftsschuldner (§ 19 Abs. 1 und 2)

Auskunftsverpflichtet ist nach § 19 Abs. 1 der *Verletzer*. Dies gilt für Verletzer auf allen   7
Wirtschaftsstufen, nicht jedoch gegenüber dem nicht im geschäftlichen Verkehr handelnden Endabnehmer.[6]

§ 19 Abs. 2 erweitert den Kreis der Auskunftsschuldner in Fällen offensichtlicher Rechts-   8
verletzung (zum Begriff der *offensichtlichen Rechtsverletzung* s. Rn. 35) oder in Fällen, in
denen bereits Klage gegen den Verletzer erhoben wurde, auf Personen, die in einem Bezug
zur rechtsverletzenden Ware oder Dienstleistung stehen, ohne Verletzer oder Störer zu
sein. Es sind dies

— Personen, die rechtsverletzende Ware in ihrem Besitz hatten, z. B. eine Werbeagentur,
  die Schreibgeräte zum Eigengebrauch und nicht zur Weiterveräußerung erworben hat
  (Abs. 2 Nr. 1),
— Personen, die rechtsverletzende Dienstleistungen in Anspruch genommen haben, z. B.
  ein Unternehmen, das Übersetzungsdienstleistungen für interne Zwecke in Anspruch
  nimmt, wobei die Übersetzungsdienstleistung unter einem verletzenden Zeichen erbracht wird (Abs. 2 Nr. 2),
— Personen, die für rechtsverletzende Tätigkeiten genutzte Dienstleistungen erbracht haben (Abs. 2 Nr. 3),
— Personen, die nach den Angaben einer der in Abs. 2 Nr. 1, 2 oder 3 genannten Personen
  an der Herstellung, Erzeugung oder am Vertrieb solcher Waren oder an der Erbringung
  solcher Dienstleistungen beteiligt waren (Abs. 2 Nr. 4). Dies betrifft solche Personen,
  deren Beziehung zur rechtsverletzenden Ware oder Dienstleistung erst aufgrund der erteilten Auskunft i. S. d. Abs. 2 Nr. 1, 2 oder 3 bekannt wird. Dies kann z. B. der Trans-
  porteur/Spediteur markenverletzender Ware sein.

§ 19 Abs. 2 beschränkt die Auskunftsverpflichtung der in Nr. 1–4 genannten Personen al-   9
lerdings auf Fälle der *offensichtlichen* Rechtsverletzung oder solche Fälle, in denen der Inhaber des verletzten Zeichens gegen den Verletzer bereits Klage erhoben hat. Eine offensichtliche Rechtsverletzung liegt vor, wenn die Rechtsverletzung so eindeutig ist, dass eine
Fehlentscheidung (oder eine andere Beurteilung im Rahmen des richterlichen Ermessens)
und damit eine ungerechtfertigte Belastung des Antragsgegners kaum möglich ist (zu den
Einzelheiten s. Rn. 35). Für den Fall der bereits erhobenen Klage gegen den Verletzer sieht
Abs. 2 S. 2 die Möglichkeit der Aussetzung des gegen den Verletzer anhängigen Rechtsstreits für den Fall vor, dass der Anspruch auf Auskunfterteilung i. S. d. Abs. 2 S. 1 selbst
gerichtlich anhängig wird.

Ein weiteres Korrektiv der Auskunftsverpflichtung gem. Abs. 2 ist das Erfordernis, dass   10
die auskunftpflichtige Person i. S. d. Abs. 2 Nr. 1–4 *in gewerblichem Ausmaß* gehandelt
haben muss. Der Begriff des *gewerblichen Ausmaßes* ist nicht mit dem *Handeln im geschäftlichen Verkehr* gleichzusetzen. Nach Erwägungsgrund 14 der Durchsetzungsrichtlinie 2004/48/EG sind im gewerblichen Ausmaße vorgenommene Rechtsverletzungen dadurch gekennzeichnet, dass sie zwecks Erlangung eines unmittelbaren oder mittelbaren
wirtschaftlichen oder kommerziellen Vorteils vorgenommen werden. Handlungen, die in
gutem Glauben von Endverbrauchern vorgenommen werden, werden vom Begriff des „gewerblichen Ausmaßes" daher in der Regel nicht erfasst. Vielmehr muss eine Rechtsverlet-

---

6 LG Düsseldorf, Mitt. 1966, 22, 23 – Chiemsee.

zung von erheblicher Qualität vorliegen.[7] Mit beeinflusst werden kann der Begriff des „gewerblichen Ausmaßes" insbesondere auch durch die Anzahl und die Schwere der Rechtsverletzungen.[8] Unter wertender Betrachtung dieser Gesichtspunkte können daher durchaus auch Auskunftsansprüche gegen private Abnehmer in Betracht kommen.[9]

11 Ein weiteres Korrektiv des Auskunftsanspruchs gegen die nach Abs. 2 Nr. 1–4 genannten Personen findet sich im letzten Halbsatz des Abs. 2 S. 1, wonach der Auskunftsverpflichtete die Erteilung der Auskunft im Falle der § 383–385 ZPO (Zeugnisverweigerungsrecht) zu verweigern berechtigt ist. Das Zeugnisverweigerungsrecht gilt absolut. Liegt ein Fall der §§ 383–385 ZPO vor, kann dieses Recht auch nicht unter Berücksichtigung der Schwere der Rechtsverletzung relativiert werden.

12 Nach Abs. 2 S. 3 kann der zur Auskunft Verpflichtete vom Auskunftsgläubiger Aufwendungsersatz für diejenigen Kosten verlangen, die entstanden sind, um die geschuldete Auskunft erteilen zu können. Dies gilt im Wesentlichen für entstandene Auslagen, die zur Erlangung der für die Auskunftserteilung erforderlichen Informationen unerlässlich waren.

III. Umfang der Drittauskunft

13 Nach § 19 Abs. 3 erstreckt sich die Auskunftsverpflichtung des Verletzers auf umfassende und unverzügliche Angaben über die Herkunft und den Vertriebsweg sowie die Menge der hergestellten, ausgelieferten, erhaltenen oder bestellten widerrechtlich gekennzeichneten Waren oder Dienstleistungen und die hierfür bezahlten Preise. Die Auskunft nach § 19 Abs. 3 ist wie die Auskunft nach § 19 Abs. 1 eine Wissenserklärung.[10]

1. Angaben i. S. d. § 19 Abs. 3

14 Nach Abs. 3 Nr. 1 erstreckt sich die Auskunftsverpflichtung auf Angaben, Namen und Anschriften der Hersteller, Lieferanten und anderer Vorbesitzer der rechtsverletzend gekennzeichneten Waren oder Dienstleistungen sowie der gewerblichen (nicht: privaten) Abnehmer und Verkaufsstellen, für die die rechtsverletzend gekennzeichneten Waren oder Dienstleistungen bestimmt waren.

15 Begrifflich bereitet die Bestimmung des *Herstellers* und des *Lieferanten* keine Schwierigkeiten. Zu beachten ist allerdings, dass bei arbeitsteiliger Herstellung mehrere Hersteller in Betracht kommen können. *Vorbesitzer* sind etwa Spediteure, Lagerhalter und dergleichen. Der Verletzer ist zur Angabe der vollständigen Namen und Adressen der genannten Personenkreise verpflichtet.

16 Auf der Abnehmerseite hat der Verletzer Namen und Anschriften seiner *gewerblichen Abnehmer* oder *Verkaufsstellen, für die die rechtswidrig gekennzeichneten Waren oder Dienstleistungen bestimmt waren*, anzugeben. Insoweit der Verletzer widerrechtlich gekennzeich-

---

7 OLG Zweibrücken, GRUR-RR 2009, 12, 13 – Internet-Tauschbörse (zu § 101 IX UrhG); vgl. a. OLG Köln, GRUR-RR 2009, 11 – Ganz anders.
8 OLG Zweibrücken, a. a. O.
9 Anders noch – zum alten Recht – OLG Hamburg, GRUR-RR 2007, 29 – Cerebro Card.
10 BGH, WRP 2003, 653, 654 = GRUR 2003, 433, 434 – Cartier-Ring.

nete Gegenstände an private Endverbraucher abgegeben hat, entfällt ein Auskunftsanspruch.[11] Denn auch auf der Abnehmerseite ist ein Handeln im geschäftlichen Verkehr Voraussetzung. Der Begriff der „Verkaufsstellen" ist umfassend zu verstehen. Demnach hat der Verletzer sämtliche Lokalitäten konkret zu benennen, über die rechtswidrig gekennzeichnete Waren oder Dienstleistungen vertrieben bzw. erbracht worden sind bzw. werden sollten.

Die zu erteilende Auskunft erstreckt sich weiterhin auf Angaben zur Menge der (vom Verletzer selbst oder von einem Dritten) *hergestellten*, (vom Verletzer an seine Abnehmer oder Auftraggeber) *ausgelieferten*, der (vom Verletzer von seinem/seinen Lieferanten) *erhaltenen* und der (seitens der Auftraggeber beim Verletzer bzw. der vom Verletzer bei seinem Lieferanten) *bestellten* Waren. Auch diese Auskunftsverpflichtung ist umfassend zu verstehen. Sie beschränkt sich nicht auf diejengen Chargen, die dem Verletzten bekannt geworden sind, sondern erstreckt sich auf sämtliche Verletzungshandlungen der konkret beanstandeten Art.   **17**

Die Auskunftsverpflichtung des Verletzers umfasst nach neuem Recht[12] auch Angaben zu den Preisen, die für die betreffenden Waren oder Dienstleistungen bezahlt wurden. Die allgemeine Formulierung verdeutlicht, dass nicht nur diejenigen Preise gemeint sind, die der Verletzer selbst für den Einkauf der betreffenden Waren oder den Erhalt der rechtswidrig gekennzeichneten Dienstleistungen bezahlt hat, sondern dass der Verletzer auch diejenigen Preise anzugeben hat, die ihm von seinen Abnehmern für den Verkauf der betreffenden Waren oder die Erbringung der rechtswidrig gekennzeichneten Dienstleistungen bezahlt wurden.   **18**

Die Auskunftsverpflichtung gem. Abs. 3 Nr. 2 umfasst nicht nur pauschale Angaben, sondern auch das Erfordernis zur Aufschlüsselung der Mengen- und Preisangaben nach Artikel- und Chargennummer sowie Bezugs- und Auslieferungsmonat.[13] Dies dient der Nachvollziehbarkeit der Angaben des Verletzers auf Seiten des Auskunftsgläubigers. Im Einzelfall können weitere auskunftspflichtige Details hinzutreten.   **19**

Die Auskunft i. S. d. § 19 Abs. 3 ist auf *widerrechtlich gekennzeichnete* Waren und Dienstleistungen beschränkt. Schon begrifflich umfasst der Anspruch nur solche Waren oder Dienstleistungen, die bereits vom Lieferanten oder Hersteller widerrechtlich gekennzeichnet waren. Versieht hingegen erst der als Verletzer in Anspruch Genommene selbst eine Ware mit einem rechtsverletzenden Kennzeichen, scheidet ein Anspruch auf Bekanntgabe der Vorlieferanten und/oder Hersteller aus. Ist jedoch die Ware selbst nicht gekennzeichnet, wird sie aber in Rechnungen, Lieferpapieren oder Werbematerialien des Lieferanten oder Herstellers mit der rechtsverletzenden Kennzeichnung bezeichnet, greift der Anspruch auf Bekanntgabe der Lieferanten oder Hersteller hingegen selbstverständlich durch.   **20**

---

11 OLG München, GRUR-RR 2004, 326, 327 – Frappuccino/Freddocino.
12 Anders noch § 19 Abs. 2 a. F., vgl. BGH, WRP 2008, 1200, 1201 Tz. 18 = GRUR 2008, 796, 797 – Hollister.
13 BGH, WRP 2008, 1200, 1201 Tz. 17 = GRUR 2008, 796, 797 – Hollister.

2. Zeitraum der Auskunftserteilung

21 Ein *Zeitraum*, für den Auskunft zu erteilen ist, ist in § 19 nicht bestimmt. Der Verletzer hat mithin umfassend und ohne zeitliche Begrenzung Auskunft zu erteilen.[14] Dies entspricht der Absicht des Gesetzgebers, da es dem Verletzten ermöglicht werden soll, Kenntnis von weiteren Verletzungshandlungen des Verletzers in der Vergangenheit zu erhalten, um auf diese Weise gegen weitere – ihm bislang noch nicht bekannte – Hersteller, Lieferanten etc. vorgehen zu können.

3. Inhalt, Art und Weise der Auskunftserteilung

22 Die Drittauskunft ist *unverzüglich* zu erteilen. Kommt der Verletzer dem Verlangen des Auskunftsberechtigten auf Auskunftserteilung nicht unverzüglich nach, kann der Auskunftsberechtigte eigene Recherchen hinsichtlich der Herkunft der widerrechtlich gekennzeichneten Waren und deren Absatzwege auf Kosten des Verletzers durchführen.

23 Die Drittauskunft ist *schriftlich* zu erteilen. Über den Wortlaut des § 19 Abs. 2 hinaus besteht ein Anspruch auf Vorlage von Belegen zum Einkauf und Verkauf (Letzteres nur soweit an gewerbliche Abnehmer) widerrechtlich gekennzeichneter Gegenstände. Namentlich betrifft dies die Vorlage von Auftragsbestätigungen, Rechnungen und Lieferscheinen aus der Geschäftsbeziehung des Verletzers zu seiner Lieferantin und zu seinen gewerblichen Abnehmern. Nach ständiger Rechtsprechung kann der Auskunftsschuldner der Verpflichtung zur Vorlage von Belegen auch nicht ein Geheimhaltungsinteresse entgegenhalten, denn der Auskunftsgläubiger erhält erst durch die Vorlage der Belege die Möglichkeit, die Verlässlichkeit der Auskunft zu überprüfen.[15]

24 Als Wissensauskunft muss die Drittauskunft *vollständig* und *richtig* sein. Die Auskunft erstreckt sich auf sämtliche Tatsachen, die im Wissensbereich des Verletzers liegen.[16] Eine unrichtige oder unvollständige Auskunft hat der Verpflichtete unverzüglich zu korrigieren.[17] Zur vollständigen Auskunftserteilung ist der Verletzer gehalten, seine Geschäftsunterlagen sowie alle sonstigen ihm zugänglichen Informationen aus seinem Unternehmensbereich zur Erteilung einer vollständigen Auskunft heranzuziehen.[18] Bestehen Zweifel hinsichtlich der Identität des Lieferanten kennzeichenverletzender Ware, kann im Einzelfall eine Pflicht des Verletzers begründet sein, diese Zweifel durch Nachfrage bei den in Betracht kommenden Lieferanten aufzuklären.[19] Dagegen ist der Verletzer nicht gehalten, Nachforschungen bei seinen Lieferanten vorzunehmen, um unbekannte Vorlieferanten und den Hersteller erst zu ermitteln.[20] Auch ist der Verletzer nicht gehalten, Angaben

---

14 Allg. Ans., vgl. BGH, WRP 2007, 1187, 1190 Tz. 25 = GRUR 2007, 877, 879 – Windsor Estate.
15 BGH, WRP 2002, 947, 951 = GRUR 2002, 709, 712 – Entfernung der Herstellungsnummer III; WRP 2003, 653, 654 = GRUR 2003, 433, 434 – Cartier-Ring.
16 BGH, WRP 1994, 519, 521 = GRUR 1994, 630, 633 – Cartier-Armreif.
17 BGH, GRUR 1984, 728 – Dampffrisierstab II.
18 BGH, WRP 2003, 653, 654 = GRUR 2003, 433, 434 – Cartier-Ring; BGH, WRP 2006, 749, 754 Tz. 40 = GRUR 2006, 504, 507 – Parfümtestkäufe.
19 BGH, WRP 2006, 749, 754 Tz. 40 = GRUR 2006, 504, 507 – Parfümtestkäufe.
20 BGH, WRP 2003, 653, 654 = GRUR 2003, 433, 434 – Cartier-Ring; vgl. a. WRP 1994, 519 = GRUR 1994, 630 – Cartier-Armreif.

v. Schultz

zu Bezugsquellen und Lieferungen zu machen, bei denen Markenverletzungen nicht vorliegen.[21]

Der Berechtigte kann vom Verletzer eine Ergänzung oder Berichtigung der erteilten Aus- **25**
kunft nur verlangen, wenn die erteilte Auskunft unvollständig oder unrichtig ist.[22] Dabei
muss sich die Annahme der Unvollständigkeit oder Unrichtigkeit der erteilten Auskunft
nicht notwendig auf konkrete Erkenntnisse gründen. Genügen können auch andere Anhaltspunkte, wobei insbesondere das gesamte Verhalten des Auskunftsverpflichteten zu berücksichtigen ist.[23]

Besteht auch nach der Auskunftserteilung Grund zu der Annahme, dass die Auskunft nicht **26**
mit der erforderlichen Sorgfalt erteilt wurde, besteht ein – gerichtlich durchsetzbarer – Anspruch auf Abgabe einer eidesstattlichen Versicherung des Inhalts, dass die Auskunft nach
bestem Wissen so vollständig abgegeben wurde, wie der Auskunftsverpflichtete dazu im
Stande war.[24]

Die Kosten der Auskunftserteilung fallen in vollem Umfang dem auskunftsverpflichteten **27**
Verletzer i. S. d. § 19 Abs. 1 zur Last. Dies gilt auch für diejenigen Kosten, die im Falle des
Verzugs der Auskunftserteilung durch eigene Bemühungen und Recherchen des Verletzten
entstehen (vgl. Rn. 24).

IV. Keine Unverhältnismäßigkeit

Der Auskunftsanspruch setzt ferner voraus, dass die Erteilung der Auskunft im Einzelfall **28**
nicht unverhältnismäßig ist. Der Tatbestand der Unverhältnismäßigkeit ist angesichts der
Zielrichtung des Anspruchs auf Drittauskunft streng zu beurteilen, sodass Unverhältnismäßigkeit nur im Ausnahmefall gegeben ist. Regelmäßig überwiegt im Rahmen der vorzunehmenden *Interessenabwägung* das Interesse des Verletzten an einer schnellen und effektiven Verfolgung weiterer Kennzeichenverletzungen auf Lieferanten- und Abnehmerebene
das Geheimhaltungsinteresse des Verletzers.[25] Ausnahmslos trifft dies auf alle Fälle der
Produktpiraterie zu, in denen eine identische oder fast identische Nachahmung einer presti-
geträchtigen Marke zu besorgen ist.[26] Auch Fälle des verbotenen Parallelimports sind
grundsätzlich nicht anders zu beurteilen.[27] Ein überwiegendes Interesse des verletzten
Markeninhabers besteht darüber hinaus in Fällen, in denen der Verletzer mit dem Verletzten in einem Wettbewerbsverhältnis steht. Der in derartigen Fallkonstellationen von der

---

21 BGH, WRP 2006, 749, 754 Tz. 40 = GRUR 2006, 504, 507 – Parfümtestkäufe.
22 BGH, GRUR 1984, 728, 729 – Dampffrisierstab II.
23 BGH, GRUR 1960, 247 – Krankenwagen I.
24 Vgl. BGH, WRP 2001, 918, 922 = GRUR 2001, 841, 845 – Entfernung der Herstellungsnummer
    II; WRP 2003, 653, 654 = GRUR 2003, 433, 434 – Cartier-Ring; OLG Hamburg, GRUR-RR 2005,
    114, 118 – Sorgfaltspflicht bei Auskunft; LG Düsseldorf, GRUR-RR 2009, 195, 196 – Sorgfältige
    Auskunft.
25 BGH, WRP 2002, 947, 951 = GRUR 2002, 709, 713 – Entfernung der Herstellungsnummer III.
26 *Ströbele/Hacker*, § 19 Rn. 38.
27 BGH, WRP 2006, 749, 754 Tz. 40 = GRUR 2006, 504, 507 – Parfümtestkäufe; OLG Hamburg,
    GRUR-RR 2005, 109, 113 – Vorabinformationspflicht.

früheren Rechtsprechung gelegentlich angewandte *Wirtschaftsprüfervorbehalt*[28] kommt deshalb in aller Regel nicht in Betracht.[29]

29 Eine Unverhältnismäßigkeit i. S. d. § 19 Abs. 1 kommt demgemäß nur in Betracht, wenn die Auskunftserteilung mit erheblichen Nachteilen für den Verletzer verbunden wäre. Gesichtspunkte wie die Geringfügigkeit der Verletzung, das fehlende Erkennen-Können der Kennzeichenverletzung oder das Interesse am Schutz eigener Lieferantenbeziehungen sind jedoch ebenso wenig zur Begründung der Unverhältnismäßigkeit geeignet wie alternative Möglichkeiten des Verletzten, die Vertriebs- und Absatzwege der widerrechtlich gekennzeichneten Gegenstände zu ermitteln.[30] Unverhältnismäßigkeit wird dagegen angenommen werden können, wenn dem Verletzten die Vertriebs- und Absatzwege bereits bekannt sind oder wenn aus sonstigen Gründen ein Informationsbedürfnis des Verletzten nicht mehr besteht. Dies ist etwa der Fall, wenn weitere Kennzeichenverletzungen in der Vertriebskette, in der sich der Verletzer befindet, ausgeschlossen sind und auch eventuelle Ersatzansprüche bereits ausgeglichen wurden.[31] Erforderlich ist allerdings auch in diesen Fällen ein schutzwürdiges Geheimhaltungsinteresse des Markenverletzers. Unverhältnismäßig ist in Fällen des Parallelimports die Pflicht zur Auskunft über Namen und Anschriften der Lieferanten, wenn bei diesen keine Markenverletzung in Betracht kommt; namentlich gilt dies für Fälle der fehlenden Vorabinformation des Parallelimporteurs im Falle umverpackter Arzneimittel.[32]

30 Weniger strenge Maßstäbe für die Anwendung des Begriffs der *Unverhältnismäßigkeit* gelten im Falle der nach § 19 Abs. 2 zur Auskunft verpflichteten Personen. Dies gilt insbesondere im Hinblick auf private Endverbraucher. Dennoch ist auch hier das überragende Interesse des Verletzten, diejenigen Auskünfte zu erhalten, die er zur wirksamen Bekämpfung der Vertriebswege benötigt, nicht gering genug einzuschätzen.

31 Die Beweislast für das Vorliegen von Tatumständen, die eine Unverhältnismäßigkeit i. S. d. § 19 Abs. 1 begründen könnten, obliegt ausschließlich dem Verletzer.[33]

V. Schadensersatzansprüche bei falscher oder unvollständiger Auskunft (§ 19 Abs. 5)

32 Nach § 19 Abs. 5 steht dem Anspruchsgläubiger gegen denjenigen, der ihm gegenüber nach § 19 Abs. 1 oder 2 zur Auskunft verpflichtet ist, im Falle der vorsätzlich oder grob fahrlässig falsch oder unvollständig erteilten Auskunft ein Schadensersatzanspruch zu. Bedeutsam ist die Regelung insbesondere in denjenigen Fällen, in denen der Verletzte aufgrund unrichtiger Angaben des Auskunftsverpflichteten zur Identität des Lieferanten oder

---

28 Zum GeschmMG vgl. BGH, GRUR 1981, 535 – Wirtschaftsprüfervorbehalt.
29 BGH, GRUR 2002, 709, 713 – Entfernung der Herstellungsnummer III; zum PatG vgl. BGH, GRUR 1995, 338, 341 f. – Kleiderbügel.
30 Vgl. OLG Köln, GRUR 1999, 346, 349 – Davidoff Cool Water; vgl. a. OLG Karlsruhe, GRUR 1999, 343, 346 – Replay-Jeans.
31 BGH, WRP 2006, 749, 754 Tz. 40 = GRUR 2006, 504, 507 – Parfümtestkäufe; zum PatG vgl. BGH, GRUR 1995, 338, 341 f. – Kleiderbügel.
32 OLG Hamburg, GRUR-RR 2005, 109, 113 – Vorabinformationspflicht.
33 Zum PatG vgl. BGH, GRUR 1995, 338, 341 f. – Kleiderbügel.

Herstellers den benannten Dritten im Wege der Abmahnung oder gar eines gerichtlichen Verfahrens in Anspruch nimmt, was bei richtiger und vollständiger Auskunftserteilung unterblieben wäre. Die dadurch ausgelösten (Anwalts- und Gerichts-)Kosten hat derjenige, der die falsche oder unvollständige Auskunft erteilt hat, dem Auskunftsgläubiger zu ersetzen. Voraussetzung ist allerdings, dass die falsche oder unvollständige Auskunftserteilung vorsätzlich oder grob fahrlässig erfolgte. Doch greift die Haftung des Auskunftsschuldners auch im Falle leichter Fahrlässigkeit, da die allgemeinen zivilrechtlichen Haftungsregeln (insbesondere § 823 Abs. 1 BGB) neben § 19 Abs. 5 anwendbar bleiben.

VI. Haftung bei Erteilung einer wahren Auskunft (§ 19 Abs. 6)

Abs. 6 regelt den Spezialfall der Erteilung einer richtigen und vollständigen Auskunft, obwohl eine Auskunftsverpflichtung nicht bestand. In diesen Fällen haftet derjenige, der die Auskunft erteilt, Dritten gegenüber nur, wenn er wusste, dass er zur Auskunftserteilung nicht verpflichtet war. Das Erfordernis der positiven Kenntnis der fehlenden Verpflichtung zur Auskunftserteilung schränkt mögliche Ansprüche des betroffenen Dritten (die sich nicht aus § 19 Abs. 6 ergeben) auf eher seltene und insbesondere nur in Ausnahmefällen beweisbare Fallgestaltungen ein. **33**

VII. Durchsetzung des Auskunftsanspruchs (§ 19 Abs. 7)

Die Durchsetzung des Auskunftsanspruchs i. S. d. § 19 Abs. 1 erfolgt grundsätzlich im Klagewege; liegt ein Fall der *offensichtlichen Rechtsverletzung* vor, kann der Auskunftsanspruch auch im einstweiligen Verfügungsverfahren verfolgt werden (§ 19 Abs. 7). Auch der im Wege der einstweiligen Verfügung durchsetzbare Auskunftsanspruch umfasst alle Angaben i. S. d. § 19 Abs. 3. Ebenfalls im Wege des einstweiligen Verfügungsverfahrens durchsetzbar ist der Anspruch auf Vorlage von Ein- und Verkaufsbelegen (Auftragsbestätigungen, Rechnungen, Lieferscheine). Dies gilt selbst dann, wenn der Auskunftsschuldner bereits Angaben zur Identität des Vorlieferanten oder Herstellers gemacht, die Hergabe von Dokumenten, die die Richtigkeit der erteilten Auskunft belegen, jedoch verweigert hat. **34**

Im einstweiligen Verfügungsverfahren ist der Auskunftsanspruch nur in Fällen offensichtlicher Rechtsverletzung durchsetzbar. Das Merkmal der *Offensichtlichkeit* ist nur erfüllt, wenn die Rechtsverletzung in rechtlicher und in tatsächlicher Hinsicht so eindeutig ist, dass eine Fehlentscheidung (oder eine andere Beurteilung im Rahmen des richterlichen Ermessens) und damit eine ungerechtfertigte Belastung des Antragsgegners kaum möglich ist.[34] Es muss sich also praktisch ausschließen lassen, dass eine übergeordnete Instanz unter rechtlichen Gesichtspunkten zu einem anderen Ergebnis kommt.[35] Ein Regelfall der offen- **35**

---

34 OLG Hamburg, WRP 1997, 106, 113 – Gucci.
35 OLG Hamburg, WRP 1997, 103, 106 – Cotto; GRUR-RR 2003, 101, 103 – Pflasterspender; vgl. a. OLG Köln, GRUR 1999, 346, 349 – Davidoff Cool Water.

sichtlichen Rechtsverletzung ist der Vertrieb von Pirateriewaren.[36] Eine offensichtliche Rechtsverletzung liegt jedoch nicht schon dann vor, wenn nach Abwägung sich widersprechender eidesstattlicher Versicherungen eine Rechtsverletzung wahrscheinlich und damit glaubhaft gemacht ist.[37] Indes ist eine offensichtliche Rechtsverletzung in Fällen des Bestreitens des Verkaufs von Verletzungsprodukten nicht schon deshalb ausgeschlossen, weil eine hinreichende Gewissheit über die Rechtsverletzung erst durch Zeugeneinvernahme und deren Würdigung erlangt werden kann. Denn gerade eine Zeugeneinvernahme kann in besonderem Maße geeignet sein, jeglichen vernünftigen Zweifel an der Richtigkeit der Darstellung des Verletzten i. S. d. Offensichtlichkeit der Rechtsverletzung in tatsächlicher Hinsicht auszuräumen.[38]

36 Für die Geltendmachung des Auskunftsanspruchs im Wege der einstweiligen Verfügung gilt die Dringlichkeitsvermutung des § 12 Abs. 2 UWG.[39] Die Instanzgerichte gehen in ihrer ganz überwiegenden Spruchpraxis offenbar von der Anwendbarkeit der Dringlichkeitsvermutung aus. Im Einzelfall ist es indes empfehlenswert, Gesichtspunkte zum Bestehen der Dringlichkeitsvermutung im Verfügungsantrag darzulegen. In Fällen des Vertriebs von Pirateriewaren ist dies in aller Regel unproblematisch. Entgegen anderer Auffassung[40] beginnt nicht eine neue Dringlichkeitsfrist zu laufen, wenn sich der Verletzer nach Aufforderung zu kurzfristiger Auskunftserteilung verpflichtet, diese dann aber nicht erteilt.

37 Die Beweislast für die die *Offensichtlichkeit* der Rechtsverletzung begründenden Tatbestandsmerkmale obliegt dem Auskunftsberechtigten.

38 Erteilt der Auskunftsverpflichtete nach Zustellung einer einstweiligen Verfügung i. S. d. § 19 Abs. 3 oder nach Rechtskraft einer auf Auskunft gerichteten Klage nicht *unverzüglich* Auskunft, kann der Auskunftsanspruch im Wege des § 888 ZPO zwangsweise durchgesetzt werden. Die Zwangsvollstreckung erfolgt durch Festsetzung eines Zwangsgeldes oder einer Zwangshaft. Sofern die Auskunftserteilung ausnahmsweise eine vertretbare Handlung darstellt, erfolgt die Zwangsvollstreckung im Wege der Ersatzvornahme nach § 887 ZPO. Dies kommt insbesondere in Betracht, wenn die Auskunft auch durch einen Dritten, etwa einen Sachverständigen, durch Vorlage von Geschäftspapieren (Rechnungen, Lieferscheinen etc.) erteilt werden kann. Nach jüngerer Rechtsprechung[41] gilt für die Einreichung eines Zwangsmittelantrags die Vollziehungsfrist des § 929 Abs. 2 ZPO. Ist diese Frist abgelaufen, ohne dass der Auskunftsberechtigte einen entsprechenden Antrag bei Gericht eingereicht hat, kommt eine Durchsetzung des Auskunftsanspruchs nur noch im Wege des Hauptsacheverfahrens in Betracht.

39 In Ausnahmefällen kann der Auskunftsberechtigte den Verletzer zur Abgabe einer *eidesstattlichen Versicherung* auffordern. Voraussetzung ist, dass ein hinreichender Grund für

---

36 Vgl. LG Hamburg, NJOZ 2010, 930, 932 – Converse.
37 OLG Frankfurt a. M., GRUR-RR 2003, 32 – Offensichtliche Rechtsverletzung.
38 A. A. LG Mannheim, NJOZ 2010, 1566, 1567 – Keine Durchsetzung von Auskunftsansprüchen im Eilverfahren mangels offensichtlicher Rechtsverletzung.
39 Zu § 25 UWG a. F. vgl. OLG Hamburg, GRUR-RR 2001, 308, 309 – Markenmäßige Benutzung eines fremden Spitznamens; vgl. a. *Ingerl/Rohnke*, § 19 Rn. 48; a. A. OLG Köln, GRUR-RR 2003, 296 – Dringlichkeitsvermutung, wonach auch in Fällen der offensichtlichen Rechtsverletzung i. S. d. § 19 Abs. 3 die allgemeinen zivilprozessualen Grundsätze zur Glaubhaftmachung eines Verfügungsgrundes anwendbar seien.
40 *Ingerl/Rohnke*, § 19 Rn. 54.
41 OLG Düsseldorf, BeckRS 2010, 05025.

v. Schultz

die Annahme besteht, dass die Auskunft nicht mit der gebotenen Sorgfalt erteilt wurde. Der Anspruch auf Abgabe einer eidesstattlichen Versicherung ergibt sich in diesen Fällen aus einer analogen Anwendung der §§ 259 Abs. 2, 260 Abs. 2 BGB.[42] Der Anspruch ist im Klagewege durchsetzbar.

VIII. Verwertungsverbot gem. § 19 Abs. 8

Das Verwertungsverbot des § 19 Abs. 8 stellt sicher, dass Auskünfte, die der Verletzer auf- **40** grund des Auskunftsanspruchs i. S. d. § 19 Abs. 1 erteilt, vorbehaltlich der Zustimmung des Auskunftsverpflichteten nicht in einem Straf- oder Ordnungswidrigkeitsverfahren gegen ihn, den Auskunftsverpflichteten, oder einen Angehörigen i. S. d. § 52 Abs. 1 StPO verwertet werden darf. Ein Auskunftsverweigerungsrecht gibt es im Rahmen des § 19 also nicht.

IX. Auskunft unter Verwendung von Verkehrsdaten (§ 19 Abs. 9 und 10)

§ 19 Abs. 9 ist eine auf den Fall der Verwendung von Verkehrsdaten i. S. d. § 3 Nr. 30 TKG **41** zugeschnittene Spezialregelung zum Schutz personenbezogener Daten. Nach der Begründung des Gesetzentwurfs[43] sind Fälle der Erteilung der erforderlichen Auskunft namentlich bei Rechtsverletzungen im Internet denkbar, wenn Daten mit Hilfe von dynamischen IP-Adressen, insbesondere über FTP-Server im Netz ausgetauscht werden. In diesen Fällen ist die Feststellung der Identität häufig nur mit Hilfe der sog. *Verkehrsdaten* möglich. Diese sind jedoch Gegenstand des nach Art. 10 Abs. 1 GG verfassungsrechtlich geschützten Fernmeldegeheimnisses. Daher genügt das Vorliegen einer Markenrechtsverletzung als solcher nicht, um die Bereitstellung dieser Daten zu verlangen. Die Voraussetzungen der Bekanntgabe der Verkehrsdaten regelt das in Abs. 9 und 10 vorgesehene Verfahren.

Abs. 9 S. 1 verlangt für die Bekanntgabe der Verkehrsdaten eine vorherige richterliche An- **42** ordnung über die Zulässigkeit der Verwendung der Verkehrsdaten. Die richterliche Anordnung hat der Auskunftsgläubiger zu beantragen. Ausschließlich zuständig ist die Zivilkammer des Landgerichts, bei dem der Auskunftsschuldner seinen allgemeinen Gerichtsstand hat. Das Verfahren richtet sich nicht nach der ZPO, sondern nach dem FGG (folglich besteht kein Anwaltszwang). Die Kosten des Verfahrens auf Erlass der richterlichen Anordnung trägt der den Anspruch stellende Verletzte. Die Kosten können später als Schaden gegenüber dem Verletzer geltend gemacht werden.[44] Entsprechendes gilt für die Aufwendungen, die dem zur Auskunftserteilung verpflichteten Dritten entstehen. Gegen die Entscheidung des Landgerichts kommt nur die sofortige Beschwerde zum Oberlandesgericht in Betracht, die jedoch nur auf eine Rechtsverletzung gestützt werden kann. Die Entscheidung des Oberlandesgerichts ist unanfechtbar.

---

42 Vgl. *Benkard/Rogge*, PatG, § 140b Rn. 8.
43 BT-Drucks. 16/5048, S. 39.
44 BT-Drucks. 16/5048, S. 40.

43 Bei der Durchsetzung des Anspruchs auf Bekanntgabe der Verkehrsdaten ist § 96 Abs. 2 TKG zu beachten, der eine Löschung vorsieht, sobald die Daten zur Entgeltermittlung und -abrechnung nicht mehr benötigt werden. Nach Auffassung des OLG Köln sind allerdings einstweilige Anordnungen als Zwischenregelung denkbar, die es dem Provider vorläufig untersagen, die betreffenden Daten zu löschen.[45] Auch hier sollen die Grundsätze des FGG-Verfahrens anwendbar sein.

X. Weitergehende Auskunftsansprüche

44 Neben der Drittauskunft nach § 19 MarkenG existiert der akzessorische Auskunftsanspruch als Vorbereitungsanspruch zum Schadensersatz. Dies folgt aus § 19d, wonach Ansprüche aus anderen gesetzlichen Vorschriften ausdrücklich unberührt bleiben, was bereits in § 19 Abs. 5 a. F. vorgesehen war (zum akzessorischen Auskunftsanspruch s. Kommentierung zu § 14 Rn. 275 f.).

XI. Gemeinschaftsmarkenrecht

45 Das Gemeinschaftsmarkenrecht enthält keinen eigenen Auskunftsanspruch. Art. 102 Abs. 2 GMV verweist insoweit auf das nationale Recht desjenigen Mitgliedstaats, in dem die Kennzeichenrechtsverletzung begangen wurde. Bei Verletzung einer Gemeinschaftsmarke in Deutschland ergibt sich die Anspruchsgrundlage für die Erteilung der Drittauskunft somit aus Art. 102 Abs. 2 GMV i.V.m. § 19.

---

45 OLG Köln, GRUR-RR 2009, 9, 11 – Ganz anders.

§ 19a
Vorlage- und Besichtigungsansprüche

(1) Bei hinreichender Wahrscheinlichkeit einer Rechtsverletzung nach den §§ 14, 15 und 17 kann der Inhaber einer Marke oder einer geschäftlichen Bezeichnung den vermeintlichen Verletzer auf Vorlage einer Urkunde oder Besichtigung einer Sache in Anspruch nehmen, die sich in dessen Verfügungsgewalt befindet, wenn dies zur Begründung seiner Ansprüche erforderlich ist. Besteht die hinreichende Wahrscheinlichkeit einer in gewerblichem Ausmaß begangenen Rechtsverletzung, erstreckt sich der Anspruch auch auf die Vorlage von Bank-, Finanz- oder Handelsunterlagen. Soweit der vermeintliche Verletzer geltend macht, dass es sich um vertrauliche Informationen handelt, trifft das Gericht die erforderlichen Maßnahmen, um den im Einzelfall gebotenen Schutz zu gewährleisten.

(2) Der Anspruch nach Absatz 1 ist ausgeschlossen, wenn die Inanspruchnahme im Einzelfall unverhältnismäßig ist.

(3) Die Verpflichtung zur Vorlage einer Urkunde oder zur Duldung der Besichtigung einer Sache kann im Wege der einstweiligen Verfügung nach den §§ 935 bis 945 der Zivilprozessordnung angeordnet werden. Das Gericht trifft die erforderlichen Maßnahmen, um den Schutz vertraulicher Informationen zu gewährleisten. Dies gilt insbesondere in den Fällen, in denen die einstweilige Verfügung ohne vorherige Anhörung des Gegners erlassen wird.

(4) § 811 des Bürgerlichen Gesetzbuchs sowie § 19 Abs. 8 gelten entsprechend.

(5) Wenn keine Verletzung vorlag oder drohte, kann der vermeintliche Verletzer von demjenigen, der die Vorlage oder Besichtigung nach Absatz 1 begehrt hat, den Ersatz des ihm durch das Begehren entstandenen Schadens verlangen.

Übersicht

Literatur: *Dörre/Maaßen*, Das Gesetz zur Verbesserung der Durchsetzung von Rechten des geistigen Eigentums – Teil I: Änderungen im Patent-, Gebrauchsmuster-, Marken- und Geschmacksmusterrecht, GRUR-RR 2008, 217; *Kitz*, Rechtsdurchsetzung des geistigen Eigentums – Die neuen Regeln, NJW 2008, 2374; *Leppin*, Besichtigungsanspruch und Betriebsgeheimnis, GRUR 1984, 552; *Müller/Stoy*, Durchsetzung des Besichtigungsanspruchs – Kritische Überlegungen zu OLG München, GRUR-RR 2009, 191 – Laser-Hybrid-Schweißverfahren, GRUR-RR 2009, 161; *Seichter*, Die Umsetzung der

Richtlinie zur Durchsetzung der Rechte des geistigen Eigentums, WRP 2006, 391; *Tilmann*, Beweis-sicherung nach Art. 7 der Richtlinie zur Durchsetzung der Rechte des geistigen Eigentums, GRUR 2005, 737; *Tilmann/Schreibauer*, Die neueste BGH-Rechtsprechung zum Besichtigungsanspruch nach § 809 BGB – Anmerkungen zum Urteil des BGH „Faxkarte", GRUR 2002, 1015.

I. Allgemeines

1   Mit dem am 1. September 2008 in Kraft getretenen Durchsetzungsgesetz setzt der neu ein-gefügte § 19a die Art. 6 und 7 der Durchsetzungsrichtlinie 2004/48/EG in nationales Recht um. Der Besichtigungsanspruch als solcher ist nicht neu. Als Anspruch nach § 809 BGB war seine Anwendbarkeit auf markenrechtliche Fallgestaltungen auch schon im früheren Recht anerkannt.[1]

2   Der Vorlage- und Besichtigungsanspruch ist ein dem kennzeichnungsrechtlichen Verlet-zungsverfahren zeitlich vorangehender Anspruch, der dem Rechtsinhaber bei hinreichen-der Wahrscheinlichkeit einer Rechtsverletzung die Möglichkeit geben soll, sich davon zu überzeugen, ob eine kennzeichenrechtliche Verletzung überhaupt vorliegt. Im Kennzeich-nungsrecht sind derartige Fallgestaltungen indes eher selten. Denn typischerweise entsteht im Markenrecht die Kenntnis von der Verletzungshandlung durch Testkäufe. Dementspre-chend ist der Vorlage- und Besichtigungsanspruch im Wesentlichen solchen Fallgestaltun-gen vorbehalten, in denen zwar konkrete Informationen über markenrechtliche Verlet-zungshandlungen vorliegen, die Durchführung eines Testkaufs oder eine gleichwertige Do-kumentation der Verletzungshandlung aber nicht möglich ist.

3   Neben § 19a kann der Besichtigungsanspruch auch weiterhin aus § 809 BGB hergeleitet werden. Die Anwendbarkeit dieser Bestimmung ergibt sich aus § 19d, wonach Ansprüche aus anderen gesetzlichen Vorschriften unberührt bleiben. Indes findet § 809 BGB seine Grenzen in denjenigen Erwägungen, die bereits in der früheren Spruchpraxis in Fällen der Anwendung des § 809 BGB auf Fälle des gewerblichen Rechtsschutzes anerkannt waren.

II. Anspruchsvoraussetzungen

1. Anspruchsgläubiger und -schuldner

4   Geltend machen kann den Vorlage- und Besichtigungsanspruch der Inhaber desjenigen Rechts, das mit hinreichender Wahrscheinlichkeit verletzt worden ist. Anspruchsgegner ist derjenige, gegen den sich im Falle der Feststellung der Rechtsverletzung die Ansprüche zur Durchsetzung des verletzten Rechts richten würden. Dritte (insbesondere solche i. S. d. § 19 Abs. 2 S. 1 Nr. 1–4) können hingegen nicht Schuldner des Vorlage- und Besichti-gungsanspruchs sein. Namentlich gilt dies auch für private Endabnehmer.

---

1 Zum Besichtigungsanspruch bei Urheberrechtsverletzung vgl. BGH, WRP 2002, 1173 = GRUR 2002, 1046 – Faxkarte.

2. Wahrscheinlichkeit der Rechtsverletzung

Ein Anfangsverdacht genügt nicht. Andererseits ist auch kein erheblicher Grad an Wahr- 5
scheinlichkeit erforderlich.[2] Auch werden nicht die strengen Anforderungen an eine „offensichtliche Rechtsverletzung" i. S. d. § 19 Abs. 7 verlangt werden können. Es genügt vielmehr ein *gewisser* Grad an Wahrscheinlichkeit, der sich aufgrund zahlreicher Übereinstimmungen ergeben kann.[3] Richtet sich der Anspruch auch auf die Vorlage von Bank-, Finanz- oder Handelsunterlagen, muss sich die hinreichende Wahrscheinlichkeit nach der eindeutigen Formulierung in § 19a Abs. 1 auch auf das *gewerbliche Ausmaß* der Rechtsverletzung erstrecken.

3. Erforderlichkeit

Die beanspruchte Vorlage und/oder Besichtigung muss erforderlich sein, um dem Inhaber 6
des verletzten Rechts die zur Darlegung und zum Beweis seiner Ansprüche wegen Kennzeichenrechtsverletzung notwendigen Informationen und Dokumente zu verschaffen. Die Erforderlichkeit kann nur in dem Umfang bejaht werden, in dem sich der Inhaber des verletzten Rechts nicht aufgrund anderer Erkenntnisquellen die erforderlichen Informationen beschaffen kann. Der Anspruchsberechtigte muss also alle ihm zumutbaren Möglichkeiten anderweitiger Erkenntnisquellen ausgeschöpft haben (Testkäufe, verdeckte Bestellungen, Handels- und Gewerberegisterauskünfte, Wirtschaftsdatenbanken, Internetrecherchen). Ausgeschlossen ist die Erforderlichkeit ferner, wenn evtl. Ansprüche gegen den vermeintlichen Verletzer ohnehin unbegründet wären, z. B. im Falle der Inanspruchnahme auf der Grundlage einer löschungsreifen Marke oder im Falle der Verwirkung.[4]

4. Urkunden und Sachen

Urkunden i. S. d. § 19a Abs. 1 sind die dauerhafte, schriftliche oder bildliche Verkörperung 7
von Gedanken. Urkunden i. S. d. Abs. 1 S. 1 sind dagegen nicht die in Abs. 1 S. 2 genannten Bank-, Finanz- und Handelsunterlagen, deren Vorlage nur bei Vorliegen der verschärften Voraussetzungen der hinreichenden Wahrscheinlichkeit einer in gewerblichem Ausmaß begangenen Rechtsverletzung in Betracht kommt.

Sachen sind alle körperlichen Gegenstände wie Waren, Verpackungen, Etiketten, Prospek- 8
te, Broschüren, Fotografien etc.

Der Anspruch auf Vorlage und Besichtigung richtet sich nur auf diejenigen Urkunden und 9
Sachen, die sich in der Verfügungsgewalt des vermeintlichen Verletzers befinden. Der Begriff der Verfügungsgewalt ist umfassend zu verstehen. Er ist weder auf das Eigentum des Anspruchsschuldners noch auf den unmittelbaren Besitz beschränkt. Auch der mittelbare Besitz genügt.

---

2 So noch BGH, GRUR 1985, 512, 516 – Druckbalken.
3 BGH, WRP 2002, 1173, 1181 = GRUR 2002, 1046, 1049 – Faxkarte.
4 Vgl. *Ströbele/Hacker*, § 19a Rn. 12.

5. Inhalt des Anspruchs auf Vorlage und Besichtigung

10 Der Anspruch des § 19 Abs. 1 S. 1 ist auf diejenigen Urkunden und Sachen beschränkt, die für die Begründung der Rechtsverletzung erforderlich sind. Diese Urkunden und Sachen sind bereits im Antrag auf Vorlage bzw. Besichtigung konkret zu bezeichnen.[5] Dieses Erfordernis verhindert, dass der Anspruch auf Vorlage bzw. Besichtigung im Wesentlichen auf Ermittlungs- und Kontrollmaßnahmen hinausläuft. Ein derartiges Ausforschungsrecht ergibt sich aus § 19a jedoch nicht.[6]

6. Ort, Art und Weise der Vorlage und Besichtigung

11 Ort, Art und Weise der Vorlage und Besichtigung ergeben sich aufgrund des Verweises in § 19a Abs. 4 aus § 811 BGB. Danach findet die Vorlage oder Besichtigung an dem Ort statt, an dem sich die Urkunde oder Sache befindet. Die Besichtigung der Sachen und Urkunden kann der Anspruchsteller persönlich oder durch einen Vertreter durchführen. Bei erheblichen Mengen von Urkunden darf der Anspruchsteller im Einzelfall auch Abschriften und Ausdrucke fertigen. Auch Fotografien (allerdings beschränkt auf die betreffenden Sachen und Urkunden im Umfang des konkreten Besichtigungsvorlageanspruchs) und ähnliche Formen der Dokumentation sind zulässig. Sofern der Verletzer geltend macht, dass es sich um vertrauliche Informationen handelt, kann der Umfang der zulässigen Dokumentation im Einzelfall zu beschränken oder näher zu definieren sein.

III. Besondere Anspruchsvoraussetzungen des Abs. 1 S. 2

12 § 19a Abs. 1 S. 2 eröffnet einen Anspruch auf Vorlage von Bank-, Finanz- oder Handelsunterlagen. Aufgrund des diesen Unterlagen immanenten Vertraulichkeitscharakters sieht die Bestimmung vor, dass für die Begründetheit des Anspruchs eine hinreichende Wahrscheinlichkeit einer *in gewerblichem Ausmaß* begangenen Rechtsverletzung vorliegen muss. Die auf den ersten Blick als Verschärfung der Anforderungen an den Vorlageanspruch erscheinende Formulierung erweist sich jedoch in aller Regel als bedeutungslos, da die Kennzeichenverletzung im Markenrecht das Tatbestandselement des Handelns im geschäftlichen Verkehr bedingt. Hier ist in aller Regel zugleich auch die Voraussetzung der Gewerblichkeit erfüllt. Im Ergebnis ist der Anspruch auf Vorlage von Bank-, Finanz- und Handelsunterlagen damit im Markenrecht nicht an strengere Voraussetzungen geknüpft als der Anspruch auf Vorlage von Urkunden und Besichtigung von Sachen i. S. d. § 19a Abs. 1 S. 1.

13 Die Vorlage von Bank-, Finanz- und Handelsunterlagen – auch diese sind im Antrag nach ihrer Natur konkret zu bezeichnen – sind in erster Linie für Feststellungen zum Umfang (quantitativ und qualitativ) der Verletzungshandlungen von Bedeutung. Namentlich Handelsunterlagen sind geeignet, Aufschluss über die Identität der Lieferanten (möglicherweise auch der Hersteller) markenverletzender Ware sowie der Abnehmer zu geben. Allerdings erstreckt sich der Anspruch nicht auf Vorlage *aller* Bank-, Finanz- und Handelsunter-

---

5 BT-Drucks. 16/5048, S. 40.

6 Vgl. BGH, WRP 2004, 615, 617 = GRUR 2004, 420, 421 – Kontrollbesuch.

lagen, sondern nur auf diejenigen Unterlagen, die konkret zur Erfüllung der Ansprüche wegen Kennzeichenverletzung sowie ihres Umfangs erforderlich sind. Erkenntnisse zum Umfang der Verletzungshandlungen aufgrund der genannten Unterlagen ermöglichen häufig eine wesentlich verlässlichere Grundlage für die Bezifferung des Schadensersatzanspruchs als die seitens des Verletzers nach § 242 BGB erteilte Auskunft.

IV. Maßnahme zum Schutz vertraulicher Informationen (§ 19a Abs. 1 S. 3)

Abs. 1 S. 3 dient dem Schutz vertraulicher Informationen. Es liegt auf der Hand, dass der **14** Anspruch auf Vorlage und Besichtigung substanziell das Geheimhaltungsinteresse des vermeintlichen Verletzers berührt. Dies trifft in der Regel auf alle Geschäftsunterlagen zu, die Einblick in die geschäftlichen Beziehungen zu Herstellern, Lieferanten, Spediteuren und Kunden (Gewerblichen wie Privaten) geben. Gleiches gilt für die Kalkulation von Preisen, die Gewährung von Rabatten etc.[7] Dem für derartige Informationen naturgemäß vorhandenen Geheimhaltungsinteresse des Verletzers steht allerdings § 19 Abs. 3 entgegen, der konkret bezeichnet, welche Informationen der Verletzer preiszugeben hat. Auch zur Vorlage von Rechnungen und Lieferscheinen ist er verpflichtet. Insoweit ist die Geltendmachung eines Geheimhaltungsinteresses mithin ausgeschlossen.[8]

Anders liegt der Fall, wenn Unterlagen nicht nur Informationen enthalten, die sich auf die **15** (vermeintliche) Rechtsverletzung beziehen, sondern auch Informationen, die dazu keinen Bezug haben. Insoweit ist das Gericht aufgefordert, die erforderlichen Maßnahmen zu treffen, um den im Einzelfall gebotenen Schutz zu gewährleisten. In Betracht kommt insoweit die Vorlage von Kopien von Urkunden, die in dem Umfang unleserlich gemacht worden sind, in dem hieraus kein für die vermeintliche Kennzeichenverletzung relevanter Bedeutungsgehalt hervorgeht. In Betracht kommt ferner, dass nicht der Anspruchsteller selbst die Möglichkeit zur Besichtigung und Einsichtnahme erhält, sondern ein zur Verschwiegenheit verpflichteter Sachverständiger, unter Umständen auch ein zur Verschwiegenheit verpflichteter anwaltlicher Vertreter des Anspruchstellers.[9]

V. Unverhältnismäßigkeit (§ 19a Abs. 2)

Der Anspruch auf Vorlage und Besichtigung ist ausgeschlossen, wenn die Inanspruchnah- **16** me im Einzelfall unverhältnismäßig ist. Mit dem Korrektiv der Unverhältnismäßigkeit will die Bestimmung vermeiden, dass bei geringfügigen Verletzungen umfangreiche Vorlageansprüche geltend gemacht werden können.[10] Auch kann im Einzelfall das Geheimhaltungsinteresse des vermeintlichen Verletzers derart bedeutsam sein, dass Ansprüche nach Abs. 1 ausgeschlossen sind. Dieses Geheimhaltungsinteresse muss der vermeintliche Verletzer jedoch detailliert darlegen und glaubhaft machen. Der Intention des Gesetzgebers

---

7 Zum PatG vgl. BGH, GRUR 2010, 318, 320 Tz. 17 – Lichtbogenschnürung.
8 Vgl. BGH, GRUR 2002, 709, 711 – Entfernung der Herstellungsnummer III.
9 Vgl. hierzu instruktiv *Kitz*, NJW 2008, 2374, 2376.
10 Gesetzesbegründung, BT-Drucks. 16/5048, S. 41.

entspricht es ferner, die Annahme der Unverhältnismäßigkeit auf Ausnahmefälle zu beschränken, wobei Fälle des Verkaufs von Piratenware ausgeschlossen sind. Unabhängig davon können die Gerichte durch sensible Handhabung die erforderlichen Anordnungen i. S. d. Abs. 1 S. 3 treffen, um einen Eingriff auf das absolut erforderliche Maß zu beschränken.

VI. Durchsetzung des Anspruchs auf Vorlage und Besichtigung

17 Die Durchsetzung des Anspruchs auf Vorlage und Besichtigung erfolgt grundsätzlich im Wege der Hauptsacheklage. Daneben kommt aber auch eine Durchsetzung im Wege der einstweiligen Verfügung in Betracht. Gerade im Markenrecht kann sich diese Vorgehensweise als besonders vorteilhaft erweisen, so in Fällen, in denen der Inhaber des verletzten Zeichens angesichts des damit verbunden Kostenrisikos nicht sofort den Weg der Sequestrationsverfügung geht (gerichtet auf Unterlassung und Herausgabe des noch vorhandenen Bestandes an Verletzungsprodukten – vgl. Kommentierung zu § 18 Rn. 24 ff.). Wählt der Verletzte nämlich den Weg der vorherigen Abmahnung, lassen Einzelhändler häufig (insbesondere betrifft dies „flüchtige Ware") den noch vorhandenen Warenbestand verschwinden. Auch die Einsichtnahme in Handelsunterlagen erweist sich hier in aller Regel als unergiebig.

18 Beim Verfügungsantrag hat der Anspruchsteller die einzusehenden Urkunden und zu besichtigenden Sachen konkret zu bezeichnen. Da das Gericht im Falle der einstweiligen Verfügung in aller Regel ohne vorherige mündliche Verhandlung entscheidet, ist es aufgefordert, von sich aus die erforderlichen Maßnahmen zu treffen, um den Schutz vertraulicher Informationen zu gewährleisten.

19 Eine dem Antrag auf Erlass einer auf Vorlage und Besichtigung gerichteten einstweiligen Verfügung vorausgehende Abmahnung wird in aller Regel nicht verlangt werden können. Denn die vorherige Abmahnung würde das Ziel des Vorlage- und Besichtigungsanspruchs (gerade in Fällen des Vertriebs „flüchtiger Ware") mit großer Wahrscheinlichkeit leer laufen lassen. Daher kann der vermeintliche Verletzer, soweit sich bei der Vollstreckung der Verfügung herausstellt, dass (oder in welchem Umfang) eine Verletzung vorliegt, auch nicht mit dem Ziel einer Umkehr der Kostenlast das Fehlen einer vorherigen Abmahnung einwenden.

20 Die Vollstreckung des titulierten Anspruchs auf Vorlage und Besichtigung erfolgt gem. § 883 ZPO. Die im Wege der Zwangsvollstreckung erlangten Kenntnisse unterliegen aufgrund des Verweises in § 19a Abs. 4 auf § 19 Abs. 8 einem Beweisbewertungsverbot (s. Kommentierung zu § 19 Rn. 40).

VII. Schadensersatzanspruch (§ 19a Abs. 5)

21 Die Bestimmung eröffnet dem vermeintlichen Verletzer einen Schadensersatzanspruch für den Fall, dass keine Kennzeichenverletzung vorliegt, insbesondere wenn die Anordnung einer einstweiligen Verfügung i. S. d. § 19 Abs. 3 nicht von Anfang an ungerechtfertigt war, sondern dies erst später wurde. In diesen Fällen ist die Bestimmung des § 945 ZPO nämlich

nicht anwendbar.[11] Der Schadensersatzanspruch umfasst sämtliche Kosten, namentlich solche der Rechtsverteidigung, die dem vermeintlichen Verletzer aufgrund der gerichtlichen Anordnung entstanden sind.

VIII. Gemeinschaftsmarkenrecht

Das Gemeinschaftsmarkenrecht enthält keinen eigenen Anspruch auf Vorlage und Besich-   22
tigung. In Fällen der Verletzung einer Gemeinschaftsmarke verweist Art. 102 Abs. 2 GMV
auf die nationalen Vorschriften.

---

11 Begründung des Gesetzesentwurfs, BT-Drucks. 16/5048, S. 41.

§ 19b
Sicherung von Schadensersatzansprüchen

(1) Der Inhaber einer Marke oder einer geschäftlichen Bezeichnung kann den Verletzer bei einer in gewerblichem Ausmaß begangenen Rechtsverletzung in den Fällen des § 14 Abs. 6, § 15 Abs. 5 sowie § 17 Abs. 2 Satz 2 auch auf Vorlage von Bank-, Finanz- oder Handelsunterlagen oder einen geeigneten Zugang zu den entsprechenden Unterlagen in Anspruch nehmen, die sich in der Verfügungsgewalt des Verletzers befinden und die für die Durchsetzung des Schadensersatzanspruchs erforderlich sind, wenn ohne die Vorlage die Erfüllung des Schadensersatzanspruchs fraglich ist. Soweit der Verletzer geltend macht, dass es sich um vertrauliche Informationen handelt, trifft das Gericht die erforderlichen Maßnahmen, um den im Einzelfall gebotenen Schutz zu gewährleisten.

(2) Der Anspruch nach Absatz 1 ist ausgeschlossen, wenn die Inanspruchnahme im Einzelfall unverhältnismäßig ist.

(3) Die Verpflichtung zur Vorlage der in Absatz 1 bezeichneten Urkunden kann im Wege der einstweiligen Verfügung nach den §§ 935 bis 945 der Zivilprozessordnung angeordnet werden, wenn der Schadensersatzanspruch offensichtlich besteht. Das Gericht trifft die erforderlichen Maßnahmen, um den Schutz vertraulicher Informationen zu gewährleisten. Dies gilt insbesondere in den Fällen, in denen die einstweilige Verfügung ohne vorherige Anhörung des Gegners erlassen wird.

(4) § 811 des Bürgerlichen Gesetzbuchs sowie § 19 Abs. 8 gelten entsprechend.

Übersicht

Literatur: *Dörre/Maaßen*, Das Gesetz zur Verbesserung der Durchsetzung von Rechten des geistigen Eigentums – Teil I: Änderungen im Patent-, Gebrauchsmuster-, Marken- und Geschmacksmusterrecht, GRUR-RR 2008, 217.

I. Allgemeines

1   § 19b wurde aufgrund des am 1.9.2008 in Kraft getretenen Durchsetzungsgesetzes in das MarkenG eingefügt. Die Bestimmung dient der Sicherung der Erfüllung von Schadensersatzansprüchen aufgrund einer Kennzeichenrechtsverletzung, sofern die Zwangsvollstre-

ckung gefährdet ist. Liegen die Anspruchsvoraussetzungen vor, kann der Verletzer zur Vorlage von Bank-, Finanz- oder Handelsunterlagen verpflichtet werden.

II. Anspruchsvoraussetzungen

1. Gläubiger und Schuldner

Gläubiger des Vorlageanspruchs des § 19b Abs. 1 ist derjenige, dem ein Schadensersatzanspruch zusteht. Schuldner ist derjenige, gegen den sich der Schadensersatzanspruch aufgrund der Kennzeichenrechtsverletzung richtet. **2**

2. Bestehen eines Schadensersatzanspruchs

Dem Anspruchsteller muss ein Schadensersatzanspruch gegen den Verletzer aufgrund einer in gewerblichem Ausmaß begangenen Kennzeichenrechtsverletzung zustehen. Der Anspruch muss tatsächlich bestehen. Seine Voraussetzungen müssen dargelegt und bewiesen werden. Nicht erforderlich ist, dass der Schadensersatzanspruch bereits tituliert ist. Ebenso wenig ist erforderlich, dass der Anspruchsteller bereits ein auf die Zahlung von Schadensersatz gerichtetes Hauptsacheverfahren eingeleitet hat. **3**

Die der Schadensersatzforderung zugrunde liegende Rechtsverletzung muss *in gewerblichem Ausmaß* begangen worden sein. Da das MarkenG das Bestehen einer Rechtsverletzung an den Begriff des Handelns im geschäftlichen Verkehr knüpft, ist die Voraussetzung der in gewerblichem Ausmaß begangenen Rechtsverletzung regelmäßig gegeben. **4**

3. Erfüllung des Schadensersatzanspruchs fraglich

Weitere Voraussetzung für die Begründetheit des Vorlageanspruchs ist, dass die Erfüllung des Schadensersatzanspruchs fraglich ist. Dies ist nur der Fall, wenn konkrete Anhaltspunkte vorliegen, dass der Verletzer den geforderten Schadensersatz nicht zahlt. Die Höhe (jedenfalls die Mindesthöhe) des Schadensersatzes muss also feststehen. Auch muss der Schuldner zur Zahlung des Schadensersatzes aufgefordert worden sein. Verweigert der Schuldner die Zahlung, ist grundsätzlich von einer Gefährdung der Durchsetzung des Anspruchs i. S. d. § 19b auszugehen. **5**

Nach dem ausdrücklichen Wortlaut des Abs. 1 muss die Erfüllung des Schadensersatzanspruchs *ohne die Vorlage* der Unterlagen fraglich sein. Dies setzt voraus, dass der Verletzte keine hinreichenden Erkenntnisse über das Vermögen des Verletzers hat, um die Durchsetzung seines Anspruchs wirksam betreiben zu können. Verfügt der Schuldner jedoch bekanntermaßen (etwa aufgrund einer Eintragung in die Schuldnerkartei) über kein ausreichendes Vermögen, dürfte dies dem Vorlageanspruch entgegenstehen. **6**

4. Vorzulegende Bank-, Finanz- oder Handelsunterlagen

Die in Abs. 1 genannten *Bank-, Finanz- oder Handelsunterlagen* sind in unfassendem Sinn zu verstehen. Gemeint sind im Rahmen des § 19b diejenigen Unterlagen, die geeignet sind, **7** dem Verletzten Informationen über Vermögenswerte des Verletzers zu geben. Grundsätzlich betrifft dies sämtliche denkbaren Vermögenswerte des Schuldners des Schadensersatzsanspruchs. Indes ist dem Vorlageanspruch genügt, wenn Unterlagen vorgelegt werden, die erkennen lassen, dass ausreichende Vermögenswerte zur Zahlung des Schadensersatzanspruchs vorhanden sind. Eine unbegrenzte Vorlageverpflichtung, die generell einen Überblick über sämtliche Vermögenswerte des Schuldners erlaubt, besteht daher nicht. Dies ergibt sich aus dem Begriff der *erforderlichen Maßnahmen* i.S.d. letzten Halbsatzes des Abs. 1 S. 2.

8   Die vorzulegenden Unterlagen müssen sich in der Verfügungsgewalt des Verletzers befinden. Die Unterlagen müssen jedoch weder im Eigentum noch im unmittelbaren Besitz des Verletzers stehen. Der mittelbare Besitz genügt. Auf diese Weise richtet sich der Vorlageanspruch auch auf solche Unterlagen, die sich bei Dritten wie z.B. Steuerberatern befinden.

5. Modalitäten der Vorlage

9   Unter *Vorlage* ist die Gelegenheit zur Einsicht- und Kenntnisnahme zu verstehen. Grundsätzlich geschieht dies an demjenigen Ort, an dem sich die Unterlagen befinden. Dies kann im Einzelfall ein anderer Ort als der Wohn- oder Geschäftssitz des Schuldners sein wie z.B. das Büro des Steuerberaters des Schuldners. Ein Anspruch auf Anfertigung von Kopien der Unterlagen kann dann bestehen, wenn die Unterlagen besonders umfänglich sind. Auch ist der Schuldner berechtigt, die vorzulegenden Unterlagen in dem Umfang unkenntlich zu machen, in dem sie für Informationen des Gläubigers über Vermögenswerte des Schuldners ungeeignet sind.

6. Vertrauliche Informationen

10   Abs. 1 S. 2 trägt dem Umstand Rechnung, dass es sich bei die Vermögenswerte des Schuldners betreffenden Unterlagen regelmäßig um solche Dokumente handelt, hinsichtlich deren Inhalt der Schuldner ein Geheimhaltungsinteresse hat. Diese Interessenlage darf allerdings nicht dazu führen, das Ziel des Vorlageanspruchs, dem Verletzten Kenntnis von Vermögenswerten des Verletzers zu geben, zu gefährden. Daher scheidet die Verweigerung der Vorlage unter Hinweis auf das Interesse des Verletzers an der Geheimhaltung aus. Das Gericht kann dem Verletzer jedoch gestatten, Informationen, die zur Erlangung der Kenntnis von Vermögenswerten des Verletzers ungeeignet sind, unleserlich zu machen,[1] oder sonstige Anordnungen treffen, die im Einzelfall geeignet sind, dem Geheimhaltungsinteresse des Schuldners angemessen Rechnung zu tragen.

7. Unverhältnismäßigkeit (§ 19 Abs. 2)

11   Nach Abs. 2 ist der Vorlageanspruch im Falle der Unverhältnismäßigkeit ausgeschlossen. Bei der Prüfung der Verhältnismäßigkeit ist die Höhe der Schadensersatzforderung gegenüber dem Maß der Beeinträchtigung der Interessen des Schuldners abzuwägen. Insbeson-

---

1 *Ströbele/Hacker*, § 19b Rn. 14.

v. Schultz

dere bei eher geringen Schadensersatzforderungen dürfte eine Unverhältnismäßigkeit des Vorlageanspruchs anzunehmen sein.[2] Gegen die Verhältnismäßigkeit des Anspruchs spricht ferner, wenn andere geeignete Erkenntnisquellen bestehen, die einen verlässlichen Hinweis auf Vermögenswerte des Schuldners geben.

III. Durchsetzung des Vorlageanspruchs

Die Verpflichtung zur Vorlage kann nicht nur im Hauptsacheverfahren, sondern auch im 12 Wege der einstweiligen Verfügung durchgesetzt werden. Gerade die einstweilige Verfügung wird häufig das wesentlich geeignetere Mittel sein, um kurzfristig Erkenntnisse hinsichtlich der zur Erfüllung des Schadensersatzanspruchs vorhandenen Vermögenswerte des Schuldners zu gewinnen. Voraussetzung für den Erlass einer auf die Vorlage gerichteten einstweiligen Verfügung ist, dass der Schadensersatzanspruch *offensichtlich* besteht. Das Merkmal der Offensichtlichkeit ist erfüllt, wenn die Rechtsverletzung sowie die Schadensersatzforderung derart eindeutig sind, dass eine Fehlentscheidung und damit eine ungerechtfertigte Belastung des Antragsgegners kaum möglich ist (vgl. hierzu die Erläuterungen zu § 19 Rn. 35 f.).

Die Zwangsvollstreckung des titulierten Vorlageanspruchs erfolgt entsprechend § 883 13 ZPO.

IV. Verwertungsverbot

Durch den Verweis des Abs. 4 auf § 19 Abs. 8 gilt auch für die Vorlage von Urkunden 14 i. S. d. Abs. 1 ein Verwertungsverbot (vgl. hierzu die Erläuterungen zu § 19 Rn. 40).

---

2 Begründung des Gesetzentwurfs, BT-Drucks. 16/5048, S. 42.

§ 19c
Urteilsbekanntmachung

Ist eine Klage auf Grund dieses Gesetzes erhoben worden, kann der obsiegenden Partei im Urteil die Befugnis zugesprochen werden, das Urteil auf Kosten der unterliegenden Partei öffentlich bekannt zu machen, wenn sie ein berechtigtes Interesse darlegt. Art und Umfang der Bekanntmachung werden im Urteil bestimmt. Die Befugnis erlischt, wenn von ihr nicht innerhalb von drei Monaten nach Eintritt der Rechtskraft des Urteils Gebrauch gemacht wird. Der Ausspruch nach Satz 1 ist nicht vorläufig vollstreckbar.

Übersicht

Literatur: *Dörre/Maaßen*, Das Gesetz zur Verbesserung der Durchsetzung von Rechten des geistigen Eigentums – Teil I: Änderungen im Patent-, Gebrauchsmuster-, Marken- und Geschmacksmusterrecht, GRUR-RR 2008, 217; *Maaßen*, Urteilsveröffentlichung in Kennzeichensachen – Anwendungsbereich und -möglichkeiten des § 19c MarkenG, MarkenR 2008, 417; *Steigüber*, Der „neue" Anspruch auf Urteilsbekanntmachung im Immaterialgüterrecht?, GRUR 2011, 295.

I. Allgemeines

1 § 19c wurde aufgrund des am 1. September 2008 in Kraft getretenen Durchsetzungsgesetzes neu in das MarkenG eingefügt. Die Bestimmung setzt Art. 15 der Durchsetzungsrichtlinie 2004/48/EG in nationales Recht um.

2 Der Anspruch auf Urteilsveröffentlichung stellt eine wichtige Ergänzung des Schutzes der Rechtsstellung des Verletzten dar. Im Einzelfall kann die Veröffentlichung eines Urteils, mit dem eine Markenverletzung festgestellt wird, gerade im Hinblick auf eine entstandene Marktverwirrung überaus nützlich sein.

II. Anspruchsvoraussetzungen

1. Klage aufgrund des MarkenG

3 Voraussetzung des Anspruchs ist ein Hauptsacheverfahren auf der Grundlage einer nach den Bestimmungen des MarkenG geltend gemachten Kennzeichenrechtsverletzung. Der Begriff der „Klage" geht über den Fall der typischen Kennzeichenrechts*verletzung* hinaus;

er erfasst sämtliche kennzeichenrechtlichen Streitsachen, die im Wege der Klage verfolgt werden können.[1] Ein einstweiliges Verfügungsverfahren bildet hingegen keine Grundlage für den Anspruch nach § 19c.

Das im Hauptsacheverfahren ergangene Urteil muss rechtskräftig sein. Dies folgt aus §19c S. 4, wonach der Ausspruch der Urteilsveröffentlichung nicht vorläufig vollstreckbar ist. **4**

2. Obsiegen

Der Anspruch nach § 19c steht der obsiegenden Partei zu. Dies kann insbesondere auch der zu Unrecht in Anspruch genommene vermeintliche Verletzer sein. Auch bei teilweisem Obsiegen kommt der Anspruch nach § 19c in Betracht. In diesen Fällen steht er beiden Parteien zu. **5**

3. Berechtigtes Interesse

Im Mittelpunkt der Anspruchsvoraussetzungen des § 19c steht das Erfordernis des berechtigten Interesses der obsiegenden Partei an der Veröffentlichung des Urteils. Da sich aus der Veröffentlichung des Urteils erhebliche Nachteile für die unterlegene Partei ergeben können, ist eine Interessenabwägung unter Berücksichtigung der Umstände des konkreten Einzelfalls vorzunehmen. **6**

Ein berechtigtes Interesse dürfte regelmäßig in Fällen der Verletzung einer bekannten Marke i. S. d. § 14 Abs. 2 Nr. 3 vorliegen. Augenfällig ist dies etwa im Beispiel des massenhaften Verkaufs gefälschter Luxusgüter über Internet-Versteigerungsplattformen. Auch ist in Fällen der Verletzung einer bekannten Marke häufig eine nicht unerhebliche Marktverwirrung zu besorgen. Ein berechtigtes Interesse kommt ferner in Fällen in Betracht, in denen das Publikum etwa über Veröffentlichungen in der Presse oder im Internet über das Bestehen des Rechtsstreits informiert worden ist.[2] Ein berechtigtes Interesse kann auch angesichts des großen Umfangs einer Markenverletzung zu bejahen sein. **7**

Gegen ein berechtigtes Interesse kann der geringe Umfang der Verletzungshandlung sprechen (z. B. im Falle des Verkaufs weniger Einzelstücke durch einen Einzelhändler), sofern nicht generalpräventive Gesichtspunkte zugunsten der obsiegenden Partei greifen. Zu berücksichtigen sind ferner die Grundsätze der Verhältnismäßigkeit. So kann im Einzelfall auch eine Presseerklärung ausreichen. Ein berechtigtes Interesse dürfte ferner im Fall der Klage wegen drohender Erstgefahr zu verneinen sein.[3] **8**

Ein berechtigtes Interesse kann auch der obsiegende Beklagte an der Veröffentlichung des klagabweisenden Urteils haben. Namentlich gilt dies in Fällen, in denen die Öffentlichkeit Kenntnis vom Verfahren erlangt hat. **9**

---

1 *Maaßen*, MarkenR 2008, 417, 418.
2 Zum UWG vgl. OLG Hamburg, WRP 1994, 122, 124 – Jeansüberfärbungen.
3 *Maaßen*, MarkenR 2008, 417, 420.

III. Form und Umfang der Urteilsveröffentlichung

10 Nach § 19c S. 2 sind Art und Umfang der Bekanntmachung im Urteil zu bestimmen.

11 Veröffentlichungsfähig ist im Grundsatz das gesamte Urteil mit Tenor, Sachverhalt und Entscheidungsgründen. Der konkrete Umfang ist vom Gericht zu bestimmen. Auch die rubrifizierten Parteien sind veröffentlichungsfähig. Das Gericht kann allerdings bestimmen, dass lediglich Teile oder gekürzte Versionen der Entscheidung zu veröffentlichen sind.

12 Festzulegen ist ferner das Medium, in dem die Veröffentlichung vorzunehmen ist. In Betracht kommen Zeitungen und Zeitschriften, Internet, Rundfunk und Fernsehen. Angesichts der erheblichen Nachteile einer Veröffentlichung für die unterlegene Partei ist die Veröffentlichung indes auf solche Medien zu beschränken, die ausreichen, um dem Bekanntmachungsinteresse der obsiegenden Partei Genüge zu tun. Erfolgt die Urteilsveröffentlichung in der Presse, wird bei nur lokaler Bedeutung der Verletzungshandlung auch eine Veröffentlichung lediglich in lokalen Presseorganen angezeigt sein.

IV. Kosten der Bekanntmachung

13 Die Kosten der Bekanntmachung fallen der unterliegenden Partei zur Last. Da die Höhe der Kosten im Urteil naturgemäß nicht bezifferbar ist, sind die Veröffentlichungskosten im Wege der Zwangsvollstreckung nach § 788 ZPO beitreibbar.

V. Zeitliche Beschränkung

14 § 19c S. 3 stellt klar, dass die Befugnis der obsiegenden Partei zur Urteilsveröffentlichung binnen einer Frist von drei Monaten nach Eintritt der Rechtskraft des Urteils erlischt. Zur Fristwahrung genügt es, wenn der Berechtigte vor Fristablauf alle für die Veröffentlichung erforderlichen Schritte unternommen hat;[4] die Veröffentlichung als solche kann auch in angemessener Zeit nach Fristablauf erfolgen.

---

4 *Maaßen*, MarkenR 2008, 417, 422.

v. Schultz

§ 19d
Ansprüche aus anderen gesetzlichen Vorschriften

Ansprüche aus anderen gesetzlichen Vorschriften bleiben unberührt.

Nach § 19d bleiben Ansprüche aus anderen gesetzlichen Vorschriften unberührt. Die prak- **1**
tische Relevanz dieser – aufgrund des Durchsetzungsgesetzes am 1. September 2008 in
Kraft getretenen – Bestimmung ist gering. Sie bestätigt insbesondere, dass für den akzessorischen Auskunftsanspruch als Vorbereitungsanspruch für die Geltendmachung des Schadensersatzes die allgemeinen Bestimmungen (§ 242 BGB) anwendbar sind (vgl. insoweit
§ 19 Abs. 5 a. F.). Anwendbar sind ferner die bereicherungsrechtlichen Vorschriften nach
§§ 812 ff. BGB, die insbesondere im Zusammenhang mit der Geltendmachung der Kosten
von Abmahn- und Abschlussschreiben relevanten Bestimmungen der Geschäftsführung
ohne Auftrag sowie Beseitigungsansprüche nach § 1004 BGB. Zur Anspruchskonkurrenz
wird im Übrigen auf die Erläuterungen zu § 2 verwiesen.

Abschnitt 4
Schranken des Schutzes

§ 20
Verjährung

Auf die Verjährung der in den §§ 14 bis 19 genannten Ansprüche finden die Vorschriften des Abschnitts 5 des Buches 1 des Bürgerlichen Gesetzbuchs entsprechende Anwendung. Hat der Verpflichtete durch die Verletzung auf Kosten des Berechtigten etwas erlangt, findet § 852 des Bürgerlichen Gesetzbuchs entsprechende Anwendung.

Übersicht

Literatur: *Ann/Barona*, Schuldrechtsmodernisierung und gewerblicher Rechtsschutz, 2002; *Köhler*, Zur Verjährung des vertraglichen Unterlassungs- und Schadensersatzanspruchs, GRUR 1996, 231; *Maurer*, Verjährungshemmung durch vorläufigen Rechtsschutz, GRUR 2003, 208; *Mees*, Schuldrechtsmodernisierung und Wettbewerbsrecht, WRP 2002, 135; *Messer*, Neue Rechtsfragen zur Verjährung des wettbewerblichen Unterlassungs- und Schadensersatzanspruchs, FS Helm, 2002, 111; *Schabenberger*, Zur Hemmung nach § 204 Abs. 1 Nr. 9 BGB in wettbewerbsrechtlichen Auseinandersetzungen, WRP 2002, 293.

I. Allgemeines

1   § 20 gilt in der Fassung des Art. 5 Abs. 22 des Gesetzes zur Modernisierung des Schuldrechts (SchuRMoG) vom 26. 11. 2001.[1] Das SchuRMoG hat für alle Ansprüche aus Verlet-

---

1 BGBl. I S. 3138.

zungen gewerblicher Schutzrechte eine einheitliche Verjährungsregelung durch Verweisung auf das *allgemeine BGB-Verjährungsrecht* geschaffen. Vor Inkrafttreten des SchuR-MoG waren die gewerblichen Schutzrechte in Anlehnung an die deliktsrechtliche Verjährungsvorschrift des § 852 BGB a. F. einem eigenständigen Verjährungsregime unterstellt. Dieser Gleichlauf war konsequent, da es sich bei der Verletzung von gewerblichen Schutzrechten um unerlaubte Handlungen handelt. Die Verkürzung der allgemeinen Verjährungsfrist des § 195 BGB von 30 auf drei Jahre hat es möglich gemacht, insgesamt auf das BGB-Verjährungsrecht zu verweisen. § 20 S. 1 enthält damit eine Rechtsgrundverweisung. Eine Rechtsfolgenverweisung enthält dagegen § 20 S. 2. Danach kann sich selbst ein verjährter Schadensersatzanspruch in einen Bereicherungsanspruch wandeln.

Die Verjährung begründet kein Ausschlussrecht, sondern ein Leistungsverweigerungsrecht, das als Einrede geltend gemacht werden muss (§ 214 Abs. 1 BGB).[2] Die Verjährung dient der *Sicherheit des Verkehrs* und dem *Rechtsfrieden*.[3] Allgemeine Vorschriften finden sich in §§ 194–218, 390 BGB, § 167 ZPO. 2

Die wesentlichen Unterschiede zu den Verjährungsvorschriften vor dem SchuRMoG betrifft die Verschiebung des Verjährungsbeginns (vgl. Rn. 14), die Erweiterung der Verjährungshemmung (vgl. Rn. 28) und Änderungen zum Neubeginn der Verjährung (vgl. Rn. 30). Dabei stellt sich die Frage, ob die Verjährungsvorschrift des § 20 analog für konkurrierende Ansprüche gilt, nur noch für wettbewerbsrechtliche Ansprüche (vgl. Rn. 4). Im Übrigen wird der Gleichlauf durch die unmittelbare Anwendung des BGB-Regimes gewährleistet, für das eine analoge Anwendung der Rechtsgrundverweisung des § 20 S. 1 nicht erforderlich ist. 3

II. Sachlicher Anwendungsbereich

1. Unmittelbare Anwendung des § 20 Abs. 1

Bei den in den §§ 14–19 genannten Ansprüchen handelt es sich um Unterlassungs- und Folgeansprüche wegen Verletzung von Marken und geschäftlichen Bezeichnungen. Für geografische Herkunftsangaben verweisen §§ 129, 136 auf § 20. § 20 erfasst aber auch Beseitigungs-, insbesondere Widerrufsansprüche wegen der Verletzung von Kennzeichen sowie Ansprüche auf Auskunft und Rechnungslegung zur Vorbereitung eines Schadensersatzanspruches in gewohnheitsrechtlicher Anwendung des § 242 BGB. Zu den Beseitigungsansprüchen folgt dies schon daraus, dass § 1004 BGB insoweit die kennzeichnungsrechtlichen Anspruchsgrundlagen nur ausgestaltet.[4] Ergänzende Ansprüche auf Auskunft und Rechnungslegung aus § 242 BGB sind Hilfsrechte zur Vorbereitung eines Schadensersatzanspruchs, so dass diese notwendigerweise mit dem Schadensersatzanspruch verjähren. Da weitergehende Ansprüche auf Beseitigung und Auskunft zudem in §§ 18 Abs. 3, 19 Abs. 5 erwähnt werden, handelt es sich auch insoweit um die „in den §§ 14–19 genannten Ansprüche". 4

---

2 Vgl. BGH, WRP 2009, 839 – POST/RegioPost.
3 BGH, WRP 1973, 326 = GRUR 1972, 721 – Kaffeewerbung.
4 Zu § 21 UWG: BGH, WRP 1974, 30 = GRUR 1974, 99, 100 – Brünova.

2. Konkurrierende Ansprüche

5 Konkurrierende wettbewerbs-, vertrags- und deliktsrechtliche Ansprüche verjähren grundsätzlich selbstständig nach den für sie geltenden Verjährungsfristen. Im Einzelfall kann die kennzeichnungsrechtliche Verjährungsregel bei wertender Betrachtung erschöpfend sein, so dass auch konkurrierende Ansprüche nach § 20 verjähren. Aus praktischer Sicht stellt sich die Frage nach dem Anwendungsbereich der spezialgesetzlichen Verjährungsregel allerdings nur noch für das *Wettbewerbsrecht*, für das § 11 UWG eine kürzere Verjährungsfrist von sechs Monaten statt drei Jahren vorsieht. Für die vertraglichen Ansprüche auf Zahlung einer verwirkten Vertragsstrafe oder Entrichtung von Lizenzgebühren und sonstige Erfüllung aus dem Lizenzvertrag sowie deliktsrechtliche Ansprüche gilt ohnehin das BGB-Verjährungsrecht unmittelbar. Einer Verweisung nach § 20 S. 1 bedarf es daher erst gar nicht. Konkurrieren dagegen kennzeichenrechtliche mit wettbewerbsrechtlichen Ansprüchen, was nur denkbar ist, wenn die Unlauterkeit auf andere Gründe gestützt werden kann als auf die schlichte Kennzeichenverletzung, verjährt jeder Anspruch nach seiner Verjährungsregelung.[5]

3. Bereicherungsrechtliche Ansprüche

6 § 20 Abs. 1 erfasst zwar keine bereicherungsrechtlichen Ansprüche; für diese gilt jedoch das BGB-Verjährungsrecht unmittelbar. Demgemäß verjähren Bereicherungsansprüche nach § 195 BGB regelmäßig nach drei Jahren und nach § 199 Abs. 4 BGB ohne Rücksicht auf die Kenntnis oder grob fahrlässige Unkenntnis in 10 Jahren von ihrer Entstehung an. Unabhängig davon bestimmt § 20 S. 2 i.V.m. § 852 BGB, dass der Verletzer auch nach Verjährung des Schadensersatzanspruches, wenn der Kläger trotz Kenntnis von den haftungsbegründenden Umständen und der Person des Schädigers mehr als drei Jahre seit Entstehung des Schadens zuwartet, zur Herausgabe des auf Kosten des Verletzten Erlangten nach den bereicherungsrechtlichen Vorschriften der §§ 818 ff. BGB verpflichtet bleibt. Es gilt dann die von der Entstehung des Schadens abhängige zehnjährige und entstehungsunabhängige dreißigjährige Verjährungsfrist des § 852 S. 2 BGB. Bei *§ 20 S. 2* handelt es sich um eine *Rechtsfolgenverweisung*, die den deliktischen Charakter des Anspruchs unberührt lässt.[6]

III. Dauer der Verjährung

1. Allgemeines

7 Die Regelverjährung beträgt nach § 195 BGB drei Jahre. Für rechtskräftig titulierte Ansprüche und Ansprüche aus vollstreckbaren Vergleichen oder vollstreckbaren Urkundenansprüchen beträgt die Verjährungsfrist nach § 197 BGB 30 Jahre (§ 197 Abs. 1 Nr. 1, 3 BGB). Der Verjährungsbeginn und die für bestimmte Fälle mögliche kenntnisunabhängige

---

5 *Harte/Henning/Schulz*, UWG, § 11 Rn. 41 f.; *Schulz*, WRP 2005, 274, 276; zu WZG: BGH, WRP 1968, 193 = GRUR 1968, 367, 370 – Corrida.

6 Vgl. BGH, WRP 2008, 232 – INTERCONNECT/T-InterConnect; GRUR 1978, 492, 496 – Fahrrad-Gepäckträger II; vgl. im Einzelnen MünchKommBGB/*Wagner*, § 852 Rn. 1–3.

und entstehungsabhängige Verlängerung der regelmäßigen Verjährungsfrist bis zur Höchstfrist von 10 bzw. 30 Jahren ist in § 199 BGB geregelt.

2. Unterlassungsansprüche

Von den sich an jedermann richtenden gesetzlichen Verboten sind die *gesetzlichen* Unter- **8** lassungsansprüche zu unterscheiden, die aufgrund Verletzung (Wiederholungsgefahr) oder aufgrund Berühmung (Erstbegehungsgefahr), insoweit als vorbeugender Unterlassungsanspruch, entstehen. Davon müssen wiederum die *titulierten* (etwa Urteile) und *vertraglichen* (Unterlassungserklärungen) Unterlassungsansprüche unterschieden werden.

a) Beginn der Verjährung

Die Verjährung dieser Unterlassungsansprüche beginnt nach §§ 199 Abs. 1, 5 BGB, sei es **9** bei unmittelbarer Anwendung, sei es bei mittelbarer Anwendung über § 200 S. 2 BGB bzw. § 201 S. 2 BGB, am Schluss des Jahres, in dem die Zuwiderhandlung erfolgt und der Gläubiger von den den Anspruch begründenden Umständen und der Person des Schuldners *Kenntnis* erhält, wobei der Kenntnis eine *grob fahrlässige Unkenntnis* gleich steht. Die Verjährung beginnt bei *gesetzlichen* Unterlassungsansprüchen mit der Verletzung eines gesetzlichen Verbots oder mit der Berühmung. Bei *titulierten* und *vertraglichen* Unterlassungsansprüchen beginnt sie frühestens mit der Zuwiderhandlung, die – je nachdem – einen Ordnungsgeldantrag nach § 890 ZPO ermöglicht oder zur Verwirkung einer Vertragsstrafe führt. Auch solange der Gläubiger einer Unterlassungserklärung keinen Anlass und keine Möglichkeit hat, gegen den Schuldner vorzugehen, weil der Schuldner das Unterlassungsgebot einhält, fehlt es an der Grundlage für den Beginn der Verjährung.[7] Da eine Unterlassungsvereinbarung mit der Wirkung des durch sie verhinderten Titels vergleichbar ist, unterliegt der vertragliche Unterlassungsanspruch als solcher, solange der Gläubiger befriedigt ist, keiner Verjährung.[8]

b) Kenntnis bzw. grob fahrlässige Unkenntnis

Die dreijährige Verjährungsfrist beginnt mit dem Schluss des Jahres, in dem der Berechtig- **10** te von der Verletzung seines Rechts und der Person des Verpflichteten Kenntnis von den anspruchsbegründenden Tatsachen erlangt oder ohne grob fahrlässige Unkenntnis erlangen müsste. Es gelten die gleichen Grundsätze wie im Rahmen des § 11 Abs. 1 Nr. 2 UWG. Kenntnis bedeutet positives Wissen. Nur eine missbräuchliche Nichtkenntnis, nicht dagegen eine fahrlässig verschuldete Nichtkenntnis, steht dem positiven Wissen gleich.[9] Für eine missbräuchliche Nichtkenntnis ließ es der BGH allerdings schon genügen, dass der Verletzte Namen und Anschrift des Verletzers noch nicht kannte, sich diese aber in zumutbarer Weise ohne besondere Mühe hätte beschaffen können.[10] Bereits vor dem Inkrafttreten des SchuRMoG wurden damit die Grenzen zwischen grob fahrlässiger Unkenntnis und Kennt-

---

7 BGH, WRP 1973, 326 = GRUR 1972, 721 – Kaffeewerbung; a. A. *Krieger*, GRUR 1972, 696.
8 *Köhler*, GRUR 1996, 231, 233.
9 BGH, GRUR 1964, 218, 220 – Düngekalkhandel; BGH, NJW 1985, 2022, 2023; BGH, NJW-RR 1988, 411, 412.
10 Vgl. Nachweise bei *Teplitzky*, Wettbewerbsrechtliche Ansprüche, 16. Kap. Rn. 10.

nis verwischt. Eine „missbräuchliche Nichtkenntnis" wurde schon bei einer Nachlässigkeit angenommen, durch die der Verletzte sich den Vorwurf zuzog, vor der Kenntnis die Augen missbräuchlich verschlossen zu haben. Dies war etwa der Fall, wenn der Verletzte die geringe Mühewaltung scheut, im Telefonbuch oder Adressbuch die Anschrift des Verletzers nachzuschlagen oder die Industrie- und Handelskammer telefonisch nach der Anschrift zu fragen.[11] *Die Fallgruppe der „grob fahrlässigen Unkenntnis" nimmt damit im Wesentlichen die schon bislang bekannte Fallgruppe der „missbräuchlichen Nichtkenntnis" auf.* Inwieweit eine Ausdehnung erfolgen wird, bleibt abzuwarten. Die Ausdehnung auf eine grob fahrlässige Unkenntnis dürfte aber weniger eine Marktbeobachtungspflicht statuieren, als vielmehr die Fälle erfassen, in denen eine Kenntnisnahme unstreitig ist, der Gläubiger aber *die notwendige weitere Tatsachenaufklärung über die Person des Verantwortlichen oder über den wettbewerbswidrigen Gehalt einer Werbung unterlassen hat.*[12]

11   Die maßgeblichen Umstände müssen so vollständig und sicher bekannt sein, dass ein *gerichtliches Vorgehen einigermaßen sicher,* wenngleich nicht risikolos erscheint.[13] Der Beginn der Verjährungsfrist ist gegen jeden Verletzer gesondert festzustellen.[14] Die Kenntnis eines *„Wissensvertreters"* genügt. Ausreichend ist dabei die Kenntnis des Inhabers oder eines gesetzlichen Vertreters oder eines jeden Sachbearbeiters, von dem man nach seiner Funktion erwarten darf, dass er eine gewisse Wettbewerbsrelevanz des Verhaltens der Konkurrenz erkennt und seine Kenntnis auch an diejenigen Personen seines Unternehmens weitergeben kann, die zu Entscheidungen über das Einleiten entsprechender Reaktionen befugt sind, etwa ein Leiter der Werbeabteilung oder sonst zuständiger Sachbearbeiter im Unternehmen.[15] Nicht dazu gehört etwa die Kenntnis eines Patent- oder Rechtsanwalts, dessen Mandat sich nicht auf die Vorbereitung oder Geltendmachung materiell-rechtlicher Ansprüche aus einem Kennzeichen bezieht, eines Lizenznehmers, dem die Verfolgung von Kennzeichenverletzungen nicht überlassen worden ist,[16] oder eines sonstigen Dritten.[17]

c) Verjährungsfrist

12   Die Zuwiderhandlung und die maßgebliche Kenntnis setzt die 3-jährige regelmäßige Verjährungsfrist in Gang. Bei rechtskräftig titulierten und aus vollstreckbaren Vergleichen oder vollstreckbaren Urkunden verkörperten Ansprüchen gilt dagegen eine 30-jährige Verjährungsfrist (§ 197 Abs. 1 Nr. 3, 4 BGB). Die kenntnisunabhängige Verjährungsfrist beträgt nach § 199 Abs. 4, 5 BGB 10 Jahre.

13   Im Fall einer Zuwiderhandlung gegen einen *titulierten* Unterlassungsanspruch gilt allerdings für die Ordnungsmittel der § 890 ZPO die Regelung des Art. 9 Abs. 1 EGStGB. Art. 9 Abs. 1 EGStGB sieht eine Ausschlussfrist vor. Danach ist die Festsetzung eines Ordnungsmittels nach Ablauf einer Frist von zwei Jahren seit Beendigung der Handlung ausge-

---

11 Großkomm.-*Messer*, § 21 UWG Rn. 34.
12 Vgl. *Harte/Henning/Schulz*, UWG, § 11 Rn. 81.
13 BGH, WRP 2009, 1505, 1507 – Mecklenburger Obstbrände; NJW-RR 2008, 1495; GRUR 1988, 832, 834 – Benzinwerbung; NJW 1990, 2808.
14 *Teplitzky*, Wettbewerbsrechtliche Ansprüche, 16. Kap. Rn. 11.
15 BGH, NJW 1989, 2323; *Teplitzky*, Wettbewerbsrechtliche Ansprüche, 16. Kap. Rn. 8.
16 BGH, GRUR 1998, 133, 137 – Kunststoffaufbereitung.
17 *Piper/Ohly/Sosnitza*, § 21 Rn. 27.

schlossen.[18] Ein Ruhen der Verjährung ist nur für den Fall vorgesehen, dass nach dem Gesetz das Verfahren zur Festsetzung des Ordnungsgeldes nicht begonnen oder nicht fortgesetzt werden kann. Ist ein Ordnungsmittel allerdings einmal festgesetzt, kann Verjährung im weiteren Verlauf des Vollstreckungs- bzw. Rechtsmittelverfahrens nicht mehr eintreten.[19]

d) Verletzungshandlung

Verletzungshandlung ist jede Zuwiderhandlung, die kennzeichnungsrechtliche Ansprüche **14** auslöst. Eine Verletzungshandlung liegt etwa in jeder der in § 14 Abs. 3, 4 beispielhaft genannten widerrechtlichen Benutzungshandlungen, z. B. dem Anbringen der Marke. Im letzteren Fall ist es dem Verletzten auch ohne Weiteres zumutbar, auf Unterlassung sonstiger Benutzungshandlungen – wie etwa derart gekennzeichnete Waren in den Verkehr zu bringen – vorzugehen, so dass durch das Inverkehrbringen keine neue Verjährungsfrist beginnt. Die Verjährung ergreift – im Hinblick auf die jeweilige Ware und den jeweiligen Verletzer – alle voraussehbaren und damit drohenden Verletzungshandlungen.[20]

Vertreibt der *gewerbliche Abnehmer* des Verletzers die widerrechtlich gekennzeichnete **15** Ware, entsteht zwar ein weiterer Unterlassungsanspruch gegenüber dem gewerblichen Abnehmer; der Beginn der Verjährung gegenüber dem ursprünglichen Verletzer wird dadurch aber nicht berührt. Anders verhält es sich jedoch, wenn der Verletzer neue Verletzungshandlungen begeht, etwa weitere Waren widerrechtlich kennzeichnet und in den Verkehr bringt. Jede weitere Kennzeichenverletzung begründet einen neuen gesetzlichen Unterlassungsanspruch.[21] Für die Verjährung des Unterlassungsanspruchs kommt es auf den Gesichtspunkt des „Fortsetzungszusammenhangs" nicht an.[22] Es spielt keine Rolle, ob die Verletzungshandlungen auf einen einheitlichen Verletzerwillen zurückzuführen sind. Eine Privilegierung des vorsätzlich handelnden Verletzers kommt nicht in Betracht.

e) Dauerhandlung

Unter „Dauerhandlung" versteht man eine Verletzungshandlung, die einen Zustand hervorruft, **16** der wettbewerbs- oder kennzeichenverletzend fortwirkt, solange er vom Verletzer aufrechterhalten wird.[23] Beispiele sind die Eintragung einer Kennzeichenrechte verletzenden Firma in das Handelsregister oder die Anbringung eines Werbeplakats, auf dem Marken oder Unternehmenskennzeichen widerrechtlich benutzt werden. Kennzeichnend für den Begriff der Dauerhandlung ist die Kombination aus aktiver Verursachung einer Störung mit Langzeitwirkung und Aufrechterhaltung des Störungszustandes durch Unterlassung seiner Beendigung.[24] Da die pflichtwidrige Unterlassung seiner Beendigung andauert und

---

18 BGH, GRUR 2005, 269 – Verfolgungsverjährung; Großkomm.-*Jestaedt*, § 13 UWG Rn. 76.
19 BGH, GRUR 2005, 269 – Verfolgungsverjährung.
20 Zum UWG: BGH, GRUR 1990, 221, 223 – Forschungskosten; BGH, WRP 1974, 30 = GRUR 1974, 99, 100 – Brünova.
21 *Köhler*, GRUR 1996, 231, 232.
22 BGH, WRP 1974, 30 = GRUR 1974, 99, 100 – Brünova; GRUR 1984, 820, 822 – Intermarkt II; GRUR 1992, 61, 31 – Preisvergleichsliste.
23 *Neu*, GRUR 1985, 335, 338.
24 Großkomm.-*Messer*, § 21 UWG Rn. 20.

eine kontinuierliche Rechtsverletzung darstellt, kommt eine Verjährung nicht in Betracht, solange der Störungszustand andauert.[25] Bei Katalogen, Adressbüchern, Telefonbüchern u. Ä. beginnt die Verjährung daher erst mit Ablauf der Gültigkeitsdauer.[26]

f) Berühmung

17 Ein vorbeugender Unterlassungsanspruch wird auch aufgrund Erstbegehungsgefahr (Berühmung) ausgelöst. Allerdings kann eine dem verjährten Anspruch zugrunde liegende Verletzungshandlung als solche keine Berühmung darstellen, da die Verjährungsfristen ansonsten leer liefen.[27] Nach überwiegender Auffassung kann der vorbeugende Unterlassungsanspruch selbst nicht verjähren, weil so lange, wie die ernstliche Befürchtung einer unmittelbar bevorstehenden Verletzungshandlung besteht, ein der Dauerhandlung ähnlicher Zustand vorliegt, der das Anlaufen der Verjährungsfrist verhindert.[28] Nach der Gegenauffassung soll dies dann nicht gelten, wenn die Erstbegehungsgefahr durch eine einmalige, abgeschlossene Handlung, etwa eine einmalige Prozessberühmung, und nicht durch eine Dauerhandlung begründet wird.[29] Der Zeitablauf wird aber dann der Gefahr der unmittelbar bevorstehenden Begehung einer konkreten Verletzungshandlung regelmäßig entgegenstehen. Berühmt sich dagegen ein Verletzer, eine bestimmte Firma nach Gründung eines Unternehmens zu benutzen, nimmt die Begehungsgefahr mit fortlaufender Gründung zu und nicht ab.

3. Schadensersatzansprüche

a) Beginn der Verjährung

18 Der Beginn der Verjährung beginnt bei Schadensersatzansprüchen wegen Schutzrechtsverletzungen nach § 199 Abs. 3 Nr. 1 BGB mit dem Schluss des Jahres ihrer Entstehung (§ 199 Abs. 1 BGB) und der Kenntnis bzw. der grob fahrlässigen Unkenntnis der relevanten Umstände. Die Entstehung fällt regelmäßig mit dem für die Verjährung der Unterlassungsansprüche relevanten Zeitpunkt der Zuwiderhandlung zusammen.

b) Kenntnis bzw. grob fahrlässige Unkenntnis

19 Der Beginn der Verjährung erfordert nach § 199 Abs. 1 Nr. 2 BGB weiterhin, dass der Gläubiger von den den Anspruch begründenden Umständen und der Person des Schuldners Kenntnis erlangt oder ohne grobe Fahrlässigkeit erlangen müsste. Dieser Zeitpunkt muss für den Schadensersatzanspruch nicht zwingend mit dem Zeitpunkt übereinstimmen, auf den für die Verjährung des Unterlassungsanspruches abzustellen ist. Denn insoweit ist allein maßgeblich, ob der Verletzte nicht nur Kenntnis von der Kennzeichenverletzung, sondern auch von der Entstehung eines Schadens hat, d. h. die Möglichkeit eines beliebigen

---

25 BGH, WRP 1974, 30 = GRUR 1974, 99, 100 – Brünova; GRUR 1978, 492, 495 – Fahrradgepäckträger II.
26 OLG Stuttgart, NJWE-WettbR 1999, 200, 202.
27 BGH, GRUR 1987, 125, 126 – Berühmung.
28 Vgl. *Teplitzky*, Wettbewerbsrechtliche Ansprüche, 16. Kap. Rn. 4.
29 OLG Stuttgart, WRP 1993, 351, 353; Großkomm.-*Messer*, § 21 Rn. 12.

Vermögensnachteils erkennt und eine Schadensersatzklage aufgrund der ihm bekannten Tatsachen, sei es auch nur eine Klage auf Feststellung der Ersatzpflicht für den künftig entstehenden Schaden, mit einigermaßen sicherer Aussicht auf Erfolg erheben kann und dies dem Verletzten zumutbar ist.[30] Der Verjährungsbeginn wird nicht dadurch gehindert, dass die bestehende Kennzeichenverletzung noch weiterhin Schaden verursachend fortwirkt. Der gesamte entstehende Schaden ist als Einheit anzusehen. Die Verjährung ergreift in diesem Fall den gesamten voraussehbaren, auch den durch Fortwirkung erst entstehenden Schaden.[31] Nicht erfasst sind unvorhersehbare Schadensfolgen. Für sie läuft eine gesonderte Verjährung.[32]

c) Verjährungsfrist

Für Schadensersatzansprüche wegen Schutzrechtsverletzungen gilt wiederum die regelmäßige Verjährungsfrist von drei Jahren nach § 195 BGB. Für den Schadensersatzanspruch wegen Schutzrechtsverletzung gilt nach § 199 Abs. 3 S. 1 Nr. 1 BGB kenntnisunabhängig eine absolute Verjährungsfrist von 10 Jahren ab Anspruchsentstehung. Kenntnisunabhängig und ohne Rücksicht auf die Entstehung des Anspruchs gilt eine Frist von 30 Jahren ab Begehung der Handlung (§ 199 Abs. 3 Nr. 1 Nr. 2 BGB). Im Konfliktfall maßgeblich ist die früher endende Frist (§ 199 Abs. 3 S. 2 BGB). Der Gesetzgeber hat damit wie nach altem Recht bei der Verjährung von Schadensersatzansprüchen dem Umstand Rechnung getragen, dass Schäden erst zu einem späten Zeitpunkt eintreten können. Im Rahmen der anderen Ansprüche hat der Gesetzgeber dagegen unter Berücksichtigung der Schuldnerinteressen die kenntnisunabhängige Verjährungsfrist von 30 auf 10 Jahre verringert. **19a**

d) Sukzessive Verjährung

Jede unterschiedliche Verletzungshandlung führt zu einem darauf bezogenen Verjährungsbeginn. Dies gilt sowohl für Einzelhandlungen als auch für Dauerhandlungen oder Handlungen im Fortsetzungszusammenhang.[33] Die sich in Einzelakten verletzend auswirkenden Handlungen verjähren damit sukzessive, etwa Schadensersatzansprüche wegen der Führung einer zu unterlassenden Firmenbezeichnung. Trotz der Kritik in der Literatur[34] kann diese Rechtsprechung als gefestigt angesehen werden. Dabei darf auch das Institut der Dauerhandlung nicht überstrapaziert werden. So lässt sich im Falle einer Markenverletzung eine pflichtwidrig aufrechterhaltene Störung nicht generell damit begründen, dass der Verletzer die Kennzeichenverletzung nicht rückgängig macht.[35] Die Rechtsprechung erweist sich als teilweise restriktiver als die Literatur. **20**

---

30 BGH, WRP 1974, 30 = GRUR 1974, 99, 100 – Brünova.
31 BGH, WRP 1974, 30 = GRUR 1974, 99, 100 – Brünova; GRUR 1990, 221, 223 – Forschungskosten; GRUR 1995, 608, 609 – Beschädigte Verpackung II.
32 BGH, WRP 1974, 30 = GRUR 1974, 99, 100 – Brünova; *Piper/Ohly/Sosnitza*, § 21 Rn. 31.
33 BGH, WRP 1974, 30 = GRUR 1974, 99, 100 – Brünova; BGH, GRUR 1984, 820, 822 – Intermarkt II; GRUR 1978, 492 – Fahrradgepäckträger II.
34 Etwa Großkomm.-*Messer*, § 21 UWG Rn. 23–29.
35 Missverständlich: *Fezer*, § 20 Rn. 31; vgl. BGH, GRUR 1984, 820, 822 – Intermarkt II.

4. Sonstige Ansprüche

21   Für sonstige Ansprüche wie solche auf Rechnungslegung, Drittauskunft, Vernichtung, Widerruf und Beseitigung gelten für den Beginn der Verjährungsfrist die gleichen Regelungen wie für die Schadensersatzansprüche wegen Schutzrechtsverletzungen (§ 199 Abs. 1 BGB). Dies gilt grundsätzlich auch für die Höchstfristen (§ 199 Abs. 4 BGB). Allerdings beträgt die kenntnisunabhängige Höchstfrist unabhängig vom Zeitpunkt des Schadenseintritts 10 Jahre. Dies kann allerdings nicht für den unselbstständigen Auskunftsanspruch aus § 242 BGB gelten, der dem Schuldner die Bezifferung seines Schadensersatzanspruchs erst ermöglichen soll. Insoweit muss § 199 Abs. 3 Nr. 2 BGB analog zur Anwendung kommen.

22   Die Verjährung des Anspruchs auf Widerruf und Beseitigung ist selbstständig zu prüfen. Allein die fehlende Richtigstellung des unzulässigen Inhalts eines Rundschreibens führt nicht zum Beginn einer neuen Verjährungsfrist.[36] Dagegen hat der für Patentrecht zuständige X. Senat des BGH im Falle einer unzulässigen Abnehmerverwarnung den Verstoß gegen die Verpflichtung, den durch die Verwarnung hervorgerufenen schädlichen Zustand zu beseitigen, als Dauerhandlung angesehen, die ständig eine neue Verjährungsfrist in Lauf setzt.[37]

5. Verjährungshemmung

23   Die Verjährungshemmung bewirkt, dass die Verjährungsfrist zum Stillstand kommt und nach Beendigung weiterläuft. Es gelten §§ 203–211, 213 BGB. Von Bedeutung ist etwa ein pactum de non petendo.

24   Unterbrechungs- und Hemmungshandlungen mit Bezug auf den Anspruch auf Unterlassung oder Beseitigung – dies gilt auch umgekehrt – oder Auskunft oder Rechnungslegung unterbrechen und hemmen nicht den Lauf der Verjährungsfrist für den Schadensersatzanspruch. Umgekehrt gilt dies jedoch zugunsten der Ansprüche auf Auskunft und Rechnungslegung zur Durchsetzung des Schadensersatzanspruchs, weil es sich insofern um Hilfsansprüche handelt.

6. Neubeginn der Verjährung

25   Der Neubeginn der Verjährung bewirkt, dass die Verjährungsfrist nach Beendigung von Neuem zu laufen beginnt. Der Neubeginn der Verjährung ist in §§ 212 f. BGB geregelt. Wie zur Verjährungshemmung kann im Wesentlichen auf die allgemeine zivilrechtliche und wettbewerbsrechtliche Kommentierung verwiesen werden. Keine Unterbrechung der Verjährung wird durch die Verteidigung gegenüber einer negativen Feststellungsklage bewirkt. Die Zustellung einer einstweiligen Verfügung oder eines Antrags auf Erlass einer einstweiligen Verfügung nach Maßgabe des § 204 Abs. 1 Nr. 9 BGB hemmt nur die Verjährung des Unterlassungsanspruchs, nicht von sonstigen Ansprüchen wie etwa auf Schadensersatz und Auskunft.

---

36 BGH, WRP 1974, 30 = GRUR 1974, 99, 100 – Brünova.
37 GRUR 1978, 492, 495 – Fahrradgepäckträger II.

Auch die Erhebung der Klage hemmt nach § 204 Abs. 1 Nr. 1 BGB die Verjährung. Die **26** Klage muss nicht nur bei Gericht eingereicht, sondern auch zugestellt werden, wobei allerdings nach § 167 Abs. 3 ZPO eine Rückwirkung der Zustellung auf das Datum der Einreichung der Klage bei alsbaldiger Zustellung erfolgt. Die Hemmungswirkung beschränkt sich wiederum auf den geltend gemachten Anspruch; von der Unterbrechungswirkung wird somit nur ein solcher Anspruch erfasst, der entsprechend dem gestellten Antrag i.V.m. dem vorgetragenen Lebenssachverhalt dem schon geltend gemachten entspricht oder in ihm enthalten ist.[38] Die Hemmung durch Klageerhebung dauert bis sechs Monate, nachdem der Prozess rechtskräftig entschieden oder anderweitig erledigt worden ist, fort (§ 204 Abs. 2 BGB). Gerät der Prozess infolge einer Vereinbarung oder dadurch, dass er nicht betrieben wird, in Stillstand, tritt nach § 204 Abs. 2 S. 2 BGB an Stelle der rechtskräftigen Entscheidung oder anderweitigen Erledigung die letzte Prozesshandlung der Parteien oder des Gerichts. Als Vereinbarung gilt dabei auch der Antrag beider Parteien auf Anordnung des Ruhens des Verfahrens nach § 251 Abs. 1 ZPO, nicht dagegen die nicht kraft Vereinbarung, sondern von Amts wegen angeordnete Aussetzung nach § 148 ZPO.

7. Ausschluss der Verjährungseinrede

a) Verzicht

Nach § 202 BGB kann auf die Einrede der Verjährung nicht verzichtet werden. Ein den- **27** noch erklärter Verzicht hat aber nach § 242 BGB die Wirkung, dass die Verjährungseinrede bis zum Ablauf der festgesetzten Frist oder bis zum Scheitern der Verhandlungen zuzüglich einer kurzen Überlegungsfrist unzulässig ist.[39]

b) Unzulässige Rechtsausübung

Eine unzulässige Rechtsausübung setzt voraus, dass der Schuldner – möglicherweise unbe- **28** absichtigt – dem Gläubiger ausreichenden Anlass gegeben hat, von einer Unterbrechung der Verjährung durch Klageerhebung abzusehen, weil dieser entsprechend dem Verhalten des Schuldners darauf vertrauen durfte, seine Ansprüche würden wenn nicht befriedigt, so doch nur mit sachlichen Einwendungen bekämpft werden.[40] Nach altem Recht wurde dies bejaht, wenn ernsthafte Verhandlungen über Grund oder Höhe des Anspruchs geführt werden.[41] § 203 BGH sieht jetzt ausdrücklich eine Hemmung bei schwebenden Verhandlungen vor.

8. Beweislast

Der Verletzer hat die tatsächlichen Voraussetzungen der Verjährung zu beweisen, insbeson- **29** dere bei der dreijährigen Frist die Kenntniserlangung i.S.v. § 20 Abs. 1. Den Verletzten

---

38 BGH, GRUR 1995, 608, 609 – Beschädigte Verpackung II.
39 BGH, NJW 1979, 866, 867 m.w.N.
40 BGH, GRUR 1978, 492, 495 – Fahrradgepäckträger II.
41 BGHZ 93, 64, 66.

trifft dagegen die Beweislast im Hinblick auf die Hemmung, die Unterbrechung, den Verzicht oder die unzulässige Rechtsausübung.[42]

IV. Gemeinschaftsmarkenrecht

30 § 125 b GMV verweist nicht ausdrücklich auf § 20. Eine Rechtsgrundverweisung ist allerdings auch nicht erforderlich. Das BGB-Verjährungsrecht gilt insoweit unmittelbar.

---

42 *Piper/Ohly/Sosnitza*, § 21 Rn. 51.

Stuckel

§ 21
Verwirkung von Ansprüchen

(1) Der Inhaber einer Marke oder einer geschäftlichen Bezeichnung hat nicht das Recht, die Benutzung einer eingetragenen Marke mit jüngerem Zeitrang für die Waren oder Dienstleistungen, für die sie eingetragen ist, zu untersagen, soweit er die Benutzung der Marke während eines Zeitraums von fünf aufeinander folgenden Jahren in Kenntnis dieser Benutzung geduldet hat, es sei denn, dass die Anmeldung der Marke mit jüngerem Zeitrang bösgläubig vorgenommen worden ist.

(2) Der Inhaber einer Marke oder einer geschäftlichen Bezeichnung hat nicht das Recht, die Benutzung einer Marke im Sinne des § 4 Nr. 2 oder 3, einer geschäftlichen Bezeichnung oder eines sonstigen Rechts im Sinne des § 13 mit jüngerem Zeitrang zu untersagen, soweit er die Benutzung dieses Rechts während eines Zeitraums von fünf aufeinander folgenden Jahren in Kenntnis dieser Benutzung geduldet hat, es sei denn, dass der Inhaber dieses Rechts im Zeitpunkt des Rechtserwerbs bösgläubig war.

(3) In den Fällen der Absätze 1 und 2 kann der Inhaber des Rechts mit jüngerem Zeitrang die Benutzung des Rechts mit älterem Zeitrang nicht untersagen.

(4) Die Absätze 1 bis 3 lassen die Anwendung allgemeiner Grundsätze über die Verwirkung von Ansprüchen unberührt.

Übersicht

Literatur: *Klaka*, Erschöpfung und Verwirkung im Licht des Markenrechtsreformgesetzes, GRUR 1994, 321; *Knaak*, Die Durchsetzung der Rechte aus der Gemeinschaftsmarke, GRUR 2001, 21.

I. Allgemeines

Der Einwand der Verwirkung soll Rechtssicherheit schaffen und findet als Sonderfall *un-* **1** *zulässiger Rechtsausübung* im Wettbewerbs- und Markenrecht traditionell eine besondere Ausprägung. § 21 Abs. 1–3 enthält allerdings keine Kodifizierung der deutschen Rechtsprechung, sondern setzt Art. 9 der Markenrechtsrichtlinie um. Diese Schutzrechtsschranke ist für den Schutz eingetragener Marken aus § 14 Abs. 2 Nr. 1, 2 obligatorisch und für sonstige Kennzeichen oder für den Schutz einer bekannten Marke aus § 14 Abs. 2 Nr. 3 fakultativ.

2 Das MarkenG setzt die Markenrechtsrichtlinie für alle Kennzeichen einschließlich geschäftlicher Bezeichnungen in § 21 Abs. 1–3 um; sie erklärt aber gleichwohl die durch die Rechtsprechung entwickelten *allgemeinen Grundsätze* über die Verwirkung von Ansprüchen für anwendbar. Maßgeblicher Unterschied zwischen den Regelungen der umgesetzten Markenrechtsrichtlinie und den allgemeinen Grundsätzen ist insbesondere die Frist, ab der eine Verwirkung eintritt. Nach der Markenrechtsrichtlinie handelt es sich um eine starre Fünfjahresfrist im Unterschied zu den flexiblen Fristen nach den allgemeinen Grundsätzen.

II. Verwirkung – spezielle Grundsätze (§ 21 Abs. 1–3)

1. Belasteter

3 § 21 Abs. 1, 2 belastet die Inhaber von Marken und geschäftlichen Bezeichnungen im Hinblick auf den Anspruch, „die Benutzung zu untersagen". Art. 9 Abs. 1 Markenrechtsrichtlinie ist dagegen weiter gefasst. Danach kann der Rechtsinhaber „weder die Ungültigerklärung der jüngeren Marke verlangen noch sich ihrer Benutzung widersetzen". Die Verwirkung des Löschungsanspruchs ist in § 51 Abs. 2 S. 1 und 2 geregelt. Es wäre aber sinnwidrig, wenn nur die kennzeichnungsrechtlichen Unterlassungs- und Löschungsansprüche, nicht dagegen die sonstigen Abwehransprüche, an die teilweise zusätzliche Anforderungen geknüpft sind, verwirkt wären. § 21 Abs. 1–3 räumt dem Inhaber des prioritätsjüngeren Kennzeichens letztlich ein Benutzungsrecht ein. § 21 Abs. 1, 2 erfasst daher *sämtliche Abwehransprüche*, d. h. nicht nur Unterlassungs- und Löschungs-, sondern auch Schadensersatz-, Vernichtungs- und Auskunftsansprüche. Allerdings gilt dies nur im Hinblick auf die konkrete Verletzungshandlung.[1] Sämtliche Ansprüche werden nach der starren Fünfjahresfrist einheitlich verwirkt. Anders als nach den allgemeinen Grundsätzen über die Verwirkung kann nicht nach der Art der Ansprüche differenziert werden. Im Rahmen der Fünfjahresregelung tritt der Gesichtspunkt der Rechtssicherheit ganz in den Vordergrund. Weitere Kriterien wie etwa Vertrauensschutz treten dagegen zurück.

2. Begünstigter

4 Begünstigter ist der Inhaber einer prioritätsjüngeren Marke oder einer prioritätsjüngeren geschäftlichen Bezeichnung oder eines prioritätsjüngeren Rechts i. S. d. § 13. Voraussetzung ist allerdings stets das Bestehen eines prioritätsjüngeren Rechts. Es genügt daher nicht, dass sich der Benutzer nur auf eine bestehende Benutzungslage beruft.[2]

---

1 *Ströbele/Hacker*, § 21 Rn. 13.
2 Begründung des Gesetzentwurfs, Sonderheft BlPMZ 1994, 73.

3. Relevante Benutzungshandlungen

Dem Wortlaut nach könnten die für § 26 (s. § 26 Rn. 26) geltenden Grundsätze übernommen werden, da diese Bestimmungen in der Formulierung „für die Waren oder Dienstleistungen, für die sie eingetragen ist" übereinstimmen. Allerdings besteht kein Grund, denjenigen schlechter zu stellen, der eine weniger intensive Verletzungshandlung begeht. § 21 gilt daher für alle Verletzungshandlungen.   5

4. Art der Benutzung

Als Benutzungshandlungen kommen wohl nur solche in Betracht, die nach ihrer Art dem Benutzungszwang (§ 26 Abs. 1) genügen, da ein besonderes Schutzbedürfnis nur bei funktionsgerechter Benutzung besteht.[3] Ist der Begünstigte Inhaber einer geschäftlichen Bezeichnung oder eines sonstigen Rechts, kann ebenfalls nur eine funktionsgerechte Benutzung anerkannt werden. Dies folgt auch daraus, dass ansonsten keine Verletzungshandlung begangen wird.   6

5. Ununterbrochene Benutzung

Die funktionsgerechte Benutzung muss innerhalb eines ununterbrochenen Zeitraums von mindestens fünf aufeinanderfolgenden Jahren erfolgen. Ist der Begünstigte der Inhaber einer Marke, sind an die Dauer deutlich höhere Anforderungen als im Rahmen des § 26 Abs. 1 zu stellen. Eine relevante Änderung der Benutzung kann dazu führen, dass die Fünfjahresfrist neu zu laufen beginnt.[4]   7

6. Kenntnis

Der Begriff der Kenntnis im Verwirkungsrecht entspricht dem Begriff der Kenntnis im Verjährungsrecht nach § 20 Abs. 1 vorbehaltlich einer anderen Auslegung durch den EuGH. Die „missbräuchliche Nichtkenntnis" ist dabei der Kenntnis gleichzusetzen. Es gelten die Ausführungen zu § 20 (§ 20 Rn. 18 f.).   8

7. Duldung

Es handelt sich um einen europäischen Rechtsbegriff. Die Duldung ist das Verhalten, das letztlich zur Verwirkung führt. Eine Duldung ist dann anzunehmen, wenn der Inhaber des prioritätsälteren Kennzeichens *untätig bleibt und keine Maßnahmen gegen den Verletzer ergreift*. Die *Durchführung eines Widerspruchsverfahrens* stellt dagegen eine gegen den Verletzer gerichtete Maßnahme dar. Eine Verwirkung kann daher erst eintreten, wenn der Rechtsinhaber nach Abschluss des Widerspruchsverfahrens nicht innerhalb der Fünfjahresfrist gegen den Verletzer vorgeht.[5] Dies gilt auch, wenn sich der Rechtsinhaber gegen-   9

---

3 *Kochendörfer*, WRP 2001, 1040, 1044.
4 *Ströbele/Hacker*, § 21 Rn. 14.
5 BGH, WRP 1966, 270 = GRUR 1966, 427, 431 – Prince Albert.

über dem Verletzer „alle Rechte vorbehält".[6] Eine Duldung wird man auch dann annehmen müssen, wenn der Rechtsinhaber nach *Abmahnung* nicht konsequent gegen den Verletzer vorgeht, so dass etwa eine Abmahnung ohne nachfolgende konsequente gerichtliche Geltendmachung in angemessener Frist nicht ausreicht, um eine Verwirkung zu verhindern. Voraussetzung ist allerdings die (wenngleich nicht risikolose) Möglichkeit eines rechtlichen Vorgehens (vgl. dazu § 20 Rn. 11 zu paralleler Rechtslage bei Verjährung). Ein Gestattungsvertrag steht einer Duldung entgegen, bedeutet allerdings keinen Verzicht für den Zeitraum nach Ablauf.[7]

8. Keine Bösgläubigkeit

10 Nach dem eng auszulegenden Ausnahmetatbestand („es sei denn") kommt die Schutzrechtsschranke des § 21 nicht zur Anwendung, wenn der begünstigte Inhaber einer eingetragenen Marke die Anmeldung bösgläubig vorgenommen hat oder der begünstigte Inhaber sonstiger Rechte im Zeitpunkt des Rechtserwerbs bösgläubig war. Die Bösgläubigkeit bemisst sich nach europäischen Kriterien. „Bösgläubigkeit" liegt nicht schon dann vor, wenn der Begünstigte bei Anmeldung (Markeninhaber) oder bei Rechtserwerb (sonstiger Kennzeicheninhaber) von der Existenz des älteren Rechts Kenntnis hatte. Vielmehr ist ein zusätzliches *Element der Rechtsmissbräuchlichkeit oder Sittenwidrigkeit* erforderlich. Der Begriff der Bösgläubigkeit im Rahmen des § 21 ist kein anderer als derjenige im Rahmen des § 8 Abs. 2 Nr. 10, der gemäß § 50 Abs. 1 einen Löschungstatbestand begründet. Es kann daher auf die Kommentierung zu § 8 Abs. 2 Nr. 10 verwiesen werden.

9. Keine sonstigen Anforderungen

11 § 21 Abs. 1, 2 enthält keine weiteren Anforderungen. Weder kommt es darauf an, ob der Begünstigte einen schutzwürdigen Besitzstand erlangt hat, noch darauf, ob der Begünstigte gutgläubig i. S. d. allgemeinen Grundsätze zur Verwirkung gehandelt hat. Im Rahmen des § 21 Abs. 1, 2 geht es nicht in erster Linie um Vertrauensschutz, sondern um Rechtssicherheit.

10. Koexistenz

12 Die Folge der Verwirkung ist nach § 21 Abs. 3 die Koexistenz von prioritätsälterem und prioritätsjüngerem Rechtsinhaber. Die Rechte des prioritätsälteren Zeicheninhabers sind ausschließlich gegenüber dem prioritätsjüngeren Zeicheninhaber verwirkt. Ob Verwirkung gegenüber Dritten eintritt, etwa Lizenznehmern des prioritätsjüngeren Rechtsinhabers, ist selbstständig zu beurteilen.

---

6 BGH, WRP 1963, 247 = GRUR 1963, 478, 481 – Bleiarbeiter.
7 BGH, WRP 2006, 96 – BOSS-Club.

III. Verwirkung – allgemeine Grundsätze (§ 21 Abs. 4)

1. Regelungsbereich

§ 21 Abs. 4 lässt die allgemeinen Grundsätze zum Einwand unzulässiger Rechtsausübung **13** wegen Verwirkung, wie er durch die Rechtsprechung entwickelt wurde, unberührt. Nach bislang beinahe durchgehend vertretener Auffassung[8] und wohl auch nach dem Willen des Gesetzgebers[9] sollen die anerkannten Rechtsgrundsätze zur Verwirkung nicht nur außerhalb des Regelungsbereichs des § 21 Abs. 1, 2, d.h. *im Verhältnis von prioritätsälterem Inhaber eines Kennzeichens und Benutzer eines Kennzeichens, der sich nicht auf ein eigenes Recht berufen kann,* sondern gerade auch innerhalb des Regelungsbereichs des § 21 Abs. 1, insoweit als zusätzliche Schutzrechtsschranke, gelten.[10] Allerdings geht der BGH – ohne auf die Vereinbarkeit mit europäischem Recht einzugehen – auch in jüngster Zeit von der uneingeschränkten Anwendbarkeit der allgemeinen Regeln aus, wenngleich es im Ergebnis hierauf im Einzelfall nicht ankam.[11]

Diese Auslegung wird den Vorgaben der Markenrechtsrichtlinie jedoch nicht gerecht. **14** Art. 9 Abs. 1 Markenrechtsrichtlinie bezweckt eine umfassende Harmonisierung der Verwirkung der Rechte einer prioritätsälteren Marke im Hinblick auf die Duldung der Benutzung einer prioritätsjüngeren eingetragenen Marke, soweit Rechte aus § 14 Abs. 2 Nr. 1, 2 berührt sind.[12] Es ist nicht einsichtig, warum insoweit etwas anderes als zu Art. 5 Markenrechtsrichtlinie, der die „Rechte aus der Marke" betrifft, und Art. 7 Markenrechtsrichtlinie, der die „Erschöpfung des Rechts aus der Marke" regelt, gelten soll. In dem Umfang, in dem eine umfassende Harmonisierung der Vorschriften über die Rechte aus der Marke erfolgt, bleibt für einen weitergehenden Schutz des Markeninhabers durch den nationalen Gesetzgeber kein Raum.[13] *Genauso wenig bleibt Raum für eine durch den nationalen Gesetzgeber zusätzlich errichtete Schutzrechtsschranke.* Nicht anders als Art. 6 f. Markenrechtsrichtlinie[14] dient auch Art. 9 Abs. 1 Markenrechtsrichtlinie dazu, die grundsätzlichen Interessen des Markenschutzes einerseits und des freien Warenverkehrs sowie der Dienstleistungsfreiheit im Gemeinsamen Markt andererseits in der Weise in Einklang zu bringen, dass das Markenrecht seine Rolle als wesentlicher Teil eines Systems unverfälschten Wettbewerbs erfüllen kann. Diese Auslegung ist die einzige, die die Verwirklichung des Zwecks der Markenrechtsrichtlinie, das Funktionieren des Binnenmarktes zu schützen, in vollem Umfang zulässt. Denn auch Art. 9 Abs. 1 Markenrechtsrichtlinie legt die Rechte von Inhabern von Marken gegenüber Dritten im Binnenmarkt verbindlich fest.[15] Art. 9 Abs. 1 Markenrechtsrichtlinie enthält dagegen weder einen Mindest- noch einen Höchststandard. Dies gilt umso mehr, als die Präambel der Markenrechtsrichtlinie die Bedeutung der Rechtssicherheit zur Verhinderung der Verfälschung der Wettbewerbsbedingungen im Gemeinsa-

---

8 A. A. bereits *Knaak*, GRUR 2001, 26; *Ströbele/Hacker*, § 21 Rn. 62.
9 Begründung des Gesetzentwurfs, BlPMZ Sonderheft 1994, S. 73.
10 Zweifelnd nunmehr auch: *Ingerl/Rohnke*, § 21 Rn. 19 ff.
11 BGH, WRP 2008, 1532 – HAUS & GRUND II; WRP 2008, 1192 – HEITEC; WRP 2006, 96 – BOSS-Club; weitere Nachweise zur Rechtsprechung bei *Ingerl/Rohnke* § 21 Rn. 21.
12 Vgl. *Knaak*, GRUR 2001, 26.
13 EuGH, GRUR Int. 1998, 695, 696 – Silhouette zu Art. 5–7 Markenrechtsrichtlinie; so auch EuGH, GRUR Int. 1999, 870, 872 – Docksides/Sabega.
14 Dazu EuGH, WRP 1999, 407, 413 = GRUR Int. 1999, 438 – BMW/Deenik.
15 Vgl. EuGH, GRUR Int. 1998, 695, 697 – Silhouette, zu Art. 5–7 Markenrechtsrichtlinie.

men Markt hervorhebt. Den allgemeinen Grundsätzen über die Verwirkung von Ansprüchen liegt dagegen eine umfassende Interessenabwägung zugrunde, die mit der Rechtssicherheit in Konflikt steht. Eine endgültige Klärung wird nur durch den EuGH erfolgen können. Bislang konnte der BGH,[16] da die Voraussetzungen gemäß § 21 Abs. 4 MarkenG i.V.m. § 242 BGB ohnehin nicht erfüllt waren, von einer Vorlage an den EuGH absehen.

15 Aber auch soweit § 21 von der nach der Markenrechtsrichtlinie eingeräumten fakultativen Möglichkeit Gebrauch macht, die Rechte an Benutzungs- oder Notorietätsmarken oder sonstigen geschäftlichen Bezeichnungen einzuschränken, ist § 21 – nicht anders als § 23[17] und § 24[18] im Hinblick auf geschäftliche Bezeichnungen – einheitlich, und zwar richtlinienkonform auszulegen. Für die Anwendung der allgemeinen Grundsätze ist daher innerhalb des Regelungsbereichs des § 21 Abs. 1, 2 von vornherein kein Raum, mag man auch aus rechtspolitischen Gründen die Aufgabe der bisherigen flexiblen Verwirkungsrechtsprechung bedauern.

2. Allgemeine Grundsätze

16 Die allgemeinen Rechtsgrundsätze erfassen mithin nur solche Kollisionsfälle, in denen sich der Verletzer nicht auf ein eigenes Recht berufen kann, d. h. ein weder als Marke noch als geschäftliche Bezeichnung noch nach § 13 geschütztes Kennzeichen benutzt. Nach allgemeinen Grundsätzen kann der Markeninhaber einen *Unterlassungsanspruch* gegen den Verletzer seiner Marke nicht mehr geltend machen, wenn die Rechtsverfolgung so spät einsetzt, dass der Verletzer, der inzwischen einen *schutzwürdigen Besitzstand* an der angegriffenen Bezeichnung erlangt hat, aufgrund des Verhaltens des Berechtigten annehmen durfte, dieser erlaube oder dulde die Benutzung der Bezeichnung, und wenn deshalb auch unter Würdigung aller sonstigen Umstände des Einzelfalles die verspätete Rechtsverfolgung gegen Treu und Glauben verstößt.[19] Im Rahmen des *Löschungs- und Schadensersatzanspruchs* hängt dagegen der Eintritt der Verwirkung *nicht von dem Bestehen eines schutzwürdigen Besitzstandes* ab. Insoweit genügt ein schutzwürdiges Vertrauen des Verletzers, dass der Rechtsinhaber nicht mehr mit solchen Ansprüchen an ihn herantreten wird.[20] Sowohl die Frage, ob der Verletzer für sein Unternehmen einen schutzwürdigen Besitzstand erlangt hat, als auch die erforderliche Zeitdauer, die für die Erlangung eines schutzwürdigen Besitzstandes erforderlich ist, hängt von den Umständen des Einzelfalls ab.[21]

17 Diese allgemeinen Rechtsgrundsätze, wie sie von der Rechtsprechung entwickelt wurden, müssen zur Meidung von Wertungswidersprüchen allerdings modifiziert werden. So würde

---

16 WRP 2000, 525 = GRUR 2000, 605, 607 – comtes/ComTel; WRP 2004, 1043 = GRUR 2004, 783, 785 – NEURO-Vibolex/Neuro-Fibraflex.
17 BGH, WRP 1999, 931 = GRUR 1999, 992 – BIG PACK.
18 BGH, WRP 2001, 1326 = GRUR 2002, 57 – Adalat.
19 BGH, WRP 2004, 1043 = GRUR 2004, 283, 285 – NEURO-Vibolex/Neuro-Fibralex; WRP 1998, 978 = GRUR 1998, 1034, 1037 – Makalu; BGH, WRP 1989, 717 = GRUR 1989, 449, 451 – Maritim; WRP 1988, 665 = GRUR 1988, 776/778 – PPC; WRP 1985, 210 = GRUR 1985, 389, 390 – Familienname; GRUR 1969, 694, 697 – Brillant; WRP 1960, 163 = GRUR 1960, 183 – Kosaken-Kaffee.
20 BGH, GRUR 2000, 783, 785 – NEURO-Vibolex/Neuro-Fibraflex.
21 Umfassend zur Verwirkung im Kennzeichnungsrecht nach allgemeinen Grundsätzen: *Baumbach/Hefermehl/Köhler*, UWG, § 11 Rn. 2.13–2.36; *Bergmann*, in: Harte/Henning, vor § 8 Rn. 49–60.

es zu nicht gerechtfertigten *Wertungswidersprüchen* führen, wenn der Benutzer, der sich nicht auf ein eigenes Recht, sondern nur auf eine bestehende Benutzungslage berufen kann, besser gestellt wäre als der Inhaber einer eingetragenen Marke oder einer Marke i. S. d. § 4 Nr. 2 oder 3 oder einer geschäftlichen Bezeichnung oder eines sonstigen Rechts i. S. d. § 3. Verwirkung wird daher insoweit auch bei vorheriger Erlangung eines schutzwürdigen Besitzstandes oftmals nur noch nach Ablauf von fünf Jahren eintreten können.

IV. Gemeinschaftsmarkenrecht

Art. 53 GMV sieht eine entsprechende Regelung im Verhältnis des Inhabers von Gemein-   **18** schaftsmarken untereinander und im Verhältnis zwischen Inhaber eines prioritätsälteren nationalen Kennzeichens und Inhaber einer prioritätsjüngeren Gemeinschaftsmarke vor. Hingegen richtet sich der Verwirkungseinwand des Inhabers eines prioritätsjüngeren nationalen Kennzeichenrechts gegen den Inhaber einer älteren Gemeinschaftsmarke – wie § 125b Nr. 3 klarstellt – nach nationalem Recht.[22]

---

22 *Knaak*, GRUR 2001, 26.

§ 22
Ausschluss von Ansprüchen bei Bestandskraft der Eintragung einer Marke mit jüngerem Zeitrang

(1) Der Inhaber einer Marke oder einer geschäftlichen Bezeichnung hat nicht das Recht, die Benutzung einer eingetragenen Marke mit jüngerem Zeitrang für die Waren oder Dienstleistungen, für die sie eingetragen ist, zu untersagen, wenn ein Antrag auf Löschung der Eintragung der Marke mit jüngerem Zeitrang zurückgewiesen worden ist oder zurückzuweisen wäre,

1. weil die Marke oder geschäftliche Bezeichnung mit älterem Zeitrang an dem für den Zeitrang der Eintragung der Marke mit jüngerem Zeitrang maßgeblichen Tag noch nicht im Sinne des § 9 Abs. 1 Nr. 3, des § 14 Abs. 2 Nr. 3 oder des § 15 Abs. 3 bekannt war (§ 51 Abs. 3),

2. weil die Eintragung der Marke mit älterem Zeitrang am Tag der Veröffentlichung der Eintragung der Marke mit jüngerem Zeitrang wegen Verfalls oder wegen absoluter Schutzhindernisse hätte gelöscht werden können (§ 51 Abs. 4).

(2) In den Fällen des Absatzes 1 kann der Inhaber der eingetragenen Marke mit jüngerem Zeitrang die Benutzung der Marke oder der geschäftlichen Bezeichnung mit älterem Zeitrang nicht untersagen.

Literatur: *Knaak,* Zur Einbeziehung des Schutzes der Unternehmenskennzeichen in das neue Markengesetz, FS Beier, 1996, S. 243.

I. Allgemeines

1 § 22 kodifiziert Grundsätze, die unter dem WZG anerkannt waren. § 22 Abs. 1 Nr. 1 bestimmt, dass eine aufgrund *Bekanntheit bzw. Verkehrsgeltung erworbene Schutzrechtserweiterung* vorher entstandene Kennzeichenrechte nicht erfasst.[1] Nach Maßgabe des § 22 Abs. 1 Nr. 2 können *Zwischenrechte* bei Löschungsreife des älteren Zeichens erworben werden. Nach § 22 Abs. 2 kann der Inhaber des jüngeren Rechts gegenüber dem Inhaber des älteren Rechts keine Abwehrrechte wegen des Bestehens älterer Rechte geltend machen. Ein abgewiesener Antrag auf Löschung der Eintragung der Marke erwächst schließlich nach § 22 Abs. 1 in Bestandskraft.

---

1 BGH, WRP 1990, 229 = GRUR 1989, 856, 858 – Commerzbau; GRUR 1956, 172 – Magirus; GRUR 1970, 27, 29 – Ein-Tannen-Zeichen.

II. Berücksichtigung einer erst späteren Bekanntheit § 22 Abs. 1 Nr. 1

§ 22 Abs. 1 Nr. 1 ergänzt § 50 Abs. 3. § 50 Abs. 3 bestimmt, dass der Inhaber einer bekannten Marke oder einer bekannten geschäftlichen Bezeichnung aufgrund des erweiterten Schutzumfanges nach § 14 Abs. 2 Nr. 3 oder § 15 Abs. 3 nicht auf Löschung einer jüngeren Marke vorgehen kann, wenn die Bekanntheit zum Zeitpunkt der Anmeldung der jüngeren Marke noch nicht vorlag. § 22 Abs. 1 Nr. 1, Abs. 2 schließt weitere Verletzungsansprüche explizit aus. § 22 Abs. 1 Nr. 1, Abs. 2 ist damit Ausdruck eines allgemeinen Rechtsgedankens. Einem Kennzeichenrecht kann eine nach dessen Priorität entstehende Bekanntheit nicht entgegengesetzt werden. § 22 Abs. 1 Nr. 1, Abs. 2 findet daher analog auf den Fall eines durch Benutzung entstandenen Kennzeichenrechts wie für ein Unternehmenskennzeichen Anwendung.[2] Anstelle der Anmeldung tritt bei sonstigen Kennzeichenrechten der Zeitpunkt der Erlangung eines Kennzeichenschutzes.[3]

III. Zwischenrechte nach § 22 Abs. 1 Nr. 2

§ 22 Abs. 1 Nr. 2, Abs. 2 ergänzt § 51 Abs. 4. § 51 Abs. 4 bestimmt, dass dem Inhaber einer älteren Marke kein Anspruch auf Löschung einer jüngeren Marke zusteht, wenn die ältere Marke am Tag der Veröffentlichung der Eintragung der jüngeren Marke wegen Verfalls nach § 49 oder wegen absoluter Schutzhindernisse nach § 50 löschungsreif war. Eine Vorverlegung dieses Zeitraumes auf den Zeitpunkt der Anmeldung, wie dies unter dem WZG der Fall war, ist dagegen aufgrund des vom Gesetzgeber bewusst geänderten Anknüpfungspunktes nicht möglich.

Nach dem Wortlaut sowohl von § 51 Abs. 4 als auch des § 22 Abs. 1 Nr. 2 ist Voraussetzung für den Ausschluss der Abwehransprüche, dass die Löschungsreife zum Zeitpunkt der Veröffentlichung der Eintragung gegeben war. Im Falle der Heilung der Löschungsreife zwischen Anmeldung und Veröffentlichung der Eintragung leben die Abwehransprüche wieder auf. Erst recht sind Abwehransprüche ausgeschlossen, wenn die Veröffentlichung der Eintragung schon vor Eintritt der Löschungsreife der älteren Marke erfolgte.[4] Die vorherige Veröffentlichung erhöht die Schutzwürdigkeit des Markeninhabers. § 22 Abs. 1 Nr. 2 ist daher auf diesen Fall analog anzuwenden. Wie im Fall des § 22 Abs. 1 Nr. 1 ist § 22 Abs. 1 Nr. 2 auf durch Benutzung entstandene Kennzeichenrechte ebenfalls analog anzuwenden.[5]

§ 22 Abs. 1 Nr. 2 Alt. 2 (absolute Schutzhindernisse) ist auf Fälle beschränkt, in denen die Löschungsreife der prioritätsälteren Marke im Löschungsverfahren vor dem DPMA nach § 54 MarkenG nicht (mehr) geltend gemacht werden kann. Zum einen betrifft dies die Fälle, in denen die 10-Jahresfrist des § 50 Abs. 2 S. 2 abgelaufen ist. Zum anderen betrifft dies den Fall, dass das absolute Schutzhindernis im Hinblick auf die prioritätsältere Marke entfallen ist, so dass ein Löschungsverfahren keinen Erfolg haben könnte (§§ 50 Abs. 2 S. 1,

2   BGH, WRP 2003, 647 = GRUR 2003, 428, 431 – BIG BERTHA; *Knaak*, FS Beier, 1996, S. 248.
3   BGH, WRP 2003, 647 = GRUR 2003, 428, 431 – BIG BERTHA.
4   *Ingerl/Rohnke*, § 22 Rn. 10.
5   *Ingerl/Rohnke*, § 22 Rn. 16.

54). Dies ergibt sich aus einer teleologischen Reduktion des § 22 Abs. 1 Nr. 2 2. Alt., da die Prüfung der Eintragungsvoraussetzungen im Verhältnis von Eintragungsinstanzen und den Verletzungsgerichten grundsätzlich nur den Eintragungsinstanzen zugewiesen sind[6] (s. auch § 23 Rn. 26).

IV. Koexistenz nach § 22 Abs. 2

6 Nachdem § 22 Abs. 1 bestimmt, wann dem Inhaber eines Kennzeichens mit jüngerem Zeitrang ein Zwischenrecht zusteht, stellt § 22 Abs. 2 klar, dass dem Inhaber des Kennzeichens mit jüngerem Zeitrang umgekehrt auch keine Abwehransprüche gegen den Inhaber des Kennzeichens mit älterem Zeitrang zustehen. Im Fall des § 22 Abs. 1 Nr. 2 Alt. 1 (Verfall) gilt dies allerdings nur, wenn eine Heilung der Löschungsreife nach § 49 Abs. 1 eingetreten ist. Unbeschadet von § 23 Abs. 2 steht allerdings dem Inhaber des Kennzeichens mit jüngerem Zeitrang, wenn es sich dabei um eine angemeldete, aber nicht eingetragene Marke handelt, die Möglichkeit einer Eintragungsbewilligungsklage nach § 44 zu.[7]

V. Gemeinschaftsmarkenrecht

7 Die GMV enthält keine entsprechende Regelung. Auch § 125 verweist nicht ausdrücklich auf § 22. § 22 geht jedoch weitgehend auf allgemeine Rechtsgrundsätze zurück, so dass die Anwendung dieser allgemeinen Rechtsgrundsätze auf die Gemeinschaftsmarke zu ähnlichen Ergebnissen führt.

---

6 BGH, WRP 2003, 1431 – Kinder I.
7 BGH, WRP 2001, 1211 = GRUR 2002, 59, 61 – ISCO.

§ 23
Benutzung von Namen und beschreibenden Angaben; Ersatzteilgeschäft

Der Inhaber einer Marke oder einer geschäftlichen Bezeichnung hat nicht das Recht, einem Dritten zu untersagen, im geschäftlichen Verkehr

1. dessen Namen oder Anschrift zu benutzen,

2. ein mit der Marke oder der geschäftlichen Bezeichnung identisches Kennzeichen oder ein ähnliches Kennzeichen als Angabe über Merkmale oder Eigenschaften von Waren oder Dienstleistungen, wie insbesondere ihre Art, ihre Beschaffenheit, ihre Bestimmung, ihren Wert, ihre geografische Herkunft oder die Zeit ihrer Herstellung oder ihrer Erbringung zu benutzen, oder

3. die Marke oder die geschäftliche Bezeichnung als Hinweis auf die Bestimmung einer Ware, insbesondere als Zubehör oder Ersatzteil, oder einer Dienstleistung zu benutzen, soweit die Benutzung dafür notwendig ist,

sofern die Benutzung nicht gegen die guten Sitten verstößt.

Übersicht

Literatur: *Biermann*, Kennzeichenrechtliche Probleme des Internet: Das Domain-Namen-System, WRP 1999, 997; *Boeckh*, Markenschutz an Namen und Bildnissen realer Personen, GRUR 2001, 29; *Bottenschein*, Markenrecht versus notwendige Bestimmungshinweise, GRUR 2006, 462; *Büscher*, Koexistenz von Marken und Handelsnamen, MarkenR 2007, 453; *Bücking*, Namens- und Kennzeichenrecht im Internet (Domain-Recht), 1999; *Egerer*, Die markenrechtliche Zulässigkeit beschreibender Angaben im geschäftlichen Verkehr, 2001; *Fezer*, Rechtsverletzende Benutzung einer Marke als Handeln im geschäftlichen Verkehr, GRUR 1996, 566; *ders.*, Der Monopoleinwand im Markenrecht, WRP 2005, 1; *ders.*, Markenschutzfähigkeit der Kommunikationszeichen (§§ 3 und 8 MarkenG) und

Kommunikationsschutz der Marken (§§ 14 und 23 MarkenG), WRP 2010, 165; *Heim*, Der Schutz von Handelsnamen unter dem TRIPS-Übereinkommen, GRUR Int. 2005, 557; *Hotz*, Die rechtsverletzende Markenbenutzung in der neueren Rechtsprechung von EuGH und BGH, GRUR 2003, 993; *Jänich/ Schrader*, Markenrechte und ihre Durchsetzung nach dem Wegfall staatlicher Monopole – „Post", „Telekom" und „Die Bahn" als Marken, WRP 2006, 662; *Jonas/Hamacher*, „MAC Dog" und „shell.de" ade? – Auswirkungen des § 5 Abs. 2 UWG n. F. auf §§ 14, 15 MarkenG und die Schrankenregelung des § 23 MarkenG, WRP 2009, 535; *Keller*, Die zeichenmäßige Benutzung im Markenrecht, GRUR 1996, 607; *Knaak*, Schutzschranken im harmonisierten Markenrecht bei Verwendung von Handelsnamen und geographischen Herkunftsangaben, FS von Mühlendahl, 2005, 83; *Körner/Gründig-Schnelle*, Markenrecht und Produktschutz durch die dreidimensionale Marke, GRUR 1999, 535; *Krieger*, Das Ersatzteil- und Zubehörgeschäft nach dem Marken- und Wettbewerbsrecht, WRP 2000, 929; *Kunz-Hallstein*, TRIPS und das Verhältnis des Schutzes der Handelsnamen zu Marken, FS Schricker 2006, S. 827; *Kur*, Confusion Over Use? – Die Benutzung „als Marke" im Lichte der EuGH-Rechtsprechung, GRUR Int. 2008, 1; *Lange*, Das System des Markenschutzes in der Rechtsprechung des EuGH, WRP 2003, 323; *ders.*, Der Konflikt zwischen Marke und Unternehmenskennzeichen nach der Céline-Entscheidung des EuGH, MarkenR 2007, 457; *von Linstow*, Unterschiedliche Benutzungszwecke – markenmäßige Benutzung und § 23 Nr. 2 MarkenG, GRUR 2009, 111; *ders.*, Die Verwendung fremder Zeichen zur Bezeichnung fremder Waren, WRP 2000, 955; *Nägele*, Die Benutzung fremder Marken im Rahmen von Werbevergleichen, MarkenR 1999, 177; *Parmentier/Steer*, Die Konzernfirma nach dem Ende der Unternehmensverbindung, GRUR 2003, 196; *Piper*, Der Schutz der bekannten Marken, GRUR 1996, 429; *Plaß*, Neue Grundsätze für das Recht der Gleichnamigen?, WRP 2000, 40; *Raßmann*, Der Schutz des Freihaltebedürfnisses im Rahmen von § 23 MarkenG, GRUR 1999, 379; *Rohnke*, Das rechtsverletzende Unternehmenskennzeichen nach dem EuGH-Urteil Anheuser-Busch/Budvar, FS Ullmann 2006, 359; *ders.*, Marke, Meinung, Kunst, FS Schricker 2005, 869; *Sack*, Die unlautere Ausnutzung des Rufs von Marken im Marken- und Wettbewerbsrecht, WRP 2011, 165; *Sacré/Kops*, Können Bildmarken als Bestimmungs- und Verwendungshinweise notwendig i. S. v. § 23 Nr. 3 MarkenG sein?, MarkenR 2007, 468; *Scholz;* Die Änderung der Gleichgewichtslage zwischen namensgleichen Unternehmen und das Recht auf die Namensmarke, GRUR 1996, 679; *v. Schultz*, Zu den Privilegierungstatbeständen des § 23 MarkenG, GRUR 1997, 408; *Starck*, Markenschutz – Bemerkungen zum Schutz gegen Rufausnutzung und Rufausbeutung, MarkenR 2000, 73; *ders.*, Markenmäßiger Gebrauch – besondere Voraussetzung für die Annahme einer Markenverletzung?, GRUR 1996, 688; *Teplitzky*, Kombinationen beschreibender Buchstaben als Marken für Kraftfahrzeuge und deren Bestandteile, WRP 1999, 461; *Wolf*, Die Schutzschranke des § 23 MarkenG, 2002, KWI, Bd. 3.

I. Allgemeines

1 § 23 beschränkt die Rechte aus Marken und geschäftlichen Bezeichnungen. Die Schutzrechtsschranke des § 23 ist ein erforderliches *Korrektiv zu dem weiten Benutzungsbegriff* der §§ 14 Abs. 2, 15 Abs. 2, um so die Interessen des Inhabers eines Ausschließlichkeitsrechts mit den widerstreitenden Interessen Dritter auf Ausübung ihrer Gewerbefreiheit und der Allgemeinheit in Einklang zu bringen.

2 Als Schrankenbestimmung setzt § 23 die Bejahung eines *Verbotstatbestands nach §§ 14, 15* voraus.[1] Die Benutzung von Namen oder Anschriften (Nr. 1), Angaben über Merkmale und Eigenschaften von Waren oder Dienstleistungen (Nr. 2) und Hinweise auf die Bestimmung von Waren oder Dienstleistungen (Nr. 3) werden von den Verbotstatbeständen der §§ 14, 15 freigestellt, sofern die Benutzung nicht gegen die guten Sitten verstößt. Alle drei Fallgruppen des § 23 stehen damit unter dem Vorbehalt der Lauterkeit.

---

1 BGH, WRP 1999, 931 – BIG PACK; WRP 1998, 752 – Fläminger.

Für *bekannte Kennzeichen* nach § 14 Abs. 2 Nr. 3, 15 Abs. 3 hat § 23 allerdings keinen eigenständigen Anwendungsbereich. Denn bei bekannten Marken steht schon der Verletzungstatbestand, wie sich aus dem Tatbestandsmerkmal „ohne rechtfertigenden Grund in unlauterer Weise" ergibt, unter einem Lauterkeitsvorbehalt, der eine umfassende und flexible Interessenabwägung ermöglicht.[2]   **3**

§ 23 ist nach dem MarkenG eigenständig, insbesondere im Lichte der für markenrechtliche Ansprüche korrespondierenden Regelung des Art. 7 Markenrechtsrichtlinie auszulegen. Die Schranken, die sich aus § 23 und § 16 WZG ergeben, stimmen dagegen nicht überein. Zu der zu bejahenden Frage, ob ein *markenmäßiger Gebrauch* nach neuem Recht *ungeschriebenes Tatbestandsmerkmal* von § 14 und ein *firmenmäßiger Gebrauch* ungeschriebenes Tatbestandsmerkmal von § 15 ist, kann auf die Kommentierung zu §§ 14, 15 verwiesen werden (dort § 15 Rn. 12–19).   **4**

§ 23 MarkenG schränkt die Geltendmachung von Rechten aus Kennzeichen unterschiedslos ein. Der Grundsatz der *Einheit der Kennzeichnungsrechte* gebietet, dass § 23 einheitlich nach übereinstimmenden Grundsätzen, und zwar richtlinienkonform ausgelegt wird.[3] Im Hinblick auf geschäftliche Bezeichnungen kann insbesondere nicht ohne Weiteres auf die zu § 16 UWG a. F. ergangene Rechtsprechung zurückgegriffen werden, auch wenn die Markenrechtsrichtlinie keine Vorgaben zu §§ 5, 15 enthält.   **5**

Für die Voraussetzungen der Schrankenbestimmung des § 23 trägt der Verletzer die *Beweislast*, sowie umgekehrt der Markeninhaber für die Tatbestandsvoraussetzungen der Verletzungstatbestände beweislastpflichtig ist. Dagegen trägt der Schutzinhaber die Beweislast für die Schrankenbestimmung des § 23 (Verstoß gegen die guten Sitten).[4] Es bleibt damit bei dem allgemeinen Grundsatz, dass jede Partei für die ihr günstigen Tatsachen die Beweislast trägt.[5]   **6**

§ 23 gilt auch für *Kollektivmarken*. § 100 Abs. 1 sieht für Kollektivmarken darüber hinaus eine zusätzliche Schutzrechtsschranke vor.   **7**

II. Namen oder Anschriften (Nr. 1)

1. Anwendungsbereich

Die Bedeutung des Namensprivilegs des § 23 Nr. 1 war in der Rechtsprechung zunächst gering. Der Namensbegriff als solcher war unklar. Einvernehmen bestand nur darin, dass mit „Name" der bürgerliche Name und nicht jede geschäftliche Bezeichnung gemeint ist.[6] Streitig war bereits, ob beim bürgerlichen Namen nur der Nachname oder auch der Vorname geschützt ist. Aufgrund des engen systematischen Zusammenhangs zwischen Art. 5 Abs. 1 und Art. 6 Abs. 1 der Markenrechtsrichtlinie hat der EuGH entschieden, dass Art. 6   **8**

---

2 BGH, WRP 2002, 694 = GRUR 2002, 622, 625 – shell.de; WRP 1999, 931 – BIG PACK; WRP 2009, 839 Rn. 34 – POST/RegioPost; WRP 2009, 1526 Rn. 37 – DAX.

3 BGH, WRP 1999, 931 – BIG PACK.

4 Vgl. *Rohnke*, FS Ullmann, S. 359, 369.

5 *Wolf*, Rn. 263.

6 Begründung des Gesetzentwurfs, BlPMZ Sonderheft 1994, 74; Protokollerklärung zur Markenrechtsrichtlinie/GMV.

Abs. 1 Markenrechtsrichtlinie und damit § 23 Nr. 1 nicht auf die Benutzung des bürgerlichen Namens beschränkt ist, sondern „jedwede Gesellschaftsbezeichnung oder Handelsname" erfasst,[7] d. h. jedwede Unternehmenskennzeichnung i. S. einer Namensfirma, die unabhängig von einer rechtlichen Verpflichtung hierzu oder Berechtigung einen bürgerlichen Namen enthält. § 23 Nr. 1 unterfallen damit alle originären oder abgeleiteten Unternehmenskennzeichen, die aus einem bürgerlichen Namen bestehen oder diesen als Firmenbestandteil enthalten. Dies hat auch der BGH in seiner Entscheidung „Peek & Cloppenburg"[8] anerkannt. Damit ist nunmehr auch das sogenannte Recht der Namensgleichen in § 23 Nr. 1 verortet. § 23 Nr. 1 grenzt relevante Namen von sonstigen geschäftlichen Bezeichnungen ab.[9] Anschriften sind Angaben von Ort, Straße, Hausnummer oder vergleichbarer ortsüblicher Daten, dagegen nicht willkürliche Angaben oder Verfremdungen und damit auch keine Internet-Domain-Namen,[10] Telegrammadressen, Fernsprechnummern und Fernschreibkennungen,[11] E-Mail-Adressen[12] und Adressbestandteile.[13]

9 Die zutreffende Auslegung des § 23 Nr. 1 kann nur unter Berücksichtigung der systematischen Stellung des § 23 Nr. 1 – auch im Verhältnis zu § 23 Nr. 2 – gefunden werden. Im Verhältnis zu Kennzeichen untereinander entscheidet – im Rahmen der Verwechslungsgefahr und der Benutzung für identische oder ähnliche Waren oder Dienstleistungen bzw. Branchenidentität und Branchenähnlichkeit – die Priorität darüber, wem die besseren Rechte zukommen. Das Namensprivileg stellt keinen Freibrief dar, einen Namen als Marke im Falle einer Kollision mit einem prioritätsälteren Kennzeichen zu benutzen, das in redlicher Weise angemeldet wurde. So berechtigt etwa der Name „Pablo Picasso" nicht, ein Kosmetikum unter der Bezeichnung „Picasso" zu vertreiben, wenn für die Tochter „Paloma Picasso" die Marke „Paloma Picasso" für Kosmetika eingetragen ist.[14]

10 Auch wenn nunmehr das Recht der Gleichnamigen umfassend in § 23 Nr. 1 anzusiedeln ist (so schon amtliche Begründung zu § 23 Abs. 2), kommt dem Recht der Gleichnamigen schwerpunktmäßig Bedeutung in dem durch die Markenrechtsrichtlinie nicht harmonisierten, in §§ 5, 15 MarkenG geregelten Bereich zu. Die Kommentierung des Rechts der Gleichnamigen erfolgt aufgrund dieses Schwerpunktes daher im Rahmen des § 15. Grundsätzlich betrifft das Gleichnamigenrecht nur einen firmenmäßigen Namensgebrauch. Es kann daraus nicht das Recht abgeleitet werden, den Namen auch zur Kennzeichnung von Waren oder Dienstleistungen zu benutzen.[15] Nur ausnahmsweise kann das Recht der Gleichnamigen den Schutzbereich einer Marke einschränken, etwa wenn es für den Namensträger einer schöpferischen Gestaltung unzumutbar ist, auf seinen Namen als Markenbestandteil zu verzichten.[16] Aber auch dann kommt eine Privilegierung nur in Betracht, wenn der Namensträger alles Erforderliche und Zumutbare unternimmt, um einer Ver-

---

7 EuGH, GRUR 2005, 153 Rn. 82 – Anheuser-Busch; GRUR 2007, 971 Rn. 31 f. – Céline.
8 WRP 2010, 880 Rn. 19 ff.
9 Zu Einzelheiten des Privilegierungstatbestandes, *v. Schultz*, GRUR 1997, 409, 412.
10 *Ubber*, WRP 1987, 506; a. A. *Kur*, CR 1996, 593.
11 BGH, GRUR 1986, 475, 476 – Fernschreibkennung.
12 *Bücking*, S. 75 Rn. 128.
13 OLG Hamburg, GRUR-RR-2006, 28, 231, unschädlich dagegen Abwandlung Eden 1 gegenüber Eden.
14 OLG Köln, NJWE-WettbR 1997, 181, 184 – Picasso.
15 BGH, GRUR 1966, 944, 501 – Merck.
16 BGH, WRP 1991, 477 = GRUR 1991, 475 – Caren Pfleger; GRUR 2011, 835, 836 – Gartencenter Pötschke.

wechslungsgefahr entgegenzuwirken, also insbesondere seinem Namen unterscheidende Zusätze anfügt.

§ 23 Nr. 1 stellt richtiger Auffassung nach nur klar, dass – dies ist mangels Verbotstatbe- **11** standes selbstverständlich – die nicht kennzeichenmäßige Benutzung eines Namens zulässig ist. Bei kennzeichenmäßiger Benutzung hat § 23 Nr. 1 dagegen neben § 23 Nr. 2 keinen eigenen Anwendungsbereich.

§ 23 Nr. 1 stellt schließlich für die Anschrift klar, dass es sich dabei – dies ist selbstver- **12** ständlich – um (soweit überhaupt eine nach den Verletzungstatbeständen relevante Benutzungshandlung vorliegt) eine Angabe über ein Merkmal gemäß § 23 Nr. 2 handelt.

2. Anwendungsfälle

Das Recht der Gleichnamigen ist nunmehr im Rahmen des § 23 Nr. 1 zu prüfen. Anwen- **13** dungsfälle des § 23 Nr. 1 liegen aber auch außerhalb des Rechts der Gleichnamigen vor. § 23 Nr. 1 ist insoweit neben § 23 Nr. 2 anwendbar und stellt die speziellere Vorschrift vor, wenn es sich bei den Namen oder der Anschrift um eine *Angabe* über *Merkmale von Waren oder Dienstleistungen handelt.* Von § 23 Nr. 1 gedeckt ist damit nur eine Art der Benutzung, bei der der bloße Namenscharakter der persönlichen Angaben deutlich zu erkennen bleibt, etwa wenn der Name hinter einer Ware hervorgehoben werde.[17] Beispielsweise hat das OLG Hamburg[18] bereits eine Verwechslungsgefahr zwischen dem Firmenschlagwort und der Marke Eden einerseits und der Marke „WEINGARTEN Eden" sowie des Wort-/ Bildzeichens WEINGARTEN Eden auf einem Weinblatt andererseits verneint und sich ergänzend u. a. auf § 23 Nr. 1 MarkenG berufen. Nach § 23 Nr. 1 MarkenG seien Unterlassungsansprüche jedenfalls ausgeschlossen, wenn sich der Geschäftssitz des Verwenders auf dem Gelände eines ehemaligen Weinbaugebietes befinde und zudem in dem Ortsteil „Eden 1" einer Gemeinde liege. Weiter hat etwa das OLG Hamburg[19] in einem Fall, in dem neben der Textilmarke „BELOTEX" unter Voranstellung einer beschreibenden Bezeichnung wie z. B. „zauberhafte Bettwäsche" auf den weitgehend unbekannten Entwickler mit „Styled by Guccio Gucci" (in Form einer Unterschrift) hingewiesen wurde, eine Verletzung der Marken „Guccio Gucci" und „Gucci" verneint, weil dieser Zusatz erkennbar nur die Individualität des Entwicklers, wozu die Form einer Unterschrift typisch sei, kennzeichne. Das OLG Hamburg verneinte auch die gesondert zu prüfende Unlauterkeit, da dem Verkehr zunehmend die Übung begegne, dass die Person des Gestalters bei dem Angebot einer Ware hervorgehoben werde. Dazu, dass auch ein Name eine auf die Beschaffenheit einer Ware hindeutende Angabe darstellen kann, verweisen *Baumbach/Hefermehl,*[20] wenngleich zum WZG, auf die Entscheidung „Sauerbruch".[21] Danach stellt die Angabe von Arztnamen in einem Katalog chirurgischer Instrumente keine Markenverletzung dar, wenn erkennbar nur auf die geistigen Urheber der Instrumente, nicht aber auf ihre Herkunft hingewiesen wird. Nicht anders verhält es sich bei der erkennbaren Verwendung des Na

---

17 *Keller,* GRUR 1996, 607, 612.
18 GRUR-RR 2006, 228.
19 WRP 1997, 106, 110 – Gucci.
20 § 15 WZG Rn. 38.
21 RG, GRUR 1940, 368.

mens eines Erfinders zur Bezeichnung einer Heilmethode.[22] Auch bei einer Verwendung von Künstlernamen auf Vervielfältigungsstücken ist eine Freistellung durch § 23 Nr. 1 erwägenswert.[23]

14 Die Schranken-Schranken-Bestimmung, wonach eine Kennzeichenverletzung gleichwohl vorliegt, wenn die Benutzung gegen die guten Sitten verstößt, findet ihre wesentlichen Anwendungsfälle im Rahmen des § 23 Nr. 2 und wird daher dort behandelt (s. Rn. 31 ff.). Eine Unlauterkeit im Rahmen des § 23 Nr. 1 kann sich etwa in „Strohmannsfällen" ergeben.[24]

III. Beschreibende Angaben (Nr. 2)

1. Anwendungsbereich

a) Problemstellung

15 Die Schutzschranke des § 23 Nr. 2 gewinnt in der Praxis zunehmend an Bedeutung. § 23 Nr. 2 ermöglicht im Rahmen des Lauterkeitsvorbehalts die beschreibende Benutzung von Kennzeichen, sei es identisch oder in einer in den Ähnlichkeitsbereich fallenden Art.

Die dogmatische Stellung von § 23 Nr. 2 im Verhältnis zum Freihaltebedürfnis nach § 8 Abs. 2 Nr. 2, zum kennzeichenmäßigen Gebrauch, d.h. zur Benutzung nach „Art einer Marke" i. S. v. § 14 und zu einem firmenmäßigen Gebrauch nach § 15 und der Verwechslungsgefahr nach §§ 14, 15 wirft zahlreiche Fragen auf.

b) Kennzeichenmäßiger Gebrauch – anfängliche Rechtsprechung

16 Rechtsprechung und Literatur waren zunächst der Rechtstradition unter dem WZG verhaftet. Dort hatte die zu § 23 Nr. 2 weitgehend korrespondierende Norm *§ 16 WZG keinen eigenen Anwendungsbereich*, da die Anwendung für den Fall eines warenzeichenmäßigen Gebrauchs ausdrücklich ausgeschlossen war. Da aber eine kennzeichenmäßige Benutzung schon ein ungeschriebenes Tatbestandsmerkmal für den Verletzungstatbestand war, lag beim Fehlen einer kennzeichenmäßigen Benutzung ohnehin kein Verbotstatbestand vor, so dass es eines Rückgriffs auf § 16 WZG nicht bedurfte. Auch vor diesem Hintergrund ließ der BGH zunächst offen, ob das Erfordernis einer kennzeichenmäßigen Benutzung unmittelbar aus §§ 14, 15 oder aus § 23 Nr. 2 folgt.[25] Es standen sich im Wesentlichen in Rechtsprechung und Literatur *vier Auffassungen* gegenüber. Nach einer in der Rechtsprechung weit verbreiteten – im Einklang zu der Auslegung von § 16 WZG stehenden – Auffassung sollte das Erfordernis eines kennzeichenmäßigen Gebrauchs in den Verletzungstatbeständen der §§ 14, 15 verortet sein und ein kennzeichenmäßiger Gebrauch die Anwendbarkeit

---

22 LG Düsseldorf, GRUR 2000, 334, 335 – Dr. Brügger – auch zur Verwendung ohne Autorisierung durch den Erfinder.
23 Vgl. BPatG 42, 275, 283 – Fr. Marc.
24 Vgl. *Keller*, GRUR 1996, 607, 611.
25 BGH, WRP 1998, 763 = GRUR 1998, 697 – VENUS MULTI; WRP 1999, 189 – Tour de culture; WRP 1999, 931 = GRUR 1999, 992 – BIG PACK.

von § 23 Nr. 2 ausschließen.[26] Nach anderer Auffassung schloss eine kennzeichenmäßige Benutzung zwar den Anwendungsbereich des § 23 Nr. 2 nicht generell aus; allerdings sollte eine markenmäßige Benutzung regelmäßig die Sittenwidrigkeit i.S.v. § 23 Nr. 2 MarkenG begründen.[27] Teilweise wurde die Auffassung vertreten, dass die Abgrenzung zwischen beschreibenden und nichtbeschreibenden Angaben i.S.v. § 23 Nr. 2 MarkenG keine andere als die von einer nicht kennzeichenmäßigen und kennzeichenmäßigen ist. Nur vereinzelt wurde dagegen die Auffassung vertreten, dass die Prüfung der kennzeichenmäßigen Benutzung im Rahmen der Verletzungstatbestände der §§ 14, 15 erfolge, eine nicht kennzeichenmäßige Benutzung kein ungeschriebenes Tatbestandsmerkmal von § 23 Nr. 2 sei und eine kennzeichenmäßige Benutzung auch nicht regelmäßig die Unlauterkeit indiziere.[28]

c) Kennzeichenmäßiger Gebrauch – gewandelte Rechtsprechung

Der BGH hat sich allerdings mittlerweile festgelegt, dass es sich bei dem Erfordernis einer *kennzeichenmäßigen* Benutzung schon um eine *Grundvoraussetzung der Verletzungstatbestände* handelt.[29] Daraus folgt aber auch, dass § 23 Nr. 2 für den Fall einer kennzeichenmäßigen Benutzung als Schutzrechtsschranke nicht (regelmäßig) ausscheidet, weil § 23 Nr. 2 ansonsten keinen Anwendungsbereich hätte. **17**

Die Rechtsprechung des EuGH war zunächst zu der Frage, ob es sich bei einer markenmäßigen Benutzung oder Benutzung „nach Art einer Marke" um eine Grundvoraussetzung der Verletzungstatbestände handelt und inwieweit eine markenmäßige Benutzung einer Anwendung des § 23 Nr. 2 entgegensteht, unklar. Im Wesentlichen standen sich gegenüber die Entscheidung „Windsurfing Chiemsee"[30] und „BMW/Deenik".[31] In der Entscheidung *Windsurfing Chiemsee* hatte der EuGH als obiter dictum ausgeführt, dass Art. 6 Abs. 1 lit. b) Markenrechtsrichtlinie (entspricht § 23 Nr. 2) Dritten nicht das Recht einräume, eine beschreibende Angabe als Marke zu verwenden. **18**

Dagegen hatte der EuGH in der Entscheidung BMW/Deenik festgestellt, dass die markenrechtlichen Abwehransprüche des Art. 5 Markenrechtsrichtlinie den Gebrauch des Zeichens als Marke zur Voraussetzung haben. Bei vorliegender markenmäßiger Benutzung sei erst auf einer zweiten Stufe zu prüfen, ob beim Wiederverkauf die Schrankenbestimmung des Art. 7 (entspricht § 24) und im Falle einer sonstigen markenmäßigen Benutzung die Schrankenbestimmung des Art. 6 Abs. 1 lit. b) (entspricht § 23 Nr. 2) erfüllt sei.

---

26 So OLG Nürnberg, GRUR 1996, 206, 207 f. – Leitungsrohre; OLG Köln, GRUR 1999, 66, 68 – DAN/DANNE.

27 OLG Hamburg, GRUR-RR 2002, 256 – 24translate; GRUR-RR 2001, 126 – Intershop; GRUR 1996, 982, 983 – Für Kinder; weitere Nachweise zur Rechtsprechung bei *Wolf*, Rn. 642 Fn. 906 f.

28 S. Nachweise bei BGH, WRP 2002, 547 = GRUR 2002, 613, 615 – GERRY/KERRY Spring; so auch Begründung des Gesetzesentwurfs, BlPMZ Sonderheft 1994, 74.

29 BGH, WRP 2002, 547 = GRUR 2002, 613, 615 – GERRY/KERRY Spring; BGH, WRP 2002, 987 = GRUR 2002, 814 f. – Festspielhaus; WRP 2002, 982 = GRUR 2002, 809 – FRÜHSTÜCKS-DRINK I; WRP 2002, 985 = GRUR 2002, 812 – FRÜHSTÜCKS-DRINK II; WRP 2004, 1364 = GRUR 2004, 947, 948 – Gazoz; WRP 2004, 763 = GRUR 2004, 600, 602 f. – dc-fix/CD-FIX.

30 GRUR 1999, 723.

31 EuGH, WRP 1999, 407 = GRUR Int. 1999, 438.

Auf dieser Linie lag auch die Entscheidung „*Arsenal FC*"[32]. Der EuGH unterschied dabei zwischen tatbestandsmäßiger Benutzung und rechtsverletzender Benutzung. Liege eine tatbestandliche Benutzung vor, müsse geprüft werden, ob im Hinblick auf die Funktionen der Marke eine Benutzung nach Art einer Marke vorliege. Der EuGH ging dabei von einem weiten Begriff einer markenmäßigen Benutzung aus. Es ging um das Anbieten von Fanartikeln wie Schals, auf denen in großen Buchstaben das Wortzeichen „Arsenal", das für den Arsenal FC als Marke eingetragen ist, abgebildet war. An dem Verkaufsstand war ein großes Plakat mit dem Hinweis angebracht, dass die Logos der Dekoration dienen und keinerlei geschäftliche Beziehung zu dem Arsenal FC bestehe. Der EuGH sah dennoch die Hauptfunktion der Marke gefährdet, dem Verbraucher die Ursprungsidentität der mit ihr gekennzeichneten Waren und Dienstleistungen zu garantieren, und zwar durch die Gefahr, dass die Benutzung des Wortes „Arsenal" den Eindruck geschäftlicher Verbindungen zwischen den damit gekennzeichneten Waren und dem Markeninhaber außerhalb der Verkaufssituation begründen könnte.

Nach den Entscheidungen „Windsurfing Chiemsee" und „Arsenal FC" war damit geklärt, dass § 14 MarkenG eine markenmäßige Benutzung erfordert und sich dies unmittelbar aus § 14 ergibt. Nicht geklärt war dagegen die Frage, welche indizielle Bedeutung einer markenmäßigen Benutzung für den Unlauterkeitsvorbehalt des § 23 Nr. 2 zukommt. Zu einer definitiven Klärung konnte auch nicht die EuGH-Entscheidung „Hölterhoff"[33] auf Vorlagebeschluss des OLG Düsseldorf[34] führen. Die Frage des OLG Düsseldorf war darauf gerichtet, ob der Verbotstatbestand einen kennzeichenmäßigen Gebrauch erfordert. In einem Verkaufsgespräch hätte ein Hersteller einer Juwelierin Edelsteine angeboten, die sie mit u. a. für Edelsteine zur Weiterverarbeitung als Schmuckwaren geschützten Marken bezeichnete. Dies geschah, um den besonderen Schliff zu bezeichnen. In dem Verkaufsgespräch wurde aber klargestellt, dass die Edelsteine aus eigener Produktion stammen. Der EuGH unterschied wiederum zwischen einer tatbestandlichen Benutzung und einer in das Ausschließlichkeitsrecht eingreifenden Benutzung. Eine in das Ausschließlichkeitsrecht eingreifende Benutzung liege aber nicht vor, „wenn ein Dritter im Rahmen eines Verkaufsgesprächs die Herkunft der Ware aus seiner eigenen Produktion offenbart und er das betreffende Zeichen ausschließlich zur Kennzeichnung der besonderen Eigenschaften der von ihm angebotenen Ware verbindet, so dass ausgeschlossen ist, dass die benutzte Marke im Verkehr als betriebliches Herkunftszeichen aufgefasst wird". Die Entscheidung „Hölterhoff" des EuGH legte zwar nahe, dass der Verletzungstatbestand eine markenmäßige Benutzung erfordert;[35] wegen der vorgenommenen Interessenabwägung blieb allerdings das Verhältnis zu einer markenmäßigen Benutzung noch unklar.[36]

19   Eine verlässliche Klärung der aufgeworfenen Fragen ist jedoch mittlerweile auf Vorlagebeschluss des BGH *GERRY/KERRY Spring*[37] erfolgt. Der BGH äußerte in diesem Vorlagebeschluss seine Präferenz, dass der markenmäßige Gebrauch Grundvoraussetzung des Verletzungstatbestandes ist und ein markenmäßiger Gebrauch nicht von vornherein vom Anwendungsbereich des § 23 Nr. 2 ausgenommen werden kann. Bei der Prüfung, ob die Benut-

---

32 EuGH, GRUR 2003, 55.
33 EuGH, GRUR 2002, 692.
34 OLG Düsseldorf, WRP 2000, 316 – SPIRIT SUN.
35 So *Lange*, WRP 2003, 323, 325.
36 *Hotz*, GRUR 2003, 993, 999.
37 BGH, WRP 2002, 547 = GRUR 2002, 613.

zung den anständigen Gepflogenheiten in Gewerbe oder Handel entspreche, sei zwar der Umstand einer markenmäßigen Benutzung zu berücksichtigen. Es handele sich aber nur um ein Kriterium, das im jeweiligen Einzelfall einen Verstoß gegen die anständigen Gepflogenheiten in Gewerbe oder Handel (mit-)begründen könne. Es ging um den Konflikt zwischen eingetragenen Wortmarken und geografischen Herkunftsangaben. Die irische Firma KERRY Springwater bot unter markenmäßiger Benutzung von den Wörtern KERRY Spring Erfrischungsgetränke unter Verwendung von Wasser aus der Quelle KERRY SPRING in der irischen Grafschaft Kerry an. Dem standen u. a. für Mineralwasser eingetragene Marken mit dem Bestandteil Gerry und in Alleinstellung entgegen. Die Firma KERRY Springwater verteidigte sich u. a. damit, dass die Bezeichnung „KERRY Spring" innerhalb eines Wort-/Bildzeichens (Etikett) nur beschreibend benutzt werde. Nach Auffassung des BGH sollte die markenrechtliche Beurteilung im Rahmen des Unlauterkeitsvorbehalts davon abhängen, ob die beschreibende Funktion der Angabe ganz oder überwiegend hinter der kennzeichenmäßigen Verwendung zurücktritt. Der EuGH folgte dem BGH in der Entscheidung *Gerolsteiner/Putsch*.[38] Im Falle des Bestehens einer klanglichen Verwechslungsgefahr zwischen einer in einem Mitgliedstaat eingetragenen Wortmarke einerseits und der Angabe der geografischen Herkunft eines aus einem anderen Mitgliedstaat stammenden Erzeugnisses im geschäftlichen Verkehr andererseits könne der Markeninhaber die Benutzung dieser geografischen Herkunftsangabe nur verbieten, wenn die Benutzung nicht den anständigen Gepflogenheiten in Gewerbe oder Handel entspricht. Dieses Tatbestandsmerkmal entspreche der Sache nach der Pflicht, den berechtigten Interessen des Markeninhabers nicht in unlauterer Weise zuwider zu handeln. Es sei dabei Aufgabe des nationalen Gerichts, eine globale Beurteilung aller Umstände des Einzelfalls vorzunehmen. Nach dieser Entscheidung des EuGH kann als geklärt angesehen werden, dass nicht nur der Verletzungstatbestand des § 14 eine markenmäßige Benutzung erfordert, sondern auch, dass eine kennzeichenmäßige Benutzung der Anwendung des § 23 Nr. 2 nicht entgegensteht und die markenmäßige Benutzung bei Prüfung des Unlauterkeitsvorbehalts (mit) zu berücksichtigen ist.

d) Firmenmäßiger Gebrauch

Diese Grundsätze gelten sinngemäß für einen firmenmäßigen Gebrauch als Grundvoraussetzung des Verbotstatbestands des § 15 und dessen Bedeutung im Rahmen des § 23 Nr. 2. Zwar folgt dies noch nicht aus der Rechtsprechung des EuGH, da diese nur den durch die Markenrechtsrichtlinie harmonisierten Bereich betreffen kann. Allerdings ergibt sich dies aus dem Gebot der Einheit des Kennzeichenrechtes, nach dem im Zweifel marken- und firmenrechtliche Grundsätze zur Meidung von Wertungswidersprüchen einheitlich auszulegen sind.[39]   **20**

e) Außerhalb Verletzungsprozess?

§ 23 Nr. 2 als Schrankenbestimmung setzt einen Verletzungstatbestand nach §§ 14, 15 voraus. § 23 Nr. 2 kann dagegen keine Aussage zur Eintragungsfähigkeit von Marken oder des Bestehens einer Verwechslungsgefahr im Rahmen eines Widerspruchs nach § 9 Abs. 1   **21**

---

38 EuGH, GRUR 2004, 234.
39 BGH, WRP 1999, 931 = GRUR 1999, 992, 994 – BIG PACK.

entnommen werden.[40] Aus § 23 Nr. 2 können daher keine Ansprüche auf Eintragung eines angemeldeten oder Löschung eines bestehenden Zeichens hergeleitet werden.

f) Verhältnis zu § 24 und § 23 Nr. 3

22 Die Schutzrechtsschranke des § 24 geht weiter als die des § 23 Nr. 2. § 24 steht nicht unter einem Unlauterkeitsvorbehalt. Der Inhaber eines Kennzeichenrechts kann sich einem Werbehinweis auf erschöpfte Markenprodukte erst aus berechtigten Gründen i. S. d. § 24 Abs. 2 widersetzen. Insbesondere ist der Wiederverkäufer nicht auf die Verwendung der Wortmarke beschränkt, sondern kann grundsätzlich auch eine Wort-/Bildmarke (Logo) benutzen.[41] § 24 geht daher § 23 Nr. 2 als speziellere Schutzrechtsschranke vor.

23 Ein Normenkonflikt zwischen § 23 Nr. 2 und § 23 Nr. 3 besteht dagegen nicht. Bestimmungsangaben nach § 23 Nr. 3, die gerade auf ein betriebliches Herkunftszeichen hinweisen, stellen keine in den Anwendungsbereich von § 23 Nr. 2 fallende beschreibende Angaben dar. Jedenfalls würde § 23 Nr. 3 dem § 23 Nr. 2 vorgehen, weil er mit dem Erfordernis der Notwendigkeit an strengere Maßstäbe geknüpft ist.

g) Entwicklungstendenzen

24 Eine grundsätzliche Klärung der systematischen Stellung von § 23 Nr. 2 im Verhältnis zum kennzeichenmäßigen Gebrauch, dem Freihaltebedürfnis nach § 8 Abs. 2 Nr. 2 und der Verwechslungsgefahr sowie der Bedeutung einer kennzeichenmäßigen Benutzung im Rahmen des Unlauterkeitsvorbehalts ist erst in der jüngsten Rechtsprechung erfolgt. Die zuvor ergangene Rechtsprechung kann daher *nicht unkritisch* übernommen und fortgeführt werden. Insbesondere betreffen viele Entscheidungen vor der grundsätzlichen Klärung der Bedeutung einer kennzeichenmäßigen Benutzung für die Anwendbarkeit von § 23 Nr. 2 die im Rahmen der §§ 14, 15 zu prüfende Grundvoraussetzung eines Verletzungstatbestandes, nämlich die kennzeichenmäßige Benutzung oder Verwechslungsgefahr. Insgesamt ist das *Koordinatensystem* des § 23 Nr. 2 im Verhältnis zu den weiteren Bestimmungen *neu auszutarieren*. Eine randscharfe Unterscheidung zwischen § 23 Nr. 2 und den Tatbestandsmerkmalen der markenmäßigen Benutzung und der Verwechslungsgefahr sowie die dogmatisch zutreffende Zuordnung zu diesen Rechtsinstituten wird sich dabei in der Praxis als schwierig und mitunter überflüssig erweisen. Er wird sich daher auch für die Zukunft nicht vermeiden lassen, dass mit ähnlichen Argumenten eine kennzeichenmäßige Benutzung und Verwechslungsgefahr bejaht, das Eingreifen der Schutzrechtsschranke des § 23 Nr. 2 dagegen verneint wird bzw. vice versa. Eine Akzentverschiebung lässt sich aber nicht übersehen. Während der Gesichtspunkt der kennzeichenmäßigen Benutzung im Rahmen der Verletzungstatbestände zu prüfen ist, schließt eine kennzeichenmäßige Benutzung eine beschreibende Benutzung nach § 23 Nr. 2 nicht aus. Vielmehr setzt § 23 Nr. 2, soll dem Erfordernis einer kennzeichenmäßigen Benutzung ein eigenständiger Anwendungsbereich verbleiben, eine *Unterscheidung von kennzeichenmäßiger und nichtbeschreibender Benut-*

---

40 BGH, WRP 1998, 752 = GRUR 1998, 930 – Fläminger; so auch BPatG, GRUR 2008, 512, Rn. 6 – Ringelnatz; WRP 2002, 1073 = GRUR 1999, 740, 742 – BONUS II; GRUR 2000, 149, 151 – Wallis; MarkenR 2000, 377, 379 – Cloppenburg.
41 BGH, WRP 2003, 1231 = GRUR 2003, 878, 879 f. – Vier Ringe über Audi; WRP 2003, 534 = GRUR 2003, 340 – Mitsubishi; EuGH, WRP 1999, 407 = GRUR Int. 1999, 438 – BMW/Deenik.

Stuckel

zung voraus. § 23 Nr. 2 besagt damit, dass eine markenmäßige Benutzung in bestimmten Konstellationen eine beschreibende Benutzung darstellen kann. Es bleibt abzuwarten, ob diese Erkenntnis auch zu einer *großzügigeren Annahme einer kennzeichenmäßigen Benutzung* führen wird, da auf der zweiten Stufe immer noch die flexible, unter einem Unlauterkeitsvorbehalt stehende Schutzrechtsschranke des § 23 Nr. 2 zu prüfen ist. Schon bislang gilt ein weiter Begriff der kennzeichenmäßigen Benutzung. So liegt ein markenmäßiger Gebrauch nicht nur vor, wenn das Zeichen in der Weise verwendet wird, dass es im Rahmen des Produktabsatzes die gekennzeichneten Waren oder Dienstleistungen von Waren oder Dienstleistungen anderer Unternehmen unterscheidet.[42] Die Unterscheidungsfunktion ist auch betroffen, wenn der Verkehr zu der Annahme geschäftlicher Verbindungen gelangen kann.[43] Für eine kennzeichenmäßige Benutzung reicht es nach der Rechtsprechung des EuGH auch aus, dass die beteiligten Verkehrskreise das Kollisionszeichen zwar als Verzierung auffassen, es wegen der hochgradigen Ähnlichkeit jedoch gedanklich mit der bekannten Marke verknüpfen.[44] Die Hervorhebung einer nicht beschreibenden Angabe außerhalb des Fließtextes[45] oder auch nur die Benutzung eines nicht beschreibenden Wort-/Bildzeichens[46] stellt ebenfalls einen kennzeichenmäßigen Gebrauch dar. Insoweit geht der markenmäßige Gebrauch i. S. d. MarkenG *deutlich über den Begriff des markenmäßigen Gebrauchs unter dem WZG* hinaus. Wegen des Schutzes auch anderer Markenfunktionen als der Herkunftsfunktion lässt sich eine weitere Ausdehnung des Begriffs der kennzeichenmäßigen Benutzung durch die Rechtsprechung im Hinblick auf § 23 Nr. 2 nicht ausschließen. Dagegen steht der Begriff der markenmäßigen Benutzung nach dem MarkenG bislang *insoweit* hinter dem des WZG *zurück*, als nach dem WZG jede blickfangmäßig hervorgehobene Angabe als kennzeichenmäßige Benutzung bewertet wurde. Diese bereits unter dem WZG oftmals als „übertrieben" kritisierte Rechtsprechung hat der BGH[47] unter dem MarkenG zunächst modifiziert und bei beschreibenden Angaben in der Werbung außerhalb der Produktaufmachung aufgegeben.[48] Die Rechtsprechung stellt dabei keine hohe Anforderungen an die Erfassung des begrifflichen Gehalts. Es reicht aus, wenn der Verkehr die Angabe als Bestimmungsangabe auffasst[49] oder nur ungefähre Vorstellungen entwickelt.[50] Nach der Neubestimmung des Koordinationssystems im Verhältnis zu § 23 Nr. 2 ist allerdings neu zu prüfen, ob die erforderlichen Einschränkungen nicht im Rahmen des flexiblen § 23 Nr. 2 vorzunehmen sind, da allein die Annahme einer kennzeichenmäßigen Benutzung die Schutzrechtsschranke des § 23 Nr. 2 nicht ausschließt. Nach der hier vertretenen Auffassung sollte es allerdings bei diesem nur insoweit restriktiveren Begriff der markenmäßigen Benutzung verbleiben, weil § 23 Nr. 2 als Schutzrechtsschranke im Ergebnis

---

42 EuGH, WRP 1999, 407 = GRUR Int. 1999, 438 Tz. 38 – BMW/Deenik; WRP 2005, 222 = GRUR 2005, 162 – SODASTREAM.
43 EuGH, GRUR 2003, 55, 57 Tz. 47 ff. – Arsenal FC.
44 EuGH, GRUR 2004, 58, 60 Tz. 39 – adidas/Fitnessworld.
45 BGH, WRP 2005, 496 = GRUR 2005, 423, 424 f. – Staubsaugerfiltertüten zu § 23 Nr. 3; WRP 1999, 189 = GRUR 1999, 238, 240 – Tour de Culture.
46 Vgl. zu § 24 BGH, WRP 2003, 1231 = GRUR 2003, 878, 879 f. – Vier Ringe über Audi.
47 BGH, WRP 2002, 985 = GRUR 2002, 812, 813 – FRÜHSTÜCKS-DRINK II.
48 BGH, WRP 1999, 931 = GRUR 1999, 992, 994 – BIG PACK; vgl. auch OLG München, GRUR-RR 2002, 12, 13 f. – Mozart; OLG Frankfurt, MarkenR 2000, 145, 146 f. – Pindjur.
49 BGH, GRUR 2002, 812, 813.
50 OLG München, WRP 2002, 1391, 1394 – Mozart.

nur eingreifen kann, wenn besondere Umstände vorliegen, wozu insbesondere allein das Vorliegen gespaltener Verkehrskreise nicht ausreicht (Rn. 35).

2. Verhältnis zum Freihaltebedürfnis

25   § 23 Nr. 2 MarkenG trägt dem berechtigten Interesse der Gewerbetreibenden Rechnung, auf Merkmale von Waren oder Dienstleistungen hinzuweisen, auch wenn diese beschreibenden Angaben mit den Kennzeichen Dritter verwechslungsfähig sind. § 23 Nr. 2 steht insbesondere in unmittelbarem Zusammenhang mit *§ 8 Abs. 2 Nr. 2*, der freihaltebedürftige Angaben von der Eintragung als Marke ausschließt. Dies wird schon durch die Übereinstimmungen im Wortlaut von § 23 Nr. 2 und § 8 Abs. 2 Nr. 2 nahegelegt. § 8 Abs. 2 Nr. 2 soll verhindern, dass Kennzeichen, an denen ein gegenwärtiges oder zukünftiges Freihaltebedürfnis besteht, durch Eintragung als Marke monopolisiert werden. § 23 Nr. 2 schränkt das Recht des Inhabers einer Marke oder einer geschäftlichen Bezeichnung ein und bestimmt, dass die Benutzung einer Kennzeichnung oder einer damit ähnlichen Bezeichnung als Hinweis auf Merkmale einer Ware oder Dienstleistung keine Kennzeichenverletzung darstellt.

26   Allerdings ist das *Verletzungsgericht grundsätzlich an die durch die Eintragung der Marke in die Markenrolle getroffene Entscheidung der Eintragungsinstanzen über die Schutzfähigkeit des Kennzeichens gebunden.* Nach der Aufgabenverteilung zwischen den Eintragungsinstanzen und den Verletzungsgerichten ist Ersteren die Zuständigkeit zur Prüfung der Eintragungsvoraussetzungen zugewiesen. Zum einen soll dadurch eine doppelte Inanspruchnahme und zum anderen widersprechende Entscheidungen vermieden werden. Es fehlt insoweit an der Prüfungszuständigkeit des Verletzungsgerichts.[51] Dies bedeutet aber nur, dass das Verletzungsgericht bei identischer, markenmäßiger und nichtbeschreibender Benutzung für eingetragene Waren und Dienstleistungen (§ 14 Abs. 2 Nr. 1) eine Markenverletzung bejahen muss. Dagegen ist der Verletzungsrichter nicht daran gehindert, eine Verwechslungsgefahr wegen engen Schutzbereiches bei nichtidentischen Waren und Dienstleistungen bzw. nichtidentische Bezeichnungen oder – aufgrund der besonderen Umstände des Einzelfalls – eine markenmäßige Beschreibung zu verneinen oder eine beschreibende Angabe nach § 23 Nr. 2 zu bejahen. Dies gilt schon für zu Recht eingetragene Marken. Erst recht gilt dies für zu Unrecht eingetragene Marken. § 23 Nr. 2 dient insofern auch der *mittelbaren Korrektur von Fehlentscheidungen*.[52]

Für die Auslegung des § 23 Nr. 2 kann grundsätzlich auf die Kommentierung von § 8 Abs. 2 Nr. 2 verwiesen werden. Bei Wortzusammenstellungen kommt es dabei nicht maßgeblich auf einen lexikalischen Nachweis an. Angesichts der in der deutschen Sprache gegebenen Möglichkeiten, beliebig zusammengesetzte Wörter zusammenzustellen, kann eine beschreibende Angabe vielmehr auch *ohne lexikalischen Nachweis* vorliegen.[53] Für die Auslegung von § 8 Abs. 2 Nr. 2 und § 23 Nr. 2 können im Einzelfall aber auch unterschiedliche Kriterien maßgebend sein. § 23 Nr. 2 will nicht die Perpetuierung eines zu weit

---

51 BGH, WRP 2003, 1431 = GRUR 2003, 1040, 1042 – Kinder IU; BGH, WRP 2005, 610 = GRUR 2005, 414, 416 – Russisches Schaumgebäck; WRP 2000, 529 = GRUR 2000, 608 – ARD-1; OLG Stuttgart, WRP 1996, 634, 636 – Baggerparty.

52 Darüber hinausgehend für eine unmittelbare Korrektur: *Ingerl/Rohnke*, § 23 Rn. 55; und für „eindeutige Fälle": *Ströbele/Hacker*, § 23 Rn. 39.

53 BGH, WRP 2002, 982 = GRUR 2002, 809 – FRÜHSTÜCKS-DRINK I.

gehenden Monopolrechts verhindern, sondern einen weitergehenden Interessenausgleich zwischen dem Ausschließlichkeitsrechts des Markeninhabers und der Gewerbefreiheit im Interesse der Mitbewerber und der Allgemeinheit herbeiführen. Daher besteht im Rahmen des § 23 Nr. 2 *keine Notwendigkeit, einem zukünftigen Freihaltebedürfnis Rechnung zu tragen.* Ebenso kann ein *nachträglich entstandenes Freihaltebedürfnis* berücksichtigt werden.[54] Zudem ist im Rahmen des § 23 Nr. 2 auf die konkreten Umstände im Hinblick auf die Benutzung und die angesprochenen Verkehrskreise abzustellen. Dies gilt etwa bei der Benutzung gegenüber besonderen Verkehrskreisen, der Wahl besonderer Vertriebswege und erläuternden Angaben (s. Rn. 35–41).

Die Wechselwirkung zwischen § 23 Nr. 2 und § 8 Abs. 2 Nr. 2 führte zunächst zu einer zunehmend liberaleren Eintragungspraxis, nach der sich das absolute Eintragungsverbot des § 8 Abs. 2 Nr. 2 nur auf die Eintragung des angemeldeten Kennzeichens für diejenigen Waren oder Leistungen bezieht, bei denen ein besonderes Freihaltebedürfnis besteht. Der Gefahr einer Aushöhlung der freizuhaltenden Angabe durch die für ähnliche Waren oder Leistungen eingetragene Marke sollte nicht im Eintragungs- oder Löschungsverfahren, sondern im Verletzungsverfahren durch Begrenzung des Schutzbereiches begegnet werden.[55] Da § 8 Abs. 2 Nr. 2 auch zur Entlastung der Markenrolle unter Geringhaltung des von einer eingetragenen Marke ausgehenden Drohpotenzials dient, setzte sich aber die Erkenntnis durch, dass *§ 8 Abs. 2 Nr. 2 unabhängig von § 23 Nr. 2 auszulegen ist.*[56] § 23 Nr. 2 stellt eine zusätzliche Sicherung der Mitbewerber dar und soll § 8 Abs. 2 Nr. 2 nicht relativieren. Allein dies entspricht auch der Rechtsprechung des EuGH.[57] Aus Gründen der Rechtssicherheit soll sichergestellt werden, dass Marken, die gerichtlich nicht durchgesetzt werden können, nicht eingetragen werden.[58]

3. Verhältnis zur Verwechslungsgefahr

Seinem Wortlaut nach erlaubt § 23 Nr. 2 bestimmte Fälle, die bislang im Rahmen der Prüfung der Verwechslungsgefahr erörtert wurden, dieser Schrankenbestimmung zuzuordnen. Nach diesem Verständnis wäre § 23 Nr. 2 insoweit eine Norm, die einen wichtigen Teilaspekt der Kriterien für eine Verwechslungsgefahr einer speziellen Regelung unterwirft.[59] Dies betrifft die Fälle, in denen Ansprüche aus Marken, die eine *Abwandlung der beschreibenden Angabe* zum Gegenstand haben, zur Unterbindung der Benutzung der beschreibenden Angabe selbst geltend gemacht werden. Weiter betrifft dies Kombinationsmarken, die eine beschreibende Angabe enthalten, wenn daraus Ansprüche gegen die beschreibende Angabe oder *Kombinationszeichen, die die beschreibende* Angabe enthalten, geltend gemacht werden. Zu nennen sind auch die Fälle, in denen Warenähnlichkeit geltend gemacht wird, die Marke sich aber *im Hinblick auf diese Waren als beschreibend* erweist. Dieser

27

---

54 *Ingerl/Rohnke*, § 23 Rn. 49 f.
55 BGH, WRP 1999, 1038 = GRUR 1999, 988, 990 – HOUSE OF BLUES; WRP 1999, 189 = GRUR 1999, 238, 240 – Tour de culture; WRP 1998, 745 = GRUR 1998, 813, 814 – CHANGE; WRP 1997, 758 = GRUR 1997, 634, 636 – Turbo II.
56 BGH, WRP 2000, 1140 = GRUR 2000, 882, 883 – Bücher für eine bessere Welt; BPatG, GRUR 2008, 512 Tz. 6 – Ringelnatz; MarkenR 2005, 342, 344 – Newcastle.
57 WRP 2003, 735 = GRUR 2003, 227 – Libertel; 1999, 723 – Windsurfing Chiemsee.
58 Vgl. auch EuGH, GRUR 2003, 604 Tz. 59 – Libertel.
59 So etwa *Ingerl/Rohnke*, § 23 Rn. 35–37.

Auffassung sollte allerdings ohne Not *nicht gefolgt werden*. Denn dies würde zu einer *gespaltenen Rechtsprechung* im Verletzungsprozess und im Widerspruchsverfahren führen, da § 23 Nr. 2 im Widerspruchsverfahren nicht anwendbar ist (Rn. 21). Ein und der gleiche Gesichtspunkt würde im Verletzungsprozess im Rahmen des § 23 Nr. 2 und im Widerspruchsverfahren im Rahmen der Verwechslungsgefahr erörtert werden. Die einheitliche Auslegung scheint auch die Linie des BGH zu sein. So hat der BGH in der Entscheidung *Kinder I*,[60] in der Rechte aus einer Wort-/Bildmarke „Kinder" und einer Wortmarke „Kinderschokolade" gegen die Benutzung der Marke „Kinder Kram" geltend gemacht wurden, nur zur Verwechslungsgefahr und insbesondere der Prägung der sich gegenüberstehenden Zeichen und nicht zur Schrankenbestimmung des § 23 Nr. 2 ausgeführt. Eine randscharfe Unterscheidung dieser beiden Gesichtspunkte unterblieb allerdings in der zunächst zum MarkenG ergangenen Rechtsprechung.[61] So hat etwa der BGH die Benutzung der Bezeichnung „Tour de Culture" bei der entgegenstehenden Marke „Tour de Kultur" unter dem Gesichtspunkt des § 23 Nr. 2 für zulässig gehalten.[62] Der BGH hat sich dabei auf zwei Gesichtspunkte gestützt. Zum einen werde die Bezeichnung „Tour de Culture" nur in einem Pressebrief in einer im anschließenden Fließtext erläuterten Weise benutzt. Zum anderen verdanke die Marke „Tour de Kultur" ihre Eintragungsfähigkeit nur der Abweichung zu der beschreibenden Angabe „Tour de Culture". Streng genommen betrifft aber nur der erste Gesichtspunkt § 23 Nr. 2, während der zweite Gesichtspunkt ausschließlich der Verwechslungsgefahr zuzuordnen ist. In dieser Entscheidung hätte das Vorliegen einer Verwechslungsgefahr auch dahingestellt bleiben können, da jedenfalls eine nach § 23 Nr. 2 freigestellte beschreibende Benutzung vorliegt.

4. Beschreibende Angaben

28 § 23 Nr. 2 privilegiert die Benutzung einer Bezeichnung „als Angabe über Merkmale oder Eigenschaften von Waren oder Dienstleistungen". In den Schutzbereich des § 23 Nr. 2 fallen danach alle beschreibenden Angaben. Der Begriff der beschreibenden Angabe ist *weit zu fassen*. Bei der mit „insbesondere" eingeleiteten Aufzählung von Merkmalen der Eigenschaften „Art, Beschaffenheit, Bestimmung, Wert, geografische Herkunft und Zeit der Herstellung oder Erbringung" handelt es sich um eine nicht abschließende Aufzählung. § 23 Nr. 2 erfasst etwa, wie schon unmittelbar aus Art. 6 Abs. 1c) Markenrechtsrichtlinie folgt, auch Mengenangaben sowie Gattungsbezeichnungen.[63] Weiter fallen hierunter Angaben über das Gewicht einer Ware, Sortenbezeichnungen, Artangaben, Bestimmungsangaben, Zeitangaben, Sortimentsangaben, sofern sie als Produktnamen verwendet werden, und unmittelbar oder mittelbar beschreibende Bildangaben, beschreibende Verpackungsangaben und verkehrsübliche Abkürzungen deskriptiver Angaben.[64] Bei dem Begriff einer beschreibenden Benutzung ist eine weitgehende Übernahme der Rechtsprechung zu einer freihaltebedürftigen beschreibenden Angabe nach § 8 Abs. 2 Nr. 2 möglich (s. aber Rn. 26).

---

60 BGH, GRUR 2003, 1040.

61 So auch die Hilfsbegründung in der Entscheidung BGH, WRP 2002, 982 = GRUR 2002, 809 – FRÜHSTÜCKS-DRINK I.

62 BGH, WRP 1999, 189 = GRUR 1999, 238 – Tour de Culture.

63 Vgl. *Ingerl/Rohnke*, § 23 Rn. 52.

64 Vgl. *Wolf*, Die Schutzschranke des § 23 MarkenG, Rn. 614.

Zu beachten ist, dass selbst die Verwendung von Kennzeichenschutz genießenden Namen **29**
als inhaltsbeschreibende Bezeichnungen von Druckwerken zulässig sein kann, unabhängig
davon, ob sie auf der Innenseite[65] oder in der Umschlaggestaltung[66] erfolgen. Entscheidend
ist, dass nach der Verkehrsauffassung auf den geistigen Inhalt des Druckwerkes und nicht
auf dessen betriebliche Herkunft hingewiesen wird. Auch dann wird das Produktangebot
des Verlags nicht in Zusammenhang mit den fremden Kennzeichen gebracht. Dies gilt vor
dem Hintergrund der überragenden Bedeutung des Grundrechts der Pressefreiheit umso
mehr. Die Hervorhebung von insbesondere zu Merchandising geeigneten Produkten ohne
Rücksichtnahme auf die Interessen des Kennzeicheninhabers kann aber im Einzelfall die
Gefahr einer auch mittelbaren Herkunftstäuschung (Einräumung einer Lizenz) hervorrufen.[67] Ist der Name einer historischen Persönlichkeit trotz § 8 Abs. 2 Nr. 5 und §§ 22 ff.
KUG[68] als Marke eingetragen, kann bei künstlerischer Auseinandersetzung mit dem Bildnis wie etwa dem Bildnis von Johann Sebastian Bach auf Porzellanwaren eine beschreibende Benutzung vorliegen.[69] Auch für *dreidimensionale Marken* gelten die allgemeinen
Grundsätze. So sind Fälle denkbar, bei denen die dreidimensionale oder auch nur zweidimensionale Benutzung von dreidimensionalen Marken wie etwa bei katalogmäßiger Darstellung existierender Produkte oder zur Erläuterung des Gebrauchszwecks von Hilfspro-
dukten, etwa von Sitzbezügen für Fahrersitze, beschreibend erfolgt.[70]

Die Frage, ob eine beschreibende Angabe oder ein betrieblicher Herkunftshinweis vorliegt, **30**
ist *Tatfrage*. Die Grenzziehung bemisst sich nach der Verkehrsauffassung.[71] Eine beschreibende Angabe liegt schon dann vor, wenn die *Verkehrskreise gespalten* sind und *relevante
Teile* sowohl eine beschreibende als auch eine nichtbeschreibende kennzeichenmäßige Benutzung annehmen.[72] Dabei sind alle Besonderheiten des Einzelfalls und anerkannte Erfahrungssätze zu berücksichtigen. Der Verkehr hat umso weniger Anlass, eine Angabe als
Herkunftshinweis zu verstehen, je größer diesem die Notwendigkeit der Freihaltung dieses
Begriffs für den allgemeinen Gebrauch erscheint.[73] Andererseits spricht – so wie die Bekanntheit des geschützten Kennzeichens – die Anbringung einer Bezeichnung unmittelbar
auf der Ware oder ihrer Verpackung selbst (nicht schon in der Werbung) jedenfalls dann,
wenn sie hervorgehoben wird, grundsätzlich gegen eine beschreibende Benutzung.[74] Weitere Kennzeichnungen können der Annahme einer Benutzung als Herkunftshinweis entgegenwirken, wenn nicht bloß der Eindruck einer Zweitmarke entsteht. Allerdings wird eine
nach Art einer Marke verwendete Angabe, die eine reine Gattungsbezeichnung darstellt

65 BGH, WRP 2011, 249, 256 – Perlentaucher; WRP 1979, 462 = GRUR 1979, 564, 565 – Metall-
   Zeitung.
66 OLG Frankfurt, GRUR Int. 1993, 872, 873 – Beatles.
67 OLG Hamburg, MD 2000, 18, 20 zur Abbildung des Vereinslogos eines Fußballclubs auf Außen-
   einband eines Buches.
68 Vgl. *Boeckh*, GRUR 2001, 29 ff.
69 OLG Dresden, ZUM 2000, 759, 761 f. – Johann Sebastian Bach.
70 *Körner/Gründig/Schnelle*, GRUR 1999, 535, 540.
71 BGH, WRP 1999, 931 = GRUR 1999, 992, 994 – BIG PACK; GRUR 1999, 238, 240 – Tour de
   Culture; WRP 1998, 763 = GRUR 1998, 697, 698 – VENUS MULTI.
72 BGH, WRP 2004, 1364 = GRUR 2004, 947, 948 f. – Gazoz.
73 BGH, WRP 1999, 931 = GRUR 1999, 992, 994 – BIG PACK; WRP 1999, 189 = GRUR 1999, 238,
   239 – Tour de Culture.
74 BGH, WRP 1999, 931 = GRUR 1999, 992, 994 – BIG PACK; BGHZ 111, 182, 186 – Hersteller-
   kennzeichnung auf Unfallwagen; WRP 1955, 193 = GRUR 1955, 484, 485 – Luxor/Luxus.

oder jedenfalls nach allgemeinem Sprachverständnis beschreibenden Charakter hat, vom Verkehr i. d. R. nur als Sachhinweis zur Unterrichtung des Publikums und nicht als Herstellerangabe verstanden.[75] Eine Ausnahme von diesem Grundsatz kann im Einzelfall vorliegen, wenn kein rechtlich beachtlicher Teil des angesprochenen Verkehrs die Bezeichnung als bloße Waren beschreibende Angabe auffasst.[76] § 23 Nr. 2 erfasst damit gerade auch die Fälle der gespaltenen Verkehrsauffassung. In den Fällen der gespaltenen Verkehrsauffassung ist darauf abzustellen, ob die Benutzung gegen die guten Sitten verstößt oder nicht. Bei der Annahme eines noch relevanten Teils, der eine beschreibende Angabe annimmt, können *großzügige Maßstäbe* angelegt werden, da im Rahmen der erforderlichen Gesamtabwägung eine Sittenwidrigkeit umso eher in Betracht kommt, je mehr die Verkehrskreise, die einen betrieblichen Herkunftshinweis annehmen, gegenüber den übrigen Verkehrskreisen überwiegen. Anders als im Eintragungsverfahren hat daher im Rahmen des § 23 Nr. 2 der Grundsatz, dass sich derjenige, der eine beschreibende Angabe als Marke verwendet, auf ein Freihaltebedürfnis nicht berufen kann, keine Geltung.[77] Entscheidend kommt es darauf an, wie die Benutzungshandlung auf einen nicht unbeträchtlichen Teil der angesprochenen Verbraucher wirkt. Dabei ist auf einen durchschnittlich informierten, aufmerksamen und verständigen Durchschnittsverbraucher abzustellen.[78]

5. Unlauterkeitsvorbehalt

31 § 23 Nr. 2 steht unter dem Vorbehalt der Lauterkeit. Danach kommt die Schutzrechtsschranke des § 23 Nr. 2 nicht zur Anwendung, wenn die Benutzung „gegen die guten Sitten verstößt", d. h. den berechtigten Interessen des Markeninhabers nicht in unlauterer Weise zuwiderhandelt. Auch bei teilweiser Übernahme des Wortlauts des § 1 UWG a. F. verbietet sich eine lauterkeitsrechtliche Betrachtung. Vielmehr muss die Interpretation auf der Grundlage der Begriffsbildung des Art. 6 Abs. 1 Markenrechtsrichtlinie erfolgen, in der es heißt: „... sofern die *Benutzung den anständigen Gepflogenheiten in Gewerbe oder Handel entspricht.*" Demgemäß stellt der EuGH[79] darauf ab, ob die Benutzung den anständigen Gepflogenheiten in Gewerbe oder Handel entspricht. Die Interpretation muss damit europäischen Kriterien entsprechen, die von der Rechtsprechung noch näher auszugestalten sind.

32 Entscheidend sind die besonderen Umstände des Einzelfalls.[80] Ein Sittenverstoß liegt insbesondere dann vor, wenn eine *Rufausnutzung oder Beeinträchtigung der Unterscheidungskraft* zu befürchten ist.[81] Bei der Beurteilung, ob das Tatbestandsmerkmal der den anständigen Gepflogenheiten entsprechenden Benutzung erfüllt ist, ist zu berücksichtigen, inwieweit zum einen die Verwendung der Angabe durch den Dritten von den beteiligten

75 BGH, WRP 1998, 752 = GRUR 1998, 930, 931 – Fläminger; GRUR 1992, 203, 205 – Roter mit Genever.
76 BGH, WRP 2004, 1364 = GRUR 2004, 947, 948 – Gazoz.
77 Zum Eintragungsverfahren BGH, GRUR 1998, 930, 932; GRUR 1988, 542, 543 – ROYALE.
78 Vgl. BGH, WRP 2002, 985 = GRUR 2002, 812, 813 – FRÜHSTÜCKS-DRINK II; WRP 2000, 535 = GRUR 2000, 506, 508 – ATTACHÉ/Tisserand; BPatG, GRUR 2000, 1049 – 21st Century; EuGH, WRP 1999, 806 = GRUR Int. 1999, 734, 736 Tz. 26 – Lloyd.
79 GRUR 2007, 971 Tz. 82 – Céline.
80 Begründung des Gesetzentwurfs, BlPMZ Sonderheft 1994, 74.
81 *Ströbele/Hacker*, § 23 Rn. 45; *Ingerl/Rohnke*, § 23 Rn. 60.

Verkehrskreisen oder zumindest einem erheblichen Teil dieser Kreise als Hinweis auf eine Verbindung zwischen den Waren oder Dienstleistungen des Dritten und dem Markeninhaber oder einer zur Benutzung der Marke befugten Person aufgefasst wird, und zum anderen, inwieweit der Dritte sich dessen hätte bewusst sein müssen. Hierbei ist ebenfalls zu berücksichtigen, ob es sich um eine Marke handelt, die in dem Mitgliedstaat, in dem sie eingetragen ist und in dem Maßnahmen zu ihrem Schutz beantragt werden, eine gewisse Bekanntheit genießt, die der Dritte beim Vertrieb seiner Waren oder Dienstleistungen ausnutzen könnte.[82] Bei der Rufausnutzung sind dabei die Kennzeichnungskraft der Marke und alle Umstände des Einzelfalls zu berücksichtigen. So kann beispielsweise die bewusste Anlehnung an die Schreibweise eines Kennzeichens oder der Werbung für dieses Kennzeichen bei einer Gesamtabwägung zu einer unlauteren Rufausnutzung führen. Auch frühere Kennzeichenverletzungen können dazu führen, dass deutlichere Abstände einzuhalten sind. Dass mit jeder beschreibenden Benutzung nach § 23 Nr. 2 als Reflex eine gewisse Verwässerung eines Kennzeichens einhergeht, ist hinzunehmen. Es sind selbst Fälle denkbar, in denen derartige beschreibende Benutzungshandlungen zum Verfall wegen Wandlung zu einer gebräuchlichen Bezeichnung der Waren oder Dienstleistungen führen (§ 49 Abs. 2 Nr. 1). Der Lauterkeitsvorbehalt erlaubt insoweit nur eine Missbrauchskontrolle.

Eine Unlauterkeit liegt nicht vor bei einer vergleichenden Werbung, die den Zulässigkeitsvoraussetzungen der Richtlinien 2006/114/EG und 84/450/EWG entspricht, wobei der markenrechtliche Begriff der Verwechslungsgefahr dem des § 6 Abs. 2 Nr. 3 UWG entspricht.[83] Jedenfalls liegen die Voraussetzungen nicht vor, wenn ein Unternehmen in einer bestimmten Zeile seiner Internetseite, von der er weiß, dass eine Internetsuchmaschine auf die dort angegebenen Wörter zugreift, zusammen mit seiner Produktbezeichnung eine Bezeichnung angibt, die mit der Marke eines Dritten verwechselbar ist. Dies gilt jedenfalls dann, wenn kein Hinweis darauf erfolgt, wonach die in der Kopfzeile angegebenen Produkte solche seien, für die sich Kunden noch interessiert hätten.[84]

Die Verwechslungsgefahr als solche indiziert keine Unlauterkeit. Differenzierter verhält es sich bei der kennzeichenmäßigen Benutzung. Insoweit ist zwischen unterschiedlichen Fallgruppen zu unterscheiden. Die Erörterung der Bedeutung der kennzeichenmäßigen Benutzung erfolgt daher im Rahmen dieser Fallgruppen. **33**

6. Fallgruppen

a) Gespaltene Verkehrskreise

Oftmals werden die Verkehrskreise bei ihrem Verständnis einer Bezeichnung als beschreibende Angabe oder als betrieblichem Herkunftshinweis gespalten sein. Dies betrifft gerade auch per se – wegen entgegenstehender absoluter Schutzhindernisse – nicht eintragungsfähige Bezeichnungen. Dies kann aber auch – möglicherweise zu Unrecht – eingetragene Marken betreffen. In all diesen Fällen ist die Berufung auf § 23 Nr. 2 nicht dadurch ausgeschlossen, dass eine *kennzeichenmäßige Benutzung* vorliegt. Allerdings handelt der in Anspruch Genommene *ohne das Hinzutreten besonderer Umstände grundsätzlich unlauter*, **34**

---

82 EuGH, GRUR 2007, 971 Tz. 34 – Céline; GRUR 2005, 153 Tz. 76 – Anheuser-Busch.
83 EuGH, GRUR 2008, 698 Tz. 45 – O₂/ Haticen.
84 BGH, WRP 2010, 1165, 1168 – POWER BALL.

wenn nur ein zwar nicht unbeträchtlicher, aber nicht überwiegender Teil der angesprochenen Verkehrskreise die beanstandete Bezeichnung als beschreibende Angabe ansieht. Eine derartige Benutzung ist dann grundsätzlich unlauter, weil in diesen Fällen die beschreibende Funktion der Angabe ganz oder überwiegend hinter der kennzeichenmäßigen Verwendung zurücktritt.[85] Es ist nicht Sinn und Zweck des § 23 Nr. 2, die mit der kennzeichenmäßigen Benutzung verbundene Wertung, wonach die Einstufung als Herkunftshinweis durch einen nicht unerheblichen Teil des angesprochenen Verkehrs für die Annahme einer Markenverletzung ausreicht, für den Regelfall ohne das Hinzutreten besonderer Umstände in ihr Gegenteil zu verkehren. Wenn Verwechslungsgefahr bei gespaltenen Verkehrskreisen vorliegt, führt die Schutzrechtsschranke des § 23 Nr. 2 nicht mit dem Argument aus dem Verbotsbereich, dass ein relevanter Teil der angesprochenen Verkehrskreise keiner tatsächlichen Verwechslungsgefahr unterliegt, weil er die beanstandete Bezeichnung tatsächlich als beschreibende Angabe ansieht. Genauso wenig könnte sich der Anmelder eines Etiketts als Wort-/Bildmarke bestehend aus einem wappenartigen Bildbestandteil, einem unauffällig angebrachten Stadtnamen und der blickfangmäßig herausgestellten geografischen Herkunftsangabe „Fläminger", die allerdings wegen ihrer Benutzung nach Art einer Marke von einem rechtlich beachtlichen Teil der in Betracht kommenden Verkehrskreise nicht als bloße Waren beschreibende Angabe aufgefasst wird, und dessen Eintragung deshalb im Widerspruchsverfahren[86] im Hinblick auf die Wortmarke „Fallinger" versagt wurde, ohne das Hinzutreten besonderer Umstände im Verletzungsprozess erfolgreich auf § 23 Nr. 2 berufen, weil relevante Teile der angesprochenen Verkehrskreise in dem Bestandteil „Fläminger" eine geografische Herkunftsangabe erkennen.

35 Besondere Umstände sind solche, die isoliert oder in Kombination mit dem Gesichtspunkt einer gespaltenen Verkehrsauffassung den Lauterkeitsvorbehalt des § 23 Nr. 2 überwinden können. *Das Vorliegen gespaltener Verkehrskreise ist damit letztlich nur ein Gesichtspunkt, der in verschiedenen Fallgruppen bei einer Bestimmung des Vorliegens oder Nichtvorliegens eines Verstoßes gegen die guten Sitten zu berücksichtigen ist, für sich allein aber nicht zur Überwindung des Unlauterkeitsvorbehalts führt.* In Kombination mit dem Hinzutreten besonderer Umstände wird dabei die Unlauterkeitsschwelle umso eher zu überwinden sein, je höher der Anteil der angesprochenen Verkehrskreise ist, der das Zeichen als beschreibende Angabe auffasst. So lässt sich auch ein angemessener Schutzbereich beschreibender Werktitel begründen.[87] Ohne Hinzutreten besonderer Umstände kann ein Dritter nicht mit Erfolg einwenden, bei dem Werktitel handele es sich um eine beschreibende Angabe.[88]

36 Von dem Grundsatz, dass bei Vorliegen gespaltener Verkehrskreise ohne das Hinzutreten besonderer Umstände bei kennzeichenmäßiger Benutzung Unlauterkeit vorliegt, ist allerdings eine Ausnahme zu machen. *Dies betrifft die auch markenmäßige Nennung einer fremden Marke in der werblichen Kommunikation.* Selbst im Rahmen der Schutzrechtsschranke des § 23 Nr. 3, die mit dem Erfordernis der Notwendigkeit an strengere Maßstäbe geknüpft ist, wird nicht gefordert, dass die in Bezug genommene Marke ausschließlich im

---

85 BGH, WRP 2004, 763 = GRUR 2004, 600, 601 f. – dc-fix/CD-FIX; WRP 2002, 547 = GRUR 2002, 613, 615 – GERRY/KERRY Springs.
86 Vgl. BGH, WRP 1998, 752 = GRUR 1998, 930 – Fläminger.
87 Vgl. OLG Hamburg, GRUR-RR 2005, 50 – OFF-ROAD.
88 Vgl. OLG Nürnberg, WRP 2000, 1168, 1171 – Winnetou.

Fließtext verwendet wird.[89] Dann besteht aber kein Grund, den Dritten im Rahmen des § 23 Nr. 2 auf eine Benutzung zu verweisen, in der eine kennzeichenmäßige Benutzung nicht mehr bejaht werden kann, und ihm so die Möglichkeit einer werbewirksameren und werbeüblichen Benutzung zu nehmen. Die Benutzung von Wort-/Bildzeichen und Logos ist daher zulässig. Dies führt auch zu einem Einklang mit der Rechtsprechung zu der Schutzrechtsschranke des § 24 Abs. 2, die erschöpfte Ware betrifft. Auch insoweit ist der Wiederverkäufer nicht auf die Verwendung der Wortmarke beschränkt.[90] Damit lassen sich auch die Fälle lösen, in denen der Hinweis auf eine Marke *informativen Charakter* hat. Dies betrifft die Fälle eines informativen Hinweises. So hat der BGH[91] die Gegenüberstellung von Alt- und Neumarke auf einem umgebauten Gerät für zulässig gehalten, wenn der Hinweis auf die Altmarke nach dem werblichen Kontext einen bloß informativen Charakter hat. Ebenso müsste ein Hinweis auf der Verpackung von parallel importierten Arzneimitteln, die im In- und Ausland unter verschiedenen Marken vertrieben werden, dass es sich bei der inländischen und ausländischen Marke „um verschiedene Namen für das gleiche Produkt" handelt, zulässig sein.[92]

Nicht anders als bei der Nennung fremder Marken in der werblichen Kommunikation verhält es sich bei *Werbevergleichen*. Jedenfalls im Falle der zulässigen vergleichenden Werbung wird die fremde Marke bei hervorgehobener Benutzung dadurch als Angabe über Merkmale verwendet, dass das Produkt- oder Dienstleistungsangebot des Werbenden in Zusammenhang mit dem fremden Kennzeichen gebracht wird.[93] Nach einer Auffassung soll es schon an einem Verletzungstatbestand fehlen. Aus Sicht des Verkehrs entstehe nicht der Eindruck, in diesem Fall werde mit dem fremden Kennzeichen das eigene Produktangebot des Werbenden bezeichnet.[94] Richtiger Auffassung nach ist die wettbewerbsrechtlich zulässige vergleichende Werbung nach § 23 Nr. 2 privilegiert, da mit dem Werbevergleich Art und Beschaffenheit des beworbenen Produkts bezeichnet werden sollen (s. § 14 Rn. 16).[95] Unabhängig von diesen Gesichtspunkten kann eine nach der Richtlinie zur vergleichenden Werbung freigestellte vergleichende Werbung schon aufgrund der Einheit der Rechtsordnung keine Markenverletzung darstellen. Eine Kennzeichenverletzung ist daher auch dann nicht gegeben, wenn die Wort- oder Bildmarke unter Übernahme charakteristischer Merkmale benutzt wird, sofern das Vorliegen eines Vergleichs mit dem Produkt eines anderen Unternehmens erkennbar ist.[96]

37

b) Angewiesenheit

Die Unlauterkeit kann entfallen, wenn bei gespaltenen Verkehrskreisen der Benutzer auf die Benutzung einer beschreibenden Angabe *angewiesen* ist. Dies betrifft den Fall, dass

38

---

89 BGH, WRP 2005, 496 = GRUR 2005, 423, 425 – Staubsaugerfiltertüten; WRP 2004, 1051 = GRUR 2004, 712 – PEE/WEE.
90 BGH, WRP 2003, 1231 = GRUR 2003, 878, 879 f. – Vier Ringe über Audi; WRP 2003, 534 = GRUR 2003, 340 – Mitsubishi; EuGH, WRP 1999, 407 = GRUR Int. 1999, 438 – BMW/Deenik.
91 WRP 1998, 763 = GRUR 1998, 697, 698 – VENUS/MULTI.
92 BGH, WRP 1998, 306 = GRUR 1998, 407 ff. – Tiapridal (allerdings zu § 5 UWG).
93 *Nägele*, MarkenR, 1999, 177 ff.; vgl. auch BGH, WRP 2006, 1513 Tz. 20 f. – Impuls (zu der Verwendung fremder Kennzeichen als Metatag als Hinweis auf einen Werbevergleich).
94 So auch OLG Frankfurt, WRP 1999, 1055, 1056 – Deutscher Aktien-Index DAX.
95 Vgl. auch *Nägele*, MarkenR 1999, 177 ff.
96 Vgl. OLG Frankfurt, GRUR 2000, 621, 622 f. – Magentafarbener Pfeil.

der Dritte keine zumutbaren Ausweichmöglichkeiten hat. So verhielt es bei dem Sachverhalt, der der Entscheidung des BGH „*Gazoz*"[97] zugrunde lag. Es ging um die blickfangmäßig hervorgehobene Angabe „Gazoz" auf einem zusätzlich mit der Handelsmarke „marmara" gekennzeichneten Etikett für eine Brauselimonade. Die Besonderheit lag darin, dass diese Markenprodukte nur in türkischen Lebensmittelgeschäften vertrieben werden und „Gazoz" in Türkisch Brauselimonade heißt. Da zumindest die Hälfte des angesprochenen Verkehrs türkischsprachig war, liegt keine unlautere Benutzung vor.

Derartige Fallkonstellationen werden aber *selten* bleiben. Diese Grundsätze lassen sich auf andere Fälle als die Benutzung *fremdsprachiger beschreibender Bezeichnungen* gerade gegenüber Ausländern, die diese Sprache sprechen, nicht ohne Weiteres übertragen. Insbesondere ist im Einzelfall stets zu prüfen, ob der Benutzer zumutbare Ausweichmöglichkeiten oder nahe liegende erläuternde Hinweise unterlassen hat. So ist wohl auch der Sachverhalt zu beurteilen, der dem Vorlagebeschluss des BGH *GERRY/KERRY Spring*[98] zugrunde lag (dazu oben Rn. 19). Es ging um die markenmäßige Benutzung der Wörter „KERRY Spring" auf den Etiketten von Erfrischungsgetränken, wobei es sich bei „KERRY Spring" um eine in Irland gelegene Quelle handelt, die auch als *geografische Herkunftsangabe* geschützt ist. Die nicht erläuterte Benutzung der geografischen Herkunftsangabe ist wohl als unlauter anzusehen, weil dem inländischen Verkehr der Name der Quelle „KERRY Spring" eher als Fantasiebezeichnung erscheint. Etwas anderes würde nur gelten, wenn man geografische Herkunftsangaben im Wege der Rechtsfortbildung privilegieren wollte. Aber auch dann wäre wie im Recht der Gleichnamigen (dazu § 14 Rn. 38) das Gebot der Rücksichtnahme zu beachten. Es dürfte dem Benutzer auch zumutbar sein, den inländischen Verkehr mit einem geeigneten Hinweis zu informieren, dass es sich um den Namen einer Quelle handelt. Zumutbarkeit einer Ausweichmöglichkeit und Bekanntheitsgrad des Kennzeichens stehen dabei in einer Wechselbeziehung, die bei dem Ausfüllen des Begriffs der Sittenwidrigkeit zu berücksichtigen ist.[99]

39 Bei Benutzung von – zumindest in einer bestimmten Sprache – nicht glatt beschreibenden Angaben, insbesondere bei der Benutzung von Bezeichnungen, die sich an beschreibende Angaben nur anlehnen bzw. Anklänge an eine beschreibende Angabe aufweisen,[100] ist der Benutzer dagegen auf die Benutzung nicht angewiesen, so dass Unlauterkeit anzunehmen ist. Eine Anwendung des § 23 Nr. 2 ist allerdings nicht alleine dadurch ausgeschlossen, dass der Benutzer auf dieses Zeichen zur Beschreibung nicht angewiesen ist. Im Unterschied zu § 23 Nr. 3 stellt § 23 Nr. 2 nicht auf die Notwendigkeit der Benutzung der Marke als Hinweis auf die Bestimmung einer Marke oder Dienstleistung ab.[101]

c) Besondere Verkehrskreise

40 Eine kennzeichenmäßige, aber dennoch lautere beschreibende Benutzung einer Marke kann vorliegen, wenn sich die Benutzung an *besonders informierte Kreise* wendet, die mit der Bezeichnung einen beschreibenden Charakter verbinden. Dies ist etwa der Fall, wenn die Dienstleistungsmarke „Feldenkrais" oder der Begriff „Feldenkrais-Methode" zur

---

97 BGH, WRP 2004, 1364 = GRUR 2004, 947.
98 BGH, WRP 2002, 547 = GRUR 2002, 613.
99 OLG Köln, WRP 2011, 1413, 1415 – Festivalplaner.
100 Dazu BGH, WRP 2004, 763 = GRUR 2004, 600, 601 f. – dc-fix/CD-FIX.
101 Vgl. BGH, WRP 2009, 1526 – DAX; WRP 2009, 839 – POST/RegioPost (vgl. dazu näher Rn. 43).

Kennzeichnung von Dienstleistungen im Ausbildungsbereich nur gegenüber solchen Personen benutzt wird, denen der Name „Feldenkrais" als Synonym für eine bestimmte Heilmethode bekannt ist.[102] In diese Fallgruppe fällt auch die Entscheidung des EuGH „Hölterhoff".[103] In diesem Fall, in dem ein Hersteller einer Juwelierin Edelsteine anbot, die er mit u. a. für Edelsteine zur Weiterverarbeitung als Schmuckware geschützten Marken kennzeichnete, um den besonderen Schliff zu bezeichnen, verneinte der EuGH schon eine markenmäßige Benutzung, weil der Hersteller die Herkunft der Ware aus seiner eigenen Produktion offenbarte. Auch die zudem in die Fallgruppe „Angewiesenheit" fallende Entscheidung des BGH *Gazoz*[104] lässt sich zusätzlich dieser Fallgruppe zuordnen.

d) Aufklärende Hinweise

Eine lautere kennzeichenmäßige Benutzung wird oftmals auch dann zu bejahen sein, wenn **41** die Benutzung der Bezeichnung zwar isoliert gesehen unlauter wäre, *aufklärende Hinweise aber den beschreibenden Inhalt hinreichend deutlich machen*. So verletzt die Verwendung der Bezeichnung „Tour de Culture" in der Werbung für eine Kulturreise mit dem Fahrrad nicht die Wort-/Bildmarke „Tour de Kultur", da, selbst wenn man eine Verwechslungsgefahr bejahen wollte, die angebotene Dienstleistung beschrieben wurde.[105] Die Bezeichnung „Tour de Culture" befand sich nur innerhalb einer nach Art einer Überschrift gehaltenen Aussage, die anliegend erläutert wurde. Bei gekennzeichneten Produkten ist allerdings nicht nur auf die Verkaufssituation selbst abzustellen. Zu berücksichtigen ist auch, dass das gekennzeichnete Produkt Dritten auch ohne aufklärende Hinweise begegnen kann.[106]

e) Verkehrsdurchsetzung und geografische Herkunftsangaben

Gerade bei nach § 8 Abs. 3 kraft Verkehrsgeltung eingetragenen Marken und bei geografi- **42** schen Herkunftsangaben nach § 126 wird es oftmals gespaltene Verkehrskreise geben. Bei kraft Verkehrsgeltung eingetragenen Marken gelten die allgemeinen Grundsätze, so dass regelmäßig das Vorliegen gespaltener Verkehrskreise ohne das Hinzutreten besonderer Umstände noch nicht aus der Unlauterkeit herausführt. Dagegen bleibt bei geografischen Herkunftsangaben abzuwarten, ob die Rechtsprechung die Neuorientierung im Rahmen des § 23 Nr. 2 zum Anlass für eine vorsichtige Korrektur der strengen Rechtsprechung zur Umwandlung geografischer Herkunftsangaben in Gattungsbezeichnungen zum Anlass nimmt. Danach kann eine Umwandlung erst bejaht werden, wenn nur noch unbeachtliche Teile der angesprochenen Verkehrskreise von einer geografischen Herkunftsangabe ausgehen.

---

102 BGH, WRP 2003, 384 = GRUR 2003, 436, 439 – Feldenkrais.
103 EuGH, GRUR 2002, 692.
104 BGH, WRP 2004, 1364 = GRUR 2004, 947.
105 BGH, WRP 1999, 189 = GRUR 1999, 238, 240 – Tour de Culture.
106 EuGH, GRUR 2003, 55 – Arsenal FC, s. Rn. 18.

7. Rechtsprechung – Einzelfälle

43 BGH, WRP 2011, 249 – Perlentaucher: Der Inhaber der Marke „FAZ" kann sich nicht dagegen wenden, dass ein Dritter unter der Überschrift „Notiz zur FAZ" Abstracts aus der „Frankfurter Allgemeine Zeitung" über Internet-Webseiten verbreitet. Der BGH verneinte die insoweit nach gleichen Kriterien zu beurteilende Benutzung in unlauterer Weise gemäß § 14 Abs. 2 Nr. 3 bzw. die Sittenwidrigkeit nach § 23 Nr. 2. Das Zeichen „FAZ" werde als Angabe über ein Merkmal von Dienstleistungen benutzt. Unerheblich sei dabei, ob die Zeichenbenutzung im Zusammenhang mit einer Urheberrechtsverletzung stehe.

BGH, WRP 2009, 1526 – DAX: Die Deutsche Börse AG als Inhaberin der Marke „DAX", die einen mit der Marke DAX bezeichneten Aktienindex veröffentlicht, kann es Dritten nicht verbieten, in den von dem Dritten emittierten Finanzprodukten als Bezugsgröße auf den Aktienindex zu verweisen, wenn dies sachlich und informativ geschieht und der Eindruck vermieden wird, es bestünden Handelsbeziehungen zwischen den Beteiligten. Ein Verstoß gegen die guten Sitten liegt dagegen vor, wenn ein Dritter den mit einer Marke übereinstimmenden Aktienindex im Rahmen der Produktkennzeichnung seiner Wertpapiere verwendet.

BGH, WRP 2009, 839 – Post/RegioPost:[107] Nach Liberalisierung der Märkte verstößt die Bezeichnung RegioPost zur Bezeichnung von Dienstleistungen eines Unternehmens, das gewerbsmäßig Briefe und Pakete befördert, nicht gegen die Marke Post des ehemaligen Monopolunternehmens. Berücksichtigung findet dabei der Umstand, dass nach Öffnung des Marktes ein besonderes Interesse an der Verwendung des die Dienstleistungen beschreibenden Wortes „Post" besteht, die Anbringung von Zusätzen eine Abgrenzung zu dem in Alleinstellung benutzten Markenwort erlaubt und eine Anlehnung an weitere Kennzeichen der Markeninhaberin (Posthorn, Farbe Gelb) unterbleibt.

BGH, WRP 2011, 1454 Tz. 69 – TÜV II: Anders verhält es sich bei der Bezeichnung „TÜV" für die Dienstleistungen des Prüfens, Messens und Zertifizierens von Anlagen, Gebäuden und Betrieben, für die die Bezeichnungen „(Erster) privater TÜV" nicht glatt beschreibend sind (allerdings im Rahmen von § 14 Abs. 2 Nr. 3).

BGH, WRP 2004, 763 = GRUR 2004, 600, 601 f. – dc-fix/CD-FIX: Die Bezeichnung CD-FIX, die Anklänge an eine beschreibende Angabe aufweist (Fixieren von CDs), verletzt die ältere Marke dc-fix. Verwechslungsgefahr liegt vor, weil die Bezeichnungen einen übereinstimmenden Sinngehalt aufweisen. Bei Unterstellung einer beschreibenden Angabe verstößt diese jedenfalls gegen die guten Sitten. Für ein Freihaltebedürfnis des Begriffs für den allgemeinen Gebrauch sei nichts ersichtlich. Der Beklagte sei auf eine Benutzung des Zeichens zur Beschreibung seiner Ware nicht angewiesen und könne auch andere (abgewandelte) Bezeichnungen wählen.

BGH, WRP 2004, 1364 = GRUR 2004, 947, 948 f. – Gazoz: Aus der Getränkemarke „Gazoz" wurden Rechte gegen die Benutzung der blickfangmäßig hervorgehobenen Bezeichnung „Gazoz" auf Flaschenetiketten für Brauselimonade geltend gemacht. Diese Flaschenetiketten waren weiter mit der Handelsmarke „marmara", die sich vor allem an in Deutschland lebende Türken wendet, und der blickfangmäßig hervorgehobenen beschreibenden Angabe „Brause" versehen. „Gazoz" bedeutet in der türkischen Sprache Brauseli-

---

107 Vgl. auch BGH, NJW 2008, 2653 – POST I; WRP 2008, 1206 – CityPost.

monade. Eine kennzeichenmäßige Benutzung liegt vor, weil ein nicht unerheblicher Teil des Verkehrs, der türkische Lebensmittelgeschäfte aufsucht, der türkischen Sprache nicht mächtig ist. Ein nicht unerheblicher Teil des Verkehrs verstehe die Bezeichnung „Gazoz" wegen des besonderen Vertriebsweges auch als Herkunftshinweis, so dass auch eine beschreibende Angabe vorliegt. Da zumindest die Hälfte des angesprochenen Verkehrs türkischsprachig ist, liegt keine unlautere Benutzung vor. Insbesondere war für die Anhängung an einen guten Ruf nichts ersichtlich. Auch ist das berechtigte Interesse des türkischen Publikums an einer Herausstellung der türkischen Gattungsbezeichnung anzuerkennen.

BGH, WRP 2003, 384 = GRUR 2003, 436, 439 – Feldenkrais: Der Kläger ist Inhaber mehrerer Dienstleistungsmarken „Feldenkrais" in Alleinstellung und mit Zusätzen. Er wendet sich dagegen, dass der Beklagte zur Kennzeichnung seiner Dienstleistungen im Ausbildungsbereich u. a. die Begriffe „Feldenkrais" und „Feldenkrais-Methode" verwendet. Mit den Dienstleistungen wurden aber nur Personen angesprochen, denen der Name als Synonym für eine bestimmte Heilmethode bekannt war. Die angesprochenen Verkehrskreise waren Personen, die sich mit derartigen Therapiemöglichkeiten beschäftigen und in dieser Methode ausgebildet waren oder ausgebildet werden sollten. Der BGH hat daher die Sittenwidrigkeit verneint.

BGH, WRP 2002, 982 = GRUR 2002, 809 – FRÜHSTÜCKS-DRINK I: Es standen sich ein als Wort-/Bildmarke eingetragenes Flaschenetikett mit der Aufschrift „FRÜHSTÜCKS-DRINK" und eine Flaschenausstattung mit der Bezeichnung „Frühstücks-Trunk" gegenüber. Der BGH bejahte zwar eine markenmäßige Benutzung; allerdings wurde die Verwechslungsgefahr verneint, da die Flaschenausstattung nicht durch den beschreibenden Bestandteil „Frühstücks-Trunk" geprägt wird.

BGH, WRP 2002, 985 = GRUR 2002, 812 – FRÜHSTÜCKS-DRINK II: In dieser parallelen Entscheidung zu FRÜHSTÜCKS-DRINK I verneinte der BGH schon einen markenmäßigen Gebrauch, weil es sich bei der Bezeichnung „Frühstücks-Trunk" nicht um eine unterscheidungskräftige Wortkombination handelt, die vom Verkehr als Herkunftshinweis verstanden wird. Hilfsweise stützte der BGH sein Urteil auf § 23 Nr. 2.

BGH, WRP 2002, 987 = GRUR 2002, 814 – Festspielhaus: Es ging um die Verwendung der Bezeichnung „Festspielhaus" für kulturelle Veranstaltungen. Der BGH verneinte schon eine markenmäßige Benutzung, so dass eine Verletzung u. a. der Wort-/Bildmarke „Festspielhaus" nicht in Betracht kommt. Hilfsweise stützte sich der BGH auf § 23 Nr. 2.

BGH, WRP 1999, 931 = GRUR 1999, 992, 994 f. – BIG PACK: In der Werbung für Zigaretten verletzt die Hervorhebung der Angabe „BIG PACK" nicht die Wort-/Bildmarke „BIG PACK", da der Verkehr dies im werblichen Kontext als Hinweis auf die Packungsgröße versteht.

BGH, WRP 1999, 189 = GRUR 1999, 238, 240 – Tour de Culture: Die Verwendung der Bezeichnung „Tour de culture" in der Werbung für eine Kulturreise mit dem Fahrrad verletzt nicht die Wort-/Bildmarke „Tour de Kultur", da – unabhängig von einer Verwechslungsgefahr – jedenfalls im werblichen Kontext die angebotene Dienstleistung beschrieben wurde.

BGH, WRP 1998, 763 = GRUR 1998, 697, 698 – VENUS MULTI: Die Gegenüberstellung von Alt- und Neumarke auf einem umgebauten Gerät stellt keine Verletzung der Altmarke dar, wenn der Hinweis auf die Altmarke nach dem werblichen Kontext einen bloß informativen Charakter hat.

BGH, WRP 1998, 306 = GRUR 1998, 407 ff. – TIAPRIDAL (zu § 5 UWG): Hinweis auf Verpackung von einem parallel importiertem Arzneimittel, das im In- und Ausland unter verschiedenen Marken vertrieben wird, dass es sich bei der inländischen und ausländischen Marke „um verschiedene Namen für das gleiche Produkt" handelt, ist zulässig.

EuGH, GRUR 2002, 692 – Hölterhoff: In einem Fall, in dem ein Hersteller einer Juwelierin Edelsteine anbot, die er mit u. a. für Edelsteine zur Weiterverarbeitung als Schmuckwaren geschützten Marken kennzeichnete, um den besonderen Schliff zu bezeichnen, verneinte der EuGH schon eine markenmäßige Benutzung, weil der Hersteller die Herkunft der Ware aus seiner eigenen Produktion offenbarte.

OLG Karlsruhe, GRUR-RR 2004, 142 – Smart key: Auch wenn die als beschreibende Angabe verstandene angegriffene Bezeichnung „Smart key" für Verschlüsselungssoftware nach Art einer Marke benutzt wird, genießt diese gegenüber dem Bezeichnung „Smart-Key" für ein Computerprogramm zur Verschlüsselung von Daten die Privilegierung des § 23 Nr. 2 MarkenG. Die beschreibende Funktion im Sinne von „intelligenter Schlüssel" oder „intelligenter Code" trete nicht ganz oder auch nur überwiegend hinter die kennzeichenmäßige Verwendung zurück. Näher hätte es aber wohl gelegen, mit dieser Begründung schon eine markenmäßige Benutzung zu verneinen, da die angesprochenen Verkehrskreise die Bezeichnung nicht als Herkunftshinweis verstehen.

OLGR Hamburg 2009, 690 – Flaschenöffner: Der Umstand, dass eine konkrete Produktgestaltung als Wortmarke eingetragen worden ist, setzt voraus, dass der Gegenstand als solcher nicht ausschließlich seinem Gebrauchszweck entsprechend, sondern in seiner eingetragenen Form ohne das Hinzutreten weiterer Umstände auch markenmäßig als Herkunftshinweis benutzt werden kann. Diese Eintragsentscheidung ist durch das Verletzungsgericht zu respektieren. Vor diesem Hintergrund kann der Verletzer auch nicht § 23 Nr. 2 für sich in Anspruch nehmen.

OLG Hamburg, GRUR-RR 2003, 273 – Elo: Die als Marke eingetragene Bezeichnung für eine bestimmte Hundeart wird auch dann als Herkunftshinweis verstanden, wenn diese Hundeart alle von Züchtervereinen anerkannten Merkmale einer „Rasse" erfüllt, solange der Begriff nicht so in den allgemeinen Sprachgebrauch eingegangen ist, dass er seine Bezeichnungskraft verloren hat. Wer einen Welpen als Kreuzung eines Markenhundes mit einem Tier anderer Rasse anbietet, benutzt damit nicht die Marke, sondern macht eine Angabe über Merkmale seiner Ware i. S. d. § 23 Nr. 2.

OLG Hamburg, GRUR-RR 2005, 50 – OFF-ROAD: Der Titel „auto, motor und sport OFF Road" verletzt die Titel- und Markenrechte an dem Zeitschriftentitel „OFF-ROAD" und ist auch nicht gemäß § 23 Nr. 2 erlaubt. Zwar sei die Bezeichnung „OFF-ROAD" für Motorsport beschreibend, jedoch liege Unlauterkeit vor, weil die beschreibende Verwendung hinter der kennzeichenmäßigen Verwendung zurücktritt.

OLG Hamburg, WRP 1997, 103, 104 – Cotto: Es stellt keine Verletzung der Marke „Cotto" für Baumaterialien dar, wenn der Verkehr in der Benutzung von „Cotto" aufgrund des werblichen Zusammenhangs die Bezeichnung für Ziegeltonböden aus der Toscana sieht, ebenso durch „Cotto Ziegeltonböden aus der Toscana", nicht dagegen durch „Ziegeltonböden orig. Cotto".

OLG Hamburg, GRUR 1996, 982 f. – Für Kinder: Die Anbringung des Schriftzuges „Für Kinder" auf Milchcreme-Schnitten mit dem Herstellernamen „Danone" verletzt die Marke „Kinder", da der Verkehr aufgrund der hohen Durchsetzung der Marke „Kinder" einer Herkunftstäuschung unterliegen soll (differenzierter zur Frage der Verwechslungsgefahr dagegen BGH, WRP 2003, 1431 = GRUR 2003, 1040 – Kinder).

OLG Hamburg, WRP 1997, 106, 108 f. – Gucci: Keine Verletzung der Marke „Guccio Gucci" für Textilien durch „styled by Guccio Gucci" bei Verwendung in der Werbung im Zusammenhang mit der Marke „BELOTEX", wenn beschreibende Bezeichnung vorangestellt wird, anders bei isolierter Verwendung auf Etiketten.

OLG Hamburg, GRUR-RR 2004, 178 – Schufafreie Kredite: Die Verwendung einer Bezeichnung in einem Domain-Namen deutet nicht notwendigerweise auf eine herkunftshinweisende bzw. unternehmenskennzeichnende Verwendung hin. Steht eine bekannte, als Marke geschützte (Geschäfts-) Bezeichnung (hier: SCHUFA) in der Wahrnehmung des Verkehrs weniger für das Unternehmen selbst als für eine bestimmte, im Wirtschaftsleben weit verbreitete Voraussetzung für die Kreditvergabe (sog. Schufa-Auskunft), so kann eine Verwendung der geschützten Bezeichnung durch ein anderes Unternehmen (hier z.B.: www.schufafreie-kredite.de) im Sinne einer „Negativabgrenzung" auch ohne Zustimmung des Markeninhabers markenrechtlich zulässig sein.

OLG Stuttgart, WRP 1996, 634, 637 – Baggerparty: Die Ankündigung von Veranstaltungen mit Musik als „Baggerparty" verletzt die Marke „Baggerparty", wenn maßgebliche Verkehrsteile diese Angabe als Fantasiebezeichnung auffassen.

OLG München, MarkenR 1999, 31, 32 – Infobahn: Die Verwendung des Begriffes „Infobahn" neben der geschäftlichen Bezeichnung „Telekom" in Werbematerialien sei beschreibend und verletze nicht die u. a. für Telekommunikation eingetragene Marke „Infobahn".

Die Verwendung einer für die Dienstleistung „kulturelle Veranstaltungen" eingetragenen Marke als Name für ein Museum („Fabergé-Museum") stellt zwar eine kennzeichenmäßige Benutzung dar, die jedoch als lautere Angabe über die Merkmale der so bezeichneten Leistung markenrechtlich zulässig sein kann.[108]

OLG Frankfurt, MD 2000, 55, 57 – Frühstücks-Trunk: Das Kennzeichen „Frühstücks-Drink" begründet keine Unterlassungsansprüche im Hinblick auf den für einen Mehrfruchtsaft verwendeten Begriff „Frühstücks-Trunk", weil der Verkehr diesen im Unterschied zu der Verwendung des Begriffs „Frühstücks-Drink" zur Kennzeichnung eines nicht-alkoholischen Getränks als nicht fantasievoll einstuft und damit nicht als kennzeichnend versteht.

OLG Frankfurt, GRUR 2000, 905 – „Schaftol/Schaftöl": Aus der für Spezialöl zur Pflege von Gewehrschäften eingetragenen Marke „Schaftol" kann nicht Unterlassung der für ein Gewehrschaftöl verwendeten Bezeichnung „Schaftöl" verlangt werden.

OLG München, GRUR-RR 2009, 307 – Der Seewolf: Kein Verstoß gegen die guten Sitten, wenn bei der Verfilmung eines gemeinfreien Romans als Titel des Films der gebräuchliche Titel der deutschsprachigen Übersetzung des Romans verwendet wird.

OLG München, NJWE-WettbR 1999, 88, 89 – Super E: Eine gegen die guten Sitten verstoßende Rufschädigung für den Fall bejaht, dass der Vertreiber eines Produktes „Equi 2000

---

108 OLG Frankfurt, Urt. v. 14.1.2010 – 6 U 114/09, BeckRS 2010, 21955.

Super E" in Annäherung an eine Marke „Super E" die zusätzlichen Angaben „Super E" und „Super E Plus" für vitaminhaltige Tier-Ergänzungsfuttermittel benutzte.

OLG Köln, WRP 2011, 1413 – Festivalplaner: Der Titel „Festivalplaner" wird durch die Bezeichnung „Festivalplaner" für ein Print- und Onlinemagazin, das seinen Nutzern als Terminplaner für den Besuch von Musikfestivals dient, nicht verletzt. Der BGH verneinte bereits eine titelmäßige Benutzung und berief sich ergänzend auf § 23 Nr. 2. Die beschreibende Benutzung des Begriffs „Festivalplaner" sei naheliegend. Die Bekanntheit des Titels „Festivalplaner" sei auch nicht so überragend, dass das Interesse des Titelinhabers im Rahmen der gebotenen Gesamtabwägung überwiegt.

Zwischen den für Nahrungsergänzungsmittel eingetragenen Zeichen „Enzymax" und „Enzymix" bestehe nicht nur Verwechslungsgefahr; bei der Bezeichnung „Enzymix" handele es sich auch nicht um eine vorwiegend beschreibende und damit nach § 23 Nr. 2 gestattete Beschaffenheitsangabe.[109]

Die Nutzung rein beschreibender Begriffe als Keywords für Adword-Anzeigen ist nach § 23 Nr. 2 privilegiert, auch wenn sie – aufgrund der bei Google vorgesehenen Standardeinstellung „weitgehend passende Keywords" – dazu führt, dass die Anzeige auch bei der Eingabe geschützter Kennzeichen, die aus derartigen beschreibenden Begriffen zusammengesetzt sind, erscheint.[110]

Der Titel der Show „Tribute to Michael Jackson, King of Pop The Show" verletzt nicht etwaige Titelschutzrechte an der Bezeichnung „King of Pop", die für ein Best-Of-Album verwendet wurde, das anlässlich des fünfzigsten Geburtstags von Michael Jackson erschien, da es sich um einen rein inhaltsbeschreibenden Titel i. S. v. § 23 Nr. 2 handelt.[111]

IV. Bestimmungsangabe (Nr. 3)

1. Funktion

44 § 23 Nr. 3 soll wie § 23 Nr. 2 durch die Beschränkung der Abwehrrechte aus §§ 14, 15 die grundsätzlichen Interessen des Markenschutzes einerseits und der Gewerbefreiheit andererseits in der Weise in Einklang bringen, dass das Markenrecht seine Rolle als wesentlicher Teil eines Systems unverfälschten Wettbewerbs spielen kann.[112] § 23 Nr. 3 betrifft den Fall, dass ein fremdes Kennzeichen benutzt wird, *um Waren oder Dienstleistungen unter diesem Kennzeichen zu identifizieren*, für welche die Waren oder Dienstleistungen des Verwenders bestimmt sein soll. Diese Vorschrift legt keine Kriterien fest, nach denen ermittelt werden soll, ob eine gegebene Bestimmung einer Ware in den Anwendungsbereich dieser Vorschrift fällt, sondern verlangt nur, dass die Benutzung der Marke notwendig ist, um auf eine solche Bestimmung hinzuweisen.[113] Die Bestimmung von Waren als *Zubehör oder*

---

109 OLG Köln, GRUR-RR 2010, 41.
110 OLG Köln, MMR 2008, 541.
111 LG Mannheim, GRUR Int. 2010, 75.
112 EuGH, GRUR 2005, 509 – Gillette Company/LA-Laboratories; GRUR 2004, 234 – Gerolsteiner Brunnen.
113 EuGH, GRUR 2005, 509, 511 – Gillette Company/LA-Laboratories.

Einzelteil ist nur beispielhaft genannt.[114] Unter § 23 Nr. 3 fällt auch der Hinweis, dass der Werbende Waren, die unter der Marke von deren Inhaber oder mit dessen Zustimmung in den Verkehr gebracht worden sind, instand setzt und wartet.[115] Weiter betrifft § 23 Nr. 3 den Fall, dass Marken von einem Dritten benutzt werden, um der Öffentlichkeit eine verständliche und vollständige Information über die Bestimmung der von ihm vertriebenen Ware zu liefern, d. h. darüber, dass diese zu der Ware mit den genannten Marken passen. Ob es sich dabei um ein Ersatzteil handelt oder nicht, ist nicht maßgeblich. § 23 Nr. 3 erfasst daher auch den Fall, dass auf der Verpackung von Rasierklingen darauf hingewiesen wird, dass diese nicht nur für Griffe des gleichen Herstellers passen, sondern auch für die von Gillette-Firmen vertriebenen Griffe.[116] Dagegen liegt keine Bestimmungsangabe vor, wenn ein mit einer für Kraftfahrzeuge geschützten Marke identisches Zeichen auf verkleinerte Modelle von Fahrzeugen dieser Marke durch einen Dritten angebracht wird, um diese Fahrzeuge original nachzubilden.[117] Der BGH hat offen gelassen, ob § 23 Nr. 3 im Geschmacksmusterrecht analog zur Anwendung kommt.[118]

2. Notwendigkeit der Benutzung

Für derartige Bestimmungsangaben enthält § 23 Nr. 3 gegenüber § 23 Nr. 2 das zusätzliche **45** Tatbestandsmerkmal der *Notwendigkeit des Hinweises*. Eine Benutzung einer Marke ist notwendig, wenn die Information der Öffentlichkeit von einem Dritten praktisch nicht übermittelt werden kann, ohne die Marke zu benutzen, deren Inhaber dieser ist. Die Benutzung muss *praktisch das einzige Mittel darstellen*, um eine solche Information zu liefern. Um dies festzustellen, ist z. B. zu berücksichtigen, ob es ggf. technische Standards oder Normen gibt, die für diese von dem Dritten vertriebene Warenart allgemein verwendet werden und der Öffentlichkeit, für die diese Warenart bestimmt ist, bekannt sind.[119] Eine derartige Notwendigkeit liegt etwa vor, wenn z. B. das Zubehör (einschließlich Zusatzgeräte) nur in Verbindung oder z. B. die Ersatzteile außer für Eigenprodukte nur für bestimmte Originalprodukte verwendbar sind.[120] Ebenso ist bei Serviceleistungen wie etwa der Instandsetzung und Wartung von Kraftfahrzeugen einer bestimmten Marke die Benutzung eines fremden Kennzeichens notwendig, wenn dies zur Aufklärung der Kunden erforderlich ist.[121] In diesen Fällen ist die Anlehnung an eine fremde Marke sachlich gerechtfertigt. Auch nach bisheriger Rechtslage war anerkannt, dass der Hersteller eines Zubehörs oder Ersatzteils sich der Bezeichnung der Originalware bedienen darf, wenn ansonsten der Vertrieb des Zubehörs unangemessen erschwert oder gar unmöglich wäre. Bei Notwendigkeit der Benutzung kann eine Markenverletzung gleichwohl vorliegen, wenn diese gegen die guten Sitten verstößt (s. Rn. 47). Der Notwendigkeit der Benutzung steht es nicht entgegen, dass statt einer Wortmarke eine Wort-/Bildmarke benutzt wird, die die Interessen des Markeninhabers stär-

---

114 EuGH, GRUR 2005, 509, 511 – Gillette Company/LA-Laboratories.
115 EuGH, WRP 1999, 407, 413 Tz. 54, 58–63 = GRUR Int. 1999, 438 – BMW/Deenik.
116 EuGH, GRUR 2005, 509, 511 – Gillette Company/LA-Laboratories.
117 BGH, WRP 2008, 1192 – Opel/Autec.
118 BGH, Urt. v. 7.4.2011 – I ZR 56/09 Tz.53 – ICE.
119 EuGH, GRUR 2005, 509, 511 – Gillette Company/LA-Laboratories.
120 Vgl. BGH, WRP 1058, 206 = GRUR 1958, 343, 344 (zu § 5 UWG) – Bohnergerät; BGH, WRP 1996, 713, 715 – Verbrauchsmaterialien; GRUR 1968, 698, 700 – Rekordspritzen; WRP 1962, 334 = GRUR 1962, 537, 540 – Radkappe.
121 EuGH, WRP 1999, 407, 413, Tz. 60 = GRUR Int. 1999, 438 – BMW/Deenik.

ker beeinträchtigt. Diesem Gesichtspunkt ist allerdings bei der Bestimmung eines Verstoßes gegen die guten Sitten Rechnung zu tragen. So hat der BGH[122] entschieden, dass die Benutzung des bekannten VW-Logos (VW im Kreis) als Bestimmungsangabe einer Autoreparaturwerkstatt in unlauterer Weise die Werbefunktion dieser Marke ausnutzt, da die Benutzung der Wortmarken „VW" und „Volkswagen" bereits eine hinreichend klare und schnell erfassbare Möglichkeit zur Benennung ihrer Dienstleistungen darstellt.

3. Rechtsprechung unter dem WZG

46 Die Rechtsprechung (s. u. a) und b)) zum WZG, zu § 1 UWG a. F. unter dem Gesichtspunkt der anlehnenden Werbung und zu § 3 UWG a. F. unter dem Gesichtspunkt einer Herkunftstäuschung kann allerdings nicht ohne Weiteres übernommen werden.

a) Zulässig

BGH, GRUR 1958, 343, 344 – Bohnergerät: Hinweis eines Herstellers, dass der von ihm beschriebene Vorluftbohner als Zusatzgerät für einen „Kobold"-Staubsauger verwendbar ist.

RG, GRUR 1928, 394, 396: „Ersatzteile eigenen Fabrikats, passend für Alpha-Laval-Separatoren".

b) Unzulässig

OLG Karlsruhe, GRUR 1978, 111 – Hammerbohrer: „Passend für HILTI" für Zubehör des Originalhammerbohrers wegen Irreführung über den Hersteller des Zubehörs.[123]

4. Lauterkeitsvorbehalt

47 Der Vorbehalt der Lauterkeit impliziert die *Verpflichtung, den berechtigten Interessen des Markeninhabers nicht in unlauterer Weise zuwiderzuhandeln.*[124] Allerdings ist eine mit einer derartigen Bestimmungsangabe verbundene Anlehnung an einen fremden Ruf nicht nur dann zulässig, wenn dies „sachlich unbedingt notwendig"[125] oder „zwangsläufig"[126] erforderlich ist.[127] Daher ist auch die Benutzung einer *Wort-/Bildmarke (Logo)* möglich.[128] Dies gilt – insoweit im Unterschied zu § 24 – allerdings nicht, wenn statt der Wort-/Bild-

---

122 BGH, WRP 2011, 1602, 1604 f. Tz. 20–28 = GRUR 2011, 1135, 1137 f. – GROSSE INSPEKTION FÜR ALLE.

123 Sehr zweifelhaft nach MarkenG, a. A. *Krieger*, WRP 2000, 929.

124 BGH, WRP 2005, 496 = GRUR 2005, 423, 425 – Staubsaugerfiltertüten; EuGH, GRUR 2004, 234 – Gerolsteiner Brunnen/Putsch; EuGH, WRP 1999, 407 = GRUR Int. 1999, 438 – BMW/Deenik.

125 So aber noch BGH, WRP 1958, 206 = GRUR 1958, 343, 344 – Bohnergerät.

126 So BGH, WRP 1996, 713, 715 – Verbrauchsmaterialien.

127 A. A. *Krieger*, WRP 2000, 930.

128 Vgl. zu § 24 Abs. 2: BGH, WRP 2005, 219 = GRUR 2005, 163, 164 – Aluminiumräder; BGH, WRP 2003, 1231 = GRUR 2003, 878, 879 f. – Vier Ringe über Audi; WRP 2003, 534 = GRUR 2003, 340 – Mitsubishi; EuGH, WRP 1999, 407 = GRUR Int. 1999, 438 – BMW/Deenik.

marke (Logo) ein Wortzeichen benutzt werden kann, das bereits eine hinreichend klare und schnell erfassbare Möglichkeit einer Bestimmungsangabe besteht. So hat der BGH[129] einen Verstoß gegen die guten Sitten angenommen, wenn eine Autowerkstatt statt der Wortmarken „VW" und „Volkswagen" die bekannte Wort-/Bildmarke „VW im Kreis" zur Benennung ihrer Dienstleistungen benutzt (vgl. auch Rn. 45 a. E.).

Dabei muss die Wiedergabe praktisch das einzige Mittel sein, um der Öffentlichkeit eine **48** vollständige und verständliche Information über die Bestimmung zu erteilen.[130] So kann für Aluminiumräder, die für Porsche-Fahrzeuge bestimmt sind, mit der Wiedergabe eines Porsche-Fahrzeuges einschließlich sichtbarem Porsche-Emblem geworben werden, weil dem Käufer nur so der ästhetische Eindruck der montierten Räder vermittelt werden kann.[131] Dagegen wird den berechtigten Interessen des Markeninhabers bei Benutzung der Internetadresse www.peugeot-tuning.de zuwider gehandelt. Denn durch die identische Übernahme des aufgrund seiner Bekanntheit besonders kennzeichnungskräftigen Zeichens „Peugeot" in eine Second-Level-Domain, die daneben nur noch den rein beschreibenden Bestandteil „tuning" ohne weitere Zusätze enthält, entsteht der Eindruck, dass der Benutzer vom Zeicheninhaber autorisiert worden ist und insoweit richtige und wirtschaftliche Beziehungen bestehen.[132] Dagegen kann nach der Auffassung des OLG Köln[133] ein Markeninhaber von Fremden (nicht mit ihm per Lizenzvertrag verbundenen Tuning-Dienstleistern) nicht verlangen, die Originalkennzeichnung von den Fahrzeugen, die sie tunen, in jedem Fall zu entfernen. Der Tuning-Dienstleister dürfe nach § 23 Nr. 3 nicht nur die von ihm eingebauten Einzelteile, sondern auch das veränderte Fahrzeug mit der sichtbaren Marke des Originalherstellers in der Werbung abbilden, sofern er hinreichend deutlich macht, dass es sich bei der beworbenen „Fahrzeugveredelung" nicht um ein Angebot des Fahrzeugherstellers handelt. Unlauterkeit liegt vor, wenn das Kennzeichen etwa in einer Weise benutzt wird, die den Eindruck erwecken kann, es bestehe eine *Handels- oder Sonderbeziehung* zwischen dem Drittunternehmer und dem Markeninhaber einschließlich der Zugehörigkeit des Unternehmens des Wiederverkäufers zum Vertriebsnetz des Markeninhabers.[134] Die mit einer derartigen Benutzung *zu Informationszwecken verbundene Verwechslungsgefahr als solche genügt allerdings noch nicht für die Annahme*, dass die Benutzung den anständigen Gepflogenheiten in Gewerbe oder Handel widerspricht oder gegen die guten Sitten verstößt. Vielmehr müssen, wenn die Unlauterkeit in einer Irreführung über die Herkunft der angebotenen Waren oder über besondere Beziehungen zwischen dem Anbietenden und dem Unternehmen des Markeninhabers bestehen soll, erhöhte Anforderungen an den Nachweis eines Verstoßes gegen die guten Sitten und eine dadurch begründete Täuschungsgefahr gestellt werden. Die Schutzschranke des § 23 Nr. 3 erfordert dabei nicht, dass der Lieferant von Ersatz- oder Zubehörteilen oder der Erbringer von Dienstleistungen Maßnahmen ergreift, die jegliche denkbare Fehlvorstellung des Verkehrs

---

129 BGH, WRP 2011, 1602, 1605 Tz. 27 = GRUR 2011, 1135, 1138 – GROSSE INSPEKTION FÜR ALLE.

130 BGH, Urt. v. 7.4.2011, ZR 56/09 Tz. 54 – ICE.

131 BGH, WRP 2005, 219 = GRUR 2005, 163, 164 – Aluminiumräder.

132 OLG Düsseldorf, GRUR-RR 2007, 102.

133 OLG Köln, MarkenR 2008, 65.

134 EuGH, GRUR 2005, 509, 512 – Gillette Company/LA-Laboratories; EuGH, WRP 1999, 407, 413, Tz. 64 = GRUR Int. 1999, 438 – BMW/Deenik; zulässig für die Dienstleistung der Instandsetzung und Wartung von BMW-Fahrzeugen: „Instandsetzung und Wartung von BMW", „Fachmann für BMW", „spezialisiert auf BMW".

über die Herkunft der Ware ausschließt.[135] Unlauterkeit liegt auch vor, wenn der Dritte seine Ware als eine *Imitation oder Nachahmung* der Ware darstellt, die mit der Ware versehen ist, deren Inhaber er nicht ist.[136] Dagegen bedeutet allein der Hinweis auf die Drittmarke nicht notwendigerweise, dass der Benutzer seine Ware als eine Ware mit gleicher Qualität oder mit Eigenschaften darstellt, die denjenigen der mit dieser Marke versehenen Ware gleichwertig sind. Vielmehr hängt dies vom Einzelfall ab.[137] Darüber hinaus liegt Unlauterkeit nach § 23 Nr. 3 vor, wenn die Benutzung den Wert der Marke dadurch beeinträchtigt, dass sie deren *Unterscheidungskraft* oder deren *Wertschätzung in unlauterer Weise* ausnutzt oder durch sie diese Marke herabgesetzt oder *schlecht gemacht wird.*[138]

49 Bei Auslegung des Begriffs der Lauterkeit i. S. v. § 23 Nr. 3 ist auch die Rechtsprechung zu der Richtlinie 84/450/EWG (*Richtlinie vergleichende Werbung*) in der durch die Richtlinie 97/55/EG geänderten Fassung zu berücksichtigen. § 23 Nr. 3 unterfallende Bestimmungshinweise stellen eine anlehnende Werbung dar. Anlehnende Werbung unterfällt dem Begriff der vergleichenden Werbung. Allerdings kann der Anwendbarkeit der Vorschriften über die vergleichende Werbung das Fehlen eines Werbevergleichs im Einzelfall entgegenstehen.[139] Auch im Rahmen dieser Richtlinie kann sich die Unlauterkeit insbesondere unter dem Gesichtspunkt der Irreführung (Art. 3a) Abs. 1 lit. a)) unter unlauterer Rufausnutzung nach Art. 3a) Abs. 1 lit. g) ergeben. In der Entscheidung des EuGH *Toshiba/Katun*[140] ging es darum, dass ein Anbieter von Ersatzteilen und Verbrauchsmaterialien für die Produkte eines Geräteherstellers in seinem Katalog die Katalognummern (OEM-Nummern) angab, die dieser für die von ihm selbst vertriebenen Ersatzteile und Verbrauchsmaterialien verwendet. Unter der Voraussetzung, dass es sich um Unterscheidungszeichen i. S. d. Art. 3a) Abs. 1 lit. g) handelt, entschied der EuGH, dass die Angabe der Artikelnummern des Geräteherstellers neben den Artikelnummern eines konkurrierenden Anbieters die Behauptung einer Gleichwertigkeit hinsichtlich der technischen Eigenschaften der beiden Erzeugnisse und damit einen Vergleich darstellt. Es sei aber weiter zu prüfen, ob diese Angabe bei den Verkehrskreisen eine Assoziation zwischen dem Gerätehersteller, dessen Erzeugnisse als solche erkannt werden, und dem konkurrierenden Anbieter in der Weise hervorrufen könnte, dass diese Kreise den Ruf des Erzeugnisses dieses Herstellers auf die Erzeugnisse des konkurrierenden Anbieters übertragen. Dabei sei zu berücksichtigen, ob die Artikelnummer des Geräteherstellers nur eine Angabe neben anderen betreffend diesen Hersteller und seine Erzeugnisse ist und die Marke des konkurrierenden Anbieters und die Besonderheiten seiner Erzeugnisse derart herausgestellt werden, dass weder eine Verwechslung noch eine Assoziation möglich ist. Eine unlautere Rufausnutzung verneinte der EuGH, weil der Hinweis auf die Unterscheidungszeichen Voraussetzung für einen wirksamen Wettbewerb waren. In dem Vorlagebeschluss des BGH „*Bestellnummernübernahme*"[141] ging es um die vollständige Übernahme eines Bestellnummernsystems für speicherprogrammierbare Steuerungen des Herstellers dergestalt, dass die erste Zeichengruppe der Bestellnummern

---

135 BGH, WRP 2005, 496 = GRUR 2005, 423, 425 – Staubsaugerfiltertüten.
136 EuGH, GRUR 2005, 509, 512 – Gillette Company/LA-Laboratories.
137 EuGH, GRUR 2005, 509, 512 – Gillette Company/LA-Laboratories.
138 EuGH, GRUR 2005, 509, 512 – Gillette Company/LA-Laboratories.
139 BGH, WRP 2001, 1291 = GRUR 2002, 75, 76 – soooo … BILLIG; WRP 2002, 1138 = GRUR 2002, 982, 984 – DIE „STEINZEIT" IST VORBEI!.
140 EuGH, GRUR 2002, 354.
141 BGH, WRP 2005, 336 = GRUR 2005, 348.

des Herstellers durch das Firmenschlagwort V des Wettbewerbers ersetzt und daran der identische Bestellnummernkern der Originalprodukte des Herstellers angeschlossen wurde. Dieser Bestellnummernkern enthält den Hinweis auf die Beschaffenheit des jeweiligen Produkts und seine Verwendung in der Baugruppe. Der BGH möchte für diesen Fall einer (teilweise) identischen Übernahme des in den Fachkreisen bekannten Unterscheidungszeichens eine unlautere Rufausnutzung bejahen. Unabhängig von einer Verwechslungsgefahr begründe die im Kern identische Übernahme Assoziationen zwischen den Wettbewerbern, die über das jedem Vergleich innewohnende Maß hinausgehen. Durch die (teilweise) identische Übernahme der Bestellnummern werde die Funktion des Kennzeichens des Herstellers ausgenutzt, indem der Werbende es gleichsam seinem eigenen Kennzeichen einverleibe. Der Hersteller setze sich der Gefahr des Verfalls seiner Marke nach § 49 Abs. 2 Nr. 1 MarkenG aus oder beraube sich der Chance, das Unterscheidungszeichen als Herkunftshinweis im Verkehr aufrechtzuerhalten oder durchzusetzen.

V. Gemeinschaftsmarkenrecht

Art. 12 GMV ist mit Art. 6 Abs. 1 Markenrechtsrichtlinie, der durch § 23 weitgehend wörtlich umgesetzt wird, identisch. **50**

§ 24
Erschöpfung

(1) Der Inhaber einer Marke oder einer geschäftlichen Bezeichnung hat nicht das Recht, einem Dritten zu untersagen, die Marke oder die geschäftliche Bezeichnung für Waren zu benutzen, die unter dieser Marke oder dieser geschäftlichen Bezeichnung von ihm oder mit seiner Zustimmung im Inland, in einem der übrigen Mitgliedstaaten der Europäischen Union oder in einem anderen Vertragsstaat des Abkommens über den Europäischen Wirtschaftsraum in den Verkehr gebracht worden sind.

(2) Absatz 1 findet keine Anwendung, wenn sich der Inhaber der Marke oder der geschäftlichen Bezeichnung der Benutzung der Marke oder der geschäftlichen Bezeichnung im Zusammenhang mit dem weiteren Vertrieb der Waren aus berechtigten Gründen widersetzt, insbesondere wenn der Zustand der Waren nach ihrem In-Verkehr-Bringen verändert oder verschlechtert ist.

Übersicht

Literatur: *Albert/Heath*, Markenrecht und Paralleleinfuhr, GRUR 1998, 642; *Beckmann*, Die Reichweite des Erschöpfungsgrundsatzes nach neuem Markenrecht, GRUR Int. 1998, 836; *Berlit*, Markenrechtliche und europarechtliche Grenzen des Markenschutzes, GRUR 1998, 423; *Böttcher*, Parallelimporte und deren Abwehr-Gestaltungsmöglichkeiten im Rahmen der regionalen markenrechtlichen Erschöpfung, GRUR Int. 2009, 646 ff.; *Brandi-Dohrn*, Die kommende Neuordnung des Kennzeichenrechts: Das Markenrechtsreformgesetz, BB 1994, Beilage 16, 1; *Douglas*, Die markenrechtliche Erschöpfung beim Parallelimport von Arzneimitteln, 2005, KWI, Bd. 8; *Joller*, Zur territorialen Reichweite des Erschöpfungsgrundsatzes, GRUR Int. 1998, 751; *Klados*, Darlegungs- und Beweislast bei Parallelimporten im Markenrecht, WRP 1999, 1018; *Koch*, Markenrechtliche Erschöpfung durch die EU-Osterweiterung, WRP 2004, 1334; *Laas*, Entfernung von Herstellnummern, GRUR Int. 2002, 829; *Lieck*, Abstocken, Aufstocken und Bündeln: Begriffe der Vergangenheit? Eine Analyse der

BGH-Entscheidungen „STILNOX", „ASPIRIN II" und „CORDARONE", GRUR 2008, 661; *Litten*, „Inverkehrbringen" und „Erschöpfung" im neuen Markenrecht – Zur Frage, in welchem Umfang der Markeninhaber den Import und Re-Import „seiner" Waren in die EU verhindern kann, WRP 1997, 678; *Miller*, Markenrechtliche Erschöpfung in der EU und rechtserhaltende Benutzung durch Parallelimporte in Deutschland, MarkenR 2005, 257; *Müller*, Beweislastregelung im nationalen Recht in Bezug auf die Erschöpfung von Rechten aus einer Marke, GRUR 2003, 668; *Mulch*, Der Tatbestand der markenrechtlichen Erschöpfung, 2001; *Nauta*, Ausnahmen vom Erschöpfungsgrundsatz im Markenrecht, GRUR Int. 2004, 994; *Plassmann*, Die Darlegungs- und Beweislast bei § 24 MarkenG, WRP 2000, 1011; *Pickrahn*, Die Bekämpfung von Parallelimporten nach dem neuen Markengesetz, GRUR 1996, 383; *Reinartz*, Erschöpft das Werbehinweisrecht vor Produktauslieferung?, MarkenR 2004, 8; *Sack*, Die Erschöpfung von gewerblichen Schutzrechten und Urheberrechten nach deutschem Recht, WRP 1999, 1088; *ders.*, Zeichenrechtliche Grenzen des Umpackens fremder Waren, GRUR 1997, 1; *ders.*, Vorschläge zur Reform der Verletzungstatbestände und des Erschöpfungsgrundsatzes des europäischen Markenrechts, WRP 2010, 1000; *ders.*, Die Zwei-Marken-Strategie und das Umpacken von Arzneimitteln im internationalen Markenrecht, WRP 2009, 540; *Schröder*, Mittelbare Kennzeichnung im Kraftfahrzeugzubehörbereich bei Produktveränderungen und Ausschluss der Erschöpfung, WRP 2007, 55; *Starck*, Markenrechtliche Erschöpfung – die Vierte, MarkenR 2004, 41; *Ulmar*, Neues zur markenrechtlichen Zulässigkeit des Umpackens parallel importierter Arzneimittel, WRP 2007, 920; *Wiese*, Das Verbot künstlicher Abschottung des inländischen Marktes bei durch Drittzeichen erzwungener Zwei-Marken-Strategie – Besprechung des Urteils des BGH „Zantac/Zantic", GRUR 2003, 106; *Wolpert*, Parallelimporte von Arzneimitteln, WRP 2008, 453.

I. Allgemeines

Die zunächst im Markenrecht entwickelte *Erschöpfungslehre* soll verhindern, dass der **1** Markeninhaber allein aufgrund seines Zeichenrechts auf den Vertriebsweg und den Preis der rechtmäßig gekennzeichneten und von ihm oder einem vertraglich oder wirtschaftlich verbundenen Unternehmen in Verkehr gebrachten Waren Einfluss nimmt und dient somit dem Schutz der Warenverkehrsfreiheit.[1] Die Erschöpfungslehre als „bildhafte Kurzbezeichnung"[2] bringt damit die grundsätzlichen Interessen des Markenschutzes mit den Bedürfnissen des Wirtschaftsverkehrs in Einklang.

II. Rechtslage unter WZG

Die Beurteilung der Möglichkeiten und Grenzen eines Rückgriffs auf die Rechtsprechung **2** unter dem WZG erfordert einen Rückblick auf die Rechtslage unter dem WZG. Auch unter dem WZG durfte die Erschöpfungslehre nicht dahingehend missverstanden werden, dass der Erstvertrieb als zeitliche Zäsur das Kennzeichenrecht als solches verbraucht. Vielmehr unterschied die Rechtsprechung – ausgehend von der Trennung von Vertriebs-, Kennzeichnungs- und Werbehinweisrecht in §§ 15, 24 WZG – zwischen diesen Verletzungshandlungen. Die Erschöpfungslehre war zunächst nur für das *Erstvertriebsrecht* konzipiert. Das Kennzeichnungsrecht, d.h. das Recht, die Ware mit der Marke zu versehen, konnte sich dagegen nicht erschöpfen. Dem Kennzeichnungsrecht unterfiel dabei die unmittelbare und

---

1 RGZ 50, 229, 231 – Kölnisch Wasser; BGH, GRUR Int. 1964, 202, 204 – Maja; WRP 1973, 401 = GRUR 1973, 468, 470 – Cinzano.
2 BGH, WRP 1973, 401 = GRUR 1973, 468, 470 – Cinzano.

mittelbare Kennzeichnung. Die *unmittelbare Kennzeichnung* bedeutet die erstmalige Kennzeichnung eines Produkts (Neukennzeichnung) oder die Wiederanbringung der Kennzeichnung (Wiederkennzeichnung), auch die Wiederverwendung einer gekennzeichneten Umhüllung im geschäftlichen Verkehr durch Wiederauffüllen.[3] Eine *mittelbare Kennzeichnung* lag in einer wesentlichen Produktveränderung unter Belassen der Kennzeichnung des Markeninhabers. Eine wesentliche Produktveränderung war gegeben, wenn Dritte auf die charakteristischen Eigenschaften einer Ware so einwirkten, dass die Ware in ihrer Eigenart berührt wurde. Bei wertender Betrachtung konnte dies nicht anders als eine Neukennzeichnung gewertet werden.

3 Die für das Erstvertriebsrecht konzipierte Erschöpfungslehre wurde schließlich auch auf *Werbehinweise* übertragen. So erschöpfte sich das Werbehinweisrecht grundsätzlich wie das Erstvertriebsrecht durch das rechtmäßige Inverkehrbringen der gekennzeichneten Ware zum Zwecke des Weitervertriebs, da ohne die Nennung der Originalware in der Werbung ein bestimmungsgemäßer Weitervertrieb nicht möglich ist. Dies sollte allerdings nicht gelten, wenn zeichenrechtlich missbräuchliche Ankündigungen erfolgten.[4]

4 Der Grundsatz der Einheit der Kennzeichnungsrechte gebot die Übertragung dieser Grundsätze auf *geschäftliche Bezeichnungen*.[5]

5 Nach dem deutschen Verständnis war zu guter Letzt nicht zwischen *europäischen und internationalen Sachverhalten* zu unterscheiden. Eine Erschöpfung konnte daher auch durch Handlungen im außereuropäischen Ausland erfolgen.[6]

6 Die aus den Grundsätzen des freien Warenverkehrs entwickelte internationale Erschöpfungslehre sollte die Ausübung nationaler Zeichenrechte zur Abwehr von *Parallelimporten* aus anderen Mitgliedstaaten verhindern, soweit diese nicht durch den spezifischen Gegenstand des Markenschutzes gerechtfertigt ist (damals Art. 30 S. 1 EGV jetzt Art. 36 S. 1 AEUV). Die Geltendmachung nationaler Markenrechte zur Abwehr eines Parallelimportes stellt eine Maßnahme dar, die nach damals Art. 28 EGV (jetzt Art. 34 AEUV) geeignet ist, den innergemeinschaftlichen Handel unmittelbar oder mittelbar, tatsächlich oder potenziell zu behindern. Auch der EuGH unterschied zwischen dem Erstvertriebsrecht und dem Kennzeichnungsrecht. Die Ausübung der nationalen Markenrechte zur Verhinderung des Weitervertriebs der Ware war nicht gerechtfertigt, die Geltendmachung gegen eine Kennzeichnung dagegen berechtigt.[7] Auch nach Auffassung des EuGH umfasst das Kennzeichnungsrecht die unmittelbare und mittelbare Kennzeichnung (wesentliche Produktveränderung). In den Kennzeichnungsfällen war zudem zu prüfen, ob eine „verschleierte Beschränkung des Handels zwischen den Mitgliedstaaten" i. S. v. Art. 36 S. 2 AEUV und damit eine missbräuchliche Geltendmachung der Markenrechte vorliegt.

---

3 BGH, GRUR 1987, 438, 440 – Handtuchspender.

4 BGH, GRUR 1987, 707, 709 – Ankündigungsrecht I; GRUR 1987, 823, 825 – Ankündigungsrecht II.

5 BGH, WRP 1984, 380 = GRUR 1984, 545, 547 – Schamotte-Einsätze; GRUR 1987, 707, 708 – Ankündigungsrecht I; Großkomm.-*Teplitzky* § 16 UWG Rn. 109.

6 BGH, GRUR Int. 1964, 202, 204 – Maja; WRP 1973, 401 = GRUR Int. 1973, 562, 563 – Cinzano.

7 EuGH, GRUR Int. 1974, 456 – Centrafarm/Winthrop; GRUR 1978, 599 f. – Hoffmann-La Roche/Centrafarm; Slg. 1978, 1823 ff. – Centrafarm/American Home Products Corporation; Slg. 1981, 2913 ff. – Pfizer/Eurim-Pharm.

Stuckel

Bei einer sachgerechten Anwendung der deutschen Erschöpfungslehre bedurfte es schon nach der bisherigen Rechtslage im Grundsatz nicht der zusätzlichen Korrektur – vom Missbrauchstatbestand nach Art. 36 S. 2 AEUV abgesehen – durch die gemeinschaftsrechtliche Erschöpfungslehre. Die deutsche Erschöpfungslehre ging sogar insoweit über die europäische Erschöpfungslehre hinaus, als diese auch internationale Sachverhalte erfasste.

7

III. Grundzüge der Rechtslage unter MarkenG

§ 24 setzt Art. 7 Markenrechtsrichtlinie um. Art. 7 Markenrechtsrichtlinie ist wiederum im Lichte der Rechtsprechung des EuGH zu Art. 34, 36 AEUV auszulegen. Eine *Auslegung* des § 24 MarkenG kann daher nur *auf der Grundlage des Art. 7 Markenrechtsrichtlinie und der Rechtsprechung des EuGH zu Art. 34, 36 AEUV* erfolgen.[8] Art. 7 Markenrechtsrichtlinie enthält eine *umfassende Harmonisierung* der Erschöpfungslehre. Für abweichende nationale Regeln besteht daher kein Raum.[9] Soweit dies der Wortlaut erlaubt, ist § 24 daher so auszulegen, dass es eines zusätzlichen Rückgriffs auf Art. 34, 36 AEUV nicht bedarf. Art. 34, 36 AEUV gehen insbesondere insoweit über die Schutzrechtsschranke des § 24 hinaus, als sie ausnahmsweise auch eine *Markenersetzung* rechtfertigen können. Auch ist nur das europäische Recht Grundlage für eine Pflicht zur Unterrichtung (s. Rn. 34 f.). § 24 gilt nicht nur für eingetragene Marken, sondern auch für *sonstige Kennzeichenrechte*. Auch wenn die Markenrechtslinie dies nicht gebietet, ist § 24 insoweit einheitlich und damit auch richtlinienkonform auszulegen.[10]

8

§ 24 Abs. 1 enthält den Grundtatbestand. Danach hat der Inhaber einer Marke oder einer geschäftlichen Bezeichnung nicht das Recht, einem Dritten zu untersagen, die Marke oder die geschäftliche Bezeichnung für Waren zu benutzen, die unter dieser Marke oder dieser geschäftlichen Bezeichnung von ihm oder mit seiner Zustimmung im Inland, in einem der übrigen Mitgliedstaaten der Europäischen Union oder in einem anderen Vertragstaat des Abkommens über den Europäischen Wirtschaftsraum in den Verkehr gebracht worden sind. § 24 Abs. 2 schränkt den *Grundsatz* ein. Danach findet § 24 Abs. 1 keine Anwendung, wenn sich der Inhaber des Kennzeichenrechtes aus berechtigten Gründen widersetzt. Eine Definition der „berechtigten Gründe" fehlt. In dem mit „insbesondere" eingeleiteten Nebensatz wird nur beispielhaft die Veränderung oder Verschlechterung des Zustands der Ware genannt. Das Vorliegen eines „berechtigten Grundes" kann letztlich nur auf der Grundlage des „spezifischen Gegenstands" des Kennzeichenrechtes, insbesondere wie durch den EuGH konkretisiert, ermittelt werden.

9

---

8 EuGH, GRUR Int. 1998, 140, 142 – Dior/Evora; GRUR Int. 1996, 1144, 1147 Tz. 23 ff. – Bristol Myers Squibb u. a./Paranova; WRP 1996, 867, 870 Tz. 25 ff. – Eurim-Pharm; WRP 1996, 874, 876 Tz. 11 ff. – MPA-Pharma; BGH, WRP 1997, 742 = GRUR 1997, 629, 632 f. – Sermion II; vgl. zum Spannungsverhältnis zur amtlichen Begründung: *Sack*, GRUR 1997, 2 ff.
9 EuGH, GRUR 2005, 507, 508 – Peak Holding/Axolin-Elinor; GRUR 2002, 156 – Zino/Davidoff und Levi Strauss; GRUR Int. 1998, 695, 697 – Silhouette.
10 BGH, GRUR 2002, 1063, 1065 – Aspirin.

IV. Grundtatbestand – § 24 Abs. 1

1. Anwendungsbereich

10 Die Erschöpfung schränkt die Rechte des Inhabers aller nach dem MarkenG geschützten Kennzeichen ohne Beschränkung auf die Inhaber einer Marke ein. § 24 Abs. 1 knüpft allein auf ein „Inverkehrbringen" in der EU oder im EWR durch den Inhaber des Kennzeichenrechts oder mit seiner Zustimmung an. Die Erschöpfungswirkung tritt unabhängig davon ein, ob der Wille des Inhabers des Kennzeichenrechts auf eine Erschöpfung gerichtet ist. Dementsprechend ist ein – auch ausdrücklich zum Ausdruck gebrachter – entgegenstehender Wille unbeachtlich. § 24 Abs. 1 räumt dem Inhaber des Kennzeichenrechts allerdings insoweit ein *Kontrollrecht* ein, als eine Erschöpfung in der EU oder im EWR nur aufgrund einer eigenen oder ihm zurechenbaren Handlung eintreten kann. Nicht anwendbar ist die Erschöpfung dagegen auf das Angebot und die Erbringung von Dienstleistungen und geschäftliche Kommunikation. Insofern scheidet eine Erschöpfung schon begrifflich aus. Dienstleistungen und geschäftliche Kommunikation können nicht „in Verkehr gebracht" werden.

2. Benutzungsformen

11 Anders als die Rechtslage unter dem WZG enthält die Erschöpfung keine Beschränkung auf bestimmte Benutzungsformen. Im Rahmen des § 24 Abs. 1 ist es daher *nicht mehr möglich, zwischen dem Erstvertriebs-, Kennzeichnungs- und Werbehinweisrecht* (s. Rn. 2) zu unterscheiden. Eine Unterscheidung ist systematisch nur im Rahmen des § 24 Abs. 2 möglich. Insofern ist es nur möglich, an die berechtigten Gründe je nach Benutzungsform unterschiedliche Anforderungen zu stellen. Trotz der entgegenstehenden Intention des Gesetzgebers[11] erschöpft sich daher das Markenrecht durch das erstmalige rechtmäßige Inverkehrbringen der Ware im Hinblick auf alle Benutzungsformen nach §§ 14, 15 MarkenG.[12]

3. Territorialer Geltungsbereich

12 Die Erschöpfung setzt ein Inverkehrbringen im Inland, in der EU oder im EWR durch den Inhaber des Kennzeichenrechts oder mit seiner Zustimmung voraus. Ursprüngliche Vertragspartner des Abkommens über den *EWR* waren die Mitgliedstaaten der EG und die EFTA-Staaten Finnland, Island, Norwegen, Österreich, Schweden und Liechtenstein.[13] Bei den anderen Vertragsstaaten des EWR, die nicht schon Mitglied der EU geworden sind, handelt es sich derzeit noch um Island, Liechtenstein und Norwegen.[14] Grundsätzlich kann sich eine Erweiterung des für die Erschöpfungslehre relevanten Gebiets auch aus *Assoziierungsabkommen* der EU mit Drittstaaten ergeben. Im Zweifel ist aber eine derartige Erweiterung der Erschöpfungslehre im Assoziierungsabkommen nicht gewollt.[15] Im Fall des As-

---

11 Begründung des Gesetzentwurfs, BlPMZ Sonderheft 1994, 75.
12 EuGH, GRUR Int. 1996, 1144 – Bristol Myers Squibb/Paranova; BGH, WRP 1997, 742 = GRUR 1997, 629, 632 – Sermion II.
13 Vgl. *Geiger*, EG-Vertrag, Art. 239 Rn. 30.
14 *Berlit*, Das neue Markenrecht, § 24 Rn. 322.
15 Vgl. *Geiger*, EG-Vertrag, Art. 238 Rn. 19.

Stuckel

soziierungsabkommens mit der Türkei[16] folgt dies etwa ausdrücklich aus Anhang 8 zu Art. 10 Abs. 2. Eine Erschöpfung durch In-Verkehr-Bringen in Ländern außerhalb des EWR kann dagegen nicht mehr eintreten.

Im Hinblick auf die *Mitgliedstaaten* Malta, Zypern, Slowenien, Slowakei, Tschechien, Lettland, Estland, Litauen, Ungarn und Polen stellt sich die Frage, ob ein Inverkehrbringen vor dem zum Stichtag 1.5.2004 erfolgten Beitritt zur EU zu einer Erschöpfungswirkung führt. Dies hängt davon ab, ob der Begriff des Inverkehrbringens statisch oder dynamisch auszulegen ist. Die besseren Gründe sprechen dafür, das Kontrollrecht (s. Rn. 10) als spezifischen Gegenstand des Markenrechts anzusehen[17] und damit *statisch auf den Zeitpunkt des Inverkehrbringens abzustellen.* Nur wenn sich der Inhaber eines Kennzeichenrechts entschließt, die gekennzeichnete Ware in der EU oder im EWR in den Verkehr zu bringen, tritt Erschöpfungswirkung auf. Zwar kommt es auf einen entgegenstehenden Willen des Markeninhabers im Hinblick auf die Erschöpfungswirkung nicht an (s. Rn. 10). Allerdings muss ein positiver Entschluss vorliegen, die gekennzeichnete Ware in der EU oder im EWR in den Verkehr zu bringen oder in dieses Gebiet zu verbringen. Nur wenn ein *Inverkehrbringen* erfolgt, bei dem ein ex ante bestehender positiver Entschluss vorliegt, ist ein derart weit reichender Eingriff in das Markenrecht wie die Erschöpfung gerechtfertigt. Den Bedürfnissen des Wirtschaftsverkehrs kann dabei durch die Modifizierung der Beweislast Rechnung getragen werden. So ist es gerechtfertigt, die Beweisregel der Erschöpfung zu Lasten des Kennzeicheninhabers zu modifizieren, wenn Streit darüber besteht, ob die Ware vor oder nach dem Beitritt in einem der neuen Beitrittsstaaten in den Verkehr gebracht worden ist (s. Rn. 39).

Die Aufgabe der internationalen Erschöpfung ist eine zwingende Folge der Umsetzung von **13** *Art. 7 Markenrechtsrichtlinie.*[18] Allein das Verbringen der gekennzeichneten Ware in das maßgebliche Territorium bedarf daher der Zustimmung des Markeninhabers.

4. Inverkehrbringen durch den Markeninhaber oder mit seiner Zustimmung

§ 24 Abs. 1 wirft die Frage der Auslegung des Begriffs des „Inverkehrbringens" und dessen **14** Zurechenbarkeit gegenüber dem Markeninhaber auf. Mit Aufgabe der internationalen Erschöpfung durch das MarkenG kommt es insbesondere auch auf den „Ort" des Inverkehrbringens an. Denn eine Erschöpfung kann nur bei Inverkehrbringen in der EU oder einem sonstigen Vertragstaat des EWR eintreten.

a) Begriff des „Inverkehrbringens"

Der Begriff des „Inverkehrbringens" in der EU oder im EWR stellt ein entscheidendes Kriterium **15** für das Erlöschen des ausschließlichen Rechts des Markeninhabers dar.[19] Das Mar-

---

16 Beschluss Nr. 1/95 des Assoziationsrates EG/Türkei vom 22.12.1995 über die Durchführung der Endphase der Zollunion (96/142/EG, ABl. EG Nr. L 35, 1).
17 *Koch*, WRP 2004, 1334.
18 BGH, WRP 1997, 562 = GRUR 1996, 271 – Gefärbte Jeans; EuGH, GRUR Int. 1998, 695, 696 f. – Silhouette; EuGH, GRUR Int. 1999, 870, 872 – Docksides/Sebago.
19 EuGH, GRUR 2005, 507, 508 – Peak Holding; GRUR 2003, 512 – stüssy.

kenG enthält keine Definition des „Inverkehrbringens". Die Auslegung muss dem Gesetzeszweck folgen, die Interessen des Markenschutzes mit den Bedürfnissen des Wirtschaftsverkehrs in Einklang zu bringen. Daraus, dass eine Benutzung nach § 14 Abs.
3 im Sinne einer dem Markeninhaber vorbehaltenen Nutzungshandlung vorliegt, folgt noch
nicht zwingend die Einstufung als ein die Erschöpfung auslösendes Inverkehrbringen.[20]
Der Begriff des „Inverkehrbringens" ist im Rahmen des § 24 Abs. 1 vielmehr selbstständig
auszulegen.[21] Ein „Inverkehrbringen" liegt in der *Übertragung der rechtlichen Verfügungsgewalt* durch den Markeninhaber selbst oder durch Dritte mit seiner Zustimmung im geschäftlichen Verkehr auf einen Dritten, unabhängig von dem zugrunde liegenden Kausalgeschäft wie etwa Kaufvertrag, Mietvertrag oder Schenkung.[22] Die Übertragung nur der
tatsächlichen Verfügungsgewalt führt noch nicht zur Erschöpfung.[23] Bei einem Erwerb „ab
Werk" wird die Ware mit Übergabe an den Frachtführer in Verkehr gebracht.[24] Diesem zusätzlichen Erfordernis kann Bedeutung bei den Speditionsfällen zukommen (s. Rn. 16).
Diese beiden Auffassungen nähern sich aber insoweit an, als auch bei der Annahme des Erfordernisses einer Übertragung der rechtlichen Verfügungsgewalt ein über die Aufgabe der
Verfügungsgewalt hinausgehendes weiteres Willenselement nicht gefordert wird.[25] Ein
„Inverkehrbringen" erfordert eine Handlung, die es dem Inhaber erlaubt, den *wirtschaftlichen Wert der Marke zu realisieren*. Nur dann liegt eine eigenveranlasste und dem Mar-
keninhaber zurechenbare Entäußerung vor.[26] Das *bloße Einführen von Waren*, um sie im
EWR zu verkaufen oder sie dort *zum Verkauf anzubieten*, stellt dagegen kein „Inverkehrbringen" dar.[27] Der Umstand, dass sich der Veräußerer das Eigentum bis zur vollständigen
Bezahlung vorbehalten hat, steht einer Erschöpfung nicht entgegen. Der BGH[28] hat die Erschöpfungslehre auch für den Fall angewandt, dass ein Depositionär ihm ausschließlich zu
Testzwecken in den Ladenlokalen überlassene und als „unverkäuflich" bezeichnete Parfümtester vertragswidrig an Dritte weiterveräußert hat. Scheinbar im Widerspruch dazu
hat der EuGH[29] auf Vorlage des OLG Nürnberg[30] in einer Weiterveräußerung von Parfüm-
testern eine Markenverletzung gesehen. Die Besonderheit des Falles lag allerdings darin,
dass der Weiterveräußerer die Parfümtester in den EWR verbracht hat. Es ging daher nicht
maßgeblich um die Frage, ob ein Inverkehrbringen vorliegt, sondern darum, ob das erstmalige Inverkehrbringen im EWR mit Zustimmung des Markeninhabers erfolgt. Dem standen
aber die Umstände des Einzelfalls entgegen. Dagegen schließt die Lieferung im Rahmen
eines Vertriebssystems eine Erschöpfung nicht aus.[31] Eine in einem Vertrag enthaltene Be-

---

20 OLG Hamburg, GRUR-RR 2003, 335, 336 – Markenhemden.
21 *Sack*, GRUR 1999, 192, 215; a. A. *Litten*, WRP 1997, 678, 680 ff.
22 EuGH, GRUR 2005, 507 – Peak Holding.
23 So schon OLG München, GRUR-RR 2004, 291, 292 – Lloyd/eterna; OLG Nürnberg, GRUR-RR
    2002, 98 – NIKE-Sportschuhe; OLG Hamburg, GRUR-RR 2003, 335 – Markenhemden; GRUR-
    RR 2003, 338 – Herrenhemden; offen gelassen in: OLG Hamburg, GRUR-RR 2004, 355, 356 –
    Parfumtester.
24 BGH, WRP 2006, 1233 – ex works.
25 OLG München, GRUR-RR 2004, 291, 292 – Lloyd/eterna.
26 OLG München, GRUR-RR 2004, 291, 292 – Lloyd/eterna; OLG Stuttgart, NJW-RR 1998, 482.
27 EuGH, GRUR 2005, 507, 509 – Peak Holding.
28 BGH, WRP 2007, 1197 – Parfümtester.
29 EuGH, GRUR 2010, 723.
30 OLG Nürnberg, GRUR 2009, 786 – Coty Prestige/Eimix Trading.
31 BGH, WRP 2011, 1180, 1182 – Küchenbesteck-Set, OLG Hamburg, GRUR-RR 2003, 335, 336 –
    Markenhemden; GRUR-RR 2002, 96 – Paco Rabanne.

stimmung eines Verbots des Wiederverkaufs im EWR kann dagegen eine Erschöpfung nicht hindern.[32] Die Belieferung von Konzerngesellschaften oder vom Markeninhaber beauftragter Transportunternehmen erfolgt nicht im geschäftlichen Verkehr und bewirkt daher keine Erschöpfung.[33] Mit dem Markeninhaber wirtschaftlich verbunden sind etwa ein Lizenznehmer, die Mutter- oder Tochtergesellschaft oder aber ein Alleinvertriebshändler, dagegen nicht ein Lieferant.[34] Eine Erschöpfung nach § 24 setzt immer voraus, dass die Ware nicht mit einer anderen Marke gekennzeichnet wird. So kann sich etwa auf die Erschöpfungseinrede ein Parallelimporteur, der das vom Hersteller in Spanien als „KLACID" vertriebene Arzneimittel in Deutschland als „KLACID PRO" anbietet, nicht berufen.[35]

b) Ort des Inverkehrbringens

Die Ware muss Gegenstand eines Umsatz- oder Veräußerungsgeschäfts in einem Vertragsstaat des EWR geworden sein.[36] Nur in diesem Fall und nicht, wenn das erste Inverkehrbringen außerhalb des EWR erfolgt, tritt Erschöpfung ein.[37] Dieser zusätzlichen Anknüpfung an den Vollzug des Umsatz- oder Veräußerungsgeschäftes in einem Vertragsstaat kommt maßgebliche Bedeutung im Fall der Übertragung der tatsächlichen Verfügungsgewalt an einen Spediteur, Frachtführer oder ähnliche Hilfspersonen zum Zwecke des Transportes zu. Dieses Korrektiv ist erforderlich, weil nach Aufgabe der internationalen Erschöpfung der Ort des Inverkehrbringens maßgeblich ist. Insoweit kann auf die Rechtsprechung zum Patent- und Urheberrecht zurückgegriffen werden. Für diese Rechtsgebiete galt schon bislang keine internationale Erschöpfung. Danach sind folgende wesentliche Fallgestaltungen zu unterscheiden: **16**

aa) Export-Fälle

Der Markeninhaber liefert an einen Abnehmer außerhalb des EWR. Begibt sich der Markeninhaber außerhalb des EWR der Verfügungsgewalt, tritt keine Erschöpfung ein. Anders verhält es sich, wenn der Markeninhaber die tatsächliche und rechtliche Verfügungsgewalt innerhalb des EWR auf einen Abnehmer oder ein selbstständiges Drittunternehmen, etwa einen Zwischenhändler, überträgt. Die Markenware kann dann innerhalb des EWR frei zirkulieren,[38] wobei allerdings ein Übertragen der rechtlichen Verfügungsgewalt nicht gefordert wird. Bei einer Übergabe an eine Transportperson ist bei wertender Betrachtung darauf abzustellen, in wessen Lager diese steht, d.h. ob die Transportperson von dem Mar- **17**

32 EuGH, GRUR 2005, 507, 509 – Peak Holding.
33 BGH, WRP 2011, 1180, 1182 – Küchenbesteck-Set; OLG Karlsruhe, GRUR 1999, 343, 345 – REPLAY-Jeans; OLG Stuttgart, NJWE-WettbR 1998, 109, 110; OLG Köln, NJWE-WettbR 1998, 205, 206.
34 BGH, WRP 2011, 1180, 1182 – Küchenbesteck-Set; EuGH, GRUR 2009, 593 Tz. 43 – Copad; EuGH, GRUR 2009, 1159 Tz. 24 – Makro.
35 OLG Köln, GRUR-RR 2004, 294 f. – KLACID/KLACID PRO; generell zur Markenersetzung s. Rn. 26, 36 f.
36 *Litten*, WRP 1997, 678, 681.
37 BGH, WRP 2004, 243 = GRUR 2004, 156, 157 – stüssy II; EuGH, GRUR 2003, 512 – stüssy; GRUR 2002, 156 – Zino Davidoff/Levi Strauss; GRUR Int. 1999, 870, 872 – Docksides/Sebago; GRUR 1998, 919, 921 – Silhouette.
38 Vgl. für das Patentrecht *Benkard*, Patentgesetz, § 9 PatG Rn. 17.

keninhaber oder einem Dritten beauftragt wurde. Im ersten Fall vermittelt die Transportperson dem Markeninhaber den Besitz und stellt sich als sein „verlängerter Arm" dar (§ 868 BGB). Es tritt daher auch keine Erschöpfung ein.[39] Umgekehrt verhält es sich, wenn die Transportperson im Auftrag eines Dritten handelt. Bei dem erstmaligen Inverkehrbringen ist dann über die Aufgabe der Verfügungsgewalt durch den Markeninhaber hinaus kein weiteres Willenselement erforderlich.[40] Auf etwaige vertragliche Beziehungen zwischen Markeninhaber und Käufer einschließlich etwaiger Vertriebsbeschränkungen, die dem Käufer auferlegt sind, kommt es für das Inverkehrbringen dagegen nicht an.[41] Erst recht ist bei wertender Betrachtung eine konzerninterne Warenbewegung wie ein innerbetrieblicher Vorgang zu werten, es sei denn, ein Konzernunternehmen deckt sich auf dem allgemeinen, für Dritte zugänglichen Markt ein.[42]

bb) Einfuhr und Durchfuhr

18 Eine Einfuhr in den EWR liegt nicht vor, wenn aus einem Drittstaat in den EWR versendete Originalware noch nicht in den zollrechtlich freien Verkehr, sondern in das Zolllagerverfahren überführt worden ist. Allerdings gilt dies nicht, wenn erwiesen ist, dass die Waren in einer Art und Weise verkauft oder zum Verkauf angeboten wurden, die notwendigerweise das Inverkehrbringen im EWR impliziert.[43] Die bloße Durchfuhr durch den EWR stellt kein Inverkehrbringen im EWR dar. Es fehlt an der Übertragung der Verfügungsgewalt im EWR. Anders verhält es sich bei der Zwischenschaltung eines Dritten, etwa eines Importeurs oder Zwischenhändlers. Im Falle der Übergabe der Markenware an einen Spediteur, Frachtführer oder Lagerhalter tritt nach den in Rn. 17 dargestellten Grundsätzen eine Erschöpfung nur ein, wenn diese im Auftrag eines Unternehmens mit Sitz im EWR tätig werden. Ansonsten ist die Markenware nicht Gegenstand eines Umsatz- oder Veräußerungsgeschäfts im EWR (str.).

c) Relevante Zustimmung

aa) Zustimmung

19 Zustimmung bedeutet ein einvernehmliches Inverkehrbringen. Im Regelfall ist dazu eine *ausdrückliche Zustimmung* erforderlich, die auch rückwirkend erteilt werden kann. Ausnahmsweise kommt eine *konkludente Zustimmung* in Betracht.[44] Die Bezeichnung eines Parfümtesters als „unverkäuflich" steht einer konkludenten Zustimmung entgegen (vgl. Rn. 15). Eine Zustimmung liegt ebenfalls nicht vor, wenn sich diese auf das Inverkehrbringen nicht gekennzeichneter Ware bezieht.[45] Dagegen liegt eine Erschöpfung vor, wenn die Waren von einem Wirtschaftsbeteiligten in den Verkehr gebracht werden, der wirtschaft-

---

39 OLG München, GRUR-RR 2004, 291, 292 – Lloyd/eterna; OLG Stuttgart, NJW-RR 1998, 482 f.; *Litten*, WRP 1997, 678, 684; *Sack*, GRUR 1999, 193, 214 f. zu Re-Importen m. w. N.
40 OLG München, GRUR-RR 2004, 291, 292 – Lloyd/eterna.
41 Vgl. EuGH, GRUR 2002, 156 – Davidoff.
42 Für Patentrecht: OLG Hamburg, GRUR 1985, 923 – Imidazol; für das Urheberrecht: BGH, GRUR Int. 1982, 57, 59 – Gebührendifferenz III; GRUR Int. 1986, 724, 725 – Gebührendifferenz IV.
43 EuGH, GRUR Int. 2011, 135 f. – Canon; EuGH, GRUR Int. 2006, 40 Tz. 58 – Class International.
44 EuGH, GRUR 2002, 156 – Davidoff.
45 BGH, WRP 2011, 1180, 1182 – Küchenbesteck-Set.

lich mit dem Inhaber der Marke verbunden ist, wie z. B. einem Lizenznehmer,[46] oder durch einen sonstigen Wirtschaftsbeteiligten, sofern Anhaltspunkte und Umstände vorliegen, die mit Bestimmtheit einen Verzicht des Inhabers auf sein Recht erkennen lassen.[47] Im Zweifel ist aber nicht anzunehmen, dass der Markeninhaber durch die Duldung einer Verletzungshandlung auf Abwehrrechte verzichten will. Insbesondere ergibt sich bei dem erstmaligen Inverkehrbringen der Ware außerhalb des EWR keine Verpflichtung des Markeninhabers, auf der Ware oder gegenüber dem Erwerber darauf hinzuweisen, dass er mit einem Import in den EWR nicht einverstanden ist.[48] *Verpflichtet sich dagegen der Markeninhaber, gegen einen Kennzeichenverletzer nicht vorzugehen*, liegt darin im Regelfall eine Zustimmung und *keine bloße Duldung*, da die Markenware gerade mit dem Willen des Rechtsinhabers in Verkehr gebracht worden ist und Rechtsvorbehalte gegen den Eintritt der Erschöpfung wirkungslos sind.[49] Ausnahmen sollten etwa für den Fall anerkannt werden, dass sich der Rechtsinhaber beispielsweise in einem *Vergleich* verpflichtet, den Abverkauf von Restbeständen gewerblicher Abnehmer des Markenverletzers an die Endverbraucher zu dulden, insbesondere in Fällen, in denen bei einer gerichtlichen Auseinandersetzung die Gewährung einer Aufbrauchsfrist in Betracht gekommen wäre. In dieser Konstellation rechtfertigen die Bedürfnisse des Wirtschaftsverkehrs nicht, dem Rechtsinhaber die Möglichkeit zu nehmen, gegen einen Zwischenhändler vorzugehen, der die Restposten von den gewerblichen Abnehmern aufkauft, insbesondere, wenn davon eine erhebliche zusätzliche Marktverwirrung ausgeht.

Eine Zustimmung kann sich nur, wie schon aus dem Wortlaut folgt, auf einen konkreten **20** *körperlichen Gegenstand* beziehen, der mit dem maßgeblichen Kennzeichen versehen ist. Für jeden körperlichen Gegenstand ist daher die Frage der Zustimmung gesondert zu beurteilen.[50] Bei vom Markeninhaber zurückgenommener Ware (Customer-Return-Ware) erlischt die ursprüngliche Zustimmung.[51] Nach dem MarkenG muss zur Zustimmung zu der Kennzeichnung der Ware auch die Zustimmung zum Inverkehrbringen der gekennzeichneten Ware hinzukommen. Der Rechtsinhaber ist daher nicht darin beschränkt, gegen rechtmäßig gekennzeichnete, aber widerrechtlich in den Verkehr gebrachte Ware – wie in den Fällen des untreuen Lohnherstellers – vorzugehen. Die Rechtsprechung unter dem WZG, wonach die Erschöpfungswirkung im Fall eines rechtswidrigen Inverkehrbringens bei rechtmäßiger Kennzeichnung grundsätzlich angenommen wurde, ist daher überholt.[52] Der Vertrag zwischen einem Markeninhaber und einem Hersteller enthält i. d. R. keine stillschweigende Zustimmung zu einem anderweitigen Vertrieb der Ware.[53]

---

46 EuGH, Slg. 1994, I-2789.
47 EuGH, GRUR 2009, 1159 – Makro Zelfbediningsgroothandel CV u. a.
48 EuGH, GRUR 2002, 156 – Davidoff.
49 BGH, WRP 1984, 380 = GRUR 1984, 545, 547 – Schamotte-Einsätze; BGHZ 41, 84, 91 f. – Maja.
50 EuGH, GRUR Int. 1999, 870, 871 – Docksides/Sebega.
51 OLG Hamburg, MD 1999, 1108 f., Ls.
52 OLG Köln, GRUR 2000, 56, 57 – Dachbahnen; vgl. zur früheren Rechtslage unter dem WZG: BGH, WRP 1984, 380 = GRUR 1984, 545 – Schamotte-Einsätze; Großkomm.-*Teplitzky*, § 16 Rn. 112.
53 OLG Hamburg, NJWE-WettbR 1997, 251 f.

21 Eine relevante Zustimmung des Markeninhabers erfordert grundsätzlich nicht, dass dieser in dem Vertragstaat des EWR, in dem er dem Inverkehrbringen zugestimmt hat, Kennzeichenschutz genießt.[54]

bb) Zuzurechnende Dritte

22 Der Rechtsinhaber muss sich unter Berücksichtigung des Schutzzweckes der Erschöpfung, insbesondere zur Verhinderung einer künstlichen Marktabschottung, die Zustimmung bestimmter Dritter zurechnen lassen. So sind *Konzerne* als wirtschaftliche Einheit anzusehen.[55] Konzernverbunden sind abhängige und herrschende Unternehmen sowie Konzernunternehmen. Dabei kann auf die Begriffsbestimmungen in §§ 16, 17 AktG zurückgegriffen werden.[56] Zu den Dritten, deren Verhalten sich der Rechtsinhaber zurechnen lassen muss, zählen weiter *der Inhaber eines Alleinvertriebsrechts, ein Alleinimporteur*[57] *oder ein Lizenznehmer.*[58]

23 Ob sich dieser Dritte *vertragstreu verhält*, ist *grundsätzlich ohne Bedeutung*. Der Rechtsinhaber hat keine Möglichkeit, den Eintritt der Erschöpfung zu verhindern. Rein schuldrechtliche Zustimmungsvorbehalte hindern den Eintritt der Erschöpfung nicht. Anders verhält es sich bei den kennzeichnungsrechtlichen Zustimmungsvorbehalten[59] gegenüber dem Lizenznehmer nach § 30 Abs. 2 betreffend die Dauer der Lizenz (Nr. 1), die Markenform (Nr. 2), die Produktart (Nr. 3), das Territorium der Markenbenutzung (Nr. 4) und die Produktqualität (Nr. 5). Die Unterscheidung von kennzeichnungsrechtlichen und schuldrechtlichen Zustimmungsvorbehalten ist damit eine Folge der Anerkennung dinglicher Markenlizenzen. Verstöße gegen lizenzvertragliche Vereinbarungen in den Fällen des § 30 Abs. 2 gelten nicht nur als Vertrags-, sondern auch als Markenrechtsverletzung. Demgemäß tritt bei einem Verstoß gegen kennzeichnungsrechtliche Zustimmungsvorbehalte keine Erschöpfung ein. Streitig ist allerdings, inwieweit es sich bei Beschränkungen des Territoriums der Markenbenutzung um einen kennzeichnungsrechtlichen Vorbehalt nach § 30 Abs. 2 Nr. 4 handelt (s. dort).

cc) Kennzeichenaufspaltung

24 Für nationale Marken und IR-Marken gilt der Territorialitätsgrundsatz. In den verschiedenen Ländern entstehen unabhängige Kennzeichenrechte. Eine *Erschöpfung* durch Inverkehrbringen in einem Mitgliedstaat des EWR für den gesamten EWR tritt ein, wenn sich die Kennzeichenrechte *in einer Hand* befinden. Entstehen dagegen identische oder ähnliche Kennzeichen originär in den Händen von Unternehmen, die *wirtschaftlich oder vertraglich nicht verbunden sind*, tritt Erschöpfung *nur zu Lasten des zustimmenden Rechtsinhabers ein*. Der nicht zustimmende Rechtsinhaber braucht sich für die Territorien, in denen er Kennzeichenschutz genießt, die Zustimmung nicht entgegenhalten zu lassen. Aufgrund

---

54 OLG Frankfurt, WRP 1998, 1094, 1095 – Contains Aspirin; für das Patentrecht: EuGH, GRUR Int. 1997, 250, 253 f. – Merck II.
55 *Fezer*, § 24 Rn. 19; *Ingerl/Rohnke*, § 24 Rn. 22.
56 Vgl. für Patentrecht: *Benkard*, Patentgesetz, § 9 Rn. 19.
57 *Fezer*, § 24 Rn. 22, 24; BGH, GRUR 1983, 177, 188 – Aqua King.
58 *Fezer*, § 24 Rn. 25–27 auch zum Streitstand.
59 *Fezer*, § 24 Rn. 28, 29; *Ströbele/Hacker*, § 24 Rn. 46.

der im Vordergrund stehenden Herkunftsfunktion der Marke war zunächst streitig, ob dies auch gilt, wenn sich die Kennzeichen historisch zunächst in derselben Hand, dann aber aufgrund eines Hoheitsaktes (z.B. Enteignung) oder rechtsgeschäftlicher Veräußerung verselbstständigt haben. Die Herkunftsfunktion ist jedoch nicht die einzig gesetzlich geschützte Funktion der Marke. Da sich der Verbraucher weniger für die Historie der Marken als vielmehr für die Garantie der gleich bleibenden Qualität interessiert – was sich in dem Interesse des Markeninhabers, diese zu kontrollieren, widerspiegelt –, hat der EuGH die *derivative Markenspaltung* der originären Markenspaltung gleichgestellt.[60]

Ein Fall der Kennzeichenaufspaltung liegt nicht nur in der Konstellation „identische Marke   **25** – verschiedene Rechtsinhaber", sondern auch in der Konstellation „unterschiedliche Marken – identischer Rechtsinhaber". Auch diese Konstellation ist zur Marktabschottung geeignet. Denn ist der inländische Verkehr an eine bestimmte Marke gewöhnt, wird er nur eingeschränkt bereit sein, parallel importierte Ware unter einer sich davon unterscheidenden Marke nachzufragen. Der Wortlaut des § 24 Abs. 1 erfasst diese Konstellation jedoch nicht. Es fehlt an der Identität der im Inland geschützten und derjenigen Marke, auf die sich die Zustimmung bezog.[61]

Die *Markenersetzung* kann aber ausnahmsweise nach Art. 34, 36, insbesondere   **26** Art. 36 S. 2 AEUV gerechtfertigt sein (s. Rn. 35 f.). Die Rechtsprechung hierzu betrifft insbesondere den Parallelimport von Arzneimitteln und soll daher in diesem Zusammenhang erörtert werden.

V. Berechtigte Gründe – § 24 Abs. 2

1. Anwendungsbereich

Nach § 24 Abs. 2 kann sich der Rechtsinhaber der Benutzung seines Kennzeichens im Zu-   **27** sammenhang mit dem Vertrieb der Waren aus berechtigten Gründen widersetzen. „Im Zusammenhang mit dem weiteren Vertrieb der Waren" bedeutet, dass das weitere Inverkehrbringen, das markenrechtlich nicht beanstandet werden kann, von *zusätzlichen Eingriffen wie etwa Produktveränderungen, Kennzeichnungen, Umverpackungen, Werbehinweisen und Werbung* zu unterscheiden ist. Der Inhaber eines Zeichenrechts kann nur Handlungen verbieten, die die Herkunfts- und Garantiefunktion seines Zeichens verletzen.[62] Nur bei diesen zusätzlichen Eingriffen ist zu untersuchen, ob die Geltendmachung der Kennzeichenrechte aus berechtigten Gründen erfolgt. Es muss sich um Manipulationen handeln, die der Markeninhaber bei wertender Betrachtung nicht hinzunehmen hat. Beispielhaft erwähnt § 24 Abs. 2 die Veränderung oder Verschlechterung des Zustands der Waren. Es handelt sich um einen offenen Tatbestand, der von den von der nationalen und europäischen Rechtsprechung entwickelten Wertungskriterien ausgeht und deren einzelfallbezogene Fortentwicklung erlaubt. Nachfolgend sollen die Fallgruppen exemplarisch dargestellt werden, mit denen sich die Praxis bislang näher befasst hat.

---

60 EuGH, GRUR Int. 1990, 960 – HAG II; GRUR Int. 1994, 614 – Ideal-Standard II.
61 OLG Frankfurt, WRP 2000, 210 f. – Markenersetzung I.
62 BGH, WRP 2005, 106 = GRUR 2005, 160, 161 – SIM-Lock; EuGH, GRUR 2002, 879, 881 – Boehringer/Swingward u. a.

2. Produktveränderungen

28 Der Markeninhaber kann sich einem Eingriff in den Zustand der Ware widersetzen, wenn diese zu einer *Änderung der Eigenart* der Markenware führt.[63] Eine Veränderung der Eigenart kann dann angenommen werden, wenn Dritte derart auf die charakteristischen Sacheigenschaften der Ware einwirken, dass *die Ware in ihrer wirtschaftlichen oder gleichbleibenden Beschaffenheit berührt wird.* Dies gilt unabhängig davon, ob die Änderung des Produkts sichtbar ist oder nicht.[64] Nur geringe Anforderungen an die Intensität des Eingriffs sind zu stellen, wenn Eigenschaften der Ware berührt werden, die nach der Verkehrsauffassung die Grundlage des Vertrauens in die gleichbleibende Qualität der Ware bildet. Der Markeninhaber kann sich dem weiteren Vertrieb der Waren aus berechtigten Gründen auch dann widersetzen, wenn ohne Veränderung des Zustands der Produkte eine Gefahr für die Herkunfts- oder Garantiefunktion der Marke gegeben ist oder wenn die Unterscheidungskraft oder Wertschätzung der Marke ausgenutzt und beeinträchtigt wird.[65] Eine wesentliche Produktveränderung *erfordert auch nicht eine Verschlechterung* der mit der Marke gekennzeichneten Originalware.[66] Der Markeninhaber kann sich auch dem weiteren Vertrieb von mit seiner Marke gekennzeichneten Waren, die zunächst mit seiner Zustimmung in den Verkehr gebracht worden sind, mit berechtigten Gründen widersetzen, wenn ein Dritter diese Ware nachträglich mit einem Echtheitszertifikat (COAL) versehen hat, das zwar als solches ebenfalls vom Markeninhaber stammt, jedoch nicht der betreffenden Ware konkret zugeordnet war.[67] Das Echtheitszertifikat diente der zuverlässlichen Unterscheidung von Original und Fälschung.

a) Reparaturen und Überholungen

29 Die Reparatur- und Überholungsfälle waren in Deutschland Ausgangspunkt für die Rechtsprechung, dass eine wesentliche Produktveränderung unter Belassen des Kennzeichens eine Kennzeichenverletzung darstellen kann, wenn ein Eingriff in die Eigenart der Ware vorliegt und die übrigen Voraussetzungen des Verletzungstatbestandes („im geschäftlichen Verkehr"/ehemals: „kennzeichenmäßige Benutzung") erfüllt sind.

aa) Rechtsprechung – unzulässig

OLG München, WRP 1993, 47 – Aufgearbeitete Kupplung: Vollständige Zerlegung und anschließender Zusammenbau unter Verwendung von Neuteilen.

---

63 BGH, WRP 2005, 106 = GRUR 2005, 160, 161 – SIM-Lock; BGH, WRP 1998, 604 = GRUR 1998, 696 – Rolex-Uhr mit Diamanten; WRP 1997, 562 = GRUR 1996, 271 – Gefärbte Jeans; GRUR 1987, 438 – Handtuchspender; GRUR 1982, 150 – Herstellerkennzeichen auf Unfallwagen; WRP 1982, 217 = GRUR 1982, 115 – Öffnungshinweis.
64 BGH, WRP 2005, 106 = GRUR 2005, 160, 161 – SIM-Lock.
65 BGH, WRP 2005, 106 = GRUR 2005, 160, 161 – SIM-Lock; EuGH, WRP 1998, 150 – Dior/Evora.
66 BGH, WRP 2005, 106 = GRUR 2005, 160, 161 – SIM-Lock; BGH, WRP 1998, 604 = GRUR 1998, 696 – Rolex-Uhr mit Diamanten; OLG Köln, GRUR 1998, 54, 56 – Mercedes-Stern; OLG Hamburg, GRUR 2001, 749, 751 – based on STEINWAY.
67 BGH, Urt. v. 6.10.2011 – I ZR 6/10 – Echtheitszertifikat.

BGH, GRUR 1990, 678, 679 – Herstellerkennzeichen auf Unfallwagen: Reparatur eines unfallgeschädigten Kraftfahrzeuges zum Zwecke der Veräußerung unter Austausch der die Fahrgastzelle bestimmenden Teile.

BGH, GRUR 1968, 698, 699 – Rekordspritzen: Instandsetzen von Isocalspritzen.

BGH, GRUR 1952, 521, 522 – Minimax: Nachfüllen von Minimax-Feuerlöschern mit Füllungen anderer Herkunft.

RG, GRUR 1926, 285, 286 – Lynotype: Aufkauf und Überholung oder Umänderung empfindlicher Elektrizitätszähler.

bb) Rechtsprechung – zulässig

BGH, GRUR 1972, 558, 559 – Teerspritzmaschinen: Überholung von Teerspritzmaschinen (allerdings zu § 1 UWG a. F.).

b) Sonstige Fallgestaltungen

aa) Unzulässigkeit

BGH, WRP 2005, 106 = GRUR 2005, 160 – SIM-Lock: Werden Mobiltelefone, mit denen aufgrund einer Sperre (sog. SIM-Lock) nur in einem bestimmten Mobilfunknetz telefoniert werden kann, nach dem Inverkehrbringen durch den Markeninhaber ohne dessen Zustimmung von Dritten entsperrt, so liegt eine die Erschöpfung ausschließende Produktveränderung vor, da der Verwendungszweck, den der Markeninhaber beim Inverkehrbringen der Mobiltelefone vorgesehen hat, verändert wird. Zu den Merkmalen, auf die sich die Garantiefunktion der Marke bezieht, gehört die vorgesehene Sperrfunktion.

BGH, GRUR 1987, 438 – Handtuchspender: Eine Markenverletzung liegt vor, wenn ein mit der Marke des Originalherstellers gekennzeichnetes wieder befüllbares Behältnis mit Waren eines anderen Herstellers nachgefüllt wird und der Verkehr die Marke auf dem Behältnis als Hinweis nicht auf die betriebliche Herkunft des Behältnisses, sondern auf die betriebliche Herkunft des Inhalts versteht.

BGH, WRP 1997, 562 = GRUR 1996, 271, 274 f. – Gefärbte Jeans: Einbleichen und anschließendes grelles Färben von Jeans zum Zwecke des Verkaufs.

RGZ 100, 22 – Meißner Porzellan: Bemalen von ursprünglich weißem Meißner Porzellan.

Die eigenmächtige Umwidmung eines Produkts, das vom Zeicheninhaber als Arzneimittel eingestuft wird, in ein Nahrungsergänzungsmittel stellt eine Beeinträchtigung des Originalzustands der Ware mit der Folge dar, dass keine Erschöpfung eintritt.[68]

OLG Köln, GRUR 1998, 54, 56 – Mercedes-Stern: Gestaltung des Mercedes-Sterns als abnehmbar mittels Bajonett-Verschluss.

OLG Hamburg, Mitt. 2005, 466 – Co-Branding: Anbringung des Firmenlogos des Parallelimporteurs auf Faltschachtel von Arzneimitteln als zweiter Hinweis auf seine Funktion als Importeur, Umpacker und Vertreiber.

---

68 OLG München, MD 2010, 873.

bb) Zulässigkeit

BGH, WRP 2005, 222 = GRUR 2005, 162 – Sodastream[69]: In dem Wiederbefüllen eines mit einer Marke gekennzeichneten Glaszylinders zum Einsatz in einem Besprudelungsgerät liegt der bestimmungsgemäße Gebrauch und damit keine der Erschöpfung entgegenstehende Veränderung des mit einer Marke versehenen Zylinders. Die Marke auf dem Zylinder dient allein als Herkunftshinweis für das Behältnis selbst. Die auf verschiedene Waren oder Leistungen bezogene herkunftshinweisende Funktion einer Marke wird jedenfalls dadurch aufgehoben, dass unter Beibehaltung der Marke ein weiteres Zeichen angebracht und damit deutlich gemacht wird, dass die herkunftshinweisende Wirkung der ursprünglichen Marke beschränkt ist. Dadurch, dass das ursprünglich angebrachte Etikett entfernt und durch ein neues ersetzt wird, wird die von der Klagemarke ausgehende Wirkung relativiert.

BGH, GRUR 1988, 213 – Griffband: Abwickeln und späteres Neuaufwickeln des Griffbandes eines Tennisschlägers.

BGH, WRP 1982, 217 = GRUR 1982, 115 – Öffnungshinweis: Öffnen der Faltschachtel eines Arzneimittels, um kennzeichnungsrechtlichen Vorschriften durch Anbringung eines Aufklebers auf inneres Behältnis und Beifügung einer Gebrauchsinformation zu genügen, da nicht „willkürlich", sofern eine Gefährdung des Arzneimittels ausgeschlossen ist.

BGH, NJW-RR 2006, 691 – Gewinnfahrzeug mit Fremdemblem: Bringt der Sponsor eines Preisrätsels seine Marke auf dem von ihm erworbenen und als Preis ausgesetzten Luxusfahrzeug neben dessen Marke an, liegt darin weder eine Verletzung der Marke des Fahrzeugherstellers noch eine unlautere Ausnutzung von deren Ruf. Das bekannte Unternehmenskennzeichen wird nicht als „Vorspann" zum Vertrieb der eigenen Produkte verwendet. Vielmehr wird das Luxusfahrzeug berechtigterweise zu dem Zweck erworben, es als Hauptgewinn des Preisrätsels zu präsentieren. Die Revision wurde zurückgewiesen.

OLG München, GRUR-RR 2006, 363 – BMW-Bildmarke: Eine Service-Werkstatt eines Kraftfahrzeugherstellers ist bei Verkauf von Gebrauchtfahrzeugen dieses Herstellers nicht auf den Gebrauch der Wortmarke beschränkt, sondern auch zur Verwendung der Bildmarke berechtigt.

c) Äußeres Erscheinungsbild

30 Es stellt sich die Frage, ob auch die Beschädigung der Verpackung oder eine sonstige *Beeinträchtigung des äußeren Erscheinungsbildes* ohne Verschlechterung oder Gefährdung der Qualität der Ware, sei es objektiv oder aus der Sicht der Verbraucher, zu einer Markenverletzung führen kann. Dies wird man für die Fälle – wie etwa bei Parfümerien und sonstigen Luxusartikeln – bejahen müssen, in denen der Verpackung eine insbesondere ästhetische Zusatzfunktion zukommt und die Verpackung die Wertigkeit oder „besondere Aura" des Produktes oder die Wertschätzung des Verkehrs mitbestimmt, so dass die Verpackung das Produkt mitprägt.[70] Im Fall der *Entfernung kundenspezifischer Kontrollnummern* unter Beschädigung der Verpackung eines Luxusparfums konnte der BGH dies zunächst noch

---

69 In Abgrenzung zu BGH, GRUR 1987, 438 – Handtuchspender (s. o.).
70 A. A. *Sack*, GRUR 1999, 193, 208.

dahingestellt sein lassen.[71] Der BGH war damals der Auffassung, dass das Markenrecht als Teil des Wettbewerbsrechts nicht der Durchsetzung eines selektiven Vertriebsbindungssystems dienen darf, wenn es praktische Lücken aufweist. Nachdem der BGH diese Rechtsprechung zum Wettbewerbsrecht aufgegeben und anerkannt hat, dass die Verwendung von Herstellungsnummern zur Überwachung der Vertriebswege in einem selektiven Vertriebsbindungssystem eine legitime Kontrollmaßnahme darstellt, wenn es sich um ein auf rechtswirksamen Verträgen beruhendes, rechtlich nicht missbilligtes System handelt,[72] stellt sich diese Frage wieder. Der BGH fordert jetzt nicht mehr eine praktische Lückenlosigkeit als Voraussetzung für einen wettbewerbs- oder markenrechtlichen Schutz. Allerdings verlangt der BGH insofern eine gedankliche Lückenlosigkeit, als der Hersteller seine Abnehmer innerhalb eines einheitlichen Wirtschaftsraums auch einheitlich binden muss.[73] Einige Instanzgerichte hatten bei der Entfernung von Kontrollnummern zuvor schon eine Markenverletzung unter dem Gesichtspunkt einer wesentlichen Produktveränderung bejaht.[74] Dem ist der BGH[75] gefolgt. Demnach führt nunmehr das Entfernen legitimer Kontrollnummern dazu, dass keine Erschöpfung eintritt, wenn mit der Entfernung der Nummern ein sichtbarer, die Garantiefunktion der Marke berührender Eingriff in die Substanz der Ware, des Behältnisses oder der Verpackung verbunden ist. Erst recht kann in diesen Fällen die vollständige Entfernung der Umverpackung eine Markenverletzung begründen.[76] Ohne einen derartigen Eingriff führt dagegen allein das Interesse des Markeninhabers an der Einhaltung seines Vertriebsbindungssystems nicht zu einer Markenverletzung.[77]

3. Verletzung des Kennzeichnungsrechts

a) Kennzeichnungsrecht als berechtigter Grund

Unter dem WZG führte die Verletzung des Rechts zur Kennzeichnung nach der nationalen **31** Rechtsprechung zwingend zu einer Markenverletzung. Dieses originäre Kennzeichenrecht des Markeninhabers war auch in der Rechtsprechung des EuGH – von dem Missbrauchstatbestand des Art. 16 S. 2 AEUV abgesehen – als „spezifischer Gegenstand" des Markenrechts anerkannt. Eine Erschöpfung war unter dem WZG nicht möglich. Diese das Erschöpfungsrecht einschränkende Auslegung kann allerdings nach dem insoweit eindeutigen Wortlaut des § 24 Abs. 1 und der zugrunde liegenden Markenrechtsrichtlinie nicht mehr aufrechterhalten werden.[78] Es stellt sich aber die Frage, ob die Geltendmachung des Kennzeichnungsrechts im Regelfall aus berechtigten Gründen erfolgt, so dass eine Er-

---

71 BGH, WRP 1989, 366, 369 – Lancaster; WRP 1989, 369, 274 – Entfernung von Kontrollnummern III.
72 BGH, WRP 2001, 918 = GRUR 2001, 841 – Entfernung der Herstellungsnummer II.
73 BGH, WRP 2001, 918 = GRUR 2001, 841 – Entfernung der Herstellungsnummer II.
74 OLG München, NJW-RR 1987, 739.
75 WRP 2000, 723, 738 – Außenseiteranspruch II; WRP 2001, 918 = GRUR 2001, 841 – Entfernung der Herstellernummer II; WRP 2002, 947 = GRUR 2002, 709, 711 – Entfernung der Herstellungsnummer III.
76 OLG Karlsruhe, WRP 2010, 1279 – Parfümtester ohne Originalverpackung; OLG Hamburg, GRUR 2007, 73, 75 – Parfümtester II.
77 BGH, WRP 2002, 947 = GRUR 2002, 709 – Entfernung der Herstellungsnummer III.
78 BGH, WRP 1997, 742 = GRUR 1997, 629, 632 – Sermion II.

schöpfung nach § 24 Abs. 2 ausgeschlossen ist. Der einheitliche Benutzungstatbestand des § 14 Abs. 2 steht dem nicht entgegen. Vielmehr wird in § 14 Abs. 3 Nr. 1 das Kennzeichnungsrecht, d. h. das ausschließliche Recht des Zeicheninhabers, das Zeichen auf der Ware oder ihrer Verpackung anzubringen, als zentrales Recht des Inhabers hervorgehoben. Mit dem Versehen mit der Marke drückt der Inhaber dem Markenartikel erst den Stempel der Echtheit auf.[79] Der EuGH hat demgemäß das Kennzeichnungsrecht als *„spezifischen Gegenstand"* des Markenrechts auch vor dem Hintergrund anerkannt, dass einzelne nationale Markenordnungen eine Unterscheidung wie unter dem WZG zwischen den verschiedenen Tatbeständen des Vertriebs- und Kennzeichnungsrechts nicht kannten. Dies gilt umso mehr, als § 24 und Art. 7 Markenrechtsrichtlinie gerade auch die Rechtsprechung des EuGH zu Art. 34, 36 AEUV kodifizieren sollen. Der Markeninhaber kann sich daher nach wie vor *im Regelfall gegen einen derart schwerwiegenden Eingriff in seine Markenrechte aus berechtigten Gründen wehren.* Die Echtheit einer Markenware hängt allein davon ab, ob der Markeninhaber die Marke gekennzeichnet hat. Ausnahmen ergeben sich im Rahmen der Parallelimportfälle (s. Rn. 34 f.) und den Sonderfällen der „Auffrischung" (s. Rn. 33).

b) Fallkonstellationen

32   Die Frage einer ausnahmsweise gegebenen Erschöpfung des Kennzeichenrechts stellt sich insbesondere dann, wenn der Markeninhaber die Ware ursprünglich mit der Marke versehen hat. Relevant sind insofern in erster Linie die Konstellationen der *Wiederverwendung der gekennzeichneten Verpackung oder Herstellung einer neuen gekennzeichneten Verpackung.* Typisch für die erste Konstellation ist die Entscheidung „Handtuchspender".[80] Der BGH sah die Verwendung eines gekennzeichneten leeren Handtuchspenders für Handtücher einer anderen Marke als Verletzung des Kennzeichnungsrechts des Markeninhabers an. Eine Nutzung im geschäftlichen Verkehr liegt vor, weil ein unbegrenzter Personenkreis die Papierhandtücher dem Spender zuordnen konnte.[81] Dieser Fall ließe sich auch als eine die Eigenart des Produkts beeinträchtigende Produktveränderung einstufen.[82] Davon zu unterscheiden ist der Fall, dass in dem Wiederbefüllen eines mit einer Marke gekennzeichneten Glaszylinders zum Einsatz in einem Besprudelungsgerät der bestimmungsgemäße Gebrauch liegt und unter Beibehaltung der Marke ein weiteres Zeichen angebracht und damit deutlich gemacht wird, dass die herkunftshinweisende Wirkung der ursprünglichen Marke beschränkt ist.[83] Der Markeninhaber kann sich im Unterschied dazu grundsätzlich dagegen wehren, dass ein Dritter eine neu gekennzeichnete Verpackung herstellt, etwa weil die Originalpackung beschädigt ist oder der Dritte ohne zwingenden Grund Faltschachteln in anderer Größe oder Aufmachung oder gar anderer grafischer Gestaltung der Kennzeichnung bevorzugt. Anders verhält es sich dagegen, wenn der Dritte die Ware in eine transparente oder nicht gekennzeichnete Umhüllung verpackt. Eine Kennzeichenverletzung kann dann allenfalls unter dem Gesichtspunkt der Beeinträchtigung der Eigenart des Produktes

---

79 *Beier,* GRUR Int. 1978, 264.
80 BGH, GRUR 1987, 438; vgl. auch OLG Frankfurt, GRUR 2000, 1062 f. – Wiederbefüllte Toner-Kartusche; OLG Zweibrücken, GRUR 2000, 511 f. – Nachfüllen von Brunneneinheitsflaschen.
81 Vgl. OLG München, NJWE-RR 1999, 179, 180.
82 Vgl. BGH, GRUR 1952, 521, 523 – Minimax.
83 BGH, WRP 2005, 222 = GRUR 2005, 162 – Sodastream.

gegeben sein. Wohl zu weitgehend ist allerdings die Auffassung des BGH in der Entscheidung *Ceramix*,[84] in der schon allein die Benutzung eines Klarsichtdeckels unabhängig von der Beeinträchtigung der Eigenart des Produktes als Verletzung des Kennzeichenrechts angesehen wurde.[85]

Auch würden die Interessen des Markenschutzes gegenüber den Bedürfnissen des Wirt- **33**
schaftsverkehrs überbewertet, wenn eine Markenverletzung für den Fall bejaht würde, dass ein Dritter ein undeutlich gewordenes Kennzeichen „auffrischt"[86] oder ein ohne Dritteinwirkung abgefallenes gekennzeichnetes Etikett wieder anbringt.

4. Parallelimporte – Umpackung

a) „Eurim-Pharm"-Rechtsprechung

Mit der „Eurim-Pharm"-Rechtsprechung sollen verkürzt die drei Parallel-Urteile des **34**
EuGH[87] aus dem Jahr 1996 mit der Leitentscheidung „Eurim-Pharm" bezeichnet werden.[88]
Diese Entscheidungen haben zu einer Neubestimmung der Zulässigkeitsvoraussetzungen für den Parallelimport von Arzneimitteln geführt, wobei sich diese Grundsätze auch auf andere Waren übertragen lassen. Grundlage dieser Rechtsprechung sind Art. 34, 36 AEUV. Gegenstand dieser Entscheidungen war der Parallelimport von Arzneimitteln, die – um den unterschiedlichen nationalen Vorschriften zu genügen – auf verschiedene Weise zu neuen Packungsgrößen umgepackt wurden, u.a. unter Beifügung zusätzlicher – teilweise durchgeschnittener – Blisterstreifen und Herstellung eines Umkartons mit Fenster, durch das die Marke auf der Originalpackung sichtbar gemacht wurde. Derartige Umpackfälle, die das Vertrauen in die Marke beeinträchtigen können und die die Garantiefunktion der Marke berührt, liegen auch vor, wenn im Zuge der Anpassung der Ware an die Bedürfnisse des Absatzmarkts unvollständige oder unrichtige Beipackzettel verwendet werden.[89] Der EuGH entschied, dass eine Erschöpfung des Markenrechts unter fünf Voraussetzungen eintritt:

- Das Markenrecht führt ansonsten zu einer künstlichen Abschottung der Märkte;
- das Umpacken führt weder zu einer Beeinträchtigung noch zu einer Gefährdung des Originalzustands;
- auf der Verpackung ist klar angegeben, von wem das Arzneimittel umgepackt worden und wer der Hersteller ist;
- das umgepackte Arzneimittel ist nicht so aufgemacht, dass dadurch der Ruf der Marke und ihres Inhabers geschädigt werden kann;
- der Importeur unterrichtet den Markeninhaber vorab vom Feilhalten des umgepackten Arzneimittels und liefert ihm auf Verlangen ein Muster der umgepackten Ware.

---

84 BGH, GRUR 1984, 352, 353.
85 So schon *v. Gamm*, WM 1985, 857, der eine konkrete Gefährdung der Gewährfunktion verlangt.
86 So schon *Baumbach/Hefermehl*, WZG, § 15 Rn. 16.
87 Vgl. auch EuGH, GRUR Int. 2000, 159 – Pharmacia & Upjohn; BGH, WRP 2003, 528 = GRUR 2003, 336, 337 – Beloc.
88 WRP 1996, 867 – Eurim-Pharm; WRP 1996, 847 – Rhône-Poulenc/MPA Import-Arzneimittel; GRUR Int. 1996, 1144 – Bristol-Myers Squibb/Paranova.
89 EuGH, GRUR Int. 1996, 1044, 1049 – Bristol-Myers Squibb/Paranova.

35 Diese Voraussetzungen waren im Wesentlichen schon aus der Entscheidung des EuGH *Hoffmann-La Roche/Centrafarm*[90] bekannt. Der Importeur packte das Arzneimittel „Valium" in Packungen um, die er selbst hergestellt und gekennzeichnet hatte. Nach Auffassung des EuGH war die Behinderung des freien Warenverkehrs durch den spezifischen Gegenstand des Markenrechts gerechtfertigt. Nicht die nachträgliche Veränderung der Ware, sondern allein die unberechtigte Neuanbringung des Zeichens stand der Erschöpfung entgegen.[91] Das Vorliegen des Missbrauchstatbestandes nach Art. 30 S. 2 EGV verneinte der EuGH. Demgegenüber nahm der EuGH in der Entscheidung *Pfizer/Eurim-Pharm*[92] eine nicht gerechtfertigte Beschränkung des freien Warenverkehrs für den Fall an, dass das importierte Arzneimittel „Vibramycin" nicht in einen neu gekennzeichneten Umkarton, sondern in einen solchen umgepackt wurde, der ein Klarsichtfenster enthielt, durch das die Marke auf der Originalpackung sichtbar war. Der spezifische Gegenstand des Markenrechts sei nicht betroffen, weil eine Gefährdung des Originalzustands der Marke nicht dargetan war. Bei wertender Betrachtung können aber die den Entscheidungen *Hoffmann-La Roche/Centrafarm* und *Pfizer/Eurim-Pharm* zugrunde liegenden Sachverhalte – Neukennzeichnung einerseits und Klarsichtfenster andererseits – nicht unterschiedlich bewertet werden. Es ist daher zu begrüßen, dass der EuGH die Zulässigkeit der Umpackfälle übereinstimmenden Kriterien unterworfen hat. Diese Kriterien einschließlich der Verpflichtung zur Unterrichtung gelten über den Parallelimport von Arzneimitteln hinaus für alle Umpackfälle und damit auch für den Fall, dass ein Importeur von Whisky die mit der Marke versehenen Etiketten beseitigt, um Identifikationsnummern zu entfernen, und anschließend wieder anbringt.[93] Die zu Art. 34, 36 AEUV ergangene „Eurim-Pharm"-Rechtsprechung ist, von der Verpflichtung zur Unterrichtung abgesehen, auch bei der Prüfung des Vorliegens „berechtigter Gründe" nach § 24 Abs. 2 zu berücksichtigen. Liegen die Voraussetzungen der „Eurim-Pharm"-Rechtsprechung vor, widersetzt sich der Markeninhaber dem weiteren Vertrieb aus berechtigten Gründen.[94] Der Angabe des Unternehmens, das die Umpackung vorgenommen hat, steht die Angabe des Unternehmens gleich, das Inhaber der Genehmigung für das Inverkehrbringen der Ware ist, nach dessen Anweisungen das Umpacken erfolgt und das für das Umpacken verantwortlich ist.[95]

36 *Das Erfordernis einer Zwangslage bestimmt auch, in welchem Maße der Parallelimporteur in die Markenrechte eingreifen kann.* Der EuGH unterscheidet dabei *drei Stufen.* Der erste und geringfügigste Eingriff liegt darin, die Ware zwar umzuverpacken, jedoch von einer neuen äußeren Verpackung abzusehen. Die Herstellung neuerer äußerer Verpackungen ist daher unzulässig, wenn ebenso geringfügigere Eingriffe möglich sind wie etwa *das Aufstocken der Packungen oder die Herstellung von Blisterpackungen.* Dabei stellt eine Abneigung des Verkehrs gegen mit Etiketten überklebte Arzneimittel noch kein Hindernis für den tatsächlichen Zugang zum Markt dar. Vielmehr ist erforderlich, dass auf einem Markt ein sehr starker Widerstand eines nicht unerheblichen Teils der Verbraucher gegen mit Etiketten überklebte Arzneimittelpackungen besteht, insbesondere wenn sich dies auf die Ver-

---

90 EuGH, GRUR 1978, 599 ff.
91 *Beier,* GRUR Int. 1978, 266.
92 EuGH, Slg. 1981, 2913.
93 EuGH, GRUR Int. 1998, 145 ff. – Loendersloot/Ballantine.
94 BGH, WRP 1997, 742 = GRUR 1997, 629, 632 – Sermion II.
95 EuGH, Urt. v. 28.7.2011 – C-400/09 und C-207/10.

schreibungspraktiken der Ärzte und die Einkaufspraktiken der Apotheker auswirkt.[96] Ein derartiger Widerstand konnte auch nicht bei dem Aufstocken von fünf Zwanzigerpackungen zu einer Hunderterbündelpackung nachgewiesen werden.[97] Der Vertrieb in einer Neupackung verletzt die Markenrechte des Originalanbieters auch dann, wenn ein Aufstocken durch Auffüllen weiterer Blisterstreifen und Umetikettierung möglich ist.[98] Dem Vorliegen einer Zwangslage steht auch nicht entgegen, wenn statt der tatsächlich importierten Arzneimittel auch solche Packungsgrößen hätten importiert werden können, bei denen eine Zwangslage nicht bestanden hätte.[99] Bei dem Vorliegen einer entsprechenden Zwangslage ist der Parallelimporteur zur *zweiten Stufe* eines Markeneingriffs berechtigt, nämlich der Herstellung einer *neuen äußeren Umhüllung*, die auch mit der identischen Marke gekennzeichnet werden kann. Zwingend geboten ist dies, wenn der Arzneimittelhersteller zentrale Genehmigungen mit zwei verschiedenen Nummern für die Packungen in unterschiedlicher Größe erwirkt hat.[100] In anderen Fällen ist zu prüfen, ob die Bündelung ausnahmsweise den Zugang zum Markt nicht mehr gewährleistet.[101] Eine Rufschädigung kann allerdings vorliegen, wenn der Parallelimporteur die Marke des Herstellers nicht mehr auf der neuen Verpackung, sondern stattdessen sein eigenes Firmenlogo anbringt oder aber die Marke des Herstellers mit eigener Aufmachung teilweise verdeckt.[102] Es kann aber auch eine Zwangslage zu einem noch weiteren Eingriff in die Markenrechte bestehen, wenn der Importeur in *der dritten Stufe gezwungen wird, die Marke zu ersetzen.* Sofern eine Neukennzeichnung zulässig ist, trifft den Parallelimporteur keine Obliegenheit, sich möglichst nahe an die Verpackungsgestaltung des im Inland vertriebenen Originals zu halten. Auch kann bei einem Abstocken nicht verlangt werden, dass die importierte Originalverpackung insoweit weiter verwendet wird, als ein verbleibender Blisterstreifen der Packungsgröße im Inland entsprechen würde.[103] Um Wertungswidersprüche zu der Entscheidung RENNIE[104] zum Vertrieb von Neupackungen statt durch Aufstocken mittels Auffüllen durch Blisterstreifen zu vermeiden, sollte allerdings auch insoweit eine Zwangslage (Erforderlichkeit) verlangt werden. Der Parallelimporteuer darf, wenn er für den Vertrieb des importierten Arzneimittels zulässigerweise eine neue Verpackung herstellt, sowohl die im Ausfuhrmitgliedstaat benutzte Originalbezeichnung des Arzneimittels wieder anbringen als auch die Ausstattung verwenden, mit der das Arzneimittel im Ausland in den Verkehr gebracht wurde, ohne dass es darauf ankommt, ob die Wiederanbringung der geschützten Kennzeichen erforderlich ist, um die Verkehrsfähigkeit des importierten Arzneimittels im Inland herzustellen.[105]

Ob die Annahme einer Markenverletzung bei einer Umverpackung zu einer künstlichen Marktabschottung führt, ist nach *objektiven Kriterien* und nicht danach, ob der Parallelimporteur eine darauf gerichtete Absicht des Markeninhabers nachweist, zu bestimmen.[106]　**37**

---

96 BGH, GRUR 2003, 338, 339 – Bricanyl I m. w. N.

97 BGH, WRP 2008, 102 – ASPIRIN II.

98 BGH, GRUR 2011, 817 – RENNIE.

99 BGH, WRP 2008, 226 – CORDARONE.

100 BGH, WRP 2003, 531 = GRUR 2003, 434, 436 – Pulmicort; EuGH, GRUR 2002, 1054 – Aventis.

101 BGH, WRP 2003, 531 = GRUR 2003, 434, 436 – Pulmicort.

102 EuGH, Slg. 2007, I-3391 – Swingward II; vgl. auch BGH, WRP 2008, 1557 – Lefax/Lefaxin.

103 BGH, WRP 2007, 1472 – STILNOX.

104 BGH, GRUR 2011, 817 – RENNIE.

105 BGH, WRP 2008, 944 – Micardis.

106 BGH, GRUR 2003, 338, 339 – Bricanyl I; GRUR 2002, 1059, 1061 – Zantac/Zantic; EuGH, GRUR Int. 1996, 1144, 1149 – Bristol-Myers Squibb.

Dabei ist darauf abzustellen, ob im Zeitpunkt des Vertriebs bestehende Umstände den Parallelimporteur objektiv dazu zwingen, eine neue Umverpackung vorzunehmen, um das betroffene Arzneimittel im Einfuhrmitgliedstaat in den Verkehr bringen zu können. Eine derartige Zwangslage hängt davon ab, ob und inwieweit die Arzneimittel durch Maßnahmen in Deutschland vertriebsfähig gemacht werden können, die das Recht des Markeninhabers weniger beeinträchtigen.[107] Die Notwendigkeit für eine *Markenersetzung* sah der BGH für den Fall gegeben, dass das im EU-Ausland vertriebene Zeichen (hier: Zantac) zum Zeitpunkt des Vertriebs in Deutschland objektiv eine ältere Marke (hier: Santax) verletzen würde, so dass die Markenersetzung (hier: Zantic) erforderlich ist.[108] Aber selbst dann muss sich der Parallelimporteur zunächst bemühen, mit dem Markeninhaber eine Lizenzvereinbarung zu treffen, er ist zur Markenersetzung erst dann berechtigt, wenn der Markeninhaber zu einem Vertragsabschluss zu vertretbaren Konditionen nicht bereit ist.[109] In Betracht kommt weiter der Fall einer im Inland irreführenden Arzneimittelbezeichnung. Dies gilt aber nur, wenn einer Irreführung nicht durch Hinweise begegnet werden kann.[110] Eine Zwangslage liegt dagegen nicht vor, wenn die Ersetzung der Marke ihren Grund ausschließlich darin hat, dass der Parallelimporteur einen wirtschaftlichen Vorteil erlangen möchte. Im Hinblick auf die Schwere des mit dem erstmaligen Anbringen einer fremden Marke verbundenen Eingriffs in das Kennzeichenrecht sind dabei strenge Anforderungen an eine Zwangslage zu stellen. Entgegen der Vorinstanz ist der BGH allerdings von einer derartigen Zwangslage ausgegangen, wenn ein Arzneimittel im Ausfuhrmitgliedstaat nur mit einem Dosierungshinweis und im Einfuhrmitgliedstaat unter verschiedenen Marken mit unterschiedlichen Dosierungsanleitungen vertrieben und der Parallelimporteur dadurch von einem der Teilmärkte ausgeschlossen wurde, die durch den Vertrieb des identischen Arzneimittels mit verschiedenen Marken und Dosierungshinweisen im Einfuhrmitgliedstaat bestanden.[111]

b) Begriff des „Umpackens"

38 Es stellt sich die Frage, wann ein Umpackfall vorliegt, bei dem nur die durch die „Eurim-Pharm"-Rechtsprechung aufgestellten fünf Voraussetzungen, d.h. auch die Verpflichtung zur Vorabunterrichtung, zu einer Erschöpfung führen. Es standen sich zunächst im Grundsatz zwei Auslegungen gegenüber. Nach Auffassung des OLG Frankfurt[112] handelt es sich bei diesen fünf Voraussetzungen zugunsten des Markeninhabers um ein zusätzliches Korrektiv dafür, dass sich nunmehr auch das Kennzeichnungsrecht erschöpfen kann, so dass die „Eurim-Pharm"-Rechtsprechung nur solche Fälle betrifft, in denen der Parallelimporteur – sei es durch Herstellen einer neuen äußeren Verpackung, sei es durch Veränderung von Inhalt und Aussehen der Originalpackung – auf die Ware oder ihre Verpackung in einer Weise eingewirkt hat, die das Kennzeichnungsrecht (Veränderung der Eigenart oder Neu-

---

107 BGH, GRUR 2003, 338, 339 – Bricanyl I; GRUR 2002, 1059, 1061 – Zantac/Zantic; EuGH, GRUR Int. 2000, 159, 163 – Pharmacia & Upjohn; WRP 2002, 673, 676 – Merck, Scharp & Dohme/Paranova; GRUR 2002, 879 – Boehringer Ingelheim/Swingward.
108 BGH, GRUR 2002, 1059, 1061 – Zantac/Zantic.
109 OLG Frankfurt, GRUR-RR 2005, 184, 185 – Depo-Provera; GRUR-RR 2002, 163, 164 – Triatec/Delix.
110 OLG Hamburg, NJOZ 2003, 2786 – TRILOC/TRELOC = GRUR-RR 2003, 369 LS.
111 BGH, WRP 2008, 1554 – KLACID PRO.
112 OLG Frankfurt, WRP 1998, 634 ff.

kennzeichnung) tangiert. Die Eigenart wird etwa verändert, wenn die Verpackung unordentlich wirkt.[113] Nach Auffassung des OLG Hamburg[114] führt dagegen *schon eine Veränderung des Inhalts oder des Aussehens einer Verpackung ohne Unterscheidung von erheblichem oder unerheblichem Eingriff* – etwa, wenn einem Arzneimittel eine Gebrauchsinformation in deutscher Sprache beigefügt wird – zur Anwendung dieser Kriterien (nicht aber bei stehen gelassenen Angaben zum pharmazeutischen Unternehmen auf der Originalpackung[115]). Die Verpflichtung zur Vorabinformation soll dem Markeninhaber nach Auffassung des OLG Hamburg gerade erst die Klärung ermöglichen, ob ein erheblicher Eingriff vorliegt. Dieser Auffassung ist der BGH in seiner Entscheidung zu ZOCOR gefolgt.[116] Die Pflicht zur Unterrichtung soll den Markeninhaber gerade in die Lage versetzen nachzuprüfen, ob die vom EuGH im Übrigen aufgestellten Voraussetzungen einer Erschöpfung vorliegen oder nicht.[117] Entsprechendes gilt für die Beschriftung der Originalpackungen und der Blister.[118]

5. Werbehinweise

Schon unter der Geltung des WZG war anerkannt, dass sich das *Werbehinweisrecht* – von zeichenrechtlich missbräuchlichen Ankündigungen abgesehen – *mit dem Vertriebsrecht erschöpft*.[119] Diese Grundsätze gelten fort. Denn wenn das dem Rechtsinhaber gewährte Recht, die Benutzung der Marke für Waren zu verbieten, erschöpft ist, muss für das Recht, die Marke zu benutzen, um der Öffentlichkeit den weiteren Vertrieb dieser Waren anzukündigen, dasselbe gelten.[120] Der Händler ist insoweit auch *nicht auf ein „Minimum an Markenverwendung" durch zurückhaltende Benutzung eines Bildzeichens beschränkt* und damit auch zur Verwendung eines Wort-/Bildzeichens oder Logos befugt.[121] Dagegen kommt bei einer nicht produktbezogenen Verwendung des Kennzeichens zur Kennzeichnung des Geschäftsbetriebs eine Erschöpfung nicht in Betracht.[122] Berechtigte Gründe des Markeninhabers liegen etwa vor, wenn die Marke nicht im Rahmen der für ihre Branche üblichen Werbeformen benutzt wird, sondern ihren Ruf im konkreten Fall dadurch erheblich schädigt, dass es diese in ein unwürdiges Umfeld stellt.[123] Daran sind allerdings strengere Anforderungen zu stellen. So muss es ein Markeninhaber etwa hinnehmen, wenn seine Marke in der Niedrigpreiswerbung eines Discounters erscheint. Ein Händler darf dabei auch sol-

39

113 OLG Frankfurt, NJWE-WettbR 1998, 157 f.
114 OLG Hamburg, GRUR 1999, 172 – Gonal-F; MD 1999, 676, 679 f.
115 OLG Hamburg, MD 1999, 969.
116 BGH, WRP 2001, 550 f.
117 Vgl. BGH, WRP 2003, 528 = GRUR 2003, 336, 338 – Beloc; GRUR 2002, 1059, 1061 – Zantac/Zantic; GRUR 2002, 1063, 1065 – Aspirin.
118 BGH, WRP 2003, 528 = GRUR 2003, 336, 338 – Beloc.
119 BGH, GRUR 1987, 707, 709 – Ankündigungsrecht I; GRUR 1987, 823, 825 – Ankündigungsrecht II; WRP 1994, 739 = GRUR 1994, 841, 843 – Suchwort.
120 EuGH, GRUR Int. 1998, 140, 143 – Dior/Evora; EuGH, WRP 1999, 407 = GRUR Int. 1999, 438 – BMW/Deenik.
121 BGH, WRP 2011, 1602, 1605 Tz. 28 = GRUR 2011, 1135, 1138 – GROSSE INSPEKTION FÜR ALLE; WRP 2003, 1231 = GRUR 2003, 878, 879 f. – Vier Ringe über Audi; WRP 2003, 534 = GRUR 2003, 340 – Mitsubishi; EuGH, WRP 1999, 407 = GRUR Int. 1999, 438 – BMW/Deenik.
122 LG Hamburg, NJWE-RR 2000, 235, 236 – Ferrari Official Merchandise.
123 EuGH, GRUR Int. 1998, 140, 143 f. – Dior/Evora.

che Originalwaren bewerben, die noch nicht ausgeliefert wurden und die er daher erst noch beziehen muss.[124] Bei dem Vertrieb von Motorsägen über die Internetplattform www.ebay. de in Form von Kombinationsangeboten mit bekannten Motorsägen einer anderen Marke wird in unzulässiger Weise das positive Image dieser Marke auf eigene Kombinationsangebote transferiert, wenn Dritte bei der gezielten Suche nach dieser auf das ebay-Angebot gelenkt werden.[125] Das LG Mannheim[126] hat das Vorliegen von die Erschöpfung ausschließenden Unzumutbarkeitsgründen angenommen, wenn Waren mit Luxus- und Prestigecharakter in einem Warenumfeld, in dem WC-Reiniger, Katzenfutter, Fleisch- und Wurstwaren wiedergegeben sind, angeboten werden.

VI. Beweislast

40   Bei der Erschöpfung handelt es sich um eine Ausnahme gegenüber dem Ausschließlichkeitsrecht des Zeicheninhabers und damit um eine Einwendung. Nach allgemeinen Beweislastregeln muss daher *der Anspruchsgegner deren Voraussetzungen nachweisen*, wobei ihm nach allgemeinen Regeln die Beweiserleichterung des Anscheinsbeweises zugutekommen kann. Den Zeicheninhaber als nicht beweisbelastete Partei würde eine Darlegungs- und Beweislast hingegen nur treffen, wenn die beweisbelastete Partei außerhalb der für die Beurteilung der Wahrheit der Behauptung entscheidenden Tatumstände steht und keine Möglichkeit hat, den Sachverhalt von sich aus aufzuklären.[127]

41   Von diesen allgemeinen Beweislastregeln abzurücken besteht grundsätzlich kein Anlass.[128] Unbilligen Ergebnissen lässt sich durch die sachgerechte Auslegung von Mitwirkungspflichten hinreichend entgegenwirken. Behauptet der Anspruchsgegner allerdings, dass die gekennzeichnete Ware mit Zustimmung des Markeninhabers in den Verkehr gebracht worden ist, könnte die Beweislast zu Lasten des Anspruchsgegners und die damit verbundene Obliegenheit zur Benennung des Lieferanten zu einer Behinderung des freien Warenverkehrs führen. Der BGH[129] hat daher die Frage, ob Art. 28, 30 EG in diesem Fall einer derartigen Beweislastverteilung entgegenstehen, dem EuGH zur Vorabentscheidung vorgelegt. Der EuGH hat entschieden, dass eine *Modifizierung der Beweisregel erforderlich ist, wenn diese es einem Markeninhaber ermöglichen könnte, die nationalen Märkte abzuschotten* und damit die Beibehaltung von etwaigen Preisunterschieden zwischen den Mitgliedstaaten zu begünstigen.[130] Insbesondere der Markeninhaber, der seine Waren im EWR über ein ausschließliches Vertriebssystem in den Verkehr bringt, muss nachweisen, dass die Waren ursprünglich von ihm selbst oder mit seiner Zustimmung außerhalb des EWR in

---

124 BGH, WRP 2003, 1231 = GRUR 2003, 878, 879 f. – Vier Ringe über Audi.
125 LG Stuttgart, Urt. v. 22.6.2010 – 17 O 41/10.
126 LG Mannheim, Urt. v. 6.11.2009 – 22 O 15/09.
127 Vgl. BGH, WRP 1962, 404 = GRUR 1963, 270 f. – Bärenfang; GRUR 1976, 579, 581 – Tylosin; WRP 1983, 613 = GRUR 1983, 650, 651 – Kamera.
128 EuGH, WRP 2004, 243 = GRUR 2004, 156, 158 – stüssy II; BGH, GRUR 2000, 879, 880 – stüssy I; OLG Karlsruhe, GRUR 1999, 343, 345 – REPLAY-Jeans; OLG München, Mitt. 1998, 186, 187; OLG Stuttgart, NJW-RR 1998, 482, 483; *Pickrahn*, GRUR 1996, 383, 385 f.; *Klados*, WRP 1999, 1018 ff.; differenzierend OLG Köln, GRUR 2000, 56, 57 f. – Dachbahnen; a. A. *Plassmann*, WRP 1999, 1011 ff.
129 BGH, GRUR 2000, 879 – stüssy I.
130 EuGH, GRUR 2003, 512, 514 – stüssy.

den Verkehr gebracht wurden, wenn der Dritte nachweisen kann, dass eine tatsächliche Gefahr der Abschottung der nationalen Märkte besteht, falls er den genannten Beweis zu erbringen hat.[131]

VII. Gemeinschaftsmarkenrecht

§ 13 GMV entspricht § 24. Allerdings sieht Art. 13 GMV ausdrücklich keine EWR-weite,   **42** sondern nur eine EU-weite Erschöpfung vor. Eine EWR-weite Erschöpfung von Gemeinschaftsmarken ergibt sich jedoch aus Art. 65 II EWRA i.V.m. Art. 2 Protokoll 28 zum EWRA.[132]

---

131 EuGH, GRUR 2003, 512, 514 – stüssy; BGH, WRP 2004, 243 = GRUR 2004, 156, 158 – stüssy II, die Gefahr einer künstlichen Abschottung bejahend.
132 *Sack*, GRUR 1999, 193, 213 f.

§ 25
Ausschluss von Ansprüchen bei mangelnder Benutzung

(1) Der Inhaber einer eingetragenen Marke kann gegen Dritte Ansprüche im Sinne der §§ 14, 18 und 19 nicht geltend machen, wenn die Marke innerhalb der letzten fünf Jahre vor der Geltendmachung des Anspruchs für die Waren oder Dienstleistungen, auf die er sich zur Begründung seines Anspruchs beruft, nicht gemäß § 26 benutzt worden ist, sofern die Marke zu diesem Zeitpunkt seit mindestens fünf Jahren eingetragen ist.

(2) Werden Ansprüche im Sinne der §§ 14, 18 und 19 wegen Verletzung einer eingetragenen Marke im Wege der Klage geltend gemacht, so hat der Kläger auf Einrede des Beklagten nachzuweisen, dass die Marke innerhalb der letzten fünf Jahre vor Erhebung der Klage für die Waren oder Dienstleistungen, auf die er sich zur Begründung seines Anspruches beruft, gemäß § 26 benutzt worden ist, sofern die Marke zu diesem Zeitpunkt seit mindestens fünf Jahren eingetragen ist. Endet der Zeitraum von fünf Jahren der Nichtbenutzung nach Erhebung der Klage, so hat der Kläger auf Einrede des Beklagten nachzuweisen, dass die Marke innerhalb der letzten fünf Jahre vor dem Schluss der mündlichen Verhandlung gemäß § 26 benutzt worden ist. Bei der Entscheidung werden nur die Waren oder Dienstleistungen berücksichtigt, für die die Benutzung nachgewiesen worden ist.

Übersicht

Literatur: *Ressler*, Der Einwand der Nichtbenutzung eingetragener Marken im Zivilprozess, GRUR 1995, 530.

I. Allgemeines

1 § 25 betrifft die Geltendmachung nicht benutzter Marken im Verletzungsprozess. Die an die Art, Dauer und Umfang der Benutzung zu stellenden Anforderungen sind in § 26, dem Grundtatbestand des Benutzungszwangs, geregelt. Korrespondierende Vorschriften finden sich in § 43 für das Widerspruchsverfahren und in §§ 49 Abs. 1, 3, 55 Abs. 3 für das Löschungsverfahren. Schon unter dem WZG war die Einrede der Nichtbenutzung nach allgemeinen Rechtsgrundsätzen anerkannt.[1] Verfügt der Anspruchsgegner im Verhältnis zum

---

1 BGH, WRP 1978, 642 = GRUR 1978, 642, 644 – Silva.

Rechtsinhaber über ein Zwischenrecht nach § 22 Abs. 1 Nr. 2, d.h. war die ältere Marke zum Zeitpunkt der Eintragung der jüngeren Marke schon löschbereit, kommt § 25 keine zusätzliche Bedeutung zu.

§ 25 Abs. 1 bestimmt den Anwendungsbereich (Verletzungsprozess). § 25 Abs. 2 S. 1 stellt **2** klar, dass es sich bei der Nichtbenutzung um eine Einrede handelt. Die fünfjährige Benutzungsschonfrist ist als solche in § 25 Abs. 1 geregelt, Einzelheiten ihrer Berechnung und Geltendmachung dagegen in § 25 Abs. 2. Nach § 25 Abs. 1 unterliegt eine Marke dem Benutzungszwang, wenn sie mindestens fünf Jahre eingetragen ist. Dann muss sie in den letzten fünf Jahren vor Geltendmachung des Anspruchs benutzt worden sein.

§ 25 Abs. 2 S. 3 wiederholt den sich schon aus § 26 Abs. 1 ergebenden Grundsatz, dass die **3** Benutzung für die einzelnen Waren oder Dienstleistungen gesondert zu untersuchen ist.

II. Benutzungsschonfrist

Die Benutzungsschonfrist beträgt fünf Jahre. Die Frage der Löschungsreife wegen Nicht- **4** benutzung stellt sich daher erst nach Ablauf von fünf Jahren nach Eintragung in das Markenregister (§ 25 Abs. 1, 4 Nr. 1).

1. Erstmalige Löschungsreife

Für den Fall, dass gegen die Eintragung Widerspruch erhoben wurde, verschiebt sich der **5** Beginn der Benutzungsschonfrist nach § 26 Abs. 5, der insofern § 25 Abs. 1 modifiziert, auf den Zeitpunkt des Abschlusses des Widerspruchsverfahrens. Sowohl der Zeitpunkt der Eintragung als auch des Abschlusses des Widerspruchsverfahrens werden registriert (§ 18 Nr. 20, 23d) MarkenV). Nach Ablauf dieses Fünfjahreszeitraums kann erstmalig Löschungsreife eintreten, d.h. Zwischenrechte (vor Heilung der Löschungsreife entstehende jüngere Kennzeichenrechte, gegen die auch nach Heilung der Löschungsreife nicht vorgegangen werden kann) nach § 22 Nr. 2 entstehen, und es kann erfolgreich Antrag oder Klage auf Löschung nach §§ 54 Abs. 1, 55 Abs. 1 gestellt werden.

Bei IR-Marken enthält § 115 Abs. 2 eine von § 25 Abs. 1 abweichende Regelung zur Be- **6** rechnung der Benutzungsfrist und verweist für den Beginn der Benutzungsschonfrist auf § 5 Abs. 2 MMA, der auf den Ablauf eines Jahres nach der internationalen Registrierung abstellt (s. Kommentierung dort). Die Benutzungsschonfrist für Marken, die in der DDR eingetragen waren, begann am 3.10.1990.[2] Dies gilt auch für den DDR-Teil von IR-Marken mit westdeutscher Basismarke.[3]

2. Löschungsreife vor Klageerhebung

Wenn die Marke zum Zeitpunkt der Klageerhebung löschungsreif war, ist eine Heilung der **7** Löschungsreife im anhängigen Verfahren nicht mehr möglich. Für den Zeitpunkt der Klageerhebung entscheidet der Tag der Zustellung der Klageschrift nach § 253 Abs. 1 ZPO.

---

2 Anlage I Kap. III Sachgebiet E Abschn. II Nr. 1 § 10 S. 1 EinigV.
3 BGH, WRP 1998, 1006 = GRUR 1999, 155, 157 – DRIBECK'S LIGHT.

Eine Rückwirkung nach § 270 Abs. 3 ZPO auf den Zeitpunkt der Einreichung bei Gericht ist ausgeschlossen. Eine Nichtbenutzung liegt vor, wenn die Marke rückgerechnet von dem Zeitpunkt der Zustellung der Klage in einem Zeitraum von fünf Jahren nicht benutzt wurde. Versäumen die Anspruchsgegner allerdings, vor Wiederaufnahme der Benutzung einen rechtzeitigen Antrag oder Klage auf Löschung (§§ 53 Abs. 1, 55 Abs. 1) zu stellen, können Rechte aus der Marke nach Wiederaufnahme der Benutzung in einem neuen Prozess geltend gemacht werden. Eine Löschungsandrohung steht einem Antrag oder einer Klage auf Löschung nicht gleich.

3. Löschungsreife nach Klageerhebung

8 Ansprüche aus der Marke können auch dann ausgeschlossen sein, wenn die Marke nach Zustellung der Klage löschungsreif wird. Statt des Zeitpunkts der Zustellung der Klage ist dann auf den Zeitpunkt der letzten mündlichen Verhandlung der jeweiligen Tatsacheninstanz abzustellen. Der maßgebliche Fünfjahreszeitraum ergibt sich aus der Rückrechnung auf den fünf Jahre zurückliegenden Tag. Der maßgebliche Zeitraum „wandert" damit mit fortlaufender Prozessdauer und auch Prozessverschleppung. Damit einhergehend ist eine Heilung der nach Klageerhebung eintretenden Löschungsreife möglich. Der Anspruchsgegner ist zur Wahrung seiner Rechte auf einen rechtzeitigen Antrag oder eine rechtzeitige Klage auf Löschung nach §§ 54 Abs. 1, 55 Abs. 1 verwiesen. Möglich ist allerdings auch das Entstehen von Zwischenrechten des Antragsgegners nach § 22 Abs. 1 Nr. 2 während des Zeitraumes der Löschungsreife, so dass Ansprüche ab Entstehen des Zwischenrechts unbegründet werden.

9 Für den Ausschluss der Ansprüche wegen Nichtbenutzung während eines Fünfjahreszeitraums, der mit dem Tag der letzten mündlichen Verhandlung endet, ist es ohne Bedeutung, ob vor Klageerhebung Löschungsreife eintreten konnte. Selbst wenn man den Wortlaut des § 25 Abs. 2 S. 2 für missverständlich halten wollte, folgt dies jedenfalls aus Art. 10 Abs. 1 Markenrechtsrichtlinie und damit aus einer richtlinienkonformen Auslegung.[4]

III. Prozessuales

1. Einrede

10 Der Ausschluss von Ansprüchen erfolgt nicht von Amts wegen, sondern nur auf Einrede. Auch wenn die Verwendung der Ausdrücke „Einrede" oder „bestreiten" entbehrlich ist, muss der Wille des Anspruchsgegners, die Benutzung der Marke während des maßgeblichen Fünfjahreszeitraums zu bestreiten, eindeutig erklärt werden. Die Einrede kann außerhalb und während des Rechtsstreits erhoben werden, solange sich das Verfahren in der Tatsacheninstanz befindet.[5] Eine Wiederholung in der Berufungsinstanz ist nicht erforderlich.[6] Da die Erhebung der Einrede ein tatsächlicher Vorgang ist, kommt eine Geltendma-

---

4 BGH, GRUR 1999, 54, 55 f. – *Holtkamp*, WRP 1998, 993 = GRUR 1998, 938, 939 f. – DRAGON.
5 Zur Verjährungseinrede MünchKommBGB/*von Feldmann*, § 222 Rn. 3.
6 Zur Verjährungseinrede BGH, NJW 1990, 326, 327.

chung in der Revisionsinstanz grundsätzlich nicht in Betracht.[7] Anders verhält es sich allerdings, wenn die tatsächlichen Voraussetzungen erst in der Revisionsinstanz eingetreten sind und die Nichtbenutzung unstreitig ist.[8] Bestreitet der Anspruchsgegner die rechtserhaltende Benutzung zum Zeitpunkt der mündlichen Verhandlung im Revisionsverfahren, ist die Vollstreckungsgegenklage nach § 767 ZPO der richtige Rechtsbehelf.

2. Beweislast

Nach dem eindeutigen Wortlaut des § 25 Abs. 2 trägt der Anspruchsberechtigte die Beweislast für die rechtserhaltende Benutzung oder die berechtigten Gründe für die Nichtbenutzung.[9] Die zum WZG ergangene Rechtsprechung ist aufgrund dieser Beweislastregelung überholt. **11**

3. Verletzungsprozess

Wie aus den mehrfach verwendeten Begriffen „Kläger", „Beklagter" und „Klage" folgt, geht der Gesetzeswortlaut von dem Fall einer vom Kläger erhobenen Hauptsacheklage aus. Die Regelungen sind auf das einstweilige Verfügungsverfahren und die negative Feststellungsklage sinngemäß anzuwenden.[10] Im einstweiligen Verfügungsverfahren treten an die Stelle von Kläger und Beklagtem Antragsteller und Antragsgegner, an die Stelle der Erhebung der Klage die Anhängigkeit des Antrags und an die Stelle der Beweislast die Glaubhaftmachungslast. Im Fall der negativen Feststellungsklage verbleibt die Beweislast beim Rechtsinhaber. **12**

IV. Gemeinschaftsmarkenrecht

Auch Art. 95 GMV sieht vor, dass die Einrede der Nichtbenutzung im Verletzungsprozess erhoben werden kann. Art. 96 GMV regelt darüber hinausgehend die Widerklage auf Erklärung des Verfalls. **13**

---

7 Zur Verjährungseinrede MünchKommBGB/*von Feldmann*, § 222 Rn. 3; BGH, NJW 1990, 326, 327.
8 Vgl. BGH, NJW 1990, 2754, 2755.
9 Vgl. *Ingerl/Rohnke*, § 25 Rn. 20.
10 *Ressler*, GRUR 1995, 532 f.

§ 26
Benutzung der Marke

(1) Soweit die Geltendmachung von Ansprüchen aus einer eingetragenen Marke oder die Aufrechterhaltung der Eintragung davon abhängig ist, dass die Marke benutzt worden ist, muss sie von ihrem Inhaber für die Waren oder Dienstleistungen, für die sie eingetragen ist, im Inland ernsthaft benutzt worden sein, es sei denn, dass berechtigte Gründe für die Nichtbenutzung vorliegen.

(2) Die Benutzung der Marke mit Zustimmung des Inhabers gilt als Benutzung durch den Inhaber.

(3) Als Benutzung einer eingetragenen Marke gilt auch die Benutzung der Marke in einer Form, die von der Eintragung abweicht, soweit die Abweichungen den kennzeichnenden Charakter der Marke nicht verändern. Satz 1 ist auch dann anzuwenden, wenn die Marke in der Form, in der sie benutzt worden ist, ebenfalls eingetragen ist.

(4) Als Benutzung im Inland gilt auch das Anbringen der Marke auf Waren oder deren Aufmachung oder Verpackung im Inland, wenn die Waren ausschließlich für die Ausfuhr bestimmt sind.

(5) Soweit die Benutzung innerhalb von fünf Jahren ab dem Zeitpunkt der Eintragung erforderlich ist, tritt in den Fällen, in denen gegen die Eintragung Widerspruch erhoben worden ist, an die Stelle des Zeitpunktes der Eintragung der Zeitpunkt des Abschlusses des Widerspruchsverfahrens.

Übersicht

Stuckel

Literatur: *Abrar*, Parallelimport und Umpacken von Lebensmitteln, MarkenR 2011, 382; *Bergemann*, Rechtserhaltende Benutzung von Marken, MarkenR 2009, 1; *Berlit*, Rechtserhaltende Benutzung von Marken bei Zugaben, GRUR 2009, 810; *ders.*, Die rechtserhaltende Benutzung von Warenmarken im Lichte der „OTTO"-Entscheidung des BGH, MarkenR 2005, 466; *ders.*, Die Ernsthaftigkeit der Markenbenutzung unter Berücksichtigung der aktuellen EuGH-Rechtsprechung, WRP 2006, 1077; *Beyerlein*, Die rechtserhaltende Teilbenutzung von Marken, WRP 2008, 306; *Bölling*, Formaler Markenschutz für Farben?, 2007; *Brose*, Rechtserhaltende Benutzung im Vorstadium der Markeneinführung, FS Hertin, 2000, 525; *Caldarola*, Probleme beim Benutzungszwang von abstrakten Farbmarken, GRUR 2002, 937; *Doetsch*, Zeichenmäßige Benutzung einer Händlermarke durch Verwendung allein auf Preisetiketten?, GRUR 1989, 485; *Drögsler*, Die rechtserhaltende Benutzung einer Marke für „Nebenprodukte", WRP 2009, 922; *Eichelberger*, Die rechtserhaltende Benutzung einer Marke durch eine ihrerseits eingetragene Benutzungsform im nationalen und im Gemeinschaftsmarkenrecht, WRP 2009, 1490; *Eichmann*, Die dreidimensionale Marke in dem Verfahren vor dem DPA und BPatG, GRUR 1995, 184; *ders.*, Schutzvoraussetzungen und Schutzwirkungen von Abbildungsmarken, GRUR Int. 2000, 483; *Engels*, Gedanken zum BGH-Urteil „Ichthyol II", GRUR 2007, 363; *Frommeyer*, Rechtserhaltende Benutzung bei abweichender Markenform, KWI, Bd. 1, 2002; *Giefers*, Die rechtserhaltende Benutzung der Marke in abgewandelter Form – Fortsetzung oder Ende von „Arthexforte", FS Vieregge, 1995, 267; *Hildebrandt*, Markenrechtliche Benutzungsschonfrist umnotieren! – Überlegungen zu den Schlussanträgen von Generalanwalt Ruiz Jarabo vom 26.10.2006 in der Rechtssache C-246/05-Armin Häupel, GRUR 2007, 115; *Ingerl*, Rechtsverletzende und rechtserhaltende Benutzung im Markenrecht, WRP 2002, 861; *Kellerhals*, Der Benutzungszwang im Gemeinschaftsmarkenrecht, GRUR Int. 1999, 14; *Klette*, Zur rechtserhaltenden Benutzung durch Verwendung abweichender Markenformen, WRP 2000, 913; *Kliems*, Zur Neuregelung der Nichtbenutzungseinreden im Markenrecht, GRUR 1999, 11; *ders.*, Die Einreden mangelnder Benutzung im MarkenG, MarkenR 2001, 185; *Kochendörfer*, Beweisanforderungen für die rechtserhaltende Benutzung, WRP 2007, 258; *König*, Rechtserhaltende Benutzung durch funktionsgerechte Verwendung der Marke für Waren, Mitt. 1997, 18; *Kunzmann*, Zwei ausgewählte Probleme der rechtserhaltenden Benutzung, MarkenR 2008, 309; *Lange*, Die Unanwendbarkeit von § 26 Abs. 3, Satz 2 MarkenG, WRP 2008, 693; *v. Mühlendahl*, Die Heilung einer wegen mangelnder Benutzung löschungsreif gewordenen Markeneintragung im europäischen und im deutschen Markenrecht, FS Vieregge, 1995, 641; *ders.*, Eintragung und Benutzung von Defensivmarken, Serienmarken und Abwandlungen, WRP 2009, 1; *Mulch*, Der Tatbestand der markenrechtlichen Erschöpfung, 2001; *Pfortner*, Arzneimittelmarken im Zulassungsverfahren – Stets ein berechtigter Grund zur Nichtbenutzung?, PharmR 2011, 149; *Sack*, Der Benutzungszwang im internationalen Markenrecht, FS Piper, 1996, 603; *Schmieder*, Neues deutsches Markenrecht nach europäischem Standard, NJW 1994, 1241; *Starck*, Die Benutzung von Marken – Der Benutzungsbegriff im Rahmen der Rechtsverletzung und der Rechtserhaltung, MarkenR 2005, 169; *Ströbele*, Markenschutz für Einzelhandelsdienstleistungen – Chancen und Gefahren, GRUR Int. 2008, 719; *Wehlau/v. Walter*, Die neuere Rechtsprechung zur rechtserhaltenden Benutzung von Marken, WRP 2004, 669.

I. Allgemeines

1   § 26 regelt den *Grundtatbestand des Benutzungszwangs.* Der Benutzungszwang findet seine Rechtfertigung in der Hauptfunktion der Marke, die Ursprungsidentität der eingetragenen Waren oder Dienstleistungen zu garantieren und dadurch zu deren Unterscheidung nach ihrer betrieblichen Herkunft zu dienen, und in dem Interesse der Allgemeinheit daran, die Zeichenrolle von unbenutzten Zeichen freizuhalten, um andere Gewerbetreibende in die Lage zu versetzen, diese oder ähnliche Zeichen selbst zu benutzen oder für sich eintragen zu lassen und mögliche Konflikte zu verringern.[1] Die Folgen der Nichtbenutzung sind für den Verletzungsprozess in § 25, für das Widerspruchverfahren in § 43 und für den Antrag und die Klage auf Löschung in §§ 49 Abs. 1, 3, 53 Abs. 1, 55 Abs. 1, 3 geregelt.

2   Als Benutzung erkennt § 26 Abs. 1 nur *funktionsgemäße und ernsthafte Benutzungen im Inland* an. Eine funktionsgemäße Benutzung liegt grundsätzlich nur vor, wenn der Verkehr die Verwendung des Zeichens aufgrund der ihm objektiv entgegentretenden Umstände als einen zeichenmäßigen Hinweis auf die Herkunft der Waren oder Dienstleistungen ansieht.[2] Eine nicht funktionsgemäße Benutzung einer Individualmarke liegt etwa vor, wenn diese gleich einer Kollektivmarke zur Unterscheidung von Waren oder Dienstleistungen nach ihrer geografischen Herkunft benutzt werden. Das Erfordernis einer ernsthaften Benutzung ergibt sich schon unmittelbar aus dem Wortlaut des § 26 Abs. 1. Weiter verlangt § 26 Abs. 1 eine Benutzung durch den Inhaber (wobei § 26 Abs. 2 auch die Benutzung mit Zustimmung des Inhabers genügen lässt), eine Benutzung für die Waren oder Dienstleistungen, für die sie eingetragen ist, und eine Benutzung im Inland (insoweit ergänzt durch § 26 Abs. 4, wonach die Kennzeichnung von Exportwaren als Benutzung der Marke gilt). Ausnahmsweise erkennt § 26 Abs. 1 berechtigte Gründe für die Nichtbenutzung an (ergänzt durch § 26 Abs. 5, wonach berechtigte Gründe für die Nichtbenutzung bis zum Abschluss des letzten Widerspruchsverfahrens fingiert werden). § 26 Abs. 3 regelt schließlich, in welcher Form die Marke zu benutzen ist.

---

1 BGH, WRP 2008, 802, 803 – AKZENTA; WRP 2005, 1527 – OTTO; WRP 2001, 1211 – ISCO; WRP 1997, 1089 – Cirkulin; EuGH, Slg. 2003, I-2439 Rn. 36 – Ansul/Ajax.
2 BGH, WRP 2008, 803 – AKZENTA; WRP 2005, 1527, 1529 – OTTO; WRP 2002 – SYLT-Kuh; GRUR 2000, 890, 891 – IMMUNINE/IMUKIN; s. Rn. 5 m. w. N.

II. Funktionsgemäße Benutzung

1. Körperliche Verbindung?

a) Rechtsprechung unter dem WZG

Unter der Geltung des WZG entsprach es gefestigter Rechtsprechung des BGH, dass eine   3
dem Benutzungszwang genügende Zeichenverwendung i. d. R. *das Versehen der Ware selbst, ihrer Verpackung oder Umhüllung mit dem Zeichen erfordert.* Dies wurde damit begründet, dass im Regelfall nur dann eine funktionsgemäße Benutzung als Marke vorliegt, d. h. eine Benutzung in einer Form, die der Verkehr aufgrund der ihm objektiv entgegentretenden Umstände als einen zeichenmäßigen Hinweis auf die Herkunft der Waren und Dienstleistungen ansieht.[3] Für die Verpackung wurde eine Kennzeichnung allerdings als nicht ausreichend angesehen, wenn die Ware dem Verbraucher unverpackt angeboten[4] oder die Marke völlig unauffällig, etwa auf der Rückseite und im Zusammenhang mit beschreibenden Angaben, wiedergegeben wurde.[5] Dies wurde aus der Funktion der Marke gefolgert, die Waren und Dienstleistungen unterschiedlicher betrieblicher Herkunft zu unterscheiden.

b) Grundsätzliche Neuorientierung?

Dass als Benutzung i. S. d. § 26 Abs. 1 nur eine funktionsgerechte Benutzung gesehen wer-   4
den kann, ist allgemein anerkannt. Das Inkrafttreten des MarkenG und die Überwindung der einseitigen Ausrichtung auf die Herkunftsfunktion („Paradigmenwechsel") wurde allerdings insbesondere in der Literatur zum Anlass genommen, eine *grundlegende Neuorientierung, insbesondere eine Abkehr von dem grundsätzlichen Erfordernis einer körperlichen Verbindung* der Marke mit der betreffenden Ware zu fordern, sofern nur ein hinreichender Produktbezug vorliegt. Teilweise wurde diese Auffassung auch mit dem Bedürfnis einer flexibleren Handhabung des Benutzungszwangs begründet.[6] Die Literatur trat teilweise auch deshalb für eine großzügige Auslegung einer funktionsgerechten Benutzung ein, weil die Korrektur durch das Erfordernis der Ernsthaftigkeit eine flexible Handhabung typischer und atypischer Einzelfälle ermöglicht. Auf der Grundlage dieser Auffassung stellt schon die Verwendung der Marke in der Werbung eine funktionsgerechte Benutzungshandlung dar. Dies betrifft etwa auch die mündliche Verwendung, die Verwendung als Bestellzeichen oder Sortenbezeichnung, die dekorative Verwendung sowie die Verwendung von Marken auf Modellen. Dabei wurden allerdings unterschiedliche Anforderungen an einen erforderlichen Produktbezug gestellt.

---

3 BGH, GRUR 1980, 52, 53 – Contiflex; GRUR 1993, 972, 973 – Sana/Schosana; GRUR 1995, 347, 348 – TETRASIL; WRP 1997, 453 = GRUR 1996, 267, 268 – AQUA.
4 *Baumbach/Hefermehl*, WZG, § 5 Rn. 40.
5 BPatG, GRUR 1979, 244 – Herz-Kaffee; BPatGE 20, 220, 223 – Torero.
6 *Ingerl*, WRP 2002, 861, unter Hinweis auf § 14 Abs. 3 Nr. 5; *Schmieder*, NJW 1994, 1241, 1245.

c) Rechtsprechung unter dem MarkenG

aa) BGH

5　Unter dem neuen MarkenG hat sich der BGH zunächst insoweit festgelegt, als *nach neuem Recht keine strengeren Anforderungen gestellt werden* können.[7] Der BGH hält allerdings an dem Grundsatz fest, dass eine funktionsgemäße Benutzung als Marke in einer Form erfolgen muss, die der Verkehr aufgrund der ihm objektiv entgegentretenden Umstände als einen zeichenmäßigen Hinweis auf die Herkunft der Waren oder Dienstleistungen ansieht.[8] In seiner Entscheidung „HONKA"[9] beruft sich der BGH auf die Grundsätze der Entscheidung „TETRASIL"[10]. Als rechtserhaltende Benutzung sah es der BGH an, dass die Marke „HONKA" für Holzhäuser auf Verpackungsmaterialien und in Werbeanzeigen sowie durch verdeckte Anbringung an der Ware selbst benutzt wurde. Der Entscheidung kann allerdings nicht eindeutig entnommen werden, ob die Kennzeichnung der Ware selbst verzichtbar gewesen wäre. Der BGH weist in der Entscheidung „HONKA" auf Art. 10 Markenrechtsrichtlinie hin. Danach müsse der Inhaber der Marke diese für die eingetragenen Waren oder Dienstleistungen ernsthaft benutzen. Erforderlich sei ein *hinreichender Bezug auf eine Ware oder Dienstleistung und eine im Verkehr übliche und wirtschaftlich sinnvolle Verwendung der Marke.* Entgegen einer in der Literatur teilweise vertretenen Auffassung (Rn. 4) hat der BGH[11] allerdings klargestellt, dass nicht schon jede rechtsverletzende Benutzung i. S. v. § 14 Abs. 2, 3 eine rechtserhaltende Benutzung i. S. d. § 26 Abs. 1 begründet. In seiner Entscheidung BIG BERTHA[12] hat der BGH weiter die Rechtsprechung unter dem WZG bestätigt, dass die Benutzung als Unternehmenskennzeichnung keine funktionsgerechte Benutzung einer Marke darstellt.[13] Für die im Namen von Handelsunternehmen eingetragenen Marken (Handelsmarken) gelten dabei die gleichen Grundsätze wie für Marken, die für ein Herstellerunternehmen eingetragen sind.[14] In der Entscheidung OTTO entschied der BGH, dass ein Versandhändler, der eine Vielzahl unterschiedlicher Waren vertreibt, die zum Teil von bekannten Markenherstellern und zum Teil von unbekannten Herstellern stammen und als Gemeinsamkeit nur den Vertriebsweg aufweisen, seine für entsprechende Waren eingetragenen Handelsmarken mit deren Verwendung in seinen Katalogen und auf den Versandtaschen nicht rechtserhaltend benutzt. In der Entscheidung NORMA[15] entschied der BGH, dass ein Discount-Handelsunternehmen, das eine Vielzahl von Waren vertreibt, die teils mit eigenen Marken des Unternehmens, teils mit Marken der Hersteller versehen, teils ohne Marken sind, seine für entsprechende Waren eingetragene, ebenfalls mit seiner Unternehmenskennzeichnung übereinstimmende Handelsmarke mit deren Verwendung an Schaufenstern und in Geschäftsräumen seiner Filialen, auf Einkaufstüten, Regal- und Preisaufklebern sowie in der Werbung in Zeitungsanzeigen und auf

---

7　BGH, WRP 1995, 706 = GRUR 1995, 583, 584 – MONTANA.
8　BGH, WRP 2002, 1284 = GRUR 2002, 1072, 1073 – SYLT-Kuh; GRUR 2000, 890, 891 – IMMUNINE/IMUKIN.
9　BGH, WRP 1999, 936 = GRUR 1999, 995, 997 f.
10　BGH, GRUR 1995, 347.
11　BGH, WRP 2000, 1161 – Kornkammer.
12　BGH, WRP 2003, 647 = GRUR 2003, 428.
13　So auch BGH, WRP 2005, 1527, 1529 – OTTO; WRP 2006, 241, 242 – NORMA.
14　BGH, WRP 2005, 527, 529 – OTTO.
15　BGH, WRP 2006, 241.

Handzetteln auch dann nicht rechtserhaltend benutzt, wenn der Marke im Einzelfall ein ®
angefügt ist.

Konnte die Entscheidung OTTO noch so verstanden werden, dass an dem Erfordernis einer
körperlichen Verbindung festgehalten wird, war die Entscheidung NORMA eindeutig. Zur
Erklärung der Rechtslage wies der BGH darauf hin, dass die Marke nicht unmittelbar an
der Ware angebracht oder mit ihr verbunden sein muss, damit eine funktionsgerechte Benutzung vorliegt. Vielmehr stellte der BGH darauf ab, dass die Benutzung der Hauptfunktion der Marke entsprechen müsse und es deswegen entscheidend auf den konkreten Produktbezug ankomme. Eine Benutzung als Unternehmenskennzeichen reiche nicht aus. Zumindest zugleich müsse die Marke für die konkret vertriebene Ware verwendet werden.[16]

bb) BPatG

Das BPatG fordert bereits von Anfang an im Hinblick auf das europäische Recht, dass die   **6**
strenge Anwendung des Begriffs der funktionsgerechten Benutzung fortzusetzen ist,[17] so
dass z.B. die bloße Verwendung der Marke in Katalogen für eine rechtserhaltende Benutzung nicht ausreiche.[18]

cc) Instanzgerichte

Das Bild in der Rechtsprechung der Instanzgerichte war anfänglich noch uneinheitlich.   **7**
Das OLG München ließ die Benutzung auf *Geschäftspapieren* zur Kennzeichnung von
Haartrocknern als funktionsgerechte Verwendung genügen.[19] Jedenfalls gelte dies für ein
Schreiben, das dazu dient, die betreffende Ware in den Markt einzuführen.[20] Andererseits
kann selbst die Benutzung auf der Ware unzureichend sein, wenn es sich um *keine funktionsgerechte* Verwendung handelt. Dies kann der Fall sein, wenn sich die Marke als nur
schmückender Bestandteil der Ware darstellt,[21] wobei die Anbringung eines ® den Eindruck
einer Benutzung zur Unterscheidung der Ware von anderen statt einer bloß firmenmäßigen
Benutzung begünstigen kann. Dagegen wurde selbst die Benutzung einer Marke in Katalogen – jedenfalls bei besonderer Herausstellung – als rechtserhaltende Benutzung angesehen.[22] Diese Rechtsprechung lässt sich durchaus in Einklang mit der neueren Rechtsprechung des BGH bringen. Entscheidend kommt es auf den hinreichenden Produktbezug im
Einzelfall an.

---

16 Vgl. BGH, WRP 2008, 802 – AKZENTA.
17 BPatG, GRUR 1996, 981, 982 – ESTAVITAL zu Preislisten; GRUR 1998, 1032 f. – MAPAX/
    MAPAG; Beschl. vom 9.12.1997, 27 W (pat) 166/96 – EPOS; zitiert nach *Anders*, GRUR 1998,
    638.
18 BPatG, GRUR 1996, 981 – ESTAVITAL.
19 Mitt. 1997, 30, 32 – aliseo, mit krit. Anm. *König*, Mitt. 1996, 18 ff.
20 OLG München, GRUR-RR 2003, 172, 173 – König Ludwig.
21 OLG München, NJW-RR 1996, 1260 – The Beatles.
22 Vgl. Nachweise bei OLG Hamburg, GRUR-RR 2003, 145, 147 – OTTO.

dd) Rechtsprechung des EuGH

8 Bei dem Begriff „ernsthafte Benutzung", der eine funktionsgerechte Benutzung impliziert, handelt es sich um einen Begriff des europäischen Rechts.[23] In Zweifelsfällen werden die nationalen Gerichte daher eine Vorabentscheidung des EuGH zur Auslegung des Benutzungsbegriffes i. S. v. Art. 10 Abs. 1, 12 Abs. 1 Markenrechtslinie einholen müssen, wozu allerdings der BGH bislang keinen Anlass gesehen hat. Die verbindliche Ausfüllung des europäischen Benutzungsbegriffs bleibt aber nach wie vor dem EuGH vorbehalten. Auch unter Berücksichtigung der Rechtsprechung in den übrigen Mitgliedstaaten kann derzeit mit einer weiteren vorsichtigen Liberalisierung der bisherigen Rechtsgrundsätze durch die Rechtsprechung gerechnet werden (darauf deutet schon die Entscheidung des EuGH – Minimax[24] hin, die tendenziell geringere Anforderungen an die Ernsthaftigkeit stellt, allerdings nicht als gefestigte Rechtsprechung des EuGH angesehen werden kann, vgl. dazu Rn. 56).

d) Folgerungen

9 Bei aller Unsicherheit über die künftigen Rechtsentwicklungen ist es als hinreichend gesichert anzusehen, dass nach dem MarkenG keine strengeren Anforderungen an die Art der Benutzung als nach dem WZG gestellt werden können. *Nicht nur die körperliche Verbindung der Marke* mit der Ware, sondern auch die Fallkonstellationen, in denen unabhängig hiervon eine rechtserhaltende Benutzung schon unter der Geltung des WZG ausnahmsweise angenommen wurde, stellen erst recht unter dem MarkenG eine rechtserhaltende Benutzung dar. Derartige *Ausnahmefälle waren schon unter dem WZG aus zwingenden wirtschaftlichen Gründen*, insbesondere im Hinblick auf die Art der fraglichen Ware, anerkannt. So sah der BGH aus diesen Gründen eine Zeichenverwendung in Katalogen oder auf anderen Schriftstücken ohne engen körperlichen Zusammenhang mit der Ware als rechtserhaltende Benutzung an.[25] Diese Fallkonstellationen setzen die tatsächliche oder wirtschaftliche Unmöglichkeit der Markierung der Ware voraus.[26] Eine tatsächliche Unmöglichkeit kommt beispielsweise bei *Flüssigkeiten oder Schüttgut* in Betracht. Zwingende wirtschaftliche Gründe können der Markierung etwa bei „Kundenteilen" entgegenstehen, deren Bestimmung darin besteht, in andere Erzeugnisse der Abnehmer eingebaut zu werden.[27] Bei Handelsmarken ist die Benutzung auf Preisschildern und Etiketten funktionsgerecht.[28] In der Folge hat der EuGH auch verdeutlicht, dass eine relevante Benutzung nur in einer solchen Benutzung liegen kann, die der Hauptfunktion der Marke entspricht, nämlich dem Verbraucher oder Endabnehmer die Ursprungsidentität einer Marke oder Dienstleistung garantiert, d. h. ihm die Unterscheidung der Waren oder Dienstleistungen von denen anderer Herkunft ermöglicht.[29] Die deutsche Rechtsprechung bewegt sich daher innerhalb der vom EuGH aufgestellten Maßstäbe und steht zu dieser nicht in Widerspruch. Die

---

23 EuGH, MarkenR 2003, 223, 225 f. – Minimax.
24 EuGH, MarkenR 2003, 223, 225 f.
25 BGH, GRUR 1980, 52, 53 – Contiflex; GRUR 1995, 347, 348 – TETRASIL für eine Flüssigkeit.
26 BGH, WRP 1997, 453 = GRUR 1996, 276, 268 – AQUA.
27 *Ströbele/Hacker*, § 26 Rn. 28.
28 BPatG, Mitt. 1996, 169, 170 – RODI; BPatGE 27, 141, 146; a. A. *Doetsch*, GRUR 1989, 485, 489.
29 EuGH, GRUR 2009, 410 – Silberquelle Rn. 17; GRUR 2009, 156 Rn. 13 Radetzky-Orden/BKFR; GRUR 2003, 425 Rn. 35 f. – Ansul.

Rechtsprechung des EuGH verdeutlicht, dass insbesondere in der Benutzung einer Marke als reines Unternehmenskennzeichen keine funktionsgerechte Benutzung liegt. Dies gilt umso mehr, als der EuGH selbst auf der Ebene des Verletzungstatbestandes eine derartige Unterscheidung trifft und in der reinen Benutzung einer Marke als Handelsmarke keine Benutzung als Marke sieht.[30]

Eine funktionsgerechte Verwendung wurde dagegen *unter dem WZG im Regelfall abgelehnt*, wenn die Marke nur auf *Briefbögen oder Rechnungen, Katalogen oder im Schriftverkehr* mit dem Kunden angebracht wurde.[31] Auch der Gebrauch einer Marke als Unternehmenskennzeichen, also etwa an der Gebäudefassade, auf den Geschäftsbriefbögen oder in der Werbung für das Unternehmen als solches wurde wegen fehlenden Bezugs zu einer bestimmten Ware nicht als rechtserhaltende Benutzung anerkannt.[32] Nach der Rechtsprechung unter dem WZG wird den angesprochenen Verkehrskreisen mit einer derartigen Markenbenutzung zwar die Fähigkeit und die Bereitschaft des Markeninhabers zur Lieferung von Markenware zur Kenntnis gebracht; darin liege jedoch keine Markenverwendung, die deren Funktion verwirklicht, gegenüber dem Verkehr markenmäßig bestimmte Waren zu benennen.[33] **10**

Unter dem MarkenG ist nur noch ein *konkreter Produktbezug* zu fordern. Die Marke muss aus Sicht des Verkehrs einem konkreten Produkt zugeordnet werden können. Eine rechtserhaltende markenmäßige Benutzung liegt daher dann nicht vor, wenn das Zeichen ausschließlich als *Unternehmenskennzeichnung* gebraucht wird, es sei denn, dass es in einer einzigen Verwendungshandlung gleichzeitig als Marke und als Unternehmenskennzeichnung benutzt wird. Geringere Anforderungen sind zu stellen, wenn ein Händler nur ganz bestimmte Waren vertreibt.[34] Bei dem Vertrieb einer Vielzahl von Produkten sind dagegen höhere Anforderungen an einen Produktbezug zu stellen. Wenn *Firmenschlagwort, besondere Geschäftsbezeichnung oder ein Firmenbestandteil* einerseits und die Marke andererseits übereinstimmen, kann Benutzungshandlungen bei *hinreichendem Produktbezug* (etwa Benutzung auf der Verpackung) eine Doppelfunktion zukommen. Die isolierte Herausstellung des Unternehmenskennzeichens (bzw. -bestandteils) kann dann zugleich auf Waren eines bestimmten Geschäftsbetriebs hinweisen.[35] An einem derartigen Produktbezug fehlt es aber, wenn auf *üblichen Werbeartikeln* wie T-Shirts etc. nur auf das Firmenschlagwort hingewiesen wird.[36] Das OLG München[37] hat allerdings schon die Benutzung auf Geschäftspapieren zur Kennzeichnung von Haartrocknern als funktionsgerechte Benutzung genügen lassen. Es dürfen vom Inhaber einer Marke keine wirtschaftlich nicht gebotenen Aktivitäten verlangt werden. Insbesondere muss nach der Entwicklung des *Internet* zu einem bedeutsamen digitalen Marktplatz für den Handel mit Waren und Dienstleistungen die Abwicklung von Angebot und Verkauf von Waren über das Internet unter Benutzung **11**

---

30 EuGH, GRUR 2007, 971 Rn. 31 – Céline.
31 GRUR 1980, 52 – Contiflex.
32 BGH, WRP 1979, 451 = GRUR 1979, 551, 552 – Iamod.
33 BGH, WRP 1997, 453 = GRUR 1996, 267, 268 – AQUA; BGH, WRP 1995, 706 = GRUR 1995, 583, 584 – MONTANA; BGH, GRUR 1980, 52, 53 – Contiflex.
34 BGH, WRP 2003, 647 – BIG BERTHA; OLG Köln, GRUR-RR 2005, 186 – Akzenta; OLG Hamburg, GRUR-RR 2003, 145, 148 – OTTO; OLG München, NJW-RR 1996, 1260 – The Beatles.
35 BPatGE 23, 233, 241; BPatG, Mitt. 1983, 14 – Rovinex/Rovina; Mitt. 1979, 165 – TECO.
36 OLG Hamburg, GRUR-RR 2003, 145, 147 – OTTO.
37 OLG München, Mitt. 1997, 30, 32 – aliseo, mit krit. Anm. *König*, Mitt. 1996, 80 ff.

der Marke als rechtserhaltende Benutzung anerkannt werden.[38] Allerdings muss ein hinreichend konkreter Inlandsbezug bestehen.[39] Daran kann es bei ausländischen Internetseiten fehlen. Bei einer bloß *mündlichen Verwendung* ist dagegen im Regelfall eine hinreichend ernsthafte Benutzung abzulehnen.[40]

2. Benutzung im geschäftlichen Verkehr

12 Die Benutzung gegenüber gewerblichen Abnehmern ist ausreichend.[41] Erforderlich ist allerdings, dass die Benutzung den *innerbetrieblichen Bereich überschreitet*.[42] Ob wettbewerbsrechtlich ein Handeln im geschäftlichen Verkehr mit echten Außenbeziehungen vorliegt, bestimmt sich nach wirtschaftlichen Gesichtspunkten. Nicht ausreichend sind Warenbewegungen, die sich trotz rechtlicher Selbstständigkeit einzelner Konzernunternehmen wirtschaftlich ausschließlich als interne Warenverteilung einer verselbstständigten Betriebsabteilung für den Einkauf darstellen.[43] Das Gleiche kann gelten, wenn zwei Unternehmen wirtschaftlich eng miteinander verbunden sind, etwa wenn – auch juristisch selbstständige – Unternehmen bei wirtschaftlicher Betrachtungsweise wie Herstellungs- und Vertriebsabteilung handeln.[44]

13 In einer *Testaktion, die die bloße innerbetriebliche Experimentierphase überschritten* hat, liegt dagegen eine Benutzung im geschäftlichen Verkehr. Sie stellt eine relevante Benutzung dar, wenn sie nach Umfang und Dauer sowie nach der Art der Ware den an eine Testaktion zu stellenden Anforderungen entspricht.[45] Voraussetzung ist allerdings, dass der Markeninhaber entschieden hat, ob er seine Marke überhaupt und für welche Waren er sie benutzen will.[46] Eine Marke für Bekleidungsstücke wird zwar noch nicht durch die Erwähnung in der Geschäftskorrespondenz oder in persönlichen Gesprächen, aber durch Überlassung und Abstimmung konkreter Druckmuster benutzt, wenn eine eindeutige Festlegung erfolgt.[47]

3. Verwendung als Werktitel

14 Die Verwendung als Werktitel dient der Unterscheidung eines Werkes von anderen. In der Verwendung als Werktitel liegt daher eine rechtserhaltende Benutzung unabhängig davon vor, ob dem Werktitel im Einzelfall Herkunftsfunktion oder nur Titelfunktion zukommt.[48] Auf eine Herkunftsfunktion eines Werktitels kommt es nur für die Frage an, ob eine jünge-

---

38 BPatG, MarkenR 2000, 439, 443 – VISION.
39 OLG München, GRUR-RR 2005, 375 – 800-FLOWERS m. w. N.
40 A. A. *Ingerl/Rohnke*, § 26 Rn. 38.
41 BPatGE 28, 235 – Belmare.
42 OLG Hamburg, NJWE-WettbR 2000, 191, 194; BGH, GRUR 1978, 294 – Orbicin.
43 BGH, WRP 1969, 280 = GRUR 1969, 479, 489 – Colle de Cologne.
44 BGH, WRP 1979, 451 = GRUR 1979, 551, 552 – Iamod.
45 BGH, WRP 1978, 642 = GRUR 1968, 642, 644 – Silva.
46 BGH, WRP 1982, 321 = GRUR 1982, 417, 419 – Ranger.
47 OLG Hamburg, NJWE-WettbR 2000, 191, 194.
48 BGH, WRP 2011, 357, 359 – SUPERIllu.

re Marke die Rechte an einem älteren Werktitel verletzt. Ansonsten würde der den Werktiteln grundsätzlich zugängliche Markenschutz leer laufen.[49]

4. Beschreibende Angabe

Keine funktionsgerechte Benutzung liegt vor, wenn eine Marke nicht nach Art einer Marke **15** oder als beschreibende Angabe benutzt wird. Insofern gelten im Wesentlichen die gleichen Abgrenzungskriterien wie im Rahmen des § 23 Nr. 2. Eine funktionsgerechte Benutzung liegt regelmäßig in deren Hervorhebung auf der Produktausstattung.[50] Dagegen liegt in der unauffälligen Wiedergabe der Marke „Herz-Kaffee" auf der Rückseite[51] ebenso wenig eine rechtserhaltende Benutzung wie in der inhaltsbeschreibenden Wiedergabe eines Interpreten auf dem Titelfoto eines Tonträgers[52] oder die Verwendung der Marke „Elifect" durch die Aufschrift „Mit Haarglanzwirkstoff Elifect" auf einem Haarspray.[53]

5. Kennzeichnung bereits vertriebener Ware

Eine relevante Benutzung kann auch in der Kennzeichnung von bereits vertriebenen Waren **16** vorliegen, für die die Marke eingetragen wurde und die nicht mehr zum Verkauf angeboten werden. Der EuGH[54] entschied dies für einen Fall, in dem die Inhaberin der Marke „Minimax" für Feuerlöschgeräte und verwandte Erzeugnisse nur noch Einzelteile und Löschmittel für Feuerlöschgeräte dieser Marke an Unternehmen verkaufte, die solche Geräte warteten. Die Markeninhaberin überholte und reparierte dabei auch selbst Geräte der Marke „Minimax", verwendete die Marke in den Rechnungen und brachte an den betreffenden Geräten Aufkleber mit der Marke Minimax an. Außerdem stellte die Markeninhaberin Aufkleber und Etiketten an die Wartungsunternehmen zur Verfügung.

6. Bestell- und Ordnungszeichen, Applikationen

Die Verwendung von Bestell- und Ordnungszeichen und Applikationen wurde unter dem **17** WZG auch bei „zeichenmäßigem Gebrauch" nicht als funktionsgerechte Verwendung anerkannt, da für eine rechtserhaltende Benutzung darüber hinausgehende Anforderungen gelten.[55] Hieran sollte auch unter dem MarkenG festgehalten werden.[56]

---

49 BGH, WRP 2000, 1140 = GRUR 2000, 882 f. – Bücher für eine bessere Welt.
50 BGH, GRUR 1993, 972, 973 – Sana/Schosana.
51 BPatG, GRUR 1979, 244, 254 – Herz-Kaffee.
52 OLG Frankfurt, GRUR Int. 1993, 872 – Beatles.
53 *Baumbach/Hefermehl*, WZG, § 5 Rn. 40.
54 EuGH, MarkenR 2003, 223, 224 ff. – Minimax.
55 BGH, GRUR 1995, 347, 349 – TETRASIL: Bestellzeichen; BGH, GRUR 1984, 813, 814 – Ski-Delial: Sortimentsbezeichnung.
56 Vgl. OLG München, NJW-RR 1996, 1260 – The Beatles.

7. Dienstleistungsmarken

18 Andere Maßstäbe gelten bei der Dienstleistungsmarke. Wegen der Unkörperlichkeit der Dienstleistung scheidet ein Anbringen der Marke regelmäßig aus. Als hinreichende Benutzungstatbestände kommt insbesondere die Anbringung der Marke auf Prospekten, *Preislisten, Rechnungen und Briefbögen, aber auch auf Fahrzeugen, Arbeitsbekleidung und Werkzeugen oder am Geschäftslokal* in Betracht.[57] Jedenfalls eine nicht hinreichend schlagwortartige Benutzung einer E-Mail-Kennung und die Benutzung eines Domain-Namens als Adresskennzeichnung stellt keine markenmäßige Benutzung[58] und damit auch keine rechterhaltende Benutzung dar. Für die Annahme einer funktionsgerechten Benutzung ist es aber nicht ausreichend, wenn in dem Unternehmen des Markeninhabers mehrere Dienstleistungen erbracht werden und der Verkehr aus dem Gebrauch des Dienstleistungszeichens nicht ersehen kann, auf welche Dienstleistung sich der Kennzeichengebrauch bezieht.[59] Ebenso liegt in der Benutzung für ein Gesamtprodukt nur die Benutzung für einen Bestandteil, wenn der Verkehr die Marke auf den Bestandteil bezieht.[60] Es muss ein hinreichender Produktbezug vorliegen. Auf einen reinen firmenmäßigen Gebrauch schließt der Verkehr dagegen, wenn die mit einem prägenden Firmenbestandteil übereinstimmende Dienstleistungsmarke nur i.V. m. der vollen weiteren Unternehmensbezeichnung „Gesellschaft zur Vermittlung von nationalen und internationalen Versicherungen mbH" benutzt wird. Dies gilt auch, wenn die Dienstleistungsmarke drucktechnisch und farblich hervorgehoben wird, weil auch dieser Umstand nur auf eine Hervorhebung des prägenden Firmenbestandteils deutet.[61]

8. Werbeankündigungen

19 Die Ankündigung einer Marke in einer *kostenaufwendigen Werbeaktion* kann schon dann als funktionsgerechte Verwendung anerkannt werden, *wenn die gekennzeichnete Ware alsbald auf den Markt kommt* oder die Benutzung des Zeichens in der Werbung oder in der Korrespondenz aus einsichtigen wirtschaftlichen Gesichtspunkten dem Erscheinen der gekennzeichneten Ware auf dem Markt vorausgehen muss. Insofern besteht eine gewisse Parallele zu dem Institut der Titelschutzanzeige für Werktitel. Eine funktionsgerechte Benutzung kann selbst dann vorliegen, wenn mangels Nachfrage die Produktion jahrelang unterbleibt.[62] Der wirtschaftliche Misserfolg schließt die Benutzung nicht aus. Spätere Vertriebsvorgänge sind jeweils für die Beurteilung der Ernsthaftigkeit der Benutzung durch Werbeankündigungen mit heranzuziehen.[63] Einer ernsthaften Benutzung steht auch nicht per se entgegen, wenn die Aufnahme der Benutzung erst kurz vor Ablauf der Benutzungs-

57 BGH, GRUR, WRP 2008, 802 – AKZENTA; WRP 2010, 269 – ATOZ III; GRUR 1985, 41, 43 – REHAB; BPatG, GRUR 1992, 392, 393 – Parkhotel Landenberg.
58 OLG Hamburg, GRUR-RR 2011, 168, 169 – Patmondial.
59 BGH, WRP 2010, 269, 271 – ATOZ III; WRP 2008, 802 – AKZENTA.
60 BGH, WRP 1995, 706 = GRUR 1995, 583, 584 – MONTANA; GRUR 1985, 46, 48 – Idee-Kaffee.
61 OLG Köln, GRUR-RR 2005, 186 f. – Akzenta.
62 *Baumbach/Hefermehl*, WZG, § 5 Rn. 43; *Schulze zur Wiesche*, NJW 1968, 1813.
63 OLG München, GRUR-RR 2003, 172, 173 – König Ludwig; BGH, GRUR 1985, 926, 927 f. – topfitz/topfit.

schonfrist erfolgt und auch bezweckt, den Eintritt des Verfalls zu verhindern oder einen bereits eingetretenen Verfall zu heilen.[64]

9. Zweitmarken

Die Verwendung als Zweitmarke ist funktionsgerecht. Die mehrfache Kennzeichnung von   **20**
Produkten mit Zweitmarken ist üblich und verkehrsbekannt.[65] Wird eine Marke in Zusammenhang mit einem anderen Zeichen benutzt, stellt sich die Frage, ob sich diese beiden Zeichen als Gesamtzeichen oder als zwei Zeichen darstellen, so dass eines dieser beiden Zeichen eine rechtserhaltende Benutzung begründen kann. So stellte sich etwa in der Entscheidung FERROSIL des BGH[66] die Frage, ob die Marke FERROSIL durch das Zeichen PIII-Ferrosil rechtserhaltend benutzt wird. Dabei kam es darauf an, ob der Verkehr PIII-Ferrosil als einheitliches Zeichen auffasst oder in die beiden Zeichen PIII und Ferrosil aufspaltet.[67] Der BGH meinte, dass eine derartige Aufspaltung nahe liegt, wenn den Fachkreisen das Zeichen PIII als eine Art Unternehmenskennzeichen und als Stamm von Serienzeichen und die vielfältigen Produktnamen der PIII-Serie bekannt sein. Die rückwirkende Feststellung einer derartigen hohen Identifikationsfunktion insbesondere für die Vergangenheit stellt allerdings praktische Probleme.[68] In der Entscheidung „bodo BlueNight"[69] hat der BGH darüber hinaus die Möglichkeit der Verwendung eines Zeichens als Erstzeichen für den Fall von Serienzeichen erörtert, bei denen ein Teil die Produktfamilie, der andere das konkrete Produkt benennt. Dies hielt der BGH in dem Fall für naheliegend, dass unter dem Zeichen „bodo" eine Vielzahl von Düften verschiedener Duftserien vertrieben wird, so dass der Verkehr in den weiteren Zeichen „Bluenight" die eingetragene Marke wiedererkenne.

Bei *dreidimensionalen Marken* kommt für eine rechtserhaltende Benutzung nur die dreidi-   **21**
mensionale Verwendung in Betracht.[70] Besondere Probleme wirft dabei die Frage einer funktionsgerechten Benutzung auf, wenn die Marke und die Ware identisch sind, da die Marke gegenüber der zu kennzeichnenden Ware begrifflich selbstständig sein muss. Die Rechtsprechung stellt insoweit auf die Auffassung des Verkehrs ab. Der Verkehr muss von einem Hinweis auf die Herkunft der Waren ausgehen. Dies kann im Einzelfall fraglich sein. Denn der Verkehr fasst die Formgestaltung einer Ware regelmäßig nicht in gleicher Weise wie Wort- und Bildmarken als Herkunftshinweis auf. Im Rahmen der rechtserhaltenden Benutzung stellen sich daher die gleichen Fragen wie im Rahmen einer markenmäßigen Benutzung. Abzustellen ist daher auch darauf, ob sich eine Kennzeichnungsfunktion aus

---

64 OLG München, GRUR-RR 2003, 172, 173 – König Ludwig; BGH, WRP 1977, 490 – Doppelkamp.
65 BGH, WRP 2007, 958 – bodo Bluenight; WRP 2005, 620 – Ferrosil; WRP 2000, 541 f. – Contura; GRUR 1993, 972, 974 – Sana/Schosana; GRUR 1984, 354, 356 – Tina-Spezialversand II; WRP 1961, 167 = GRUR 1961, 280, 281 f. – Tosca.
66 BGH, WRP 2005, 620.
67 Vgl. auch BGH, WRP 2009, 831 – Stofffähnchen; WRP 2009, 971 – Augsburger Puppenkiste.
68 Vgl. OLG Köln, GRUR 2009, 958 – Protipower/Protifit.
69 BGH, WRP 2007, 958.
70 *Eichmann*, GRUR 1995, 184, 197; *ders.*, GRUR Int. 2000, 484 f.

den Gestaltungsgewohnheiten auf dem einschlägigen Warengebiet oder daraus ergeben, dass die Gestaltung der Marke als Herkunftshinweis bekannt geworden ist.[71]

22 Dagegen können *zweidimensionale Marken* auch durch eine dreidimensionale Gestaltung rechtserhaltend benutzt werden.[72] Bei einer Identität von Marke und Ware stellen sich im Hinblick auf eine funktionsgerechte Benutzung ähnliche Fragen wie bei dreidimensionalen Marken. Eine funktionsgemäße Benutzung hat die Rechtsprechung bei der naturgetreuen Abbildung der Marke als Aufkleber und als Schlüsselanhänger bejaht und auch darauf abgestellt, dass es sich um eine im Verkehr übliche und wirtschaftlich sinnvolle Verwendung der Marke handelt. Dabei ging es um eine für „Aufkleber aus Papier und Kunststofffolie, Anhänger aus Metall oder Kunststoff" eingetragene Marke, die eine schwarz-bunte Kuh darstellt, deren weiße Flecken den Schriftzug „SYLT" bilden.[73]

23 Bei *Hörmarken* können nur akustisch wahrnehmbare Verwendungen rechtserhaltend sein. Gerade die akustische Wahrnehmbarkeit bestimmt den kennzeichnenden Charakter dieser Marken. Anderes kann insbesondere gelten, wenn es sich um eine bekannte Marke oder ungewöhnliche Farbe handelt.

24 Bei *farbig eingetragenen Marken* kommt es auf den jeweiligen kennzeichnenden Charakter an. Bei Farbmarken ist eine rechtserhaltende Benutzung in einer anderen Farbe ausgeschlossen. Dies gilt allerdings nicht bei geringen farblichen Nuancierungen, die vom Verkehr kaum wahrgenommen werden. Eine herkunftshinweisende Benutzung einer Farbe liegt zumeist nur vor, wenn auf die Beifügung von grafischen Elementen und Wortelementen abgesehen wird.[74] Anders kann insbesondere gelten, wenn es sich um eine bekannte Marke oder ungewöhnliche Farbe handelt.

10. Rechtswidrige Benutzung

25 Eine ernsthafte Benutzung wird nicht dadurch ausgeschlossen, dass die konkrete Art und Weise der Benutzung der Marke rechtswidrig ist, etwa weil diese einen Verstoß gegen §§ 3, 5 UWG begründet.[75]

III. Umfang und Dauer der Benutzung

1. Grundsätze

26 Die Anforderungen an den Umfang und die Dauer der Benutzung richten sich wie die Anforderungen an die Art der Benutzung nach dem jeweils *verkehrsüblichem und wirtschaftlich Angebrachten*. Dabei kommt es unter *Zugrundelegung der wirtschaftlichen Verhältnisse des Verwenders* darauf an, ob bei objektiver Betrachtung die als Benutzung in Anspruch

---

71 Vgl. BGH, WRP 2005, 610 = GRUR 2005, 414, 416 – Russisches Schaumgebäck; WRP 2003, 521 = GRUR 2003, 332 – Abschlussstück; WRP 2001, 41 = GRUR 2001, 158, 160 – Drei-Streifen-Kennzeichnung.
72 *Giefers*, FS Vieregge, 1995, 286; a. A. *Eichmann*, GRUR Int. 2000, 484 f.
73 BGH, WRP 2002, 1284 = GRUR 2002, 1072, 1073 – SYLT-Kuh m. w. N.
74 BGH, WRP 2005, 1521 = GRUR 2005, 1044 – Dentale Abformmasse m. w. N.
75 BGH, WRP 1977, 490 – Doppelkamp; WRP 1979, 647 = GRUR 1979, 707 f. – Haller I.

Stuckel

genommenen Handlungen auch ohne Berücksichtigung des Zwecks, den Bestand der Marke zu erhalten, als wirtschaftlich sinnvoll zu beurteilen sind.[76] Die an Umfang und Dauer zu stellenden Anforderungen stehen in einem Wechselwirkungsverhältnis.[77] Je geringer der Umfang der Benutzung ist, desto höhere Anforderungen müssen an die Dauer gestellt werden und umgekehrt.

Bei der Gesamtbewertung der Ernsthaftigkeit bleiben auch *Benutzungshandlungen außerhalb des relevanten Zeitraumes nicht vollständig außer Betracht*. Diese Benutzungshandlungen können als Indizien für die Ernsthaftigkeit herangezogen werden.[78] So kann etwa im Bereich von Arzneimitteln eine geringfügige Benutzung als ernsthafte Benutzung anerkannt werden, wenn eine entsprechend lange Nutzungsdauer gegeben ist.[79]   **27**

Ob eine wirtschaftlich sinnvolle Benutzung vorliegt, bemisst sich im Regelfall *nach den betrieblichen Verhältnissen des benutzenden Unternehmens*.[80] Abzustellen ist dabei auf alle Umstände des Einzelfalls, etwa Art der Ware und Dienstleistung. Bei hochpreisigen Produkten und Leistungen für begrenzte Abnehmerkreise reichen geringe Mengen im Unterschied zu billigen Erzeugnissen des Massenkonsums. Zu berücksichtigen sind auch die Struktur und Größe des betreffenden Unternehmens und die Anzahl der innerhalb des Geschäftsbetriebes vertriebenen Produkte. Der Ernsthaftigkeit der Benutzung steht es dagegen nicht entgegen, wenn die konkrete Art der Benutzung gegen lauterkeitsrechtliche[81] oder gegen arzneimittelrechtliche Vorschriften[82] verstößt.   **28**

Nach der Rechtsprechung des EuGH[83] sind tendenziell geringere Anforderungen an eine ernsthafte Benutzung zu stellen als nach der bisherigen Rechtsprechung. Der EuGH stellt auf alle Umstände des Einzelfalls und die Hauptfunktion der Marke, die in der Garantie der Ursprungsidentität liegt, ab. Die Marke muss danach unter Ausschluss symbolischer Verwendungen, die allein der Wahrung der durch die Marke verliehenen Rechte dienen, benutzt werden, um für die maßgeblichen Waren und Dienstleistungen einen Absatzmarkt zu erschließen. Allerdings hat auch der EuGH entschieden, dass keine ernsthafte Benutzung vorliegt, wenn der Inhaber einer Marke diese auf Gegenständen anbringt, die er den Käufern seiner Waren kostenlos mitgibt.[84] Dagegen hat der EuGH eine ernsthafte Benutzung einer Marke bejaht, wenn ein ideeller Verein sie in der Öffentlichkeit auf Ankündigungen von Veranstaltungen, auf Geschäftspapieren und auf Werbematerial verwendet und die Marke von seinen Mitgliedern beim Sammeln und Verteilen von Spenden in der Form verwendet wird, dass die Mitglieder entsprechende Abzeichen tragen.[85]   **29**

---

76 Vgl. BGH, WRP 2003, 647 = GRUR 2003, 428, 430 – BIG BERTHA; WRP 1999, 936 = GRUR 1999, 995, 996 – HONKA; WRP 2001, 1211 = GRUR 2002, 59, 63 – ISCO.
77 BGH, GRUR 1999, 995 f. – HONKA.
78 BGH, GRUR 1985, 926, 927 – Topfitz/Topfit; GRUR 1980, 289, 290 – Trend; BPatG, GRUR 1996, 356, 359 – JOHN LORD/JOHN LOBB; BPatG, GRUR 1995, 812 – Dall'Opera.
79 BGH, GRUR 1986, 168 – Darcy.
80 BPatG, GRUR 1997, 301, 303 – LORDS/LORD m. w. N.
81 Vgl. BGH, GRUR 1978, 46, 47 – Doppelkamp; BGH, GRUR 1979, 707, 708 – Haller I.
82 Vgl. OLG München, PharmR 2011, 231, 233.
83 EuGH, MarkenR 2003, 223 – Minimax.
84 EuGH, GRUR 2009, 410 – Silberquelle.
85 EuGH, GRUR 2009, 156 – Verein Radetzky-Orden.

2. Rechtsprechung – Einzelfälle

a) Relevante Benutzung

30 BGH, WRP 2006, 102, 104 Tz. 24 f. – GALLUP: Anbringen der Marke auf zehn jährlich erscheinenden Druckschriften bei einem begrenzten Abnehmerkreis von 500 aktuellen oder potenziellen Kunden.

BGH, GRUR 1986, 168 f. – Darcy: Belieferung der in Deutschland stationierten belgischen Streitkräfte mit Zigaretten der Marke Darcy in jährlichen Stückzahlen zwischen 30 000 und 100 000 im Hinblick auf beschränkten Interessentenkreis und jahrzehntelange Übung.

BGH, GRUR 1985, 926 ff. – Topfitz/Topfit: Vertrieb von 240 Packungen Vitamintabletten kurz vor Ablauf der Benutzungsschonfrist im Hinblick auf Breite des Produktsortiments bei geringen Umsatzzahlen und Vervielfachung des Umsatzes in den darauf folgenden Jahren.

BPatGE 23, 243, 245 – Cosy Ango: Vertrieb von Plüschtieren in Stückzahlen zwischen 200 und 2000 im Hinblick darauf, dass das Gesamtsortiment des Spielwarengeschäftes ca. 500 Einzelartikel umfasste.

BGH, WRP 1998, 1078 = GRUR 1999, 54 – JOHN LOBB: Verkauf hochpreisiger Herrenschuhe für 85 000 DM vor Ablauf des Fünfjahreszeitraums, da geringe Umsätze bei Markteinführung eines Luxusproduktes nicht ungewöhnlich sind und die Umsätze in den anschließenden Jahren erheblich gesteigert werden konnten.

BPatG, GRUR 2001, 58 f. – COBRA Cross: Kontinuierliche Inlandslieferung von jährlich bis sechs Kraftfahrzeugen, die zum Teil in Handfertigung hergestellt werden, trotz geringer Stückzahl (400 in 10 Jahren).

BPatG, GRUR 1995, 812, 813 – Dall'Opera: Kontinuierlicher Vertrieb von Schaumwein-Flaschen trotz relativ geringfügiger Jahresumsätze zwischen ca. 2500 DM und 13 000 DM.

Vertrieb von jährlich 50 Frisierumhängen und Bademänteln in Frisiersalons.[86]

Vertrieb von mehreren 100 T-Shirts und Mützen über eine Diskothek als Merchandising-Waren.[87]

b) Nichtrelevante Benutzung

31 BGH, WRP 2003, 647 = GRUR 2003, 428, 430 – BIG BERTHA: Der nur drei Tage andauernde Vertrieb von Polo-Hemden an sieben Kunden in einer Stückzahl von 207, verbunden mit hohen Rabatten ohne Werbemaßnahmen, ist nicht verkehrsüblich und nicht wirtschaftlich angebracht.

BGH, GRUR 1986, 542, 544 f. – King II: Selbst kontinuierlicher Vertrieb von Orient-Zigaretten in Stückzahlen von ca. 20 000 in wenigen Verkaufsstellen, da kein nachvollziehbares wirtschaftliches Konzept dargelegt wurde.

---

86 OLG Hamburg, GRUR-RR 2011, 175 ff.
87 OLG Hamburg, NJWE-RR 2000, 186, 189 ff.

BGH, GRUR 1980, 289 f. – Trend: Verkauf von 110 000 Zigaretten unter der Kennzeichnung „Trend" im Rahmen eines zeitlich begrenzten, vorzeitig abgebrochenen Verkaufstests, da es sich bei Zigaretten um Massenartikel handelt.[88]

Verkauf von 216 Packungen Pharmatee und Pharmakapseln über einen kurzen Zeitraum und anschließendes Verschleudern von Waren, die im regulären Geschäftsgang nicht verwertet werden konnten.[89]

BPatGE 20, 225 – Herz-Kaffee: 20 000 DM Umsatz durch Kaffee-Unternehmen mit Jahresumsatz von 3 Mio. DM.

IV. Form der Benutzung

1. Grundsätze

§ 26 Abs. 1 verlangt – wie aus der Formulierung „aus einer eingetragenen Marke" folgt – eine Benutzung in der eingetragenen Form. § 26 Abs. 3 S. 1 lässt die Benutzung in einer abweichenden Form genügen, „soweit die Abweichung den kennzeichnenden Charakter der Marke nicht verändert". § 26 Abs. 3 S. 1 setzt damit Art. 10 Markenrechtsrichtlinie und Art. 5 Abschn. C Abs. 1 PVÜ um. Nach dem Willen des Gesetzgebers soll mit der Umsetzung eine Abkehr von der als zu streng empfundenen Rechtsprechung zum WZG verbunden sein.[90] Zielsetzung ist, dem Markeninhaber einen *angemessenen Gestaltungsspielraum einzuräumen*. Entgegen der bisherigen Rechtsprechung kommt es insbesondere nicht darauf an, ob – was unter dem WZG für erforderlich gehalten wurde[91] – die Abänderung eine bestimmungsgemäße und verkehrsübliche oder durch den praktischen Gebrauch gebotene Art der Benutzung darstellt.[92] Eine rechtserhaltende Benutzung liegt vor, *wenn der Verkehr die eingetragene und die benutzte Form als ein und dasselbe Zeichen ansieht und der kennzeichnende Charakter der eingetragenen Marke nicht verändert wird.*[93] An die Beibehaltung des kennzeichnenden Charakters sind dabei strengere Anforderungen zu stellen als an den weitergehenden Begriff der Verwechslungsgefahr.[94]

Die Abweichungen können die Marke selbst oder das Hinzufügen oder Weglassen von Zusätzen betreffen. Für eine rechtserhaltende Benutzung ist entscheidend, ob der angesprochene Verkehr, sofern er die eingetragene Form der Marke kennt, in der benutzten Form

32

33

---

88 Vgl. auch OLG Hamburg, GRUR 1980, 294, 295 f. – King City.
89 OLG München, Mitt. 1996, 217, 218 f.
90 Begründung des Gesetzentwurfs, BlPMZ Sonderheft 1994, 77.
91 Vgl. BGH, GRUR 1990, 364, 365 – Baelz; GRUR 1987, 822, 823 – Panda-Bär; GRUR 1981, 53, 54 – Arthrexforte.
92 BPatG, GRUR 1995, 588 – Jeannette/Annette.
93 Vgl. dazu BGH, WRP 2011, 357, 359 – SUPERIllu; GRUR 2009, 772 – Augsburger Puppenkiste; GRUR 2008, 714 – idw; GRUR 2004, 340, 341 – FERROSOL/FERISOL; WRP 2001, 1320 = GRUR 2002, 167, 168 – Bit/Bud; WRP 1999, 936 = GRUR 1999, 995, 997 f. – HONKA; WRP 1999, 432 = GRUR 1999, 498, 499 – Achterdiek; WRP 1998, 1078 = GRUR 1999, 164 – JOHN LOBB; GRUR 1999, 54, 55 – Holtkamp; GRUR 1999, 167 – Karolus-Magnus; WRP 1997, 1085 = GRUR 1997, 744, 746 – ECCO I.
94 BGH, GRUR 2004, 340, 342 – FERROSOL/FERISOL; WRP 2000, 1161 = GRUR 2000, 1038, 1039 – Kornkammer.

dieselbe Marke sieht. Es ist daher zu fragen, *ob der Verkehr Eintragung und Benutzungsform als ein und dasselbe Zeichen ansieht.*[95] Eine bloße Markenähnlichkeit genügt nicht.[96] Die Frage einer rechtserhaltenden Benutzung ist grundsätzlich eine Rechtsfrage,[97] wenngleich die Würdigung der diesem Rechtsbegriff zugrunde liegenden Tatsachen dem Tatrichter vorbehalten und durch den BGH nur eingeschränkt überprüfbar ist.[98]

2. Abweichungen

a) Wortzeichen

aa) Schreibweise

34 Abweichungen von der *Groß-/Kleinschreibung* sind grundsätzlich unschädlich.[99] Gleiches gilt bei einer Schreibweise in *bestimmten grafisch gestalteten Schrifttypen.*[100] Anders verhält es sich jedoch, wenn das Wortelement ohne grafische Gestaltung nicht schutzfähig, d. h. freihaltebedürftig, oder für beachtliche Teile des Verkehrs nicht unterscheidungskräftig ist oder maßgeblich durch die Schreibweise mitgeprägt wird.[101]

bb) Weglassen, Hinzufügen und Ersetzen einzelner Buchstaben

35 Auszugehen ist von dem jeweiligen Schutzumfang der Marke und den Auswirkungen der Änderung auf den Gesamteindruck.[102] Die Abwandlung der Marke „Jeanette" in „Jeannette" ist bei normaler Kennzeichnungskraft noch unschädlich. Durch die Hinzufügung eines zweiten „n" in der Wortmitte werden Klangbild und Sinngehalt gar nicht, das Schriftbild nur verhältnismäßig geringfügig verändert.[103] Nicht rechtserhaltend ist dagegen die Benutzung der Marke „Bonyour" durch „Bonjour", da die Marke „Bonyour" gerade durch den Abstand zu dem Grundwort „Bonjour" geprägt wird.[104] Ebenso wenig rechtserhaltend ist die Benutzung des Zeichens „Subwear" für die Marke „SUBWAY".[105] Die sprachliche Modernisierung von „The" zu „Tee" wurde schon unter dem WZG als rechtserhaltend aner

---

95 BGH, WRP 2000, 1161 = GRUR 2000, 1038, 1039 – Kornkammer.

96 BGH, GRUR, 2000, 1038, 1039 – Kornkammer; WRP 1999, 936 = GRUR 1999, 995, 997 f. – HONKA.

97 BGH, WRP 2001, 37 = GRUR 2000, 886, 887 – Bayer/BeiChem.

98 Vgl. BGH, WRP 2000, 1161 = GRUR 2000, 1038 – Kornkammer; WRP 1999, 936 = GRUR 1999, 995, 997 f. – HONKA; zur Rechtsprechung *Klette,* WRP 2000, 913.

99 BGH, GRUR 1990, 364, 365 – Baelz; WRP 1979, 647 = GRUR 1979, 707, 708 f. – Haller I; WRP 2011, 357, 359 – SUPERIllu.

100 BGH, WRP 1998, 1078 = GRUR 1999, 164, 165 – JOHN LOBB; GRUR 1999, 167 – Karolus-Magnus; BPatGE 32, 227, 229 f. – Procto-Kaban; OLG Köln, MD 1996, 1014, 1016 – SALZIGE HERINGE.

101 BGH, WRP 1999, 432 = GRUR 1999, 498, 499 – Achterdiek; vgl. auch BGH, WRP 2006, 96 – BOSS-Club.

102 BPatG, GRUR 1995, 588, 589 – Jeannette/Annette.

103 BPatG, GRUR 1995, 588, 589 – Jeannette/Annette.

104 BPatG, GRUR 1998, 64.

105 BGH, GRUR 2001, 54, 56 SUBWAY/Subwear.

Stuckel

kannt.[106] Der Wegfall von Bindestrichen ist – von Sonderfällen sehr geringer Kennzeichnungsschwäche abgesehen – unschädlich.[107]

cc) Weglassen und Hinzufügen von Bestandteilen

Das Weglassen oder Hinzufügen von Bestandteilen ist unschädlich, wenn diesen Bestand- **36** teilen im Unterschied zu dem oder den übrigen Bestandteilen keine herkunftshinweisende Bedeutung zukommt. Im Regelfall gilt dies für das *Weglassen des Bild- gegenüber dem Wortbestandteil.*[108] Wird einer *Bildmarke dagegen ein Wortbestandteil hinzugefügt*, stellt sich die Frage, ob der Eindruck einer Wort-/Bildmarke entsteht oder die Bildmarke ihre selbstständig kennzeichnende Funktion beibehält.[109] Umgekehrt stellt das *Weglassen des Wortbestandteils bei einer Wort-/Bildmarke* jedenfalls dann, wenn der Wortbestandteil nicht rein beschreibend ist, keine rechtserhaltende Benutzung dar.[110] In dem Kombinationszeichen „ECCO MILANO" sprach der BGH dem Bestandteil „MILANO" eine herkunftshinweisende Bedeutung ab, da dieser Bestandteil deutlich kleiner und einer ornamentalen Verzierung angenähert war sowie erkennbar eine geografische Angabe darstellte.[111] Das Hinzufügen des Zeichenbestandteils „Augsburger" zu dem Zeichen „Puppenkiste" verändert deren kennzeichnenden Charakter.[112] Auf die Prägung der Gesamtbezeichnung durch den Bestandteil Puppenkiste komme es dabei nicht an. Das Hinzufügen eines ubiquitären Zusatz wie SUPER, der ähnlich wie „plus" dem so bezeichneten Produkt nur die Aura des Herausragenden *verleihen* soll, hat keine kennzeichnende Wirkung.[113] Dies gelte auch gegenüber dem weiteren und als Marke eingetragenen Bestandteil „Illu", da es sich insoweit auch für eine Illustrierte nur um ein entsprechendes Zeichen und nicht um eine gängige Abkürzung handle. In der Entscheidung ATOZ III[114] traf der BGH keine eigene Feststellung, sondern wies nur darauf hin, dass das BPatG keine Feststellungen dazu getroffen habe, ob zu der Marke „Atoz" mit Fischmotiv die Hinzufügung der Bestandteile „Worldline" oder „Origin" unter Aussparung des Fischmotivs den kennzeichnenden Charakter verändert. Das BPatG hatte weiter angenommen, dass Zusätze wie „Workplace Solutions" und „Infrastructure Solutions" den kennzeichnenden Charakter unberührt lassen. In der Entscheidung MIXI[115] bestätigte der BGH die Auffassung der Vorinstanz, wonach die neben dem Zeichenwort „mixi" auf Küchenmaschinen angebrachten Wörter „original" und „sensotronic" den kennzeichnenden Charakter der Marke nicht verändern. Nach Auffassung des BGH fasst der Verkehr das Wortzeichen „sensotronic" als Zweitmarke zur Hauptmarke „mixi" auf. In der Entscheidung „Holtkamp" hielt der BGH die Hinzufügung der Warenbezeichnung „Möbel" und die Qualitätsangabe „beispielhaft" zu dem Markenwort „Holt-

---

106 BGH, GRUR 1989, 510, 512 – Teekanne II.
107 BGH, GRUR 1999, 167 – Karolus-Magnus; GRUR 1990, 364, 365 – Baelz.
108 BGH, WRP 1999, 936 = GRUR 1999, 995 – HONKA; GRUR 1999, 167 – Karolus-Magnus; BPatG, GRUR 1997, 301 – LORD/LORDS.
109 Vgl. BGH, WRP 2005, 616 = GRUR 2005, 427, 429 – Lila-Schokolade; BGH, WRP 2001, 1315 = GRUR 2002, 121, 174 – Marlboro-Dach; WRP 2004, 1281 = GRUR 2004, 865, 866 – Mustang.
110 OLG Hamburg, GRUR-RR 2004, 175, 176.
111 BGH, WRP 1997, 1085 = GRUR 1997, 744, 746 – ECCO I.
112 BGH, WRP 2009, 971.
113 OLG Karlsruhe, WRP 2011, 357, 359 – SUPERIllu.
114 BGH, WRP 2010, 269 – ATOZ III.
115 BGH, WRP 2010, 1046 – MIXI.

kamp" für unschädlich, sah die Gesamtbezeichnung „Holtkamp Möbel beispielhaft" als rechtserhaltend an und verneinte einen neuen Gesamtbegriff.[116] Auch die Gesamtbezeichnung „Bitburger" bei auffälliger drucktechnischer Hervorhebung von „Bit" sah der BGH als rechtserhaltende Benutzung von der Marke „Bit" an, weil die Marke „Bit" als Abkürzung von „Bitburger" erscheint.[117] Das OLG Hamburg[118] hielt die Hinzufügung eines Bestandteils „Champion du Monde" für unschädlich.[119] Die Einbindung einer Bildmarke in eine wappenartige Umrahmung bei Hinzufügung der Wortbestandteile „RÜGENWALDER Teewurst" und „ECHT MIT DER MÜHLE" stellt dagegen keine rechtserhaltende Benutzung dar, da die abweichende Benutzungsform aufgrund besonderer Gegebenheiten als eigenständiges Herkunftszeichen angesehen wurde.[120] Weiter hat der BGH[121] entschieden, dass die Voranstellung des Indikationshinweises „Asthma" und die Hinzufügung des Buchstabens „S" den kennzeichnenden Charakter der für Arzneimittel eingetragenen Marke „FRENON" nicht verändert. Diese Würdigung beruht auf den besonderen Bezeichnungsgepflogenheiten der Arzneimittelhersteller und der konkreten grafischen Ausgestaltung. Auch bei Voranstellung der Bezeichnung „Constructa" bejaht der BGH[122] eine rechtserhaltende Benutzung der Marke „Contura". Entscheidend war, dass die beiden Zeichen nicht in enger Verbindung verwendet wurden, so dass der Verkehr nicht von einer einheitlichen Bezeichnung, sondern von einer Zusammenstellung der Hauptmarke „Constructa" mit der Zweitmarke „Contura" ausgeht. Als nicht ausreichend hat der BGH dagegen die Benutzung der Bezeichnung „P3-ferisol" zur rechtserhaltenden Benutzung der Marke „Ferisol" gesehen.[123] Bei der Bezeichnung „P3" handelte es sich um einen gleichbleibenden Stammbestandteil einer Markenserie. Durch die Zusammenstellung habe die Marke „Ferisol" gleichsam ihre Identität verloren und trete dem Verkehr nicht mehr als eigenständiges Zeichen entgegen, sondern nur als produktindividualisierender Abwandlungsbestandteil einer anderen Gesamtbezeichnung. Bei *durch Buchstaben oder Zahlen geprägte Marken* führen schon geringe Veränderungen aus einer rechtserhaltenden Benutzung heraus. So stellt die Kennzeichnung „1-800-flowers com." keine rechtserhaltende Benutzung der Marke 800-FLOWERS dar.[124] Die Beurteilung einer rechtserhaltenden Benutzung ist im Wesentlichen *Tatfrage* und damit in der Revisionsinstanz nur eingeschränkt u. a. auf zutreffende Rechtsanwendung und die Beachtung der allgemeinen Lebenserfahrung überprüfbar.[125]

---

116 BGH, GRUR 1999, 54, 55 – Holtkamp.
117 WRP 2001, 1320 = GRUR 2002, 166, 168 – Bit/Bud; vgl. dazu, ob der Verkehr bei dem Warengebiet Bier der Herstellerbezeichnung besonderes Gewicht beimisst, auch BPatG, GRUR 2003, 530 532 – Waldschlösschen.
118 OLG Hamburg, NJWE-WettbR 2000, 186, 190 f.
119 Vgl. BPatG, MarkenR 2000, 439, 444 – VISION zum Zusatz „style access".
120 BGH, GRUR 1984, 872, 873.
121 BGH, WRP 2000, 1164 = GRUR 2000, 1040, 1041 – FRENORM/FRENON.
122 BGH, GRUR 2004, 340, 342.
123 BGH, GRUR 2004, 340.
124 OLG München, GRUR-RR 2005, 375 – 800-FLOWERS.
125 BGH, WRP 2001, 1320 = GRUR 2002, 167, 168 – Bit/Bud; WRP 1997, 1085 = GRUR 1997, 744 – Ecco I.

dd) Aufspaltung

Zulässig ist die zweizeilige Schreibweise eines einzeilig eingetragenen Wortes, auch bei 37
Weglassen eines Bindestrichs.[126] Nach den neuen Kriterien muss dies im Grundsatz auch
bei der Aufspaltung von Ein-Wort-Marken gelten. So ist die Abwandlung des Ein-Wort-
Zeichens „Kornkammer" in zweizeiliger Schreibweise unter Hinzufügung eines Bildele-
ments rechtserhaltend.[127] Es erscheint im Übrigen zweifelhaft, ob die Grundsätze der Entscheidung „Arthrexforte"[128] weiterhin gelten, in der die zweizeilige Benutzung des Ein-
Wort-Zeichens „Arthrexforte" für Arzneimittel als nicht rechtserhaltend beurteilt wurde.

b) Bildzeichen

Je enger der Schutzbereich eines Bildzeichens ist, umso eher wird er durch Abweichungen 38
überschritten, so dass dann der kennzeichnende Charakter verändert wird. Nicht nur das
Motiv, sondern auch die spezifischen Eigenarten der eingetragenen Darstellung müssen
daher erhalten bleiben.[129] Geringfügige grafische Abweichungen sind dagegen unschädlich.[130] Dagegen bleibt eine Änderung des kennzeichnenden Charakters unberührt, wenn
die Unterschiede in der graphischen Gestaltung nicht ins Gewicht fallen, weil die grafischen Elemente nur eine Verzierung darstellen oder der Verkehr ihnen aus anderen Gründen für den kennzeichnenden Charakter der Marke und der benutzten Form keine Bedeutung beimisst. So bleibt der kennzeichnende Charakter unberührt, wenn die Bezeichnung
„mixi" in Großbuchstaben mit einer Schattierung eingetragen ist, während die auf Küchen-
geräten tatsächlich benutzte Bezeichnung in Kleinschreibung und ohne Schattierung und
darüber hinaus mit einem abweichenden Schriftbild erfolgt.[131]

c) Umstellungen

Auch Umstellungen dürfen den kennzeichnenden Charakter nicht ändern. Dies ist etwa der 39
Fall, wenn eine Kombinationsmarke, bestehend aus „pro-fit" mit der Herstellerangabe
„Kraftfutter – Meyer", derart räumlich umgestellt wird, dass der Bestandteil pro-fit als ei-
genständiges Kennzeichen wirkt, wobei die grafische Gestaltung und die Hinzufügung von
Gesellschaftsform und Adresse den Charakter einer eigenständigen Firmenmarke vermit-
telt.[132]

3. Rechtserhaltende Wirkung für mehrere Marken (§ 26 Abs. 3 S. 2)

§ 26 Abs. 3 S. 2 bestimmt, dass es einer Benutzung in abweichender Form nicht entgegen- 40
steht, wenn die abweichende Form ihrerseits als Marke eingetragen ist. Dadurch soll ermöglicht werden, dass durch gleichartige Benutzungshandlungen nicht nur identische,

---

126 BPatGE 31, 31 – Petersburger Schlittenfahrt; BGH, GRUR 1999, 167, 168 – Karolus-Magnus.
127 BGH, WRP 2000, 1161 = GRUR 2000, 1038, 1039 f. – Kornkammer.
128 BGH, GRUR 1981, 53, 54.
129 OLG Düsseldorf, GRUR 1990, 197 – Löwenzeichen.
130 BGH, WRP 1997, 1085 = GRUR 1997, 744, 746 – ECCO I; GRUR 1989, 510, 512 – Teekanne II.
131 BGH, WRP 2010, 1046 – MIXI.
132 BPatG, GRUR 1998, 1030 f. – pro-fit.

sondern auch nicht identische Marken gleichzeitig rechtserhaltend benutzt werden.[133] Dagegen schloss die Rechtsprechung unter dem WZG eine rechtserhaltende Benutzung in abgewandelter Form aus, wenn diese abgewandelte Form ihrerseits identisch als Marke eingetragen war.[134] Im Ergebnis führte dies dazu, dass ein Markeninhaber, der eine Marke in abgewandelter Form benutzte, bei der allerdings nicht absehbar war, ob die Rechtsprechung diese Abwandlung als unwesentlich einstufen würde, vor einem Dilemma stand. Entweder ging der Markeninhaber das Risiko ein, dass die Rechtsprechung die Abwandlung als unwesentlich ansehen würde. Oder er meldete die abgewandelte Form als neue Marke an. Im ersten Fall trug der Markeninhaber das Risiko einer entgegenstehenden Rechtsauffassung der Rechtsprechung. Im zweiten Fall konnte sich der Markeninhaber nicht mehr auf die Priorität der prioritätsälteren Marke berufen. Darüber hinaus wurde er durch den Verfall der älteren Marke wegen Nichtbenutzung „bestraft". Diese Rechtsprechung sollte durch § 26 Abs. 3 S. 2 derogiert werden. Für § 26 Abs. 3 S. 2 ist es weiter nicht maßgeblich, ob die verschiedenen Marken, bei denen sich die Frage der rechtserhaltenden Benutzung stellt, unterschiedlichen Inhabern zustehen. Für jede Marke, deren rechtserhaltende Benutzung geltend gemacht wird, sind die Voraussetzungen des § 26 selbstständig und gesondert festzustellen.

§ 26 Abs. 3 S. 2 findet allerdings keine Entsprechung in Art. 10 Abs. 1, Abs. 2 lit. a Markenrechtsrichtlinie. Insoweit hat die Frage der Richtlinienkonformität zu einer kontroversen Diskussion in der Literatur geführt.[135] Auslöser war die Entscheidung „BAINBRIDGE" des EuGH.[136] Die Ausführungen unter Tz. 83 der Entscheidung „BAINBRIDGE", bei denen es sich um ein obiter dictum handelt, lesen sich so, dass durch gleichartige Benutzungshandlungen nicht unterschiedliche Marken rechtserhaltend benutzt werden können. Auch wenn diese Ausführungen Gemeinschaftsmarken betreffen, kann für nationale Marken innerhalb des vollharmonisierten Bereichs der Markenrechtsrichtlinie nichts anderes gelten. Der EuGH hat ausgeführt, dass es nicht gestattet ist, *„den einer eingetragenen Marke zukommenden Schutz mittels des Nachweises ihrer Benutzung auf eine andere Marke, deren Benutzung nicht nachgewiesen ist, mit der Begründung auszuweiten, dass die letztgenannte Marke nur eine leichte Abwandlung der genannten Marke darstelle."*

Zur zutreffenden Interpretation der Entscheidung des EuGH „*BAINBRIDGE*" ist es wichtig, die Entscheidung in ihrem Kontext zu interpretieren und zwischen drei Fallgestaltungen zu unterscheiden. Die erste Fallgestaltung ist diejenige, die zur Derogation der bisherigen Rechtsprechung durch § 26 Abs. 3 S. 2 geführt hat. Danach soll es möglich sein, leicht abgewandelte Formen durch Neueintragung – wenngleich mit neuer Priorität – in Ergänzung zu der älteren Marke „abzusichern", ohne die ältere Marke zu gefährden. Davon zu unterscheiden sind zwei weitere Fallgestaltungen: Eine Marke dient nicht der „Absicherung" einer tatsächlich benutzten und gegenüber der eingetragenen Form abgewandelten Form, sondern der Erweiterung des Schutzbereiches. In dieser weiteren Fallgestaltung handelt es sich um eine „Defensivmarke", deren Benutzung nicht beabsichtigt ist. In der letzten Fallgestaltung beruft sich ein Markeninhaber auf den erweiterten Schutz eines Serienzeichens, obwohl die zur Begründung eines Serienzeichens angeführten eingetragenen

---

133 BGH, GRUR 2000, 1040, 1041 – FRENORM/FRENON.
134 Vgl. BGH, GRUR 1986, 315 – Comburtest; BPatG, Mitt. 1983, 36 – HERTIE.
135 *Lange*, WRP 2008, 693; *v. Mühlendahl*, WRP 2009, 1; *Eichelberger*, WRP 2009, 1490.
136 EuGH, WRP 2007, 1322.

Marken durch gleichförmige Benutzungshandlungen benutzt wurden. In dieser letzteren Fallgestaltung liegt es auf der Hand, dass durch diese gleichförmigen Benutzungshandlungen ein Markenschutz nicht vervielfältigt werden kann. Die Entscheidung des EuGH „BAINBRIDGE" betraf in erster Linie eine derartige Fallgestaltung und in zweiter Linie diejenige von Defensivzeichen. Für die erste Fallgestaltung, in der es um die „Absicherung" einer leicht abgewandelten Form geht, hat das OLG Karlsruhe auch unter Berücksichtigung der Entscheidung „BAINBRIDGE" entschieden, dass § 26 Abs. 3 S. 2 nicht gegen die Markenrechtsrichtlinie verstößt.[137] Das OLG Karlsruhe sah es als eine nicht zu rechtfertigende Ungleichbehandlung eines Markeninhabers, der vorsorglich auch die unwesentlich abgewandelte Form registrieren lässt, gegenüber demjenigen, der eine solche Registrierung nicht vorgenommen hat, wenn man diesem die Berufung auf die Neueintragung versagen würde. Das OLG Karlsruhe betonte, dass eine derartige Neueintragung im wohlverstandenen Interesse des Markeninhabers liege. Dem OLG Karlsruhe ist zuzustimmen. Dagegen nahm das OLG Köln auch für diese Fallgestaltung an, dass § 26 Abs. 3 S. 2 richtlinienwidrig ist.[138] Eine Entscheidung zu reinen Defensivmarken ist bislang nicht getroffen. Allerdings spricht vieles dafür, dass der EuGH mit seinem nicht veranlassten obiter dictum grundsätzlich Position und dies gerade zu Defensivmarken beziehen wollte. Diese Ausführungen waren zur Lösung des Einzelfalls deshalb nicht veranlasst, weil bereits eine relevante Benutzung der abgewandelten Form nicht nachgewiesen werden konnte. Da es sich allerdings nur um ein obiter dictum handelt, käme in der Praxis eine erneute Vorlage an den EuGH in Betracht.

V. Land der Benutzung

1. Grundsatz

Nur Benutzungshandlungen in Deutschland sind grundsätzlich geeignet, eine rechtserhaltende Benutzung zu begründen. Dies war schon unter dem WZG anerkannt.[139]   **41**

2. Deutsch-schweizerisches Abkommen

Eine Benutzung im Ausland kann nur aufgrund zwischenstaatlicher Verträge einer Benutzung im Inland gleichgestellt werden. Solche bestehen derzeit nur mit der Schweiz. In Art. 5 Abs. 1 des Übereinkommens zwischen dem Deutschen Reich und der Schweiz betreffend den gegenseitigen Patent-, Muster- und Markenschutz vom 13.4.1892[140] in der Fassung des Abkommens vom 26.5.1902[141] ist eine gegenseitige Anerkennung geregelt (s. Anhang Nr. 6). Nach bisher h.M. sollten dem in Deutschland ansässigen Unternehmen allerdings nur Benutzungshandlungen in Deutschland für die Rechtserhaltung in der Schweiz (nicht umgekehrt) zugerechnet werden, sowie dem in der Schweiz ansässigen Unternehmen nur Benutzungshandlungen in der Schweiz zur Rechtserhaltung der Marke in   **42**

---

137 GRUR-Prax 2011, 104 – SUPERIllu.
138 Offengelassen noch in BGH, GRUR 2002, 772 Tz. 43 – Augsburger Puppenkiste.
139 BGH, GRUR 1980, 52, 54 – Contiflex.
140 RGBl. 1894, 511.
141 RGBl. 1903, 181.

Deutschland (nicht umgekehrt) zugerechnet werden können.[142] Demgegenüber hat der BGH[143] aus dem Grundsatz der Inländerbehandlung (Art. 2 und 3 PVÜ) gefolgert, dass diese Bestimmung in beiden Richtungen und darüber hinaus auch zugunsten der Angehörigen der anderen Verbandsländer wirkt. Umstritten ist, ob Art. 5 des Übereinkommens voraussetzt, dass die Marke in beiden Ländern identisch oder (jedenfalls im kennzeichnenden Charakter) geschützt ist.[144] Die Frage einer rechtserhaltenden Benutzung in Deutschland durch Benutzungshandlungen in der Schweiz bemisst sich dabei nach deutschem Recht.[145] Zweck des Abkommens ist auch nicht, eine fehlende Benutzungsabsicht zu ersetzen. Mit dem Abkommen soll nur sichergestellt werden, dass einem Zeichenbenutzer kein Rechtsnachteil dadurch entsteht, dass er eine im anderen Vertragsstaat bestehende Benutzungsfrist versäumt.[146] Das Abkommen berührt daher nicht sonstige, nach nationalem Recht bestehende Voraussetzungen oder Schranken wie etwa das Vorliegen einer Verkehrsdurchsetzung[147] oder den Einwand des Rechtsmissbrauchs.[148]

3. Export, Import

43   Unter dem WZG sah jedenfalls die Rechtsprechung in der Kennzeichnung der Exportware im Inland keine rechtserhaltende Benutzung, sondern verlangte vielmehr, dass die im Inland markierte Exportware die innerbetriebliche Sphäre des Unternehmens des Markeninhabers verlässt. In Umsetzung von Art. 10 Abs. 2 lit. b Markenrechtsrichtlinie gilt nach § 26 Abs. 4 als Inlandsbenutzung auch die Anbringung der Marke auf Exportwaren im Inland. Im Fall des Imports ist für eine Inlandsbenutzung auf den Ort der Lieferung und nicht auf den Ort des Vertragsabschlusses abzustellen.[149]

VI. Berechtigte Gründe für Nichtbenutzung

1. Allgemeines

44   § 26 Abs. 1 entspricht – wie schon § 11 Abs. 1 Nr. 4 WZG vor Inkrafttreten des MarkenG – der völkerrechtlichen Verpflichtung gemäß Art. 5 Abschn. C Abs. 1 PVÜ, wonach eine Marke erst nach Ablauf einer angemessenen Frist und nur dann für ungültig erklärt werden darf, wenn der Zeicheninhaber seine Untätigkeit nicht rechtfertigt,[150] und setzt zugleich Art. 10 Abs. 1 Markenrichtlinie um. Der Begriff „berechtigte Gründe für die Nichtnut-

---

142 BPatG, GRUR 1998, 148, 151 – SAINT MORIS/St. Moritz; BPatG, GRUR 1980, 922, 923 – Exportmarken; OLG Frankfurt, GRUR 1978, 362 – LIDAPRIM; *Droste*, GRUR 1974, 524; a. A. *Sack*, FS Piper, 1996, 620 ff.
143 BGH, WRP 2000, 1157 = GRUR 2000, 1035, 1037 – PLAYBOY.
144 So *Droste*, GRUR 1974, 523; a. A. *Sack*, FS Piper, 1996, 622.
145 BGH, WRP 2000, 1157 = GRUR 2000, 1035, 1037 f. – PLAYBOY; Schweiz. BG, GRUR Int. 1975, 96 – Microcor.
146 OLG Frankfurt, GRUR 1978, 362, 363 – Lidaprim.
147 OLG Stuttgart, GRUR Int. 1989, 783, 784 – MSU.
148 BGH, WRP 1968, 443 = GRUR 1969, 48 f. – Alcacyl; OLG Frankfurt, GRUR 1978, 362 f. – Lidaprim.
149 BPatG, GRUR 2001, 58, 59 f. – COBRA CROSS.
150 BGH, WRP 1997, 1089 = GRUR 1997, 747, 749 – Cirkulin.

zung" ist ein europäischer Begriff. Eine Auslegungshilfe stellt dabei Art. 19 Abs. 1 des TRIPS-Übereinkommens dar, wonach als triftige Gründe für die Nichtbenutzung Umstände anzusehen sind, die unabhängig vom Willen des Inhabers der Marke eintreten und die ein Hindernis für deren Benutzung bilden.[151] Unter dem WZG bestand die Tendenz, bei einer gerechtfertigten Nichtbenutzung letztlich eine Benutzung zu fingieren. Dies beruhte darauf, dass berechtigte Gründe für die Nichtbenutzung nur einem Löschungsanspruch, nicht aber der Einrede der Nichtbenutzung entgegengehalten werden konnten. § 11 Abs. 1 Nr. 4 WZG fand keine Entsprechung in den Vorschriften, die das Widerspruchsverfahren und den Verletzungsprozess betreffen. Nur die Fiktion einer Benutzung führte daher dazu, dass aus derartigen Marken gegen Verletzungshandlungen vorgegangen werden konnte. Nach den Grundsätzen der Entscheidung „Orbicin"[152] lag allein in der Benutzung der Marke im arzneimittelrechtlichen Zulassungsantrag und -verfahren eine rechtserhaltende Benutzung. Die Nichtbenutzung war aber nur gerechtfertigt, wenn die Marke wegen der Dauer des Zulassungsverfahrens, auf die der Antragsteller keinen Einfluss hat, deren Benutzung für ein – erst nach Zulassung verkehrsfähiges – Arzneimittel nicht erlaubte. Nachdem § 26 die Berücksichtigung berechtigter Gründe nicht nur im Löschungs-, sondern auch im Widerspruchs- und Verletzungsverfahren erlaubt, besteht zur Aufrechterhaltung dieser Rechtsprechung kein Anlass mehr.[153]

2. Berechtigte Gründe

Nur Hindernisse, die einen ausreichend unmittelbaren Zusammenhang mit der Marke aufweisen, ihre Benutzung unmöglich oder unzumutbar machen und vom Willen des Markeninhabers unabhängig sind, stellen „berechtigte Gründe für die Nichtbenutzung" dar.[154] Ob berechtigte Gründe für eine Nichtbenutzung vorliegen, ist *aufgrund einer Interessenabwägung* unter Berücksichtigung der gesetzlichen Wertungen, wonach eine Benutzung innerhalb der Benutzungsschonfrist grundsätzlich erforderlich ist, zu ermitteln. Die Nichtbenutzung rechtfertigen nur solche Gründe, *die der Markeninhaber nicht beeinflussen kann*.[155] Als berechtigte Gründe für eine Nichtbenutzung sind *behördliche Zulassungsverfahren* anzuerkennen (s. Rn. 44), wenn die Verkehrsfähigkeit gekennzeichneter Waren eine Zulassung voraussetzt und die Dauer des Zulassungsverfahrens auf Umständen beruht, die außerhalb der Einflusssphäre des Markeninhabers liegen. Der geradezu klassische Fall der fehlenden Zumutbarkeit sind Tatbestände *höherer Gewalt* wie etwa Naturkatastrophen, Krieg oder Kriegsfolgen.[156] Auch vorübergehende Werbeverbote können eine Nichtbenutzung rechtfertigen.[157] Bei *Import- und Exportverboten* kommt es auf den Einzelfall an. Insoweit ist zu berücksichtigen, dass die bloße Unwirtschaftlichkeit von Benutzungshandlun-

45

151 EuGH, GRUR-Int. 2007, 836 – Le CHEF DE CUISINE.
152 BGH, GRUR 1978, 294, 295 f.
153 BGH, GRUR 2000, 89 ff. – IMMUNINE/IMUKIN; WRP 1998, 497 = GRUR 1998, 570, 572 – SAPEN [obiter dictum]; BPatG, GRUR 1999, 1002, 1004 ff. – SAPEN; OLG München, Mitt. 1996, 217, 219 – Sankt Michael; offen: Begründung des Gesetzentwurfs, BlPMZ Sonderheft 1994, 78.
154 EuGH, GRUR-Int. 2007, 836, 838 ff. – Le CHEF DE CUISINE.
155 BGH, WRP 1997, 1089 = GRUR 1997, 747, 749 – Cirkulin; WRP 1994, 621 = GRUR 1994, 512, 513 – Simmenthal.
156 BGH, WRP 1997, 1089 = GRUR 1997, 747, 749 – Cirkulin.
157 BGH, GRUR 2007, 321 Tz. 32 – COHIBA.

gen allein keinen Rechtfertigungsgrund darstellt.[158] Ein Export- oder Importverbot kann im Rahmen der Interessenabwägung aber etwa dann ein Rechtfertigungsgrund sein, wenn dem Markeninhaber vorübergehend durch eine rechtswidrige Maßnahme der Vertrieb seiner Produkte untersagt wird.[159] „Bürokratische Hindernisse" bei Eröffnung eines Supermarktes durch Lidl können eine Nichtbenutzung rechtfertigen, da es dem Markeninhaber nicht zumutbar ist, seine Ware in den Geschäften seiner Konkurrenten zu vertreiben.[160] *Persönliche Hindernisse* wie etwa Kapitalmangel sind der Risikosphäre des Markeninhabers zuzurechnen.[161] Dies wird im Regelfall selbst für eine lang andauernde Krankheit gelten.[162] *Lang andauernde Lizenzverhandlungen* sind ebenso Umstände, die vom Markeninhaber beeinflusst werden können.[163] Auch gehört eine *anhängige Verletzungsklage* in die Risikosphäre des Markeninhabers.[164] Nicht einsichtig ist zudem, warum die gesetzliche Folge, dass der Bestand einer deutschen Basismarke für fünf Jahre Voraussetzung für eine internationale Registrierung ist, die *Nichtbenutzung der deutschen Basismarke* während dieses Zeitraums rechtfertigen soll.[165] Dem Markeninhaber steht es frei, rechtlich selbstständige nationale Marken zu beantragen. Allein das Benutzungsinteresse für Drittländer rechtfertigt daher nicht die Nichtbenutzung in Deutschland. Löschungsreife kann auch nicht dadurch eintreten, dass das Produkt etwa *nach Erteilung der Zulassung* nicht sofort in den Handel gebracht wird, um die Markteinführung des Präparates ordnungsgemäß vorzubereiten.[166] Die *klinische Erprobung* kann dem Betreiben eines Zulassungsverfahrens gleichstehen.[167] Wettbewerbliche Besitzstände oder gar Verkehrsgeltung befreien ebenfalls nicht vom Benutzungszwang.[168] Das behördliche Verfahren muss aber ernsthaft betrieben werden. Dies erfordert erkennbare Anstrengungen des Antragstellers, die auf das Vorantreiben des Verfahrens gerichtet sind.[169] Der Zeitraum der gerechtfertigten Nichtbenutzung führt nicht zu einer Hemmung. Vielmehr ist eine wertende Gesamtbetrachtung des Verhaltens des Markeninhabers vorzunehmen.[170]

46 § 26 Abs. 5 ergänzt § 26 Abs. 1, in dem fingiert wird, dass die Nichtbenutzung berechtigt ist, solange Widerspruchsverfahren anhängig sind. So bestimmt § 26 Abs. 5, dass in diesen Fällen an die Stelle des Zeitpunktes der Eintragung der Zeitpunkt des Abschlusses des Widerspruchsverfahrens tritt. Eine entsprechende Regelung fehlt in der Markenrechtsrichtlinie. Nach Art. 10 Abs. 1 der Markenrechtsrichtlinie beginnt die Benutzungsschonfrist allerdings erst „nach dem Tag des Abschlusses des Eintragungsverfahrens". Der EuGH hat

---

158 BGH, WRP 1994, 621 = GRUR 1994, 512, 514 – Simmenthal; BPatGE 37, 233 – SACHSEN-GOLD.
159 BGH, WRP 1994, 621 = GRUR 1994, 512, 514 – Simmenthal.
160 EuGH, GRUR-Int. 2007, 836, 839 f. Le CHEF DE CUISINE.
161 BGH, GRUR 1986, 542, 545 – King II.
162 *Fezer*, § 26 Rn. 114.
163 BGH, WRP 1997, 1089 = GRUR 1997, 747, 749 – Cirkulin; GRUR 1986, 542, 545 – King II; WRP 1974, 142 = GRUR 1974, 276, 277 – King I.
164 OLG Hamburg, GRUR 1988, 914 – Lip-Kiss; a. A. *Ingerl/Rohnke*, § 26 Rn. 257 unter Hinweis auf Wertungswiderspruch zu § 26 Abs. 5, dazu Rn. 47.
165 So aber *Sack*, FS Piper, 1996, 617 f.
166 BPatGE 24, 241, 245 – Fluicil: ein Jahr.
167 BGH, GRUR 1980, 1075 – Frisium.
168 BGH, WRP 1997, 1089 = GRUR 1997, 747, 749 – Cirkulin; GRUR 1986, 542, 545 – King II.
169 LG Hamburg, PharmR 2011, 172 ff.; *Pfortner*, PharmR 2011, 149 ff.
170 BPatG, GRUR 1999, 1002, 1005 – Sapen II; BGH GRUR 2007, 321 Tz. 37 – COHAIBA.

zwar entschieden, dass jeder Mitgliedstaat bei der Ausgestaltung des Eintragungsverfahrens – insbesondere bei der Entscheidung für ein vorgeschaltetes oder nachgeschaltetes Widerspruchsverfahren – frei ist und es daher seine Sache sei, u. a. darüber zu entscheiden, wann es als beendet anzusehen ist.[171] Bei der Fiktion des § 26 Abs. 5 geht es aber letztlich nicht um die Bestimmung des Tages des Abschlusses des Eintragungsverfahrens.[172] Bei richtlinienkonformer Auslegung wäre wohl eine Berufung auf § 26 Abs. 5 rechtsmissbräuchlich, etwa wenn durch ein unangemessen weites Warenverzeichnis Widersprüche provoziert und die Widerspruchsverfahren unangemessen verzögert werden. Bei einem auf bestimmte Waren/Dienstleistungen eingeschränkten Widerspruch sollte daher auch nur eine partielle Verschiebung der Benutzungsschonfrist angenommen werden.[173] Nach §§ 115 Abs. 2, 107 tritt an Stelle des Zeitpunkts des Abschlusses des Widerspruchsverfahrens der Tag des Zugangs der endgültigen, das Verfahren abschließenden Mitteilung des DPMA über die Schutzbewilligung gemäß Regel 17 Abs. 6 GAusfO.

VII. Benutzung durch Dritte

1. Allgemeines

§ 26 Abs. 1 verlangt zunächst eine Benutzung durch den Markeninhaber. Nach § 100 **47** Abs. 2 gelten für die Kollektivmarken Sonderregeln. § 26 Abs. 2 lässt aber auch die Benutzung der Marke durch einen Dritten mit Zustimmung des Markeninhabers genügen. Die Benutzungshandlungen des Dritten, insbesondere eines *Lizenznehmers*, werden dem Markeninhaber dann als eigene Benutzungshandlungen zugerechnet.

Notwendig ist eine vorherige Zustimmung (Einwilligung) nach § 183 BGB. Die Zustim- **48** mung kann ausdrücklich oder konkludent erfolgen. Ein bloßes Dulden reicht nicht aus.[174] Eine nachträgliche Zustimmung ist nicht möglich. Dem Markeninhaber kann eine Drittbenutzung erst von dem Zeitpunkt an zugerechnet werden, zu dem er seine Einwilligung erklärt hat.[175]

In Fällen enger wirtschaftlicher Verbindungen zwischen Markeninhaber und Benutzer, **49** etwa im Verhältnis zwischen Mutter- und Tochtergesellschaft, kann schon der Anscheinsbeweis dafür sprechen, dass der Dritte die Marke mit Zustimmung des Markeninhabers benutzt.[176] Die Zurechnungskette kann auch mehrstufig sein, soweit dies dem Willen des Markeninhabers entspricht.[177]

---

171 EuGH, GRUR-Int. 2007, 836, 838 – Le CHEF DE CUISINE.
172 A. A. BPatG, GRUR 2008, 74, 75 f. – Focus Home Collection/FOCUS; *Ingerl/Rohnke*, § 26 Rn. 265.
173 Im Ergebnis auch *Kunzmann*, MarkenR 2008, 314; a. A. OLG München, GRUR-RR 2002, 351, 352 – MICRO FOCUS; *Ingerl/Rohnke*, § 26 Rn. 266.
174 BPatGE 25, 50, 52 – Bommi.
175 BGH, GRUR 1985, 385 – FLUOSOL.
176 BPatGE 36, 1, 6; BPatGE 30, 101, 104.
177 Vgl. *Bökel*, BB 1971, 1033, 1034.

2. Rechtswirksamkeit der Zustimmung

50   Der tatsächlich erklärte Wille des Markeninhabers reicht nicht aus. Die Zustimmung muss *rechtswirksam* erteilt sein.[178] Eine Zurechnung der Drittbenutzung aufgrund einer rechtlich unzulässigen Gebrauchsüberlassung widerspricht dem Normzweck des § 26 Abs. 2 MarkenG. Die Drittbenutzung kann keine rechtserhaltende Wirkung für den Markeninhaber entfalten, wenn das Gesetz einer solchen Gebrauchsüberlassung die rechtliche Anerkennung versagt. Wird etwa die Zustimmung allein deshalb erteilt, um einem Dritten die Möglichkeit einzuräumen, einen Wettbewerber, für den er bisher als Hersteller tätig war, am weiteren Gebrauch einer eingeführten Bezeichnung zu hindern,[179] so ist schon die Zustimmung als solche rechtsunwirksam erteilt.

51   Allerdings schlägt nicht jede nichtige Klausel eines nichtigen Lizenzvertrages nach § 139 BGB auf die Zustimmung durch, etwa in dem Fall, dass die Unwirksamkeit der Zustimmung allein auf vertraglichen Mängeln beruht. Einen Ausschluss der Zurechnung hält dagegen *Fezer*[180] mit anderer Begründung für den Fall gerechtfertigt, dass die Art und Weise der Gebrauchsüberlassung gegen ein gesetzliches Gebot verstößt oder sittenwidrig ist und damit die Interessen der Allgemeinheit berührt.

52   Der Ermächtigte muss in Ausübung der ihm erteilten Benutzung handeln. Dazu ist der nach außen erkennbare Fremdbenutzerwille erforderlich. Nur dann ist der Dritte bereit, die Marke mit Wirkung für den Markeninhaber zu benutzen.[181] Ein derartiger Fremdbenutzerwille scheidet aus, wenn der Dritte die Rechte des Markeninhabers negiert oder sich kraft eigenen Rechts befugt glaubt, ein Kennzeichen benutzen zu dürfen.[182] Für den Verkehr muss dagegen nicht erkennbar sein, ob das benutzende Unternehmen eine eigene oder fremde Marke benutzt. Marken können etwa auch von Lizenznehmern des Markeninhabers benutzt werden, ohne dass dies nach außen erkennbar wird.[183]

VIII. Benutzung für bestimmte Waren oder Dienstleistungen

1. Problemstellung

53   Die Marke muss nach § 26 Abs. 1 für die eingetragenen Waren oder Dienstleistungen benutzt werden. Erforderlich ist damit eine grundsätzliche Übereinstimmung von benutzten und eingetragenen Waren oder Dienstleistungen. §§ 55 Abs. 2 S. 3, 43 Abs. 1 S. 3, 55 Abs. 3 S. 4 greifen diese Voraussetzung für den Verletzungsprozess sowie das Widerspruchs- und Löschungsverfahren auf. Danach werden nur die eingetragenen Waren oder Dienstleistungen, für die eine Benutzung nachgewiesen bzw. glaubhaft gemacht worden ist, als rechtserhaltend benutzt angesehen. Welcher Bezug zwischen den benutzten Waren und Dienstleistungen und den eingetragenen Waren und Dienstleistungen bestehen muss,

---

178 BGH, GRUR 1985, 385 f. – FLUOSOL; KG, BB 1997, 1966; OLG Karlsruhe, GRUR 1981, 198, 200 – Famila; BPatGE 23, 192, 196 – ISKA.
179 Vgl. KG, BB 1997, 1966 f.
180 § 26 Rn. 163.
181 *Fezer*, § 26 Rn. 165; *Schricker*, GRUR Int. 1969, 14, 24.
182 A. A. für die Dauer eines Lizenzvertrages *Ingerl/Rohnke*, § 26 Rn. 117.
183 BGH, GRUR 1991, 460, 461 – Silenta; BGH, GRUR 1986, 538, 539 – Ola.

besagt die gesetzliche Regelung dagegen nicht. Insbesondere fehlt eine entsprechende Regelung zu § 26 Abs. 3 betreffend die Form der Benutzung, die noch als rechtserhaltende Benutzung der eingetragenen Marke angesehen werden kann. Auch die Formulierungen in der umgesetzten Markenrechtsrichtlinie in Art. 10 Abs. 1, 11 Abs. 4 geben keine weitere Auslegungshilfe.

2. Rechtsprechung zum WZG

a) Grundsätze

Unter dem WZG wurde nicht nur die Benutzung der konkret eingetragenen Waren oder Dienstleistungen als rechtserhaltend anerkannt, sondern auch die Benutzung solcher Waren oder Dienstleistungen, die nach der Auffassung des Verkehrs gemeinhin als „gleiche" Waren oder Dienstleistungen angesehen werden. Dieses Ergebnis stützte sich auf eine gebotene wirtschaftliche Betrachtungsweise und auf das berechtigte Interesse des Zeicheninhabers, in seiner geschäftlichen Betätigungsfreiheit nicht ungebührlich eingeengt zu werden. „Gleiche" Waren oder Dienstleistungen setzen voraus, dass ihre Eigenschaften und Zweckbestimmungen in weitem Umfang übereinstimmen.[184] Die sog. „erweiterte Minimallösung" liegt zwischen der Minimallösung, wonach die benutzte Ware oder Dienstleistung exakt der eingetragenen Ware oder Dienstleistung entsprechen muss, und der Maximallösung, wonach die Benutzung einer einem zulässigen Oberbegriff unterfallende Ware oder Dienstleistung genügt.[185] Diese Grundsätze sind insbesondere für die Fragen relevant, ob ein eingetragener Oberbegriff insgesamt oder nur eine diesem Oberbegriff unterfallende Ware oder Dienstleistung benutzt wurde mit der Konsequenz einer Einschränkung oder teilweisen Löschungsreife, richtiger Auffassung nach aber auch für die Frage, ob eine benutzte – möglicherweise ebenfalls so eingetragene – Ware mit einer ebenfalls eingetragenen weiteren Ware als „gleich" angesehen werden kann.[186] Die Zivilgerichte stellen damit im Interesse der wirtschaftlichen Betätigungsfreiheit des Markeninhabers geringere Anforderungen zur rechtserhaltenden Benutzung eines Oberbegriffs. Der BGH lehnte eine enge Beschränkung des Warenzeichenschutzes auf die benutzte Spezialware ab. Im Falle einer teilweisen Löschungsreife kommt es im Löschungsprozess auf den Einzelfall an, ob die Verurteilung zur Einwilligung in die Löschung bestimmter Waren oder Dienstleistungen aus dem zu weiten Oberbegriff in der Weise durchzuführen ist, dass der Oberbegriff zwar beibehalten, jedoch durch den negativen Hinweis „ausgenommen …" ergänzt oder durch den positiven Hinweis „nämlich …" eingeschränkt wird, oder schließlich, ob der Oberbegriff durch einen engeren Unterbegriff bzw. durch die Aufzählung der allein noch zulässigen Waren zu ersetzen ist.[187]

54

---

184 BGH, GRUR 1990, 39, 40 – Taurus; WRP 1978, 813 = GRUR 1978, 647, 648 – Tigress; GRUR 1974, 84, 88 – Trumpf.

185 Vgl. BPatG, GRUR 1980, 54 – MAST REDIPAC.

186 Vgl. BGH, WRP 1994, 621 = GRUR 1994, 512, 515 – Simmenthal, wobei der BGH solche Waren als gleich ansah, bei denen die Eigenschaften und Zweckbestimmungen in weitem Umfang übereinstimmen.

187 BGH, GRUR 1974, 84, 88 – Trumpf.

b) Rechtsprechung – Einzelfälle

aa) Gleiche Waren oder Dienstleistungen

55   BGH, WRP 1994, 621 = GRUR 1994, 512, 515 – Simmenthal: Rindfleisch in Gelee und Fleischkonserven.

BGH, GRUR 1990, 39 – Taurus: benutzte Kassetten-Abspielgeräte und Tonbandgeräte, nicht aber Plattenspieler, Radiogeräte und Zubehörartikel wie Kopfhörer, Mikrofone und Lautsprecherboxen.

BGH, WRP 1975, 228 = GRUR 1975, 258 f. – Importvermerk: Beachtung des eingetragenen Ex- oder Importvermerks ist unbeachtlich.

bb) Keine gleichen Waren oder Dienstleistungen

56   BGH, WRP 1994, 621 = GRUR 1994, 512, 515 – Simmenthal: Rindfleisch in Gelee und „Fleisch" bzw. „Fleischextrakt".

BPatGE 1980, 54 f. – MAST REDIPAC: Benutzung für Salbe und Suppositorien zur Behandlung von Hämorrhoiden; bei eingetragenem Oberbegriff „pharmazeutische Präparate" keine Benutzung des Oberbegriffs, Einschränkung auf Hauptgruppe der Roten Liste, nämlich „Hämorrhoidenmittel".[188]

BPatGE 31, 245 – DIGNORAPID: Desinfektionsmittel und Arzneimittel.

Offsetdruckfolien einerseits und Papier- und Pappwaren andererseits.[189]

BPatGE 22, 204 – Polychrome: Schuhe und Bekleidungsstücke.

cc) Anforderungen bei Oberbegriffen

57   BGH, WRP 1969, 489 = GRUR 1969, 604, 606 – Slip: Benutzung für Lacke und Lackfarben bei eingetragenem Oberbegriff „chemisch-technische Produkte", keine Benutzung des Oberbegriffs.

BGH, GRUR 1974, 84, 88 – Trumpf: Benutzung für Kinder- und Damenstrumpfhosen bei eingetragenem Oberbegriff „Wollwaren, nämlich Bekleidungsstücke", keine Benutzung des Oberbegriffs, Einschränkung möglich auf „Strumpfwaren, Wollwaren, nämlich gestrickte Hosen einschließlich Strumpfhosen".

Benutzung für Kompressions- und Gelenkbinden bei eingetragenem Oberbegriff „Verbandstoffe" keine Benutzung des Oberbegriffs, da „elastische Binden" nach der maßgeblichen Warenklasseneinteilung zum Zeitpunkt der Eintragung dem Oberbegriff „Binden und Bandagen zu gesundheitlichen Zwecken (Bandagen)" unterfielen.[190]

BPatGE 23, 243, 246 – Cosy Ango: Benutzung für weich gestopfte Plüschspieltiere bei eingetragenem Oberbegriff „Spielwaren"; keine Benutzung des Oberbegriffs, Einschränkung auf „Plüschtiere".

---

188 Seitdem st. Rspr. vgl. BPatG, GRUR 1995, 488, 489 – APISOL/Aspisol.
189 BPatGE 24, 78.
190 BPatGE 24, 78, 81.

c) Meinungsstand unter dem MarkenG

Die bisherige Rechtsprechung hat bei der Beurteilung der Benutzung nur für einen Teil der eingetragenen Waren oder für eine Ware, die unter einen eingetragenen Oberbegriff fällt, zu insgesamt ausgewogenen Ergebnissen geführt. Deshalb besteht nach der Begründung des Gesetzentwurfs[191] keine Veranlassung, unter dem MarkenG strengere Grundsätze anzuwenden. Nach h.M. kann an den bisherigen Grundsätzen festgehalten werden.[192] Der BGH konnte die Frage zunächst offen lassen,[193] bestätigte sie jedoch später.[194] In seiner Entscheidung „Ichthyol II" hat sich der BGH der Auffassung einer „erweiterten Minimallösung" letztlich angeschlossen. Im Interesse der geschäftlichen Bewegungsfreiheit des Markeninhabers sind zusätzlich zu den tatsächlich benutzten diejenigen Waren und Dienstleistungen im Verzeichnis zu belassen, die nach der Verkehrsauffassung zum gleichen Waren-/Dienstleistungsbereich gehören.[195] Mit einer grundlegenden Änderung der Rechtsprechung ist jedoch nicht zu rechnen. Zumindest kann auf die bisherigen Grundsätze zur Orientierung zurückgegriffen werden. An die Benutzung im Verletzungs-, Löschungs- und Widerspruchsverfahren können dabei keine unterschiedlichen Anforderungen gestellt werden. **58**

Allerdings hat der BGH entschieden, dass die Benutzung für Nudelfertiggerichte keine rechtserhaltende Benutzung einer Marke darstellt, die für Käse eingetragen ist, selbst wenn die Nudelfertiggerichte als Zutat Käse enthalten.[196] Der *EuGH*[197] stellt dagegen *geringere Anforderungen*. Danach reichte schon aus, wenn die Marke für Einzelteile und Löschmittel für Feuerlöschgeräte benutzt wird, um eine für Feuerlöschgeräte eingetragene Marke rechtserhaltend zu benutzen. Diese Einzelteile und Löschmittel waren für bereits in Verkehr gebrachte Feuerlöscher bestimmt. Dies gelte auch, wenn der Inhaber der Marke die Marke für Waren oder Dienstleistungen benutzt, die nicht zur Zusammensetzung und Reparatur bereits vertriebener Waren gehören, aber in unmittelbarem Zusammenhang mit diesen Waren stehen und die Bedürfnisse der Abnehmer der Waren befriedigen sollen.[198] **59**

Nach der Rechtsprechung des BGH[199] hat allerdings eine räumliche Abgrenzung nach dem Absatzgebiet in dem Warenverzeichnis keine Auswirkung auf die rechtserhaltende Benutzung. Dagegen erfolgt bei der Eintragung einer Marke für Arzneimittel unter Beschränkung auf eine Rezeptpflicht ebenso wie bei einer im Warenverzeichnis enthaltenen Angabe zum Indikationsgebiet, zum Wirkstoff oder zur Darreichungsform eine entsprechende Beschränkung für die rechtserhaltende Benutzung.[200]

---

191 BlPMZ Sonderheft 1994, 77.
192 Vgl. *Ströbele/Hacker*, Rn. 195 ff., § 26 Rn. 75 f., mit Nachw. aus der neueren Rechtsprechung des BPatG; *Fezer*, § 26 Rn. 56.
193 Grundlegend WRP 1998, 1078 – JOHN LOBB.
194 BGH, WRP 2001, 1211 – ISCO, auch zum Meinungsstand zu den Maßstäben im Löschungs- und Kollisionsverfahren.
195 BGH, GRUR 2008, 1544 – LOTTOCARD m. w. N.
196 BGH, WRP 1995, 706 – MONTANA.
197 EuGH, MarkenR 2003, 223 – Minimax.
198 Zu Recht kritisch dazu *Starck*, MarkenR 2005, 169.
199 BGH, WRP 1975, 228 – Importvermerk.
200 BPatG 41, 267, 271 – Taxanil/Taxilan.

d) Rechtsprechung unter dem MarkenG – Einzelfälle

60 BGH, WRP 1995, 706 – MONTANA: Benutzung für Nudelfertiggerichte, keine Benutzung für Käse, selbst wenn die Nudelfertiggerichte als Zutat Käse enthalten.

BGH, WRP 1998, 1078 – JOHN LOBB: Benutzung hochpreisiger Herrenschuhe rechtfertigt keine Einschränkung des Oberbegriffs „Herrenschuhe".

BPatG, GRUR 1998, 727, 728 f. – VITACOMBEX: Oberbegriff „pharmazeutische Präparate für veterinärmedizinische Zwecke" durch Verwendung für „Vitaminpräparate für Tiere" rechtserhaltend benutzt.

BPatG, GRUR 1997, 652, 653 – IMMUNINE: Benutzung der Hauptgruppe der Roten Liste durch ein ihr unterfallendes Arzneimittel.

BPatG, MarkenR 2004, 361, 363 f. – CYNARETTEN/Circanetten: Das BPatG hält an seiner ständigen Rechtsprechung fest, dass bei Benutzung eines bestimmten Arzneimittels und eingetragenem Oberbegriff „Arzneimittel" eine Einschränkung auf die Hauptgruppe der Roten Liste erfolgt.

OLG Karlsruhe, WRP 2011, 357 – SUPERIllu: Zeitungen, Broschüren und Lichtbilderzeugnisse gehören zum gleichen Warenbereich wie Zeitschriften und Magazine; Entsprechendes gilt für die Veröffentlichung und Herausgabe dieser Erzeugnisse im Verhältnis zur Veröffentlichung und Herausgabe von Zeitschriften und Magazinen.

OLG Köln, GRUR 2002, 264, 268 – DONA/PROGONA: Die Benutzung eines Antirheumatikums stellt nicht nur eine Benutzung der Hauptgruppe der Roten Liste „Analgetika/Antirheumatika" dar, sondern des Oberbegriffs Arzneimittel. Die wirtschaftliche Betätigungsfreiheit des Markeninhabers erfordere es, Konkurrenzunternehmen an der Benutzung anderen Hauptgruppen unterfallenden Arzneimitteln hindern zu können.

BGH, WRP 2003, 647 = GRUR 2003, 428 – BIG BERTHA: Offengelassen, ob die Benutzung für Polo-Shirts eine rechtserhaltende Benutzung für den Oberbegriff Sport-Bekleidungsstücke darstellt.

IX. Wiederholungsmarken

1. Problematik

61 Eine Wiederholungsmarke liegt vor, wenn sich der Inhaber einer schon eingetragenen Marke diese vor Ablauf der Benutzungsschonfrist noch einmal in identischer oder nahezu identischer Form für die gleichen Waren mit neuer, jüngerer Priorität eintragen lässt.[201] Anmeldungen derartiger Wiederholungsmarken innerhalb noch laufender Benutzungsschonfristen können insbesondere bei kontinuierlicher Wiederholung auf eine *Umgehung des Benutzungszwangs* gerichtet sein. Die Sperrwirkung einer nicht benutzten Marke kann damit weit über den Fünfjahreszeitraum hinaus aufrechterhalten werden. Zwar kommt der jeweiligen Neuanmeldung ein späterer Zeitrang zu; vor Ablauf der Benutzungsschonfrist können aber Rechte aus der Altmarke geltend gemacht werden, um die Entstehung von Kennzeichen Dritter zu verhindern. Nach neuem Markenrecht gilt dies allerdings insoweit

---

201 BGH, GRUR 1975, 434 – Bouchet.

nur eingeschränkt, als die Einrede der Löschungsreife im Widerspruchsverfahren und im Verletzungsprozess auch dann zum Erfolg führt, wenn die Widerspruchs- oder Klagemarke zum Zeitpunkt der letzten mündlichen Verhandlung fünf Jahre lang nicht mehr benutzt wurde.

Eine Wiederholungsmarke liegt dagegen nicht vor, wenn sich die jüngere Marke in der Form[202] oder in dem Verzeichnis der Waren und Dienstleistungen[203] gegenüber der schon eingetragenen Marke unterscheidet. An einer Wiederholungsmarke fehlt es auch, wenn die Neuanmeldung nach Ablauf der Benutzungsschonfrist für die Altmarke erfolgt, da Dritte dann an der vorherigen Anmeldung eines Zwischenrechts nicht gehindert sind.[204]   **62**

2. Eintragungsverfahren

Wiederholungsanmeldungen bleiben in ständiger Praxis des DPMA unbeanstandet.[205] Ein Rechtsschutzinteresse, dessen Berücksichtigung bei der abschließenden Regelung in §§ 3, 9 ohnehin fraglich erscheint, kann dem Anmelder schon deshalb nicht abgesprochen werden, weil gerade der Verlust des Altzeichens droht und die Wiederholungsmarke einen nach § 27 selbstständig übertragbaren Vermögenswert darstellt.[206] Dies gilt umso mehr, als dem Gesetzgeber bei Umsetzung der Markenrechtsrichtlinie die ständige Praxis des DPMA unter dem WZG bekannt war, ohne dass er dies als Anlass für eine Gesetzesänderung genommen hat. Diese Praxis hat der Gesetzgeber daher in seinen Willen aufgenommen.   **63**

3. Geltendmachung im Kollisionsverfahren

Nach allgemeinen Grundsätzen kann der Geltendmachung einer Wiederholungsmarke im Widerspruchsverfahren oder Verletzungsprozess der Einwand des Rechtsmissbrauchs entgegenstehen. Dieser Gesichtspunkt ist auch im Rahmen eines Löschungsverfahrens beachtlich. Ein Rechtsmissbrauch folgt allerdings nicht schon aus dem Überschreiten der Benutzungsschonfrist zu der Altmarke; vielmehr müssen zusätzliche Hinweise auf eine unzulässige Rechtsausübung wie etwa fehlender Benutzungswillen zum Zeitpunkt der Wiederholungsanmeldung bestehen.[207] Eine Wiederholungsmarke wird allerdings oftmals ein Anzeichen dafür sein, dass es an einem Benutzungswillen fehlt.[208] In diesen Fällen obliegt es dem Inhaber der Wiederholungsmarke, Tatsachen vorzutragen und nachzuweisen, die den Rückschluss zulassen, dass er im Zeitpunkt der Anmeldung der Wiederholungsmarke gewillt war, nicht nur formell in die Zeichenrolle zu gelangen, sondern auch durch Benutzung an den Goodwill der alten Kennzeichnung anzuknüpfen.[209]   **64**

---

202 BGH, GRUR 1975, 434, 436: „Jules Bouchet" statt „Bouchet".
203 Vgl. BGH, WRP 1995, 96 = GRUR 1995, 117, 121 – NEUTREX.
204 *Fischötter/Rheineck*, GRUR 1980, 379, 386.
205 MA 1975, 262 ff. – SHAHI.
206 OLG Frankfurt, GRUR 1992, 445, 446 – Wiederholungszeichen.
207 OLG Frankfurt, GRUR 1992, 445, 446 f. – Wiederholungszeichen; OLG München, WRP 1985, 515, 516 – Ka; vgl. a. A. *Fezer*, § 25 Rn. 21, wenngleich im Zusammenhang mit der Schutzversagung.
208 *Fezer*, § 25 Rn. 21; BGH, GRUR 1971, 309, 311 – Zamek II.
209 OLG Frankfurt, GRUR 1992, 445, 446 ff. – Wiederholungszeichen.

X. Schonfristbeginn bei Widerspruch

65 Nach §§ 26, 49 Abs. 1 gilt für die anfängliche Benutzungsschonfrist eine Frist von fünf Jahren, gerechnet vom Zeitpunkt der Eintragung. Eine Ausnahme hiervon enthält § 26 Abs. 5 für die Fälle, in denen gegen die Eintragung einer Marke Widerspruch erhoben wird. Eine Anknüpfung des Beginns der Benutzungsschonfrist an den Tag der Eintragung wird für diesen Fall für *nicht zumutbar* gehalten. § 26 Abs. 5 sieht daher vor, dass in diesen Fällen die anfängliche Benutzungsschonfrist erst ab dem Tag des *Abschlusses des Widerspruchsverfahrens* zu laufen beginnt. Dem entsprach im früheren Recht § 5 Abs. 7 S. 4 WZG für die Fälle der nach § 6a WZG beschleunigt eingetragenen Marken. Nach bisheriger Auffassung in Rechtsprechung und Literatur beginnt die Benutzungsschonfrist, wenn mehrere Widersprüche erhoben werden, *erst mit dem Abschluss des letzten noch anhängigen Widerspruchsverfahrens*. Begründet wird dies damit, dass § 26 Abs. 5 seinem Wortlaut nach eine nur partielle Verschiebung nicht zulässt.[210] Nur wenn der Markeninhaber von der Möglichkeit einer Teilung der Marke gemäß § 46 Abs. 2 Gebrauch macht, soll es sich bei der daraus resultierenden Teileintragung, die nicht mit einem Widerspruch angegriffene Waren oder Dienstleistungen umfasst, um eine neue Eintragung handeln, für die § 26 Abs. 5 nicht gilt. Die Verschiebung der Benutzungsschonfrist soll darüber hinaus unabhängig von den Erfolgsaussichten des Widerspruchs gelten. Eine Ausnahme greife nur in dem Fall, in dem der Markeninhaber den Widerspruch über einen Strohmann oder z. B. ein verbundenes Unternehmen selbst veranlasste, um die Schonfrist auszudehnen.[211]

66 Eine § 26 Abs. 5 korrespondierende Vorschrift findet sich in der Markenrechtsrichtlinie allerdings nicht. Vielmehr findet sich dort nur die Grundregel des Art. 12 Abs. 1 Markenrechtsrichtlinie (entspricht § 26 Abs. 1, letzter Hs., wonach die Benutzungsschonfrist nicht zu laufen beginnt, wenn berechtigte Gründe für die Nichtbenutzung vorliegen). Der Gesetzgeber fingiert damit mit § 26 Abs. 5, dass die Anhängigkeit von Widerspruchsverfahren zur Unzumutbarkeit der Benutzung führt, und zwar für alle eingetragenen Waren und Dienstleistungen. In dieser Pauschalität steht dies aber in Widerspruch zu anderen Wertungen, etwa dazu, dass eine Verletzungsklage in die Risikosphäre des Markeninhabers fällt und daher eine Nichtbenutzung nicht rechtfertigt (s. Rn. 43 m. w. N.). Allerdings ist die Vorschrift richtlinienkonform, da die Markenrechtsrichtlinie dem nationalen Verfahrensrecht die Bestimmung des Zeitpunktes überlässt, in dem das Eintragungsverfahren als beendet anzusehen ist.[212]

67 Für den Regelfall mag zutreffen, dass die Anhängigkeit von Widerspruchsverfahren zur Unzumutbarkeit der Benutzungsaufnahme im Hinblick auf alle eingetragenen Waren und Dienstleistungen führt. Allerdings muss eine Missbrauchskontrolle greifen, wenn der Anmelder *keinen Benutzungswillen* hat oder wenn die Fassung des Waren- und Dienstleistungsverzeichnisses so weit gefasst ist, dass eindeutig in ältere Kennzeichenrechte eingegriffen wird und damit *Widersprüche provoziert werden*, insbesondere wenn anschließend die *Verzögerung von Widerspruchsverfahren* hinzukommt bzw. *Beschwerde ohne ernsthaf-*

---

210 OLG München, GRUR-RR 2002, 350, 353 – MICRO FOCUS; *Ingerl/Rohnke*, § 26 Rn. 178; *v. Mühlendahl*, FS Vieregge, 1995, 641, 647.

211 *Ingerl/Rohnke*, § 26 Rn. 177.

212 EuGH, GRUR 2007, 939 – Armin Häupel/Lidl; BPatG, GRUR 2008, 74 – Focus Home Collection/FOCUS.

te Erfolgsaussichten eingelegt wird. Abzustellen ist dabei auf alle Umstände des Einzelfalles. Zu berücksichtigen ist dabei auch, ob für eine weite Fassung des Waren- und Dienstleistungsverzeichnisses ein schutzwürdiges Interesse des Markeninhabers erkennbar ist.

XI. Gemeinschaftsmarkenrecht

Der Grundtatbestand der Benutzung des § 26 entspricht inhaltlich dem des Art. 16 GMV.[213] **68** Eine rechtserhaltende Benutzung erfordert, dass die Marke tatsächlich, stetig und mit stabilem Erscheinungsbild auf dem Markt präsent ist.[214] Eine ernsthafte Benutzung kann auch bei Benutzung in nur einem Mitgliedstaat vorliegen.[215] Anders als das MarkenG (§ 26 Abs. 3 S. 2) fingiert das Gemeinschaftsrecht nicht, dass die Aufnahme der Benutzung für den Markeninhaber bei anhängigen Widerspruchsverfahren unzumutbar ist. Es fehlt allerdings eine dem § 26 Abs. 3 S. 2 korrespondierende Vorschrift.

---

213 Vgl. *v. Mühlendahl/Ohlgart*, § 8 Rn. 1 ff.
214 EuGH, GRUR 2008, 343–346, Tz. 74 – Il Ponte Finanziara Spa/HABM.
215 BPatG, WRP 2011, 1315, 1316 f. – TOLTEC/TOMTEK; OLG Düsseldorf, GRUR-RR 2011, 172, 173 – ZAPPA; OLG Hamburg, GRUR-RR 2005, 312, 314 – NEWS.

Abschnitt 5
Marken als Gegenstand des Vermögens

§ 27
Rechtsübergang

(1) Das durch die Eintragung, die Benutzung oder die notorische Bekanntheit einer Marke begründete Recht kann für alle oder für einen Teil der Waren oder Dienstleistungen, für die die Marke Schutz genießt, auf andere übertragen werden oder übergehen.

(2) Gehört die Marke zu einem Geschäftsbetrieb oder zu einem Teil eines Geschäftsbetriebs, so wird das durch die Eintragung, die Benutzung oder die notorische Bekanntheit der Marke begründete Recht im Zweifel von der Übertragung oder dem Übergang des Geschäftsbetriebs oder des Teils des Geschäftsbetriebs, zu dem die Marke gehört, erfasst.

(3) Der Übergang des durch die Eintragung einer Marke begründeten Rechts wird auf Antrag eines Beteiligten in das Register eingetragen, wenn er dem Patentamt nachgewiesen wird.

(4) Betrifft der Rechtsübergang nur einen Teil der Waren oder Dienstleistungen, für die die Marke eingetragen ist, so sind die Vorschriften über die Teilung der Eintragung mit Ausnahme von § 46 Abs. 2 und 3 Satz 1 und 2 entsprechend anzuwenden.

Übersicht

Literatur: *Ahrens*, Die Notwendigkeit eines Geschäftsbetriebserfordernisses für Geschäftsbezeichnungen nach dem neuen MarkenG, GRUR 1995, 329; *Ernst*, Verträge rund um die Domain, MMR 2002, 714; *Klaka*, Die Markenteilung, GRUR 1995, 713; *Klawitter/Hombrecher*, Gewerbliche Schutzrechte als Kreditsicherheiten, WM 2004, 1218; *Kleespies*, Die Domain als selbstständiger Vermögensgegenstand in der Einzelzwangsvollstreckung, GRUR 2002, 764; *Koos*, Die Domain als Vermögensgegenstand zwischen Sache und Immaterialgut, MMR 2004, 359; *Pahlow*, Firma und Firmenmarke im Rechtsverkehr, GRUR 2005, 705; *Rohnke*, Warenzeichen als Kreditsicherheit, NJW 1993, 561; *U. Stimmel*, Lizenzverträge unter der Rom-I-Verordnung, GRUR Int. 2010, 783; *Straub*, Die Domainpfändung, Hamburg 2010.

I. Allgemeines

§ 27 regelt die Frage der *Übertragung* des Rechts an Marken i.S.d. §§ 1 Nr. 1, 4, also von **1** angemeldeten und eingetragenen Marken sowie Benutzungsmarken (Ausstattungen). Hingegen betrifft die Vorschrift nicht die Übertragung geschäftlicher Bezeichnungen; sie gilt also insbesondere nicht für die Firma. Deren Übertragung richtet sich nach § 23 HGB. Die Eintragung des Rechtsübergangs erfolgt nach § 27 Abs. 3 auf Antrag. Die Antragsform wird ergänzend geregelt durch § 28 DPMAV über die Form der entsprechenden Anträge und die erforderlichen Angaben. Die Übertragung ist eine Rechtsübertragung nach §§ 413, 398 ff. BGB. Der Übertragungsakt vollzieht sich also entsprechend der Abtretung einer Forderung durch einfache Einigung. Der Übertragung kann als Kausalgeschäft ein Rechtskauf nach §§ 433, 453 BGB zugrunde liegen, aber auch die Einbringung in eine Gesellschaft. Ebenso wie ein gutgläubiger Forderungserwerb nicht möglich ist, ist auch ein gutgläubiger Markenrechtserwerb nicht möglich. § 932 BGB über den gutgläubigen Erwerb gilt in diesem Bereich nicht.

II. Übertragung

1. Form

Die Übertragung ist bei deutschen Marken nach deutschem Recht formlos möglich, erfolgt **2** aber im Hinblick auf den Umschreibungsnachweis regelmäßig schriftlich. Die Übertragung einer Gemeinschaftsmarke erfordert hingegen nach Art. 17 Abs. 3 GMV die Schriftform. Dieses Formerfordernis ist Art. 72 EPÜ nachgebildet. Danach sind beiderseitige Unterschriften auf einer Urkunde erforderlich, nicht nur die Bewilligung des Abgebenden, auch nicht Briefwechsel mit Unterschrift auf getrennten Urkunden.[1]

Die Eintragung des Rechtsübergangs nach § 27 Abs. 3 wirkt nicht rechtsbegründend **3** (konstitutiv), sondern nur deklaratorisch. Die Eintragung begründet auch keinen öffentlichen Glauben an die Richtigkeit des Registers und die Rechtsinhaberschaft des Eingetragenen. An die Eintragung, schon an den Eintragungsantrag, knüpft aber die Verfahrensstellung vor dem DPMA/BPatG und die Inhabervermutung nach § 28 an.

Für die Eintragung muss der Rechtsübergang dem DPMA nachgewiesen werden. Dazu genügt **4** eine einfache schriftliche Umschreibungsbewilligung des Abgebenden, § 28 Abs. 3 DPMAV.

2. Der Geschäftsbetrieb

Der zugehörige Geschäftsbetrieb muss nur bei Übertragung einer Firma nach § 23 HGB **5** mit übertragen werden, d.h. es müssen im zeitlichen und wirtschaftlichen Zusammenhang mit der Übertragung der Firma auch im Großen und Ganzen diejenigen Werte übertragen werden, die nach wirtschaftlichen Gesichtspunkten den Schluss rechtfertigen, dass die mit

---

1 BGH, GRUR 1992, 692 – Magazinbildwerfer (zu Art. 72 EPÜ).

dem Kennzeichen verbundene Geschäftstradition von dem Erwerber fortgesetzt wird.[2] Das gilt auch für geschäftliche Bezeichnungen.[3] Marken oder Ausstattung können hingegen schon seit dem 1.5.1992 aufgrund des § 47 ErstrG ohne Geschäftsbetrieb gültig übertragen werden (anders als früher nach § 8 WZG). Auf der anderen Seite erfasst aber der Übergang des Geschäftsbetriebs im Zweifel auch die zugehörige Marke – § 27 Abs. 2. Das gilt aber nur für die Übertragung des Geschäftsbetriebs, nicht für die bloße Verpachtung.[4]

6 Wenig geklärt ist, ob die Firmenmarke – oder eine andere mit der Firma/dem Namen identische Bezeichnung – ohne den Geschäftsbetrieb übertragen werden kann. Für die freie Übertragbarkeit der Firmenmarke sind *Pahlow*[5] und *Ingerl/Rohnke*,[6] dagegen ist das LG München[7]. Das Aufspaltungsproblem bei der rechtsgeschäftlichen Übertragung, dass die Kennzeichnung als Marke übertragen, aber als Firma beim Übertrager verbleibt, wäre leicht lösbar: Der Veräußerer geht die implizite Nebenverpflichtung ein, die ältere Firma nicht gegen den Erwerber der Firmenmarke geltend zu machen, so *Ingerl/Rohnke*.[8] Bei der an die Übertragbarkeit geknüpften Pfändbarkeit entstehen jedoch unlösbare Aufspaltungsprobleme, die dem Schutzzweck, Irreführungen zu vermeiden,[9] widerstreiten. Da das Verbot der Irreführung zum *ordre public* gehört, wird man die Übertragung des Firmenzeichens, in welcher Form auch immer es sich manifestiert, nicht ohne gleichzeitige Übertragung des wesentlichen Geschäftsbetriebs zulassen können.

7 Streitig ist, ob der ebenfalls *nicht* in § 27 geregelte *Werktitel* (§ 5 Abs. 3) frei oder nur zusammen mit dem Werk übertragbar ist. Die Meinungen sind geteilt. Allgemeine Meinung ist, dass die Titelrechte der Einräumung von Nutzungsrechten am Werk folgen; streitig ist aber, ob sie auch ohne das zugehörige Werk übertragen werden können.[10] Für die freie Übertragbarkeit spricht, dass der Titel nicht wie die Firma oder besondere Geschäftsbezeichnung personenbezogen, sondern gegenstandsbezogen ist. So wie die auf den Gegenstand „Ware" bezogene Marke sollte auch der auf den Gegenstand „Werk" bezogene Titel frei übertragbar sein. Das ist auch wirtschaftlich sinnvoll, weil ein Werk vergriffen, der Titel aber noch lebendig sein kann. Als Wirtschaftswert muss er dann durch Veräußerung genutzt werden können. Lizenzen an Titeln sind sowieso gang und gäbe (vgl. bei § 30 – Merchandising).

---

2 BGH, GRUR 1991, 393 – Ott International; BGH, WRP 2002, 1156 = GRUR 2002, 972, 975 – Frommia.

3 BGH, GRUR 1993, 151 – Universitätsemblem.

4 BGH, WRP 2002, 1148 = GRUR 2002, 967, 969 – Hotel Adlon; BGH, WRP 2004, 1361 = GRUR 2004, 868 – Dorf Münsterland II.

5 *Pahlow*, GRUR 2005, 705, 710.

6 *Ingerl/Rohnke*, Vor §§ 27–31 Rn. 8.

7 LG München, CR 2000, 620 – Domainpfändung und Namensrecht, wenn es die an die Übertragbarkeit geknüpfte Pfändbarkeit der Domain schon deshalb verneint, weil sie aus dem unübertragbaren Namen gebildet ist.

8 *Ingerl/Rohnke*, Vor §§ 27–31 Rn. 8.

9 BGH, GRUR 1991, 393 – Ott International: daher auch keine dauerhafte Aufspaltung in Teilgeschäftsbereiche.

10 Dafür *Ingerl/Rohnke*, Rn. 7 vor §§ 27–31; *Ströbele/Hacker*, § 27 Rn. 82; *Fezer*, § 15 Rn. 168c; *Schricker*, FS Vieregge, 1995 S. 775, 778; dagegen *Starck*, WRP 1994, 698, 701; *Teplitzky*, AfP 1997, 450, 453; *Deutsch*, GRUR 2000, 126, 129; wohl auch BGH, GRUR 1990, 218 – Verschenktexte I: Selbstständige Übertragbarkeit nur bei urheberrechtlichem Titelschutz, nicht aber bei Schutz als besondere Geschäftsbezeichnung aus dem früheren § 16 UWG.

Brandi-Dohrn

3. Übertragung der Domain

Bei der *Domain* sind im Hinblick auf die Übertragung unterschiedliche rechtliche Ebenen **8** zu unterscheiden. Die Domain wird reserviert und registriert in einem schuldrechtlichen Geschäftsbesorgungsvertrag mit der Registrierungsstelle DENIC in Deutschland. DENIC erklärt in § 6 der DENIC-Domainbedingungen ihre Zustimmung zur Domainübertragung, wenn es sich nicht um eine Dispute-Eintragung handelt, also eine noch seitens einer anderen Partei streitig gemachten Eintragung. Diese Vertragsübertragung geschieht nach § 6 Abs. 2, indem der alte Domaininhaber kündigt und der neue einen Domainauftrag erteilt. Das wird als Vertragsübernahme mit antizipierter Zustimmung von DENIC gem. § 6 der DENIC-Bedingungen gedeutet.[11]

Darüber hinaus ist die Domain kein eigenständiges, absolutes Immaterialgüterrecht, das **9** als solches übertragbar wäre.[12] Nach dem BGH[13] sind aber die schuldrechtlichen Ansprüche gegen die Registrierungsstelle pfändbar und übertragbar und genießen nach BVerfG[14] Schutz nach Art. 14 GG.

Die Domain kann auch Ausdrucksform eines anderen Immaterialgüterrechts sein, z. B. des **10** *Namens oder der* Firma. Als Name wäre sie nicht frei übertragbar.[15] Als besondere Geschäftsbezeichnung gewertet, ist die Übertragbarkeit ohne den Geschäftsbetrieb zweifelhaft (vgl. Anh. zu § 5 Rn. 11), aber wegen der personenbezogenen Firmenähnlichkeit der besonderen Geschäftsbezeichnung zu verneinen.

4. Teilübertragung

Die Marke kann nicht territorial geteilt übertragen werden, also nicht für Bayern an A und **11** für Schleswig-Holstein an B. Die Marke kann aber nach Waren und/oder Dienstleistungen geteilt übertragen werden (§ 27 Abs. 4, § 46). Für eine solche *gegenständliche Teilübertragung* muss die Marke nach § 46 geteilt werden. Der aus einer Marke erhobene Widerspruch besteht nach der teilweisen Übertragung der Marke für die abgetrennte Marke mit deren Waren fort.[16] Die Teilung löst eine Gebühr von derzeit 300 EUR nach § 46 Abs. 3, Nr. 333 200 PatKostG aus. Werden z. B. bei einer Betriebsspaltung oder bei der Veräußerung eines Betriebsteils mehrere Marken teilübertragen, so ist die Teilungsgebühr nach § 32 Abs. 3 für eine jede Marke zu zahlen. Das gilt nach §§ 31, 35 MarkenV entsprechend für die Teilübertragung von Markenanmeldungen mit einer Gebühr von ebenfalls 300 EUR nach Nr. 331 800 PatKostG. Die Gebühr wird nach § 3 Abs. 1 PatKostG mit dem Antrag auf Eintragung der Teilübertragung fällig. Die Eintragung wird erst nach Eingang der Gebühr vorgenommen (§ 5 PatKostG). Wird die Gebühr nicht innerhalb von drei Monaten nach Fällig-

---

11 *Kleespies*, GRUR 2002, 764; *Koos*, MMR 2004, 359, 362; über Auslegung bei Unklarheit zu Gunsten des AGB-Partners auch *Hartig*, GRUR 2006, 299, 300.
12 BVerfG, NJW 2005, 589 – ad-acta.de; BGH, GRUR 2005, 969 – Domainpfändung mit Besprg. *Hartig*, GRUR 2006, 299; BGH, GRUR 2009, 1055, 1058 Tz. 55 – airdsl; LG München, CR 2001, 342 – Unzulässigkeit der Domain-Pfändung – gegen LG Essen, CR 2000, 247; *H. Schneider*, ZAP 1999, 1199; *Plaß*, WRP 2000, 1077; *Koos*, MMR 2004, 359.
13 BGH, GRUR 2005, 969.
14 BVerfG, NJW 2005, 589 – ad-acta.de.
15 LG München, CR 2000, 620 – Domain mit Namensfunktion unpfändbar.
16 BPatG, GRUR 2003, 1070 – Kima/Kira.

keit gezahlt, so gilt der Antrag auf Eintragung des Teilübergangs als zurückgenommen (§ 6 PatKostG).

5. Übertragung und Täuschung

12 Die täuschende Übertragung ist in Deutschland nicht ausdrücklich geregelt. Insoweit ist die Rechtslage anders als in Art. 17 Abs. 4 GMV, wonach das Harmonisierungsamt die Eintragung des Rechtsübergangs bei offensichtlicher Täuschung zurückweist. Täuschung kann in seltenen Fällen eintreten bei der Übertragung einer Marke, die gleichzeitig eine geografische Herkunftsangabe darstellt, an Ortsfremde oder bei Übertragung einer bekannten Qualitätsbezeichnung. Die Übertragung ist dann nach § 5 UWG, § 134 BGB nichtig.[17]

6. Zeitliche Probleme

13 *Leerübertragungen* (Übertragungen ohne den dazugehörigen Geschäftsbetrieb) vor dem 1.5.1992 waren nach damaligem Recht unwirksam. In diesen Fällen blieb die Marke beim Veräußerer. Vor diesem Datum vorgenommene Leerübertragungen werden auch durch die Gesetzesänderung nach §§ 27, 153 nicht geheilt, sondern bleiben unwirksam.[18]

III. IR-Marken

14 Im Bereich der IR-Marken sind die Vollübertragung im gleichen Land (Art. 9 MMA), die Übertragung an einen Erwerber in einem anderen Land (Art. 9bis MMA), die gegenständliche Teilübertragung nach Waren (9ter Abs. 1 MMA) und die Teilübertragung nach Ländern (9ter Abs. 3 MMA) zulässig. Dazu gehört die Regel 25 AO MMA/PMMA.

1. Verbandsberechtigung und Übertragung

15 Während bei der deutschen Marke und der EU-Marke der Universalitätsgrundsatz gilt (jeder kann ohne Rücksicht auf die Staatsangehörigkeit oder den Wohnsitz Anmelder und Markeninhaber sein), gilt im MMA und im PMMA das Prinzip der Verbandsberechtigung. Übertragung und Verbandsberechtigung können deshalb in Konflikt geraten. Der Konflikt wird in Art. 9 Abs. 2 MMA und Art. 9 PMMA nach dem Prinzip gelöst, dass die Übertragung im internationalen Register beim Internationalen Büro nur registriert wird, wenn die gleiche Verbandsberechtigung auch auf der Seite des Übertragungsempfängers besteht (s.a. Regel 25 Abs. 3 AO MMA/PMMA). Dabei ist die deutsche Basismarke kein Problem, denn sie wird nach § 27 übertragen. Überträgt D die deutsche Basismarke und die dazugehörige IR-Marke an einen Verbandsfremden, z.B. an ein Unternehmen mit Sitz nur in Kanada (2011 weder MMA noch PMMA), so ist die Übertragung der deutschen Basismarke

---

17 BGH, GRUR 1966, 375 – Meßmertee II.
18 BGH, WRP 1995, 96 = GRUR 1995, 117 – Neutrex; BGH, WRP 1998, 600 = GRUR 1998, 699 – SAM; LG Frankfurt, GRUR 1997, 62 – Leerübertragung.

Brandi-Dohrn

problemlos gültig. Die Übertragung der IR-Marken wird jedoch nicht registriert. Beim Internationalen Büro bleibt der Deutsche eingetragener Inhaber.

2. Übertragung und Abhängigkeit

Überwiegend wird angenommen, dass während der fünfjährigen Abhängigkeit der IR- **16** Marke von der nationalen Basismarke (Art. 6 Abs. 2, 3 MMA) die Übertragung der Basismarke automatisch auch die Übertragung der abhängigen IR-Marke nach sich ziehe.[19] Diese Auffassung wird hier nicht geteilt, denn dagegen spricht Art. 6 Abs. 3 MMA, wonach die IR-Marke von der Basismarke abhängig bleibt, „gleichgültig, ob die Registrierung Gegenstand einer Übertragung gewesen ist oder nicht". Wenn somit trotz Abhängigkeit vorausgesetzt wird, dass die IR-Marken gesondert übertragen werden können, dann muss auch die Basismarke gesondert übertragbar sein. Abhängigkeit bedeutet nicht Zugehörigkeit zum gleichen Inhaber, sondern Abhängigkeit in der Existenz als solcher. Die Abhängigkeit soll schließlich nur den Zentralangriff in den ersten fünf Jahren erleichtern.[20] Allerdings wird man die Übertragung der Basismarke in den ersten fünf Jahren i. d. R. dahin interpretieren können, dass sie auch die zugehörigen IR-Marken mit erfassen soll, wenn sich nicht ausdrücklich oder aus den Umständen etwas anderes ergibt.

Wird eine IR-Marke während der Dauer der fünfjährigen Abhängigkeit von der Basismar- **17** ke an einen anderen Verbandsberechtigten übertragen, so verlangt Art. 9bis Abs. 1 S. 3 MMA, dass das Internationale Büro in diesem Fall die Zustimmung der Heimatbehörden des neuen Inhabers einholt. Dieses Erfordernis ist unter der Nizzaer Fassung des MMA seit 1966 obsolet. Infolgedessen sieht § 118 vor, dass das Patentamt in diesem Fall immer seine Zustimmung erteilt.

3. Übertragung und nationales Recht

Die Übertragung und die Übertragungswirkung von nationalen Marken oder deutschen **18** Anteilen von IR-Marken (Art. 4 MMA, Art. 6 ^{quater} PVÜ) aufgrund eines internationalen Vertrages vor dem 18.12.2009 richten sich nach den Vorschriften jedes einzelnen Schutzlandes (*Territoriales Wirkungsprinzip*[21]). Als die Übertragung des Geschäftsbetriebs nach deutschem Recht noch nötig war, genügte bei ausländischen Markeninhabern die Übertragung des Teils des Geschäftsbetriebs, welcher sich auf den inländischen Markt bezog.[22] Nach dem jeweiligen nationalen Recht richteten sich auch die Folgen, wenn mangels gleicher Verbandsberechtigung eine Übertragung im internationalen Register nicht eingetragen werden kann.

Für internationale Kennzeichen-Übertragungsverträge nach dem 17.12.2009, die eine Ver- **19** bindung zum Recht verschiedener Staaten aufweisen, gilt die Rom-I-VO 593/2008 der EU

---

19 *Fezer*, Art. 9bis MMA Rn. 2; *Miosga*, S. 302 zu Art. 9bis MMA; *Hug*, GRUR Int. 1995, 604, 605.
20 Zum Widerspruch vor Ablauf der ersten fünf Jahre BPatG, GRUR 1990, 129 – Ginny.
21 Vgl. BGH, GRUR 1955, 575 – Hückel; GRUR 1965, 665 – Carla; ÖOGH, GRUR Int. 1996, 1234 – Wirobit; BGH, WRP 1998, 600 = GRUR 1998, 699 – SAM; BGH, WRP 2002, 1156 = GRUR 2002, 972 – Frommia, für die Firmenübertragung; OLG München, GRUR-RR 2006, 130, 132 – UltraMind: Sammelübertragung unter Einschluss deutscher Marken in USA.
22 BGH, GRUR 1992, 314 – Opium.

vom 17.6.2008.[23] Die Art. 27 ff. EGBGB sind entfallen. Nun wird teilweise vertreten, dass sich für die Übertragung als Verfügungsgeschäft am bisherigen Schutzlandsprinzip nichts geändert habe;[24] das gilt nach Art. 14 Rom-I-VO und der zugehörigen Begründungserwägung 38 nur eingeschränkt: nach Art. 14 (2) Rom-I-VO gilt bei der Forderungsübertragung das Schutzlandsprinzip nur für die Übertragbarkeit und das Verhältnis zum alten Schuldner, während sich alle anderen „Verhältnisse", dingliche wie schuldrechtliche, nach Art. 14 (1) Rom-I-VO und der zugehörigen Begründungserwägung 38 eben aus dieser VO ergeben sollen. Gleiches wie für Forderungsabtretungen muss auch für Rechtsübertragungen gelten. Wenn keine Rechtswahl getroffen ist (Art. 3 Rom-I-VO), ist zu untersuchen, ob als Regelfall mit Rechtszuordnung, vorbehaltlich der Ausweichklausel in Art. 4 Abs. 3 Rom-I-VO, einer der in Art. 4 Abs. 1 Rom-I-VO gelisteten Vertragstypen vorliegt. Ist das, wie bei Markenübertragungen, nicht der Fall, so gilt nach Art. 4 Abs. 2 Rom-I-VO das Recht der Partei, die die vertragscharakteristische Leistung zu erbringen hat, es sei denn, aus den Umständen ergäbe sich eine offensichtlich nähere Verbindung zu einem anderen Recht, Art. 4 Abs. 3 Rom-I-VO. Die vertragscharakteristische Leistung erbringt bei der Markenübertragung regelmäßig der Veräußerer, nicht anders als beim Verkauf beweglicher Sachen, wo nach der Typenliste in Art. 4 Abs. 1 Rom-I-VO auch das Recht des Veräußerers gilt. Im Fall der Sammelübertragung des OLG München[25] würde heute also das Recht von Texas/USA gelten, wobei sich die Übertragbarkeit der mitübertragenen deutschen Marke aber nach deutschem Recht richten würde.

4. Übertragung auf Nicht-Verbandsberechtigte

20 Streitig sind auch die Folgen der Übertragung einer IR-Marke auf einen nicht verbandsberechtigten Erwerber, z. B. an ein Unternehmen mit Sitz nur in Kanada. Zum Teil wird die Auffassung vertreten, dass die Übertragung unwirksam sei,[26] zum anderen, dass der Übertragungsvertrag wirksam, die Zeichenrechte aber möglicherweise nicht durchsetzbar seien.[27] Der letzteren Auffassung scheinen *Busse/Starck*[28] zu folgen. Dafür spricht, dass sich aus dem MMA nur ergibt, dass der nicht verbandsberechtigte Erwerber nicht registriert werden kann. Mithin bleibt im Register der Übertragende. Nach §§ 107, 28 ist der Erwerber mangels Registrierung dann in den Registerverfahren vor DPMA/BPatG in keiner Weise legitimiert und erleidet Rechtsnachteile. Nach § 28 Abs. 1 könnte er zwar aufgrund der Übertragung materiell berechtigt sein, denn die Eintragung im internationalen Register ist nicht konstitutiv.[29] Gegen die materielle Wirksamkeit einer Übertragung auf Nicht-Verbandsberechtigte spricht aber der Gesichtspunkt des Rechtsmissbrauchs und des Umgehungsverbots: Wäre die Übertragung wirksam, könnte die Verbandsberechtigung leicht unterlaufen werden durch Anmeldung seitens eines MMA/PMMA-Berechtigten mit anschließender Übertragung an einen „MMA/PMMA-Ausländer".

---

23 ABl. EU Nr. L 177 v. 4.7.2008, 6.
24 Vgl. *Stimmel*, GRUR Int. 2010, 783, 790.
25 OLG München, GRUR-RR 2006, 130 – UltraMind.
26 Spanien, Tribunal Supremo, GRUR Int. 1974, 419 – Suprax.
27 Frankreich, Cour Cass., GRUR Int. 1968, 290 – Sombrero: gültig auch, wenn der Erwerber Durchsetzungsprobleme hat.
28 *Busse/Starck*, MMA Art. 9bis Rn. 5.
29 BGH, GRUR 1955, 575 – Hückel.

IV. Gemeinschaftsmarkenrecht

Die Übertragung von Gemeinschaftsmarken ist in Art. 16, 17 GMV geregelt. Nach Art. 16   **21**
Abs. 1 GMV gilt der Grundsatz der Einheitlichkeit für Gemeinschaftsmarken: Sie können anders als IR-Marken nicht länderweise, sondern nur für die ganze EU insgesamt übertragen werden. Möglich ist aber – wie im deutschen Recht – eine nach Waren aufgespaltene Teilübertragung.

Die materielle Übertragung richtet sich gem. Art. 16 GMV nach dem Recht des Sitzes,   **22**
hilfsweise der Niederlassung des abgebenden Inhabers in der EU, bei EU-Ausländern nach spanischem Recht. Diese besonderen Kollisionsvorschriften werden durch die Rom-I-VO nicht berührt, Art. 23 Rom-I-VO. Wie im deutschen Recht ist die Übertragung des dazugehörigen Geschäftsbetriebs nicht erforderlich. Aber umgekehrt zieht die Übertragung des Geschäftsbetriebs im Zweifel die Marken mit sich (Art. 17 Abs. 1 und Abs. 2 GMV). Bei der Form ist anders als im deutschen Recht die beiderseitige Schriftform für die Übertragung in Art. 17 Abs. 3 GMV vorgeschrieben.

Führt die Übertragung offensichtlich zu einer Irreführung über die Qualität oder die ge-   **23**
ografische Herkunft bei dem neuen Inhaber, trägt das HABM den Übergang nicht ein (Art. 17 Abs. 4 GMV).

§ 28
Vermutung der Rechtsinhaberschaft;
Zustellungen an den Inhaber

(1) Es wird vermutet, dass das durch die Eintragung einer Marke begründete Recht dem im Register als Inhaber Eingetragenen zusteht.

(2) Ist das durch die Eintragung einer Marke begründete Recht auf einen anderen übertragen worden oder übergegangen, so kann der Rechtsnachfolger in einem Verfahren vor dem Patentamt, einem Beschwerdeverfahren vor dem Patentgericht oder einem Rechtsbeschwerdeverfahren vor dem Bundesgerichtshof den Anspruch auf Schutz dieser Marke und das durch die Eintragung begründete Recht erst von dem Zeitpunkt an geltend machen, in dem dem Patentamt der Antrag auf Eintragung des Rechtsübergangs zugegangen ist. Satz 1 gilt entsprechend für sonstige Verfahren vor dem Patentamt, Beschwerdeverfahren vor dem Patentgericht oder Rechtsbeschwerdeverfahren vor dem Bundesgerichtshof, an denen der Inhaber einer Marke beteiligt ist. Übernimmt der Rechtsnachfolger ein Verfahren nach Satz 1 oder 2, so ist die Zustimmung der übrigen Verfahrensbeteiligten nicht erforderlich. Übernimmt der Rechtsnachfolger ein Verfahren nach Satz 1 oder 2, so ist die Zustimmung der übrigen Verfahrensbeteiligten nicht erforderlich.

(3) Verfügungen und Beschlüsse des Patentamts, die der Zustellung an den Inhaber der Marke bedürfen, sind dem als Inhaber Eingetragenen zuzustellen. Ist dem Patentamt ein Antrag auf Eintragung eines Rechtsübergangs zugegangen, so sind die in Satz 1 genannten Verfügungen und Beschlüsse auch dem Rechtsnachfolger zuzustellen.

Übersicht

I. Allgemeines

1   § 28 geht von der Voraussetzung aus, dass die Eintragung nicht rechtsbegründend wirkt. Auf dieser Grundlage schafft § 28 eine *Vermutung* und eine *Verfahrenslegitimation*. Satz 3 ist in § 28 Abs. 2 durch das KostenbereinigungsG mit Wirkung v. 1.1.2002 eingefügt, um eine Übernahme im laufenden Verfahren durch den Rechtsnachfolger zu erleichtern. Der Geltungsbereich der Vermutung und der Legitimation erstreckt sich nach § 31 auch auf Marken, die sich noch im Anmeldestadium befinden.

II. Vermutung und Legitimation

1. Die Vermutung des § 28 Abs. 1

§ 28 Abs. 1 stellt nur eine widerlegbare Vermutung der Rechtsinhaberschaft auf.[1] Die Um- **2** schreibung ist nicht konstitutiv, sondern nur deklaratorisch. Eine klageweise Geltendmachung der Rechte aus der Marke durch den nicht eingetragenen Berechtigten ist auch unabhängig von der Umschreibung der Marke möglich. Dies ist anders als bei Gemeinschaftsmarken (Art. 17 Abs. 6 GMV). Der nicht eingetragene materielle Rechtsnachfolger muss sein materielles Recht jedoch beweisen.

Bei einem Inhaberwechsel während des Prozesses gilt § 265 ZPO: Der alte Inhaber bleibt **3** berechtigt (§ 325 ZPO), und das Urteil gegen den alten Rechtsinhaber wirkt auch gegen den neuen. Nach BGH[2] reicht im Verletzungsprozess zwar im Regelfall der Registereintrag zum Beleg der Aktivlegitimation aus. Der Gegner kann aber den Beweis führen, dass der Kläger tatsächlich nicht Markeninhaber geworden ist. Bestreitet der aus der Marke in Anspruch genommene Gegner die materielle Inhaberschaft substanziiert, so darf der als Markeninhaber Registrierte dem anderen nicht einfach durch Bestreiten mit Nichtwissen nach § 138 Abs. 4 ZPO die ganze Beweislast zuschieben, sondern es trifft auch ihn im Rahmen des Zumutbaren eine Informations- und Erklärungspflicht.[3] § 28 Abs. 1 stellt eben nur eine Vermutung der Rechtsinhaberschaft für Verfahrenszwecke auf. Einen gutgläubigen Erwerb vom Nichtberechtigten ermöglicht die Vermutung nicht.

2. Die Legitimation nach § 28 Abs. 2

Im patentamtlichen und patentgerichtlichen Verfahren gilt § 28 Abs. 2. Nach dieser Vor- **4** schrift ist der Eingetragene bzw. derjenige, dessen Eintragung beantragt worden ist, für alle patentamtlichen und gerichtlichen Verfahren nicht nur vermuteter Weise, sondern *schlechthin als zuständig* anzusehen. Dies gilt auch, wenn er wegen einer zwischenzeitlichen Übertragung materiell gar nicht mehr Inhaber der angemeldeten oder eingetragenen Marke ist. Während nach früherem Recht § 8 Abs. 2 WZG für die Legitimationswirkung immer die *Eintragung* verlangte, was während des schwebenden Umschreibungsverfahrens zu einem „Berechtigungsloch" führte, genügt nach heutigem Recht der *gestellte Umschreibungsantrag* zur Begründung der Legitimationswirkung.[4] Mit Stellung des Umschreibungsantrags ist der neue Inhaber legitimiert.

Beim Wechsel der Rechtsinhaberschaft im Widerspruchsverfahren war die Anwendung **5** von § 265 Abs. 2 ZPO streitig. Entgegen der früheren Rechtsprechung des BPatG galt bis 2002 § 265 Abs. 2 ZPO, und es bedurfte bisher der Zustimmung des Rechtsvorgängers *und* des Gegners für den Eintritt des Rechtsnachfolgers in das Verfahren.[5] Ohne die Zustim-

---

1 BGH, WRP 1998, 600 = GRUR 1998, 699 – SAM; BGH, WRP 2001, 1328 = GRUR 2002, 190,191 – DIE PROFIS; BGH, WRP 2002, 476 = GRUR 2002, 967,968 – Hotel Adlon.
2 BGH, WRP 1998, 600 = GRUR 1998, 699 – SAM; WRP 2001, 1328 = GRUR 2002, 190, 191 – DIE PROFIS; WRP 2002, 476 = GRUR 2002, 967, 968 – Hotel Adlon.
3 BGH, WRP 2001, 1328 = GRUR 2002, 190 – DIE PROFIS.
4 BGH, WRP 2000, 1299 = GRUR 2000, 892 – MTS.
5 BGH, WRP 1998, 996 = GRUR 1998, 940 – Sanopharm; BGH, WRP 2000, 1299 = GRUR 2000, 892/893 – MTS; BGH, GRUR 2008, 87 Tz. 28 – Patentinhaberwechsel im Einspruchsverfahren;

mung konnte sich der Rechtsnachfolger, z. B. des Widersprechenden, nur als Nebeninter-venient zu Gehör bringen. Dieses Zustimmungserfordernis ist ab 1.1.2002 durch den in § 28 Abs. 2 angefügten letzten Satz 3 gestrichen worden. Damit ist eine Quelle möglicher Verfahrensobstruktion durch einen nicht zustimmungswilligen Widerspruchsgegner besei-tigt worden. Ist aber noch kein Umschreibungsantrag gestellt worden, reicht auch eine Ge-samtrechtsnachfolge *nicht* für die Erlangung der Verfahrensberechtigung aus, z. B. um als Rechtsnachfolger des Markeninhabers fristgerecht gegen eine negative Widerspruchsent-scheidung Beschwerde erheben zu können. Auch insoweit gilt, dass der Rechtsnachfolger Rechte erst von dem Zeitpunkt an geltend machen kann, in dem der Umschreibungsantrag dem DPMA zugegangen ist.[6]

3. Zustellungen

6 Nach § 28 Abs. 3 erfolgen die Zustellungen des Patentamts nur an den eingetragenen bzw. an den beantragten Rechtsnachfolger. Grundsätzlich genügt einfach die Übersendung nach § 72 MarkenV, wenn nicht die gesetzliche Zustellung vorgeschrieben ist. Die Zustellung regelt § 94 durch Verweis auf das VwZG. Die Zustellung an mehrere Beteiligte regelt § 73 MarkenV dahingehend, dass diese einen Zustellungsbevollmächtigten oder einen gemein-samen Vertreter zu bestellen haben; ansonsten kann an den zuerst genannten Beteiligten zugestellt werden.

III. IR-Marken

7 Nach §§ 107, 119 gilt § 28 für den deutschen IR-Marken-Anteil entsprechend. Die Regist-rierung der Übertragung von IR-Marken, deren Schutz vom Ausland aus auf Deutschland erstreckt worden ist, erfolgt jedoch über das Register im Ursprungsland (Art. 9 Abs. 1 MMA). Das Ursprungsland teilt die Übertragung dem Internationalen Büro mit und dieses wiederum Deutschland (Art. 9 Abs. 2 MMA). Demzufolge muss für die Verfahrensberech-tigung in Deutschland der im Ausland gestellte Umschreibungsantrag genügen, und zwar selbst dann, wenn im Ausland die Berechtigung nur mit *vollzogener* Umschreibung über-gehen würde. Die materielle Übertragung selbst und die sonstigen Übertragungswirkungen richten sich für den deutschen IR-Anteil nach deutschem Recht, denn nach dem insoweit nach Art. 14 Abs. 2 Rom-I-VO geltenden Territorialitätsprinzip gelten für die Übertragbar-keit des deutschen Anteils die deutschen Vorschriften.[7]

IV. Gemeinschaftsmarkenrecht

8 Nach Art. 17 Abs. 6 GMV gilt bei Gemeinschaftsmarken die Legitimationswirkung der Registereintragung umfassend, so auch für Verletzungsklagen vor den nationalen Gemein-

---

BPatG, Mitt. 2005, 277 – TAXI MOTO; vgl. a. Begründung des Gesetzentwurfs, BlPMZ Sonder-heft 1994, S. 85; anders noch BPatG, Mitt. 1997, 162 – Wilkenburger.
6 BPatG, GRUR 1999, 349 – Umschreibungsantrag.
7 Entsprechend zum Firmenschutz BGH, WRP 1995, 918 = GRUR 1995, 825 – Torres.

schaftsmarkengerichten. Solange der Rechtsübergang nicht eingetragen ist, kann der Rechtsnachfolger seine Rechte aus der Gemeinschaftsmarke nicht geltend machen. Der alte Markenrechtsinhaber wäre zwar legitimiert, aber nach deutschem Übertragungsrecht nicht mehr berechtigter Inhaber. Er könnte allenfalls in Prozessstandschaft für den neuen Markenrechtsinhaber klagen, müsste dafür aber ein wirtschaftliches Interesse dartun. Das sich so öffnende Berechtigungsloch ist Anlass für Stimmen, aus der stärkeren Registerbindung der Gemeinschaftsmarke zu folgern, dass die Eintragung hier nicht nur deklaratorisch, sondern rechtsbegründend wirke.[8] Ein erhebliches Argument in dieser Richtung ist die negative Publizitätsfunktion und der Gutglaubensschutz hinsichtlich nicht eingetragener Rechtsake nach Art. 23 GMV. Zur Legitimation für die Wahrung von Amtsfristen lässt Art. 17 Abs. 7 GMV wie im deutschen Recht den Umschreibungsantrag genügen. Art. 17 Abs. 8 GMV bestimmt entsprechend dem Legitimationsprinzip, dass Entscheidungen und Bescheide dem eingetragenen Markeninhaber zuzustellen sind.

---

8 *McGuire*, GRUR 2008, 11.

§ 29
Dingliche Rechte; Zwangsvollstreckung; Insolvenzverfahren

(1) Das durch die Eintragung, die Benutzung oder die notorische Bekanntheit einer Marke begründete Recht kann

1. verpfändet werden oder Gegenstand eines sonstigen dinglichen Rechts sein oder
2. Gegenstand von Maßnahmen der Zwangsvollstreckung sein.

(2) Betreffen die in Absatz 1 Nr. 1 genannten Rechte oder die in Absatz 1 Nr. 2 genannten Maßnahmen das durch die Eintragung einer Marke begründete Recht, so werden sie auf Antrag eines Beteiligten in das Register eingetragen, wenn sie dem Patentamt nachgewiesen werden.

(3) Wird das durch die Eintragung einer Marke begründete Recht durch ein Insolvenzverfahren erfasst, so wird dies auf Antrag des Insolvenzverwalters oder auf Ersuchen des Insolvenzgerichts in das Register eingetragen. Im Falle der Eigenverwaltung (§ 270 der Insolvenzordnung) tritt der Sachwalter an die Stelle des Insolvenzverwalters.

Übersicht

Literatur: *Kleespies*, Die Domain als selbstständiger Vermögensgegenstand in der Einzelzwangsvollstreckung, GRUR 2002, 764; *Koos*, Die Domain als Vermögensgegenstand zwischen Sache und Immaterialgut, MMR 2004, 359; *Plaß*, Die Zwangsvollstreckung in die Domain, WRP 2000, 1077; *Repenn*, Pfändung und Verwertung von Warenzeichen, NJW 1994, 175; *Repenn/Spitz*, Pfändung und Verwertung von Warenzeichen, WRP 1993, 737; *Rohnke*, Warenzeichen als Kreditsicherheit, NJW 1993, 561; *Stadler*, Konkurs und Warenzeichen, GRUR 1964, 11; *Welzel*, Zwangsvollstreckung in Internet Domains, MMR 2001, 131; *Zeising*, Die insolvenzrechtliche Verwertung und Verteidigung von gewerblichen Schutzrechten, Mitt. 2000, 206/353.

I. Verpfändung, Sicherungsübereignung

1 Verpfändung und Sicherungsübereignung sind anders als früher möglich, weil die Marke isoliert ohne Geschäftsbetrieb übertragen werden kann. Die Sicherungsübereignung eines Zeichens kann in der Markenrolle eingetragen werden. Alsdann geht die volle Legitimation nach § 28 Abs. 2 gegenüber dem DPMA auf den Gläubiger als Sicherungsnehmer über. Das ist Last und Sicherheit zugleich. Die Verwertung erfolgt nach den Bestimmungen des Sicherungsübereignungsvertrags. Schweigt er, so ist ein freihändiger Verkauf des Zeichens möglich.[1] Sinnvollerweise sollte man aber Verwertung und Nutzung vertraglich re-

---

1 Palandt-*Bassenge*, § 930 BGB, Rn. 31.

geln. Bis zum Sicherungsfall ist bei fehlender ausdrücklicher Regelung dieser Frage im Vertrag der Schuldner zur Nutzung berechtigt. Eine lizenzgebührenpflichtige Nutzung kann aber vereinbart werden und kann sinnvoll sein als eine Form der Verwertung nach Eintritt des Sicherungsfalles.

II. Einzelzwangsvollstreckung

Die Zwangsvollstreckung ist infolge der freien Übertragbarkeit nach § 29 Abs. 2 ebenfalls **2** möglich geworden. Die Pfändung wird auf Antrag des Gläubigers im Register nach § 29 Abs. 2 eingetragen. Der Antrag ist nicht gebührenpflichtig. Unterschiedliche Auffassungen werden dazu vertreten, ob das LG aufgrund seiner sachlich ausschließlichen Zuständigkeit in § 140 auch für die Pfändung zuständig ist[2] oder ob die Zuständigkeit des AG als Vollstreckungsgericht nach §§ 828 Abs. 2, 802 ZPO unberührt bleibt.[3] Die Fachkompetenz des AG als Vollstreckungsgericht sollte durch § 140 nicht berührt werden. § 140 bezieht sich nur auf die *streitige* Gerichtsbarkeit. Für die Pfändung einer Marke ist daher das AG ausschließlich (§ 802 ZPO) zuständig.

Schwierigkeiten bereitet auch die örtliche Zuständigkeit bei Pfändung deutscher Marken, **3** insbesondere deutscher IR-Marken-Anteile ausländischer Markeninhaber. Nach § 828 Abs. 2 ZPO ist an sich das AG zuständig, bei dem der Schuldner seinen allgemeinen Gerichtsstand, also Sitz oder Wohnsitz, hat. Darüber hinaus ist aber die Hilfszuständigkeit nach dem Gerichtsstand des Vermögens (§ 23 ZPO) eröffnet. § 23 ZPO gilt jedoch nach Art. 3 Anhang I EG-VO Nr. 44/2001[4] nicht für die Zuständigkeit in der streitigen Gerichtsbarkeit innerhalb der EU. Der Ausschluss des § 23 ZPO gilt aber nur für Verletzungsklagen. Die Zuständigkeit des Registerstaates für Fragen der Eintragung oder Gültigkeit erkennt im Übrigen auch die EG-VO Nr. 44/2001 in Art. 22 Abs. 4 an. Da andererseits ein ausländisches Vollstreckungsorgan keine hoheitliche Pfändung im Inland vornehmen darf, bleibt es gegenüber ausländischen Markeninhabern bei der Zuständigkeit des Vermögens. Zuständig ist also entweder das AG des Inlandsvertreters (§ 96 Abs. 3) oder in Ermangelung eines solchen das AG München am Registerort.

Die Verwertung erfolgt analog wie bei gepfändeten Patenten nach § 857 ZPO, also nicht **4** durch Überweisung des Rechts an den Gläubiger, sondern nach besonderer Verwertungsanordnung seitens des Vollstreckungsgerichts, grundsätzlich durch Versteigerung. Möglich ist aber auch die weitere Nutzung seitens des Schuldners in seinem Geschäftsbetrieb gegen Zahlung einer Lizenzgebühr an den Gläubiger. Die Pfändung der Marke nimmt dem Inhaber zwar das Recht zu beeinträchtigenden Verfügungen (z.B. Löschung), nicht aber das Benutzungsrecht.[5]

---

2 So *Fezer*, § 29 Rn. 18.
3 So *Ingerl/Rohnke*, § 29 Rn. 11.
4 VO des Rates v. 22.12.2000 über die gerichtliche Zuständigkeit und die Anerkennung und Vollstreckung von Entscheidungen in Zivil- und Handelssachen, ABl. EG Nr. L 12 v. 16.1.2000, 1.
5 Zur Pfändung eines Patents BGH, GRUR 1994, 602 – Rotationsbürstenwerkzeug.

III. Insolvenz (Konkurs)

5   Der Konkurs erfasste schon nach altem WZG auch die Marken. § 29 Abs. 3 bestätigt das. Nach Art. 21 GMV fällt auch die Gemeinschaftsmarke in die Insolvenzmasse, und zwar in dem Staat, in dem das Insolvenzverfahren zuerst eröffnet worden ist. Gehört eine Gemeinschaftsmarke zu einem inländischen Insolvenzverfahren, so ersucht das deutsche Insolvenzgericht das HABM nach § 125h um die entsprechenden Eintragungen im Register für Gemeinschaftsmarken. Verfügungs- und Verwertungsrechte des Insolvenzverwalters richten sich nach dem nationalen Recht, unter dem zuerst ein Insolvenzverfahren eröffnet worden ist. Nach altem WZG konnten die Marken vom Konkursverwalter nur mit dem Geschäftsbetrieb versilbert werden. Jetzt können die Marken ohne Geschäftsbetrieb verwertet werden. Anders ist es bei der Firma, die nach wie vor an den Geschäftsbetrieb gebunden ist.

IV. Zeichen und Name

6   Ist die Marke oder Firma zugleich der *persönliche Name*, so tritt ein Teil des Schrifttums für die freie Veräußerung ein.[6] Nach der bisherigen Rechtsprechung hängt die Veräußerbarkeit durch den Insolvenzverwalter von der Rechtsform des Gemeinschuldners ab.[7] Konnte der Gemeinschuldner als juristische Person oder als GmbH & Co. KG eine Sachfirma wählen, hat sich aber für die kommerzielle Verwertung des persönlichen Namens entschieden, dann haben auch die kommerziellen Interessen des Insolvenzverwalters Vorrang, und er kann Marke und/oder Firma ohne Rücksicht auf den persönlichen Namen veräußern.[8] Bei der Einzelzwangsvollstreckung stellt sich das Problem nur selten: Ist die Marke gleichzeitig Name, dann ist sie regelmäßig auch Firma; die Firma unterliegt wegen ihrer Bindung an den Geschäftsbetrieb aber nicht der Einzelzwangsvollstreckung. Wird ein Sportler- oder Künstlername als Marke eingetragen, um im Wege des Merchandising verwertet zu werden, so ist die Markenpfändung nach § 857 Abs. 3 ZPO möglich. Diese Marke ist dann ein unveräußerliches Recht, das Dritten zur Ausübung überlassen werden kann. Die Verwertung erfolgt dann durch Verwaltung der Nutzungsrechte nach § 857 Abs. 4 ZPO. Die Nutzungseinnahmen fließen dabei an den Pfändungsgläubiger.

V. Pfändbarkeit der Domain

7   Das BVerfG[9] und der BGH[10] haben die Domain nicht als ein Immaterialgüterrecht oder absolutes Recht eingestuft, sondern als eine technische, individuelle Adresse. Dabei bildet

---

6   *Pahlow*, GRUR 2005, 705.
7   Ist er eine natürliche Person oder Personengesellschaft, bei der der Name in der Firma verwendet werden muss, so haben sich gegen die Veräußerbarkeit durch den Konkursverwalter ausgesprochen: RGZ 58, 166, 169; BGH, GRUR 1960, 490 – Vogeler.
8   OLG Düsseldorf, GRUR 1978, 716 – Eichhörnchen mit Schwert; BGH, GRUR 1990, 601 – Benner.
9   BVerfG, NJW 2005, 589.
10   BGH, GRUR 2005, 969 – Domainpfändung.

sie aber eine schuldrechtlich vertragsrechtliche Position gegenüber der Vergabestelle (DENIC) auf Konnektierung und Aufrechterhaltung der Konnektierung. Diese Vertragsposition steht nach BVerfG unter dem Grundrechtsschutz des Art. 14 GG vorbehaltlich besserer Rechte nach einfachem Recht und ist nach BGH pfändbar nach § 857 ZPO.[11] Da die schuldrechtlichen Beziehungen zur DENIC gepfändet werden, ist der Pfändungs- und Überweisungsbeschluss an die DENIC nach §§ 857, 829 I ZPO zuzustellen und alsdann dem Schuldner als Domaininhaber.[12]

Wenn die Domain als Gesamtheit der Ansprüche gegen die DENIC im Prinzip pfändbar ist, erhebt sich auf der nächsten Ebene die Frage, ob die Domain auch dann, wenn sie zugleich Name, Firma oder besondere Geschäftsbezeichnung ist oder repräsentiert, isoliert übertragbar und pfändbar ist nach § 851 ZPO, § 12 BGB, § 23 HGB. Die Pfändbarkeit einer solchen qualifizierten Domain verneint das LG München,[13] bejaht wird sie von *Plaß*,[14] *Kleespies*,[15] *Koos*[16] und *Welzel*.[17] Eine Stellungnahme des BGH zu dieser Frage fehlt bislang. Die Befürworter der Pfändbarkeit auch der Firmen- und Namensdomain erkennen jedoch, dass der Pfändungsschuldner aus älterem genuinen Namens-, Firmen- und Geschäftsbezeichnungsrecht einem Drittgebrauch durch einen Nicht-Namensträger entgegentreten kann. Eine Namens- oder Firmendomain erweist sich auf dieser Ebene also auch bei Pfändbarkeit als wirtschaftlich unverwertbar. Geschieht die Verwertung durch Einziehung zum Schätzpreis an Zahlungs statt, so würde der Staat bei einem nicht namensberechtigten Gläubiger zu einer rechtswidrigen Namensanmaßung beitragen. Daher kann eine Pfändung und Überweisung einer Namensdomain an einen nicht Namensberechtigten nicht stattfinden. **8**

Steht das Namens- oder Firmenhindernis nicht entgegen, so soll nach BGH[18] die Verwertung der gepfändeten Domain nach §§ 857 Abs. 1, 844 Abs. 1 ZPO durch Überweisung an Zahlungs statt zu einem Schätzwert erfolgen können. Nach dieser Überweisung könnte der Gläubiger dann die Umregistrierung auf sich bei DENIC beantragen, wenn das denn ohne Verstoß gegen vorbestehende Namensrechte möglich ist. Die Festsetzung eines Schätzwertes, auch mit Hilfe von Sachverständigen, wird große praktische Schwierigkeiten bereiten. Darauf weist auch *Hartig*[19] hin. Je nach gattungsmäßiger Breite mag eine Domain einen Preis von wenigen Euro oder, wie von *Kleespies*[20] genannt, von bis zu 500 000 EUR erzielen. **9**

---

11 Im Anschluss an u.a. *Hanloser*, CR 2001, 456; *Welzel*, MMR 2001, 131; *Musielak/Becker*, 4. Aufl., Rn. 13a) zu § 857 ZPO.
12 LG Zwickau, NJOZ 2010, 1799.
13 LG München, CR 2000, 620.
14 *Plaß*, WRP 2000, 1077.
15 *Kleespies*, GRUR 2002, 764 – außer bei berühmten Firmen oder Geschäftsbezeichnungen und außer dem Fall, dass die Domain durch Benutzung selbst Geschäftsbezeichnung geworden ist.
16 *Koos*, MMR 2004, 359.
17 *Welzel*, MMR 2001, 131.
18 BGH, GRUR 2005, 969 – Domainpfändung.
19 S. Besprechung BGH-Entscheidung in GRUR 2006, 299.
20 *Kleespies*, GRUR 2002, 764.

VI. Gemeinschaftsmarkenrecht

10   Die dinglichen Rechte an der Gemeinschaftsmarke, Zwangsvollstreckung und Insolvenz sind in Art. 19–21 GMV geregelt. Die Verpfändung und Begründung dinglicher Rechte an der Gemeinschaftsmarke (Art. 19 GMV) entspricht inhaltlich der Regelung zur eingetragenen Marke in § 29 Abs. 1 Nr. 1. Die Regelung des Art. 20 GMV entspricht im deutschen Recht § 29 Abs. 1 Nr. 2. Dabei wird gem. Art. 20 Abs. 2 GMV die Zuständigkeit für Zwangsvollstreckungsmaßnahmen betreffend die Gemeinschaftsmarke den Gerichten und Behörden der Mitgliedstaaten zugewiesen. Im Insolvenzverfahren (Art. 21 GMV) wird eine Gemeinschaftsmarke nur von demjenigen Insolvenzverfahren erfasst, welches in einem der Mitgliedstaaten *zuerst eröffnet* wird.

§ 30
Lizenzen

(1) Das durch die Eintragung, die Benutzung oder die notorische Bekanntheit einer Marke begründete Recht kann für alle oder für einen Teil der Waren oder Dienstleistungen, für die die Marke Schutz genießt, Gegenstand von ausschließlichen oder nicht ausschließlichen Lizenzen für das Gebiet der Bundesrepublik Deutschland insgesamt oder einen Teil dieses Gebiets sein.

(2) Der Inhaber einer Marke kann die Rechte aus der Marke gegen einen Lizenznehmer geltend machen, der hinsichtlich

1. der Dauer der Lizenz,
2. der von der Eintragung erfassten Form, in der die Marke benutzt werden darf,
3. der Art der Waren oder Dienstleistungen, für die die Lizenz erteilt wurde,
4. des Gebiets, in dem die Marke angebracht werden darf, oder
5. der Qualität der von ihm hergestellten Waren oder der von ihm erbrachten Dienstleistungen

gegen eine Bestimmung des Lizenzvertrages verstößt.

(3) Der Lizenznehmer kann Klage wegen Verletzung einer Marke nur mit Zustimmung ihres Inhabers erheben.

(4) Jeder Lizenznehmer kann einer vom Inhaber der Marke erhobenen Verletzungsklage beitreten, um den Ersatz seines Schadens geltend zu machen.

(5) Ein Rechtsübergang nach § 27 oder die Erteilung einer Lizenz nach Abs. 1 berührt nicht die Lizenzen, die Dritten vorher erteilt worden sind.

Übersicht

Literatur: *Bühling*, Die Markenlizenz im Rechtsverkehr, GRUR 1998, 196; *Fammler*, Die Markenlizenz (2), München 2007; *Fezer*, Lizenzrechte in der Insolvenz des Lizenzgebers, WRP 2004, 193; *ders.*, Die Eventmarke, FS für Tilmann, S. 321; *Jonas*, Rechtsprobleme der Vermarktung, GRUR Int. 1995, 232; *Kummer*, Der Interessenausgleich zwischen Insolvenzverwalter und Lizenznehmer in der Insolvenz des Lizenzgebers, GRUR 2009, 293; *Loewenheim*, Markenlizenz und Franchising, GRUR Int. 1994, 156; *McGuire*, Nutzungsrechte an Computerprogrammen in der Insolvenz, GRUR 2009, 13; *Ruisenar*, Merchandising von Sportemblemen und Universitätslogos – ein markenrechtliches Lösungsmodell für Europa?, GRUR Int. 1998, 110; *Ruijsenars*, Die Verwertung des Werbewerts bekannter Marken durch den Markeninhaber, GRUR Int. 1988, 385; *Slopek*, Lizenzen in der Insolvenz des Lizenzgebers, Der neue § 108a InsO-E, GRUR 2009, 128; *ders.*, Die Lizenz in der Insolvenz des Lizenzgebers – Endlich Rettung in Sicht?, WRP 2010, 616; *Stimmel*, Lizenzverträge unter der Rom-I-Verordnung, GRUR Int. 2010, 783; *Trautmann*, Nebenpflichten des Marken-Lizenzgebers, GRUR 2008, 470; *Ullmann*, Die Schnittmenge von Franchise und Lizenz, CR 1991, 193; *ders.*, Lizenz in der Insolvenz – zum Bedarf einer Neuregelung, Mitt. 2008, 46; *Graf v. Westphalen*, in: Röhricht/Graf v. Westphalen, HGB-Kommentar, Franchisevertrag.

I. Allgemeines

1 Eine Lizenz i. S. d. § 30 ist die – meist entgeltliche – Gestattung, eine Marke i. S. d. § 4 zu benutzen. Man unterscheidet *negative Lizenzen*, die nur ein schuldrechtlicher Verzicht auf das Verbotsrecht gegenüber dem Vertragsbegünstigten sind und *positive Lizenzen*, die auf die Ermöglichung der Nutzung gerichtet sind und daher auch Gewährleistungspflichten enthalten, wenngleich diese bei der Zeichenlizenz sehr eingeschränkt sind. Als Vertragstyp ist die Lizenz im BGB nicht geregelt. Teilweise wird sie als Rechtspacht aufgefasst und dann entsprechend dem Verweis im Pachtrecht nach Mietregeln behandelt, wobei der Anwendungsnutzen freilich gering bleibt. Zum Teil wird die Lizenz auch als Vertrag eigener Art aufgefasst. Jedenfalls hat der Lizenzvertrag seine Ausgestaltung fast ausschließlich durch die Praxis und die Rechtsprechung erfahren. Auch das Kartellrecht enthält – anders als bei Patentlizenzverträgen – für selbstständige Zeichenlizenzverträge keine besonderen Regelungen.

II. Arten der Lizenz

2 Bei der Lizenz wird zwischen *einfachen*, *ausschließlichen* und *Alleinlizenzen* unterschieden. Sämtliche Arten der Lizenz können örtlich oder zeitlich beschränkt erteilt werden. Auch die Art und Weise der Benutzung der Marke sowie weitere Umstände können im Lizenzvertrag ausdrücklich geregelt sein.

Die *einfache Lizenz* gestattet dem Lizenznehmer die Benutzung der Marke (im Rahmen   3
der vertraglichen Umstände), hindert den Lizenzgeber jedoch nicht an der Vergabe weiterer (einfacher) Lizenzen. Im Falle der Gewährung einer *ausschließlichen (Exklusiv-)Lizenz*
ist dem Lizenzgeber demgegenüber die Vergabe weiterer Lizenzen verwehrt. Auch hat er
selbst kein Recht mehr zur Benutzung der Marke. Will er sich dieses Recht vorbehalten,
kann er dem Lizenznehmer nur eine *Alleinlizenz* gewähren. Auch in diesem Fall kann er
keine weiteren Lizenzen vergeben.

III. Erscheinungsformen

1. Kollektivmarken

Eine *einfache Lizenz*, aber beschränkt auf einen bestimmten Benutzerkreis, ist regelmäßig   4
mit Verbandszeichen nach § 97 verbunden, damit die Mitglieder des Verbandes das gemeinsame Kollektivzeichen verwenden können.

2. Begleitende Marke

Die *begleitende Marke* ist die (gleiche) Marke, die sich der Hersteller des Vorproduktes für   5
das nicht unbedingt warenähnliche *Endprodukt* eintragen lässt, um alsdann die begleitende
Marke für das Endprodukt an qualitativ ausgewählte Händler zu lizenzieren. Besonders
häufig tritt die begleitende Marke auf dem Textilsektor auf.[1] Hier erhält der Konfektionär,
Händler etc. vom Hersteller eine einfache Lizenz an der Marke für das Endprodukt (z.B.
Bekleidung) mit Qualitätsauflagen, um Goodwill und Renommée und damit das Preisniveau zu wahren. Dritte, die den Stoff als Vorprodukt legal bezogen haben, können diesen
wie das Endprodukt (z.B. Bekleidung) zwar vertreiben, sind mangels einer Lizenz aber
nicht berechtigt, sich dabei der betreffenden Marke zu bedienen.

3. Franchising

Franchisingsysteme enthalten – neben anderen Vertriebs- und Managementbestimmungen   6
– fast regelmäßig eine örtlich *ausschließliche Lizenz* zur Benutzung von Marken oder Geschäftsbezeichnungen zum Vertrieb von Waren (Vertriebsfranchising) oder zur Erbringung
von Dienstleistungen (Dienstleistungsfranchising) nach einem bestimmten Geschäftskon-
zept. Der Franchisenehmer zahlt häufig eine Einstandsgebühr für sein Gebiet und eine lau-
fende Umsatzlizenz. Er verpflichtet sich häufig zum Bezug von Waren, unterwirft sich
Kontrollen und verpflichtet sich entweder, nur die Franchisewaren zu führen oder doch ab-
trägliche Konkurrenzwaren zu unterlassen. Er profitiert umgekehrt vom Geschäfts-Know-
how des Franchisegebers, von dem kollektiv verstärkten Werbewert und Ruf des Ge-
schäftskonzepts und häufig auch von einem günstig gebündelten Einkauf.[2] Die Franchise-

---

1 BGH, GRUR 1970, 80 – Dolan; OLG Hamm, GRUR 1982, 172 – alcantara.
2 BGH, WRP 2003, 1454 = GRUR 2003, 1062 – Apollo.

vereinbarungen sind in der vertikalen Gruppenfreistellungs-VO EU Nr. 330/2010[3] mit den zugehörigen vertikalen Leitlinien der Kommission[4] erfasst.

4. Merchandising

7 Merchandising ist ein häufiger Fall der Zeichenlizenz. Merchandising ist aber nicht auf Marken beschränkt. Merchandising ist die lizenzweise Vermarktung der Bekanntheit des Originals für Sekundärwaren, die so geartet sind, dass sie bei der Vermarktung von der Bekanntheit des Originals profitieren können, auch wenn sie nicht warenähnlich sind.[5]

a) Lizenzgrundlage

8 Die Lizenz als gebührenpflichtige Erlaubnis setzt ein Schutzrecht als Verbotsgrundlage voraus. Das kann ein Urheberrecht sein mit lizenzweiser Gestattung der Vervielfältigung nach §§ 15, 31 UrhG z. B. von Figuren (Character-Merchandising), etwa an vermenschlichten Heldenschildkröten.[6]

9 Schutzgrundlage können auch Titelrechte nach §§ 5, 15 sein[7] sowie Namensrechte bekannter Sportler oder Künstler nach § 12 BGB.[8] Ebenso können bekannte Marken die Lizenzgrundlage bilden.[9] Letztendlich können auch §§ 3, 5 UWG, § 826 BGB genügen: sittenwidriges Schmarotzen am guten Ruf anderer und Vortäuschen von Lizenzbeziehungen.[10]

b) Imagetransfer

10 Bei der *Marke als Lizenzgrundlage* – aber auch regelmäßig bei Titeln – besteht das Problem, dass die Sekundärwaren oft nicht warenähnlich – bzw. bei Titeln keine Werke – sind. Dieses Problem stellt sich z. B. bei der Ausnutzung der für Whisky bekannten Marke *Dimple* für Herrenkosmetik, Putz-, Polier- und Schleifmittel oder etwa der für Luxuskraftfahrzeuge bekannten Marke *Rolls Royce* für Whisky. Hier half die Rechtsprechung früher mit einem ergänzenden Zeichenschutz aus § 1 UWG.[11] Dieser ergänzende Wettbewerbsschutz ist jetzt in §§ 14 Abs. 2 Nr. 3, 15 Abs. 3 aufgegangen.[12] Danach besteht Zeichenschutz als Lizenzgrundlage, wenn die Marke im Inland bekannt ist und bei der Benutzung für andere

---

3 ABl. EU Nr. L 102 v. 20.4.2010, 1, auch abgedruckt in Beck-Texte dtv WettbR. Nr. 13.

4 ABl. EU Nr. C 130 v. 9.5.2010, 1, dort insbesondere Rn. 189–191.

5 BGH, WRP 1985, 399 = GRUR 1985, 550 – Dimple [ein Whisky], bejaht für Herrenkosmetik, verneint für Putz-, Polier- und Schleifmittel.

6 LG München, NJW-RR 1994, 680 – unzulässige Gebietslizenz an den „Teenage Mutant Hero Turtles".

7 BGH, WRP 1982, 407 = GRUR 1982, 431 – Point; BGH, WRP 1993, 383 = GRUR 1993, 692 – Guldenburg; OLG Hamburg, GRUR 1988, 549 – Cats; GRUR 1988, 927 – Starlight.

8 BGH, GRUR 1983, 128 – Nena; WRP 1993, 101 = GRUR 1993, 151 – Universitätsemblem.

9 Vgl. BGH, WRP 1985, 399 = GRUR 1985, 550 – Dimple; WRP 1983, 268 = GRUR 1983, 247 – Rolls Royce.

10 OLG Hamburg, GRUR 1988, 549 – Cats: im konkreten Fall aber § 1 UWG [jetzt § 3 UWG] verneint; OLG München, GRUR 1990, 43 – Donnerlippchen.

11 So die Fälle BGH, WRP 1985, 399 = GRUR 1985, 550 – Dimple; WRP 1983, 268 = GRUR 1983, 247 – Rolls Royce.

12 BGH, WRP 1998, 1181 = GRUR 1999, 161 – MAC DOG.

Waren durch Dritte die Wertschätzung der bekannten Marke ohne rechtfertigenden Grund in unlauterer Weise ausgenutzt oder beeinträchtigt wird. Bei der unlauteren Ausnutzung gelten die bisherigen Rechtsgrundsätze weiter: Eine Image-Ausstrahlung vom Original zur Sekundärware muss konkret möglich sein. Das ist umso eher möglich, je geringer der Warenabstand, je prägender die Bezeichnung und je identischer die Übernahme ist.[13]

c) Markenmäßige Benutzung

Wenn die Marke für ein Idol oder für ein Ereignis, z. B. Sportereignis, eingetragen ist und   **11**
die Fans schmücken sich damit, so erhebt sich die Frage, ob die Lieferung der Fanartikel markenmäßige Benutzung ist oder nur die Unterstützung einer ornamentalen Benutzung oder ornamentalen Identifizierung mit dem Idol oder dem Ereignis. Liegt bei solchen Fan-Artikeln eine lizenzpflichtige Markenverletzung durch markenmäßigen Gebrauch vor, und liegt eine funktionsgerechte, rechtserhaltende Benutzung vor? Im Fall *Arsenal* – Name eines bekannten Londoner Fußballclubs – bezweifelte der Britische High Court (HC), dass die Anbringung auf Fan-Schals der identischen, markengeschützten Embleme des Arsenal Fußballclubs über eine Dokumentation der Loyalität hinaus eine auf den Warenursprung hinweisende markenmäßige Benutzung sei.[14] Auf Vorlage hin entschied der EuGH,[15] dass die identische Verwendung des als Marke eingetragenen Emblems jedenfalls eine Verletzung i. S. v. Art. 1 Abs. 1 lit. a) Markenrechtsrichtlinie ist.[16] Ist das Image gebende Idol oder Ereignis in einer bildlichen Ausgestaltung als Marke für diverse Merchandising-Artikel eingetragen und wird das Image gebende Idol oder Ereignis in einer wiederum anderen bildlichen Variante benutzt oder nur das Ereignis genannt, so stellt sich erneut die Frage, ob es eine lizenzpflichtige Benutzung ist, wenn die Verbindung zur Marke nicht die bildliche Ausgestaltung, sondern die gedankliche Verbindung zu dem Idol oder Ereignis ist. Das hat der BGH[17] zutreffend in Zweifel gezogen, weil der Verkehr wohl mit dem Ereignis assoziiert, nicht aber mit einer bestimmten betrieblichen Warenherkunft.[18] Andererseits findet aber auch die rechtserhaltende Lizenzbenutzung ihre Grenze darin, dass die Benutzung in herkunftshinweisender Form erfolgen muss und nicht nur ornamental erfolgen darf.[19]

d) Merchandising-Agentur

Übliche Lizenzform beim Merchandising ist zumeist die Erteilung einer Hauptlizenz an   **12**
eine Merchandising-Agentur, die das Lizenzgeschäft mit der Erteilung von Unterlizenzen

---

13 Z. B. verneint für Guldenburg für Wein gegenüber „Das Erbe der Guldenburg" als Fernsehtitel: BGH, WRP 1993, 383 = GRUR 1993, 692 – Guldenburg.

14 HC 1999-0038 v. 6.4.2001.

15 EuGH, GRUR Int. 2003, 229 – Arsenal.

16 Folgeentscheidungen dazu in Großbritannien: HC, IIC 2003, 542 und CA, IIC 2003, 983.

17 BGH, WRP 2004, 1037 = GRUR 2004, 775 – Euro 2000.

18 So auch BGH, WRP 2006, 1121 = GRUR 2006, 850 – FUSSBALL WM 2006 und BGH, BeckRS 2006, 09470 – WM 2006; ähnlich BGH, WRP 2010, 764 = GRUR 2010, 642 – WM 2010: wegen beschreibenden Charakters engster Schutzumfang.

19 OLG München, WRP 1996, 128 – The Beatles.

an die einzelnen Gewerbetreibenden regelt. Diese Lizenzauswertung ist auch beim Persönlichkeitsrecht, Namensrecht und bei Rechten am eigenen Bild anerkannt.[20]

e) Gefahren und Gewinn

13 Eine Gefahr der Merchandising-Lizenz an Kennzeichen liegt darin, dass die Kennzeichnungskraft als Hinweis auf einen bestimmten Hersteller verloren gehen kann. Der große Nutzen des Merchandising liegt demgegenüber in der Ausdehnung und Steigerung der Bekanntheit des Kennzeichens und insbesondere in der Schaffung eines erweiterten Warenähnlichkeitsbereichs für zusätzlich angemeldete Waren durch rechtserhaltende (Lizenz-) Benutzung nach § 26 Abs. 2, vor allem aber in dem riesigen Lizenzpotenzial im Breitengeschäft.

5. Vergleiche in Widerspruchsverfahren

14 Vergleiche in Konfliktfällen enthalten bisweilen Lizenzen in der Weise, dass die jüngere Marke zur Beseitigung eines störenden Fremdregisterrechts auf den Widersprechenden übertragen wird und dieser dann dem jüngeren Anmelder an seiner übertragenen jüngeren Marke eine exklusive Lizenz erteilt.

IV. Die Zeichenlizenz

1. Form

15 Ein einfaches unbeschränktes Mitbenutzungsrecht war immer formfrei. Gebietslizenzen, Exklusivlizenzen und jegliche Lizenz, die dem Lizenznehmer Beschränkungen auferlegten, waren nach §§ 18, 34 GWB (a. F.) der kartellrechtlichen Schriftform unterworfen. Seit dem 1.1.1999 ist § 34 GWB a. F. gestrichen und damit das Formerfordernis entfallen. Anders als bei Gemeinschaftsmarken ist bei Lizenzen an deutschen Marken auch keine Eintragung im Markenregister vorgesehen (§ 25 MarkenV). Die Schriftform ist auch für Lizenzen an Gemeinschaftsmarken nicht erforderlich, sofern nicht das Heimatrecht des Inhabers etwas anderes verlangt (vgl. Art. 16 GMV). Nach dem Heimatrecht des Inhabers richtet sich auch die Lizenz an der Basismarke und dem gesamten IR-Markenbündel. Die Landeslizenz an einzelnen IR-Marken richtet sich gem. Art. 11 Rom-I-VO nach der Form, die im Abschlussland oder im Land des anzuwendenden materiellen Rechts gilt, je nachdem was gültigkeitsfreundlicher ist.

2. Natur und Gegenstand der Lizenz

16 Nach herrschender Meinung war die Markenlizenz früher lediglich ein schuldrechtlicher Verzicht auf das Verbotsrecht gegenüber dem Lizenzvertragspartner.[21] Heute wird diese Frage wegen des Sukzessionsschutzes in § 30 Abs. 5 mehrheitlich anders beurteilt. Der

---

20 BGH, GRUR 1987, 128 – Nena.
21 BGH, GRUR 1970, 528, 531 – Migrol; WRP 1985, 410 = GRUR 1985, 566 – Hydair; WRP 1991, 645 = GRUR 1991, 780 – Transatlantische.

Markenlizenz wird nunmehr ebenso wie der Patentlizenz dinglicher Charakter zugeschrieben.[22] Sieht man die normale Lizenz, einfach oder ausschließlich, mit dem EuGH nur als eine Duldungsverpflichtung an, so heißt das nicht, dass sie, wie etwa typisch im Franchising, nicht weiter ausgestaltet sein und auch Nebenpflichten zur Aufrechterhaltung bis zur Gewährleistung umfassen kann. Eine Folge der dinglichen Natur ist es, dass die Lizenz an einer prioritätsälteren Marke als Benutzungsrecht einem Angriff aus einem jüngeren Zeichen entgegengehalten werden kann. Das soll nach BGH[23] aber nur eingeschränkt gelten, nämlich nur hinsichtlich der eingetragenen älteren Marke selbst; nur diese könne Gegenstand der Lizenz sein, nicht eine im Schutzumfang liegende Abwandlung. In dem Fall war aus der älteren Marke „Subway" die jüngere Bezeichnung „Subwear", beide mit Schutz für Bekleidung, angegriffen und Verwechslungsgefahr bejaht worden. Der Inhaber von „subwear" verteidigte sich mit einem lizenzweisen Benutzungsrecht an der Abwandlung „subwear" der noch älteren IR-Marke „Subway" für die Benutzungsform „Subwear". Das ließ der BGH nicht gelten, weil sich die Lizenzberechtigung nur auf die eingetragene Form („SUBWAY") erstrecken könne, die aber nicht lizenziert war. Es sei ebenso wie bei der Übertragung nach § 27, die auch die eingetragene Form betreffe. Aber bei der Übertragung geht die eingetragene Form samt ihrem Schutzbereich über. Wenn „Subwear" im Schutzumfang von „SUBWAY" liegt, kann nach § 30 Abs. 2 Nr. 2 die „von der Eintragung erfasste Form" mit dinglich markenrechtlicher Wirkung lizenziert werden. Auch bei Patentlizenzverträgen sind Lizenzen auf eine bestimmte Ausführungsform häufig. Die Einschränkung der Markenlizenz auf die eingetragene Form überzeugt daher nicht. Das OLG Düsseldorf[24] versagt Zeichenlizenzen, die nur zur Rechtsverteidigung genommen sind, generell die Anerkennung.

Neben der dinglichen Lizenz hat auch die nur schuldrechtliche Negativlizenz ein breites **17** Anwendungsgebiet, nämlich bei Duldungsvereinbarungen im Rahmen von Abgrenzungs- und Vorrechtsvereinbarungen zur Beilegung von Widerspruchsverfahren. Schuldrechtlich wirksam war die oben erörterte Lizenz an der Abwandlung „Subwear" natürlich gegenüber dem Lizenzgeber aus der noch älteren IR-Marke „SUBWAY". Inter partes kann sich der Lizenznehmer gegenüber Ansprüchen aus der IR-Marke „SUBWAY" auf die Gestattung von „Subwear" berufen. Aber nach dem BGH konnte er diese Gestattung einem dritten Zwischenrecht „SUBWAY" nicht entgegenhalten. Nur schuldrechtlicher Natur ist auch die Namens- und die Firmenlizenz mit der Folge, dass der Lizenznehmer kein eigenes Klagerecht hat, sondern nur in Prozessstandschaft kraft Ermächtigung seitens des Namensträgers klagen kann.[25]

---

22 OLG München, NJW-RR 1997, 1266, 1267 – Fan-Artikel; OLG Hamburg, GRUR-RR 2004, 175 – Löwenkopf; BGH, GRUR 2007, 877 Tz. 29 – Windsor Estate – hält die dingliche Lizenz gerade bei der ausschließlichen Lizenz für möglich; BGH, WRP 2009, 1278 Tz. 20 = GRUR 2009, 946 – Reifen Progressiv bejaht den dinglichen Charakter bei der einfachen und ausschließlichen urheberrechtlichen Nutzungseinräumung; *Starck*, WRP 1994, 698, 702; *Fezer*, WRP 2004, 793, 804 ff.; demgegenüber EuGH, GRUR Int. 2009, 848 – Falco zu einer Videolizenz: Die Lizenz an einem Recht des geistigen Eigentums erschöpfe sich im Gegensatz zu einer Dienstleitung auch bei einer Ausübungspflicht in einer bloßen Duldung der Nutzung durch den Lizenznehmer.
23 BGH, WRP 2000, 1296 = GRUR 2001, 54 – SUBWAY/Subwear; ebenso OLG Hamburg, GRUR-RR 2004, 175 – Löwenkopf.
24 OLG Düsseldorf, GRUR-RR 2001, 49 – Combit/ComIT.
25 BGH, GRUR 1991, 303, 395 – Ott International; BGH, WRP 1993, 472 = GRUR 1993, 151 – Universitätsemblem.

a) Sukzessionsschutz

18   Die erteilte Lizenz, gleich ob sie einfach oder exklusiv ist, bleibt trotz Veräußerung der Marke oder einer späteren Erteilung einer Exklusivlizenz erhalten und uneingeschränkt wirksam. Es gilt also nach § 30 Abs. 5 (vgl. a. Art. 23 Abs. 1 GMV) der gleiche Sukzessionsschutz wie im Patentrecht nach § 15 Abs. 3 PatG oder im Urheberrecht nach § 33 UrhG. Zweifelhaft ist der Sukzessionsschutz bei Negativ-Lizenzen, also Lizenzen, die sich in einem Verzicht auf ein Klagerecht erschöpfen, wie es oft bei Vergleichen in Widerspruchsverfahren der Fall ist. Nach LG Mannheim[26] soll der Sukzessionsschutz bei der Negativlizenz nicht gelten. Das überzeugt nicht, denn der Gesetzeszweck ist, Rechtssicherheit für langfristige Verhältnisse zu bieten.

19   Bei Gemeinschaftsmarken gilt nach Art. 23 Abs. 1 GMV der Sukzessionsschutz aber erst dann, wenn die Lizenz eingetragen ist oder wenn der Erwerber bösgläubig war (zu zeitlichen Problemen beim Sukzessionsschutz vgl. Rn. 62).

b) Firmenlizenz

20   Die *Firmenlizenz* ist nach wie vor im Grundsatz lediglich eine schuldrechtliche Gestattung, weil das Firmenrecht an den Geschäftsbetrieb gebunden ist.[27] Der Lizenznehmer kann sich aber ähnlich wie ein Besitzer nach § 986 Abs. 1 BGB auf die ältere Priorität seines Lizenzgebers gegenüber zeichenrechtlichen Klagen Dritter berufen,[28] es sei denn, er hätte die Lizenz nur zur Rechtsverteidigung genommen.[29]

c) Dingliche Beschränkungen

21   Bestimmte Beschränkungen der Lizenz sind mit Wirkung nicht nur gegen den Lizenznehmer, sondern auch gegen Abnehmer möglich. Es handelt sich dabei abschließend um die in § 30 Abs. 2 entsprechend Art. 8 Abs. 2 Markenrechtsrichlinie aufgeführten Beschränkungen hinsichtlich der Dauer, der Darstellungsform der Waren oder Dienstleistungen, des Gebiets oder der Qualität. Verstöße gegen vertragliche Regelungen auf diesen Gebieten sind nicht nur Vertragsverstöße zwischen den Vertragsparteien, sondern gleichzeitig auch Markenverletzungen.

aa) Darstellung

22   Bei der Darstellung der Marke kommt grundsätzlich das Markenrecht zur Anwendung, das jedoch bei vertragswidrigen Darstellungen nur greift, wenn die vertragswidrige Darstellung von der eingetragenen Form abweicht. Ist z. B. schwarz/weiß eingetragen, blau/gold vertraglich vorgeschrieben und wird vorschriftswidrig blau/silber benutzt, so ist das nur ein Vertragsverstoß, nicht jedoch auch eine Markenverletzung. Eine Markenverletzung wäre hingegen zu bejahen, wenn blau/gold auch eingetragen wäre.

---

26 LG Mannheim, GRUR-RR 2011, 49 – convenant not to sue.
27 Beiläufig in BGH, GRUR 2002, 703, 705 – Vossius & Partner.
28 BGH, GRUR 1993, 574 – Decker; WRP 1994, 300 = GRUR 1994, 652 – Virion.
29 OLG Düsseldorf, GRUR-RR 2001, 49 – Combit/ComIT.

bb) Gebiet

Eine Gebietsaufspaltung ist bei der Lizenz nach Art. 8 Markenrechtsrichtlinie erlaubt und **23** konkret in § 30 Abs. 1 (wie auch in Art. 23 Abs. 1 GMV) vorgesehen. Anders als bei der Übertragung einer Marke ist bei der Lizenz eine Gebietsaufspaltung damit möglich. Gebietsbeschränkungen können in unterschiedlicher Intensität vereinbart werden: Nicht in fremdem Gebiet zu werben, beschränkt nur den „aktiven Verkauf", keine, auch nicht aufgesuchte Bestellungen aus fremdem Gebiet anzunehmen, beschränkt auch den „passiven Verkauf", und Exporteure nicht zu beliefern, die in fremde Gebiete, insbesondere in fremde EU-Gebiete liefern, kommt einer verbotenen Verhinderung des Parallelimports gleich. Bei der Gebietslizenz sind daher Art. 101 Abs. 1 AEUV und § 1 GWB zu beachten, denn wechselseitige Gebietsaufteilungen können als Marktaufteilungen verbotene Wettbewerbsbeschränkungen sein (s. dazu unten Rn. 46).

cc) Vertriebsform

In selektiven Vertriebssystemen ist es für Prestigeartikel eine erhebliche Frage, ob bei- **24** spielsweise der vertraglich untersagte Verkauf an Discounter nur ein schuldrechtlicher Verstoß inter partes zwischen Hersteller und erstem Lizenznehmer ist, oder ob abredewidrig vertriebene Prestigeartikel den Discounter und dessen Abnehmer nicht erschöpften Markenrechten des Herstellers aussetzen. Der EuGH[30] bejaht ausnahmsweise eine Markenverletzung über die Vertragsverletzung inter partes hinaus, wenn nach den näheren Umständen der Discountervertrieb den Prestigecharakter und damit die Qualität der Ware schädigt.

d) Vertragsverstöße

Bloß *schuldrechtliche* Vertragsverstöße, ohne dass sie auf den Folgeabnehmer durchschla- **25** gen, sind beispielsweise: Nichtzahlung, Nichteinhaltung von Bezugsverpflichtungen, Nichtanbringung vorgeschriebener Lizenzvermerke, vertragswidrige Anmutung der Verpackung oder Ausstattung der Vertriebsstätte, es sei denn, Letztere würden eine besondere Prestigequalität beeinträchtigen.

3. Kartellrecht

Seit 2004 dominiert das Europäische Kartellrecht mehr noch als früher. Das deutsche **26** GWB ist materiell für vertragliche Vereinbarungen ganz in den Hintergrund getreten. Durch den Vertrag von Lissabon ist der EWG-Vertrag (dann „EG-Vertrag") in den „Vertrag über die Arbeitsweise der Europäischen Union" (AEUV) umbenannt, ergänzt und in der Artikelfolge neu nummeriert worden. Diese Fassung ist am 1.12.2009 in Kraft getreten. Hinsichtlich der früheren Art. 81 ff. EG, nunmehr Art. 101 ff. AEUV, hat sich inhaltlich nichts geändert.

---

30 EuGH, GRUR 2009, 593 – Copad/Dior.

a) Art. 101 AEUV (ex Art. 81 EGV)

27 Wettbewerbsbeschränkende Vereinbarungen, die geeignet sind, den zwischenstaatlichen Handel zu beeinträchtigen, sind verboten. Die in Art. 101 Abs. 1 AEUV folgenden Verbotsbeispiele stellen die per se verbotenen Kernbeschränkungen dar. Art. 101 Abs. 3 AEUV gibt eine Freistellung vom Kartellverbot für nützliche Vereinbarungen, nämlich solche,

> „die unter angemessener Beteiligung der Verbraucher an dem entstehenden Gewinn zur Verbesserung der Warenerzeugung oder -verteilung oder zur Förderung des technischen oder wirtschaftlichen Fortschritts beitragen, ohne dass den beteiligten Unternehmen
>
> a) Beschränkungen auferlegt werden, die für die Verwirklichung dieser Ziele unerlässlich sind, oder
>
> b) Möglichkeiten eröffnet werden, für einen wesentlichen Teil der betreffenden Waren den Wettbewerb auszuschalten."

28 Bis etwa 1999 wurde der alte Art. 81 Abs. 3 EGV dahin interpretiert und über mehr als vier Jahrzehnte gehandhabt, dass er Einzel- bzw. Gruppenfreistellungen in Gruppenfreistellungsverordnungen (GVO) verlangt, die die EG-Kommission konstitutiv ausspricht. Beginnend in 1999 und formal seit 2004 in Kraft getreten mit der neuen KartellVO am 1.5.2004, hat sich das Verständnis der Kommission dahin gewandelt, dass der alte Art. 81 Abs. 3 EGV, nunmehr Art. 101 Abs. 3 AEUV, Legalausnahmen enthält. Es gibt grundsätzlich *keine konstitutive Einzelfreistellungsbescheide* mehr. Die betroffenen Unternehmen müssen selbst einschätzen, was sie dürfen. Dazu helfen Leitlinien der Kommission.

29 Daneben bestehen Art. 102 AEUV (früher Art. 82 EGV – Missbrauch von Marktmacht) und Art. 103 AEUV (früher Art. 83 EGV) als Grundlage für Durchführungsverordnungen. Bei Art. 102 AEUV ist wiederholt die Frage aufgetaucht, ob ein Schutzrechtsinhaber, der marktmächtig ist, einem kartellrechtlichen Lizenzierungszwang unterliege. Der EuGH beurteilt die Lizenzverweigerung grundsätzlich nicht als Machtmissbrauch, es sei denn, es bestehe eine potenzielle Nachfrage, die der Schutzrechtsinhaber nicht befriedigt, die Weigerung sei nicht durch sachliche Gründe gerechtfertigt und durch die Weigerung würde auf einem abgeleiteten Folgemarkt der Wettbewerb unterbunden.[31] Eine solche Machtstellung mit einer Marke ist allenfalls vorstellbar für einen Folgemarkt mit Ersatzteilen.

b) Die Kartellverordnung

30 Es gab früher die Kartellverordnung No. 17 EWG v. 6.2.1962,[32] die das Freistellungsverfahren im Einzelnen regelte. Sie ist ersetzt worden durch die neue KartellVO 1/2003 v. 16.12.2002[33] mit folgenden Hauptpunkten:

---

31 EuGH, 6.4.1995 – Rs C-241/91 Rs. C-242/91 P, Slg. 1995, I-743 = GRUR Int. 1995, 490 – Magill; EuGH, 26.11.1998 – Rs C-7/97, Slg. 1998, I-7791 = WRP 1999, 167 = GRUR Int. 1999, 262 – Bronner; EuGH, 29.4.2004 – Rs C-418/01, GRUR Int. 2004, 524 – IMS Health.

32 ABl. EG 1996 Nr. L 204.

33 ABl. EG 2003 Nr. L 1, 1.

- Art. 1 Abs. 2: Die Freistellung nach Art. 81 Abs. 3 EG (nunmehr Art. 101 Abs. 3 AEUV) wirkt von selbst ohne vorherige Entscheidung als *Legalausnahme* vom Kartellverbot.
- Art. 3 Abs. 1, 5, 6: Die nationalen Kartellbehörden (z.B: BKA in Bonn) und Gerichte wenden Art. 81 Abs. 1 EGV (Art. 101 Abs. 1 AEUV = Verbot und Art. 81 Abs. 3 EGV (Art. 101 Abs. 3 AEUV) = Erlaubnis unmittelbar an.
- Art. 10: Freistellungsentscheidungen auf Einzelantrag gibt es nicht mehr, allenfalls Freistellungen im öffentlichen Interesse.
- Art. 5: Es gibt nur *comfort letters*, also Mitteilungen, dass die Kommission oder nationale Kartellbehörde keinen Grund zum Einschreiten sehe. Der comfort letter schützt vor Bußgeld, sichert aber nicht die zivilrechtliche Gültigkeit vor Gericht.
- Art. 3 Abs. 2: Vorrang des EG-Kartellrechts, keine Zwei-Schranken-Lehre mehr.
- Art. 45: Ab 1.5.2004 ist die neue KartellVO anzuwenden.

Dazu musste das deutsche GWB radikal geändert werden. Im Zuge dieser Änderung ent- 31
fielen die §§ 17, 18 GWB über Lizenzverträge ersatzlos.

c) Neues GWB (2005)

Im Zuge der neuen, *absoluten Vorrangregelung* für das Europäische Kartellrecht nach der 32
neuen EG-KartellVO ist für kartellvertragliche nationale Sonderregelungen kein Platz
mehr. Es gilt für Lizenzverträge nur noch das EG-Kartellrecht, jedoch ohne Bezugnahme
auf den zwischenstaatlichen Handel. Das GWB ist grundlegend umgestaltet worden und
am 1.7.2005 in Kraft getreten.

§ 1 GWB entspricht – bis auf den zwischenstaatlichen Handel – voll dem *Art. 101 AEUV*. 33
Es entfallen die bisher in § 1 GWB stehenden Worte „miteinander in Wettbewerb stehender
Unternehmen", die den § 1 GWB auf horizontale Vereinbarungen ausrichtete. Künftig gilt
er wie Art. 101 AEUV für horizontale und vertikale Vereinbarungen. § 2 Abs. 1 GWB entspricht dem Art. 101 Abs. 3 AEUV und § 2 Abs. 2 GWB enthält eine dynamische Verweisung auf das EU-Recht:

> „(2) Bei der Anwendung von Abs. 1 gelten die Verordnungen des Rates oder der
> Kommission der Europäischen Gemeinschaft über die Anwendung von Art. 81
> Abs. 3 des Vertrages zur Gründung der Europäischen Gemeinschaft auf bestimmte
> Gruppen von Vereinbarungen, Beschlüsse von Unternehmensvereinigungen und auf-
> einander abgestimmte Verhaltensweisen (Gruppenfreistellungsverordnungen) ent-
> sprechend. Dies gilt auch, soweit die dort genannten Vereinbarungen, Beschlüsse und
> Verhaltensweisen nicht geeignet sind, den Handel zwischen den Mitgliedstaaten der
> Europäischen Gemeinschaft zu beeinträchtigen."

d) Gruppenfreistellungsverordnungen (GVO)

Die Kommission hat bisher verschiedene Gruppenfreistellungsverordnungen erlassen: 34

- F&E-GVO 1217/2010 v. 14.12.2010,[34]

---

34 ABl. EU 2010 Nr. L 335, 36.

- Spezialisierungs-GVO 1218/2010 v. 14.12.2010,[35]
- Vertikal-GVO, früher 2790/1999 v. 22.12.1999,[36] nunmehr (EU) 330/2010 v. 20.4. 2010[37] für vertikale Vertriebsverträge, zu denen auch die Franchiseverträge gehören.

35 Die F&E-GVO und die Spezialisierungs-GVO sind 2010 neu gefasst worden. Diese Gruppenfreistellungsverordnungen, wie auch die alte und neue Vertikal-GVO, enthalten nicht mehr wie früher eine detaillierte Liste freigestellter weißer Klauseln, sondern *nur noch eine Liste schwarzer, verbotener Klauseln*, die von Leitlinien begleitet werden, den „Horizontalen Leitlinien" v. 14.1.2011[38] zur Spezialisierungs- und F&E-GVO und den „Vertikalen Leitlinien"[39] zu den Vertriebsverträgen.

36 Für Patent- und Know-how-Lizenzverträge gilt die GruppenfreistellungsVO für Technologietransfer-Vereinbarungen (*GVTT*) v. 27.4.2004[40] mit Leitlinien gemäß der Bekanntmachung der Kommission über Leitlinien zur Anwendung des Art. 81 EGV auf Technologie-Transfervereinbarungen.[41] Die GVTT ist ab 1.5.2004 simultan mit der neuen KartellVO in Kraft getreten. Die GVTT stellt Lizenzverträge zwischen lediglich zwei Unternehmen (Art. 2 GVTT), die keine schwarzen Klauseln (Art. 4 GVTT) enthalten, frei, und zwar

- zwischen Nicht-Wettbewerbern bis jeweils 30% Marktanteil (Art. 3 Abs. 2 GVTT)
- zwischen aktuellen und potenziellen Wettbewerbern bis zusammen 20% Marktanteil (Art. 3 Abs. 1 GVTT).

37 Die GVTT ist nach Art. 1 Abs. 1 lit. b anwendbar für Patent-, Know-how- und Markenlizenzen, wenn sie mit technischen Lizenzen oder Verkaufs- oder Bezugsvereinbarungen gemischt sind. Stellen Verkaufs- oder Bezugsvereinbarungen aber die Hauptsache dar, so gilt die Vertikal-GVO. Reine oder hauptsächliche *Markenlizenzverträge* fallen nicht unter die GVTT. Sie fallen auch nicht unter die Vertikal-GVO. Die schwarzen Klauseln in der GVTT und die Ausnahmen dazu bieten aber Anhaltspunkte dafür, was auch in reinen Markenlizenzverträgen im Zweifel unzulässig oder zulässig ist. *Schwarze Klauseln* zwischen aktuellen und potenziellen *Wettbewerbern* sind nach Art. 4 Abs. 1 GVTT:

- Bindung der Abgabepreise des Partners,
- Beschränkung der Produktion oder des Absatzes und Mengenbeschränkungen in wechselseitigen Lizenzen,
- Marktzuweisungen oder Abnehmerbeschränkungen, ausgenommen
  - Field-of-use-Beschränkungen
  - Gebiets-Exklusivlizenzen sind erlaubt, wenn nicht
    - wechselseitig passive Verkäufe in andere Lizenzgebiete unterbunden werden
    - oder in bestimmten Fällen Querlieferungen in andere Lizenznehmergebiete verboten werden.
- Verbote oder Beschränkungen, eigene Technologie anzuwenden oder Forschung und Entwicklung zu betreiben,

---

35 ABl. EU 2010 Nr. L 335, 43.
36 ABl. EG 1999 Nr. L 336, 21.
37 ABl. EU 2010 Nr. L 102, 1.
38 ABl. EU 2011 Nr. C 11, 1.
39 ABl. EU 2010 Nr. C 130 v. 19.5.2010, 1.
40 ABl. EG 2004 Nr. L 123 v. 27.4.2004, 11.
41 ABl. EG 2004 Nr. C 101 v. 27.4.2004, 2.

– es sei denn, letztere Beschränkung wäre zur Geheimhaltung von lizenziertem Know-how nötig.

Zwischen Nicht-Wettbewerbern sind die schwarzen Klauseln in Art. 4 Abs. 2 GVTT abge- **38** mildert. Diese Abmilderung gilt auch dann, wenn die Parteien bei Vertragsschluss nicht Wettbewerber waren, es aber durch die Lizenzfertigung geworden sind (Art. 4 Abs. 3 GVTT):

– Zwar ist die Bindung von Abgabepreisen verboten,
  – erlaubt ist aber Festsetzung von Maximalpreisen und Preisempfehlungen ohne Druck;
  – Marktzuteilungen sind insofern erlaubt, als aktive Verkäufe in reservierte Exklusivgebiete anderer Lizenznehmer oder des Lizenzgebers untersagt werden dürfen. In das Vorbehaltsgebiet des Lizenzgebers dürfen auch passive Verkäufe untersagt werden. Passive Verkäufe in die Gebiete anderer Lizenznehmer dürfen jedoch nur für die Dauer von zwei Jahren untersagt werden;
  – erlaubt sind auch Marktzuteilungen derart, dass der Lizenznehmer nur an Endabnehmer liefern darf und nicht an Händler.

Von der Gruppenfreistellung nach Art. 2 GVTT werden als Einzelklauseln nach Art. 5 **39** GVTT nicht erfasst Nichtangriffsklauseln, wobei aber die Kündigungsklausel im Fall eines Lizenznehmerangriffs auf das Schutzrecht erlaubt ist.

Die *Vertikal-GVO*[42], gilt für Warenlieferungs- oder Dienstleistungsverträge zwischen Un- **40** ternehmen, die auf *unterschiedlichen Produktions- oder Vertriebsstufen* tätig sind, und erfasst dabei nach Art. 2 Abs. 3 Vertikal-GVO auch die Übertragung von oder Lizenzen an Schutzrechten, wenn diese Lizenz nicht Hauptgegenstand des Vertrags ist. Die Gruppenfreistellung gilt nach Art. 3 Vertikal-GVO, wenn Anbieter und Abnehmer jeweils keinen höheren Marktanteil als 30 % auf dem relevanten Markt haben und wenn die Vereinbarung keine der in Art. 4 Vertikal-GVO schwarz gelisteten Klauseln enthält, nämlich:

– keine Preisbindung für den Abnehmer,
  – wobei aber Höchstverkaufspreise und unverbindliche Preisempfehlungen erlaubt sind;
– keine Gebiets- oder Kundenbeschränkungen für den Abnehmer mit Ausnahme von
  – Gebietsbeschränkungen für den aktiven Verkauf,
  – Verkauf nur an Endverbraucher,
  – in selektiven Vertriebssystemen Verkauf nur an zugelassene Händler;
– keine Beschränkung des aktiven oder passiven Verkaufs an Endverbraucher in selektiven Vertriebssystemen;
– keine Beschränkung von Querlieferungen zwischen Händlern in einem selektiven Vertriebssystem.

Je einzeln sind nach Art. 5 Vertikal-GVO nicht freigestellt Wettbewerbsverbote für unbe- **41** stimmte Dauer oder länger als fünf Jahre und bestimmte nachvertragliche Wettbewerbsverbote.

---

42 VO (EU) Nr. 330/2010 v. 20.4.2010, ABl. EU 2010 Nr. L 102, 1.

e) Markenlizenzverträge und Kartellrecht

42 Markenlizenzen in Vertriebsfranchisingverträgen fallen unter die Vertikal-GVO 330/2010. *Reine Markenlizenzverträge*, also Zeichenlizenzen für Eigenprodukte oder für eigene Dienstleistung, Merchandising-Lizenzen, Streitregelungslizenzen, fallen, falls sie spürbare Wettbewerbsbeschränkungen enthalten, unter Art. 101 Abs. 1 AEUV, und die Beteiligten haben selbst einzuschätzen, ob sie von der Legalausnahme des Art. 101 Abs. 3 AEUV profitieren können. Streitregelungslizenzen und Unterlassungsverpflichtungen in Abgrenzungsvereinbarungen sind kartellrechtlich gültig, wenn sie keine Wettbewerbsbeschränkung bezwecken und bei Abschluss objektiv begründeter Anlass zu der Annahme bestand, dem begünstigten Vertragspartner stehe ein entsprechender Unterlassungsanspruch zu.[43] Geht die Unterlassungsverpflichtung zu weit, z. B. räumlich, so kommt eine beschränkte Aufrechterhaltung – geltungserhaltende Reduktion – in Betracht.

f) Preisbindung

43 Markenlizenzverträge dürfen nach Art. 101 Abs. 2 AEUV den Lizenznehmer nicht in seinen Abgabepreisen binden; das gilt insbesondere auch für Franchiseverträge. Preisempfehlungen ohne Druck, auch in der Form der Ausgabe von Richtpreisen, sind jedoch nach Art. 4 a) Vertikal-GVO und Art. 4 Abs. 2a) GVTT unter Nicht-Wettbewerbern möglich und sind insbesondere in Franchiseverträgen zugelassen.[44] Dabei muss jedoch nicht nur rechtlicher, sondern auch faktischer Druck vermieden werden, z. B. durch zentrale Preisbekanntmachung des Franchisegebers ohne Klarstellung, dass sich die Preise nur auf sein eigenes Geschäft beziehen.[45]

g) Qualitätsbindungen, Bezugsverpflichtungen

44 Gestattet sind Qualitätsbindungen (§ 30 Abs. 2 Nr. 5) sowie die sonstigen in § 30 Abs. 2 genannten dinglichen Beschränkungen. Gestattet sind auch Beschränkungen, die wie Vorschriften über Verpackung und Geschäftslokal für den Goodwill der Marke wichtig sind. Insbesondere für Franchisesysteme ist es anerkannt, dass die Wahrung von Ruf und Identität des Franchisenetzes Bezugspflichten und Absatzbindungen für den Verkauf nur im Franchisesystem und Weisungsrecht des Franchisegebers derart rechtfertigen, dass diese systemimmanenten Pflichten von vornherein keine Wettbewerbsverstöße nach Art. 101 Abs. 1 AEUV sind.

h) Wettbewerbsverbote

45 Unbestimmt lange oder 5 Jahre übersteigende Wettbewerbsverbote, also keine anderweit bezogenen Waren zu vertreiben, sind als Einzelklauseln nach Art. 5 Abs. 1 a) Vertikal-GVO nicht freigestellt. In Franchisesystemen werden aber Wettbewerbsverbote zum

---

43 BGH, WRP 2011, 768 = GRUR 2011, 641 – Jette Joop.
44 EuGH, GRUR Int. 1986, 193 – Pronuptia Tz. 25; EG-Kommission, GRUR Int. 1989, 575 – Charles Jourdan.
45 BGH, GRUR 1999, 1025; weitgehend bestätigend OLG München, NJWE-WettbR 1997, 234 – Sixt-Franchisevertrag: unzulässige Preisempfehlung; BGH, GRUR 2003, 1062 – Apollo.

Schutz des Geschäfts-Know-hows nicht als Wettbewerbsbeschränkungen nach Art. 101 Abs. 1 AEUV gewertet – trotz der Verpönung von Wettbewerbsverboten in Art. 5 Abs. 1 a) der Vertikal-GVO.[46]

i) Gebietsbeschränkungen und Gebietsschutz

Mit einer Markenlizenz verbundene Gebietsbeschränkungen sind im Grundsatz als Wett- **46** bewerbsverstöße nach Art. 101 Abs. 1 AEUV gewertet worden, die jedoch unter Umständen nach Art. 101 Abs. 3 AEUV gerechtfertigt sein können.[47] Sie sind verbotene Wettbewerbsbeschränkungen in der Verbandssatzung für die Nutzung von Verbandszeichen[48] oder in gebietsweisen Merchandising-Lizenzen.[49]

Gebietsbeschränkungen sind eingeschränkt freigestellt für Zeichenlizenzen i.V. m. dem **47** Vertrieb von Waren in Art. 4 b) der Vertikal-GVO: Danach darf der aktive Verkauf in fremde Ausschließlichkeitsgebiete untersagt werden, wenn die Vertragsparteien jeweils die Grenze von 30 % Marktanteil nicht überschreiten. Darüber hinaus gilt die Selbsteinschätzung. In Franchisesystemen sind Gebietsschutz und Gebietsbeschränkung für den aktiven Verkauf regelmäßig nach Art. 101 Abs. 3 AEUV gerechtfertigt, weil ein Franchisenehmer sonst nicht zur Zahlung der Einstandsgebühr und zur Erbringung der Anfangsinvestitionen bereit wäre.[50]

Unzulässig ist ein *absoluter Gebietsschutz*, also ein Schutz gegen Parallelimporte aus ei- **48** nem Markengebiet in ein anderes Markengebiet.[51]

j) Nichtangriffsabrede

Nichtangriffsabreden sind häufig bei Abgrenzungsvereinbarungen in Widerspruchsverfah- **49** ren anzutreffen. EG-rechtlich[52] wurden sie lange Zeit als unzulässig angesehen. Das ist auch in den neueren GVO beibehalten worden, z.B. in der GVTT in Art. 5 Abs. 1 b), wobei die Nicht-Freistellung aber in diesem Fall nicht den gesamten Vertrag ergreift, sondern nur die Nichtangriffsabrede.

---

46 Vgl. vertikale Leitlinien Tz. 190 und EG-Kommission, GRUR Int. 1989, 575 – Charles Jourdan; im Gefolge von EuGH, GRUR Int. 1986, 193 Tz. 22 – Pronuptia.

47 EuGH, GRUR Int. 1986, 193 – Pronuptia.

48 BGH, GRUR 1991, 782 – Golden Toast.

49 LG München, NJW-RR 1994, 680 – Teenage Mutant Hero Turtles.

50 Vertikale Leitlinien Tz. 191, EG Kommission, GRUR Int. 1989, 575 – Charles Jourdan für Vertriebsfranchise; EG-Kommission, GRUR Int. 1989, 675 – Service Master für Dienstleistungsfranchise.

51 EuGH, GRUR Int. 1966, 580 – Grundig/Consten – unzulässiger absoluter Gebietsschutz mit Hilfe eines Warenzeichens für den französischen Alleinvertriebshändler; EG Kommission, GRUR Int. 1990, 626 – Moosehead/Whitbread: passiver Gebietsschutz, Wettbewerbsbeschränkung aber freistellungsfähig.

52 EG-Kommission, ABl. EG 1982 Nr. L 379, 19, und EuGH, GRUR Int. 1985, 399 – Toltecs/Dorcet II.

4. Gewährleistung

50 Die Gewährleistung ist bei Patent- und Know-how-Lizenzverträgen ein vielschichtiges Problem hinsichtlich technischer und wirtschaftlicher Ausführbarkeit, Vernichtbarkeit und Abhängigkeit. Bei der Markenlizenz spielt nur die Frage der Haftung für den Fall eine Rolle, dass ein noch älteres Zeichenrecht auftaucht, aus dem gegen den Lizenznehmer Verbotsrechte geltend gemacht werden oder drohen. Der Lizenzgeber haftet dem Lizenznehmer auf Schadensersatz aus culpa in contrahendo, §§ 311 Abs. 2, 241 BGB, wenn er den Lizenznehmer über *ihm bekannte* ältere Drittrechte nicht aufgeklärt hat.[53] Im Übrigen ist der Lizenzvertrag aber ein Risikogeschäft, das auch mit dem Risiko behaftet ist, dass später ältere Drittrechte auftauchen. Tauchen später solche Rechte auf, so löst das, wenn nichts anderes vereinbart ist, keine Haftung des Lizenzgebers aus. Werden aber tatsächlich Rechte gegen den Lizenznehmer wegen Benutzung der jüngeren Bezeichnung geltend gemacht, so hat der Lizenznehmer wegen Wegfalls der Geschäftsgrundlage bei laufender Zahlung ein *Kündigungsrecht ex nunc*. Geleistete Zahlungen verbleiben dem Lizenzgeber.[54]

51 Von der Haftung des Lizenzgebers zu unterscheiden ist die Haftung des kennzeichnenden Lizenznehmers. Liefert er Ware, deren Kennzeichen, z. B. das Vorgeschriebene des Lizenzgebers, ältere Zeichenrechte Dritter verletzt, so haftet er in der Kaufkette wegen *Rechtsmangels* seinen Abnehmern gegenüber nach §§ 435, 437 BGB.

5. Produzentenhaftung

52 Der Lizenzgeber kann durch die Markenlizenz leicht in die *Produkthaftung* geraten, denn nach § 4 ProdhaftG gilt als Hersteller jeder, der sich durch das Anbringen seines Namens, seiner Marke oder eines anderen unterscheidungskräftigen Kennzeichens als Hersteller ausgibt. Der Lizenzgeber muss im Lizenzvertrag also dafür Sorge tragen, dass am Markt der Lizenznehmer klar als Hersteller in Erscheinung tritt, dass der Lizenzgeber also nur Lizenzgeber und nicht Quasi-Hersteller ist.

6. Unterlizenzen

53 *Unterlizenzen* können, auch bei der exklusiven Markenlizenz, grundsätzlich nur mit Zustimmung des Inhabers der lizenzierten Marke weiter vergeben werden, weil die Vielfachnutzung die Herkunftsfunktion der Marke beeinträchtigen kann. Endet die Hauptlizenz anders als durch vorherbestimmten Zeitablauf, z. B. durch außerordentliche Kündigung der Hauptlizenz mit einer Merchandising Agentur, so bleiben die *zuvor vergebenen Unterlizenzen* bestehen, nämlich erst recht bei einer schuldrechtlichen Kündigung, wenn urheberrechtliche Nutzungsrechte sogar bei einem dinglich wirkenden Rückruf bestehen bleiben.[55] Der Unterlizenznehmer hat hinfort an den Rechtsinhaber zu zahlen, weil der alte Hauptlizenznehmer in zumindest entsprechender Anwendung des § 816 Abs. 2 BGB als „nichtberechtigt Gewordener" die weiteren Unterlizenzgebühren herauszugeben hätte.

---

53 BGH, GRUR 1982, 481 – Hartmetallkopfbohrer – zur Aufklärungspflicht bei der Patentlizenz.
54 OLG Hamburg, NJW-RR 1994, 679.
55 BGH, WRP 2009, 1278 = GRUR 2009, 946 – Reifen Progressiv.

7. Verletzungsklage

a) Klagerecht des Lizenznehmers

Der Lizenznehmer hat gem. § 30 Abs. 3 (ähnlich Art. 22 Abs. 3 GMV) bei der exklusiven **54** Lizenz[56] ein Klagerecht wegen Verletzung der Marke nur, wenn der Markeninhaber zustimmt. Der Lizenznehmer kann *mit Zustimmung des Lizenzgebers* im Wege der gewillkürten Prozessstandschaft auch Widerspruch nach § 42 gegen eine jüngere Anmeldung einlegen.[57] Die Zustimmung des Markeninhabers gilt als materielles Erfordernis auch schon bei der Abmahnung von Verletzern.[58] Im Fall der Exklusivlizenz wird sich allerdings zumeist eine Pflicht des Lizenzgebers zur Erteilung der Zustimmung zur Klagerhebung durch den Lizenznehmer bejahen lassen, wenn er selbst nicht klagt. Das Zustimmungserfordernis ist ein wichtiger Schutz für den Markeninhaber, der den alten Lizenzvertrag z. B. mit seiner Merchandising-Agentur kündigt und eine neue Lizenz vergibt. Der alte Lizenznehmer kann deshalb nicht mit der Behauptung, er sei aufgrund der Unwirksamkeit der Kündigung des Lizenzvertrages nach wie vor ausschließlicher Lizenznehmer, gegen den neuen Lizenznehmer wegen Markenverletzung klagen. Umgekehrt muss die Merchandising-Agentur – gerade bei alten Verträgen – aufpassen, dass sie sich gegen Verletzer ausdrücklich das Klagerecht einräumen lässt. Bei Namenslizenzen kann der Lizenznehmer (z. B. eine Merchandising-Agentur) nur in Prozessstandschaft des Rechtsinhabers klagen.[59] Das für die Prozessstandschaft nötige wirtschaftliche Interesse ergibt sich regelmäßig aus der Nutzung des Namens im Markt.

b) Schadensersatz

Der *Markeninhaber* kann trotz Vergabe einer ausschließlichen Lizenz vom Verletzer Scha- **55** densersatz fordern und einklagen, soweit ihm durch die Verletzung Lizenzeinnahmen entgangen sind.[60] Bei Kollektivmarken kann ein Verein als Inhaber der lizenzierten Marke auch den Schaden seiner Lizenznehmer einklagen (vgl. § 101 Abs. 2). Der *einfache* und der *ausschließliche* Lizenznehmer haben kein eigenes Schadensersatzrecht. Allerdings kann der Lizenznehmer gem. § 30 Abs. 4 einer vom Marken*inhaber* erhobenen Verletzungsklage als Streitgenosse *beitreten*. Schadensersatzansprüche stehen aber nach § 14 nur dem Markeninhaber zu, der dabei den Schaden seines Lizenznehmers als Drittschadensliquidation geltend machen kann.[61] Diesen Drittschadensliquidationsanspruch kann sich der Lizenznehmer auch abtreten lassen, womit er ein Klagerecht in vollem Umfang gewinnt.[62] Ein tatsächlicher Schaden wird beim einfachen Lizenznehmer meist ausscheiden, weil er gegen Benutzungen Dritter neben ihm grundsätzlich nicht gesichert ist. Für die Berechnung des Schadens des ausschließlichen Lizenznehmers in der Drittschadensliquidation durch den Markeninhaber lassen sich die drei üblichen Schadensberechnungsarten

---

56 OLG Köln, GRUR 2000, 66 – Michael Jackson Kalenderfoto.
57 BPatG, BlPMZ 2000, 286 – turfa.
58 OLG München, NJW-RR 1997, 1266 – Fan-Artikel.
59 Vgl. BGH, GRUR 1993, 151 – Universitätsemblem.
60 Für das Urheberrecht BGH, GRUR 1992, 697, 698 – Alf; BGH, GRUR 2011, 711 – Cinch-Stecker
   – für den Fall der exklusiven Patentlizenz.
61 BGH, GRUR 2007, 877 Tz. 32 – Windsor Estate.
62 OLG Köln, WRP 2009, 1290, 1295 – AQUA CLEAN KOI.

(Ersatz des entgangenen eigenen Gewinns, Ersatz des Verletzergewinns, angemessene Lizenzgebühr) anwenden.

8. Beendigung des Markenlizenzvertrags

a) Kündigung aus wichtigem Grund

56 Der Markenlizenzvertrag kann als Dauerschuldverhältnis nach § 314 BGB aus wichtigem Grund gekündigt werden, wenn Tatsachen vorliegen, aufgrund derer dem kündigenden Teil unter Berücksichtigung aller Umstände des Einzelfalls und unter Abwägung der Interessen beider Vertragsteile die Fortsetzung des Vertrages bis zu dessen vereinbartem Ende oder bis zur ordentlichen Kündigungsmöglichkeit nach Treu und Glauben nicht zumutbar ist.[63] Der verhaltensbedingten Kündigung aus wichtigem Grund muss nach § 314 Abs. 2 BGB *im Allgemeinen eine Abmahnung* vorausgehen, es sei denn, dass das Vertrauensverhältnis ohne die Möglichkeit einer Nachbesserung zerrüttet ist. Die Kündigung muss nach § 314 Abs. 3 BGB in angemessener Frist erfolgen. Im Anschluss an die zweimonatige Angemessenheitsfrist beim Eigenhändlervertrag[64] wird die Zweimonatsfrist inzwischen auch für die Kündigung aus wichtigem Grund beim Lizenzvertrag angewandt.[65] Der BGH vermeidet eine Regelfrist und stellt auf die Umstände des Falles ab; er verneint aber die Geltung der arbeitsrechtlichen 2-Wochen-Frist nach § 626 Abs. 2 BGB.[66] Ist eine ordentliche Kündigung nicht, auch nicht implizit ausgeschlossen, und ist die Lizenz unentgeltlich, so soll sie auch ohne wichtigen Grund beendet werden können.[67] Kündigt der Lizenzgeber wegen einer Vertragsverletzung, die der Lizenznehmer zu vertreten hat, wirksam fristlos, so muss der Lizenznehmer als *Schadensersatz* die Lizenzgebühr weiterzahlen und darüber bis zum ersten ordentlichen Kündigungstermin abrechnen.[68]

b) Unterlassungspflicht und Goodwill

57 Mit der Beendigung des Markenlizenzvertrages, z.B. durch eine berechtigte Kündigung, ergibt sich eine nachvertragliche Pflicht des Lizenznehmers, die Benutzung der Marke zu unterlassen. Der Goodwill am Zeichen wächst entschädigungslos dem Lizenzgeber zu.[69] Der zur Zeichenbenutzung ermächtigte *Alleinvertriebshändler* hat dafür den Ausgleichsanspruch nach § 89b HGB, der dem Eigenhändler nach ständiger Rechtsprechung analog dem Handelsvertreterausgleichsanspruch zugebilligt wird. Der Markenlizenznehmer kann einen Ausgleichsanspruch entsprechend § 89b HGB haben, wenn sein Lizenzgeber auch auf dem Warengebiet tätig ist, er in dessen Absatzorganisation mit Absatzförderungs-

---

63 BGH, GRUR 1992, 112, 114 – pulp wash: Kündigung eines Markenlizenzvertrags aus wichtigem Grund, weil der Lizenzgeber das Zeichen durch vorsätzliche und planmäßige Verstöße gegen Lebensmittelvorschriften in Misskredit brachte.
64 BGH, NJW 1994, 722.
65 OLG Karlsruhe, GRUR 1992, 162, 164 – Schleifvorrichtung.
66 BGH, GRUR 2011, 455 – Flexitank.
67 BGH, GRUR 2006, 56, 59 – BOSS-Club – allerdings mit Auslauffrist.
68 BGH, GRUR 2011, 455 – Flexitank.
69 BGH, GRUR 1959, 87, 89 – Fischl; GRUR 1963, 485, 487 – Micky-Maus-Orangen; GRUR 1967, 533 – Myoplastic; OLG Düsseldorf, GRUR 1984, 447 – Multibeton.

pflicht eingegliedert und zur Überlassung seines Kundenstammes verpflichtet ist.[70] Der normale, auch exklusive Markenlizenznehmer hat einen solchen Ausgleichsanspruch nicht.[71] Der Lizenznehmer hat ein Recht zum Abvertrieb der vor Beendigung hergestellten und gekennzeichneten Waren. Auf Verwirkung in Folge von Lizenzgestattung kann er sich nicht berufen.[72] Der Lizenznehmer darf auch in sachlicher Form auf den Kennzeichenwechsel hinweisen, muss dabei aber auf besondere Eigenwerbung verzichten.[73]

9. Täuschende Lizenz

Hier gilt das Gleiche wie bei der täuschenden Übertragung: Der täuschende Lizenzvertrag ist nach § 134 BGB nichtig, und die Täuschung am Markt kann nach § 5 UWG verfolgt werden.   **58**

10. Die Lizenz in der Insolvenz

Es ist streitig und soll gesetzgeberisch gelöst werden, ob die *Lizenz* in der Insolvenz des Lizenzgebers *fortbesteht*. Allerdings hat auch das ESUG[74] vom 7.12.2011 §§ 103 und 108 InsO unverändert gelassen. § 103 InsO gibt dem Insolvenzverwalter bei beiderseits noch nicht voll erfüllten Verträgen ein Wahlrecht, ob er Erfüllung verlangen oder ablehnen will. Lizenzverträge sind als Dauerschuldverhältnisse regelmäßig noch nicht voll erfüllte Verträge. Dienstverhältnisse sowie Miet- und Pachtverhältnisse über unbewegliche Sachen gelten zwar nach § 108 InsO fort, aber die Lizenz fällt nicht darunter.[75] Der BGH[76] hat jedoch ausgesprochen, dass die Ablehnung der Erfüllung nicht den Vertrag zum Erlöschen bringe, sondern nur hinsichtlich ausstehender Leistungen undurchsetzbar mache, und dass ein dinglich, wenn auch nur bedingt eingeräumtes Recht nicht mehr zur Konkursmasse gehöre. Hat die Lizenz dinglichen Charakter, so ist *Fezer*[77] – anders noch als in der Vorauflage – Recht zu geben, dass das abgespaltene Lizenzrecht nicht mehr zur Insolvenzmasse des Lizenzgebers gehört.[78] Dagegen nimmt *McGuire*[79] Stellung und weist daraufhin, dass ein dinglicher Charakter allemal nur der ausschließlichen und nicht der einfachen Lizenz zukomme. Durch die Entscheidung *Falco*[80] ist es zweifelhaft geworden, ob selbst die ausschließliche Lizenz mehr ist als eine schuldrechtliche Duldungsvereinbarung. In dieser Situation ist als § 108a InsO-E 2007 ein Entwurf auf den Gesetzgebungsweg gebracht worden, wonach ein vom Schuldner als Lizenzgeber geschlossener Lizenzvertrag über ein Recht des geistigen Eigentums mit Wirkung für die Insolvenzmasse fortbestehen soll. Über   **59**

---

70 BGH, WRP 2010, 1512 = GRUR 2010, 1107 – Joop.
71 OLG Hamburg, GRUR-RR 2009, 339 (LS).
72 BGH, GRUR 2006, 56, 59 – BOSS-Club.
73 OLG Köln, GRUR-RR 2007, 390 – Neuer Name – dasselbe Geschoss.
74 Gesetz zur Erleichterung der Sanierung von Unternehmen (ESUG) v. 7.12.2011, BGBl. 2011, 2582.
75 A. A. *Fezer*, WRP 2004, 793.
76 BGH, GRUR 2006, 453 – Insolvenzfestigkeit bedingt übertragener Softwarenutzungsrechte.
77 *Fezer*, WRP 2004, 793.
78 Ebenso *Ullmann*, Mitt. 2008, 46; das stützt auch BGH, WRP 2009, 1278 = GRUR 2009, 946 – Reifen Progressiv – über den dinglichen Charakter der Lizenz.
79 *McGuire*, GRUR 2009, 13.
80 EuGH, GRUR 2009, 753 – Falco.

die weitere Ausgestaltung bestand Streit: Der Entwurf ist einstweilen der Diskontinuität der Legislaturperiode zum Opfer gefallen.

11. Die internationale Zeichenlizenz

60 Bei der Lizenz an in mehreren Ländern bestehenden Marken, z.B. an einem IR-Markenbündel, galten bis zum 17.12.2009 für das *Vertragsstatut die Art. 27ff. EGBGB*, die das anwendbare Schuldrecht unter den Parteien regeln. Das Vertragsstatut – und nur dieses – konnten und können die Parteien durch ausdrückliche Rechtswahl nach Art. 27 EGBGB, jetzt Art. 3 Rom-I-VO wählen. Welches Recht maßgeblich ist, wenn eine ausdrückliche Rechtswahl nicht erfolgt ist, ist strittig. Im Grundsatz gilt nach Art. 28 EGBGB, dass das Recht desjenigen Staates gilt, mit dem der Lizenzvertrag die engsten Verbindungen aufweist, grundsätzlich also das Recht der Partei, die die charakteristische Leistung erbringt. Nach einer Auffassung ist das die Nutzungserlaubnis des Lizenzgebers, also das Lizenzgeberrecht;[81] eine andere Auffassung knüpft an die Nutzung des Lizenznehmers in seinem Schutzland an.[82] Die Auffassung, die das Recht des nutzenden Lizenznehmers entscheidend sein lässt, stellt für den Fall, dass der Lizenznehmer parallele Schutzrechte in mehreren Ländern nutzt, auf das *Sitzland des nutzenden Lizenznehmers* ab.[83] Das LG Düsseldorf[84] hält die Bestimmung des Vertragsstatus nach dem Schwerpunkt des Lizenzvertrages für eine Sache des Einzelfalles.

61 Für internationale Verträge nach dem 17.12.2009 gilt die Rom-I-VO. Falls keine ausdrückliche und eindeutige Rechtswahl vorliegt (Art. 3 Rom-I-VO), gilt als Regelzuordnung die Typenliste in Art. 4 Abs. 1 Rom-I-VO. Danach gilt für Franchiseverträge das Recht des Aufenthaltsorts des Franchisenehmers. Da andere Markenlizenzverträge in der Typenliste nicht aufgeführt sind, gilt für sie das Recht des Staates, in dem eine Partei die vertragstypische Leistung erbringt. Für die normale Lizenz ist das das Land der *Nutzungsgestattung des Lizenzgebers*.[85] Strittig ist, ob das Lizenznehmerrecht bei einer Lizenz mit Ausübungspflicht gilt.[86] Dagegen soll nach Auffassung des EuGH[87] auch bei der ausschließlichen Lizenz das Land des Lizenzgebers gelten, obwohl die ausschließliche Lizenz regelmäßig eine Ausübungspflicht enthält. Gleichwohl wird es Häufungen von Lizenznehmerpflichten geben, die seine Leistung als die komplexere, schwierigere und darum vertragscharakteristische erscheinen lassen. Bei Lizenzen für mehrere Staaten muss nach Auffassung des Bundesgerichtshofs[88] eine einheitliche Vertragsanknüpfung erfolgen und für die kommt als Recht der engsten Verbindung nach Art. 4 Abs. 4 Rom-I-VO das Recht des Lizenzgebers in Betracht. Nach altem und neuem Recht (Art. 14 Rom-I-VO) gilt das *Schutzlandprinzip*

---

81 So Schweizer BG, GRUR Int. 1977, 208; BGH, GRUR 2010, 323 – Sektionaltor (zur Patentlizenz).

82 Für eine Firmenlizenz BGH, GRUR 1965, 504 – Carla; OLG München, Mitt.1997, 30 – aliseo.

83 ÖOGH, GRUR Int. 1996, 259 – Virion; *Beier*, GRUR Int. 1981, 299, 307, anders BGH, GRUR 2010, 322 – Sektionaltor.

84 LG Düsseldorf, GRUR Int. 1999, 772 – Virusinaktiviertes Blutplasma.

85 EuGH, GRUR 2009, 753 – Falco; BGH, GRUR 2010, 322 – Sektionaltor.

86 So z.B. *Stimmel*, GRUR Int. 2010, 783, 787.

87 EuGH, GRUR 2009, 753 – Falco.

88 BGH, GRUR 2010, 322 – Sektionaltor.

für die Übertragbarkeit an sich.[89] Für die kartellrechtliche Erlaubtheit, früher auch *Wirkungslandprinzip* genannt (vgl. § 130 Abs. 2 GWB), gilt das Recht des Urteilsstaats, weil das Kartellrecht zu den in Art. 9 Rom-I-VO dem Urteilsstaat vorbehaltenen Eingriffsnormen gehört.

12. Zeitliche Probleme beim Sukzessionsschutz

Zeitlich bestimmt § 155, dass der Sukzessionsschutz (vgl. Rn. 18) nur insoweit auf *Altlizenzen*, d.h. vor dem 1.1.1995 geschlossene Lizenzverträge, Anwendung findet, als es sich um *nach* dem 1.1.1995 eingetretene Rechtsübergänge oder an Dritte erteilte Lizenzen handelt. Exklusive Altlizenzen müssen hinsichtlich des Klagerechts nachgeführt werden, denn die nach § 30 Abs. 3 erforderliche Zustimmung des Markeninhabers zu einer Verletzungsklage muss dokumentiert werden. Für Rechtsübergänge und Lizenzvergaben *vor* dem 1.1.1995 findet bei Altlizenzen das frühere Recht, nicht jedoch das MarkenG Anwendung. 62

V. Gemeinschaftsmarkenrecht

Die Lizenzierung der (eingetragenen) Gemeinschaftsmarke ist in Art. 22 GMV geregelt. Nach dem Grundsatz des Art. 22 Abs. 1 GMV können Lizenzen für alle oder auch nur für einen Teil der registrierten Waren oder Dienstleistungen erteilt werden. In örtlicher Hinsicht kommt die gemeinschaftsweite oder die auf einen abgegrenzten Teil der Gemeinschaft beschränkte Erteilung in Betracht. Verstöße des Lizenznehmers gegen Art, Dauer und Umfang der Benutzung der lizenzierten Marke stellen nicht nur einen Vertragsverstoß dar; gegen sie kann der Markeninhaber gem. Art. 22 Abs. 2 GMV auch im Wege der Markenverletzungsklage vorgehen. Wie im deutschen Recht kann auch der Gemeinschaftsmarken-Lizenznehmer ein Markenverletzungsverfahren gegen einen Dritten nur mit Zustimmung des Markeninhabers durchführen. Eine Ausnahmeregelung enthält insoweit Art. 22 Abs. 3 S. 2 GMV, wonach der *ausschließliche Lizenzinhaber* eine Markenverletzungsklage auch ohne Zustimmung des Markeninhabers einreichen darf, wenn der Markeninhaber nach Aufforderung des ausschließlichen Lizenznehmers nicht selbst innerhalb einer angemessenen Frist eine Verletzungsklage erhoben hat. Die Regelung des Art. 22 Abs. 4 GMV zur Geltendmachung des beim Lizenznehmer eingetretenen Schadens entspricht der Regelung des § 30 Abs. 4 (s. Rn. 46). Nach Art. 22 Abs. 5 GMV kann die Erteilung oder der Übergang einer Lizenz an einer Gemeinschaftsmarke, sofern einer der Beteiligten dies wünscht, in das Markenregister eingetragen und veröffentlicht werden. 63

---

89 BGH, GRUR 2002, 972 – Frommia.

Brandi-Dohrn 567

§ 31
Angemeldete Marken

Die §§ 27 bis 30 gelten entsprechend für durch Anmeldung von Marken begründete Rechte.

1   Auch *Markenanmeldungen* können übertragen, lizenziert oder im Wege der Zwangsvollstreckung gepfändet werden und fallen genauso in die Insolvenzmasse wie erteilte und eingetragene Marken. Diese Vorgänge werden in der beim DPMA geführten Anmeldeakte vermerkt und dann bei Eintragung ins Register übertragen. Die Pfändung einer Anmeldung setzt sich an der eingetragenen, erteilten Marke fort.[1]

2   Bei der Lizenz an einem nur angemeldeten oder gerade erst eingetragenen Zeichen, gegen das Widersprüche noch nicht erhoben werden konnten, stellt sich das Problem der Existenz von älteren Drittzeichen eher als bei dem schon länger eingetragenen Zeichen. Ebenso wie bei der Patentlizenz löst das Benutzungshindernis *älterer Drittrechte* grundsätzlich keine Rechtsmängelhaftung des Lizenzgebers aus, denn es ist in Kauf genommenes Risiko. Es berechtigt den Lizenznehmer aber zur Kündigung aus wichtigem Grund.

---

1 Vgl. BGH, GRUR 1994, 602 – Rotationsbürstenwerkzeug (für ein angemeldetes und erteiltes Patent).

    Brandi-Dohrn

Teil 3
Verfahren in Markenangelegenheiten

Abschnitt 1
Eintragungsverfahren

§ 32
Erfordernisse der Anmeldung

(1) Die Anmeldung zur Eintragung einer Marke in das Register ist beim Patentamt einzureichen. Die Anmeldung kann auch über ein Patentinformationszentrum eingereicht werden, wenn diese Stelle durch Bekanntmachung des Bundesministeriums der Justiz im Bundesgesetzblatt dazu bestimmt ist, Markenanmeldungen entgegenzunehmen.

(2) Die Anmeldung muss enthalten:

1. Angaben, die es erlauben, die Identität des Anmelders festzustellen,

2. eine Wiedergabe der Marke und

3. ein Verzeichnis der Waren oder Dienstleistungen, für die die Eintragung beantragt wird.

(3) Die Anmeldung muss den weiteren Anmeldungserfordernissen entsprechen, die in einer Rechtsverordnung nach § 65 Abs. 1 Nr. 2 bestimmt worden sind.

Übersicht

Literatur: *Bender*, Neue Markenformen in Alicante, MarkenR 1999, 117; *Bock*, Die elektronische Anmeldung von Marken, MarkenR 2003, 98; *Bölling*, Der EuGH und die abstrakte Farbmarke – Von der bewussten Entwertung einer Markenform, MarkenR 2004, 384; *Bonn/Meinel*, Das Libertel-Urteil und seine Auswirkungen auf die deutsche Rechtssprechung, MarkenR 2004, 1; *Braitmayer*, Was ist ein Waren- und Dienstleistungsverzeichnis? – zur Zuerkennung eines Anmeldetages, MarkenR 2004, 178; *Eichmann*, Die dreidimensionale Marke im Verfahren vor dem DPA und dem BPatG, GRUR 1995, 184; *Fezer*, Farbmarkenschutz, MarkenR 1999, 73; *Hildebrandt*, Zum Begriff der grafischen Darstellbarkeit des Art. 2 Markenrechtsrichtlinie – Anmerkung zu den Schlussanträgen zur Riechmarken-Vorlage des BPatG, MarkenR 2002, 1; *Lewalter/Schrader*, Die Fühlmarke, GRUR 2005, 476; *Mitscherlich*, Verfahrensrechtliche Aspekte des neuen Markenrechts, FS DPA – 100 Jahre Marken-Amt,

1994, 119; *Plaß*, Die Probleme der Formmarke in der neueren Rechtsprechung, WRP 2002, 181; *Schmidt*, Rechtsfragen im Zusammenhang mit formellen Anforderungen an Markenanmeldungen, GRUR 2001, 653; *Sessinghaus*, Die graphische Darstellbarkeit von Geruchsmarken vor dem Hintergrund des deutschen Markenrechts, WRP 2002, 650; *Sieckmann*, Zum Begriff der grafischen Darstellbarkeit – Eine Ergänzung zu Hildebrandt, MarkenR 2002, 149; *Ströbele*, Die Eintragungsfähigkeit neuer Markenformen, GRUR 1999, 1041; *Völler*, Der Konflikt um die Farbmarke, WRP 2002, 639; *Winkler*, Unzulässige Erweiterung im Markenrecht, GRUR 1990, 73.

I. Allgemeines

1 Mit § 32 beginnen die Bestimmungen, die das Verfahren zur Eintragung einer Marke in das Markenregister regeln. § 32 regelt dabei die Anforderungen, die eine Markenanmeldung erfüllen muss, damit die Marke in das Register eingetragen werden kann. Es wird unterschieden zwischen Mindestanforderungen, die erfüllt sein müssen, damit der Marke überhaupt ein Anmeldetag zuerkannt werden kann (vgl. § 33 Abs. 1), und solchen Anforderungen, denen auch noch im weiteren Verfahren genügt werden kann und die im Einzelnen in der Rechtsverordnung nach § 65 Abs. 1 Nr. 2 (MarkenV) geregelt sind. Dass mit der Anmeldung Gebühren zu entrichten sind, ist jetzt nicht mehr im MarkenG, sondern in dem seit 1.1.2002 geltenden Patentkostengesetz (PatKostG) geregelt; die Höhe der Gebühr ergibt sich aus dem Gebührenverzeichnis, welches eine Anlage zu § 2 Abs. 1 dieses Gesetzes bildet (s. Anhang Nr. 16).

2 Die Anmeldung einer Marke zur Eintragung in das Register hat *prioritätsbegründende Wirkung*. Vorausgesetzt, die Anmeldung erfüllt die dafür gemäß § 32 Abs. 2 bestehenden Mindestanforderungen, wird ihr ein Anmeldetag zuerkannt, der unabhängig vom Zeitpunkt der späteren Eintragung über den Zeitrang der Marke, d. h. das bessere Recht gegenüber jüngeren Markenanmeldungen, entscheidet.

3 Gleichzeitig wird mit der Markenanmeldung das *patentamtliche Verfahren* zur Prüfung und Eintragung der Marke eingeleitet. Die Anmeldung beinhaltet einen entsprechenden Antrag und begründet einen Anspruch auf Eintragung der Marke (§ 33 Abs. 2), sofern auch alle weiteren Anmeldungserfordernisse (§ 32 Abs. 3) erfüllt sind und keine absoluten Eintragungshindernisse (§§ 3, 8) bestehen.

II. Einreichung der Anmeldung

4 Die Anmeldung kann beim DPMA in München und Jena, beim Technischen Informationszentrum in Berlin sowie seit dem 1.4.2004 auch bei den im Bundesgesetzblatt bekannt gemachten Patentinformationszentren eingereicht werden. Nähere Informationen über die bestehenden Patentinformationszentren und ihr Dienstleistungsangebot finden sich im Internet.[1] Die Einreichung muss auf dem vom DPMA herausgegebenem *Formblatt* erfolgen (§ 2 MarkenV). Im Übrigen gelten die allgemeinen Bestimmungen zur Form von Anträgen und Eingaben, wie sie in Abschnitt 2 der Verordnung über das Deutsche Patent- und Markenamt (DPMAV) geregelt sind. Danach ist für die Anmeldung zumindest ein dauerhaftes,

---

1 S. unter www.patentinformation.de.

nicht durchscheinendes Papier im DIN A 4-Format zu verwenden, und das Original der Anmeldung ist grundsätzlich zu unterschreiben (§ 10 DPMAV). Allerdings kann die Übermittlung der Anmeldung auch durch *Telekopierer* (§ 11 DPMAV) oder auf elektronischem Weg (§ 12 DPMAV) erfolgen. Die Einreichung der Anmeldung durch Telekopie genügt für die Zuerkennung eines Anmeldetages auch dann, wenn das DPMA gemäß § 11 Abs. 2 DPMAV die Nachreichung des Originals fordert.

Die Markenanmeldung kann durch einen *Vertreter* erfolgen (§ 13 DPMAV). Verfügt der **5** Anmelder im Inland weder über einen Wohnsitz noch Sitz oder Niederlassung, muss er gemäß § 96 einen *Inlandsvertreter* bestellen. Die Anmeldung kann aber prioritätswahrend durch den Anmelder selbst eingereicht werden. In diesem Fall fordert das DPMA den Anmelder unter Fristsetzung auf, einen Inlandsvertreter zu bestellen, und weist die Anmeldung zurück, wenn dieser Aufforderung nicht Folge geleistet wird (MarkenanmeldungenRL 4.2.2. Abs. 4). Für die Zustellung dieser Aufforderung gilt § 94 Abs. 1 Nr. 1.[2]

Ist ein Vertreter bestellt, muss die Anmeldung neben Angaben zur Person des Anmelders **6** auch solche zur Person des Vertreters enthalten (§ 5 Abs. 6 MarkenV). Für den Nachweis einer *Vollmacht* gilt § 15 DPMAV. Bei Vertretung durch einen Rechtsanwalt, einen Patentanwalt, einen Erlaubnisscheininhaber oder einen Patentassessor in den Fällen des § 155 Patentanwaltsordnung wird das Vorliegen einer Vollmacht aber nicht von Amts wegen geprüft (§ 15 Abs. 4 DPMAV).

III. Mindestanforderungen an die Anmeldung

In § 32 Abs. 2 sind die für die Zuerkennung eines Anmeldetages bestehenden Mindestan- **7** forderungen an die Anmeldung abschließend geregelt. Danach muss die Anmeldung enthalten: Angaben, die es erlauben, die Identität des Anmelders festzustellen, eine Wiedergabe der Marke und ein Verzeichnis der Waren oder Dienstleistungen, für die die Eintragung beantragt wird.

1. Angaben zur Identität des Anmelders

Um die Identität des Anmelders festzustellen, bedarf es bei natürlichen Personen zumin- **8** dest der *Angabe des Namens und des Vornamens* des Anmelders sowie der *Anschrift*; bei Firmen ist die vollständige *Firma mit Sitz und Anschrift* anzugeben. Insbesondere bei Konzernunternehmen mit ähnlicher Firmenbezeichnung ist darauf zu achten, dass das anmeldende Unternehmen genau bezeichnet wird. Ein typischer Fall des nicht identifizierbaren Anmelders ist auch die Einreichung einer Anmeldung durch eine erkennbar als Vertreter (§ 13 DPMAV) handelnde Person, wenn die Person des Vertretenen nicht oder nicht hinreichend bezeichnet ist.

---

2 Vgl. BGH, GRUR 1993, 476 – Zustellungswesen.

2. Wiedergabe der Marke

9   Für die Wiedergabe der Marke genügt jede Form der Wiedergabe, die eindeutig erkennen lässt und festlegt, wofür der Anmelder Markenschutz erlangen will. Später in das Verfahren eingeführte Darstellungen der Marke dürfen diesen mit der Anmeldung festgelegten Schutzbereich nicht mehr verändern, und zwar auch nicht im Sinne einer Einschränkung (vgl. § 39 Rn. 4).

10 Unproblematisch ist die Wiedergabe einer reinen *Wortmarke*; hier genügt die Angabe des betreffenden Wortes in der gewünschten Schreibweise und den üblichen Schriftzeichen.

11 Soll das Wort in einer bestimmten *grafischen Gestaltung* oder i.V. m. *Bildelementen* eingetragen werden, genügt eine grafische Darstellung der Marke in ihrem konkreten, alle Elemente umfassenden Erscheinungsbild, wobei allerdings die in der MarkenV geregelten weiteren Anforderungen wie Format der Darstellung und Anzahl der einzureichenden Darstellungen noch nicht eingehalten werden müssen. Gleiches gilt für reine *Bildmarken*.

12 Soll die Eintragung *farbig* erfolgen, muss die Wiedergabe der Marke auch schon in der gewählten Farbe erfolgen; andernfalls wird die Priorität nur für eine schwarzweiße Eintragung begründet. Ist die Anmeldung freilich in sich widersprüchlich, wird also eine schwarzweiße Wiedergabe mit der ausdrücklichen Angabe verbunden, dass die Eintragung der Marke farbig erfolgen soll, wird ihr kein Anmeldetag zuerkannt werden können. Etwas anderes mag gelten, wenn die gewünschten Farben – auch in ihrer Anordnung zueinander – eindeutig bezeichnet werden (z. B. mit RAL-Nummern).

13 Für *dreidimensionale Marken* gilt Entsprechendes mit der Maßgabe, dass zwingend eine *zweidimensionale grafische Wiedergabe* der Marke erforderlich ist. Bei komplexeren dreidimensionalen Gestaltungen ist es dabei für eine *ausreichend bestimmte Wiedergabe* des Schutzgegenstands regelmäßig erforderlich, mehrere verschiedene Ansichten vorzulegen.[3] Möglich ist nach § 9 Abs. 1 MarkenV die Einreichung von bis zu sechs verschiedenen Ansichten. Zwar würde der Gegenstand der Markenanmeldung auch durch Einreichung eines dreidimensionalen Musters der Marke eindeutig festgelegt werden können; nach § 13 MarkenV ist die Einreichung solcher Muster und Modelle jedoch unzulässig, was das DPMA insbesondere der Pflicht entheben soll, solche Gegenstände zu verwahren. Dabei würde sich, auch wenn später zulässige zweidimensionale Darstellungen der Marke nachgereicht werden, deren Übereinstimmung mit der prioritätsbegründenden Anmeldung nicht mehr nachweisen lassen. Entsprechendes gilt für *Kennfarbenmarken*, wobei zusätzlich zur grafischen Wiedergabe eine *Beschreibung der Marke* erforderlich sein kann, wenn eine grafische Wiedergabe allein nicht ausreicht, um das Erscheinungsbild der Marke eindeutig festzulegen.

14 Bei *Hörmarken* nennt § 11 MarkenV als zweidimensionale Form der Wiedergabe die Wiedergabe in einer üblichen *Notenschrift* und zusätzlich das Erfordernis einer *klanglichen Wiedergabe*. Für die Zuerkennung eines Anmeldetages reicht jede dieser Wiedergabeformen für sich aus, soweit sie geeignet erscheint, das Klangbild der Marke eindeutig festzulegen.[4] Stimmt eine nachgereichte klangliche Wiedergabe mit der ursprünglich eingereichten grafischen Wiedergabe nicht überein oder ergibt sich aus ihr ein spezielleres, der grafischen Wiedergabe nicht zu entnehmendes Klangbild, wird der Anmelder zu entscheiden

---

3 BPatG, GRUR 2001, 521, 522 – Penta Kartusche.
4 BPatG, GRUR 1997, 60, 61 – SWF-3 Nachrichten; GRUR 1997, 134, 135 – Anmeldetag.

haben, ob er die klangliche Wiedergabe mit der prioritätsbegründenden grafischen Wiedergabe in Einklang bringt oder ob er eine Prioritätsverschiebung in Kauf nimmt und ggf. die grafische Wiedergabe der klanglichen Wiedergabe anpasst. Im letzteren Fall begründet die Einreichung der klanglichen Wiedergabe den neuen Anmeldetag, wobei dann die angepasste grafische Wiedergabe im Rahmen der weiteren Anmeldungsvoraussetzungen nachgereicht werden kann.[5]

Bei den sonstigen Markenformen, wie insbesondere *Farb- oder Geruchsmarken*, ist der Anmeldung nach § 12 MarkenV ebenfalls eine *zweidimensionale grafische Wiedergabe* der Marken beizufügen. Dieses Erfordernis hängt hier eng mit der Frage der *Markenfähigkeit* und der *grafischen Darstellbarkeit* als absoluter Schutzvoraussetzung zusammen, so dass zunächst auf die Kommentierung zu §§ 3 und 8 zu verweisen ist (§ 3 Rn. 11; § 8 Rn. 9). **15**

Der Streit, ob eine sog. *abstrakte Farbmarke*, also die Beanspruchung einer *konturlosen* **16** *Farbe* als Marke, dem Erfordernis der grafischen Darstellbarkeit genügt,[6] ist inzwischen durch den EuGH entschieden. Danach kann einer konturlosen Farbe die Markenfähigkeit nicht abgesprochen werden, und für die grafische Darstellung genügt jedenfalls eine Beschreibung der Farbe mittels eines international anerkannten Kennzeichencodes für Farben.[7] Eine solche Beschreibung genügt dann auch den Anforderungen des § 12 MarkenV. Bei *Farbzusammenstellungen* sieht der EuGH die grafische Darstellbarkeit dagegen nur als gegeben an, wenn die Anmeldung eine systematische Anordnung enthält, in der die betreffenden Farben in vorher festgelegter und beständiger Weise verbunden sind.[8] Dies entspricht jetzt auch der gefestigten Rechtssprechung des BPatG und des BGH.[9] Danach ist die *abstrakte und konturlose Zusammenstellung von zwei oder mehr Farben* ohne Angabe zu deren konkreter Verteilung und Zuordnung dem Schutz als Registermarke nicht zugänglich, und zwar auch nicht im Wege der Verkehrsdurchsetzung. Solche Angaben können auch nicht nachgereicht werden, da dies eine Änderung der ursprünglich angemeldeten Marke darstellen würde.[10] Einem Schutz als Benutzungsmarke, entsprechend dem früheren Ausstattungsschutz, steht dies freilich nicht entgegen. Die Eintragung von Farbzusammenstellungen in einer festgelegten Verteilung und Anordnung nähert sich freilich einer Bildmarke an und genügt dem Bedürfnis nach einem abstrakten Farbmarkenschutz in keiner Weise. Darauf hat der 29. Senat des BPatG in einer wohl überholten Entscheidung zu Recht hingewiesen.[11] Es ist daher auch noch völlig ungeklärt, welcher Schutzumfang den solchermaßen eingetragenen Marken zukommt und wie sie rechtserhaltend benutzt werden können.

Die Frage der grafischen Darstellbarkeit stellt sich auch bei *Geruchsmarken*, deren Mar- **17** kenfähigkeit ansonsten nicht bestritten wird. Das HABM hat eine Beschreibung als „The

---

5 Vgl. BPatG, GRUR 1997, 60, 61 – SWF-3 Nachrichten; GRUR 1997, 134, 135 – Anmeldetag.
6 Vgl. dazu insbesondere BPatG, GRUR 2002, 618 – abstrakte Farbmarke.
7 EuGH, GRUR 2003, 604, 606 – Libertel.
8 EuGH, GRUR 2004, 858, 859 Tz. 33 – Heidelberger Bauchemie; vgl. dazu auch *Hauck*, GRUR 2005, 363.
9 Vgl. BPatG, Markenrecht 2005, 455, 457 – grün/gelb 2; BGH, Markenrecht 2006, 544, 546 – Farbmarke gelb/grün 2.
10 Vgl. BPatG, MarkenR 2005, 523, 525 – Farbmarkenkonkretisierung; BGH, MarkenR 2006, 544, 547 – Farbmarke gelb/grün II.
11 BPatG, MarkenR 2006, 83, 85 – zweifarbige Farbkombination.

smell of fresh cut grass" für eine für Tennisbälle angemeldete Marke für ausreichend angesehen.[12] Vielfach wird sich ein Duft aber nicht so eindeutig charakterisieren lassen. So wurde eine Beschreibung als „Duft einer reifen Erdbeere" als nicht hinreichend eindeutig erachtet, da er je nach Sorte differiert.[13] Die Beschreibung mittels einer chemischen Strukturformel, die die Zusammensetzung des Stoffs wiedergibt, mag den Schutzgegenstand eindeutiger festlegen, ist aber für die Allgemeinheit nicht verständlich. Der EuGH hat daher auf Vorlage des BPatG[14] beiden Wiedergabeformen eine klare Absage erteilt, und zwar auch in Kombination und i.V. m. der Hinterlegung einer Geruchsprobe.[15] Es ist danach völlig offen, ob und wie für eine Geruchsmarke Schutz durch Eintragung erlangt werden kann.

18 Bei *Tastmarken* betont die Rechtsprechung zwar, dass es grundsätzlich möglich sei, den haptischen Eindruck, den eine Tastmarke vermittelt verbal und/oder mittels Abbildungen eindeutig zu beschreiben, bisher wurden aber diesbezügliche Versuche – mit wenig überzeugenden Argumenten – stets als ungenügend erachtet.[16]

3. Verzeichnis der Waren oder Dienstleistungen

19 Zu den Mindestvoraussetzungen der Anmeldung zählt schließlich ein *Verzeichnis der Waren oder Dienstleistungen*, für die die Eintragung beantragt wird. Die Eintragung einer Marke erfolgt immer nur für bestimmte Waren oder Dienstleistungen. Dabei ist nicht mehr Voraussetzung, dass der Anmelder über einen *Geschäftsbetrieb* verfügt, in dem die betreffenden Waren hergestellt oder vertrieben bzw. die betreffenden Dienstleistungen erbracht werden. Ein Anmelder kann somit alle erdenklichen Waren oder Dienstleistungen zum Gegenstand seiner Anmeldung machen. Die Korrektur erfolgt dann über das *Benutzungserfordernis* gemäß § 26. Das Waren- und Dienstleistungsverzeichnis hat Auswirkungen auf die Kosten der Anmeldung und die Gefahr relativer Schutzhindernisse (§ 9). Die denkbaren Waren und Dienstleistungen unterliegen einer *45 Klassen* umfassenden *internationalen Einteilung*. Die Zuordnung zu diesen Klassen nimmt das DPMA im Rahmen der Eingangsprüfung und Gebührenanforderung vor. Der Anmelder hat die Waren und Dienstleistungen aber von vornherein nach Klassen geordnet in der Reihenfolge der Klasseneinteilung anzugeben (§ 20 Abs. 3 MarkenV). Betrifft die Anmeldung mehr als drei Waren- oder Dienstleistungsklassen, fallen zusätzlich zu der Grundgebühr weitere Klassengebühren an.

20 Der Anmelder soll sich bei der Abfassung des Waren- und Dienstleistungsverzeichnisses soweit wie möglich an der *internationalen Klasseneinteilung* und den dort verwendeten Begriffen orientieren (§ 20 MarkenV). Die dort verwendeten Begriffe sind jedoch i.d.R. sehr allgemein und umfassen eine Vielzahl davon erfasster Waren bzw. Dienstleistungen. Wenn der Anmelder die konkreten Waren oder Dienstleistungen bezeichnet, für die er die Marke benutzen will oder zumindest engere Oberbegriffe wählt, als sie in den internationalen Klasseneinteilungen genannt werden, verringert er die Gefahr der Kollision mit bereits

---

12 HABM, MarkenR 1999, 142.
13 EuG, MarkenR 2005, 536, 539 – Odeur de fraise mûre.
14 BPatG, GRUR 2000, 1044.
15 EuGH, GRUR 2003, 145, 149 – Sieckmann.
16 BPatG, MarkenR 2005, 363 – Tastmarke; BGH, MarkenR 2007, 26 – Tastmarke; BPatG, MarkenR 2007, 516 – Tastmarke.

eingetragenen älteren Marken. Eine wichtige Hilfe bei der Abfassung von Waren- und Dienstleistungsverzeichnissen stellt die vom DPMA herausgegebene *Klasseneinteilung der Waren und Dienstleistungen* mit Vermerk unbestimmter Angaben und Erläuterungsvorschlägen dar.[17] Diese Liste ist dreisprachig abgefasst und erleichtert damit insbesondere auch die erforderliche Übersetzung des Waren- und Dienstleistungsverzeichnisses, wenn später eine internationale Registrierung oder ausländische Nachanmeldung der Marke erfolgt.

Im Rahmen der Mindestanforderungen für die Zuerkennung eines Anmeldetages ist es freilich noch nicht erforderlich, sich auf konkrete Waren oder Dienstleistungen einzuschränken. Hier genügt die Angabe der Oberbegriffe der internationalen Klasseneinteilung oder auch nur die Angabe der Klasse selbst, womit dann alle darunter fallenden Oberbegriffe erfasst sind.[18] Die Einschränkung auf konkrete Waren oder Dienstleistungen kann jederzeit im Laufe des weiteren Verfahrens erfolgen (§ 39 Abs. 1); eine Erweiterung ist dagegen nur im Rahmen einer *neuen Anmeldung* mit entsprechend neuer Priorität möglich.   **21**

IV. Weitere Anmeldungserfordernisse nach der MarkenV

Die weiteren Anmeldungserfordernisse, wie sie aufgrund der Ermächtigung in § 65 Abs. 1 Nr. 2 in den §§ 2–14 MarkenV und in den Verfahrensvorschriften der DPMAV festgelegt sind, begründen den Anmeldetag nicht und können auf entsprechende Beanstandung des DPMA nachgeholt werden. Dazu zählen insbesondere die Bestimmungen, die sich auf das *Format* und die Eignung der Markenwiedergabe als *Druckvorlage* beziehen, die Bestimmungen über die *Anzahl der einzureichenden Darstellungen*, das Erfordernis zusätzlicher Angaben oder die dem Anmelder eingeräumte Möglichkeit, zur näheren Konkretisierung der Marke eine *Beschreibung* einzureichen, das Erfordernis einer zusätzlichen *klanglichen Wiedergabe* der Marke nach § 11 Abs. 3 der MarkenV sowie das Erfordernis einer *Übersetzung* bei fremdsprachigen Anmeldungen (§ 15 MarkenV). Auch eine erforderliche Konkretisierung des Verzeichnisses der Waren und Dienstleistungen, wie sie sich insbesondere bei Verwendung nicht eindeutig klassifizierbarer Begriffe ergeben kann (§ 20 MarkenV), kann ohne Verlust des Anmeldetages nachgeholt werden. Im Einzelnen kann für diese weiteren Anmeldungsvoraussetzungen auf die betreffenden Bestimmungen der im Anhang abgedruckten MarkenV verwiesen werden. Achtung: Die Angabe der *Markenform* (§ 6 MarkenV) dürfte zu den zwingenden Wiedergabeanforderungen zählen.   **22**

V. Gebührenzahlung

Nach § 2 Abs. 1 PatKostG werden für die Amtshandlungen des DPMA Gebühren erhoben. Sie sind in einem Gebührenverzeichnis, welches eine Anlage zu diesem Gesetz bildet (s. Anhang Nr. 16), im Einzelnen geregelt. Die *Grundgebühr* für die Anmeldung einer Marke (derzeit 300 EUR bzw. 290 EUR bei elektronischer Anmeldung) umfasst bis zu drei gebüh-   **23**

---

17 Ausgabe Februar 2009, s. Anhang Nr. 11.
18 So jetzt auch BPatG, Beschl. v. 8.7.2003 – 33 W (pat) 94/02, zit. bei *Grabrucker*, GRUR 2004, 273, 283.

renpflichtige Waren- und/oder Dienstleistungsklassen. Für jede weitere Klasse ist eine *Klassengebühr* (derzeit 100 EUR) zu zahlen. Der Anmelder muss die zu entrichtenden Gebühren nicht selbst errechnen. Werden die Gebühren nicht schon mit der Anmeldung entrichtet, teilt das DPMA mit der *Empfangsbescheinigung* von Amts wegen die insgesamt fällig gewordenen Gebühren mit und fordert zu deren unverzüglicher Zahlung auf. Dabei ist zu beachten, dass die Anmeldung erst in Bearbeitung genommen wird, wenn die Gebühren entrichtet sind (§ 5 PatKostG), durch die gewählte *Zahlungsart* somit Verzögerungen bei der Bearbeitung auftreten können. Dies gilt insbesondere, wenn die Gebühren durch *Überweisung* entrichtet werden, da in diesem Fall als Zahlungstag erst der Tag der Gutschrift auf dem Konto der für das DPMA zuständigen Bundeskasse gilt, wobei sich aber noch amtsinterne Verzögerungen ergeben, bis die Mitteilung von der Gutschrift in die Akte gelangt. Wenn eine beschleunigte Bearbeitung angestrebt ist oder eine Frist gewahrt werden soll, empfiehlt sich daher eine Zahlung mittels *Einzugsermächtigung*, da in diesem Fall bereits der Eingang der Ermächtigung bzw. des Auftrags als Zahlungstag gilt, allerdings nur, sofern der fällige Betrag bei der Einziehung auch gutgeschrieben wird. Gleichwohl ist in diesen Fällen die Zahlung sofort aktenkundig und die Akte kann auch schon in Bearbeitung genommen werden, ehe über die Gutschrift Gewissheit besteht. Daneben besteht weiterhin die Möglichkeit der *Bareinzahlung* entweder unmittelbar bei den Geldstellen des DPMA oder auf ein Konto der für das DPMA zuständigen Bundeskasse. Eine Zahlung mittels Gebührenmarken oder Scheck ist seit 1.1.2002 nicht mehr möglich. Im Einzelnen sind die möglichen Zahlungsweisen in der *Patentkostenzahlungsverordnung (PatKostZV)* geregelt. Auch enthalten das vom *DPMA* herausgegebene Formblatt für die Markenanmeldung und die nach Eingang der Anmeldung versandte Empfangsbescheinigung ausführliche *Kosten- und Zahlungshinweise.*

VI. Gemeinschaftsmarkenrecht

24 Im Gemeinschaftsmarkenrecht sind die *Anmeldungserfordernisse* in Art. 25 ff. GMV geregelt. Nach Art. 25 GMV kann die Anmeldung einer Gemeinschaftsmarke nach Wahl des Anmelders beim HABM in Alicante oder beim DPMA erfolgen. Das DPMA ist aber nur zur Entgegennahme der Anmeldung berechtigt; weitere Eingaben sind unmittelbar an das HABM zu richten.

25 Art. 26 GMV entspricht sehr weitgehend § 32. Die *Mindestanforderungen* für die Zuerkennung eines Anmeldetages sind dieselben wie in § 32. Die *weiteren Anmeldungserfordernisse* sind in der Durchführungsverordnung nach Art. 157 geregelt, und zwar in den dortigen Regeln 1–3. Auch hier besteht weitgehend Übereinstimmung mit den entsprechenden Bestimmungen in der MarkenV. Die zu entrichtenden *Gebühren* ergeben sich schließlich aus der gemäß Art. 139 erlassenen Gebührenverordnung. Danach beträgt die Grundgebühr für die *Anmeldung* einer Gemeinschaftsmarke, die die Klassengebühren für drei Klassen beinhaltet, 1.050 EUR (bei elektronischer Anmeldung: 900 EUR); ab der 4. Klasse ist zusätzlich eine Klassengebühr in Höhe von je 150 EUR zu entrichten. Die Zahlung kann per Überweisung, Abbuchung von einem beim HABM unterhaltenen Abbuchungskonto oder mittels Kreditkarte bewirkt werden.

§ 33
Anmeldetag; Anspruch auf Eintragung;
Veröffentlichung der Anmeldung

(1) Der Anmeldetag einer Marke ist der Tag, an dem die Unterlagen mit den Angaben nach § 32 Abs. 2

1. beim Patentamt
2. oder, wenn diese Stelle durch Bekanntmachung des Bundesministeriums der Justiz im Bundesgesetzblatt dazu bestimmt ist, bei einem Patentinformationszentrum eingegangen sind.

(2) Die Anmeldung einer Marke, deren Anmeldetag feststeht, begründet einen Anspruch auf Eintragung. Dem Eintragungsantrag ist stattzugeben, es sei denn, dass die Anmeldungserfordernisse nicht erfüllt sind oder dass absolute Eintragungshindernisse der Eintragung entgegenstehen.

(3) Die Anmeldung einer Marke, deren Anmeldetag feststeht, wird einschließlich solcher Angaben veröffentlicht, die es erlauben, die Identität des Anmelders festzustellen.

Übersicht

Literatur: S. § 32.

I. Allgemeines

§ 33 enthält eine nähere Definition des Anmeldetages und enthält in seinem Abs. 2 eine **1** das Eintragungsverfahren in zwei Sätzen zusammenfassende Bestimmung. Danach besteht ein Anspruch auf Eintragung, wenn der Anmeldetag der Marke feststeht, die weiteren Anmeldungserfordernisse erfüllt sind und der Eintragung keine absoluten Eintragungshindernisse entgegenstehen.

II. Der Anmeldetag

Es ist zu unterscheiden zwischen dem *Anmeldetag* und dem *Prioritätstag*, der den *Zeitrang* **2** der Marke bestimmt. Regelmäßig entscheidet der Anmeldetag über den Zeitrang der Marke; anders, wenn nach den §§ 34, 35 MarkenG eine frühere Priorität in Anspruch genommen wird.

3   *Anmeldetag* ist der Tag, an dem eine den *Mindesterfordernissen* nach § 32 Abs. 2 entsprechende Anmeldung beim DPMA oder einem zur Entgegennahme bestimmten Patentinformationszentrum eingegangen ist. Entspricht eine Anmeldung nicht den Mindesterfor-
nissen, wird der Tag, an dem die Mängel beseitigt werden, als Anmeldetag zuerkannt (§ 36
Abs. 2). *Eingang* bedeutet, dass die Anmeldung in den Verfügungsbereich des DPMA bzw.
des Patentinformationszentrums gelangt sein muss, sei es durch Postzugang, Einwurf in
einen Briefkasten oder eine andere zulässige Form der Übermittlung. Im Fall des § 37
Abs. 2 kommt es zu einer Verschiebung des ursprünglichen Anmeldetages und damit des
Zeitrangs der Anmeldung. Für die Gebührenzahlung bleiben dabei grundsätzlich die am
ursprünglichen Anmeldetag geltenden Gebühren maßgeblich.[1] Etwas anderes dürfte gelten, wenn etwa mit dem Wegfall eines absoluten Schutzhindernisses ein darauf abstellen-
der neuer Gebührentatbestand geschaffen wird.

III. Eintragungsanspruch

4   § 33 Abs. 2 normiert einen *Anspruch auf Eintragung* einer Marke, deren Anmeldetag feststeht, vorausgesetzt, dass alle Anmeldungserfordernisse erfüllt sind und absolute Eintragungshindernisse der Eintragung nicht entgegenstehen. Für die Eintragung müssen also
über die *Mindesterfordernisse*, wie sie für die Zuerkennung eines Anmeldetages bestehen,
hinaus auch alle *weiteren Anmeldungserfordernisse* erfüllt sein. Außerdem prüft das
DPMA die Anmeldung auf *absolute Eintragungshindernisse* (§ 37), wie sie in den §§ 8
und 10 abschließend geregelt sind. Anders als in anderen Rechtsordnungen erfolgt dagegen
keine Prüfung auf entgegenstehende ältere Marken (relative Schutzhindernisse gemäß
§ 9), die von den betroffenen Rechtsinhabern im der Eintragung nach geschalteten *Widerspruchsverfahren* (§ 42) geltend zu machen sind.

IV. Veröffentlichung

5   Um die Allgemeinheit frühzeitig über prioritätsältere Rechte zu informieren, sieht § 33
Abs. 3 neben der in § 41 geregelten Veröffentlichung der Eintragung bereits die Veröffentlichung der Anmeldung einer Marke vor, allerdings nur, wenn deren Anmeldetag feststeht.
Die Veröffentlichung erfolgt einschließlich solcher Angaben, die es erlauben, die Identität
des Anmelders festzustellen. Welche Angaben im Einzelnen veröffentlicht werden, ist in
§ 23 MarkenV geregelt. Die Veröffentlichung erfolgt, gemäß der in § 23 Abs. 3 MarkenV
eingeräumten Möglichkeit, nur in elektronischer Form.

V. Gemeinschaftsmarkenrecht

6   Art. 27 GMV enthält eine Definition des *Anmeldetages* einer Gemeinschaftsmarke. Abweichend vom deutschen Recht bestimmt der *Eingang* einer den Mindesterfordernissen
gemäß Art. 26 Abs. 1 entsprechenden Anmeldung beim HABM oder dem DPMA aber nur

---

1 Vgl. BPatG, GRUR 1999, 590, 591 – Anmeldetag bei Zeitrangverschiebung; s. a. § 18 MarkenV.

dann den Anmeldetag, wenn innerhalb *eines Monats* nach diesem Zeitpunkt die Anmeldegebühr (nicht etwaige zusätzliche Klassengebühren) gezahlt wird.

Ein ausdrücklicher *Eintragungsanspruch* ist in Art. 27 GMV nicht normiert. Die Eintragung der Gemeinschaftsmarke ist aber in Art. 45 geregelt, wobei im Unterschied zum deutschen Recht die Marke nur eingetragen wird, wenn gegen ihre Eintragung kein Widerspruch erhoben wurde oder eingelegte Widersprüche rechtskräftig zurückgewiesen wurden. Im Gemeinschaftsmarkenrecht ist das Widerspruchsverfahren somit der Markeneintragung vorgeschaltet.   7

§ 34
Ausländische Priorität

(1) Die Inanspruchnahme der Priorität einer früheren ausländischen Anmeldung richtet sich nach den Vorschriften der Staatsverträge mit der Maßgabe, dass die Priorität nach der Pariser Verbandsübereinkunft auch für Dienstleistungen in Anspruch genommen werden kann.

(2) Ist die frühere ausländische Anmeldung in einem Staat eingereicht worden, mit dem kein Staatsvertrag über die Anerkennung der Priorität besteht, so kann der Anmelder ein dem Prioritätsrecht nach der Pariser Verbandsübereinkunft entsprechendes Prioritätsrecht in Anspruch nehmen, soweit nach einer Bekanntmachung des Bundesministeriums der Justiz im Bundesgesetzblatt der andere Staat aufgrund einer ersten Anmeldung beim Patentamt ein Prioritätsrecht gewährt, das nach Voraussetzung und Inhalt dem Prioritätsrecht nach der Pariser Verbandsübereinkunft vergleichbar ist.

(3) Wer eine Priorität nach Absatz 1 oder 2 in Anspruch nimmt, hat innerhalb von zwei Monaten nach dem Anmeldetag Zeit und Staat der früheren Anmeldung anzugeben. Hat der Anmelder diese Angaben gemacht, fordert ihn das Patentamt auf, innerhalb von zwei Monaten nach der Zustellung der Aufforderung das Aktenzeichen der früheren Anmeldung anzugeben und eine Abschrift der früheren Anmeldung einzureichen. Innerhalb dieser Fristen können die Angaben geändert werden. Werden die Angaben nicht rechtzeitig gemacht, so wird der Prioritätsanspruch für diese Anmeldung verwirkt.

Übersicht

Literatur: *Bodenhausen*, Pariser Verbandsübereinkunft zum Schutz des gewerblichen Eigentums, 1971; *Fischer*, Ausstellungspriorität, GRUR 1959, 402; *Ruhl*, Unionspriorität, 2000; *Ullmann*, Das Prioritätswesen im Patentrecht – Verbrauch oder Mißbrauch, Mitt. 2009, 201; *Wieczorek*, Die Unionspriorität im Patentrecht, 1975.

I. Allgemeines

1 § 34 enthält eine eigenständige Regelung des Prioritätsrechts, welches sich unter Geltung des WZG nur unmittelbar aus staatsvertraglichen Regelungen ergab. Die Markenrechtsrichtlinie enthält keine Regelung des Prioritätsrechts. Die Auslegung des § 34 obliegt damit allein den nationalen Gerichten.

II. Staatsverträge

Die wichtigste staatsvertragliche Regelung des Prioritätsrechts findet sich in Art. 4 PVÜ, **2** auf die § 34 Abs. 1 verweist. Danach genießt derjenige, der in einem Verbandsland die Anmeldung für ein Erfindungspatent, ein Gebrauchsmuster, ein gewerbliches Muster oder Modell, eine Fabrik- oder Handelsmarke vorschriftsmäßig hinterlegt hat, oder sein Rechtsnachfolger für die Hinterlegung in den anderen Ländern während bestimmter Fristen ein *Prioritätsrecht*. Für Marken beläuft sich diese Frist auf *sechs Monate* (Art. 4 C Abs. 1 PVÜ), beginnend mit dem Zeitpunkt der *Hinterlegung der ersten Anmeldung* (Art. 4 C Abs. 2 PVÜ). Wird innerhalb dieser Frist eine mit der Erstanmeldung übereinstimmende Markenanmeldung in einem anderen Verbandsland eingereicht, erhält diese, abweichend von ihrem Anmeldetag, den *Zeitrang der Erstanmeldung* der Marke in dem anderen Verbandsland.

Art. 2 Abs. 1 des *TRIPS*-Abkommens erstreckt den Anwendungsbereich von Art. 4 PVÜ **3** auf alle Mitgliedstaaten der *Welthandelsorganisation (WTO)*. Auch wer in einem WTO-Mitgliedstaat eine Marke ordnungsgemäß anmeldet, genießt somit für eine Nachanmeldung in Deutschland das in Art. 4 PVÜ geregelte Prioritätsrecht.

Art. 34 Abs. 1 geht inhaltlich über Art. 4 PVÜ hinaus, indem das Prioritätsrecht auch für **4** die Erstanmeldung einer *Dienstleistungsmarke* gewährt wird, und zwar ohne Rücksicht auf verbürgte Gegenseitigkeit. Eine solche Erstreckung des Prioritätsrechts auf Dienstleistungsmarken sieht auch Art. 62 Abs. 3 des TRIPS-Abkommens vor.

Das Prioritätsrecht knüpft allein an die *frühere Anmeldung* der Marke in einem anderen **5** Verbandsland an. Das spätere Schicksal dieser Anmeldung ist gleichgültig; es ist insbesondere nicht erforderlich, dass die Marke in dem anderen Verbandsland auch zur Eintragung gelangt. Etwas anderes gilt, wenn sich der Anmelder auf die *Telle-quelle-Regelung* in Art. 6^{quinquies} PVÜ beruft. Danach kann einer im Ursprungsland vorschriftsmäßig eingetragenen Marke in einem anderen Verbandsland nur unter den in der PVÜ abschließend geregelten Voraussetzungen die entsprechende Eintragung versagt werden; in diesem Fall kommt es also auf die Eintragung an (vgl. hierzu auch § 17 MarkenV).

Bilaterale Staatsverträge spielen für die Gewährung eines Prioritätsrechts in der Praxis **6** keine Rolle mehr, nachdem nahezu alle für eine Markenanmeldung in Betracht kommenden Staaten heute der PVÜ und/oder der WTO angehören.

III. Gegenseitigkeit

Ein Prioritätsrecht kommt auch in Betracht, wenn die frühere ausländische Anmeldung in **7** einem Staat eingereicht wurde, der nicht der PVÜ oder der WTO angehört und mit dem auch kein bilateraler Staatsvertrag über die Anerkennung der Priorität besteht, sofern und soweit dieser Staat für eine erste Anmeldung beim DPMA ein Prioritätsrecht gewährt, das nach Voraussetzungen und Inhalt dem Prioritätsrecht nach der PVÜ *vergleichbar* ist. Dies bedarf allerdings einer ausdrücklichen Feststellung in einer Bekanntmachung des Bundesjustizministeriums. Dieser Regelung kommt namentlich bei der gegenwärtig zu beobachtenden Zersplitterung von Staaten Bedeutung zu, solange das aus einer solchen Spaltung hervorgegangene neue Staatsgebilde noch nicht der PVÜ beigetreten ist.

8 Die Formulierung „soweit" eröffnet die Möglichkeit, ein hinter den Regelungen der PVÜ zurückbleibendes Prioritätsrecht einzuräumen, wenn nur insoweit die Gegenseitigkeit verbürgt ist. Voraussetzung für die Anwendung des § 34 Abs. 2 ist aber, dass das von dem anderen Staat eingeräumte Prioritätsrecht den Regelungen der PVÜ nach Inhalt und Voraussetzungen zumindest vergleichbar ist.

IV. Prioritätserklärung

9 Die Inanspruchnahme der Priorität bedarf einer förmlichen *Erklärung*, die innerhalb von zwei Monaten nach dem Anmeldetag abzugeben ist. In dieser Erklärung müssen *Tag und Staat* der früheren Anmeldung angegeben werden (vgl. a. § 3 Abs. 2 Nr. 1 MarkenV). Hat der Anmelder diese (Mindest-)Angaben gemacht, fordert ihn das DPMA auf, innerhalb von zwei Monaten nach der Zustellung der Aufforderung das Aktenzeichen der früheren Anmeldung anzugeben und eine Abschrift der früheren Anmeldung einzureichen. Diese zweite Frist beginnt also erst mit Zugang der entsprechenden Aufforderung zu laufen.

10 Innerhalb dieser Fristen können die Angaben *geändert* werden. Dies gilt allerdings für jede Frist gesondert; innerhalb der zweiten Frist zur Einreichung der Prioritätsunterlagen kann daher keine Änderung der Mindestangaben zu Tag und Staat der früheren Anmeldung mehr erfolgen. Erfolgen die Angaben nicht fristgerecht, wird der Prioritätsanspruch für diese Anmeldung verwirkt. Bei einer schuldlosen Fristversäumung kommt allerdings eine Wiedereinsetzung nach § 91 in Betracht.

11 Auch *Berichtigungen* irrtümlich falscher Angaben können nur innerhalb der vorgenannten Änderungsfristen erfolgen. Die Rechtsprechung kommt dem Anmelder aber insoweit entgegen, als eine Erklärung, deren Unrichtigkeit das Amt aufgrund ihm zugänglicher Quellen innerhalb offener Frist hätte erkennen können, im richtigen Sinne *auszulegen* ist und noch nachträglich berichtigt werden kann.[1] Beispiel: Es wird bereits mit der Nachanmeldung eine Abschrift der früheren Anmeldung eingereicht, und aus dieser ergibt sich, dass das in der Prioritätserklärung angegebene Datum unrichtig ist.

V. Wirkung der Priorität

12 Die Inanspruchnahme einer ausländischen Priorität bewirkt, dass der Marke der *Zeitrang* der früheren Anmeldung zukommt; insbesondere kommt ihr damit der ältere Zeitrang i. S. d. § 9 gegenüber allen nach diesem Zeitpunkt eingereichten Anmeldungen Dritter zu, mag deren Anmeldetag auch vor dem Anmeldetag der Marke liegen, der das Prioritätsrecht zukommt. Der Anmeldetag und damit die Schutzdauer der Marke (§ 47) bleiben von der Inanspruchnahme einer Priorität unberührt.

VI. Teil- und Mehrfachpriorität

13 Anders als zu Erfindungspatenten enthält die PVÜ keine die erforderliche *Übereinstimmung zwischen Erst- und Nachanmeldung* einer Marke betreffende Regelung. Lediglich

---

1 Vgl. BGHZ 61, 257 zu § 41 PatG.

für den *Telle-quelle-Schutz* nach Art. 6^{quinquies} PVÜ – der die Eintragung der älteren Marke voraussetzt – sieht Art. 6^{quinquies} C (2) vor, dass Marken in den anderen Verbandsländern nicht allein deshalb zurückgewiesen werden dürfen, weil sie von den im Ursprungsland geschützten Marken nur in Bestandteilen abweichen, die gegenüber der im Ursprungsland eingetragenen Form die *Unterscheidungskraft* der Marken nicht beeinflussen und ihre *Identität* nicht berühren.

Es entspricht indes allgemeiner Auffassung, dass ein Prioritätsrecht nur für eine *weitge-* **14** *hend identische* Markendarstellung in Anspruch genommen werden kann. Für den erforderlichen Grad der Übereinstimmung dürfte die Regelung in Art. 6^{quinquies} entsprechend heranzuziehen sein. § 26 Abs. 3 liegt ein anderer Normzweck zugrunde, so dass diese Regelung nur insoweit zur Bestimmung der Identität herangezogen werden kann als für eine Marke, die von der ursprünglichen Anmeldung Abweichungen aufweist, die den kennzeichnenden Charakter der Marke verändern, die Priorität der früheren Anmeldung jedenfalls nicht in Anspruch genommen werden kann.[2]

Von der erforderlichen Identität der Markendarstellung ist das Verzeichnis der Waren/ **15** Dienstleistungen zu unterscheiden, welches mit der früheren Anmeldung nicht in vollem Umfang übereinstimmen muss. So ist es z.B. nicht erforderlich, dass die jüngere Anmeldung das Verzeichnis der Waren/Dienstleistungen der älteren Anmeldung voll ausschöpft. Entscheidend ist nur, dass sich die Waren/Dienstleistungen der jüngeren Anmeldung im Verzeichnis der älteren Anmeldung wiederfinden. Enthält die jüngere Anmeldung darüber hinaus weitere Waren/Dienstleistungen, ist es zulässig, die Priorität nur für diejenigen Waren/Dienstleistungen in Anspruch zu nehmen, die bereits im Verzeichnis der älteren Anmeldung enthalten sind; im Übrigen kommt der Marke dann nur der Zeitrang des Anmeldetages zu.[3] Zulässig ist auch die Inanspruchnahme mehrerer, auch unterschiedlicher Prioritäten aus mehreren ausländischen Anmeldungen für jeweils unterschiedliche Waren/ Dienstleistungen.[4] Die Inanspruchnahme einer *Teil- und Mehrfachpriorität* kann auch kombiniert werden, so dass z.B. die Waren/Dienstleistungen mehrerer ausländischer Anmeldungen in einer Nachanmeldung zusammengefasst und noch weitere Waren/Dienstleistungen hinzugefügt werden können. Der Marke kommt dann für jede Ware/Dienstleistung der Zeitrang der Anmeldung zu, in der diese Ware/Dienstleistung erstmals enthalten war.

VII. Gemeinschaftsmarkenrecht

Art. 29 GMV regelt das Prioritätsrecht bei der Anmeldung einer Gemeinschaftsmarke im **16** Einklang mit Art. 4 PVÜ und unter Berücksichtigung der Einbeziehung der PVÜ in das *TRIPS*-Abkommen. Es ergeben sich keine wesentlichen Abweichungen zu § 34. Regel 6 DVGMV beinhaltet allerdings abweichende Regelungen bezüglich der bei Inanspruchnahme der Priorität zu erbringenden Nachweise und zu beachtenden Fristen.

---

2 So auch *Ströbele/Hacker*, § 34 Rn. 12.
3 Vgl. BPatGE 18, 125 – Teilpriorität.
4 BPatG, BlPMZ 1976, 136.

§ 35
Ausstellungspriorität

(1) Hat der Anmelder der Marke Waren oder Dienstleistungen unter der angemeldeten Marke

1. auf einer amtlichen oder amtlich anerkannten internationalen Ausstellung im Sinne des am 22. November 1928 in Paris unterzeichneten Abkommens über internationale Ausstellungen oder
2. auf einer sonstigen inländischen oder ausländischen Ausstellung

zur Schau gestellt, kann er, wenn er die Anmeldung innerhalb einer Frist von sechs Monaten seit der erstmaligen Zurschaustellung der Waren oder Dienstleistungen unter der angemeldeten Marke einreicht, von diesem Tag an ein Prioritätsrecht im Sinne des § 34 in Anspruch nehmen.

(2) Die in Absatz 1 Nr. 1 bezeichneten Ausstellungen werden vom Bundesministerium der Justiz im Bundesgesetzblatt bekannt gemacht.

(3) Die Ausstellungen im Sinne des Absatzes 1 Nr. 2 werden im Einzelfall in einer Bekanntmachung des Bundesministeriums der Justiz im Bundesgesetzblatt über den Ausstellungsschutz bestimmt.

(4) Wer eine Priorität nach Absatz 1 in Anspruch nimmt, hat innerhalb von zwei Monaten nach dem Anmeldetag den Tag der erstmaligen Zurschaustellung sowie die Ausstellung anzugeben. Hat der Anmelder diese Angaben gemacht, fordert ihn das Patentamt auf, innerhalb von zwei Monaten nach der Zustellung der Aufforderung die Nachweise für die Zurschaustellung der Waren oder Dienstleistungen unter der angemeldeten Marke einzureichen. Werden die Nachweise nicht rechtzeitig eingereicht, so wird der Prioritätsanspruch für die Anmeldung verwirkt.

(4) Die Ausstellungspriorität nach Absatz 1 verlängert nicht die Prioritätsfrist nach § 34.

I. Allgemeines

1   § 35 enthält eine eigenständige Regelung der *Ausstellungspriorität*. Die Markenrechtsrichtlinie enthält keine entsprechende Regelung, so dass auch § 35 ausschließlich nach nationalem Recht auszulegen ist.

II. Wirkung der Ausstellungspriorität

Die *Ausstellungspriorität* entspricht in ihrer Wirkung der Priorität aus einer älteren ausländischen Anmeldung, d. h. ihre Inanspruchnahme bewirkt eine *Verschiebung des Zeitranges* der Anmeldung auf den Tag der erstmaligen Zurschaustellung von Waren oder Dienstleistungen unter der angemeldeten Marke auf einer gemäß § 35 bekannt gemachten Ausstellung.   **2**

Dabei kommt die Inanspruchnahme der Priorität nur für diejenigen Waren/Dienstleistungen in Betracht, die auf der betreffenden Ausstellung unter der angemeldeten Marke zur Schau gestellt wurden. Fraglich ist, ob die Zurschaustellung einer bestimmten Ware auch ein Prioritätsrecht für einen in der späteren Markenanmeldung enthaltenen weiteren *Oberbegriff* begründet. Hier wird man es auf den Einzelfall abstellen müssen. Umfasst die Zurschaustellung mehrere unter einen Oberbegriff fallende Waren, wird sich die Frage eher bejahen lassen, als wenn nur eine ganz konkrete Ware ausgestellt wurde. In jedem Fall wird die Inanspruchnahme einer Ausstellungspriorität vielfach nur eine *Teilpriorität* begründen; umfasst die Anmeldung der Marken Waren/Dienstleistungen, die nicht zur Schau gestellt wurden, kommt ihr insoweit nur der Zeitrang des Anmeldetags zu.   **3**

Zurschaustellung i. S. d. § 35 setzt voraus, dass die mit der Marke gekennzeichneten Waren weiteren Kreisen, und zwar insbesondere dem Ausstellungspublikum, *bekannt* werden. Werden die Waren nur gelegentlich einer Ausstellung potenziellen Geschäftspartnern gezeigt, aber nicht öffentlich zur Schau gestellt, kommt ein Prioritätsrecht nicht zur Entstehung.[1]   **4**

III. Frist

Die *Frist*, innerhalb derer die Ausstellungspriorität in Anspruch genommen werden kann, beträgt, wie bei der Unionspriorität, *sechs Monate*. Sie beginnt mit dem *Tag der erstmaligen Zurschaustellung* der mit der angemeldeten Marke gekennzeichneten Waren/Dienstleistungen. Insoweit besteht ein Unterschied zu dem nicht mehr geltenden Ausstellungsschutzgesetz, welches für den Fristbeginn auf die Eröffnung der Ausstellung abstellt.   **5**

IV. Erfasste Ausstellungen

Die Ausstellungspriorität wird nicht für jede Ausstellung gewährt, sondern nur für solche, die gemäß § 35 Abs. 2 und 3 bekannt gemacht werden. Dies sind einmal die *amtlichen oder amtlich anerkannten internationalen Ausstellungen* i. S. d. am 22.11.1928 in Paris unterzeichneten *Abkommens über internationale Ausstellungen*, daneben aber auch eine Vielzahl *sonstiger inländischer oder ausländischer Ausstellungen*, die vom Bundesministerium der Justiz jeweils im Bundesgesetzblatt bekannt gemacht werden.   **6**

---

1 BGH, GRUR 1983, 31 – Klarsichtbecher.

V. Inanspruchnahme der Priorität

7 Die *Inanspruchnahme* der Ausstellungspriorität bedarf wiederum einer förmlichen *Erklärung*. Die diesbezügliche Regelung in § 35 Abs. 4 ist weitgehend der Regelung in § 34 Abs. 3 nachgebildet, so dass auf die dortige Kommentierung verwiesen werden kann.

8 Eine *Änderung* der Angaben innerhalb der vorgesehen Fristen ist, abweichend von § 34 Abs. 3, nicht ausdrücklich vorgesehen. Es ist aber kein Grund ersichtlich, der gegen eine Zulassung von Änderungen oder jedenfalls Berichtigungen der gemachten Angaben innerhalb der in § 35 Abs. 4 genannten Frist spräche. Werden die erforderlichen Angaben nicht innerhalb der dafür jeweils geltenden Zweimonatsfristen eingereicht, wird der Prioritätsanspruch für die Anmeldung verwirkt, wobei jedoch bei unverschuldeter Fristversäumung eine Wiedereinsetzung nach § 91 in Betracht kommt.

VI. Keine Kumulierung der Prioritätsfristen

9 § 35 Abs. 5 sieht vor, dass die Ausstellungspriorität nicht die Prioritätsfrist nach § 34 verlängert. Dies bedeutet, dass nur entweder die Ausstellungspriorität oder die Priorität einer ausländischen Anmeldung in Anspruch genommen werden kann, die beiden Fristen also nicht kumuliert werden können. Liegt die Ausstellung vor der ausländischen Anmeldung, muss der Anmelder also entweder innerhalb von sechs Monaten ab dem Tag der erstmaligen Zurschaustellung die Nachanmeldung einreichen oder innerhalb von sechs Monaten nach der ausländischen Anmeldung, wobei im letzteren Fall diese den Zeitrang der Anmeldung bestimmt. Liegt die ausländische Anmeldung vor der Ausstellung, muss die Nachanmeldung innerhalb der Prioritätsfrist nach § 34 eingereicht werden, wenn der Zeitrang der ausländischen Anmeldung gewahrt bleiben soll. Die spätere Zurschaustellung auf einer bekannt gemachten Ausstellung bewirkt *keine* Verlängerung dieser Frist.

VII. Gemeinschaftsmarkenrecht

10 Art. 33 GMV regelt die Ausstellungspriorität übereinstimmend mit § 35, allerdings mit der Maßgabe, dass die Priorität nur für die in § 35 Abs. 1 Nr. 1 genannten *internationalen Ausstellungen* i. S. d. am 22.11.1928 in Paris unterzeichneten *Übereinkommens über internationale Ausstellungen* gewährt wird und nicht für sonstige Ausstellungen. Die Frist beginnt auch hier mit der erstmaligen Zurschaustellung. Einzelheiten über die zu erbringenden Nachweise sind in Regel 7 DVGMV geregelt.

Schweyer

§ 36
Prüfung der Anmeldungserfordernisse

(1) Das Patentamt prüft, ob

1. die Anmeldung der Marke den Erfordernissen für die Zuerkennung eines Anmeldetages nach § 33 Abs. 1 genügt,
2. die Anmeldung den sonstigen Anmeldungserfordernissen entspricht,
3. die Gebühren in ausreichender Höhe gezahlt worden sind und
4. der Anmelder nach § 7 Inhaber einer Marke sein kann.

(2) Werden nach Absatz 1 Nr. 1 festgestellte Mängel nicht innerhalb einer vom Patentamt bestimmten Frist beseitigt, so gilt die Anmeldung als zurückgenommen. Kommt der Anmelder der Aufforderung des Patentamts nach, so erkennt das Patentamt als Anmeldetag den Tag zu, an dem die festgestellten Mängel beseitigt werden.

(3) Werden innerhalb einer vom Patentamt bestimmten Frist Klassengebühren nicht oder in nicht ausreichender Höhe nachgezahlt oder wird vom Anmelder keine Bestimmung darüber getroffen, welche Waren- oder Dienstleistungsklassen durch den gezahlten Gebührenbetrag gedeckt werden sollen, so werden zunächst die Leitklassen und sodann die übrigen Klassen in der Reihenfolge der Klasseneinteilung berücksichtigt. Im Übrigen gilt die Anmeldung als zurückgenommen.

(4) Werden sonstige Mängel innerhalb einer vom Patentamt bestimmten Frist nicht beseitigt, so weist das Patentamt die Anmeldung zurück.

(5) Kann der Anmelder nicht nach § 7 Inhaber einer Marke sein, so weist das Patentamt die Anmeldung zurück.

Übersicht

Literatur: *Berlit*, Das neue Markenrecht – Richtlinienentwürfe, Markenanmeldungen und Widerspruchsverfahren des Deutschen Patentamts, ZRP 1995, 466; *Braitmayer*, Gespaltene Amtspraxis oder Wann sind Klassengebühren zu entrichten, MarkenR 2009, 237.

I. Prüfung der Anmeldungserfordernisse

Die patentamtliche *Prüfung* einer Markenanmeldung erfolgt mehrstufig. Am Anfang steht **1** die in § 36 geregelte *Eingangsbearbeitung*, bei der geprüft wird, ob die Anmeldung alle *formellen Anmeldungserfordernisse* erfüllt, ob die *Gebühren* bezahlt sind und ob der Anmelder nach § 7 *Inhaber* einer Marke sein kann. Erst wenn diese Prüfung abgeschlossen ist, erfolgt in einem zweiten Schritt die Prüfung, ob der Eintragung der Marke *absolute*

Schutzhindernisse entgegenstehen (§ 37). Die Prüfung, ob *ältere Rechte* der Eintragung entgegenstehen (*relative Schutzhindernisse*), erfolgt erst in dem der Eintragung der Marke nach geschalteten *Widerspruchsverfahren* (§ 42).

2 Die *Eingangsbearbeitung* gliedert sich wiederum in die Prüfung, ob die Anmeldung den *Mindesterfordernissen* für die Zuerkennung eines Anmeldetages genügt, ob sie den *sonstigen Anmeldungserfordernissen* entspricht, ob die *Gebühren* entrichtet worden sind und ob der Anmelder nach § 7 *Inhaber* der Marke sein kann.

II. Mindesterfordernisse

3 Für die *Mindesterfordernisse* kann auf die Kommentierung zu § 32 verwiesen werden. Es sind dies die Angaben nach § 32 Abs. 2, deren Eingang nach § 33 Abs. 1 den *Anmeldetag* der Marke bestimmt. Weist die Anmeldung insoweit *Mängel* auf, bestimmt das DPMA eine *Frist*, innerhalb derer die Mängel zu beseitigen sind. Kommt der Anmelder dieser Aufforderung nicht fristgerecht nach, gilt die Anmeldung als *zurückgenommen*. Andernfalls erkennt das DPMA den Tag als Anmeldetag zu, an dem die Mängel beseitigt wurden (§ 36 Abs. 2).

4 Gegen die Versäumung der Frist kommt *Wiedereinsetzung* (§ 91) in Betracht. Dagegen kann die Rechtsfolge der Fristversäumung, die gesetzliche *Rücknahmefiktion*, nicht mit einem Rechtsmittel angegriffen werden. Allerdings kann nur eine *rechtmäßige Aufforderung* die Frist in Lauf setzen.[1] Wenn der Anmelder somit der Auffassung ist, die Mindesterfordernisse erfüllt zu haben, kann er *Gegenvorstellung* erheben und um einen *rechtsmittelfähigen Bescheid* bitten. In der Regel wird das DPMA ohnehin durch *Beschluss* feststellen, dass die Anmeldung als zurückgenommen gilt, wenngleich das Gesetz dies nicht ausdrücklich vorsieht.[2] Im Beschwerdeverfahren kann dann geprüft werden, ob die Aufforderung zu Recht ergangen ist; eine *Nachholung der fehlenden Angaben* im Rechtsmittelverfahren dürfte dagegen nicht in Betracht kommen.[3]

III. Sonstige Anmeldungserfordernisse

5 Auch für die *sonstigen Anmeldungserfordernisse* kann auf die Kommentierung zu § 32 und auf die einschlägigen Bestimmungen der MarkenV (§§ 2–14, 63–70) verwiesen werden.

6 Diesbezügliche Mängel haben keine Auswirkungen auf den Anmeldetag. Ihre Nichtbeseitigung führt somit auch keinesfalls zur Rücknahmefiktion gemäß § 36 Abs. 2.[4] Werden die Mängel aber innerhalb einer vom DPMA bestimmten *Frist* nicht beseitigt, *weist* das DPMA die *Anmeldung zurück*. Gegen die Zurückweisung kann ein *Rechtsmittel* eingelegt

---

1 BPatG, Mitt. 1975, 31, 32, zur fristsetzenden Zahlungsaufforderung.
2 Vgl. BPatG, GRUR 1997, 134 – Anmeldetag; GRUR 1997, 62 – Indikativ SWF-3; GRUR 1997, 60 – SWF-3 NACHRICHTEN.
3 A. A. *Ingerl/Rohnke*, § 36 Rn. 3.
4 Vgl. BPatG, GRUR 1997, 134 – Anmeldetag.

werden; die Mängel können auch noch im Rechtsmittelverfahren beseitigt werden. Auch kommt gegen die unverschuldete Fristversäumung *Wiedereinsetzung* in Betracht.

IV. Gebührenzahlung

Auch die *Gebührenzahlung* ist kein Erfordernis für die Zuerkennung eines Anmeldetages. **7** Die Gebühren werden aber mit der Einreichung der Anmeldung fällig (§ 3 Abs. 1 Pat-KostG) und sind dann innerhalb einer *Frist* von drei Monaten ab *Fälligkeit* zu bezahlen. Mit der *Empfangsbescheinigung* versendet das DPMA eine formlose *Zahlungsaufforderung*, die keinen Einfluss auf den Lauf der gesetzlichen Zahlungsfrist hat. Wird die *Anmeldegebühr* nicht fristgerecht bezahlt, gilt die Anmeldung als *zurückgenommen* (§ 6 Abs. 2 PatKostG).

Werden *Klassengebühren* nicht fristgerecht bezahlt, sieht § 36 Abs. 3 weiterhin eine Nach- **8** fristsetzung durch das DPMA vor. Werden Klassengebühren auch innerhalb dieser vom DPMA gesetzten Frist nicht oder nicht in ausreichender Höhe bezahlt, und hat der Anmelder auch keine Bestimmung getroffen, welche Waren- oder Dienstleistungsklassen durch den gezahlten Gebührenbetrag gedeckt sein sollen, sieht § 36 Abs. 3 vor, dass zunächst von der *Leitklasse* auszugehen ist und sodann die übrigen Klassen in der *Reihenfolge der Klasseneinteilung* berücksichtigt werden. Maßgeblich ist insoweit die vom Anmelder in der Anmeldung angegebene Leitklasse, wie sich aus § 21 Abs. 2 S. 3 MarkenV ergibt, obgleich das DPMA an diese Angabe nicht gebunden ist.

Häufig ergibt sich erst bei der Eingangsbearbeitung im DPMA, dass eine Markenanmel- **9** dung mehr Klassen umfasst, als vom Anmelder angenommen, und die mit der Anmeldung gezahlten Gebühren daher nicht ausreichen. Werden in einem solchen Fall die zusätzlich anfallenden Klassengebühren nicht bezahlt, stellen sich zwei Fragen: Innerhalb welcher Frist muss der Anmelder die in § 36 Abs. 3 erwähnte Bestimmung treffen, welche Klassen durch die gezahlten Gebühren abgedeckt sein sollen, und welchen formellen Anforderungen muss eine solche Bestimmung genügen, um Vorrang vor der gesetzlichen Regelung zu erlangen, wonach es auf die Reihenfolge der Klasseneinteilung ankommt. Was die Frist betrifft, spricht viel dafür, es hier nicht auf die Zahlungsfrist des § 6 Abs. 1 S. 2 PatKostG abzustellen sondern auf eine vom DPMA gemäß § 36 Abs. 3 gesetzte Frist. Allerdings entspricht die in der Empfangsbescheinigung gesetzte Frist regelmäßig der des § 6 Abs. 1 S. 2 PatKostG. Eine Bestimmung, welche Klassen abgedeckt sein sollen kann u. U. auch der ursprünglichen Anmeldung entnommen werden, wenn die Waren/Dienstleistungen dort den Klassen zugeordnet wurden, in die sie nach Auffassung des Anmelders fielen und die durch die Gebührenzahlung abgedeckt waren.[5]

---

5 Vgl. BPatG, GRUR 2006, 172 – Unzureichende Klassengebühren; *Braitmayer*, MarkenR 2009, 237.

V. Anmeldungserfordernis nach § 7

10   Als materielles Anmeldungserfordernis prüft das DPMA, ob der Anmelder nach § 7 *Inhaber einer Marke* sein kann. Insoweit ist auf die dortige Kommentierung zu verweisen. Fehlt es an dieser Voraussetzung, ist die Anmeldung – durch rechtsmittelfähigen Beschluss – zurückzuweisen. Entfällt das Eintragungshindernis aber noch während des Eintragungsverfahrens – z. B. ein nichtrechtsfähiger Verein erlangt die Rechtsfähigkeit – so findet § 37 Abs. 2 entsprechend Anwendung, d. h. die Marke kann mit Prioritätsverschiebung eingetragen werden, wenn der Anmelder sich damit einverstanden erklärt.[6]

VI. Gemeinschaftsmarkenrecht

11   Die Prüfung der Anmeldungserfordernisse ist in Art. 36 GMV in weitgehender Übereinstimmung mit § 36 geregelt. Auch hier wird unterschieden, ob die Anmeldung den Mindesterfordernissen für die Zuerkennung eines Anmeldetages nach Art. 27 genügt (wozu abweichend vom deutschen Recht auch die Zahlung der Anmeldegebühr zählt) und ob die sonstigen in der DVGMV geregelten Erfordernisse erfüllt sind. Entspricht die Anmeldung nicht den *Mindesterfordernissen* für die Zuerkennung eines Anmeldetages und werden diese Mängel nicht innerhalb einer vom HABM gesetzten Frist beseitigt, wird die Anmeldung nach Art. 36 GMV nicht als Anmeldung einer Gemeinschaftsmarke behandelt; dies kommt der Rücknahmefiktion nach deutschem Recht gleich. Anders als im deutschen Recht, wo dies nicht ausdrücklich geregelt ist, sieht Regel 54 DVGMV aber vor, dass ein solcher Rechtsverlust dem Anmelder mitzuteilen ist und dass der Betroffene sodann innerhalb von zwei Monaten nach Zustellung dieser Mitteilung eine Entscheidung über den Rechtsverlust beantragen kann. Diese kann sodann mit der Beschwerde angefochten werden.

12   Werden sonstige Anmeldungserfordernisse innerhalb einer vom HABM gesetzten Frist nicht beseitigt, erfolgt wie im deutschen Recht eine Zurückweisung der Anmeldung (Art. 36 Abs. 4 GMV). Eine nicht ausreichende *Gebührenzahlung* führt nur dann zu einer Rücknahmefiktion (Art. 36 Abs. 5 GMV), wenn nicht eindeutig ist, welche Waren- oder Dienstleistungsklassen durch den gezahlten Gebührenbetrag abgedeckt werden sollen. Insoweit sieht Regel 9 Abs. 5 DVGMV ebenfalls vor, dass mangels anderer eindeutiger Kriterien die Klassen in der Reihenfolge der Klassifikation berücksichtigt werden.

---

6 BPatG, GRUR 2005, 955, 956 – Courage.

§ 37
Prüfung auf absolute Schutzhindernisse

(1) Ist die Marke nach §§ 3, 8 oder 10 von der Eintragung ausgeschlossen, so wird die Anmeldung zurückgewiesen.

(2) Ergibt die Prüfung, dass die Marke zwar am Anmeldetag (§ 33 Abs. 1) nicht den Voraussetzungen des § 8 Abs. 2 Nr. 1, 2 oder 3 entsprach, dass das Schutzhindernis aber nach dem Anmeldetag weggefallen ist, so kann die Anmeldung nicht zurückgewiesen werden, wenn der Anmelder sich damit einverstanden erklärt, dass ungeachtet des ursprünglichen Anmeldetages und einer etwa nach § 34 oder § 35 in Anspruch genommenen Priorität der Tag, an dem das Schutzhindernis weggefallen ist, als Anmeldetag gilt und für die Bestimmung des Zeitrangs im Sinne des § 6 Abs. 2 maßgeblich ist.

(3) Eine Anmeldung wird nach § 8 Abs. 2 Nr. 4 oder Nr. 10 nur zurückgewiesen, wenn die Eignung zur Täuschung oder die Bösgläubigkeit ersichtlich ist.

(4) Eine Anmeldung wird nach § 10 nur zurückgewiesen, wenn die Notorietät der älteren Marke amtsbekannt ist und wenn die weiteren Voraussetzungen des § 9 Abs. 1 Nr. 1 oder 2 gegeben sind.

(5) Die Absätze 1 bis 4 sind entsprechend anzuwenden, wenn die Marke nur für einen Teil der Waren oder Dienstleistungen, für die sie angemeldet worden ist, von der Eintragung ausgeschlossen ist.

Übersicht

Literatur: *Berlit*, Das neue Markenrecht – Richtlinienentwürfe, Markenanmeldungen und Widerspruchsverfahren des Deutschen Patentamts, ZRP 1995, 466; *Mitscherlich*, Verfahrensrechtliche Aspekte des neuen Markenrechts, FS DPA – 100 Jahre Marken-Amt, 1994, 199.

I. Allgemeines

Erfüllt die Anmeldung die Voraussetzungen des § 36, erfolgt in einem nächsten Schritt die **1** Prüfung auf *absolute Schutzhindernisse*. Geprüft wird hier zunächst die *Markenfähigkeit* nach § 3 als absolute Schutzvoraussetzung. Hierzu zählt auch das in § 8 Abs. 1 geregelte Erfordernis der *grafischen Darstellbarkeit*, welches entgegen der Systematik des Gesetzes kein absolutes Eintragungshindernis, sondern ein für alle Markenformen zwingendes Erfordernis der Markenfähigkeit darstellt. Geprüft wird sodann, ob eines der in § 8 Abs. 2 geregelten *absoluten Schutzhindernisse* vorliegt; diese Prüfung erstreckt sich auch darauf, ob ein Eintragungshindernis nach § 8 Abs. 2 Nr. 1, 2 oder 3 durch *Verkehrsdurchsetzung* überwunden wird (§ 8 Abs. 3). Schließlich prüft das DPMA, ob eine *notorisch bekannte Marke* der Eintragung entgegensteht (§ 10). Zu den vorgenannten Schutzhindernissen kann im Einzelnen auf die Kommentierung der betreffenden Bestimmungen verwiesen werden.

2   Abs. 2 regelt den Fall, dass ein am *Anmeldetag* gegebenes Schutzhindernis *im Zeitpunkt der Prüfung* nicht mehr vorliegt. Er findet nur auf die in § 8 Abs. 2 Nr. 1, 2 und 3 geregelten Schutzhindernisse Anwendung und führt, wenn der Anmelder sich damit einverstanden erklärt, zu einer *Prioritätsverschiebung* auf den Zeitpunkt des Wegfalls des Schutzhindernisses. Absatz 3 schränkt die Prüfung, ob eine Marke wegen ihrer Eignung zur Täuschung oder wegen Bösgläubigkeit von der Eintragung ausgeschlossen ist, auf den Fall ein, dass dieser Umstand für das Amt ersichtlich ist. Entsprechend findet die Notorietät einer älteren Marke nach Abs. 4 nur Berücksichtigung, wenn sie *amtsbekannt* ist. Absatz 5 regelt schließlich die *teilweise Zurückweisung* einer Anmeldung, wenn die Marke nur für einen Teil der Waren oder Dienstleistungen, für die sie angemeldet worden ist, von der Eintragung ausgeschlossen ist.

II. Maßgeblicher Zeitpunkt

3   Maßgeblicher Zeitpunkt für das Vorliegen eines Schutzhindernisses nach § 37 ist der *Zeitpunkt der Eintragung*; auf die Verhältnisse im Zeitpunkt der Anmeldung kommt es insoweit nicht an. Die Eintragung kann also nicht zurückgewiesen werden, wenn ein am Anmeldetag gegebenes Schutzhindernis während des Eintragungsverfahrens, ggf. auch noch in der Rechtsmittelinstanz, entfällt. Umgekehrt wird das Vertrauen des Anmelders in den Rechtszustand am Anmeldetag nicht geschützt. Besteht im Zeitpunkt der Eintragung ein Schutzhindernis, wird die Eintragung zurückgewiesen.

III. Prioritätsverschiebung

4   Entfällt ein am Anmeldetag gegebenes Schutzhindernis während des Eintragungsverfahrens, so dass die Anmeldung nicht mehr zurückgewiesen werden kann, behält sie grundsätzlich ihren ursprünglichen Zeitrang. Eine Ausnahme erfährt dieser Grundsatz nur bei den in der Praxis bedeutsamen Schutzhindernissen nach § 8 Abs. 2 Nr. 1, 2 und 3, die durch Verkehrsdurchsetzung überwunden werden können. Ergibt sich hier, dass das Schutzhindernis nach dem Anmeldetag weggefallen ist, was insbesondere bei einer erst später erlangten Verkehrsdurchsetzung der Fall ist, kann die Marke nur mit dem Zeitrang des Tages eingetragen werden, an dem das Schutzhindernis weggefallen ist. Das DPMA kann eine solche *Verschiebung des Zeitrangs* aber nicht von sich aus vornehmen. Erklärt sich der Anmelder mit der Prioritätsverschiebung nicht einverstanden, wird die Anmeldung zurückgewiesen. Im Rechtsmittelverfahren empfiehlt es sich dann, sich zumindest im Rahmen eines *Hilfsantrages* mit der Prioritätsverschiebung einverstanden zu erklären, wenn eine endgültige Zurückweisung der Anmeldung vermieden werden soll.

Zu beachten ist, dass bei *IR-Marken* eine Prioritätsverschiebung nicht in Betracht kommt, **5** weshalb § 113, der für die Prüfung von IR-Marken auf § 37 verweist, § 37 Abs. 2 ausdrücklich für nicht anwendbar erklärt.

§ 37 Abs. 2 betrifft auch nur das *Verfahren bis zur Eintragung der Marke.* Gelangt eine **6** Marke trotz bestehenden Schutzhindernisses zur Eintragung und entfällt das Schutzhindernis erst im Rahmen eines *Löschungsverfahrens* nach § 50, kann die Marke nach § 50 Abs. 2 ebenfalls nicht mehr gelöscht werden. In diesem Fall behält sie aber ihren ursprünglichen Zeitrang. Dies führt zur *Koexistenz* mit prioritätsjüngeren Zwischenrechten, die vor dem Wegfall des Schutzhindernisses eingetragen wurden, da deren Eintragung aufgrund des prioritätsälteren Rechts nach § 51 Abs. 4 ebenfalls nicht gelöscht werden kann.

IV. Täuschungsgefahr

Die Prüfung, ob eine Marke wegen ihrer *Eignung zur Täuschung* von der Eintragung ausgeschlossen ist, ist zunächst auf den *Zeicheninhalt* beschränkt. Nur das, was sich aus dem **7** Zeichen selbst ergibt, kann der Prüfung zugrunde gelegt werden; eine mögliche irreführende *Benutzung* des Zeichens hat dagegen außer Betracht zu bleiben. Eine Anmeldung kann daher nur dann zurückgewiesen werden, wenn *jede nicht irreführende Verwendung ausscheidet.*[1] Im Übrigen beschränkt sich die Prüfung auf solche Umstände, die für das Amt *ersichtlich* sind (zu den Einzelheiten s. § 8 Rn. 138).

V. Bösgläubigkeit

Die bösgläubige Markenanmeldung war bis zur Gesetzesänderung v. 12.3.2004 nur als ein **8** besonderer Nichtigkeitsgrund geregelt (§ 50 Abs. 1 Nr. 4 a. F.). Nunmehr handelt es sich dabei um ein von Amts wegen zu berücksichtigendes Eintragungshindernis (§ 8 Abs. 2 Nr. 10), aber auch mit der Einschränkung, dass die Bösgläubigkeit für das DPMA ersichtlich sein muss. Diese Voraussetzung wird nur selten erfüllt sein, da der Tatbestand der Bösgläubigkeit vor allem durch außerzeichenrechtliche Umstände ausgefüllt wird, denen das DPMA in dem auf rasche Erledigung ausgelegten Eintragungsverfahren nicht im Einzelnen nachgehen kann. Das Schutzhindernis einer bösgläubigen Markenanmeldung wird somit weiterhin in den meisten Fällen erst im Löschungsverfahren Bedeutung erlangen (vgl. dazu § 50 Rn. 3 f.).

VI. Notorietät

Auch zur *Notorietät* entgegenstehender älterer Marken kann im Einzelnen auf die Kommentierung zu § 10 verwiesen werden. Im Rahmen der Amtsprüfung nach § 37 finden solche Marken nur Berücksichtigung, wenn die Notorietät der älteren Marke *amtsbekannt* ist. Dabei prüft das DPMA, ebenso wie im Widerspruchsverfahren, auch nur, ob die ältere **9**

---

1 BPatG, GRUR 1989, 593 – Molino.

Marke der Eintragung nach § 9 Abs. 1 Nr. 1 oder 2 entgegensteht. Eine Rufausbeutung oder Beeinträchtigung der älteren Marke i. S. d. § 9 Abs. 1 Nr. 3, mag sie auch noch so offensichtlich sein, ist nicht Gegenstand der Prüfung.

VII. Partielles Schutzhindernis

10 Vielfach wird ein absolutes Schutzhindernis nur für einen Teil der Waren oder Dienstleistungen gegeben sein, für die die Marke angemeldet wurde. Für diesen Fall bestimmt § 37 Abs. 5 die entsprechende Anwendung der Abs. 1–4, d. h., die Anmeldung ist dann nur für die betroffenen Waren/Dienstleistungen zurückzuweisen. Gegebenenfalls bedarf es dazu der *Mitwirkung des Anmelders*, wenn nämlich ein weit gefasster Oberbegriff auch Waren/ Dienstleistungen umfasst, für die ein Schutzhindernis vorliegt. Der Anmelder muss diese Waren/Dienstleistungen dann ausdrücklich von dem Oberbegriff ausnehmen, andernfalls die Anmeldung für den gesamten Oberbegriff zurückzuweisen wäre. Das Amt kann von sich aus nur *Streichungen*, aber *keine inhaltlichen Änderungen* des Warenverzeichnisses vornehmen.

VIII. Gemeinschaftsmarkenrecht

11 Die Prüfung auf *absolute Eintragungshindernisse* ist in Art. 38 GMV geregelt. Anders als im deutschen Recht können absolute Eintragungshindernisse, die im Zeitpunkt der Anmeldung der Gemeinschaftsmarke bestanden, im Laufe des Verfahrens nicht überwunden werden, da eine dem § 37 Abs. 2 entsprechende Regelung nicht vorgesehen ist. Die Eintragungsfähigkeit der Marke muss somit bereits im Zeitpunkt der *Anmeldung* gegeben sein. Andererseits kann aber auch die Gemeinschaftsmarke nur eingetragen werden, wenn ihre Eintragungsfähigkeit auch noch im Zeitpunkt der Eintragung gegeben ist; hierfür spricht jedenfalls der Wortlaut des Art. 7 und des Art. 51 Abs. 1a) GMV.

12 Eine Besonderheit findet sich in Art. 38 Abs. 2 GMV, wonach das HABM in Fällen, in denen ein nicht unterscheidungskräftiger Bestandteil einer Marke zu Zweifeln über den Schutzumfang der Marke Anlass geben kann, eine ausdrückliche Erklärung des Anmelders verlangen kann, wonach für diesen Bestandteil kein ausschließliches Recht in Anspruch genommen wird. Diese Erklärung wird mit der Anmeldung oder ggf. mit der Eintragung der Gemeinschaftsmarke veröffentlicht. Im Ergebnis bedeutet dies freilich keinen Unterschied zum deutschen Recht, wo sich der Schutz einer Marke ebenfalls nicht auf einen nicht unterscheidungskräftigen Bestandteil der Marke als solchen erstrecken kann.

13 Zu erwähnen ist noch, dass die Frage, ob der Anmelder Inhaber einer Gemeinschaftsmarke sein kann (Art. 5 GMV), im Gemeinschaftsmarkenrecht systematisch richtiger im Rahmen des Art. 38 und nicht im Zusammenhang mit den formellen Anmeldeerfordernissen geprüft wird.

§ 38
Beschleunigte Prüfung

Auf Antrag des Anmelders wird die Prüfung nach den §§ 36 und 37 beschleunigt durchgeführt.

Übersicht

Literatur: *Fischer/Schulte*, Die Rückzahlung der Beschleunigungsgebühr des § 38 MarkenG – Gebühr ohne gebührende Gegenleistung, MarkenR 2003, 249.

I. Allgemeines

Dem Antrag auf *beschleunigte Prüfung* kommt insbesondere Bedeutung zu, wenn die Marke unter Inanspruchnahme der Unionspriorität international registriert werden soll. Denn die internationale Registrierung einer Marke nach dem *MMA* setzt die *Eintragung der Marke im Ursprungsland* voraus (Art. 1 Abs. 2 MMA). Da mit dem Gesuch um internationale Registrierung eine Bescheinigung der Eintragung der Marke im Ursprungsland vorzulegen ist (Art. 3 Abs. 1 MMA), muss die Marke innerhalb von 6 Monaten zur Eintragung gelangen, wenn für die internationale Registrierung die Prioritätsfrist gewahrt werden soll. Dagegen genügt für eine internationale Registrierung nach dem Protokoll zum MMA die Anmeldung der Marke im Ursprungsland (Art. 2 PMMA). **1**

Wichtiger als der Beschleunigungsantrag ist freilich die Art der *Gebührenzahlung*, da auch eine beschleunigte Prüfung erst eingeleitet wird, wenn die Gebühren einschließlich der Gebühr für die beschleunigte Prüfung gezahlt sind (s. § 32 Rn. 23). **2**

II. Voraussetzungen der beschleunigten Prüfung

Die beschleunigte Prüfung ist an keine besonderen Voraussetzungen geknüpft. Sie setzt lediglich einen *Antrag* voraus und die *Zahlung einer besonderen Gebühr*. Diese beträgt derzeit 200 EUR. Für die Zahlung gilt § 6 PatKostG. **3**

Der Antrag kann *mit der Anmeldung* oder auch noch *nachträglich* gestellt werden. Wie sich die Beschleunigung im Einzelnen gestaltet, ist nicht geregelt und abhängig vom Geschäftsanfall. Es kann somit durchaus sein, dass eine beschleunigte Prüfung im einen Fall länger dauert als eine normale Prüfung in einem anderen. Ergeben sich bei der Prüfung Beanstandungen, die nicht sogleich behoben werden können, wird die Marke häufig nicht mehr innerhalb der Prioritätsfrist zur Eintragung gelangen. Entspricht die Bearbeitung der Anmel- **4** dung beim DPMA nicht der beantragten Beschleunigung, kommt eine Rückerstattung der Beschleunigungsgebühr aus Billigkeitsgründen in Betracht;[1] dies ist jetzt in § 63 Abs. 2 auch gesetzlich geregelt. Die Rückzahlung ist insbesondere auch dann veranlasst, wenn der Anmelder auf eine Beanstandung der Anmeldung unverzüglich reagiert und das DPMA gleichwohl nicht innerhalb der Prioritätsfrist über die Eintragung entscheidet. Dies gilt auch, wenn eine Eintragung nur für einen Teil der Waren/Dienstleistungen in Betracht kommt, da der Anmelder dann durch Teilung oder Rechtsmittelverzicht die Prioritätsfrist zumindest insoweit wahren kann. Auf die bloße Beanstandung hin eine Teilung zu erklären und damit schon im Stadium der Anhörung für einen Teil der Waren/Dienstleistungen auf die Priorität zu verzichten, ist dem Anmelder dagegen nicht zumutbar.[2]

III. Gemeinschaftsmarkenrecht

5   Eine beschleunigte Prüfung ist in der Gemeinschaftsmarkenverordnung nicht vorgesehen. Der Anmelder kann aber die Behandlung seiner Anmeldung insofern – geringfügig – beschleunigen, indem er die Grundgebühr für die Anmeldung bereits mit der Anmeldung entrichtet und dafür nicht die Monatsfrist des Art. 27 GMV ausschöpft.

---

1 Vgl. BGH, GRUR 2000, 421 – Rückzahlung der Beschleunigungsgebühr.
2 Vgl. BPatG, GRUR 2003, 551, 552 – Beschleunigungsgebühr III.

§ 39
Zurücknahme, Einschränkung und Berichtigung der Anmeldung

(1) Der Anmelder kann die Anmeldung jederzeit zurücknehmen oder das in der Anmeldung enthaltene Verzeichnis der Waren und Dienstleistungen einschränken.

(2) Der Inhalt der Anmeldung kann auf Antrag des Anmelders zur Berichtigung von sprachlichen Fehlern, Schreibfehlern oder sonstigen offensichtlichen Unrichtigkeiten geändert werden.

Übersicht

Literatur: *Winkler*, Unzulässige Erweiterung im Markenrecht, GRUR 1990, 73.

I. Allgemeines

§ 39 regelt den Fall der jederzeit möglichen *Zurücknahme* der Anmeldung, die ebenfalls **1** mögliche *Einschränkung des Verzeichnisses der Waren und Dienstleistungen* und die auf die *Berichtigung offensichtlicher Unrichtigkeiten* beschränkte Änderung. § 39 ist im Zusammenhang mit § 33 Abs. 1 zu sehen, da mit dem Eingang der Unterlagen mit den Angaben nach § 32 Abs. 2, zu denen insbesondere die Wiedergabe der Marke und das Verzeichnis der Waren/Dienstleistungen zählt, der Anmeldetag der Marke festgelegt wird. Eine Änderung dieser Angaben ist somit grundsätzlich nicht möglich; sie würde eine neue Anmeldung mit entsprechend jüngerem Zeitrang voraussetzen. Eine Ausnahme von diesem Grundsatz gilt somit nur insoweit, als das Verzeichnis der Waren/Dienstleistungen eine eindeutige Einschränkung erhält – dies ist dann ein Fall der teilweisen Zurücknahme der Anmeldung – oder wenn offensichtliche Unrichtigkeiten der Anmeldung, die den Gegenstand der Anmeldung nicht berühren, berichtigt werden sollen.

II. Zurücknahme und Einschränkung (§ 39 Abs. 1)

1. Zurücknahme

Eine *Zurücknahme der Anmeldung* ist – ebenso wie der *Verzicht* auf die eingetragene Marke (§ 48) – *jederzeit* möglich, solange das Eintragungsverfahren noch anhängig ist, also bis **2** zur Eintragung – dann eventuell Umdeutung als Verzicht – oder bis zum Eintritt der Rechtskraft eines Zurückweisungsbeschlusses.

3   Die Zurücknahme ist gegenüber derjenigen Instanz zu erklären, in der die Anmeldung anhängig ist. Sie führt grundsätzlich zur *Beendigung des Verfahrens*, ohne dass noch eine Entscheidung zu ergehen hätte. Bereits ergangene, angefochtene Entscheidungen werden wirkungslos. Problematisch ist der Fall einer *Zurücknahme zwischen den Instanzen*, also vor Eintritt der Rechtskraft, aber ohne Einlegung eines Rechtsmittels. Der BGH hat für das Rechtsbeschwerdeverfahren entschieden, dass in diesem Fall die ergangene Entscheidung des BPatG einer *Aufhebung* bedarf, was die Einlegung einer zumindest statthaften Rechtsbeschwerde voraussetzt. Auf die weiteren Zulässigkeitsvoraussetzungen der Rechtsbeschwerde kommt es dagegen nicht an, da die Zurücknahme der Anmeldung auch im Rechtsbeschwerdeverfahren von Amts wegen zu berücksichtigen ist.[1]

2. Einschränkung des Verzeichnisses der Waren/Dienstleistungen

4   Eine Einschränkung des beanspruchten Schutzes sieht das Gesetz nur in Bezug auf die beanspruchten Waren und Dienstleistungen vor, da die Marke selbst keine Änderung erfahren darf (vgl. § 32 Rn. 9). Dies gilt auch für die nachträgliche Konkretisierung einer ursprünglich konturlos beanspruchten Farbzusammenstellung, wie sie jetzt vom EuGH[2] als Schutzvoraussetzung gefordert wird.[3] In diesen Fällen handelt es sich freilich um eine echte Einschränkung, da die nachträglich vorgenommene Konkretisierung von dem ursprünglich beanspruchten konturlosen Schutz mit umfasst war. Man hätte somit auch eine andere Auffassung vertreten können.

5   *Einschränkungen des Verzeichnisses der Waren/Dienstleistungen* sind als *teilweise Zurücknahme* der Anmeldung zu werten und als solche während des anhängigen Eintragungsverfahrens ebenfalls jederzeit möglich. Wegen der – teilweise – verfahrensbeendigenden Wirkung können sie nicht rückgängig gemacht werden, es ist jedoch – insbesondere bei der Einreichung neu gefasster Verzeichnisse – stets zu prüfen, ob damit ein *endgültiger Verzicht* auf die darin nicht mehr enthaltenen Waren/Dienstleistungen erklärt werden soll, oder nur ein *Formulierungsvorschlag* zur Überwindung amtlicher Beanstandungen.

6   Häufig besteht die Einschränkung nicht in einer gänzlichen Streichung einzelner Waren/ Dienstleistungen, sondern in einer *Einschränkung von Oberbegriffen*. In diesen Fällen ist darauf zu achten, dass sich die vermeintliche Einschränkung nicht als eine *unzulässige Erweiterung* des ursprünglichen Verzeichnisses darstellt. Es wird daher nicht zugelassen, einen ursprünglich enthaltenen Oberbegriff schlechthin durch einzelne darunter fallende Waren/Dienstleistungen zu ersetzen; die Einschränkung erfolgt vielmehr in der Weise, dass die betreffenden Waren/Dienstleistungen durch das Wort *„nämlich"* mit dem Oberbegriff verknüpft werden. Zulässig ist auch die Erläuterung eines Oberbegriffs durch die Anführung einzelner Waren/Dienstleistungen, die mit dem Oberbegriff durch das Wort *insbesondere* verknüpft werden. Es handelt sich hierbei zwar um keine Einschränkung, es liegt aber auch keine Erweiterung vor. Grundsätzlich kann ein Bedürfnis für derartige „insbesondere"-Verknüpfungen bestehen, da sie Abgrenzungsvereinbarungen erleichtern und – insbesondere im Widerspruchsverfahren – eine auf die „insbesondere" beanspruchten Waren/ Dienstleistungen eingeschränkte Aufrechterhaltung der Eintragung ermöglichen.[4]

---

1 BGH, GRUR 1983, 342 – BTR.
2 EuGH, GRUR 2004, 858 – Heidelberger Bauchemie.
3 BPatG, MarkenR 2005, 523, 525 – Farbmarkenkonkretisierung; BGH, MarkenR 2006, 544, 547 – Farbmarke gelb/grün II.
4 Vgl. BPatG, Mitt. 1983, 195 – ISOPRINOSIN.

Bei der Prüfung, ob die mit „nämlich" oder „insbesondere" neu in das Verzeichnis aufge- 7
nommenen Waren/Dienstleistungen auch wirklich unter den vorangestellten Oberbegriff
fallen und somit eine Erweiterung nicht vorliegt, ist vom *Sprachgebrauch der Klasseneinteilung* und der dazu vom DPMA herausgegebenen Empfehlungsliste auszugehen. Waren/
Dienstleistungen, die dort einen eigenen *Oberbegriff* bilden oder eindeutig unter einen anderen Oberbegriff fallen, stellen gegenüber dem in der Anmeldung enthaltenen Oberbegriff keine Einschränkung oder Erläuterung, sondern ein „*aliud*" dar.[5]

Stellt sich eine Änderung des Verzeichnisses der Waren/Dienstleistungen als unzulässige 8
Erweiterung dar, kann das DPMA die unzulässige Erweiterung nicht von sich aus beseitigen. Beharrt der Anmelder auf der von ihm gewünschten Änderung, ist die Anmeldung
vielmehr ganz oder teilweise zurückzuweisen.[6]

III. Berichtigung der Anmeldung (§ 39 Abs. 2)

Vom Fall der Einschränkung des Verzeichnisses der Waren/Dienstleistungen abgesehen, 9
ist eine Änderung der Anmeldung nur zur Berichtigung von *sprachlichen Fehlern, Schreibfehlern* oder sonstigen *offensichtlichen Unrichtigkeiten* zulässig.

Solche Berichtigungen kommen praktisch nur bei den Angaben zur *Person des Anmelders* 10
und im *Verzeichnis der Waren/Dienstleistungen* in Betracht. Bei der *Wiedergabe der Marke*
selbst ist dagegen bei der Berichtigung größte Zurückhaltung geboten, da deren *Identität*
nicht verändert werden darf und Unrichtigkeiten im Einzelfall durchaus beabsichtigt sein
mögen. Denkbar erscheint aber z. B. die Berichtigung von Schreibfehlern in untergeordne-
ten beschreibenden Angaben einer Marke, deren kennzeichnender Charakter durch andere
Bestandteile geprägt wird.

In welcher Form die Berichtigung beantragt werden muss, ist jetzt einheitlich für alle Re- 11
gister und Veröffentlichungen in § 26 DPMAV geregelt. Diese Bestimmung betrifft ihrem
Wortlaut nach nur veröffentlichte Anmeldungen, dürfte aber, wie § 45 MarkenV a. F., entsprechend auch auf noch nicht veröffentlichte Anmeldungen anwendbar sein. Die Änderung des *Namens oder der Anschrift des Inhabers der Anmeldung* richtet sich nach § 27
DPMAV, welche im Gesetz nicht eigens erwähnt ist.

IV. Gemeinschaftsmarkenrecht

Die Zurücknahme, Einschränkung und Änderung der Anmeldung ist in Art. 44 GMV in 12
sachlicher Übereinstimmung mit dem deutschen Recht auch insofern ausführlicher geregelt, als ausdrücklich bestimmt ist, dass durch eine Berichtigung der wesentliche Inhalt der
Marke nicht berührt und das Verzeichnis der Waren oder Dienstleistungen nicht erweitert
werden darf. Artikel 44 GMV enthält darüber hinaus auch Bestimmungen zur Veröffentlichung einer erfolgten Zurücknahme, Einschränkung oder Änderung der Anmeldung.

---

5 Vgl. *Winkler*, GRUR 1990, 73, 74.
6 *Winkler*, GRUR 1990, 73, 79.

§ 40
Teilung der Anmeldung

(1) Der Anmelder kann die Anmeldung teilen, indem er erklärt, dass die Anmeldung der Marke für die in der Teilungserklärung aufgeführten Waren und Dienstleistungen als abgetrennte Anmeldung weiterbehandelt werden soll. Für jede Teilanmeldung bleibt der Zeitrang der ursprünglichen Anmeldung erhalten.

(2) Für die abgetrennte Anmeldung sind die nach § 32 erforderlichen Anmeldungsunterlagen einzureichen. Werden die Anmeldungsunterlagen nicht innerhalb von drei Monaten nach dem Zugang der Teilungserklärung eingereicht oder wird die Gebühr nach dem Patentkostengesetz für das Teilungsverfahren nicht innerhalb dieser Frist gezahlt, so gilt die abgetrennte Anmeldung als zurückgenommen. Die Teilungserklärung kann nicht widerrufen werden.

Übersicht

Literatur: *Klaka*, Die Markenteilung, GRUR 1995, 713; *Mitscherlich*, Verfahrensrechtliche Aspekte des neuen Markenrechts, FS DPA – 100 Jahre Marken-Amt, 1994, 199.

I. Allgemeines

1   Mit Inkrafttreten des MarkenG wurde erstmals die Möglichkeit einer *Teilung der Anmeldung* bzw. – gemäß § 46 – der eingetragenen Marke geschaffen, wie sie im deutschen Recht bis dahin nicht vorgesehen war. Die neue Regelung beruht nicht auf einer Vorgabe der Markenrechtsrichtlinie, sondern sie stellt eine Besonderheit des nationalen Rechts dar, mit der einem *praktischen Bedürfnis* Rechnung getragen werden soll. Mit dem Teilungsrecht bereits im Anmeldestadium soll dem Anmelder insbesondere in den Fällen geholfen werden, in denen sich *absolute Eintragungshindernisse* nur für einen *Teil der angemeldeten Waren oder Dienstleistungen* ergeben. Die Teilung eröffnet hier die Möglichkeit, die Marke für die „unproblematischen" Waren/Dienstleistungen sogleich eingetragen zu erhalten, ohne deshalb auf die beanstandeten Waren/Dienstleistungen verzichten zu müssen. Deren Eintragung kann vielmehr im abgetrennten Verfahren weiterverfolgt werden.[1] Im Übrigen kommt einer Teilung insbesondere dann Bedeutung zu, wenn die Anmeldung – oder später die eingetragene Marke – teilweise übertragen werden soll (§ 31 i.V.m. § 27 Abs. 4).

2   Die Teilung bezieht sich stets nur auf das *Verzeichnis der Waren/Dienstleistungen*. Eine Teilung der Marke selbst (z.B. die Aufteilung in einen Wort- und Bildbestandteil) kommt

---

1 Vgl. Begründung des Gesetzentwurfs, BlPMZ Sonderheft 1994, 91.

ebenso wenig in Betracht wie etwa eine Aufteilung in unterschiedliche geografische Geltungsbereiche.

II. Teilungserklärung

Die Teilung setzt eine *Erklärung des Anmelders* voraus, dass die Anmeldung der Marke für **3** die in der Teilungserklärung aufgeführten Waren und Dienstleistungen als abgetrennte Anmeldung weiterbehandelt werden soll (Abs. 1). Das Verfahren der Teilung ist in § 35 MarkenV im Einzelnen geregelt. Danach kann die Anmeldung in *zwei oder mehrere Anmeldungen* geteilt werden. Für jeden abgetrennten Teil ist eine gesonderte Teilungserklärung abzugeben. Gemäß § 35 Abs. 1 MarkenV soll dies unter Verwendung des vom DPMA herausgegebenen Formblatts erfolgen.

In der Teilungserklärung sind die Waren und Dienstleistungen anzugeben, die in die *abge-* **4** *trennte Anmeldung* aufgenommen werden. Diese Waren und Dienstleistungen müssen gleichzeitig aus dem *Verzeichnis der Stammanmeldung ausgeschieden* werden. § 35 Abs. 3 MarkenV regelt, dass die neu gebildeten Verzeichnisse insgesamt *deckungsgleich* mit dem im Zeitpunkt des Zugangs der Teilungserklärung bestehenden Verzeichnis der Waren und Dienstleistungen der Ausgangsanmeldung sein müssen. Das Verzeichnis darf im Zuge der Teilung *keine Erweiterung* erfahren. Es dürfen also keine Waren in die Trennanmeldung aufgenommen werden, die nicht schon in der Ausgangsanmeldung enthalten waren, und es dürfen sich auch *keine Überschneidungen* dergestalt ergeben, dass nunmehr eine Ware oder Dienstleistung in beiden Anmeldungen enthalten ist. Außerdem darf auch nichts fehlen. Zwar kann der Anmelder jederzeit gemäß § 39 Abs. 1 auf einzelne Waren/Dienstleistungen verzichten, doch bedarf dies einer gesonderten Erklärung, die in der unvollständigen Erfassung der in der Ausgangsanmeldung enthaltenen Waren/Dienstleistungen noch nicht mit der erforderlichen Eindeutigkeit zu entnehmen ist. Das DPMA wird hier auf eine Klarstellung hinzuwirken haben.

Schwierigkeiten bereitet die Aufteilung von Waren/Dienstleistungen, die in der Ausgangs- **5** anmeldung nur in Form eines *gemeinsamen Oberbegriffs* enthalten waren. § 35 Abs. 3 MarkenV sieht insoweit vor, dass dieser Oberbegriff sowohl in der Stammanmeldung als auch in der abgetrennten Anmeldung weiter enthalten sein muss und durch entsprechende *Zusätze* so einzuschränken ist, dass sich *keine Überschneidungen* ergeben. Am sichersten wird diesem Erfordernis genügt, wenn in der Trennanmeldung der Oberbegriff mit Zusätzen wie *„nämlich"* oder *„beschränkt auf"* auf die konkret in die Trennanmeldung übernommenen Waren bzw. Dienstleistungen eingeschränkt wird und exakt diese Waren bzw. Dienstleistungen in der Stammanmeldung durch Zusätze wie *„ausgenommen"* oder *„mit Ausnahme von"* aus dem Oberbegriff ausgeschieden werden. Es sind aber auch andere Formulierungen denkbar, wie die Waren und Dienstleistungen in beiden Verzeichnissen eindeutig voneinander abgegrenzt werden können.

III. Verfahren

§ 40 Abs. 2 bestimmt, dass für die abgetrennte Anmeldung die nach § 32 erforderlichen **6** *Anmeldungsunterlagen* einzureichen sind. Die insoweit erforderlichen Angaben ergeben sich freilich teils schon aus der Akte (die nach § 35 Abs. 4 MarkenV vollständig kopiert und Bestandteil der abgetrennten Anmeldung wird), teils sind sie in der Teilungserklärung enthalten. Zusätzlich erforderlich ist nach § 35 Abs. 5 MarkenV lediglich die Einreichung von *vier weiteren übereinstimmenden zweidimensionalen grafischen Wiedergaben der Marke* bei den Markenformen der §§ 8–12 MarkenV (also bei allen Markenformen mit Ausnahme reiner Wortmarken) sowie bei Hörmarken zusätzlich die Einreichung einer *klanglichen Wiedergabe* der Marke gemäß § 11 Abs. 3 MarkenV. Außerdem ist für die Teilung eine *Gebühr* zu zahlen; sie beträgt derzeit 300 EUR.

7   Für die Einreichung der Unterlagen und die Zahlung der Gebühr bestimmt § 40 Abs. 2 S. 3 eine *Frist von drei Monaten*, beginnend mit dem Zugang der Teilungserklärung. Wird diese Frist versäumt, gilt die abgetrennte Anmeldung als zurückgenommen. Wiedereinsetzung bei schuldloser Fristversäumung (§ 91) ist möglich.

8   Der Gesetzgeber hat sich hier bewusst für eine *Unumkehrbarkeit* der auch im Übrigen *nicht widerruflichen* Teilungserklärung entschieden und von der an sich naheliegenderen Möglichkeit abgesehen, im Fall der Fristversäumung die Nichtabgabe der Teilungserklärung zu fingieren. Es sollen damit Verfahrensverzögerungen vermieden werden, die eintreten würden, wenn die Anmeldung nach Ablauf von drei Monaten wieder in ihr ursprüngliches Stadium zurückfallen würde.[2] Die Sanktion einer nicht fristgerechten Zahlung und Einreichung der Unterlagen ist somit drastisch. Der Gesetzgeber hat sie als zumutbar erachtet, weil der Anmelder das Schicksal des abgetrennten Teils der Anmeldung selbst in der Hand habe.[3]

IV. Wirkung der Teilung

9   Wird die Teilung der Anmeldung ordnungsgemäß bewirkt, werden die Stammanmeldung und die abgetrennte Anmeldung als *getrennte Verfahren* weiterbehandelt. Die abgetrennte Anmeldung erhält ein neues Aktenzeichen. Für die Teilanmeldung bzw. bei Aufteilung in mehrere Anmeldungen für jede Teilanmeldung bleibt der *Zeitrang der ursprünglichen Anmeldung* erhalten. Die Anmeldungen können im weiteren Verfahren ein unterschiedliches Schicksal erfahren.

V. Gemeinschaftsmarkenrecht

10   Die GMV enthält in dem neu eingefügten Art. 44a) eine dem § 40 entsprechende Regelung. Übereinstimmend mit § 46 ist eine Teilung nicht zulässig, wenn sie in einem anhängigen Widerspruchsverfahren eine Teilung der Waren oder der Dienstleistungen bewirkt, gegen die sich der Widerspruch richtet (Art. 44a) Abs. 1 GMV). Die Teilungserklärung ist gebührenpflichtig und gilt als nicht abgegeben, solange die Gebühr nicht entrichtet ist (Art. 44a) Abs. 4 GMV). Einzelheiten der Teilungserklärung sind im Übrigen in der Durchführungsverordnung geregelt.

---

2 Vgl. Begründung des Gesetzentwurfs, BlPMZ Sonderheft 1994, S. 91.
3 Begründung des Gesetzentwurfs, BlPMZ Sonderheft 1994, S. 91.

§ 41
Eintragung

Entspricht die Anmeldung den Anmeldungserfordernissen und wird sie nicht gemäß § 37 zurückgewiesen, so wird die angemeldete Marke in das Register eingetragen. Die Eintragung wird veröffentlicht.

Übersicht

Literatur: S. § 32.

I. Eintragung

§ 41 korrespondiert mit dem in § 33 geregelten Anspruch auf Eintragung. Entspricht die **1** Anmeldung den Anmeldungserfordernissen und stehen ihr keine absoluten Eintragungshindernisse entgegen, wird die angemeldete Marke in das Register eingetragen.

Das *Register* wird beim DPMA geführt. Einzelheiten wie insbesondere die in das Register **2** einzutragenden Angaben sind in § 25 MarkenV geregelt. Gemäß § 24 Abs. 2 MarkenV wird das Register in Form einer elektronischen Datenbank betrieben.

Der Inhaber der Marke erhält eine *Urkunde* über die Eintragung und eine *Bescheinigung* **3** *über die in das Register eingetragenen Angaben* (§ 26 MarkenV). Die Einsicht in das Register steht jeder Person frei, ohne dass es dafür der Darlegung eines berechtigten Interesses bedarf (§ 62 Abs. 3). Die Einsicht ist kostenfrei und kann auch online erfolgen.[1] Auf kostenpflichtigen Antrag erteilt das DPMA auch beglaubigte oder unbeglaubigte *Auszüge aus dem Register.*

II. Veröffentlichung

Die Eintragung der Marke wird in dem vom DPMA herausgegebenen *Markenblatt* veröf- **4** fentlicht (§ 27 Abs. 1 MarkenV). Dieses wird seit 1.7.2004, gemäß der in § 27 Abs. 2 eingeräumten Möglichkeit, nur noch in elektronischer Form herausgegeben und wird unter *http://register.dpma.de* zum download angeboten. Zugleich besteht dort auch die Möglichkeit, in den veröffentlichten Daten zu recherchieren.

Die *Veröffentlichung* umfasst mit wenigen in § 28 MarkenV geregelten Ausnahmen alle in **5** das Register eingetragenen Angaben. Der erstmaligen Veröffentlichung ist ein Hinweis auf

---

1 Siehe http:register.dpma.de.

die Möglichkeit des Widerspruchs (§ 42) beizufügen. Dieser Hinweis kann für alle in einer Ausgabe des Markenblatts veröffentlichten Marken gemeinsam erfolgen (§ 28 Abs. 2 MarkenV). Im Falle einer Teillöschung kann die Eintragung der Marke insgesamt neu veröffentlicht werden (§ 28 Abs. 3).

III. Gemeinschaftsmarkenrecht

6 Art. 45 GMV regelt die Eintragung einer Gemeinschaftsmarke mit den sich aus dem *vorgeschalteten Widerspruchsverfahren* ergebenden Besonderheiten. Danach erfolgt die Eintragung nur unter der weiteren Voraussetzung, dass innerhalb der Frist des Art. 42 Abs. 1 kein Widerspruch erhoben oder ein solcher rechtskräftig zurückgewiesen wurde. Die in Art. 45 noch erwähnte zusätzliche Gebühr für die Eintragung ist durch VO vom 31.3.2009 entfallen.[2] Besonderheiten ergeben sich hinsichtlich der Veröffentlichung. Die Eintragung der Gemeinschaftsmarke wird zwar gem. Regel 85 DVGMV im Blatt für Gemeinschaftsmarken veröffentlicht; es bedürfen aber nur diejenigen Angaben der Veröffentlichung, die sich im Vergleich zu der Veröffentlichung der Anmeldung geändert haben. Im Übrigen erfolgt die *Veröffentlichung der Eintragung unter Hinweis auf die Veröffentlichung der Anmeldung* (Regel 85 Abs. 4 DVGMV).

---

2 ABl. EU Nr. L 109 v. 30.4.2009, 3.

Schweyer

§ 42
Widerspruch

(1) Innerhalb einer Frist von drei Monaten nach dem Tag der Veröffentlichung der Eintragung der Marke gemäß § 41 kann von dem Inhaber einer Marke oder einer geschäftlichen Bezeichnung mit älterem Zeitrang gegen die Eintragung der Marke Widerspruch erhoben werden.

(2) Der Widerspruch kann nur darauf gestützt werden, dass die Marke

1. wegen einer angemeldeten oder eingetragenen Marke mit älterem Zeitrang nach § 9,

2. wegen einer notorisch bekannten Marke mit älterem Zeitrang nach § 10 in Verbindung mit § 9,

3. wegen ihrer Eintragung für einen Agenten oder Vertreter des Markeninhabers nach § 11 oder

4. wegen einer nicht eingetragenen Marke mit älterem Zeitrang nach § 4 Nr. 2 oder einer geschäftlichen Bezeichnung mit älterem Zeitrang nach § 5 in Verbindung mit § 12

gelöscht werden kann.

Übersicht

Literatur: *Ackmann*, Entscheidung über Widersprüche gegen international registrierte ausländische Marken, GRUR 1995, 378; *Albert*, Übergangsprobleme im Markenrecht, GRUR 1996, 174; *Berlit*, Das neue Markenrecht – Richtlinienentwürfe, Markenanmeldungen und Widerspruchsverfahren des Deutschen Patentamts, ZRP 1995, 466; *Eichmann*, Die dreidimensionale Marke im Verfahren vor dem DPMA und dem BPatG, GRUR 1995, 184; *Füllkrug*, Überlegungen zum Widerspruchsverfahren nach neuem Recht, MA 1995, 498; *Hacker*, Die Änderung des Markengesetzes durch das Patentrechtsmodernisierungsgesetz, GRUR 2010, 99; *Meister*, Erste Erfahrungen mit dem neuen Markengesetz – Teil II, MA 1995, 572; *Over*, Für und Wider der Einführung eines nachgeschalteten Widerspruchsverfahrens im Zuge der bevorstehenden Markenrechtsreform, WRP 1993, 596; *ders.*, Zum nachgeschalteten Widerspruch in der Markenrechtsreform, MA 1993, 500; *Schöndeling*, Entscheidungen über Widersprüche gegen international registrierte ausländische Marken, GRUR 1996, 105; *Winkler*, Das Widerspruchsverfahren nach dem neuen Markenrecht, GRUR 1994, 569.

I. Allgemeines

1   Mit der Eintragung der Marke nach § 41 ist das Eintragungsverfahren noch nicht abgeschlossen. Vielmehr beginnt mit der Veröffentlichung der Eintragung der Lauf einer Frist von drei Monaten, innerhalb derer die Inhaber bestimmter älterer Rechte gegen die Eintragung *Widerspruch* erheben können. Geht innerhalb dieser Frist kein Widerspruch ein, teilt das DPMA dem Inhaber der Marke den *Abschluss des Eintragungsverfahrens* mit.

2   Dieses der Eintragung der Marke *nachgeschaltete Widerspruchsverfahren* ist eine wesentliche Neuerung gegenüber dem Rechtszustand vor Inkrafttreten des MarkenG, als die *angemeldeten* Marken zunächst bekannt gemacht und erst nach Ablauf der Widerspruchsfrist bzw. Abschluss des Widerspruchsverfahrens *eingetragen* wurden. Die *Markenrechtsrichtlinie* hat den Mitgliedstaaten das Verfahren, in dem der Eintragung entgegenstehende ältere Rechte zur Geltung gebracht werden können, freigestellt. Die meisten anderen europäischen Staaten haben ein der früheren deutschen Rechtslage vergleichbares, der Eintragung der Marke *vorgeschaltetes Widerspruchsverfahren* beibehalten oder neu geregelt.[1] Der deutsche Sonderweg weist aber den Vorteil auf, dass der Markenschutz früher zur Entstehung gelangt (§ 4 Abs. 1) und dass das Erfordernis der doppelten Veröffentlichung bekannt gemachter und eingetragener Marken entfällt. Berücksichtigt man, dass in der ganz überwiegenden Zahl der Fälle gegen eine Markeneintragung kein Widerspruch eingelegt wird oder sich dieser im Laufe des Widerspruchsverfahrens erledigt, erscheint der vermeintliche Nachteil eingetragener Scheinrechte hinnehmbar.[2]

II. Widerspruchsgründe

3   Das Widerspruchsverfahren war nach ursprünglicher Konzeption ein *summarisches*, auf die Erledigung einer großen Zahl von Fällen zugeschnittenes *Verfahren*, das sich nicht dafür eignete, komplizierte Sachverhalte zu klären.[3] Der Widerspruch konnte daher nur auf bestimmte, leicht zu ermittelnde Rechte gestützt werden. Das hat sich durch das Patentrechtsmodernisierungsgesetz insofern geändert, als ein Widerspruch jetzt zusätzlich zu den schon bisher geltenden Widerspruchsgründen auch auf den erweiterten Schutz einer bekannten Marke (§ 9 Abs. 1 Nr. 3), sowie auf eine nicht eingetragene Marke nach § 4 Nr. 2 oder eine geschäftliche Bezeichnung nach § 5 mit älterem Zeitrang gestützt werden kann.

1. Angemeldete oder eingetragene Marke mit älterem Zeitrang

4   Der Widerspruch kann auf eine angemeldete oder eingetragene Marke mit älterem Zeitrang gestützt werden, soweit einer der Kollisionsfälle des § 9 Abs. 1 Nr. 1 oder 2 vorliegt, also in den Fällen der *Identität* oder *Verwechselbarkeit* mit dem älteren Recht. Zusätzlich kann jetzt aber auch der in § 9 Abs. 1 Nr. 3 geregelte erweiterte Schutz einer bekannten Marke geltend gemacht werden.

---

1   Vgl. die Übersicht bei *Over*, WRP 1993, 596, 600 ff.
2   Vgl. *Over*, WRP 1993, 596, 599 f.
3   Vgl. Begründung des Gesetzentwurfs, BlPMZ Sonderheft 1994, 92.

Als angemeldete oder eingetragene Marke mit älterem Zeitrang kommt neben einer natio- 5
nalen Marke auch eine *international registrierte Marke* in Betracht, die in der Bundesrepublik Deutschland Schutz genießt. Die internationale Registrierung nach dem MMA und/
oder dem PMMA mit Schutzerstreckung auf die Bundesrepublik Deutschland hat dieselbe
Wirkung wie eine nationale Eintragung (§§ 112, 124). Die Vorschriften des MarkenG sind
auf diese international registrierten Marken entsprechend anzuwenden (§§ 107, 119).
Ebenso kann der Widerspruch auf eine angemeldete oder eingetragene *Gemeinschaftsmarke* gestützt werden (§ 125b Nr. 1 i.V.m. § 9 Abs. 1 Nr. 1 und 2).

2. Notorisch bekannte Marke

Obgleich eine Kollision mit *notorisch bekannten Marken* i.S.d. Art. 6bis PVÜ bereits im 6
Amtsprüfungsverfahren berücksichtigt wird (§ 37 Abs. 4), kann sie, bei Vorliegen der Voraussetzungen des § 9, auch im Widerspruchsverfahren geltend gemacht werden. Dieser
Regelung kommt vor allem in den – seltenen – Fällen Bedeutung zu, in denen eine notorisch bekannte Marke im Inland nicht eingetragen ist oder nicht benutzt wird. Beides ist für
den Schutz der notorisch bekannten Marke nicht erforderlich, wohl aber eine überragende
Bekanntheit im Inland (vgl. § 4 Rn. 21).

3. Agentenmarke

Ein Widerspruch kann auch auf das Vorliegen einer sog. *Agentenmarke* (vgl. die Kommen- 7
tierung zu § 11) gestützt werden. Bei komplizierteren Sachverhalten, wie sie in diesem Bereich nicht selten anzutreffen sind, dürfte sich aber eher die Löschungsklage oder eine Klage nach § 17, mit der u. a. die Übertragung der Marke verlangt werden kann, empfehlen.

4. Sonstige Rechte

Schließlich kann der Widerspruch jetzt auch auf eine prioritätsältere nicht eingetragene 8
Marke nach § 4 Nr. 2 oder auf eine ältere geschäftliche Bezeichnung gestützt werden.

III. Widerspruchsberechtigung

Widerspruchsberechtigt ist in allen Fällen des § 42 der *materielle Inhaber* des älteren 9
Rechts. Der Eintragung im Markenregister kommt nur insoweit Bedeutung zu, als nach
§ 28 Abs. 1 *vermutet* wird, dass der im Register eingetragene Inhaber auch materieller Inhaber der Marke ist. Diese Vermutung kann aber widerlegt werden. Dabei ist zu beachten,
dass im Widerspruchsverfahren der Mangel der materiellen Rechtsinhaberschaft nur berücksichtigt werden kann, wenn er offensichtlich ist oder aus sonstigen Gründen ausnahmsweise eine abschließende und erschöpfende Klärung möglich ist.[4]

Bei einem noch nicht in das Register eingetragenen Rechtsübergang kann somit dem bishe- 10
rigen Markeninhaber die fehlende materielle Berechtigung entgegengehalten werden; der

---

4 BPatGE 36, 1 – Charrier.

Widerspruch kann aber bereits von dem Rechtsnachfolger erhoben werden, vorausgesetzt, dass dem DPMA bereits ein Antrag auf Eintragung des Rechtsübergangs zugegangen ist (§ 28 Abs. 2 S. 1).

11 Handelt es sich bei der Widerspruchsmarke nicht um eine Registermarke – neben der nicht eingetragenen Marke nach § 4 Nr. 2 und einer geschäftlichen Bezeichnung nach § 5 können auch die notorisch bekannte Marke und die durch eine Agentenmarke verletzte ältere Marke durch Benutzung erworbene Marken sein –, ist die materielle Berechtigung des Widersprechenden vom DPMA nach allgemeinen Grundsätzen zu ermitteln (§§ 59, 60).

IV. Einlegung des Widerspruchs

1. Form

12 Der Widerspruch soll unter Verwendung des vom DPMA herausgegebenen *Formblatts* eingereicht werden (§ 29 Abs. 2 MarkenV); dies ist aber nicht zwingend.

13 Wird der Widerspruch auf mehrere Marken desselben Widersprechenden gestützt, ist für *jede Widerspruchsmarke ein eigener Widerspruch* erforderlich (mit entsprechender Gebührenfolge); die Widersprüche können aber in einem Widerspruchsschriftsatz zusammengefasst werden (§ 29 Abs. 1 MarkenV).

14 Im Übrigen gelten für die Erhebung des Widerspruchs die *allgemeinen Formvorschriften* der §§ 7 ff. DPMAV. Danach ist der Widerspruch insbesondere unterschrieben einzureichen, wenn er im Original oder durch Telefax übermittelt wird. Eine Übermittlung durch Telegramm oder Telex ist nicht mehr, eine elektronische Übermittlung nach § 12 DPMAV derzeit noch nicht zugelassen. Unterschreiben muss den Widerspruch, wenn Widersprechender eine natürliche Person ist, der Markeninhaber, andernfalls eine für den Markeninhaber zeichnungsberechtigte Person. Schließlich kann der Widerspruch nach § 13 DPMAV auch von einem Vertreter, insbesondere also von einem Rechts- oder Patentanwalt, unterschrieben werden.

2. Inhalt des Widerspruchs

15 Welche Angaben der Widerspruch enthalten soll, ist in § 30 MarkenV im Einzelnen geregelt. Er muss danach Angaben enthalten, die es erlauben, die *Identität der angegriffenen Marke, der Widerspruchsmarke sowie des Widersprechenden* festzustellen. Fehlen diese Angaben, ist der Widerspruch unzulässig. Die Pflichtangaben nach § 30 Abs. 1 MarkenV können nach Ablauf der Widerspruchsfrist nicht mehr nachgeholt werden.

16 Im Übrigen enthält § 30 Abs. 2 MarkenV eine Aufzählung weiterer Angaben, die der Widerspruch enthalten soll und die vor allem eine Hilfestellung dafür bieten, wie dem zwingenden Erfordernis nach Abs. 1 am besten genügt werden kann. So werden die angegriffene Marke und die Widerspruchsmarke am besten durch Angabe der Registernummer bzw. des Aktenzeichens einer erst angemeldeten Widerspruchsmarke bezeichnet. Für die eindeutige Identifizierung des Widersprechenden bedarf es i. d. R. der Angabe von Name und Anschrift; Entsprechendes gilt für einen Vertreter. Eine Widergabe der Widerspruchsmarke in der Form, wie sie eingetragen oder angemeldet worden ist (§ 30 Abs. 2 Nr. 9), ist nicht zwingend erforderlich, erleichtert aber dem Inhaber der angegriffenen Marke die Prüfung des Widerspruchs. Eine Angabe der Waren und Dienstleistungen, für die die Widerspruchsmarke eingetragen oder angemeldet worden ist (§ 30 Abs. 2 Nr. 10 MarkenV), ist i. d. R. weder erforderlich noch zweckmäßig. Das amtliche Formblatt sieht die Angabe solcher Waren und Dienstleistungen nur für den Fall vor, dass der Widerspruch nur auf einzelne Waren und Dienstleistungen gestützt wird; andernfalls genügt die Angabe „alle Waren/Dienstleistungen". Es empfiehlt sich auch nicht, sich hier von vornherein einzuschränken, da es keine negativen Auswirkungen hat, wenn der Widerspruch auch auf Waren/Dienstleistungen gestützt wird, die denjenigen der angegriffenen Marke nicht ähnlich sind. Auch die Angabe von Waren und Dienstleistungen, gegen deren Eintragung sich der Widerspruch richtet (§ 30 Abs. 2 Nr. 11 MarkenV), ist im Allgemeinen nicht zweckmäßig. Es schadet nicht, wenn sich der Widerspruch zunächst gegen alle Waren/Dienstleistungen der eingetragenen Marke richtet; eine Beschränkung, um einer teilweisen Zurückweisung des Widerspruchs zu entgehen, kann im Laufe des weiteren Verfahrens immer noch erfolgen, wohingegen der Widerspruch nach Ablauf der Widerspruchsfrist nicht mehr gegen weitere, zunächst nicht angegebene Waren/Dienstleistungen gerichtet werden kann.

Stützt sich der Widerspruch auf eine nicht eingetragene Marke oder eine geschäftliche Bezeichnung mit älterem Zeitrang, sind allerdings die Waren/Dienstleistungen bzw. der Geschäftsbereich anzugeben, für die bzw. den das ältere Recht benutzt wird, ebenso der beanspruchte Zeitrang. Auch bedarf es in diesem Fall einer Wiedergabe des Widerspruchkennzeichens, da sich dieses ja aus keinem dem DPMA zugänglichen Register ergibt. **17**

Besonderheiten ergeben sich für die nach den §§ 1, 4 ErstrG *wechselseitig erstreckten* **18** *Markenrechte*, bei denen es sich weiterhin um jeweils selbstständige Registerrechte handelt. Da diese Marken auch weiterhin unterschiedliche Registernummern aufweisen, ist im Widerspruch die Registernummer desjenigen Zeichens anzugeben, auf das der Widerspruch gestützt wird. Entsprechendes gilt für IR-Marken, die vor dem 3.10.1990 mit Wirkung sowohl für die Bundesrepublik Deutschland als auch für die ehemalige DDR registriert wurden. Ungeachtet der wechselseitigen Erstreckung werden bei solchen IR-Marken die früheren deutschen Länderanteile weiterhin als *getrennte Schutzrechte* betrachtet, so dass klarzustellen ist, auf welches dieser Schutzrechte, für die insbesondere auch unterschiedliche Benutzungsschonfristen gelten, der Widerspruch gestützt wird (§ 30 Abs. 2 Nr. 4 MarkenV).[5] Es ist fraglich, ob diese *Klarstellung* auch noch nach Ablauf der Widerspruchsfrist erfolgen kann[6] oder ob im Wege der Auslegung zu ermitteln ist, auf welchen Länderanteil der Widerspruch gestützt sein soll.[7] Für die Möglichkeit einer Klarstellung auch noch nach Fristablauf spricht, dass der aus der IR-Marke erhobene Widerspruch zunächst beide Länderanteile umfasst, die nur einmal entrichtete Widerspruchsgebühr allerdings nur einen Widerspruch deckt. Für den Fall einer nicht ausreichenden Gebührenzahlung ist aber entschieden, dass der Widersprechende auch noch nach Ablauf der Widerspruchsfrist klarstellen kann, für welchen Widerspruch die Gebühreneinzahlung bestimmt ist.[8] Die Erklärung, auf welchen Länderanteil sich der Widerspruch stützt, ist gleichbedeutend mit der Erklärung, welcher Länderanteil die Widerspruchsmarke darstellen soll, für

---

5 Vgl. hierzu auch Mitt. DPA, BlPMZ 1993, 69.
6 So *Ströbele/Hacker*, § 42 Rn. 31.
7 So *Ingerl/Rohnke*, § 42 Rn. 22.
8 BGH, GRUR 1974, 279 – ERBA; s. u. Rn. 23.

die die Gebühreneinzahlung bestimmt ist. Die Erklärung kann daher auch noch nach Fristablauf nachgeholt werden.

19 Eine *Begründung* zählt nicht zum notwendigen Inhalt des Widerspruchs; insbesondere ist es weder erforderlich noch üblich, den Widerspruch innerhalb der Widerspruchsfrist zu begründen. Ausführungen zur Begründung des Widerspruchs können jederzeit noch im Laufe des weiteren Verfahrens erfolgen.

3. Frist

20 Der Widerspruch kann nur innerhalb einer *Frist* von drei Monaten nach dem Tag der Veröffentlichung der Eintragung der Marke erhoben werden (§ 42 Abs. 1). Maßgeblich ist die *Veröffentlichung* im vom DPMA herausgegebenen *Markenblatt* (s. Anhang Nr. 13), welches auch in der nur noch elektronisch herausgegebenen Form (s. o. § 41 Rn. 4) stets ein Erscheinungsdatum aufweist. Sofern die Markeneintragung für die Öffentlichkeit durch andere elektronische Informationsquellen bereits früher ersichtlich ist, setzt dies keine Widerspruchsfrist in Gang.[9] Richtet sich der Widerspruch gegen den deutschen Teil einer *IR-Marke* (vgl. § 112 Abs. 1), beginnt die Widerspruchsfrist mit dem ersten Tag des Monats, der dem Monat folgt, der als Ausgabemonat des die Veröffentlichung der international registrierten Marke enthaltenden Heftes des vom Internationalen Büro der Weltorganisation für geistiges Eigentum herausgegebenen Veröffentlichungsblatts[10] angegeben ist (§ 114 Abs. 2).

21 Für die Fristberechnung gelten die §§ 187, 188 BGB. Nach § 187 Abs. 1 i.V.m. § 188 Abs. 2 BGB endet die Frist somit mit Ablauf desjenigen Tages des dritten auf die Veröffentlichung folgenden Monats, welcher durch seine Zahl dem Tag entspricht, an dem die Eintragung der Marke veröffentlicht wurde.

22 Die Widerspruchsfrist ist eine *gesetzliche Ausschlussfrist*, für die eine Verlängerung nicht in Betracht kommt. Auch eine Wiedereinsetzung bei unverschuldeter Fristversäumung ist nach § 91 Abs. 1 S. 2 ausgeschlossen.

4. Gebühr

23 Innerhalb der Widerspruchsfrist ist auch die *Gebühr* für das Widerspruchsverfahren (zzt. 120 EUR) zu zahlen (§ 6 Abs. 1 S. 1 PatKostG). Wird die Gebühr nicht fristgerecht gezahlt, gilt der Widerspruch als nicht erhoben (§ 6 Abs. 2 PatKostG).

24 Da auch insoweit eine Wiedereinsetzung nach § 91 Abs. 1 S. 2 ausgeschlossen ist, kommt den Bestimmungen, wann eine Zahlung dem DPMA gegenüber als bewirkt gilt, besondere Bedeutung zu (vgl. § 2 PatKostZV). Für eine fristwahrende Zahlung empfiehlt sich danach die Zahlung mittels einer Einzugsermächtigung, da in diesem Fall – Einlösung vorausgesetzt – der Tag des Eingangs beim DPMA als Einzahlungstag gilt. Auch die Bareinzahlung bei den Geldstellen des DPMA oder die Einzahlung auf ein Konto der zuständigen Bundeskasse für das DPMA stellt die *fristgerechte Zahlung* mit dem Tag der Einzahlung sicher.[11]

---

9 Vgl. *Albert*, GRUR 1996, 174 f.
10 S. Anhang Nr. 13.
11 Zu der Umwandlung der Zahlstelle des DPMA und dem damit verbundenen Wegfall des Abbuchungsverfahrens vgl. die Mitteilung des Präsidenten des DPMA v. 27.8.2003, BlPMZ 2003, 320.

Von einer Überweisung auf das Konto der Bundeskasse ist dagegen dringend abzuraten, da hier der Widersprechende das Risiko trägt, dass der Betrag diesem Konto fristgerecht gutgeschrieben wird.

Erhebt ein Widersprechender aus mehreren Marken Widerspruch, handelt es sich, wie bereits erwähnt, um gesonderte Widersprüche, für die jeweils eine Gebühr anfällt. Reicht die Gebührenzahlung nicht für mehrere Widersprüche, kann der Widersprechende allerdings auch noch nach Fristablauf klarstellen, für welchen Widerspruch die Gebühreneinzahlung bestimmt ist.[12] Bei nicht rechtswirksam erhobenem Widerspruch ist die Widerspruchsgebühr zurückzuzahlen.[13] Dies gilt insbesondere im Falle einer erst nach Fristablauf bewirkten Zahlung der Widerspruchsgebühr, da in diesem Fall der Widerspruch als nicht erhoben gilt. **25**

V. Widerspruchsverfahren

1. Ablauf des Verfahrens

Das DPMA leitet dem Markeninhaber die innerhalb der Widerspruchsfrist eingegangenen Widersprüche zur *Stellungnahme* zu. Welche Verteidigungsmöglichkeiten dem Markeninhaber sodann zur Verfügung stehen, richtet sich nach dem geltend gemachten Widerspruchsgrund. **26**

In dem Regelfall eines Widerspruchs aus einer *älteren angemeldeten oder eingetragenen Marke* ist der Markeninhaber im Wesentlichen auf *Einwände* beschränkt, die sich auf die *Verwechselbarkeit* der einander gegenüberstehenden Marken beziehen. Er kann außerdem die *fehlende Widerspruchsberechtigung* rügen (vgl. Rn. 8–10), und er kann, sofern die Benutzungsschonfrist abgelaufen ist, die *Nichtbenutzungseinrede* erheben (§ 43 Abs. 1). Alle sonstigen Einwendungen sind dem Markeninhaber verwehrt. So kann er insbesondere nicht geltend machen, dass die Widerspruchsmarke schutzunfähig sei und zu Unrecht eingetragen wurde. Hierfür steht die *Löschungsklage* (§ 50) zur Verfügung, bei deren Erhebung eine *Aussetzung des Widerspruchsverfahrens* in Betracht kommt (§ 32 Abs. 2 MarkenV). Auch die Geltendmachung vertraglicher Absprachen, die der Erhebung des Widerspruchs entgegenstehen, die Geltendmachung älterer Rechte gegenüber dem Widersprechenden oder der Einwand rechtsmissbräuchlichen Verhaltens sind im Widerspruchsverfahren ausgeschlossen. Hierfür steht dem Markeninhaber nur die *Eintragungsbewilligungsklage* (§ 44) zur Verfügung. **27**

Bei einer *notorisch bekannten Marke* stehen dem Markeninhaber dieselben Einwendungen zur Verfügung, mit Ausnahme der Nichtbenutzungseinrede. Es können auch Einwendungen gegen die behauptete Notorietät erhoben werden. **28**

Bei einer *Agentenmarke* stehen dem Markeninhaber neben den *zeichenrechtlichen Einwendungen* auch *alle anderen*, den Tatbestand des § 11 berührenden *Einwendungen* zur Verfügung, also z.B. das Fehlen eines Agentenverhältnisses oder die Zustimmung des Markeninhabers zur Markeneintragung. Das DPMA hat diesen Einwendungen im Rahmen der **29**

---

12 BGH, GRUR 1974, 279 – ERBA.
13 BPatGE 32, 130, 132.

Sachverhaltsermittlung (§ 59) nachzugehen, soweit dies im patentamtlichen Verfahren möglich ist. Lässt sich der Sachverhalt im patentamtlichen Verfahren nicht hinreichend klären, wird der Widersprechende auf die *Löschungsklage* (§ 51) oder eine *Klage nach § 17* zu verweisen sein.

30   Auch bei einer *nicht eingetragenen Marke* und einer *geschäftlichen Bezeichnung* stehen dem Markeninhaber neben den zeichenrechtlichen Einwendungen alle Einwendungen zur Verfügung, die den Bestand und Zeitrang des geltend gemachten Rechts betreffen. Bei einer nicht eingetragenen Marke also insbesondere der Einwand, dass diese bei Anmeldung der jüngeren Marke noch keine Verkehrsgeltung erlangt hatte, wobei sich diese auch auf die Waren/Dienstleistungen erstrecken muss, auf die der Widerspruch gestützt wird. Bei einer geschäftlichen Bezeichnung kommt der Einwand in Betracht, dass diese im Prioritätszeitpunkt noch nicht benutzt wurde und auch hier muss sich die Benutzung auf einen Geschäftsbereich erstrecken, der mit den angemeldeten Waren/Dienstleistungen kollidiert. Das DPMA hat solchen Einwänden nachzugehen und gemäß §§ 59, 60 den Sachverhalt aufzuklären.

31   Bei allen Widerspruchsgründen prüft das DPMA von Amts wegen die *Übereinstimmung* oder *Verwechselbarkeit* der einander gegenüberstehenden Marken. Der Markeninhaber kann aber durch Tatsachenvortrag, aus dem sich eine *Schwächung der Kennzeichnungskraft* der Widerspruchsmarke ergibt, auf die Entscheidung einwirken. Er kann auch durch rechtliche Argumentation versuchen, die Entscheidung zu seinen Gunsten zu beeinflussen.

32   Im Rahmen der Sachverhaltsermittlung und der *Gewährung rechtlichen Gehörs* (§ 59) wird die Stellungnahme des Markeninhabers dem Widersprechenden zugeleitet, der nunmehr ergänzend oder erstmals Ausführungen zur Begründung des Widerspruchs machen kann. Auch er ist in seiner Argumentation auf die im Widerspruchsverfahren zu berücksichtigenden Widerspruchsgründe (Rn. 3–8) beschränkt. Er kann zu den Einwänden des Markeninhabers Stellung nehmen und muss insbesondere bei einer nach Ablauf der Benutzungsschonfrist erhobenen Nichtbenutzungseinrede die *Benutzung der Widerspruchsmarke* glaubhaft machen (vgl. die Kommentierung zu § 43). In tatsächlicher Hinsicht kann er insbesondere Umstände vortragen, aus denen sich eine *gesteigerte Kennzeichnungskraft* der Widerspruchsmarke ergibt. Auch insoweit genügte es bisher, wenn diese Umstände glaubhaft gemacht wurden.[14] Daran ist weiterhin festzuhalten, auch wenn das Widerspruchsverfahren bei den neuen Widerspruchsgründen inzwischen den Vollbeweis vorsieht (s. u.). In den Fällen des § 9 Abs. 1 Nr. 1 und 2, die die große Masse der Widersprüche ausmachen, bleibt es bei dem summarischen Charakter des Widerspruchsverfahrens, mit dem die geringeren Beweisanforderungen stets begründet wurden. Auch genügt es für die rechtserhaltende Benutzung nach § 43 weiterhin, dass diese glaubhaft zu machen ist und da sollte für den Benutzungsumfang, aus dem sich eine gesteigerte Kennzeichnungskraft ergibt, nichts anderes gelten.

33   Bei den neu eingeführten Widerspruchsgründen der nicht eingetragenen Marke oder geschäftlichen Bezeichnung muss der Widersprechende dagegen, wenn Bestand oder Priorität des Rechts bestritten werden, den Vollbeweis antreten, wobei es aber im Regelfall möglich sein sollte, diesen mit den in § 60 zur Verfügung stehenden Mitteln zu erheben.[15] Gleiches gilt für die Bekanntheit einer Marke, wenn der Widerspruch auf § 9 Abs. 1 Nr. 3

---

14 Vgl. BPatG, GRUR 1997, 840 – Lindora/Linola; BGH, GRUR 2006, 859, 862 – Malteserkreuz.
15 *Hacker*, GRUR 2010, 99, 100 ff.

gestützt wird. Dabei gilt der Amtsermittlungsgrundsatz des § 59 in dem kontradiktorischen Widerspruchsverfahren nur eingeschränkt. Das DPMA braucht und wird hier nur solche Umstände und Beweismittel berücksichtigen, die von den Parteien substanziiert vorgetragen werden. Eigene Ermittlungen stellt das Amt nicht an; allenfalls wird es die Parteien auf das Erfordernis eines vollständigen Vortrags hinweisen. Kann sich das DPMA danach keine Überzeugung zum prioritätsälteren Bestand des Widerspruchskennzeichens bilden, ist der Widerspruch zurückzuweisen.

2. Abgrenzung

Vielfach beruht die Kollision zwischen der jüngeren Marke und der Widerspruchsmarke nur darauf, dass das Verzeichnis der Waren/Dienstleistungen der jüngeren Marke zu weit gefasst wurde. Der Markeninhaber wird somit bei eingehenden Widersprüchen zunächst prüfen, inwieweit er Kollisionen durch eine *Beschränkung des Verzeichnisses* auf die ihn tatsächlich interessierenden Waren/Dienstleistungen ausräumen kann (es handelt sich dabei um einen Teilverzicht auf die Marke; vgl. die Kommentierung zu § 48). Umgekehrt kann die Erhebung der Nichtbenutzungseinrede dazu führen, dass bei der Widerspruchsmarke nur diejenigen Waren/Dienstleistungen zu berücksichtigen sind, für die eine Benutzung glaubhaft gemacht wurde, und auch dies kann zur Folge haben, dass der Widerspruch nunmehr nicht mehr begründet erscheint. In diesen Fällen wird der Widersprechende zu prüfen haben, ob sich nicht eine *Rücknahme* des Widerspruchs oder dessen *Beschränkung* auf bestimmte, noch kollidierende Waren/Dienstleistungen empfiehlt. **34**

Eine Rücknahme des Widerspruchs ist bis zur *Rechtskraft* der Entscheidung über den Widerspruch möglich, also auch noch während des *Rechtsbeschwerdeverfahrens*.[16] Allerdings findet § 269 Abs. 3 S. 1 ZPO keine entsprechende Anwendung, so dass die bereits ergangene Widerspruchsentscheidung nicht ohne Weiteres wirkungslos wird; sie muss vielmehr ausdrücklich *aufgehoben* werden.[17] Eine Rücknahme vor Erlass der Widerspruchsentscheidung führt dagegen ohne Weiteres zur Beendigung des Verfahrens. Als Verfahrenshandlung ist die Rücknahmeerklärung bedingungsfeindlich und nicht widerruflich. **35**

Die Erklärung des Markeninhabers, mit der das Verzeichnis der Waren/Dienstleistungen eingeschränkt wird, und die Erklärung des Widersprechenden, mit der er daraufhin den Widerspruch zurücknimmt, können *einseitig* und unabhängig voneinander erfolgen. Häufig sind sie aber Folge einer zwischen den Parteien getroffenen *außeramtlichen Einigung*, einer sog. *Vorrechtsvereinbarung*. In dieser erkennt der Inhaber der jüngeren Marke das ältere Recht der Widerspruchsmarke an und verpflichtet sich insbesondere, auch Neueintragungen dieser oder ähnlicher Marken des Widersprechenden zu dulden. Er verpflichtet sich außerdem regelmäßig, die mit dem Widerspruch angegriffene Marke nur für bestimmte Waren/Dienstleistungen zu benutzen und das Verzeichnis der Waren/Dienstleistungen entsprechend einzuschränken. Im Gegenzug dazu verpflichtet sich der Widersprechende zur Rücknahme des Widerspruchs. **36**

Solche *Abgrenzungs- und Vorrechtsvereinbarungen* sind in der Praxis überaus häufig und führen dazu, dass sich ein Großteil der zur Fristwahrung zunächst eingelegten Widersprüche auf diese Weise erledigt. **37**

---

16 BGH, GRUR 1973, 605 – Anginetten.
17 BGH, a.a.O.

3. Prüfung des Widerspruchs

38 Das DPMA prüft von Amts wegen, ob der Widerspruch wirksam erhoben wurde. Diese Prüfung hat in jeder Lage des Verfahrens zu erfolgen, insbesondere auch noch in der Beschwerde- und Rechtsbeschwerdeinstanz.[18]

39 Im Übrigen prüft das DPMA, ob der geltend gemachte Widerspruchsgrund vorliegt, bei einem auf eine ältere Marke gestützten Widerspruch also, ob einer der Tatbestände des § 9 Abs. 1 Nr. 1 oder 2 vorliegt. Das DPMA ermittelt dabei den Sachverhalt *von Amts wegen*, allerdings nur im Rahmen der Möglichkeiten des auf die Erledigung einer Vielzahl von Fällen zugeschnittenen *summarischen Verfahrens*. Die Prüfung beschränkt sich damit insbesondere auf einen Vergleich der einander gegenüberstehenden Waren/Dienstleistungen und Marken; Umstände, die die Kennzeichnungskraft der Widerspruchsmarke betreffen, werden nur berücksichtigt, wenn sie *liquide* sind, d. h. wenn sie unstreitig, amtsbekannt oder soweit glaubhaft gemacht sind, dass der Prüfer ihren Einfluss auf die Kennzeichnungskraft und Verwechslungsgefahr erschöpfend und abschließend zu beurteilen vermag.[19]

VI. Gemeinschaftsmarkenrecht

1. Allgemeines

40 Im Einklang mit den meisten anderen europäischen Staaten sieht die GMV ein der Eintragung der Gemeinschaftsmarke *vorgeschaltetes Widerspruchsverfahren* vor. Sind die Erfordernisse der Anmeldung der Gemeinschaftsmarke erfüllt und hat die Marke die Prüfung der Voraussetzungen der Inhaberschaft (Art. 37 GMV) und die Prüfung auf absolute Eintragungshindernisse (Art. 38 GMV) durchlaufen, erfolgt zunächst nur eine *Veröffentlichung der Anmeldung*. Zuvor übermittelt das HABM dem Anmelder den nach Art. 39 Abs. 1 GMV erstellten *Gemeinschaftsrecherchenbericht* und die nach Art. 39 Abs. 3 GMV eingegangenen *nationalen Recherchenberichte*. Letztere werden nach der am 10.3.2008 in Kraft tretenden Neufassung des Art. 39 GMV von den dazu bereiten nationalen Zentralbehörden für den gewerblichen Rechtsschutz nur noch auf gebührenpflichtigen Antrag des Anmelders hin erstellt. Die Veröffentlichung der Anmeldung einer Gemeinschaftsmarke erfolgt dann frühestens einen Monat, nachdem diese Recherchenberichte dem Anmelder übermittelt wurden. Die Eintragung der Gemeinschaftsmarke erfolgt sodann erst, wenn die dreimonatige Widerspruchsfrist nach Art. 42 GMV abgelaufen ist oder wenn alle eingegangenen Widersprüche rechtskräftig zurückgewiesen wurden (Art. 45 GMV).

2. Widerspruchsgründe

41 Die in Art. 8 GMV geregelten Widerspruchsgründe umfassen im Wesentlichen die Gründe, wie sie jetzt auch in § 42 als Widerspruchsgründe aufgeführt sind. Als ältere Marke

---

18 BGH, GRUR 1974, 279 – ERBA; GRUR 1973, 605 – Anginetten.
19 Vgl. BGH, GRUR 1967, 246, 249 – Vitapur; vgl. auch die Richtlinie für das markenrechtliche Widerspruchsverfahren, BlPMZ 1998, 1, 6.

kommen aber neben einer älteren *angemeldeten oder eingetragenen Gemeinschaftsmarke* auch alle *in einem Mitgliedstaat eingetragenen oder angemeldeten Marken* sowie alle *mit Wirkung für einen Mitgliedstaat international registrierten Marken* in Betracht. Auch die Notorietät einer älteren Marke als eigenständiger Widerspruchsgrund braucht sich nur auf das Gebiet eines Mitgliedstaates zu erstrecken. Wenn somit auch nur in *einem Mitgliedstaat* ein der Eintragung entgegenstehendes älteres Recht besteht, ist die Gemeinschaftsmarke *insgesamt von der Eintragung ausgeschlossen.* Darin liegt der wesentliche Unterschied zu einer IR-Marke nach dem MMA oder dem PMMA, da dort die Schutzversagung in *einem* Vertragsstaat den Schutz in den anderen benannten Vertragsstaaten unberührt lässt.

Seit jeher kann der Widerspruch auch auf diejenigen älteren Rechte gestützt werden, die **42** nach deutschem Recht bisher vom Widerspruchsverfahren ausgenommen waren und nur im Rahmen einer Löschungsklage geltend gemacht werden konnten. Es sind dies prioritätsältere Rechte an einer *nicht eingetragenen Marke* und alle *sonstigen im geschäftlichen Verkehr benutzten Kennzeichenrechte,* die nach dem für den Schutz des Kennzeichens maßgeblichen Recht der Gemeinschaft oder des Mitgliedstaates seinem Inhaber das Recht verleihen, die Benutzung einer jüngeren Marke zu untersagen (Art. 8 Abs. 4 GMV), sowie prioritätsältere Rechte aufgrund des erweiterten *Schutzes bekannter Marken* i.S.d. § 9 Abs. 1 Nr. 3 (Art. 8 Abs. 5 GMV). Das Widerspruchsverfahren bei der Gemeinschaftsmarke ist somit auf eine *umfassende Berücksichtigung entgegenstehender älterer Rechte* ausgerichtet, was notwendig eine gewisse Schwerfälligkeit des Verfahrens zur Folge hat. Das deutsche Recht hat sich dem angeglichen.

3. Widerspruchsverfahren

Das Widerspruchsverfahren ist in den Art. 41, 42 GMV und in den Regeln 15–22 DVGMV **43** im Einzelnen geregelt. Die Frist, innerhalb derer gegen die Eintragung der Gemeinschaftsmarke Widerspruch erhoben werden kann, beträgt *drei Monate* nach der Veröffentlichung der Anmeldung. Innerhalb dieser Frist muss auch die *Widerspruchsgebühr* (derzeit 350 EUR) entrichtet sein, andernfalls der Widerspruch als nicht erhoben gilt. Die Prüfung und Entscheidung über den Widerspruch erfolgt sodann in weitgehender Übereinstimmung mit dem deutschen Recht. Die Entscheidung kann auf *Zurückweisung des Widerspruchs* oder auf *Zurückweisung der Anmeldung* – insgesamt oder für einen Teil der Waren/Dienstleistungen – lauten. Da nach Art. 81 GMV die im Widerspruchsverfahren unterliegende Partei die Kosten des Verfahrens zu tragen hat, beinhaltet die Entscheidung über den Widerspruch stets auch eine *Kostenentscheidung.* Die Entscheidung über die Zurückweisung der Anmeldung wird veröffentlicht, sobald sie unanfechtbar geworden ist (Art. 43 Abs. 6 GMV).

Eine Besonderheit des Widerspruchsverfahrens ist in Regel 18 DVGMV geregelt. Danach **44** beginnt das Widerspruchsverfahren in Alicante erst zwei Monate nach Empfang einer vom Amt an beide Parteien verschickten Mitteilung, dass der Widerspruch nach Regel 17 zulässig ist. Diese sogenannte cooling-off-Frist dient der außeramtlichen Erledigung des Widerspruchs. Wird die Anmeldung innerhalb dieser Frist zurückgenommen oder auf Waren/ Dienstleistungen eingeschränkt, die nicht Gegenstand des Widerspruchs sind, oder wird dem Amt mitgeteilt, dass sich die Parteien gütlich geeinigt haben, wird das Widerspruchsverfahren eingestellt und der Widersprechende erhält die Widerspruchsgebühr zurückerstattet (Regel 18 Abs. 5). Gleiches gilt, wenn der Widersprechende den Widerspruch infolge einer innerhalb der Zweimonats-Frist erfolgten Einschränkung des Verzeichnisses der Waren/Dienstleistungen innerhalb einer ihm vom Amt gesetzten Erklärungsfrist zurücknimmt (Regel 18 Abs. 3). Eingestellt wird das Widerspruchsverfahren auch, wenn die angemeldete Marke in einem Parallelverfahren zurückgewiesen wird. In diesem Fall erfolgt aber keine Rückerstattung der Widerspruchsgebühr.

§ 43
Einrede mangelnder Benutzung:
Entscheidung über den Widerspruch

(1) Ist der Widerspruch vom Inhaber einer eingetragenen Marke mit älterem Zeitrang erhoben worden, so hat er, wenn der Gegner die Benutzung der Marke bestreitet, glaubhaft zu machen, dass sie innerhalb der letzten fünf Jahre vor der Veröffentlichung der Eintragung der Marke, gegen die der Widerspruch sich richtet, gemäß § 26 benutzt worden ist, sofern sie zu diesem Zeitpunkt seit mindestens fünf Jahren eingetragen ist. Endet der Zeitraum von fünf Jahren der Nichtbenutzung nach der Veröffentlichung der Eintragung, so hat der Widersprechende, wenn der Gegner die Benutzung bestreitet, glaubhaft zu machen, dass die Marke innerhalb der letzten fünf Jahre vor der Entscheidung über den Widerspruch gemäß § 26 benutzt worden ist. Bei der Entscheidung werden nur die Waren oder Dienstleistungen berücksichtigt, für die die Benutzung glaubhaft gemacht worden ist.

(2) Ergibt die Prüfung des Widerspruchs, dass die Marke für alle oder für einen Teil der Waren oder Dienstleistungen, für die sie eingetragen ist, zu löschen ist, so wird die Eintragung ganz oder teilweise gelöscht. Kann die Eintragung der Marke nicht gelöscht werden, so wird der Widerspruch zurückgewiesen.

(3) Ist die eingetragene Marke wegen einer oder mehrerer Marken mit älterem Zeitrang zu löschen, so kann das Verfahren über weitere Widersprüche bis zur rechtskräftigen Entscheidung über die Eintragung der Marke ausgesetzt werden.

(4) Im Falle der Löschung nach Absatz 2 ist § 52 Abs. 2 und 3 entsprechend anzuwenden.

Übersicht

Literatur: *Beyerlein*, Die rechtserhaltende Teilbenutzung von Marken, WRP 2008, 306; *Braitmayer*, Benutzungszwang im Widerspruchsverfahren, MarkenR 2005, 297; *Kliems*, Zur Neuregelung der Nichtbenutzungseinreden im Markenrecht, GRUR 1999, 11; *ders.*, Die Einrede mangelnder Benutzung im MarkenG, MarkenR 2001, 185.

I. Allgemeines

1   § 43 regelt – etwas unsystematisch – zwei gänzlich unterschiedliche Sachverhalte, nämlich zum einen die Einrede mangelnder Benutzung als eine dem Markeninhaber zur Verfügung stehenden Verteidigungsmöglichkeit gegen den Widerspruch und zum anderen die vom DPMA zu treffende Entscheidung im Widerspruchsverfahren.

2   Die Nichtbenutzungseinrede stellt eine Durchbrechung des das patentamtliche Verfahren beherrschenden Amtsermittlungsgrundsatzes dar, da zum einen die Nichtbenutzung der Widerspruchsmarke nur auf die entsprechende Einrede des Gegners hin berücksichtigt wird und zum anderen der Widersprechende in diesem Fall die rechtserhaltende Benutzung der Widerspruchsmarke glaubhaft zu machen hat, wobei das DPMA bei der Entscheidung nur die Waren/Dienstleistungen berücksichtigen darf, für die eine Benutzung glaubhaft gemacht wurde.

II. Einrede der mangelnden Benutzung

1. Löschungsreife

3   Sofern nicht ausnahmsweise berechtigte Gründe für eine Nichtbenutzung vorliegen, ist eine Marke innerhalb von fünf Jahren ab dem Zeitpunkt ihrer Eintragung bzw. ab dem Zeitpunkt des Abschlusses eines sich daran anschließenden Widerspruchsverfahrens in Benutzung zu nehmen, andernfalls wird sie *löschungsreif*. Löschungsreife tritt allerdings auch ein, wenn die Marke bereits länger als fünf Jahre eingetragen ist aber zuletzt während eines Zeitraums von fünf Jahren nicht mehr benutzt wurde.

4   Zu den Voraussetzungen einer *rechtserhaltenden Benutzung* vgl. Kommentierung zu §§ 26 und 49.

5   Dem *Benutzungszwang* mit der Folge der Löschungsreife bei Nichtbenutzung unterliegt auch eine *IR-Marke*, soweit für sie Schutz in der Bundesrepublik Deutschland beansprucht wird. Die fünfjährige *Benutzungsschonfrist* beginnt hier allerdings erst mit dem Ablauf der Schutzverweigerungsfrist gemäß Art. 5 Abs. 2 MMA bzw. mit dem Tag des Zugangs der Schlussmitteilung des DPMA an das Internationale Büro über die erfolgte Schutzbewilligung (vgl. § 116 Abs. 1 i.V.m. § 115 Abs. 2). Entsprechend ist der Beginn der Benutzungsschonfrist bei einer *Protokollmarke* geregelt (§ 124). Bei einer *Gemeinschaftsmarke* regelt sich die Benutzungsschonfrist nach Art. 15 GMV.

2. Erhebung der Nichtbenutzungseinrede

6   Die in § 43 geregelte *Nichtbenutzungseinrede* eröffnet dem Markeninhaber die Möglichkeit, die Löschungsreife der Widerspruchsmarke einredeweise geltend zu machen, ohne den Weg einer Löschungsklage nach § 49 beschreiten zu müssen. Es genügt das bloße (ausdrückliche) Bestreiten der Benutzung; der Widersprechende hat sodann glaubhaft zu machen, dass die Widerspruchsmarke i.S.d. § 26 rechtserhaltend benutzt wurde. Dabei regelt § 43 Abs. 1 zwei unterschiedliche Tatbestände:

a) § 43 Abs. 1 S. 1

Die Löschungsreife der Widerspruchsmarke kann bereits *im Zeitpunkt der Veröffentli-* **7**
chung der Eintragung der jüngeren Marke gegeben sein. Dies ist der Fall, wenn die Widerspruchsmarke zu diesem Zeitpunkt seit mindestens fünf Jahren eingetragen ist und innerhalb der letzten fünf Jahre vor diesem Zeitpunkt nicht gemäß § 26 benutzt wurde. Die Widerspruchsmarke kann somit seit fünf Jahren eingetragen und seitdem nicht benutzt worden sein. Sie kann aber auch schon länger eingetragen und nach anfänglicher Benutzung
innerhalb der letzten *fünf Jahre vor der Veröffentlichung der Eintragung* der jüngeren Marke nicht mehr benutzt worden sein. In beiden Fällen ist die Einrede nach § 43 Abs. 1 S. 1
begründet. Es kommt in diesem Fall allein auf den *Zeitpunkt der Veröffentlichung der Eintragung der jüngeren Marke* an, so dass eine Heilung der Löschungsreife durch spätere Benutzungsaufnahme (vgl. hierzu Rn. 8) im Widerspruchsverfahren nicht in Betracht kommt.

b) § 43 Abs. 1 S. 2

§ 43 Abs. 1 S. 2 regelt demgegenüber den Fall, dass der Zeitraum der fünfjährigen Nicht- **8**
benutzung erst *nach der Veröffentlichung der Eintragung* der jüngeren Marke endet. In diesem Fall führt die Erhebung der Nichtbenutzungseinrede dazu, dass der Widersprechende
glaubhaft zu machen hat, die Marke innerhalb der letzten *fünf Jahre vor der Entscheidung
über den Widerspruch* gemäß § 26 benutzt zu haben. Indem es hier allein auf den Fünfjahreszeitraum vor der Entscheidung über den Widerspruch ankommt, kann eine erst nach der
Veröffentlichung der Eintragung der jüngeren Marke eingetretene Löschungsreife durch
eine rechtzeitig vor der Entscheidung über den Widerspruch erfolgte *Benutzungsaufnahme*
geheilt werden. Dies kann der Markeninhaber nur durch Stellung eines Löschungsantrages
nach § 49 verhindern.

Unter der *Entscheidung über den Widerspruch* ist die das Verfahren *rechtskräftig abschlie-* **9**
ßende Entscheidung zu verstehen. Dies hat zur Folge, dass der Widersprechende die rechtserhaltende Benutzung der Widerspruchsmarke unter Umständen mehrfach glaubhaft zu
machen hat. Eine Glaubhaftmachung der Benutzung innerhalb eines Zeitraumes von fünf
Jahren vor der erstinstanzlichen Entscheidung über den Widerspruch genügt nicht, wenn
die Marke innerhalb der letzten fünf Jahre vor der Entscheidung in der Beschwerdeinstanz
nicht mehr benutzt wurde.[1] Lediglich im Rechtsbeschwerdeverfahren kann eine erst jetzt
eingetretene Löschungsreife der Widerspruchsmarke keine Berücksichtigung mehr finden.
Umgekehrt ist aber auch der Fall denkbar, dass die Nichtbenutzungseinrede in erster Instanz zulässig erhoben wurde und der Widersprechende die rechtserhaltende Benutzung für
den zu diesem Zeitpunkt maßgeblichen Zeitraum von fünf Jahren vor der erstinstanzlichen
Entscheidung nicht glaubhaft machen konnte. Hier müsste es dem Widersprechenden konsequenterweise möglich sein, die Glaubhaftmachung auch noch im Beschwerdeverfahren
für den jetzt maßgeblichen Zeitraum von fünf Jahren vor der Beschwerdeentscheidung
nachzuholen, ggf. auch durch eine erst jetzt erfolgte *Benutzungsaufnahme*. Auch dies gilt
aber nur für das Beschwerdeverfahren als weitere Tatsacheninstanz und nicht für das
Rechtsbeschwerdeverfahren.

---

1 Vgl. BGH, GRUR 1999, 54, 55 – Holtkamp.

10 § 43 Abs. 1 S. 2 regelt den Fall, dass der Zeitraum von fünf Jahren der Nichtbenutzung nach der Veröffentlichung der Eintragung der jüngeren Marke endet. Dies erfasst sowohl den Fall, dass auch die Benutzungsschonfrist erst jetzt endet, die Widerspruchsmarke also seit ihrer Eintragung überhaupt nicht benutzt wurde, als auch den Fall, dass die Benutzungsschonfrist im Zeitpunkt der Veröffentlichung der Eintragung der jüngeren Marke bereits abgelaufen war, ein zusammenhängender Zeitraum von fünf Jahren der Nichtbenutzung aber erst nach diesem Zeitpunkt endet, weil die Widerspruchsmarke anfänglich benutzt wurde.

11 Es wurde versucht, § 43 Abs. 1 S. 2 einschränkend dahin zu interpretieren, dass unter dem *Zeitraum von fünf Jahren der Nichtbenutzung* ausschließlich die *Benutzungsschonfrist* zu verstehen sei, § 43 Abs. 1 S. 2 somit nur den Fall betreffe, dass die Einrede nach § 43 Abs. 1 S. 1 nicht zulässig erhoben werden konnte, da im Zeitpunkt der Veröffentlichung der Eintragung der jüngeren Marke die Benutzungsschonfrist für die Widerspruchsmarke noch nicht abgelaufen war.[2] Diese mit dem Wortlaut des § 43 nicht vereinbare Auffassung ist inzwischen überholt. Der BGH hat in zwei aufeinanderfolgenden Entscheidungen[3] die vom BPatG für seine *einschränkende Auslegung* herangezogenen Argumente als *nicht tragfähig* zurückgewiesen und festgestellt, dass diese Auslegung die Rechte der Anmelder im Widerspruchsverfahren entgegen dem Wortlaut der Vorschrift verkürze, ohne dass für einen entsprechenden Willen des Gesetzgebers zu einer derartigen Einschränkung ein hinreichender Anhalt erkennbar sei. Der BGH folgt in diesen Entscheidungen insbesondere auch der in der Literatur vertretenen Auffassung, wonach die vom BPatG vorgenommene einschränkende Auslegung des § 43 Abs. 1 S. 2 den Art. 10, 11 Markenrechtsrichtlinie widersprechen würde.[4]

12 Eröffnet § 43 Abs. 1 S. 2 dem Markeninhaber somit die Möglichkeit, während des gesamten Widerspruchsverfahrens die zwischenzeitlich eingetretene Löschungsreife der Widerspruchsmarke geltend zu machen, bleibt die Regelung doch insofern *unbefriedigend*, als sie den Widersprechenden zwingt, im Laufe des Widerspruchsverfahrens unter Umständen wiederholt und für *unterschiedliche Zeiträume* die Benutzung der Widerspruchsmarke glaubhaft machen zu müssen. Auch wird der gesetzgeberische Zweck, wonach die Löschungsreife der Widerspruchsmarke einredeweise entgegengehalten werden kann und der Markeninhaber nicht auf die Löschungsklage nach § 49 angewiesen ist, nur unvollkommen erreicht, wenn der Widersprechende auch noch nach Erhebung der Nichtbenutzungseinrede die Löschungsreife durch *Benutzungsaufnahme* heilen kann, was der Markeninhaber wiederum nur durch eine Löschungsklage verhindern kann. Eine *Gesetzesänderung*, wie von *Kliems*[5] vorgeschlagen, wäre daher zu begrüßen.

13 § 43 Abs. 1 S. 2 findet auch Anwendung auf etwaige noch anhängige *Altverfahren*, die noch unter Geltung des WZG eingeleitet wurden (§ 158 Abs. 3). Die Regelung findet ferner Anwendung bei Widerspruchsmarken, die für das Gebiet der ehemaligen DDR regis-

---

2 BPatG, GRUR 1995, 588, 589 f. – Jeanette; GRUR 1996, 414, 415 – Dragon; ebenso *Albert*, GRUR 1996, 174, 175 ff.
3 BGH, GRUR 1998, 938 – Dragon; GRUR 1999, 54 – Holtkamp; bestätigt in GRUR 2006, 150 – NORMA.
4 Vgl. auch *Fezer*, § 43 Rn. 20; für eine am Wortlaut der Bestimmung orientierte Auslegung auch schon *Füllkrug*, MA 1995, 498, 502 f., und *Meister*, MA 1995, 572, 574 f.
5 *Kliems*, GRUR 1999, 11, 15.

triert waren und bei denen die *Benutzungsschonfrist nach dem Einigungsvertrag* erst am 3.10.1990 zu laufen begonnen hat.[6]

3. Verfahrensfragen

Ob die Widerspruchsmarke rechtserhaltend benutzt wurde, wird im Widerspruchsverfahren, abweichend von § 59, nicht von Amts wegen ermittelt, sondern nur auf entsprechendes *Bestreiten* des Inhabers der jüngeren Marke. Dieses Bestreiten erfordert eine *eindeutige Erklärung* im anhängigen Widerspruchsverfahren; es handelt sich somit um eine Verfahrenshandlung, die allgemein als „*Erhebung der Nichtbenutzungseinrede*" bezeichnet wird.   **14**

Die Nichtbenutzungseinrede kann zulässigerweise erst erhoben werden, wenn die Benutzungsschonfrist abgelaufen ist. Auch muss das Bestreiten eindeutig erkennen lassen, ob es sich gemäß § 43 Abs. 1 S. 1 auf den Zeitraum von fünf Jahren vor der Veröffentlichung der Eintragung der jüngeren Marke bezieht oder auf den der Erhebung der Einrede vorangegangenen Zeitraum von fünf Jahren wegen der daran anknüpfenden gänzlich unterschiedlichen Rechtsfolgen.   **15**

Daraus folgt, dass in all den Fällen, in denen zulässigerweise die *Einrede nach § 43 Abs. 1 S. 1* erhoben werden kann, weil die Benutzungsschonfrist im Zeitpunkt der Veröffentlichung der Eintragung der jüngeren Marke bereits abgelaufen war, eine *eindeutige Erklärung* zu fordern ist, wenn sich die *Einrede (auch) auf § 43 Abs. 1 S. 2* beziehen soll.[7] Aber auch in den Fällen, in denen die Benutzungsschonfrist im Zeitpunkt der Veröffentlichung der Eintragung der jüngeren Marke noch nicht abgelaufen war, die Einrede nach § 43 Abs. 1 S. 1 somit nicht zulässigerweise erhoben werden kann, kann diese unzulässige Einrede nicht ohne Weiteres in eine zulässige Einrede nach § 43 Abs. 1 S. 2 umgedeutet werden.[8] Die Einrede muss vielmehr neu erhoben werden bzw. der Inhaber der jüngeren Marke muss *klarstellen*, dass er sie nunmehr für den anderen Zeitraum gemäß § 43 Abs. 1 S. 2 aufrechterhält.[9]   **16**

Abgesehen von diesem *Klarstellungserfordernis* wirkt die einmal erhobene Einrede für *alle Instanzen* des Widerspruchsverfahrens. Dies gilt jedenfalls, solange der Widersprechende eine Benutzung nicht glaubhaft macht. Grundsätzlich kann die rechtserhaltende Benutzung der Widerspruchsmarke auch unstreitig gestellt werden, allerdings nur hinsichtlich der vorgetragenen Tatsachen, nicht in ihrer rechtlichen Bewertung. Auch eine Nichtäußerung des Markeninhabers auf die vom Widersprechenden vorgelegten Glaubhaftmachungsunterlagen enthebt das DPMA und die nachfolgenden Instanzen daher nicht der Prüfung, ob diese auch eine rechtserhaltende Benutzung der Widerspruchsmarke belegen. Lediglich ein ausdrücklich erklärter *Verzicht auf die Nichtbenutzungseinrede*, an den strenge Anforderungen zu stellen sind,[10] führt dazu, dass die rechtserhaltende Benutzung der Widerspruchsmarke nicht mehr zu prüfen ist; die ursprünglich erhobene Nichtbenutzungseinrede ist dann so zu behandeln, als sei sie von vornherein nicht erhoben worden. Sie kann   **17**

---

6 BPatG, Mitt. 1997, 25, 26.
7 BPatG, Mitt. 1998, 75, 76.
8 BPatG, GRUR 1996, 280 – BIO VERA; Mitt. 1997, 25, 26 – LAILIQUE.
9 Vgl. a. BPatG, GRUR 2000, 1052, 1054 – Rhoda-Hexan/Sota-Hexal.
10 *Ströbele/Hacker*, § 43 Rn. 26.

aber im Rahmen des § 43 Abs. 1 S. 2 erneut erhoben werden, wenn sie sich nunmehr auf einen anderen Fünfjahreszeitraum stützt.

18   Fraglich ist, ob die Nichtbenutzungseinrede nach § 43 Abs. 1 S. 2 neu erhoben werden muss, wenn der Widersprechende die Benutzung der Widerspruchsmarke innerhalb des Zeitraums von *fünf Jahren vor der erstinstanzlichen Entscheidung* glaubhaft gemacht hat, in der Beschwerdeinstanz aber nunmehr die Benutzung innerhalb eines Zeitraums von *fünf Jahren vor der Beschwerdeentscheidung* glaubhaft zu machen wäre. Auch hier wird man richtigerweise eine *klarstellende Erklärung* des Widersprechenden fordern müssen, dass er das Bestreiten der Benutzung für den jetzt maßgeblichen neuen Zeitraum aufrechterhält.

19   Die Erhebung der Nichtbenutzungseinrede ist an keinen Zeitpunkt gebunden. Sie kann grundsätzlich auch erstmals im Beschwerdeverfahren erhoben werden. Hier kann ihr aber gemäß § 82 Abs. 1 i.V.m. §§ 523, 282 Abs. 2, 296 Abs. 2 ZPO der *Verspätungseinwand* entgegengehalten werden, wenn die Einrede etwa erst kurz vor der mündlichen Verhandlung oder erst in dieser selbst erhoben wird, so dass der Widersprechende darauf ohne Verfahrensverzögerung nicht mehr reagieren kann.[11] Der Verspätungseinwand setzt aber stets voraus, dass die Einrede bereits zu einem früheren Zeitpunkt hätte erhoben werden können; er kommt daher nicht in Betracht, wenn geltend gemacht wird, dass der Zeitraum der fünfjährigen Nichtbenutzung erst jetzt vollendet wurde, die Einrede somit früher nicht erhoben werden konnte.

III. Glaubhaftmachung der Benutzung

20   Die Erhebung der Nichtbenutzungseinrede hat zur Folge, dass der Widersprechende die rechtserhaltende Benutzung der Widerspruchsmarke glaubhaft zu machen hat.

1. Inhalt der Glaubhaftmachung

21   Glaubhaft zu machen sind die in § 26 normierten Voraussetzungen einer rechtserhaltenden Benutzung. Insoweit wird auf die Kommentierung zu § 26 verwiesen. Die *Glaubhaftmachung* muss sich auf alle Waren/Dienstleistungen erstrecken, auf die der Widerspruch gestützt ist, da bei der Entscheidung nur diejenigen Waren oder Dienstleistungen berücksichtigt werden, für die die Benutzung glaubhaft gemacht worden ist (§ 43 Abs. 1 S. 3). Gegebenenfalls ist auch die Zustimmung des Markeninhabers zur Benutzung der Marke durch einen Dritten glaubhaft zu machen.

22   Für welchen *Zeitraum* die Benutzung der Widerspruchsmarke glaubhaft zu machen ist, richtet sich danach, für welchen Zeitraum die Benutzung bestritten wird. Unter Umständen muss eine rechtserhaltende Benutzung sowohl für den Zeitraum von fünf Jahren vor der Veröffentlichung der Eintragung der jüngeren Marke als auch für den Zeitraum von fünf Jahren vor der Entscheidung über den Widerspruch glaubhaft gemacht werden (s.o. Rn. 18).

23   Obgleich das Gesetz nur von der *Glaubhaftmachung der Benutzung* spricht, folgt doch aus der Bezugnahme auf § 26, dass der Widersprechende der Nichtbenutzungseinrede auch da-

---

11   BPatG, GRUR 1999, 350 – Ruoc/RoC; GRUR 1997, 534 – ETOP/Itrop.

durch begegnen kann, dass er *berechtigte Gründe für die Nichtbenutzung* glaubhaft macht (§ 26 Abs. 1 letzter Hs.). Eine andere Auslegung des Gesetzes wäre mit Art. 10 Abs. 1 Markenrechtsrichtlinie nicht vereinbar, wonach alle in der Richtlinie für den Fall der Nichtbenutzung der Marke vorgesehenen Sanktionen unter dem Vorbehalt stehen, dass nicht berechtigte Gründe für die Nichtbenutzung vorliegen.

2. Glaubhaftmachungsmittel

Die Anforderungen an die Glaubhaftmachung richten sich nach § 294 ZPO. Es sind nur **24** *präsente Beweismittel* zugelassen (§ 294 Abs. 2 ZPO), wobei neben den allgemein zugelassenen Beweismitteln auch sonstige zur Glaubhaftmachung geeignete Mittel wie insbesondere Unterlagen ohne Urkundsqualität sowie die eidesstattliche Versicherung zugelassen sind. Die Glaubhaftmachung erfordert keinen vollen Beweisantritt. Es genügt ein *hohes Maß der Wahrscheinlichkeit* für den vorgetragenen Sachverhalt.

Das wichtigste Glaubhaftmachungsmittel ist die *eidesstattliche Versicherung*. Hier kann **25** im Einzelnen dargelegt werden, in welchem Umfang, innerhalb welchen Zeitraums und für welche Waren/Dienstleistungen die Marke benutzt wurde. Es kann auch, wenn Muster der gekennzeichneten Ware nicht mehr zur Verfügung stehen, dargelegt werden, in welcher Form die Marke benutzt wurde und wie sie auf der Ware angebracht war. Bei einer von der eingetragenen Form abweichenden Benutzung bedarf es allerdings stets einer Wiedergabe der Marke in der benutzten Form, auf die ggf. in der eidesstattlichen Versicherung Bezug genommen werden kann, um glaubhaft zu machen, dass die Abweichung nach § 26 Abs. 3 unschädlich ist. In eine eidesstattliche Versicherung können auch Angaben über eine Drittbenutzung und die Zustimmung des Markeninhabers hierzu aufgenommen werden.

Fast alles kann also mit einer entsprechend ausführlichen eidesstattlichen Versicherung **26** glaubhaft gemacht werden. Ergänzend sollten aber auch *Unterlagen* vorgelegt werden, aus denen sich die Benutzung der Marke ergibt. Hierfür kommen in erster Linie *Muster oder Abbildungen der gekennzeichneten Ware, Etiketten, Werbematerial und sonstige die Marke wiedergebende Drucksachen* in Betracht. Als Beleg für den Zeitraum der Benutzung eignen sich vor allem *Rechnungskopien, datierbare Prospekte* oder *Kataloge*, auch *Druckaufträge über Werbemittel* etc. Es ist auf jeden Fall darauf zu achten, dass die vorgelegten Unterlagen i.V.m. der meist erforderlichen eidesstattlichen Versicherung alle Voraussetzungen des § 26 lückenlos belegen. Umsatzangaben müssen auf das Inland bezogen und zeitlich aufgeschlüsselt sein. Eine Glaubhaftmachung, wie die Marke derzeit benutzt wird, reicht unter Umständen nicht aus, wenn Anhaltspunkte dafür bestehen, dass sie in der Vergangenheit in anderer Form benutzt wurde.[12] Eine Wiedergabe der Marke in Preislisten oder Prospektmaterial reicht für sich allein nicht aus, um eine funktionsgemäße Benutzung mit unmittelbarem Bezug zu der betroffenen Ware zu belegen.[13]

Für die eidesstattliche Versicherung gilt § 156 StGB. Es ist üblich, aber nicht erforderlich, **27** eingangs anzuführen, dass sich der Unterzeichner der Bedeutung einer eidesstattlichen Versicherung und der strafrechtlichen Folgen ihrer unrichtigen Abgabe bewusst ist. Die strafrechtlichen Folgen ergeben sich bereits unmittelbar aus der Tatsache, dass die eidesstattliche Versicherung vor einer zu ihrer Abnahme zuständigen Behörde abgegeben wird.

---

12 Vgl. BPatG, Mitt. 1984, 236, 237 – ALBATRIN.
13 Vgl. BPatG, GRUR 1996, 981, 982 – ESTAVITAL.

28 Wichtig ist, dass die eidesstattliche Versicherung von einer natürlichen Person im *eigenen Namen* zu unterzeichnen ist – also keine Unterzeichnung namens einer Firma – und dass alle Angaben in der eidesstattlichen Versicherung auf eigener Wahrnehmung der unterzeichnenden Person beruhen müssen. Dies schließt es allerdings nicht aus, dass Inhaber oder leitende Angestellte eines Unternehmens Umstände versichern, die ihnen von Mitarbeitern berichtet werden, wenn sie sich durch Befragen der Mitarbeiter selbst hinreichend kundig über den Sachverhalt gemacht haben.

3. Verfahrensfragen

29 Da für die Glaubhaftmachung der Benutzung der *Beibringungsgrundsatz* gilt, muss der Widersprechende, sobald der Markeninhaber die Benutzung bestreitet, von sich aus alle Voraussetzungen einer rechtserhaltenden Benutzung glaubhaft machen. Das DPMA und das BPatG weisen den Widersprechenden nicht darauf hin, wenn die Glaubhaftmachung ungenügend erscheint; dies gilt insbesondere, wenn dies bereits vom Gegner gerügt wird.[14] Da eine einmal erhobene Nichtbenutzungseinrede auch in nächster Instanz fortwirkt, ist insbesondere auch im Rechtsmittelverfahren noch darauf zu achten, ob die Glaubhaftmachung der Ergänzung bedarf, wenn die Frage der Benutzung in erster Instanz dahinstehen konnte. Hat das DPMA allerdings die Benutzung zunächst als glaubhaft gemacht angesehen, muss dem Widersprechenden ausdrücklich Gelegenheit zur Ergänzung eingeräumt werden, ehe die Glaubhaftmachung im Erinnerungs- oder Beschwerdeverfahren als unzureichend erachtet werden kann.[15]

30 Wird die Nichtbenutzungseinrede erst im Beschwerdeverfahren erhoben, muss der Widersprechende spätestens in der mündlichen Verhandlung des Beschwerdeverfahrens die Benutzung durch *präsente Beweismittel* glaubhaft machen können. Eine Vertagung zu dem Zweck, Glaubhaftmachungsmittel nachzureichen, kommt grundsätzlich nicht in Betracht, wenn die Nichtbenutzungseinrede rechtzeitig vor der mündlichen Verhandlung erhoben wurde und der Widersprechende somit ausreichend Zeit zur Glaubhaftmachung hatte.[16]

IV. Entscheidung über den Widerspruch

31 § 43 Abs. 2 sieht zwei Möglichkeiten der Entscheidung über den Widerspruch vor: Ergibt die Prüfung des Widerspruchs, dass die Marke für alle oder für einen Teil der Waren oder Dienstleistungen, für die sie eingetragen ist, zu löschen ist, so wird die *Eintragung ganz oder teilweise gelöscht.* Andernfalls wird der *Widerspruch zurückgewiesen.* Die Entscheidung lautet insbesondere auch dann auf Zurückweisung des Widerspruchs, wenn dieser sich als unzulässig erweist; eine Verwerfung des Widerspruchs als unzulässig ist nicht vorgesehen. Zuvor ist freilich von Amts wegen zu prüfen, ob der Widerspruch überhaupt rechtswirksam erhoben wurde.[17] Fehlt es an einem rechtswirksam erhobenen Widerspruch, kommt eine Zurückweisung nicht in Betracht. An die Stelle der Zurückweisung tritt dann

14 Vgl. BPatG, Mitt. 1984, 236 – ALBATRIN; vgl. a. BPatG, GRUR 1996, 981, 982 – ESTAVITAL.
15 BPatGE 24, 241, 246 – FLUICIL; BGH, MarkenR 2003, 357, 358 – Minka/MINKAS.
16 BPatG, Mitt. 1979, 194; BPatGE 19, 202, 203.
17 BGH, GRUR 1974, 279 – ERBA; BPatG, GRUR 1973, 198 – LORDSON.

vielmehr die Feststellung, dass der Widerspruch nicht wirksam erhoben wurde, und auch diese ist mit Rechtsmittel angreifbar.[18]

1. Ganze oder teilweise Löschung der Marke

Die *Löschung* der Marke hat zur Folge, dass ihre Wirkungen als von Anfang an nicht eingetreten gelten, von den in § 52 Abs. 3 geregelten Ausnahmen abgesehen (§ 43 Abs. 4 i.V.m. § 52 Abs. 2 und 3). Entsprechendes gilt für die teilweise Löschung der Marke hinsichtlich der davon betroffenen Waren/Dienstleistungen.   **32**

Eine *teilweise Löschung* kann nur insoweit ausgesprochen werden, als sie durch bloße Streichung im Verzeichnis der Waren/Dienstleistungen vorgenommen werden kann. Erscheint dagegen eine Einschränkung zu weit gefasster Oberbegriffe veranlasst, ist der Markeninhaber aufzufordern, ein neu gefasstes Verzeichnis einzureichen, andernfalls der ganze Oberbegriff der Löschung anheim fällt. Das DPMA kann nicht von sich aus Umformulierungen des Verzeichnisses der Waren/Dienstleistungen vornehmen (vgl. a. § 39 Rn. 7).   **33**

Bei der IR-Marke oder einer Protokollmarke tritt an die Stelle der Löschung die gänzliche oder teilweise *Schutzverweigerung* (§§ 114 Abs. 3, 124).   **34**

2. Aussetzung des Verfahrens

Anstelle einer abschließenden Entscheidung kann das DPMA das Verfahren auch aussetzen, wenn dies sachdienlich erscheint.   **35**

Nach § 43 Abs. 3 kommt eine *Aussetzung* in Betracht, wenn mehrere Widersprüche anhängig sind. Ist die Marke bereits aufgrund eines dieser Widersprüche zu löschen, kann das DPMA das Verfahren hinsichtlich der anderen Widersprüche aussetzen, bis über das erste Widerspruchsverfahren rechtskräftig entschieden ist. Die anderen Widersprüche erledigen sich dann, wenn die Marke bereits aufgrund des einen Widerspruchs rechtskräftig gelöscht wird. Von dieser Möglichkeit wird insbesondere Gebrauch gemacht, wenn es sich um mehrere Widersprüche desselben Widersprechenden handelt, da das Verfahren sich dann auf den erfolgversprechendsten Widerspruch konzentrieren kann. Bei mehreren Beteiligten ist zu berücksichtigen, dass sich Widerspruchsverfahren häufig durch außeramtliche Einigung erledigen, so dass die Rechte anderer Widersprechender möglicherweise unzumutbar verkürzt werden, wenn ihr Verfahren über Jahre ausgesetzt bleibt und das andere Verfahren letztlich nicht entschieden wird. In diesen Fällen sollte daher von der Aussetzungsmöglichkeit nach § 43 Abs. 3 nur zurückhaltend Gebrauch gemacht werden.   **36**

Neben dem in § 43 Abs. 3 geregelten Fall kommt eine Aussetzung auch in anderen Fällen in Betracht, in denen sie *sachdienlich* erscheint (§ 29 MarkenV). Dies ist insbesondere dann gegeben, wenn fraglich ist, ob die *Widerspruchsmarke* Bestand haben wird, also namentlich in den Fällen, in denen diese noch *nicht eingetragen* oder selbst mit einem *Widerspruchs- oder Löschungsverfahren* angegriffen ist. Auch in diesen Fällen rechtfertigt sich eine Aussetzung freilich nur, wenn dem Widerspruch voraussichtlich stattzugeben wäre,   **37**

---

18 Vgl. BGH, GRUR 1974, 279 – ERBA.

da bei einer auszusprechenden Zurückweisung des Widerspruchs das Interesse des Markeninhabers an einer raschen Entscheidung Vorrang verdient (vgl. § 29 Abs. 2 MarkenV).

3. Entscheidung durch Beschluss

38   Die Entscheidung des DPMA gemäß § 43 Abs. 2 erfolgt durch *Beschluss*. Zuständig ist die *Markenstelle* (§ 56 Abs. 2). Der Beschluss enthält eine Rechtsmittelbelehrung (§ 61 Abs. 2). Ob dagegen das Rechtsmittel der Erinnerung (§ 64) oder gleich der Beschwerde (§ 66) gegeben ist, richtet sich zunächst danach, ob die Markenstelle durch ein *Mitglied des Patentamts* oder durch einen *Beamten des gehobenen Dienstes* bzw. einem diesem *vergleichbaren Angestellten* gehandelt hat. Im letzteren Fall ist zunächst die Erinnerung gegeben, über die ein Mitglied des Patentamts wiederum durch Beschluss entscheidet (§ 64 Abs. 4). Gemäß § 64 Abs. 6 haben die Beteiligten aber die Möglichkeit, anstelle der Erinnerung sogleich Beschwerde zum BPatG einzulegen. Vgl. zu den Einzelheiten die Kommentierung zu § 64.

4. Kosten

39   Für die nur ausnahmsweise zu treffende *Kostenentscheidung* wird auf § 63 und die dortige Kommentierung verwiesen. Im Regelfall trägt im Widerspruchsverfahren jeder Beteiligte die ihm erwachsenen Kosten selbst.

V. Gemeinschaftsmarkenrecht

40   Art. 42 Abs. 2 GMV regelt die Erhebung der Nichtbenutzungseinrede mit zwei wesentlichen Unterschieden zum deutschen Recht. Zum einen gibt es keine dem § 43 Abs. 1 S. 2 entsprechende Regelung, so dass sich die oben geschilderten Probleme einer erst im Laufe des Widerspruchsverfahrens eintretenden Löschungsreife der Widerspruchsmarke nicht stellen. Die Nichtbenutzungseinrede kann somit nur erhoben werden, wenn die *fünfjährige Benutzungsschonfrist im Zeitpunkt der Veröffentlichung der Anmeldung der Gemeinschaftsmarke* bereits abgelaufen war. Der Inhaber der älteren Marke hat sodann den Nachweis zu erbringen, dass er die Marke innerhalb der letzten *fünf Jahre vor diesem Zeitpunkt* rechtserhaltend benutzt hat oder dass berechtigte Gründe für die Nichtbenutzung vorliegen.

41   Die Benutzungsschonfrist läuft nach Art. 42 Abs. 2 GMV vom Zeitpunkt der *Eintragung der älteren Gemeinschaftsmarke* an. Nach Art. 42 Abs. 3 ist Abs. 2 auf ältere nationale Marken i. S. v. Art. 8 Abs. 2a) entsprechend anzuwenden, lediglich mit der Maßgabe, dass an die Stelle der Benutzung in der Gemeinschaft die Benutzung in dem Mitgliedstaat tritt, in dem die ältere Marke geschützt ist. Diese Regelung übersieht, dass nach nationalem Recht höchst unterschiedliche Zeitpunkte für den *Beginn der Benutzungsschonfrist* in Betracht kommen können. So tritt insbesondere im deutschen Recht nach § 26 Abs. 5 bei einem sich an die Eintragung anschließenden Widerspruchsverfahren der *Zeitpunkt des rechtskräftigen Abschlusses des Widerspruchsverfahrens* an die Stelle des Zeitpunkts der Eintragung. Bei einer mit Wirkung für die Bundesrepublik Deutschland registrierten IR-

Marke beginnt die Benutzungsschonfrist erst mit dem *Ablauf der Schutzverweigerungsfrist* bzw. mit dem Tag des Zugangs der *Schlussmitteilung des DPMA an das internationale Büro* über die erfolgte Schutzbewilligung (vgl. oben Rn. 5). Wollte man annehmen, dass es im Zusammenhang mit der Erhebung der Nichtbenutzungseinrede nach Art. 42 Abs. 2 GMV auch bei nationalen Marken stets nur auf den Zeitpunkt von deren Eintragung ankommt, hätte dies gravierende Auswirkungen für die Inhaber älterer Markenrechte und würde auch einen Widerspruch zu Art. 10 Markenrechtsrichtlinie darstellen, der es auf den *Tag des Abschlusses des Eintragungsverfahrens* abstellt. Im Einklang mit Art. 10 Markenrechtsrichtlinie sollte Art. 42 Abs. 3 GMV daher so ausgelegt werden, dass die Benutzungsschonfrist bei nationalen Widerspruchsmarken erst mit dem Abschluss des Eintragungsverfahrens beginnt.[19] Bei IR-Marken wäre dann, dem deutschen Recht entsprechend, auf den Abschluss des Schutzbewilligungsverfahrens abzustellen.

Nach Art. 42 Abs. 2 GMV ist die rechtserhaltende Benutzung nachzuweisen und nicht lediglich glaubhaft zu machen. Der Unterschied ist allerdings nicht so gravierend, da als Nachweis auch eine unter Eid abgegebene Erklärung genügt (Art. 78 Abs. 1 f GMV). Kann der Widersprechende diesen *Nachweis* nicht erbringen, wird der Widerspruch zurückgewiesen. Erbringt er den Nachweis nur für einen Teil der Waren/Dienstleistungen, für die die Widerspruchsmarke eingetragen ist, werden, wie im deutschen Recht, nur diese Waren/Dienstleistungen bei der Entscheidung über den Widerspruch berücksichtigt. **42**

---

19 Siehe *v. Mühlendahl/Ohlgart*, § 14 Rn. 34.

§ 44
Eintragungsbewilligungsklage

(1) Der Inhaber der Marke kann im Wege der Klage gegen den Widersprechenden geltend machen, dass ihm trotz der Löschung der Eintragung nach § 43 ein Anspruch auf die Eintragung zusteht.

(2) Die Klage nach Absatz 1 ist innerhalb von sechs Monaten nach Unanfechtbarkeit der Entscheidung, mit der die Eintragung gelöscht worden ist, zu erheben.

(3) Die Eintragung aufgrund einer Entscheidung zugunsten des Inhabers der Marke wird unter Wahrung des Zeitrangs der Eintragung vorgenommen.

Übersicht

Literatur: *Munzinger*, Zur Eintragungsbewilligungsklage – Probleme des zweigleisigen Rechtsschutzes bei Zeichenkollisionen im Amts- und Gerichtsverfahren nach altem und neuem Markenrecht, GRUR 1995, 12.

I. Allgemeines

1   § 44 regelt die Eintragungsbewilligungsklage im Einklang mit dem früheren Recht. Geändert hat sich lediglich die Klagefrist, die nunmehr auf sechs Monate, beginnend mit der Unanfechtbarkeit der Entscheidung über den Widerspruch, verkürzt wurde.

2   Wenngleich für die Kollision von Registermarken vorrangig das Widerspruchsverfahren zur Verfügung steht, kommt der Eintragungsbewilligungsklage doch erhebliche Bedeutung zu in all den Fällen, in denen sich ein Anspruch auf Eintragung der Marke aus Gründen ergibt, die im Widerspruchsverfahren nicht geltend gemacht werden können. Darüber hinaus ermöglicht die Klage nach § 44 eine Überprüfung der im Widerspruchsverfahren ergangenen Entscheidung, soweit diese keine Bindungswirkung entfaltet (dazu s. u.). Die Eintragungsbewilligungsklage bildet insoweit das Pendant zu der dem Widersprechenden neben dem Widerspruch zur Verfügung stehenden Löschungsklage (§ 51).

II. Anspruch auf Eintragung

Mit der *Eintragungsbewilligungsklage* kann geltend gemacht werden, dass dem Markenin- **3** haber trotz der im Widerspruchsverfahren erfolgten Löschung ein *Anspruch auf die Eintragung* zusteht (Abs. 1). Dieser Anspruch kann sich aus unterschiedlichen Umständen ergeben:

1. Anspruch auf Duldung der Eintragung

Der Markeninhaber kann geltend machen, dass ihm ungeachtet einer bestehenden Kolli- **4** sion mit der Widerspruchsmarke ein *Anspruch auf Duldung der Eintragung* zustehe. Ein solcher Anspruch kann sich insbesondere aus bestehenden vertraglichen Absprachen, z.B. einer in der Vergangenheit geschlossenen Vorrechtsvereinbarung, die regelmäßig die Duldung von Neueintragungen der bevorrechtigten Marke vorsieht, ergeben. Denkbar sind auch sonstige Fälle, in denen sich die Erhebung des Widerspruchs als rechtsmissbräuchlich erweist und sich somit aus § 242 BGB ein Anspruch auf Duldung der Eintragung ergibt.

Hierher gehören aber auch die Fälle einer hinzunehmenden *Koexistenz* zwischen den bei- **5** den Marken, wie sie insbesondere gegeben ist, wenn die Widerspruchsmarke im Zeitpunkt der Veröffentlichung der Eintragung der jüngeren Marke wegen Nichtbenutzung löschungsreif war, diese Löschungsreife aber später durch Benutzungsaufnahme geheilt wurde. In diesem Fall kann zwar auch im Widerspruchsverfahren die Nichtbenutzungseinrede nach § 43 Abs. 1 S. 1 erhoben werden, es schadet aber nicht, wenn dies unterblieb oder im Widerspruchsverfahren eine rechtserhaltende Benutzung der Widerspruchsmarke fälschlich als glaubhaft gemacht erachtet wurde. Da im Widerspruchsverfahren die rechtserhaltende Benutzung keiner abschließenden Entscheidung zugeführt wird, sondern bloße Glaubhaftmachung genügt, kann im Eintragungsbewilligungsverfahren uneingeschränkt das *Entstehen eines Zwischenrechts* nach § 22 Abs. 1 Nr. 2 geltend gemacht werden.[1] Die gesetzliche Regelung in § 22 Abs. 1 Nr. 2 zwingt aber auch zu der Annahme, dass es nach geltendem Recht für den Erwerb eines Zwischenrechts allein auf den Tag der Veröffentlichung der Eintragung der jüngeren Marke ankommt, während nach früherem Recht teilweise angenommen wurde, dass auch eine im Zeitpunkt der Anmeldung der jüngeren Marke gegebene Löschungsreife ein Zwischenrecht entstehen lasse.[2]

Ein Zwischenrecht mit der Folge einer hinzunehmenden Koexistenz gelangt aber nicht nur **6** zur Entstehung, wenn die Widerspruchsmarke im Zeitpunkt der Veröffentlichung der Eintragung der jüngeren Marke wegen Nichtbenutzung löschungsreif war, sondern auch dann, wenn der *Zeitraum der fünfjährigen Nichtbenutzung* nach Klageerhebung, aber vor der letzten mündlichen Verhandlung im Eintragungsbewilligungsverfahren endet. Die jüngere Marke erstarkt dann zu einem Zwischenrecht, da der Widerspruchsmarke auch in diesem Fall nach § 43 Abs. 1 S. 2 bzw. § 55 Abs. 3 die Einrede der Nichtbenutzung entgegengehalten werden kann.[3]

---

1 Vgl. BGH, GRUR 1978, 642 – SILVA – mit ausführlicher Anmerkung von *Schulze zur Wiesche*.
2 Vom BGH offengelassen in der SILVA-Entscheidung, GRUR 1978, 642, 644.
3 BGH, WRP 2001, 1211, 1214f. = GRUR 2002, 59, 61f. – ISCO; vgl. a. *Ingerl/Rohnke*, § 22 Rn. 10.

7   Die Frage einer Koexistenz stellt sich auch im Zusammenhang mit der Neueintragung von Marken, die dem *Zustimmungsprinzip nach §§ 30f. ErstrG* unterliegen. Das ErstrG sieht in seinen §§ 1 und 4 die wechselseitige Erstreckung der vormals in den deutschen Teilgebieten registrierten Marken und sonstigen Kennzeichenrechte auf das übrige Bundesgebiet vor, und zwar unter Beibehaltung ihres Zeitrangs. Die Kollision dieser wechselseitig erstreckten Kennzeichenrechte regelt sich aber nicht nach dem Prioritätsprinzip, sondern die Marken bestehen nebeneinander fort mit der Maßgabe, dass sie in dem jeweils anderen Teilgebiet des vereinigten Deutschlands nur mit Zustimmung des dortigen Rechtsinhabers benutzt werden dürfen (§§ 30, 31 ErstrG). Von dieser Regelung profitieren nun unmittelbar nur die am 1.5.1992 bereits eingetragenen oder zur Eintragung angemeldeten Marken. Will der Inhaber einer solchen Marke eine Neueintragung vornehmen, z. B. um einer von der bisherigen Eintragung abweichenden Benutzung Rechnung zu tragen oder den Markenschutz auf andere Waren/Dienstleistungen zu erstrecken, sieht er sich einem Widerspruch des anderen Markeninhabers ausgesetzt. Das ErstrG sieht dafür keine Regelung vor. Es erscheint allerdings denkbar, aus der dort getroffenen Kollisionsregelung i. V. m. dem *Grundsatz von Treu und Glauben* einen Eintragungsanspruch für Neuanmeldungen abzuleiten, wobei die daraus resultierenden Markenrechte dann freilich auch dem Zustimmungsprinzip unterliegen müssten.[4]

2. Anspruch aufgrund besseren Rechts

8   Die wichtigste Fallgruppe der Eintragungsbewilligungsklage bilden die Fälle, in denen der Widerspruchsmarke ein *älteres Recht* – eine eingetragene Marke oder ein sonstiges Kennzeichnungsrecht – entgegengehalten werden kann, also gleichzeitig ein *Löschungsanspruch* gegen die Widerspruchsmarke besteht. Dieser Einwand kann im Widerspruchsverfahren nicht geltend gemacht werden. Es bleibt daher nur die Erhebung einer Eintragungsbewilligungsklage, die in diesen Fällen regelmäßig mit der Löschungsklage verbunden wird.

9   Ein prioritätsälteres Recht des Inhabers der mit dem Widerspruch angegriffenen Marke kann jedes der in den §§ 9–13 aufgeführten Rechte sein, neben einer *eingetragenen älteren Marke* somit insbesondere auch ein *durch Benutzung erworbenes Markenrecht* oder eine *geschäftliche Bezeichnung*.

10   Der Eintragungsanspruch besteht unabhängig davon, ob zugleich die Löschung der Widerspruchsmarke betrieben wird.

11   Entscheidend ist das Bestehen eines Löschungsgrundes nach § 51 Abs. 1. Daraus resultiert unmittelbar der Eintragungsanspruch, da der Inhaber der löschungsreifen Marke *rechtsmissbräuchlich* handelt, wenn er mit ihr die Eintragung der anderen Marke zu verhindern sucht.

3. Anspruch wegen unbegründeten Widerspruchs

12   Schließlich kann der Eintragungsanspruch – in Grenzen – auch darauf gestützt werden, dass die Marke im Widerspruchsverfahren zu Unrecht gelöscht wurde.

---

4 Vgl. *Munzinger*, GRUR 1995, 12, 20 f.

Nach h.M. soll das ordentliche Gericht allerdings im Eintragungsbewilligungsverfahren – **13**
anders als im Löschungsverfahren – an die im Widerspruchsverfahren ergangene Entscheidung gebunden sein, soweit dort abschließend über die Verwechslungsgefahr der einander gegenüberstehenden Marken entschieden wurde. Diese, bereits vom RG und vom BGH unter Geltung des WZG vertretene Auffassung,[5] ist auch für das geltende Recht unbestritten.[6]

Die *Bindungswirkung* erstreckt sich auf die im Widerspruchsverfahren getroffenen *Fest-* **14**
stellungen zur Ähnlichkeit der einander gegenüberstehenden Waren/Dienstleistungen und der einander gegenüberstehenden Marken. Ob aufgrund dieser Feststellungen eine Verwechslungsgefahr zu bejahen ist, hängt aber auch maßgeblich von der *Kennzeichnungs-*
kraft der Widerspruchsmarke ab, die von Haus aus normal oder gering sein kann und abhängig von ihrer Benutzung und benutzter Drittzeichen eine Stärkung bzw. Schwächung erfahren kann. Die der Widerspruchsmarke von Haus aus eigene Kennzeichnungskraft kann im Widerspruchsverfahren anhand der beim DPMA vorhandenen Nachschlagewerke ermittelt werden; hierfür bieten auch anhand des Rollenstands ermittelte Drittzeichen, unabhängig von ihrer Benutzung, einen Anhaltspunkt.[7] Soweit die Kennzeichnungskraft aber von der Benutzungslage abhängt, kann Letztere im Widerspruchsverfahren nur berücksichtigt werden, soweit sie unstreitig oder amtsbekannt ist oder für die Entscheidung unterstellt werden kann.[8] Damit ist das ordentliche Gericht an die Entscheidung im Widerspruchsverfahren gebunden, soweit dort die Verwechslungsgefahr auch bei unterstellter schwacher Kennzeichnungskraft der Widerspruchsmarke bejaht wurde. Es ist freilich auch insoweit gebunden, als im Widerspruchsverfahren eine normale oder starke Kennzeichnungskraft der Widerspruchsmarke zugrunde gelegt wurde und das Klageverfahren zu demselben Ergebnis führt. Das ordentliche Gericht kann dann nicht etwa die Verwechslungsgefahr anders beurteilen. Dagegen kann im Eintragungsbewilligungsverfahren geltend gemacht werden, dass das DPMA zu Unrecht eine durch Benutzung gesteigerte Kennzeichnungskraft angenommen hat oder dass eine Schwächung durch benutzte Drittzeichen unberücksichtigt geblieben ist. Insoweit kann im Eintragungsbewilligungsverfahren auch neuer Tatsachenvortrag erfolgen, und es können dann alle dafür zur Verfügung stehenden Beweismittel ausgeschöpft werden.

Die im Widerspruchsverfahren getroffene Entscheidung entfaltet Bindungswirkung nur **15**
bezüglich der Feststellungen zur Verwechslungsgefahr der einander gegenüberstehenden Marken. Alle anderen der Widerspruchsentscheidung zugrunde liegenden Feststellungen können im Rahmen der Eintragungsbewilligungsklage einer erneuten Prüfung unterzogen werden. Dies gilt insbesondere für die *rechtserhaltende Benutzung* der Widerspruchsmarke, die im Widerspruchsverfahren lediglich glaubhaft zu machen ist. Im Rahmen der Eintragungsbewilligungsklage kann sowohl eine erfolgte Glaubhaftmachung widerlegt als auch erstmals die Nichtbenutzung der Widerspruchsmarke geltend gemacht werden. Uneingeschränkt überprüft werden kann auch die *Widerspruchsberechtigung*, die der Widerspruchsmarke zukommende *Priorität* sowie – bei dem Widerspruchsgrund der Agentenmarke – alle das *Agentenverhältnis* betreffenden Feststellungen.

---

5 RG, GRUR 1936, 961 – Biene; BGH, GRUR 1981, 53, 55 – Arthrexforte.
6 BGH, WRP 2001, 1211, 1213 f. = GRUR 2002, 59, 61 – ISCO; *Fezer*, § 44 Rn. 3; *Ingerl/Rohnke*,
§ 44 Rn. 9; *Ströbele/Hacker*, § 44 Rn. 6.
7 BGH, GRUR 1967, 246, 250 – Vitapur.
8 BGH, GRUR 1967, 246, 249 – Vitapur.

16   Nach zutreffender Auffassung kann das ordentliche Gericht auch über die *Verwechslungsgefahr* entscheiden, soweit im Widerspruchsverfahren darüber keine Entscheidung getroffen wurde. Diese Konstellation ergibt sich, wenn sich die im Widerspruchsverfahren ergangene Entscheidung allein auf die nächstkommenden Waren/Dienstleistungen im Verzeichnis der Widerspruchsmarke stützt und sich im Verfahren vor dem ordentlichen Gericht herausstellt, dass diese Waren/Dienstleistungen wegen nicht rechtserhaltender Benutzung unberücksichtigt bleiben müssen. In diesem Fall kann das ordentliche Gericht selbst die Feststellung treffen, ob eine Verwechslungsgefahr auch dann gegeben ist, wenn man auf die ferner liegenden, benutzten Waren/Dienstleistungen abstellt.[9]

4. Maßgeblicher Zeitpunkt

17   Wenn das ordentliche Gericht über den Eintragungsanspruch befindet, stellt sich die Frage, zu welchem Zeitpunkt dieser gegeben sein muss. Nach herrschender Auffassung ist dies der *Zeitpunkt der Widerspruchsentscheidung* und nicht etwa der Zeitpunkt der letzten mündlichen Verhandlung im Eintragungsbewilligungsverfahren. Der Normzweck der Eintragungsbewilligungsklage geht dahin, eine im Zeitpunkt ihres Erlasses materiell unrichtige Widerspruchsentscheidung zu korrigieren,[10] wie sich dies auch aus dem Gesetzeswortlaut („trotz der Löschung") ableiten lässt. Erst nach der Widerspruchsentscheidung entstehende Gründe – z.B. eine erst jetzt eingetretene Löschungsreife der Widerspruchsmarke – können nur einen Löschungsanspruch begründen, verhelfen der angegriffenen Marke aber nicht mehr zur Eintragung. Etwas anderes gilt nur im Fall der *vorgezogenen Eintragungsbewilligungsklage* (s. Rn. 19), bei der das Widerspruchsverfahren noch nicht rechtskräftig abgeschlossen ist. Hier muss der Eintragungsanspruch im *Zeitpunkt der letzten mündlichen Verhandlung* im Eintragungsbewilligungsverfahren gegeben sein.[11] Fraglich ist, ob das Entstehen eines Zwischenrechts nach rechtskräftigem Abschluss des Widerspruchsverfahrens im Eintragungsbewilligungsverfahren noch berücksichtigt werden kann. Dafür spricht, dass dieser Zwischenrechtsstatus anders nicht zur Geltung gebracht werden kann, so dass es unbillig erscheint, wenn dieser Klagegrund im noch offenen Eintragungsbewilligungsverfahren unberücksichtigt bliebe. Einer Wiedereintragung käme nach § 44 Abs. 3 die ursprüngliche Priorität der gelöschten Marke zugute, während einer Neueintragung zwischenzeitlich entstandene Rechte Dritter entgegenstehen könnten. Die aus dem Zwischenrecht folgende Koexistenz mit der Widerspruchsmarke stellt somit gerade im Verhältnis zu Dritten eine interessengerechte Lösung dar.[12]

III. Klageerhebung

1. Löschung der Marke als Klagevoraussetzung

18   Voraussetzung für die Erhebung der Eintragungsbewilligungsklage ist ein *vorausgegangenes Widerspruchsverfahren*, in dem die Löschung der Marke erfolgt ist. Dies folgt aus der

---

9 *Ingerl/Rohnke*, § 44 Rn. 10; *Munzinger*, GRUR 1995, 12, 18.

10 *Ingerl/Rohnke*, § 44 Rn. 11.

11 Vgl. BGH, WRP 2001, 1211, 1214 = GRUR 2002, 59, 61 – ISCO.

12 Ebenso *Ströbele/Hacker*, § 44 Rn. 27; *Fezer*, § 44 Rn. 14; a.A. *Ingerl/Rohnke*, § 44 Rn. 11.

partiellen Bindung des ordentlichen Gerichts an die im Widerspruchsverfahren getroffenen Feststellungen[13] und aus dem Gesetzeswortlaut („trotz der Löschung"). Es kann somit nicht im Klageweg eine beschleunigte Entscheidung über den Eintragungsanspruch herbeigeführt werden, wenn beispielsweise das Widerspruchsverfahren ausgesetzt wurde. Da die Marke vorerst eingetragen ist, besteht dafür auch kein Bedürfnis.

Nicht erforderlich ist, dass das Widerspruchsverfahren bereits rechtskräftig abgeschlossen **19** ist. Für die Erhebung einer solchen *vorgezogenen Eintragungsbewilligungsklage* bedarf es aber eines besonderen *Rechtsschutzbedürfnisses*, wie es nur gegeben ist, wenn mit der Eintragungsbewilligungsklage Gründe geltend gemacht werden, die im Widerspruchsverfahren ohnehin nicht berücksichtigt werden können oder bei deren Beurteilung das ordentliche Gericht nicht an die im Widerspruchsverfahren ergangene Entscheidung gebunden ist. Weitere Voraussetzung ist dann allerdings, dass die Fragen, bei deren Beurteilung das ordentliche Gericht an die im Widerspruchsverfahren getroffenen Feststellungen gebunden ist, zwischen den Parteien unstreitig sind oder für die Entscheidung dahinstehen können.[14]

2. Klagefrist

Die Klage kann nur innerhalb der in § 44 Abs. 2 geregelten Frist von sechs Monaten nach **20** Unanfechtbarkeit der Entscheidung, mit der die Eintragung gelöscht wurde, erhoben werden. Es handelt sich hierbei um eine *gesetzliche Ausschlussfrist*. Gegen ihre Versäumung kommt keine Wiedereinsetzung in Betracht, da § 91 insoweit keine Anwendung findet. Die kurze Frist soll für Dritte das Risiko verringern, dass infolge einer erfolgreichen Eintragungsbewilligungsklage Markenrechte mit weit zurückliegender Priorität entstehen, deren Bestand vor dem Abschluss des Verfahrens über die Eintragungsbewilligungsklage durch Recherchen in aller Regel nicht zu ermitteln ist.[15]

3. Zuständigkeit

Für die Eintragungsbewilligungsklage ist das *ordentliche Gericht* zuständig, und zwar gemäß § 140 das für *Kennzeichenstreitsachen zuständige Landgericht*. **21**

Die *örtliche Zuständigkeit* ist am allgemeinen Gerichtsstand des Beklagten gegeben. Verfügt der Beklagte im Inland über keinen allgemeinen Gerichtsstand, bestimmt sich die örtliche Zuständigkeit nach § 96 Abs. 3, soweit § 23 ZPO Anwendung findet. **22**

§ 23 ZPO findet keine Anwendung im Anwendungsbereich der EuGVVO, des EuGVÜ **23** und des LÜ (jeweils Art. 3). Die Eintragungsbewilligungsklage fällt aber unter Art. 22 Nr. 4 EuGVVO, der die *internationale Zuständigkeit* den Gerichten des Vertragsstaats zuweist, in dessen Hoheitsgebiet die Registrierung der Marke beantragt oder vorgenommen worden ist.[16] Art. 22 EuGVVO regelt freilich nur die internationale Zuständigkeit und überlässt die Bestimmung des örtlich zuständigen Gerichts dem autonomen Recht des jeweiligen Vertragsstaats. Nachdem § 23 ZPO nicht gilt, fehlt es im deutschen Recht an einer

13 BGH, WRP 2001, 1211, 1213 f. = GRUR 2002, 59, 61 – ISCO.
14 BGH, WRP 2001, 1211, 1214 = GRUR 2002, 59, 61 – ISCO; GRUR 1981, 53, 55 – Arthrexforte.
15 Vgl. Begründung des Gesetzentwurfs, BlPMZ Sonderheft 1994, 87.
16 *Stauder*, GRUR Int. 1976, 510, 512.

entsprechenden Zuständigkeitsregelung. Es erscheint sachgerecht, in diesem Fall § 96 Abs. 3 entsprechend anzuwenden, da er eine sachgerechte Regelung enthält, die einer Zuständigkeit aller deutschen Gerichte oder einer Ersatzzuständigkeit des Gerichts der Hauptstadt vorzuziehen ist.[17]

4. Klageantrag und Urteil

24   Die Klage ist begründet, wenn dem Inhaber der gelöschten Marke ein Anspruch auf Eintragung zusteht. Das ordentliche Gericht kann aber nicht etwa selbst die Eintragung der Marke verfügen; vielmehr sind Klageantrag und Urteilstenor auf *Einwilligung des Beklagten in die Eintragung* der Marke zu richten, ebenso wie bei der Löschungsklage der Antrag auf Einwilligung in die Löschung lautet.

25   Im Falle einer vorgezogenen Eintragungsbewilligungsklage, wenn also das Widerspruchsverfahren noch anhängig ist, ist der Klageantrag auf *Rücknahme des Widerspruchs* zu richten.[18]

26   Die Klage kann, wie bereits dargelegt, mit einer *Löschungsklage* nach § 51 verbunden werden. Soweit ein Löschungsanspruch gegeben ist, liegt diese Klageverbindung nahe, da die Eintragungsbewilligungsklage allein nur zur Koexistenz zweier verwechselbarer Marken führen würde.

27   Die Geltendmachung der *Kosten des Widerspruchsverfahrens* als Schadensersatz scheitert jedenfalls dann, wenn im Zeitpunkt der Entscheidung über die Eintragungsbewilligungsklage das Widerspruchsverfahren rechtskräftig abgeschlossen ist. Einem solchen Schadensersatzanspruch steht dann die Rechtskraft der Widerspruchsentscheidung entgegen.[19]

5. Wirkung der Entscheidung (Abs. 3)

28   Gemäß § 44 Abs. 3 bewirkt eine zu Gunsten des Inhabers der Marke ergehende Entscheidung, dass die gelöschte Marke wieder eingetragen wird, und zwar unter *Wahrung des Zeitrangs* der ursprünglichen Eintragung.

29   Wie bei allen auf die Abgabe einer Willenserklärung gerichteten Klagen gilt die Erklärung erst dann als abgegeben, wenn das Urteil Rechtskraft erlangt hat (§ 894 ZPO). Sodann hat der Kläger dem DPMA das rechtskräftige Urteil vorzulegen und die Wiedereintragung der Marke zu beantragen. Dies führt zu einer *Fortsetzung des* zunächst abgeschlossenen *Eintragungsverfahrens*. Soweit noch andere Widersprüche anhängig waren, die infolge der Löschung der Marke gegenstandslos geworden waren, ist über diese nunmehr zu entscheiden; auch gegenstandslos gewordene Beschwerden leben wieder auf, so dass über sie nunmehr zu entscheiden ist.[20]

---

17 Vgl. dazu *Geimer*, WM 1976, 832.
18 Vgl. BGH, GRUR 2002, 59, 60 – ISCO.
19 BGH, GRUR 1971, 355, 356 – Epigran II.
20 BPatGE 24, 112, 115 f. – Frutopekta.

Stehen keine weiteren Widersprüche der Eintragung entgegen, ist sie gemäß § 44 Abs. 3   **30** vorzunehmen. Die auf eine Entscheidung des Reichspatentamts[21] zurückgehende Auffassung, dass das DPMA die Eintragung davon abhängig machen dürfe, ob das ordentliche Gericht auch die Bindungswirkung der Widerspruchsentscheidung beachtet hat,[22] ist abzulehnen. Auch wenn das ordentliche Gericht seine Kompetenz überschritten haben sollte, liegt doch eine zwischen den Parteien des Widerspruchsverfahrens ergangene rechtskräftige Entscheidung vor, wonach der Widersprechende die Eintragung der Marke hinzunehmen hat. Darüber darf sich das DPMA in dem der Parteiherrschaft unterliegenden Widerspruchsverfahren nicht hinwegsetzen.[23]

Dagegen kann die Eintragung auch im jetzigen Stadium noch wegen *absoluter Eintragungshindernisse* versagt werden.[24] Zwar wurde die Marke bereits vor der ursprünglichen Eintragung auf absolute Schutzhindernisse geprüft; soweit aber noch ein *Amtslöschungsverfahren* nach § 50 in Betracht kommt, wäre es widersinnig, wenn das DPMA verpflichtet wäre, die Marke zunächst einzutragen, ehe sie der Amtslöschung anheim fallen kann. Zumindest in den Fällen, in denen das DPMA von sich aus ein Amtslöschungsverfahren einleiten könnte (§ 50 Abs. 3) oder in denen seitens des unterlegenen Beklagten ein entsprechender Antrag vorliegt, muss es dem DPMA daher auch möglich sein, die Marke von vornherein nicht einzutragen.[25]   **31**

Die Wiedereintragung der Marke hat zur Folge, dass auch Widersprüche, die aus dieser   **32** Marke selbst erhoben wurden und infolge der rückwirkenden Löschung unzulässig geworden waren, wieder zulässig werden, so dass die entsprechenden Verfahren fortzusetzen sind, soweit über sie nicht rechtskräftig entschieden wurde.[26] Soweit nach der Löschung eine rechtskräftige Zurückweisung der Widersprüche erfolgt ist, kommt allerdings nur noch eine Löschungsklage in Betracht.

IV. Gemeinschaftsmarkenrecht

Im Gemeinschaftsmarkenrecht ist eine Eintragungsbewilligungsklage nicht vorgesehen. In   **33** den wichtigen Fällen, in denen der Eintragungsanspruch daraus resultiert, dass gegen die Widerspruchsmarke der *Einwand des Verfalls oder der Nichtigkeit* erhoben werden kann, bleibt dem Anmelder somit nur die Möglichkeit, dies in *den dafür vorgesehenen Verfahren* geltend zu machen. Das Widerspruchsverfahren sollte in diesen Fällen gemäß Regel 20 Abs. 7 der DVGMV *ausgesetzt* werden, wenn der Angriff auf die Widerspruchsmarke Aussicht auf Erfolg verspricht.

In dem Verfahren auf Erklärung des Verfalls der Widerspruchsmarke – es kann sich dabei   **34** um ein Verfahren nach Art. 55 GMV oder um ein Verfahren nach dem maßgeblichen nationalen Recht handeln – kann insbesondere auch ein erst im Laufe des Widerspruchsverfahrens eingetretener Verfall der Widerspruchsmarke geltend gemacht werden, wie er im ge-

---

21 BlPMZ 1896, 67.
22 Vgl. *Fezer*, § 44 Rn. 19.
23 I. Erg. ebenso *Ströbele/Hacker*, § 44, Rn. 35.
24 *Fezer*, § 44 Rn. 19; a. A. *Ingerl/Rohnke*, § 44 Rn. 26.
25 Ebenso *Sröbele/Hacker*, § 44 Rn. 36.
26 BPatGE 24, 112, 115 – Frutopekta.

meinschaftsrechtlichen Widerspruchsverfahren unmittelbar nicht berücksichtigt wird (vgl. § 43 Rn. 40).

35   Einen auf vertraglichem oder einem sonstigen Schuldverhältnis beruhenden *Anspruch auf Duldung* der Eintragung kann der Anmelder der Gemeinschaftsmarke nur in einem ordentlichen Gerichtsverfahren vor dem dafür zuständigen *nationalen Gericht* geltend machen. Auch in diesen Fällen kann sich eine *Aussetzung des Widerspruchsverfahrens* nach Regel 20 Abs. 7 der DVGMV als zweckmäßig erweisen. Die Klage muss auf Rücknahme des Widerspruchs gerichtet werden. Für die Vollstreckung eines solchen Urteils gelten die allgemeinen Regeln des Zivilprozessrechts.

Abschnitt 2
Berichtigung; Teilung;
Schutzdauer und Verlängerung

§ 45
Berichtigung des Registers und von Veröffentlichungen

(1) Eintragungen im Register können auf Antrag oder von Amts wegen zur Berichtigung von sprachlichen Fehlern, Schreibfehlern oder sonstigen offensichtlichen Unrichtigkeiten geändert werden. War die von der Berichtigung betroffene Eintragung veröffentlicht worden, so ist die berichtigte Eintragung zu veröffentlichen.

(2) Absatz 1 ist entsprechend auf die Berichtigung von Veröffentlichungen anzuwenden.

Übersicht

I. Allgemeines

§ 45 regelt die Berichtigung der Eintragungen im Register und die Berichtigung von Veröffentlichungen, falls diese von der Eintragung abweichen. Die Vorschrift entspricht inhaltlich § 39 Abs. 2, indem nur *sprachliche Fehler, Schreibfehler oder sonstige offensichtliche Unrichtigkeiten* berichtigt werden können. Der Vorschrift kommt allerdings eine ungleich größere Bedeutung zu, da sie nicht nur die Unrichtigkeiten erfasst, die bereits der Anmeldung anhaften, sondern insbesondere auch die Fälle, in denen aufgrund eines *Versehens des DPMA* die Eintragung von der Anmeldung abweicht. Folgerichtig kann die Berichtigung nach § 45 auch *von Amts wegen* erfolgen, während eine Berichtigung der Anmeldung stets einen Antrag des Anmelders voraussetzt. Die Berichtigung von Veröffentlichungen gemäß § 45 Abs. 2 betrifft nur den Fall, dass die Veröffentlichung von der Eintragung abweicht, da andernfalls zunächst die Eintragung zu berichtigen ist, wobei die Veröffentlichung der berichtigten Eintragung bereits in § 45 Abs. 1 geregelt ist. **1**

Beruht die unrichtige Eintragung bereits auf einem Fehler in der Anmeldung, kann auf die Kommentierung zu § 39 Abs. 2 (dort Rn. 9–11) verwiesen werden. **2**

Beruht der Fehler dagegen darauf, dass die Eintragung – ohne sachliche Veranlassung – von der Anmeldung abweicht, liegt stets eine offensichtliche Unrichtigkeit vor, da dem **3**

DPMA dann ein offensichtliches, weil aus den Anmeldungsunterlagen jederzeit nachvollziehbares Versehen unterlaufen ist. Eine solche Unrichtigkeit kann sich auf alle Angaben beziehen, die in das Register eingetragen werden (vgl. § 25 MarkenV). Neben Unrichtigkeiten bei den Daten, den Angaben zur Person des Anmelders oder im Verzeichnis der Waren/Dienstleistungen kommen hier – abweichend von § 39 Abs. 2 – auch *identitätsverändernde Berichtigungen der Markenwiedergabe* in Betracht, wenn diese z. B. seitenverkehrt eingetragen oder ein Antrag auf farbige Eintragung nicht berücksichtigt wurde oder wenn bei einer Farbmarke der eingetragene und veröffentlichte Farbton von dem mit der Anmeldung eingereichten Muster abweicht. Da Letzteres häufiger vorkommt,[1] empfiehlt es sich unbedingt, Farben mit einem internationalen Farbcode zu bezeichnen, der dann auch mit eingetragen und veröffentlicht wird.

II. Verfahren

4   Für den Antrag auf Berichtigung gilt § 26 DPMAV. § 27 DPMAV regelt den im Gesetz nicht ausdrücklich geregelten Fall einer *Änderung des Namens oder der Anschrift* des Inhabers der eingetragenen Marke.

5   War die von der Berichtigung betroffene Eintragung veröffentlicht worden, ist die berichtigte Eintragung erneut zu veröffentlichen. Dies gilt aber wohl nur, wenn die Berichtigung eine zu veröffentlichende Angabe betrifft (vgl. § 28 MarkenV).

III. Berichtigung von Veröffentlichungen (Abs. 2)

6   Auf die Berichtigung von Veröffentlichungen ist Abs. 1 entsprechend anzuwenden. Auch hier kann die Unrichtigkeit alle Angaben betreffen, die Inhalt der Veröffentlichung sind (§ 28 MarkenV), soweit sie von der Eintragung im Register abweichen.

IV. Gemeinschaftsmarkenrecht

7   Eine Änderung der eingetragenen Gemeinschaftsmarke sieht Art. 48 Abs. 2 GMV nur für den Fall vor, dass die Gemeinschaftsmarke den Namen und die Adresse ihres Inhabers enthält. Diese Angaben können geändert werden, sofern dadurch die ursprünglich eingetragene Marke in ihrem wesentlichen Inhalt nicht beeinträchtigt wird. Diese Änderung der Eintragung ist im Einzelnen in Regel 25 DVGMV geregelt.

8   Eine sonstige Änderung des Namens oder der Anschrift des Inhabers der Gemeinschaftsmarke oder seines eingetragenen Vertreters wird nach Regel 26 DVGMV auf Antrag des Inhabers in das Register eingetragen.

9   Im Übrigen ist eine Berichtigung von Fehlern im Register und in der *Veröffentlichung* der Eintragung nach Regel 27 DVGMV nur vorgesehen, soweit diese Fehler dem HABM zuzu-

---

1 Vgl. z. B. BGH, WRP 2005, 1521, 1523 = GRUR 2005, 1044, 1046 – Dentale Abformmasse.

schreiben sind. Die Berichtigung kann von Amts wegen oder auf Antrag des Markeninhabers erfolgen. Die Berichtigung sonstiger offensichtlicher Unrichtigkeiten der Eintragung im Register oder ihrer Veröffentlichung ist nicht vorgesehen, sollte aber in entsprechender Anwendung der vorgenannten Bestimmungen zugelassen werden.[2]

---

2 Ebenso *v. Mühlendahl/Ohlgart*, § 16 Rn. 4.

§ 46
Teilung der Eintragung

(1) Der Inhaber einer eingetragenen Marke kann die Eintragung teilen, indem er erklärt, dass die Eintragung der Marke für die in der Teilungserklärung aufgeführten Waren oder Dienstleistungen als abgetrennte Eintragung fortbestehen soll. Für jede Teileintragung bleibt der Zeitrang der ursprünglichen Eintragung erhalten.

(2) Die Teilung kann erst nach Ablauf der Frist zur Erhebung des Widerspruchs erklärt werden. Die Erklärung ist nur zulässig, wenn ein im Zeitpunkt ihrer Abgabe anhängiger Widerspruch gegen die Eintragung der Marke oder eine in diesem Zeitpunkt anhängige Klage auf Löschung der Eintragung der Marke sich nach der Teilung nur gegen einen der Teile der ursprünglichen Eintragung richten würde.

(3) Für die abgetrennte Eintragung sind die erforderlichen Unterlagen einzureichen. Werden die Unterlagen nicht innerhalb von drei Monaten nach dem Zugang der Teilungserklärung eingereicht oder wird die Gebühr nach dem Patentkostengesetz für das Teilungsverfahren nicht innerhalb dieser Frist gezahlt, so gilt dies als Verzicht auf die abgetrennte Eintragung. Die Teilungserklärung kann nicht widerrufen werden.

Übersicht

Literatur: *Klaka*, Die Markenteilung, GRUR 1995, 713; *Mitscherlich*, Verfahrensrechtliche Aspekte des neuen Markenrechts, FS DPA – 100 Jahre Marken-Amt, 1994, 119.

I. Allgemeines

1   Ebenso wie gemäß § 40 die Anmeldung geteilt werden kann, sieht § 46 nunmehr auch die Teilung einer eingetragenen Marke vor. Dient die Teilung im Anmeldestadium vornehmlich dazu, im Falle von Beanstandungen, die sich nur auf einzelne Waren/Dienstleistungen beziehen, die Marke im Übrigen rascher eingetragen zu erhalten, kann mit der Teilung der eingetragenen Marke erreicht werden, dass sich ein anhängiger Widerspruch oder eine anhängige Löschungsklage nur noch gegen einen Teil der ursprünglichen Eintragung richtet. Insoweit unterliegt das Teilungsrecht allerdings den in Abs. 2 geregelten Einschränkungen, um den Interessen des Widersprechenden oder des Löschungsklägers Rechnung zu tragen.

II. Teilungserklärung und Verfahren

2   Für die *Teilungserklärung* und das sich daran anschließende *Verfahren* kann in vollem Umfang auf die Kommentierung zu § 40 verwiesen werden. Die Teilung setzt eine Erklärung

des Inhabers der eingetragenen Marke voraus, dass die Eintragung der Marke für die in der Teilungserklärung aufgeführten Waren oder Dienstleistungen als abgetrennte Eintragung fortbestehen soll (Abs. 1 S. 1). Einzelheiten der Erklärung und des Verfahrens sind in § 36 MarkenV geregelt, der in seinen Abs. 1–7 mit § 35 MarkenV, der die Teilung der Anmeldung betrifft, übereinstimmt.

Danach gilt auch für die Teilung einer Eintragung insbesondere das Erfordernis der *Deckungsgleichheit* der neu gebildeten Verzeichnisse der Waren/Dienstleistungen mit dem ursprünglichen Verzeichnis (§ 36 Abs. 3 MarkenV). Für die Teilung von Oberbegriffen vgl. § 40 Rn. 5. **3**

Ebenso wie bei der Teilung einer Anmeldung sind auch für die abgetrennte Eintragung die erforderlichen Unterlagen einzureichen und die *Gebühr* für das Teilungsverfahren zu zahlen; diese Gebühr beträgt derzeit 300 EUR. **4**

Welche *Unterlagen* noch einzureichen sind, ergibt sich aus § 36 Abs. 5 MarkenV; es geht hier lediglich um die Einreichung von vier weiteren übereinstimmenden zweidimensionalen grafischen Wiedergaben der Marke bei den Markenformen der §§ 8–12 MarkenV und die bei Hörmarken zusätzlich erforderliche Einreichung einer klanglichen Wiedergabe der Marke gemäß § 11 Abs. 3 MarkenV. **5**

Für die Einreichung dieser Unterlagen und die Zahlung der Gebühr bestimmt § 46 Abs. 3 S. 3 eine *Frist von drei Monaten*, beginnend mit dem Zugang der Teilungserklärung. Im Falle der Fristversäumung gilt wiederum die drastische Sanktion, dass dies als Verzicht auf den abgetrennten Teil der Eintragung gilt (vgl. § 40 Rn. 7). **6**

III. Einschränkung des Teilungsrechts

Gemäß § 46 Abs. 2 kann die Teilung erst nach *Ablauf der Frist zur Erhebung des Widerspruchs* erklärt werden. Entgegen der Auffassung von *Fezer*[1] gilt dies auch dann, wenn für einen bereits anhängigen Widerspruch die Voraussetzung des § 46 Abs. 2 S. 2 erfüllt wäre, da zu diesem Zeitpunkt ja noch ungewiss ist, ob nicht noch weitere Widersprüche eingehen. Vor Ablauf der Widerspruchsfrist ist eine Teilungserklärung somit stets unzulässig und sie kann auch nicht in eine erst zum Ablauf der Widerspruchsfrist wirksame Erklärung umgedeutet werden.[2] Nach § 46 Abs. 2 S. 2 ist die Erklärung nur *zulässig*, wenn ein im Zeitpunkt ihrer Abgabe *anhängiger Widerspruch* gegen die Eintragung der Marke oder eine in diesem Zeitpunkt anhängige Klage auf Löschung der Eintragung der Marke sich nach deren Teilung *nur gegen einen der Teile der ursprünglichen Eintragung* richten würde. Diese Regelung ist missverständlich. Denn nach Ablauf der Widerspruchsfrist ist eine Teilungserklärung stets zulässig, wenn überhaupt kein Widerspruch bzw. keine Löschungsklage anhängig sind. Nur während eines anhängigen Widerspruchs- oder Löschungsverfahrens soll im Interesse des Widersprechenden bzw. Löschungsklägers eine Verdoppelung der Verfahren vermieden werden, so dass die Erklärung in diesem Fall nur zulässig ist, wenn sich das Verfahren damit auf einen Teil der ursprünglichen Eintragung reduzieren lässt. **7**

---

1 *Fezer*, § 46 Rn. 16.
2 *Ströbele/Hacker*, § 46 Rn. 8.

8   Dies setzt allerdings eine *Erklärung des Widersprechenden bzw. Löschungsklägers* voraus, dass sich der Widerspruch bzw. die Löschungsklage nach der Teilung nur noch gegen einen der Teile richtet. Dieser Erklärung bedarf es insbesondere im Widerspruchsverfahren, da im Widerspruch regelmäßig nicht angegeben wird, gegen welche Waren/Dienstleistungen sich der Widerspruch richtet. Das DPMA fordert daher gemäß § 36 Abs. 8 MarkenV den Widersprechenden zu einer Erklärung darüber auf, gegen welche Teile der ursprünglichen Eintragung der Widerspruch sich richtet. Gibt der Widersprechende allerdings eine solche Erklärung nicht ab, wird die Teilungserklärung als unzulässig zurückgewiesen. Bei einer anhängigen Löschungsklage ergibt sich aus dem Klageantrag, für welche Waren/Dienstleistungen die Löschung beantragt wird. Richtet sich der Klageantrag gegen alle Waren/Dienstleistungen des ursprünglichen Verzeichnisses, ist die Teilung nur zulässig, wenn der Markeninhaber den Löschungskläger zu einer teilweisen Klagerücknahme veranlasst. Bei der Teilung von Oberbegriffen müsste wohl so vorgegangen werden, dass der Markeninhaber zunächst die Teilung erklärt und der Löschungskläger sodann erklärt, dass sich die Klage nur noch gegen einen Teil der Eintragung richten soll, im Übrigen die Hauptsache für erledigt erklärt (wenn die Klage ursprünglich begründet war, durch die Teilung aber teilweise unbegründet würde, ist dies die gebotene Prozesshandlung) und der Markeninhaber sodann diese Erklärungen dem DPMA nachweist.

9   Kann dem DPMA nicht nachgewiesen werden, dass sich ein anhängiges Widerspruchs- oder Löschungsverfahren nach der Teilung nur noch gegen einen der Teile der ursprünglichen Eintragung richten würde, wird die Teilungserklärung als unzulässig zurückgewiesen. In diesem Fall bleibt die ursprüngliche ungeteilte Eintragung erhalten. Die Teilung kann erneut erklärt werden, wenn das Widerspruchs- oder Löschungsverfahren abgeschlossen ist oder wenn nunmehr nachgewiesen werden kann, dass die Voraussetzung des § 46 Abs. 2 S. 2 erfüllt ist. Die mit der ersten Teilungserklärung entrichtete Gebühr ist allerdings verbraucht, so dass für die Teilung erneut die Gebühr für das Teilungsverfahren zu zahlen ist.

IV. Wirkung der Teilung

10   Wird die Teilung der Eintragung ordnungsgemäß bewirkt, entstehen *zwei selbstständige Registerrechte*; der abgetrennte Teil der Eintragung erhält eine neue Registernummer (§ 36 Abs. 4 MarkenV). Für jede Teileintragung bleibt der Zeitrang der ursprünglichen Eintragung erhalten (§ 46 Abs. 1 S. 2). Geht eine der aus der Teilung hervorgehenden Marken später auf einen anderen Rechtsinhaber über, stehen sich damit zwei möglicherweise kollidierende Marken gegenüber, deren Koexistenz infolge des gleichen Zeitranges hinzunehmen ist.

11   Die Teilung einer Marke hat auch Auswirkungen auf eine entsprechende IR-Marke, wenn diese noch von der deutschen Basismarke abhängig ist, d. h. innerhalb eines Zeitraums von fünf Jahren vom Zeitpunkt der internationalen Registrierung an (Art. 6 Abs. 2 MMA). Die Teilung der Marke stellt in diesem Fall eine *mitteilungspflichtige Veränderung* gemäß Art. 9 MMA dar. Weitere Auswirkungen auf die internationale Registrierung ergeben sich damit noch nicht. Wird ein Markenteil aber übertragen, gilt Art. 9ter MMA, wonach jedes der beanspruchten Vertragsländer befugt ist, die Gültigkeit einer solchen Teilübertragung nicht anzuerkennen, wenn die Waren oder Dienstleistungen des auf diese Weise übertrage-

nen Teils mit denen gleichartig sind, für welche die Marke zugunsten des Übertragenden eingetragen bleibt.[3]

V. Gemeinschaftsmarkenrecht

Die GMV enthält in Art. 49 eine dem § 46 entsprechende Regelung. Auch hier ist die Tei- **12**
lung nicht zulässig, wenn die Teilung in einem anhängigen Verfahren auf Erklärung des Verfalls oder der Nichtigkeit eine Teilung der Waren oder Dienstleistungen bewirkt, gegen die sich der Antrag richtet (Art. 49 Abs. 2 GMV). Die Teilungserklärung ist gebühren-pflichtig und gilt als nicht abgegeben, solange die Gebühr nicht entrichtet ist (Art. 49 Abs. 4 GMV). Weitere Einzelheiten der Teilungserklärung sind in der Durchführungsver-ordnung geregelt.

---

3 Vgl. hierzu *Klaka*, GRUR 1995, 713, 720.

§ 47
Schutzdauer und Verlängerung

(1) Die Schutzdauer einer eingetragenen Marke beginnt mit dem Anmeldetag (§ 33 Abs. 1) und endet nach zehn Jahren am letzten Tag des Monats, der durch seine Benennung dem Monat entspricht, in den der Anmeldetag fällt.

(2) Die Schutzdauer kann um jeweils zehn Jahre verlängert werden.

(3) Die Verlängerung der Schutzdauer wird dadurch bewirkt, dass eine Verlängerungsgebühr und, falls die Verlängerung für Waren und Dienstleistungen begehrt wird, die in mehr als drei Klassen der Klasseneinteilung von Waren und Dienstleistungen fallen, für jede weitere Klasse eine Klassengebühr gezahlt werden.

(4) Beziehen sich die Gebühren nur auf einen Teil der Waren oder Dienstleistungen, für die die Marke eingetragen ist, so wird die Schutzdauer nur für diese Waren oder Dienstleistungen verlängert. Werden lediglich die erforderlichen Klassengebühren nicht gezahlt, so wird die Schutzdauer, soweit nicht Satz 1 Anwendung findet, nur für die Klassen verlängert, für die die gezahlten Gebühren ausreichen. Besteht eine Leitklasse, so wird sie zunächst berücksichtigt. Im Übrigen werden die Klassen in der Reihenfolge der Klasseneinteilung berücksichtigt.

(5) Die Verlängerung der Schutzdauer wird am Tag nach dem Ablauf der Schutzdauer wirksam. Sie wird in das Register eingetragen und veröffentlicht.

(6) Wird die Schutzdauer nicht verlängert, so wird die Eintragung der Marke mit Wirkung ab dem Ablauf der Schutzdauer gelöscht.

Übersicht

I. Allgemeines

1 § 47 regelt die Schutzdauer der eingetragenen Marke und deren Verlängerung. Der Schutz wird jeweils für zehn Jahre gewährt. Er kann aber beliebig oft verlängert werden, so dass der Schutz im Ergebnis – im Gegensatz zu anderen gewerblichen Schutzrechten – keiner zeitlichen Begrenzung unterliegt. Die Verlängerung kann, wie nachfolgend im Einzelnen beschrieben, auch noch nach Ablauf der Schutzdauer bewirkt werden. Erst wenn auch innerhalb der Nachfrist gem. § 7 PatKostG keine die Verlängerung bewirkende Gebührenzahlung erfolgt, wird die Marke mit Wirkung ab dem Ablauf der Schutzdauer gelöscht. Auch bei der Nichtverlängerung der Schutzdauer der eingetragenen Marke kann ein Markenschutz fortbestehen, wenn die Marke zwischenzeitlich Verkehrsgeltung erworben hat

(§ 4 Nr. 2). Zu beachten ist allerdings, dass der Markenschutz nach § 4 Nr. 2 selbstständig neben dem Schutz der eingetragenen Marke steht, so dass einer solchen Benutzungsmarke nicht die Priorität der gelöschten eingetragenen Marke zukommt, sondern nur die eigene Priorität ab dem Zeitpunkt der erlangten Verkehrsgeltung.

II. Schutzdauer

Die Schutzdauer der eingetragenen Marke beginnt mit dem *Anmeldetag* (§ 33 Abs. 1). Dies   **2**
ungeachtet des Umstands, dass der Marken*schutz* erst mit der Eintragung der Marke entsteht (§ 4 Nr. 1). Der Begriff Schutzdauer ist daher missverständlich; entsprechende Regelungen finden sich aber auch bei anderen laufzeitabhängigen gewerblichen Schutzrechten.

Die Schutzdauer endet *nach zehn Jahren* am letzten Tag des Monats, der durch seine Benennung dem Monat entspricht, in den der Anmeldetag fällt. Insofern enthält das geltende   **3**
Recht gegenüber dem WZG eine Verfahrensvereinfachung, als der Ablauf der Schutzdauer und damit die Fälligkeit der Verlängerungsgebühren jetzt leichter zu berechnen sind. Es entfällt damit auch die – lediglich der Fristberechnung dienende – Regelung des früheren Rechts, die die Schutzdauer erst mit dem auf die Anmeldung folgenden Tag beginnen ließ. Entscheidend ist jetzt nur noch, in welchen Monat der Anmeldetag fällt.

Die Schutzdauer endet am *letzten Tag* des betreffenden Monats, unabhängig davon, ob dieser Tag auf ein Wochenende oder einen Feiertag fällt.   **4**

1. Verlängerung durch Gebührenzahlung

Die *Verlängerung der Schutzdauer* um jeweils zehn Jahre (Abs. 2) wird dadurch bewirkt,   **5**
dass die nach § 47 Abs. 3 zu entrichtenden *Gebühren* rechtzeitig gezahlt werden. Ein besonderer *Antrag auf Verlängerung* ist nicht erforderlich; es empfiehlt sich aber, die Gebührenzahlung zumindest durch ein formloses Schreiben aktenkundig zu machen. Bei der Gebührenzahlung sind die Registernummer und der Name des Inhabers der Marke sowie der Verwendungszweck anzugeben (§ 37 MarkenV). Ein ausdrücklicher Verlängerungsantrag (§ 38 MarkenV) empfiehlt sich insbesondere dann, wenn die Verlängerung nur für einen Teil der Waren/Dienstleistungen bewirkt werden soll (vgl. § 38 Abs. 2 Nr. 4 MarkenV). Auch ein Verlängerungsantrag entfaltet freilich nur Wirkung, wenn gleichzeitig die Gebühren bezahlt werden.

2. Verlängerungsgebühren

Für die Verlängerung der Schutzdauer ist eine Verlängerungsgebühr zu zahlen (derzeit 750   **6**
EUR) die, ebenso wie die Grundgebühr für die Markeneintragung, drei Klassen der Klasseneinteilung von Waren und Dienstleistungen abdeckt. Für jede weitere Klasse ist eine Klassengebühr zu zahlen (derzeit 260 EUR).

Die Gebühren sind am letzten Tag der Schutzdauer *zur Zahlung fällig* (vgl. § 3 Abs. 2 Pat-   **7**
KostG). Sie können aber noch bis *zum Ablauf des zweiten Monats nach Fälligkeit zuschlagsfrei* gezahlt werden. Werden die Gebühren nicht innerhalb dieser Frist gezahlt, kön-

nen sie mit dem *Verspätungszuschlag* (derzeit 50 EUR) noch bis zum Ablauf einer Frist von *sechs Monaten nach Fälligkeit* gezahlt werden (§ 7 Abs. 1 PatKostG).

3. Vorauszahlung der Gebühren

8   Um die Folgen einer verspäteten Zahlung zu vermeiden, sieht das Gesetz vor, dass die Verlängerungsgebühren bereits innerhalb eines Zeitraums von *einem Jahr vor Fälligkeit* gezahlt werden können (§ 5 Abs. 2 PatKostG).

9   Dabei kann sich das Problem ergeben, dass sich zwischen Zahlung und Fälligkeit die Gebührensätze ändern. In diesem Fall verbleibt es bei dem im Zeitpunkt der Zahlung geltenden Gebührensatz (§ 13 Abs. 1 Nr. 3 PatKostG).

10   Die Vorauszahlung der Gebühr führt nicht zu einer Verkürzung der Schutzdauer, da deren Verlängerung, unabhängig vom Zeitpunkt der Zahlung, stets *am Tag nach dem Ablauf der Schutzdauer wirksam* wird (Abs. 5). Die neue Zehn-Jahresfrist schließt sich also unmittelbar an den Ablauf der alten Frist an.

11   Daraus folgt, dass vorausbezahlte Verlängerungsgebühren zurückerstattet werden müssen, wenn vor dem Ablauf der Schutzdauer und damit vor der Fälligkeit gemäß § 48 auf die Marke verzichtet wird.[1] Die Rückerstattung vorausgezahlter Gebühren ist jetzt in § 10 Abs. 1 PatKostG allgemein geregelt.

4. Zahlungsaufforderung durch das DPMA

12   Mit der zum 1.1.2002 in Kraft getretenen Gesetzesänderung ist die frühere Regelung, wonach der Löschung der Marke eine Zahlungsaufforderung mit Löschungsankündigung vorausgehen musste, mit deren Zustellung erst die Frist von sechs Monaten in Lauf gesetzt wurde, innerhalb der die Verlängerungsgebühren nebst Zuschlag nun spätestens zu entrichten waren, entfallen. Das DPMA wird zwar auch weiterhin nach Ablauf der regulären Zahlungsfrist eine Zahlungsaufforderung versenden, in der auf den nun zu zahlenden Verspätungszuschlag hingewiesen wird, diese Zahlungsaufforderung wird aber nur formlos versandt und hat keinen Einfluss auf den Lauf der Nachfrist gem. § 7 Abs. 1 PatKostG, innerhalb derer die Verlängerung der Marke noch bewirkt werden kann.

5. Teilweise Verlängerung

13   In all den Fällen, in denen die Gebührenzahlung hinter den tatsächlich zu entrichtenden Gebühren zurückbleibt, kommt eine Verlängerung nur für einen Teil der Waren bzw. Dienstleistungen in Betracht (Abs. 4). Eine solche *teilweise Verlängerung* kann vom Markeninhaber von vornherein beabsichtigt sein, so dass er die Gebühren bewusst nur in dem verringerten Umfang entrichtet hat, sie kommt aber auch in Betracht, wenn versehentlich zu wenig gezahlt wurde.

14   Reicht die Gebührenzahlung für eine Verlängerung der Marke im bisherigen Umfang nicht aus, ohne dass der Markeninhaber klar zum Ausdruck gebracht hat, dass die Schutzdauer

---

1 BPatG, GRUR 1997, 58, 59 – Verlängerungsgebühr.

nur für einen Teil der Waren und Dienstleistungen verlängert werden soll und für welche Klassen die Gebührenzahlung somit bestimmt ist (§ 38 Abs. 2 Nr. 4 MarkenV), greifen die im Gesetz getroffenen *Regelungen zur Vermeidung eines vollständigen Rechtsverlustes* ein. Danach gilt: Werden innerhalb der Ausschlussfrist des § 7 Abs. 1 S. 2 PatKostG zwar die Verlängerungsgebühr und der Zuschlag, nicht aber erforderliche Klassengebühren gezahlt, so wird die Schutzdauer nur für die Klassen der Klasseneinteilung von Waren oder Dienstleistungen verlängert, für die die gezahlten Gebühren ausreichen (also mindestens für drei Klassen, ggf. aber auch mehr, wenn mehr gezahlt wurde als nur die Verlängerungsgebühr und der Zuschlag). Soweit der Markeninhaber nicht klargestellt hat, auf welchen Teil der Waren oder Dienstleistungen sich die Gebührenzahlung beziehen soll, wird dann zunächst eine ggf. bestehende *Leitklasse* berücksichtigt. Im Übrigen werden, soweit die Gebührenzahlung reicht, die Klassen in der *Reihenfolge der Klasseneinteilung* berücksichtigt (Abs. 4 S. 3 und 4).

III. Löschung bei Nichtverlängerung

Erfolgt innerhalb der Ausschlussfrist des § 7 Abs. 1 S. 2 PatKostG überhaupt keine Zahlung oder deckt sie nicht einmal die Verlängerungsgebühr und den Zuschlag ab, kann eine Verlängerung der Schutzdauer nicht mehr bewirkt werden. Die Eintragung der Marke wird dann mit *Wirkung ab dem Ablauf der Schutzdauer gelöscht*. Eine zur Verlängerung nicht ausreichende *Gebührenzahlung* ist ohne Rechtsgrund erfolgt und *zurückzuerstatten*. Bis zur Löschung der Marke besteht ein *Schwebezustand*, der mit Ablauf der Ausschlussfrist rückwirkend beseitigt wird. Der Markeninhaber kann bereits während dieses Schwebezustands sein Recht aus der Marke nicht mehr durchsetzen, da ihm der Ablauf der Schutzdauer entgegengehalten werden kann, solange eine Verlängerung nicht bewirkt ist. Da der Markeninhaber es jederzeit in der Hand hat, die Verlängerung der Schutzdauer herbeizuführen, besteht auch keine Veranlassung, anhängige Verfahren auszusetzen.[2] Es kann vielmehr eine abschließende Sachentscheidung zu Lasten des Markeninhabers ergehen, wenn er es versäumt, die Verlängerung rechtzeitig vor einer solchen Entscheidung zu bewirken. **15**

IV. Gemeinschaftsmarkenrecht

Die Dauer der Eintragung einer Gemeinschaftsmarke beträgt nach Art. 46 GMV *zehn Jahre, gerechnet vom Tag der Anmeldung* an. Anders als im deutschen Recht entspricht der Tag des Ablaufs der Schutzdauer somit dem Tag der Anmeldung. Die Eintragung kann gem. Art. 47 GMV um jeweils zehn Jahre verlängert werden. **16**

Die Verlängerung erfordert einen *Antrag* und die Entrichtung der dafür festgesetzten Gebühren (Grundgebühr 1.500 EUR; Klassengebühren ab der vierten Klasse 400 EUR). Ebenso wie im deutschen Recht kann die Verlängerung bereits vor dem Ablauf der Schutzdauer beantragt werden, und zwar innerhalb eines Zeitraums von sechs Monaten vor Ablauf des letzten Tages des Monats, in dem die Schutzdauer endet. Innerhalb dieses Zeitraums sind auch die Gebühren zu entrichten. Mit Ablauf dieses Zeitraums beginnt eine **17**

---

2 So aber *Ströbele/Hacker*, § 47 Rn. 20.

sechsmonatige Nachfrist, innerhalb derer die Verlängerung noch beantragt werden kann, sofern innerhalb dieser Nachfrist zusätzlich eine Zuschlagsgebühr entrichtet wird. Eine zuschlagsfreie Nachfrist besteht somit nur während des kurzen Zeitraums zwischen dem eigentlichen Ablauf der Schutzdauer und dem Ablauf des Monats, in dem die Schutzdauer endet.

18   Regel 30 der DVGMV enthält nähere Bestimmungen über die Stellung des Verlängerungsantrags und die Gebührenzahlung. Reichen die entrichteten Gebühren nicht für alle Klassen von Waren und Dienstleistungen aus, für die die Verlängerung beantragt wird, und trifft der Anmelder auch keine nähere Bestimmung, für welche Klassen die Gebühren verwendet werden sollen, erfolgt die Verlängerung in der *Reihenfolge der Klassifikation*.

19   Wie im deutschen Recht erfolgt eine *Rückerstattung* der Verlängerungsgebühren, wenn diese entrichtet wurden, die Eintragung aber nicht verlängert wird (Regel 30 Abs. 7 DVGMV). Wird die Verlängerung nicht fristgerecht beantragt oder werden die für eine Verlängerung erforderlichen Gebühren nicht fristgerecht gezahlt, stellt das HABM fest, dass die Eintragung abgelaufen ist. Mit Rechtskraft dieser Feststellung wird die *Marke im Register gelöscht*, und zwar, wie im deutschen Recht, *rückwirkend auf den Zeitpunkt des Ablaufs der Schutzdauer* (Regel 30 Abs. 6 DVGMV).

Abschnitt 3
Verzicht, Verfall und Nichtigkeit;
Löschungsverfahren

§ 48
Verzicht

(1) Auf Antrag des Inhabers der Marke wird die Eintragung jederzeit für alle oder für einen Teil der Waren oder Dienstleistungen, für die sie eingetragen ist, im Register gelöscht.

(2) Ist im Register eine Person als Inhaber eines Rechts an der Marke eingetragen, so wird die Eintragung nur mit Zustimmung dieser Person gelöscht.

Übersicht

I. Allgemeines

In § 48 ist der Verzicht des Inhabers auf eine eingetragene Marke geregelt. § 48 ergänzt **1** § 39, der die Zurücknahme und Einschränkung einer Anmeldung betrifft. Schon der Antrag als solcher stellt einen materiell-rechtlichen Verzicht dar, so dass der Verzicht mit Eingang des Antrags beim DPMA wirksam wird. Die Eintragung in das Markenregister ist nur *deklaratorisch*.[1]

II. Einzelheiten

Nach § 48 Abs. 1 ist ein vollständiger oder ein teilweiser Verzicht auf eine eingetragene **2** Marke möglich. Ein *Teilverzicht* erfolgt durch Verzicht auf einen Teil der Waren oder Dienstleistungen. Bei eingetragenen Oberbegriffen kann der Teilverzicht durch Zusätze wie „nämlich" bzw. „ausgenommen" erfolgen.[2] Ein Verzicht ist auch prozessual im *Widerspruchsverfahren* zulässig und führt unmittelbar zur Erledigung des Widerspruchsverfahrens in der Hauptsache. Ein solcher Verzicht ist so lange zulässig, wie der Beschluss nicht

---

1 BGH, WRP 2001, 408 = GRUR 2001, 337, 339 – EASYPRESS; Begründung des Gesetzentwurfs, BlPMZ Sonderheft 1994, S. 88.
2 *Ströbele/Hacker*, § 48 Rn. 5.

erlassen bzw. nicht rechtskräftig geworden ist.[3] Ein „Verzicht" auf einschränkende Zusätze ist dagegen unzulässig, da dies zu einer Erweiterung des Warenverzeichnisses führen würde. Erst recht ist ein Verzicht auf Bestandteile der Marke unzulässig, weil die Marke als solche einer Änderung nicht zugänglich ist.

3 Der Verzicht ist nicht widerruflich.[4] Als verfahrensrechtliche Bewirkungshandlung ist der (Teil-)Verzicht *bedingungsfeindlich*.[5] Legt etwa ein Markeninhaber im Widerspruchsverfahren ein eingeschränktes Warenverzeichnis vor, handelt es sich zwar um einen konkludenten Teilverzicht, der allerdings wegen Bedingungsfeindlichkeit unwirksam ist, wenn dieser nur hilfsweise erfolgt.[6]

4 Die Antragsberechtigung richtet sich nach § 28. Demgemäß wird die Marke aufgrund Verzichtserklärung *des in der Markenrolle eingetragenen Inhabers* gelöscht. Sofern keine entgegenstehenden Anhaltspunkte bestehen, geht das DPMA davon aus, dass der eingetragene Inhaber auch materiell-rechtlich Berechtigter ist. § 48 Abs. 2 verlangt die Zustimmung eines eingetragenen Inhabers, nicht dagegen eines Lizenznehmers.

5 In den Fällen des § 48 Abs. 2 ist die Wirksamkeit des materiell-rechtlichen Verzichts von der *Zustimmung Dritter* abhängig. § 48 Abs. 2 betrifft die Fälle, in denen dingliche Rechte Dritter an der Marke nach § 29 im Register eingetragen sind. Dabei kann es sich etwa um ein Pfandrecht oder einen Nießbrauch handeln. Dagegen ist die Zustimmung eines Lizenznehmers (mangels Eintragung der Lizenz im Register) nicht erforderlich. Für den Nachweis einer erforderlichen Zustimmung ist nach § 42 MarkenV eine unterschriebene Zustimmungserklärung ausreichend.

6 Der Verzicht gilt im Zweifel nur für die Zukunft (ex nunc). Der Inhaber der Marke kann auch *rückwirkend* (ex tunc), d. h. vom Zeitpunkt der Eintragung oder ab einem bestimmten Zeitpunkt, auf die Marke verzichten. Die Rückwirkung ist dann nach § 18 Nr. 27 MarkenV in das Register einzutragen. Dadurch kann die Gefahr einer Klage eines Dritten nach § 52 Abs. 1, 2 auf Feststellung, dass der Verfall oder die Nichtigkeit schon zu einem vorherigen Zeitpunkt eingetreten ist, vermieden werden (s. § 52 Rn. 8). Bei der hier vertretenen Auffassung handelt es sich allerdings um eine Mindermeinung.[7] Im Fall eines Verzichts mit ex nunc-Wirkung kann für die Feststellung der Nichtigkeit mit ex tunc-Wirkung ein Feststellungsinteresse bestehen.[8] Mit der Zulassung einer rückwirkenden Verzichtserklärung könnte ein ansonsten erforderliches und unnötiges Verfahren vermieden werden.

7 Für den Antrag auf vollständige oder teilweise Löschung einer Marke soll nach § 41 Abs. 1 MarkenV das vom DPMA herausgegebene Formblatt benutzt werden (s. Anhang II 8).[9] Der Antrag kann aber auch *formlos* erfolgen. In dem Antrag sind nach § 41 Abs. 2 die Registrierungsnummer der zu löschenden Marke, der Name und die Anschrift des Inhabers der Marke, ggf. auch seines Vertreters, und im Fall des Antrags auf Teillöschung die zu löschenden Waren und Dienstleistungen anzugeben. Der Antrag ist gebührenfrei.

---

3 BPatG, GRUR 2003, 530, 531 – Waldschlösschen.
4 *Ströbele/Hacker*, § 48 Rn. 4, auch zur Anfechtbarkeit.
5 BGH, WRP 2011, 753 Tz. 14 – Yoghurt Gums.
6 BGH, WRP 2008, 1092 – idw; WRP 2008, 1098 – idw Informationsdienst Wissenschaft.
7 *Ströbele/Hacker*, § 48 Rn. 3.
8 BGH, WPP 2001, 408 – EASYPRESS; BPatG, GRUR 2007, 505 – FUSSBALL WM 2006 II.
9 S. www.dpma.de/Formulare/Formular.html.

III. Gemeinschaftsmarkenrecht

Art. 49 GMV entspricht § 48. Art. 49 Abs. 2 GMV bestimmt allerdings, dass der Verzicht **8**
erst mit dessen Eintragung wirksam wird. Art. 49 Abs. 3 S. 2 GMV verlangt im Fall der
Eintragung einer Lizenz darüber hinaus die Glaubhaftmachung der vorherigen Unterrichtung des Lizenznehmers.

§ 49
Verfall

(1) Die Eintragung einer Marke wird auf Antrag wegen Verfalls gelöscht, wenn die Marke nach dem Tag der Eintragung innerhalb eines ununterbrochenen Zeitraums von fünf Jahren nicht gemäß § 26 benutzt worden ist. Der Verfall einer Marke kann jedoch nicht geltend gemacht werden, wenn nach Ende dieses Zeitraums und vor Stellung des Löschungsantrags eine Benutzung der Marke gemäß § 26 begonnen oder wieder aufgenommen worden ist. Wird die Benutzung jedoch im Anschluss an einen ununterbrochenen Zeitraum von fünf Jahren der Nichtbenutzung innerhalb von drei Monaten vor der Stellung des Löschungsantrags begonnen oder wieder aufgenommen, so bleibt sie unberücksichtigt, sofern die Vorbereitungen für die erstmalige oder die erneute Benutzung erst stattgefunden haben, nachdem der Inhaber der Marke Kenntnis davon erhalten hat, dass Antrag auf Löschung gestellt werden könnte. Wird der Antrag auf Löschung nach § 53 Abs. 1 beim Patentamt gestellt, so bleibt für die Berechnung der Frist von drei Monaten nach Satz 3 der Antrag beim Patentamt maßgeblich, wenn die Klage auf Löschung nach § 55 Abs. 1 innerhalb von drei Monaten nach Zustellung der Mitteilung nach § 53 Abs. 4 erhoben wird.

(2) Die Eintragung einer Marke wird ferner auf Antrag wegen Verfalls gelöscht,

1. wenn die Marke infolge des Verhaltens oder der Untätigkeit ihres Inhabers im geschäftlichen Verkehr zur gebräuchlichen Bezeichnung der Waren oder Dienstleistungen, für die sie eingetragen ist, geworden ist;
2. wenn die Marke infolge ihrer Benutzung durch den Inhaber oder mit seiner Zustimmung für die Waren oder Dienstleistungen, für die sie eingetragen ist, geeignet ist, das Publikum insbesondere über die Art, die Beschaffenheit oder die geografische Herkunft dieser Waren oder Dienstleistungen zu täuschen oder
3. wenn der Inhaber der Marke nicht mehr die in § 7 genannten Voraussetzungen erfüllt.

(3) Liegt ein Verfallsgrund nur für einen Teil der Waren oder Dienstleistungen vor, für die die Marke eingetragen ist, so wird die Eintragung nur für diese Waren oder Dienstleistungen gelöscht.

Übersicht

I. Allgemeines

§ 49 regelt die Verfallsgründe, die die Löschung einer Marke ermöglichen, sei es durch   1
Löschungsantrag beim DPMA nach § 53 Abs. 1, sei es durch Löschungsklage vor den Zivilgerichten nach § 55 Abs. 1. Unter dem *Verfall* einer Marke ist die *nach Eintragung entstandene Löschungsreife* zu verstehen. § 49 sieht vier Verfallsgründe vor, wobei der Verfall
wegen Nichtbenutzung in der Praxis im Vordergrund steht. Die Löschungsreife wegen Verfalls kann im Zivilprozess auch einredeweise geltend gemacht werden (s. § 55 Rn. 23).

II. Verfallsgründe – § 49 Abs. 1, 2

1. Verfall wegen Nichtbenutzung – § 49 Abs. 1

a) Regelungsbereich

§ 49 Abs. 1 regelt die Löschung wegen Nichtbenutzung. Die an eine Benutzung zu stellen-   2
den Anforderungen ergeben sich aus *§ 26, dem Grundtatbestand des Benutzungszwangs.*
Danach müssen Marken im Grundsatz spätestens mit Ablauf von fünf Jahren nach Eintragung (Benutzungsschonfrist) ernsthaft benutzt werden. § 25 betrifft die Geltendmachung
nicht benutzter Marken im Verletzungsprozess, § 43 den Widerspruch aus einer nicht benutzten Marke. § 49 Abs. 1 bestimmt, unter welchen Voraussetzungen wahlweise *Löschungsantrag* beim DPMA oder *Löschungsklage* bei den Zivilgerichten eingereicht werden kann.

§ 49 Abs. 1 S. 1 ordnet auf Antrag die Löschung einer Marke wegen Verfalls an, wenn die
Marke nach dem Tag der Beantragung innerhalb eines ununterbrochenen Zeitraums von
fünf Jahren nicht gemäß § 26 benutzt worden ist. Vorschriften zu den während der Löschungsreife möglicherweise entstehenden Zwischenrechten enthalten §§ 22 Abs. 1 Nr. 2,
Abs. 2, 51 Abs. 4 Nr. 1. § 49 Abs. 1 S. 3, 4 regeln, dass bestimmte Benutzungshandlungen
aus einem Zeitraum, nachdem der Inhaber der Marke Kenntnis erhalten hat, dass Antrag
auf Löschung gestellt werden könnte, unberücksichtigt bleiben.

b) Benutzungsschonfrist

Die Benutzungsschonfrist beträgt fünf Jahre. Die Marke kann daher erst nach Ablauf von   3
fünf Jahren nach dem Tag der Eintragung in die Markenrolle verfallen (§ 49 Abs. 1 S. 1).

Für den Fall, dass nach Eintragung Widerspruch erhoben wird, verschiebt sich dieser Zeit-   4
punkt nach § 26 Abs. 5, der insofern § 49 Abs. 1 modifiziert, auf den Zeitpunkt des Ab-
schlusses des Widerspruchsverfahrens. Sowohl der Zeitpunkt der Eintragung als auch des
Abschlusses des Widerspruchsverfahrens werden registriert (§§ 18 Nr. 20, 23d) MarkenV).
Nach Ablauf dieses Fünfjahreszeitraums kann die Marke erstmals verfallen (s. § 25
Abs. 1).

Bei *IR-Marken* enthält § 117 eine von § 49 Abs. 1 abweichende Regelung zur Berechnung   5
der Benutzungsschonfrist. An die Stelle des Tages der Eintragung tritt aufgrund der Verweisung auf § 115 Abs. 2 i.V. m. Art. 5 MMA der Tag der tatsächlichen internationalen Re-

gistrierung, für den Regel 18 Abs. 1a Nr. iii GAusfO das Datum der Versendung der Mitteilung über die internationale Registrierung fingiert.[1] Die Benutzungsschonfrist für Marken, die in der DDR eingetragen waren, begann am 3.10.1990 (Anlage I Kap. III Sachgebiet E Abschn. II Nr. 1 § 10 S. 1 EinigV) und endete am 3.10.1995. Dies galt selbst für IR-Marken mit (west-)deutscher Basismarke.[2]

c) Löschungsantrag beim DPMA

6 Nach Ablauf der Benutzungsschonfrist bzw. nach fünfjähriger Nichtbenutzung kann Löschungsantrag beim DPMA gestellt werden. Ein Antrag vor Ablauf der Benutzungsschonfrist ist stets unbegründet.[3] Wenn die Marke zum Zeitpunkt der Stellung des Löschungsantrags beim DPMA noch löschungsreif ist, d. h. in den letzten fünf Jahren nicht benutzt worden ist, kommt *eine Heilung* der Löschungsreife im anhängigen Verfahren *nicht mehr in Betracht* (§ 49 Abs. 1 S. 2). Maßgeblicher Zeitpunkt ist der Eingang des Antrags beim DPMA und nicht die Mitteilung oder Zustellung an den Markeninhaber.[4] Eine Heilung der Löschungsreife ist ausnahmsweise möglich, wenn die Löschungsreife erst nach Antragstellung eintritt. Die Heilung kann durch einen weiteren Löschungsantrag verhindert werden. Bei einem nach Ablauf der Benutzungsschonfrist gestellten Antrag ist der Antrag unbegründet, wenn zum Zeitpunkt der Stellung des Antrags die Löschungsreife durch Aufnahme der Benutzung *geheilt* worden ist. Das Entstehen von *Zwischenrechten* bestimmt sich dann nach §§ 22 Abs. 1 Nr. 2 2. Alt., Abs. 2, 51 Abs. 4 Nr. 1.

7 Darüber hinaus ist eine *erstmalige oder erneute Benutzung innerhalb der letzten drei Monate vor Stellung des Antrags* nur zu berücksichtigen, wenn die Vorbereitungen für die Benutzung zu einem Zeitpunkt stattgefunden haben, bevor der Inhaber Kenntnis von einem möglichen Löschungsantrag wegen Nichtbenutzung erlangt hat (§ 49 Abs. 1 S. 3). Ansonsten sind Benutzungshandlungen der letzten fünf Jahre nur aus den ersten 4 3/4 Jahren beachtlich. Vorbereitungen müssen im Unterschied zu Benutzungen den innerbetrieblichen Bereich nicht überschreiten. Vorbereitungen sind daher alle innerbetrieblichen Maßnahmen, die über den Entschluss der Benutzungsaufnahme hinausgehen, wie etwa die Planung von Werbeunterlagen und der Beginn der Produktion.[5] Der Markeninhaber hat Kenntnis von einem möglichen Löschungsantrag, wenn ihm Umstände bekannt sind, die *die Gefahr eines unmittelbar bevorstehenden Löschungsantrags durch einen bestimmten Antragsteller* begründen. Allein die Kenntnis der Löschungsreife reicht hierzu nicht aus, da die Kenntnis der Gefahr eines Löschungsantrags durch einen bestimmten Dritten hinzukommen muss.[6] Dies ist bei Androhung eines Löschungsantrags evident. Entsprechendes gilt, wenn ein im Verletzungsprozess Beklagter ein gegenüber der Klagmarke prioritätsälteres Recht erwirbt, um dieses einredeweise geltend zu machen, da der Kläger die ursprünglich gestellten Anträge nur aufrechterhalten kann, wenn er Löschungsantrag innerhalb von drei Monaten ab Aufnahme der Benutzung stellt. Kenntnis wird man auch annehmen können, wenn ein Dritter in anderen Ländern schon Löschungsantrag gestellt hat, um sich den Weg

---

1 Vgl. BPatG, GRUR 2006, 868 – go seven.
2 BGH, WRP 1998, 1006 = GRUR 1999, 155, 157 – DRIBECK'S LIGHT.
3 A. A. *Ströbele/Hacker*, § 49 Rn. 14: Heilung möglich.
4 *Ströbele/Hacker*, § 49 Rn. 12.
5 Vgl. *Ingerl/Rohnke*, § 49 Rn. 18.
6 *Ströbele/Hacker*, § 49 Rn. 20; *Ingerl/Rohnke*, § 49 Rn. 16.

für eine möglicherweise europaweite eigene Benutzung zu ebnen. Entsprechendes gilt, wenn ein Dritter in einem Verletzungsverfahren die Einrede der Löschungsreife erhebt, da dann ein Löschungsantrag, insbesondere zur Abwendung der Heilung der Löschungsreife, naheliegt. Die Kenntnis eines „Wissensvertreters" steht der Kenntnis des Markeninhabers nach allgemeinen Grundsätzen gleich (s. § 20 Rn. 11).

d) Löschungsklage

Antrag auf Löschung kann auch durch Erhebung einer *Löschungsklage* vor den Zivilge-   **8**
richten gestellt werden (§ 55 Abs. 2 Nr. 1). Der für die Fristberechnung nach § 49 Abs. 2, 3 *maßgebliche Zeitpunkt* wird durch die Einreichung bei Gericht (Anhängigkeit) und nicht durch die Zustellung (Rechtshängigkeit) begründet.[7] Das Gesetz meidet in § 49 Abs. 1 S. 1 im Unterschied zu §§ 25 Abs. 2 S. 1, 49 Abs. 1 S. 4 den terminus technicus der „Klageerhebung" (§ 253 Abs. 1 ZPO). An die Stelle des Zeitpunkts der Einreichung des Löschungsantrags beim DPMA tritt daher der Zeitpunkt der Einreichung der Löschungsklage bei Gericht. Löschungsreife liegt demgemäß vor, wenn die Marke rückgerechnet von dem Zeitpunkt der Einreichung der Löschungsklage in einem Zeitraum von fünf Jahren nicht rechtserhaltend benutzt worden ist. Eine Heilung der Löschungsreife vor dem maßgeblichen letzten Termin zur mündlichen Verhandlung ist nur möglich, wenn die Löschungsreife erst nach Einreichung der Klage eingetreten ist (s. Rn. 6). Das Entstehen von Zwischenrechten bemisst sich wiederum nach §§ 22 Abs. 1 Nr. 2 2. Alt., Abs. 2, 51 Abs. 4 Nr. 1. Darüber hinaus sind Benutzungshandlungen innerhalb der letzten drei Monate vor Einreichung der Löschungsklage unbeachtlich, wenn der Inhaber Kenntnis von einem möglichen Löschungsantrag wegen Nichtbenutzung erlangt hat (s. Rn. 7).

§ 49 Abs. 1 S. 4 sieht für den Fall eines *vorgeschalteten und mit Widerspruch des Marken-*   **9**
inhabers endenden Löschungsverfahrens vor dem DPMA ergänzend vor, dass es bei dem durch die Stellung des Löschungsantrags beim DPMA bestimmten relevanten Zeitraum, in dem eine rechtserhaltende Benutzung stattgefunden haben muss, verbleibt, wenn *innerhalb von drei Monaten nach Zustellung der Mitteilung* nach § 53 Abs. 4, dass der Markeninhaber der Löschung widersprochen hat (s. § 53 Rn. 3), *Löschungsklage erhoben wird*. In diesem Fall bleiben Benutzungshandlungen ab Einreichung des Löschungsantrags beim DPMA (§ 49 Abs. 1 S. 2) bzw. unter Umständen auch innerhalb von drei Monaten davor (§ 49 Abs. 1 S. 2) unbeachtlich. Letzteres ergibt sich daraus, dass dem Kläger durch einen vorgeschalteten Antrag beim DPMA keine Nachteile entstehen sollen, wenn er die Frist des § 49 Abs. 1 S. 4 einhält.[8] Wenn die Klage nicht innerhalb von drei Monaten nach Zustellung der Mitteilung nach § 53 Abs. 4 eingereicht wird, berechnet sich der für die rechtserhaltende Benutzung maßgebliche Zeitraum von fünf Jahren, rückgerechnet vom Zeitpunkt der Erhebung der Löschungsklage bei Gericht. § 49 Abs. 1 S. 4 stellt dabei auf die Zustellung der Klage, §§ 253, 167 ZPO ab.[9] Für die Praxis bedeutet dies: Bestehen Anhaltspunkte dafür, dass eine Marke in den letzten fünf Jahren nicht rechtserhaltend benutzt worden ist oder eine Benutzung erst in den letzten drei Monaten in Kenntnis eines möglichen Löschungsantrags aufgenommen worden ist, verhindert ein Löschungsantrag beim DPMA ab dem Zeitpunkt der Einreichung eine nachträgliche Heilung der Löschungsreife,

---

7 *Ingerl/Rohnke*, § 49 Rn. 17.
8 Begründung des Gesetzentwurfs, BlPMZ Sonderheft 1994, 89.
9 Vgl. *Ingerl/Rohnke*, § 49 Rn. 22.

da es insofern allein auf den Zeitraum ankommt, der sich durch Rückrechnung vom Tag der Einreichung ergibt. Widerspricht der Markeninhaber einer Löschung innerhalb von zwei Monaten ab Zustellung des Löschungsantrags, verbleiben dem Antragsteller drei Monate ab Zustellung des Widerspruchs zur Einreichung der Löschungsklage. Bei fristgerechter Einreichung verbleibt es bei dem durch Einreichung beim DPMA bestimmten Zeitraum, so dass nachträgliche Benutzungshandlungen unbeachtlich bleiben.

e) Verfall nach Erhebung der Löschungsklage

10 Eine nach Ablauf der Benutzungsschonfrist eingereichte Löschungsklage ist unabhängig von der Rechtslage zum Zeitpunkt der Anhängigkeit begründet, wenn die Marke erst nach Zustellung der Löschungsklage löschungsreif wird.[10] Nach allgemeinen Rechtsgrundsätzen ist für die Berechnung des Fünfjahreszeitraums von dem Tag der letzten mündlichen Tatsachenverhandlung auszugehen.[11] Der maßgebliche Zeitraum „wandert" damit mit fortlaufender Prozessdauer. Die ursprünglich unbegründete Löschungsklage kann so im Laufe des Prozesses begründet werden. Wenn die Marke während des Löschungsprozesses löschungsreif (fünf Jahre unbenutzt) wird, kann sich ein neuer Löschungsantrag anbieten, um eine Heilung der Nichtbenutzung bis zum Zeitpunkt der mündlichen Verhandlung zu verhindern (§ 49 Abs. 1 S. 2, 3). Ist die Löschungsklage dagegen schon bei Klageeinreichung begründet, kommt eine Heilung ohnehin nicht in Betracht.

2. Verfall wegen Entwicklung zur Gattungsbezeichnung – § 49 Abs. 2 Nr. 1

11 Nach § 8 Abs. 2 Nr. 3 sind Gattungsbezeichnungen von der Eintragung als Marke ausgeschlossen. § 49 Abs. 2 Nr. 1 regelt den Fall, dass sich eine Marke nachträglich aufgrund geänderter Verkehrsauffassung in eine Gattungsbezeichnung umwandelt. Es gelten die zu § 8 Abs. 2 Nr. 3 entwickelten Grundsätze.[12] An die Änderung der Verkehrsauffassung sind strenge Anforderungen zu stellen. Erforderlich ist, dass nur noch ein völlig unbeachtlicher Teil des Verkehrs mit dem Zeichen Herkunftsvorstellungen verbindet. Insoweit kann auf die Rechtsprechung zum außermarkenrechtlichen Löschungsgrund unter der Geltung des WZG zurückgegriffen werden.[13] Eine analoge Anwendung auf den Fortfall der Verkehrsdurchsetzung nach § 8 Abs. 3 ist nicht möglich.[14] Die Umwandlung in eine Gattungsbezeichnung kann auch einredeweise geltend gemacht werden, und zwar sowohl im Verletzungsprozess[15] als auch im Widerspruchsverfahren.[16]

---

10 BGH, WRP 2003, 647 = GRUR 2003, 428, 430 – BIG BERTHA; WRP 2001, 1211 = GRUR 2002, 59, 61 – ISCO.
11 BGH, WRP 2008, 1544 Tz. 18 – LOTTOCARD; WRP 2008, 236 Tz. 51 – THE HOME STORE; WRP 2003, 647 = GRUR 2003, 428, 430 – BIG BERTHA; WRP 2001, 1211 = GRUR 2002, 59, 61 – ISCO.
12 *Fezer*, § 49 Rn. 26.
13 BGH, GRUR 1964, 458, 460 – Düssel, GRUR 1964, 82, 85 – Lesering; OLG München, GRUR-RR 2006, 84 – MEMORY/EDUCA memory game; BPatG, GRUR 2006, 338 – DAX-Trail/DAX.
14 BGH, WRP 2003, 1431 = GRUR 2003, 1040, 4042 – Kinder I; WRP 2006, 896 – Porsche 911.
15 EuGH, GRUR 2006, 495 – Levi Strauss; OLG Saarbrücken, GRUR-RR 2007, 274 – Shisha.
16 BPatG, GRUR 2006, 338 – DAX-Trail/DAX.

§ 49 Abs. 2 Nr. 1 bestimmt weiter, dass die Entwicklung der Marke zur Gattungsbezeich- **12** nung dem Markeninhaber zurechenbar sein muss. Auf ein Verschulden kommt es jedoch nicht an.[17] Ausreichend ist die objektive Zurechenbarkeit, weil der Markeninhaber zur Entwicklung zur Gattungsbezeichnung beigetragen oder geeignete und zumutbare Maßnahmen unterlassen hat, um dieser Entwicklung entgegenzuwirken. Eine Zurechenbarkeit kann insbesondere vorliegen, wenn der Markeninhaber selbst seine Marke als Gattungsbezeichnung benutzt oder die Entwicklung zur Gattungsbezeichnung duldet.

3. Verfall wegen Täuschungsgefahr – § 49 Abs. 2 Nr. 2

§ 49 Abs. 2 Nr. 2 betrifft den Fall, dass eine Marke aufgrund *zurechenbaren Verhaltens des* **13** *Markeninhabers die Eignung erlangt, die angesprochenen Verkehrskreise über Merkmale der geschützten Waren oder Dienstleistungen irrezuführen.* Für diesen Sonderfall soll nicht nur ein Unterlassungsanspruch aus §§ 3, 5 UWG, sondern ein markenrechtlicher Löschungsanspruch bestehen. Verwendet der Rechtsinhaber die Marke daher für bestimmte Waren oder Dienstleistungen, für die sie irreführend ist, kann die Marke in diesem Fall gelöscht werden. § 49 Abs. 2 Nr. 2 ergänzt damit den Nichtigkeitsgrund der §§ 51 Abs. 1 Nr. 3, 8 Abs. 1 Nr. 4 wegen originärer Täuschungsgefahr. § 49 Abs. 2 Nr. 2 ist seiner Rechtsnatur nach ein wettbewerbsrechtlicher Anspruch. Die Bestimmung hat allerdings nur eine geringe praktische Relevanz. Regelmäßig hat nur ein zur Geltendmachung der Ansprüche aus §§ 3, 5 UWG aktivlegitimierter Mitwerber oder aktivlegitimierter Verband ein Interesse an der Unterbindung der Benutzung einer irreführenden Marke. Dieses Rechtsschutzziel lässt sich aber schon im Wettbewerbsprozess erreichen. Ein darüber hinausgehendes Interesse an der Löschung der Marke wird der Dritte im Regelfall nur haben, wenn er zugleich die durch die Eintragung begründete Sperrwirkung beseitigen möchte. Die Gefahr einer Irreführung kann im Rahmen des § 49 Abs. 2 Nr. 2 zudem nur mit dem irreführenden Aussagegehalt der Marke selbst und nicht mit dem werblichen Umfeld oder sonstigen Faktoren begründet werden. So könnte etwa die Löschung einer Marke „Finest Cork Dry Gin"[18] mit der Begründung begehrt werden, der Zeichenbestandteil „Finest" erwecke zu Unrecht den Eindruck der Zugehörigkeit des Gins zu einer Spitzengruppe. Dagegen könnte die Löschung nicht auf eine diese Fehlvorstellung begünstigende Aufmachung des Produkts gestützt werden.

4. Verfall wegen Verlustes der Markenrechtsfähigkeit – § 49 Abs. 2 Nr. 3

§ 49 Abs. 2 Nr. 3 MarkenG regelt den Fall, dass nachträglich der Rechtsträger einer Marke **14** entfällt. In den Motiven[19] wird als Beispiel der Verlust der Rechtsfähigkeit einer juristischen Person genannt. An die Stelle des Rechtsinhabers treten aber im Regelfall andere rechtsfähige Rechtssubjekte, wie im Fall einer juristischen Person eine Liquidationsgesellschaft. So bleibt auch, wenn eine oHG zu einer GbR wird, die Gesamthandsgemeinschaft Markeninhaberin. § 49 Abs. 2 Nr. 3 kommt daher allenfalls eine sehr geringe praktische Relevanz zu.

---

17 Begründung des Gesetzentwurfs, BlPMZ Sonderheft 1994, 89.
18 Vgl. BPatG, GRUR 1980, 923, 924 – Cork Dry Gin.
19 Begründung des Gesetzentwurfs, BlPMZ Sonderheft 1994, 89.

III. Teillöschung – § 49 Abs. 3

15 Eine Marke wird nur für bestimmte Waren oder Dienstleistungen gelöscht, *wenn nur insofern ein Löschungsgrund* vorliegt (zu den Anträgen s. § 55 Rn. 17). Anders als bei einem Teilverfall wegen Nichtbenutzung kommt bei den Verfallsgründen nach § 49 Abs. 2 Nr. 1, 2 im Regelfall nur eine Einschränkung des Oberbegriffs („ausgenommen …") und keine Löschung des Oberbegriffs in Betracht.[20]

IV. Gemeinschaftsmarkenrecht

16 § 49 entspricht der Regelung der Verfallsgründe in Art. 50 GMV.

---

20 Ausführlich zur Teillöschung *Ingerl/Rohnke*, § 49 Rn. 26–32, 38.

§ 50
Nichtigkeit wegen absoluter Schutzhindernisse

(1) Die Eintragung einer Marke wird auf Antrag wegen Nichtigkeit gelöscht, wenn sie entgegen §§ 3, 7 oder 8 eingetragen worden ist.

(2) Ist die Marke entgegen §§ 3, 7 oder 8 eingetragen worden, so kann die Eintragung nur gelöscht werden, wenn das Schutzhindernis auch noch im Zeitpunkt der Entscheidung über den Antrag auf Löschung besteht. Ist die Marke entgegen § 8 Abs. 2 Nr. 1, 2 oder 3 eingetragen worden, so kann die Eintragung außerdem nur dann gelöscht werden, wenn der Antrag auf Löschung innerhalb von zehn Jahren seit dem Tag der Eintragung gestellt wird.

(3) Die Eintragung einer Marke kann von Amts wegen gelöscht werden, wenn sie entgegen § 8 Abs. 2 Nr. 4 bis 10 eingetragen worden ist und

1. das Löschungsverfahren innerhalb eines Zeitraums von zwei Jahren seit dem Tag der Eintragung eingeleitet wird,
2. das Schutzhindernis auch noch im Zeitpunkt der Entscheidung über die Löschung besteht und
3. die Eintragung ersichtlich entgegen den genannten Vorschriften vorgenommen worden ist.

(4) Liegt ein Nichtigkeitsgrund nur für einen Teil der Waren oder Dienstleistungen vor, für die die Marke eingetragen ist, so wird die Eintragung nur für diese Waren oder Dienstleistungen gelöscht.

Übersicht

I. Allgemeines

§ 50 ermöglicht die Löschung von Marken, die trotz absoluter Schutzversagungsgründe zu **1** Unrecht eingetragen worden sind. § 51 betrifft dagegen die Löschung wegen des Bestehens älterer Rechte; § 49 die nach Eintragung eingetretene Löschungsreife (Verfall). Die Löschung wegen absoluter Schutzhindernisse kann nur im Verfahren vor dem DPMA und nicht vor den Zivilgerichten betrieben werden (§§ 54 Abs. 1, 55 Abs. 1). *Den Zivilgerichten fehlt die Prüfungskompetenz.* Sie sind an die Entscheidung der Eintragungsinstanzen über die Schutzfähigkeit des Kennzeichens gebunden. Im Verletzungsverfahren ist daher von der Schutzfähigkeit auszugehen.[1] Daraus folgt, dass die Löschungsreife nach § 50

---

1 BGH, WRP 2005, 610 = GRUR 2005, 414, 416 – Russisches Schaumgebäck; WRP 2003, 1431 = GRUR 2003, 1040 – Kinder I; WRP 2000, 529, 532 = GRUR 2000, 608 – ARD-1.

Abs. 1 grundsätzlich *nicht einredeweise* geltend gemacht werden kann. Es kann allerdings Aussetzungsauftrag nach § 148 ZPO gestellt werden. Bei dem markenrechtlichen Löschungsverfahren handelt es sich im Wesentlichen um ein (zeitlich beschränktes) Antragsverfahren, das einen Streit unter Personen des privaten Rechts betrifft. In einem solchen Verfahren kann sich ein Beteiligter nicht auf die unmittelbare Geltung der nicht oder nicht vollständig umgesetzten Markenrechtsrichtlinie berufen.[2]

2   § 50 Abs. 1 enthält eine *abschließende Aufzählung* der Löschungsgründe. § 50 Abs. 2 verlangt in bestimmten Fällen das Fortbestehen des Löschungsgrundes auch noch zum Zeitpunkt der Entscheidung über den Antrag und enthält eine Ausschlussfrist zur Geltendmachung der Löschung. § 50 Abs. 3 bestimmt, unter welchen Voraussetzungen zusätzlich zu einem Antrag auf Löschung gem. § 54 Abs. 1 eine Löschung von Amts wegen in Betracht kommt. § 50 Abs. 4 regelt die Teillöschungsreife.

II. Löschungsgründe – § 50 Abs. 1

3   Löschungsgründe sind das Fehlen der Markenfähigkeit nach *§ 3* (z.B.: Die Marke besteht ausschließlich aus einer Form, die durch die Art der Ware selbst bedingt ist), das Fehlen der Markenrechtsfähigkeit nach *§ 7* (d.h., der eingetragene Inhaber, etwa ein nicht eingetragener Verein, kommt als Inhaber einer Marke nicht in Betracht) und das Vorliegen eines absoluten Schutzhindernisses nach *§ 8* (z.B. der Marke fehlt jegliche Unterscheidungskraft). Nach Einführung des absoluten Schutzhindernisses der bösgläubigen Anmeldung durch § 8 Abs. 2 Nr. 10 (s. Kommentierung zu § 8 Rn. 164 ff.) ist die bösgläubige Anmeldung schon durch § 50 Abs. 1 erfasst, so dass der selbstständige Löschungsgrund der bösgläubigen Anmeldung nach § 50 Abs. 1 Nr. 4 a.F. gestrichen werden konnte. § 106 enthält einen zusätzlichen Löschungsgrund für Kollektivmarken. Im Einzelnen kann auf die Kommentierungen zu §§ 3, 7, 8, 106 verwiesen werden. Die Löschungsgründe dienen damit der Korrektur zu Unrecht erfolgter Markeneintragungen.

4   Mit Wirkung zum 1.6.2004 ist die ausdrückliche Erwähnung des Löschungsgrundes der bösgläubigen Anmeldung i.S.d. § 50 Abs. 1 Nr. 4 a.F. entfallen. Dieser Wegfall korrespondiert mit dem zum gleichen Zeitpunkt neu aufgenommenen absoluten Schutzhindernis des § 8 Abs. 2 Nr. 10, der die bösgläubige Markenanmeldung in die Liste der absoluten Schutzhindernisse des § 8 Abs. 2 aufnimmt.

III. Beschränkungen der Löschungsmöglichkeiten – § 50 Abs. 2

1. Maßgebliche Zeitpunkte

5   Die *Löschungsgründe* des § 50 Abs. 1 *müssen kumulativ zum Zeitpunkt der Eintragung und zum Zeitpunkt der Entscheidung über den Löschungsantrag bestanden haben.* Eine Ausnahme gilt lediglich für den Löschungsgrund der bösgläubigen Markenanmeldung i.S.d. § 8 Abs. 2 Nr. 10, der nicht zum Zeitpunkt der Entscheidung über den Löschungsan-

---

2 BPatG, GRUR 1999, 746 – Omeprazok.

trag fortbestehen muss. Strittig ist allerdings, ob mit dem Zeitpunkt der Anmeldung der Zeitpunkt der Eintragung gemeint ist.

2. Ausschlussfrist

Nach § 50 Abs. 2 S. 2 können die Löschungsgründe nach § 8 Abs. 2 Nr. 1, 2, 3 nur geltend 6 gemacht werden, wenn der Löschungsantrag *innerhalb von zehn Jahren seit dem Tag der Markeneintragung* gestellt wird. Damit wird neben der Verwirkung gegenüber älteren Rechten zusätzlich eine Unanfechtbarkeit aus absoluten Gründen eingeführt.[3] Darüber hinaus trägt § 50 Abs. 2 S. 2 dem Umstand Rechnung, dass die erforderlichen Feststellungen für das Vorliegen dieser absoluten Schutzhindernisse nach Ablauf von zehn Jahren im Regelfall nicht mehr zuverlässig getroffen werden können. Als *Korrektiv* für die Unanfechtbarkeit sehen *§ 51 Abs. 4 Nr. 2* einen Ausschluss der Löschung einer aus einer solchen Marke angegriffenen jüngeren Marke, die innerhalb der Frist von zehn Jahren eingetragen worden ist, und *§ 22 Abs. 1 Nr. 2* ein Weiterbenutzungsrecht der jüngeren Marke vor. Neben der zehnjährigen Ausschlussfrist bleibt für die fünfjährige Verwirkungsfrist des § 21 Abs. 1 kein Raum. Dies kann zu misslichen Ergebnissen insbesondere dann führen, wenn der Markeninhaber einen wertvollen Besitzstand erlangt hat. Diese gesetzgeberische Wertentscheidung muss allerdings hingenommen werden. Sie kann nicht ohne Weiteres dadurch korrigiert werden, dass auf die allgemeinen Verwirkungsgrundsätze nach § 142 BGB zurückgegriffen wird. Insbesondere verweist § 50 Abs. 2 anders als § 21 Abs. 4 nicht auf die allgemeinen Grundsätze der kennzeichnungsrechtlichen Verwirkung. Für diese Grundsätze verbleibt daher kein Raum.[4]

Aus dem Fehlen einer § 51 Abs. 2 S. 3 korrespondierenden Regelung, wonach die Eintragung einer Marke nicht gelöscht werden kann, wenn der Antragsteller der Eintragung der Marke vor der Stellung des Antrags auf Löschung zugestimmt hat, lässt sich nicht ohne weiteres ein Umkehrschluss entnehmen. Denn insoweit handelt es sich um eine für das als Popularverfahren ausgestaltete Verfahren des § 50 untypische Fallgestaltung. Darüber hinaus sollte die Einwendung aus einer vertraglichen Zustimmung unabhängig von deren Zeitpunkt zugelassen werden. Dessen ungeachtet ist zu beachten, dass insoweit auch ein vor den Zivilgerichten geltend zu machender Antrag auf Rücknahme des Löschungsantrags in Betracht kommt. Hierfür besteht auch ein Rechtsschutzbedürfnis. Insoweit ist schon grundsätzlich fraglich, ob ein Verfahren vor dem DPMA einem Verfahren vor dem Zivilgericht gleichwertig ist. Denn bei dem Verfahren vor dem DPMA handelt es sich um ein kursorisches Verfahren, das auf Verfahrensökonomie und die Erledigung einer Vielzahl von Verfahren ausgerichtet ist. Darüber hinaus liegt eine Gleichwertigkeit jedenfalls dann nicht vor, wenn das Risiko besteht, dass derartige Einreden im Löschungsverfahren für unzulässig angesehen werden.[5]

---

3 Begründung des Gesetzentwurfs, BlPMZ Sonderheft 1994, 90.
4 So auch *Ströbel/Hacker*, § 50 Rn. 15; *Ingerl/*Rohnke, § 50 Rn. 18, allerdings mit einer Einschränkung für „extrem gelagerte Ausnahmefälle"; a. A. *Fezer*, § 50 Rn. 32.
5 Vgl. zur parallelen Fallgestaltung einer Klage auf Rücknahme eines Widerspruchs: BGH, GRUR 1993, 556, 558 – TRIANGLE.

IV. Löschung von Amts wegen – § 50 Abs. 3

7   § 50 Abs. 3 sieht für bestimmte Fälle absoluter Schutzhindernisse, nämlich für täuschende Marken, ordnungswidrige und sittenwidrige Marken, staatliche Hoheitszeichen und kommunale Wappen, amtliche Prüf- oder Gewährzeichen, Bezeichnungen internationaler zwischenstaatlicher Organisationen und gesetzwidrige Marken (§ 8 Abs. 2 Nr. 4–10) neben der Löschung auf Antrag nach § 54 Abs. 1 die Löschung von Amts wegen zu. Eine Ausnahme gilt jedoch auch hier hinsichtlich des Löschungsgrundes der bösgläubigen Markenanmeldung gem. § 8 Abs. 2 Nr. 10. Anders als die Schutzhindernisse des § 8 Abs. 2 Nr. 4–9 muss das Schutzhindernis der bösgläubigen Markenanmeldung nämlich nicht auch noch im Zeitpunkt der Entscheidung über die Löschung bestehen.[6] Auch hier genügt das Bestehen des Löschungsgrundes zum Zeitpunkt der Anmeldung und zum Zeitpunkt der Eintragung der bösgläubigen Markenanmeldung. Die *Amtslöschung* ermöglicht dem DPMA eine Korrektur von Fehleintragungen. Die Einleitung des Amtslöschungsverfahrens steht *im pflichtgemäßen Ermessen des DPMA*.[7] Ein ersichtlicher Verstoß gegen die guten Sitten ist nicht nur dann anzunehmen, wenn zur Feststellung eines solchen Verstoßes keinerlei Prüfungs- oder Recherchetätigkeit erforderlich ist, sondern auch dann, wenn dieser von der Markenstelle unter Zuhilfenahme ihres Allgemein- und Fachwissens des vorhandenen Prüfungs- und Recherchematerials und etwaiger Auskünfte der üblichen Informationsquellen ohne Weiteres erkennbar ist.[8]

V. Teillöschung – § 50 Abs. 4

8   § 50 Abs. 4 bestätigt den auch für das Löschungsverfahren geltenden Grundsatz, dass nur die von der Nichtigkeit betroffenen Waren und Dienstleistungen zu löschen sind.

VI. Gemeinschaftsmarkenrecht

9   Die Löschung der Gemeinschaftsmarke aus absoluten Nichtigkeitsgründen ist in Art. 51 GMV geregelt. Nichtigkeitsgründe sind das Fehlen der Voraussetzung der Markeninhaberschaft nach Art. 5 GMV, das Bestehen absoluter Eintragungshindernisse nach Art. 7 GMV und die Bösgläubigkeit des Anmelders bei der Anmeldung der Marke. Die Löschung kann durch Antrag beim Harmonisierungsamt oder durch Widerklage geltend gemacht werden.

---

6 BPatG, GRUR 2009, 68 – (Ehemaliges) DDR-Symbol der Sicherheitskräfte.
7 Vgl. BGH, WRP 1977, 574 – CHURRASCO.
8 BPatG, GRUR 2009, 68 – (Ehemaliges) DDR-Symbol der Sicherheitskräfte.

§ 51
Nichtigkeit wegen des Bestehens älterer Rechte

(1) Die Eintragung einer Marke wird auf Klage wegen Nichtigkeit gelöscht, wenn ihr ein Recht im Sinne der §§ 9 bis 13 mit älterem Zeitrang entgegensteht.

(2) Die Eintragung kann aufgrund der Eintragung einer Marke mit älterem Zeitrang nicht gelöscht werden, soweit der Inhaber der Marke mit älterem Zeitrang die Benutzung der Marke mit jüngerem Zeitrang für die Waren oder Dienstleistungen, für die sie eingetragen ist, während eines Zeitraums von fünf aufeinander folgenden Jahren in Kenntnis dieser Benutzung geduldet hat, es sei denn, dass die Anmeldung der Marke mit jüngerem Zeitrang bösgläubig vorgenommen worden ist. Das Gleiche gilt für den Inhaber eines Rechts mit älterem Zeitrang an einer durch Benutzung erworbenen Marke im Sinne des § 4 Nr. 2, an einer notorisch bekannten Marke im Sinne des § 4 Nr. 3, an einer geschäftlichen Bezeichnung im Sinne des § 5 oder an einer Sortenbezeichnung im Sinne des § 13 Abs. 2 Nr. 4. Die Eintragung einer Marke kann ferner nicht gelöscht werden, wenn der Inhaber eines der in den §§ 9 bis 13 genannten Rechte mit älterem Zeitrang der Eintragung der Marke vor der Stellung des Antrags auf Löschung zugestimmt hat.

(3) Die Eintragung kann aufgrund einer bekannten Marke oder einer bekannten geschäftlichen Bezeichnung mit älterem Zeitrang nicht gelöscht werden, wenn die Marke oder die geschäftliche Bezeichnung an dem für den Zeitrang der Eintragung der Marke mit jüngerem Zeitrang maßgeblichen Tag noch nicht im Sinne des § 9 Abs. 1 Nr. 3, des § 14 Abs. 2 Nr. 3 oder des § 15 Abs. 3 bekannt war.

(4) Die Eintragung kann aufgrund der Eintragung einer Marke mit älterem Zeitrang nicht gelöscht werden, wenn die Eintragung der Marke mit älterem Zeitrang am Tag der Veröffentlichung der Eintragung der Marke mit jüngerem Zeitrang

1. wegen Verfalls nach § 49 oder
2. wegen absoluter Schutzhindernisse nach § 50

hätte gelöscht werden können.

(5) Liegt ein Nichtigkeitsgrund nur für einen Teil der Waren oder Dienstleistungen vor, für die die Marke eingetragen ist, so wird die Eintragung nur für diese Waren oder Dienstleistungen gelöscht.

Übersicht

I. Allgemeines

1 Während § 49 die Löschung einer Marke aus Gründen, die nach der Eintragung entstanden sind (Verfall), und § 50 die Löschung von Marken betrifft, die trotz absoluter Schutzhindernisse zu Unrecht eingetragen worden sind, regelt § 51 die Löschung wegen des Bestehens älterer Rechte. *Diese älteren Rechte können nur im Wege der Klage vor den Zivilgerichten geltend gemacht werden.* Ein Löschungsverfahren vor dem DPMA wegen des Bestehens älterer Rechte ist dagegen nicht vorgesehen.

II. Regelungsbereich

2 Nach § 51 Abs. 1 kann Klage auf Löschung einer eingetragenen Marke erhoben werden, wenn der Marke eines der in den §§ 9–13 aufgeführten Rechte mit älterem Zeitrang entgegensteht. Dabei kann es sich um ältere eingetragene Marken (§ 9), ältere notorisch bekannte Marken (§ 10), rechtswidrige Agentenmarken (§ 11), ältere Benutzungsmarken (§ 4 Nr. 2), ältere Unternehmenskennzeichen (§ 12) oder sonstige ältere Rechte wie Namensrechte, das Recht an der eigenen Abbildung, Urheberrechte, Sortenbezeichnungen, geografische Herkunftsangaben und sonstige gewerbliche Schutzrechte (§ 13) handeln. Der ältere Zeitrang einer geschäftlichen Bezeichnung ist allerdings im Recht der Gleichnamigen nicht anwendbar.[1] Die *Möglichkeit eines Widerspruchs* innerhalb von drei Monaten nach dem Tag der Veröffentlichung der Eintragung der jüngeren Marke (§ 42 Abs. 1) *steht der Zulässigkeit* einer selbst vor Ablauf von drei Monaten *erhobenen Löschungsklage nicht entgegen.* § 51 Abs. 2–4 enthält Schrankenbestimmungen zu diesen Löschungsgründen.

III. Schranken

1. Verwirkung – § 51 Abs. 2 S. 1, 2

3 § 51 Abs. 2 S. 1, 2 regelt die Verwirkung von Löschungsansprüchen. § 51 Abs. 2 S. 1, 2 ergänzt insofern § 21 Abs. 1, 2 zu der Verwirkung von Unterlassungsansprüchen. Anders als die zehnjährige Ausschlussfrist des § 50 Abs. 2 S. 2 für einen Antrag auf Nichtigkeit wegen absoluter Schutzhindernisse korrespondiert die fünfjährige Ausschlussfrist des § 50 Abs. 2 S. 1 mit der des § 21 Abs. 1. § 51 Abs. 2 S. 2, 3 stellt weitgehend nur klar, dass keine über Unterlassungsansprüche hinausgehenden Löschungsansprüche bestehen können. Im Einzelnen kann auf die Kommentierung zu § 21 verwiesen werden. Anders als § 21 Abs. 4 enthält § 51 keinen Verweis auf die allgemeinen Verwirkungsgrundsätze nach § 242 BGB. Diese kommen daher nicht zur Anwendung, zumal dem DPMA bei dem summarischen Verfahren keine Beweiswürdigung mit Mitteln des Vollbeweises zur Verfügung steht.[2]

---

1 BGH, GRUR 2011, 836 – Gartencenter Pötschke.
2 So im Ergebnis auch *Ströbele/Hacker*, § 51 Rn. 6; a. A. *Ingerl/Rohnke*, § 51 Rn. 7, mit Hinweis auf OLG München Urt. v. 2.2.2006 – 6 U 2456/05 – Malteser.

2. Zustimmung – § 51 Abs. 2 S. 3

§ 51 Abs. 2 S. 3 stellt klar, dass eine vorherige oder nachträgliche Einwilligung der Inhaber **4** des prioritätsälteren Rechts in die Eintragung einem Löschungsanspruch entgegensteht. Dies folgt schon aus allgemeinen vertragsrechtlichen Gesichtspunkten.

3. Berücksichtigung einer erst späteren Bekanntheit – § 51 Abs. 3

§ 51 Abs. 3 liegt der gleiche Rechtsgedanke wie § 51 Abs. 2 S. 1, 2 zugrunde. Danach kann **5** dem Markeninhaber kein über den Unterlassungsanspruch hinausgehender Löschungsanspruch zustehen. Auch Unterlassungsansprüche aus einem allein aufgrund Bekanntheit geschützten Kennzeichen sind ausgeschlossen, wenn das Kennzeichen zum Zeitpunkt der Eintragung der jüngeren Marke noch nicht bekannt war. Nach § 21 Abs. 1 verwirkt grundsätzlich der Inhaber einer Marke oder einer geschäftlichen Bezeichnung seine Ansprüche, wenn er die Benutzung der jüngeren Marke während eines Zeitraums von fünf aufeinanderfolgenden Jahren in Kenntnis dieser Benutzung geduldet hat. Eine darüber hinausgehende Verwirkung nach allgemeinen Grundsätzen kommt dagegen nur in engen Grenzen in Betracht. Im Einzelnen kann auf die Kommentierung zu § 21 verwiesen werden.

4. Zwischenrechte – § 51 Abs. 4

Nach § 51 Abs. 4 kann sich der Inhaber der Marke mit jüngerem Zeitrang einredeweise auf **6** die Löschungsreife der älteren Marke wegen Vorliegens eines Verfallsgrunds nach § 49 oder der Nichtigkeit wegen absoluter Schutzhindernisse nach § 50 zum Zeitpunkt der Eintragung der jüngeren Marke berufen. § 51 Abs. 4 korrespondiert mit § 22 Abs. 1 Nr. 2, der Unterlassungs- und sonstige Folgeansprüche betrifft (s. § 22 Rn. 3–4).

IV. Teillöschung – § 51 Abs. 5

§ 51 Abs. 5 bestätigt wiederum den für das Löschungsverfahren geltenden Grundsatz, dass **7** nur die von der Nichtigkeit betroffenen Waren und Dienstleistungen zu löschen sind.

V. Gemeinschaftsmarkenrecht

Art. 53 GMV (s. § 21 Rn. 18) enthält eine entsprechende Regelung zur Verwirkung, wobei **8** Art. 53 GMV allerdings nicht zwischen Löschungsansprüchen und sonstigen Ansprüchen unterscheidet. Zu dem Entstehen von Zwischenrechten enthält die GMV dagegen keine entsprechenden Regelungen, mit denen aber ohnehin nur weitgehend allgemeine Rechtsgrundsätze kodifiziert werden.

§ 52
Wirkungen der Löschung wegen Verfalls
oder Nichtigkeit

(1) Die Wirkungen der Eintragung einer Marke gelten in dem Umfang, in dem die Eintragung wegen Verfalls gelöscht wird, als von dem Zeitpunkt der Erhebung der Klage auf Löschung an nicht eingetreten. In der Entscheidung kann auf Antrag einer Partei ein früherer Zeitpunkt, zu dem einer der Verfallsgründe eingetreten ist, festgesetzt werden.

(2) Die Wirkungen der Eintragung einer Marke gelten in dem Umfang, in dem die Eintragung wegen Nichtigkeit gelöscht wird, als von Anfang an nicht eingetreten.

(3) Vorbehaltlich der Vorschriften über den Ersatz des Schadens, der durch fahrlässiges oder vorsätzliches Verhalten des Inhabers einer Marke verursacht worden ist, sowie der Vorschriften über ungerechtfertigte Bereicherung, berührt die Löschung der Eintragung der Marke nicht

1. Entscheidungen in Verletzungsverfahren, die vor der Entscheidung über den Antrag auf Löschung rechtskräftig geworden und vollstreckt worden sind, und
2. vor der Entscheidung über den Antrag auf Löschung geschlossene Verträge insoweit, als sie vor dieser Entscheidung erfüllt worden sind. Es kann jedoch verlangt werden, dass in Erfüllung des Vertrages gezahlte Beträge aus Billigkeitsgründen insoweit zurückerstattet werden, wie die Umstände dies rechtfertigen.

Übersicht

I. Allgemeines

1 Die Registermarke entsteht nach § 4 Nr. 1 durch die Eintragung in das Markenregister. Mit der Eintragung der Löschung der Registermarke geht die Marke unter. § 52 regelt die Wirkungen der Löschung einer Registermarke für den Zeitraum vor Eintragung der Löschung wegen Verfalls nach § 49 oder Nichtigkeit nach §§ 50 f. Die zeitliche Vorverlegung der Wirkungen hat etwa Bedeutung für das *Entstehen von Zwischenrechten* (vgl. §§ 22 Abs. 1 Nr. 2, 51 Abs. 4) und die *Geltendmachung von (nicht in die Zukunft gerichteten) Schadens-*

ersatzansprüchen und bereichungsrechtlichen Ansprüchen aus der gelöschten Marke. Die zeitliche Vorverlegung kann auch Bedeutung gewinnen, wenn sich ein Dritter im Hinblick auf in die Vergangenheit gerichtete Abwehransprüche einredeweise auf die gelöschte Marke beruft (s. § 55 Rn. 24).

II. Löschung wegen Verfalls – § 52 Abs. 1

§ 52 Abs. 1 regelt die Rückwirkung der Löschung einer Marke wegen Verfalls. Die Ver-   **2** fallsgründe sind in § 49 aufgeführt. In der Praxis steht der Verfallsgrund der Nichtbenutzung nach § 49 Abs. 1 im Vordergrund.

1. Rückwirkung auf Zeitpunkt der Klagezustellung

§ 52 Abs. 1 S. 1 sieht die *Rückwirkung der Gestaltungswirkung der Löschung auf den Zeit-*   **3** *punkt der Erhebung der Klage vor.* Dies ist der Zeitpunkt, zu dem die Klage zugestellt worden ist (§ 253 Abs. 1 ZPO). Daher ist das Zustelldatum im Register einzutragen. Zwar sieht § 18 Nr. 25a MarkenV für den Fall eines Antrags auf Löschung nur vor, dass der Tag des Eingangs des Löschungsantrags in das Register eingetragen wird. Aber auch bei einer Löschungsklage handelt es sich um einen Antrag auf Löschung, bei dem die Zustellung der Klage an die Stelle des Eingangs des Löschungsantrags beim DPMA tritt.[1] Aus dem gleichen Grund wirkt, auch wenn § 52 Abs. 1 S. 1 insofern eine Regelungslücke enthält, eine Löschung durch das DPMA auf den Tag des Eingangs des beim DPMA gestellten Löschungsantrags zurück.[2]

2. Weiterreichende Rückwirkung

Die Rückwirkung der Löschung auf den Zeitpunkt der Klagerhebung wird in vielen Fällen   **4** dem Klägerinteresse hinreichend gerecht. Der Kläger kann aber auch ein Interesse an einer weitergehenden Rückwirkung haben.

a) Antrag

§ 52 Abs. 1 S. 2 sieht daher vor, dass auf Antrag einer Partei ein früherer Zeitpunkt, zu   **5** dem einer der Verfallsgründe eingetreten ist, festgestellt werden kann. Eine weitergehende Rückwirkung muss allerdings zur Entscheidung des Gerichts gestellt werden (§ 308 Abs. 1 ZPO). Dies geschieht dadurch, dass der Kläger zusätzlich zu dem Löschungsantrag einen Feststellungsantrag stellt. Der Feststellungsantrag ist darauf gerichtet, dass die Wirkungen der Eintragung der Marke als ab einem bestimmten Zeitpunkt nicht eingetreten gelten.

---

1 *Ströbele/Hacker*, § 52 Rn. 3.
2 Vgl. *Ingerl/Rohnke*, § 52 Rn. 11.

b) Rechtsschutzbedürfnis

6 Zwar ist für einen Antrag nach § 52 Abs. 1 S. 2 kein Feststellungsinteresse wie für eine selbstständige Feststellungsklage nach § 256 Abs. 1 ZPO erforderlich; allerdings ist anders als für den Löschungsantrag (§ 55 Abs. 1 Nr. 1) nicht vorgesehen, dass jedermann befugt ist, Feststellungsantrag zu erheben.[3] Zu fordern ist ein Rechtsschutzbedürfnis als allgemeine Prozessvoraussetzung. Insoweit gelten vergleichbare Kriterien wie für die Zwischenfeststellungsklage nach § 256 Abs. 2 ZPO. Demnach liegt ein Rechtsschutzbedürfnis vor, wenn die begehrte Feststellung der Rückwirkung zwischen den Parteien oder zwischen einer Partei und einem Dritten noch Bedeutung gewinnen kann. Dies kann insbesondere Zeichenkollisionen für den Zeitraum vor Klagezustellung betreffen.

c) Zeitraum

7 Innerhalb seines Rechtsschutzinteresses steht es dem Kläger frei, für welchen Zeitraum er eine gerichtliche Klärung begehrt. Frühester Zeitpunkt der Rückwirkung ist der Eintritt des Verfallsgrundes. Je weiter die Rückwirkung zurückreicht, desto schwieriger kann sich der Nachweis der durchgehenden Löschungsreife für den Kläger gestalten.

d) Isolierte Feststellungsklage

8 Auch für eine isolierte Klage auf Feststellung kann ein Rechtsschutzinteresse bestehen, ohne dass der Kläger darauf zu verweisen ist, den Verfall in einem späteren Verletzungsprozess einredeweise geltend zu machen.[4] Ebenso wenig tritt Erledigung in der Hauptsache ein, wenn der Markeninhaber nach § 48 im Löschungsverfahren auf die Marke verzichtet, sofern der Antragsteller ein Rechtsschutzinteresse an einer Ex-tunc-Wirkung nach § 52 Abs. 2 hat.[5]

e) Drittwirkungen

9 *Die Rückwirkung der Löschung auf den Zeitpunkt der Klagerhebung ist eine gesetzliche Folge des Löschungsurteils als Gestaltungsurteil*, ohne dass es eines besonderen Ausspruchs bedarf. Diese Wirkung tritt für alle ein. Insbesondere können dem früheren Inhaber der mittlerweile gelöschten Marke *auch gegenüber einem am Löschungsverfahren nicht beteiligten Dritten* keine markenrechtlichen Ansprüche für den Zeitraum zwischen Erhebung der Klage und Löschung der Marke zustehen. *Ungeklärt ist die Frage, ob dies auch im Fall einer weitergehenden Rückwirkung aufgrund eines Feststellungsantrags nach § 52 Abs. 1 S. 2 gilt.* § 52 Abs. 1 S. 1 sieht letztlich von einer Rückwirkung der Löschung auf den Zeitpunkt des Entstehens des Verfallsgrundes allein aus prozessökonomischen Gründen ab. Es soll kein Streit über den Zeitpunkt des Eintritts der Löschungsreife geführt werden, wenn die Klägerin dies nicht beantragt und hieran kein Rechtsschutzbedürfnis hat. Allein deshalb bedarf es für eine weitergehende Rückwirkung eines besonderen Antrags.

---

3 Vgl. *Ingerl/Rohnke*, § 52 Rn. 6; offengelassen in OLG München, MarkenR 2005, 337 – FLOWERS; a. A. *Ströbele/Hacker*, § 52 Rn. 7.
4 A. A. *Ingerl/Rohnke*, § 52 Rn. 9; *Ströbele/Hacker*, § 52 Rn. 13.
5 BGH, WRP 2001, 408 = GRUR 2001, 337, 338 – EASYPRESS.

Stuckel

Dies ändert aber nichts daran, dass es sich bei der Löschungsklage unabhängig von einem Feststellungsantrag um eine auf rückwirkende Rechtsgestaltung zielende Klage handelt. Allein das gegenüber der Löschung als solcher weniger ausgeprägte Allgemeininteresse an der Rückwirkung rechtfertigt daher keine unterschiedliche Behandlung der beiden Konstellationen.[6] Auch der nach § 52 Abs. 1 S. 2 festgestellte frühere Zeitpunkt einer Löschungswirkung ist daher in Erweiterung des § 18 Nr. 25 MarkenV im Register zu vermerken. Jedenfalls besteht ein Rechtsschutzbedürfnis, wenn die Gefahr der Geltendmachung von Schadensersatzansprüchen für die Vergangenheit besteht.[7]

f) Löschungsreife nach Klageerhebung

Tritt die Löschungsreife erst nach Klageerhebung ein, wäre eine Rückwirkung nach § 52 vor Entstehen des Verfallsgrundes nicht gerechtfertigt. Analog § 52 Abs. 1 S. 2 ist daher der Beklagte berechtigt, die Festsetzung eines späteren Zeitpunkts zu beantragen.[8] **10**

3. Löschung wegen Nichtigkeit – § 52 Abs. 2

Die absoluten Nichtigkeitsgründe ergeben sich aus § 50 Abs. 1, die relativen aus § 51 Abs. 1. Nichtigkeitsgründe haften der Marke schon mit Eintragung an. Die Löschung einer Marke wegen Nichtigkeit wirkt für alle. Die Marke gilt als von Anfang an unwirksam. § 52 Abs. 2 sieht daher vor, dass der Löschung eine *Ex-tunc-Wirkung* auf den Zeitpunkt der Eintragung zukommt. Mit Löschung der Marke wegen Nichtigkeit wird dem Markeninhaber rückwirkend die durch die Eintragung verliehene Rechtsstellung entzogen.[9] Eine auf die gelöschte Marke gestützte Verletzungsklage gilt als von Anfang an unberechtigt. Dies ist auch noch im Revisionsverfahren zu beachten.[10] **11**

III. Schranken der Rückwirkung – § 52 Abs. 3

§ 52 Abs. 3 sieht Schranken der Rückwirkung der Löschung wegen Verfalls oder Nichtigkeit vor. § 52 Abs. 3 dient damit dem Rechtsfrieden. **12**

1. Rechtskräftige Verletzungsverfahren (Nr. 1)

Nach § 52 Abs. 3 Nr. 1 soll eine Rückabwicklung von Entscheidungen in Verletzungsverfahren, die vor der Entscheidung über den Antrag auf Löschung rechtskräftig geworden sind, unterbleiben. Zwar kann sich der „Verletzer" für die Zukunft auf das Löschungsurteil berufen und sich etwa gegen titulierte Unterlassungsansprüche und Schadensersatzansprüche für den Zeitraum ab festgestellter Rückwirkung mit der Vollstreckungsgegenklage **13**

---

6 A. A. *Ingerl/Rohnke*, § 52 Rn. 10.
7 *Ströbele/Hacker*, § 52 Rn. 13.
8 *Ingerl/Rohnke*, § 52 Rn. 5: auch ohne Antrag.
9 Vgl. zur Umstellung eines bereits anhängigen Löschungsantrags auf einen Fortsetzungsfeststellungsantrag: *Ingerl/Rohnke*, § 52 Rn. 13.
10 Vgl. für die Nichtigkeitserklärung eines Patents: *Benkard*, § 22 Rn. 63.

nach § 767 ZPO zur Wehr setzen. *Ein Anspruch auf Erstattung schon bezahlten Schadensersatzes, Verfahrenskosten und Ordnungsgelder nach § 890 ZPO besteht dagegen nicht.* Auch insofern gilt die Entscheidung im Verletzungsverfahren als vollstreckt. Die Wiederaufnahme des Verletzungsverfahrens nach §§ 57 f. ZPO ist grundsätzlich ausgeschlossen. *Nur unter engen Voraussetzungen können Schadensersatz- und Bereicherungsansprüche,* die durch § 52 Abs. 3 nicht ausgeschlossen werden, bestehen. Diese engen Voraussetzungen können erfüllt sein, wenn der Inhaber im Fall der Löschung wegen Verfalls die Löschung durch Verstoß gegen seine prozessuale Wahrheitspflicht oder durch bewusste Prozessverschleppung hinausgezögert oder im Fall der Löschung wegen Nichtigkeit die Eintragung durch unrichtige Angaben erschlichen hat. Im Rahmen eines noch anhängigen Löschungs- oder Verletzungsverfahren kann die rechtskräftige Löschung der Klagemarke einredeweise geltend gemacht werden, und zwar bis einschließlich des Revisionsverfahrens.[11]

2. Rückabwicklung von Verträgen (Nr. 2)

14   Nach § 52 Abs. 3 Nr. 2 soll auch eine Rückabwicklung von Verträgen, die vor einer Entscheidung über den Antrag auf Löschung erfüllt worden sind, unterbleiben. § 52 Abs. 3 S. 2 sieht allerdings einen *Erstattungsanspruch aus Billigkeitsgründen* vor. Wenn die Umstände dies rechtfertigen, kann der Vertragspartner die Rückerstattung der in Erfüllung des Vertrags gezahlten Beträge verlangen. Für diesen Ausnahmetatbestand ist auf die besonderen Umstände des Einzelfalls abzustellen. Ein Ausgleich aus Billigkeitsgründen kann dann gerechtfertigt sein, wenn der Markeninhaber die Löschungsreife kannte oder kennen musste und der Vertragspartner auch unter Berücksichtigung des Verhaltens des Markeninhabers bei Vertragsanbahnung oder sonstiger erkennbarer oder naheliegender Umstände keinen Anlass zur Annahme einer möglichen Löschungsreife hatte. Ein Erstattungsanspruch kommt dagegen regelmäßig nicht in Betracht, wenn es sich bei dem Vertrag im Hinblick auf die Rechtsbeständigkeit der Marke erkennbar um ein Risikogeschäft handelt.

IV. Gemeinschaftsmarkenrecht

15   § 52 ist Art. 54 GMV nachgebildet. Artikel 54 Abs. 1 GMV ist insoweit präziser, als er für den üblichen Zeitpunkt der Rückwirkung einer Löschung wegen Verfalls nicht auf die Erhebung der Klage, sondern auf die Antragstellung abstellt und damit ausdrücklich auch den Antrag beim Harmonisierungsamt erfasst. Weiter trägt Art. 54 Abs. 1 GMV dem Umstand Rechnung, dass die Nichtigkeit im Gemeinschaftsmarkenrecht auch im Wege der Widerklage geltend gemacht werden kann.

---

11 BGH, WRP 2008, 1206 – CityPOST; WRP 2008, 1202 – POST.

§ 53
Löschung durch das Patentamt wegen Verfalls

(1) Der Antrag auf Löschung wegen Verfalls (§ 49) kann, unbeschadet des Rechts, den Antrag durch Klage nach § 55 geltend zu machen, beim Patentamt gestellt werden.

(2) Das Patentamt unterrichtet den Inhaber der eingetragenen Marke über den Antrag und fordert ihn auf, dem Patentamt mitzuteilen, ob er der Löschung widerspricht.

(3) Widerspricht der Inhaber der eingetragenen Marke der Löschung nicht innerhalb von zwei Monaten nach Zustellung der Mitteilung, wird die Eintragung gelöscht.

(4) Widerspricht der Inhaber der eingetragenen Marke der Löschung, teilt das Patentamt dies dem Antragsteller mit und unterrichtet ihn darüber, dass der Antrag auf Löschung durch Klage nach § 55 geltend zu machen ist.

Übersicht

I. Allgemeines

§ 53 sieht ein einfaches Verfahren zur Löschung von Marken wegen Verfalls (§ 49) vor. **1** Wird Löschungsantrag beim DPMA gestellt, hat der Inhaber die Möglichkeit, innerhalb von zwei Monaten nach Zustellung zu widersprechen. *Wenn der Inhaber der Löschung nicht widerspricht, wird die Marke gelöscht.* Wenn der Inhaber widerspricht, unterrichtet das DPMA den Antragsteller. *Mit der Mitteilung des Widerspruchs ist das Löschungsverfahren vor dem DPMA beendet.* Der Antragsteller wird darauf verwiesen, Löschungsklage nach § 55 vor den Zivilgerichten zu erheben. Bei dem Löschungsverfahren vor dem DPMA handelt es sich um ein rein formelles Verfahren. Das DPMA prüft nicht, ob die Marke tatsächlich verfallen ist.

§ 53 dient dazu, ein unnötiges Löschungsverfahren vor den Zivilgerichten zu verhindern. **2** Dieses Ziel kann auch durch ein vorgerichtliches Aufforderungsschreiben zum Verzicht auf die Marke (§ 48) unter Setzung einer bestimmten Frist zur Meidung einer Löschungsklage erreicht werden. Eine zusätzliche Bedeutung gewinnt der Löschungsantrag nach § 53 dadurch, dass *eine Heilung der Löschungsreife wegen Nichtbenutzung gemäß § 49 Abs. 1 S. 2 nach Stellung des Löschungsantrags nicht mehr möglich ist.* Zwar bleiben auch bei einem Aufforderungsschreiben nach § 49 Abs. 1 S. 3 Benutzungshandlungen nach Zugang unbeachtlich, wenn innerhalb von drei Monaten Löschungsklage eingereicht wird. Hat allerdings der Inhaber der Marke zum Zeitpunkt des Zugangs des Aufforderungsschreibens schon Kenntnis davon erhalten, dass Antrag auf Löschung gestellt werden könnte, besteht die Gefahr, dass die Frist des § 49 Abs. 1 S. 3 von drei Monaten in dem

Zeitraum zwischen Zugang des Aufforderungsschreibens und vor Klageerhebung abläuft. Dies kann mit einem Löschungsantrag beim DPMA verhindert werden. Im Fall der Erhebung einer Löschungsklage ohne vorherigen Löschungsantrag ist eine Aufnahme der Benutzung, die länger als drei Monate vor der Einreichung der Klage zurückliegt, zu beachten. Bei vorheriger Stellung eines Antrags auf Löschung kommt es dagegen nur auf den Zeitraum vor Stellung des Antrags (§ 49 Abs. 1 S. 2) bzw. ab drei Monate davor (§ 49 Abs. 1 S. 3) an, wenn die Anschlussfrist des § 49 Abs. 1 S. 3 gewahrt wird, d. h. innerhalb von drei Monaten nach Zustellung des Widerspruchs gegen den Löschungsantrag die Einreichung der Klage erfolgt.

II. Einzelheiten

1. Antrag

3   Jedermann ist zur Stellung des Löschungsantrags befugt. Für den Antrag auf Löschung soll nach § 43 Abs. 1 MarkenV das vom DPMA herausgegebene Formblatt[1] benutzt werden. In dem Antrag ist anzugeben, ob Antrag auf vollständige oder teilweise (§ 49 Abs. 3) Löschung einer Marke wegen Verfalls gestellt und welcher Löschungsgrund geltend gemacht wird. Über die Angabe eines Löschungsgrundes hinaus ist eine weitergehende Begründung nicht vorgesehen. Die Mindestanforderungen an einen Löschungsantrag ergeben sich aus § 43 Abs. 2 MarkenV. Wenn der Markeninhaber innerhalb einer Frist von zwei Monaten nach Zustellung des Antrags nicht widerspricht, wird die Marke antragsgemäß gelöscht. Das DPMA prüft nur, ob der Antrag der formellen Mindestanforderung entspricht. Eine materiell-rechtliche Prüfung durch das DPMA entfällt.

2. Zustellung

4   Der Antrag auf Löschung ist dem nach § 28 Abs. 3 in der Markenrolle als Inhaber der Marke Eingetragenen zuzustellen. Bei Vorliegen eines Antrags auf Eintragung eines Rechtsübergangs ist der Antrag auch dem Rechtsnachfolger zuzustellen.

3. Rechtsmittel

5   Gegen den den Löschungsantrag zurückweisenden Beschluss der Markenabteilung (§ 56 Abs. 3) ist die Beschwerde (§ 66) statthaft. Die Löschung wird dagegen ohne vorherigen Beschluss vollzogen. Ein rechtsmittelfähiger Beschluss ist auch nicht erforderlich, da es sich bei der zweimonatlichen Widerspruchsfrist um eine Ausschlussfrist handelt.

III. Gemeinschaftsmarkenrecht

6   Art. 55 Abs. 1 lit. a) GMV sieht ebenfalls ein Löschungsverfahren wegen Verfalls vor dem Amt vor. Anders als nach nationalem Recht erfolgt im Gemeinschaftsmarkenrecht eine

---

1 S. www.dpma.de/Formulare/Marke.

materiell-rechtliche Prüfung, ob ein Verfallsgrund vorliegt. Demgemäß werden den Beteiligten nach Art. 56 Abs. 1 GMV in einem kontradiktorischen Verfahren Fristen gesetzt. Bei Zulässigkeit des Antrags trifft das Harmonisierungsamt eine Sachentscheidung. Nach Art. 56 GMV wird entweder die Marke ganz oder teilweise für verfallen erklärt oder der Antrag zurückgewiesen.

§ 54
Löschungsverfahren vor dem Patentamt
wegen absoluter Schutzhindernisse

(1) Der Antrag auf Löschung wegen absoluter Schutzhindernisse (§ 50) ist beim Patentamt zu stellen. Der Antrag kann von jeder Person gestellt werden.

(2) Wird ein Antrag auf Löschung gestellt oder wird ein Löschungsverfahren von Amts wegen eingeleitet, so unterrichtet das Patentamt den Inhaber der eingetragenen Marke hierüber. Widerspricht er der Löschung nicht innerhalb von zwei Monaten nach Zustellung der Mitteilung, so wird die Eintragung gelöscht. Widerspricht er der Löschung, so wird das Löschungsverfahren durchgeführt.

Übersicht

I. Allgemeines

1   § 54 regelt das Löschungsverfahren vor dem DPMA wegen absoluter Schutzhindernisse. Die Bestimmung ermöglicht insbesondere die Löschung einer zu Unrecht eingetragenen Marke. § 54 kommt erhebliche Bedeutung zu, weil das *Löschungsverfahren vor dem DPMA die einzige Möglichkeit darstellt, die Löschung wegen absoluter Schutzhindernisse geltend zu machen.* Die Löschung von Amts wegen ist in § 54 Abs. 2 geregelt. Das MarkenG sieht eine Löschungsklage vor den Zivilgerichten wegen absoluter Schutzhindernisse nicht vor. Daraus folgt, dass eine Widerklage ebenfalls unzulässig ist. Die Löschungsreife nach §§ 3, 7 und 8 kann im Verletzungsprozess auch nicht einredeweise geltend gemacht werden (s. § 50 Rn. 1).

2   Das Löschungsverfahren nach § 54 steht einer Verletzungsklage aus der Marke, deren Löschung beantragt wird, nicht entgegen. Allerdings kommt die *Aussetzung des Verletzungsprozesses* nach § 148 ZPO in Betracht, wenn der Löschungsantrag einige Erfolgsaussichten hat.[1]

3   § 54 unterscheidet zwischen dem *Antrags- und dem Amtsverfahren.* Das Antragsverfahren wird durch Antrag eines Dritten, das Amtsverfahren von Amts wegen eingeleitet. § 54 Abs. 1, 2 regelt das Antragsverfahren. Dabei handelt es sich um ein kontradiktorisches Verfahren, auf das zur Ausfüllung der markenrechtlichen Verfahrensvorschriften Bestimmungen der ZPO wie z.B. zur Rechtskraftwirkung sowie allgemeine verfahrensrechtliche

---

1 Vgl. BGH, GRUR 1987, 284 – Transportfahrzeug: zur Aussetzung eines Patentverletzungsprozesses.

Grundsätze ergänzend Anwendung finden.[2] § 54 Abs. 2 regelt darüber hinaus auch das Amtslöschungsverfahren.

§ 50 enthält ergänzende Regelungen. Insbesondere verlangt § 50 Abs. 2 für den Regelfall, dass der *Löschungsgrund zum Zeitpunkt der Entscheidung über den Antrag auf Löschung fortbesteht.* § 50 Abs. 2 S. 2 enthält eine *Ausschlussfrist.* § 50 Abs. 4 regelt die *Teil-Löschungsreife.*   **4**

II. Einzelheiten

1. Antrag – § 54 Abs. 1

Der Antrag kann von *jedermann* gestellt werden, es handelt sich demgemäß um ein Popu-   **5**
larverfahren.[3] Dadurch soll dem öffentlichen Interesse an der Freihaltung des Registers von schutzunfähigen Marken Rechnung getragen werden. Aus diesem Grund kann auch der Einwand der „unclean hands" keine Rolle spielen. Der Inhaber der Marke kann insbesondere nicht einwenden, dass der Antragsteller eine vergleichbare Marke angemeldet hat[4] oder beispielsweise Inhaber einer identischen Gemeinschaftsmarke ist. Allein aufgrund des öffentlichen Interesses würde allerdings der Ausschluss jedweder persönlicher Einrede des Markeninhabers wie etwa der Verwirkung, des Rechtsmissbrauchs und der exceptio pacti aus Nichtangriffsklauseln vorzunehmen.[5] Da es sich bei dem Antragsverfahren um ein kontradiktorisches Verfahren handelt (s. Rn. 2) und dem öffentlichen Interesse durch die Möglichkeit eines Amtslöschungsverfahrens sowie der Möglichkeit weiterer Antragsverfahren Rechnung getragen wird, begegnet jedoch der Annahme eines generellen Übergewichts öffentlicher Interessen Bedenken.[6]

Der Antrag auf Löschung muss nach §§ 44, 43 Abs. 2 bestimmte *Mindestangaben* enthal-   **6**
ten, nämlich die Registernummer der Marke, deren Löschung beantragt wird (Nr. 1), den Namen und die Anschrift des Antragstellers (Nr. 2), ggf. den Namen und die Anschrift des Vertreters (Nr. 3), falls Teillöschung beantragt wird, die Angabe der Waren und Dienstleistungen, für die die Löschung beantragt oder nicht beantragt wird (Nr. 4), und der Löschungsgrund (Nr. 5). Es empfiehlt sich, sämtliche in Betracht kommenden Löschungsgründe anzugeben, da das DPMA im Antragsverfahren und das BPatG im Beschwerdeverfahren nur vorgetragene Lösungsgründe berücksichtigen können.[7] Nach §§ 44, 43 Abs. 1 soll das vom DPMA herausgegebene Formblatt[8] benutzt werden. Oft wird aber eine näher begründete Antragsschrift zweckmäßiger erscheinen.

---

2 BGH, GRUR 1993, 969, 971 – Indorektal II.
3 BPatG, GRUR 2006, 155 – Salat-Fix.
4 BPatG, GRUR 1999, 746, 747 – Omeprazok.
5 Vgl. *Ingerl/Rohnke*, § 54 Rn. 4 f. m. w. N.
6 So schon *Jackermeier*, Die Löschungsklage im Markenrecht, S. 143–157 zum WZG.
7 BPatG, GRUR 1999, 746, 747 – Omeprazok.
8 S. www.dpma.de/Formulare/Marke.

2. Löschungsverfahren – § 54 Abs. 2

7 Das DPMA stellt den Antrag dem im Register eingetragenen Markeninhaber (§ 28 Abs. 3 S. 1) zu, im Fall eines schon gestellten Umschreibungsantrags zusätzlich dem Rechtsnachfolger (§ 28 Abs. 3 S. 2). Allerdings muss der Antrag den formellen Anforderungen (s. Rn. 6) entsprechen. Eine inhaltliche Vorprüfung nimmt das DPMA dagegen nicht vor. Der Inhaber der Marke und der Rechtsnachfolger können innerhalb von zwei Monaten nach Zustellung der Mitteilung des DPMA widersprechen. Widerspricht der Markeninhaber innerhalb dieser Frist nicht, wird die Marke gelöscht, wenn der Antrag auf einen Löschungsgrund gem. § 50 Abs. 1 gerichtet und die Ausschlussfrist des § 50 Abs. 2 S. 2 nicht verstrichen ist.

8 Wenn der Markeninhaber widerspricht, wird nach § 54 Abs. 3 S. 3 das Löschungsverfahren vor der Markenabteilung durchgeführt. Dabei gelten die allgemeinen Verfahrensvorschriften (§§ 56–65). Das in § 59 verankerte *Amtsermittlungsprinzip* erfährt aufgrund der Ausgestaltung des Antragsverfahrens als *kontradiktorisches Verfahren* eine Einschränkung. So trägt der Antragsteller die subjektive und objektive Beweislast.[9]

9 Gegen die Entscheidung des DPMA ist nach § 66 Abs. 1 *die Beschwerde* zum BPatG zulässig. Mit Zurücknahme des Löschungsantrags (auch im Beschwerdeverfahren) tritt die Erledigung des Antragsverfahrens ein. Das Antragsverfahren kann aufgrund seines kontradiktorischen Charakters nicht als Amtsverfahren fortgeführt werden.[10] Vielmehr kann das DPMA nach pflichtgemäßem Ermessen nur ein gesondertes neues Löschungsverfahren einleiten.

III. Gemeinschaftsmarkenrecht

10 Das Verfahren zur Erklärung der Nichtigkeit vor dem Amt ist in Art. 55, 56 GMV geregelt. Das GMV sieht insoweit nur ein als kontradiktorisches Verfahren ausgestaltetes Antragsverfahren und kein Amtslöschungsverfahren vor. Eine Frist für einen Widerspruch nach Zustellung des Antrags ist nicht vorgesehen. Vielmehr setzt das Harmonisierungsamt Fristen zur schriftlichen Stellungnahme. Ergänzend zu dem Antragsverfahren vor dem Amt sieht Art. 96 vor, dass in einer gerichtlichen Auseinandersetzung Widerklage auf Erklärung der Nichtigkeit erhoben werden kann. Nach Art. 96 Abs. 7 GMV kann auf Antrag des Markeninhabers das gerichtliche Verfahren ausgesetzt und der Widerkläger aufgefordert werden, innerhalb einer bestimmten Frist beim Harmonisierungsamt die Erklärung der Nichtigkeit zu beantragen.

---

9 BPatG, GRUR 1997, 833, 835 – digital.
10 BGH, WRP 1977, 574 = GRUR 1977, 664 – CHURRASCO.

Stuckel

§ 55
Löschungsverfahren vor den ordentlichen Gerichten

(1) Die Klage auf Löschung wegen Verfalls (§ 49) oder wegen des Bestehens älterer Rechte (§ 51) ist gegen den als Inhaber der Marke Eingetragenen oder seinen Rechtsnachfolger zu richten.

(2) Zur Erhebung der Klage sind befugt:

1. in den Fällen des Antrags auf Löschung wegen Verfalls jede Person,
2. in den Fällen des Antrags auf Löschung wegen des Bestehens von Rechten mit älterem Zeitrang die Inhaber der in den §§ 9 bis 13 aufgeführten Rechte,
3. in den Fällen des Antrags auf Löschung wegen des Bestehens einer geografischen Herkunftsangabe mit älterem Zeitrang (§ 13 Abs. 2 Nr. 5) die nach § 13 Abs. 2 des Gesetzes gegen den unlauteren Wettbewerb zur Geltendmachung von Ansprüchen Berechtigten.

(3) Ist die Klage auf Löschung vom Inhaber einer eingetragenen Marke mit älterem Zeitrang erhoben worden, so hat er auf Einrede des Beklagten nachzuweisen, dass die Marke innerhalb der letzten fünf Jahre vor Erhebung der Klage gemäß § 26 benutzt worden ist, sofern sie zu diesem Zeitpunkt seit mindestens fünf Jahren eingetragen ist. Endet der Zeitraum von fünf Jahren der Nichtbenutzung nach Erhebung der Klage, so hat der Kläger auf Einrede des Beklagten nachzuweisen, dass die Marke innerhalb der letzten fünf Jahre vor dem Schluss der mündlichen Verhandlung gemäß § 26 benutzt worden ist. War die Marke mit älterem Zeitrang am Tag der Veröffentlichung der Eintragung der Marke mit jüngerem Zeitrang bereits seit mindestens fünf Jahren eingetragen, so hat der Kläger auf Einrede des Beklagten ferner nachzuweisen, dass die Eintragung der Marke mit älterem Zeitrang an diesem Tag nicht nach § 49 Abs. 1 hätte gelöscht werden können. Bei der Entscheidung werden nur die Waren oder Dienstleistungen berücksichtigt, für die die Benutzung nachgewiesen worden ist.

(4) Ist vor oder nach Erhebung der Klage das durch die Eintragung der Marke begründete Recht auf einen anderen übertragen worden oder übergegangen, so ist die Entscheidung in der Sache selbst auch gegen den Rechtsnachfolger wirksam und vollstreckbar. Für die Befugnis des Rechtsnachfolgers, in den Rechtsstreit einzutreten, gelten die §§ 66 bis 74 und 76 der Zivilprozessordnung entsprechend.

Übersicht

I. Allgemeines

1   § 55 regelt das *Löschungsverfahren vor den ordentlichen Gerichten* wegen Verfalls nach § 49, insbesondere wegen Nichtbenutzung (§ 49 Abs. 1), aber auch wegen Entwicklung zur gebräuchlichen Bezeichnung (§ 49 Abs. 2 Nr. 1), wegen Täuschungseignung (§ 49 Abs. 2 Nr. 2), wegen Verlusts der Inhabervoraussetzungen (§ 49 Abs. 2 Nr. 3) und wegen des Bestehens älterer Rechte nach § 51 Abs. 1 i.V.m. §§ 9–13, insbesondere prioritätsälterer Marken und Unternehmenskennzeichen. *Dagegen ist eine Löschungsklage oder Widerklage zur Geltendmachung absoluter Schutzhindernisse*, d.h. insbesondere der fehlenden Eintragungsfähigkeit der Marke nach §§ 3, 7 und 8, *nicht vorgesehen*. Insofern besteht nur die Möglichkeit eines Löschungsverfahrens vor dem DPMA nach § 54. Löschungsansprüche wegen Verfalls können dagegen sowohl im Löschungsverfahren vor dem DPMA nach § 53 als auch vor den ordentlichen Gerichten nach § 55 Abs. 1 geltend gemacht werden.

2   § 55 Abs. 2 regelt die *Aktivlegitimation*, § 55 Abs. 1 die *Passivlegitimation*. § 55 Abs. 3 behandelt *die Einrede der Nichtbenutzung* im Fall der Löschungsklage wegen des Bestehens älterer Rechte. § 55 Abs. 4 enthält insbesondere Regelungen zur *Rechtskrafterstreckung eines Löschungsurteils*.

II. Passivlegitimation – § 55 Abs. 1

3   § 55 Abs. 1 regelt, wer richtiger Beklagter ist. § 55 Abs. 1 betrifft damit die *Passivlegitimation*. Eine gegen eine nicht passivlegitimierte Person gerichtete Klage ist unbegründet. Aus dem Wortlaut des § 55 Abs. 1 folgt, dass die Klage sowohl gegen den im Markenregister als Inhaber eingetragenen als auch gegen den noch nicht eingetragenen materiell-rechtlichen Inhaber gerichtet werden kann.[1] Die Registerlage stimmt mit der materiell-rechtlichen Berechtigung insbesondere nach Übertragung der Marke für den Zeitraum nicht überein, in dem die Übertragung materiell-rechtlich schon wirksam, die Umschreibung in das Markenregister aber noch nicht eingetragen ist.

4   § 28 Abs. 1, der eine widerlegbare Vermutung der Rechtsinhaberschaft durch Eintragung in das Markenregister enthält, findet keine Anwendung. *§ 55 Abs. 1 regelt die Passivlegitimation abschließend* und geht damit über eine gesetzliche Vermutung hinaus. Anders als nach dem WZG, unter dessen Geltung der Registerlage eine erhöhte Bedeutung zukam, lässt sich nicht mehr vertreten, dass mit „Rechtsnachfolger" nur der eingetragene Rechtsnachfolger gemeint ist.

---

1 OLG Köln, GRUR-RR 2007, 405 – identische Streitsachen.

Für die Frage, ob die in Anspruch genommene Partei passivlegitimiert ist, kommt es nach   5
allgemeinen prozessualen Grundsätzen auf der *Zeitpunkt der Rechtshängigkeit* und damit
auf den Zeitpunkt der Zustellung der Klage an (§ 261 Abs. 1 ZPO). Der Wegfall der Passivlegitimation nach Rechtshängigkeit wirkt sich auf die Passivlegitimation nicht aus. Vielmehr ist der Rechtsstreit in diesem Fall nach *§ 265 Abs. 2 S. 1 ZPO* zwischen den bisherigen Parteien unverändert fortzuführen. § 55 enthält keine Sonderregelungen zu der Passivlegitimation. Insbesondere betrifft § 55 Abs. 4 nur den Fall der Rechtskrafterstreckung,
d. h. der Wirkung eines gegen die richtige Partei erstrittenen rechtskräftigen Urteils für und
gegen einen Rechtsnachfolger. Bei Ausübung des Wahlrechts, gegen wen die Klage zu
richten ist, muss der Kläger zwei Risiken abwägen. Richtet der Kläger die Klage gegen den
im Register als Inhaber Eingetragenen, besteht die Gefahr, dass die Marke vor Zustellung
auf einen Rechtsnachfolger umgeschrieben wird. Wird die Klage gegen einen nicht als Inhaber Eingetragenen gerichtet, besteht die Gefahr, dass dieser die Inhaberschaft zum Zeitpunkt der Rechtshängigkeit in Abrede stellt.

III. Aktivlegitimation – § 55 Abs. 2

1. Löschung wegen Verfalls (Nr. 1)

Die Löschungsklage wegen Verfalls kann von *jedermann* erhoben werden. Sie ist wegen   6
des öffentlichen Interesses an der Bereinigung des Markenregisters als Popularklage ausgestaltet. Ein im Einzelfall fehlendes öffentliches Interesse, etwa weil die Marke wegen bestehender weiterer Kennzeichenrechte ohnehin nicht von Dritten benutzt werden könnte,
steht der Aktivlegitimation nicht entgegen. Der Aktivlegitimation können im Einzelfall
persönliche Einwendungen wie etwa Rechtsmissbrauch[2] oder eine kartellrechtlich zulässige Nichtangriffsabrede entgegenstehen (s. auch zu Löschungsantrag vor dem DPMA § 54
Rn. 5). Einen Rechtsmissbrauch wird man allerdings nicht schon bei fehlendem Nutzungs-
interesse[3] oder fehlender geschäftlicher Beziehung eines ausländischen Klägers zum Inland annehmen können.[4]

2. Löschung wegen des Bestehens prioritätsälterer Rechte (Nr. 2)

Aktivlegitimiert ist zunächst nur der Inhaber des älteren Rechts. Für die Klagebefugnis   7
Dritter gilt nichts anderes als für den Fall der Unterlassungsklage. Nach dem Rechtsgedanken des § 30 Abs. 3 ist auch ein Lizenznehmer bei Zustimmung des Markeninhabers klagebefugt.[5]

Persönliche Einreden sind zulässig. § 51 Abs. 2 S. 1, 2 sieht dies für die Verwirkung, § 51   8
Abs. 2 S. 3, für die vorherige Zustimmung vor. Eine vorherige Zustimmung kann sich etwa
aus einer Nichtangriffsklausel oder einem Verzicht ergeben. Die Löschungsklage kann zu-

---

2 Tendenziell BGH, WRP 1997, 1089 = GRUR 1997, 747, 748 – Cirkulin; a. A. *Ingerl/Rohnke*, § 55
  Rn. 5, 13.
3 Vgl. OLG München, WRP 1996, 128, 129 – The Beatles.
4 A. A. *Fezer*, § 55 Rn. 5a.
5 BGH, WRP 1998, 1181 = GRUR 1999, 161, 163 – Mac Dog.

dem nach den für die Unterlassungsklage geltenden Grundsätzen rechtsmissbräuchlich sein.

3. Löschung wegen prioritätsälterer geografischer Herkunft (Nr. 3)

9   Für Löschungsansprüche sind wie für Unterlassungsklagen nach § 128 Abs. 1 die nach *§ 13 Abs. 2 UWG* klagebefugten Mitbewerber, Verbände zur Förderung gewerblicher Interessen, qualifizierte Einrichtungen sowie Industrie- und Handelskammern oder Handwerkskammern aktivlegitimiert.

IV. Einrede der Nichtbenutzung – § 55 Abs. 3

10   § 55 Abs. 3 regelt die Einrede der Nichtbenutzung im Fall einer Löschungsklage wegen des Bestehens älterer Rechte. § 55 Abs. 3 S. 1, 2 und 4 *entsprechen* § 25 Abs. 2, der die Einrede der Nichtbenutzung im Verletzungsprozess regelt. Auf die Kommentierung zu § 25 (s. Rn. 7–11) kann daher verwiesen werden. Keine Entsprechung findet dagegen § 55 Abs. 3 S. 3 in § 25 Abs. 2. Danach hat der Inhaber der Marke mit älterem Zeitrang, wenn diese am Tag der Veröffentlichung der Eintragung der Marke mit jüngerem Zeitrang schon seit mindestens fünf Jahren eingetragen war, nachzuweisen, dass die Marke mit älterem Zeitrang am Tag der Veröffentlichung nicht verfallen war. § 55 Abs. 3 greift damit die Regelung des § 50 Abs. 4 Nr. 1 auf. Die scheinbare Lücke im Verletzungsprozess (§ 25 Abs. 2) schließt § 22 Abs. 1 Nr. 2. Danach steht dem Inhaber der Marke mit jüngerem Zeitrang in diesem Fall ein Zwischenrecht zu, so dass dem Inhaber der älteren Marke auch keine Unterlassungs- und sonstigen Folgeansprüche zustehen.

11   Wenn der Löschungsgrund des Bestehens älterer Rechte nicht im Wege der Löschungsklage, sondern in einem Passivprozess *einredeweise* geltend gemacht wird, gilt § 55 Abs. 4 entsprechend. Auf die Gegeneinrede der Nichtbenutzung hat der Inhaber des älteren Rechts die Benutzung nach Maßgabe des § 55 Abs. 3 nachzuweisen.

V. Drittwirkungen des Löschungsurteils

1. Rechtskraftregelung – § 55 Abs. 4 S. 1

12   *§ 55 Abs. 4 S. 1 ergänzt und modifiziert § 325 Abs. 1 ZPO.* Schon nach § 325 Abs. 1 ZPO gilt, dass ein rechtskräftiges Urteil für und gegen die Partei gilt, die nach dem Eintritt der Rechtshängigkeit Rechtsnachfolger geworden ist. § 55 Abs. 4 S. 1 erstreckt die Rechtskraftwirkung auf eine Übertragung vor Rechtshängigkeit. § 55 Abs. 4 S. 1 trägt damit der Regelung des § 55 Abs. 1 Rechnung, wonach in dem Zeitraum zwischen Übertragung und Umschreibung einer Marke die Klage sowohl gegen den im Register als Inhaber Eingetragenen als auch gegen den noch nicht eingetragenen materiell-rechtlich Berechtigten erhoben werden kann. Ohne die Sonderregelung des § 55 Abs. 4 S. 1 könnte der Rechtsnachfolger im Fall der Verurteilung des im Register als Berechtigter Eingetragenen nach dem Wortlaut des § 325 Abs. 1 ZPO einwenden, dass er schon vor Eintritt der Rechtshängigkeit Rechtsnachfolger geworden ist. § 55 Abs. 4 S. 1 regelt daher, dass auch derjenige, der vor

Rechtshängigkeit Rechtsnachfolger geworden ist, ein Löschungsurteil gegen sich wirken lassen muss. Eine Wirkung zu Gunsten des Rechtsnachfolgers kann nur durch Übernahme nach § 55 Abs. 4 S. 2 erreicht werden.

2. Nebenintervention und Streitverkündung – § 55 Abs. 4 S. 2

Für die Befugnis des Rechtsnachfolgers, in den Rechtsstreit einzutreten, gelten die §§ 66–74 ZPO. Der Rechtsnachfolger kann dem im Register Eingetragenen als Nebenintervenienten beitreten. Nach Maßgabe der §§ 62–74 ZPO kann dem Rechtsnachfolger der Streit verkündet werden. **13**

3. Übernahme – § 55 Abs. 4 S. 2

Nach § 55 Abs. 4 S. 2 ist die Regelung über die Urheberbenennung nach § 76 ZPO entsprechend anzuwenden. Nach Maßgabe des § 76 ZPO kann der Rechtsnachfolger mit Zustimmung des in das Register Eingetragenen an dessen Stelle den Prozess übernehmen. **14**

VI. Prozessuales

1. Zuständigkeit

Zur Zuständigkeit kann auf die Kommentierung zu § 140 verwiesen werden. **15**

2. Antrag

Die Löschungsklage ist auf die Abgabe einer Willenserklärung, d.h. die Einwilligung in die Löschung gerichtet (§ 894 Abs. 1 ZPO). Bei Klagen auf Löschung einer IR-Marke tritt an die Stelle der Einwilligung in die Löschung die Schutzentziehung (§ 115 Abs. 1). Begehren die Parteien im Fall der Löschungsklage wegen Verfalls eine Rückwirkung auf einen anderen Zeitpunkt als auf den Zeitpunkt der Zustellung der Klage, bedarf es eines zusätzlichen Feststellungsantrags (s. § 52 Rn. 5). Im Falle der Klage auf Teillöschung ist der zu löschende Teil der Ware oder Dienstleistungen bzw. die begehrte Neufassung des Waren- und Dienstleistungsverzeichnisses zu nennen. Bei eingetragenen Oberbegriffen kann die Teillöschung auf Aufnahme von Zusätzen wie „nämlich" bzw. „ausgenommen" gerichtet sein. **16**

3. Streitgegenstand

Jeder Verfallsgrund nach § 49 und jedes ältere Recht nach § 51 begründet einen eigenen Streitgegenstand. Neue Verfallsgründe oder ältere Rechte können daher nur durch Klageänderung oder Klageerweiterung in den Prozess eingeführt werden. **17**

4. Beweislast

18 Nach allgemeiner Beweislastregel muss der *Kläger die Voraussetzungen des Verfalls oder der Nichtigkeit wegen des Bestehens älterer Rechte nachweisen.* Im Fall der *Löschungsklage wegen Verfalls* trägt demnach derjenige die Beweislast, der die Nichtbenutzung geltend macht (Kläger). Dagegen trägt *der die Benutzungsreinrede erhebende Beklagte* die Beweislast in den Fällen der Klage auf Löschung wegen Bestehens älterer Rechte (§ 55 Abs. 3), der Verletzungsklage wegen Bestehens einer älteren Marke (§ 25 Abs. 2) oder des Widerspruchs aus einer eingetragenen Marke mit älterem Zeitrang (§ 43 Abs. 1). Im Fall der Löschungsklage wegen Verfalls trifft den Inhaber der Marke, deren Löschung wegen Verfalls begehrt wird (Beklagter), die Darlegungs- und Beweislast nur, *wenn der beweisbelastete Kläger außerhalb der für die Beurteilung der Wahrheit der Behauptung entscheidenden Tatumstände steht und keine Möglichkeit hat, den Sachverhalt von sich aus aufzuklären.*[6] Lässt der Kläger etwa im Fall einer Löschungsklage wegen Verfalls eine *Benutzungsrecherche* durch ein spezialisiertes Dienstleistungsunternehmen durchführen und gelangt dieses zum Ergebnis, dass die Marke nicht benutzt worden ist, obliegt es der beklagten Partei, entsprechende Nachweise zu erbringen.[7]

5. Kostenfragen

19 Für die Frage, ob der Inhaber der Marke, deren Löschung begehrt wird, für ein vorprozessuales Aufforderungsschreiben zur Löschung *Aufwendungsersatz* nach §§ 683, 687, 670 BGB schuldet, ist *zwischen der begehrten Löschung wegen Verfalls und wegen sonstiger Löschungsgründe zu unterscheiden.* Nur im Fall des Bestehens sonstiger Löschungsgründe liegt ein gegenwärtiger Störungszustand vor, den der Inhaber der Marke als Störer in entsprechender Anwendung des § 1004 BGB auf eigene Kosten beseitigen müsste. Bei einem Verfall wegen Nichtbenutzung nach § 49 Abs. 1 liegt dagegen kein Störungszustand dar, da die Löschungsreife durch Aufnahme der Benutzung geheilt werden kann. Dem Anspruchsteller steht aber nur bei einem gegenwärtigen Störungszustand ein Anspruch auf Aufwendungsersatz zu.[8]

20 Erhebt der Kläger *ohne vorheriges Aufforderungsschreiben* Löschungsklage, sind dem Kläger nach einem sofortigen Anerkenntnis nach § 93 ZPO die Verfahrenskosten aufzuerlegen. Der Kläger hat allerdings *Anlass zur Erhebung einer Löschungsklage* wegen Verfalls, wenn der Beklagte einem *Antrag auf Löschung durch das DPMA nach § 53* widersprochen hat. Die Streitwertbemessung richtet sich auch im Fall der als Popularklage ausgestalteten Klage auf Löschung wegen Verfalls (§ 55 Abs. 2 Nr. 1) nach den allgemeinen Grundsätzen (s. § 142), insbesondere nach dem maßgeblichen Klägerinteresse.

---

6 Vgl. allgemein zu den Mitwirkungspflichten der nicht beweisbelasteten Partei: BGH, WRP 1962, 404 = GRUR 1963, 270 f. – Bärenfang; GRUR 1976, 579, 581 – Tylosin; WRP 1983, 613 = GRUR 1983, 650, 651 – Kamera.

7 Instruktiv: OLG Köln, GRUR 1987, 530, 531 f. – Charles of the Ritz.

8 BGH, GRUR 1980, 1074 – Aufwendungsersatz.

Stuckel

6. Vollstreckung

Die Vollstreckung des Löschungsurteils erfolgt nach § 894 Abs. 1 ZPO. *Ein rechtskräftiges* **21** *Löschungsurteil ersetzt die Einwilligung des Inhabers der Marke.* Eine vorläufige Vollstreckung des Löschungstenors ist dagegen ausgeschlossen. Nach Übersendung einer vollstreckbaren Ausfertigung des rechtskräftigen Löschungsurteils nimmt das DPMA die Löschung der Marke vor. Mit Löschung der Marke geht das Markenrecht für die Zukunft vollständig und für die Vergangenheit nach Maßgabe des § 53 Abs. 1, 2 unter.

VII. Markenrechtlich nicht geregelte Beseitigungsansprüche

Neben den in § 55 Abs. 1 geregelten Löschungsansprüchen bestehen *weitere Beseitigungs-* **22** *ansprüche*, auf die eine Beseitigungsklage gestützt werden kann. Dies gilt zunächst für die auf §§ 3,4 Nr. 10 UWG, § 826 BGB gestützte Löschungsklage als Unterfall einer Beseitigungsklage wegen sittenwidriger Markenanmeldung. Die Klage auf Rücknahme der Markenanmeldung ist als vorbeugende Beseitigungsklage grundsätzlich zulässig, wenn nach Eintragung Löschungsklage erhoben werden könnte.[9] Nichts anderes gilt für eine Klage auf Rücknahme des Widerspruchs, wenn sich der Widerspruchsführer vertraglich verpflichtet hat, die jüngere Marke zu dulden oder wenn dem Kläger ein Anspruch auf Löschung der Widerspruchsmarken zusteht.

VIII. Löschungsgründe als Einrede

Löschungsgründe nach §§ 49, 50 und §§ 3,4 Nr. 10 UWG, § 826 BGB können nicht nur **23** durch Löschung (Widerklage), sondern auch *einredeweise* geltend gemacht werden.[10] Für die Einrede der Nichtbenutzung ist dies in § 25 als Ausdruck eines allgemeinen Rechtsgedankens ausdrücklich geregelt. Dies folgt aus zwei Gesichtspunkten: Wenn die Klagemarke auf Widerklage zu löschen ist, kann sich der Beklagte erst recht einredeweise auf die Löschungsreife der Klagemarke berufen. Aus der Zulässigkeit der Löschungsklage folgt zudem, dass kein Eingriff in die Prüfungskompetenz des DMPA vorliegt. Zu der Erhebung der Einrede kann auf die Kommentierung § 25 verwiesen werden (dort Rn. 10).

Darüber hinaus kann sich derjenige, *der mit dem Inhaber eines gegenüber der Klagemarke* **24** *älteren Kennzeichenrechts einen Gestattungsvertrag* (Verzicht des Inhabers auf Unterlassungsansprüche) *geschlossen hat*, auch ohne dass eine Zustimmung des Inhabers des älteren Kennzeichenrechts auf Erhebung einer Klage bzw. Widerklage vorliegt, einredeweise auf das prioritätsältere Kennzeichenrecht berufen.[11] Voraussetzung ist allerdings, dass der Inhaber des älteren Kennzeichenrechts dieses gegen den Anspruchsteller durchsetzen könnte.[12] Dies ist etwa dann nicht der Fall, wenn der Inhaber des prioritätsälteren Kennzei-

---

9 BGH, GRUR 1993, 556, 558 – TRIANGLE.
10 Vgl. *Fezer*, § 55 Rn. 17.
11 BGH, GRUR 1993, 574, 576 – Decker; WRP 1994, 536 = GRUR 1994, 562, 654 – Virion; wenngleich ausdrücklich nur zu Unternehmenskennzeichen.
12 BGH, WRP 1994, 536 = GRUR 1994, 652,654 – Virion.

chenrechts auf Prioritätsrechte gegenüber dem Anspruchsteller verzichtet hat oder wenn sich die Unterlassungs- und Folgeansprüche auf einen anderen Raum beziehen als den, für den das prioritätsältere Unternehmen Kennzeichenschutz genießt. Auch *die Gestattung muss sich auf die Marke in der eingetragenen Form beziehen*, wobei die Berufung auf die Gestattung der Benutzung einer abgewandelten Form, die nach § 26 Abs. 3 als rechtserhaltend angesehen wird, unzulässig ist.[13] Darüber hinaus ist zu fordern, dass der *Gestattungsempfänger ein schutzwürdiges Interesse aufseist*. Denn auch nur unter dieser Voraussetzung wäre er im Fall einer entsprechenden Ermächtigung befugt, Rechte aus dem älteren Kennzeichen im Wege der gewillkürten Prozessstandschaft geltend zu machen.[14] Ein derartiges berechtigtes Interesse fehlt, wenn sich die Gestattung auf eine bis zu diesem Zeitpunkt löschungsreife Marke bezieht.[15] Ein berechtigtes Interesse wird auch verneint, wenn die Gestattung dem alleinigen Zweck dient, in laufenden Prozessen die Rechte Dritter zu vereiteln.[16]

IX. Gemeinschaftsmarkenrecht

25 Im Gemeinschaftsmarkenrecht sollen Anträge auf Löschung wegen Verfalls oder wegen des Bestehens älterer Rechte vorrangig im Löschungsverfahren vor dem Harmonisierungsamt verfolgt werden (Art. 55 f. GMV). Eine Klage auf Löschung wegen Verfalls oder wegen des Bestehens älterer Rechte ist dagegen nicht vorgesehen. Allerdings können diese Löschungsgründe nach Art. 95 einredeweise und nach Art. 96 im Wege der Widerklage geltend gemacht werden. Das mit einer Widerklage befasste Gemeinschaftsmarkengericht kann nach Art. 96 GMV auf Antrag des Inhaber der Gemeinschaftsmarke nach Anhörung der anderen Partei das Verfahren aussetzen und den Beklagten auffordern, innerhalb einer bestimmten Frist Antrag auf Löschung vor dem Harmonisierungsamt zu stellen.

---

13 Allgemein für Markenlizenz: BGH, WRP 2000, 1296 f. – SUBWAY/Subwear.
14 OLG Düsseldorf, GRUR-RR 2001, 49, 52 – Combit/ComIT.
15 OLG Hamburg, GRUR 1997, 843, 844 ff. – MATADOR unter Hinweis auf den damit verbundenen Behinderungswettbewerb.
16 So OLG Düsseldorf, GRUR-RR 2001, 49, 52 – Combit/ComIT (zw.).

Stuckel

Abschnitt 4
Allgemeine Vorschriften für das Verfahren vor dem Patentamt

§ 56
Zuständigkeiten im Patentamt

(1) Im Patentamt werden zur Durchführung der Verfahren in Markenangelegenheiten Markenstellen und Markenabteilungen gebildet.

(2) Die Markenstellen sind für die Prüfung von angemeldeten Marken und für die Beschlussfassung im Eintragungsverfahren zuständig. Die Aufgaben einer Markenstelle nimmt ein Mitglied des Patentamts (Prüfer) wahr. Die Aufgaben können auch von einem Beamten des gehobenen Dienstes oder von einem vergleichbaren Angestellten wahrgenommen werden. Beamte des gehobenen Dienstes und vergleichbare Angestellte sind jedoch nicht befugt, eine Beeidigung anzuordnen, einen Eid abzunehmen oder ein Ersuchen nach § 95 Abs. 2 an das Patentgericht zu richten.

(3) Die Markenabteilungen sind für die Angelegenheiten zuständig, die nicht in die Zuständigkeit der Markenstellen fallen. Die Aufgaben einer Markenabteilung werden in der Besetzung mit mindestens drei Mitgliedern des Patentamts wahrgenommen. Der Vorsitzende einer Markenabteilung kann alle in die Zuständigkeit der Markenabteilung fallenden Angelegenheiten mit Ausnahme der Entscheidung über die Löschung einer Marke nach § 54 allein bearbeiten oder diese Angelegenheiten einem Angehörigen der Markenabteilung zur Bearbeitung übertragen.

Übersicht

Literatur: *Eichmann*, Die dreidimensionale Marke im Verfahren vor dem DPMA und dem BPatG, GRUR 1995, 184; *Mitscherlich*, Verfahrensrechtliche Aspekte des neuen Markenrechts, FS DPA – 100 Jahre Marken Amt, 1994, 119; *Winkler*, Das neue Markenrecht für das Deutsche Patentamt. Mitt. 1995, 45.

I. Allgemeines

Im Gegensatz zum Warenzeichengesetz, das nahezu keine allgemeinen Verfahrensvorschriften enthielt, sondern sich in § 12 Abs. 1 WZG auf eine allgemeine Verweisung auf **1** die Vorschriften über das Verfahren in Patentsachen beschränkte, will das MarkenG das Verfahren selbst regeln. Hierbei greift es auf das Vorbild des PatG zurück. § 56 regelt Besetzung und Zuständigkeit der im Patentamt gebildeten Markenstellen und Markenabteilungen. Die Zuständigkeit und Besetzung der Markenstellen und Markenabteilungen ist jeweils unterschiedlich (siehe Abs. 2 und Abs. 3). Die Markenstellen und Markenabteilungen stehen aber nicht im Verhältnis eines Instanzenzuges zueinander.[1] Aufgrund der Nähe der Verfahrensvorschriften des MarkenG zu den Verfahrensvorschriften des PatG kann vielfach auf die dazu ergangene Entscheidungspraxis verwiesen werden. In der Kommentierung wird daher an geeigneter Stelle auf die patentrechtlichen Parallelvorschriften hingewiesen.

II. Markenstellen

1. Zuständigkeit

2 Die Markenstellen sind für die Prüfung von angemeldeten Marken und für die Beschlussfassung im Eintragungsverfahren zuständig. Für die übrigen Markenangelegenheiten sind die *Markenabteilungen* zuständig. Dabei ist die Markenstelle nach der Systematik des Gesetzes nicht nur bis zur Eintragung der angemeldeten Marke gemäß § 41, sondern auch für die Entscheidung über eventuelle Widersprüche gem. §§ 42, 43 zuständig. Der Kompetenzumfang der Markenstellen entspricht also dem der früheren *Prüfungsstellen*. In der Praxis entscheidet daher die Markenstelle über die Eintragung einer Markenanmeldung oder über deren Zurückweisung. Nähere Regelungen über Verfahrensweise und Zuständigkeit der Markenstellen- und -abteilungen finden sich in § 5 DPMAV und §§ 5, 6 WahrnV.

2. Besetzung

3 Die Aufgaben einer Markenstelle nimmt ein Mitglied des Patentamts (sog. *Prüfer*) wahr. Der Prüfer ist grundsätzlich auf Lebenszeit berufen und besitzt die Befähigung zum Richteramt (zweites juristisches Staatsexamen, sog. rechtskundiges Mitglied). Daneben können auch technische Mitglieder, die in einem Zweig der Technik sachverständig sind, mit der Aufgabe eines Prüfers einer Markenstelle betraut werden.[2] Auch vom Präsidenten nach § 26 Abs. 3 PatG ernannte Hilfsmitglieder dürfen in Markenangelegenheiten entscheiden.[3]

4 Neben den Prüfern können die Markenstellen auch mit Beamten des gehobenen Dienstes besetzt werden. Neben diesen können auch *vergleichbare Angestellte* Aufgaben im Markenbereich wahrnehmen. Hier kommen insbesondere frühere Bedienstete des ehemaligen DDR-Patentamts in Betracht, die im Markenbereich sachkundig sind, die aber nicht mehr Beamte werden können.

5 Schließlich wird das Bundesministerium der Justiz in § 65 Abs. 1 Nr. 12 dazu ermächtigt, durch Rechtsverordnung auch Beamte des mittleren Dienstes oder vergleichbare Angestellte mit der Wahrnehmung einzelner den Markenstellen obliegenden Angelegenheiten,

---

1 *Ingerl/Rohnke*, § 56 Rn. 2.
2 Vgl. dazu *Fezer*, § 56 Rn. 4.
3 BGH, GRUR 1998, 394, 395 – Active Line.

die keine rechtlichen Schwierigkeiten bieten, zu betrauen. Dadurch ergibt sich also eine inneramtliche Drei-Stufung in Prüfer, die Volljuristen sind, Beamte des gehobenen Dienstes und Beamte des mittleren Dienstes (sowie jeweils der ihnen vergleichbaren Angestellten).

Die Unterscheidung zwischen Prüfern (Mitglieder des Patentamts) und den weiteren Beamten und Angestellten bei den Markenstellen und Markenabteilungen ist keineswegs unbedeutend und findet ihre Fortsetzung und Auswirkung in den Rechtsbehelfen: So findet gegen den Beschluss der Markenstelle, der von einem Beamten des gehobenen Dienstes oder einem vergleichbaren Angestellten erlassen worden ist, nicht die Beschwerde nach § 66, sondern die Erinnerung nach § 64 statt. **6**

Damit ist die Möglichkeit einer nochmaligen amtsinternen Überprüfung der Entscheidung der Beamten des gehobenen Dienstes oder der vergleichbaren Angestellten sichergestellt. Hat hingegen der Prüfer selbst entschieden, ist gegen seine Entscheidung die Beschwerde nach § 66 MarkenG an das BPatG gegeben. **7**

III. Markenabteilungen

1. Zuständigkeit

Die *Markenabteilungen* sind zuständig für alle (sonstigen) Markenangelegenheiten, die nicht in die Zuständigkeit der *Markenstellen* fallen (negative Abgrenzung der Zuständigkeit). Beispiele sind etwa die Löschung von Marken, die Gutachtenerstellung, Entscheidungen über Akteneinsichtsanträge etc. **8**

2. Besetzung

Die Aufgaben einer Markenabteilung werden in der Besetzung von mindestens drei Mitgliedern des Patentamts wahrgenommen. Der Vorsitzende einer Markenabteilung kann alle Angelegenheiten (außer der Löschung nach § 54 und der Ablehnung nach § 57) allein bearbeiten oder einem Angehörigen der Markenabteilung übertragen („*Einzelprüfer*"). Das Verfahren der Beschlussfassung innerhalb der Markenabteilungen ist in § 5 Abs. 3 DPMAV geregelt. **9**

Ferner können Aufgaben der Markenabteilungen nach § 65 Abs. 1 Nr. 11 und Nr. 12 Beamten des gehobenen Dienstes oder jeweils vergleichbaren Angestellten übertragen werden, wenn die jeweilige Markenangelegenheit keine *besonderen* rechtlichen Schwierigkeiten bietet. Beamte des mittleren Dienstes kommen in Betracht, wenn die von ihnen zu entscheidenden Fragen keine rechtlichen Schwierigkeiten bieten. Der geeignete Rechtsbehelf gegen die Entscheidungen aller Beamten und Angestellten, die nicht Prüfer (Mitglieder des DPMA) sind, ist die *Erinnerung* gem. § 64, nicht aber die *Beschwerde* zum BPatG nach § 66, die sich allein gegen Entscheidungen der Prüfer richtet. **10**

§ 57
Ausschließung und Ablehnung

(1) Für die Ausschließung und Ablehnung der Prüfer und der Mitglieder der Marken-abteilungen sowie der mit der Wahrnehmung von Angelegenheiten, die den Marken-stellen oder den Markenabteilungen obliegen, betrauten Beamten des gehobenen und mittleren Dienstes oder Angestellten gelten die §§ 41 bis 44, 45 Abs. 2 Satz 2, §§ 47 bis 49 der Zivilprozessordnung über die Ausschließung und Ablehnung der Gerichtspersonen entsprechend.

(2) Über das Ablehnungsgesuch entscheidet, soweit es einer Entscheidung bedarf, eine Markenabteilung.

Übersicht

Literatur: *Bernatz*, Ausschließung und Ablehnung von Beamten des Deutschen Patentamts und von Richtern des Bundespatentgerichts, Mitt. 1968, 30.

I. Allgemeines

1   § 57 regelt die Frage der *Ausschließung* und *Ablehnung* von Bediensteten des DPMA. In der Praxis besitzt die Bestimmung jedoch eine nur geringe praktische Bedeutung; sie orientiert sich an den gesetzlichen Ausschließungs- und Ablehnungsgründen der ZPO (für das Beschwerdeverfahren vor dem PatG s. § 72). Es sei daher auf die Kommentierungen zur Parallelvorschrift des § 27 Abs. 6 PatG und den in Bezug genommenen Regeln der ZPO verwiesen. Die in Rede stehenden Bediensteten des DPMA sind jedoch nicht Gerichtspersonen im Sinne der ZPO, sondern Verwaltungsbeamte bzw. -angestellte.[1]

II. Einzelheiten

2   Ein *gesetzlicher* Ausschluss findet in den Fällen des § 41 ZPO statt. Die Ausschließung des betroffenen Beamten oder Angestellten, der zur Entscheidung berufen ist, erfolgt *ex lege*. Nicht erforderlich ist, dass sich ein Verfahrensbeteiligter auf die Ausschließung beruft. Ausschließungsgründe i. S. d. § 41 liegen insbesondere bei eigener Beteiligung des Prüfers am Verfahren, bei naher Verwandtschaft mit einem Verfahrensbeteiligten und bei besonderen Beziehungen des Prüfers zum Verfahren (z. B. Auftreten als Bevollmächtigter eines Verfahrensbeteiligten) vor.

---

1 So auch *Ingerl/Rohnke*, § 57 Rn. 1.

§ 42 ZPO regelt die *Ablehnung* eines Beamten oder Angestellten der Markenstelle oder   **3**
Markenabteilung wegen Besorgnis der Befangenheit. Der Unterschied zur Ausschließung
liegt darin, dass bei Vorliegen eines Ablehnungsgrundes der betreffende Beamte nicht von
vornherein von der Verfahrensmitwirkung ausgeschlossen ist, sondern erst infolge der Rüge eines Verfahrensbeteiligten (auch des Prüfers selbst im Falle der sog. Selbstablehnung)
ausgeschlossen wird. Jeder Ausschließungsgrund kann natürlich auch durch die Ablehnung in das Verwaltungsverfahren eingeführt werden. Im Mittelpunkt der Ablehnung steht
die Besorgnis der Befangenheit. Die Besorgnis der Befangenheit eines Prüfers ist gegeben,
wenn aufgrund objektiv vernünftiger Gründe die Besorgnis entsteht, der Prüfer könne seine
Entscheidung nicht unparteiisch treffen. Auch hier gilt, dass bereits der *Eindruck der Befangenheit* genügt; sie muss nicht tatsächlich oder erwiesenermaßen vorliegen. Die Prüfung und Beurteilung ist aus der Sicht des Antragstellers vorzunehmen, wobei zugleich
auch der Standpunkt eines außenstehenden Dritten in Bezug auf die Stichhaltigkeit der Be-
fangenheitsgründe miteinzubeziehen ist.[2] Nicht ausreichend ist für sich genommen die Beteiligung des jeweiligen Mitglieds des DPMA an einem vorangegangenen Verfahren; so
kann ein Prüfer, der an der Eintragung einer Marke beteiligt war, später in einer Markenabteilung über deren Löschung entscheiden.[3]

Die Gründe für den entstandenen äußeren Eindruck der Befangenheit sind vom betroffenen   **4**
Verfahrensbeteiligten glaubhaft zu machen, § 44 Abs. 2 u. 4 ZPO i.V.m. §§ 292 ff. ZPO.
Zur Glaubhaftmachung sind alle Indizien ohne Einschränkung geeignet; verbreitet sind
insbesondere die eidesstattliche oder die anwaltliche Versicherung. Die Einschränkung gemäß § 44 Abs. 2 S. 1 Hs. 2 ZPO gilt *nur* für die ablehnende Partei und auch *nur* für den Ablehnungsgrund, nicht im Übrigen.[4] Natürlich dient auch jegliche Art der Korrespondenz
der Glaubhaftmachung.

Die Entscheidung über die Ablehnung erfolgt durch eine Markenabteilung, nachdem sich   **5**
der Betroffene dienstlich hierzu geäußert hat. Selbstverständlich ist der Betroffene an der
Mitwirkung bei dieser Entscheidung ausgeschlossen. Die Entscheidung ist nicht erforderlich, wenn der Betroffene die Ablehnung selbst für begründet erachtet, § 48 Abs. 2 S. 2
ZPO (Selbstablehnung). In diesem Falle scheidet er automatisch und ohne weitere Beschlussfassung aus dem Verfahren aus und hat jede weitere Mitwirkung am Verfahren zu
unterlassen.

---

2 BPatG, Beschluss vom 20.11.2008 – 25 W (pat) 49/08, zit. in BeckRS 2010, 01181.
3 BPatG, GRUR 1983, 503 f. – Vorangegangene Prüfertätigkeit.
4 *Zöller-Vollkommer*, § 44 Rn. 3 m. w. N.

§ 58
Gutachten

(1) Das Patentamt ist verpflichtet, auf Ersuchen der Gerichte oder der Staatsanwaltschaften über Fragen, die angemeldete oder eingetragene Marken betreffen, Gutachten abzugeben, wenn in dem Verfahren voneinander abweichende Gutachten mehrerer Sachverständiger vorliegen.

(2) Im Übrigen ist das Patentamt nicht befugt, ohne Genehmigung des Bundesministeriums der Justiz außerhalb seines gesetzlichen Aufgabenbereichs Beschlüsse zu fassen oder Gutachten abzugeben.

Übersicht

I. Allgemeines

1   Angesichts der engen gesetzlichen Voraussetzungen in Abs. 1 besitzt die Vorschrift des § 58, die die Abgabe von *patentamtlichen Gutachten* regelt, kaum praktische Relevanz; von Bedeutung ist lediglich das Gutachtenverbot in Abs. 2.

II. Einzelheiten

2   Neben Gerichten und der Staatsanwaltschaft können auch Schiedsgerichte (§ 1034 ff. ZPO) sog. Obergutachten erbitten, die deutsche Marken oder auf Deutschland erstreckte IR-Marken betreffen, nicht aber Gemeinschaftsmarken, die ohne Mitwirkung des DPMA eingetragen werden. Da die Gutachtenerstattung nicht der Markenstelle zugewiesen ist, ist nach § 56 Abs. 3 die Markenabteilung zuständig. Eine Gutachtenerstattungspflicht tritt nur ein, wenn mehrere gerichtlich (nicht von den Parteien) eingeholte Gutachten einander widersprechen. Für sich widersprechende Parteigutachten besteht für das DPMA diese Pflicht nicht.[1] Da allerdings die Frage der Eintragungsfähigkeit von Marken oder das Vorliegen von Löschungsgründen ohnehin Rechtsfragen sind, die sich einer gerichtlichen Beurteilung durch Gutachten entziehen, kommt den patentamtlichen Gutachten in der Praxis so gut wie keine Funktion zu. Die Parallelvorschrift im Patentrecht ist § 29 PatG.

3   In anderen als den in § 58 Abs. 1 genannten Fällen ist die Abgabe von Gutachten durch das DPMA nur vorbehaltlich einer Genehmigung des Bundesministeriums der Justiz zulässig (Abs. 2). Dies gilt auch bei Anfragen von Behörden. So dürfen die Prüfer und die Mitglieder der Markenabteilungen z.B. auch Anfragen, ob ein bestimmtes zur Anmeldung als

---

1 So auch *Fezer*, § 58 Rn. 1; a. A. *Ingerl/Rohnke*, § 58 Rn. 2.

Marke in Aussicht genommenes Wort oder Bild eintragbar ist, nicht beantworten, auch nicht die Frage, ob bereits verwechselbare Zeichen eingetragen sind.

Nicht betroffen von der Vorschrift des § 58 MarkenG ist aber die Erteilung von Auskünften **4** über tatsächliche Umstände und Gegebenheiten. Diese Aufgabe des DPMA besitzt erhebliche praktische Relevanz, insbesondere im Strafverfahren. Gerade in den Verfahren der Markenpiraterie hat sich das Strafgericht, das einen Verstoß bejahen will, Gewissheit über die rechtliche Existenz der verletzten Marke zu verschaffen. Dies geschieht durch Auskünfte des DPMA, durch die Einholung von Rollenauszügen über den Registerstand der Markenrolle, aber auch durch die Zeugeneinvernahme von Beamten und Angestellten des DPMA. Deren Angaben über die Eintragung einer Marke, die Zahlung einer Verlängerungsgebühr, der Markeninhaberschaft usw. stellen keine Gutachten i. S. d. § 58 dar.

Unbenommen ist es den Mitgliedern des DPMA, ihre persönliche Auffassung zu Rechts- **5** problemen in wissenschaftlichen Beiträgen öffentlich zu machen.

§ 59
Ermittlung des Sachverhalts; rechtliches Gehör

(1) Das Patentamt ermittelt den Sachverhalt von Amts wegen. Es ist an das Vorbringen und die Beweisanträge der Beteiligten nicht gebunden.

(2) Soll die Entscheidung des Patentamts auf Umstände gestützt werden, die dem Anmelder oder Inhaber der Marke oder einem anderen am Verfahren Beteiligten noch nicht mitgeteilt waren, so ist ihm vorher Gelegenheit zu geben, sich dazu innerhalb einer bestimmten Frist zu äußern.

Übersicht

I. Allgemeines

1 § 59 Abs. 1 schreibt den *Amtsermittlungsgrundsatz*[1] für das patentamtliche Verfahren ausdrücklich fest, wie dies auch bei allen übrigen Verwaltungsverfahren deutscher Hoheitsträger der Fall ist. Das patentamtliche Verfahren unterscheidet sich daher sehr deutlich vom Zivilprozess, der durch den *Beibringungsgrundsatz* (Dispositions- und Parteimaxime) geprägt ist. Das DPMA wird zwar grundsätzlich nur auf Antrag tätig, ermittelt aber den Sachverhalt – was auch sonst für Verwaltungsverfahren gilt – von Amts wegen. Den Beteiligten bleibt es jedoch unbenommen, durch die (jederzeit mögliche) Zurücknahme des Antrags der Amtsermittlung durch das DPMA die Verfahrensgrundlage zu entziehen.[2] Das Patentamt darf aber nicht über den durch die Anmeldung (Antrag) gesteckten Rahmen hinausgehen. Für die Ermittlung des Sachverhalts ist das Amt jedoch nicht an das Vorbringen und die Beweisanträge der Beteiligten gebunden. Das DPMA darf dennoch Beweisanträge der Beteiligten über erhebliche Tatsachen nicht mit der Begründung zurückweisen, zweckdienliche Ergebnisse seien bei Beweiserhebung nicht zu erwarten.

2 Praktische Bedeutung besitzt der Amtsermittlungsgrundsatz insbesondere bei der Feststellung absoluter Schutzhindernisse nach § 8 für Markenanmeldungen. Das DPMA recherchiert selbst aufgrund eigener Veranlassung, ob ein angemeldetes Kennzeichen im allgemeinen Sprachgebrauch vorzufinden ist (§ 8 Abs. 2 Nr. 3) oder als Gattungsangabe oder als sonstige beschreibende Bezeichnung einer Ware/Dienstleistung Verwendung findet (§ 8 Abs. 2 Nr. 2). Hierzu greift das Amt auf seine umfangreiche Datensammlung zurück. Dazu ist es auch verpflichtet, denn meint das Amt, ein solches absolutes Eintragungshindernis liege vor, so trifft es diesbezüglich die Darlegungslast.[3] In diesem Zusammenhang

---

1 Unzulässige vorweggenommene Beweiswürdigung; vgl. *Fezer*, § 59 Rn. 3; *Ingerl/Rohnke*, § 59 Rn. 7; zum PatG: BGH, GRUR 1981, 185 f. – Pökelvorrichtung.
2 *Fezer*, § 59 Rn. 4.
3 BPatG, GRUR 2003, 1069 – Nettpack; BPatGE 46, 89, 90 – Feststellungspflicht.

haben die Markenstellen die höchstrichterliche Rechtsprechung (einschließlich des EuGH) zu beachten und zu berücksichtigen.[4] Ist ein Sachverhalt im Bereich des Amtsermittlungsgrundsatzes nicht endgültig aufklärbar, so trifft die *Feststellungslast* denjenigen, der sich auf die Norm beruft, deren Voraussetzungen nicht festgestellt werden können.[5] Der Amtsermittlungsgrundsatz dient auch dazu, öffentliche Interessen (hier vornehmlich die Freiheit der übrigen Wirtschaft) berücksichtigen zu können, was die Kehrseite der grundsätzlichen (Interessen-)Einseitigkeit des Verwaltungsverfahrens darstellt. Anders als die Zivilgerichte mit dem Parteiverfahren hat das Amt aus eigener Zuständigkeit das Interesse der Allgemeinheit und der Wettbewerber vor einer Erteilung schutzunfähiger Marken zu berücksichtigen und so zu einem Ausgleich der individuellen (Verfahrens-)Belange des Anmelders mit den allgemeinen Interessen des beeinträchtigten Wettbewerbs zu führen. Der Anmelder ist allerdings gehalten, hinreichende Tatsachen vorzutragen, um weitere Ermittlungen sinnvoll erscheinen zu lassen.[6] So findet der Umfang des Amtsermittlungsgrundsatzes dort seine Grenze, wo die Mitwirkungspflicht der Beteiligten überwiegt, etwa weil Umstände aus deren Sphäre, z. B. Benutzungshandlungen und -umfang im Rahmen der Verkehrsdurchsetzung, relevant werden.[7] Bestehen hinsichtlich des Nachweises der Verkehrsdurchsetzung mithilfe eines Parteigutachtens Bedenken, gebiet der Amtsermittlungsgrundsatz, diese mit den Verfahrensbeteiligten zu erörtern und ihnen Gelegenheit zu geben, unter Berücksichtigung der wechselseitigen Mitwirkungspflichten zu den relevanten Umständen ergänzend vorzutragen und Beweismittel vorzulegen oder von Amts wegen selbst ein Gutachten einzuholen.[8]

In Verfahren vor dem HABM gilt der Dispositionsgrundsatz nach Art. 74 GMVO in größerem Umfang als vor dem DPMA.[9] Zum Grundsatz des rechtlichen Gehörs in Verfahren nach der Gemeinschaftsmarkenverordnung vgl. Urteil des EuG vom 7.6.2005, Lidl Stiftung/HABM – REWE-Zentral (Salvita).[10]   **3**

II. Einschränkungen

Der Amtsermittlungsgrundsatz ist auch im mehrseitigen Verfahren eingeschränkt. Das   **4**
Amt ermittelt grundsätzlich nur im Rahmen desjenigen Vorbringens, das hinreichend konkret dargelegt ist. So ist im Widerspruchsverfahren etwa die Frage der Benutzung einer Marke grundsätzlich dem Beibringungs- und Verhandlungsgrundsatz unterworfen.[11] Das Amt ermittelt im Widerspruchsverfahren also nicht selbst, ob die Widerspruchsmarke benutzt ist. Es ist insbesondere auch nicht nach § 82 Abs. 1 i.V.m. § 139 ZPO verpflichtet, darauf hinzuweisen, dass die Benutzung nicht hinreichend belegt ist, selbst wenn der Dar-

4 DPatG, GRUR 2005, 585 – Farbmarke gelb.
5 *Ingerl/Rohnke*, § 59 Rn. 6.
6 *Ingerl/Rohnke*, § 59 Rn. 5.
7 BGH, Mitt. 2004, 568, 570 – Acesal.
8 BGH, GRUR 2009, 669, 672 – POST II.
9 Überblick bei *Bender*, Das Baby wird trocken, MarkenR 2004, 216.
10 EuG, Rs. T-303/03, Slg. 2005, II-1917 Tz. 64 ff.; s. auch *Würtenberger*, Rechtliches Gehör – Begründungszwang und Präklusion im gemeinschaftsrechtlichen Markeneintragungsverfahren, MarkenR 2003, 215.
11 BGH, Mitt. 2004, 568, 570 – Acesal; BGH, WRP 1998, 993 = GRUR 1998, 938 – DRAGON.

legungspflichtige einen solchen Hinweis hilfsweise anfordert.[12] Auch kann die entsprechende Einrede nach § 296 ZPO verspätet sein und zurückgewiesen werden, wenn sie erst im Termin zur mündlichen Verhandlung vorgebracht wird und ihre Zulassung die Erledigung des Rechtsstreits verzögern könnte (vgl. Kommentierung zu § 73 Rn. 7). Der Amtsermittlungsgrundsatz gilt zudem nicht, wenn Vermutungen eingreifen, z. B. bei der Inhaberschaft des Eintragenden nach § 28 Abs. 1.[13]

III. Grundsatz des rechtlichen Gehörs

5   § 59 Abs. 2 enthält den Grundsatz des rechtlichen Gehörs, der als rechtsstaatliches Prinzip mit Verfassungsrang (Art. 103 GG) für alle Verfahren vor dem Patentamt gilt, nicht nur dort, wo er gesetzlich ausdrücklich genannt ist.[14] Er ist z. B. verletzt, wenn das DPMA Schriftsätze von Beteiligten nicht berücksichtigt, die noch vor Beschlussfassung eingegangen sind. Als Rechtsfolge wurde in diesen Fällen die Rückzahlung der Beschwerdegebühr angeordnet.[15] Die erst nach Erlass des Beschlusses der Markenstelle erfolgte Zustellung eines Schriftsatzes der Markeninhaberin an den Widerspruchsführer verletzt das rechtliche Gehör.[16] Gewährt das DPMA über längere Zeit (im Fall zwei Jahre) stillschweigend Fristverlängerung, muss es einen Hinweis geben, wenn es von dieser Praxis abweichen möchte.[17]

6   Der Grundsatz des rechtlichen Gehörs ist bei einer Entscheidung der Markenabteilung ohne vorherige Anhörung nicht verletzt, wenn kein erläuterungsbedürftiger Sachverhalt zu klären war und es in erster Linie auf unterschiedliche Rechtspositionen ankam.[18] Der Anspruch auf rechtliches Gehör besteht in Bezug auf „Umstände", nicht in Bezug auf Rechtsmeinungen des DPMA;[19] vertretbare rechtliche Gesichtspunkte muss ein Verfahrensbeteiligter prinzipiell von sich aus in Betracht ziehen.[20] Anders verhält es sich hingegen mit Gesichtspunkten, mit denen auch ein gewissenhafter Verfahrensbeteiligter nicht zu rechnen brauchte, die Entscheidung also für ihn überraschend ist.[21] Die Rückgängigmachung einer von der Markenabteilung durchgeführten Markenumschreibung kommt in Betracht, wenn einem Verfahrensbeteiligten das rechtliche Gehör nicht in ausreichender Weise gewährt wurde und die Umschreibung auf diesem Verfahrensmangel beruht.[22] Wird das rechtliche Gehör im Beschwerdeverfahren nachgeholt, ist der Verfahrensfehler geheilt.[23]

---

12 BPatGE 42, 195, 199 – Neuro-Vibolex.
13 *Ingerl/Rohnke*, § 59 Rn. 3.
14 BPatG, BeckRS 2011, 28235.
15 BPatG, 28 W (pat) 236/00 – VOGUE, und 29 W (pat) 370/99 – SANOX, GRUR 2001, 388; BPatG, BeckRS 2011, 29913.
16 BPatG, BeckRS 2009, 02489 – Cargo – MAXX.
17 BPatG, BeckRS 2011, 28370.
18 BPatG, 28 W (pat) 192/98, zit. in juris.
19 *Ingerl/Rohnke*, § 59 Rn. 9 m. w. N.
20 BGH, GRUR 2008, 1027, 1028 m. w. N. – Cigarettenpackung; BGH, NJOZ 2008, 2358 – ALLTREK; BGH, GRUR 2006, 152, 153 m. w. N. – GALLUP.
21 BPatG, Mitt. 2008, 355 – Com.Spots.
22 BPatG, GRUR-RR 2008, 261 m. w. N. – Markenumschreibung.
23 BPatG, Mitt. 1998, 272, 273 – Koch.

§ 60
Ermittlungen; Anhörungen; Niederschrift

(1) Das Patentamt kann jederzeit die Beteiligten laden und anhören, Zeugen, Sachverständige und Beteiligte eidlich oder uneidlich vernehmen sowie andere zur Aufklärung der Sache erforderliche Ermittlungen anstellen.

(2) Bis zum Beschluss, mit dem das Verfahren abgeschlossen wird, ist der Anmelder oder Inhaber der Marke oder ein anderer an dem Verfahren Beteiligter auf Antrag anzuhören, wenn dies sachdienlich ist. Hält das Patentamt die Anhörung nicht für sachdienlich, so weist es den Antrag zurück. Der Beschluss, durch den der Antrag zurückgewiesen wird, ist selbständig nicht anfechtbar.

(3) Über die Anhörungen und Vernehmungen ist eine Niederschrift zu fertigen, die den wesentlichen Gang der Verhandlung wiedergeben und die rechtserheblichen Erklärungen der Beteiligten enthalten soll. Die §§ 160a, 162 und 163 der Zivilprozessordnung sind entsprechend anzuwenden. Die Beteiligten erhalten eine Abschrift der Niederschrift.

Übersicht

I. Allgemeines

§ 60 enthält Grundsätze für die (Amts-)Ermittlungen des DPMA, die im Rahmen des § 59   **1**
stattfinden (vgl. Parallelvorschrift § 46 PatG).

II. Einzelheiten

Absatz 1 zählt beispielhaft (aber nicht abschließend) mögliche Formen der Ermittlungen   **2**
durch das DPMA auf, nämlich die *Ladung* und *Anhörung* von Beteiligten und die eidliche
oder uneidliche *Vernehmung* von Zeugen, Sachverständigen und Beteiligten. Zu den weiteren Ermittlungsformen gehört insbesondere die *Augenscheinseinnahme*. Welche Ermittlungen im Einzelnen angezeigt sind, richtet sich nach dem jeweiligen Einzelfall und dem Vorbringen der Beteiligten.[1] In den Grenzen der Verfahrensökonomie hat das DPMA sämtliche Maßnahmen zur vollständigen Aufklärung des Sachverhalts zu ergreifen.[2]

Absatz 2 regelt die *mündliche Anhörung* in den Verfahren vor dem Patentamt und unter-   **3**
scheidet sich damit von § 59 Abs. 2, der die allgemeine Verpflichtung zur Gewährung
rechtlichen Gehörs enthält, welcher auch im schriftlichen Verfahren entsprochen werden

---

1 *Fezer*, § 60 Rn. 2.
2 *Ingerl/Rohnke*, § 60 Rn. 5.

kann. Wegen dieser Möglichkeit besteht selten die Notwendigkeit einer mündlichen Anhörung; der Anmelder kann diese auch nicht erzwingen, da das DPMA mit unanfechtbarem Beschluss über die Sachdienlichkeit entscheidet. Absatz 2 gilt für alle patentamtlichen Verfahren.

4   Anhörungen kommen aber in der Praxis nur sehr selten vor. Sonstige zur Aufklärung der Sache geeignete Ermittlungen werden dagegen vielfach bei behaupteter und glaubhaft gemachter Verkehrsdurchsetzung erforderlich (vgl. § 8 Abs. 3), mitunter auch bei der Prüfung der absoluten Schutzhindernisse nach § 8 Abs. 2 und in Fragen der Ähnlichkeit von Waren und Dienstleistungen. In der Art seiner Ermittlungen ist das Patentamt weitgehend frei; bei Tatfragen werden häufig Auskünfte von Fachverbänden eingeholt.

5   Die Anfertigung eines Protokolls ist in Abs. 3 geregelt. Große praktische Bedeutung kommt dem nicht zu, da Anhörungen oder Vernehmungen (z.B. im Eintragungsverfahren) nur selten sachgerecht sind. Das Protokoll kann auf Tonträger aufgezeichnet werden (§ 160a ZPO). Die Niederschrift ist sodann – auch ohne Antrag – an die Beteiligten zu versenden.

§ 61
Beschlüsse; Rechtsmittelbelehrung

(1) Die Beschlüsse des Patentamts sind, auch wenn sie nach Satz 2 verkündet worden sind, schriftlich auszufertigen, zu begründen und den Beteiligten von Amts wegen zuzustellen. Falls eine Anhörung stattgefunden hat, können sie auch am Ende der Anhörung verkündet werden. Einer Begründung bedarf es nicht, wenn am Verfahren nur der Anmelder oder Inhaber der Marke beteiligt ist und seinem Antrag stattgegeben wird.

(2) Der schriftlichen Ausfertigung ist eine Erklärung beizufügen, mit der die Beteiligten über das Rechtsmittel, das gegen den Beschluss gegeben ist, über die Stelle, bei der das Rechtsmittel einzulegen ist, über die Rechtsmittelfrist und, sofern für das Rechtsmittel eine Gebühr nach dem Patentkostengesetz zu zahlen ist, über die Gebühr unterrichtet werden. Die Frist für das Rechtsmittel beginnt nur zu laufen, wenn die Beteiligten schriftlich belehrt worden sind. Ist die Belehrung unterblieben oder unrichtig erteilt, so ist die Einlegung des Rechtsmittels nur innerhalb eines Jahres seit Zustellung des Beschlusses zulässig, außer wenn der Beteiligte schriftlich dahingehend belehrt worden ist, dass ein Rechtsmittel nicht gegeben sei. § 91 ist entsprechend anzuwenden. Die Sätze 1 bis 4 gelten entsprechend für den Rechtsbehelf der Erinnerung nach § 64.

Übersicht

I. Allgemeines

§ 61 befasst sich mit dem vom DPMA erlassenen *Beschluss* und der ihm beizufügenden **1** *Rechtsmittelbelehrung*. Die Bestimmung gilt für alle Verfahrensarten vor dem DPMA (vgl. Parallelvorschrift § 47 PatG).

II. Begriff

Der Begriff des *Beschlusses* ist im Gesetz nicht definiert. Beschlüsse sind alle Entschei- **2** dungen, durch die eine abschließende Regelung getroffen wird, die Rechte von Verfahrensbeteiligten berühren kann.[1] Auf die äußere Form kommt es dabei nicht an.[2] Es ist daher

---

1 BPatGE 15, 134, 136.
2 BPatGE 10, 43, 46.

auch nicht erforderlich, dass die Entscheidung ausdrücklich als Beschluss bezeichnet wird. Beschlüsse i. S. d. § 61 Abs. 1 sind allerdings alle Entscheidungen, die ausdrücklich als Beschluss bezeichnet sind. Keine Beschlüsse sind dagegen verfahrensleitende Verfügungen, Fristsetzungen, Hinweise, Monierungen oder Zwischenmitteilungen. Auch Beweisbeschlüsse fallen nicht unter § 61 Abs. 1 (vgl. auch die Kommentierung zu § 66).

III. Ausfertigung

3   Die Ausfertigung von Beschlüssen richtet sich nach § 20 DPMAV. Sie hat schriftlich zu erfolgen. Die *Urschrift* eines Beschlusses verbleibt bei den Akten. Den Verfahrensbeteiligten werden *Ausfertigungen* zugestellt. Das Original des Beschlusses ist von den mitwirkenden Bediensteten des DPMA zu unterzeichnen; dem steht ein Namensabdruck des Ausfertigenden i. V. m. dem Abdruck des Dienstsiegels des DPMA gleich (§ 20 DPMAV). Soweit einer der Mitwirkenden an der Unterschriftsleistung auf der Urschrift verhindert ist, kann die Unterschrift dieses Mitwirkenden nach § 315 Abs. 1 S. 2 ZPO ersetzt werden.[3] Ein nicht unterschriebener oder mit Namen und Dienstsiegel versehener Beschluss ist nichtig.[4] Fehlt eine der erforderlichen Unterschriften, liegt lediglich ein Entscheidungsentwurf, jedoch kein wirksamer Beschluss vor.[5]

4   Die Nachholung der Unterschrift oder der Anbringung des Dienstsiegels im Beschwerdeverfahren ist bei einem im schriftlichen Verfahren vor dem DPMA erlassenen Beschluss nicht möglich.[6]

IV. Begründung

5   Die Begründung des Beschlusses muss die wesentlichen Grundlagen und Erwägungen des DPMA beinhalten, die das Ergebnis des Beschlusses tragen. Sowohl die rechtlichen als auch die tatsächlichen Grundlagen des Beschlusses müssen in der Begründung enthalten sein, um den Verfahrensbeteiligten oder der Rechtsmittelinstanz die umfassende Überprüfung des Beschlusses zu ermöglichen. Eine Begründungspflicht besteht nicht, wenn nur der Markenanmelder oder Inhaber der Marke am Verfahren beteiligt ist und seinem Antrag ohne Einschränkung stattgegeben wird. Wird einem Antrag allerdings nur teilweise stattgegeben, ist hinsichtlich des zurückweisenden Teils des Beschlusses eine Begründung beizufügen. Hinsichtlich des stattgebenden Teils ist eine Begründung demgegenüber nicht erforderlich. Vorentscheidungen können zwar im Rahmen der jeweiligen Entscheidung Berücksichtigung finden, vermögen aber keine rechtliche Bindungswirkung zu entfalten.[7] Voreintragungen führen weder aus sich selbst heraus noch über den Gleichheitssatz des Art. 3 GG zu einer Selbstbindung der Stellen, die über die Eintragung zu befinden haben (Marken-

---

3 BPatGE 24, 190.

4 BPatGE 41, 44 – Formmangel.

5 BPatG, BeckRS 2011, 03417; zur fehlenden Unterschrift bei Löschungsbeschluss s. BPatG, BeckRS 2011, 11885.

6 Weiterentwicklung von BPatGE 41, 44 f., BPatG, MarkenR 2011, 133 – Unterschriftsmangel II.

7 EuGH, GRUR 2009, 667 – Bild.T-Online.de u. ZVS zu „Volks.Handy u. a." und „Schwabenpost".

stellen und Markenabteilungen). Denn die Entscheidung über die Schutzfähigkeit einer Marke ist keine Ermessens-, sondern eine Rechtsfrage.[8]

V. Zustellung

Die Zustellung von Beschlüssen erfolgt nach § 21 DPMAV und § 94. Die Pflicht zur Zu- 6
stellung besteht auch dann, wenn der Beschluss – im Ausnahmefall – schon in der Anhörung verkündet wurde.

VI. Bindung an den Beschluss

Mit der Verkündung des Beschlusses oder seiner Zustellung wird der Beschluss wirksam. 7
Das Wirksamwerden des Beschlusses führt zur *Bindung des DPMA an den Beschlussinhalt*. Eine Abänderungsbefugnis des DPMA hinsichtlich der von ihm selbst getroffenen Beschlüsse besteht ab dem Wirksamwerden nicht mehr. Die Möglichkeit einer Rücknahme oder eines Widerrufs des Beschlusses entsprechend §§ 48 ff. VwVfG besteht nicht.[9] Möglich ist aber die *Berichtigung offenbarer Unrichtigkeiten* nach § 80 MarkenG, die auf Antrag von Amts wegen und jederzeit korrigiert werden können. Die Berichtigung erfolgt durch diejenige Stelle, die den Beschluss erlassen hat. Die Berichtigung verleiht dem ursprünglichen Beschluss eine neue Fassung mit Rückwirkung auf den Zeitpunkt, in dem der berichtigte Beschluss wirksam geworden ist. Hingegen sind *Beschlussergänzungen*, die über die Berichtung offenbarer Unrichtigkeiten hinausgehen, nicht zulässig, z. B. wenn entgegen des Antrags versehentlich nur ein Teil der angemeldeten Waren eingetragen wurde und das Warenverzeichnis einer nachträglichen Erweiterung bedarf. Dies hat Auswirkung auf die Priorität des Markenrechts, was die Rechtssicherheit gefährdet.[10]

VII. Rechtsmittelbelehrung

Jeder Beschlussausfertigung, die einem Beteiligten zugestellt wird, ist eine ordnungsgemä- 8
ße – insbesondere schriftliche – *Rechtsmittelbelehrung* anzufügen. In der Rechtsmittelbelehrung ist das statthafte Rechtsmittel zu bezeichnen, die Stelle, bei der das Rechtsmittel einzulegen ist, die Gebühr und die Frist für die Einlegung des Rechtsmittels. Wenn gegen einen Beschluss die Erinnerung (die kein Rechtsmittel im engeren Sinn ist) statthaft ist, ist auch über sie zu belehren (§ 61 Abs. 2 S. 5).

Ist die Rechtsmittelbelehrung in einem gesetzlich vorgeschriebenen Bestandteil unzutref- 9
fend oder ist sie ganz unterblieben, läuft ab Zustellung des Beschlusses die Jahresfrist für

8 BPatG, BeckRS 2011, 16237; BPatG, GRUR 2010, 423, 424 f. m. w. N. – amazing discoveries; BPatG, GRUR-Prax 2010, 149 – Herzchen; BPatG, GRUR 2007, 333, 335 ff. – Papaya, mit zust. Anm. *Schwippert*; vgl. jedoch auch BPatG, GRUR 2009, 683, 684 – SCHWABENPOST; *Töbelmann*, GRUR 2009, 1008.
9 *Ingerl/Rohnke*, § 61 Rn. 6 m. w. N.
10 *Fezer*, § 61 Rn. 19.

die Einlegung des jeweiligen Rechtsmittels. Sie beginnt mit der Zustellung des Beschlusses an den betreffenden Beteiligten. Die Jahresfrist gilt selbst dann, wenn dem Adressaten des Beschlusses die Fehlerhaftigkeit der Belehrung bekannt oder bewusst war. Bei einer Versäumung der Jahresfrist kann Wiedereinsetzung nach § 91 gewährt werden (§ 61 Abs. 2 S. 4), soweit dessen Voraussetzungen gegeben sind.

§ 62
Akteneinsicht; Registereinsicht

(1) Das Patentamt gewährt auf Antrag Einsicht in die Akten von Anmeldungen von Marken, wenn ein berechtigtes Interesse glaubhaft gemacht wird.

(2) Nach der Eintragung der Marke wird auf Antrag Einsicht in die Akten der eingetragenen Marke gewährt.

(3) Die Einsicht in das Register steht jeder Person frei.

Übersicht

I. Allgemeines

§ 62 Abs. 1 und Abs. 2 regelt abschließend die Einsicht in die beim DPMA geführten Akten von Markenanmeldungen und -eintragungen (zur Einsicht in die Akten des BPatG vgl. § 82). Die Einsicht in die Akten von *Markenanmeldungen* bedingt ein berechtigtes Interesse des Antragstellers. Abs. 3 regelt die Registereinsicht. Akteneinsicht und Registereinsicht gewährleisten die Öffentlichkeit des Markenregisters.[1]   **1**

II. Einsicht vor Eintragung

Auch vor der Eintragung einer Marke kann ein erhebliches praktisches Interesse an einer   **2**
Einsicht in die beim DPMA geführten Anmeldeakten bestehen. So kann beispielsweise der Inhaber einer eingetragenen Marke ein wesentliches Interesse an der Einsicht in die Akten einer Anmeldung mit älterem Zeitrang haben, aufgrund derer ein Widerspruch gegen die eingetragene Marke erhoben worden ist. Ebenso kann etwa ein Bedürfnis der Mitbewerber bestehen, durch Einsicht in die Akten einer wegen absoluter Schutzhindernisse i. S. d. § 8 zurückgewiesenen Markenanmeldung Klarheit zu erlangen, ob es sich bei der fraglichen Marke um eine nunmehr frei verwendbare beschreibende Angabe handelt. Entsprechend zu behandeln sind Fälle der Einsicht in die Akten zurückgewiesener und zurückgenommener Markenanmeldungen.[2]

Die Gewährung der Einsicht in die Akten einer Markenanmeldung hängt davon ab, dass der   **3**
Antragsteller ein *berechtigtes Interesse* glaubhaft machen kann (§ 294 ZPO). Dabei ist re-

---

1 *Fezer*, § 62 Rn. 1.
2 BPatG, MarkenR 2006, 178 – Akteneinsicht Markenanmeldung; BGH, GRUR 2007, 628 – MOON; BPatG, Beschluss vom 22.1.2008 – 24 W (pat) 89/07 – WALK-IN, zit. in juris.

gelmäßig das Interesse an der Akteneinsicht gegen die schutzwürdigen Belange des Anmelders abzuwägen. In die Abwägung ist auch das Recht des Anmelders auf informationelle Selbstbestimmung einzubeziehen, welches seinerseits wiederum durch ein überwiegendes Allgemeininteresse, auf gesetzlicher Grundlage und unter Beachtung des Verhältnismäßigkeitsgebots beschränkt werden kann.[3] Anders als im Patentrecht sind die Interessen des Markenanmelders nicht allzu hoch zu bewerten, da es sich selten um Betriebsgeheimnisse oder andere schützenswerte Informationen handeln wird. An die Glaubhaftmachung des berechtigten Interesses dürfen nicht zu hohe Anforderungen gestellt werden.[4]

4 Ein berechtigtes Interesse liegt demnach vor, wenn ein *tatsächliches* (nicht notwendig rechtliches) Interesse an der Einsicht *glaubhaft* gemacht werden kann.[5] Ein solches liegt vor, wenn die Aktenkenntnis für das Verhalten des Antragstellers relevant und sein Verhalten geeignet ist mitzubestimmen. Dies ist insbesondere der Fall, wenn durch die Aktenkenntnis die Verteidigung oder Wahrung von Rechtspositionen des Antragstellers beeinflusst werden kann. Eine Einsicht ist beispielsweise in die Akten zurückgewiesener Anmeldungen möglich, wenn dadurch Klarheit über absolute Schutzhindernisse erlangt werden soll. Auch wenn der Antragsteller von einem Markenanmelder oder dem Markeninhaber einer ähnlichen Kennzeichnung angegriffen wird, kann ein Interesse an der Einsicht in eine Anmeldungsakte einer zurückgewiesenen Anmeldung geltend gemacht werden, um etwa den Schutzumfang der Marke zu erkennen oder die Aussichten auf eine Markenerteilung beurteilen zu können.[6] Ein berechtigtes Interesse besteht auch dann, wenn z. B. Entscheidungen eines Erteilungsverfahrens anderweitig zitiert werden und eine geschwärzte Entscheidungsabschrift nicht zu erlangen bzw. das Informationsbedürfnis nicht zu befriedigen geeignet ist. Die Erteilung geschwärzter Entscheidungsabschriften stellt keine Akteneinsicht dar und ist daher uneingeschränkt, d. h. auch ohne ein berechtigtes Interesse, möglich.[7] Das Erfordernis eines berechtigten Interesses begrenzt die Einsicht in die Akten von Markenanmeldungen nicht auf Fälle, in denen gerade aus der betreffenden Markenanmeldung Rechte gegenüber dem Antragsteller geltend gemacht werden. Ein berechtigtes Interesse an der Einsicht in eine Markenakte kann auch dann anzuerkennen sein, wenn der Antragsteller Wettbewerber des Markeninhabers ist und die Art des Zeichens Erörterungen über seine Schutzfähigkeit vertretbar erscheinen lassen.[8]

5 Die Einzelheiten des Verfahrens der Einsicht in Anmeldeakten bestimmen sich nach § 22 DPMAV. Über den entsprechenden – notwendigerweise schriftlichen – Antrag entscheidet die Markenstelle, die für die Durchführung des Eintragungsverfahrens zuständig ist. Vor dem Beschluss ist der Anmelder zu hören (vgl. § 59 Abs. 2). Stimmt der Anmelder zu oder äußert er sich in der Anhörung nicht, wird Akteneinsicht gewährt.[9] Nur wenn der Anmelder widerspricht, wird formell entschieden. Die Entscheidung ergeht durch Beschluss i. S. d. § 61 Abs. 1, der mit der Erinnerung (§ 64) oder der Beschwerde (§ 66) angreifbar ist.

---

3 BGH, GRUR 2007, 628 f. m. w. N. – MOON.

4 BPatG, BeckRS 2009, 28556 – klickYellow/Yellow Pages.

5 Vgl. BPatG, GRUR 1983, 511 – Mastertube; BPatG, Beschluss vom 22.1.2008 – 24 W (pat) 89/07 – WALK-IN, zit. in juris.

6 Vgl. BPatG, MarkenR 2006, 178, 179 f. – Akteneinsicht Markenanmeldung.

7 A. A. *Ströbele/Hacker*, § 62 Rn. 16, der ein rein wissenschaftliches Interesse an einer Rechtsfrage nicht für ausreichend hält.

8 BPatG, Beschluss vom 22.1.2008 – 24 W (pat) 89/07 – WALK-IN, zit. in juris.

9 BPatGE 23, 55, 57.

Der Gegenstandswert des Akteneinsichtsverfahrens bemisst sich nach dem wirtschaft- **6**
lichen Interesse an der von der Einsicht betroffenen Marke, nicht nach dem des die Akteneinsicht Begehrenden. Im Regelfall beträgt er 2500 EUR.[10]

III. Einsicht nach Eintragung

Vom Zeitpunkt der Markeneintragung an ist die beim DPMA geführte Akte auch ohne be- **7**
rechtigtes Interesse des Antragstellers einsehbar, § 62 Abs. 2. Die Stellung eines – freilich
formlosen – Antrags ist allerdings unabdingbar. Der Antrag auf Einsicht kann nicht abgelehnt werden, so dass es keiner Anhörung des Inhabers und keiner Entscheidung durch Beschluss bedarf.[11] Ein Rechtsanwalt oder Patentanwalt kann Akteneinsicht beantragen, ohne
seinen Auftraggeber zu nennen.[12] Anders als im PatG (§ 99 Abs. 3 PatG) kann sich der
Markeninhaber nach der Eintragung gar nicht mehr mit einem schutzwürdigen Interesse
gegen die Einsichtnahme wehren.[13] Über den Antrag entscheidet die zuständige Markenabteilung (vgl. § 22 Abs. 1 DPMAV).

Wird ein ursprünglich auf § 62 Abs. 1 gestützter Akteneinsichtsantrag nach Eintragung der **8**
Marke weiterverfolgt, so wandelt sich dieser in einen Akteneinsichtsantrag gemäß § 62
Abs. 2.[14]

IV. Gemeinsame Regelungen

Die Einsicht in die Akten von Anmeldungen und von eingetragenen Marken wird in das **9**
Original oder in eine Kopie der Akten gewährt. Die Akteneinsicht in das Original der Akten wird nur im Dienstgebäude des Patentamts gestattet. Auf Antrag wird Akteneinsicht
durch die Erteilung von Kopien der gesamten Akten oder von Teilen der Akten gewährt.
Auf Antrag werden beglaubigte Kopien angefertigt (vgl. § 22 DPMAV).

Der Antrag auf Akteneinsicht wird nach Zahlung einer Verfahrensgebühr von 30 EUR be- **10**
arbeitet (Gebühr Nr. 301 400 des Kostenverzeichnisses, Anl. zu § 2 Abs. 1 DPMAVwKost-
VO). Sofern auf Antrag Kopien gefertigt werden, hat der Antragsteller die Kosten hierfür
zusätzlich zu übernehmen.

V. Registereinsicht

Über die amtliche Publikations- und Registerdatenbank DPMAregister des DPMA kann **11**
jedermann jederzeit Einsicht in das Register gemäß § 62 Abs. 3 nehmen. Ein Antrag ist

---

10 BPatG, Mitt. 2005, 328 – Eilunterrichtung.
11 *Ingerl/Rohnke*, § 62 Rn. 5.
12 Zum PatG: BGH, GRUR 2001, 143 – Akteneinsicht XV; BGH, GRUR 2007, 815 – Akteneinsicht
   XVIII.
13 A. A. *Fezer*, § 62 Rn. 5.
14 BPatG, BeckRS 2010, 17152.

dafür nicht erforderlich. Der Inhalt des Registers ist in § 25 MarkenV geregelt. Beglaubigte und unbeglaubigte Abschriften werden vom DPMA auf Antrag und gegen Kostenerstattung erstellt. Neben Marken können über DPMAregister seit dem 1.6.2011 auch Patente und Gebrauchsmuster recherchiert werden. Die bisherigen Datenbanken DPINFO und DPMApublikationen werden damit ersetzt.

§ 63
Kosten der Verfahren

(1) Sind an dem Verfahren mehrere Personen beteiligt, so kann das Patentamt in der Entscheidung bestimmen, dass die Kosten des Verfahrens einschließlich der Auslagen des Patentamts und der den Beteiligten erwachsenen Kosten, soweit sie zur zweckentsprechenden Wahrung der Ansprüche und Rechte notwendig waren, einem Beteiligten ganz oder teilweise zur Last fallen, wenn dies der Billigkeit entspricht. Die Bestimmung kann auch getroffen werden, wenn der Beteiligte die Erinnerung, die Anmeldung der Marke, den Widerspruch oder den Antrag auf Löschung ganz oder teilweise zurücknimmt oder wenn die Eintragung der Marke wegen Verzichts oder wegen Nichtverlängerung der Schutzdauer ganz oder teilweise im Register gelöscht wird. Soweit eine Bestimmung über die Kosten nicht getroffen wird, trägt jeder Beteiligte die ihm erwachsenen Kosten selbst.

(2) Das Patentamt kann anordnen, dass die Gebühr nach dem Patentkostengesetz für die beschleunigte Prüfung, für das Widerspruchs- oder das Löschungsverfahren ganz oder teilweise zurückgezahlt wird, wenn dies der Billigkeit entspricht.

(3) Der Betrag der zu erstattenden Kosten wird auf Antrag durch das Patentamt festgesetzt. Die Vorschriften der Zivilprozessordnung über das Kostenfestsetzungsverfahren (§§ 103 bis 107) und die Zwangsvollstreckung aus Kostenfestsetzungsbeschlüssen (§§ 724 bis 802) sind entsprechend anzuwenden. An die Stelle der Erinnerung tritt die Beschwerde gegen den Kostenfestsetzungsbeschluss. § 66 ist mit der Maßgabe anzuwenden, dass die Beschwerde innerhalb von zwei Wochen einzulegen ist. Die vollstreckbare Ausfertigung wird vom Urkundsbeamten der Geschäftsstelle des Patentgerichts erteilt.

Übersicht

I. Allgemeines

Durch § 63 wird erstmals einheitlich für das Verfahren vor dem DPMA eine Regelung über die *Verfahrenskosten* getroffen. Die früher verstreuten Einzelregelungen werden für das Verfahren vor dem DPMA einheitlich zusammengefasst. Die Kosten des Beschwerdeverfahrens sind in § 71, die Kosten der Rechtsbeschwerde in § 90 geregelt (Parallelvorschrift § 62 PatG). Zu den Bestimmungen der Kostentragungspflicht für Verfahren vor dem HABM vgl. *Pohlmann*.[1] **1**

---

1 *Pohlmann*, Mitt. 2003, 490 ff.

2 Der – auch die Praxis bestimmende – Grundsatz für das patentamtliche Verfahren liegt darin, dass jede Partei ihre Kosten selbst trägt (§ 63 Abs. 1 S. 3). Danach hat jede Partei ihre patentamtlichen und außeramtlichen Kosten einschließlich der Kosten für ihre Bevollmächtigten selbst zu tragen. Zwar kann das DPMA auf Antrag oder von Amts wegen eine Kostenentscheidung treffen. In aller Regel ergeht eine solche Entscheidung jedoch i. S. d. Grundsatzes, wonach jede Partei ihre Kosten selbst zu tragen hat. Für den Fall, dass eine Kostenentscheidung nicht getroffen wird, wird die Anwendbarkeit dieses Grundsatzes in § 63 Abs. 1 S. 3 ausdrücklich bestätigt. In der Masse der Verfahren unterbleibt daher auch ein Kostenausspruch, häufig mit der Mitteilung, dass kein Anlass bestand, von der gesetzlichen Regelung abzuweichen. Anders als in den zivilgerichtlichen Verfahren nach §§ 91 ff. ZPO und anders als im Verwaltungsverfahren nach § 80 VwVfG gilt also nicht der Grundsatz der Kostenerstattung, sondern der Grundsatz der Erstattungslosigkeit.

3 Nicht klar ist, ob dieser Grundsatz in Zukunft aufrechterhalten werden kann. Der europäische Gesetzgeber hat in Art. 14 der Richtlinie zur Durchsetzung der Rechte des geistigen Eigentums[2] die Mitgliedstaaten verpflichtet, Regelungen vorzusehen, nach denen in Fällen der Verletzung geistigen Eigentums der jeweils unterlegenen Partei die Kosten aufzuerlegen sind, soweit Billigkeitsgründe dem nicht entgegenstehen.

II. Mehrere Beteiligte

4 Eine vom Grundsatz der Erstattungslosigkeit abweichende Kostenentscheidung kommt nur in Betracht, wenn an dem Verfahren *mehrere Personen* beteiligt sind. Dies ist der Fall, wenn sich die Verfahrensbeteiligten im patentamtlichen Verfahren prozessual gegenüberstehen, so z. B. bei einem Markenanmelder auf der einen Seite und einem oder mehreren Widersprechenden auf der anderen Seite, nicht aber, wenn mehrere eine Marke gemeinschaftlich anmelden.[3] Im lediglich einseitigen Verfahren zwischen Antragsteller und Amt ist hingegen keine Entscheidung über eine Kostenerstattung zulässig. Zu einer Kostenerstattung kann es also nur im kontradiktorischen Verfahren kommen. Ein solcher Kostenausspruch hat als alleiniges Kriterium die *Billigkeit*. Der materielle Erfolg eines Antrags oder eines Widerspruchs allein reicht also nicht aus, um die Kostenerstattungsfähigkeit zu begründen. Er ist im Regelfall zwar ein erforderliches, für sich allein aber noch kein ausreichendes Kriterium für eine Kostenentscheidung, die von der Grundregelung der Erstattungslosigkeit abweicht. Die Billigkeitserwägungen hängen maßgeblich von den Umständen des Einzelfalles ab. Zum PatG hat das BPatG entschieden, dass es bei Streitverfahren allerdings regelmäßig billig sei, dem Unterlegenen die Kosten aufzuerlegen[4] bzw. den Verfahrensausgang zu berücksichtigen.[5] Bei offensichtlich unbegründeten Anträgen oder Widersprüchen,[6] rechtsmissbräuchlichem Verhalten[7] oder schuldhaft unsachgemäßer Verfahrensführung[8] kann die Billigkeit einen Kostenausspruch gebieten. Gleiches gilt bei einem

---

2 Richtlinie 2004/48/EG v. 29.4.2004, ABl. EG Nr. L 157 v. 30.4.2004.
3 *Fezer*, § 63 Rn. 3.
4 GRUR 2001, 328 – Umschreibeverfahren I.
5 GRUR 2001, 329 – Umschreibeverfahren II.
6 BGH, GRUR 1966, 493 – Lili.
7 Vgl. BPatGE 26, 272.
8 Vgl. BPatG, 26 W (pat) 113/03 – Duff Beer, zit. in juris.

Widerspruch z. B. dann, wenn es ganz offensichtlich an der Waren- oder der Zeichenähnlichkeit fehlt.[9] Da bösgläubigen Markenanmeldungen stets rechtsmissbräuchliches oder sittenwidriges Verhalten zugrunde liegt, ist es im Regelfall billig, in diesen Fällen dem unterlegenen Anmelder die Kosten aufzuerlegen.[10] Entsprechendes gilt für den Widersprechenden, wenn die Widerspruchsmarken bereits mit Behinderungsabsicht angemeldet wurden.[11]

Nicht unbillig genug für eine Kostenauferlegung war die bösgläubige Anmeldung der Marke „Johann Sebastian Bach" für zahlreiche Waren und Dienstleistungen. Das BPatG befand, es sei nicht per se illegitim, Lücken eines neuen Gesetzes ausnutzen zu wollen.[12] Hingegen sind einem anderen Markeninhaber die gesamten Kosten eines Löschungsverfahrens aufgegeben worden, da er das Schutzhindernis (§ 8 Abs. 2 Nr. 2) bereits bei Eintragung „kannte oder hätte kennen müssen".[13]   5

Selbst die Rücknahme eines Antrages, eines Widerspruchs oder die Markenlöschung ist (anders als im Falle des § 269 ZPO) keine hinreichende Voraussetzung für einen Kostenausspruch. Auch hier müssen weitere Umstände hinzukommen, um eine Entscheidung über die Kostentragung angemessen erscheinen zu lassen (§ 63 Abs. 1 S. 2). Das BPatG nimmt dies z. B. an, wenn der zurückgenommene Antrag kaum vernünftige Erfolgsaussichten gehabt hätte,[14] verneint aber eine Erstattungspflicht, wenn die Rücknahme sachdienlichen Gründen geschuldet ist.[15]   6

Lehnt das DPMA es ab, die Kostenerstattung anzuordnen, kommt ein Ersatz aus anderen Rechtsgründen (etwa § 823 Abs. 1 BGB wegen Eingriffs in den eingerichteten und ausgeübten Gewerbebetrieb) nicht in Betracht.[16]   7

Die Entscheidung des DPMA über die Kostenverteilung ist nach der Spruchpraxis des BPatG eine Ermessensentscheidung.[17] Wird ein Kostenantrag gestellt, muss eine begründete Entscheidung zur Kostenverteilung ergehen.[18] Im Zuge einer Erinnerung oder Beschwerde wird diese dann nur auf Ermessensfehler hin überprüft, wobei aber auch weiteres Vorbringen sowie ergänzende Beweismittel im Beschwerdeverfahren zu berücksichtigen sind.[19]   8

Zur Nachprüfbarkeit der Kostenentscheidung im Beschwerdeverfahren siehe auch BPatG, Beschluss vom 10.8.2010[20]: Soweit dem DPMA auf der Rechtsfolgenseite Ermessen eingeräumt werde, sei dieses nach den Grundsätzen des § 114 VwGO nur eingeschränkt gerichtlich überprüfbar; für die Frage, ob überhaupt die Voraussetzungen für eine vom Grundsatz abweichende Kostenentscheidung, nämlich entsprechende Billigkeitsgesichtspunkte vorlä-

---

9 BPatGE 23, 224, 227.
10 BPatGE 42, 130, 139 – SSZ.
11 BPatG, Mitt. 1997, 28.
12 Beschl. v. 2.10.2002 – 30 W (pat) 170/01.
13 BPatG, Mitt. 2003, 423 – Token & Medaillen Manager.
14 GRUR 2001, 328 – Umschreibeverfahren I.
15 GRUR 2001, 329 – Umschreibeverfahren II.
16 OLG Düsseldorf, GRUR-RR 2002, 213 – Auslaufendstücke für Sanitärarmaturen.
17 BPatGE 40, 229, 331 – Nomen est Omen; BPatGE 34, 99, 103 ff.
18 *Ströbele/Hacker*, § 71 Rn. 20, 21.
19 BPatGE 40, 229, 331 – Nomen est Omen; a. A. BPatG, BeckRS 2010, 09418: voll überprüfbare Ermessensentscheidung.
20 BPatG, BeckRS 2010, 22361.

gen, sei dagegen eine umfassende gerichtliche Prüfung vorzunehmen – ggf. unter Berücksichtigung von Beurteilungsspielräumen und weiteren Einschränkungen; die Struktur des § 63 Abs. 1 S. 1 entspreche einer sog. „Koppelungsvorschrift", in der auf Tatbestandsseite ein unbestimmter Rechtsbegriff auftauche, der mit Ermessen auf der Rechtsfolgenseite gekoppelt sei.

III. Umfang der Erstattung

9 Der Kostenausspruch kann sowohl die Gebühren des DPMA als auch die Kosten der Parteien für das Verfahren erfassen, soweit Letztere zur zweckentsprechenden Rechtsverfolgung notwendig waren. Die Kostenentscheidung kann die gesamten Verfahrenskosten, nur bestimmte Verfahrenskosten betreffen oder auch eine Quotelung vornehmen. Ferner kann in der Kostenentscheidung eine quotenmäßige Kostenaufteilung mit der Auferlegung bestimmter Kosten verbunden werden.[21] Der Maßstab sind auch hier Billigkeitserwägungen.

IV. Gebührenerstattung

10 § 63 Abs. 2 regelt allein die Frage der Erstattung der Widerspruchs- und Löschungsgebühr durch das *DPMA*. Die Frage der Erstattung derartiger Gebühren durch den anderen Verfahrensbeteiligten richtet sich hingegen allein nach § 63 Abs. 1. Auch im Falle des Abs. 2 ist der Entscheidungsmaßstab die *Billigkeit*.

11 Bei einem Widerspruch kann beispielsweise eine fehlerhafte Veröffentlichung durch das Amt Anlass für eine Rückerstattung der Widerspruchsgebühr sein. Gleiches gilt auch für die offensichtliche Missachtung absoluter Schutzhindernisse i.S.d. § 8 Abs. 2. Dies gilt nach der Neufassung des Abs. 2 auch, wenn die beschleunigte Prüfung der Marke beantragt und auch die Beschleunigungsgebühr bezahlt wurde, dies jedoch nicht zu einer beschleunigten Prüfung seitens des DPMA führte. So ist die Beschleunigungsgebühr i.d.R. zurückzuzahlen, wenn die Prüfung der Markenanmeldung ohne Verschulden des Anmelders länger als sechs Monate dauert.[22]

V. Kostenfestsetzung

12 Das Verfahren der Kostenfestsetzung bestimmt sich gem. § 63 Abs. 3 S. 2 nach den Vorschriften der ZPO (§§ 103–107 ZPO). Die Festsetzung der erstattungsfähigen Kosten erfolgt bei einer unanfechtbaren und vollstreckbaren Kostenentscheidung des DPMA auf Kostenfestsetzungsantrag durch die Markenabteilung (§ 63 Abs. 3 S. 1, § 56 Abs. 3). Gegen den Kostenfestsetzungsbeschluss besteht nach § 63 Abs. 3 S. 3 das Rechtsmittel der

---

21 *Fezer*, § 63 Rn. 10.
22 BPatG, BeckRS 2009, 02494; vgl. auch die Ausführungen zur Rückzahlung der Beschwerdegebühr in § 71.

(gebührenpflichtigen) Beschwerde des § 66, die nach § 63 Abs. 3 S. 4 innerhalb von zwei Wochen einzulegen ist (beachte: Abweichung von Frist des § 66).

Nicht erstattungsfähig sind die Kosten eines Beteiligten für die Rechtswahrnehmung, ins-   **13** besondere Mühen, Zeit und Arbeit. *Erstattungsfähig* sind allerdings Reisekosten und Auslagen. Bei Vertretung durch einen Patentanwalt sind dessen Gebühren auf der Grundlage der (nicht rechtsverbindlichen) *PatAnwGebO* erstattungsfähig.[23] Nach neuerer Spruchpraxis können die Kosten des Patentanwalts auch auf der Grundlage der BRAGO, jetzt RVG, bestimmt werden.[24] Bei der Vertretung durch einen Rechtsanwalt kommt naturgemäß nur eine Festsetzung der Gebühren auf der Grundlage des RVG in Betracht. Der Regelstreitwert des Widerspruchsverfahrens beläuft sich auf 10 000 EUR.[25] In einem Löschungsbeschwerdeverfahren gegen eine in Behinderungsabsicht eingetragene unbenutzte Marke sind allerdings bereits 25 000 EUR als Regelfall angenommen worden.[26] Der BGH hat allerdings mit Beschluss vom 16.3.2006[27] den Regelstreitwert mit 50 000 EUR angesetzt und damit der Wertfestsetzung des BPatG in GRUR 1999, 64 eine ausdrückliche Absage erteilt. Eine Erhöhung dieses Regelstreitwerts ist möglich, wenn das wirtschaftliche Interesse des Inhabers der angegriffenen Marke dies als gerechtfertigt erscheinen lässt, z. B. wenn die Marke zugleich Firma oder Firmenbestandteil ist.[28] Eine etwaige Verkehrsgeltung der *angegriffenen* Marke kann eine Vervielfachung des Regelstreitwertes rechtfertigen.[29] Die *Verkehrsgeltung der Widerspruchsmarke* rechtfertigt demgegenüber nicht eine Erhöhung des Streitwertes.[30] Wird ein Löschungsantrag auf absolute Schutzhindernisse (§ 50) gestützt, bestimmt sich der Streitwert auch am Interesse der Allgemeinheit an der Markenlöschung.[31] Der Gegenstandswert des Akteneinsichtsverfahrens beträgt im Regelfall 2500 EUR.[32]

Eine Doppelvertretung durch Patentanwalt und Rechtsanwalt gehört regelmäßig nicht zu   **14** den notwendigen Kosten der Rechtswahrnehmung.[33] Auch im Verfahren vor dem DPMA kann die Hinzuziehung eines Verkehrsanwalts notwendig sein, dabei sind die Kosten eines ausländischen Verkehrsanwalts maximal in Höhe der nach dem RVG entstandenen Gebühren erstattungsfähig.[34]

---

23 BPatG, BlPMZ 1992, 192.
24 BPatG, GRUR 2005, 974, 975 f. – Kostenfestsetzung im patentamtlichen Markenverfahren; BPatG, Beschluss vom 18.1.2005 – 27 W (pat) 68/02 – alphajet, zit. in juris.
25 BPatG, GRUR 1999, 64, 65 – Gegenstandswert für Widerspruchsverfahren; GRUR 1999, 65 – P-Plus.
26 BPatG, 28 W (pat) 98/01 – S 400, GRUR 2003, 482.
27 Mitt. 2006, 282 – Gegenstandswert in Markensachen.
28 BPatGE 12, 245, 247.
29 BPatGE 11, 166, 171.
30 BPatG, GRUR 1999, 64, 65 – Gegenstandswert für Widerspruchsverfahren.
31 BPatG, 24 W (pat) 240/03 – Kalkwandler, zit. in juris.
32 BPatG, Mitt. 2005, 328 – Eilunterrichtung.
33 Vgl. BPatGE 25, 155.
34 BPatG, GRUR 2011, 463, 464 m. w. N. – Britischer Verkehrsanwalt.

§ 64
Erinnerung

(1) Gegen die Beschlüsse der Markenstellen und der Markenabteilungen, die von einem Beamten des gehobenen Dienstes oder einem vergleichbaren Angestellten erlassen worden sind, findet die Erinnerung statt. Die Erinnerung hat aufschiebende Wirkung.

(2) Die Erinnerung ist innerhalb eines Monats nach Zustellung beim Patentamt einzulegen.

(3) Erachtet der Beamte oder Angestellte, dessen Beschluss angefochten wird, die Erinnerung für begründet, so hat er ihr abzuhelfen. Dies gilt nicht, wenn dem Erinnerungsführer ein anderer an dem Verfahren Beteiligter gegenübersteht.

(4) Über die Erinnerung entscheidet ein Mitglied des Patentamts durch Beschluss.

(5) Die Markenstelle oder die Markenabteilung kann anordnen, dass die Gebühr nach dem Patentkostengesetz für die Erinnerung ganz oder teilweise zurückgezahlt wird.

(6) Anstelle der Erinnerung kann die Beschwerde nach § 66 eingelegt werden. Ist in einem Verfahren, an dem mehrere Personen beteiligt sind, gegen einen Beschluss von einem Beteiligten Erinnerung und von einem anderen Beteiligten Beschwerde eingelegt worden, so kann der Erinnerungsführer ebenfalls Beschwerde einlegen. Wird die Beschwerde des Erinnerungsführers nicht innerhalb eines Monats nach Zustellung der Beschwerde des anderen Beteiligten gemäß § 66 Abs. 4 Satz 2 eingelegt, so gilt seine Erinnerung als zurückgenommen.

(7) Nach Einlegung einer Beschwerde nach Absatz 6 Satz 2 oder nach § 66 Abs. 3 kann über eine Erinnerung nicht mehr entschieden werden. Eine gleichwohl danach erlassene Erinnerungsentscheidung ist gegenstandslos.

Übersicht

I. Allgemeines

1   Seit der Neufassung von § 64 mit Wirkung zum 1.10.2009 steht dem Rechtsmittelführer ein Wahlrecht zu, wobei nach dem neuen Abs. 6 die Beschwerde vorrangig ist.[1]

2   Die *Erinnerung* ist ein verwaltungsinternes Verfahren zur Vereinheitlichung der Entscheidungen des DPMA. Der Erinnerung kommt aufschiebende Wirkung (Suspensiveffekt) zu; das Verfahren wird jedoch nicht, wie im Fall der Beschwerde (§ 66), in die nächste Instanz

---

1 *Ingerl/Rohnke*, § 64 Rn. 1.

verlegt (Devolutiveffekt). Um ein justizförmiges Verfahren zu gewährleisten, kann im Rahmen des Erinnerungsverfahrens im Zweifel auf die Vorschriften des Beschwerdeverfahrens zurückgegriffen werden.[2]

II. Zulässigkeit (Abs. 1)

Die Erinnerung ist nur gegen *Beschlüsse* der Markenstellen und Markenabteilungen des **3** DPMA gegeben, die von einem Beamten des gehobenen Dienstes oder einem ihm vergleichbaren Angestellten erlassen wurden (Abs. 1), nicht jedoch gegen Entscheidungen der Markenabteilungen, die von Mitgliedern des DPMA (Prüfer) erlassen wurden und gegen die *nur* die Beschwerde nach § 66 möglich ist. Die Erinnerung richtet sich nur gegen *Beschlüsse* des DPMA und ist daher nicht gegeben gegen verfahrensleitende Verfügungen, Zwischenbescheide, Terminanberaumungen oder -festsetzungen. Dagegen ist die Beschwerde seit der Neufassung des § 64 gegen sämtliche Entscheidungen des DPMA gegeben. Ist Beschwerde eingelegt worden, kann über die Erinnerung nicht mehr entschieden werden (vgl. Abs. 7).

III. Verfahren

Die Erinnerung muss schriftlich beim DPMA eingelegt werden. Dies folgt aus § 65 Abs. 1 **4** Nr. 8 i.V.m. § 10 DPMAV. Die Erinnerung kann auch per Telefax übermittelt werden (§ 11 Abs. 1 DPMAV). Sie war nach früherem Recht *gebührenfrei*. Seit Einführung des PatKostG wird jedoch eine Erinnerungsgebühr von 150 EUR fällig (§ 64a i.V.m. Nr. 333 000 Gebührenverzeichnis der Anlage zu § 2 Abs. 1 PatKostG). Die Erinnerung kann während des Erinnerungsverfahrens jederzeit zurückgenommen werden.

Die Frist zur Einlegung der Erinnerung beim DPMA beträgt *einen Monat* nach Zustellung **5** des Beschlusses (Abs. 2). Die Frist berechnet sich nach den Vorschriften der §§ 187, 188 BGB. Das Fristende liegt i.d.R. an dem Tag, der durch seine Zahl dem Zustellungstag entspricht. Lediglich bei der Zustellung am 31. eines Monats ergibt sich zumeist eine Verschiebung. Die Erinnerungsfrist endet dann i.d.R. am 30. des Folgemonats. Eine Fristverschiebung tritt auch dann ein, wenn der Tag des Fristablaufs auf einen Samstag, Sonntag oder Feiertag fällt; die Frist endet dann mit dem Ablauf des nächsten Werktages. Es handelt sich um eine nicht verlängerbare Notfrist.[3] Wird die Frist zur Einlegung der Erinnerung versäumt, kommt eine *Wiedereinsetzung in den vorigen Stand* nach § 91 in Betracht.[4] Innerhalb der Frist muss auch die Erinnerungsgebühr eingezahlt werden (vorzugsweise durch Einzugsermächtigung, da Gebührenmarken oder Schecks als Zahlungsmittel nicht mehr zugelassen sind). Der Überweisungsauftrag an die Bank wahrt die Frist nicht. Wird die Einzahlung unterlassen oder nicht fristgemäß vorgenommen, gilt die Erinnerung als zurückgenommen (§ 6 Abs. 2 PatKostG).

---

2 BPatG, GRUR 2000, 815, 816 – turfa.
3 *Ingerl/Rohnke*, § 64 Rn. 5.
4 Siehe BPatG, BeckRS 2010, 19783.

6 Die Erinnerung muss erkennen lassen, gegen welchen Beschluss sie sich richtet. Einer Begründung bedarf sie nicht; sie ist für die Praxis jedoch zu empfehlen. Eine Begründung kann allerdings – was der Praxis entspricht – auch noch nach Einlegung der Erinnerung und auch nach Ablauf der Erinnerungsfrist beim DPMA eingereicht werden. Zum Überprüfungsumfang im Erinnerungsverfahren bei beschränkter Erinnerung (auch hier gilt der Grundsatz „ne ultra petita") s. Beschl. des BPatG v. 9.12.2009.[5]

7 Die Erinnerung wird – dies gilt allerdings nur für das einseitige Erinnerungsverfahren ohne andere Verfahrensbeteiligte – zunächst der Markenstelle oder Markenabteilung vorgelegt, die den Beschluss erlassen hat (Abs. 3). Dort kann der Erinnerung *abgeholfen* werden. Geschieht dies nicht, wird die Erinnerung dem *Erinnerungsprüfer* (Abs. 4: ein Mitglied des Patentamts) zur Entscheidung vorgelegt. Der Erinnerungsprüfer kann der Entscheidung durch Beschluss abhelfen oder aber die Erinnerung zurückweisen. Der zurückweisende Beschluss ist nach § 61 grundsätzlich zu begründen. Im Erinnerungsverfahren gilt das Verbot der Schlechterstellung (reformatio in peius), so dass z. B. eine teilweise zurückgewiesene Markeneintragung nach Einlegung der Erinnerung nicht mehr vollständig zurückgewiesen werden kann.[6] Gegen die Erinnerungsentscheidung ist die Beschwerde nach § 66 eröffnet.

8 Ist über die Erinnerung nicht binnen einer Frist von sechs Monaten entschieden worden, kann gegen den ursprünglichen Beschluss der Markenstelle oder der Markenabteilung, gegen den die Erinnerung eingelegt wurde, nach § 66 Abs. 3 auch das Rechtsmittel der Beschwerde eingelegt werden. Eine Entscheidung der Markenstelle und der Markenabteilung oder des Erinnerungsprüfers ist dann nicht mehr zulässig.

9 Da die Erinnerung gebührenpflichtig ist, sieht Abs. 5 eine Rückerstattungspflicht vor. Nach der amtlichen Begründung[7] soll die Rückerstattung der Erinnerungsgebühr erfolgen, wenn der Erinnerung abgeholfen wird.

10 Nach dem neu gefassten Abs. 6 kann anstelle der Erinnerung auch die Beschwerde nach § 66 eingelegt werden. Dies war vormals nach der Übergangsvorschrift des § 165 Abs. 4 bis zum 31.12.2004 schon einmal möglich, um das Verfahren zu beschleunigen.[8] Diese Möglichkeit fiel jedoch durch Zeitablauf weg, so dass vom 1.1.2005 bis zum 30.9.2009 gegen Beschlüsse der Markenstellen und der Markenabteilungen, die von Beamten des gehobenen Dienstes oder vergleichbaren Angestellten erlassen wurden, nur noch die Erinnerung statthafter Rechtsbehelf war.[9] Die Beschwerde war nur gegen die nicht der Erinnerung unterliegenden, von einem Beamten des gehobenen Dienstes oder einem vergleichbaren Angestellten erlassenen Beschlüsse der Markenstellen und Markenabteilungen gegeben und die Durchgriffsbeschwerde war bei langwierigem Erinnerungsverfahren wieder möglich.[10]

11 Mit Wirkung zum 1.10.2009 ist die Möglichkeit der Beschwerde nun wieder auf solche Beschlüsse erweitert worden, die der Erinnerung unterliegen (Wahlrecht, Abs. 6 S. 1). Zu beachten ist die Übergangsvorschrift des § 165 Abs. 3 S. 1.

---

5 BPatG, BeckRS 2010, 04361.
6 BPatG, BeckRS 2009, 14556; *Ströbele/Hacker*, § 64 Rn. 22.
7 BT-Drucks. 14/7140 S. 61.
8 Vgl. amtl. Begr., BT-Drucks. 14/7140 S. 61.
9 Vgl. Mitteilung des Präsidenten des DPMA 7/05 v. 10.12.2004.
10 Vgl. *Ingerl/Rohnke*, § 66 Rn. 1.

Die von einer Partei in einem Verfahren, an dem mehrere Personen beteiligt sind, eingelegte Beschwerde ist gegenüber der von einer anderen Partei eingelegten Erinnerung vorrangig. Der Erinnerungsführer kann aber nach Abs. 6 S. 2 und S. 3 innerhalb eines Monats nach Zustellung der Beschwerde des anderen Beteiligten ebenfalls Beschwerde einlegen. Erfolgt eine derartige Einlegung nicht innerhalb der Monatsfrist, gilt die Erinnerung als zurückgenommen und der Rechtsbehelf ist verloren. Zu beachten ist hier die Übergangsvorschrift des § 165 Abs. 3 S. 2. Dieser „Anschlusszwang" ist notwendig, weil andernfalls dasselbe Verfahren in zwei Instanzen anhängig wäre.[11]

Gemäß § 3 Abs. 1 S. 5 PatKostG muss der Erinnerungsführer, der die Beschwerde nach § 64 Abs. 6 S. 2 einlegt, aufgrund der bereits entrichteten Erinnerungsgebühr keine Beschwerdegebühr zahlen. In diesem Zusammenhang ist auch der neue § 6 Abs. 4 PatKostG zu beachten: Danach gilt für den Fall, dass der Erinnerungsführer die Gebühr für das Erinnerungsverfahren nicht, nicht rechtzeitig oder nicht vollständig zahlt, auch die von ihm nach § 64 Abs. 6 S. 2 eingelegte Beschwerde als zurückgenommen. **12**

---

11 *Ingerl/Rohnke*, § 66 Rn. 13.

§ 64a
Kostenregelungen im Verfahren vor dem Patentamt

Im Verfahren vor dem Patentamt gilt für die Kosten das Patentkostengesetz.

1   Die Regelung verweist für das patentamtliche Verfahren insgesamt auf das zum 1.1.2002 in Kraft getretene Patentkostengesetz (PatKostG). Dadurch werden die Gebührentatbestände vereinheitlicht und in einer gesetzlichen Regelung zusammengefasst. Die meisten Regelungen des PatKostG entsprechen den bisherigen Regelungen im Markenrecht. Eine Neuerung besteht in der Einführung einer Gebühr für die Erinnerung nach § 64.

2   Wesentlich und für die Verfahrensbeteiligten von größter praktischer Bedeutung ist die Regelung des § 6 Abs. 1 S. 1 PatKostG, wonach für alle fristgebundenen Anträge oder Handlungen die erforderliche Gebühr ebenfalls innerhalb der für den Antrag oder die Vornahme der Handlung geltenden Frist einzuzahlen ist. Wird die Einzahlung nicht innerhalb der für den Antrag oder die vorzunehmende Handlung geltenden Frist vorgenommen, gilt die Handlung als nicht vorgenommen bzw. der Antrag als zurückgenommen (§ 6 Abs. 2 PatKostG). Mit Wirkung zum 1.10.2009 ist ferner mit § 6 Abs. 4 PatKostG auf die Neufassung des § 64 Abs. 6 S. 2 und die sich daraus ergebenden Neuerungen reagiert worden (vgl. oben § 64 Rn. 9).

3   Auch für die Gebühreneinzahlung ergaben sich erhebliche Änderungen. Die bis dahin häufig verwendete Zahlungsweise durch Beifügung von Gebührenmarken oder eines Schecks für die anfallende Gebühr wurde abgelöst durch die Einziehungsermächtigung oder den Abbuchungsauftrag von einem Inlandskonto (vgl. § 1 Patentkostenzahlungsverordnung – PatKostZV). Hierfür sollen die Formulare des DPMA verwendet werden, die auch auf der Homepage des Amtes[1] heruntergeladen werden können. Die Beifügung von Schecks oder Gebührenmarken wahrt also die Frist nicht mehr. Demgegenüber wirkt die Erteilung einer Einziehungsermächtigung oder eines Abbuchungsauftrages mit ihrem Eingang beim DPMA fristwahrend, auch wenn die Abbuchung oder die Einziehung erst nach Fristablauf erfolgt (§ 2 Nr. 4 und 5 PatKostZV). Weiterhin möglich sind Bareinzahlungen bei den Geldstellen des DPMA in den Dienststellen München und Jena sowie im Technischen Informationszentrum in Berlin oder Bareinzahlungen auf das Konto der Zahlstelle des DPMA, wobei jeweils der Einzahlungstag als Zahlungstag gilt und damit fristwahrend wirkt.

4   Anmeldegebühren sind innerhalb von drei Monaten einzuzahlen (§ 6 Abs. 1 S. 2 PatKostG), andernfalls gilt die Anmeldung als zurückgenommen (§ 6 Abs. 2 PatKostG).[2]

5   Eine wichtige Neuerung liegt auch darin, dass keine förmlichen Gebührenbenachrichtigungen mehr versandt werden. Zwar werden Zahlungsaufforderungen bzw. Zahlungserinnerungen versandt, deren Zugang jedoch auf den Fristablauf keinen Einfluss besitzt. Geht also die Zahlungserinnerung auf dem Postweg verloren, hindert dies den Fristablauf mit der Folge des § 6 Abs. 2 PatKostG nicht.

---

1   S. www.dpma.de.
2   Vgl. auch BGH, GRUR 2010, 838, 841 – DDR-Logo: Eine durch eine Markenanmeldung begründete Erstbegehungsgefahr entfällt, wenn die Markenanmeldung wegen unterbliebener Zahlung der Anmeldegebühren kraft Gesetzes (§ 64a MarkenG, § 6 Abs. 2 PatKostG) entfällt.

§ 65
Rechtsverordnungsermächtigung

(1) Das Bundesministerium der Justiz wird ermächtigt, durch Rechtsverordnung ohne Zustimmung des Bundesrates

1. die Einrichtung und den Geschäftsgang sowie die Form des Verfahrens in Markenangelegenheiten zu regeln, soweit nicht durch Gesetz Bestimmungen darüber getroffen sind,

2. weitere Erfordernisse für die Anmeldung von Marken zu bestimmen,

3. die Klasseneinteilung von Waren und Dienstleistungen festzulegen,

4. nähere Bestimmungen für die Durchführung der Prüfungs-, Widerspruchs- und Löschungsverfahren zu treffen,

5. Bestimmungen über das Register der eingetragenen Marken und gegebenenfalls gesonderte Bestimmungen über das Register für Kollektivmarken zu treffen,

6. die in das Register aufzunehmenden Angaben über eingetragene Marken zu regeln und Umfang sowie Art und Weise der Veröffentlichung dieser Angaben festzulegen,

7. Bestimmungen über die sonstigen in diesem Gesetz vorgesehenen Verfahren vor dem Patentamt zu treffen, wie insbesondere das Verfahren bei der Teilung von Anmeldungen und von Eintragungen, das Verfahren zur Erteilung von Auskünften oder Bescheinigungen, das Verfahren der Wiedereinsetzung, das Verfahren der Akteneinsicht, das Verfahren über den Schutz international registrierter Marken und das Verfahren über die Umwandlung von Gemeinschaftsmarken,

8. Bestimmungen über die Form zu treffen, in der Anträge und Eingaben in Markenangelegenheiten einzureichen sind, einschließlich der Übermittlung von Anträgen und Eingaben durch elektronische Datenübertragung,

9. Bestimmungen darüber zu treffen, in welcher Form Beschlüsse, Bescheide oder sonstige Mitteilungen des Patentamts in Markenangelegenheiten den Beteiligten zu übermitteln sind, einschließlich der Übermittlung durch elektronische Datenübertragung, soweit nicht eine bestimmte Form der Übermittlung gesetzlich vorgeschrieben ist,

10. Bestimmungen darüber zu treffen, in welchen Fällen und unter welchen Voraussetzungen Eingaben und Schriftstücke in Markenangelegenheiten in anderen Sprachen als der deutschen Sprache berücksichtigt werden,

11. Beamte des gehobenen Dienstes oder vergleichbare Angestellte mit der Wahrnehmung von Angelegenheiten zu betrauen, die den Markenabteilungen obliegen und die ihrer Art nach keine besonderen rechtlichen Schwierigkeiten bieten, mit Ausnahme der Beschlußfassung über die Löschung von Marken (§ 48 Abs. 1, §§ 53 und 54), der Abgabe von Gutachten (§ 58 Abs. 1) und der Entscheidungen, mit denen die Abgabe eines Gutachten abgelehnt wird,

12. Beamte des mittleren Dienstes oder vergleichbare Angestellte mit der Wahrnehmung von Angelegenheiten zu betrauen, die den Markenstellen oder Markenabteilungen obliegen und die ihrer Art nach keine besonderen rechtlichen Schwierigkeiten bieten, mit Ausnahme von Entscheidungen über Anmeldungen und Widersprüche,

13. die in die Veröffentlichung nach § 33 Abs. 3 aufzunehmenden Angaben zu regeln und Umfang sowie Art und Weise der Veröffentlichung dieser Angaben festzulegen.

(2) Das Bundesministerium der Justiz kann die Ermächtigung zum Erlass von Rechtsverordnungen nach Absatz 1 durch Rechtsverordnung ohne Zustimmung des Bundesrates ganz oder teilweise dem Deutschen Patent- und Markenamt übertragen.

1 Durch § 65 Abs. 1 erhält das Bundesministerium der Justiz die Ermächtigung zum Erlass von Rechtsverordnungen über den allgemeinen Verfahrensgang in Markenangelegenheiten. Das Bundesministerium der Justiz kann die ihm nach Abs. 1 gegebene Verordnungsermächtigung an das DPMA übertragen (Abs. 2). Davon hat das BMJ in § 1 Abs. 2 der Verordnung über das Deutsche Patent- und Markenamt (DPMAV) Gebrauch gemacht. Im Einzelnen:

Nr. 1: Einrichtung und Geschäftsgang sowie Form des Verfahrens in Markenangelegenheiten: §§ 1 Abs. 1, 5 DPMAV sowie Markenverordnung (MarkenV).

Nr. 2: Anmeldeerfordernisse: §§ 2–18 MarkenV, §§ 9–12 DPMAV; zahlreiche Formblätter sind auf der Homepage des DPMA[1] enthalten und können von dort heruntergeladen werden.

Nr. 3: Klasseneinteilung: §§ 19–22 MarkenV, Anlagen zu § 19 Abs. 1 und 2 MarkenV (auch die Klasseneinteilung und alphabetische Listen der Waren und Dienstleistungen können auf der Homepage des DPMA[2] eingesehen werden).

Nr. 4: Prüfungs-, Widerspruchs- und Löschungsverfahren: Prüfungsverfahren §§ 8, 1319 DPMAV sowie §§ 17, 18, 21 MarkenV; Widerspruchsverfahren §§ 29–32 MarkenV; Löschungsverfahren §§ 39–42 MarkenV.

Nr. 5: Markenregister: § 24 MarkenV.

Nr. 6: Registerangaben und Veröffentlichungen: §§ 25, 27, 28 MarkenV.

Nr. 7: Sonstige Verfahrensvorschriften: § 26 MarkenV, § 25 DPMAV (Urkunden und Bescheinigungen); §§ 33, 34 MarkenV, § 28 DPMAV (Rechtsübergang); §§ 35, 36 MarkenV (Teilung); §§ 37, 38 MarkenV (Verlängerung); §§ 26, 27 DPMAV (Berichtigungen, Änderungen von Namen und Anschriften); § 22 DPMAV (Akteneinsicht); §§ 43–46 MarkenV (Internationale Registrierungen, Madrider Markenabkommen); §§ 47–54 MarkenV[3].

Nr. 8: Form von Anträgen und Eingaben: §§ 9–12, 16, 17 DPMAV.

Nr. 9: Form von Beschlüssen, Bescheiden und Mitteilungen: §§ 20, 21 DPMAV.

Nr. 10: Fremdsprachige Schriftstücke: §§ 14–16 MarkenV.

Nr. 11: Übertragung von Aufgaben der Markenabteilungen auf Beamte des gehobenen Dienstes oder vergleichbare Angestellte: §§ 5 Abs. 1, 7 Wahrnehmungsverordnung (WahrnV).

Nr. 12: Übertragung von Aufgaben der Markenstellen oder Markenabteilungen auf Beamte des mittleren Dienstes oder vergleichbare Angestellte: § 5 Abs. 2 WahrnV.

Nr. 13: Veröffentlichung der Markenanmeldung nach § 23 MarkenV.

---

1 S. www.dpma.de.

2 S. www.dpma.de.

3 VO [EG] Nr. 510/2006 des Rates vom 20.3.2006 zum Schutz von geografischen Angaben und Ursprungsbezeichnungen für Agrarerzeugnisse und Lebensmittel.

Abschnitt 5
Das Verfahren vor dem Patentgericht

§ 66
Beschwerde

(1) Gegen die Beschlüsse der Markenstellen und der Markenabteilungen findet unbeschadet der Vorschrift des § 64 die Beschwerde an das Patentgericht statt. Die Beschwerde steht den am Verfahren vor dem Patentamt Beteiligten zu. Die Beschwerde hat aufschiebende Wirkung.

(2) Die Beschwerde ist innerhalb eines Monats nach Zustellung des Beschlusses beim Patentamt schriftlich einzulegen.

(3) Ist über eine Erinnerung nach § 64 innerhalb von sechs Monaten nach ihrer Einlegung nicht entschieden worden und hat der Erinnerungsführer nach Ablauf dieser Frist Antrag auf Entscheidung gestellt, so ist die Beschwerde abweichend von Absatz 1 Satz 1 unmittelbar gegen den Beschluss der Markenstelle oder der Markenabteilung zulässig, wenn über die Erinnerung nicht innerhalb von zwei Monaten nach Zugang des Antrags entschieden worden ist. Steht dem Erinnerungsführer in dem Erinnerungsverfahren ein anderer Beteiligter gegenüber, so ist Satz 1 mit der Maßgabe anzuwenden, dass an die Stelle der Frist von sechs Monaten nach Einlegung der Erinnerung eine Frist von zehn Monaten tritt. Hat der andere Beteiligte ebenfalls Erinnerung eingelegt, so bedarf die Beschwerde nach Satz 2 der Einwilligung des anderen Beteiligten. Die schriftliche Erklärung der Einwilligung ist der Beschwerde beizufügen. Legt der andere Beteiligte nicht innerhalb einer Frist von einem Monat nach Zustellung der Beschwerde gemäß Absatz 4 Satz 2 ebenfalls Beschwerde ein, so gilt seine Erinnerung als zurückgenommen. Der Lauf der Fristen nach den Sätzen 1 und 2 wird gehemmt, wenn das Verfahren ausgesetzt oder wenn einem Beteiligten auf sein Gesuch oder auf Grund zwingender Vorschriften eine Frist gewährt wird. Der noch übrige Teil der Fristen nach den Sätzen 1 und 2 beginnt nach Beendigung der Aussetzung oder nach Ablauf der gewährten Frist zu laufen. Nach Erlass der Erinnerungsentscheidung findet die Beschwerde nach den Sätzen 1 und 2 nicht mehr statt.

(4) Der Beschwerde und allen Schriftsätzen sollen Abschriften für die übrigen Beteiligten beigefügt werden. Die Beschwerde und alle Schriftsätze, die Sachanträge oder die Erklärung der Zurücknahme der Beschwerde oder eines Antrags enthalten, sind den übrigen Beteiligten von Amts wegen zuzustellen. Andere Schriftsätze sind ihnen formlos mitzuteilen, sofern nicht die Zustellung angeordnet wird.

(5) Erachtet die Stelle, deren Beschluss angefochten wird, die Beschwerde für begründet, so hat sie ihr abzuhelfen. Dies gilt nicht, wenn dem Beschwerdeführer ein anderer an dem Verfahren Beteiligter gegenübersteht. Die Stelle kann anordnen, dass die Beschwerdegebühr nach dem Patentkostengesetz zurückgezahlt wird. Wird der Beschwerde nicht nach Satz 1 abgeholfen, so ist sie vor Ablauf von einem Monat ohne sachliche Stellungnahme dem Patentgericht vorzulegen. In den Fällen des Satzes 2 ist die Beschwerde unverzüglich dem Patentgericht vorzulegen.

Literatur: *Braitmayer*, Erinnerung oder Beschwerde? – Wann hat man die Wahl?, MarkenR 2009, 436 f.; *Eichmann*, Die dreidimensionalen Marken im Verfahren vor dem DPMA und dem BPatG, GRUR 1995, 1840; *Mitscherlich*, Verfahrensrechtliche Aspekte des neuen Markenrechts, FS DPA – 100 Jahre Markenamt, 1994, 199, 206 ff.

I. Allgemeines

1   Die Beschwerde führt das Verfahren vor das BPatG, das nach den Vorschriften der §§ 65–72 PatG in München errichtet wurde. Bei der Beschwerde handelt es sich um ein echtes Rechtsmittel mit *Devolutiveffekt* und *Suspensiveffekt* (Parallelvorschrift § 73 PatG). Im Gegensatz zur Berufung im Zivilprozess gewährt die Beschwerde eine volle Tatsacheninstanz, die zur vollständigen Überprüfung des angefochtenen Beschlusses führt (vgl. § 70). Sie wird bei dem DPMA eingelegt und gewährt diesem zunächst die Möglichkeit der Abhilfe (Abs. 5). Gibt es das Verfahren an das BPatG ab, verliert es jegliche Entscheidungsbefugnis, die nur bei einer Zurückverweisung nach § 70 Abs. 3 wieder auflebt.[1] In der Praxis bedeutend ist die Regelung, wonach die Beschwerdegebühr innerhalb der Beschwerdefrist beim DPMA eingezahlt werden muss. Eine Vertretung durch Rechts- oder Patentanwälte ist möglich und üblich, jedoch nicht notwendig. Eine Ausnahme besteht aber nach § 96 Abs. 1 für den Markeninhaber oder -anmelder, der im Inland weder einen Wohnsitz, noch Sitz noch eine Niederlassung hat. Dieser benötigt für die Vertretung vor dem DPMA und dem BPatG einen Rechts- oder Patentanwalt als Inlandsvertreter. Eine solche Vertretung ist *Zulässigkeitsvoraussetzung* für die Beschwerde.[2]

II. Statthaftigkeit der Beschwerde

2   Vom 1.1.2005 bis zum 30.9.2009 war die Beschwerde nach § 66 nur statthaft, soweit nicht die Möglichkeit der Erinnerung nach § 64 gegeben war. In der Anwendung der Norm war daher zunächst § 64 zu prüfen. Seit dem 1.10.2009 kann die Beschwerde nunmehr auch wieder gegen Beschlüsse eingelegt werden, gegen die auch die Erinnerung statthaft ist (§ 64 Abs. 6 S. 1, siehe Kommentierung zu § 64 Rn. 9). Es besteht also ein Wahlrecht. Die

---

1 Vgl. BPatG, BeckRS 2009, 02295.
2 Zur Arbeit der Beschwerdekammern des HABM vgl. *v. Mühlendahl*, GRUR 2001, 667 ff.

Erinnerung ist statthaft, wenn es um die Überprüfung von Beschlüssen geht, die durch Beamte des gehobenen Dienstes oder vergleichbare Angestellte getroffen wurden (§ 64 Abs. 1 S. 1).

Die Beschwerde richtet sich gemäß Abs. 1 S. 1 gegen Beschlüsse einer Markenstelle oder   3
einer Markenabteilung (vgl. § 56 Abs. 2 und Abs. 3), die abschließende *Entscheidungen* beinhalten, die Rechte von Verfahrensbeteiligten betreffen (dazu sogleich Rn. 4). Liegt ein Beschluss vor, den ein Beamter des gehobenen Dienstes oder ein vergleichbarer Angestellter erlassen hat, ist auch die Erinnerung gemäß § 64 Abs. 1 S. 1 statthaft. Hat hingegen ein Mitglied des Patentamts (Prüfer, § 56 Abs. 2 S. 2) den Beschluss erlassen, ist statthaftes Rechtsmittel weiterhin allein die Beschwerde.

Die Beschwerde richtet sich also gegen Beschlüsse, die abschließende *Entscheidungen* bein-   4
halten, die Rechte von Verfahrensbeteiligten betreffen.[3] Dies sind zunächst solche Entscheidungen, die als Beschluss bezeichnet sind, selbst wenn die Entscheidung nicht hätte in Beschlussform ergehen dürfen,[4] und auch wegen Formmangels nichtige Entscheidungen, die formell den Anschein eines rechtswirksamen Beschlusses erwecken,[5] wie z.B. ein Beschluss der Markenstelle, der trotz vorheriger Rücknahme des Widerspruchs ergeht[6] oder wenn wegen fehlender Unterschrift allenfalls ein Beschlussentwurf vorliegt.[7]

Keine beschwerdefähigen Entscheidungen des DPMA sind insbesondere verfahrensleiten-   5
de Verfügungen, Fristsetzungen, Zwischenbescheide, Benachrichtigungen oder sonstige Mitteilungen, in welchen eine Rechtsauffassung dargelegt oder ein bestimmtes Entscheidungsverhalten angekündigt wird.[8] Hierzu gehören insbesondere die häufigen Mitteilungen über Eintragungshindernisse bei Markenanmeldungen und auch die Ablehnung einer Fristverlängerung im Prüfungsverfahren.[9] Ebenso wenig durch die Beschwerde angreifbar ist ein Schreiben des DPMA an das Internationale Büro in Genf mit der Mitteilung, das Prüfungsverfahren einer IR-Marke sei beendet.[10] Auch gegen Beweisbeschlüsse als verfahrensleitende Entscheidungen ist die Beschwerde nicht gegeben. Die Beschwerde richtet sich hingegen auch gegen solche Bescheide des DPMA, die zwar (fehlerhaft) nicht in Beschlussform ergangen sind, jedoch abschließende Entscheidungen enthalten und die Rechte des Beteiligten in gravierender Weise betreffen. So ist das DPMA in Fällen der Löschung oder Schutzrechtsentziehung nach § 53 Abs. 3 aus dem Grundrecht auf Rechtsschutz (Art. 19 Abs. 4 GG) verpflichtet, die Form des Beschlusses zu wählen.[11] Es kommt auf den materiellen Inhalt an. Die in der Praxis häufigsten Beschlüsse, gegen die sich die Beschwerde richtet, sind die Zurückweisung einer Markenanmeldung, die Löschung einer Marke und die Zurückweisung des Widerspruchs gegen eine Markeneintragung.

Eine Untätigkeitsbeschwerde wegen zu langsamer Bearbeitung durch das DPMA ist – ab-   6
gesehen vom Fall der Durchgriffsbeschwerde im Erinnerungsverfahren – nicht vorgesehen

---

3 So z.B. BPatG, GRUR 2009, 188 f. – Inlandsvertreter III m.w.N. „Beschluss im materiellen Sinne".
4 BPatGE 13, 163, 164.
5 BPatGE 41, 44 – Formmangel.
6 BPatG, BeckRS 2009, 03800.
7 BPatG, MarkenR 2011, 133 – Unterschriftsmangel II.
8 Vgl. BPatGE 26, 152.
9 BPatG, GRUR 2003, 381 – Fristverlängerung.
10 BPatG, GRUR 2001, 388.
11 BPatG, Mitt. 2004, 230 – Rena-Ware.

und daher unstatthaft.[12] In diesem Fall bleibt dem Anmelder nur der Weg über die form- und fristlose Dienstaufsichtsbeschwerde.

III. Einlegung der Beschwerde

7   Die Beschwerde ist nach § 66 Abs. 2 i.V.m. § 10 DPMAV schriftlich und unterschrieben beim DPMA einzureichen.[13] Die früher in §§ 64–66 MarkenV a.F. angesprochenen Formfragen sind nunmehr allgemein für Verfahren vor dem DPMA in der DPMAV geregelt. Die Beschwerde kann demnach auch per Telefax (§ 11 Abs. 1 DPMAV) eingelegt werden.[14] Das DPMA kann das Original bei Zweifeln über die Echtheit oder bei Übermittlungsfehlern anfordern.[15]

8   Es ist auch möglich, die Beschwerde in elektronischer Form einzureichen (§ 12 DPMAV).[16] Zu beachten sind bestimmte technische Rahmenbedingungen und die Verifizierung mit einer elektronischen Signatur. Die technischen Einzelheiten sind auf der Website des DPMA erläutert, auf der Software bereitgestellt wird. Daneben sollte die Einreichung im Wege eines Computerfaxes möglich sein, wenigstens soweit eine Unterschrift eingescannt wurde.[17] Zu den unterschiedlichen Anforderungen an die Unterschrift beim Computerfax (eingescannte Unterschrift genügt) und beim herkömmlichen Telefax (eigenhändige Unterschrift auf dem Original erforderlich).[18] Ferner zur Einhaltung des Unterschriftserfordernisses des § 130 Nr. 6 ZPO bei Einreichung eines elektronisch übermittelten Dokuments BGH, GRUR 2008, 838 ff. – Berufungsbegründung per E-Mail.

9   Die Beschwerde muss erkennen lassen, welche Entscheidung angegriffen wird. Auch muss die Person des Beschwerdeführers erkennbar sein,[19] ebenso, ob er für sich selbst oder als Bevollmächtigter eines Beteiligten handelt. Eine versehentliche Falschangabe (etwa durch Verwechslung des Briefpapiers durch die zentrale Markenabteilung innerhalb eines Konzerns) lässt sich im späteren Verfahren nicht mehr korrigieren[20] und nur ausnahmsweise umdeuten.[21] Handelt der sich als „Bevollmächtigter" bezeichnende Beschwerdeführer ohne Vollmacht, kann die Beschwerde auch nach Ablauf der Beschwerdefrist vom Berechtig-

---

12 *Ströbele/Hacker*, § 66 Rdnr. 15; dagegen für die Zulassung einer Untätigkeitsbeschwerde im Lichte des Art. 19 Abs. 4 GG in Ausnahmefällen *Ingerl/Rohnke*, § 66 Rn. 16.

13 Überblick zum Schriftformerfordernis bei *Wegener*, Mitt. 2003, 203 ff.; vgl. a. § 95a.

14 Siehe auch BPatG, Beschluss vom 15.2.2006 – 28 W (pat) 293/04, zit. in BeckRS 2007, 07584: Schriftformerfordernis genügt selbst dann ausnahmsweise bei Beschwerdeeinreichung per Telefax, dessen zweite Seite mit den Unterschriften fehlt.

15 Anders noch zum PatG: BPatG, GRUR 2000, 795, 796 – Eigenhändige Unterschrift.

16 Vgl. § 95a, Mitteilung 7/03 des Präsidenten des DPMA.

17 Bejahend soweit der Absender zweifelsfrei erkennbar ist, BGH, WRP 2003, 1443 ff. = GRUR 2003, 1068 – sms4u – unter Aufhebung von BPatG, Mitt. 2002, 423; bejahend zur Wahrung der Schriftform in § 410 Abs. 1 StPO durch Computerfax: BVerfG, NJW 2002, 3534.

18 BVerfG, NJW 2007, 3117 f.

19 BPatG, BeckRS 2008, 18515 – Relax Clever.

20 BPatG, BeckRS 2008, 25700 – NIGHT REPAIR; vgl. aber zum PatG BPatG, GRUR 2008, 1127, 1128 – Firmenbriefkopf: zulässige Beschwerde trotz falscher Firmenbezeichnung auf Beschwerdeschrift.

21 BPatG, BeckRS 2009, 15374.

ten noch genehmigt werden.[22] Kein zwingendes Erfordernis ist demgegenüber, dass die Beschwerde ausdrücklich als „*Beschwerde*" bezeichnet wird. Eine falsche Bezeichnung (z. B. als Widerspruch, Erinnerung) schadet nicht. Auch ein bestimmter Antrag (wie im Verfahren nach der ZPO) ist nicht erforderlich. Ist die Beschwerde nicht auf einen bestimmten Teil des angegriffenen Beschlusses beschränkt, richtet sie sich gegen den Beschluss in vollem Umfang. Eine in beschränktem Umfang eingelegte oder nachträglich beschränkte Beschwerde kann nach Ablauf der Beschwerdefrist nicht nachträglich erweitert werden.[23] Ein Beschwerdeantrag und insbesondere eine Begründung der Beschwerde sind in der Praxis üblich und anzuraten. Anders als die Einlegung der Beschwerde sind Anträge und Begründung jedoch nicht an die Beschwerdefrist gebunden. Sie können dementsprechend auch im späteren Verfahrensverlauf nachgeholt oder ergänzt werden, wobei das BPatG üblicherweise großzügige Fristen gewährt.

Die Beschwerde ist beim DPMA (bei einer der Dienststellen in München, Jena oder Berlin)   **10** einzureichen. Die Einlegung der Beschwerde unmittelbar beim BPatG ist dagegen unzulässig. Insbesondere wird auch die Beschwerdefrist durch eine fälschliche Einlegung beim BPatG nicht gewahrt.[24] Der Beschwerde sollen die erforderlichen Abschriften beigelegt werden, ohne dass dies allerdings Zulässigkeitsvoraussetzung ist. Gegebenenfalls werden die erforderlichen Abschriften vom DPMA selbst auf Kosten des Beschwerdeführers angefertigt oder von diesem nachgefordert.

IV. Beschwerdeberechtigung

Voraussetzung für die Erhebung einer Beschwerde ist neben der Beschwer des Beschwer-   **11** deführers (dazu Rn. 16) grundsätzlich die *Verfahrensbeteiligung* des Beschwerdeführers (§ 66 Abs. 1 S. 2). Eine solche Beteiligung ergibt sich insbesondere aus der Stellung als Anmelder im Anmeldeverfahren (auch wenn die Marke für einen Dritten angemeldet wird),[25] als Widersprechender oder Markeninhaber im Widerspruchsverfahren oder als Antragsteller oder Markeninhaber im Löschungsverfahren. Als unzulässig wurde die Beschwerde einer Konzerntochter abgewiesen, nachdem im vorangegangenen Widerspruchsverfahren die Konzernmutter beteiligt war.[26] Eine für einen Minderjährigen eingelegte Beschwerde, die nur von einem Erziehungsberechtigten unterschrieben ist, kann auch nach Ablauf der Beschwerdefrist geheilt werden. Verweigert aber sein Elternteil die Beschwerdeeinlegung für den Minderjährigen, kann der zwischenzeitlich volljährig Gewordene diese auch nicht mehr genehmigen.[27]

Eine *nur rechtliche Auswirkung* eines Beschlusses vermittelt als solche noch keine Be-   **12** schwerdebefugnis, wenn keine Verfahrensbeteiligung vorliegt. Es muss tatsächlich eine Verfahrensbeteiligung im formellen Sinne bestehen. In Nebenverfahren setzt die Be-

---

22 BPatG, BeckRS 2009, 00205 – BOZA/Borsa.
23 BPatG, BeckRS 2009, 16087 – NORDLAND; BPatGE 50, 60 – Beschwerdeerweiterung: Die Erweiterung einer zunächst beschränkt eingelegten Beschwerde muss ebenfalls in der laufenden Beschwerdefrist eingelegt werden.
24 Z. B. BPatG, BeckRS 2011, 08983.
25 BPatG, BeckRS 2008, 26427.
26 BPatG, GRUR 2001, 388.
27 BGH, BeckRS 2008, 22575 zu BPatG, BeckRS 2009, 17278.

schwerde gegen eine Entscheidung des Amts keine Verfahrensbeteiligung des Beschwerdeführers im Hauptverfahren voraus.[28]

13 Bei einer Mehrheit von Markeninhabern oder -anmeldern ist jeder für sich beschwerdeberechtigt. Die Entscheidung kann aber nur einheitlich gegenüber allen ergehen, so dass sie eine notwendige Streitgenossenschaft (§ 62 ZPO) bilden. Allerdings wird durch die unzulässige Beschwerde des einen die Beschwerde des anderen nicht ebenfalls unzulässig, das Bestehen einer notwendigen Streitgenossenschaft erfordert nur eine einheitliche Sachentscheidung.[29]

14 Bei einem Wechsel der materiellen Berechtigung (Übertragung der Marke) kommt es – anders als nach dem WZG – darauf an, ob der Umschreibungsantrag nach § 28 Abs. 2 gestellt worden ist. Mit der Stellung des Umschreibungsantrages ist der neue Markeninhaber gegen eine Entscheidung beschwerdeberechtigt, die noch seinen Rechtsvorgänger betraf.[30] Der Rechtsnachfolger kann mit der Stellung des Umschreibungsantrages den Beschluss auch dann angreifen, wenn er nicht Adressat des Beschlusses ist und er die Marke vor oder nach Erlass des Beschlusses erworben hat. Der Umschreibungsantrag kann zusammen mit Einlegung der Beschwerde gestellt werden.[31] Mit Eingang eines den Anforderungen des § 28 DPMAV genügenden Umschreibungsantrags beim DPMA – und nicht erst mit dessen Vollzug – sowie Beschwerdeeinlegung ist Beschwerdebefugnis gegeben.[32] Eine Zustimmung des Gegners ist aufgrund von § 28 Abs. 2 S. 3 nicht erforderlich.[33]

Soweit ein Umschreibungsantrag noch nicht gestellt wurde, bleibt grundsätzlich der Rechtsvorgänger aktivlegitimiert.[34] Bei einem Wechsel der materiellen Berechtigung im Beschwerdeverfahren findet § 265 Abs. 2 ZPO Anwendung.[35] Hierzu wird auf die Kommentierung zu § 28 verwiesen.

15 In der Entscheidung TAXI MOTO vom 9.11.2004 hat der 27. Senat des BPatG angenommen, dass ein Widerspruch, der noch auf eine prioritätsältere Gemeinschaftsmarkenanmeldung gestützt wurde, im Beschwerdeverfahren nicht weitergeführt werden kann, wenn die Gemeinschaftsmarkenanmeldung zurückgenommen und nach Art. 108 GMV in nationale Markenanmeldungen umgewandelt worden ist. Hinsichtlich der nationalen Markenanmeldung sei die Widerspruchsfrist versäumt, da der einzige Rechtsvorteil, den Art. 108 GMV biete, die Wahrung der Priorität sei. Es existiere keine Vorschrift, nach der die unabhängige, aus der Umwandlung hervorgehende nationale Markenanmeldung in das aus der Gemeinschaftsmarkenanmeldung geführte Widerspruchsverfahren eintrete. Die Beschwerde sei in diesem Fall unbegründet, da die Frist zur Einlegung des Widerspruchs aus der (durch Umwandlung entstandenen) nationalen Markenanmeldung (§ 42 Abs. 1) versäumt sei.[36] Hingegen hat der 32. Senat mit Beschluss vom 8.8.2007 davon abweichend entschieden,

---

28 Zum PatG: BGH, GRUR 2009, 701 – Niederlegung der Inlandsvertretung.

29 BPatG, BeckRS 2009, 17278.

30 BPatGE 43, 108, 111 – Ostex/OSTARIX.

31 Zum PatG: BPatG, GRUR 2002, 234, 235 – Verfahrensführungsbefugnis.

32 Zum PatG: BPatG, GRUR 2006, 524, 525 m. w. N. – Beleuchtungseinheit; BPatG, GRUR 2002, 234, 235; a. A. z. B. BPatG, GRUR 2002, 371, 373 – Pressform; BGH, GRUR 2008, 87, 90 – Patentinhaberwechsel im Einspruchsverfahren.

33 So auch *Ingerl/Rohnke*, § 66 Rn. 32.

34 Vgl. BPatG, Mitt. 2005, 277 – TAXI MOTO.

35 Vgl. zum PatG: BGH, GRUR 2008, 87, 89 f.

36 BPatG, Mitt. 2005, 277 f.

dass ein auf eine Gemeinschaftsmarkenanmeldung gestützter Widerspruch auch dann zulässig bleibe, wenn die Gemeinschaftsmarkenanmeldung rechtskräftig zurückgewiesen und anschließend wirksam in eine deutsche Markenanmeldung umgewandelt werde.[37]

Für die Annahme einer Beschwer des Beschwerdeführers ist maßgeblich, ob die Entscheidung dem Verfahrensbeteiligten weniger zuspricht als er begehrt hat.[38] Die Beschwerde wird unzulässig, wenn die Beschwer im Zeitpunkt der Entscheidung nicht mehr gegeben ist.[39] **16**

V. Beschwerdefrist

Die Frist zur Einlegung der Beschwerde beträgt *einen Monat* und beginnt mit der Zustellung des Beschlusses an den betreffenden Beschwerdeberechtigten (Abs. 2). Sie kann nicht verlängert werden (zu vom DPMA gewährten Fristen vgl. § 18 Abs. 2 DPMAV), bei Versäumnis bleibt die Möglichkeit der Wiedereinsetzung nach § 91. Sind mehrere Personen beschwerdeberechtigt, läuft die Frist für jeden Beschwerdeberechtigten gesondert, nicht erst ab der letzten erfolgten Zustellung.[40] Die Erweiterung einer zunächst beschränkt eingelegten Beschwerde muss ebenfalls in der laufenden Beschwerdefrist eingelegt werden.[41] Neben der ordnungsgemäßen Zustellung des Beschlusses nach § 61 Abs. 1 S. 1 bedarf es der Rechtsmittelbelehrung gemäß § 61 Abs. 2 S. 2. Ist diese fehlerhaft, beträgt die Beschwerdefrist ein Jahr, außer es wurde fälschlicherweise mitgeteilt, es sei keinerlei Rechtsmittel gegeben (§ 61 Abs. 1 S. 3). Die Fristberechnung erfolgt nach § 82 Abs. 1 S. 1 MarkenG, § 222 ZPO gem. §§ 186 ff. BGB.[42] **17**

VI. Gebühr

Die Einzahlung der Beschwerdegebühr beim DPMA ist *Wirksamkeitsvoraussetzung* einer eingelegten Beschwerde.[43] Von ihr hängt ab, ob ein Beschwerdeverfahren überhaupt anhängig wird oder der Beschluss vielmehr bestandskräftig wird.[44] Anders als noch § 63 Abs. 3 S. 4 a. F. vorsah, ist nunmehr auch die Beschwerde gegen den Kostenfeststellungsbeschluss nicht mehr gebührenfrei. Lediglich die Anschlussbeschwerde ist nach richtiger Ansicht weiterhin gebührenfrei.[45] Die Höhe der jeweiligen Gebühr bestimmt sich nach dem Gebührenverzeichnis, das dem PatKostG als Anlage beigefügt ist (§ 2 Abs. 1 PatKostG). Die Zahlung muss innerhalb der Beschwerdefrist von einem Monat beim DPMA **18**

---

37 BPatG, GRUR 2008, 451, 452 f. – WEB VIP/VIP.
38 Zum PatG: BGH, GRUR 1967, 435 – Isoharnstoffäther; BGH, GRUR 1984, 797 – Zinkenkreisel; *Fezer*, § 66 Rn. 10.
39 BGH, NJW-RR 2004, 1365.
40 BPatGE 42, 107 – COSMOS.
41 BPatGE 50, 60 – Beschwerdeerweiterung.
42 Zur Beschwerde bei unwirksamer Zustellung und Heilung eines Zustellungsmangels BPatG, BeckRS 2009, 11159.
43 BGH, GRUR 1982, 414, 416 – Einsteckschloss; BGH, GRUR 2010, 231, 232 – Legostein.
44 BGH, GRUR 2010, 231, 232 – Legostein.
45 Vgl. Rn. 21 f.; so auch *Fezer*, § 66 Rn. 11.

eingegangen sein (§ 6 Abs. 1 PatKostG i.V.m. § 66 Abs. 2). Es genügt nicht, wenn – beispielsweise bei einer Überweisung – der Zahlungseingang erst nach Fristablauf erfolgt. Von Überweisungen ist daher in der Praxis abzuraten, sofern die Einzahlung nicht sehr früh geschieht. Erfolgt die Zahlung der Beschwerdegebühr nicht rechtzeitig, gilt die Beschwerde als nicht eingelegt[46] bzw. nach § 6 Abs. 2 PatKostG als nicht vorgenommen. Gleiches gilt für die nicht vollständige Zahlung.[47]

19   Zu den verschiedenen Kostenzahlungsmöglichkeiten, Zahlungswegen und Zahltagbestimmungen hat das Bundesministerium der Justiz die Patentkostenzahlungsverordnung erlassen (Verordnungsermächtigung in § 1 Abs. 2 Nr. 2 PatKostG). Die Einzahlung der Beschwerdegebühr durch Gebührenmarken oder Schecks ist nicht mehr möglich. Seit dem 1.1.2002 ist der Abbuchungsauftrag bzw. die Einziehungsermächtigung als Zahlungsmittel vorgesehen, wobei die Vorlage der Einziehungsermächtigung fristwahrend wirkt, auch wenn die Abbuchung erst nach Fristablauf erfolgt.

20   Die Beschwerdegebühr in Anmelde- und Widerspruchsverfahren beläuft sich derzeit auf 200 EUR (Kostenverzeichnis Nr. 401 300). Die Beschwerdegebühr in Löschungssachen (§§ 64a, 53 und 54 MarkenG) beträgt 500 EUR (Kostenverzeichnis Nr. 401 100). Die jeweils aktuellen Gebührensätze sind ebenfalls auf der Homepage des DPMA einsehbar. Wird Beschwerde in einer Löschungssache eingelegt, der Abbuchungsauftrag aber nur in Höhe von 200 Euro erteilt, darf das DPMA diesen Widerspruch nicht durch Abbuchen der tatsächlich fälligen Gebühren auflösen.[48]

VII. Anschlussbeschwerde

21   Sind in einem Beschwerdeverfahren mehrere Parteien am Verfahren beteiligt, kann der Beschwerdegegner seinerseits gegen den Beschluss Beschwerde einlegen.[49] Für diese Beschwerde gelten keine Besonderheiten. Sie ist als eine gewöhnliche Beschwerde nach § 66 zu behandeln und daher auch keine „Anschlussbeschwerde" im eigentlichen Sinn, da diese nach § 567 Abs. 3 ZPO Rechtsmittelverzicht oder das Verstreichen der Beschwerdefrist voraussetzt.[50] Bei ihr müssen sämtliche Beschwerdevoraussetzungen vorliegen. Diese „Zweitbeschwerde" ist demzufolge auch unabhängig von der zuerst eingelegten Beschwerde des anderen Verfahrensbeteiligten; sie bleibt auch anhängig, wenn die Beschwerde, auf die „Zweitbeschwerde" eingelegt wurde, zurückgenommen wird.

22   Wird die Beschwerde des Beschwerdegegners allerdings erst nach Ablauf der Beschwerdefrist eingelegt (*unselbstständige Anschlussbeschwerde*), ist diese verfahrensrechtlich von der Hauptbeschwerde abhängig (vgl. § 567 Abs. 3 S. 2 ZPO). Ihre grundsätzliche Zulässigkeit folgt aus dem Generalverweis des § 82 Abs. 1 auf die Vorschriften der Zivilprozessordnung. Die Anschlussbeschwerde wird wie die Anschlussberufung nach §§ 574 bzw. 524 bzw. 567 Abs. 3 ZPO behandelt. Die Anschließung kann zu jedem Zeitpunkt des Verfahrens bis zur letzten mündlichen Verhandlung oder bis zum Erlass der Beschwerdeent-

---

46 BPatGE 23, 61, 62.
47 Siehe § 6 Abs. 2 PatKostG, BGH, GRUR 2010, 231, 232 – Legostein.
48 Zum PatG: BPatG, GRUR 2004, 373 f.
49 Vgl. BPatG, GRUR 1997, 54, 57 – S. OLIVER.
50 Vgl. *Ingerl/Rohnke*, § 66 Rn. 63.

scheidung erfolgen. Auf diesem Weg in das Verfahren eingeführte neue Angriffs- und Verteidigungsmittel können vom Gericht in entsprechender Anwendung der §§ 282 Abs. 2, 296 Abs. 2 ZPO zurückgewiesen werden.[51] Verfahrensrechtlich ist die unselbstständige Anschlussbeschwerde abhängig von der Aufrechterhaltung und Zulässigkeit der Beschwerde. Mit der Rücknahme der Beschwerde verliert auch die unselbstständige Anschlussbeschwerde ihre Wirkung. Die Einzahlung einer Beschwerdegebühr für die unselbstständige Anschlussbeschwerde ist keine Beschwerdevoraussetzung.[52]

VIII. Durchgriffsbeschwerde

Die sog. *Durchgriffsbeschwerde* (§ 66 Abs. 3) ist als Rechtsmittel konzipiert, das die Untätigkeit des Patentamts im Erinnerungsverfahren überlagert. Hat das DPMA nicht binnen sechs Monaten nach Einlegung einer Erinnerung (§ 64) über diese entschieden, kommt die Beschwerde gegen den Beschluss in Betracht. Im einseitigen Verfahren, d.h. ohne einen weiteren Verfahrensbeteiligten, muss beim DPMA ein Antrag auf Entscheidung gestellt werden. Wird auch dieser nicht bearbeitet, kann nach weiteren zwei Monaten die Beschwerde gegen den mit der Erinnerung angegriffenen Beschluss eingelegt werden (Abs. 3 S. 1). Ergeht die Erinnerungsentscheidung nach Ablauf dieses Zeitraums, ist die Durchgriffsbeschwerde unzulässig (Abs. 3 S. 8), selbst wenn sie in Unkenntnis (etwa wegen noch nicht erfolgter Zustellung) eingelegt wurde. Eine Umdeutung der verspäteten Durchgriffsbeschwerde in eine Beschwerde nach Abs. 1 S. 1 kommt nicht in Betracht, da sich die Durchgriffsbeschwerde gegen einen anderen Beschluss richtete.[53] Nach Einlegung der Durchgriffsbeschwerde erlassene Erinnerungsentscheidungen sind hingegen gegenstandslos (§ 64 Abs. 6 S. 2), unterliegen aber der Beschwerde nach § 66 Abs. 1 S. 1.[54]

Auch für die Durchgriffsbeschwerde ist die Beschwerdegebühr einzuzahlen. Da keine Einlegungsfrist vorgeschrieben ist und die Regelung des § 66 Abs. 5 S. 2 a.F. aufgehoben wurde, genügt die Gebührenzahlung innerhalb von drei Monaten nach Einlegung der Durchgriffsbeschwerde (§§ 6 Abs. 1 S. 2, 3 Abs. 1 S. 2 Nr. 1 PatKostG). Wird die Frist versäumt, gilt die Durchgriffsbeschwerde zwar wegen § 6 Abs. 2 PatKostG als nicht eingelegt, solange die Voraussetzungen des § 66 Abs. 3 aber noch vorliegen, kann die Durchgriffsbeschwerde jederzeit neu eingelegt und die Gebühr dann fristgerecht nachgezahlt werden.[55]

Ist in dem Erinnerungsverfahren ein weiterer Verfahrensbeteiligter vorhanden, so kann der Antrag auf Entscheidung erst nach zehn Monaten gestellt werden (Abs. 3 S. 2). Haben beide Beteiligte gegen den Ausgangsbeschluss des DPMA Erinnerung eingelegt, kann die Durchgriffsbeschwerde nur mit Einwilligung des weiteren Erinnerungsführers eingelegt werden (Abs. 3 S. 3 und S. 4). Wird von einem Verfahrensbeteiligten mit Einwilligung eines weiteren Erinnerungsführers die Durchgriffsbeschwerde eingelegt, so muss auch der andere Erinnerungsführer innerhalb eines Monats nach Zustellung der Durchgriffsbeschwerde ebenfalls Beschwerde einlegen, wenn nicht seine Erinnerung als zurückgenom-

23

24

25

---

51 BPatG, GRUR 1997, 54, 57 – S. OLIVER; siehe auch *Bender*, GRUR 2006, 990.
52 BPatGE 3, 48; *Bender*, GRUR 2006, 990.
53 *Ingerl/Rohnke*, § 66 Rn. 24; vgl. auch BPatG, BeckRS 2007, 12247.
54 *Ingerl/Rohnke*, a.a.O.
55 *Ingerl/Rohnke*, § 66 Rn. 20 unter Verweis auf die amtl. Begr. zu § 66.

men gelten soll (Abs. 3 S. 5). Zweck dieser Regelung ist, dass die gesamte Streitsache in der Beschwerdeinstanz anhängig sein und nicht zu einem Teil im Erinnerungsverfahren hängen bleiben soll. Die zweite Durchgriffsbeschwerde des weiteren Verfahrensbeteiligten bedarf der fristgemäßen Einzahlung einer Beschwerdegebühr (§§ 6 Abs. 1 S. 1, 3 Abs. 1 S. 2 PatKostG).

26 Sind in dem Verfahren mehr als zwei Beteiligte vorhanden, gelten die Regelungen der Durchgriffsbeschwerde jeweils nur in dem Verhältnis zwischen diesen Beteiligten. Es kann also zu einer Spaltung des Verfahrens kommen, so dass ein Widerspruch im Erinnerungs- verfahren verbleibt, wohingegen ein anderer Widerspruch aufgrund der Durchgriffsbe- schwerde zum BPatG gezogen wird.[56]

27 Die Fristen zur Einlegung der Durchgriffsbeschwerde nach Abs. 3 S. 1 bzw. S. 2 können durch die Anordnung des Ruhens des Verfahrens oder durch die Gewährung von Fristver- längerungen aufgrund eines Antrags oder zwingender Vorschriften gegenüber einem Be- teiligten gehemmt werden.[57]

IX. Abhilfe, Vorlage

28 Die Beschwerde im einseitigen Verfahren eröffnet dem DPMA die *Abhilfemöglichkeit* (Abs. 5 S. 1) und die Rückzahlung der Beschwerdegebühr (Abs. 5 S. 3). Es kann der (not- wendigerweise zulässigen) Beschwerde teilweise oder in vollem Umfang nachkommen und die begehrte Entscheidung durch Abhilfebeschluss erlassen. Die teilweise Abhilfe ist aber nur bei teilbaren Beschwerdegegenständen und auch nur ausnahmsweise[58] in Betracht zu ziehen, da ansonsten dem Zweck der Abhilfe – Entlastung des BPatG – nicht gedient wäre.[59] Erkennt das DPMA, dass die Voraussetzungen der Abhilfe erfüllt sind, muss sie von Amts wegen erfolgen.[60] Dies ist allerdings nur binnen einer Frist von einem Monat nach Einlegung der Beschwerde möglich. Für andere Entscheidungen als die Abhilfe ist nicht mehr das DPMA, sondern das BPatG zuständig, was auch für die Entscheidung über ein Wiedereinsetzungsgesuch gilt.[61] Ist im Beschwerdeverfahren ein weiterer Verfahrens- beteiligter vorhanden, ist eine Abhilfe unzulässig. In diesem Fall hat das DPMA die Be- schwerde unverzüglich dem BPatG vorzulegen (Abs. 5 S. 2, S. 5).

X. Rücknahme der Beschwerde und Verzicht

29 Eine *Rücknahme* der Beschwerde ist möglich, solange noch keine Entscheidung in der Be- schwerdeinstanz ergangen ist. Auch eine teilweise Rücknahme ist möglich.[62] Rechtsfolge ist, dass die angegriffene Entscheidung rechtskräftig wird. Von der Rücknahme der Be-

---

56 Vgl. dazu *Ingerl/Rohnke*, § 66 Rn. 27.
57 Abs. 3 S. 6 bzw. S. 7, dazu *Ingerl/Rohnke*, § 66 Rn. 28.
58 BPatGE 46, 44, 46 f. – Seasons.
59 *Ströbele/Hacker*, § 66 Rn. 102.
60 *Ströbele/Hacker*, § 66 Rn. 95.
61 Zum PatG: BGH, GRUR 2009, 521, 522 – Gehäusestruktur.
62 So auch *Fezer*, § 66 Rn. 12 m. w. N.

schwerde zu unterscheiden ist – im einseitigen Verfahren – die Rücknahme der betreffenden Markenanmeldung. Hier fehlt es mithin an einer Grundlage für eine Entscheidung schlechthin, so dass auch die angegriffene Entscheidung gegenstandslos wird. Bei Rücknahme eines Löschungsantrags im Beschwerdeverfahren ist dementsprechend auch die bereits erfolgte Löschung einer Marke wirkungslos.[63] Die Teilrücknahme der ursprünglich auch gegen die Sachentscheidung gerichteten Beschwerde kann dazu führen, dass nur noch eine isolierte Kostenbeschwerde Gegenstand des Verfahrens ist.[64]

Neben der Beschwerderücknahme besteht für den Beschwerdeberechtigten auch die Möglichkeit des Verzichts auf sein Beschwerderecht analog § 515 ZPO; dabei ist die Verzichtserklärung bedingungsfeindlich, unwiderruflich und unanfechtbar.[65] **30**

---

63 BPatG, Mitt. 2003, 221 – Rücknahme des Löschungsantrags.
64 BPatG, Beschluss vom 8.3.2005 – 33 W (pat) 150/03, zit. in BeckRS 2009, 00344.
65 *Fezer*, § 66 Rn. 13 m. w. N.

§ 67
Beschwerdesenate; Öffentlichkeit der Verhandlung

(1) Über Beschwerden im Sinne des § 66 entscheidet ein Beschwerdesenat des Patentgerichts in der Besetzung mit drei rechtskundigen Mitgliedern.

(2) Die Verhandlung über Beschwerden gegen Beschlüsse der Markenstellen und der Markenabteilungen einschließlich der Verkündung der Entscheidungen ist öffentlich, sofern die Eintragung veröffentlicht worden ist.

(3) Die §§ 172 bis 175 des Gerichtsverfassungsgesetzes gelten entsprechend mit der Maßgabe, dass

1. die Öffentlichkeit für die Verhandlung auf Antrag eines Beteiligten auch dann ausgeschlossen werden kann, wenn sie eine Gefährdung schutzwürdiger Interessen des Antragstellers besorgen lässt,
2. die Öffentlichkeit für die Verkündung der Entscheidungen bis zur Veröffentlichung der Eintragung ausgeschlossen ist.

1   Die für Entscheidungen über Beschwerden i. S. d. § 66 zuständigen Beschwerdesenate des BPatG sind mit drei Juristen besetzt. Der Begriff der „rechtskundigen Mitglieder" ist in § 65 Abs. 2 S. 2 PatG gesetzlich definiert. Die Mitwirkung von technischen Mitgliedern des BPatG ist damit in Markensachen ausgeschlossen. In §§ 66 f. PatG sind Regelungen zur Bildung und Besetzung der Beschwerdesenate enthalten.

2   Grundsätzlich ist das Verfahren vor dem BPatG *öffentlich* (§ 82 Abs. 1 i.V.m. § 169 GVG). Die in § 67 Abs. 3 eröffnete Möglichkeit der Ausschließung der Öffentlichkeit spielt in der Praxis keine besondere Rolle. Bemerkenswert ist allerdings die Vorschrift des § 67 Abs. 3 Nr. 2, wonach die Öffentlichkeit grundsätzlich und nicht nur im Ausnahmefall bei der Verkündung von Entscheidungen bis zur Veröffentlichung der Eintragung der Marke (§ 41) ausgeschlossen ist. Das BPatG kann daher seine Entscheidungen bis zur Veröffentlichung der Eintragung der Marke nach § 41 grundsätzlich unter Ausschluss der Öffentlichkeit verkünden. Damit soll der Beteiligte gegen Nachahmungen seiner angemeldeten Marke sowie gegen sonstige Nachteile, die sich aus einer vorzeitigen Bekanntmachung seiner Markenanmeldung ergeben können, geschützt werden.[1]

3   Im Anmeldeverfahren (Beschwerde gegen die Versagung einer Markeneintragung) ist das Verfahren grundsätzlich nicht öffentlich, da in diesen Verfahren eine Eintragung noch nicht veröffentlicht worden ist. In den übrigen Verfahren, insbesondere in Widerspruchs- und Löschungsverfahren, ist die mündliche Verhandlung öffentlich. Wenn eine Gefährdung schutzwürdiger Interessen des Antragstellers durch gesonderten Antrag geltend gemacht wird, kann nach Abs. 3 die Öffentlichkeit ausgeschlossen werden.

---

1 *Fezer*, § 67 Rn. 2.

§ 68
Beteiligung des Präsidenten des Patentamts

(1) Der Präsident des Patentamts kann, wenn er dies zur Wahrung des öffentlichen Interesses als angemessen erachtet, im Beschwerdeverfahren dem Patentgericht gegenüber schriftliche Erklärungen abgeben, an den Terminen teilnehmen und in ihnen Ausführungen machen. Schriftliche Erklärungen des Präsidenten des Patentamts sind den Beteiligten von dem Patentgericht mitzuteilen.

(2) Das Patentgericht kann, wenn es dies wegen einer Rechtsfrage von grundsätzlicher Bedeutung als angemessen erachtet, dem Präsidenten des Patentamts anheimgeben, dem Beschwerdeverfahren beizutreten. Mit dem Eingang der Beitrittserklärung erlangt der Präsident des Patentamts die Stellung eines Beteiligten.

§ 68 regelt die Beteiligung des Präsidenten des DPMA im Beschwerdeverfahren. Abs. 1 räumt dem Präsidenten des DPMA ein Äußerungsrecht ein, das sowohl im einseitigen als auch im zweiseitigen Verfahren besteht. Abs. 2 sieht die Möglichkeit eines Beitritts vor. **1**

Da die Beschwerde gegen eine Entscheidung des DPMA grundsätzlich ein einseitiges Verfahren darstellt, ist das DPMA bzw. der Präsident des DPMA nicht am Beschwerdeverfahren beteiligt (Parallelvorschrift § 76 PatG). Deswegen bietet Abs. 1 dem Präsidenten des DPMA (der sich durch die Rechtsabteilung des DPMA vertreten lassen kann)[1] die Möglichkeit, seine Rechtsauffassung im Verfahren schriftlich oder auch in einer mündlichen Verhandlung beizusteuern, um so auf Entscheidungen über Rechtsfragen, die für die Arbeit des DPMA von Bedeutung sind, Einfluss nehmen zu können. Der Präsident des DPMA kann über das Vorliegen des öffentlichen Interesses nach seinem Ermessen entscheiden.[2] Durch die Abgabe einer Stellungnahme oder die Teilnahme an Terminen erlangt der Präsident des DPMA keine Stellung als Verfahrensbeteiligter und ist dementsprechend nicht dazu befugt, Sachanträge zu stellen. Da er nicht Verfahrensbeteiligter wird, hat er auch keinen Anspruch auf Zustellung aller Schriftsätze der Verfahrensbeteiligten gemäß § 66 Abs. 4.[3] **2**

Anders als nach Abs. 1 wird die formelle Stellung des Präsidenten des DPMA als Verfahrensbeteiligter in Abs. 2 erreicht. Das BPatG kann nach seinem pflichtgemäßen Ermessen dem Präsidenten des DPMA den Verfahrensbeitritt anheimstellen (Parallelvorschrift § 77 PatG). Die „grundsätzliche Bedeutung" der Rechtsfrage ist wie in § 83 Abs. 2 Nr. 1 zu bestimmen. Dies können sowohl verfahrensrechtliche als auch materiellrechtliche Fragestellungen sein.[4] Beabsichtigt der Senat, die Rechtsfrage dem EuGH zur Vorabentscheidung vorzulegen, soll das BPatG verpflichtet sein, den Beitritt zu ermöglichen.[5] **3**

Ob der Präsident des DPMA von diesem Recht Gebrauch macht, ist seinem Ermessen überlassen. Er kann anlässlich der Beitrittseinladung auch nur von seinem Äußerungsrecht nach Abs. 1 Gebrauch machen.[6] Erfolgt der Beitritt durch Schriftsatz gegenüber dem **4**

---

1 So auch *Goebel*, GRUR 1985, 641, 644.
2 Näher dazu *Fezer*, § 68 Rn. 2.
3 *Fezer*, § 68 Rn. 3.
4 Näher dazu *Ingerl/Rohnke*, § 68 Rn. 4 m. w. Rspr.-N.
5 *Ingerl/Rohnke*, § 68 Rn. 3.
6 *Ingerl/Rohnke*, § 68 Rn. 3 m. w. N.

BPatG, erlangt er die volle Verfahrensbeteiligung mit der Folge, dass er gegen die Beschwerdeentscheidung des BPatG ggf. Rechtsbeschwerde nach § 84 Abs. 1 einlegen kann. Von dieser Verfahrensgestaltung wird allerdings nur in wenigen Verfahren von grundsätzlicher Bedeutung Gebrauch gemacht. Der Beitritt kann auch noch im Verfahren der Rechtsbeschwerde vor dem BGH geschehen. Kosten können dem Präsidenten gemäß § 71 Abs. 2 nur dann auferlegt werden, wenn er nach seinem Beitritt in dem Beschwerdeverfahren Anträge gestellt hat.

§ 69
Mündliche Verhandlung

Eine mündliche Verhandlung findet statt, wenn

1. einer der Beteiligten sie beantragt,
2. vor dem Patentgericht Beweis erhoben wird (§ 74 Abs. 1) oder
3. das Patentgericht sie für sachdienlich erachtet.

Das Verfahren vor dem BPatG ist im Grundsatz ein schriftliches Verfahren (Parallelvor- **1**
schrift § 78 PatG). Nach der gesetzlichen Regelung ist daher die *mündliche Verhandlung*
die Ausnahme. Die mündliche Verhandlung erfolgt zwingend, wenn vor dem BPatG Beweis erhoben wird (Nr. 2); ansonsten kann das BPatG eine mündliche Verhandlung anberaumen, wenn die *Sachdienlichkeit* nach dem Ermessen des Gerichts bejaht wird (Nr. 3).
Eine Sachdienlichkeit kommt insbesondere in Betracht, wenn es gilt, den tatsächlichen
Sachverhalt aufzuklären (Amtsermittlungsgrundsatz § 73 Abs. 1 S. 1) oder um eine gütli-
che Erledigung der Beschwerde mit einem anderen Verfahrensbeteiligten herbeizuführen.
Unter dem Gesichtspunkt der Sachdienlichkeit zwingend geboten ist eine mündliche Verhandlung nur dann, wenn die tatsächlichen und/oder rechtlichen Fragen des Falles nicht anders sachgerecht erörtert werden können.[1]

Ansonsten muss die mündliche Verhandlung nur auf (*schriftlichen*) *Antrag* eines Verfah- **2**
rensbeteiligten anberaumt werden (Nr. 1). Gesetzliche Ausnahmen von der zwingenden
mündlichen Verhandlung bei Vorliegen eines Antrags sind in § 70 Abs. 2 (Unzulässigkeit
der Beschwerde) und in § 80 Abs. 3 (Berichtigung eines Beschlusses des BPatG) vorgesehen. In diesen Fällen bedarf es auch bei Vorliegen eines Antrags auf mündliche Verhandlung keines Verhandlungstermins. Ergeht in anderen Fällen trotz Antrags eine Entscheidung ohne mündliche Verhandlung, ist der Anspruch auf Gewährung rechtlichen Gehörs
(Art. 103 Abs. 1 GG, § 83 Abs. 3 Nr. 3) verletzt, soweit die Beteiligten nicht bereits auf anderem Wege angemessene Gelegenheit zur Stellungnahme erhalten haben.[2] Eine Verletzung des Anspruchs auf Gewährung rechtlichen Gehörs liegt vor, wenn der Verfahrensbeteiligte davon ausgehen konnte, eine Entscheidung werde dem Verfahrensrecht entsprechend nicht ohne mündliche Verhandlung ergehen.[3] Vgl. auch BGH: Keine Verletzung des
rechtlichen Gehörs liegt vor, wenn das Gericht den wesentlichen Kern des Vorbringens
richtig erfasst und ausreichend berücksichtigt, d. h. sich mit dem Vortrag auseinandersetzt,
Argumente in Erwägung zieht und Ausführungen unter Hinweis auf zahlreiche Beispiele
macht, so dass die Entscheidung sich selbst trägt.[4]

Nach der Rechtsprechung des BPatG[5] ist die mündliche Verhandlung *im einseitigen Ver-* **3**
fahren trotz Vorliegens eines entsprechenden Antrags nicht erforderlich, wenn der Beschwerde in vollem Umfang stattgegeben wird. Deswegen kann vom Beschwerdeführer
auch der Antrag auf Anberaumung der mündlichen Verhandlung bedingt oder hilfsweise

---

1 BGH, GRUR 2006, 152, 153 – GALLUP.
2 BGH, WRP 2003, 1444 = GRUR 2003, 1067, 1068 – Bach-Blüten-Ohrkerze.
3 BGH, GRUR-RR 2008, 260 – Melander; BGH, MarkenR 2006, 346, 347 – Rossi; BGH, GRUR
  2003, 1067, 1068 – Bach-Blüten-Ohrkerze.
4 BGH, GRUR-RR 2008, 363 – Hanse Naturkost/Hansebäcker.
5 BPatGE 1, 163; BGH, GRUR 2008, 731 f. – alphaCAM.

für den Fall gestellt werden, dass die Beschwerde nicht als begründet angesehen wird.[6] Hat nur der *Beschwerdeführer* den hilfsweisen Antrag auf mündliche Verhandlung gestellt, wird der Anspruch des *Beschwerdegegners* auf rechtliches Gehör nicht verletzt, wenn das BPatG der Beschwerde ohne mündliche Verhandlung stattgibt.[7] Entscheidet das BPatG nicht selbst in der Sache und verweist nach Aufhebung des Beschlusses das Verfahren zurück an das DPMA (vgl. § 70 Abs. 3), zwingt ein solcher Hilfsantrag nicht dazu, mündlich zu verhandeln.[8] Der Antrag auf Anberaumung der mündlichen Verhandlung spielt in der Praxis die bei weitem größte Rolle.

4 Ist ein Beteiligter nicht oder nicht ordnungsgemäß in der mündlichen Verhandlung vertreten, so ergeben sich daraus keine Säumnisfolgen, die Verhandlung wird ohne ihn durchgeführt.[9] Nach dem Antrag auf mündliche Verhandlung kann mit Einverständnis des Beteiligten wieder in das schriftliche Verfahren gewechselt werden (§ 82 Abs. 1, § 128 Abs. 2 ZPO). Das Einverständnis kann jedoch nicht unterstellt werden, wenn der Beteiligte die Verhandlung nicht wahrnimmt und um eine Entscheidung nach Aktenlage bittet. Ist die Beschwerde dann aufgrund mangelnden Vorbringens unbegründet, wird sie im Termin zurückgewiesen.[10] Kommt es zu einer wesentlichen Änderung der Verfahrenslage, kann zur Wahrung des rechtlichen Gehörs ein Anspruch auf eine neue mündliche Verhandlung bestehen.[11]

---

6 BGH, GRUR 2008, 731, 732 – alphaCAM m. w. N.
7 BGH, GRUR 2008, 731 f. – alphaCAM.
8 BPatGE 7, 107; a. A. *Ingerl/Rohnke*, § 69 Rn. 5.
9 BGH, WRP 2001, 1082 = GRUR 2001, 1151, 1152 – marktfrisch, vgl. auch § 75 Abs. 2.
10 BPatG, Mitt. 2003, 399 – Zahnradgetriebe.
11 *Ingerl/Rohnke*, § 69 Rn. 7; vgl. auch BPatG, BeckRS 2007, 02253.

§ 70
Entscheidung über die Beschwerde

(1) Über die Beschwerde wird durch Beschluss entschieden.

(2) Der Beschluss, durch den eine Beschwerde als unzulässig verworfen wird, kann ohne mündliche Verhandlung ergehen.

(3) Das Patentgericht kann die angefochtene Entscheidung aufheben, ohne in der Sache selbst zu entscheiden, wenn

1. das Patentamt noch nicht in der Sache selbst entschieden hat,
2. das Verfahren vor dem Patentamt an einem wesentlichen Mangel leidet oder
3. neue Tatsachen oder Beweismittel bekannt werden, die für die Entscheidung wesentlich sind.

(4) Das Patentamt hat die rechtliche Beurteilung, die der Aufhebung nach Absatz 3 zugrunde liegt, auch seiner Entscheidung zugrunde zu legen.

I. Allgemeines

§ 70 enthält Bestimmungen zu den möglichen Entscheidungen des BPatG. Geregelt wird **1** auch die Möglichkeit der Zurückverweisung an das DPMA (vgl. Parallelvorschrift § 79 PatG).

II. Entscheidung des BPatG

Die Entscheidung des BPatG ergeht grundsätzlich durch *Beschluss* (Abs. 1). Anders als in **2** der ZPO gilt dies auch für den Fall, dass eine mündliche Verhandlung stattgefunden hat. Der Beschluss ist nach § 79 Abs. 2 zu begründen; er ist der formellen und materiellen Rechtskraft fähig.

Nach Abs. 2 wird die *unzulässige Beschwerde* (Zulässigkeitsvoraussetzungen s. § 66) ohne **3** Sachprüfung als unzulässig verworfen. Wurde die Beschwerdegebühr nicht rechtzeitig gezahlt, greift § 6 Abs. 2 PatKostG und die Beschwerde gilt als nicht vorgenommen (vgl. § 64a Rn. 2, § 66 Rn. 18). Die deklaratorische Feststellung dieser Wirkung trifft gemäß § 23 Abs. 1 Nr. 4 RPflG der Rechtspfleger,[1] eine Verwerfung erfolgt nicht. Die Verwerfung

---

1 BGH, GRUR 2010, 231, 232 – Legostein.

als unzulässig erfolgt grundsätzlich ohne mündliche Verhandlung (Abs. 2); vor der Verwerfung ist der betroffenen Partei allerdings Gelegenheit zur Stellungnahme zu geben (§ 78 Abs. 2).

4 Bei der Entscheidung über die Beschwerde ist das BPatG an den Umfang der Anträge gebunden; es darf also nicht mehr zusprechen, als mit der Beschwerde beantragt wurde.[2] Das BPatG ist allerdings nicht an die Begründung der Beschwerde oder des Beschlusses gebunden. Nach § 82 Abs. 1 S. 1 i.V.m. § 528 ZPO gilt jedoch – sofern keine Anschlussbeschwerde vorliegt – das Verschlechterungsverbot.[3]

5 Das BPatG entscheidet über die Sach- und Rechtslage im Zeitpunkt des Erlasses der Beschwerdeentscheidung, wobei nach dem Untersuchungsgrundsatz des § 73 auch neues Vorbringen zu berücksichtigen ist. Eine Präklusion nach § 296 ZPO findet wegen § 73 Abs. 1 nicht statt (zur Ausnahme des Einwands der Nichtbenutzung s. § 73 Rn. 7). Versäumnisentscheidungen sind aus diesem Grund ebenfalls nicht möglich.

6 Das BPatG entscheidet grundsätzlich in vollem Umfang über die Beschwerde selbst. Ist die Beschwerde materiell-rechtlich unbegründet, wird sie *zurückgewiesen*. Ist sie teilweise begründet, wird ihr *teilweise stattgegeben*. Die Beschwerdeentscheidung ersetzt den Beschluss des DPMA. Der tatsächliche Eintragungs- oder Löschungsvorgang und die entsprechenden Veröffentlichungen werden daraufhin vom DPMA ausgeführt, das insofern an die Entscheidung des BPatG gebunden ist. Zur Bindungs- und Rechtskraftwirkung von Entscheidungen des BPatG, wenn Streitgegenstand eines beantragten Löschungsverfahrens mit dem Streitgegenstand des rechtskräftig entschiedenen Eintragungs(beschwerde)verfahrens übereinstimmt: BPatG, Beschluss vom 6.5.2009 – 29 W [pat] 19/05 – Magenta, zit. in juris; anders hingegen BPatG GRUR 2008, 518, 519 f. – Karl May: Bindungswirkung des § 70 Abs. 4 beziehe sich nur auf das Verfahren, in dem Entscheidung des BPatG ergangen ist.[4]

III. Zurückverweisung (Abs. 3)

7 Nur in den Ausnahmefällen des Abs. 3 entscheidet das BPatG nicht selbst an Stelle des DPMA, sondern verweist die Entscheidung an das DPMA zur erneuten Entscheidung zurück. Liegt einer der Gründe des Abs. 3 vor, kommt dem BPatG Ermessen in der Frage zu, ob es selbst in der Sache entscheiden möchte oder zurückverweist.[5] Bei der Ermessensausübung ist zu berücksichtigen, dass die Zurückverweisung zu einer Verfahrensverzögerung für die Beteiligten führt. Ist die Sache bereits entscheidungsreif, darf somit nicht mehr zurückverwiesen werden.[6] Das DPMA ist nach Abs. 4 an die Begründung der zurückverweisenden Entscheidung des BPatG gebunden. Die Bindung erstreckt sich allerdings lediglich auf die tragenden Gründe der Zurückverweisung.[7] An beiläufige Bemerkungen des BPatG

---

2 *Ne ultra petita*, BGH, GRUR 1993, 655, 656 – Rohrausformer.
3 Reformatio in peius; BPatG, GRUR 2007, 601, 602 – DATE 24; vgl. a. BPatG, GRUR 2007, 63, 65 – KielNET.
4 So auch *Fezer*, § 70 Rn. 14.
5 BGH, GRUR 1998, 395 – Active Line.
6 BGH, GRUR 1998, 395 – Active Line.
7 BGH, GRUR 1972, 472, 474 – Zurückverweisung.

(*obiter dicta*) ist das DPMA nicht gebunden, ebenso wenig wie an sonstige rechtliche Hinweise des BPatG für das weitere Verfahren, sog. „Segelanweisungen".[8] Die Bindung entfällt, wenn sich die Tatsachengrundlage, Gesetzeslage oder die höchstrichterliche Rechtsprechung des BGH oder EuGH in erheblicher Weise ändert.

Eine Zurückverweisung nach Abs. 3 Nr. 1 kommt in Betracht, wenn das DPMA *noch nicht*   **8**
in der Sache selbst entschieden hat. Dies ist insbesondere der Fall, wenn eine Markenanmeldung oder ein Widerspruch als unzulässig zurückgewiesen wurde, ohne dass die materielle Rechtslage geprüft wurde. Es erfolgt eine Zurückverweisung nach Abs. 3 Nr. 1, wenn das DPMA über eine andere als die beantragte Marke entschieden hat.[9]

Die Zurückverweisung kommt auch bei einem *wesentlichen Verfahrensmangel* nach   **9**
Abs. 3 Nr. 2 in Betracht, von dem ausgegangen werden kann, wenn ein so erheblicher Verfahrensverstoß gegeben ist, dass es an einer ordnungsgemäßen Grundlage für eine Sachentscheidung fehlt.[10] Dies beurteilt sich allein aufgrund des materiell-rechtlichen Standpunkts der Vorinstanz, auch wenn dieser verfehlt ist oder das Beschwerdegericht ihn für verfehlt erachtet.[11] Ferner kann ein wesentlicher Verfahrensmangel, der zum Fehlen einer ordnungsgemäßen Entscheidungsgrundlage führt, nur dann angenommen werden, wenn er sich auf das Ergebnis der Entscheidung rechtlich ausgewirkt hat.[12] Solche wesentlichen Verfahrensmängel sind insbesondere die Entscheidung einer unzuständigen Stelle,[13] eine fehlende oder unvollständige Begründung,[14] die fehlerhafte Aufklärung des Sachverhalts, die zu einer völlig unklaren Sachlage geführt hat,[15] oder umfangreiche Recherchen des BPatG vor einer Sachentscheidung erfordern würde[16] oder schwerwiegende materielle Fehler wie die Berücksichtigung prioritätsjüngerer Warenverzeichnisse bei einer Löschung.[17] Auch die Verletzung rechtlichen Gehörs kann einen solchen Verfahrensmangel begründen, da allerdings unter Umständen die Gewährung rechtlichen Gehörs im Beschwerdeverfahren nachgeholt wird, kann eine Zurückverweisung in diesem Fall unterbleiben.[18]

Eine Zurückverweisung wegen *wesentlicher neuer Umstände*, die im patentamtlichen Verfahren nicht berücksichtigt wurden, kommt nach Abs. 3 Nr. 3 in der Regel nur in Betracht,   **10**
wenn im Beschwerdeverfahren neue Tatsachen oder Beweismittel vorgebracht werden.

---

8 *Ingerl/Rohnke*, § 70 Rn. 20.
9 BPatG, BeckRS 2007, 16688: Prüfung der Schutzfähigkeit einer abstrakten Farbmarke statt der beantragten farbigen Bildmarke.
10 BGH, BeckRS 2011, 02150; BGH, GRUR 2011, 230, 231 f. – SUPERgirl m. w. N.
11 St. BGH-Rspr., z. B. a. a. O.
12 BGH, BeckRS 2011, 02150.
13 BPatG, GRUR 1991, 216, 217 – falscher Anmeldetag.
14 BPatGE 7, 26, 31; zur Begründungspflicht und Berücksichtigung von früheren vergleichbaren Entscheidungen BPatG, GRUR 2009, 683, 684 f. – SCHWABENPOST; vgl. aber auch BPatG, GRUR 2009, 1175, 1179 – Burg Lissingen; BGH, BeckRS 2011, 02150 (Aufhebung von BPatG, GRUR 2009, 1173, 1174 f. – Freizeit-Rätsel-Woche); BGH, GRUR 2011, 230, 231 f. – SUPERgirl; zur vollständigen Zurückweisung einer Markenanmeldung ohne bzw. mit ungenügender Begründung statt Teilzurückweisung: BPatG, GRUR 2008, 454, 455 – Teilzurückweisung.
15 BPatGE 43, 245, 247 – Penta Kartusche.
16 BPatGE 46, 89, 91 – Feststellungspflicht.
17 BPatG, BeckRS 2009, 03458 – Optima.
18 BPatGE 31, 176 zum PatG; BPatG, 29 W (pat) 222/99, Juris.

Dies ist im Eintragungsverfahren insbesondere dann der Fall, wenn in der Beschwerde erstmals eine Verkehrsdurchsetzung nach § 8 Abs. 3 geltend und glaubhaft gemacht wird.[19]

IV. Bindung des BPatG

11   Das BPatG ist daher nach § 82 Abs. 1 S. 1 i.V.m. § 318 ZPO an seine eigenen Entscheidungen gebunden. Eine rechtskräftige Beschwerdeentscheidung muss daher auch vom BPatG in späteren Verfahren beachtet werden, soweit nicht eine Veränderung der Sach- und Rechtslage eingetreten ist. Diese Bindung setzt sich im Rechtsbeschwerdeverfahren nicht fort.[20] Eine Wiederaufnahme des Verfahrens ist über § 82 Abs. 1 S. 1 i.V.m. §§ 578 ff. ZPO möglich.

---

19 BPatG, BeckRS 2008, 26763 – Deutsches Notarinstitut, zit. in Juris; keine Zurückweisung bei nicht ausreichender Darlegung und Glaubhaftmachung der Verkehrsdurchsetzung BPatG, GRUR 2009, 1063, 1064 – Die Drachenjäger; BPatG, GRUR 2012, 69 – Deutsches Institut für Menschenrechte.
20 BGH, WRP 2004, 351 = GRUR 2004, 331 – Westie-Kopf.

Donle

§ 71
Kosten des Beschwerdeverfahrens

(1) Sind an dem Verfahren mehrere Personen beteiligt, so kann das Patentgericht bestimmen, dass die Kosten des Verfahrens einschließlich der den Beteiligten erwachsenen Kosten, soweit sie zur zweckentsprechenden Wahrung der Ansprüche und Rechte notwendig waren, einem Beteiligten ganz oder teilweise zur Last fallen, wenn dies der Billigkeit entspricht. Soweit eine Bestimmung über die Kosten nicht getroffen wird, trägt jeder Beteiligte die ihm erwachsenen Kosten selbst.

(2) Dem Präsidenten des Patentamts können Kosten nur auferlegt werden, wenn er nach seinem Beitritt in dem Verfahren Anträge gestellt hat.

(3) Das Patentgericht kann anordnen, dass die Beschwerdegebühr nach dem Patentkostengesetz zurückgezahlt wird.

(4) Die Absätze 1 bis 3 sind auch anzuwenden, wenn der Beteiligte die Beschwerde, die Anmeldung der Marke, den Widerspruch oder den Antrag auf Löschung ganz oder teilweise zurücknimmt oder wenn die Eintragung der Marke wegen Verzichts oder wegen Nichtverlängerung der Schutzdauer ganz oder teilweise im Register gelöscht wird.

(5) Im Übrigen gelten die Vorschriften der Zivilprozessordnung über das Kostenfestsetzungsverfahren (§§ 103 bis 107) und die Zwangsvollstreckung aus Kostenfestsetzungsbeschlüssen (§§ 724 bis 802) entsprechend.

Übersicht

I. Allgemeines

§ 71 befasst sich abschließend mit der Regelung der Kosten des *Beschwerdeverfahrens*.   **1**
Für die Kosten des Verfahrens vor dem DPMA gilt hingegen § 63. Das MarkenG geht jedoch vom Grundsatz der *Erstattungslosigkeit* aus. Die Abs. 1–3 sind daher als Ausnahmen vom Grundsatz zu verstehen. Nach Abs. 4 ist eine Kostenentscheidung auch möglich bei Rücknahme der Beschwerde, der Markenanmeldung, des Widerspruchs oder des Löschungsantrags ebenso wie bei Löschung der Markeneintragung aus dem Register wegen Verzichts oder wegen Nichtverlängerung der Schutzdauer.

II. Erstattungsfähige Kosten

2   Als *erstattungsfähige Kosten* kommen in Betracht die *Gerichtskosten* (Beschwerdegebühr, Auslagen) sowie die *außergerichtlichen Kosten*. Hinsichtlich der außergerichtlichen Kosten wird auf die Erläuterungen zu § 63 Rn. 9 f. verwiesen.

III. Grundsatz der Erstattungslosigkeit

3   Im patentgerichtlichen Verfahren gilt hinsichtlich der Kosten der Verfahrensbeteiligten – wie im Verfahren vor dem DPMA – der *Grundsatz der Erstattungslosigkeit*, was sich aus § 71 Abs. 1 S. 2 sowohl für das einseitige als auch für das mehrseitige Verfahren ergibt. Wenn somit der Beschluss des BPatG keine Entscheidung zu den Kosten enthält, gilt der Grundsatz, dass jeder Beteiligte die ihm entstandenen Kosten selbst trägt (Parallelvorschrift § 80 PatG). Auf die Bedenken wegen der Regelung in Art. 14 RL 2004/48/EG wird in der Kommentierung zu § 63 Rn. 3 eingegangen. Die Praxis der Erstattungslosigkeit wird sich wohl nicht halten lassen.

IV. Billigkeit

4   Die Billigkeitsentscheidung steht im pflichtgemäßen Ermessen des BPatG und kann sowohl auf Antrag als auch von Amts wegen ergehen.[1] Der Verfahrensausgang allein ist – abweichend von den Regeln der ZPO – kein Anlass für die Kostenauferlegung. Hier gelten die gleichen Grundsätze wie in § 63, so dass insoweit auf die dortige Regelung verwiesen werden kann. Für eine Kostenauferlegung nach den Grundsätzen der *Billigkeit* sind stets besondere Umstände erforderlich. In der Praxis werden solche nur selten bejaht. Diese sind nur anzunehmen, wenn der Vorwurf einer prozessualen Nachlässigkeit erhoben werden kann.[2] Ein Verstoß gegen die jedem Beteiligten obliegende allgemeine prozessuale Sorgfaltspflicht lässt es als unbillig erscheinen, die anderen Beteiligten die vermeidbar gewesenen Kosten tragen zu lassen.[3]

5   Im einseitigen Verfahren ohne weitere Beteiligte scheidet grundsätzlich eine Kostenentscheidung aus. Nach Billigkeitserwägungen kann lediglich die Erstattung der Beschwerdegebühr nach Abs. 3 angeordnet werden, z. B. bei einer Verletzung des rechtlichen Gehörs durch das DPMA. Der Beschwerdeführer trägt grundsätzlich seine eigenen Kosten einschließlich der Gebühren seiner Bevollmächtigten.

6   § 71 Abs. 1 eröffnet die Möglichkeit einer Kostenentscheidung lediglich für den Fall eines Verfahrens, an dem *mehrere Personen selbstständig beteiligt* sind. Dies sind regelmäßig Widerspruchsverfahren und Löschungsverfahren wegen absoluter Löschungsgründe, nicht aber die gemeinschaftliche Anmeldung einer Marke durch mehrere Anmelder.[4] Hinsicht-

---

1   *Ingerl/Rohnke*, § 71 Rn. 11.
2   BGH, WRP 1972, 403 = GRUR 1972, 600, 601 – Lewapur.
3   BGH, GRUR 1996, 399, 402 – Schutzverkleidung; BPatG, BeckRS 2009, 11552.
4   *Fezer*, § 71 Rn. 3.

lich der Billigkeitserwägungen ist auf die Kommentierung zu § 63 zu verweisen. Für Verfahren mit mehreren Beteiligten vor dem HABM gilt das umgekehrte Regel-Ausnahme-Verhältnis: In der Regel trägt dort der Unterliegende die Kosten des Obsiegenden (Art. 85 Abs. 1 GMV); nur ausnahmsweise kann nach Billigkeitserwägungen eine andere Entscheidung getroffen werden (Art. 85 Abs. 2 GMV). Ein einseitiges Verfahren – mit der Folge, dass eine Kostenverteilung insgesamt nicht mehr zulässig ist – liegt auch dann vor, wenn der einzige zweite Beteiligte ersatzlos wegfällt.[5]

Eine Kostenauferlegung durch das BPatG nach Billigkeitsgrundsätzen kommt beispielsweise in Betracht, wenn offensichtlich keine Ähnlichkeit der Marken oder der Waren und Dienstleistungen vorliegt,[6] wobei Zurückhaltung geboten ist, da die gesetzliche Grundregel auch für Beschwerden mit geringen Erfolgsaussichten gilt.[7] Kostenauferlegung wegen Aussichtslosigkeit sollte dann erfolgen, wenn diese dem Beteiligten bekannt war und nahe liegt, dass dieser verfahrensfremde Ziele wie Verzögerung oder Behinderung mit der Beschwerde verfolgt,[8] ebenso wenn entgegen dem eindeutigen Wortlaut der erteilten Rechtsbehelfsbelehrung ein unzulässiges Rechtsmittel eingelegt wird, das nicht begründet wird und auch auf den entsprechenden Hinweis des Senats über die Unzulässigkeit des Rechtsmittels keine Reaktion erfolgt.[9] So kann auch bei einem Widerspruch aus einer in Behinderungsabsicht eingetragenen Marke die Billigkeitsentscheidung die Kosten dem Widersprechenden auferlegen.[10] Bei einem Widerspruch aus einer unbenutzten Marke kann ebenfalls die Auferlegung der Beschwerdekosten ausgesprochen werden, wenn nicht einmal der Versuch der Glaubhaftmachung einer Benutzung gemacht wird.[11] Eine Kostenauferlegung kann ferner angebracht sein, wenn der Beteiligte, der eine mündliche Verhandlung beantragt hatte, hierzu nicht erscheint.[12] Im Akteneinsichtsverfahren entspricht es im Allgemeinen der Billigkeit, dem Unterlegenen die Kosten des Verfahrens aufzuerlegen.[13] Gleiches gilt in der Regel für die Frage der Kostenerstattung in Nebenverfahren.[14]

Hingegen stellt die Rücknahme der Beschwerde, der Markenanmeldung oder des Widerspruchs – anders als im Zivilprozess – allein noch keinen Grund für eine von der Erstattungslosigkeit abweichende Billigkeitsentscheidung dar (vgl. Abs. 4). Vielmehr müssen auch hier stets besondere Umstände vorliegen.

7

8

V. Kostenentscheidung

In dem Beschluss des BPatG muss *keine* Kostenentscheidung getroffen werden (§ 71 Abs. 1 S. 2), wenn nicht von einem Beteiligten ein Kostenantrag gestellt worden ist (§ 79

9

5 *Ingerl/Rohnke*, § 71 Rn. 6 m. w. N.
6 BPatGE 23, 224, 227.
7 Vgl. BPatG, BeckRS 2008, 19258.
8 BPatG, MarkenR 2006, 172, 174 – PINOCCHIO; *Ingerl/Rohnke*, § 71 Rn. 16.
9 BPatG, BeckRS 2007, 12247.
10 BPatGE 36, 272.
11 BPatG, GRUR 1996, 981, 982 – Estavital.
12 BPatG, Mitt. 1999, 198.
13 BPatG, GRUR 2006, 614, 616 – Akteneinsicht Markenanmeldung; a. A. *Ingerl/Rohnke*, § 71 Rn. 14.
14 BPatG, GRUR-RR 2010, 454, 455 – SBA international; a. A. *Ingerl/Rohnke*, § 71 Rn. 15.

Abs. 2). Wenn allerdings ein Kostenantrag gestellt wurde und das BPatG (auf Antrag oder von Amts wegen) eine von § 71 Abs. 1 S. 2 abweichende Kostenentscheidung trifft, ist diese zu begründen. Gegen die Ablehnung eines Antrags auf Erlass einer Kostengrundentscheidung ist – anders als gegen die Entscheidung selbst – die Rechtsbeschwerde statthaft.[15]

10 In der Kostengrundentscheidung kann das BPatG einem Beteiligten die Kosten des Verfahrens ganz oder teilweise auferlegen. Es können auch nur bestimmte Kosten einem der Beteiligten auferlegt werden, wenn beispielsweise ein prozessualer Sorgfaltsverstoß zu eben diesen Kosten geführt hat, die dem Verursacher auferlegt werden sollen.

VI. Kostenfestsetzung

11 Nach der Entscheidungspraxis des BPatG galt für das Widerspruchsbeschwerdeverfahren ein Regelstreitwert von 10 000 EUR für eine unbenutzte Marke,[16] für eine bereits benutzte Marke hat das BPatG einen Gegenstandswert von 12 500 EUR angenommen.[17] Der BGH hat den Regelstreitwert hingegen mit 50 000 EUR höher angesetzt.[18] Dennoch legt das BPatG davon abweichend weiterhin niedrigere Gegenstandswerte zugrunde.[19] Maßgeblich für die Festsetzung des Gegenstandswerts im Widerspruchsbeschwerdeverfahren ist das wirtschaftliche Interesse des Anmelders bzw. Markeninhabers und nicht das Löschungsinteresse des Widersprechenden.[20] In dem Verfahren der Markenlöschung nach § 50 kommen auch Streitwerte von 50 000 EUR in Betracht, wenn die angegriffene Marke nachhaltig verteidigt wird.[21] Hier kommt es auf das Interesse der Allgemeinheit an der Markenlöschung an, das sich nicht ohne Weiteres mit dem Interesse des Markeninhabers an dem Fortbestand seines Markenrechts deckt.[22] Für unbenutzte, in Behinderungsabsicht eingetragene Marken wird ein Regel-Gegenstandswert von 25 000 EUR angenommen.[23]

Die Wertfestsetzung durch das BPatG ist unanfechtbar. Anstelle der vormaligen Einreichung einer Gegenvorstellung innerhalb von zwei Wochen nach Zustellung des Beschlusses über die Wertfestsetzung,[24] ist heute die Anhörungsrüge nach § 321a ZPO i.V.m. § 82 Abs. 1 S. 1 möglich.

12 Die Streitwertfestsetzung erfolgt, wenn eine der Parteien durch einen Rechtsanwalt oder einen Patentanwalt vertreten war. Auch Patentanwälte können nach den Vorschriften des RVG abrechnen. Die abweichende frühere Rechtsprechung des BPatG wurde aufgegeben.[25] Die Kostenfestsetzung erfolgt nach den üblichen Regeln des RVG mit deren Gebührentat-

---

15 Zum Gebrauchsmusterrecht: BGH, GRUR 2001, 139, 140 – Parkkarte.
16 BPatG, GRUR 1999, 64 – Gegenstandswert für Widerspruchsverfahren.
17 BPatG, GRUR 1999, 65, 66 – P-Plus.
18 BGH, Beschluss vom 16.3.2006 – I ZB 48/05, GRUR 2006, 704 – Markenwert.
19 Z. B. BPatG, GRUR 2007, 176: 20 000 EUR als Regel-Gegenstandswert für das Widerspruchs-Beschwerdeverfahren; ausführlich *Ingerl/Rohnke*, § 71 Rn. 29.
20 BGH, GRUR 2006, 704 – Markenwert.
21 BPatGE 41, 100, 101 – Cotto; BPatG, MarkenR 2006, 172, 174 – PINOCCHIO.
22 *Fezer*, § 71 Rn. 13.
23 BPatG, Mitt. 2002, 570 – S. 400; vgl. BPatG, MarkenR 2006, 172, 174 – PINOCCHIO.
24 BPatGE 22, 129.
25 BPatG, GRUR 2005, 974, 975 f. – Kostenfestsetzung im patentamtlichen Markenverfahren.

beständen (Verfahrens- und Terminsgebühr, Teil 3 der Anlage 1 [Vergütungsverzeichnis] zu § 2 Abs. 2 RVG). Die Vertretung durch einen Rechts- oder Patentanwalt ist im Beschwerdeverfahren stets zweckentsprechend, auch wenn der Beteiligte über eine eigene Markenabteilung mit Fachpersonal verfügt. Eine Doppelvertretung durch Rechtsanwalt und Patentanwalt im Beschwerdeverfahren in Markensachen ist nicht notwendig.[26] Eigene Kosten der Beteiligten sind grundsätzlich nicht erstattungsfähig.

Nach Rechtskraft der Kostengrundentscheidung des BPatG erfolgt die Kostenfestsetzung **13** gem. § 71 Abs. 5 nach den Vorschriften der ZPO. Die Festsetzung erfolgt durch den Rechtspfleger des BPatG auf Antrag des erstattungsberechtigten Beteiligten (§ 103 Abs. 2 ZPO). Dieser trägt die Darlegungs- und Beweislast für die von ihm geforderte Kostenerstattung.[27] Gegen den Kostenfestsetzungsbeschluss des Rechtspflegers ist nach § 23 Abs. 2 RPflG innerhalb von zwei Wochen die Erinnerung zulässig. Entstehen in mehrseitigen Verfahren nach Erlass eines Kostenfestsetzungsbeschlusses Einwendungen, wie z. B. ein Vergleich der Beteiligten über die Kosten, kann wegen § 71 Abs. 5 die Vollstreckungsabwehrklage (§§ 794 Abs. 1 Nr. 2, 795, 767 Abs. 1 ZPO) erhoben werden. Zuständig ist hierfür das BPatG als „Prozessgericht des ersten Zuges", Rechtsmittel gegen dessen Entscheidung sind nicht statthaft.[28]

VII. Rückzahlung der Beschwerdegebühr (Abs. 3)

Sowohl im einseitigen als auch im mehrseitigen Verfahren kann das BPatG nach Billig- **14** keitsgrundsätzen die Rückzahlung der Beschwerdegebühr anordnen. Nach st. Rspr. kommt dies dann in Betracht, wenn die Einbehaltung der Gebühr im Einzelfall bei Abwägung der Interessen der Beteiligten einerseits und der Staatskasse andererseits unbillig erscheint.[29] In Betracht kommt die Rückzahlung zum einen, wenn die Beschwerdegebühr nicht rechtzeitig gezahlt wurde und die Beschwerde daher als nicht eingelegt gilt.[30] Dagegen ist die frühzeitige Rücknahme der Beschwerdegebühr kein Rückzahlungsgrund.[31] Ansonsten kommt eine Rückzahlung nur in Betracht, wenn in der Vorinstanz erhebliche Fehler begangen wurden, etwa in Fällen der Nichtgewährung rechtlichen Gehörs[32] oder wenn die angefochtene Entscheidung in ihrer Begründung und ihrem Ergebnis schlechterdings unvertretbar ist.[33] Dies ist nicht der Fall, wenn sich die Markenstelle näher mit der angemeldeten Marke aus-

---

26 *Ingerl/Rohnke* § 71 Rn. 26.
27 BPatG, GRUR 2007, 910, 911 – Darlegungs- und Beweislast in markenrechtlichen Kostenfestsetzungsverfahren.
28 Zum Gebrauchsmusterrecht: BGH, WRP 2001, 950 = GRUR 2002, 52 – Vollstreckungsabwehrklage.
29 So z. B. BPatG, GRUR 2007, 58, 61 – BuchPartner m. w. N.
30 Z. B. BPatG, Beschluss vom 14.12.2010 – 27 W (pat) 88/10, zit. in BeckRS 2011, 01353.
31 *Ingerl/Rohnke* § 71 Rn. 36 m. w. N.
32 BPatG, 28 W (pat) 236/00 – VOGUE und 29 W (pat) 370/99 – SANOX, GRUR 2001, 388; BPatG, GRUR 2007, 58, 61 – BuchPartner; GRUR-RR 2008, 261, 262 – Markenumschreibung; GRUR-RR 2008, 414, 416 – Umschreibungsverfahren; vgl. § 59; siehe aber auch BPatG, GRUR-RR 2009, 19, 21 – Ehemaliges DDR-Staatswappen.
33 BPatG, GRUR 2003, 1069 – Nettpack; vgl. auch BPatG, GRUR 2009, 188, 191 – Inlandsvertreter III.

einandergesetzt hat.[34] Ergeht ein Beschluss, obwohl der Widerspruch vom Widersprechenden vorher zurückgenommen wurde, so ist dieser nichtig und aufzuheben sowie die Beschwerdegebühr zurückzuzahlen.[35] Auch die Begründung der Zurückweisung einer Anmeldung mit einer nicht streitgegenständlichen Anmeldemarke kann zur Anordnung der Rückzahlung der Beschwerdegebühr führen.[36]

15 Unerheblich ist, ob dieser Fehler im Bereich der Anwendungen materiellen Rechts oder bei der Anwendung von Verfahrensvorschriften begangen wurde. Ein die Rückzahlung begründender Fehler kann daher auch die zur Nichtigkeit eines Beschlusses fehlerhafte Ausfertigung sein, die formell den Anschein eines rechtswirksamen Beschlusses erweckt.[37] Eine Gebührenrückzahlung scheidet aus, wenn der Rechtsfehler ohne Auswirkung auf das Ergebnis geblieben ist, also auch bei Vermeidung des Fehlers kein anderes Verfahrensergebnis eingetreten wäre.[38] Eine Rückzahlung kann ferner aus Gründen der Verfahrensökonomie veranlasst sein, z. B. wenn die unterlassene Verbindung von Parallelverfahren zu mehreren Beschwerden zwingt.[39]

---

34 BPatG, 33 W (pat) 286/02, Juris.
35 BPatG, 27 W (pat) 304/03, Juris.
36 BPatG, GRUR-RR 2010, 9, 12 – Saugauf.
37 BPatGE 41, 44 – Formmangel.
38 BPatGE 30, 207; BPatGE 20, 263; BPatG, Beschluss vom 16.1.2008 – 32 W (pat) 45/06, zit. in BeckRS 2008, 03299; BPatG, GRUR-RR 2009, 19, 21 – Ehemaliges DDR-Staatswappen.
39 BPatG, GRUR 2005, 865, 870 – SPA; *Ingerl/Rohnke* § 71 Rn. 42.

§ 72
Ausschließung und Ablehnung

(1) Für die Ausschließung und Ablehnung der Gerichtspersonen gelten die §§ 41 bis 44 und 47 der Zivilprozessordnung entsprechend.

(2) Von der Ausübung des Amtes als Richter ist auch ausgeschlossen, wer bei dem vorausgegangenen Verfahren vor dem Patentamt mitgewirkt hat.

(3) Über die Ablehnung eines Richters entscheidet der Senat, dem der Abgelehnte angehört. Wird der Senat durch das Ausscheiden des abgelehnten Mitglieds beschlussunfähig, so entscheidet ein anderer Beschwerdesenat.

(4) Über die Ablehnung eines Urkundsbeamten entscheidet der Senat, in dessen Geschäftsbereich die Sache fällt.

Für die Ausschließung und Ablehnung von Gerichtspersonen des BPatG (Richter, Rechtspfleger und Urkundsbeamte der Geschäftsstelle) gelten grundsätzlich die Vorschriften der ZPO entsprechend (Parallelvorschrift § 86 PatG, für das Verfahren vor dem DPMA gilt § 57). Ein Richter ist demnach kraft Gesetzes (auch ohne entsprechenden Antrag eines Beteiligten) von einem Verfahren ausgeschlossen, wenn er mit einem Beteiligten verheiratet oder verwandt ist (§ 41 Nr. 2 und Nr. 3 ZPO). Gleiches gilt nach § 41 Nr. 2a ZPO auch für Lebenspartner der Gerichtsperson. Wenn ein Richter die Besorgnis erweckt, er sei parteilich, kann er nach § 72 Abs. 2 i.V.m. § 42 Abs. 1 ZPO abgelehnt werden. Dies wurde z.B. angenommen bei einer Richterin, deren Ehemann als leitender Angestellter in einem verfahrensbeteiligten Konzern tätig ist.[1] Hingegen ist die bloße Mitgliedschaft eines Richters in einer Vereinigung, der auch eine der Parteien angehört, kein solcher Ablehnungsgrund.[2] Eine Ablehnung wegen Besorgnis der Befangenheit scheidet aus, wenn sich der Beteiligte in Kenntnis des Ablehnungsgrundes zur Sache einlässt. Richter des BPatG können sich auch selbst ablehnen (§ 48 ZPO) und sind bei Vorliegen eines Ablehnungsgrunds sogar dazu verpflichtet.[3] **1**

Kraft Gesetzes ausgeschlossen ist auch ein Richter am BPatG, wenn er am Verfahren zum Erlass der angegriffenen Entscheidung des DPMA mitgewirkt hat (Abs. 2), denn das Verfahren vor dem DPMA wird als nicht gerichtliches Verfahren von dem Ausschließungsgrund des § 41 Nr. 6 ZPO nicht erfasst.[4] Hat der Richter am Eintragungsverfahren mitgewirkt, handelt es sich bei einer Beschwerde im Löschungsverfahren zu derselben Marke nicht um einen Fall des Abs. 2.[5] Der Richter muss in der Sache mit der Entscheidung betraut gewesen sein, rein formale Tätigkeiten (z.B. Zustellungen, Fristgesuche) reichen für eine „Mitwirkung" nicht aus.[6] **2**

---

1 BGH, GRUR 1995, 216, 218 – Oxygenol II.
2 BGH, GRUR 2003, 368 – Richterbefangenheit.
3 BGH, WRP 1995, 320 = GRUR 1995, 216, 219 – Oxygenol II.
4 *Ingerl/Rohnke* § 72 Rn. 4.
5 *Ströbele/Hacker* § 72 Rn. 17; zur weitergehenden Regelung im PatG vgl. BGH, GRUR 2001, 47 – Ausweiskarte.
6 BGH, WRP 1998, 1010 = GRUR 1999, 43, 44 – Ausgeschlossener Richter.

3   Das Ablehnungsgesuch kann schriftlich oder mündlich beim BPatG gestellt werden. Es kann auch in der mündlichen Verhandlung zu Protokoll erklärt werden. Ein Ablehnungsgrund muss glaubhaft gemacht werden, dabei ist die eidesstattliche Versicherung unzulässig (§ 72 Abs. 1 i.V.m. § 44 Abs. 2 S. 1 Hs. 2 ZPO).

4   Über das Ablehnungsgesuch entscheidet der Senat unter Ausschluss des abgelehnten Richters. Der oder die geschäftsplanmäßigen Vertreter sind hierfür hinzuzuziehen. Ist der Senat aufgrund der Ablehnung mehrerer Richter beschlussunfähig, entscheidet der geschäftsplanmäßige Vertretersenat. Die Entscheidung ist unanfechtbar, da in § 72 Abs. 1 nicht auf § 46 Abs. 2 ZPO verwiesen wird. Die Entscheidung ist zu begründen (§ 79 Abs. 2).

5   Nach Abs. 4 entscheidet der jeweils für das Beschwerdeverfahren zuständige Senat über die Ablehnung eines Urkundsbeamten.

§ 73
Ermittlung des Sachverhalts;
Vorbereitung der mündlichen Verhandlung

(1) Das Patentgericht ermittelt den Sachverhalt von Amts wegen. Es ist an das Vorbringen und die Beweisanträge der Beteiligten nicht gebunden.

(2) Der Vorsitzende oder ein von ihm zu bestimmendes Mitglied des Senats hat schon vor der mündlichen Verhandlung oder, wenn eine solche nicht stattfindet, vor der Entscheidung des Patentgerichts alle Anordnungen zu treffen, die notwendig sind, um die Sache möglichst in einer mündlichen Verhandlung oder in einer Sitzung zu erledigen. Im Übrigen gilt § 273 Abs. 2, Abs. 3 S. 1 und Abs. 4 S. 1 der Zivilprozessordnung entsprechend.

Übersicht

I. Allgemeines

Für das patentgerichtliche Verfahren statuiert § 73 Abs. 1 den *Amtsermittlungsgrundsatz* (Parallelvorschrift § 87 PatG, für das Verfahren vor dem DPMA gilt § 59). Abs. 2 enthält den *Konzentrationsgrundsatz*, der eine möglichst schnelle Erledigung des Verfahrens in einer mündlichen Verhandlung zum Ziel hat. **1**

II. Verfahrensgrundsätze

Nach dem für das patentgerichtliche Verfahren geltenden *Amtsermittlungsgrundsatz* hat das Gericht *von Amts wegen* den Sachverhalt zu erforschen und die Rechtslage zu beurteilen. Es ist nicht an Beweisanträge oder den Sachvortrag der Parteien gebunden. Das Gericht kann von Amts wegen den Sachverhalt aufklären oder mit Hinweisen zur Aufklärung des Sachverhalts beitragen. Insbesondere kann das Gericht Amtshilfe beim DPMA erbitten und Gutachten erstellen lassen. **2**

Der Amtsermittlungsgrundsatz wird allerdings beschränkt durch die im patentgerichtlichen Verfahren geltende *Dispositionsmaxime*. Denn der Beschwerdeführer bestimmt durch seine Anträge den Gegenstand des Verfahrens. Damit steckt er zugleich den Rahmen der möglichen Entscheidungen des DPMA ab. Das Gericht darf nicht mehr gewähren, als beantragt ist (ne ultra petita). **3**

Der Amtsermittlungsgrundsatz wird in der Praxis zudem durch das Vorbringen der Parteien im Verfahren eingeschränkt. Die Amtsermittlungspflicht des Gerichts erstreckt sich **4** nicht auf Sachverhalte, auf die nach dem Parteivorbringen kein Hinweis besteht. Es kann darauf verzichten, offenkundige Tatsachen, wie z. B. Nachweise aus dem Internet, einzuführen, wenn es davon ausgehen kann, dass es Umstände sind, deren Bedeutung für alle Beteiligten bereits auf der Hand liegt.[1] Insbesondere ist das Gericht nach dem Amtsermittlungsgrundsatz nicht gehalten, fernliegende Sachverhalte, für die nach dem Parteivorbringen keine hinreichenden Anhaltspunkte erkennbar sind, aufzuklären. Insofern wird auch die *Amtsermittlungspflicht* des Gerichts durch den Parteivortrag in gewissem Umfang begrenzt, die Beteiligten trifft auch im Rahmen der Amtsermittlung nach § 73 Abs. 1 eine Mitwirkungspflicht.[2]

5 Das BPatG ist daher von Amts wegen auch nicht gehalten, eine etwaige Verkehrsdurchsetzung einer Marke zu ermitteln, wenn hierfür der Sachvortrag des Beschwerdeführers keinen Anlass gibt. Andererseits hat das Gericht die Aufklärung der Verkehrsdurchsetzung zu veranlassen, wenn der Beschwerdeführer einen sehr erheblichen Umfang der Benutzung vorträgt, der Anlass bietet, die Verkehrsdurchsetzung zu erforschen; dies gilt selbst dann, wenn der Anmelder einer Marke sich nicht einmal ausdrücklich auf den Gesichtspunkt der Verkehrsdurchsetzung berufen hat. Das Gericht hat in einem solchen Fall durch Rückfrage aufzuklären, ob eine Verkehrsdurchsetzung geltend gemacht werde.[3]

6 Der Amtsermittlungsgrundsatz verbietet es im Grundsatz auch, verspätetes Vorbringen nach § 296 ZPO zurückzuweisen. Bis zum Erlass der Entscheidung hat das Gericht daher jeden Sachvortrag zu berücksichtigen.

7 Auch dieser Aspekt des Amtsermittlungsgrundsatzes kennt allerdings verschiedene Ausnahmen. So gilt etwa für die Erhebung der *Einrede der Nichtbenutzung*, dass diese nach § 296 Abs. 2 ZPO zurückgewiesen werden darf, wenn deren Zulassung die Erledigung des Rechtsstreits verzögern würde und die Verspätung auf grober Nachlässigkeit desjenigen beruht, der die Einrede verspätet erhebt.[4] Dies gelte jedenfalls dann, wenn die Einrede gemäß § 43 Abs. 1 erstmals im Beschwerdeverfahren erhoben[5] und auch, wenn die Einrede zunächst auf bestimmte Waren beschränkt und erst in der mündlichen Verhandlung unbeschränkt erhoben werde.[6] Ebenso ist auch die *Darlegung der Benutzung* in § 43 Abs. 1 allein der durch den Widerspruch betroffenen Partei überlassen.[7] Der Amtsermittlungsgrundsatz greift insoweit nicht, da die weitere Aufklärung durch das Gericht unzumutbar sein kann, weil die erheblichen Umstände, z. B. Benutzungshandlungen und -umfang, in der Regel aus der Sphäre eines Beteiligten stammen und der Amtsermittlung nicht oder nur kaum zugänglich sind. In diesem Fall überwiegt die Mitwirkungspflicht der Beteiligten.[8] Auch kann eine *verspätete Darlegung* der rechtserhaltenden Benutzung zurückgewiesen werden, wenn infolge der Verspätung eine Verfahrensverzögerung zu befürchten ist,

---

1 BPatG, 24 W (pat) 105/00, GRUR 2003, 482 – zur Bedeutung des Wortes QUERCUS.
2 Vgl. BGH, GRUR 1988, 211, 212 – Wie hammas denn?; BGH, GRUR 2008, 905, 908 – Pantohexal; BGH, GRUR 2008, 909, 911 – Pantogast.
3 BGH, WRP 1974, 405 = GRUR 1974, 661, 662 – St. Pauli-Nachrichten.
4 BGH, WRP 1998, 993 = GRUR 1998, 938, 939 – DRAGON.
5 Vgl. a. BPatG, GRUR 1997, 370 – LAILIQUE/LALIQUE.
6 BPatG, GRUR 2005, 58, 59 – Brelan/Rilan.
7 BPatG, GRUR 1996, 981, 982 – ESTAVITAL.
8 BGH, Mitt. 2004, 568, 570 – Acesal; vgl. zu den Grenzen der im Rahmen der Amtsermittlungspflicht vorzunehmenden Recherchen des Gerichts BPatG, GRUR 2010, 73 – Porträtfoto Marlene Dietrich II.

die nicht durch eine geeignete Verfahrensgestaltung[9] abgewendet werden kann.[10] Die Präklusionsvorschriften kommen auch dann zur Anwendung, wenn die Partei nicht durch einen Rechts- oder Patentanwalt vertreten ist.[11] Ist die Benutzung der angegriffenen oder der Widerspruchsmarke bestritten, besteht mangels Aufklärungspflicht für das Gericht weder das Recht noch die Pflicht aus § 82 i.V.m. § 139 ZPO, den Darlegungspflichtigen auf Mängel der Glaubhaftmachung hinzuweisen.[12] Ein Anerkenntnis ist im markenrechtlichen Löschungsverfahren nicht möglich, da dies mit dem Amtsermittlungsgrundsatz nach § 73 Abs. 1 unvereinbar wäre.[13]

Der Amtsermittlungsgrundsatz ist grundsätzlich zu unterscheiden von der Frage der *Beweislast*. Auch im Amtsermittlungsverfahren stellt sich die Frage, wen die negativen Folgen treffen, wenn ein Sachverhalt auch von Amts wegen nicht aufgeklärt werden kann (Feststellungslast). Diese materielle Feststellungslast bleibt auch unter Geltung des Untersuchungsgrundsatzes erhalten. Beweisanträge der Beteiligten kann das Gericht nach pflichtgemäßem Ermessen ablehnen, z.B. den Antrag auf Einholung eines Sachverständigengutachtens, wenn es selbst meint, über die erforderlichen Kenntnisse zu verfügen.[14] **8**

Im Verfahren vor dem BPatG gilt der zivilprozessrechtliche Grundsatz, dass die Feststellungslast bei demjenigen liegt, *der sich auf die positiven Rechtsfolgen einer Norm beruft*. Kann das Vorliegen der Voraussetzungen einer Norm nicht festgestellt werden, scheitert der darauf gestützte Anspruch. Gleiches gilt – mit umgekehrtem Vorzeichen – für negative Voraussetzungen, die einen Anspruch zu Fall bringen. Deswegen trifft die materielle Feststellungslast hinsichtlich der Eintragungsvoraussetzungen der Marke grundsätzlich den *Markenanmelder* selbst. Kann das Vorliegen von Eintragungshindernissen allerdings nicht sicher festgestellt werden, geht dies allerdings nicht zu seinen Lasten.[15] Denn der Markenanmelder muss nicht die negativen Voraussetzungen der Markenerteilung widerlegen. Kann somit das Vorliegen absoluter Schutzhindernisse (§§ 54, 50) nicht sicher festgestellt werden, darf die Marke nicht gelöscht werden. **9**

III. Konzentrationsgrundsatz (Abs. 2)

Das BPatG soll grundsätzlich das Verfahren *in einer mündlichen Verhandlung* abschließen. Dazu können terminvorbereitende Maßnahmen nach § 273 ZPO getroffen werden, soweit sie nach Abs. 2 S. 2 für anwendbar erklärt werden. Dies gilt insbesondere für die Einholung amtlicher Auskünfte und Urkunden, das Anordnen des persönlichen Erscheinens von Beteiligten, Zeugenladungen und die Einholung von Sachverständigengutachten. In mehrseitigen Verfahren sind sämtliche Parteien hiervon zu unterrichten. Den Parteien ist rechtliches Gehör zu gewähren. Die Geltung des Amtsermittlungsgrundsatzes im markenrechtli- **10**

---

9 Z.B. Gewährung einer Schriftsatzfrist, a.A. aber BPatG, GRUR 1997, 54 – S. OLIVER – schriftliches Verfahren.
10 BPatG, GRUR 1997, 370, 372 – LAILIQUE/LALIQUE.
11 Vgl. auch BPatG, GRUR 1997, 370, 371 – LAILIQUE/LALIQUE.
12 BPatG, BeckRS 2009, 02858 – LIBELLA.
13 BPatG, GRUR 2007, 507, 508 – FUSSBALL WM 2006 II m.w.N.
14 BGH, WRP 2002, 1184 = GRUR 2002, 957 – Zahnstruktur.
15 Vgl. BGH, GRUR 2009, 669, 672 – POST II m.w.N.

chen Beschwerdeverfahren ändert nichts daran, dass dem Beschwerdeführer bei Rüge der Versagung rechtlichen Gehörs die Darlegungslast obliegt.[16]

11   Ist eine mündliche Verhandlung nicht beabsichtigt, sollen durch die Hinweise nach § 273 ZPO die tatsächlichen Grundlagen für eine Entscheidung geschaffen werden. Insbesondere können Hinweisbeschlüsse erlassen werden, um die Parteien zu Ergänzungen oder Erläuterungen ihres Vortrags anzuhalten sowie Urkunden vorzulegen. In der Praxis kommt dieser Möglichkeit allerdings nur eine eingeschränkte Bedeutung zu. Im Vorlauf zu einer mündlichen Verhandlung gibt das BPatG durch sog. „Ladungszusätze" oft eine Einschätzung der Erfolgsaussichten und unterbreitet Vergleichsvorschläge.

---

16 BGH, GRUR 2008, 1126, 1127 – Weisse Flotte.

§ 74
Beweiserhebung

(1) Das Patentgericht erhebt Beweis in der mündlichen Verhandlung. Es kann insbesondere Augenschein einnehmen, Zeugen, Sachverständige und Beteiligte vernehmen und Urkunden heranziehen.

(2) Das Patentgericht kann in geeigneten Fällen schon vor der mündlichen Verhandlung durch eines seiner Mitglieder als beauftragten Richter Beweis erheben lassen oder unter Bezeichnung der einzelnen Beweisfragen ein anderes Gericht um die Beweisaufnahme ersuchen.

(3) Die Beteiligten werden von allen Beweisterminen benachrichtigt und können der Beweisaufnahme beiwohnen. Sie können an Zeugen und Sachverständige sachdienliche Fragen richten. Wird eine Frage beanstandet, so entscheidet das Patentgericht.

I. Allgemeines

Das BPatG kann jederzeit von Amts wegen Beweis erheben, soweit dies für das register- **1** rechtliche Verfahren erforderlich ist. Grundsätzlich ist nach § 82 Abs. 1 S. 1 die ZPO auf das Beweisverfahren anzuwenden. Die Vorschriften des § 74 besitzen daher lediglich Beispielscharakter (Parallelvorschrift § 88 PatG). In der Praxis besitzt die Bestimmung eine nur geringe Bedeutung.

II. Einzelheiten

Die Beweiserhebung erfolgt grundsätzlich durch das Gericht selbst (Unmittelbarkeits- **2** grundsatz). Hinsichtlich der prozessual möglichen Beweismittel besteht ein *Numerus clausus*. Als Beweismittel kommen ausschließlich in Betracht *Sachverständige*, *Augenschein*, Parteivernehmung, Urkunden und *Zeugen*. Andere Beweismittel sind nicht zugelassen.[1] Beweismittel sind von den Mitteln zur *Glaubhaftmachung* grundsätzlich zu unterscheiden. Die eidesstattliche Versicherung kann einen Sachverhalt glaubhaft machen, beweisen kann sie ihn nicht. Wenn also Beweis zu erbringen ist, kann dies nicht durch Glaubhaftmachungsmittel geschehen. Wenn Beweis zu erbringen ist, sind zulässige Beweismittel anzugeben und die entsprechenden Beweise zu erheben. So kann etwa die Verkehrsdurchset-

---

1 A. A. *Ingerl/Rohnke*, § 74 Rn. 1; *Fezer*, § 74 Rn. 3: Die Aufzählung in Abs. 1 S. 2 habe nur beispielhaften Charakter und schließe insbesondere die Einholung amtlicher und sonstiger Auskünfte sowie die Aktenbeiziehung nicht aus.

zung einer Marke durch ein Sachverständigengutachten in der besonderen Form einer Meinungsumfrage bewiesen werden.

3 Gemäß Abs. 2 kann das BPatG ein Mitglied seines Senats bereits vor der mündlichen Verhandlung damit beauftragen, bestimmte Beweise zu erheben. Soweit beispielsweise für Zeugen eine Anreise zum Sitz des Gerichts unzumutbar ist, kann auch ein anderes Gericht mit der Beweiserhebung beauftragt werden. § 128a Abs. 2 ZPO eröffnet zudem die Möglichkeit, Zeugen per Videokonferenz zu vernehmen. Diese Vorschrift ist nach § 82 Abs. 1 anwendbar.[2]

4 Für jede Beweisaufnahme gilt der Grundsatz der *Parteiöffentlichkeit*. Jeder Beteiligte ist von allen Beweisterminen zu benachrichtigen und besitzt das Recht, an der Beweiserhebung teilzunehmen (Abs. 3). Dies gilt insbesondere für die Einvernahme von Zeugen oder die Befragung von Sachverständigen. Auch Urkunden sind den Beteiligten vorzuzeigen und zugänglich zu machen; dies gilt beispielsweise auch für beigezogene Akten. Die Beteiligten können auch dadurch an der Beweiserhebung teilnehmen, dass sie Zeugen selbst befragen. Die Einvernahme von Zeugen erfolgt zunächst durch das Gericht. Sobald dieses deren Befragung abgeschlossen hat, ist den Beteiligten die Gelegenheit zu geben, weitere Fragen zu stellen oder auf eine für erforderlich gehaltene Klärung hinzuwirken. Das Beteiligungsrecht nach Abs. 3 wird durch das Äußerungsrecht nach § 78 Abs. 2 ergänzt.[3]

5 Wegen der geringen praktischen Bedeutung der Beweisaufnahme im patentgerichtlichen Verfahren wird im Übrigen auf die Kommentierung zur ZPO verwiesen.

---

2 Für § 99 PatG bejahend: BPatG, GRUR 2003, 176 – Leiterplattennutzen – Trennvorrichtung/Videokonferenz.
3 *Fezer*, § 74 Rn. 13.

§ 75
Ladungen

(1) Sobald der Termin zur mündlichen Verhandlung bestimmt ist, sind die Beteiligten mit einer Ladungsfrist von mindestens zwei Wochen zu laden. In dringenden Fällen kann der Vorsitzende die Frist abkürzen.

(2) Bei der Ladung ist darauf hinzuweisen, dass beim Ausbleiben eines Beteiligten auch ohne ihn verhandelt und entschieden werden kann.

Im Falle der Durchführung einer mündlichen Verhandlung (§ 69) wird vom BPatG Termin zur mündlichen Verhandlung anberaumt. Anzuwenden sind die Vorschriften der ZPO (§§ 214 ff. ZPO i.V.m. § 82 Abs. 1 S. 1), soweit nicht § 75 selbst Regelungen trifft. Die Ladungsfrist beläuft sich auf mindestens zwei Wochen (Abs. 1 S. 1), wobei der Zustellungstag der Ladung und der Terminstag nicht mit eingerechnet werden. In aller Regel liegen die tatsächlichen Ladungsfristen allerdings erheblich über der gesetzlich vorgesehenen Ladungsfrist. In dringenden Fällen kann die Ladungsfrist gemäß Abs. 1 S. 2 abgekürzt werden (vgl. Parallelvorschrift § 89 PatG). 1

Auf Antrag eines Beteiligten (nach § 227 ZPO i.V.m. § 82 Abs. 1 S. 1) oder von Amts wegen (aus dienstlichen Gründen) kann ein Termin aufgehoben oder verlegt werden. Insbesondere im Falle der Verhinderung sind die Verhinderungstatsachen gegenüber dem BPatG darzulegen. 2

In der Ladung ist darauf hinzuweisen, dass auch ohne die oder den Verfahrensbeteiligten verhandelt werden kann (Abs. 2). Das Erscheinen des Beschwerdeführers oder eines weiteren Beteiligten ist nicht Voraussetzung. Die Vorschriften über Säumnisentscheidungen der ZPO (§§ 330 ff.) sind nicht anwendbar, da der Erlass eines Versäumnisurteils mit dem Amtsermittlungsgrundsatz nicht vereinbar wäre.[1] Auch bei Nichterscheinen eines Beteiligten kann nicht allein deswegen gegen ihn entschieden werden. 3

Das Nichterscheinen ist gleichwohl materiell-rechtlich gefährlich, da auch in der mündlichen Verhandlung jederzeit (mit gewissen Einschränkungen, vgl. § 73) neuer Vortrag vorgebracht werden kann, der vom BPatG zu berücksichtigen ist. Ferner mag das Ausbleiben auch Folgen für eine Kostenentscheidung haben, wenn der Beteiligte, der die mündliche Verhandlung beantragt hatte, zu dieser nicht erscheint (vgl. § 71). 4

---

1 BPatG, BeckRS 2009, 15810 m. w. N. – LEO.

§ 76
Gang der Verhandlung

(1) Der Vorsitzende eröffnet und leitet die mündliche Verhandlung.

(2) Nach Aufruf der Sache trägt der Vorsitzende oder der Berichterstatter den wesentlichen Inhalt der Akten vor.

(3) Hierauf erhalten die Beteiligten das Wort, um ihre Anträge zu stellen und zu begründen.

(4) Der Vorsitzende hat die Sache mit den Beteiligten in tatsächlicher und rechtlicher Hinsicht zu erörtern.

(5) Der Vorsitzende hat jedem Mitglied des Senats auf Verlangen zu gestatten, Fragen zu stellen. Wird eine Frage beanstandet, so entscheidet der Senat.

(6) Nach Erörterung der Sache erklärt der Vorsitzende die mündliche Verhandlung für geschlossen. Der Senat kann die Wiedereröffnung beschließen.

Übersicht

I. Allgemeines

1 Die Vorschrift des § 76 gibt mit ihrer Struktur den Verlauf der mündlichen Verhandlung vor dem BPatG vor. Die mündliche Verhandlung vor dem BPatG entspricht weitgehend den Regelungen, die auch für den Zivilprozess gelten. Übereinstimmungen bestehen ferner mit den §§ 90, 91 PatG.

II. Verlauf der mündlichen Verhandlung

2 Die Eröffnung der Verhandlung gemäß Abs. 1 beginnt mit dem Aufruf der Sache und der Feststellung der Präsenz. Dabei werden die Erschienenen für das Protokoll festgehalten, insbesondere die Parteien, deren Bevollmächtigte sowie ggf. Zeugen oder Sachverständige. Der Vorsitzende leitet die Verhandlung und übt die Befugnisse des Gerichts aus (Abs. 1).

3 Der sog. *Aktenvortrag* i. S. d. Abs. 2 umfasst in geraffter und auf das Wesentliche konzentrierter Weise die Wiedergabe des Sachverhalts und des wesentlichen rechtlichen Vorbringens des oder der Beteiligten. Der Aktenvortrag kann dem Berichterstatter des Senats übertragen werden. In dem Aktenvortrag wird vielfach bereits seitens des Gerichts auf diejenigen rechtlichen und tatsächlichen Gesichtspunkte hingewiesen, die nach der vorläufigen

Auffassung des Senats für die Entscheidung der Sache wesentliche Bedeutung besitzen. Dabei können bereits geeignete rechtliche Hinweise für die Anträge und insbesondere das Plädoyer des oder der Beteiligten in die Verhandlung eingeführt werden.

Nach dem Aktenvortrag folgt die Antragstellung durch die Verfahrensbeteiligten (Abs. 3). **4** Nach § 82 Abs. 1 S. 1 i.V.m. § 139 ZPO hat das Gericht dabei darauf zu achten, dass sachdienliche Anträge gestellt werden. Hierzu erteilt das Gericht Hinweise. Die Antragstellung kann durch Verlesung des Antrags erfolgen oder durch Bezugnahme auf schriftsätzliches Vorbringen.

Nach der Antragstellung folgt die förmliche Begründung seitens des oder der Beteiligten **5** (Abs. 3). Das Plädoyer erfolgt in freier Rede und soll die gesamten tatsächlichen und rechtlichen Erwägungen des Beteiligten behandeln (§ 137 Abs. 2 ZPO i.V.m. § 82 Abs. 1 S. 1). Auch hier ist die Bezugnahme auf Schriftsätze in den Grenzen des § 137 Abs. 3 ZPO zulässig.

Nach den Plädoyers erfolgt unter Leitung des Vorsitzenden die Erörterung der Sache **6** (Abs. 4). Das Gericht hat die Parteien auf tatsächliche oder rechtliche Gesichtspunkte hinzuweisen, die übersehen wurden – stets unter Beachtung seiner Neutralitätspflicht.[1] Es fordert die Beteiligten auf, zu solchen Gesichtspunkten vorzutragen und Erläuterungen abzugeben. Hierzu gehören auch Fragen zum Sachverhalt, da das Verfahren vom Amtsermittlungsgrundsatz beherrscht wird. Seitens des Gerichts werden auch die rechtlichen Gesichtspunkte mit den Parteien erörtert, um Überraschungsentscheidungen auszuschließen. Dies erfordert allerdings nicht, dass das Gericht vorläufige Rechtsauffassungen zu erkennen gibt, insbesondere dann nicht, wenn relevante Rechtsfragen im mehrseitigen Verfahren zwischen den Parteien kontrovers schriftsätzlich erörtert wurden. Zur Erörterung der Sach- und Rechtslage gehört auch die Fragestellung durch die Beisitzer gemäß Abs. 5 S. 1. Bei der Beanstandung einer Frage durch einen Beteiligten entscheidet das Gericht (Abs. 5 S. 2).

Die mündliche Verhandlung wird durch den Vorsitzenden geschlossen, nachdem den Beteiligten ausreichend rechtliches Gehör gewährt wurde und der Amtsermittlungsgrundsatz **7** die Ausübung des Fragerechts nicht weiter geboten erscheinen lässt (vgl. Abs. 6 S. 1).

III. Wiedereröffnung der mündlichen Verhandlung

Nach Schluss der mündlichen Verhandlung kann das BPatG die mündliche Verhandlung **8** *wiedereröffnen* (Abs. 6 S. 2). Dies geschieht durch Anberaumung eines neuen Termins zur Fortsetzung der mündlichen Verhandlung. Anlass zur Wiedereröffnung der mündlichen Verhandlung besteht insbesondere dann, wenn der Verlauf der mündlichen Verhandlung neues Tatsachenvorbringen ergeben hat (etwa durch mündlichen Vortrag oder durch weitere schriftsätzliche Erklärungen), die in der mündlichen Verhandlung möglicherweise in ihrer Bedeutung nicht erkannt wurden und eine Auswirkung auf die Entscheidung des Gerichts haben. Auch neues schriftsätzliches Vorbringen nach Schluss der mündlichen Verhandlung, jedoch vor Erlass der Entscheidung, kann ggf. eine Wiedereröffnung der mündlichen Verhandlung erfordern. Dies gilt jedenfalls dann, wenn das Gericht diesen neuen

---

1 Ausführlich BPatG, GRUR 2004, 950, 952 – ACELAT/Acesal.

Vortrag in seiner Entscheidung verwerten will.[2] Der Beschluss über die Wiedereröffnung der mündlichen Verhandlung muss nicht begründet werden. Die Wiedereröffnung erfolgt *von Amts wegen.* Ein hierauf gerichteter Antrag eines Beteiligten ist kein Antrag i. S. d. § 79 Abs. 2. Es handelt sich vielmehr lediglich um eine *Anregung.*[3]

---

2 BGH, GRUR 1979, 219 – Schaltungschassis.
3 Vgl. BGH, GRUR 1979, 219 – Schaltungschassis.

§ 77
Niederschrift

(1) Zur mündlichen Verhandlung und zu jeder Beweisaufnahme wird ein Urkundsbeamter der Geschäftsstelle als Schriftführer zugezogen. Wird auf Anordnung des Vorsitzenden von der Zuziehung des Schriftführers abgesehen, besorgt ein Richter die Niederschrift.

(2) Über die mündliche Verhandlung und jede Beweisaufnahme ist eine Niederschrift aufzunehmen. Die §§ 160 bis 165 der Zivilprozessordnung sind entsprechend anzuwenden.

§ 77 regelt die Abfassung (*Niederschrift*) des Protokolls der mündlichen Verhandlung und **1** ggf. einer Beweisaufnahme (Parallelvorschrift § 92 PatG). Die Zuziehung eines Urkundsbeamten der Geschäftsstelle als Protokollführer ist in der Praxis eher die Ausnahme. Die Niederschrift wird vielmehr zumeist durch ein Mitglied des Senats angefertigt. § 77 Abs. 2 S. 2 verweist für die Anfertigung des Protokolls auf die entsprechenden Vorschriften der ZPO. Anders als für die Niederschrift des DPMA (§ 60 Abs. 3 S. 3) ist für die Niederschrift des BPatG keine Regelung vorhanden, wonach die Beteiligten Protokollabschriften erhalten. In der Praxis des BPatG werden allerdings ausnahmslos zwei Abschriften an die Beteiligten übersandt.

Das Protokoll enthält – wie in der ZPO – nur Aufzeichnungen über die wesentlichen rechtserheblichen Vorgänge in der mündlichen Verhandlung. Hierzu gehören insbesondere die Vorgänge nach § 160 ZPO. Protokolliert werden die Formalien der mündlichen Verhandlung (§ 160 Abs. 1 ZPO) sowie die verfahrensbestimmenden Rechtshandlungen (Anerkenntnisse, Anträge, Geständnisse, Zeugenaussagen, Vornahme und Ergebnis eines Augenscheins, Entscheidungen des Gerichts sowie deren Verkündung, Rücknahme von Rechtsmitteln sowie der Rechtsmittelverzicht, siehe § 160 Abs. 3 ZPO). Die materiellen Inhalte der mündlichen Verhandlung, insbesondere rechtliche Argumente, werden demgegenüber nicht protokolliert. **2**

Nach § 160 Abs. 4 ZPO können die Beteiligten beantragen, dass bestimmte Vorgänge oder **3** Äußerungen in das Protokoll aufgenommen werden, wenn es auf den Vorgang oder die Äußerung ankommt. Das Gericht kann die Protokollierung jedoch verweigern, wenn es keine Entscheidungserheblichkeit sieht. Hierüber ist allerdings zu beschließen.

Das Protokoll bietet nach § 165 ZPO Beweis für die darin enthaltenen Vorgänge. Gleichzeitig bietet das Protokoll dafür Beweis, dass diejenigen Vorgänge, die protokollierungspflichtig sind, nicht stattgefunden haben, wenn sie nicht im Protokoll enthalten sind. Soweit im Protokoll Fehler enthalten sind, ist nach § 164 ZPO die Berichtigung des Protokolls zu beantragen. Eine bestimmte Frist ist für die Stellung des *Protokollberichtigungsantrags* nicht vorgesehen. **4**

§ 78
Beweiswürdigung; rechtliches Gehör

(1) Das Patentgericht entscheidet nach seiner freien, aus dem Gesamtergebnis des Verfahrens gewonnenen Überzeugung. In der Entscheidung sind die Gründe anzugeben, die für die richterliche Überzeugung leitend gewesen sind.

(2) Die Entscheidung darf nur auf Tatsachen und Beweisergebnisse gestützt werden, zu denen die Beteiligten sich äußern konnten.

(3) Ist eine mündliche Verhandlung vorhergegangen, so kann ein Richter, der bei der letzten mündlichen Verhandlung nicht zugegen war, bei der Beschlussfassung nur mitwirken, wenn die Beteiligten zustimmen.

I. Allgemeines

1   § 78 statuiert in Abs. 1 den *Grundsatz der freien Beweiswürdigung* und in Abs. 2 den *Grundsatz des rechtlichen Gehörs*. Absatz 3 enthält den *Grundsatz der Unmittelbarkeit der mündlichen Verhandlung*. Die Bestimmung ist wortlautgleich mit § 93 PatG; über § 286 Abs. 1 S. 1 ZPO geht die Regelung des § 78 inhaltlich hinaus.

II. Grundsatz der freien Beweiswürdigung

2   § 78 Abs. 1 S. 1 statuiert den *Grundsatz der freien Beweiswürdigung*. Wie in anderen gerichtlichen Verfahren (vgl. § 286 Abs. 2 ZPO) ist auch das BPatG in seiner Überzeugungsbildung frei, denn es gibt keine formellen Regeln darüber, wie das BPatG Beweise zu würdigen hat. Allerdings ist das Gericht an den Inhalt des Verfahrens gebunden; dementsprechend hat es sich bei seiner Beweiswürdigung auch auf dasjenige zu konzentrieren und zu beschränken, was verhandelt worden ist. In seiner Entscheidung (soweit diese gemäß § 79 Abs. 2 begründungspflichtig ist) hat es gem. § 78 Abs. 1 S. 2 die wesentlichen Gründe für seine Überzeugungsbildung anzugeben.

III. Grundsatz des rechtlichen Gehörs

3   Abs. 2 statuiert den in Art. 103 Abs. 1 GG angeordneten *Grundsatz des rechtlichen Gehörs*. Denn die Entscheidung des BPatG darf sich nur auf solche Tatsachen und Beweisergebnisse gründen, hinsichtlich derer den Parteien ausreichend Gelegenheit zur Äußerung

gegeben wurde. Daher hat das BPatG allen Beteiligten zu den Tatsachengrundlagen des Verfahrens sowie zu den Rechtsfragen Gelegenheit zur Stellungnahme zu geben.[1] Daraus folgt aber keine allgemeine Hinweispflicht des Gerichts darauf, welche Rechtsfragen für die Entscheidungen von Bedeutung sein können, insbesondere, wenn diese nahe liegen.[2]

Der Grundsatz des rechtlichen Gehörs soll insbesondere auch sicherstellen, dass das Gericht das gesamte Vorbringen der Beteiligten zur Kenntnis nimmt und in Erwägung zieht bzw. bei seiner Entscheidung würdigt. Nach der Rechtsprechung besteht im Grundsatz eine Vermutung dafür, dass das BPatG das gesamte Parteivorbringen tatsächlich zur Kenntnis genommen hat.[3] Soweit allerdings Parteivorbringen erkennbar nicht berücksichtigt wurde, begründet dies eine Verletzung des rechtlichen Gehörs.   **4**

Abs. 2 begründet gleichzeitig ein *Verwertungsverbot* bezüglich solcher Tatsachen, zu denen keine Gelegenheit zur Stellungnahme gewährt wurde. Unerheblich ist aber, ob die Parteien von der Gelegenheit zur Stellungnahme Gebrauch gemacht haben. Es genügt, wenn das BPatG Tatsachen, die es bei der Entscheidung berücksichtigen will, den Beteiligten in der mündlichen Verhandlung zur Kenntnis gibt und mündlich erörtert.[4] Hat das Gericht seiner Entscheidung Recherchen im Internet zugrunde gelegt, so muss es die Einzelheiten dieser Recherche darlegen und ggf. die berücksichtigten Seiten ausdrucken und den Beteiligten zur Verfügung stellen.[5] Auch *offenkundige Tatsachen* (§ 82 Abs. 1 S. 1 i.V.m. § 292 ZPO) müssen den Beteiligten, zumindest mündlich, bekannt gegeben werden.[6] Erkenntnisse, die erst nach Schluss der mündlichen Verhandlung gewonnen wurden, dürfen vom BPatG nicht berücksichtigt werden (Verwertungsverbot), wenn den Beteiligten nicht Gelegenheit zur Stellungnahme gegeben wurde.[7]   **5**

Eine *konkrete Frist*, binnen derer ein Beteiligter (schriftlich) zu bestimmten Verfahrensumständen Stellung nehmen kann, ist gesetzlich *nicht* vorgesehen. Vielfach wird vom BPatG ausdrücklich eine Frist gesetzt. Dies ist allerdings nach § 78 Abs. 2 nicht zwingend erforderlich. Das Gericht hat jedoch eine angemessene Äußerungsfrist abzuwarten, bevor es entscheidet. Hierzu genügt in der Regel eine Frist von zwei Wochen.[8] Trifft das BPatG seine Entscheidung ohne mündliche Verhandlung, so hat es Stellungnahmen eines Beteiligten bis zum Erlass der Entscheidung, also bis der Urkundsbeamte den Beschluss der Post zur Beförderung übergeben hat, zu berücksichtigen.[9] Der Anspruch eines Beteiligten auf Gewährung rechtlichen Gehörs ist nicht verletzt, wenn das Gericht nach Schluss der mündlichen Verhandlung gemäß § 76 Abs. 6 S. 1 eine Entscheidung an Verkündungs statt nach § 79 Abs. 1 S. 3 zustellt, ohne zu klären, ob noch weiterer Vortrag beabsichtigt ist.[10]   **6**

---

1 BGH, GRUR 2010, 270 f. – ATOZ III; BGH, GRUR 2009, 992 – Schuhverzierung; BGH, GRUR 2008, 731 – alphaCAM; BGH, GRUR 2008, 837, 838 – Münchner Weißwurst; BGH, GRUR 2008, 1027, 1028 – Cigarettenpackung jeweils m. w. N.
2 BGH, WRP 2000, 1166 = GRUR 2000, 894 – Micro Pur.
3 BGH, WRP 1999, 1300, 1302 – Tragbarer Informationsträger.
4 BGH, WRP 1998, 184 = GRUR 1998, 396, 397 – Individual.
5 BGH, MarkenR 2004, 36, 38 – Park & Bike.
6 BGH, WRP 1998, 184 = GRUR 1998, 396, 397 – Individual.
7 BGH, WRP 1998 766 = GRUR 1998, 817, 818 – DORMA; BGH, WRP 2001, 408 = GRUR 2001, 337, 338 f. – easypress.
8 BGH, WRP 1997, 560 = GRUR 1997, 223, 224 – Ceco.
9 BGH, WRP 1997, 560 = GRUR 1997, 223, 224 – Ceco.
10 BGH, BeckRS 2011, 22748 – STAHLSCHLUESSEL.

IV. Grundsatz der Unmittelbarkeit der mündlichen Verhandlung

7 Ein *Richterwechsel* ist nach mündlicher Verhandlung nur mit *Zustimmung der Beteiligten* zulässig (§ 78 Abs. 3). Grundgedanke der Regelung ist, dass die Entscheidung ja gerade aufgrund der mündlichen Verhandlung ergeht. Daher gilt die Regelung auch nicht für das schriftliche Verfahren; dort kann jederzeit ein Richterwechsel erfolgen.[11] Ein Richterwechsel ist ferner zulässig, wenn das BPatG nach mündlicher Verhandlung mit Zustimmung der Parteien in das schriftliche Verfahren übergegangen ist.[12]

8 Tritt nach mündlicher Verhandlung ein Richterwechsel ein, ohne dass die Parteien ihre Zustimmung erklären, muss das BPatG die mündliche Verhandlung nach § 76 Abs. 6 S. 2 *wiedereröffnen* und eine erneute mündliche Verhandlung anberaumen. Andernfalls liegt ein Besetzungsmangel i. S. v. § 83 Abs. 3 Nr. 1 vor, der die Möglichkeit der zulassungsfreien Rechtsbeschwerde eröffnet.

---

11 BGH, GRUR 1974, 294, 295 – Richterwechsel II.
12 BGH, WRP 2003, 655 = GRUR 2003, 546, 547 – Turbo-Tabs; BGH, GRUR 1974, 294, 295 – Richterwechsel II.

§ 79
Verkündung; Zustellung; Begründung

(1) Die Endentscheidungen des Patentgerichts werden, wenn eine mündliche Verhandlung stattgefunden hat, in dem Termin, in dem die mündliche Verhandlung geschlossen wird, oder in einem sofort anzuberaumenden Termin verkündet. Dieser soll nur dann über drei Wochen hinaus angesetzt werden, wenn wichtige Gründe, insbesondere der Umfang oder die Schwierigkeit der Sache, dies erfordern. Statt der Verkündung ist die Zustellung der Endentscheidung zulässig. Entscheidet das Patentgericht ohne mündliche Verhandlung, so wird die Verkündung durch Zustellung an die Beteiligten ersetzt. Die Endentscheidungen sind den Beteiligten von Amts wegen zuzustellen.

(2) Die Entscheidungen des Patentgerichts, durch die ein Antrag zurückgewiesen oder über ein Rechtsmittel entschieden wird, sind zu begründen.

Übersicht

I. Allgemeines

§ 79 befasst sich mit Art und Weise der *Verkündung* von *(End-)Entscheidungen* durch das **1** BPatG sowie deren *Zustellung* an die Beteiligten. Abs. 2 statuiert eine *Begründungspflicht*. Die Bestimmung ist inhaltlich deckungsgleich mit § 94 PatG.

II. Verkündung

Sofern vor dem BPatG eine mündliche Verhandlung stattgefunden hat, ist eine (End-)Ent- **2** scheidung grundsätzlich noch im mündlichen Verhandlungstermin zu verkünden. Statt der sofortigen Verkündung im Termin kann das BPatG allerdings auch einen späteren Verkündungstermin anberaumen, der allerdings innerhalb von drei Wochen nach Schluss der mündlichen Verhandlung stattfinden soll. Ein späterer Verkündungstermin soll nur aus wichtigen Gründen anberaumt werden. Ein zwischenzeitlicher weiterer Vortrag der Beteiligten bleibt unberücksichtigt.

Die Verkündung umfasst den Tenor der Entscheidung, der verlesen wird. Eine Verlesung **3** der Entscheidungsgründe ist hingegen nicht erforderlich; dies liegt im Ermessen des Gerichts (§ 82 Abs. 1 S. 1 i.V.m. § 311 Abs. 3 ZPO). Sind die Beteiligten bei der Verkündung nicht anwesend, genügt die bloße Bezugnahme auf die Entscheidungsgründe. Zu berücksichtigen ist, dass innerhalb von fünf Monaten nach Verkündung des Beschlusses die Entscheidung vollständig niedergelegt und unterschrieben der Geschäftsstelle übergeben werden muss.[1] Wird diese Frist überschritten, ist die Entscheidung als nicht mit Gründen versehen zu betrachten und daher die Rechtsbeschwerde wegen § 83 Abs. 3 Nr. 6 eröffnet.[2]

III. Zustellung an Verkündungs statt

4   Anstelle der Verkündung am Schluss der mündlichen Verhandlung kann das BPatG eine Entscheidung auch *an Verkündungs statt zustellen* (§ 79 Abs. 3 S. 3). Die Entscheidung über die Zustellung an Verkündungs statt kann am Ende der mündlichen Verhandlung verkündet werden. Dieser Weg kann – und wird in der Praxis – insbesondere gewählt werden um den Verfahrensbeteiligten (vor allem im Widerspruchsverfahren) die Gelegenheit für Verhandlungen über eine außergerichtliche vergleichsweise Verständigung zu geben. Neuer Sachvortrag ist jedoch auch hier – nach Schluss der mündlichen Verhandlung – nicht mehr zulässig.[3] Rechtsausführungen sind hingegen stets noch zulässig und ggf. vom BPatG auch zu berücksichtigen. Das BPatG hat in einem Fall nach dem Schluss der mündlichen Verhandlung die Streichung eines Begriffs aus dem Waren- und Dienstleistungsverzeichnis berücksichtigt, allerdings klargestellt, dass eine unzulässige Erweiterung ausgeschlossen sein müsse und in eine erneute Prüfung nicht eingetreten werde.[4] In Ausnahmefällen kann ein neuer Sachvortrag nach Schluss der mündlichen Verhandlung allerdings die Notwendigkeit einer Wiedereröffnung der mündlichen Verhandlung begründen.

IV. Zustellung ohne Verkündung

5   Wenn vor dem BPatG lediglich im *schriftlichen Verfahren* verhandelt wurde und eine mündliche Verhandlung nicht stattgefunden hat, wird die Entscheidung nach § 79 Abs. 1 S. 4 den Beteiligten *zugestellt*. Eine *Verkündung* findet in diesen Fällen nicht statt. Die Zustellung einer Entscheidung ohne Verkündung erfolgt ferner, wenn nach einer mündlichen Verhandlung in das schriftliche Verfahren übergegangen wurde. Zugestellt wird eine vollständige Ausfertigung des Beschlusses mit Rubrum, Tenor, Tatbestand und Gründen (§ 82 Abs. 1 S. 1 i.V.m. § 313 ZPO).

6   Die im schriftlichen Verfahren ergangenen Beschlüsse werden *mit der Zustellung wirksam*. Sind mehrere Verfahrensbeteiligte vorhanden, kommt es für die Wirksamkeit der Entscheidung auf die letzte Zustellung an einen Verfahrensbeteiligten an.[5]

---

1 Vgl. GmS-OGB, NJW 1993, 2603; vgl. §§ 548, 315 Abs. 2 S. 3 ZPO.
2 Z.B. BGH, GRUR-RR 2009, 191 – TRAVELTAINMENT m.w.N.; BGH, GRUR-RR 2011, 200 – Concierto de Aranjuez II.
3 BPatGE 43, 77, 80 – VISION; BPatGE, GRUR 1995, 584, 587 – sonett; BGH, BeckRS 2011, 22748 – STAHLSCHLUESSEL.
4 BPatG, GRUR 2003, 530 – Waldschlösschen.
5 BGH, GRUR 1962, 384, 385 – Wiedereinsetzung; BPatG, GRUR 1996, 872 – Beschwerdefrist.

V. Begründungspflicht

Sämtliche Entscheidungen des BPatG, nicht nur die Endentscheidungen des § 79 Abs. 1, 7
durch die ein Antrag zurückgewiesen oder über ein Rechtsmittel entschieden wird, sind zu
begründen. Dies gilt auch für stattgebende Entscheidungen des BPatG im einseitigen Verfahren. Die Begründung der Entscheidung enthält nach § 82 Abs. 1 S. 1 i.V.m. § 313
Abs. 2 ZPO eine kurze Zusammenfassung der Erwägungen, auf denen die Entscheidung in
tatsächlicher und rechtlicher Hinsicht beruht. Dem Begründungserfordernis ist genügt,
wenn die Entscheidung zu jedem selbstständigen Angriffs- und Verteidigungsmittel Stellung nimmt, das ein Verfahrensbeteiligter vorgetragen hat.[6] Fehlen die Entscheidungsgründe ganz oder teilweise, begründet dies die *zulassungsfreie Rechtsbeschwerde* nach § 83
Abs. 3 Nr. 6 (vgl. dort).

---

6 Z. B. BGH, GRUR 2005, 258, 259 – Roximycin m. w. N.

§ 80
Berichtigungen

(1) Schreibfehler, Rechenfehler und ähnliche offenbare Unrichtigkeiten in der Entscheidung sind jederzeit vom Patentgericht zu berichtigen.

(2) Enthält der Tatbestand der Entscheidung andere Unrichtigkeiten oder Unklarheiten, so kann die Berichtigung innerhalb von zwei Wochen nach Zustellung der Entscheidung beantragt werden.

(3) Über die Berichtigung nach Abs. 1 kann ohne vorherige mündliche Verhandlung entschieden werden.

(4) Über den Antrag auf Berichtigung nach Abs. 2 entscheidet das Patentgericht ohne Beweisaufnahme durch Beschluss. Hierbei wirken nur die Richter mit, die bei der Entscheidung, deren Berichtigung beantragt ist, mitgewirkt haben.

(5) Der Berichtigungsbeschluss wird auf der Entscheidung und den Ausfertigungen vermerkt.

Übersicht

I. Allgemeines

1   § 80 sieht die Möglichkeit der *Berichtigung offenbarer Unrichtigkeiten von Entscheidungen* sowie von (nicht notwendig offenbaren) *Unrichtigkeiten* des *Tatbestands* vor. Auf die Parallelvorschriften in §§ 95, 96 PatG wird verwiesen. Die Vorschrift gilt analog für die Berichtigung patentamtlicher Entscheidungen in Markensachen durch das DPMA.[1]

II. Berichtigung offenbarer Unrichtigkeiten

2   § 80 Abs. 1 bestimmt, dass Schreibfehler, Rechenfehler und ähnliche *offenbare Unrichtigkeiten* in der Entscheidung jederzeit zu berichtigen sind. Anders als Abs. 2, der lediglich den Tatbestand der Entscheidung betrifft, bezieht sich Abs. 1 auf alle Teile der Entscheidung. Die Unrichtigkeit muss sich in der Urschrift der Entscheidung befinden, nur dann wird eine Berichtigung nach § 80 erforderlich. Fehler, die lediglich die Ausfertigungen betreffen, können vom Urkundsbeamten der Geschäftsstelle berichtigt werden.[2] Eine Unrichtigkeit nach § 80 Abs. 1 liegt nur vor, wenn die in der Entscheidung niedergelegte Erklä-

---

1 *Ingerl/Rohnke*, § 80 Rn. 1 m. w. N.
2 *Ströbele/Hacker*, § 80 Rn. 7.

Donle

rung des BPatG nicht der durch den Senat gewollten Erklärung entspricht. Unrichtige, inhaltlich jedoch gewollte Sachentscheidungen können daher nicht nach § 80 korrigiert werden.[3] Zusammengefasst bedeutet dies, dass § 80 nicht Fehler bei der Bildung des Willens, sondern bei der Niederlegung der gewollten Erklärung erfasst.

Nur *offenbare Unrichtigkeiten* können korrigiert werden. Dies ist der Fall, wenn die Unrichtigkeit für jeden Dritten aus der Entscheidung selbst, ggf. auch unter Berücksichtigung der unmittelbar im Zusammenhang stehenden Umstände und Unterlagen, klar erkennbar ist. Widersprüchliche Formulierungen stellen dann offenbare Unrichtigkeiten dar, wenn sie offen zu Tage treten und der richtige Inhalt klar erkennbar ist. Auslassungen können etwa dann offenbar sein, wenn der ausgelassene Gegenstand an einer anderen Stelle der Entscheidung erörtert worden ist.   **3**

Die Berichtigung kann sowohl *von Amts wegen* als auch *auf Antrag* vorgenommen werden. Eine zeitliche Begrenzung besteht nicht, die Berichtigung kann also auch noch nach Rechtskraft oder nach Einlegung von Rechtsmitteln erfolgen. Das BPatG entscheidet über die Berichtigung ohne vorherige mündliche Verhandlung durch Beschluss (§ 80 Abs. 3). Den Beschluss erlässt der Senat der Ausgangsentscheidung; auf die gleiche Besetzung kommt es hingegen nicht an. Die berichtigte Fassung tritt mit Rückwirkung an die Stelle der unrichtigen Fassung. Da es sich nicht um eine inhaltliche Korrektur handelt, wird die Wirksamkeit der Entscheidung nicht berührt; insbesondere beginnt auch die Rechtsmittelfrist nicht neu zu laufen.   **4**

Weder der Erlass des Berichtigungsbeschlusses noch die Zurückweisung eines Antrags auf Berichtigung können durch ein Rechtsmittel angegriffen werden (vgl. §§ 82 Abs. 2, 83 Abs. 1 einerseits und § 82 Abs. 1 S. 1 i.V.m. § 319 Abs. 2 ZPO andererseits).   **5**

III. Berichtigungen des Tatbestands

Nach § 80 Abs. 2 können auch andere nicht offenbare und sogar auf falscher Willensbildung beruhende Unrichtigkeiten korrigiert werden, sofern sie den *Tatbestand* der Entscheidung betreffen. Diese Erweiterung der Berichtigungsmöglichkeit beruht insbesondere darauf, dass nach § 314 S. 1 ZPO der Tatbestand des Urteils Beweis liefert für das mündliche Parteivorbringen (i.V.m. § 82 Abs. 1 S. 1). § 80 Abs. 2 soll sicherstellen, dass der Tatbestand das Parteivorbringen nicht unrichtig wiedergibt. Da § 314 ZPO sich nur auf das mündliche Parteivorbringen bezieht, ist ein Antrag auf Berichtigung des Tatbestands eines im schriftlichen Verfahren ergangenen Beschlusses mangels Rechtsschutzbedürfnisses unzulässig.   **6**

Unrichtigkeiten bei der Wiedergabe des *Vortrags* der Verfahrensbeteiligten können nur korrigiert werden, wenn sie selbstständige Angriffs- oder Verteidigungsmittel betreffen, die als sachliche Entscheidungsgrundlage für die Rechtsmittelinstanz von Bedeutung sein können. Insoweit bestehende Unklarheiten oder Widersprüche können im Wege der Berichtigung beseitigt werden. Ein Anspruch der Beteiligten auf eine bestimmte Darstellung ihres Vortrags in der Entscheidung besteht jedoch nicht.   **7**

---

3 BGH, GRUR 1977, 780, 781 – Metalloxyd; BPatG, GRUR 1972, 90, 91 – Flotationstrennung – zu den inhaltlich übereinstimmenden Vorschriften des PatG.

8 Die Tatbestandsberichtigung erfolgt gemäß § 80 Abs. 2 *nur auf Antrag* eines Verfahrens-beteiligten, der innerhalb von zwei Wochen nach Zustellung der Entscheidung gestellt werden muss. Die Frist beginnt erst mit der Zustellung der Entscheidung zu laufen, auch wenn die Entscheidung nach § 79 Abs. 1 S. 1 verkündet wurde.[4] Die Frist ist nicht verlängerbar, bei Vorliegen der Voraussetzungen kann jedoch Wiedereinsetzung in den vorigen Stand gemäß § 91 gewährt werden.

IV. Ergänzungen

9 Sofern im Tatbestand ein Haupt- oder Nebenantrag behandelt, dieser im Beschluss aber nicht beschieden wurde, ist nach § 82 Abs. 1 S. 1 i.V.m. § 321 ZPO eine *Ergänzung der Entscheidung* möglich. Dies gilt auch, wenn die Diskrepanz zwischen Tatbestand und Beschluss erst durch eine Berichtigung nach § 80 Abs. 2 entstanden ist. Eine nachträgliche Zulassung der Rechtsbeschwerde kann jedoch nicht im Wege der Ergänzung erfolgen, da hierüber von Amts wegen zu befinden ist.[5] Die Ergänzung setzt den Antrag eines Verfah-rensbeteiligten voraus, der innerhalb von zwei Wochen nach Zustellung der ergänzungsbe-dürftigen Entscheidung gestellt werden muss (§ 82 Abs. 1 S. 1 i.V.m. § 321 Abs. 2 ZPO).

---

4 *Fezer*, § 80 Rn. 12.
5 Z.B. BPatG, GRUR 2007, 156 – Anhörungsrüge.

§ 81
Vertretung; Vollmacht

(1) Die Beteiligten können vor dem Patentgericht den Rechtsstreit selbst führen. § 96 bleibt unberührt.

(2) Die Beteiligten können sich durch einen Rechtsanwalt oder Patentanwalt als Bevollmächtigten vertreten lassen. Darüber hinaus sind als Bevollmächtigte vor dem Patentgericht vertretungsbefugt nur

1. Beschäftigte des Beteiligten oder eines mit ihm verbundenen Unternehmens (§ 15 des Aktiengesetzes); Behörden und juristische Personen des öffentlichen Rechts einschließlich der von ihnen zur Erfüllung ihrer öffentlichen Aufgaben gebildeten Zusammenschlüsse können sich auch durch Beschäftigte anderer Behörden oder juristischer Personen des öffentlichen Rechts einschließlich der von ihnen zur Erfüllung ihrer öffentlichen Aufgaben gebildeten Zusammenschlüsse vertreten lassen,
2. volljährige Familienangehörige (§ 15 der Abgabenordnung, § 11 des Lebenspartnerschaftsgesetzes), Personen mit Befähigung zum Richteramt und Streitgenossen, wenn die Vertretung nicht im Zusammenhang mit einer entgeltlichen Tätigkeit steht.

Bevollmächtigte, die keine natürlichen Personen sind, handeln durch ihre Organe und mit der Prozessvertretung beauftragten Vertreter.

(3) Das Gericht weist Bevollmächtigte, die nicht nach Maßgabe des Absatzes 2 vertretungsbefugt sind, durch unanfechtbaren Beschluss zurück. Prozesshandlungen eines nicht vertretungsbefugten Bevollmächtigten und Zustellungen oder Mitteilungen an diesen Bevollmächtigten sind bis zu seiner Zurückweisung wirksam. Das Gericht kann den in Absatz 2 Satz 2 bezeichneten Bevollmächtigten durch unanfechtbaren Beschluss die weitere Vertretung untersagen, wenn sie nicht in der Lage sind, das Sach- und Streitverhältnis sachgerecht darzustellen.

(4) Richter dürfen nicht als Bevollmächtigte vor dem Gericht auftreten, dem sie angehören.

(5) Die Vollmacht ist schriftlich zu den Gerichtsakten einzureichen. Sie kann nachgereicht werden. Das Patentgericht kann hierfür eine Frist bestimmen.

(6) Der Mangel der Vollmacht kann in jeder Lage des Verfahrens geltend gemacht werden. Das Patentgericht hat den Mangel der Vollmacht von Amts wegen zu berücksichtigen, wenn nicht als Bevollmächtigter ein Rechtsanwalt oder ein Patentanwalt auftritt.

Übersicht

I. Allgemeines

1 § 81 befasst sich mit der Vertretung vor dem BPatG sowie Vollmachtsbestimmungen (Parallelvorschrift § 97 PatG). Die Vorschrift ist mit Wirkung zum 1.7.2008 neu gefasst worden und spiegelt die Einführung des RDG (Gesetz über außergerichtliche Rechtsdienstleistungen) zu diesem Datum wider.[1] In den Verfahren vor dem BPatG besteht grundsätzlich *kein Vertretungszwang* (siehe Abs. 1 S. 1). Natürlich können sich die Beteiligten an einem Verfahren vor dem BPatG durch einen Bevollmächtigten vertreten lassen (Abs. 2). Die Vertretung durch Rechts- oder Patentanwälte gemäß Abs. 2 S. 1 entspricht in der Praxis weitgehend der Üblichkeit. Für die Vertretung vor dem DPMA gelten §§ 13–15 DPMAV; für die Vertretung vor dem HABM finden sich die Vorschriften in Art. 92 und 93 GMV.

II. Vertretung

2 In markenrechtlichen Verfahren vor dem BPatG besteht grundsätzlich kein Vertretungszwang. Den Beteiligten steht es frei, den Rechtsstreit selbst zu führen (Abs. 1 S. 1) oder sich dazu eines Bevollmächtigten nach Abs. 2 zu bedienen. Ein *Vertretungszwang* besteht allerdings für jeden Anmelder oder Inhaber einer Marke, der im Inland weder einen Wohnsitz oder Sitz noch eine Niederlassung besitzt. Diese Personen oder Unternehmen müssen einen sog. *Inlandsvertreter* bestellen (§ 81 Abs. 1 S. 2 i.V.m. § 96, vgl. insoweit die Erläuterungen zu § 96).

3 § 81 bestimmte vormals nicht, welche Personen Bevollmächtigte i.S.d. Vorschrift sein konnten. Mit der Neufassung regelt Abs. 2 und 4 nunmehr, welche Personen unter welchen Voraussetzungen bevollmächtigt werden können.

Gemäß Abs. 2 S. 1 kommen als Bevollmächtigte zunächst Rechts- oder Patentanwälte in Betracht. Zu den genannten Rechtsanwälten zählen auch der allgemeine Vertreter (§ 53 BRAO) sowie der Abwickler (§ 55 BRAO), auch wenn er selbst nicht als Rechtsanwalt zugelassen ist (§§ 53 Abs. 7, 55 Abs. 2 S. 3 BRAO, wie z.B. der Rechtsreferendar nach § 53 Abs. 4 S. 2 BRAO). Daneben kann der Rechtsreferendar zur Untervertretung in der Verhandlung vor dem BPatG unter den Voraussetzungen der § 157 ZPO i.V.m. § 82 Abs. 1 S. 1 bevollmächtigt werden.[2] Eine bevollmächtigte Rechtsanwaltsgesellschaft (§ 59 l BRAO) handelt durch ihre Geschäftsführer (§ 59 f. BRAO) oder durch die bei ihr beschäftigten weiteren Rechtsanwälte als mit der Prozessvertretung beauftragte Vertreter, § 81 Abs. 2 S. 3.[3] Zu den Patentanwälten i.S.d. Abs. 2 S. 1 zählen die Patentanwaltsgesellschaft (§ 52 l PAO, zur Vertretung siehe § 81 Abs. 2 S. 3 i.V.m. § 52 f. PAO), der allgemeine Vertreter (§ 46 PAO) sowie der Abwickler (§ 48 PAO), auch wenn er kein Patentanwalt, sondern Patentassessor oder Patentanwaltskandidat ist (§§ 46 Abs. 7, 48 Abs. 2 S. 3 PAO).[4] Eine darüber hinausgehende Vertretungsbefugnis steht dem Patentanwaltskandidaten nicht zu. Die Vertretungsbefugnis des Patentassessors ergibt sich aus § 81 Abs. 2 S. 2 Nr. 1, sie ist auf die Vertretung des Unternehmens des Dienstherrn bzw. verbundener Unternehmen

---

1 *Ingerl/Rohnke*, § 81 Rn. 1.
2 *Ingerl/Rohnke*, § 81 Rn. 6.
3 *Ingerl/Rohnke*, a.a.O.
4 Näher *Ingerl/Rohnke*, § 81 Rn. 7.

beschränkt (§§ 155 Abs. 1, 156 PAO).[5] Zur Vertretungsbefugnis von Erlaubnisscheininhabern siehe §§ 177, 178 PAO.[6]

Ferner können nach § 81 Abs. 2 S. 2 Nr. 1 Beschäftigte des Beteiligten selbst (z. B. Markensachbearbeiter) oder eines verbundenen Unternehmens i. S. v. § 15 AktG zur Prozessvertretung bevollmächtigt werden.[7] Auch Behörden und juristische Personen des öffentlichen Rechts können sich nur durch Beschäftigte eigener oder anderer Behörden und damit natürliche Personen vertreten lassen.[8]   **4**

Zu den volljährigen Familienangehörigen i. S. d. § 81 Abs. 2 S. 2 Nr. 2 1. Fall, die unentgeltlich vertretungsbefugt sind, zählen zum einen gemäß § 15 AO Verlobte, Ehegatten, Verwandte und Verschwägerte gerader Linie, Geschwister und deren Kinder, Ehegatten der Geschwister und Geschwister der Ehegatten, Geschwister der Eltern, Pflegeeltern und Pflegekinder. Zum anderen gehören zu ihnen die Lebenspartner und deren Verwandte (§ 11 LPartG). Auch Mehrfachvertretungen sind möglich, solange das Erfordernis der Unentgeltlichkeit eingehalten bleibt.[9] Der Begriff der Unentgeltlichkeit ist auch hier wie in sämtlichen Fallgruppen des § 81 Abs. 2 S. 2 Nr. 2 autonom und eng auszulegen.[10]   **5**

Auch im Falle der gemäß § 81 Abs. 2 S. 2 Nr. 2 2. Fall vertretungsbefugten Personen mit Befähigung zum Richteramt nach § 5 DRiG bedarf es der Unentgeltlichkeit. Dieses Erfordernis kann etwa dann näher zu prüfen sein, wenn keine die unentgeltliche Einschaltung und Tätigkeitsbereitschaft nachvollziehbar erscheinende Nähe zu dem vertretenen Beteiligten erkennbar ist.[11] Schließlich sind gemäß § 81 Abs. 2 S. 2 Nr. 2 3. Fall auch Streitgenossen des Beteiligten im selben Verfahren zur unentgeltlichen Prozessvertretung befugt, was vor allem der Prozessökonomie dienen soll. Das Vorliegen einer Streitgenossenschaft richtet sich nach §§ 59 ff. ZPO.

Um Interessenkollisionen und den Anschein einer Parteilichkeit/Befangenheit zu verhindern, werden Richter des BPatG gemäß § 81 Abs. 4 als Bevollmächtigte ausnahmslos ausgeschlossen.   **6**

Nach Abs. 3 S. 1 weist das Gericht Bevollmächtigte, die nicht gemäß Abs. 2 vertretungsbefugt sind, durch unanfechtbaren Beschluss zurück. Die von einer solchen Person *bis dahin* vorgenommenen Prozesshandlungen sowie die an diese erfolgten Zustellungen oder Mitteilungen sind dennoch aus Gründen der Rechtssicherheit in vollem Umfang wirksam (Abs. 3 S. 2). Ferner kann das Gericht nach Abs. 3 S. 3 Bevollmächtigten, die keine Rechtsanwälte oder Patentanwälte sind, die Vertretung durch unanfechtbaren Beschluss versagen, wenn diese nicht in der Lage sind, das Sach- und Streitverhältnis sachgerecht darzustellen.   **7**

---

5 Näher *Fezer*, § 81 Rn. 10 f.; *Ingerl/Rohnke*, § 81 Rn. 7.
6 Näher *Fezer*, § 81 Rn. 8 f.
7 Näher *Fezer*, § 81 Rn. 13.
8 *Ingerl/Rohnke*, § 81 Rn. 8.
9 Vgl. *Fezer*, § 81 Rn. 15.
10 Näher *Fezer*, § 81 Rn. 18.
11 *Ingerl/Rohnke*, § 81 Rn. 10.

III. Vollmacht

8   Nach § 81 Abs. 5 S. 1 ist die *Vollmacht* des Bevollmächtigten schriftlich zu den Gerichtsakten zu reichen. Nach § 81 Abs. 5 S. 2 kann sie nachgereicht werden, wofür vom BPatG in der Regel eine Frist gesetzt wird (§ 81 Abs. 5 S. 3). Zur Bestimmung des Umfangs der Vollmacht ist auf die Regelungen in §§ 81–85 ZPO i.V.m. § 82 Abs. 1 S. 1 zurückzugreifen. Wird das einem Rechts- oder Patentanwalt erteilte Mandat gekündigt, endet die Vertretung mit der Anzeige der Niederlegung und nicht erst mit der Bestellung eines neuen Vertreters; etwas anderes gilt in den Fällen des § 96 (§ 96 Abs. 4 – Beendigung erst wirksam, wenn Bestellung eines neuen Bevollmächtigten dem DPMA/BPatG angezeigt wird).

9   Nach § 81 Abs. 6 S. 1 kann das Fehlen einer Vollmacht in jeder Lage des Verfahrens geltend gemacht werden. Das BPatG hat von Amts wegen (d. h. auch ohne ausdrückliche Rüge eines Beteiligten) gemäß § 81 S. 6 S. 2 einen solchen Mangel nur dann zu berücksichtigen, wenn als Bevollmächtigter nicht ein Rechtsanwalt oder Patentanwalt auftritt. Da Letzteres der Normalfall ist, muss bei Verdacht auf fehlerhafte Bevollmächtigung diese in aller Regel ausdrücklich gerügt werden. Wird die Rüge in der mündlichen Verhandlung überraschend erhoben, kann entsprechend § 89 Abs. 1 ZPO die einstweilige Zulassung als Vertreter erfolgen[12] und eine ordnungsgemäße Vollmacht nachgereicht werden. Gemäß § 89 Abs. 2 ZPO bleibt das Fehlen einer schriftlichen Vollmachtsurkunde folgenlos, wenn eine Vollmacht nicht schriftlich erteilt war oder eine Verfahrenshandlung später genehmigt wird. Wegen ihrer Rückwirkung braucht die Genehmigung nicht innerhalb der Frist erklärt zu werden, die für die genehmigte Verfahrenshandlung gilt. Die Genehmigung kann daher auch nach Fristablauf zur Vorlage einer Vollmachtsurkunde erklärt werden.[13]

---

12 *Ingerl/Rohnke* § 81 Rn. 15.
13 BGH, GRUR 1995, 333, 334 – Aluminium-Trihydroxid.

Donle

§ 82
Anwendung weiterer Vorschriften; Anfechtbarkeit; Akteneinsicht

(1) Soweit dieses Gesetz keine Bestimmungen über das Verfahren vor dem Patentgericht enthält, sind das Gerichtsverfassungsgesetz und die Zivilprozessordnung entsprechend anzuwenden, wenn die Besonderheiten des Verfahrens vor dem Patentgericht dies nicht ausschließen. § 227 Abs. 3 Satz 1 der Zivilprozessordnung ist nicht anzuwenden. Im Verfahren vor dem Patentgericht gilt für die Gebühren das Patentkostengesetz, für die Auslagen gilt das Gerichtskostengesetz entsprechend.

(2) Eine Anfechtung der Entscheidungen des Patentgerichts findet nur statt, soweit dieses Gesetz sie zulässt.

(3) Für die Gewährung der Akteneinsicht an dritte Personen ist § 62 Abs. 1 und 2 entsprechend anzuwenden. Über den Antrag entscheidet das Patentgericht.

Übersicht

I. Allgemeines

§ 82 verweist auf einige Bestimmungen des GVG, der ZPO und des GKG. Hinsichtlich der Akteneinsicht wird auf die entsprechenden Vorschriften für das Verfahren vor dem DPMA verwiesen.   **1**

II. Anwendung von Bestimmungen von GVG, ZPO, GKG und PatKostG

§ 82 Abs. 1 S. 1 enthält einen eingeschränkten *Generalverweis* auf das GVG und die ZPO   **2** (vgl. Parallelvorschrift § 99 PatG). Danach sind die ZPO und das GVG entsprechend anzuwenden, soweit das MarkenG keine Bestimmungen über das Verfahren vor dem BPatG enthält und wenn die Besonderheiten des Verfahrens vor dem BPatG dieses nicht ausschließen. Die deutlichsten Verfahrensunterschiede zum Zivilprozess ergeben sich daraus, dass der Amtsermittlungsgrundsatz (mit wenigen Ausnahmen) den Beibringungsgrundsatz abmildert. Aus dem GVG kommen neben den Bestimmungen, die nach §§ 67, 93 ausdrücklich für anwendbar erklärt sind, die Vorschriften über die Sitzungspolizei (§§ 176 ff. GVG) und die Rechtshilfevorschriften (§§ 156 ff. GVG) in Betracht. Aus der ZPO sind insbesondere die Vorschriften über das Berufungsverfahren (§§ 511 ff. ZPO) und über sonstige schriftliche Verfahren anzuwenden. Nach der Neugestaltung des ZPO-Berufungsrechts sind – wo es sachgerecht erscheint – die Vorschriften über das Verfahren in erster Instanz anzuwenden, da die Berufung im Zivilprozess sich nunmehr im Wesentlichen auf eine Rechtskontrolle beschränkt, demgegenüber das Beschwerdeverfahren wie gehabt die erste gerichtliche Tatsacheninstanz darstellt. So ist z. B. für den Fall verspäteten Vorbringens §§ 282, 296 ZPO und nicht § 531 Abs. 2 ZPO einschlägig;[1] die Anwendung des § 282 Abs. 2 ZPO kommt dabei nur in Betracht, wenn den Parteien durch richterliche Anordnung aufgegeben worden ist, die mündliche Verhandlung durch Schriftsätze oder durch zu Protokoll der Geschäftsstelle abzugebende Erklärungen nach § 129 Abs. 2 ZPO vorzubereiten.[2] Im Falle einer Vorlage zur Vorabentscheidung an den EuGH nach Art. 267 AEUV (ex-Art. 234 EG) kann das BPatG gemäß § 82 Abs. 1 S. 1 i.V.m. § 148 ZPO das Verfahren aussetzen.[3] Für die Aussetzung des Beschwerdeverfahrens wegen Vorgreiflichkeit gilt nämlich § 82 Abs. 1 S. 1 i.V.m. § 148 ZPO.[4]

3 Nach § 82 Abs. 1 S. 1 i.V.m. §§ 114 ff. ZPO ist auch die Gewährung von Verfahrenskostenhilfe möglich.[5] Ein Wechsel der Beteiligten im Widerspruchs- und Beschwerdeverfahren richtet sich nach § 82 Abs. 1 S. 1 i.V.m. §§ 265, 325 ZPO, so dass die Zustimmung der bisherigen Partei und des Gegners zur Wirksamkeit des Wechsels notwendig ist.[6] Wegen § 269 Abs. 3 S. 1 ZPO ist nach Zurücknahme eines Löschungsantrags im Beschwerdeverfahren eine bereits erfolgte Löschung wirkungslos, das BPatG darf auch bei absoluten Schutzhindernissen in diesem Fall das Löschungsverfahren nicht fortsetzen, dies bleibt dem DPMA nach dessen Ermessen vorbehalten.[7] Bei Gehörsverletzungen besteht die Möglichkeit der Anhörungsrüge gemäß § 82 Abs. 1 S. 1 i.V.m. § 321a ZPO grundsätzlich nur gegen solche Entscheidungen des BPatG, die von vornherein nicht der Rechtsbeschwerde (§ 83 Abs. 3 Nr. 3) unterliegen.[8]

4 § 82 Abs. 1 kann aber nicht als Einfallstor für im MarkenG bewusst nicht vorgesehene Rechtsinstitute, etwa einstweilige Verfügungen nach §§ 935 ff. ZPO, genutzt werden.[9] Eine Ausnahme hat das BPatG in einem Fall zugelassen, in dem es aufgrund einer bindenden Verweisung eines Verwaltungsgerichts zuständig geworden ist. Da es die Gefahr schwerer

---

1 BPatG, MarkenR 2004, 299, 301 – Brelan/Rilan; BGH, GRUR 2010, 859, 860 f. – Malteserkreuz III.

2 BGH, GRUR 2010, 859, 861 – Malteserkreuz III.

3 Zu ex-Art. 234 EG BPatG, GRUR 2002, 734, 735 – grün/grau.

4 *Ingerl/Rohnke*, § 82 Rn. 7 m.w.N.; BGH, BeckRS 2008, 00435; BGH, BeckRS 2008, 00396; BPatG, GRUR 2008, 174, 179 – EURPOSTCOM; BPatG, GRUR 2008, 179, 182 – dCP deutsche CityPost.

5 BGH, WRP 1999, 939 = GRUR 1999, 998 – Verfahrenskostenhilfe; BGH, GRUR 2009, 88, 89 f. – ATOZ; BGH, GRUR 2010, 270 f. – ATOZ III; BGH, MarkenR 2011, 267 – TSP Trailer-Stabiliza-tion-Program; vgl. auch BGH, GRUR 2008, 732, 733 – Tegeler Floristik; BPatG, BeckRS 2011, 05627 – TSP; anders noch das BPatG, GRUR 2002, 735; bejahend, wenn auch zögerlich BPatG, GRUR 2003, 728 – Ü 30 Party.

6 BPatG, GRUR 2000, 815, 816 – turfa.

7 BPatG, Mitt. 2003, 221 – Rücknahme des Löschungsantrags.

8 BGH, GRUR 2007, 156 – Anhörungsrüge; ausführlich und m.w.N. *Ingerl/Rohnke*, § 82 Rn. 4 ff.

9 BPatG, GRUR 2001, 339, 340.

Nachteile für den Verfügungskläger sah, hat es mit Blick auf die Rechtsschutzgarantie in Art. 19 Abs. 4 GG den Antrag auf Erlass einer einstweiligen Verfügung angenommen.[10]

Ausdrücklich von der Verweisung ausgenommen ist der Anspruch auf Terminsverlegung in der Sommerferienzeit nach § 227 Abs. 3 S. 1 ZPO (früher Gerichtsferien).   **5**

Nach § 82 Abs. 1 S. 3 gilt für die Auslagen im Verfahren vor dem Patentgericht das Gerichtskostengesetz (GKG) entsprechend. Die Gerichtsgebühren in Markensachen richten sich hingegen nach dem Patentkostengesetz (PatKostG). Zu den Kosten des Beschwerdeverfahrens vgl. § 71 (s. Kommentierung dort).   **6**

III. Anfechtung

Nach § 82 Abs. 2 findet eine Anfechtung der Entscheidungen des BPatG nur statt, soweit das MarkenG sie zulässt. Die Anfechtbarkeit der Berufungsurteile gleichstehenden Entscheidungen des BPatG ist damit beschränkt auf die Fälle, in denen die Rechtsbeschwerde (§ 83) gegeben ist. Die Regelung berührt nicht die Erinnerung gegen Entscheidungen des Rechtspflegers im Kostenfestsetzungsverfahren. Auch die Verfassungsbeschwerde zum BVerfG wird natürlich durch § 82 Abs. 2 nicht ausgeschlossen, soweit beispielsweise der Anspruch auf rechtliches Gehör,[11] das Recht auf den gesetzlichen Richter oder materielle Grundrechte als verletzt gerügt werden.   **7**

Eine Verletzung des Rechts auf den gesetzlichen Richter (Art. 101 Abs. 1 S. 2 GG) kommt insbesondere in Betracht, wenn das BPatG eine dem EuGH zur Auslegung von Unionsrecht vorzulegende Frage weder selbst vorlegt, noch die Rechtsbeschwerde zum BGH zulässt.[12] Die Voraussetzungen sind vom BVerfG denkbar eng gezogen worden. Das letztinstanzliche Gericht muss seinen Beurteilungsrahmen, ob es nach Art. 267 AEUV (ex-Art. 234 EG) zur Vorlage verpflichtet ist, in unvertretbarer Weise überschritten haben, was nicht der Fall ist, wenn das Gericht eine vom EuGH noch nicht umfassend geklärte Frage in vertretbarer Weise beantwortet.[13]   **8**

IV. Akteneinsicht

Den Verfahrensbeteiligten ist auf Antrag stets ohne Weiteres *Akteneinsicht* zu gewähren (§ 299 Abs. 1 ZPO i.V.m. § 82 Abs. 1 S. 1), soweit die eigenen Gerichtsakten des BPatG betroffen sind. Akten aus anderen gerichtlichen bzw. behördlichen Verfahren unterliegen den für die dortige Akteneinsicht geltenden Vorschriften.   **9**

---

10 BPatG, GRUR 2004, 82, 83 – Thüringer Rostbratwurst.
11 Vgl. dazu BGH, MarkenR 2011, 267 – TSP Trailer-Stabilization-Program.
12 § 83 Abs. 2 Nr. 1, ausführlich zur Vorlagepflicht: *Streinz/Herrmann*, Vorabentscheidungsverfahren und Vorlagepflicht im europäischen Markenrecht, GRUR Int. 2004, 459.
13 BVerfG, GRUR 2005, 52 – Unvollständige EuGH-Rechtsprechung; BVerfG NVwZ-RR 2008, 658, 659; BVerfG GRUR-RR 2009, 223, 224 – Unterlassene EuGH-Vorlage; vgl. auch BGH, WRP 2003, 655 = GRUR 2003, 546, 547 – Turbo-Tabs; BGH, EuZW 2009, 708, 709; BGH, GRUR 2009, 992, 993 f. – Schuhverzierung.

10   Nach § 82 Abs. 3 S. 1 ist für die Gewährung der Akteneinsicht an dritte Personen § 62 Abs. 1 und 2 entsprechend anzuwenden. § 82 Abs. 3 betrifft also nur die Akteneinsicht durch am Verfahren nicht beteiligte Dritte. Wollen Gerichte und Behörden in Akten des BPatG Einsicht nehmen oder Auskünfte daraus erteilt haben, so sind sie nicht Dritte in diesem Sinne. Vielmehr handelt es sich dann um ein Ersuchen um Rechtshilfe i. S. v. § 95.

Abschnitt 6
Verfahren vor dem Bundesgerichtshof

§ 83
Zugelassene und zulassungsfreie Rechtsbeschwerde

(1) Gegen die Beschlüsse der Beschwerdesenate des Patentgerichts, durch die über eine Beschwerde nach § 66 entschieden wird, findet die Rechtsbeschwerde an den Bundesgerichtshof statt, wenn der Beschwerdesenat die Rechtsbeschwerde in dem Beschluss zugelassen hat. Die Rechtsbeschwerde hat aufschiebende Wirkung.

(2) Die Rechtsbeschwerde ist zuzulassen, wenn

1. eine Rechtsfrage von grundsätzlicher Bedeutung zu entscheiden ist oder
2. die Fortbildung des Rechts oder die Sicherung einer einheitlichen Rechtsprechung eine Entscheidung des Bundesgerichtshofs erfordert.

(3) Einer Zulassung zur Einlegung der Rechtsbeschwerde bedarf es nicht, wenn gerügt wird,

1. dass das beschließende Gericht nicht vorschriftsmäßig besetzt war,
2. dass bei dem Beschluss ein Richter mitgewirkt hat, der von der Ausübung des Richteramts kraft Gesetzes ausgeschlossen oder wegen Besorgnis der Befangenheit mit Erfolg abgelehnt war,
3. dass einem Beteiligten das rechtliche Gehör versagt war,
4. dass ein Beteiligter im Verfahren nicht nach Vorschrift des Gesetzes vertreten war, sofern er nicht der Führung des Verfahrens ausdrücklich oder stillschweigend zugestimmt hat,
5. dass der Beschluss aufgrund einer mündlichen Verhandlung ergangen ist, bei der die Vorschriften über die Öffentlichkeit des Verfahrens verletzt worden sind, oder
6. dass der Beschluss nicht mit Gründen versehen ist.

Übersicht

I. Allgemeines

1   In §§ 83–90 wird das *Rechtsbeschwerdeverfahren* vor dem *BGH* in *Markensachen* geregelt. Vorgesehen sind die *zugelassene* (§ 83 Abs. 1 und 2) und die *zulassungsfreie* (§ 83 Abs. 3) Rechtsbeschwerde. Soweit die §§ 83–90 Regelungen nicht enthalten, sind ergänzend die Vorschriften der ZPO anzuwenden. Hierbei ist grundsätzlich zu berücksichtigen, dass die Rechtsbeschwerde dem Revisionsverfahren nahekommt. Es kommen daher vor allem die Revisionsvorschriften der ZPO und die hierzu ergangene Rechtsprechung zur ergänzenden Anwendung in Betracht. § 83 entspricht weitgehend den Parallelvorschriften der §§ 100 und 103 PatG. Über das Verhältnis zwischen den Senaten des BPatG und dem BGH berichtet *Ingerl*.[1]

II. Wesen der Rechtsbeschwerde

2   Die Rechtsbeschwerde eröffnet die Möglichkeit der *rechtlichen* Überprüfung einer angegriffenen Entscheidung des BPatG. Eine Überprüfung der *tatsächlichen* Grundlagen und Feststellungen der angegriffenen Entscheidung ist jedoch *nicht* möglich (§§ 84 Abs. 2, 89 Abs. 2). Der BGH ist im Verfahren der Rechtsbeschwerde zwar erst die zweite gerichtliche Instanz; gleichwohl besitzt die Rechtsbeschwerde einen der Revision angenäherten Charakter. Die Rechtsbeschwerde verfolgt ebenso wie die Revision den Zweck, die angefochtene Entscheidung *allein in rechtlicher Hinsicht* zu überprüfen.[2] Sie dient, soweit sie *zulassungsfrei* eingelegt werden kann, primär dem Individualrechtsschutz des betroffenen Beteiligten, indem sie ihn vor solchen für ihn nachteiligen Entscheidungen des BPatG schützt, die an den in § 83 aufgezählten schweren Verfahrensmängeln leiden. Hingegen dient die *vom BPatG zugelassene* Rechtsbeschwerde zwar ebenso dem Individualinteresse des Verfahrensbeteiligten, daneben hat sie aber auch das Interesse der Allgemeinheit an der Klärung grundsätzlicher Rechtsfragen sowie das Interesse an der Einheitlichkeit der Rechtsprechung im Auge. Dies hat seinen Hintergrund darin, dass sowohl für Eintragungsverfahren vor dem DPMA als auch für Verletzungsverfahren vor den ordentlichen Gerichten mit dem I. Zivilsenat des BGH derselbe Spruchkörper als Oberinstanz fungiert. Die Rechtsbeschwerde besitzt aufschiebende Wirkung (*Suspensiveffekt*). Von der angefochtenen Entscheidung des BPatG gehen daher keine Rechtswirkungen aus; das DPMA darf keine Rechtsfolgen aus ihr ableiten.

Die Rechtsbeschwerde ist das einzige Rechtsmittel, mit dem gegen Beschlüsse des BPatG vorgegangen werden kann. Daneben findet weder die sofortige Beschwerde (§ 567 ZPO) noch die früher in Ausnahmefällen angenommene außerordentliche Beschwerde wegen greifbarer Gesetzeswidrigkeit Anwendung.[3]

---

1 *Ingerl*, MarkenR 2002, 368 ff.
2 Vgl. BGH, GRUR 1983, 725, 727 – Ziegelsteinformling.
3 Vgl. *Ströbele/Hacker*, § 83 Rn. 8 m. w. N.

III. Rechtsbeschwerdefähige Entscheidungen

Nur solche Beschlüsse des BPatG können mit der Rechtsbeschwerde angefochten werden, **3**
die über eine Beschwerde gegen Beschlüsse der Markenstellen oder Markenabteilungen
des DPMA *abschließend* entscheiden (§ 83 Abs. 1). Unerheblich ist dabei, ob die Entscheidung des BPatG ausdrücklich als Beschluss bezeichnet wurde; ausschlaggebend ist vielmehr der materielle Inhalt der angegriffenen Entscheidung.[4] Zwischenentscheidungen
oder verfahrensleitende Entscheidungen des BPatG (z. B. ein Beweisbeschluss) können
hingegen nicht mit der Rechtsbeschwerde angegriffen werden, da durch sie nicht über die
Beschwerde selbst entschieden wird.[5] Soweit allerdings durch den angegriffenen Beschluss
des BPatG über einen Streitgegenstand zumindest teilweise abschließend entschieden wird,
kann dieser das Verfahren teilweise abschließende Beschluss isoliert mit der Rechtsbeschwerde angegriffen werden, selbst wenn ein anderer Teil des Verfahrens noch beim
BPatG anhängig ist.

Im Wege der Rechtsbeschwerde angefochten werden können abschließende Entscheidun- **4**
gen des BPatG allerdings nur, wenn entweder die Rechtsbeschwerde seitens des entscheidenden Beschwerdesenats im angefochtenen Beschluss ausdrücklich zugelassen wurde
oder Verfahrensfehler i. S. d. § 83 Abs. 3 vorliegen, die eine zulassungsfreie Einlegung der
Rechtsbeschwerde ermöglichen.

Nicht mit der Rechtsbeschwerde *angreifbar* sind grundsätzlich die Beschwerdeentschei- **5**
dungen des BPatG in Kostenfestsetzungsverfahren des DPMA gem. § 63 Abs. 3. Durch
den Generalverweis des § 82 Abs. 1 auf die ZPO sind auch die Vorschriften über die Kostenfestsetzung entsprechend anwendbar; dadurch sind auch sämtliche Vorschriften der
ZPO über das Kostenfestsetzungsverfahren unter Einschluss derjenigen, die sich auf die
Rechtsmittel beziehen, nämlich §§ 104 Abs. 3 S. 1, 567 Abs. 1 Nr. 1, Abs. 2, 574 Abs. 2
Nr. 2, in die Verweisung einbezogen. Daraus ergibt sich, dass im Kostenfestsetzungsverfahren nach einer Beschwerdeentscheidung eine weitere Beschwerdemöglichkeit nur ganz
ausnahmsweise eröffnet ist.[6] Dem Zivilprozessrecht ist die revisionsmäßige Überprüfung
von Entscheidungen über die Kostenfestsetzung oder -erstattung fremd (§§ 104 Abs. 3
S. 1, 567 Abs. 1 Nr. 1, Abs. 2, 574 Abs. 1 Nr. 2 ZPO i. V. m. § 63 Abs. 3 S. 2).[7] Selbst wenn
das BPatG in derartigen Fällen die Rechtsbeschwerde unzulässigerweise zugelassen hat,
obwohl gegen den Beschluss ein solches Rechtsmittel nicht gegeben ist, wird durch die Zulassung die Rechtsbeschwerde nicht eröffnet.[8] Im Übrigen sind Gegenstand und Grund der
Beschwerdeentscheidung für die Statthaftigkeit der Rechtsbeschwerde ohne Belang.

---

4 BGH, GRUR 2008, 732 – Tegeler Floristik.
5 Vgl. BGH, GRUR 2008, 732 – Tegeler Floristik.
6 Vgl. *Zöller*, § 574 Rn. 2b.
7 BGH, GRUR 1986, 453 – Transportbehälter; BGH, GRUR 1988, 115 – Wärmeaustauscher, noch
  zur ZPO a. F.
8 BGH, GRUR 1986, 453 – Transportbehälter.

IV. Zulassung der Rechtsbeschwerde (§ 83 Abs. 1 und 2)

6 Nach § 83 Abs. 1 ist die *Zulassung der Rechtsbeschwerde* durch das BPatG grundsätzlich Voraussetzung der Rechtsbeschwerde; die *zulassungsfreie Rechtsbeschwerde* stellt die Ausnahme für wenige Fälle besonders schwerer Verfahrensverstöße dar. Nach § 83 Abs. 2 Nr. 1 und 2 muss das BPatG die Rechtsbeschwerde zulassen, wenn eine *Rechtsfrage von grundsätzlicher Bedeutung* zu entscheiden ist oder die *Fortbildung des Rechts* oder die *Sicherung einer einheitlichen Rechtsprechung* eine Entscheidung des BGH erfordert.[9]

7 Unterlässt es das BPatG, die Rechtsbeschwerde zuzulassen oder verweigert es diese ausdrücklich, so ist gegen diese Verweigerung der Zulassung *kein ordentliches Rechtsmittel* gegeben. Insbesondere ist gegen die Verweigerung der Zulassung *keine Nichtzulassungsbeschwerde* (wie im Verwaltungsrecht) gegeben oder eine Rechtsbeschwerde gerade wegen ihrer Nichtzulassung oder der ungenügenden Begründung der Nichtzulassungsentscheidung möglich.[10] Die Nichtzulassung der Rechtsbeschwerde durch den Beschwerdesenat des BPatG kann auch nicht mit der Begründung angefochten werden, es habe eine Pflicht zur Zulassung der Rechtsbeschwerde bestanden, weil eine Rechtsfrage von grundsätzlicher Bedeutung zu entscheiden gewesen sei. Die grundsätzliche Bedeutung einer Rechtsfrage kann daher nicht zu einer Korrektur der vom Beschwerdesenat des BPatG getroffenen Entscheidung über die Nichtzulassung der Rechtsbeschwerde führen.[11] Wurde die Rechtsbeschwerde fehlerhaft nicht zugelassen, kann eine Rechtsbeschwerde nur auf § 83 Abs. 3 und die dort genannten Gründe gestützt werden. Eine von Verfassungs wegen unvertretbare oder sachwidrige Zulassungsverweigerung kann ggf. eine Verfassungsbeschwerde gestützt auf eine Verletzung des Gebots effektiven Rechtsschutzes (Art. 19 Abs. 4 GG) oder des Rechts auf den gesetzlichen Richter (Art. 101 Abs. 1 S. 2 GG) möglich machen.[12] Lässt das BPatG die Rechtsbeschwerde nicht zu, macht es sich damit zum letztinstanzlichen Gericht und ist damit nach Art. 267 Abs. 3 AEUV (ex-Art. 234 Abs. 3 EG) verpflichtet, materiellrechtliche, bislang vom EuGH nicht entschiedene Fragen diesem zur Vorabentscheidung vorzulegen.[13] Ein Verstoß gegen diese Pflicht kann vor dem BVerfG als Verletzung des Rechts auf den gesetzlichen Richter (Art. 101 Abs. 1 S. 2 GG) gerügt werden.[14] Umgekehrt kann sich das BPatG selbst durch Zulassung der Rechtsbeschwerde die Vorlagepflicht entziehen und die Entscheidung dem BGH überlassen.[15]

8 Die *Rechtsbeschwerde muss zugelassen werden*, wenn nach Auffassung des Beschwerdesenats eine *Rechtsfrage von grundsätzlicher Bedeutung* für die getroffene Entscheidung erheblich ist (§ 83 Abs. 2 Nr. 1). Die Bedeutung des Verfahrens für die betroffene Partei

---

9 Z. B. BPatG, Mitt. 2011, 369 – PANTOZOL.

10 Vgl. BGH, GRUR 1964, 519, 521 f. – Damenschuh-Absatz.

11 BGH, GRUR 1977, 214, 215 – Aluminiumdraht.

12 *Ingerl/Rohnke*, § 83 Rn. 21; BVerfG, GRUR-RR 2009, 222 – Achteckige Zigarettenschachtel; vgl. auch BVerfG, NVwZ-RR 2009, 361, 362 – IKK Nordrhein-Westfalen.

13 BGH, WRP 2003, 655 = GRUR 2003, 546, 548 – Turbo-Tabs; vgl. auch BGH, EuZW 2009, 708, 709.

14 *Stjerna*, Der Schutz des gesetzlichen Richters im markenrechtlichen Beschwerdeverfahren, MarkenR 2004, 271.

15 Etwa BPatG, GRUR 2008, 416, 419 – Variabler Strichcode; BPatG, GRUR 2005, 865, 870 – SPA; *Ingerl/Rohnke*, § 83 Rn. 27.

spielt also keine Rolle.[16] Vielmehr muss die Bedeutung eine isolierte und abstrahierte *Rechtsfrage* an sich betreffen.[17] Die Rechtsfrage kann die Anwendung sachlichen Rechts oder verfahrensrechtlicher Normen zum Gegenstand haben. Als *grundsätzlich* ist die Bedeutung einer Rechtsfrage zu beurteilen, wenn die Entscheidung der Rechtsfrage nach Einschätzung des Gerichts in der Zukunft für eine Vielzahl anderer Fälle entscheidungserheblich sein kann, selbst wenn es sich nur um eine größere Anzahl von Altfällen handelt.[18] Grundsätzliche Bedeutung haben durchweg Rechtsfragen betreffend die markenrechtsrichtlinienkonforme Auslegung[19] der materiell-rechtlichen Regelungen des MarkenG, sofern das BPatG die Vorlageentscheidung dem BGH – also der letzten Instanz – überlassen möchte. Vor diesem Hintergrund ist im Falle der Erforderlichkeit der Fortbildung des Rechts (§ 83 Abs. 2 Nr. 2) jeweils auch eine Rechtsfrage von grundsätzlicher Bedeutung zu bejahen.

Die *Sicherung einer einheitlichen Rechtsprechung* erfordert stets eine Entscheidung des **9** BGH über die Rechtsbeschwerde und damit deren Zulassung, wenn noch keine Entscheidungen des BPatG vorhanden sind,[20] die Rechtsfrage noch nicht abschließend geklärt ist,[21] eine Entscheidung des BGH zur *Fortbildung des Rechts* erforderlich ist,[22] wenn die relevanten Entscheidungen des BGH schon länger zurückliegen und eine Rechtsfortbildung erforderlich erscheint[23] oder wenn im Interesse der Fortbildung des Rechts eine weitere höchstrichterliche Differenzierung der Rechtsprechung für geboten gehalten wird.[24] Gleiches gilt, wenn bestimmte Rechtsbegriffe wie z. B. die Schutzvoraussetzungen unter dem neuen Markenrecht höchstrichterlich weitgehend ungeklärt sind,[25] das BPatG mit seiner Entscheidung von der Rechtsprechung des BGH, eines anderen Senats des BPatG[26] oder eines OLG in verfahrensrechtlichen oder kennzeichenrechtlichen Fragen abweichen möchte, wenn eine (öfter auftretende) Frage der Warenähnlichkeit zweier Warengruppen geklärt werden soll[27] oder wenn scheinbar oder tatsächlich widersprüchliche Entscheidungen des BGH vorliegen, deren Aussagen geklärt oder verdeutlicht werden sollen.[28] Keine Zulassungspflicht soll gegeben sein, soweit von der Rechtsprechung des *EuG* abgewichen wird, da die Uneinheitlichkeit nicht in derselben Rechtsordnung vorliege und auch nicht

16 Vgl. BPatGE 5, 192, 198.
17 BVerfG, GRUR-RR 2009, 222, 223 – Achteckige Zigarettenschachtel.
18 BPatG, GRUR 1998, 404, 406 – A3.
19 BPatG, GRUR 1998, 717, 718 – Rosenfelder.
20 BPatG, GRUR 1988, 39, 40 – Informationsträger; BPatG, GRUR-RR 2009, 96, 100 – FlowParty/flow; BPatG, GRUR 2010, 421, 423 – Kisch-Preis.
21 BPatG, GRUR 1998, 53, 54 – Fünfer.
22 BPatG, GRUR 1998, 57, 58 – Nicht immer, aber immer öfter.
23 BPatG, GRUR 1994, 294, 296 – Tesoro.
24 BPatG, GRUR 1996, 886, 888 – OTHÜNA Geraer Marina II.
25 BPatG, GRUR 1998, 145, 146 – Klassentreffen.
26 BPatG, GRUR 2008, 1005, 1009 – DeutschlandCard; BPatG, BeckRS 2010, 23078 – 29 W (pat) 102/10 – Institut der Norddeutschen Wirtschaft e. V., zit. in BeckRS 2010, 23078; vgl. auch BPatG, GRUR 2010, 425, 430 – VOLKSFLAT: Wenn betreffende Frage höchstrichterlich geklärt, dann ist nur der Senat zulassungspflichtig, der von dieser obergerichtlichen Rechtsprechung abweichen möchte.
27 BPatG, GRUR 1997, 54, 58 – S.OLIVER.
28 BPatG, GRUR 1998, 719, 721 – THE OUTDOOR CHANNEL; BPatG, GRUR 1993, 392, 395 – Motorradmotor.

mit einer Entscheidung des BGH vereinheitlicht werden könne;[29] u.U. könne diese Diskrepanz aber einen Rechtsfortbildungsbedarf aufzeigen und sich daraus eine Zulassungspflicht ergeben.[30] Eine Zulassung der Rechtsbeschwerde scheidet aber aus, wenn es im Ergebnis auf die relevante Frage grundsätzlicher Bedeutung nicht ankommt, weil die gleiche Entscheidung aus anderen Gründen in der einen oder anderen Richtung getroffen werden muss[31] oder es sich um eine Einzelfallentscheidung auf der Grundlage der einschlägigen Rechtsprechung des EuGH und des BGH anhand tatsächlicher Gegebenheiten handelt, die mit den tatsächlichen Gegebenheiten der angeführten EuGH- oder BGH-Rechtsprechung ganz oder teilweise nicht vergleichbar sind.[32]

10 Spricht das Gericht die Zulassung der Rechtsbeschwerde aus, so muss dies *in dem betreffenden Beschluss selbst* geschehen, zutreffenderweise im Tenor. Auch eine Zulassung in den Entscheidungsgründen kann als wirksam erachtet werden. Ist die Zulassung der Rechtsbeschwerde jedoch weder dem Tenor noch den Entscheidungsgründen zu entnehmen, ist sie nicht zugelassen; eine nachträgliche Zulassung durch Beschluss-Ergänzung (§ 82 i.V.m. § 321 ZPO) oder Berichtigung (§ 80) kommt nicht in Betracht.[33] Die Zulassung der Rechtsbeschwerde ist von Amts wegen auszusprechen; eines Antrags eines Beteiligten bedarf es nicht; solch ein Antrag stellt lediglich eine Anregung an das Gericht dar.

11 Eine *eingeschränkte Zulassung* der Rechtsbeschwerde ist möglich und angebracht, wenn und soweit die relevante und entscheidungserhebliche Rechtsfrage nur abgrenzbare Verfahrensteile oder unter mehreren Verfahrensbeteiligten nur einen Beteiligten betrifft. Die Beschränkung muss ausdrücklich und eindeutig im Zulassungsausspruch selbst oder in der Begründung erfolgen,[34] andernfalls ist von einer unbeschränkten Zulassung auszugehen.[35] Nicht möglich ist aber die Beschränkung der Rechtsbeschwerde auf eine *Rechtsfrage*, etwa im Sinne einer Vorlagefrage; eine solche Beschränkung entfaltet keine Wirkung, so dass die angefochtene Entscheidung in vollem Umfang zu überprüfen ist. Die zugelassene Rechtsbeschwerde eröffnet dem BGH die volle revisionsmäßige Überprüfung des angefochtenen Beschlusses, ohne dass dieses auf die Entscheidung der als Zulassungsgrund angeführten Rechtsfrage beschränkt ist.[36] Zur Überprüfung steht damit der angefochtene Beschluss des BPatG *unter allen in Betracht kommenden materiell-rechtlichen Gesichtspunkten.*[37] Auch in Fällen, in denen die Beschränkung der Zulassung seitens des BPatG nicht ausdrücklich und eindeutig ausgesprochen wurde, ist von einer uneingeschränkten Zulassung auszugehen.[38]

---

29 BPatG, GRUR 2009, 491, 495 – Vierlinden.
30 BGH, GRUR 2009, 994, 995 – Vierlinden.
31 BPatG, GRUR 1998, 148, 154 – SAINT MORIS/St. Moritz.
32 Z.B. BPatG, GRUR 2008, 179, 182 – dCP deutsche CityPost; BPatG, GRUR-RR 2009, 19, 21 – Ehemaliges DDR-Staatswappen.
33 BPatG, GRUR 2007, 156 – Anhörungsrüge.
34 Z.B. BPatG, GRUR 2009, 1060, 1063 – Trüffelpralinen Mehrfachslogan; BPatG, GRUR 2011, 922, 926 – Neuschwanstein.
35 Vgl. BGH, GRUR 2009, 888, 890 – Thermoroll, siehe auch *Ingerl/Rohnke*, § 83 Rn. 38 m.w.N.
36 BGH, GRUR 1984, 797, 798 – Zinkenkreisel; GRUR 1991, 307, 308 – Bodenwalze; GRUR 1998, 394 – Active Line; BGH, GRUR 2010, 231, 232 – Legostein m.w.N.
37 BGH, GRUR 1995, 732, 733 – Füllkörper; GRUR 1998, 394 – Active Line.
38 BGH, GRUR 1983, 725, 726 – Ziegelsteinformling.

Donle

An die Zulassung der Rechtsbeschwerde durch das BPatG ist der BGH gebunden,[39] sofern   **12**
es sich überhaupt um einen rechtsbeschwerdefähigen Beschluss handelt. Der BGH kann
also die Annahme nicht verweigern mit der Begründung, dass keine grundsätzliche Rechtsfrage vorliege.

V. Zulassungsfreie Rechtsbeschwerde

Die Statthaftigkeit der *zulassungsfreien Rechtsbeschwerde* setzt lediglich voraus, dass ei-   **13**
ner der in § 83 Abs. 3 genannten Verfahrensfehler gerügt wird, ungeachtet dessen, ob dieser Verfahrensmangel tatsächlich vorliegt.[40] Der Beschwerdeführer muss jedoch nähere
Angaben machen, aus denen sich der von ihm behauptete Mangel ergeben kann. Die Statthaftigkeit ist bei nicht substanziiertem Vortrag nicht gegeben,[41] insbesondere wenn der Beschwerdeführer nur den Verfahrensmangel bezeichnet und zu seiner Begründung auf Umstände zurückgreift, die *offensichtlich* nicht den bezeichneten Mangel ergeben. Die Verfahrensmängel des § 83 Abs. 3 bestimmen auch den durch die zulassungsfrei eingelegte
Rechtsbeschwerde eröffneten Prüfungsumfang. Liegt der Verfahrensmangel vor, ist die
Entscheidung aufzuheben und i. d. R. zurückzuverweisen. Liegt der Verfahrensmangel hingegen nicht vor, ist die Rechtsbeschwerde zurückzuweisen, selbst wenn die angegriffene
Entscheidung materiellrechtlich an anderer Stelle oder aus anderen Gründen rechtsfehler-
haft ist. Die zulassungsfreie Rechtsbeschwerde ist also auf den jeweils gerügten Verfahrensfehler begrenzt. Andere als die in § 83 Abs. 3 aufgeführten Verfahrensmängel eröffnen
nicht die Rechtsbeschwerde; der Katalog des Abs. 3 ist insoweit nach allg. Ansicht abschließend.[42] Daher können auch nicht Fehler des patentamtlichen Verfahrens durch die
Rechtsbeschwerde gerügt werden, selbst wenn sie vom BPatG nicht zutreffend gewürdigt
werden.[43]

1. Besetzungsrüge (§ 83 Abs. 3 Nr. 1)

Unter den Rechtsbeschwerdegrund des Abs. 3 Nr. 1 kann insbesondere die fehlerhafte Be-   **14**
setzung des Beschwerdesenats entgegen § 67 Abs. 1 oder dem Geschäftsverteilungsplan
fallen. Jedoch eröffnet nicht jede Abweichung vom Geschäftsverteilungsplan die Rechtsbeschwerde. Hinzukommen muss, dass es sich nicht nur um eine irrtümliche Abweichung
handelt, sondern eine von willkürlichen Erwägungen getragene Abweichung. Von Willkür
kann nicht schon im Fall eines Irrtums über die Zuständigkeit gesprochen werden, sondern

---

39 BGH, GRUR 1964, 26 – Milburan.
40 BGH, GRUR 1963, 645, 646 f.; GRUR 1963, 645 – Warmpressen; BGH, GRUR 1994, 215 – Boy;
   WRP 1997, 762 = GRUR 1997, 637, 638 – Top Selection; BGH, Mitt. 2003, 186, 187 – steuertip;
   BGH, WRP 2003, 655 = GRUR 2003, 546 – Turbo-Tabs; BGH, WRP 2004, 103 = GRUR 2004, 76
   – turkey & corn; BGH, MarkenR 2004, 36, 38 = GRUR 2004, 77, 78 – Park & Bike; BGH, GRUR
   2007, 534, 535 – WEST; BGH, GRUR 2007, 628 – MOON; BGH, GRUR 2008, 731 – alphaCAM;
   BGH, GRUR 2008, 1126 – Weisse Flotte; BGH, GRUR 2009, 992 – Schuhverzierung; BGH,
   GRUR 2009, 994 – Vierlinden; BGH, GRUR 2010, 270 – ATOZ III.
41 BGH, GRUR 2000, 512, 513 – COMPUTER ASSOCIATES; BGH, GRUR 2010, 270 – ATOZ III.
42 BGH, GRUR 2008, 1027, 1028 – Cigarettenpackung m. w. N.; *Fezer,* § 83 Rn. 14; *Ingerl/Rohnke,*
   § 83 Rn. 45.
43 BGH, GRUR 1998, 394, 395 – Active Line.

nur dann, wenn sich die Entscheidung bei der Auslegung und Anwendung der Zuständig-keitsnorm so weit vom *Grundsatz des gesetzlichen Richters* entfernt hat, dass sie nicht mehr zu rechtfertigen ist, namentlich unverständlich und offensichtlich unhaltbar ist.[44] Zur Begründung der Besetzungsrüge ist die Angabe der Einzeltatsachen notwendig, aus denen sich der Fehler ergibt; bei gerichtsinternen Vorgängen ist darzulegen, dass eine Aufklärung dieser versucht wurde.[45] Ob die Nichtvorlage einer Rechtsfrage durch das BPatG an den EuGH nach Art. 267 Abs. 3 AEUV (ex-Art. 234 Abs. 3 EG) über § 83 Abs. 3 Nr. 1 oder Nr. 3 gerügt werden kann, hat der BGH bislang ausdrücklich offengelassen.[46] Eine Vorlage an den EuGH ist jedenfalls dann nicht erforderlich, wenn die richtige Anwendung des Unionsrechts derart offenkundig ist, dass keinerlei Raum für einen vernünftigen Zweifel an der Entscheidung der gestellten Rechtsfrage bleibt und wenn das nationale Gericht da-von überzeugt ist, dass auch für die Gerichte der übrigen Mitgliedstaaten und den Gerichts-hof die gleiche Gewissheit bestünde.[47]

2. Mitwirkung eines ausgeschlossenen Richters (§ 83 Abs. 3 Nr. 2)

15 Hier wird zunächst auf die Erläuterungen zu § 72 verwiesen. Sofern ein auf einen gesetz-lichen Ausschließungsgrund gestütztes Ablehnungsgesuch zurückgewiesen worden ist, be-einträchtigt dies zwar die Statthaftigkeit der Rechtsbeschwerde nicht. In diesem Fall ist aber die Begründetheit nach § 547 Nr. 2 ZPO i.V.m. § 84 Abs. 2 S. 2 ausgeschlossen. Ge-gen Entscheidungen des BPatG über die Ausschließung und Ablehnung von Richtern be-steht keine Anfechtungsmöglichkeit. Dies entspricht der Regelung der §§ 557 Abs. 2, 567 Abs. 1 ZPO, wonach entsprechende Entscheidungen der Oberlandesgerichte in keiner Hin-sicht der Anfechtung oder Nachprüfung durch das Revisionsgericht unterliegen.[48] Es kön-nen auch keine Ablehnungsgründe nachträglich nachgeschoben werden.[49] Deswegen kann die Zurückweisung eines Ablehnungsgesuchs auch nicht über die Rechtsbeschwerde ange-fochten und im Rahmen der Rechtsbeschwerde auch kein neues Ablehnungsgesuch zur Be-gründung herangezogen werden.[50] § 83 Abs. 3 Nr. 1 betrifft daher nur den Fall des *ausge-schlossenen*, nicht aber den des abgelehnten Richters.

3. Rechtliches Gehör (§ 83 Abs. 3 Nr. 3)

16 Voraussetzung des Abs. 3 Nr. 3 ist, dass der angefochtene Beschluss auf einem Verstoß gegen den *Grundsatz rechtlichen Gehörs* beruht oder zumindest beruhen kann. Der An-spruch auf rechtliches Gehör ist verletzt, wenn entscheidungserhebliches Vorbringen nicht berücksichtigt wird, ohne dass dies in den Vorschriften des Verfahrensrechts eine Stütze

---

44 BGH, WRP 2003, 655 = GRUR 2003, 546, 547 – Turbo-Tabs; BGH, GRUR 1983, 848, 849 – Auf-laufbremse, unter Verweis auf BVerfG, NJW 1967, 2151, 2152; BVerwG, MDR 1974, 779, 780.
45 BGH, GRUR 2005, 572 f. – Vertikallibelle.
46 BGH, WRP 2003, 655 = GRUR 2003, 546, 547 – Turbo-Tabs; BGH, GRUR 2008, 1027, 1028 – Cigarettenpackung; BGH, GRUR 2009, 994 – Vierlinden; BGH, Beschluss vom 28.10.2010 – I ZB 13/10 – Ivadal, zit. in BeckRS 2011, 07098 – Ivadal.
47 BGH, GRUR 2006, 346, 347 – Jeans II m. w. N.
48 BGH, GRUR 1990, 434 – Wasserventil zur ZPO a. F.
49 BGH, BGHReport 2001, 981, 982.
50 Vgl. BGH, BGHReport 2001, 981, 982.

findet.[51] Der angefochtene Beschluss des BPatG muss auf einer möglichen Versagung des rechtlichen Gehörs *beruhen*.[52] Diese Möglichkeit besteht, wenn die belegbare Versagung rechtlichen Gehörs eine den Beschluss tragende Erwägung betrifft, ferner dann, wenn der nicht anwaltlich vertretene Beteiligte ohne einschlägige Kenntnisse des Markenrechts nicht in der Lage war, sich im Beschwerdeverfahren zu behaupten, wie etwa bei rechtsfehlerhafter Verweigerung der Verfahrenskostenhilfe.[53] Unerheblich ist, ob auch Begründungselemente, die nicht von der Verletzung des rechtlichen Gehörs betroffen sind, auch für sich genommen das Ergebnis hätten tragen können.[54] Ist aber lediglich eine Nebenerwägung (obiter dictum) betroffen, fehlt es an der Kausalität des Verstoßes für die Entscheidung.[55] Die Verletzung rechtlichen Gehörs kann typischerweise einerseits dadurch entstehen, dass Schriftsätze vom Gericht vor der Ausfertigung des Beschlusses nicht (mehr) zur Kenntnis genommen werden oder aber Parteivortrag, der Grundlage der Entscheidung wurde, einem anderen Beteiligten nicht zur Stellungnahme zugeleitet wurde. Es genügt allerdings, wenn die Gelegenheit zur schriftlichen Stellungnahme gewährt wurde.[56] Zur Wahrung des Gebots des rechtlichen Gehörs hat das Gericht den Verfahrensbeteiligten eine angemessene Frist zur Äußerung zu setzen.[57] Nicht erheblich ist, ob der Beteiligte von dieser Möglichkeit Gebrauch gemacht hat. Eine Verletzung rechtlichen Gehörs scheidet ferner dann aus, wenn das BPatG den betreffenden Sachvortrag nicht verwertet hat. Das Gericht muss das tatsächliche und rechtliche Vorbringen zur Kenntnis nehmen und in Erwägung ziehen.[58] Auch wenn sich das BPatG aus Sicht des Beschwerdeführers zu wenig genau mit seinen Argumenten auseinandergesetzt hat, kommt keine Verletzung des rechtlichen Gehörs in Betracht, da dieser absolute Rechtsbeschwerdegrund allein die Einhaltung des Verfassungsgrundsatzes aus Art. 103 Abs. 1 GG sicherstellen und nicht der Überprüfung der Richtigkeit der Beschwerdeentscheidung dienen soll.[59] Das Gericht muss nicht jedes Vorbringen der Beteiligten in den Entscheidungsgründen ausdrücklich bescheiden.[60]

Aus dem Gebot der Gewährung rechtlichen Gehörs ergibt sich ferner das *Verbot von Überraschungsentscheidungen*. Nach der Vorschrift des § 82 Abs. 1 i.V.m. § 139 ZPO ist das Gericht verpflichtet, auf einen von einem Beteiligten erkennbar übersehenen rechtlichen Gesichtspunkt, auf den es seine Entscheidung stützen will, hinzuweisen und durch Vertagung oder Gewährung von Schriftsatzfrist Gelegenheit zur Stellungnahme zu geben.[61] Dies **17**

---

51 Z.B. BGH, GRUR 2010, 87, 88 – Schwingungsdämpfer zum PatG.

52 Z.B. BGH, GRUR-RR 2008, 363, 364 – Hanse Naturkost/Hansebäcker; BGH, GRUR 2010, 1034, 1035 – LIMES LOGISTIK.

53 BGH, GRUR 2009, 88, 90 – ATOZ I; BGH, GRUR 2010, 270, 271 f. – ATOZ III; siehe auch BGH, GRUR 2011, 391 – TSP Trailer-Stabilization-Program.

54 BGH, WRP 2004, 103 = GRUR 2004, 76 – turkey & corn.

55 Vgl. BGH, Mitt. 2003, 514 – Energieketten.

56 BGH, GRUR 2008, 731 – alphaCAM.

57 BGH, GRUR 2006, 152, 153 – GALLUP.

58 BGH, GRUR 2007, 628 – MOON; BGH, GRUR 2010, 270, 271 f. – ATOZ III.

59 BGH, GRUR 2008, 1027, 1028 – Cigarettenpackung; BGH, NJOZ 2009, 296, 297 – Christkindles Glühwein; BGH, GRUR 2000, 894, 895 – Micro-PUR.

60 BGH, MarkenR 2008, 176 – Melissengeist; BGH, Beschluss vom 16.7.2009 – I ZB 92/08 – Medi, zit. in BeckRS 2009, 23624.

61 BGH, Mitt. 2004, 568, 570 – Acesal; zur Reichweite der Hinweispflicht des Gerichts bei Wiedereinsetzung BGH, GRUR 2008, 837, 838 – Münchner Weißwurst; Verletzung des rechtlichen Gehörs bei unklarem richterlichem Hinweis: BGH, GRUR 2011, 654, 656 – Yoghurt-Gums; zum PatG BVerfG, GRUR-RR 2009, 441, 442 – Nichtberücksichtigung eines Beweisangebots.

gilt auch für offenkundige, insbesondere gerichtsbekannte Tatsachen.[62] Die Beteiligten müssen bei Anwendung der von ihnen zu verlangenden Sorgfalt erkennen können, auf welchen Tatsachenvortrag und auf welche rechtlichen Gesichtspunkte es ankommen kann;[63] das Gebot rechtlichen Gehörs verlangt aber nicht, dass das Gericht vor dem Erlass seiner Entscheidung auf seine Rechtsauffassung hinweist, denn ein Verfahrensbeteiligter muss schon von sich aus alle vertretbaren rechtlichen Gesichtspunkte in Betracht ziehen.[64] Eine Hinweispflicht des Gerichts kann jedoch dann bestehen, wenn für die Parteien auch bei sorgfältiger Prozessführung nicht vorhersehbar ist, auf welche Erwägungen das Gericht seine Entscheidung stützen wird.[65] Davon, dass ein rechtlicher Gesichtspunkt übersehen wurde, ist in der Regel auszugehen, wenn kein Beteiligter auf ihn eingegangen ist.[66] Es darf daher seine Entscheidung nicht darauf stützen, dass eine Marke nicht rechtserhaltend benutzt worden sei, wenn dieser Einwand zum ersten Mal in der mündlichen Verhandlung vorgebracht wird[67] und dem Beschwerdeführer die fehlende Stellungnahme auf einen gerichtlichen Hinweis vorwerfen, wenn es vorher die Zurückverweisung der Sache zur weiteren Aufklärung als sicher dargestellt hat.[68] Ebenso muss das Gericht Verwendungsbeispiele, auf die es seine Entscheidung stützen möchte, den Verfahrensbeteiligten vorher zur Kenntnis geben oder im Falle einer mündlichen Verhandlung dort zum Gegenstand machen.[69] Durch Internet-Recherche gefundene Verwendungsbeispiele hat das Gericht auszudrucken und den Beteiligten zu Verfügung zu stellen.[70] Umgekehrt soll keine Verletzung rechtlichen Gehörs bei Nichtberücksichtigung einer vom Markenanmelder vorgelegten Internetrecherche gegeben sein.[71] Die wirksame Wahrnehmung des Anhörungsrechts setzt demnach hinlängliche Informationen über den jeweiligen Stand des gerichtlichen Verfahrens voraus, wobei die Beibringung der notwendigen Informationen nicht in jedem Fall durch das Gericht selbst, sondern auch durch einen Verfahrensbeteiligten erfolgen kann, wenn sichergestellt ist, dass die Beteiligten die erforderlichen Informationen erhalten.[72] Die Rüge mangelnden rechtlichen Gehörs kann selbstverständlich nur der Beteiligte erheben, dem das rechtliche Gehör versagt wurde; anderen Beteiligten ist dies versagt. Ein Verstoß gegen das Recht auf rechtliches Gehör kann geheilt werden, wenn das Gericht in der Lage ist, das nunmehr zur Kenntnis genommene Vorbringen zu berücksichtigen.[73]

---

62 BGH, GRUR 2007, 534, 535 – WEST.
63 BGH, GRUR 2010, 1034 – LIME LOGISTIK.
64 BGH, GRUR 2006, 152, 153 – GALLUP; BGH, NJOZ 2008, 2358, 2359 – ALLTREK; BGH, BeckRS 2009, 27783 – Jugendherberge.
65 Zum PatG BGH, GRUR 2009, 91, 92 – Antennenhalter; siehe auch BGH, GRUR 2010, 1034 – LIME LOGISTIK.
66 BGH, GRUR 1993, 156, 157 – Vertragsauslegung; BGH, WM 1990, 1577, 1579 m. w. N.
67 BGH, WRP 2003, 1115 = GRUR 2003, 903 – Katzenstreu.
68 BGH, WRP 2003, 1233 = GRUR 2003, 901, 902 – MAZ.
69 BGH, WRP 2004, 103 = GRUR 2004, 76 – turkey & corn.
70 BGH, MarkenR 2004, 36, 38 = GRUR 2004, 77, 78 – Park & Bike.
71 BGH, GRUR-RR 2011, 343 – Europas Erstes Porzellan.
72 BGH, GRUR 2000, 512, 513 – COMPUTER ASSOCIATES; BGH, BeckRS 2006, 00423 – Mars.
73 BVerfG, GRUR-RR 2009, 441, 442 – Nichtberücksichtigung eines Beweisangebots.

4. Vertretungsmangel (§ 83 Abs. 3 Nr. 4)

Ein *Vertretungsmangel* im Sinne der Vorschrift liegt vor, wenn ein Beteiligter durch einen **18** nicht bevollmächtigten Vertreter vertreten wurde, ein bereits abberufenes Organ einer juristischen Person handelte, ein Beteiligter prozessunfähig ist oder ein Ladungsmangel vorliegt, wodurch der Beteiligte nicht zur mündlichen Verhandlung geladen worden ist.[74] Auch die Rüge mangelnder Vertretung steht selbstverständlich nur dem nicht ordnungsge- mäß Vertretenen zu, nicht aber einem anderen Beteiligten.[75]

5. Öffentlichkeit (§ 83 Abs. 3 Nr. 5)

Die *Verletzung der Öffentlichkeit* der Verhandlung nach Nr. 5 setzt die Behauptung des Be- **19** schwerdeführers voraus, dass bei einer mündlichen Verhandlung die Öffentlichkeit entwe- der gesetzeswidrig ausgeschlossen oder gesetzeswidrig zugelassen worden sei. Hierfür muss eine Handlung oder Maßnahme des Gerichts ursächlich geworden sein; das Verschul- den anderer Justizpersonen genügt nicht. Es genügt daher insbesondere nicht, wenn zu spä- ter Verhandlungsstunde lediglich versehentlich die Tür des Gerichtsgebäudes verschlossen wurde oder wenn die Terminsrolle nicht ordnungsgemäß vor dem Verhandlungssaal ausge- hängt war.[76] Kein Verstoß liegt vor bei gesetzeswidriger Zulassung der Öffentlichkeit, wenn tatsächlich kein Zuhörer anwesend war.[77] Ebenso wenig liegt ein Verstoß vor, wenn entgegen der gesetzlichen Verpflichtung zur Anberaumung (§ 69 Abs. 1) ohne mündliche Verhandlung entschieden wurde.[78]

6. Begründungsmangel (§ 83 Abs. 3 Nr. 6)

Die Rüge der *fehlenden Begründung* der angefochtenen Beschwerdeentscheidung ist in der **20** Praxis der wohl häufigste Fall der zulassungsfreien Rechtsbeschwerde. Für die Statt- haftigkeit der Rechtsbeschwerde ist es abermals ausreichend, dass die fehlende Begrün- dung eines Beschlusses vorgetragen wird; darauf, ob die erhobene Rüge des Begründungs- mangels tatsächlich auch durchgreift, kommt es für die Statthaftigkeit nicht an – wohl aber für dessen Begründetheit.[79]

Begründungsmängel i. S. d. § 83 Abs. 3 Nr. 6 können einerseits darin liegen, dass die *Be-* **21** *gründung* der Beschwerdeentscheidung *gänzlich fehlt.* Dem vollständigen Fehlen von Gründen sind solche Fälle gleich zu erachten, in denen die der Entscheidung zugrunde lie- genden Erwägungen so unklar und verworren sind, dass sie nicht durchschaut werden kön- nen[80] oder nicht zu erkennen geben, aufgrund welcher tatsächlichen Feststellungen und rechtlichen Gedanken die Entscheidung ergangen ist.[81] Ein solchermaßen dem Fehlen einer Begründung gleichzusetzender Mangel der Begründungsqualität liegt etwa vor, wenn die

---

74 BGH, GRUR 1966, 160 – Terminsladung.
75 Vgl. BGH, GRUR 1990, 348, 349 – Gefäßimplantat.
76 Vgl. BGH, GRUR 1970, 621, 622 – Sitzungsschild.
77 *Benkard-Rogge*, § 100 PatG Rn. 23.
78 BGH, GRUR 1967, 681 – D-Tracetten.
79 BGH, WRP 1998, 184 = GRUR 1998, 396 – individual m. w. N.
80 BGH, GRUR 1963, 645, 646 f. – Warmpressen.
81 Vgl. BGH, GRUR 1994, 215, 216 – Boy.

Gründe sachlich inhaltslos sind und sich auf leere Redensarten oder die bloße Wiedergabe des Gesetzestextes beschränken.[82] Die strengen Anforderungen der Rechtsprechung an den Rechtsbeschwerdegrund des Begründungsmangels zeigen, dass die hierauf gestützten Rechtsbeschwerden zumeist unbegründet sind. Die Kriterien der fehlenden Begründung oder die dem vollständigen Fehlen gleichgestellten Begründungsmängel sind formaler Natur. Wenn überhaupt eine Begründung vorliegt, die sich – wenn auch vielleicht unzutreffend – mit den Tatsachen und der Rechtslage auseinandersetzt, wird die Rüge der fehlenden Begründung im Ergebnis in aller Regel erfolglos bleiben.[83] Selbst die Auseinandersetzung mit einer entgegenstehenden Entscheidung ist entbehrlich.[84] Die Rechtsbeschwerde kann nämlich nicht darauf gestützt werden, dass die Begründung in tatsächlicher oder rechtlicher Hinsicht lediglich *falsch* ist; Nr. 6 soll nur formal den *Zwang zur Begründung* durchsetzen, nicht aber die Überprüfung der Richtigkeit der Begründung gewährleisten. Es kommt nur darauf an, ob erkennbar ist, welcher Grund für die Entscheidung maßgebend gewesen ist.[85] Entscheidend ist, dass die Begründung hinsichtlich ihrer tragenden Gesichtspunkte verständlich und klar ist; solange lediglich einzelne Erwägungen in den Entscheidungsgründen widersprüchlich oder unklar sind, ist dies unschädlich. Der Begründungszwang verlangt nur, dass aus den Gründen der gerichtlichen Entscheidung alle die Entscheidung tragenden Überlegungen deutlich werden und dass die Entscheidung zu jedem selbstständigen Angriffs- und Verteidigungsmittel Stellung nimmt, das vorgebracht wurde oder dessen Behandlung sich aufdrängt,[86] nicht jedoch, dass das Gericht auch auf alle für seine Entscheidung nicht erheblichen Gesichtspunkte umfassend eingeht.[87] Der Begründungszwang nach Nr. 6 bezieht sich also lediglich auf die *die Entscheidung tragenden Erwägungen* und gilt nicht für Hilfsbegründungen oder die Erörterung im Ergebnis offengelassener Fragen. Sind mehrere Kennzeichen Verfahrensgegenstand, hat sich die Begründung auf jedes Kennzeichen zu erstrecken.[88]

22 Ein Begründungsmangel i. S. d. Nr. 6 liegt ferner vor, wenn einzelne Ansprüche i. S. d. §§ 145, 322 ZPO oder einzelne selbstständige Angriffs- und Verteidigungsmittel i. S. d. §§ 146, 282 ZPO, die ein Beteiligter in das Verfahren eingeführt hat oder die von Amts wegen zu prüfen sind, durch das Gericht überhaupt nicht berücksichtigt wurden oder eine Beweiswürdigung erhobener Beweise gänzlich fehlt. Voraussetzung ist allerdings auch hier, dass der Begründungsmangel sich auf einen Tatbestand bezieht, der aus sich heraus rechtsbegründend, -vernichtend, -hindernd oder -erhaltend sein kann.[89] Dies gilt beispiels-

---

82 Vgl. u. a. BGH, GRUR 1963, 645, 646 – Warmpressen; GRUR 1977, 214, 215 – Aluminiumdraht; GRUR 1980, 984, 985 – Tomograph; GRUR 1990, 110 – Rechtliches Gehör; BGH, GRUR 2006, 929, 930 – Rohrleitungsprüfverfahren; BGH, GRUR-RR 2008, 458, 459 f. – Durchflusszähler.

83 BGH, Mitt. 2003, 70 f.

84 BGH, Mitt. 2003, 88 – Außerachtlassen einer entgegenstehenden Entscheidung.

85 BGH, NJOZ 2009, 296, 300 – Christkindles Glühwein.

86 BGH, Mitt. 2002, 186, 187 – steuertip; BGH, Mitt. 2003, 88 – Außerachtlassen einer entgegenstehenden Entscheidung; BGH, GRUR 2008, 518 – Karl May; BGH, GRUR 2009, 992, 993 – Schuhverzierung; vgl. a. BGH, GRUR 1987, 286 – Emissionssteuerung; GRUR 1989, 494, 495 – Schrägliegeeinrichtung – jeweils m. w. N.

87 BGH, GRUR 1991, 442, 443 – Pharmazeutisches Präparat.

88 BGH, WRP 2004, 1285, 1286 – Regiopost/Regional Post.

89 Vgl. im PatG BGH, GRUR 1964, 20 l, 202 – Elektroschleifgerät; GRUR 1964, 259 f. – Schreibstift; vgl. auch GRUR 1974, 419 – Oberflächenprofilierung; ferner GRUR 1990, 33, 34 – Schüsselmühle; BGH, GRUR 1992, 159, 161 – Crackkatalysator II.

weise für den Vortrag der rechtserhaltenden Benutzung oder die Einrede der Nichtbenutzung.

Kein Begründungsmangel liegt darin, dass das BPatG sich mit der höchstrichterlichen **23** Rechtsprechung nicht auseinandergesetzt oder diese nicht berücksichtigt hat, da diese Frage die sachliche Richtigkeit der Entscheidung und nicht das formale Kriterium ihrer Begründung betrifft.

VI. Anschlussrechtsbeschwerde

Entsprechend § 574 Abs. 4 ZPO kann durch den Rechtsbeschwerdegegner *Anschluss-* **24** *rechtsbeschwerde* sowohl bei zugelassener Rechtsbeschwerde als auch bei zulassungsfreier Rechtsbeschwerde eingelegt werden.[90] Die Anschlussrechtsbeschwerde kann nur innerhalb eines Monats nach Zustellung der Rechtsbeschwerdebegründung eingelegt werden und muss auch innerhalb dieser Frist begründet werden (§ 574 Abs. 4 ZPO). Ist die Rechtsbeschwerde zulassungsfrei, so unterliegt auch die Anschlussrechtsbeschwerde keiner Einschränkung hinsichtlich der Rügegründe. Sofern die Rechtsbeschwerde allerdings nicht zugelassen ist, kommt eine Anschlussrechtsbeschwerde lediglich in Betracht, wenn ein Rügegrund i. S. d. § 83 Abs. 3 vorliegt.

---

90 BGH, GRUR 1983, 725, 727 – Ziegelsteinformling.

§ 84
Beschwerdeberechtigung; Beschwerdegründe

(1) Die Rechtsbeschwerde steht den am Beschwerdeverfahren Beteiligten zu.

(2) Die Rechtsbeschwerde kann nur darauf gestützt werden, dass der Beschluss auf einer Verletzung des Rechts beruht. Die §§ 546 und 547 der Zivilprozessordnung gelten entsprechend.

Übersicht

I. Allgemeines

1   § 84 regelt die Fragen, wer die Rechtsbeschwerde einzulegen berechtigt ist (Abs. 1) und auf welche Gründe eine Rechtsbeschwerde gestützt werden kann (Abs. 2). Auf die Parallelvorschrift des § 101 PatG wird verwiesen.

II. Rechtsbeschwerdeberechtigung (Abs. 1)

2   Zur Rechtsbeschwerde sind nach § 84 Abs. 1 *alle am Beschwerdeverfahren Beteiligten* berechtigt. Dies gilt allerdings nur, sofern der jeweilige Beteiligte durch die anzufechtende Beschwerdeentscheidung in ihrem *Ergebnis* (und nicht nur durch die Entscheidungsgründe) beschwert ist.[1] Die Beschwer muss allerdings nicht gerade von der Rechtsfrage ausgehen, zu deren Klärung die Rechtsbeschwerde zugelassen wurde; die Zulassung der Rechtsbeschwerde eröffnet vielmehr die Überprüfung der Entscheidung in jeder Hinsicht.[2] Beschwert ist im einseitigen Verfahren regelmäßig der *Markenanmelder*, dessen Beschwerde gegen die Versagung der Eintragung seitens des BPatG zurückgewiesen wurde. Wenn die Eintragung der angemeldeten Marke auf das vorsorgliche Vorbringen zur Verkehrsdurchsetzung gestützt wird, kann der Anmelder die Entscheidung mangels Beschwer nicht mit dem Ziel anfechten, eine Eintragung ungeachtet der Verkehrsdurchsetzung zu erreichen.[3] Im Widerspruchsverfahren ist der *Inhaber* der angegriffenen Marke beschwert, wenn der Widerspruch in der Beschwerdeinstanz Erfolg hatte. Der *Widersprechende* ist hingegen beschwert, wenn sein Widerspruch seitens des BPatG zurückgewiesen wurde. Häufig können jedoch auch *beide Parteien* beschwert sein. Dies ist insbesondere der Fall, wenn ein Widerspruch in der Beschwerdeinstanz nur teilweise Erfolg hatte. Der *Präsident des DPMA*, der gemäß § 68 Abs. 2 am Beschwerdeverfahren beteiligt war, kann unabhän-

---

1 Vgl. dazu BGH, GRUR 2006, 701 – Porsche 911.
2 BGH, GRUR 1984, 797, 798 – Zinkenkreisel.
3 BGH, GRUR 2006, 701 – Porsche 911.

gig vom Vorliegen einer eigenen Beschwer oder Antragstellung im Beschwerdeverfahren Rechtsbeschwerde einlegen. Es reicht insofern aus, wenn er die Interessen wahrnimmt, die seine Beteiligung am Verfahren veranlasst haben.[4]

III. Rechtsbeschwerdegründe

Die Rechtsbeschwerde eröffnet – wie die Revision – ausschließlich eine *rechtliche Über-* **3** *prüfung* des angegriffenen Beschlusses; nur die Rechtsanwendung durch das BPatG kann gerügt werden, nicht die Tatsachenwürdigung (§ 89 Abs. 2). Mit der Rechtsbeschwerde kann also lediglich gerügt werden, dass durch den angefochtenen Beschluss *sachliches Recht oder Verfahrensrecht verletzt* wurde. Über § 84 Abs. 2 wird dabei auf § 546 ZPO verwiesen. Danach ist das Recht verletzt, wenn eine Rechtsnorm nicht oder nicht richtig angewendet worden ist. Darunter fällt die Verletzung jeder Rechtsnorm im Sinne eines Gesetzes oder einer Verordnung, nicht jedoch die Abweichung von einer bisherigen Rechtsprechung oder Praxis oder deren Aufgabe.

Der angegriffene Beschluss *„beruht"* auf einer Verletzung des Rechts i. S. d. Abs. 2 S. 1, **4** wenn die zutreffende Gesetzesanwendung zu einem anderen Ergebnis geführt hätte oder verfahrensrechtlich die Möglichkeit eines anderen Ergebnisses gegeben ist (Kausalität). Durch Verweisung auf die absoluten Revisionsgründe der ZPO (§ 547) führt § 84 Abs. 2 S. 2 *absolute Rechtbeschwerdegründe* ein, die unabhängig von ihrer Ursächlichkeit für die Entscheidung des BPatG zur Begründetheit der Rechtsbeschwerde führen. Diese Verfahrensverstöße der ZPO laufen teilweise parallel zu den Regelungen über die Statthaftigkeit nach § 83 Abs. 3. Es handelt sich also um sog. *doppeltrelevante Umstände*, die einerseits für die Zulässigkeit, andererseits für die Begründetheit der Rechtsbeschwerde Bedeutung besitzen.

---

4 BGH, GRUR 1989, 103, 104 – Verschlussvorrichtung für Gießkannen.

§ 85
Förmliche Voraussetzungen

(1) Die Rechtsbeschwerde ist innerhalb eines Monats nach Zustellung des Beschlusses beim Bundesgerichtshof schriftlich einzulegen.

(2) In dem Rechtsbeschwerdeverfahren vor dem Bundesgerichtshof gelten die Bestimmungen des § 142 über die Streitwertbegünstigung entsprechend.

(3) Die Rechtsbeschwerde ist zu begründen. Die Frist für die Begründung beträgt einen Monat. Sie beginnt mit der Einlegung der Rechtsbeschwerde und kann auf Antrag vom Vorsitzenden verlängert werden.

(4) Die Begründung der Rechtsbeschwerde muss enthalten

1. die Erklärung, inwieweit der Beschluss angefochten und seine Abänderung oder Aufhebung beantragt wird,
2. die Bezeichnung der verletzten Rechtsnorm und
3. wenn die Rechtsbeschwerde auf die Verletzung von Verfahrensvorschriften gestützt wird, die Bezeichnung der Tatsachen, die den Mangel ergeben.

(5) Vor dem Bundesgerichtshof müssen sich die Beteiligten durch einen beim Bundesgerichtshof zugelassenen Rechtsanwalt als Bevollmächtigten vertreten lassen. Auf Antrag eines Beteiligten ist seinem Patentanwalt das Wort zu gestatten. Von den Kosten, die durch die Mitwirkung eines Patentanwalts entstehen, sind die Gebühren nach § 13 des Rechtsanwaltsvergütungsgesetzes und außerdem die notwendigen Auslagen des Patentanwalts zu erstatten.

Übersicht

I. Allgemeines

1 § 85 regelt die *formellen Voraussetzungen der Rechtsbeschwerde* (Parallelvorschrift § 102 PatG). Die Überprüfung der in § 85 geregelten Zulässigkeitsvoraussetzungen erfolgt nach § 86 S. 1 von Amts wegen, also auch ohne Rüge eines anderen Verfahrensbeteiligten. Die Rechtsbeschwerde wird nach § 86 S. 2 als unzulässig verworfen, wenn die förmlichen Voraussetzungen des § 85 nicht gewahrt sind.

II. Frist, Form

2 Nach § 85 Abs. 1 ist die Rechtsbeschwerde *innerhalb eines Monats* ab Zustellung der Beschwerdeentscheidung einzureichen. Die Rechtsbeschwerde muss *beim BGH* (iudex ad

quem) eingelegt werden und von einem der beim BGH zugelassenen Rechtsanwälte unterzeichnet sein.[1] Die Rechtsbeschwerdefrist ist auch dann schon mit dem Zeitpunkt der Unterzeichnung des Empfangsbekenntnisses durch den bevollmächtigten Rechtsanwalt in Gang gesetzt, wenn dieser nach der Unterzeichnung sein Büro anweist, das Empfangsbekenntnis noch nicht an das Gericht zurückzusenden, um den Lauf der Rechtsmittelfrist noch berechnen und notieren zu können, das Empfangsbekenntnis wegen eines Büroversehens jedoch schon vorher zu den Gerichtsakten gereicht wird.[2] Die Rechtsbeschwerde wird ohne Vorauszahlung von Gebühren eingelegt.

III. Begründung

Die Rechtsbeschwerde muss nach § 85 Abs. 3 und 4 begründet werden. Eine nur teilweise **3** Begründung (z. B. nur hinsichtlich eines Teils der in Rede stehenden Waren oder Dienstleistungen der betroffenen Markeneintragung) führt zur teilweisen Unzulässigkeit der Rechtsbeschwerde.[3] Die Frist für die Begründung beträgt *einen Monat* und beginnt mit der Einlegung der Rechtsbeschwerde. Sie kann auf Antrag des Beschwerdeführers durch den BGH verlängert werden. Einem ersten Antrag auf Fristverlängerung wird grundsätzlich stattgegeben.

Mit der Begründung der Rechtsbeschwerde ist gleichzeitig zu erklären, in welchem Um- **4** fang und inwieweit der Beschluss des BPatG angefochten und dessen Aufhebung beantragt wird (Abs. 4 Nr. 1). Soweit Verfahrensfehler mit der Rechtsbeschwerde gerügt werden sollen, müssen diese in der Beschwerdebegründung bereits bezeichnet werden. Hierzu genügt allerdings, dass die den Verfahrensfehler bildenden Tatsachen dargelegt werden. Rechtliche Würdigungen oder Ausführungen können zu jedem Zeitpunkt des Verfahrens ergänzt, vertieft oder nachgeholt werden. In der Begründung der Rechtsbeschwerde muss ferner das *Rechtsschutzziel* des Beschwerdeführers dargelegt werden. Ein förmlicher Antrag ist – wenngleich üblich – gesetzlich nicht vorgesehen und daher auch nicht notwendig. Dessen ungeachtet ist nach h. M.[4] dem BGH eine eigene Entscheidung in der Sache ohnehin verwehrt, § 89 Abs. 4. Der BGH kann der Rechtsbeschwerde lediglich *stattgeben*, die *angegriffene Entscheidung aufheben* und die Sache an das BPatG *zurückverweisen* oder aber die Rechtsbeschwerde *zurückweisen* oder *verwerfen*.

Nach Ablauf der Begründungsfrist können Verfahrensmängel, die nicht von Amts wegen **5** zu berücksichtigen sind, nicht mehr geltend gemacht oder nachgeschoben werden (§ 557 Abs. 3 S. 2 i. V. m. § 551 Abs. 2 ZPO). Nach § 88 Abs. 1 i. V. m. §§ 233 ff. ZPO ist allerdings eine Wiedereinsetzung in die Versäumung der Begründungsfrist möglich. Die Frist zur Begründung der Rechtsbeschwerde beginnt nach § 85 Abs. 3 S. 3 auch dann mit der Einlegung der Rechtsbeschwerde, wenn der Rechtsbeschwerdeführer nach Bewilligung von Verfahrenskostenhilfe Rechtsbeschwerde einlegt und Wiedereinsetzung in den vorigen Stand gegen die Versäumung der Frist zur Einlegung der Rechtsbeschwerde beantragt.[5]

---

1 BGH, GRUR 1985, 1052, 1053 – LECO.
2 BGH, GRUR 2007, 261 – Empfangsbekenntnis.
3 BGH, GRUR 2006, 679, 682 – Porsche Boxster; BGH, GRUR 2006, 701, 702 – Porsche 911.
4 *Fezer*, § 85 Rn. 8.
5 BGH, GRUR 2009, 427 – ATOZ II, Leitsatz.

Die Unterzeichnung der Beschwerdebegründung muss – wie jede andere Verfahrenshandlung auch – durch einen beim BGH zugelassenen Rechtsanwalt vorgenommen werden.

IV. Anwaltszwang

6 Nach § 85 Abs. 5 ist im Rechtsbeschwerdeverfahren die Vertretung durch einen beim BGH zugelassenen Rechtsanwalt vorgeschrieben. Sie gilt für alle Verfahrenshandlungen im Rechtsbeschwerdeverfahren von der Einlegung bis zur Zurücknahme der Rechtsbeschwerde. Dies gilt jedoch nicht für die Rücknahme des dem Verfahren zugrunde liegenden, beim DPMA oder dem BPatG gestellten Antrags oder der Beschwerde vor Rechtskraft der Beschwerdeentscheidung (wie etwa die Markenanmeldung, den Widerspruch, Löschungsantrag etc.).[6] Patentanwälte sind nicht vertretungsberechtigt; nach Abs. 5 S. 2 haben sie jedoch das Recht auf Worterteilung in der mündlichen Verhandlung sowie auf Kostenerstattung nach Abs. 5 S. 3. Ist ein Beteiligter in der mündlichen Verhandlung nicht ordnungsgemäß vertreten, ist trotzdem in der Sache zu entscheiden, da keine Säumnisfolgen vorgesehen sind.[7]

V. Kosten

7 Die Gerichtskosten des Rechtsbeschwerdeverfahrens richten sich nach dem GKG und sind damit streitwertabhängig (§ 3 Abs. 1 GKG). Die Rechtsanwaltsgebühren richten sich nach § 2 RVG i.V.m. Nr. 3208 ff. des Vergütungsverzeichnisses. Auch die Kosten, die durch die Mitwirkung eines Patentanwaltes entstehen, sind nach Abs. 5 S. 3 (bei mehreren Mandanten einschließlich der Erhöhungsgebühr) erstattungsfähig. Die Beschränkung der Erstattungsfähigkeit der Patentanwaltskosten auf lediglich eine Gebühr ist mit dem 1.1.2002 entfallen.

---

6 Vgl. BGH, GRUR 1974, 465 f. – Lomapect.
7 BGH, WRP 2001, 1082 = GRUR 2001, 1151, 1152 – marktfrisch.

Donle

§ 86
Prüfung der Zulässigkeit

Der Bundesgerichtshof hat von Amts wegen zu prüfen, ob die Rechtsbeschwerde an sich statthaft und ob sie in der gesetzlichen Form und Frist eingelegt und begründet ist. Liegen die Voraussetzungen nicht vor, so ist die Rechtsbeschwerde als unzulässig zu verwerfen.

Nach § 86 S. 1 müssen die Zulässigkeitsvoraussetzungen der Rechtsbeschwerde vom **1** BGH *von Amts wegen* überprüft werden; dies entspricht den Grundsätzen im Berufungs- und Revisionsverfahren (Parallelvorschrift § 104 PatG). Fehlen Zulässigkeitsvoraussetzungen, so ist die Rechtsbeschwerde vom BGH nach § 86 S. 2 durch Beschluss nach § 89 Abs. 1 und 3 *als unzulässig zu verwerfen.*[1] Eine mündliche Verhandlung ist nicht erforderlich; rechtliches Gehör ist allerdings zu gewähren.

---

1 Z. B. BGH, GRUR 2008, 732 – Tegeler Floristik.

§ 87
Mehrere Beteiligte

(1) Sind an dem Verfahren über die Rechtsbeschwerde mehrere Personen beteiligt, so sind die Beschwerdeschrift und die Beschwerdebegründung den anderen Beteiligten mit der Aufforderung zuzustellen, etwaige Erklärungen innerhalb einer bestimmten Frist nach Zustellung beim Bundesgerichtshof schriftlich einzureichen. Mit der Zustellung der Beschwerdeschrift ist der Zeitpunkt mitzuteilen, in dem die Rechtsbeschwerde eingelegt ist. Die erforderliche Zahl von beglaubigten Abschriften soll der Beschwerdeführer mit der Beschwerdeschrift oder der Beschwerdebegründung einreichen.

(2) Ist der Präsident des Patentamts nicht am Verfahren über die Rechtsbeschwerde beteiligt, so ist § 68 Abs. 1 entsprechend anzuwenden.

1   § 87 betrifft das Verfahren vor dem BGH in Fällen, in denen *mehrere Beteiligte* vorhanden sind. Dies sind in dem Verfahren über die Rechtsbeschwerde die Beteiligten des Beschwerdeverfahrens, ggf. aber auch ein erst nach Abschluss des Beschwerdeverfahrens beitretender Nebenintervenient.[1] § 87 Abs. 1 bestimmt, dass die Rechtsbeschwerdeschrift und -begründung an die Beteiligten zugestellt und ihnen eine Frist zur Stellungnahme – zur Gewährung rechtlichen Gehörs – gesetzt wird.

2   Entsprechend § 68 Abs. 1 kann der Präsident des DPMA auch im Rechtsbeschwerdeverfahren *mitwirken* (§ 87 Abs. 2), sofern er nicht bereits aufgrund seines *Beitritts im Beschwerdeverfahrens* den Regelungen des § 87 Abs. 1 unterfällt. Hat das BPatG dem Präsidenten des DPMA den Beitritt bereits im Beschwerdeverfahren nach § 68 Abs. 2 anheim gegeben, kann dieser auch noch im Rechtsbeschwerdeverfahren beitreten.[2] Dabei muss auch er sich durch einen beim BGH zugelassenen Anwalt vertreten lassen. Hatte das BPatG dem Präsidenten des DPMA einen Beitritt erstmals im Beschwerdeverfahren hingegen nicht anheim gegeben, ist ein Verfahrensbeitritt in der Rechtsbeschwerdeinstanz nicht mehr möglich, da § 87 Abs. 2 nicht auch auf § 68 Abs. 2 verweist. Der Präsident des DPMA kann also in einem solchen Fall zwar schriftliche Stellungnahmen abgeben, wird aber nicht formell Verfahrensbeteiligter, weshalb in diesem Fall eine anwaltliche Vertretung nicht notwendig ist.[3]

---

1 Vgl. BGH, GRUR 1968, 86, 87 – Ladegerät (zur inhaltsgleichen Vorschrift des § 105 PatG).
2 Vgl. *Ströbele/Hacker*, § 87 Rn. 10; differenziert *Ingerl/Rohnke*, § 87 Rn. 4.
3 *Ströbele/Hacker*, § 85 Rn. 14.

§ 88
Anwendung weiterer Vorschriften

(1) Im Verfahren über die Rechtsbeschwerde gelten die Vorschriften der Zivilprozess-ordnung über die Ausschließung und Ablehnung der Gerichtspersonen (§§ 41 bis 49), über Prozessbevollmächtigte und Beistände (§§ 78 bis 90), über Zustellungen von Amts wegen (§§ 166 bis 190), über Ladungen, Termine und Fristen (§§ 214 bis 229) und über Wiedereinsetzung in den vorigen Stand (§§ 233 bis 238) entsprechend. Im Falle der Wiedereinsetzung in den vorigen Stand gilt § 91 Abs. 8 entsprechend.

(2) Für die Öffentlichkeit des Verfahrens gilt § 67 Abs. 2 und 3 entsprechend.

§ 88 verweist zur ergänzenden Regelung des Verfahrens über die Rechtsbeschwerde auf Vorschriften der ZPO und des MarkenG (betreffend das Beschwerdeverfahren). Die Bestimmung ist inhaltlich deckungsgleich mit § 106 PatG.   **1**

Gemäß § 88 Abs. 1 gelten im Verfahren über die Rechtsbeschwerde die Vorschriften der ZPO über die Ausschließung und Ablehnung der Gerichtspersonen (§§ 41–49 ZPO), über Prozessbevollmächtigte und Beistände (§§ 78–90 ZPO), über Zustellungen von Amts wegen (§§ 166–190 ZPO), über Ladungen, Termine und Fristen (§§ 214–229 ZPO) und über Wiedereinsetzung in den vorigen Stand (§§ 233–238 ZPO) entsprechend. Nach § 88 Abs. 1 S. 2 erstreckt sich der Schutz gutgläubiger Dritter, die durch die Wiedereinsetzung in den vorigen Stand einer schon erloschenen Marke Verletzungshandlungen begangen hätten, gemäß § 91 Abs. 8 auch auf die Wiedereinsetzung im Rechtsbeschwerdeverfahren.   **2**

Darüber hinaus sind weitere Vorschriften der ZPO, des GVG und des MarkenG entsprechend anwendbar, sofern das MarkenG in §§ 83 ff. für die Rechtsbeschwerde keine abweichenden Bestimmungen getroffen hat. In Betracht kommen insbesondere die Vorschriften der ZPO über das Revisionsverfahren und die Bestimmungen des MarkenG über das Beschwerdeverfahren einschließlich des Verweises auf das GVG in § 82 Abs. 1 S. 1.[1]   **3**

In Ermangelung einer Vorschrift des MarkenG über die Einsicht der Verfahrensbeteiligten in die Gerichtsakten des BGH im Rechtsbeschwerdeverfahren ist § 299 Abs. 1 ZPO entsprechend anzuwenden. Über die Akteneinsichtsgesuche von Dritten ist nach § 82 Abs. 3 analog zu entscheiden.   **4**

Die *Öffentlichkeit* des Rechtsbeschwerdeverfahrens richtet sich gemäß § 88 Abs. 2 nach den entsprechenden Vorschriften für die Beschwerde, d.h. § 67 Abs. 2 und 3 gelten entsprechend.   **5**

---

1 Vgl. *Ströbele/Hacker*, § 88 Rn. 8.

§ 89
Entscheidung über die Rechtsbeschwerde

(1) Die Entscheidung über die Rechtsbeschwerde ergeht durch Beschluss. Die Entscheidung kann ohne mündliche Verhandlung getroffen werden.

(2) Der Bundesgerichtshof ist bei seiner Entscheidung an die in dem angefochtenen Beschluss getroffenen tatsächlichen Feststellungen gebunden, außer wenn in Bezug auf diese Feststellungen zulässige und begründete Rechtsbeschwerdegründe vorgebracht sind.

(3) Die Entscheidung ist zu begründen und den Beteiligten von Amts wegen zuzustellen.

(4) Im Falle der Aufhebung des angefochtenen Beschlusses ist die Sache zur anderweitigen Verhandlung und Entscheidung an das Patentgericht zurückzuverweisen. Das Patentgericht hat die rechtliche Beurteilung, die der Aufhebung zugrunde gelegt ist, auch seiner Entscheidung zugrunde zu legen.

Übersicht

I. Allgemeines

1 Die Vorschrift regelt die Entscheidung des BGH über die Rechtsbeschwerde (Abs. 1), den Umfang der Prüfung durch den BGH (Abs. 2), die Begründungspflicht (Abs. 3) sowie die Aufhebung des angefochtenen Beschlusses (Abs. 4). § 88 entspricht inhaltlich den §§ 107 und 108 PatG.

II. Entscheidung des BGH

2 Der BGH entscheidet über die Rechtsbeschwerde durch *Beschluss*, unabhängig davon, ob mündlich verhandelt wurde oder nicht (§ 89 Abs. 1 S. 1). Die Entscheidung kann nach dem Ermessen des Gerichts *ohne mündliche Verhandlung* getroffen werden. Rechtliches Gehör ist den Beteiligten zumindest durch die Gelegenheit der schriftlichen Stellungnahme zu gewähren. Ist eine Partei in der angeordneten mündlichen Verhandlung nicht vertreten, so ist dennoch in der Sache zu entscheiden, da Säumnisfolgen im Rechtsbeschwerdeverfahren nach dem Markengesetz nicht vorgesehen sind.[1]

---

1 BGH, GRUR 2007, 321, 322 – COHIBA m. w. N.; BGH, BeckRS 2009, 12963.

III. Prüfungsumfang und -grundlage

Der *Prüfungsumfang* richtet sich danach, ob die Rechtsbeschwerde *zugelassen* oder *zulassungsfrei* eingelegt wurde. Im Falle der Zulassung überprüft der BGH den angefochtenen Beschluss im Rahmen der §§ 83 Abs. 2, 84 Abs. 2 auf *jeden Gesetzesverstoß*, d. h. auf alle in Betracht kommenden materiell-rechtlichen Gesichtspunkte.[2] Im Gegensatz dazu eröffnet die zulassungsfreie Rechtsbeschwerde lediglich die Überprüfung, ob die vorgebrachte Rüge nach § 83 Abs. 3 tatsächlich eingreift, da ansonsten durch bloßes Behaupten einer der in § 83 Abs. 3 genannten Fehler der Weg zur völligen Überprüfung durch die Rechtsbeschwerde eröffnet wäre;[3] vgl. § 83 Rn. 10 f. **3**

Der Entscheidung sind nach § 89 Abs. 2 grundsätzlich die tatsächlichen Feststellungen aus dem angefochtenen Beschluss und der Niederschrift über eine mündliche Verhandlung zugrunde zu legen. Davon ist nur der Fall auszunehmen, dass der Beschwerdeführer gerade in Bezug auf diese Feststellungen zulässige und begründete Rechtsbeschwerdegründe vorbringt. Neues tatsächliches Vorbringen der Parteien im Rechtsbeschwerdeverfahren ist jedoch unzulässig.[4] Die Rücknahme von Verfahrensanträgen ist hingegen zu berücksichtigen.[5] **4**

IV. Begründungspflicht

Nach § 89 Abs. 3 muss der BGH seine Entscheidung über die Rechtsbeschwerde *begründen*. Der Beschluss ist den Beteiligten von Amts wegen gemäß §§ 166 ff. ZPO i. V. m. § 88 Abs. 1 S. 1 zuzustellen. **5**

V. Zurückweisung, Aufhebung, Zurückverweisung

Bleibt die Rechtsbeschwerde erfolglos, verwirft der BGH sie entweder als unzulässig (§ 86) oder er weist sie als unbegründet zurück. Ist die Rechtsbeschwerde begründet, hebt der BGH den angefochtenen Beschluss auf und verweist – sofern über die Aufhebung hinaus noch eine Sachentscheidung erforderlich ist[6] – die Sache zur anderweitigen Verhandlung und Entscheidung an das BPatG zurück (§ 89 Abs. 4). In diesem Fall hat das BPatG die rechtliche Beurteilung des BGH, die der Aufhebung zugrunde liegt, in seiner Entscheidung zu berücksichtigen.[7] Die Bindung an die rechtliche Beurteilung des BGH ist jedoch **6**

---

2 Vgl. BGH, WRP 1997, 755 = GRUR 1997, 527, 528 – Autofelge; BGH, GRUR 2010, 231, 232 – Legostein.

3 Vgl. BGH, GRUR 1994, 215 – Boy.

4 BGH, GRUR 1966, 28, 29 – Darmreinigungsmittel; GRUR 1993, 655, 656 – Rohrausformer.

5 *Ingerl/Rohnke*, § 89 Rn. 4 m. w. N.; z. B. Rücknahme des Widerspruchs BGH, BeckRS 2007, 17557.

6 Z. B. BGH, GRUR 2011, 654, 656 – Yoghurt-Gums; vgl. auch BGH, GRUR 1990, 109, 110 – Weihnachtsbrief, zu § 108 PatG.

7 Z. B. BGH, BeckRS 2011, 07097 – CORDARONE = GRUR-RR 2011, 343; Parallelentscheidungen vom selben Tage: BGH, BeckRS 2011, 07098 – Ivadal, und BGH, BeckRS 2011, 07099 – FLIXOTIDE; BPatG, ZUM-RD 2011, 201, 204.

auf die Punkte beschränkt, deren unzutreffende Würdigung zur Aufhebung der Entscheidung des BPatG geführt hat. Die Bindung an die rechtliche Beurteilung entfällt, wenn sich die Rechtslage oder die rechtliche Beurteilung (rückwirkend) durch übergeordnete gerichtliche Entscheidungen geändert hat, erst recht, wenn die Änderung der Rechtsauffassung des BGH nicht kraft eigener Erkenntnis erfolgt ist, sondern auf eine Entscheidung des EuGH zur Auslegung einer Richtlinie zurückgeht.[8] Die vorrangige Bindungswirkung der Auslegung des EuGH gegenüber der in einem Zurückverweisungsbeschluss des BGH zugrunde gelegten Rechtsansicht ist auch dann gegeben, wenn dem Zurückverweisungsbeschluss eine Vorlage des BGH an den EuGH vorausgegangen ist, sofern sich die EuGH-Rechtsprechung im Nachhinein geändert hat oder in einem wesentlichen Punkt präzisiert wurde; die Bindungswirkung steht auch nicht einer Vorlage an den EuGH seitens des BPatG entgegen.[9] Im Übrigen ist das BPatG nach der Zurückverweisung in seiner Entscheidung frei.[10] Schiebt das BPatG dann Gründe nach, um seine ursprüngliche Entscheidung aufrechtzuerhalten, kann es für die Beteiligten zu einem unzumutbaren Zeitverlust kommen. So wurde in einem extremen Fall über die Marke „BONUS" vor dem BPatG und BGH jeweils zweimal verhandelt, was zu einem insgesamt 14 Jahre dauernden Eintragungsverfahren geführt hat.[11] Eine wegen eines Verfahrensfehlers an sich gebotene Zurückverweisung an das BPatG kann unterbleiben, wenn dem BGH eine Entscheidung in der Sache ohne Weiteres möglich ist und die Zurückverweisung eine überflüssige, prozessökonomisch sinnwidrige Maßnahme darstellt.[12] Die Vorschrift des § 89 will lediglich verhindern, dass der BGH mit einer in der Sache etwa noch zu treffenden Entscheidung belastet wird, zu der er vielfach, z. B. wenn es um die Erteilung eines Schutzrechts geht, selbst nicht in der Lage ist.[13] Wiedereinsetzungen in Fristen vor dem BPatG kann der BGH selbst gewähren, da § 89 Abs. 4 S. 1 nur abschließende Sachentscheidungen im Rechtsbeschwerdeverfahren entgegensteht, wozu die Entscheidung über den Wiedereinsetzungsantrag nicht zählt.[14]

---

8 BGH, GRUR 2007, 55, 56 – Farbmarke gelb/grün II.

9 BPatG, GRUR 2006, 946, 948 – Taschenlampen II.

10 Vgl. BGH, GRUR 1967, 548, 551 – Schweißelektrode II.

11 BPatG, GRUR 1995, 737 und GRUR 1999, 740, 743 – BONUS I und II; BGH, GRUR 1998, 465 und GRUR 2002, 816 – BONUS I und II; dazu *Ingerl*, BPatG und BGH – Bundesgerichte im markenrechtlichen Dialog, MarkenR 2002, 368 f.

12 Vgl. BGH, GRUR 1998, 394, 396 – Active Line; BGH, GRUR 2006, 503 – Casino Bremen.

13 Vgl. BGH, GRUR 1990, 109, 110 – Weihnachtsbrief.

14 BGH, GRUR 2008, 837, 838 – Münchner Weißwurst.

§ 89a
Abhilfe bei Verletzung des Anspruchs
auf rechtliches Gehör

Auf die Rüge der durch die Entscheidung beschwerten Partei ist das Verfahren fortzuführen, wenn das Gericht den Anspruch dieser Partei auf rechtliches Gehör in entscheidungserheblicher Weise verletzt hat. Gegen eine der Endentscheidung vorausgehende Entscheidung findet die Rüge nicht statt. § 321a Abs. 2 bis 5 der Zivilprozessordnung ist entsprechend anzuwenden.

§ 89a wurde neu eingefügt durch Art. 5.5 des *Gesetzes zur Änderung des patentrechtlichen Einspruchverfahrens und des Patentkostengesetzes* vom 21.6.2006, in Kraft ab 1.7.2006 (Parallelvorschrift § 122a PatG). § 89a eröffnet dem BGH die Möglichkeit zur Selbstkorrektur bei Gehörsverletzungen in letzter Instanz und dient damit auch der Entlastung des BVerfG.[1] **1**

Damit die Vorschrift des § 89a greift, muss eine neue und eigenständige Verletzung des rechtlichen Gehörs im Rechtsbeschwerdeverfahren durch den BGH vorliegen und nicht nur in den Vorinstanzen, für andere Verfahrensverstöße gilt § 89a nicht.[2] Die weiteren Voraussetzungen entsprechen denen des § 321a ZPO (siehe entsprechende Kommentierung zu § 321a ZPO). Die beschwerte Partei muss innerhalb von zwei Wochen nach Kenntniserlangung von der Gehörsverletzung die Anhörungsrüge – in der Regel also zwei Wochen nach Zustellung der Endentscheidung (§ 89a S. 2)[3] – schriftlich und begründet beim BGH einlegen (§ 89a S. 3 i.V.m. § 321a Abs. 2 ZPO). Die Einlegung muss durch einen beim BGH zugelassenen Rechtsanwalt erfolgen (§ 85 Abs. 5).[4] **2**

Bei Begründetheit der Anhörungsrüge wird das Verfahren fortgesetzt und in die Lage zurückversetzt, in der es sich vor dem Schluss der mündlichen Verhandlung befand (§ 89a S. 3 i.V.m. § 321a Abs. 5 S. 1, S. 2 ZPO). Im schriftlichen Verfahren tritt an die Stelle der mündlichen Verhandlung der Zeitpunkt, bis zu dem Schriftsätze eingereicht werden können (§ 321a Abs. 5 S. 4 ZPO). Andernfalls ist die Anhörungsrüge gemäß § 321a Abs. 4 S. 2, S. 3 ZPO als unzulässig zu verwerfen bzw. als unbegründet zurückzuweisen.[5] Der Beschluss ist unanfechtbar (§ 321a Abs. 4 S. 4 ZPO). **3**

---

1 *Fezer*, § 89a Rn. 3 f.
2 BGH, GRUR 2008, 932, 933 – Gehörsrügenbegründung.
3 So auch *Ingerl/Rohnke*, § 89a Rn. 4.
4 Vgl. BGH, Beschluss vom 16.7.2009 – I ZB 41/09, zit. in BeckRS 2009, 20751; BGH, Beschluss vom 9.12.2009 – I ZB 82/09, zit. in BeckRS 2009, 89442, jeweils zu § 321a ZPO.
5 Siehe als Bsp. für eine unbegründete Anhörungsrüge BGH, GRUR 2008, 1005 – Deutschland-Card.

§ 90
Kostenentscheidung

(1) Sind an dem Verfahren mehrere Personen beteiligt, so kann der Bundesgerichtshof bestimmen, dass die Kosten des Verfahrens einschließlich der den Beteiligten erwachsenen Kosten, soweit sie zur zweckentsprechenden Wahrung der Ansprüche und Rechte notwendig waren, einem Beteiligten ganz oder teilweise zur Last fallen, wenn dies der Billigkeit entspricht. Die Bestimmung kann auch getroffen werden, wenn der Beteiligte die Rechtsbeschwerde, die Anmeldung der Marke, den Widerspruch oder den Antrag auf Löschung ganz oder teilweise zurücknimmt oder wenn die Eintragung der Marke wegen Verzichts oder wegen Nichtverlängerung der Schutzdauer ganz oder teilweise im Register gelöscht wird. Soweit eine Bestimmung über die Kosten nicht getroffen wird, trägt jeder Beteiligte die ihm erwachsenen Kosten selbst.

(2) Wird die Rechtsbeschwerde zurückgewiesen oder als unzulässig verworfen, so sind die durch die Rechtsbeschwerde veranlassten Kosten dem Beschwerdeführer aufzuerlegen. Hat ein Beteiligter durch grobes Verschulden Kosten veranlasst, so sind ihm diese aufzuerlegen.

(3) Dem Präsidenten des Patentamts können Kosten nur auferlegt werden, wenn er die Rechtsbeschwerde eingelegt oder in dem Verfahren Anträge gestellt hat.

(4) Im Übrigen gelten die Vorschriften der Zivilprozessordnung über das Kostenfestsetzungsverfahren (§§ 103 bis 107) und die Zwangsvollstreckung aus Kostenfestsetzungsbeschlüssen (§§ 724 bis 802) entsprechend.

Übersicht

I. Allgemeines

1 In Ergänzung zu §§ 63 und 71 enthält § 90 die Regelung der Kostenverteilung im Rechtsbeschwerdeverfahren *mit mehreren Beteiligten* (Parallelvorschrift § 109 PatG).

II. Einseitiges Verfahren

2 Im *einseitigen Rechtsbeschwerdeverfahren* wird keine Kostenentscheidung getroffen. Hier trägt der Beschwerdeführer die Gerichtskosten sowie seine eigenen außergerichtlichen Kosten ungeachtet des Verfahrensausgangs selbst (vgl. a. § 71 Rn. 5). Allein von der Erhebung der Gerichtskosten kann bei unrichtiger Sachbehandlung abgesehen werden (§ 21 GKG).

III. Verfahren mit mehreren Beteiligten

Für das Verfahren mit mehreren Beteiligten enthält § 90 eine von der entsprechenden Regelung in §§ 63 und 71 abweichende Regelung. Die Bestimmung differenziert insoweit nach der *erfolgreichen* und der *erfolglosen* Rechtsbeschwerde. Für *die erfolglose (unzulässige oder unbegründete)* Rechtsbeschwerde bestimmt Abs. 2 S. 1, dass die Kosten dem Beschwerdeführer aufzuerlegen sind. Diese Kostenauferlegung ist im Fall der erfolglosen Rechtsbeschwerde zwingend, Raum für eine Billigkeitsentscheidung bleibt insoweit nicht.[1] Bei einer *teilweise erfolglosen* Rechtsbeschwerde kommt es hingegen zu einer Billigkeitsentscheidung nach Abs. 1 S. 1, wonach die Kosten einem Beteiligten ganz oder teilweise auferlegt werden können.   3

Die *Rücknahme* der Rechtsbeschwerde wird wie eine erfolglose Rechtsbeschwerde behandelt; die Kosten fallen in Übereinstimmung mit §§ 516 Abs. 3, 565 ZPO also in aller Regel dem Rechtsbeschwerdeführer zur Last.[2] Entsprechendes gilt für die Fälle der *Erledigung* der Rechtsbeschwerde durch Rücknahme der Markenanmeldung, des Widerspruchs oder des Löschungsantrags, da in diesem Falle die Rechtsbeschwerde gegenstandslos wird. In sämtlichen Fällen der Rücknahme kommt gem. Abs. 1 S. 2 aber auch eine Billigkeitsentscheidung in Betracht.[3]   4

Kosten, die ein Beteiligter durch *grobes Verschulden* verursacht hat, sind ihm aufzuerlegen (§ 90 Abs. 2 S. 2).   5

Sofern der Präsident des DPMA gemäß § 68 Abs. 2 am Verfahren beteiligt ist, können ihm nach § 90 Abs. 3 Kosten nur dann auferlegt werden, wenn er die Rechtsbeschwerde eingelegt oder in dem Verfahren Anträge gestellt hat.   6

IV. Erstattungsfähige Kosten

Als erstattungsfähige Kosten kommen insbesondere *Gerichtskosten* und *außergerichtliche Kosten* in Betracht. Zu den Grundsätzen kann insoweit auf die Kommentierung zu § 63 Rn. 9 ff. verwiesen werden. Eine Besonderheit ergibt sich im Rechtsbeschwerdeverfahren hinsichtlich der Erstattungsfähigkeit von Patentanwaltskosten. Während in Markenangelegenheiten im Grundsatz eine Doppelvertretung durch Rechts- und Patentanwalt ausscheidet, verlangt § 85 Abs. 5 für das Rechtsbeschwerdeverfahren zwingend die Vertretung durch einen beim BGH zugelassenen Rechtsanwalt. § 85 Abs. 5 S. 3 gestattet jedoch die *Mitwirkung* eines Patentanwalts, dessen Gebühren nach § 13 RVG erstattungsfähig sind.   7

V. Kostenfestsetzungsverfahren

§ 90 Abs. 4 verweist für das Kostenfestsetzungsverfahren und die Zwangsvollstreckung aus Kostenfestsetzungsbeschlüssen auf die Vorschriften der ZPO. Zuständig für den Erlass des Kostenfestsetzungsbeschlusses ist der Rechtspfleger beim BPatG (§ 23 Abs. 1 Nr. 12 RPflG).   8

---

1 BPatG, GRUR 2007, 507, 508 – FUSSBALL WM 2006 II.
2 BGH, GRUR 1967, 553 – Rechtsbeschwerdekosten.
3 BPatG, GRUR 1998, 19 – Puma.

Donle

Abschnitt 7
Gemeinsame Vorschriften

§ 91
Wiedereinsetzung

(1) Wer ohne Verschulden verhindert war, dem Patentamt oder dem Patentgericht gegenüber eine Frist einzuhalten, deren Versäumung nach gesetzlicher Vorschrift einen Rechtsnachteil zur Folge hat, ist auf Antrag wieder in den vorigen Stand einzusetzen. Dies gilt nicht für die Frist zur Erhebung des Widerspruchs und zur Zahlung der Widerspruchsgebühr (§ 6 Abs. 1 Satz 1 Patentkostengesetz).

(2) Die Wiedereinsetzung muss innerhalb von zwei Monaten nach Wegfall des Hindernisses beantragt werden.

(3) Der Antrag muss die Angabe der die Wiedereinsetzung begründenden Tatsachen enthalten. Diese Tatsachen sind bei der Antragstellung oder im Verfahren über den Antrag glaubhaft zu machen.

(4) Die versäumte Handlung ist innerhalb der Antragsfrist nachzuholen. Ist dies geschehen, so kann Wiedereinsetzung auch ohne Antrag gewährt werden.

(5) Ein Jahr nach Ablauf der versäumten Frist kann die Wiedereinsetzung nicht mehr beantragt und die versäumte Handlung nicht mehr nachgeholt werden.

(6) Über den Antrag beschließt die Stelle, die über die nachgeholte Handlung zu beschließen hat.

(7) Die Wiedereinsetzung ist unanfechtbar.

(8) Wird dem Inhaber einer Marke Wiedereinsetzung gewährt, so kann er Dritten gegenüber, die in dem Zeitraum zwischen dem Eintritt des Rechtsverlusts an der Eintragung der Marke und der Wiedereinsetzung unter einem mit der Marke identischen oder ihr ähnlichen Zeichen gutgläubig Waren in den Verkehr gebracht oder Dienstleistungen erbracht haben, hinsichtlich dieser Handlungen keine Rechte geltend machen.

Übersicht

Donle

I. Allgemeines

Die Vorschrift regelt die Wiedereinsetzung bei Verfahren vor dem DPMA und dem BPatG **1**
(Parallelvorschrift § 123 PatG). Im Rechtsbeschwerdeverfahren vor dem BGH richtet sich
die Wiedereinsetzung gemäß § 88 Abs. 1 nach §§ 233 ff. ZPO; auch hier findet jedoch die
Regelung des § 91 Abs. 8 entsprechende Anwendung (§ 88 Abs. 1 S. 2). Eine Wiedereinsetzung in Verfahren vor dem HABM ist nach Art. 81 GMV möglich. Die zu § 123 PatG
und §§ 233 ff. ZPO entwickelten Rechtsgrundsätze können darüber hinaus herangezogen
werden.[1]

II. Zweck der Regelung

Die Wiedereinsetzung in den vorigen Stand bewirkt, dass eine fristgebundene Handlung, **2**
die ein Beteiligter versäumt und nach Fristablauf nachgeholt hat, als *rechtzeitig fingiert*
wird.[2] Die Regelung soll den Betroffenen davor schützen, seine Rechtsposition einzig aufgrund des Versäumnisses einer gesetzlichen Frist zu verlieren, sofern ihn an dem Versäumnis kein Verschulden trifft.

III. Fristen i. S. d. § 91

Eine Wiedereinsetzung in den vorigen Stand kommt nur bei Fristen in Betracht, deren Ver- **3**
säumnis nach gesetzlicher Vorschrift einen *Rechtsnachteil* zur Folge hat. Ein solcher
Rechtsnachteil ist *jede Verschlechterung der Rechtslage*, die ohne Fristversäumnis nicht
eingetreten wäre.[3] Der Rechtsnachteil muss „nach gesetzlicher Vorschrift" eintreten, d. h.,
die Versäumung allein muss als tragender Grund die gesetzlich bestimmte negative Rechtsfolge herbeiführen. Maßgeblich ist, ob die unmittelbare Folge der Säumnis, gemessen an
dem von der Norm zugrunde gelegten regelmäßigen Verlauf der Dinge, im Allgemeinen
nachteilig ist.[4] Fristen zur Stellungnahme oder die *richterlich* gesetzte Frist zur Bestellung
eines Inlandsvertreters fallen (u. a.) nicht darunter, da ihre Versäumung *keine unmittelbaren Rechtsnachteile* nach sich zieht (vgl. den neu in Kraft getretenen § 91a sowie BPatG[5] –
Bestellung eines Inlandsvertreters; eine Wiedereinsetzung kommt hingegen in Betracht,
wenn z. B. bei einem *avis de refus provisoire* gegen eine IR-Marke die Frist für die Bestellung eines Inlandsvertreters versäumt wird). Die Wiedereinsetzung in die Jahresfrist für
Erinnerung oder Beschwerde bei unterbliebener oder unrichtiger Rechtsmittelbelehrung
nach § 61 Abs. 2 S. 4 richtet sich nach § 91 analog. Bei der Prüfung, ob eine Frist versäumt
ist, ist im Falle einer Übertragung der Marke auf den zur Zeit des Fristablaufs eingetrage-

---

1 Siehe auch Rechtsprechungsübersichten bei *Born*, Die Rechtsprechung des BGH zur Wiedereinsetzung in den vorigen Stand, NJW 2007, 2088 ff.; NJW 2009, 2179 ff.; NJW 2011, 2022 ff.
2 Vgl. BGH, GRUR 1995, 333, 334 – Aluminium-Trihydroxid.
3 BGH, GRUR 1999, 574, 575 – Mehrfachsteuersystem.
4 Vgl. BGH, GRUR 1999, 574, 575 – Mehrfachsteuersystem.
5 BPatG, GRUR 1990, 113.

nen Markeninhaber abzustellen, auch wenn die Frist durch Zustellung an seinen Rechtsvorgänger in Lauf gesetzt wurde.[6]

4 § 91 Abs. 1 setzt weiterhin voraus, dass die versäumte Frist *gegenüber dem DPMA oder dem BPatG* zu wahren war. Davon sind etwa die Frist für eine Eintragungsbewilligungsklage vor dem LG oder die Frist zur Vornahme von Benutzungshandlungen nach § 49 Abs. 1 nicht erfasst. Ebenso wenig gilt § 91 für die Rechtsbeschwerde (§ 83 Abs. 1) zum BGH mit der Folge, dass § 234 Abs. 1 S. 1 ZPO auflebt, die Frist also zwei Wochen und nicht wie in § 91 Abs. 2 zwei Monate beträgt.[7] Von der Möglichkeit einer Wiedereinsetzung nicht erfasst sind zudem Handlungen, die jederzeit, also nicht nur binnen einer bestimmten Frist, vorgenommen werden können. Ausgenommen von der Möglichkeit einer Wiedereinsetzung sind nach § 91 Abs. 1 S. 2 auch die Fristen zur Erhebung des Widerspruchs und zur Zahlung der Widerspruchsgebühr. Wurde also der Widerspruch nicht rechtzeitig erhoben oder die Widerspruchsgebühr nicht rechtzeitig bezahlt, ist dieses Ergebnis endgültig und kann auch bei schuldloser Fristversäumung nicht mehr korrigiert werden.

5 Die Wiedereinsetzung nach § 91 ist u. a. bei Versäumung der folgenden Fristen möglich: Beseitigung von Anmeldemängeln (§ 36 Abs. 2 S. 1), Anmeldegebühren (§ 36 Abs. 3 S. 1), Einreichung der Teilungsunterlagen und Zahlung der Teilungsgebühr (§ 40 Abs. 2), Einreichung bei Teilung der Eintragung (§ 46 Abs. 3), Zahlung der Verlängerungsgebühr (§ 47 Abs. 3),[8] Einreichung eines Löschungsantrags (§ 50 Abs. 2 S. 2), Widerspruch gegen Löschung (§ 53 Abs. 3), Einlegung der Erinnerung (§ 64 Abs. 2), Zahlung von Erinnerungsgebühren (§ 64 Abs. 2 i.V.m. § 6 Abs. 1 PatKostG), Einlegung der Beschwerde (§ 66 Abs. 2) und Zahlung von Beschwerdegebühren (§ 66 Abs. 2 i.V.m. § 6 Abs. 1 PatKostG).

IV. Unverschuldete Fristversäumung

6 Die Frist muss *ohne Verschulden* versäumt worden sein. Maßgeblich ist bei anhängigen Verfahren das Verhalten der Person, die im Zeitpunkt des Fristlaufs *Verfahrensbeteiligter* war. Außerhalb anhängiger Verfahren ist auf den zur Fristwahrung Verpflichteten abzustellen.[9]

7 Ein die Wiedereinsetzung ausschließendes Verschulden der Versäumung liegt vor, wenn dem Betroffenen Vorsatz oder Fahrlässigkeit zur Last fällt, wobei leichte Fahrlässigkeit genügt. Der Betroffene muss also unter Berücksichtigung der tatsächlich vorhandenen subjektiven Verhältnisse die ihm zumutbare verkehrsübliche Sorgfalt beachten, um ohne Verschulden zu handeln.[10] Ein Mitverschulden des DPMA kann bei der Entscheidung über die Wiedereinsetzung zu berücksichtigen sein.[11] Werden dem Kläger oder Antragsteller missverständliche oder falsche Hinweise gegeben und beruht eine Fristversäumnis hierauf,

---

6 BPatG, BeckRS 2009, 17831.
7 Zu § 123 Abs. 2 PatG: BGH, GRUR 2001, 271 – Kreiselpumpe.
8 Dazu ausf. *Kiethe/Groeschke*, Der markenrechtliche Wiedereinsetzungsantrag – unter besonderer Berücksichtigung der fehlgeschlagenen Verlängerung des Markenschutzes, WRP 2005, 979 ff.
9 Vgl. *Ingerl/Rohnke*, § 91 Rn. 10; *Ströbele/Hacker*, § 91 Rn. 14.
10 Vgl. BPatGE 24, 140, 142 f.
11 BPatG, BeckRS 2009, 03412.

kann der Grundsatz des fair-trial verletzt sein, mit der Folge, dass Wiedereinsetzung zu gewähren ist.[12]

Entsprechend §§ 51 Abs. 2, 85 Abs. 2 ZPO steht das Verschulden des *gesetzlichen Vertreters* oder eines *Bevollmächtigten* dem Verschulden des Betroffenen gleich. Das Verschulden von *Hilfspersonen*, die nicht vertretungsberechtigt sind (insbesondere also die Anwaltssekretärin oder ein sonstiger Mitarbeiter der Rechts- oder Patentanwaltskanzlei), ist dem Betroffenen grundsätzlich nicht zurechenbar. In diesem Fall kommt jedoch ein schuldhaftes Verhalten des Bevollmächtigten bei der Auswahl und Beaufsichtigung der Hilfskräfte in Betracht (Organisationsmangel). Ein Organisationsverschulden des Anwalts und damit keine Wiedereinsetzung in die versäumte Frist zur Zahlung der Beschwerdegebühr ist dann gegeben, wenn dieser die Auswahl des Zahlungsweges dem Büropersonal überlässt, weil die hierfür maßgebenden Vorschriften des PatKostG und der PatKostZV sehr spezielle Bestimmungen enthalten, deren Kenntnis auch bei einer Rechtsanwaltsfachangestellten nicht vorausgesetzt werden kann.[13] Es ist die Pflicht des Rechts- oder Patentanwalts, organisatorische Vorkehrungen gegen eine Fristversäumung zu treffen.[14] Auf die Unzulänglichkeiten der allgemeinen organisatorischen Vorkehrungen einer Kanzlei für die Ausgangskontrolle kommt es hingegen nicht an, wenn im Einzelfall konkrete Anweisungen erteilt worden sind, bei deren Befolgung die Fristwahrung sichergestellt gewesen wäre.[15] Ist die eingeführte und zumindest stichprobenartig überwachte Organisation der Fristenerfassung, -überwachung und -erledigung geeignet, die eingetretene Fristversäumung auszuschließen und lag die Ursache für die konkrete Fristversäumung in der pflichtwidrigen Nichtbeachtung einer für diesen Fall bestehenden Organisationsanordnung durch eine Hilfskraft des Anwalts, kommt die Wiedereinsetzung in Betracht.[16] Lag der schuldhafte Fehler hingegen beim Anwalt, scheidet eine Wiedereinsetzung aus. Insbesondere an die Sorgfalt eines (Rechts- oder Patent-)Anwalts werden hohe Anforderungen gestellt. Keine Wiedereinsetzung in die Frist zur Zahlung der Beschwerdegebühr wegen Verschulden des Anwalts, wenn dieser trotz Fehlens der üblicherweise vorbereiteten Einzugermächtigung keine Anweisung zu deren Erstellung erteilt.[17] Ein Anwalt, der einen anderen Anwalt mit der Einlegung eines Rechtsmittels beauftragt, muss in geeigneter Weise überwachen, ob der Auftrag eingegangen und zur Ausführung angenommen worden ist, womit sich die Sorgfaltspflicht des beauftragenden Bevollmächtigten *nicht* im rechtzeitigen Absenden des Auftragsschreibens erschöpft.[18] Zu den Sorgfaltspflichten des Beteiligten und seiner Vertreter vgl. die Angaben zu der vielfältigen Rechtsprechung bei *Fezer*[19] sowie *Baumbach/Lauterbach/Albers/Hartmann*.[20]

8

---

12 BVerfG, NJW 2004, 2887 ff., dazu *Kiethe/Groeschke*, WRP 2005, 979; BVerfG, NJW 2008, 2167, 2168.
13 BPatG, BeckRS 2010, 08283 – favorite.de.
14 Zum PatG BGH, GRUR 2008, 280 – Mykoplasmennachweis.
15 Zur ZPO BGH, MMR 2010, 375, 376.
16 Siehe dazu BGH, GRUR 2008, 837, 838 – Münchner Weißwurst.
17 BPatG, BeckRS 2011, 01353.
18 Zum PatG BPatG, GRUR 2008, 935, 936 – Gehäusestruktur.
19 *Fezer*, § 91 Rn. 4.
20 *Baumbach/Lauterbach/Albers/Hartmann*, § 233 ZPO Rn. 18 ff.

V. Antrag auf Wiedereinsetzung

9 Die Wiedereinsetzung erfordert grundsätzlich *einen Antrag* des Betroffenen (also des Beteiligten, seines Vertreters oder seines Bevollmächtigten). Die *Frist* für die Stellung des Antrags beträgt nach § 91 Abs. 2 *zwei Monate nach Wegfall des Hindernisses.* Das Hindernis ist weggefallen, wenn die Ursache der Fristversäumnis nicht mehr besteht (z.B. der Betroffene erkennt das Fristversäumnis) oder das Weiterbestehen der Ursache nicht mehr unverschuldet (z.B. der Betroffene muss bei Anwendung der erforderlichen Sorgfalt die Versäumnis erkennen) ist.[21] Wiedereinsetzung in die versäumte Beschwerdefrist erfolgt von Amts wegen, wenn Weiterleitung der bei einem unzuständigen Gericht eingegangen Beschwerde innerhalb der offenen Beschwerdefrist im ordentlichen Geschäftsgang unter Wahrung der Beschwerdefrist möglich gewesen wäre.[22] Die Fristberechnung richtet sich nach §§ 187 Abs. 1, 188 Abs. 2 BGB.

10 In dem Antrag müssen die die Wiedereinsetzung begründenden Tatsachen angegeben und entweder bei der Antragstellung oder im Laufe des Wiedereinsetzungsverfahrens *glaubhaft* gemacht werden (§ 91 Abs. 3 S. 2, § 294 ZPO). Dazu zählen die Gründe für das Fristversäumnis, die Tatsachen, aus denen sich das mangelnde Verschulden ergibt, sowie die für die Berechnung der Antragsfrist maßgeblichen Informationen. Nur pauschale Angaben, wie z.B. der Verweis auf betriebliche Umorganisationsmaßnahmen, reichen nicht aus.[23] Wurde eine Zahlungsfrist versäumt, ist ebenfalls vorzutragen, dass die Absicht zur Einhaltung der Frist bestand.[24] Die Glaubhaftmachung muss zu einer überwiegenden Wahrscheinlichkeit der die Wiedereinsetzung begründenden Tatsachen führen.[25] Wiedereinsetzungsgründe können nach Ablauf der Frist des § 91 Abs. 2 nicht nachgeschoben werden.[26] Erkennbar unklare oder ergänzungsbedürftige Angaben, deren Aufklärung nach § 139 ZPO geboten gewesen wäre, dürfen jedoch noch nach Fristablauf erläutert und vervollständigt werden.[27] Eine Wiedereinsetzung in die Zweimonatsfrist des § 91 Abs. 2 ist möglich, nicht aber in die Jahresfrist des § 91 Abs. 5.[28]

11 § 91 enthält keine Vorschriften zur *Form des Antrags.* Wird der Wiedereinsetzungsantrag gegenüber dem DPMA gestellt, sind die Formvorschriften der §§ 10–12 DPMAV, also auch die Schriftform oder die Nutzung eines ordnungsgemäßen elektronischen Dokuments (vgl. § 95a), zu wahren. Gemäß § 236 Abs. 1 ZPO richtet sich die Form des Antrags auf Wiedereinsetzung gegenüber dem BPatG nach den Vorschriften, die für die versäumte Prozesshandlung gelten.

---

21 Vgl. BPatGE 15, 52, 54; BPatGE 19, 44, 45; BPatG, GRUR 2009, 93, 94 – Dreidimensionale Daten, zum PatG.

22 BPatG, BeckRS 2010, 30697; vgl. aber auch BPatG, GRUR 2008, 362, 364 – Beschwerdeerweiterung: keine Weiterleitung, wenn Beschwerdeerweiterung erst am letzten Tag der Frist eingereicht wurde.

23 BPatG, BeckRS 2011, 27713 und 27724.

24 Vgl. BPatGE 25, 65, 67; vgl. auch BPatG, BeckRS 2010, 10221: Wiedereinsetzung in den vorigen Stand bei verspäteter Einzahlung der Beschwerdegebühr, wenn am letzten Tage der Frist die Bezahlung der Gebühr per Blitzüberweisung veranlasst wird.

25 Abgelehnt vom BPatG, BeckRS 2011, 27856, in einem Fall, in dem es die Nichtabsendung eines Antrags für genauso wahrscheinlich hielt wie dessen Abhandenkommen im Postweg.

26 Vgl. BGHZ 2, 342; BGH, GRUR 2005, 971 – Schutzfristüberwachung.

27 BGH, GRUR 2008, 837, 838 – Münchner Weißwurst; zur ZPO BGH, NJW 2007, 3212 m.w.N.

28 Vgl. *Ingerl/Rohnke,* § 91 Rn. 31 f.; *Fezer,* § 91 Rn. 9.

Unerlässliche Voraussetzung für die Wiedereinsetzung ist ferner, dass die versäumte Hand- **12**
lung innerhalb der Antragsfrist *nachgeholt* wird (§ 91 Abs. 4 S. 1). Ist dies geschehen,
kann die Wiedereinsetzung nach § 91 Abs. 4 S. 2 auch ohne Antrag von Amts wegen gewährt werden, sofern alle die Wiedereinsetzung begründenden Tatsachen zum Zeitpunkt
der Nachholung bereits aktenkundig sind.[29]

Ist seit Ablauf der versäumten Frist *ein* Jahr *verstrichen*, ist die Gewährung einer Wieder- **13**
einsetzung ausgeschlossen. Die versäumte Handlung kann somit nicht mehr wirksam nachgeholt werden (§ 91 Abs. 5). Eine Wiedereinsetzung in die versäumte Jahresfrist ist ebenso
ausgeschlossen. In Betracht kommt jedoch auch noch nach Ablauf der Frist des § 91
Abs. 5 eine Wiedereinsetzung von Amts wegen.[30]

VI. Entscheidung über den Wiedereinsetzungsantrag

Gemäß § 91 Abs. 6 entscheidet über den Wiedereinsetzungsantrag die Stelle, die über die **14**
nachgeholte Handlung zu beschließen hat. Die Stelle muss im Rahmen ihrer *Zuständigkeit*
entscheiden. Gewährt das DPMA als unzuständige Stelle Wiedereinsetzung, ist das BPatG
nicht an die Wiedereinsetzungsentscheidung des DPMA gebunden und kann selbst über
das Wiedereinsetzungsgesuch entscheiden.[31] In der Regel wird entsprechend § 238 Abs. 1
S. 1 ZPO das Verfahren über den Antrag auf Wiedereinsetzung mit dem Verfahren über die
nachgeholte Handlung verbunden. Sind dritte Verfahrensbeteiligte durch die Wiedereinsetzung in ihren Rechten betroffen, muss ihnen vor der Entscheidung über die Wiedereinsetzung entsprechend §§ 59 Abs. 2, 78 Abs. 2 rechtliches Gehör gewährt werden.

Die *Ablehnung der Wiedereinsetzung* kann mit der *Erinnerung* (§ 64 Abs. 1) oder der *Be-* **15**
schwerde (§ 66 Abs. 1) angegriffen werden. Wird die Wiedereinsetzung gewährt, ist die
Entscheidung unanfechtbar (§ 91 Abs. 7). Allerdings kann in Verletzungsverfahren vor
den Zivilgerichten geltend gemacht werden, die Wiedereinsetzung sei durch bewusst unrichtige Angaben erschlichen worden.[32] § 91 Abs. 7 setzt voraus, dass die Entscheidung
von einer zuständigen Stelle getroffen wurde; so dass das BPatG an die Wiedereinsetzungsentscheidung des DPMA nicht gebunden ist, wenn das DPMA die Wiedereinsetzung
als unzuständige Stelle gewährt.[33]

VII. Schutz gutgläubiger Dritter

§ 91 Abs. 8 regelt den *Schutz gutgläubiger Dritter* im Falle der Wiedereinsetzung. So kann **16**
der Inhaber einer Marke, dem Wiedereinsetzung gewährt wurde, gegenüber einem Dritten,
der in dem Zeitraum zwischen dem Eintritt des Rechtsverlustes und der Wiedereinsetzung
unter einem identischen oder ähnlichen Zeichen gutgläubig Waren in den Verkehr gebracht
oder Dienstleistungen erbracht hat, hinsichtlich dieser Handlungen keine Rechte geltend

---

29 Vgl. BPatGE 25, 121.
30 Vgl. BPatGE 25, 121.
31 Zum PatG BGH, GRUR 2009, 521, 522 – Gehäusestruktur.
32 Vgl. BGH, GRUR 1952, 565 – Wäschepresse; GRUR 1956, 265, 269 – Rheinmetall-Borsig.
33 Zum PatG BGH, GRUR 2009, 521, 522 – Gehäusestruktur.

machen. Der Dritte hat allerdings kein Recht, das Zeichen nach dem Zeitpunkt der Wiedereinsetzung weiterzubenutzen. Der Schutz des gutgläubigen Markenbenutzers gegen den Verletzungsvorwurf ist also nur ein vorübergehender für die Zeitdauer zwischen dem versäumten Fristende und der Wiedereinsetzung. Der Dritte muss weder von der Frist noch von Fristversäumung wissen. Er darf nur nicht Kenntnis von dem Wiedereinsetzungsgrund besitzen.

§ 91a
Weiterbehandlung der Anmeldung

(1) Ist nach Versäumung einer vom Patentamt bestimmten Frist die Markenanmeldung zurückgewiesen worden, so wird der Beschluss wirkungslos, ohne dass es seiner ausdrücklichen Aufhebung bedarf, wenn der Anmelder die Weiterbehandlung der Anmeldung beantragt und die versäumte Handlung nachholt.

(2) Der Antrag ist innerhalb einer Frist von einem Monat nach Zustellung der Entscheidung über die Zurückweisung der Markenanmeldung einzureichen. Die versäumte Handlung ist innerhalb dieser Frist nachzuholen.

(3) Gegen die Versäumung der Frist nach Absatz 2 und der Frist zur Zahlung der Weiterbehandlungsgebühr nach § 6 Abs. 1 Satz 1 des Patentkostengesetzes ist eine Wiedereinsetzung nicht gegeben.

(4) Über den Antrag beschließt die Stelle, die über die nachgeholte Handlung zu beschließen hat.

Übersicht

I. Allgemeines

Die Vorschrift ist durch Art. 21 Abs. 4 KostenbereinigungsG v. 13.12.2001[1] eingeführt **1** worden und am 1.1.2005 in Kraft getreten. Parallelvorschrift im PatG ist § 123a. Beide folgen dem Vorbild des Art. 121 EPÜ. Eine ähnliche Regelung für das HABM ist in Art. 82 GMV zu finden, der jedoch weiter gefasst ist. Sinn der Vorschrift des § 91a ist es zum einen, Folgen einer Fristversäumung schneller und einfacher korrigieren zu können, als dies mit der Wiedereinsetzung nach § 91 möglich ist. Zum andern klaffte eine Lücke wegen der Beschränkung von § 91 auf Fristen, deren Versäumung von Gesetzes wegen einen unmittelbaren rechtlichen Nachteil bewirkt. Die Versäumung der vom DPMA gesetzten Fristen (etwa zur Ausräumung eines Schutzhindernisses oder Verfahrensmangels) und darauf beruhende negative Entscheidungen waren daher oft erst im Beschwerdeverfahren zu korrigieren.[2] Nun kann der Anmelder nach einer Zurückweisung wegen Fristversäumung entscheiden, ob er die Weiterbehandlung beantragt, Rechtsmittel einlegt oder (wenn möglich) Wiedereinsetzung beantragt.

---

1 BGBl. I, S. 3656.
2 *Ströbele/Hacker*, § 91a Rn. 5.

II. Anwendungsbereich

2 § 91a gilt nur für Fristen, die vom DPMA gesetzt wurden (vgl. § 18 DPMAV). Da eine versäumte „Handlung" nachgeholt werden muss, betrifft § 91a auch nur solche Fristen, die zur Vornahme einer bestimmten Handlung gesetzt wurden (z. B. Einreichen von Unterlagen zu Anmeldung [§ 36 Abs. 2], Erbringen von Nachweisen), nicht jedoch Fristen, die der Wahrung des rechtlichen Gehörs dienen, z. B. Äußerungsfristen.[3]

III. Voraussetzungen und Wirkung der Weiterbehandlung

3 Der Antrag muss innerhalb eines Monats nach Zustellung der Entscheidung des DPMA, in welcher die Anmeldung zurückgewiesen wird, gestellt werden. Eine besondere Form ist nicht vorgesehen, so dass nur §§ 10–12 DPMAV zu beachten sind. Eine Begründung ist nicht erforderlich. Innerhalb dieser Frist muss die versäumte Handlung nachgeholt werden (§ 91a Abs. 2 S. 2). Wie auch im Wiedereinsetzungsverfahren ist damit die nachzuholende Handlung selbst gemeint, ein bloßes Fristverlängerungsgesuch reicht als nachgeholte Handlung nicht aus.[4] Zudem muss eine Weiterbehandlungsgebühr (zzt. 100 EUR) gezahlt werden, bevor der Antrag bearbeitet wird.[5]

4 Über den Antrag entscheidet die für die versäumte Handlung zuständige Stelle durch Beschluss (Abs. 4). Da die Weiterbehandlung an keine materiellen Voraussetzungen geknüpft ist, darf der Antrag nur abgelehnt werden, wenn der Anwendungsbereich nicht eröffnet ist, die Frist des Weiterbehandlungsantrags selbst versäumt, die versäumte Handlung nicht nachgeholt oder die Gebühr nicht bezahlt wurde. Mit Stattgabe des Antrags wird die Zurückweisung des Antrags wirkungslos und das Verfahren vor der ursprünglichen Markenstelle fortgeführt.

---

3 *Ströbele/Hacker*, § 91a Rn. 12.
4 Zum PatG BPatG, GRUR 2009, 95, 96 – Weiterbehandlung.
5 § 64a i. V. m. Nr. 333050 Gebührenverzeichnis zu §§ 2 Abs. 1, 6 Abs. 1 und 2 PatKostG.

Donle

§ 92
Wahrheitspflicht

In den Verfahren vor dem Patentamt, dem Patentgericht und dem Bundesgerichtshof haben die Beteiligten ihre Erklärungen über tatsächliche Umstände vollständig und der Wahrheit gemäß abzugeben.

§ 92 bestimmt, dass die Beteiligten in den Verfahren vor dem DPMA, dem BPatG sowie dem BGH ihre Erklärungen über tatsächliche Umstände vollständig und wahrheitsgemäß abzugeben haben. Die Bestimmung gilt für alle markenrechtlichen Verfahren; sie betrifft nicht nur die Beteiligten selbst, sondern auch deren Vertreter (Parallelvorschriften § 124 PatG, § 138 Abs. 1 ZPO).   **1**

Vollständig sind die Erklärungen dann, wenn alle für das Verfahren wesentlichen Umstände offenbart werden. Rechtlich unerhebliche Tatsachen müssen nicht vorgetragen werden. Unzutreffende Rechtsmeinungen und falsche rechtliche Schlussfolgerungen aus zutreffenden Tatsachen sind ebenfalls nicht von der Vorschrift erfasst. Ausgenommen von der Mitteilungspflicht sind ferner Tatsachen, die den Erklärenden der Gefahr einer Strafverfolgung aussetzen. *Wahrheitsgemäß* ist eine Erklärung, die vollständig die dem Erklärenden als wahr bekannten Tatsachen offenbart.   **2**

§ 92 bestimmt keine Rechtsfolge für den Fall einer Verletzung der Wahrheitspflicht. Das Gericht bzw. das DPMA muss jedoch offensichtlich wahrheitswidrige Erklärungen, deren Inhalt nicht aufgeklärt werden kann, bei seiner Entscheidung nicht berücksichtigen. Die Abgabe wahrheitswidriger Erklärungen kann darüber hinaus – nach Maßgabe der jeweiligen Voraussetzungen – etwa nach § 263 StGB (versuchter oder vollendeter Prozessbetrug) strafbar sein oder Schadensersatzansprüche nach § 826 BGB auslösen.   **3**

§ 93
Amtssprache und Gerichtssprache

Die Sprache vor dem Patentamt und vor dem Patentgericht ist deutsch. Im Übrigen finden die Vorschriften des Gerichtsverfassungsgesetzes über die Gerichtssprache Anwendung.

1   Nach S. 1 der Vorschrift ist die Amts- und Gerichtssprache vor dem DPMA und dem BPatG *deutsch* (Parallelvorschrift § 126 PatG). Regional- und Minderheitssprachen fallen als eigenständige Sprachen nicht unter den Begriff der deutschen Sprache.[1]

2   S. 2 verweist auf die Regelungen der §§ 185–191 GVG. § 185 GVG bestimmt, dass ein Dolmetscher hinzuzuziehen ist, wenn unter Beteiligung von Personen verhandelt wird, die der deutschen Sprache nicht mächtig sind. § 186 GVG regelt entsprechend die Teilnahme eines Dolmetschers an Verhandlungen mit hör- oder sprachbehinderten Personen. Nach § 187 GVG kann das Gericht nach eigenem Ermessen bestimmen, ob hör- oder sprachbehinderten oder – im Falle der Prozessvertretung – auch fremdsprachigen Beteiligten bei der mündlichen Verhandlung der Vortrag gestattet wird.

3   Ob fremdsprachige Formblätter, Anmeldungen und Schriftstücke durch das DPMA berücksichtigt werden, richtet sich nach §§ 14–16 MarkenV. Gemäß § 14 MarkenV können auch in deutscher Sprache ausgefüllte fremdsprachige Formblätter verwendet werden, wenn sie international standardisiert sind und nach Form und Inhalt den deutschsprachigen Formblättern entsprechen.

4   Fremdsprachigen Markenanmeldungen wird, sofern sie die Angaben nach § 32 Abs. 2 enthalten, ein Anmeldetag nach § 33 Abs. 1 zuerkannt. Es muss jedoch innerhalb eines Monats nach Eingang der Anmeldung eine deutsche Übersetzung nachgereicht werden, die entweder von einem öffentlich beglaubigten Übersetzer angefertigt oder von einem Rechtsanwalt oder Patenanwalt beglaubigt sein muss (§ 15 Abs. 2 MarkenV). Wird die Übersetzung nicht fristgerecht eingereicht, so gilt die Anmeldung als nicht eingereicht. Geht die Übersetzung vor der Feststellung des Fristversäumnisses ein, so wird die Anmeldung weiterbearbeitet. Betrifft in einem solchen Fall die Übersetzung das Waren- oder Dienstleistungsverzeichnis, wird der Anmeldung allerdings nur die Priorität des Eingangstages der Übersetzung (und nicht der Anmeldung) zuerkannt (§ 15 Abs. 3 MarkenV).

5   Nach § 16 Abs. 1 MarkenV kann das DPMA *fremdsprachige* Prioritätsbelege, Belege über eine im Ursprungsland eingetragene Marke, Unterlagen zur Glaubhaftmachung oder zum Nachweis von Tatsachen, Stellungnahmen und Bescheinigungen Dritter, Gutachten sowie Nachweise aus Veröffentlichungen berücksichtigen. Abhängig von der Sprache des Dokuments müssen obligatorisch oder auf Verlangen des DPMA Übersetzungen eingereicht werden (§ 16 Abs. 2 und 3 MarkenV).

---

1   BGH, GRUR 2003, 226, 227 – Läägeünnerloage: Keine Eintragung eines auf Niederdeutsch bezeichneten Gebrauchsmusters.

Für das Rechtsbeschwerdeverfahren vor dem BGH gilt die Vorschrift nicht. Da die Ver-   **6**
ordnungsermächtigung in § 65 Abs. 1 Nr. 10 aber nicht auf Verfahren vor dem DPMA
bzw. BPatG beschränkt sind, können §§ 14–16 MarkenV hier ergänzend herangezogen
werden.[2]

---

2 A. A. wohl *Ingerl/Rohnke*, § 93 Rn. 3; zum Patentnichtigkeitsverfahren vor dem BGH: *Bacher/Nagel*, Fremdsprachige Urkunden im Patentnichtigkeitsverfahren vor dem BGH, GRUR 2001, 873 ff.

§ 93a
Entschädigung von Zeugen,
Vergütung von Sachverständigen

Zeugen erhalten eine Entschädigung und Sachverständige eine Vergütung nach dem Justizvergütungs- und -entschädigungsgesetz.

1 Die im Zuge des KostenrechtsmodernisierungsG v. 5.5.2004[1] eingeführte Vorschrift verweist auf das mit gleichem Gesetz geschaffene JVEG. Die Vorschrift ist notwendig, da über § 82 Abs. 1 nur für Verfahren vor dem Patentgericht die hilfsweise Anwendung der ZPO vorgesehen ist (dort §§ 401 und 413 ZPO). So gilt das JVEG über § 93a auch im Falle von – seltenen – Vernehmungen von Zeugen und Sachverständigen durch das DPMA (vgl. § 60).

---

1 BGBl. I, S. 718.

§ 94
Zustellungen

(1) Für Zustellungen im Verfahren vor dem Patentamt gelten die Vorschriften des Verwaltungszustellungsgesetzes mit folgenden Maßgaben:

1. An Empfänger, die sich im Ausland aufhalten und die entgegen dem Erfordernis des § 96 keinen Inlandsvertreter bestellt haben, kann mit eingeschriebenem Brief durch Aufgabe zur Post zugestellt werden. Gleiches gilt für Empfänger, die selbst Inlandsvertreter im Sinne des § 96 Abs. 2 sind. § 184 Abs. 2 Satz 1 und 4 der Zivilprozessordnung gilt entsprechend.

2. Für Zustellungen an Erlaubnisscheininhaber (§ 177 der Patentanwaltsordnung) ist § 5 Abs. 4 des Verwaltungszustellungsgesetzes entsprechend anzuwenden.

3. An Empfänger, denen beim Patentamt ein Abholfach eingerichtet worden ist, kann auch dadurch zugestellt werden, dass das Schriftstück im Abholfach des Empfängers niedergelegt wird. Über die Niederlegung ist eine schriftliche Mitteilung zu den Akten zu geben. Auf dem Schriftstück ist zu vermerken, wann es niedergelegt worden ist. Die Zustellung gilt als am dritten Tag nach der Niederlegung im Abholfach bewirkt.

(2) Für Zustellungen im Verfahren vor dem Bundespatentgericht gelten die Vorschriften der Zivilprozessordnung.

Übersicht

I. Allgemeines

Die Vorschrift regelt die Erfordernisse der Zustellungen in Verfahren vor dem DPMA (Abs. 1) und dem BPatG (Abs. 2). Im Verfahren über die Rechtsbeschwerde vor dem BGH (§§ 83 ff.) gelten nach § 88 Abs. 1 nicht die Regelungen des § 94, sondern die Vorschriften der ZPO über die Zustellung von Amts wegen (§§ 166–190 ZPO – Parallelvorschrift § 127 PatG). Die Zustellung in Verfahren vor dem HABM ist durch Art. 79 GMV und die Regeln 61–69 der DurchführungsVO zur GMV geregelt. 1

II. Zustellungen nach dem Verwaltungszustellungsgesetz

§ 94 Abs. 1 verweist zunächst grundsätzlich auf die Bestimmungen des Verwaltungszustellungsgesetzes (VwZG), formuliert jedoch in Nr. 1–3 auch gewisse von dem Verweis auszunehmende Maßgaben. 2

3 Im Regelungsbereich des § 94 sind Zustellungen zwischen den Parteien oder von Anwalt zu Anwalt (§ 195 ZPO) nicht vorgesehen. Grundsätzlich wird durch das DPMA an den Betroffenen selbst zugestellt. Bei Geschäftsunfähigen und beschränkt Geschäftsfähigen ist nach § 6 Abs. 1 S. 1 VwZG an den gesetzlichen Vertreter zuzustellen. Bei Behörden, juristischen Personen, nicht rechtsfähigen Personenvereinigungen und Zweckvermögen wird an ihre Vorsteher zugestellt. Sind mehrere gesetzliche Vertreter oder Vorsteher vorhanden, genügt die Zustellung an einen von ihnen (§ 6 Abs. 2, 3 VwZG). Mehrere an einem Verfahren gemeinsam Beteiligte, wie z. B. Mitanmelder oder Mitinhaber einer Marke, sind nach § 14 Abs. 1 S. 1 DPMAV zur Verfahrensvereinfachung verpflichtet, einen Zustellungsbevollmächtigten zu benennen, an den dann mit Wirkung für die gemeinsam Beteiligten zugestellt werden kann. Fehlt eine solche Angabe, so gilt die zuerst genannte Person als zustellungsbevollmächtigt (§ 14 Abs. 1 S. 2 DPMAV). Das DPMA muss etwaige früher erteilte oder gesetzlich fingierte Zustellungsbevollmächtigungen genau prüfen und im Zweifel oder bei Unklarheiten an alle Beteiligten zustellen.[1] Nach § 7 Abs. 1 S. 1 VwZG können Zustellungen an den für allgemeine oder bestimmte Angelegenheiten bestellten Vertreter des Betroffenen gerichtet werden. Nach Vorlage einer schriftlichen Vollmacht ist stets an den Vertreter zuzustellen;[2] eine Zustellung an den Beteiligten selbst ist in diesen Fällen unwirksam. Im patentamtlichen Verfahren ist nach der Hausverfügung Nr. 10 des DPMA-Präsidenten auch dann nicht an den Beteiligten, sondern an den Verfahrensbevollmächtigten zuzustellen, wenn dieser keine schriftliche Vollmacht vorlegt.[3]

4 Nach § 1 Abs. 2 VwZG wird dann zugestellt, wenn dies durch *Rechtsvorschrift* oder *Anordnung des DPMA* bestimmt ist. Zustellungen sind durch Rechtsvorschrift z. B. bestimmt für

a) Beschlüsse des DPMA (§ 61 Abs. 1 S. 1),
b) Aufforderungen nach §§ 34 Abs. 3, 35 Abs. 4,
c) Mitteilungen nach §§ 36 Abs. 3, 47 Abs. 3, 53 Abs. 2 und 4 und § 54 Abs. 3.

5 Das DPMA kann nach eigenem Ermessen zwischen den einzelnen Zustellungsarten wählen (§ 2 Abs. 3 S. 1 VwZG). Die *Zustellungsarten* sind im Einzelnen:

a) Zustellung durch die Post mit Zustellungsurkunde nach § 3 VwZG (i. V. m. §§ 177–182 ZPO);[4]
b) Zustellung durch die Post mittels Einschreiben nach § 4 VwZG;
c) Zustellung gegen Empfangsbekenntnis durch Aushändigung nach § 5 Abs. 1–3;
d) Zustellung gegen Empfangsbekenntnis – auch elektronisch – an Rechtsanwälte und Patentanwälte nach § 5 Abs. 4, Abs. 6 und 7;
e) elektronische Zustellung im Übrigen nach § 5 Abs. 5, Abs. 6 und 7 sowie § 5a;

---

1 BPatG, BeckRS 2009, 02759 – RENAPUR zur Zustellung eines Löschungsantrags.
2 Vgl. BGH, GRUR 1993, 476, 477 – Zustellungswesen.
3 BPatG, GRUR 2008, 364, 366 – Zustellung an Verfahrensbevollmächtigten des Insolvenzverwalters; Anschluss an BGH, GRUR 1991, 814, 815 f. – Zustellungsadressat.
4 Bei Einlegung der Postsendung in den Briefkasten erbringt die Zustellungsurkunde keinen Beweis darüber, dass der Zustellungsadressat an der betreffenden Adresse auch wohnt, sondern stellt lediglich ein im Einzelfall entkräftbares Indiz für das Vorhandensein einer Wohnung dar, BPatG, BeckRS 2009, 11159 – BIO SUN.

f) Auslandszustellungen nach § 9 VwZG sowie nach dem Europäischen Übereinkommen über die Zustellung von Schriftstücken in Verwaltungssachen im Ausland v. 24.11.1977 (für die Bundesrepublik Deutschland seit 1.1.1983 in Kraft) und schließlich

g) öffentliche Zustellung nach § 10 VwZG, insbesondere bei unbekanntem Aufenthalt.

Seit dem 13.11.2008 ist die Auslandszustellung nach der EuZustVO[5] i.V.m. §§ 1067 ff. **6**
ZPO hinzugekommen.[6] Die öffentliche Zustellung darf allerdings nicht bereits erfolgen, wenn der Aufenthalt allgemein unbekannt ist, ohne dass vorher Nachforschungen bei Einwohnermeldeämtern oder sonstigen Registerbehörden wie z.B. der WIPO oder dem HABM stattgefunden haben.[7] Die vormalige Möglichkeit der Zustellung durch die Behörde mittels Vorlage der Urschrift ist im Bereich des Bundes mangels Notwendigkeit aufgehoben worden.[8]

Eine Zustellung nach § 94 Abs. 1 i.V.m. § 4 VwZG ist nicht ordnungsgemäß, wenn in ei- **7**
nem Paket mehrere Schriftstücke übersandt werden, die unterschiedliche Verfahren betreffen.[9] Entscheidet die Markenstelle über mehrere Widersprüche (auch verschiedener Widersprechender) gemeinsam, kann und muss der betreffende Beschluss nur einmal an den Markeninhaber zugestellt werden, denn eine einheitliche Entscheidung kann und muss zu ihrer Wirksamkeit an jeden Beteiligten nur einmal zugestellt werden.[10]

III. Ausnahmen gem. § 94 Abs. 1 Nr. 1–3

Nach § 94 Abs. 1 Nr. 1 können Zustellungen an Empfänger im Ausland, die entgegen § 96 **8**
keinen Inlandsvertreter bestellt haben oder die selbst Inlandsvertreter sind, auch mit eingeschriebenem Brief durch Aufgabe zur Post bewirkt werden. § 184 Abs. 2 S. 1 und 4 ZPO n. F. werden für entsprechend anwendbar erklärt. Danach gilt das Schriftstück zwei Wochen nach Aufgabe zur Post als zugestellt, wobei zum Nachweis der Zustellung in den Akten zu vermerken ist, wann und unter welcher Anschrift das Schriftstück zur Post gegeben wurde.

Gemäß § 94 Abs. 1 Nr. 2 können Schriftstücke auch an Erlaubnisscheininhaber (§ 177 Pat- **9**
AnwO) nach § 5 Abs. 4 VwZG zugestellt werden, d.h. durch Übermittlung des Schriftstücks und Nachweis der Zustellung durch ein mit Datum und Unterschrift versehenes *Empfangsbekenntnis*, das an das DPMA bzw. BPatG (für dessen Verfahren: § 174 ZPO) zurückzusenden ist. An Patentassessoren kann hingegen nicht per Empfangsbekenntnis zugestellt werden.[11]

§ 94 Abs. 1 Nr. 3 bestimmt, dass Empfängern, die ein *Abholfach* beim DPMA eingerichtet **10**
haben, ein Schriftstück auch durch Niederlegung darin zugestellt werden kann. Wirksamkeitsvoraussetzung ist nach Abs. 1 Nr. 3 S. 2 und 3, dass über die Niederlegung eine schriftliche Mitteilung zu den Akten gegeben und auf dem Schriftstück das Datum der Niederlegung vermerkt wird. Die Zustellung gilt am dritten Tag nach der Niederlegung unwi-

---

5 VO 1393/2007 vom 13.11.2007.
6 *Ingerl/Rohnke*, § 94 Rn. 8.
7 BPatG, 28 W (pat) 227/03, GRUR 2005, 303.
8 *Engelhardt/App*, VwVG – VwZG, 9. Aufl., § 5 VwZG Rn. 34.
9 BPatGE 43, 46, 48 f. – TELE-CHECK.
10 BPatG, GRUR 2008, 362, 363 f. – Beschwerdeerweiterung.
11 Vgl. BPatG, GRUR 1998, 729 – EKOMAX/Ökomat.

derlegbar als bewirkt (Abs. 1 Nr. 3 S. 4). Diese Vermutung ist unwiderlegbar (argumentum e contrario § 4 Abs. 2 VwZG). Die Berechnung dieser Zustellungsfiktion erfolgt auf der Grundlage von Kalendertagen, so dass die Zustellung auch an Wochenenden oder Feiertagen als bewirkt gelten kann. Ist das Schriftstück abhanden gekommen, gilt es dennoch als zugestellt. Der Empfänger kann im Fall einer Fristversäumung lediglich die Wiedereinsetzung beantragen.[12]

IV. Heilung von Zustellungsmängeln

11   Nach § 8 VwZG gilt ein Schriftstück trotz des Vorliegens von Zustellungsmängeln als in dem Zeitpunkt zugestellt, in dem es der Empfangsberechtigte nachweislich erhalten hat[13] bzw. – bei elektronischer Zustellung (§ 5 Abs. 5 VwZG) – in dem der Empfänger das Empfangsbekenntnis zurückgesendet hat. Ein Nachweis ist insbesondere möglich, wenn der Betroffene Handlungen vornimmt, die zeigen, dass er das Schriftstück spätestens zu diesem Zeitpunkt erhalten hat.[14] Bis zum 30.6.2002 war nach § 94 Abs. 2 a.F. eine *Heilung von Zustellungsmängeln* (§ 9 Abs. 1 VwZG a.F.) nicht möglich, wenn davon Rechtsbehelfsfristen betroffen waren, um Rechtssicherheit über den Zeitpunkt des Fristbeginns zu schaffen. Seit 1.7.2002 ist nunmehr eine Heilung durch tatsächlichen Zugang auch dann möglich, wenn durch die Zustellung eine Rechtsmittelfrist in Lauf gesetzt wird,[15] wenn also durch die Zustellung die Fristen für die Einlegung der Erinnerung (§ 64 Abs. 2), der Beschwerde (§ 66 Abs. 2) oder der Rechtsbeschwerde (§ 85 Abs. 1) in Lauf gesetzt werden.

V. Verfahren vor dem BPatG (Abs. 2)

12   Für die Verfahren vor dem BPatG gelten wie für das Rechtsbeschwerdeverfahren vor dem BGH (§ 88 Abs. 1 S. 1) die Zustellungsregeln der §§ 166–190 ZPO, auf die Bezug genommen werden kann.

---

12 Vgl. *Fezer*, § 94 Rn. 8.
13 Z. B. BPatG, GRUR 2008, 364, 366 – Zustellung an Verfahrensbevollmächtigten des Insolvenzverwalters.
14 *Ingerl/Rohnke*, § 94 Rn. 14 m. w. N.
15 BPatG, BeckRS 2009, 11159 – BIO SUN.

§ 95
Rechtshilfe

(1) Die Gerichte sind verpflichtet, dem Patentamt Rechtshilfe zu leisten.

(2) Im Verfahren vor dem Patentamt setzt das Patentgericht auf Ersuchen des Patentamts Ordnungs- oder Zwangsmittel gegen Zeugen oder Sachverständige fest, die nicht erscheinen oder ihre Aussage oder deren Beeidigung verweigern. Ebenso ist die Vorführung eines nicht erschienenen Zeugen anzuordnen.

(3) Über das Ersuchen nach Abs. 2 entscheidet ein Beschwerdesenat des Patentgerichts in der Besetzung mit drei rechtskundigen Mitgliedern. Die Entscheidung ergeht durch Beschluss.

Die Vorschrift regelt in Abs. 1 die Verpflichtung der Gerichte, dem DPMA zur Verfahrenserleichterung *Rechtshilfe* zu leisten (Parallelvorschrift § 128 PatG). Soweit dadurch die ordentliche Gerichtsbarkeit verpflichtet wird, sind für die nähere Ausgestaltung der Rechtshilfe die §§ 156ff. GVG maßgeblich. *Rechtshilfegericht* ist das *Amtsgericht*, in dessen Bezirk die Amtshandlung vorgenommen werden soll (§ 157 Abs. 1 GVG). **1**

Neben der grundsätzlichen Pflicht aller Gerichte zur Rechtshilfe gegenüber dem DPMA wird in Abs. 2 die Zuständigkeit des BPatG festgelegt, um auf Ersuchen des DPMA Ordnungs- und Zwangsmittel gegenüber dort einzuvernehmenden Zeugen und Sachverständigen festzusetzen oder die Vorführung eines nicht erschienenen Zeugen anzuordnen. Das DPMA kann als Verwaltungsbehörde derartige Zwangs- und Ordnungsmittel nicht selbst festsetzen, sondern ist auf die Rechtshilfe des BPatG angewiesen. Das BPatG prüft nur die Rechtmäßigkeit der ersuchten Maßnahme, nicht die Zweckmäßigkeit. **2**

§ 95 Abs. 3 regelt die Besetzung des Spruchkörpers des BPatG mit drei rechtskundigen Mitgliedern, der über Ersuchen des DPMA nach Abs. 2 zu entscheiden hat. Gegen den Beschluss des BPatG ist kein Rechtsmittel gegeben (§ 82 Abs. 2). **3**

§ 95a
Einreichung elektronischer Dokumente

(1) Soweit in Verfahren vor dem Patentamt für Anmeldungen, Anträge oder sonstige Handlungen die Schriftform vorgesehen ist, gelten die Regelungen des § 130a Abs. 1 Satz 1 und 3 sowie Abs. 3 der Zivilprozessordnung entsprechend.

(2) Die Prozessakten des Patentgerichts und des Bundesgerichtshofs können elektronisch geführt werden. Die Vorschriften der Zivilprozessordnung über elektronische Dokumente, die elektronische Akte und die elektronische Verfahrensführung im Übrigen gelten entsprechend, soweit sich aus diesem Gesetz nichts anderes ergibt.

(3) Das Bundesministerium der Justiz bestimmt durch Rechtsverordnung ohne Zustimmung des Bundesrates

1. den Zeitpunkt, von dem an elektronische Dokumente bei dem Patentamt und den Gerichten eingereicht werden können, die für die Bearbeitung der Dokumente geeignete Form und die zu verwendende elektronische Signatur;
2. den Zeitpunkt, von dem an die Prozessakten nach Absatz 2 elektronisch geführt werden können, sowie die hierfür geltenden organisatorisch-technischen Rahmenbedingungen für die Bildung, Führung und Aufbewahrung der elektronischen Prozessakten.

Übersicht

I. Allgemeines

1   Die Vorschrift ist durch das Patentrechtsmodernisierungsgesetz vom 31.7.2009[1] mit Wirkung zum 1.10.2009 neu gefasst worden; es wird nunmehr auf die Vorschriften der ZPO verwiesen (Parallelvorschrift § 125a PatG). Ziel ist weiterhin die Beschleunigung und Erleichterung aller Verfahren vor dem DPMA, dem BPatG und dem BGH.

II. Einzelheiten

2   Abs. 1 betrifft sämtliche Verfahren vor dem DPMA in Markenangelegenheiten, für welche die Schriftform angeordnet ist. Dies betrifft alle Originale von Anträgen und Eingaben (§ 10 Abs. 1 DPMAV), so dass vor dem DPMA durchgängig das Schriftformerfordernis gilt. Das elektronische Dokument ersetzt die Schriftform, wenn die Voraussetzungen des Abs. 1 sowie der § 130a Abs. 1 S. 1, S. 3, Abs. 3 ZPO eingehalten werden. Auf § 130a Abs. 1 S. 2 ZPO (qualifizierte elektronische Signatur) wird nach der amtl. Begr. zum Pat-

---

1 BGBl. I, S. 2521 ff.

ModG nicht verwiesen, um dem DPMA auch die Verwendung anderer Signaturformen zu ermöglichen.[2]

In den Verfahren vor dem BPatG und dem BGH ist § 130a ZPO dagegen vollumfänglich **3** anwendbar (Abs. 2 S. 2). Für das Verfahren vor dem BPatG gilt über § 82 Abs. 1 Schriftform insbesondere für die vorbereitenden Schriftsätze gemäß § 129 ZPO.[3] Ferner ist Schriftform z.B. ausdrücklich angeordnet für die Beschwerde (§ 66 Abs. 2) und für die Rechtsbeschwerde (§ 85 Abs. 1). Abs. 2 S. 1 erlaubt dem BPatG und dem BGH die elektronische Aktenführung. Abs. 2 S. 2 erklärt dazu die entsprechenden ZPO-Vorschriften für grundsätzlich anwendbar (siehe § 298a ZPO), Gleiches gilt für die elektronische Verfahrensführung. Diesbezügliche Regelungen sind mitunter enthalten in § 130b ZPO (gerichtliches elektronisches Dokument), § 105 ZPO (elektronischer Kostenfestsetzungsbeschluss), § 164 ZPO (elektronischer Berichtigungsvermerk), § 186 ZPO (öffentliche Zustellung mithilfe eines elektronischen Informations- und Kommunikationssystems), § 253 ZPO (Entbehrlichkeit der Beifügung von Abschriften im Falle elektronischer Klageeinreichung), § 299 ZPO (Akteneinsicht bei elektronischer Aktenführung) sowie § 371a ZPO (Beweiskraft elektronischer Dokumente).[4]

Das Bundesjustizministerium wird in Abs. 3 zum Erlass von Rechtsverordnungen ermächtigt. **4** Nach Abs. 3 Nr. 1 hat es den Zeitpunkt zu bestimmen, ab dem elektronische Dokumente bei dem DPMA, dem BPatG und dem BGH eingereicht werden können, sowie Regelungen zur Form und Signatur zu treffen. Nach Abs. 3 Nr. 2 hat es den Zeitpunkt festzulegen, ab dem die elektronische Aktenführung möglich ist, sowie die dazugehörigen organisatorisch-technischen Rahmenbestimmungen für die Bildung, Führung und Aufbewahrung der elektronischen Prozessakten zu treffen. Vor der Neufassung des § 95a wurden die Verordnung über den elektronischen Rechtsverkehr beim Deutschen Patent- und Markenamt (ERVDPMAV) vom 26.9.2006[5], geändert durch Art. 2 Abs. 3 der VO vom 10.2.2010[6], und die Verordnung über den elektronischen Rechtsverkehr beim Bundesgerichtshof und Bundespatentgericht (BGH/BPatGERVV) vom 24.8.2007[7], geändert durch Art. 30 FGG-ReformG vom 17.12.2008[8] sowie Art. 2 Abs. 1 der VO vom 10.2.2010[9], erlassen. Die BGH/BPatGERVV ersetzt die Verordnung über den elektronischen Rechtsverkehr beim Bundespatentgericht und beim Bundesgerichtshof (ERVBPatGBGHV), in welche die ehemalige Verordnung über den elektronischen Rechtsverkehr im gewerblichen Rechtsschutz (ERvGewRV) vom 5.8.2003 mit Änderungsverordnung vom 26.9.2006 umbenannt wurde. Nach § 2 Abs. 2a BGH/BPatGERVV sind seit dem 1.3.2010 elektronische Dokumente entweder mit einer qualifizierten elektronischen Signatur nach dem Signaturgesetz oder einer fortgeschrittenen elektronischen Signatur einer internationalen Organisation auf dem Gebiet des gewerblichen Rechtsschutzes zu versehen. Daneben besteht weiterhin die Verordnungsermächtigung nach § 65 Abs. 1 Nr. 8, von der durch § 12 DPMAV Gebrauch wurde und der seit dem 1.3.2010 nur noch auf die gemäß § 65 Abs. 1 Nr. 8 erlassene ERVDPMAV

---

2 *Ingerl/Rohnke*, § 95a Rn. 4 f.
3 *Ingerl/Rohnke*, § 95a Rn. 6.
4 *Ingerl/Rohnke*, § 95a Rn. 6.
5 BGBl. I, S. 2159.
6 BGBl. I, S. 83.
7 BGBl. I, S. 2130.
8 BGBl. I, S. 2586.
9 BGBl. I, S. 83.

verweist, die in § 2 Abs. 4 nun ebenso eine der beiden Signaturen vorschreibt. Schließlich gilt seit dem 1.3.2010 die Verordnung über die elektronische Aktenführung bei dem Patentamt, dem Patentgericht und dem Bundesgerichtshof (EAPatV) vom 10.2.2010.[10]

---

10 BGBl. I, S. 83; *Ingerl/Rohnke*, § 95a Rn. 7.

§ 96
Inlandsvertreter

(1) Wer im Inland weder einen Wohnsitz, Sitz noch Niederlassung hat, kann an einem in diesem Gesetz geregelten Verfahren vor dem Patentamt oder dem Patengericht nur teilnehmen und die Rechte aus einer Marke nur geltend machen, wenn er im Inland einen Rechtsanwalt oder Patentanwalt als Vertreter bestellt hat, der zur Vertretung im Verfahren vor dem Patentamt, dem Patentgericht und in bürgerlichen Streitigkeiten, die diese Marke betreffen, sowie zur Stellung von Strafanträgen bevollmächtigt ist.

(2) Staatsangehörige eines Mitgliedstaates der Europäischen Union oder eines anderen Vertragsstaates des Abkommens über den Europäischen Wirtschaftsraum können zur Erbringung einer Dienstleistung im Sinne des Vertrages zur Gründung der Europäischen Gemeinschaft als Vertreter im Sinne des Absatzes 1 bestellt werden, wenn sie berechtigt sind, ihre berufliche Tätigkeit unter einer der in der Anlage zu § 1 des Gesetzes über die Tätigkeit europäischer Rechtsanwälte in Deutschland vom 9. März 2000 (BGBl. I S. 182) oder zu § 1 des Gesetzes über die Eignungsprüfung für die Zulassung zur Patentanwaltschaft vom 6. Juli 1990 (BGBl. I S. 1349, 1351) in der jeweils geltenden Fassung genannten Berufsbezeichnungen auszuüben.

(3) Der Ort, an dem ein nach Absatz 1 bestellter Vertreter seinen Geschäftsraum hat, gilt im Sinne des § 23 der Zivilprozessordnung als der Ort, an dem sich der Vermögensgegenstand befindet. Fehlt ein solcher Geschäftsraum, so ist der Ort maßgebend, an dem der Vertreter im Inland seinen Wohnsitz, und in Ermangelung eines solchen der Ort, an dem das Patentamt seinen Sitz hat.

(4) Die rechtsgeschäftliche Beendigung der Bestellung eines Vertreters nach Absatz 1 wird erst wirksam, wenn sowohl diese Beendigung als auch die Bestellung eines anderen Vertreters gegenüber dem Patentamt oder dem Patentgericht angezeigt wird.

Übersicht

I. Allgemeines

Die Vorschrift regelt die Bestellung und Rechtsstellung des *Inlandsvertreters*, der – wie **1** der Name erkennen lässt – ausländische Verfahrensbeteiligte vor dem DPMA oder dem BPatG vertritt (Parallelvorschrift § 25 PatG). Der Anwendungsbereich ist durch die Einbeziehung der Geltendmachung von Rechten aus der Marke erweitert worden. Das Institut des Inlandsvertreters dient der Verfahrenserleichterung insbesondere durch die Vermeidung von Zustellungen im Ausland. Die Neufassung des § 96 gilt für alle ab dem 1.1.2002 anhängig gewordenen Verfahren.[1]

II. Erfordernis eines Inlandsvertreters

2   Das Erfordernis eines Inlandsvertreters richtet sich nach dem vertretungsbedürftigen Personenkreis: Dies sind zunächst nach § 96 Abs. 1 die *Inhaber von angemeldeten* und *eingetragenen Marken (auch IR-Marken mit Schutz für die Bundesrepublik Deutschland, §§ 107, 119)*, die keinen Wohnsitz oder Sitz bzw. eine Niederlassung in Deutschland haben. Durch die Neufassung 2002 des § 96 Abs. 1, die den § 96 Abs. 4 a.F. in Abs. 1 integriert, wird der Kreis entsprechend erweitert auf dritte Verfahrensbeteiligte ohne Sitz oder Niederlassung im Inland. Die Regelung knüpft an die geografische Präsenz und nicht an die Staatsangehörigkeit an; verpflichtet ist also nicht der Ausländer mit (Wohn-)Sitz in Deutschland, wohl aber der Deutsche ohne (Wohn-)Sitz im Inland.

3   *Niederlassungen* i.S.v. § 96 Abs. 1 müssen selbstständig und dauernd am Wirtschaftsleben teilnehmen (Zweigniederlassungen im Sinne von §§ 13 ff. HGB sind ausreichend). Keine Niederlassung ist die rechtlich selbstständige Tochtergesellschaft; durch ihren Sitz im Inland wird die auswärtige Konzernmuttergesellschaft nicht vom Bestellungserfordernis befreit.

4   Dem Zweck der Vorschrift entsprechend ist ein Inlandsvertreter nur dann erforderlich, wenn der Auswärtige an einem im MarkenG geregelten Verfahren vor dem DPMA oder dem BPatG teilnimmt (Abs. 1) oder beteiligt ist und die Bestellung der Erleichterung des Rechtsverkehrs dienen kann. Ein Inlandsvertreter ist also nicht erforderlich, um außergerichtlich Ansprüche aus dem MarkenG geltend zu machen,[2] um einen Antrag auf Eintragung nach § 32 Abs. 2[3] einer Marke beim DPMA zu stellen oder eine Marke (insbesondere eine IR-Marke) schlicht zu besitzen.[4] Schließt sich an eine der vorgenannten Handlungen allerdings ein (streitiges) Verfahren an, wird die Bestellung eines Inlandsvertreters erforderlich.[5] Will das DPMA die Schutzrechtserstreckung verweigern oder entziehen, hat es dies dem IR-Markeninhaber über das Internationale Büro mitzuteilen und ihn aufzufordern, einen Inlandvertreter zu bestellen. Die Schutzrechtsentziehung darf nicht nach dem fehlgeschlagenen Versuch der direkten Zustellung eines entsprechenden Antrags erfolgen.[6]

5   § 38 Abs. 2 MarkenV a.F., wonach es für die Bewirkung der Verlängerungsgebühr keines Inlandsvertreters bedurfte, ist bei der Neufassung der MarkenV weggefallen (jetzt § 37 MarkenV). Daraus zu folgern, für die bloße Zahlung der Verlängerungsgebühr müsse ein

---

1 Fortgeltende Übergangsvorschrift trotz Aufhebung ist § 165 Abs. 7, BPatG, GRUR 2009, 188, 189 f. – Inlandsvertreter III.
2 A.A. *Ingerl/Rohnke*, § 96 Rn. 14 mit Blick auf den Begriff der Geltendmachung von Rechten aus der Marke.
3 Oder auf Umschreibung nach § 27 Abs. 3, anders aber BPatG, GRUR-RR 2008, 414, 415 – Umschreibungsverfahren; Teilung nach §§ 40, 46; Löschung nach §§ 53 Abs. 1, 54 Abs. 1 oder den Verzicht nach § 48.
4 Zum PatG BGH, GRUR 2009, 701, 702 – Niederlegung der Inlandsvertretung.
5 Vgl. BGH, GRUR 1993, 476, 477 – Zustellungswesen.
6 BPatG, BeckRS 2009, 02701.

Inlandsvertreter bestellt werden, wäre jedoch widersinnig, die Gebührenzahlung eröffnet kein Verfahren i. S. d. § 96 Abs. 1.[7] § 47 Abs. 3 verlangt für die Verlängerung der Schutzdauer lediglich die Zahlung der Verlängerungsgebühr. Diese kann nach § 1 Abs. 2 Nr. 2 PatKostG i.V.m. § 1 Abs. 1 Nr. 2 und 3 PatKostZV auch über ausländische Geldinstitute erfolgen. Es ist somit eher davon auszugehen, dass der Gesetzgeber die Vorschrift für überflüssig gehalten hat.

III. Inlandsvertreter

Inlandsvertreter können nach § 96 Abs. 1 Rechtsanwälte und Patentanwälte sein. Ausgenommen sind Rechtsanwälte, die beim BGH zugelassen sind (§ 172 BRAO). Rechts- und Patentanwälte aus EU/EWR-Staaten, die nicht in Deutschland niedergelassen sind, können nach der Neufassung des Abs. 2 ebenfalls als Inlandsvertreter bestellt werden. Damit ist dem Erfordernis der Dienstleistungsfreiheit (Art. 56 ff. AEUV = ex-Art. 49 ff. EG) Rechnung getragen worden. Die vormalige Bestimmung, dass sie dafür einen inländischen Rechts- oder Patentanwalts als Zustellungsbevollmächtigten bestellen müssen, ist mit Aufhebung des Abs. 2 S. 2 entfallen. Die freiwillige Bestellung eines inländischen Zustellungsbevollmächtigten durch den Vertreter bleibt aber nach der amtl. Begr. weiterhin möglich.[8] Patentassessoren können nach § 155 Abs. 1 Nr. 2, Abs. 2 PatAnwO Inlandsvertreter sein, ebenso wie Erlaubnisscheininhaber nach § 178 PatAnwO in der bis zum 31.8.2009 geltenden Fassung, der nach § 160 PAO weiterhin anzuwenden ist. Es muss sich nicht um Einzelpersonen handeln, auch alle zu einer entsprechenden Kanzlei gehörenden Anwälte können bestellt werden.[9] Diese Regelungen betreffen nicht die Unterbevollmächtigung Dritter durch Inlandsvertreter. **6**

IV. Bestellung eines Inlandsvertreters

Die Bestellung eines Inlandsvertreters erfolgt durch Einreichen einer schriftlichen Vollmacht (nach § 81 Abs. 5 beim BPatG und nach § 15 Abs. 1 DPMAV beim DPMA). Die Vollmacht muss den in § 96 Abs. 1 bestimmten Umfang haben, um eine wirksame Bestellung des Inlandsvertreters zu begründen. Dementsprechend kann sie der Einfachheit halber als *Vollmacht gem. § 96 MarkenG* bezeichnet werden. Sie erlischt nach der Neufassung des Abs. 4 erst dann, wenn zugleich mit dem Widerruf der Vertreterbestellung die Bestellung eines anderen Vertreters wirksam wird (vgl. § 87 Abs. 1, 2. Hs. ZPO). Der wirksam bestellte Inlandsvertreter selbst kann wiederum Untervollmacht erteilen; der Unterbevollmächtigte muss nicht als Inlandsvertreter zugelassen sein.[10] **7**

Die Bestellung eines Inlandsvertreters beseitigt nicht die Verhandlungsfähigkeit des ausländischen Verfahrensbeteiligten. Auch nach Bestellung kann der Auswärtige also weiter- **8**

---

7 Zum PatG BGH, GRUR 2009, 701, 702 – Niederlegung der Inlandsvertretung.
8 *Ingerl/Rohnke*, § 96 Rn. 25; zum PatG BGH, GRUR 2009, 701, 703 – Niederlegung der Inlandsvertretung.
9 *Ingerl/Rohnke*, § 96 Rn. 24.
10 Vgl. *Fezer*, § 96 Rn. 20.

hin selbst sowie durch bevollmächtigte Dritte Verfahrenshandlungen vornehmen. Er muss jedoch die innerhalb der Vertretungsmacht von und die gegenüber seinem Inlandsvertreter vorgenommenen Handlungen gegen sich gelten lassen; dazu zählt auch die Rücknahme einer Anmeldung durch den Inlandsvertreter.[11] Ein Wegfall (etwa durch Tod) des Vertreters begründet nach allem keinen Verfahrensmangel i. S. d. § 83 Abs. 3 Nr. 4; das Verfahren wird auch nicht nach § 244 ZPO unterbrochen.[12] Vielmehr muss der Auswärtige einen neuen Vertreter bestellen.

9   Die neu aufgenommene Regelung des § 96 Abs. 4 soll verhindern, dass ein laufendes Verfahren wegen der Niederlegung oder Widerrufs des Mandats eines Inlandsvertreters und der dann notwendigen Zustellungen im Ausland (§ 94 Abs. 1 Nr. 1) ins Stocken gerät. Eine Anwendung von § 96 Abs. 4 kommt dabei nur in Betracht, soweit und solange für ein markenrechtliches Verfahren oder eine Verfahrenshandlung gemäß § 96 Abs. 1 die Bestellung eines Inlandsvertreters vorgeschrieben ist, eine zeitlich unbeschränkte Weitergeltung über das nicht mehr anhängige Verfahren hinaus besteht nicht.[13] Dem hat sich auch die Präsidentin des DPMA in ihrer Mitteilung Nr. 4/09 vom 25. 6. 2009 angeschlossen. Die Regelung des § 96 Abs. 4 ist § 87 Abs. 1 2. Hs. ZPO nachgebildet, so dass auf die Kommentierungen hierzu verwiesen werden kann. Ob und inwieweit von der Weitergeltung einer Inlandsvertretung gemäß § 96 Abs. 4 auszugehen ist, hängt im Übrigen allein von den materiell-rechtlichen Gegebenheiten des jeweiligen Einzelfalls ab, die formelle Eintragung der Vertreterbestellung in das Markenregister hat keine rechtsverbindliche Bedeutung.[14] Weder Fortdauer noch Löschung der Eintragung im Register haben konstitutive Wirkung.[15] Der Vertreter hat gleichwohl ein ungeschriebenes subjektiv-öffentliches Recht auf Korrektur und kann die Löschung seiner Eintragung im Register infolge veränderter materiell-rechtlicher Verhältnisse (Widerruf, Niederlegung des Mandats) beantragen.[16] Es besteht damit keine Notwendigkeit, auf § 20 Abs. 1 S. 1 BDSG zurückzugreifen.[17]

V. Mangel der Bestellung eines Inlandsvertreters

10   Wird kein Inlandsvertreter bestellt, obwohl dies erforderlich wäre, so fehlt eine Verfahrensvoraussetzung. Dieses Verfahrenshindernis ist von Amts wegen zu berücksichtigen, so dass im einseitigen Verfahren eine Anmeldung – sofern die Vertreterbestellung nicht nachgeholt

---

11 Vgl. BGH, GRUR 1972, 536, 537 – Akustische Wand.

12 Vgl. BGH, GRUR 1969, 437 – Inlandsvertreter.

13 Zum PatG BGH, GRUR 2009, 701, 702 – Niederlegung der Inlandsvertretung; BPatG, BeckRS 2008, 03285 – Inlandsvertreter II; BPatG, GRUR 2009, 188, 190 – Inlandsvertreter III; vgl. aber BPatG, GRUR 2009, 185, 187 – Eintragung des Inlandsvertreters; ferner zum PatG BPatG, BeckRS 2007, 12230 – Inlandsvertreter I.

14 BPatG, GRUR 2009, 188, 191 – Inlandsvertreter III; BPatG, GRUR 2009, 185, 186 – Eintragung des Inlandsvertreters.

15 *Ingerl/Rohnke*, § 96 Rn. 37, unter Hinweis darauf, dass im MarkenG weiterhin eine § 30 Abs. 3 PatG entsprechende gesetzliche Grundlage für die Fingierung fortbestehender Legitimation kraft Eintragung fehle.

16 BPatG, GRUR 2009, 188, 191 – Inlandsvertreter III; so auch zum PatG BGH, GRUR 2009, 701, 702 – Niederlegung der Inlandsvertretung.

17 *Ingerl/Rohnke*, § 96 Rn. 38; so aber BPatG, GRUR 2009, 185, 191 – Eintragung des Inlandsvertreters.

wird – durch das DPMA als unzulässig zurückgewiesen wird, Widersprüche und Beschwerden durch das BPatG als unzulässig verworfen werden.

In mehrseitigen Verfahren wird, sofern der Anmelder nicht wirksam vertreten ist, eine 11 Sachentscheidung über den Widerspruch getroffen;[18] fehlt der Inlandsvertreter des Widersprechenden, wird der Widerspruch als unzulässig verworfen.[19]

VI. Besonderer Gerichtsstand

§ 96 Abs. 3 ergänzt die Bestimmung des besonderen Gerichtsstands des Vermögens und 12 des Streitgegenstandes in § 23 ZPO. Nach dieser Vorschrift ist wegen vermögensrechtlicher Ansprüche das Gericht zuständig, in dessen Bezirk sich das Vermögen der in Anspruch genommenen Person bzw. der in Anspruch genommene Gegenstand befindet. Da eine Marke innerhalb der Bundesrepublik Deutschland nicht an einem bestimmten Ort lokalisierbar ist, knüpft § 96 Abs. 3 die örtliche Zuständigkeit des Gerichts an den Ort der geschäftlichen Niederlassung (Geschäftsraum) und in dessen Ermangelung an den Wohnsitz des Inlandsvertreters. Fehlt beides, so ist der Sitz des DPMA (München) maßgeblich. Eine Löschungsklage ist also am Kanzleisitz des Inlandsvertreters, hilfsweise beim LG München I zu erheben.

---

18 Vgl. BPatG, GRUR 1998, 59 – Coveri.
19 Vgl. *Ströbele/Hacker*, § 96 Rn. 51.

Teil 4
Kollektivmarken

Vorbemerkung zu §§ 97 bis 106

Übersicht

Literatur: *Benkendorff*, Gütezeichenrecht, GRUR 1952, 3; *Berg*, Vom Verbandszeichen zur Kollektivmarke, FS Vieregge, 1995, 61; *ders.*, Die geografische Herkunftsangabe – Ein Konkurrent für die Marke?, GRUR 1996, 425; *ders.*, Die zeichenrechtlichen Unternehmen und Verbände der neuen Bundesländer im Rahmen des deutschen Einigungsprozesses, FS DPA – 100 Jahre Marken-Amt, 1994, 43; *Bökel*, Probleme des Benutzungszwangs für Warenzeichen, BB 1971, 1033; *Dörinkel*, Gütezeichen und Kartellrecht, WuW 1958, 565; *Elsaesser*, Das Verbandszeichen, 1966; *Epphardt*, Benutzung eines Gütezeichens durch Nichtverbandsmitglieder, WuW 1953, 96; *Gröschler*, Deutsche Gütezeichen, GRUR 1950, 61; *ders.*, Deutsche Gütezeichen in weiterer Entwicklung, GRUR 1956, 21; *Gruber*, Verbraucherinformation durch Gütezeichen, 1986; *Hamann*, Die Gütezeichen und ihre Funktionen, GRUR 1953, 517; *Helm*, Rechtsfragen des Gütezeichens „Buskomfort", TranspR 1979, 29; *ders.*, Die Unterscheidungsfunktion der Kollektivmarke nach neuem Markenrecht, WRP 1991, 41; *Lüdekke*, Gütezeichen heute und morgen, BB 1952, 27; *Miosga*, Gütesicherung und Zeichenschutz, GRUR 1968, 570; *Nicklisch*, Das Gütezeichen, 1969; *Röttger*, Die gemeinsame Verwendung eines Warenzeichens durch mehrere Benutzer, GRUR 1955, 564; *Schluep*, Kollektiv- und Garantiemarken, in: Rehbinder (Hrsg.), Marke und Marketing, 1990, 63; *Schlüter*, Der Verbandsanspruch auf Ersatz der Mitgliedschäden bei Verletzung von Verbandszeichen, GRUR 1953, 309.

I. Allgemeines

1   Die Regelung der §§ 97 ff. löst die Regelung der §§ 17 ff. WZG ab, die ihrerseits auf Art. 7bis PVÜ zurückgehen.[1] Kollektivmarken sind dadurch gekennzeichnet, dass der Zeicheninhaber der eingetragenen Marke ein Verband ist und die Benutzung der Marke in erster Linie durch die Verbandsmitglieder oder die sonstigen Benutzungsberechtigten erfolgt. Nach § 97 Abs. 2 sind auf Kollektivmarken die allgemeinen Regeln anzuwenden; die §§ 97–106 legen die sich aus der Struktur der Kollektivmarke ergebenden Sonderregeln nieder. Mit dieser Regelung hat der Gesetzgeber die Option der Markenrechtsrichtlinie verwirklicht, da diese die Eintragung von Kollektivmarken nicht zwingend vorgibt. Im Ge-

---

1 *Gruber*, S. 265 ff.

meinschaftsmarkenrecht findet sich eine zum nationalen Recht parallele Regelung in Art. 64 ff. GMV.

II. Anwendungsfälle der Kollektivmarke

1. Geschichtlicher Hintergrund

Kollektivmarken gehen auf die mittelalterlichen Zunft- und Gildezeichen zurück, die jedoch im Laufe der Zeit verschwanden. Die Eintragung von Kollektivmarken (damals Verbandsmarken) wurde in Deutschland durch eine Änderung des damaligen WZG im Jahr 1913 ermöglicht, nachdem sich die Verbandsstaaten der PVÜ in Art. 7bis PVÜ verpflichtet hatten, Kollektivmarken zuzulassen. Bekannte Kollektivmarken sind beispielsweise *WKS-Möbel*, *VDE* im Dreieck, das *Deutsche Weinsiegel*, das *Internationale Wollsiegel* und das sog. *DIN-Zeichen*.[2]   **2**

2. Erscheinungsformen von Kollektivmarken

Kollektivmarken haben keine weite Verbreitung gefunden. Die gemeinsame Verwendung der Kollektivmarke durch mehrere Verbandsmitglieder steht der Positionierung eines eigenen „Markenartikels", insbesondere im Wege der subjektiven Produktdifferenzierung durch Individualmarken, entgegen.[3] Als Hauptanwendungsfälle von Kollektivmarken lassen sich exemplarisch die *Verbände kleinerer und mittlerer Unternehmen* nennen, die eine Kollektivmarke statt eigener Individualmarken verwenden wollen.[4] Fallweise wurden Kollektivmarken auch in *Konzernen* eingesetzt;[5] so wurde z.B. nach Entflechtung der IG-Farben das Individualzeichen „Perlon" der IG-Farben AG in ein Verbandszeichen umgewandelt, um eine gleichrangige Benutzung der Marken durch die Nachfolgegesellschaften zu ermöglichen.[6]   **3**

Weiterhin werden Kollektivmarken zur Kennzeichnung von *Produkten übereinstimmender Eigenschaften von mehreren Herstellern* benutzt. Dies ist z.B. möglich, wenn es sich um die Benutzung eines patentgeschützten Produkts durch mehrere Lizenznehmer handelt (so z.B. die sog. Poroton-Ziegel[7]– Ziegelfertigstürze; vgl. auch BGH[8] – Verbandszeichen). Hierzu gehört auch die Verwendung von Kollektivmarken durch *Normungsverbände*, z.B. das sog. *VDE-Zeichen* und das sog. *DIN-Zeichen*;[9] hier ergeben sich dann faktische Überschneidungen mit den sog. Gütemarken.   **4**

Sollen Kollektivmarken auch als Garantieausweis zur Kennzeichnung von wesentlichen, qualitätsbildenden Merkmalen der betreffenden Produkte verwendet werden, so spricht   **5**

---

2 *Fezer*, vor § 97 Rn. 3.
3 *Gruber*, S. 90 ff.
4 Vgl. BGH, GRUR 1964, 381 – WKS-Möbel.
5 Vgl. *Ingerl/Rohnke*, § 97 Rn. 8.
6 *Fezer*, vor § 97 Rn. 3.
7 Vgl. BGH, WRP 1984, 737 = GRUR 1984, 737.
8 BGH, GRUR 1991, 782.
9 Vgl. BGH, WRP 1977, 94 = GRUR 1977, 488 – DIN-geprüft; *Gruber*, S. 134 ff.

man von *Gütemarken* oder *Garantiemarken*.[10] Von einer Gütemarke erwartet der Verkehr, dass die an objektiven Maßstäben gemessenen, wesentlichen Eigenschaften von einer neutralen Stelle überprüft werden. Eine solche neutrale Stelle ist der RAL. Der Kollektivmarkenverband kann aber eine derartige neutrale Stelle auch selbst errichten.[11] Gütemarken werden dort eingesetzt, wo sich klassische Markenartikel nicht etablieren konnten. Eine Sonderstellung haben sie im Baubereich, da sie dort die öffentlich-rechtlichen Anforderungen an Baustoffe etc. garantieren.

6   *Geografische Herkunftsangaben* wurden bereits unter dem WZG als Kollektiv-/Verbandsmarke eingetragen, wenn durch eine entsprechende Ausgestaltung der Markensatzung dem Freihaltebedürfnis Rechnung getragen wurde.[12] Nunmehr lässt § 99 geografische Herkunftsangaben ausdrücklich als Kollektivmarken zu.[13]

III. Struktur der Regelung

1. Ausgangspunkt und Begriff

7   § 97 Abs. 1 gibt zunächst eine *Definition* der Kollektivmarke; danach können als Kollektivmarke alle nach § 3 schutzfähigen Marken eingetragen werden, die geeignet sind, die Waren oder Dienstleistungen der Mitglieder des Inhabers der Kollektivmarke nach ihrer betrieblichen Herkunft, ihrer geografischen Herkunft, ihrer Art, ihrer Qualität oder sonstigen Eigenschaften zu unterscheiden. Gleichzeitig verweist § 97 Abs. 2 auf die *allgemeinen Vorschriften* des MarkenG. Gegenüber der *Individualmarke* weist die *Kollektivmarke* zwei wesentliche *Unterschiede* auf: Zum einen sind der Inhaber der Kollektivmarke – der Verband – und deren Benutzer – z.B. die Verbandsmitglieder – nicht identisch. Zum anderen kann die Kollektivmarke die gekennzeichneten Waren oder Dienstleistungen nicht nur nach ihrer betrieblichen Herkunft unterscheiden, sondern auch nach ihrer geografischen Herkunft, nach ihrer Art oder nach ihren sonstigen Eigenschaften. Die sich hieraus ergebenden Fragen werden in §§ 97–106 geregelt.

2. Eintragungsvoraussetzungen

8   Für die *Unterscheidungskraft* genügt es nach § 97 Abs. 1, wenn die Kollektivmarken die gekennzeichneten Waren oder Dienstleistungen von denen anderer Unternehmen nach ihrer betrieblichen oder geografischen Herkunft, oder nach ihrer Art, ihrer Qualität oder sonstigen Eigenschaften unterscheiden können. Abweichend von § 8 Abs. 2 Nr. 2 sind geografische Herkunftsangaben als Kollektivmarken nach § 99 ausdrücklich eintragungsfähig. Somit sind an die Unterscheidungskraft von Kollektivmarken nicht dieselben Anforderungen wie an Individualmarken zu stellen.[14] Die tauglichen *Inhaber* sind in § 98 defi-

---

10 *Ströbele/Hacker*, § 97 Rn. 9; OLG Celle, GRUR 1985, 547 – Buscomfort; vgl. auch BGH, WRP 1977, 94 = GRUR 1977, 488 – DIN-geprüft; WRP 1991, 163 = GRUR 1991, 552 – TÜV-geprüft.
11 BPatGE 28, 139 – Gütezeichenverband; *Gruber*, S. 187 ff. u. S. 252 ff.; *Ingerl/Rohnke*, § 97 Rn. 9.
12 Vgl. BGH, WRP 1993, 769 = GRUR 1993, 832 – Piesporter Goldtröpfchen; BPatG, GRUR 1991, 538.
13 BGH, WRP 1996, 300 = GRUR 1996, 270 – MADEIRA.
14 *Ströbele/Hacker*, § 103 Rn. 6.

niert. Die Rechtsbeziehungen zwischen dem Inhaber der Kollektivmarke und den Benutzungsberechtigten (Kreis der Benutzungsberechtigten, Bedingungen für die Benutzung der Kollektivmarke, Voraussetzungen für die Mitgliedschaft) sind gem. § 102 in der *Markensatzung* niederzulegen. Dort sind auch Namen, Sitz und Zweck des Markenverbandes anzugeben. Die Markensatzung ist Anmeldevoraussetzung; daher ist auch jede Änderung der Markensatzung dem DPMA mitzuteilen (§ 104). Entsprechend der Verweisung in § 97 Abs. 2 auf die allgemeinen Vorschriften umfasst die *Prüfung der Anmeldungserfordernisse* zunächst die absoluten Schutzhindernisse des § 37. Darüber hinaus werden nach § 105 auch die besonderen Eintragungsvoraussetzungen der §§ 97, 98 und 102 geprüft.

3. Klagebefugnis und Schutzschranken

Da Inhaber und Benutzer der Kollektivmarke auseinanderfallen, sieht § 101 eine Regelung **9** zur *Klagebefugnis* und zum *Schadensersatz* vor: Der Benutzer kann nur mit Zustimmung des Verbandes klagen. Der Verband kann auch den Schaden geltend machen, der dem befugten Benutzer der Kollektivmarke durch deren Verletzung entstanden ist. Nachdem § 99 *geografische Herkunftsangaben* als eingetragene Kollektivmarke zulässt, sieht § 100 Abs. 2 eine *besondere Schutzschranke* für deren Benutzung durch Dritte vor, um Fehlmonopolisierungen zu verhindern.

4. Verfall- und Nichtigkeitsgründe

Durch die Verweisung des § 97 Abs. 2 gilt auch der *Verfallsgrund der Nichtbenutzung* **10** gem. § 49 für Kollektivmarken; zur *Person der Benutzer* bestimmt § 100 Abs. 2, dass auch die Benutzung durch ein Verbandsmitglied oder eine sonstige zur Benutzung der Kollektivmarke befugte Person oder durch deren Inhaber eine rechtserhaltende Benutzung i. S. d. § 26 ist. Zusätzliche *Verfallsgründe* regelt § 105, nämlich dass die Marke wegen Verfalls zu löschen ist, wenn der Inhaber nicht mehr besteht oder der Inhaber keine geeigneten Maßnahmen trifft, um eine missbräuchliche, insbesondere irreführende oder den Verbandszwecken oder der Markensatzung widersprechende Benutzung zu verhindern. Nach § 106 werden neben den in § 50 genannten *Nichtigkeitsgründen* Kollektivmarken auf Antrag wegen Nichtigkeit gelöscht, wenn sie entgegen § 103 eingetragen worden sind, d. h. den Voraussetzungen der §§ 97, 98 und 102 nicht entsprochen haben oder die Markensatzung gegen die öffentliche Ordnung oder die guten Sitten verstoßen hat.

IV. Markenrechtsrichtlinie und Gemeinschaftsmarke

1. Markenrechtsrichtlinie

Die Eintragbarkeit von Kollektivmarken ist in der Markenrechtsrichtlinie nicht zwingend **11** vorgeschrieben; allerdings sind nach Art. 1 Markenrechtsrichtlinie die *allgemeinen Vorschriften* auf Kollektivmarken anwendbar; dies wurde in § 97 Abs. 2 umgesetzt (s. Rn. 7). Zu *geografischen Angaben* sieht Art. 15 Abs. 2 S. 1 Markenrechtsrichtlinie vor, dass diese als Kollektivmarken eintragbar sind; diese Regelung wurde in § 99 umgesetzt (s. Rn. 8). Der in Art. 15 Abs. 2 S. 2 Markenrechtsrichtlinie geregelten *besonderen Schutzschranke* für die Benutzung von geografischen Angaben entspricht § 100 Abs. 1 (s. Rn. 9). Zur *rechtserhaltenden Benutzung* sieht Art. 10 Abs. 3 Markenrechtsrichtlinie vor, dass die Benutzung durch eine befugte Person ausreicht. Dies entspricht § 100 Abs. 2 (s. Rn. 10). Die in Art. 15 Abs. 1 Markenrechtsrichtlinie vorgesehene Option für *besondere Verfall- und Nichtigkeitsgründe* hat das nationale Recht in §§ 105, 106 umgesetzt (s. Rn. 10).

2. GMV

12 Die GMV gibt eine dem nationalen Recht (s. Rn. 7 ff.) vergleichbare Regelung: Zur *Definition* der Kollektivmarke bestimmt Art. 64 Abs. 1 S. 1 GMV, dass die Gemeinschaftsmarke dazu dient, Waren und Dienstleistungen der Mitglieder des Verbandes, der Markeninhaber ist, von denen anderer Unternehmen zu unterscheiden. Gleichzeitig verweist Art. 64 Abs. 3 GMV auf die *allgemeinen Vorschriften* (vgl. Rn. 7).

13 Die *Eintragungsvoraussetzungen* sind wie folgt geregelt: Zur *Unterscheidungskraft* von Kollektivmarken bestimmt Art. 64 Abs. 1 S. 1 GMV, dass diese dazu dienen können, Waren und Dienstleistungen der Mitglieder des Verbandes von denen anderer Unternehmen zu unterscheiden. Gleichzeitig regelt Art. 64 Abs. 2 S. 1 GMV, dass auch geografische Angaben als Kollektivmarken zugelassen werden. Die an den *Inhaber* einer Kollektivmarke zu stellenden Anforderungen bestimmt Art. 64 Abs. 1 S. 2 GMV. Die Rechtsbeziehungen zwischen dem Inhaber und den zur Benutzung berechtigten Personen bestimmt die *Markensatzung* (Art. 65 GMV). Auch eine *Änderung* der Markensatzung ist dem Amt anzuzeigen (Art. 69 GMV). Das Amt nimmt nach Art. 66 die *Prüfung der Anmeldung* auf die allgemeinen Eintragungshindernisse und die besonderen Eintragungsvoraussetzungen für Kollektivmarken vor (vgl. Rn. 8).

14 Zur *Klagebefugnis* der Verbandsmitglieder bestimmen Art. 70 Abs. 1, 22 GMV, dass die Klage nur mit Zustimmung des Verbandes erhoben werden kann. Zum *Schadensersatz* regelt Art. 70 Abs. 2 GMV, dass der Inhaber der Kollektivmarke auch den Schaden von deren Benutzern geltend machen kann. Weiterhin beinhaltet Art. 64 Abs. 2 S. 2 eine *besondere Schutzschranke* für die Benutzung von geografischen Herkunftsangaben (vgl. Rn. 9). Zur *rechtserhaltenden Benutzung* sieht der Wortlaut des Art. 68 GMV vor, dass die Benutzung durch eine zur Benutzung der Kollektivmarke berechtigte Person ausreicht. Die Art. 71 und 72 GMV regeln die *besonderen Verfalls- und Nichtigkeitsgründe* für die Kollektivmarke (vgl. Rn. 10).

§ 97
Kollektivmarken

(1) Als Kollektivmarken können alle als Marke schutzfähigen Zeichen i. S. d. § 3 eingetragen werden, die geeignet sind, die Waren oder Dienstleistungen der Mitglieder des Inhabers der Kollektivmarke von denjenigen anderer Unternehmen nach ihrer betrieblichen oder geographischen Herkunft, ihrer Art, ihrer Qualität oder ihren sonstigen Eigenschaften zu unterscheiden.

(2) Auf Kollektivmarken sind die Vorschriften dieses Gesetzes anzuwenden, soweit in diesem Teil nicht etwas anderes bestimmt ist.

Übersicht

I. Allgemeines

§ 97 regelt die *eingetragene Kollektivmarke* (zur Kollektivmarke kraft Benutzung s. Rn. 8). § 97 Abs. 1 gibt zunächst eine *Legaldefinition* und regelt die zulässigen Markenformen sowie die Funktionen und die Unterscheidungskraft von Kollektivmarken (Rn. 2 ff.). § 97 Abs. 2 gibt einen *Verweis auf die allgemeinen Vorschriften* des MarkenG (Rn. 10). **1**

II. Begriff und Eintragungsvoraussetzungen

1. Verband und Mitglieder

§ 97 Abs. 1 bestimmt, dass als Kollektivmarken alle i. S. v. § 3 schutzfähigen Marken eingetragen werden, die geeignet sind, die Waren oder Dienstleistungen der Mitglieder des Inhabers der Kollektivmarke von denen anderer Unternehmen zu unterscheiden; die Unterscheidung kann nach der betrieblichen Herkunft, oder nach der geografischen Herkunft oder nach Art, Qualität oder sonstigen Eigenschaften der gekennzeichneten Produkte erfolgen. *Wesensmerkmal der Kollektivmarke* ist, dass Inhaber und Benutzer der Marke auseinander fallen.[1] Die Benutzung der Kollektivmarke erfolgt durch die Verbandsmitglieder oder andere zur Benutzung der Kollektivmarke befugte Personen (§ 102 Abs. 2 Nr. 4), wobei auch eine Benutzung durch den Verband selbst zulässig ist, da nach § 100 Abs. 2 auch die Benutzung durch den Verband als rechtserhaltende Benutzung angesehen wird. **2**

---

1 Begründung des Gesetzentwurfs, BlPMZ Sonderheft 1994, S. 108.

2. Markenformen

3 Durch den Hinweis auf § 3 stellt das MarkenG klar, dass alle Markenformen, die für Individualmarken zur Verfügung stehen, auch als Kollektivmarke eingetragen werden können.

3. Funktionen und Unterscheidungskraft

4 § 97 Abs. 2 verweist auf § 8. Demnach muss auch eine Kollektivmarke die für sonstige Marken nach § 8 Abs. 2 Nr. 1 erforderliche *Unterscheidungskraft* aufweisen. Diese Unterscheidungskraft ist jedoch bei Kollektivmarken nicht auf die Herkunft aus einem individuellen Unternehmen bezogen.[2] Die Rechtsprechung zum *WZG* sah die Funktion der Verbandszeichen noch darin, dass diese auf die Herkunft der Waren aus einem der zum Verband zusammengeschlossenen Betriebe hinweisen; die Unterscheidung erfolgte also nach der betrieblichen Herkunft aus mehreren Unternehmen.[3] Nach der Regelung des § 97 Abs. 1 ist die Eignung zur Unterscheidung bei Kollektivmarken jedoch nicht nur auf die *betriebliche Herkunft* bezogen, sondern auch auf die *geografische Herkunft* oder die *Art, Qualität oder sonstigen Eigenschaften* der gekennzeichneten Waren. Somit fallen auch geografische Kollektivmarken und Gütemarken unter den Begriff der Kollektivmarke;[4] geografische Angaben sind nach § 99 ausdrücklich als Kollektivmarken zugelassen. Die Unterscheidungskraft von Kollektivmarken ist sonach anders zu bestimmen als bei Individualmarken.[5]

5 Die Unterscheidung nach der *betrieblichen Herkunft* genügt auch nach dem MarkenG für die Eintragung einer Kollektivmarke. Bei der Beurteilung der nach §§ 97 Abs. 2, 8 Abs. 2 Nr. 1 erforderlichen Unterscheidungskraft ist zu berücksichtigen, dass der betriebliche Herkunftshinweis der Kollektivmarke auf die Herkunft der Produkte aus einer – abhängig vom Inhalt der Markensatzung – Vielzahl von Unternehmen gerichtet ist. Dies setzt ggf. das Maß der erforderlichen Unterscheidungskraft herab. Die gleiche Überlegung gilt für die Prüfung des Freihaltebedürfnisses nach § 8 Abs. 2 Nr. 2. Als schutzfähig wurde beispielsweise (nach altem Recht) die Verbandsmarke „DIN-geprüft" angesehen.[6]

6 *Geografische Angaben* sind unabhängig von einem betrieblichen Herkunftshinweis als Kollektivmarken zugelassen; nach § 99 findet § 8 Abs. 2 Nr. 2 keine Anwendung. Für die Eintragbarkeit genügt es, wenn eine geografische Angabe i.S.d. §§ 126ff. vorliegt.[7] Bei der Prüfung des Freihaltebedürfnisses sind namentlich die Vorschriften der Markensatzung zu berücksichtigen, d.h., es ist zu prüfen, ob die Markensatzung den Kreis der benutzungsberechtigten Personen, die Benutzungsvoraussetzungen etc. zutreffend abbildet; dem ent-

---

2 BGH, WRP 1996, 300 = GRUR 1996, 270 – MADEIRA.
3 BGH, GRUR 1991, 782 – Verbandszeichen; WRP 1977, 94 = GRUR 1977, 488 – DIN-geprüft; GRUR 1964, 381 – WKS-Möbel; GRUR 1957, 89 – Ihr Funkberater.
4 Begründung des Gesetzentwurfs, BlPMZ Sonderheft 1994, 108.
5 *Ströbele/Hacker*, § 103 Rn. 6; *Ingerl/Rohnke*, § 97 Rn. 12; *Helm*, WRP 1999, 41; a.A. *Fezer*, § 97 Rn. 5.
6 BGH, WRP 1977, 94 = GRUR 1977, 488 – DIN-geprüft; vgl. auch BGH, GRUR 1991, 782 – Verbandszeichen.
7 BGH, WRP 1996, 300 = GRUR 1996, 270 – MADEIRA.

Gruber

spricht, dass nach § 102 Abs. 3 jede Person, deren Waren aus dem entsprechenden geografischen Gebiet stammen, einen Anspruch auf Aufnahme in den Verband haben muss.[8]

Weiterhin kann die Unterscheidung nach der *Qualität*, den *Eigenschaften* und der *Art* der **7** gekennzeichneten Produkte erfolgen. Somit sind auch *Gütemarken* unabhängig von einem betrieblichen Herkunftshinweis als Kollektivmarken zugelassen.[9] Eine rein beschreibende Angabe hat jedoch nicht die nach § 8 Abs. 2 Nr. 1 für die Eintragung erforderliche Unterscheidungskraft.[10] Da die Unterscheidung nach der Qualität die wesentliche Funktion der Gütemarke ist, genügt z.B. eine Sachangabe in Kombination mit Angaben wie „Gütegemeinschaft", „Gütemarke" oder grafischen Bestandteilen für die Eintragungsfähigkeit. Je weiter das Markenwort einer Sachangabe angenähert ist, umso mehr ist die Markensatzung darauf zu prüfen, ob denjenigen Unternehmen, die voraussichtlich ein schutzwürdiges Interesse an der Verwendung des Markenwortes haben werden, die Mitgliedschaft im Verband offensteht.[11]

4. Kollektivmarke kraft Benutzung

Eine Kollektivmarke kann gem. § 8 Abs. 3 aufgrund von *Verkehrsdurchsetzung* eingetra- **8** gen werden.[12] Weiterhin kann eine Kollektivmarke auch ohne Anmeldung und Eintragung aufgrund von *Verkehrsgeltung* Markenschutz nach § 4 Nr. 2 genießen, soweit die Verkehrsvorstellung dahin geht, dass mehrere verschiedene Unternehmen das Zeichen nicht unabhängig voneinander, sondern gemeinsam benutzen.[13]

Inhaber einer nach § 8 Abs. 3 eingetragenen Kollektivmarke muss ein nach § 98 zugelasse- **9** ner Verband sein. Umstritten ist, ob die Entstehung einer nicht eingetragenen Kollektivmarke nach § 4 Nr. 2 einen Verband mit entsprechender Verbandsstruktur i.S.d. § 98 voraussetzt.[14] Als Argument hierfür wird angeführt, durch die „Verbandsausstattung" dürfe die Vorschrift des § 98 nicht umgangen werden. Der Begriff des „Verbandes" in § 98 ist denkbar indifferent; maßgeblich ist die „Rechtsfähigkeit" des Verbandes (s. § 98 Rn. 2). Indessen gilt die Regelung der §§ 97ff. nur für *eingetragene* Kollektivmarken (Rn. 1). Durch die Verweisungsvorschrift des § 97 Abs. 2 ist § 4 Nr. 2 unmittelbar anwendbar, wohingegen § 7 wiederum nur für eingetragene Marken gilt. Es genügt daher – in Übereinstimmung mit der Rechtsprechung zum allgemeinen Kennzeichenrecht[15] – jede organisatorische Verselbstständigung, also auch eine Gesellschaft bürgerlichen Rechts. Für diese Lö-

---

8 Vgl. *Ingerl/Rohnke*, § 97 Rn. 16 sowie zur – inzidenten – Inhaltskontrolle der Markensatzung § 102 Rn. 10ff.

9 Begründung des Gesetzentwurfs, BlPMZ Sonderheft 1994, 108; a.A. zum alten Recht BGH, WRP 1977, 94 = GRUR 1977, 488 – DIN-geprüft.

10 *Helm*, WRP 1999, 41.

11 Vgl. *Ingerl/Rohnke*, § 97 Rn. 16, sowie zur inzidenten Inhaltskontrolle der Markensatzung § 102 Rn. 10ff.

12 *Helm*, WRP 1991, 41; *Ingerl/Rohnke*, § 97 Rn. 17; zum WZG vgl. BGH, GRUR 1957, 88 – Ihr Funkberater; GRUR 1964, 381 – WKS-Möbel.

13 *Fezer*, § 97 Rn. 12; *Ingerl/Rohnke*, § 97 Rn. 17; *Helm*, WRP 1999, 41; zum WZG vgl. BGH, GRUR 1964, 381 – WKS-Möbel; WRP 2002, 544 = GRUR 2002, 616 – Verbandsausstattung.

14 So *Helm*, WRP 1999, 41.

15 BGH, WRP 1988, 443 = GRUR 1988, 560 – Christophorus-Stiftung.

sung spricht, dass die gesellschaftsrechtliche Judikatur des BGH der Sache nach die Teil-rechtsfähigkeit der BGB-Gesellschaft anerkannt hat.[16]

III. Anwendung der allgemeinen Vorschriften

10 § 97 Abs. 2 verweist auf die *allgemeinen Vorschriften* des MarkenG. Die §§ 97 ff. regeln diejenigen Sonderfragen, die sich aus der Struktur der Kollektivmarke ergeben (vor § 97 Rn. 7 ff.).

IV. Gemeinschaftsmarkenrecht

11 Nach Art. 64 Abs. 1 S. 1 GMV werden Gemeinschaftskollektivmarken eingetragen, wenn sie dazu dienen können, Produkte der Mitglieder des Verbandes, der Markeninhaber ist, von denen anderer Unternehmen zu unterscheiden. Nach Art. 64 Abs. 2 S. 1 GMV sind auch *geografische Angaben* zugelassen. Der im MarkenG benutzte Wortlaut, wonach die Unterscheidung auch nach Art, Beschaffenheit oder anderen Eigenschaften der gekenn-zeichneten Produkte erfolgen kann, fehlt in der GMV. Jedoch sind auch *Gütemarken* als Gemeinschaftskollektivmarken eintragbar, da auch Gütemarken einen Hinweis auf die Herkunft der Produkte aus den Betrieben der Verbandsmitglieder enthalten können.[17] Im Übrigen ist die Struktur der Gemeinschaftskollektivmarke ähnlich der Struktur nach dem MarkenG: Markeninhaber ist der Verband; die Benutzung erfolgt durch die Verbandsmit-glieder oder sonstige befugte Personen (vgl. Art. 65 Abs. 2, Art. 70 Abs. 2 GMV).

---

16 BGH, NJW 2001, 1056.
17 Vgl. *v. Mühlendahl/Ohlgart*, § 11 Rn. 6 ff.

§ 98
Inhaberschaft

Inhaber von angemeldeten oder eingetragenen Kollektivmarken können nur rechtsfähige Verbände sein, einschließlich der rechtsfähigen Dachverbände und Spitzenverbände, deren Mitglieder selbst Verbände sind. Diesen Verbänden sind die juristischen Personen des öffentlichen Rechts gleichgestellt.

Übersicht

I. Allgemeines

Die Regelung hat § 17 WZG abgelöst, der seinerseits auf Art. 7bis PVÜ zurückging (vor **1** § 97 Rn. 1). Die Markenrechtsrichtlinie gibt hinsichtlich des Inhabers keine zwingenden Vorgaben.[1] Mit der Formulierung des § 97 ist der Gesetzgeber insofern von § 17 Abs. 1 WZG abgewichen, als es nicht darauf ankommt, dass der Verband „gewerbliche Zwecke" verfolgt. Im Unterschied zu § 17 Abs. 1 WZG wurde weiterhin klargestellt, dass rechtsfähige Dach- und Spitzenverbände, deren Mitglieder wiederum Verbände sind, Inhaber von Kollektivmarken sein können. Jedoch stimmt nach der Begründung der Verbandsbegriff mit dem *Begriff des Verbands* i.S.d. § 17 Abs. 1 WZG überein[2] Nachfolgend werden der Begriff des Verbands (Rn. 2 ff.), die Rechtsbeziehungen zu den Benutzungsberechtigten (Rn. 6 ff.) sowie die Übertragung der Kollektivmarke (Rn. 8) behandelt.

II. Begriff des Verbands

1. Privatrechtliche Verbände

§ 97 hat den Verbandsbegriff gegenüber § 17 Abs. 1 WZG nicht geändert.[3] Der Begriff des **2** Verbands geht auf Art. 7bis Abs. 1 PVÜ zurück, wonach sich die Vertragsstaaten der PVÜ verpflichteten, Marken, die *Verbänden ("collectives", "associations")* gehören, zum Markenschutz durch Eintragung zuzulassen. Um sich so weit wie möglich an den Wortlaut von

---

1 *Ingerl/Rohnke*, § 98 Rn. 2.
2 Begründung des Gesetzentwurfs, BlPMZ Sonderheft 1994, 109; *Ingerl/Rohnke*, § 98 Rn. 2.
3 Begründung des Gesetzentwurfs, BlPMZ Sonderheft 1994, 109.

Art. 7bis Abs. 1 PVÜ zu halten, hat der historische Gesetzgeber des WZG den im deutschen Gesellschaftsrecht unbekannten Begriff des „Verbands" gewählt. Damit wollte man den Kreis der als Inhaber eines Verbandszeichens tauglichen Personen möglichst wenig einengen und das Recht der Verbandszeichen möglichst frei gestalten.[4] Die Auslegung des Begriffs *Verband* war zum WZG umstritten;[5] auch heute wird erörtert, welche *Binnenstruktur* ein Verband aufweisen müsse, um tauglicher Markeninhaber zu sein.[6] Da der Begriff *Verband* kein Terminus des deutschen Gesellschaftsrechts ist, ist er aus dem MarkenG heraus auszulegen: Der Verband muss einmal rechtsfähig in dem Sinne sein, dass er Aktiv- (§ 101) und Passivprozesse (§§ 105, 106) führen kann. Sodann müssen Inhaber der Kollektivmarke und deren Benutzer unterschiedliche Rechtsträger sein, da der Verband in der Lage sein muss, geeignete Maßnahmen gegen eine missbräuchliche Benutzung der Kollektivmarke zu treffen, um einen Verfall der Kollektivmarke nach § 105 zu verhindern. Das Verhältnis zwischen Verband und Benutzern ist ähnlich den Rechtsbeziehungen zwischen Markeninhaber und Lizenznehmern einer Individualmarke ausgestaltet, denn die Benutzer der Kollektivmarke dürfen nach § 101 Abs. 1 – ebenso wie die Lizenznehmer nach § 30 Abs. 3 – Klage aus der Kollektivmarke nur mit Zustimmung des Inhabers erheben. Weiterhin erfordert die Tatsache, dass den Verbandsmitgliedern und den anderen zur Benutzung der Kollektivmarke befugten Personen ein Benutzungsrecht eingeräumt wird (Rn. 6), eine eigene Rechtspersönlichkeit des Verbands. Weitergehende Anforderungen an die Binnenstruktur des Verbands sind der gesetzlichen Regelung nicht zu entnehmen; es genügt also die *Rechtsfähigkeit* des Verbands, wozu auch die Teilrechtsfähigkeit i. S. d. § 124 HGB gehört.

3   *Taugliche Verbände* sind also der *eingetragene Verein, die Genossenschaft, AG, GmbH, KG und OHG.*[7] Nachdem nunmehr auch *Dach- und Spitzenverbände* taugliche Markeninhaber sind, kann das Kollektivmarkenrecht auch für „mehrstöckige" Verbände benutzt werden.[8] Auch die *GbR* ist als tauglicher Inhaber zuzulassen, nachdem die Rechtsprechung des BGH diese der Sache nach als teilrechtsfähig anerkannt hat.[9]

2. Juristische Personen des öffentlichen Rechts

4   Die *juristischen Personen des öffentlichen Rechts* sind den Verbänden gleichgestellt und damit taugliche Markeninhaber. Die erforderliche Qualifikation ergibt sich aus den jeweiligen Spezialgesetzen. Hierzu zählen die rechtsfähigen Körperschaften, insbesondere die Gebietskörperschaften (Bund, Länder und Gemeinden), sowie Anstalten und Stiftungen des öffentlichen Rechts.[10]

---

4 *Gruber*, S. 265.
5 *Gruber*, S. 266 ff.
6 *Ingerl/Rohnke*, § 98 Rn. 6.
7 *Fezer*, § 98 Rn. 3; *Ingerl/Rohnke*, § 98 Rn. 6.
8 Begründung des Gesetzentwurfs, BlPMZ Sonderheft 1994, 109; vgl. *Gruber*, S. 288; *Ströbele/ Hacker*, § 98 Rn. 7.
9 BGH, NJW 2001, 1056; *Ingerl/Rohnke*, § 98 Rn. 6.
10 *Ingerl/Rohnke*, § 98 Rn. 8; *Fezer*, § 98 Rn. 6.

3. Ausländische Verbände

Die Rechtsfähigkeit ausländischer Verbände bestimmt sich nach dem Recht ihres Sitzes, **5**
also nach dem jeweiligen *Heimatrecht*.[11]

III. Rechtsbeziehungen zu den Benutzungsberechtigten

1. Benutzungsberechtigung

Das Benutzungsrecht an der Kollektivmarke ist von der Mitgliedschaft im Verband losge- **6**
löst. Dies ergibt sich zum einen aus der Terminologie des Gesetzes, das zwischen *Mitglie-*
dern des Inhabers (§§ 97 Abs. 1, 98) und *zur Benutzung berechtigten Personen* (§§ 101,
102 Abs. 2 Nr. 4, 105 Abs. 2) unterscheidet. Darüber hinaus ist auch der Verband selbst zur
Benutzung der Kollektivmarke befugt, da nach § 102 auch eine Benutzung durch den Verband als rechtserhaltende Benutzung angesehen wird.[12] Das Gesetz wählt in § 101 Abs. 1
eine dem Lizenzvertragsrecht angenäherte Konstruktion: Ebenso wie der Lizenznehmer an
einer Individualmarke (§ 30 Abs. 4) darf der Benutzer einer Kollektivmarke Klage nur mit
Zustimmung des Markeninhabers erheben. Die von der Mitgliedschaft im Verband losge-
löste Benutzungsberechtigung beruht somit auf einer *Lizenz*. Die Konstruktion als Lizenz
stößt im MarkenG – anders als im WZG[13] – auf keine Schwierigkeiten, nachdem § 30 diese
anerkennt. Verstößt das Verbandsmitglied gegen die Benutzungsbedingungen der Markensatzung (§ 102 Abs. 2 Nr. 5 MarkenG), so liegt eine Markenverletzung vor.[14]

2. Lizenz an Dritte

Eine *Lizenz für Nichtmitglieder* ist zulässig.[15] Die *Grenzen* der Lizenzierung ergeben sich **7**
aus *§ 5 UWG*; verstößt der Lizenzvertrag hiergegen, so soll er nach § 134 BGB nichtig
sein.[16] Daher muss z.B. bei Gütemarken, die eine in der Markensatzung spezifizierte wesentliche Produkteigenschaft erfordern (s. vor § 97 Rn. 5), die Lizenz zu den Benutzungsbedingungen der Markensatzung (§ 102 Abs. 2 Nr. 5) erteilt werden, um eine Irreführung
zu vermeiden. Weiterhin sollten Sanktionen für den Fall der nicht vertragsgemäßen Benutzung vorgesehen werden, da sich der Verband ansonsten der Gefahr der Klage wegen Verfalls nach § 105 Abs. 1 aussetzt.

---

11 BGH, WRP 1996, 300 = GRUR 1996, 270 – MADEIRA.
12 *Ingerl/Rohnke*, § 100 Rn. 7.
13 *Gruber*, S. 281.
14 BGH, WRP 2003, 380 = GRUR 2003, 242 – Dresdner Christstollen.
15 *Fezer*, § 98 Rn. 12; *Ingerl/Rohnke*, § 102 Rn. 9; vgl. a. OLG Celle, GRUR 1985, 547 – Buskomfort.
16 BGH, WRP 1966, 375 = GRUR 1966, 375 – Meßmer Tee II; GRUR 1970, 528 – Migrol.

IV. Übertragbarkeit der Kollektivmarke

8 Anders als nach § 20 WZG ist die Kollektivmarke *übertragbar* gem. §§ 97 Abs. 2, 27. Da eingetragener Inhaber jedoch nur ein *Verband* sein kann, ist die Übertragung nur auf einen solchen zulässig.[17] Die Rechtsstellung der Verbandsmitglieder oder sonstiger zur Benutzung des Zeichens berechtigter Personen wird hierdurch nicht eingeschränkt, da das in einer Lizenz erteilte Benutzungsrecht nach § 30 Abs. 5 *Sukzessionsschutz* genießt.

V. Gemeinschaftsmarkenrecht

1. Inhaber

9 Nach Art. 64 Abs. 1 S. 2 GMV sind Verbände von Herstellern, Erzeugern, Dienstleistungserbringern oder Händlern, die nach dem für sie maßgebendem Recht die Fähigkeit haben, im eigenen Namen Träger von Rechten und Pflichten jeder Art zu sein, Verträge zu schließen oder andere Rechtshandlungen vorzunehmen oder vor Gericht zu stehen, zulässige *Inhaber* einer Gemeinschaftskollektivmarke. Obwohl der Text der GMV *Spitzen- und Dachverbände* nicht erwähnt, besteht Einigkeit darüber, dass auch solche Verbände taugliche Inhaber sein können.[18] Eine bestimmte Binnenstruktur des Verbands wird nicht verlangt; es genügt, dass der Verband *Rechtsfähigkeit* besitzt. Eine Einschränkung des Verbandsbegriffs ergibt sich auf einer begrifflichen Ebene insofern, als es sich um einen ggf. mehrstöckigen Verband von Herstellern, Erzeugern oder Dienstleistungsunternehmen handeln muss.[19] Weiterhin können *juristische Personen des öffentlichen Rechts* Inhaber von Kollektivmarken sein.[20]

2. Übertragung und Lizenz

10 Die Gemeinschaftskollektivmarke kann ebenso wie die Individualmarke nach Art. 17 GMV übertragen werden, da Art. 64 Abs. 3 GMV auf die allgemeinen Vorschriften verweist; allerdings kann die Übertragung nur auf einen anderen Verband erfolgen.[21] Die Gemeinschaftskollektivmarke kann an Dritte lizenziert werden, da auch bei ihr das Recht zur Benutzung von der Mitgliedschaft im Verband losgelöst ist.[22]

---

17 *Fezer*, § 97 Rn. 24.
18 S. *v. Mühlendahl/Ohlgart*, § 11 Rn. 9.
19 S. *v. Mühlendahl/Ohlgart*, § 11 Rn. 9; *Ingerl/Rohnke;* § 98 Rn. 3.
20 S. *v. Mühlendahl/Ohlgart*, § 11 Rn. 10.
21 Vgl. *v. Mühlendahl/Ohlgart*, § 11 Rn. 31.
22 A. A. *v. Mühlendahl/Ohlgart*, § 11 Rn. 32 ff.

Gruber

§ 99
Eintragbarkeit von geographischen Herkunftsangaben als Kollektivmarken

Abweichend von § 8 Abs. 2 Nr. 2 können Kollektivmarken ausschließlich aus Zeichen oder Angaben bestehen, die im Verkehr zur Bezeichnung der geographischen Herkunft der Waren oder Dienstleistungen dienen können.

Übersicht

I. Allgemeines

Bereits unter dem WZG waren *geografische Angaben* als Verbandsmarken zugelassen (§ 97 Rn. 4 ff.). Um das Bedürfnis nach einem Schutz von geografischen Angaben in Form von Kollektivmarken abzusichern, bestimmt § 97 Abs. 1, dass es für die Eintragbarkeit einer Kollektivmarke ausreicht, wenn diese die gekennzeichneten Produkte nach ihrer geografischen Herkunft unterscheidet. Korrespondierend hiermit sieht § 99 vor, dass geografische Angaben entgegen § 8 Abs. 2 Nr. 2 als Kollektivmarken eintragungsfähig sind. Hiermit wurde die Option von Art. 15 Abs. 2 S. 1 Markenrechtsrichtlinie umgesetzt. Die Regelung steht in Zusammenhang mit § 102 Abs. 3, der einen *Aufnahmeanspruch* für diejenigen Personen vorsieht, deren Produkte aus dem maßgeblichen geografischen Gebiet stammen. Korrespondierend hierzu enthält § 100 Abs. 1 eine *besondere Schutzschranke*, nämlich dass das Recht aus der Kollektivmarke gegenüber einem Dritten nicht geltend gemacht werden kann, die geografische Angabe im geschäftlichen Verkehr zu benutzen, sofern die Benutzung den guten Sitten entspricht und nicht gegen § 127 verstößt. Damit sollen „Fehlmonopolisierungen" von geografischen Angaben ausgeschlossen werden.[1]

1

II. Regelungsinhalt

Für die Eintragungsfähigkeit einer geografischen Angabe genügt es, wenn festgestellt wird, dass das Markenwort eine geografische Angabe darstellt (§ 126 Rn. 1 ff.). Nicht erforderlich ist, dass die Angabe darüber hinaus einen Herkunftshinweis auf die dem Verband angehörenden Unternehmen enthält.[2]

2

---

1 Vgl. Begründung des Gesetzentwurfs, BlPMZ Sonderheft 1994, 109.
2 BGH, WRP 1996, 300 = GRUR 1996, 270 – MADEIRA; s. oben § 97 Rn. 4 und 6.

III. Gemeinschaftsmarkenrecht

3 Nach Art. 64 Abs. 2 S. 1 GMV sind *geografische Angaben* entgegen Art. 7 Abs. 1 lit. c) GMV als Gemeinschaftskollektivmarken eintragbar. Einer „Fehlmonopolisierung" wird auch auf der Ebene der GMV dadurch vorgebeugt, dass nach Art. 65 Abs. 2 S. 2 GMV jede Person, deren Waren oder Dienstleistungen aus dem betreffenden geografischen Gebiet stammen, einen *Aufnahmeanspruch* in den Markenverband hat. Gleichzeitig kann aus der Gemeinschaftskollektivmarke nicht das Recht abgeleitet werden, einem Dritten zu verbieten, geografische Angaben gemäß den anständigen Gepflogenheiten in Gewerbe und Handel zu benutzen. Artikel 64 Abs. 2 S. 2 statuiert demgemäß eine *besondere Schutzschranke*.

§ 100
Schranken des Schutzes; Benutzung

(1) Zusätzlich zu den Schutzschranken, die sich aus § 23 ergeben, gewährt die Eintragung einer geographischen Herkunftsangabe als Kollektivmarke ihrem Inhaber nicht das Recht, einem Dritten zu untersagen, solche Angaben im geschäftlichen Verkehr zu benutzen, sofern die Benutzung den guten Sitten entspricht und nicht gegen § 127 verstößt.

(2) Die Benutzung einer Kollektivmarke durch mindestens eine hierzu befugte Person oder durch den Inhaber der Kollektivmarke gilt als Benutzung i. S. d. § 26.

Übersicht

I. Allgemeines

§ 100 betrifft zwei unterschiedliche Fragenkreise: § 100 Abs. 1 beinhaltet eine *besondere* **1** *Schutzschranke* für die Verwendung von *geografischen Angaben*. Damit wurde die Regelung von § 15 Abs. 2 S. 2 Markenrechtsrichtlinie umgesetzt. Unabhängig hiervon regelt § 100 Abs. 2 zur *rechtserhaltenden Benutzung*, dass eine Benutzung durch eine zur Benutzung der Kollektivmarke befugte Person als Benutzung i. S. d. § 26 ausreicht; Gleiches gilt, wenn der Verband selbst die Marke benutzt. Hiermit wurde Art. 10 Abs. 3 Markenrechtsrichtlinie umgesetzt.

II. Schutzschranke bei Benutzung geografischer Angaben

1. Verhältnis zu § 23

Entsprechend dem Wortlaut („zusätzlich zu") enthält § 100 Abs. 1 eine *besondere Schutz-* **2** *schranke*, die über die Wirkungen von § 23 Nr. 2 hinausgeht: § 23 Nr. 2 stellt darauf ab, dass die Marke „als Angabe über ihre geografische Herkunft" benutzt wird. Demgegenüber tritt nach § 100 Abs. 1 die Wirkung der Markeneintragung einer geographischen Herkunftsangabe auch dann nicht ein, wenn diese „Angabe im geschäftlichen Verkehr" benutzt wird, ohne dass die Regelung irgendwelche Einschränkungen zu den Benutzungsmodalitäten enthalten würde. Die Angabe kann also auch blickfangmäßig benutzt werden. Zweck des § 100 Abs. 1 ist es, als Ausgleich zu der Eintragbarkeit von geografischen Herkunftsangaben nach § 99 die rechtmäßige Verwendung solcher Angaben durch die berechtigen Benutzer sicherzustellen, und zwar unabhängig davon, ob sie Mitglied im Verband sind.[1]

2. Regelungsinhalt

3 Nach der Begründung des Gesetzesentwurfs[2] soll die Eintragung einer geografischen Herkunftsangabe als Kollektivmarke nicht das Recht begründen, den rechtmäßigen Benutzern der geografischen Herkunftsangaben – unabhängig davon, ob sie Mitglieder des Verbands sind oder nicht – die weitere Benutzung der geografischen Herkunftsangabe zu untersagen. Da nach dem Wortlaut (Rn. 1) der Regelung nicht vorausgesetzt wird, dass die geografische Angabe in einer bestimmten Benutzungsmodalität benutzt wird, sind von der Schutzschranke auch *blickfangmäßige oder markenmäßige Benutzungen* abgedeckt.[3]

4 Jedoch greift die besondere Schutzschranke dann nicht ein, wenn der Benutzer der geografischen Herkunftsangabe gegen § 127 verstößt, d.h. die geografische Herkunftsangabe, die nach § 127 Schutz genießt, für Waren benutzt wird, die *nicht aus dem maßgeblichen geografischen Gebiet* stammen (§ 127 Rn. 1 ff.). Im Fall einer *qualifizierten Herkunftsangabe* (§ 127 Rn. 5) liegt ein Verstoß gegen § 127 auch dann vor, wenn die Ware zwar aus dem maßgeblichen geografischen Gebiet stammt, aber *nicht die maßgeblichen Eigenschaften* aufweist (§ 127 Rn. 9). Weiterhin darf die Benutzung *nicht gegen die guten Sitten* verstoßen. Da die Benutzung der geografischen Angabe als solche, und zwar auch in Alleinstellung oder blickfangmäßig, von der besonderen Schutzschranke abgedeckt ist, muss hier eine rufschädigende Benutzung oder eine unnötig enge Anlehnung an frei wählbare Zeichenelemente der Kollektivmarke vorliegen.[4] Die Begründung nennt hier als Beispielsfälle die Annäherung an eine bestimmte Darstellungsform oder Schreibweise der eingetragenen Kollektivmarke.[5] Ein Verstoß gegen die guten Sitten liegt auch dann vor, wenn durch die Benutzungsform aufgrund anderer Umstände der Wahrheit zuwider der Eindruck erweckt wird, der Benutzer sei Mitglied im Verband.

III. Rechtserhaltende Benutzung

1. Allgemeine Regeln

5 Aufgrund der Verweisungsvorschrift des § 97 Abs. 2 gelten für die rechtserhaltende Benutzung die *allgemeinen Regeln*. Auf die Kommentierung, insbesondere zu §§ 25, 26, wird verwiesen.

---

1 BGH, WRP 2003, 380 = GRUR 2003, 242 – Dresdner Christstollen.
2 BlPMZ Sonderheft 1994, 109.
3 *Ingerl/Rohnke*, § 100 Rn. 4; *Ströbele/Hacker*, § 100 Rn. 2.
4 *Ingerl/Rohnke*, § 100 Rn. 5.
5 BlPMZ Sonderheft 1994, 109.

2. Personenkreis

Nach § 21 Abs. 3 WZG bedurfte es zur rechtserhaltenden Benutzung der Benutzung durch   6
mindestens zwei Mitglieder des Verbands.[6] Demgegenüber genügt nach § 100 Abs. 2 zunächst die Benutzung durch *eine zur Benutzung der Kollektivmarke befugte Person*. Dies
sind nicht nur die Verbandsmitglieder, sondern auch die Lizenznehmer des Verbands (§ 98
Rn. 7), da auch diese zur Benutzung berechtigt sind. Hierbei handelt es sich um Dritte
i. S. v. Art. 10 Abs. 3 Markenrechtsrichtlinie, die die Marke mit Zustimmung des Kollektivmarkeninhabers benutzen. Eine rechtserhaltende Benutzung setzt jedoch voraus, dass die
Zustimmung oder Lizenz wirksam ist (vgl. § 98 Rn. 7), da andernfalls keine Zurechnung
der Benutzung stattfindet.[7] Weiterhin ist die Benutzung durch den *Verband* selbst eine
rechtserhaltende Benutzung.

IV. Gemeinschaftsmarkenrecht

Die *besondere Schutzschranke* des Art. 64 Abs. 2 S. 2 bewirkt, dass die Wirkungen der Ge-   7
meinschaftskollektivmarke gegenüber einem Dritten, der zur Benutzung einer geografischen Angabe berechtigt ist, nicht eintreten, sofern die Benutzung den anständigen Gepflogenheiten in Gewerbe oder Handel entspricht. Zur *rechtserhaltenden Benutzung* bestimmt
Art. 68 GMV, dass die Benutzung durch *eine* zur Benutzung der Gemeinschaftskollektivmarke befugte *Person* ausreichend ist. Der Wortlaut des Art. 68 sieht die Benutzung durch
den Verband selbst nicht vor. Allerdings wird auch eine Benutzung durch den Verband als
ausreichend angesehen.[8]

---

6 *Gruber*, S. 277.
7 *Fezer*, § 100 Rn. 6.
8 S. *v. Mühlendahl/Ohlgart*, § 11 Rn. 27.

§ 101
Klagebefugnis; Schadensersatz

(1) Soweit in der Markensatzung nichts anderes bestimmt ist, kann eine zur Benutzung der Kollektivmarke berechtigte Person Klage wegen Verletzung einer Kollektivmarke nur mit Zustimmung ihres Inhabers erheben.

(2) Der Inhaber der Kollektivmarke kann auch Ersatz des Schadens verlangen, der den zur Benutzung der Kollektivmarke berechtigten Personen aus der unbefugten Benutzung der Kollektivmarke oder eines ähnlichen Zeichens entstanden ist.

Übersicht

I. Allgemeines

1   Die Vorschrift regelt die Aktivlegitimation für die Durchsetzung von Ansprüchen bei Verletzung der Kollektivmarke. Da eingetragener Inhaber der Kollektivmarke der *Verband* ist und dem *Markeninhaber die Ansprüche nach §§ 14 ff.* zustehen, ist zum einen geregelt, dass der Verband auch den Schaden geltend machen kann, der den Benutzern der Kollektivmarke entstanden ist, 101 Abs. 2 (Rn. 2). Zum anderen ist geregelt, unter welchen Voraussetzungen die Benutzungsberechtigten im eigenen Namen Ansprüche aus der Kollektivmarke geltend machen können, § 101 Abs. 1 (Rn. 3).

II. Aktivlegitimation des Verbands

2   Der *Verband* ist als Inhaber *aktivlegitimiert*, bei einer Verletzung der Kollektivmarke Ansprüche gem. §§ 14 ff. geltend zu machen. In entsprechender Anwendung von § 30 Abs. 2 Nr. 2 MarkenG kann der Verband auch gegen Verbandsmitglieder vorgehen, die die Kollektivmarke entgegen den Bestimmungen der Markensatzung benutzen und damit die Kollektivmarke verletzen.[1] Die Aktivlegitimation des Verbands gilt auch für die Schadensersatzansprüche samt Nebenansprüchen, soweit dem Verband ein eigener Schaden entstanden ist. Für die Schäden, die in der Person der Benutzungsberechtigten entstanden sind, gilt: Der Anspruch steht zunächst dem Verband zu, dieser hat aber keinen Schaden. Daher regelt § 101 Abs. 2 als Fall der *Drittschadensliquidation*, dass der Verband „auch" den Ersatz desjenigen Schadens verlangen kann, der den Benutzungsberechtigten entstanden ist.[2]

---

1 BGH, WRP 2003, 380 = GRUR 2003, 242 – Dresdner Christstollen.
2 *Fezer*, § 101 Rn. 2; *Ingerl/Rohnke*, § 101 Rn. 5.

III. Aktivlegitimation der Benutzungsberechtigten

Die Rechte aus der Marke stehen zunächst dem Verband als dem eingetragenen Inhaber zu. **3** In der Zeichensatzung kann geregelt werden, dass die Benutzungsberechtigten die Rechte aus der Kollektivmarke im Fall ihrer Verletzung geltend machen können, d.h., bereits in der Markensatzung kann die Zustimmung des Verbands zur Geltendmachung von Ansprüchen aus der Marke durch die Benutzungsberechtigten erteilt werden. Regelt die Markensatzung diese Frage nicht, so kann die Klage eines *Benutzungsbefugten* nur mit *Zustimmung des Verbands* erhoben werden. Die Regelung stimmt mit der Regelung für den Lizenzvertrag in § 30 Abs. 3 überein.[3]

IV. Gemeinschaftsmarkenrecht

Die Regelung in § 70 GMV entspricht § 101. Die Gleichstellung der Benutzungsberechtig- **4** ten mit Lizenznehmern wird in der GMV noch deutlicher, nachdem Art. 70 Abs. 1 GMV auf die Rechte der Lizenznehmer gem. Art. 22 Abs. 3 und 4 GMV verweist.

---

3 *Ingerl/Rohnke*, § 101 Rn. 4.

§ 102
Markensatzung

(1) Der Anmeldung der Kollektivmarke muss eine Markensatzung beigefügt sein.

(2) Die Markensatzung muss mindestens enthalten:

1. Namen und Sitz des Verbandes,
2. Zweck und Vertretung des Verbandes,
3. Voraussetzungen für die Mitgliedschaft,
4. Angaben über den Kreis der zur Benutzung der Kollektivmarke befugten Personen,
5. die Bedingungen für die Benutzung der Kollektivmarke und
6. Angaben über die Rechte und Pflichten der Beteiligten im Falle von Verletzungen der Kollektivmarke.

(3) Besteht die Kollektivmarke aus einer geographischen Herkunftsangabe, muss die Satzung vorsehen, dass jede Person, deren Waren oder Dienstleistungen aus dem entsprechenden geographischen Gebiet stammen und den in der Markensatzung enthaltenen Bedingungen für die Benutzung der Kollektivmarke entsprechen, Mitglied des Verbandes werden kann und in den Kreis der zur Benutzung der Kollektivmarke befugten Personen aufzunehmen ist.

(4) Die Einsicht in die Markensatzung steht jeder Person frei.

Übersicht

I. Allgemeines

1 Die Vorschrift regelt in § 102 Abs. 1 zunächst, dass der Anmeldung einer Kollektivmarke eine *Markensatzung* beigefügt sein muss; hierbei handelt es sich um eine *Anmeldevoraussetzung*.[1] § 102 Abs. 2 regelt den *notwendigen Inhalt* („mindestens") der Markensatzung

---

1 *Fezer*, § 102 Rn. 1.

(s. Rn. 2 ff.). § 102 Abs. 4 gibt ein *Einsichtsrecht*. § 102 Abs. 3 regelt den *Aufnahmeanspruch* in Kollektivmarkenverbände für geografische Herkunftsangaben; daneben gibt es einen Aufnahmeanspruch nach § 20 Abs. 6 GWB (früher § 27 GWB) sowie § 826 BGB (Rn. 7 ff.). Um Irreführungen und Diskriminierungen zu vermeiden, unterliegt der Inhalt der Markensatzung einer *(inzidenten) Inhaltskontrolle* (Rn. 10 ff.). Die Vorschrift des § 102 löst § 18 WZG ab; die Markenrechtsrichtlinie gibt keine Vorschriften zum notwendigen Inhalt der Marken. Normzweck der Vorschrift ist es u. a., die Markensatzung im Hinblick auf Aufnahmeansprüche Dritter (s. Rn. 7 ff.) und Löschungsanträge nach § 105 Abs. 1 Nr. 2 (missbräuchliche Benutzung) für jedermann zugänglich zu machen.

II. Inhalt der Markensatzung

1. Angaben zum Verband – § 102 Abs. 2 Nr. 1 und 2

In der Markensatzung ist zunächst der *Name* des Verbandes, d. h. die vollständige Bezeichnung einschließlich Rechtsform, anzugeben. Der *Sitz* bezeichnet den Ort, an dem sich der Verband befindet (§ 102 Abs. 2 Nr. 1). Die vollständige Anschrift ist nach § 5 Abs. 1 Nr. 3 MarkenV zu benennen. Zu *Zweck und Vertretung* des Verbandes ist z. B. der satzungsgemäße Vereinszweck eines eingetragenen Vereins, der Unternehmensgegenstand einer GmbH etc. anzugeben. Die Angaben zur Vertretung betreffen die zur Vertretung berechtigten Organe, z. B. den Vereinsvorstand oder die Geschäftsführung der GmbH (§ 102 Abs. 2 Nr. 2). **2**

2. Voraussetzungen für die Mitgliedschaft – § 102 Abs. 2 Nr. 3

Benutzungsberechtigung an der Kollektivmarke und Mitgliedschaft im Verband können auseinanderfallen, da die Benutzungsberechtigung im Wege einer Lizenz auch an außenstehende Dritte vergeben werden kann (§ 98 Rn. 7). Der Verband kann die *Voraussetzungen für die Mitgliedschaft* im Rahmen seiner Verbandsautonomie frei regeln, allerdings besteht nach §§ 102 Abs. 3, 20 Abs. 6 GWB und § 826 BGB unter den dort genannten Voraussetzungen ein Aufnahmeanspruch in den Verband (Rn. 7 ff.); nach diesen Vorschriften findet auch eine inzidente Prüfung der satzungsgemäßen Voraussetzungen für die Aufnahme statt (Rn. 10). **3**

3. Benutzungsberechtigte und Benutzungsbedingungen – § 102 Abs. 2 Nr. 4 und 5

Die Benutzungsberechtigung ist nicht deckungsgleich mit der Mitgliedschaft im Verband. Auch hier kann der Verband im Rahmen seiner Verbandsautonomie den Zugang zum Kreis der *Benutzungsberechtigten* regeln. Die *Benutzungsbedingungen* der Kollektivmarke unterliegen aus dem gleichen Grund der Gestaltungsfreiheit des Verbandes. Als Regelungsgegenstände sind z. B. die Modalitäten der Zeichenbenutzung zu nennen, etwa bestimmte Schreibweisen oder grafische Gestaltungen der Marke etc. sowie die gleichzeitige Benutzung von Individualmarken.[2] Von wesentlicher Bedeutung sind die Benutzungsbe- **4**

---

2 BGH, WRP 2003, 380 = GRUR 2003, 242 – Dresdner Christstollen.

dingungen bei sog. Gütemarken (vor § 97 Rn. 5), da damit die maßgeblichen Eigenschaften der gekennzeichneten Waren oder Dienstleistungen festgelegt werden. Das Gleiche gilt für Kollektivmarken mit geografischen Angaben, da in deren Benutzungsbedingungen das maßgebliche geografische Gebiet (§ 126 Rn. 1 ff.) und im Fall der qualifizierten geografischen Herkunftsangabe die maßgeblichen Produkteigenschaften (§ 127 Rn. 5 ff.) festgelegt sind. Allerdings findet in beiden Fällen eine inzidente Inhaltskontrolle statt.[3]

4. Rechte und Pflichten bei Markenverletzungen – § 102 Abs. 2 Nr. 6

5 Hier sind Angaben dazu zu machen, wie die *Klagebefugnis* der zur Benutzung der Kollektivmarke Berechtigten und des Verbandes ausgestaltet ist. Detailregelungen sind nicht erforderlich, da nur „Angaben" verlangt werden.[4]

5. Sonstiges

6 In der Satzung muss nicht angegeben werden, welche *Sanktionen* sich der Verband vorbehält, wenn die zur Benutzung der Kollektivmarke Befugten diese abweichend von Satzung und Verbandszweck benutzen. Solche Sanktionen sind erforderlich, wenn der Verband den Verfall der Kollektivmarke nach § 105 Abs. 1 Nr. 2 vermeiden will.[5]

III. Aufnahmeanspruch

1. Aufnahmeanspruch bei geografischen Herkunftsangaben – § 102 Abs. 3

7 § 102 Abs. 3 ergänzt § 99, wonach jeder aus dem entsprechenden geografischen Gebiet stammende Dritte, der nicht Mitglied des Verbandes ist, die geografische Angabe ebenfalls benutzen kann. Da die Mitgliedschaft im Verband aber vorteilhaft sein kann, ordnet § 102 Abs. 3 einen *Aufnahmeanspruch* an. Jeder Unternehmer, dessen Produkte aus dem entsprechenden geografischen Gebiet stammen und die den Benutzungsbedingungen der Markensatzung entsprechen, hat einen Anspruch, in den Verband aufgenommen zu werden. Nach dem Wortlaut der Vorschrift würde ein Aufnahmeanspruch nicht bestehen, wenn der Dritte die Benutzungsbedingungen oder Aufnahmebedingungen nicht erfüllt, obwohl diese ihrerseits diskriminierend sind. Jedoch findet eine inzidente Inhaltskontrolle der entsprechenden Vorschriften der Markensatzung auf Verstöße gegen das Diskriminierungsverbot statt (Rn. 12).

---

3 S. unten Rn. 10 ff.; *Ingerl/Rohnke*, § 102 Rn. 11.
4 *Ingerl/Rohnke*, § 102 Rn. 13.
5 *Ingerl/Rohnke*, § 102 Rn. 13.

2. Aufnahmeanspruch bei Gütemarken – § 20 Abs. 6 GWB

§ 20 Abs. 6 GWB (früher § 27 GWB) regelt den Aufnahmeanspruch in *Gütegemeinschaf-* **8**
ten. Danach darf die Aufnahme nicht abgelehnt werden, wenn die Ablehnung eine *sachlich*
nicht gerechtfertigte ungleiche Behandlung darstellt und zu einer *unbilligen Benachteili-*
gung des um die Aufnahme ersuchenden Unternehmens im Wettbewerb führt. Es ist eine
umfassende *Interessenabwägung* vorzunehmen. Eine sachliche Rechtfertigung fehlt z.B.,
wenn die Aufnahme von erschwerten Bedingungen (z.B. höheren finanziellen Beiträgen,
langjähriger Produktionstätigkeit) abhängt oder mit der Verpflichtung verbunden wird, nur
noch mit der Gütemarke versehene Waren herzustellen und anzubieten.[6] Umstritten ist allerdings, ob eine unbillige Wettbewerbsbeeinträchtigung bereits dann vorliegt, wenn die
Führung der Gütemarke für das Kaufverhalten eines nicht ganz unerheblichen Teils der beteiligten Verkehrskreise von Bedeutung ist.[7] Auf andere Verbandsmarken als Gütemarken
ist § 20 Abs. 6 GWB nicht anwendbar.[8] Wegen der Einzelheiten wird auf die Spezialliteratur zu § 20 Abs. 6 GWB n.F. und § 27 GWB a.F. verwiesen.

3. Allgemeiner Aufnahmeanspruch – § 826 BGB

Für die übrigen *Verbandszeichen* ergibt sich der Aufnahmeanspruch aus *§ 826 BGB*, der **9**
für alle „Verbände" gilt.[9] Auch hier ist im Rahmen einer umfassenden Interessenabwägung
zu prüfen, ob die Aufnahmeverweigerung eine sachlich nicht gerechtfertigte ungleiche Behandlung darstellt, die zu wesentlichen Nachteilen führt.[10]

IV. Inzidente Inhaltskontrolle

1. Allgemeines

Kollektivmarken unterliegen zunächst dem allgemeinen Irreführungsverbot. Kollektiv- **10**
marken können darüber hinaus im Verhältnis zu außenstehenden Wettbewerbern erhebliche Vorteile mit sich bringen. Es gilt daher „Fehlmonopolisierungen" vorzubeugen, nämlich Diskriminierungen, die durch die Regelungen der Markensatzung oder durch sonstige
schuldrechtliche Benutzungsbedingungen, die einer Aufnahme dieser Dritten formal entgegenstehen, erzeugt werden; es besteht daher ein Bedürfnis, die Markensatzung und sonstige Abreden einer Inhaltskontrolle darauf zu unterziehen, ob sie gegen das *Irreführungs-*
verbot und das *Diskriminierungsverbot* verstoßen.[11]

---

6 Vgl. *Immenga/Mestmäcker*, § 20 Rn. 361.
7 So zutreffend *Immenga/Mestmäcker*, § 20 Rn. 362; a.A. WuW/E, BKartA 1170, 1174 – RAL.
8 So zu § 27 GWB: *Immenga/Mestmäcker*, § 20 Rn. 337.
9 Vgl. BGH, NJW 1969, 316 – Universitätssportclub; WRP 1975, 218 = BGHZ 63, 282 – Rad- und
   Kraftfahrerbund; WuW/E, BGH 1725, 1727 – Landseer Club; BGH, WRP 1986, 204 = GRUR
   1986, 332 – Aikido-Verband; BGH, WRP 1979, 782 = NJW 1980, 186 – Anwaltsverein.
10 Vgl. *Ingerl/Rohnke*, § 102 Rn. 15.
11 *Ingerl/Rohnke*, § 102 Rn. 11 u. 15.

2. Irreführungsverbot

11 Die Markensatzung darf gem. § 97 Abs. 2 nicht gegen das Irreführungsverbot des § 8 Abs. 2 Nr. 4 verstoßen. Eine Irreführung liegt vor, wenn der Verkehr von einem mit einer *Gütemarke* versehenen Produkt eine gewisse Mindestqualität erwartet, diese nach den Spezifikationen der Benutzungsbedingungen jedoch nicht erreicht wird. Andererseits entsteht bei einer *geografischen Angabe* eine Irreführung, wenn das in der Markensatzung definierte geografische Gebiet über das nach § 126 maßgebliche Gebiet hinausgeht (§ 127 Abs. 1). Der Verkehr erwartet bei Gütemarken, dass die für die Güte maßgeblichen, wesentlichen Eigenschaften von einer *neutralen Stelle* überprüft werden. Hierzu ist zur Vermeidung einer Irreführung der RAL oder eine vom Kollektivmarkenverband selbst geschaffene neutrale Stelle einzuschalten.[12]

3. Diskriminierungsverbot

12 Im Rahmen der Aufnahmeansprüche nach § 20 Abs. 6 GWB (früher § 27 GWB) und § 826 BGB unterliegen auch die Satzungsbestimmungen und sonstigen Regelungen eines Verbandes einer inzidenten Inhaltskontrolle darauf, ob sie eine sachlich *nicht gerechtfertigte Ungleichbehandlung*, die mit *wesentlichen Nachteilen* verbunden ist, bewirken; insoweit ist die Verbandsautonomie eingeschränkt.[13] Die Markensatzung, insbesondere die Aufnahmebedingungen und die Benutzungsbedingungen sind also ihrerseits darauf zu prüfen, ob sie i. S. d. §§ 20 Abs. 6 GWB, 826 BGB sachlich gerechtfertigt sind. Eine solche Diskriminierung ist beispielsweise bei *Gütemarken* denkbar, wenn Außenstehende das nach der Verkehrsauffassung erforderliche Qualitätsniveau der gekennzeichneten Produkte auf anderem technischen Wege als die Mitglieder der Gütegemeinschaft verwirklichen, aber dennoch nicht die Aufnahmebedingungen der Satzung erfüllen, weil die Gütegemeinschaft ein bestimmtes Herstellungsverfahren vorschreibt. Bei Kollektivmarken für *geografische Angaben* ist eine Diskriminierung gegeben, wenn eine langjährige Produktion im maßgeblichen geografischen Gebiet gefordert wird, um auf diesem Weg Newcomern den Zugang zu erschweren, oder wenn das in der Markensatzung niedergelegte Gebiet kleiner ist als das nach § 126 maßgebliche Territorium.

4. Wettbewerbsbeschränkungen

13 Die Markensatzung darf keine *Wettbewerbsbeschränkungen* enthalten. So ist z. B. eine Gebietsschutzregelung in einer Verbandszeichensatzung, die jedem Mitglied ein bestimmtes Gebiet zuwies, in dem das Verbandszeichen nur von ihm benutzt werden durfte, grundsätzlich nach § 1 GWB unwirksam.[14] Die Markensatzung darf weiterhin nicht gegen *Art. 34, 36 AEUV* verstoßen.[15]

---

12 BPatGE 28, 139 – Gütezeichenverband; *Gruber*, S. 187 ff. u. 252 ff.; *Ingerl/Rohnke*, § 97 Rn. 6.

13 Vgl. BGH, NJW 1969, 316 – Universitätssportclub; WRP 1975, 218 = BGHZ 63, 282 – Rad- und Kraftfahrerbund; WuW/E, BGH 1725, 1727 – Landseer Club; BGH, WRP 1986, 204 = GRUR 1986, 332 – Aikido-Verband; BGH, WRP 1979, 782 = NJW 1980, 186 – Anwaltsverein; *Immenga/Mestmäcker*, § 20 Rn. 344; *Gruber*, S. 250.

14 BGH, GRUR 1991, 782 – Verbandszeichen; a. A. *Fezer*, § 102 Rn. 9.

15 EuGH, WRP 2002, 1420 = GRUR Int. 2002, 1021 – CMA Gütezeichen.

5. Verfahren

Das DPMA prüft die Zeichensatzung inzident auf Verstöße gegen das *Irreführungsverbot*, **14**
§§ 97 Abs. 2, 8 Abs. 2 Nr. 4. Hinsichtlich der Inzidentprüfung auf Verstöße gegen das
Diskriminierungsverbot wird ebenfalls die Prüfung durch das DPMA für zulässig gehalten,
da nach § 103 die Markensatzung darauf zu prüfen sei, ob sie gegen die guten Sitten
(§ 826) verstoße.[16] Die Prüfung der Markensatzung auf Verstöße gegen die öffentliche Ordnung oder die guten Sitten beinhaltet indessen keine wettbewerbsrechtliche Prüfung, sondern eine Prüfung auf politische Anstößigkeit, Geschmacklosigkeit etc.[17] Darüber hinaus
werden Verstöße gegen das Diskriminierungsverbot nicht per se geprüft, sondern nur inzident im Rahmen der Aufnahmeansprüche nach § 20 Abs. 6 GWB und § 826 BGB. Damit
sind Verstöße gegen das *Diskriminierungsverbot* und *Wettbewerbsbeschränkungen* allein
durch die Kartellbehörden und die ordentlichen Gerichte zu prüfen.

V. Einsichtsrecht

In die Markensatzung kann nach § 102 Abs. 4 jedermann Einsicht nehmen. Dieses Ein- **15**
sichtsrecht ist unabhängig von einem berechtigten Interesse (vgl. § 61 Abs. 2).

VI. Gemeinschaftsmarkenrecht

Nach Art. 65 Abs. 1 GMV ist die Vorlage einer Markensatzung *Anmeldevoraussetzung.* **16**
§ 65 Abs. 2 S. 1 GMV regelt den *Mindestinhalt* der Satzung. Artikel 65 Abs. 2 S. 2 GMV
gibt für Gemeinschaftskollektivmarken, die geografische Angaben betreffen, den im maßgeblichen geografischen Gebiet ansässigen Unternehmen einen *Aufnahmeanspruch.*

---

16 *Ingerl/Rohnke*, § 103 Rn. 2.
17 Vgl. zu § 8 *Ströbele/Hacker*, § 8 Rn. 600 ff.

§ 103
Prüfung der Anmeldung

Die Anmeldung einer Kollektivmarke wird außer nach § 37 auch zurückgewiesen, wenn sie nicht den Voraussetzungen der §§ 97, 98 und 102 entspricht oder wenn die Markensatzung gegen die öffentliche Ordnung oder die guten Sitten verstößt, es sei denn, dass der Anmelder die Markensatzung so ändert, dass der Zurückweisungsgrund nicht mehr besteht.

Übersicht

I. Allgemeines

1   Nach §§ 97 Abs. 2, 37 prüft das DPMA zunächst nach den *allgemeinen Vorschriften* auf absolute Schutzhindernisse; dies wird durch § 103 klargestellt. Zusätzlich prüft das Amt nach § 103 auch die *besonderen Eintragungsvoraussetzungen* der §§ 97, 98 und 102 sowie darauf, ob die Markensatzung gegen die öffentliche Ordnung oder die guten Sitten verstößt.

II. Regelungsinhalt

2   Im Rahmen der besonderen Eintragungsvoraussetzungen prüft das DPMA zunächst die *Unterscheidungskraft* gem. § 97 (§ 97 Rn. 4 ff.) sowie, ob der Anmelder ein *tauglicher Verband* i. S. v. § 98 ist (§ 98 Rn. 2 ff.). Weiterhin wird eine *Formalprüfung der Satzung* auf den notwendigen Mindestinhalt nach § 102 vorgenommen (§ 102 Rn. 2 ff.).

3   Das DPMA prüft die Markensatzung auf Verstöße gegen das *Irreführungsverbot* (§ 102 Rn. 11 u. 14). Eine inzidente Inhaltskontrolle in der Satzung auf Verstöße gegen das *Diskriminierungsverbot* und auf unzulässige *Wettbewerbsbeschränkungen* nimmt das Amt dagegen nicht vor (§ 102 Rn. 12 u. 14).[1] Die Prüfung der Markensatzung auf Verstöße gegen die öffentliche Ordnung und die guten Sitten betrifft Fragen der politischen Anstößigkeit, der Geschmacklosigkeit etc.[2]

---

1 A. A. *Ingerl/Rohnke*, § 103 Rn. 2.
2 Vgl. zu § 8 *Ströbele/Hacker*, § 8 Rn. 600 ff.

Gruber

III. Gemeinschaftsmarkenrecht

Nach Art. 66 Abs. 1 GMV werden zunächst (in Übereinstimmung mit Art. 64 Abs. 3) die allgemeinen Anmeldungserfordernisse (Art. 36 GMV) und die absoluten Eintragungshindernisse (Art. 38 GMV) geprüft. Sodann werden die *besonderen Eintragungsvoraussetzungen* des Art. 64 und 65 sowie Verstöße der Satzung gegen die öffentliche Ordnung oder die guten Sitten geprüft. Nach Art. 66 Abs. 2 wird die Anmeldung außerdem zurückgewiesen, wenn die Gefahr besteht, dass das Publikum über den Charakter oder die Bedeutung der Marke irregeführt wird; dieses Anmeldungshindernis kann nach Art. 66 Abs. 3 durch eine Änderung der Markensatzung beseitigt werden. Daraus ergibt sich, dass das Amt befugt ist, eine *Inhaltskontrolle* der Satzung auf Verstöße gegen das *Irreführungsverbot* vorzunehmen.

4

§ 104
Änderung der Markensatzung

(1) Der Inhaber der Kollektivmarke hat dem Patentamt jede Änderung der Markensatzung mitzuteilen.

(2) Im Falle einer Änderung der Markensatzung sind die §§ 102 und 103 entsprechend anzuwenden.

Jede Änderung der Markensatzung ist dem DMPA mitzuteilen (§ 104 Abs. 1). Gemäß § 104 Abs. 2 ist die Änderung nach §§ 102, 103 zu prüfen. Die Änderung der Satzung wird erst mit Eintragung wirksam (Gegenschluss aus § 105 Abs. 1 Nr. 3; vgl. a. Art. 69 Abs. 4 GMV). Eine entsprechende Regelung für die Gemeinschaftsmarke findet sich in Art. 69 GMV.

§ 105
Verfall

(1) Die Eintragung einer Kollektivmarke wird außer aus den in § 49 genannten Verfallsgründen auf Antrag wegen Verfalls gelöscht,

1. wenn der Inhaber der Kollektivmarke nicht mehr besteht,

2. wenn der Inhaber der Kollektivmarke keine geeigneten Maßnahmen trifft, um zu verhindern, dass die Kollektivmarke missbräuchlich in einer den Verbandszwecken oder der Markensatzung widersprechenden Weise benutzt wird, oder

3. wenn eine Änderung der Markensatzung entgegen § 104 Abs. 2 in das Register eingetragen worden ist, es sei denn, dass der Inhaber der Kollektivmarke die Markensatzung erneut so ändert, dass der Löschungsgrund nicht mehr besteht.

(2) Als eine missbräuchliche Benutzung im Sinne des Absatzes 1 Nr. 2 ist es insbesondere anzusehen, wenn die Benutzung der Kollektivmarke durch andere als die zur Benutzung befugten Personen geeignet ist, das Publikum zu täuschen.

(3) Der Antrag auf Löschung nach Absatz 1 ist beim Patentamt zu stellen. Das Verfahren richtet sich nach § 54.

Übersicht

I. Allgemeines

Gemäß § 97 Abs. 2 gelten zunächst die allgemeinen Verfallsgründe des § 49. § 105 regelt die *besonderen Verfallsgründe* für Kollektivmarken.   **1**

Damit hat der Gesetzgeber die Option von Art. 15 Markenrechtsrichtlinie umgesetzt, wonach für Kollektivmarken zusätzlich zu den allgemeinen Verfallsgründen besondere Verfallsgründe vorgesehen werden können. Die Vorschrift das § 105 ersetzt § 21 WZG.

II. Regelungsinhalt

1. Wegfall des Inhabers

Nach § 105 Abs. 1 Nr. 1 ist die Kollektivmarke zu löschen, wenn der Inhaber weggefallen   **2** ist. Mit „Wegfall" ist die gesellschaftsrechtliche *Vollbeendigung* des Rechtsträgers gemeint.

2. Kein Einschreiten gegen missbräuchliche oder irreführende Benutzung

3   Nach § 105 Abs. 1 Nr. 2 muss der Verband geeignete Maßnahmen ergreifen, wenn die Kollektivmarke missbräuchlich in einer den Verbandszwecken oder der Markensatzung widersprechenden Weise benutzt wird; dem steht nach § 105 Abs. 2 die täuschende Benutzung gleich. Die den Verfallsgrund auslösende Benutzung muss zum einen *entgegen* dem *Verbandszweck* oder entgegen der *Satzung* erfolgen, z. B. bei Gütemarken in Form eines Verstoßes gegen die Gütebedingungen, bei Kollektivmarken zu geografischen Herkunftsangaben in Form einer Benutzung von Produkten, die nicht aus dem in der Markensatzung niedergelegten geografischen Bereich stammen. Die Benutzung muss zum anderen *missbräuchlich* sein. Daran kann es bei solchen Satzungsverstößen fehlen, die aus der Sicht des Verkehrs nicht relevant sind.[1] Der Verband muss es unterlassen haben, *geeignete Maßnahmen* zu ergreifen, um den Missbrauch zu verhindern. Welche Maßnahmen erforderlich sind bestimmt sich nach den Umständen des Einzelfalls. Gegebenenfalls muss der Verband gegen den Benutzer im Wege der Klage vorgehen.

3. Änderung der Markensatzung entgegen § 104 Abs. 2

4   Nach § 104 Abs. 2 ist jede Änderung der Markensatzung nach §§ 102, 103 zu prüfen. Kommt es hierbei zu einem Verstoß gegen § 102, so unterliegt die Marke nach § 105 Abs. 1 Nr. 3 dem Verfall, es sei denn, die Markensatzung wird erneut so geändert, dass der Löschungsgrund nicht mehr besteht.

4. Verfahren

5   § 105 Abs. 3 verweist nur auf § 54; auf § 55 wird nicht verwiesen. Damit bleibt das *DPMA* auch im Fall des Widerspruchs des Inhabers gegen die Löschung (§ 54 Abs. 3) für das *Löschungsverfahren* zuständig. Hintergrund der Regelung ist, dass Verfallsverfahren bei Kollektivmarken sehr selten sind und beim DPMA der entsprechende Sachverstand aus dem Eintragungsverfahren gegeben ist.[2]

III. Gemeinschaftsmarkenrecht

6   Art. 71 GMV enthält zusätzlich zu den in Art. 50 GMV vorgesehenen Verfallsgründen *besondere Verfallsgründe* für Gemeinschaftskollektivmarken. Die Regelungen entsprechen inhaltlich § 105.

---

1 Vgl. *Ingerl/Rohnke*, § 105 Rn. 4.
2 Begründung des Gesetzentwurfs, BlPMZ Sonderheft 1994, 110.

§ 106
Nichtigkeit wegen absoluter Schutzhindernisse

Die Eintragung einer Kollektivmarke wird außer aus den in § 50 genannten Nichtigkeitsgründen auf Antrag wegen Nichtigkeit gelöscht, wenn sie entgegen § 103 eingetragen worden ist. Betrifft der Nichtigkeitsgrund die Markensatzung, so wird die Eintragung nicht gelöscht, wenn der Inhaber der Kollektivmarke die Markensatzung so
ändert, dass der Nichtigkeitsgrund nicht mehr besteht.

I. Allgemeines

Auf Kollektivmarken sind zunächst die allgemeinen Nichtigkeitsgründe des § 50 anwend-   **1**
bar. § 106 gibt *besondere Nichtigkeitsgründe* wegen absoluter Schutzhindernisse.

II. Regelungsinhalt

Durch die Verweisung des § 103 wird auf die Eintragungsvoraussetzungen i. S. d. §§ 97, 98   **2**
und 102 weiterverwiesen. Verstöße hiergegen begründen die Löschung wegen Nichtigkeit.
Wird gegen § 102 verstoßen, so muss dem Markeninhaber Gelegenheit gegeben werden,
die Satzung entsprechend zu ändern (vgl. § 103, letzter Hs.).

III. Verfahren

§ 106 regelt nicht das Verfahren. Die Begründung des Gesetzentwurfs[1] nimmt an, dass das   **3**
Patentamt ausschließlich zuständig ist. Somit ist § 105 Abs. 3 analog anzuwenden.[2]

IV. Gemeinschaftsmarkenrecht

Auf die Gemeinschaftskollektivmarke sind die allgemeinen Nichtigkeitsgründe der   **4**
Art. 51 und 52 anzuwenden. Weiterhin bestimmt Art. 72 GMV als besonderen Nichtigkeitsgrund, dass die Gemeinschaftskollektivmarke auf Antrag beim Amt oder auf Widerklage im Verletzungsverfahren für nichtig erklärt wird, wenn sie entgegen den Vorschriften
des Art. 66 GMV eingetragen wurde.

---

1 BlPMZ Sonderheft 1994, 110.
2 *Ingerl/Rohnke*, § 106 Rn. 3.

Teil 5
Schutz von Marken nach dem Madrider Markenabkommen und nach dem Protokoll zum Madrider Markenabkommen

Vorbemerkung zu §§ 107 bis 125

Übersicht

Literatur: *Baeumer,* Das Deutsche Patentamt und die internationale Markenregistrierung, FS DPA 100 Jahre Marken®-Amt, 1994; *Beier/Kur,* Deutschland und das Madrider Markenabkommen, GRUR Int. 1991, 677; *Bock,* Ausgewählte Aspekte des Protokolls zum Madrider Markenabkommen und der Gemeinsamen Ausführungsordnung, GRUR Int. 1996, 991; *Busse/Starck,* Kommentar zum Warenzeichengesetz nebst Pariser Verbandsübereinkunft und Madrider Abkommen, 6. Aufl. 1990, MMA; *Fezer,* Kommentar MarkenG, 3. Aufl., Vorb MMA, MMA; *HABM* (Hrsg.): Madrid easy – ein Leitfaden zur Bearbeitungspraxis des HABM bei Benennungen der Europäischen Gemeinschaft nach dem Madrider Protokoll, September 2004, abrufbar unter www.oami.europa.eu; *Kunze,* Die Internationale Registrierung von Marken unter der gemeinsamen Ausführungsordnung zum Madrider Markenabkommen und zum Protokoll, Mitt 1996, 190; *ders.,* Die Verzahnung der Gemeinschaftsmarke mit dem System der internationalen Registrierung von Marken unter der gemeinsamen Ausführungsordnung zum Madrider Markenabkommen und dem Madrider Protokoll, GRUR 1996, 627; *Miosga,* Schutzdauer und Abhängigkeit der IR-Marke nach der Nizzaer Neufassung des MMA, Mitt 1966, 75; *von Mühlendahl,* Die Bedeutung der EU-Erweiterung und der Ausweitung des Madrider Markensystems für die Gemeinschaftsmarke und die Arbeit des HABM, GRUR 2005, 113; *Niehues,* Deutsche Marke, Gemeinschaftsmarke und internationale Registrierung – Verknüpfungen und Überschneidungen der Schutzsysteme, Diss. Konstanz, 2000; *Weberndörfer,* Die Einbindung des HABM das Madrider System: ein erster Erfahrungsbericht, Mitt. 2007, 547; *WIPO* (Hrsg.), Guide to the International Registration of Marks under the Madrid Agreement and the Madrid Protocol, Ausgabe 2009; Verwaltungsanweisungen der WIPO zur Anwendung des MMA und PMMA (Administrative Instructions for the Application of the Madrid Agreement Concerning the International Registration of Marks and the Protocol Relating Thereto, in Force as of January 1, 2008), wiedergegeben auf www.wipo.org.

I. Allgemeines

1   Teil 5 des MarkenG enthält die Vorschriften für die internationale Registrierung von Marken, und zwar sowohl für von Deutschland ausgehende, im Ausland Schutz suchende Marken wie auch aus dem Ausland kommende, in Deutschland Schutz suchende Marken. Das

MMA und das PMMA sind „Sonderabkommen" i. S. d. Art. 19 PVÜ, deren Inhalt und Auslegung der PVÜ deshalb nicht zuwiderlaufen dürfen. Das MMA ist am 15.7.1892 in Kraft getreten; nach mehrfachen Revisionen sind heute die Nizzaer Fassung von 1957 und die Stockholmer Fassung von 1967, die für die große Mehrheit der Verbandsländer gilt, nebeneinander in Kraft. Das MMA gilt für Deutschland seit dem 1.12.1922,[1] seit dem 22.10.1970 in der Stockholmer Fassung.[2] In der DDR wurde das MMA durch die VO vom 15.3.1956 über die Wiederanwendung der Bestimmungen der PVÜ und ihrer Nebenabkommen für wiederanwendbar erklärt.[3] Für die Zeit vom 8.5.1945 bis zum 15.1.1956 wurde internationalen Marken der Schutz generell in der DDR gemäß § 12 dieser Verordnung versagt.[4] Zum 20.3.1996 ist für die Bundesrepublik Deutschland auch das Protokoll zum Madrider Markenabkommen in Kraft getreten.[5] Den beiden Abkommen gehören heute die meisten europäischen Staaten und eine Vielzahl von asiatischen Ländern an; ein großer Erfolg ist dem Verband durch den Beitritt der angelsächsischen Länder (Großbritannien 1995, Australien, Irland 2001, USA 2003), der asiatischen Länder China (1989/1995) sowie Japan (2000) und der Europäischen Union (seit 1.10.2004) zum PMMA gelungen. Eine Übersicht über die Mitgliedsländer des MMA und PMMA mit Beitrittsdatum findet sich auf der Webseite der WIPO[6] und wird auch jährlich jeweils in Heft 3 des BlPMZ veröffentlicht. Eine weitere Öffnung und der Beitritt vor allem der mittel- und südamerikanischen Länder werden durch Spanisch als dritte Amtssprache (Änderung der Regel 6 der GAusfO mit Wirkung zum 1.4.2004) angestrebt. Nach der Statistik des Internationalen Büros ist Deutschland (ca. 4.500 IR Marken auf der Basis einer deutschen Marke in 2010) nach wie vor der größte Nutzer dieses Systems, inzwischen aber dicht gefolgt von der Europäischen Union (ca. 4.300 IR Marken auf der Basis einer Gemeinschaftsmarke).

II. Bündel von nationalen Rechten

Die IR-Marke ist eine einheitliche Registrierung beim Internationalen Büro für geistiges Eigentum in Genf (engl. Abkürzung *WIPO*, frz. *OMPI*), mit der der Inhaber ein Bündel von nationalen Markenrechten erwirbt;[7] Voraussetzungen, Inhalt und Umfang der Markenrechte und deren Durchsetzung richten sich nach der jeweiligen nationalen Gesetzgebung, in Deutschland §§ 107 ff.[8] Soweit die IR-Marke die EU benennt, ist diese der Gemeinschaftsmarke gleichgestellt. Für den EU-Anteil einer IR-Marke gelten nach Art. 140 GMV die für die Gemeinschaftsmarke erlassenen Rechtsvorschriften entsprechend. Der Vorteil der internationalen Registrierung besteht in der vereinfachten Anmeldung und Verlängerung der Marke für eine Vielzahl von Ländern, die entsprechende Vereinfachung gilt auch für deren Übertragung. Der Anmelder kann eine beliebige Anzahl von Ländern bei der Beantragung benennen und weitere Länder auch nachträglich benennen (Schutzerstreckung), **2**

---

1 BeitrittsG, RGBl. 1922, 669.

2 BGBl. II, 1970, 200.

3 Vgl. BlPMZ 1956, 206.

4 Vgl. auch Beschluss des Amtes für Erfindungswesen, GRUR 1960, 239 – BB im Pfeilring.

5 BGBl. II, 1995, 1016.

6 Siehe www.wipo.int.

7 Vgl. BGH, GRUR 1955, 575 – Hückel.

8 BGH, WRP 2010, 1154 – DiSC; vgl. für die Übertragung nach altem deutschen Recht BGH, GRUR 1998, 669 – SAM; GRUR 1992, 314 – Opium.

wobei das Schicksal der IR-Marke in den benannten Ländern völlig unabhängig voneinander ist. Eine Abhängigkeit besteht nur zur Basismarke im Ursprungsland für die ersten fünf Jahre der Eintragung im internationalen Register.

III. Markenrechtsrichtlinie

3 Auch die IR-Marken unterliegen materiell den Bestimmungen der Markenrechtsrichtlinie 2008/95/EG, wie Art. 1 der Richtlinie klarstellt. Für das Verfahren zur Schutzbewilligung, Schutzentziehung, Berechnung der Benutzungsschonfrist etc. von IR-Marken macht die Markenrechtsrichtlinie dagegen den Mitgliedstaaten keine bindenden Vorgaben, da die Richtlinie keine Harmonisierung der Verfahrensbestimmungen anstrebt (siehe die 3. und 4. Begründungserwägung zur Markenrechtsrichtlinie).[9]

IV. Anmeldebefugnis

4 Anmeldebefugt sind die Angehörigen eines jeden Verbandslandes, die über eine Basismarke im Ursprungsland des Anmelders verfügen; nach Art. 3 Abs. 1 PMMA reicht eine Anmeldung als Basis bereits aus. Nach Art. 1 Abs. 3 MMA, Art. 2 Abs. 1 PMMA muss der Anmelder im Land der Basismarke seinen Wohnsitz haben oder zumindest über eine tatsächliche Geschäftsniederlassung („établissement commercial") verfügen. Die Mindestanforderungen an die tatsächliche Geschäftsniederlassung sind streitig.[10] Die praktische Bedeutung des Streits ist aber gering, da eine Tochtergesellschaft in einem Verbandsland bereits als juristische Person und damit als Angehörige des Verbandslandes dort eine Basismarke und dann eine IR-Marke anmelden kann. Bei der Übertragung einer IR-Marke ist dieses Erfordernis zu beachten; der Zessionar muss Angehöriger eines Verbandslandes sein oder in einem Verbandsland eine tatsächliche Geschäftsniederlassung haben (vgl. die detaillierten Erläuterungen zu § 118 Rn. 3). Die Basismarke bestimmt gleichzeitig den Inhalt und den Umfang der internationalen Registrierung. Die Form der Marke kann nicht von der Basismarke abweichen. Das Waren- oder Dienstleistungsverzeichnis kann nie weiter, wohl aber enger sein als das der Basismarke.

V. Verhältnis MMA – PMMA

5 Der Inhalt des MMA und des PMMA ist in den wesentlichen Grundzügen gleichlautend. Für Länder, die dem MMA und dem PMMA beigetreten sind, gilt der Vorrang des MMA, Art. 9[sexies] PMMA. Beispiel: Deutschland und Spanien sind beiden Abkommen beigetreten, für spanische ebenso wie für deutsche Anmelder von IR-Marken gilt im Verhältnis dieser beiden Länder ausschließlich das MMA, im Verhältnis zum Beispiel zu Großbritannien oder Dänemark, die beide nur dem PMMA beigetreten sind, gilt dagegen das PMMA. Wesentliche Unterschiede zwischen MMA und PMMA bestehen bei den Fristen und Gebüh-

---

9 EuGH, GRUR 2007, 702 – Armin Häupl/Lidl.
10 S. *Fezer*, 4. Aufl., Art. 4 PVÜ Rn. 1.

ren (zu den sonstigen Unterschieden s. § 119 Rn. 3). Den Ländern des PMMA ist es gestattet, individuelle Gebühren festzulegen. Für die Länder des MMA gilt dagegen die einheitliche Ländergebühr von z. Zt. 100 SFr. Neben den Ländergebühren ist eine Grundgebühr und eine Klassengebühr zu entrichten.[11] Für beide Abkommen gilt die gemeinsame Ausführungsordnung.[12] Der deutsche Gesetzgeber behandelt die IR-Marken nach dem MMA und dem PMMA gleich, § 119 sieht die entsprechende Anwendung der §§ 107 ff. vor.

VI. Registrierungsdatum

Die IR-Marke muss durch Vermittlung der Heimatbehörde des Anmelders beantragt werden, ebenso jegliche Änderung. Ist das Gesuch für die Hinterlegung der IR-Marke ordnungsgemäß und wird es von der Heimatbehörde innerhalb von zwei Monaten nach Eingang an die WIPO weitergeleitet, erhält die IR-Marke das Registrierungsdatum des Eingangs des Gesuchs bei der Heimatbehörde, andernfalls das Registrierungsdatum des Eingangs bei der WIPO (Art. 3 Abs. 4 beider Abkommen und Regel 14 und 15 der GAusfO). Wird das Hinterlegungsgesuch innerhalb der sechsmonatigen Prioritätsfrist des Art. 4 PVÜ bei der Heimatbehörde gestellt, genießt die IR-Marke in allen benannten Ländern kraft Gesetzes (Art. 4 PVÜ) die Unionspriorität. Wird das Hinterlegungsgesuch erst später gestellt, erhält die IR-Marke in den angegebenen Ländern die Priorität gemäß dem vorgenannten Registrierungsdatum (also das Datum des Eingangs des Gesuchs bei der Heimatbehörde, falls das Gesuch innerhalb von zwei Monaten an das Internationale Büro weitergeleitet wurde, sonst das Datum des Eingangs beim Internationalen Büro).

VII. Abhängigkeit

Der Grundsatz der Abhängigkeit der IR-Marke von der Basismarke bedeutet, dass jede Änderung der Basismarke die gleiche Änderung bei der IR-Marke nach sich zieht. Die Abhängigkeit besteht fünf Jahre lang, gerechnet ab der Registrierung der IR-Marke (Art. 6 Abs. 2 beider Abkommen). Wird die Basismarke innerhalb dieses 5-Jahreszeitraumes übertragen, beschränkt oder gelöscht, führt dies automatisch zur gleichen Änderung bei der IR-Marke. Zweck dieser Vorschrift ist es, Inhabern älterer Rechte innerhalb einer gewissen Frist einen Zentralangriff („central attack") zu ermöglichen und ihnen ein Vorgehen gegen die IR-Marke in jedem einzelnen Land zu ersparen. Nach Art. 6 Abs. 3 S. 2 beider Abkommen reicht es aus, wenn der Zentralangriff innerhalb der fünfjährigen Abhängigkeitsfrist eingeleitet wird, die rechtskräftige Entscheidung über die Löschung der Basismarke aber erst nach Ablauf der fünf Jahre ergeht. Dies gilt auch für einen Widerspruch beim DPMA gegen die deutsche Basismarke.[13] Dabei ist darauf zu achten, dass das DPMA die Mitteilung der Löschung oder Änderung der Basismarke an das Internationale Büro gibt, so dass die Änderung auch tatsächlich im internationalen Register mit Wirkung für alle beanspruchten Länder eingetragen wird.

---

11 Übersicht über die aktuellen Gebühren auf der Homepage von WIPO (www.wipo.int/www.ompi. int); für eine exakte Berechnung im Einzelfall steht dort ein „fee calculator" bereit.

12 GAusfO in der ab 1.9.2009 geltenden Fassung BGBl. II/2009, S. 987 ff.

13 BPatG, GRUR 1990, 129 – Ginny; *Kober-Dehm*, in: Ströbele/Hacker, § 110 Rn. 8.

8 Für die nachträgliche Schutzausdehnung gilt nicht der Grundsatz der fünfjährigen Abhängigkeit, s. WIPO-Leitfaden (*guide to the international registration of marks*[14]), Ausgabe 2009, unter B.II.83.06. Die fünfjährige Abhängigkeit mit der Möglichkeit des Zentralangriffs gilt nur ab dem Datum der ersten Registrierung der IR-Marke. Dies ergibt sich auch aus dem Sinn und Zweck, Dritten die Möglichkeit eines vereinfachten Zentralangriffs auf das Bündel der nationalen Rechte durch Vernichtung der Basismarke zu geben und ihnen zu ersparen, in vielen Ländern mehrfach vorgehen zu müssen. Ist die IR-Marke aber bereits unabhängig geworden und wird sie nur noch nachträglich auf weitere Länder oder weitere Waren oder Dienstleistungen ausgedehnt, kann der Dritte die IR-Marke nicht mehr durch den Zentralangriff vollständig beseitigen. Dann ist es ihm auch zuzumuten, in den Ländern, die Gegenstand der nachträglichen Schutzausdehnung sind, vorzugehen.

VIII. Telle-quelle-Schutz

9 IR-Marken genießen kraft Gesetzes den telle-quelle-Schutz gemäß Art. 6^{quinquies} A Abs. I PVÜ, ohne dass es eines besonderen Antrags oder einer besonderen Formalität bedarf.[15] Nach dieser Bestimmung sollen im Ursprungsland eingetragene Marken so, wie sie eingetragen sind, im Bestimmungsland zum Schutz zugelassen werden. Telle-quelle-Schutz bedeutet, dass keine weiteren förmlichen Anforderungen an die Hinterlegung gestellt werden dürfen. Das, was als Marke eingetragen werden kann (z.B. eine Zahl oder die Form einer Ware), beurteilt sich allein nach den Vorschriften des Heimatlandes, die Schutzvoraussetzungen dürfen nur in den Grenzen des Art. 6^{quinquies} B PVÜ geprüft werden.[16] Der Markeninhaber kann sich jederzeit auf diesen telle-quelle-Schutz berufen, Voraussetzung ist lediglich die Identität der Marken, was bei abhängigen IR-Marken aber unproblematisch ist. Da die Markenrechtsrichtlinie sich in den Schutzversagungsgründen an dieser Vorschrift der PVÜ orientiert, nimmt die Rechtsprechung an, dass sich kein materieller Unterschied zwischen der Schutzversagung nach Art. 6^{quinquies} B PVÜ, Art. 3, 4 Markenrechtsrichtlinie und § 8 MarkenG ergibt. Abweichungen können sich allerdings bei IR-Marken ergeben, die außerhalb der Europäischen Union (zum Beispiel in den USA) ihren Ursprung haben.[17] § 17 MarkenV erlaubt die Berufung auf den telle-quelle-Schutz auch nachträglich bei nationalen Anmeldungen, für die es ein Pendant im Heimatland gibt.

IX. Schutzdauer

10 Die Schutzdauer der IR-Marke beträgt gemäß Art. 6 Abs. 1 MMA 20 Jahre, für Protokollmarken nur zehn Jahre, Art. 7 Abs. 1 PMMA. Allerdings wird faktisch ein Gleichlauf von zehn Jahren dadurch erreicht, dass nach Regel 10 der GAusfO die Gebühren für jeweils zehn Jahre zu entrichten sind. Die Verlängerung wird durch Zahlung der Verlängerungsgebühren bewirkt, Art. 7 MMA. Nach beiden Abkommen besteht eine Nachfrist von sechs Monaten für die Zahlung der Verlängerungsgebühren (Art. 7 Abs. 5 MMA), allerdings gegen eine Zuschlagsgebühr.

---

14 Siehe www.wipo.int/madrid/en/guide.
15 BGH GRUR 1995,732 – Füllkörper; GRUR 1991, 839 – Z-Tech.
16 Vgl. BGH a.a.O.; vgl. *Fezer*, Art. 6 PVÜ ^{quinquies} Rn. 4.
17 *Kober-Dehm*, in: Ströbele/Hacker, § 113 Rn. 2.

Abschnitt 1
Schutz von Marken nach dem Madrider Markenabkommen

§ 107
Anwendung der Vorschriften dieses Gesetzes; Sprache

(1) Die Vorschriften dieses Gesetzes sind auf internationale Registrierungen von Marken nach dem Madrider Abkommen über die internationale Registrierung von Marken (Madrider Markenabkommen), die durch Vermittlung des Patentamts vorgenommen werden oder deren Schutz sich auf das Gebiet der Bundesrepublik Deutschland erstreckt, entsprechend anzuwenden, soweit in diesem Abschnitt oder im Madrider Markenabkommen nichts anderes bestimmt ist.

(2) Sämtliche Anträge sowie sonstige Mitteilungen im Verfahren der internationalen Registrierung und das Verzeichnis der Waren und Dienstleistungen sind nach Wahl des Antragstellers entweder in französischer oder in englischer Sprache einzureichen.

I. Allgemeines

§ 107 enthält die Grundnorm für die Hinterlegung von IR-Marken auf der Grundlage einer deutschen Heimateintragung (Basismarke) und für die entsprechende Anwendung der Vorschriften des MarkenG auf aus dem Ausland kommende IR-Marken. § 119 ergänzt diese Grundnorm für Protokollmarken, für die §§ 107 ff. entsprechend gelten. **1**

§ 107 Abs. 2 ist durch Gesetz zur Vereinfachung und Modernisierung des Patentrechts,[1] in Kraft getreten zum 1.10.2009,[2] hinsichtlich der Sprachenregelung geändert worden. **2**

II. Besondere Bestimmungen

Andere Bestimmungen i. S. d. Vorschrift bestehen für IR-Marken nach dem MMA und dem PMMA für den (teilweisen) Rechtsübergang (Art. 9 MMA und PMMA), die Anmeldung **3**

---

1 BGBl. I 2009, 2521.
2 BT-Drucks. 16/11339.

(Art. 3, 3ter MMA und PMMA, Regel 29 ff. GAusfO), die Verlängerung (Art. 6 Abs. 1, 7 MMA und PMMA) und die Löschung (Art. 5 Abs. 6, 6 Abs. 2–4 MMA und PMMA, Regel 22, 23 GAusfO). Ergänzende Vorschriften bestehen für die Widerspruchsfrist (§ 114 MarkenG), die nachträgliche Schutzentziehung (§ 115 MarkenG) und den Beginn der fünfjährigen Benutzungsschonfrist (§ 117 MarkenG).

III. Rechtsgrundlage für markenrechtliche Ansprüche

4 § 107 ebnet den Weg für die Anwendung z. B. des § 14, eine Klage auf der Grundlage einer in Deutschland Schutz genießenden IR-Marke ist also immer nach § 107 i. V. m. § 14 zuzusprechen. Für eine nachträglich auf Deutschland ausgedehnte IR-Marke ist § 112 heranzuziehen.

IV. Amtssprache

5 Regel 6 Abs. 1 a) der GAusfO erlaubt dem Anmelder, zwischen Englisch, Französisch oder Spanisch als Sprache der Anmeldung zu wählen. Der deutsche Gesetzgeber hat dieses Wahlrecht auf Englisch oder Französisch begrenzt. Für IR-Marken, die dem PMMA oder beiden Abkommen unterliegen, war Englisch oder Französisch bereits als Amtssprache nach § 119 Abs. 2 vorgeschrieben. Die Sprachenregelung ist durch das Patentrechtsmodernisierungsgesetz vereinheitlicht worden und gilt nun auch für IR-Marken, die nur dem MMA unterliegen.

Hertz-Eichenrode

§ 108
Antrag auf internationale Registrierung

(1) Der Antrag auf internationale Registrierung einer in das Register eingetragenen Marke nach Artikel 3 des Madrider Markenabkommens ist beim Patentamt zu stellen.

(2) Wird der Antrag auf internationale Registrierung vor der Eintragung der Marke in das Register gestellt, so gilt er als am Tag der Eintragung der Marke zugegangen.

(3) Mit dem Antrag ist das Verzeichnis der Waren und Dienstleistungen, nach Klassen geordnet in der Reihenfolge der internationalen Klassifikation von Waren und Dienstleistungen, einzureichen.

Übersicht

I. Antrag auf IR-Registrierung

Der Antrag auf Eintragung einer IR-Marke besteht aus einem Antrag an das DPMA als Ursprungsbehörde und einem Gesuch an das Internationale Büro. Der Antrag an das DPMA kann, muss aber nicht auf dem Formblatt gestellt werden, den das DPMA bereitstellt.[1] Dagegen ist nach Art. 3 beider Abkommen und §§ 43, 44 MarkenV zwingend die Verwendung des Formblatts des Internationalen Büros vorgeschrieben (MM1 für eine ausschließlich MMA-Länder beanspruchende Marke, MM2 für PMMA-Länder beanspruchende Marke, MM3 für Mischanmeldungen).[2]   **1**

II. Basismarke

Der Antrag auf eine im Ausland Schutz suchende IR-Marke setzt eine deutsche Basismarke oder, soweit die Länder des PMMA betroffen sind, zumindest die Anmeldung einer deutschen Basismarke voraus. Ist die Anmeldung oder die Basismarke noch nicht endgültig eingetragen, trägt der Anmelder das Risiko, dass die Anmeldung oder die Basismarke zum Beispiel durch einen Widerspruch ganz oder teilweise gelöscht wird, was nach Art. 6 Abs. 2 beider Abkommen zu der entsprechenden Löschung der IR-Marke führt (Grundsatz   **2**

---

1 Abrufbar unter www.dpma.de.
2 Das aktuelle Formular des Internationalen Büros kann unter www.ompi.int bzw. www.wipo.int bezogen werden. Hinweise und Anleitungen für den Antrag finden sich auf den verschiedenen Merkblättern des DPMA, abrufbar unter www.dpma.de.

der Abhängigkeit, vgl. auch vor §§ 107 bis 125 Rn. 6). Zweck dieser Vorschrift ist es, den deutschen Anmeldern die Inanspruchnahme der Unionspriorität gemäß Art. 4 PVÜ zu ermöglichen; dazu muss der Antrag auf Eintragung einer IR-Marke innerhalb von sechs Monaten nach Anmeldung der Basismarke gestellt werden. Auch kann ein Antrag auf beschleunigte Prüfung der Basismarke gestellt werden.[3]

3   Mit der Fiktion des Zuganges des Gesuchs auf Eintragung einer IR-Marke am Tag der Eintragung der Basismarke in Absatz 2 soll sichergestellt werden, dass die Prüfung auf formelle und absolute Schutzhindernisse (§ 8) durchgeführt ist, bevor die deutsche Marke die Basis für eine IR Marke nach dem MMA bilden kann. Eine von Deutschland ausgehende IR Marke nach dem MMA kann also kein Registrierungsdatum vor dem Tag der Eintragung der deutschen Marke haben. Diese Regelung entspricht der Regel 11 Abs. 1a) der GAusfO.

III. Waren- und Dienstleistungsverzeichnis

1. Änderung von Abs. 3

4   Absatz 3 ist mit Wirkung zum 15.12.2004 neu gefasst durch das Gesetz zur Änderung des Patentgesetzes und anderer Vorschriften des gewerblichen Rechtsschutzes.[4] Die Sprachenregelung in dieser Vorschrift ist entfallen und nur noch in §§ 107, 119 enthalten. Das Waren- und Dienstleistungsverzeichnis kann wahlweise auf Englisch oder Französisch eingereicht werden.

2. Klasseneinteilung

5   Mit der nunmehr zwingenden Abfassung des Waren- und Dienstleistungsverzeichnisses gemäß der internationalen Klassifikation (Nizzaer Klassifikation als Anlage zu § 19 MarkenV) wird der Vorgabe aus Regel 9 Abs. 4 Buchstabe a xiii der GAusfO Rechnung getragen. Inzwischen schreibt § 20 Abs. 2 MarkenV die Einreichung des Warenverzeichnisses nach Klassen geordnet bereits für die deutsche Basisanmeldung vor. Die Klassifizierung der Deutschen Markenanmeldung kann im Regelfall auch für das IR-Markengesuch übernommen werden.

6   Die Übersetzung wird vom Internationalen Büro überprüft; ergeben sich Beanstandungen, Ungenauigkeiten oder Unklarheiten im Waren- und Dienstleistungsverzeichnis, übersendet das Internationale Büro einen entsprechenden Bescheid an den Anmelder (vgl. Regeln 12, 13 GAusfO). Unter Umständen fallen dadurch Mehrkosten an. Die Übersetzung in die zweite Amtssprache wird, soweit nötig, vom Internationalen Büro gefertigt (Regel 6 Abs. 4 GAusfO). Stellen sich nachträglich Fehler heraus, kann ein Berichtigungsantrag direkt an das Internationale Büro gestellt werden. Regel 28 Abs. 4 der GAusfO sieht dafür eine Ausschlussfrist von neun Monaten, gerechnet ab dem Datum der Veröffentlichung vor.

7   Das Internationale Büro überprüft nicht die Zulässigkeit des Waren- und Dienstleistungsverzeichnisses nach den innerstaatlichen Vorschriften der beanspruchten Länder. Um for-

---

3 Zur Rückzahlung der Beschleunigungsgebühr, falls keine Beschleunigung erreicht wird, s. BGH, WRP 2000, 303 – Beschleunigungsgebühr.
4 BGBl. I 2004, 3232 ff.

melle Beanstandungen in den geschützten Ländern und Kosten durch die Einschaltung eines örtlichen Vertreters zu vermeiden, sollte die Abfassung des Waren- und Dienstleistungsverzeichnisses im Hinblick auf die Notwendigkeiten in den beanspruchten Ländern vom Anmelder – soweit möglich – überprüft werden. Ggf. kann von der Möglichkeit einer unterschiedlichen Abfassung des Waren- und Dienstleistungsverzeichnisses (Regel 9 Abs. 4 Buchstabe a xiii der GAusfO) für ein bestimmtes Land Gebrauch gemacht werden.

3. Materielle Bedeutung der Klassifizierung

Bei der IR-Marke hat die Klassifizierung der Waren und Dienstleistungen materielle Bedeutung; diese international geltende Praxis hat das DPMA seit dem 1.1.2011 auch für deutsche Marken eingeführt, da nach dem Nizzaer Klassifikationsabkommen die Angabe der Klasse bei Anmeldung einer Marke seit 2004 zwingend vorgeschrieben ist. Deshalb ist für die Auslegung einer Angabe im Waren- oder Dienstleistungsverzeichnis die Angabe der Warenklasse mitentscheidend und bestimmt damit den Schutzbereich der Marke mit, wie das folgende Beispiel verdeutlicht: „Nahrungsergänzungsmittel" können in die Klasse 5, in die Klasse 29 oder in die Klasse 30 fallen; werden sie vom Anmelder in die Klasse 5 eingruppiert, handelt es sich um pharmazeutische oder medizinisch wirksame Produkte, bei der Eingruppierung in die Klasse 29 oder 30 um Nahrungsmittel. Steht die Natur der Ware bei Anmeldung noch nicht endgültig fest, empfiehlt es sich, die Anmeldung mit dem gleichen Warenbegriff in allen, in Betracht kommenden Klassen vorzunehmen.

8

§ 109
Gebühren

(1) Ist der Antrag auf internationale Registrierung vor der Eintragung der Marke in das Register gestellt worden, so wird die nationale Gebühr für das Verfahren auf internationale Registrierung am Tage der Eintragung fällig.

(2) Die nationale Gebühr nach dem Patentkostengesetz für die internationale Registrierung ist innerhalb eines Monats nach Fälligkeit, die sich nach § 3 Abs. 1 des Patentkostengesetzes oder nach Absatz 1 richtet, zu zahlen.

Übersicht

I. Allgemeines

1   Die Vorschrift war bereits durch das Gesetz zur Bereinigung von Kostenregelungen auf dem Gebiet des geistigen Eigentums vom 13.12.2001[1] komplett neu gefasst worden. § 5 PatKostG bestimmt, dass Kosten nach dem Gebührenverzeichnis bei Einreichung einer Anmeldung eines Antrags fällig werden und deren Bearbeitung erst nach Eingang der Gebühr erfolgt (§ 5). Der Gebührentatbestand ist damit bereits im PatKostG geregelt. Absatz 2 dieser Vorschrift ist durch das Gesetz zur Änderung des Patentgesetzes und anderer Vorschriften des gewerblichen Rechtsschutzes[2] mit Wirkung zum 15.12.2004 eingefügt worden.

II. Gebühren

2   Die an das DPMA zu entrichtende Gebühr für den Antrag auf internationale Registrierung beträgt z.Zt. 180 EUR. Die an das Internationale Büro zu zahlenden Gebühren berechnen sich nach der Anzahl der Klassen und der beanspruchten Länder. Für die Länder des MMA sind die Ländergebühren pauschaliert (z.Zt. 100 SFr), für die Länder des PMMA sind die zum Teil recht erheblichen, individuellen Gebühren zu zahlen. Soweit die Europäische Union benannt wird, sind die Gebühren für die IR-Marke (z.Zt. 1.311 SFr) denen für eine Gemeinschaftsmarkenanmeldung gleich gestellt.

---

1 BGBl. I 2001, 3656.
2 BGBl. I 2004, 3232 ff.

III. Zahlungsmodalitäten

Die Zahlung der Gebühren für die internationale Registrierung ist unmittelbar an das Internationale Büro in Genf zu bewirken, das DPMA vermittelt keine Zahlungen. Die Entrichtung der Gebühren ist dem DPMA nachzuweisen, damit es das Gesuch an das Internationale Büro weiterleiten kann (Regel 9 Abs. 4 Buchstabe a xiv GAusfO). Die Zahlungsmodalitäten hat das internationale Büro nunmehr in seinen Verwaltungsanweisungen geregelt;[3] dort ist auch seine Kontoverbindung angegeben. Die Gebühren sind in Schweizer Franken zu entrichten (Regel 35 GAusfO). **3**

Die nationale Gebühr kann nicht vor dem (fingierten) Zugang des IR-Markengesuchs fällig werden. Da nach § 118 Abs. 2 der Tag der Eintragung als Zugangstag für das IR-Markengesuch (nach dem MMA) gilt, bestimmt Absatz 1 diesen als frühesten Fälligkeitstag. **4**

Die Fälligkeitsvorschrift in Abs. 2 ist durch das Geschmacksmuster-Reformgesetz mit Wirkung zum 1.6.2004[4] eingeführt worden, da § 6 Abs. 1 des PatKostG eine Fälligkeit innerhalb von drei Monaten vorsieht, soweit nichts anderes gesetzlich bestimmt ist. Nach Art. 3 beider Abkommen haben die nationalen Behörden ein IR-Markengesuch oder eine nachträgliche Schutzbenennung innerhalb von zwei Monaten an das Internationale Büro weiterzuleiten, nur dann erhält die IR-Marke das Registrierungsdatum des Eingangs bei der nationalen Behörde gemäß Regel 9 Abs. 1a) der GAusfO. Deshalb bestimmt jetzt § 109 Abs. 2, dass die nationale Gebühr für das Gesuch um internationale Registrierung bereits innerhalb eines Monats nach Antragstellung fällig wird.[5] Daraus ergibt sich die weitere Folge, dass bei Nicht-Zahlung innerhalb dieser kurzen Monatsfrist der Antrag als nicht gestellt gilt, § 6 Abs. 2 PatKostG. **5**

---

3 Siehe unter www.ompi.int bzw. www.wipo.int, dort im Abschnitt „fees".
4 BGBl. I 2004, S. 390, 405 ff.
5 Vgl. die Gesetzesbegründung in der BT-Drucks. 15/1075, S. 68 zu den Nrn. 7 bis 10.

§ 110
Eintragung im Register

**Der Tag und die Nummer der internationalen Registrierung einer im Register einge-
tragenen Marke sind in das Register einzutragen.**

I. Allgemeines

1   Diese Vorschrift betrifft nur die im Ausland Schutz suchenden IR-Marken auf der Grundlage einer deutschen Basismarke.

II. Registrierungsdatum

2   Zu der Basismarke vermerkt das DPMA das Registrierungsdatum (Art. 3 Abs. 4 MMA
und Regel 14 GAusfO) und die (fortlaufende) Registrierungsnummer (s. vor §§ 107 bis
125 Rn. 5) im Markenregister.

III. Abhängigkeitsfrist

3   Das Registrierungsdatum des Internationalen Büros ist maßgeblich für die Berechnung der
fünfjährigen Frist der Abhängigkeit der IR-Marke von der Basismarke (Art. 6 Abs. 2
MMA/PMMA).

IV. Register

4   Das DPMA führt kein Register über die aus dem Ausland kommenden, in Deutschland
Schutz suchenden oder Schutz genießenden IR-Marken. Das Register wird ausschließlich
vom OMPI geführt und veröffentlicht, und zwar in der *Gazette des Marques Internationales* (GMI)[1] und in der Datenbank ROMARIN.[2]

---

1 Die GMI wird nur noch elektronisch veröffentlicht unter www.wipo.int/madrid/en/gazette.
2 Die ROMARIN Datenbank ist erreichbar unter www.wipo.int/romarin.

V. Registerauszug

Ein authentischer Nachweis über Bestand, Schutzumfang und Schutzbewilligung einer IR-   **5**
Marke in Deutschland kann nur durch einen Auszug aus dem Internationalen Register geführt werden. Der Auszug aus dem internationalen Register führt die Schutzländer und
sämtliche Schutzbewilligungen, Einschränkungen, Schutzverweigerungen oder Schutzver-
zichte in allen beanspruchten Ländern auf (die Historie von Rechtsänderungen ist in dem
online abrufbaren Auszug aus dem Internationalen Register nicht vollständig wiedergegeben, sondern nur der Verweis auf eine entsprechende Veröffentlichung in der GMI). Fehlen
solche Vermerke auf dem Auszug für ein benanntes Land, ist das Schutzgesuch für das betreffende Land zumindest noch anhängig und der Marke kommen die Wirkungen des
§ 112 zugute. Ist die Frist für eine Schutzversagung (12 Monate nach Art. 5 MMA, 18 Monate nach Art. 5 Abs. 2b PMMA) abgelaufen, wird der Ablauf dieser Frist nunmehr im internationalen Register für jedes Land explizit angezeigt. Innerhalb der vorgenannten Fristen müssen die nationalen Behörden der beanspruchten Länder eine Schutzverweigerung
und deren Gründe dem internationalen Büro mitteilen. In der Regel ergeht zunächst eine
vorläufige Schutzverweigerung und später nach Erschöpfung der Rechtsbehelfe eine abschließende Entscheidung. Beides wird im internationalen Register eintragen und erscheint dann auch auf dem Registerauszug.

§ 111
Nachträgliche Schutzerstreckung

(1) Beim Patentamt kann ein Antrag auf nachträgliche Schutzerstreckung einer international registrierten Marke nach Artikel 3ter Abs. 2 des Madrider Markenabkommens gestellt werden.

(2) Die nationale Gebühr nach dem Patentkostengesetz für die nachträgliche Schutzerstreckung ist innerhalb eines Monats nach Fälligkeit (§ 3 Abs. 1 des Patentkostengesetzes) zu zahlen.

I. Neufassung

1   Abs. 1 ist durch das Gesetz zur Bereinigung von Kostenregelungen auf dem Gebiet des geistigen Eigentums vom 13.12.2001[1] neu gefasst worden. § 111 regelt nur materiell die Möglichkeit der nachträglichen Schutzerstreckung; der Gebührentatbestand ergibt sich ausschließlich aus dem PatKostG.[2] Die Fälligkeitsvorschrift in Abs. 2 ist durch das Geschmacksmuster-Reformgesetz mit Wirkung zum 1.6.2004[3] eingeführt worden.

II. Allgemeines

2   Diese Vorschrift betrifft die *im* Ausland Schutz suchenden IR-Marken aufgrund einer deutschen Basismarke. Für eine bereits bestehende IR-Marke kann jederzeit eine Schutzausdehnung beantragt werden, d. h. der Schutz kann auf noch nicht erfasste Länder des MMA oder des PMMA ausgedehnt werden, oder der Schutz kann auf Waren oder Dienstleistungen, für die die Basismarke eingetragen ist, aber noch keine IR-Marke besteht, auch in den Schutzländern der IR-Marke erweitert werden. Die nachträgliche Schutzausdehnung stellt praktisch eine Neuanmeldung der IR-Marke dar und unterliegt deshalb den gleichen Regeln wie die erstmalige Anmeldung. Die nachträgliche Schutzausdehnung erhält also in den „ausgedehnten" Ländern die Priorität dieses Antrags, so dass eine IR-Marke unterschiedliche Prioritäten in den verschiedenen Ländern besitzen kann. Die nachträgliche Schutzausdehnung wird den betroffenen Ländern vom Internationalen Büro mitgeteilt und durchläuft dort das gleiche Prüfungsverfahren wie eine Erstanmeldung. Der Vorteil der

---

1 BGBl. I 2001, 3656; vgl. bereits Rn. 1 zu § 109.
2 Vgl. auch die Gesetzesbegründung in der BR-Drucks. 342/01, S. 92.
3 BGBl. I 2004, 390, 405 ff.

nachträglichen Schutzausdehnung liegt in der Vereinheitlichung der Schutzfristen, die Verlängerung der IR-Marke wird stets für alle Länder zum gleichen Termin fällig. Gebührenmäßig ist die nachträgliche Schutzausdehnung etwas günstiger als die Erstanmeldung.

III. Fortbestehen der Basismarke

Eine nachträgliche Schutzausdehnung auf noch nicht benannte Länder oder weitere Waren   **3**
oder Dienstleistungen setzt das Fortbestehen der Basismarke voraus. Ist die Basismarke im Heimatland des Inhabers bereits gelöscht worden und besteht die IR-Marke aufgrund ihrer Unabhängigkeit fort, kann eine nachträgliche Schutzausdehnung auf andere Länder nicht erfolgen. Dies ergibt sich aus Regel 24 GemAusO. Nach dieser Vorschrift kann eine Schutzausdehnung vornehmen, wer Inhaber einer IR-Marke gemäß Artikel 1 Abs. 2 und Artikel 2 MMA bzw. PMMA sein kann. Art. 1 Abs. 2 sieht vor, dass die Verbandsangehörigen „den Schutz ihrer im Ursprungsland für Waren und Dienstleistungen eingetragenen Marken" dadurch sichern, dass sie diese Marken durch Vermittlung der Heimatbehörde beim Internationalen Büro hinterlegen. Und nach Abs. 3 d) muss die Ursprungsbehörde bei nachträglicher Schutzausdehnung bescheinigen, dass die Markenanmeldung zur Eintragung geführt hat, wenn die IR-Registrierung auf einer Anmeldung der Basismarke beruhte.[4] Für Protokollmarken ergibt sich dies auch aus dem Wortlaut von § 123.

IV. Erneute Schutzerstreckung

Eine nachträgliche Schutzausdehnung kann auch für jene Länder beantragt werden, in de-   **4**
nen die IR-Marke im ersten Anlauf keinen Schutz erhielt, sei es aus absoluten Gründen, sei es wegen älterer Rechte Dritter. Es kann durchaus sein, dass die absoluten oder relativen Gründe für die Schutzversagung in dem betroffenen Land inzwischen entfallen sind, so dass ein erneutes Schutzausdehnungsgesuch sinnvoll ist. Die deutsche Rechtsprechung fordert, dass für die erneute Schutzausdehnung auf Deutschland ein berechtigtes Interesse besteht.[5] Das berechtigte Interesse ist großzügig auszulegen, es reicht die Behauptung der Änderung der tatsächlichen oder rechtlichen Verhältnisse. Liegt ein solches berechtigtes Interesse nicht vor, kann die nachträgliche erneute Schutzausdehnung als rechtsmissbräuchlich zurückgewiesen werden, was nur im Ausnahmefall anzunehmen ist.[6]

V. Schutzdauer

Die Schutzdauer der nachträglichen Ausdehnung endet gemäß Regel 31 GAusfO mit der   **5**
Schutzdauer der internationalen Registrierung. Wird eine IR-Marke kurz vor Ablauf auf weitere Länder ausgedehnt, muss die Verlängerung auch für die in der Schutzausdehnung benannten Länder bewirkt werden. Es ist deshalb gegebenenfalls zu überlegen, ob die Schutzausdehnung nicht nach Bewirkung der Verlängerung vorgenommen werden sollte.

---

4 S. den guide to the international registration of marks der WIPO, Ausgabe 2009, Kap B.II.52, Ziffer 33.04.
5 BGH, GRUR 1979, 549 – Meripal.
6 *Kober-Dehm*, in: Ströbele/Hacker, § 112 Rn. 5.

§ 112
Wirkung der internationalen Registrierung

(1) Die internationale Registrierung einer Marke, deren Schutz nach Art. 3ter des Madrider Markenabkommens auf das Gebiet der Bundesrepublik Deutschland erstreckt worden ist, hat dieselbe Wirkung, wie wenn die Marke am Tag der internationalen Registrierung nach Art. 3 Abs. 4 des Madrider Markenabkommens oder am Tag der Eintragung der nachträglichen Schutzerstreckung nach Art. 3ter Abs. 2 des Madrider Markenabkommens zur Eintragung in das vom Patentamt geführte Register angemeldet und eingetragen worden wäre.

(2) Die in Absatz 1 bezeichnete Wirkung gilt als nicht eingetreten, wenn der international registrierten Marke nach den §§ 113 bis 115 der Schutz verweigert wird.

Übersicht

I. Allgemeines

1   Diese Vorschrift ist die Grundnorm, die die aus dem Ausland kommende IR-Marke in Deutschland (genauer gesagt: den deutschen Länderanteil) in ihren Wirkungen der nationalen Marke gleichstellt. Dies ergibt sich bereits zwingend aus Art. 4 Abs. 1 MMA (Art. 4 Abs. 1 PMMA), so dass § 112 nur deklaratorische Bedeutung hat. Da sich aus beiden Vorschriften kein Unterschied ergibt, hat diese Frage keine praktische Bedeutung. Mit der Eintragung der IR-Marke im internationalen Register entsteht das Markenrecht in allen benannten Ländern. Es können alle Rechte aus der Marke geltend gemacht werden, also auch Verbots- oder Schadensersatzansprüche, für die das Bestehen der Marke (Eintragung im Register) zwingende Voraussetzung ist.[1] Bei der Durchsetzung der Markenrechte ist aber sorgfältig abzuwägen, ob die IR-Marke Aussicht hat, auch endgültigen Schutz in Deutschland zu erhalten, also insbesondere keine zwingenden absoluten oder relativen Schutzhindernisse bestehen. Solange die Marke allerdings im internationalen Register mit Wirkung für Deutschland eingetragen ist, ist der Verletzungsrichter an die Eintragung gebunden.[2] Ist der IR-Marke der Schutz noch nicht endgültig erteilt, kommt eine Aussetzung des Verfahrens in Betracht, im Verletzungsprozess nach § 148 ZPO,[3] im patentamtlichen Widerspruchsverfahren nach § 32 MarkenV.

---

1 BGH, WRP 2008, 226, 228 Tz. 14 = GRUR 2008, 160, 161 – CORDARONE.
2 Vgl. BGH, WRP 2010, 1508 Rz. 19 – Pralinenform II.
3 Vgl. hierzu OLG Hamburg, MarkenR 2009, 220 – Schokoladenstäbchen.

II. Wirkung

Die Wirkung der Eintragung im Internationalen Register ist zunächst nur vorläufig. Nach   **2**
Abs. 2 entfällt das Markenrecht rückwirkend, wenn der IR-Marke in Deutschland der
Schutz rechtskräftig versagt wird. Insoweit unterscheidet sich die IR-Marke nicht von einer
nationalen Marke, die aufgrund eines erfolgreichen Widerspruchs gelöscht wird. Bei der
IR-Marke kann der Schutz aber auch aus absoluten Gründen rückwirkend entfallen.

III. Wirkung bei Benennung der Europäischen Gemeinschaft

Im Gegensatz zur deutschen Regelung sieht Art. 151 Abs. 1 GMV vor, dass eine IR Marke,   **3**
mit der die Europäische Gemeinschaft benannt wurde, nur den Status einer Anmeldung
einer Gemeinschaftsmarke hat. Erst wenn die 18-monatige Frist zur Mitteilung einer
Schutzverweigerung an das Internationale Büro abgelaufen ist oder eine vorläufige
Schutzverweigerung widerrufen wurde, erhält die internationale Marke den Status einer
eingetragenen Gemeinschaftsmarke, Art. 151 Abs. 2 GMV. Eine Entschädigung im Fall einer Markenverletzung kann für eine IR-Marke, die die Europäische Union benennt, erst ab
dem Zeitpunkt der ersten Veröffentlichung der IR-Marke durch das HABM im GMBl. verlangt werden, Art. 151 Abs. 3 GMV.

IV. Zusammenfallen von Anmeldung und Eintragung

Da der Zeitpunkt der Anmeldung der IR-Marke und der Zeitpunkt ihrer Eintragung im In-   **4**
ternationalen Register (fiktiv) zusammenfallen (Art. 3 Abs. 4 MMA), stellt sich der Inhaber der IR-Marke etwas günstiger als der Inhaber einer deutschen Marke. Bei Letzterer ver-
geht zwischen Anmeldung und Eintragung stets ein gewisser Zeitraum, in dem die Prüfung
auf formelle Erfordernisse (Fassung des Warenverzeichnisses) und die materielle Überprüfung auf absolute Schutzversagungsgründe (§ 8) stattfindet. Diese Prüfungen erfolgen bei
der IR-Marke erst nach ihrer Eintragung im Internationalen Register.

§ 113
Prüfung auf absolute Schutzhindernisse

(1) International registrierte Marken werden in gleicher Weise wie zur Eintragung in das Register angemeldete Marken nach § 37 auf absolute Schutzhindernisse geprüft. § 37 Abs. 2 ist nicht anzuwenden.

(2) An die Stelle der Zurückweisung der Anmeldung (§ 37 Abs. 1) tritt die Verweigerung des Schutzes.

Übersicht

I. Allgemeines

1 Art. 5 Abs. 1 MMA ermöglicht den Verbandsländern, eine IR-Marke unter den gleichen Bedingungen wie eine nationale Anmeldung zurückzuweisen. Von dieser Ermächtigung im Verbandsrecht hat der deutsche Gesetzgeber mit § 113 Gebrauch gemacht. Nach der Rechtsprechung des BGH unterliegen die IR-Marken ausschließlich dem Verbandsrecht (MMA oder PMMA). Art. 5 Abs. 1 S. 2 MMA verweist insoweit weiter auf Art. 6^{quinquies} PVÜ, so dass die materielle Rechtsgrundlage für die Zurückweisung einer IR-Marke aus absoluten Gründen aus Art. 5 Abs. 1 MMA, Art. 6^{quinquies} PVÜ besteht.[1] Mit der Markenrechtsrichtlinie ist ein Gleichlauf zwischen Art. 6^{quinquies} Abschnitt B PVÜ und den nationalen Regelungen für absolute Schutzversagungen angestrebt worden.[2] Die Markenrechtsrichtlinie übernimmt deshalb in Art. 4 weitgehend wörtlich die Schutzversagungsgründe des Art. 6^{quinquies} Abschnitt B PVÜ. Die Beurteilung der absoluten Schutzfähigkeit nach § 8 MarkenG und Art. 6^{quinquies} Abschnitt B PVÜ führt deshalb zu demselben Ergebnis.[3]

2 Prüfungsgegenstand ist die Marke so sie wie im Heimatland eingetragen wurde (Art. 6^{quinquies} PVÜ), nicht wie sie im Internationalen Register oder gar in der Veröffentlichung in GMI oder in der WIPO Datenbank wiedergegeben wird.[4] Sind Markenbestandtei-

---

1 BGH, WRP 2005, 889 = GRUR 2005, 578 – Lokmaus; WRP 1999, 858 – Premiere II; schon vor dem Inkrafttreten des MarkenG BGH, GRUR 1991, 839, 840 – Z-TECH; GRUR 1995, 732 – Füllkörper.
2 S. Erwägungsgrund 12 zur Markenrechtsrichtlinie 2008/95/EG.
3 BGH, WRP 2005, 889 = GRUR 2005, 578 – Lokmaus; WRP 2004, 492 = GRUR 2004, 329 – Käse in Blütenform; WRP 2008, 1432 = GRUR 2008, 1000, 1001 – Käse in Blütenform II m. w. N.
4 So zutreffend BPatG vom 8.7.1998 – 26 W(pat) 161/97 – Feuerzeug, wiedergegeben bei PAVIS Proma; BPatG, GRUR 1993, 123 – Verpackungsbox.

le nur auf der Originalhinterlegung sichtbar, so kann dem DPMA ein Exemplar der im Heimatland hinterlegten Originalabbildung i. S. d. Art. 3 Abs. 3 Nr. 2 MMA übersendet werden. Insbesondere bei Bildmarken und 3D-Marken kann sich daraus die Schutzfähigkeit ergeben. Die (formelle) Ordnungsgemäßheit der Hinterlegung im Heimatland kann dagegen von den Verbandsländern nicht mehr nachgeprüft werden, dies verbietet der telle-quelle-Schutz gemäß Art. 6 quinquies PVÜ.[5] Die vorschriftsmäßige Hinterlegung gehört zur Prüfungskompetenz der Heimatsbehörde, die Nachprüfung der Hinterlegung in den Verbandsländern will Art. 6 quinquies PVÜ gerade überwinden. Die Verbandsländer sollen die Marke so wie sie von der Heimatbehörde als vorschriftsmäßige Hinterlegung eingetragen wurde, zum Schutz zulassen.[6]

II. Indizwirkung ausländischer Eintragungen

Das DPMA ist nicht an die Beurteilung der absoluten Schutzfähigkeit der Marke durch die **3** Voreintragung in anderen Verbandsländern gebunden. Jedes Verbandsland wendet vielmehr seine eigene, mehr oder weniger strenge Auffassung von der Unterscheidungskraft oder der Eignung, als Beschreibung zu dienen, an. Die Beurteilung der Unterscheidungskraft hängt wesentlich von dem Sprachverständnis des Markenwortes in dem jeweiligen Land ab.[7] Bei deutschen Worten verneint der BGH eine Indizwirkung von Voreintragungen in Österreich oder der Schweiz; diese seien lediglich im Rahmen der umfassenden Prüfung der Unterscheidungskraft zu berücksichtigen.[8] Hinsichtlich der Eignung, als Beschreibung dienen zu können, nimmt die deutsche Rechtsprechung teilweise eine gewisse Indizwirkung von ausländischen Voreintragungen an, insbesondere von Voreintragungen in dem Land der Muttersprache, soweit dort eine ähnlich strenge Amtsprüfung wie in Deutschland vorgenommen wird.[9] Eine solche Indizwirkung hat der BGH für ein aus deutschen Wörtern gebildetes neues Kunstwort verneint.[10]

III. Verkehrsgeltung bei IR-Marken

Die absoluten Schutzhindernisse können durch Verkehrsgeltung überwunden werden. Da- **4** bei gilt § 8 Abs. 3 ausdrücklich nur für die nationale Marke. Bei IR-Marken sind nach Art. 6 quinquies C „alle Tatumstände zu berücksichtigen, insbesondere die Dauer des Gebrauchs der Marke". Dies bedeutet, dass eine Verkehrsdurchsetzung entsprechend § 8

---

5 Vgl. *Fezer*, 4. Aufl., Art. 6 quinquies PVÜ Rn. 4.

6 Ähnlich *Kober-Dehm*, in: Ströbele/Hacker, § 113 Rn. 4 unter Hinweis auf Art. 3 Abs. 5 MMA, wonach die Veröffentlichung der Marke als Bekanntgabe gegenüber den nationalen Behörden als „völlig ausreichend" anzusehen ist.

7 Vgl. das Beispiel des Wortes „Matratze" in der EuGH-Entscheidung GRUR Int. 2004, 843 – Matratzenmarkt Concord.

8 BGH, WRP 2009, 813 – Willkommen im Leben.

9 Für englische Worte z. B. Großbritannien, s. BGH, GRUR 1996, 771 – The Home depot; WRP 1999, 1038 – HOUSE OF BLUES.

10 BGH, WRP 2005, 889 = GRUR 2005, 578 – Lokmaus; vgl. auch BPatG, BeckRS 2010, 19663 – Complete: Schutzversagung trotz US-Eintragung.

Abs. 3 auch nach dieser Vorschrift des Verbandsrechts zu berücksichtigen ist. Zu beachten ist aber, dass die Verkehrsdurchsetzung zum Zeitpunkt der Hinterlegung der IR-Marke mit Wirkung für Deutschland nachgewiesen werden muss. Wegen der langen Fristen für die Mitteilung der Schutzversagung und auch der Vertreterbestellung kann der rückwirkende Nachweis der Verkehrsdurchsetzung schwierig sein. Seit Oktober 2001 verlangt das DPMA die Erstattung der Kosten einer Verkehrsbefragung, bzw. vorab die Einzahlung eines Vorschusses in Höhe von 3.000 EUR.[11]

IV. Keine Prioritätsverschiebung

5 Satz 2 der Vorschrift stellt durch den Ausschluss der Anwendung der § 37 Abs. 2 klar, dass eine Prioritätsverschiebung bei IR-Marken nicht möglich ist. Dies ergibt sich bereits aus Art. 3 Abs. 4, Art. 3ter Abs. 2 und Art. 4 MMA, die das Registrierungsdatum unveränderlich festlegen.[12] Wenn die Verkehrsdurchsetzung erst während des Schutzbewilligungsverfahrens in Deutschland erworben wird, ist bei einer IR-Marke eine Zeitrangverschiebung auf den Zeitpunkt des Nachweises der Verkehrsdurchsetzung nicht möglich.[13] Hier bleibt nur die Möglichkeit, nach Zurückweisung der IR-Marke eine erneute Schutzausdehnung auf Deutschland zu beantragen mit der Behauptung veränderter tatsächlicher Umstände (zwischenzeitlicher Erwerb der Verkehrsdurchsetzung, vgl. § 111 Rn. 2).

V. Jahresfrist

6 Für die Prüfung der absoluten Schutzhindernisse und deren Mitteilung an das Internationale Büro ist vom DPMA die Jahresfrist des Art. 5 Abs. 2 MMA zu beachten. Die Jahresfrist beginnt nach Regel 18 Abs. 1 iii) der GAusO mit der tatsächlichen Eintragung der IR-Marke ins internationale Register, bzw. der Eintragung einer nachträglichen Schutzausdehnung ins internationale Register.[14] Dieses Datum wird in der neugestalteten Aufmachung der Datenbank ROMARIN unter dem Code 580 mit der Überschrift „date of recording (date of notification from which the time limit to notify the refusal starts)", bei einer nachträglichen Schutzausdehnung unter dem Code 891 angegeben. Unterbleibt die Mitteilung, hat die IR-Marke endgültig Schutz. Diese Tatsache wird jetzt ebenfalls in der ROMARIN-Datenbank für jedes Schutzland ausdrücklich angegeben. Nach Ablauf der Jahresfrist bleibt allerdings ein Schutzentziehungsverfahren von Amts wegen gemäß §§ 115, 50 Abs. 3 möglich. Die Praxis des DPMA, den Rechtsgrund der Schutzversagung durch eine Kurzform des Gesetzestextes in der Mitteilung an das Internationale Büro zu benennen, wird vom BGH gebilligt.[15] Die Tatsachen, die den Rechtsgrund ausfüllen und die rechtliche Subsumtion erlauben, brauchen nicht innerhalb der Jahresfrist mitgeteilt zu werden. Sie können auch später

---

11 Vgl. Amtsmitteilung in BlPMZ 2001, 301.
12 BPatG, GRUR 1996, 492, 494 – Premiere II.
13 *Kober-Dehm*, in: Ströbele/Hacker, § 113 Rn. 3.
14 *Kober-Dehm*, in: Ströbele/Hacker, § 113 Rn. 5.
15 BGH, WRP 2005, 889 = GRUR 2005, 578 – Lokmaus.

Hertz-Eichenrode

durch die vor dem DPMA oder BPatG vorgeschriebene Amtsermittlung in das Verfahren eingeführt werden.[16]

Ist die Jahresfrist noch nicht abgelaufen, kann noch eine Nachbeanstandung durch einen   7
weiteren Schutzversagungsbescheid an das Internationale Büro ergehen. Nicht ausreichend ist eine Nachbeanstandung des DPMA nur gegenüber dem Inlandsvertreter; dadurch wird die Frist des Art. 5 MMA bzw. des Art. 5 Abs. 2 PMMA nicht gewahrt. Der Beanstandungsgrund muss nach dem eindeutigen Wortlaut dieser Vorschrift innerhalb der Frist dem Internationalen Büro mitgeteilt werden.[17]

VI. Vorläufige Schutzversagung

Besteht ein absolutes oder relatives Schutzhindernis in Deutschland, erlässt das DPMA ei-   8
nen zunächst vorläufigen Schutzversagungsbescheid (*avis de refus provisoire*), dessen Zustellung an den ausländischen Markenanmelder das Internationale Büro vermittelt. Die Gründe für die Schutzverweigerung werden in der Praxis des DPMA stets kumulativ (einschließlich relativer Schutzhindernisse aufgrund eines Widerspruches) in einem einzigen Schutzversagungsbescheid dem internationalen Büro mitgeteilt. Rechtsmittel gegen diese Schutzversagung kann nur durch einen Inlandsvertreter i. S. d. § 96 eingelegt werden. Gemäß § 46 Abs. 1 MarkenV gilt eine Frist von vier Monaten für die Bestellung des Inlandsvertreters. Nach Ablauf der Frist wird die Schutzversagung endgültig. Da die endgültige Schutzversagung ein erneuter belastender Verwaltungsakt ist, kann dagegen erneut innerhalb eines Monats ein Rechtsmittel – unter gleichzeitiger Einzahlung der entsprechenden Amtsgebühr – eingelegt werden, und zwar entweder *Erinnerung* gem. § 64 Abs. 1 oder *Beschwerde* gem. § 66 Abs. 1. Über das einzulegende Rechtsmittel gibt die Rechtsmittelbelehrung in dem vorläufigen Schutzversagungsbescheid Auskunft. Wird kein Rechtsmittel eingelegt, wird die Schutzversagung rechtskräftig. Bei der nationalen Marke ist nach § 37 Abs. 1 als Rechtsfolge die Zurückweisung der Markenanmeldung vorgesehen; da bei IR-Marken stets eine Eintragung im internationalen Register vorliegt, kann bei der IR-Marke nur eine Versagung des Schutzes für die Bundesrepublik Deutschland ausgesprochen werden.

VII. Abschluss des Schutzbewilligungsverfahrens

Der rechtskräftige Abschluss des Schutzbewilligungsverfahrens vor dem DPMA (Verwei-   9
gerung des Schutzes, teilweise oder vollständige Bewilligung des Schutzes in Deutschland) wurde früher vom DPMA im *Warenzeichenblatt Teil II*, dann im *Markenblatt* veröffentlicht, einschließlich des Datums des Abschlusses des Schutzbewilligungsverfahrens. Seit 2000 erfolgen diese Veröffentlichungen nur noch in der *Gazette OMPI des Marques Internationales* (GMI), jetzt nur noch elektronisch in der E-GAZETTE.[18] Im Falle der (Teil-)

---

16 BGH a. a. O.
17 BGH, WRP 2005, 889 = GRUR 2005, 578 – Lokmaus; BPatG, GRUR 1996, 492 – PREMIERE II; BPatG, Mitt. 1985, 217 – La Navarre.
18 Abrufbar unter: www.wipo.int/madrid/en/gazette.

Schutzbewilligung ist der Zugang der abschließenden Mitteilung des DPMA über den Abschluss des Verfahrens maßgebend für die Berechnung der fünfjährigen Benutzungsschonfrist der IR-Marke, §§ 116, 117 i.V.m. § 115 Abs. 2. Zur Fristberechnung s. § 115 Rn. 6.

10   Im Rahmen des vor dem DPMA laufenden Schutzbewilligungsverfahrens ist die Regel 25 Abs. 1a) der GAusfO zu beachten: Eine Änderung des Schutzbegehrens durch Einschränkung des Waren- und Dienstleistungsverzeichnisses oder auch vollständigen Verzicht ist nur durch den Markeninhaber gegenüber der Heimatbehörde oder direkt gegenüber dem Internationalen Büro zulässig. Der deutsche Inlandsvertreter kann keine Beschränkung des deutschen Länderanteils vornehmen, etwa um eine Beanstandung aus absoluten Schutzversagungsgründen auszuräumen. Das DPMA kann nach Regel 19 der GAusfO nur eine vorläufige Schutzversagung durch Beschluss aussprechen und, wenn dieser nicht rechtskräftig wird, diesen entweder bestätigen oder aufheben, auch teilweise. Ein laufendes Schutzbewilligungsverfahren vor dem DPMA kann also nur noch durch förmliche Entscheidung des DPMA beendet werden, was in der Praxis eine unnötige Erschwerung und zusätzliche Kosten für den Markeninhaber durch die Eintragung der Änderung beim Internationalen Büro (SFr 177) bedeutet.

§ 114
Widerspruch

(1) An die Stelle der Veröffentlichung der Eintragung (§ 41) tritt für international registrierte Marken die Veröffentlichung in dem vom Internationalen Büro der Weltorganisation für geistiges Eigentum herausgegebenen Veröffentlichungsblatt.

(2) Die Frist zur Erhebung des Widerspruches (§ 42 Abs. 1) gegen die Schutzgewährung für international registrierte Marken beginnt mit dem ersten Tag des Monats, der dem Monat folgt, der als Ausgabemonat des Heftes des Veröffentlichungsblattes angegeben ist, in dem die Veröffentlichung der international registrierten Marken enthalten ist.

(3) An die Stelle der Löschung der Eintragung (§ 43 Abs. 2) tritt die Verweigerung des Schutzes.

Übersicht

I. Allgemeines

Diese Vorschrift regelt – zusammen mit § 124 für die Protokollmarken – die Widerspruchsmöglichkeiten gegen IR-Marken in Deutschland und enthält die dafür notwendigen Anpassungsvorschriften.   **1**

II. Widerspruchsfrist

Die Vorschrift weist zunächst auf die Veröffentlichung der IR-Marken in der vom Internationalen Büro herausgegebenen *Gazette des Marques Internationales* hin.[1] Die MMA-Länder dürfen nach Art. 3 Abs. 5 MMA keine weitere Veröffentlichung vom Hinterleger fordern – anders die Protokollländer, die eine nationale Veröffentlichung der schutzsuchenden IR-Marken vorsehen können; von dieser Möglichkeit hat z.B. Großbritannien Gebrauch gemacht. Das Internationale Büro veröffentlicht wöchentlich die GMI in elektronischer Form (E-GAZETTE), das Veröffentlichungsdatum wird unter dem Code 450 in ROMARIN angegeben. Der deutsche Gesetzgeber knüpft den Beginn der dreimonatigen Widerspruchsfrist an den Ausgabemonat der GMI, die Widerspruchsfrist beginnt am ersten Tag des auf den Ausgabemonat folgenden Monats. Für die Fristberechnung gelten die §§ 186 ff. BGB entsprechend. Die Widerspruchsfrist endet damit am letzten Tag des dritten   **2**

---

1 Abrufbar unter www.wipo.int/madrid/en/gazette; s.a. § 113 Rn. 5.

Monats. Fällt das Fristende auf einen Sonn- oder Feiertag, gilt § 193 BGB; die Frist endet dann erst am darauf folgenden Werktag. Für die Widerspruchsfrist gegen IR-Marken, die die EU benennen, gilt die Vorschrift des Art. 151 Abs. 2 GMV (siehe hierzu die Erläuterungen zu § 119 Rn. 7).

III. Widerspruchsgebühr

3   Für die Widerspruchsgebühr gilt § 42 Abs. 3, auch ohne dass § 114 ausdrücklich darauf verweist. Dies ergibt sich aus dem Sinngehalt des Art. 5 Abs. 1 MMA, wonach eine Schutzverweigerung „nur unter den Bedingungen zulässig ist, die auch für eine nationale Marke gelten". Deshalb gilt für die Versäumung der Widerspruchsfrist auch bei IR-Marken § 91 Abs. 1 S. 2 ohne Einschränkung: Eine Wiedereinsetzung in den vorigen Stand bei Versäumung der Widerspruchsfrist scheidet auch bei IR-Marken aus.

IV. Zulässigkeitsprüfung

4   Das DPMA prüft die Zulässigkeit des Widerspruches (Rechtzeitigkeit, Zahlung der Gebühr, Priorität). Ein Widerspruch gegen eine IR-Marke kann auf die in § 42 Abs. 2 genannten, jetzt erweiterten Widerspruchsgründe gestützt werden. Zulässige Widersprüche werden dem Internationalen Büro innerhalb der Jahresfrist durch einen vorläufigen Schutzversagungsbescheid mitgeteilt. Das DPMA prüft in diesem Stadium nicht die Begründetheit oder den Umfang, in dem einem Widerspruch materiell stattzugeben wäre, sondern erlässt eine Schutzversagung in dem Umfang, in dem der Widerspruch eingelegt wurde.[2] Bei einem unbeschränkten Widerspruch wird die vorläufige Schutzversagung für alle Waren und Dienstleistungen ausgesprochen. Die materielle Prüfung des Umfanges des Widerspruches erfolgt erst, wenn der Inhaber der IR-Marke einen Inlandsvertreter bestellt hat. Eine Teilversagung ergeht aber dann, wenn ein Widerspruch ausdrücklich auf bestimmte Waren oder Dienstleistungen beschränkt wurde.

V. Versäumung der Jahresfrist

5   Wird ein ordnungsgemäß und rechtzeitig eingelegter Widerspruch gegen eine IR-Marke vom DPMA übersehen und nicht dem Internationalen Büro innerhalb der Jahresfrist mitgeteilt, bleibt dem Inhaber der älteren Rechte nur die außeramtliche Geltendmachung der Markenrechte, ggf. die Nichtigkeitsklage nach §§ 51, 115. Gegen das DPMA besteht unter Umständen ein Amtshaftungsanspruch. Diese Jahresfrist gilt auch für Protokollmarken, da Deutschland von der Möglichkeit der Ausdehnung der Frist für die Mitteilung von Schutzversagungsgründen auf 18 Monate nach Art. 5 Abs. 2 PMMA keinen Gebrauch gemacht hat.

---

2 *Kober-Dehm*, in: Ströbele/Hacker, § 114 Rn. 3.

VI. Abschluss des Widerspruchsverfahrens

Hat der Widerspruch auch materiell Erfolg, hat das DPMA im Umfang des Erfolges die 6 Versagung des Schutzes der IR-Marke in der Bundesrepublik Deutschland ganz oder teilweise auszusprechen. Mit Eintritt der Rechtskraft der Entscheidung ist das Verfahren vor dem DPMA abgeschlossen, und das DPMA teilt dieses Ergebnis dem internationalen Büro als endgültige Entscheidung mit. Im Falle der Schutzverweigerung gelten die Wirkungen der IR-Marke für die Bundesrepublik Deutschland als nicht eingetreten, § 112 Abs. 2. Die Eintragung der endgültigen Schutzverweigerung in das internationale Register hat nach Regel 17 Abs. 4 GAusfO nur deklaratorische Wirkung.

Für die Beendigung des Schutzbewilligungsverfahrens gelten die in § 113 Rn. 4 gemach- 7 ten Ausführungen entsprechend. Eine Einschränkung des Waren- oder Dienstleistungsverzeichnisses kann nach der Regel 25 Abs. 1a) nur durch den Markeninhaber gegenüber dem Internationalen Büro oder durch seine Heimatbehörde erklärt werden. Diese administrative Erschwernis verkompliziert den Abschluss des Widerspruchsverfahrens insbesondere durch die in weitem Umfang praktizierten Abgrenzungsvereinbarungen. Hier wirkt sich die umständliche Handhabung der IR-Marke in der Praxis besonders krass aus und stellt einen Nachteil der IR-Marke etwa im Vergleich zur Gemeinschaftsmarke dar.

§ 115
Nachträgliche Schutzentziehung

(1) An die Stelle des Antrags oder der Klage auf Löschung einer Marke wegen Verfalls (§ 49), wegen des Vorliegens absoluter Schutzhindernisse (§ 50) oder aufgrund eines älteren Rechts (§ 51) tritt für international registrierte Marken der Antrag oder die Klage auf Schutzentziehung.

(2) Wird ein Antrag auf Schutzentziehung nach § 49 Absatz 1 wegen mangelnder Benutzung gestellt, so tritt an die Stelle des Tages der Eintragung in das Register der Tag,

1. an dem die Mitteilung über die Schutzbewilligung dem Internationalen Büro der Weltorganisation für geistiges Eigentum zugegangen ist, oder

2. an dem die Frist des Artikels 5 Absatz 2 des Madrider Markenabkommens abgelaufen ist, sofern zu diesem Zeitpunkt weder die Mitteilung nach Nummer 1 noch eine Mitteilung über die vorläufige Schutzverweigerung zugegangen ist.

Übersicht

I. Allgemeines

1   Die Vorschrift enthält die notwendigen Anpassungen für die (nachträgliche) Schutzentziehung von IR-Marken in Deutschland. Absatz 2 wurde neugefasst durch das Gesetz zur Umsetzung der Dienstleistungsrichtlinie in der Justiz und zur Änderung weiterer Vorschriften vom 22.10.2010.[1]

2   Die Änderung von Absatz 2 trägt der neuen Regel 18ter GAusO Rechnung, die die Behörden der Vertragsstaaten verpflichtet, die Schutzbewilligung dem Internationalen Büro mitzuteilen, sobald feststeht, dass der Schutzbewilligung keine Gründe entgegenstehen. Sobald also feststeht, dass kein Widerspruch gegen die IR-Marke eingegangen ist und auch keine absoluten Gründen der Schutzbewilligung entgegenstehen, ist die nationale Behörde verpflichtet, eine ausdrückliche Schutzbewilligung dem Internationalen Büro mitzuteilen. Die nationale Behörde soll nicht mehr einfach die Jahresfrist bzw. Achtzehnmonatsfrist nach dem Protokoll ablaufen lassen. Deshalb knüpft Abs. 2 in Nr. 1 den Beginn der Benutzungsschonfrist primär an diese Mitteilung und nur noch sekundär in Nr. 2 an den Ablauf der Jahresfrist.

3   Für die Schutzentziehung des EU-Anteils von IR-Marken gelten die Vorschriften der GMV. Danach ist die Schutzentziehung primär in dem Verfahren vor dem HABM möglich;

---

1 BGBl. I S. 2248.

vor den Zivilgerichten ist die Schutzentziehung nur im Wege der Widerklage statthaft, Art. 52 Abs. 1 GMV. Allerdings lässt der BGH entgegen dem Wortlaut von Art. 51 Abs. 1 GMV einen wettbewerbsrechtlichen Anspruch auf Löschung, bzw. Rücknahme einer bösgläubigen Gemeinschaftsmarkenanmeldung zu;[2] dieser wettbewerbsrechtliche Anspruch dürfte sinngemäß auch für IR-Marken, die die Europäische Gemeinschaft benennen, gelten.

II. Schutzentziehung im Amtsverfahren

Materiellrechtlich unterliegt der deutsche Länderanteil einer IR-Marke den gleichen Verfalls- und Nichtigkeitsgründen wie eine nationale Marke (§§ 49 bis 51). Die nachträgliche Schutzentziehung (Ungültigerklärung) ist im Verbandsrecht (Art. 5 Abs. 6 beider Abkommen) vorgesehen, und zwar unter den gleichen Bedingungen wie für eine nationale Marke. In der Terminologie stellt § 115 klar, dass die Ungültigerklärung nur in Form einer Schutzentziehung für Deutschland erfolgen kann. Der internationalen Marke kann im Verfahren vor dem DPMA aus zwei Gründen der Schutz entzogen werden, nämlich wegen Verfalls (§ 53) oder wegen absoluter Schutzhindernisse (§ 54). Liegen die Voraussetzungen des § 53 vor oder ist der Beschluss des DPMA nach § 54 rechtskräftig geworden, teilt das DPMA dem Internationalen Büro die Schutzentziehung der IR-Marke für Deutschland mit. Die Wirkung der Schutzentziehung steht der Wirkung der Löschung der deutschen Marke gleich; insoweit verweist § 115 Abs. 1 auf die in § 52 angeordneten Rechtsfolgen.

III. Schutzentziehung durch Klage

Durch Klage vor den Zivilgerichten (§ 140) kann die nationale Marke wegen Verfalls oder wegen Bestehens älterer Rechte (§ 55) gelöscht werden. Die gleiche Verurteilung kann das Gericht in der Form der Schutzentziehung hinsichtlich einer IR-Marke aussprechen. Für den Gerichtsstand gilt § 96 Abs. 3.

IV. Fristberechnung

Abs. 2 enthält für die Schutzentziehung wegen Verfalls die notwendige Anpassung für die Berechnung der Benutzungsschonfrist bei IR-Marken, wobei die Festlegung dieser Frist nationales Verfahrensrecht ist:[3] Nach Abs. 2 Nr. 1 ist der Zugang der abschließenden Mitteilung des DPMA beim Internationalen Büro maßgebend, der die fünfjährige Benutzungsschonfrist in Gang setzt. Unglücklich ist die vom deutschen Gesetzgeber beibehaltene Anknüpfung der Benutzungsschonfrist an den Zugang der Mitteilung der Schutzbewilligung an das internationale Büro, da dieses Datum für Außenstehende nicht feststellbar ist. Das internationale Büro veröffentlicht zwar in seiner E-GAZETTE und in ROMARIN das „Statement of grant of protection made under Rule 18ter" und bietet auch die Kopie des natio-

---

2 BGH, GRUR 2005, 581 – The Colour of Elégance.
3 EuGH, 18.9.2010 – Rs. C-559/08 P, Tz. 43 – ATOZ.

Hertz-Eichenrode   885

nalen Bescheides zum Download an. Das Datum des Zugangs ist daraus aber nicht ersichtlich. Da der Beginn der Benutzungsschonfrist nationales Verfahrensrecht ist, ist es dringend geboten, dass das Internationale Büro auch dieses Datum für jedes Land im ROMA-RIN-Auszug angibt.

7   Nach Abs. 2 Nr. 2 beginnt (hilfsweise), für den Fall, dass eine solche Mitteilung nicht versandt wurde, die fünfjährige Benutzungsschonfrist bei IR-Marken erst nach Ablauf der Jahresfrist des Art. 5 Abs. 2 MMA für die Mitteilung von Schutzverweigerungsgründen, sofern nicht zu diesem Zeitpunkt eine vorläufige Schutzverweigerung wegen absoluter Schutzhindernisse (§ 113) oder wegen relativer Schutzhindernisse (§ 114) dem Internationalen Büro zugegangen war.[4] Maßgebend für diesen Fristbeginn ist das Datum der tatsächlichen Eintragung im internationalen Register, da diese die Jahresfrist nach Art. 5 Abs. 2 MMA in Lauf setzt.[5] In der Eintragungsurkunde und in der Veröffentlichung der IR-Marke wird dieses Datum mit dem Code 580 bezeichnet (vgl. Anm. 5 zu § 113). Das sog. Registrierungsdatum (Art. 14 Abs. 2 ii der GAusfO, Code 151) knüpft dagegen an Eingang des Gesuchs um Hinterlegung bei der Heimatbehörde oder beim Internationalen Büro an, s. Art. 3 Abs. 4 MMA /PMMA. Im Ergebnis beginnt in diesem Fall der Benutzungszwang für eine IR-Marke in Deutschland erst sechs Jahre nach dem Registrierungsdatum.

8   Bei IR-Marken, die die EU benennen, beginnt die fünfjährige Benutzungsschonfrist gem. Art. 160 GMV mit der zweiten Veröffentlichung der Marke im Gemeinschaftsmarkenblatt.[6] Dieses Datum wird im Blatt für Gemeinschaftsmarken unter dem Code 450 veröffentlicht, aber auch in CTM-ONLINE in der Rubrik Veröffentlichung der IR-Marke mit Tag der Veröffentlichung: über der Zeile „Teil: M.3.1" angegeben.

V. Klageantrag und Vollstreckung

9   Die Klage ist auf die Erklärung des Inhabers der IR-Marke zu richten, in die Schutzentziehung durch Erklärung gegenüber dem DPMA einzuwilligen.[7] Mit Eintritt der Rechtskraft des Urteils gilt die Erklärung als abgegeben, und der Kläger kann das rechtskräftige Urteil gemäß § 894 ZPO vollstrecken, d. h. das rechtskräftige Urteil dem DPMA mit dem Antrag vorlegen, die Schutzentziehung dem Internationalen Büro mitzuteilen. Gem. Regel 19 Abs. 1 GAusfO wird die zuständige Behörde (DPMA) die Ungültigerklärung der IR-Marke dem Internationalen Büro mitteilen; der Kläger kann nicht selbst mit diesem Gesuch an das Internationale Büro herantreten.

---

4 BGH, WRP 2003, 647 = GRUR 2003, 428 – BIG BERTHA.
5 Ebenso *Kober-Dehm*, in: Ströbele/Hacker, § 115 Rn. 3.
6 Vgl. Handbuch des HABM zur aktuellen Gemeinschaftsmarkenpraxis, Teil M, Seite 40, bereitgestellt unter www.oami.europa.eu.
7 BGH, WRP 2003, 47 = GRUR 2003, 428 – BIG BERTHA.

Hertz-Eichenrode

§ 116
Widerspruch und Antrag auf Löschung aufgrund einer international registrierten Marke

(1) Wird aufgrund einer international registrierten Marke Widerspruch gegen die Eintragung einer Marke erhoben, so ist § 43 Abs. 1 mit der Maßgabe anzuwenden, dass an die Stelle des Tages der Eintragung der in § 115 Abs. 2 bezeichnete Tag tritt.

(2) Wird aufgrund einer international registrierten Marke eine Klage auf Löschung einer eingetragenen Marke nach § 51 erhoben, so ist § 55 Abs. 3 mit der Maßgabe anzuwenden, dass an die Stelle des Tages der Eintragung der in § 115 Abs. 2 bezeichnete Tag tritt.

I. Allgemeines

Die Vorschrift enthält die gesetzestechnisch notwendige Anpassung für die Geltendma- 1
chung von Rechten aus einer vorläufig oder endgültig in Deutschland Schutz genießenden
IR-Marke. In gleicher Weise wie § 115 bei Klagen gegen den deutschen Anteil einer IR-
Marke beginnt nach § 116 auch für Klagen aus dem deutschen Anteil einer IR-Marke die
fünfjährige Benutzungsschonfrist mit dem Zugang der Abschlussmitteilung des DPMA
beim Internationalen Büro oder mit dem Ablauf der Jahresfrist des Art. 5 Abs. 2 MMA.
Bis zum Ablauf dieser Frist ist die Einrede mangelnder Benutzung (§§ 43, 25) nicht zulässig.

II. Widerspruch aus IR-Marke

Aus einer IR-Marke, die Schutz in Deutschland beansprucht oder erhalten hat, kann natür- 2
lich Widerspruch gegen eine nationale oder eine andere, prioritätsjüngere IR-Marke mit
Schutzgesuch für Deutschland beim DPMA oder HABM eingelegt werden. Insoweit steht
das Schutzgesuch für Deutschland einer angemeldeten nationalen Marke und die IR-Marke
mit Schutzbewilligung der endgültig eingetragenen deutschen Marke gleich. Für die Berechnung der Fünfjahresfrist kann auf die Erläuterungen zu § 115 Rn. 6 ff. verwiesen werden. Über § 124 gilt diese Regelung auch für IR-Marken, die dem Protokoll unterliegen.

§ 117
Ausschluss von Ansprüchen wegen mangelnder Benutzung

Werden Ansprüche im Sinne der §§ 14 und 18 bis 19c wegen der Verletzung einer international registrierten Marke geltend gemacht, so ist § 25 mit der Maßgabe anzuwenden, dass an die Stelle des Tages der Eintragung der Marke der in § 115 Abs. 2 bezeichnete Tag tritt.

1   Die Neufassung dieser Vorschrift geht auf die Umsetzung der Richtlinie zur Durchsetzung von Rechten des geistigen Eigentums zurück.[1]

2   Die Vorschrift betrifft Verletzungsklagen auf der Grundlage einer IR-Marke und regelt die Berechnung der Benutzungsschonfrist der Klagemarke parallel zu den §§ 115, 116. Auch gegenüber einer IR-Marke kann der Angegriffene den Nichtbenutzungseinwand gemäß § 25 erheben. Im Ergebnis kann der Nichtbenutzungseinwand im Verletzungsprozess ab dem gleichen Zeitpunkt erhoben werden wie im Widerspruchsverfahren vor dem DPMA. Auf die Erläuterungen zu §§ 115, 116 kann deshalb verwiesen werden.

---

1 Gesetz vom 7.7.2008 BGBl. I, S. 1191, in Kraft getreten am 1.9.2008.

                    Hertz-Eichenrode

§ 118
Zustimmung bei Übertragung international registrierter Marken

Das Patentamt erteilt dem Internationalen Büro der Weltorganisation für geistiges Eigentum die nach Artikel 9bis Absatz 1 des Madrider Markenabkommens erforderliche Zustimmung im Falle der Übertragung einer international registrierten Marke ohne Rücksicht darauf, ob die Marke für den neuen Inhaber der international registrierten Marke in das vom Patentamt geführte Register eingetragen ist.

Übersicht

I. Allgemeines

Wird die IR-Marke innerhalb der fünfjährigen Abhängigkeit von der Basismarke ganz oder **1** teilweise übertragen und ist damit ein Wechsel der Heimatbehörde verbunden (weil der Erwerber seinen Wohn- oder Geschäftssitz in einem anderen Verbandsland hat), ist nach Art. 9bis Abs. 1 bzw. 9ter Abs. 3 MMA die Zustimmung der (neuen) Heimatbehörde des neuen Inhabers einzuholen. Soweit dafür die Zustimmung des DPMA gegenüber dem internationalen Büro notwendig ist, hat das DPMA diese Zustimmung ohne sachliche Nachprüfung der Übertragung zu erteilen. Ursprünglich sollte das Erfordernis der Zustimmung der neuen Heimatbehörde sicherstellen, dass der Erwerber der IR-Marke in seinem Land über eine entsprechende nationale Basismarke verfügt. Seit der Nizzaer Fassung des MMA (1957) ist das Vorhandensein einer Basismarke im Land des Erwerbers der IR-Marke nicht mehr erforderlich. Das DPMA braucht also nicht mehr materiell zu überprüfen, ob die Voraussetzungen für die Übertragung der IR-Marke in diesem Sinne vorliegen, so dass der Gesetzgeber die Erteilung der Zustimmung ohne Rücksicht auf das Bestehen einer nationalen oder deutschen Marke anordnen konnte.

II. Abweichung beim PMMA

Das PMMA kennt in Art. 9 ein solches Zustimmungserfordernis nicht mehr; für IR-Mar- **2** ken nach dem Protokoll ist die Vorschrift ohne Bedeutung.

III. Übertragung von IR-Marken

Bei der Übertragung von IR-Marken ist zu beachten, dass der Erwerber Inhaber einer IR- **3** Marke sein kann, Art. 9bis MMA, bzw. Art. 9 PMMA, d. h. Angehöriger eines Verbandslandes ist oder zumindest in einem Verbandsland über eine ernsthafte gewerbliche Niederlassung verfügt (vgl. Vorbem. zu §§ 107 bis 125 Rn. 3). Eine IR-Marke kann auch teilweise übertragen werden, d. h. entweder nur für einen Teil der Waren oder Dienstleistungen oder nur für eines oder mehrere der beanspruchten Länder; bei einer Teilübertragung wird der übertragene Teil der IR-Marke im internationalen Register unter der gleichen Nummer, aber mit einem zusätzlichen Buchstaben A, B etc. eingetragen. Wird eine IR-Marke mit Wirkung für ein MMA-Land übertragen, muss der Erwerber Angehöriger eines durch das MMA gebundenen Vertragsstaates sein oder dort über eine gewerbliche Niederlassung verfügen, Regel 25 Abs. 3i) der GAusfO. Wird die IR-Marke mit Wirkung für ein PMMA-Land übertragen, muss der Erwerber Angehöriger eines durch das PMMA gebundenen Vertragsstaates sein, Regel 25 Abs. 3i) der GAusfO. Bei gemischten IR-Marken, die beiden Abkommen unterliegen, muss der Erwerber Angehöriger eines Vertragsstaates sein, dass durch beide Abkommen gebunden ist, Regel 25 Abs. 3ii).

Hertz-Eichenrode

Abschnitt 2
Schutz von Marken nach dem Protokoll zum
Madrider Markenabkommen

§ 119
Anwendung der Vorschriften dieses Gesetzes,
Sprachen

(1) Die Vorschriften dieses Gesetzes sind auf internationale Registrierungen von Marken nach dem Madrider Protokoll vom 27. Juni 1998 zum Madrider Markenabkommen über die internationale Registrierung von Marken (Protokoll zum Madrider Markenabkommen), die durch Vermittlung des Patentamts vorgenommen werden oder deren Schutz sich auf das Gebiet der Bundesrepublik Deutschland erstreckt, entsprechend anzuwenden, soweit in diesem Abschnitt oder im Protokoll zum Madrider Markenabkommen nichts anderes bestimmt ist.

(2) Sämtliche Anträge sowie sonstige Mitteilungen im Verfahren der internationalen Registrierung und das Verzeichnis der Waren und Dienstleistungen sind nach Wahl des Antragstellers in französischer oder in englischer Sprache einzureichen.

Übersicht

I. Allgemeines

Das PMMA ist für die Bundesrepublik Deutschland am 20.3.1996 in Kraft getreten.[1] Deutschland ist damit Mitgliedsland sowohl des MMA wie des PMMA. Deutsche Markenanmelder können damit mit ein und derselben IR-Marke sowohl die Länder des MMA wie auch die Länder des Protokolls benennen. In Europa sind inzwischen ausnahmslos alle Länder mit einer IR-Marke zu erreichen. Auch die Europäische Union kann als Schutzland benannt werden.   **1**

---

1 BGBl. II 1995, 1016.

II. Amtssprachen

2   Regel 6 Abs. 1 der GAusfO stellt der Ursprungsbehörde des Anmelders frei, eine der drei Amtssprachen Englisch, Französisch, Spanisch verbindlich vorzuschreiben. Von dieser Möglichkeit hat der deutsche Gesetzgeber durch Absatz 2 dieser Vorschrift Gebrauch gemacht und wahlweise Englisch oder Französisch vorgeschrieben, um den Verwaltungsaufwand beim DPMA zu begrenzen.[2]

III. Unterschiede MMA – PMMA

3   Die Bestimmungen des PMMA sind zum großen Teil gleichlautend zu denen des MMA. Die wichtigsten Unterschiede bestehen in Folgendem:

– Für die Protokollmarke ist nicht die Eintragung einer Basismarke Voraussetzung, es reicht deren Anmeldung (Art. 2 Abs. 1 PMMA) aus;

– im Fall der Löschung der Basismarke innerhalb des fünfjährigen Abhängigkeitszeitraumes hat der Inhaber die Möglichkeit, die Protokollmarke in eine nationale Markenanmeldung in den Protokollländern unter Beibehaltung des Zeitranges zu konvertieren, Art. 9^{quinquies} PMMA (ähnlich der Umwandlung gemäß Art. 112 GMV im Falle des Scheiterns der Gemeinschaftsmarkenanmeldung);

– die Frist für die Mitteilung von Schutzverweigerungsgründen an das Internationale Büro können die Protokollländer auf 18 Monate ausdehnen, Art. 5 Abs. 2 PMMA; Deutschland hat davon nicht Gebrauch gemacht;[3]

– die Protokollländer können eine individuelle, teils erheblich höhere Ländergebühr festsetzen (s. vor §§ 107–125 Rn. 4);

– das PMMA erlaubt der Heimatbehörde die Wahl zwischen Englisch, Französisch oder Spanisch als Verfahrenssprache (Regel 6 GAusfO).

IV. Gesetzliche Verweisung

4   Die Vorschrift erklärt die Bestimmungen des MarkenG auch für Protokollmarken für entsprechend anwendbar und entspricht damit inhaltlich § 107. Auf die dortigen Erläuterungen kann verwiesen werden.

V. Beitritt der EU

5   Dem PMMA können auch zwischenstaatliche Organisationen beitreten. Mit Wirkung zum 1.10.2004 ist die Europäische Union dem PMMA beigetreten[4] und damit Vertragspartei i. S. d. Abkommens (s. dessen Art. 1) und der GAusfO geworden. Gesetzestechnisch wurde

---

2 Vgl. die Gesetzesbegründung in der BT-Drucks. 15/3658, Seite 10.
3 S. die amtliche Verlautbarung in BlPMZ 1996, 55, 59.
4 Mitteilung Nr. 9/04 des Präsidenten des Harmonisierungsamtes, abgedruckt in BlPMZ 2005, 72.

                              Hertz-Eichenrode

der Titel XIII (Art. 145 ff.) in die GMV durch die Verordnung des Rates 1992/2003/EG[5] und der Titel XIII in die Ausführungsverordnung 2868/95/EG[6] eingefügt. Damit kann eine Gemeinschaftsmarke oder Gemeinschaftsmarkenanmeldung die Grundlage für eine IR-Marke bilden. Ferner kann die Europäische Gemeinschaft als Vertragsstaat für die IR-Marke benannt werden. Auch der Inhaber einer deutschen Basismarke kann die EU als Schutzland der IR-Marke benennen; ein Verbot des Doppelschutzes ist im PMMA nicht vorhanden.

VI. Benennung der EU als Schutzland einer IR-Marke

Nach dem Erwägungsgrund 13 der Verordnung 1992/2003/EG soll die IR-Marke, die die   **6** EU als Schutzland benennt, einer Gemeinschaftsmarkenanmeldung, bzw. einer Gemeinschaftsmarke völlig gleichgestellt werden. Da die Anmeldung der IR-Marke nach dem PMMA in englischer, französischer oder spanischer Sprache abgefasst sein muss, ist die gewählte Sprache gleichzeitig die Verfahrenssprache vor dem Harmonisierungsamt. Zusätzlich muss der Anmelder eine zweite Sprache in dem Gesuch der IR-Marke aus dem Kreis der fünf Verfahrenssprachen des Harmonisierungsamtes angeben, Regel 126 der Verordnung zur Ausführung 2868/95/EG. Für die IR-Marke, die die Europäische Gemeinschaft benennt, kann – wie bei einer Gemeinschaftsmarke – der Zeitrang (Seniorität) nationaler Markeneintragungen beansprucht werden, Art. 153 GMV. Das Internationale Büro unterrichtet das Harmonisierungsamt wie alle anderen nationalen Ämter der benannten Länder von dem Gesuch. Das Harmonisierungsamt nimmt dann die erste Veröffentlichung der IR-Marke im Gemeinschaftsmarkenblatt vor. Das Harmonisierungsamt prüft eine IR-Marke wie eine Gemeinschaftsmarkenanmeldung, d. h. zunächst auf formelle und absolute Schutzhindernisse, Art. 154 GMV. Es erstellt gleichzeitig den üblichen Gemeinschaftsrecherchenbericht (Art. 155) und fordert die nationalen Ämter, die von Amts wegen eine Recherche nach ihren nationalen Vorschriften durchführen, dazu auf. Es schließt sich dann ein eventuelles Widerspruchsverfahren an, wobei die dreimonatige Frist zur Einlegung von Widersprüchen sechs Monate nach der ersten Veröffentlichung der IR-Marke im Gemeinschaftsmarkenblatt beginnt, Art. 156 Abs. 2 GMV. Nach Abschluss des Schutzbewilligungsverfahrens vor dem Harmonisierungsamtes erfolgt eine zweite Veröffentlichung im Gemeinschaftsmarkenblatt, dessen Datum an die Stelle des Eintragungstages einer Gemeinschaftsmarke tritt, Art. 160 GMV. Mit diesem Datum beginnt die Benutzungsschonfrist i. S. v. Art. 15 GMV. Wird das Schutzgesuch der IR-Marke für die EU zurückgewiesen, kann dieses Schutzgesuch – ebenso wie eine zurückgewiesene Gemeinschaftsmarkenanmeldung – in nationale Markenanmeldungen umgewandelt werden, Art. 159 GMV, und so die Priorität der IR-Marke in den Ländern, für die das Umwandlungsgesuch gestellt wurde, beibehalten werden. Die vorstehenden Regeln gelten in gleicher Weise für die nachträgliche Benennung der Europäischen Gemeinschaft als Schutzland einer bestehenden IR-Marke, Art. 151 Abs. 2 GMV.

---

5 ABl. EU Nr. L 296 v. 14.11.2003, 1.
6 ABl. EG Nr. L 123 v. 27.4.2004, 88.

VII. Gemeinschaftsmarke als Basis einer IR-Marke

7 Die Anmeldung einer Gemeinschaftsmarke oder die eingetragene Gemeinschaftsmarke kann als Basis für eine IR Marke dienen, Art. 146 GMV. Anmeldebefugt sind nur natürliche oder juristische Personen, die in einem Land der EU ihren Wohnsitz haben oder dort über eine geschäftliche Niederlassung verfügen, Art. 2 Abs. 1ii) PMMA und Regel 103 Abs. 2f) der Ausführungsverordnung 2868/95/EG. Nur auf der Grundlage einer Gemeinschaftsmarkenanmeldung hat der Anmelder die Chance, die sechsmonatige Prioritätsfrist gemäß Art. 2 PVÜ für die IR-Marke zu wahren, trägt aber das Risiko, dass die Gemeinschaftsmarkenanmeldung scheitert und damit die Grundlage auch für die IR-Marke entfällt. Er muss deshalb vor Eintragung der Gemeinschaftsmarke in dem Gesuch angeben, ob die IR-Marke auf der Grundlage der Anmeldung der Gemeinschaftsmarke oder auf der Grundlage der Eintragung, die erst einige Zeit später stattfindet, begehrt wird. In letzterem Fall wird der Eingang des IR-Markengesuchs auf den Tag der Eintragung der Gemeinschaftsmarke fingiert, Art. 146 Abs. 2 GMV. Erfolgt die Weiterleitung des IR-Markengesuchs an das Internationale Büro innerhalb von zwei Monaten, erhält die IR-Marke als Registrierungsdatum den Tag der Eintragung der Gemeinschaftsmarke. Für das Gesuch ist das vom Harmonisierungsamt bereitgestellte Formular zu verwenden, Art. 147 Abs. 1 GMV. Das Gesuch kann in jeder Sprache der Gemeinschaft eingereicht werden, muss dann aber Englisch, Französisch oder Spanisch als Amtssprache für die IR-Marke benennen. Weitere Einzelheiten und die entsprechenden Regeln für nachträgliche Schutzausdehnungen sind in den Regeln 102 ff. der Ausführungsverordnung 2868/95/EG und in den Prüfungsrichtlinien des HABM aufgeführt.

§ 120
Antrag auf internationale Registrierung

(1) Der Antrag auf internationale Registrierung einer zur Eintragung in das Register angemeldeten Marke oder einer in das Register eingetragenen Marke nach Artikel 3 des Protokolls zum Madrider Markenabkommen ist beim Patentamt zu stellen. Der Antrag kann auch schon vor der Eintragung der Marke gestellt werden, wenn die internationale Registrierung auf der Grundlage einer im Register eingetragenen Marke vorgenommen werden soll.

(2) Soll die internationale Registrierung auf der Grundlage einer im Register eingetragenen Marke vorgenommen werden und wird der Antrag auf internationale Registrierung vor der Eintragung der Marke in das Register gestellt, so gilt er als am Tag der Eintragung der Marke zugegangen.

(3) Mit dem Antrag ist das Verzeichnis der Waren und Dienstleistungen, nach Klassen geordnet in der Reihenfolge der internationalen Klassifikation von Waren und Dienstleistungen, einzureichen.

Übersicht

I. Allgemeines

Anders als bei einer IR-Marke nach dem MMA kann das Gesuch für eine IR-Marke nach dem PMMA schon vor der Eintragung der Basismarke eingereicht werden, Art. 2 Abs. 1 PMMA. Die Vorschrift trägt dem Rechnung und weicht insoweit von der korrelierenden Vorschrift des § 108 für IR-Marken nach dem MMA ab. Absatz 3 ist durch das Gesetz zur Änderung des Patentgesetzes und anderer Vorschriften des gewerblichen Rechtsschutzes als Folgeänderung zur Änderung von § 119 neu gefasst worden und die Abfassung des Waren- und Dienstleistungsverzeichnisses nach der Internationalen Klassifikation auch für IR-Markengesuche nach dem PMMA zwingend vorgeschrieben worden. Abs. 3 stimmt mit § 108 Abs. 3 überein; auf die dortigen Erläuterungen kann verwiesen werden. **1**

II. Gesuch vor Eintragung der Basismarke

Für eine Protokoll-Marke kann nach Abs. 1 S. 2 der Antrag auf internationale Registrierung schon vor Eintragung der Basismarke gestellt werden mit der Maßgabe, dass die internationale Registrierung auf der Grundlage der eingetragenen Basismarke vorgenommen werden soll. Nach Abs. 2 gilt das Gesuch auf Eintragung der Protokoll-Marke mit der Eintragung der Basismarke in das Markenregister als zugegangen. Da nach Art. 3 Abs. 4 **2**

PMMA die IR-Marke das Registrierungsdatum des Eingangs des Gesuchs bei der Heimatbehörde erhält, wenn das Gesuch innerhalb von zwei Monaten in der Heimatbehörde dem Internationalen Büro übermittelt wird, kann der Anmelder Interesse haben, dieses Registrierungsdatum der IR-Marke und damit deren Zeitrang in den beanspruchten Ländern so früh wie möglich zu erhalten, was insbesondere bei Ablauf der sechsmonatigen Frist für die Unionspriorität nach Art. 2 PVÜ für den Zeitrang Bedeutung hat. Für IR-Markengesuche auf der Grundlage einer Gemeinschaftsmarkenanmeldung s. die Erläuterungen zu § 119 Rn. 8.

III. Zugangsfiktion

3   Abs. 2 fingiert den Zugang des Gesuchs auf Eintragung der Protokollmarke auf den Tag der Eintragung der Basismarke.

IV. Mischanträge für MMA und PMMA

4   Da § 108 Abs. 2 die gleiche Fiktion des Zugangs des Gesuchs für die IR-Marke enthält, können auch Mischanträge, mit denen IR-Marken sowohl nach dem MMA wie auch nach dem PMMA angemeldet werden, bereits vor Eintragung der Basismarke eingereicht werden und gelten mit dem Tag der Eintragung der Basismarke als zugegangen. Die IR-Marke erhält so das frühestmögliche Registrierungsdatum.

§ 121
Gebühren

(1) Soll die internationale Registrierung nach dem Madrider Markenabkommen und nach dem Protokoll zum Madrider Markenabkommen auf der Grundlage einer im Register eingetragenen Marke vorgenommen werden und ist der Antrag auf internationale Registrierung vor der Eintragung der Marke in das Register gestellt worden, so wird die nationale Gebühr nach dem Patentkostengesetz für die internationale Registrierung am Tag der Eintragung fällig.

(2) Die nationale Gebühr nach dem Patentkostengesetz für die internationale Registrierung ist innerhalb eines Monats nach Fälligkeit, die sich nach § 3 Abs. 1 des Patentkostengesetzes oder nach Absatz 1 richtet, zu zahlen.

I. Allgemeines

Die Vorschrift entspricht § 109 für die IR-Marken nach dem MMA. Mit der Neufassung dieser Vorschrift durch das Gesetz zur Bereinigung von Kostenregelungen auf dem Gebiet des geistigen Eigentums[1] ist der Gebührentatbestand aus dem MarkenG herausgenommen worden; er ergibt sich jetzt ausschließlich aus dem PatKostG. Die Vorschrift enthält eine von § 3 PatKostG abweichende Fälligkeitsregelung. Absatz 2 ist durch das Geschmacksmusterreformgesetz zum 1.6.2004 – ebenso wie die korrelierende Änderung in § 109 – eingeführt worden. **1**

II. Gebühren

Neben der nationalen Gebühr von 180 EUR sind bei IR-Marken nach dem PMMA die zum Teil erheblich höheren individuellen Ländergebühren der Protokoll-Länder zu entrichten (s. a. vor §§ 107–125 Rn. 4). Eine aktuelle Übersicht über die Gebühren findet sich auf der Website von OMPI.[2] Die Gebührenberechnung kann mit dem dort bereitgestellten *fee calculator* erstellt werden. Zur Vorverlegung der Fälligkeit in Absatz 2 kann auf die Erläuterungen zu § 109 Rn. 4 verwiesen werden. **2**

---

1 BGBl. I 2001, 3656.
2 Abrufbar unter www.ompi.int.

§ 122
Vermerk in den Akten; Eintragung im Register

(1) Ist die internationale Registrierung auf der Grundlage einer zur Eintragung in das Register angemeldeten Marke vorgenommen worden, so sind der Tag und die Nummer der internationalen Registrierung in den Akten der angemeldeten Marke zu vermerken.

(2) Der Tag und die Nummer der internationalen Registrierung, die auf der Grundlage einer im Register eingetragenen Marke vorgenommen worden ist, ist in das Register einzutragen. Satz 1 ist auch anzuwenden, wenn die internationale Registrierung auf der Grundlage einer zur Eintragung in das Register angemeldeten Marke vorgenommen worden ist und die Anmeldung zur Eintragung geführt hat.

1 Nach Abs. 1 sind Tag und Nummer der internationalen Registrierung in der Amtsakte des DPMA zu vermerken, solange die deutsche Basismarke noch nicht eingetragen ist (was nur bei den Protokoll-Marken möglich ist). Nach der Eintragung der Basismarke sind diese Angaben in das Markenregister zu der Basismarke einzutragen, was § 110 bereits für die IR-Marken nach dem MMA vorschreibt. Auf die dortigen Erläuterungen kann Bezug genommen werden. Für IR-Marken auf der Grundlage einer Gemeinschaftsmarke gilt Entsprechendes, Art. 148 GMV.

§ 123
Nachträgliche Schutzerstreckung

(1) Der Antrag auf nachträgliche Schutzerstreckung einer international registrierten Marke nach Artikel 3ter Abs. 2 des Protokolls zum Madrider Markenabkommen kann beim Patentamt gestellt werden. Soll die nachträgliche Schutzerstreckung auf der Grundlage einer im Register eingetragenen Marke vorgenommen werden und wird der Antrag schon vor der Eintragung der Marke gestellt, so gilt er als am Tag der Eintragung zugegangen.

(2) Die nachträgliche Schutzerstreckung auf der Grundlage einer im Register eingetragenen Marke kann sowohl nach dem Madrider Markenabkommen als auch nach dem Protokoll zum Madrider Markenabkommen vorgenommen werden.

(3) Die nationale Gebühr nach dem Patentkostengesetz für die nachträgliche Schutzerstreckung ist innerhalb eines Monats nach Fälligkeit (§ 3 Abs. 1 des Patentkostengesetzes) zu zahlen.

Übersicht

I. Allgemeines

Die Vorschrift ist durch das Gesetz zur Bereinigung von Kostenregelungen auf dem Gebiet **1** des geistigen Eigentums vom 13.12.2001[1] teilweise neu gefasst worden, indem der Gebührentatbestand aus dem MarkenG herausgenommen wurde. Die Vorschrift enthält jetzt nur die materielle Regelung der Schutzerstreckung von Protokollmarken. Absatz 3 ist durch das Geschmacksmusterreformgesetz zum 1.6.2004 eingeführt worden. Die Vorschrift stimmt inhaltlich mit § 111 für IR-Marken nach dem MMA überein.

II. Schutzerstreckung bei Protokollmarken

Auch Protokoll-Marken können nach Art. 3ter Abs. 2 PMMA nachträglich auf weitere Län- **2** der oder Waren oder Dienstleistungen erstreckt werden. Wie bei der Anmeldung einer IR-Marke ist auch bei der nachträglichen Schutzerstreckung darauf zu achten, dass nur Schutzländer benannt werden, die dem Verband angehören, dem das Heimatland des Anmelders beigetreten ist. Angehörige der Protokollländer können nachträglich also nur Protokollländer benennen, Angehörige des Abkommens nur Vertragsstaaten des MMA, Regel

---

1 BGBl. I 2001, 3656.

24 Abs. 1 der GAusfO. Für deutsche IR-Markeninhaber ergeben sich daraus aber keine Einschränkungen, da Deutschland beiden Abkommen angehört.

3 Da ein Gesuch für eine Protokoll-Marke bereits auf der Grundlage der Anmeldung einer Basismarke gestellt werden kann, ist auch eine nachträgliche Schutzerstreckung aufgrund einer solchen Anmeldung möglich. Praktisch relevant kann dieser Fall aber nur dann werden, wenn die Eintragung der Basismarke sich verzögert, etwa aufgrund einer Beanstandung nach § 8 Abs. 2 und der Anmelder gleichwohl das Risiko eingeht, eine Protokoll-Marke zu beantragen und diese noch einmal auf weitere Protokoll-Länder ausdehnen möchte. Die Zugangsfiktion in Absatz 2 entspricht der des § 120 Abs. 2 bei der erstmaligen Beantragung einer IR-Marke. Die Anmeldung der Basismarke muss im Zeitpunkt der Schutzausdehnung aber noch fortbestehen, andernfalls ist eine nachträgliche Schutzerstreckung nicht möglich.

III. Verweis auf GAusfO

4 Für die Einzelheiten des Verfahrens zur Schutzerstreckung wird auf Regel 24 GAusfO verwiesen.

§ 124
Entsprechende Anwendung der Vorschriften über die Wirkung der nach dem Madrider Markenabkommen international registrierten Marken

Die §§ 112 bis 117 sind auf international registrierte Marken, deren Schutz nach Artikel 3ter des Protokolls zum Madrider Markenabkommen auf das Gebiet der Bundesrepublik Deutschland erstreckt worden ist, entsprechend anzuwenden mit der Maßgabe, dass an die Stelle der in den §§ 112 bis 117 aufgeführten Vorschriften des Madrider Markenabkommens die entsprechenden Vorschriften des Protokolls zum Madrider Markenabkommen treten.

Die Vorschrift enthält die gesetzestechnisch notwendige Verweisung. Abweichungen zwischen dem MMA und dem PMMA bestehen insoweit nicht. Auf die Erläuterungen zu §§ 112–117 wird daher verwiesen.   1

Besonderheiten ergeben sich lediglich für IR-Marken, die die Europäische Union benennen. Zu erwähnen ist hier die Widerspruchsfrist, die sechs Monate nach der ersten Veröffentlichung der IR-Marke im Blatt für Gemeinschaftsmarken beginnt (Art. 156 Abs. 2 GMV), ferner der Beginn der Benutzungsschonfrist, die mit der zweiten Veröffentlichung der IR-Marke im Blatt für Gemeinschaftsmarken beginnt (Art. 160 GMV).   2

§ 125
Umwandlung einer internationalen Registrierung

(1) Wird beim Patentamt ein Antrag nach Artikel 9^{quinquies} des Protokolls zum Madrider Markenabkommen auf Umwandlung einer im internationalen Register gemäß Artikel 6 Abs. 4 des Protokolls zum Madrider Markenabkommen gelöschten Marke gestellt und geht der Antrag mit den erforderlichen Angaben dem Patentamt vor Ablauf einer Frist von drei Monaten nach dem Tag der Löschung der Marke im internationalen Register zu, so ist der Tag der internationalen Registrierung dieser Marke nach Artikel 3 Abs. 4 des Protokolls zum Madrider Markenabkommen oder der Tag der Eintragung der Schutzerstreckung nach Artikel 3ter Abs. 2 des Protokolls zum Madrider Markenabkommen, gegebenenfalls mit der für die internationale Registrierung in Anspruch genommenen Priorität, für die Bestimmung des Zeitrangs im Sinne des § 6 Abs. 2 maßgebend.

(2) Der Antragsteller hat eine Bescheinigung des Internationalen Büros der Weltorganisation für geistiges Eigentum einzureichen, aus der sich die Marke und die Waren oder Dienstleistungen ergeben, für die sich der Schutz der internationalen Registrierung vor ihrer Löschung im internationalen Register auf die Bundesrepublik Deutschland erstreckt hatte.

(3) Der Antragsteller hat außerdem eine deutsche Übersetzung des Verzeichnisses der Waren oder Dienstleistungen, für die die Eintragung beantragt wird, einzureichen.

(4) Der Antrag auf Umwandlung wird im Übrigen wie eine Anmeldung zur Eintragung einer Marke behandelt. War jedoch am Tag der Löschung der Marke im internationalen Register die Frist nach Artikel 5 Abs. 2 des Protokolls zum Madrider Markenabkommen zur Verweigerung des Schutzes bereits abgelaufen und war an diesem Tag kein Verfahren zur Schutzverweigerung oder zur nachträglichen Schutzentziehung anhängig, so wird die Marke ohne vorherige Prüfung unmittelbar nach § 41 in das Register eingetragen. Gegen die Eintragung einer Marke nach Satz 2 kann Widerspruch nicht erhoben werden.

Übersicht

I. Allgemeines

1   Bei den Protokoll-Marken ist die Möglichkeit der Umwandlung in nationale Anmeldungen in den beanspruchten Ländern eingeführt worden, und zwar für den Fall, dass die Basismarke innerhalb der fünfjährigen Abhängigkeitsfrist gelöscht wird (vgl. vor §§ 107–125 Rn. 6). Zweck der Regel ist es, dem Anmelder zu ermöglichen, den Zeitrang und gegebe-

nenfalls auch die Unionspriorität der Protokoll-Marke in den beanspruchten Ländern beizubehalten. Eine parallele Vorschrift besteht bei den Gemeinschaftsmarken, Art. 112
GMV. Davon zu unterscheiden ist die Umwandlung eines Schutzgesuchs für die Europäische Gemeinschaft, die ausschließlich den Regeln der GMV (Art. 159 mit der Verweisung
auf Art. 112 bis 114) unterliegt.

Absatz 2 der alten Fassung ist durch das Gesetz zur Bereinigung von Kostenregelungen auf 2
dem Gebiet des geistigen Eigentums[1] ersatzlos entfallen. Die alten Absätze 3 bis 5 wurden
zu den Absätzen 2 bis 4. Der Gebührentatbestand ist damit aus dem MarkenG herausgenommen worden und ergibt sich nur noch aus dem PatKostG.

II. Umwandlungsgebühr

Die nach Abs. 2 zu zahlende Umwandlungsgebühr entspricht in der Höhe der Anmeldege- 3
bühr der nationalen Marke in Deutschland. Zusätzlich ist noch eine Bescheinigung vom
Internationalen Büro einzureichen, damit die Übereinstimmung der umgewandelten Marke
mit der Protokoll-Marke vor Löschung der Basismarke festgestellt werden kann.

III. Nationale Markenanmeldung

Der Antrag auf Umwandlung entspricht der nationalen Markenanmeldung. Das DPMA 4
überprüft die Markenanmeldung formell und materiell nach den Vorschriften dieses Gesetzes. Auch Veröffentlichung und Widerspruch richten sich nach diesen Vorschriften.

IV. Umwandlung nach Ablauf der Schutzversagungsfrist

Eine Abweichung ist in Abs. 4 S. 2 vorgesehen: War in Deutschland die zwölfmonatige 5
Frist für die Mitteilung von Schutzverweigerungsgründen im Zeitpunkt des Umwandlungsantrages bereits abgelaufen, erfolgt keine neue formelle oder materielle Prüfung, die Marke wird endgültig eingetragen, ohne dass Dritte Widerspruch einlegen können. Grund dafür ist, dass die IR-Marke bereits den Status einer Marke mit endgültiger Schutzbewilligung hatte, so dass eine erneute Prüfung nach Umwandlung den Inhaber benachteiligen
würde. Wegen dieser Möglichkeit der Umwandlung und der Beibehaltung des Zeitranges
haben Inhaber älterer Marken in Deutschland u. U. Anlass, auch in Deutschland Widerspruch einzulegen, obwohl im Heimatland des Protokoll-Markeninhabers bereits eine
„central attack" eingeleitet wurde. Dies ist bei IR-Marken nach dem MMA nicht möglich;
die Löschung der Basismarke im Heimatland innerhalb des Abhängigkeitszeitraums führt
unwiderruflich zum Prioritätsverlust in allen Ländern; eine Umwandlung in eine nationale
Marke oder Anmeldung ist dort nicht vorgesehen.

---

1 BGBl. I 2001, 3656.

Abschnitt 3
Gemeinschaftsmarken

§ 125a
Anmeldung von Gemeinschaftsmarken beim Patentamt

Werden beim Patentamt Anmeldungen von Gemeinschaftsmarken nach Artikel 25 Absatz 1 Buchstabe b der Verordnung (EU) Nr. 207/2009 des Rates vom 26. Februar 2009 über die Gemeinschaftsmarke (kodifizierte Fassung) (ABl. L 78 vom 24.3.2009, S. 1) eingereicht, so vermerkt das Patentamt auf der Anmeldung den Tag des Eingangs und leitet die Anmeldung ohne Prüfung unverzüglich an das Harmonisierungsamt für den Binnenmarkt (Marken, Muster und Modelle) weiter.

Übersicht

Literatur: *Berlit*, Die Gemeinschaftsmarke und das Markenrechtsänderungsgesetz 1997; *Hackbarth*, Grundfragen des Benutzungszwangs im Gemeinschaftsmarkenrecht, 1993; *Harte-Bavendamm/v. Bomhard*, Strategische Aspekte der Gemeinschaftsmarke, WRP 1996; 534; *Ingerl*, Die Gemeinschaftsmarke, 1996; *Klaka/Schulz*, Die Europäische Gemeinschaftsmarke, 1996; *Knaak*, Internationale Zuständigkeiten und Möglichkeiten des forum shopping in Gemeinschaftsmarkensachen – Auswirkungen der EuGH-Urteile Roche Niederlande und GAT/LUK auf das Gemeinschaftsmarkenrecht, GRUR Int. 2007, 386; *Kouker*, Umwandlung einer Gemeinschaftsmarke nach Zurückweisung oder Löschung, GRUR 2008, 119; *ders.*, Verteidigung und Durchsetzung der Gemeinschaftsmarke in der Europäischen Union, Mitt. 2000, 241; *Kunze*, Die Verzahnung der Gemeinschaftsmarke mit dem System der internationalen Registrierung von Marken unter der gemeinsamen Ausführungsverordnung zum Madrider Markenabkommen und dem Madrider Protokoll, GRUR 1996, 627; *Lindner/Schrell*, Die Gemeinschaftsmarke im Überblick, WRP 1996, 94; *v. Mühlendahl/Ohlgart*, Die Gemeinschaftsmarke 1998; *Piper*, Zu den Anforderungen an den Schutz der bekannten Gemeinschaftsmarke nach der Gemeinschaftsmarkenverordnung, GRUR 1996, 657; *Schennen*, Die Vertretung vor dem Harmonisierungsamt für den Binnenmarkt, Mitt. 1996, 361; *ders.*, Die Umwandlung der Gemeinschaftsmarke, Mitt. 1998, 121; *Schulte-Beckhausen*, Die gerichtliche Durchsetzung von Ansprüchen wegen Verletzung der Gemeinschaftsmarke, WRP 1999, 300; *Tilmann*, Gemeinschaftsmarke und Internationales Privatrecht, GRUR Int. 2001, 673.

I. Allgemeines

1   Die §§ 125a bis 125i betreffen nach der GMV vom HABM eingetragene Gemeinschaftsmarken. Das formelle und materielle Recht der Gemeinschaftsmarken ist ganz überwiegend und im Wesentlichen abschließend durch die GMV und deren EU-rechtliche Ausführungsvorschriften geregelt. Da jedoch im System der Gemeinschaftsmarken den nationalen

Behörden und insbesondere den nationalen Gerichten Aufgaben und Kompetenzen zugewiesen sind und das Gemeinschaftsmarkenrecht zudem auch materiell in einzelnen Punkten die Ausfüllung und Ausführung durch nationale Vorschriften vorsieht, bedurfte es der nationalen gesetzlichen Regelung bestimmter Schnittstellen zum Gemeinschaftsmarkenrecht. Es handelt sich insbesondere um die Zuständigkeit nationaler Gerichte für Markenverletzungsverfahren (§ 125e), Aufgaben des DPMA (§ 125a), u. a. im Rahmen eines Umwandlungsverfahrens (§ 125d), und die ergänzende Anwendung bestimmter nationaler materiell-markenrechtlicher Vorschriften (§ 125b).

II. Aufgaben des DPMA

Gem. Art. 25 Abs. 1 b) GMV können Anmeldungen für Gemeinschaftsmarken nicht nur **2** beim HABM eingereicht werden, sondern alternativ auch bei den nationalen Markenbehörden der EU-Mitgliedstaaten. Das insoweit in Deutschland zuständige DPMA hat gem. § 125a auf bei ihm eingereichten Anmeldungen für Gemeinschaftsmarken den Eingangstag der Anmeldung auf dieser zu vermerken und die Anmeldung ohne sachliche Prüfung an das HABM weiterzuleiten.

Das DPMA hat jedes Schriftstück in dieser Weise an das HABM weiterzuleiten, welches **3** erkennen lässt, dass es sich um eine Gemeinschaftsmarkenanmeldung handelt. Voraussetzung für die Weiterleitungspflicht ist allein, dass die Anmeldung in einer der Amtssprachen abgefasst ist. Das DPMA ist nicht berechtigt, die Weiterleitung von sonstigen formellen oder materiellen Erfordernissen abhängig zu machen. Es kann die Weiterleitung insbesondere auch nicht von der Benutzung der Formulare des HABM oder sonstigen förmlichen Anforderungen abhängig machen. Die Annahme- und Weiterleitungszuständigkeit des DPMA beschränkt sich auch nicht auf deutsche Anmelder.

Das DPMA hat dem Anmelder gem. Regel 5 Abs. 2 DVGMV eine Empfangsbescheinigung **4** auszustellen. Gem. Art. 25 Abs. 2 GMV hat das DPMA eine bei ihm eingereichte Gemeinschaftsmarkenanmeldung binnen zwei Wochen an das HABM weiterzuleiten. § 125a hat diese Verpflichtung verschärft, indem er eine „unverzügliche" Weiterleitung anordnet. Trotz einer entsprechenden EU-rechtlichen Ermächtigung erhebt das DPMA gegenwärtig keine Gebühren für die Annahme und Weiterleitung von Gemeinschaftsmarkenanmeldungen. Das DPMA nimmt außer der Anmeldung selbst sonstige Erklärungen zu Gemeinschaftsmarkenanmeldungen ebenso wenig wie an das HABM fällige Zahlungen entgegen.

Die Bedeutung der Unverzüglichkeit der Weiterleitung durch das DPMA ergibt sich aus **5** Art. 25 Abs. 3 GMV, dem zufolge eine bei einer nationalen Markenbehörde eingereichte Gemeinschaftsmarkenanmeldung, die nicht binnen zwei Monaten ab Einreichung bei der nationalen Markenbehörde beim HABM eingeht, nurmehr die Priorität des Eingangs beim HABM genießt.

§ 125b
Anwendung der Vorschriften dieses Gesetzes

Die Vorschriften dieses Gesetzes sind auf Marken, die nach der Verordnung über die Gemeinschaftsmarke angemeldet oder eingetragen worden sind, in folgenden Fällen anzuwenden:

1. Für die Anwendung des § 9 (Relative Schutzhindernisse) sind angemeldete oder eingetragene Gemeinschaftsmarken mit älterem Zeitrang den nach diesem Gesetz angemeldeten oder eingetragenen Marken mit älterem Zeitrang gleichgestellt, jedoch mit der Maßgabe, dass an die Stelle der Bekanntheit im Inland gem. § 9 Abs. 1 Nr. 3 die Bekanntheit in der Gemeinschaft gemäß Artikel 9 Abs. 1 Satz 2 Buchstabe c der Verordnung über die Gemeinschaftsmarke tritt.

2. Dem Inhaber einer eingetragenen Gemeinschaftsmarke stehen zusätzlich zu den Ansprüchen nach den Artikeln 9 bis 11 der Verordnung über die Gemeinschaftsmarke die gleichen Ansprüche auf Schadensersatz (§ 14 Abs. 6 und 7), auf Vernichtung und Rückruf (§ 18), Auskunft (§ 19), Vorlage und Besichtigung (§ 19a), Sicherung von Schadensersatzansprüchen (§ 19b) und Urteilsbekanntmachung (§ 19c) zu wie dem Inhaber einer nach diesem Gesetz eingetragenen Marke.

3. Werden Ansprüche aus einer eingetragenen Gemeinschaftsmarke gegen die Benutzung einer nach diesem Gesetz eingetragenen Marke mit jüngerem Zeitrang geltend gemacht, so ist § 21 Abs. 1 (Verwirkung) entsprechend anzuwenden.

4. Wird ein Widerspruch gegen die Eintragung einer Marke (§ 42) auf eine eingetragene Gemeinschaftsmarke mit älterem Zeitrang gestützt, so ist § 43 Abs. 1 (Glaubhaftmachung der Benutzung) entsprechend anzuwenden mit der Maßgabe, dass an die Stelle der Benutzung der Marke mit älterem Zeitrang gem. § 26 die Benutzung der Gemeinschaftsmarke mit älterem Zeitrang gem. Artikel 15 der Verordnung über die Gemeinschaftsmarke tritt.

5. Wird ein Antrag auf Löschung der Eintragung einer Marke (§ 51 Abs. 1) auf eine eingetragene Gemeinschaftsmarke mit älterem Zeitrang gestützt, so sind
   a) § 51 Abs. 2 Satz 1 (Verwirkung) entsprechend anzuwenden;
   b) § 55 Abs. 3 (Nachweis der Benutzung) mit der Maßgabe entsprechend anzuwenden, dass an die Stelle der Benutzung der Marke mit älterem Zeitrang gem. § 26 die Benutzung der Gemeinschaftsmarke nach Artikel 15 der Verordnung über die Gemeinschaftsmarke tritt.

6. Anträge auf Beschlagnahme bei der Einfuhr und Ausfuhr können von Inhabern eingetragener Gemeinschaftsmarken in gleicher Weise gestellt werden wie von Inhabern nach diesem Gesetz eingetragener Marken. Die §§ 146 bis 149 sind entsprechend anzuwenden.

Übersicht

v. Zumbusch

I. Allgemeines

Nach Art. 14 Abs. 1 GMV bestimmt sich die Wirkung der Gemeinschaftsmarke aus- 1
schließlich nach der GMV. Fragen des Aufeinandertreffens von nationalen und Gemeinschaftsmarken, sei es im Rahmen eines Widerspruchs- bzw. Löschungsverfahrens oder eines Verletzungsverfahrens, sind von der GMV nicht oder nicht hinreichend spezifiziert angesprochen. Bestimmte das Verhältnis von Gemeinschaftsmarken zu nationalen Marken
betreffende Fragen sind in der Markenrechtsrichtlinie der jeweiligen Regelung durch die
Mitgliedstaaten vorbehalten worden. Dementsprechend hat der deutsche Gesetzgeber Bedarf gesehen, teilweise klarstellende und teilweise ergänzende Normen zur Regelung dieses Verhältnisses zu erlassen. Die diesbezüglichen Vorschriften des § 125b erklären sich
überwiegend selbst und haben in der Praxis bisher keine größeren Anwendungsschwierig-
keiten bereitet.

II. Auf Gemeinschaftsmarken anzuwendende Vorschriften

§ 125b Nr. 1 besagt, dass im Hinblick auf relative Schutzhindernisse (ältere Rechte) für 2
Kennzeichenrechte nach dem MarkenG angemeldete oder eingetragene Gemeinschaftsmarken mit besserer Priorität entsprechenden Rechten nach dem MarkenG gleichstehen,
also in gleicher Weise ein relatives Schutzhindernis darstellen. Die Vorschrift stellt darüber
hinaus klar, dass eine auf Bekanntheit der älteren Marke beruhende Kollision voraussetzt,
dass die Marke, sofern es sich um eine Gemeinschaftsmarke handelt, nicht nur in Deutschland, sondern in der Gemeinschaft bekannt ist. Dies heißt nicht, dass sie in der gesamten
EU gleichmäßig bekannt sein muss; es genügt, dass ein in Bezug auf das gesamte Gebiet
der EU beachtliches Bekanntheitsgebiet gegeben ist.

Die Ansprüche des Inhabers einer Gemeinschaftsmarke im Falle der Markenverletzung 3
sind in Art. 9 ff. GMV (jedenfalls aus deutscher Sicht) unvollständig und nur im Sinne eines Mindestschutzes geregelt. Art. 102 Abs. 2 GMV ordnet die ergänzende Anwendbarkeit
nationaler Anspruchs- bzw. Rechtsfolgenormen im Falle von Verletzungen von Gemeinschaftsmarken durch das im Einzelfall zur Entscheidung berufene nationale Gemeinschaftsmarkengericht an. § 125b Nr. 2 konkretisiert diese Vorschrift, indem er dem Inhaber
einer Gemeinschaftsmarke im Falle ihrer Verletzung in Deutschland die gleichen Ansprüche wie einem Inhaber einer nationalen Marke auf Schadensersatz (§ 14 Abs. 6), Vernichtung und Rückruf (§ 18), Auskunftserteilung (§ 19), Vorlage und Besichtigung (§ 19a), Sicherung von Schadensersatzansprüchen (§ 19b) und Urteilsbekanntmachung (§ 19c) ein-
räumt.

Nach § 125b Nr. 3 soll der Verwirkungseinwand des § 21 Abs. 1 bei Ansprüchen gegen 4
eine eingetragene jüngere nationale Marke auch gegenüber einer älteren Gemeinschaftsmarke durchgreifen. Diese Vorschrift ergänzt die in den Art. 54, 110 Abs. 1 S. 2 und 111
Abs. 2 und 3 GMV enthaltenen Regeln über Verwirkungstatbestände bei Gemeinschaftsmarken im Hinblick auf die Duldung eines nationalen Kennzeichenrechts durch den Inhaber einer älteren Gemeinschaftsmarke.

§ 125b Nr. 4 sieht (klarstellend) vor, dass im Falle eines Widerspruchs aus einer eingetra- 5
genen Gemeinschaftsmarke gegen die Eintragung einer nationalen Marke der Nichtbenut-

zungseinwand und damit die Frage der rechtserhaltenden Benutzung der EU-Widerspruchsmarke nach Art. 15 GMV (und nicht etwa nach der nationalen Regelung des § 26) zu beurteilen ist. Die rechtserhaltende Benutzung einer Gemeinschaftsmarke setzt eine Benutzung in der Gemeinschaft voraus.[1] Richtigerweise hängt deren Bejahung weder von einer Benutzung in allen noch von mindestens mehr als einem EU-Mitgliedstaat ab; vielmehr ist bei der Prüfung auf die Ernsthaftigkeit der Benutzung innerhalb der EU insgesamt abzustellen, für welche die Benutzung in mehreren EU-Mitgliedstaaten ein Indiz ist.

6 § 125b Nr. 5 enthält Regelungen für das Löschungsverfahren, welche in lit. a) der in Nr. 3 und in lit. b) der in Nr. 4 parallel sind.

7 § 125b Nr. 6 stellt Gemeinschaftsmarken den nationalen Marken gleich im Hinblick auf die Möglichkeit eines Antrags auf Grenzbeschlagnahme gem. §§ 146 ff. (zu den Einzelheiten und weitergehenden Möglichkeiten der Grenzbeschlagnahme nach der ProduktpiraterieVO s. §§ 146 Rn. 2–4, 150 Rn. 1 ff.).

---

1 Vgl. *v. Mühlendahl/Ohlgart*, § 8 Rn. 48.

v. Zumbusch

§ 125c
Nachträgliche Feststellung der Ungültigkeit einer Marke

(1) Ist für eine angemeldete oder eingetragene Gemeinschaftsmarke der Zeitrang einer im Register des Patentamts eingetragenen Marke nach Artikel 34 oder 35 der Verordnung über die Gemeinschaftsmarke in Anspruch genommen worden und ist die im Register des Patentamts eingetragene Marke wegen Nichtverlängerung der Schutzdauer nach § 47 Abs. 6 oder wegen Verzichts nach § 48 Abs. 1 gelöscht worden, so kann auf Antrag nachträglich die Ungültigkeit dieser Marke wegen Verfalls oder wegen Nichtigkeit festgestellt werden.

(2) Die Feststellung der Ungültigkeit erfolgt unter den gleichen Voraussetzungen wie eine Löschung wegen Verfalls oder wegen Nichtigkeit. Jedoch kann die Ungültigkeit einer Marke wegen Verfalls nach § 49 Abs. 1 nur festgestellt werden, wenn die Voraussetzungen für die Löschung nach dieser Vorschrift auch schon in dem Zeitpunkt gegeben waren, in dem die Marke wegen Nichtverlängerung der Schutzdauer oder wegen Verzichts gelöscht worden ist.

(3) Das Verfahren zur Feststellung der Ungültigkeit richtet sich nach den Vorschriften, die für das Verfahren zur Löschung einer eingetragenen Marke gelten, mit der Maßgabe, dass an die Stelle der Löschung der Eintragung der Marke die Feststellung ihrer Ungültigkeit tritt.

Übersicht

I. Allgemeines

§ 125c bezieht sich auf die in Art. 34 und 35 GMV vorgesehene Möglichkeit, für eine Gemeinschaftsmarke in Bezug auf einen bestimmten Mitgliedstaat die Priorität einer älteren, mit der Gemeinschaftsmarke übereinstimmenden nationalen Marke zu beanspruchen. Zum Tragen kommt eine derartige Inanspruchnahme, wenn und soweit die nationale Marke, deren Zeitrang für die entsprechende Gemeinschaftsmarke beansprucht worden war, wegen Verzichts oder Erlöschenlassens untergeht. Abs. 2 der Art. 34 und 35 GMV sieht in diesem Fall vor, dass dem Inhaber der Gemeinschaftsmarke gleichwohl im Hinblick auf den entsprechenden EU-Mitgliedstaat der Zeitrang der nationalen Marke erhalten bleibt. **1**

Nach Art. 34 GMV kann die Inanspruchnahme des Zeitrangs einer älteren nationalen Marke mit der Anmeldung der übereinstimmenden Gemeinschaftsmarke erklärt werden, wobei diese Erklärung noch binnen einer Frist von zwei Monaten nach dem Anmeldetag nachgeholt werden kann (Regel 8 DVGMV). Nach Art. 35 GMV kann die Inanspruchnahme der Priorität einer übereinstimmenden nationalen Marke auch noch später jederzeit erklärt werden, solange die nationale Marke eingetragen ist. Eine Prioritätserklärung kann auch **2** auf der Grundlage einer IR-Marke mit Schutz für einen bestimmten EU-Mitgliedstaat erfolgen. Die Regelungen der Art. 34 und 35 GMV sollen es dem Markeninhaber ermöglichen, nationale Marken ohne Rechtsverlust in übereinstimmenden Gemeinschaftsmarken aufgehen zu lassen. Die in Abs. 2 der Art. 34 und 35 beschriebene Wirkung der Inanspruchnahme einer Priorität einer übereinstimmenden älteren nationalen Marke ist so zu verstehen, dass im Hinblick auf den betreffenden EU-Mitgliedstaat die durch die Gemeinschaftsmarke vermittelte Rechtsposition so zu bestimmen ist, wie sie sich gemäß den auf die Prioritäts-Marke anwendbaren nationalen Bestimmungen bei Fortbestand dieser nationalen Marke dargestellt hätte.

3   Gem. Regel 84 Abs. 2 lit. j, Abs. 3 lit. f DVGMV ist die Inanspruchnahme einer nationalen Priorität nach Art. 34 und 35 GMV in das Gemeinschaftsmarkenregister einzutragen. Gem. Regeln 8 Abs. 3, 28 Abs. 3 DVGMV unterrichtet das HABM die zuständige nationale Markenbehörde über die wirksame Inanspruchnahme der Priorität aus einer nationalen Marke.

II. Feststellung der Ungültigkeit

4   § 125c trägt dem Regelungsbedarf Rechnung, die Feststellung der Ungültigkeit einer nationalen Marke zu betreiben, welche zwar im nationalen (deutschen) Register gelöscht ist, durch Inanspruchnahme ihres Zeitrangs gemäß den Art. 34 und 35 GMV aber noch Rechtswirkungen entfaltet. Die Vorschrift ist in Umsetzung des Art. 14 Markenrechtsrichtlinie erlassen worden, welcher die Ermöglichung einer nachträglichen Ungültigkeitsfeststellung ermöglicht.

5   Demgemäß ordnet § 125c Abs. 1 an, dass die Ungültigkeit einer nationalen Marke wegen Verfalls oder wegen Nichtigkeit festgestellt werden kann, welche bereits wegen Nichtverlängerung der Schutzdauer nach § 47 Abs. 6 oder wegen Verzichts nach § 48 Abs. 1 gelöscht worden war. Ohne ausdrückliche Erwähnung im Gesetzestext gilt gleiches für IR-Marken mit Schutz in Deutschland.

6   Wie § 125c Abs. 1 anordnet, erfolgt die Feststellung der Ungültigkeit nur auf Antrag. Eine Ungültigerklärung von Amts wegen kann also auch im Falle absoluter Schutzhindernisse nicht erfolgen.

7   § 125c Abs. 2 enthält die materiellen Voraussetzungen der Ungültigkeitsfeststellung. Danach setzt die Ungültigkeitsfeststellung voraus, dass einer der Löschungsgründe wegen Verfalls (§ 49) oder Nichtigkeit (§§ 50, 51) vorliegt. Im Hinblick auf den Löschungsgrund des Verfalls aufgrund Nichtbenutzung fordert § 125c Abs. 2 S. 2 zusätzlich, dass Löschungsreife schon im Zeitpunkt der Löschung der nationalen Marke vorgelegen hat. Diese Regelung trägt dem gesetzgeberischen Anliegen Rechnung, dass ab diesem Zeitpunkt der Inhaber der (Gemeinschafts-)Marke nicht mehr den nationalen Anforderungen an den Benutzungszwang nach § 26 unterliegt, vielmehr die Erfüllung des gemeinschaftsrechtlichen Benutzungszwangs erforderlich und ausreichend ist, die Gemeinschaftsmarke aufrechtzuerhalten, auch soweit für diese im Hinblick auf einen Mitgliedstaat eine frühere nationale Priorität beansprucht ist.[1]

---

1 Zu aufgrund dieser Regelung möglichen, nicht unbedingt beabsichtigten Ausdehnungen der Benutzungsschonfrist, vgl. *Ingerl/Rohnke*, § 125c Rn. 10 f.

Gem. § 125c Abs. 3 sind auf das Feststellungsverfahren die für das entsprechende Lö- **8**
schungsverfahren im MarkenG vorgesehenen Vorschriften anwendbar, also je nach Löschungsgrund die des patentamtlichen Verfahrens (§ 54) oder des zivilgerichtlichen
Verfahrens (§ 55) bzw. bei Verfall wahlweise die Vorschriften des vereinfachten patentamtlichen Verfahrens (§ 53).

§ 125d
Umwandlung von Gemeinschaftsmarken

(1) Ist dem Patentamt ein Antrag auf Umwandlung einer angemeldeten oder eingetragenen Gemeinschaftsmarke nach Artikel 109 Abs. 3 der Verordnung über die Gemeinschaftsmarke übermittelt worden, so sind die Gebühr und die Klassengebühren nach dem Patentkostengesetz für das Umwandlungsverfahren mit Zugang des Umwandlungsantrages beim Patentamt fällig.

(2) Betrifft der Umwandlungsantrag eine Marke, die noch nicht als Gemeinschaftsmarke eingetragen war, so wird der Umwandlungsantrag wie die Anmeldung einer Marke zur Eintragung in das Register des Patentamts behandelt mit der Maßgabe, dass an die Stelle des Anmeldetages im Sinne des § 33 Abs. 1 der Anmeldetag der Gemeinschaftsmarke im Sinne des Artikels 27 der Verordnung über die Gemeinschaftsmarke oder der Tag einer für die Gemeinschaftsmarke in Anspruch genommenen Priorität tritt. War für die Anmeldung der Gemeinschaftsmarke der Zeitrang einer im Register des Patentamts eingetragenen Marke nach Artikel 34 der Verordnung über die Gemeinschaftsmarke in Anspruch genommen worden, so tritt dieser Zeitrang an die Stelle des nach Satz 1 maßgeblichen Tages.

(3) Betrifft der Umwandlungsantrag eine Marke, die bereits als Gemeinschaftsmarke eingetragen war, so trägt das Patentamt die Marke ohne weitere Prüfung unmittelbar nach § 41 unter Wahrung ihres ursprünglichen Zeitrangs in das Register ein. Gegen die Eintragung kann Widerspruch nicht erhoben werden.

(4) Im Übrigen sind auf Umwandlungsanträge die Vorschriften dieses Gesetzes für die Anmeldung von Marken anzuwenden.

Übersicht

I. Allgemeines

1   § 125d enthält Vorschriften zu Umsetzung und Ausführung der Art. 112 ff. GMV [n. F. – Die Vorschrift ist insoweit noch nicht an die neue GMV angepasst und zitiert daher Art. 109 GMV a. F.]. Diese Vorschriften räumen dem Anmelder bzw. Inhaber einer Gemeinschaftsmarke die Möglichkeit ein, unter bestimmten Voraussetzungen eine Gemeinschaftsmarke oder eine darauf gerichtete Anmeldung in eine nationale Anmeldung bzw. Marke umzuwandeln, wenn die Anmeldung der Gemeinschaftsmarke zurückgewiesen oder zurückgenommen worden ist oder als zurückgenommen gilt bzw. wenn die Gemeinschaftsmarke ihre Wirkung verloren hat. Mit der VO (EG) Nr. 422/2004 des Rates vom 19.2.2004[1] wurde das

---

1 ABl. EU Nr. L 70 v. 9.3.2004, 1.

in Art. 108 ff. GMV a. F. geregelte Verfahren praktischen Bedürfnissen angepasst. Das Verfahren gem. Art. 108 ff. GMV a. F. ist nunmehr in Art. 112 ff. GMV (VO (EG) Nr. 207/2009) geregelt (vgl. Anh. II der GMV n. F.). Die Regelung trägt dem Fall Rechnung, dass eine Gemeinschaftsmarke wegen eines Eintragungshindernisses nur in einem Teil-Territorium der Gemeinschaftsmarke scheitert oder scheitern würde. Es soll in diesem Fall dem Anmelder ermöglicht werden, die Marke bzw. Anmeldung unter Wahrung der bis dahin erlangten Rechtsposition in den Mitgliedstaaten erhalten zu können, wo ein entsprechendes Hindernis nicht besteht.

Das Umwandlungsverfahren ist zweistufig, wobei die erste Stufe EU-rechtlich in den **2** Art. 113 und 114 GMV und die zweite, nationale Stufe in § 125d geregelt ist. In § 125 findet sich eine Parallelregelung für die Umwandlung von IR-Marken in nationale Marken.

II. Voraussetzung und Verfahren der Umwandlung

Die in der ersten Umwandlungsphase vom HABM zu prüfenden materiellen Voraussetzungen unterscheiden zwei Fallgruppen. Eine Gemeinschaftsmarken-Anmeldung kann gem. Art. 112 Abs. 1 lit. a) GMV umgewandelt werden, soweit sie zurückgenommen (vgl. Art. 43 Abs. 1 GMV) oder bestandskräftig zurückgewiesen (vgl. Art. 36 Abs. 4, 37, 42 Abs. 5 GMV) worden ist oder als zurückgenommen gilt (vgl. Art. 36 Abs. 5, 45 S. 2 GMV). Eine eingetragene Gemeinschaftsmarke kann gem. Art. 112 Abs. 1 lit. b) GMV umgewandelt werden, soweit sie ihre Wirkungen verloren hat. Dies tritt ein in den Fällen des Verzichts (Art. 50 GMV), der Verfallserklärung (Art. 51 GMV), der Nichtigerklärung (Art. 52, 53 GMV) und bei Nichtverlängerung (Art. 46, 47 GMV). In zwei in Art. 112 Abs. 2 GMV geregelten Fällen ist die Umwandlung bereits EU-rechtlich materiell unzulässig. Beim Umwandlungsgrund der Verfallserklärung wegen Nichtbenutzung ist die Umwandlung nur für solche Mitgliedstaaten zulässig, in welchen die Marke im Sinne des Benutzungserfordernisses des jeweiligen nationalen Rechts rechtserhaltend benutzt worden ist. Eine Umwandlung scheidet generell aus, soweit eine Entscheidung des HABM oder eines einzelstaatlichen Gerichts bereits ein Eintragungshindernis oder einen Verfalls- oder Nichtigkeitsgrund festgestellt hat.

Die erste beim HABM durchzuführende Umwandlungsphase ist geregelt in Art. 113 und **4** 114 GMV und den Regeln 44 ff. der DVGMV. Der Umwandlungsantrag muss binnen einer Drei-Monats-Frist gestellt werden, deren Beginn sich nach dem jeweiligen Untergangs- bzw. Verfallsgrund der umzuwandelnden Gemeinschaftsmarke bzw. Gemeinschaftsmarkenanmeldung richtet und sich im einzelnen aus Art. 112 Abs. 4 bis 6, 113 Abs. 1 GMV i. V. m. Regeln 44 und 45 DVGMV ergibt. Binnen der gleichen Frist ist eine Umwandlungsgebühr beim HABM einzuzahlen. Das Amt prüft sodann abschließend die EU-rechtlichen Voraussetzungen der Umwandlung, nämlich die Wahrung der Antragsfrist, die fristgerechte Zahlung der Gebühr und das Vorliegen eines Umwandlungsgrunds nach Art. 112 Abs. 1 GMV und das Vorliegen von Ausschlußgründen für die Umwandlung nach Art. 112 Abs. 2 GMV (vgl. Art. 113 Abs. 3). Die insoweit umfängliche und abschließende Zuständigkeit des HABM ist Ergebnis der jüngeren GMV-Änderung (s. oben Rn. 1). Sind nach Prüfung des HABM die Voraussetzungen für die Umwandlung erfüllt, hat das HABM den Umwandlungsantrag an die beantragte(n) nationale(n) Markenbehörde(n) zu übermitteln (Art. 113 Abs. 3 GMV).

5   Es schließt sich das nationale Umwandlungsverfahren an. § 125d Abs. 1 S. 1, welcher die Gebührenpflichtigkeit des Umwandlungsantrags regelt, wurde neu gefasst durch das KostenbereinigungsG 2001. Nach alter Regelung war eine Zweimonatsfrist für die Zahlung der Gebühr vorgeschrieben, bei deren Versäumung der Umwandlungsantrag als zurückgenommen galt. Der neue § 125d Abs. 1 passt die Regelung an die Systematik des mit dem KostenbereinigungsG 2001 neu eingeführten PatKostG an. Sie sieht vor, dass die für den Umwandlungsantrag anfallende Tarifgebühr und ggf. Klassengebühr mit Zugang des Umwandlungsantrages beim Patentamt fällig wird. § 6 Abs. 1 S. 2 PatKostG sieht vor, dass Gebühren innerhalb von drei Monaten ab Fälligkeit zu zahlen sind, wobei gem. Abs. 2 ein Antrag bei nicht rechtzeitiger Zahlung als zurückgenommen gilt. Gewisse Unsicherheiten über den Fristlauf sind auch durch die neue Regelung nicht ausgeräumt, da sich das Datum des Eingangs des Umwandlungsantrags beim DPMA zunächst der Kenntnis des Antragstellers entzieht. Das für den Lauf der Zahlungsfrist maßgebliche Zugangsdatum kann der Antragsteller zum einen aus der Mitteilung des HABM gem. Regel 47 S. 2 DVGMV ableiten. In der Regierungsbegründung des KostenbereinigungsG heißt es darüber hinaus, das DPMA fordere formlos zur Zahlung der Umwandlungsgebühr auf.

6   Spezielle formelle Anforderungen an den Umwandlungsantrag, welche Art. 114 Abs. 2 GMV in gewissen engen Grenzen zulassen würde, hat der deutsche Gesetzgeber nicht vorgesehen. Allerdings ging der deutsche Gesetzgeber davon aus, dass der Zwang zur Bestellung eines Inlandsvertreters nach § 96 auf deutsche Marken kraft Umwandlungsverfahren anwendbar ist.[2] Nach einem inzwischen gestrichenen Abs. 2 des § 125d (Fassung bis 15.12.2004) prüfte das DPMA, ob ein gemeinschaftsrechtlicher Ausschlußgrund für die Umwandlung nach Art. 112 Abs. 2 GMV vorliegt. Diese Prüfung erfolgt gemäß GMV-Änderung (s. Rn. 1, 4) jetzt auch durch das HABM. Der deutsche Gesetzgeber hat daher Abs. 2 ersatzlos gestrichen.

7   Im nächsten Schritt geht das DPMA bei der Prüfung des Umwandlungsantrags in das reguläre Eintragungsverfahren gem. §§ 32 ff. über (§ 125d Abs. 4). Hierbei unterscheidet das DPMA nunmehr wieder zwischen Umwandlungsanträgen betreffend einerseits Gemeinschaftsmarkenanmeldungen und andererseits bereits eingetragene Gemeinschaftsmarken. Nach § 125d Abs. 2 wird ein Umwandlungsantrag in Bezug auf eine Gemeinschaftsmarkenanmeldung wie eine nationale Anmeldung weiterbehandelt, insbesondere also auch auf absolute Schutzhindernisse überprüft. Kommt es im nationalen Verfahren zur Eintragung, kann gegen diese nach allgemeinen Regeln Widerspruch erhoben werden. Demgegenüber wird nach § 125d Abs. 3 bei einem Umwandlungsantrag betreffend eine bereits eingetragen gewesene Gemeinschaftsmarke diese ohne weitere sachliche Prüfung auf absolute Schutzhindernisse oder sonstige Versagungsgründe eingetragen; es findet gegen die Eintragung kein Widerspruch statt.

8   Nationale Marken kraft Umwandlung, sei es aufgrund einer Gemeinschaftsmarke oder Gemeinschaftsmarkenanmeldung, genießen den Zeitrang der umgewandelten Gemeinschaftsmarke/Gemeinschaftsmarkenanmeldung einschließlich für diese wirksam in Anspruch genommener Prioritäten. Der aus einer noch nicht eingetragenen Gemeinschaftsmarke erhobene Widerspruch bleibt zulässig, wenn die Anmeldung rechtskräftig zurückgewiesen aber wirksam in eine nationale Anmeldung umgewandelt wurde.[3]

---

2 Vgl. amtl. Begr. MRÄndG 1996, Abs. 16 zu § 125d.
3 BPatG, GRUR 2008, 451 – WebVIP/VIP; a. A., Widerspruch verfristet BPatG v. 9.11.2004, 27 W (pat) 172/02 – TAXIMOTO/MOTO, BeckRS 2009, 03572.

§ 125e
Gemeinschaftsmarkengerichte;
Gemeinschaftsmarkenstreitsachen

(1) Für alle Klagen, für die nach der Verordnung über die Gemeinschaftsmarke die Gemeinschaftsmarkengerichte im Sinne des Artikels 91 Abs. 1 der Verordnung zuständig sind (Gemeinschaftsmarkenstreitsachen), sind als Gemeinschaftsmarkengerichte erster Instanz die Landgerichte ohne Rücksicht auf den Streitwert ausschließlich zuständig.

(2) Gemeinschaftsmarkengericht zweiter Instanz ist das Oberlandesgericht, in dessen Bezirk das Gemeinschaftsmarkengericht erster Instanz seinen Sitz hat.

(3) Die Landesregierungen werden ermächtigt, durch Rechtsverordnung die Gemeinschaftsmarkenstreitsachen für die Bezirke mehrerer Gemeinschaftsmarkengerichte einem dieser Gerichte zuzuweisen. Die Landesregierungen können diese Ermächtigung durch Rechtsverordnung auf die Landesjustizverwaltungen übertragen.

(4) Die Länder können durch Vereinbarung den Gemeinschaftsmarkengerichten eines Landes obliegende Aufgaben ganz oder teilweise dem zuständigen Gemeinschaftsmarkengericht eines anderen Landes übertragen.

(5) Auf Verfahren vor den Gemeinschaftsmarkengerichten ist § 140 Abs. 3 bis 5 entsprechend anzuwenden.

Übersicht

I. Allgemeines

§ 125e dient der Ausführung von Titel X der GMV, in welchem die Zuständigkeit und das Verfahren für Klagen, die Gemeinschaftsmarken betreffen, geregelt sind. Diese Zuständigkeit ist dort nämlich nicht etwa gesonderten Gemeinschaftsmarken-Gerichten oder dem EuGH, sondern den Gerichten der Mitgliedstaaten zugewiesen. Die Regelung der GMV unterscheidet zwischen Streitigkeiten über die Verletzung und Rechtsgültigkeit der Gemeinschaftsmarken (Art. 95 ff. GMV) und sonstigen Streitigkeiten über Gemeinschaftsmarken (Art. 106 ff. GMV). Außer im Klageverfahren kann der Verfall oder die Nichtigkeit einer Gemeinschaftsmarke auch durch das in Art. 56 ff. GMV geregelte Verfahren vor dem HABM geltend gemacht werden.

§ 125e betrifft die erstgenannte Kategorie der Streitigkeiten über die Verletzung und Rechtsgültigkeit der Gemeinschaftsmarken und bestimmt gem. Art. 95 Abs. 1 GMV die in

1

2

Deutschland zuständigen Gemeinschaftsmarkengerichte (Abs. 1 bis 4) und durch Anordnung der entsprechenden Anwendbarkeit von § 140 Abs. 3 das vor diesen anzuwendende Verfahren (Abs. 5). Der Wortlaut von Abs. 5 enthält insoweit ein Redaktionsversehen, als die geltende Fassung von § 140 nur 3 Absätze aufweist; die Verweisung gilt Abs. 3.

3   Sonstige, also nicht den in Art. 95 ff. GMV genannten Streitigkeiten über die Verletzung und Rechtsgültigkeit der Gemeinschaftsmarken zuzurechnende Streitigkeiten über Gemeinschaftsmarken sind nicht den Gemeinschaftsmarkengerichten zugewiesen, sondern gem. Art. 106 GMV den nationalen Gerichten, welche nach den allgemeinen Vorschriften des betreffenden Staates zuständig wären, hilfsweise den Gerichten Spaniens als Sitzland des HABM. In Deutschland wird es sich bei solchen Klagen im Regelfall um Markenstreitsachen handeln, für welche die Markenstreitgerichte (§ 140) zuständig sind. Es handelt sich beispielsweise um Klagen im Zusammenhang mit Übertragungen oder Lizenzierungen von Gemeinschaftsmarken.

4   Die GMV enthält in Art. 95 ff. teilweise detaillierte eigene Verfahrensvorschriften für das Klageverfahren vor den Gemeinschaftsmarkengerichten ebenso wie Kompetenzabgrenzungen für die Zuständigkeiten der Gerichte verschiedener Mitgliedstaaten untereinander und dieser Gerichte zum HABM (Art. 104, 109 GMV). Art. 101 Abs. 3 GMV ordnet die ergänzende Anwendung der nationalen Verfahrensvorschriften an.

II. Gemeinschaftsmarkengericht

1. Gemeinschaftsmarkenstreitsache

5   § 125e Abs. 1 definiert als Gemeinschaftsmarkenstreitsachen diejenigen Streitsachen, für welche die von den Mitgliedstaaten gem. Art. 91 Abs. 1 GMV a. F. zu benennenden Gemeinschaftsmarkengerichte zuständig sind. Der Verweis auf Art. 91 Abs. 1 GMV ist noch nicht auf die GMV n. F. (VO (EG) Nr. 207/2009) angepasst. Gemeint ist der Verweis auf Art. 95 Abs. 1 GMV (n. F.). Diese Zuständigkeiten ergeben sich aus Art. 96 bis 105 GMV. Demgemäß sind Gemeinschaftsmarkenstreitsachen die in Art. 96 GMV abschließend aufgelisteten vier Klagearten, nämlich Klagen wegen Verletzung und – falls das nationale Gericht dies zulässt (so das MarkenG) – wegen drohender Verletzung einer Gemeinschaftsmarke (lit. a)), Klagen auf Feststellung der Nichtverletzung, falls das nationale Recht diese zulässt (so das MarkenG) (lit. b)), Klagen wegen Entschädigung aus einer veröffentlichten, noch nicht eingetragenen Gemeinschaftsmarke gem. Art. 9 Abs. 3 S. 2 GMV (lit. c)) und Widerklagen auf Erklärung des Verfalls oder der Nichtigkeit der Gemeinschaftsmarke gem. Art. 100 GMV. Weiterhin sind Gemeinschaftsmarkenstreitsachen Verfahren einstweiliger Maßnahmen einschließlich Sicherungsmaßnahmen (einstweilige Verfügungen) in Bezug auf eine Gemeinschaftsmarke gem. Art. 103 GMV.

2. Funktionelle Zuständigkeit

6   In Umsetzung der Verpflichtung zur Benennung von Gemeinschaftsmarkengerichten in Art. 95 Abs. 1 GMV bestimmt § 125e Abs. 1 und 2 in Form einer sachlich-funktionellen Zuständigkeitszuordnung die Zuständigkeit der Landgerichte unabhängig vom Streitwert als Eingangsinstanz, der Oberlandesgerichte als II. Instanz und, aufgrund der nationalen

Prozessregeln über den Rechtszug, des BGH als dritte Instanz als Gemeinschaftsmarkengerichte. Entsprechend § 140 Abs. 2 für die funktionelle Zuständigkeit bei (nationalen) Kennzeichenstreitsachen ermächtigt § 125e Abs. 3 und 4 die Bundesländer, durch Rechtsverordnung oder Vereinbarung eine Konzentration der Zuständigkeit für Gemeinschaftsmarkenstreitsachen bei bestimmten Landgerichten herbeizuführen. Hiervon haben die Länder inzwischen weitgehend Gebrauch gemacht mit dem Ergebnis, dass Gemeinschaftsmarkenstreitgerichte die gleichen sind wie die Kennzeichenstreitgerichte, welche nach § 140 Abs. 2 bestimmt worden sind (vgl. a. § 140 Rn. 10–11). Dem Anliegen des Art. 95 Abs. 1 GMV, in jedem EU-Mitgliedstaat nur eine möglichst geringe Anzahl von Gemeinschaftsmarkengerichten vorzusehen, ist auf diese Weise nicht Rechnung getragen worden. Gem. Art. 95 Abs. 2 GMV teilen die EU-Mitgliedstaaten die in ihrem Hoheitsgebiet für Gemeinschaftsmarkenstreitsachen zuständigen Gerichte der Kommission mit.

Bei den Gemeinschaftsmarkenstreitsachen i. e. S. des Art. 96 GMV sind die Gemeinschaftsmarkengerichte ausschließlich zuständig. Die Zuständigkeit umfasst Verletzungsansprüche jeder Art, sei es unmittelbar nach den Vorschriften der GMV oder der ergänzend zur Anwendung berufenen nationalen Vorschriften (vgl. Art. 14, 101 Abs. 2 GMV). Kraft Sachzusammenhangs umfasst die Zuständigkeit beispielsweise auch vertragliche Ansprüche aus Verstößen gegen Unterlassungserklärungen, welche im Hinblick auf Gemeinschaftsmarken abgegeben worden sind. Die Vorschriften über die ausschließliche Zuständigkeit der Gemeinschaftsmarkengerichte für Widerklagen auf Verfall oder Nichtigkeit von Gemeinschaftsmarken gem. Art. 96 lit. d), 100 GMV sind aus dem Gesamtzusammenhang der Regelung derart zulässiger Angriffe auf die Rechtsgültigkeit von Gemeinschaftsmarken zu sehen und haben zum Gegenstand, dass andere Gerichte als Gemeinschaftsmarkengerichte auch nicht im Wege der Widerklage über Verfall oder Nichtigkeit von Gemeinschaftsmarken entscheiden sollen. Mit den genannten Vorschriften sollen aber nicht andere als die genannten Widerklagen in Verfahren vor den Gemeinschaftsmarkengerichten ausgeschlossen werden.

Die Zuständigkeit deutscher Gemeinschaftsmarkengerichte für Verfahren des einstweiligen Rechtsschutzes ist nicht ausschließlich, was allerdings angesichts der Übereinstimmung von Gemeinschaftsmarkengerichten und Kennzeichenstreitgerichten praktisch bedeutungslos ist. Die Gemeinschaftsmarkengerichte sind jedoch auch hier ausschließlich zuständig, soweit eine Eilmaßnahme mit EU-weiter Geltung erlassen werden soll (vgl. Art. 103 Abs. 2 GMV).

3. Internationale und örtliche Zuständigkeit

Die internationale Zuständigkeit der Gemeinschaftsmarkengerichte ergibt sich aus Art. 97 GMV. In Bezug auf Gemeinschaftsmarkenstreitsachen verdrängt und überlagert diese Regelung weitgehend die im Hinblick auf Gemeinschaftsmarken allgemein in Art. 94 GMV angeordnete Anwendbarkeit der EuGVVO (VO (EG) Nr. 44/2001).

Eine gemeinschaftsweite internationale Zuständigkeit ist gem. Art. 97 GMV bei dem Gemeinschaftsmarkengericht gegeben, in dessen Bezirk der Beklagte (Abs. 1) bzw. der Kläger (Abs. 2) seinen Wohnsitz und in Ermangelung eines Wohnsitzes in einem Mitgliedstaat eine Niederlassung bzw. das HABM (Abs. 3) seinen Sitz hat. Gemeinschaftsweite Zuständigkeit meint gem. Art. 98 GMV, dass EU-weit begangene Verletzungshandlungen verfolgt

werden können. Die gleiche gemeinschaftsweite internationale Zuständigkeit von Gemeinschaftsmarkengerichten ergibt sich gem. Art. 97 Abs. 4 GMV im Falle einer wirksamen
Gerichtsstandsvereinbarung oder rügelosen Einlassung auf die Klage. Beschränkt international zuständig sind gem. Art. 97 Abs. 5 GMV Gemeinschaftsmarkengerichte, in deren
Bezirk der Tatort einer Verletzungshandlung liegt. Beschränkt zuständig meint, dass
Rechtsfolgen nur im Hinblick auf den Mitgliedstaat des Sitzes des Gemeinschaftsmarken-
gerichtes ausgesprochen werden können (vgl. Art. 98 Abs. 2 GMV). Für ein unionsweit be-
gehrtes Unterlassungsgebot kann neben Art. 97 Abs. 5, 98 Abs. 2 GMV die internationale
Zuständigkeit nach der EuGVVO über den zu Gunsten des Klägers heranzuziehenden
Art. 94 Abs. 1 GMV begründet sein.[1]

11   Die örtliche Zuständigkeit mehrerer Gemeinschaftsmarkengerichte eines Mitgliedstaates
richtet sich nach nationalem Recht. Die Regelung für die deutschen Gemeinschaftsmarkengerichte enthält § 125g.

III. Verfahren der Gemeinschaftsmarkengerichte

1. Verfahren im Allgemeinen

12   Das Verfahren vor den deutschen Gemeinschaftsmarkengerichten ist das gleiche wie in nationalen Kennzeichenstreitsachen, soweit nicht die GMV im Einzelfall eine speziellere,
vorrangige Regelung enthält. Beispielsweise enthält Art. 100 Abs. 3 GMV ein Recht des
Markeninhabers, zur Wahrung seiner Rechte im Falle einer Widerklage wegen Verfalls
oder Nichtigkeit seiner Gemeinschaftsmarke, welche gegen seinen klagenden Lizenznehmer erhoben worden ist, dem Verfahren beizutreten. Art. 100 Abs. 4 GMV enthält Mittei-
lungspflichten der Gemeinschaftsmarkengerichte an das HABM betreffend bei ihm erhobene Widerklagen wegen Verfalls oder Nichtigkeit von Gemeinschaftsmarken. Eine sepa-
rate nationale Verfahrensordnung für Gemeinschaftsmarkenstreitsachen ist nicht vorgesehen. Hinsichtlich der Vertretungs- und Kostenregelungen verweist § 125e Abs. 5 auf
§ 140 Abs. 3 bis 5 (Redaktionsversehen; richtig: Abs. 3).

2. Aussetzung

13   Von Bedeutung für das Verfahren vor den Gemeinschaftsmarkengerichten sind diverse
Aussetzungsregeln der GMV, mit welchen doppelte Verfahren und insbesondere widersprüchliche Entscheidungen über den Rechtsbestand von Gemeinschaftsmarken vermieden werden sollen. Im Hinblick auf etwaige mehrere Verfahren vor Gemeinschaftsmarkengerichten eines Mitgliedstaates trägt dem bereits der nationale Grundsatz des Prozesshin-
dernisses der Rechtshängigkeit bzw. der Rechtskraft von Urteilen Rechnung. Im Verhältnis
der Gemeinschaftsmarkengerichte verschiedener Mitgliedstaaten untereinander bzw. zum
HABM greifen diese Grundsätze jedoch nicht.

14   Nach Art. 104 Abs. 1 GMV sind Verletzungs- und Entschädigungsklagen aus einer Gemeinschaftsmarke im Regelfall auszusetzen, wenn bei einem anderen Gemeinschaftsmarkengericht eine Widerklage oder beim HABM ein Löschungsantrag wegen Verfalls oder

---

1 LG Düsseldorf, GRUR-RR 2008, 368.

Nichtigkeit der Klagemarke anhängig ist. Nach Art. 104 Abs. 2 GMV sind andererseits Verfalls- und Nichtigkeitsverfahren beim HABM im Regelfall auszusetzen, wenn eine Widerklage wegen Verfalls oder Nichtigkeit derselben Gemeinschaftsmarke zuerst bei einem Gemeinschaftsmarkengericht anhängig war. In diesem Fall ist das Verfahren beim HABM aber fortzusetzen, wenn das Gemeinschaftsmarkengericht auf Antrag seinerseits das Verfahren aussetzt.

Nach Art. 100 Abs. 7 S. 2 GMV muss ein auf Verfall oder Nichtigkeit einer Gemein- **15** schaftsmarke klagender Widerkläger auf Aufforderung des Gemeinschaftsmarkengerichts hin, welche auf Antrag des Klägers ergeht, beim HABM Antrag auf Verfalls- bzw. Nichtigerklärung stellen, zu welchem Zweck das Gemeinschaftsmarkengericht das Verfahren aussetzt. Stellt der Widerkläger diesen Antrag sodann nicht, gilt die Widerklage als zurückgenommen.

Kommt es zu einer Aussetzung des Verfahrens vor einem Gemeinschaftsmarkengericht, **16** kann dieses nach Art. 104 Abs. 3, 100 Abs. 7 S. 3 GMV einstweilige Maßnahmen treffen. Derartiges kennt das deutsche Prozessrecht kaum, und eine Umsetzung im Verfahren vor einem deutschen Gemeinschaftsmarkengericht wird im Regelfall an bereits eingetretenem Zeitablauf und daher fehlender Dringlichkeit scheitern.

Art. 109 Abs. 1 GMV soll verhindern, dass bei gleichzeitiger Existenz identischer Ge- **17** meinschaftsmarke und nationaler Marke zwischen den gleichen Parteien durch Gemeinschaftsmarkengerichte und (andere) nationale Gerichte mehrfach und u. U. widersprüchlich entschieden wird; die Vorschrift ordnet unter bestimmten Voraussetzungen die Unzuständigkeit des später angerufenen Gerichts bzw. die Pflicht zur Aussetzung durch das später angerufene Gericht an.[2]

3. Bindungswirkung

In einer der Rechtskraftwirkung ähnlichen Weise verbietet Art. 109 Abs. 2 und 3 eine **18** Sachentscheidung durch das Gemeinschaftsmarkengericht oder das nationale Gericht, wenn eines von beiden bereits früher rechtskräftig über die Verletzung einer identischen Marke entschieden hat.

Nach Art. 99 GMV sind die Gemeinschaftsmarkengerichte bei den ihnen zugewiesenen **19** Entscheidungen an die Tatbestandswirkung der Eintragung einer Gemeinschaftsmarke gebunden und haben von deren Rechtsgültigkeit auszugehen (vgl. a. Art. 107 GMV). Ausnahmen hierzu gelten nur, soweit sie ausdrücklich angeordnet sind (vgl. Art. 99 Abs. 1, 100 GMV im Falle von Widerklagen; Art. 99 Abs. 3 GMV betreffend den inzidenten Einwand des Verfalls wegen Nichtbenutzung oder der Nichtigkeit wegen älterer Rechte eines Dritten).

Nach Art. 100 Abs. 2 GMV sind die Gemeinschaftsmarkengerichte des Weiteren an rechts- **20** kräftige Verfalls- und Nichtigkeitsentscheidungen des HABM zwischen denselben Parteien gebunden.

---

2 Zum Forum-Shopping bei Gemeinschaftsmarkensachen s. *Knaak*, GRUR Int. 2007, 386.

§ 125f
Unterrichtung der Kommission

Das Bundesministerium der Justiz teilt der Kommission der Europäischen Gemeinschaften die Gemeinschaftsmarkengerichte erster und zweiter Instanz sowie jede Änderung der Anzahl, der Bezeichnung oder der örtlichen Zuständigkeit der Gemeinschaftsmarkengerichte erster und zweiter Instanz mit.

1   § 125f führt Art. 95 Abs. 2 und 3 GMV aus, demzufolge die gem. Art. 95 Abs. 1 GMV von den Mitgliedstaaten zu benennenden Gemeinschaftsmarkengerichte der EU-Kommission in Form einer Aufstellung zu übermitteln sind. § 125f weist die Zuständigkeit hierfür dem Bundesministerium der Justiz zu, ebenso wie für die Mitteilung diesbezüglicher Änderungen (Art. 95 Abs. 3 GMV). Die Mittelung ist erfolgt, die in Art. 95 Abs. 5 GMV vorgesehene Übergangsregelung ist daher gegenstandslos.

§ 125g
Örtliche Zuständigkeit der Gemeinschaftsmarkengerichte

Sind nach Artikel 93 der Verordnung über die Gemeinschaftsmarke deutsche Gemeinschaftsmarkengerichte international zuständig, so gelten für die örtliche Zuständigkeit dieser Gerichte die Vorschriften entsprechend, die anzuwenden wären, wenn es sich um eine beim Patentamt eingereichte Anmeldung einer Marke oder um eine im Register des Patentamts eingetragene Marke handelte. Ist eine Zuständigkeit danach nicht begründet, so ist das Gericht örtlich zuständig, bei dem der Kläger seinen allgemeinen Gerichtsstand hat.

Die internationale Zuständigkeit von Gemeinschaftsmarkengerichten richtet sich nach   1
Art. 97 GMV; entsprechend ist der noch nicht an die VO (EG) Nr. 207/2009 angepasste
§ 125g zu lesen. Ist danach ein deutsches Markenstreitgericht international für einen
Rechtsstreit betreffend eine Gemeinschaftsmarke zuständig, so stellt § 125g klar, dass die
örtliche Zuständigkeit nach den allgemeinen nationalen Vorschriften zu bestimmen ist, so
als wäre die fragliche Streitmarke eine nationale Marke. Die Auffangregelung des § 125g
S. 2 betrifft den Fall, dass gem. Art. 97 Abs. 2 GMV eine internationale Zuständigkeit der
deutschen Gemeinschaftsmarkengerichte gegeben ist, sich aber aus den allgemeinen nationalen Vorschriften über die örtliche Zuständigkeit keine inländische örtliche Zuständigkeit
ableiten lässt.

§ 125h
Insolvenzverfahren

(1) Ist dem Insolvenzgericht bekannt, dass zur Insolvenzmasse eine angemeldete oder eingetragene Gemeinschaftsmarke gehört, so ersucht es das Harmonisierungsamt für den Binnenmarkt (Marken, Muster und Modelle) im unmittelbaren Verkehr,

1. die Eröffnung des Verfahrens und, soweit nicht bereits darin enthalten, die Anordnung einer Verfügungsbeschränkung,
2. die Freigabe oder die Veräußerung der Gemeinschaftsmarke oder der Anmeldung der Gemeinschaftsmarke,
3. die rechtskräftige Einstellung des Verfahrens und
4. die rechtskräftige Aufhebung des Verfahrens, im Falle einer Überwachung des Schuldners jedoch erst nach Beendigung dieser Überwachung, und einer Verfügungsbeschränkung

in das Register für Gemeinschaftsmarken oder, wenn es sich um eine Anmeldung handelt, in die Akten der Anmeldung einzutragen.

(2) Die Eintragung in das Register für Gemeinschaftsmarken oder in die Akten der Anmeldung kann auch vom Insolvenzverwalter beantragt werden. Im Falle der Eigenverwaltung (§ 270 der Insolvenzordnung) tritt der Sachwalter an die Stelle des Insolvenzverwalters.

1 Art. 23 Abs. 4, 21 GMV sieht vor, dass vorbehaltlich anders lautender EU-rechtlicher Vorschriften eine Gemeinschaftsmarke vom Insolvenzverfahren über das Vermögen des Markeninhabers in dem Mitgliedstaat erfasst wird, in welchem das Insolvenzverfahren zuerst eröffnet wird und dass die Eröffnung eines Insolvenzverfahrens auf Ersuchen der zuständigen nationalen Stelle in das Register eingetragen und veröffentlicht wird. § 125h enthält insoweit die Ausführungsvorschrift, als die Zuständigkeit des Insolvenzgerichts und die zusätzliche Antragsbefugnis des Insolvenzverwalters für ein derartiges Ersuchen vorgesehen ist.

v. Zumbusch

§ 125i
Erteilung der Vollstreckungsklausel

Für die Erteilung der Vollstreckungsklausel nach Artikel 82 Abs. 2 Satz 2 der Verordnung über die Gemeinschaftsmarke ist das Patentgericht zuständig. Die vollstreckbare Ausfertigung wird vom Urkundsbeamten der Geschäftsstelle des Patentgerichts erteilt.

Art. 86 Abs. 2 S. 2 der GMV sieht vor, dass die Regierung der Mitgliedstaaten der EU jeweils eine staatliche Behörde bestimmen, die die Vollstreckungsklausel für eine Kostenfestsetzungsentscheidung des HABM erteilt. Die bisher insoweit fehlende Ausführungsvorschrift des deutschen Rechts wurde nunmehr durch das KostenbereinigungsG 2001 mit dem § 125i eingefügt. Die Vorschrift ist textlich noch nicht an die VO (EG) Nr. 207/2009 angepasst und zitiert demgemäß Art. 82 Abs. 2 S. 2 GMV a. F., der Art. 86 GMV n. F. entspricht.

Teil 6
Geografische Herkunftsangaben

Abschnitt 1
Schutz geografischer Herkunftsangaben

Vorbemerkung zu §§ 126 bis 129

Übersicht

Literatur: *Ahrens*, Geographische Herkunftsangaben – Tätigkeitsverbot für den BGH?, Über gemein-schaftsrechtlichen Eigentumsschutz und Importbehinderungen kraft Irreführungsschutzes, GRUR Int. 1997, 508; *Beier*, Der Schutz geografischer Herkunftsangaben in Deutschland, GRUR 1963, 169, 236; *ders.*, Das Schutzbedürfnis für Herkunftsangaben und Ursprungsbezeichnungen im Gemeinsamen Markt, GRUR Int. 1977, 1; *Beier/Knaak*, Der Schutz geografischer Herkunftsangaben in der Europä-ischen Gemeinschaft, GRUR Int. 1992, 411; *dies.*, Der Schutz geografischer Herkunftsangaben in der Europäischen Gemeinschaft – Die neueste Entwicklung, GRUR Int. 1993, 602; *Berg*, Die geografi-sche Herkunftsangabe – ein Konkurrent für die Marke?, GRUR Int. 1996, 425; *Büscher*, Neuere Ent-wicklungen der Rechtsprechung des EuGH und BGH zu den geografischen Herkunftsangaben, GRUR Int. 2005, 801; *Fezer*, Kennzeichenschutz und Wettbewerbsschutz geografischer Herkunftsangaben, FS Helm, 2002, 151; *v. Gamm*, Der Schutz geografischer Herkunftsangaben nach mehr- und zweiseiti-gen Staatsverträgen in der Bundesrepublik Deutschland, FS Brandner, 1996, 375; *ders.*, Wein- und Be-zeichnungsvorschriften des Gemeinschaftsrechts und nationales Recht gegen den unlauteren Wettbe-werb, GRUR 1984, 165; *Gloy*, Geographische Herkunftsangaben, wettbewerbsrechtliche Relevanz und klarstellende Zusätze, FS Piper, 1996, 543; *Goebel*, Schutz geografischer Herkunftsangaben nach dem neuen Markenrecht, GRUR 1995, 98; *Gorny*, Markenrecht und geografische Herkunftsangaben bei Lebensmitteln, GRUR 1996, 447; *Helm*, Der Schutz geografischer Herkunftsangaben nach dem Markengesetz, FS Vieregge, 1995, 335; *Heine*, Das neue gemeinschaftsrechtliche System zum Schutz geografischer Bezeichnungen, GRUR 1993, 96; *Knaak*, Der Schutz geografischer Herkunftsangaben im neuen Markengesetz, GRUR 1995, 103; *ders.*, Der Schutz geografischer Angaben nach dem TRIPS-Abkommen, GRUR Int. 1995, 642; *Knaak/Tilmann*, Marken und geografische Herkunftsangaben, GRUR Int. 1994, 161; *Krieger*, Die Lissaboner Konferenz – Unlauterer Wettbewerb und Herkunftsangaben, GRUR Int. 1959, 90; *ders.*, Möglichkeiten für eine Verstärkung des Schutzes deutscher Herkunftsangaben im Ausland, GRUR Int. 1960, 400; *ders.*, Zur Auslegung der zweiseitigen Abkommen über den Schutz geografischer Bezeichnungen, GRUR Int. 1964, 499; *ders.*, Der internationale Schutz von geografischen Bezeichnungen aus deutscher Sicht, GRUR Int. 1984, 71; *Loschelder*, Die Bedeutung der zweiseitigen Abkommen über den Schutz von Herkunftsangaben, Ursprungsangaben und anderen geografischen Bezeichnungen in der Bundesrepublik Deutschland unter Berücksichtigung der VO (EG) Nr. 2081/92, FS Erdmann, 2002, 387; *Obergfell*, „Warsteiner" – Ein Fall für den EuGH, GRUR 1999, 551; *dies.* „Qualitätsneutrale" geografische Herkunftsangaben als Schutzdomäne des nationalen Rechts, GRUR 2001, 313; *Rowedder*, Rügenwalder Teewurst und andere Köstlichkeiten – Beiläufige Überlegungen zum Schutz geografischer Herkunftsangaben, FS Gaedertz, 1992, 465; *Schricker*, Der Schutz der Ursprungsbezeichnungen und Herkunftsangaben gegen anlehnende Bezugnahme, GRUR Int. 1982, 515; *Tilmann*, Die geografische Herkunftsangabe, 1976; *ders.*, Zur Bestimmung des Kreises der an einer geografischen Herkunftsangabe Berechtigten, GRUR 1980, 487; *ders.*, Aktuelle Probleme des Schutzes geografischer Herkunftsangaben, GRUR 1986, 593; *ders.*, Anm. zu I ZR 160/86 „Dresdner Stollen", WRP 1989, 377/GRUR 1989, 440; *ders.*, Kennzeichenrechtliche Aspekte des Rechtsschutzes geografischer Herkunftsangaben, FS GRUR, Bd. II, 1991, 1007; *ders.*, EG-Schutz für geografische Herkunftsangaben, GRUR 1992, 829; *ders.*, Grundlage und Reichweite des Schutzes geografischer Herkunftsangaben nach der VO EG 2081/92, GRUR Int. 1993, 610; *Ullmann*, Der Schutz der Angabe zur geografischen Herkunft – wohin?, GRUR 1999, 862; *Wichard*, Von Warstein nach Europa? – Was verdrängt die Verordnung (EG) Nr. 2081/92?, WRP 1999, 1005.

I. Begriff und systematische Einordnung

1. Begriff

Nach § 126 Abs. 1 sind geografische Herkunftsangaben die Namen von Orten, Gegenden, **1** Gebieten oder Ländern sowie sonstige Angaben oder Zeichen, die im geschäftlichen Verkehr zur Kennzeichnung der geografischen Herkunft von Waren oder Dienstleistungen benutzt werden. Dabei ist zu unterscheiden zwischen *unmittelbaren* geografischen Herkunftsangaben, die den Namen von Orten, Gegenden, Gebieten etc. enthalten (s. vor § 126 Rn. 8), und *mittelbaren* geografischen Herkunftsangaben, nämlich Kennzeichen und Aufmachungen, aus denen sich für die Verkehrsauffassung die geografische Herkunft der so gekennzeichneten Waren ergibt (s. vor § 126 Rn. 9). Eine *qualifizierte* Herkunftsangabe liegt vor, wenn sie über die geografische Herkunft hinaus eine weitere Qualifikation des Produktes vermittelt, z.B. wenn sie besondere Eigenschaften oder eine besondere Qualität der damit gekennzeichneten Waren oder Dienstleistungen vermittelt, vgl. § 127 Abs. 2 (s. vor § 126 Rn. 10 und § 127 Rn. 5 ff.). Weiterhin gibt es geografische Herkunftsangaben mit *besonderem Ruf*, die nach § 127 Abs. 3 einen erweiterten Schutz genießen (s. § 127 Rn. 11 ff.).

2. Rechtsnatur

2 Der Schutz der geografischen Herkunftsangaben wurde nach neuem Recht ins MarkenG inkorporiert, § 1 Nr. 3. Mit der Rechtsfigur der geografischen Herkunftsangaben soll der *kollektive Goodwill* der im jeweiligen geografischen Gebiet ansässigen Unternehmen, die die Angabe benutzen, geschützt werden.[1] Dass hier eine faktische Überschneidung mit dem Markenrecht vorliegt, ergibt sich schon daraus, dass geografische Herkunftsangaben und der damit verbundene Goodwill durch Kollektivmarken geschützt werden können.[2] Mehrfach entschieden ist, dass es sich bei geografischen Herkunftsangaben um gewerbliches Eigentum i. S. v. Art. 36 AEUV (= Art. 30 EG) handelt.[3]

3 Daraus ist aber *nicht* abzuleiten, dass es sich bei geografischen Herkunftsangaben um *Individualrechte* oder Immaterialgüter handelt.[4] Gegen den für ein subjektives Recht erforderlichen Zuweisungsgehalt spricht, dass im Fall der qualifizierten geografischen Herkunftsangabe (§ 127 Abs. 2) auch die am Ort ansässigen Gewerbetreibenden diese nicht für Waren mit abweichenden Eigenschaften oder abweichenden Qualitäten benutzen dürfen (s. § 127 Rn. 9). Gegen die für ein subjektives Recht erforderliche Ausschließungsfunktion spricht, dass Verstöße gegen § 127 MarkenG nach § 128 MarkenG nicht nur von den berechtigten Benutzern der geografischen Herkunftsangabe, sondern auch von Mitbewerbern und Verbänden verfolgt werden können. Ein Individualschutz für die berechtigten Benutzer ergibt sich daher nicht aus einem subjektiven Recht, sondern nur reflexartig aus dem seiner Natur nach *wettbewerbsrechtlichen Schutz der geografischen Herkunftsangabe*.[5]

4 Gegen eine Instrumentierung der geografischen Herkunftsangaben als Spielart des geistigen Eigentums spricht auch, dass sie keinen Inhaber haben, der sie veräußern konnte[6] und auch ihre *Lizenzierung* nicht möglich ist: Solange eine Irreführung der beteiligten Verkehrskreise stattfindet, ist die Einwilligung eines berechtigten Benutzers gegenüber einem Dritten, die Herkunftsangabe zu benutzen, unerheblich, selbst wenn die Herstellung des Produktes unter Verwendung der vom berechtigten Benutzer zur Verfügung gestellten Rohstoffe und Rezepte und unter dessen Aufsicht erfolgt.[7]

3. Verhältnis zu § 5 UWG

5 Vor dem Inkrafttreten des MarkenG wurden geografische Herkunftsangaben in erster Linie durch das Irreführungsverbot des § 3 UWG a. F. geschützt. Auch nach dem MarkenG bleibt die Anwendung des UWG unberührt, § 2. Die amtliche Begründung zu Teil 6 des MarkenG ging davon aus, dass § 3 UWG a. F. ergänzend neben den §§ 126 ff. angewandt wird.

---

1 Begründung des Gesetzentwurfs, BlPMZ Sonderheft 1994, 116; BGH, WRP 2000, 1284 = GRUR 2001, 73 – Stich den Buben.
2 § 100 Abs. 1; BGH, WRP 1996, 300 = GRUR 1996, 270 – MADEIRA.
3 EuGH, GRUR Int. 1993, 76 – Turron; GRUR 2003, 609 – Grana Padano, Tz. 49; GRUR 2003, 616 – Prosciutto die Parma, Tz. 64; vgl. auch BGH, GRUR 2007, 67 – Pietra die Soln Tz. 17.
4 Vgl. BGH GRUR 1999, 252 – Warsteiner II.
5 BGH, WRP 1998, 998 = GRUR Int. 1999, 70 – Warsteiner I; WRP 1998, 1002 = GRUR 1999, 252 – Warsteiner II; BGH, WRP 2000, 1284 = GRUR 2001, 73 – Stich den Buben; *Ingerl/Rohnke*, vor §§ 126–139 Rn. 1; vgl. a. Begründung des Gesetzentwurfs, BlPMZ Sonderheft 1994, 116; a. A. *Ströbele/Hacker*, § 126 Rn. 6; *Fezer*, § 126 Rn. 4; *Knaak*, GRUR 1995, 103.
6 Vgl. BGH, GRUR 2007, 884 Tz. 38 – Cambridge Institute.
7 BGH, GRUR 1965, 681 – de Paris.

Ein wesentliches Motiv für die Neuregelung im MarkenG war es, die Rechtszersplitterung, insbesondere in § 26 WZG und § 3 UWG a. F. zu beenden.[8] Die Regelung der §§ 126 ff. ist in ihrem Anwendungsbereich *lex specialis*, neben der die Vorschriften der §§ 3, 5 UWG nur noch für ergänzende Sachverhalte herangezogen werden können, die nicht unter die Regelung im MarkenG fallen.[9]

Als denkbarer Anwendungsbereich des § 5 UWG bleiben somit die nicht benutzten Her-   **6**
kunftsangaben (s. § 126 Rn. 5), die fiktiven Herkunftsangaben (s. § 126 Rn. 5) sowie schlussendlich fremdsprachige Angaben (s. § 126 Rn. 10). Raum für § 5 UWG bleibt ferner, wenn die – verletzende – Angabe nicht für Waren oder Dienstleistungen, sondern als Unternehmenskennzeichen benutzt wird.[10]

Unbeschadet der Einordnung der §§ 126 ff. als leges speciales baut deren Regelung insbe-   **7**
sondere zu „einfachen" geografischen Herkunftsangaben auf dem zu *§ 3 UWG* a. F. von der *Rechtsprechung* entwickelten System auf.[11] Dennoch ist die Rechtsprechung zu § 3 UWG a. F. nur mit der gebotenen Vorsicht heranzuziehen (s. insb. zur Irreführungsgefahr, § 127 Rn. 2). Neuerungen gegenüber § 3 UWG a. F. sind die Kodifikation des Schutzes der qualifizierten geografischen Herkunftsangabe (§ 127 Abs. 2) und die Regelungen zum erweiterten Schutz der geografischen Herkunftsangabe mit besonderem Ruf (§ 127 Abs. 3), die in der Vergangenheit über § 1 UWG a. F. geschützt waren.[12]

II. Fälle der geografischen Herkunftsangaben

1. Unmittelbare Herkunftsangaben (§ 126 Abs. 1)

Nach der gesetzlichen Definition des § 126 Abs. 1, 1. Alt. sind unter *unmittelbaren Her-*   **8**
kunftsangaben die *Namen von Orten, Gegenden, Gebieten und Ländern* zu verstehen. Sie enthalten somit in der Angabe selbst einen unmittelbaren Hinweis auf die geografische Herkunft. Als Beispiele sind zu nennen: Deutscher Sekt[13]; Kölsch-Bier[14]; Lübecker Marzipan[15]; Elsässer Nudeln[16]; Warsteiner[17]; Spa[18]; Oettinger[19]; Pietra di Soln[20]; Cambridge Institute[21].

---

8 Begründung des Gesetzentwurfs, BlPMZ Sonderheft 1994, § 117.
9 BGH, WRP 1998, 1002 = GRUR 1999, 252 – Warsteiner II; WRP 2001, 1450 = GRUR 2002, 160 – Warsteiner III; WRP 2000, 1284 = GRUR 2001, 73 – Stich den Buben; vgl. *Ingerl/Rohnke*, vor §§ 126–139 Rn. 8; *Hefermehl/Köhler/Bornkamm*, UWG § 5 Rn. 4.203; a. A. *Fezer*, § Vorb. zu 126 Rn. 2.
10 BGH, WRP 2000, 1284 = GRUR 2001, 73 – Stich den Buben.
11 Begr. d. Gesetzentwurfs, BlPMZ Sonderheft 1994, 117.
12 BGH, WRP 1988, 25 = GRUR 1988, 453 – Ein Champagner unter den Mineralwässern.
13 BGH, WRP 1970, 357 = GRUR 1971, 29.
14 BGH, GRUR 1970, 517.
15 BGH, WRP 1981, 18 = GRUR 1981, 71.
16 BGH, WRP 1982, 570 = GRUR 1982, 564.
17 BGH, WRP 1998, 1002 = GRUR 1998, 252 – Warsteiner II.
18 BGH, WRP 2001, 546 = GRUR 2001, 420.
19 BGH, WRP 2002, 1286 = GRUR 2002, 1074.
20 GRUR 2007, 67.
21 GRUR 2007, 884.

2. Mittelbare Herkunftsangaben (§ 126 Abs. 1)

9 *Mittelbare Herkunftsangaben* sind nach § 126 Abs. 1, 2. Alt. sonstige Angaben oder Zeichen, die auf die geografische Herkunft von Waren oder Dienstleistungen hinweisen. Hier enthält die Angabe selbst keinen ausdrücklichen geografischen Herkunftshinweis. Vielmehr wird von den beteiligten Verkehrskreisen eine *gedankliche Verbindung* zwischen der so gekennzeichneten Ware/Dienstleistung und einem bestimmten *geografischen Gebiet* hergestellt. Hier sind als Beispiele zum einen *Nationalfarben* zu nennen,[22] zum anderen *Wahrzeichen*, z.B. der Frankfurter Römer[23] sowie weiterhin typische *Verpackungen* oder *Warenaufmachungen*.[24] Zur Sonderproblematik von *fremdsprachigen Bezeichnungen*, die aufgrund der Verwendung einer fremden Sprache die Assoziation einer „ausländischen" Herkunft hervorrufen, vgl. § 126 Rn. 10.

3. Qualifizierte Herkunftsabgaben (§ 127 Abs. 2)

10 Mit *qualifizierten Herkunftsangaben* wird – sei es unmittelbar oder mittelbar – neben dem Hinweis auf die geografische Herkunft ein Hinweis auf eine besondere *Eigenschaft oder Qualität des Produktes* vermittelt.[25] Qualifizierte Herkunftsangaben liegen vor allem dann vor, wenn zur Herstellung ortsgebundene Naturstoffe verwendet werden.[26]

4. Herkunftsangabe mit besonderem Ruf (§ 127 Abs. 3)

11 Von den qualifizierten geografischen Herkunftsangaben nach § 127 Abs. 2 unterscheidet das Gesetz die geografische Herkunftsangabe mit *besonderem Ruf* gem. § 127 Abs. 3. Dieser besondere Ruf ist bereits wegen der abweichenden Formulierung von § 127 Abs. 3 nicht mit der Bekanntheit i.S.v. § 14 Abs. 2 Nr. 3 gleichzusetzen.[27] Der besondere Ruf muss sich nicht – wie der Gegenschluss aus § 127 Abs. 2 ergibt – auf (bestimmte) Qualitäten oder Eigenschaften der gekennzeichneten Waren/Dienstleistungen beziehen. Es genügt ein allein auf den Sekundärnutzen eines Produktes bezogenes Image.[28]

III. Das Schutzsystem nach nationalem Recht

1. Einfache geografische Herkunftsangaben

12 Wird eine einfache geografische Herkunftsangabe (§ 127 Abs. 1) für Waren/Dienstleistungen benutzt, die nicht aus dem maßgeblichen geografischen Gebiet stammen, so löst dies

---

22 BGH, WRP 1981, 518 = GRUR 1981, 666 – Ungarische Salami I; WRP 1982, 648 = GRUR 1982, 685 – Ungarische Salami II.
23 BGH, GRUR 1955, 91 – Mouson.
24 BGH, WRP 1971, 266 = GRUR 1971, 313 – Bocksbeutelflasche; GRUR 1979, 415 – Cantilflasche.
25 *Ströbele/Hacker*, § 127 Rn. 24; vgl. bereits *Beier*, GRUR 1963, 236 ff.
26 Vgl. BGH, WRP 1985, 696 = GRUR 1986, 316 – Urselters I; GRUR 1969, 611 – Champagner-Weizenbier; BGH, GRUR 1957, 530 – Havanna.
27 *Ingerl/Rohnke*, § 127 Rn. 15; *Ströbele/Hacker*, § 127 Rn. 29.
28 OLG München, MarkenR 2001, 218 – Habana; *Ingerl/Rohnke*, § 127 Rn. 15.

nach § 128 Unterlassungs- und Schadensersatzansprüche aus, wenn damit eine Irreführung des Verkehrs verbunden ist. Der *Schutzbereich* der geografischen Herkunftsangabe umfasst nur *identische* Produkte. Die verletzende Bezeichnung muss jedoch nicht identisch sein mit der geschützten Herkunftsangabe; *Abweichungen* oder *Zusätze*, insbesondere entlokalisierende Zusätze (s. § 127 Rn. 4), sind nach Maßgabe von § 127 Abs. 4 Nr. 1 unschädlich.

2. Qualifizierte geografische Herkunftsangaben

Im Fall der qualifizierten geografischen Herkunftsangabe (§ 127 Abs. 2) richten sich Unterlassungs- und Schadensersatzansprüche (§ 128) auch gegen den im maßgeblichen geografischen Gebiet *ansässigen Gewerbetreibenden*, wenn er die geografische Herkunftsangabe für Waren/Dienstleistungen mit *abweichenden Eigenschaften oder Qualitäten* benutzt;[29] auch in diesem Fall sind *Abweichungen oder Zusätze* vom Schutzinhalt umfasst, § 127 Abs. 4.   **13**

3. Herkunftsangabe mit besonderem Ruf

Der Schutz einer Herkunftsangabe mit besonderem Ruf (§ 127 Abs. 3) durch Unterlassungs- und Schadensersatzansprüche (§ 128) besteht anders als bei der einfachen Herkunftsangabe unabhängig von einer Irreführung. Maßgeblich ist, ob der Ruf oder die Unterscheidungskraft der geografischen Herkunftsangabe in unlauterer Weise ohne rechtfertigenden Grund ausgenutzt oder beeinträchtigt wird. Der „*Schutzbereich*" umfasst hier auch andere Waren als diejenigen, für die die geografische Herkunftsangabe benutzt wird. *Abweichungen* von oder *Zusätze* gegenüber der geografischen Herkunftsangabe sind für die Verwirklichung des Verletzungstatbestands unerheblich, wenn eine unlautere Ausnutzung oder Beeinträchtigung verbleibt (§ 127 Abs. 4 Nr. 2).   **14**

4. Klagebefugnis

Aktivlegitimiert hinsichtlich des *Unterlassungsanspruches* sind nach § 128 Abs. 1 die berechtigten Benutzer der Angabe[30] sowie die in § 8 Abs. 3 UWG genannten Mitbewerber und Verbände. Hierdurch wird die wettbewerbsrechtliche Konstruktion des Schutzes besonders deutlich. Hinsichtlich der *Schadensersatzansprüche* sind nach § 128 Abs. 2 allein die berechtigten Benutzer aktivlegitimiert. die *Annexansprüche* sind nunmehr durch eine Verweisung auf die §§ 19 ff. geregelt.   **15**

IV. EG-Recht

1. Schutz des kommerziellen Eigentums

Der EuGH hatte sich mehrfach damit zu beschäftigen, inwieweit geografische Herkunftsangaben *gewerbliches und kommerzielles Eigentum* i. S. d. Art. 36 AEVU (= 30 EG a. F.)   **16**

---

29 *Ströbele/Hacker*, § 127 Rn. 24.
30 BGH, GRUR 2007, 884 – Cambridge Institute, Tz. 34.

darstellen und somit Ansprüche aus geografischen Herkunftsangaben eine gerechtfertigte Beschränkung des zwischenstaatlichen Handels darstellen.[31] Seit der Entscheidung „Turron"[32] ist auch in der Rechtsprechung des EuGH geklärt, dass unter dem Begriff „Herkunftsangabe" sowohl *einfache* als auch *qualifizierte Herkunftsangaben* zu verstehen sind.[33]

2. Gemeinschaftsmarkenrecht

17 Art. 15 Abs. 2 Markenrechtsrichtlinie gibt fakultativ die Möglichkeit, geografische Herkunftsangaben als *Kollektivmarken* zuzulassen. Von dieser Möglichkeit hat der nationale Gesetzgeber in §§ 99 ff. Gebrauch gemacht. Weitere Regelungen zum Schutz der geografischen Herkunftsangaben enthält die Markenrechtsrichtlinie nicht. Ebenso sieht Art. 64 Abs. 2 GMV nur vor, dass geografische Herkunftsangaben als Gemeinschaftskollektivmarken geschützt werden können.

3. Schutz von geografischen Angaben und Ursprungsbezeichnungen nach der VO (EG) Nr. 510/2006 und anderen Verordnungen

18 Die VO (EG) Nr. 510/2006 regelt den Schutz der Ursprungsbezeichnungen und der geografischen Angaben für Lebensmittel und Agrarerzeugnisse (s. vor § 130 Rn. 7 ff.). Der Schutz nach der VO verlangt zum einen die *Eintragung* in ein von der EG-Kommission geführtes Register; die Durchführungsvorschriften des nationalen Rechtes hierzu finden sich in §§ 130 ff. Zum anderen setzt der Schutz einer geografischen Herkunftsangabe für Agrarerzeugnisse und Lebensmittel nach Art. 2 der VO voraus, dass die Erzeugnisse ihre Güte oder Eigenschaften überwiegend den geografischen Verhältnissen des Gebietes verdanken, in dem sie produziert werden, oder dass sich eine bestimmte Qualität oder eine andere Eigenschaft aus diesem geografischen Ursprung ergibt, sog. *qualifizierte Herkunftsangabe*. Streitig war, ob neben der VO nationales Recht zum Schutz *einfacher nationaler Herkunftsangaben* im Bereich der Agrarerzeugnisse und Lebensmittel angewandt werden kann. Der EuGH[34] hat nun entschieden, dass für einfache geografische Herkunftsangaben *nationales Recht neben der VO anwendbar* ist. Die EuGH-Entscheidung „American Bud II" wird man dahin zu interpretieren haben, dass für *qualifizierte Herkunftsangaben die VO Vorrang genießt*.[35]

19 Der Schutz geografischer Herkunftsangaben auf Gemeinschaftsebene ist produktspezifisch aufgebaut. Neben der Verordnung zum Schutz von geografischen Angaben für Agrarerzeugnisse und Lebensmittel sind zu nennen die VO (EG) Nr. 479/2008 (vormals: VO (EG) Nr. 1493/1999) für *Weinbauerzeugnisse* sowie die VO (EG) Nr. 110, 2008 (vormals: VO (EG) Nr. 1576/89) für *Spirituosen*.[36]

---

31 Vgl. EuGH, GRUR Int. 1984, 291 – Bocksbeutel; EuGH, GRUR Int. 1977, 25 – Sekt/Weinbrand.
32 GRUR Int. 1993, 76.
33 Vgl. EuGH, GRUR 2003, 609 Tz. 49 – Grana Padano; GRUR 2003, 616 Tz. 64 – Prosciutto di Parma; GRUR 2010, 143 Tz. 110 – American Bud II.
34 GRUR 2001, 64 – Warsteiner; s. a. BGH, WRP 2001, 546 = GRUR 2001, 420 – Spa; WRP 2001, 1450 = GRUR 2002, 160 – Warsteiner III.
35 GRUR 2010, 143 Tz. 111 ff.; s. vor § 130, Rn. 29 ff.
36 S. *Fezer*, vor § 130 Rn. 3.

V. Staatsverträge

1. Multilaterale Verträge

Die *PVÜ* schützt nach Art. 1 Abs. 2 auch Herkunftsangaben und Ursprungsbezeichnungen. **20** Nach dem Grundsatz der Inländerbehandlung (Art. 2 PVÜ) richtet sich der Schutz nach dem nationalen Recht des jeweiligen Schutzlandes.[37] Nach Art. 3bis MHA sind die Vertragsstaaten verpflichtet, jede das Publikum über die Herkunft der Erzeugnisse täuschende Angabe zu untersagen. Der Schutz der Herkunftsangaben richtet sich auch hier nach dem nationalen Recht der einzelnen Vertragsstaaten. Art. 22 Abs. 2 des *TRIPS*-Abkommens verpflichtet die Mitglieder, den Verkehr vor einer Irreführung über die geografische Herkunft zu schützen, wobei die Umsetzung wiederum durch nationales Recht erfolgt.[38] Dem *Lissaboner Ursprungsabkommen (LUA)* ist Deutschland nicht beigetreten, da dort nur Ursprungsangaben geschützt werden.[39]

2. Bilaterale Verträge

Auf bilateraler Ebene hat Deutschland in den 1960er und 1970er Jahren Verträge mit **21** *Frankreich,*[40] *Griechenland,*[41] *Italien,*[42] der *Schweiz*[43] und *Spanien*[44] geschlossen. Vorbild für diese bilateralen Verträge war als *Musterabkommen* das *deutsch-französische Abkommen* über den Schutz von Herkunftsangaben und Ursprungsbezeichnungen.[45] Zu erwähnen ist weiterhin das deutsch-kubanische Abkommen[46] zum Schutz der Herkunftsangaben „Havanna", „Habana" etc. für kubanische Erzeugnisse, insbesondere Tabakerzeugnisse, das älter ist als das deutsch-französische Abkommen und die genannten Folgeabkommen hierzu.[47]

3. Das Schutzsystem der neueren bilateralen Verträge

Das deutsch-französische Abkommen beruhte im Wesentlichen auf folgendem *Grundprin-* **22** *zip*, das auch für die Nachfolgeabkommen übernommen wurde: Die Ursprungsbezeichnungen und Herkunftsangaben werden für Erzeugnisse und Waren des Ursprungslandes reserviert; dabei wird allein das Recht des Ursprungslandes zugrunde gelegt. Die Abkommen enthalten in Anlagen A und B für jeden Vertragsstaat Listen der geografischen Herkunftsangaben, wobei für die jeweiligen Herkunftsangaben die betreffenden, aus dem Ursprungs-

---

37 Vgl. *Knaak*, GRUR Int. 1995, 642.
38 Vgl. *Knaak*, GRUR Int. 1995, 642; *Ströbele/Hacker*, § 126 Rn. 32.
39 *Ströbele/Hacker*, § 126 Rn. 14.
40 BGBl. 1961 II, 22.
41 BGBl. 1965 I, 176.
42 BGBl. 1965 II, 156.
43 BGBl. 1969 II, 138.
44 BGBl. 1972 II, 109.
45 *Krieger*, GRUR Int. 1964, 499; 1967, 344; 1984, 71; *Beier/Knaak*, GRUR Int. 1993, 602.
46 BGBl. 1954 II, 1112.
47 Vgl. BGH, GRUR 1957, 430 – Havanna: Bezeichnung „Havanna" unzulässig für nicht aus Kuba stammende Rasierklingen; OLG München, MarkenR 2001, 218 – Habana: Bezeichnung „Habana" unzulässig für Motorradroller.

land stammenden Waren und Erzeugnisse genannt sind.[48] Die in den Anlagen genannten geografischen Angaben werden im jeweiligen Schutzland unabhängig von einer Irreführung geschützt. Für die in den Anlagen nicht aufgelisteten Angaben wird in den Abkommen ein ergänzender Irreführungsschutz vorgesehen.[49] Aufgrund des Modellcharakters des deutsch-französischen Abkommens können die hierzu ergangenen Entscheidungen – mit der gebotenen Vorsicht – auch für die Auslegung anderer Abkommen nutzbar gemacht werden.

23 Die Ansprüche auf *Unterlassung und Schadensersatz* ergeben sich unmittelbar aus den jeweiligen Abkommen, die durch Ratifikation deutsches Recht und damit Teil der nationalen Wettbewerbsordnung geworden sind.[50] Die Verletzungshandlung muss hierbei *nicht kennzeichenmäßig* erfolgen.[51] Allerdings soll sich ein *Löschungsanspruch* aus dem Abkommen selbst nicht ergeben;[52] anderes gilt für den aus § 128 abgeleiteten Löschungsanspruch.[53] Neben den berechtigten Benutzern der geografischen Angabe sind auch die nach § 13 UWG a. F. klagebefugten Wettbewerber und Verbände *aktivlegitimiert*.[54] Durch die Neufassung des § 8 UWG ist hier keine wesentliche Änderung eingetreten.

24 Im Schutzland ist die Verwendung einer geografischen Angabe nicht nur für die Waren untersagt, die in den Anlagen zum Vertrag für die geografischen Herkunftsangaben aus dem jeweiligen Ursprungsland vorbehalten waren. Der „*Schutzbereich*" umfasst vielmehr auch die Verwendung für Waren, durch die der „geschäftliche Werbewert" der geografischen Herkunftsangabe beeinträchtigt werden kann.[55] Die Grundsätze über die unlautere Ausnutzung eines besonderen Rufs zur Förderung des Absatzes eigener Waren sind im Rahmen der Abkommen ebenfalls anzuwenden.[56]

25 Der „Schutzbereich" der durch die Abkommen geschützten geografischen Herkunftsangaben ist nicht auf die identische Benutzung beschränkt; auch *Abwandlungen* sind vom Schutzbereich erfasst, wenn diese den gleichen Eindruck wie die geschützte geografische Bezeichnung hervorrufen oder geeignet sind, den in der geografischen Herkunftsangabe verkörperten Werbewert zu beeinträchtigen oder auszubeuten.[57]

26 Allerdings müssen die bilateralen Verträge den Anforderungen der *Art. 34, 35* und *Art. 36 AEUV* (früher: Art. 28, 30 EG) entsprechen,[58] und zwar auch dann, wenn sie mit einem

---

48 *Fezer*, Vorb. § 126 Rn. 16; *Krieger*, GRUR Int. 1984, 71.
49 *Ströbele/Hacker*, § 126 Rn. 28.
50 BGH, WRP 2005, 1530 = GRUR 2005, 957 – Champagnerbratbirne.
51 BGH, a. a. O.
52 BGH, GRUR 1969, 615 – Champi-Krone; s. a. *Ströbele/Hacker*, § 126 Rn. 29.
53 BGH, WRP 2001, 546 = GRUR 2001, 420 – Spa.
54 BGH, WRP 1994, 256 = GRUR 1994, 307 – Mozzarella I; vgl. *Fezer*, Vorb. § 126 Rn. 20.
55 BGH, GRUR 1969, 611 – Champagner-Weizenbier; WRP 1988, 25 = GRUR 1988, 453 – Ein Champagner unter den Mineralwässern; WRP 2002, 542 = GRUR 2002, 426 – Champagner bekommen, Sekt bezahlen; WRP 2005, 1530 = GRUR 2005, 957 – Champagnerbratbirne; BGH, LMRR 2008, 12 – Champ; OLG München, GRUR-RR 2004, 17 – Champearl.
56 BGH, WRP 1988, 25 = GRUR 1988, 453 – Ein Champagner unter den Mineralwässern; WRP 2005, 1530 = GRUR 2005, 957 – Champagnerbratbirne; OLG Köln, GRUR Int. 2000, 796; LG Hamburg, GRUR Int. 1996, 155; vgl. a. OLG München, GRUR-RR 2004, 17 – Champearl.
57 BGH, GRUR 1969, 615 – Champi-Krone; WRP 2005, 1530 = GRUR 2005, 957 – Champagnerbratbirne; OLG München, GRUR-RR 2004, 17 – Champearl; BGH, LMRR 2008, 12 – Champ.
58 EuGH, GRUR Int. 1993, 76 – Turron.

Drittland abgeschlossen wurden.[59] Bilaterale Abkommen sind Maßnahmen gleicher Wirkung im Sinne von Art. 34, 35 AEUV; indessen ist der Schutz von geografischen Herkunftsangaben nach Art. 36 AEUV gerechtfertigt, und zwar sowohl für qualifizierte geografische Herkunftsangaben als auch für einfache Herkunftsangaben.[60] Genießt die Angabe im Ursprungsland keinen Schutz (mehr), so stellt ein auf den Vertrag gegründetes Verbot eine nach Art. 36 AEUV nicht gerechtfertigte Beschränkung des zwischenstaatlichen Handels dar,[61] wobei unerheblich ist, ob das angegriffene Produkt aus einem EU-Mitgliedstaat eingeführt wurde.[62]

Der EuGH hat ferner entschieden, dass bilaterale Verträge zum Schutz *einfacher geografischer Herkunftsangaben* neben der VO (EG) Nr. 2081/92 (bzw. jetzt: VO (EG) Nr. 510/2006) fortgelten.[63] Dies entspricht der Auffassung des EuGH, dass der Schutz einfacher geografischer Herkunftsangaben auch dann, wenn sie in den sachlichen, d. h. produktbezogen definierten Anwendungsbereich der EG-VO fallen, nach nationalem Recht zulässig ist.[64] Der EuGH hat weiter entschieden, dass die VO für qualifizierte Herkunftsangaben abschließend ist und daher den Vorrang vor bilateralen Verträgen genießt;[65] aus der Entscheidung wird man auch ableiten müssen, dass die VO gegenüber dem nationalen Recht für *qualifizierte geografische Herkunftsangaben* den Vorrang genießt (vor § 130 Rn. 29 ff.).   **27**

---

59 EuGH, GRUR Int. 2004, 131 – American Bud I.
60 EuGH, GRUR Int. 1993, 76 – Turron; GRUR Int. 2004, 131 – American Bud I.
61 EuGH, GRUR Int. 2004, 131 – American Bud I.
62 Vgl. BGH, WRP 1994, 256 = GRUR 1994, 307 – Mozzarella I.
63 EuGH, GRUR Int. 2004, 131 – American Bud I.
64 EuGH, WRP 2000, 1389 = GRUR 2001, 64 – Warsteiner.
65 EuGH, GRUR 2010, 413 Tz. 111 ff. – American Bud II.

§ 126
Schutz geographischer Herkunftsangaben

Als geographische Herkunftsangaben geschützte Namen, Angaben oder Zeichen

(1) Geographische Herkunftsangaben im Sinne dieses Gesetzes sind die Namen von Orten, Gegenden, Gebieten oder Ländern sowie sonstige Angaben oder Zeichen, die im geschäftlichen Verkehr zur Kennzeichnung der geographischen Herkunft von Waren oder Dienstleistungen benutzt werden.

(2) Dem Schutz als geographische Herkunftsangaben sind solche Namen, Angaben oder Zeichen im Sinne des Absatzes 1 nicht zugänglich, bei denen es sich um Gattungsbezeichnungen handelt. Als Gattungsbezeichnungen sind solche Bezeichnungen anzusehen, die zwar eine Angabe über die geographische Herkunft im Sinne des Absatzes 1 enthalten oder von einer solchen Angabe abgeleitet sind, die jedoch ihre ursprüngliche Bedeutung verloren haben und als Namen von Waren oder Dienstleistungen oder als Bezeichnungen oder Angaben der Art, der Beschaffenheit, der Sorte oder sonstiger Eigenschaften oder Merkmale von Waren oder Dienstleistungen dienen.

Übersicht

Literatur: S. Vorbemerkung zu §§ 126–129.

I. Schutzvoraussetzungen gem. § 126 Abs. 1

1. Einordnung als geografische Herkunftsangabe

1   Nachfolgend werden die Schutzvoraussetzungen für die *einfachen* Herkunftsangaben, nämlich unmittelbare und mittelbare Herkunftsangaben, dargestellt. Die zusätzlichen Schutzvoraussetzungen für *qualifizierte* Herkunftsangaben und für Herkunftsangaben mit *besonderem Ruf* werden bei § 127 kommentiert (§ 127 Rn. 5 ff. und 11 ff.).

2   Der Schutz der geografischen Herkunftsangabe entsteht nach nationalem Recht unabhängig von einer Hinterlegung oder Registrierung. Zu der umstrittenen Frage, ob der Schutz nach §§ 126 ff. die Benutzung der geografischen Herkunftsangabe durch die Berechtigten

voraussetzt, s. Rn. 4. Maßgeblich für die Einordnung einer Angabe als geografische Herkunftsangabe ist die *Verkehrsauffassung*. Maßstab ist die Auffassung des durchschnittlich informierten und verständigen Verbrauchers.[1] Insbesondere bei mittelbaren Herkunftsangaben ist die entsprechende Verkehrsvorstellung konkret darzutun.[2] Bei *unmittelbaren Herkunftsangaben* besteht i. d. R. die *Vermutung*, dass nach der Verkehrsauffassung die verwendete Ortsangabe als geografischer Herkunftshinweis verstanden wird.[3]

Der Schutz der einfachen geografischen Herkunftsangabe setzt *nicht* voraus, dass die Verkehrsauffassung mit ihr eine besondere, auf regionale oder örtliche Eigenheiten zurückführende *Qualitätsvorstellung* verbindet.[4] *Nicht* erforderlich ist auch, dass nach der Verkehrsauffassung die geografische Herkunftsangabe als solche *bekannt* ist; der *Schutz* setzt lediglich voraus, dass der angegebene *Ort nicht* aufgrund seiner Eigenart oder wegen der Besonderheit der Ware als Produktionsstätte *erkennbar ausscheidet*.[5] Von der sonach nicht erforderlichen Bekanntheit der geografischen Herkunftsangabe ist die für den Tatbestand des § 127 Abs. 1 notwendige Irreführung (s. § 127 Rn. 2) zu unterscheiden.[6]   **3**

2. Benutzung im geschäftlichen Verkehr

Streitig ist, ob der Schutz von geografischen Herkunftsangaben deren *Benutzung durch die Berechtigten im geschäftlichen Verkehr* voraussetzt. Gegen dieses Erfordernis spricht, dass die §§ 126 ff. auf der Rechtsprechung zu § 3 UWG a. F. aufbauen und nach § 3 UWG grundsätzlich auch unbenutzte Herkunftsangaben geschützt waren.[7] Für das Erfordernis einer Benutzung ist der Wortlaut von § 126 Abs. 1 anzuführen. Entscheidend ist schlussendlich der Zweck der gesetzlichen Regelung: Mit den §§ 126 ff. soll der kollektive Goodwill der im jeweiligen geografischen Gebiet ansässigen Unternehmen, die die Angaben benutzen, geschützt werden.[8] Damit setzt der Schutz nach § 126 die *Benutzung* der geschäftlichen Herkunftsangabe im Verkehr voraus. Die Benutzung durch ein einziges, im maßgeblichen geografischen Gebiet ansässiges Unternehmen reicht aus.[9]   **4**

Ein Schutz von *nicht benutzten* Herkunftsangaben ist somit allenfalls nach *§ 5 UWG* denkbar.[10] Ein Schutz allein nach § 5 UWG ist zu diskutieren, wenn die Angabe *nicht mehr* als   **5**

---

1 BGH, WRP 2001, 1450 = GRUR 2002, 160 – Warsteiner III; WRP 2002, 1286 = GRUR 2002, 1074 – Oettinger; *Ingerl/Rohnke*, § 126 Rn. 2; a. A. *Ströbele/Hacker*, § 126 Rn. 48.
2 Vgl. BGH, WRP 1971, 120 = GRUR 1971, 255 – Plym-Gin; WRP 1971, 266 = GRUR 1971, 315 – Bocksbeutelflasche; WRP 1982, 570 = GRUR 1982, 564 – Elsässer Nudeln.
3 BGH, GRUR 1963, 482 – Hollywood-Duftschaumbad.
4 BGH, WRP 1994, 256 = GRUR 1994, 307 – Mozzarella I; WRP 1995, 11 = GRUR 1995, 65 – Produktionsstätte; WRP 1998, 1002 = GRUR 1999, 252 – Warsteiner II; vgl. a. EuGH, GRUR Int. 1993, 76 – Turron.
5 BGH, WRP 1998, 1002 = GRUR 1999, 252 – Warsteiner II; vgl. auch BGH, GRUR 1963, 469 – Nola; GRUR 1957, 430 – Havanna; GRUR 1983, 768 – Capri-Sonne.
6 Ebenso *Ingerl/Rohnke*, § 126 Rn. 2.
7 Vgl. BGH, WRP 1982, 570 = GRUR 1982, 564 – Elsässer Nudeln.
8 BGH, WRP 2000, 1284 = GRUR 2001, 73 – Stich den Buben.
9 Vgl. BGH, GRUR 2007, 67 Tz. 20 – Pietra die Soln; wie hier: *Fezer*, § 126 Rn. 13; *Knaak*, GRUR 1995, 103; a. A. für unmittelbare geografische Herkunftsangaben *Ingerl/Rohnke*, § 126 Rn. 9; *Ströbele/Hacker*, § 126 Rn. 50.
10 So zum alten Recht: BGH, WRP 1982, 570 = GRUR 1982, 564 – Elsässer Nudeln.

Ortsname benutzt wird, beispielsweise bei *personengebundenen Herkunftsangaben.*[11] Gleiches gilt für *fiktive Herkunftsangaben*, z. B. für nicht existierende Lagenamen für Weine.[12] § 5 UWG ist nach der Rechtsprechung des BGH für ergänzende Sachverhalte, die nicht unter die Regelung in §§ 126 ff. fallen, heranzuziehen.[13]

3. Maßgebliches geografisches Gebiet

6   Nach der *Verkehrsauffassung* bestimmt sich, wie das maßgebliche geografische Gebiet abzugrenzen ist.[14] Die Verkehrsauffassung entscheidet auch darüber, welche *Produktionsschritte* in dem maßgeblichen geografischen Gebiet verwirklicht werden müssen, damit die geografische Herkunftsangabe befugt benutzt werden kann.[15] Als Anhaltspunkt lässt sich hierzu sagen, dass es bei *Industrieerzeugnissen* i. d. R. auf den Ort der produktprägenden Herstellungsvorgänge ankommen wird. Bei *unbearbeiteten Naturprodukten* wird in aller Regel der Ort ihrer Gewinnung entscheidend sein. Bei *bearbeiteten und verarbeiteten Naturerzeugnissen* wird es darauf ankommen, ob im Einzelfall die Wertschätzung der beteiligten Verkehrskreise durch den Rohstoff oder eher die Verarbeitung des Produktes bestimmt wird.[16]

4. Ausländische Herkunftsangaben

7   Nach dem Grundsatz der *Inländerbehandlung* gem. Art. 2 PVÜ werden geografische Herkunftsangaben aus den Mitgliedstaaten der PVÜ im Inland nach §§ 126 ff. geschützt, soweit eine entsprechende *Verkehrsauffassung* im Inland besteht. Eine *Benutzung* der geografischen Herkunftsangabe im Inland ist nicht erforderlich; eine Benutzung im geschäftlichen Verkehr des *Ursprungslandes* genügt. Das für die Anwendung nationalen Rechts maßgebliche Territorialitätsprinzip fordert nur die Anwendung des Rechts des Schutzlandes (hier deutsches Recht), verbietet aber nicht die Berücksichtigung von Auslandssachverhalten. Ob die geografische Herkunftsangabe als solche *im Ursprungsland* geschützt ist, ist auf der Ebene des nationalen Rechts *unerheblich.*[17]

8   Auf der *europarechtlichen Ebene* sind allerdings die Art. 34, 35 und Art. 36 AEUV (früher: Art. 28, 30 EG) zu beachten, und zwar auch dann, wenn es sich bei dem Ursprungsland um ein Drittland handelt.[18] Genießt die Angabe im Ursprungsland keinen Schutz mehr, so stellt ein Verbot in Deutschland eine nach Art. 36 AEUV nicht gerechtfertigte Beschränkung

---

11 BGH, WRP 1995, 398 = GRUR 1995, 354 – Rügenwalder Teewurst II; vgl. auch BGH, GRUR 2006, 76 Tz. 15 – Königsberger Marzipan.

12 Vgl. BGH, WRP 1979, 855 = GRUR 1980, 173 – Fürstenthaler.

13 BGH, WRP 1998, 1002 = GRUR 1999, 252 – Warsteiner II; s. vor §§ 126–129, Rn. 5.

14 BGH, GRUR 1970, 517 – Kölsch-Bier.

15 Vgl. BGH, WRP 1998, 1002 = GRUR 1999, 252 – Warsteiner II: maßgeblich ist der Brauort; GRUR 1995, 65 – Produktionsstätte; GRUR 1973, 594 – Ski-Sicherheitsbindung.

16 *Ströbele/Hacker*, § 127 Rn. 7 ff.

17 Zu § 3 UWG a. F. vgl. BGH, WRP 1982, 570 = GRUR 1982, 564 – Elsässer Nudeln.

18 So zu bilateralen Verträgen EuGH, GRUR Int. 2004, 131 – American Bud I.

dar.[19] Hierbei ist es unerheblich, ob das angegriffene Produkt aus einem EU-Mitgliedstaat eingeführt wurde.[20]

II. Sonderfälle

1. Phantasiebezeichnungen

Kein Fall der geografischen Herkunftsangabe liegt trotz der Verwendung einer Ortsangabe **9** vor, wenn der angegebene *Ort* aufgrund seiner *Eigenart* oder wegen der *Besonderheit der Ware* nach der Verkehrsauffassung als Produktionsstätte erkennbar *ausscheidet*.[21] Als Beispiele sind zu nennen „Mont Blanc" für Füllfederhalter und „Capri" für Autos.

2. Fremdsprachige Bezeichnungen

Fremdsprachige Bezeichnungen ohne geografischen Hinweis, aus denen der Verkehr eine **10** Herkunft aus einem bestimmten Land ableitet, fallen nicht unter § 126, da nach der hier vertretenen Auffassung (s. Rn. 4) der Schutz der geografischen Herkunftsangabe deren *Benutzung* als Herkunftshinweis durch die Berechtigten voraussetzt. Zudem ist der Verkehr heute an internationale Bezeichnungen gewöhnt.[22] Umgekehrt fallen auch *deutschsprachige Bezeichnungen* für ausländische Produkte nicht unter § 126. Die Anwendung von § 5 UWG verstößt hier gegen Art. 36 AEUV.[23]

3. Betriebliche Herkunftsangaben

Eine Ortsangabe, die sich aufgrund ihrer Benutzung durch einen bestimmten Betrieb als **11** Herkunftshinweis auf diesen durchgesetzt hat, verliert dadurch nicht ihre ursprüngliche Eigenschaft als geografische Angabe.[24] Hierbei handelt es sich also um die Fälle, in denen ein und dieselbe Angabe einerseits als Herkunftshinweis auf ein bestimmtes Unternehmen und andererseits als geografische Herkunftsangabe verstanden wird. Auf eine solche *doppelfunktionale Angabe* sind grundsätzlich die §§ 126 ff. anzuwenden, d. h., bei einer Herstellung außerhalb des maßgeblichen geografischen Gebietes liegt im Grundsatz ein Verstoß gegen § 127 vor. Solche Fälle sind im Rahmen der Verhältnismäßigkeitsprüfung durch eine umfassende Interessenabwägung zu lösen.[25] Die *vollständige Umwandlung* einer geo-

---

19 EuGH, GRUR Int. 1993, 76 – Turron; GRUR Int. 2004, 131 – American Bud I.
20 BGH, WRP 1994, 256 = GRUR 1994, 307 – Mozzarella I.
21 BGH, WRP 1998, 1002 = GRUR 1999, 252 – Warsteiner II; vgl. a. BGH, GRUR 1993, 768 – Capri-Sonne.
22 Vgl. BGH, WRP 1980, 76 = GRUR 1980, 119 – Ginseng-Werbung; überholt daher z. B. BGH, GRUR 1963, 589 – Lady-Rose.
23 So OLG Köln, WRP 1989, 751 = GRUR 1989, 694 – Frischgeflügel; ähnlich *Ingerl/Rohnke*, § 126 Rn. 6; vgl. Stellungnahme der Kommission in EuZW 1993, 126.
24 BGH, WRP 1998, 1002 = GRUR 1999, 252 – Warsteiner II; vgl. auch BGH, WRP 1957, 332 = GRUR 1958, 39 – Rosenheimer Gummimäntel; BPatG, GRUR Int. 1992, 62 – Vittel.
25 BGH, WRP 1998, 1002 = GRUR 1999, 252 – Warsteiner II; WRP 2001, 1450 = GRUR 2002, 160 – Warsteiner III; WRP 2002, 1286 = GRUR 2002, 1047 – Oettinger.

grafischen Herkunftsbezeichnung, nämlich der Verlust der ursprünglichen Bedeutung, auf die Produktion an einem bestimmten Ort hinzuweisen, erfordert die Feststellung, dass nur noch ein *unbeachtlicher Teil des Verkehrs* von einer geografischen Herkunftsbedeutung ausgeht.[26] Die Umwandlung einer geografischen Angabe in einen betrieblichen Herkunftshinweis setzt voraus, dass diese von einem ortsansässigen Unternehmen z.B. als Marke oder Firma benutzt wird. Die damit verbundene Verwässerung der geografischen Angabe und die Gefahr, dass diese zu Gunsten eines ortsansässigen Unternehmens monopolisiert wird, kann eine gegen § 3, 4 Nr. 10 UWG verstoßende Behinderung der übrigen im maßgeblichen Gebiet ansässigen Unternehmen darstellen.[27]

III. Gattungsbezeichnungen und Denaturierung geografischer Herkunftsangaben (§ 126 Abs. 2)

1. Gattungsbezeichnungen

12 Nach § 126 Abs. 2 S. 1 sind Angaben, obwohl sie einen geografischen Herkunftshinweis enthalten, dem Schutz nach § 126 nicht zugänglich, wenn es sich um *Gattungsbezeichnungen* handelt. Wie sich der Regelung in § 126 Abs. 2 S. 2 zur Umwandlung einer geografischen Angabe in eine Gattungsbezeichnung entnehmen lässt, dienen Gattungsbezeichnungen als Name von Waren oder Dienstleistungen oder als Bezeichnungen oder Angaben der Art, der Beschaffenheit, der Sorte oder sonstigen Eigenschaften oder Merkmale von Produkten. Maßgeblich ist auch hier die Verkehrsauffassung. Als *Beispiele* für Gattungsbezeichnungen sind solche Angaben zu nennen, die von vornherein eine geografische Angabe nicht bezeichneten oder bei denen der Vorgang der Denaturierung so weit zurückliegt, dass sie in Vergessenheit geraten ist. Zu nennen sind Angaben wie „Hamburger", „Italienischer Salat", „Wiener Schnitzel" oder „Wiener Würstchen".[28]

2. Umwandlung zur Gattungsbezeichnung

13 § 126 Abs. 2 S. 2 regelt die Umwandlung einer geografischen Herkunftsangabe in eine Gattungsbezeichnung, sog. *Denaturierung*. Der Gesetzgeber[29] wollte hiermit einerseits an die Rechtsprechung zu § 3 UWG a.F. zur Umwandlung einer geografischen Herkunftsangabe zur *Gattungsbezeichnung* anknüpfen, andererseits aber einen Gleichlauf mit Art. 3 Abs. 1 der VO (EG) Nr. 2081/92 erreichen, wonach eine geografische Bezeichnung dann zur Gattungsbezeichnung geworden ist, wenn die Bezeichnung „der gemeinhin übliche Name" für ein Erzeugnis geworden ist. Da die Rechtsprechung zu § 3 UWG die erforderliche Irreführungsquote bei 10–15 % ansetzte,[30] waren an die *Umwandlung* einer geografischen Herkunftsangabe in eine Gattungsbezeichnung strenge Anforderungen zu stellen. Diese war erst dann vollzogen, wenn nur noch ein *ganz unbeachtlicher Teil* der beteiligten *Ver-*

---

26 BGH, WRP 2001, 546 = GRUR 2001, 420 – Spa; WRP 1998, 1002 = GRUR 1999, 252 – Warsteiner II.

27 BGH, WRP 2000, 1284 = GRUR 2001, 73 – Stich den Buben.

28 *Ströbele/Hacker*, § 126 Rn. 63.

29 Begründung des Gesetzentwurfs, BlPMZ Sonderheft 1994, 118.

30 Vgl. BGH, WRP 1981, 18 = GRUR 1981, 71 – Lübecker Marzipan; BGH, GRUR 1981, 57 – Jena.

Gruber

kehrskreise in der Angabe einen Hinweis auf die *geografische Herkunft* sah.[31] Solange eine solche Verkehrsauffassung nicht festgestellt ist, besteht die *Vermutung*, dass die geografische Herkunftsangabe vom Verkehr weiterhin als solche aufgefasst wird.[32] Zum *MarkenG* hat der BGH ausgesprochen, dass eine geografische Herkunftsbezeichnung ihre ursprüngliche Bedeutung erst dann verliert, wenn nur noch unbeachtliche Teile des Verkehrs von einer geografischen Herkunftsbedeutung ausgehen.[33] *Beispiele* für eine Umwandlung einer geografischen Herkunftsangabe in eine reine Beschaffenheitsangabe sind die Entscheidungen Steinhäger,[34] Stonsdorfer[35] und Kölnisch Wasser.[36] Gleiches galt nach der höchstrichterlichen Rechtsprechung für „Dresdner Stollen".[37] Nunmehr ist die als Kollektivmarke geschützte DDR-Herkunftsbezeichnung „Dresdner Stollen" auf das gesamte Bundesgebiet erstreckt.[38]

3. Relokalisierung

Die Denaturierung einer geografischen Herkunftsangabe zur Gattungsbezeichnung ist um- **14**
kehrbar und wird als *Relokalisierung* bezeichnet. Die Rechtsprechung zu § 3 UWG a. F.
nahm eine solche Rückentwicklung nur dann an, wenn der überwiegende Teil der Verkehrskreise in der Angabe wieder einen Hinweis auf die geografische Herkunft sieht. Das Erfordernis, dass der *überwiegende Teil der Verkehrskreise* – also mehr als 50 % – den erneuten *Bedeutungswandel zur geografischen Herkunftsangabe* nachvollzieht, soll ortsfremde Konkurrenten vor einer Monopolisierung von Gattungsbezeichnungen schützen.[39]

Unabhängig von der *Verkehrsauffassung* kann eine Relokalisierung von Gattungsbezeich- **15**
nungen durch Verwendung entsprechender *Zusätze* wie „ur", „echt", „original" etc. erreicht werden.[40]

---

31 BGH, WRP 1957, 74 = GRUR 1957, 131 – Steinhäger; WRP 1965, 152 = GRUR 1965, 317 – Kölnisch Wasser; WRP 1973, 471 = GRUR 1974, 337 – Stonsdorfer; WRP 1989, 377 = GRUR 1989, 440 – Dresdner Stollen I; WRP 1990, 411 = GRUR 1990, 461 – Dresdner Stollen II; WRP 2001, 546 = GRUR 2001, 420 – Spa.
32 BGH, GRUR 1963, 482 – Hollywood Duftschaumbad; GRUR 1965, 681 – de Paris; BGH, GRUR 1973, 381 – sanRemo.
33 BGH, WRP 2001, 546 = GRUR 2001, 420 – Spa; WRP 1998, 1002 = GRUR 1999, 252 – Warsteiner II; vgl. a. WRP 1995, 398 = GRUR 1995, 354 – Rügenwalder Teewurst II.
34 BGH, WRP 1957, 74 = GRUR 1957, 128.
35 WRP 1973, 471 = GRUR 1974, 373.
36 WRP 1965, 152 = GRUR 1965, 317.
37 BGH, WRP 1989, 377 = GRUR 1989, 440 – Dresdner Stollen I; WRP 1990, 411 = GRUR 1990, 461 – Dresdner Stollen II.
38 BGH, WRP 2003, 380 = GRUR 2003, 242 – Dresdner Christstollen.
39 BGH, WRP 1957, 74 = GRUR 1957, 128 – Steinhäger; WRP 1965, 152 = GRUR 1965, 370 – Kölnisch Wasser; WRP 1989, 377 = GRUR 1989, 440 – Dresdner Stollen I; WRP 1990, 411 = GRUR 1990, 461 – Dresdner Stollen II; BGH, WRP 1986, 322 = GRUR 1986, 469 – Stangenglas II.
40 BGH, GRUR 1952, 411 – Urkölsch; OLG Köln, WRP 1965, 152 = GRUR 1956, 563 – Echt Kölnisch Wasser; BGH, WRP 1957, 74 = GRUR 1957, 128 – Echt Westfälischer Steinhäger; WRP 1982, 214 = GRUR 1982, 111 – Original Maraschino; WRP 1985, 696 = GRUR 1986, 316 – Urselters.

§ 127
Schutzinhalt

(1) Geographische Herkunftsangaben dürfen im geschäftlichen Verkehr nicht für Waren oder Dienstleistungen benutzt werden, die nicht aus dem Ort, der Gegend, dem Gebiet oder dem Land stammen, das durch die geographische Herkunftsangabe bezeichnet wird, wenn bei der Benutzung solcher Namen, Angaben oder Zeichen für Waren oder Dienstleistungen anderer Herkunft eine Gefahr der Irreführung über die geographische Herkunft besteht.

(2) Haben die durch eine geographische Herkunftsangabe gekennzeichneten Waren oder Dienstleistungen besondere Eigenschaften oder eine besondere Qualität, so darf die geographische Herkunftsangabe im geschäftlichen Verkehr für die entsprechenden Waren oder Dienstleistungen dieser Herkunft nur benutzt werden, wenn die Waren oder Dienstleistungen diese Eigenschaften oder diese Qualität aufweisen.

(3) Genießt eine geographische Herkunftsangabe einen besonderen Ruf, so darf sie im geschäftlichen Verkehr für Waren oder Dienstleistungen anderer Herkunft auch dann nicht benutzt werden, wenn eine Gefahr der Irreführung über die geographische Herkunft nicht besteht, sofern die Benutzung für Waren oder Dienstleistungen anderer Herkunft geeignet ist, den Ruf der geographischen Herkunftsangabe oder ihre Unterscheidungskraft ohne rechtfertigenden Grund in unlauterer Weise auszunutzen oder zu beeinträchtigen.

(4) Die vorstehenden Absätze finden auch dann Anwendung, wenn Namen, Angaben oder Zeichen benutzt werden, die der geschützten geographischen Herkunftsangabe ähnlich sind oder wenn die geographische Herkunftsangabe mit Zusätzen benutzt wird, sofern

1. in den Fällen des Absatzes 1 trotz der Abweichung oder der Zusätze eine Gefahr der Irreführung über die geographische Herkunft besteht oder

2. in den Fällen des Absatzes 3 trotz der Abweichung oder der Zusätze die Eignung zur unlauteren Ausnutzung oder Beeinträchtigung des Rufs oder der Unterscheidungskraft der geographischen Herkunftsangabe besteht.

Übersicht

Literatur: S. Vorbemerkung zu §§ 126–129.

I. Schutzinhalt der einfachen Herkunftsangaben

1. Allgemeines

Einfache geografische Herkunftsangaben dürfen nicht benutzt werden, wenn die damit ge- **1**
kennzeichneten Waren oder Dienstleistungen *nicht* aus dem maßgeblichen *geografischen
Gebiet* stammen und hierdurch eine *Irreführungsgefahr* erzeugt wird. Es ist also zunächst
festzustellen, ob eine geografische Herkunftsangabe vorliegt (s. § 126 Rn. 1 ff.) und wie
das maßgebliche geografische Gebiet abzugrenzen ist (s. § 126 Rn. 6). In einem nächsten
Schritt ist die Irreführung festzustellen, wobei auch bei der Verwendung von ähnlichen Bezeichnungen oder Zusätzen (§ 127 Abs. 4 Nr. 1) eine Irreführung bestehen kann.

2. Irreführungsgefahr

Da es sich um einen Irreführungstatbestand handelt, ist eine *kennzeichenmäßige Benutzung* **2**
nicht erforderlich.[1] Zur Irreführungsgefahr kann *nicht* mehr auf die *Rechtsprechung zu § 3
UWG a. F.* zurückgegriffen werden.[2] Nach der Rechtsprechung zu § 3 UWG a. F. lag eine
Irreführung dann vor, wenn ein nicht ganz unbeachtlicher Teil der beteiligten Verkehrskreise eine unrichtige Vorstellung von der geografischen Herkunft hat. Eine *beachtliche Irreführungsquote* betrug im Allgemeinen 10–15 % der beteiligten Verkehrskreise.[3] Nunmehr
gilt das Verbraucherleitbild des europäischen Rechts. Maßgeblich ist das *Verständnis des
durchschnittlich informierten, verständigen Verbrauchers*.[4] Dieser Maßstab ist auch bei der
Beurteilung der Irreführungsgefahr nach § 127 maßgeblich.[5] Das geänderte Verbraucherleitbild ist nicht ohne Einfluss auf die Irreführungsquote geblieben. In neueren wettbewerbsrechtlichen Entscheidungen hat der BGH festgestellt/erläutert, dass ein erheblicher
Teil der angesprochenen Verkehrskreise irregeführt werden müsste.[6] Diese Maßstäbe sind
auch für § 127 zu übernehmen: Das europäische Verbraucherleitbild hat sich im Wettbe-
werbs- und Markenrecht durchgesetzt. Die Regelung der §§ 126 ff. ist an die Stelle des
wettbewerbsrechtlich normierten Irreführungsschutzes getreten (vor §§ 126 Rn. 5). Daher

1 BGH, WRP 2005, 1530 = GRUR 2005, 958 – Champagnerbratbirne, WRP 2002, 542 = GRUR
  2002, 426 – Champagner bekommen, Sekt bezahlen.
2 Vgl. hierzu: BGH, GRUR 1970, 517 – Kölsch-Bier; WRP 1970, 357 = GRUR 1971, 29 – Deutscher Sekt; WRP 1981, 18 = GRUR 1981, 71 – Lübecker Marzipan; WRP 1982, 570 = GRUR
  1982, 564 – Elsässer Nudeln.
3 BGH, WRP 1981, 18 = GRUR 1981, 71 – Lübecker Marzipan; WRP 1981, 518 = GRUR 1981,
  666 – Ungarische Salami I.
4 BGH, WRP 2000, 517 = GRUR 2000, 619 – Orient-Teppichmuster; WRP 2002, 977 = GRUR
  2002, 715 – Scanner-Werbung; WRP 2004, 339 = GRUR 2004, 244 – Marktführerschaft.
5 BGH, WRP 2001, 1450 = GRUR 2002, 160 – Warsteiner III; WRP 2002, 1286 = GRUR 2002,
  1074 – Oettinger.
6 BGH, WRP 2002, 527 = GRUR 2002, 550 – Elternbriefe; WRP 2003, 275 = GRUR 2003, 247 –
  Thermalbad; WRP 2004, 225 = GRUR 2004, 162 – Mindestverzinsung; WRP 2005, 876 = GRUR
  2005, 599 – Traumcabrio.

sollte ein Gleichlauf zwischen dem allgemeinen wettbewerbsrechtlichen Irreführungsschutz in § 5 UWG und dem Irreführungsschutz in § 127 gegeben sein.[7]

3 Nach der Rechtsprechung zu § 3 UWG a. F. musste die Irreführung über die geografische
Herkunft *relevant* sein, d. h., die unrichtige Angabe musste geeignet sein, den Kaufent-
schluss zumindest mit zu beeinflussen. Bei geografischen Herkunftsangaben wurde das
Vorliegen einer relevanten Täuschung vermutet.[8] Eine Widerlegung dieser Vermutung, wie
z. B. bei einfachen Herkunftsangaben denkbar, musste durch eine entsprechende Relevanz-
frage in einer demoskopischen Umfrage belegt werden.[9] Das Erfordernis der wettbewerbsrechtlichen Relevanz gilt auch beim Irreführungsschutz nach §§ 3, 5 UWG n. F.[10] Zum
MarkenG hatte der BGH zunächst entschieden, dass es auf die Relevanz der Irreführung
nicht ankommen soll.[11] Diese Frage hat er in späteren Entscheidungen allerdings wieder
ausdrücklich offen gelassen.[12] Diese unterschiedliche Behandlung in der Irreführungsgefahr im Rahmen des § 5 UWG einerseits und im Rahmen des § 127 andererseits ist nicht
gerechtfertigt. Es ist ein einheitlicher Irreführungsbegriff zugrunde zu legen, d. h. auch im
Rahmen von § 127 muss die Irreführung relevant sein.[13] Ebenso wie im Rahmen von § 5
UWG[14] ist eine *Verhältnismäßigkeitsprüfung* vorzunehmen.[15] Hier kann zugunsten des
Verwenders ins Gewicht fallen, dass die angegriffene Angabe eine Doppelfunktion als betrieblicher Herkunftshinweis einerseits und als geografische Herkunftsangabe andererseits
hat, dem Verwender aber der erhebliche Wert des betrieblichen Herkunftshinweises erhalten werden soll. Hier sind entlokalisierende Zusätze ausreichend, aber auch erforderlich.[16]

3. Abweichungen und Zusätze

4 Nach § 127 Abs. 4 Nr. 1 erfasst der Schutzumfang auch die Verwendung von *Abweichungen* oder *Zusätzen*, wenn die Irreführungsgefahr über die geografische Herkunft bestehen
bleibt; hierbei kommt es auch darauf, ob die prägenden Bestandteile der geografischen
Herkunftsangabe in der Verletzungsform wiederkehren.[17] Dabei kann auch auf die Rechtsprechung zu § 3 UWG a. F. zurückgegriffen werden. Dort war grundsätzlich anerkannt,
dass eine Herkunftsangabe durch Zusätze *entlokalisiert* und dadurch die Gefahr einer Irre-

---

7 *Büscher*, GRUR Int. 2005, 801, 804; ebenso *Ingerl/Rohnke*, § 127 Rn. 3; vgl. *Ströbele/Hacker*,
§ 127 Rn. 3; a. A. *Omsels*, WRP 2006, 343.
8 BGH, WRP 1981, 18 = GRUR 1981, 71 – Lübecker Marzipan; WRP 1982, 570 = GRUR 1982,
564 – Elsässer Nudeln; WRP 1987, 625 = GRUR 1987, 535 – Wodka Woronoff.
9 Vgl. BGH, WRP 1995, 398 = GRUR 1995, 354 – Rügenwalder Teewurst II.
10 *Hefermehl/Köhler/Bornkamm*, § 5 Rn. 2.169.
11 BGH, WRP 1998, 1002 = GRUR 1999, 252 – Warsteiner II; WRP 2001, 546 = GRUR 2001, 420 –
Spa.
12 BGH, WRP 2001, 1450 = GRUR 2002, 160 – Warsteiner III; BGH, WRP 2002, 1286 = GRUR
2002, 1047 – Oettinger.
13 *Ingerl/Rohnke*, § 127 Rn. 4; a. A. *Fezer*, § 127 Rn. 12; *Ströbele/Hacker*, § 127 Rn. 12; *Ullmann*,
GRUR 1999, 666.
14 *Hefermehl/Köhler/Bornkamm*, § 5 Rn. 2.197.
15 BGH, WRP 1998, 1002 = GRUR 1999, 252 – Warsteiner II; WRP 2001, 1450 = GRUR 2002, 160
– Warsteiner III; WRP 2002, 1286 = GRUR 2002, 1047 – Oettinger.
16 BGH a. a. O.
17 BGH, GRUR 2007, 67 Tz. 22 – Pietra die Soln.

führung ausgeschlossen werden konnte.[18] Wann eine ausreichende Entlokalisierung vorliegt, ist eine Frage des Einzelfalles. Insbesondere bei *unmittelbaren geografischen Herkunftsangaben* oder solchen mit Gütevorstellungen (*qualifizierte Herkunftsangabe*) war/ist ein strenger Maßstab anzulegen; dieser Maßstab war/ist weniger streng, wenn es sich nur um eine *mittelbare Herkunftsangabe* handelt.[19] Die neuere Rechtsprechung des BGH betont, dass an einen Ausschluss der Irreführung des Verkehrs durch entlokalisierende Zusätze strenge Anforderungen zu stellen sind, weil geografischen Herkunftsangaben ein möglichst wirksamer Schutz gegen unrichtige Verwendung gewährt werden soll und im Allgemeinen kein schutzwürdiges Interesse Dritter besteht, unrichtige Angaben über die geografische Herkunft zu verwenden.[20] Allerdings darf die zu § 3 UWG a.F. ergangene Rechtsprechung nicht vorbehaltlos übernommen werden: So reichte in der Vergangenheit bei einer unmittelbaren (ausländischen) Herkunftsangabe eine deutsche *Firmenbezeichnung* allein nicht aus, um eine Irreführung auszuschließen.[21] Im Unterschied dazu wurde bei einer mittelbaren Herkunftsangabe eine Entlokalisierung schon durch die Angabe des *Sitzes* oder der Marke des Unternehmens angenommen.[22] Demgegenüber hat der Bundesgerichtshof in zwei Sonderfällen der doppeltfunktionalen Angabe (zugleich betrieblicher Herkunftshinweis und geografische Herkunftsangabe; s.o. § 126 Rn. 11) ausgesprochen, dass entlokalisierende Angaben auf dem Rücketikett einer Bierflasche genügen[23] oder ein kleiner gedruckter Hinweis auf die Herstellungsstätte ausreiche, obwohl die Angabe mit dem Zusatz „Original" versehen war.[24] Diese Entscheidungen sollten nicht über den Einzelfall hinaus verallgemeinert werden. Wird die irreführende Angabe *blickfangartig* herausgestellt, so sollten wie in der Vergangenheit räumlich getrennte und unauffällig angebrachte Angaben wie „hergestellt in Deutschland" und „Deutsches Erzeugnis" für eine Entlokalisierung nicht ausreichen.[25] Allerdings lässt es die Instanzrechtsprechung genügen, wenn zur Herkunftsangabe das Wort „Art" sowie die Angabe der Produktionsstätte hinzugefügt werden.[26] Bei *indifferenten Angaben* („Plym Gin" für „Plymouth Gin") wurde der Zusatz „Deutsches Erzeugnis" als entlokalisierend angesehen.[27] Bei abgewandelten Angaben ist die *Fortwirkung der Irreführung* durch die in der Vergangenheit vom Verletzter identisch benutzte Angabe zu berücksichtigen, wenn entsprechende Feststellungen getroffen werden können.[28]

---

18 BGH, GRUR 1958, 185 – Wyeth; GRUR 1965, 681 – de Paris; WRP 1970, 357 = GRUR 1971, 29 – Deutscher Sekt; WRP 1982, 570 = GRUR 1982, 564 – Elsässer Nudeln; WRP 1994, 260 = GRUR 1994, 310 – Mozzarella II.
19 BGH, GRUR 1965, 681 – de Paris; WRP 1971, 120 = GRUR 1971, 255 – Plym Gin.
20 BGH, WRP 2002, 1286 = GRUR 2002, 1074 – Oettinger.
21 BGH, WRP 1982, 570 = GRUR 1982, 564 – Elsässer Nudeln.
22 BGH, GRUR 1958, 185 – Wyeth.
23 BGH, WRP 2001, 1450 = GRUR 2002, 160 – Warsteiner III.
24 BGH, WRP 2002, 1286 = GRUR 2002 1074 – Oettinger.
25 BGH, WRP 1970, 357 = GRUR 1971, 29 – Deutscher Sekt.
26 OLG Jena, GRUR-RR 2003, 77 – Halberstädter Art.
27 BGH, WRP 1971, 120 = GRUR 1971, 255 – Plym Gin.
28 BGH, GRUR 2007, 67 Tz. 21 – Pietra di Soln.

II. Schutzvoraussetzungen und Schutzinhalt qualifizierter Herkunftsangaben

1. Allgemeines

5 § 127 Abs. 2 enthält zunächst die *Schutzvoraussetzungen für* qualifizierte geografische Herkunftsangaben (zum Begriff s. § 126 Rn. 4), die besondere Eigenschaften oder eine besondere Qualität haben müssen. Als *Schutzinhalt* wird festgelegt, dass die geografische Herkunftsangabe nur benutzt werden darf, wenn die Waren oder Dienstleistungen diese Eigenschaften oder diese Qualität aufweisen. Der *Schutzbereich* der qualifizierten geografischen Herkunftsangabe umfasst nach § 127 Abs. 3, obwohl § 127 Abs. 2 dort nicht als gesonderte Fallgruppe aufgeführt wurde, auch die Verwendung von *ähnlichen* Angaben oder von Zusätzen.

2. Besondere Eigenschaften oder besondere Qualitäten

6 Nicht abschließend geklärt ist, ob die besonderen Eigenschaften oder die besondere Qualität nach *objektiven* Kriterien oder nach *subjektiven* Kriterien zu bestimmen sind, d. h. nach der Verkehrsauffassung. Zu erörtern ist weiterhin, inwieweit sich die *Gütevorstellungen* des Verkehrs auf einzelne Eigenschaften oder Qualitätsmerkmale *konkretisiert* haben müssen.[29] Die Rechtsprechung zu § 3 UWG a. F. hat eine Irreführung bejaht, wenn ein Produkt zwar aus dem maßgeblichen geografischen Gebiet stammte (im entschiedenen Fall: „Scotch Whisky" aus Schottland), jedoch eine von den örtlichen Herstellern verwirklichte Eigenschaft (Lagerung über mehr als drei Jahre) nicht aufwies, und zwar unabhängig davon, ob den deutschen Verbrauchern diese Eigenschaft des Produkts bekannt war.[30] Andererseits wurde entschieden, dass eine qualifizierte Herkunftsangabe i. S. d. § 3 UWG a. F. lediglich voraussetzt, dass die Verkehrsauffassung – ggf. auch fälschlicherweise – auf einer rein subjektiven Ebene eine besondere Qualität der mit der geografischen Herkunftsangabe gekennzeichneten Produkte annimmt.[31]

7 Nach der Begründung des Gesetzentwurfs[32] kommt es allein auf die *Verkehrsauffassung* an. Demgegenüber spricht der *Gesetzestext* eindeutig für eine Bewertung nach *objektiven Kriterien*: Während § 127 Abs. 1 auf eine Irreführung und § 127 Abs. 2 auf den besonderen Ruf abstellt, genügt es nach § 127 Abs. 3, dass die Waren oder Dienstleistungen besondere Eigenschaften oder eine besondere Qualität „haben". Wollte man allein auf die Verkehrsauffassung abstellen, so könnte ein Verstoß gegen § 127 Abs. 2 nur dann vorliegen, wenn diese hinsichtlich einzelner Produkteigenschaften so differenziert wäre, dass sich eine Diskrepanz zwischen Ist-Beschaffenheit und Soll-Beschaffenheit feststellen ließe. Nach dem Gesetzeswortlaut sind nicht nur „Eigenschaften" maßgeblich, sondern auch indifferentere Vorstellungen wie „Qualität", die sich regelmäßig aus einer Gemengelage von Produktanmutungen und Eigenschaften zusammensetzt. Überdies war es auch im Rahmen von

---

29 Vgl. *Ingerl/Rohnke*, § 127 Rn. 9.
30 BGH, GRUR 1969, 280 – Scotch Whisky.
31 BGH, WRP 1981, 18 = GRUR 1961, 71 – Lübecker Marzipan; anders aber BGH, WRP 1993, 95 = GRUR 1991, 852 – Aquavit.
32 BlPMZ Sonderheft 1994, 118.

§ 3 UWG a. F. anerkannt, dass eine Verkehrsauffassung, die unzutreffend ist, weil die erwartete Zutat im allgemein verwendeten „Originalrezept" nicht vorgesehen ist, nicht schutzwürdig ist.[33] Weiterhin spricht für eine Bewertung nach objektiven Kriterien, dass auch die VO (EG) 2081/92, die ebenfalls qualifizierte Herkunftsangaben schützt, an objektiven Schutzvoraussetzungen anknüpft. Somit sind die *Tatbestandsmerkmale „Qualität" und „Eigenschaft"* nach *objektiven Kriterien* zu bestimmen.[34]

Ob die Eigenschaft oder Qualität eine *„besondere"* ist, bestimmt sich nach der *Verkehrsauffassung.* Auch wenn sich die „Eigenschaft/Qualität" nach objektiven Kriterien bemisst, bestimmt sich die Frage, ob die Herkunftsangabe neben dem Hinweis auf die geografische Herkunft als zusätzliche Qualifikation den Hinweis auf eine „besondere" Eigenschaft vermittelt, ebenso wie die Frage, ob eine geografische Herkunftsangabe vorliegt (s. § 126 Rn. 1), nach der Verkehrsauffassung. Die Verkehrsauffassung selbst muss nicht dahin „konkretisiert" sein, dass sie einzelne Eigenschaften etc. im Detail umfasst. Vielmehr genügt eine *verweisende Verbrauchervorstellung* des Inhalts, dass die Ware den Anforderungen entspricht, die von den maßgeblichen Fachkreisen – oder im vorliegenden Fall von den örtlichen Herstellern – an die Verwendung der Bezeichnung gestellt werden.[35] **8**

3. Schutzinhalt

Weisen die mit der geografischen Herkunftsangabe gekennzeichneten Waren oder Dienstleistungen nicht die maßgebliche(n) Qualität/Eigenschaften auf, so liegt ein Verstoß auch dann vor, wenn die Herkunftsangabe von den im maßgeblichen *geografischen Gebiet ansässigen Gewerbetreibenden* benutzt wird.[36] Allerdings ist bei der Beurteilung des Verletzungstatbestandes ein *flexibler Maßstab* anzuwenden. Ziel des Markenrechts kann es nicht sein, einen Standard von Produkteigenschaften verbindlich vorzugeben und jede wirtschaftliche Fortentwicklung auszuschließen.[37] Diese flexible Handhabung lässt sich über die Rechtsfigur des durchschnittlich informierten, verständigen Verbrauchers erreichen.[38] **9**

Anders als nach § 127 Abs. 1 kommt es bei § 127 Abs. 2 nicht auf eine Irreführung an.[39] Der Schutz nach § 127 Abs. 2 ist ein „absoluter" Schutz. Die qualifizierte Herkunftsangabe darf daher auch dann nicht benutzt werden, wenn dem Verkehr bekannt ist, dass das gekennzeichnete Produkt die besondere Eigenschaft nicht aufweist.[40] Da der Schutz absolut ist, kann der Tatbestand des § 127 Abs. 2 auch nicht durch Abwandlungen oder Zusätze ausgeräumt werden. § 127 Abs. 4 verweist in den Nummern 1 und 2 nur auf Abs. 1 und 3 von § 127: Diese zeigt nochmals, dass es auf eine Irreführung – die durch Zusätze ausgeräumt werden könnte – nicht ankommt.[41] **10**

---

33 Vgl. BGH, WRP 1993, 95 = GRUR 1991, 852 – Aquavit.
34 *Ingerl/Rohnke*, § 127 Rn. 9; *Fezer*, § 127 Rn. 19; *Ströbele/Hacker*, § 127 Rn. 26; a. A. *Knaak*, GRUR 1995, 103, 106 f.
35 Vgl. BGH, WRP 1966, 375 = GRUR 1967, 30 – Rum-Verschnitt; GRUR 1969, 280 – Scotch Whisky; *Beier*, GRUR 1963, 236.
36 *Ströbele/Hacker*, § 127 Rn. 7.
37 Ebenso *Ingerl/Rohnke*, § 127 Rn. 12.
38 Vgl. *Fezer*, § 127 Rn. 19.
39 A. A. Begründung des Gesetzesentwurfes, BlPMZ Sonderheft 1994, 112.
40 *Ströbele/Hacker*, § 127 Rn. 24.
41 *Ströbele/Hacker*, § 127 Rn. 24.

III. Schutzvoraussetzungen und Schutzinhalt von Herkunftshinweisen mit besonderem Ruf

1. Allgemeines

11 § 127 Abs. 3 definiert als Schutzvoraussetzung den *besonderen Ruf*. Zusätzlich zum Grundtatbestand des § 127 Abs. 1 sind Herkunftsangaben mit besonderem Ruf *unabhängig* von einer *Irreführung* dagegen geschützt, dass ihr *Ruf* oder ihre *Unterscheidungskraft* ohne rechtfertigenden Grund in unlauterer Weise *ausgenutzt* oder *beeinträchtigt* werden, insbesondere auch, wenn die Verletzungsform *für andere Waren* benutzt wird. Nach § 127 Abs. 4 werden vom Schutzumfang auch *Abweichungen* oder *Zusätze* erfasst.

2. Besonderer Ruf als Schutzvoraussetzung

12 Die Begründung des Gesetzentwurfs[42] benennt als Schutzobjekt bekannte oder berühmte geografische Herkunftsangaben. Der maßgebliche Gesetzeswortlaut stellt jedoch allein darauf ab, ob ein *besonderer Ruf* vorliegt. Die Formulierung des § 14 Abs. 2 Nr. 3, nämlich eine *Bekanntheit*, wird nicht benutzt. Daher kommt es auch nicht auf eine Bekanntheit nach quantitativen Kriterien an: Maßgeblich ist der „besondere Ruf", dessen Vorliegen nach Maßgabe *qualitativer Kriterien* zu beurteilen ist.[43] Wie sich aus der gegenüber § 127 Abs. 2 abweichenden Formulierung des § 127 Abs. 3 weiterhin ergibt, muss sich der besondere Ruf nicht auf besondere Eigenschaften oder eine „besondere Qualität" beziehen, auch wenn dies häufig der Fall sein wird. Es genügt ein positives *Image*, das auf den reinen Prestigewert oder Sekundärnutzen eines Produktes bezogen ist.[44] Da es auf einen besonderen Ruf im quantitativen Sinn *nicht* ankommt, ist es auch nicht erforderlich, dass dieser bei einem *bedeutenden Teil der beteiligten Verkehrskreise* besteht. Abhängig von der Intensität der qualitativen Momente kann bereits ein geringer Teil der beteiligten Verkehrskreise genügen.

3. Erweiterter Schutzinhalt

13 Die Vorschrift enthält *vier selbstständige Verletzungstatbestände*. Die Herkunftsangabe mit besonderem Ruf ist dagegen geschützt, dass sie ohne rechtfertigenden Grund in unlauterer Weise derart benutzt wird, die geeignet ist,

a) den besonderen Ruf auszunutzen,
b) den besonderen Ruf zu beeinträchtigen,
c) die Unterscheidungskraft auszunutzen oder
d) die Unterscheidungskraft zu beeinträchtigen.

Anders als beim Grundtatbestand des § 127 Abs. 1 sind die Verletzungstatbestände *unabhängig von einer Irreführungsgefahr*. Die Norm ist § 14 Abs. 2 Nr. 3 nachgebildet,[45] die ihrerseits wiederum auf der Rechtsprechung zu § 1 UWG zum Schutz bekannter Kennzei-

---

42 BlPMZ Sonderheft 1994, 118.
43 Ebenso: *Ingerl/Rohnke*, § 127 Rn. 15; *Fezer*, § 127 Rn. 19.
44 OLG München, MarkenR 2001, 218 – Habana; *Ingerl/Rohnke*, § 127 Rn. 15; *Ströbele/Hacker*, § 127 Rn. 29.
45 Vgl. *Ingerl/Rohnke*, § 127 Rn. 15.

chen beruht. Die Begründung des Gesetzentwurfs[46] nennt weiterhin Art. 13 VO (EG) Nr. 2081/92 (s. vor § 130 Rn. 19). Bei der *Auslegung* der vier Tatbestandsalternativen sind die zu *§ 14 Abs. 2 Nr. 3 entwickelten Kriterien* heranzuziehen, d.h. kennzeichenrechtliche Grundsätze.[47] Allerdings verlangt § 127 Abs. 3 *keinen kennzeichenmäßigen Gebrauch.*[48] Die Rechtsprechung zu § 127 Abs. 3 ist noch vereinzelt geblieben.[49] Soweit nachfolgend Rechtsprechung z.B. zu § 1 UWG oder zum deutsch-französischen Herkunftsabkommen zitiert wird, dient dies der Verdeutlichung der Fallgruppen.

Der Tatbestand der *Ausnutzung des besonderen Rufs* setzt voraus, dass ein *Imagetransfer* **14** von der geografischen Angabe zur Ware des Verletzers stattfindet. Ob dies der Fall ist, hängt vor allem von der Art und der Nähe der vom Verletzer gekennzeichneten Ware/ Dienstleistung sowie von dem angesprochenen Kundenkreis ab. Je ausgeprägter der besondere Ruf ist, umso eher wird ein Imagetransfer auf entfernt liegende Waren/Dienstleistungen möglich sein.[50] Ein konkretes Wettbewerbsverhältnis oder eine markenrechtliche Warenähnlichkeit sind hierzu nicht erforderlich.[51] Eine *Beeinträchtigung des besonderen Rufs* wird durch den sog. *„inkompatiblen Zweitgebrauch"* vorliegen, bei dem die Herkunftsangabe für eine gänzlich unpassende Ware benutzt wird, um so einen „Kontrasteffekt" zu erzielen.[52]

Der Verletzungstatbestand der *Beeinträchtigung der Unterscheidungskraft*, für den ein **15** Imagetransfer nicht erforderlich ist, wird vor allem durch eine solche Verwendung der geografischen Herkunftsangabe vorliegen, durch jene der Gefahr der Denaturierung in eine Gattungsbezeichnung ausgesetzt wird. Eine *Ausnutzung der Unterscheidungskraft* wird dann bestehen, wenn die Herkunftsangabe als Mittel der Aufmerksamkeitswerbung für das eigene Produkt benutzt wird, um damit einen Kommunikationsvorsprung zu erzielen.[53]

4. Abweichungen und Zusätze

Unter den Schutzumfang von Herkunftsangaben mit besonderem Ruf fallen auch *abwei-* **16** *chende Benutzungsformen*; dies gilt umso mehr, als es auf eine Irreführung nicht ankommt, sondern eine *kennzeichenrechtliche Beurteilung* anzuwenden ist (s. Rn. 13).[54] Maßgeblich

---

46 BlPMZ Sonderheft 1994, 112.
47 Vgl. OLG München, MarkenR 2001, 218 – Habana; *Ingerl/Rohnke*, § 127 Rn. 17; *Fezer*, § 127 Rn. 30.
48 BGH, GRUR 2002, 426 – Champagner bekommen, Sekt bezahlen; *Ströbele/Hacker* § 127 Rn. 44.
49 Vgl. OLG München, MarkenR 2001, 218 – Habana.
50 BGH, WRP 2002, 542 = GRUR 2002, 426 – Champagner bekommen, Sekt bezahlen; vgl. auch BGH, WRP 1985, 399 = GRUR 1985, 552 – Dimple; WRP 1991, 228 = GRUR 1991, 466 – Salomon; WRP 1983, 268 = GRUR 1983, 247 – Rolls Royce; WRP 1988, 25 = GRUR 1988, 453 – Ein Champagner unter den Mineralwässern; GRUR 1969, 611 – Champagner-Weißbier.
51 OLG München, MarkenR 2001, 218 – Habana.
52 Vgl. *Ingerl/Rohnke*, § 127 Rn. 18, unter Hinweis auf die zu § 1 UWG ergangenen Entscheidungen BGH, WRP 1994, 495 = GRUR 1994, 808 – Markenverunglimpfung I; WRP 1995, 92 = GRUR 1995, 57 – Markenverunglimpfung II.
53 Vgl. OLG München, MarkenR 2001, 218 – Habana, sowie OLG München, MarkenR 2000, 66 – Allianz zu § 15 MarkenG.
54 Vgl. zum deutsch-französischen Herkunftsabkommen BGH, GRUR 1969, 615 – Champi-Krone und zum Schutz nach EG-Recht: EuGH, WRP 1999, 486 = GRUR Int. 1999, 443 – Gorgonzola; GRUR 2008, 524 – Parmesan; Tz. 44; GRUR 2011, 926 – Cognac, Tz. 56.

ist, ob die angegriffene Angabe sinngleich ist.[55] *Zusätze* werden daher i. d. R. nicht geeignet sein, den Verletzungstatbestand auszuräumen, da die geografische Herkunftsangabe mit besonderem Ruf in der Verletzungsform kollisionsbegründend bleiben wird. Angesichts des Verweises der Gesetzesbegründung auf den Schutz nach EG-Recht (Rn. 13), ist auch zu berücksichtigen, dass nach Art. 13 VO (EG) Nr. 510/2006 Zusätze nicht geeignet sind, eine Verletzung auszuschließen. Weiterhin kommt der kennzeichenrechtliche Grundsatz zur Anwendung, dass es auf die Übereinstimmungen, nicht die Unterschiede ankommt. Damit korrespondiert, dass an die Entlokalisierung von geografischen Herkunftsangaben durch Zusätze strenge Anforderungen zu stellen sind, da ein schutzwürdiges Interesse an der Verwendung unrichtiger geografischer Herkunftsangaben grundsätzlich nicht besteht.[56] Insbesondere ist hier auch zu beachten, dass die Verwendung von geografischen Herkunftsangaben mit entlokalisierenden Zusätzen in erheblichem Maß dazu beitragen kann, dass diese zu einer Gattungsbezeichnung denaturieren.[57]

---

55 Vgl. BGH, GRUR 1969, 615 – Champi-Krone; *Ingerl/Rohnke*, § 127 Rn. 20.
56 BGH, WRP 2001, 1450 = GRUR 2002, 160 – Warsteiner III; WRP 2002, 1286 = GRUR 2002, 1074 – Oettinger.
57 *Ströbele/Hacker*, § 127 Rn. 37.

§ 128
Ansprüche wegen Verletzung

(1) Wer im geschäftlichen Verkehr Namen, Angaben oder Zeichen entgegen § 127 benutzt, kann von den nach § 8 Abs. 3 des Gesetzes gegen den unlauteren Wettbewerb zur Geltendmachung von Ansprüchen Berechtigten bei Wiederholungsgefahr auf Unterlassung in Anspruch genommen werden. Der Anspruch besteht auch dann, wenn eine Zuwiderhandlung droht. Die §§ 18, 19, 19a und 19c gelten entsprechend.

(2) Wer dem § 127 vorsätzlich oder fahrlässig zuwiderhandelt, ist dem berechtigten Nutzer der geographischen Herkunftsangabe zum Ersatz des durch die Zuwiderhandlung entstandenen Schadens verpflichtet. Bei der Bemessung des Schadensersatzes kann auch der Gewinn, den der Verletzer durch die Verletzung des Rechts erzielt hat, berücksichtigt werden. § 19b gilt entsprechend.

(3) § 14 Abs. 7 und § 19d gelten entsprechend.

§ 128 neu gefasst mit Wirkung v. 1.9.2008 durch Gesetz v. 7.7.2008 (BGBl. I, 1191)

Übersicht

Literatur: S. Vorbemerkung zu §§ 126–129.

I. Allgemeines

Nach der Begründung des Gesetzentwurfs[1] diente § 128 dazu, die teilweise unterschiedliche Regelung der §§ 1, 3 UWG a. F., die die Rechtsprechung bereits auf den Schutz geografischer Herkunftsangaben anwandte, einer *einheitlichen Normierung* zuzuführen. 1

---

1 BlPMZ Sonderheft 1994, 119.

II. Unterlassungsanspruch (§ 128 Abs. 1)

1. Verletzungshandlung

2 § 128 verweist auf § 127; dieser setzt voraus, dass die verletzende Angabe für Waren oder Dienstleistungen benutzt wird. Daher fällt eine Verletzung einer geografischen Herkunftsangabe durch eine *Firma* nicht unter § 128. In einem solchen Fall ist vielmehr auf § 5 UWG zurückzugreifen.[2] Andererseits verlangt § 127 *nicht*, dass die Verletzungshandlung *kennzeichenmäßig* erfolgt.[3] Die Benutzung einer Internet-Domain, unter der lediglich eine Informationsplattform zur Bewerbung des aus dem geografischen Gebiet stammenden Produktes als solchem eingerichtet ist, ohne dass der Domain-Inhaber zugleich eigene Waren oder Dienstleistungen bewirbt oder anbietet, soll keine Verletzungshandlung darstellen.[4]

2. Aktivlegitimation

3 Der Wortlaut des § 128 Abs. 1 regelt nicht die Aktivlegitimation des *berechtigten Benutzers* einer geografischen Herkunftsangabe. Die Aktivlegitimation des *unmittelbar Verletzten* war in der Rechtsprechung zu § 3 UWG a. F. selbstverständlich; dies gilt auch für § 128 Abs. 1.[5]

4 Weiterhin ist nach § 8 Abs. 3 Nr. 1 UWG jeder *Mitbewerber* klagebefugt. Mitbewerber ist nach der Legaldefinition des § 2 Abs. 1 Nr. 3 UWG n. F. jeder, der mit einem oder mehreren Unternehmen als Anbieter oder Nachfrager von Dienstleistungen in einem *konkreten Wettbewerbsverhältnis* steht.[6] Zu § 128 Abs. 1 a. F. war entschieden worden, dass ein abstraktes Wettbewerbsverhältnis ausreicht.[7] Nunmehr ist erforderlich, dass die angegriffene Handlung den Kläger beeinträchtigen kann. Daher müssen die Parteien im nämlichen sachlich und räumlich relevanten Markt tätig sein.[8]

5 Nach § 8 Abs. 2 Nr. 2 UWG sind weiterhin die *rechtsfähigen Verbände zur Förderung gewerblicher Interessen* anspruchsberechtigt. Diesen Verbänden wurde die Anspruchsberechtigung verliehen, weil die Bekämpfung unlauteren Wettbewerbs auch im Interesse der Allgemeinheit an einem unverfälschten Wettbewerb liegt.[9] Daher können diese Verbände auch Verstöße gegen bilaterale Abkommen geltend machen.[10] Ihre Legitimation erhält die Anspruchsberechtigung der Verbände aus deren Funktion der kollektiven Wahrnehmung von Mitgliederinteressen.[11] Daher muss der Verbandszweck, nämlich die Förderung gewer-

---

2 BGH, WRP 2000, 1284 = GRUR 2001, 73 – Stich den Buben.

3 BGH, GRUR 2002, 957 – Champagner bekommen, Sekt bezahlen; WRP 2005, 1530 = GRUR 2005, 957 – Champagnerbratbirne.

4 OLG München, GRUR-RR 2002, 17 – champagner.de.

5 OLG München, MarkenR 2001, 218 – Habana; BGH, GRUR 2007, 884 Tz. 34 – Cambridge Institute; *Ingerl/Rohnke*, § 128 Rn. 4.

6 BGH, GRUR 2007, 1079 Tz. 38 – Bundesdruckerei; *Hefermehl/Köhler/Bornkamm*, § 8 Rn. 3.27.

7 BGH, WRP 2001, 546 = GRUR 2001, 420 – Spa.

8 BGH, GRUR 2007, 884 – Cambridge Institute, Tz. 35.

9 Vgl. BGH, WRP 1990, 255 = GRUR 1990, 282 – Wettbewerbsverein IV.

10 BGH, WRP 1994, 256 = GRUR 1994, 307 – Mozzarella I.

11 BGH, WRP 1995, 695 = GRUR 1995, 604 – vergoldete Visitenkarten; GRUR 1997, 933 – EP.

Gruber

blicher oder selbstständiger beruflicher Interessen, nicht nur von der Satzung, sondern auch von der tatsächlichen Betätigung des Verbandes gedeckt sein.[12] Der Verband muss daher auch die tatsächliche Fähigkeit zur Wahrnehmung der satzungsmäßigen Aufgaben nach seiner personellen, sachlichen und finanziellen Ausstattung haben.[13] Nach dem Gesetzeswortlaut des § 8 Abs. 3 Nr. 2 UWG muss dem Verband eine erhebliche Anzahl von Unternehmen angehören,[14] die Waren oder Dienstleistungen gleicher oder verwandter Art auf demselben Markt vertreiben. Unschädlich ist es, wenn neben den gewerblichen Mitgliedern auch Verbraucher Mitglieder des Verbandes sind, sofern nur die Gefahr der Beeinträchtigung der Funktionsfähigkeit des Verbandes ausgeschlossen ist.[15] Nach § 8 Abs. 3 Nr. 4 sind weiterhin die *Industrie- und Handelskammern* sowie die *Handwerkskammern* anspruchsberechtigt.

Nach § 8 Abs. 3 Nr. 3 UWG sind die sog. qualifizierten Einrichtungen zum Schutz der Ver-   **6** braucherinteressen, also die *Verbraucherverbände* anspruchsberechtigt. Deren Klagebefugnis war bereits in der geänderten Fassung des § 13 Abs. 2 Nr. 3 UWG a. F. in Umsetzung der Unterlassungsklagen-Richtlinie 98/27/EG v. 19.5.1998 geregelt. Die Umsetzung selbst ist im sog. Unterlassungsklagen-Gesetz (UKlaG) geregelt. Nach § 4 UKlaG setzt die Anspruchsberechtigung voraus, dass die Einrichtung in der Liste qualifizierter Einrichtungen eingetragen ist, soweit nicht die Übergangsregelung von § 16 Abs. 4 UKlaG eingreift. Der Nachweis der Eintragung und damit der Anspruchsberechtigung erfolgt durch Vorlage einer auf Antrag erteilten Bescheinigung.[16] Hinsichtlich der Eintragungsvoraussetzungen und des Eintragungsverfahrens wird auf die wettbewerbsrechtliche Spezialliteratur verwiesen. Ausländische qualifizierte Einrichtungen sind anspruchsberechtigt, wenn sie nachweisen, dass sie in dem von der Kommission der europäischen Gemeinschaft geführten Verzeichnis eingetragen sind.[17]

3. Passivlegitimation

Die Passivlegitimation ergibt sich nach den allgemeinen Grundsätzen der *Störerhaftung.*   **7** Nunmehr verweist § 128 Abs. 3 auf die Regelung in § 14 Abs. 7.

III. Schadensersatzanspruch (§ 128 Abs. 2)

1. Anspruchsvoraussetzungen und -inhalt

Die Schadensersatzansprüche setzen voraus, dass der Passivlegitimierte *vorsätzlich* oder   **8** *fahrlässig* gehandelt hat. Anders als bei § 9 S. 2 UWG gibt es kein Presseprivileg.[18]

---

12 BGH, WRP 2005, 1007 – Sammelmitgliedschaft III.
13 Vgl. BGH, GRUR 1998, 489 – unbestimmter Unterlassungsantrag III; GRUR 1991, 684 – Verbandsausstattung I; WRP 1994, 737 = GRUR 1994, 831 – Verbandsausstattung II.
14 Vgl. zu dieser rechtlichen Wertung BGH, GRUR 1998, 489 – unbestimmter Unterlassungsantrag III.
15 BGH, WRP 1983, 207 = GRUR 1983, 129 – Mischverband I.
16 *Hefermehl/Köhler/Bornkamm,* § 8 Rn. 3.45.
17 *Hefermehl/Köhler/Bornkamm,* § 8 Rn. 3.62.
18 Begründung des Gesetzentwurfs, BlPMZ Sonderheft 1994, 119.

9 Eine offene Frage ist, ob § 128 Abs. 2 eine Berechnung des Schadens nach den im gewerblichen Rechtsschutz bekannten *Schadensersatzberechnungsmethoden* (entgangener Gewinn des Verletzten; Herausgabe des Verletzergewinns; Lizenzanalogie) zulässt. Im Rahmen der §§ 4 Nr. 9, 17 und 18 UWG hat die Rechtsprechung einen Schadensersatzanspruch auf Zahlung der Lizenzgebühr oder auf Herausgabe des Verletzergewinns zugelassen, wenn – wie beispielsweise im Fall der sklavischen Nachahmung – eine dem Immaterialgüterschutz vergleichbare Leistungsposition ausgenutzt worden ist.[19] Diese Rechtsprechung ist auf geografische Herkunftsangaben nicht übertragbar, da deren Schutz wettbewerbsrechtlich instrumentiert ist, geografische Herkunftsangaben von einer Vielzahl von Benutzern befugt benutzt werden können, sie keine Rechtsposition des Immaterialgüterrechts darstellen und sie auch nicht lizenziert werden können.[20] In Umsetzung der DurchsetzungsRiLi sieht § 128 Abs. 2 nun ausdrücklich vor, dass der Verletzergewinn „berücksichtigt" werden soll. Eine Übernahme der Rechtsprechung zur dreifachen Schadensersatzberechnung ergibt sich daraus jedoch nicht.[21]

2. Aktivlegitimation und Passivlegitimation

10 Aktivlegitimiert ist nach der Klarstellung in § 128 Abs. 2 S. 1 für Schadensersatzansprüche allein der *berechtigte Benutzer* einer geografischen Herkunftsangabe als unmittelbar Verletzter (s. o. Rn. 3). Die Regelung des § 128 Abs. 1 ist nicht analogiefähig; die Verbände und Mitbewerber sind hinsichtlich der Schadensersatzansprüche nicht klagebefugt.[22] Passivlegitimiert sind die *Störer* sowie die *Betriebsinhaber* gem. §§ 128 Abs. 3, 14 Abs. 7.

IV. Sonstige Ansprüche

1. Löschungsanspruch

11 Der Löschungsanspruch als Sonderfall des *Beseitigungsanspruches* läuft parallel zum Unterlassungsanspruch. Für die geografische Herkunftsangabe ergibt sich der Löschungsanspruch hinsichtlich der verletzenden *Marke* bereits aus §§ 13 Nr. 5, 51 Abs. 1. Die Rücknahme einer Markenanmeldung kann auf der Grundlage des allg. Beseitigungsanspruches verlangt werden.[23] Hinsichtlich der *Firma* ergibt sich der Löschungsanspruch aus § 5 UWG (s. Rn. 2).

19 Vgl. BGH, WRP 1971, 520 = GRUR 1972, 189 – Wandsteckdose II; GRUR 1973, 478 – Modeneuheit; WRP 1981, 514 = GRUR 1981, 517 – Rollhocker; WRP 1992, 700 = GRUR 1993, 55 – Tchibo/Rolex II; WRP 1993, 625 = GRUR 1993, 757 – Kollektion Holiday; WRP 2002, 993 = GRUR 2002, 795 – Titelexklusivität.
20 Vgl. OLG München, MarkenR 2001, 218 – Habana; s. a. vor § 126 Rn. 3 und 4; *Ingerl/Rohnke*, § 128 Rn. 14.
21 *Ingerl/Rohnke*, § 128 Rn. 14; *Ströbele/Hacker*, § 128 Rn. 18.
22 *Ingerl/Rohnke*, § 128 Rn. 13; *Ströbele/Hacker*, § 128 Rn. 15.
23 BGH, WRP 2001, 546 = GRUR 2001, 420 – Spa.

2. Auskunft und Vernichtung

Als Folge der Durchsetzungsrichtlinie wurde in § 128 Abs. 2 S. 3 eine Verweisung auf die   **12**
§§ 19 ff. vorgenommen. Somit ergeben sich hier für geografische Herkunftsangaben die
nämlichen Rechtsfolgen einer Verletzung wie bei Marken.

§ 129
Verjährung

Ansprüche nach § 128 verjähren gem. § 20.

§ 129 verweist auf § 20. Somit wird auf die Kommentierung zu § 20 verwiesen.

Abschnitt 2
Schutz von geografischen Angaben und Ursprungsbezeichnungen gemäß der Verordnung (EG) Nr. 510/2006

Vorbemerkung zu §§ 130 bis 139

Übersicht

Literatur: *Ahrens*, Geographische Herkunftsangaben – Tätigkeitsverbot für den BGH?, Über gemeinschaftsrechtlichen Eigentumsschutz und Importbehinderungen kraft Irreführungsschutzes, GRUR Int.1997, 508; *Beier*, GRUR Int. 1993, 79; *Beier/Knaak*, Der Schutz geografischer Herkunftsangaben in der Europäischen Gemeinschaft, GRUR Int. 1992, 411; *dies.*, Der Schutz der geografischen Herkunftsangaben in der Europäischen Gemeinschaft – Die neueste Entwicklung, GRUR Int. 1993, 602; *Büscher*, Neuere Entwicklungen der Rechtsprechung des EuGH und BGH in den geografischen Herkunftsangaben, GRUR Int. 2005, 801; *v. Danwitz*, Ende des Schutzes der geografischen Herkunftsangabe? – Verfassungsrechtliche Perspektiven, GRUR 1997, 81; *v. Gamm*, Der Schutz geografischer Herkunftsangaben nach mehr- und zweiseitigen Staatsverträgen in der Bundesrepublik Deutschland, FS Brandner, 1996, 375; *Goebel*, Schutz geografischer Herkunftsangaben nach dem neuen Markenrecht, GRUR 1995, 98; *Harte-Bavendamm*, Ende der geografischen Herkunftsbezeichnungen? – „Brüsseler Spitzen" gegen den ergänzenden nationalen Rechtsschutz, GRUR 1996, 717; *Heine*, Das neue gemeinschaftsrechtliche System zum Schutz geografischer Bezeichnungen, GRUR 1993, 96; *Helm*, Der Schutz geografischer Herkunftsangaben nach dem Markengesetz, FS Vieregge, 1995, 335; *Knaak*, Der Schutz geografischer Herkunftsangaben im neuen Markengesetz, GRUR 1995, 103; *ders.*, Der Schutz geografischer Herkunftsangaben nach dem TRIPS-Abkommen, GRUR Int. 1995, 642; *Loschelder*, Die Bedeutung der zweiseitigen Abkommen über den Schutz von Herkunftsangaben, Ursprungsangaben und anderen geografischen Bezeichnungen in der Bundesrepublik Deutschland unter Berücksichtigung der VO (EG) Nr. 2081/92, FS Erdmann, 2002, 387; *Meyenburg*, „Feta" – Eine Scheibe weißen Käses, MarkenR 1999, 339; *Meyer*, Verordnung (EG) Nr. 2081/92 zum Schutz von geografischen Angaben und Ursprungsbezeichnungen, WRP 1995, 783; *ders.*, Anmeldung von Herkunftsangaben nach der VO (EG) Nr. 2081/92 des Rates – Ein Leitfaden, GRUR 1997, 91; *Meyer/*

Vorbemerkung zu §§ 130 bis 139

Klaus, Kommt Parmesan aus Parma und Umgebung?, GRUR 2003, 553; *Meyer/Koch*, Rechtsschutz im Verfahren zum Schutz geografischer Angaben und Ursprungsbezeichnungen, GRUR 1999, 113; *v. Mühlendahl*, Der Schutz geografischer Herkunftsangaben in der Europäischen Gemeinschaft nach der Verordnung Nr. 2081/92 vom 24.7.1992, ZLR 1993, 187; *Obergfell*, „Warsteiner" – Ein Fall für den EuGH, GRUR 1999, 551; *dies.*, „Qualitätsneutrale" geografische Herkunftsangaben als Schutzdomäne des nationalen Rechts, GRUR 2001, 313; *Tilmann*, EG-Schutz für geografische Herkunftsangaben, GRUR 1992, 829; *ders.*, Grundlage und Reichweite des Schutzes geografischer Herkunftsangaben nach der VO/EG 2081/92, GRUR Int. 1993, 610; *ders.*, Ausschließlicher Schutz für geografische Herkunftsbezeichnungen nach der VO/EG 2081/92, GRUR 1996, 959; *ders.*, Die Ausschließungsregel der EG-VO 2081/92 und TRIPS, WRP 2000, 1039; *Ullmann*, Der Schutz der Angabe zur geografischen Herkunft – wohin?, GRUR 1999, 862; *Wichard*, Von Warstein nach Europa? – Was verdrängt die Verordnung (EG) Nr. 2081/92?, WRP 1999, 1005.

I. Allgemeines

1. VO (EG) Nr. 2081/92 und VO (EG) Nr. 510/2006

1   Die ursprüngliche VO (EG) Nr. 2081/92[1] ist mit dem 31.3.2006 durch die VO (EG) Nr. 510/2006[2] abgelöst worden. Inhaltlich orientieren sich beide VO am Schutzkonzept der „kontrollierten Ursprungsbezeichnungen" (*appellations d'origine contrôlée*).[3] Sie dienen rechtspolitisch der Absatzförderung von landwirtschaftlichen Produkten.[4] Da unterschiedliche einzelstaatliche Systeme zum Schutz von Ursprungsbezeichnungen und geografischen Angaben galten, sollte die Verordnung *gemeinschaftliche Rahmenbedingungen* für den Schutz von geografischen Angaben und Ursprungsbezeichnungen schaffen, um *gleiche Wettbewerbsbedingungen* für die Hersteller derart gekennzeichneter Erzeugnisse sicherzustellen und die Glaubwürdigkeit solcher Produkte beim Verbraucher zu erhöhen.[5] Der EuGH betont, dass im Rahmen einer gemeinsamen Agrarpolitik unter anderem durch geschützte Ursprungsbezeichnungen die Qualität von landwirtschaftlichen Erzeugnissen herausgestellt werden soll, um so den Verbraucherwartungen in Bezug auf Qualitätserzeugnisse und Erzeugnissen bestimmter geografischer Herkunft Rechnung zu tragen und um es den Herstellern zu erleichtern, unter gleichen Wettbewerbsbedingungen als Gegenleistung für echte Qualitätsanstrengungen ein höheres Einkommen zu erzielen.[6]

2   Auf Kritik durch ein Schiedsgericht der WTO hat die EU die Verordnung in Teilen geändert und als VO (EG) Nr. 510/2006 neu erlassen. Die neue VO ist am 31.3.2006 in Kraft getreten und hat mit diesem Tag die VO (EG) Nr. 2081/92 vollumfänglich abgelöst. Wesentliche Änderungen waren, dass die Angaben zur geschützten Bezeichnung in einem „Einzigen Dokument", nämlich dem wesentlichen Inhalt der Spezifikation enthalten sein müssen. Weiterhin wurde geregelt, dass das System auch für *geografische Herkunftsangaben aus Nicht-EU-Ländern* offensteht und Unternehmen aus Nicht-EU-Ländern unmittel-

---

1   ABl. EG Nr. L 208, 1.
2   ABl. EG Nr. L 93 v. 31.3.2006, 12.
3   Erwägungsgrund 6 zur VO (EG) 2081/92.
4   Erwägungsgrund 2 der VO (EG) Nr. 510/2006; *Ströbele/Hacker*, § 130 Rn. 3.
5   Erwägungsgrund 7 der VO (EG) 2081/92.
6   EuGH, GRUR 2010, 143 Tz. 109 – American Bud II; vgl. auch GRUR 2007, 974 Tz. 48 – Grana Padano; GRUR 2003, 616 Tz. 63 – Prosciutto di Parma.

bar Einspruch gegen die beabsichtigte Eintragung als geschützte Angabe bei der Kommission einlegen können.[7] Die Durchführungsbestimmungen zur VO sind in der VO (EG) Nr. 1898/2006 und in der VO (EG) Nr. 628/2008 enthalten.

Der *Anwendungsbereich* der VO betrifft die in den Anhängen I und II zur VO und in Anhang I gem. Art. 38 Abs. 2 EG-Vertrag definierten *Lebensmittel und Agrarerzeugnisse* (Art. 1). Nach Art. 2 sind Schutzgegenstand *Ursprungsbezeichnungen* für Agrarerzeugnisse oder Lebensmittel, die ihre Güte oder Eigenschaften zumindest überwiegend den geografischen Verhältnissen des maßgeblichen geografischen Gebietes verdanken, sowie *geografische Angaben*, bei denen sich eine bestimmte Qualität, das Ansehen oder eine andere Eigenschaft aus dem geografischen Ursprung ergibt. Der Schutz setzt die *Eintragung* in ein von der EG-Kommission geführtes Verzeichnis voraus (Art. 6 Abs. 3). Der Eintragung geht eine Veröffentlichung im Amtsblatt der EG voraus (Art. 6 Abs. 2), auf die jeder Mitgliedstaat sowie Dritte, insbesondere Mitbewerber, *Einspruch* gegen die beabsichtigte Eintragung einlegen können (Art. 7 Abs. 1 und 3). Der *Schutzinhalt* wird in Art. 8 und 13 geregelt. Die gekennzeichneten Produkte müssen eine *Spezifikation* (Art. 4) erfüllen; die Mitgliedstaaten müssen dies durch Überwachung und Kontrolleinrichtungen gewährleisten (Art. 10 Abs. 1, Art. 11 Abs. 1). **3**

2. Nationale Vorschriften zur VO (EG) Nr. 510/2006

Der die VO betreffende Teil des MarkenG enthält in den *§§ 130–133* die nationalen Regelungen zu den in Deutschland durchzuführenden Teilen des *Eintragungs- und der Einspruchsverfahren*. Diese Regelung wird ergänzt durch die Verordnungsermächtigung in *§ 138* zum nationalen Antrags- und Einspruchsverfahren. Die entsprechende Verordnung selbst findet sich in *§§ 47–54 MarkenV*. *§ 134* regelt die *Überwachung und Kontrolle* der gekennzeichneten Produkte. Weiterhin sieht *§ 139* eine Verordnungsermächtigung zum Erlass von *Durchführungsbestimmungen* zur VO vor, insbesondere zu Regelungen betreffend die Kennzeichnung, die Berechtigung zum Verwenden der geschützten Bezeichnungen und die Überwachung oder Kontrolle. **4**

Die den Schutzinhalt der geografischen Herkunftsangaben betreffenden Art. 8 und 13 VO enthalten keine Bestimmungen zu den *zivilrechtlichen Sanktionen* im Verletzungsfall. Diese sind in *§ 135* niedergelegt; *§ 136* regelt die Verjährung. **5**

3. Sonstiges

Des Weiteren sieht *§ 137* eine Ermächtigung zum Erlass von *Rechtsverordnungen* vor, die *nähere Bestimmungen zu einzelnen Herkunftsangaben* enthalten. Die Vorschrift soll bereits in Spezialgesetzen enthaltene Ermächtigungen zum Schutz geografischer Herkunftsangaben entbehrlich machen, um eine Harmonisierungswirkung zu erreichen.[8] **6**

---

7 Vgl. EuZW 2006, 99.
8 Begründung des Gesetzentwurfs, BlPMZ Sonderheft 1994, 117.

II. Übersicht über die VO (EG) Nr. 510/2006

1. Anwendungsbereich

7 Der Anwendungsbereich umfasst nach Art. 1 Abs. 1 die im *Anhang I* zu Art. 38 AEUV genannten, zum menschlichen Verzehr bestimmten *Agrarerzeugnisse* sowie die in *Anhang I* und *Anhang II* der VO genannten *Agrarerzeugnisse und Lebensmittel*.[9] In territorialer Hinsicht sind nunmehr auch geografische Herkunftsangaben aus *Drittstaaten* ins Schutzsystem einbezogen.[10] *Weinbauerzeugnisse* und *alkoholische Getränke* werden vom Anwendungsbereich nicht erfasst (Art. 1 Abs. 1 S. 2). Für diese gelten die gemeinsame Marktorganisation für Wein[11] sowie die VO Nr. (EG) Nr. 110/2008 für Spirituosen.[12] Für *Mineralwässer* und *Quellwässer* gilt seit 2003 die Richtlinie 80/777/EG, die zum Schutz geografischer Angaben auf das nationale Recht verweist; für unter der VO bisher eingetragene Angaben gilt nach Art. 2 der VO (EG) 692/2003 eine Übergangsfrist bis zum 31.12.2013.[13]

2. Schutzgegenstand und Schutzvoraussetzungen

8 Art. 2 Abs. 2 lit. a) VO definiert die *geschützten Ursprungsbezeichnungen*. Danach ist erforderlich, dass es sich um den Namen einer Gegend, eines bestimmten Ortes oder (in Ausnahmefällen) eines Landes handelt, das Produkt aus diesem geografischen Bereich stammt, es seine Güte oder Eigenschaften überwiegend oder ausschließlich den geografischen Verhältnissen des maßgeblichen Bereiches verdankt und es in diesem geografischen Gebiet erzeugt, verarbeitet und hergestellt wurde. Diese Definition ist im Wesentlichen deckungsgleich mit der entsprechenden Definition im LUA.[14] Betriebsbezogene Herkunftsangaben können nicht als Ursprungsangabe geschützt werden, weil dort nicht der unmittelbare Zusammenhang zwischen den Eigenschaften des Erzeugnisses und seiner geografischen Herkunft besteht.[15] Nach Art. 2 Abs. 2 lit. b) der VO sind weiterhin *geografische Angaben* geschützt. Auch hier muss es sich um den Namen einer Gegend, eines bestimmten Ortes oder in Ausnahmefällen eines Landes handeln; Bildzeichen sind also vom Schutz ausgeschlossen.[16] Die gekennzeichneten Produkte müssen aus dem maßgeblichen geografischen Bereich stammen. Ferner muss sich eine bestimmte Qualität oder das Ansehen oder eine andere Eigenschaft der gekennzeichneten Produkte aus dem konkreten geografischen Ursprung ergeben. Zusätzlich muss das Produkt auch in dem betreffenden geografischen Gebiet erzeugt und/oder verarbeitet und/oder hergestellt worden sein. Dies sind u. a. geografische Angaben, die mit einem – nicht notwendig für bestimmte Eigenschaften spezifizierten – Ansehen (Wertschätzung) verbunden sind.[17] Der Begriff der „geografischen Angaben" in der VO ist somit nicht deckungsgleich mit dem in § 126: Das EU-Recht

---

9 Zur Abgrenzung: EuGH, GRUR 2009, 961 Tz. 48 – Bayerisches Bier/Bavaria Italiana.
10 *Ströbele/Hacker*, § 130 Rn. 18.
11 VO (EG) Nr. 479/2008.
12 *Ströbele/Hacker*, § 130 Rn. 9.
13 *Ströbele/Hacker*, § 130 Rn. 8.
14 Vgl. *Heine*, GRUR 1993, 96; *Tilmann*, GRUR 1992, 829.
15 BGH, GRUR 2006, 74 Tz. 15 – Königsberger Marzipan; GRUR 1995, 354 – Rügenwalder Teewurst.
16 *Ingerl/Rohnke*, Vorb. §§ 130–136 Rn. 3.
17 EuGH, GRUR 2009, 961 Tz. 92 ff. – Bayerisches Bier/Bavaria Italiana.

verlangt eine nachweisbare Verbindung zwischen Produkteigenschaft und Herkunft. Abweichend von § 127 Abs. 2 genügt andererseits das bloße „Ansehen", während es nach nationalem Recht für den Schutz der qualifizierten Herkunftsangaben auf objektive Produkteigenschaften ankommt.[18]

Sonach sind *einfache geografische Herkunftsangaben* (zum Begriff s. vor § 126 Rn. 1) **9**
nicht Schutzgegenstand der VO. Im deutschen Schrifttum wurde diese Begrenzung des Schutzgegenstandes als unvereinbar mit der EuGH-Entscheidung *Turron*[19] angesehen.[20] Nunmehr hat der EuGH[21] bestätigt, dass die Verordnung *einfache* Herkunftsangaben *nicht* zum Schutzgegenstand hat. *Mittelbare geografische Herkunftsangaben* (s. vor § 126 Rn. 9) sind nach Art. 2 Abs. 3 VO nur dann schutzfähig, wenn sie hinsichtlich der Güte und Eigenschaften der gekennzeichneten Produkte den „Ursprungsbezeichnungen" gleichstehen (Art. 2 Abs. 2 lit. a) VO – zweiter Gedankenstrich).

Nach Art. 3 Abs. 1 VO dürfen *Gattungsbezeichnungen* nicht eingetragen werden. Hierzu **10**
zählen auch (ursprüngliche) Herkunftsangaben, die zum gemeinhin üblichen Namen für das betreffende Produkt geworden sind. Bei einer solchen Denaturierung sind alle Umstände, insbesondere folgende Faktoren zu berücksichtigen: Einmal objektive Umstände, wie die Benutzungssituation im „Ursprungsland" und in den Verbrauchsgebieten, die Situation in anderen Mitgliedstaaten und die einschlägigen nationalen und gemeinschaftlichen Rechtsvorschriften.[22] Andererseits will der EuGH auch auf subjektive Kriterien wie das Verbraucherverständnis abstellen.[23] Letzteres ist bedenklich: Wegen der streuenden Verbreitung/Beliebtheit von einzelnen Lebensmitteln wird ein EG-weites Verbraucherverständnis notwendig indifferent sein, was einer ungerechtfertigten Denaturierung Vorschub leistete.[24] Voraussetzung für eine Denaturierung ist es im Übrigen nicht, dass die Angabe in allen Mitgliedstaaten eine Gattungsbezeichnung ist.[25] Wird für die „Nachahmungsprodukte" auf die geografischen Herkunftsangaben Bezug genommen, so spricht dies gegen die Entwicklung zur Gattungsbezeichnung; für eine Vermarktung solcher Produkte nur außerhalb der EU gilt das nämliche.[26] Keine Gattungsbezeichnungen sind beispielsweise „Feta", „Bayerisches Bier" und „Obazter".[27] Eine einmal *eingetragene Bezeichnung* kann allerdings ex lege *nicht* zur *Gattungsbezeichnung* denaturieren, Art. 13 Abs. 2 VO (zum abweichenden nationalen Recht s. § 126 Rn. 12 ff.).

Da Art. 2 VO voraussetzt, dass ein Zusammenhang zwischen den Eigenschaften des Pro- **11**
duktes und seiner geografischen Herkunft besteht, ist eine *Spezifikation* der Produkte erforderlich, Art. 4 VO. Diese muss u. a. die Beschreibung des Produktes anhand seiner Eigenschaften (Art. 4 Abs. 2 lit. b) VO) und die Abgrenzung des maßgeblichen geografi-

18 § 127 Rn. 6; *Ströbele/Hacker*, § 130 Rn. 14.
19 EuGH, GRUR Int. 1993, 76.
20 Vgl. *Beier/Knaak*, GRUR Int. 1993, 602; *Tilmann*, GRUR Int. 1993, 601.
21 EuGH, WRP 2000, 1389 = GRUR 2001, 64 – Warsteiner.
22 Art. 3 Abs. 1 VO; EuGH, WRP 1999, 490 = GRUR Int. 1999, 532 – Feta; GRUR 2006, 72 – Feta II; GRUR 2009, 961 Tz. 101 – Bayerisches Bier/Bavaria Italiana.
23 EuGH, GRUR 2009, 961 Tz. 101 – Bayerisches Bier/Bavaria Italiana; GRUR 2008, 524 Tz. 53 – Parmesan.
24 Ähnlich *Ströbele/Hacker*, § 130 Rn. 24.
25 *Ströbele/Hacker*, § 130 Rn. 24.
26 EuGH, GRUR 2007, 974 Tz. 80 – Grana Padano.
27 Vgl. Fn. 22 sowie BPatG, BeckRS 2011, 25376 – Obazter.

schen Gebietes (Art. 4 Abs. 2 lit. c) VO) enthalten. Die Spezifikation kann nach Auffassung des EuGH auch Vorschriften dazu enthalten, wonach das jeweilige Produkt im Erzeugungsgebiet verarbeitet und verpackt werden muss. Die damit verbundenen Beschränkungen i. S. d. Art. 34, 35 AEUV sind nach Art. 36 AEUV gerechtfertigt, da sie nach Auffassung des EuGH zur Erhaltung der Qualität und Unverfälschtheit der Erzeugnisse und zum Schutz vor einer missbräuchlichen Verwendung der geografischen Herkunftsangaben erforderlich und verhältnismäßig sind.[28] Nach den EuGH-Entscheidungen ist Art. 4, Abs. 2, lit. e VO dahin ergänzt worden, dass die Spezifikation Angaben über die Aufmachung, d. h. Verarbeitungsschritte und Verpackung enthalten darf.[29] Ferner ist der Zusammenhang zwischen der geografischen Herkunft des Erzeugnisses und seiner Eigenschaften im Antragsverfahren substanziiert darzulegen.[30]

12 Der Schutz der geografischen Herkunftsangabe setzt die *Eintragung* in das von der Kommission geführte *Verzeichnis* voraus (Art. 7 Abs. 4 VO).

3. Verfahren zur Schutzgewährung

13 Das Verfahren zur Schutzgewährung beginnt mit dem *Antrag* einer *Vereinigung* von Erzeugern oder Verarbeitern; ggf. kann der Antrag auch von nur *einer* natürlichen oder juristischen *Person* gestellt werden (Art. 5 Abs. 1 VO). Der Antrag hat nach der Neufassung der VO (s. o. Rn. 1) ein „einziges Dokument" zu enthalten, das alle für die zu schützende Angabe wesentlichen Informationen enthält.

14 In den *Mitgliedstaaten* findet sodann eine *Sachprüfung* des Antrags auf das Vorliegen der Schutzvoraussetzungen der VO statt (Art. 5 Abs. 4 VO). Gleichzeitig haben die Mitgliedstaaten vorzusehen, dass ein Einspruch gegen den Antrag auf nationaler Ebene möglich ist, § 5 Abs. 5 VO. Nach der überholten Fassung der VO nahm im Anschluss hieran die *Kommission* eine – nur – förmliche Prüfung vor.[31] Nunmehr sieht Art. 6 Abs. 1 der VO (EG) Nr. 510/2006 vor, dass die Kommission auf geeignete Weise prüft, ob der Antrag den Anforderungen der VO entspricht. In gleicher Weise wird die Sachprüfung durch die Mitgliedstaaten beschrieben. Daraus ist zu entnehmen, dass nunmehr auch die *Kommission* eine *vollständige Sachprüfung* vornimmt.[32] Gelangt die Kommission zu dem Ergebnis, dass die Bezeichnung eintragungsfähig ist, so nimmt sie eine entsprechende *Veröffentlichung* im Amtsblatt vor (Art. 6 Abs. 2 VO). Gegenstand der Veröffentlichung sind die Spezifikationen (Art. 5 Abs. 5, Art. 6 Abs. 2 VO) und das einzige Dokument (Art. 5 Abs. 3 lit. c, Art. 6 Abs. 2 VO). Wird kein Einspruch eingelegt, so wird die Angabe im Register *eingetragen* (Art. 7 Abs. 4 VO).

15 Innerhalb von sechs Monaten ab der Veröffentlichung im Amtsblatt kann einmal jeder *Mitgliedstaat* und jeder *Drittstaat* bei der Kommission *Einspruch* gegen die beabsichtigte Eintragung einlegen (Art. 7 Abs. 1 VO). Weiterhin kann jede natürliche oder juristische *Person* mit *berechtigtem Interesse*, die aus einem anderen Mitgliedstaat stammt als demjeni-

---

28 EuGH, GRUR 2003, 609 Tz. 83 – Grana Padano; GRUR 2003, 616 Tz. 50 – Prosciutto di Parma.
29 *Ströbele/Hacker*, § 130 Rn. 55.
30 *Ströbele/Hacker*, § 130 Rn. 57.
31 EuGH, GRUR Int. 2002, 523 – Spreewälder Gurken; GRUR 2009, 961 Tz. 66 – Bayerisches Bier/ Bavaria Italiana.
32 *Ströbele/Hacker*, § 130 Rn. 80.

gen, über den der Antrag eingereicht wurde, Einspruch einlegen (Art. 7 Abs. 2 VO). „Berechtigtes Interesse" ist dabei breit auszulegen; es genügt eine allein wirtschaftliche Betroffenheit.[33] Dritte, die ihren Sitz im „Ursprungsland" des Antrags haben, müssen ihre Rechte in nationalen Einspruchsverfahren wahren (Rn. 14 und § 130 Abs. 4).[34] Dritte aus Nicht-EU-Staaten können ebenfalls Einspruch einlegen (Art. 7 Abs. 2 VO). Wenn der Einspruch zulässig ist (Art. 7 Abs. 5 VO), ersucht die Kommission die betroffenen Mitgliedstaaten, eine *einvernehmliche Regelung* zu erzielen (Art. 7 Abs. 5 VO). Wird eine Einigung nicht erzielt, so trifft die Kommission eine *Entscheidung* im Verfahren nach Art. 15 der VO. Sodann wird die geografische Herkunftsangabe ggf. eingetragen (Art. 7 Abs. 5 VO). Gegen die Einspruchsentscheidung steht den Mitgliedstaaten der *Rechtsweg* nach Art. 263 AEUV zur Verfügung; Personen des Privatrechts steht mangels individueller Betroffenheit gegen die Eintragung kein Rechtsmittel zur Verfügung.[35] Die Klagebefugnis ist also abweichend von der Einspruchsberechtigung geregelt.

Nach Art. 17 Abs. 1 der (alten) VO (EG) Nr. 2081/92 teilten die *Mitgliedstaaten* der Kommission in einem sog. *Sammelverfahren* binnen einer Frist von sechs Monaten ab Inkrafttreten der VO mit, welche ihrer gesetzlich geschützten oder – falls ein solches Schutzsystem nicht besteht – durch Benutzung üblich gewordenen Bezeichnungen sie nach Maßgabe der VO eintragen lassen wollen. Die Unterlagen/Angaben zu solchen Anträgen konnten auch nach Ablauf der Sechsmonatsfrist geändert werden, ohne dass dies zu einem Versäumnis der Frist geführt hätte.[36] Gemäß Art. 17 Abs. 2 VO hat die Kommission solche Bezeichnungen, die den Schutzvoraussetzungen der Art. 2–4 VO entsprachen, eingetragen. Ein Einspruch nach Art. 7 VO war jedoch nicht vorgesehen. Durch das *Sammelverfahren* sollten die nach nationalem Recht eindeutig geschützten Angaben (kraft Gesetzes oder kraft üblicher Benutzung) in einem einfachen Verfahren geschützt werden können, um das aufwendigere Individualverfahren nach Art. 5 VO zu ersparen. **16**

Das Sammelverfahren nach Art. 17 VO ist mit Wirkung v. 24.4.2003 aus Gründen der Rechtssicherheit und Transparenz abgeschafft worden, unter anderem deshalb, weil das Sammelverfahren kein Einspruchsrecht vorsah. Die Bestimmung findet jedoch weiterhin auf Bezeichnungen Anwendung, die im vereinfachten Verfahren eingetragen worden sind oder deren Eintragung vor der Aufhebung des Art. 17 VO bereits beantragt worden war.[37] **17**

III. Schutzinhalt und Überwachung der geschützten Angaben nach der VO (EG) Nr. 510/2006

1. Allgemeines

Zum Schutzinhalt bestimmt Art. 8 VO zunächst, inwieweit die *Bezeichnungen* „g.U." (= geschützte Ursprungsbezeichnung) und „g.g.A." (= geschützte geografische Angabe) be- **18**

---

33 *Ströbele/Hacker*, § 131 Rn. 7.
34 Zum alten Recht vgl. bereits EuGH, GRUR Int. 2002, 523 – Spreewälder Gurken.
35 Vgl. *Ströbele/Hacker*, § 130 Rn. 83; *Meyer/Koch*, GRUR 1999, 113; EuGH, LMRR 2000, 79 Tz. 65 – Altenburger Ziegenkäse; GRUR 2009, 961 Tz. 43 – Bayerisches Bier/Bavaria Italiana.
36 EuGH, GRUR Int. 2002, 523 – Spreewälder Gurken; GRUR 2009, 961 Tz. 66 – Bayerisches Bier/Bavaria Italiana.
37 EuGH, GRUR 2009, 961 – Bayerisches Bier/Bavaria Italiana; *Büscher*, GRUR Int. 2005, 801.

nutzt werden sollen. Artikel 13 VO regelt, inwieweit die eingetragenen Bezeichnungen gegen *Rufausnutzung, Verwässerung und Irreführung* geschützt werden. Artikel 3 und Artikel 14 VO betreffen den Fall der *Kollision* einer geschützten Angabe mit einer *Marke*. Die zivilrechtlichen Sanktionen sind in der VO jedoch nicht geregelt; insoweit ist vielmehr nationales Recht anwendbar (vgl. §§ 135, 136). Nach Art. 10 Abs. 1 VO sind die Mitgliedstaaten verpflichtet, *Kontrolleinrichtungen* zu schaffen, die die gekennzeichneten Produkte darauf überwachen, dass diese die in der *Spezifikation* festgelegten Eigenschaften (Art. 4 VO) aufweisen. Die nationale Regelung zu dieser *öffentlich-rechtlichen Kontrolle* findet sich in § 134 und ist dort um eine öffentlich-rechtliche *Überwachung* auf Verstöße gegen die VO im Allgemeinen erweitert.

2. Artikel 8 VO (EG) Nr. 510/2006 – Bezeichnungsschutz

19   Nach der überholten Fassung der VO waren die Angaben „geschützte Ursprungsbezeichnung" und „geschützte geografische Angabe" gegen eine missbräuchliche Verwendung geschützt.[38] Die VO (EG) Nr. 510/2006 sieht in Art. 8 nun nur noch vor, dass bei der Vermarktung die Angaben „geschützte Ursprungsbezeichnung" und „geschützte geografische Angabe" benutzt werden müssen. Nachdem Art. 8 somit keinen Verbotstatbestand enthält, handelt es sich bei der Verweisung in § 135 um ein Redaktionsversehen.[39]

3. Artikel 13 VO (EG) Nr. 510/2006 – Verletzungstatbestände

20   Art. 13 Abs. 1 lit. a) bis lit. d) VO enthält vier selbstständige Verletzungstatbestände. Nach *Art. 13 Abs. 1 lit. a)* VO werden eingetragene Bezeichnungen geschützt gegen *jede direkte oder indirekte kommerzielle Verwendung* für Erzeugnisse, die *nicht unter die Eintragung fallen*, sofern diese Erzeugnisse mit den unter dieser Bezeichnung eingetragenen *Erzeugnissen vergleichbar* sind oder sofern durch diese Verwendung das Ansehen der geschützten Bezeichnung *ausgenutzt* wird. Die Norm regelt zunächst den *Grundtatbestand* der Verletzung: Wird ein Produkt außerhalb des maßgeblichen *geografischen Gebietes* hergestellt und mit der geschützten Bezeichnung versehen, so liegt ein Verstoß vor, da es nicht „unter die Eintragung fällt". Ein Verletzungstatbestand liegt auch dann vor, wenn es aus allein *qualitativen Gründen* nicht unter die Spezifikation fällt, z. B. zwar im maßgeblichen Gebiet hergestellt wird, jedoch nicht die nach der Spezifikation erforderlichen Eigenschaften aufweist, obwohl ein vergleichbares Produkt vorliegt. Hier liegt also (auch) ein § 127 Abs. 2 vergleichbarer Tatbestand vor. Dem steht nicht entgegen, dass in erster Linie die Mitgliedstaaten und deren Kontrollstellen berufen sind zu gewährleisten, dass die gekennzeichneten Produkte nicht von der Spezifikation abweichen, Art. 10 Abs. 1 VO. Die Einhaltung der Vorschriften der VO soll sowohl auf staatlicher Ebene als auch auf zivilrechtlichem Wege gewährleistet werden.[40] Die Vorschrift regelt weiterhin den Fall, dass die geschützte Bezeichnung in identischer Form für ein anderes Produkt benutzt wird, das mit dem geschützten *Produkt vergleichbar* und als *Substitutionsprodukt* für einen Imagetrans-

---

38 Vgl. hierzu *Ingerl/Rohnke*, § 135 Rn. 2.
39 *Ingerl/Rohnke*, § 135 Rn. 2; *Ströbele/Hacker*, § 135 Rn. 5.
40 Vgl. *Tilmann*, GRUR 1992, 829; OLG Köln, GRUR 2007, 793 – Altenburger Ziegenkäse.

fer geeignet ist.[41] Bei einem *nicht vergleichbaren* Produkt liegt eine Verletzung vor, wenn das *Ansehen* der geschützten Bezeichnung ausgenutzt wird. So darf für ein Produkt, das überwiegend durch andere Bestandteile geprägt ist, und bei dem die charakteristischen Besonderheiten des durch die geografischen Herkunftsangabe geschützten Produktes nicht erhalten bleiben, die geografische Herkunftsangabe nicht herausgestellt werden.[42] Hier liegt ein mit § 123 Abs. 3 (Fallgruppe der Rufausnutzung, s. § 127 Rn. 11 ff.) vergleichbarer Tatbestand vor.[43] Die Tatbestandsalternative der *direkten Verwendung* umfasst auch die kennzeichenmäßige Benutzung, also z.B. die Anbringung auf dem Produkt selbst oder die Verwendung in Werbematerialien als Produktbezeichnung. Die *indirekte kommerzielle Verwendung* meint die Bezug nehmende Ausnutzung, z.B. die Verwendung der Bezeichnung in der Werbung für ein anderes Produkt.[44]

Nach *Art. 13 Abs. 1 lit. b)* VO besteht Schutz gegen jede *widerrechtliche Aneignung, Nachahmung oder Anspielung*, selbst wenn der wahre Ursprung des Erzeugnisses angegeben wird oder wenn die geschützte Bezeichnung in Übersetzung oder zusammen mit Ausdrücken wie „Art", „Tip", „Verfall", „Fasson", „Nachahmung" oder dergleichen verwendet wird. Geregelt sind also die Fälle der *abgewandelten Benutzungsformen* sowie *Zusätze*. Hervorzuheben ist einmal, dass entlokalisierende Zusätze stets unbeachtlich sind.[45] Die Tatbestandsalternative der *Nachahmung* setzt voraus, dass die angegriffene Benutzungsform ihrem Sinn nach denselben Eindruck erweckt wie die geschützte Bezeichnung.[46] Es handelt sich also um einen der Verwechslungsgefahr angenäherten Tatbestand.[47] Die weitere Tatbestandsalternative der *Anspielung* ist denkbar weit formuliert. Zu deren Verwirklichung genügt es, dass das angegriffene Zeichen die Verbraucher veranlasst, einen gedanklichen Bezug zu der Ware herzustellen, die die geschützte Bezeichnung trägt. Dem Verbot steht es auch nicht entgegen, wenn nur *Bestandteile* der geschützten Bezeichnung in der angegriffenen Ausführungsform übernommen wurden; dies gilt auch, wenn die Bestandteile für sich genommen einem Schutz nach der VO nicht zugänglich wären.[48] Solange dieser Bezug vorhanden ist, ist es auch unerheblich, ob die angegriffene Bezeichnung eine Übersetzung der geschützten Angabe ist.[49] Der gedankliche Bezug kann auf einer Herkunftsassoziation oder einer Qualitätsassoziation beruhen.[50] Eine Verwechslungsgefahr ist nicht erforderlich.[51] Es handelt sich also nicht um die gedankliche Verbindung i.S.v. §§ 9 Abs. 1 Nr. 2, 14 Abs. 2 Nr. 2, die nur einen Sonderfall der Verwechslungsgefahr darstellen.[52]

21

---

41 Vgl. LG Frankfurt, GRUR-RR 2004, 79 – Gorgonzola-Creme; *Ströbele/Hacker*, § 135 Rn. 11; a.A. *Ingerl/Rohnke*, § 135 Rn. 5.
42 LG Berlin, GRUR-RR 2005, 353 – Mit Spreewälder Gurken.
43 *Ströbele/Hacker*, § 135 Rn. 12.
44 *Ingerl/Rohnke*, § 135 Rn. 4.
45 *Ingerl/Rohnke*, § 135 Rn. 6; BGH, GRUR 2008, 413 Tz. 19 – Bayerisches Bier; anders § 127 Abs. 4.
46 Vgl. OLG Frankfurt, WRP 1997, 859 = GRUR Int. 1997, 751 – Gorgonzola/Cambozola.
47 Vgl. *Tilmann*, GRUR 1992, 829.
48 EuGH, WRP 1999, 486 = GRUR Int. 1999, 443 – Gorgonzola/Cambozola; GRUR 2009, 524 Tz. 44 – Parmesan; GRUR 2011, 926 Tz. 46, 56 – Cognac; überholt OLG Frankfurt, WRP 1997, 859 = GRUR Int. 1997, 751 – Gorgonzola/Cambozola.
49 EuGH, GRUR 2009, 524 Tz. 50 – Parmesan; GRUR 2011, 926 Tz. 53 – Cognac.
50 *Knaak*, GRUR Int. 1997, 754.
51 EuGH, WRP 1999, 486 = GRUR Int. 1999, 443 – Gorgonola/Cambozola, Tz. 26; GRUR 2009, 524 Tz. 45 – Parmesan.
52 *Ströbele/Hacker*, § 135 Rn. 7.

Eine Anspielung scheidet allerdings aus, wenn die angegriffene Angabe eine Gattungsbezeichnung ist;[53] die Beweislast trägt der Verletzer. Die Tatbestandsalternative der Anspielung ähnelt § 127 Abs. 3 (Fallgruppe der Rufausnutzung, s. § 127 Rn. 14): Sachgerecht ist es daher, auch Fallkonstellationen zu erfassen, in denen eine *ähnliche Bezeichnung für ein anderes Produkt* verwendet wird (vgl. im nationalen Recht § 127 Abs. 3 i.V.m. § 127 Abs. 4 Nr. 2), wenn durch die Benutzungsform eine *Anspielung* auf die geschützte Angabe erhalten bleibt.[54] Schließlich soll nach der Vorschrift auch der Gefahr vorgebeugt werden, dass die geschützte Angabe wirtschaftlich (zur rechtlichen Unmöglichkeit s. Rn. 9) zu einer *Gattungsbezeichnung denaturiert* wird, was durch Produkte denkbar ist, die vorgeblich nach „Art" der Originalprodukte hergestellt sein sollen; insofern handelt es sich um einen Paralleltatbestand zu § 127 Abs. 3 (Alternative der Beeinträchtigung der Unterscheidungskraft s. § 127 Rn. 15).[55]

22 Nach Art. 13 Abs. 1 lit. c) VO besteht Schutz gegen *alle sonstigen falschen oder irreführenden Angaben*, die sich auf Herkunft, Natur oder wesentliche Eigenschaften der Erzeugnisse beziehen. Als Benutzungsmodalitäten nennt die Vorschrift die Aufmachung und die äußere Verpackung, die Werbung, die Unterlagen zu den betreffenden Erzeugnissen oder die Verwendung von Behältnissen. Hier handelt es sich um einen *allgemeinen Irreführungstatbestand*.[56]

23 Art. 13 Abs. 1 lit. d) enthält einen weiteren *Irreführungstatbestand* hinsichtlich *sonstiger Praktiken*. Angesichts des weitreichenden Schutzes in den Verletzungstatbeständen gem. Art. 13 Abs. 1 lit. b) und c) VO bleibt für diesen Auffangtatbestand jedoch kaum ein Anwendungsbereich.[57]

4. Das Benutzungsrecht an der eingetragenen geografischen Herkunftsangabe

24 Art. 8 Abs. 1 regelt nunmehr das Benutzungsrecht an einer eingetragenen geografischen Herkunftsangabe.[58] Nicht abschließend geklärt ist jedoch, welchen Umfang dieses Benutzungsrecht hat. Praktisch wird diese Frage insbesondere dann, wenn der berechtigte Benutzer einer eingetragenen geografischen Herkunftsangabe diese nicht in identischer Form, sondern in abgewandelter Form benutzt. In der Instanzrechtsprechung[59] wird vertreten, dieses Benutzungsrecht umfasse auch Abwandlungen, soweit diese von den Tatbeständen des Art. 13 VO erfasst werden. Gegen eine solche Auffassung eines positiven Benutzungsrechts spricht, dass – nach nationalem Verständnis – geografische Herkunftsangaben keine Immaterialgüterrechte darstellen, sondern der Schutz nur reflexartig aus dem seiner Natur nach wettbewerbrechtlichen Schutz der geografischen Herkunftsangabe erfolgt (vor §§ 126 Rn. 3) und die Benutzungspflicht nach Art. 8 Abs. 2 gleichsam selbstverständlich von einer identischen Benutzung ausgeht.

---

53 EuGH, GRUR 2009, 524 Tz. 53 ff. – Parmesan.
54 LG Frankfurt, GRUR-RR 2004, 79 – Gorgonzola-Creme; *Ströbele/Hacker*, § 135 Rn. 20; *Ingerl/Rohnke*, § 135 Rn. 9; anders EuG, GRUR Int. 2007, 910 Tz. 187 ff. – Budweiser.
55 Vgl. *Ingerl/Rohnke*, § 135 Rn. 6.
56 Ebenso *Ingerl/Rohnke*, § 135 Rn. 10.
57 Ebenso *Ingerl/Rohnke*, § 135 Rn. 10.
58 *Ströbele/Hacker*, § 135 Rn. 5.
59 OLG Hamburg, GRUR-RR 2004, 36 – Spreewälder Gurken.

5. Artikel 3 und Art. 14 VO (EG) Nr. 510/2006 – Kollisionen mit Marken

Art. 3 Abs. 4 der VO (EG) Nr. 510/2006 (früher: Art. 14 III der VO (EG) Nr. 2081/92) nor- **25** miert ein *Schutzhindernis* für den Fall der *prioritätsälteren Marke*. Danach wird eine geografische Herkunftsangabe nicht geschützt, wenn es wegen des Ansehens, des Bekanntheitsgrades und der Benutzungsdauer der Marke zu einer Irreführung des Verkehrs über die Identität der mit der geografischen Herkunftsangabe versehenen Produkte kommt. Eine zeichenrechtliche Verwechslungsgefahr reicht nicht aus.[60] Nach Auffassung der Kommission stand z.B. die ältere Marke „Bavaria" der Schutzgewährung für „Bayerisches Bier" nicht entgegen. Der EuGH hat dies gebilligt.[61]

Nach Art. 14 Abs. 2 VO gilt ein *Weiterbenutzungsrecht* für die *prioritätsältere Marke*: Da- **26** nach darf eine Marke, die vor dem Zeitpunkt des Schutzes der geografischen Angabe im Ursprungsland oder vor dem 1. 1. 1996[62] im guten Glauben angemeldet oder kraft Benutzung erworben worden ist, weiterbenutzt werden, obwohl eine Verletzung der eingetragenen geografischen Herkunftsangabe i. S. d. Art. 13 VO vorliegt.[63] Die Prüfung der Gutgläubigkeit erfolgt unter Einschluss des nationalen Markenrechts.[64] Ein Weiterbenutzungsrecht besteht jedoch nicht, wenn die Marke einem der in Art. 3 Abs. 1 lit. c) und g) und Art. 12 Abs. 2 lit. b) der Markenrechtsrichtlinie genannten *Ungültigkeits- oder Verfallsgründe* unterliegt. Die korrespondierenden Vorschriften im nationalen Recht sind § 49 Abs. 2 Nr. 2 und § 50 Abs. 1 Nr. 3. Aus § 50 Abs. 1 Nr. 3 i.V.m. § 8 Abs. 2 Nr. 4 folgt, dass auch eine vor dem maßgeblichen Zeitpunkt im guten Glauben des Markeninhabers eingetragene Marke gelöscht wird, wenn unabhängig von der Eintragung der geografischen Herkunftsangabe durch die Marke ein *Irreführungstatbestand* verwirklicht wird. Die tatsächliche Irreführung oder eine – in der Terminologie des EuGH – hinreichend schwere Gefahr hierzu ist nach gemeinschaftsrechtlichen Maßstäben festzustellen.[65]

Nach Art. 14 Abs. 1 der VO (EG) Nr. 510/2006 wir eine *prioritätsjüngere Marke nicht ein-* **27** *getragen* oder gelöscht, wenn sie einen Verletzungstatbestand nach Art. 13 VO in der gleichen Erzeugnisklasse verwirklicht. Maßgeblicher Bezugszeitpunkt für den Zeitrang der geografischen Herkunftsangabe ist der Zeitpunkt der Einreichung des Antrags bei der Kommission (nicht in dem Staat, der den Antrag der Kommission vorlegt).[66] Dieses Datum wird nach Art. 6 Abs. 2 VO veröffentlicht. Problematisch ist die Bestimmung des Zeitranges, wenn die geografische Herkunftsangabe im alten Sammelverfahren nach Art. 17 VO (EG) 2081/92 (s. Rn. 16) eingetragen worden war; denn hierzu wurde das Antragsdatum nicht veröffentlicht. Geklärt ist nun, dass sich der Zeitrang nach dem Wirksamwerden der

---

60 *Ingerl/Rohnke*, Vorb. zu §§ 130–136 Rn. 9; unklar: EuGH, GRUR 2011, 240 Tz. 120, 124 – Bayerisches Bier/Bavaria NV.

61 GRUR 2009, 961 Tz. 114 – Bayerisches Bier/Bavaria Italiana.

62 Zur Fixierung dieses Zeitrangs siehe *Ströbele/Hacker*, § 135 Rn. 33.

63 EuGH, WRP 1999, 486 Tz. 35, 36 = GRUR Int. 1999, 443 – Gorgonzola/Cambozola; GRUR 2011, 240 – Bayerisches Bier/Bavaria NV, Tz. 121.

64 EuGH, a. a. O., vgl. auch *Ströbele/Hacker*, § 135 Rn. 34.

65 EuGH, WRP 1999, 486 = GRUR Int. 1999, 443 – Gorgonzola/Cambozola.

66 *Ströbele/Hacker*, § 130 Rn. 38.

Eintragung der im Sammelverfahren angemeldeten geografischen Herkunftsangabe im Register bestimmt.[67]

6. Artikel 10 VO (EG) Nr. 510/2006 – Überwachung

28   Insbesondere diejenigen Mitgliedstaaten, aus deren Territorium die geschützte Herkunftsangabe stammt[68] sind verpflichtet, Kontrollstellen einzurichten, die gewährleisten, dass die Produkte, die mit einer geschützten Bezeichnung versehen sind, die Anforderungen der Spezifikation (Art. 4 VO) erfüllen (Art. 10 Abs. 1 VO). Weichen Spezifikation und Produkt voneinander ab, haben die Kontrollstellen die erforderlichen Maßnahmen zu treffen, um die Einhaltung der EG-VO, d. h. der Spezifikation, zu gewährleisten. Werden Diskrepanzen zwischen der Spezifikation und den Eigenschaften des betreffenden Produktes festgestellt, so kann dies jeder Mitgliedstaat beanstanden. Kommt eine Einigung zwischen den Mitgliedstaaten nicht zustande, hat die Kommission zu entscheiden; die Entscheidung kann auch zur Löschung der Eintragung führen (Art. 11 VO).

IV. Das Verhältnis der VO (EG) Nr. 510/2006 zum nationalen Recht

29   Das Verhältnis zwischen der VO (EG) Nr. 510/2006 und der Vorläufer-VO (EG) Nr. 2081/92 und dem nationalen Recht war kontrovers, nachdem die *EG-Kommission*[69] die Auffassung vertritt, dass die VO den *Vorrang* gegenüber dem nationalen Recht genieße. Hierzu lässt sich festhalten: Nationales Recht ist anwendbar, wenn das fragliche *Produkt nicht* in den *Anwendungsbereich* (s. Rn. 6) der VO fällt.[70] Ist eine *Angabe* nach der VO *eingetragen* worden, sei es im Individualverfahren (Art. 5 VO) oder im – mittlerweile weggefallenen – Sammelverfahren (Art. 17 VO), so ist die Regelung der VO abschließend.[71] Ein Schutz nach nationalem Recht ist nicht möglich.

30   Umstritten war, inwieweit der Schutz nach dem MarkenG neben der VO angewandt werden kann, nämlich ob für Produkte im Anwendungsbereich der EG-VO (s. Rn. 6) *einfache geografische Herkunftsangaben*, die – definitionsgemäß – nicht die Schutzvoraussetzungen von Art. 2 der EG-VO verwirklichen (s. Rn. 8), nach nationalem Recht geschützt sind; unter nationalem Recht sind auch die bilateralen Verträge zum Schutz der Herkunftsabkommen zu verstehen, da diese durch Ratifikation innerstaatliches Recht wurden (vgl. vor § 126 Rn. 21 ff.) Der Markengesetzgeber,[72] die deutsche Rechtsprechung[73] und das ganz

---

67 EuGH, GRUR 2011, 240 Tz. 68 – Bayerisches Bier/Bavaria NV.
68 Vgl. EuGH, GRUR 2008, 524 Tz. 75 – Parmesan.
69 Vgl. ABl. Nr. C 273 v. 9.10.1993, 4; EuZW 1995, 968.
70 *Tilmann*, GRUR 1996, 959; *Ströbele/Hacker*, § 126 Rn. 41.
71 Begründung des Gesetzentwurfs, BlPMZ Sonderheft 1994, 119; *Ströbele/Hacker*, § 126 Rn. 41; OLG Frankfurt, WRP 1997, 859 = GRUR Int. 1997, 751 – Gorgonzola/Cambozola; EuGH, WRP 1999, 486 = GRUR Int. 1999, 443 – Gorgonzola/Cambozola.
72 Begründung des Gesetzentwurfs, BlPMZ Sonderheft 1994, 119.
73 Vgl. BGH, WRP 1994, 256 = GRUR 1994, 307 – Mozzarella I; WRP 1995, 398 = GRUR 1995, 354 – Rügenwalder Teewurst II.

überwiegende Schrifttum haben hier die Anwendung des nationalen Rechtes befürwortet.[74] Der EuGH hat entschieden,[75] dass der Schutz *einfacher geografischer Herkunftsangaben* auch dann, wenn sie in den sachlichen Anwendungsbereich der EG-VO fallen, nach nationalem Recht zulässig ist.[76]

Streitig war weiterhin, inwieweit *qualifizierte geografische Herkunftsangaben*, die im An-   **31** wendungsbereich der EG-VO die Schutzvoraussetzungen von Art. 2 VO erfüllen, aber nicht oder noch *nicht eingetragen* sind, mit *nationalem Recht* zu schützen sind.[77] Für bilaterale Verträge, die kraft Ratifikation nationales Recht sind, hat der EuGH unter Berufung auf den Zweck der gemeinschaftsrechtlichen Regelung (s. o. Rn. 1) entschieden, dass die VO (EG) Nr. 510/2006 für qualifizierte Herkunftsangaben eine abschließende Schutzregelung darstellt; bilaterale Verträge zum Schutz von Ursprungsbezeichnungen sind neben der VO (EG) Nr. 510/2006 nicht anwendbar.[78] Eine Vorlagefrage des BGH zum Vorrangverhältnis zwischen Gemeinschaftsrecht und nationalem Recht hat der EuGH nicht beantwortet[79] und nochmals festgestellt, dass die VO (EG) 2081/92 eine abschließende Schutzregelung ist, die den Mitgliedstaaten nicht das Recht belässt, Lücken nach ihrem nationalen Recht auszufüllen.[80] Damit ist für den Anwendungsbereich der VO der Schutz durch nationales Recht nicht möglich.[81]

---

74 Vgl. *Tilmann*, GRUR Int. 1993, 610; *Beier/Knaak*, GRUR Int. 1993, 602; *Knaak*, GRUR 1995, 103; *ders.*, GRUR Int. 1995, 652; *Harte-Bavendamm*, GRUR 1996, 717; *Tilmann*, GRUR 1996, 959.

75 EuGH, WRP 2000, 1389 = GRUR 2001, 64 – Warsteiner.

76 Vgl. auch BGH, WRP 2001, 546 = GRUR 2001, 420 – Spa; WRP 2001, 1450 = GRUR 2002, 160 – Warsteiner III.

77 Zum Meinungsstand in der Literatur: *Fezer*, 4. Aufl., Vorb. § 130 Rn. 37; *Obergfell*, GRUR 2001, 313; *Loschelder*, FS Erdmann, S. 387 ff.; *Büscher*, FS Erdmann, S. 237 ff.; hierzu tendieren: *Ströbele/Hacker*, 9. Aufl., § 126 Rn. 43; *Ingerl/Rohnke*, 2. Aufl., vor §§ 130–136 Rn. 2; *Ullmann*, GRUR 1999, 666; *Meyer/Klaus*, GRUR 2003, 553.

78 EuGH, GRUR 2010, 143 Tz. 114 + 115 sowie Ls. 2 – American Bud II.

79 EuGH, GRUR 2011, 240 Tz. 32 – Bayerisches Bier/Bavaria NV.

80 EuGH, a. a. O., Tz. 59.

81 Ebenso *Ingerl/Rohnke*, Vorb. zu §§ 130–136 Rn. 2.

§ 130
Verfahren vor dem Patentamt;
Einspruch gegen den Antrag

(1) Anträge auf Eintragung einer geographischen Angabe oder einer Ursprungsbezeichnung in das Register der geschützten Ursprungsbezeichnungen und der geschützten geographischen Angaben, das von der Kommission der Europäischen Gemeinschaften nach Artikel 7 Abs. 6 der Verordnung (EG) Nr. 510/2006 des Rates vom 20. März 2006 zum Schutz von geographischen Angaben und Ursprungsbezeichnungen für Agrarerzeugnisse und Lebensmittel (ABl. EG Nr. L 93 S. 12) in ihrer jeweils geltenden Fassung geführt wird, sind beim Patentamt einzureichen.

(2) Für die in diesem Abschnitt geregelten Verfahren sind die im Patentamt errichteten Markenabteilungen zuständig.

(3) Bei der Prüfung des Antrags holt das Patentamt die Stellungnahmen des Bundesministeriums für Ernährung, Landwirtschaft und Verbraucherschutz, der zuständigen Fachministerien der betroffenen Länder, der interessierten öffentlichen Körperschaften sowie der interessierten Verbände und Organisationen der Wirtschaft ein.

(4) Das Patentamt veröffentlicht den Antrag im Markenblatt. Gegen den Antrag kann innerhalb von vier Monaten seit Veröffentlichung im Markenblatt von jeder Person mit einem berechtigten Interesse, die im Gebiet der Bundesrepublik Deutschland niedergelassen oder ansässig ist, beim Patentamt Einspruch eingelegt werden.

(5) Entspricht der Antrag den Voraussetzungen der Verordnung (EG) Nr. 510/2006 und den zu ihrer Durchführung erlassenen Vorschriften, so stellt das Patentamt dies durch Beschluss fest. Andernfalls wird der Antrag durch Beschluss zurückgewiesen. Das Patentamt veröffentlicht den stattgebenden Beschluss im Markenblatt. Kommt es zu wesentlichen Änderungen der nach Absatz 4 veröffentlichten Angaben, so werden diese zusammen mit dem stattgebenden Beschluss im Markenblatt veröffentlicht. Der Beschluss nach Satz 1 und nach Satz 2 ist dem Antragsteller und denjenigen zuzustellen, die fristgemäß Einspruch eingelegt haben.

(6) Steht rechtskräftig fest, dass der Antrag den Voraussetzungen der Verordnung (EG) Nr. 510/2006 und den zu ihrer Durchführung erlassenen Vorschriften entspricht, so unterrichtet das Patentamt den Antragsteller hierüber und übermittelt den Antrag mit den erforderlichen Unterlagen dem Bundesministerium der Justiz. Ferner veröffentlicht das Patentamt die Fassung der Spezifikation, auf die sich die positive Entscheidung bezieht, im Markenblatt. Das Bundesministerium der Justiz übermittelt den Antrag mit den erforderlichen Unterlagen an die Kommission der Europäischen Gemeinschaften.

§ 130 neu gefasst mit Wirkung v. 1.9.2008 durch Gesetz v. 7.7.2008 (BGBl. I, 1191)

I. Allgemeines

Die VO (EG) Nr. 510/2006 sieht als Verfahren für die notwendige Eintragung von geografischen Herkunftsangaben nunmehr allein das Individualverfahren nach Art. 5 VO vor. Das Sammelverfahren nach Art. 17 VO ist seit 2003 entfallen (vor § 130 Rn. 16). Die Förmlichkeiten des Individualverfahrens nach Art. 5 VO regeln § 130 und §§ 47 ff. MarkenV. **1**

Die Neufassung des § 130 durch das Gesetz vom 9.12.2004 beruht auf folgenden Umständen: Der Gesetzgeber hat der Entscheidung des EuGH *Spreewälder Gurken*[1] entnommen, dass der Rechtsbehelf des Einspruchs nach Art. 7 Abs. 3 VO nur von natürlichen oder juristischen Personen aus anderen Mitgliedstaaten als dem Mitgliedstaat erhoben werden könne, der den Eintragungsantrag gestellt habe. Damit steht inländischen Privatpersonen oder Verbänden und Organisationen das Einspruchsverfahren nach Art. 7 VO nicht zur Verfügung, wenn ein Eintragungsantrag aus Deutschland der Kommission zugeleitet worden ist. Der Rechtsschutz richtet sich in einem solchen Verfahren allein nach nationalem Recht.[2] Die Rechtsprechung des EuGH mit den sich daraus ergebenden Konsequenzen ist in der neu gefassten VO (EG) Nr. 510/2006 klarstellend enthalten (vgl. Art. 5 Abs. 5 und Art. 7 Abs. 2 VO). Um dem Rechtsschutz insbesondere für Dritte, die sich gegen die Schutzfähigkeit einer geografischen Angabe ausgesprochen haben, zu regeln, wurden § 130 und § 131 neu gefasst.[3] **2**

§ 130 sieht ein nationales Prüfungs- und Einspruchsverfahren vor, sogenannte *nationale Phase*. Ist der die Schutzfähigkeit feststellende Beschluss des DPMA unanfechtbar geworden, so wird der Antrag dem Bundesjustizministerium übermittelt (§ 130 Abs. 6). Dieses leitet den Antrag der Kommission zu. Im Anschluss wird das Verfahren auf Gemeinschaftsebene fortgesetzt (Art. 6 Abs. 1 VO). Das Prüfungsverfahren der *Kommission* ist nunmehr ein *vollwertiges Sachprüfungsverfahren*.[4] Kommt die Kommission zu der Auffassung, dass die Bezeichnung schutzwürdig ist, so veröffentlicht sie den Antrag (Art. 6 Abs. 2 VO). Mit der Veröffentlichung wird die Frist für die Einlegung von zwischenstaatlichen Einsprüchen in Lauf gesetzt (vgl. Art. 7 Abs. 1 VO und § 131). **3**

---

1 EuGH, GRUR Int. 2002, 523.
2 Amtl. Begr., S. 16.
3 Amtl. Begr., S. 17.
4 *Ströbele/Hacker*, § 130 Rn. 46 und 80.

II. Antragstellung und Gebühr

1. Antragsteller

4 *Antragsteller* im Individualverfahren nach Art. 5 VO (EG) Nr. 510/2006 können zunächst *Vereinigungen* sein. Nach Art. 5 Abs. 1 der VO muss die Vereinigung nicht rechtsfähig sein. Ausreichend ist „jede Art des Zusammenschlusses von Erzeugern und/oder von Verarbeitern des gleichen Agrarerzeugnisses oder Lebensmittels". Weiterhin kann der Antrag auch von einer *natürlichen oder juristischen Person* gestellt werden. Die Voraussetzungen hierfür werden in den Durchführungsvorschriften zur VO geregelt. Sowohl die Vereinigung als auch die natürliche juristische Person können den Antrag nur für die Erzeugnisse oder Lebensmittel stellen, die sie i. S. v. Art. 2 Abs. 2 VO erzeugen oder gewinnen (Art. 5 Abs. 2 VO).

2. Form und Gebühr

5 Für den Antrag gelten die *Formvorschriften des § 47 MarkenV*. Er hat die in § 47 Abs. 2 MarkenV genannten Angaben zu enthalten, insbesondere die Spezifikationen gem. Art. 4 EG-VO. Der Antrag soll, muss aber nicht zwingend auf dem Formblatt des DPMA eingereicht werden (§ 47 Abs. 1 MarkenV). Mit dem Antrag ist eine *Gebühr* nach Tarif zu bezahlen (Anlage zu § 2 PatKostG). Wird die Gebühr binnen drei Monaten nach Antragstellung nicht gezahlt, so gilt der Antrag als nicht gestellt (§ 6 PatKostG).

III. Verfahren vor dem DPMA

1. Sachprüfung durch das DPMA

6 Die Markenabteilungen des DPMA haben eine *umfassende Sachprüfung* der geografischen Herkunftsangabe auf alle Schutzvoraussetzungen der VO vorzunehmen (Art. 5 Abs. 4 VO; § 130 Abs. 5). Hierzu benötigt das Amt das sachverständige Wissen Dritter. Grundlage der Sachprüfung sind daher *Stellungnahmen* des Bundesministeriums für Ernährung, Landwirtschaft und Verbraucherschutz, der Fachministerien der Länder, der intessierten öffentlichen Körperschaften sowie die interessierten Verbände und Organisationen der Wirtschaft, § 130 Abs. 3. Im Übrigen gilt die *Amtsermittlung*, wobei das DPMA dem Anmelder die Auflage machen kann, weitere Angaben zu machen.

2. Veröffentlichung des Antrags und nationaler Einspruch

7 Das DPMA *veröffentlicht* den Schutzantrag im Markenblatt, § 130 Abs. 4 S. 1, Art. 5 Abs. 5 VO. Sodann kann binnen *vier Monaten Einspruch* gegen den Antrag eingelegt werden (§ 130 Abs. 4 S. 2). Das Einspruchsverfahren ist ein Aufgebotsverfahren, das ebenso wie die Einholung von Sachverständigenstellungnahmen nach § 130 Abs. 3 dazu dient, dem Patentamt eine möglichst umfassende Sachkenntnis zu vermitteln; es handelt sich also *nicht* um einen *Individualrechtsbehelf*.[5] Daher ist das *berechtigte Interesse* des Einspre-

---

5 *Ströbele/Hacker*, § 130 Rn. 65.

chenden keine Zulässigkeitsvoraussetzung für den Einspruch; das berechtigte Interesse wird erst im Rahmen der Beschwerdeberechtigung relevant (§ 133 Rn. 2).[6]

Die *Einspruchsgründe* ergeben sich unmittelbar aus Art. 5 Abs. 2 i.V.m. Art. 7 Abs. 3 der   **8**
VO. Einspruchsgründe sind also insbesondere, dass die Bedingungen des Art. 2 VO nicht eingehalten sind, dass die Spezifikation den Anforderungen von Art. 4 VO nicht entspricht oder dass dem Antrag ein Schutzhindernis nach Art. 3 VO entgegensteht.[7]

3. Beschlussfassung durch das DPMA – Abschluss der nationalen Phase

Kommt das DPMA zu dem Ergebnis, dass der Antrag den *Schutzvoraussetzungen nicht*   **9**
entspricht, so wird er nach § 130 Abs. 5 S. 2 durch Beschluss zurückgewiesen. Der Beschluss ist dem Antragsteller und den Dritten, die fristgemäß Einspruch eingelegt haben (§ 130 Abs. 4 S. 2) zuzustellen, nicht jedoch den nach § 130 Abs. 3 angehörten Körperschaften, Verbänden und Organisationen (§ 130 Abs. 5 S. 5). Gegen den Beschluss findet die Beschwerde nach § 133 S. 1 statt.

Sind die *Schutzvoraussetzungen gegeben*, so stellt dies das Amt durch Beschluss förmlich   **10**
fest (§ 130 Abs. 5 S. 1). Der Beschluss ist dem Antragsteller und fristgerecht Einsprechenden (§ 130 Abs. 4 S. 2) zuzustellen. Gegen den Beschluss findet Beschwerde nach § 133 S. 2 statt. Ist der die Schutzfähigkeit feststellende Beschluss unanfechtbar, so veröffentlicht das DPMA die Spezifikation und übermittelt den Antrag dem Bundesministerium der Justiz. Dieses leitet den Antrag der Kommission zu (Art. 5 Abs. 5 VO, § 130 Abs. 6).

IV. Verfahren auf Gemeinschaftsebene

Kommt die Kommission in ihrem Prüfungsverfahren zu der Auffassung, dass die Schutz-   **11**
voraussetzungen nicht gegeben sind, erlässt sie einen Beschluss nach Art. 6 Abs. 2 VO. Hält sie die Schutzvoraussetzungen für gegeben, *veröffentlicht* sie den Antrag gemäß Art. 6 Abs. 2 VO in Form des einzigen Dokuments gemäß Art. 5 Abs. 3 lit. c VO. Mit der Veröffentlichung nach Art. 6 Abs. 2 VO wird die *sechsmonatige Frist* für die Einlegung eines *zwischenstaatlichen Einspruchs* nach Art. 7 in Lauf gesetzt, vgl. § 131. Wird kein Einspruch eingelegt oder wird die Angabe nach Durchführung des Einspruchsverfahrens für schutzfähig befunden, so erfolgt die *Eintragung* durch Erlass einer Verordnung der Kommission in das Register (Art. 7 Abs. 4 u. Abs. 5 VO).

---

6 *Ströbele/Hacker*, § 130 Rn. 68.
7 *Ströbele/Hacker*, § 130 Rn. 70 ff.

§ 131
Einspruch gegen die beabsichtigte Eintragung

(1) Einsprüche nach Artikel 7 Abs. 2 der Verordnung (EG) Nr. 510/2006 gegen die beabsichtigte Eintragung von geographischen Angaben oder Ursprungsbezeichnungen in das von der Kommission der Europäischen Gemeinschaften geführte Register der geschützten Ursprungsbezeichnungen und der geschützten geographischen Angaben sind beim Patentamt innerhalb von vier Monaten seit der Veröffentlichung einzulegen, die im Amtsblatt der Europäischen Gemeinschaften nach Artikel 6 Abs. 2 der Verordnung (EG) Nr. 510/2006 vorgenommen wird.

(2) Die Zahlungsfrist für die Einspruchsgebühr richtet sich nach § 6 Abs. 1 Satz 1 des Patentkostengesetzes. Eine Wiedereinsetzung in die Einspruchsfrist und in die Frist zur Zahlung der Einspruchsgebühr ist nicht gegeben.

§ 131 neu gefasst mit Wirkung v. 1.9.2008 durch Gesetz v. 7.7.2008 (BGBl. I, 1191)

Übersicht

I. Allgemeines

1   § 131 betrifft das *zwischenstaatliche Einspruchsverfahren* nach Sachprüfung durch die Kommission auf Gemeinschaftsebene (§ 130 Rn. 3 und 11). Nach Art. 7 Abs. 1 VO (EG) Nr. 510/2006 kann jeder Mitgliedstaat und jeder Drittstaat Einspruch gegen eine beabsichtigte Eintragung einlegen;[1] Gleiches gilt für jede in einem berechtigten Interesse betroffene natürliche oder juristische Person, soweit sie ihren Sitz nicht in dem Mitgliedstaat hat, der die Eintragung der geschützten geografischen Angabe beantragt hat (Art. 7 Abs. 2 VO). Der Einspruch Dritter ist bei der zuständigen Behörde des Mitgliedstaates einzulegen. Das Verfahren hierzu auf nationaler Ebene regeln § 131 und §§ 50, 51 MarkenV.

II. Einspruchsvoraussetzungen und Einspruchsgründe

1. Mindestangaben

2   Nach § 50 Abs. 2 MarkenV hat der Einspruch u. a. folgende *Angaben* zu enthalten: Name und Anschrift des Einsprechenden; die Angabe, gegen deren beabsichtigte Eintragung sich

---

1 *Ströbele/Hacker,* § 131 Rn. 5.

der Einspruch richtet; die Umstände, aus denen sich das berechtigte Interesse ergibt, in dem der Einsprechende betroffen ist.

2. Einspruchsberechtigung

Einspruchsberechtigt sind einmal *EU-Staaten* und *Drittstaaten. Natürliche oder juristische* **3** *Personen* können nur dann Einspruch einlegen, soweit sie ihren Sitz nicht in dem Mitgliedstaat haben, der die Eintragung der geschützten geografischen Angabe beantragt hat (Art. 7 Abs. 2 VO). Der Einsprechende muss durch die beabsichtigte Eintragung in einem *berechtigtem Interesse* betroffen sein. In Hinblick auf den weitreichenden Schutz einer geografischen Herkunftsangabe (vgl. Art. 13 VO) ist eine Beeinträchtigung berechtigter Interessen nicht nur anzunehmen, wenn eine Beeinträchtigung subjektiver Rechte droht. Vielmehr genügt jede aktuelle oder potenzielle, nicht außerhalb jeder Wahrscheinlichkeit liegende wirtschaftliche Betroffenheit.[2]

3. Einspruchsgründe und Einspruchsbegründung

Die *Einspruchsgründe* ergeben sich aus Art. 7 Abs. 3 VO. Der Einspruch ist weiterhin zu **4** *begründen* (§ 50 Abs. 3, S. 1 MarkenV); die Begründung muss nicht „schlüssig" sein, jedoch so substanziiert, dass es möglich ist zu prüfen, ob ein Einspruchsgrund gegeben ist. Es werden hier die gleichen Prüfungsmaßstäbe angewandt wie bei der Zulässigkeitsprüfung patentrechtlicher Einsprüche nach § 59 PatG.[3]

4. Gebühr und Frist

Art. 7 Abs. 2 der VO sieht für den Einspruch einer natürlichen oder juristischen Person *kei-* **5** *ne* Frist vor; auch eine Einspruchsgebühr wird nach der Verordnung nicht gefordert. § 131 Abs. 1 sieht eine *Frist* von vier Monaten ab Veröffentlichung der beabsichtigten Eintragung im Amtsblatt der EG gem. Art. 6 Abs. 2 VO vor. Das PatKostG regelt die Zahlung der *Gebühr* (Anhang zu § 2 PatKostG). Wird die Gebühr nicht rechtzeitig gezahlt, so gilt der Einspruch als nicht erhoben, § 6 PatKostG. § 131 Abs. 2 sieht vor, dass bei Fristversäumung (Einlegung und/oder Zahlung) eine Wiedereinsetzung nicht stattfindet.

III. Verfahren

Das *DPMA* nimmt keine erneute Sachprüfung vor; es prüft nur die Wahrung der *Ein-* **6** *spruchsfrist* und die Zahlung der *Einspruchsgebühr*.[4]

Der Einspruch wird von der *Kommission sachlich geprüft*. Soweit er zulässig ist (Art. 7 **7** Abs. 3 VO), wird der Versuch einer einvernehmlichen Reglung unternommen (Art. 7 Abs. 5 VO). Wird keine einvernehmliche Regelung erreicht, so trifft die Kommission eine abschließende Entscheidung (Art. 7 Abs. 5 VO).

---

2 *Ströbele/Hacker*, § 131 Rn. 7.
3 *Ingerl/Rohnke*, § 131 Rn. 5; vgl. *Benkard*, PatG, 9. Aufl., § 59 Rn. 17.
4 *Ströbele/Hacker*, § 131 Rn. 13; *Ingerl/Rohnke*, § 131 Rn. 4; *Heine*, GRUR 1993, 96; weitergehend: *Goebel*, GRUR 1995, 98.

§ 132
Antrag auf Änderung der Spezifikation, Löschungsverfahren

(1) Für Anträge auf Änderung der Spezifikation einer geschützten geographischen Angabe oder einer geschützten Ursprungsbezeichnung nach Artikel 9 Abs. 2 Satz 1 der Verordnung (EG) Nr. 510/2006 gelten die §§ 130 und 131 entsprechend. Eine Gebühr ist nicht zu zahlen.

(2) Für Anträge auf Löschung einer geschützten geographischen Angabe oder einer geschützten Ursprungsbezeichnung nach Artikel 12 Abs. 2 der Verordnung (EG) Nr. 510/2006 gelten die §§ 130 und 131 entsprechend.

§ 132 neu gefasst mit Wirkung v. 1.9.2008 durch Gesetz v. 7.7.2008 (BGBl. I, 1191)

Übersicht

I. Regelung der VO (EG) Nr. 510/2006

1   Die Spezifikation ist der wesentliche Teil des Antrags auf Schutz einer geografischen Bezeichnung, Art. 5 Abs. 3 lit. b i.V.m. Art. 4 VO. Mit ihr legt der Antragsteller die Bedingungen für die Benutzung der geschützten Bezeichnung fest. Die wichtigsten Festlegungen der Spezifikation sind im einzigen Dokument nach Art. 5 Abs. 3 lit. c VO zusammengefasst. *Art. 9 VO sieht nun Änderungen der Spezifikation vor.* Darüber hinaus sieht die Verordnung neben dem Amtslöschungsverfahren nach Art. 12 Abs. 1 VO ein *Löschungsverfahren auf Antrag nach Art. 12 Abs. 2 VO* vor. Der Umsetzung dieser Regelungen dient § 132.

II. Änderungen der Spezifikation

2   Die Voraussetzungen sowie das Verfahren zur Änderung der Spezifikation sind in Art. 9 Abs. 2–5 VO enthalten. *Antragsberechtigt* sind alle *Vereinigungen* gemäß Art. 5 Abs. 1 und 2 VO, also auch solche Vereinigungen, die nicht den ursprünglichen Eintragungsantrag gestellt haben.[1] Hinsichtlich des Umfanges der Änderungen ist zu unterscheiden: Handelt es sich um *Änderungen* des einzigen Dokumentes, die *nicht* nur *geringfügig* sind, muss das *vollständige Antragsverfahren* erneut durchlaufen werden. Sind die Änderungen des einzigen Dokumentes dagegen lediglich *geringfügig*, entscheidet die *Kommission* ohne die

---

1 *Ingerl/Rohnke*, § 132 Rn. 2.

Möglichkeit eines nachgeschalteten Einspruchs nach Art. 7 VO. Die wesentlichen Änderungen sind in Art. 16 Abs. 4 der Durchführungsverordnung VO (EG) Nr. 1898/2006 definiert.

III. Löschungen

Die Löschungsgründe sind in Art. 12 Abs. 2 VO nicht geregelt. Überwiegend wird vertreten, dass im Antragslöschungsverfahren geltend gemacht werden kann, dass die geografische Bezeichnung zu Unrecht registriert worden war.[2]   3

---

2 *Ingerl/Rohnke*, § 132 Rn. 3; *Ströbele/Hacker*, § 132 Rn. 29.

§ 133
Rechtsmittel

Gegen Entscheidungen, die das Patentamt nach den Vorschriften dieses Abschnitts trifft, finden die Beschwerde zum Bundespatentgericht und die Rechtsbeschwerde zum Bundesgerichtshof statt. Gegen eine Entscheidung gemäß § 130 Abs. 5 Satz 1 steht die Beschwerde denjenigen Personen zu, die gegen den Antrag fristgerecht Einspruch eingelegt haben oder die durch den stattgebenden Beschluss auf Grund der nach § 130 Abs. 5 Satz 4 veröffentlichten geänderten Angaben in ihrem berechtigten Interesse betroffen sind. Im Übrigen sind die Vorschriften dieses Gesetzes über das Beschwerdeverfahren vor dem Bundespatentgericht (§§ 66 bis 82) und über das Rechtsbeschwerdeverfahren vor dem Bundesgerichtshof (§§ 83 bis 90) entsprechend anzuwenden.

§ 133 neu gefasst mit Wirkung v. 1.9.2008 durch Gesetz v. 7.7.2008 (BGBl. I, 1191)

I. Allgemeines

1   § 133 S. 1 gibt die Beschwerde zum BPatG und die Rechtsbeschwerde zum BGH gegen alle *Entscheidungen*, die das DPMA nach den *§§ 130–132* trifft. Erfasst werden insbesondere die Zurückweisung eines Schutzeintrages nach § 130 Abs. 5 S. 2, Zurückweisung eines Antrags auf Änderung der Spezifikation nach § 132 Abs. 1 S. 1 und die Zurückweisung eines Löschungsantrages nach § 132 Abs. 2. Die Beschwerde ist darüber hinaus gegeben gegen Beschlüsse, mit denen die Schutzfähigkeit einer geografischen Bezeichnung festgestellt wird (§ 130 Abs. 5 S. 1) und mit denen einem Antrag auf Änderung der Spezifikation stattgegeben wird (§ 132 Abs. 1 S. 1).[1]

II. Beschwerdeberechtigung

2   Wird gemäß § 130 Abs. 5 S. 1 vom DPMA festgestellt, dass die angemeldete geografische Bezeichnung die Schutzvoraussetzungen erfüllt, so steht nach § 133 S. 2 die Beschwerde hiergegen denjenigen Personen zu, die gemäß § 130 Abs. 4 S. 2 fristgerecht Einspruch eingelegt haben. Die Beschwerde ist nur zulässig, wenn der Beschwerdeführer in seinem *berechtigten Interesse* betroffen ist; dies ergibt sich daraus, dass § 130 Abs. 4 S. 2 für die Einlegung des Einspruchs ein berechtigtes Interesse verlangt.[2] Kein berechtigtes Interesse haben die nach § 130 Abs. 3 angehörten Behörden, Körperschaften, Verbände und Organisationen.[3] Der Begriff des berechtigten Interesses ist der nämliche wie der des Art. 7 Abs. 2 VO (siehe § 131 Rn. 3).

---

1 S. a. *Ströbele/Hacker*, § 133 Rn. 2

2 *Ströbele/Hacker*, § 133 Rn. 3.

3 *Ströbele/Hacker*, § 133 Rn. 6.

Gruber

§ 134
Überwachung

(1) Die nach der Verordnung (EG) Nr. 510/2006 und den zu ihrer Durchführung erlassenen Vorschriften erforderliche Überwachung und Kontrolle obliegt den nach Landesrecht zuständigen Stellen.

(2) Soweit es zur Überwachung und Kontrolle im Sinne des Absatzes 1 erforderlich ist, können die Beauftragten der zuständigen Stellen bei Betrieben, die Agrarerzeugnisse oder Lebensmittel in Verkehr bringen oder herstellen (§ 3 Nr. 1 und 2 des Lebensmittel- und Futtermittelgesetzbuchs) oder innergemeinschaftlich verbringen, einführen oder ausführen, während der Geschäfts- oder Betriebszeit,

1. Geschäftsräume und Grundstücke, Verkaufseinrichtungen und Transportmittel betreten und dort Besichtigungen vornehmen,
2. Proben gegen Empfangsbescheinigung entnehmen; auf Verlangen des Betroffenen ist ein Teil der Probe oder, falls diese unteilbar ist, eine zweite Probe amtlich verschlossen und versiegelt zurückzulassen,
3. Geschäftsunterlagen einsehen und prüfen,
4. Auskunft verlangen.

Diese Befugnisse erstrecken sich auch auf Agrarerzeugnisse oder Lebensmittel, die an öffentlichen Orten, insbesondere auf Märkten, Plätzen, Straßen oder im Umherziehen in den Verkehr gebracht werden.

(3) Inhaber oder Leiter der Betriebe sind verpflichtet, das Betreten der Geschäftsräume und Grundstücke, Verkaufseinrichtungen und Transportmittel sowie die dort vorzunehmenden Besichtigungen zu gestatten, die zu besichtigenden Agrarerzeugnisse oder Lebensmittel selbst oder durch andere so darzulegen, dass die Besichtigung ordnungsgemäß vorgenommen werden kann, selbst oder durch andere die erforderliche Hilfe bei Besichtigungen zu leisten, die Proben entnehmen zu lassen, die geschäftlichen Unterlagen vorzulegen, prüfen zu lassen und Auskünfte zu erteilen.

(4) Erfolgt die Überwachung bei der Einfuhr oder bei der Ausfuhr, so gelten die Absätze 2 und 3 entsprechend auch für denjenigen, der die Agrarerzeugnisse oder Lebensmittel für den Betriebsinhaber innergemeinschaftlich verbringt, einführt oder ausführt.

(5) Der zur Erteilung einer Auskunft Verpflichtete kann die Auskunft auf solche Fragen verweigern, deren Beantwortung ihn selbst oder einen der in § 383 Abs. 1 Nr. 1 bis 3 der Zivilprozessordnung bezeichneten Angehörigen der Gefahr strafrechtlicher Verfolgung oder eines Verfahrens nach dem Gesetz über Ordnungswidrigkeiten aussetzen würde.

(6) Für Amtshandlungen, die nach Artikel 11 der Verordnung (EG) Nr. 510/2006 zu Kontrollzwecken vorzunehmen sind, werden kostendeckende Gebühren und Auslagen erhoben. Die kostenpflichtigen Tatbestände werden durch das Landesrecht bestimmt.

§ 134 neu gefasst mit Wirkung v. 1.9.2008 durch Gesetz v. 7.7.2008 (BGBl. I, 1191)

Übersicht

I. Allgemeines

1 § 134 enthält die Umsetzung der in Art. 10 und Art. 11 VO (EG) Nr. 510/2006 enthaltenen Regelungen für die Mitgliedstaaten, eine *Überwachung* vorzunehmen und *Kontrolleinrichtungen* zu errichten, die gewährleisten, dass die nach der VO gekennzeichneten Produkte die Anforderungen der *Spezifikation* nach Art. 4 VO einhalten.[1] Darüber hinaus sieht § 134 eine „Überwachung" auf *Einhaltung der VO im Allgemeinen vor,* so z.B. in Bezug auf unbefugte oder missbräuchliche Verwendung von geografischen Herkunftsangaben.[2] Eine gemeinschaftliche Verpflichtung zur Überwachung gegen eine missbräuchliche Verwendung besteht nicht.[3]

II. Gegenstand der Kontrolle/Überwachung und Kompetenzen

2 Gegenstand der Überwachung und Kontrolle sind Verstöße gegen die *Vorschriften* der Art. 10 VO (s. vor § 130 Rn. 25) und Art. 13 VO (s. vor § 130 Rn. 19 ff.). Dass Verstöße gegen diese Vorschriften neben der öffentlich-rechtlichen Überwachung und Kontrolle nach § 134 auch zivilrechtliche Sanktionen gem. § 135 auslösen, ist unschädlich, da nach nationalem Verständnis die Einhaltung der Vorschriften der VO sowohl auf der Ebene des öffentlichen Rechtes als auch mittels privatrechtlicher Sanktionen gewährleistet werden soll.[4] Die *Kompetenz* für die Überwachung und Kontrolle obliegt nach § 134 Abs. 1 den nach Landesrecht zuständigen Stellen.

III. Rechte der Überwachungs- und Kontrollorgane

3 Die Vorschrift lehnt sich nach Regelungsgegenstand und Inhalt an *lebensmittelrechtliche Vorschriften* an.[5] Die Überwachungs- und Kontrollrechte umfassen ein Betretungsrecht, Besichtigungsrecht, Probeentnahmerecht, Einsichtsrecht, Prüfungsrecht und Auskunftsrecht (§ 134 Abs. 2). Die Bestimmung der erforderlichen Maßnahmen steht unter dem Vorbehalt der Erforderlichkeit und der Verhältnismäßigkeit, § 134 Abs. 2 S. 1.

---

1 *Ingerl/Rohnke,* § 134 Rn. 1.
2 Begründung des Gesetzentwurfs, BlPMZ Sonderheft 1994, 116; *Ströbele/Hacker,* § 134 Rn. 3.
3 EuGH, GRUR 2008, 524 Tz. 68 ff. – Parmesan.
4 Vgl. *Tilmann,* GRUR 1992, 829.
5 *Ingerl/Rohnke,* § 134 Rn. 1.

IV. Pflichten der Unternehmen

Den Befugnissen der Überwachungs- und Kontrollorgane entsprechen *Duldungs- und Mit-*   **4**
wirkungspflichten der rechtsunterworfenen Unternehmen (§ 134 Abs. 3). § 134 Abs. 4
weitet diese Regelung für die Fälle des Import und Export auch auf denjenigen aus, der die
Produkte für den Betriebsinhaber verbringt, einführt oder ausführt. § 134 Abs. 5 sieht ein
Auskunftsverweigerungsrecht entsprechend § 383 Abs. 1 Nr. 1–3 ZPO vor.

§ 135
Ansprüche wegen Verletzung

(1) Wer im geschäftlichen Verkehr Handlungen vornimmt, die gegen Artikel 8 oder Artikel 13 der Verordnung (EG) Nr. 510/2006 verstoßen, kann von den nach § 8 Abs. 3 des Gesetzes gegen den unlauteren Wettbewerb zur Geltendmachung von Ansprüchen Berechtigten bei Wiederholungsgefahr auf Unterlassung in Anspruch genommen werden. Der Anspruch besteht auch dann, wenn eine Zuwiderhandlung erstmalig droht. Die §§ 18, 19, 19a und 19c gelten entsprechend.

(2) § 128 Abs. 2 und 3 gilt entsprechend.

§ 135 neu gefasst mit Wirkung v. 1.9.2008 durch Gesetz v. 7.7. 2008 (BGBl. I, 1191)

Die Vorschrift sieht bei Verstößen gegen Art. 8 VO (EG) Nr. 2081/92 (zum zweifelhaften Anwendungsbereich s. vor § 130 Rn. 18) und Art. 13 VO (s. vor § 130 Rn. 19) Sanktionen in Form von Unterlassungs-, Schadensersatzansprüchen etc. vor. Sie ist § 128 nachgebildet. Auf die Erläuterungen zu § 128 wird verwiesen.

§ 136
Verjährung

Die Ansprüche nach § 135 verjähren gem. § 20.

Die Vorschrift verweist auf § 20. Daher ist auf die Kommentierung zu § 20 zu verweisen.

Abschnitt 3
Ermächtigungen zum Erlass von Rechtsverordnungen

§ 137
Nähere Bestimmungen zum Schutz einzelner geografischer Herkunftsangaben

(1) Das Bundesministerium der Justiz wird ermächtigt, im Einvernehmen mit den Bundesministerien für Wirtschaft und Technologie und für Ernährung, Landwirtschaft und Verbraucherschutz durch Rechtsverordnung mit Zustimmung des Bundesrates nähere Bestimmungen über einzelne geographische Herkunftsangaben zu treffen.

(2) In der Rechtsverordnung können

1. durch Bezugnahme auf politische oder geographische Grenzen das Herkunftsgebiet,

2. die Qualität oder sonstige Eigenschaften im Sinne des § 127 Abs. 2 sowie die dafür maßgeblichen Umstände, wie insbesondere Verfahren oder Art und Weise der Erzeugung oder Herstellung der Waren oder der Erbringung der Dienstleistungen oder Qualität oder sonstige Eigenschaften der verwendeten Ausgangsmaterialien wie deren Herkunft, und

3. die Art und Weise der Verwendung der geographischen Herkunftsangabe

geregelt werden. Bei der Regelung sind die bisherigen lauteren Praktiken, Gewohnheiten und Gebräuche bei der Verwendung der geographischen Herkunftsangabe zu berücksichtigen.

§ 137 Abs. 1 geändert Wirkung v. 7.11.2001 durch VO v. 29.10.2001 (BGBl. I, 2785); Abs. 1 geändert Wirkung v. 28.11.2003 durch VO v. 25.11.2003 (BGBl. I, 2304); Abs. 1 geändert Wirkung v. 8.11.2006 durch VO v. 31.10.2006 (BGBl. I, 2407)

Übersicht

I. Allgemeines

1   § 137 erhält eine Ermächtigung zum Erlass von Rechtsverordnungen, die nähere Bestimmungen zu einzelnen Herkunftsangaben enthalten. Die Vorschrift gilt für *qualifizierte Herkunftsangaben* i. S. d. § 127 Abs. 2 und für *einfache Herkunftsangaben* und soll die in Spezialgesetzen enthaltenen Ermächtigungen zum Schutz geografischer Herkunftsangaben entbehrlich machen.[1]

II. Inhalt der Regelung

Adressat der Ermächtigung ist allein das Bundesministerium der Justiz. Nach § 137 Abs. 1 **2** kann dieses nur im Einvernehmen handeln mit dem Bundesministerium für Wirtschaft und Technologie und für Ernährung, Landwirtschaft und Verbraucherschutz. § 137 Abs. 2 enthält eine enumerative Aufzählung der Regelungen. Festgelegt werden können das *Herkunftsgebiet*, die *Qualität* oder sonstige *Eigenschaften* i.S.d. § 127 Abs. 2 sowie Regelungen der *Art und Weise der Verwendung* der geografischen Angaben. Dabei sind nach § 137 Abs. 2 S. 2 die bisherigen lauteren Praktiken, Gewohnheiten und Gebräuche zu berücksichtigen, d.h. die bestehende *Verkehrsauffassung*. Dies spricht dafür, dass der Inhalt der Verordnung im Einklang mit der Verkehrsauffassung stehen muss und dies in gerichtlichen Verfahren inzident geprüft werden kann.[2]

III. Verordnungen

Von der Verordnungsermächtigung wurde bisher nur bei der *Solingen*VO[3] Gebrauch ge- **3** macht, die mit dem früheren Gesetz zum Schutz der Bezeichnung Solingen weitgehend übereinstimmt.

---

1 Begründung des Gesetzentwurfs, BlPMZ Sonderheft 1994, 117.
2 *Ingerl/Rohnke*, § 137 Rn. 3.
3 BGBl. 1994 I, 2833.

§ 138
Sonstige Vorschriften für das Verfahren
bei Anträgen und Einsprüchen
nach der Verordnung (EG) Nr. 510/2006

(1) Das Bundesministerium der Justiz wird ermächtigt, durch Rechtsverordnung ohne Zustimmung des Bundesrates nähere Bestimmungen über das Antrags-, Einspruchs-, Änderungs- und Löschungsverfahren (§§ 130 bis 132) zu treffen.

(2) Das Bundesministerium der Justiz kann die Ermächtigung zum Erlass von Rechtsverordnungen nach Absatz 1 durch Rechtsverordnung ohne Zustimmung des Bundesrates ganz oder teilweise auf das Deutsche Patent- und Markenamt übertragen.

§ 138 neu gefasst mit Wirkung v. 1.9.2008 durch Gesetz v. 7.7.2008 (BGBl. I, 1191)

1   Durch diese Vorschrift wird das Bundesministerium der Justiz ermächtigt, durch Verordnung nähere Bestimmungen zum Verfahrensrecht des Antrags-, Einspruchs- und Änderungs-/Löschungsverfahrens (§§ 130–132) zu treffen; materielles Recht kann hierdurch nicht ergänzt werden. Die Befugnis hierzu wurde durch § 1 Abs. 2 DPMAV dem Präsidenten des DPMA übertragen. Hiervon wurde durch die §§ 47 ff. MarkenV vom Präsidenten des DPMA Gebrauch gemacht.

§ 139
Durchführungsbestimmungen zur
Verordnung (EG) Nr. 510/2006

(1) Das Bundesministerium der Justiz wird ermächtigt, im Einvernehmen mit dem Bundesministerium für Wirtschaft und Technologie und dem Bundesministerium für Ernährung, Landwirtschaft und Verbraucherschutz durch Rechtsverordnung mit Zustimmung des Bundesrates weitere Einzelheiten des Schutzes von Ursprungsbezeichnungen und geographischen Angaben nach der Verordnung (EG) Nr. 510/2006 zu regeln, soweit sich das Erfordernis hierfür aus der Verordnung (EG) Nr. 510/2006 oder den zu ihrer Durchführung erlassenen Vorschriften des Rates oder der Kommission der Europäischen Gemeinschaften ergibt. In Rechtsverordnungen nach Satz 1 können insbesondere Vorschriften über

1. die Kennzeichnung der Agrarerzeugnisse oder Lebensmittel,
2. die Berechtigung zum Verwenden der geschützten Bezeichnungen oder
3. die Voraussetzungen und das Verfahren bei der Überwachung oder Kontrolle beim innergemeinschaftlichen Verbringen oder bei der Einfuhr oder Ausfuhr

erlassen werden. Rechtsverordnungen nach Satz 1 können auch erlassen werden, wenn die Mitgliedstaaten nach den dort genannten gemeinschaftsrechtlichen Vorschriften befugt sind, ergänzende Vorschriften zu erlassen.

(2) Die Landesregierungen werden ermächtigt, durch Rechtsverordnung die Durchführung der nach Artikel 11 der Verordnung (EG) Nr. 510/2006 erforderlichen Kontrollen zugelassenen privaten Kontrollstellen zu übertragen oder solche an der Durchführung dieser Kontrollen zu beteiligen. Die Landesregierungen können auch die Voraussetzungen und das Verfahren der Zulassung privater Kontrollstellen durch Rechtsverordnung regeln. Sie sind befugt, die Ermächtigung nach den Sätzen 1 und 2 durch Rechtsverordnung ganz oder teilweise auf andere Behörden zu übertragen.

§ 139 neu gefasst mit Wirkung v. 1.9.2008 durch Gesetz v. 7.7.2008 (BGBl. I, 1191)

Die Verordnungsermächtigung des § 139 wurde geschaffen, um die nationalen Vorschriften zur VO (EG) Nr. 510/2006 flexibel an Entwicklungen auf der Ebene des Gemeinschaftsrechts anpassen zu können (Begründung des Gesetzentwurfs, BlPMZ Sonderheft 1994, 118). Auf der Ebene des Gemeinschaftsrechts gibt es wiederum DurchführungsVO (s. o. Vorb. zu 130 bis 139, Rn. 2). § 139 gilt nur für den Fall, dass Durchführungsbestimmungen einer Umsetzung ins nationale Recht bedürfen.[1] Eine Rechtsverordnung aufgrund des § 139 ist bislang noch nicht ergangen.   1

---

1 *Ingerl/Rohnke*, § 139 Rn. 1.

Teil 7
Verfahren in Kennzeichenstreitsachen

§ 140
Kennzeichenstreitsachen

(1) Für alle Klagen, durch die ein Anspruch aus einem der in diesem Gesetz geregelten Rechtsverhältnisse geltend gemacht wird (Kennzeichenstreitsachen), sind die Landgerichte ohne Rücksicht auf den Streitwert ausschließlich zuständig.

(2) Die Landesregierungen werden ermächtigt, durch Rechtsverordnung die Kennzeichenstreitsachen insgesamt oder teilweise für die Bezirke mehrerer Landgerichte einem von ihnen zuzuweisen, sofern dies der sachlichen Förderung oder schnelleren Erledigung der Verfahren dient. Die Landesregierungen können diese Ermächtigung auf die Landesjustizverwaltungen übertragen. Die Länder können außerdem durch Vereinbarung den Gerichten eines Landes obliegende Aufgaben insgesamt oder teilweise dem zuständigen Gericht eines anderen Landes übertragen.

(3) Von den Kosten, die durch die Mitwirkung eines Patentanwalts in einer Kennzeichenstreitsache entstehen, sind die Gebühren nach § 13 des Rechtsanwaltsvergütungsgesetzes für Rechtsanwälte und außerdem die notwendigen Auslagen des Patentanwalts zu erstatten.

Übersicht

Literatur: *Engels*, Kennzeichengerichte und Kennzeichenstreitkammern, WRP 1997, 77; *Fezer*, Ausschließliche Zuständigkeit der Kennzeichengerichte und der Gemeinschaftsmarkengerichte, NJW 1997, 2915; *Günther/Pfaff*, Gegen die unbedingte Erstattung von Patentanwaltskosten in Geschmacksmuster- und Markensachen, WRP, 2010, 708; *Hirsch/Traub*, Rechtsanwaltsvergütung nach Inkrafttreten des RVG, WRP 2004, 1226; *Horak*, Sind für Anwaltsgebührenklagen wegen Beratung oder Vertretung in einer Zeichensache streitwertunabhängig die ermächtigten Landgerichte nach § 140 Abs. 1 MarkenG zuständig?, Mitt. 2007, 449; *Omsels*, Die Erstattung von Patentanwaltskosten für die vorprozessuale Mitwirkung bei einer Kennzeichensache, MarkenR 2009, 27; *Tyra*, Notwendigkeit der Mitwirkung eines Patentanwalts als Voraussetzung in Kennzeichen- und Geschmacksmusterstreitsachen, WRP 2007, 1059.

I. Kennzeichenstreitsachen

1. Begriff

Abs. 1 der Vorschrift enthält die Legaldefinition der Kennzeichenstreitsachen. Danach **1** sind Kennzeichenstreitsachen alle Klagen, durch die ein Anspruch aus einem der in diesem Gesetz geregelten Rechtsverhältnisse geltend gemacht wird. Dabei ist der Begriff „Klageverfahren" weit auszulegen. Kennzeichenstreitsachen sind, soweit materiell ein kennzeichenrechtliches Rechtsverhältnis zu Grunde liegt, insbesondere auch Verfahren des einstweiligen Rechtsschutzes (einstweilige Verfügung) und Vollstreckungsverfahren, soweit die Maßnahme dem Prozessgericht des ersten Rechtszugs obliegt. Des Weiteren sind Kennzeichenstreitsachen zivilprozessuale Verfahren auf Erstattung von Abmahnkosten, Schadensersatz wegen ungerechtfertigter Abmahnung oder auf Ersatz von Vollziehungsschaden (§§ 717 Abs. 2, 945 ZPO), soweit die Geltendmachung von Kennzeichenrechten zu Grunde lag.

Der Begriff der Kennzeichenstreitsache ist Ausfluss des umfassenden Geltungsbereichs **2** des MarkenG, welches als einheitliches Kennzeichengesetz die zuvor in WZG, UWG und anderen Gesetzen verstreuten Rechts- und Anspruchsgrundlagen für den Schutz geschäftlicher Kennzeichen zusammengefasst hat.[1] Die bereits nach § 32 Abs. 1 WZG vorgesehene Zuständigkeitskonzentration bei den Landgerichten für Warenzeichensachen wurde damit auf alle Kennzeichensachen, insbesondere also auch Streite betreffend Rechte an der Firma und Geschäftsbezeichnung, erweitert.

Eine Kennzeichenstreitsache liegt dann vor, wenn der durch den klägerischen Vortrag unterbreitete Sachverhalt Kennzeichenrechte betrifft, also im MarkenG geregelte Ansprüche **3** und Rechte. Dabei ist ausreichend, dass durch den Sachverhalt jedenfalls auch im MarkenG geregelte Ansprüche und Rechte berührt sind.[2] Nicht ausreichend ist dem gegenüber die vom vorgetragenen Sachverhalt nicht gedeckte Behauptung, es seien Vorschriften des MarkenG anwendbar. Soweit das MarkenG berührende Ansprüche oder Rechte im Wege der Widerklage geltend gemacht werden, wird das Verfahren insgesamt zur Kennzeichenstreitsache.

2. Sachliche Zuständigkeit

§ 140 Abs. 1 enthält eine Regelung der sachlichen Zuständigkeit (zur örtlichen/internationalen Zuständigkeit s. § 141 Rn. 2 ff.). Die Vorschrift statuiert die sachliche Sonderzuständigkeit **4** keit der Landgerichte, welche ohne Rücksicht auf den Streitwert in Kennzeichenstreitsachen zuständig sein sollen. Damit ist insbesondere die sachliche Zuständigkeit der Amtsgerichte als Eingangsinstanz ausgeschlossen. Praktische Bedeutung erlangt dies beispielsweise bei der Beitreibung von Abmahnkosten, welche den Betrag von EUR 5.000 nicht übersteigen.

Die nach § 140 Abs. 1 für Kennzeichenstreitsachen ausschließlich zuständigen Landgerichte werden insoweit als „Kennzeichenstreitgerichte" bezeichnet. Nach § 95 Abs. 1 Nr. **5**

---

1 Vgl. Begründung zum MarkenG, BT-Drucks. 12/6581 vom 14.1.1994, S. 124.
2 Vgl. OLG Düsseldorf, Mitt. 1987, 36 – Erstattung von Patentanwaltskosten; KG, NJWE-WettbR 2000, 222.

4c) GVG sind Kennzeichenstreitsachen Handelssachen. Auf Antrag des Klägers in der Klageschrift (§ 96 Abs. 1 GVG) oder auf Antrag des Beklagten (§ 98 Abs. 1 GVG) ist ein Kennzeichenstreit vor der Kammer für Handelssachen zu verhandeln. Kennzeichenstreitgericht kann also die Zivil- wie auch die Handelskammer beim Landgericht sein. Vielfach werden Kennzeichenstreite, obwohl geborene Handelssachen, an die Zivilkammer adressiert, da innerhalb der Landgerichte die Zuständigkeit für die Kennzeichenstreitsachen gemäß Geschäftsverteilung bei nur einer Zivilkammer, aber bei mehreren Handelskammern angesiedelt sind, so dass die Zivilkammer u. U. als der intensiver mit Markensachen befasste und daher sachkundigere Spruchkörper angesehen wird.

6 Soweit in den Bundesländern von der Ermächtigung des § 140 Abs. 2 Gebrauch gemacht worden ist, Kennzeichenstreitsachen für die Bezirke mehrerer Landgerichte nur einem von ihnen zuzuweisen, bewirkt auch diese Zuständigkeitskonzentration eine „ausschließliche" Zuständigkeit der so bestimmten Landgerichte. Die gegenteilige Ansicht des OLG Dresden[3] ist angesichts des klaren Wortlauts von § 140 Abs. 1 MarkenG kaum vertretbar.

7 Wird ein Amtsgericht oder ein wegen Zuständigkeitskonzentration nicht zuständiges Landgericht in einer Markenstreitsache angerufen, so ist die Klage unzulässig (ebenso erst recht, wenn ein Gericht außerhalb der Zivilgerichtsbarkeit angerufen wird). Das Verfahren ist durch Prozessurteil abzuweisen. Dem kann der Kläger dadurch entgehen, dass er gemäß § 281 ZPO beantragt, das Gericht möge sich für unzuständig erklären und den Rechtsstreit an das zuständige Kennzeichenstreitgericht verweisen. Das Gericht hat in dem Falle, in welchem es sich für sachlich (oder unter sonstigen Gesichtspunkten) unzuständig hält, dem Kläger vor der Absetzung einer entsprechenden Entscheidung einen Hinweis gemäß § 139 Abs. 2 ZPO zu geben, soweit der Kläger den Antrag nicht von sich aus stellt.

8 Da eine ausschließliche Zuständigkeit vorliegt, kann die Zuständigkeit des Kennzeichengerichts weder durch eine Gerichtsstandsvereinbarung abbedungen noch die Zuständigkeit eines Gerichts, welches nicht Kennzeichengericht ist, herbeigeführt werden. Die Zuständigkeit des für die Markenstreitsache unzuständigen Gerichts kann auch nicht durch rügeloses Verhandeln herbeigeführt werden (§ 40 Abs. 2 ZPO). In der Berufungsinstanz wird die fehlende sachliche Zuständigkeit des erstinstanzlichen Gerichts als Kennzeichenstreitgericht allerdings nicht von Amts wegen geprüft, und die Rüge muss erhoben werden, bevor zur Hauptsache verhandelt wird (§ 532 ZPO).

II. Konzentration, Vertretung, Kosten

1. Zuständigkeitskonzentration

9 § 140 Abs. 2 enthält eine Konzentrationsermächtigung, derzufolge die Landesregierungen bzw. die Landesjustizverwaltungen ermächtigt werden, durch Rechtsverordnung bzw. Staatsvertrag die Zuständigkeit für Kennzeichenstreitsachen für mehrere Landgerichtsbezirke nur einem Landgericht zuzuweisen. Es haben inzwischen alle Flächenstaaten mit Ausnahme des Saarlandes von dieser Ermächtigung Gebrauch gemacht. Dabei wurde auch davon Gebrauch gemacht, die Zuständigkeit für Kennzeichenstreitsachen dem Landgericht eines anderen Landes zu übertragen (§ 140 Abs. 2 S. 3). Soweit ersichtlich, haben alle

---

3 OLG Dresden, WRP 1997, 577.

Konzentrationsverordnungen bzw. Staatsverträge eine Konzentration für alle Kennzeichenstreitsachen zum Gegenstand; von der in der Ermächtigung vorgesehenen Möglichkeit, nur Teile der Kennzeichenstreitsachen zu konzentrieren, wurde bisher nicht Gebrauch gemacht (str. bei Brandenburg; u. U. nur Markenstreitsachen i. e. S.).

Aufgrund von Staatsverträgen und/oder Rechtsverordnungen ergibt sich die Zuständigkeit   **10**
folgender Landgerichte als Kennzeichenstreitgerichte:

— *Baden-Württemberg:* Für die Landgerichte des OLG-Bezirks Karlsruhe ist das LG
    Mannheim Kennzeichenstreitgericht, für Landgerichte des OLG-Bezirks Stuttgart das
    LG Stuttgart;
— *Bayern:* Für die Landgerichte des OLG-Bezirks München das LG München I, für die
    Landgerichte der OLG-Bezirke Nürnberg und Bamberg das LG Nürnberg-Fürth;
— *Brandenburg:* Für die Landgerichte in Brandenburg das LG Berlin;
— *Hessen:* Für die Landgerichte in Hessen das LG Frankfurt am Main;
— *Mecklenburg-Vorpommern:* Für die Landgerichte des OLG-Bezirks Rostock das LG
    Rostock;
— *Niedersachsen:* Für die Landgerichte in Niedersachsen das LG Braunschweig;
— *Nordrhein-Westfalen:* Für die Landgerichte des OLG-Bezirks Düsseldorf das LG Düsseldorf, für die Landgerichtsbezirke Bielefeld, Detmold, Münster und Paderborn das
    LG Bielefeld, für die Landgerichtsbezirke Arnsberg, Bochum, Dortmund, Essen, Hagen
    und Siegen das LG Bochum, für die Landgerichte des OLG-Bezirks Köln das LG Köln;
— *Rheinland-Pfalz:* Für die Landgerichte des OLG-Bezirks Zweibrücken das LG Frankenthal, für die Landgerichte des OLG-Bezirks Koblenz das LG Koblenz;
— *Sachsen:* Für die Landgerichte in Sachsen das LG Leipzig;
— *Sachsen-Anhalt:* Für die Landgerichte in Sachsen-Anhalt das LG Magdeburg;
— *Schleswig-Holstein:* Für die Landgerichte in Schleswig-Holstein das LG Kiel;
— *Thüringen*: Für die Landgerichte in Thüringen das LG Erfurt.[4]

Eine weitere Konzentrationsermächtigung enthält § 125e Abs. 3 S. 1. Diese betrifft die Zu-   **11**
ständigkeit der Zivilgerichte als Gemeinschaftsmarkengerichte, also Zivilverfahren über
die Verletzung von Gemeinschaftsmarken. In Ausübung der dortigen Konzentrationsermächtigungen haben die Länder die Zuständigkeit von Gemeinschaftsmarkengerichten bestimmt. Abweichungen von den Kennzeichenstreitgerichten ergeben sich in Nordrhein-Westfalen (alleinige Zuständigkeit des LG/OLG Düsseldorf) und möglicherweise in
Brandenburg, wo unklar ist, ob der Staatsvertrag mit Berlin auch Gemeinschaftsmarkenstreite beim LG Berlin konzentrieren will.

2. Vertretung

Bei den Landgerichten, und somit bei den Kennzeichenstreitgerichten im Sinne des § 140   **12**
Abs. 1, herrscht gemäß § 78 ZPO Anwaltszwang. Die Parteien selbst sind nicht postulationsfähig, können also keine wirksamen Prozesshandlungen vornehmen. Auch die zur Mitwirkung in Markenstreitsachen berufenen Patentanwälte sind nicht postulationsfähig und
können wirksam keine Prozesshandlungen vor den Kennzeichenstreitgerichten vornehmen.

---

4 Vgl. Fn. 2 zu § 140 Abs. 2 in *Schönfelder*, Deutsche Gesetze, Nr. 72.

13 Während herkömmlich die Postulationsfähigkeit eines Rechtsanwalts die Zulassung bei dem betreffenden Gericht voraussetzte, wurde mit dem Gesetz zur Neuordnung des Berufsrechts der Rechtsanwälte und der Patentanwälte vom 2.9.1994[5] das sogenannte „Lokalisationsprinzip" bei den Landgerichten mit Wirkung 1.1.2000 aufgegeben. Danach können alle bei einem Landgericht zugelassenen Rechtsanwälte bei jedem Landgericht in Deutschland auftreten und wirksam Erklärungen abgeben und Handlungen vornehmen für die von ihnen vertretenen Parteien, sind also vor allen Landgerichten postulationsfähig. Gemäß ÄnderungsG vom 17.12.1999[6] gilt dies, nachdem zunächst für die neuen Bundesländer eine Übergangsfrist bis zum Jahr 2005 vorgesehen war, unterschiedslos für alle bei einem Landgericht in Deutschland zugelassenen Rechtsanwälte für alle Landgerichte in Deutschland.

14 In der Folge eines Urteils des BVerfG wurde durch Gesetz vom 23.7.2002[7] die Beschränkung der Zulassung auf ein OLG ebenfalls abgeschafft, so dass nunmehr bei einem OLG zugelassene Rechtsanwälte vor allen OLGs postulationsfähig sind.

15 Die Aufgabe jeglicher Lokalisation und Singularzulassung machte spezielle, auf die Zuständigkeitskonzentration abhebende Vertretungs- und Kostenerstattungsregelungen der Abs. 3 und 4 (alt) obsolet, die gestrichen wurden.

3. Patentanwaltskosten

16 § 140 Abs. 3 regelt die Erstattungsfähigkeit der durch die Mitwirkung eines Patentanwalts in einer Kennzeichenstreitsache entstehenden Kosten. Die Vorschrift stellt keine Regelung der Gebührenansprüche des Patentanwalts gegenüber seiner Partei dar. Die Mitwirkung in Kennzeichenstreiten vor den ordentlichen Gerichten gehört zu den geborenen Aufgaben der Patentanwälte (vgl. § 4 Abs. 1 Patentanwaltsordnung). Die gesetzlich nicht geregelten, sich aus Vereinbarung oder Üblichkeit gemäß § 612 Abs. 2 BGB ergebenden Gebührenansprüche der Patentanwälte richten sich für die Mitwirkung in Rechtsstreitigkeiten vor den ordentlichen Gerichten im Zweifel wie für den mitvertretenden Rechtsanwalt nach dem RVG. Zur Frage der Zuständigkeit für eine Gebührenklage s. *Horak*.[8] Für eine streitwertunabhängige Zuständigkeit der Landgerichte OLG Karlsruhe[9] (zu § 143 PatG), dagegen OLG Frankfurt[10].

17 Die Erstattungspflicht der unterliegenden Prozesspartei (vgl. §§ 91 ff. ZPO) umfasste früher nur die Kosten des Patentanwalts bis zur Höhe einer vollen Gebühr zuzüglich der notwendigen Auslagen (und gegebenenfalls MwSt.). Nach der Neufassung des § 140 Abs. 3 durch das KostenbereinigungsG 2001 ist die Beschränkung auf eine Gebühr entfallen. Auch beim mitwirkenden Patentanwalt sind jetzt alle anfallenden Gebühren erstattungsfähig. Welche das sind, folgt bei Altfällen aus § 11 BRAGO und im Übrigen aus §§ 2 Abs. 2, 13 RVG, welches am 1.7.2004 in Kraft getreten ist (vgl. Rn. 23). Die anfallenden Gebühren sind für den mitwirkenden Patentanwalt in gleicher Höhe erstattungsfähig wie für den Pro-

---

5 BGBl. I, 2278.
6 BGBl. I, 2448.
7 BGBl. I, 2850.
8 *Horak*, Mitt. 2007, 449.
9 OLG Karlsruhe, GRUR 1997, 359.
10 OLG Frankfurt, GRUR-RR 2001, 199.

zessvertreter.[11] Voraussetzung der Erstattungsfähigkeit ist, dass die Kosten der erstattungsberechtigten Partei erwachsen sind und dass diese zur zweckentsprechenden Rechtsverfolgung notwendig waren. In Kennzeichenstreitsachen wird die Notwendigkeit der Mitwirkung eines Patentanwalts im Hinblick auf die in § 140 Abs. 3 geregelte Erstattungspflicht
als unwiderleglich vermutet. Eine Notwendigkeitsprüfung findet nicht statt.[12] Auch in
Rechtsstreiten, welche selbst keine Kennzeichenstreitsachen sind, kann die Erstattung der
Kosten der Mitwirkung eines Patentanwalts in Betracht kommen, soweit als Vorfrage oder
in sonstiger Weise die Beurteilung von Fragen erforderlich ist, deren Bearbeitung zu den
besonderen Aufgaben eines Patentanwalts gehört.[13]

Jede durch den Prozessauftrag ausgelöste Tätigkeit eines Patentanwalts stellt eine Mitwir-   **18**
kung im Sinne von § 140 Abs. 3 dar. Eine zur Erstattungsfähigkeit der Kosten nach § 140
Abs. 3 führende Mitwirkung setzt insbesondere nicht die Teilnahme an der mündlichen
Verhandlung oder Tätigkeiten während der gesamten Dauer des Verfahrens voraus. Nach
der klaren gesetzlichen Regelung gilt § 140 Abs. 3, der § 91 ZPO prozessual ergänzt und
keinen materiellen Anspruch begründet, unmittelbar nur für Kosten, die durch die Mitwirkung im Rechtsstreit und nicht durch die Mitwirkung außerhalb des Rechtsstreits, insbesondere bei der Abmahnung, entstanden sind.[14] Der BGH[15] hat nunmehr entschieden, dass
eine entsprechende Anwendung des § 140 Abs. 3 auf vorprozessuale Gebühren des mitwirkenden Patentanwalts ausscheidet und diese nur erstattungsfähig sind, wenn die Mitwirkung im konkreten Fall notwendig war.[16] Die gegenteilige Auffassung von Instanzgerichten und Literatur ist damit überholt.[17]

Auslagen des mitwirkenden Patentanwalts sind erstattungsfähig, soweit sie im Sinne des   **19**
§ 91 Abs. 1 ZPO zur zweckentsprechenden Rechtsverfolgung notwendig waren. Danach
sind im Regelfall erstattungsfähig Reisekosten zum Verhandlungstermin, wobei nicht darauf abzustellen ist, ob die Partei auch einen am Ort des Prozessgerichts ansässigen Patentanwalt hätte beauftragen können.[18] Regelmäßig erstattungsfähig sind weiterhin vom mitwirkenden Patentanwalt aufgewandte Markenrecherche-Kosten.[19] Im Einzelfall können
auch Reisekosten des mitwirkenden Patentanwalts zu einem vorprozessualen Gesprächs-
termin erstattungsfähig sein.

Die Erstattungsregelung des § 140 Abs. 3 gilt für alle Verfahrensarten, welche dem Begriff   **20**
Kennzeichenstreit unterfallen (vgl. o. Rn. 1–3), also beispielsweise auch in einem Vollstreckungsverfahren nach § 890 ZPO.[20] Nicht der Erstattungspflicht unterliegt eine Mitwir-

11 OLG Frankfurt a. M., GRUR-RR 2005, 104.
12 Vgl. BGH, GRUR 2003, 639, 640 – Kosten des Patentanwalts.
13 Vgl. zum Patentrecht: OLG Düsseldorf, Mitt. 1992, 43 – Patentanwaltskosten; OLG Köln, GRUR
   2001, 184 – Patentanwaltskosten.
14 Vgl. BGH, GRUR 2011, 754 Tz. 13.
15 BGH, GRUR 2011, 754 Tz. 14.
16 S. a. OLG Frankfurt a. M., GRUR-RR 2010, 127.
17 Vgl. z. B. OLG Nürnberg, LMuR 2011, 51, 53; OLG Hamm, Urt. v. 6.5.2010, I-4 U 5/10, BeckRS
   2010, 15346; KG, GRUR-RR 2010, 403 m. w. N.; *Ingerl/Rohnke*, § 140 Rn. 61; *Omsels*, MarkenR
   2009, 27.
18 Vgl. OLG Frankfurt, GRUR 1979, 76 – Zusatzgebühr.
19 Vgl. zu § 143 Abs. 5 PatG OLG Frankfurt, GRUR 1996, 967 – Recherche-Kosten.
20 Vgl. OLG Düsseldorf, GRUR 1983, 512 – Mitwirkung eines Patentanwalts.

kung des Patentanwalts in sogenannten Nebenverfahren, beispielsweise einem Kosten-Be-
schwerdeverfahren (§ 104 Abs. 3 ZPO).

21   Für Prozessbevollmächtigte in einem Kennzeichenstreit, welche sowohl als Rechtsanwalt
als auch als Patentanwalt zugelassen sind, führt § 140 Abs. 3 nicht zur Erstattbarkeit von
zusätzlichen Gebühren. Jedoch hindert die zusätzliche Zulassung als Rechtsanwalt des neben einem Rechtsanwalt mitwirkenden Patentanwalts die Erstattbarkeit der Kosten seiner
Mitwirkung nach § 140 Abs. 3 nicht.[21]

22   Die durch § 140 Abs. 3 angeordnete Erstattungsfähigkeit der Kosten eines mitwirkenden
Patentanwalts ist nicht auf die Mitwirkung deutscher Patentanwälte beschränkt, vielmehr
grundsätzlich auf die Mitwirkung ausländischer Patentanwälte ebenfalls anwendbar.[22]

4. Rechtsanwaltskosten

23   Das Rechtsanwaltsvergütungsgesetz – RVG vom 5.5.2004[23] hat die Bundesrechtsanwalts-
gebührenordnung – BRAGO abgelöst. Die Übergangsvorschrift des § 61 RVG besagt, dass
ab dem 1.7.2004 erteilte Mandate dem neuen Gebührenrecht unterfallen, wobei Rechts-
mittelaufträge als neue Mandate gelten. Das RVG hat nicht nur eine Erhöhung der Rechtsanwaltsgebühren, sondern insbesondere auch eine durchaus grundlegende Reform der Ge-
bührenstruktur zum Gegenstand. In einem dem RVG als Anlage 1 beigefügten Vergütungs-
verzeichnis – VV sind nunmehr Gebührentatbestände differenziert und detailliert geregelt.
Die Gebührenrahmen werden dort jetzt durchweg mit Dezimalzahlen ausgedrückt. Der Gebührenrahmen für die im Zusammenhang mit vorprozessualer (Abmahn-)Tätigkeit besonders interessierende Geschäftsgebühr ist mit 0,5–2,5 deutlich erweitert (Nr. 2300 VV). Eine Anrechnung der Geschäftsgebühr auf eine nachfolgende Verfahrensgebühr nach
Nr. 3100 VV erfolgt nur noch zur Hälfte und maximal mit einem Gebührensatz von 0,75
(Vorbemerkung 3 (4) VV). Im gerichtlichen Verfahren gibt es die Verfahrensgebühr in Höhe von 1,3 (Nr. 3100 VV) und die Terminsgebühr in Höhe von 1,2 (Nr. 3104 VV), deren
Entstehung keine Antragstellung mehr voraussetzt. Eine gesonderte Beweisgebühr ist
nicht mehr vorgesehen. Die Vergleichsgebühr heißt jetzt Einigungsgebühr und beträgt 1,5
(Nr. 1000 VV).

24   Ist eine Partei nicht am oder in der Nähe des Sitzes des Prozessgerichts ansässig, vor welchem sie einen Prozess in einer Kennzeichenstreitsache zu führen hat, musste sie unter
Geltung des Lokalisationsgrundsatzes einen dort zugelassenen Rechtsanwalt beauftragen.
Diesen konnte sie entweder direkt beauftragen und informieren oder durch Einschaltung
eines Korrespondenzanwalts, insbesondere des Hausanwalts oder Dauerberaters in Sachen
gewerblichen Rechtsschutzes. Die Frage der Erstattungsfähigkeit der Kosten eines Korrespondenzanwalts wird von den zuständigen Kostensenaten der Oberlandesgerichte unterschiedlich behandelt. Überwiegend wird geschäfts- und prozesserfahrenen Parteien, als
welche gewerblich tätige Parteien unwiderleglich vermutet werden, generell eine direkte
Beauftragung und Information des Prozessbevollmächtigten auch an auswärtigen Gerichten zugemutet. Mit der Erwägung, im Falle einer direkten Beauftragung jedenfalls eine Informationsreise zur persönlichen Information des Prozessbevollmächtigten als notwendig

---

21 Vgl. BPatG, GRUR 1991, 205 – Anwaltliche Doppelqualifikation.
22 Vgl. OLG Düsseldorf, GRUR 1988, 761 – Irischer Patentanwalt.
23 BGBl. I S. 718, 788.

einzuräumen, werden vielfach die Korrespondenzanwaltskosten bis zur Höhe der sogenannten „Kosten einer fiktiven Informationsreise" als erstattungsfähig anerkannt. Unter
Hinweis auf die Spezialität und Komplexität der Materie des gewerblichen Rechtsschutzes
anerkennen einzelne Gerichte jedoch generell die Erstattungsfähigkeit von Korrespondenzanwaltskosten in Kennzeichenstreitsachen.

Die Kostenrechtsprechung zur Erstattbarkeit von Korrespondenzanwaltskosten (RVG,   **25**
Nr. 3400 VV) hat sich nach Wegfall des Lokalisationsprinzips zusätzlich kritisch entwickelt. Demgegenüber werden die Reisekosten des Prozessbevollmächtigten zu Verhandlungen vor auswärtigen Gerichten inzwischen durchweg als erstattungsfähig angesehen.

§ 141
Gerichtsstand bei Ansprüchen nach diesem Gesetz und dem Gesetz gegen den unlauteren Wettbewerb

Ansprüche, welche die in diesem Gesetz geregelten Rechtsverhältnisse betreffen und auf Vorschriften des Gesetzes gegen den unlauteren Wettbewerb gegründet werden, brauchen nicht im Gerichtsstand des § 14 des Gesetzes gegen den unlauteren Wettbewerb geltend gemacht zu werden.

Übersicht

Literatur: *Fähndrich/Ibbeken*, Gerichtszuständigkeit und anwendbares Recht im Falle grenzüberschreitender Verletzungen (Verletzungshandlungen) der Rechte des geistigen Eigentums, GRUR Int. 2003, 616; *Johannes*, Markenpiraterie im Internet, GRUR Int. 2004, 928.

I. Örtliche Zuständigkeit bei Anspruchskonkurrenz mit dem UWG

1 Der durch die Vorschrift in Bezug genommene § 14 UWG trägt diese Nummer seit der UWG-Reform 2004; vorher war es § 24 UWG. Für Rechtsstreite, in welchen Anspruchsgrundlagen des UWG geltend gemacht werden, sieht § 14 UWG eine ausschließliche örtliche Zuständigkeit des Gerichts vor, in dessen Bezirk der Beklagte Sitz oder Aufenthalt hat (§ 14 Abs. 1 UWG) oder der Tatort liegt (§ 14 Abs. 2 UWG). Die Tatortzuständigkeit ist aber durch § 14 Abs. 2 S. 2 UWG erheblich eingeschränkt. Eine Anspruchskonkurrenz zwischen Vorschriften des UWG und des MarkenG ist auch nach der umfassenden Kodifizierung des Kennzeichenrechts im MarkenG möglich und nicht selten. Insbesondere in Fällen der Rufausbeutung oder der Bezug nehmenden Werbung können durch den Sachverhalt Tatbestände beider Gesetze erfüllt werden. Oft werden Klagebegehren auch hilfsweise neben MarkenG auf das UWG gestützt. Für diese Fälle besagt § 141, dass die Regelung der örtlichen Zuständigkeit des § 14 UWG nicht entgegensteht, in Kennzeichenstreitsachen die Kennzeichenstreitgerichte anzurufen, auch wenn Ansprüche nach UWG geltend gemacht werden und der Gerichtsstand nach § 14 UWG nicht gegeben wäre. Dies betrifft insbesondere Fälle, in welchen nach § 14 UWG zuständigen Gerichten die Zuständigkeit für Markenstreitsachen aufgrund der Zuständigkeitskonzentration nach § 140 entzogen ist.

II. Örtliche Zuständigkeit, Gerichtsstände

1. Örtliche Zuständigkeit

Die örtliche Zuständigkeit betrifft die Frage, welches von mehreren sachlich und funktionell zuständigen Gerichten (Landgerichte als Kennzeichenstreitgerichte) für einen konkreten Fall zuständig ist. Abgesehen von der einen Sonderfall betreffenden Regelung des § 141 (weitere Sonderregelung in § 96 Abs. 3) enthält das MarkenG keine Sonderregeln über die örtliche Zuständigkeit. Es gelten die allgemeinen zivilprozessualen Regeln der §§ 12 ff. ZPO über die örtliche Zuständigkeit. **2**

2. Gerichtsstände

Genannte Vorschriften der ZPO sehen verschiedene Anknüpfungspunkte vor für die Begründung eines Gerichtsstands gegen einen bestimmten Beklagten. Der sogenannte allgemeine Gerichtsstand ist immer dort gegeben, wo im Falle einer natürlichen Person deren Wohnsitz oder gewöhnlicher Aufenthaltsort ist oder wo bei einer juristischen Person deren Sitz ist (vgl. §§ 12, 13, 16, 17 ZPO). Von Interesse in Kennzeichenstreitsachen ist weiterhin der Gerichtsstand der gewerblichen Niederlassung (§ 21 ZPO), welcher bei einer Klage gegen den Inhaber eines Gewerbebetriebs am Ort seiner gewerblichen Niederlassung gegeben ist, soweit die streitgegenständliche Handlung diese Niederlassung betrifft. Soweit gegen einen Beklagten ein allgemeiner Gerichtsstand im Inland nicht zur Verfügung steht, kann der Gerichtsstand des Vermögens (§ 23 ZPO) gegeben sein. Dieser ist dort gegeben, wo der Beklagte im Inland Vermögen unterhält, ohne dass dieses in Beziehung zum Streitgegenstand stehen muss.[1] Im Falle einer registrierten Marke und einer gegen den Markeninhaber zu richtenden Klage gilt als Vermögensort der Geschäfts- bzw. Wohnsitz des Inlandsvertreter und, soweit ein solcher nicht bestellt ist, der Sitz des Patentamts in München.[2] **3**

Von besonderer Bedeutung im Markenrecht ist der Gerichtsstand der unerlaubten Handlung des § 32 ZPO (auch „fliegender Gerichtsstand" genannt). Da kennzeichenverletzende Handlungen vielfach flächendeckend (bundesweit) begangen werden, hat der Kläger insoweit freie Wahl des Gerichtsorts. Alle sich aus dem MarkenG ergebenden privatrechtlichen Ansprüche sind solche aus unerlaubter Handlung. Der Gerichtsstand des § 32 ZPO gilt daher sowohl für Schadensersatzansprüche wie auch für die verschuldensunabhängigen Unterlassungs-, Feststellungs-, Beseitigungs- und Löschungsansprüche. **4**

Ort der unerlaubten Handlung sind sowohl der Begehungsort als auch der Ort des Verletzungserfolges.[3] Bei rechtswidrigen Anschreiben, z.B. unberechtigten Abmahnungen, sind sowohl Absende- als auch Empfangsort Begehungsort.[4] Die Anmeldung bzw. Eintragung verletzender Marken löst im Regelfall Begehungsgefahr aus, auch wenn die Marke noch nicht benutzt wird; ein Gerichtsstand für die vorbeugende Unterlassungsklage ist in diesem Fall an jedem Ort gegeben, an dem eine Verwirklichung der Markenverletzung droht. So- **5**

---

1 LG München I, GRUR 1959, 156 – LACO.
2 Vgl. a. Anm. zu § 96 Abs. 3; s. a. LG München I, GRUR 1962, 165 – Aufspritzverfahren.
3 BGH, GRUR 1994, 530 – Beta.
4 BGH, GRUR 1964, 316 – Stahlexport.

weit keine Anhaltspunkte für eine nur lokal begrenzte Benutzungsabsicht besteht, ist dies jeder Ort in Deutschland und damit jedes Markenstreitgericht.[5] Bei Klagen aufgrund wegen Markenverletzung festgestellter Wiederholungsgefahr ist jedoch die Darlegung und nötigenfalls der Beweis einer Verletzungshandlung innerhalb des Bezirks des angerufenen Gerichts erforderlich; die nur pauschale Behauptung bundesweiten Vertriebs oder bundesweiten Feilhaltens ist nicht ausreichend.

6 Soweit Markenverletzungen durch Anzeigen oder sonstige werbliche Mitteilungen in Zeitschriften oder sonstigen Massenmedien begangen werden, ist ein Gerichtsstand nach § 32 ZPO überall dort gegeben, wo das Medium regelmäßig und bestimmungsgemäß verbreitet wird.[6] Bei Zeitschriften also überall dort, wo diese im Zeitschriftenhandel regelmäßig erhältlich sind, oder bei Funk-/Fernsehsendungen, wo diese regelmäßig empfangen werden können.[7] Der Internetauftritt eines Inländers mit kennzeichenverletzendem Inhalt führt i. d. R. zu einem bundesweiten Gerichtsstand.[8]

3. Unzuständigkeit, rügeloses Verhandeln

7 Wird eine Klage vor dem örtlich unzuständigen Gericht angebracht, ist diese unzulässig und als solche durch Prozessurteil abzuweisen, soweit nicht der Kläger den Verweisungsantrag stellt. Gegen das wegen örtlicher Unzuständigkeit abweisende Prozessurteil findet Berufung und, soweit im Übrigen statthaft, Revision statt. Hält sich das Landgericht zu Unrecht für örtlich zuständig, unterliegt dies keiner Nachprüfung in den höheren Instanzen (§ 513 Abs. 2 ZPO).

8 Der Beklagte muss die örtliche Unzuständigkeit des angerufenen Gerichts vor Verhandlung zur Hauptsache, also vor Antragstellung, ausdrücklich rügen. Nach Verhandlung zur Hauptsache, also nach erster Antragstellung, wird der Beklagte mit der Rüge der örtlichen Unzuständigkeit nicht mehr gehört, das Gericht gilt aufgrund rügeloser Verhandlung als örtlich zuständig (§ 39 ZPO).

III. Internationale Zuständigkeit

9 Innerhalb der EU (mit Ausnahme Dänemark) richtet sich die internationale Zuständigkeit deutscher Gerichte in Markenstreitsachen seit Inkrafttreten der VO (EG) Nr. 44/2001 des Rates über die gerichtliche Zuständigkeit und die Anerkennung und Vollstreckung von Entscheidungen in Zivil- und Handelssachen[9] am 1.3.2002 nach den Bestimmungen dieser VO. Die EuGVVO ersetzt das Europäische Gerichtsstands- und Vollstreckungsübereinkommen (EuGVÜ), welches im Verhältnis der Mitgliedstaaten zu Dänemark aber in Kraft bleibt. Das Lugano-Abkommen (LugÜ) ist weiterhin anwendbar im Verhältnis zu einigen europäischen Ländern außerhalb der EU (Schweiz, Norwegen, Island). Nach der EuGVVO bestehen Gerichtsstände, weitgehend parallel zum deutschen internationalen Prozessrecht,

---

5 Vgl. zum UWG OLG Düsseldorf, WRP 1994, 877 – Ferntest.
6 BGH, GRUR 1978, 194 – profil; GRUR 1971, 153 – Tampax.
7 Kritisch zur Einschränkung des Tatortbegriffs bei Medien *Ingerl/Rohnke*, § 140 Rn. 44.
8 Vgl. OLG Hamburg, ZUM-RD 2003, 124; zur internationalen Zuständigkeit vgl. Rn. 11.
9 ABl. EG Nr. L 12 v. 16.1.2001, 1.

insbesondere am Tatort der unerlaubten Handlung (Art. 5 Nr. 3 EuGVVO), am Wohnsitz bzw. Sitz bzw. bei der Niederlassung des Beklagten (Art. 2, 5 Nr. 5, 60 EuGVVO). Nach Art. 31 EuGVVO sind deren Regelungen der internationalen Zuständigkeit für den einstweiligen Rechtsschutz (Verfügungsverfahren) nicht zwingend. Hier kann unmittelbar deutsches internationales Prozessrecht zur Anwendung kommen.

Außerhalb des Anwendungsbereichs vorgenannter Abkommen gilt nach deutschem internationalem Prozessrecht die Faustformel, dass ein deutsches Gericht international zuständig ist, wenn es nach den Vorschriften der §§ 12 ff. ZPO örtlich zuständig ist.[10] Es gilt also das o. zu Rn. 2 bis 6 Ausgeführte.

Die Hinterlegung eines markenverletzenden Inhalts im Internet begründet einen bestimmten (inländischen) Gerichtsstand nach richtiger, sich zunehmend durchsetzender Auffassung nur dann, wenn der Inhalt Anhaltspunkte aufweist, dass er bestimmungsgemäß auch im Gerichtsbezirk (in Deutschland) abgerufen werden soll; derartige Anhaltspunkte können die deutsche Sprache, die Angabe deutscher Kontaktadressen, der Hinweis auf deutsche Marktgegebenheiten oder sonstige Umstände sein, welche erkennen lassen, dass auch deutsche Interessenten angesprochen sind.[11]

10

11

---

10 Vgl. *Zöller*, ZPO, 25. Aufl., IZPR Rn. 37.
11 Vgl. BGH, GRUR 2005, 431 – HOTEL MARITIME; BGH, GRUR 2011, 588; OLG München, GRUR-RR 2005, 375–800 – FLOWERS; vgl. a. *Wegner*, Rechtlicher Schutz von Internetdomains, Kollisionsrecht, CR 1998, 676.

§ 142
Streitwertbegünstigung

(1) Macht in bürgerlichen Rechtsstreitigkeiten, in denen durch Klage ein Anspruch aus einem der in diesem Gesetz geregelten Rechtsverhältnisse geltend gemacht wird, eine Partei glaubhaft, dass die Belastung mit den Prozesskosten nach dem vollen Streitwert ihre wirtschaftliche Lage erheblich gefährden würde, so kann das Gericht auf ihren Antrag anordnen, dass die Verpflichtung dieser Partei zur Zahlung von Gerichtskosten sich nach einem ihrer Wirtschaftslage angepassten Teil des Streitwerts bemisst.

(2) Die Anordnung nach Absatz 1 hat zur Folge, dass die begünstigte Partei die Gebühren ihres Rechtsanwalts ebenfalls nur nach diesem Teil des Streitwerts zu entrichten hat. Soweit ihr Kosten des Rechtsstreits auferlegt werden oder soweit sie diese übernimmt, hat sie die von dem Gegner entrichteten Gerichtsgebühren und die Gebühren seines Rechtsanwalts nur nach dem Teil des Streitwerts zu erstatten. Soweit die außergerichtlichen Kosten dem Gegner auferlegt oder von ihm übernommen werden, kann der Rechtsanwalt der begünstigten Partei seine Gebühren von dem Gegner nach dem für diesen geltenden Streitwert beitreiben.

(3) Der Antrag nach Absatz 1 kann vor der Geschäftsstelle des Gerichts zur Niederschrift erklärt werden. Er ist vor der Verhandlung zur Hauptsache zu stellen. Danach ist er nur zulässig, wenn der angenommene oder festgesetzte Streitwert später durch das Gericht heraufgesetzt wird. Vor der Entscheidung über den Antrag ist der Gegner zu hören.

Übersicht

I. Streitwert, Normzweck, Anwendungsbereich

1   Streit- bzw. Gegenstandswerte sind maßgeblich in materieller Hinsicht für die Höhe der Anwaltsgebühren (§ 2 Abs. 1 RVG) und in prozessualer Hinsicht für die Höhe der Gerichtsgebühren und der zu erstattenden außergerichtlichen Kosten (§§ 91 Abs. 2 ZPO, 3 GKG) ebenso wie für die Zulässigkeit von Rechtsmitteln (z. B. § 511 Abs. 2 ZPO). Die in Markenstreitsachen typischen Unterlassungs-, Feststellungs- und Auskunftsansprüche sind von Natur unbeziffert und ihr Streitwert ist vom Gericht nach biligem Ermessen gem. §§ 3 ZPO bzw. 51 GKG festzusetzen. Maßgeblich für die Bemessung des Unterlassungsanspruchs ist der wirtschaftliche Wert des verletzten Kennzeichenrechts und das Ausmaß und die Gefährlichkeit der Verletzung („Angriffsfaktor"). Der Streitwertangabe der Klagepartei zu Beginn des Verfahrens wird vielfach indizielle Bedeutung beigemessen.[1] Der Klage-

---

1 Vgl. BGH, GRUR 1986, 93, 94 – Berufungssumme.

partei ist es im Regelfall verwehrt, später je nach Prozessverlauf einen höheren oder niedrigeren Streitwert geltend zu machen. Der Wert des verletzten Kennzeichenrechts ist in erster Linie anhand der Dauer und des Umfangs der Benutzung, ggf. aber auch weiterer Faktoren wie konkrete Ausweitungsmöglichkeiten oder Art der Produkte und der Branche, zu ermitteln. Als Orientierungspunkt wird vielfach auf einen durchschnittlichen Jahresumsatz mit der verletzten Marke in den zurückliegenden 2–3 Jahren abgestellt. Für den Angriffsfaktor kommt es in erster Linie auf den Verletzungsumfang, aber auch auf die marktverwirrende Wirkung, die Unternehmensgröße auf Verletzerseite und subjektive Merkmale, wie vorsätzliches oder systematisches Handeln, an. Die vorsätzliche Verletzung im Falle der Markenpiraterie kann streitwerterhöhend wirken, die relative Geringfügigkeit des Verletzerbetriebs bzw. der festgestellten Verletzungshandlungen sollte in diesem Fall jedenfalls nicht streitwertmindernd gewertet werden.[2] In der Praxis bewegen sich Streitwerte in Kennzeichenstreitsachen vielfach zwischen € 75.000,00 und € 150.000,00, können im konkreten Fall aber auch ein Vielfaches hiervon betragen.[3]

§ 142 trägt dem Umstand Rechnung, dass die Streitwerte in Markenstreitigkeiten (wie **2** auch sonst im gewerblichen Rechtsschutz, vgl. Parallelregelungen, z. B. § 144 PatG) häufig sehr hoch sind. Durch Streitwertbegünstigung soll wirtschaftlich schwachen Parteien die Rechtsverfolgung oder Rechtsverteidigung in Markenstreitigkeiten ermöglicht bzw. erleichtert werden.[4] Soweit Streitwertbegünstigung angeordnet wird, kommt diese nur der begünstigten Partei zugute, die andere Partei bleibt mit dem Kosten- und Kostenerstattungsrisiko aus dem vollen Streitwert belastet. Hiergegen geltend gemachte verfassungsrechtliche Bedenken aus den Art. 2 und 3 GG hat das BVerfG für nicht durchgreifend erachtet.[5] Die Streitwertbegünstigung ist unabhängig von und kann neben Prozesskostenhilfe (§§ 114 ff. ZPO) gewährt werden.[6] Während Prozesskostenhilfe vielfach nur zu einer Überbrückung und Stundung führt und die Gewährung insbesondere von den Erfolgsaussichten der Rechtsverfolgung/-verteidigung abhängig ist, führt Streitwertbegünstigung für die begünstigte Partei zu einer endgültigen Kostenermäßigung und ist tatbestandlich nicht von den Prozessaussichten abhängig. Allerdings kann und wird das Gericht bei dem für die Entscheidung über die Streitwertbegünstigung anzuwendenden pflichtgemäßen Ermessen die Erfolgsaussichten des Begehrens des Antragstellers einstellen. Dass die Klage erstinstanzlich abgewiesen wurde, ist insoweit nicht bindend.[7]

Der Anwendungsbereich des § 142 erstreckt sich auf alle Kennzeichenstreitsachen im Sin- **3** ne des § 140 Abs. 1. Demzufolge ist Streitwertbegünstigung auch im einstweiligen Verfügungsverfahren möglich. Keine Kennzeichenstreitsachen im Sinne des § 140 Abs. 1 sind Verfahren vor dem BPatG. Gemäß der ausdrücklichen Vorschrift des § 85 Abs. 2 S. 3 kann jedoch in Rechtsbeschwerdeverfahren vor dem BGH Streitwertbegünstigung eingeräumt werden.

---

2 A. A. OLG Frankfurt a. M., GRUR-RR 2005, 71 – Toile Monogram.
3 Vgl. zur Streitwertbemessung i. E., *Ingerl/Rohnke*, § 142 Rn. 4 ff.
4 S. a. BPatG, GRUR Prax 2010, 441.
5 BVerfG, NJW-RR 1991, 1134.
6 BGH, GRUR 1953, 123.
7 BPatG, GRUR Prax 2010, 441.

II. Voraussetzungen, Verfahren

4 Voraussetzung für die Einräumung der Streitwertbegünstigung ist, dass die wirtschaftliche Lage der den Antrag stellenden Partei durch die Belastung mit den Prozesskosten (gerichtliche und außergerichtliche) nach dem vollen Streitwert erheblich gefährdet würde. Auszugehen ist von dem regulären Streitwert, welcher der Sache gemäß §§ 2 ff. ZPO zukommt. Eine momentane schlechte finanzielle Lage der beantragenden Partei ist nicht ausreichend.[8] Eine Kreditaufnahme für die Finanzierung eines Prozesses kann zumutbar sein, und deren Notwendigkeit indiziert nicht ohne Weiteres eine Gefährdung der wirtschaftlichen Lage. Es ist nicht Sinn der Regelung, der beantragenden Partei das prozessuale Kostenrisiko als solches abzunehmen. Eine erhebliche Gefährdung der wirtschaftlichen Lage einer Partei ist gegeben, wenn das nach dem vollen Streitwert bestehende Prozesskostenrisiko im Verhältnis zur Vermögens- und Einkommenssituation der antragenden Partei unverhältnismäßig wäre und bei seiner Realisierung die wirtschaftliche Lage nachhaltig negativ beeinflussen würde. Zur Glaubhaftmachung einer drohenden Gefährdung der wirtschaftlichen Lage durch Prozesskosten vorgelegtes Zahlenmaterial (Bilanzen, Status, Auswertungen) ist kritisch zu überprüfen und zu würdigen.[9] Diverse instanzgerichtliche Entscheidungen (bisher unveröffentlicht) und die überwiegende Kommentarmeinung vertreten zu Recht die Auffassung, dass eine Streitwertbegünstigung zu Gunsten des Markenverletzers in Fällen der Markenpiraterie grob unbillig ist und im Regelfall nicht in Betracht kommt; teilweise wird dabei die einschränkende Meinung vertreten, dies gelte nur in Fällen, in welchen der Verletzer auf eine Abmahnung nicht reagiert hat.

5 Die Regelung des § 142 (wie auch die Streitwertbegünstigung in anderen Gesetzen) hat sich als missbrauchsanfällig erwiesen. Ein vielfach beobachteter Missbrauch besteht darin, eine wirtschaftlich schwache Person als Partei vorzuschieben. Nach § 23b Abs. 1 S. 2 UWG (alt) konnte das Gericht vom Antragsteller die Glaubhaftmachung verlangen, dass ihm die Prozesskosten nicht von einem Dritten erstattet werden. Auch ohne entsprechende Regelung im MarkenG kann das Gericht Hinweise auf einen derartigen Tatbestand im Rahmen des ihm eingeräumten pflichtgemäßen Ermessens bei der Entscheidung über die Streitwertbegünstigung berücksichtigen. Darüber hinaus kann das Gericht, auch wenn die Prozessaussichten nicht Tatbestandsmerkmal sind, im Rahmen des ihm eingeräumten pflichtgemäßen Ermessens eine missbräuchliche Prozessführung zu Lasten des Antragstellers berücksichtigen. Missbräuchlich ist ein Antrag auf Herabsetzung des Streitwerts, wenn die antragende Partei früher selbst auf eine Erhöhung hingewirkt hatte,[10] wenn bei eindeutiger Rechtslage auf eine Abmahnung nicht reagiert worden ist[11] oder wenn aus der Antwort eines Abgemahnten dessen fehlende Passivlegitimation eindeutig und nachweislich hervorging.[12] Im neuen UWG 2004 hat der Gesetzgeber die richtige Konsequenz gezogen und die nur die antragende, wirtschaftlich gefährdete Partei entlastende Streitwertbegünstigung abgeschafft. § 12 Abs. 4 UWG ermächtigt jetzt das Gericht, Überforderung einer Partei mit Prozesskosten generell streitwertmindernd zu berücksichtigen.

---

8 KG, GRUR 1983, 595 – bilanzkritische Würdigung.

9 KG, GRUR 1983, 595 – bilanzkritische Würdigung.

10 OLG Hamburg, GRUR 1957, 146.

11 OLG Frankfurt a. M., GRUR 2005, 1072 – Goldschmuckstücke; OLG Hamburg, WRP 1985, 281 – Streitwertbegünstigung.

12 KG, GRUR 1983, 673 – Falscher Inserent.

Die Streitwertbegünstigung für eine Partei setzt einen Antrag dieser Partei voraus, welcher **6** gemäß § 142 Abs. 3 vor der Geschäftsstelle zur Niederschrift erklärt werden kann und daher nicht dem Anwaltszwang unterliegt. Der Antrag muss bis zur Verhandlung zur Hauptsache gestellt werden und ist danach nur noch zulässig, wenn der zunächst angenommene oder festgesetzte Streitwert im Laufe des Verfahrens heraufgesetzt wird. Vor jeder Entscheidung über die Streitwertbegünstigung ist der Gegner des Antragenden zu hören. Die tatsächlichen Voraussetzungen der Streitwertbegünstigung sind durch den Antragenden glaubhaft zu machen (vgl. § 142 Abs. 1). Gemäß § 294 ZPO sind zur Glaubhaftmachung alle Beweismittel zulässig (Freibeweis), auch Versicherungen an Eides statt der Partei oder Dritter. Der erforderliche Antrag muss für jede Instanz neu gestellt werden.

Erledigt sich ein Verfahren vor Antragstellung und erfolgt erst nach Erledigung eine Streit- **7** wertfestsetzung, ist der Antrag auf Streitwertermäßigung innerhalb einer angemessenen Frist zu stellen.[13] Gleiches gilt, wenn ohne mündliche Verhandlung entschieden wird, z.B. im Verfügungsverfahren durch Beschlussverfügung.[14]

Ist ein formgerechter Antrag gestellt und sieht das Gericht die Voraussetzungen der Streit- **8** wertbegünstigung in der Person des Antragstellers für gegeben, setzt es einen Teilstreitwert durch Beschluss fest. Die Festsetzung der Höhe des Teilstreitwertes fällt in das pflichtgemäße Ermessen des Gerichts. Der Teilstreitwert muss in einem angemessenen Verhältnis zu dem vollen Streitwert stehen. Die Höhe des festzusetzenden Teilstreitwertes muss geeignet sein, bei der begünstigten Partei das Bewusstsein für das mit der Rechtssache und dem Prozess verbundene Kostenrisiko wach zu halten. Bei ohnehin geringen Streitwerten (bis zu 10.000 €) wird eine Streitwertbegünstigung kaum einzuräumen sein.[15] Eine vielfach praktizierte Formel lautet: Einem Basisbetrag von 10.000 € werden 10% bis 15% des übersteigenden vollen Streitwerts hinzugerechnet.[16]

Gegen den Beschluss über einen Antrag auf Streitwertbegünstigung findet die einfache Be- **9** schwerde gemäß §§ 68 Abs. 1, 63 Abs. 3 GKG statt. Die Beschwerde ist also zunächst unbefristet, jedoch bis spätestens sechs Monate nach Eintritt der Rechtskraft in der Hauptsache oder anderweitiger Erledigung des Verfahrens einzulegen.

Beschwerdeberechtigt ist derjenige, welcher durch den Beschluss beschwert ist. Neben **10** den Parteien, deren Antrag ganz oder teilweise erfolglos geblieben ist, sind dies im Falle der prozessualen Wertfestsetzung typischerweise die anwaltlichen Vertreter, deren Gebühren sich nach dem festgesetzten Streitwert bemessen. Die im Verfahren vertretenden Rechtsanwälte haben gemäß § 11 RVG ein Beschwerderecht aus eigenem Recht. Im Falle der Streitwertbegünstigung auch der Anwalt der Gegenpartei der begünstigten Partei, obwohl dieser gegen seine eigene Partei Anspruch auf Gebühren aus dem vollen Streitwert hat.[17] Dem mitwirkenden Patentanwalt steht im Falle der Beschwer ebenfalls ein Beschwerderecht aus eigenem Recht analog § 11 RVG zu.

Bis zum Abschluss der jeweiligen Instanz kann das Gericht einen Beschluss über die Streit- **11** wertbegünstigung abändern, wenn sich die wirtschaftliche Lage der antragenden Partei wesentlich geändert hat.

---

13 BGH, GRUR 1965, 562 – Teilstreitwert.
14 KG, WRP 1982, 530; OLG Hamburg, WRP 1985, 281 – Streitwertbegünstigung.
15 Vgl. OLG Koblenz, GRUR 1984, 746 – Streitwertbegünstigung.
16 Vgl. KG, WRP 1982, 468; OLG Koblenz, GRUR 1984, 747 – Streitwertbegünstigung.
17 KG, WRP 1978, 134.

III. Rechtsfolgen

12   Die Anordnung der Streitwertermäßigung hat nach § 142 Abs. 1 zunächst die Folge, dass die begünstige Partei Gerichtskosten nur aus dem Teilstreitwert zu bezahlen hat, insbesondere bei Klageerhebung nur einen entsprechend ermäßigten Kostenvorschuss zu leisten hat.

13   Weitere Rechtsfolge der Anordnung der Streitwertermäßigung ist, dass die begünstigte Partei ihrem Anwalt (Rechts- und Patentanwalt) als Honorar nur Gebühren nach dem Teilstreitwert schuldet (§ 142 Abs. 2 S. 1).

14   Im Hinblick auf die Pflicht der begünstigten Partei zur Kostenerstattung (gerichtliche und außergerichtliche Kosten) gilt, dass für die Kostenerstattungspflicht Gebühren nur aus dem Teilstreitwert anzusetzen sind (§ 142 Abs. 2 S. 2).

15   Trägt der Gegner der begünstigten Partei die Kosten, so berechnen sich die zu erstattenden Anwaltskosten ungeachtet der Streitwertbegünstigung aus dem vollen Streitwert (§ 142 Abs. 2 S. 3).

16   Die Streitwertbegünstigung erfasst nur die sich nach dem Streitwert bemessenden Gebühren, nicht jedoch sonstige Kosten und Auslagen. Voll zu tragen bzw. zu erstatten sind also insbesondere die Kosten einer Beweisaufnahme.[18]

---

18 OLG München, GRUR 1960, 79 – Sachverständigenkosten.

Teil 8
Straf- und Bußgeldvorschriften; Beschlagnahme bei der Einfuhr und Ausfuhr

Abschnitt 1
Straf- und Bußgeldvorschriften

§ 143
Strafbare Kennzeichenverletzung

(1) Wer im geschäftlichen Verkehr widerrechtlich

1. entgegen § 14 Abs. 2 Nr. 1 oder 2 ein Zeichen benutzt,
2. entgegen § 14 Abs. 2 Nr. 3 ein Zeichen in der Absicht benutzt, die Unterscheidungskraft oder die Wertschätzung einer bekannten Marke auszunutzen oder zu beeinträchtigen,
3. entgegen § 14 Abs. 4 Nr. 1 ein Zeichen anbringt oder entgegen § 14 Abs. 4 Nr. 2 oder 3 eine Aufmachung oder Verpackung oder ein Kennzeichnungsmittel anbietet, in den Verkehr bringt, besitzt, einführt oder ausführt, soweit Dritten die Benutzung des Zeichens
   a) nach § 14 Abs. 2 Nr. 1 oder 2 untersagt wäre oder
   b) nach § 14 Abs. 2 Nr. 3 untersagt wäre und die Handlung in der Absicht vorgenommen wird, die Ausnutzung oder Beeinträchtigung der Unterscheidungskraft oder der Wertschätzung einer bekannten Marke zu ermöglichen,
4. entgegen § 15 Abs. 2 eine Bezeichnung oder ein Zeichen benutzt oder
5. entgegen § 15 Abs. 3 eine Bezeichnung oder ein Zeichen in der Absicht benutzt, die Unterscheidungskraft oder die Wertschätzung einer bekannten geschäftlichen Bezeichnung auszunutzen oder zu beeinträchtigen,

wird mit Freiheitsstrafe bis zu drei Jahren oder mit Geldstrafe bestraft.

(2) Handelt der Täter gewerbsmäßig, so ist die Strafe Freiheitsstrafe bis zu fünf Jahren oder Geldstrafe.

(3) Der Versuch ist strafbar.

(4) In den Fällen des Absatzes 1 wird die Tat nur auf Antrag verfolgt, es sei denn, dass die Strafverfolgungsbehörde wegen des besonderen öffentlichen Interesses an der Strafverfolgung ein Einschreiten von Amts wegen für geboten hält.

(5) Gegenstände, auf die sich die Straftat bezieht, können eingezogen werden. § 74a des Strafgesetzbuchs ist anzuwenden. Soweit den in § 18 bezeichneten Ansprüchen auf Vernichtung im Verfahren nach den Vorschriften der Strafprozessordnung über die Entschädigung des Verletzten (§§ 403 bis 406c der Strafprozessordnung) stattgegeben wird, sind die Vorschriften über die Einziehung nicht anzuwenden.

(6) Wird auf Strafe erkannt, so ist, wenn der Verletzte es beantragt und ein berechtigtes Interesse daran dartut, anzuordnen, dass die Verurteilung auf Verlangen öffentlich bekannt gemacht wird. Die Art der Bekanntmachung ist im Urteil zu bestimmen.

Literatur: *Ahrens/Wirtz*, Kriminelle Markenrechtsverletzungen: Entwicklungsperspektiven der Strafverfolgung, MarkenR 2009, 97; *Beck/Dornis*, „Phishing" im Marken(straf)recht, CR 2007, 642; *Rehaag*, Strafbare Kennzeichen- und Gemeinschaftsmarkenverletzung: Die Tatbestände der §§ 143, 143a MarkenG im Lichte der Entscheidungen C-281/05 – Montex Holdings Ltd. v. Diesel SpA und I ZR 246/02 – DIESEL II, Mitt. 2008, 389.

I. Allgemeines

1 Strafrechtlicher Schutz gegen vorsätzliche Markenverletzung war seit Anbeginn des gesetzlich normierten Kennzeichenschutzes (vgl. §§ 25d, 26 WZG) vorgesehen. Die Zunahme der massenhaften Produktpiraterie und die daraus abgeleitete Notwendigkeit stärkerer Generalprävention hat zu einer deutlichen Verstärkung des strafrechtlichen Schutzes, u. a. durch Einführung der Versuchsstrafbarkeit und Erhöhung der Strafrahmen, durch das Produktpirateriegesetz von 1994 geführt. Das MarkenG hat den strafrechtlichen Schutz erneut ausgedehnt, indem dieser auf sämtliche Arten der im MarkenG geregelten Kennzeichen ausgedehnt wurde und nunmehr auch nicht eingetragene Marken und geschäftliche Bezeichnungen umfasst und darüber hinaus auf Gemeinschaftsmarken ausgedehnt wurde. In der markenrechtlichen Praxis spielt allerdings der strafrechtliche Schutz weiterhin eine nicht allzu bedeutende Rolle. Die Kompetenz und Effizienz der staatsanwaltlichen Ermittlungen unterliegt erheblichen Unterschieden.

II. Straftatbestände

2 Da in § 143 Abs. 1 Nr. 1 bis 5 lückenlos auf die kennzeichenrechtlichen Verletzungstatbestände Bezug genommen wird, unterliegen alle Kennzeichenverletzungen nach dem MarkenG objektiv tatbestandlich der Strafbarkeit. Ob damit in jeder Hinsicht dem Erfordernis der Bestimmtheit von Strafvorschriften genügt ist, wird insbesondere im Hinblick auf unbestimmte, aufgrund der Vorgreiflichkeit der MRRL im Zweifel erst durch den EuGH zu klärende Rechtsbegriffe wie „gedankliche Verbindung" als unklar und zweifelhaft erachtet.[1] Die Verweisung auf die Verletzungstatbestände der §§ 14 und 15 hat zur Folge, dass nur Handlungen zu geschäftlichen Zwecken strafbar sind, nicht private Handlungen.

---

1 Vgl. *Ströbele/Hacker*, § 143 Rn. 17.

In Transitfällen kommt eine Strafbarkeit der Durchfuhr nicht ohne Weiteres in Betracht. Der Kennzeicheninhaber kann die Durchfuhr im sog. externen Verfahren durch einen Mitgliedstaat der EU, in dem das Kennzeichen Schutz genießt, in einen anderen Mitgliedstaat, in dem kein Schutz besteht, dann nicht verbieten, wenn die Ware nicht Gegenstand von Handlungen eines Dritten während des externen Versandverfahrens ist, die notwendig ein Inverkehrbringen im Durchfuhrstaat bewirken.[2] Infolgedessen ist auch eine Strafbarkeit nach § 143 in diesen Fällen nicht gegeben.[3]

Wie sich unmittelbar aus den Wendungen der kennzeichenrechtlichen Verletzungstatbestände „ohne Zustimmung" bzw. „unbefugt" ergibt und im Übrigen aus den allgemeinen Grundsätzen des Strafrechts folgt, entfällt die Widerrechtlichkeit und damit der strafrechtliche Tatbestand der Markenbenutzung, soweit der Rechtsinhaber der Benutzung zugestimmt hat, also insbesondere auch in Fällen der kennzeichenrechtlichen Erschöpfung nach § 24. **3**

Die Verwirklichung aller kennzeichenrechtlichen Straftatbestände setzt Vorsatz voraus (§ 15 StGB). Vorsatz setzt die wissentliche und willentliche Herbeiführung der Verwirklichung des objektiven Tatbestands, also der Kennzeichenverletzung, voraus. Nach der Lehre des allgemeinen Strafrechts reicht bedingter Vorsatz aus. Dieser liegt vor, wenn die als Folge seines Handelns eingetretene Verwirklichung des Tatbestands vom Täter als möglich und nahe liegend erkannt und billigend in Kauf genommen worden ist. **4**

Einzelne der in § 143 normierten Straftatbestände sehen verschärfte Anforderungen an die Form des Vorsatzes vor. Die Strafbarkeit der Verletzung einer bekannten Marke setzt voraus, dass der Täter mit der Absicht handelt, die Unterscheidungskraft oder Wertschätzung der bekannten Marke auszunutzen oder zu beeinträchtigen (§ 143 Abs. 1 Nr. 2). Ebenfalls Absicht, die Ausnutzung oder Beeinträchtigung der Unterscheidungskraft oder der Wertschätzung einer bekannten Marke zu ermöglichen, fordert das Gesetz im Hinblick auf den eigenständig Verpackungen, Aufmachungen und Kennzeichnungsmittel erfassenden Verletzungstatbestand des § 14 Abs. 4, soweit sich dieser auf eine bekannte Marke bezieht (§ 143 Abs. 1 Nr. 3.b)). Das Gleiche gilt für die Verletzung einer bekannten geschäftlichen Bezeichnung gemäß § 15 Abs. 3 (§ 143 Abs. 1 Nr. 5). **5**

Da nach allgemeiner strafrechtlicher Doktrin nur Tatsachen-, nicht aber Rechtsirrtum entschuldigt, schließt die falsche Beurteilung der Verwechslungsgefahr den Vorsatz nicht aus. Die Abgrenzung zum Tatirrtum dürfte vielfach schwierig sein, beispielsweise bei Irrtum über (beschreibende) Bedeutungen von Marken. **6**

Hinsichtlich sämtlicher Tatbestände des § 143 ist der Versuch strafbar (§ 143 Abs. 3). § 143 Abs. 2 sieht eine Strafverschärfung bei Gewerbsmäßigkeit der Kennzeichenverletzung vor. Gewerbsmäßige Markenverletzung ist mehr als das bereits für den Tatbestand vorausgesetzte Handeln im geschäftlichen Verkehr. Gewerbsmäßig handelt derjenige, der sich durch wiederholte Begehung einer Straftat aus deren Vorteil eine fortlaufende Einnahmequelle von einigem Umfang und einiger Dauer verschafft. Durch den Tatbestand der gewerbsmäßigen Markenverletzung wird insbesondere, aber nicht nur, der Wiederholungstäter erfasst; soweit Wiederholungsabsicht vorliegt, kann bereits bei der ersten Tat die Strafverschärfung eingreifen. **7**

---

2 Vgl. EuGH, GRUR 2007, 146 – Montex/Diesel.
3 Vgl. *Rehaag*, Mitt. 2008, 389.

8 Während die Straftatbestände des § 143 im Regelfall nur auf Antrag des Rechtsinhabers verfolgt werden, wird die gewerbsmäßige Kennzeichenverletzung von Amts wegen verfolgt (§ 143 Abs. 4). Die Verfolgung nicht gewerbsmäßiger Straftaten nach §§ 143 Abs. 1 und 143a von Amts wegen, erfolgt nur, wenn die Staatsanwaltschaft das besondere öffentliche Interesse an der Strafverfolgung annimmt (zu den Kriterien vgl. Nr. 261a RiStBV). Bei den als Antragsdelikten ausgestalteten Tatbeständen, wegen schwieriger Abgrenzung vorsichtshalber aber auch bei der gewerbsmäßigen Kennzeichenverletzung, sollte der Rechtsinhaber auf die dreimonatige Frist ab Kenntniserlangung für die Stellung des Strafantrags nach § 77b StGB achten. Wird Strafantrag vom Berechtigten (§ 77 StGB) gestellt, erhebt die Staatsanwaltschaft die öffentliche Klage allerdings nur, wenn ein öffentliches Interesse an der Strafverfolgung (s. dazu Nr. 261 RiStBV) besteht. Andernfalls verweist sie auf den Privatklageweg (§ 376 StPO).

9 Nach § 143 Abs. 5 können – nach pflichtgemäßem Ermessen des Richters – rechtswidrig gekennzeichnete Waren und Kennzeichnungsmittel eingezogen werden. §§ 403 ff. StPO bieten die Möglichkeit, im sogenannten Adhäsionsverfahren den Vernichtungsanspruch nach § 18 durchzusetzen.

10 Soweit der Verletzte einen Antrag stellt und ein berechtigtes Interesse dartut, sieht § 143 Abs. 6 im Falle der Verurteilung vor, dass diese öffentlich bekannt gemacht wird, wobei die Art der Bekanntmachung im Urteil zu bestimmen ist. Die Anordnung unterliegt dem pflichtgemäßen Ermessen des Gerichts. Die Vollziehung der Veröffentlichung ist nur innerhalb eines Monats nach Zustellung der rechtskräftigen Entscheidung zulässig und erfolgt nur dann, wenn der Berechtigte die Veröffentlichung binnen eines Monats nach Zustellung der rechtskräftigen Entscheidung verlangt (§ 463c StPO). Bei der Bekanntmachung der Verurteilung hat der Staatsanwalt darauf hinzuwirken, dass der Name des Verletzten in die Urteilsformel aufgenommen wird (Nr. 261b RiStBV).

11 § 406e StPO gewährt dem Verletzten, §§ 374 Abs. 1 Nr. 8, 385 Abs. 3 StPO dem Privatkläger ein Akteneinsichtsrecht. Das Akteneinsichtsrecht des Nebenklägers (§ 395 Abs. 1 Nr. 6 StPO) wird nach Änderung des § 397 Abs. 1 S. 2 StPO nunmehr über § 406e StPO erfasst.

12 Zur Wiederaufnahme des Verfahrens bei Löschung der Marke mangels Unterscheidungskraft nach Verurteilung s. *Vollkommer*.[4]

---

4 *Vollkommer*, JUS 2008, 40.

§ 143a
Strafbare Verletzung der Gemeinschaftsmarke

(1) Wer die Rechte des Inhabers einer Gemeinschaftsmarke nach Artikel 9 Abs. 1 Satz 2 der Verordnung (EG) Nr. 207/2009 des Rates vom 26. Februar 2009 über die Gemeinschaftsmarke (kodifizierte Fassung) (ABl. L 78 vom 24.3.2009, S. 1) verletzt, indem er trotz eines Verbotes und ohne Zustimmung des Markeninhabers im geschäftlichen Verkehr

1. ein mit der Gemeinschaftsmarke identisches Zeichen für Waren oder Dienstleistungen benutzt, die mit denjenigen identisch sind, für die sie eingetragen ist,
2. ein Zeichen benutzt, wenn wegen der Identität oder Ähnlichkeit des Zeichens mit der Gemeinschaftsmarke und der Identität oder Ähnlichkeit der durch die Gemeinschaftsmarke und das Zeichen erfassten Waren oder Dienstleistungen für das Publikum die Gefahr von Verwechslungen besteht, einschließlich der Gefahr, dass das Zeichen mit der Marke gedanklich in Verbindung gebracht wird, oder
3. ein mit der Gemeinschaftsmarke identisches Zeichen oder ein ähnliches Zeichen für Waren oder Dienstleistungen benutzt, die nicht denen ähnlich sind, für die die Gemeinschaftsmarke eingetragen ist, wenn diese in der Gemeinschaft bekannt ist und das Zeichen in der Absicht benutzt wird, die Unterscheidungskraft oder die Wertschätzung der Gemeinschaftsmarke ohne rechtfertigenden Grund in unlauterer Weise auszunutzen oder zu beeinträchtigen,

wird mit Freiheitsstrafe bis zu drei Jahren oder mit Geldstrafe bestraft.

(2) § 143 Abs. 2 bis 6 gilt entsprechend.

Zunächst war in § 143 Abs. 1a und 7 vorgesehen, dass die Strafbarkeit der Verletzung von Gemeinschaftsmarken durch Rechtsverordnung bestimmt werden kann. Der Gesetzgeber des KostenbereinigungsG 2001 hat sich sodann entschlossen, genannte Absätze des § 143 zu streichen und die Strafbarkeit der Verletzung einer Gemeinschaftsmarke in § 143a unmittelbar durch Gesetz zu regeln. Mit dem Gesetz zur Umsetzung der Dienstleistungsrichtlinie in der Justiz von 22.12.2010[1] hat der Gesetzgeber auf den Erlass der VO (EG) Nr. 207/2009 reagiert und die Verweisung in Abs. 1 angepasst, um Strafbarkeitslücken zu schließen.[2] Die Vorschrift ist § 143 nachgebildet. In Abs. 1 wird unter Nr. 1–3 auf die Markenverletzungstatbestände des Art. 9 Abs. 1 S. 2 GMV Bezug genommen. Entsprechende Verletzungshandlungen werden mit Strafe bedroht, und zwar wie in § 143 mit Freiheitsstrafe bis zu drei Jahren oder mit Geldstrafe. In Abs. 2 wird die entsprechende Anwendung von § 143 Abs. 2–6 angeordnet. Es wird auf die Anmerkungen zu § 143 verwiesen. **1**

---

1 BGBl. I, 2248.
2 Begr. BT-Drucks. 17/3356, S. 22.

§ 144
Strafbare Benutzung geographischer Herkunftsangaben

(1) Wer im geschäftlichen Verkehr widerrechtlich eine geographische Herkunftsangabe, einen Namen, eine Angabe oder ein Zeichen

1. entgegen § 127 Abs. 1 oder Abs. 2, jeweils auch in Verbindung mit Abs. 4 oder einer Rechtsverordnung nach § 137 Abs. 1, benutzt oder
2. entgegen § 127 Abs. 3, auch in Verbindung mit Abs. 4 oder einer Rechtsverordnung nach § 137 Abs. 1, in der Absicht benutzt, den Ruf oder die Unterscheidungskraft einer geographischen Herkunftsangabe auszunutzen oder zu beeinträchtigen,

wird mit Freiheitsstrafe bis zu zwei Jahren oder mit Geldstrafe bestraft.

(2) Ebenso wird bestraft, wer entgegen Artikel 13 Abs. 1 Buchstabe a oder Buchstabe b der Verordnung (EG) Nr. 510/2006 des Rates vom 20. März 2006 zum Schutz von geographischen Angaben und Ursprungsbezeichnungen für Agrarerzeugnisse und Lebensmittel (ABl. EU Nr. L 93, S. 12) im geschäftlichen Verkehr

1. eine eingetragene Bezeichnung für ein dort genanntes Erzeugnis verwendet oder
2. sich eine eingetragene Bezeichnung aneignet oder sie nachahmt.

(2) Ebenso wird bestraft, wer im geschäftlichen Verkehr widerrechtlich eine nach Rechtsvorschriften der Europäischen Gemeinschaft geschützte geographische Angabe oder Ursprungsbezeichnung benutzt, soweit eine Rechtsverordnung nach Abs. 6 für einen bestimmten Tatbestand auf diese Strafvorschrift verweist.

(3) Der Versuch ist strafbar.

(4) Bei einer Verurteilung bestimmt das Gericht, dass die widerrechtliche Kennzeichnung der im Besitz des Verurteilten befindlichen Gegenstände beseitigt wird oder, wenn dies nicht möglich ist, die Gegenstände vernichtet werden.

(5) Wird auf Strafe erkannt, so ist, wenn das öffentliche Interesse dies erfordert, anzuordnen, dass die Verurteilung öffentlich bekannt gemacht wird. Die Art der Bekanntmachung ist im Urteil zu bestimmen.

(6) Das Bundesministerium der Justiz wird ermächtigt, durch Rechtsverordnung ohne Zustimmung des Bundesrates die Tatbestände zu bezeichnen, die als Straftaten nach Abs. 2 geahndet werden können, soweit dies zur Durchsetzung des in Rechtsvorschriften der Europäischen Gemeinschaft vorgesehenen Schutzes von geographischen Angaben und Ursprungsbezeichnungen erforderlich ist.

Übersicht

I. Allgemeines

Die Straftatbestände des § 144 der rechtswidrigen Benutzung einer geographischen Her- 1
kunftsangabe sind regelungstechnisch genauso aufgebaut wie § 143. Die Tatbestände werden formuliert durch Bezugnahme auf die Vorschriften über den Schutz geographischer
Herkunftsangaben nach § 127 bzw. auf die EU-Rechtsvorschriften zum Schutz von geographischen Herkunftsangaben. Der einen sehr ähnlichen Straftatbestand darstellende § 4
UWG (alt) ist im neuen UWG 2004 nicht mehr enthalten. Auch der allgemeine Betrugstat-
bestand des § 263 StGB kann durch falsche geographische Herkunftsangaben im Einzelfall
erfüllt sein.

II. Straftatbestände

§ 144 Abs. 1 Nr. 1 statuiert Strafsanktionen für die widerrechtliche Benutzung sowohl ein- 2
facher als auch qualifizierter geographischer Herkunftsangaben (§ 127 Abs. 1 bzw. 2). Für
den subjektiven Tatbestand dieses Delikts ist einfacher, also gegebenenfalls auch bedingter
Vorsatz ausreichend.

§ 144 Abs. 1 Nr. 2 statuiert eine strafrechtliche Sanktion für den Tatbestand der von einer 3
Irreführungsgefahr unabhängigen Rufausbeutung einer geographischen Herkunftsangabe
gemäß § 127 Abs. 3. Der subjektive Tatbestand ist hier nur erfüllt, wenn über einfachen
Vorsatz hinaus der Täter in der Absicht gehandelt hat, die Unterscheidungskraft der geographischen Herkunftsangabe in unlauterer Weise auszunutzen oder zu beeinträchtigen.

§ 144 Abs. 2 wurde durch Gesetz vom 7.7.2008[1] neu gefasst und zugleich Abs. 6 a.F. auf- 4
gehoben. Abs. 2 a.F. sah eine Strafbarkeit für die widerrechtliche Benutzung einer nach
den EU-Vorschriften geschützten geographischen Angabe oder Ursprungsbezeichnung im
geschäftlichen Verkehr vor, soweit eine Verordnung des BMJ nach Abs. 6 a.F. für einen
bestimmten Tatbestand auf Abs. 2 a.F. verweist. Nachdem eine Verordnung nach Abs. 6
a.F. nicht erlassen wurde, hat der Gesetzgeber Abs. 2 neu gefasst. Nunmehr erfahren Bezeichnungen, die den Schutz nach der Verordnung (EG) Nr. 510/2006 genießen, strafrechtlichen Schutz nach Abs. 2. Der Straftatbestand kann in zwei Alternativen (Verwenden einer
eingetragenen Bezeichnung für ein dort genanntes Erzeugnis – Nr. 1 – oder durch Aneignung oder Nachahmung einer eingetragenen Bezeichnung – Nr. 2) verwirklicht werden.
Die Begehungsform des „Auf sie Anspielens" nach Art. 13 Abs. 1 b) der VO (EG) Nr. 510/
2006 ist wegen Bedenken des Bundesrates nicht in das Gesetz aufgenommen worden.[2]
Abs. 2 sieht keine Fahrlässigkeitsstrafbarkeit vor, so dass mindestens bedingter Vorsatz bei
der Tatbestandsverwirklichung zu fordern ist, wobei nach *Ingerl/Rohnke*[3] in der Alternative nach Nr. 2 zusätzlich eine Ausnutzungs- oder Beeinträchtigungsabsicht gegeben sein
muss. Die Strafbarkeit entfällt mangels Verordnungsverstoßes, wenn ein Ausnahmezu-
stand nach Art. 13 VO (EG) Nr. 510/2006 erfüllt ist.[4]

---

1 BGBl. I, 1191.
2 Begr. BT-Drucks. 16/5048, S. 64.
3 *Ingerl/Rohnke*, § 144 Rn. 2.
4 Begr. BT-Drucks. 16/5048, S. 46.

5 Bei den Nebenfolgen einer strafbaren Verletzung einer geographischen Herkunftsangabe ergeben sich gewisse Abweichungen gegenüber der sonstigen strafbaren Kennzeichenverletzung. § 144 Abs. 4 sieht als Nebensanktionen die Beseitigung der im Besitz des Verurteilten befindlichen widerrechtlichen Kennzeichnungen und, sofern die Beseitigung nicht möglich ist, die Vernichtung der gekennzeichneten Gegenstände vor (nicht wie § 143 Abs. 5 die strafrechtliche Einziehung). Beseitigung der widerrechtlichen Kennzeichnung und Vernichtung stehen in einem Stufenverhältnis, es ist jeweils der Grundsatz der Verhältnismäßigkeit zu beachten, und eine Vernichtung kommt nur in Betracht, wenn kein milderes gangbares Mittel zur Beseitigung der Rechtsverletzung gegeben ist. Im Falle einer Verurteilung hat das Gericht von Amts wegen über die Nebenfolgen Beseitigung bzw. Vernichtung zu entscheiden.

6 § 144 Abs. 5 sieht vor, dass im Falle einer Verurteilung das Urteil öffentlich bekannt gemacht werden kann. Dies ist gegebenenfalls im Urteil anzuordnen. Die Entscheidung über die Anordnung ergeht von Amts wegen, ein Antrag eines Verletzten ist weder erforderlich noch vorgesehen. Hintergrund ist das in Deutschland herkömmliche dogmatische Verständnis, dass der Schutz von geographischen Herkunftsangaben im öffentlichen Interesse statuierter Irreführungsschutz und nicht Schutz von Individualrechten ist. Demgemäß ist der Maßstab für die zu treffende Entscheidung, ob das öffentliche Interesse die Veröffentlichung des Urteils erfordert.

7 Gem. § 144 Abs. 1 Nr. 1 und 2 ist jeweils strafbar auch die im materiellen Verletzungstatbestand des § 127 Abs. 4 geregelte Variante, dass eine geographische Herkunftsangabe nicht identisch, sondern ähnlich und insbesondere auch mit Zusätzen benutzt wird; mit Zusätzen sind insbesondere die vielfach anzutreffenden, nur vermeintlich entlokalisierenden Zusätze wie „nach Art, à la" gemeint. Hierzu, wie zu Einzelheiten der materiellen Verletzungstatbestände des § 127 im Übrigen, wird auf die dortige Kommentierung verwiesen.

8 Zum öffentlichen Interesse an der Strafverfolgung s. Nr. 261 RiStBV (s. § 143 Rn. 8).

§ 145
Bußgeldvorschriften

(1) Ordnungswidrig handelt, wer im geschäftlichen Verkehr widerrechtlich in identischer oder nachgeahmter Form

1. ein Wappen, eine Flagge oder ein anderes staatliches Hoheitszeichen oder ein Wappen eines inländischen Ortes oder eines inländischen Gemeindeverbandes oder weiteren Kommunalverbandes im Sinne des § 8 Abs. 2 Nr. 6,
2. ein amtliches Prüfzeichen oder Gewährzeichen im Sinne des § 8 Abs. 2 Nr. 7 oder
3. ein Kennzeichen, ein Siegel oder eine Bezeichnung im Sinne von § 8 Abs. 2 Nr. 8

zur Kennzeichnung von Waren oder Dienstleistungen benutzt.

(2) Ordnungswidrig handelt, wer vorsätzlich oder fahrlässig

1. entgegen § 134 Abs. 3, auch in Verbindung mit Abs. 4,
   a) das Betreten von Geschäftsräumen, Grundstücken, Verkaufseinrichtungen oder Transportmitteln oder deren Besichtigung nicht gestattet,
   b) die zu besichtigenden Agrarerzeugnisse oder Lebensmittel nicht so darlegt, dass die Besichtigung ordnungsgemäß vorgenommen werden kann,
   c) die erforderliche Hilfe bei der Besichtigung nicht leistet,
   d) Proben nicht entnehmen lässt,
   e) geschäftliche Unterlagen nicht oder nicht vollständig vorlegt oder nicht prüfen lässt oder
   f) eine Auskunft nicht, nicht richtig oder nicht vollständig erteilt oder
2. einer nach § 139 Abs. 1 erlassenen Rechtsverordnung zuwiderhandelt, soweit sie für einen bestimmten Tatbestand auf diese Bußgeldvorschrift verweist.

(3) Die Ordnungswidrigkeit kann in den Fällen des Absatzes 1 mit einer Geldbuße bis zu zweitausendfünfhundert Euro und in den Fällen des Absatzes 2 mit einer Geldbuße bis zu zehntausend Euro geahndet werden.

(4) In den Fällen des Absatzes 1 ist § 144 Abs. 4 entsprechend anzuwenden.

(5) Verwaltungsbehörde im Sinne des § 36 Abs. 1 Nr. 1 des Gesetzes über Ordnungswidrigkeiten ist in den Fällen des Absatzes 1 das Bundesamt für Justiz.

Übersicht

I. Allgemeines

§ 145 enthält in den Abs. 1 und 2 zwei Gruppen von Bußgeldtatbeständen. Abs. 1 verbietet **1** und macht den Verstoß zur Ordnungswidrigkeit, welche mit Geldbuße geahndet wird, im geschäftlichen Verkehr bestimmte Zeichen in identischer oder nachgeahmter Form zu benutzen, welche Staaten oder anderen mit hoheitlichen Befugnissen ausgestatteten Subjekten zur Kennzeichnung und Symbolisierung ihrer Hoheits- bzw. sonstigen amtlichen Befugnisse zustehen. Abs. 1 setzt die von Deutschland mit Art. 6ter PVÜ eingegangene internationale Verpflichtung um. Abs. 2 macht es zur Ordnungswidrigkeit, wenn sich ein Inhaber oder Leiter eines Betriebs den in § 134 Abs. 3 und 4 statuierten Mitwirkungspflichten widersetzt, welche das MarkenG zur Erleichterung der Überwachung von Verstößen gegen die VO (EWG) Nr. 2081/92 zum Schutz geographischer Herkunftsangaben eingeführt hat.

II. Bußgeldtatbestände

2   Ordnungswidrig nach Abs. 1 handelt, wer die in den Nr. 1 bis 3 aufgeführten Kennzeichen (Wappen, Prüfzeichen, Siegel etc.) benützt. Eine Anmeldung der Zeichen als Marken ist nicht Tatbestandsvoraussetzung. Es reicht aus, wenn das Zeichen zwar nicht identisch benutzt, aber nachgeahmt worden ist. Maßgeblich ist auch hier insoweit das Verständnis der angesprochenen Verkehrskreise, wobei richtigerweise gemäß den neueren Tendenzen in der Rechtsprechung des EuGH[1] auf den verständigen (und nicht den „flüchtigen") Durchschnittsverbraucher abzustellen ist, ob dieser das fragliche Zeichen für das „echte Hoheitszeichen" etc. hält.

3   Die in § 145 Abs. 2 statuierten Ordnungswidrigkeiten können auch fahrlässig verwirklicht werden. Die Ordnungswidrigkeiten-Tatbestände des Abs. 2 gliedern sich in die zwei Gruppen Nr. 1 und 2. Die zu Nr. 1. unter a) – f) aufgegliederten Ordnungswidrigkeiten dienen der Durchsetzung der Überwachungsmaßnahmen nach § 134 Abs. 3 und 4. Die eine Blankettnorm darstellende Ordnungswidrigkeit der Nr. 2 soll die Durchsetzung etwaiger Durchführungsbestimmungen sichern, welche gemäß der Ermächtigungsnorm des § 139 vom BMJ zur Durchführung der VO (EG) Nr. 510/2006 zum Schutz von geografischen Angaben und Herkunftsbezeichnungen für Agrarerzeugnisse und Lebensmittel erlassen werden können. Eine derartige Verordnung hat das BMJ bisher nicht erlassen.

Der mit Gesetz vom 17.12.2006[2] eingefügte Abs. 5 bestimmt für Fälle des Abs. 1 die Zuständigkeit des Bundesamtes für Justiz. In Fällen des Abs. 2 ist nach § 36 Abs. 1 Nr. 2a, Abs. 2 OWiG die jeweils nach Landesrecht bestimmte Landesbehörde zuständig.

---

1 Vgl. EuGH, WRP 1998, 848 – Gut Springenheide.
2 BGBl. I, 3171.

Abschnitt 2
Beschlagnahme von Waren bei der Einfuhr und Ausfuhr

§ 146
Beschlagnahme bei der Verletzung von Kennzeichenrechten

(1) Waren, die widerrechtlich mit einer nach diesem Gesetz geschützten Marke oder geschäftlichen Bezeichnung versehen sind, unterliegen, soweit nicht die Verordnung (EG) Nr. 1383/2003 des Rates vom 22. Juli 2003 über das Vorgehen der Zollbehörden gegen Waren, die im Verdacht stehen, bestimmte Rechte des geistigen Eigentums zu verletzen, und die Maßnahmen gegenüber Waren, die erkanntermaßen derartige Rechte verletzen (ABl. EU Nr. L 196 S. 7), in ihrer jeweils geltenden Fassung anzuwenden ist, auf Antrag und gegen Sicherheitsleistung des Rechtsinhabers bei ihrer Einfuhr oder Ausfuhr der Beschlagnahme durch die Zollbehörde, sofern die Rechtsverletzung offensichtlich ist. Dies gilt für den Verkehr mit anderen Mitgliedstaaten der Europäischen Union sowie mit den anderen Vertragsstaaten des Abkommens über den Europäischen Wirtschaftsraum nur, soweit Kontrollen durch die Zollbehörden stattfinden.

(2) Ordnet die Zollbehörde die Beschlagnahme an, unterrichtet sie unverzüglich den Verfügungsberechtigten sowie den Antragsteller. Dem Antragsteller sind Herkunft, Menge und Lagerort der Waren sowie Name und Anschrift des Verfügungsberechtigten mitzuteilen. Das Brief- und Postgeheimnis (Artikel 10 des Grundgesetzes) wird insoweit eingeschränkt. Dem Antragsteller wird Gelegenheit gegeben, die Waren zu besichtigen, soweit hierdurch nicht in Geschäfts- oder Betriebsgeheimnisse eingegriffen wird.

Übersicht

Literatur: *Ahrens*, Die europarechtlichen Möglichkeiten der Beschlagnahme von Produktpirateriewaren an der Grenze unter Berücksichtigung des TRIPS-Abkommens, RIW 1996, 727; *ders.*, Die gesetzlichen Grundlagen der Grenzbeschlagnahme von Produktpiraterieware nach dem deutschen nationalen Recht, BB 1997, 902; *Cremer*, Die Bekämpfung der Produktpiraterie in der Praxis, Mitt. 1992, 153; *Günther/Beyerlein*, Die Auswirkungen der Ost-Erweiterung der Europäischen Union auf die Grenzbeschlagnahme im gewerblichen Rechtsschutz, WRP 2004, 452; *Hacker*, Die Warendurchfuhr zwischen Markenverletzung, Grenzbeschlagnahme und Warenverkehrsfreiheit, MarkenR 2004, 257; *Hacker*, Notizen zur Durchfuhr, MarkenR 2009, 7; *Harte-Bavendamm*, Handbuch der Markenpiraterie in Europa, 2000; *Heim*, Der Transit von Waren als markenverletzende Benutzungshandlung, WRP 2005, 167; *Hoffmeister*, Die Zollverwaltung – ein Partner der Wirtschaft bei der Durchsetzung ihrer Rechte, MarkenR 2002, 387; *Leitzen*, Innergemeinschaftlicher Transit, Markenverletzung und Produktpiraterie, GRUR 2006, 89; *Meister*, Die Verteidigung von Marken. Eine Skizze zum neuen Recht, WRP 1995, 366; *Rinnert/Witte*, Anwendung der Grenzbeschlagnahmeverordnung auf Markenwaren im Zollverfahren, GRUR 2009, 29; *Scheja*, Bekämpfung der grenzüberschreitenden Produktpiraterie durch die Zollbehörden, CR 1995, 714; *Schöner*, Die Bekämpfung der Produktpiraterie durch die Zollbehörden, Mitt. 1992, 180; *Tilmann*, Der Schutz gegen Produktpiraterie nach dem Gesetz von 1990, BB 1990, 1565; *Ulmer*, Markenverletzung durch Transit?, WRP 2005, 1371; *Weber*, Kostenerstattung und Störerhaftung im Grenzbeschlagnahmeverfahren am Beispiel des Markenrechts, WRP 2005, 961.

I. Allgemeines

1   Die §§ 146–151 MarkenG regeln die Voraussetzungen und das Verfahren der Grenzbeschlagnahme durch die Zollbehörden. Die Grenzen eines Staates bieten für den Markeninhaber eine gute Gelegenheit, ein-, durch- oder ausgeführte Waren durch die Zollbehörden auf eine mögliche Markenverletzung zu überprüfen. Der Feststellung und anschließenden Sicherstellung schutzrechtsverletzender Güter dient das Instrument der Grenzbeschlagnahme. Der Begriff der *Grenzbeschlagnahme* ist dabei nicht dahingehend misszuverstehen, dass die Zollbehörden nur an einer Grenze Maßnahmen ergreifen können. Waren werden vielmehr auch durch Binnenzollämter und mobile Kontrollgruppen der Zollbehörden kontrolliert. Anlässlich ihrer Kontrollen überprüfen die Zollbehörden, ob Sendungen, die Gegenstand der Ein-, Durch- oder Ausfuhr sind, schutzrechtsverletzende Güter enthalten. Das Tätigwerden der Zollbehörden kann nach gemeinschaftsrechtlichen Vorschriften und/oder rein nationalen Vorschriften erfolgen. Die Anwendung gemeinschaftsrechtlicher Regelungen genießt hierbei Vorrang gegenüber den nationalen Beschlagnahmevorschriften gem. §§ 146 ff. Letztere finden gem. § 150 Anwendung, soweit die gemeinschaftsrechtlichen Bestimmungen Regelungslücken enthalten.

2   Ein gemeinschaftsrechtliches Vorgehen der Zollbehörden kommt gem. der seit 1.7.2004 gültigen Verordnung (EG) Nr. 1383/2003 des Rates v. 22.7.2003 über das Vorgehen der Zollbehörden gegen Waren, die im Verdacht stehen, bestimmte Rechte geistigen Eigentums zu verletzen, und die Maßnahmen gegenüber Waren, die erkanntermaßen derartige Rechte verletzen, in Betracht (s. dazu Kommentierung zu § 150), die die Verordnung (EG) Nr. 3295/94 abgelöst hat. Im Bereich des Kennzeichenrechts greift die VO (EG) Nr. 1383/2003 nur bei der Kontrolle von Nichtgemeinschaftsware, d. h. beim Warenverkehr im Verhältnis zu Drittländern. Der Anwendungsbereich der VO (EG) 1383/2003 ist ferner auf ein Tätigwerden der Zollbehörden bei dem Verdacht der Verletzung einer eingetragenen Marke (DE-Marke, IR-Marke, EU-Marke) beschränkt. Dagegen ist ein Tätigwerden der Zollbehörden nach der VO bei der Verletzung von nicht registrierten Marken (§ 4 Nr. 2 und 3) oder geschäftlichen Bezeichnungen (§ 5) ausgeschlossen. Die VO (EG) 1383/2003 gilt gem. Art. 3 Abs. 1 S. 1 ferner nicht für Waren, die mit Zustimmung des Markeninhabers mit einer Marke versehen worden sind. Fälle des sog. Parallelimports, bei denen Waren in die Europäische Gemeinschaft eingeführt werden, die rechtmäßig mit einer Marke versehen sind, vom Markeninhaber indes außerhalb des Europäischen Wirtschaftsraums (EWR)

in den Verkehr gebracht wurden, so dass keine Erschöpfung gem. § 24 Abs. 1 vorliegt, nimmt die VO (EG) 1383/2003 damit aus. Die VO (EG) findet gem. Art. 3 Abs. 1 S. 2 schließlich keine Anwendung auf Waren, die unter Verletzung lizenzvertraglicher Bestimmungen mit der Marke versehen worden sind.

Eine Beschlagnahme nach den nationalen Vorschriften (§§ 146 f. MarkenG) kommt in Betracht, wenn die VO (EG) 1383/2003 keine Anwendung findet. Dies betrifft zum einen die Fälle der Feststellung schutzrechtsverletzender Ware im innergemeinschaftlichen Warenverkehr, die indes wegen des Schengener Abkommens, wonach seit dem 1.1.1993 an den Binnengrenzen des Europäischen Wirtschaftsraums keine Zollkontrollen mehr stattfinden, in der Praxis selten sind. Zum anderen greifen die nationalen Beschlagnahmevorschriften in Fällen des Verdachts der Verletzung von nicht registrierten Marken (§ 4 Nr. 2 und 3) und/oder geschäftlichen Bezeichnungen (§ 5) sowie in Fällen des Parallelimports.   **3**

In der Praxis hat sich gezeigt, dass die Gewährleistung eines effektiven Vorgehens der Zollbehörden bei Beschlagnahmen wesentlich von der Unterstützung und Mitarbeit des Inhabers der verletzten Schutzrechte und/oder seiner anwaltlichen Vertreter abhängt. Die Zollämter kontrollieren täglich erhebliche Mengen von Dokumenten, Paketen, Containern und Waren. Durch geeignete Hinweise zur Feststellung von schutzrechtsverletzenden Gütern kann der Antragsteller nicht nur die Arbeit der Zollämter erheblich erleichtern, sondern auch einen ungerechtfertigten Zugriff der Zollämter auf Güter verhindern, der Schadensersatzansprüche des Antragstellers i. S. d. § 149 auslösen kann. Die von den Zollämtern benötigten Hinweise für ein effektives Vorgehen lassen sich in drei typische Stufen der Zollkontrolle unterteilen. Dies betrifft die Dokumentenkontrolle, die Auswahlkriterien für die Produktkontrolle sowie Warenmerkmale. Ferner von Bedeutung sind die Frage der Berechtigung, mit Markenware grenzüberschreitend handeln zu dürfen, sowie Hinweise zu rechtlichen Fragen.   **4**

Im Zusammenhang mit der Dokumentenkontrolle stellt sich für die Zollbehörden zunächst die Frage, ob der Antragsteller Originalwaren nur bei bestimmten Zollstellen abfertigt, so dass im Falle der Abfertigung von mit den betroffenen Marken versehenen Waren bei abweichenden Zollstellen eine Markenverletzung nahe liegt. Gleiches gilt für den Fall, dass der Antragsteller seine Waren nur durch bestimmte Zollverfahren (vereinfachtes Verfahren, Lagerverfahren etc.) abfertigt oder bestimmte Vertriebssysteme (z. B. nur über einen ausgewählten Importeur, bestimmte Transportunternehmen, bestimme Verkehrswege wie See-, Luft-, Post- oder Straßenverkehr) nutzt. Aus den Zolldokumenten gleichfalls ersichtliche Angaben, anhand derer sich die Rechtswidrigkeit der Markenverwendung feststellen lassen kann, sind Namen und Anschriften von Firmen und Personen, die als Hersteller, Vertriebsunternehmen, Vermittler, Beförderer, Importeur, Empfänger oder Exporteur auftreten dürfen und den Zollämtern als in diesem Sinne Berechtigte bekannt sind. Die Angabe von Herkunfts- und/oder Lieferländern, aus denen Originalware stammen kann sowie Preise für diese Waren sind gleichfalls Informationen, anhand derer die Zollämter Fälschungen identifizieren können. Als Auswahlkriterien für die Produktkontrolle kommen insbesondere Verpackungsmerkmale in Betracht. Hier stellt sich für die Zollbehörden die Frage, wie die Originalware verpackt ist (z. B. in Kartons, Kisten, einzeln, als Massegüter in Containern etc.) und/oder ob vom Berechtigten eine bestimmte Verpackungsform/ -kennzeichnung (z. B. Farbe, Aufdruck, Form, Artikelnummer, Codierung etc.) verwendet wird. Die Angabe von Originalware ausmachenden Ausstattungsmerkmalen wie Beipackzetteln, Garantiezertifikaten, Echtheitszertifikaten, Gebrauchsanweisungen, Knöpfen, Eti-   **5** kettennummern, Platzierung der Waschetiketten, Platzierung von Logos und Sicherungsmitteln wie Etiketten, Sicherheitsfäden, Sicherheitslabel, Hologrammen sowie typischen wiederkehrenden Fälschungsmerkmalen (Material-/Herstellungsfehler, Farbdiskrepanzen, fehlerhafte Schreibweise von Angaben etc.) gewährleisten ebenfalls ein effektives Tätigwerden der Zollstellen.

6   Die bisherige Zollpraxis hat darüber hinaus gezeigt, dass das Erfordernis eines vom Markeninhaber ausgestellten Nachweises der Berechtigung zur Ein-, Durch- und Ausfuhr von Markenware zur Vorlage beim Zollamt die Feststellung rechtswidrigen Warenverkehrs i. S. d. MarkenG/VO gleichfalls erleichtert.

7   Schließlich kann der Antragsteller die Zollämter auch im Zusammenhang mit der – teilweise schwierigen – rechtlichen Beurteilung der Frage, ob ein verwendetes Zeichen eine „offensichtliche" Rechtsverletzung darstellt oder nicht, durch die Vorlage rechtskräftiger gerichtlicher Entscheidungen unterstützen, die in identischen/vergleichbaren Fällen ergangen sind. Dies gilt insbesondere für Fälle, in denen die Zollämter nicht Identverletzungen, sondern Verletzungen im Ähnlichkeitsbereich zu beurteilen haben.

II. Beschlagnahmeantrag

1. Antrag

8   Die Grenzbeschlagnahme offensichtlich schutzrechtsverletzender Güter gem. § 146 Abs. 1 S. 1 setzt die Stellung eines Antrags des Rechtsinhabers voraus. Ein Tätigwerden der Zollbehörden von Amts wegen, das die VO (EG) Nr. 1383/2003 in Art. 4 im Verdachtsfall der Ein-, Durch- oder Ausfuhr schutzrechtsverletzender Güter im gemeinschaftsrechtlichen Zollverfahren vorsieht, ist damit nach nationalen Vorschriften ausgeschlossen. In der Praxis empfiehlt es sich, zur Gewährleistung umfassenden Schutzes, die Anträge auf Grenzbeschlagnahme gem. § 146 und der VO (EG) Nr. 1383/2003 nebeneinander zu stellen. Der Antrag ist durch den Rechtsinhaber zu stellen. Der Begriff des Rechtsinhabers ist im Einklang mit Art. 2 Abs. 2 lit. b) VO (EG) Nr. 1383/2003, wonach Rechtsinhaber auch jede andere zur Nutzung der Schutzrechte befugte Person oder ihr Vertreter ist, weit auszulegen.[1] Antragsteller können hiernach auch Lizenznehmer und konzernverbundene Unternehmen sein. Die Inhaberschaft hinsichtlich eingetragener Marken ist vom Antragsteller durch einen Registerauszug (DPMA, WIPO oder HABM) nachzuweisen. Nicht eingetragene Schutzrechte sind durch geeignete Dokumente glaubhaft zu machen (Firmenbezeichnungen beispielsweise durch Handelsregisterauszüge, verkehrsdurchgesetzte/bekannte Marken durch anerkannte Gutachten oder gerichtliche Entscheidungen). Lizenznehmer haben den Nachweis ihrer Lizenz durch Vorlage legitimierender Unterlagen (Lizenzvertrag oder einer Bestätigung des Markeninhabers) zu erbringen.

9   Der Antrag ist nicht an besondere Formvorschriften gebunden. Er ist bei der Zentralstelle Gewerblicher Rechtsschutz (ZGR) der Bundesfinanzdirektion Südost, Sophienstraße 6, 80333 München, zu stellen. Seit Mai 2009 bietet die ZGR die Möglichkeit einer interaktiven Antragstellung und Kommunikation mit den Schutzrechtsinhabern über das Internetportal „ZGR-online" an . Der Kurzname *ZGR-online* steht für **Z**entrales Datenbanksystem

---

1 Ebenso *Ströbele/Hacker*, § 146 Rn. 25.

zum Schutz **G**eistiger Eigentums**R**echte online. ZGR-online ist ein umfassendes Datenverarbeitungssystem, über das Anträge auf Tätigwerden der Zollbehörden gestellt, bearbeitet, geändert, verlängert und an die Zollstellen verteilt werden. Antragsteller können hierbei nach ihrer Registrierung über ein Onlineformular[2] ihre gesamten Informationen systematisch und strukturiert eingeben und datensicher übermitteln. Derzeit verfügt ZGR-online noch nicht über die Möglichkeit einer elektronischen Signatur. Daher müssen im Anschluss an die Datenerfassung und -übertragung die Anträge vom Antragsteller oder seinen anwaltlichen Vertretern ausgedruckt, rechtsverbindlich unterschrieben und per Post an die ZGR übermittelt werden. Der wesentliche Vorteil besteht allerdings darin, dass darüber hinaus grundsätzlich keine weiteren Unterlagen an die ZGR übermittelt werden müssen. Allein in Fällen, in denen der Antragsteller nicht selbst Inhaber eines eingetragenen Rechts, sondern nur zur Wahrnehmung der Schutzrechte befugt ist (z. B. Lizenznehmer), bzw. der Antragsteller Inhaber eines nicht eingetragenen Schutzrechtes ist, müssen nach wie vor bei der ZGR Unterlagen zum Nachweis der Antragsberechtigung eingereicht werden. Die Möglichkeit der Online-Antragstellung führt dazu, dass die ZGR die Anträge schneller überprüfen und die übermittelten Daten in besser aufbereiteter optischer und inhaltlicher Aufmachung bundesweit an die Zollbehörden weiterleiten kann.

Der Antrag richtet sich allgemein gegen jeden, der über ein-, durch- und ausgeführte Güter **10** verfügungsbefugt ist. Gegen einen bestimmten Verletzer muss sich der Antrag nicht richten. Aus dem Inhalt des Antrags sollten sich die Erkennungsmerkmale für Originalware und Falsifikate ergeben (s. Rn. 5–7). Für die Bearbeitung von nach dem 31.3.2005 gestellten Anträgen fallen keine Gebühren an. Der Antragsteller hat indes gem. § 9 Abs. 1 ZollKostV die anfallenden Auslagen, insbesondere für die Beförderung und Lagerung der beschlagnahmten Waren zu tragen. Auch die Vernichtungskosten sind von ihm zu übernehmen (§ 9 Abs. 2 ZollKostV). Gegen die Ablehnung des Antrags kann der Antragsteller gem. § 33 Abs. 1 Nr. 1 FGO Einspruch erheben. Bleibt dieser erfolglos, steht dem Antragsteller der Klageweg vor den Finanzgerichten offen.[3]

2. Zuständigkeit

Bundesweit zuständig für die Bearbeitung von Grenzbeschlagnahmeanträgen sowohl nach **11** §§ 146 ff. als auch nach der VO (EG) Nr. 1383/2003 ist die Bundesfinanzdirektion Südost, Sophienstraße 6, 80333 München.[4] Das Grenzbeschlagnahmeverfahren wird dort durch die Abteilung Zentralstelle Gewerblicher Rechtsschutz (ZGR – Adresse: s. Rn. 9) koordiniert. Die Beamten der ZGR sind zentrale Ansprechpartner mit betreuender Funktion für die Unternehmen bei Fragen, die die Abwicklung des Verfahrens unmittelbar betreffen oder im Zusammenhang mit der Durchsetzung der Schutzrechte stehen. In Eilfällen, in denen der Schutzrechtsinhaber Kenntnis von einer bevorstehenden Ein-, Durch- oder Ausfuhr gefälschter Ware über ein bestimmtes Zollamt hat, gestattet die ZGR die unmittelbare Stellung des Antrags beim betreffenden Zollamt.

---

2 Abrufbar unter www.zoll.de.
3 BFH, MarkenR 2000, 52, 53 – Jockey.
4 Erlass des BMF, 10.2.1995 – II B 7 – SV 1204 – 143/94.

3. Sicherheitsleistung

12 Die Stattgabe des Antrags auf Grenzbeschlagnahme nach dem MarkenG ist an eine vom Antragsteller zu stellende Sicherheitsleistung geknüpft (zum Antrag nach VO (EG) 1383/2003 s. Kommentierung zu § 150). Die Höhe der Sicherheitsleistung, die von der OFD (Oberfinanzdirektion) festgesetzt wird, liegt bei Grenzbeschlagnahmeanträgen in Markensachen i.d.R. zwischen 10.000 EUR und 25.000 EUR. Die Sicherheitsleistung dient dem Zweck, die den Zollämtern im Rahmen der Beschlagnahme von Waren entstehenden Auslagen sowie einen etwaigen Schadensersatz eines von einer unrechtmäßigen Beschlagnahme Betroffenen (vgl. § 149) zu sichern. Die Sicherheitsleistung wird vom Antragsteller regelmäßig durch eine Bürgschaft einer als Zoll- und Steuerbürge zugelassenen Bank gestellt. Informationen zu den Anforderungen an eine solche Bürgschaft sowie ein Merkblatt nebst Vordruck (Nr. 0134) für die Bürgschaft sind bei der ZGR in München erhältlich. Die Bundesfinanzdirektion Südost entscheidet über den Grenzbeschlagnahmeantrag des Antragstellers in Fällen besonderer Dringlichkeit, auch bevor dieser die Sicherheitsleistung gestellt hat, vorausgesetzt der Antragsteller kündigt die alsbaldige Nachreichung an.

4. Mitteilung an die Zollämter

13 Hat die OFD Nürnberg dem Grenzbeschlagnahmeantrag des Schutzrechtsinhabers stattgegeben, informiert sie hierüber sowie über die im Antrag des Schutzrechtsinhabers enthaltenen Informationen zu Art und Umfang der Schutzrechte sowie etwaiger Fälschungsmerkmale per Dienstanweisung bundesweit alle Zollstellen und das Zollkriminalamt. Dies erfolgt über das zollinterne Informationssystem „E-AGENT" der ZGR. „E-AGENT" steht für Elektronisches Abfertigungsunterstützendes Heft für den Gewerblichen Rechtsschutz. Hier finden die Zollämter alle Informationen, die zur Durchführung einer Grenzbeschlagnahme erforderlich sind, nämlich Abbildungen der Schutzrechte, Kontaktadressen, Lizenznehmerlisten, Listen von potenziellen Fälschern und charakteristische Unterscheidungsmerkmale der Ware/Marken selbst. Während das „AGENT" den Zollämtern in der Vergangenheit nur als Druckversion zur Verfügung stand, ist es seit 2002 als „E-AGENT" über das zollamtliche Intranet zugänglich. Dies erhöht die Effektivität des Vorgehens der Zollämter, da die Abbildungen der Waren/Marken in Farbe und bester Qualität zur Verfügung stehen und ein Bildschirmabgleich mit vermeintlich gefälschter Ware erfolgen kann. „E-AGENT" wird täglich durch die ZGR aktualisiert und entspricht folglich dem neuesten Stand der Eingaben des Schutzrechtsinhabers. Darüber hinaus werden die Grenzbeschlagnahmeanträge vom BMF in der Vorschriftensammlung der Bundesfinanzverwaltung veröffentlicht. Hierdurch wird gewährleistet, dass sämtliche Zollämter Kenntnis von den der Grenzbeschlagnahme zugrunde liegenden Schutzrechten erhalten. In der Praxis hat es sich bewährt, wenn der Antragsteller darüber hinaus unmittelbaren Kontakt mit den Zollämtern aufnimmt, die häufig mit Beschlagnahmen von Waren der betreffenden Art befasst sind. Hierbei empfiehlt es sich, den Mitarbeitern vor Ort über die im Grenzbeschlagnahmeantrag enthaltenen Angaben hinaus detaillierte Informationen zur Erkennung und Identifizierung von Falsifikaten zur Verfügung zu stellen (s. Rn. 5–7).

III. Beschlagnahme

1. Markenverletzung

Die nach § 146 Abs. 1 für die Beschlagnahme vorausgesetzte Markenverletzung liegt vor, **14** wenn Waren, die widerrechtlich mit einer nach dem MarkenG geschützten Marke (§ 4), geschäftlichen Bezeichnung (§ 5) oder geografischen Herkunftsbezeichnung (§ 151) versehen sind, durch Ein- oder Ausfuhr in den Territorialbereich der Bundesrepublik Deutschland gelangen. Die Ein- oder Ausfuhr der Ware muss das ungeschriebene Tatbestandsmerkmal des Handelns im geschäftlichen Verkehr erfüllen (vgl. § 14 Rn. 9 f.). In Fällen eines rein privaten Handelns kommt eine Beschlagnahme mangels Markenverletzung nicht in Betracht.[5] Der Tatbestand der widerrechtlichen Kennzeichnung ist nach den Verletzungsvorschriften der §§ 14, 15 zu beurteilen. Hinsichtlich des Tatbestandsmerkmals „widerrechtlich gekennzeichnete Ware" stellt sich die Frage, ob über den Wortlaut des § 146 Abs. 1 hinaus neben den mit den schutzrechtsverletzenden Zeichen versehenen Waren auch deren Verpackungen, Kennzeichnungsmittel i. S. d. § 14 Abs. 4 (einschließlich Emblemen, Anhängern, Aufklebern, Prospekten, Bedienungs- oder Gebrauchsanweisungen oder Garantiedokumenten, die ein solches Kennzeichnungsmittel tragen) sowie spezielle Vorrichtungen zur widerrechtlichen Kennzeichnung i. S. v. § 18 Abs. 2 der Beschlagnahme unterliegen. Dies ist unter Aufgabe der in der Vorauflage vertretenen Auffassung unter Heranziehung des Gedankens harmonisierten Rechts zu bejahen, um dem Markeninhaber umfassenden Markenschutz zu gewähren.[6] Gemäß VO (EG) Nr. 1383/2003 sind sowohl Verpackungen (Art. 2 Abs. 1 lit. a) i) und iii)) als auch Kennzeichnungsmittel (Art. 2 Abs. 1 lit. a) ii)) ausdrücklich als „nachgeahmte Ware" definiert.

Eine widerrechtliche Kennzeichnung i. S. d. § 146 Abs. 1. S. 1 liegt auch bei Waren vor, die **15** vom Schutzrechtsinhaber selbst oder mit seiner Zustimmung mit dem in Rede stehenden Zeichen versehen wurden, sofern keine Erschöpfung gem. § 24 eingetreten ist. Nach dem EU-weiten Erschöpfungsgrundsatz gilt in die EU eingeführte Ware als markenverletzend, die zwar vom Schutzrechtsinhaber oder mit dessen Zustimmung mit den betreffenden Marken versehen, jedoch außerhalb der EU in den Verkehr gebracht wurde. Derartige Parallelimporte unterliegen daher der Grenzbeschlagnahme.[7] Als widerrechtlich gekennzeichnet i. S. d. § 146 sind auch Waren zu qualifizieren, die vom Lizenznehmer unter Verstoß gegen die Lizenzvereinbarung (vgl. § 30 Abs. 2) hergestellt und/oder gekennzeichnet wurden.

Als markenverletzende Benutzungshandlungen nennt § 146 Abs. 1 S. 1 im Einklang mit **16** § 14 Abs. 3 Nr. 4 die Ein- und Ausfuhr von Waren. Die Beschlagnahme von markenverletzender Ware beim Importeur wird unter den Tatbestand der Einfuhr subsumiert.[8] Nicht geregelt ist der Fall des *Transits* (Durchfuhr). Unstreitig ist eine Markenverletzung im Fall der *Durchfuhr im weiteren Sinne* zu bejahen. Diese ist gegeben, wenn ein inländischer Unternehmer rechtswidrig gekennzeichnete Ware in die Bundesrepublik Deutschland einführt und die Einfuhr allein zu dem Zweck erfolgt, die Güter nach einem im Inland erfolgten

---

5 LG Düsseldorf, Mitt. 1996, 22, 23 – Windsurfing Chiemsee.
6 So auch *Fezer*, § 146 Rn. 28; *Ströbele/Hacker*, § 146 Rn. 12; *Harte-Bavendamm*, § 5 Rn. 225; a. A. *Ingerl/Rohnke*, § 146 Rn. 3.
7 BFH, MarkenR 2000, 52 – Jockey.
8 OLG Hamburg, GRUR-RR 2007, 350, 351 – YU-GI-OH!-Karten.

Veräußerungsgeschäft anschließend wieder auszuführen.[9] Nach der jüngsten Rechtsprechung des EuGH ist die *Durchfuhr im engeren Sinne*, wenn also aus dem Ausland stammende schutzrechtsverletzende Ware im Wege des externen Versandverfahrens gem. Art. 84 Abs. 1 lit. A Zollkodex VO (EWG) Nr. 2913/92 durch das Bundesgebiet befördert wird, ohne dass im Inland ein Veräußerungsgeschäft vorgenommen wird, grundsätzlich nicht als Verletzungshandlung i. S. d. § 14 MarkenG zu beurteilen.[10] Unerheblich ist in diesem Zusammenhang das Herkunfts- und Bestimmungsland der markenverletzenden Ware sowie dort bestehender Markenschutz.[11] Die jüngste Rechtsprechung des Bundesgerichtshofs und der deutschen Instanzgerichte folgt den Vorgaben des EuGH.[12] Hiernach kommt eine Beschlagnahme nur in Betracht, wenn Anhaltspunkte für den Antragsteller vorliegen, dass die betroffenen Waren doch in Deutschland in den Verkehr gebracht werden soll, wobei die abstrakte Gefahr nicht ausreicht.[13] Verlangt wird vielmehr ein begründeter Verdacht, wonach die markenverletzenden Waren in den inländischen Geschäftsverkehr verbracht werden sollen.[14] Diesbezüglich muss, um eine Erstbegehungsgefahr annehmen zu können, ernsthaft und unmittelbar zu besorgen sein, dass die inkriminierten Waren in Deutschland angeboten und/oder vertrieben werden sollen.[15] Die Beweislast für das Vorliegen solcher Umstände obliegt dem Antragsteller, wobei Indizien, die sich z. B. aus den Frachtpapieren ergeben, ausreichen können.[16] Die in der Vorauflage geäußerte Erwartung an den EuGH, zum Zwecke des effektiven Schutzes des Markeninhabers die abstrakte Gefahr des Inverkehrbringens von Transitware für eine Markenverletzung ausreichen zu lassen, hat sich damit nicht erfüllt. Dies erschwert die Durchsetzbarkeit von Markenrechten in Fällen der Produktpiraterie, in denen Waren im angeblichen Transit nach Deutschland eingeführt werden. Hat der Markeninhaber keine konkreten Anhaltspunkte für ein Inverkehrbringen der betroffenen Waren in Deutschland, empfiehlt es sich in der Praxis, in Fällen, in denen Markenschutz im Bestimmungsland besteht, die dortigen Zollbehörden über die bevorstehende Einfuhr zu informieren. Nach einer neueren Entscheidung des KG Berlin besteht für den Markeninhaber aber die Möglichkeit eines Vorgehens in Deutschland gegen den Spediteur im Falle der Durchfuhr im engeren Sinne, wenn im Empfängerland Markenschutz besteht.[17] Das KG verneint zwar im Sinne der vorstehenden Ausführungen eine Markenverletzung und damit die Anwendbarkeit des MarkenG, bejaht aber einen deliktsrechtlichen Anspruch gem. §§ 823 ff. BGB i. V. m. mit dem nationalen – dort russischen – Markenrecht, soweit das betroffene nationale Markenrecht im Empfängerland Unterlassungs- und Vernichtungsansprüche vorsieht und eine hinreichend sichere Markenverletzung vorliegt. In diesem Falle sei die Mitwirkung eines Speditionsunternehmens an einer

---

9 BGH, GRUR 1957, 231, 234 – Taeschner [Pertussin I]; OLG Stuttgart, GRUR Int. 1998, 806 f. – Fender Musikinstrumente; OLG Hamburg, GRUR 1985, 923 – Imidazol [zum Patentrecht].
10 EuGH, GRUR 2007, 146, 147 – Diesel.
11 *Ingerl/Rohnke*, § 14 Rn. 248, *Heinze/Heinze*, GRUR 2007, 745; a. A. *Ströbele/Hacker*, § 14 Rn. 135; *Fezer*, § 14 Rn. 922.
12 BGH, GRUR 2007, 875, 876 – Durchfuhr von Originalware; GRUR 2007, 876, 877 – DIESEL II; KG, Urt. v. 12.10.2010 – Az. 5 U 152/08; zum Patentrecht: LG Hamburg, InstGE 11, 65, 67.
13 EuGH, GRUR 2007, 146, 147 – Diesel.
14 EuGH, GRUR 2007, 146, 147 – Diesel; BGH, GRUR 2007, 875 – Durchfuhr von Originalware.
15 EuGH, GRUR 2006, 146, 149 – Class International/Colgate-Palmolive; BGH, GRUR 2007, 876 – DIESEL II.
16 EuGH, GRUR 2006, 146, 149 – Class International/Colgate-Palmolive; GRUR 2007, 146, 147 – Diesel; BGH, GRUR 2007, 876 – DIESEL II; zum Patentrecht: LG Hamburg, InstGE 11, 65, 67.
17 KG, Urteil v. 12.10.2010 – 5 U 152/08.

Versendung von markenverletzender Ware in ein Land, in dem Markenschutz besteht, auch im Falle des Transits als ein in Deutschland begangener Teil einer unerlaubten Handlung i. S. e. im Inland eingeleiteten Beeinträchtigung von Schutzrechten im Ausland zu beurteilen.[18] Das KG verneinte eine solche unerlaubte Handlung aber für parallelimportierte Ware, hinsichtlich derer eine Widerrechtlichkeit des Parallelimports nach dem Recht des Ausfuhrlands nicht hinreichend sicher festzustellen sei. Das – noch nicht rechtskräftige – Urteil des KG eröffnet dem Markeninhaber damit die Möglichkeit eines Vorgehens gegen markenverletzende Transitware für den Fall, dass im Empfängerland Markenschutz besteht und eine hinreichend sichere Markenverletzung zu bejahen ist. Es bestätigt damit die Grundsätze des BGH in den Entscheidungen *Pertussin II*,[19] *Zeiss*[20] und *Diesel*.[21] Bei den Zollverfahren *„Vorübergehende Verwendung"* gem. Art. 137–144 ZK, *„Aktive Veredelung im Nichterhebungsverfahren"* gem. Art. 114 ZK und dem *„Umwandlungsverfahren"* gem. Art. 130 ZK ist ein Inverkehrbringen zu bejahen.[22]

2. Offensichtlichkeit

Gemäß § 146 Abs. 1 unterliegen nur schutzrechtsverletzende Waren der Beschlagnahme, bei denen die Markenverletzung „offensichtlich" ist. Sinn dieses Tatbestandsmerkmals ist es, die Gefahr rechtsfehlerhafter Beschlagnahmen durch die Zollbehörden auszuschließen, da die Beurteilung komplizierter, rechtlich umstrittener Fragen zur markenrechtlichen Verwechslungsgefahr insbesondere bei zweifelhafter Waren-/Zeichenähnlichkeit durch die mit der Beschlagnahme befassten Zollbeamten oftmals nicht möglich ist. „Offensichtlich" ist eine Markenverletzung, wenn aus Sicht des Zollbeamten vor Ort die Verletzung klar auf der Hand liegt und keine vernünftigen Zweifel an der Schutzrechtsverletzung bestehen. Der Begriff der Offensichtlichkeit ist damit enger auszulegen als im Rahmen von § 19 Abs. 3 (s. § 19 Rn. 35), da den Zollbehörden im Gegensatz zu den Spezialkammern der Zivilgerichte die Erfahrung im Zusammenhang mit der Beurteilung einer markenrechtlichen Verwechslungsgefahr fehlt. Da die Prüfung der Offensichtlichkeit in der Praxis die größte Schwierigkeit für die Zollämter begründet, ist hier die stetige Mitwirkung des Schutzrechtsinhabers oder seiner anwaltlichen Vertreter zu empfehlen. Die ZGR und insbesondere die Zollämter vor Ort sind auf detaillierte Informationen des Schutzrechtsinhabers zur Feststellung und Identifizierung von Falsifikaten, insbesondere im Nachahmungsbereich, angewiesen. Die Übermittlung einer Übersicht detaillierter Fälschungsmerkmale sowie rechtskräftiger gerichtlicher Entscheidungen zu Markenverletzungen im Ähnlichkeitsbereich trägt zum effektiven Vorgehen der Zollbehörden bei (vgl. Rn. 5–7). Ferner sollte der ZGR und den Zollämtern immer ein Ansprechpartner des Schutzrechtsinhabers und/oder seiner anwaltlichen Vertreter benannt werden, der im Falle von Zweifeln hinsichtlich des Vorliegens einer Markenverletzung konsultiert werden kann. Die Stellung einer entsprechenden Nachfrage steht indes im alleinigen Ermessen der Zollämter. **17**

Besondere Probleme bereitet die Erkennbarkeit markenverletzender Ware in Fällen des Parallelimports, da dem Grunde nach Originalware vorliegt. Angaben zum Transportweg, **18**

---

18 KG, Urteil v. 12.10.2010 – 5 U 152/08.
19 BGH, GRUR 1957, 352, 353.
20 BGH, GRUR 1958, 189, 197.
21 BGH, GRUR 2005, 1011.
22 *Rinnert/ Witte*, GRUR 2009, 29, 35.

zum Herkunftsland, zum Originalpreis oder zur Identität berechtigter Vertriebsunternehmen, Vermittler, Beförderer, Importeure sowie Empfänger erleichtern den Zollämtern die Feststellung, ob ein markenverletzender Parallelimport vorliegt. In der Praxis haben sich zur Feststellung verbotener Parallelimporte von den Rechtsinhabern verwendete Warencodierungen als überaus erfolgreich erwiesen.

3. Unterrichtung der Beteiligten

19 Ordnet ein Zollamt die Beschlagnahme von Waren an, ist hierüber unverzüglich der Antragsteller und der Verfügungsberechtigte zu informieren. Der Verfügungsberechtigte ist anlässlich seiner Unterrichtung von der Beschlagnahme auf die Rechtsfolge eines unterbliebenen Widerspruchs (§ 147 Abs. 1) hinzuweisen. Dem Antragsteller werden Angaben zu der Ware, zur Menge, zur Herkunft, zum Lagerort sowie zur Identität des Verfügungsberechtigten mitgeteilt. Diese Angaben benötigt der Antragsteller, um im Falle eines Widerspruchs des Verfügungsberechtigten eine gerichtliche Entscheidung i. S. d. § 147 Abs. 3 erwirken zu können.[23] Ist die Identität der Verfügungsberechtigten wie beispielsweise in Fällen von Fundgut unbekannt, wird dem Antragsteller das verantwortliche Transportunternehmen als Beteiligter im zollrechtlichen Sinne benannt. Dem Antragsteller ist eine Besichtigung der beschlagnahmten Waren zu ermöglichen, damit dieser sich einen persönlichen Eindruck von der Ware sowie ein Urteil zum Vorliegen einer Rechtsverletzung bilden kann. In der Praxis senden die Zollämter dem Antragsteller zu diesem Zweck häufig Muster der beschlagnahmten Waren zu. Dies ist regelmäßig mit der Aufforderung verbunden, eine Prüfung des markenverletzenden Charakters der übersandten Muster vorzunehmen sowie mitzuteilen, ob die Beschlagnahme aufrechterhalten werden soll. Stellt der Antragsteller fest, dass es sich bei den beschlagnahmten Waren nicht um schutzrechtsverletzende Güter handelt, muss er den Beschlagnahmeantrag für den konkret betroffenen Fall unverzüglich zurücknehmen, um weitere Verzögerungen des Warenverkehrs zu verhindern. Hierbei ist für den Antragsteller stets zu berücksichtigen, dass ihn in Fällen ungerechtfertigter Beschlagnahme eine Schadensersatzpflicht i. S. d. § 149 treffen kann.

---

23 EuGH, WRP 1999, 1269, 1271 – adidas.

§ 147
Einziehung; Widerspruch;
Aufhebung der Beschlagnahme

(1) Wird der Beschlagnahme nicht spätestens nach Ablauf von zwei Wochen nach Zustellung der Mitteilung nach § 146 Abs. 2 Satz 1 widersprochen, ordnet die Zollbehörde die Einziehung der beschlagnahmten Waren an.

(2) Widerspricht der Verfügungsberechtigte der Beschlagnahme, unterrichtet die Zollbehörde hiervon unverzüglich den Antragsteller. Dieser hat gegenüber der Zollbehörde unverzüglich zu erklären, ob er den Antrag nach § 146 Abs. 1 in Bezug auf die beschlagnahmten Waren aufrechterhält.

(3) Nimmt der Antragsteller den Antrag zurück, hebt die Zollbehörde die Beschlagnahme unverzüglich auf. Hält der Antragsteller den Antrag aufrecht und legt er eine vollziehbare gerichtliche Entscheidung vor, die die Verwahrung der beschlagnahmten Waren oder eine Verfügungsbeschränkung anordnet, trifft die Zollbehörde die erforderlichen Maßnahmen.

(4) Liegen die Fälle des Abs. 3 nicht vor, hebt die Zollbehörde die Beschlagnahme nach Ablauf von zwei Wochen nach Zustellung der Mitteilung an den Antragsteller nach Abs. 2 auf. Weist der Antragsteller nach, dass die gerichtliche Entscheidung nach Abs. 3 Satz 2 beantragt, ihm aber noch nicht zugegangen ist, wird die Beschlagnahme für längstens zwei weitere Wochen aufrechterhalten.

I. Allgemeines

§ 147 regelt das weitere Verfahren, nachdem Antragsteller und Verfügungsberechtigter   **1**
von der Beschlagnahme unterrichtet wurden. Denkbar ist, dass der Verfügungsberechtigte der Beschlagnahme nicht widerspricht, was die Einziehung der beschlagnahmten Waren und deren anschließende Vernichtung zur Folge hat (§ 147 Abs. 1). Legt der Verfügungsberechtigte Widerspruch gegen die Beschlagnahme ein, hat der Antragsteller einerseits die Möglichkeit, den Beschlagnahmeantrag für die konkret betroffene Ware zurückzunehmen, was zur Freigabe der sichergestellten Ware führt. Alternativ kann der Antragsteller eine vollziehbare gerichtliche Entscheidung erwirken, wobei wegen der kurz bemessenen gesetzlichen Fristen allein eine einstweilige Verfügung in Betracht kommt, die die Sicherstellung der beschlagnahmten Ware bis zur rechtskräftigen Entscheidung über die Vernichtung der Waren im Hauptsacheverfahren anordnet (§ 147 Abs. 2–4).

II. Einziehung der beschlagnahmten Ware

2 Widerspricht der Verfügungsberechtigte der *Beschlagnahme* nicht binnen einer Frist von zwei Wochen ab der förmlichen Zustellung der Unterrichtung, ordnet die Zollbehörde die *Einziehung* der beschlagnahmten Waren an. Von der Einziehung werden Antragsteller und der Verfügungsberechtigte unterrichtet. Gegen die Einziehungsanordnung kann der Verfügungsberechtigte eine gerichtliche Entscheidung nach § 148 Abs. 3 S. 1 i.V.m. § 62 OWiG beantragen. Macht der Verfügungsberechtigte hiervon keinen Gebrauch, geht das Eigentum an der beschlagnahmten Waren auf den Staat über (vgl. § 74e Abs. 1 StGB). Die Zollbehörde kann die beschlagnahmten Waren nunmehr vernichten. Legt der Verfügungsberechtigte Rechtmittel gegen die Einziehung ein, überprüft das Gericht nur noch, ob die formellen Voraussetzungen für die Einziehung vorlagen. Dies betrifft insbesondere die Frage, ob eine ordnungsgemäße Unterrichtung des Verfügungsberechtigten stattgefunden hat und ob kein Widerspruch (frist- und ordnungsgemäß) gegen die Beschlagnahme eingelegt wurde.

III. Verfahren bei Widerspruch

3 Der Widerspruch des Verfügungsberechtigten ist an das Zollamt zu richten, das die Beschlagnahme angeordnet hat. Nach Eingang eines Widerspruchs setzt das Zollamt den Antragsteller hiervon unverzüglich durch förmliche Zustellung in Kenntnis. Hierbei wird der Antragsteller zugleich aufgefordert, sich zu erklären, ob er seinen Beschlagnahmeantrag hinsichtlich der konkret vom Zollamt beschlagnahmten Waren aufrechterhält oder zurücknimmt.

4 In der Regel nimmt der Antragsteller seinen Antrag angesichts eines Haftungsrisikos zurück, wenn er Zweifel an der Rechtmäßigkeit der Beschlagnahme der konkret sichergestellten Waren hat. In der Praxis stellt sich in diesem Zusammenhang für den Antragsteller beispielsweise häufig die Frage, ob Einfuhren von Privatpersonen das für die Bejahung einer Markenverletzung erforderliche Tatbestandsmerkmal des Handelns im geschäftlichen Verkehr erfüllen (vgl. § 14 Rn. 9–10). Im Fall der Rücknahme des Antrags hebt das Zollamt die Beschlagnahme der konkret sichergestellten Waren nach zollamtlicher Abfertigung unverzüglich auf (§ 147 Abs. 3 S. 1). Der Verfügungsberechtigte kann dann wieder frei über seine Waren verfügen.

5 Hält der Antragsteller seinen Beschlagnahmeantrag aufrecht, ist er gem. § 147 Abs. 3 S. 2 gehalten, dem Zollamt innerhalb von zwei Wochen nach der zollamtlichen Mitteilung über den Widerspruch eine vollziehbare gerichtliche Entscheidung vorzulegen, die die Verwahrung der beschlagnahmten Waren oder ein Verfügungsverbot anordnet. Hierbei kommt aufgrund der kurz bemessenen Fristen (§ 147 Abs. 4) i.d.R. nur eine einstweilige Verfügung in Betracht. Sachlich zuständig sind die mit Markenverletzungsstreitsachen befassten Spezialkammern der Landgerichte (§ 140). Örtlich zuständig ist das Landgericht, in dessen Zuständigkeitsbereich der Verfügungsberechtigte (Privatperson/Unternehmen) seinen Wohn-/Geschäftssitz hat. Darüber hinaus kann gem. § 32 ZPO die einstweilige Verfügung auch bei dem Landgericht beantragt werden, in dessen Zuständigkeitsbezirk sich die Zollbehörde befindet, die die schutzrechtsverletzende Ware beschlagnahmt hat. Zum Zwecke des umfassenden Schutzes des Schutzrechtsinhabers empfiehlt es sich, den Antrag auf Erlass der einstweiligen Verfügung nicht auf eine Verfügungsbeschränkung oder die weitere Verwahrung der konkret beschlagnahmten Waren durch das Zollamt zu beschränken, sondern möglichst allgemein zu formulieren. Um auch eventuelle zukünftige Einfuhren von schutzrechtsverletzenden Waren des Verfügungsberechtigten zu umfassen, sollte dieser verpflichtet werden, die Einfuhr von Waren der betroffenen Art, die mit den in Frage stehenden Schutzrechten versehen sind, zu unterlassen sowie diese Waren zum Zwecke der Verwahrung im Hinblick auf eine spätere Vernichtung an einen vom Antragsteller beauftragten Gerichtsvollzieher herauszugeben.

Den Anforderungen an eine vollziehbare gerichtliche Entscheidung i. S. d. § 147 Abs. 3 ge-　**6** nügt auch eine im Strafverfahren wegen strafbarer Kennzeichenverletzung (vgl. §§ 143, 143a) durch den Richter gem. §§ 94 ff. StPO angeordnete Beschlagnahme.[1] Wegen der eng bemessenen Fristen gem. § 147 Abs. 4 kommt der strafprozessualen Beschlagnahmeanordnung wegen der oftmals langen Dauer strafrechtlicher Ermittlungen/Verfahren in der Praxis geringe Bedeutung zu.

Der Antragsteller hat nach § 147 Abs. 4 zunächst zwei Wochen Zeit, die erforderliche voll-　**7** ziehbare gerichtliche Entscheidung zu erwirken. Die Frist beginnt mit dem Zugang der Mitteilung der Zollbehörde über die Einlegung des Widerspruchs. Soweit der Antragsteller nachweist, dass die gerichtliche Entscheidung binnen der Zweiwochenfrist beantragt, aber noch nicht erlassen wurde, kann die Frist auf Antrag um zwei weitere Wochen verlängert werden (§ 147 Abs. 4 S. 2). Der Antragsteller hat der Zollbehörde hierbei Kopie seines Antrags auf Erlass der einstweiligen Verfügung nebst Empfangsbestätigung des angerufenen Gerichts vorzulegen. Eine weitere Fristverlängerung nach Ablauf der Vierwochenfrist ist gesetzlich nicht vorgesehen. Setzt das Gericht einen mündlichen Verhandlungstermin nach Ablauf der Vierwochenfrist an, kann der Antragsteller der Zollbehörde nicht fristgemäß die erforderliche gerichtliche Entscheidung vorlegen. Hierdurch droht der Grenzbeschlagnahmeantrag des Schutzrechtsinhabers gegenstandslos zu werden, da die Zollbehörde in diesem Fall gehalten ist, die sichergestellten Waren nach Zollabfertigung an den Verfügungsberechtigten herauszugeben. In Fällen drohenden Fristablaufs empfiehlt es sich in der Praxis, beim Gericht die befristete Sicherstellung der beschlagnahmten Ware bis zur Entscheidung über den Verfügungsantrag zu beantragen.

Legt der Antragsteller der Zollbehörde rechtzeitig die vollziehbare gerichtliche Entschei-　**8** dung vor, trifft diese die in der Folge gebotenen Maßnahmen. Neben der Herausgabe der Waren an einen vom Antragsteller beauftragten Gerichtsvollzieher zum Zwecke der Verwahrung im Hinblick auf eine spätere Vernichtung kommt auch eine weitere Verwahrung durch die Zollbehörde selbst in Betracht, bis durch eine materiell rechtskräftige gerichtliche Entscheidung über die Rechtmäßigkeit der Beschlagnahme und den Vernichtungsanspruch des Antragstellers entschieden wurde.

---

1 *Cremer*, Mitt. 1992, 153, 168.

§ 148
Zuständigkeiten; Rechtsmittel

(1) Der Antrag nach § 146 Abs. 1 ist bei der Bundesfinanzdirektion zu stellen und hat Wirkung für ein Jahr, sofern keine kürzere Geltungsdauer beantragt wird. Der Antrag kann wiederholt werden.

(2) Für die mit dem Antrag verbundenen Amtshandlungen werden vom Antragsteller Kosten nach Maßgabe des § 178 der Abgabenordnung erhoben.

(3) Die Beschlagnahme und die Einziehung können mit den Rechtsmitteln angefochten werden, die im Bußgeldverfahren nach dem Gesetz über Ordnungswidrigkeiten gegen die Beschlagnahme und Einziehung zulässig sind. Im Rechtsmittelverfahren ist der Antragsteller zu hören. Gegen die Entscheidung des Amtsgerichts ist die sofortige Beschwerde zulässig. Über die sofortige Beschwerde entscheidet das Oberlandesgericht.

Übersicht

I. Allgemeines

1 § 148 regelt die Zuständigkeit für die Entscheidung über den Grenzbeschlagnahmeantrag (§ 146 Abs. 1) sowie die Gültigkeitsdauer des Grenzbeschlagnahmebeschlusses. Gegenstand der Bestimmung sind ferner Kostenfragen sowie unter Verweis auf das Gesetz über Ordnungswidrigkeiten (OWiG) die im Beschlagnahmeverfahren zulässigen Rechtsmittel. Durch Art. 12 Abs. 3 des 2. Gesetzes zur Änderung des Finanzverwaltungsgesetzes und anderer Gesetze vom 13.12.2007 und durch Art. 4 Nr. 15 des am 1.9.2008 in Kraft getretenen Gesetzes zur Verbesserung der Durchsetzung von Rechten des geistigen Eigentums hat § 148 zwei Änderungen erhalten, nämlich die Zuständigkeit der Bundesfinanzdirektion anstatt der OFD sowie die Geltungsdauer der Grenzbeschlagnahmeanordnung von einem Jahr.

II. Zuständigkeit und Geltungsdauer

2 Zuständig für Grenzbeschlagnahmeanträge ist die Bundesfinanzdirektion. Die Bearbeitung und Entscheidung über Grenzbeschlagnahmeanträge übernimmt die Zentralstelle für Gewerblichen Rechtsschutz (ZGR) mit Sitz in München (vgl. § 146 Rn. 9). Die qualifizierten und engagierten Mitarbeiter der ZGR stehen dem Antragsteller bei Fragen zum Grenzbeschlagnahmeverfahren stets zur Seite. Informationsarbeit leistet die ZGR auch durch fortlaufende Veröffentlichungen von Merkblättern zum Grenzbeschlagnahmeverfahren,[1]

---

1 Vgl. www.zoll-d.de.

denen der Antragsteller nützliche Hinweise zur Gewährleistung eines effektiven Vorgehens im Grenzbeschlagnahmeverfahren entnehmen kann. Die ZGR veröffentlicht zudem in Zusammenarbeit mit dem Bundesministerium für Finanzen jährlich den „Jahresbericht Gewerblicher Rechtsschutz",[2] dem u. a. nützliche Informationen zum Grenzbeschlagnahmeverfahren, gesetzliche Neuerungen, Tätigkeitsberichte und Statistiken der Zollbehörden sowie sämtliche wichtige Adressen zu entnehmen sind.

Im Falle der Stattgabe des Antrags ist dieser in Anpassung an die Gültigkeit eines Antrags nach der VO (EG) 1383/2003 *ein Jahr* gültig, vorausgesetzt, der Rechtsbestand des Schutzrechts während dieses Zeitraums dauert an. Der Antrag kann beliebig verlängert werden. Der Antrag auf Verlängerung ist *30 Tage vor Ablauf der Gültigkeit* des beschiedenen Antrags zu stellen.   **3**

III. Kosten

Aufgrund der Neufassung des § 12 Abs. 1 ZollKVO, auf den § 148 über die Abgabenordnung verweist, fallen für die Bearbeitung von nach dem 31.3.2005 gestellten Anträgen keine Gebühren mehr an. Vom Antragsteller sind gem. § 12 Abs. 2 ZollKVO indes die im Zusammenhang mit der Beschlagnahme anfallenden Auslagen der Zollbehörde zu ersetzen. Hierunter fallen insbesondere Kosten für die Verwahrung und Vernichtung der beschlagnahmten inkriminierten Waren. Die Regelungen des Grenzbeschlagnahmeverfahrens bestimmen mithin im Gegensatz zum Polizei- und Ordnungsrecht keine Kostenerstattungspflicht des Verfügungsberechtigten als unmittelbarer Störer. Der Antragsteller sieht sich im Hinblick auf die Auslagen für Verwahrung und Vernichtung der Ware oftmals hohen Kostenforderungen der Zollbehörde ausgesetzt, da die Dauer der Lagerung bis zum Erlass einer materiell rechtskräftigen gerichtlichen Entscheidung erheblich sein kann. Der Antragsteller sollte daher bereits frühzeitig bei der betroffenen Zollbehörde auf eine möglichst kostengünstige Verwahrung drängen.   **4**

Ein Kostenerstattungsanspruch des Antragstellers gegen den Verfügungsberechtigten (Markenverletzer) hinsichtlich der von ihm bezahlten Auslagen der Zollbehörde kommt unter dem Gesichtspunkt des Schadensersatzes gem. § 14 Abs. 6 in Betracht. Mangels Auffindbarkeit oder aufgrund Insolvenz des Verfügungsberechtigten scheitert die Durchsetzung des Kostenerstattungsanspruchs in der Praxis häufig. Ein Kostenerstattungsanspruch gem. § 14 Abs. 6 gegen den Lagerhalter, Kommissionär, Spediteur oder Frachtführer, die markenrechtlich als Störer zu beurteilen sind,[3] scheidet regelmäßig aus, da diese kein Verschuldensvorwurf im Hinblick auf die Markenverletzung trifft. Bereicherungsrechtliche Ansprüche gem. § 812 Abs. 1 BGB oder Ansprüche aus Geschäftsführung ohne Auftrag gegen den Lagerhalter, Kommissionär, Spediteur oder Frachtführer kommen mangels Bereicherung der vorgenannten Personen und mangels Fremdgeschäftsführungswillen des Antragstellers nicht in Betracht, da die Störereigenschaft des genannten Personenkreises mit der Anordnung der Beschlagnahme durch die Zollbehörde endet.[4]   **5**

---

2 Abrufbar unter den o.g. Internetseiten.
3 OLG Köln, WRP 2005, 1294, 1296 – Lagerkosten nach markenrechtlicher Grenzbeschlagnahme; *Fezer*, § 14 Rn. 475.
4 OLG Köln, WRP 2005, 1294, 1296 – Lagerkosten nach markenrechtlicher Grenzbeschlagnahme; a. A. *Weber*, WRP 2005, 961, 967.

IV. Rechtsmittel

1. Rechtsmittel gegen Beschlagnahme im Einzelfall

6   Nach § 148 Abs. 3 stehen dem Verfügungsberechtigten gegen die Beschlagnahme und Einziehung im Zollverfahren die im Bußgeldverfahren nach dem Gesetz über Ordnungswidrigkeiten zulässigen Rechtsmittel zur Verfügung. In der Praxis wählt der Verfügungsberechtigte indes regelmäßig den *Widerspruch* gem. § 147 Abs. 2, so dass die Frage der Rechtmäßigkeit einer Beschlagnahme von Waren i.d.R. Gegenstand eines auf Unterlassung und Vernichtung gerichteten Zivilprozesses sein wird (vgl. Anm. zu § 147).

7   Gegen die Beschlagnahme von Waren kann der Verfügungsberechtigte bei der anordnenden Zollbehörde stets auch eine gerichtliche Entscheidung beantragen (§ 62 OWiG), über die im Falle der Weigerung der Rücknahme der Beschlagnahmeanordnung das Amtsgericht zu befinden hat. Der *Antrag auf gerichtliche Entscheidung* ist an keine Frist gebunden. Gegen die Einziehungsanordnung ist das Rechtsmittel des *Einspruchs* gem. § 67 OWiG statthaft, der bei der anordnenden Zollbehörde einzureichen ist. Die Frist zur Einlegung des Einspruchs beträgt zwei Wochen ab Zugang der Mitteilung über die Einziehung. Gegen eine Zurückweisung des Antrags durch das Amtsgericht hat der Verfügungsberechtigte nach § 148 Abs. 3 S. 4 f. binnen einer Frist von einer Woche die Möglichkeit der Einlegung der Beschwerde zum OLG (§ 46 Abs. 1 i.V.m. § 311 Abs. 2 StPO). In diesem Rechtsmittelverfahren ist der Antragsteller nicht als Partei, aber als Beteiligter zu hören.

8   Da es theoretisch möglich ist, dass der Verfügungsberechtigte gegen die Beschlagnahme sowohl Widerspruch gem. § 147 Abs. 2 einlegt als auch einen Antrag auf gerichtliche Entscheidung gem. § 148 Abs. 3 stellt, muss zum Zwecke der Vermeidung divergierender gerichtlicher Entscheidungen in Fällen, in denen der Verfügungsberechtigte rechtzeitig die gem. § 147 Abs. 3 erforderliche vollziehbare gerichtliche Entscheidung vorlegt, eine Überprüfung der Beschlagnahme gem. § 62 OWiG präkludiert sein. Praktische Bedeutung erlangt ein Antrag auf gerichtliche Entscheidung gem. § 148 Abs. 3 für den Verfügungsberechtigten dann, wenn der Antragsteller die gem. § 147 Abs. 3 erforderliche vollziehbare gerichtliche Entscheidung nicht fristgemäß vorlegt.

2. Rechtsmittel gegen Beschlagnahmeanordnung der BFD

9   Die in § 148 ausdrücklich genannten Rechtsmittel sind gegen die Beschlagnahme/Einziehung von Waren durch die Zollbehörden im konkreten Einzelfall einsetzbar. Die in § 148 genannte Regelung ist nicht abschließend. Gegen die Ablehnung des Antrags auf Grenzbeschlagnahme durch die BFD kann der Antragsteller gem. § 33 Abs. 1 Nr. 1 FGO *Einspruch* einlegen. Bleibt dieser erfolglos, steht dem Antragsteller die Möglichkeit der Klagerhebung vor den Finanzgerichten offen.[5]

---

5 BFH, MarkenR 2000, 52, 53 – Jockey.

§ 149
Schadensersatz bei ungerechtfertigter Beschlagnahme

Erweist sich die Beschlagnahme als von Anfang an ungerechtfertigt und hat der Antragsteller den Antrag nach § 146 Abs. 1 in Bezug auf die beschlagnahmten Waren aufrechterhalten oder sich nicht unverzüglich erklärt (§ 147 Abs. 2 Satz 2), so ist er verpflichtet, den dem Verfügungsberechtigten durch die Beschlagnahme entstandenen Schaden zu ersetzen.

I. Allgemeines

§ 149 regelt den verschuldensunabhängigen Schadensersatzanspruch des Verfügungsbe-   **1**
rechtigten für den Fall, dass sich die Beschlagnahme von Waren als unrechtmäßig erweist
und der Antragsteller den Antrag aufrechterhalten oder sich nicht unverzüglich erklärt hat.
Die an die §§ 717 Abs. 2, 945 ZPO angelehnte Schadensersatzregelung setzt nicht voraus,
dass der Antragsteller die Unrechtmäßigkeit der Beschlagnahme kannte oder kennen musste. Liegt auf Seiten des Antragstellers Vorsatz hinsichtlich einer rechtswidrigen Beschlagnahme vor, kann eine Haftung gem. §§ 823, 826 BGB zu bejahen sein. Die Schadensersatzregelung des § 149 trägt dem erheblichen Risiko wirtschaftlicher Schäden des Verfügungsberechtigten durch die Beschlagnahme seiner Waren Rechnung. Sie beugt zudem der Gefahr vor, dass Antragsteller die Grenzbeschlagnahme zu wettbewerbswidrigen Zwecken
einsetzen. Schadensersatzansprüche des Verfügungsberechtigten wegen unberechtigter
Beschlagnahme können sich kumulativ aus § 149 und § 945 ZPO ergeben, wenn die Beschlagnahme trotz Widerspruchs zunächst im Wege einer einstweiligen Verfügung bestätigt, im Hauptsacheverfahren jedoch wieder aufgehoben wird.

II. Voraussetzungen der Schadensersatzhaftung

Der Schadensersatzanspruch des Verfügungsberechtigten setzt voraus, dass sich die Be-   **2**
schlagnahme als von Anfang an unberechtigt erweist. Zu prüfen ist, ob die tatsächlichen
und rechtlichen Voraussetzungen für die Beschlagnahme zum Zeitpunkt des Erlasses der
Beschlagnahmeanordnung im Einzelfall vorlagen. Der Prüfungsmaßstab für die notwendige Markenverletzung ergibt sich aus §§ 14, 15. Stellt ein Zivilgericht in der Hauptsache
das Vorliegen einer Markenverletzung zum Zeitpunkt der Beschlagnahmeanordnung fest,
so ist das mit dem Schadensersatzanspruch gem. § 149 befasste Gericht an diese Entscheidung gebunden.[1] Auf das in § 146 genannte Tatbestandsmerkmal der Offensichtlichkeit

---

1 BGHZ 122, 172, 175.

kommt es bei der Prüfung der für den Schadensersatzanspruch allein maßgeblichen materiellen Rechtmäßigkeit nicht an. Berechtigt ist eine Grenzbeschlagnahme mithin in jedem
Fall einer Markenverletzung, unabhängig davon, ob diese offensichtlich ist oder nicht.[2] Ist
eine Markenverletzung zu verneinen, kommt eine Haftung des Antragstellers in Betracht,
soweit dieser nach einem Widerspruch des Verfügungsberechtigten gem. § 147 Abs. 2 die
Beschlagnahme ausdrücklich aufrechterhält (§ 149 1. Alt.) oder er seine Verpflichtung zur
unverzüglichen Rückäußerung verletzt und dadurch die Freigabe der beschlagnahmten
Waren an den Verfügungsberechtigten verzögert hat (§ 149 2. Alt.).

3   Der Antragsteller kann einer Haftung auf Schadensersatz mithin dadurch entgehen, dass er
       im Falle eines Widerspruchs des Verfügungsberechtigten gem. § 147 Abs. 2 unverzüglich
       (d. h. ohne schuldhaftes Zögern) gegenüber der Zollbehörde erklärt, dass der Beschlagnah-
       meantrag hinsichtlich der konkret sichergestellten Ware nicht aufrechterhalten bleibt und
       die Ware freigegeben werden kann.

4   Die Höhe des Schadensersatzanspruchs bemisst sich nach dem negativen Interesse, d. h.
       der Verfügungsberechtigte ist so zu stellen, als wäre die Beschlagnahme seiner Waren un-
       terblieben. Der Antragsteller haftet dem Verfügungsberechtigten damit auch auf den ent-
       gangenen Gewinn sowie auf Ersatz dessen notwendiger Kosten für die Rechtsverfolgung.

---

2 Ebenso *Ströbele/Hacker*, § 149 Rn. 9.

Eble

§ 150
Verfahren nach der Verordnung (EG) Nr. 1383/2003

(1) Setzt die zuständige Zollbehörde nach Artikel 9 der Verordnung (EG) Nr. 1383/2003 die Überlassung der Waren aus oder hält diese zurück, unterrichtet sie davon unverzüglich den Rechtsinhaber sowie den Anmelder oder den Besitzer oder den Eigentümer der Waren.

(2) Im Fall des Absatzes 1 kann der Rechtsinhaber beantragen, die Waren in dem nachstehend beschriebenen vereinfachten Verfahren im Sinn des Artikels 11 der Verordnung (EG) Nr. 1383/2003 vernichten zu lassen.

(3) Der Antrag muss bei der Zollbehörde innerhalb von zehn Arbeitstagen oder im Fall leicht verderblicher Waren innerhalb von drei Arbeitstagen nach Zugang der Unterrichtung nach Absatz 1 schriftlich gestellt werden. Er muss die Mitteilung enthalten, dass die Waren, die Gegenstand des Verfahrens sind, ein nach diesem Gesetz geschütztes Recht verletzen. Die schriftliche Zustimmung des Anmelders, des Besitzers oder des Eigentümers der Waren zu ihrer Vernichtung ist beizufügen. Abweichend von Satz 3 kann der Anmelder, der Besitzer oder der Eigentümer die schriftliche Erklärung, ob er einer Vernichtung zustimmt oder nicht, unmittelbar gegenüber der Zollbehörde abgeben. Die in Satz 1 genannte Frist kann vor Ablauf auf Antrag des Rechtsinhabers um zehn Arbeitstage verlängert werden.

(4) Die Zustimmung zur Vernichtung gilt als erteilt, wenn der Anmelder, der Besitzer oder der Eigentümer der Waren einer Vernichtung nicht innerhalb von zehn Arbeitstagen oder im Fall leicht verderblicher Waren innerhalb von drei Arbeitstagen nach Zugang der Unterrichtung nach Absatz 1 widerspricht. Auf diesen Umstand ist in der Unterrichtung nach Absatz 1 hinzuweisen.

(5) Die Vernichtung der Waren erfolgt auf Kosten und Verantwortung des Rechtsinhabers.

(6) Die Zollstelle kann die organisatorische Abwicklung der Vernichtung übernehmen. Absatz 5 bleibt unberührt.

(7) Die Aufbewahrungsfrist nach Artikel 11 Abs. 1 zweiter Spiegelstrich der Verordnung (EG) Nr. 1383/2003 beträgt ein Jahr.

(8) Im Übrigen gelten die §§ 146 bis 149 entsprechend, soweit nicht die Verordnung (EG) Nr. 1383/2003 Bestimmungen enthält, die dem entgegenstehen.

Übersicht

I. Allgemeines

1 Die VO (EG) Nr. 3295/94 wurde am 1.7.2004 durch die VO (EG) Nr. 1383/2003 des Rates v. 22.7.2003 über das Vorgehen der Zollbehörden gegen Waren, die im Verdacht stehen, bestimmte Rechte geistigen Eigentums zu verletzen, und die Maßnahmen gegenüber Waren, die erkanntermaßen derartige Rechte verletzen, abgelöst und am 1.9.2008 durch Art. 4 Nr. 16 des Gesetzes zur Verbesserung der Durchsetzung von Rechten des geistigen Eigentums[1] in der jetzigen Fassung des § 150 umgesetzt. Erklärtes Ziel der Kommission war es, den Zollbehörden und Schutzrechtsinhabern ein effizienteres rechtliches Instrumentarium zur Seite zu stellen, um im Interesse des Schutzes des Binnenmarktes und der Verbraucher die Ein-, Durch- oder Ausfuhr schutzrechtsverletzender Güter so weit wie möglich zu verhindern. Im Vergleich zur bisherigen Praxis obliegt der Zollbehörde nicht mehr die Verpflichtung zur Sachentscheidung. Ihre Aufgabe beschränkt sich nunmehr auf das Anhalten von Waren im Verdachtsfall einer Schutzrechtsverletzung. Ferner sieht die VO (EG) 1383/2003 ein Tätigwerden der Zollbehörden „ex officio", d.h. ohne vorherigen Beschlagnahmeantrag vor. Am Ende des Verfahrens stehen entweder die Feststellung der Schutzrechtsverletzung durch ein Zivilgericht (Art. 10) oder die Vernichtung im Rahmen des vereinfachten Verfahrens (Art. 11). Neben einem rein nationalen Vorgehen (Art. 5 Abs. 1) der Zollbehörden bietet die VO (EG) 1383/2003 dem Schutzrechtsinhaber auch die Möglichkeit eines internationalen Tätigwerdens im Rahmen des vereinfachten Antragsverfahrens (Art. 5 Abs. 4). Inhaber von gemeinschaftsrechtlichen Schutzrechten können hierbei bei der Zentralstelle eines Mitgliedstaates einen Grenzbeschlagnahmeantrag stellen, der in mehreren oder allen Mitgliedstaaten der EU gelten soll. Die Entscheidung über den Grenzbeschlagnahmeantrag einer Zentralzollstelle wird dann allen betroffenen Mitgliedstaaten mitgeteilt.

2 In der Regel wird die Zollbehörde nach der VO (EG) 1383/2003 tätig, die nationale Vorschriften (§§ 146 f.) überlagert. Von der VO (EG) 1383/2003 nicht umfasst sind Fälle des innergemeinschaftlichen Warenverkehrs, Parallelimporte und die widerrechtliche Einfuhr von Waren, die mit nicht registrierten Marken (§ 4 Nr. 2 und 3) oder geschäftlichen Bezeichnungen (§ 5) versehen sind. Hier bedarf es des Rückgriffs auf die nationalen Beschlagnahmevorschriften gem. §§ 146 ff.

II. Tätigwerden der Zollbehörden nach der VO (EG) 1383/2003

1. Antrag

3 Der Antrag auf Tätigwerden der Zollbehörden ist bei der Bundesfinanzdirektion Südost, Zentralstelle Gewerblicher Rechtsschutz (ZGR), Sophienstraße 6, 80333 München, zu stellen. Der Antrag richtet sich auf ein Tätigwerden der Zollbehörden nach Art. 5 Abs. 1 VO (EG) 1383/2003. Darüber hinaus kann der Antrag auf ein Tätigwerden auch für mehrere/alle Mitgliedstaaten der EU nach Art. 5 Abs. 4 gestellt werden. Seit Mai 2009 verwenden die Zollbehörden das IT-Verfahren „ZGR-online" (Zentrales Datenbanksystem zum Schutz Geistiger EigentumsRechte online). ZGR-online bietet dem Markeninhaber die Möglich-

---

1 BGBl. 2008/I, S. 111.

keit, Anträge auf Tätigwerden der Zollbehörden unmittelbar über das Internet zu stellen, zu ändern und zu verlängern, aber auch, den Zollbehörden Erkennungshinweise für markenverletzende Waren zu übermitteln. Hierfür bedarf es der vorherigen Registrierung. Stellt der Antragsteller auf der Grundlage einer Gemeinschaftsmarke einen europaweiten Antrag, der nicht nur Wirkung für Deutschland, sondern auch für weitere Mitgliedstaaten entfalten soll, sind die Erkennungshinweise zur Identifizierung von Originalware und Fälschungen gegenwärtig noch zusätzlich auf CD-ROM bei der ZGR einzureichen, damit diese nebst der Entscheidung über den Antrag an die betroffenen Mitgliedstaaten weitergegeben werden können. Um diesem Zustand Abhilfe zu schaffen, beschäftigt sich die EU-Kommission mit der Entwicklung eines EU-weiten Datenaustauschsystems (AFAS – Application System for Action). Über AFAS sollen zukünftig Anträge nach Art. 5 Abs. 4 mit den dazugehörigen Erkennungshinweisen an die Zollbehörden der entsprechenden Mitgliedstaaten verteilt werden. Das nationale System ZGR-online wird per Schnittstelle an AFAS angebunden, so dass die Daten beider Systeme jeweils in das andere System geladen werden können, um den Zugriff durch jede nationale Zollbehörde der EU zu gewährleisten.

Antragsberechtigt ist der Schutzrechtsinhaber selbst sowie jede zur Benutzung und/oder **4** Wahrnehmung dieser Rechte befugte Person oder deren Vertreter, d. h. auch Lizenznehmer und konzernverbundene Unternehmen. Die Antragsberechtigung ist durch Registerauszüge oder Abschriften der Schutzrechte nachzuweisen. Ist der Antragsteller nicht selbst Schutzrechtsinhaber, hat er seine Berechtigung ebenfalls durch geeignete Unterlagen, d. h. Lizenzverträge, Vollmachten o. Ä. nachzuweisen. Mit der Nennung der betreffenden Marken und Waren bestimmt der Schutzrechtsinhaber den Schutzumfang seines Grenzbeschlagnahmeantrags. Zwingend vorgeschrieben sind bei der Antragstellung die Angabe von Warenerkennungsmerkmalen zur Feststellung von Schutzrechtsverletzungen (vgl. § 146 Rn. 5–7). Fehlen entsprechende Angaben im Antrag, riskiert der Antragsteller die Zurückweisung. Die ZGR muss den Antrag innerhalb von 30 Arbeitstagen bearbeiten und dem Antragsteller ihre Entscheidung schriftlich mitteilen. Im Falle der Stattgabe des Antrags ist dieser ein Jahr gültig, vorausgesetzt, der Rechtsbestand des Schutzrechts dauert an. Der Antrag kann beliebig verlängert werden. Der Antrag auf Verlängerung ist 30 Tage vor Ablauf der Gültigkeit des beschiedenen Antrags zu stellen.

2. Kosten und Sicherheitsleistung

Die Bearbeitung des Antrags ist nicht kostenpflichtig. Die bisher übliche Sicherheitsleis- **5** tung wurde durch eine Verpflichtungserklärung des Antragstellers ersetzt, wonach dieser die Haftung gegenüber den von den Maßnahmen der Zollbehörden betroffenen Personen für den Fall übernimmt, dass das nach der VO (EG) 1383/2003 eingeleitete Verfahren aufgrund einer Handlung oder Unterlassung des Schutzrechtsinhabers eingestellt wird oder dass im Rahmen eines zivilrechtlichen Gerichtsverfahrens festgestellt wird, dass die festgesetzten Waren kein Recht des geistigen Eigentums verletzen. Der Antragsteller verpflichtet sich mit seiner Erklärung ferner zur Übernahme aller Kosten, die im Zusammenhang mit der zollamtlichen Sicherstellung und Verwahrung von Waren nach der VO (EG) 1383/2003 entstehen. Hierunter fallen neben Lager- und Vernichtungsgebühren beispielsweise auch Kosten für Transport und für das Entladen von Containern. Formulare für die Verpflichtungserklärung sind bei der ZGR erhältlich. Zu beachten ist, dass die Verpflichtungserklärung für einen nationalen Antrag nach Art. 5 Abs. 1 von der Verpflichtungserklärung für einen Antrag für mehrere/alle Mitgliedsländer nach Art. 5 Abs. 4 abweicht.

3. Zusatzanträge

6 Mit dem generellen Antrag auf Tätigwerden der Zollbehörden kann der Antragsteller einen Zusatzantrag stellen, der darauf gerichtet ist, dass ihm im Falle der Aussetzung der Überlassung von Waren bzw. deren Zurückhaltung zur Feststellung, ob eine Markenverletzung vorliegt, Namen und Anschriften des Empfängers, des Versenders, des Anmelders oder des Besitzers der Waren sowie die Herkunft der Waren mitgeteilt werden. Diese Daten benötigt der Antragsteller, um das vereinfachte Vernichtungsverfahren oder das zivilrechtliche Gerichtsverfahren einzuleiten. Verzichtet der Antragsteller auf die Stellung des Zusatzantrags bei der generellen Antragstellung, kann er in jedem Einzelfall der Festsetzung von Waren einen Antrag auf Übermittlung der genannten Daten stellen. Der Schutzrechtsinhaber kann ferner den Antrag stellen, dass ihm im Falle der Festsetzung von Waren Muster zur Begutachtung übersandt werden.

4. Maßnahmen der Zollbehörde

7 Entdecken die Zollbehörden Waren, bei denen der Verdacht einer Schutzrechtsverletzung besteht, setzen sie deren Überlassung aus oder halten diese zurück. Im Gegensatz zum nationalen Verfahren können die Zollämter gem. Art. 4 auch von Amts wegen tätig werden, d.h. ohne dass der Schutzrechtsinhaber einen vorangegangenen Antrag auf Tätigwerden der Zollbehörden gestellt hat. In diesem Fall kann die betreffende Zollbehörde ohne vorherige Bewilligung der ZGR für drei Arbeitstage die Überlassung der Ware aussetzen oder diese zurückhalten, um den Schutzrechtsinhaber von der Ein-, Durch- oder Ausfuhr vermeintlich schutzrechtsverletzender Waren zu informieren. Der Verletzungstatbestand der Durchfuhr (Transit) ist in der VO (EG) 1383/2003 im Gegensatz zu den Beschlagnahmevorschriften nach nationalem Recht ausdrücklich geregelt (vgl. a. § 146 Rn. 16). Die Aussetzung der Überlassung (AdÜ) wird angeordnet, wenn der Verfügungsberechtigte eine Zollanmeldung vorgenommen hat. In allen anderen Fällen wird eine Zurückhaltung (ZvW) verfügt. AdÜ und ZvW sind trotz des Verweises von § 150 streng von der Beschlagnahme i.S.d. § 146 zu trennen. Es handelt sich hierbei um die nach den gemeinschaftsrechtlichen Vorgaben möglichen zollrechtlichen Maßnahmen.

8 Die sich an die AdÜ/ZvW anschließenden Rechtsfolgen sind identisch. Besteht kein genereller Antrag auf Tätigwerden der Zollbehörden, muss der Schutzrechtsinhaber innerhalb einer Frist von drei Tagen einen Antrag auf Tätigwerden der Zollbehörden einreichen. Dieser kann als Globalantrag für ein Jahr oder als Einzelantrag für die konkret betroffenen Waren gestellt werden. Mitarbeiter der ZGR informieren den Schutzrechtsinhaber in solchen Fällen meist telefonisch und klären ihn über die Antragserfordernisse auf. Nach der Antragstellung geht das Verfahren nach Art. 4 VO (EG) 1383/2003 in das reguläre Verfahren über, das sich in Fällen eines bereits gestellten Antrags an die AdÜ oder ZvW anschließt. Der Antragsteller sowie der Verfügungsberechtigte werden über die AdÜ/ZvW informiert. Auf Antragstellung werden dem Antragsteller Namen und Anschrift des Anmelders, Versenders, Empfängers sowie Herkunft, Menge und Art der Ware mitgeteilt. Nach Eingang der Mitteilung über die AdÜ/ZvW ist der Antragsteller verpflichtet, der Zollbehörde, die

Eble

die vermeintlich schutzrechtsverletzenden Waren festgesetzt hat, binnen einer Frist von 10 Arbeitstagen mitzuteilen, ob ein zivilgerichtliches Verfahren, in dem die Schutzrechtsverletzung festgestellt werden soll, eingeleitet wurde. Alternativ kann der Antragsteller die Zustimmung zur Durchführung des vereinfachten Vernichtungsverfahrens erteilen. Die Frist kann einmalig um weitere 10 Arbeitstage verlängert werden. Das gerichtliche Feststellungsverfahren nach der VO unterscheidet sich nicht wesentlich von dem nach § 147 einzuleitenden Gerichtsverfahren. Auf die dortige Kommentierung wird verwiesen. Ein maßgeblicher Unterschied zum gerichtlichen Feststellungsverfahren nach nationalen Vorschriften besteht indes darin, dass binnen der maximalen Frist von 20 Tagen nur der Nachweis der Einleitung der gerichtlichen Schritte, nicht aber eine vollziehbare gerichtliche Entscheidung vorzulegen ist. Denkbar ist im gemeinschaftlichen Verfahren folglich auch die unmittelbare Einreichung einer auf Vernichtung gerichteten Hauptsacheklage.

5. Vereinfachtes Vernichtungsverfahren

Das vereinfachte Vernichtungsverfahren, das der Antragsteller ausdrücklich beantragen muss, sieht vor, dass der Antragsteller den Zollbehörden zunächst unverzüglich bestätigt, dass es sich bei der festgesetzten Ware um markenverletzende Artikel handelt. Ferner muss der Antragsteller einer Vernichtung der festgesetzten Waren auf seine Verantwortung und Kosten zustimmen. Wesentliches Erfordernis ist schließlich, dass der Verfügungsberechtigte der Vernichtung der festgesetzten Waren zustimmt. Die Zustimmung kann der Verfügungsberechtigte unmittelbar gegenüber der Zollbehörde oder auch gegenüber dem Antragsteller erklären, der hiervon die Zollbehörden in Kenntnis setzt. In der Praxis muss der Antragsteller den Verfügungsberechtigten mithin unverzüglich nach Erhalt der Mitteilung der AdÜ/ZvW anschreiben, ihn auf die Markenverletzung und den bestehenden Vernichtungsanspruch hinweisen und ihn unter Fristsetzung auffordern, der Vernichtung der festgesetzten Waren zuzustimmen. Im Falle der AdÜ hat der Verfügungsberechtigte zugleich die Aufhebung der Zollanmeldung zu erklären, da eine Vernichtung sonst seitens der Zollbehörde nicht vorgenommen werden kann. Die Zustimmung des Verfügungsberechtigten ist grundsätzlich schriftlich zu erteilen und als Verfahrenserklärung weder widerruflich noch anfechtbar.[2] In der Praxis hat es sich bewährt, dem Verfügungsberechtigten einen vorformulierten Entwurf der Erklärung auf Aufhebung der Zollanmeldung und Zustimmung zu der Vernichtung zu übermitteln. Hierbei sollte sich der Antragsteller insbesondere in Fällen, in denen der Empfänger der Ware im Ausland ansässig ist, nicht darauf beschränken, den in der AdÜ als Empfänger der Ware Genannten anzuschreiben. Zu häufig erweisen sich in der Praxis ausländische Empfängeradressen als falsch. Damit die Zustimmungsfiktion des vereinfachten Vernichtungsverfahrens aber greifen kann, bedarf es des Empfangs des Aufforderungsschreibens mit dem Hinweis auf die Zustimmungsfiktion durch den Verfügungsberechtigten. In der Praxis hat es sich deshalb durchgesetzt, auch die mit dem Transport befassten Unternehmen, wie Reedereien, Speditionen usw. anzuschreiben und unter Hinweis auf den markenverletzenden Charakter der betroffenen Waren aufzufordern, in die Vernichtung der beschlagnahmten Waren einzuwilligen. Nach positiver Kenntnis vom Fälschungscharakter der beschlagnahmten Waren kann auch das Transportunternehmen auf Erteilung der Einwilligung in die Ver-

9

---

2 *Ströbele/Hacker*, § 150 Rn. 41.

nichtung in Anspruch genommen werden.[3] In der Praxis zeigen sich die Transportunternehmen immer mehr bereit, in die Vernichtung der beschlagnahmten Waren einzuwilligen, soweit der Antragsteller diese von Rückgriffsansprüchen des Empfängers der Ware und von sämtlichen Kosten des Zollverfahrens freihält. Kommt der Verfügungsberechtigte der Aufforderung zur Erteilung der Zustimmung in die Vernichtung nach, leitet die Zollbehörde nach Erhalt der Aufhebungs-/Zustimmungserklärung die Vernichtung der festgesetzten Waren ein.

10 Reagiert der Verfügungsberechtigte nicht, greift die *Zustimmungsfiktion* des § 150 Abs. 4 S. 1, wonach die Zustimmung als erteilt gilt, wenn der Vernichtung nicht ausdrücklich widersprochen wird. Voraussetzung für das Greifen der Zustimmungsfiktion ist, dass der Verfügungsberechtigte auf die Fiktionswirkung bei unterbliebener Reaktion hingewiesen wird. Dies erfolgt in der Regel durch die Zollbehörden selbst, da diese von Amts wegen verpflichtet sind, den Verfügungsberechtigten im Rahmen der Mitteilung über die AdÜ/ZvW über die Folgen des Ausbleibens einer Reaktion hinzuweisen. Widerspricht der Verfügungsberechtigte der AdÜ/ZvW, muss sich der Antragsteller entscheiden, ob er ein zivilrechtliches Verfahren einleitet oder den Antrag auf Tätigwerden im konkreten Fall zurücknimmt. Im letzteren Fall gibt die Zollbehörde die festgesetzten Waren an den Verfügungsberechtigten heraus.

6. Haftung des Antragstellers

11 Eine etwaige Schadensersatzhaftung des Schutzrechtsinhabers wegen eines unberechtigten Tätigwerdens der Zollbehörden bemisst sich gem. Art. 19 Abs. 3 nach nationalem Recht. § 150 Abs. 8 regelt diesbezüglich die Anwendung der §§ 146–149. Auf die Kommentierung zu § 149 wird insoweit verwiesen.

---

3 KG, Urt. v. 12.10.2010 –5 U 152/08; zum Patentrecht: BGH, GRUR 2009, 1142 – Pflicht des Spediteurs zur Einwilligung in die Vernichtung beschlagnahmter Verletzungstatbestände.

§ 151
Beschlagnahme bei widerrechtlicher Kennzeichnung mit geografischen Herkunftsangaben

(1) Waren, die widerrechtlich mit einer nach diesem Gesetz oder nach Rechtsvorschriften der Europäischen Gemeinschaft geschützten geographischen Herkunftsangabe versehen sind, unterliegen, soweit nicht die Verordnung (EG) Nr. 1383/2003 anzuwenden ist, bei ihrer Einfuhr, Ausfuhr oder Durchfuhr der Beschlagnahme zum Zwecke der Beseitigung der widerrechtlichen Kennzeichnung, sofern die Rechtsverletzung offensichtlich ist. Dies gilt für den Verkehr mit anderen Mitgliedstaaten der Europäischen Union sowie mit den anderen Vertragsstaaten des Abkommens über den Europäischen Wirtschaftsraum nur, soweit Kontrollen durch die Zollbehörden stattfinden.

(2) Die Beschlagnahme wird durch die Zollbehörde vorgenommen. Die Zollbehörde ordnet auch die zur Beseitigung der widerrechtlichen Kennzeichnung erforderlichen Maßnahmen an.

(3) Wird den Anordnungen der Zollbehörde nicht entsprochen oder ist die Beseitigung untunlich, ordnet die Zollbehörde die Einziehung der Waren an.

(4) Die Beschlagnahme und die Einziehung können mit den Rechtsmitteln angefochten werden, die im Bußgeldverfahren nach dem Gesetz über Ordnungswidrigkeiten gegen die Beschlagnahme und Einziehung zulässig sind. Gegen die Entscheidung des Amtsgerichts ist die sofortige Beschwerde zulässig. Über die sofortige Beschwerde entscheidet das Oberlandesgericht.

§ 151 enthält die nationale Ermächtigungsgrundlage für die Zollbehörden, widerrechtlich **1**
mit geografischen Herkunftsangaben gem. §§ 126 ff. versehene Waren zu beschlagnahmen. Ermächtigungsgrundlage für die Beschlagnahme auf Gemeinschaftsebene ist die VO (EG) 1383/2003. Da der Schutz vor irreführenden geografischen Herkunftsangaben insbesondere dem Schutz der Allgemeinheit dient, können die Zollbehörden von Amts wegen tätig werden. Eine Antragstellung wie im Verfahren nach §§ 146 ff. ist nicht vorgesehen. Betroffene Dritte, die Kenntnis von der Einfuhr von § 151 unterfallenden Waren haben, können die Zollbehörden zum Tätigwerden von Amts wegen veranlassen.

Die Beschlagnahme von widerrechtlich mit geografischen Herkunftsangaben versehenen **2**
Waren kommt bei der Ein-, Durch- und Ausfuhr in Betracht. Entgegen § 146 regelt § 151 damit ausdrücklich auch den Fall des Transits. Zu den materiellen Voraussetzungen des Vorliegens einer rechtswidrigen geografischen Herkunftsangabe wird auf die Anmerkungen zu § 127 verwiesen. Die widerrechtliche Kennzeichnung der Ware mit einer geografischen Herkunftsangabe muss offensichtlich sein. Eine allgemeine Verpflichtung der Zollbehörde, ein-, durch- und ausgeführte Ware gezielt auf ihre ordnungsgemäße Kennzeichnung hin zu untersuchen, besteht daher nicht. Im Falle eines Antrags und des Hinweises des Vorliegens der materiellen Voraussetzungen für eine Grenzbeschlagnahme wird das der Zollbehörde eingeräumte Ermessen i. d. R. auf Null reduziert sein.

Gemäß § 151 Abs. 2 ist Ziel der Beschlagnahme die Beseitigung der widerrechtlichen **3**
Kennzeichnung. Kommt der Verfügungsberechtigte der Aufforderung auf Beseitigung

nicht nach oder ist die Beseitigung untunlich, wird die Ware zu Gunsten des Bundes eingezogen. Untunlich ist die Beseitigung, wenn diese bei verständiger Würdigung praktisch nicht durchführbar ist, ohne dass die Waren beschädigt oder zerstört werden oder die Kosten der Beseitigung außer Verhältnis zum wirtschaftlichen Wert der Ware stehen würden (vgl. auch § 18 Rn. 11).

4 Nach § 151 Abs. 4 finden gegen die Beschlagnahme und Einziehung von widerrechtlich mit geografischen Herkunftsangaben versehenen Waren die Rechtsbehelfe des OWiG im Bußgeldverfahren statt. Die Vorschrift entspricht § 148 Abs. 4. Auf die dortige Kommentierung wird verwiesen.

Eble

Teil 9
Übergangsvorschriften

§ 152
Anwendung dieses Gesetzes

Die Vorschriften dieses Gesetzes finden, soweit nachfolgend nichts anderes bestimmt ist, auch auf Marken, die vor dem 1. Januar 1995 angemeldet oder eingetragen oder durch Benutzung im geschäftlichen Verkehr oder durch notorische Bekanntheit erworben worden sind, und auf geschäftliche Bezeichnungen Anwendung, die vor dem 1. Januar 1995 nach den bis dahin geltenden Vorschriften geschützt waren.

Literatur: *Albert*, Übergangsprobleme im Markenrecht, GRUR 1996, 174; *Pucher*, Der zeitliche Anwendungsbereich der nur EWR-weiten Erschöpfung im Markenrecht, WRP 1998, 362.

Die §§ 152–164 enthalten Vorschriften für den Übergang vom bis zum 31.12.1994 gelten- **1** den Kennzeichenrecht (insbesondere gem. WZG) zum am 1.1.1995 in Kraft getretenen neuen MarkenG. Einer Übergangsregelung bedurfte es nur im Hinblick auf zum Zeitpunkt des Inkrafttretens des MarkenG bestehende Kennzeichenrechte, nicht also insbesondere für die neu eingeführten Rechte an geografischen Herkunftsangaben. Der neu eingefügte § 165 Abs. 3 enthält eine Übergangsregelung für die durch die Schuldrechtsmodernisierung geänderte Verjährungsregelung des § 20.

Der die Übergangsregelung beherrschende Grundsatz des § 152 besagt, dass mit seinem **2** Inkrafttreten am 1.1.1995 das MarkenG auch auf alle bis dahin angemeldeten, eingetragenen oder sonst erworbenen Kennzeichenrechte (Marken und geschützte geschäftliche Bezeichnungen) anzuwenden ist. Die anschließenden §§ 153–164 enthalten Ausnahmebestimmungen zu diesem Grundsatz, nach welchen in bestimmten Fällen die Vorschriften des alten Rechts (insbes. des WZG bzw. § 16 UWG) über den 31.12.1994 hinaus anzuwenden sind.

Die Übergangsregelungen der §§ 152 ff. betreffen sich über den Umstellungszeitpunkt hin- **3** weg erstreckende Sachverhalte. Demgegenüber ist durch die Übergangsvorschriften nicht angesprochen, sondern folgt aus allgemeinem (intertemporalen) Kollisionsrecht, dass vor Inkrafttreten des neuen MarkenG abgeschlossene Sachverhalte ausschließlich nach altem Recht zu beurteilen sind, etwa im Falle vor Inkrafttreten des MarkenG abgeschlossener Verletzungshandlungen im Hinblick auf resultierende Auskunfts- und Schadensersatzansprüche.[1] Ebenfalls nicht aus den Übergangsvorschriften, sondern bereits aus allgemeinen Rechtsgrundsätzen folgt, dass die Zulässigkeitsanforderungen an vor dem 1.1.1995 vorgenommene Verfahrenshandlungen ausschließlich nach dem zur Zeit ihrer Vornahme geltenden Recht zu beurteilen sind.[2]

---

1 Vgl. BGH, GRUR 1996, 271, 274 – gefärbte Jeans.
2 Vgl. BPatG, GRUR 1996, 133 – quick-slide.

4 Die Übergangsvorschriften der §§ 152 ff. beruhen auf und dienen der Umsetzung der MRRL. Der Gesetzgeber des MarkenG hat die von der MRRL gewährten Möglichkeiten für die Fortgeltung alter nationaler Regelungen für Altrechte nicht voll ausgeschöpft, vielmehr im Wesentlichen dem Grundsatz Rechnung getragen, auch Altrechte nach einem möglichst weitgehend harmonisierten Markenrecht zu beurteilen.[3]

5 Außerhalb des MarkenG geregelte Übergangsregelungen für Kennzeichenrechte enthält das ErstrG. Es handelt sich um die Ausführungsvorschriften zu der im Einigungsvertrag vorgesehenen, prinzipiellen Fortgeltung der in der DDR entstandenen gewerblichen Schutzrechte. In den §§ 4, 30 ff. ErstrG sind im Einzelnen die Bedingungen der bundesweiten Erstreckung und Koexistenz der in den vor Wiedervereinigung getrennten Schutzrechtsterritorien geltenden Kennzeichenrechte geregelt.

6 Eine weitere Übergangsregelung enthält § 16 Abs. 2 für den in Abs. 1 neu eingeführten Hinweisanspruch.

7 Die in den §§ 152 ff. vorgesehenen Weiterbenutzungsrechte sind an spezielle, übergangsrechtliche Voraussetzungen geknüpft. Auch das neue MarkenG kennt kein allgemeines Vorbenutzungsrecht, also ein Recht auf Fortsetzung einer aufgenommenen Kennzeichenbenutzung gegenüber prioritätsjüngeren Kennzeichenrechten.[4]

---

3 Vgl. Einzelheiten bei *Ingerl/Rohnke*, § 152 Rn. 5.
4 BGH, GRUR 1961, 413 – Dolex; vgl. a. § 15 Rn. 8.

§ 153
Schranken für die Geltendmachung von Verletzungsansprüchen

(1) Standen dem Inhaber einer vor dem 1. Januar 1995 eingetragenen oder durch Benutzung oder notorische Bekanntheit erworbenen Marke oder einer geschäftlichen Bezeichnung nach den bis dahin geltenden Vorschriften gegen die Benutzung der Marke, der geschäftlichen Bezeichnung oder eines übereinstimmenden Zeichens keine Ansprüche wegen Verletzung zu, so können die Rechte aus der Marke oder aus der geschäftlichen Bezeichnung nach diesem Gesetz nicht gegen die Weiterbenutzung dieser Marke, dieser geschäftlichen Bezeichnung oder dieses Zeichens geltend gemacht werden.

(2) Auf Ansprüche des Inhabers einer vor dem 1. Januar 1995 eingetragenen oder durch Benutzung oder notorische Bekanntheit erworbenen Marke oder einer geschäftlichen Bezeichnung ist § 21 mit der Maßgabe anzuwenden, dass die in § 21 Abs. 1 und 2 vorgesehene Frist von fünf Jahren mit dem 1. Januar 1995 zu laufen beginnt.

I. Allgemeines

§ 153 enthält Übergangsregelungen für die Geltendmachung von Verletzungsansprüchen 1
aus Altrechten. Dabei betreffen die beiden Absätze allerdings völlig unterschiedliche Regelungsgegenstände.

Abs. 1 betrifft ein Weiterbenutzungsrecht für bestimmte Fälle, in welchen nach altem 2
Recht eine Markenverletzung nicht gegeben war, zwei Kennzeichnungen also ohne Rechtsverstoß koexistierten, und erst aufgrund des neuen MarkenG, welches nach dem Grundsatz des § 152 auch die materielle Beurteilung von Altrechten erfasst, ein rechtlicher Konfliktfall eintrat.

Abs. 2 betrifft die durch § 21 Abs. 1 und 2 neu eingeführte objektive Verwirkung, welche 3
neben der Kenntnis des Rechtsinhabers einen Zeitablauf von fünf Jahren fordert; hier soll für diesen neuen Tatbestand des MarkenG die genannte Fünfjahresfrist erst mit Inkrafttreten des MarkenG am 1.1.1995 zu laufen beginnen.

Die Regelung des Abs. 1 stellt die obligatorische Umsetzung des Art. 5 Abs. 4 MRRL dar. 4
Motiv und Zweck der Regelung sind in dem Umstand begründet, dass das neue MarkenG

gegenüber dem alten Rechtszustand Schutzerweiterungen zugunsten des Markeninhabers gebracht hat, welche die rechtlichen Befugnisse der Inhaber unter dem neuen MarkenG angemeldeter Marken, aber aufgrund § 152 auch der Inhaber von Altrechten, erweitert haben. Schutzerweiterungen nach neuem MarkenG gegenüber dem alten Rechtszustand ergeben sich aus neu eingeführten, jetzt als verletzend ausgestalteten Handlungsmodalitäten (z. B. „Besitz verletzend gekennzeichneter Ware", § 14 Abs. 3 Nr. 2) und insbesondere der Aufhebung absoluter Schutzhindernisse (z. B. für Zahlen und Buchstabenkombinationen, § 4 Abs. 2 Nr. 1 WZG) bzw. den nach neuem Recht niedriger anzusetzenden Anforderungen an die Unterscheidungskraft (vgl. § 8 Rn. 12).

5   Derartige Schutzerweiterungen können dazu führen, dass eine bestimmte Kennzeichenbenutzung gegenüber einem Kennzeichenrecht nach altem Recht als nicht verletzend angesehen wurde, jedoch nach neuem Recht als Verletzung zu beurteilen wäre, beispielsweise auch in Fällen, in welchen die Marke des Rechtsinhabers aus nach altem Recht nicht unterscheidungskräftigen oder sonst nicht schutzfähigen Bestandteilen besteht. Für derartige Fälle ordnet § 153 Abs. 1 die generelle Zulässigkeit der Weiterbenutzung der vor der Rechtsänderung aufgenommenen Kennzeichenbenutzung an. Der Tatbestand kennt als Voraussetzung nur die „rechtmäßige Vorbenutzung" und ist unabhängig von einem Besitzstand des Vorbenutzers oder sonstigen weiteren Anforderungen und gewährt die schlichte Fortsetzbarkeit rechtmäßig aufgenommener Zeichenverwendungen.[1]

6   Allerdings regelt § 153 Abs. 1 nicht abschließend Fragen der Weiterbenutzungsrechte (vgl. Rn. 14) und ist die Vorschrift andererseits teilweise enger auszulegen, als es der Wortlaut zunächst vermuten lässt (vgl. Rn. 11 ff.).

II. Weiterbenutzungsrecht

1. Altrecht

7   Das Weiterbenutzungsrecht des § 153 Abs. 1 kann nur gegen Ansprüche aus einem vor dem 1.1.1995 erworbenen Kennzeichenrecht eingewandt werden. Demgegenüber versagt der Einwand gegenüber Kennzeichenrechten, welche ab dem 1.1.1995 erworben worden sind (zu weitergehenden Koexistenzrechten, wenn einem vor dem 1.1.1995 vorbenutzten Kennzeichen ein Kennzeichenrecht korrespondiert, vgl. Rn. 14). Folglich kann der Inhaber eines Altrechts das Weiterbenutzungsrecht eines Dritten nach § 153 Abs. 1 dadurch vereiteln, dass er ab dem 1.1.1995 ein dem Altrecht entsprechendes Kennzeichenrecht nach neuem Recht erwirbt (dies stellt keinen Rechtsmissbrauch dar und ist auch sonst keinen durchgreifenden Einwänden ausgesetzt).[2]

2. Weiterbenutzung

8   Wie der gesetzliche Begriff „Weiterbenutzung" eindeutig anzeigt, ist § 153 Abs. 1 nur auf vor dem 1.1.1995 aufgenommene Benutzungshandlungen anwendbar, und nicht auf solche, die erst nach diesem Datum begonnen werden. Weiterhin ist erforderlich, dass die Be-

---

1 Vgl. z. B. BGH, GRUR 1997, 629, 631 – Sermion II; GRUR 1997, 311, 312 – Yellow Phone.
2 Vgl. *Ingerl/Rohnke*, § 153 Rn. 4.

nutzungshandlungen nicht vor dem 1.1.1995 endgültig eingestellt worden sind. Demgegenüber ist es unerheblich, wann die Benutzung vor dem 1.1.1995 begonnen wurde und wie lange sie gedauert hat. Es ist kein Besitzstand gefordert, so dass keine bestimmte Häufigkeit oder Intensität der Benutzungshandlung zu fordern ist. Nicht jede Unterbrechung der Benutzung stellt eine den Tatbestand ausschließende, endgültige Einstellung der Benutzung dar.

Das Weiterbenutzungsrecht setzt nicht voraus, dass durch die Benutzungshandlungen ein **9** eigenes Kennzeichenrecht entstanden ist (vgl. näher Rn. 14).

Zusätzlich zu dem Erfordernis der Benutzungsaufnahme vor dem 1.1.1995 ergibt sich aus **10** dem Begriff der „Weiterbenutzung", dass auch nach dem 1.1.1995 die Benutzung nicht zwischenzeitlich endgültig eingestellt worden sein darf. Weiterhin folgt aus dem Begriff der „Weiterbenutzung", dass das vorbenutzte Zeichen nur im Wesentlichen identisch fortbenutzt werden darf und nur für Waren/Dienstleistungen der selben Art bzw. eine im Wesentlichen branchengleiche betriebliche Tätigkeit wie die rechtmäßigen Vorbenutzungshandlungen vor dem 1.1.1995. Dabei wird, um das Weiterbenutzungsrecht nicht praktisch zu entwerten, ein gewisser Gestaltungsspielraum einzuräumen sein, was die Gestaltung des weiterzubenutzenden Zeichens angeht. Darauf, ob dem Anspruchsteller in der Zeit vor dem 1.1.1995 Verletzungsansprüche i. S. v. Abs. 1 zustanden, kommt es nur dann an, wenn das angegriffene Zeichen identisch oder zumindest in einer den kennzeichnenden Charakter nicht verändernden Weise benutzt worden ist, da sonst – bei nur ähnlichen Zeichen – keine Weiterbenutzung i. S. v. Abs. 1 vorliegt.[3]

3. Rechtmäßige Vorbenutzung

Das Tatbestandsmerkmal des § 153 Abs. 1, dem Inhaber der Altmarke dürften nach altem **11** Recht „keine Ansprüche wegen Verletzung zugestanden haben" wegen der Benutzung der fraglichen vorbenutzten Marke oder geschäftlichen Bezeichnung, hat in der Praxis Probleme bereitet und Auslegungen erfahren, welche dem Gesetzeswortlaut nicht ohne Weiteres anzusehen sind.

Das Weiterbenutzungsrecht des nach altem Recht rechtmäßigen Zeichenbenutzers setzt **12** voraus, dass die fragliche Zeichenbenutzung nicht nur nicht gegen die einschlägigen kennzeichenrechtlichen Vorschriften des alten Rechts (§§ 24, 25, 31 WZG, 16 UWG) verstieß, sondern auch im Übrigen rechtmäßig war. Die fragliche Kennzeichenbenutzung kann also durchaus wegen Verstoßes gegen wettbewerbs- oder bürgerlichrechtliche Vorschriften Ansprüchen auf Unterlassung oder sonstigen Rechtsfolgen ausgesetzt sein, auch wenn sie kennzeichenrechtlich nach altem Recht nicht zu beanstanden war.[4]

Anders als der Wortlaut von § 153 Abs. 1 vermuten lässt, wirkt der Einwand des Weiter- **13** benutzungsrechts nach § 153 Abs. 1 nicht gegenüber jedweder vom neuen MarkenG bewirkten Ausdehnung der Verletzungstatbestände oder Beschneidung von Schutzschranken. Vielmehr soll der Tatbestand beschränkt sein auf die Fälle, in denen die Benutzung nach früherem Recht „wegen fehlender Warengleichartigkeit oder wegen fehlender Verwechs-

---

3 BGH, GRUR 2006, 56, 58 – BOSS-Club.
4 Vgl. BGH, GRUR 1996, 267, 268 – AQUA für den Fall eines Verstoßes gegen § 1 UWG.

lungsgefahr" rechtmäßig war.[5] In dem Fall „gefärbte Jeans" hatte der BGH eine Berufung auf § 153 Abs. 1 zurückgewiesen im Hinblick auf den Fall, dass nach altem Recht aufgrund des dort geltenden Grundsatzes der „weltweiten Erschöpfung" markenrechtliche Ansprüche nicht gegeben waren, aber nach § 24 des neuen MarkenG, welcher nur die EU-weite Erschöpfung vorsieht. Folgerichtigerweise ist aus dem Fall „gefärbte Jeans" zu schließen, dass sich das Weiterbenutzungsrecht nach § 153 Abs. 1 nur auf Altrechten zuwachsende Schutzerweiterungen im Hinblick auf die Verwechslungsgefahr oder den erweiterten Schutz bekannter Marken beziehen soll und nicht auf Schutzschranken allgemeiner Art, welche auch im Falle identischer Kennzeichen eingreifen.[6] Demnach ist § 153 Abs. 1 auch nicht anwendbar auf Schutzausdehnungen auf nach altem Recht keinen Verletzungstatbestand darstellende Handlungsmodalitäten (z.B. „Besitzen widerrechtlicher gekennzeichneter Ware").

4. Benutzungsaufnahme nach dem 1.1.1995

14 § 153 Abs. 1 bezieht sich nach seinem unmittelbaren Anwendungsbereich auf vor dem 1.1.1995 begonnene, nach diesem Datum fortgesetzte Benutzungshandlungen (Weiterbenutzung). Ein nicht ausdrücklich geregeltes Benutzungsrecht ist aus der Meistbegünstigungsregelung des § 163 abzuleiten. Nach dieser Vorschrift genießen vor dem 1.1.1995 eingetragene Marken Bestandsschutz gegenüber Schutzumfangserweiterungen des neuen Rechts. Altmarken sind also ungeachtet eines etwa durch das neue MarkenG und dessen Schutz-(umfangs-)erweiterungen bewirkten Kennzeichenkonflikts und dadurch ggf. ausgelöster Widerspruchs- oder Löschungsgründe untereinander koexistenzberechtigt. Die Einräumung dieses Koexistenzrechts setzt offenbar voraus, dass das koexistenzberechtigte Zeichen auch benutzt werden darf. Soweit die koexistenzberechtigte Marke am 1.1.1995 zwar eingetragen, aber noch nicht in Benutzung genommen worden ist, der koexistenzberechtigten Marke aber auch eine Benutzungs-Schonfrist zustehen soll, muss offensichtlich die Aufnahme der Benutzung derart koexistenzberechtigter Marken auch nach dem 1.1.1995 möglich sein. Bei vor bzw. am 1.1.1995 erst angemeldeten, aber noch nicht eingetragenen Altmarken ist es nach wohl herrschender Ansicht so, dass auch diese Rechte unter die Koexistenzregelung des § 163 fallen, also von Schutzumfangserweiterungen von älteren Rechten durch das MarkenG unberührt bleiben und folglich unabhängig vom Zeitpunkt der Benutzungsaufnahme das Recht zur Weiterbenutzung gegenüber schutzumfangs-erweiterten Altrechten genießen (sei es analog § 153 Abs. 1 oder als Folge der Koexistenzregelung des § 163).[7]

III. Verwirkungszeitraum

15 Die unglücklich formulierte Vorschrift des § 153 Abs. 2 besagt, dass die in den durch das MarkenG neu eingeführten Verwirkungstatbeständen von § 21 Abs. 1 und 2 vorgesehene absolute Verwirkungsfrist von fünf Jahren frühestens ab dem 1.1.1995 rechnet. Damit im

---

5 BGH, GRUR 1996, 271, 274 – gefärbte Jeans.
6 Vgl. *Ingerl/Rohnke*, § 153 Rn. 8, 9.
7 Vgl. *Ingerl/Rohnke*, § 153 Rn. 19.

konkreten Fall eine Verwirkungsfrist am 1.1.1995 zu laufen begonnen hat, müssen zu diesem Zeitpunkt alle Voraussetzungen des gesetzlichen Verwirkungstatbestandes vorgelegen haben, insbesondere also die Benutzung der verletzenden Kennzeichnung und die Kenntnis des Rechtsinhabers.

§ 163 Abs. 2 enthält die § 153 Abs. 2 analoge Übergangsregelung für den Verwirkungseinwand gegenüber Löschungsansprüchen wegen älterer Rechte. Gem. § 21 Abs. 4 lassen die neuen Verwirkungstatbestände von § 21 Abs. 1 bis 3 die bis zum Inkrafttreten des MarkenG entwickelten allgemeinen Verwirkungsgrundsätze unberührt. Da für diese die absolute Verwirkungsfrist von fünf Jahren nicht gilt, ist hier auch die Übergangsregelung des § 153 Abs. 2 nicht anwendbar, vielmehr sind Duldungszeiträume auch vor dem 1.1.1995 zu berücksichtigen. **16**

§ 154
Dingliche Rechte; Zwangsvollstreckung; Konkursverfahren

(1) Ist vor dem 1. Januar 1995 an dem durch die Anmeldung oder Eintragung einer Marke begründeten Recht ein dingliches Recht begründet worden oder war das durch die Anmeldung oder Eintragung begründete Recht Gegenstand von Maßnahmen der Zwangsvollstreckung, so können diese Rechte oder Maßnahmen nach § 29 Abs. 2 in das Register eingetragen werden.

(2) Abs. 1 ist entsprechend anzuwenden, wenn das durch die Anmeldung oder Eintragung einer Marke begründete Recht durch ein Konkursverfahren erfasst worden ist.

1   Nach dem WZG konnten Marken rechtsgeschäftlich nur zusammen mit dem Geschäftsbetrieb, für welchen sie benutzt wurden, übertragen werden, und es war zweifelhaft und strittig, inwieweit Markenrechte eines Schuldners Einzel- oder Gesamtvollstreckungsmaßnahmen bzw. der rechtsgeschäftlichen Begründung dinglicher Rechte zugänglich waren. Bereits mit Inkrafttreten des ErstrG am 1.5.1992 wurden Kennzeichenrechte als von einem Geschäftsbetrieb unabhängige und damit als solches (ver-)pfändbare Vermögensgegenstände ausgestaltet (§ 47 ErstrG). Das WZG sah jedoch keine Möglichkeit der Eintragung von dinglichen Rechten Dritter an Kennzeichenrechten in der Markenrolle vor.

2   Die Möglichkeit der Eintragung von dinglichen Rechten Dritter an Marken in das Markenregister brachte das neue MarkenG in § 29. Die Übergangsvorschrift des § 154 besagt, dass die Eintragung derartiger dinglicher Rechte an Markenrechten im Markenregister auch dann möglich sein soll, wenn derartige Rechte vor Inkrafttreten des MarkenG am 1.1.1995 entstanden sind. Soweit es in Abs. 2 noch „Konkursverfahren" heißt, so muss es richtigerweise heute „Insolvenzverfahren" heißen.

§ 155
Lizenzen

Auf vor dem 1. Januar 1995 an dem durch die Anmeldung oder Eintragung, durch die Benutzung oder durch die notorische Bekanntheit einer Marke begründeten Recht erteilte Lizenzen ist § 30 mit der Maßgabe anzuwenden, dass diesen Lizenzen die Wirkung des § 30 Abs. 5 nur insoweit zugute kommt, als es sich um nach dem 1. Januar 1995 eingetretene Rechtsübergänge oder an Dritte erteilte Lizenzen handelt.

Gemäß dem Grundsatz des § 152 gelten für vor dem 1.1.1995 geschlossene Marken-Lizenzverträge die Vorschriften des MarkenG, also insbesondere des § 30, ohne dass hiermit gravierende Änderungen der Rechtslage eingetreten sind. **1**

Dies gilt grundsätzlich auch für den in § 30 Abs. 5 neu geregelten Sukzessionsschutz (vgl. § 30 Rn. 51). Die insoweit nach dem WZG vorherrschende Rechtslage bleibt nach der Regelung des § 155 aber anwendbar, soweit das lizenzierte Markenrecht vor dem 1.1.1995 übertragen oder anderweitig lizenziert worden ist. **2**

§ 156
Prüfung angemeldeter Marken auf absolute Schutzhindernisse

(1) Ist vor dem 1. Januar 1995 ein Zeichen angemeldet worden, das nach den bis dahin geltenden Vorschriften aus vom Patentamt von Amts wegen zu berücksichtigenden Gründen von der Eintragung ausgeschlossen war, das aber nach den §§ 3, 7, 8 oder 10 dieses Gesetzes nicht von der Eintragung ausgeschlossen ist, so sind die Vorschriften dieses Gesetzes mit der Maßgabe anzuwenden, dass die Anmeldung als am 1. Januar 1995 eingereicht gilt und dass, ungeachtet des ursprünglichen Anmeldetags und einer etwa in Anspruch genommenen Priorität, der 1. Januar 1995 für die Bestimmung des Zeitrangs im Sinne des § 6 Abs. 2 maßgeblich ist.

(2) Kommt das Patentamt bei der Prüfung des angemeldeten Zeichens zu dem Ergebnis, dass die Voraussetzungen des Abs. 1 gegeben sind, so teilt es dies dem Anmelder mit.

(3) Teilt der Anmelder dem Patentamt innerhalb einer Frist von zwei Monaten nach Zustellung der Mitteilung nach Abs. 2 mit, dass er mit der Verschiebung des Zeitrangs im Sinne des Abs. 1 einverstanden ist, wird die Anmeldung des Zeichens als Anmeldung einer Marke nach diesem Gesetz weiterbehandelt.

(4) Teilt der Anmelder dem Patentamt mit, dass er mit einer Verschiebung des Zeitrangs im Sinne des Abs. 1 nicht einverstanden ist oder gibt er innerhalb der Frist des Abs. 3 keine Erklärung ab, so weist das Patentamt die Anmeldung zurück.

(5) Der Anmelder kann die Erklärung nach Abs. 3 auch noch in einem Erinnerungsverfahren, einem Beschwerdeverfahren oder in einem Rechtsbeschwerdeverfahren über die Zurückweisung der Anmeldung abgeben, das am 1. Januar 1995 anhängig ist. Die Absätze 2 bis 4 sind entsprechend anzuwenden.

1   § 156 enthält eine Übergangsvorschrift für zum Zeitpunkt des Inkrafttretens des MarkenG schwebende Eintragungsverfahren im Hinblick auf absolute Schutzvoraussetzungen bzw. Eintragungshindernisse.

2   Nach der Grundregel des § 152 wären zum Zeitpunkt des Inkrafttretens des MarkenG schwebende Eintragungsverfahren nach den Vorschriften des neuen MarkenG zu Ende zu behandeln. Aufgrund der gegenüber dem alten Recht teilweise erleichterten Eintragungsvoraussetzungen bzw. zurückgenommenen absoluten Eintragungshindernisse könnten Marken einzutragen sein, welche zum Zeitpunkt ihrer Anmeldung noch nicht eintragungsfähig waren. Um hier zufällige und damit ungerechte Prioritäten von zum Anmeldezeitpunkt noch nicht, aber nach MarkenG schutzfähigen Marken zu vermeiden, ordnet § 156 für vor dem 1.1.1995 angemeldete Marken die parallele Prüfung auf absolute Eintragungsvoraussetzungen nach dem WZG an.

3   Ergibt die in den Fällen am 1.1.1995 schwebender Eintragungsverfahren erforderliche doppelte Prüfung, dass die angemeldete Marke zwar nach neuem MarkenG eintragbar ist, nach WZG aber ein absolutes Eintragungshindernis bestanden hätte, so kann die Marke zwar eingetragen werden, aber nur mit dem Prioritätstag des Inkrafttretens des MarkenG am

1.1.1995. Das Verfahren für die Einholung der erforderlichen Zustimmung des Anmelders mit der Verschiebung des Zeitrangs auf den 1.1.1995 regeln Abs. 2 bis 5 von § 156.

Ob aufgrund der verspäteten Umsetzung der MRRL durch das deutsche MarkenG ein ab   4
Ablauf der Umsetzungsfrist direkt aus der Richtlinie abzuleitender Anspruch auf Markeneintragung nach den richtlinienkonformen erleichterten Voraussetzungen bestand und somit ab Ablauf der Umsetzungsfrist mit der jeweiligen Anmeldepriorität nach neuem Recht
hätte eingetragen werden müssen, ist in der deutschen Judikatur umstritten geblieben und
mangels Vorlagebeschlusses durch den EuGH nicht entschieden worden.[1]

---

1 Vgl. BGH, GRUR 1996, 202 – UHQ einerseits, und BPatG, GRUR 1998, 404 – A3 andererseits.

§ 157
Bekanntmachung und Eintragung

Ist vor dem 1. Januar 1995 die Bekanntmachung einer Anmeldung nach § 5 Abs. 1 des Warenzeichengesetzes beschlossen worden, ist die Anmeldung aber noch nicht nach § 5 Abs. 2 des Warenzeichengesetzes bekannt gemacht worden, so wird die Marke ohne vorherige Bekanntmachung nach § 41 in das Register eingetragen. Ist für einen nach dem Beschluss der Bekanntmachung gestellten Antrag auf beschleunigte Eintragung die in § 6a Abs. 2 des Warenzeichengesetzes vorgesehene Gebühr bereits gezahlt worden, wird sie von Amts wegen erstattet.

§ 157 betrifft den technischen Ablauf der Umstellung im Anmeldeverfahren von dem nach WZG geltenden Prinzip der Veröffentlichung der Markenanmeldungen und der Eintragung vorgeschalteten Widerspruchsverfahren gegenüber dem der Eintragung und deren Veröffentlichung nachgeschalteten Widerspruchsverfahren nach MarkenG. Die Vorschrift dürfte inzwischen durch Abschluss der im Umstellungszeitraum anhängigen Verfahren gegenstandslos sein.

§ 158
Widerspruchsverfahren

(1) Ist vor dem 1. Januar 1995 die Anmeldung einer Marke nach § 5 Abs. 2 des Warenzeichengesetzes oder die Eintragung einer Marke nach § 6a Abs. 3 des Warenzeichengesetzes in Verbindung mit § 5 Abs. 2 des Warenzeichengesetzes bekannt gemacht worden, so können Widersprüche innerhalb der Frist des § 5 Abs. 4 des Warenzeichengesetzes sowohl auf die Widerspruchsgründe des § 5 Abs. 4 des Warenzeichengesetzes als auch auf die Widerspruchsgründe des § 42 Abs. 2 gestützt werden. Wird innerhalb der Frist des § 5 Abs. 4 des Warenzeichengesetzes Widerspruch nicht erhoben, so wird, soweit es sich nicht um eine nach § 6a Abs. 1 des Warenzeichengesetzes eingetragene Marke handelt, die Marke nach § 41 in das Register eingetragen. Ein Widerspruch nach § 42 findet gegen eine solche Eintragung nicht statt.

(2) Ist vor dem 1. Januar 1995 ein Widerspruch gemäß § 5 Abs. 4 des Warenzeichengesetzes gegen die Eintragung einer nach § 5 Abs. 2 des Warenzeichengesetzes bekannt gemachten oder einer nach § 6a Abs. 1 des Warenzeichengesetzes eingetragenen Marke erhoben worden oder wird nach dem 1. Januar 1995 ein Widerspruch nach Abs. 1 erhoben, so sind die Widerspruchsgründe des § 5 Abs. 4 Nr. 2 und 3 des Warenzeichengesetzes, soweit der Widerspruch darauf gestützt worden ist, weiterhin anzuwenden. Ist der Widerspruch auf § 5 Abs. 4 Nr. 1 des Warenzeichengesetzes gestützt worden, ist anstelle dieser Bestimmung die Bestimmung des § 42 Abs. 2 Nr. 1 anzuwenden.

(3) Ist in einem Verfahren über einen Widerspruch, der vor dem 1. Januar 1995 erhoben worden ist, die Benutzung der Marke, aufgrund deren Widerspruch erhoben worden ist, bestritten worden oder wird die Benutzung in einem solchen Widerspruchsverfahren bestritten, so ist anstelle des § 5 Abs. 7 des Warenzeichengesetzes § 43 Abs. 1 entsprechend anzuwenden. Satz 1 gilt für das Beschwerdeverfahren vor dem Patentgericht auch dann, wenn ein solches Verfahren am 1. Januar 1995 anhängig ist. Satz 1 gilt nicht für Rechtsbeschwerden, die am 1. Januar 1995 anhängig sind.

(4) Wird der Widerspruch zurückgewiesen, so wird, soweit es sich nicht um eine nach § 6a Abs. 1 des Warenzeichengesetzes eingetragene Marke handelt, die Marke nach § 41 in das Register eingetragen. Ein Widerspruch nach § 42 findet gegen eine solche Eintragung nicht statt.

(5) Wird dem Widerspruch gegen eine nach § 5 Abs. 2 des Warenzeichengesetzes bekannt gemachte Anmeldung stattgegeben, so wird die Eintragung versagt. Wird dem Widerspruch gegen eine nach § 6a Abs. 1 des Warenzeichengesetzes eingetragene Marke stattgegeben, so wird die Eintragung nach § 43 Abs. 2 Satz 1 gelöscht.

(6) In den Fällen des Abs. 1 Satz 2 und des Abs. 4 Satz 1 findet eine Zurückweisung der Anmeldung aus von Amts wegen zu berücksichtigenden Eintragungshindernissen nicht statt.

I. Allgemeines

1 Das Recht des Inhabers einer älteren Marke, gegen jüngere, verwechselbare Marken Widerspruch einzulegen, ist im MarkenG geregelt in den §§ 42 und 43. Diese neue Regelung weicht nicht unerheblich von der nach dem WZG ab. Nach der Grundregel des § 152 wären auch auf Widersprüche gegen vor dem 1.1.1995 angemeldete Marken und insbesondere auch auf am 1.1.1995 anhängige Widerspruchsverfahren die neuen Regeln des MarkenG anzuwenden. Um nicht beabsichtigte Schlechterstellungen von vor dem Stichtag angemeldeter Marken zu vermeiden, waren Übergangsregelungen erforderlich. Über 15 Jahre nach Inkrafttreten des MarkenG sind allerdings die § 158 unterfallenden Widerspruchsfristen und Widerspruchsverfahren ganz überwiegend abgelaufen bzw. abgeschlossen, so dass die praktische Bedeutung der Vorschrift nurmehr gering ist.

II. Übergangsregelungen für Widersprüche

1. Kein Widerspruch, Widerspruchsverfahren abgeschlossen

2 Die Regelung in § 151 Abs. 1 S. 2 und 3 stellt klar, dass keine weitere Widerspruchsmöglichkeit besteht, wenn eine Markenanmeldung vor dem 1.1.1995 mit erst nach dem 1.1.1995 endender Widerspruchsfrist bekannt gemacht worden war und kein Widerspruch erhoben wurde. Nach altem Recht vor dem 1.1.1995 erfolgte Schnelleintragungen (§ 6a Abs. 3 WZG) waren zum Stichtag eingetragen, so dass ein entsprechender Regelungsbedarf nicht besteht.

3 War eine Altanmeldung am Stichtag des 1.1.1995 nur aus technischen (zeitlichen) Gründen noch nicht eingetragen, weil die Widerspruchsfrist erst kurz vor dem 1.1.1995 ohne Widerspruch abgelaufen war oder weil ein Widerspruchsverfahren kurz vor dem 1.1.1995 durch Abweisung des Widerspruchs geendet hatte, kann § 158 Abs. 1 S. 2 und 3 analog angewandt werden.

2. Offene Widerspruchsfrist

4 Nach § 158 Abs. 1 S. 1 konnte bei am 1.1.1995 offener Widerspruchsfrist gegen eine vor diesem Stichtag erfolgte Anmeldung bzw. Schnelleintragung der Widerspruch auf die Widerspruchsgründe des alten und des neuen Rechts gestützt werden.

3. Anhängiges Widerspruchsverfahren

Nach § 158 Abs. 2 S. 2 sind durch Verweis auf § 42 Abs. 2 Nr. 1 aber im Ergebnis auf am   **5**
Stichtag schwebende Widerspruchsverfahren bzw. Widersprüche aus noch offenen Widerspruchsfristen die neuen Kollisionsregeln des § 9 Abs. 1 Nr. 1 und 2 anzuwenden, so dass
den Inhabern der älteren Rechte die Schutzerweiterungen des neuen Rechts zugute kommen.

Unabhängig davon, ob eine Widerspruchsfrist am 1.1.1995 noch offen war oder nicht,   **6**
kommt als Folge von § 158 Abs. 2 auf alle am 1.1.1995 anhängigen Widerspruchsverfahren bis zu deren Abschluss in letzter Instanz für die materielle Beurteilung der Konfliktlage
über § 42 Abs. 2 Nr. 1 § 9 Abs. 1 des neuen Rechts zur Anwendung. Damit kommen die
Widersprechenden insoweit in den Genuss der Schutzerweiterungen des neuen Rechts und
genießen die am Stichtag des 1.1.1995 noch nicht eingetragenen bzw. nur schnell eingetragenen Anmeldungen keinen Bestandschutz gegenüber Schutzerweiterungen durch das
MarkenG.

4. Sonstiges

Nach § 158 Abs. 3 ist die Einrede der Nichtbenutzung im Widerspruchsverfahren auch für   **7**
am 1.1.1995 anhängige Widersprüche allein nach § 43 Abs. 1 zu beurteilen.

§ 158 Abs. 4 und 5 enthalten formelle Vorschriften für die Umsetzung von Widerspruchs-   **8**
entscheidungen über Widersprüche gegen Altanmeldungen, welche der Nachschaltung des
Widerspruchsverfahrens im neuen Recht Rechnung tragen.

§ 158 Abs. 6 enthält einen Schutz für Altanmeldungen gegen im alten Recht mögliche,   **9**
praktisch nicht sehr oft vorkommende Nachbeanstandungen durch das DPMA wegen absoluter Schutzhindernisse. Abs. 6 steht der Anwendung von § 50 I nicht entgegen, sodass
eine Altmarke zu löschen ist, wenn ein absolutes Schutzhindernis zwar nicht im Zeitpunkt
des Inkrafttretens des MarkenG, aber zum Zeitpunkt der Eintragung gegeben war.[1]

---

1 BPatG v. 10.11.2006 – 24 W (pat) 37/05, BeckRS 2009, 01781.

§ 159
Teilung einer Anmeldung

Auf die Teilung einer vor dem 1. Januar 1995 nach § 5 Abs. 2 des Warenzeichengesetzes bekannt gemachten Anmeldung ist § 40 mit der Maßgabe anzuwenden, dass die Teilung erst nach Ablauf der Widerspruchsfrist erklärt werden kann und dass die Erklärung nur zulässig ist, wenn ein im Zeitpunkt ihrer Abgabe anhängiger Widerspruch sich nach der Teilung nur gegen einen der Teile der ursprünglichen Anmeldung richten würde. Der Teil der ursprünglichen Anmeldung, gegen den sich kein Widerspruch richtet, wird nach § 41 in das Register eingetragen. Ein Widerspruch nach § 42 findet gegen eine solche Eintragung nicht statt.

§ 159 enthält eine ergänzende Übergangsregelung für das Widerspruchsverfahren, deren Notwendigkeit aus der im MarkenG erstmals vorgesehenen Möglichkeit folgt, Markenanmeldungen bzw. Markeneintragungen im Hinblick auf Teile der Waren oder Dienstleistungen zu teilen (§§ 40, 46). Sie dürfte durch Zeitablauf gegenstandslos geworden sein.

§ 160
Schutzdauer und Verlängerung

Die Vorschriften dieses Gesetzes über die Schutzdauer und die Verlängerung der Schutzdauer (§ 47) sind auch auf vor dem 1. Januar 1995 eingetragene Marken anzuwenden mit der Maßgabe, dass für die Berechnung der Frist, innerhalb derer die Gebühren für die Verlängerung der Schutzdauer einer eingetragenen Marke wirksam vor Fälligkeit gezahlt werden können, die Vorschriften des § 9 Abs. 2 des Warenzeichengesetzes weiterhin anzuwenden sind, wenn die Schutzdauer nach § 9 Abs. 2 des Warenzeichengesetzes vor dem 1. Januar 1995 abläuft.

Für die Berechnung der Schutzdauer von registrierten Marken und deren Verlängerung gilt auch für Altmarken das neue MarkenG. Die in § 160 (missverständlich) geregelte Maßgabe betrifft die Frist, innerhalb derer die Gebühren für die Verlängerung der Schutzdauer wirksam vor Fälligkeit gezahlt werden können. Die Maßgabe betrifft praktisch kaum mehr relevante Fälle, bei denen die Frist des § 9 Abs. 2 WZG vor dem 1.1.1995 abgelaufen ist.

§ 161
Löschung einer eingetragenen Marke wegen Verfalls

(1) Ist vor dem 1. Januar 1995 ein Antrag auf Löschung der Eintragung einer Marke nach § 11 Abs. 4 des Warenzeichengesetzes beim Patentamt gestellt worden und ist die Frist des § 11 Abs. 4 Satz 3 des Warenzeichengesetzes für den Widerspruch gegen die Löschung am 1. Januar 1995 noch nicht abgelaufen, so beträgt diese Frist zwei Monate.

(2) Ist vor dem 1. Januar 1995 eine Klage auf Löschung der Eintragung einer Marke nach § 11 Abs. 1 Nr. 3 oder 4 des Warenzeichengesetzes erhoben worden, so wird die Eintragung nur gelöscht, wenn der Klage sowohl nach den bis dahin geltenden Vorschriften als auch nach den Vorschriften dieses Gesetzes stattzugeben ist.

1   § 161 Abs. 1 enthält eine praktisch kaum mehr bedeutsame Fristerstreckung für Widersprüche gegen am 1.1.1995 anhängige Löschungsanträge.

2   Nach § 161 Abs. 2 gilt für vor dem 1.1.1995 erhobene, auf Nichtbenutzung bzw. Täuschungsgefahr bzw. inhaltliche Unrichtigkeit (§ 11 Abs. 1 Nr. 3, 4 WZG) gestützte Löschungsklagen, dass eine Klage nur Erfolg hat, wenn sie nach altem und neuem Recht begründet ist. Es handelt sich also um eine Meistbegünstigung der Inhaber von Altmarken im Interesse des Bestandsschutzes.

3   Das MarkenG gilt demgegenüber uneingeschränkt für nach dem 1.1.1995 erhobene Löschungsklagen. Insoweit besteht kein gesteigerter Bestandsschutz für Altmarken. Bedeutsam kann § 161 hier allein insoweit sein, als die Festsetzung eines vor dem 1.1.1995 liegenden Zeitpunkts der Löschungsreife nach § 52 Abs. 1 S. 2 nicht in Betracht kommt, wenn der Löschungsgrund für diesen Zeitpunkt nach altem Recht nicht bestand.

§ 162
Löschung einer eingetragenen Marke wegen absoluter Schutzhindernisse

(1) Ist der Inhaber einer Marke vor dem 1. Januar 1995 benachrichtigt worden, dass die Eintragung der Marke nach § 10 Abs. 2 Nr. 2 des Warenzeichengesetzes gelöscht werden soll, und ist die Frist des § 10 Abs. 3 S. 2 des Warenzeichengesetzes für den Widerspruch gegen die Löschung am 1. Januar 1995 noch nicht abgelaufen, so beträgt diese Frist zwei Monate.

(2) Ist vor dem 1. Januar 1995 ein Verfahren von Amts wegen zur Löschung der Eintragung einer Marke wegen des Bestehens absoluter Schutzhindernisse nach § 10 Abs. 2 Nr. 2 des Warenzeichengesetzes eingeleitet worden oder ist vor diesem Zeitpunkt ein Antrag auf Löschung nach dieser Vorschrift gestellt worden, so wird die Eintragung nur gelöscht, wenn die Marke sowohl nach den bis dahin geltenden Vorschriften als auch nach den Vorschriften dieses Gesetzes nicht schutzfähig ist. Dies gilt auch dann, wenn nach dem 1. Januar 1995 ein Verfahren nach § 54 zur Löschung der Eintragung einer Marke eingeleitet wird, die vor dem 1. Januar 1995 eingetragen worden ist.

§ 162 Abs. 1 erstreckt die Frist für den Widerspruch des Markeninhabers gegen eine amtsseitig angekündigte Löschung in am 1.1.1995 anhängigen Amtslöschungsverfahren, in denen zu diesem Zeitpunkt die Widerspruchsfrist noch nicht abgelaufen war, auf zwei Monate.   1

§ 162 Abs. 2 enthält die Meistbegünstigung für Inhaber von Altmarken, dass von Amts wegen oder auf Antrag Dritter eingeleitete Löschungsverfahren nur dann zur Löschung der Altmarke führen, wenn sowohl nach altem wie nach neuem Recht ein Löschungsgrund vorliegt. § 162 Abs. 2 S. 2 erweitert die am 1.1.1995 anhängige Löschungsverfahren betreffende Regelung auf erst nach dem 1.1.1995 eingeleitete Löschungsverfahren gegen Altmarken. Ob die Löschung einer Altmarke wegen bösgläubiger Anmeldung erfolgen kann, oder ob dem Abs. 2 Satz 2 entgegensteht, ist offen, dürfte aber zu verneinen sein.[1]   2

§ 162 dient der Klarstellung, da bereits aus § 50 Abs. 2 folgt, dass eine Löschung wegen absoluter Schutzhindernisse voraussetzt, dass ein solches sowohl zum Zeitpunkt der Eintragung als auch zum Zeitpunkt der Entscheidung über den Löschungsantrag vorgelegen haben muss.   3

---

1 BPatG, GRUR 2007, 324, 326.

§ 163
Löschung einer eingetragenen Marke wegen des Bestehens älterer Rechte

(1) Ist vor dem 1. Januar 1995 eine Klage auf Löschung der Eintragung einer Marke aufgrund einer früher angemeldeten Marke nach § 11 Abs. 1 Nr. 1 des Warenzeichengesetzes oder aufgrund eines sonstigen älteren Rechts erhoben worden, so wird, soweit in Abs. 2 nichts anderes bestimmt ist, die Eintragung nur gelöscht, wenn der Klage sowohl nach den bis dahin geltenden Vorschriften als auch nach den Vorschriften dieses Gesetzes stattzugeben ist. Dies gilt auch dann, wenn nach dem 1. Januar 1995 eine Klage nach § 55 auf Löschung der Eintragung einer Marke erhoben wird, die vor dem 1. Januar 1995 eingetragen worden ist.

(2) In den Fällen des Absatzes 1 Satz 1 ist § 51 Abs. 2 Satz 1 und 2 nicht anzuwenden. In den Fällen des Absatzes 1 Satz 2 ist § 51 Abs. 2 Satz 1 und 2 mit der Maßgabe anzuwenden, dass die Frist von fünf Jahren mit dem 1. Januar 1995 zu laufen beginnt.

I. Allgemeines

1 § 163 enthält eine Übergangsregelung für Löschungsklagen wegen älterer Rechte gegen Altrechte. Die Regelung hat im Interesse des Bestandsschutzes eine Meistbegünstigung des jüngeren Altrechts zum Gegenstand, gegen welches Schutzerweiterungen des älteren Altrechts im Löschungsverfahren nicht geltend gemacht werden können.

II. Übergangsregelungen für Löschungsklagen

1. Löschungsklage vor dem 1.1.1995

2 Einer Löschungsklage aufgrund älterer Rechte, welche vor Inkrafttreten des MarkenG erhoben worden ist, aber nach diesem Zeitpunkt zu entscheiden ist, ggf. auch in höheren Instanzen, hat nur Erfolg, wenn sie sowohl nach altem wie auch nach neuem Recht Erfolg hätte. Eine Ausnahme hiervon zugunsten des Löschungsklägers enthält § 163 Abs. 2 S. 1, demzufolge sich der Löschungsbeklagte nicht auf den durch das MarkenG neu eingeführten absoluten Verwirkungseinwand wegen fünfjähriger Duldung nach § 51 Abs. 2 S. 1 und 2 berufen kann.

Während die Anwendbarkeit von § 163 nach dem Wortlaut voraussetzt, dass sich die   3
Löschungsklage gegen eine am Stichtag des 1.1.1995 eingetragene Marke richtet, ist die
Vorschrift sinngemäß auch auf vor dem 1.1.1995 nur angemeldete Marken anzuwenden.

2. Löschungsklage nach dem 1.1.1995

Nach der Regelung in § 163 Abs. 1 S. 2 ist die Meistbegünstigung (vgl. Rn. 1) von Altmar-   4
ken gegenüber Löschungsklagen aus älteren Rechten unabhängig davon, wann die Löschungsklage erhoben wird, gilt also auch für nach dem 1.1.1995 erhobene Löschungsklagen. Ein Unterschied zu vor dem 1.1.1995 erhobenen Löschungsklagen ergibt sich aus
§ 163 Abs. 2 S. 2, demzufolge der Löschungsbeklagte den absoluten Verwirkungseinwand
des § 51 Abs. 2 S. 1 und 2 zwar geltend machen kann, aber frühestens ab dem 1.1.2000.

§ 164
Erinnerung und Durchgriffsbeschwerde

(weggefallen)

1   Die Vorschrift wurde mit Gesetz vom 31.7.2009 (BGBl. I, 2521) aufgehoben, da seit Inkrafttreten des MarkenG über 15 Jahre vergangen sind und Anwendungsfälle nicht mehr
entstehen können (Begr. BT-Drucks. 16/11339, S. 29).

§ 165
Übergangsvorschriften

(1) Artikel 229 § 6 des Einführungsgesetzes zum Bürgerlichen Gesetzbuche findet mit der Maßgabe entsprechende Anwendung, dass § 20 in der bis zum 1. Januar 2002 geltenden Fassung den Vorschriften des Bürgerlichen Gesetzbuchs über die Verjährung in der bis zum 1. Januar 2002 geltenden Fassung gleichgestellt ist.

(2) Ist die Anmeldung vor dem 1. Oktober 2009 eingereicht worden, gilt für den gegen die Eintragung erhobenen Widerspruch § 42 in der bis zum 1. Oktober 2009 geltenden Fassung.

(3) Für Erinnerungen und Beschwerden, die vor dem 1. Oktober 2009 eingelegt worden sind, gelten die §§ 64 und 66 in der bis zum 1. Oktober 2009 geltenden Fassung. Für mehrseitige Verfahren, bei denen von einem Beteiligten Erinnerung und von einem anderen Beteiligten Beschwerde eingelegt worden ist, ist für die Anwendbarkeit der genannten Vorschriften der Tag der Einlegung der Beschwerde maßgebend.

Literatur: *Hacker*, Die Änderungen des Markengesetzes durch das Patentrechtsmodernisierungsgesetz, GRUR 2010, 99.

Mit dem *Gesetz zur Änderung des patentrechtlichen Einspruchsverfahrens und des Patentkostengesetzes*[1] ist § 165 mit Wirkung zum 1.7.2006 durch Streichung der bisherigen Abs. 1, 2 und 4–7 auf den bisherigen Abs. 3 „verschlankt" worden.   **1**

Die noch verbliebene Bestimmung bezieht sich auf das Inkrafttreten der Schuldrechtsmodernisierung am 1.1.2002, mit der die Verjährungsvorschrift des § 20 geändert worden ist (s. dortige Kommentierung), und ist nunmehr Abs. 1. Danach gilt vereinfacht: Ab Inkrafttreten gilt für alte (unverjährte) wie für neue Ansprüche neues Verjährungsrecht. Bewirkt das neue Verjährungsrecht im Vergleich zum alten eine Verkürzung der Verjährungsfrist, läuft diese erst mit Inkrafttreten der Neuregelung an.   **2**

Neu hinzugefügt wurden mit Gesetz vom 31.7.2009[2] Abs. 2 und 3. In Zusammenhang mit der Erweiterung der Widerspruchsgründe und der Einräumung eines Wahlrechts zwischen Erinnerung und Beschwerde dienen die Abs. 2 und 3 n. F. der Klarstellung, für welche Verfahren die Änderungen anzuwenden sind.[3]   **3**

Das erweiterte Widerspruchsverfahren gemäß § 42 n. F. (siehe Kommentierung dort) findet nach Abs. 2 statt bei allen Marken, die ab dem 1.10.2009 angemeldet wurden. Unerheblich ist demgegenüber die etwaige Inanspruchnahme einer Priorität, da Abs. 2 ausdrücklich nur auf die Anmeldung abstellt; für IR-Marken mit Erstreckung auf Deutschland gilt der Tag der Registrierung, da diese gemäß § 112 Abs. 1 das (fiktive) Anmeldedatum bestimmt.[4]   **4**

Abs. 3 trifft Übergangsregelungen für das Wahlrecht zwischen Erinnerung und Beschwerde und nennt als maßgeblichen Stichtag die Einlegung von Erinnerung oder Beschwerde.   **5**

---

1 BGBl. I 2006, S. 1318 ff..
2 BGBl. I, 2521.
3 Begr. BT-Drucks. 16/11339, S. 29.
4 Vgl. auch *Ingerl/Rohnke*, § 165 Rn. 2.

Entscheidend ist damit der Zugang des Erinnerungs- oder Beschwerdeschriftsatzes.[5] Satz 2 betrifft mehrseitige Verfahren, in denen Rechtsmittelfristen vor dem 1.10.2009 beginnen und nach diesem enden und ein Beteiligter vor dem 1.10.2009 Erinnerung einlegt, während der andere danach Beschwerde erhebt. Maßgeblich ist nach Satz 2 in diesem Fall der Tag der Beschwerdeeinlegung. Will der Erinnerungsführer vermeiden, dass die Erinnerung als zurückgenommen gilt, muss er binnen eines Monats nach Zustellung der Beschwerde selbst Beschwerde einlegen (§ 64 Abs. 6 S. 2 und 3).

6 Die Bestimmungen der Abs. 4 und 5 a.F. (bis zum 31.12.2004) sind nunmehr in § 64 Abs. 6 in abgewandelter Form enthalten. Nach *Hacker* kann insoweit „ohne Weiteres" bei Zweifelsfragen auf die Rechtsprechung zu Abs. 4 und 5 a.F. zurückgegriffen werden (Näheres siehe Kommentierung zu § 64).[6]

---

5 *Ingerl/Rohnke*, § 165 Rn. 3.
6 *Hacker*, GRUR 2010, 99, 100.

v. Zumbusch

Anhang
Gesetze und Materialien

1. Verordnung zur Ausführung des Markengesetzes (Markenverordnung – MarkenV)

Markenverordnung vom 11. Mai 2004 (BGBl. I S. 872), die zuletzt durch Artikel 1 der Verordnung vom 6. Dezember 2010 (BGBl. I S. 1763) geändert worden ist

Eingangsformel

Auf Grund des § 65 Abs. 1 Nr. 2 bis 10 und 13 sowie des § 138 Abs. 1 des Markengesetzes vom 25. Oktober 1994 (BGBl. 1994 I S. 3084, 1995 I S. 156), von denen § 65 Abs. 1 zuletzt durch Artikel 2 Abs. 9 des Gesetzes vom 12. März 2004 (BGBl. I S. 390) geändert worden ist, in Verbindung mit § 1 Abs. 2 der DPMA-Verordnung vom 1. April 2004 (BGBl. I S. 514) verordnet das Deutsche Patent- und Markenamt:

Teil 1 – Anwendungsbereich

§ 1 Verfahren in Markenangelegenheiten

(1) Für die im Markengesetz geregelten Verfahren vor dem Deutschen Patent- und Markenamt (Markenangelegenheiten) gelten ergänzend zu den Bestimmungen des Markengesetzes und der DPMA-Verordnung die Bestimmungen dieser Verordnung.

(2) DIN-Normen, auf die in dieser Verordnung verwiesen wird, sind im Beuth-Verlag GmbH, Berlin und Köln, erschienen und beim Deutschen Patent- und Markenamt archivmäßig gesichert niedergelegt.

Teil 2 – Verfahren bis zur Eintragung

Abschnitt 1 – Anmeldungen

§ 2 Form der Anmeldung

(1) Die Anmeldung zur Eintragung einer Marke muss unter Verwendung des vom Deutschen Patent- und Markenamt herausgegebenen Formblatts eingereicht werden. Für die elektronische Einreichung ist § 12 der DPMA-Verordnung maßgebend. In den Fällen der §§ 14 und 15 ist die elektronische Einreichung ausgeschlossen.

(2) Marken können für Waren und für Dienstleistungen angemeldet werden.

(3) Für jede Marke ist eine gesonderte Anmeldung erforderlich.

§ 3 Inhalt der Anmeldung

(1) Die Anmeldung muss enthalten:

1. Angaben zum Anmelder und gegebenenfalls zu seinem Vertreter nach § 5,
2. eine Angabe zur Form der Marke nach § 6 sowie eine Wiedergabe der Marke nach den §§ 7 bis 12 und

3. das Verzeichnis der Waren und Dienstleistungen, für die die Marke eingetragen werden soll, nach § 20.

(2) Wird in der Anmeldung

1. die Priorität einer früheren ausländischen Anmeldung in Anspruch genommen, so ist eine entsprechende Erklärung abzugeben sowie der Tag und der Staat dieser Anmeldung anzugeben,
2. eine Ausstellungspriorität in Anspruch genommen, so ist eine entsprechende Erklärung abzugeben sowie der Tag der erstmaligen Zurschaustellung und die Ausstellung anzugeben.

§ 4 Anmeldung von Kollektivmarken

Falls die Eintragung als Kollektivmarke beantragt wird, muss eine entsprechende Erklärung abgegeben werden.

§ 5 Angaben zum Anmelder und zu seinem Vertreter

(1) Die Anmeldung muss zum Anmelder folgende Angaben enthalten:

1. ist der Anmelder eine natürliche Person, seinen Vornamen und Familiennamen oder, falls die Eintragung unter der Firma des Anmelders erfolgen soll, die Firma, wie sie im Handelsregister eingetragen ist;
2. ist der Anmelder eine juristische Person oder eine Personengesellschaft, den Namen dieser Person oder Gesellschaft; die Bezeichnung der Rechtsform kann auf übliche Weise abgekürzt werden. Sofern die juristische Person oder Personengesellschaft in einem Register eingetragen ist, muss der Name entsprechend dem Registereintrag angegeben werden. Bei einer Gesellschaft bürgerlichen Rechts sind auch der Name und die Anschrift mindestens eines vertretungsberechtigten Gesellschafters anzugeben;
3. die Anschrift des Anmelders (Straße, Hausnummer, Postleitzahl, Ort).

(2) In der Anmeldung können eine von der Anschrift des Anmelders abweichende Postanschrift, eine Postfachanschrift sowie Telefon- und Telefaxnummern angegeben werden.

(3) Wird die Anmeldung von mehreren Personen eingereicht, so gelten die Absätze 1 und 2 für alle Personen.

(4) Hat der Anmelder seinen Wohnsitz oder Sitz im Ausland, so ist bei der Angabe der Anschrift nach Absatz 1 Nr. 3 außer dem Ort auch der Staat anzugeben. Außerdem können gegebenenfalls Angaben zum Bezirk, zur Provinz oder zum Bundesstaat gemacht werden, in dem der Anmelder seinen Wohnsitz oder Sitz hat oder dessen Rechtsordnung er unterliegt.

(5) Hat das Deutsche Patent- und Markenamt dem Anmelder eine Anmeldernummer nach § 16 der DPMA-Verordnung zugeteilt, so soll diese in der Anmeldung genannt werden.

(6) Falls ein Vertreter bestellt ist, so gelten die Absätze 1 und 2 hinsichtlich der Angabe des Namens und der Anschrift des Vertreters entsprechend. Hat das Deutsche Patent- und Markenamt dem Vertreter eine Vertreternummer oder die Nummer einer allgemeinen Vollmacht nach § 16 der DPMA-Verordnung zugeteilt, so soll diese angegeben werden.

§ 6 Angaben zur Markenform

In der Anmeldung ist anzugeben, ob die Marke als

1. Wortmarke (§ 7),
2. Bildmarke (§ 8),
3. dreidimensionale Marke (§ 9),
4. Kennfadenmarke (§ 10),
5. Hörmarke (§ 11) oder
6. sonstige Markenform (§ 12)

in das Register eingetragen werden soll.

§ 7 Wortmarken

Wenn der Anmelder angibt, dass die Marke in der vom Deutschen Patent- und Markenamt verwendeten üblichen Druckschrift eingetragen werden soll, so ist die Marke in der Anmeldung in üblichen Schriftzeichen (Buchstaben, Zahlen oder sonstige Zeichen) wiederzugeben.

§ 8 Bildmarken

(1) Wenn der Anmelder angibt, dass die Marke in der von ihm gewählten grafischen Wiedergabe einer Wortmarke im Sinne des § 7, als zweidimensionale Wort-Bild-Marke, Bildmarke oder in Farbe eingetragen werden soll, so sind der Anmeldung zwei übereinstimmende zweidimensionale grafische Wiedergaben der Marke beizufügen. Wenn die Marke in Farbe eingetragen werden soll, so sind die Farben zusätzlich in der Anmeldung zu bezeichnen.

(2) Die Wiedergabe der Marke muss auf Papier dauerhaft dargestellt und in Farbtönen und Ausführung so beschaffen sein, dass sie die Bestandteile der Marke in allen Einzelheiten auch bei einer Verkleinerung auf ein Format von 8 Zentimetern Höhe und Breite in schwarz-weißer Wiedergabe deutlich erkennen lässt. Überklebungen, Durchstreichungen und mit nicht dauerhafter Farbe hergestellte Überdeckungen sind unzulässig.

(3) Die Blattgröße der Wiedergabe darf das Format DIN A4 nicht überschreiten. Die für die Darstellung benutzte Fläche (Satzspiegel) darf nicht größer als $26{,}2 \times 17$ Zentimeter und nicht kleiner als 8×8 Zentimeter sein. Das Blatt ist nur einseitig zu bedrucken. Vom oberen und vom linken Seitenrand jedes Blattes ist ein Randabstand von mindestens 2,5 Zentimeter einzuhalten.

(4) Die richtige Stellung der Marke ist durch den Vermerk „oben" abgesetzt oberhalb der Darstellung auf jeder Wiedergabe zu kennzeichnen, soweit sich dies nicht von selbst ergibt.

(5) Die Wiedergabe der Marke kann zusätzlich auf einem Datenträger eingereicht werden. Der Datenträger muss lesbar sein und darf keine Viren oder sonstigen schädlichen Programme enthalten. Andernfalls kann der Datenträger nicht verwendet werden. Die beim Deutschen Patent- und Markenamt lesbaren Datenträgerformate werden auf der Internetseite www.dpma.de bekannt gegeben. Die Darstellungen sind als einzelne Dateien auf dem Stammverzeichnis eines leeren Datenträgers abzulegen.

1. Folgende Grafikformatierungen werden akzeptiert:

Grafikformat		JPEG (*.jpg)
Auflösung	Bei Breitformat in der Breite	Mindestens 945, höchstens 1890 Bildpunkte (Pixel)
	Bei Hochformat in der Höhe	Mindestens 945, höchstens 1890 Bildpunkte (Pixel)
Farbraum		sRGB
Farbtiefe	Farbbild	24 Bit/p
	schwarz-weiß	8 Bit/p
	Graustufen	8 Bit/p

Die Datei darf nicht größer als 1 Megabyte sein. Gepackte und komprimierte Dateien werden vom Deutschen Patent- und Markenamt nicht bearbeitet.

2. Auf der Oberfläche des Datenträgers sind maschinell oder in Blockschrift folgende Angaben anzubringen:

a) der Name des Anmelders,

b) die Marke, soweit möglich,

c) der Vertreter, soweit bestellt,

d) die Kontaktdaten (Adresse, Telefonnummer, E-Mail-Adresse),

e) das interne Geschäftszeichen des Anmelders oder seines Vertreters, soweit vorhanden, und

f) der Zeitpunkt der Markenanmeldung, zu der der Datenträger gehört.

Die Beschriftung darf die Lesbarkeit des Datenträgers nicht beeinträchtigen. Datenträger mit Etiketten werden vom Deutschen Patent- und Markenamt nicht bearbeitet.

(6) Die Anmeldung kann eine Beschreibung der Marke enthalten.

§ 9 Dreidimensionale Marken

(1) Wenn der Anmelder angibt, dass die Marke als dreidimensionale Marke eingetragen werden soll, so sind der Anmeldung zwei übereinstimmende zweidimensionale grafische Wiedergaben der Marke beizufügen. Die Wiedergaben können bis zu sechs verschiedene Ansichten enthalten und sind auf einem Blatt Papier entsprechend dem Format des § 8 Abs. 3 einzureichen. Wenn die Marke in Farbe eingetragen werden soll, so sind die Farben in der Anmeldung zu bezeichnen.

(2) Für die Wiedergabe sind Lichtbilder als Positivabzüge oder grafische Strichzeichnungen zu verwenden, die die darzustellende Marke dauerhaft wiedergeben und als Vorlage für den Foto-Offsetdruck, die Mikroverfilmung einschließlich der Herstellung konturenscharfer Rückvergrößerungen und die elektronische Bildspeicherung geeignet sind.

(3) Wird die Marke durch eine grafische Strichzeichnung wiedergegeben, so muss die Darstellung in gleichmäßig schwarzen, nicht verwischbaren und scharf begrenzten Linien ausgeführt sein. Die Darstellung kann Schraffuren und Schattierungen zur Wiedergabe plastischer Einzelheiten enthalten.

1067

(4) Für die Form der Wiedergabe gilt § 8 Abs. 2 bis 5 entsprechend. Wird die Wiedergabe der Marke zusätzlich auf einem Datenträger eingereicht, müssen alle Ansichten in einer Bilddatei wiedergegeben werden.

(5) Die Anmeldung kann eine Beschreibung der Marke enthalten.

§ 10 Kennfadenmarken

(1) Wenn der Anmelder angibt, dass die Marke als Kennfadenmarke eingetragen werden soll, ist § 9 Abs. 1 bis 4 entsprechend anzuwenden.

(2) Die Anmeldung kann eine Beschreibung der Marke mit Angaben zur Art des Kennfadens enthalten.

§ 11 Hörmarken

(1) Wenn der Anmelder angibt, dass die Marke als Hörmarke eingetragen werden soll, so sind der Anmeldung zwei übereinstimmende zweidimensionale grafische Wiedergaben der Marke beizufügen.

(2) Hörmarken sind in einer üblichen Notenschrift darzustellen. Für die Form der Wiedergabe gilt § 8 Abs. 2 bis 5 entsprechend.

(3) Der Anmelder muss eine klangliche Wiedergabe der Marke auf einem Datenträger einreichen.

(4) Die Anmeldung kann eine Beschreibung der Marke enthalten.

(5) Für den nach Absatz 3 einzureichenden Datenträger gelten folgende Standards:

1. Die beim Deutschen Patent- und Markenamt lesbaren Datenträgerformate werden auf der Internetseite www.dpma.de bekannt gegeben. Die klangliche Wiedergabe ist auf dem Stammverzeichnis eines leeren Datenträgers abzulegen. Zulässige Dateiformate sind WAVE-Format (*.wav) und MP3-Format (*.mp3). Die Abtastfrequenz muss mindestens 44,1 Kilohertz, die Auflösung mindestens 16 Bit betragen. Gepackte und komprimierte Dateien werden vom Deutschen Patent- und Markenamt nicht bearbeitet.
2. Auf der Oberfläche des Datenträgers sind maschinell oder in Blockschrift folgende Angaben anzubringen:
   a) der Name des Anmelders,
   b) die Marke, soweit möglich,
   c) der Vertreter, soweit bestellt,
   d) die Kontaktdaten (Adresse, Telefonnummer, E-Mail-Adresse),
   e) das interne Geschäftszeichen des Anmelders oder seines Vertreters, soweit vorhanden, und
   f) der Zeitpunkt der Markenanmeldung, zu der der Datenträger gehört.
   Die Beschriftung darf die Lesbarkeit des Datenträgers nicht beeinträchtigen. Etiketten dürfen nicht verwendet werden.
3. Der Datenträger muss lesbar sein und darf keine Viren oder sonstige schädliche Programme enthalten. Ist der Datenträger nicht lesbar, gilt die klangliche Wiedergabe als nicht eingereicht.
4. Für jede Hörmarke darf nur jeweils ein Datenträger eingereicht werden.

§ 12 Sonstige Markenformen

(1) Wenn der Anmelder angibt, dass die Marke als sonstige Markenform eingetragen werden soll, so sind der Anmeldung zwei übereinstimmende zweidimensionale grafische Wiedergaben der Marke beizufügen. Wenn die Marke in Farbe eingetragen werden soll, so sind die Farben in der Anmeldung zu bezeichnen.

(2) Für die Form der Wiedergabe gelten § 8 Abs. 2 bis 5, § 9 Abs. 1 bis 3 und 4 Satz 2 sowie § 11 Abs. 2 Satz 1, Abs. 3 und 5 entsprechend.

(3) Die Anmeldung kann eine Beschreibung der Marke enthalten.

§ 13 Muster und Modelle

Der Anmeldung dürfen keine Muster oder Modelle der mit der Marke versehenen Gegenstände oder in den Fällen der §§ 9, 10 und 12 der Marke selbst beigefügt werden. § 11 Abs. 3 bleibt unberührt.

§ 14 Verwendung fremdsprachiger Formblätter

Für das Einreichen von Anmeldungen und Anträgen können außer den vom Deutschen Patent- und Markenamt herausgegebenen Formblättern und damit übereinstimmenden Formblättern (§ 9 Abs. 1 Satz 3 der DPMA-Verordnung) auch in deutscher Sprache ausgefüllte fremdsprachige Formblätter verwendet werden, wenn sie international standardisiert sind. Das Deutsche Patent- und Markenamt kann nähere Erläuterungen verlangen, wenn Zweifel an dem Inhalt einzelner Angaben in dem fremdsprachigen Formblatt bestehen. Die Vorschriften über die Zuerkennung eines Anmeldetags bleiben von solchen Nachforderungen unberührt.

§ 15 Fremdsprachige Anmeldungen

(1) Anmeldungen, die in fremden Sprachen eingereicht werden, wird, wenn die Voraussetzungen des § 32 Abs. 2 des Markengesetzes erfüllt sind, ein Anmeldetag nach § 33 Abs. 1 des Markengesetzes zuerkannt.

(2) Innerhalb eines Monats ab Eingang der Anmeldung beim Deutschen Patent- und Markenamt ist eine deutsche Übersetzung des fremdsprachigen Inhalts der Anmeldung, insbesondere des Verzeichnisses der Waren und Dienstleistungen, einzureichen. Die Übersetzung muss von einem Rechtsanwalt oder Patentanwalt beglaubigt oder von einem öffentlich bestellten Übersetzer angefertigt sein.

(3) Die Übersetzung des Verzeichnisses der Waren und Dienstleistungen gilt als an dem nach § 33 Abs. 1 des Markengesetzes zuerkannten Anmeldetag zugegangen. Wird die Übersetzung nach Absatz 2 nicht innerhalb der dort genannten Frist eingereicht, so gilt die Anmeldung als nicht eingereicht. Wird die Übersetzung nach Ablauf dieser Frist, jedoch vor einer Feststellung nach Satz 2 eingereicht, so wird die Anmeldung weiterbehandelt. Betrifft die Übersetzung das Verzeichnis der Waren und Dienstleistungen, so wird der Anmeldung der Tag des Eingangs der Übersetzung als Anmeldetag zuerkannt.

(4) Die Prüfung der Anmeldung und alle weiteren Verfahren vor dem Deutschen Patent- und Markenamt finden auf der Grundlage der deutschen Übersetzung statt.

§ 16 Schriftstücke in fremden Sprachen

(1) Das Deutsche Patent- und Markenamt kann die folgenden fremdsprachigen Schriftstücke berücksichtigen:

1. Prioritätsbelege,
2. Belege über eine im Ursprungsland eingetragene Marke,
3. Unterlagen zur Glaubhaftmachung oder zum Nachweis von Tatsachen,
4. Stellungnahmen und Bescheinigungen Dritter,
5. Gutachten,
6. Nachweise aus Veröffentlichungen.

(2) Ist das fremdsprachige Schriftstück nicht in englischer, französischer, italienischer oder spanischer Sprache abgefasst, so ist innerhalb eines Monats nach Eingang des Schriftstücks eine von einem Rechtsanwalt oder Patentanwalt beglaubigte oder von einem öffentlich bestellten Übersetzer angefertigte Übersetzung einzureichen. Wird die Übersetzung nicht innerhalb dieser Frist eingereicht, so gilt das Schriftstück als nicht zugegangen. Wird die Übersetzung nach Ablauf dieser Frist eingereicht, so gilt das Schriftstück als zum Zeitpunkt des Eingangs der Übersetzung zugegangen.

(3) Ist das fremdsprachige Schriftstück in englischer, französischer, italienischer oder spanischer Sprache abgefasst, so kann das Deutsche Patent- und Markenamt verlangen, dass eine Übersetzung eingereicht wird. Das Deutsche Patent- und Markenamt kann verlangen, dass die Übersetzung von einem Rechtsanwalt oder Patentanwalt beglaubigt oder von einem öffentlich bestellten Übersetzer angefertigt wird. Wird die Übersetzung nicht fristgerecht eingereicht, so gilt das Schriftstück als nicht zugegangen. Wird die Übersetzung nach Ablauf der Frist eingereicht, so gilt das Schriftstück als zum Zeitpunkt des Eingangs der Übersetzung zugegangen.

§ 17 Berufung auf eine im Ursprungsland eingetragene Marke

(1) Beruft sich der Anmelder auf eine im Ursprungsland eingetragene Marke nach Artikel 6 quinquies der Pariser Verbandsübereinkunft, so kann die entsprechende Erklärung auch noch nach der Anmeldung abgegeben werden.

(2) Der Anmelder hat eine von der zuständigen Behörde ausgestellte Bescheinigung über die Eintragung im Ursprungsland vorzulegen.

§ 18 Verschiebung des Zeitrangs bei Verkehrsdurchsetzung

Ergibt sich bei der Prüfung, dass die Voraussetzungen für die Verschiebung des Zeitrangs nach § 37 Abs. 2 des Markengesetzes gegeben sind, so unterrichtet das Deutsche Patent- und Markenamt den Anmelder entsprechend. In den Akten der Anmeldung wird der Tag vermerkt, der für die Bestimmung des Zeitrangs maßgeblich ist. Der Anmeldetag nach § 33 Abs. 1 des Markengesetzes bleibt im Übrigen unberührt.

Abschnitt 2 Klasseneinteilung von Waren und Dienstleistungen

§ 19 Klasseneinteilung

(1) Die Klassifizierung der Waren und Dienstleistungen richtet sich nach der in der Anlage 1 zu dieser Verordnung enthaltenen Klasseneinteilung von Waren und Dienstleistungen.

(2) Ergänzend sollen die alphabetischen Listen der Waren und Dienstleistungen (Anlagen 2 und 3 zu dieser Verordnung) zur Klassifizierung verwendet werden.

§ 20 Verzeichnis der Waren und Dienstleistungen

(1) Die Waren und Dienstleistungen sind so zu bezeichnen, dass die Klassifizierung jeder einzelnen Ware oder Dienstleistung in eine Klasse der Klasseneinteilung nach § 19 Abs. 1 möglich ist.

(2) Soweit möglich sollen die Bezeichnungen der Klasseneinteilung, falls diese nicht erläuterungsbedürftig sind, und die Begriffe der in § 19 Abs. 2 bezeichneten alphabetischen Listen verwendet werden. Im Übrigen sollen möglichst verkehrsübliche Begriffe verwendet werden.

(3) Die Waren und Dienstleistungen sind nach Klassen geordnet in der Reihenfolge der Klasseneinteilung anzugeben.

(4) Das Verzeichnis der Waren und Dienstleistungen ist in Schriftgrad 11 Punkt und mit einem Zeilenabstand von 1 abzufassen. Es ist in doppelter Ausfertigung einzureichen, soweit es der Anmeldung als Anlage beigefügt ist.

§ 21 Entscheidung über die Klassifizierung

(1) Sind die Waren und Dienstleistungen in der Anmeldung nicht zutreffend klassifiziert, so entscheidet das Deutsche Patent- und Markenamt über die Klassifizierung.

(2) Das Deutsche Patent- und Markenamt legt als Leitklasse die Klasse der Klasseneinteilung fest, auf der der Schwerpunkt der Anmeldung liegt. Es ist insoweit an eine Angabe des Anmelders über die Leitklasse nicht gebunden. Das Deutsche Patent- und Markenamt berücksichtigt eine vom Anmelder angegebene Leitklasse bei der Gebührenzahlung.

§ 22 Änderung der Klasseneinteilung

Ändert sich in der Zeit nach dem Anmeldetag und vor dem Ablauf der Schutzdauer einer Marke die Klasseneinteilung der Waren und Dienstleistungen, so wird die Klassifizierung auf Antrag des Inhabers jederzeit angepasst. Von Amts wegen ist sie spätestens bei der Verlängerung der Schutzdauer der Marke anzupassen.

Abschnitt 3 – Veröffentlichung der Anmeldung

§ 23 Veröffentlichungen zur Anmeldung

(1) Die Veröffentlichung der Anmeldung einer Marke, deren Anmeldetag feststeht (§ 33 Abs. 1 des Markengesetzes), umfasst folgende Angaben:

1. das Aktenzeichen der Anmeldung,
2. das Datum des Eingangs der Anmeldung,
3. Angaben über die Marke,
4. Angaben zu einer vom Anmelder beanspruchten ausländischen Priorität (§ 34 des Markengesetzes), Ausstellungspriorität (§ 35 des Markengesetzes) oder zu einem nach Artikel 35 der Verordnung (EG) Nr. 40/94 des Rates vom 20. Dezember 1993 über die Gemeinschaftsmarke (ABl. EG 1994 Nr. L 11 S. 1) in Anspruch genommenen Zeitrang,
5. den Namen und Wohnsitz oder Sitz des Anmelders,
6. wenn ein Vertreter bestellt ist, den Namen und Sitz des Vertreters,
7. die Zustellungsanschrift mit einer Angabe zum Zustellungsempfänger sowie
8. die Leitklasse und gegebenenfalls weitere Klassen des Verzeichnisses der Waren und Dienstleistungen.

(2) Wird eine angemeldete Marke nicht in das Register eingetragen, so umfasst die Veröffentlichung zusätzlich folgende Angaben:

1. bei vollständiger oder teilweiser Zurückweisung einer angemeldeten Marke eine entsprechende Angabe unter Bezeichnung des Zurückweisungsgrundes und der Waren und Dienstleistungen sowie der Klassen, auf die sich die Zurückweisung bezieht;
2. bei vollständiger oder teilweiser Rücknahme einer Markenanmeldung eine entsprechende Angabe unter Bezeichnung der Waren und Dienstleistungen sowie der Klassen, auf die sich die Rücknahme bezieht;
3. wenn eine Anmeldung wegen Nichtzahlung der Gebühr (§ 6 Abs. 2 des Patentkostengesetzes) oder wegen fehlender Mindestvoraussetzungen für die Zuerkennung eines Anmeldetages (§ 36 Abs. 2 Satz 1 in Verbindung mit § 36 Abs. 1 Nr. 1, § 33 Abs. 1 des Markengesetzes) als zurückgenommen gilt, eine entsprechende Angabe;
4. bei geschlossenen Mehrfachanmeldungen eine entsprechende Angabe.

(3) Die Veröffentlichung kann in elektronischer Form erfolgen.

Teil 3 – Register, Urkunde, Veröffentlichung

§ 24 Ort und Form des Registers

(1) Das Register wird beim Deutschen Patent- und Markenamt geführt.

(2) Seit dem 1. August 1999 wird das Register in Form einer elektronischen Datenbank betrieben.

§ 25 Inhalt des Registers

In das Register werden eingetragen:

1. die Registernummer der Marke,
2. das Aktenzeichen der Anmeldung, sofern es nicht mit der Registernummer übereinstimmt,
3. die Wiedergabe der Marke,
4. die Angabe der Markenform,
5. bei farbig eingetragenen Marken die entsprechende Angabe und die Bezeichnung der Farben,

6. eine in den Akten befindliche Beschreibung der Marke,
7. bei Marken, die wegen nachgewiesener Verkehrsdurchsetzung (§ 8 Abs. 3 des Markengesetzes) eingetragen sind, die entsprechende Angabe,
8. bei Marken, die auf Grund einer im Ursprungsland eingetragenen Marke gemäß Artikel 6 quinquies der Pariser Verbandsübereinkunft eingetragen sind, eine entsprechende Angabe,
9. gegebenenfalls die Angabe, dass es sich um eine Kollektivmarke handelt,
10. bei einer Marke, deren Zeitrang nach Artikel 34 oder 35 der Verordnung (EG) Nr. 40/94 des Rates über die Gemeinschaftsmarke vom 20. Dezember 1993 (ABl. EG 1994 Nr. L 11 S. 1) für eine angemeldete oder eingetragene Gemeinschaftsmarke in Anspruch genommen wurde, die Angabe des entsprechenden Aktenzeichens und im Fall der Löschung der Marke die Bezeichnung des Löschungsgrundes,
11. der Anmeldetag der Marke,
12. gegebenenfalls der Tag, der für die Bestimmung des Zeitrangs einer Marke nach § 37 Abs. 2 des Markengesetzes maßgeblich ist,
13. der Tag, der Staat und das Aktenzeichen einer vom Markeninhaber beanspruchten ausländischen Priorität (§ 34 des Markengesetzes),
14. Angaben zu einer vom Markeninhaber beanspruchten Ausstellungspriorität (§ 35 des Markengesetzes),
15. der Name und Wohnsitz oder Sitz des Inhabers der Marke; bei einer Gesellschaft bürgerlichen Rechts auch der Name und Wohnsitz des benannten vertretungsberechtigten Gesellschafters,
16. wenn ein Vertreter bestellt ist, der Name und Sitz des Vertreters,
17. die Zustellungsanschrift mit einer Angabe zum Zustellungsempfänger,
18. das Verzeichnis der Waren und Dienstleistungen unter Angabe der Leitklasse und der weiteren Klassen in gruppierter Form,
19. der Tag der Eintragung in das Register,
20. der Tag der Veröffentlichung der Eintragung,
21. wenn nach Ablauf der Widerspruchsfrist kein Widerspruch gegen die Eintragung der Marke erhoben worden ist, eine entsprechende Angabe,
22. wenn Widerspruch erhoben worden ist,
    a) eine entsprechende Angabe,
    b) der Tag des Abschlusses des Widerspruchsverfahrens,
    c) bei vollständiger Löschung der Marke eine entsprechende Angabe,
    d) bei teilweiser Löschung der Marke die Waren und Dienstleistungen, auf die sich die Löschung bezieht,
23. die Verlängerung der Schutzdauer,
24. wenn ein Dritter Antrag auf Löschung einer eingetragenen Marke gestellt oder Klage auf Löschung einer eingetragenen Marke erhoben hat,
    a) im Fall eines Antrags auf Löschung nach § 50 des Markengesetzes eine entsprechende Angabe,
    b) der Abschluss des Löschungsverfahrens nach § 50 des Markengesetzes,
    c) bei vollständiger Löschung der Marke eine entsprechende Angabe unter Bezeichnung des Löschungsgrundes,
    d) bei teilweiser Löschung der Marke eine entsprechende Angabe unter Bezeichnung des Löschungsgrundes und der Waren und Dienstleistungen, auf die sich die Löschung bezieht,

25. wenn ein Löschungsverfahren von Amts wegen eingeleitet wird,
    a) bei vollständiger Löschung der Marke eine entsprechende Angabe unter Bezeichnung des Löschungsgrundes,
    b) bei teilweiser Löschung der Marke eine entsprechende Angabe unter Bezeichnung des Löschungsgrundes und die Waren und Dienstleistungen, auf die sich die Löschung bezieht,
26. bei vollständiger oder teilweiser Löschung der Marke auf Grund einer entsprechenden Erklärung des Inhabers der Marke, wie insbesondere eines Antrags auf teilweise Verlängerung der Schutzdauer oder einem Teilverzicht, die entsprechende Angabe unter Bezeichnung des Löschungsgrundes und, soweit es sich um eine teilweise Löschung handelt, das Verzeichnis der Waren und Dienstleistungen in der Fassung, wie es sich nach dem Vollzug der Löschung ergibt,
27. Angaben über eine Eintragungsbewilligungsklage nach § 44 des Markengesetzes, soweit sie dem Deutschen Patent- und Markenamt mitgeteilt worden sind,
28. der Tag des Eingangs einer Teilungserklärung,
29. bei der Stammeintragung der Hinweis auf die Registernummer der infolge einer Teilungserklärung abgetrennten Eintragung,
30. bei der infolge einer Teilungserklärung abgetrennten Eintragung die entsprechende Angabe und die Registernummer der Stammeintragung,
31. der Tag und die Nummer der internationalen Registrierung (§§ 110, 122 Abs. 2 des Markengesetzes),
32. der Rechtsübergang einer Marke zusammen mit Angaben über den Rechtsnachfolger und gegebenenfalls seinen Vertreter gemäß den Nummern 15, 16 und 17,
33. bei einem Rechtsübergang der Marke für einen Teil der Waren und Dienstleistungen außerdem die Angaben nach den Nummern 29 und 30,
34. Angaben über dingliche Rechte (§ 29 des Markengesetzes),
35. Angaben über Maßnahmen der Zwangsvollstreckung (§ 29 Abs. 1 Nr. 2 des Markengesetzes) und die Erfassung der Marke durch ein Insolvenzverfahren (§ 29 Abs. 3 des Markengesetzes),
36. Änderungen der in den Nummern 15, 16 und 17 aufgeführten Angaben und
37. Berichtigungen von Eintragungen im Register (§ 45 Abs. 1 des Markengesetzes).

§ 26 Urkunde, Bescheinigungen

Der Inhaber der Marke erhält neben der Urkunde über die Eintragung der Marke in das Register nach § 25 der DPMA-Verordnung eine Bescheinigung über die in das Register eingetragenen Angaben, soweit er hierauf nicht ausdrücklich verzichtet hat.

§ 27 Ort und Form der Veröffentlichung

(1) Angaben über eingetragene Marken werden in dem vom Deutschen Patent- und Markenamt herausgegebenen Markenblatt veröffentlicht.

(2) Die Veröffentlichung kann in elektronischer Form erfolgen.

§ 28 Inhalt der Veröffentlichung der Eintragung

(1) Die Veröffentlichung der Eintragung umfasst alle in das Register eingetragenen Angaben mit Ausnahme der in § 25 Nr. 20 und 31 bezeichneten Angaben. Farbig eingetragene Marken werden in Farbe veröffentlicht.

(2) Der erstmaligen Veröffentlichung eingetragener Marken ist ein Hinweis auf die Möglichkeit des Widerspruchs (§ 42 des Markengesetzes) beizufügen. Die Wiederholung dieses Hinweises ist erforderlich, wenn die eingetragene Marke wegen erheblicher Mängel der Erstveröffentlichung erneut veröffentlicht wird. Der Hinweis kann für alle nach den Sätzen 1 und 2 veröffentlichten Marken gemeinsam erfolgen.

(3) Im Fall einer Teillöschung kann die Eintragung der Marke insgesamt neu veröffentlicht werden.

Teil 4 – Einzelne Verfahren

Abschnitt 1 – Widerspruchsverfahren

§ 29 Form des Widerspruchs

(1) Für jede Marke oder geschäftliche Bezeichnung, auf Grund der gegen die Eintragung einer Marke Widerspruch erhoben wird (Widerspruchskennzeichen), ist ein gesonderter Widerspruch erforderlich. Auf mehrere Widerspruchskennzeichen desselben oder derselben Widersprechenden gestützte Widersprüche können in einem Widerspruchsschriftsatz zusammengefasst werden.

(2) Der Widerspruch soll unter Verwendung des vom Deutschen Patent- und Markenamt herausgegebenen Formblatts eingereicht werden.

§ 30 Inhalt des Widerspruchs

(1) Der Widerspruch muss Angaben enthalten, die es erlauben, die Identität der angegriffenen Marke, des Widerspruchskennzeichens sowie des oder der Widersprechenden festzustellen. Bei den weder angemeldeten noch eingetragenen Widerspruchskennzeichen sind zu deren Identifizierung die Art, die Wiedergabe, die Form, der Zeitrang, der Gegenstand sowie der Inhaber des geltend gemachten Kennzeichenrechts anzugeben.

(2) In dem Widerspruch sollen, soweit nicht bereits zur Identitätsfeststellung nach Absatz 1 erforderlich, angegeben werden:

1. die Registernummer der Marke, gegen deren Eintragung der Widerspruch sich richtet,
2. die Registernummer der eingetragenen Widerspruchsmarke oder das Aktenzeichen der angemeldeten Widerspruchsmarke,
3. die Wiedergabe und die Bezeichnung der Form des Widerspruchskennzeichens,
4. falls es sich bei der Widerspruchsmarke um eine international registrierte Marke handelt, die Registernummer der Widerspruchsmarke sowie bei international registrierten Widerspruchsmarken, die vor dem 3. Oktober 1990 mit Wirkung sowohl für die Bundesrepublik Deutschland als auch für die Deutsche Demokratische Republik registriert worden sind, die Erklärung, auf welchen Länderteil der Widerspruch gestützt wird,
5. der Name und die Anschrift des Inhabers des Widerspruchskennzeichens,

6. falls der Widerspruch aus einer angemeldeten oder eingetragenen Marke von einer Person erhoben wird, die nicht als Anmelder in den Akten der Anmeldung vermerkt oder im Register als Inhaber eingetragen ist, der Name und die Anschrift des oder der Widersprechenden sowie der Zeitpunkt, zu dem ein Antrag auf Vermerk oder Eintragung des Rechtsübergangs gestellt worden ist,
7. falls der oder die Widersprechende einen Vertreter bestellt hat, der Name und die Anschrift des Vertreters,
8. der Name des Inhabers der Marke, gegen deren Eintragung der Widerspruch sich richtet,
9. die Waren und Dienstleistungen, auf die der Widerspruch gestützt wird,
10. die Waren und Dienstleistungen, gegen die der Widerspruch sich richtet.

§ 31 Gemeinsame Entscheidung über mehrere Widersprüche

(1) Über mehrere Widersprüche desselben Widersprechenden soll, soweit sachdienlich, gemeinsam entschieden werden.

(2) Auch in anderen als in den in Absatz 1 genannten Fällen kann über mehrere Widersprüche gemeinsam entschieden werden.

§ 32 Aussetzung

(1) Das Deutsche Patent- und Markenamt kann das Verfahren über einen Widerspruch außer in den in § 43 Abs. 3 des Markengesetzes genannten Fällen auch dann aussetzen, wenn dies sachdienlich ist.

(2) Eine Aussetzung kommt insbesondere in Betracht, wenn dem Widerspruch voraussichtlich stattzugeben wäre und der Widerspruch auf eine angemeldete Marke gestützt worden ist oder vor dem Deutschen Patent- und Markenamt ein Verfahren zur Löschung der Widerspruchsmarke anhängig ist.

Abschnitt 2 – Teilübergang, Teilung von Anmeldungen und Eintragungen

§ 33 Teilübergang einer eingetragenen Marke

(1) Betrifft der Übergang des durch die Eintragung einer Marke begründeten Rechts nur einen Teil der eingetragenen Waren und Dienstleistungen, so sind in dem Antrag auf Eintragung des Rechtsübergangs nach § 28 der DPMA-Verordnung die Waren und Dienstleistungen anzugeben, auf die sich der Rechtsübergang bezieht.

(2) Im Übrigen ist § 36 Abs. 1 bis 5 und 7 mit der Maßgabe entsprechend anzuwenden, dass die für die Einreichung von Unterlagen in Absatz 5 bestimmte Frist nicht gilt.

§ 34 Rechtsübergang, dingliche Rechte, Insolvenzverfahren und Maßnahmen der Zwangsvollstreckung bei Anmeldungen

(1) Der Rechtsübergang, das dingliche Recht, die Maßnahme der Zwangsvollstreckung oder das Insolvenzverfahren wird in den Akten der Anmeldung vermerkt.

(2) Im Fall von Rechtsübergängen wird nur diejenige Person in das Register eingetragen, die zum Zeitpunkt der Eintragung Inhaberin der Marke ist. Ein zum Zeitpunkt der Eintragung bestehendes dingliches Recht, eine zu diesem Zeitpunkt bestehende Maßnahme der Zwangsvollstreckung oder ein zu diesem Zeitpunkt anhängiges Insolvenzverfahren wird auch in das Register eingetragen.

(3) Betrifft der Übergang des durch die Anmeldung einer Marke begründeten Rechts nur einen Teil der Waren und Dienstleistungen, für die die Marke angemeldet worden ist, so sind in dem Antrag auf Vermerk eines Teilübergangs die Waren und Dienstleistungen anzugeben, auf die sich der Rechtsübergang bezieht. Im Übrigen ist § 35 Abs. 1 bis 5 und 7 mit der Maßgabe entsprechend anzuwenden, dass die für die Einreichung von Unterlagen in Absatz 5 bestimmte Frist nicht gilt.

§ 35 Teilung von Anmeldungen

(1) Eine angemeldete Marke kann nach § 40 Abs. 1 des Markengesetzes in zwei oder mehrere Anmeldungen geteilt werden. Für jeden abgetrennten Teil ist eine gesonderte Teilungserklärung erforderlich. Die Teilungserklärung soll unter Verwendung des vom Deutschen Patent- und Markenamt herausgegebenen Formblatts eingereicht werden.

(2) In der Teilungserklärung sind die Waren und Dienstleistungen anzugeben, die in die abgetrennte Anmeldung aufgenommen werden.

(3) Das Verzeichnis der Waren und Dienstleistungen der verbleibenden Stammanmeldung und das Verzeichnis der Waren und Dienstleistungen der abgetrennten Anmeldung müssen insgesamt mit dem im Zeitpunkt des Zugangs der Teilungserklärung bestehenden Verzeichnis der Waren und Dienstleistungen der Ausgangsanmeldung deckungsgleich sein. Betrifft die Teilung Waren und Dienstleistungen, die unter einen Oberbegriff fallen, so ist der Oberbegriff sowohl in der Stammanmeldung als auch in der abgetrennten Anmeldung zu verwenden und durch entsprechende Zusätze so einzuschränken, dass sich keine Überschneidungen der Verzeichnisse der Waren und Dienstleistungen ergeben.

(4) Das Deutsche Patent- und Markenamt fertigt eine vollständige Kopie der Akten der Ausgangsanmeldung. Diese Kopie wird zusammen mit der Teilungserklärung Bestandteil der Akten der abgetrennten Anmeldung. Die abgetrennte Anmeldung erhält ein neues Aktenzeichen. Eine Kopie der Teilungserklärung wird zu den Akten der Stammanmeldung genommen.

(5) Enthält die Ausgangsanmeldung eine Wiedergabe der Marke nach den §§ 8 bis 12, so sind innerhalb der Dreimonatsfrist des § 40 Abs. 2 Satz 2 des Markengesetzes vier weitere übereinstimmende zweidimensionale grafische Wiedergaben der Marke einzureichen, bei Hörmarken zusätzlich eine klangliche Wiedergabe der Marke gemäß § 11 Abs. 3.

(6) Ein für die Ausgangsanmeldung benannter Vertreter des Anmelders gilt auch als Vertreter des Anmelders für die abgetrennte Anmeldung. Die Vorlage einer neuen Vollmacht ist nicht erforderlich.

(7) In Bezug auf die ursprüngliche Anmeldung gestellte Anträge gelten auch für die abgetrennte Anmeldung fort.

§ 36 Teilung von Eintragungen

(1) Eine eingetragene Marke kann nach § 46 Abs. 1 des Markengesetzes in zwei oder mehrere Eintragungen geteilt werden. Für jeden abgetrennten Teil ist eine gesonderte Teilungserklärung einzureichen. Die Teilungserklärung soll unter Verwendung des vom Deutschen Patent- und Markenamt herausgegebenen Formblatts eingereicht werden.

(2) In der Teilungserklärung sind die Waren und Dienstleistungen anzugeben, die in die abgetrennte Eintragung aufgenommen werden.

(3) Das Verzeichnis der Waren und Dienstleistungen der verbleibenden Stammeintragung und das Verzeichnis der Waren und Dienstleistungen der abgetrennten Eintragung müssen insgesamt mit dem im Zeitpunkt des Zugangs der Teilungserklärung bestehenden Verzeichnis der Waren und Dienstleistungen der Ausgangseintragung deckungsgleich sein. Betrifft die Teilung Waren und Dienstleistungen, die unter einen Oberbegriff fallen, so ist der Oberbegriff sowohl in der Stammeintragung als auch in der abgetrennten Eintragung zu verwenden und durch entsprechende Zusätze so einzuschränken, dass sich keine Überschneidungen der Verzeichnisse der Waren und Dienstleistungen ergeben.

(4) Das Deutsche Patent- und Markenamt fertigt eine vollständige Kopie der Akten der Ausgangseintragung. Diese Kopie wird zusammen mit der Teilungserklärung Bestandteil der Akten der abgetrennten Eintragung. Die abgetrennte Eintragung erhält eine neue Registernummer. Eine Kopie der Teilungserklärung wird zu den Akten der Stammeintragung genommen.

(5) Enthält die Ausgangseintragung eine Wiedergabe der Marke nach den §§ 8 bis 12, so sind innerhalb der Dreimonatsfrist des § 46 Abs. 3 Satz 2 des Markengesetzes vier weitere übereinstimmende zweidimensionale grafische Wiedergaben dieser Marke einzureichen, bei Hörmarken zusätzlich eine klangliche Wiedergabe der Marke gemäß § 11 Abs. 3.

(6) Ein für die Ausgangseintragung benannter Vertreter des Inhabers der Marke gilt auch als Vertreter des Inhabers der Marke für die abgetrennte Eintragung. Die Vorlage einer neuen Vollmacht ist nicht erforderlich.

(7) In Bezug auf die ursprüngliche Eintragung gestellte Anträge gelten auch für die abgetrennte Eintragung fort.

(8) Ist gegen die Eintragung einer Marke, deren Teilung nach § 46 des Markengesetzes erklärt worden ist, Widerspruch erhoben worden, so fordert das Deutsche Patent- und Markenamt den Widersprechenden zu einer Erklärung darüber auf, gegen welche Teile der ursprünglichen Eintragung der Widerspruch sich richtet. Der Inhaber der eingetragenen Marke kann auch von sich aus eine entsprechende Erklärung des Widersprechenden beibringen. Wird eine solche Erklärung nicht abgegeben, so wird die Teilungserklärung als unzulässig zurückgewiesen.

Abschnitt 3 – Verlängerung

§ 37 Verlängerung durch Gebührenzahlung

Bei der Zahlung der Verlängerungsgebühren nach § 47 Abs. 3 des Markengesetzes sind die Registernummer und der Name des Inhabers der Marke sowie der Verwendungszweck anzugeben.

§ 38 Antrag auf teilweise Verlängerung

(1) Soll die Verlängerung der Schutzdauer einer eingetragenen Marke nur für einen Teil der Waren und Dienstleistungen bewirkt werden, für die die Marke eingetragen ist, so kann der Inhaber der Marke einen entsprechenden Antrag stellen.

(2) In dem Antrag sind anzugeben:

1. die Registernummer der Marke, deren Schutzdauer verlängert werden soll,
2. der Name und die Anschrift des Inhabers der Marke,
3. falls ein Vertreter bestellt ist, der Name und die Anschrift des Vertreters,
4. die Waren und Dienstleistungen, für die die Schutzdauer verlängert werden soll.

Abschnitt 4 – Verzicht

§ 39 Verzicht

(1) Der Antrag auf vollständige oder teilweise Löschung einer Marke nach § 48 Abs. 1 des Markengesetzes soll unter Verwendung des vom Deutschen Patent- und Markenamt herausgegebenen Formblatts gestellt werden.

(2) In dem Antrag sind anzugeben:

1. die Registernummer der Marke, die ganz oder teilweise gelöscht werden soll,
2. der Name und die Anschrift des Inhabers der Marke,
3. falls ein Vertreter bestellt ist, der Name und die Anschrift des Vertreters,
4. falls eine Teillöschung beantragt wird, entweder die Waren und Dienstleistungen, die gelöscht werden sollen, oder die Waren und Dienstleistungen, für die die Marke nicht gelöscht werden soll.

§ 40 Zustimmung Dritter

Für die nach § 48 Abs. 2 des Markengesetzes erforderliche Zustimmung eines im Register eingetragenen Inhabers eines Rechts an der Marke reicht die Abgabe einer von dieser Person oder ihrem Vertreter unterschriebenen Zustimmungserklärung aus. Eine Beglaubigung der Erklärung oder der Unterschrift ist nicht erforderlich. Die Zustimmung kann auch auf andere Weise nachgewiesen werden.

Abschnitt 5 – Löschung

§ 41 Löschung wegen Verfalls

(1) Der Antrag auf Löschung einer Marke wegen Verfalls nach § 53 Abs. 1 des Markengesetzes soll unter Verwendung des vom Deutschen Patent- und Markenamt herausgegebenen Formblatts gestellt werden.

(2) In dem Antrag sind anzugeben:

1. die Registernummer der Marke, deren Löschung beantragt wird,
2. der Name und die Anschrift des Antragstellers,
3. falls der Antragsteller einen Vertreter bestellt hat, der Name und die Anschrift des Vertreters,
4. falls die Löschung nur für einen Teil der Waren und Dienstleistungen beantragt wird, für die die Marke eingetragen ist, entweder die Waren und Dienstleistungen, für die die Löschung beantragt wird, oder die Waren und Dienstleistungen, für die die Löschung nicht beantragt wird, und
5. der Löschungsgrund nach § 49 des Markengesetzes.

§ 42 Löschung wegen absoluter Schutzhindernisse

Für den Antrag auf Löschung wegen absoluter Schutzhindernisse nach § 54 Abs. 1 des Markengesetzes gilt § 41 entsprechend.

Teil 5 – Internationale Registrierungen

§ 43 Anträge und sonstige Mitteilungen im Verfahren der internationalen Registrierung nach dem Madrider Markenabkommen

Für Anträge und für sonstige Mitteilungen im Verfahren der internationalen Registrierung einer in das Register eingetragenen Marke nach Artikel 3 des Madrider Markenabkommens beim Deutschen Patent- und Markenamt sind die vom Internationalen Büro der Weltorganisation für geistiges Eigentum herausgegebenen amtlichen Formblätter zu verwenden.

§ 44 Anträge und sonstige Mitteilungen im Verfahren der internationalen Registrierung nach dem Protokoll zum Madrider Markenabkommen

Für Anträge und für sonstige Mitteilungen im Verfahren der internationalen Registrierung einer beim Deutschen Patent- und Markenamt angemeldeten oder in das Register eingetragenen Marke nach Artikel 3 des Protokolls zum Madrider Markenabkommen sind die vom Internationalen Büro der Weltorganisation für geistiges Eigentum herausgegebenen amtlichen Formblätter zu verwenden.

§ 45 Anträge und sonstige Mitteilungen im Verfahren der internationalen Registrierung nach dem Madrider Markenabkommen und nach dem Protokoll zum Madrider Markenabkommen

Für Anträge und für sonstige Mitteilungen im Verfahren der internationalen Registrierung einer beim Deutschen Patent- und Markenamt in das Register eingetragenen Marke sowohl nach Artikel 3 des Madrider Markenabkommens als auch nach Artikel 3 des Protokolls zum Madrider Markenabkommen sind die vom Internationalen Büro der Weltorganisation für geistiges Eigentum herausgegebenen amtlichen Formblätter zu verwenden.

§ 46 Schutzverweigerung

(1) Wird einer international registrierten Marke, deren Schutz nach Artikel 3ter des Madrider Markenabkommens oder nach Artikel 3ter des Protokolls zum Madrider Markenabkommen auf das Gebiet der Bundesrepublik Deutschland erstreckt worden ist, der Schutz ganz oder teilweise verweigert und wird diese Schutzverweigerung dem Internationalen Büro der Weltorganisation für geistiges Eigentum zur Weiterleitung an den Inhaber der internationalen Registrierung übermittelt, so wird die Frist, innerhalb derer ein Inlandsvertreter bestellt werden muss, damit der Schutz nicht endgültig verweigert wird, auf vier Monate ab dem Tag der Absendung der Mitteilung der Schutzverweigerung durch das Internationale Büro der Weltorganisation für geistiges Eigentum festgesetzt.

(2) Wird die Schutzverweigerung endgültig, weil der Inhaber der international registrierten Marke keinen Inlandsvertreter bestellt hat, so ist eine gegen die Schutzverweigerung gegebene Erinnerung oder Beschwerde beim Deutschen Patent- und Markenamt innerhalb eines weiteren Monats nach Ablauf der in Absatz 1 genannten Frist einzulegen. Der Schutzverweigerung muss eine entsprechende Rechtsmittelbelehrung beigefügt sein. § 61 Abs. 2 des Markengesetzes ist entsprechend anzuwenden.

Teil 6 – Verfahren nach der Verordnung (EG) Nr. 510/2006 des Rates vom 20. März 2006 zum Schutz von geografischen Angaben und Ursprungsbezeichnungen für Agrarerzeugnisse und Lebensmittel

Abschnitt 1 – Eintragungsverfahren

§ 47 Eintragungsantrag

(1) Der Antrag auf Eintragung einer geografischen Angabe oder einer Ursprungsbezeichnung nach der Verordnung (EG) Nr. 510/2006 des Rates vom 20. März 2006 zum Schutz von geografischen Angaben und Ursprungsbezeichnungen für Agrarerzeugnisse und Lebensmittel (ABl. EU Nr. L 93 S. 12) in ihrer jeweils geltenden Fassung muss unter Verwendung des vom Deutschen Patent- und Markenamt herausgegebenen Formblatts eingereicht werden.

(2) In dem Antrag sind anzugeben:

1. der Name und die Anschrift des Antragstellers im Sinne des Artikels 5 Abs. 1 der Verordnung (EG) Nr. 510/2006,
2. die Rechtsform, Größe und Zusammensetzung der den Antrag stellenden Vereinigung,

3. falls ein Vertreter bestellt worden ist, der Name und die Anschrift des Vertreters,
4. der als geografische Angabe oder Ursprungsbezeichnung zu schützende Name,
5. die Art des Agrarerzeugnisses oder Lebensmittels,
6. die Spezifikation nach Artikel 4 Abs. 2 der Verordnung (EG) Nr. 510/2006 gemäß Formblatt.

§ 48 Veröffentlichung des Antrags

(1) In der Veröffentlichung des Antrags im Markenblatt (§ 130 Abs. 4 des Markengesetzes) sind mindestens anzugeben:

1. der Name und die Anschrift des Antragstellers,
2. falls ein Vertreter bestellt worden ist, der Name und die Anschrift des Vertreters,
3. der als geografische Angabe oder als Ursprungsbezeichnung zu schützende Name,
4. die Art des Agrarerzeugnisses oder Lebensmittels,
5. die Spezifikation nach Artikel 4 Abs. 2 der Verordnung (EG) Nr. 510/2006.

(2) In der Veröffentlichung ist auf die Möglichkeit des Einspruchs nach § 130 Abs. 4 des Markengesetzes in Verbindung mit Artikel 5 Abs. 5 der Verordnung (EG) Nr. 510/2006 hinzuweisen.

§ 49 Nationaler Einspruch

(1) Der Einspruch nach § 130 Abs. 4 des Markengesetzes in Verbindung mit Artikel 5 Abs. 5 der Verordnung (EG) Nr. 510/2006 soll unter Verwendung des vom Deutschen Patent- und Markenamt herausgegebenen Formblatts eingereicht werden.

(2) In der Einspruchsschrift sind anzugeben:

1. die geografische Angabe oder Ursprungsbezeichnung, gegen deren Eintragung sich der Einspruch richtet,
2. der Name und die Anschrift des Einsprechenden,
3. falls ein Vertreter bestellt worden ist, der Name und die Anschrift des Vertreters,
4. die Umstände, aus denen sich das berechtigte Interesse des Einsprechenden ergibt,
5. die Gründe nach Artikel 5 Abs. 5 in Verbindung mit Artikel 7 Abs. 3 der Verordnung (EG) Nr. 510/2006, auf die sich der Einspruch stützt.

Abschnitt 2 – Einspruchsverfahren nach § 131 des Markengesetzes

§ 50 Einspruch

(1) Der Einspruch nach § 131 des Markengesetzes in Verbindung mit Artikel 7 Abs. 2 der Verordnung (EG) Nr. 510/2006 soll unter Verwendung des vom Deutschen Patent- und Markenamt herausgegebenen Formblatts eingereicht werden.

(2) In der Einspruchsschrift sind anzugeben:

1. die geografische Angabe oder Ursprungsbezeichnung, gegen deren Eintragung sich der Einspruch richtet,
2. die EG-Nummer und das Datum der Veröffentlichung im Amtsblatt der Europäischen Union,

3. der Name und die Anschrift des Einsprechenden,
4. falls ein Vertreter bestellt worden ist, der Name und die Anschrift des Vertreters,
5. die Umstände, aus denen sich das berechtigte Interesse des Einsprechenden ergibt.

(3) Der Einspruch ist innerhalb der Einspruchsfrist zu begründen. Es ist anzugeben, auf welche Gründe nach Artikel 7 Abs. 3 der Verordnung (EG) Nr. 510/2006 der Einspruch gestützt wird.

§ 51 Einspruchsverfahren

Das Deutsche Patent- und Markenamt unterrichtet unverzüglich nach Ablauf der Einspruchsfrist das Bundesministerium der Justiz über die eingegangenen Einsprüche durch Übersendung der Einsprüche mit den erforderlichen Unterlagen.

Abschnitt 3 – Änderungen der Spezifikation; Löschung; Akteneinsicht

§ 52 Änderungen der Spezifikation

(1) Der Antrag auf Änderung der Spezifikation gemäß Artikel 9 der Verordnung (EG) Nr. 510/2006 soll unter Verwendung des vom Deutsche Patent- und Markenamt herausgegebenen Formblatts eingereicht werden.

(2) In dem Antrag sind anzugeben:

1. die eingetragene geografische Angabe oder Ursprungsbezeichnung,
2. der Name und die Anschrift des Antragstellers im Sinne des Artikels 9 Abs. 1 der Verordnung (EG) Nr. 510/2006,
3. Rechtsform, Größe und Zusammensetzung der den Antrag stellenden Vereinigung,
4. falls ein Vertreter bestellt worden ist, der Name und die Anschrift des Vertreters,
5. Umstände, aus denen sich das berechtigte Interesse des Antragstellers ergibt,
6. die Rubriken der Spezifikation, auf die sich die Änderungen beziehen,
7. die beabsichtigten Änderungen und deren Begründung.

(3) Für Anträge nach Artikel 9 Abs. 2 Satz 1 der Verordnung (EG) Nr. 510/2006 gelten im Übrigen die §§ 48 bis 51 entsprechend.

§ 53 Löschungsantrag

(1) Der Antrag auf Löschung einer eingetragenen geografischen Angabe oder Ursprungsbezeichnung nach Artikel 12 Abs. 2 der Verordnung (EG) Nr. 510/2006 soll unter Verwendung des vom Deutsche Patent- und Markenamt herausgegebenen Formblatts eingereicht werden.

(2) In dem Antrag sind anzugeben:

1. die geografische Angabe oder die Ursprungsbezeichnung, die gelöscht werden soll,
2. der Name und die Anschrift des Antragstellers,
3. falls ein Vertreter bestellt ist, der Name und die Anschrift des Vertreters,
4. Umstände, aus denen sich das berechtigte Interesse des Antragstellers ergibt,
5. Gründe für die Löschung.

§ 54 Akteneinsicht

In den Verfahren nach der Verordnung (EG) Nr. 510/2006 gewährt das Deutsche Patent-
und Markenamt auf Antrag Einsicht in die Akten.

§ 55 (weggefallen)

Teil 7 – Schlussvorschriften

§ 56 Übergangsregelung aus Anlass des Inkrafttretens dieser Verordnung

Für Markenanmeldungen, die vor Inkrafttreten dieser Verordnung eingereicht worden sind,
gelten die Vorschriften der Markenverordnung vom 30. November 1994 (BGBl. I S. 3555),
zuletzt geändert durch die Verordnung vom 1. September 2003 (BGBl. I S. 1701).

§ 57 Übergangsregelung für künftige Änderungen

Für Markenanmeldungen, die vor Inkrafttreten von Änderungen dieser Verordnung eingereicht worden sind, gelten die Vorschriften dieser Verordnung in ihrer bis dahin geltenden
Fassung.

§ 58 Inkrafttreten, Außerkrafttreten

Diese Verordnung tritt am 1. Juni 2004 in Kraft.

2. Pariser Verbandsübereinkunft zum Schutz des gewerblichen Eigentums (PVÜ)

vom 20. März 1883 – Stockholmer Fassung

revidiert in Brüssel am 14. Dezember 1900
in Washington am 2. Juni 1911
in Den Haag am 6. November 1925
in London am 2. Juni 1934
in Lissabon am 31. Oktober 1958 und
in Stockholm am 14. Juli 1967
mit Änderungen bis 20. August 1984

BGBl. II 1970, S. 391
BGBl. II 1984, S. 799

(Auszug)

Artikel 1

(1) Die Länder, auf die diese Übereinkunft Anwendung findet, bilden einen Verband zum Schutze des gewerblichen Eigentums.

(2) Der Schutz des gewerblichen Eigentums hat zum Gegenstand die Erfindungspatente, die Gebrauchsmuster, die gewerblichen Muster oder Modelle, die Fabrik- oder Handelsmarken, die Dienstleistungsmarken, den Handelsnamen und die Herkunftsangaben oder Ursprungsbezeichnungen sowie die Unterdrückung des unlauteren Wettbewerbs.

(3) Das gewerbliche Eigentum wird in der weitesten Bedeutung verstanden und bezieht sich nicht allein auf Gewerbe und Handel im eigentlichen Sinn des Wortes, sondern ebenso auf das Gebiet der Landwirtschaft und der Gewinnung der Bodenschätze und auf alle Fabrikate oder Naturerzeugnisse, zum Beispiel Wein, Getreide, Tabakblätter, Früchte, Vieh, Mineralien, Mineralwässer, Bier, Blumen, Mehl.

(4) Zu den Erfindungspatenten zählen die nach den Rechtsvorschriften der Verbandsländer zugelassenen verschiedenen Arten gewerblicher Patente, wie Einführungspatente, Verbesserungspatente, Zusatzpatente, Zusatzbescheinigungen usw.

Artikel 2

(1) Die Angehörigen eines jeden der Verbandsländer genießen in allen übrigen Ländern des Verbandes in Bezug auf den Schutz des gewerblichen Eigentums die Vorteile, welche die betreffenden Gesetze den eigenen Staatsangehörigen gegenwärtig gewähren oder in Zukunft gewähren werden, und zwar unbeschadet der durch diese Übereinkunft besonders vorgesehenen Rechte. Demgemäß haben sie den gleichen Schutz wie diese und die gleichen Rechtsbehelfe gegen jeden Eingriff in ihre Rechte, vorbehaltlich der Erfüllung der Bedingungen und Förmlichkeiten, die den eigenen Staatsangehörigen auferlegt werden.

(2) Jedoch darf der Genuß irgendeines Rechts des gewerblichen Eigentums für die Verbandsangehörigen keinesfalls von der Bedingung abhängig gemacht werden, dass sie einen

Wohnsitz oder eine Niederlassung in dem Land haben, in dem der Schutz beansprucht wird.

(3) Ausdrücklich bleiben vorbehalten die Rechtsvorschriften jedes der Verbandsländer über das gerichtliche und das Verwaltungsverfahren und die Zuständigkeit sowie über die Wahl des Wohnsitzes oder die Bestellung eines Vertreters, die etwa nach den Gesetzen über das gewerbliche Eigentum erforderlich sind.

Artikel 3

Den Angehörigen der Verbandsländer sind gleichgestellt die Angehörigen der dem Verband nicht angehörenden Länder, die im Hoheitsgebiet eines Verbandslandes ihren Wohnsitz oder tatsächliche und nicht nur zum Schein bestehende gewerbliche oder Handelsniederlassungen haben.

Artikel 4

A. –

(1) Wer in einem der Verbandsländer die Anmeldung für ein Erfindungspatent, ein Gebrauchsmuster, ein gewerbliches Muster oder Modell, eine Fabrik- oder Handelsmarke vorschriftsmäßig hinterlegt hat, oder sein Rechtsnachfolger genießt für die Hinterlegung in den anderen Ländern während der unten bestimmten Fristen ein Prioritätsrecht.

(2) Als prioritätsbegründend wird jede Hinterlegung anerkannt, der nach den innerstaatlichen Rechtsvorschriften jedes Verbandslandes oder nach den zwischen Verbandsländern abgeschlossenen zwei- oder mehrseitigen Verträgen die Bedeutung einer vorschriftsmäßigen nationalen Hinterlegung zukommt.

(3) Unter vorschriftsmäßiger nationaler Hinterlegung ist jede Hinterlegung zu verstehen, die zur Festlegung des Zeitpunkts ausreicht, an dem die Anmeldung in dem betreffenden Land hinterlegt worden ist, wobei das spätere Schicksal der Anmeldung ohne Bedeutung ist.

B. –

Demgemäß kann die spätere, jedoch vor Ablauf dieser Fristen in einem der anderen Verbandsländer bewirkte Hinterlegung nicht unwirksam gemacht werden durch inzwischen eingetretene Tatsachen, insbesondere durch eine andere Hinterlegung, durch die Veröffentlichung der Erfindung oder deren Ausübung, durch das Feilbieten von Stücken des Musters oder Modells, durch den Gebrauch der Marke; diese Tatsachen können kein Recht Dritter und kein persönliches Besitzrecht begründen. Die Rechte, die von Dritten vor dem Tag der ersten, prioritätsbegründenden Anmeldung erworben worden sind, bleiben nach Maßgabe der innerstaatlichen Rechtsvorschriften eines jeden Verbandslandes gewahrt.

C. –

(1) Die oben erwähnten Prioritätsfristen betragen zwölf Monate für die Erfindungspatente und die Gebrauchsmuster und sechs Monate für die gewerblichen Muster oder Modelle und für die Fabrik- oder Handelsmarken.

(2) Diese Fristen laufen vom Zeitpunkt der Hinterlegung der ersten Anmeldung an; der Tag der Hinterlegung wird nicht in die Frist eingerechnet.

(3) Ist der letzte Tag der Frist in dem Land, in dem der Schutz beansprucht wird, ein gesetzlicher Feiertag oder ein Tag, an dem das Amt zur Entgegennahme von Anmeldungen nicht geöffnet ist, so erstreckt sich die Frist auf den nächstfolgenden Werktag.

(4) Als erste Anmeldung, von deren Hinterlegungszeitpunkt an die Prioritätsfrist läuft, wird auch eine jüngere Anmeldung angesehen, die denselben Gegenstand betrifft wie eine erste ältere im Sinn des Absatzes 2 in demselben Verbandsland eingereichte Anmeldung, sofern diese ältere Anmeldung bis zum Zeitpunkt der Hinterlegung der jüngeren Anmeldung zurückgezogen, fallengelassen oder zurückgewiesen worden ist, und zwar bevor sie öffentlich ausgelegt worden ist und ohne dass Rechte bestehen geblieben sind; ebensowenig darf diese ältere Anmeldung schon Grundlage für die Inanspruchnahme des Prioritätsrechts gewesen sein. Die ältere Anmeldung kann in diesem Fall nicht mehr als Grundlage für die Inanspruchnahme des Prioritätsrechts dienen.

D. –

(1) Wer die Priorität einer früheren Hinterlegung in Anspruch nehmen will, muss eine Erklärung über den Zeitpunkt und das Land dieser Hinterlegung abgeben. Jedes Land bestimmt, bis wann die Erklärung spätestens abgegeben werden muss.

(2) Diese Angaben sind in die Veröffentlichungen der zuständigen Behörde, insbesondere in die Patenturkunden und die zugehörigen Beschreibungen, aufzunehmen.

(3) Die Verbandsländer können von demjenigen, der eine Prioritätserklärung abgibt, verlangen, dass er die frühere Anmeldung (Beschreibung, Zeichnungen usw.) in Abschrift vorlegt. Die Abschrift, die von der Behörde, die diese Anmeldung empfangen hat, als übereinstimmend bescheinigt ist, ist von jeder Beglaubigung befreit und kann auf alle Fälle zu beliebiger Zeit innerhalb einer Frist von drei Monaten nach der Hinterlegung der späteren Anmeldung gebührenfrei eingereicht werden. Es kann verlangt werden, dass ihr eine von dieser Behörde ausgestellte Bescheinigung über den Zeitpunkt der Hinterlegung und eine Übersetzung beigefügt werden.

(4) Andere Förmlichkeiten für die Prioritätserklärung dürfen bei der Hinterlegung der Anmeldung nicht verlangt werden. Jedes Verbandsland bestimmt die Folgen der Nichtbeachtung der in diesem Artikel vorgesehenen Förmlichkeiten; jedoch dürfen diese Folgen über den Verlust des Prioritätsrechts nicht hinausgehen.

(5) Später können weitere Nachweise verlangt werden. Wer die Priorität einer früheren Anmeldung in Anspruch nimmt, ist verpflichtet, das Aktenzeichen dieser Anmeldung anzugeben; diese Angabe ist nach Maßgabe des Absatzes 2 zu veröffentlichen.

E. –

(1) Wird in einem Land ein gewerbliches Muster oder Modell unter Inanspruchnahme eines auf die Anmeldung eines Gebrauchsmusters gegründeten Prioritätsrechts hinterlegt, so ist nur die für gewerbliche Muster oder Modelle bestimmte Prioritätsfrist maßgebend.

(2) Im Übrigen ist es zulässig, in einem Land ein Gebrauchsmuster unter Inanspruchnahme eines auf die Hinterlegung einer Patentanmeldung gegründeten Prioritätsrechts zu hinterlegen und umgekehrt.

F. –

Kein Verbandsland darf deswegen die Anerkennung einer Priorität verweigern oder eine Patentanmeldung zurückweisen, weil der Anmelder mehrere Prioritäten in Anspruch nimmt, selbst wenn sie aus verschiedenen Ländern stammen, oder deswegen, weil eine Anmeldung, für die eine oder mehrere Prioritäten beansprucht werden, ein oder mehrere Merkmale enthält, die in der oder den Anmeldungen, deren Priorität beansprucht worden ist, nicht enthalten waren, sofern in beiden Fällen Erfindungseinheit im Sinn des Landesgesetzes vorliegt. Hinsichtlich der Merkmale, die in der oder den Anmeldungen, deren Priorität in Anspruch genommen worden ist, nicht enthalten sind, lässt die jüngere Anmeldung ein Prioritätsrecht unter den allgemeinen Bedingungen entstehen.

G. –

(1) Ergibt die Prüfung, dass eine Patentanmeldung nicht einheitlich ist, so kann der Anmelder die Anmeldung in eine Anzahl von Teilanmeldungen teilen, wobei ihm für jede Teilanmeldung als Anmeldezeitpunkt der Zeitpunkt der ursprünglichen Anmeldung und gegebenenfalls das Prioritätsvorrecht erhalten bleiben.

(2) Der Anmelder kann auch von sich aus die Patentanmeldung teilen, wobei ihm für jede Teilanmeldung als Anmeldezeitpunkt der Zeitpunkt der ursprünglichen Anmeldung und gegebenenfalls das Prioritätsvorrecht erhalten bleiben. Jedem Verbandsland steht es frei, die Bedingungen festzulegen, unter denen diese Teilung zugelassen wird.

H. –

Die Priorität kann nicht deshalb verweigert werden, weil bestimmte Merkmale der Erfindung, für welche die Priorität beansprucht wird, nicht in den in der Patentanmeldung des Ursprungslandes aufgestellten Patentansprüchen enthalten sind, sofern nur die Gesamtheit der Anmeldungsunterlagen diese Merkmale deutlich offenbart.

I. –

(1) Anmeldungen für Erfinderscheine, die in einem Land eingereicht werden, in dem die Anmelder das Recht haben, nach ihrer Wahl entweder ein Patent oder einen Erfinderschein zu verlangen, begründen das in diesem Artikel vorgesehene Prioritätsrecht unter den gleichen Voraussetzungen und mit den gleichen Wirkungen wie Patentanmeldungen.

(2) In einem Land, in dem die Anmelder das Recht haben, nach ihrer Wahl entweder ein Patent oder einen Erfinderschein zu verlangen, genießt der Anmelder eines Erfinderscheins das auf eine Patent-, Gebrauchsmuster- oder Erfinderscheinanmeldung gegründete Prioritätsrecht nach den für Patentanmeldungen geltenden Bestimmungen dieses Artikels.

Artikel 4bis

(1) Die in den verschiedenen Verbandsländern von Verbandsangehörigen angemeldeten Patente sind unabhängig von den Patenten, die für dieselbe Erfindung in anderen Ländern erlangt worden sind, mögen diese Länder dem Verband angehören oder nicht.

(2) Diese Bestimmung ist ohne jede Einschränkung zu verstehen insbesondere in dem Sinn, dass die während der Prioritätsfrist angemeldeten Patente sowohl hinsichtlich der

Gründe der Nichtigkeit und des Verfalls als auch hinsichtlich der gesetzmäßigen Dauer unabhängig sind.

(3) Sie findet auf alle im Zeitpunkt ihres Inkrafttretens bestehenden Patente Anwendung.

(4) Für den Fall des Beitritts neuer Länder wird es mit den im Zeitpunkt des Beitritts auf beiden Seiten bestehenden Patenten ebenso gehalten.

(5) Die mit Prioritätsvorrecht erlangten Patente genießen in den einzelnen Verbandsländern die gleiche Schutzdauer, wie wenn sie ohne das Prioritätsvorrecht angemeldet oder erteilt worden wären.

Artikel 4ter

Der Erfinder hat das Recht, als solcher im Patent genannt zu werden.

Artikel 4^{quater}

Die Erteilung eines Patents kann nicht deshalb verweigert und ein Patent kann nicht deshalb für ungültig erklärt werden, weil der Vertrieb des patentierten Erzeugnisses oder des Erzeugnisses, das das Ergebnis eines patentierten Verfahrens ist, Beschränkungen oder Begrenzungen durch die innerstaatlichen Rechtsvorschriften unterworfen ist.

Artikel 5

C. –

(1) Ist in einem Land der Gebrauch der eingetragenen Marke vorgeschrieben, so darf die Eintragung erst nach Ablauf einer angemessenen Frist und nur dann für ungültig erklärt werden, wenn der Beteiligte seine Untätigkeit nicht rechtfertigt.

(2) Wird eine Fabrik- oder Handelsmarke vom Inhaber in einer Form gebraucht, die von der Eintragung in einem der Verbandsländer nur in Bestandteilen abweicht, ohne dass dadurch die Unterscheidungskraft der Marke beeinflusst wird, so soll dieser Gebrauch die Ungültigkeit der Eintragung nicht nach sich ziehen und den der Marke gewährten Schutz nicht schmälern.

(3) Der gleichzeitige Gebrauch derselben Marke auf gleichen oder gleichartigen Erzeugnissen durch gewerbliche oder Handelsniederlassungen, die nach den Bestimmungen des Gesetzes des Landes, in dem der Schutz beansprucht wird, als Mitinhaber der Marke angesehen werden, steht der Eintragung der Marke nicht entgegen und schmälert nicht den der genannten Marke in einem Verbandsland gewährten Schutz, sofern dieser Gebrauch nicht eine Irreführung des Publikums zur Folge hat und dem öffentlichen Interesse nicht zuwiderläuft.

D. –

Für die Anerkennung des Rechts ist die Anbringung eines Zeichens oder Vermerks über das Patent, das Gebrauchsmuster, die Eintragung der Fabrik- oder Handelsmarke oder die Hinterlegung des gewerblichen Musters oder Modells auf dem Erzeugnis nicht erforderlich.

Artikel 6

(1) Die Bedingungen für die Hinterlegung und Eintragung von Fabrik- oder Handelsmarken werden in jedem Land durch die innerstaatlichen Rechtsvorschriften bestimmt.

(2) Jedoch darf eine durch einen Angehörigen eines Verbandslandes in irgendeinem Verbandsland hinterlegte Marke nicht deshalb zurückgewiesen oder für ungültig erklärt werden, weil sie im Ursprungsland nicht hinterlegt, eingetragen oder erneuert worden ist.

(3) Eine in einem Verbandsland vorschriftsmäßig eingetragene Marke wird als unabhängig angesehen von den in anderen Verbandsländern einschließlich des Ursprungslandes eingetragenen Marken.

Artikel 6bis

(1) Die Verbandsländer verpflichten sich, von Amts wegen, wenn dies die Rechtsvorschriften des Landes zulassen, oder auf Antrag des Beteiligten die Eintragung einer Fabrik- oder Handelsmarke zurückzuweisen oder für ungültig zu erklären und den Gebrauch der Marke zu untersagen, wenn sie eine verwechslungsfähige Abbildung, Nachahmung oder Übersetzung einer anderen Marke darstellt, von der es nach Ansicht der zuständigen Behörde des Landes der Eintragung oder des Gebrauchs dort notorisch feststeht, dass sie bereits einer zu den Vergünstigungen dieser Übereinkunft zugelassenen Person gehört und für gleiche oder gleichartige Erzeugnisse benutzt wird. Das Gleiche gilt, wenn der wesentliche Bestandteil der Marke die Abbildung einer solchen notorisch bekannten Marke oder eine mit ihr verwechslungsfähige Nachahmung darstellt.

(2) Für den Antrag auf Löschung einer solchen Marke ist eine Frist von mindestens fünf Jahren vom Tag der Eintragung an zu gewähren. Den Verbandsländern steht es frei, eine Frist zu bestimmen, innerhalb welcher der Anspruch auf Untersagung des Gebrauchs geltend zu machen ist.

(3) Gegenüber bösgläubig erwirkten Eintragungen oder bösgläubig vorgenommenen Benutzungshandlungen ist der Antrag auf Löschung dieser Marken oder auf Untersagung ihres Gebrauchs an keine Frist gebunden.

Artikel 6ter

(1) a) Die Verbandsländer kommen überein, die Eintragung der Wappen, Flaggen und anderen staatlichen Hoheitszeichen der Verbandsländer, der von ihnen eingeführten amtlichen Prüf- und Gewährzeichen und -stempel sowie jeder Nachahmung im heraldischen Sinn als Fabrik- oder Handelsmarken oder als Bestandteile solcher zurückzuweisen oder für ungültig zu erklären sowie den Gebrauch dieser Zeichen durch geeignete Maßnahmen zu verbieten, sofern die zuständigen Stellen den Gebrauch nicht erlaubt haben.

b) Die Bestimmungen unter Buchstabe a sind ebenso auf die Wappen, Flaggen und anderen Kennzeichen, Siegel oder Bezeichnungen der internationalen zwischenstaatlichen Organisationen anzuwenden, denen ein oder mehrere Verbandsländer angehören; ausgenommen sind die Wappen, Flaggen und anderen Kennzeichen, Siegel oder Bezeichnungen, die bereits Gegenstand von in Kraft befindlichen internationalen Abkommen sind, die ihren Schutz gewährleisten.

c) Kein Verbandsland ist gehalten, die Bestimmungen unter Buchstabe b zum Nachteil der Inhaber von Rechten anzuwenden, die gutgläubig vor dem Inkrafttreten dieser Übereinkunft in diesem Land erworben worden sind. Die Verbandsländer sind nicht gehalten, diese Bestimmungen anzuwenden, falls die Benutzung oder Eintragung gemäß Buchstabe a nicht geeignet ist, beim Publikum den Eindruck einer Verbindung zwischen der betreffenden Organisation und den Wappen, Flaggen, Kennzeichen, Siegeln oder Bezeichnungen hervorzurufen, oder falls die Benutzung oder Eintragung offenbar nicht geeignet ist, das Publikum über das Bestehen einer Verbindung zwischen dem Benutzer und der Organisation irrezuführen.

(2) Das Verbot der amtlichen Prüf- und Gewährzeichen und -stempel findet nur dann Anwendung, wenn die Marken mit diesen Zeichen für gleiche oder gleichartige Waren bestimmt sind.

(3) a) Für die Anwendung dieser Bestimmungen kommen die Verbandsländer überein, durch Vermittlung des Internationalen Büros ein Verzeichnis der staatlichen Hoheitszeichen und amtlichen Prüf- und Gewährzeichen und -stempel auszutauschen, die sie jetzt oder in Zukunft unumschränkt oder in gewissen Grenzen unter den Schutz dieses Artikels zu stellen wünschen, dies gilt auch für alle späteren Änderungen dieses Verzeichnisses. Jedes Verbandsland soll die notifizierten Verzeichnisse rechtzeitig öffentlich zugänglich machen. Diese Notifikation ist jedoch für Staatsflaggen nicht erforderlich.

b) Die Bestimmungen des Absatzes 1 Buchstabe b sind nur auf die Wappen, Flaggen und anderen Kennzeichen, Siegel und Bezeichnungen der internationalen zwischenstaatlichen Organisationen anwendbar, die diese durch Vermittlung des Internationalen Büros den Verbandsländern mitgeteilt haben.

(4) Jedes Verbandsland kann innerhalb einer Frist von zwölf Monaten nach dem Eingang der Notifikation seine etwaigen Einwendungen durch das Internationale Büro dem betreffenden Land oder der betreffenden internationalen zwischenstaatlichen Organisation übermitteln.

(5) Hinsichtlich der Staatsflaggen finden die in Absatz (1) vorgesehenen Maßnahmen nur auf Marken Anwendung, die nach dem 6. November 1925 eingetragen worden sind.

(6) Hinsichtlich der staatlichen Hoheitszeichen – mit Ausnahme der Flaggen – und der amtlichen Zeichen und Stempel der Verbandsländer und hinsichtlich der Wappen, Flaggen und anderen Kennzeichen, Siegel oder Bezeichnungen der internationalen zwischenstaatlichen Organisationen sind diese Bestimmungen nur auf Marken anwendbar, die später als zwei Monate nach dem Eingang der in Absatz 3 vorgesehenen Notifikation eingetragen worden sind.

(7) Den Ländern steht es frei, bei Bösgläubigkeit auch solche Marken zu löschen, die vor dem 6. November 1925 eingetragen worden sind und staatliche Hoheitszeichen, Zeichen und Stempel enthalten.

(8) Die Angehörigen eines jeden Landes, die zum Gebrauch der staatlichen Hoheitszeichen, Zeichen und Stempel ihres Landes ermächtigt sind, dürfen sie auch dann benutzen, wenn sie denen eines anderen Landes ähnlich sind.

(9) Die Verbandsländer verpflichten sich, den unbefugten Gebrauch der Staatswappen der anderen Verbandsländer im Handel zu verbieten, wenn dieser Gebrauch zur Irreführung über den Ursprung der Erzeugnisse geeignet ist.

(10) Die vorhergehenden Bestimmungen hindern die Länder nicht an der Ausübung der Befugnis, gemäß Artikel 6^{quinquies} Buchstabe B Nummer 3 Marken zurückzuweisen oder für ungültig zu erklären, die ohne Ermächtigung Wappen, Flaggen und andere staatliche Hoheitszeichen oder in einem Verbandsland eingeführte amtliche Zeichen und Stempel enthalten; dies gilt auch für die in Absatz (1) genannten unterscheidungskräftigen Zeichen der internationalen zwischenstaatlichen Organisationen.

Artikel 6^{quater}

(1) Ist nach den Rechtsvorschriften eines Verbandslandes die Übertragung einer Marke nur rechtsgültig, wenn gleichzeitig das Unternehmen oder der Geschäftsbetrieb, zu dem die Marke gehört, mit übergeht, so genügt es zur Rechtsgültigkeit der Übertragung, dass der in diesem Land befindliche Teil des Unternehmens oder Geschäftsbetriebes mit dem ausschließlichen Recht, die mit der übertragenen Marke versehenen Erzeugnisse dort herzustellen oder zu verkaufen, auf den Erwerber übergeht.

(2) Diese Bestimmung verpflichtet die Verbandsländer nicht, die Übertragung einer Marke als rechtsgültig anzusehen, deren Gebrauch durch den Erwerber tatsächlich geeignet wäre, das Publikum irrezuführen, insbesondere was die Herkunft, die Beschaffenheit oder die wesentlichen Eigenschaften der Erzeugnisse betrifft, für welche die Marke verwendet wird.

Artikel 6^{quinquies}

A. –

(1) Jede im Ursprungsland vorschriftsmäßig eingetragene Fabrik- oder Handelsmarke soll so, wie sie ist, unter den Vorbehalten dieses Artikels in den anderen Verbandsländern zur Hinterlegung zugelassen und geschützt werden. Diese Länder können vor der endgültigen Eintragung die Vorlage einer von der zuständigen Behörde ausgestellten Bescheinigung über die Eintragung im Ursprungsland verlangen. Eine Beglaubigung dieser Bescheinigung ist nicht erforderlich.

(2) Als Ursprungsland wird das Verbandsland angesehen, in dem der Hinterleger eine tatsächliche und nicht nur zum Schein bestehende gewerbliche oder Handelsniederlassung hat, und, wenn er eine solche Niederlassung innerhalb des Verbandes nicht hat, das Verbandsland, in dem er seinen Wohnsitz hat, und, wenn er keinen Wohnsitz innerhalb des Verbandes hat, das Land seiner Staatsangehörigkeit, sofern er Angehöriger eines Verbandslandes ist.

B. –

Die Eintragung von Fabrik- oder Handelsmarken, die unter diesen Artikel fallen, darf nur in folgenden Fällen verweigert oder für ungültig erklärt werden:

wenn die Marken geeignet sind, Rechte zu verletzen, die von Dritten in dem Land erworben sind, in dem der Schutz beansprucht wird;

wenn die Marken jeder Unterscheidungskraft entbehren oder ausschließlich aus Zeichen oder Angaben zusammengesetzt sind, die im Verkehr zur Bezeichnung der Art, der Beschaffenheit, der Menge, der Bestimmung, des Wertes, des Ursprungsortes der Erzeugnisse oder der Zeit der Erzeugung dienen können, oder die im allgemeinen Sprachgebrauch oder in den redlichen und ständigen Verkehrsgepflogenheiten des Landes, in dem der Schutz beansprucht wird, üblich sind;

wenn die Marken gegen die guten Sitten oder die öffentliche Ordnung verstoßen, insbesondere wenn sie geeignet sind, das Publikum zu täuschen. Es besteht Einverständnis darüber, dass eine Marke nicht schon deshalb als gegen die öffentliche Ordnung verstoßend angesehen werden kann, weil sie einer Vorschrift des Markenrechts nicht entspricht, es sei denn, dass diese Bestimmung selbst die öffentliche Ordnung betrifft.

Die Anwendung des Artikels 10bis bleibt jedoch vorbehalten.

C. –

(1) Bei der Würdigung der Schutzfähigkeit der Marke sind alle Tatumstände zu berücksichtigen, insbesondere die Dauer des Gebrauchs der Marke.

(2) In den anderen Verbandsländern dürfen Fabrik- oder Handelsmarken nicht allein deshalb zurückgewiesen werden, weil sie von den im Ursprungsland geschützten Marken nur in Bestandteilen abweichen, die gegenüber der im Ursprungsland eingetragenen Form die Unterscheidungskraft der Marken nicht beeinflussen und ihre Identität nicht berühren.

D. –

Niemand kann sich auf die Bestimmungen dieses Artikels berufen, wenn die Marke, für die er den Schutz beansprucht, im Ursprungsland nicht eingetragen ist.

E. –

Jedoch bringt die Erneuerung der Eintragung einer Marke im Ursprungsland keinesfalls die Verpflichtung mit sich, die Eintragung auch in den anderen Verbandsländern zu erneuern, in denen die Marke eingetragen worden ist.

F. –

Das Prioritätsvorrecht bleibt bei den innerhalb der Frist des Artikels 4 vorgenommenen Markenhinterlegungen gewahrt, selbst wenn die Marke im Ursprungsland erst nach Ablauf dieser Frist eingetragen wird.

Artikel 6^{sexies}

Die Verbandsländer verpflichten sich, die Dienstleistungsmarken zu schützen. Sie sind nicht gehalten, die Eintragung dieser Marken vorzusehen.

Artikel 6^{septies}

(1) Beantragt der Agent oder der Vertreter dessen, der in einem der Verbandsländer Inhaber einer Marke ist, ohne dessen Zustimmung die Eintragung dieser Marke auf seinen eigenen Namen in einem oder mehreren dieser Länder, so ist der Inhaber berechtigt, der beantragten Eintragung zu widersprechen oder die Löschung oder, wenn das Gesetz des Landes es

zulässt, die Übertragung dieser Eintragung zu seinen Gunsten zu verlangen, es sei denn, daß der Agent oder Vertreter seine Handlungsweise rechtfertigt.

(2) Der Inhaber der Marke ist unter den Voraussetzungen des Absatzes 1 berechtigt, sich dem Gebrauch seiner Marke durch seinen Agenten oder Vertreter zu widersetzen, wenn er diesen Gebrauch nicht gestattet hat.

(3) Den Landesgesetzgebungen steht es frei, eine angemessene Frist zu bestimmen, innerhalb welcher der Inhaber einer Marke seine in diesem Artikel vorgesehenen Rechte geltend machen muss.

Artikel 7

Die Beschaffenheit des Erzeugnisses, auf dem die Fabrik- oder Handelsmarke angebracht werden soll, darf keinesfalls die Eintragung der Marke hindern.

Artikel 7bis

(1) Die Verbandsländer verpflichten sich, Verbandsmarken, die Verbänden gehören, deren Bestehen dem Gesetz des Ursprungslandes nicht zuwiderläuft, auch dann zur Hinterlegung zuzulassen und zu schützen, wenn diese Verbände eine gewerbliche oder Handelsniederlassung nicht besitzen.

(2) Es steht jedem Land zu, frei darüber zu bestimmen, unter welchen besonderen Bedingungen eine Verbandsmarke geschützt wird; es kann den Schutz verweigern, wenn diese Marke gegen das öffentliche Interesse verstößt.

(3) Jedoch darf der Schutz dieser Marken einem Verband, dessen Bestehen dem Gesetz des Ursprungslandes nicht zuwiderläuft, nicht deshalb verweigert werden, weil er in dem Land, in dem der Schutz nachgesucht wird, keine Niederlassung hat oder seine Gründung den Rechtsvorschriften dieses Landes nicht entspricht.

Artikel 8

Der Handelsname wird in allen Verbandsländern, ohne Verpflichtung zur Hinterlegung oder Eintragung, geschützt, gleichgültig ob er einen Bestandteil einer Fabrik- oder Handelsmarke bildet oder nicht.

Artikel 9

Marken, Handelsnamen: Beschlagnahme des mit einer Marke oder einem Handelsnamen widerrechtlich versehenen Erzeugnisses bei der Einfuhr

(1) Jedes widerrechtlich mit einer Fabrik- oder Handelsmarke oder mit einem Handelsnamen versehene Erzeugnis ist bei der Einfuhr in diejenigen Verbandsländer, in denen diese Marke oder dieser Handelsname Anspruch auf gesetzlichen Schutz hat, zu beschlagnahmen.

(2) Die Beschlagnahme ist auch in dem Land vorzunehmen, in dem die widerrechtliche Anbringung stattgefunden hat, oder in dem Land, in das das Erzeugnis eingeführt worden ist.

(3) Die Beschlagnahme erfolgt gemäß den innerstaatlichen Rechtsvorschriften jedes Landes auf Antrag entweder der Staatsanwaltschaft oder jeder anderen zuständigen Behörde oder einer beteiligten Partei, sei diese eine natürliche oder eine juristische Person.

(4) Die Behörden sind nicht gehalten, die Beschlagnahme im Fall der Durchfuhr zu bewirken.

(5) Lassen die Rechtsvorschriften eines Landes die Beschlagnahme bei der Einfuhr nicht zu, so tritt an die Stelle der Beschlagnahme das Einfuhrverbot oder die Beschlagnahme im Inland.

(6) Lassen die Rechtsvorschriften eines Landes weder die Beschlagnahme bei der Einfuhr noch das Einfuhrverbot noch die Beschlagnahme im Inland zu, so treten an die Stelle dieser Maßnahmen bis zu einer entsprechenden Änderung der Rechtsvorschriften diejenigen Klagen und Rechtsbehelfe, die das Gesetz dieses Landes im gleichen Fall den eigenen Staatsangehörigen gewährt.

Artikel 10

(1) Die Bestimmungen des Artikels 9 sind im Fall des unmittelbaren oder mittelbaren Gebrauchs einer falschen Angabe über die Herkunft des Erzeugnisses oder über die Identität des Erzeugers, Herstellers oder Händlers anwendbar.

(2) Als beteiligte Partei, mag sie eine natürliche oder juristische Person sein, ist jedenfalls jeder Erzeuger, Hersteller oder Händler anzuerkennen, der sich mit der Erzeugung oder Herstellung des Erzeugnisses befasst oder mit ihm handelt und in dem fälschlich als Herkunftsort bezeichneten Ort oder in der Gegend, in der dieser Ort liegt, oder in dem fälschlich bezeichneten Land oder in dem Land, in dem die falsche Herkunftsangabe verwendet wird, seine Niederlassung hat.

Artikel 10bis

(1) Die Verbandsländer sind gehalten, den Verbandsangehörigen einen wirksamen Schutz gegen unlauteren Wettbewerb zu sichern.

(2) Unlauterer Wettbewerb ist jede Wettbewerbshandlung, die den anständigen Gepflogenheiten in Gewerbe oder Handel zuwiderläuft.

(3) Insbesondere sind zu untersagen:

1. alle Handlungen, die geeignet sind, auf irgendeine Weise eine Verwechslung mit der Niederlassung, den Erzeugnissen oder der gewerblichen oder kaufmännischen Tätigkeit eines Wettbewerbers hervorzurufen;
2. die falschen Behauptungen im geschäftlichen Verkehr, die geeignet sind, den Ruf der Niederlassung, der Erzeugnisse oder der gewerblichen oder kaufmännischen Tätigkeit eines Wettbewerbers herabzusetzen;
3. Angaben oder Behauptungen, deren Verwendung im geschäftlichen Verkehr geeignet ist, das Publikum über die Beschaffenheit, die Art der Herstellung, die wesentlichen Eigenschaften, die Brauchbarkeit oder die Menge der Waren irrezuführen.

Artikel 10ter

(1) Um alle in den Artikeln 9, 10 und 10bis bezeichneten Handlungen wirksam zu unterdrücken, verpflichten sich die Verbandsländer, den Angehörigen der anderen Verbandsländer geeignete Rechtsbehelfe zu sichern.

(2) Sie verpflichten sich außerdem, Maßnahmen zu treffen, um den Verbänden und Vereinigungen, welche die beteiligten Gewerbetreibenden, Erzeuger oder Händler vertreten und deren Bestehen den Gesetzen ihres Landes nicht zuwiderläuft, das Auftreten vor Gericht oder vor den Verwaltungsbehörden zum Zweck der Unterdrückung der in den Artikeln 9, 10 und 10bis bezeichneten Handlungen in dem Maß zu ermöglichen, wie es das Gesetz des Landes, in dem der Schutz beansprucht wird, den Verbänden und Vereinigungen dieses Landes gestattet.

Artikel 11

(1) Die Verbandsländer werden nach Maßgabe ihrer innerstaatlichen Rechtsvorschriften den patentfähigen Erfindungen, den Gebrauchsmustern, den gewerblichen Mustern oder Modellen sowie den Fabrik- oder Handelsmarken für Erzeugnisse, die in einem Verbandsland auf den amtlichen oder amtlich anerkannten internationalen Ausstellungen zur Schau gestellt werden, einen zeitweiligen Schutz gewähren.

(2) Dieser zeitweilige Schutz verlängert die Fristen des Artikels 4 nicht. Wird später das Prioritätsrecht beansprucht, so kann die Behörde eines jeden Landes die Frist mit dem Zeitpunkt beginnen lassen, zu dem das Erzeugnis in die Ausstellung eingebracht worden ist.

(3) Jedes Land kann zum Nachweis der Übereinstimmung des ausgestellten Gegenstandes und des Zeitpunkts der Einbringung die ihm notwendig erscheinenden Belege verlangen.

Artikel 12

(1) Jedes der Verbandsländer verpflichtet sich, ein besonderes Amt für gewerbliches Eigentum und eine Zentralhinterlegungsstelle einzurichten, um die Erfindungspatente, die Gebrauchsmuster, die gewerblichen Muster oder Modelle und die Fabrik- oder Handelsmarken der Öffentlichkeit zur Kenntnis zu bringen.

(2) Dieses Amt wird ein regelmäßig erscheinendes amtliches Blatt herausgeben. Es wird regelmäßig veröffentlichen:

a) die Namen der Inhaber der erteilten Patente mit einer kurzen Bezeichnung der patentierten Erfindungen;

b) die Abbildungen der eingetragenen Marken.

Artikel 19

Es besteht Einverständnis darüber, dass die Verbandsländer sich das Recht vorbehalten, einzeln untereinander Sonderabkommen zum Schutz des gewerblichen Eigentums zu treffen, sofern diese Abkommen den Bestimmungen dieser Übereinkunft nicht zuwiderlaufen.

Artikel 29

(1) a) Diese Fassung der Übereinkunft wird in einer Urschrift in französischer Sprache unterzeichnet und bei der schwedischen Regierung hinterlegt.

b) Amtliche Texte werden vom Generaldirektor nach Konsultierung der beteiligten Regierungen in deutscher, englischer, italienischer, portugiesischer, russischer und spanischer Sprache sowie in anderen Sprachen hergestellt, die die Versammlung bestimmen kann.

c) Bei Streitigkeiten über die Auslegung der verschiedenen Texte ist der französische Text maßgebend.

(2) Diese Fassung der Übereinkunft liegt bis zum 13. Januar 1968 in Stockholm zur Unterzeichnung auf.

(3) Der Generaldirektor übermittelt zwei von der schwedischen Regierung beglaubigte Abschriften des unterzeichneten Textes dieser Fassung der Übereinkunft den Regierungen aller Verbandsländer und der Regierung jedes anderen Landes, die es verlangt.

(4) Der Generaldirektor lässt diese Fassung der Übereinkunft beim Sekretariat der Vereinten Nationen registrieren.

(5) Der Generaldirektor notifiziert den Regierungen aller Verbandsländer die Unterzeichnungen, die Hinterlegungen von Ratifikations- oder Beitrittsurkunden sowie die in diesen Urkunden enthaltenen oder gemäß Artikel 20 Absatz (1) Buchstabe c abgegebenen Erklärungen, das Inkrafttreten aller Bestimmungen dieser Fassung der Übereinkunft, die Notifikationen von Kündigungen und die Notifikationen gemäß Artikel 24.

GESCHEHEN zu Stockholm am 14. Juli 1967.

3. Madrider Abkommen über die internationale Registrierung von Marken (Madrider Markenabkommen – MMA)

vom 14. April 1891

revidiert in Brüssel am 14. Dezember 1900,
in Washington am 2. Juni 1911,
in Den Haag am 6. November 1925,
in London am 2. Juni 1934,
in Nizza am 15. Juni 1957 und
in Stockholm am 14. Juli 1967
mit Änderungen vom 2. Oktober 1979

BGBl. II 1970, S. 418
BGBl. II 1984, S. 799

(Auszug)

Artikel 1

(1) Die Länder, auf die dieses Abkommen Anwendung findet, bilden einen besonderen Verband für die internationale Registrierung von Marken.

(2) Die Angehörigen eines jeden der Vertragsländer können sich in allen übrigen Vertragsländern dieses Abkommens den Schutz ihrer im Ursprungsland für Waren oder Dienstleistungen eingetragenen Marken dadurch sichern, dass sie diese Marken durch Vermittlung der Behörde des Ursprungslandes bei dem im Übereinkommen zur Errichtung der Weltorganisation für geistiges Eigentum (im Folgenden als „die Organisation" bezeichnet) vorgesehenen Internationalen Büro für geistiges Eigentum (im Folgenden als „das Internationale Büro" bezeichnet) hinterlegen.

(3) Als Ursprungsland wird das Land des besonderen Verbandes angesehen, in dem der Hinterleger eine tatsächliche und nicht nur zum Schein bestehende gewerbliche oder Handelsniederlassung hat; wenn er eine solche Niederlassung in einem Land des besonderen Verbandes nicht hat, das Land des besonderen Verbandes, in dem er seinen Wohnsitz hat; wenn er keinen Wohnsitz innerhalb des besonderen Verbandes hat, das Land seiner Staatsangehörigkeit, sofern er Angehöriger eines Landes des besonderen Verbandes ist.

Artikel 2

Den Angehörigen der Vertragsländer sind gleichgestellt die Angehörigen der diesem Abkommen nicht beigetretenen Länder, die im Gebiet des durch dieses Abkommen gebildeten besonderen Verbandes den durch Artikel 3 der Pariser Verbandsübereinkunft zum Schutz des gewerblichen Eigentums festgesetzten Bedingungen genügen.

Artikel 3

(1) Jedes Gesuch um internationale Registrierung ist auf dem von der Ausführungsordnung vorgeschriebenen Formular einzureichen; die Behörde des Ursprungslandes der Marke be-

scheinigt, dass die Angaben in diesem Gesuch denen des nationalen Registers entsprechen, und gibt die Daten und Nummern der Hinterlegung und der Eintragung der Marke im Ursprungsland sowie das Datum des Gesuchs um internationale Registrierung an.

(2) Der Hinterleger hat die Waren oder Dienstleistungen, für die der Schutz der Marke beansprucht wird, anzugeben sowie, wenn möglich, die Klasse oder die Klassen entsprechend der Klassifikation, die durch das Abkommen von Nizza über die Internationale Klassifikation von Waren und Dienstleistungen für die Eintragung von Marken festgelegt worden ist. Macht der Hinterleger diese Angabe nicht, so ordnet das Internationale Büro die Waren oder Dienstleistungen in die entsprechenden Klassen der erwähnten Klassifikation ein. Die vom Hinterleger angegebene Einordnung unterliegt der Prüfung durch das Internationale Büro, das hierbei im Einvernehmen mit der nationalen Behörde vorgeht. Im Falle einer Meinungsverschiedenheit zwischen der nationalen Behörde und dem Internationalen Büro ist die Ansicht des Letzteren maßgebend.

(3) Beansprucht der Hinterleger die Farbe als unterscheidendes Merkmal seiner Marke, so ist er verpflichtet:

1. dies ausdrücklich zu erklären und seiner Hinterlegung einen Vermerk beizufügen, der die beanspruchte Farbe oder Farbenzusammenstellung angibt;
2. seinem Gesuch farbige Darstellungen der Marke beizulegen, die den Mitteilungen des Internationalen Büros beigefügt werden. Die Anzahl dieser Darstellungen wird durch die Ausführungsordnung bestimmt.

(4) Das Internationale Büro trägt die gemäß Artikel I hinterlegten Marken sogleich in ein Register ein. Die Registrierung erhält das Datum des Gesuchs um internationale Registrierung im Ursprungsland, sofern das Gesuch beim Internationalen Büro innerhalb von zwei Monaten nach diesem Zeitpunkt eingegangen ist. Ist das Gesuch nicht innerhalb dieser Frist eingegangen, so trägt das Internationale Büro es mit dem Datum ein, an dem es bei ihm eingegangen ist. Das Internationale Büro zeigt diese Registrierung unverzüglich den beteiligten Behörden an. Die registrierten Marken werden in einem regelmäßig erscheinenden, vom Internationalen Büro herausgegebenen Blatt unter Verwendung der in dem Registrierungsgesuch enthaltenen Angaben veröffentlicht. Hinsichtlich der Marken, die einen bildlichen Bestandteil oder eine besondere Schriftform enthalten, bestimmt die Ausführungsordnung, ob der Hinterleger einen Druckstock einzureichen hat.

(5) Um die registrierten Marken in den Vertragsländern zur allgemeinen Kenntnis zu bringen, erhält jede Behörde vom Internationalen Büro eine Anzahl von Stücken der genannten Veröffentlichung unentgeltlich sowie eine Anzahl von Stücken zu ermäßigtem Preis im Verhältnis zur Zahl der in Artikel 16 Absatz (4) Buchstabe a) der Pariser Verbandsübereinkunft zum Schutz des gewerblichen Eigentums genannten Einheiten und zu den von der Ausführungsordnung festgelegten Bedingungen. Diese Bekanntgabe ist in allen Vertragsländern als vollkommen ausreichend anzusehen; eine weitere darf vom Hinterleger nicht gefordert werden.

Artikel 3bis

(1) Jedes Vertragsland kann jederzeit dem Generaldirektor der Organisation (im Folgenden als „der Generaldirektor" bezeichnet) schriftlich notifizieren, dass sich der Schutz aus der

internationalen Registrierung auf dieses Land nur dann erstreckt, wenn der Inhaber der Marke es ausdrücklich beantragt.

(2) Diese Notifikation wird erst sechs Monate nach dem Zeitpunkt ihrer Mitteilung durch den Generaldirektor an die anderen Vertragsländer wirksam.

Artikel 3ter

(1) Das Gesuch um Ausdehnung des Schutzes aus der internationalen Registrierung auf ein Land, das von der durch Artikel 3bis geschaffenen Befugnis Gebrauch gemacht hat, ist in dem in Artikel 3 Absatz (1) vorgesehenen Gesuch besonders zu erwähnen.

(2) Das erst nach der internationalen Registrierung gestellte Gesuch um Ausdehnung des Schutzes ist durch Vermittlung der Behörde des Ursprungslandes auf einem von der Ausführungsordnung vorgeschriebenen Formular einzureichen. Das Internationale Büro trägt es sogleich in das Register ein und teilt es unverzüglich der oder den beteiligten Behörden mit. Das Gesuch wird in dem regelmäßig erscheinenden, vom Internationalen Büro herausgegebenen Blatt veröffentlicht. Diese Ausdehnung des Schutzes wird zu dem Zeitpunkt wirksam, zu dem sie im internationalen Register eingetragen wird; sie verliert ihre Wirkung mit dem Erlöschen der internationalen Registrierung der Marke, auf die sie sich bezieht.

Artikel 4

(1) Vom Zeitpunkt der im Internationalen Büro nach den Bestimmungen der Artikel 3 und 3ter vollzogenen Registrierung an ist die Marke in jedem der beteiligten Vertragsländer ebenso geschützt, wie wenn sie dort unmittelbar hinterlegt worden wäre. Die in Artikel 3 vorgesehene Einordnung der Waren oder Dienstleistungen bindet die Vertragsländer nicht hinsichtlich der Beurteilung des Schutzumfangs der Marke.

(2) Jede Marke, die Gegenstand einer internationalen Registrierung gewesen ist, genießt das durch Artikel 4 der Pariser Verbandsübereinkunft zum Schutz des gewerblichen Eigentums festgelegte Prioritätsrecht, ohne dass es erforderlich ist, die unter Buchstabe D jenes Artikels vorgesehenen Förmlichkeiten zu erfüllen.

Artikel 4bis

(1) Ist eine in einem oder mehreren der Vertragsländer bereits hinterlegte Marke später vom Internationalen Büro auf den Namen desselben Inhabers oder seines Rechtsnachfolgers registriert worden, so ist die internationale Registrierung als an die Stelle der früheren nationalen Eintragungen getreten anzusehen, unbeschadet der durch die Letzteren erworbenen Rechte.

(2) Die nationale Behörde hat auf Antrag die internationale Registrierung in ihren Registern zu vermerken.

Artikel 5

(1) Die Behörden, denen das Internationale Büro die Registrierung einer Marke oder das gemäß Artikel 3ter gestellte Gesuch um Ausdehnung des Schutzes mitteilt, sind in den Ländern, deren Rechtsvorschriften sie dazu ermächtigen, zu der Erklärung befugt, dass dieser

Marke der Schutz in ihrem Hoheitsgebiet nicht gewährt werden kann. Eine solche Schutzverweigerung ist jedoch nur unter den Bedingungen zulässig, die nach der Pariser Verbandsübereinkunft zum Schutz des gewerblichen Eigentums auf eine zur nationalen Eintragung hinterlegte Marke anwendbar waren. Der Schutz darf jedoch weder ganz noch teilweise allein deshalb verweigert werden, weil die innerstaatlichen Rechtsvorschriften die Eintragung nur für eine beschränkte Anzahl von Klassen oder für eine beschränkte Anzahl von Waren oder Dienstleistungen zulassen.

(2) Die Behörden, die von dieser Befugnis Gebrauch machen wollen, haben ihre Schutzverweigerung unter Angabe aller Gründe dem Internationalen Büro innerhalb der von ihrem Landesgesetz vorgesehenen Frist, spätestens aber vor Ablauf eines Jahres nach der internationalen Registrierung der Marke oder nach dem gemäß Artikel 3ter gestellten Gesuch um Ausdehnung des Schutzes, mitzuteilen.

(3) Das Internationale Büro übermittelt unverzüglich eines der Stücke der in dieser Weise mitgeteilten Schutzverweigerungserklärung der Behörde des Ursprungslandes und dem Inhaber der Marke oder seinem Vertreter, falls dieser dem Büro von der genannten Behörde angegeben worden ist. Der Beteiligte hat dieselben Rechtsmittel, wie wenn er die Marke unmittelbar in dem Land hinterlegt hätte, in dem der Schutz verweigert wird.

(4) Das Internationale Büro hat den Beteiligten auf Antrag die Gründe der Schutzverweigerung mitzuteilen.

(5) Die Behörden, die innerhalb der genannten Höchstfrist von einem Jahr dem Internationalen Büro hinsichtlich der Registrierung einer Marke oder eines Gesuchs um Ausdehnung des Schutzes keine vorläufige oder endgültige Schutzverweigerung mitgeteilt haben, verlieren hinsichtlich der betreffenden Marke die Vergünstigung der in Absatz (1) vorgesehenen Befugnis.

(6) Die zuständigen Behörden dürfen eine internationale Marke nicht für ungültig erklären, ohne dem Inhaber der Marke Gelegenheit gegeben zu haben, seine Rechte rechtzeitig geltend zu machen. Die Ungültigerklärung ist dem Internationalen Büro mitzuteilen.

Artikel 5bis

Die Belege für die Rechtmäßigkeit des Gebrauchs gewisser Markenbestandteile wie Wappen, Wappenschilde, Bildnisse, Auszeichnungen, Titel, Handels- oder Personennamen, die anders lauten als der des Hinterlegers, oder andere Inschriften ähnlicher Art, die von den Behörden der Vertragsländer etwa angefordert werden, sind von jeder Beglaubigung sowie von jeder anderen Bestätigung als der der Behörde des Ursprungslandes befreit.

Artikel 5ter

(1) Das Internationale Büro übermittelt auf Antrag jedermann gegen eine durch die Ausführungsordnung festgesetzte Gebühr eine Abschrift der im Register eingetragenen Angaben über eine bestimmte Marke.

(2) Das Internationale Büro kann gegen Entgelt auch Nachforschungen nach älteren Registrierungen internationaler Marken übernehmen.

(3) Die zur Vorlage in einem der Vertragsländer beantragten Auszüge aus dem internationalen Register sind von jeder Beglaubigung befreit.

Artikel 6

(1) Die Registrierung einer Marke beim Internationalen Büro erfolgt für zwanzig Jahre mit der Möglichkeit der Erneuerung unter den in Artikel 7 festgesetzten Bedingungen.

(2) Mit dem Ablauf einer Frist von fünf Jahren vom Zeitpunkt der internationalen Registrierung an wird diese, vorbehaltlich der folgenden Bestimmungen, von der vorher im Ursprungsland eingetragenen nationalen Marke unabhängig.

(3) Der durch die internationale Registrierung erlangte Schutz, gleichgültig ob die Registrierung Gegenstand einer Übertragung gewesen ist oder nicht, kann, ganz oder teilweise, nicht mehr in Anspruch genommen werden, wenn innerhalb von fünf Jahren vom Zeitpunkt der internationalen Registrierung an die vorher im Ursprungsland im Sinn des Artikels 1 eingetragene nationale Marke in diesem Land den gesetzlichen Schutz ganz oder teilweise nicht mehr genießt. Das Gleiche gilt, wenn dieser gesetzliche Schutz später infolge einer vor Ablauf der Frist von fünf Jahren erhobenen Klage erlischt.

(4) Wird die Marke freiwillig oder von Amts wegen gelöscht, so ersucht die Behörde des Ursprungslandes das Internationale Büro um die Löschung der Marke, das daraufhin die Löschung vornimmt. Im Fall eines gerichtlichen Verfahrens übermittelt die genannte Behörde von Amts wegen oder auf Verlangen des Klägers dem Internationalen Büro eine Abschrift der Klageschrift oder einer anderen die Klageerhebung nachweisenden Urkunde, ebenso eine Abschrift des rechtskräftigen Urteils; das Büro vermerkt dies im internationalen Register.

Artikel 7

(1) Die Registrierung kann immer wieder für einen Zeitabschnitt von zwanzig Jahren, gerechnet vom Ablauf des vorhergehenden Zeitabschnitts an, durch einfache Zahlung der in Artikel 8 Absatz (2) vorgesehenen Grundgebühr und gegebenenfalls der Zusatz- und Ergänzungsgebühren erneuert werden.

(2) Die Erneuerung darf gegenüber dem letzten Stand der vorhergehenden Registrierung keine Änderung enthalten.

(3) Bei der ersten nach den Bestimmungen der Nizzaer Fassung vom 15. Juni 1957 oder dieser Fassung des Abkommens vorgenommenen Erneuerung sind die Klassen der Internationalen Klassifikation anzugeben, auf die sich die Registrierung bezieht.

(4) Sechs Monate vor Ablauf der Schutzfrist erinnert das Internationale Büro den Inhaber der Marke und seinen Vertreter durch Zusendung einer offiziösen Mitteilung an den genauen Zeitpunkt dieses Ablaufs.

(5) Gegen Zahlung einer von der Ausführungsordnung festgesetzten Zuschlagsgebühr wird eine Nachfrist von sechs Monaten für die Erneuerung der internationalen Registrierung gewährt.

Artikel 8

(1) Die Behörde des Ursprungslandes ist befugt, nach ihrem Ermessen eine nationale Gebühr festzusetzen und zu ihren Gunsten vom Inhaber der Marke, deren internationale Registrierung oder Erneuerung beantragt wird, zu erheben.

(2) Vor der Registrierung einer Marke beim Internationalen Büro ist eine internationale Gebühr zu entrichten, die sich zusammensetzt aus:

a) einer Grundgebühr;

b) einer Zusatzgebühr für jede die dritte Klasse übersteigende Klasse der internationalen Klassifikation, in welche die Waren oder Dienstleistungen eingeordnet werden, auf die sich die Marke bezieht;

c) einer Ergänzungsgebühr für jedes Gesuch um Ausdehnung des Schutzes gemäß Artikel 3ter.

(3) Die in Absatz (2) Buchstabe b) geregelte Zusatzgebühr kann jedoch, ohne dass sich dies auf den Zeitpunkt der Registrierung auswirkt, innerhalb einer von der Ausführungsordnung festzusetzenden Frist entrichtet werden, wenn die Zahl der Klassen der Waren oder Dienstleistungen vom Internationalen Büro festgesetzt oder bestritten worden ist. Ist bei Ablauf der genannten Frist die Zusatzgebühr nicht entrichtet oder das Verzeichnis der Waren oder Dienstleistungen vom Hinterleger nicht in dem erforderlichen Ausmaß eingeschränkt worden, so gilt das Gesuch um internationale Registrierung als zurückgenommen.

(4) Der jährliche Gesamtbetrag der verschiedenen Einnahmen aus der internationalen Registrierung wird mit Ausnahme der in Absatz (2) Buchstaben b) und c) vorgesehenen Einnahmen nach Abzug der durch die Ausführung dieser Fassung des Abkommens verursachten Kosten und Aufwendungen vom Internationalen Büro zu gleichen Teilen unter die Vertragsländer dieser Fassung des Abkommens verteilt. Wenn ein Land im Zeitpunkt des Inkrafttretens dieser Fassung des Abkommens diese noch nicht ratifiziert hat oder ihr noch nicht beigetreten ist, hat es bis zu dem Zeitpunkt, zu dem seine Ratifikation oder sein Beitritt wirksam wird, Anspruch auf eine Verteilung des Einnahmenüberschusses, der auf der Grundlage der früheren Fassung des Abkommens, die für das Land gilt, errechnet wird.

(5) Die sich aus den Zusatzgebühren gemäß Absatz (2) Buchstabe b) ergebenden Beträge werden nach Ablauf jedes Jahres unter die Vertragsländer dieser Fassung des Abkommens oder der Nizzaer Fassung vom 15. Juni 1957 im Verhältnis zur Zahl der Marken verteilt, für die während des abgelaufenen Jahres in jedem dieser Länder der Schutz beantragt worden ist; soweit es sich um Länder mit Vorprüfung handelt, wird diese Zahl mit einem Koeffizienten vervielfacht, der in der Ausführungsordnung festgesetzt wird. Wenn ein Land im Zeitpunkt des Inkrafttretens dieser Fassung des Abkommens diese noch nicht ratifiziert hat oder ihr noch nicht beigetreten ist, hat es bis zu dem Zeitpunkt, zu dem seine Ratifikation oder sein Beitritt wirksam wird, Anspruch auf eine Verteilung der auf der Grundlage der Nizzaer Fassung errechneten Beträge.

(6) Die sich aus den Ergänzungsgebühren gemäß Absatz (2) Buchstabe c) ergebenden Beträge werden nach den Regeln des Absatzes (5) unter die Länder verteilt, die von der in Artikel 3bis vorgesehenen Befugnis Gebrauch gemacht haben. Wenn ein Land im Zeitpunkt des Inkrafttretens dieser Fassung des Abkommens diese noch nicht ratifiziert hat oder ihr noch nicht beigetreten ist, hat es bis zu dem Zeitpunkt, zu dem seine Ratifikation oder sein Beitritt wirksam wird, Anspruch auf eine Verteilung der auf der Grundlage der Nizzaer Fassung errechneten Beträge.

Artikel 8bis

Der Inhaber der internationalen Registrierung kann jederzeit durch eine an die Behörde seines Landes gerichtete Erklärung auf den Schutz in einem oder in mehreren der Vertragsländer verzichten; die Erklärung wird dem Internationalen Büro mitgeteilt und von diesem den Ländern, auf die sich der Verzicht bezieht, zur Kenntnis gebracht. Der Verzicht ist gebührenfrei.

Artikel 9

(1) Ebenso teilt die Behörde des Landes des Inhabers dem Internationalen Büro die bei der eingetragenen Marke im nationalen Register vermerkten Nichtigkeitserklärungen, Löschungen, Verzichte, Übertragungen und anderen Änderungen mit, wenn diese Änderungen auch die internationale Registrierung berühren.

(2) Das Büro trägt diese Änderungen in das internationale Register ein, teilt sie seinerseits den Behörden der Vertragsländer mit und veröffentlicht sie in seinem Blatt.

(3) Ebenso wird verfahren, wenn der Inhaber der internationalen Registrierung beantragt, das Verzeichnis der Waren oder Dienstleistungen einzuschränken, auf die sich die Registrierung bezieht.

(4) Für diese Amtshandlungen kann eine Gebühr erhoben werden, die durch die Ausführungsordnung festgesetzt wird.

(5) Die nachträgliche Erweiterung des Verzeichnisses um eine neue Ware oder Dienstleistung kann nur durch eine neue Hinterlegung nach den Bestimmungen des Artikels 3 vorgenommen werden.

(6) Der Erweiterung steht der Austausch einer Ware oder Dienstleistung durch eine andere gleich.

Artikel 9bis

(1) Wird eine im internationalen Register eingetragene Marke auf eine Person übertragen, die in einem anderen Vertragsland als dem Land des Inhabers der internationalen Registrierung ansässig ist, so ist die Übertragung durch die Behörde dieses Landes dem Internationalen Büro mitzuteilen. Das Internationale Büro trägt die Übertragung in das Register ein, teilt sie den anderen Behörden mit und veröffentlicht sie in seinem Blatt. Wird die Übertragung vor Ablauf der Frist von fünf Jahren seit der internationalen Registrierung vorgenommen, so holt das Internationale Büro die Zustimmung der Behörde des Landes des neuen Inhabers ein und veröffentlicht, wenn möglich, das Datum und die Nummer der Registrierung der Marke in dem Land des neuen Inhabers.

(2) Die Übertragung einer im internationalen Register eingetragenen Marke auf eine Person, die zur Hinterlegung einer internationalen Marke nicht berechtigt ist, wird im Register nicht eingetragen.

(3) Konnte eine Übertragung im internationalen Register nicht eingetragen werden, weil das Land des neuen Inhabers seine Zustimmung versagt hat oder weil die Übertragung zugunsten einer Person vorgenommen worden ist, die zur Einreichung eines Gesuchs um internationale Registrierung nicht berechtigt ist, so hat die Behörde des Landes des früheren

Inhabers das Recht, vom Internationalen Büro die Löschung der Marke in dessen Register zu verlangen.

Artikel 9ter

(1) Wird die Übertragung einer internationalen Marke nur für einen Teil der eingetragenen Waren oder Dienstleistungen dem Internationalen Büro mitgeteilt, so trägt dieses die Übertragung in sein Register ein. Jedes der Vertragsländer ist befugt, die Gültigkeit dieser Übertragung nicht anzuerkennen, wenn die Waren oder Dienstleistungen des auf diese Weise übertragenen Teils mit denen gleichartig sind, für welche die Marke zugunsten des Übertragenden eingetragen bleibt.

(2) Das Internationale Büro trägt auch Übertragungen der internationalen Marke ein, die sich nur auf eines oder auf mehrere der Vertragsländer beziehen.

(3) Tritt in den vorgenannten Fällen ein Wechsel des Landes des Inhabers ein, so hat die für den neuen Inhaber zuständige Behörde die nach Artikel 9bis erforderliche Zustimmung zu erteilen, wenn die internationale Marke vor Ablauf der Frist von fünf Jahren seit der internationalen Registrierung übertragen worden ist.

(4) Die Bestimmungen der vorhergehenden Absätze finden nur unter dem Vorbehalt des Artikels 6^{quater} der Pariser Verbandsübereinkunft zum Schutz des gewerblichen Eigentums Anwendung.

Artikel 9^{quater}

(1) Kommen mehrere Länder des besonderen Verbandes überein, ihre Landesgesetze auf dem Gebiet des Markenrechts zu vereinheitlichen, so können sie dem Generaldirektor notifizieren:

a) dass eine gemeinsame Behörde an die Stelle der nationalen Behörde jedes dieser Länder tritt und

b) dass die Gesamtheit ihrer Hoheitsgebiete für die vollständige oder teilweise Anwendung der diesem Artikel vorhergehenden Bestimmungen als ein Land anzusehen ist.

(2) Diese Notifikation wird erst wirksam sechs Monate nach dem Zeitpunkt der Mitteilung, welche der Generaldirektor den anderen Vertragsländern darüber zugehen lässt.

Artikel 17

(1) a) Diese Fassung des Abkommens wird in einer Urschrift in französischer Sprache unterzeichnet und bei der schwedischen Regierung hinterlegt.

   b) Amtliche Texte werden vom Generaldirektor nach Konsultierung der beteiligten Regierungen in anderen Sprachen hergestellt, die die Versammlung bestimmen kann.

(2) Diese Fassung des Abkommens liegt bis zum 13. Januar 1968 in Stockholm zur Unterzeichnung auf.

(3) Der Generaldirektor übermittelt zwei von der schwedischen Regierung beglaubigte Abschriften des unterzeichneten Textes dieser Fassung des Abkommens den Regierungen aller Länder des besonderen Verbandes und der Regierung jedes anderen Landes, die es verlangt.

(4) Der Generaldirektor lässt diese Fassung des Abkommens beim Sekretariat der Vereinten Nationen registrieren.

(5) Der Generaldirektor notifiziert den Regierungen aller Länder des besonderen Verbandes die Unterzeichnungen, die Hinterlegungen von Ratifikations- oder Beitrittsurkunden sowie die in diesen Urkunden enthaltenen Erklärungen, das Inkrafttreten aller Bestimmungen dieser Fassung des Abkommens, die Notifikationen von Kündigungen und die Notifikationen gemäß den Artikeln 3bis, 9^{quater}, 13, 14 Absatz (7) und Artikel 15 Absatz (2).

Geschehen zu Stockholm am 14. Juli 1967.

4. Protokoll zum Madrider Abkommen über die internationale Registrierung von Marken (PMMA)

angenommen in Madrid am 27. Juni 1989,
geändert in Genf am 25.9. – 3.10.2006
in Genf am 24.9. – 3.10.2007
BGBl. II. 1995, S. 1017
BGBl. II. 2008, S. 822

in der Fassung der Änderungen, beschlossen von der 37. Versammlung der Madrider Union vom 25.9.–3.10.2006 in Genf, in Kraft ab 3. Oktober 2006 (Artikel 5 (2) (c) (ii) und Erklärung zu Artikel 5 (2) (e)) (vgl. WIPO *Madrid Information Notice* No. 18/2006 vom 23.11.2006: *http://www.wipo.int/edocs/madrdocs/en/2006/madrid_2006_18.pdf* und WIPO *Madrid (Marks) Notification* No. 173 vom 2.3.2007: *http://www.wipo.int/edocs/notdocs/en/madridp-gp/treaty_madridp_gp_173.html*)

und in der Fassung der Änderung für Artikel 9*sexies* ab 1. September 2008, beschlossen durch die 38. Versammlung der Madrider Union vom 24.9.–3.10.2007 in Genf (*BGBl. II/ 2008, S. 822f.*) (vgl. WIPO *Madrid Information Notice* No. 18/2007 vom 16.11.2007: *http://www.wipo.int/edocs/madrdocs/en/2007/madrid_2007_18.pdf*)

Artikel 1
Mitgliedschaft im Madrider Verband

Die Staaten, die Vertragsparteien dieses Protokolls sind (im Folgenden als „ Vertragsstaaten" bezeichnet), auch wenn sie nicht Vertragsparteien des Madrider Abkommens über die internationale Registrierung von Marken in der Stockholmer Fassung von 1967 mit den Änderungen von 1979 (im Folgenden als „Madrider Abkommen (Stockholmer Fassung)" bezeichnet) sind, und die in Artikel 14 Absatz 1 Buchstabe b bezeichneten Organisationen, die Vertragsparteien dieses Protokolls sind (im Folgenden als „Vertragsorganisationen" bezeichnet), sind Mitglieder desselben Verbands, dem die Vertragsparteien des Madrider Abkommens (Stockholmer Fassung) als Mitglieder angehören. Jede Bezugnahme in diesem Protokoll auf „Vertragsparteien" ist als Bezugnahme sowohl auf die Vertragsstaaten als auch auf die Vertragsorganisationen auszulegen.

Artikel 2
Erwerb des Schutzes durch internationale Registrierung

(1) Wurde ein Gesuch um Eintragung einer Marke bei der Behörde einer Vertragspartei eingereicht oder eine Marke im Register der Behörde einer Vertragspartei eingetragen, so kann sich die Person, auf deren Namen das Gesuch (im Folgenden als „Basisgesuch" bezeichnet) oder die Eintragung (im Folgenden als „Basiseintragung" bezeichnet) lautet, nach diesem Protokoll den Schutz dieser Marke im Gebiet der Vertragsparteien dadurch sichern, dass sie die Eintragung der Marke im Register des Internationalen Büros der Weltorganisation für geistiges Eigentum (im folgenden als „internationale Registrierung", „in-

ternationales Register", „Internationales Büro" und „Organisation" bezeichnet) herbeiführt, vorausgesetzt, dass

i) wenn das Basisgesuch bei der Behörde eines Vertragsstaats eingereicht oder die Basiseintragung von einer solchen Behörde vorgenommen wurde, die Person, auf deren Namen das Gesuch oder die Eintragung lautet, Angehöriger des betreffenden Vertragsstaats ist oder in diesem Vertragsstaat ihren Wohnsitz oder eine tatsächliche und nicht nur zum Schein bestehende gewerbliche oder Handelsniederlassung hat;

ii) wenn das Basisgesuch bei der Behörde einer Vertragsorganisation eingereicht oder die Basiseintragung von einer solchen Behörde vorgenommen wurde, die Person, auf deren Namen das Gesuch oder die Eintragung lautet, Angehöriger eines Mitgliedstaats dieser Vertragsorganisation ist oder im Gebiet dieser Vertragsorganisation ihren Wohnsitz oder eine tatsächliche und nicht nur zum Schein bestehende gewerbliche oder Handelsniederlassung hat.

(2) Das Gesuch um internationale Registrierung (im Folgenden als „internationales Gesuch" bezeichnet) ist beim Internationalen Büro durch Vermittlung der Behörde einzureichen, bei der das Basisgesuch eingereicht beziehungsweise von der die Basiseintragung vorgenommen wurde (im Folgenden als „Ursprungsbehörde" bezeichnet).

(3) Jede Bezugnahme in diesem Protokoll auf eine „Behörde" oder eine „Behörde einer Vertragspartei" ist als Bezugnahme auf die Behörde, die namens einer Vertragspartei für die Eintragung von Marken zuständig ist, und jede Bezugnahme in diesem Protokoll auf „Marken" ist als Bezugnahme auf Warenmarken und Dienstleistungsmarken auszulegen.

(4) Für die Zwecke dieses Protokolls bedeutet „Gebiet einer Vertragspartei", wenn es sich bei der Vertragspartei um einen Staat handelt, das Hoheitsgebiet des betreffenden Staates, und wenn es sich bei der Vertragspartei um eine zwischenstaatliche Organisation handelt, das Gebiet, in dem der Gründungsvertrag der betreffenden zwischenstaatlichen Organisation Anwendung findet.

Artikel 3
Internationales Gesuch

(1) Jedes internationale Gesuch aufgrund dieses Protokolls ist auf dem von der Ausführungsordnung vorgeschriebenen Formular einzureichen. Die Ursprungsbehörde bescheinigt, dass die Angaben im internationalen Gesuch den Angaben entsprechen, die zum Zeitpunkt der Bescheinigung im Basisgesuch beziehungsweise in der Basiseintragung enthalten sind. Die Behörde gibt außerdem Folgendes an:

i) bei einem Basisgesuch das Datum und die Nummer des Gesuchs,

ii) bei einer Basiseintragung das Datum und die Nummer der Eintragung sowie das Datum und die Nummer des Gesuchs, aus dem die Basiseintragung hervorging.

Die Ursprungsbehörde gibt außerdem das Datum des internationalen Gesuchs an.

(2) Der Hinterleger hat die Waren und Dienstleistungen, für die der Schutz der Marke beansprucht wird, anzugeben sowie, wenn möglich, die Klasse oder die Klassen entsprechend der Klassifikation, die durch das Abkommen von Nizza über die Internationale Klassifikation von Waren und Dienstleistungen für die Eintragung von Marken festgelegt wurde. Macht der Hinterleger diese Angabe nicht, so ordnet das Internationale Büro die Waren und Dienstleistungen in die entsprechenden Klassen der erwähnten Klassifikation ein. Die

vom Hinterleger angegebene Einordnung unterliegt der Prüfung durch das Internationale Büro, das hierbei im Zusammenwirken mit der Ursprungsbehörde vorgeht. Im Fall einer Meinungsverschiedenheit zwischen dieser Behörde und dem Internationalen Büro ist die Ansicht des Letzteren maßgebend.

(3) Beansprucht der Hinterleger die Farbe als unterscheidendes Merkmal seiner Marke, so ist er verpflichtet,

i) dies ausdrücklich zu erklären und seinem internationalen Gesuch einen Vermerk beizufügen, der die beanspruchte Farbe oder Farbenzusammenstellung angibt;

ii) seinem internationalen Gesuch farbige Darstellungen der Marke beizulegen, die den Mitteilungen des Internationalen Büros beigefügt werden; die Anzahl dieser Darstellungen wird in der Ausführungsordnung bestimmt.

(4) Das Internationale Büro trägt die gemäß Artikel 2 hinterlegten Marken sogleich in ein Register ein. Die internationale Registrierung erhält das Datum, an dem das internationale Gesuch bei der Ursprungsbehörde eingegangen ist, sofern das internationale Gesuch innerhalb von zwei Monaten nach diesem Zeitpunkt beim Internationalen Büro eingegangen ist. Ist das internationale Gesuch nicht innerhalb dieser Frist eingegangen, so erhält die internationale Registrierung das Datum, an dem das betreffende internationale Gesuch beim Internationalen Büro eingegangen ist. Das Internationale Büro teilt den beteiligten Behörden unverzüglich die internationale Registrierung mit. Die im internationalen Register eingetragenen Marken werden in einem regelmäßig erscheinenden, vom Internationalen Büro herausgegebenen Blatt auf der Grundlage der im internationalen Gesuch enthaltenen Angaben veröffentlicht.

(5) Um die im internationalen Register eingetragenen Marken zur allgemeinen Kenntnis zu bringen, erhält jede Behörde vom Internationalen Büro unentgeltlich eine Anzahl von Stücken des genannten Blattes sowie eine Anzahl von Stücken zu ermäßigtem Preis zu den Bedingungen, die von der in Artikel 10 genannten Versammlung (im Folgenden als „Versammlung" bezeichnet) festgelegt werden. Diese Bekanntgabe gilt für die Zwecke aller Vertragsparteien als ausreichend; eine weitere Bekanntgabe darf vom Inhaber der internationalen Registrierung nicht verlangt werden.

Artikel 3*bis*
Territoriale Wirkung

Der Schutz aus der internationalen Registrierung erstreckt sich auf eine Vertragspartei nur auf Antrag der Person, die das internationale Gesuch einreicht oder Inhaber der internationalen Registrierung ist. Ein solcher Antrag kann jedoch nicht für die Vertragspartei gestellt werden, deren Behörde die Ursprungsbehörde ist.

Artikel 3*ter*
Gesuch um „territoriale Ausdehnung"

(1) Jedes Gesuch um Ausdehnung des Schutzes aus der internationalen Registrierung auf eine Vertragspartei ist im internationalen Gesuch besonders zu erwähnen.

(2) Ein Gesuch um territoriale Ausdehnung kann auch nach der internationalen Registrierung gestellt werden. Ein solches Gesuch ist auf dem in der Ausführungsordnung vorgeschriebenen Formular einzureichen. Das Internationale Büro trägt es sogleich im Register

ein und teilt diese Eintragung unverzüglich der oder den beteiligten Behörden mit. Die Eintragung wird in dem regelmäßig erscheinenden Blatt des Internationalen Büros veröffentlicht. Diese territoriale Ausdehnung wird von dem Datum an wirksam, an dem sie im internationalen Register eingetragen wird; sie verliert ihre Wirkung mit dem Erlöschen der internationalen Registrierung, auf die sie sich bezieht.

Artikel 4*bis*
Ersetzung einer nationalen oder regionalen Eintragung durch eine internationale Registrierung

(1) Ist eine Marke, die Gegenstand einer nationalen oder regionalen Eintragung bei der Behörde einer Vertragspartei ist, auch Gegenstand einer internationalen Registrierung und lauten sowohl die Eintragung als auch die Registrierung auf den Namen derselben Person, so gilt die internationale Registrierung als an die Stelle der nationalen oder regionalen Eintragung getreten, unbeschadet der durch die Letzteren erworbenen Rechte, sofern

i) der Schutz aus der internationalen Registrierung sich nach Artikel 3ter Absatz 1 oder 2 auf die betreffende Vertragspartei erstreckt,

ii) alle in der nationalen oder regionalen Eintragung aufgeführten Waren und Dienstleistungen auch in der internationalen Registrierung in Bezug auf die betreffende Vertragspartei aufgeführt sind,

iii) diese Ausdehnung nach dem Datum der nationalen oder regionalen Eintragung wirksam wird.

(2) Die in Absatz 1 bezeichnete Behörde hat auf Antrag die internationale Registrierung in ihrem Register zu vermerken.

Artikel 5
Schutzverweigerung und Üngültigerklärung der Wirkungen der internationalen Registrierung in Bezug auf bestimmte Vertragsparteien

(1) Soweit die geltenden Rechtsvorschriften sie dazu ermächtigen, hat die Behörde einer Vertragspartei, der das Internationale Büro eine Ausdehnung des sich aus der internationalen Registrierung ergebenden Schutzes auf die Vertragspartei nach Artikel 3ter Absatz 1 oder 2 mitgeteilt hat, das Recht, in einer Mitteilung der Schutzverweigerung zu erklären, dass der Marke, die Gegenstand dieser Ausdehnung ist, der Schutz in der betreffenden Vertragspartei nicht gewährt werden kann. Eine solche Schutzverweigerung kann nur auf Gründe gestützt werden, die nach der Pariser Verbandsübereinkunft zum Schutz des gewerblichen Eigentums im Fall einer unmittelbar bei der Behörde, welche die Schutzverweigerung mitteilt, hinterlegten Marke anwendbar wären. Der Schutz darf jedoch weder ganz noch teilweise allein deshalb verweigert werden, weil die geltenden Rechtsvorschriften die Eintragung nur für eine beschränkte Anzahl von Klassen oder für eine beschränkte Anzahl von Waren oder Dienstleistungen zulassen.

(2) a) Die Behörden, die von diesem Recht Gebrauch machen wollen, teilen dem Internationalen Büro ihre Schutzverweigerung unter Angabe aller Gründe innerhalb der Frist mit, die in den für diese Behörden geltenden Rechtsvorschriften vorgesehen ist, spätestens jedoch, vorbehaltlich der Buchstaben b und c, vor Ablauf eines Jahres nach dem Zeitpunkt, zu dem die in Absatz 1 genannte Mitteilung der Ausdehnung dieser Behörde vom Internationalen Büro übersandt worden ist.

b) Ungeachtet des Buchstabens a kann jede Vertragspartei erklären, dass für internationale Registrierungen aufgrund dieses Protokolls die unter Buchstabe a genannte Frist von einem Jahr durch 18 Monate ersetzt wird.

c) In dieser Erklärung kann außerdem festgelegt werden, dass eine Schutzverweigerung, die sich aus einem Widerspruch gegen die Schutzgewährung ergeben kann, von der Behörde der betreffenden Vertragspartei dem Internationalen Büro nach Ablauf der Frist von 18 Monaten mitgeteilt werden kann. Eine solche Behörde kann hinsichtlich einer vorgenommenen internationalen Registrierung eine Schutzverweigerung nach Ablauf der Frist von 18 Monaten nur dann mitteilen, wenn

   i) sie vor Ablauf der Frist von 18 Monaten das Internationale Büro über die Möglichkeit unterrichtet hat, dass Widersprüche nach Ablauf der Frist von 18 Monaten eingelegt werden können, und

   ii) die Mitteilung der auf einen Widerspruch gestützten Schutzverweigerung innerhalb einer Frist von einem Monat nach Ablauf der Widerspruchsfrist und in jedem Fall spätestens sieben Monate nach dem Zeitpunkt, zu dem die Widerspruchsfrist beginnt, gemacht wird.

d) Eine Erklärung nach den Buchstaben b oder c kann in den in Artikel 14 Absatz 2 genannten Urkunden abgegeben werden; der Zeitpunkt des Wirksamwerdens der Erklärung ist derselbe wie der Zeitpunkt des Inkrafttretens dieses Protokolls für den Staat oder die zwischenstaatliche Organisation, welche die Erklärung abgegeben haben. Eine solche Erklärung kann auch später abgegeben werden; in diesem Fall wird die Erklärung drei Monate nach ihrem Eingang beim Generaldirektor der Organisation (im Folgenden als „Generaldirektor" bezeichnet) oder zu einem in der Erklärung angegebenen späteren Zeitpunkt in Bezug auf jede internationale Registrierung wirksam, deren Datum mit dem Zeitpunkt des Wirksamwerdens der Erklärung übereinstimmt oder deren Datum nach diesem Zeitpunkt liegt.

e) Nach Ablauf von zehn Jahren nach Inkrafttreten dieses Protokolls prüft die Versammlung die Arbeitsweise des unter den Buchstaben a bis d errichteten Systems. Danach können die Bestimmungen dieser Buchstaben durch einstimmigen Beschluss der Versammlung geändert werden.

(3) Das Internationale Büro übermittelt dem Inhaber der internationalen Registrierung unverzüglich ein Exemplar der Mitteilung der Schutzverweigerung. Der betreffende Inhaber hat dieselben Rechtsmittel, wie wenn er die Marke unmittelbar bei der Behörde hinterlegt hätte, die ihre Schutzverweigerung mitgeteilt hat. Ist das Internationale Büro nach Absatz 2 Buchstabe c Ziffer 1 unterrichtet worden, so leitet es diese Information unverzüglich an den Inhaber der internationalen Registrierung weiter.

(4) Das Internationale Büro teilt jeder interessierten Person auf Antrag die Gründe für die Schutzverweigerung mit.

(5) Die Behörden, die hinsichtlich einer vorgenommenen internationalen Registrierung dem Internationalen Büro keine vorläufige oder endgültige Schutzverweigerung nach Absatz 1 oder 2 mitgeteilt haben, verlieren für diese internationale Registrierung die Vergünstigung des in Absatz 1 vorgesehenen Rechts.

(6) Die zuständigen Behörden einer Vertragspartei dürfen die Wirkung einer internationalen Registrierung im Gebiet einer Vertragspartei nicht für ungültig erklären, ohne dem In-

haber der internationalen Registrierung Gelegenheit gegeben zu haben, seine Rechte rechtzeitig geltend zu machen. Die Ungültigerklärung ist dem Internationalen Büro mitzuteilen.

Artikel 5*bis*
Belege für die Rechtmäßigkeit des Gebrauchs gewisser Markenbestandteile

Die Belege für die Rechtmäßigkeit des Gebrauchs gewisser Markenbestandteile, wie Wappen, Wappenschilde, Bildnisse, Auszeichnungen, Titel, Handels- oder Personennamen, die anders lauten als der des Hinterlegers, oder andere Inschriften ähnlicher Art, die von den Behörden der Vertragsparteien etwa angefordert werden, sind von jeder Beglaubigung sowie von jeder anderen Bestätigung als der der Ursprungsbehörde befreit.

Artikel 5*ter*
Abschriften der im internationalen Register eingetragenen Angaben; Recherchen nach älteren Registrierungen; Auszüge aus dem internationalen Register

(1) Das Internationale Büro übermittelt auf Antrag jedermann gegen Zahlung einer in der Ausführungsordnung festgesetzten Gebühr eine Abschrift der im Register eingetragenen Angaben über eine bestimmte Marke.

(2) Das internationale Büro kann gegen Entgelt auch Recherchen nach älteren Marken vornehmen, die Gegenstand internationaler Registrierungen sind.

(3) Die zur Vorlage bei einer der Vertragsparteien beantragten Auszüge aus dem internationalen Register sind von jeder Beglaubigung befreit.

Artikel 6
Dauer der Gültigkeit der internationalen Registrierung; Abhängigkeit und Unabhängigkeit der internationalen Registrierung

(1) Die Registrierung einer Marke beim Internationalen Büro erfolgt für zehn Jahre mit der Möglichkeit der Erneuerung unter den in Artikel 7 festgesetzten Bedingungen.

(2) Mit dem Ablauf einer Frist von fünf Jahren von dem Datum der internationalen Registrierung an wird diese, vorbehaltlich der folgenden Bestimmungen, vom Basisgesuch oder der sich aus ihr ergebenden Eintragung beziehungsweise von der Basiseintragung unabhängig.

(3) Der durch die internationale Registrierung erlangte Schutz, gleichgültig ob die Registrierung Gegenstand einer Übertragung gewesen ist oder nicht, kann nicht mehr in Anspruch genommen werden, wenn vor Ablauf von fünf Jahren von dem Datum der internationalen Registrierung an das Basisgesuch oder die sich aus ihr ergebende Eintragung beziehungsweise die Basiseintragung in Bezug auf alle oder einige der in der internationalen Registrierung aufgeführten Waren und Dienstleistungen zurückgenommen wurde, verfallen ist, auf sie verzichtet wurde oder Gegenstand einer rechtskräftigen Zurückweisung, Nichtigerklärung, Löschung oder Ungültigerklärung gewesen ist.

Dasselbe gilt, wenn

i) ein Rechtsmittel gegen eine Entscheidung, welche die Wirkung des Basisgesuchs zurückweist,

ii) ein Verfahren, in dem die Rücknahme des Basisgesuchs oder die Nichtigerklärung, Löschung oder Ungültigerklärung der sich aus dem Basisgesuch ergebenden Eintragung oder der Basiseintragung beantragt wird, oder

iii) ein Widerspruch gegen das Basisgesuch nach Ablauf der Fünfjahresfrist zu einer rechtskräftigen Zurückweisung, Nichtigerklärung, Löschung oder Ungültigerklärung oder zu der Anordnung der Rücknahme des Basisgesuchs oder der sich aus ihr ergebenden Eintragung beziehungsweise der Basiseintragung führt, sofern ein solches Rechtsmittel, ein solches Verfahren oder ein solcher Widerspruch vor Ablauf der genannten Frist eingeleitet wurde. Dasselbe gilt auch, wenn nach Ablauf der Fünfjahresfrist das Basisgesuch zurückgenommen oder auf die sich aus dem Basisgesuch ergebende Eintragung oder auf die Basiseintragung verzichtet wird, sofern zum Zeitpunkt der Rücknahme oder des Verzichts das betreffende Gesuch oder die Eintragung Gegenstand eines unter der Ziffer i, ii oder iii genannten Verfahrens war und ein solches Verfahren vor Ablauf der genannten Frist eingeleitet worden war.

(4) Die Ursprungsbehörde teilt dem Internationalen Büro entsprechend der Ausführungsordnung die nach Absatz 3 maßgeblichen Tatsachen und Entscheidungen mit, und das Internationale Büro unterrichtet entsprechend der Ausführungsordnung die Beteiligten und veranlasst entsprechende Veröffentlichungen. Die Ursprungsbehörde fordert gegebenenfalls das Internationale Büro auf, die internationale Registrierung im anwendbaren Umfang zu löschen, und das Internationale Büro verfährt demgemäß.

Artikel 7
Erneuerung der internationalen Registrierung

(1) Die internationale Registrierung kann für einen Zeitraum von zehn Jahren nach Ablauf des vorangegangenen Zeitraums durch einfache Zahlung der Grundgebühr und, vorbehaltlich des Artikels 8 Absatz 7, der Zusatz- und Ergänzungsgebühren, die in Artikel 8 Absatz 2 vorgesehen sind, erneuert werden.

(2) Die Erneuerung darf nicht zu einer Änderung der internationalen Registrierung in ihrer letzten Fassung führen.

(3) Sechs Monate vor Ablauf der Schutzfrist erinnert das Internationale Büro den Inhaber der internationalen Registrierung und gegebenenfalls seinen Vertreter durch Zusendung einer offiziösen Mitteilung an den genauen Zeitpunkt dieses Ablaufs.

(4) Gegen Zahlung einer in der Ausführungsordnung festgesetzten Zuschlagsgebühr wird eine Nachfrist von sechs Monaten für die Erneuerung der internationalen Registrierung gewährt.

Artikel 8
Gebühren für das internationale Gesuch und die internationale Registrierung

(1) Die Ursprungsbehörde kann nach eigenem Ermessen eine Gebühr festsetzen und zu ihren Gunsten vom Hinterleger oder dem Inhaber der internationalen Registrierung im Zusammenhang mit dem Einreichen des internationalen Gesuchs oder der Erneuerung der internationalen Registrierung erheben.

(2) Vor der Registrierung einer Marke beim Internationalen Büro ist eine internationale Gebühr zu entrichten, die sich, vorbehaltlich des Absatzes 7 Buchstabe a, zusammensetzt aus

i) einer Grundgebühr,

ii) einer Zusatzgebühr für jede die dritte Klasse übersteigende Klasse der internationalen Klassifikation, in welche die Waren oder Dienstleistungen eingeordnet werden, auf die sich die Marke bezieht,

iii) einer Ergänzungsgebühr für jedes Gesuch um Ausdehnung des Schutzes gemäß Artikel 3ter.

(3) Die in Absatz 2 Ziffer ii geregelte Zusatzgebühr kann jedoch, ohne dass sich dies auf das Datum der internationalen Registrierung auswirkt, innerhalb der in der Ausführungsordnung festgesetzten Frist entrichtet werden, wenn die Anzahl der Klassen der Waren oder Dienstleistungen vom Internationalen Büro festgesetzt oder bestritten worden ist. Ist bei Ablauf der genannten Frist die Zusatzgebühr nicht entrichtet oder das Verzeichnis der Waren oder Dienstleistungen vom Hinterleger nicht in dem erforderlichen Umfang eingeschränkt worden, so gilt das internationale Gesuch als zurückgenommen.

(4) Der jährliche Gesamtbetrag der verschiedenen Einnahmen aus der internationalen Registrierung, mit Ausnahme der Einnahmen aus den in Absatz 2 Ziffern ii und iii genannten Gebühren, wird nach Abzug der durch die Durchführung dieses Protokolls verursachte Kosten und Aufwendungen vom Internationalen Büro zu gleichen Teilen unter die Vertragsparteien verteilt.

(5) Die sich aus den Zusatzgebühren gemäß Absatz 2 Ziffer ii ergebenden Beträge werden nach Ablauf jedes Jahres unter die beteiligten Vertragsparteien im Verhältnis zur Anzahl der Marken verteilt, für die während des abgelaufenen Jahres in jeder dieser Vertragsparteien der Schutz beantragt worden ist; soweit es sich um Vertragsparteien mit einer Prüfung handelt, wird diese Anzahl mit einem Koeffizienten vervielfacht, der in der Ausführungsordnung festgesetzt wird.

(6) Die sich aus den Ergänzungsgebühren gemäß Absatz 2 Ziffer iii ergebenden Beträge werden nach den Regeln des Absatzes 5 verteilt.

(7) a) Jede Vertragspartei kann erklären, dass sie im Zusammenhang mit jeder internationalen Registrierung, in der sie nach Artikel 3ter genannt wird, um im Zusammenhang mit jeder Erneuerung einer solchen internationalen Registrierung anstelle eines Anteils an den Einnahmen aus den Zusatz- und Ergänzungsgebühren eine Gebühr zu erhalten wünscht (im Folgenden als „individuelle Gebühr" bezeichnet), deren Betrag in der Erklärung anzugeben ist und in weiteren Erklärungen geändert werden kann; dieser Betrag darf nicht höher sein als der Gegenwert des Betrags, den die Behörde der betreffenden Vertragspartei vom Hinterleger für eine zehnjährige Eintragung oder vom Inhaber einer Eintragung für eine zehnjährige Erneuerung der Eintragung der Marke im Register dieser Behörde zu erhalten berechtigt wäre, wobei der Betrag um die Einsparungen verringert wird, die sich aus dem internationalen Verfahren ergeben. Ist eine individuelle Gebühr zu zahlen, so sind

i) keine der in Absatz 2 Ziffer ii genannten Zusatzgebühren zu zahlen, falls nur solche Vertragsparteien nach Artikel 3ter genannt worden sind, die eine Erklärung nach diesem Buchstaben abgegeben haben, und

ii) keine der in Absatz 2 Ziffer iii genannten Ergänzungsgebühren in Bezug auf eine Vertragspartei zu zahlen, die eine Erklärung nach diesem Buchstaben abgegeben hat.

b) Eine Erklärung nach Buchstabe a kann in den in Artikel 14 Absatz 2 genannten Urkunden abgegeben werden; der Zeitpunkt des Wirksamwerdens der Erklärung ist derselbe wie der Zeitpunkt des Inkrafttretens dieses Protokolls für den Staat oder die zwischenstaatliche Organisation, welche die Erklärung abgegeben haben. Eine solche Erklärung kann auch später abgegeben werden; in diesem Fall wird die Erklärung drei Monate nach ihrem Eingang beim Generaldirektor oder zu einem in der Erklärung angegebenen späteren Zeitpunkt in Bezug auf jede internationale Registrierung wirksam, deren Datum mit dem Zeitpunkt des Wirksamwerdens der Erklärung übereinstimmt oder deren Datum nach diesem Zeitpunkt liegt.

Artikel 9
Eintragung einer Änderung des Inhabers einer internationalen Registrierung

Auf Antrag der Person, auf deren Namen die internationale Registrierung lautet, oder auf Antrag einer beteiligten Behörde, der von Amts wegen oder auf Antrag eines Beteiligten gestellt wird, trägt das Internationale Büro im internationalen Register jede Änderung des Inhabers der betreffenden Registrierung in Bezug auf alle oder einige der Vertragsparteien ein, in deren Gebiet die Registrierung wirksam ist; und in Bezug auf alle oder einige der in der Registrierung aufgeführten Waren und Dienstleistungen, sofern der neue Inhaber eine Person ist, die nach Artikel 2 Absatz 1 berechtigt ist, internationale Gesuche einzureichen.

Artikel 9*bis*
Bestimmte Eintragungen bei einer internationalen Registrierung

Das Internationale Büro trägt Folgendes im internationalen Register ein:

i) jede Änderung des Namens oder der Anschrift des Inhabers der internationalen Registrierung,

ii) die Bestellung eines Vertreters des Inhabers der internationalen Registrierung und alle sonstigen maßgeblichen Angaben bezüglich des Vertreters,

iii) jede Einschränkung der in der internationalen Registrierung aufgeführten Waren und Dienstleistungen in Bezug auf alle oder einige Vertragsparteien,

iv) jeden Verzicht, jede Löschung oder jede Ungültigerklärung der internationalen Registrierung in Bezug auf alle oder einige Vertragsparteien,

v) alle sonstigen in der Ausführungsordnung festgelegten maßgeblichen Angaben über die Rechte an einer Marke, die Gegenstand einer internationalen Registrierung ist

Artikel 9*ter*
Gebühren für bestimmte Eintragungen

Jede Eintragung aufgrund des Artikels 9 oder 9bis kann von der Zahlung einer Gebühr abhängig gemacht werden.

Artikel 9*quater*
Gemeinsame Behörde für mehrere Vertragsstaaten

(1) Kommen mehrere Vertragsstaaten überein, ihre innerstaatlichen Gesetze auf dem Gebiet des Markenrechts zu vereinheitlichen, so können sie dem Generaldirektor notifizieren,

i) dass eine gemeinsame Behörde an die Stelle der nationalen Behörde jedes dieser Länder tritt und

ii) dass die Gesamtheit ihrer Hoheitsgebiete für die vollständige oder teilweise Anwendung der diesem Artikel vorhergehenden Bestimmungen sowie der Artikel 9quinquies und 9sexies als ein Staat gilt.

(2) Diese Notifikation wird erst drei Monate nach dem Zeitpunkt der Benachrichtigung wirksam, die der Generaldirektor den anderen Vertragsparteien darüber zugehen lässt.

Artikel 9*quinquies*
Umwandlung einer internationalen Registrierung in nationale oder regionale Gesuche

Wird eine internationale Registrierung auf Antrag der Ursprungsbehörde nach Artikel 6 Absatz 4 für alle oder einige der in der Registrierung aufgeführten Waren und Dienstleistungen gelöscht und reicht die Person, die Inhaber der internationalen Registrierung war, ein Gesuch um Eintragung derselben Marke bei der Behörde einer der Vertragsparteien ein, in deren Gebiet die internationale Registrierung wirksam war, so wird dieses Gesuch so behandelt, als sei es zum Datum der internationalen Registrierung nach Artikel 3 Absatz 4 oder zum Datum der Eintragung der territorialen Ausdehnung nach Artikel 3ter, Absatz 2 eingerichtet worden, und genießt, falls die internationale Registrierung Priorität genoss, dieselbe Priorität, sofern

i) das Gesuch innerhalb von drei Monaten nach dem Zeitpunkt eingereicht wird, zu dem die internationale Registrierung gelöscht wurde,

ii) die im Gesuch aufgeführten Waren und Dienstleistungen in Bezug auf die betroffene Vertragspartei tatsächlich von der in der internationalen Registrierung enthaltenen Liste der Waren und Dienstleistungen erfasst sind und

iii) dieses Gesuch allen Vorschriften des geltenden Rechts einschließlich der Gebührenvorschriften entspricht.

Artikel 9*sexies*
Beziehungen zwischen Staaten, die Vertragsparteien sowohl dieses Protokolls als auch des Madrider Abkommens (Stockholmer Fassung) sind

(1) a) In den Beziehungen zwischen Staaten, die Vertragsparteien sowohl dieses Protokolls als auch des Madrider Abkommens (Stockholmer Fassung) sind, findet nur dieses Protokoll Anwendung.

b) Ungeachtet des Buchstabens a hat eine Erklärung nach Artikel 5 Absatz 2 Buchstabe b, Artikel 5 Absatz 2 Buchstabe c oder Artikel 8 Absatz 7 dieses Protokolls, die von einem Staat, der Vertragspartei sowohl dieses Protokolls als auch des Madrider Abkommens (Stockholmer Fassung) ist, abgegeben wurde, keine Wirkung in den

Beziehungen zu einem anderen Staat, der Vertragspartei sowohl dieses Protokolls als auch des Madrider Abkommens (Stockholmer Fassung) ist.

(2) Die Versammlung überprüft nach Ablauf von drei Jahren nach dem 1. September 2008 die Anwendung des Absatzes 1 Buchstabe b und kann ihn jederzeit danach mit Dreiviertelmehrheit aufheben oder seinen Anwendungsbereich einschränken. Bei der Abstimmung in der Versammlung haben nur solche Staaten das Recht auf Teilnahme an der Abstimmung, die Vertragsparteien sowohl des Madrider Abkommens (Stockholmer Fassung) als auch dieses Protokolls sind.

Artikel 16
Unterzeichnung; Sprachen; Aufgaben des Verwahrers

(1) a) Dieses Protokoll wird in einer Urschrift in englischer, französischer und spanischer Sprache unterzeichnet und beim Generaldirektor hinterlegt, wenn es in Madrid nicht mehr zu Unterzeichnung aufliegt. Der Wortlaut ist in drei Sprachen gleichermaßen verbindlich.

b) Amtliche Fassungen dieses Protokolls werden vom Generaldirektor nach Beratung mit den beteiligten Regierungen und Organisationen in arabischer, chinesischer, deutscher, italienischer, japanischer, portugiesischer und russischer Sprache sowie in anderen Sprachen hergestellt, welche die Versammlung bestimmen kann.

(2) Dieses Protokoll liegt bis zum 31. Dezember 1989 in Madrid zur Unterzeichnung auf.

(3) Der Generaldirektor übermittelt zwei von der spanischen Regierung beglaubigte Abschriften des unterzeichneten Wortlauts dieses Protokolls allen Staaten und zwischenstaatlichen Organisationen, die Vertragspartei des Protokolls werden können.

(4) Der Generaldirektor lässt dieses Protokoll beim Sekretariat der Vereinten Nationen registrieren.

(5) Der Generaldirektor notifiziert allen Staaten und internationalen Organisationen, die Vertragsparteien dieses Protokolls werden können oder sind, die Unterzeichnungen, Hinterlegungen von Ratifikations-, Annahme-, Genehmigungs- oder Beitrittsurkunden, das Inkrafttreten des Protokolls und etwaiger Änderungen desselben, jede Notifikation einer Kündigung und jede in dem Protokoll vorgesehene Erklärung.

5. Artikel 5 des schweizerisch-deutschen Staatsvertrags vom 13.4.1892 betreffend den gegenseitigen Patent-, Muster- und Markenschutz

(RGBl. 1894, S. 511 = Bl. 1895, S. 70)

geändert durch das Abkommen zwischen dem Deutschen Reich
und der Schweiz zur Abänderung des Übereinkommens vom 13.4.1892
vom 26.5.1902 (RGBl. 1903 S. 181 = Bl. 1903 S. 132)

Artikel 5

Die Rechtsnachteile, welche nach den Gesetzen der vertragschließenden Teile eintreten, wenn eine Erfindung, ein Muster oder Modell, eine Handels- oder Fabrikmarke nicht innerhalb einer bestimmten Frist ausgeführt, nachgebildet oder angewendet wird, sollen auch dadurch ausgeschlossen werden, dass die Ausführung, Nachbildung oder Anwendung in dem Gebiete des anderen Teiles erfolgt.

Die Einfuhr einer in dem Gebiet des einen Teiles hergestellten Ware in das Gebiet des anderen Teiles soll in dem Letzteren nachteilige Folgen für das auf Grund einer Erfindung, eines Musters oder Modells oder einer Handels- oder Fabrikmarke gewährte Schutzrecht nicht nach sich ziehen.

Vorstehende Bestimmungen finden auf diejenigen Erfindungen nicht Anwendung, welche nach den Gesetzen eines der vertragschließenden Teile vom Patentschutz ausgeschlossen sind. Jedoch bleiben die Vergünstigungen, welche dem Inhaber eines Patents im Artikel 2 der Zusatzakte vom 14. Dezember 1900 zur internationalen Konvention zum Schutze des gewerblichen Eigentums, vom 20. März 1883, zugesichert sind, unberührt.

Rechtsnachteile, welche nach den Gesetzen der vertragschließenden Teile bei Erfindungspatenten im Falle der Lizenzverweigerung eintreten, werden durch die im zweiten Absatz enthaltenen Bestimmungen nicht ausgeschlossen.

6. Verordnung (EG) Nr. 207/2009 des Rates über die Gemeinschaftsmarke (kodifizierte Fassung)

vom 26. Februar 2009

ABl. EU Nr. L 78 vom 24.3.2009, S. 1

In Kraft ab 13. April 2009

DER RAT DER EUROPÄISCHEN UNION –

gestützt auf den Vertrag zur Gründung der Europäischen Gemeinschaft, insbesondere auf Artikel 308,

auf Vorschlag der Kommission,

nach Stellungnahme des Europäischen Parlaments [ABl. C 146 E vom 12.6.2008, S. 79],

in Erwägung nachstehender Gründe:

(1) Die Verordnung (EG) Nr. 40/94 des Rates vom 20. Dezember 1993 über die Gemeinschaftsmarke [ABl. L 11 vom 14.1.1994, S. 1] ist mehrfach und in wesentlichen Punkten geändert worden [Siehe Anhang I.]. Aus Gründen der Übersichtlichkeit und Klarheit empfiehlt es sich, die genannte Verordnung zu kodifizieren.

(2) Die harmonische Entwicklung des Wirtschaftslebens innerhalb der Gemeinschaft und eine beständige und ausgewogene Wirtschaftsausweitung sind durch die Vollendung und das reibungslose Funktionieren des Binnenmarktes zu fördern, der mit einem einzelstaatlichen Markt vergleichbare Bedingungen bietet. Um einen solchen Markt zu verwirklichen und seine Einheit zu stärken, müssen nicht nur die Hindernisse für den freien Waren- und Dienstleistungsverkehr beseitigt und ein System des unverfälschten Wettbewerbs errichtet, sondern auch rechtliche Bedingungen geschaffen werden, die es den Unternehmen ermöglichen, ihre Tätigkeiten in den Bereichen der Herstellung und der Verteilung von Waren und des Dienstleistungsverkehrs an die Dimensionen eines gemeinsamen Marktes anzupassen. Eine der besonders geeigneten rechtlichen Möglichkeiten, über die die Unternehmen zu diesem Zweck verfügen müssten, ist die Verwendung von Marken, mit denen sie ihre Waren oder Dienstleistungen in der gesamten Gemeinschaft ohne Rücksicht auf Grenzen kennzeichnen können.

(3) Für die Verwirklichung der oben erwähnten Ziele der Gemeinschaft ist ein Markensystem der Gemeinschaft erforderlich, das den Unternehmen ermöglicht, in einem einzigen Verfahren Gemeinschaftsmarken zu erwerben, die einen einheitlichen Schutz genießen und im gesamten Gebiet der Gemeinschaft wirksam sind. Der hier aufgestellte Grundsatz der Einheitlichkeit der Gemeinschaftsmarke sollte gelten, sofern in dieser Verordnung nichts Anderes bestimmt ist.

(4) Im Wege der Angleichung der Rechtsvorschriften kann das Hindernis der territorialen Beschränkung der Rechte, die den Markeninhabern nach den Rechtsvorschriften der Mitgliedstaaten zustehen, nicht beseitigt werden. Um den Unternehmen eine unbehinderte Wirtschaftstätigkeit im gesamten Binnenmarkt zu ermöglichen, sind Marken erforderlich, die einem einheitlichen, unmittelbar in allen Mitgliedstaaten geltenden Gemeinschaftsrecht unterliegen.

(5) Da im Vertrag keine spezifischen Befugnisse für die Schaffung eines derartigen Rechtsinstruments vorgesehen sind, ist Artikel 308 EG-Vertrag heranzuziehen.

(6) Das gemeinschaftliche Markenrecht tritt jedoch nicht an die Stelle der Markenrechte der Mitgliedstaaten, denn es erscheint nicht gerechtfertigt, die Unternehmen zu zwingen, ihre Marken als Gemeinschaftsmarken anzumelden, da die innerstaatlichen Marken nach wie vor für diejenigen Unternehmen notwendig sind, die keinen Schutz ihrer Marken auf Gemeinschaftsebene wünschen.

(7) Das Recht aus der Gemeinschaftsmarke kann nur durch Eintragung erworben werden, die insbesondere dann verweigert wird, wenn die Marke keine Unterscheidungskraft besitzt, wenn sie rechtswidrig ist oder wenn ihr ältere Rechte entgegenstehen.

(8) Zweck des durch die eingetragene Marke gewährten Schutzes ist es, insbesondere die Herkunftsfunktion der Marke zu gewährleisten; dieser Schutz sollte im Falle der Identität zwischen der Marke und dem Zeichen und zwischen den Waren oder Dienstleistungen absolut sein. Der Schutz sollte sich ebenfalls auf Fälle der Ähnlichkeit von Zeichen und Marke sowie Waren und Dienstleistungen erstrecken. Der Begriff der Ähnlichkeit ist im Hinblick auf die Verwechslungsgefahr auszulegen. Die Verwechslungsgefahr sollte die spezifische Voraussetzung für den Schutz darstellen; ob sie vorliegt, hängt von einer Vielzahl von Umständen ab, insbesondere dem Bekanntheitsgrad der Marke auf dem Markt, der gedanklichen Verbindung, die das benutzte oder eingetragene Zeichen zu ihr hervorrufen kann, sowie dem Grad der Ähnlichkeit zwischen der Marke und dem Zeichen und zwischen den damit gekennzeichneten Waren oder Dienstleistungen.

(9) Aus dem Grundsatz des freien Warenverkehrs folgt, dass der Inhaber der Gemeinschaftsmarke einem Dritten die Benutzung der Marke für Waren, die in der Gemeinschaft unter der Marke von ihm oder mit seiner Zustimmung in den Verkehr gebracht worden sind, nicht untersagen kann, außer wenn berechtigte Gründe es rechtfertigen, dass der Inhaber sich dem weiteren Vertrieb der Waren widersetzt.

(10) Der Schutz der Gemeinschaftsmarke sowie jeder eingetragenen älteren Marke, die ihr entgegensteht, ist nur insoweit berechtigt, als diese Marken tatsächlich benutzt werden.

(11) Die Gemeinschaftsmarke sollte als ein von dem Unternehmen, dessen Waren oder Dienstleistungen sie bezeichnet, unabhängiger Gegenstand des Vermögens behandelt werden. Sie kann unter der Bedingung, dass das Publikum durch den Rechtsübergang nicht irregeführt wird, übertragen werden. Sie sollte außerdem an Dritte verpfändet werden oder Gegenstand von Lizenzen sein können.

(12) Das mit dieser Verordnung geschaffene Markenrecht bedarf für jede einzelne Marke des administrativen Vollzugs auf der Ebene der Gemeinschaft. Deshalb ist es erforderlich, unter Wahrung des bestehenden organisatorischen Aufbaus der Gemeinschaft und des institutionellen Gleichgewichts ein fachlich unabhängiges sowie rechtlich, organisatorisch und finanziell hinreichend selbstständiges Harmonisierungsamt für den Binnenmarkt (Marken, Muster und Modelle) vorzusehen. Für dieses Harmonisierungsamt ist die Form einer Einrichtung der Gemeinschaft mit eigener Rechtspersönlichkeit erforderlich und geeignet, welche ihre Tätigkeit gemäß den ihr in dieser Verordnung zugewiesenen Ausführungsbefugnissen im Rahmen des Gemeinschaftsrechts und unbeschadet der von den Organen der Gemeinschaft wahrgenommenen Befugnisse ausübt.

(13) Den von den Entscheidungen des Amtes in Markensachen Betroffenen ist ein rechtlicher Schutz zu gewährleisten, welcher der Eigenart des Markenrechts voll gerecht wird. Zu diesem Zweck ist vorgesehen, dass die Entscheidungen der Prüfer und der verschiedenen Abteilungen des Amtes mit der Beschwerde anfechtbar sind. Sofern die Dienststelle, deren Entscheidung angefochten wird, der Beschwerde nicht abhilft, legt sie die Beschwerde einer Beschwerdekammer des Amtes vor, die darüber entscheidet. Die Entscheidungen der Beschwerdekammern sind ihrerseits mit der Klage beim Gerichtshof der Europäischen Gemeinschaften anfechtbar; dieser kann die angefochtene Entscheidung aufheben oder abändern.

(14) Nach Artikel 225 Absatz 1 Unterabsatz 1 EG-Vertrag ist das Gericht erster Instanz der Europäischen Gemeinschaften im ersten Rechtszug zuständig für Entscheidungen insbesondere über die in Artikel 230 EG-Vertrag genannten Klagen, mit Ausnahme derjenigen Klagen, die einer gerichtlichen Kammer übertragen werden, und der Klagen, die gemäß der Satzung dem Gerichtshof vorbehalten sind. Die dem Gerichtshof durch diese Verordnung übertragenen Befugnisse zur Aufhebung und Abänderung der Beschlüsse der Beschwerdekammern werden infolgedessen im ersten Rechtszug vom Gericht erster Instanz ausgeübt.

(15) Zum besseren Schutz der Gemeinschaftsmarken sollten die Mitgliedstaaten gemäß ihrer innerstaatlichen Regelung eine möglichst begrenzte Anzahl nationaler Gerichte erster und zweiter Instanz benennen, die für Fragen der Verletzung und der Gültigkeit von Gemeinschaftsmarken zuständig sind.

(16) Die Entscheidungen über die Gültigkeit und die Verletzung der Gemeinschaftsmarke müssen sich wirksam auf das gesamte Gebiet der Gemeinschaft erstrecken, da nur so widersprüchliche Entscheidungen der Gerichte und des Markenamtes und eine Beeinträchtigung des einheitlichen Charakters der Gemeinschaftsmarke vermieden werden können. Die Bestimmungen der Verordnung (EG) Nr. 44/2001 des Rates vom 22. Dezember 2000 über die gerichtliche Zuständigkeit und die Anerkennung und Vollstreckung von Entscheidungen in Zivil- und Handelssachen [ABl. L 12 vom 16.1.2001, S. 1] sollten für alle gerichtlichen Klagen im Zusammenhang mit den Gemeinschaftsmarken gelten, es sei denn, dass die vorliegende Verordnung davon abweicht.

(17) Es soll vermieden werden, dass sich in Rechtsstreitigkeiten über denselben Tatbestand zwischen denselben Parteien voneinander abweichende Gerichtsurteile aus einer Gemeinschaftsmarke und aus parallelen nationalen Marken ergeben. Zu diesem Zweck soll, sofern Klagen in demselben Mitgliedstaat erhoben werden, sich nach nationalem Verfahrensrecht – das durch diese Verordnung nicht berührt wird – bestimmen, wie dies erreicht wird; hingegen erscheinen, sofern Klagen in verschiedenen Mitgliedstaaten erhoben werden, Bestimmungen angebracht, die sich an den Vorschriften über Rechtshängigkeit und damit im Zusammenhang stehenden Verfahren der Verordnung (EG) Nr. 44/2001 orientieren.

(18) Es wird für notwendig erachtet, dem Amt einen eigenen Haushalt zuzubilligen, um eine völlige Selbstständigkeit und Unabhängigkeit zu gewährleisten. Die Einnahmen des Haushalts umfassen in erster Linie das Aufkommen an Gebühren, die von den Benutzern des Systems zu zahlen sind. Das Haushaltsverfahren der Gemeinschaft findet jedoch auf eventuelle Zuschüsse aus dem Gesamthaushaltsplan der Europäischen Gemeinschaften Anwendung. Außerdem ist es angezeigt, dass die Überprüfung der Kontenabschlüsse vom Rechnungshof vorgenommen wird.

(19) Die zur Durchführung dieser Verordnung erforderlichen Maßnahmen sollten gemäß dem Beschluss 1999/468/EG des Rates vom 28. Juni 1999 zur Festlegung der Modalitäten für die Ausübung der der Kommission übertragenen Durchführungsbefugnisse [ABl. L 184 vom 17.7.1999, S. 23] erlassen werden –

HAT FOLGENDE VERORDNUNG ERLASSEN:

Titel I – Allgemeine Bestimmungen

Artikel 1 Gemeinschaftsmarke

(1) Die entsprechend den Voraussetzungen und Einzelheiten dieser Verordnung eingetragenen Marken für Waren oder Dienstleistungen werden nachstehend „Gemeinschaftsmarken" genannt.

(2) Die Gemeinschaftsmarke ist einheitlich. Sie hat einheitliche Wirkung für die gesamte Gemeinschaft: sie kann nur für dieses gesamte Gebiet eingetragen oder übertragen werden oder Gegenstand eines Verzichts oder einer Entscheidung über den Verfall der Rechte des Inhabers oder die Nichtigkeit sein, und ihre Benutzung kann nur für die gesamte Gemeinschaft untersagt werden. Dieser Grundsatz gilt, sofern in dieser Verordnung nichts anderes bestimmt ist.

Artikel 2 Amt

Es wird ein Harmonisierungsamt für den Binnenmarkt (Marken, Muster und Modelle), nachstehend „Amt" genannt, errichtet.

Artikel 3 Rechtsfähigkeit

Für die Anwendung dieser Verordnung werden Gesellschaften und andere juristische Einheiten, die nach dem für sie maßgebenden Recht die Fähigkeit haben, im eigenen Namen Träger von Rechten und Pflichten jeder Art zu sein, Verträge zu schließen oder andere Rechtshandlungen vorzunehmen und vor Gericht zu stehen, juristischen Personen gleichgestellt.

Titel II – Materielles Markenrecht

1. Abschnitt – Begriff und Erwerb der Gemeinschaftsmarke

Artikel 4 Markenformen

Gemeinschaftsmarken können alle Zeichen sein, die sich grafisch darstellen lassen, insbesondere Wörter einschließlich Personennamen, Abbildungen, Buchstaben, Zahlen und die Form oder Aufmachung der Ware, soweit solche Zeichen geeignet sind, Waren oder Dienstleistungen eines Unternehmens von denjenigen anderer Unternehmen zu unterscheiden.

Artikel 5 Inhaber von Gemeinschaftsmarken

Inhaber von Gemeinschaftsmarken können alle natürlichen oder juristischen Personen, einschließlich Körperschaften des öffentlichen Rechts sein.

Artikel 6 Erwerb der Gemeinschaftsmarke

Die Gemeinschaftsmarke wird durch Eintragung erworben.

Artikel 7 Absolute Eintragungshindernisse

(1) Von der Eintragung ausgeschlossen sind

a) Zeichen, die nicht unter Artikel 4 fallen;

b) Marken, die keine Unterscheidungskraft haben;

c) Marken, die ausschließlich aus Zeichen oder Angaben bestehen, welche im Verkehr zur Bezeichnung der Art, der Beschaffenheit, der Menge, der Bestimmung, des Wertes, der geografischen Herkunft oder der Zeit der Herstellung der Ware oder der Erbringung der Dienstleistung oder zur Bezeichnung sonstiger Merkmale der Ware oder Dienstleistung dienen können; ·

d) Marken, die ausschließlich aus Zeichen oder Angaben zur Bezeichnung der Ware oder Dienstleistung bestehen, die im allgemeinen Sprachgebrauch oder in den redlichen und ständigen Verkehrsgepflogenheiten üblich geworden sind;

e) Zeichen, die ausschließlich bestehen

   i) aus der Form, die durch die Art der Ware selbst bedingt ist;

   ii) aus der Form der Ware, die zur Erreichung einer technischen Wirkung erforderlich ist;

   iii) aus der Form, die der Ware einen wesentlichen Wert verleiht;

f) Marken, die gegen die öffentliche Ordnung oder gegen die guten Sitten verstoßen;

g) Marken, die geeignet sind, das Publikum zum Beispiel über die Art, die Beschaffenheit oder die geografische Herkunft der Ware oder Dienstleistung zu täuschen;

h) Marken, die mangels Genehmigung durch die zuständigen Stellen gemäß Artikel 6ter der Pariser Verbandsübereinkunft zum Schutz des gewerblichen Eigentums, nachstehend „Pariser Verbandsübereinkunft", zurückzuweisen sind;

i) Marken, die nicht unter Artikel 6ter der Pariser Verbandsübereinkunft fallende Abzeichen, Embleme und Wappen, die von besonderem öffentlichem Interesse sind, enthalten, es sei denn, dass die zuständigen Stellen ihrer Eintragung zugestimmt haben,

j) Marken, die eine geografische Angabe enthalten oder aus ihr bestehen, durch die Weine gekennzeichnet werden, oder Marken, die eine geografische Angabe enthalten oder aus ihr bestehen, durch die Spirituosen gekennzeichnet werden, in Bezug auf Weine oder Spirituosen, die diesen Ursprung nicht haben;

k) Marken, die eine gemäß der Verordnung (EG) Nr. 510/2006 des Rates vom 20. März 2006 zum Schutz von geografischen Angaben und Ursprungsbezeichnungen für Agrarerzeugnisse und Lebensmittel [ABl. L 93 vom 31.3.2006, S. 12] eingetragene Ursprungsbezeichnung oder geografische Angabe enthalten oder aus einer solchen bestehen und auf die einer der in Artikel 13 der genannten Verordnung aufgeführten Tatbestände zutrifft und die die gleiche Art von Erzeugnis betreffen, wenn der Antrag auf Eintragung der Marke nach dem Zeitpunkt der Einreichung des Antrags auf Eintragung der Ursprungsbezeichnung oder der geografischen Angabe bei der Kommission eingereicht wird.

(2) Die Vorschriften des Absatzes 1 finden auch dann Anwendung, wenn die Eintragungshindernisse nur in einem Teil der Gemeinschaft vorliegen.

(3) Die Vorschriften des Absatzes 1 Buchstaben b, c und d finden keine Anwendung, wenn die Marke für die Waren oder Dienstleistungen, für die die Eintragung beantragt wird, infolge ihrer Benutzung Unterscheidungskraft erlangt hat.

Artikel 8 Relative Eintragungshindernisse

(1) Auf Widerspruch des Inhabers einer älteren Marke ist die angemeldete Marke von der Eintragung ausgeschlossen,

a) wenn sie mit der älteren Marke identisch ist und die Waren oder Dienstleistungen, für die die Marke angemeldet worden ist, mit den Waren oder Dienstleistungen identisch sind, für die die ältere Marke Schutz genießt;

b) wenn wegen ihrer Identität oder Ähnlichkeit mit der älteren Marke und der Identität oder Ähnlichkeit der durch die beiden Marken erfassten Waren oder Dienstleistungen für das Publikum die Gefahr von Verwechslungen in dem Gebiet besteht, in dem die ältere Marke Schutz genießt; dabei schließt die Gefahr von Verwechslungen die Gefahr ein, dass die Marke mit der älteren Marke gedanklich in Verbindung gebracht wird.

(2) „Ältere Marken" im Sinne von Absatz 1 sind

a) Marken mit einem früheren Anmeldetag als dem Tag der Anmeldung der Gemeinschaftsmarke, gegebenenfalls mit der für diese Marken in Anspruch genommenen Priorität, die den nachstehenden Kategorien angehören:
   i) Gemeinschaftsmarken;
   ii) in einem Mitgliedstaat oder, soweit Belgien, Luxemburg und die Niederlande betroffen sind, beim BENELUX-Amt für geistiges Eigentum eingetragene Marken;
   iii) mit Wirkung für einen Mitgliedstaat international registrierte Marken;
   iv) aufgrund internationaler Vereinbarungen mit Wirkung in der Gemeinschaft eingetragene Marken;

b) Anmeldungen von Marken nach Buchstabe a, vorbehaltlich ihrer Eintragung;

c) Marken, die am Tag der Anmeldung der Gemeinschaftsmarke, gegebenenfalls am Tag der für die Anmeldung der Gemeinschaftsmarke in Anspruch genommenen Priorität, in einem Mitgliedstaat im Sinne des Artikels 6bis der Pariser Verbandsübereinkunft notorisch bekannt sind.

(3) Auf Widerspruch des Markeninhabers ist von der Eintragung auch eine Marke ausgeschlossen, die der Agent oder Vertreter des Markeninhabers ohne dessen Zustimmung auf seinen eigenen Namen anmeldet, es sei denn, dass der Agent oder Vertreter seine Handlungsweise rechtfertigt.

(4) Auf Widerspruch des Inhabers einer nicht eingetragenen Marke oder eines sonstigen im geschäftlichen Verkehr benutzten Kennzeichenrechts von mehr als lediglich örtlicher Bedeutung ist die angemeldete Marke von der Eintragung ausgeschlossen, wenn und soweit nach dem für den Schutz des Kennzeichens maßgeblichen Recht der Gemeinschaft oder des Mitgliedstaats

a) Rechte an diesem Kennzeichen vor dem Tag der Anmeldung der Gemeinschaftsmarke, gegebenenfalls vor dem Tag der für die Anmeldung der Gemeinschaftsmarke in Anspruch genommenen Priorität, erworben worden sind;
b) dieses Kennzeichen seinem Inhaber das Recht verleiht, die Benutzung einer jüngeren Marke zu untersagen.

(5) Auf Widerspruch des Inhabers einer älteren Marke im Sinne des Absatzes 2 ist die angemeldete Marke auch dann von der Eintragung ausgeschlossen, wenn sie mit der älteren Marke identisch ist oder dieser ähnlich ist und für Waren oder Dienstleistungen eingetragen werden soll, die nicht denen ähnlich sind, für die die ältere Marke eingetragen ist, wenn es sich im Falle einer älteren Gemeinschaftsmarke um eine in der Gemeinschaft bekannte Marke und im Falle einer älteren nationalen Marke um eine in dem betreffenden Mitgliedstaat bekannte Marke handelt und die Benutzung der angemeldeten Marke die Unterscheidungskraft oder die Wertschätzung der älteren Marke ohne rechtfertigenden Grund in unlauterer Weise ausnutzen oder beeinträchtigen würde.

2. Abschnitt – Wirkungen der Gemeinschaftsmarke

Artikel 9 Recht aus der Gemeinschaftsmarke

(1) Die Gemeinschaftsmarke gewährt ihrem Inhaber ein ausschließliches Recht. Dieses Recht gestattet es dem Inhaber, Dritten zu verbieten, ohne seine Zustimmung im geschäftlichen Verkehr

a) ein mit der Gemeinschaftsmarke identisches Zeichen für Waren oder Dienstleistungen zu benutzen, die mit denjenigen identisch sind, für die sie eingetragen ist;
b) ein Zeichen zu benutzen, wenn wegen der Identität oder Ähnlichkeit des Zeichens mit der Gemeinschaftsmarke und der Identität oder Ähnlichkeit der durch die Gemeinschaftsmarke und das Zeichen erfassten Waren oder Dienstleistungen für das Publikum die Gefahr von Verwechslungen besteht; dabei schließt die Gefahr von Verwechslungen die Gefahr ein, dass das Zeichen mit der Marke gedanklich in Verbindung gebracht wird;
c) ein mit der Gemeinschaftsmarke identisches oder ihr ähnliches Zeichen für Waren oder Dienstleistungen zu benutzen, die nicht denen ähnlich sind, für die die Gemeinschaftsmarke eingetragen ist, wenn diese in der Gemeinschaft bekannt ist und die Benutzung des Zeichens die Unterscheidungskraft oder die Wertschätzung der Gemeinschaftsmarke ohne rechtfertigenden Grund in unlauterer Weise ausnutzt oder beeinträchtigt.

(2) Sind die Voraussetzungen des Absatzes 1 erfüllt, so kann insbesondere verboten werden,

a) das Zeichen auf Waren oder deren Aufmachung anzubringen;
b) unter dem Zeichen Waren anzubieten, in den Verkehr zu bringen oder zu den genannten Zwecken zu besitzen oder unter dem Zeichen Dienstleistungen anzubieten oder zu erbringen;
c) Waren unter dem Zeichen einzuführen oder auszuführen;
d) das Zeichen in den Geschäftspapieren und in der Werbung zu benutzen.

(3) Das Recht aus der Gemeinschaftsmarke kann Dritten erst nach der Veröffentlichung der Eintragung der Marke entgegengehalten werden. Jedoch kann eine angemessene Ent-

schädigung für Handlungen verlangt werden, die nach Veröffentlichung der Anmeldung einer Gemeinschaftsmarke vorgenommen werden und die nach Veröffentlichung der Eintragung aufgrund der Gemeinschaftsmarke verboten wären. Das angerufene Gericht darf bis zur Veröffentlichung der Eintragung keine Entscheidung in der Hauptsache treffen.

Artikel 10 Wiedergabe der Gemeinschaftsmarke in Wörterbüchern

Erweckt die Wiedergabe einer Gemeinschaftsmarke in einem Wörterbuch, Lexikon oder ähnlichen Nachschlagewerk den Eindruck, als sei sie eine Gattungsbezeichnung der Waren oder Dienstleistungen, für die sie eingetragen ist, so stellt der Verleger des Werkes auf Antrag des Inhabers der Gemeinschaftsmarke sicher, dass der Wiedergabe der Marke spätestens bei einer Neuauflage des Werkes der Hinweis beigefügt wird, dass es sich um eine eingetragene Marke handelt.

Artikel 11 Untersagung der Benutzung der Gemeinschaftsmarke, die für einen Agenten oder Vertreter eingetragen ist

Ist eine Gemeinschaftsmarke für einen Agenten oder Vertreter dessen, der Inhaber der Marke ist, ohne Zustimmung des Markeninhabers eingetragen worden, so ist der Markeninhaber berechtigt, sich dem Gebrauch seiner Marke durch seinen Agenten oder Vertreter zu widersetzen, wenn er diesen Gebrauch nicht gestattet hat, es sei denn, dass der Agent oder Vertreter seine Handlungsweise rechtfertigt.

Artikel 12 Beschränkung der Wirkungen der Gemeinschaftsmarke

Die Gemeinschaftsmarke gewährt ihrem Inhaber nicht das Recht, einem Dritten zu verbieten,

a) seinen Namen oder seine Anschrift
b) Angaben über die Art, die Beschaffenheit, die Menge, die Bestimmung, den Wert, die geografische Herkunft oder die Zeit der Herstellung der Ware oder der Erbringung der Dienstleistung oder über andere Merkmale der Ware oder Dienstleistung
c) die Marke, falls dies notwendig ist, als Hinweis auf die Bestimmung einer Ware, insbesondere als Zubehör oder Ersatzteil, oder einer Dienstleistung, im geschäftlichen Verkehr

zu benutzen, sofern die Benutzung den anständigen Gepflogenheiten in Gewerbe oder Handel entspricht.

Artikel 13 Erschöpfung des Rechts aus der Gemeinschaftsmarke

(1) Die Gemeinschaftsmarke gewährt ihrem Inhaber nicht das Recht, einem Dritten zu verbieten, die Marke für Waren zu benutzen, die unter dieser Marke von ihm oder mit seiner Zustimmung in der Gemeinschaft in den Verkehr gebracht worden sind.

(2) Absatz 1 findet keine Anwendung, wenn berechtigte Gründe es rechtfertigen, dass der Inhaber sich dem weiteren Vertrieb der Waren widersetzt, insbesondere wenn der Zustand der Waren nach ihrem Inverkehrbringen verändert oder verschlechtert ist.

Artikel 14 Ergänzende Anwendung des einzelstaatlichen Rechts bei Verletzung

(1) Die Wirkung der Gemeinschaftsmarke bestimmt sich ausschließlich nach dieser Verordnung. Im Übrigen unterliegt die Verletzung einer Gemeinschaftsmarke dem für die Verletzung nationaler Marken geltenden Recht gemäß den Bestimmungen des Titels X.

(2) Diese Verordnung lässt das Recht unberührt, Klagen betreffend eine Gemeinschaftsmarke auf innerstaatliche Rechtsvorschriften insbesondere über die zivilrechtliche Haftung und den unlauteren Wettbewerb zu stützen.

(3) Das anzuwendende Verfahrensrecht bestimmt sich nach den Vorschriften des Titels X.

Abschnitt 3 – Benutzung der Gemeinschaftsmarke

Artikel 15 Benutzung der Gemeinschaftsmarke

(1) Hat der Inhaber die Gemeinschaftsmarke für die Waren oder Dienstleistungen, für die sie eingetragen ist, innerhalb von fünf Jahren, gerechnet von der Eintragung an, nicht ernsthaft in der Gemeinschaft benutzt, oder hat er eine solche Benutzung während eines ununterbrochenen Zeitraums von fünf Jahren ausgesetzt, so unterliegt die Gemeinschaftsmarke den in dieser Verordnung vorgesehenen Sanktionen, es sei denn, dass berechtigte Gründe für die Nichtbenutzung vorliegen.

Folgendes gilt ebenfalls als Benutzung im Sinne des Unterabsatzes 1:

a) die Benutzung der Gemeinschaftsmarke in einer Form, die von der Eintragung nur in Bestandteilen abweicht, ohne dass dadurch die Unterscheidungskraft der Marke beeinflusst wird;

b) das Anbringen der Gemeinschaftsmarke auf Waren oder deren Aufmachung in der Gemeinschaft ausschließlich für den Export.

(2) Die Benutzung der Gemeinschaftsmarke mit Zustimmung des Inhabers gilt als Benutzung durch den Inhaber.

Abschnitt 4 – Die Gemeinschaftsmarke als Gegenstand des Vermögens

Artikel 16 Gleichstellung der Gemeinschaftsmarke mit der nationalen Marke

(1) Soweit in den Artikeln 17 bis 24 nichts anderes bestimmt ist, wird die Gemeinschaftsmarke als Gegenstand des Vermögens im Ganzen und für das gesamte Gebiet der Gemeinschaft wie eine nationale Marke behandelt, die in dem Mitgliedstaat eingetragen ist, in dem nach dem Gemeinschaftsmarkenregister

a) der Inhaber zum jeweils maßgebenden Zeitpunkt seinen Wohnsitz oder Sitz hat;

b) wenn Buchstabe a nicht anwendbar ist, der Inhaber zum jeweils maßgebenden Zeitpunkt eine Niederlassung hat.

(2) Liegen die Voraussetzungen des Absatzes 1 nicht vor, so ist der nach Absatz 1 maßgebende Mitgliedstaat der Staat, in dem das Amt seinen Sitz hat.

(3) Sind mehrere Personen als gemeinsame Inhaber in das Gemeinschaftsmarkenregister eingetragen, so ist für die Anwendung des Absatzes 1 der zuerst genannte gemeinsame In-

haber maßgebend; liegen die Voraussetzungen des Absatzes 1 für diesen Inhaber nicht vor, so ist der jeweils nächstgenannte gemeinsame Inhaber maßgebend. Liegen die Voraussetzungen des Absatzes 1 für keinen der gemeinsamen Inhaber vor, so ist Absatz 2 anzuwenden.

Artikel 17 Rechtsübergang

(1) Die Gemeinschaftsmarke kann, unabhängig von der Übertragung des Unternehmens, für alle oder einen Teil der Waren oder Dienstleistungen, für die sie eingetragen ist, Gegenstand eines Rechtsübergangs sein.

(2) Die Übertragung des Unternehmens in seiner Gesamtheit erfasst die Gemeinschaftsmarke, es sei denn, dass in Übereinstimmung mit dem auf die Übertragung anwendbaren Recht etwas anderes vereinbart ist oder eindeutig aus den Umständen hervorgeht. Dies gilt entsprechend für die rechtsgeschäftliche Verpflichtung zur Übertragung des Unternehmens.

(3) Vorbehaltlich der Vorschriften des Absatzes 2 muss die rechtsgeschäftliche Übertragung der Gemeinschaftsmarke schriftlich erfolgen und bedarf der Unterschrift der Vertragsparteien, es sei denn, sie beruht auf einer gerichtlichen Entscheidung; anderenfalls ist sie nichtig.

(4) Ergibt sich aus den Unterlagen über den Rechtsübergang in offensichtlicher Weise, dass die Gemeinschaftsmarke aufgrund des Rechtsübergangs geeignet ist, das Publikum insbesondere über die Art, die Beschaffenheit oder die geografische Herkunft der Waren oder Dienstleistungen, für die die Marke eingetragen ist, irrezuführen, so weist das Amt die Eintragung des Rechtsübergangs zurück, sofern der Rechtsnachfolger nicht damit einverstanden ist, die Eintragung der Gemeinschaftsmarke auf Waren und Dienstleistungen zu beschränken, hinsichtlich deren sie nicht irreführend ist.

(5) Der Rechtsübergang wird auf Antrag eines Beteiligten in das Register eingetragen und veröffentlicht.

(6) Solange der Rechtsübergang nicht in das Register eingetragen ist, kann der Rechtsnachfolger seine Rechte aus der Eintragung der Gemeinschaftsmarke nicht geltend machen.

(7) Sind gegenüber dem Amt Fristen zu wahren, so können, sobald der Antrag auf Eintragung des Rechtsübergangs beim Amt eingegangen ist, die entsprechenden Erklärungen gegenüber dem Amt von dem Rechtsnachfolger abgegeben werden.

(8) Alle Dokumente, die gemäß Artikel 79 der Zustellung an den Inhaber der Gemeinschaftsmarke bedürfen, sind an den als Inhaber Eingetragenen zu richten.

Artikel 18 Übertragung einer Agentenmarke

Ist eine Gemeinschaftsmarke für den Agenten oder Vertreter dessen, der Inhaber der Marke ist, ohne Zustimmung des Markeninhabers eingetragen worden, so ist der Markeninhaber berechtigt, die Übertragung der Eintragung zu seinen Gunsten zu verlangen, es sei denn, dass der Agent oder Vertreter seine Handlungsweise rechtfertigt.

Artikel 19 Dingliche Rechte

(1) Die Gemeinschaftsmarke kann unabhängig vom Unternehmen verpfändet werden oder Gegenstand eines sonstigen dinglichen Rechts sein.

(2) Die in Absatz 1 genannten Rechte werden auf Antrag eines Beteiligten in das Register eingetragen und veröffentlicht.

Artikel 20 Zwangsvollstreckung

(1) Die Gemeinschaftsmarke kann Gegenstand von Maßnahmen der Zwangsvollstreckung sein.

(2) Für die Zwangsvollstreckungsmaßnahmen sind die Gerichte und Behörden des nach Artikel 16 maßgebenden Mitgliedstaats ausschließlich zuständig.

(3) Die Zwangsvollstreckungsmaßnahmen werden auf Antrag eines Beteiligten in das Register eingetragen und veröffentlicht.

Artikel 21 Insolvenzverfahren

(1) Eine Gemeinschaftsmarke kann nur dann von einem Insolvenzverfahren erfasst werden, wenn dieses in dem Mitgliedstaat eröffnet wird, in dessen Hoheitsgebiet der Schuldner den Mittelpunkt seiner Interessen hat.

Ist der Schuldner jedoch ein Versicherungsunternehmen oder ein Kreditinstitut im Sinne der Richtlinie 2001/17/EG des Europäischen Parlaments und des Rates vom 19. März 2001 über die Sanierung und Liquidation von Versicherungsunternehmen [ABl. L 110 vom 20.4.2001, S. 28] bzw. der Richtlinie 2001/24/EG des Europäischen Parlaments und des Rates vom 4. April 2001 über die Sanierung und Liquidation von Kreditinstituten [ABl. L 125 vom 5.5.2001, S. 15], so kann eine Gemeinschaftsmarke nur dann von einem Insolvenzverfahren erfasst werden, wenn dieses in dem Mitgliedstaat eröffnet wird, in dem dieses Unternehmen bzw. dieses Institut zugelassen ist.

(2) Absatz 1 ist im Fall der Mitinhaberschaft an einer Gemeinschaftsmarke auf den Anteil des Mitinhabers entsprechend anzuwenden.

(3) Wird die Gemeinschaftsmarke von einem Insolvenzverfahren erfasst, so wird dies auf Antrag der zuständigen nationalen Stelle in das Register eingetragen und in dem Blatt für Gemeinschaftsmarken gemäß Artikel 89 veröffentlicht.

Artikel 22 Lizenz

(1) Die Gemeinschaftsmarke kann für alle oder einen Teil der Waren oder Dienstleistungen, für die sie eingetragen ist, und für das gesamte Gebiet oder einen Teil der Gemeinschaft Gegenstand von Lizenzen sein. Eine Lizenz kann ausschließlich oder nicht ausschließlich sein.

(2) Der Inhaber einer Gemeinschaftsmarke kann die Rechte aus der Gemeinschaftsmarke gegen einen Lizenznehmer geltend machen, der hinsichtlich des Folgenden gegen eine Bestimmung des Lizenzvertrags verstößt:

a) der Dauer der Lizenz;
b) der von der Eintragung erfassten Form, in der die Marke verwendet werden darf;

c) der Art der Waren oder Dienstleistungen, für die die Lizenz erteilt wurde;

d) des Gebiets, in dem die Marke angebracht werden darf;

e) der Qualität der vom Lizenznehmer hergestellten Waren oder erbrachten Dienstleistungen.

(3) Unbeschadet der Bestimmungen des Lizenzvertrags kann der Lizenznehmer ein Verfahren wegen Verletzung einer Gemeinschaftsmarke nur mit Zustimmung ihres Inhabers abhängig machen. Jedoch kann der Inhaber einer ausschließlichen Lizenz ein solches Verfahren anhängig machen, wenn der Inhaber der Gemeinschaftsmarke nach Aufforderung nicht selber innerhalb einer angemessenen Frist die Verletzungsklage erhoben hat.

(4) Jeder Lizenznehmer kann einer vom Inhaber der Gemeinschaftsmarke erhobenen Verletzungsklage beitreten, um den Ersatz seines eigenen Schadens geltend zu machen.

(5) Die Erteilung oder der Übergang einer Lizenz an einer Gemeinschaftsmarke wird auf Antrag eines Beteiligten in das Register eingetragen und veröffentlicht.

Artikel 23 Wirkung gegenüber Dritten

(1) Die in den Artikeln 17, 19 und 22 bezeichneten Rechtshandlungen hinsichtlich einer Gemeinschaftsmarke haben gegenüber Dritten in allen Mitgliedstaaten erst Wirkung, wenn sie eingetragen worden sind. Jedoch kann eine Rechtshandlung, die noch nicht eingetragen ist, Dritten entgegengehalten werden, die Rechte an der Marke nach dem Zeitpunkt der Rechtshandlung erworben haben, aber zum Zeitpunkt des Erwerbs dieser Rechte von der Rechtshandlung wussten.

(2) Absatz 1 ist nicht in Bezug auf eine Person anzuwenden, die die Gemeinschaftsmarke oder ein Recht an der Gemeinschaftsmarke im Wege des Rechtsübergangs des Unternehmens in seiner Gesamtheit oder einer anderen Gesamtrechtsnachfolge erwirbt.

(3) Die Wirkung einer in Artikel 20 bezeichneten Rechtshandlung gegenüber Dritten richtet sich nach dem Recht des nach Artikel 16 maßgebenden Mitgliedstaats.

(4) Bis zum Inkrafttreten gemeinsamer Vorschriften für die Mitgliedstaaten betreffend das Konkursverfahren richtet sich die Wirkung eines Konkursverfahrens oder eines konkursähnlichen Verfahrens gegenüber Dritten nach dem Recht des Mitgliedstaats, in dem nach seinen Rechtsvorschriften oder nach den geltenden einschlägigen Übereinkünften das Verfahren zuerst eröffnet wird.

Artikel 24 Die Anmeldung der Gemeinschaftsmarke als Gegenstand des Vermögens

Die Artikel 16 bis 23 gelten entsprechend für die Anmeldungen von Gemeinschaftsmarken.

Titel III – Die Anmeldung der Gemeinschaftsmarke

1. Abschnitt – Einreichung und Erfordernisse der Anmeldung

Artikel 25 Einreichung der Anmeldung

(1) Die Anmeldung der Gemeinschaftsmarke kann nach Wahl des Anmelders eingereicht werden:

a) beim Amt;
b) bei der Zentralbehörde für den gewerblichen Rechtsschutz eines Mitgliedstaats oder beim BENELUX-Amt für geistiges Eigentum. Eine in dieser Weise eingereichte Anmeldung hat dieselbe Wirkung, wie wenn sie an demselben Tag beim Amt eingereicht worden wäre.

(2) Wird die Anmeldung bei der Zentralbehörde für den gewerblichen Rechtsschutz eines Mitgliedstaats oder beim BENELUX-Amt für geistiges Eigentum eingereicht, so trifft diese Behörde oder dieses Amt für geistiges Eigentum alle erforderlichen Maßnahmen, damit die Anmeldung binnen zwei Wochen nach Einreichung an das Amt weitergeleitet wird. Die Zentralbehörde beziehungsweise das BENELUX-Amt für geistiges Eigentum kann vom Anmelder eine Gebühr erheben, die die Verwaltungskosten für Entgegennahme und Weiterleitung der Anmeldung nicht übersteigen darf.

(3) Anmeldungen nach Absatz 2, die beim Amt nach Ablauf einer Frist von zwei Monaten nach ihrer Einreichung eingehen, gelten als zu dem Datum eingereicht, an dem die Anmeldung beim Amt eingegangen ist.

(4) Zehn Jahre nach Inkrafttreten der Verordnung (EG) Nr. 40/94 erstellt die Kommission einen Bericht über das Funktionieren des Systems zur Einreichung von Anmeldungen für Gemeinschaftsmarken und unterbreitet etwaige Vorschläge zur Änderung dieses Systems.

Artikel 26 Erfordernisse der Anmeldung

(1) Die Anmeldung der Gemeinschaftsmarke muss Folgendes enthalten:

a) einen Antrag auf Eintragung einer Gemeinschaftsmarke;
b) Angaben, die es erlauben, die Identität des Anmelders festzustellen;
c) ein Verzeichnis der Waren oder Dienstleistungen, für die die Eintragung begehrt wird;
d) eine Wiedergabe der Marke.

(2) Für die Anmeldung der Gemeinschaftsmarke sind die Anmeldegebühr und gegebenenfalls eine oder mehrere Klassengebühren zu entrichten.

(3) Die Anmeldung der Gemeinschaftsmarke muss den in der Durchführungsverordnung nach Artikel 162 Absatz 1, nachstehend „Durchführungsverordnung" genannt, vorgesehenen Erfordernissen entsprechen.

Artikel 27 Anmeldetag

Der Anmeldetag einer Gemeinschaftsmarke ist der Tag, an dem die die Angaben nach Artikel 26 Absatz 1 enthaltenden Unterlagen vom Anmelder beim Amt oder, wenn die Anmeldung bei der Zentralbehörde für den gewerblichen Rechtsschutz eines Mitgliedstaats oder beim BENELUX-Amt für geistiges Eigentum eingereicht worden ist, bei der Zentralbehörde beziehungsweise beim BENELUX-Amt für geistiges Eigentum eingereicht worden sind, sofern binnen eines Monats nach Einreichung der genannten Unterlagen die Anmeldegebühr gezahlt wird.

Artikel 28 Klassifizierung

Die Waren und Dienstleistungen, für die Gemeinschaftsmarken angemeldet werden, werden nach der in der Durchführungsverordnung festgelegten Klassifizierung klassifiziert.

Abschnitt 2 – Priorität

Artikel 29 Prioritätsrecht

(1) Jedermann, der in einem oder mit Wirkung für einen Vertragsstaat der Pariser Verbandsübereinkunft oder des Übereinkommens zur Errichtung der Welthandelsorganisation eine Marke vorschriftsmäßig angemeldet hat, oder sein Rechtsnachfolger genießt hinsichtlich der Anmeldung derselben Marke als Gemeinschaftsmarke für die Waren oder Dienstleistungen, die mit denen identisch sind, für welche die Marke angemeldet ist, oder die von diesen Waren oder Dienstleistungen umfasst werden, während einer Frist von sechs Monaten nach Einreichung der ersten Anmeldung ein Prioritätsrecht.

(2) Als prioritätsbegründend wird jede Anmeldung anerkannt, der nach dem innerstaatlichen Recht des Staates, in dem sie eingereicht worden ist, oder nach zwei- oder mehrseitigen Verträgen die Bedeutung einer vorschriftsmäßigen nationalen Anmeldung zukommt.

(3) Unter vorschriftsmäßiger nationaler Anmeldung ist jede Anmeldung zu verstehen, die zur Festlegung des Tages ausreicht, an dem sie eingereicht worden ist, wobei das spätere Schicksal der Anmeldung ohne Bedeutung ist.

(4) Als die erste Anmeldung, von deren Einreichung an die Prioritätsfrist läuft, wird auch eine jüngere Anmeldung angesehen, die dieselbe Marke und dieselben Waren oder Dienstleistungen betrifft wie eine erste ältere in demselben oder für denselben Staat eingereichte Anmeldung, sofern diese ältere Anmeldung bis zur Einreichung der jüngeren Anmeldung zurückgenommen, fallengelassen oder zurückgewiesen worden ist, und zwar bevor sie öffentlich ausgelegt worden ist und ohne dass Rechte bestehen geblieben sind; ebenso wenig darf diese ältere Anmeldung schon Grundlage für die Inanspruchnahme des Prioritätsrechts gewesen sein. Die ältere Anmeldung kann in diesem Fall nicht mehr als Grundlage für die Inanspruchnahme des Prioritätsrechts dienen.

(5) Ist die erste Anmeldung in einem Staat eingereicht worden, der nicht zu den Vertragsstaaten der Pariser Verbandsübereinkunft oder des Übereinkommens zur Errichtung der Welthandelsorganisation gehört, so finden die Vorschriften der Absätze 1 bis 4 nur insoweit Anwendung, als dieser Staat gemäß einer veröffentlichten Feststellung aufgrund einer ersten Anmeldung beim Amt ein Prioritätsrecht gewährt, und zwar unter Voraussetzungen und mit Wirkungen, die denen dieser Verordnung vergleichbar sind.

Artikel 30 Inanspruchnahme der Priorität

Der Anmelder, der die Priorität einer früheren Anmeldung in Anspruch nehmen will, hat eine Prioritätserklärung und eine Abschrift der früheren Anmeldung einzureichen. Ist die frühere Anmeldung nicht in einer der Sprachen des Amtes abgefasst, so hat der Anmelder eine Übersetzung der früheren Anmeldung in einer dieser Sprachen einzureichen.

Artikel 31 Wirkung des Prioritätsrechts

Das Prioritätsrecht hat die Wirkung, dass für die Bestimmung des Vorrangs von Rechten der Prioritätstag als Tag der Anmeldung der Gemeinschaftsmarke gilt.

Artikel 32 Wirkung einer nationalen Hinterlegung der Anmeldung

Die Anmeldung der Gemeinschaftsmarke, deren Anmeldetag feststeht, hat in den Mitgliedstaaten die Wirkung einer vorschriftsmäßigen nationalen Hinterlegung, gegebenenfalls mit der für die Anmeldung der Gemeinschaftsmarke in Anspruch genommenen Priorität.

Abschnitt 3 – Ausstellungspriorität

Artikel 33 Ausstellungspriorität

(1) Hat der Anmelder der Gemeinschaftsmarke Waren oder Dienstleistungen unter der angemeldeten Marke auf einer amtlichen oder amtlich anerkannten internationalen Ausstellung im Sinne des am 22. November 1928 in Paris unterzeichneten und zuletzt am 30. November 1972 revidierten Übereinkommens über internationale Ausstellungen zur Schau gestellt, kann er, wenn er die Anmeldung innerhalb einer Frist von sechs Monaten seit der erstmaligen Zurschaustellung der Waren oder Dienstleistungen unter der angemeldeten Marke einreicht, von diesem Tag an ein Prioritätsrecht im Sinne des Artikels 31 in Anspruch nehmen.

(2) Der Anmelder, der die Priorität gemäß Absatz 1 in Anspruch nehmen will, hat gemäß den in der Durchführungsverordnung geregelten Einzelheiten Nachweise für die Zurschaustellung der Waren oder Dienstleistungen unter der angemeldeten Marke einzureichen.

(3) Eine Ausstellungspriorität, die in einem Mitgliedstaat oder einem Drittland gewährt wurde, verlängert die Prioritätsfrist des Artikels 29 nicht.

Abschnitt 4 – Inanspruchnahme des Zeitrangs einer nationalen Marke

Artikel 34 Inanspruchnahme des Zeitrangs einer nationalen Marke

(1) Der Inhaber einer in einem Mitgliedstaat, einschließlich des Benelux-Gebiets, oder einer mit Wirkung für einen Mitgliedstaat international registrierten älteren Marke, der eine identische Marke zur Eintragung als Gemeinschaftsmarke für Waren oder Dienstleistungen anmeldet, die mit denen identisch sind, für welche die ältere Marke eingetragen ist, oder die von diesen Waren oder Dienstleistungen umfasst werden, kann für die Gemein-

schaftsmarke den Zeitrang der älteren Marke in Bezug auf den Mitgliedstaat, in dem oder für den sie eingetragen ist, in Anspruch nehmen.

(2) Der Zeitrang hat nach dieser Verordnung die alleinige Wirkung, dass dem Inhaber der Gemeinschaftsmarke, falls er auf die ältere Marke verzichtet oder sie erlöschen lässt, weiter dieselben Rechte zugestanden werden, die er gehabt hätte, wenn die ältere Marke weiterhin eingetragen gewesen wäre.

(3) Der für die Gemeinschaftsmarke in Anspruch genommene Zeitrang erlischt, wenn die ältere Marke, deren Zeitrang in Anspruch genommen worden ist, für verfallen oder für nichtig erklärt wird oder wenn auf sie vor der Eintragung der Gemeinschaftsmarke verzichtet worden ist.

Artikel 35 Inanspruchnahme des Zeitrangs nach Eintragung der Gemeinschaftsmarke

(1) Der Inhaber einer Gemeinschaftsmarke, der Inhaber einer in einem Mitgliedstaat, einschließlich des Benelux-Gebiets, oder einer mit Wirkung für einen Mitgliedstaat international registrierten identischen älteren Marke für Waren oder Dienstleistungen ist, die mit denen identisch sind, für welche die ältere Marke eingetragen ist, oder die von diesen Waren oder Dienstleistungen umfasst werden, kann den Zeitrang der älteren Marke in Bezug auf den Mitgliedstaat, in dem oder für den sie eingetragen ist, in Anspruch nehmen.

(2) Artikel 34 Absätze 2 und 3 sind entsprechend anzuwenden.

Titel IV – Eintragungsverfahren

Abschnitt 1 – Prüfung der Anmeldung

Artikel 36 Prüfung der Anmeldungserfordernisse

(1) Das Amt prüft, ob

a) die Anmeldung der Gemeinschaftsmarke den Erfordernissen für die Zuerkennung eines Anmeldetages nach Artikel 27 genügt;

b) die Anmeldung der Gemeinschaftsmarke den in dieser Verordnung und in der Durchführungsverordnung vorgesehenen Erfordernissen genügt;

c) gegebenenfalls die Klassengebühren innerhalb der vorgeschriebenen Frist entrichtet worden sind.

(2) Entspricht die Anmeldung nicht den in Absatz 1 genannten Erfordernissen, so fordert das Amt den Anmelder auf, innerhalb der vorgeschriebenen Frist die festgestellten Mängel zu beseitigen oder die ausstehende Zahlung nachzuholen.

(3) Werden innerhalb dieser Fristen die nach Absatz 1 Buchstabe a festgestellten Mängel nicht beseitigt oder wird die nach Absatz 1 Buchstabe a festgestellte ausstehende Zahlung nicht nachgeholt, so wird die Anmeldung nicht als Anmeldung einer Gemeinschaftsmarke behandelt. Kommt der Anmelder der Aufforderung des Amtes nach, so erkennt das Amt der Anmeldung als Anmeldetag den Tag zu, an dem die festgestellten Mängel beseitigt werden oder die festgestellte ausstehende Zahlung nachgeholt wird.

(4) Werden innerhalb der vorgeschriebenen Fristen die nach Absatz 1 Buchstabe b festgestellten Mängel nicht beseitigt, so weist das Amt die Anmeldung zurück.

(5) Wird die nach Absatz 1 Buchstabe c festgestellte ausstehende Zahlung nicht innerhalb der vorgeschriebenen Fristen nachgeholt, so gilt die Anmeldung als zurückgenommen, es sei denn, dass eindeutig ist, welche Waren- oder Dienstleistungsklassen durch den gezahlten Gebührenbetrag gedeckt werden sollen.

(6) Wird den Vorschriften über die Inanspruchnahme der Priorität nicht entsprochen, so erlischt der Prioritätsanspruch für die Anmeldung.

(7) Sind die Voraussetzungen für die Inanspruchnahme des Zeitrangs einer nationalen Marke nicht erfüllt, so kann deren Zeitrang für die Anmeldung nicht mehr beansprucht werden.

Artikel 37 Prüfung auf absolute Eintragungshindernisse

(1) Ist die Marke nach Artikel 7 für alle oder einen Teil der Waren oder Dienstleistungen, für die die Gemeinschaftsmarke angemeldet worden ist, von der Eintragung ausgeschlossen, so wird die Anmeldung für diese Waren oder Dienstleistungen zurückgewiesen.

(2) Enthält die Marke einen Bestandteil, der nicht unterscheidungskräftig ist, und kann die Aufnahme dieses Bestandteils in die Marke zu Zweifeln über den Schutzumfang der Marke Anlass geben, so kann das Amt als Bedingung für die Eintragung der Marke verlangen, dass der Anmelder erklärt, dass er an dem Bestandteil kein ausschließliches Recht in Anspruch nehmen wird. Diese Erklärung wird mit der Anmeldung oder gegebenenfalls mit der Eintragung der Gemeinschaftsmarke veröffentlicht.

(3) Die Anmeldung kann nur zurückgewiesen werden, wenn dem Anmelder zuvor Gelegenheit gegeben worden ist, die Anmeldung zurückzunehmen, zu ändern oder eine Stellungnahme einzureichen.

Abschnitt 2 – Recherche

Artikel 38 Recherche

(1) Hat das Amt für die Anmeldung einer Gemeinschaftsmarke einen Anmeldetag festgelegt, so erstellt es einen Gemeinschaftsrecherchenbericht, in dem diejenigen ermittelten älteren Gemeinschaftsmarken oder Anmeldungen von Gemeinschaftsmarken aufgeführt werden, die gemäß Artikel 8 gegen die Eintragung der angemeldeten Gemeinschaftsmarke geltend gemacht werden können.

(2) Beantragt der Anmelder bei der Anmeldung einer Gemeinschaftsmarke, dass auch von den Zentralbehörden für den gewerblichen Rechtsschutz der Mitgliedstaaten ein Recherchenbericht erstellt wird, und wurde die entsprechende Recherchengebühr innerhalb der für die Zahlung der Anmeldegebühr vorgesehenen Frist entrichtet, so übermittelt das Amt, sobald für die Anmeldung der Gemeinschaftsmarke ein Anmeldetag festgelegt wurde, der Zentralbehörde für den gewerblichen Rechtsschutz aller Mitgliedstaaten, die dem Amt ihre Entscheidung mitgeteilt haben, für Anmeldungen von Gemeinschaftsmarken in ihren eigenen Markenregistern eine Recherche durchzuführen, eine Abschrift dieser Anmeldung.

(3) Jede Zentralbehörde für den gewerblichen Rechtsschutz gemäß Absatz 2 übermittelt dem Amt innerhalb von zwei Monaten ab dem Tag, an dem die Anmeldung einer Gemeinschaftsmarke bei ihr eingegangen ist, einen Recherchenbericht, in dem entweder die von ihr ermittelten älteren Marken oder Markenanmeldungen aufgeführt sind, die gemäß Artikel 8 gegen die Eintragung der angemeldeten Gemeinschaftsmarke geltend gemacht werden können, oder in dem mitgeteilt wird, dass solche Rechte bei der Recherche nicht festgestellt wurden.

(4) Der Recherchenbericht gemäß Absatz 3 wird unter Verwendung eines Standardformulars verfasst, das vom Amt nach Anhörung des in Artikel 126 Absatz 1 genannten Verwaltungsrats, nachstehend „Verwaltungsrat" genannt, erstellt wird. Die wesentlichen Bestandteile dieses Formulars werden in der Durchführungsverordnung festgelegt.

(5) Das Amt zahlt jeder Zentralbehörde für den gewerblichen Rechtsschutz einen Betrag für jeden Recherchenbericht, den diese Behörde gemäß Absatz 3 vorlegt. Dieser Betrag, der für jede Zentralbehörde gleich hoch zu sein hat, wird vom Haushaltsausschuss durch mit Dreiviertelmehrheit der Vertreter der Mitgliedstaaten gefassten Beschluss festgesetzt.

(6) Das Amt übermittelt dem Anmelder der Gemeinschaftsmarke unverzüglich den Gemeinschaftsrecherchenbericht sowie auf Antrag die innerhalb der Frist nach Absatz 3 eingegangenen nationalen Recherchenberichte.

(7) Bei der Veröffentlichung der Anmeldung einer Gemeinschaftsmarke, die erst nach Ablauf von einem Monat ab dem Tag, an dem das Amt dem Anmelder die Recherchenberichte übermittelt hat, vorgenommen werden darf, unterrichtet das Amt die Inhaber älterer Gemeinschaftsmarken oder Anmeldungen von Gemeinschaftsmarken, die in dem Gemeinschaftsrecherchenbericht genannt sind, von der Veröffentlichung der Anmeldung der Gemeinschaftsmarke.

Abschnitt 3 – Veröffentlichung der Anmeldung

Artikel 39 Veröffentlichung der Anmeldung

(1) Sind die Erfordernisse für die Anmeldung der Gemeinschaftsmarke erfüllt und ist die Frist des Artikels 38 Absatz 7 verstrichen, so wird die Anmeldung veröffentlicht, soweit sie nicht gemäß Artikel 37 zurückgewiesen wird.

(2) Wird die Anmeldung nach ihrer Veröffentlichung gemäß Artikel 37 zurückgewiesen, so wird die Entscheidung über die Zurückweisung veröffentlicht, sobald sie unanfechtbar geworden ist.

Abschnitt 4 – Bemerkungen Dritter und Widerspruch

Artikel 40 Bemerkungen Dritter

(1) Natürliche oder juristische Personen sowie die Verbände der Hersteller, Erzeuger, Dienstleistungsunternehmer, Händler und Verbraucher können beim Amt nach der Veröffentlichung der Anmeldung der Gemeinschaftsmarke schriftliche Bemerkungen mit der Begründung einreichen, dass die Marke von Amts wegen und insbesondere nach Artikel 7

von der Eintragung auszuschließen ist. Sie sind an dem Verfahren vor dem Amt nicht beteiligt.

(2) Die in Absatz 1 genannten Bemerkungen werden dem Anmelder mitgeteilt, der dazu Stellung nehmen kann.

Artikel 41 Widerspruch

(1) Innerhalb einer Frist von drei Monaten nach Veröffentlichung der Anmeldung der Gemeinschaftsmarke kann gegen die Eintragung der Gemeinschaftsmarke Widerspruch mit der Begründung erhoben werden, dass die Marke nach Artikel 8 von der Eintragung auszuschließen ist; der Widerspruch kann erhoben werden

a) in den Fällen des Artikels 8 Absätze 1 und 5 von den Inhabern der in Artikel 8 Absatz 2 genannten älteren Marken sowie von Lizenznehmern, die von den Inhabern dieser Marken hierzu ausdrücklich ermächtigt worden sind;

b) in den Fällen des Artikels 8 Absatz 3 von den Inhabern der dort genannten Marken;

c) in den Fällen des Artikels 8 Absatz 4 von den Inhabern der dort genannten älteren Marken oder Kennzeichenrechte sowie von den Personen, die nach dem anzuwendenden nationalen Recht berechtigt sind, diese Rechte geltend zu machen.

(2) Gegen die Eintragung der Marke kann unter den Voraussetzungen des Absatzes 1 ebenfalls Widerspruch erhoben werden, falls eine geänderte Anmeldung gemäß Artikel 43 Absatz 2 Satz 2 veröffentlicht worden ist.

(3) Der Widerspruch ist schriftlich einzureichen und zu begründen. Er gilt erst als erhoben, wenn die Widerspruchsgebühr entrichtet worden ist. Der Widerspruch kann innerhalb einer vom Amt bestimmten Frist zur Stützung des Widerspruchs Tatsachen, Beweismittel und Bemerkungen vorbringen.

Artikel 42 Prüfung des Widerspruchs

(1) Bei der Prüfung des Widerspruchs fordert das Amt die Beteiligten so oft wie erforderlich auf, innerhalb einer von ihm zu bestimmenden Frist eine Stellungnahme zu seinen Bescheiden oder zu den Schriftsätzen anderer Beteiligter einzureichen.

(2) Auf Verlangen des Anmelders hat der Inhaber einer älteren Gemeinschaftsmarke, der Widerspruch erhoben hat, den Nachweis zu erbringen, dass er innerhalb der letzten fünf Jahre vor der Veröffentlichung der Anmeldung der Gemeinschaftsmarke die ältere Gemeinschaftsmarke in der Gemeinschaft für die Waren oder Dienstleistungen, für die sie eingetragen ist und auf die er sich zur Begründung seines Widerspruchs beruft, ernsthaft benutzt hat, oder dass berechtigte Gründe für die Nichtbenutzung vorliegen, sofern zu diesem Zeitpunkt die ältere Gemeinschaftsmarke seit mindestens fünf Jahren eingetragen ist. Kann er diesen Nachweis nicht erbringen, so wird der Widerspruch zurückgewiesen. Ist die ältere Gemeinschaftsmarke nur für einen Teil der Waren oder Dienstleistungen, für die sie eingetragen ist, benutzt worden, so gilt sie zum Zwecke der Prüfung des Widerspruchs nur für diese Waren oder Dienstleistungen als eingetragen.

(3) Absatz 2 ist auf ältere nationale Marken im Sinne von Artikel 8 Absatz 2 Buchstabe a mit der Maßgabe entsprechend anzuwenden, dass an die Stelle der Benutzung in der Gemeinschaft die Benutzung in dem Mitgliedstaat tritt, in dem die ältere Marke geschützt ist.

(4) Das Amt kann die Beteiligten ersuchen, sich zu einigen, wenn es dies als sachdienlich erachtet.

(5) Ergibt die Prüfung, dass die Marke für alle oder einen Teil der Waren oder Dienstleistungen, für die die Gemeinschaftsmarke beantragt worden ist, von der Eintragung ausgeschlossen ist, so wird die Anmeldung für diese Waren oder Dienstleistungen zurückgewiesen. Ist die Marke von der Eintragung nicht ausgeschlossen, so wird der Widerspruch zurückgewiesen.

(6) Die Entscheidung über die Zurückweisung der Anmeldung wird veröffentlicht, sobald sie unanfechtbar geworden ist.

Abschnitt 5 – Zurücknahme, Einschränkung, Änderung und Teilung der Anmeldung

Artikel 43 Zurücknahme, Einschränkung und Änderung der Anmeldung

(1) Der Anmelder kann seine Anmeldung jederzeit zurücknehmen oder das in der Anmeldung enthaltene Verzeichnis der Waren und Dienstleistungen einschränken. Ist die Anmeldung bereits veröffentlicht, so wird auch die Zurücknahme oder Einschränkung veröffentlicht.

(2) Im Übrigen kann die Anmeldung der Gemeinschaftsmarke auf Antrag des Anmelders nur geändert werden, um Name und Adresse des Anmelders, sprachliche Fehler, Schreibfehler oder offensichtliche Unrichtigkeiten zu berichtigen, soweit durch eine solche Berichtigung der wesentliche Inhalt der Marke nicht berührt oder das Verzeichnis der Waren oder Dienstleistungen nicht erweitert wird. Betreffen die Änderungen die Wiedergabe der Marke oder das Verzeichnis der Waren oder Dienstleistungen und werden sie nach Veröffentlichung der Anmeldung vorgenommen, so wird die Anmeldung in der geänderten Fassung veröffentlicht.

Artikel 44 Teilung der Anmeldung

(1) Der Anmelder kann die Anmeldung teilen, indem er erklärt, dass ein Teil der in der ursprünglichen Anmeldung enthaltenen Waren oder Dienstleistungen Gegenstand einer oder mehrerer Teilanmeldungen sein soll. Die Waren oder Dienstleistungen der Teilanmeldung dürfen sich nicht mit den Waren oder Dienstleistungen der ursprünglichen Anmeldung oder anderen Teilanmeldungen überschneiden.

(2) Die Teilungserklärung ist nicht zulässig:

a) wenn gegen die ursprüngliche Anmeldung Widerspruch eingelegt wurde und die Teilungserklärung eine Teilung der Waren oder Dienstleistungen, gegen die sich der Widerspruch richtet, bewirkt, bis die Entscheidung der Widerspruchsabteilung unanfechtbar geworden ist oder das Widerspruchsverfahren eingestellt wird;

b) während der in der Durchführungsverordnung festgelegten Zeiträume.

(3) Die Teilungserklärung muss den Bestimmungen der Durchführungsverordnung entsprechen.

(4) Die Teilungserklärung ist gebührenpflichtig. Sie gilt als nicht abgegeben, solange die Gebühr nicht entrichtet ist.

(5) Die Teilung wird an dem Tag wirksam, an dem sie in der vom Amt geführten Akte der ursprünglichen Anmeldung vermerkt wird.

(6) Alle vor Eingang der Teilungserklärung beim Amt für die ursprüngliche Anmeldung eingereichten Anträge und gezahlten Gebühren gelten auch als für die Teilanmeldungen eingereicht oder gezahlt. Gebühren für die ursprüngliche Anmeldung, die wirksam vor Eingang der Teilungserklärung beim Amt entrichtet wurden, werden nicht erstattet.

(7) Die Teilanmeldung genießt den Anmeldetag sowie gegebenenfalls den Prioritätstag und den Zeitrang der ursprünglichen Anmeldung.

Abschnitt 6 – Eintragung

Artikel 45 Eintragung

Entspricht die Anmeldung den Vorschriften dieser Verordnung und wurde innerhalb der Frist gemäß Artikel 41 Absatz 1 kein Widerspruch erhoben oder wurde ein Widerspruch rechtskräftig zurückgewiesen, so wird die Marke als Gemeinschaftsmarke eingetragen, sofern die Gebühr für die Eintragung innerhalb der vorgeschriebenen Frist entrichtet worden ist. Wird die Gebühr nicht innerhalb dieser Frist entrichtet, so gilt die Anmeldung als zurückgenommen.

Titel V – Dauer, Verlängerung, Änderung und Teilung der Gemeinschaftsmarke

Artikel 46 Dauer der Eintragung

Die Dauer der Eintragung der Gemeinschaftsmarke beträgt zehn Jahre, gerechnet vom Tag der Anmeldung an. Die Eintragung kann gemäß Artikel 47 um jeweils zehn Jahre verlängert werden.

Artikel 47 Verlängerung

(1) Die Eintragung der Gemeinschaftsmarke wird auf Antrag des Inhabers oder einer hierzu ausdrücklich ermächtigten Person verlängert, sofern die Gebühren entrichtet worden sind.

(2) Das Amt unterrichtet den Inhaber der Gemeinschaftsmarke und die im Register eingetragenen Inhaber von Rechten an der Gemeinschaftsmarke rechtzeitig vor dem Ablauf der Eintragung. Das Amt haftet nicht für unterbliebene Unterrichtung.

(3) Der Antrag auf Verlängerung ist innerhalb eines Zeitraums von sechs Monaten vor Ablauf des letzten Tages des Monats, in dem die Schutzdauer endet, einzureichen. Innerhalb dieses Zeitraums sind auch die Gebühren zu entrichten. Der Antrag und die Gebühren können noch innerhalb einer Nachfrist von sechs Monaten nach Ablauf des in Satz 1 genannten Tages eingereicht oder gezahlt werden, sofern innerhalb dieser Nachfrist eine Zuschlagsgebühr entrichtet wird.

(4) Beziehen sich der Antrag auf Verlängerung oder die Entrichtung der Gebühren nur auf einen Teil der Waren oder Dienstleistungen, für die die Marke eingetragen ist, so wird die Eintragung nur für diese Waren oder Dienstleistungen verlängert.

(5) Die Verlängerung wird am Tag nach dem Ablauf der Eintragung wirksam. Sie wird eingetragen.

Artikel 48 Änderung

(1) Die Gemeinschaftsmarke darf weder während der Dauer der Eintragung noch bei ihrer Verlängerung im Register geändert werden.

(2) Enthält jedoch die Gemeinschaftsmarke den Namen und die Adresse ihres Inhabers, so kann die Änderung dieser Angaben, sofern dadurch die ursprünglich eingetragene Marke in ihrem wesentlichen Inhalt nicht beeinträchtigt wird, auf Antrag des Inhabers eingetragen werden.

(3) Die Veröffentlichung der Eintragung der Änderung enthält eine Wiedergabe der geänderten Gemeinschaftsmarke. Innerhalb einer Frist von drei Monaten nach Veröffentlichung können Dritte, deren Rechte durch die Änderung beeinträchtigt werden können, die Eintragung der Änderung der Marke anfechten.

Artikel 49 Teilung der Eintragung

(1) Der Inhaber einer Gemeinschaftsmarke kann die Eintragung teilen, indem er erklärt, dass ein Teil der in der ursprünglichen Eintragung enthaltenen Waren oder Dienstleistungen Gegenstand einer oder mehrerer Teileintragungen sein soll. Die Waren oder Dienstleistungen der Teileintragung dürfen sich nicht mit den Waren oder Dienstleistungen der ursprünglichen Eintragung oder anderer Teileintragungen überschneiden.

(2) Die Teilungserklärung ist nicht zulässig,

a) wenn beim Amt ein Antrag auf Erklärung des Verfalls oder der Nichtigkeit gegen die ursprüngliche Eintragung eingereicht wurde und die Teilungserklärung eine Teilung der Waren oder Dienstleistungen, gegen die sich der Antrag auf Erklärung des Verfalls oder der Nichtigkeit richtet, bewirkt, bis die Entscheidung der Nichtigkeitsabteilung unanfechtbar geworden oder das Verfahren anderweitig erledigt ist;

b) wenn vor einem Gemeinschaftsmarkengericht eine Widerklage auf Erklärung des Verfalls oder der Nichtigkeit anhängig ist und die Teilungserklärung eine Teilung der Waren oder Dienstleistungen, gegen die sich die Widerklage richtet, bewirkt, bis der Hinweis auf die Entscheidung des Gemeinschaftsmarkengerichts gemäß Artikel 100 Absatz 6 im Register eingetragen ist.

(3) Die Teilungserklärung muss den Bestimmungen der Durchführungsverordnung entsprechen.

(4) Die Teilungserklärung ist gebührenpflichtig. Sie gilt als nicht abgegeben, solange die Gebühr nicht entrichtet ist.

(5) Die Teilung wird an dem Tag wirksam, an dem sie im Register eingetragen wird.

(6) Alle vor Eingang der Teilungserklärung beim Amt für die ursprüngliche Eintragung eingereichten Anträge und gezahlten Gebühren gelten auch als für die Teileintragungen

eingereicht oder gezahlt. Gebühren für die ursprüngliche Eintragung, die wirksam vor Eingang der Teilungserklärung beim Amt entrichtet wurden, werden nicht erstattet.

(7) Die Teileintragung genießt den Anmeldetag sowie gegebenenfalls den Prioritätstag und den Zeitrang der ursprünglichen Eintragung.

Titel VI – Verzicht, Verfall und Nichtigkeit

Abschnitt 1 – Verzicht

Artikel 50 Verzicht

(1) Die Gemeinschaftsmarke kann Gegenstand eines Verzichts für alle oder einen Teil der Waren oder Dienstleistungen sein, für die sie eingetragen ist.

(2) Der Verzicht ist vom Markeninhaber dem Amt schriftlich zu erklären. Er wird erst wirksam, wenn er eingetragen ist.

(3) Ist im Register eine Person als Inhaber eines Rechts eingetragen, so wird der Verzicht nur mit Zustimmung dieser Person eingetragen. Ist eine Lizenz im Register eingetragen, so wird der Verzicht erst eingetragen, wenn der Markeninhaber glaubhaft macht, dass er den Lizenznehmer von seiner Verzichtsabsicht unterrichtet hat; die Eintragung wird nach Ablauf der in der Durchführungsverordnung vorgeschriebenen Frist vorgenommen.

Abschnitt 2 – Verfallsgründe

Artikel 51 Verfallsgründe

(1) Die Gemeinschaftsmarke wird auf Antrag beim Amt oder auf Widerklage im Verletzungsverfahren für verfallen erklärt,

a) wenn die Marke innerhalb eines ununterbrochenen Zeitraums von fünf Jahren in der Gemeinschaft für die Waren oder Dienstleistungen, für die sie eingetragen ist, nicht ernsthaft benutzt worden ist und keine berechtigten Gründe für die Nichtbenutzung vorliegen; der Verfall der Rechte des Inhabers kann jedoch nicht geltend gemacht werden, wenn nach Ende dieses Zeitraums und vor Antragstellung oder vor Erhebung der Widerklage die Benutzung der Marke ernsthaft begonnen oder wieder aufgenommen worden ist; wird die Benutzung jedoch innerhalb eines nicht vor Ablauf des ununterbrochenen Zeitraums von fünf Jahren der Nichtbenutzung beginnenden Zeitraums von drei Monaten vor Antragstellung oder vor Erhebung der Widerklage begonnen oder wieder aufgenommen, so bleibt sie unberücksichtigt, sofern die Vorbereitungen für die erstmalige oder die erneute Benutzung erst stattgefunden haben, nachdem der Inhaber Kenntnis davon erhalten hat, dass der Antrag gestellt oder die Widerklage erhoben werden könnte;

b) wenn die Marke infolge des Verhaltens oder der Untätigkeit ihres Inhabers im geschäftlichen Verkehr zur gebräuchlichen Bezeichnung einer Ware oder einer Dienstleistung, für die sie eingetragen ist, geworden ist;

c) wenn die Marke infolge ihrer Benutzung durch den Inhaber oder mit seiner Zustimmung für Waren oder Dienstleistungen, für die sie eingetragen ist, geeignet ist, das Publikum insbesondere über die Art, die Beschaffenheit oder die geografische Herkunft dieser Waren oder Dienstleistungen irrezuführen.

(2) Liegt ein Verfallsgrund nur für einen Teil der Waren oder Dienstleistungen vor, für die die Gemeinschaftsmarke eingetragen ist, so wird sie nur für diese Waren oder Dienstleistungen für verfallen erklärt.

Abschnitt 3 – Nichtigkeitsgründe

Artikel 52 Absolute Nichtigkeitsgründe

(1) Die Gemeinschaftsmarke wird auf Antrag beim Amt oder auf Widerklage im Verletzungsverfahren für nichtig erklärt,

a) wenn sie entgegen den Vorschriften des Artikels 7 eingetragen worden ist;
b) wenn der Anmelder bei der Anmeldung der Marke bösgläubig war.

(2) Ist die Gemeinschaftsmarke entgegen Artikel 7 Absatz 1 Buchstabe b, c oder d eingetragen worden, kann sie nicht für nichtig erklärt werden, wenn sie durch Benutzung im Verkehr Unterscheidungskraft für die Waren oder Dienstleistungen, für die sie eingetragen ist, erlangt hat.

(3) Liegt ein Nichtigkeitsgrund nur für einen Teil der Waren oder Dienstleistungen vor, für die die Gemeinschaftsmarke eingetragen ist, so kann sie nur für diese Waren oder Dienstleistungen für nichtig erklärt werden.

Artikel 53 Relative Nichtigkeitsgründe

(1) Die Gemeinschaftsmarke wird auf Antrag beim Amt oder auf Widerklage im Verletzungsverfahren für nichtig erklärt,

a) wenn eine in Artikel 8 Absatz 2 genannte ältere Marke besteht und die Voraussetzungen der Absätze 1 oder 5 des genannten Artikels erfüllt sind;
b) wenn eine in Artikel 8 Absatz 3 genannte Marke besteht und die Voraussetzungen des genannten Absatzes erfüllt sind;
c) wenn ein in Artikel 8 Absatz 4 genanntes älteres Kennzeichenrecht besteht und die Voraussetzungen des genannten Absatzes erfüllt sind.

(2) Die Gemeinschaftsmarke wird auf Antrag beim Amt oder auf Widerklage im Verletzungsverfahren ebenfalls für nichtig erklärt, wenn ihre Benutzung aufgrund eines sonstigen älteren Rechts gemäß dem für dessen Schutz maßgebenden Gemeinschaftsrecht oder nationalen Recht untersagt werden kann insbesondere eines

a) Namensrechts;
b) Rechts an der eigenen Abbildung;
c) Urheberrechts;
d) gewerblichen Schutzrechts.

(3) Die Gemeinschaftsmarke kann nicht für nichtig erklärt werden, wenn der Inhaber eines der in Absatz 1 oder 2 genannten Rechte der Eintragung der Gemeinschaftsmarke vor der Stellung des Antrags auf Nichtigerklärung oder der Erhebung der Widerklage ausdrücklich zustimmt.

(4) Hat der Inhaber eines der in Absatz 1 oder 2 genannten Rechts bereits einen Antrag auf Nichtigerklärung der Gemeinschaftsmarke gestellt oder im Verletzungsverfahren Widerklage erhoben, so darf er nicht aufgrund eines anderen dieser Rechte, das er zur Unterstützung seines ersten Begehrens hätte geltend machen können, einen neuen Antrag auf Nichtigerklärung stellen oder Widerklage erheben.

(5) Artikel 52 Absatz 3 ist entsprechend anzuwenden.

Artikel 54 Verwirkung durch Duldung

(1) Hat der Inhaber einer Gemeinschaftsmarke die Benutzung einer jüngeren Gemeinschaftsmarke in der Gemeinschaft während eines Zeitraums von fünf aufeinander folgenden Jahren in Kenntnis dieser Benutzung geduldet, so kann er für die Waren oder Dienstleistungen, für die die jüngere Marke benutzt worden ist, aufgrund dieser älteren Marke weder die Nichtigerklärung dieser jüngeren Marke verlangen noch sich ihrer Benutzung widersetzen, es sei denn, dass die Anmeldung der jüngeren Gemeinschaftsmarke bösgläubig vorgenommen worden ist.

(2) Hat der Inhaber einer in Artikel 8 Absatz 2 genannten älteren nationalen Marke oder eines in Artikel 8 Absatz 4 genannten sonstigen älteren Kennzeichenrechts die Benutzung einer jüngeren Gemeinschaftsmarke in dem Mitgliedstaat, in dem diese ältere Marke oder dieses sonstige ältere Kennzeichenrecht geschützt ist, während eines Zeitraums von fünf aufeinander folgenden Jahren in Kenntnis dieser Benutzung geduldet, so kann er für die Waren oder Dienstleistungen, für die die jüngere Gemeinschaftsmarke benutzt worden ist, aufgrund dieser älteren Marke oder dieses sonstigen älteren Kennzeichenrechts weder die Nichtigerklärung der Gemeinschaftsmarke verlangen noch sich ihrer Benutzung widersetzen, es sei denn, dass die Anmeldung der jüngeren Gemeinschaftsmarke bösgläubig vorgenommen worden ist.

(3) In den Fällen der Absätze 1 und 2 kann der Inhaber der jüngeren Gemeinschaftsmarke sich der Benutzung des älteren Rechts nicht widersetzen, obwohl dieses Recht gegenüber der jüngeren Gemeinschaftsmarke nicht mehr geltend gemacht werden kann.

Abschnitt 4 – Wirkungen des Verfalls und der Nichtigkeit

Artikel 55 Wirkungen des Verfalls und der Nichtigkeit

(1) Die in dieser Verordnung vorgesehenen Wirkungen der Gemeinschaftsmarke gelten in dem Umfang, in dem die Marke für verfallen erklärt wird, als von dem Zeitpunkt der Antragstellung oder der Erhebung der Widerklage an nicht eingetreten. In der Entscheidung kann auf Antrag einer Partei ein früherer Zeitpunkt, zu dem einer der Verfallsgründe eingetreten ist, festgesetzt werden.

(2) Die in dieser Verordnung vorgesehenen Wirkungen der Gemeinschaftsmarke gelten in dem Umfang, in dem die Marke für nichtig erklärt worden ist, als von Anfang an nicht eingetreten.

(3) Vorbehaltlich der nationalen Rechtsvorschriften über Klagen auf Ersatz des Schadens, der durch fahrlässiges oder vorsätzliches Verhalten des Markeninhabers verursacht worden

ist, sowie vorbehaltlich der nationalen Rechtsvorschriften über ungerechtfertigte Bereicherung berührt die Rückwirkung des Verfalls oder der Nichtigkeit der Marke nicht:

a) Entscheidungen in Verletzungsverfahren, die vor der Entscheidung über den Verfall oder die Nichtigkeit rechtskräftig geworden und vollstreckt worden sind;

b) vor der Entscheidung über den Verfall oder die Nichtigkeit geschlossene Verträge insoweit, als sie vor dieser Entscheidung erfüllt worden sind; es kann jedoch verlangt werden, dass in Erfüllung des Vertrags gezahlte Beträge aus Billigkeitsgründen insoweit zurückerstattet werden, als die Umstände dies rechtfertigen.

Abschnitt 5 – Verfahren zur Erklärung des Verfalls oder der Nichtigkeit vor dem Amt

Artikel 56 Antrag auf Erklärung des Verfalls oder der Nichtigkeit

(1) Ein Antrag auf Erklärung des Verfalls oder der Nichtigkeit der Gemeinschaftsmarke kann beim Amt gestellt werden:

a) in den Fällen der Artikel 51 und 52 von jeder natürlichen oder juristischen Person sowie jedem Interessenverband von Herstellern, Erzeugern, Dienstleistungsunternehmen, Händlern oder Verbrauchern, der nach dem für ihn maßgebenden Recht prozessfähig ist;

b) in den Fällen des Artikels 53 Absatz 1 von den in Artikel 41 Absatz 1 genannten Personen;

c) in den Fällen des Artikels 53 Absatz 2 von den Inhabern der dort genannten älteren Rechte sowie von den Personen, die nach dem anzuwendenden nationalen Recht berechtigt sind, diese Rechte geltend zu machen.

(2) Der Antrag ist schriftlich einzureichen und zu begründen. Er gilt erst als gestellt, wenn die Gebühr entrichtet worden ist.

(3) Der Antrag auf Erklärung des Verfalls oder der Nichtigkeit ist unzulässig, wenn das Gericht eines Mitgliedstaats über einen Antrag wegen desselben Anspruchs zwischen denselben Parteien bereits rechtskräftig entschieden hat.

Artikel 57 Prüfung des Antrags

(1) Bei der Prüfung des Antrags auf Erklärung des Verfalls oder der Nichtigkeit fordert das Amt die Beteiligten so oft wie erforderlich auf, innerhalb einer von ihm zu bestimmenden Frist eine Stellungnahme zu seinen Bescheiden oder zu den Schriftsätzen der anderen Beteiligten einzureichen.

(2) Auf Verlangen des Inhabers der Gemeinschaftsmarke hat der Inhaber einer älteren Gemeinschaftsmarke, der am Nichtigkeitsverfahren beteiligt ist, den Nachweis zu erbringen, dass er innerhalb der letzten fünf Jahre vor Stellung des Antrags auf Erklärung der Nichtigkeit die ältere Gemeinschaftsmarke in der Gemeinschaft für die Waren oder Dienstleistungen, für die sie eingetragen ist und auf die er sich zur Begründung seines Antrags beruft, ernsthaft benutzt hat oder dass berechtigte Gründe für die Nichtbenutzung vorliegen, sofern zu diesem Zeitpunkt die ältere Gemeinschaftsmarke seit mindestens fünf Jahren eingetragen ist. War die ältere Gemeinschaftsmarke am Tag der Veröffentlichung der Anmel-

dung der Gemeinschaftsmarke bereits mindestens fünf Jahre eingetragen, so hat der Inhaber der älteren Gemeinschaftsmarke auch den Nachweis zu erbringen, dass die in Artikel 42 Absatz 2 genannten Bedingungen an diesem Tage erfüllt waren. Kann er diesen Nachweis nicht erbringen, so wird der Antrag auf Erklärung der Nichtigkeit zurückgewiesen. Ist die ältere Gemeinschaftsmarke nur für einen Teil der Waren oder Dienstleistungen, für die sie eingetragen ist, benutzt worden, so gilt sie zum Zwecke der Prüfung des Antrags auf Erklärung der Nichtigkeit nur für diesen Teil der Waren oder Dienstleistungen als eingetragen.

(3) Absatz 2 ist auf ältere nationale Marken im Sinne des Artikels 8 Absatz 2 Buchstabe a mit der Maßgabe entsprechend anzuwenden, dass an die Stelle der Benutzung in der Gemeinschaft die Benutzung in dem Mitgliedstaat tritt, in dem die ältere Marke geschützt ist.

(4) Das Amt kann die Beteiligten ersuchen, sich zu einigen, wenn es dies als sachdienlich erachtet.

(5) Ergibt die Prüfung des Antrags auf Erklärung des Verfalls oder der Nichtigkeit, dass die Marke für alle oder einen Teil der Waren oder Dienstleistungen, für die sie eingetragen ist, von der Eintragung ausgeschlossen ist, so wird die Marke für diese Waren oder Dienstleistungen für verfallen oder für nichtig erklärt. Ist die Marke von der Eintragung nicht ausgeschlossen, so wird der Antrag zurückgewiesen.

(6) In das Register wird ein Hinweis auf die Entscheidung des Amtes über einen Antrag auf Erklärung des Verfalls oder der Nichtigkeit eingetragen, sobald sie unanfechtbar geworden ist.

Titel VII – Beschwerdeverfahren

Artikel 58 Beschwerdefähige Entscheidungen

(1) Die Entscheidungen der Prüfer, der Widerspruchsabteilungen, der Markenverwaltungs- und Rechtsabteilung und der Nichtigkeitsabteilungen sind mit der Beschwerde anfechtbar. Die Beschwerde hat aufschiebende Wirkung.

(2) Eine Entscheidung, die ein Verfahren gegenüber einem Beteiligten nicht abschließt, ist nur zusammen mit der Endentscheidung anfechtbar, sofern nicht in der Entscheidung die gesonderte Beschwerde zugelassen ist.

Artikel 59 Beschwerdeberechtigte und Verfahrensbeteiligte

Die Beschwerde steht denjenigen zu, die an einem Verfahren beteiligt waren, das zu einer Entscheidung geführt hat, soweit sie durch die Entscheidung beschwert sind. Die übrigen an diesem Verfahren Beteiligten sind am Beschwerdeverfahren beteiligt.

Artikel 60 Frist und Form

Die Beschwerde ist innerhalb von zwei Monaten nach Zustellung der Entscheidung schriftlich beim Amt einzulegen. Die Beschwerde gilt erst als eingelegt, wenn die Beschwerdegebühr entrichtet worden ist. Innerhalb von vier Monaten nach Zustellung der Entscheidung ist die Beschwerde schriftlich zu begründen.

Artikel 61 Abhilfe in einseitigen Verfahren

(1) Ist der Beschwerdeführer der einzige Verfahrensbeteiligte und erachtet die Stelle, deren Entscheidung angefochten wird, die Beschwerde als zulässig und begründet, so hat sie ihr abzuhelfen.

(2) Wird der Beschwerde nicht binnen eines Monats nach Eingang der Beschwerdebegründung abgeholfen, so ist die Beschwerde unverzüglich ohne sachliche Stellungnahme der Beschwerdekammer vorzulegen.

Artikel 62 Abhilfe in mehrseitigen Verfahren

(1) Steht dem Beschwerdeführer ein anderer Verfahrensbeteiligter gegenüber und erachtet die Stelle, deren Entscheidung angefochten wird, die Beschwerde als zulässig und begründet, so hat sie ihr abzuhelfen.

(2) Der Beschwerde kann nur abgeholfen werden, wenn die Stelle, deren Entscheidung angefochten wird, dem anderen Verfahrensbeteiligten mitgeteilt hat, dass sie der Beschwerde abhelfen will, und wenn dieser der Abhilfe innerhalb von zwei Monaten nach Eingang der Mitteilung zustimmt.

(3) Stimmt der andere Verfahrensbeteiligte nicht innerhalb von zwei Monaten nach Eingang der Mitteilung nach Absatz 2 der Abhilfe der Beschwerde zu und gibt er eine entsprechende Erklärung ab oder gibt er innerhalb der vorgesehenen Frist keine Erklärung ab, so ist die Beschwerde unverzüglich ohne sachliche Stellungnahme der Beschwerdekammer vorzulegen.

(4) Erachtet die Stelle, deren Entscheidung angefochten wird, die Beschwerde jedoch nicht binnen eines Monats nach Eingang der Beschwerdebegründung als zulässig und begründet, so ergreift sie nicht die in den Absätzen 2 und 3 vorgesehenen Maßnahmen, sondern legt die Beschwerde unverzüglich ohne sachliche Stellungnahme der Beschwerdekammer vor.

Artikel 63 Prüfung der Beschwerde

(1) Ist die Beschwerde zulässig, so prüft die Beschwerdekammer, ob die Beschwerde begründet ist.

(2) Bei der Prüfung der Beschwerde fordert die Beschwerdekammer die Beteiligten so oft wie erforderlich auf, innerhalb einer von ihr zu bestimmenden Frist eine Stellungnahme zu ihren Bescheiden oder zu den Schriftsätzen der anderen Beteiligten einzureichen.

Artikel 64 Entscheidung über die Beschwerde

(1) Nach der Prüfung, ob die Beschwerde begründet ist, entscheidet die Beschwerdekammer über die Beschwerde. Die Beschwerdekammer wird entweder im Rahmen der Zuständigkeit der Dienststelle tätig, die die angefochtene Entscheidung erlassen hat, oder verweist die Angelegenheit zur weiteren Entscheidung an diese Dienststelle zurück.

(2) Verweist die Beschwerdekammer die Angelegenheit zur weiteren Entscheidung an die Dienststelle zurück, die die angefochtene Entscheidung erlassen hat, so ist diese Dienststelle durch die rechtliche Beurteilung der Beschwerdekammer, die der Entscheidung zugrunde gelegt ist, gebunden, soweit der Tatbestand derselbe ist.

(3) Die Entscheidungen der Beschwerdekammern werden erst mit Ablauf der in Artikel 65 Absatz 5 vorgesehenen Frist oder, wenn innerhalb dieser Frist eine Klage beim Gerichtshof eingelegt worden ist, mit deren Abweisung wirksam.

Artikel 65 Klage beim Gerichtshof

(1) Die Entscheidungen der Beschwerdekammern, durch die über eine Beschwerde entschieden wird, sind mit der Klage beim Gerichtshof anfechtbar.

(2) Die Klage ist zulässig wegen Unzuständigkeit, Verletzung wesentlicher Formvorschriften, Verletzung des EG-Vertrags, dieser Verordnung oder einer bei ihrer Durchführung anzuwendenden Rechtsnorm oder wegen Ermessensmissbrauchs.

(3) Der Gerichtshof kann die angefochtene Entscheidung aufheben oder abändern.

(4) Die Klage steht den an dem Verfahren vor der Beschwerdekammer Beteiligten zu, soweit sie durch die Entscheidung beschwert sind.

(5) Die Klage ist innerhalb von zwei Monaten nach Zustellung der Entscheidung der Beschwerdekammer beim Gerichtshof einzulegen.

(6) Das Amt hat die Maßnahmen zu ergreifen, die sich aus dem Urteil des Gerichtshofs ergeben.

Titel VIII – Gemeinschaftskollektivmarken

Artikel 66 Gemeinschaftskollektivmarken

(1) Eine Gemeinschaftskollektivmarke ist eine Gemeinschaftsmarke, die bei der Anmeldung als solche bezeichnet wird und dazu dienen kann, Waren und Dienstleistungen der Mitglieder des Verbands, der Markeninhaber ist, von denen anderer Unternehmen zu unterscheiden. Verbände von Herstellern, Erzeugern, Dienstleistungserbringern oder Händlern, die nach dem für sie maßgebenden Recht die Fähigkeit haben, im eigenen Namen Träger von Rechten und Pflichten jeder Art zu sein, Verträge zu schließen oder andere Rechtshandlungen vorzunehmen und vor Gericht zu stehen, sowie juristische Personen des öffentlichen Rechts können Gemeinschaftskollektivmarken anmelden.

(2) Abweichend von Artikel 7 Absatz 1 Buchstabe c können Gemeinschaftskollektivmarken im Sinne des Absatzes 1 des vorliegenden Artikels aus Zeichen oder Angaben bestehen, die im Verkehr zur Bezeichnung der geografischen Herkunft der Waren oder der Dienstleistungen dienen können. Die Gemeinschaftskollektivmarke gewährt ihrem Inhaber nicht das Recht, einem Dritten zu verbieten, solche Zeichen oder Angaben im geschäftlichen Verkehr zu benutzen, sofern die Benutzung den anständigen Gepflogenheiten in Gewerbe oder Handel entspricht; insbesondere kann eine solche Marke einem Dritten, der zur Benutzung einer geografischen Bezeichnung berechtigt ist, nicht entgegengehalten werden.

(3) Auf Gemeinschaftskollektivmarken sind die Vorschriften dieser Verordnung anzuwenden, soweit in den Artikeln 67 bis 74 nicht etwas anderes bestimmt ist.

Artikel 67 Markensatzung

(1) Der Anmelder einer Gemeinschaftskollektivmarke muss innerhalb der vorgeschriebenen Frist eine Satzung vorlegen.

(2) In der Satzung sind die zur Benutzung der Marke befugten Personen, die Voraussetzungen für die Mitgliedschaft im Verband und gegebenenfalls die Bedingungen für die Benutzung der Marke, einschließlich Sanktionen, anzugeben. Die Satzung einer Marke nach Artikel 66 Absatz 2 muss es jeder Person, deren Waren oder Dienstleistungen aus dem betreffenden geografischen Gebiet stammen, gestatten, Mitglied des Verbandes zu werden, der Inhaber der Marke ist.

Artikel 68 Zurückweisung der Anmeldung

(1) Über die in den Artikeln 36 und 37 genannten Gründe für die Zurückweisung der Anmeldung der Gemeinschaftsmarke hinaus wird die Anmeldung für eine Gemeinschaftskollektivmarke zurückgewiesen, wenn den Vorschriften der Artikel 66 oder 67 nicht Genüge getan ist oder die Satzung gegen die öffentliche Ordnung oder die guten Sitten verstößt.

(2) Die Anmeldung einer Gemeinschaftskollektivmarke wird außerdem zurückgewiesen, wenn die Gefahr besteht, dass das Publikum über den Charakter oder die Bedeutung der Marke irregeführt wird, insbesondere wenn diese Marke den Eindruck erwecken kann, als wäre sie etwas anderes als eine Kollektivmarke.

(3) Die Anmeldung wird nicht zurückgewiesen, wenn der Anmelder aufgrund einer Änderung der Markensatzung die Erfordernisse der Absätze 1 und 2 erfüllt.

Artikel 69 Bemerkungen Dritter

Außer in den Fällen des Artikels 40 können die in Artikel 40 genannten Personen und Verbände beim Amt auch schriftliche Bemerkungen mit der Begründung einreichen, dass die Anmeldung der Gemeinschaftskollektivmarke gemäß Artikel 68 zurückzuweisen ist.

Artikel 70 Benutzung der Marke

Die Benutzung der Gemeinschaftskollektivmarke durch eine hierzu befugte Person genügt den Vorschriften dieser Verordnung, sofern die übrigen Bedingungen, denen die Benutzung der Gemeinschaftsmarke aufgrund dieser Verordnung zu entsprechen hat, erfüllt sind.

Artikel 71 Änderung der Markensatzung

(1) Der Inhaber der Gemeinschaftskollektivmarke hat dem Amt jede Änderung der Satzung zu unterbreiten.

(2) Auf die Änderung wird im Register nicht hingewiesen, wenn die geänderte Satzung den Vorschriften des Artikels 67 nicht entspricht oder einen Grund für eine Zurückweisung nach Artikel 68 bildet.

(3) Artikel 69 gilt für geänderte Satzungen.

(4) Zum Zwecke der Anwendung dieser Verordnung wird die Satzungsänderung erst ab dem Zeitpunkt wirksam, zu dem der Hinweis auf die Änderung ins Register eingetragen worden ist.

Artikel 72 Erhebung der Verletzungsklage

(1) Die Vorschriften des Artikels 22 Absätze 3 und 4 über die Rechte der Lizenznehmer gelten für jede zur Benutzung einer Gemeinschaftskollektivmarke befugte Person.

(2) Der Inhaber der Gemeinschaftskollektivmarke kann im Namen der zur Benutzung der Marke befugten Personen Ersatz des Schadens verlangen, der diesen Personen aus der unberechtigten Benutzung der Marke entstanden ist.

Artikel 73 Verfallsgründe

Außer aus den in Artikel 51 genannten Verfallsgründen wird die Gemeinschaftskollektivmarke auf Antrag beim Amt oder auf Widerklage im Verletzungsverfahren für verfallen erklärt, wenn

a) ihr Inhaber keine angemessenen Maßnahmen ergreift, um eine Benutzung der Marke zu verhindern, die nicht im Einklang stünde mit den Benutzungsbedingungen, wie sie in der Satzung vorgesehen sind, auf deren Änderung gegebenenfalls im Register hingewiesen worden ist;

b) die Art der Benutzung der Marke durch ihren Inhaber bewirkt hat, dass die Gefahr besteht, dass das Publikum im Sinne von Artikel 68 Absatz 2 irregeführt wird;

c) entgegen den Vorschriften von Artikel 71 Absatz 2 im Register auf eine Änderung der Satzung hingewiesen worden ist, es sei denn, dass der Markeninhaber aufgrund einer erneuten Satzungsänderung den Erfordernissen des Artikels 71 Absatz 2 genügt.

Artikel 74 Nichtigkeitsgründe

Außer aus den in den Artikeln 52 und 53 genannten Nichtigkeitsgründen wird die Gemeinschaftskollektivmarke auf Antrag beim Amt oder auf Widerklage im Verletzungsverfahren für nichtig erklärt, wenn sie entgegen den Vorschriften des Artikels 68 eingetragen worden ist, es sei denn, dass der Markeninhaber aufgrund einer Satzungsänderung den Erfordernissen des Artikels 68 genügt.

Titel IX – Verfahrensvorschriften

Abschnitt 1 Allgemeine Vorschriften

Artikel 75 Begründung der Entscheidungen

Die Entscheidungen des Amtes sind mit Gründen zu versehen. Sie dürfen nur auf Gründe gestützt werden, zu denen die Beteiligten sich äußern konnten.

Artikel 76 Ermittlung des Sachverhalts von Amts wegen

(1) In dem Verfahren vor dem Amt ermittelt das Amt den Sachverhalt von Amts wegen. Soweit es sich jedoch um Verfahren bezüglich relativer Eintragungshindernisse handelt, ist das Amt bei dieser Ermittlung auf das Vorbringen und die Anträge der Beteiligten beschränkt.

(2) Das Amt braucht Tatsachen und Beweismittel, die von den Beteiligten verspätet vorgebracht werden, nicht zu berücksichtigen.

Artikel 77 Mündliche Verhandlung

(1) Das Amt ordnet von Amts wegen oder auf Antrag eines Verfahrensbeteiligten eine mündliche Verhandlung an, sofern es dies für sachdienlich erachtet.

(2) Die mündliche Verhandlung vor den Prüfern, vor der Widerspruchsabteilung und vor der Markenverwaltungs- und Rechtsabteilung ist nicht öffentlich.

(3) Die mündliche Verhandlung, einschließlich der Verkündung der Entscheidung, ist vor der Nichtigkeitsabteilung und den Beschwerdekammern öffentlich, sofern die angerufene Dienststelle nicht in Fällen anderweitig entscheidet, in denen insbesondere für eine am Verfahren beteiligte Partei die Öffentlichkeit des Verfahrens schwerwiegende und ungerechtfertigte Nachteile zur Folge haben könnte.

Artikel 78 Beweisaufnahme

(1) In den Verfahren vor dem Amt sind insbesondere folgende Beweismittel zulässig:

a) Vernehmung der Beteiligten;
b) Einholung von Auskünften;
c) Vorlegung von Urkunden und Beweisstücken;
d) Vernehmung von Zeugen;
e) Begutachtung durch Sachverständige;
f) schriftliche Erklärungen, die unter Eid oder an Eides statt abgegeben werden oder nach den Rechtsvorschriften des Staates, in dem sie abgegeben werden, eine ähnliche Wirkung haben.

(2) Die befasste Dienststelle kann eines ihrer Mitglieder mit der Durchführung der Beweisaufnahme beauftragen.

(3) Hält das Amt die mündliche Vernehmung eines Beteiligten, Zeugen oder Sachverständigen für erforderlich, so wird der Betroffene zu einer Vernehmung vor dem Amt geladen.

(4) Die Beteiligten werden von der Vernehmung eines Zeugen oder eines Sachverständigen vor dem Amt benachrichtigt. Sie sind berechtigt, an der Zeugenvernehmung teilzunehmen und Fragen an den Zeugen oder Sachverständigen zu richten.

Artikel 79 Zustellung

Das Amt stellt von Amts wegen alle Entscheidungen und Ladungen sowie die Bescheide und Mitteilungen zu, durch die eine Frist in Lauf gesetzt wird oder die nach anderen Vorschriften dieser Verordnung oder nach der Durchführungsverordnung zuzustellen sind oder für die der Präsident des Amtes die Zustellung vorgeschrieben hat.

Artikel 80 Löschung oder Widerruf

(1) Nimmt das Amt eine Eintragung ins Register vor oder trifft es eine Entscheidung, so löscht es diese Eintragung oder widerruft diese Entscheidung, wenn die Eintragung oder die Entscheidung offensichtlich mit einem dem Amt anzulastenden Verfahrensfehler behaftet ist. Gibt es nur einen einzigen Verfahrensbeteiligten und berührt die Eintragung oder der Vorgang dessen Rechte, so werden die Löschung bzw. der Widerruf auch dann angeordnet, wenn der Fehler für den Beteiligten nicht offenkundig war.

(2) Die Löschung oder der Widerruf gemäß Absatz 1 werden von Amts wegen oder auf Antrag eines der Verfahrensbeteiligten von derjenigen Stelle angeordnet, die die Eintragung vorgenommen oder die Entscheidung erlassen hat. Die Löschung oder der Widerruf werden binnen sechs Monaten ab dem Datum der Eintragung in das Register oder dem Erlass der Entscheidung nach Anhörung der Verfahrensbeteiligten sowie der möglichen Inhaber der Rechte an der betreffenden Gemeinschaftsmarke, die im Register eingetragen sind, angeordnet.

(3) Dieser Artikel gilt unbeschadet des Rechts der Beteiligten, gemäß den Artikeln 58 und 65 Beschwerde einzulegen, sowie der Möglichkeit, nach den in der Durchführungsverordnung festgelegten Verfahren und Bedingungen sprachliche Fehler, Schreibfehler und offensichtliche Fehler in Entscheidungen des Amtes sowie solche Fehler bei der Eintragung der Marke oder bei der Veröffentlichung der Eintragung, die dem Amt anzulasten sind, zu berichtigen.

Artikel 81 Wiedereinsetzung in den vorigen Stand

(1) Der Anmelder, der Inhaber der Gemeinschaftsmarke oder jeder andere an einem Verfahren vor dem Amt Beteiligte, der trotz Beachtung aller nach den gegebenen Umständen gebotenen Sorgfalt verhindert worden ist, gegenüber dem Amt eine Frist einzuhalten, wird auf Antrag wieder in den vorigen Stand eingesetzt, wenn die Verhinderung nach dieser Verordnung den Verlust eines Rechts oder eines Rechtsmittels zur unmittelbaren Folge hat.

(2) Der Antrag ist innerhalb von zwei Monaten nach Wegfall des Hindernisses schriftlich einzureichen. Die versäumte Handlung ist innerhalb dieser Frist nachzuholen. Der Antrag ist nur innerhalb eines Jahres nach Ablauf der versäumten Frist zulässig. Ist der Antrag auf Verlängerung der Eintragung nicht eingereicht worden oder sind die Verlängerungsgebühren nicht entrichtet worden, so wird die in Artikel 47 Absatz 3 Satz 3 vorgesehene Frist von sechs Monaten in die Frist von einem Jahr eingerechnet.

(3) Der Antrag ist zu begründen, wobei die zur Begründung dienenden Tatsachen glaubhaft zu machen sind. Er gilt erst als gestellt, wenn die Wiedereinsetzungsgebühr entrichtet worden ist.

(4) Über den Antrag entscheidet die Dienststelle, die über die versäumte Handlung zu entscheiden hat.

(5) Dieser Artikel ist nicht auf die in Absatz 2 sowie in Artikel 41 Absätze 1 und 3 und Artikel 82 genannten Fristen anzuwenden.

(6) Wird dem Anmelder oder dem Inhaber der Gemeinschaftsmarke die Wiedereinsetzung in den vorigen Stand gewährt, so kann er Dritten gegenüber, die in der Zeit zwischen dem Eintritt des Rechtsverlusts an der Anmeldung oder der Gemeinschaftsmarke und der Be-

kanntmachung des Hinweises auf die Wiedereinsetzung in den vorigen Stand unter einem mit der Gemeinschaftsmarke identischen oder ihr ähnlichen Zeichen gutgläubig Waren in den Verkehr gebracht oder Dienstleistungen erbracht haben, keine Rechte geltend machen.

(7) Dritte, die sich auf Absatz 6 berufen können, können gegen die Entscheidung über die Wiedereinsetzung des Anmelders oder des Inhabers der Gemeinschaftsmarke in den vorigen Stand binnen zwei Monaten nach dem Zeitpunkt der Bekanntmachung des Hinweises auf die Wiedereinsetzung in den vorigen Stand Drittwiderspruch einlegen.

(8) Dieser Artikel lässt das Recht eines Mitgliedstaats unberührt, Wiedereinsetzung in den vorigen Stand in Bezug auf Fristen zu gewähren, die in dieser Verordnung vorgesehen und den Behörden dieses Staats gegenüber einzuhalten sind.

Artikel 82 Weiterbehandlung

(1) Dem Anmelder, dem Inhaber einer Gemeinschaftsmarke oder einem anderen an einem Verfahren vor dem Amt Beteiligten, der eine gegenüber dem Amt einzuhaltende Frist versäumt hat, kann auf Antrag Weiterbehandlung gewährt werden, wenn mit dem Antrag die versäumte Handlung nachgeholt wird. Der Antrag auf Weiterbehandlung ist nur zulässig, wenn er innerhalb von zwei Monaten nach Ablauf der versäumten Frist gestellt wird. Der Antrag gilt erst als gestellt, wenn die Weiterbehandlungsgebühr gezahlt worden ist.

(2) Dieser Artikel gilt weder für die in Artikel 25 Absatz 3, Artikel 27, Artikel 29 Absatz 1, Artikel 33 Absatz 1, Artikel 36 Absatz 2, Artikel 41, Artikel 42, Artikel 47 Absatz 3, Artikel 60, Artikel 62, Artikel 65 Absatz 5, Artikel 81 und Artikel 112 genannten noch für die in diesem Artikel und für die in der Durchführungsverordnung vorgesehenen Fristen, um nach der Anmeldung eine Priorität gemäß Artikel 30, eine Ausstellungspriorität gemäß Artikel 33 oder einen Zeitrang gemäß Artikel 34 in Anspruch zu nehmen.

(3) Über den Antrag entscheidet die Stelle, die über die versäumte Handlung zu entscheiden hat.

(4) Gibt das Amt dem Antrag statt, so gelten die mit Fristversäumnis verbundenen Folgen als nicht eingetreten.

(5) Weist das Amt den Antrag zurück, so wird die Gebühr erstattet.

Artikel 83 Heranziehung allgemeiner Grundsätze

Soweit diese Verordnung, die Durchführungsverordnung, die Gebührenordnung oder die Verfahrensordnung der Beschwerdekammern Vorschriften über das Verfahren nicht enthält, berücksichtigt das Amt die in den Mitgliedstaaten im Allgemeinen anerkannten Grundsätze des Verfahrensrechts.

Artikel 84 Beendigung von Zahlungsverpflichtungen

(1) Ansprüche des Amts auf Zahlung von Gebühren erlöschen nach vier Jahren nach Ablauf des Kalenderjahres, in dem die Gebühr fällig geworden ist.

(2) Ansprüche gegen das Amt auf Rückerstattung von Gebühren oder von Geldbeträgen, die bei der Entrichtung einer Gebühr zu viel gezahlt worden sind, erlöschen nach vier Jahren nach Ablauf des Kalenderjahres, in dem der Anspruch entstanden ist.

(3) Die in Absatz 1 vorgesehene Frist wird durch eine Aufforderung zur Zahlung der Gebühr und die Frist des Absatzes 2 durch eine schriftliche Geltendmachung des Anspruchs unterbrochen. Diese Frist beginnt mit der Unterbrechung erneut zu laufen und endet spätestens sechs Jahre nach Ablauf des Jahres, in dem sie ursprünglich zu laufen begonnen hat, es sei denn, dass der Anspruch gerichtlich geltend gemacht worden ist; in diesem Fall endet die Frist frühestens ein Jahr nach der Rechtskraft der Entscheidung.

Abschnitt 2 – Kosten

Artikel 85 Kostenverteilung

(1) Der im Widerspruchsverfahren, im Verfahren zur Erklärung des Verfalls oder der Nichtigkeit oder im Beschwerdeverfahren unterliegende Beteiligte trägt die von dem anderen Beteiligten zu entrichtenden Gebühren sowie – unbeschadet des Artikels 119 Absatz 6 – alle für die Durchführung der Verfahren notwendigen Kosten, die dem anderen Beteiligten entstehen, einschließlich der Reise- und Aufenthaltskosten und der Kosten der Bevollmächtigten, Beistände und Anwälte im Rahmen der Tarife, die für jede Kostengruppe gemäß der Durchführungsverordnung festgelegt werden.

(2) Soweit jedoch die Beteiligten jeweils in einem oder mehreren Punkten unterliegen oder soweit es die Billigkeit erfordert, beschließt die Widerspruchsabteilung, die Nichtigkeitsabteilung oder die Beschwerdekammer eine andere Kostenverteilung.

(3) Der Beteiligte, der ein Verfahren dadurch beendet, dass er die Anmeldung der Gemeinschaftsmarke, den Widerspruch, den Antrag auf Erklärung des Verfalls oder der Nichtigkeit oder die Beschwerde zurücknimmt oder die Eintragung der Gemeinschaftsmarke nicht verlängert oder auf diese verzichtet, trägt die Gebühren sowie die Kosten der anderen Beteiligten gemäß den Absätzen 1 und 2.

(4) Im Falle der Einstellung des Verfahrens entscheidet die Widerspruchsabteilung, die Nichtigkeitsabteilung oder die Beschwerdekammer über die Kosten nach freiem Ermessen.

(5) Vereinbaren die Beteiligten vor der Widerspruchsabteilung, der Nichtigkeitsabteilung oder der Beschwerdekammer eine andere als die in den vorstehenden Absätzen vorgesehene Kostenregelung, so nimmt die betreffende Abteilung diese Vereinbarung zur Kenntnis.

(6) Die Widerspruchsabteilung, die Nichtigkeitsabteilung oder die Beschwerdekammer setzt den Betrag der nach den vorstehenden Absätzen zu erstattenden Kosten fest, wenn sich diese Kosten auf die an das Amt gezahlten Gebühren und die Vertretungskosten beschränken. In allen anderen Fällen setzt die Geschäftsstelle der Beschwerdekammer oder ein Mitarbeiter der Widerspruchsabteilung oder der Nichtigkeitsabteilung auf Antrag den zu erstattenden Betrag fest. Der Antrag ist nur innerhalb einer Frist von zwei Monaten zulässig, die mit dem Tag beginnt, an dem die Entscheidung, für die die Kostenfestsetzung beantragt wird, unanfechtbar wird. Gegen die Kostenfestsetzung ist der fristgerechte Antrag auf Überprüfung durch die Widerspruchsabteilung, die Nichtigkeitsabteilung oder die Beschwerdekammer zulässig.

Artikel 86 Vollstreckung der Entscheidungen, die Kosten festsetzen

(1) Jede Entscheidung des Amtes, die Kosten festsetzt, ist ein vollstreckbarer Titel.

(2) Die Zwangsvollstreckung erfolgt nach den Vorschriften des Zivilprozessrechts des Staates, in dessen Hoheitsgebiet sie stattfindet. Die Vollstreckungsklausel wird nach einer Prüfung, die sich lediglich auf die Echtheit des Titels erstrecken darf, von der staatlichen Behörde erteilt, welche die Regierung jedes Mitgliedstaats zu diesem Zweck bestimmt und dem Amt und dem Gerichtshof benennt.

(3) Sind diese Formvorschriften auf Antrag der die Vollstreckung betreibenden Partei erfüllt, so kann diese Zwangsvollstreckung nach innerstaatlichem Recht betreiben, indem sie die zuständige Stelle unmittelbar anruft.

(4) Die Zwangsvollstreckung kann nur durch eine Entscheidung des Gerichtshofs ausgesetzt werden. Für die Prüfung der Ordnungsmäßigkeit der Vollstreckungsmaßnahmen sind jedoch die Rechtsprechungsorgane des betreffenden Staates zuständig.

Abschnitt 3 – Unterrichtung der Öffentlichkeit und der Behörden der Mitgliedstaaten

Artikel 87 Register für Gemeinschaftsmarken

Das Amt führt ein Register mit der Bezeichnung „Register für Gemeinschaftsmarken", in dem alle Angaben vermerkt werden, deren Eintragung oder Angabe in dieser Verordnung oder der Durchführungsverordnung vorgeschrieben ist. Jedermann kann in das Register Einsicht nehmen.

Artikel 88 Akteneinsicht

(1) Einsicht in die Akten von Anmeldungen für Gemeinschaftsmarken, die noch nicht veröffentlicht worden sind, wird nur mit Zustimmung des Anmelders gewährt.

(2) Wer nachweist, dass der Anmelder behauptet hat, dass die Gemeinschaftsmarke nach ihrer Eintragung gegen ihn geltend gemacht werden würde, kann vor der Veröffentlichung dieser Anmeldung und ohne Zustimmung des Anmelders Akteneinsicht verlangen.

(3) Nach der Veröffentlichung der Anmeldung der Gemeinschaftsmarke wird auf Antrag Einsicht in die Akten der Anmeldung und der darauf eingetragenen Marke gewährt.

(4) Im Falle einer Akteneinsicht entsprechend Absatz 2 oder 3 können Teile der Akten jedoch gemäß der Durchführungsverordnung von der Einsicht ausgeschlossen werden.

Artikel 89 Regelmäßig erscheinende Veröffentlichungen

Das Amt gibt regelmäßig folgende Veröffentlichungen heraus:

a) ein Blatt für Gemeinschaftsmarken, das die Eintragungen in das Register für Gemeinschaftsmarken wiedergibt sowie sonstige Angaben enthält, deren Veröffentlichung in dieser Verordnung oder in der Durchführungsverordnung vorgeschrieben ist;
b) ein Amtsblatt, das allgemeine Bekanntmachungen und Mitteilungen des Präsidenten des Amtes sowie sonstige diese Verordnung und ihre Anwendung betreffende Veröffentlichungen enthält.

Artikel 90 Amtshilfe

Das Amt und die Gerichte oder Behörden der Mitgliedstaaten unterstützen einander auf Antrag durch die Erteilung von Auskünften oder die Gewährung von Akteneinsicht, soweit nicht Vorschriften dieser Verordnung oder des nationalen Rechts dem entgegenstehen. Gewährt das Amt Gerichten, Staatsanwaltschaften oder Zentralbehörden für den gewerblichen Rechtsschutz Akteneinsicht, so unterliegt diese nicht den Beschränkungen des Artikels 88.

Artikel 91 Austausch von Veröffentlichungen

(1) Das Amt und die Zentralbehörden für den gewerblichen Rechtsschutz der Mitgliedstaaten übermitteln einander auf entsprechendes Ersuchen kostenlos für ihre eigenen Zwecke ein oder mehrere Exemplare ihrer Veröffentlichungen.

(2) Das Amt kann Vereinbarungen über den Austausch oder die Übermittlung von Veröffentlichungen treffen.

Abschnitt 4 – Vertretung

Artikel 92 Allgemeine Grundsätze der Vertretung

(1) Vorbehaltlich des Absatzes 2 ist niemand verpflichtet, sich vor dem Amt vertreten zu lassen.

(2) Unbeschadet des Absatzes 3 Satz 2 müssen natürliche oder juristische Personen, die weder Wohnsitz noch Sitz noch eine tatsächliche und nicht nur zum Schein bestehende gewerbliche oder Handelsniederlassung in der Gemeinschaft haben, in jedem durch diese Verordnung geschaffenen Verfahren mit Ausnahme der Einreichung einer Anmeldung für eine Gemeinschaftsmarke gemäß Artikel 93 Absatz 1 vor dem Amt vertreten sein; in der Durchführungsverordnung können weitere Ausnahmen zugelassen werden.

(3) Natürliche oder juristische Personen mit Wohnsitz oder Sitz oder einer tatsächlichen und nicht nur zum Schein bestehenden gewerblichen oder Handelsniederlassung in der Gemeinschaft können sich vor dem Amt durch einen ihrer Angestellten vertreten lassen. Angestellte einer juristischen Person im Sinne dieses Absatzes können auch andere juristische Personen, die mit der erstgenannten Person wirtschaftlich verbunden sind, vertreten, selbst wenn diese anderen juristischen Personen weder Wohnsitz noch Sitz noch eine tatsächliche und nicht nur zum Schein bestehende gewerbliche oder Handelsniederlassung in der Gemeinschaft haben.

(4) Die Durchführungsverordnung regelt, ob und unter welchen Bedingungen ein Angestellter beim Amt eine unterzeichnete Vollmacht zu den Akten einzureichen hat.

Artikel 93 Zugelassene Vertreter

(1) Die Vertretung natürlicher oder juristischer Personen vor dem Amt kann nur wahrgenommen werden

a) durch einen Rechtsanwalt, der in einem der Mitgliedstaaten zugelassen ist und seinen Geschäftssitz in der Gemeinschaft hat, soweit er in diesem Staat die Vertretung auf dem Gebiet des Markenwesens ausüben kann;

b) durch zugelassene Vertreter, die in einer beim Amt geführten Liste eingetragen sind. Die Durchführungsverordnung regelt, ob und unter welchen Bedingungen Vertreter, die vor dem Amt auftreten, beim Amt eine unterzeichnete Vollmacht zu den Akten einzureichen haben.

Die vor dem Amt auftretenden Vertreter haben eine unterzeichnete Vollmacht zu den Akten einzureichen; die entsprechenden Einzelheiten sind in der Durchführungsverordnung geregelt.

(2) In die Liste der zugelassenen Vertreter kann jede natürliche Person eingetragen werden, die folgende Voraussetzungen erfüllt:

a) Sie muss die Staatsangehörigkeit eines Mitgliedstaats besitzen;

b) sie muss ihren Geschäftssitz oder Arbeitsplatz in der Gemeinschaft haben;

c) sie muss befugt sein, natürliche oder juristische Personen auf dem Gebiet des Markenwesens vor der Zentralbehörde für den gewerblichen Rechtsschutz eines Mitgliedstaats zu vertreten. Unterliegt in diesem Staat die Befugnis nicht dem Erfordernis einer besonderen beruflichen Befähigung, so muss die Person, die die Eintragung in die Liste beantragt, die Vertretung auf dem Gebiet des Markenwesens vor der Zentralbehörde für den gewerblichen Rechtsschutz dieses Staates mindestens fünf Jahre lang regelmäßig ausgeübt haben. Die Voraussetzung der Berufsausübung ist jedoch nicht erforderlich für Personen, deren berufliche Befähigung, natürliche oder juristische Personen auf dem Gebiet des Markenwesens vor der Zentralbehörde für den gewerblichen Rechtsschutz eines Mitgliedstaats zu vertreten, nach den Vorschriften dieses Staates amtlich festgestellt worden ist.

(3) Die Eintragung erfolgt auf Antrag, dem eine Bescheinigung der Zentralbehörde für den gewerblichen Rechtsschutz des betreffenden Mitgliedstaats beizufügen ist, aus der sich die Erfüllung der in Absatz 2 genannten Voraussetzungen ergibt.

(4) Der Präsident des Amtes kann Befreiung erteilen

a) vom Erfordernis nach Absatz 2 Buchstabe c Satz 2, wenn der Antragsteller nachweist, dass er die erforderliche Befähigung auf andere Weise erworben hat;

b) in besonders gelagerten Fällen vom Erfordernis nach Absatz 2 Buchstabe a.

(5) In der Durchführungsverordnung wird festgelegt, unter welchen Bedingungen eine Person von der Liste der zugelassenen Vertreter gestrichen werden kann.

Titel X – Zuständigkeit und Verfahren für Klagen, die Gemeinschaftsmarken betreffen

Abschnitt 1 – Anwendung der Verordnung (EG) Nr. 44/2001

Artikel 94 Anwendung der Verordnung (EG) Nr. 44/2001

(1) Soweit in dieser Verordnung nichts anderes bestimmt ist, ist die Verordnung (EG) Nr. 44/2001 auf Verfahren betreffend Gemeinschaftsmarken und Anmeldungen von Ge-

meinschaftsmarken sowie auf Verfahren, die gleichzeitige oder aufeinander folgende Klagen aus Gemeinschaftsmarken und aus nationalen Marken betreffen, anzuwenden.

(2) Auf Verfahren, welche durch die in Artikel 96 genannten Klagen und Widerklagen anhängig gemacht werden,

a) sind Artikel 2, Artikel 4, Artikel 5 Nummern 1, 3, 4 und 5 sowie Artikel 31 der Verordnung (EG) Nr. 44/2001 nicht anzuwenden;

b) sind Artikel 23 und 24 der Verordnung (EG) Nr. 44/2001 vorbehaltlich der Einschränkungen in Artikel 97 Absatz 4 dieser Verordnung anzuwenden;

c) sind die Bestimmungen des Kapitels II der Verordnung (EG) Nr. 44/2001, die für dic in einem Mitgliedstaat wohnhaften Personen gelten, auch auf Personen anzuwenden, die keinen Wohnsitz, jedoch eine Niederlassung in einem Mitgliedstaat haben.

Abschnitt 2 – Streitigkeiten über die Verletzung und Rechtsgültigkeit der Gemeinschaftsmarken

Artikel 95 Gemeinschaftsmarkengerichte

(1) Die Mitgliedstaaten benennen für ihr Gebiet eine möglichst geringe Anzahl nationaler Gerichte erster und zweiter Instanz, nachstehend „Gemeinschaftsmarkengerichte" genannt, die die ihnen durch diese Verordnung zugewiesenen Aufgaben wahrnehmen.

(2) Jeder Mitgliedstaat übermittelt der Kommission innerhalb von drei Jahren ab Inkrafttreten der Verordnung (EG) Nr. 40/94 eine Aufstellung der Gemeinschaftsmarkengerichte mit Angabe ihrer Bezeichnungen und örtlichen Zuständigkeit.

(3) Änderungen der Anzahl, der Bezeichnung oder der örtlichen Zuständigkeit der Gerichte, die nach der in Absatz 2 genannten Übermittlung der Aufstellung eintreten, teilt der betreffende Mitgliedstaat unverzüglich der Kommission mit.

(4) Die in den Absätzen 2 und 3 genannten Angaben werden von der Kommission den Mitgliedstaaten notifiziert und im Amtsblatt der Europäischen Union veröffentlicht.

(5) Solange ein Mitgliedstaat die in Absatz 2 vorgesehene Übermittlung nicht vorgenommen hat, sind Verfahren, welche durch die in Artikel 96 genannten Klagen und Widerklagen anhängig gemacht werden und für die die Gerichte dieses Mitgliedstaats nach Artikel 97 zuständig sind, vor demjenigen Gericht dieses Mitgliedstaats anhängig zu machen, das örtlich und sachlich zuständig wäre, wenn es sich um Verfahren handeln würde, die eine in diesem Staat eingetragene nationale Marke betreffen.

Artikel 96 Zuständigkeit für Verletzung und Rechtsgültigkeit

Die Gemeinschaftsmarkengerichte sind ausschließlich zuständig

a) für alle Klagen wegen Verletzung und – falls das nationale Recht dies zulässt – wegen drohender Verletzung einer Gemeinschaftsmarke;

b) für Klagen auf Feststellung der Nichtverletzung, falls das nationale Recht diese zulässt;

c) für Klagen wegen Handlungen im Sinne des Artikels 9 Absatz 3 Satz 2;

d) für die in Artikel 100 genannten Widerklagen auf Erklärung des Verfalls oder der Nichtigkeit der Gemeinschaftsmarke.

Artikel 97 Internationale Zuständigkeit

(1) Vorbehaltlich der Vorschriften dieser Verordnung sowie der nach Artikel 94 anzuwendenden Bestimmungen der Verordnung (EG) Nr. 44/2001 sind für die Verfahren, welche durch eine in Artikel 96 genannte Klage oder Widerklage anhängig gemacht werden, die Gerichte des Mitgliedstaats zuständig, in dem der Beklagte seinen Wohnsitz oder – in Ermangelung eines Wohnsitzes in einem Mitgliedstaat – eine Niederlassung hat.

(2) Hat der Beklagte weder einen Wohnsitz noch eine Niederlassung in einem der Mitgliedstaaten, so sind für diese Verfahren die Gerichte des Mitgliedstaats zuständig, in dem der Kläger seinen Wohnsitz oder – in Ermangelung eines Wohnsitzes in einem Mitgliedstaat – eine Niederlassung hat.

(3) Hat weder der Beklagte noch der Kläger einen Wohnsitz oder eine Niederlassung in einem der Mitgliedstaaten, so sind für diese Verfahren die Gerichte des Mitgliedstaats zuständig, in dem das Amt seinen Sitz hat.

(4) Ungeachtet der Absätze 1, 2 und 3 ist

a) Artikel 23 der Verordnung (EG) Nr. 44/2001 anzuwenden, wenn die Parteien vereinbaren, dass ein anderes Gemeinschaftsmarkengericht zuständig sein soll,
b) Artikel 24 der Verordnung (EG) Nr. 44/2001 anzuwenden, wenn der Beklagte sich auf das Verfahren vor einem anderen Gemeinschaftsmarkengericht einlässt.

(5) Die Verfahren, welche durch die in Artikel 96 genannten Klagen und Widerklagen anhängig gemacht werden – ausgenommen Klagen auf Feststellung der Nichtverletzung einer Gemeinschaftsmarke –, können auch bei den Gerichten des Mitgliedstaats anhängig gemacht werden, in dem eine Verletzungshandlung begangen worden ist oder droht oder in dem eine Handlung im Sinne des Artikels 9 Absatz 3 Satz 2 begangen worden ist.

Artikel 98 Reichweite der Zuständigkeit

(1) Ein Gemeinschaftsmarkengericht, dessen Zuständigkeit auf Artikel 97 Absätze 1 bis 4 beruht, ist zuständig für:

a) die in einem jeden Mitgliedstaat begangenen oder drohenden Verletzungshandlungen;
b) die in einem jeden Mitgliedstaat begangenen Handlungen im Sinne des Artikels 9 Absatz 3 Satz 2.

(2) Ein nach Artikel 97 Absatz 5 zuständiges Gemeinschaftsmarkengericht ist nur für die Handlungen zuständig, die in dem Mitgliedstaat begangen worden sind oder drohen, in dem das Gericht seinen Sitz hat.

Artikel 99 Vermutung der Rechtsgültigkeit; Einreden

(1) Die Gemeinschaftsmarkengerichte haben von der Rechtsgültigkeit der Gemeinschaftsmarke auszugehen, sofern diese nicht durch den Beklagten mit einer Widerklage auf Erklärung des Verfalls oder der Nichtigkeit angefochten wird.

(2) Die Rechtsgültigkeit einer Gemeinschaftsmarke kann nicht durch eine Klage auf Feststellung der Nichtverletzung angefochten werden.

(3) Gegen Klagen gemäß Artikel 96 Buchstaben a und c ist der Einwand des Verfalls oder der Nichtigkeit der Gemeinschaftsmarke, der nicht im Wege der Widerklage erhoben wird,

insoweit zulässig, als sich der Beklagte darauf beruft, dass die Gemeinschaftsmarke wegen mangelnder Benutzung für verfallen oder wegen eines älteren Rechts des Beklagten für nichtig erklärt werden könnte.

Artikel 100 Widerklage

(1) Die Widerklage auf Erklärung des Verfalls oder der Nichtigkeit kann nur auf die in dieser Verordnung geregelten Verfalls- oder Nichtigkeitsgründe gestützt werden.

(2) Ein Gemeinschaftsmarkengericht weist eine Widerklage auf Erklärung des Verfalls oder der Nichtigkeit ab, wenn das Amt über einen Antrag wegen desselben Anspruchs zwischen denselben Parteien bereits eine unanfechtbar gewordene Entscheidung erlassen hat.

(3) Wird die Widerlage in einem Rechtsstreit erhoben, in dem der Markeninhaber noch nicht Partei ist, so ist er hiervon zu unterrichten und kann dem Rechtsstreit nach Maßgabe des nationalen Rechts beitreten.

(4) Das Gemeinschaftsmarkengericht, bei dem Widerklage auf Erklärung des Verfalls oder der Nichtigkeit einer Gemeinschaftsmarke erhoben worden ist, teilt dem Amt den Tag der Erhebung der Widerklage mit. Das Amt vermerkt diese Tatsache im Register für Gemeinschaftsmarken.

(5) Die Vorschriften des Artikels 57 Absätze 2 bis 5 sind anzuwenden.

(6) Ist die Entscheidung des Gemeinschaftsmarkengerichts über eine Widerklage auf Erklärung des Verfalls oder der Nichtigkeit rechtskräftig geworden, so wird eine Ausfertigung dieser Entscheidung dem Amt zugestellt. Jede Partei kann darum ersuchen, von der Zustellung unterrichtet zu werden. Das Amt trägt nach Maßgabe der Durchführungsverordnung einen Hinweis auf die Entscheidung im Register für Gemeinschaftsmarken ein.

(7) Das mit einer Widerklage auf Erklärung des Verfalls oder der Nichtigkeit befasste Gemeinschaftsmarkengericht kann auf Antrag des Inhabers der Gemeinschaftsmarke nach Anhörung der anderen Parteien das Verfahren aussetzen und den Beklagten auffordern, innerhalb einer zu bestimmenden Frist beim Amt die Erklärung des Verfalls oder der Nichtigkeit zu beantragen. Wird der Antrag nicht innerhalb der Frist gestellt, wird das Verfahren fortgesetzt; die Widerklage gilt als zurückgenommen. Die Vorschriften des Artikels 104 Absatz 3 sind anzuwenden.

Artikel 101 Anwendbares Recht

(1) Die Gemeinschaftsmarkengerichte wenden die Vorschriften dieser Verordnung an.

(2) In allen Fragen, die nicht durch diese Verordnung erfasst werden, wenden die Gemeinschaftsmarkengerichte ihr nationales Recht einschließlich ihres internationalen Privatrechts an.

(3) Soweit in dieser Verordnung nichts anderes bestimmt ist, wendet das Gemeinschaftsmarkengericht die Verfahrensvorschriften an, die in dem Mitgliedstaat, in dem es seinen Sitz hat, auf gleichartige Verfahren betreffend nationale Marken anwendbar sind.

Artikel 102 Sanktionen

(1) Stellt ein Gemeinschaftsmarkengericht fest, dass der Beklagte eine Gemeinschaftsmarke verletzt hat oder zu verletzen droht, so verbietet es dem Beklagten, die Handlungen, die die Gemeinschaftsmarke verletzen oder zu verletzen drohen, fortzusetzen, sofern dem nicht besondere Gründe entgegenstehen. Es trifft ferner nach Maßgabe seines innerstaatlichen Rechts die erforderlichen Maßnahmen, um sicherzustellen, dass dieses Verbot befolgt wird.

(2) In Bezug auf alle anderen Fragen wendet das Gemeinschaftsmarkengericht das Recht des Mitgliedstaats, einschließlich dessen internationalen Privatrechts, an, in dem die Verletzungshandlungen begangen worden sind oder drohen.

Artikel 103 Einstweilige Maßnahmen einschließlich Sicherungsmaßnahmen

(1) Bei den Gerichten eines Mitgliedstaats – einschließlich der Gemeinschaftsmarkengerichte – können in Bezug auf eine Gemeinschaftsmarke oder die Anmeldung einer Gemeinschaftsmarke alle einstweiligen Maßnahmen einschließlich Sicherungsmaßnahmen beantragt werden, die in dem Recht dieses Staates für eine nationale Marke vorgesehen sind, auch wenn für die Entscheidung in der Hauptsache aufgrund dieser Verordnung ein Gemeinschaftsmarkengericht eines anderen Mitgliedstaats zuständig ist.

(2) Ein Gemeinschaftsmarkengericht, dessen Zuständigkeit auf Artikel 97 Absätze 1, 2, 3 oder 4 beruht, kann einstweilige Maßnahmen einschließlich Sicherungsmaßnahmen anordnen, die vorbehaltlich des gegebenenfalls gemäß Titel III der Verordnung (EG) Nr. 44/2001 erforderlichen Anerkennungs- und Vollstreckungsverfahrens in einem jeden Mitgliedstaat anwendbar sind. Hierfür ist kein anderes Gericht zuständig.

Artikel 104 Besondere Vorschriften über im Zusammenhang stehende Verfahren

(1) Ist vor einem Gemeinschaftsmarkengericht eine Klage im Sinne des Artikels 96 – mit Ausnahme einer Klage auf Feststellung der Nichtverletzung – erhoben worden, so setzt es das Verfahren, soweit keine besonderen Gründe für dessen Fortsetzung bestehen, von Amts wegen nach Anhörung der Parteien oder auf Antrag einer Partei nach Anhörung der anderen Parteien aus, wenn die Rechtsgültigkeit der Gemeinschaftsmarke bereits vor einem anderen Gemeinschaftsmarkengericht im Wege der Widerklage angefochten worden ist oder wenn beim Amt bereits ein Antrag auf Erklärung des Verfalls oder der Nichtigkeit gestellt worden ist.

(2) Ist beim Amt ein Antrag auf Erklärung des Verfalls oder der Nichtigkeit gestellt worden, so setzt es das Verfahren, soweit keine besonderen Gründe für dessen Fortsetzung bestehen, von Amts wegen nach Anhörung der Parteien oder auf Antrag einer Partei nach Anhörung der anderen Parteien aus, wenn die Rechtsgültigkeit der Gemeinschaftsmarke im Wege der Widerklage bereits vor einem Gemeinschaftsmarkengericht angefochten worden ist. Das Gemeinschaftsmarkengericht kann jedoch auf Antrag einer Partei des bei ihm anhängigen Verfahrens nach Anhörung der anderen Parteien das Verfahren aussetzen. In diesem Fall setzt das Amt das bei ihm anhängige Verfahren fort.

(3) Setzt das Gemeinschaftsmarkengericht das Verfahren aus, kann es für die Dauer der Aussetzung einstweilige Maßnahmen einschließlich Sicherungsmaßnahmen treffen.

Artikel 105 Zuständigkeit der Gemeinschaftsmarkengerichte zweiter Instanz; weitere Rechtsmittel

(1) Gegen Entscheidungen der Gemeinschaftsmarkengerichte erster Instanz über Klagen und Widerklagen nach Artikel 96 findet die Berufung bei den Gemeinschaftsmarkengerichten zweiter Instanz statt.

(2) Die Bedingungen für die Einlegung der Berufung bei einem Gemeinschaftsmarkengericht zweiter Instanz richten sich nach dem nationalen Recht des Mitgliedstaats, in dem dieses Gericht seinen Sitz hat.

(3) Die nationalen Vorschriften über weitere Rechtsmittel sind auf Entscheidungen der Gemeinschaftsmarkengerichte zweiter Instanz anwendbar.

Abschnitt 3 – Sonstige Streitigkeiten über Gemeinschaftsmarken

Artikel 106 Ergänzende Vorschriften über die Zuständigkeit der nationalen Gerichte, die keine Gemeinschaftsmarkengerichte sind

(1) Innerhalb des Mitgliedstaats, dessen Gerichte nach Artikel 94 Absatz 1 zuständig sind, sind andere als die in Artikel 96 genannten Klagen vor den Gerichten zu erheben, die örtlich und sachlich zuständig wären, wenn es sich um Klagen handeln würde, die eine in diesem Staat eingetragene nationale Marke betreffen.

(2) Ist nach Artikel 94 Absatz 1 und Absatz 1 des vorliegenden Artikels kein Gericht für die Entscheidung über andere als die in Artikel 96 genannten Klagen, die eine Gemeinschaftsmarke betreffen, zuständig, so kann die Klage vor den Gerichten des Mitgliedstaats erhoben werden, in dem das Amt seinen Sitz hat.

Artikel 107 Bindung des nationalen Gerichts

Das nationale Gericht, vor dem eine nicht unter Artikel 96 fallende Klage betreffend eine Gemeinschaftsmarke anhängig ist, hat von der Rechtsgültigkeit der Gemeinschaftsmarke auszugehen.

Abschnitt 4 – Übergangsbestimmung

Artikel 108 Übergangsbestimmung betreffend die Anwendung der Verordnung (EG) Nr. 44/2001

Die Vorschriften der Verordnung (EG) Nr. 44/2001, die aufgrund der vorstehenden Artikel anwendbar sind, gelten für einen Mitgliedstaat nur in der Fassung der genannten Verordnung, die für diesen Staat jeweils in Kraft ist.

Titel XI – Auswirkungen auf das Recht der Mitgliedstaaten

Abschnitt 1 – Zivilrechtliche Klagen aufgrund mehrerer Marken

Artikel 109 Gleichzeitige und aufeinander folgende Klagen aus Gemeinschaftsmarken und aus nationalen Marken

(1) Werden Verletzungsklagen zwischen denselben Parteien wegen derselben Handlungen bei Gerichten verschiedener Mitgliedstaaten anhängig gemacht, von denen das eine Gericht wegen Verletzung einer Gemeinschaftsmarke und das andere Gericht wegen Verletzung einer nationalen Marke angerufen wird,

a) so hat sich das später angerufene Gericht von Amts wegen zugunsten des zuerst angerufenen Gerichts für unzuständig zu erklären, wenn die betreffenden Marken identisch sind und für identische Waren oder Dienstleistungen gelten. Das Gericht, das sich für unzuständig zu erklären hätte, kann das Verfahren aussetzen, wenn der Mangel der Zuständigkeit des anderen Gerichts geltend gemacht wird;

b) so kann das später angerufene Gericht das Verfahren aussetzen, wenn die betreffenden Marken identisch sind und für ähnliche Waren oder Dienstleistungen gelten oder wenn sie ähnlich sind und für identische oder ähnliche Waren oder Dienstleistungen gelten.

(2) Das wegen Verletzung einer Gemeinschaftsmarke angerufene Gericht weist die Klage ab, falls wegen derselben Handlungen zwischen denselben Parteien ein rechtskräftiges Urteil in der Sache aufgrund einer identischen nationalen Marke für identische Waren oder Dienstleistungen ergangen ist.

(3) Das wegen Verletzung einer nationalen Marke angerufene Gericht weist die Klage ab, falls wegen derselben Handlungen zwischen denselben Parteien ein rechtskräftiges Urteil in der Sache aufgrund einer identischen Gemeinschaftsmarke für identische Waren oder Dienstleistungen ergangen ist.

(4) Die Absätze 1, 2 und 3 gelten nicht für einstweilige Maßnahmen einschließlich solcher, die auf eine Sicherung gerichtet sind.

Abschnitt 2 – Anwendung des einzelstaatlichen Rechts zum Zweck der Untersagung der Benutzung von Gemeinschaftsmarken

Artikel 110 Untersagung der Benutzung von Gemeinschaftsmarken

(1) Diese Verordnung lässt, soweit nichts anderes bestimmt ist, das nach dem Recht der Mitgliedstaaten bestehende Recht unberührt, Ansprüche wegen Verletzung älterer Rechte im Sinne des Artikels 8 oder des Artikels 53 Absatz 2 gegenüber der Benutzung einer jüngeren Gemeinschaftsmarke geltend zu machen. Ansprüche wegen Verletzung älterer Rechte im Sinne des Artikels 8 Absätze 2 und 4 können jedoch nicht mehr geltend gemacht werden, wenn der Inhaber des älteren Rechts nach Artikel 54 Absatz 2 nicht mehr die Nichtigerklärung der Gemeinschaftsmarke verlangen kann.

(2) Diese Verordnung lässt, soweit nichts anderes bestimmt ist, das Recht unberührt, aufgrund des Zivil-, Verwaltungs- oder Strafrechts eines Mitgliedstaats oder aufgrund von Bestimmungen des Gemeinschaftsrechts Klagen oder Verfahren zum Zweck der Untersagung

der Benutzung einer Gemeinschaftsmarke anhängig zu machen, soweit nach dem Recht dieses Mitgliedstaats oder dem Gemeinschaftsrecht die Benutzung einer nationalen Marke untersagt werden kann.

Artikel 111 Ältere Rechte von örtlicher Bedeutung

(1) Der Inhaber eines älteren Rechts von örtlicher Bedeutung kann sich der Benutzung der Gemeinschaftsmarke in dem Gebiet, in dem dieses ältere Recht geschützt ist, widersetzen, sofern dies nach dem Recht des betreffenden Mitgliedstaats zulässig ist.

(2) Absatz 1 findet keine Anwendung, wenn der Inhaber des älteren Rechts die Benutzung der Gemeinschaftsmarke in dem Gebiet, in dem dieses ältere Recht geschützt ist, während fünf aufeinander folgender Jahre in Kenntnis dieser Benutzung geduldet hat, es sei denn, dass die Anmeldung der Gemeinschaftsmarke bösgläubig vorgenommen worden ist.

(3) Der Inhaber der Gemeinschaftsmarke kann sich der Benutzung des in Absatz 1 genannten älteren Rechts nicht widersetzen, auch wenn dieses ältere Recht gegenüber der Gemeinschaftsmarke nicht mehr geltend gemacht werden kann.

Abschnitt 3 – Umwandlung in eine Anmeldung für eine nationale Marke

Artikel 112 Antrag auf Einleitung des nationalen Verfahrens

(1) Der Anmelder oder Inhaber einer Gemeinschaftsmarke kann beantragen, dass seine Anmeldung oder seine Gemeinschaftsmarke in eine Anmeldung für eine nationale Marke umgewandelt wird,

a) soweit die Anmeldung der Gemeinschaftsmarke zurückgewiesen wird oder zurückgenommen worden ist oder als zurückgenommen gilt;

b) soweit die Gemeinschaftsmarke ihre Wirkung verliert.

(2) Die Umwandlung findet nicht statt,

a) wenn die Gemeinschaftsmarke wegen Nichtbenutzung für verfallen erklärt worden ist, es sei denn, dass in dem Mitgliedstaat, für den die Umwandlung beantragt wird, die Gemeinschaftsmarke benutzt worden ist und dies als eine ernsthafte Benutzung im Sinne der Rechtsvorschriften dieses Mitgliedstaats gilt;

b) wenn Schutz in einem Mitgliedstaat begehrt wird, in dem gemäß der Entscheidung des Amtes oder des einzelstaatlichen Gerichts der Anmeldung oder der Gemeinschaftsmarke ein Eintragungshindernis oder ein Verfalls- oder Nichtigkeitsgrund entgegensteht.

(3) Die nationale Anmeldung, die aus der Umwandlung einer Anmeldung oder einer Gemeinschaftsmarke hervorgeht, genießt in dem betreffenden Mitgliedstaat den Anmeldetag oder den Prioritätstag der Anmeldung oder der Gemeinschaftsmarke sowie gegebenenfalls den nach Artikel 34 oder Artikel 35 beanspruchten Zeitrang einer Marke dieses Staates.

(4) Für den Fall, dass die Anmeldung der Gemeinschaftsmarke als zurückgenommen gilt, teilt das Amt dies dem Anmelder mit und setzt ihm dabei für die Einreichung eines Umwandlungsantrags eine Frist von drei Monaten nach dieser Mitteilung.

(5) Wird die Anmeldung der Gemeinschaftsmarke zurückgenommen oder verliert die Gemeinschaftsmarke ihre Wirkung, weil ein Verzicht eingetragen oder die Eintragung nicht

verlängert wurde, so ist der Antrag auf Umwandlung innerhalb von drei Monaten nach dem Tag einzureichen, an dem die Gemeinschaftsmarke zurückgenommen wurde oder die Eintragung der Gemeinschaftsmarke ihre Wirkung verloren hat.

(6) Wird die Anmeldung der Gemeinschaftsmarke durch eine Entscheidung des Amtes zurückgewiesen oder verliert die Gemeinschaftsmarke ihre Wirkung aufgrund einer Entscheidung des Amtes oder eines Gemeinschaftsmarkengerichts, so ist der Umwandlungsantrag innerhalb von drei Monaten nach dem Tag einzureichen, an dem diese Entscheidung rechtskräftig geworden ist.

(7) Die in Artikel 32 genannte Wirkung erlischt, wenn der Antrag nicht innerhalb der vorgeschriebenen Zeit eingereicht wurde.

Artikel 113 Einreichung, Veröffentlichung und Übermittlung des Umwandlungsantrags

(1) Der Umwandlungsantrag ist beim Amt zu stellen; im Antrag sind die Mitgliedstaaten zu bezeichnen, in denen die Einleitung des Verfahrens zur Eintragung einer nationalen Marke gewünscht wird. Der Antrag gilt erst als gestellt, wenn die Umwandlungsgebühr entrichtet worden ist.

(2) Falls die Anmeldung der Gemeinschaftsmarke veröffentlicht worden ist, wird ein Hinweis auf den Eingang des Antrags im Register für Gemeinschaftsmarken eingetragen und der Antrag veröffentlicht.

(3) Das Amt überprüft, ob der Umwandlungsantrag den Erfordernissen dieser Verordnung, insbesondere Artikel 112 Absätze 1, 2, 4, 5 und 6 sowie Absatz 1 des vorliegenden Artikels entspricht und die formalen Erfordernisse der Durchführungsverordnung erfüllt. Sind diese Bedingungen erfüllt, so übermittelt das Amt den Umwandlungsantrag den Behörden für den gewerblichen Rechtsschutz der im Antrag bezeichneten Mitgliedstaaten.

Artikel 114 Formvorschriften für die Umwandlung

(1) Jede Zentralbehörde für den gewerblichen Rechtsschutz, der der Umwandlungsantrag übermittelt worden ist, kann vom Amt alle ergänzenden Auskünfte bezüglich dieses Antrags erhalten, die für sie bei der Entscheidung über die nationale Marke, die aus der Umwandlung hervorgeht, sachdienlich sein können.

(2) Eine Anmeldung bzw. Gemeinschaftsmarke, die nach Artikel 113 übermittelt worden ist, darf nicht solchen Formerfordernissen des nationalen Rechts unterworfen werden, die von denen abweichen, die in der Verordnung oder in der Durchführungsverordnung vorgesehen sind, oder über sie hinausgehen.

(3) Die Zentralbehörde für den gewerblichen Rechtsschutz, der der Umwandlungsantrag übermittelt worden ist, kann verlangen, dass der Anmelder innerhalb einer Frist, die nicht weniger als zwei Monate betragen darf,

a) die nationale Anmeldegebühr entrichtet;

b) eine Übersetzung – in einer der Amtssprachen des betreffenden Staats – des Umwandlungsantrags und der ihm beigefügten Unterlagen einreicht;

c) eine Anschrift angibt, unter der er in dem betreffenden Staat zu erreichen ist;

d) in der von dem betreffenden Staat genannten Anzahl eine bildliche Darstellung der Marke übermittelt.

Titel XII – Das Amt

Abschnitt 1 – Allgemeine Bestimmungen

Artikel 115 Rechtsstellung

(1) Das Amt ist eine Einrichtung der Gemeinschaft und besitzt Rechtspersönlichkeit.

(2) Es besitzt in jedem Mitgliedstaat die weitestgehende Rechts- und Geschäftsfähigkeit, die juristischen Personen nach dessen Rechtsvorschriften zuerkannt ist; es kann insbesondere bewegliches und unbewegliches Vermögen erwerben oder veräußern und vor Gericht auftreten.

(3) Das Amt wird von seinem Präsidenten vertreten.

Artikel 116 Personal

(1) Die Vorschriften des Statuts der Beamten der Europäischen Gemeinschaften, nachstehend „Statut" genannt, der Beschäftigungsbedingungen für die sonstigen Bediensteten der Europäischen Gemeinschaften und der von den Organen der Europäischen Gemeinschaften im gegenseitigen Einvernehmen erlassenen Regelungen zur Durchführung dieser Vorschriften gelten für das Personal des Amtes unbeschadet der Anwendung des Artikels 136 auf die Mitglieder der Beschwerdekammern.

(2) Das Amt übt unbeschadet der Anwendung des Artikels 125 die der Anstellungsbehörde durch das Statut und die Beschäftigungsbedingungen für die sonstigen Bediensteten übertragenen Befugnisse gegenüber seinem Personal aus.

Artikel 117 Vorrechte und Immunitäten

Das Protokoll über die Vorrechte und Befreiungen der Europäischen Gemeinschaften gilt für das Amt.

Artikel 118 Haftung

(1) Die vertragliche Haftung des Amtes bestimmt sich nach dem Recht, das auf den betreffenden Vertrag anzuwenden ist.

(2) Der Gerichtshof der Europäischen Gemeinschaften ist für Entscheidungen aufgrund einer Schiedsklausel zuständig, die in einem vom Amt abgeschlossenen Vertrag enthalten ist.

(3) Im Bereich der außervertraglichen Haftung ersetzt das Amt den durch seine Dienststellen oder Bediensteten in Ausübung ihrer Amtstätigkeit verursachten Schaden nach den allgemeinen Rechtsgrundsätzen, die den Rechtsordnungen der Mitgliedstaaten gemeinsam sind.

(4) Der Gerichtshof ist für Streitsachen über den in Absatz 3 vorgesehenen Schadensersatz zuständig.

(5) Die persönliche Haftung der Bediensteten gegenüber dem Amt bestimmt sich nach den Vorschriften ihres Statuts oder der für sie geltenden Beschäftigungsbedingungen.

Artikel 119 Sprachen

(1) Anmeldungen von Gemeinschaftsmarken sind in einer der Amtssprachen der Europäischen Gemeinschaft einzureichen.

(2) Die Sprachen des Amtes sind Deutsch, Englisch, Französisch, Italienisch und Spanisch.

(3) Der Anmelder hat eine zweite Sprache, die eine Sprache des Amtes ist, anzugeben, mit deren Benutzung als möglicher Verfahrenssprache er in Widerspruchs-, Verfalls- und Nichtigkeitsverfahren einverstanden ist.

Ist die Anmeldung in einer Sprache, die nicht eine Sprache des Amtes ist, eingereicht worden, so sorgt das Amt dafür, dass die in Artikel 26 Absatz 1 vorgesehene Anmeldung in die vom Anmelder angegebene Sprache übersetzt wird.

(4) Ist der Anmelder der Gemeinschaftsmarke in einem Verfahren vor dem Amt der einzige Beteiligte, so ist Verfahrenssprache die Sprache, in der die Anmeldung der Gemeinschaftsmarke eingereicht worden ist. Ist die Anmeldung in einer Sprache, die nicht eine Sprache des Amtes ist, eingereicht worden, so kann das Amt für schriftliche Mitteilungen an den Anmelder auch die zweite Sprache wählen, die dieser in der Anmeldung angegeben hat.

(5) Widersprüche und Anträge auf Erklärung des Verfalls oder der Nichtigkeit sind in einer der Sprachen des Amtes einzureichen.

(6) Ist die nach Absatz 5 gewählte Sprache des Widerspruchs oder des Antrags auf Erklärung des Verfalls oder der Nichtigkeit die Sprache, in der die Anmeldung der Gemeinschaftsmarke eingereicht wurde, oder die bei der Einreichung dieser Anmeldung angegebene zweite Sprache, so ist diese Sprache Verfahrenssprache.

Ist die nach Absatz 5 gewählte Sprache des Widerspruchs oder des Antrags auf Erklärung des Verfalls oder der Nichtigkeit weder die Sprache, in der die Anmeldung der Gemeinschaftsmarke eingereicht wurde, noch die bei der Einreichung der Anmeldung angegebene zweite Sprache, so hat der Widersprechende oder derjenige, der einen Antrag auf Erklärung des Verfalls oder der Nichtigkeit gestellt hat, eine Übersetzung des Widerspruchs oder des Antrags auf eigene Kosten entweder in der Sprache, in der die Anmeldung der Gemeinschaftsmarke eingereicht wurde – sofern sie eine Sprache des Amtes ist –, oder in der bei der Einreichung der Anmeldung der Gemeinschaftsmarke angegebenen zweiten Sprache vorzulegen. Die Übersetzung ist innerhalb der in der Durchführungsverordnung vorgesehenen Frist vorzulegen. Die Sprache, in der die Übersetzung vorliegt, wird dann Verfahrenssprache.

(7) Die an den Widerspruchs-, Verfalls-, Nichtigkeits- oder Beschwerdeverfahren Beteiligten können vereinbaren, dass eine andere Amtssprache der Europäischen Gemeinschaft als Verfahrenssprache verwendet wird.

Artikel 120 Veröffentlichung, Eintragung

(1) Die in Artikel 26 Absatz 1 beschriebene Anmeldung der Gemeinschaftsmarke und alle sonstigen Informationen, deren Veröffentlichung in dieser Verordnung oder in der Durch-

führungsverordnung vorgeschrieben ist, werden in allen Amtssprachen der Europäischen Gemeinschaft veröffentlicht.

(2) Sämtliche Eintragungen in das Gemeinschaftsmarkenregister werden in allen Amtssprachen der Europäischen Gemeinschaft vorgenommen.

(3) In Zweifelsfällen ist der Wortlaut in der Sprache des Amtes maßgebend, in der die Anmeldung der Gemeinschaftsmarke eingereicht wurde. Wurde die Anmeldung in einer Amtssprache der Europäischen Gemeinschaft eingereicht, die nicht eine Sprache des Amtes ist, so ist der Wortlaut in der vom Anmelder angegebenen zweiten Sprache verbindlich.

Artikel 121

Die für die Arbeit des Amtes erforderlichen Übersetzungen werden von der Übersetzungszentrale für die Einrichtungen der Europäischen Union angefertigt.

Artikel 122 Rechtsaufsicht

(1) Die Kommission überwacht die Rechtmäßigkeit derjenigen Handlungen des Präsidenten des Amtes, über die im Gemeinschaftsrecht keine Rechtsaufsicht durch ein anderes Organ vorgesehen ist, sowie der Handlungen des nach Artikel 138 beim Amt eingesetzten Haushaltsausschusses.

(2) Sie verlangt die Änderung oder Aufhebung von Handlungen nach Absatz 1, die das Recht verletzen.

(3) Jede ausdrückliche oder stillschweigende Handlung nach Absatz 1 kann von jedem Mitgliedstaat oder jeder dritten Person, die hiervon unmittelbar und individuell betroffen ist, zur Kontrolle ihrer Rechtmäßigkeit vor die Kommission gebracht werden. Die Kommission muss innerhalb eines Monats nach dem Zeitpunkt, zu dem der Beteiligte von der betreffenden Handlung erstmals Kenntnis erlangt hat, damit befasst werden. Die Kommission trifft innerhalb von drei Monaten eine Entscheidung. Wird innerhalb dieser Frist keine Entscheidung getroffen, so gilt dies als Ablehnung.

Artikel 123 Zugang zu den Dokumenten

(1) Die Verordnung (EG) Nr. 1049/2001 des Europäischen Parlaments und des Rates vom 30. Mai 2001 über den Zugang der Öffentlichkeit zu Dokumenten des Europäischen Parlaments, des Rates und der Kommission [ABl. L 145 vom 31.5.2001, S. 43] findet Anwendung auf die Dokumente des Amtes.

(2) Der Verwaltungsrat erlässt in Bezug auf die vorliegende Verordnung die praktischen Durchführungsbestimmungen für die Verordnung (EG) Nr. 1049/2001.

(3) Gegen die Entscheidungen, die das Amt gemäß Artikel 8 der Verordnung (EG) Nr. 1049/2001 trifft, kann Beschwerde beim Bürgerbeauftragten oder Klage beim Gerichtshof nach Maßgabe von Artikel 195 bzw. 230 EG-Vertrag erhoben werden.

Abschnitt 2 – Leitung des Amtes

Artikel 124 Befugnisse des Präsidenten

(1) Das Amt wird von einem Präsidenten geleitet.

(2) Zu diesem Zweck hat der Präsident insbesondere folgende Aufgaben und Befugnisse:

a) Er trifft alle für die Tätigkeit des Amtes zweckmäßigen Maßnahmen, einschließlich des Erlasses interner Verwaltungsvorschriften und der Veröffentlichung von Mitteilungen;

b) er kann der Kommission Entwürfe für Änderungen dieser Verordnung, der Durchführungsverordnung, der Verfahrensordnung der Beschwerdekammern und der Gebührenordnung sowie jeder anderen Regelung betreffend die Gemeinschaftsmarke vorlegen, nachdem er den Verwaltungsrat sowie zu der Gebührenordnung und den Haushaltsvorschriften dieser Verordnung den Haushaltsausschuss angehört hat;

c) er stellt den Voranschlag der Einnahmen und Ausgaben des Amtes auf und führt den Haushaltsplan des Amtes aus;

d) er legt der Kommission, dem Europäischen Parlament und dem Verwaltungsrat jedes Jahr einen Tätigkeitsbericht vor;

e) er übt gegenüber dem Personal die in Artikel 116 Absatz 2 vorgesehenen Befugnisse aus;

f) er kann seine Befugnisse übertragen.

(3) Der Präsident wird von einem oder mehreren Vizepräsidenten unterstützt. Ist der Präsident abwesend oder verhindert, so wird er nach dem vom Verwaltungsrat festgelegten Verfahren vom Vizepräsidenten oder von einem der Vizepräsidenten vertreten.

Artikel 125 Ernennung hoher Beamter

(1) Der Präsident des Amtes wird anhand einer Liste von höchstens drei Kandidaten, die der Verwaltungsrat aufstellt, vom Rat ernannt. Er wird auf Vorschlag des Verwaltungsrates vom Rat entlassen.

(2) Die Amtszeit des Präsidenten beläuft sich auf höchstens fünf Jahre. Wiederernennung ist zulässig.

(3) Der oder die Vizepräsidenten des Amtes werden nach Anhörung des Präsidenten entsprechend dem Verfahren nach Absatz 1 ernannt und entlassen.

(4) Der Rat übt die Disziplinargewalt über die in den Absätzen 1 und 3 genannten Beamten aus.

Abschnitt 3 – Verwaltungsrat

Artikel 126 Errichtung und Befugnisse

(1) Beim Amt wird ein Verwaltungsrat errichtet. Unbeschadet der Befugnisse, die dem Haushaltsausschuss im fünften Abschnitt – Haushalt und Finanzkontrolle – übertragen werden, übt er die nachstehend bezeichneten Befugnisse aus.

(2) Der Verwaltungsrat stellt die in Artikel 125 genannte Liste von Kandidaten auf.

(3) Er berät den Präsidenten im Zuständigkeitsbereich des Amtes.

(4) Er wird vor der Genehmigung von Richtlinien für die vom Amt durchgeführte Prüfung sowie in den übrigen in dieser Verordnung vorgesehenen Fällen gehört.

(5) Soweit er es für notwendig erachtet, kann er Stellungnahmen abgeben und den Präsidenten und die Kommission um Auskunft ersuchen.

Artikel 127 Zusammensetzung

(1) Der Verwaltungsrat besteht aus je einem Vertreter jedes Mitgliedstaats und einem Vertreter der Kommission sowie aus je einem Stellvertreter.

(2) Die Mitglieder des Verwaltungsrates können nach Maßgabe seiner Geschäftsordnung Berater oder Sachverständige hinzuziehen.

Artikel 128 Vorsitz

(1) Der Verwaltungsrat wählt aus seinen Mitgliedern einen Präsidenten und einen Vizepräsidenten. Der Vizepräsident tritt im Falle der Verhinderung des Präsidenten von Amts wegen an dessen Stelle.

(2) Die Amtszeit des Präsidenten und des Vizepräsidenten beträgt drei Jahre. Wiederwahl ist zulässig.

Artikel 129 Tagungen

(1) Der Verwaltungsrat wird von seinem Präsidenten einberufen.

(2) Der Präsident des Amtes nimmt an den Beratungen teil, sofern der Verwaltungsrat nicht etwas anderes beschließt.

(3) Der Verwaltungsrat hält jährlich eine ordentliche Tagung ab; außerdem tritt er auf Veranlassung seines Präsidenten oder auf Antrag der Kommission oder eines Drittels der Mitgliedstaaten zusammen.

(4) Der Verwaltungsrat gibt sich eine Geschäftsordnung.

(5) Der Verwaltungsrat fasst seine Beschlüsse mit der einfachen Mehrheit der Vertreter der Mitgliedstaaten. Beschlüsse, zu denen der Verwaltungsrat nach Artikel 125 Absätze 1 und 3 befugt ist, bedürfen jedoch der Dreiviertelmehrheit der Vertreter der Mitgliedstaaten. In beiden Fällen verfügt jeder Mitgliedstaat über eine Stimme.

(6) Der Verwaltungsrat kann Beobachter zur Teilnahme an den Tagungen einladen.

(7) Die Sekretariatsgeschäfte des Verwaltungsrates werden vom Amt wahrgenommen.

Abschnitt 4 – Durchführung der Verfahren

Artikel 130 Zuständigkeit

Für Entscheidungen im Zusammenhang mit den in dieser Verordnung vorgeschriebenen Verfahren sind zuständig:

a) die Prüfer;

b) die Widerspruchsabteilungen;

c) die Markenverwaltungs- und Rechtsabteilung;

d) die Nichtigkeitsabteilungen;

e) die Beschwerdekammern.

Artikel 131 Prüfer

Die Prüfer sind zuständig für namens des Amtes zu treffende Entscheidungen im Zusammenhang mit einer Anmeldung einer Gemeinschaftsmarke, einschließlich der in den Artikeln 36, 37 und 68 genannten Angelegenheiten, sofern nicht eine Widerspruchsabteilung zuständig ist.

Artikel 132 Widerspruchsabteilungen

(1) Die Widerspruchsabteilungen sind zuständig für Entscheidungen im Zusammenhang mit Widersprüchen gegen eine Anmeldung einer Gemeinschaftsmarke.

(2) Die Widerspruchsabteilungen entscheiden in der Besetzung von drei Mitgliedern. Mindestens ein Mitglied muss rechtskundig sein. In bestimmten in der Durchführungsverordnung geregelten Fällen kann die Entscheidung durch ein Mitglied getroffen werden.

Artikel 133 Markenverwaltungs- und Rechtsabteilung

(1) Die Markenverwaltungs- und Rechtsabteilung ist zuständig für Entscheidungen aufgrund dieser Verordnung, die nicht in die Zuständigkeit eines Prüfers, einer Widerspruchs- oder einer Nichtigkeitsabteilung fallen. Sie ist insbesondere zuständig für Entscheidungen über Eintragungen und Löschungen von Angaben im Register für Gemeinschaftsmarken.

(2) Die Markenverwaltungs- und Rechtsabteilung ist ferner zuständig für die Führung der in Artikel 93 genannten Liste der zugelassenen Vertreter.

(3) Entscheidungen der Abteilung ergehen durch eines ihrer Mitglieder.

Artikel 134 Nichtigkeitsabteilungen

(1) Die Nichtigkeitsabteilungen sind zuständig für Entscheidungen im Zusammenhang mit einem Antrag auf Erklärung des Verfalls oder der Nichtigkeit einer Gemeinschaftsmarke.

(2) Die Nichtigkeitsabteilungen entscheiden in der Besetzung von drei Mitgliedern. Mindestens ein Mitglied muss rechtskundig sein. In bestimmten in der Durchführungsverordnung geregelten Fällen kann die Entscheidung durch ein Mitglied getroffen werden.

Artikel 135 Beschwerdekammern

(1) Die Beschwerdekammern sind zuständig für Entscheidungen über Beschwerden gegen Entscheidungen der Prüfer, der Widerspruchsabteilungen, der Markenverwaltungs- und Rechtsabteilung und der Nichtigkeitsabteilungen.

(2) Die Beschwerdekammern entscheiden in der Besetzung von drei Mitgliedern. Mindestens zwei Mitglieder müssen rechtskundig sein. Bestimmte Fälle werden in der Besetzung einer erweiterten Kammer unter dem Vorsitz des Präsidenten der Beschwerdekammern oder durch ein Mitglied entschieden, das rechtskundig sein muss.

(3) Bei der Festlegung der Fälle, in denen eine erweiterte Kammer entscheidungsbefugt ist, sind die rechtliche Schwierigkeit, die Bedeutung des Falles und das Vorliegen besonderer Umstände zu berücksichtigen. Solche Fälle können an die erweiterte Kammer verwiesen werden

a) durch das Präsidium der Beschwerdekammern, das gemäß der in Artikel 162 Absatz 3 genannten Verfahrensordnung der Beschwerdekammern eingerichtet ist;

b) durch die Kammer, die mit der Sache befasst ist.

(4) Die Zusammensetzung der erweiterten Kammer und die Einzelheiten ihrer Anrufung werden gemäß der in Artikel 162 Absatz 3 genannten Verfahrensordnung der Beschwerdekammern geregelt.

(5) Bei der Festlegung der Fälle, in denen ein Mitglied allein entscheidungsbefugt ist, wird berücksichtigt, dass es sich um rechtlich oder sachlich einfache Fragen oder um Fälle von begrenzter Bedeutung handelt und dass keine anderen besonderen Umstände vorliegen. Die Entscheidung, einen Fall einem Mitglied allein zu übertragen, wird von der den Fall behandelnden Kammer getroffen. Weitere Einzelheiten werden in der in Artikel 162 Absatz 3 genannten Verfahrensordnung der Beschwerdekammern geregelt.

Artikel 136 Unabhängigkeit der Mitglieder der Beschwerdekammern

(1) Der Präsident der Beschwerdekammern und die Vorsitzenden der einzelnen Kammern werden nach dem in Artikel 125 für die Ernennung des Präsidenten des Amtes vorgesehenen Verfahren für einen Zeitraum von fünf Jahren ernannt. Sie können während ihrer Amtszeit nicht ihres Amtes enthoben werden, es sei denn, dass schwerwiegende Gründe vorliegen und der Gerichtshof auf Antrag des Organs, das sie ernannt hat, einen entsprechenden Beschluss fasst. Die Amtszeit des Präsidenten der Beschwerdekammern und der Vorsitzenden der einzelnen Kammern kann jeweils um fünf Jahre oder bis zu ihrem Eintritt in den Ruhestand verlängert werden, sofern sie das Ruhestandsalter während ihrer neuen Amtsperiode erreichen.

Der Präsident der Beschwerdekammern ist unter anderem für Verwaltungs- und Organisationsfragen zuständig, insbesondere dafür,

a) dem Präsidium der Beschwerdekammern vorzusitzen, das in der in Artikel 162 Absatz 3 genannten Verfahrensordnung vorgesehen und damit beauftragt ist, die Regeln und die Organisation der Aufgaben der Kammern festzulegen;

b) die Durchführung der Entscheidungen dieses Präsidiums sicherzustellen;

c) die Fälle aufgrund der vom Präsidium der Beschwerdekammern festgelegten objektiven Kriterien einer Kammer zuzuteilen;

d) dem Präsidenten des Amtes den Ausgabenbedarf der Kammern zu übermitteln, damit der entsprechende Ausgabenplan erstellt werden kann.

Der Präsident der Beschwerdekammern führt den Vorsitz der erweiterten Kammer.

Weitere Einzelheiten werden in der in Artikel 162 Absatz 3 genannten Verfahrensordnung der Beschwerdekammern geregelt.

(2) Die Mitglieder der Beschwerdekammern werden vom Verwaltungsrat für einen Zeitraum von fünf Jahren ernannt. Ihre Amtszeit kann jeweils um fünf Jahre oder bis zum Ein-

tritt in den Ruhestand verlängert werden, sofern sie das Ruhestandsalter während ihrer neuen Amtszeit erreichen.

(3) Die Mitglieder der Beschwerdekammern können ihres Amtes nicht enthoben werden, es sei denn, dass schwerwiegende Gründe vorliegen und der Gerichtshof, der auf Vorschlag des Präsidenten der Beschwerdekammern nach Anhörung des Vorsitzenden der Kammer, der das betreffende Mitglied angehört, vom Verwaltungsrat angerufen wurde, einen entsprechenden Beschluss fasst.

(4) Der Präsident der Beschwerdekammern sowie die Vorsitzenden und die Mitglieder der einzelnen Kammern genießen Unabhängigkeit. Bei ihren Entscheidungen sind sie an keinerlei Weisung gebunden.

(5) Der Präsident der Beschwerdekammern sowie die Vorsitzenden und die Mitglieder der einzelnen Kammern dürfen weder Prüfer sein noch einer Widerspruchsabteilung, der Marken- und Musterverwaltungs- und Rechtsabteilung oder einer Nichtigkeitsabteilung angehören.

Artikel 137 Ausschließung und Ablehnung

(1) Die Prüfer, die Mitglieder der im Amt gebildeten Abteilungen und die Mitglieder der Beschwerdekammern dürfen nicht an der Erledigung einer Sache mitwirken, an der sie ein persönliches Interesse haben oder in der sie vorher als Vertreter eines Beteiligten tätig gewesen sind. Zwei der drei Mitglieder einer Widerspruchsabteilung dürfen nicht bei der Prüfung der Anmeldung mitgewirkt haben. Die Mitglieder der Nichtigkeitsabteilungen dürfen nicht an der Erledigung einer Sache mitwirken, wenn sie an deren abschließender Entscheidung im Verfahren zur Eintragung der Marke oder im Widerspruchsverfahren mitgewirkt haben. Die Mitglieder der Beschwerdekammern dürfen nicht an einem Beschwerdeverfahren mitwirken, wenn sie an der abschließenden Entscheidung in der Vorinstanz mitgewirkt haben.

(2) Glaubt ein Mitglied einer Abteilung oder einer Beschwerdekammer, aus einem der in Absatz 1 genannten Gründe oder aus einem sonstigen Grund an einem Verfahren nicht mitwirken zu können, so teilt es dies der Abteilung oder der Kammer mit.

(3) Die Prüfer und die Mitglieder der Abteilungen oder einer Beschwerdekammer können von jedem Beteiligten aus einem der in Absatz 1 genannten Gründe oder wegen Besorgnis der Befangenheit abgelehnt werden. Die Ablehnung ist nicht zulässig, wenn der Beteiligte im Verfahren Anträge gestellt oder Stellungnahmen abgegeben hat, obwohl er bereits den Ablehnungsgrund kannte. Die Ablehnung kann nicht mit der Staatsangehörigkeit der Prüfer oder der Mitglieder begründet werden.

(4) Die Abteilungen und die Beschwerdekammern entscheiden in den Fällen der Absätze 2 und 3 ohne Mitwirkung des betreffenden Mitglieds. Bei dieser Entscheidung wird das Mitglied, das sich der Mitwirkung enthält oder das abgelehnt worden ist, durch seinen Vertreter ersetzt.

Abschnitt 5 – Haushalt und Finanzkontrolle

Artikel 138 Haushaltsausschuss

(1) Beim Amt wird ein Haushaltsausschuss eingesetzt. Der Haushaltsausschuss übt die Befugnisse aus, die ihm in diesem Abschnitt sowie in Artikel 38 Absatz 4 übertragen werden.

(2) Artikel 126 Absatz 6, die Artikel 127 und 128, sowie Artikel 129 Absätze 1 bis 4 und Absätze 6 und 7 finden auf den Haushaltsausschuss entsprechend Anwendung.

(3) Der Haushaltsausschuss fasst seine Beschlüsse mit der einfachen Mehrheit der Vertreter der Mitgliedstaaten. Beschlüsse, zu denen der Haushaltsausschuss nach Artikel 38 Absatz 4, Artikel 140 Absatz 3 und Artikel 143 befugt ist, bedürfen jedoch der Dreiviertelmehrheit der Vertreter der Mitgliedstaaten. In beiden Fällen verfügen die Mitgliedstaaten über je eine Stimme.

Artikel 139 Haushalt

(1) Alle Einnahmen und Ausgaben des Amtes werden für jedes Haushaltsjahr veranschlagt und in den Haushaltsplan des Amtes eingesetzt. Haushaltsjahr ist das Kalenderjahr.

(2) Der Haushaltsplan ist in Einnahmen und Ausgaben auszugleichen.

(3) Die Einnahmen des Haushalts umfassen unbeschadet anderer Einnahmen das Aufkommen an Gebühren, die aufgrund der Gebührenordnung zu zahlen sind, das Aufkommen an Gebühren, die aufgrund des Madrider Protokolls gemäß Artikel 140 dieser Verordnung für eine internationale Registrierung, in der die Europäische Gemeinschaft benannt ist, zu zahlen sind und sonstige Zahlungen an Vertragsparteien des Madrider Protokolls, das Aufkommen an Gebühren, die aufgrund der Genfer Akte gemäß Artikel 106c der Verordnung (EG) Nr. 6/2002 des Rates vom 12. Dezember 2001 über das Gemeinschaftsgeschmacksmuster [ABl. L 3 vom 5.1.2002, S. 1] für eine internationale Eintragung, in der die Europäische Gemeinschaft benannt ist, zu zahlen sind und sonstige Zahlungen an die Vertragsparteien der Genfer Akte, und, soweit erforderlich, einen Zuschuss, der in den Gesamthaushaltsplan der Europäischen Gemeinschaften, Einzelplan Kommission, unter einer besonderen Haushaltslinie eingesetzt wird.

Artikel 140 Feststellung des Haushaltsplans

(1) Der Präsident stellt jährlich für das folgende Haushaltsjahr einen Vorschlag der Einnahmen und Ausgaben des Amtes auf und übermittelt ihn sowie einen Stellenplan spätestens am 31. März jedes Jahres dem Haushaltsausschuss.

(2) Ist in den Haushaltsvoranschlägen ein Gemeinschaftszuschuss vorgesehen, so übermittelt der Haushaltsausschuss den Voranschlag bezüglich der Kommission, die ihn an die Haushaltsbehörde der Gemeinschaften weiterleitet. Die Kommission kann diesem Voranschlag eine Stellungnahme mit abweichenden Voranschlägen beifügen.

(3) Der Haushaltsausschuss stellt den Haushaltsplan fest, der auch den Stellenplan des Amtes umfasst. Enthalten die Haushaltsvoranschläge einen Zuschuss zu Lasten des Gesamthaushaltsplans der Gemeinschaften, so wird der Haushaltsplan des Amtes gegebenenfalls angepasst.

Artikel 141 Rechnungsprüfung und Kontrolle

(1) Beim Amt wird die Funktion eines Internen Prüfers eingerichtet, die unter Einhaltung der einschlägigen internationalen Normen ausgeübt werden muss. Der von dem Präsidenten benannte Interne Prüfer ist diesem gegenüber für die Überprüfung des ordnungsgemäßen Funktionierens der Systeme und der Vollzugsverfahren des Amtshaushalts verantwortlich.

(2) Der Interne Prüfer berät den Präsidenten in Fragen der Risikokontrolle, indem er unabhängige Stellungnahmen zur Qualität der Verwaltungs- und Kontrollsysteme und Empfehlungen zur Verbesserung der Bedingungen für die Abwicklung der Vorgänge sowie zur Förderung einer wirtschaftlichen Haushaltsführung abgibt.

(3) Der Anweisungsbefugte führt interne Kontrollsysteme und -verfahren ein, die für die Ausführung seiner Aufgaben geeignet sind.

Artikel 142 Rechnungsprüfung

(1) Der Präsident übermittelt der Kommission, dem Europäischen Parlament, dem Haushaltsausschuss und dem Rechnungshof spätestens am 31. März jedes Jahres die Rechnung für alle Einnahmen und Ausgaben des Amtes im abgelaufenen Haushaltsjahr. Der Rechnungshof prüft die Rechnung nach Artikel 248 EG-Vertrag.

(2) Der Haushaltsausschuss erteilt dem Präsidenten des Amtes Entlastung zur Ausführung des Haushaltsplans.

Artikel 143 Finanzvorschriften

Der Haushaltsausschuss erlässt nach Stellungnahme der Kommission und des Rechnungshofs der Europäischen Gemeinschaften die internen Finanzvorschriften, in denen insbesondere die Einzelheiten der Aufstellung und Ausführung des Haushaltsplans des Amtes festgelegt werden. Die Finanzvorschriften lehnen sich, soweit dies mit der Besonderheit des Amtes vereinbar ist, an die Haushaltsordnungen anderer von der Gemeinschaft geschaffener Einrichtungen an.

Artikel 144 Gebührenordnung

(1) Die Gebührenordnung bestimmt insbesondere die Höhe der Gebühren und die Art und Weise, wie sie zu entrichten sind.

(2) Die Höhe der Gebühren ist so zu bemessen, dass die Einnahmen hieraus grundsätzlich den Ausgleich des Haushaltsplans des Amtes gewährleisten.

(3) Die Gebührenordnung wird nach dem in Artikel 163 Absatz 2 genannten Verfahren angenommen und geändert.

Titel XIII – Internationale Registrierung von Marken

Abschnitt 1 – Allgemeine Bestimmungen

Artikel 145 Anwendung der Bestimmungen

Sofern in diesem Titel nichts anderes bestimmt ist, gelten die vorliegende Verordnung und ihre Durchführungsverordnungen für Anträge auf internationale Registrierung nach dem am 27. Juni 1989 in Madrid unterzeichneten Protokoll zum Madrider Abkommen über die internationale Registrierung von Marken (nachstehend „internationale Anmeldungen" bzw. „Madrider Protokoll" genannt), die sich auf die Anmeldung einer Gemeinschaftsmarke oder auf eine Gemeinschaftsmarke stützen, und für Markeneintragungen im internationalen Register des Internationalen Büros der Weltorganisation für geistiges Eigentum (nachstehend „internationale Registrierungen" bzw. „Internationales Büro" genannt), deren Schutz sich auf die Europäische Gemeinschaft erstreckt.

Abschnitt 2 – Internationale Registrierung auf der Grundlage einer Anmeldung einer Gemeinschaftsmarke oder einer Gemeinschaftsmarke

Artikel 146 Einreichung einer internationalen Anmeldung

(1) Internationale Anmeldungen gemäß Artikel 3 des Madrider Protokolls, die sich auf eine Anmeldung einer Gemeinschaftsmarke oder auf eine Gemeinschaftsmarke stützen, werden beim Amt eingereicht.

(2) Wird eine internationale Registrierung beantragt, bevor die Marke, auf die sich die internationale Registrierung stützen soll, als Gemeinschaftsmarke eingetragen ist, so muss der Anmelder angeben, ob die internationale Registrierung auf der Grundlage einer Anmeldung einer Gemeinschaftsmarke oder auf der Grundlage der Eintragung als Gemeinschaftsmarke erfolgen soll. Soll sich die internationale Registrierung auf eine Gemeinschaftsmarke stützen, sobald diese eingetragen ist, so gilt für den Eingang der internationalen Anmeldung beim Amt das Datum der Eintragung der Gemeinschaftsmarke.

Artikel 147 Form und Inhalt der internationalen Anmeldung

(1) Die internationale Anmeldung wird mittels eines vom Amt bereitgestellten Formblatts in einer der Amtssprachen der Europäischen Gemeinschaft eingereicht. Gibt der Anmelder auf diesem Formblatt bei der Einreichung der internationalen Anmeldung nichts anderes an, so korrespondiert das Amt mit dem Anmelder in der Sprache der Anmeldung in standardisierter Form.

(2) Wird die internationale Anmeldung in einer anderen Sprache als den Sprachen eingereicht, die nach dem Madrider Protokoll zulässig sind, so muss der Anmelder eine zweite Sprache aus dem Kreis dieser Sprachen angeben. Das Amt legt die internationale Anmeldung dem Internationalen Büro in dieser zweiten Sprache vor.

(3) Wird die internationale Anmeldung in einer anderen Sprache als den Sprachen eingereicht, die nach dem Madrider Protokoll für die Einreichung internationaler Anmeldungen zulässig sind, so kann der Anmelder eine Übersetzung der Liste der Erzeugnisse oder

Dienstleistungen in der Sprache vorlegen, in der die internationale Anmeldung dem Internationalen Büro gemäß Absatz 2 vorgelegt werden soll.

(4) Das Amt übermittelt die internationale Anmeldung so rasch wie möglich dem Internationalen Büro.

(5) Für die Einreichung einer internationalen Anmeldung wird eine an das Amt zu entrichtende Gebühr verlangt. In den in Artikel 146 Absatz 2 Satz 2 genannten Fällen wird diese Gebühr zum Zeitpunkt der Eintragung der Gemeinschaftsmarke fällig. Die Anmeldung gilt erst als eingereicht, wenn die Gebühr gezahlt worden ist.

(6) Die internationale Anmeldung muss den einschlägigen Bedingungen genügen, die in der Durchführungsverordnung vorgesehen sind.

Artikel 148 Eintragung in die Akte und in das Register

(1) Tag und Nummer einer auf der Grundlage einer Anmeldung einer Gemeinschaftsmarke beantragten internationalen Registrierung werden in die Akte der betreffenden Anmeldung eingetragen. Wird im Anschluss an die Anmeldung eine Gemeinschaftsmarke eingetragen, so werden Tag und Nummer der internationalen Registrierung in das Register eingetragen.

(2) Tag und Nummer einer auf der Grundlage einer Gemeinschaftsmarke beantragten internationalen Registrierung werden in das Register eingetragen.

Artikel 149 Antrag auf territoriale Ausdehnung des Schutzes im Anschluss an die internationale Registrierung

Ein Antrag auf territoriale Ausdehnung des Schutzes im Anschluss an die internationale Registrierung gemäß Artikel 3ter Absatz 2 des Madrider Protokolls kann über das Amt gestellt werden. Der Antrag muss in der Sprache eingereicht werden, in der die internationale Anmeldung gemäß Artikel 147 eingereicht wurde.

Artikel 150 Internationale Gebühren

Alle an das Internationale Büro aufgrund des Madrider Protokolls zu entrichtenden Gebühren sind unmittelbar an das Internationale Büro zu zahlen.

Abschnitt 3 – Internationale Registrierungen, in denen die Europäische Gemeinschaft benannt ist

Artikel 151 Wirkung internationaler Registrierungen, in denen die Europäische Gemeinschaft benannt ist

(1) Eine internationale Registrierung, in der die Europäische Gemeinschaft benannt ist, hat vom Tage der Registrierung gemäß Artikel 3 Absatz 4 des Madrider Protokolls oder vom Tage der nachträglichen Benennung der Europäischen Gemeinschaft gemäß Artikel 3ter Absatz 2 des Madrider Protokolls an dieselbe Wirkung wie die Anmeldung einer Gemeinschaftsmarke.

(2) Wurde keine Schutzverweigerung gemäß Artikel 5 Absätze 1 und 2 des Madrider Protokolls mitgeteilt oder wurde eine solche Verweigerung widerrufen, so hat die internationa-

le Registrierung einer Marke, in denen die Europäische Gemeinschaft benannt wird, von dem in Absatz 1 genannten Tag an dieselbe Wirkung wie die Eintragung einer Marke als Gemeinschaftsmarke.

(3) Für die Zwecke der Anwendung des Artikels 9 Absatz 3 tritt die Veröffentlichung der in Artikel 152 Absatz 1 genannten Einzelheiten der internationalen Registrierung, in der die Europäische Gemeinschaft benannt wird, an die Stelle der Veröffentlichung der Anmeldung einer Gemeinschaftsmarke, und die Veröffentlichung gemäß Artikel 152 Absatz 2 tritt an die Stelle der Veröffentlichung der Eintragung einer Gemeinschaftsmarke.

Artikel 152 Veröffentlichung

(1) Das Amt veröffentlicht das Datum der Eintragung einer Marke, in der die Europäische Gemeinschaft benannt ist, gemäß Artikel 3 Absatz 4 des Madrider Protokolls oder das Datum der nachträglichen Benennung der Europäischen Gemeinschaft gemäß Artikel 3ter Absatz 2 des Madrider Protokolls, die Sprache, in der die internationale Anmeldung eingereicht worden ist, und die zweite Sprache, die vom Anmelder angegeben wurde, die Nummer der internationalen Registrierung und das Datum der Veröffentlichung dieser Registrierung in dem vom Internationalen Büro herausgegebenen Blatt, eine Wiedergabe der Marke und die Nummern der Erzeugnis- oder Dienstleistungsklassen, für die ein Schutz in Anspruch genommen wird.

(2) Wurde für eine internationale Registrierung, in der die Europäische Gemeinschaft benannt ist, gemäß Artikel 5 Absätze 1 und 2 des Madrider Protokolls keine Schutzverweigerung mitgeteilt oder wurde eine solche Verweigerung widerrufen, so veröffentlicht das Amt diese Tatsache gleichzeitig mit der Nummer der internationalen Registrierung und gegebenenfalls das Datum der Veröffentlichung dieser Registrierung in dem vom Internationalen Büro herausgegebenen Blatt.

Artikel 153 Zeitrang

(1) Der Anmelder einer internationalen Registrierung, in der die Europäische Gemeinschaft benannt ist, kann in der internationalen Anmeldung gemäß Artikel 34 den Zeitrang einer älteren Marke in Anspruch nehmen, die in einem Mitgliedstaat, einschließlich des Benelux-Gebiets, oder gemäß internationaler Regelungen mit Wirkung für einen Mitgliedstaat registriert ist.

(2) Der Inhaber einer internationalen Registrierung, in der die Europäische Gemeinschaft benannt ist, kann ab dem Datum der Veröffentlichung der Wirkungen der Registrierung im Sinne von Artikel 152 Absatz 2 beim Amt gemäß Artikel 35 den Zeitrang einer älteren Marke in Anspruch nehmen, die in einem Mitgliedstaat, einschließlich des Benelux-Gebiets, oder gemäß internationaler Regelungen mit Wirkung für einen Mitgliedstaat registriert ist. Das Amt setzt das Internationale Büro davon in Kenntnis.

Artikel 154 Prüfung auf absolute Eintragungshindernisse

(1) Internationale Registrierungen, in denen die Europäische Gemeinschaft benannt ist, werden ebenso wie Anmeldungen von Gemeinschaftsmarken auf absolute Eintragungshindernisse geprüft.

(2) Der Schutz aus einer internationalen Registrierung darf nicht verweigert werden, bevor dem Inhaber der internationalen Registrierung Gelegenheit gegeben worden ist, auf den Schutz in der Europäischen Gemeinschaft zu verzichten, diesen einzuschränken oder eine Stellungnahme einzureichen.

(3) Die Schutzverweigerung tritt an die Stelle der Zurückweisung einer Anmeldung einer Gemeinschaftsmarke.

(4) Wird der Schutz einer internationalen Registrierung aufgrund dieses Artikels durch eine unanfechtbare Entscheidung verweigert oder hat der Inhaber einer internationalen Registrierung auf den Schutz in der Europäischen Gemeinschaft gemäß Absatz 2 verzichtet, so erstattet das Amt dem Inhaber der internationalen Registrierung einen Teil der individuellen Gebühr, die in der Durchführungsverordnung festzulegen ist.

Artikel 155 Recherche

(1) Hat das Amt die Mitteilung einer internationalen Registrierung erhalten, in der die Europäische Gemeinschaft benannt ist, erstellt es gemäß Artikel 38 Absatz 1 einen Gemeinschaftsrecherchenbericht.

(2) Sobald das Amt die Mitteilung einer internationalen Registrierung erhalten hat, in der die Europäische Gemeinschaft benannt ist, übermittelt es der Zentralbehörde für den gewerblichen Rechtsschutz eines jeden Mitgliedstaats, die dem Amt mitgeteilt hat, dass sie in ihrem eigenen Markenregister eine Recherche durchführt, gemäß Artikel 38 Absatz 2 ein Exemplar der internationalen Registrierung.

(3) Artikel 38 Absätze 3 bis 6 gilt entsprechend.

(4) Das Amt unterrichtet die Inhaber älterer Gemeinschaftsmarken oder Anmeldungen von Gemeinschaftsmarken, die in dem Gemeinschaftsrecherchenbericht genannt sind, von der in Artikel 152 Absatz 1 vorgesehenen Veröffentlichung der internationalen Registrierung, in der die Europäische Gemeinschaft benannt ist.

Artikel 156 Widerspruch

(1) Gegen internationale Registrierungen, in denen die Europäische Gemeinschaft benannt ist, kann ebenso Widerspruch erhoben werden wie gegen veröffentlichte Anmeldungen von Gemeinschaftsmarken.

(2) Der Widerspruch ist innerhalb einer Frist von drei Monaten zu erheben, die sechs Monate nach dem Datum der Veröffentlichung gemäß Artikel 152 Absatz 1 beginnt. Er gilt erst als erhoben, wenn die Widerspruchsgebühr entrichtet worden ist.

(3) Die Schutzverweigerung tritt an die Stelle der Zurückweisung einer Anmeldung einer Gemeinschaftsmarke.

(4) Wird der Schutz einer internationalen Registrierung aufgrund einer gemäß diesem Artikel ergangenen unanfechtbaren Entscheidung verweigert oder hat der Inhaber einer internationalen Registrierung auf den Schutz in der Europäischen Gemeinschaft vor einer gemäß diesem Artikel ergangenen unanfechtbaren Entscheidung verzichtet, so erstattet das Amt dem Inhaber der internationalen Registrierung einen Teil der individuellen Gebühr, die in der Durchführungsverordnung festzulegen ist.

Artikel 157 Ersatz einer Gemeinschaftsmarke durch eine internationale Registrierung

Das Amt trägt auf Antrag in das Register ein, dass eine Gemeinschaftsmarke als durch eine internationale Registrierung gemäß Artikel 4bis des Madrider Protokolls ersetzt anzusehen ist.

Artikel 158 Nichtigerklärung der Wirkung einer internationalen Registrierung

(1) Die Wirkung einer internationalen Registrierung, in der die Europäische Gemeinschaft benannt ist, kann für nichtig erklärt werden.

(2) Der Antrag auf Nichtigerklärung der Wirkung einer internationalen Registrierung, in der die Europäische Gemeinschaft benannt ist, tritt an die Stelle eines Antrags auf Erklärung des Verfalls gemäß dem Artikel 51 oder der Nichtigkeit gemäß Artikel 52 oder 53.

Artikel 159 Umwandlung einer im Wege einer internationalen Registrierung erfolgten Benennung der Europäischen Gemeinschaft in eine nationale Markenanmeldung oder in eine Benennung von Mitgliedstaaten

(1) Wurde eine Benennung der Europäischen Gemeinschaft im Wege einer internationalen Registrierung zurückgewiesen oder hat sie ihre Wirkung verloren, so kann der Inhaber der internationalen Registrierung beantragen, dass die Benennung der Europäischen Gemeinschaft umgewandelt wird, und zwar

a) gemäß den Artikeln 112, 113 und 114 in eine Anmeldung für eine nationale Marke;
b) in eine Benennung eines Mitgliedstaats, der Vertragspartei des Madrider Protokolls oder des am 14. April 1891 in Madrid unterzeichneten Madrider Abkommens über die internationale Registrierung von Marken in seiner revidierten und geänderten Fassung (nachstehend das „Madrider Abkommen" genannt) ist, sofern die direkte Benennung dieses Mitgliedstaats auf der Grundlage des Madrider Protokolls oder des Madrider Abkommens zum Zeitpunkt des Antrags auf Umwandlung möglich war. Die Artikel 112, 113 und 114 finden Anwendung.

(2) Die nationale Markenanmeldung oder die Benennung eines Mitgliedstaats, der Vertragspartei des Madrider Protokolls oder des Madrider Abkommens ist, die sich aus der Umwandlung der Benennung der Europäischen Gemeinschaft im Wege einer internationalen Registrierung ergibt, erhält in dem betreffenden Mitgliedstaat das Datum der internationalen Eintragung gemäß Artikel 3 Absatz 4 des Madrider Protokolls oder das Datum der Ausdehnung auf die Europäische Gemeinschaft gemäß Artikel 3ter Absatz 2 des Madrider Protokolls, wenn diese Ausdehnung nach der internationalen Registrierung erfolgte, oder den Prioritätstag dieser Eintragung sowie gegebenenfalls den nach Artikel 153 beanspruchten Zeitrang einer Marke dieses Staates.

(3) Der Umwandlungsantrag wird veröffentlicht.

Artikel 160 Benutzung einer Marke, die Gegenstand einer internationalen Registrierung ist

Für die Zwecke der Anwendung der Artikel 15 Absatz 1, Artikel 42 Absatz 2, Artikel 51 Absatz 1 Buchstabe a und Artikel 57 Absatz 2 tritt zur Festlegung des Datums, ab dem die

Marke, die Gegenstand einer internationalen Registrierung mit Benennung der Europäischen Gemeinschaft ist, ernsthaft in der Gemeinschaft benutzt werden muss, das Datum der Veröffentlichung gemäß Artikel 152 Absatz 2 an die Stelle des Datums der Eintragung.

Artikel 161 Umwandlung

(1) Vorbehaltlich des Absatzes 2 gelten die für Anmeldungen von Gemeinschaftsmarken anwendbaren Vorschriften entsprechend für Anträge auf Umwandlung einer internationalen Registrierung in eine Anmeldung einer Gemeinschaftsmarke gemäß Artikel 9quinquies des Madrider Protokolls.

(2) Betrifft der Umwandlungsantrag eine internationale Registrierung, in der die Europäische Gemeinschaft benannt ist und deren Einzelheiten gemäß Artikel 152 Absatz 2 veröffentlicht worden sind, so sind die Artikel 37 bis 42 nicht anwendbar.

Titel XIV – Schlussbestimmungen

Artikel 162 Gemeinschaftliche Durchführungsvorschriften

(1) Die Einzelheiten der Anwendung dieser Verordnung werden in einer Durchführungsverordnung geregelt.

(2) Außer den in den vorstehenden Artikeln vorgesehenen Gebühren werden Gebühren für die nachstehend aufgeführten Tatbestände nach Maßgabe der Durchführungsverordnung erhoben:

a) verspätete Zahlung der Eintragungsgebühr;
b) Ausstellung einer Ausfertigung der Eintragungsurkunde;
c) Eintragung einer Lizenz oder eines anderen Rechts an einer Gemeinschaftsmarke;
d) Eintragung einer Lizenz oder eines anderen Rechts an der Anmeldung einer Gemeinschaftsmarke;
e) Löschung der Eintragung einer Lizenz oder eines anderen Rechts;
f) Änderung einer eingetragenen Gemeinschaftsmarke;
g) Erteilung eines Auszugs aus dem Register;
h) Einsicht in die Akten;
i) Erteilung von Kopien;
j) Ausstellung von beglaubigten Kopien der Anmeldung;
k) Auskunft aus den Akten;
l) Überprüfung der Festsetzung zu erstattender Verfahrenskosten.

(3) Die Durchführungsverordnung und die Verfahrensordnung der Beschwerdekammern werden nach dem in Artikel 163 Absatz 2 genannten Verfahren angenommen und geändert.

Artikel 163 Einsetzung eines Ausschusses und Verfahren für die Annahme der Durchführungsvorschriften

(1) Die Kommission wird von einem Ausschuss, dem „Ausschuss für Gebühren, Durchführungsvorschriften und das Verfahren der Beschwerdekammern des Harmonisierungsamtes für den Binnenmarkt (Marken, Muster und Modelle)", unterstützt.

(2) Wird auf diesen Absatz Bezug genommen, so gelten die Artikel 5 und 7 des Beschlusses 1999/468/EG.

Der Zeitraum nach Artikel 5 Absatz 6 des Beschlusses 1999/468/EG wird auf drei Monate festgesetzt.

Artikel 164   Vereinbarkeit mit anderen Bestimmungen des Gemeinschaftsrechts

Die Verordnung (EG) Nr. 510/2006 und insbesondere deren Artikel 14 bleibt von der vorliegenden Verordnung unberührt.

Artikel 165   Bestimmungen über die Erweiterung der Gemeinschaft

(1) Ab dem Tag des Beitritts Bulgariens, der Tschechischen Republik, Estlands, Zyperns, Lettlands, Litauens, Ungarns, Maltas, Polens, Rumäniens, Sloweniens und der Slowakei, nachstehend „neuer Mitgliedstaat" oder „neue Mitgliedstaaten" wird eine gemäß dieser Verordnung vor dem Tag des jeweiligen Beitritts eingetragene oder angemeldete Gemeinschaftsmarke auf das Hoheitsgebiet dieser Mitgliedstaaten erstreckt, damit sie dieselbe Wirkung in der gesamten Gemeinschaft hat.

(2) Die Eintragung einer Gemeinschaftsmarke, die am Tag des Beitritts bereits angemeldet war, darf nicht aufgrund der in Artikel 7 Absatz 1 aufgeführten absoluten Eintragungshindernisse abgelehnt werden, wenn diese Hindernisse lediglich durch den Beitritt eines neuen Mitgliedstaats entstanden sind.

(3) Wird eine Gemeinschaftsmarke während der sechs Monate vor dem Tag des Beitritts angemeldet, so kann gemäß Artikel 41 Widerspruch erhoben werden, wenn eine ältere Marke oder ein sonstiges älteres Recht im Sinne von Artikel 8 in einem neuen Mitgliedstaat vor dem Beitritt erworben wurde, sofern der Erwerb gutgläubig war und das Anmeldedatum oder gegebenenfalls das Prioritätsdatum oder das Datum der Erlangung der älteren Marke bzw. des sonstigen älteren Rechts im neuen Mitgliedstaat vor dem Anmeldedatum oder gegebenenfalls vor dem Prioritätsdatum der angemeldeten Gemeinschaftsmarke liegt.

(4) Eine Gemeinschaftsmarke im Sinne von Absatz 1 kann nicht für nichtig erklärt werden

a) gemäß Artikel 52, wenn die Nichtigkeitsgründe lediglich durch den Beitritt eines neuen Mitgliedstaats entstanden sind;

b) gemäß Artikel 53 Absätze 1 und 2, wenn das ältere innerstaatliche Recht in einem neuen Mitgliedstaat vor dem Tag des Beitritts eingetragen, angemeldet oder erworben wurde.

(5) Die Benutzung einer Gemeinschaftsmarke im Sinne von Absatz 1 kann gemäß Artikel 110 und Artikel 111 untersagt werden, wenn die ältere Marke oder das sonstige ältere Recht in dem neuen Mitgliedstaat vor dem Tag des Beitritts dieses Staates eingetragen, angemeldet oder gutgläubig erworben wurde oder gegebenenfalls ein Prioritätsdatum hat, das vor dem Tag des Beitritts dieses Staates liegt.

Artikel 166   Aufhebung

Die Verordnung (EG) Nr. 40/94 in der durch die in Anhang I angegebenen Rechtsakte geänderten Fassung wird aufgehoben.

Bezugnahmen auf die aufgehobene Verordnung gelten als Bezugnahmen auf die vorliegende Verordnung und sind nach Maßgabe der Entsprechungstabelle in Anhang II zu lesen.

Artikel 167 Inkrafttreten

(1) Diese Verordnung tritt am zwanzigsten Tag nach ihrer Veröffentlichung im Amtsblatt der Europäischen Union in Kraft.

(2) Die Mitgliedstaaten treffen die nach den Artikeln 95 und 114 erforderlichen Maßnahmen innerhalb einer Frist von drei Jahren nach Inkrafttreten der Verordnung (EG) Nr. 40/94.

Diese Verordnung ist in allen ihren Teilen verbindlich und gilt unmittelbar in jedem Mitgliedstaat.

Geschehen zu Brüssel am 26. Februar 2009

7. RICHTLINIE 2008/95/EG DES EUROPÄISCHEN PARLAMENTS UND DES RATES
vom 22. Oktober 2008
zur Angleichung der Rechtsvorschriften der Mitgliedstaaten über die Marken (kodifizierte Fassung)

DAS EUROPÄISCHE PARLAMENT UND DER RAT DER EUROPÄISCHEN UNION –

gestützt auf den Vertrag zur Gründung der Europäischen Gemeinschaft, insbesondere auf Artikel 95,

auf Vorschlag der Kommission,

nach Stellungnahme des Wirtschafts- und Sozialausschusses[1],

gemäß dem Verfahren des Artikels 251 des Vertrags[2],

in Erwägung nachstehender Gründe:

(1) Die Richtlinie 89/104/EWG des Rates vom 21. Dezember 1988 zur Angleichung der Rechtsvorschriften der Mitgliedstaaten über die Marken[3] wurde inhaltlich geändert[4]. Aus Gründen der Klarheit und der Übersichtlichkeit empfiehlt es sich, sie zu kodifizieren.

(2) Das vor Inkrafttreten der Richtlinie 89/104/EWG in den Mitgliedstaaten geltende Markenrecht wies Unterschiede auf, durch die der freie Warenverkehr und der freie Dienstleistungsverkehr behindert und die Wettbewerbsbedingungen im Gemeinsamen Markt verfälscht werden konnten. Um das gute Funktionieren des Binnenmarkts sicherzustellen, war daher eine Angleichung der Rechtsvorschriften der Mitgliedstaaten erforderlich.

(3) Die Möglichkeiten und Vorzüge, die das Markensystem der Gemeinschaft den Unternehmen bieten kann, die Marken erwerben möchten, dürfen nicht außer Acht gelassen werden.

(4) Es erscheint nicht notwendig, die Markenrechte der Mitgliedstaaten vollständig anzugleichen. Es ist ausreichend, wenn sich die Angleichung auf diejenigen innerstaatlichen Rechtsvorschriften beschränkt, die sich am unmittelbarsten auf das Funktionieren des Binnenmarkts auswirken.

(5) Die vorliegende Richtlinie sollte den Mitgliedstaaten das Recht belassen, die durch Benutzung erworbenen Marken weiterhin zu schützen; diese Marken sollten lediglich in ihrer Beziehung zu den durch Eintragung erworbenen Marken berücksichtigt werden.

(6) Den Mitgliedstaaten sollte es weiterhin freistehen, Verfahrensbestimmungen für die Eintragung, den Verfall oder die Ungültigkeit der durch Eintragung erworbenen Marken zu

---

1 ABl. C 161 vom 13.7.2007, S. 44.
2 Stellungnahme des Europäischen Parlaments vom 19. Juni 2007 (ABl. C 146 E vom 12.6.2008, S. 76) und Beschluss des Rates vom 25. September 2008.
3 ABl. L 40 vom 11.2.1989, S. 1.
4 Siehe Anhang I Teil A.

erlassen. Es steht ihnen beispielsweise zu, die Form der Verfahren für die Eintragung und die Ungültigerklärung festzulegen, zu bestimmen, ob ältere Rechte im Eintragungsverfahren oder im Verfahren zur Ungültigerklärung oder in beiden Verfahren geltend gemacht werden müssen, und – wenn ältere Rechte im Eintragungsverfahren geltend gemacht werden dürfen – ein Widerspruchsverfahren oder eine Prüfung von Amts wegen oder beides vorzusehen. Die Mitgliedstaaten sollen weiterhin festlegen können, welche Rechtswirkung dem Verfall oder der Ungültigerklärung einer Marke zukommt.

(7) Diese Richtlinie sollte nicht ausschließen, dass auf die Marken andere Rechtsvorschriften der Mitgliedstaaten als die des Markenrechts, wie die Vorschriften gegen den unlauteren Wettbewerb, über die zivilrechtliche Haftung oder den Verbraucherschutz, Anwendung finden.

(8) Die Verwirklichung der mit der Angleichung verfolgten Ziele setzt voraus, dass für den Erwerb und die Aufrechterhaltung einer eingetragenen Marke in allen Mitgliedstaaten grundsätzlich gleiche Bedingungen gelten. Zu diesem Zweck muss eine Beispielliste der Zeichen erstellt werden, die geeignet sind, Waren oder Dienstleistungen eines Unternehmens von denjenigen anderer Unternehmen zu unterscheiden, und die somit eine Marke darstellen können. Die Eintragungshindernisse und Ungültigkeitsgründe betreffend die Marke selbst, wie fehlende Unterscheidungskraft, oder betreffend Kollisionen der Marke mit älteren Rechten sollten erschöpfend aufgeführt werden, selbst wenn einige dieser Gründe für die Mitgliedstaaten fakultativ aufgeführt sind und es diesen folglich freisteht, die betreffenden Gründe in ihren Rechtsvorschriften beizubehalten oder dort aufzunehmen. Die Mitgliedstaaten sollten in ihrem Recht Eintragungshindernisse oder Ungültigkeitsgründe beibehalten oder einführen können, die an die Bedingungen des Erwerbs oder der Aufrechterhaltung der Marke gebunden sind, für die keine Angleichungsbestimmungen bestehen und die sich beispielsweise auf die Markeninhaberschaft, auf die Verlängerung der Marke, auf die Vorschriften über die Gebühren oder auf die Nichteinhaltung von Verfahrensvorschriften beziehen.

(9) Um die Gesamtzahl der in der Gemeinschaft eingetragenen und geschützten Marken und damit die Anzahl der zwischen ihnen möglichen Konflikte zu verringern, muss verlangt werden, dass eingetragene Marken tatsächlich benutzt werden, um nicht zu verfallen. Außerdem ist vorzusehen, dass wegen des Bestehens einer älteren Marke, die nicht benutzt worden ist, eine Marke nicht für ungültig erklärt werden kann, wobei es den Mitgliedstaaten unbenommen bleibt, den gleichen Grundsatz hinsichtlich der Eintragung einer Marke anzuwenden oder vorzusehen, dass eine Marke in einem Verletzungsverfahren nicht wirksam geltend gemacht werden kann, wenn im Wege der Einwendung Nachweise erbracht werden, dass die Marke für verfallen erklärt werden könnte. In allen diesen Fällen sind die jeweiligen Verfahrensvorschriften von den Mitgliedstaaten festzulegen.

(10) Zur Erleichterung des freien Waren- und Dienstleistungsverkehrs ist es von wesentlicher Bedeutung, zu erreichen, dass die eingetragenen Marken im Recht aller Mitgliedstaaten einen einheitlichen Schutz genießen. Hiervon bleibt jedoch die Möglichkeit der Mitgliedstaaten unberührt, bekannten Marken einen weiter gehenden Schutz zu gewähren.

(11) Der durch die eingetragene Marke gewährte Schutz, der insbesondere die Herkunftsfunktion der Marke gewährleisten sollte, sollte im Falle der Identität zwischen der Marke und dem Zeichen und zwischen den Waren oder Dienstleistungen absolut sein. Der Schutz sollte sich ebenfalls auf Fälle der Ähnlichkeit von Zeichen und Marke und der jeweiligen

Waren oder Dienstleistungen erstrecken. Es ist unbedingt erforderlich, den Begriff der Ähnlichkeit im Hinblick auf die Verwechslungsgefahr auszulegen. Die Verwechslungsgefahr sollte die spezifische Voraussetzung für den Schutz darstellen; ob sie vorliegt, hängt von einer Vielzahl von Umständen ab, insbesondere dem Bekanntheitsgrad der Marke im Markt, der gedanklichen Verbindung, die das benutzte oder eingetragene Zeichen zu ihr hervorrufen kann, sowie dem Grad der Ähnlichkeit zwischen der Marke und dem Zeichen und zwischen den damit gekennzeichneten Waren oder Dienstleistungen. Bestimmungen über die Art und Weise der Feststellung der Verwechslungsgefahr, insbesondere über die Beweislast, sollten Sache nationaler Verfahrensregeln sein, die von dieser Richtlinie nicht berührt werden sollten.

(12) Aus Gründen der Rechtssicherheit und ohne in die Interessen der Inhaber älterer Marken in unangemessener Weise einzugreifen, muss vorgesehen werden, dass diese nicht mehr die Ungültigerklärung einer jüngeren Marke beantragen oder sich deren Benutzung widersetzen können, wenn sie deren Benutzung während einer längeren Zeit geduldet haben, es sei denn, dass die Anmeldung der jüngeren Marke bösgläubig vorgenommen worden ist.

(13) Alle Mitgliedstaaten sind durch die Pariser Verbandsübereinkunft zum Schutz des gewerblichen Eigentums gebunden. Es ist erforderlich, dass sich die Vorschriften dieser Richtlinie mit denen der genannten Übereinkunft in vollständiger Übereinstimmung befinden. Die Verpflichtungen der Mitgliedstaaten, die sich aus dieser Übereinkunft ergeben, sollten durch diese Richtlinie nicht berührt werden. Gegebenenfalls sollte Artikel 307 Absatz 2 des Vertrags Anwendung finden.

(14) Diese Richtlinie sollte die Verpflichtung der Mitgliedstaaten hinsichtlich der in Anhang I Teil B genannten Frist für die Umsetzung der Richtlinie 89/104/EWG in innerstaatliches Recht unberührt lassen –

HABEN FOLGENDE RICHTLINIE ERLASSEN:

Artikel 1
Anwendungsbereich

Diese Richtlinie findet auf Individual-, Kollektiv-, Garantie- und Gewährleistungsmarken für Waren oder Dienstleistungen Anwendung, die in einem Mitgliedstaat oder beim Benelux-Amt für geistiges Eigentum eingetragen oder angemeldet oder mit Wirkung für einen Mitgliedstaat international registriert worden sind.

Artikel 2
Markenformen

Marken können alle Zeichen sein, die sich grafisch darstellen lassen, insbesondere Wörter einschließlich Personennamen, Abbildungen, Buchstaben, Zahlen und die Form oder Aufmachung der Ware, soweit solche Zeichen geeignet sind, Waren oder Dienstleistungen eines Unternehmens von denjenigen anderer Unternehmen zu unterscheiden.

Artikel 3
Eintragungshindernisse - Ungültigkeitsgründe

(1) Folgende Zeichen oder Marken sind von der Eintragung ausgeschlossen oder unterliegen im Falle der Eintragung der Ungültigerklärung:

a) Zeichen, die nicht als Marke eintragungsfähig sind;

b) Marken, die keine Unterscheidungskraft haben;

c) Marken, die ausschließlich aus Zeichen oder Angaben bestehen, welche im Verkehr zur Bezeichnung der Art, der Beschaffenheit, der Menge, der Bestimmung, des Wertes, der geografischen Herkunft oder der Zeit der Herstellung der Ware oder der Erbringung der Dienstleistung oder zur Bezeichnung sonstiger Merkmale der Ware oder Dienstleistung dienen können;

d) Marken, die ausschließlich aus Zeichen oder Angaben bestehen, die im allgemeinen Sprachgebrauch oder in den redlichen und ständigen Verkehrsgepflogenheiten üblich sind;

e) Zeichen, die ausschließlich bestehen
   i) aus der Form, die durch die Art der Ware selbst bedingt ist;
   ii) aus der Form der Ware, die zur Erreichung einer technischen Wirkung erforderlich ist;
   iii) aus der Form, die der Ware einen wesentlichen Wert verleiht;

f) Marken, die gegen die öffentliche Ordnung oder gegen die guten Sitten verstoßen;

g) Marken, die geeignet sind, das Publikum zum Beispiel über die Art, die Beschaffenheit oder die geografische Herkunft der Ware oder Dienstleistung zu täuschen;

h) Marken, die mangels Genehmigung durch die zuständigen Stellen gemäß Artikel 6ter der Pariser Verbandsübereinkunft zum Schutz des gewerblichen Eigentums, nachstehend „Pariser Verbandsübereinkunft" genannt, zurückzuweisen sind.

(2) Jeder Mitgliedstaat kann vorsehen, dass eine Marke von der Eintragung ausgeschlossen ist oder im Falle der Eintragung der Ungültigerklärung unterliegt, wenn und soweit

a) die Benutzung dieser Marke nach anderen Rechtsvorschriften als des Markenrechts des jeweiligen Mitgliedstaats oder der Gemeinschaft untersagt werden kann;

b) die Marke ein Zeichen mit hoher Symbolkraft enthält, insbesondere ein religiöses Symbol;

c) die Marke nicht unter Artikel 6ter der Pariser Verbandsübereinkunft fallende Abzeichen, Embleme oder Wappen enthält, denen ein öffentliches Interesse zukommt, es sei denn, dass die zuständigen Stellen nach den Rechtsvorschriften des Mitgliedstaats ihrer Eintragung zugestimmt haben;

d) der Antragsteller die Eintragung der Marke bösgläubig beantragt hat.

(3) Eine Marke wird nicht gemäß Absatz 1 Buchstabe b, c oder d von der Eintragung ausgeschlossen oder für ungültig erklärt, wenn sie vor der Anmeldung infolge ihrer Benutzung Unterscheidungskraft erworben hat. Die Mitgliedstaaten können darüber hinaus vorsehen, dass die vorliegende Bestimmung auch dann gilt, wenn die Unterscheidungskraft erst nach der Anmeldung oder Eintragung erworben wurde.

(4) Jeder Mitgliedstaat kann vorsehen, dass abweichend von den Absätzen 1, 2 und 3 die Eintragungshindernisse oder Ungültigkeitsgründe, die in diesem Staat vor dem Zeitpunkt des Inkrafttretens der zur Durchführung der Richtlinie 89/104/EWG erforderlichen Bestimmungen gegolten haben, auf Marken Anwendung finden, die vor diesem Zeitpunkt angemeldet worden sind.

Artikel 4
Weitere Eintragungshindernisse oder Ungültigkeitsgründe bei Kollision
mit älteren Rechten

(1) Eine Marke ist von der Eintragung ausgeschlossen oder unterliegt im Falle der Eintragung der Ungültigerklärung,

a) wenn sie mit einer älteren Marke identisch ist und die Waren oder Dienstleistungen, für die die Marke angemeldet oder eingetragen worden ist, mit den Waren oder Dienstleistungen identisch sind, für die die ältere Marke Schutz genießt;

b) wenn wegen ihrer Identität oder Ähnlichkeit mit der älteren Marke und der Identität oder Ähnlichkeit der durch die beiden Marken erfassten Waren oder Dienstleistungen für das Publikum die Gefahr von Verwechslungen besteht, die die Gefahr einschließt, dass die Marke mit der älteren Marke gedanklich in Verbindung gebracht wird.

(2) „Ältere Marken" im Sinne von Absatz 1 sind

a) Marken mit einem früheren Anmeldetag als dem Tag der Anmeldung der Marke, gegebenenfalls mit der für diese Marken in Anspruch genommenen Priorität, und die den nachstehenden Kategorien angehören:
   i) Gemeinschaftsmarken;
   ii) in dem Mitgliedstaat oder, soweit Belgien, Luxemburg und die Niederlande betroffen sind, beim Benelux-Amt für geistiges Eigentum eingetragene Marken;
   iii) mit Wirkung für den Mitgliedstaat international registrierte Marken;

b) Gemeinschaftsmarken, für die wirksam der Zeitrang gemäß der Verordnung (EG) Nr. 40/94 des Rates vom über die Gemeinschaftsmarke[5] aufgrund einer unter Buchstabe a Ziffern ii) und iii) genannten Marke in Anspruch genommen wird, auch wenn letztere Marke Gegenstand eines Verzichts gewesen oder verfallen ist;

c) Anmeldungen von Marken nach Buchstaben a und b, vorbehaltlich ihrer Eintragung;

d) Marken, die am Tag der Anmeldung der Marke, gegebenenfalls am Tag der für die Anmeldung der Marke in Anspruch genommenen Priorität, in dem Mitgliedstaat im Sinne des Artikels 6bis der Pariser Verbandsübereinkunft notorisch bekannt sind.

(3) Eine Marke ist auch dann von der Eintragung ausgeschlossen oder unterliegt im Falle der Eintragung der Ungültigerklärung, wenn sie mit einer älteren Gemeinschaftsmarke im Sinne des Absatzes 2 identisch ist oder dieser ähnlich ist und für Waren oder Dienstleistungen eingetragen werden soll oder eingetragen worden ist, die nicht denen ähnlich sind, für die die ältere Gemeinschaftsmarke eingetragen ist, falls diese ältere Gemeinschaftsmarke in der Gemeinschaft bekannt ist und die Benutzung der jüngeren Marke die Unterscheidungskraft oder die Wertschätzung der älteren Gemeinschaftsmarke ohne rechtfertigenden Grund in unlauterer Weise ausnutzen oder beeinträchtigen würde.

(4) Jeder Mitgliedstaat kann zudem vorsehen, dass eine Marke von der Eintragung ausgeschlossen ist oder im Falle der Eintragung der Ungültigerklärung unterliegt, wenn und soweit

a) sie mit einer älteren nationalen Marke im Sinne des Absatzes 2 identisch ist oder dieser ähnlich ist und für Waren oder Dienstleistungen eingetragen werden soll oder eingetragen worden ist, die nicht denen ähnlich sind, für die die ältere Marke eingetragen ist,

---

5 ABl. L 11 vom 14.1.1994, S. 1.

falls diese ältere Marke in dem Mitgliedstaat bekannt ist und die Benutzung der jüngeren Marke die Unterscheidungskraft oder die Wertschätzung der älteren Marke ohne
rechtfertigenden Grund in unlauterer Weise ausnutzen oder beeinträchtigen würde;
b) Rechte an einer nicht eingetragenen Marke oder einem sonstigen im geschäftlichen
   Verkehr benutzten Zeichen vor dem Tag der Anmeldung der jüngeren Marke oder gegebenenfalls vor dem Tag der für die Anmeldung der jüngeren Marke in Anspruch genommenen Priorität erworben worden sind und diese nicht eingetragene Marke oder
   dieses sonstige Zeichen dem Inhaber das Recht verleiht, die Benutzung einer jüngeren
   Marke zu untersagen;
c) die Benutzung der Marke aufgrund eines sonstigen, nicht in Absatz 2 oder in vorliegen-
   dem Absatz unter Buchstabe b genannten älteren Rechts untersagt werden kann, insbesondere aufgrund eines
   i)   Namensrechts,
   ii) Rechts an der eigenen Abbildung,
   iii) Urheberrechts,
   iv) gewerblichen Schutzrechts;
d) die Marke mit einer älteren Kollektivmarke identisch ist oder dieser ähnlich ist, die ein
   Recht verliehen hat, das längstens drei Jahre vor der Anmeldung erloschen ist;
e) die Marke mit einer älteren Garantie- oder Gewährleistungsmarke identisch ist oder
   dieser ähnlich ist, die ein Recht verliehen hat, das in einem vom Mitgliedstaat festzule-
   genden Zeitraum vor der Anmeldung erloschen ist;
f) die Marke mit einer älteren Marke identisch ist oder dieser ähnlich ist, die für identische
   oder ähnliche Waren oder Dienstleistungen eingetragen war und ein Recht verliehen
   hat, das innerhalb eines Zeitraums von höchstens zwei Jahren vor der Anmeldung wegen Nichtverlängerung erloschen ist, es sei denn, dass der Inhaber der älteren Marke
   der Eintragung der jüngeren Marke zugestimmt hat oder seine Marke nicht benutzt hat;
g) die Marke mit einer Marke verwechselt werden kann, die zum Zeitpunkt der Einreichung der Anmeldung im Ausland benutzt wurde und weiterhin dort benutzt wird,
   wenn der Anmelder die Anmeldung bösgläubig eingereicht hat.

(5) Die Mitgliedstaaten können zulassen, dass unter geeigneten Umständen die Eintragung
nicht versagt oder die Marke nicht für ungültig erklärt wird, wenn der Inhaber der älteren
Marke oder des älteren Rechts der Eintragung der jüngeren Marke zustimmt.

(6) Jeder Mitgliedstaat kann vorsehen, dass abweichend von den Absätzen 1 bis 5 die Eintragungshindernisse oder Ungültigkeitsgründe, die in diesem Staat vor dem Zeitpunkt des
Inkrafttretens der zur Umsetzung der Richtlinie 89/104/EWG erforderlichen Bestimmungen gegolten haben, auf Marken Anwendung finden, die vor diesem Zeitpunkt angemeldet
worden sind.

Artikel 5
Rechte aus der Marke

(1) Die eingetragene Marke gewährt ihrem Inhaber ein ausschließliches Recht. Dieses
Recht gestattet es dem Inhaber, Dritten zu verbieten, ohne seine Zustimmung im geschäftlichen Verkehr

a) ein mit der Marke identisches Zeichen für Waren oder Dienstleistungen zu benutzen,
   die mit denjenigen identisch sind, für die sie eingetragen ist;

b) ein Zeichen zu benutzen, wenn wegen der Identität oder der Ähnlichkeit des Zeichens mit der Marke und der Identität oder Ähnlichkeit der durch die Marke und das Zeichen erfassten Waren oder Dienstleistungen für das Publikum die Gefahr von Verwechslung besteht, die die Gefahr einschließt, dass das Zeichen mit der Marke gedanklich in Verbindung gebracht wird.

(2) Die Mitgliedstaaten können ferner bestimmen, dass es dem Inhaber gestattet ist, Dritten zu verbieten, ohne seine Zustimmung im geschäftlichen Verkehr ein mit der Marke identisches oder ihr ähnliches Zeichen für Waren oder Dienstleistungen zu benutzen, die nicht denen ähnlich sind, für die die Marke eingetragen ist, wenn diese in dem betreffenden Mitgliedstaat bekannt ist und die Benutzung des Zeichens die Unterscheidungskraft oder die Wertschätzung der Marke ohne rechtfertigenden Grund in unlauterer Weise ausnutzt oder beeinträchtigt.

(3) Sind die Voraussetzungen der Absätze 1 und 2 erfüllt, so kann insbesondere verboten werden:

a) das Zeichen auf Waren oder deren Aufmachung anzubringen;
b) unter dem Zeichen Waren anzubieten, in den Verkehr zu bringen oder zu den genannten Zwecken zu besitzen oder unter dem Zeichen Dienstleistungen anzubieten oder zu erbringen;
c) Waren unter dem Zeichen einzuführen oder auszuführen;
d) das Zeichen in den Geschäftspapieren und in der Werbung zu benutzen.

(4) Konnte vor dem Zeitpunkt des Inkrafttretens der zur Umsetzung der Richtlinie 89/104/ EWG erforderlichen Vorschriften in einem Mitgliedstaat nach dem Recht dieses Mitgliedstaats die Benutzung eines Zeichens gemäß Absatz 1 Buchstabe b und Absatz 2 nicht verboten werden, so kann das Recht aus der Marke der Weiterbenutzung dieses Zeichens nicht entgegengehalten werden.

(5) Die Absätze 1 bis 4 berühren nicht die in einem Mitgliedstaat geltenden Bestimmungen über den Schutz gegenüber der Verwendung eines Zeichens zu anderen Zwecken als der Unterscheidung von Waren oder Dienstleistungen, wenn die Benutzung dieses Zeichens die Unterscheidungskraft oder die Wertschätzung der Marke ohne rechtfertigenden Grund in unlauterer Weise ausnutzt oder beeinträchtigt.

Artikel 6
Beschränkung der Wirkungen der Marke

(1) Die Marke gewährt ihrem Inhaber nicht das Recht, einem Dritten zu verbieten,

a) seinen Namen oder seine Anschrift,
b) Angaben über die Art, die Beschaffenheit, die Menge, die Bestimmung, den Wert, die geografische Herkunft oder die Zeit der Herstellung der Ware oder der Erbringung der Dienstleistung oder über andere Merkmale der Ware oder Dienstleistung,
c) die Marke, falls dies notwendig ist, als Hinweise auf die Bestimmung einer Ware, insbesondere als Zubehör oder Ersatzteil, oder einer Dienstleistung

im geschäftlichen Verkehr zu benutzen, sofern die Benutzung den anständigen Gepflogenheiten in Gewerbe oder Handel entspricht.

(2) Ist in einem Mitgliedstaat nach dessen Rechtsvorschriften ein älteres Recht von örtlicher Bedeutung anerkannt, so gewährt die Marke ihrem Inhaber nicht das Recht, einem Dritten die Benutzung dieses Rechts im geschäftlichen Verkehr in dem Gebiet, in dem es anerkannt ist, zu verbieten.

Artikel 7
Erschöpfung des Rechts aus der Marke

(1) Die Marke gewährt ihrem Inhaber nicht das Recht, einem Dritten zu verbieten, die Marke für Waren zu benutzen, die unter dieser Marke von ihm oder mit seiner Zustimmung in der Gemeinschaft in den Verkehr gebracht worden sind.

(2) Absatz 1 findet keine Anwendung, wenn berechtigte Gründe es rechtfertigen, dass der Inhaber sich dem weiteren Vertrieb der Waren widersetzt, insbesondere wenn der Zustand der Waren nach ihrem Inverkehrbringen verändert oder verschlechtert ist.

Artikel 8
Lizenz

(1) Die Marke kann für alle oder einen Teil der Waren oder Dienstleistungen, für die sie eingetragen ist, und für das gesamte Gebiet oder einen Teil des Gebietes eines Mitgliedstaats Gegenstand von Lizenzen sein. Eine Lizenz kann ausschließlich oder nicht ausschließlich sein.

(2) Der Inhaber einer Marke kann die Rechte aus der Marke gegen einen Lizenznehmer geltend machen, der in Bezug auf Folgendes gegen eine Bestimmung des Lizenzvertrags verstößt:

a) die Dauer der Lizenz;
b) die von der Eintragung erfasste Form, in der die Marke verwendet werden darf;
c) die Art der Waren oder Dienstleistungen, für die die Lizenz erteilt wurde;
d) das Gebiet, in dem die Marke angebracht werden darf;
e) die Qualität der vom Lizenznehmer hergestellten Waren oder erbrachten Dienstleistungen.

Artikel 9
Verwirkung durch Duldung

(1) Hat in einem Mitgliedstaat der Inhaber einer älteren Marke im Sinne von Artikel 4 Absatz 2 die Benutzung einer jüngeren eingetragenen Marke in diesem Mitgliedstaat während eines Zeitraums von fünf aufeinander folgenden Jahren in Kenntnis dieser Benutzung geduldet, so kann er für die Waren oder Dienstleistungen, für die die jüngere Marke benutzt worden ist, aufgrund der älteren Marke weder die Ungültigerklärung der jüngeren Marke verlangen noch sich ihrer Benutzung widersetzen, es sei denn, dass die Anmeldung der jüngeren Marke bösgläubig vorgenommen worden ist.

(2) Die Mitgliedstaaten können vorsehen, dass Absatz 1 auch für den Inhaber einer in Artikel 4 Absatz 4 Buchstabe a genannten älteren Marke oder eines sonstigen in Artikel 4 Absatz 4 Buchstabe b oder c genannten älteren Rechts gilt.

(3) In den Fällen der Absätze 1 oder 2 kann der Inhaber der jüngeren eingetragenen Marke sich der Benutzung des älteren Rechts nicht widersetzen, obwohl dieses Recht gegenüber der jüngeren Marke nicht mehr geltend gemacht werden kann.

Artikel 10
Benutzung der Marke

(1) Hat der Inhaber der Marke diese für die Waren oder Dienstleistungen, für die sie eingetragen ist, innerhalb von fünf Jahren nach dem Tag des Abschlusses des Eintragungsverfahrens nicht ernsthaft in dem betreffenden Mitgliedstaat benutzt, oder wurde eine solche Benutzung während eines ununterbrochenen Zeitraums von fünf Jahren ausgesetzt, so unterliegt die Marke den in dieser Richtlinie vorgesehenen Sanktionen, es sei denn, dass berechtigte Gründe für die Nichtbenutzung vorliegen.

Folgendes gilt ebenfalls als Benutzung im Sinne des Unterabsatzes 1:

a) Benutzung der Marke in einer Form, die von der Eintragung nur in Bestandteilen abweicht, ohne dass dadurch die Unterscheidungskraft der Marke beeinflusst wird;

b) Anbringen der Marke auf Waren oder deren Aufmachung in dem betreffenden Mitgliedstaat ausschließlich für den Export.

(2) Die Benutzung der Marke mit Zustimmung des Inhabers oder durch eine zur Benutzung einer Kollektivmarke, Garantiemarke oder Gewährleistungsmarke befugte Person gilt als Benutzung durch den Inhaber.

(3) In Bezug auf vor dem Zeitpunkt des Inkrafttretens der zur Umsetzung der Richtlinie 89/104/EWG erforderlichen Vorschriften in dem betreffenden Mitgliedstaat eingetragene Marken gilt Folgendes:

a) War vor dem genannten Zeitpunkt eine Vorschrift in Kraft, die für die Nichtbenutzung einer Marke während eines ununterbrochenen Zeitraums Sanktionen vorsah, so gilt als Beginn des in Absatz 1 Unterabsatz 1 genannten fünfjährigen Zeitraums der Tag, an dem ein zu jenem Zeitpunkt bereits laufender Zeitraum der Nichtbenutzung begann;

b) war vor dem genannten Zeitpunkt keine Vorschrift über die Benutzung in Kraft, so gilt als Beginn der in Absatz 1 Unterabsatz 1 genannten fünfjährigen Zeiträume frühestens der genannte Zeitpunkt.

Artikel 11
Sanktionen in Gerichts- oder Verwaltungsverfahren
für die Nichtbenutzung einer Marke

(1) Eine Marke kann wegen des Bestehens einer kollidierenden älteren Marke nicht für ungültig erklärt werden, wenn die ältere Marke nicht den Benutzungsbedingungen des Artikels 10 Absätze 1, 2 und 3 oder gegebenenfalls des Artikels 10 Absatz 3 entspricht.

(2) Die Mitgliedstaaten können vorsehen, dass die Eintragung einer Marke nicht aufgrund des Bestehens einer kollidierenden älteren Marke, die den Benutzungsbedingungen des Artikels 10 Absätze 1 und 2 oder gegebenenfalls des Artikels 10 Absatz 3 nicht entspricht, zurückgewiesen werden kann.

(3) Unbeschadet der Anwendung des Artikels 12 in den Fällen, in denen eine Widerklage auf Erklärung des Verfalls erhoben wird, können die Mitgliedstaaten vorsehen, dass eine

Marke in einem Verletzungsverfahren nicht wirksam geltend gemacht werden kann, wenn im Wege der Einwendung Nachweise erbracht werden, dass die Marke gemäß Artikels 12 Absatz 1 für verfallen erklärt werden könnte.

(4) Wurde die ältere Marke lediglich für einen Teil der Waren oder Dienstleistungen, für die sie eingetragen ist, benutzt, so gilt sie im Sinne der Absätze 1, 2 und 3 lediglich für diesen Teil der Waren oder Dienstleistungen als eingetragen.

Artikel 12
Verfallsgründe

(1) Eine Marke wird für verfallen erklärt, wenn sie innerhalb eines ununterbrochenen Zeitraums von fünf Jahren in dem betreffenden Mitgliedstaat für die Waren oder Dienstleistungen, für die sie eingetragen ist, nicht ernsthaft benutzt worden ist und keine berechtigten Gründe für die Nichtbenutzung vorliegen.

Der Verfall einer Marke kann jedoch nicht geltend gemacht werden, wenn nach Ende dieses Zeitraums und vor Stellung des Antrags auf Verfallserklärung die Benutzung der Marke ernsthaft begonnen oder wieder aufgenommen worden ist.

Wird die Benutzung jedoch innerhalb eines nicht vor Ablauf des ununterbrochenen Zeitraums von fünf Jahren der Nichtbenutzung beginnenden Zeitraums von drei Monaten vor Stellung des Antrags auf Verfallserklärung begonnen oder wieder aufgenommen, so bleibt sie unberücksichtigt, sofern die Vorbereitungen für die erstmalige oder die erneute Benutzung erst stattgefunden haben, nachdem der Inhaber Kenntnis davon erhalten hat, dass der Antrag auf Verfallserklärung gestellt werden könnte.

(2) Eine Marke wird unbeschadet des Absatzes 1 für verfallen erklärt, wenn sie nach dem Zeitpunkt ihrer Eintragung

a) infolge des Verhaltens oder der Untätigkeit ihres Inhabers im geschäftlichen Verkehr zur gebräuchlichen Bezeichnung einer Ware oder Dienstleistung geworden ist, für die sie eingetragen wurde;

b) infolge ihrer Benutzung durch den Inhaber oder mit seiner Zustimmung für Waren oder Dienstleistungen, für die sie eingetragen ist, geeignet ist, das Publikum insbesondere über die Art, die Beschaffenheit oder die geografische Herkunft dieser Waren oder Dienstleistungen irrezuführen.

Artikel 13
Zurückweisung, Verfall oder Ungültigkeit nur für einen Teil der Waren oder Dienstleistungen

Liegt ein Grund für die Zurückweisung einer Marke von der Eintragung oder für ihre Verfalls- oder Ungültigerklärung nur für einen Teil der Waren oder Dienstleistungen vor, für die die Marke angemeldet oder eingetragen ist, so wird sie nur für diese Marken oder Dienstleistungen zurückgewiesen, für verfallen oder für ungültig erklärt.

Artikel 14
Nachträgliche Feststellung der Ungültigkeit oder des Verfalls einer Marke

Wird bei einer Gemeinschaftsmarke der Zeitrang einer älteren Marke in Anspruch genommen, die Gegenstand eines Verzichts gewesen oder erloschen ist, so kann die Ungültigkeit oder der Verfall der Marke nachträglich festgestellt werden.

Artikel 15
Besondere Bestimmungen für Kollektiv-, Garantie- und Gewährleistungsmarken

(1) Unbeschadet des Artikels 4 können die Mitgliedstaaten, nach deren Rechtsvorschriften die Eintragung von Kollektiv-, Garantie- oder Gewährleistungsmarken zulässig ist, vorsehen, dass diese Marken aus weiteren als den in den Artikeln 3 und 12 genannten Gründen von der Eintragung ausgeschlossen oder für verfallen oder ungültig erklärt werden, soweit es die Funktion dieser Marken erfordert.

(2) Abweichend von Artikel 3 Absatz 1 Buchstabe c können die Mitgliedstaaten vorsehen, dass Zeichen oder Angaben, welche im Verkehr zur Bezeichnung der geografischen Herkunft der Ware oder Dienstleistung dienen können, Kollektiv-, Garantie- oder Gewährleistungsmarken darstellen können. Eine solche Marke berechtigt den Inhaber nicht dazu, einem Dritten die Benutzung solcher Zeichen oder Angaben im geschäftlichen Verkehr zu untersagen, sofern die Benutzung den anständigen Gepflogenheiten in Gewerbe oder Handel entspricht; insbesondere kann eine solche Marke einem Dritten, der zur Benutzung einer geografischen Bezeichnung berechtigt ist, nicht entgegengehalten werden.

Artikel 16
Mitteilungspflicht

Die Mitgliedstaaten übermitteln der Kommission den Wortlaut der wichtigsten innerstaatlichen Rechtsvorschriften, die sie auf dem unter diese Richtlinie fallenden Gebiet erlassen.

Artikel 17
Aufhebung

Die Richtlinie 89/104/EWG in der Fassung der in Anhang I Teil A aufgeführten Rechtsakte wird unbeschadet der Verpflichtung der Mitgliedstaaten hinsichtlich der in Anhang I Teil B genannten Fristen für die Umsetzung dieser Richtlinie in innerstaatliches Recht aufgehoben.

Verweisungen auf die aufgehobene Richtlinie gelten als Verweisungen auf die vorliegende Richtlinie und sind nach Maßgabe der Entsprechungstabelle in Anhang II zu lesen.

Artikel 18
Inkrafttreten

Diese Richtlinie tritt am zwanzigsten Tag nach ihrer Veröffentlichung im *Amtsblatt der Europäischen Union* in Kraft. [*In Kraft ab 28.11.2008*]

Artikel 19
Adressaten

Diese Richtlinie ist an die Mitgliedstaaten gerichtet.

Geschehen zu Straßburg am 22. Oktober 2008.

Im Namen des Europäischen Parlaments
Der Präsident
H.-G. PÖTTERING

Im Namen des Rates
Der Präsident
J.-P. JOUYET

ANHANG I

Teil A
Aufgehobene Richtlinie mit ihrer Änderung
(gemäß Artikel 17)

Richtlinie 89/104/EWG des Rates (ABl. L 40 vom 11.2.1989, S. 1).

Entscheidung 92/10/EWG des Rates (ABl. L 6 vom 11.1.1992, S. 35).

Teil B
Frist für die Umsetzung in innerstaatliches Recht
(gemäß Artikel 17)

Richtlinie	Umsetzungsfrist
89/104/EWG	31. Dezember 1992

ANHANG II

Entsprechungstabelle

Richtlinie 89/104/EWG	Vorliegende Richtlinie
Artikel 1	Artikel 1
Artikel 2	Artikel 2
Artikel 3 Absatz 1 Buchstaben a bis d	Artikel 3 Absatz 1 Buchstaben a bis d
Artikel 3 Absatz 1 Buchstabe e einleitende Worte	Artikel 3 Absatz 1 Buchstabe e einleitende Worte
Artikel 3 Absatz 1 Buchstabe e erster Gedankenstrich	Artikel 3 Absatz 1 Buchstabe e Ziffer i
Artikel 3 Absatz 1 Buchstabe e zweiter Gedankenstrich	Artikel 3 Absatz 1 Buchstabe e Ziffer ii
Artikel 3 Absatz 1 Buchstabe e dritter Gedankenstrich	Artikel 3 Absatz 1 Buchstabe e Ziffer iii
Artikel 3 Absatz 1 Buchstaben f, g und h	Artikel 3 Absatz 1 Buchstaben f, g und h
Artikel 3 Absätze 2, 3 und 4	Artikel 3 Absätze 2, 3 und 4
Artikel 4	Artikel 4
Artikel 5	Artikel 5
Artikel 6	Artikel 6
Artikel 7	Artikel 7
Artikel 8	Artikel 8
Artikel 9	Artikel 9
Artikel 10 Absatz 1	Artikel 10 Absatz 1 Unterabsatz 1
Artikel 10 Absatz 2	Artikel 10 Absatz 1 Unterabsatz 2
Artikel 10 Absatz 3	Artikel 10 Absatz 2
Artikel 10 Absatz 4	Artikel 10 Absatz 3
Artikel 11	Artikel 11
Artikel 12 Absatz 1 erster Satzteil	Artikel 12 Absatz 1 Unterabsatz 1
Artikel 12 Absatz 1 zweiter Satzteil	Artikel 12 Absatz 1 Unterabsatz 2
Artikel 12 Absatz 1 dritter Satzteil	Artikel 12 Absatz 1 Unterabsatz 3
Artikel 12 Absatz 2	Artikel 12 Absatz 2
Artikel 13	Artikel 13
Artikel 14	Artikel 14

Richtlinie 89/104/EWG	Vorliegende Richtlinie
Artikel 15	Artikel 15
Artikel 16 Absätze 1 und 2	–
Artikel 16 Absatz 3	Artikel 16
–	Artikel 17
–	Artikel 18
Artikel 17	Artikel 19
–	Anhang I
–	Anhang II

8. Verordnung (EG) Nr. 510/2006 EWG des Rates zum Schutz von geographischen Angaben und Ursprungsbezeichnungen für Agrarerzeugnisse und Lebensmittel

Vom 20. März 2006

(ABl. EG Nr. L 93 vom 31.3.2006, S. 12ff.)

DER RAT DER EUROPÄISCHEN UNION –

gestützt auf den Vertrag zur Gründung der Europäischen Gemeinschaft, insbesondere auf Artikel 37,

auf Vorschlag der Kommission,

nach Stellungnahme des Europäischen Parlaments,

in Erwägung nachstehender Gründe:

(1) Erzeugung, Herstellung und Vermarktung von Agrarerzeugnissen und Lebensmitteln sind von großer wirtschaftlicher Bedeutung für die Gemeinschaft.

(2) Um ein besseres Gleichgewicht zwischen Angebot und Nachfrage zu erreichen, sollte der Schwerpunkt Diversifizierung der Agrarproduktion unterstützt werden. Die Förderung von Erzeugnissen mit bestimmten Merkmalen kann vor allem in benachteiligten oder abgelegenen Gebieten von großem Vorteil für die ländliche Wirtschaft sein, indem sie zur Steigerung des Einkommens der Landwirte beiträgt und der Abwanderung der ländlichen Bevölkerung aus diesen Gebieten entgegenwirkt.

(3) Eine ständig wachsende Zahl von Verbrauchern misst bei ihrer Ernährung der Qualität eine größere Bedeutung als der Quantität bei. Dieses Interesse an Erzeugnissen mit besonderen Merkmalen erzeugt eine steigende Nachfrage nach Agrarerzeugnissen oder Lebensmitteln mit bestimmbarer geografischer Herkunft.

(4) Angesichts der Vielfalt der im Handel befindlichen Erzeugnisse und der Menge der vorhandenen Produktinformationen sollte dem Verbraucher eine klar und knapp formulierte Auskunft über die Herkunft des Erzeugnisses gegeben werden, damit er die beste Wahl treffen kann.

(5) Für die Etikettierung von Agrarerzeugnissen und Lebensmitteln gelten die allgemeinen in der Richtlinie 2000/13/EG des Europäischen Parlaments und des Rates vom 20. März 2000 zur Angleichung der Rechtsvorschriften der Mitgliedstaaten über die Etikettierung und Aufmachung von Lebensmitteln sowie die Werbung hierfür festgelegten Vorschriften *[ABl. L 109 vom 6.5. 2000, S. 29. Zuletzt geändert durch die Richtlinie 2003/89/EG (ABl. L 308 vom 25.11.2003, S. 15)].* Aufgrund der Besonderheiten von Agrarerzeugnissen und Lebensmitteln aus einem genau abgegrenzten geografischen Gebiet sollten für diese ergänzende Sonderbestimmungen erlassen werden, die die Erzeuger verpflichten, die geeigneten Gemeinschaftszeichen oder Angaben auf der Verpackung zu verwenden. Die Verwendung dieser Zeichen oder Angaben sollte für die Bezeichnungen der Gemeinschaft verbindlich vorgeschrieben werden, um einerseits diese Gruppe von Produkten und die mit

diesen verbundenen Garantien bei den Verbrauchern besser bekannt zu machen und andererseits die Identifizierung dieser Produkte auf dem Markt zu vereinfachen und so die Kontrollen zu erleichtern. Es sollte jedoch eine angemessene Frist vorgesehen werden, damit sich die Marktteilnehmer auf diese Verpflichtung einstellen können.

(6) Für die Ursprungsbezeichnungen und die geografischen Angaben sollte ein gemeinschaftliches Vorgehen vorgesehen werden. Gemeinschaftliche Rahmenvorschriften über den Schutz von geografischen Angaben und Ursprungsbezeichnungen erlauben deren Entwicklung, da sie über ein einheitlicheres Vorgehen gleiche Wettbewerbsbedingungen für die Hersteller derart gekennzeichneter Erzeugnisse sicherstellen und die Glaubwürdigkeit solcher Produkte beim Verbraucher erhöhen.

(7) Die geplante Regelung sollte die bereits geltenden Gemeinschaftsbestimmungen für Weine und Spirituosen nicht berühren.

(8) Der Geltungsbereich dieser Verordnung sollte auf Agrarerzeugnisse und Lebensmittel begrenzt sein, bei denen ein Zusammenhang zwischen den Eigenschaften der Produkte und ihrem geografischen Ursprung besteht. Dieser Geltungsbereich könnte jedoch erforderlichenfalls auf andere Agrarerzeugnisse oder Lebensmittel ausgedehnt werden.

(9) Aufgrund der bestehenden Gepflogenheiten sollten zwei verschiedene Kategorien von geografischen Angaben festgelegt werden, und zwar die geschützten geografischen Angaben und die geschützten Ursprungsbezeichnungen.

(10) Ein Agrarerzeugnis oder Lebensmittel, das mit einer solchen Angabe gekennzeichnet ist, sollte bestimmte Bedingungen erfüllen, die in einer Spezifikation zusammengestellt sind.

(11) Damit die geografischen Angaben und Ursprungsbezeichnungen in allen Mitgliedstaaten geschützt sind, sollten sie auf Gemeinschaftsebene eingetragen sein. Diese Eintragung in ein Register sollte auch der Unterrichtung der Fachkreise und der Verbraucher dienen. Um sicherzustellen, dass die eingetragenen Gemeinschaftsbezeichnungen den Bedingungen dieser Verordnung entsprechen, sollten die Anträge durch die Behörden der betreffenden Mitgliedstaaten geprüft werden, wobei gemeinsame Mindestbestimmungen wie ein nationales Einspruchsverfahren zu beachten sind. Die Kommission sollte sich danach vergewissern, dass die Bedingungen dieser Verordnung von den Anträgen eingehalten werden und alle Mitgliedstaaten eine einheitliche Vorgehensweise anwenden.

(12) Das Abkommen über handelsbezogene Aspekte der Rechte des geistigen Eigentums (TRIPS-Abkommen von 1994, Anhang 1C des Übereinkommens zur Gründung der Welthandelsorganisation) umfasst genaue Bestimmungen betreffend Verfügbarkeit, Erwerb, Umfang und Aufrechterhaltung von Rechten des geistigen Eigentums sowie die Mittel zu ihrer Durchsetzung.

(13) Der mit dieser Verordnung gewährte Schutz durch die Eintragung in ein Register sollte auch geografischen Angaben aus Drittländern offen stehen, sofern sie auch in ihrem Ursprungsland geschützt sind.

(14) Das Eintragungsverfahren sollte jeder natürlichen oder juristischen Person in einem Mitgliedstaat oder Drittland mit einem berechtigten Interesse die Möglichkeit geben, ihre Rechte durch Einlegen eines Einspruchs geltend zu machen.

(15) Es sollten Verfahren bestehen, die es ermöglichen, die Spezifikation auf Antrag von Gruppen mit einem berechtigten Interesse auch noch nach der Eintragung dem Stand der Technik anzupassen oder die geografische Angabe oder Ursprungsbezeichnung für ein Agrarerzeugnis oder Lebensmittel zu löschen, insbesondere dann, wenn dieses Erzeugnis oder Lebensmittel die Bedingungen der Spezifikation, auf deren Grundlage die geografische Angabe oder Ursprungsbezeichnung gewährt wurde, nicht mehr erfüllt.

(16) Die im Gemeinschaftsgebiet geschützten Ursprungsbezeichnungen und geografischen Angaben sollten einer Überwachung auf der Grundlage amtlicher Kontrollen unterstehen, die sich auf ein System von Kontrollen in Übereinstimmung mit der Verordnung (EG) Nr. 882/2004 des Europäischen Parlaments und des Rates vom 29. April 2004 über amtliche Kontrollen zur Überprüfung der Einhaltung des Lebensmittel- und Futtermittelrechts sowie der Bestimmungen über Tiergesundheit und Tierschutz [*ABl. L 165 vom 30.4.2004, S. 1. Berichtigte Fassung in ABl. L 191 vom 28.5.2004, S. 1*] stützt, einschließlich eines Systems von Kontrollen zur Sicherstellung der Einhaltung der Spezifikation für die betreffenden Agrarerzeugnisse und Lebensmittel.

(17) Die Mitgliedstaaten sollten ermächtigt werden, zur Deckung der entstandenen Kosten eine Gebühr zu erheben.

(18) Die für die Durchführung dieser Verordnung erforderlichen Maßnahmen sollten in Übereinstimmung mit dem Beschluss 1999/468/EG des Rates vom 28. Juni 1999 zur Festlegung der Modalitäten für die Ausübung der der Kommission übertragenen Durchführungsbefugnisse [*ABl. L 184 vom 17.7.1999, S. 23*] festgelegt werden.

(19) Die bei Inkrafttreten dieser Verordnung bereits gemäß der Verordnung (EWG) Nr. 2081/92 des Rates vom 14. Juli 1992 zum Schutz von geografischen Angaben und Ursprungsbezeichnungen für Agrarerzeugnisse und Lebensmittel [*ABl. L 208 vom 24.7.1992, S. 1. Zuletzt geändert durch die Verordnung (EG) Nr. 806/2003 (ABl. L 122 vom 16.5.2003, S. 1)*] eingetragenen Bezeichnungen sollten den in der vorliegenden Verordnung vorgesehenen Schutz erhalten und automatisch in das neue Register übernommen werden. Außerdem sollten für die Eintragungsanträge, die vor Inkrafttreten dieser Verordnung bei der Kommission eingegangen sind, Übergangsmaßnahmen vorgesehen werden.

(20) Im Interesse der Klarheit und Transparenz sollte die Verordnung (EWG) Nr. 2081/92 aufgehoben und durch diese Verordnung ersetzt werden –

HAT FOLGENDE VERORDNUNG ERLASSEN:

Artikel 1 Geltungsbereich

(1) Diese Verordnung regelt den Schutz der Ursprungsbezeichnungen und der geografischen Angaben der in *Anhang I* des Vertrags genannten, zum menschlichen Verzehr bestimmten Agrarerzeugnisse, der in Anhang I dieser Verordnung genannten Lebensmittel sowie der in Anhang II dieser Verordnung genannten Agrarerzeugnisse.

Diese Verordnung gilt jedoch nicht für Weinbauerzeugnisse, ausgenommen Weinessig, oder Spirituosen. Dieser Absatz gilt unbeschadet der Anwendung der Verordnung (EG) Nr. 1493/1999 des Rates vom 17. Mai 1999 über die gemeinsame Marktorganisation für Wein [*ABl. L 179 vom 14.7.1999, S. 1*].

Anhänge I und II dieser Verordnung können nach dem in Artikel 15 Absatz 2 genannten Verfahren geändert werden.

(2) Diese Verordnung gilt unbeschadet sonstiger besonderer Gemeinschaftsvorschriften.

(3) Die Richtlinie 98/34/EG des Europäischen Parlaments und des Rates vom 22. Juni 1998 über ein Informationsverfahren auf dem Gebiet der Normen und technischen Vorschriften und die Vorschriften für die Dienste der Informationsgesellschaft [*ABl. L 204 vom 21.7.1998, S. 37*] gilt nicht für Ursprungsbezeichnungen und geografische Angaben im Sinne dieser Verordnung.

Artikel 2 Ursprungsbezeichnungen und geografische Angaben

(1) Im Sinne dieser Verordnung bedeutet

a) „Ursprungsbezeichnung" den Namen einer Gegend, eines bestimmten Ortes oder in Ausnahmefällen eines Landes, der zur Bezeichnung eines Agrarerzeugnisses oder eines Lebensmittels dient,
   - das aus dieser Gegend, diesem bestimmten Ort oder diesem Land stammt,
   - das seine Güte oder Eigenschaften überwiegend oder ausschließlich den geografischen Verhältnissen einschließlich der natürlichen und menschlichen Einflüsse verdankt und
   - das in dem abgegrenzten geografischen Gebiet erzeugt, verarbeitet und hergestellt wurde;

b) „geografische Angabe" den Namen einer Gegend, eines bestimmten Ortes oder in Ausnahmefällen eines Landes, der zur Bezeichnung eines Agrarerzeugnisses oder eines Lebensmittels dient,
   - das aus dieser Gegend, diesem bestimmten Ort oder diesem Land stammt und
   - bei dem sich eine bestimmte Qualität, das Ansehen oder eine andere Eigenschaft aus diesem geografischen Ursprung ergibt und
   - das in dem abgegrenzten geografischen Gebiet erzeugt und/oder verarbeitet und/oder hergestellt wurde.

(2) Als Ursprungsbezeichnungen oder geografische Angaben gelten auch traditionelle geografische oder nichtgeografische Namen, wenn sie ein Agrarerzeugnis oder ein Lebensmittel bezeichnen, das die Anforderungen nach Absatz 1 erfüllt.

(3) Abweichend von Absatz 1 Buchstabe a werden bestimmte geografische Bezeichnungen nach Maßgabe der Durchführungsvorschriften von Artikel 16 Buchstabe a Ursprungsbezeichnungen gleichgestellt, wenn die Rohstoffe der betreffenden Erzeugnisse aus einem anderen geografischen Gebiet oder aus einem Gebiet stammen, das größer ist als das Verarbeitungsgebiet, sofern

a) das Gebiet, in dem der Rohstoff hergestellt wird, begrenzt ist,
b) besondere Bedingungen für die Erzeugung der Rohstoffe bestehen und
c) ein Kontrollsystem die Einhaltung der Bedingungen gemäß Buchstabe b sicherstellt.

Die fraglichen Bezeichnungen müssen vor dem 1. Mai 2004 im Ursprungsland als Ursprungsbezeichnungen anerkannt worden sein.

Artikel 3 Gattungsbezeichnungen sowie Kollisionen mit Namen von Pflanzensorten, Tierrassen, gleich lautenden Namen und Marken

(1) Namen, die zu Gattungsbezeichnungen geworden sind, dürfen nicht eingetragen werden.

Im Sinne dieser Verordnung gilt als „Name, der zur Gattungsbezeichnung geworden ist", der Name eines Agrarerzeugnisses oder eines Lebensmittels, der sich zwar auf einen Ort oder ein Gebiet bezieht, in dem das betreffende Agrarerzeugnis oder Lebensmittel ursprünglich hergestellt oder vermarktet wurde, der jedoch in der Gemeinschaft der gemeinhin übliche Name für ein Agrarerzeugnis oder ein Lebensmittel geworden ist.

Bei der Feststellung, ob ein Name zur Gattungsbezeichnung geworden ist, sind alle Faktoren und insbesondere Folgendes zu berücksichtigen:

a) die bestehende Situation in den Mitgliedstaaten und in den Verbrauchsgebieten;
b) die einschlägigen nationalen oder gemeinschaftlichen Rechtsvorschriften.

(2) Ein Name darf nicht als Ursprungsbezeichnung oder als geografische Angabe eingetragen werden, wenn er mit dem Namen einer Pflanzensorte oder einer Tierrasse kollidiert und deshalb geeignet ist, den Verbraucher in Bezug auf den tatsächlichen Ursprung des Erzeugnisses irrezuführen.

(3) Bei der Eintragung eines Namens, der mit einem nach dieser Verordnung bereits eingetragenen Namen ganz oder teilweise gleich lautend ist, sind die örtlichen und traditionellen Gebräuche und die tatsächlichen Verwechslungsgefahren gebührend zu beachten. Insbesondere gilt Folgendes:

a) Ein gleich lautender Name, der den Verbraucher zu der irrigen Annahme veranlasst, dass die Erzeugnisse aus einem anderen Gebiet stammen, wird nicht eingetragen, auch wenn er in Bezug auf das Gebiet, die Gegend oder den Ort, aus dem/der die landwirtschaftlichen Erzeugnisse oder Lebensmittel stammen, zutreffend ist;
b) die Verwendung eines eingetragenen gleich lautenden Namens ist nur dann zulässig, wenn der später eingetragene gleich lautende Name in der Praxis deutlich von dem bereits eingetragenen Namen zu unterscheiden ist, wobei sichergestellt sein muss, dass die betroffenen Erzeuger gerecht behandelt und die Verbraucher nicht irregeführt werden.

(4) Eine Ursprungsbezeichnung oder eine geografische Angabe wird nicht eingetragen, wenn die Eintragung aufgrund des Ansehens, das eine Marke genießt, ihres Bekanntheitsgrads und der Dauer ihrer Verwendung geeignet ist, den Verbraucher in Bezug auf die tatsächliche Identität des Erzeugnisses irrezuführen.

Artikel 4 Produktspezifikation

(1) Um eine geschützte Ursprungsbezeichnung (g. U.) oder eine geschützte geografische Angabe (g. g. A.) führen zu können, müssen die Agrarerzeugnisse oder Lebensmittel einer Produktspezifikation entsprechen.

(2) Die Spezifikation enthält mindestens folgende Angaben:

a) den Namen des Agrarerzeugnisses oder des Lebensmittels einschließlich der Ursprungsbezeichnung oder der geografischen Angabe;

b) die Beschreibung des Agrarerzeugnisses oder des Lebensmittels, gegebenenfalls einschließlich der Rohstoffe, sowie der wichtigsten physikalischen, chemischen, mikrobiologischen oder organoleptischen Eigenschaften des Agrarerzeugnisses oder Lebensmittels;

c) die Abgrenzung des geografischen Gebiets und gegebenenfalls die Angaben über die Erfüllung der Bedingungen gemäß Artikel 2 Absatz 3;

d) Angaben, aus denen hervorgeht, dass das Agrarerzeugnis oder das Lebensmittel aus dem abgegrenzten geografischen Gebiet im Sinne von Artikel 2 Absatz 1 Buchstaben a oder b stammt;

e) die Beschreibung des Verfahrens zur Gewinnung des Agrarerzeugnisses oder Lebensmittels und gegebenenfalls die redlichen und ständigen örtlichen Verfahren sowie die Angaben über die Aufmachung, wenn die antragstellende Vereinigung im Sinne von Artikel 5 Absatz 1 unter Angabe von Gründen festlegt, dass die Aufmachung in dem abgegrenzten geografischen Gebiet erfolgen muss, um die Qualität zu wahren oder um den Ursprung oder die Kontrolle zu gewährleisten;

f) Angaben zum Nachweis

 i) des Zusammenhangs zwischen der Güte oder den Eigenschaften des Agrarerzeugnisses oder Lebensmittels und den geografischen Verhältnissen gemäß Artikel 2 Absatz 1 Buchstabe a oder gegebenenfalls

 ii) des Zusammenhangs zwischen einer bestimmten Qualität, dem Ansehen oder einer anderen Eigenschaft des Agrarerzeugnisses oder Lebensmittels und dem geografischen Ursprung gemäß Artikel 2 Absatz 1 Buchstabe b;

g) den Namen und die Anschrift der Behörden oder Stellen, die die Einhaltung der Bestimmungen der Spezifikation kontrollieren, und ihrer besonderen Aufgaben;

h) alle besonderen Vorschriften zur Etikettierung des betreffenden Agrarerzeugnisses oder Lebensmittels;

i) alle Anforderungen, die aufgrund gemeinschaftlicher und/oder einzelstaatlicher Rechtsvorschriften bestehen.

Artikel 5 Antrag auf Eintragung

(1) Ein Antrag auf Eintragung kann nur von einer Vereinigung gestellt werden.

„*Vereinigung*" im Sinne dieser Verordnung bedeutet ungeachtet der Rechtsform oder Zusammensetzung jede Art des Zusammenschlusses von Erzeugern oder Verarbeitern des gleichen Agrarerzeugnisses oder Lebensmittels. Andere Beteiligte können sich der Vereinigung anschließen. Eine natürliche oder eine juristische Person kann gemäß den in Artikel 16 Buchstabe c genannten Durchführungsvorschriften mit einer Vereinigung gleichgestellt werden.

Bei Namen, die sich auf ein grenzübergreifendes geografisches Gebiet beziehen, oder bei traditionellen Namen, die mit einem grenzübergreifenden geografischen Gebiet zusammenhängen, können mehrere Vereinigungen gemäß den in Artikel 16 Buchstabe d genannten Durchführungsvorschriften einen gemeinsamen Antrag stellen.

(2) Eine Vereinigung kann nur für die von ihr erzeugten oder gewonnenen Agrarerzeugnisse oder Lebensmittel einen Antrag auf Eintragung stellen.

(3) Der Eintragungsantrag umfasst zumindest:

a) den Namen und die Anschrift der antragstellenden Vereinigung;

b) die in Artikel 4 genannte Spezifikation;

c) ein einziges Dokument mit folgenden Angaben:

  i) die wichtigsten Angaben der Spezifikation: den Namen, eine Beschreibung des Erzeugnisses gegebenenfalls unter Einbeziehung der besonderen Vorschriften für dessen Aufmachung und Etikettierung und eine Kurzbeschreibung der Abgrenzung des geografischen Gebiets;

  ii) eine Beschreibung des Zusammenhangs des Erzeugnisses mit den in Artikel 2 Absatz 1 Buchstaben a oder b genannten geografischen Verhältnissen oder dem geografischen Ursprung, gegebenenfalls unter Einbeziehung besonderer Angaben zur Beschreibung des Erzeugnisses oder des Gewinnungsverfahrens, die diesen Zusammenhang begründen.

(4) Bezieht sich der Eintragungsantrag auf ein geografisches Gebiet in einem Mitgliedstaat, so wird der Antrag an diesen Mitgliedstaat gerichtet.

Der Mitgliedstaat prüft den Antrag auf geeignete Art und Weise, um sicherzustellen, dass er gerechtfertigt ist und die Anforderungen dieser Verordnung erfüllt.

(5) Der Mitgliedstaat eröffnet im Laufe der Prüfung gemäß Absatz 4 Unterabsatz 2 die Möglichkeit eines nationalen Einspruchsverfahrens, indem er für eine angemessene Veröffentlichung des Antrags sorgt und eine ausreichende Frist setzt, innerhalb deren jede natürliche oder juristische Person mit einem berechtigten Interesse, die in seinem Hoheitsgebiet niedergelassen oder ansässig ist, Einspruch gegen den Antrag einlegen kann.

Der Mitgliedstaat prüft die Zulässigkeit der eingegangenen Einspruchserklärungen anhand der in Artikel 7 Absatz 3 Unterabsatz 1 genannten Kriterien.

Ist der Mitgliedstaat der Auffassung, dass die Anforderungen dieser Verordnung erfüllt sind, so erlässt er eine positive Entscheidung und übermittelt der Kommission die Unterlagen gemäß Absatz 7 für eine endgültige Entscheidung. Sind sie nicht erfüllt, so lehnt er den Antrag ab.

Der Mitgliedstaat stellt sicher, dass die positive Entscheidung öffentlich zugänglich gemacht wird und jede natürliche oder juristische Person mit einem berechtigten Interesse über Rechtsmittel verfügt.

Der Mitgliedstaat stellt sicher, dass die Fassung der Spezifikation, auf die sich die positive Entscheidung bezieht, veröffentlicht wird, und stellt den elektronischen Zugang zur Spezifikation sicher.

(6) Der Mitgliedstaat kann vom Zeitpunkt der Einreichung lediglich übergangsweisen Schutz im Sinne dieser Verordnung für den Namen sowie gegebenenfalls eine Anpassungsfrist gewähren.

Die Anpassungsfrist gemäß Unterabsatz 1 kann nur gewährt werden, wenn die betreffenden Unternehmen die Erzeugnisse mindestens während der letzten fünf Jahre unter ständiger Verwendung des betreffenden Namens rechtmäßig vermarktet und diesen Sachverhalt im nationalen Einspruchsverfahren gemäß Absatz 5 Unterabsatz 1 geltend gemacht haben.

Der übergangsweise gewährte nationale Schutz endet mit dem Zeitpunkt, zu dem über die Eintragung nach dieser Verordnung entschieden wird.

Sollte die Bezeichnung nicht nach dieser Verordnung eingetragen werden, so trägt allein der betreffende Mitgliedstaat die Verantwortung für die Folgen eines solchen nationalen Schutzes.

Maßnahmen der Mitgliedstaaten nach Unterabsatz 1 sind nur auf nationaler Ebene wirksam und dürfen den innergemeinschaftlichen oder den internationalen Handel nicht beeinträchtigen.

(7) Zu jeder positiven Entscheidung gemäß Absatz 5 Unterabsatz 3 übermittelt der betreffende Mitgliedstaat der Kommission

a) den Namen und die Anschrift der antragstellenden Vereinigung;

b) das einzige Dokument gemäß Absatz 3 Buchstabe c;

c) eine Erklärung des Mitgliedstaats, dass der Antrag der Vereinigung, zu dem eine positive Entscheidung ergangen ist, seiner Auffassung nach den Anforderungen dieser Verordnung und den zu ihrer Anwendung erlassenen Bestimmungen entspricht;

d) die Fundstelle der Veröffentlichung der Spezifikation gemäß Absatz 5 Unterabsatz 5.

(8) Die Mitgliedstaaten erlassen die erforderlichen Rechts oder Verwaltungsvorschriften, um den Absätzen 4 bis 7 bis 31. März 2007 nachzukommen.

(9) Betrifft der Eintragungsantrag ein geografisches Gebiet in einem Drittland, so umfasst er die Angaben gemäß Absatz 3 sowie den Nachweis dafür, dass die betreffende Bezeichnung in ihrem Ursprungsland geschützt ist.

Der Antrag wird entweder direkt oder über die Behörden des betreffenden Drittlands an die Kommission gerichtet.

(10) Die in diesem Artikel genannten, der Kommission übermittelten Unterlagen sind in einer Amtssprache der Organe der Europäischen Union abgefasst oder von einer beglaubigten Übersetzung in eine dieser Sprachen begleitet.

Artikel 6 Prüfung durch die Kommission

(1) Die Kommission prüft den gemäß Artikel 5 eingereichten Antrag auf geeignete Art und Weise, um sicherzustellen, dass er gerechtfertigt ist und die Anforderungen dieser Verordnung erfüllt. Diese Prüfung sollte eine Frist von 12 Monaten nicht überschreiten.

Die Kommission macht monatlich das Verzeichnis der Namen, für die ein Eintragungsantrag gestellt wurde, sowie die Zeitpunkte, zu denen diese bei ihr eingereicht wurden, öffentlich zugänglich.

(2) Gelangt die Kommission aufgrund der gemäß Absatz 1 Unterabsatz 1 durchgeführten Prüfung zu der Auffassung, dass die Anforderungen dieser Verordnung erfüllt sind, so veröffentlicht sie das einzige Dokument und die Fundstelle der veröffentlichten Spezifikation gemäß Artikel 5 Absatz 5 Unterabsatz 5 im Amtsblatt der Europäischen Union.

Andernfalls beschließt die Kommission nach dem in Artikel 15 Absatz 2 genannten Verfahren, den Eintragungsantrag abzulehnen.

Artikel 7 Einspruch, Entscheidung über die Eintragung

(1) Innerhalb von **sechs Monaten** ab der Veröffentlichung im Amtsblatt der Europäischen Union gemäß Artikel 6 Absatz 2 Unterabsatz 1 kann jeder Mitgliedstaat oder jedes Dritt-

land Einspruch gegen die beabsichtigte Eintragung einlegen, indem bei der Kommission eine ordnungsgemäß begründete Erklärung eingereicht wird.

(2) Jede natürliche oder juristische Person mit einem berechtigten Interesse, die in einem anderen Mitgliedstaat als dem, der die Eintragung beantragt hat oder in einem Drittland niedergelassen oder ansässig ist, kann ebenfalls durch eine ordnungsgemäß begründete Erklärung gegen die beabsichtigte Eintragung Einspruch einlegen.

Bei natürlichen oder juristischen Personen, die in einem Mitgliedstaat niedergelassen oder ansässig sind, wird die Erklärung innerhalb einer Frist, die einen Einspruch gemäß Absatz 1 gestattet, bei diesem Mitgliedstaat eingereicht.

Bei natürlichen oder juristischen Personen, die in einem Drittland niedergelassen oder ansässig sind, erfolgt die Einreichung innerhalb der Frist gemäß Absatz 1 entweder direkt bei der Kommission oder über die Behörden des betreffenden Drittlands.

(3) Ein Einspruch ist nur zulässig, wenn er innerhalb der in Absatz 1 genannten Frist bei der Kommission eingeht und

a) dargelegt wird, dass die Bedingungen des Artikels 2 nicht eingehalten sind; oder

b) dargelegt wird, dass die Eintragung des vorgeschlagenen Namens Artikel 3 Absätzen 2, 3 und 4 nicht entspricht; oder

c) dargelegt wird, dass sich die Eintragung des vorgeschlagenen Namens nachteilig auf das Bestehen eines ganz oder teilweise gleich lautenden Namens oder einer Marke oder auf das Bestehen von Erzeugnissen auswirken würde, die sich zum Zeitpunkt der in Artikel 6 Absatz 2 genannten Veröffentlichung bereits seit mindestens fünf Jahren rechtmäßig in Verkehr befinden; oder

d) ausreichende Angaben darin enthalten sind, die den Schluss zulassen, dass die Bezeichnung, deren Eintragung beantragt wurde, eine Gattungsbezeichnung im Sinne von Artikel 3 Absatz 1 ist.

Die Kommission prüft die Zulässigkeit der Einsprüche.

Die in Unterabsatz 1 Buchstaben b, c und d genannten Kriterien sind in Bezug auf das Gemeinschaftsgebiet zu bewerten, das hinsichtlich der Rechte des geistigen Eigentums nur das Gebiet bzw. die Gebiete umfasst, in dem bzw. in denen die genannten Rechte geschützt sind.

(4) Wird bei der Kommission kein zulässiger Einspruch gemäß Absatz 3 eingelegt, so nimmt sie die Eintragung des Namens vor.

Die Eintragung wird im Amtsblatt der Europäischen Union veröffentlicht.

(5) Ist ein Einspruch gemäß Absatz 3 zulässig, so ersucht die Kommission die betroffenen Parteien, geeignete Konsultationen aufzunehmen.

Wird innerhalb von sechs Monaten eine einvernehmliche Regelung zwischen den betroffenen Parteien erzielt, so teilen sie der Kommission sämtliche Einzelheiten für das Zustandekommen der Einigung einschließlich der Stellungnahmen des Antragstellers und des Einspruchsführers mit. Bleiben die gemäß Artikel 6 Absatz 2 veröffentlichten Angaben unverändert oder werden lediglich gemäß Artikel 16 Buchstabe h festzulegende geringfügige Änderungen vorgenommen, so verfährt die Kommission gemäß Absatz 4 dieses Artikels. Andernfalls nimmt sie eine erneute Prüfung gemäß Artikel 6 Absatz 1 vor.

Wird keine einvernehmliche Regelung erzielt, so erlässt die Kommission unter angemessener Berücksichtigung der redlichen und ständigen Verwendung und der tatsächlichen Verwechslungsgefahr nach dem im Artikel 15 Absatz 2 genannten Verfahren eine Entscheidung.

Diese Entscheidung wird im Amtsblatt der Europäischen Union veröffentlicht.

(6) Die Kommission führt ein Register der geschützten Ursprungsbezeichnungen und der geschützten geografischen Angaben und hält es auf dem neuesten Stand.

(7) Die der Kommission nach diesem Artikel übermittelten Unterlagen sind in einer Amtssprache der Organe der Europäischen Union abgefasst oder von einer beglaubigten Übersetzung in eine dieser Sprachen begleitet.

Artikel 8 Namen, Angaben und Zeichen

(1) Ein nach dieser Verordnung eingetragener Name kann von jedem Marktteilnehmer verwendet werden, der Agrarerzeugnisse oder Lebensmittel vermarktet, die der betreffenden Spezifikation entsprechen.

(2) In der Etikettierung der Agrarerzeugnisse und Lebensmittel aus der Gemeinschaft, die unter einem nach dieser Verordnung eingetragenen Namen vermarktet werden, müssen die Angaben „geschützte Ursprungsbezeichnung" bzw. „geschützte geografische Angabe" oder die für sie vorgesehenen Gemeinschaftzeichen erscheinen.

(3) Die in Absatz 2 genannten Angaben und die für sie vorgesehenen Gemeinschaftszeichen können auch in der Etikettierung von Agrarerzeugnissen und Lebensmitteln aus Drittländern erscheinen, die unter einem nach Maßgabe dieser Verordnung eingetragenen Namen vermarktet werden.

Artikel 9 Genehmigung einer Änderung der Spezifikation

(1) Eine Vereinigung, die den Bedingungen von Artikel 5 Absätze 1 und 2 entspricht und ein berechtigtes Interesse hat, kann insbesondere zur Berücksichtigung des Stands von Wissenschaft und Technik oder im Hinblick auf eine neue Abgrenzung des geografischen Gebiets gemäß Artikel 4 Absatz 2 Buchstabe c die Genehmigung einer Änderung der Spezifikation beantragen.

Der Antrag enthält eine Beschreibung der beabsichtigten Änderungen und deren Begründung.

(2) Führt eine Änderung zu einer oder mehreren Änderungen des einzigen Dokuments, so unterliegt der Änderungsantrag dem Verfahren gemäß den Artikeln 5, 6 und 7. Werden lediglich geringfügige Änderungen vorgeschlagen, so entscheidet die Kommission über die Genehmigung der Änderung ohne Anwendung des Verfahrens von Artikel 6 Absatz 2 und Artikel 7 und veröffentlicht im Falle der Genehmigung die Angaben gemäß Artikel 6 Absatz 2.

(3) Führt die Änderung zu keiner Änderung des einzigen Dokuments, gelten folgende Regeln:

i) Liegt das geografische Gebiet in einem Mitgliedstaat, so befindet dieser über die Genehmigung der Änderung, veröffentlicht im Falle der Befürwortung die geänderte Spezifikation und teilt der Kommission die genehmigten Änderungen und deren Begründung mit;

ii) liegt das geografische Gebiet in einem Drittland, so befindet die Kommission über die Genehmigung der vorgeschlagenen Änderung.

(4) Betrifft die Änderung eine vorübergehende Änderung der Spezifikation aufgrund der Einführung verbindlicher gesundheitspolizeilicher oder pflanzenschutzrechtlicher Maßnahmen durch die Behörden, so finden die Verfahren nach Absatz 3 Anwendung.

Artikel 10 Amtliche Kontrollen

(1) Die Mitgliedstaaten benennen die zuständige/n Behörde/n, die für die Kontrollen in Bezug auf die in dieser Verordnung festgelegten Verpflichtungen in Übereinstimmung mit der Verordnung (EG) Nr. 882/04 zuständig ist/sind.

(2) Die Mitgliedstaaten stellen sicher, dass jeder Marktteilnehmer, der die Vorschriften dieser Verordnung erfüllt, einen Anspruch darauf hat, in ein Kontrollsystem aufgenommen zu werden.

(3) Die Kommission macht die Namen und Anschriften der in Absatz 1 bzw. in Artikel 11 genannten Behörden und Stellen öffentlich zugänglich und aktualisiert sie in regelmäßigen Abständen.

Artikel 11 Kontrolle der Einhaltung der Spezifikationen

(1) Hinsichtlich der geografischen Angaben und Ursprungsbezeichnungen, die ein geografisches Gebiet in der Gemeinschaft betreffen, erfolgt die Kontrolle der Einhaltung der Spezifikation vor der Vermarktung

– durch eine oder mehrere zuständige Behörde/n gemäß Artikel 10 und/oder
– durch eine oder mehrere Kontrollstelle/n im Sinne von Artikel 2 der Verordnung (EG) Nr. 882/2004, die als Produktzertifizierungsstelle tätig wird/werden.

Die Kosten der Kontrolle der Einhaltung der Spezifikation werden von den von diesen Kontrollen erfassten Marktteilnehmern getragen.

(2) Hinsichtlich der geografischen Angaben und Ursprungsbezeichnungen, die ein geografisches Gebiet außerhalb der Gemeinschaft betreffen, erfolgt die Kontrolle der Einhaltung der Spezifikation vor der Vermarktung durch

– eine oder mehrere vom Drittland benannte staatliche Behörde/n oder
– eine oder mehrere Produktzertifizierungsstelle/n.

(3) Die in den Absätzen 1 und 2 genannten Produktzertifizierungsstellen erfüllen die Voraussetzungen der Europäischen Norm EN 45011 oder des ISO-Leitfadens 65 (Allgemeine Kriterien für Produktzertifizierungsstellen) und werden ab dem 1. Mai 2010 nach diesen Normen akkreditiert.

(4) Übernehmen die in den Absätzen 1 und 2 genannten Behörden die Kontrolle der Einhaltung der Spezifikation, so müssen sie angemessene Garantien für Objektivität und Unparteilichkeit bieten und über qualifiziertes Personal und Ressourcen zur Wahrnehmung ihrer Aufgaben verfügen.

Artikel 12 Löschung

(1) Gelangt die Kommission gemäß den in Artikel 16 Buchstabe k genannten Durchführungsbestimmungen zu der Auffassung, dass die Anforderungen der Spezifikation eines Agrarerzeugnisses oder Lebensmittels, das einen geschützten Namen führt, nicht mehr erfüllt sind, so löscht sie die Eintragung nach dem in Artikel 15 Absatz 2 genannten Verfahren und veröffentlicht dies im Amtsblatt der Europäischen Union.

(2) Jede natürliche oder juristische Person, die ein berechtigtes Interesse hat, kann unter Angabe der Gründe die Löschung der Eintragung beantragen.

Das Verfahren gemäß den Artikeln 5, 6 und 7 gilt entsprechend.

Artikel 13 Schutz

(1) Eingetragene Namen werden geschützt gegen

a) jede direkte oder indirekte kommerzielle Verwendung eines eingetragenen Namens für Erzeugnisse, die nicht unter die Eintragung fallen, soweit diese Erzeugnisse mit den unter diesem Namen eingetragenen Erzeugnissen vergleichbar sind oder soweit durch diese Verwendung das Ansehen des geschützten Namens ausgenutzt wird;

b) jede widerrechtliche Aneignung, Nachahmung oder Anspielung, selbst wenn der tatsächliche Ursprung des Erzeugnisses angegeben ist oder wenn der geschützte Name in Übersetzung oder zusammen mit Ausdrücken wie „Art", „Typ", „Verfahren", „Fasson", „Nachahmung" oder dergleichen verwendet wird;

c) alle sonstigen falschen oder irreführenden Angaben, die sich auf Herkunft, Ursprung, Natur oder wesentliche Eigenschaften der Erzeugnisse beziehen und auf der Aufmachung oder der äußeren Verpackung, in der Werbung oder in Unterlagen zu den betreffenden Erzeugnissen erscheinen, sowie die Verwendung von Behältnissen, die geeignet sind, einen falschen Eindruck hinsichtlich des Ursprungs zu erwecken;

d) alle sonstigen Praktiken, die geeignet sind, den Verbraucher in Bezug auf den tatsächlichen Ursprung des Erzeugnisses irrezuführen.

Enthält ein eingetragener Name den als Gattungsbezeichnung angesehenen Namen eines Agrarerzeugnisses oder Lebensmittels, so gilt die Verwendung dieser Gattungsbezeichnung für das betreffende Agrarerzeugnis oder Lebensmittel nicht als Verstoß gegen die Buchstaben a oder b.

(2) Geschützte Namen dürfen nicht zu Gattungsbezeichnungen werden.

(3) Für Namen, deren Eintragung gemäß Artikel 5 beantragt wird, kann im Rahmen von Artikel 7 Absatz 5 eine Übergangszeit von höchstens fünf Jahren vorgesehen werden; dies gilt ausschließlich für den Fall eines Einspruchs, der für zulässig erklärt wurde, weil sich die Eintragung des vorgeschlagenen Namens nachteilig auf das Bestehen eines ganz oder teilweise gleich lautenden Namens oder auf das Bestehen von Erzeugnissen auswirken würde, die zum Zeitpunkt der in Artikel 6 Absatz 2 genannten Veröffentlichung seit mindestens fünf Jahren rechtmäßig vermarktet werden.

Außerdem kann für Unternehmen in einem Mitgliedstaat oder in einem Drittland, in dem das geografische Gebiet liegt, eine Übergangszeit festgesetzt werden, sofern diese Unternehmen die betreffenden Erzeugnisse vor dem Zeitpunkt der Veröffentlichung gemäß Artikel 6 Absatz 2 mindestens fünf Jahre lang rechtmäßig unter ständiger Verwendung des be-

treffenden Namens vermarktet haben und darauf im Rahmen eines nationalen Einspruchsverfahrens gemäß Artikel 5 Absatz 5 Unterabsätze 1 und 2 oder des gemeinschaftlichen
Einspruchsverfahrens gemäß Artikel 7 Absatz 2 hingewiesen haben. Die Übergangszeit
nach diesem Absatz und die Anpassungsfrist gemäß Artikel 5 Absatz 6 dürfen insgesamt
höchstens fünf Jahre betragen. Beträgt die Anpassungsfrist gemäß Artikel 5 Absatz 6 mehr
als fünf Jahre, so wird keine Übergangszeit gewährt.

(4) Unbeschadet des Artikels 14 kann die Kommission nach dem Verfahren des Artikels 15
Absatz 2 das gemeinsame Weiterbestehen sowohl eines eingetragenen als auch eines nicht
eingetragenen Namens beschließen, der einen Ort in einem Mitgliedstaat oder einem Drittland bezeichnet, wenn dieser Name mit dem eingetragenen Namen identisch ist und alle
folgenden Bedingungen erfüllt sind:

a) Der identische nicht eingetragene Name wurde vor dem 24. Juli 1993 seit mindestens
   25 Jahren auf der Grundlage der ständigen und redlichen Gebräuche verwendet;
b) es ist nachgewiesen, dass mit dieser Verwendung zu keinem Zeitpunkt beabsichtigt
   wurde, das Ansehen des eingetragenen Namens auszunutzen, und dass der Verbraucher
   in Bezug auf den tatsächlichen Ursprung des Erzeugnisses nicht irregeführt wurde und
   dies auch nicht möglich war;
c) auf das Problem des identischen Namens wurde vor der Eintragung des Namens hingewiesen.

Der eingetragene Name und der betreffende identische nicht eingetragene Name dürfen
nur für einen Zeitraum von höchstens 15 Jahren gleichzeitig weiter bestehen; danach darf
der nicht eingetragene Name nicht mehr verwendet werden.

Die Verwendung der betreffenden nicht eingetragenen geografischen Bezeichnung ist nur
zulässig, wenn das Ursprungsland auf dem Etikett deutlich sichtbar angegeben ist.

**Artikel 14 Beziehungen zwischen Marken, Ursprungsbezeichnungen
und geografischen Angaben**

(1) Ist eine Ursprungsbezeichnung oder eine geografische Angabe nach Maßgabe dieser
Verordnung eingetragen, so wird der Antrag auf Eintragung einer Marke, auf die einer der
in Artikel 13 aufgeführten Tatbestände zutrifft und die die gleiche Erzeugnisklasse betrifft,
abgelehnt, wenn dieser Antrag auf Eintragung der Marke nach dem Zeitpunkt der Einreichung des Antrags auf Eintragung bei der Kommission eingereicht wird.

Marken, die unter Verstoß gegen Unterabsatz 1 eingetragen wurden, werden gelöscht.

(2) Unter Wahrung des Gemeinschaftsrechts darf eine Marke, auf die einer der in Artikel 13 aufgeführten Tatbestände zutrifft und die vor dem Zeitpunkt des Schutzes der Ursprungsbezeichnung oder geografischen Angabe im Ursprungsland oder vor dem 1. Januar
1996 in gutem Glauben im Gebiet der Gemeinschaft angemeldet, eingetragen oder, sofern
dies nach den einschlägigen Rechtsvorschriften vorgesehen ist, durch Verwendung erworben wurde, ungeachtet der Eintragung einer Ursprungsbezeichnung oder geografischen
Angabe weiter verwendet werden, sofern für die Marke keine Gründe für die Ungültigerklärung oder den Verfall gemäß der Ersten Richtlinie 89/104/EWG des Rates vom 21. Dezember 1988 zur Angleichung der Rechtsvorschriften der Mitgliedstaaten über die Marken
[*ABl. L 40 vom 11.2.1989, S. 1*] oder der Verordnung (EG) Nr. 40/94 des Rates vom 20.
Dezember 1993 über die Gemeinschaftsmarke [*ABl. L 11 vom 14.1.1994, S. 1*] vorliegen.

Artikel 15 Ausschussverfahren

(1) Die Kommission wird vom Ständigen Ausschuss für geschützte geografische Angaben und Ursprungsbezeichnungen unterstützt.

(2) Wird auf diesen Absatz Bezug genommen, so gelten die Artikel 5 und 7 des Beschlusses 1999/468/EG.

Der Zeitraum nach Artikel 5 Absatz 6 des Beschlusses 1999/468/EG wird auf drei Monate festgesetzt.

(3) Der Ausschuss gibt sich eine Geschäftsordnung.

Artikel 16 Durchführungsvorschriften

Zur Durchführung dieser Verordnung werden nach dem in Artikel 15 Absatz 2 genannten Verfahren Durchführungsvorschriften erlassen. Sie umfassen insbesondere:

a) ein Verzeichnis der Rohstoffe gemäß Artikel 2 Absatz 3;
b) die in der Spezifikation gemäß Artikel 4 Absatz 2 verlangten Angaben;
c) die Bedingungen, unter denen eine natürliche oder eine juristische Person einer Vereinigung gleichgestellt werden kann;
d) die Einreichung eines Antrags auf Eintragung eines Namens, der sich auf ein grenzübergreifendes Gebiet gemäß Artikel 5 Absatz 1 Unterabsatz 3 bezieht;
e) den Inhalt der Unterlagen gemäß Artikel 5 Absätze 7 und 9 und das Verfahren zu ihrer Übermittlung an die Kommission;
f) Einsprüche gemäß Artikel 7 einschließlich der Regelungen über geeignete Konsultationen zwischen den betroffenen Parteien;
g) die Angaben und Zeichen gemäß Artikel 8;
h) die Definition der geringfügigen Änderungen gemäß Artikel 7 Absatz 5 Unterabsatz 2 und Artikel 9 Absatz 2, wobei eine geringfügige Änderung weder ein wesentliches Merkmal des Erzeugnisses betreffen noch den Zusammenhang ändern darf;
i) das Register der Ursprungsbezeichnungen und geografischen Angaben gemäß Artikel 7 Absatz 6;
j) die Bedingungen für die Kontrollen der Einhaltung der Produktspezifikation;
k) die Bedingungen für die Löschung einer Eintragung.

Artikel 17 Übergangsvorschriften

(1) Die am Tag des Inkrafttretens dieser Verordnung bereits im Anhang der Verordnung (EG) Nr. 1107/96 der Kommission [*VO (EG) Nr. 1107/96 der Kommission vom 12. Juni 1996 zur Eintragung geografischer Angaben und Ursprungsbezeichnungen gemäß dem Verfahren nach Art. 17 der VO (EWG) Nr. 2081/92 des Rates (ABl. L 148 vom 21.6.1996, S. 1). Zuletzt geändert durch die Verordnung (EG) Nr. 704/2005 (ABl. L 118 vom 5.5.2005, S. 14)*] sowie die im Anhang der Verordnung (EG) Nr. 2400/96 der Kommission [*VO (EG) Nr. 2400/96 der Kommission vom 17.12.1996 zur Eintragung bestimmter Bezeichnungen in das Verzeichnis der geschützten Ursprungsbezeichnungen und der geschützten geografischen Angaben für Agrarerzeugnisse und Lebensmittel gemäß VO (EWG) Nr. 2081/92 des Rates (ABl. L 327 vom 18.12.1996, S. 11). Zuletzt geändert durch die VO (EG) Nr. 417/2006 (ABl. L 72 vom 11.3.2006, S. 8)*] eingetragenen Namen werden automatisch in das Register gemäß Artikel 7 Absatz 6 der vorliegenden Verordnung übernommen. Die diesbe-

züglichen Spezifikationen gelten als Spezifikationen gemäß Artikel 4 Absatz 1. Spezifische Übergangsvorschriften, die mit solchen Eintragungen im Zusammenhang stehen, behalten ihre Gültigkeit.

(2) In Bezug auf bei der Kommission vor dem Zeitpunkt des Inkrafttretens dieser Verordnung eingereichte Anträge und Erklärungen

a) finden die Verfahren gemäß Artikel 5 unbeschadet von Artikel 13 Absatz 3 keine Anwendung und

b) ersetzt die Zusammenfassung der wichtigsten Angaben der Spezifikation gemäß der Verordnung (EG) Nr. 383/2004 der Kommission [*VO (EG) Nr. 383/2004 der Kommission vom 1.3.2004 mit Durchführungsbestimmungen zur VO (EWG) Nr. 2081/92 des Rates hinsichtlich der Zusammenfassung der wichtigsten Angaben der Spezifikation (ABl. L 64 vom 2.3.2004, S. 16)*] das einzige Dokument gemäß Artikel 5 Absatz 3 Buchstabe c.

(3) Die Kommission kann gemäß den in Artikel 15 Absatz 2 genannten Verfahren bei Bedarf weitere Übergangsvorschriften erlassen.

Artikel 18 Gebühren

Die Mitgliedstaaten können eine Gebühr zur Deckung ihrer Kosten, einschließlich derjenigen, die bei der Prüfung der Eintragungs-, Änderungs- und Löschungsanträge sowie der Einspruchserklärungen im Sinne dieser Verordnung anfallen, erheben.

Artikel 19 Aufhebung

Die Verordnung (EWG) Nr. 2081/92 wird aufgehoben.

Bezugnahmen auf die aufgehobene Verordnung gelten als Bezugnahmen auf die vorliegende Verordnung und sind gemäß der Entsprechungstabelle in Anhang III zu lesen.

Artikel 20 Inkrafttreten

Diese Verordnung tritt am Tag ihrer Veröffentlichung im Amtsblatt der Europäischen Union in Kraft. [*Ab 31.3.2006 in Kraft*]

Artikel 8 Absatz 2 gilt jedoch unbeschadet der sich bereits vorher in Verkehr befindlichen Erzeugnisse ab dem 1. Mai 2009.

Diese Verordnung ist in allen ihren Teilen verbindlich und gilt unmittelbar in jedem Mitgliedstaat.

Geschehen zu Brüssel am 20. März 2006.

Im Namen des Rates

Der Präsident

J. PRÖLL

Anhang I
Lebensmittel im Sinne von Artikel 1 Absatz 1

– Bier,
– Getränke auf der Grundlage von Pflanzenextrakten,
– Backwaren, feine Backwaren, Süßwaren oder Kleingebäck,
– natürliche Gummis und Harze,
– Senfpaste,
– Teigwaren.

Anhang II
Agrarerzeugnisse im Sinne von Artikel 1 Absatz 1

– Heu,
– ätherische Öle,
– Kork,
– Cochenille (Rohstoff tierischen Ursprungs),
– Blumen und Zierpflanzen,
– Wolle,
– Korbweide,
– Schwingflachs.

Anhang III
Entsprechungstabelle
Verordnung (EWG) Nr. 2081/92/Vorliegende Verordnung

Artikel 1/Artikel 1

Artikel 2 Absatz 1/–

Artikel 2 Absatz 2/Artikel 2 Absatz 1

Artikel 2 Absatz 3/Artikel 2 Absatz 2

Artikel 2 Absatz 4/Artikel 2 Absatz 3 Unterabsatz 1

Artikel 2 Absatz 5/–

Artikel 2 Absatz 6/Artikel 2 Absatz 3 Unterabsatz 2

Artikel 2 Absatz 7/–

Artikel 3 Absatz 1 Unterabsätze 1, 2 und 3/Artikel 3 Absatz 1 Unterabsätze 1, 2 und 3

Artikel 3 Absatz 1 Unterabsatz 4/–

Artikel 3 Absatz 2/Artikel 3 Absatz 2

Artikel 3 Absatz 3/–

Artikel 4/Artikel 4

Artikel 5 Absätze 1, 2 und 3/Artikel 5 Absätze 1, 2 und 3

Artikel 5 Absatz 4/Artikel 5 Absatz 4 Unterabsatz 1

Artikel 5 Absatz 5 Unterabsatz 1/Artikel 5 Absatz 4 Unterabsatz 2

–/Artikel 5 Absatz 5

Artikel 5 Absatz 5 Unterabsatz 2/Artikel 5 Absatz 6 Unterabsatz 1

–/Artikel 5 Absatz 6 Unterabsatz 2

Artikel 5 Absatz 5 Unterabsatz 3/Artikel 5 Absatz 6 Unterabsatz 3

Artikel 5 Absatz 5 Unterabsätze 4 und 5/Artikel 5 Absatz 6 Unterabsätze 4 und 5

Artikel 5 Absatz 5 Unterabsätze 6, 7 und 8/–

–/Artikel 5 Absatz 7

Artikel 5 Absatz 6/Artikel 5 Absatz 8

–/Artikel 5 Absätze 9 und 10

Artikel 6 Absatz 1 Unterabsatz 1/Artikel 6 Absatz 1 Unterabsatz 1

Artikel 6 Absatz 1 Unterabsatz 2/–

Artikel 6 Absatz 1 Unterabsatz 3/Artikel 6 Absatz 1 Unterabsatz 2

Artikel 6 Absatz 2/Artikel 6 Absatz 2 Unterabsatz 1

Artikel 6 Absätze 3 und 4/Artikel 7 Absatz 4

Artikel 6 Absatz 5 Unterabsatz 1/Artikel 6 Absatz 2 Unterabsatz 2

Artikel 6 Absatz 5 Unterabsatz 2/-

Artikel 6 Absatz 6 Unterabsatz 1/-

Artikel 6 Absatz 6 Unterabsatz 2/Artikel 3 Absatz 3

Artikel 7 Absatz 1/Artikel 7 Absatz 1

Artikel 7 Absatz 2/–

Artikel 7 Absatz 3/Artikel 7 Absatz 2 Unterabsatz 1

–/Artikel 7 Absatz 2 Unterabsätze 2 und 3

Artikel 7 Absatz 4/Artikel 7 Absatz 3

Artikel 7 Absatz 5/Artikel 7 Absatz 5

–/Artikel 7 Absätze 6 und 7

–/Artikel 8 Absatz 1

Artikel 8/Artikel 8 Absatz 2

–/Artikel 8 Absatz 3

Artikel 9 Absatz 1/Artikel 9 Absatz 1

Artikel 9 Absätze 2 und 3/Artikel 9 Absatz 2

–/Artikel 9 Absätze 3 und 4

–/Artikel 10 Absatz 1

Artikel 10 Absatz 1/–

Artikel 10 Absatz 2/Artikel 11 Absatz 1

–/Artikel 11 Absatz 2

Artikel 10 Absatz 3/Artikel 11 Absätze 3 und 4

Artikel 10 Absatz 4/–

Artikel 10 Absatz 5/Artikel 10 Absatz 3

Artikel 10 Absatz 6/Artikel 10 Absatz 2

Artikel 10 Absatz 7/Artikel 11 Absatz 1 Unterabsatz 2

Artikel 11 Absätze 1, 2 und 3/–

Artikel 11 Absatz 4/Artikel 12 Absatz 1

Artikel 11a Buchstabe a/Artikel 12 Absatz 2

Artikel 11a Buchstabe b/–

Artikel 12 bis 12d/–

Artikel 13 Absatz 1/Artikel 13 Absatz 1

Artikel 13 Absatz 3/Artikel 13 Absatz 2

Artikel 13 Absatz 4/Artikel 13 Absatz 3 Unterabsatz 1

–/Artikel 13 Absatz 3 Unterabsatz 2

Artikel 13 Absatz 5/Artikel 13 Absatz 4

Artikel 14 Absätze 1 und 2/Artikel 14 Absätze 1 und 2

Artikel 14 Absatz 3/Artikel 3 Absatz 4

Artikel 15/Artikel 15

Artikel 16/Artikel 16

–/Artikel 17 bis 19

Artikel 18/Artikel 20

Anhang I/Anhang I

Anhang II/Anhang II

9. Gesetz gegen den unlauteren Wettbewerb (UWG) vom 3.7.2004

BGBl. I 2004, 1414 ff.

zuletzt geändert durch Gesetz vom 29.7.2009 (BGBl. I., 2413)

(Auszug: §§ 3, 4, 5, 8, 9, 10)

§ 3 Verbot unlauterer geschäftlicher Handlungen

(1) Unlautere geschäftliche Handlungen sind unzulässig, wenn sie geeignet sind, die Interessen von Mitbewerbern, Verbrauchern oder sonstigen Marktteilnehmern spürbar zu beeinträchtigen.

(2) Geschäftliche Handlungen gegenüber Verbrauchern sind jedenfalls dann unzulässig, wenn sie nicht der für den Unternehmer geltenden fachlichen Sorgfalt entsprechen und dazu geeignet sind, die Fähigkeit des Verbrauchers, sich auf Grund von Informationen zu entscheiden, spürbar zu beeinträchtigen und ihn damit zu einer geschäftlichen Entscheidung zu veranlassen, die er andernfalls nicht getroffen hätte. Dabei ist auf den durchschnittlichen Verbraucher oder, wenn sich die geschäftliche Handlung an eine bestimmte Gruppe von Verbrauchern wendet, auf ein durchschnittliches Mitglied dieser Gruppe abzustellen. Auf die Sicht eines durchschnittlichen Mitglieds einer auf Grund von geistigen oder körperlichen Gebrechen, Alter oder Leichtgläubigkeit besonders schutzbedürftigen und eindeutig identifizierbaren Gruppe von Verbrauchern ist abzustellen, wenn für den Unternehmer vorhersehbar ist, dass seine geschäftliche Handlung nur diese Gruppe betrifft.

(3) Die im Anhang dieses Gesetzes aufgeführten geschäftlichen Handlungen gegenüber Verbrauchern sind stets unzulässig.

§ 4 Beispiele unlauterer geschäftlicher Handlungen

Unlauter handelt insbesondere, wer

1. geschäftliche Handlungen vornimmt, die geeignet sind, die Entscheidungsfreiheit der Verbraucher oder sonstiger Marktteilnehmer durch Ausübung von Druck, in menschenverachtender Weise oder durch sonstigen unangemessenen unsachlichen Einfluss zu beeinträchtigen;
2. geschäftliche Handlungen vornimmt, die geeignet sind, geistige oder körperliche Gebrechen, das Alter, die geschäftliche Unerfahrenheit, die Leichtgläubigkeit, die Angst oder die Zwangslage von Verbrauchern auszunutzen;
3. den Werbecharakter von geschäftlichen Handlungen verschleiert;
4. bei Verkaufsförderungsmaßnahmen wie Preisnachlässen, Zugaben oder Geschenken die Bedingungen für ihre Inanspruchnahme nicht klar und eindeutig angibt;
5. bei Preisausschreiben oder Gewinnspielen mit Werbecharakter die Teilnahmebedingungen nicht klar und eindeutig angibt;

6. die Teilnahme von Verbrauchern an einem Preisausschreiben oder Gewinnspiel von dem Erwerb einer Ware oder der Inanspruchnahme einer Dienstleistung abhängig macht, es sei denn, das Preisausschreiben oder Gewinnspiel ist naturgemäß mit der Ware oder der Dienstleistung verbunden;

7. die Kennzeichen, Waren, Dienstleistungen, Tätigkeiten oder persönlichen oder geschäftlichen Verhältnisse eines Mitbewerbers herabsetzt oder verunglimpft;

8. über die Waren, Dienstleistungen oder das Unternehmen eines Mitbewerbers oder über den Unternehmer oder ein Mitglied der Unternehmensleitung Tatsachen behauptet oder verbreitet, die geeignet sind, den Betrieb des Unternehmens oder den Kredit des Unternehmers zu schädigen, sofern die Tatsachen nicht erweislich wahr sind; handelt es sich um vertrauliche Mitteilungen und hat der Mitteilende oder der Empfänger der Mitteilung an ihr ein berechtigtes Interesse, so ist die Handlung nur dann unlauter, wenn die Tatsachen der Wahrheit zuwider behauptet oder verbreitet wurden;

9. Waren oder Dienstleistungen anbietet, die eine Nachahmung der Waren oder Dienstleistungen eines Mitbewerbers sind, wenn er
   a) eine vermeidbare Täuschung der Abnehmer über die betriebliche Herkunft herbeiführt,
   b) die Wertschätzung der nachgeahmten Ware oder Dienstleistung unangemessen ausnutzt oder beeinträchtigt oder
   c) die für die Nachahmung erforderlichen Kenntnisse oder Unterlagen unredlich erlangt hat;

10. Mitbewerber gezielt behindert;

11. einer gesetzlichen Vorschrift zuwiderhandelt, die auch dazu bestimmt ist, im Interesse der Marktteilnehmer das Marktverhalten zu regeln.

§ 5 Irreführende geschäftliche Handlungen

(1) Unlauter handelt, wer eine irreführende geschäftliche Handlung vornimmt. Eine geschäftliche Handlung ist irreführend, wenn sie unwahre Angaben enthält oder sonstige zur Täuschung geeignete Angaben über folgende Umstände enthält:

1. die wesentlichen Merkmale der Ware oder Dienstleistung wie Verfügbarkeit, Art, Ausführung, Vorteile, Risiken, Zusammensetzung, Zubehör, Verfahren oder Zeitpunkt der Herstellung, Lieferung oder Erbringung, Zwecktauglichkeit, Verwendungsmöglichkeit, Menge, Beschaffenheit, Kundendienst und Beschwerdeverfahren, geographische oder betriebliche Herkunft, von der Verwendung zu erwartende Ergebnisse oder die Ergebnisse oder wesentlichen Bestandteile von Tests der Waren oder Dienstleistungen;

2. den Anlass des Verkaufs wie das Vorhandensein eines besonderen Preisvorteils, den Preis oder die Art und Weise, in der er berechnet wird, oder die Bedingungen, unter denen die Ware geliefert oder die Dienstleistung erbracht wird;

3. die Person, Eigenschaften oder Rechte des Unternehmers wie Identität, Vermögen einschließlich der Rechte des geistigen Eigentums, den Umfang von Verpflichtungen, Befähigung, Status, Zulassung, Mitgliedschaften oder Beziehungen, Auszeichnungen oder Ehrungen, Beweggründe für die geschäftliche Handlung oder die Art des Vertriebs;

4. Aussagen oder Symbole, die im Zusammenhang mit direktem oder indirektem Sponsoring stehen oder sich auf eine Zulassung des Unternehmers oder der Waren oder Dienstleistungen beziehen;
5. die Notwendigkeit einer Leistung, eines Ersatzteils, eines Austauschs oder einer Reparatur;
6. die Einhaltung eines Verhaltenskodexes, auf den sich der Unternehmer verbindlich verpflichtet hat, wenn er auf diese Bindung hinweist, oder
7. Rechte des Verbrauchers, insbesondere solche auf Grund von Garantieversprechen oder Gewährleistungsrechte bei Leistungsstörungen.

(2) Eine geschäftliche Handlung ist auch irreführend, wenn sie im Zusammenhang mit der Vermarktung von Waren oder Dienstleistungen einschließlich vergleichender Werbung eine Verwechslungsgefahr mit einer anderen Ware oder Dienstleistung oder mit der Marke oder einem anderen Kennzeichen eines Mitbewerbers hervorruft.

(3) Angaben im Sinne von Absatz 1 Satz 2 sind auch Angaben im Rahmen vergleichender Werbung sowie bildliche Darstellungen und sonstige Veranstaltungen, die darauf zielen und geeignet sind, solche Angaben zu ersetzen.

(4) Es wird vermutet, dass es irreführend ist, mit der Herabsetzung eines Preises zu werben, sofern der Preis nur für eine unangemessen kurze Zeit gefordert worden ist. Ist streitig, ob und in welchem Zeitraum der Preis gefordert worden ist, so trifft die Beweislast denjenigen, der mit der Preisherabsetzung geworben hat.

Kapitel 2 – Rechtsfolgen

§ 8 Beseitigung und Unterlassung

(1) Wer eine nach § 3 oder § 7 unzulässige geschäftliche Handlung vornimmt, kann auf Beseitigung und bei Wiederholungsgefahr auf Unterlassung in Anspruch genommen werden. Der Anspruch auf Unterlassung besteht bereits dann, wenn eine derartige Zuwiderhandlung gegen § 3 oder § 7 droht.

(2) Werden die Zuwiderhandlungen in einem Unternehmen von einem Mitarbeiter oder Beauftragten begangen, so sind der Unterlassungsanspruch und der Beseitigungsanspruch auch gegen den Inhaber des Unternehmens begründet.

(3) Die Ansprüche aus Absatz 1 stehen zu:

1. jedem Mitbewerber;
2. rechtsfähigen Verbänden zur Förderung gewerblicher oder selbstständiger beruflicher Interessen, soweit ihnen eine erhebliche Zahl von Unternehmern angehört, die Waren oder Dienstleistungen gleicher oder verwandter Art auf demselben Markt vertreiben, soweit sie insbesondere nach ihrer personellen, sachlichen und finanziellen Ausstattung imstande sind, ihre satzungsmäßigen Aufgaben der Verfolgung gewerblicher oder selbstständiger beruflicher Interessen tatsächlich wahrzunehmen und soweit die Zuwiderhandlung die Interessen ihrer Mitglieder berührt;
3. qualifizierten Einrichtungen, die nachweisen, dass sie in die Liste qualifizierter Einrichtungen nach § 4 des Unterlassungsklagengesetzes oder in dem Verzeichnis der Kommission der Europäischen Gemeinschaften nach Artikel 4 der Richtlinie 98/27/EG

des Europäischen Parlaments und des Rates vom 19. Mai 1998 über Unterlassungsklagen zum Schutz der Verbraucherinteressen (ABl. EG Nr. L 166 S. 51) eingetragen sind;
4. den Industrie- und Handelskammern oder den Handwerkskammern.

(4) Die Geltendmachung der in Absatz 1 bezeichneten Ansprüche ist unzulässig, wenn sie unter Berücksichtigung der gesamten Umstände missbräuchlich ist, insbesondere wenn sie vorwiegend dazu dient, gegen den Zuwiderhandelnden einen Anspruch auf Ersatz von Aufwendungen oder Kosten der Rechtsverfolgung entstehen zu lassen.

(5) § 13 des Unterlassungsklagengesetzes ist entsprechend anzuwenden; in § 13 Absatz 1 und 3 Satz 2 des Unterlassungsklagengesetzes treten an die Stelle des Anspruchs gemäß § 1 oder § 2 des Unterlassungsklagengesetzes die Unterlassungsansprüche nach dieser Vorschrift. Im Übrigen findet das Unterlassungsklagengesetz keine Anwendung, es sei denn, es liegt ein Fall des § 4a des Unterlassungsklagengesetzes vor.

§ 9 Schadensersatz

Wer vorsätzlich oder fahrlässig eine nach § 3 oder § 7 unzulässige geschäftliche Handlung vornimmt, ist den Mitbewerbern zum Ersatz des daraus entstehenden Schadens verpflichtet. Gegen verantwortliche Personen von periodischen Druckschriften kann der Anspruch auf Schadensersatz nur bei einer vorsätzlichen Zuwiderhandlung geltend gemacht werden.

§ 10 Gewinnabschöpfung

(1) Wer vorsätzlich eine nach § 3 oder § 7 unzulässige geschäftliche Handlung vornimmt und hierdurch zu Lasten einer Vielzahl von Abnehmern einen Gewinn erzielt, kann von den gemäß § 8 Absatz 3 Nummer 2 bis 4 zur Geltendmachung eines Unterlassungsanspruchs Berechtigten auf Herausgabe dieses Gewinns an den Bundeshaushalt in Anspruch genommen werden.

(2) Auf den Gewinn sind die Leistungen anzurechnen, die der Schuldner auf Grund der Zuwiderhandlung an Dritte oder an den Staat erbracht hat. Soweit der Schuldner solche Leistungen erst nach Erfüllung des Anspruchs nach Absatz 1 erbracht hat, erstattet die zuständige Stelle des Bundes dem Schuldner den abgeführten Gewinn in Höhe der nachgewiesenen Zahlungen zurück.

(3) Beanspruchen mehrere Gläubiger den Gewinn, so gelten die §§ 428 bis 430 des Bürgerlichen Gesetzbuchs entsprechend.

(4) Die Gläubiger haben der zuständigen Stelle des Bundes über die Geltendmachung von Ansprüchen nach Absatz 1 Auskunft zu erteilen. Sie können von der zuständigen Stelle des Bundes Erstattung der für die Geltendmachung des Anspruchs erforderlichen Aufwendungen verlangen, soweit sie vom Schuldner keinen Ausgleich erlangen können. Der Erstattungsanspruch ist auf die Höhe des an den Bundeshaushalt abgeführten Gewinns beschränkt.

(5) Zuständige Stelle im Sinn der Absätze 2 und 4 ist das Bundesamt für Justiz.

10. Bürgerliches Gesetzbuch

vom 18. August 1896 (RGBl. S. 195)

(BGBl. III 400-2)

(Auszug)

§ 12 Wird das Recht zum Gebrauch eines Namens dem Berechtigten von einem anderen bestritten oder wird das Interesse des Berechtigten dadurch verletzt, dass ein anderer unbefugt den gleichen Namen gebraucht, so kann der Berechtigte von dem anderen Beseitigung der Beeinträchtigung verlangen. Sind weitere Beeinträchtigungen zu besorgen, so kann er auf Unterlassung klagen.

§ 823 (1) Wer vorsätzlich oder fahrlässig das Leben, den Körper, die Gesundheit, die Freiheit, das Eigentum oder ein sonstiges Recht eines anderen widerrechtlich verletzt, ist dem anderen zum Ersatze des daraus entstehenden Schadens verpflichtet.

(2) [1]Die gleiche Verpflichtung trifft denjenigen, welcher gegen ein den Schutz eines anderen bezweckendes Gesetz verstößt. [2]Ist nach dem Inhalte des Gesetzes ein Verstoß gegen dieses auch ohne Verschulden möglich, so tritt die Ersatzpflicht nur im Falle des Verschuldens ein.

§ 1004 [Beseitigungs- und Unterlassungsanspruch] (1) [1]Wird das Eigentum in anderer Weise als durch Entziehung oder Vorenthaltung des Besitzes beeinträchtigt, so kann der Eigentümer von dem Störer die Beseitigung der Beeinträchtigung verlangen. [2]Sind weitere Beeinträchtigungen zu besorgen, so kann der Eigentümer auf Unterlassung klagen.

(2) Der Anspruch ist ausgeschlossen, wenn der Eigentümer zur Duldung verpflichtet ist.

11. Empfehlungsliste zur Klasseneinteilung der Waren und Dienstleistungen für die Eintragung von Marken

WAREN
Klasse 1

Chemische Erzeugnisse für gewerbliche, wissenschaftliche, photographische, land-, garten- und forstwirtschaftliche Zwecke;
Kunstharze im Rohzustand, Kunststoffe im Rohzustand;
Düngemittel;
Feuerlöschmittel;
Mittel zum Härten und Löten von Metallen;
chemische Erzeugnisse zum Frischhalten und Haltbarmachen von Lebensmitteln;
Gerbmittel;
Klebstoffe für gewerbliche Zwecke.

PRODUITS
Classe 1

Produits chimiques destinés à l'industrie, aux sciences, à la photographie, ainsi qu'à l'agriculture, l'horticulture et la sylviculture;
résines artificielles à l'état brut, matières plastiques à l'état brut;
engrais pour les terres;
compositions extinctrices;
préparations pour la trempe et la soudure des métaux;
produits chimiques destinés à conserver les aliments;
matières tannantes;
adhésifs (matières collantes) destinés à l'industrie.

GOODS
Class 1

Chemicals used in industry, science and photography, as well as in agriculture, horticulture and forestry;
unprocessed artificial resins, unprocessed plastics;
manures;
fire extinguishing compositions;
tempering and soldering preparations;
chemical substances for preserving foodstuffs;
tanning substances;
adhesives used in industry.

Klasse 2

Farben, Firnisse, Lacke;
Rostschutzmittel, Holzkonservierungsmittel;
Färbemittel;
Beizen;
Naturharze im Rohzustand;
Blattmetalle und Metalle in Pulverform für Maler, Dekorateure, Drucker und Künstler.

Classe 2

Couleurs, vernis, laques;
préservatifs contre la rouille et contre la détérioration du bois;
matières tinctoriales;
mordants;
résines naturelles à l'état brut;
métaux en feuilles et en poudre pour peintres, décorateurs, imprimeurs et artistes.

Class 2

Paints, varnishes, lacquers;
preservatives against rust and against deterioration of wood;
colorants;
mordants;
raw natural resins;
metals in foil and powder form for painters, decorators, printers and artists.

Klasse 3

Wasch- und Bleichmittel;
Putz-, Polier-, Fettentfernungs- und Schleifmittel;
Seifen;
Parfümeriewaren, ätherische Öle, Mittel zur Körper- und Schönheitspflege, Haarwässer;
Zahnputzmittel.

Classe 3

Préparations pour blanchir et autres substances pour lessiver;
préparations pour nettoyer, polir, dégraisser et abraser;
savons;
parfumerie, huiles essentielles, cosmétiques, lotions pour les cheveux;
dentifrices.

Class 3

Bleaching preparations and other substances for laundry use;
cleaning, polishing, scouring and abrasive preparations;
soaps;
perfumery, essential oils, cosmetics, hair lotions;
dentifrices.

Anhang 11 Empfehlungsliste zur Klasseneinteilung der Waren und Dienstleistungen

Klasse 4	Classe 4	Class 4
Technische Öle und Fette; Schmiermittel; Staubabsorbierungs-, Staubbenetzungs- und Staubbindemittel; Brennstoffe (einschließlich Motorentreibstoffe) und Leuchtstoffe; Kerzen und Dochte für Beleuchtungszwecke.	Huiles et graisses industrielles; lubrifiants; produits pour absorber, arroser et lier la poussière; combustibles (y compris les essences pour moteurs) et matières éclairantes; bougies et mèches pour l'éclairage.	Industrial oils and greases; lubricants; dust absorbing, wetting and binding compositions; fuels (including motor spirit) and illuminants; candles ands wicks for lighting.

Klasse 5	Classe 5	Class 5
Pharmazeutische und veterinärmedizinische Erzeugnisse; Sanitärprodukte für medizinische Zwecke; diätetische Erzeugnisse für medizinische Zwecke, Babykost; Pflaster, Verbandmaterial; Zahnfüllmittel und Abdruckmassen für zahnärztliche Zwecke; Desinfektionsmittel; Mittel zur Vertilgung von schädlichen Tieren; Fungizide, Herbizide.	Produits pharmaceutiques et vétérinaires; produits hygiéniques pour la médecine; substances diététiques à usage médical, aliments pour bébés; emplâtres, matériel pour pansements; matières pour plomber les dents et pour empreintes dentaires; désinfectants; produits pour la destruction des animaux nuisibles; fongicides, herbicides.	Pharmaceutical and veterinary preparations; sanitary preparations for medical purposes; dietetic substances adapted for medical use, food for babies; plasters, materials for dressings; material for stopping teeth, dental wax; disinfectants; preparations for destroying vermin; fungicides, herbicides.

Klasse 6	Classe 6	Class 6
Unedle Metalle und deren Legierungen; Baumaterialien aus Metall; transportable Bauten aus Metall; Schienenbaumaterial aus Metall; Kabel und Drähte aus Metall (nicht für elektrische Zwecke); Schlosserwaren und Kleineisenwaren; Metallrohre; Geldschränke; Waren aus Metall, soweit in Klasse 6 enthalten. Erze.	Métaux communs et leurs alliages; matériaux de construction métalliques; constructions transportables métalliques; matériaux métalliques pour les voies ferrées; câbles et fils métalliques non électriques; serrurerie et quincaillerie métalliques. tuyaux métalliques; coffres-forts; produits métalliques (compris dans la classe 6); minerais.	Common metals and their alloys; metal building materials; transportable buildings of metal; materials of metal for railway tracks; non-electric cables and wires of common metal; ironmongery, small items of metal hardware; pipes and tubes of metal; safes; goods of common metal, included in class 6; ores.

Klasse 7 | Classe 7 | Class 7

Maschinen
Erläuterungen durch:
a) Angabe des Verwendungszwecks
  oder des Industriezweiges, z. B.:
Maschinen für die Metall-,
Holz-, Kunststoffverarbei-
tung,
Maschinen für die chemische
Industrie, die Landwirtschaft,
den Bergbau,
Textilmaschinen,
Maschinen für die Geträn-
keindustrie,
Baumaschinen,
Verpackungsmaschinen
oder
b) Einzelbenennungen, vgl.
  „Alphabetische Liste der Waren
  und Dienstleistungen",
  Teil II, Klasse 7
und Werkzeugmaschinen;
Motoren (ausgenommen
Motoren für Landfahrzeuge);
Kupplungen und Vorrichtun-
gen zur Kraftübertragung
(ausgenommen solche für
Landfahrzeuge);
nicht handbetätigte landwirt-
schaftliche Geräte;
Brutapparate für Eier.

Machines
Précision par:
a) Indication de l'utilisation ou de
  la branche de l'industrie, p. ex.:
Machines à travailler les mé-
taux, le bois, les matières
plastiques, machines pour
l'industrie chimique,
agricole,
minière,
textile,
des boissons;
machines de construction,
machines d'emballage

ou
b) Indications individuelles, voir
  „Liste alphabétique des pro-
  duits et des services",
  Partie II, Classe 7
et machines-outils;
moteurs (à l'exception des
moteurs pour véhicules ter-
restres);
accouplements et organes de
transmission (à l'exception de
ceux pour véhicules terrest-
res);
instruments agricoles non
etraînés manuellement;
couveuses pour les ufs.

Machines
Specification by;
a) Indication of use or of the
  branch of industry; e.g.:
Metal-, wood-, plastics work-
ing machines,
machines for the chemical
industry, for agriculture,
mining,
textile machines,
machines for the beverage
industry,
construction machines,
packaging machines

or
b) Individual designations see
  „Alpha-betical list of goods and
  services",
  Part II, Class 7
and machine tools:
motors and engines (except
for land vehicles);
machine coupling and trans-
mission components (except
for land vehicles);
agricultural implements
(not hand operated);
incubators for eggs.

Klasse 8 | Classe 8 | Class 8

Handbetätigte Werkzeuge *und*
Geräte;
Erläuterung durch:
a) Angabe des Verwendungs-
  zwecks, z. B.:
  handbetätigte Geräte für
  land-, garten- und forstwirt-
  schaftliche Zwecke, für den
  Maschinen-, Apparate- und
  Fahrzeugbau sowie für die
  Bautechnik;

oder
b) Einzelbenennungen, vgl. „Alpha-
  betische Liste der Waren und
  Dienstleistungen",
  Teil II, Klasse 8
Messerschmiedewaren,
Gabeln und Löffel;
Hieb- und Stichwaffen;
Rasierapparate.

Outils entraînés manuellement
et instruments à main:
Précision par:
a) indication de l'utilisation,
  p. ex.:
  instruments actionnés à main
  pour l'agriculture, l'horticul-
  ture et la sylviculture, pour la
  construction de machines,
  d'appareils et de véhicules
  ainsi que pour la technique de
  construction;
ou
b) Indications individuelles, voir
  „Liste alphabétique des pro-
  duits et des services", Partie II,
  Classe 8
coutellerie, fourchettes et cuil-
lers;
armes blanches;
rasoirs.

Hand tools *and implements*
(hand operated);
Specification by:
a) **Indication of use, e. g:**
  hand operated implements for
  use in agriculture, horticultu-
  re and forestry, for the con-
  struction of machines, appa-
  ratus and vehicles, for the
  building industry;

or
b) Individual designations see
  „Alphabetical list of goods and
  services",
  Part II, Class 8
cutlery;
side arms;
razors.

Anhang 11 Empfehlungsliste zur Klasseneinteilung der Waren und Dienstleistungen

Klasse 9	Classe 9	Class 9
Wissenschaftliche, Schifffahrts-, Vermessungs-, photographische, Film-, optische, Wäge-, Mess-, Signal-, Kontroll-, Rettungs- und Unterrichtsapparate und -instrumente; Apparate und Instrumente zum Leiten, Schalten, Umwandeln, Speichern, Regeln und Kontrollieren von Elektrizität; Geräte zur Aufzeichnung, Übertragung und Wiedergabe von Ton und Bild; Magnetaufzeichnungsträger, Schallplatten; Verkaufsautomaten und Mechaniken für geldbetätigte Apparate; Registrierkassen, Rechenmaschinen, Datenverarbeitungsgeräte und Computer; Feuerlöschgeräte.	Appareils et instruments scientifiques, nautiques, géodésiques, photographiques, cinématographiques, optiques, de pesage, de mesurage, de signalisation, de contrôle (inspection), de secours (sauvetage) et d'enseignement; appareils et instruments pour la conduite, la distribution, la transformation, l'accumulation, le réglage, ou la commande du courant électrique; appareils pour l'enregistrement, la transmission, la reproduction du son ou des images; supports d'enregistrement magnétique, disques acoustiques; distributeurs automatiques et mécanismes pour appareils à prépaiement; caisses enregistreuses, machines à calculer, équipement pour le traitement de l'information et les ordinateurs; extincteurs.	Scientific, nautical, surveying, photo-graphic, cinematographic, optical, weighing, measuring signalling, checking (supervision), life-saving and teaching apparatus und instruments; apparatus and instruments for conducting, switching, transforming, accumulating, regulating or controlling electricity; apparatus for recording, transmission or reproduction of sound or images; magnetic data carriers, recording discs; automatic vending machines and mechanisms for coin operated apparatus; cash registers, calculating machines, data processing equipment and computers; fire-extinguishing apparatus.

Klasse 10	Classe 10	Class 10
Chirurgische, ärztliche, zahn- und tierärztliche Instrumente und Apparate, künstliche Gliedmaßen, Augen und Zähne; orthopädische Artikel; chirurgisches Nahtmaterial.	Appareils et instruments chirurgicaux, médicaux, dentaires et vétérinaires, membres, yeux et dents artificiels; articles orthopédiques; matériel de suture.	Surgical, medical, dental and veterinary apparatus and instruments, artificial limbs, eyes and teeth; orthopedic articles; suture materials.

Klasse 11	Classe 11	Class 11
Beleuchtungs-, Heizungs-, Dampferzeugungs-, Koch-, Kühl-, Trocken-, Lüftungs- und Wasserleitungsgeräte sowie sanitäre Anlagen.	Appareils d'éclairage, de chauffage, de production de vapeur, de cuisson, de réfrigération, de séchage, de ventilation, de distribution d'eau et installations sanitaires.	Apparatus for lighting, heating, steam generating, cooking, refrigerating, drying, ventilating, water supply and sanitary purposes.

Klasse 12	Classe 12	Class 12
Fahrzeuge; Apparate zur Beförderung auf dem Lande, in der Luft oder auf dem Wasser.	Véhicules; appareils de locomotion par terre, par air ou par eau.	Vehicles; apparatus for locomotion by land, air or water.

Klasse 13	Classe 13	Class 13
Schusswaffen; Munition und Geschosse; Sprengstoffe; Feuerwerkskörper.	Armes à feu; munitions et projectiles; explosifs; feux d'artifice.	Firearms; ammunition and projectiles; explosives; fireworks.

Klasse 14

Edelmetalle und deren Legierungen sowie daraus hergestellte oder damit plattierte Waren, soweit in Klasse 14 enthalten.
Juwelierwaren, Schmuckwaren, Edelsteine;
Uhren und Zeitmessinstrumente.

Classe 14

Métaux précieux et leurs alliages et produits en ces matières ou en plaqué
(compris dans la classe 14);
joaillerie, bijouterie, pierres précieuses;
horlogerie et instruments chronométriques.

Class 14

Precious metals and their alloys and goods of precious metals or coated therewith
(included in class 14);
jewellery, precious stones;
horological and chronometric instruments.

Klasse 15

Musikinstrumente.

Classe 15

Instruments de musique.

Class 15

Musical instruments.

Klasse 16

Papier, Pappe (Karton) und Waren aus diesen Materialien, soweit in Klasse 16 enthalten.
Druckereierzeugnisse;
Buchbinderartikel;
Photographien;
Schreibwaren;
Klebstoffe für Papier- und Schreibwaren oder für Haushaltszwecke;
Künstlerbedarfsartikel;
Pinsel;
Schreibmaschinen und Büroartikel (ausgenommen Möbel);
Lehr- und Unterrichtsmittel (ausgenommen Apparate);
Verpackungsmaterial aus Kunststoff, soweit in Klasse 16 enthalten;
Drucklettern;
Druckstöcke.

Classe 16

Papier, carton et produits en ces matières (compris dans la classe 16);
produits d'imprimerie;
articles pour reliures;
photographies;
papeterie;
adhésifs (matières collantes) pour la papeterie ou le ménage;
matériel pour les artistes;
pinceaux;
machines à écrire et articles de bureau (à l'exception des meubles);
matériel d'instruction ou d'enseignement (à l'exception des appareils);
matières plastiques pour l'emballage (comprises dans la classe 16);
caractères d'imprimerie;
clichés.

Class 16

Paper, cardboard and goods made from these materials (included in class 16);
printed matter;
bookbinding material,
photographs;
stationery;
adhesives for stationery or household purposes;
artists'materials,
paint brushes;
typewriters and office requisites (except furniture),
instructional and teaching material (except apparatus);
plastic materials for packaging (included in class 16);
printers type;
printing blocks.

Klasse 17

Kautschuk, Guttapercha, Gummi, Asbest, Glimmer und Waren daraus, soweit in Klasse 17 enthalten;
Waren aus Kunststoffen (Halbfabrikate);
Dichtungs-, Packungs- und Isoliermaterial;
Schläuche (nicht aus Metall).

Classe 17

Caoutchouc, guttapercha, gomme, amiante, mica et produits en ces matières (compris dans la classe 17);
produits en matières plastiques mi-ouvrées;
matières à étouper et à isoler;
tuyaux flexibles non métalliques.

Class 17

Rubber, guttapercha, gum, asbestos, mica and goods made from these materials (included in class 17);
plastics in extruded form for use in manufacture;
packing, stopping and isolating materials;
flexible pipes, not of metal.

Klasse 18

Leder und Lederimitationen sowie Waren daraus, soweit in Klasse 18 enthalten;
Häute und Felle;
Reise- und Handkoffer;
Regenschirme, Sonnenschirme und Spazierstöcke;
Peitschen, Pferdegeschirre und Sattlerwaren.

Classe 18

Cuir et imitations de cuir, produits en ces matières (compris dans la classe 18);
peaux d'animaux;
malles et valises;
parapluies, parasols et cannes;
fouets et sellerie.

Class 18

Leather and imitations of leather, and goods made of these materials (included in class 18);
animal skins, hides;
trunks and travelling bags;
umbrellas, parasols and walking sticks;
whips, harness and saddlery.

Klasse 19

Baumaterialien (nicht aus Metall);
Rohre (nicht aus Metall) für Bauzwecke;
Asphalt, Pech und Bitumen;
transportable Bauten (nicht aus Metall);
Denkmäler (nicht aus Metall).

Classe 19

Matériaux de construction non métalliques;
tuyaux rigides non métalliques pour la construction;
alphalte, poix et bitume;
constructions transportables non métalliques;
monuments non métalliques.

Class 19

Building materials (non-metallic);
non-metallic rigid pipes for building;
asphalt, pitch and bitumen;
non-metallic transportable buildings;
monuments, not of metal.

Klasse 20

Möbel, Spiegel, Rahmen;
Waren, soweit in Klasse 20 enthalten, aus Holz, Kork, Rohr, Binsen, Weide, Horn, Knochen, Elfenbein, Fischbein, Schildpatt, Bernstein, Perlmutter, Meerschaum und deren Ersatzstoffe oder aus Kunststoffen.

Classe 20

Meubles, glaces (miroirs), cadres;
produits (compris dans la classe 20) en bois, liège, roseau, jonc, osier, corne, os, ivoire, baleine, écaille, ambre, nacre, écume de mer, succédanés de toutes ces matières ou en matières plastiques.

Class 20

Furniture, mirrors, picture frames;
goods (included in class 20) of wood, cork, reed, cane, wicker, horn, bone, ivory, whalebone, shell, amber, mother-of-pearl, meerschaum and substitutes for all these materials, or of plastics.

Klasse 21

Geräte und Behälter für Haushalt und Küche (nicht aus Edelmetall oder plattiert);
Kämme und Schwämme;
Bürsten (mit Ausnahme von Pinseln);
Bürstenmachermaterial;
Putzzeug;
Stahlspäne;
rohes oder teilweise bearbeitetes Glas (mit Ausnahme von Bauglas);
Glaswaren, Porzellan und Steingut, soweit in Klasse 21 enthalten.

Classe 21

Utensiles et récipients pour le ménage ou la cuisine (ni en métaux précieux, ni en plaqué);
peignes et éponges;
brosses (à l'exception des pinceaux);
matériaux pour la brosserie;
matériel de nettoyage;
paille de fer;
verre brut ou mi-ouvré (à l'exception du verre de construction);
verrerie, porcelaine et faïence (comprises dans la classe 21).

Class 21

Household or kitchen utensils and containers (not of precious metal or coated therewith);
combs and sponges;
brushes (except paint brushes);
brush-making materials;
articles for cleaning purposes;
stellwool;
unworked or semi-worked glass (except glass used in building);
glassware, porcelain and earthenware (included in class 21).

Klasse 22

Seile, Bindfaden, Netze, Zelte, Planen, Segel, Säcke (soweit in Klasse 22 enthalten);
Polsterfüllstoffe (außer aus Kautschuk oder Kunststoffen);
rohe Gespinstfasern.

Classe 22

Cordes, ficelles, filets, tentes, bâches, voiles, sacs (compris dans la classe 22);
matières de rembourrage (à l'exception du caoutchouc ou des matières plastiques);
matières textiles fibreuses brutes.

Class 22

Ropes, string, nets, tents, awnings, tarpaulins, sails, sacks and bags (included in class 22);
padding and stuffing materials (except of rubber or plastics);
raw fibrous textile materials.

Klasse 23

Garne und Fäden für textile Zwecke.

Classe 23

Fils à usage textile.

Class 23

Yarns and threads, for textile use.

Klasse 24

Webstoffe und Textilwaren, soweit in Klasse 24 enthalten;
Bett- und Tischdecken.

Classe 24

Tissus et produits textiles (compris dans la classe 24);
couvertures de lit et de table.

Class 24

Textiles and textile goods (included in class 24);
bed and table covers.

Klasse 25	Classe 25	Class 25
Bekleidungsstücke, Schuh-waren, Kopfbedeckungen.	Vêtements, chaussures, chapelle-rie.	Clothing, footwear, headgear.

Klasse 26	Classe 26	Class 26
Spitzen und Stickereien, Bänder und Schnürbänder; Knöpfe, Haken und Ösen, Nadeln; künstliche Blumen.	Dentelles et broderies, rubans et lacets; boutons, crochets et oeillets, épingles et aiguilles; fleurs artificielles.	Lace and embroidery, ribbons and braid; buttons, hooks and eyes, pins and needles; artificial flowers.

Klasse 27	Classe 27	Class 27
Teppiche, Fußmatten, Matten, Linoleum und andere Boden-beläge; Tapeten (ausgenommen aus textilem Material).	Tapis, paillassons, nattes, linolé-um et autres revêtements de sols; tentures murales non en matiè-res textiles.	Carpets, rugs, mats and matting, linoleum and other materials for covering existing floors; wall hangings (non-textile).

Klasse 28	Classe 28	Class 28
Spiele, Spielzeug; Turn- und Sportartikel, soweit in Klasse 28 enthalten; Christbaumschmuck.	Jeux, jouets; articles de gymnastique et de sport (compris dans la classe 28); décorations pour arbres de Noël.	Games and playthings; gymnastic and sporting articles (included in class 28); decorations for Christmas trees.

Klasse 29	Classe 29	Class 29
Fleisch, Fisch, Geflügel und Wild; Fleischextrakte; konserviertes, getrocknetes und gekochtes Obst und Gemüse; Gallerten (Gelees); Konfitüren, Kompotte; Eier, Milch und Milchprodukte; Speiseöle und -fette.	Viande, poissons, volaille et gi-bier; extraits de viande; fruits et légumes conservés, sé-chés et cuits; gelées; confitures, compotes; huiles et graisses comestibles.	Meat, fish, poultry and game; meat extracts; preserved, dried and cooked fruits and vegetables; jellies; jams, compotes; eggs, milk and milk products; edible oils and fats.

Klasse 30	Classe 30	Class 30
Kaffee, Tee, Kakao, Zucker, Reis, Tapioka, Sago, Kaffee-Ersatzmittel; Mehle und Getreidepräparate; Brot, feine Backwaren und Kon-ditorwaren, Speiseeis; Honig, Melassesirup; Hefe, Backpulver; Salz; Senf; Essig, Saucen (Würzmittel); Gewürze; Kühleis.	Café, thé, cacao, sucre, riz, tapioca, sagou, succédanés de café; farines et préparations faites de céréales; pain, pâtisserie et confiserie, glaces comestibles; miel, sirop de mélasse; levure, poudre pour faire lever; sel; moutarde; vinaigre, sauces (condiments); épices; glace à rafraîchir.	Coffee, tea, cocoa, sugar, rice, tapioca, sago, artificial coffee; flour and preparations made from cereals; bread, pastry and confectionery, ices; honey, treacle; yeast, baking-powder; salt; mustard; vinegar, sauces (condiments); spices; ice.

Anhang 11 Empfehlungsliste zur Klasseneinteilung der Waren und Dienstleistungen

Klasse 31	Classe 31	Class 31
Land-, garten- und forstwirtschaftliche Erzeugnisse sowie Samenkörner, soweit in Klasse 31 enthalten; lebende Tiere; frisches Obst und Gemüse; Sämereien, lebende Pflanzen und natürliche Blumen; Futtermittel, Malz.	Produits agricoles, horticoles, forestiers et graines (compris dans la classe 31); animaux vivants; fruits et légumes frais; semences, plantes et fleurs naturelles; aliments pour les animaux, malt.	Agricultural, horticultural and forestry products and grains (included in class 31); live animals; fresh fruits and vegetables; seeds, natural plants and flowers; foodstuffs for animals, malt.
Klasse 32	**Classe 32**	**Class 32**
Biere; Mineralwässer und kohlensäurehaltige Wässer und andere alkoholfreie Getränke; Fruchtgetränke und Fruchtsäfte; Sirupe und andere Präparate für die Zubereitung von Getränken.	Bières; eaux minérales et gazeuses et autres boissons non alcoholiques; boissons de fruits et jus de fruits; sirops et autres préparations pour faire des boissons.	Beers; mineral and aerated waters and other non-alcoholic drinks; fruit drinks and fruit juices; syrups and other preparations for making beverages.
Klasse 33	**Classe 33**	**Class 33**
Alkoholische Getränke (ausgenommen Biere).	Boissons alcooliques (à l'exception des bières).	Alcoholic beverages (except beers).
Klasse 34	**Classe 34**	**Class 34**
Tabak; Raucherartikel; Streichhölzer.	Tabac; articles pour fumeurs; allumettes.	Tobacco; smoker's articles; matches.
DIENSTLEISTUNGEN Klasse 35	**SERVICES Classe 35**	**SERVICES Class 35**
Werbung; Geschäftsführung; Unternehmensverwaltung; Büroarbeiten.	Publicité; gestion des affaires commerciales; administration commerciale; travaux de bureau.	Advertising; business management; business administration; office functions.
Klasse 36	**Classe 36**	**Class 36**
Versicherungswesen; Finanzwesen; Geldgeschäfte; Immobilienwesen.	Assurances; affaires financières; affaires monétaires; affaires immobilières.	Insurance; financial affairs; monetary affairs; real estate affairs.
Klasse 37	**Classe 37**	**Class 37**
Bauwesen; *Reparaturwesen; Erläuterung durch Angabe der Art der Reparaturdienste (z. B. Angabe der Warenbereiche), vgl. „Alphabetische Liste der Waren und Dienstleistungen", Teil II, Klasse 37* Installationsarbeiten.	Construction; *réparation; Précision par indication du type des services de réparation (p. ex., indication du secteur des produits), voir „Liste alphabétique des produits et des services", Partie II, Classe 37* services d'installation.	Building construction, *repair; Specification by designation of the type of services (e.g. cite the field of goods), see „Alphabetical list of goods and services", Part II, Class 37* installation services.

Klasse 38	Classe 38	Class 38
Telekommunikation.	Télécommunications.	Telecommunications.

Klasse 39	Classe 39	Class 39
Transportwesen; Verpackung und Lagerung von Waren; Veranstaltung von Reisen.	Transport; emballage et entreposage de marchandises; organisation de voyages.	Transport; packaging and storage of goods; travel arrangement.

Klasse 40	Classe 40	Class 40
Materialbearbeitung.	Traitement de matériaux.	Treatment of materials.

Klasse 41	Classe 41	Class 41
Erziehung; Ausbildung; Unterhaltung; sportliche und kulturelle Aktivitäten.	Education; formation; divertissement; activités sportives et culturelles.	Education; providing of training; entertainment; sporting and cultural activities.

Klasse 42	Classe 42	Class 42
Wissenschaftliche und technologische Dienstleistungen und Forschungsarbeiten und diesbezügliche Designerdienstleistungen; industrielle Analyse- und Forschungsdienstleistungen; Entwurf und Entwicklung von Computerhardware und -software; Rechtsberatung und -vertretung.	Services scientifiques et technologiques ainsi que services de recherches et de conceptions y relatifs; services d'analyses et de recherches industrielles; conception et développement d'ordinateurs et de logiciels; services juridiques.	Scientific and technological services and reserarch and design relating thereto; industrial analysis and research services; design and development of computer hardware and software; legal services.

Klasse 43	Classe 43	Class 43
Dienstleistungen zur Verpflegung und Beherbergung von Gästen.	Services de restauration (alimentation); hébergement temporaire.	Services for providing food and drink; temporary accomodation.

Klasse 44	Classe 44	Class 44
Medizinische und veterinärmedizinische Dienstleistungen; Gesundheits- und Schönheitspflege für Menschen und Tiere; Dienstleistungen im Bereich der Land-, Garten- oder Forstwirtschaft.	Services médicaux; services vétérinaires; soins d'hygiène et de beauté pour êtres humains ou pour animaux; services d'agriculture, d'horticulture et de sylviculture.	Medical services; veterinary services; hygienic and beauty care for human beings or animals; agriculture, horticulture and forestry services.

Klasse 45	Classe 45	Class 45
Persönliche und soziale Dienstleistungen betreffend individuelle Bedürfnisse; Sicherheitsdienste zum Schutz von Sachwerten oder Personen.	Services personnels et sociaux rendus par des tiers destinés à satisfaire les besoins des individus; services relatifs à la sécurité des objets et des personnes.	Personal and social services rendered by others to meet the needs of individuals; security services for the protection of property and individuals.

12. Veröffentlichung einer deutschen Marke im Markenblatt

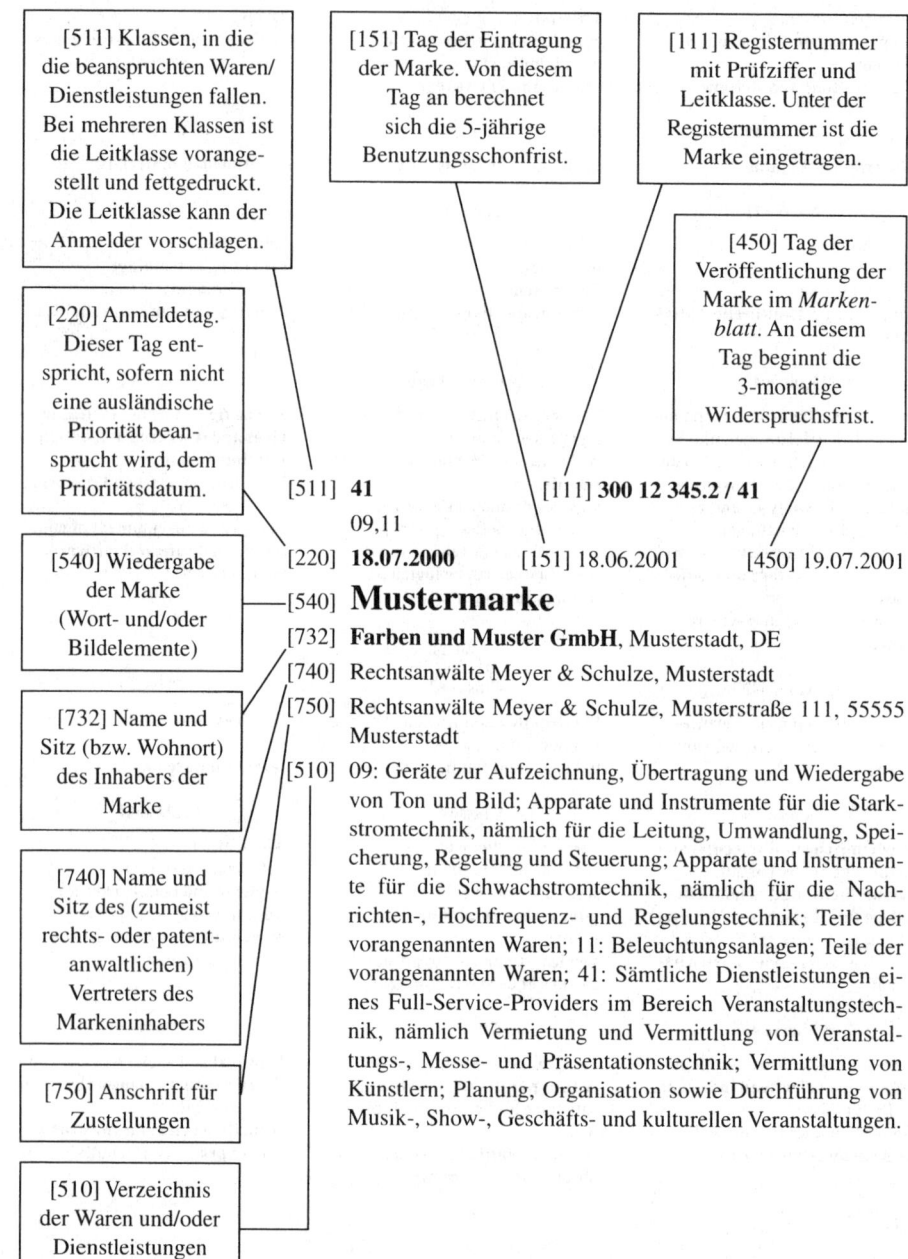

[511] Klassen, in die die beanspruchten Waren/Dienstleistungen fallen. Bei mehreren Klassen ist die Leitklasse vorangestellt und fettgedruckt. Die Leitklasse kann der Anmelder vorschlagen.

[151] Tag der Eintragung der Marke. Von diesem Tag an berechnet sich die 5-jährige Benutzungsschonfrist.

[111] Registernummer mit Prüfziffer und Leitklasse. Unter der Registernummer ist die Marke eingetragen.

[220] Anmeldetag. Dieser Tag entspricht, sofern nicht eine ausländische Priorität beansprucht wird, dem Prioritätsdatum.

[450] Tag der Veröffentlichung der Marke im *Markenblatt*. An diesem Tag beginnt die 3-monatige Widerspruchsfrist.

[540] Wiedergabe der Marke (Wort- und/oder Bildelemente)

[732] Name und Sitz (bzw. Wohnort) des Inhabers der Marke

[740] Name und Sitz des (zumeist rechts- oder patentanwaltlichen) Vertreters des Markeninhabers

[750] Anschrift für Zustellungen

[510] Verzeichnis der Waren und/oder Dienstleistungen

[511] **41**
09,11

[220] **18.07.2000**   [151] 18.06.2001

[111] **300 12 345.2 / 41**

[450] 19.07.2001

[540] **Mustermarke**

[732] **Farben und Muster GmbH**, Musterstadt, DE

[740] Rechtsanwälte Meyer & Schulze, Musterstadt

[750] Rechtsanwälte Meyer & Schulze, Musterstraße 111, 55555 Musterstadt

[510] 09: Geräte zur Aufzeichnung, Übertragung und Wiedergabe von Ton und Bild; Apparate und Instrumente für die Starkstromtechnik, nämlich für die Leitung, Umwandlung, Speicherung, Regelung und Steuerung; Apparate und Instrumente für die Schwachstromtechnik, nämlich für die Nachrichten-, Hochfrequenz- und Regelungstechnik; Teile der vorangenannten Waren; 11: Beleuchtungsanlagen; Teile der vorangenannten Waren; 41: Sämtliche Dienstleistungen eines Full-Service-Providers im Bereich Veranstaltungstechnik, nämlich Vermietung und Vermittlung von Veranstaltungs-, Messe- und Präsentationstechnik; Vermittlung von Künstlern; Planung, Organisation sowie Durchführung von Musik-, Show-, Geschäfts- und kulturellen Veranstaltungen.

Weitere Angaben:

- [442] Bekanntmachungstag
- [210] Aktenzeichen (ohne Prüfziffer)
- [300] Unions- oder Gemeinschaftsmarkenpriorität (Datum, Ländercode, Aktenzeichen)
- [230] Ausstellungspriorität (Datum, Angaben zur Ausstellung)
- [350] Seniorität gem. Art. 34 oder 35 GMV (Datum, Ländercode, Aktenzeichen)
- [561] Transliteration
- [750] Zustellungsanschrift
- [591] Bei farbiger Darstellung die Bezeichnung der Farben
- [551] Hinweis darauf, daß es sich um eine Kollektivmarke handelt
- [554] Hinweis auf eine dreidimensionale Marke
- [556] Hinweis auf eine Hörmarke
- [–] Kennfadenmarke oder sonstige Markenform
- [571] Der Eintragung ist eine Beschreibung beigefügt
- [521] Durchgesetzte Marke/durchgesetzter Markenbestandteil
- [390] Telle-Quelle-Marke

13. Veröffentlichung einer IR-Marke in der Gazette OMPI des Marques Internationales

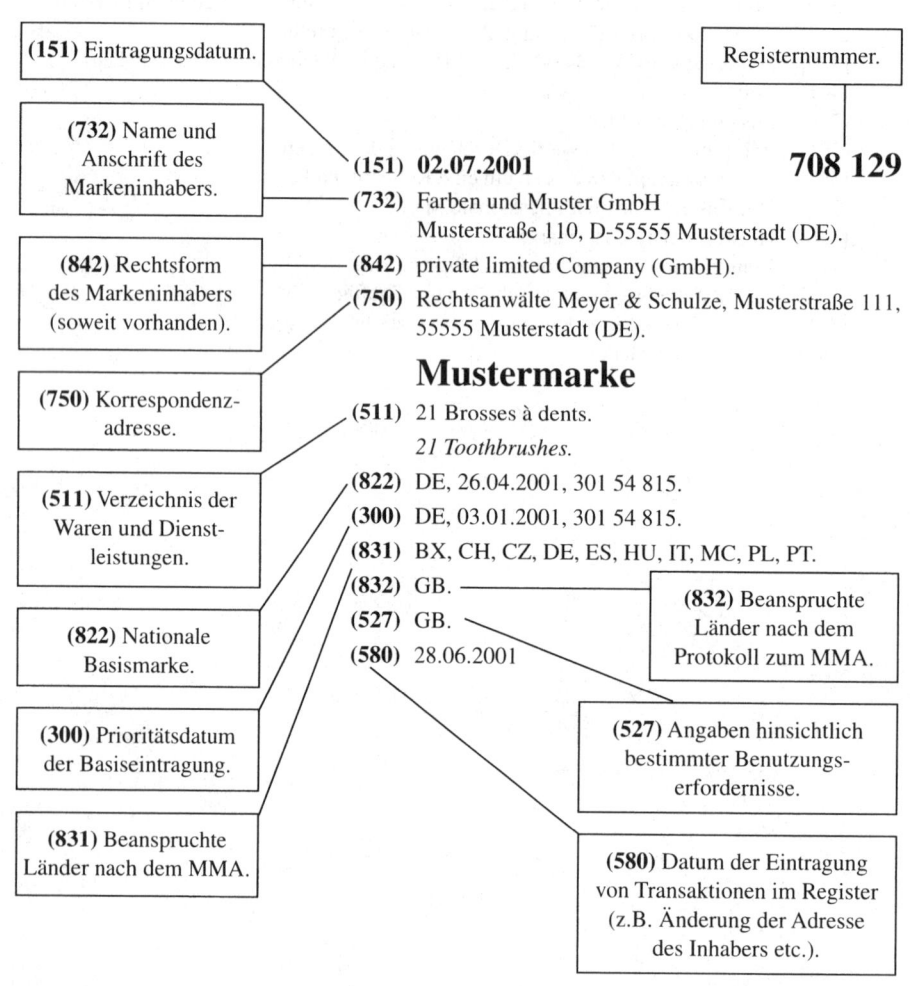

(151) Eintragungsdatum.

Registernummer.

(732) Name und Anschrift des Markeninhabers.

(842) Rechtsform des Markeninhabers (soweit vorhanden).

(750) Korrespondenz-adresse.

(511) Verzeichnis der Waren und Dienst-leistungen.

(822) Nationale Basismarke.

(300) Prioritätsdatum der Basiseintragung.

(831) Beanspruchte Länder nach dem MMA.

(151) 02.07.2001

708 129

(732) Farben und Muster GmbH
Musterstraße 110, D-55555 Musterstadt (DE).

(842) private limited Company (GmbH).

(750) Rechtsanwälte Meyer & Schulze, Musterstraße 111, 55555 Musterstadt (DE).

Mustermarke

(511) 21 Brosses à dents.

21 Toothbrushes.

(822) DE, 26.04.2001, 301 54 815.

(300) DE, 03.01.2001, 301 54 815.

(831) BX, CH, CZ, DE, ES, HU, IT, MC, PL, PT.

(832) GB.

(527) GB.

(580) 28.06.2001

(832) Beanspruchte Länder nach dem Protokoll zum MMA.

(527) Angaben hinsichtlich bestimmter Benutzungs-erfordernisse.

(580) Datum der Eintragung von Transaktionen im Register (z.B. Änderung der Adresse des Inhabers etc.).

Weitere Angaben in der Veröffentlichung:
(156) Datum der Verlängerung
(320) Datum der Anmeldung der nationalen Basiseintragung
(531) Internationale Klassifikation der Bildbestandteile der jeweiligen Marke
(550) Angabe des Typs oder der Natur der jeweiligen Marke
(561) Transliteration
(566) Übersetzung der Marke oder von Wörtern, die in der Marke enthalten sind
(571) Beschreibung der Marke
(591) Angaben zu beanspruchten Farben bei farbigen Eintragungen
(821) Nationale Basisanmeldung (sofern noch nicht eingetragen)

14. Veröffentlichung einer Gemeinschaftsmarke im Blatt für Gemeinschaftsmarken

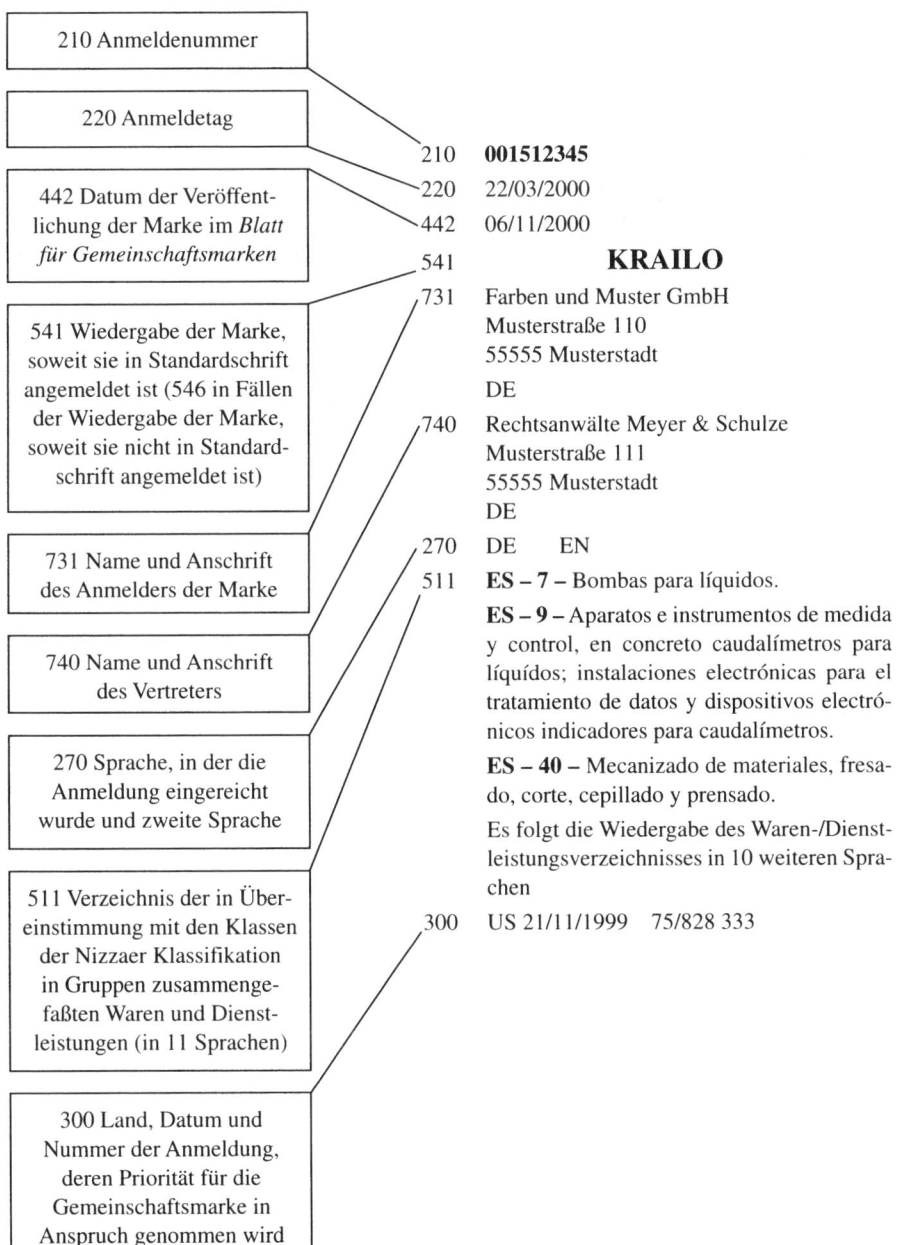

210 Anmeldenummer	
220 Anmeldetag	
442 Datum der Veröffentlichung der Marke im *Blatt für Gemeinschaftsmarken*	
541 Wiedergabe der Marke, soweit sie in Standardschrift angemeldet ist (546 in Fällen der Wiedergabe der Marke, soweit sie nicht in Standardschrift angemeldet ist)	
731 Name und Anschrift des Anmelders der Marke	
740 Name und Anschrift des Vertreters	
270 Sprache, in der die Anmeldung eingereicht wurde und zweite Sprache	
511 Verzeichnis der in Übereinstimmung mit den Klassen der Nizzaer Klassifikation in Gruppen zusammengefaßten Waren und Dienstleistungen (in 11 Sprachen)	
300 Land, Datum und Nummer der Anmeldung, deren Priorität für die Gemeinschaftsmarke in Anspruch genommen wird	

210   **001512345**
220   22/03/2000
442   06/11/2000
541   **KRAILO**
731   Farben und Muster GmbH
      Musterstraße 110
      55555 Musterstadt
      DE
740   Rechtsanwälte Meyer & Schulze
      Musterstraße 111
      55555 Musterstadt
      DE
270   DE   EN
511   **ES – 7 –** Bombas para líquidos.

ES – 9 – Aparatos e instrumentos de medida y control, en concreto caudalímetros para líquidos; instalaciones electrónicas para el tratamiento de datos y dispositivos electrónicos indicadores para caudalímetros.

ES – 40 – Mecanizado de materiales, fresado, corte, cepillado y prensado.

Es folgt die Wiedergabe des Waren-/Dienstleistungsverzeichnisses in 10 weiteren Sprachen

300   US 21/11/1999   75/828 333

Weitere Angaben:

551 Gemeinschaftskollektivmarke
554 Dreidimensionale Marke
556 Hörmarke
557 Geruchsmarke
571 Beschreibung der Marke
591 Angabe der Farbe(n)
531 Bildbestandteile (Wiener Klassifikation)
526 Disclaimer
521 Durch Benutzung erlangte Unterscheidungskraft
230 Name und Ausstellung Name der Ausstellung und Tag der ersten Zurschaustellung (Priorität gem. Art. 33 GMV)
350 Zeitrang: Land, (a) Nummer der Eintragung, (b) Tag der Eintragung, (c) Anmeldetag, (d) Prioritätsdatum

15. Gesetz über die Kosten des Deutschen Patent- und Markenamts und des Bundespatentgerichts (Patentkostengesetz – PatKostG)

Vom 13. Dezember 2001

(BGBl. I., 3656

zuletzt geändert durch Art. 4 des Gesetzes vom 31. Juli 2009 BGBl. I., 20521)

§ 1 Geltungsbereich, Verordnungsermächtigungen

(1) Die Gebühren des Deutschen Patent- und Markenamts und des Bundespatentgerichts werden, soweit gesetzlich nichts anderes bestimmt ist, nach diesem Gesetz erhoben. Für Auslagen in Verfahren vor dem Bundespatentgericht ist das Gerichtskostengesetz anzuwenden.

(2) Das Bundesministerium der Justiz wird ermächtigt, durch Rechtsverordnung, die nicht der Zustimmung des Bundesrates bedarf, zu bestimmen,

1. dass in Verfahren vor dem Deutschen Patent- und Markenamt neben den nach diesem Gesetz erhobenen Gebühren auch Auslagen sowie Verwaltungskosten (Gebühren und Auslagen für Bescheinigungen, Beglaubigungen, Akteneinsicht und Auskünfte und sonstige Amtshandlungen) erhoben werden und
2. welche Zahlungswege für die an das Deutsche Patent- und Markenamt und das Bundespatentgericht zu zahlenden Kosten (Gebühren und Auslagen) gelten und Bestimmungen über den Zahlungstag zu treffen.

§ 2 Höhe der Gebühren

(1) Gebühren werden nach dem Gebührenverzeichnis der Anlage zu diesem Gesetz erhoben.

(2) Für Klagen und einstweilige Verfügungen vor dem Bundespatentgericht richten sich die Gebühren nach dem Streitwert. Die Höhe der Gebühr bestimmt sich nach § 34 des Gerichtskostengesetzes. Der Mindestbetrag einer Gebühr beträgt 121 Euro. Für die Festsetzung des Streitwerts gelten die Vorschriften des Gerichtskostengesetzes entsprechend. Die Regelungen über die Streitwertherabsetzung (§ 144 des Patentgesetzes und § 26 des Gebrauchsmustergesetzes) sind entsprechend anzuwenden.

§ 3 Fälligkeit der Gebühren

(1) Die Gebühren werden mit der Einreichung einer Anmeldung, eines Antrags oder durch die Vornahme einer sonstigen Handlung oder mit der Abgabe der entsprechenden Erklärung zu Protokoll fällig, soweit gesetzlich nichts anderes bestimmt ist. Eine sonstige Handlung im Sinn dieses Gesetzes ist insbesondere

1. die Einlegung von Rechtsbehelfen und Rechtsmitteln;
2. der Antrag auf gerichtliche Entscheidung nach § 61 Abs. 2 des Patentgesetzes;
3. die Erklärung eines Beitritts zum Einspruchsverfahren;

4. die Einreichung einer Klage;

5. die Änderung einer Anmeldung oder eines Antrags, wenn sich dadurch eine höhere Gebühr für das Verfahren oder die Entscheidung ergibt.

Die Gebühr für die erfolglose Rüge wegen Verletzung des Anspruchs auf rechtliches Gehör
wird mit der Bekanntgabe der Entscheidung fällig. Ein hilfsweise gestellter Antrag wird
zur Bemessung der Gebührenhöhe dem Hauptantrag hinzugerechnet, soweit eine Entscheidung über ihn ergeht; soweit Haupt- und Hilfsantrag denselben Gegenstand betreffen, wird
die Höhe der Gebühr nur nach dem Antrag bemessen, der zur höheren Gebühr führt. Legt
der Erinnerungsführer gemäß § 64 Abs. 6 Satz 2 des Markengesetzes Beschwerde ein, hat
er eine Beschwerdegebühr nicht zu entrichten.

(2) Die Jahresgebühren für Patente, Schutzzertifikate und Patentanmeldungen und die Verlängerungsgebühren für Marken sowie die Aufrechterhaltungsgebühren für Gebrauchsmuster und Geschmacksmuster sind jeweils für die folgende Schutzfrist am letzten Tag des
Monats fällig, der durch seine Benennung dem Monat entspricht, in den der Anmeldetag
fällt. Wird ein Gebrauchsmuster erst nach Beendigung der ersten oder einer folgenden
Schutzfrist eingetragen, so ist die Aufrechterhaltungsgebühr am letzten Tag des Monats
fällig, in dem die Eintragung im Register bekannt gemacht ist.

§ 4 Kostenschuldner

(1) Zur Zahlung der Kosten ist verpflichtet,

1. wer die Amtshandlung veranlasst oder zu wessen Gunsten sie vorgenommen wird;

2. wem durch Entscheidung des Deutschen Patent- und Markenamts oder des Bundespatentgerichts die Kosten auferlegt sind;

3. wer die Kosten durch eine gegenüber dem Deutschen Patent- und Markenamt oder dem
Bundespatentgericht abgegebene oder dem Deutschen Patent- und Markenamt oder
dem Bundespatentgericht mitgeteilte Erklärung übernommen hat;

4. wer für die Kostenschuld eines anderen kraft Gesetzes haftet.

(2) Mehrere Kostenschuldner haften als Gesamtschuldner.

(3) Soweit ein Kostenschuldner auf Grund von Absatz 1 Nr. 2 und 3 haftet, soll die Haftung
eines anderen Kostenschuldners nur geltend gemacht werden, wenn eine Zwangsvollstreckung in das bewegliche Vermögen des Ersteren erfolglos geblieben ist oder aussichtslos
erscheint. Soweit einem Kostenschuldner, der auf Grund von Absatz 1 Nr. 2 haftet, Verfahrenskostenhilfe bewilligt ist, soll die Haftung eines anderen Kostenschuldners nicht geltend gemacht werden. Bereits gezahlte Beträge sind zu erstatten.

§ 5 Vorauszahlung, Vorschuss

(1) In Verfahren vor dem Deutschen Patent- und Markenamt soll die Bearbeitung erst nach
Zahlung der Gebühr für das Verfahren und des Vorschusses für die Bekanntmachungskos-
ten erfolgen; das gilt auch, wenn Anträge geändert werden. Satz 1 gilt nicht für die Anträge
auf Weiterleitung einer Anmeldung an das Harmonisierungsamt für den Binnenmarkt
(Marken, Muster und Modelle) nach § 125a des Markengesetzes, § 62 des Geschmacksmustergesetzes und die Anträge auf Weiterleitung internationaler Anmeldungen an das Internationale Büro der Weltorganisation für geistiges Eigentum nach § 68 des Geschmacksmustergesetzes. In Verfahren vor dem Bundespatentgericht soll die Klage erst nach

Zahlung der Gebühr für das Verfahren zugestellt werden; im Fall eines Beitritts zum Einspruch im Beschwerdeverfahren oder eines Beitritts zum Einspruch im Fall der gerichtlichen Entscheidung nach § 61 Abs. 2 des Patentgesetzes soll vor Zahlung der Gebühr keine gerichtliche Handlung vorgenommen werden.

(2) Die Jahresgebühren für Patente, Schutzzertifikate und Patentanmeldungen, die Verlängerungsgebühren für Marken und die Aufrechterhaltungsgebühren für Gebrauchsmuster und Geschmacksmuster dürfen frühestens ein Jahr vor Eintritt der Fälligkeit vorausgezahlt werden, soweit nichts anderes bestimmt ist.

§ 6 Zahlungsfristen, Folgen der Nichtzahlung

(1) Ist für die Stellung eines Antrags oder die Vornahme einer sonstigen Handlung durch Gesetz eine Frist bestimmt, so ist innerhalb dieser Frist auch die Gebühr zu zahlen. Alle übrigen Gebühren sind innerhalb von drei Monaten ab Fälligkeit (§ 3 Abs. 1) zu zahlen, soweit gesetzlich nichts anderes bestimmt ist.

(2) Wird eine Gebühr nach Absatz 1 nicht, nicht vollständig oder nicht rechtzeitig gezahlt, so gilt die Anmeldung oder der Antrag als zurückgenommen, oder die Handlung als nicht vorgenommen, soweit gesetzlich nichts anderes bestimmt ist.

(3) Absatz 2 ist auf Weiterleitungsgebühren (Nummern 335 100, 344 100 und 345 100) nicht anwendbar.

(4) Zahlt der Erinnerungsführer die Gebühr für das Erinnerungsverfahren nicht, nicht rechtzeitig oder nicht vollständig, so gilt auch die von ihm nach § 64 Abs. 6 Satz 2 des Markengesetzes eingelegte Beschwerde als zurückgenommen.

§ 7 Zahlungsfristen für Jahres-, Aufrechterhaltungs- und Schutzrechtsverlängerungsgebühren, Verspätungszuschlag

(1) Die Jahresgebühren für Patente, Schutzzertifikate und Patentanmeldungen, die Verlängerungsgebühren für Marken und Aufrechterhaltungsgebühren für Gebrauchsmuster und Geschmacksmuster sind bis zum Ablauf des zweiten Monats nach Fälligkeit zu zahlen. Wird die Gebühr nicht innerhalb der Frist des Satzes 1 gezahlt, so kann die Gebühr mit dem Verspätungszuschlag noch bis zum Ablauf des sechsten Monats nach Fälligkeit gezahlt werden.

(2) Für Geschmacksmuster ist bei Aufschiebung der Bildbekanntmachung die Erstreckungsgebühr innerhalb der Aufschiebungsfrist (§ 21 Abs. 1 Satz 1 des Geschmacksmustergesetzes) zu zahlen.

(3) Wird die Klassifizierung einer eingetragenen Marke bei der Verlängerung auf Grund einer Änderung der Klasseneinteilung geändert, und führt dies zu einer Erhöhung der zu zahlenden Klassengebühren, so können die zusätzlichen Klassengebühren auch nach Ablauf der Frist des Absatzes 1 nachgezahlt werden, wenn die Verlängerungsgebühr fristgemäß gezahlt wurde. Die Nachzahlungsfrist endet nach Ablauf des 18. Monats nach Fälligkeit der Verlängerungsgebühr. Ein Verspätungszuschlag ist nicht zu zahlen.

§ 8 Kostenansatz

(1) Die Kosten werden angesetzt:

1. beim Deutschen Patent- und Markenamt
   a) bei Einreichung einer Anmeldung,
   b) bei Einreichung eines Antrags,
   c) im Fall eines Beitritts zum Einspruchsverfahren,
   d) bei Einreichung eines Antrags auf gerichtliche Entscheidung nach § 61 Abs. 2 des Patentgesetzes sowie
   e) bei Einlegung eines Rechtsbehelfs oder Rechtsmittels,
2. beim Bundespatentgericht
   a) bei Einreichung einer Klage,
   b) bei Einreichung eines Antrags auf Erlass einer einstweiligen Verfügung,
   c) im Fall eines Beitritts zum Einspruch im Beschwerdeverfahren oder im Verfahren nach § 61 Abs. 2 des Patentgesetzes sowie
   d) bei einer erfolglosen Rüge wegen Verletzung des Anspruchs auf rechtliches Gehör, auch wenn sie bei einem ersuchten Gericht oder einer ersuchten Behörde entstanden sind.

(2) Die Stelle, die die Kosten angesetzt hat, trifft auch die Entscheidungen nach den §§ 9 und 10.

§ 9 Unrichtige Sachbehandlung

Kosten, die bei richtiger Behandlung der Sache nicht entstanden wären, werden nicht erhoben.

§ 10 Rückzahlung von Kosten, Wegfall der Gebühr

(1) Vorausgezahlte Gebühren, die nicht mehr fällig werden können, und nicht verbrauchte Auslagenvorschüsse werden erstattet. Die Rückerstattung von Teilbeträgen der Jahresgebühr Nummer 312 205 bis 312 207 des Gebührenverzeichnisses ist ausgeschlossen.

(2) Gilt eine Anmeldung oder ein Antrag als zurückgenommen (§ 6 Abs. 2) oder auf Grund anderer gesetzlicher Bestimmungen als zurückgenommen oder erlischt ein Schutzrecht, weil die Gebühr nicht oder nicht vollständig gezahlt wurde, so entfällt die Gebühr, wenn die beantragte Amtshandlung nicht vorgenommen wurde.

§ 11 Erinnerung, Beschwerde

(1) Über Erinnerungen des Kostenschuldners gegen den Kostenansatz oder gegen Maßnahmen nach § 5 Abs. 1 entscheidet die Stelle, die die Kosten angesetzt hat. Sie kann ihre Entscheidung von Amts wegen ändern. Die Erinnerung ist schriftlich oder zu Protokoll der Geschäftsstelle bei der Stelle einzulegen, die die Kosten angesetzt hat.

(2) Gegen die Entscheidung des Deutschen Patent- und Markenamts über die Erinnerung kann der Kostenschuldner Beschwerde einlegen. Die Beschwerde ist nicht an eine Frist gebunden und ist schriftlich oder zu Protokoll der Geschäftsstelle beim Deutschen Patent- und Markenamt einzulegen. Erachtet das Deutsche Patent- und Markenamt die Beschwerde für begründet, so hat es ihr abzuhelfen. Wird der Beschwerde nicht abgeholfen, so ist sie dem Bundespatentgericht vorzulegen.

(3) Eine Beschwerde gegen die Entscheidungen des Bundespatentgerichts über den Kostenansatz findet nicht statt.

§ 12 Verjährung, Verzinsung

Für die Verjährung und Verzinsung der Kostenforderungen und der Ansprüche auf Erstattung von Kosten gilt § 5 des Gerichtskostengesetzes entsprechend.

§ 13 Anwendung der bisherigen Gebührensätze

(1) Auch nach dem Inkrafttreten eines geänderten Gebührensatzes sind die vor diesem Zeitpunkt geltenden Gebührensätze weiter anzuwenden,

1. wenn die Fälligkeit der Gebühr vor dem Inkrafttreten des geänderten Gebührensatzes liegt oder
2. wenn für die Zahlung einer Gebühr durch Gesetz eine Zahlungsfrist festgelegt ist und das für den Beginn der Frist maßgebliche Ereignis vor dem Inkrafttreten des geänderten Gebührensatzes liegt oder
3. wenn die Zahlung einer nach dem Inkrafttreten des geänderten Gebührensatzes fälligen Gebühr auf Grund bestehender Vorauszahlungsregelungen vor Inkrafttreten des geänderten Gebührensatzes erfolgt ist.

(2) Bei Prüfungsanträgen nach § 44 des Patentgesetzes und Rechercheanträgen nach § 43 des Patentgesetzes, § 11 des Erstreckungsgesetzes und § 7 des Gebrauchsmustergesetzes sind die bisherigen Gebührensätze nur weiter anzuwenden, wenn der Antrag und die Gebührenzahlung vor Inkrafttreten eines geänderten Gebührensatzes eingegangen sind.

(3) Wird eine innerhalb von drei Monaten nach dem Inkrafttreten eines geänderten Gebührensatzes fällig werdende Gebühr nach den bisherigen Gebührensätzen rechtzeitig gezahlt, so kann der Unterschiedsbetrag bis zum Ablauf einer vom Deutschen Patent- und Markenamt oder Bundespatentgericht zu setzenden Frist nachgezahlt werden. Wird der Unterschiedsbetrag innerhalb der gesetzten Frist nachgezahlt, so gilt die Gebühr als rechtzeitig gezahlt. Ein Verspätungszuschlag wird in diesen Fällen nicht erhoben.

(4) Verfahrenshandlungen, die eine Anmeldung oder einen Antrag ändern, wirken sich nicht auf die Höhe der Gebühr aus, wenn die Gebühr zur Zeit des verfahrenseinleitenden Antrages nicht nach dessen Umfang bemessen wurde.

§ 14 Übergangsvorschriften aus Anlass des Inkrafttretens dieses Gesetzes

(1) Die bisherigen Gebührensätze der Anlage zu § 1 (Gebührenverzeichnis) des Patentgebührengesetzes vom 18. August 1976 in der durch Artikel 10 des Gesetzes vom 22. Dezember 1999 (BGBl. I S. 2534) geänderten Fassung, sind auch nach dem 1. Januar 2002 weiter anzuwenden,

1. wenn die Fälligkeit der Gebühr vor dem 1. Januar 2002 liegt oder
2. wenn für die Zahlung einer Gebühr durch Gesetz eine Zahlungsfrist festgelegt ist und das für den Beginn der Frist maßgebliche Ereignis vor dem 1. Januar 2002 liegt oder
3. wenn die Zahlung einer nach dem 1. Januar 2002 fälligen Gebühr auf Grund bestehender Vorauszahlungsregelungen vor dem 1. Januar 2002 erfolgt ist.

Ist in den Fällen des Satzes 1 Nr. 1 nach den bisher geltenden Vorschriften für den Beginn der Zahlungsfrist die Zustellung einer Gebührenbenachrichtigung erforderlich und ist diese vor dem 1. Januar 2002 nicht erfolgt, so kann die Gebühr noch bis zum 31. März 2002 gezahlt werden.

(2) In den Fällen, in denen am 1. Januar 2002 nach den bisher geltenden Vorschriften lediglich die Jahres-, Aufrechterhaltungs- und Schutzrechtsverlängerungsgebühren, aber noch nicht die Verspätungszuschläge fällig sind, richtet sich die Höhe und die Fälligkeit des Verspätungszuschlages nach § 7 Abs. 1 mit der Maßgabe, dass die Gebühren mit dem Verspätungszuschlag noch bis zum 30. Juni 2002 gezahlt werden können.

(3) Die bisher geltenden Gebührensätze sind für Geschmacksmuster und typographische Schriftzeichen, die vor dem 1. Januar 2002 angemeldet worden sind, nur dann weiter anzuwenden, wenn zwar die jeweilige Schutzdauer oder Frist nach § 8b Abs. 2 Satz 1 des Geschmacksmustergesetzes vor dem 1. Januar 2002 abgelaufen ist, jedoch noch nicht die Frist zur Zahlung der Verlängerungs- oder Erstreckungsgebühr mit Verspätungszuschlag, mit der Maßgabe, dass die Gebühren mit dem Verspätungszuschlag noch bis zum 30. Juni 2002 gezahlt werden können.

(4) Bei Prüfungsanträgen nach § 44 des Patentgesetzes und Rechercheanträgen nach § 43 des Patentgesetzes, § 11 des Erstreckungsgesetzes und § 7 des Gebrauchsmustergesetzes sind die bisherigen Gebührensätze nur weiter anzuwenden, wenn der Antrag und die Gebührenzahlung vor dem 1. Januar 2002 eingegangen sind.

(5) Wird eine innerhalb von drei Monaten nach dem 1. Januar 2002 fällig werdende Gebühr nach den bisherigen Gebührensätzen rechtzeitig gezahlt, so kann der Unterschiedsbetrag bis zum Ablauf einer vom Deutschen Patent- und Markenamt oder Bundespatentgericht zu setzenden Frist nachgezahlt werden. Wird der Unterschiedsbetrag innerhalb der gesetzten Frist nachgezahlt, so gilt die Gebühr als rechtzeitig gezahlt. Ein Verspätungszuschlag wird in diesen Fällen nicht erhoben.

§ 15 Übergangsvorschriften aus Anlass des Inkrafttretens des Geschmacksmusterreformgesetzes

(1) In den Fällen, in denen am 31. Mai 2004 die Erstreckungsgebühren für Geschmacksmuster oder typografische Schriftzeichen, aber noch nicht der Verspätungszuschlag fällig sind, wird die Frist zur Zahlung der Erstreckungsgebühr bis zum Ende der Aufschiebungsfrist nach § 21 Abs. 1 Satz 1 des Geschmacksmustergesetzes verlängert. Ein Verspätungszuschlag ist nicht zu zahlen.

(2) In den Fällen, in denen am 31. Mai 2004 die Erstreckungsgebühren für Geschmacksmuster oder typografische Schriftzeichen nur noch mit dem Verspätungszuschlag innerhalb der Aufschiebungsfrist des § 8b des Geschmacksmustergesetzes in der bis zum Ablauf des 31. Mai 2004 geltenden Fassung gezahlt werden können, wird die Frist zur Zahlung bis zum Ende der Aufschiebungsfrist nach § 21 Abs. 1 Satz 1 des Geschmacksmustergesetzes verlängert.

Anlage zu § 2 Abs. 1 (Gebührenverzeichnis) *[Auszug]*

Nr.	Gebührenbestand	Gebühr in Euro

A. Gebühren des Deutschen Patent- und Markenamts

III. Marken; geographische Angaben und Ursprungsbezeichnungen

1. Eintragungsverfahren

Anmeldeverfahren einschließlich der Klassengebühr bis zu drei Klassen

– für eine Marke (§ 32 MarkenG)

331 000	– bei elektronischer Anmeldung..	290
331 100	– bei Anmeldung in Papierform	300
331 200	– für eine Kollektivmarke (§ 97 MarkenG)................................	900

Klassengebühr bei Anmeldung für jede Klasse ab der vierten Klasse

331 300	– für eine Marke (§ 32 MarkenG)..	100
331 400	– für eine Kollektivmarke (§ 97 MarkenG)...............................	150
331 500	Beschleunigte Prüfung der Anmeldung (§ 38 MarkenG).......................	200
331 600	Widerspruchsverfahren (§ 42 MarkenG)	120
331 700	Verfahren bei Teilung einer Anmeldung (§ 40 MarkenG)	300
331 800	Verfahren bei Teilübertragung einer Anmeldung (§§ 27 Abs. 4, 31 MarkenG)	300

2. Verlängerung der Schutzdauer

Verlängerungsgebühr einschließlich der Klassengebühr bis zu drei Klassen

332 100	– für eine Marke (§ 47 Abs. 3 MarkenG)	750
332 101	– Verspätungszuschlag (§ 7 Abs. 1 Satz 2)	50
332 200	– für eine Kollektivmarke (§ 97 MarkenG)...............................	1 800
332 201	– Verspätungszuschlag (§ 7 Abs. 1 Satz 2)	50

Klassengebühr bei Verlängerung für jede Klasse ab der vierten Klasse

332 300	– für eine Marke oder Kollektivmarke (§§ 47 Abs. 3, 97 MarkenG)	260
332 301	– Verspätungszuschlag (§ 7 Abs. 1 Satz 2)	50

3. Sonstige Anträge

333 000	Erinnerungsverfahren (§ 64 MarkenG)....................................	150
333 050	Weiterbehandlungsgebühr (§ 91a MarkenG)...............................	100
333 100	Verfahren bei Teilung einer Eintragung (§ 46 MarkenG)......................	300
333 200	Verfahren bei Teilübertragung einer Eintragung (§§ 46, 27 Abs. 4 MarkenG)......	300

Löschungsverfahren

333 300	– wegen Nichtigkeit (§ 54 MarkenG)	300
333 400	– wegen Verfalls (§ 49 MarkenG)..	100

4. International registrierte Marken

Nationale Gebühr für die internationale Registrierung

334 100	Nationale Gebühr für die internationale Registrierung nach Artikel 3 des Madrider Markenabkommens (§ 108 MarkenG) oder nach dem Protokoll zum Madrider Markenabkommen (§ 120 MarkenG) sowie nach dem Madrider Markenabkommen und dem Protokoll zum Madrider Markenabkommen (§§ 108, 120 MarkenG)........	180

Nr.	Gebührenbestand	Gebühr in Euro
	Nationale Gebühr für die nachträgliche Schutzerstreckung	
334 300	Nationale Gebühr für die nachträgliche Schutzerstreckung nach Artikel 3ter Abs. 2 des Madrider Markenabkommens (§ 111 MarkenG) oder nach Artikel 3ter Abs. 2 des Protokolls zum Madrider Markenabkommen (§ 123 Abs. 1 MarkenG) sowie nach dem Madrider Markenabkommen und dem Protokoll zum Madrider Markenabkommen (§ 123 Abs. 2 MarkenG)	120
	Umwandlungsverfahren einschließlich der Klassengebühr bis zu drei Klassen (§ 125 Abs. 1 MarkenG)	
334 500	– für eine Marke (§ 32 MarkenG)..........................	300
334 600	– für eine Kollektivmarke (§ 97 MarkenG).................	900
	Klassengebühr bei Umwandlung für jede Klasse ab der vierten Klasse	
334 700	– für eine Marke (§ 32 MarkenG)..........................	100
334 800	– für eine Kollektivmarke (§ 97 MarkenG).................	150

5. Gemeinschaftsmarken

Nr.	Gebührenbestand	Gebühr in Euro
335 100	Weiterleitung einer Gemeinschaftsmarkenanmeldung (§ 125a MarkenG).........	25
	Umwandlungsverfahren einschließlich der Klassengebühr bis zu drei Klassen (§ 125d Abs. 1 MarkenG)	
335 200	– für eine Marke (§ 32 MarkenG)..........................	300
335 300	– für eine Kollektivmarke (§ 97 MarkenG).................	900
	Klassengebühr bei Umwandlung für jede Klasse ab der vierten Klasse	
335 400	– für eine Marke (§ 32 MarkenG)..........................	100
335 500	– für eine Kollektivmarke (§ 97 MarkenG).................	150

6. Geographische Angaben und Ursprungsbezeichnungen

Nr.	Gebührenbestand	Gebühr in Euro
336 100	Eintragungsverfahren (§ 130 MarkenG).....................................	900
336 200	Einspruchsverfahren (§ 131 MarkenG)......................................	120
336 300	Löschungsverfahren (§ 132 Abs. 1 MarkenG)................................	120

B. Gebühren des Bundespatentgerichts

(1) Die Gebühren Nummer 400 000 bis 401 300 werden für jeden Antragsteller gesondert erhoben.

(2) Die Gebühr Nummer 400 000 ist zusätzlich zur Gebühr für das Einspruchsverfahren vor dem Deutschen Patent- und Markenamt (Nummer 313 600) zu zahlen.

Nr.	Gebührenbestand	Gebühr in Euro
400 000	Antrag auf gerichtliche Entscheidung nach § 61 Abs. 2 PatG	300

Nr.	Gebührenbestand	Gebühr in Euro

I. Beschwerdeverfahren

Beschwerdeverfahren

401 100
1. gemäß § 73 Abs. 1 PatG gegen die Entscheidung der Patentabteilung über den Einspruch,
2. gemäß § 18 Abs. 1 GebrMG gegen die Entscheidung der Gebrauchsmusterabteilung über den Löschungsantrag,
3. gemäß § 66 MarkenG in Löschungsverfahren,
4. gemäß § 4 Abs. 4 Satz 3 HalblSchG i.V.m. § 18 Abs. 2 GebrMG gegen die Entscheidung der Topografieabteilung,
5. gemäß § 34 Abs. 1 SortSchG gegen die Entscheidung des Widerspruchsausschusses in den Fällen des § 18 Abs. 2 Nr. 1, 2, 5 und 6 SortSchG 500

401 200 gegen einen Kostenfestsetzungsbeschluss 50

401 300 in anderen Fällen 200

Beschwerden in Verfahrenskostenhilfesachen, Beschwerden nach § 11 Abs. 2 PatKostG und nach § 11 Abs. 2 DPMAVwKostV sind gebührenfrei.

III. Rüge wegen Verletzung des Anspruchs auf rechtliches Gehör

403 100 Verfahren über die Rüge wegen Verletzung des Anspruchs auf rechtliches Gehör nach § 321a ZPO i.V.m. § 99 Abs. 1 PatG, § 82 Abs. 1 MarkenG
Die Rüge wird in vollem Umfang verworfen oder zurückgewiesen 50

Entscheidungsverzeichnis

Angegeben sind die Namen der Entscheidungen, deren Fundstelle bzw., soweit
die Entscheidung nicht veröffentlicht wurde, deren Aktenzeichen, sowie die Fundstelle(n)
in der Kommentierung (Paragraphen **fett**, Randnummern normal)

Name der Entscheidung	Fundstelle	Kommentierung
@ctiveIO	BPatG, GRUR 2003, 794	**8** 53
@-Zeichen	BPatG, GRUR 2003, 794	**8** 53
01070	BPatG, Beschl. v. 8.11.2000 – 29 W (pat) 378/99	**8** 68
01072	BPatG, Beschl. v. 8.11.2000 – 29 W (pat) 88/00	**8** 68
0800 – Freecall	BPatG, Beschl. v. 28.2.2001 – 29 W (pat) 27/00	**8** 68
1, 2, 3 im Sauseschritt	BGH, WRP 2002, 1279 = GRUR 2002, 1083	**5** 55, 56; **15** 39, 43
1000	EuGH, MarkenR 2011, 112	**8** 68, 157
1001buecher.de	OLG Hamburg, GRUR 2001, 832	**Anh § 5** 21
1012 – privat	BPatG, Beschl. v. 7.2.2001 – 29 W (pat) 222/99	**8** 68
11er	BPatG, GRUR 1993, 45	**8** 157
20	BPatG, Beschl. v. 26.2.2003 – 28 W (pat) 106/02	**8** 157
21st Century	BPatG, GRUR 2000, 1049	**14** 82; **23** 30
230	BPatG, Beschl. v. 5.5.1999 – 26 W (pat) 8/97	**8** 68
242	BPatG, Beschl. v. 5.5.1999 – 26 W (pat) 5/99	**8** 68
24translate	OLG Hamburg, GRUR-RR 2002, 256	**Anh § 5** 21; **23** 16
4	BPatG, Beschl. v. 1.10.2003 – 28 W (pat) 65/03	**8** 157
4 DSL	OLG Köln, GRUR-RR 2007, 273	**4** 17

Name der Entscheidung	Fundstelle	Kommentierung
afilias.de	BGH, WRP 2008, 1520 = GRUR 2008, 1099	**5** 25, 26, 39; **Anh § 5** 1, 8, 9, 11, 19, 20, 22
agenda	OLG Hamburg GRUR-RR 2009, 309	**14** 303
AGPRO	BPatG, Beschl. v. 3.11.2009 – 33 W (pat) 122/07, BeckRS 2009, 87087	**8** 219, 223
ahd.de	BGH, WRP 2009, 803 = GRUR 2009, 685	**5** 18, 25; **Anh § 5** 8, 9, 11, 22, 25; **14** 250; **15** 11, 14
Ahoj-Brause	OLG Hamburg, GRUR-RR 2005, 258	**14** 282
AIDA/AIDU	BGH, WRP 2010, 381 = GRUR 2010, 235	**14** 48, 50, 78, 110; **15** 14
AIDOL	BGH, WRP 2007, 1095 = GRUR 2007, 784	**14** 20
AIG	BPatGE 40, 192	**14** 69
airdsl	BGH, WRP 2009, 1533 = GRUR 2009, 1055	**5** 63; **Anh § 5** 1, 2, 5, 8, 9, 11, 16; **14** 15, 77, 265; **15** 21; **27** 9
AjS	BGH, WRP 1990, 613 = GRUR 1992, 329	**5** 9; **15** 23
AK 47	EuG, Urt. v. 24.3.2011 – T-419/9, BeckRS 2011, 80304	**8** 69, 158, 170
AKADEMIKS	BGH, GRUR 2008, 621	**2** 6; **8** 216, 218, 223
Akteneinsicht Marken-anmeldung	BPatG, Beschl. v. 14.4.2010 – 26 (pat) 14/10, BeckRS 2010, 17152	**62** 2, 4, 7; **71** 7
Akteneinsicht XV	BGH, GRUR 2001, 143	**62** 7
Akteneinsicht XVIII	BGH, GRUR 2007, 815	**62** 7
Aktienkündigungsrecht I	BGH, GRUR 1987, 707	**24** 3, 4
Aktienkündigungsrecht II	BGH, GRUR 1987, 823	**24** 3

Name der Entscheidung	Fundstelle	Kommentierung
Aktionsgemeinschaft Vierte Partei	BGHZ 1979, 265	**5** 46
Akustische Wand	BGH, GRUR 1972, 536	**96** 8
Akzenta	OLG Köln, GRUR-RR 2005, 186	**26** 11, 18
AKZENTA	BGH, WRP 2008, 802	**26** 1, 2, 5a, 18
alarm24	BPatG, Beschl. v. 14.7.2004 – 25 W (pat) 280/01	**8** 157, 158
ALBATRIN	BPatG, Mitt. 1984, 236	**43** 26, 29
Albiose	BPatGE 5, 185	**14** 174
Alcacyl	BGH, WRP 1968, 443 = GRUR 1969, 362	**26** 42
alcantara	OLG Hamm, GRUR 1982, 172	**30** 5
alcon.de	OLG Frankfurt, WRP 2000, 772	**Anh § 5** 22; **15** 18
Alf	BGH, GRUR 1992, 697	**30** 55
aliseo	OLG München, Mitt. 1997, 30	**26** 7, 11; **30** 60
Alka-Seltzer	BGH, WRP 1998, 990 = GRUR 1998, 942	**14** 128
Alles wird teurer	KG, GRUR 1997, 295	**14** 15
ALLFINANZ DEUTSCHE VERMÖGENSBERATUNG	BPatG, Beschl. v. 15.9.2009 – 3 W (pat) 21/08, BeckRS 2009, 28092	**8** 51
Allianz	OLG München, MarkenR 2000, 66	**14** 203; **15** 30; **127** 15
Allpetro	BPatG, Beschl. v. 20.5.2009 – 8 W (pat) 7/09, BeckRS 2009, 20010	**8** 48, 144
ALLSTAR	BGH, WRP 1977, 264 = GRUR 1977, 491	**14** 177, 178; **15** 14
ALLTREK	BGH, NJOZ 2008, 2358	**59** 6; **83** 17

Name der Entscheidung	Fundstelle	Kommentierung
Almglocke	BGH, WRP 1961, 248 = GRUR 1961, 347	**4** 8; **5** 21; **14** 163
Alpenflora/Alpenblüte	BPatG, Mitt. 1969, 171	**14** 108
Alpenmilch	RGZ 167, 171	**4** 10, 11
alphaCAM	BGH, GRUR 2008, 731	**69** 3; **78** 3; **83** 13, 16
Alphaferon	BGH, GRUR 1994, 805	**8** 28, 30, 54, 139; **14** 146
alphajet	BPatG, Beschl v. 18.1.2005 – 27 W (pat) 68/02	**63** 13
Alpha-Laval-Separatoren	RG, GRUR 1928, 394	**23** 46
alpharma	BPatG, Mitt. 1988, 31	**8** 139
alpi/Alba	BGH, GRUR 1990, 367	**8** 248; **14** 88, 124, 146, 151; **15** 23
Alpina	RGZ 151, 287	**14** 247
Altberliner	BGH, WRP 1999, 523 = GRUR 1999, 492	**5** 3, 8, 15, 16; **15** 3, 14, 17, 21
Altenburger Spielkarten-fabrik	BGH, WRP 1995, 910 = GRUR 1995, 754, 756	**5** 28, 29, 30, 34; **15** 14, 23
Altenburger Ziegenkäse	EuGH, LMRR 2000, 79 OLG Köln, GRUR 2007, 793	**Vor §§ 130 bis 139** 15 **Vor §§ 130 bis 139** 20
Altpa/Alpha	BGH, GRUR 1954, 331	**5** 16; **15** 23
Aluminiumdraht	BGH, GRUR 1977, 214	**83** 7, 21
Aluminiumräder	BGH, WRP 2005, 219 = GRUR 2005, 163, 164	**23** 47
Aluminium-Trihydroxid	BGH, GRUR 1995, 333	**81** 9; **91** 2
amazing discoveries	BPatG, GRUR 2010, 423	**61** 4
ambiente.de	BGH, WRP 2001, 1305 = GRUR 2001, 1038	**Anh § 5** 15; **14** 251
American Bud I	EuGH, GRUR Int. 2004, 131	**Vor §§ 126 bis 129** 26, 27; **126** 8
American Bud II	EuGH, GRUR 2010, 143	**Vor §§ 126 bis 129** 16, 18, 27; **Vor §§ 130 bis 139** 1, 31

Name der Entscheidung	Fundstelle	Kommentierung
American Clothing/HABM	EuGH, MarkenR 2009, 478	**8** 197, 200
Ampelmännchen	BPatG, Beschl. v. 4.8.2011 – 8 W (pat) 29/11, BeckRS 2011, 22213	**8** 72
An der schönen blauen Donau	OLG München, GRUR 1955, 436	**5** 64
Analgin	BGH, WRP 1998, 373 = GRUR 1998, 412	**6** 11
Anginetten	BGH, GRUR 1973, 605	**42** 35, 38
ANGO/ANG	BPatG, Mitt. 1976, 121	**14** 88
Anhängeetikett	BPatG, Beschl. v. 13.10.2010 – 26 W (pat) 136/09, BeckRS 2010, 28174	**8** 79
Anheuser-Busch	EuGH, GRUR 2005, 153	**14** 26; **23** 8, 31
Anhörung	BPatG, GRUR 2007, 156	**80** 9
Anhörungsrüge	BGH, GRUR 2007, 156	**82** 3; **83** 9
animalplanet.de	LG Hamburg, CR 1999, 785	**Anh § 5** 27
Ankerzeichen	BGH, GRUR 1958, 393	**14** 148
Ankündigungsrecht I	BGH, GRUR 1987, 707	**24** 39
Ankündigungsrecht II	BGH, GRUR 1987, 823	**24** 39
Anlaß zur Klage	KG, WRP 1984, 325	**18** 26
Anmeldetag	BPatG, GRUR 1997, 134	**32** 14; **36** 4, 6
Anmeldetag bei Zeitrangver-schiebung	BPatG, GRUR 1999, 590	**33** 3
Ansprechen in der Öffent-lichkeit II	BGH, WRP 2005, 485 = GRUR 2005, 445	**14** 259
Ansul/Ajax	EuGH, Slg. 2003, I-2439 = GRUR 2003, 425	**26** 1, 9
Antennenhalter	BGH, GRUR 2009, 91	**83** 17

Name der Entscheidung	Fundstelle	Kommentierung
antiKALK	BGH, WRP 2001, 1201 = GRUR 2001, 1153 BPatG, Beschl. v. 14.8.1998 – 33 W (pat) 41/98	**8** 40, 46, 75 **8** 143
AntiVir/AntiVirus	BGH, WRP 2003, 1353 = GRUR 2003, 963	**14** 16, 147
Antrag auf Streitwertherabsetzung auch nach Urteilsverkündung zulässig	BPatG, GRUR-Prax 2010, 441	**142** 2
Anwaltliche Doppelqualifikation	BPatG, GRUR 1991, 205	**140** 21
Anzeigenrubrik I	BGH, GRUR 1991, 772	**14** 249
apetito/apitta	BGH, WRP 1993, 694	**14** 152
Apiserum	BGH, WRP 1995, 600 = GRUR 1995, 505	**5** 34
APISOL/Aspisol	BPatG, GRUR 1995, 488	**26** 56
Apollo	BGH, WRP 2003, 1454 = GRUR 2003, 1062	**30** 6, 43
APPARTMENTS für Living	BPatG, Beschl. v. 1.2.2010 – 7 W (pat) 502/10, BeckRS 2010, 09806	**8** 49
Apropos Film	BGH, GRUR 1988, 377	**5** 55, 60; **15** 38, 39
Apropos Film II	BGH, GRUR 1990, 360	**4** 12; **8** 235, 236
Aqua	BGH, WRP 1997, 453 = GRUR 1996, 267	**14** 161–163; **26** 3, 9, 10; **153** 12
AQUA CLEAN KOI	OLG Köln, WRP 2009, 1290	**30** 55
Aqua King	BGH, GRUR 1983, 177	**24** 22
Aquavit	BGH, WRP 1993, 95 = GRUR 1991, 852	**127** 6, 7
ARAL-blau I	BPatGE 40, 158	**3** 11
ARAL-blau II	BPatGE 40, 177	**3** 11
ARAL-blau III	BPatGE 40, 167	**3** 11

Name der Entscheidung	Fundstelle	Kommentierung
Aspirin II	BGH, WRP 2008, 102	**24** 36
AssayBuilder	BPatG, Beschl. v. 20.5.2010 – 28 W (pat) 528/10, BeckRS 2010, 24111	**8** 48
ASTHMA-BRAUSE	BPatG, GRUR 1997, 640	**8** 128, 143
Astire	BPatG, Beschl. v. 15.4.2008 – 33 W (pat) 53/06, BeckRS 2008, 08494	**8** 223
Astra	BGH, WRP 1960, 23 = GRUR 1960, 137	**5** 33
ASTRA/ESTRA-PUREN	BGH, WRP 2002, 326 = GRUR 2002, 342	**14** 132
ASTRO BOY/Boy	BPatG, GRUR 2002, 345	**14** 151
Atmungsgerät für Taucher	BPatG, Beschl. v. 5.10.2004 – 27 W (pat) 60/01	**3** 20
ATOZ	BGH, GRUR 2009, 88	**82** 3; **83** 16
ATOZ II	BGH, GRUR 2009, 427	**85** 5
ATOZ III	BGH, WRP 2010, 269	**26** 18, 36; **78** 3; **82** 3; **83** 13, 16
ATR	BPatG, Beschl. v. 17.4.2002 – 28 W (pat) 66/01	**8** 65, 155
Attaché/Tisserand	BGH, WRP 2000, 535 = GRUR 2000, 506	**8** 28; **14** 82, 99, 135; **23** 30
audison	BGH, WRP 2008, 940 = GRUR 2008, 611	**11** 7, 9; **17** 3, 7
AuditMaster	BPatG, Beschl. v. 10.11.2004 – 29 W (pat) 93/03	**8** 143
Aufgearbeitete Kupplung	OLG München, WRP 1993, 47	**24** 29
Auflaufbremse	BGH, GRUR 1983, 114	**83** 14
Aufmachung von Qualitäts-seifen	BGH, GRUR 1982, 672	**4** 7, 10
Aufmachungsfarbmarke grün/grün	BPatG, GRUR 2003, 803	**8** 87, 90

Name der Entscheidung	Fundstelle	Kommentierung
Aufspaltung von Warenzeichenrechten und freier Warenverkehr	EuGH, Slg. 1994, I-2789	**24** 19
Aufspritzverfahren	LG München, GRUR 1962, 165	**141** 3
Aufwendungsersatz	BGH, GRUR 1980, 1074	**55** 19
Augsburger Puppenkiste	BGH, WRP 2009, 971 = GRUR 2009, 772	**5** 8, 15, 16; **15** 21, 24; **26** 20, 32, 36, 40
Ausgeschlossener Richter	BGH, WRP 1998, 1010 = GRUR 1999, 43	**72** 2
Auskunft über Notdienste	BGH, WRP 1994, 506 = GRUR 1994, 516	**14** 258
Auslaufendstücke für Sanitärarmaturen	OLG Düsseldorf, GRUR-RR, 2002, 213	**63** 7
Außenseiteranspruch II	BGH, WRP 2000, 723	**24** 30
Außerachtlassen einer entgegenstehenden Entscheidung	BGH, Mitt. 2003, 88	**83** 21
Ausweiskarte	BGH, GRUR 2001, 47	**72** 2
Autofelge	BGH, WRP 1997, 755 = GRUR 1997, 527	**8** 160; **89** 3
Automagazin	BGH, WRP 2002, 89 = GRUR 2002, 176	**5** 58; **15** 42, 45
Autopack	BPatG, MarkenR 2011, 128	**8** 48, 121
Autopartner	BPatG, Beschl. v. 7.3.1997 – 33 W (pat) 87/96	**8** 125
autovermietung.com	OLG München, MMR 2001, 615	**Anh § 5** 10
Avanti	BPatG, Beschl. v. 6.8.2010 – 27 W (pat) 81/10, BeckRS 2010, 22002 BPatG, GRUR 1996, 411	**8** 44, 59 **8** 172
Avena	BPatGE, GRUR 2002, 263	**8** 19, 151
Aventis	EuGH, GRUR 2002, 1054	**24** 36
Avenue	BPatGE 5, 207	**8** 136

Name der Entscheidung	Fundstelle	Kommentierung
Avon	BGH, WRP 1991, 568 = GRUR 1991, 863	**5** 32; **14** 181, 183, 193, 200
B.Z./Berliner Zeitung	BGH, WRP 1997, 751 = GRUR 1997, 661	**5** 60, 62; **15** 42, 47
Baader	BGH, WRP 1972, 578 = GRUR 1973, 363	**5** 36, 43
babalu/BALUBA	BPatGE 36, 123	**14** 87, 134
Baby-dry	EuGH, WRP 2001, 1276 = GRUR 2001, 1145	**8** 99, 121, 140, 169
Bach-Blüten-Ohrkerze	BGH, WRP 2003, 1444 = GRUR 2003, 1067	**69** 2
Backmix	DPA, BlPMZ 1964, 376	**8** 128
backWERK	BPatG, Beschl. v. 24.5.2007 – 5 W (pat) 121/05, BeckRS 2007, 11424	**8** 48, 125, 144
badedas	BGH, GRUR 1967, 485	**14** 163
Baelz	BGH, GRUR 1990, 364	**2** 9; **15** 36; **26** 32, 34, 35
Baggerparty	OLG Stuttgart, WRP 1996, 634	**23** 26, 43
BAGNO	BPatG, Beschl. v. 9.5.2007 – 24 W (pat) 110/05, BeckRS 2007, 07998	**8** 147
BahnComfort	BPatG, Beschl. v. 12.10.2004 – 25 W (pat) 187/03	**8** 143
Balfast	BPatG, GRUR 1987, 236	**8** 54, 136
Ballermann	BGH, MarkenR 2000, 355	**7** 4
Bally/BALL	BGH, WRP 1992, 96 = GRUR 1992, 130	**14** 78, 88, 110, 151, 244; **15** 23
Bambi	BGH, GRUR 1960, 144	**4** 9; **15** 46
bananabay	BGH, WRP 2009, 451 = GRUR 2009, 498	**14** 15, 20
bananabay II	BGH, WRP 2011, 1160 = GRUR 2011, 828	**14** 20

Name der Entscheidung	Fundstelle	Kommentierung
bandit.de	KG, CR 2004, 135	**Anh § 5** 21
Banesto	BPatGE 38, 1	**14** 60
BANK24	BGH, WRP 2002, 537 = GRUR 2002, 544	**5** 10; **14** 158; **15** 17, 27
Bar jeder Vernunft	BGH, WRP 2002, 1281 = GRUR 2002, 1070	**8** 39, 44, 45, 51, 55
Barbara Becker	EuGH, MarkenR 2010, 315	**14** 127
BARBEIDOS/VITA MED badedas	BPatGE 37, 179	**14** 158
Bärenfang	BGH, WRP 1962, 404 = GRUR 1963, 270	**24** 40; **55** 18
based on STEINWAY	OLG Hamburg, GRUR 2001, 749	**24** 28
Basler Haarkosmetik	BGH, GRUR 2012, 304	**2** 11; **5** 16, 50; **Anh § 5** 17, 20, 22, 27
BATIDA	BPatG, Mitt. 1991, 80	**8** 128
BAU CONCEPT HAUS	BPatG, Beschl. v. 20.9.2001 – 25 W (pat) 28/01	**8** 125
Bau und Boden	OLG Frankfurt, GRUR 1966, 621	**5** 17
Baufix	DPA, BlPMZ 1958, 305	**8** 128
BAUMEISTER-HAUS	BPatGE 40, 81	**8** 51, 125, 143
BauMineral	BPatG, Beschl. v. 25.6.1997 – 28 W (pat) 180/96	**8** 126
BAURAL/RAL	BPatGE 23, 66	**14** 160
Bayer/BeiChem	BGH, WRP 2001, 37 = GRUR 2000, 886	**14** 68; **26** 33
Bayer/Rorer	OLG Düsseldorf, GRUR 1976, 595	**14** 94
Bayerisches Bier	BGH, GRUR 2008, 413	**Vor §§ 130 bis 139** 21
Bayerisches Bier/Bavaria Italiana	EuGH, GRUR 2009, 961	**Vor §§ 130 bis 139** 1, 8, 10, 14–17, 25

Name der Entscheidung	Fundstelle	Kommentierung
Bayerisches Bier/Bavaria NV	EuGH, WRP 2011, 189 = GRUR 2011, 240	**Vor §§ 130 bis 139** 25–27, 31
Bayerisches Fernsehen/ Privatfernsehen Bayern	OLG München, WRP 1993, 427 = GRUR 1993, 582	**15** 23
BB im Pfeilring	Amt für Erfindungswesen, GRUR 1960, 239	**Vor §§ 107 bis 125** 1
BBC	BGH, GRUR-Prax 2011, 377	**15** 17
BBC/DDC	BGH, GRUR 1982, 420	**5** 8, 18, 22; **14** 89; **15** 24
Beatles	OLG Frankfurt, GRUR Int. 1993, 872	**23** 29; **26** 15
beauty24.de	BPatG, GRUR 2004, 336	**8** 25, 53, 67
BEERENHEXE	BPatGE 22, 214	**14** 173
Beginn der deliktischen Verjährungsfrist	BGH, NJW 1985, 2022	**20** 10
Begrenzte Preissenkung	BGH, WRP 2003, 511 = GRUR 2003, 450	**14** 262
Belegvorlage	OLG Hamburg, GRUR –RR 2005, 265	**19** 3
Beleuchtungseinheit	BPatG, GRUR 2006, 524	**66** 14
BELLADONNA	BPatG, Beschl. v. 25.8.2010 – 8 W (pat) 535/10, BeckRS 2010, 27672	**8** 183
Belmare	BPatGE 28, 235	**26** 12
Beloc	BGH, WRP 2003, 528 = GRUR 2003, 336	**24** 34, 38
Benner	BGH, GRUR 1990, 601	**29** 6
Benvenuto	BPatG, GRUR 1996, 355	**8** 45, 172
Benzinwerbung	BGH, GRUR 1988, 832	**20** 11
BergSpechte/trecking.at Reisen	EuGH, GRUR 2010, 451	**14** 20
Berlin Location	OLG Hamburg, GRUR-RR 2002, 226	**Anh § 5** 16

Name der Entscheidung	Fundstelle	Kommentierung
BerlinCard	BGH, WRP 2005, 490 = GRUR 2005, 417	**8** 22, 39 40, 42, 71, 126
Berliner Morgenpost	BGH, WRP 1992, 759 = GRUR 1992, 547	**15** 38
Berufungsbegründung per E-Mail	BGH, GRUR 2008, 838	**66** 8
Berufungssumme	BGH, GRUR 1986, 93	**142** 1
Berühmung	BGH, GRUR 1987, 125	**20** 17
Beschädigte Verpackung II	BGH, GRUR 1995, 608	**20** 19, 26
Beschleunigungsgebühr III	BPatG, GRUR 2003, 551	**38** 4
Beschwerdeeinlegung durch juristische Person als bevollmächtigte Vertreterin	BPatG, Beschl. v. 8.8.2002 – 25 W (pat) 38/02	**66** 9
Beschwerdeerweiterung	BPatG, GRUR 2008, 362 BPatGE 50, 60	**91** 9 **66** 9, 17; **91** 5
Beschwerdefrist	BPatG, GRUR 1996, 872	**79** 6
BEST BUY	EuG, MarkenR 2003, 314 EuG, GRUR Int. 2003, 834	**8** 55, 99 **8** 98
BestChoice	BPatG, Beschl. v. 11.11. 2004, 25 W (pat) 282/02	**8** 143
Bestellnummernübernahme	BGH, WRP 2005, 336 = GRUR 2005, 348	**23** 48
Bestellung eines Inlandsvertreters	BPatG, GRUR 1990, 113	**91** 3
Beta	BGH, WRP 1994, 543 = GRUR 1994, 530	**14** 263; **15** 11; **141** 5
Beta Layout	BGH, WRP 2009, 435 = GRUR 2009, 500	**15** 11
Beuys	OLG Düsseldorf, ZUM 1997, 490	**18** 17
BGHZ	BPatG, GRUR 1998, 51	**8** 154
BiBa	BGH, GRUR 1975, 312	**14** 159, 161, 162
BiC	BPatG, Mitt. 1989, 240	**8** 54, 139

Name der Entscheidung	Fundstelle	Kommentierung
Biene	RG, GRUR 1936, 961	**44** 13
Bierhand	BPatG, BlPMZ 1993, 28	**8** 71
BIG	BGH, WRP 2002, 534 = GRUR 2002, 542	**14** 159, 161; **15** 14, 17
BIG BERTHA	BGH, WRP 2003, 647 = GRUR 2003, 428	**5** 39; **8** 229; **14** 54, 183, 185; **22** 2; **26** 5, 11, 26, 31, 60; **49** 10; **115** 6, 9
BIG PACK	BGH, WRP 1999, 931 = GRUR 1999, 992	**5**, 4; **14** 15, 18, 207; **15** 4; **21** 15; **23** 2, 3, 5, 16, 20, 24, 30, 43
bilanzkritische Würdigung	KG, GRUR 1983, 595	**142** 4
Bild Dir keine Meinung	LG Hamburg, NJW-RR 1999, 1060	**14** 208
Bild.T-Online.de u. ZVS	EuGH, GRUR 2009, 667	**8** 35, 36, 37, 168; **61** 4
Bildmarke ECA	EuG, GRUR 2004, 773	**8** 197, 200, 204
BIN LADEN	HABM – BK v. 29.9.2004 – R 176/2004	**8** 191
BIO SUN	BPatG, Beschl. v. 3.2.2009 – 4 W (pat) 43/06, BeckRS 2009, 11159	**94** 4, 9
BIO VERA	BPatG, GRUR 1996, 280	**43** 16
Biofriends	BPatG, Beschl. v. 4.1.2007 – 28 W (pat) 100/06, BeckRS 2007, 12754	**8** 48
BioGeneriX	EuG, GRUR Int. 2008, 1037, 1039	**8** 54, 139
BioID	EuGH, GRUR 2006, 229	**8** 26, 46, 99
BIOMILD	EuGH, GRUR 2004, 680	**8** 22, 46, 99, 105, 115, 116, 119, 141, 145, 149, 169
Biovital/Revital	OLG Köln, GRUR 1984, 874	**18** 28
Bit/Bud	BGH, WRP 2001, 1320 = GRUR 2002, 167	**14** 132; **15** 21; **26** 32, 36
Black John/Lord John	BPatG, GRUR 1984, 655	**14** 169

Name der Entscheidung	Fundstelle	Kommentierung
blaue Vierkantflasche	BPatG, GRUR 1998, 582	**3** 10
BLAZEMASTER	BPatG, Mitt. 1987, 114	**8** 60, 121
Bleiarbeiter	BGH, WRP 1963, 247 = GRUR 1963, 478	**21** 9
Bleistift mit Kappe	MarkenR 2008, 461, 463	**8** 79, 162
Blendax Pep	BGH, WRP 1996, 739 = GRUR 1996, 404	**14** 119, 128, 129
Blue Bull/RED BULL	BGH, GRUR 2005, 773	**14** 149
Blue Coat	BPatG, Beschl. v. 3.8.2011 – 28 W (pat) 97/10, BeckRS 2011, 22130	**8** 115
BMW	EuGH, MarkenR 1999, 84 BGH, GRUR 1986, 759	**14** 14, 19 **14** 22, 196
BMW/Deenik	EuGH, WRP 1999, 407 = GRUR Int. 1999, 438	**21** 14; **23** 18, 22, 24, 36, 44, 45, 47; **24** 39
BMW-Bildmarke	OLG München, GRUR-RR 2006, 363	**24** 29
BMW-Motorhaube	BPatG, MarkenR 2005, 56	**3** 10, 14, 16, 20, 22
BMW-Niere	BGH, GRUR 1985, 383	**8** 71
Bocksbeutel	EuGH, GUR Int. 1984, 291	**Vor §§ 126 bis 129** 16
Bocksbeutelflasche	BGH, WRP 1971, 266 = GRUR 1971, 313	**Vor §§ 126 bis 129** 9; **126** 2
Bodenwalze	BGH, GRUR 1991, 307	**83** 11
BO-DISCO	BPatG, Beschl. v. 31.3.2008 – 30 W (pat) 91/04, BeckRS 2008, 10996	**8** 223
bodo Bluenight	BGH, WRP 2007, 958	**26** 20
Boehringer Ingelheim/ Swingward	EuGH, GRUR 2002, 879	**24** 27, 37
Bohnergerät	BGH, WRP 1058, 206 = GRUR 1958, 343	**23** 45, 46, 47
Bommi	BPatGE 25, 50	**26** 48

Name der Entscheidung	Fundstelle	Kommentierung
Bonbonform	BPatG, GRUR 2010, 1017	**8** 78, 79
Bonbonverpackung	EuG, GRUR Int. 2005, 217	**8** 98, 171
Bonjour	BPatG, GRUR 1998, 64	**26** 35
BONSOIR	BPatG, Beschl. v. 1.2.2011 – 27 W (pat) 561/10, BeckRS 2011, 04790	**8** 172
BONUS I	BGH, WRP 1998, 492 = GRUR 1998, 465 BPatG, GRUR 1995, 737	**8** 39, 42, 126, 138, 172; **14** 146; **89** 6 **89** 6, 172
BONUS II	BGH, GRUR 2002, 816 BPatG, WRP 2002, 1073 = GRUR 1999, 740	**89** 6 **8** 45, 138; **23** 21; **89** 6
bonusstrom	BPatG, Beschl. v. 7.10.2009 – 26 W (pat) 91/08, BeckRS 2009, 88553	**8** 125, 144
BORIS	BPatGE 29, 89	**8** 184
Boris/BORIS BECKER	BPatG, GRUR 1998, 1027	**14** 161
Börsen-Order-Service-System	OLG Frankfurt, GRUR 1995, 154	**15** 26
Bösgläubigkeit der Minderjährigen bei der Markenanmeldung	BPatG, Beschl v. 16.7.2008 – 26 W (pat) 125/05	**66** 11, 13
BOSS-Club	BGH, GRUR 2006, 56	**21** 9, 13; **26** 34; **30** 56; **153** 10
Bostongurka (Björnekulla Fruktindustrier)	EuGH, WRP 2004, 728 = GRUR 2004, 682	**8** 177, 235
Botschafter/Ambassadeur	BPatG, Mitt. 1967, 233	**14** 107
Bouchet	BGH, GRUR 1975, 434	**26** 61, 62
Boxin	BGH, GRUR 1976, 356	**14** 84, 85
Boy	BGH, GRUR 1994, 215	**83** 13, 21; **89** 3
B & P	BPatG, Beschl. v. 20.10.2011 – 30 W (pat) 513/11, BeckRS 2011, 26895	**8** 115
BRAINBRIDGE	EuGH, WRP 2007, 1322	**26** 40

Name der Entscheidung	Fundstelle	Kommentierung
BranchenKompass	OLG Frankfurt, GRUR-RR 2003, 69	**14** 123
Branchenverzeichnis	BGH, GRUR 1971, 119	**14** 249
BRANDT ECCO/ECCO MILANO	BPatG, GRUR 1996, 287	**14** 134
Braunschweig.de	LG Braunschweig, NJW 1997, 2687	**Anh § 5** 6
Bravo	EuGH, MarkenR 2001, 403	**8** 173
BRAVO Sports	BGH, GRUR 1995, 508, 509	**15** 47
Brazil	BPatG, Beschl. v. 20.7.1999 – 24 W (pat) 40/98	**8** 133
Brelan/Rilan	BPatG, GRUR 2005, 58	**73** 7; **82** 2
BREMER	BPAtG, Beschl v. 10.2.2004 – 33 W (pat) 286/02	**71** 14
Bricanyl I	BGH, GRUR 2003, 338	**14** 213; **24** 36, 37
Brillant	BGH, GRUR 1969, 694	**21** 16
Brillenbügel	RG, GRUR 1937, 66	**4** 9
Bristol Myers Squibb/ Paranova	EuGH, GRUR Int. 1996, 1144	**24** 8, 11, 34, 37
Britischer Verkehrsanwalt	BPatG, GRUR 2011, 463	**63** 14
British Airways	High Court of Justice, GRUR Int. 1980, 54	**14** 225
BRIXTON	BPatG, Beschl. v. 21.7.2009 – 24 W (pat) 96/07	**8** 133
Bronner	EuGH, WRP 1999, 167 = GRUR Int. 1999, 262	**30** 29
Brünova	BGH, WRP 1974, 30 = GRUR 1974, 99	**20** 4, 14–16, 19–20, 22
BSA	BPatG, GRUR 2010, 77	**8** 195, 197
BSS	EuG, GRUR Int. 2007, 751	**8** 174
BTK	BGH, WRP 2010, 384 = GRUR 2010, 239	**14** 284; **15** 11

Name der Entscheidung	Fundstelle	Kommentierung
BTR	BGH, GRUR 1983, 342	**39** 3
Bücher für eine bessere Welt	BGH, WRP 2000, 1140 = GRUR 2000, 882	**8** 57; **23** 26; **26** 14
Buchgemeinschaft II	BGH, WRP 1958, 337 = GRUR 1959, 38	**5** 37; **14** 247, 249
BuchPartner	BPatG, GRUR 2007, 58	**8** 46–48; **71** 14
Buchstabe „E"	EuG, GRUR Int. 2008, 1035, 1037	**8** 66
Buchstabe „K"	BGH, WRP 2001, 33 = GRUR 2001, 161	**3** 6; **8** 66; **14** 134, 155
Buchstabe „Z"	BPatG, WRP 2003, 517 = GRUR 2003, 343	**8** 66, 155
Buchstabe T mit Strich	BGH, WRP 2011, 65 = GRUR 2011, 65	**8** 25, 66
Buddelei	BGH, GRUR 1975, 275	**14** 23
Budweiser	EuGH, GRUR Int. 2007, 910	**Vor §§ 130 bis 139** 21
buecherde.com	OLG München, GRUR 2000, 518	**Anh § 5** 21, 22
buendgens	BGH, WRP 2001, 931 = GRUR 2001, 1164	**5** 4, 36
buff	BPatG, Beschl. v. 7.4.2010 – 28 W (pat) 36/09, BeckRS 2010, 11252	**8** 59
Bundesdruckerei	BGH, GRUR 2007, 1079	**128** 4
Burg Lissingen	BPatG, GRUR 2009, 1175	**8** 133; **70** 9
Burkheimer Schloßberg	BGH, GRUR 1983, 440	**8** 136
Bürogebäude	BGH, WRP 2005, 217 = GRUR 2005, 327	**8** 71, 73, 155
Bürostuhl	BPatG, Beschl. v. 28.2.2009 – 26 W (pat) 15/08, BeckRS 2009, 18235	**8** 79
Buscomfort	OLG Celle, GRUR 1985, 547	**Vor §§ 97 bis 106** 5; **98** 7

Name der Entscheidung	Fundstelle	Kommentierung
Busengrapscher	BGH, WRP 1995, 688 = GRUR 1995, 592	**8** 189, 190
C1	BPatG, Beschl. v. 22.10.1997 – 29 W (pat) 243/96	**8** 69
	BPatG, BiPMZ 1998, 478	**8** 158
CABLEPORT	BPatG, Beschl. v. 10.2.1999 – 29 W (pat) 169/98	**8** 150
California	BPatG, Beschl. v. 20.7.1999 – 24 W (pat) 120/98	**8** 133
Calimbo/CALYPSO	BPatG, GRUR 1994, 291	**14** 77
Call 2 day	BPatG, Beschl. v. 2.7.2003 – 29 W (pat) 102/01, BeckRS 2009, 02511	**8** 50
Cambridge Institut	BGH, WRP 2007, 1200 = GRUR 2007, 884	**2** 7; **5** 28, 29; **14** 40; **Vor §§ 126 bis 126** 4, 8, 15; **128** 3, 4
Camel Tours	BGH, GRUR 1987, 711	**14** 181, 199
Campina Melkunie	EuGH, GRUR 2004, 680	**5** 15
CANNABIS	BPatG, Beschl. v. 1.7.1998 – 26 W (pat) 112/97	**8** 190, 208
Canon	EuGH, WRP 2011, 49 = GRUR Int. 2011, 135	**24** 18
	EuGH, GRUR 1998, 922	**14** 53, 56, 57; **15** 17
Canon II	BGH, WRP 1999, 928 = GRUR 1999, 731	**14** 54, 55–57, 59, 72, 73
Cantilflasche	BGH, WRP 1979, 448 = GRUR 1979, 415	**Vor §§ 126 bis 129** 9
Capital-Service	BGH, GRUR 1980, 247	**15** 40
Capovaloro	BPatG, Beschl. v. 17.8.2007 – 28 W (pat) 99/06, BeckRS 2007, 14631	**8** 147
Capri-Sonne	BGH, GRUR 1983, 768	**8** 120, 131; **14** 123; **126** 3, 9
CARCARD	EuGH, WRP 2002, 510 = GRUR Int. 2002, 747	**8** 169

Name der Entscheidung	Fundstelle	Kommentierung
Carcavelos	BPatG, Beschl. v. 11.11.2009 – 29 W (pat) 68/07, BeckRS 2009, 87917	**8** 133
Caren Pfleger	BGH, WRP 1991, 477 = GRUR 1991, 475	**14** 39, 42, 127; **15** 21, 32; **23** 10
CarePlan	BPatG, Beschl. v. 22.3.1999 – 30 W (pat) 154/98	**8** 150
CARGO PARTNER	EuG, GRUR Int. 2005, 1023	**8** 51, 98, 99
Carl Link	BGH, WRP 2000, 1155 = GRUR 2000, 1031	**14** 127
Carla	BGH, GRUR 1965, 665	**27** 18; **30** 60
Carrera	BGH, GRUR 1981, 846	**5** 6, 50, 53
Cartier Uhr	OLG Frankfurt, GRUR-RR 2005, 240	**14** 10
Cartier-Armreif	BGH, WRP 1994, 519 = GRUR 1994, 630	**19** 24
Cartier-Ring	BGH, WRP 2003, 653 = GRUR 2003, 433	**19** 13, 23, 24, 26
Cartierschmuck	OLG Frankfurt, GRUR-RR 2004, 1042	**14** 10
Cartierschmuck II	OLG Frankfurt, GRUR-RR 2005, 317	**14** 10
caselaw.de	BPatG, Beschl. v. 6.8.2002 – 32 W (pat) 302/02	**8** 53
CASHFLOW	BPatG, MarkenR 2007, 178	**8** 112, 118
CASINO BREMEN	BGH, WRP 2006, 475 = GRUR 2006, 503	**8** 33; **89** 6
Castora/Valora	BPatG, Mitt. 1970, 233	**14** 85
Catarina Valente	BGH, GRUR 1959, 430	**5** 6, 47, 53
Cats	OLG Hamburg, GRUR 1988, 549	**30** 9
Catwalk	WRP 2006, 117 = GRUR 2006, 143	**14** 284, 285

Name der Entscheidung	Fundstelle	Kommentierung
Cayenne	BPatG, Beschl. v. 6.7.2010 – 26 W (pat) 546/10, BeckRS 2011, 21108	**8** 61, 133
Ceco	BGH, WRP 1997, 560 = GRUR 1997, 223	**78** 6
Cefallone	BGH, WRP 1999, 530 = GRUR 1999, 587	**14** 159, 161, 287, 295
Céline	EuGH, WRP 2008, 95 = GRUR 2007, 971	**14** 9, 13, 26; **15** 11; **23** 8, 31, 32; **26** 9
CELL GENESYS	BPatG, Beschl. v. 28.5.1999 – 33 W (pat) 158/98	**8** 54, 139
celle.de	LG Lüneburg, GRUR 1997, 470	**Anh § 5** 6
CELLTECH	EuGH, MarkenR 2007, 204	**8** 109
Centra/Rentra	BGH, GRUR 1966, 38	**5** 16, 25, 26; **15** 23
Centrafarm/American Home Products Corporation	EuGH, Slg. 1978, 1823	**24** 6
Centrafarm/Winthrop	EuGH, GRUR Int. 1974, 456	**24** 6
Ceramix	BGH, GRUR 1984, 352	**24** 32
Cerebro Card	OLG Hamburg, GRUR-RR 2007, 29	**18** 26; **19** 10
Champ	BGH, LMRR 2008, 12	**Vor §§ 126 bis 129** 24, 25
CHAMPAGNE	LG Hamburg, GRUR Int. 1996, 155	**Vor §§ 126 bis 129** 24
Champagner bekommen, Sekt bezahlen	BGH, WRP 2002, 542 = GRUR 2002, 426 OLG Köln, GRUR Int. 2000, 796	**Vor §§ 126 bis 129** 24; **127** 2, 13, 14; **128** 2 **Vor §§ 126 bis 129** 24
champagner.de	OLG München, GRUR-RR 2002, 17	**Anh § 5** 14; **128** 2
Champagnerbratbirne	BGH, WRP 2005, 1530 = GRUR 2005, 957	**Vor §§ 126 bis 129** 23–25; **127** 2; **128** 2

Name der Entscheidung	Fundstelle	Kommentierung
Champagner-Weizenbier	BGH, GRUR 1969, 611	**Vor §§ 126 bis 129** 10, 24; **127** 14
Champearl	OLG München, GRUR-RR 2004, 17	**Vor §§ 126 bis 129** 24, 25
Champi-Krone	BGH, GRUR 1969, 615	**Vor §§ 126 bis 129** 23, 25; **127** 16
Chanel No. 5 I	BGH, GRUR 1987, 520	**14** 289
CHANGE	BGH, WRP 1998, 745 = GRUR 1998, 813	**8** 147; **23** 26
Charles Jourdan	EG-Kommission, GRUR-Int. 1989, 575	**30** 45, 47
Charles of the Ritz	OLG Köln, GRUR 1987, 530	**55** 18
Charme & Chic	BGH, GRUR 1973, 265	**5** 16
Charrier	BPatGE 36, 1	**26** 49; **42** 9
CHATONDOR/gold cats	BPatG, Mitt. 1974, 238	**14** 107
checkin.com	KG, GRUR-RR 2002, 180	**Anh § 5** 21; **15** 18
Chemotechnik	BGH, GRUR 1979, 67	**5** 17
Chevy	EuGH, WRP 1999, 1130 = GRUR Int. 2000, 73 BPatGE 42, 1	**8** 229, 237, 245 **14** 183, 185, 187, 315 **14** 63
Chicco	BPatG, Beschl. v. 16.1.2008 – 32 W (pat) 45/06	**71** 15
Chiemsee	EuGH, WRP 1999, 629 = GRUR Int. 1999, 727 LG Düsseldorf, Mitt. 1996, 22	**Einf.** 68; **4** 13, 14; **5** 19, 22; **8** 105, 119, 130, 170, 228, 237, 240, 245, 249; **14** 153, 183; **23** 18, 26 **18** 6; **19** 7
CHIN LEE	BPatG, GRUR 1997, 292	**14** 165
Chinesische Schriftzeichen	BPatG, GRUR 1997, 53	**Einf.** 86
Choco'n'Cream	BPatG, MarkenR 2006, 37	**8** 142
Choco'n'More	BPatG, MarkenR 2006, 38	**8** 142
Chrisma/Charisma	BPatG, GRUR 2007, 154	**14** 78

Name der Entscheidung	Fundstelle	Kommentierung
Christkindles Glühwein	BGH, NJOZ 2009, 269	**83** 16, 21
Christophorus-Stiftung	BGH, WRP 1988, 443 = GRUR 1988, 560	**5** 10, 46
CHURRASCO	BGH, WRP 1977, 574 = GRUR 1977, 664 OLG Hamburg, WRP 1974, 41	**50** 7; **54** 9 **5** 17
Ciao	BGH, GRUR 1996, 978 OLG München Mitt. 1982, 218	**8** 59, 172 **14** 288
Cigarettenpackung	BGH, GRUR 2008, 1027	**59** 6; **78** 3; **83** 13, 14, 16
Cinch-Stecker	BGH, GRUR 2011, 711	**30** 55
Cinzano	BGH, WRP 1973, 401 = GRUR 1973, 468	**24** 1, 5
Cirkulin	BGH, WRP 1997, 1089 = GRUR 1997, 747	**26** 1, 44–46; **55** 6
City	BPatG, Mitt. 1975, 15	**8** 136
City Hotel	BGH, WRP 1995, 615 = GRUR 1995, 507	**15** 21, 23
City Plus	BGH, WRP 2003, 1228 = GRUR 2003, 880	**14** 126, 154
CityPOST	BGH, WRP 2008, 1206	**23** 43; **52** 13
Cityservice	BGH, WRP 2003, 1429 = GRUR 2003, 1050	**8** 18, 39, 40, 44, 59
Clarissa	BGH, GRUR 1975, 85	**14** 287
Class International/Colgate-Palmolive	EuGH, GRUR 2006, 146 = GRUR Int. 2006, 40	**14** 228; **24** 18; **146** 16
Classe E	BGH, WRP 2001, 160	**8** 219
click2procure	BPatG, Beschl. v. 15.4.2003 – 24 W (pat) 109/01, BeckRS 2008, 26429	**8** 50
CLIMA Climate Life Investment Management Advisor	BPatG, Beschl. v. 5.5.2009 – 24 W (pat) 51/09, BeckRS 2009, 17276	**8** 156

Name der Entscheidung	Fundstelle	Kommentierung
Clinique	KG, GRUR-Prax 2010, 531	**146** 16; **150** 9
Cloppenburg	EuG, Urt. v. 25.10.2005, T – 379/03	**8** 61, 133; **23** 21
	BPatG, GRUR 2000, 1050	**8** 133, 170
Club-Pilsener	BGH, GRUR 1974, 220	**4** 10
COBRA Cross	BPatG, GRUR 2001, 58	**26** 30, 43
Co-Branding	OLG Hamburg, Mitt. 2005, 466	**24** 29
cocodrillo	BGH, WRP 2006, 92 = GRUR 206, 60	**14** 77, 113, 135
Cognac	EuGH, GRUR 2011, 926	**127** 16; **Vor §§ 130 bis 139** 21
COHIBA	BGH, WRP 2007, 321 = GRUR 2007, 321	**14** 54, 57, 65; **15** 17; **88** 2
Cokies	BGH, WRP 1977, 578 = GRUR 1977, 717	**8** 117
Colle de Cologne	BGH, WRP 1969, 280 = GRUR 1969, 479	**26** 12
COLOR EDITION	EuGH, GRUR 2010, 931	**8** 51, 145, 169
COLORBOY	BGH, GRUR 1976, 353	**14** 123
Colorholz	BPatG, Beschl. v. 26.6.1998 – 33 W (pat) 20/98	**8** 125, 143
COLORSCRIPT	BPatG, Beschl. v. 3.7.1995 – 30 W (pat) 335/93	**8** 143
Columbus	BGH, WRP 1993, 175 = GRUR 1993, 404	**5** 6, 7, 25, 31, 32, 45; **15** 26
Com.Spots	BpatG, Mitt. 2008, 355	**59** 6
Combina	BPatG, Mitt. 1987, 157	**8** 139
Combit/ComIT	OLG Düsseldorf, GRUR–RR 2001, 49	**30** 16, 20; **55** 24
Comfort-Hotel	BPatG, GRUR 2002, 68	**14** 136
Commerzbank/Boden-Commerz	OLG Hamburg, GRUR 1990, 696	**15** 23

Name der Entscheidung	Fundstelle	Kommentierung
Commerzbau	BGH, WRP 1990, 229 = GRUR 1989, 856	**5** 15, 16; **22** 1
Companyline	EuGH, GRUR 2003, 58	**8** 22, 26, 121
Competence	BPatG, Beschl. v. 17.11.1999 – 28 W (pat) 207/98	**8** 125, 138
Complete	BPatG, Beschl. v. 28.7.2010 – 25 W (pat) 14/10, BeckRS 2010, 19663	**113** 2
COMPO-SANA	BGH, WRP 1998, 872 = GRUR 1998, 927	**14** 129
CompuNet/ComNet	BGH, WRP 2001, 1207 = GRUR 2001, 1161	**5** 16; **14** 88, 149; **15** 23
CompuNet/ComNet II	BGH, WRP 2005, 97	**5** 21
COMPUTER ASSOCIATES	BGH, GRUR 2000, 512 BPatG, Mitt. 1994, 20	**83** 13, 17 **8** 147
COMPUTER SHOPPER	BPatG, Beschl. v. 19.10.1998 – 30 W (pat) 160/97	**8** 51
comtes/ComTel	BGH, WRP 2000, 525 = GRUR 2000, 605	**5** 4; **14** 261; **21** 14
concertconcept.de	KG, NJW 1997, 3321	**Anh § 5** 26
Concierte de Aranjuez II	BGH, GRUR-RR 2011, 200	**79** 3
Concordia I	BGH, WRP 1980, 70 = GRUR 1980, 114	**5** 25, 26, 38
Concordia-Uhren	BGH, WRP 1983, 261 = GRUR 1983, 182	**5** 5, 35, 40
Conductor	BGH, GRUR 1989, 421	**8** 29, 111, 148
Condux	BGH, WRP 1959, 273 = GRUR 1959, 484	**5** 31; **15** 23
Connectors Unlimited	BPatG, Beschl. v. 13.4.2010 – 27 W (pat) 128/09, BeckRS 2010, 16254	**8** 51
Consilia	BGH, WRP 1985, 21 = GRUR 1985, 72	**5** 16, 29

Name der Entscheidung	Fundstelle	Kommentierung
Contains Aspirin	OLG Frankfurt, WRP 1998, 1094	**24** 21
Contiflex	BGH, GRUR 1980, 52	**26** 3, 9, 10, 41
Contura	BGH, WRP 2000, 541	**26** 20
convenant not to sue	LG Mannheim, GRUR-RR 2011, 49	**30** 15, 19
Convent	BPatG, Beschl. v. 8.3.2005 33 W (pat) 150/03	**66** 29
Converse	LG Hamburg, NJOZ 2010, 930	**19** 35
Copad/Dior	EuGH, GRUR 2009, 593	**24** 15; **30** 24
Copernikus	BPatG, Beschl. v. 15.6.2009 – 27 W (pat) 93/09, BeckRS 2009, 25612	**8** 62
CORAN	BPatGE 28, 41	**8** 190
CORDARONE	BGH, WRP 2008, 226 = GRUR 2008, 160 BGH, PharmR 2009, 469 BGH, GRUR-RR 2011, 343	**2** 6, 8; **8** 218; **24** 36; **112** 1 **8** 223 **89** 6
Core	BPatG, Beschl. v. 4.8.2010 – 26 W (pat) 147/09, BeckRS 2010, 28717	**8** 59
Cork Dry Gin	BPatG, GRUR 1980, 923	**49** 13
Corrida	BGH, WRP 1968, 193 = GRUR 1968, 367	**20** 5
Corvaton/Corvasal	BGH, GRUR 1993, 118	**14** 81, 85
COSA NOSTRA	BPatG, GRUR 1996, 408	**8** 189, 190
COSMOS	BPatGE 42, 107	**66** 17
COSTVIEW	BPatG, Beschl. v. 7.10.1998 – 29 W (pat) 1/98	**8** 126
Cosy Ango	BPatGE 23, 243	**26** 30, 57
Cotto	OLG Hamburg, WRP 1997, 103	**19** 35; **23** 43

Name der Entscheidung	Fundstelle	Kommentierung
COTTON LINE	BGH, WRP 1997, 446 = GRUR 1996, 68	**5** 3, 8, 12, 13, 15, 17; **8** 59; **15** 3, 11
Coty Prestige/Eimixi Traiding	OLG Nürnberg, GRUR 2009, 786	**24** 15
Coty Prestige/Simex Trading	EuGH, WRP 2010, 865 = GRUR 2010, 723	**24** 15
Courage	BPatG, GRUR 2005, 955	**36** 10
Coveri	BPatG, GRUR 1998, 59	**96** 11
Crackkatalysator II	BGH, GRUR 1992, 159	**83** 22
Creme 21	OLG Hamburg, GRUR-RR 2011, 175	**26** 30
Crinin/Kreon	BPatG, Mitt. 1971, 50	**14** 85, 88
CT	BPatGE 40, 85	**8** 65, 155
Cuypers	BGH, WRP 1961, 254 = GRUR 1961, 420	**5** 33
cyberspace.de	OLG Dresden, CR 1999, 589	**Anh § 5** 5, 22
CYNARETTEN/Circanetten	BPatG, MarkenR 2004, 361	**26** 60
d3.net/d.3	BPatG, GRUR 2001, 518	**8** 53
Dachbahnen	OLG Köln, GRUR 2000, 56	**24** 20, 41
Dachbahnen-Produktion	OLG Dresden, WRP 1997, 577	**140** 6
DAKOTA	BPatG, Beschl. v. 18.11.2003 – 24 W (pat) 71/02	**8** 133
Dalai Lama	BPatG, Beschl. v. 25.6.2002 – 24 W (pat) 140/01, BeckRS 2009, 14629	**8** 189, 190
Dall'Opera	BPatG, GRUR 1995, 812	**26** 27, 30
Damenbekleidung/Körperpflegemittel	BGH, WRP 1986, 268	**15** 26
Damenschuh-Absatz	BGH, GRUR 1964, 519	**83** 7
Dampffrisierstab II	BGH, GRUR 1984, 728	**19** 24, 25
DAN/DANNE	OLG Köln, GRUR 1999, 66	**23** 16

Name der Entscheidung	Fundstelle	Kommentierung
Darcy	BGH, GRUR 1986, 168	**26** 27, 30
Darlegungs- und Beweislast im markenrechtlichen Kostenfestsetzungsverfahren	BPatG, GRUR 2007, 910	**71** 13
Darmreinigungsmittel	BGH, GRUR 1966, 28	**89** 4
Das Auto	OLG Stuttgart, GRUR 1951, 38	**5** 61
DAS ERSTE	BPatG, Beschl. v. 30.6.1999 – 29 W (pat) 180/98	**8** 68
Das MULTIMEDIA-Kompendium/Multi-media	OLG München, CR 1995, 394	**15** 45
Das Örtliche	BPatG, Beschl. v. 1.12.2010 – 29 W (pat) 163/10, BeckRS 2011, 01094	**8** 39, 51
DAS PRINZIP DER BEQUEMLICHKEIT	EuGH, GRUR 2004, 1027	**8** 55, 98, 100
Das Speisesyndikat	BPatG, Beschl. v. 29.4.2003 – 24 W (pat) 215/01, BeckRS 2008, 25757	**8** 48
Das Telefon-Sparbuch	BGH, WRP 2005, 213 = GRUR 2005, 264	**5** 55, 56, 60; **15** 39, 41–43
das.de	LG Frankfurt, CR 1997, 287	**Anh § 5** 6, 9
Datacolor	BGH, WRP 1991, 83 = GRUR 1990, 1042	**5** 31, 35; **15** 24, 26
DATE 24	BPatG, GRUR 2007, 601	**70** 4
Datenträger	LG Hamburg, InstGE 11, 65	**146** 16
Davidoff	EuGH, GRUR 2002, 156 BGH, WRP 2000, 1142 = GRUR 2000, 875	**24** 17, 19 **14** 192
Davidoff Cool Water	OLG Köln, GRUR 1999, 346	**19** 29, 35
Davidoff II	BGH, WRP 2004, 360 = GRUR 2004, 235	**14** 49, 94
Davidoff/Gofkid	EuGH, GRUR 2003, 240	**9** 13; **14** 180

Name der Entscheidung	Fundstelle	Kommentierung
DAX	BGH, WRP 2009, 1526 = GRUR 2009, 1162	**2** 2, 3; **14** 15; **23** 3, 39, 43
DAX-Trail/DAX	BPatG, GRUR 2006, 228	**49** 11
DB-Immobilienfonds	BGH, WRP 2001, 273 = GRUR 2001, 344	**5** 4, 18; **14** 36; **15** 22
dc-fix/CD-FIX	BGH, WRP 2004, 763 = GRUR 2004, 600	**14** 63; **23** 17, 34, 39, 43
dCP deutsche CityPost	BPatG, GRUR 2008, 179	**82** 2; **83** 9
DDR-Logo	BGH, WRP 2010, 1043 = GRUR 2010, 838	**64a** 4
de Paris	BGH, GRUR 1965, 681	**Vor §§ 126 bis 129** 4; **126** 13; **127** 4
Decker	BGH, GRUR 1993, 574	**5** 44; **14** 40; **15**, 8; **30** 20; **55** 24
DEEFIX/Idefix	BPatG, Beschl. v. 8.8.2002 – 25 W (pat) 114/01, BeckRS 2009, 14241	**14** 70
defacto	BGH, WRP 2002, 1066 = GRUR 2002, 989	**5** 8, 16, 31, 32; **Anh § 5** 4, 23, 24; **14** 149; **15** 14, 17, 21, 24
Deflex	BPatG, Mitt. 1988, 76	**14** 73
DENTACONTROL	BPatG, Mitt. 1990, 235	**8** 113
Dentale Abformmasse	BGH, WRP 2005, 1521 = GRUR 2005, 1044	**14** 15; **26** 24; **45** 3
dentalline othodentec Products	BPatG, Beschl. v. 19.5.2010 – 28 W (pat) 103/09, BeckRS 2010, 13605	**8** 49, 75
Denticovision/MEDICOVISION	BPatGE 23 ,74	**14** 170
DEPONIERECHNER	BPatG, Beschl. v. 1.9.1999 – 32 W (pat) 100/99	**8** 143
Depo-Provera	OLG Frankfurt, GRUR-RR 2005, 184	**24** 37

Name der Entscheidung	Fundstelle	Kommentierung
Der 7. Sinn	BGH, WRP 1977, 394 = GRUR 1977, 543	**5** 56; **15** 43, 44
Der Brand im Opernhaus	RGZ 135, 209	**5** 56
Der Duft von Himbeeren	HABM-BK, GRUR 2002, 348	**3** 23; **14** 17, 79
Der kleine Eisbär	BPatG, GRUR 2006, 593	**8** 57
Der Seewolf	OLG München, GRUR-RR 2008, 307	**23** 43
Der Sommer unseres Lebens	BGH, WRP 2010, 912 = GRUR 2010, 633	**Anh § 5** 15
Der Spiegel	BGHZ 21, 85	**5** 60
derma fit	BPatG, Beschl. v. 7.4.2009 – 24 W (pat) 124/06, BeckRS 2010, 05795	**8** 51
DESIGN-POST	BPatG, Beschl. v. 31.3.1998 – 24 W (pat) 204/96	**8** 51, 126
Dessous for you	BPatG, Beschl. v. 27.1.1998 – 27 W (pat) 100/96	**8** 59
deta.com	LG Braunschweig, CR 1998, 364	**Anh § 5** 7, 9
Deutsch im Alltag	OLG München, GRUR 1993, 991	**5** 60
Deutsche Allgemeine Zeitung/Deutsche Zeitung	BGH, GRUR 1963, 378, 380	**5** 60; **15** 45
Deutsche Bank	OLG Frankfurt, WRP 1994, 118	**15** 23
Deutsche Illustrierte	BGH, WRP 1959, 54 = GRUR 1959, 45	**5** 56, 58, 61, 65
Deutsche Telekom	OLG München, WRP 1997, 116	**14** 265
Deutsche Telekom/ Germancom	OLG München, GRUR 2000, 801	**14** 107
Deutscher Aktien-Index DAX	OLG Frankfurt, WRP 1999, 1055	**23** 37

Name der Entscheidung	Fundstelle	Kommentierung
Deutscher Sekt	BGH, WRP 1970, 357 = GRUR 1971, 29	**Vor §§ 126 bis 129** 8; **127** 2, 4
Deutsches Institut für Menschenrechte	BPatG, GRUR 2012, 69	**8** 75; **70** 10
Deutsches Notarinstitut	BPatG, Beschl. v. 22.1.2004 – 25 W (pat) 58/02	**70** 10
DeutschlandCard	BGH, WRP 2009, 960 = GRUR 2009, 952 BPatG, GRUR 2008, 1005	**8** 26, 28, 39, 40, 42, 44, 47, 144 **83** 9; **89a** 3
Develey/HABM	EuGH, GRUR 2008, 339	**8** 78
Dia-Rähmchen II	BGH, GRUR 1962, 509	**14** 276
DIE „STEINZEIT" IST VORBEI!	BGH, WRP 2002, 1138 = GRUR 2002, 982	**23** 48
Die Bank, die weiter denkt	HABM-BK, GRUR-RR 2004, 74	**8** 100
Die Blauen Seiten	OLG Frankfurt, GRUR 1997, 52	**14** 169
Die Drachenjäger	BPatG, GRUR 2009, 1063	**8** 57; **70** 10
Die Geschäftsidee	OLG Köln, WRP 1994, 410 = GRUR 1994, 386	**5** 60
Die Legende	BPatG, Beschl. v. 7.7.1999 – 26 W (pat) 64/98	**8** 125
DIE PROFIS	BGH, WRP 2001, 1328 = GRUR 2002, 190	**28** 2–3
Die schlaue Art zu wachen	BPatG, Beschl. v. 7.2.2006 – 28 W (pat) 293/04	**66** 7
Die Vision	BGH, WRP 2010, 1254 = GRUR 2010, 935	**8** 55
Diesel	EuGH, GRUR 2007, 146 BGH, WRP 2005, 1011 = GRUR 2005, 768	**146** 16 **14** 231; **146** 16
DIESEL II	BGH, GRUR 2007, 876	**14** 231; **146** 16
DigiFilm	EuG, GRUR Int. 2005, 919	**8** 46
digital	BPatG, GRUR 1997, 833	**54** 9

Name der Entscheidung	Fundstelle	Kommentierung
DIGNORAPID	BPatGE 31, 245	**26** 56
DIMPLE	BGH, WRP 1985, 399 = GRUR 1985, 550	**8** 229; **9** 13; **14** 181, 183, 184, 201, 202, 265; **30** 7, 9–10; **127** 14
Dimple-Flasche	BPatG, GRUR 1998, 580	**3** 10
D-Info	BPatG, GRUR 2005, 679	**8** 193, 195, 197
DIN-GEPRÜFT	BGH, WRP 1977, 94 = GRUR 1977, 488	**Vor §§ 97 bis 106** 4, 5; **97** 4, 5, 7
dino.de	OLG Karlsruhe, Mitt. 2002, 144	**Anh § 5** 16, 21, 22
Dior/Evora	EuGH, GRUR Int. 1998, 140	**24** 8, 28, 39
dipa/dib	BGH, GRUR 1992, 110	**14** 84, 85, 88; **15** 15, 16
Direkt ab Werk	BGH, WRP 2005, 474 = GRUR 2005, 442	**14** 257
DiSC	BGH, WRP 2010, 1154	**11** 4, 5; **17** 7; **Vor §§ 107 bis 125** 2
Discware	BPatG, CR 1996, 470	**8** 143
Diva	BPatG, GRUR 1993, 670	**8** 18
DKV/OKV	BGH, WRP 2002, 1152 = GRUR 2002, 1067	**14** 82; **15** 22
Do it	BPatG, Beschl. v. 20.2.1998 – 33 W (pat) 244/97	**8** 147
Docksides/Sabega	EuGH, GRUR Int. 1999, 870	**21** 14; **24** 13, 16, 20
Dolan	BGH, GRUR 1970, 80	**14** 68; **30** 5
Dolex	BGH, GRUR 1961, 413	**15** 2 7
Domainpfändung	BGH, WRP 2006, 107 = GRUR 2005, 969 , 299	**Anh § 5** 1, 13; **27** 9; **29** 7, 9
Domgarten-Brand	BGH, WRP 1982, 463 = GRUR 1982, 495	**Anh § 5** 26
DOMO	OLG Stuttgart, WRP 1994, 136	**2** 9
DONA/PROGONA	OLG Köln, GRUR 2002, 264	**26** 60

Name der Entscheidung	Fundstelle	Kommentierung
DONLINE	BGH, WRP 2004, 353 = GRUR 2004, 239	**14** 49, 89
Donnerlippchen	OLG München, GRUR 1990, 43	**30** 9
Doppelkamp	BGH, WRP 1977, 490 = GRUR 1978, 46	**26** 19, 25, 28
Dorf Münsterland II	BGH, GRUR 2004, 868 = WRP 2004, 1361	**27** 5
DORMA	BGH, WRP 1998, 766 = GRUR 1998, 817 BPatGE 41, 29	**78** 5 **14** 62
Dortmund grüßt…:	BGH, WRP 1963, 345 = GRUR 1964, 38	**5** 46
DOUBLEMINT	EuGH, GRUR 2004, 146	**8** 105, 115, 169
Dr. Brügger	LG Düsseldorf, GRUR 2000, 334	**23** 13
DR. SCHOCK'S	BPatG, GRUR 1991, 144	**8** 185
Dr. St. … Nachfahren	BGH, WRP 1998, 394 = GRUR 1998, 952	**5** 3, 14, 42
Drachenblut	BPatG, Mitt. 1991, 78	**8** 136
DRAGON	BGH, WRP 1998, 993 = GRUR 1998, 938	**25** 9; **43** 11; **59** 4; **73** 7
DRANO/p3-drano	BGH, WRP 1997, 742 = GRUR 1996, 977	**14** 118, 129
Drehzahlermittlung	BGH, GRUR 2004, 845	**8** 252
DREI	BPatG, Beschl. v. 26.7.2000 – 26 W (pat) 38/00	**8** 68, 157
drei Parallelstreifen auf Hose	BPatG, Beschl. v. 21.9.2004 – 27 W (pat) 212/02	**8** 95
Dreidimensionale Daten	BPatG, GRUR 2009, 93	**91** 9
Dreidimensionale Tablettenform I	EuGH, WRP 2004, 722 = GRUR Int. 2004, 631	**8** 28, 102, 171
Dreidimensionale Tablettenform II	EuGH, GRUR Int. 2004, 635	**8** 26, 102, 171

Name der Entscheidung	Fundstelle	Kommentierung
Dreidimensionale Tablettenform III	EuGH, GRUR Int. 2004, 639	**8** 74, 102, 171
Drei-Punkte-Urteil	BGH, GRUR 1956, 183	**14** 96
Drei-Streifen-Kennzeichnung	BGH, WRP 2001, 41 = GRUR 2001, 158	**26** 21
dresden-online.de	OLG Dresden, CR 1999, 102	**Anh § 5** 5; **98** 6; **100** 2
Dresdner Christstollen	BGH, WRP 2003, 280 = GRUR 2003, 242	**126** 13
Dresdner Stollen	BGH, WRP 2003, 380 = GRUR 2003, 242	**14** 296
Dresdner Stollen I	BGH, WRP 1989, 380 = GRUR 1989, 440	**101** 2; **102** 4; **126** 13, 14
Dresdner Stollen II	BGH, WRP 1990, 411 = GRUR 1990, 461	**126** 13, 14
DRIBECK'S LIGHT	BGH, WRP 1998, 1006 = GRUR 1999, 155	**14** 160; **25** 6; **49** 5
Dringlichkeit im Markenrechtsstreit	OLG Frankfurt, GRUR-RR 2002, 1096	**14** 303
Dringlichkeitsvermutung	OLG Köln, GRUR-RR 2003, 296	**19** 36
	OLG München, GRUR 1992, 328	**14** 307
Drittschuldnereigenschaft der DENIC bei Domainpfändung	LG Zwickau, NJOZ 2010, 1799	**29** 7
DRSB Deutsche Volksbank	BPatG, GRUR-RR 2009, 131	**8** 175, 176, 178, 179, 206
Druckbalken	BGH, GRUR 1985, 512	**19a** 5
DSS	BPatG, GRUR 1998, 731	**8** 155
D-Tracetten	BGH, GRUR 1967, 681	**83** 19
DUC DE SANDRY	BPatGE 22, 235	**8** 184
Duff BEER	BPatG, Beschl. v. 7.1.2004 – 26 W (pat) 113/03	**63** 4
Duftmarke	HABM, GRUR Int. 2004, 857	**8** 14, 17

Name der Entscheidung	Fundstelle	Kommentierung
Duftvergleich mit Marken-parfum	BGH, WRP 2008, 936 = GRUR 2008, 726	**2** 10
Düngekalkhandel	BGH, GRUR 1964, 218	**20** 10
Durchflusszähler	BGH. GRUR-RR 2008, 458	**83** 21
Durchfuhr von Originalware	EuGH, GRUR 2007, 875	**146** 16
Düssel	BGH, GRUR 1964, 458	**49** 11
Düsseldorfer Stadtwappen	BGH, WRP 2002, 1169 = GRUR 2002, 917	**5** 46, 50
DVP	OLG Düsseldorf, GRUR-RR 2001, 106	**14** 36
E	BPatG, GRUR 2003, 347	**8** 66, 153, 155
EASYBANK	EuG, WRP 2001, 528 = GRUR Int. 2001, 756	**8** 98
EASYPRESS	BGH, WRP 2001, 408 = GRUR 2001, 337	**48** 1, 6; **52** 8; **78** 5
ECCO I	BGH, WRP 1997, 1085 = GRUR 1997, 744	**26** 32, 36, 38
ECHT KÖLLSCHE MÄDCHE	BPatG, Beschl. v. 2.11.2009 – 27 W (pat) 119/09, BeckRS 2009, 87913	**8** 51
Echt Kölnisch Wasser	OLG Köln, GRUR 1956, 563	**126** 15
Echt Westfälischer Stein-häger	BGH, GRUR 1957, 128	**126** 15
Echtheitszertifikat	BGH, Urt. v. 6.10.2011 – I ZR 6/10	**24** 28
EFASIT	Schweizer BG, GRUR Int. 1977, 208	**30** 60
efcon	HABM, GRUR 2005, 684	**8** 200, 204, 205
Effecten-Spiegel/Der Spiegel	BGH, WRP 1976, 35 = GRUR 1975, 604	**15** 42, 45
EGGER NATUR-BRÄU	BPatG, GRUR 1992, 516	**8** 206

Name der Entscheidung	Fundstelle	Kommentierung
egovKomune	BPatG, Beschl. v. 28.6.2007 – 25 W (pat) 51/05, BeckRS 2007, 11825	**8** 48
Ehemaliges DDR-Staatswappen	BPatG, GRUR-RR 2009, 19	**8** 159; **71** 14, 15; **83** 9
(Ehemaliges) DDR-Symbol der Sicherheitskräfte	BPatG, GRUR 2009, 68	**8** 190; **50** 7
Eichhörnchen mit Schwert	OLG Düsseldorf, GRUR 1978, 716	**29** 6
Eidesstattliche Versicherung zur Glaubhaftmachung einer Markenverwendung	BPatG, Beschl. v. 31.5.2006 – 29 W (pat) 127/04	**69** 4
EIFEL-ZEITUNG	BGH, WRP 2010, 266 = GRUR 2010, 156	**5** 14, 42, 56, 60; **Anh § 5** 5
Eigenhändige Unterschrift	BPatG, GRUR 2000, 795	**66** 7
Eilunterrichtung	BPatG, Beschl. v. 26.1.2005 – 32 W (pat) 353/03	**59** 2; **62** 6
Ein Champagner unter den Mineralwässern	BGH, WRP 1988, 25 = GRUR 1988, 453	**14** 181; **Vor §§ 126 bis 129** 7, 24; **127** 14
Einfache geometrische Form	BPatG, GRUR 1987, 826	**8** 159
Einschieben in ein fremdes System	OLG München, NJWE-WettbR 1999, 179	**24** 32
Ein-Tannen-Zeichen	BGH, GRUR 1970, 27	**22** 1
Eintragung des Inlandvertreters	BPatG, GRUR 2009, 185	**96** 9
Einzelbuchstabe „E" für Windkraftanlagen	EuG, GRUR Int. 2008, 838 HABM, GRUR 2007, 429	**8** 66 **8** 66, 155, 170
eis.de/BBY Vertriebsgesellschaft (Bananabay)	EuGH, GRUR 2010, 641	**14** 20
EKOMAX/Ökomat	BPatG, GRUR 1998, 729	**94** 7
Elastic	OLG München, WRP 1955, 223	**4** 9
ELEGANCE	BPatG, Beschl. v. 13.10.1999 – 32 W (pat) 394/99	**8** 125

Name der Entscheidung	Fundstelle	Kommentierung
Elektroschleifgerät	BGH, GRUR 1964, 201	**83** 22
Elo	OLG Hamburg, GRUR-RR 2003, 273	**23** 43
Elsässer Nudeln	BGH, WRP 1982, 570 = GRUR 1982, 564	**Vor §§ 126 bis 129** 8; **126** 2, 4, 5, 7; **127** 2–4
ELTA/ETA	BPatG, GRUR 1991, 537	**14** 88
eltern.de	LG Hamburg, CR 1999, 47	**15** 18
Elternbriefe	BGH, WRP 2002, 527 = GRUR 2002, 550	**127** 2
EM 2012	BPatG, Beschl. v. 25.11.2009 – 25 W (pat) 35/09, BeckRS 2009, 89060	**8** 64
eMailBasic	BPatG, Beschl. v. 16.9.2009 – 26 W (pat) 33/09	**8** 144
emergency	OLG Hamburg, CR 1999, 184	**Anh § 5** 2, 6, 7, 9; **15** 12
Emissionssteuerung	BGH, GRUR 1987, 286	**83** 21
e-motion/iMOTION	OLG Stuttgart, GRUR-RR 2005, 307	**14** 303
Empfangsbekenntnis	BGH, GRUR 2007, 261	**85** 2
Energieketten	BGH, Mitt. 2003, 514	**83** 16
ENTDECKE DIE NACH-BARSCHAFT FÜR DICH!	BPatG, Beschl. v. 26.7.2011 – 33 W (pat) 511/10, BeckRS 2011, 20535	**8** 55
Entfernung der Cellophan-umhüllung mit Code-Zeichen	OLG München, NJW-RR 1987, 739	**24** 30
Entfernung der Herstellungs-nummer II	BGH, WRP 2001, 918 = GRUR 2001, 841	**19** 26; **24** 30
Entfernung der Herstellungs-nummer III	BGH, WRP 2002, 947 = GRUR 2002, 709	**19** 23, 28; **19a** 14; **24** 30
Entfernung von Kontroll-nummern III	BGH, WRP 1989, 369	**24** 30

Name der Entscheidung	Fundstelle	Kommentierung
EnzyMax/Enzymix	OLG Köln, GRUR-RR 2010, 41	**23** 43
EP	BGH, GRUR 1997, 933	**128** 5
Epigran II	BGH, GRUR 1971, 355	**44** 27
Epigran/Epigranul	BGH, GRUR 1966, 432	**14** 85
EPOS	BPatG, Urt. v. 9.12.1997 – 27 w (pat) 166/96	**26** 6
epson.de	LG Düsseldorf, GRUR 1998, 159	**Anh § 5** 6, 22, 26; **15** 18
EQUI 2000	BGH, WRP 2000, 1293 = GRUR 2000, 1032	**2** 6; **6** 11; **8** 218
EQUIFORUM	BPatG, Beschl. v. 24.7.2007 – 33 W (pat) 104/05, BeckRS 2007, 12763	**8** 48
ERBA	BGH, GRUR 1974, 279	**42** 18, 25, 38; **43** 31
Erdener Treppchen	BGH, GRUR 1963, 430	**5** 10
Erfolglose Beschwerde gegen Nichtanmeldung einer Marke wegen fehlender Unterscheidungskraft	BPatG, Beschl. v. 8.4.2011 – 26 W (pat) 12/10, BeckRS 2011, 07985	**8** 11
Erfolglose Beschwerde gegen zurückgewiesenen Befangenheitsantrag	BPatG, Beschl. v. 20.11.2008 – 25 W (pat) 49/08, BeckRS 2010, 01181	**57** 3
Erfolglose Beschwerde mangels fehlender Unterscheidungskraft	BPatG, Beschl. v. 12.10.2010 – 25 W (pat) 192/09, BeckRS 2010, 26251	**3** 20
Erfolglose Beschwerde mangels markenrechtlicher Rechtsgrundlage für Versäumnisurteil	BPatG, Beschl. v. 26.9.2002 – 25 W (pat) 145/01	**75** 3
Ergo Panel	BPatG, GRUR Int. 1997, 749	**8** 60, 143, 150
EROS	BGH, WRP 2008, 1319 = GRUR 2008, 917	**2** 6; **4** 8; **8** 218; **11** 5, 7
Erotex	BGH, GRUR 1974, 30	**14** 85

Name der Entscheidung	Fundstelle	Kommentierung
Erpo Möbelwerk ./. HABM	EuGH, Urt. v. 21.10.2004 – C-64/02, BeckRS 2004, 78105	**8** 55
Erstattung von Patent-anwaltskosten	OLG Düsseldorf, Mitt. 1987, 36	**140** 3
Erstattungsfähigkeit von Patentanwaltskosten	OLG Frankfurt a. M., GRUR-RR 2001, 199	**14** 288; **140** 16
ESDUR/C-DUR	BPatG, Mitt. 1974, 132	**14** 169
Espada/Sword	BPatGE 22, 180	**14** 107
ESTAVITAL	BPatG, GRUR 1996, 981	**26** 6; **43** 26, 29; **71** 7; **73** 7
Etikett	BPatG, GRUR 2010, 338	**8** 78, 79, 162
etirex	BGH, GRUR 1974, 162	**15** 26
ETOP/Itrop	BPatG, GRUR 1997, 534	43 19
Ettaler Klosterliqueur	BGH, GRUR 1956, 179	**4** 7
Eulenspiegel	OLG Hamm, WRP 1982, 534	**4** 9
EUR im Oval/World im Oval	OLG Jena, GRUR-RR 2011, 208	**2** 4
Eurim-Pharm	EuGH, WRP 1996, 867	**24** 8, 34
EURO 2000	BGH, WRP 2004, 1037 = GRUR 2004, 775	**14** 136; **30** 11
EURO LEERGUT	BPatG, Beschl. v. 11.8.2011 – 26 W (pat) 62/10, BeckRS 2011, 21637	**8** 204
Euro Telekom	BGH, WRP 2007, 1193 = GRUR 2007, 888	**5** 17; **Anh § 5** 25; **15** 21; **14** 126
EUROCONSULT	BGH, GRUR 1994, 120	**8** 185
EUROCOOL	EuG, GRUR Int. 2002, 592	**8** 98
EUROHYPO	EuGH, GRUR 2008, 608	**8** 20, 28, 46, 141
EURO-LINE	BPatG, Beschl. v. 7.10.1998 – 28 W (pat) 24/98	**8** 51

Name der Entscheidung	Fundstelle	Kommentierung
Europa-Hölzer	BPatG, Beschl. v. 15.10.1997 – 26 W (pat) 4/95	**8** 51
EURO-Paletten	KG, GRUR- RR 2001, 159	**14** 231
EUROPART	BPatG, Beschl. v. 11.6.2008 – 29 W (pat) 74/06, BeckRS 2008, 21487	**8** 144
Europas Erstes Porzellan	BGH, GRUR-RR 2011, 343	**83** 17
Europaweite Erschöpfung des Markenrechts nach Inverkehrbringen	OLG Stuttgart, NJW-RR 1998, 482	**24** 15, 17, 41
Europharma	BGH, GRUR 1970, 141	**14** 67
EUROPOSTCOM	BPatG, GRUR 2008, 174	**82** 2
eurorechner	BPatG, Beschl. v. 11.1.1999 – 30 W (pat) 197/98	**8** 143
EuroStarch	BPatG, Beschl. v. 30.7.2009 – 25 W (pat) 63/09, BeckRS 2009, 86019	**8** 48
EVIAN/REVIAN	BGH, WRP 2001, 694 = GRUR 2001, 507	**14** 56, 59
EWING	BGH, GRUR 2000, 895	**14** 127
ex works	BGH, WRP 2006, 1233	**24** 15
EXACT	BPatG, Beschl. v. 24.7.1997 – 25 W (pat) 74/95	**8** 126
executive edition	EuG, GRUR-RR 2011, 250	**8** 51
exes.de	OLG Düsseldorf, GRUR-RR2003, 80	**Anh § 5** 21
Exportmarken	BPatG, GRUR 1980, 922	**26** 42
Ex-Press-Agentur/Express	OLG Köln, GRUR 1984, 751	**15** 45
EXTRAVERAL	BPatGE 10, 93	**14** 118
EXTREME	BPatG, Mitt. 1993, 367	**8** 75
Fabergé	BGH, WRP 2002, 330 = GRUR 2002, 340	**5** 20; **8** 229, 235; **14** 54, 183

Name der Entscheidung	Fundstelle	Kommentierung
Fabergé-Museum	OLG Frankfurt, Urt. v. 14.1.2010 – 6 U 114/09, BeckRS 2010, 21955	**23** 43
FACTS	BGH, WRP 2000, 533 = GRUR 2000, 504	**5** 55; **15** 36, 37, 39, 41–43
FACTS II	BGH, WRP 2005, 1525 = GRUR 2005, 1525	**5** 57
Fadenkreuz „Tatort"	OLG Koblenz, GRUR 2009, 230	**4** 6
Fahrpreiserstattung	OLG München, WRP 1993, 49	**14** 306
Fahrradgepäckträger II	BGH, GRUR 1978, 492	**20** 6, 16, 20, 22, 28
Fahrzeugkarosserie	BPatG, GRUR 2005, 330	**3** 10, 16, 20; **8** 73, 120, 239
FAIRAL/Chris Farrell	BPatG, Beschl. v. 8.2.2000 – 24 W (pat) 121/98	**14** 127
Falco	EuGH, GRUR Int. 2010, 848	**30** 16, 51, 53
Falke-run	BGH, GRUR 1996, 774	**14** 132
Falscher Anmeldetag	BPatG, GRUR 1991, 216	**70** 9
Falscher Inserent	KG, WRP 1983, 561 = GRUR 1983, 673	**142** 5
Famila	OLG Karlsruhe, GRUR 1981, 198	**26** 50
Familienname	BGH, WRP 1985, 210 = GRUR 1985, 389	**6** 10; **15** 34, 35; **21** 16
FAMILY	OLG Köln, GRUR 1997, 663	**5** 60; **15** 45
FAN	BGH, WRP 1978, 41 = GRUR 1978, 170	**14** 151, 160, 177, 178; **15** 14
Fan Artikel	OLG München, NJW-RR 1997, 1266	**30** 16, 54
Farbe Gelb	BGH, WRP 2010, 888 = GRUR 2010, 637	**8** 10, 20, 82, 84, 88, 89, 163
Farbe Lila	BPatG, GRUR 2010, 71	**8** 10, 85, 86, 89

Name der Entscheidung	Fundstelle	Kommentierung
Farbe Orange	EuGH, GRUR Int. 2005, 327	**8** 82, 88, 101, 171
Farbige Arzneimittelkapsel	BPatG, WRP 2004, 1040 = GRUR 2004, 683	**8** 18, 22, 24; **14** 96
Farbkombination eines Traktors	EuG, GRUR-Prax 2010, 479	**8** 246, 249
Farbkombination Orange-Grau	EuG, GRUR Int. 2003, 836	**8** 171
Farbmarke	BPatG, GRUR 1996, 881	**3** 11; **8** 80
Farbmarke „Braun"	BPatG, Beschl. v. 14.2.2007 – 26 W (pat) 15/00, BeckRS 2007, 08028	**8** 243
Farbmarke gelb	BPatG, GRUR 2005, 585	**8** 165, 166, 231, 232
Farbmarke Gelb – Yello	BPatG, GRUR 2009, 161	**8** 85, 89
Farbmarke gelb/grün II	BGH, GRUR 2007, 55	**8** 9 6, 81
Farbmarke Gelb/Rot	BPatG, GRUR 2009, 164	**3** 11; **8** 11, 86, 87, 89, 165
Farbmarke gelb/schwarz	BGH, WRP 1999, 439 = GRUR 1999, 491	**Einf.** 20; **3** 11; **8** 80
Farbmarke lichtgrau/ver-kehrsrot	EuG, MarkenR 2011, 125	**8** 11, 87
Farbmarke magenta/grau	BGH, WRP 1999, 853 = GRUR 1999, 730	**Einf.** 20; **3** 11; **8** 80; **14** 103
Farbmarke Rapsgelb	BPatG, GRUR 2009, 170	**8** 85, 86, 89, 243
Farbmarke Rot	BPatG, GRUR 2008, 428	**8** 85, 86, 89, 239
Farbmarke Sonnengelb	BPatG, GRUR 2009, 167	**8** 85, 89, 239
Farbmarke violettfarben	BGH, WRP 2001, 1198 = GRUR 2001, 1154	**3** 11; **8** 80, 165
Farbmarkenkonkretisierung	BPatG, MarkenR 2005, 523	**32** 16; **39** 4
Farbmarkenverletzung I	BGH, WRP 2004, 227 = GRUR 2004, 151	**4** 7, 16; **5** 22; **14** 15, 17, 103, 104, 139
Farbmarkenverletzung II	BGH, WRP 2004, 232 = GRUR 2004, 154	**14** 17, 103, 104, 139

Name der Entscheidung	Fundstelle	Kommentierung
Farina	BPatG, GRUR 1978, 50	**14** 178
Farina Rote Marke	BGH, GRUR 1955, 43	**15** 34, 35
Farina Urkölsch	BGHZ 4, 96 = GRUR 1952, 511	**6** 10; **15** 30, 33
FARMERS	BPatG, Beschl. v. 31.1.2001 – 28 W (pat) 79/00	**8** 125
FAT TIRE	OLG München, Mitt. 1996, 174	**14** 15
favorite.de	BPatG, Beschl. v. 2.12.2009 – 26 W (pat) 183/09, BeckRS 2010, 08283	**91** 8
Faxkarte	BGH, WRP 2002, 173 = GRUR 2002, 146	**19a** 1, 5
FE	BGH, BlPMZ 1980, 327	**8** 66
FEERIE/FEE	BPatGE 32, 1	**14** 160
Fehlende Unterschrift bei Löschungsbeschluss	BPatG, Beschl. v. 7.4.2011 – 30 W (pat) 98/09, BeckRS 2011, 11885	**61** 3
Feldenkrais	BGH, WRP 2003, 384 = GRUR 2003, 436	**23** 40, 43
Felina-Britta	BGH, GRUR 1970, 552	**14** 131
Fender Musikinstrumente	OLG Stuttgart, GRUR Int. 1998, 806	**146** 16
Fernglas	LG Berlin, GRUR-RR 2004, 16	**14** 10
Fernschreibkennung	BGH, WRP 1986, 267 = GRUR 1986, 475	**5** 11; **23** 8
Fernsehkummer? Jägernummer	KG, WRP 1980, 623	**5** 11
Fernsprechnummer	BGHZ 8, 387	**5** 11
Ferntest	OLG Düsseldorf, WRP 1994, 877	**141** 5
Ferrari als Hauptpreis	OLG Frankfurt, GRUR-RR 2003, 99	**14** 182

Name der Entscheidung	Fundstelle	Kommentierung
Ferrari Official Merchandise	LG Hamburg, NJWE-RR 2000, 235	**24** 39
Ferrari-Pferd	BGH, WRP 2004, 909 = GRUR 2004, 594	**14** 54, 95, 111, 192
FERROBRAUSE	BPatG, GRUR 1997, 639	**8** 143
Ferrosil	BGH, WRP 2005, 620	**26** 20
FERROSOL/FERISOL	BGH, GRUR 2004, 340	**26** 32, 36
Festival Europäischer Musik	BGH, WRP 1989, 560 = GRUR 1989 626	**5** 57
Festivalplaner	OLG Köln, WRP 2011, 1413 = NJOZ 2010, 2103	**2** 4; **23** 38, 43
Festspielhaus	BGH, WRP 2002, 987 = GRUR 2002, 814	**5** 17; **14** 15, 136; **23** 17, 43
Feststellungspflicht	BPatGE 46, 89	**59** 2; **70** 9
Feta	EuGH, WRP 1999, 490 = GRUR Int. 1999, 532	**Vor §§ 130 bis 139** 10
Feta II	EuGH, GRUR 2006, 72	**Vor §§ 130 bis 139** 10
FF2	BPatG, Beschl. v. 5.11.2001 – 30 W (pat) 18/01	**8** 69
FICKEN	BPatG, Beschl. v. 3.8.2011 – 26 W (pat) 116/10, BeckRS 2011, 21631	**8** 189, 190
Filigran	BPatG, GRUR 1972, 602	**14** 64
Filopharm	BGH, GRUR 1985, 151	**5** 40
FineLine	BPatG, Beschl. v. 5.12.2007 – 28 W (pat) 67/07, BeckRS 2008, 05305	**8** 48
Finishmaster	BPatGE 35, 249	**8** 125
Firmenbezeichnung für eine Anwaltssozietät	OLG München, NJW-RR 1993, 621	**5** 45
Firmenbriefkopf	BPatG, GRUR 2008, 1127	**66** 9

Name der Entscheidung	Fundstelle	Kommentierung
firstprint	BPatG, Beschl. v. 30.6.2010 – 29 W (pat) 63/10, BeckRS 2010, 19673	**8** 48, 60, 144
Fischl	BGH, GRUR 1959, 87	**30** 49
FIXIDENT/Dentofixin	BPatG, Mitt. 1980, 115	**14** 87
FKS	BPatG, Beschl. v. 28.4.1997 – 30 W (pat) 59/96	**8** 65
Flaggenball	BPatG, GRUR 2009, 495	**8** 192, 195
Fläkt	BPatG, BlPMZ 1985, 370	**8** 59, 148
Fläminger	BGH, WRP 1998, 752 = GRUR 1998, 930	**8** 108; **14** 134; **23** 2, 21, 30, 34
Flasche mit Grashalm	BPatG, GRUR 2010, 431	**8** 223
Flaschenform	BPatG, Beschl. v. 26.9.2007 – 26 W (pat) 204/99, BeckRS 2008, 01879	**8** 79
Flaschenöffner	BPatG, Beschl. v. 12.10.2009 – 26 W (pat) 56/08, BeckRS 2009, 28554 OLG Hamburg, OLGR 2009, 690	**8** 79 **23** 43
FLASH	BGH, GRUR 1989, 422	**5** 43
FLEUR Charme	BGH, GRUR 1992, 607	**8** 51, 75, 145
FLEUR D'OR/GOLDBLU-ME	BPatG, Beschl. v. 23.10.1996 – 28 W (pat) 34/96	**14** 107
Flexitank	BGH, WRP 2011, 239 = GRUR 2011, 455	**30** 56
Flexotide	BGH, Beschl. v. 2.4.2009 – I ZB 5/08, BeckRS 2009, 13397	**8** 216
FLEXPLUS	BPatG, Beschl. v. 1.4.2008 – 24 W (pat) 16/06, BeckRS 2008, 10991	**8** 48, 126, 144
FLINT	BPatG, Mitt. 1975, 13	**8** 19, 61

Name der Entscheidung	Fundstelle	Kommentierung
FLIXOTIDE	BGH, Beschl. v. 28.10.2010 – I ZB 14/10, BeckRS 2011, 07099	**8** 218, 219, 223; **89** 6
Flotationstrennung	BPatG, GRUR 1972, 90	**80** 2
FlowParty/flow	BPatG, GRUR-RR 2009, 96	**83** 9
Flüchtige Ware	LG Hamburg, GRUR-RR 2004, 191	**18** 26
	OLG Braunschweig, GRUR-RR 2005, 103	**18** 26
FLUICIL	BPatGE 24, 241	**26** 45; **43** 29
FLUOSOL	BGH, GRUR 1985, 385	**26** 48, 50
Flüssigkeitsspender	BPatG, Beschl. v. 24.11.2010 – 28 W (pat) 103/09, BeckRS 2011, 00179	**8** 79
fnet.de	LG München I, GRUR 2000, 800	**Anh § 5** 7, 9, 11
Focus Home Collection/ FOCUS	BPatG, GRUR 2008, 74	**26** 66
FONIMAP	BPatG, Beschl. v. 10.11.2010 – 26 W (pat) 78/10, BeckRS 2010, 29752	**8** 223
Fontana	BPatG, GRUR 1996, 419	**14** 74, 178
FOOTVAX	BPatGE 29, 163	**8** 54, 139
FOR YOU	BGH, WRP 1999, 1169 = GRUR 1999, 1093	**8** 22, 26, 44, 45, 59, 121, 153, 172
Forellenzeichen	BGH, GRUR 1955, 421	**8** 71
Form einer Bierflasche	EuGH, MarkenR 2005, 311	**8** 171
Form einer Flasche	EuG, GRUR Int. 2004, 326	**8** 98
Form einer Uhr	EuG, Urt. v. 6.7.2011 – C-239/10, BeckRS 2011, 81063	**8** 102
Form einer Weinflasche	BPatG, Beschl. v. 26.9.2007 – 26 W (pat) 204/99, BeckRS 2008, 01879	**8** 162

Name der Entscheidung	Fundstelle	Kommentierung
Form eines Behälters	BPatG, Beschl. v. 14.8.2008 – 27 W (pat) 107/08, BeckRS 2008, 19474	**8** 79
Form eines Bonbons II	EuGH, GRUR Int. 2006, 842	**8** 74, 102, 171
Formmangel	BPatGE 41, 44	**61** 3; **66** 4; **71** 15
FORMPACK	BPatG, Beschl. v. 19.1.1998 – 33 W (pat) 165/97	**8** 126, 143
Forschungskosten	BGH, GRUR 1990, 221	**20** 14, 19
FotoCity	BPatG, Beschl. v. 30.4.2003 – 26 W (pat) 100/02, BeckRS 2008, 26843	**8** 48, 143
Fotowettbewerb	BGH, GRUR 1970, 189	**14** 288
Fr. Marc	BPatG 42, 275	**23** 13
Franchise-Nehmer	BGH, WRP 1995, 696 = GRUR 1995, 605	**14** 249
Franken	BPatG, Beschl. v. 19.1.2000 – 29 W (pat) 35/99	**8** 133
Frappuccino/Freddocino	OLG München, GRUR-RR 2004, 326	**19** 16
Fräuleinwunder	BPatG, Beschl. v. 1.6.2005 – 32 W (pat) 145/03, BeckRS 2009, 01802	**8** 57
Free	BPatG, Beschl. v. 7.5.2001 – 30 W (pat) 173/99	**8** 125
FREI	BPatG, Beschl. v. 27.10.2010 – 26 W (pat) 168/09, BeckRS 2010, 28364	**8** 183
frei öl	BGH, GRUR 1992, 48	**4** 12; **14** 137, 151
FREIZEIT SPASS	BPatG, Beschl. v. 14.9.2011 – 26 W (pat) 1/11, BeckRS 2011, 25437	**8** 75
Freizeit-Rätsel-Woche	BGH, Beschl. v. 17.8.2010 – I ZB 61/09, BeckRS 2011, 02150	**70** 9
	BPatG, GRUR 2009, 1173	**8** 37, 168; **70** 9

Name der Entscheidung	Fundstelle	Kommentierung
FRENORM/FRENON	BGH, WRP 2000, 1164 = GRUR 2000, 1040	**26** 36, 40
freundin.de	OLG München, CR 1998, 559	**Anh § 5** 14; **15** 18
FREUNDSBERG	BPatG, GRUR 2004, 432	**8** 63
friFOOD	BPatG, Beschl. v. 25.6.2008 – 28 W (pat) 173/07, BeckRS 2008, 16901	**8** 223
Frischgeflügel	OLG Köln, WRP 1989, 751 = GRUR 1989, 694	**126** 10
Frischpack	EuGH, GRUR Int. 2005, 329	**8** 171
FRISH	BPatG, GRUR 2004, 873	**8** 25, 49, 54, 114
Frisium	BGH, GRUR 1980, 1075	**26** 45
Fristverlängerung	BPatG, GRUR 2003, 381	**66** 5
FROMMIA	BGH, WRP 2002, 1156 = GRUR 2002, 972	**5** 8, 33, 36, 38, 39; **27** 5, 18; **30** 61
FRONTAL-SCHRAUBE	BPatG, Beschl. v. 19.6.1998 – 33 W (pat) 231/97	**8** 51, 143
Fronthaube	BGH, WRP 2008, 107 = GRUR 2008, 71	**3** 2, 14, 20–22; **8** 78
FRÜHSTÜCKS-DRINK I	BGH, WRP 2002, 982 = GRUR 2002, 809	**5** 15; **15** 23; **23** 17, 26, 27, 43
FRÜHSTÜCKS-DRINK II	BGH, WRP 2002, 985 = GRUR 2002, 812	**14** 16; **23** 17, 24, 30, 43
Frühstücks-Trunk	OLG Frankfurt, MD 2000, 55	**23** 43
Frukina/Frutera	BPatGE 22, 227	**14** 77, 93
Frutopekta	BPatGE 24, 112	**44** 29, 32
Frutto	BPatG, Beschl. v. 13.6.2007 – 26 W (pat) 2/06, BeckRS 2007, 11636	**8** 147
FTOS	BGH, WRP 1997, 1181 = GRUR 1997, 902	**5** 57, 63
Füllhalterclip	BGH, GRUR 1960, 124	**14** 148

Name der Entscheidung	Fundstelle	Kommentierung
Füllkörper	BGH, GRUR 1995, 732	**8** 157, 160; **83** 11; **Vor §§ 107 bis 125** 9; **113** 1
FULLMEX	BPatG, Beschl. v. 25.5.2011 – 29 W (pat) 57/11, BeckRS 2011, 15064	**8** 60
FÜNFER	BGH, WRP 2000, 95 = GRUR 2000, 231 BPatG, GRUR 1998, 53	**8** 68, 127, 157 **83** 9
Funkberater	BGHZ 21,182	**5** 11, 17
FUNNY PAPER	BGH, WRP 1995, 815 = GRUR 1995, 697	**8** 234
Für Kinder	OLG Hamburg, GRUR 1996, 982	**14** 15; **23** 16, 43
Fürstenthaler	BGH, WRP 1979, 855 = GRUR 1980, 173	**2** 7; **126** 5
FUSSBALL WM 2006	BGH, WRP 2006, 1121 = GRUR 2006, 850 BPatG, GRUR 2005, 948	**8** 39, 40, 44, 64, 71; **30** 11 **8** 27, 64
FUSSBALL WM 2006 II	BPatG, GRUR 2007, 505	**48** 6; **73** 7; **90** 3
g	BPatG, Beschl. v. 20.5.1999 – 25 W (pat) 67/96	**8** 66
Gabelstapler	BGH, WRP 2001, 261 = GRUR 2001, 334	**3** 10, 16
Gabelstapler II	BGH, WRP 2004, 752 = GRUR 2004, 502	**3** 2, 10; **8** 24, 73, 162
Gabelstapler III	BPatG, MarkenR 2005, 238	**8** 120
Gabor/Caber	BGH, WRP 1984, 323 = GRUR 1984, 471	**5** 32; **14** 83, 86; **15** 14, 23, 26
Gaby	BGH, GRUR 1988, 307	**14** 297
GALLUP	BGH, WRP 2006, 102	**26** 30; **59** 6; **69** 1; **83** 16, 17
Ganz anders	OLG Köln, GRUR-RR 2009, 11	**19** 10, 43

Name der Entscheidung	Fundstelle	Kommentierung
Garant-Möbel	BGH, WRP 1995, 307 = GRUR 1995, 156	**5** 15, 16; **15** 23
GARIBALDI	BGH, WRP 1998, 747 = GRUR 1999, 158	**14** 54, 59
Garibaldi	BPatG, GRUR 1995, 739	**14** 157
GARONOR	BGH, WRP 1997, 1081	**5** 26, 38
Gartencenter Pötschke	BGH, WRP 2011, 1171 = GRUR 2011, 836	**12** 4, 6; **15** 32; **51** 2
GASTRONet	BPatG, Beschl. v. 29.9.1997 – 33 W (pat) 22/97	**8** 60, 125, 150
Gastropirenz	BPatG, Mitt. 1988, 154	**14** 87
Gazoz	BGH, WRP 2004, 1364 = GRUR 2004, 947	**8** 30; **23** 17, 30, 38, 40, 43
GB-Inno I	EuGH, GRUR Int. 1990, 955	**8** 177
GbR Rechtsfähigkeit	BGH, MarkenR 2001, 129	**7** 4
Gebäudefassade	BGH, GRUR 1977, 615	**5** 11
Gebührendifferenz III	BGH, GRUR Int. 1982, 57	**24** 17
Gebührendifferenz IV	BGH, GRUR Int. 1986, 724	**24** 17
GeDIOS	BGH, WRP 2004, 357 = GRUR 2004, 241	**14** 54, 56, 75; **15** 44
GEFA/GEWA	BGH, WRP 1985, 338 = GRUR 1985, 461	**5** 8, 9, 12, 18; **15** 23
Gefärbte Jeans	BGH, WRP 1997, 562 = GRUR 1996, 271	**14** 272; **18** 4, 10, 19; **24** 13, 28, 29; **152** 3; **153** 13
Gefäßimplantat	BGH, GRUR 1990, 348	**83** 18
Gegenstandswert bei Wiederspruchs-Beschwerdeverfahren	BPatG, GRUR 2007, 176	**71** 11
Gegenstandswert für Widerspruchsverfahren	BPatG, GRUR 1999, 64	**63** 13; **71** 11
Gegenstandswert in Markensachen	BGH, Mitt. 2006, 282	**63** 14

Name der Entscheidung	Fundstelle	Kommentierung
Getunter Bentley	OLG Köln, MarkenR 2008, 65	**23** 47
Gewinnfahrzeug mit Fremd-emblem	BGH, WRP 2006, 470 = GRUR 2006, 329	**14** 182
Gewinnherausgabeanspruch	BGH GRUR 2004, 53	**14** 283
Gib mal Zeitung	BGH, WRP 2010, 252 = GRUR 2010, 161	**2** 10
Gigastore	BPatG, Beschl. v. 19.3.2001 – 30 W (pat) 47/00	**8** 125
Gillette	EuGH, GRUR Int. 2005, 479	**14** 19
Gillette Company/LA-Laboratories	EuGH, GRUR 2005, 509	**23** 44–47
Ginny	BPatG, GRUR 1990, 129	**27** 16; **Vor §§ 107 bis 125** 7
Ginseng-Werbung	BGH, WRP 1980, 76 = GRUR 1980, 119	**126** 10
Gipürespitze II	OLG Hamburg, GRUR-RR 2009, 136	**14** 279
GIRONDA	BPatG, BlPMZ 1991, 252	**8** 54, 136
GIVES YOU WINGS	BPatG, Beschl. v. 21.3.2007 – 26 W (pat) 127/03, BeckRS 2007, 09565	**8** 219, 223
Glass-Line	BPatG, GRUR 1993, 741	**8** 60
Gliss/Glister	BPatG, Mitt. 1986, 94	**14** 88
G-man GmbH	BGH, GRUR 1981, 66	**15** 23
go seven	BPatG, GRUR 2006, 868	**49** 5
gold/gelb	BPatG, MarkenR 2002, 31	**8** 89
Goldbarren	BGH, WRP 2003, 889 = GRUR 2003, 712	**14** 138
Goldbronzierte Likör-flaschen	RG, GRUR 1942, 217	**4** 17
Golden Toast	BGH, GRUR 1991, 782	**30** 46

Name der Entscheidung	Fundstelle	Kommentierung
Goldene Armbänder	BGH, GRUR 1973, 384	**14** 288
Goldhase	EuG, GRUR 2011, 425 BGH, WRP 2007, 186 = GRUR 2007, 235 OLG Frankfurt, GRUR-RR 2004, 136	**8** 102, 171, 249 **14** 15, 82, 98, 138 **14** 138
Goldhase II	BGH, WRP 2011, 230 = GRUR 2011, 148	**14** 15, 137
Goldhase in neutraler Aufmachung	BPatG, GRUR 2011, 68	**3** 10, 17, 18, 21, 22; **8** 78, 79, 240, 243
GoldPassion	BPatG, Beschl. v. 20.1.2010 – 28 W (pat) 93/09, BeckRS 2011, 14888	**8** 51
Goldschmuckstücke	OLG Frankfurt, GRUR 2005, 1072	**142** 5
Goldwell	BGH, GRUR 1954, 274	**5** 43
Gold-Zack	BGH, GRUR 1953, 40	**4** 7
Gonal-F	OLG Hamburg, GRUR 1999, 172	**24** 38
Gondelverkleidung	EuGH, MarkenR 2009, 108	**8** 102, 171
Google und Google France	EuGH, GRUR 2010, 445	**14** 9, 20
Gorgonzola	EuGH, WRP 1999, 486 = GRUR Int. 1999, 443	**127** 16; **Vor §§ 130 bis 139** 21, 26, 29
Gorgonzola/Cambozola	OLG Frankfurt, WRP 1997, 859 = GRUR Int. 1997, 751	**Vor §§ 130 bis 139** 21, 29
Gorgonzola-Creme	OLG Frankfurt, GRUR-RR 2004, 79	**Vor §§ 130 bis 139** 20, 21
Gourmet	BPatG, Beschl. v. 6.7.2010 – 27 W (pat) 251/09, BeckRS 2010, 22443	**8** 40, 59, 125
Grafenau	BPatG, Beschl. v. 30.9.2009 – 26 W (pat) 38/09, BeckRS 2010, 01226	**8** 133

Name der Entscheidung	Fundstelle	Kommentierung
Grana Padano	EuGH, GRUR 2007, 974 EuGH, GRUR 2003, 609	**Vor §§ 130 bis 139** 1, 10 **Vor §§ 126 bis 129** 2, 16; **Vor §§ 130 bis 139** 11
Granny-Smith-Apfel	BPatG, Beschl. v. 9.9.2010 – 30 W (pat) 106/09, BeckRS 2010, 24065	**8** 71
Grau und Grün	EuG, GRUR Int, 2003, 59	**8** 101, 171
grau/gelb	BPatG, Beschl. v. 1.12.1999 – 33 W (pat) 173/99	**8** 91
grau/magenta	BGH, WRP1997, 748 = GRUR 1997, 754	**14** 190
GREEN POINT/Griffband	BGH, GRUR 1988, 213	**24** 29
GREENPOINT/Der grüne Punkt	BPatG, GRUR 1997, 293	**14** 107
GROSSE INSPEKTION FÜR ALLE	BGH, WRP 2011, 1602 = GRUR 2011, 1135	**23** 47 f.; **24** 39
Grönwohlder	BPatG, Beschl. v. 7.3.2011 – 26 W (pat) 19/11, BeckRS 2011, 23580	**8** 132, 133
grün eingefärbte Prozesso- rengehäuse	BGH, WRP 2002, 452 = GRUR 2002, 538	**3** 11; **8** 90
grün/gelb	BPatG, GRUR 1998, 1016	**3** 11
grün/gelb 2	BGH, WRP 2007, 73 = GRUR 2007, 55 BPatG, MarkenR 2005, 455	**8** 11 **8** 164; **32** 16; **39** 4
grün/grau	BPatG, GRUR 2002, 734	**82** 2
grün/grün/gelb	Beschl. v. 17. 12. 2003 – 29 W (pat) 90/03	**8** 89
Grundig/Consten	EuGH, GRUR Int. 1966, 580	**30** 40
grundke.de	BGH, WRP 2007, 1207 = GRUR 2007, 811	**Anh § 5** 15
Grüne Vierkantflasche	BGH, GRUR 1969, 541	**4** 11, 12; **5** 22
Grüne Wickelsterne	BGH, GRUR 1955, 406	**4** 8

Name der Entscheidung	Fundstelle	Kommentierung
Grünton	BPatG, Beschl. v. 30.3.2011 – 28 W (pat) 65/10, BeckRS 2011, 16236	**8** 85
GS-Zeichen	OLG Koblenz, GRUR 1987, 730	**18** 24
Gucci	OLG Hamburg, WRP 1997, 106	**14** 15; **18** 24; **19** 35; **23** 13, 43
Guldenburg	BGH, WRP 1993, 383 = GRUR 1993, 692	**5** 55, 58; **15** 36, 37, 44; **30** 9–10
Gut Springenheide	EuGH, WRP 1998, 848 = GRUR Int. 1998, 795	**8** 111, 177; **145** 2
Gute Zeiten – Schlechte Zeiten	BGH, WRP 2001, 1202 = GRUR 2001, 1043	**8** 20, 26, 57, 117
Gütezeichenverband	BPatGE 28, 139	**Vor §§ 97 bis 106** 5; **102** 11
Habana	OLG München, MarkenR 2001, 218	**Vor §§ 126 bis 129** 11, 21; **127** 12–15; **128** 3, 9
Habt Ihr kein Zuhause?	BPatG, Beschl. v. 12.5.2010 – 26 W (pat) 39/09, BeckRS 2010, 13908	**8** 55
Hadef	BGH, WRP 1957, 122 = GRUR 1957, 34	**5** 44
HAG II	EuGH, GRUR Int. 1990, 960	**24** 24
HAIRTRANSFER	EuGH, MarkenR 2008, 160	**8** 115, 119, 169
Halberstädter Art	OLG Jena, GRUR-RR 2003, 77	**127** 4
Halberstädter Würstchen	OLG Dresden, GRUR-RR 2002, 257	**4** 17
Haller I	BGH, WRP 1979, 647 = GRUR 1979, 707	**26** 25, 28, 34
Haller II	BGH, GRUR 1983, 764	**15** 10
Halzband	BGH, WRP 2009, 730 = GRUR 2009, 597	**Anh § 5** 15; **14** 253
Hamburger Brauch I	BGH, GRUR 1978, 192	**14** 260

Name der Entscheidung	Fundstelle	Kommentierung
Hammerbohrer	OLG Karlsruhe, GRUR 1978, 111	**23** 46
HAND BOOK	BPatG, Beschl. v. 29.7.1997 – 24 W (pat) 16/96	**8** 147
Handtuchspender	BGH, GRUR 1987, 438	**14** 11, 212; **24** 2, 28, 29, 32
handy.de	BPatG, Mitt. 2003, 569	**8** 53
Hanse Naturkost/Hanse-bäcker	BGH, GRUR-RR 2008, 363	**69** 2; **83** 16
Hänsel	RGZ 170, 265	**6** 10
Hansen-Bau	BGH, WRP 2008, 1189 = GRUR 2008, 801	**5** 16; **15** 20, 26, 34
Hapimag-Aktien	OLG Düsseldorf, GRUR-RR 2011, 94	**2** 8
Happy	BGH, GRUR 1976, 587	**8** 59, 180
Harman International Industries ./. HABM	EuG, GRUR Int. 2009, 603	**14** 127
Hartmetallkopfbohrer	BGH, GRUR 1982, 481	**30** 50
Hauer's Auto-Zeitung	BGH, GRUR 1988, 638	**5** 56, 58–60; **15** 21, 41, 45
HAUS & GRUND I	BGH, WRP 2008, 1530 = GRUR 2008 1102	**5** 7, 8, 46; **15** 23, 26
HAUS & GRUND II	BGH, WRP 2008, 1532 = GRUR 2008, 1104	**5** 7, 12; **15** 11, 20, 26; **20** 13
HAUS & GRUND III	BGH, WRP 2008, 1537 = GRUR 2008, 1108	**5** 7, 8, 12, 26
HAUS & GRUND IV	BGH, MarkenR 2010, 47	**15** 26
Hausbücherei	BGH, WRP 1956, 279 = GRUR 1957, 25	**5** 33
Hautactiv	BPatG, GRUR 1996, 489	**8** 29, 30, 125
Havanna	BGH, GRUR 1957, 530	**Vor §§ 126 bis 129** 10, 21; **126** 3

Name der Entscheidung	Fundstelle	Kommentierung
Hefteinband	BGH, WRP 2011, 235 = GRUR 2011, 158	**8** 73
Heidelberg.de	LG Mannheim, GRUR 1997, 377	**Anh § 5** 6
Heidelberger Bauchemie GmbH	EuGH, GRUR 2004, 858	**Einf.** 20; **3** 11; **8** 6, 8, 11, 80, 83, 163, 171; **32** 16; **39** 4
HEITEC	BGH, WRP 2008, 1192 = GRUR 2008, 803	**5** 8, 16; **14** 77; **15** 21, 23; **20** 13
Hellige	BGH, WRP 1968, 95 = GRUR 1968, 212	**15** 34
Helux/VELUX	BPatG, Beschl. v. 10.12.2002 – 27 W (pat) 79/01, BeckRS 2009, 17730	**14** 55, 62
Helvetia	BPatGE 5, 152	**8** 59
Henkel	EuGH, WRP 2004, 475 = GRUR Int. 2004, 413	**3** 13; **8** 24, 77–79, 102
Henkel/HABM	EuGH, GRUR Int. 2004, 631	**8** 28
Herba	BGH, GRUR 1970, 85	**14** 163, 164
Herrenhemden	OLG Hamburg, GRUR-RR 2003, 338	**14** 220; **24** 15
HERRENSTEIN	BPatGE 43, 30	**8** 182
Herrenwitz/Winzerwitz	BPatG, Mitt. 1971, 110	**14** 169
Herstellerkennzeichen auf Unfallwagen	BGH, GRUR 1990, 678	**23** 30; **24** 28, 29
HERTIE	BPatG, Mitt. 1983, 36	**26** 40
Herzchen	BPatG, GRUR-Prax 2010, 149	**61** 4
Herz-Kaffee	BPatG, GRUR 1979, 244	**26** 3, 15, 31
Herzsymbol	BGH, GRUR 1989, 425	**14** 118, 120, 148
Hessen Report	OLG Frankfurt, WRP 1992, 117	**15** 45

Name der Entscheidung	Fundstelle	Kommentierung
hey!	BGH, WRP 2010, 891 = GRUR 2010, 640	**8** 44, 75
Hier sind Sie sicher	BPatG, Beschl. v. 16.11.2004 – 33 W (pat) 83/04, BeckRS 2009, 01139	**8** 40
High Tech	OLG Köln, GRUR 1989, 690	**5** 60, 64; **15** 45
Hobby	BGH, GRUR 1961, 232	**5** 56, 60; **15** 45
Hochkant stehendes Rechteck	BPatG, GRUR-Prax 2010, 528	**8** 31, 72, 91
Hoffmann-La Roche/ Centrafarm	EuGH, GRUR 1978, 599	**24** 6, 35
Holiday	BPatG, Beschl. v. 10.2.1993 – 26 W (pat) 131/90	**8** 137
Hollister	BGH, WRP 2008, 1200 = GRUR 2008, 769	**19** 18, 19
Hollywood-Duftschaumbad	BGH, GRUR 1963, 482	**126** 2, 13
Hölterhoff	EuGH, GRUR 2002, 692	**23** 18, 40, 43
Holtkamp	BGH, GRUR 1999, 54	**25** 9; **26** 32, 36; **43** 9, 11
holzmann-bauberatung.de	OLG Hamburg, MR 2004, 187	**Anh § 5** 21, 23
Honigglas	BPatG, GRUR 1998, 1018	**3** 10
HONKA	BGH, WRP 1999, 936 = GRUR 1999, 995	**26** 5, 26, 32, 33, 36
Hooschebaa	BPatG, GRUR 2009, 195	**8** 223; **13** 6
HORSE CARE	BPatG, Beschl. v. 11.5.2011 – 28 W (pat) 77/10, BeckRS 2011, 16237	**8** 75; **61** 4
HORTIVER	BPatG, Mitt. 1996, 171	**14** 163
Hörzeichen	BGH, GRUR 1988, 306	**3** 9
hot edition	BPatG, Beschl. v. 2.10.2007 – 24 W (pat) 121/06, BeckRS 2007, 17960	**8** 51, 125

Name der Entscheidung	Fundstelle	Kommentierung
Hotel Adlon	BGH, WRP 2002, 1148 = GRUR 2002, 967	**5** 30, 33; **14** 40; **15** 11; **27** 5; **28** 2–3
Hotel Maritime	BGH, WRP 2005, 493 = GRUR 2005, 431	**Anh § 5** 16, 27, 28; **141** 11
HOUSE OF BLUES	BGH, WRP 1999, 1038 = GRUR 1999, 988	**8** 117, 147, 172; **23** 26; **113** 2
HP	BPatGE 23, 78	**8** 236
http://www.cyberlaw.de	BPatG, BlPMZ 2000, 294	**8** 53
Hückel	BGH, GRUR 1955, 575	**27** 18, 20; **Vor §§ 107 bis 125** 2
Hudson	BGH, GRUR 1965, 540	**5** 16; **15** 26
hufeland.de	BGH, WRP 2006, 238 = GRUR 2006, 159	**5** 29; **Anh § 5** 4, 24, 29
HURRICANE	BGH, GRUR 1991, 319	**14** 118, 123
Hy Pad/High Pad	BPatG, Beschl. v. 3.1.2003 – 25 W (pat) 279/01, BeckRS 2008, 27003	**14** 68
Hydair	BGH, WRP 1985, 410 = GRUR 1985, 566	**5** 44, 54; **30** 16
Hydrojoint	BPatG, Mitt. 1988, 19	**8** 60, 121
Hygenita/Hygetta	BPatG, Mitt. 1966, 214	**14** 87
Iamod	BGH, WRP 1979, 451 = GRUR 1979, 551	**26** 10, 12
ICE	BGH, WRP 2011, 1463 = GRUR 2011, 1117	**23** 44, 47
ID	BPatG, GRUR-RR 2010, 242	**8** 65, 155
IDEAL REVOLUTION	BPatG, Beschl. v. 17.10.2006 – 24 W (pat) 119/05, BeckRS 2008, 25519	**8** 46, 142
Ideal-Standard	EuGH, GRUR Int. 1994, 614	**9** 9; **24** 24
Idee-Kaffee	BGH, GRUR 1985, 46	**26** 18
identische Streitsachen	OLG-Köln, GUR-RR 2007, 405	**55** 3

Name der Entscheidung	Fundstelle	Kommentierung
idw	BGH, WRP 2008, 1092 = GRUR 2008, 714	**14** 57; **26** 32; **48** 3
idw Informationsdienst Wissenschaft	BGH, WRP 2008, 1098	**14** 57; **48** 3
IFA	BGH, WRP 1975, 668 = GRUR 1975, 606	**5** 18; **15** 26
iFinder	BPatG, Beschl. v. 26.3.2003 – 25 W (pat) 28/07, BeckRS 2009, 11551	**8** 48, 144
Ihr Funkberater	BGH, GRUR 1957, 88	**4** 3, 11, 17
IKK Nordrhein-Westfalen	BVerfG, NVwZ-RR 2009, 361	**83** 7
il Padrone/Il Portone	BGH, WRP 2005, 341 = GRUR 2005, 326	**14** 125
Il Ponte Finanziaria SpA/ HABM	EuGH, GRUR 2008, 343	**26** 67
Il Ponte Finanziaria Spa/ HABM	EuGH, GRUR 2008, 343	**14** 78, 82, 134
Imagination Technologies	EuGH, MarkenR 2009, 365	**8** 249
Imidazol	OLG Hamburg, GRUR 1985, 923	**24** 17; **146** 16
Imitationswerbung	BGH, WRP 2008, 930 = GRUR 2008, 628	**2** 10
Immanuel	BPatG, Beschl. v. 25.3.2003 24 W (pat) 108/02	**66** 11
Immo-Börse	BPatG, MarkenR 2000, 285	**8** 25, 45
Immo-Data	BGH, WRP 1997, 1091 = GRUR 1997, 845	**5** 8, 16; **15** 21
IMMOPOSTER	BPatG, Beschl. v. 25.8.2011 – 25 W (pat) 13/11, BeckRS 2011, 21836	**8** 75
IMMUNINE	BPatG, GRUR 1997, 652	**26** 60
IMMUNINE/IMUKIN	BGH, GRUR 2000, 89	**26** 2, 5, 44

Name der Entscheidung	Fundstelle	Kommentierung
Importvermerk	BGH, WRP 1975, 228 = GRUR 1975, 258	**26** 55, 59
Impuls	BGH, WRP 2006, 1513 = GRUR 2007, 65	**14** 20; **15** 11, 21
IMRA	BPatG, Beschl. v. 22. 2. 2000 – 27 W (pat) 88/99	**8** 154
IMS	BGH, WRP 2002, 705 = GRUR 2002, 626	**5** 18; **14** 149; **15** 17, 22
IMS Health	EuGH, GRUR Int. 2004, 644	**30** 29
In Kölle doheim	BPatG, GRUR-Prax 2010, 174	**8** 31
In Kölle jebore	BPatG, Beschl. v. 15.1.2010 – 27 W (pat) 250/09, BeckRS 2010, 06996	**8** 31
Inavigation	BPatG, Beschl. v. 10.12.2009 – 30 W (pat) 22/09, BeckRS 2010, 01230	**8** 126, 144
India	BPatGE 24, 67	**8** 236
INDIKATIV SWF-3	BPatG, GRUR 1997, 62	**36** 4
Indischer Chai	BPatG, Beschl. v. 18.5.2011 – 25 W (pat) 517/10, BeckRS 2011, 15062	**8** 75
Individual	BGH, WRP 1998, 184 = GRUR 1998, 396	**78** 5; **83** 20
INDIVIDUELLE	BGH, WRP 2001, 1445 = GRUR 2002, 64	**8** 39, 153
Indorektal	BGH, GRUR 1984, 815	**8** 54, 113, 139; **14** 147
Indorektal II	BGH, GRUR 1993, 969	**54** 3
Indorektal/Indohexal	BGH, GRUR 1995, 50	**14** 85, 86, 290
INFOASSISTENT	BPatG, Beschl. v. 13.1.1998 – 24 W (pat) 253/96	**8** 126
Infobahn	OLG München, MarkenR 1999, 31	**23** 43

Name der Entscheidung	Fundstelle	Kommentierung
INFOLIVE	BPatG, Beschl. v. 10.11.2009 – 24 W (pat) 50/08, BeckRS 2010, 00595	**8** 48, 60, 144
Infopaq/DDF	EuGH, GRUR 2009, 1041	**13** 6
InfoVoice	BPatG, GRUR 2008, 172 BPatG, GRUR 1988, 39	**8** 48 **83** 9
Injektionsspritze	HABM, GRUR-RR 2007, 393	**8** 103
Inlandsvertreter	BGH, GRUR 1969, 437	**96** 8
Inlandsvertreter I	BPatG, Beschl. v. 19.4.2007 – 10 W (pat) 56/06, BeckRS 2007, 12230	**96** 9
Inlandsvertreter II	BPatG, Beschl. v. 29.1.2008 – 24 W (pat) 97/07, BeckRS 2009, 02391	**96** 9
Inlandsvertreter III	BPatG, GRUR 2009, 188	**66** 4; **71** 14; **96** 1, 9
Innovadiclophlont	BGH, WRP 1997, 448 = GRUR 1996, 200	**14** 118, 158, 159, 162
Insolvenzfestigkeit	BGH, GRUR 2006, 453	**30** 59
Institut der Norddeutschen Wirtschaft e. V.	BPatG, Beschl. v. 21.7.2010 – 29 W (pat) 102/10, BeckRS 2010, 23078	**83** 9
Intecta	BPatG, GRUR 1997, 287	**14** 85
Intel Corporation/CPM United Kingdom	EuGH, GRUR 2009, 56	**14** 193
Inter	BPatGE 22, 84	**8** 154
INTERCONNECT/ T-Inter-Connect	BGH, WRP 2008, 232	**14** 50, 132, 133; **20** 6
Interglas	BGH, GRUR 1976, 643	**5** 15, 16
Intermarkt II	BGH, GRUR 1984, 820	**20** 15, 20
internationale Streitgenossenschaft	LG Düsseldorf, GRUR-RR 2008, 368	**125e** 11
Internetkennung	OLG Hamburg, Mitt 2001, 41	**Anh § 5** 2; **15** 12

Name der Entscheidung	Fundstelle	Kommentierung
ISOL	BPatG, Mitt. 1979, 88	**8** 154
Isolierte Anfechtung der Kostenentscheidung	BPatG, Beschl. v. 10.08.2010 – 33 W (pat) 9/09	**63** 8
ISOPRINOSIN	BPatG, Mitt. 1983, 195	**39** 6
I-STAT	BPatG, GRUR 1993, 828	**8** 145
iti/T	BPatG, Mitt. 2003, 282	**14** 73
Ivadal	BGH, Beschl. v. 28.10.2010 – I ZB 13/10, BeckRS 2011, 07098	**83** 14; **89** 6
	BGH, WRP 2009, 820 = GRUR 2009, 780	**8** 213, 218, 219, 221, 223
IVAN REBROFF	OLG Stuttgart, GRUR-RR 2002, 55	**13** 3
IX	HABM, GRUR Int. 1998, 613	**8** 65
Jack Wolfskin	OLG Hamburg, GRUR 2003, 211	**14** 177, 178
Jackson	BPatG, Mitt. 1993, 349	**8** 61, 136
JACOMO/JAC	BPatG, Mitt. 1995, 255	**14** 160
Jägerfürst/Jägermeister	BGH, Mitt. 1968, 196	**14** 108
JAVA	BPatG, Beschl. v. 15.10.2008 – 32 W (pat) 129/07, BeckRS 2008, 26557	**8** 133
Jeannette/Annette	BPatG, GRUR 1995, 588	**26** 32, 35; **43** 11
Jeans II	BGH, GRUR 2006, 346	**83** 14
Jeansfärbungen	OLG Hamburg, WRP 1994, 122	**19c** 7
Jeanshosentasche	BGH, WRP 2001, 690 = GRUR 2001, 734	**8** 75
Jeanstasche mit Ausrufezeichen	BPatG, GRUR 1998, 819	**8** 94, 167
Jeden Tag anders	BPatG, Beschl. v. 18.3.2010 – 27 W (pat) 32/10	**8** 55

Name der Entscheidung	Fundstelle	Kommentierung
Jena	BGH, GRUR 1981, 57	**126** 13
Jette Joop	BGH, WRP 2011, 768 = GRUR 2011, 641	**30** 34, 49
JIN SHIN DO	BPatG, GRUR 1988, 696	**8** 59
JIN SHIN JYUTSU	BPatG, GRUR 2005, 675	**8** 59, 147
Jockey	BFH, MarkenR 2000, 52	**146** 10, 15; **148** 9
Johann Sebastian Bach	BPatG, Beschl. v. 2.10.2002 – 30 W (pat) 170/01	**63** 5
	OLG Dresden, ZUM 2000, 759	**23** 30
Johanniter-Bier	BGH, GRUR 1991, 157	**5** 51
JOHN LOBB	BGH, WRP 1998, 1078 = GRUR 1999, 164	**14** 54, 60; **26** 30, 32, 34, 58, 60
JOHN LORD/JOHN LOBB	BPatG, GRUR 1996, 356	**26** 27
John Player	OLG München, GRUR Int. 1981, 180	**15** 26
Joop	LG Mannheim, WRP 1999, 1057	**14** 10
Jost	OLG Frankfurt a. M., GRUR 2000, 517	**15** 26
JOY	BGH, WRP 1997, 569 = GRUR 1996, 777	**14** 119, 123, 158, 159
Jubiläumsverkauf	BGH, WRP 1992, 314 = GRUR 1992, 318	**14** 257
Jugendgefährdende Medien bei eBay	BGH, WRP 2007, 1173 = GRUR 2007, 890	**Anh § 5** 15
Jugendherberge	BGH, Beschl. v. 17.3.2009 – I ZB 7/09, BeckRS 2009, 27783	**83** 17
Julián Murúa Entrena	EuG, GRUR Int. 2005, 846	**14** 42, 127
JUMBOMOBIL	BPatG, Mitt. 1997, 98	**8** 113, 143
JURIS LIBRI	BPatG, GRUR 1998, 58	**8** 125, 151
JUTLANDIA	BPatG, Mitt. 1993, 351	**8** 136

Name der Entscheidung	Fundstelle	Kommentierung
Juwel	BGH, WRP 1997, 567 = GRUR 1996, 406	**14** 118, 119, 132
K	BPatG, GRUR 2003, 345 BPatG, GRUR 1998, 10 PatGE 39, 29	**8** 66 **8** 155 **8** 66
K 50	BPatG, GRUR 1999, 999	**8** 69
Ka	OLG München, WRP 1985, 515	**26** 64
Kabelbinderkopf	OLG Frankfurt a. M., GRUR 1999, 591	**4** 12, 15
Kaffeewerbung	BGH, WRP 1973, 326 = GRUR 1972, 721	**20** 2, 9
Kalkwandler	BPatG, 25.11.2003 – 24 W (pat) 240/03	**63** 13
Kamera	BGH, WRP 1983, 613 = GRUR 1983, 650	**24** 40; **55** 18
Kappa	BGH, WRP 2011, 1160 = GRUR 2011, 824	**14** 78, 134
KARDIAKON	BPatG, BlPMZ 1991, 249	**8** 183
Karex	BPatG, Mitt. 1988, 176	**8** 54, 139
Karl May	BPatG, GRUR 2008, 518	**8** 58, 118; **70** 6; **83** 21
Karo-As	BGH, WRP 1957, 180 = GRUR 1957, 281	**5** 11; **15** 23
Karolus-Magnus	BGH, GRUR 1999, 167	**26** 32, 34–37
Käse in Blütenform	BGH, WRP 2004, 492 = GRUR 2004, 329	**113** 1
Käse in Blütenform II	BGH, WRP 2008, 1432 = GRUR 2008, 1000	**8** 161; **113** 1
Käse in Blütenform III	BPatG, GRUR 2010, 435	**8** 213, 220, 223
Käseschachtel	EuG, GRUR Int. 2005, 329	**8** 102
Katzenstreu	BGH, WRP 2003, 1115 = GRUR 2003, 903	**83** 17

Name der Entscheidung	Fundstelle	Kommentierung
Kfz-Ersatzteile	OLG Hamburg, GRUR-RR 2002, 129	**14** 228
KID FLEX	BPatG, Beck RS 2011, 25438	**8** 51
KIDSUITES	BPatG, Beschl. v. 21.6.2000 – 29 W (pat) 116/99	**8** 143
KielNET	BPatG, GRUR 2007, 63	**70** 4
kik	BPatGE 28, 161	**14** 74
Kim II	BGH, GRUR 1969, 355	**14** 88
Kima/Kira	BPatG, GRUR 2003 1070	**27** 11
Kinder	BGH, WRP 2003, 1431 = GRUR 2003, 1040	**5** 22; **8** 128, 232, 239; **14** 136, 152, 163; **22** 5; **23** 26, 27, 43; **49** 11; **50** 1
Kinder (schwarz-rot)	BPatG, GRUR 2007, 324	**8** 243; **162** 2
Kinder II	BGH, WRP 2007, 1461 = GRUR 2007, 1071	**5** 22; **14** 152
Kinder III	BGH, WRP 2009, 1250 = GRUR 2009, 954	**5** 22; **8** 231, 241; **14** 152
King I	BGH, WRP 1974, 142 = GRUR 1974, 276	**26** 45
King II	BGH, GRUR 1986, 542	**26** 31, 45, 46
KING'S CLUB/Royal Club	BPatGE 7, 193	**14** 108
kinski-klaus.de	BGH, WRP 2007, 1078 = GRUR 2007, 168	**5** 46, 47
Kisch-Preis	BPatG, GRUR 2010, 421	**8** 58, 61; **83** 9
KLACID/KLACID PRO	OLG Köln, GRUR-RR 2004, 294	**24** 15, 37
Klarsichtbecher	BGH, GRUR 1983, 31	**35** 4
Klassentreffen	BPatG, GRUR 1998, 145	**83** 9
klebewelten.de	BPatG, Beschl. v. 25.6.2010 – 29 W (pat) 505/10, BeckRS 2010, 19671	**8** 53
Kleiderbügel	BGH, GRUR 1995, 338	**14** 291; **19** 28–30

Name der Entscheidung	Fundstelle	Kommentierung
KRYSTALLPALAST VARIETE	BPatG, Beschl. v. 1.2.2010 – 27 W (pat) 87/09, BeckRS 2010, 10291	**8** 223
KSB	BGH, WRP 1976, 102 = GRUR 1976, 379	**5** 45, 48, 51
Küchenbesteck-Set	BGH, WRP 2011, 1180	**24** 15, 19
Küchenprofi	BPatG, Beschl. v. 8.4.1998 – 28 W (pat) 3/98	**8** 143
kuecheonline.de	OLG München, WR 2001, 571	**Anh § 5** 5
Kühlergrill	EuG, MarkenR 2003, 162	**8** 171
Kümpers	BPatG, Mitt. 2001, 264	**11** 4
Kunststoffaufbereitung	BGH, GRUR 1998, 133	**20** 11
Kupferberg	BGH, GRUR 1966, 623	**14** 41, 181, 194; **15** 30, 33
kurt-biedenkopf.de	BGH, WRP 2004, 769 = GRUR 2004, 619	**Anh § 5** 25; **14** 251
Kürzere Fristen für Urteils-gründe	GmS-OBG, NJW 1993, 2603	**79** 3
Kyr/SIR	BPatG, Mitt. 1967, 9	**14** 88
L	BPatGE 38, 116	**8** 66, 155
La Navarre	BPatG, Mitt. 1985, 217	**113** 6
Läägeünnerloage	BGH, GRUR 2003, 226	**93** 1
LACO	LG München, GRUR 1959, 156	**141** 3
Ladegerät	BGH, GRUR 1968, 86	**87** 1
Lady Rose	BGH, GRUR 1963, 589	**8** 181; **126** 10
Lagerkosten nach marken-rechtlicher Grenzbeschlag-nahme	OLG Köln, WRP 2005, 1294 = GRUR-RR 2005, 342	**14** 225; **18** 6, 29; **148** 5
LAILIQUE/LALIQUE	BPatG, GRUR 1997, 370	**43** 16; **73** 7
Lancaster	BGH, WRP 1989, 366	**24** 30

Name der Entscheidung	Fundstelle	Kommentierung
lastminute.eu	LG Düsseldorf, GRUR-RR 2008, 58	**Anh § 5** 33
Laternenflasche	BGH, GRUR 1966, 681	**13** 13
Leasing-Partner	BGH, WRP 1991, 482 = GRUR 1991, 556	**5** 8, 17
LEBEN IST BEWEGUNG	BPatG, Beschl. v. 3.3.2010 – 33 W (pat) 136/08, BeckRS 2010, 07002	**8** 55
LECO	BGH, GRUR 1985, 1052	**85** 2
LEDviev	BPatG, Beschl. v. 31.8.2011 – 28 W (pat) 42/11, BeckRS 2011, 22856	**8** 126
Leerübertragung	LG Frankfurt, GRUR 1997, 62	**27** 13
Lefax/Lefaxin	BGH, WRP 2008, 1557	**24** 36
LEGALITER	BPatG, Mitt. 1983, 115	**8** 151
Lego	EuGH, WRP 2010, 1359 = GRUR 2010, 1008	**3** 19, 23
Legostein	BGH, WRP 2010, 377 = GRUR 2010, 231	**3** 14, 18, 20; **66** 18; **70** 3; **83** 11; **89** 3
Leiterplattennutzen	BPatG, GRUR 2003, 176	**74** 3
Leitungsrohre	OLG Nürnberg, GRUR 1996, 206	**23** 16
Leona	BGH, GRUR 1962, 419	**5** 33
Leonardo Da Vinci	BPatG, MarkenR 2008, 33	**8** 62
Les Editions Albert Renégo ./. HABM	EuGH, GRUR Int. 2009, 397	**14** 53, 56
Lesering	BGH, GRUR 1964, 82	**16** 2; **49** 11
Les-Paul-Gitarren	BGH, WRP 1998, 732 = GRUR 1998, 830 OLG Hamburg, WRP 1996, 572	**14** 15 **14** 15
Levi Strauss	EuGH, GRUR 2006, 495	**49** 11

Name der Entscheidung	Fundstelle	Kommentierung
Lewapur	BGH, WRP 1972, 403 = GRUR 1972, 600	**71** 4
Leysieffer	BGH, WRP 2004, 601	**5** 14, 32, 42; **15** 11
L-förmiges Fußgestell	BPatG, Beschl. v. 26.1.2010 – 33 W (pat) 95/08, BeckRS 2010, 03241	**8** 79
Libella	BPatG, Beschl. v. 21.1.2004 – 26 W (pat) 207/01	**73** 7
Libero	BGH, WRP 1999, 196 = GRUR 1999, 245	**14** 54, 56, 61
Libertel	EuGH, WRP 2003, 735 = GRUR 2003, 604	**3** 11; **8** 8, 10, 80, 81, 83, 88, 163, 164, 171; **23** 26; **32** 16
Lichtbogenschnürung	BGH, WRP 2010, 541 = GRUR 2010, 318	**19a** 14
LIDAPRIM	OLG Frankfurt, GRUR 1978, 362	**26** 42
Liechtenstein	BPatG, WRP 2003, 1226 = GRUR 2003, 882	**8** 54, 61, 132, 136
LIGHT GREEN	HABM, MarkenR 1999, 108	**3** 23; **8** 171
Lightsüß HT	BPatG, Beschl. v. 13.5.2009 – 26 W (pat) 22/07, BeckRS 2009, 18238	**8** 223
Likörflasche	BGH, WRP 2000, 1290 = GRUR 2001, 56	**3** 10, 13; **8** 22, 23
Lila	BGH, WRP 1979, 780 = GRUR 1979, 853	**8** 247; **14** 113, 115
LILA	BPatG, Beschl. v. 3.12.2008 – 33 W (pat) 57/07, BeckRS 2009, 07650	**8** 243
Lila-Postkarte	BGH, WRP 2005, 583 = GRUR 2005, 583	**2** 5; **14** 15, 203, 208
Lila-Schokolade	BGH, WRP 2005, 616 = GRUR 2005, 427	**14** 17, 103–105, 117, 139, 152; **26** 36
Lili	BGH, GRUR 1966, 493	**63** 4

Name der Entscheidung	Fundstelle	Kommentierung
LIMES LOGISTIK	BGH, WRP 2010, 1399 = GRUR 2010, 1034	**8** 212, 213; **83** 16, 17
LIMITED	BPatG, Beschl. v. 31.3.1998 – 27 W (pat) 190/96	**8** 147
Linde, Winward u. Rado	EuGH, WRP 2003, 627 = GRUR 2003, 514	**3** 14; **8** 24, 98, 105
Lindora/Linola	BPatG, GRUR 1997, 840	**42** 32
Lindt & Sprüngli/Franz Hauswirth	EuGH, GRUR 2009, 763	**8** 213, 215, 216, 220–222
Link economy	BGH, MarkenR 2012, 19	**8** 22, 26, 42, 55
Linuxwerkstatt	BPatG, MarkenR 2010, 145	**8** 37, 168
Lion Driver	BGH, GRUR 1999, 733	**14** 135
Lions	BGH, WRP 1999, 192 = GRUR 1999, 241	**14** 77, 127, 135, 149
Lior/Dior	BPatG, GRUR 2000, 807	**14** 88, 142
Lip-Kiss	OLG Hamburg, GRUR 1988, 914	**26** 45
Lipostyling	BPatG, Beschl. v. 7.7.1999 – 32 W (pat) 80/99	**8** 150
Liquiderma	BGH, GRUR 1965, 665	**14** 154
LITE	EuG, GRUR Int. 2002, 604	**8** 54
Literaturhaus	BGH, WRP 2005, 612 = GRUR 2005, 517	**5** 7, 17, 46; **Anh § 5** 10, 22, 25
Litronic	BGH, GRUR 1994, 377	**14** 66
Lloyd	EuGH, WRP 1999, 806 = GRUR Int. 1999, 734	**Einf.** 68; **14** 134; **23** 30
Lloyd/eternal	OLG München, GRUR-RR 2004, 291	**24** 15, 17
LOCAL PRESENCE, GLOBAL POWER	BGH, WRP 2001, 1080 = GRUR 2001, 1047	**8** 55
Lockwell	BGHZ 6, 137	**5** 36, 43
Loendersloot/Ballantine	EuGH, GRUR Int. 1998, 145	**24** 35

Name der Entscheidung	Fundstelle	Kommentierung
LOGO	BGH, MarkenR 2000, 264	**8** 22, 45
LOKMAUS	BGH, WRP 2005, 889 = GRUR 2005, 578	**8** 35, 172; **113** 1–2, 5–6
Lomapect	BGH, GRUR 1974, 465	**85** 6
LOOKS LIKE GRASS… FEELS LIKE GRASS… PLAYS LIKE GRASS…	EuG, MarkenR 2004, 203	**8** 100
LORA DI RECOARO	BGH, WRP 1999, 662 = GRUR 1999, 583	**14** 118, 129
L'Orange	BGH, WRP 1997, 952 = GRUR 1997, 749	**5** 7, 25, 30, 33
LORDS/LORD	BPatG, GRUR 1997, 301	**26** 28, 36
LORDSON	BPatG, GRUR 1973, 198	**43** 31
L'Oréal	EuGH, WRP 2009, 930 = GRUR 209, 756	**14** 14
L'Orèal/Bellure	EuGH, GRUR 2009, 756	**2** 10
LOTTO	BGH, WRP 2006, 1130 = GRUR 2006, 760 BPatG, GRUR 2004, 685	**5** 22; **8** 244 **7** 6; **8** 121, 231, 241
LOTTOCARD	BGH, GRUR 2008, 1544	**26** 58; **49** 10
lotto-privat.de	OLG Köln, WRP 2002, 244	**Anh § 5** 16
Lounge-Poster/posterlounge	OLG München, MMR 2008, 541	**23** 43
Löwenkopf	OLG Hamburg, GRUR-RR 2004, 175	**26** 36; **30** 16
Löwenzeichen	OLG Düsseldorf, GRUR 1990, 197	**26** 38
L-Thyroxin	BGH, GRUR 1990, 453	**4** 12; **5** 22
Lübecker Hanse	BPatG, Beschl. v. 2.2.2000 – 32 W (pat) 137/99	**8** 133
Lübecker Marzipan	BGH, WRP 1981, 18 = GRUR 1981, 71	**Vor §§ 126 bis 129** 8; **126** 13; **127** 2, 3, 6

Name der Entscheidung	Fundstelle	Kommentierung
LUDWIGSLUST	BPatG, Beschl. v. 21.7.2004 – 26 W (pat) 140/02	**8** 133
LUNCH-BOX	BPatG, Beschl. v. 22.4.1998 – 29 W (pat) 117/97	**8** 126
Lupe	BGH, GRUR 1987, 238	**14** 70
Luxabendol	BPatG, GRUR 1992, 700	**8** 54, 139
Luxor/Luxus	BGH, WRP 1955, 193 = GRUR 1955, 484	**23** 30
Luxusuhr	HABM, GRUR-RR 2008, 125	**8** 249
Lynotype	RG, GRUR 1926, 285	**24** 29
M	BPatGE 39, 55 BPatGE 39, 140 BPatG, Beschl. v. 17.10.2000 – 33 W (pat) 40/99	**8** 66 **8** 66, 155 **8** 66, 153
Mabella	BPatG, Beschl. v. 13.8.1982 – 24 W (pat) 71/82	**8** 136
MAC	BPatGE 38, 182	**8** 155
MAC DOG	BGH, WRP 1998, 1181 = GRUR 1999, 161	**2** 1, 13; **Anh § 5** 22; **14** 182; **30** 10; **55** 7
Mac Fash	OLG München, GRUR 1996, 63	**14** 194
Mädchen hinter Gittern	OLG Düsseldorf, WRP 1985, 638	**5** 63
MADE IN PARADISE	BPatG, GRUR 1994, 217	**8** 147, 152, 153
MADEIRA	BGH, WRP 1996, 300 = GRUR 1996, 270	**Vor §§ 97 bis 106** 6; **97** 4, 6; **98** 5; **99** 2; **Vor §§ 126 bis 129** 2
Mag Lite	EuGH, MarkenR 2004, 461	**8** 171
Magazinbildschirmwerfer	BGH, GRUR 1992, 692	**27** 2
Magenta	BPatG, Beschl. v. 23.7.2009 – 29 W (pat) 19/05, BeckRS 2009, 24545	**70** 6
magenta/grau	BPatGE 39, 247	**8** 80

Name der Entscheidung	Fundstelle	Kommentierung
Magentafarbener Pfeil	OLG Frankfurt, GRUR 2000, 621	**23** 37
Maggi	BGH, WRP 1968, 18 = GRUR 1968, 371	**14** 102
Maggi II	BGH, GRUR 1968, 371	**4** 7
Magic of Coffee	BPatG, Beschl. v. 28.5.2008 – 29 W (pat) 42/06, BeckRS 2008, 21570	**8** 51
Magill	EuGH, GRUR Int. 1995, 490	**30** 29
Magirus	BGH, GRUR 1956, 172	**14** 192; **22** 1
Maglite	EuGH, GRUR Int. 2005, 135	**8** 78, 121
MAG-LITE	BGH, GRUR 2000, 888	**14** 96, 148
Magnetstreifenkarte	BPatG, Beschl. v. 10.2.2010 – 26 W (pat) 54/09, BeckRS 2010, 18721	**8** 79
Maja	BGH, GRUR Int. 1964, 202 = BGHZ 41, 84	**24** 1, 5, 19
Makalu	BGH, WRP 1998, 978 = GRUR 1998, 1034	**6** 11; **21** 16; **8** 218
MAKLERHAUS	BPatG, Beschl. v. 3.3.2000 – 33 W (pat) 207/99	**8** 143
Makro Zelfbediningsgroothandel CV u. a.	EuGH, GRUR 2009, 1159	**24** 15, 19
malmit	BPatG, GRUR 1972, 652	**8** 128
Malteser	OLG München, Urt. v. 2.2.2006 – 6 U 2456/05	**51** 3
Malteserkreuz	BGH, WRP 2006, 1227 = GRUR 2006, 859	**14** 113, 119, 133, 134, 136; **15** 14, 21; **42** 32
Malteserkreuz III	BGH, WRP 2010, 1162 = GRUR 2010, 859	**82** 2
Malzmann	RGZ 110, 234	**15** 30
Managementseminar	BGH, WRP 1976, 46 = GRUR 1976, 254	**5** 17

Name der Entscheidung	Fundstelle	Kommentierung
ManuFact	BPatGE 36, 144	**8** 125
MAP & GUIDE	EuGH, GRUR-RR 2008, 47	**8** 51
MAPAX/MAPAG	BPatG, GRUR 1998, 1032	**26** 6
MAPINFO	BPatG, Beschl. v. 21.7.1997 – 30 W (pat) 35/96	**8** 125, 150
Marca Mode/Adidas	EuGH, MarkenR 2000, 255	**14** 156
Marina	BPatGE 2, 135	**14** 174
MARITIM Hotelgesellschaft mbH/Air Maritim Reisebüro GmbH	BGH, WRP 1989, 717 = GRUR 1989, 449	**15** 23, 26; **21** 16
Markenersetzung I	OLG Frankfurt, WRP 2000, 210	**24** 25
Markenhemden	OLG Hamburg, GRUR-RR 2003, 335	**24** 15
Markenmäßige Benutzung eines fremden Spitznamens	OLG Hamburg, GRUR-RR 2001, 308	**19** 36
Markenregisterfähigkeit einer GbR	BPatG, MarkenR 2004, 485	**7** 4
Markenumschreibung	BPatG, GRUR-RR 2008, 261	**59** 6; **71** 14
Markenverunglimpfung	BGH, WRP 1994, 495 = GRUR 1994, 808	**14** 12, 196, 203, 208; **127** 14
Markenverunglimpfung II	BGH, WRP 1995, 92 = GRUR 1995, 57	**14** 22, 196; **127** 14
Markenwert	BGH, GRUR 2006, 704	**71** 11
marktfrisch	BGH, WRP 2001, 1082 = GRUR 2001, 1151	**8** 25, 26, 40; **69** 4; **85** 6
Marktführerschaft	BGH, WRP 2004, 339 = GRUR 2004, 244	**127** 2
Marlboro-Dach	BGH, WRP 2001, 1315 = GRUR 2002, 171	**14** 117; **15** 14; **26** 36
Marlene Dietrich	BGH, WRP 2002, 999 = GRUR 2002, 690	**5** 46
	BGH, WRP 2000, 746 = GRUR 2000, 709	**5** 46; **13** 5

Name der Entscheidung	Fundstelle	Kommentierung
Marlene Dietrich		
Marlene-Dietrich-Bildnis I	BGH, WRP 2008, 1428 = GRUR 2008, 1093	**3** 2, 8, 13; **8** 31, 62, 72
Marlene-Dietrich-Bildnis II	BGH, WRP 2010, 1149 = GRUR 2010, 825	**8** 31, 72
MARQUIS DE MONTES-QUIOU	BPatGE 36, 190	**8** 184
MARQUIS DE ST AMBRE	BPatG, MarkenR 2000, 338	**8** 184
Mars	EuGH, WRP 1995, 677 BGH, Beschl. v. 3.11.2005 – I ZB 44/05, BeckRS 2006, 00423	**8** 177 **83** 17
Martinsberg	BGH, GRUR 1960, 93	**5** 9, 10, 42
Marzipanherzen	OLG Hamburg, GRUR-RR 2002, 356	**4** 10, 12, 15
MAST REDIPAC	BPatG, GRUR 1980, 54	**26** 54, 56
MASTERSOUND	BPatG, Beschl. v. 13.2.1995 – 30 W (pat) 134/94	**8** 140, 143
Mastertube	BPatG, GRUR 1983, 511	**62** 4
Mast-Jäger ./. HABM	EuG, GRUR 2007, 520	**14** 136
MATADOR	OLG Hamburg, GRUR 1997, 843	**55** 24
Matratzen Concord/Hukla	EuGH, GRUR 2006, 411	**8** 111, 146
Matratzen Concord/Matratzen	EuG, MarkenR 2002, 417	**14** 313
Matratzenmarkt Concord	EuGH, GRUR Int. 2004, 843	**113** 2
Max	BGH, WRP 1999, 519 = GRUR 1999, 581	**5** 55; **15** 36–38, 44, 46
maxem.de	BGH, WRP 2003, 1215 = GRUR 2003, 897	**5** 47; **Anh § 5** 6, 17, 19
MAXIME	BPatG, Beschl. v. 18.5.1994 – 26 W (pat) 241/92	**8** 41, 153

Name der Entscheidung	Fundstelle	Kommentierung
Maxitrol	BPatG, Beschl. v. 29.4.2010 – 25 W (pat) 151/09, BeckRS 2010, 15357	**8** 219, 223
MAXsecure	BPatG, Beschl. v. 4.8.2011 – 25 W (pat) 505/11, BeckRS 2011, 21668	**8** 48
Maya Blisitskaya	BPatG, Beschl. v. 6.2.2008 – 32 W (pat) 92/06, BeckRS 2008, 5314	**3** 5
MAZ	BGH, WRP 2003, 1233 = GRUR 2003, 901	**83** 17
MAZ & MORE	BPatG, Beschl. v. 29.6.2011 – 26 W (pat) 522/10, BeckRS 2011, 20037	**8** 75
McDonald's	OLG München, GRUR 1996, 63	**14** 154
McLaren	BGH, WRP 1994, 599 = GRUR 1994, 732	**5** 53; **14** 22, 205
McPaint	OLG Düsseldorf, WRP 1997, 588	**14** 178
MCS	BPatG, Beschl. v. 16.2.1998 – 30 W (pat) 310/96	**8** 65, 155
Mecklenburger Obstbrände	BGH, WRP 2009, 1505	**20** 11
Medi	BGH, Beschl. v. 6.7.2009 – I ZB 92/08, BeckRS 2009, 23624	**83** 16
Mediascore	BPatG, Beschl. v. 17.10.2011 – 30 W (pat) 28/10, BeckRS 2011, 24862	**8** 48
MEDICE/MEDICAID	BGH, WRP 1991, 231 = GRUR 1991, 317	**14** 73, 177, 178; **15** 23
medico consult	BPatG, Beschl. v. 9.12.2008 – 33 W (pat) 52/07, BeckRS 2009, 07817	**8** 126

Name der Entscheidung	Fundstelle	Kommentierung
MediLine/MEDILINE	BPatG, Beschl. v. 21.1.2003 – 24 W (pat) 60/02, BeckRS 2008, 26368	**14** 69
MEGA	BGH, WRP 1996, 1042 = GRUR 1996, 770	**8** 112, 125, 153
MEHR FÜR IHR GELD	EuG, GRUR Int. 2004, 944	**8** 55, 100
Mehrfachsteuersystem	BGH, GRUR 1999, 574	**91** 3
MEIN GARTEN zuhause/ Im Garten zu Hause	OLG München, GRUR 1980, 320	**15** 45
Meißner Dekor	BGH, WRP 2002, 523 = GRUR 2002, 618 OLG Düsseldorf, GRUR-RR 2003, 209	**Anh § 5** 15 **14** 285
Meißner Porzellan	RGZ 100, 22	**24** 29
MEISTER	BPatGE 19, 204	**14** 164
Meister	BPatG, Beschl. v. 14.4.1999 – 29 W (pat) 301/98	**8** 126
Meisterbrand	BGH, WRP 1956, 302 = GRUR 1957, 85	**5** 11; **14** 122
Melander	BGH, GRUR 2008, 260	**69** 2
Melissengeist	BGH, MarkenR 2008, 176 BPatG, PharmR 2007, 467	**83** 16 **8** 241, 244
Melodien der Herzen	BPatG, Beschl. v. 27.9.2011 – 27 W (pat) 87/10, BeckRS 2011, 24150	**8** 33
MEMORY/EDUCA memory game	OLG München, GRUR-RR 2008, 84	**49** 11
MEPHAR	BPatG, Beschl. v. 14.7.2010 – 26 W (pat) 51/10, BeckRS 2010, 19783	**64** 4
Mercedes-Stern	OLG Köln, GRUR 1998, 54	**24** 28, 29
MERCI-Riegel	BPatG, Beschl. v. 12.10.2010 – 25 W (pat) 192/09, BeckRS 2010, 26251	**8** 79

Name der Entscheidung	Fundstelle	Kommentierung
Merck	BGH, GRUR 1966, 499	**14** 42; **15** 31, 32; **23** 10
Merck II	EuGH, GRUR Int. 1997, 250	**24** 21
Merck, Scharp & Dohme/ Paranova	EuGH, WRP 2002, 673	**24** 37
MERCOL	BGH, GRUR 1977, 218	**14** 128
Meripal	BGH, GRUR 1979, 549	**111** 4
Merrilund	BPatG, GRUR 1989, 825	**8** 136
Messias	BPatG, GRUR 1994, 377	**8** 190
Messinetta	BGH, GRUR 1972, 549	**14** 164, 166
Meßmer-Tee II	BGH, WRP 1966, 375 = GRUR 1966, 375	**14** 284, 285, 287; **27** 12
Metalloxyd	BGH, GRUR 1977, 780	**80** 2
Metall-Zeitung	BGH, WRP 1979, 462 = GRUR 1979, 564	**23** 29
METOCAL	BPatGE 10, 269	**14** 160
Metoproloc	BGH, GRUR 1995, 48	**8** 54, 139; **14** 146
Metrix	BGH, WRP 1973, 576 = GRUR 1973, 661	**5** 34, 38, 39; **15** 26
Metrobus	BGH, WRP 2009, 616 = GRUR 2009, 484	**5** 12, 31; **Anh § 5** 16, 18; **14** 50, 54, 122, 265; **15** 14, 23, 26
Metrosex	BGH, WRP 2008, 1353 = GRUR 2008, 912	**Anh § 5** 16, 18; **15** 11
MEY/Ella May	BGH, WRP 2005, 744 = GRUR 2005, 513	**14** 127
mho.de	BGH, WRP 2006, 488 = GRUR 2005, 430	**2** 11; **5** 18, 45; **Anh § 5** 2, 3, 6, 8, 17, 20, 24; **15** 22
Micardis	BGH, WRP 2008, 944	**24** 36
Michael Jackson Kalender- foto	OLG Köln, GRUR 2000, 66	**30** 54
Michael Jackson-Imitation	LG Mannheim, GRUR Int. 2010, 75	**23** 43

Name der Entscheidung	Fundstelle	Kommentierung
Mit Spreewälder Gurken	LG Berlin, GRUR-RR 2005, 353	**Vor §§ 130 bis 139** 20
Mitsubishi	BGH, WRP 2003, 534 = GRUR 2003, 340	**14** 233; **23** 22, 36, 47; **24** 39
Mitwirkung eines Patent-anwalts	OLG Düsseldorf, GRUR 1983, 512	**140** 20
Mitwohnzentrale	OLG Hamburg, CR 1999, 779	**Anh § 5** 10
mitwohnzentrale.de	BGH, WRP 2001, 1286 = GRUR 2001, 1061	**Anh § 5** 10
MIXI	BGH, WRP 2010, 1046 = GRUR 2010, 729	**14** 133, 146; **26** 36, 38
MOBELIX/OBELIX	EuGH, GRUR Int. 2009, 397	**15** 17
Möbelstück	BPatG, Beschl. v. 10.12.2008 – 26 W (pat) 29/08, BeckRS 2009, 07812	**8** 79
MOD'elle	BPatG, Mitt. 1996, 215	**8** 145
Modeneuheit	BGH, GRUR 1973, 478	**128** 9
Modern Talking	BPatG, Beschl. v. 12.9.2008 – 25 W (pat) 1/07, BeckRS 2009, 06606	**8** 51
Modess	BGH, GRUR 1967, 298	**6** 11
Molino	BPatG, GRUR 1989, 593	**8** 178–180; **37** 7
Momente des Glücks	BPatG, Beschl. v. 17.6.2008 – 30 W (pat) 59/08, BeckRS 2010, 24115	**8** 55
MONA/Moras	BPatG, Mitt. 1989, 243	**14** 88
Monatsfrist zur Vollstre-ckungsmaßnahmen aus einstweiligen Verfügungen	OLG Düsseldorf, Urt. v. 3.11.2009 – I-20 U 141/09, BeckRS 2010, 05025	**19** 38
MONOFAM/POLYFLAM	BGH, WRP 1999 = GRUR 1999, 735	**14** 85, 156, 172
Monsieur Michel	BPatG, GRUR 1996, 247	**14** 170

Name der Entscheidung	Fundstelle	Kommentierung
MONTANA	BGH, WRP 1995, 706 = GRUR 1995, 583	**26** 5, 10, 18, 59, 60
MONTE GAUDIO	BPatG, Mitt. 1991, 164	**8** 136, 182
Montex/Diesel	EuGH, GRUR 2007, 146	**14** 231; **143** 2
Montre I	BPatG, GRUR 1998, 706	**Einf.** 58, 80; **3** 10; **8** 18
Monza	BPatG, Beschl. v. 27.3.2008 – 24 W (pat) 93/05, BeckRS 2008, 06757	**8** 133
MOON	BGH, GRUR 2007, 628	**62** 2, 3; **83** 13, 16
Moosehead/Whitbread	EU-Kommission, GRUR Int. 1990, 626	**30** 40
Mordoro	BGH, GRUR 1984, 684	**14** 208
Motorradmotor	BPatG, GRUR 1993, 392	**83** 9
Motorradreiniger	BGH, WRP 2009. 445 = GRUR 2009, 515	**14** 40, 211, 273, 289
Mouson	BGH, GRUR 1955, 91	**Vor §§ 126 bis 129** 9
Mövennest/Mövenpick	BPatGE 30, 112	**14** 108, 162, 168
Mozart	OLG München, WRP 2002, 139 = GRUR-RR 2002, 12	**23** 24
Mozzarella I	BGH, WRP 1994, 256 = GRUR 1994, 307	**Vor §§ 126 bis 129** 23, 26; **126** 3, 8; **128** 5; **Vor §§ 130 bis 139** 30
Mozzarella II	BGH, WRP 1994, 260 = GRUR 1994 310	**127** 4
MP3-Player-Import	BGH, GRUR 2009, 1142	**14** 225, 252; **150** 9
MPA-Pharma	EuGH, WRP 1996, 874	**24** 8
MSU	OLG Stuttgart, GRUR Int. 1989, 783	**26** 42
MTS	BGH, WRP 2000, 1299 = GRUR 2000, 892	**28** 4–5
Multi Markets Fund MMF	BPatG, GRUR 2011, 527	**8** 67, 156
Multi Star	BPatG, Mitt. 1994, 217	**8** 51

Name der Entscheidung	Fundstelle	Kommentierung
Multibeton	OLG Düsseldorf, GRUR 1984, 447	**30** 57
Multicolor	OLG Frankfurt, WRP 1982, 420	**5** 15
multikord	BGH, GRUR 1966, 35	**14** 162
MULTI-PILOT	BPatG, Beschl. v. 22.4.1997 – 24 W (pat) 73/96	**8** 51
MultiStar	BPatG, Beschl. v. 1.4.2008 – 24 W (pat) 16/06, BeckRS 2008, 10991	**8** 48, 60, 144
Münchner Weißwurst	BGH, GRUR 2008, 873	**78** 3; **83** 17; **89** 6; **91** 8, 10
Mustang	BGH, WRP 2004, 1281 = GRUR 2004, 865	**5** 8, 16; **14** 117, 178; **15** 21; **26** 36
My World	BGH, WRP 2009, 963 = GRUR 2009, 949	**8** 22, 27, 39, 43, 44, 56, 57, 142
myEXTRA.com	BPatG, Beschl. v. 24.6.2008 – 27 W (pat) 85/07, BeckRS 2008, 19258	**71** 7
Mykroplasmennachweis	BGH, GRUR 2008, 280	**91** 8
Myoplastic	BGH, GRUR 1967, 533	**30** 57
MYSPACE	BPatG, Beschl. v. 30.6.2010 – 29 W (pat) 63/10, BeckRS 2010, 19673	**8** 144
Nachfüllen von Brunnen-einheitsflaschen	OLG Zweibrücken, GRUR 2000, 511	**24** 32
Naher Osten	BGH, GRUR 1960, 346	**5** 65
Nährbier	BGH, WRP 1960, 318 = GRUR 1960, 83	**4** 12; **5** 19; **8** 228
NAI – Der Natur-Aktien-Index	BPatG, GRUR 2011, 524	**8** 67, 156
namensgleiche Neugründung	OLG Zweibrücken, GRUR-RR 2008, 346	**14** 303

Name der Entscheidung	Fundstelle	Kommentierung
Namensklau im Internet	BGH, WRP 2008, 1517 = GRUR 2008, 1097	**Anh § 5** 15
Napoléon II	BGH, GRUR 1967, 199, 202	**5** 33, 38
Napoléon III	BGH, GRU 1970, 315	**5** 39
NATALLA/Nutella	BGH, Mitt. 2005, 572	**14** 142
NATUA	BPatG, Mitt. 1991, 83	**8** 54, 139
Natural Pulping	BPatG, Beschl. v. 5.5.1999 – 29 W (pat) 267/98	**8** 150
Navigon/Nav N Go	OLG Hamburg, NJOZ 2008, 2753	**14** 149
nazar.de	LG Düsseldorf, MMR 1999, 369	**15** 12
Nebelscheinwerfer	BGH, GRUR 1974, 53	**14** 277
Nena	BGH, GRUR 1983, 128	**30** 9, 12
Nestlé	EuGH, WRP 2005, 1159 = GRUR Int. 2005, 826	**5** 20; **8** 231, 232, 240
NETBANKING	BPatG, Beschl. v. 23.4.1999 – 33 W (pat) 186/98	**8** 60
NetCom	BGH, WRP 1997, 1093 = GRUR 1997, 468	**5** 8, 16; **15** 17, 24
NETFAX	BPatG, Beschl. v. 13.5.1997 – 24 W (pat) 204/95	**8** 60, 125, 150
NETPILOT	BPatG, Beschl. v. 14.4.2003 – 30 W (pat) 66/02, BeckRS 2009, 00706	**8** 48, 60, 144
Nettpack	BPatG, GRUR 2003, 1069	**59** 2; **71** 14
Neuer Name – dasselbe Geschoss	OLG Köln, GRUR-RR 2007, 390	**30** 57
NEURO-Vibolex/Neuro-Fibraflex	BGH, WRP 2004, 1043 = GRUR 2004, 783	**14** 48, 125; **21** 14, 16; **59** 4
Neuschwanstein	BPatG, GRUR 2011, 933	**8** 61, 133; **83** 11
Neutrex	BGH, WRP 1995, 96 = GRUR 1995, 117	**5** 44; **14** 40; **26** 62; **27** 13

Name der Entscheidung	Fundstelle	Kommentierung
NEW MAN	BGH, GRUR 1991, 136	**8** 25, 75, 114, 147; **14** 94
Newcastle	BPatG, MarkenR 2005, 342	**8** 106, 108, 117, 120; **23** 26
NEWS	OLG Hamburg, GRUR-RR 2005, 312	**26** 67
newtec	BPatG, Mitt. 1992, 250	**8** 60, 113
Nichols	EuGH, GRUR 2004, 946	**3** 5; **8** 108
Nicht immer, aber immer öfter	BPatG, GRUR 1998, 57	**83** 9
Nichtberücksichtigung eines Beweisangebots	BVerfG, GRUR-RR 2009, 441	**83** 17
Nichteinzahlung Beschwer-degebühr	BPatG, GRUR-RR 2011, 438	**71** 14; **91** 8
Nichtigkeit; Altmarke	BPatG, Beschl. v. 10.11.2006 – 24 W (pat) 37/05, BeckRS 2009, 01781	**158** 9
Nicola	BGH, WRP 1993, 170 = GRUR 1992, 612	**14** 297
Nicoline	BGH, WRP 1995, 13 = GRUR 1995, 54	**14** 244
Niederlegung der Inlandsver-tretung	BGH, GRUR 2009, 701	**66** 12; **96** 4–6, 9
Niedersachsen Ports	BPatG, Beschl. v. 5.4.2011 – 33 W (pat) 18/10, BeckRS 2011, 08559	**8** 61
NIGHT REPAIR	BPatG, Beschl. v. 12.8.2003 – 24 W (pat) 185/02	**66** 9
NIKE-Sportschuhe	OLG Nürnberg, WRP 2002, 345 = GRUR-RR 2002, 98	**18** 24; **24** 15
nimm2.com	OLG Hamburg, GRUR-RR 2003, 332	**Anh § 5** 15
Nissan	EuGH, WRP 1993, 233 = GRUR Int. 1993, 951	**8** 177
NISSKOSHER/Nissen	BPatG, GRUR 1996, 893	**14** 158, 160

Name der Entscheidung	Fundstelle	Kommentierung
Noblesse	BGH, WRP 2006, 587 = GRUR 1996, 419	**14** 278, 282
Nocado	BGH, GRUR 1971, 573	**5** 43
Nofretete	KG, GRUR-RR 2003, 325	**14** 112
Nola	BGH, GRUR 1963, 469	**126** 3
Nomen est Omen	BPatGE 40, 229	**63** 8
NORDLAND	BPatG, Beschl. v. 12.12.2000 – 33 W (pat) 163/00	**66** 9
NORMA	BGH, WRP 2006, 241 = GRUR 2006, 150	**26** 5; **43** 11
nOvafit	BPatG, Mitt. 1996, 149	**14** 163
NSU-Fox	BGH, GRUR 1954, 123	**14** 128; **15** 23
Nuño/Franquet	EuGH, GRUR 2008, 70	**4** 22
nur für mich!	BPatG, Beschl. v. 27.4.2010 – 29 W (pat) 17/10, BeckRS 2010, 12393	**8** 55
Nussknacker	BGH, WRP 1960, 187 = GRUR 1959, 541	**5** 60, 65
O2 und O2 (UK)/H3G	EuGH, GRUR 2008, 698	**2** 10
O$_2$/Haticen	EuGH, GRUR 2008, 698	**23** 33a
Obazter	BPatG, Beschl. v. 22.9.2011 – 30 W (pat) 9/10, BeckRS 2011, 25376	**Vor §§ 130 bis 139** 10
Oberflächenprofilierung	BGH, GRUR GRUR 1974, 419	**83** 22
OCM	BGH, GRUR 1986, 894	**5** 20; **8** 235, 236
Odeur de fraise mûre	EuG, MarkenR 2005, 536	**8** 14, 17; **32** 17
Oerlikon	OLG Köln, GRUR-RR 2010, 433	**4** 9; **6** 6
Oettinger	BGH, WRP 2002, 1286 = GRUR 2002, 1074	**Vor §§ 126 bis 129** 8; **126** 2, 11; **127** 2–4, 16

Name der Entscheidung	Fundstelle	Kommentierung
Offensichtliche Rechts-verletzung	OLG Frankfurt, GRUR-RR 2003, 32	**19** 35
Öffnungshinweis	BGH, WRP 1982, 217 = GRUR 1982, 115	**24** 28, 29
OFF-ROAD	OLG Hamburg, GRUR-RR 2005, 50	**23** 35, 43
Ohrclips	BGH, WRP 2009, 967 = GRUR 2009, 871	**2** 13; **14** 9, 10
Ohrstecker	OLG Düsseldorf, WRP 1997, 471	**18** 26
OKLAHOMASOUND/ MISSISSIPPISOUND	BPatG, Mitt. 1996, 133	**14** 169
Ola	BGH, GRUR 1986, 538	**26** 52
OLDENBURGER	EuG, GRUR 2004, 148	**8** 111, 117, 132, 170
Oldtimer	BGH, GRUR 1971, 251	**14** 273
Oldtimer Praxis	OLG Frankfurt, WRP 1992, 185	**15** 45
Ole	BGH, GRUR 1992, 514	**8** 45, 59, 146
Olé	BPatG, Besch. v. 29.4.1999 – 25 W (pat) 149/98	**8** 45, 146
Olympiasiegerin	BGH, WRP 2003, 116 = GRUR 2003, 889	**14** 259
OMEGA/OMEGA LIFE	BPatG, GRUR 2004, 433	**14** 163
Omeprazok	BGH, WRP 2002, 455 = GRUR 2002, 540 BPatG, GRUR 1999, 746	**8** 54, 176, 206 **50** 1; **54** 5, 6
one 2 be	BGH, MarkenR 2011, 188	**2** 10
ONE FOR ALL	BPatG, Beschl. v. 3.8.1998 – 30 W (pat) 227/97	**8** 147
online.de	OLG Köln, GRUR 2001, 525	**Anh § 5** 9
OPEL/Autec	BGH, WRP 2008, 1192	**23** 44

Name der Entscheidung	Fundstelle	Kommentierung
OpenPath	BPatG, Beschl. v. 24.11.2008 – 30 W (pat) 25/07, BeckRS 2009, 06064	**8** 48, 125
Opium	BGH, GRUR 1992, 314	**27** 18–19; **Vor §§ 107 bis 125** 2
OPIUM	OLG Hamburg, GRUR 1999, 456	**8** 190
Oppenheim	BPatG, GRUR-Prax 2011, 58	**8** 133, 239
Opticortenol	BPatGE 10, 83	**14** 160
Optima	BPatG, Beschl. v. 28.4.2004 – 28 W (pat) 170/03	**70** 9
OPTIMO	BPatG, Beschl. v. 27.10.2010 – 28 W (pat) 539/10, BeckRS 2011, 00182	**8** 126
OPTIONS	EuGH, MarkenR 2000, 150	**8** 249
Oracle	BGH, WRP 2010, 527 = GRUR 2010, 343	**2** 10
Orange	HABM, GRUR Int. 1998, 612	**3** 23
Orange/Schwarz IV	BPatG, GRUR 2009, 157	**8** 11
Orbicin	BGH, GRUR 1978, 294	**26** 12, 44
Ordensphotos	OLG Stuttgart OLGR 2009, 633	**14** 306
Orient-Teppichmuster	BGH, WRP 2000, 517 = GRUR 2000, 619	**127** 2
Original-Maraschino	BGH, WRP 1982, 214 = GRUR 1982, 111	**14** 81; **126** 15
Ostex/OSTARIX	BPatGE 43, 108	**66** 14
OTHÜNA Geraer Marina II	BPatG, GRUR 1996, 886	**83** 9
Ott International	BGH, WRP 1991, 222 = GRUR 1991, 393	**6** 10; **15** 23, 34; **27** 5–6; **30** 17

Name der Entscheidung	Fundstelle	Kommentierung
OTTO	BGH, WRP 2005, 1527 = GRUR 2005, 1047 OLG Hamburg, GRUR-RR 2003, 145	**26** 1, 2, 5, 7 **26** 7, 11
OXYDIVE	BPatG, Mitt. 1990, 175	**8** 113, 121
Oxygenol II	BGH, WRP 1995, 320 = GRUR 1995, 216	**9** 9; **14** 51; **15**, 4, 17; **72** 1
P	BPatG, Beschl. v. 20.5.1999 – 25 W (pat) 67/96	**8** 66, 155
P20	BPatG, Beschl. v. 21.7.1997 – 30 W (pat) 140/96	**8** 69
Paco Rabanne	OLG Hamburg, GRUR-RR 2002, 96	**24** 15
PAGO/Tirolmilch	EuGH, GRUR 2009, 1158	**14** 187
Pall Corp	EuGH, WRP 1991, 562 = GRUR Int. 1991, 215	**2** 9; **8** 185
PAN AM	BPatG, Beschl. v. 19.6.2008 – 27 W (pat) 79/06, BeckRS 2008, 12793	**8** 223
Panda-Bär	BGH, GRUR 1987, 822	**26** 32
Pantogast	BGH, WRP 2008, 1345 = GRUR 2008, 909	**14** 133; **15** 21; **73** 4
Pantohexal	BGH, WRP 2008, 1349 = GRUR 2008, 905	**14** 132, 133; **15** 14, 21; **73** 4
PANTOZOL	BPatG, Mitt. 2011, 369	**83** 6
Paola	BPatG, GRUR 1967, 428	**8** 136
Papaya	BPatG, GRUR 2007, 333	**61** 4
Paperfill	BPatG, Beschl. v. 25.4.1997 – 33 W (pat) 185/96	**8** 60, 150
Paradies	BPatG, GRUR 1996, 499	**8** 22, 41, 120, 153
PARANAHAUS	EuGH, GRUR 2010, 534	**8** 42
Parfumtester	OLG Hamburg, GRUR-RR 2004, 355	**24** 15

Name der Entscheidung	Fundstelle	Kommentierung
Parfumtester	BGH, WRP 2007, 1197	**24** 15
Parfumtester II	OLG Hamburg, GRUR 2007, 73	**24** 30
Parfümtester ohne Originalverpackung	OLG Karlsruhe, WRP 2010, 1279	**24** 30
Parfümtestkäufe	BGH, WRP 2006, 749 = GRUR 2006, 504	**18** 4, 10, 18; **19** 4, 24, 28, 29
Park & Bike	BGH, GRUR 2004, 77 = MarkenR 2004, 36	**78** 5; **83** 13, 17
PARK/Jean Barth	BPatG, GRUR 1996, 496	**14** 88, 127
Parkhotel	BGH, WRP 1976, 695 = GRUR 1977, 165	**5** 10, 16, 29
Parkhotel Landenberg	BPatG, GRUR 1992, 392	**26** 18
Parkkarte	BGH, GRUR 2001, 139	**71** 9
Parmesan	EuGH, GRUR 2008, 524	**127** 16; **Vor §§ 130 bis 139** 10, 21, 28; **134** 1
Parteifähigkeit des nicht rechtsfähigen Vereins	BGH, NJW 2008, 69	**7** 5
Partner with the Best	BPatG, WRP 2000, 300 = GRUR 2000, 323	**8** 26, 55
Partnerprogramm	BGH, WRP 2009, 1520 = GRUR 2009, 1167	**14** 20
pasofast	OLG Düsseldorf, Mitt. 1996, 355	**2** 9
Passion/Face Fashion	BGH, GRUR 1975, 441	**15** 23
Patentanwaltskosten	OLG Köln, GRUR 2001, 184 OLG Düsseldorf, Mitt. 1992, 43	**140** 17 **140** 17
Patentanwaltskosten aus primär wettbewerbsrechtlicher Streitigkeit	KG, NJWE-WettbR 2000, 222	**140** 3
Patentanwaltspflichten	OLG Karlsruhe, GRUR 1997, 359	**140** 16

Name der Entscheidung	Fundstelle	Kommentierung
Patentinhaberwechsel im Einspruchsverfahren	BGH, GRUR 2008, 87	**28** 5; **66** 14
Patmondial	OLG Hamburg, GRUR-RR 2011, 168	**26** 18
Patric Lion/Lions	BPatG, GRUR 1996, 879	**14** 134, 160
pcb	BGH, WRP 2009, 441 = GRUR 2009, 502	**14** 15
PCB-Pool	OLG Stuttgart, WRP 2007, 1265	**14** 20
PC-Welt	OLG Köln 1996, 342 = GRUR 1997, 63	**5** 60, 65
Peak Holding/Axolin-Elinor	EuGH, GRUR 2005, 507	**24** 8, 15
PEE/WEE	BGH, WRP 2004, 1051 = GRUR 2004, 712	**23** 36
Peek & Cloppenburg I	BGH, WRP 2010, 880 = GRUR 2010, 728	**Anh § 5** 4, 24; **23** 8; **15** 31, 35
Peek & Cloppenburg II	BGH, WRP 2011, 889 = GRUR 2011, 623	**15** 35
Penta Kartusche	BPatG, GRUR 2001, 521	**32** 13; **70** 9
Pentavenon	BGH, GRUR 1969, 40	**14** 159, 163
Percy Stuart	BPatG, GRUR 2008, 522	**8** 58
perfect/perfector	BPatG, Beschl. v. 16.4.2008 – 29 W (pat) 44/06, BeckRS 2008, 16114	**14** 85
Perle	BPatG, Beschl. v. 12.9.2001 – 26 W (pat) 62/00, BeckRS 2009, 15266	**8** 76
Perlentaucher	BGH, WRP 2011, 249	**23** 29, 43
personifizierte Kaffeekanne	BGH, GRUR 1964, 71	**5** 11; **14** 112
Pertussin I	BGH, GRUR 1957, 231	**14** 231; **146** 16
Pertussin II	BGH, GRUR 1957, 352	**14** 231; **146** 16
Peters	BGH, WRP 1985, 213 = GRUR 1986, 325	**5** 36, 43

Name der Entscheidung	Fundstelle	Kommentierung
Petersburger Schlittenfahrt	BPatGE 31, 31	**26** 37
Petlas	BPatG, Beschl. v. 21.8.2009 – 28 W (pat) 113/08, BeckRS 2009, 23959	**8** 223
Petra look	BGH, WRP 1991, 327	**15** 45
Peugeot-Tuning	OLG Düsseldorf, GRUR-RR 2007, 102	**23** 47
Pfizer/Eurim-Pharm	EuGH, Slg. 1981, 2913	**24** 6, 35
Pflasterspender	OLG Hamburg, GRUR-RR 2003, 101	**2** 6; **19** 35
PHARMA NETWORK	BPatG, Beschl. v. 21.2.2002 – 25 W (pat) 63/01	**8** 125
Pharmacia & Upjohn	EuGH, WRP 1999, 1264	**24** 34, 37
Pharmazeutisches Präparat	BGH, GRUR 1991, 442	**83** 21
Philips	EuGH, WRP 2002, 924 = GRUR 2002, 804	**Einf.** 68; **3** 2, 13, 18; **8** 234
Philips/Remington	EuGH, WRP 2002, 924 = GRUR 2002, 804	**8** 160, 231
PhoneSTOP	BPatG, Beschl. v. 29.1.2008 – 33 W (pat) 86/06, BeckRS 2008, 04832	**8** 48, 125, 144
PhotoPerfect	BPatG, Beschl. v. 28.5.2010 – 27 W (pat) 31/10	**8** 144
Picador/Torero	BPatG, Mitt. 1970, 196	**14** 107
Picasso	EuGH, GRUR 2006, 237 OLG Köln, NJWE-WettbR 1997, 181	**14** 78, 82, 110 **23** 9
PicNic	BGH, WRP 1993, 705 = GRUR 1993, 923	**5** 16, 29
Piesporter Goldtröpfchen	BGH, WRP 1993, 769 = GRUR 1993, 832 BPatG, GRUR 1991, 538	**8** 136; **Vor §§ 97 bis 106** 6 **Vor §§ 97 bis 106** 6

Name der Entscheidung	Fundstelle	Kommentierung
Pietra die Soln	BGH, GRUR 207, 67 OLG München, GRUR-RR 2004, 262	**Anh § 5** 27; **Vor §§ 126 bis 129** 8; **126** 4; **127** 4 **Vor §§ 126 bis 129** 3
Pindjur	OLG Frankfurt, MarkenR 2000, 145	**23** 24
PINOCCHIO	BPatG, MarkenR 2007, 172	**71** 7, 11
Pizza & Pasta	BGH, WRP 1991, 151 = GRUR 1991, 153	**5** 56, 59, 60; **15** 41, 45
Pizza-Flitzer	OLG Hamburg, GRUR-RR 2008, 370	**14** 288
Plastikzitrone	OLG Frankfurt, GRUR-RR 2004, 134	**14** 138
Plastipac/Pagelastic	BPatGE 6, 131	**14** 77
PLAYBOY	BGH, WRP 2000, 1157 = GRUR 2000, 1035	**26** 42
Playboy/Playmen	BPatGE 28, 57	**14** 107, 169
PLAYZONE	BPatG, Beschl. v. 25.2.2003 – 27 W (pat) 18/02, BeckRS 2009, 03112	**8** 48, 60
Plym-Gin	BGH, WRP 1971, 120 = GRUR 1971, 255	**126** 2; **127** 4
POINT	BGH, WRP 1982, 407 = GRUR 1982, 431	**5** 55, 56; **15** 36, 37, 44; **30** 9
Pökelvorrichtung	BGH, GRUR 1981, 185	**59** 1
POLINOVA	BPatG, Mitt. 1972, 53	**14** 163
Polychrome	BPatGE 22, 204	**26** 56
Polyestra	BGH, GRUR 1968, 694	**14** 147
POLYMERLAND	BPatG, Beschl. v. 17.5.1999 – 33 W (pat) 195/98	**8** 143
Porco	BPatG, Beschl. v. 16.6.2010 – 28 W (pat) 28/10, BeckRS 2010, 16687	**8** 59, 125

Name der Entscheidung	Fundstelle	Kommentierung
Porsche 911	BGH, WRP 2006, 896 = GRUR 2006, 701	**49** 11; **84** 2; **85** 3
Porsche Boxster	BGH, GRUR 2006, 679 = MarkenR 2006, 274	**3** 2, 14; **8** 78, 79, 161, 162; **85** 3
Porsche Spider 550	OLG Stuttgart, NJR-RR 2001, 257	**18** 26
Portasan	BPatG, Mitt. 1988, 117	**14** 86
PORTLAND	BPatG, GRUR 2006, 509	**8** 132
Portraitfoto als Marke	BPatG, ZUM-RD 2011, 201	**89** 6
Portraitfoto Marlene Dietrich II	BPatG, GRUR 2010, 73	**3** 8; **8** 72; **73** 7
Positionierungsmarke	BPatG, Mitt. 2000, 114	**8** 95
Positionsmarke bei Beklei-dungsstücken	BPatG, Beschl. v. 18.4.2000 – 27 W (pat) 109/99, 111/99	**8** 95
Possession-Ring	OLG Düsseldorf, OLGR 1998, 270	**18** 26
POST I	BGH, WRP 2008, 1202 = NJW 2008, 2653	**23** 43; **52** 13
POST II	BGH, WRP 2009, 815 = GRUR 2009, 669	**5** 22; **8** 115, 231, 241, 243; **59** 2; **73** 9; **89** 2
POST/RegioPost	BGH, WRP 2009, 839	**14** 205; **20** 2; **23** 3, 39, 43
POSTKANTOOR	EuGH, GRUR Int. 2004, 500	**8** 22, 27, 35, 39, 46, 99, 105, 115, 116, 118, 119, 141, 145, 169
POWER BALL	BGH, WRP 2010, 1165, 1168 = GRUR 2010, 835	**2** 10; **14** 20; **23** 33a
PowerPoint	BGH, WRP 1997, 1184 = GRUR 1998, 155	**5** 57; **14** 28
PPC	BGH, WRP 1988, 665 = GRUR 1988, 776	**21** 16
P-Plus	BPatG, GRUR 1999, 64	**63** 13; **71** 11
Pralinenform	BGH, WRP 2007, 1090 = GRUR 2007, 780	**14** 9, 15, 17, 97, 98

Name der Entscheidung	Fundstelle	Kommentierung
Pralinenform II	BGH, WRP 2010, 1508 = GRUR 2010 1103	**14** 15, 98; **112** 1
praline-tv.de	OLG Frankfurt, MMR 2001, 532	**Anh § 5** 22
PRANAHAUS	EuGH, GRUR 2010, 534	**8** 119, 132
Preisbindung durch Franchisegeber	BGH, GRUR 1999, 1025	**30** 43
Preisvergleichsliste	BGH, GRUR 1992, 61	**20** 15
Premiere	BGH, WRP 1994, 385 = GRUR 1993, 746	**8** 112, 147
PREMIERE I	BPatG, GRUR 1996, 490	**8** 233
PREMIERE II	BGH, WRP 1999, 858	**8** 41, 42, 138, 153; **113** 1, 4, 6
PREMIERE III	BPatG, GRUR 1996, 494	**8** 233
Premium PLUS	BPatG, Beschl. v. 12.5.2010 – 28 W (pat) 503/10, BeckRS 2010, 13151	**8** 49, 75
presserecht.de	BGH, NJW 2003, 662	**Anh § 5** 10
Pressform	BPatG, GRUR 2002, 371	**66** 14
primaklimastrom	BPatG, Beschl. v. 10.8.2011 – 26 W (pat) 6/11, BeckRS 2011, 21837	**8** 48
Prince Albert	BGH, WRP 1966, 270 = GRUR 1966, 427	**21** 9
printAdvice	BPatG, Beschl. v. 15.6.2010 – 24 W (pat) 36/08, BeckRS 2010, 22434	**8** 144
Priorität bei Namens-Lizenzvertrag	OLG Hamburg, NJW-RR 1994, 679	**30** 50
Prismenschachtel für Zigaretten	BPatG, Beschl. v. 5.10.2007 – 26 W (pat) 22/05, BeckRS 2007, 17312	**8** 79
Pro Fide Catholica	BGH, WRP 2005, 500 = GRUR 2005, 357	**5** 50

Name der Entscheidung	Fundstelle	Kommentierung
Pro Tian	BPatG, Beschl. v. 22.4.2008 – 28 W (pat) 97/06, BeckRS 2008, 08483	**14** 86
Proctavenon	BPatGE 17, 158	**14** 93
Procto-Kaban	BPatGE 32, 227	**26** 34
ProdFLOW	BPatG, Beschl. v. 8.6.2010 – 24 W (pat) 85/08, BeckRS 2010, 17150	**8** 48, 60, 144
Prodont	BGH, GRUR 1982, 611	**14** 149
Produktionsstätte	BGH, WRP 1995, 11 = GRUR 1995, 65	**126** 3, 6
profil	BGH, WRP 1977, 487 = GRUR 1978, 194	**141** 6
Pro-fit	BPatG, GRUR 1998, 1030	**26** 39
Promonta	BGH, GRUR 1960, 550	**5** 7
PROMT	BPatG, Beschl. v. 18.1.2001 – 25 W (pat) 3/00	**8** 125
Pronuptia	EuGH, GRUR Int. 1986, 193	**30** 43, 45–46
Prosciutto di Parma	EuGH, GRUR 2003, 616	**Vor §§ 126 bis 129** 2, 16; **Vor §§ 130 bis 139** 1, 11
PROTECH	BGH, GRUR 1995, 408	**8** 28, 51, 59, 60, 111, 113, 140, 143; **14** 146
Protesan	BGH, GRUR 1975, 370	**14** 85, 154
ProtiPower/Protifit	OLG Köln, GRUR 2009, 958	**26** 20
Pulloverbeschriftung	BGH, WRP 1994, 516 = GRUR 1994, 635	**14** 203
Pulmicort	BGH, WRP 2003, 531 = GRUR 2003, 434	**24** 36
Pulp wash	BGH, GRUR 1992, 112	**30** 56
PUMA	BPatGE 37, 246 BPatG, GRUR 1998, 19	**14** 59 **90** 4

Name der Entscheidung	Fundstelle	Kommentierung
Pumpen	BPatG, Beschl. v. 10.3.2010 – 28 W (pat) 74/08, BeckRS 2010, 08179	**8** 79
Puppenausstattung	BGH, WRP 2005, 89 = GRUR 2005, 166	**14** 257
quattro II	BGH, GRUR 1997, 366	**4** 11; **8** 22, 68, 112, 127, 138, 157
Quattro/Quadra	EuGH, 1994, 294 = GRUR 1994, 286	**15** 14
QUEENSCLUB/QUEENS-GARDEN	BPatGE 35, 212	**14** 169
Quelle/Getränkequelle	BGH, 1990, 170 = GRUR 1990, 37	**14** 151; **15** 23
Quellgold	BPatG, MarkenR 2007, 277	**14** 87, 107
QUERCUS	BPatG, Beschl. v. 30.4.2002 – 24 w (pat) 105/00	**73** 4
Quick/Glück	BGH, GRUR 1959, 183 BGHZ 28, 320	**14** 78, 110, 181, 192 **15** 23
Quick-fill	BPatG, Beschl. v. 7.7.1998 – 24 W (pat) 174/97	**8** 51, 125
quickslide	BPatG, GRUR 1996, 113	**152** 3
Rabe	BGH, GRUR 1967, 355	**14** 113
Rack-Wall	BPatG, GRUR 1998, 399	**8** 146
Racoon/Dragon	BPatG, GRUR 1996, 414	**14** 89; **43** 11
Radetzky-Orden/BKFR	EuGH, GRUR 2009, 156	**26** 9, 29
Radio Stuttgart	BGH, WRP 1993, 755 = GRUR 1993, 769	**5** 60; **15** 45
Radio von hier	BGH, WRP 2000, 298 = GRUR 2000, 321	**8** 55
Radkappe	BGH, WRP 1962, 334 = GRUR 1962, 537	**23** 45
Rado-Uhr	BGH, WRP 2001, 269	**3** 10, 16
Rado-Uhr III	BGH, GRUR 2007, 973	**8** 161, 162

Name der Entscheidung	Fundstelle	Kommentierung
RECHTLEGAL	BPatG, Beschl. v. 26.10.2007 – 25 W (pat) 169/05, BeckRS 2008, 07648	**8** 48
Rechtliches Gehör	BGH, GRUR 1990, 110	**83** 21
rechtsanwälte-notare.de	BGH, NJW 2003, 504	**Anh § 5** 10
Rechtsbeschwerdekosten	BGH, GRUR 1967, 553	**90** 4
Rechtserhaltende Marken-benutzung bei Produkther-stellung und -vertrieb in kleiner Stückzahl	OLG Hamburg, NJWE-WettbR 2000, 186	**26** 30, 36
Rechtserhaltende Marken-benutzung vor Warenvertrieb	OLG Hamburg, NJWE-WettbR 2000, 191	**26** 12, 13
Recrin	BGH, GRUR Int. 1969, 257	**4** 22, 23
red white	BGH, GRUR 1969, 345	**4** 11; **8** 30
REEFER	BPatGE 38, 127	**8** 190, 208
Regenbogenfarbige Streifen	BPatG, Beschl. v. 26.4.2004 – 30 W (pat) 24/03	**8** 91
Regenwaldprojekt I	BGH, WRP 2007, 303 = GRUR 2007, 242	**2** 8
Regiopost/Regional Post	BGH, WRP 2004, 1285 = GRUR 2004, 949	**83** 21
REHAB	BGH, GRUR 1985, 41	**26** 18
REICH UND SCHÖN	BGH, WRP 2001, 1205 = GRUR 2001, 1042	**4** 15; **5** 22; **8** 20, 27, 57, 117, 233, 241
Reifen Progressiv	BGH, WRP 2009, 1278 = GRUR 2009, 946	**30** 16, 53, 59
Reiherstieg-Holzlager	BGH, GRUR 1960, 296	**5** 16; **15** 23
Rekordspritzen	BGH, GRUR 1968, 698	**23** 45; **24** 29
Relax Clever	BPatG, Beschl. v. 4.6.2008 – 29 W (pat) 14/08, BeckRS 2008, 18515	**66** 9
Remark	BPatG, Beschl. v. 20.8.1999 – 33 W (pat) 110/99	**8** 126

Name der Entscheidung	Fundstelle	Kommentierung
RENAPUR	BPatG, Beschl. v. 15.12.2004 – 28 W (pat) 266/04, BeckRS 2009, 02759	**94** 3
Rena-Ware	BPatG, Mitt. 2004, 230	**66** 1, 5
RENNIE	BGH, WRP 2011, 1164 = GRUR 2011, 817	**24** 36
Reparaturversicherung	BGH, GRUR 1974, 666	**14** 268
REPLAY-Jeans	OLG Karlsruhe, GRUR 1999, 343	**19** 29; **24** 15, 41
REPNET	BPatG, Beschl. v. 15.11.2000 – 29 W (pat) 327/99	**8** 143
RETAIL LINK	BPatG, GRUR 2003, 714	**8** 51, 59
Revean	BGH, Beschl. v. 19.7.2007 – I ZB 56/06, BeckRS 2008, 00435	**82** 2
REVIAN'S	BGH, Beschl. v. 19.7.2007 – I ZB 57/06, BeckRS 2008, 00396	**82** 2
RE-WA-MAT	BGH, GRUR 1986, 380	**14** 73
RE-WA-MAT II	BPatGE 29, 137	**14** 73
REYNOLDS R 1/EREINTZ	BGH, GRUR 1989, 264	**14** 118, 131, 146
Rhein-Center-Neuss	BPatG, Beschl. v. 21.7.2010 – 29 W (pat) 522/10, BeckRS 2010, 22444	**8** 61
Rheinchemie	BGH, GRUR 1957, 46	**5** 15, 16
Rheinische Post	OLG Düsseldorf, GRUR 1983, 794	**5** 60
Rheinmetall-Borsig	BGH, GRUR 1956, 265	**91** 15
Rheumalind	BGH, GRUR 1969, 538	**14** 161–164
RHINISAT/Ysat	BPatGE 22, 193	**14** 166
Rhoda-Hexan/Sota-Hexal	BPatG, GRUR 2000, 1052	**14** 128; **43** 16
Rhône-Poulenc/MPA Import-Arzneimittel	EuGH, WRP 1996, 847	**24** 34

Name der Entscheidung	Fundstelle	Kommentierung
Rialto	BGH, WRP 1991, 162 = GRUR 1991, 155	**5** 29; **12** 4
Rialto II	OLG München, OLG-Rep. 94, 103 = Mitt. 1994, 273	**5** 29; **12** 4
Ribana	BGH, GRUR 1962, 522	**14** 160
Richterbefangenheit	BGH, GRUR 1995, 216	**72** 1
Richterwechsel II	BGH, GRUR 1974, 294	**78** 7
Riechmarke	BPatG, GRUR 2000, 1044	**32** 17
RIGIDITE	BGH, GRUR 1988, 379	**8** 111, 148
RIGIDITE II	BGH, WRP 2994, 245 = GRUR 1994, 366	**8** 148
RIGIDITE III	BGH, WRP 1994, 249 = GRUR 1994, 370	**8** 146, 148
Rillenkoffer	BGH, WRP 2008, 1196 = GRUR 2008, 793	**2** 2; **Anh § 5** 22; **14** 15, 17
Ringelnatz	BPatG, GRUR 2008, 512	**3** 2; **8** 58, 118; **23** 21, 26
Rioglass	EuGH, GRUR Int. 2004, 39	**14** 231
RISC 86	BPatG, Beschl. v. 14.8.1997 – 30 W (pat) 137/95	**8** 158
Ristorante	BPatG, GRUR 2007, 593	**8** 241
„Rivalin" von Uschi Glas	BGH, WRP 2005, 117 = GRUR 2005, 76	**14** 257
ROAL	BGH, GRUR 1985, 1053	**8** 54, 113, 139; **14** 146
Robotlab	BPatG, Beschl. v. 20.10.2008 – 25 W (pat) 34/06, BeckRS 2008, 23734	**8** 48, 125, 144
ROBOTUNITS	EuGH, GRUR Int. 2004, 324	**8** 169
ROCHER-Kugel	BGH, WRP 2010, 260 = GRUR 2010, 138	**3** 14, 16–18, 20–22; **5** 22; **8** 18, 22, 78, 79, 142, 161, 231, 232, 241, 243, 244

Name der Entscheidung	Fundstelle	Kommentierung
Rotationsbürstenwerkzeug	BGH, GRUR 1994, 602	**29** 4; **31** 1
Roter mit Genever	BGH, GRUR 1992, 203	**14** 136; **23** 30
Roter Punkt	BGH, GRUR 1965, 601	**14** 148
Roter Streifen auf Gürtel-schlaufe	BPatG, Beschl. v. 6.7.2004 – 27 W (pat) 369/03	**8** 95
Roter Streifen im Schuh-absatz	BPatG, GRUR 1998, 390	**8** 95, 167
Rotes Kreuz	BGH, WRP 1994, 822 = GRUR 1994, 844	**5** 46, 47, 50, 52
rotes Parallelogram	BPatG, Beschl. v. 19.3.2003 – 29 W (pat) 52/01	**8** 71
ROTH-HÄNDLE-KENTUCKY/Cenduggy	BGH, GRUR 1989, 349	**14** 131
Rotton	BPatG, Beschl. v. 19.3.2003 – 29 W (pat) 52/01	**8** 71
Rovinex/Rovina	BPatG, Mitt. 1983, 14	**26** 11
Roximycin	BGH, WRP 2005, 99 = GRUR 2005, 258	**8** 54, 139, 206, 208; **79** 7
ROYALE	BGH, GRUR 1998, 930	**23** 30
Royals®	BPatG, GRUR 1992, 704	**8** 185
Rücknahme des Löschungs-antrags	BPatG, Mitt. 2003, 221	**66** 29; **82** 3
Rückschluss vom Schaden auf Schädiger	BGH, NJW-RR 1988, 411	**20** 10
Rückzahlung der Beschleuni-gungsgebühr	BGH, GRUR 2000, 421	**38** 4
Rückzahlung der Beschleuni-gungsgebühr bei zurückge-wiesener Beschwerde	BPatG, Beschl. v. 15.1.2003 – 28 W (pat) 93/02	**63** 11
Rückzahlung der Beschwer-degebühr	BPatG, Beschl. v. 27.1.204 – 27 W (pat) 304/03	**71** 14
Rückzahlung der Beschwer-degebühr bei unterbliebener Anhörung	BPatG, Beschl. v. 1.4.2003 – 17 W (pat) 31/01	**59** 5; **71** 14

Name der Entscheidung	Fundstelle	Kommentierung
Rügenwalder Teewurst II	BGH, WRP 1995, 398 = GRUR 1995, 354	**2** 7; **126** 5, 13; **127** 3; **Vor §§ 130 bis 139** 8, 30
Rum-Verschnitt	BGH, WRP 1966, 375 = GRUR 1967, 30	**127** 8
Ruoc/RoC	BPatG, GRUR 1999, 350	**43** 19
Russisches Schaumgebäck	BGH, WRP 2005, 610 = GRUR 2005, 414	**14** 98; **23** 26; **26** 21; **50** 1
S 100	BGH, WRP 2004, 766 = GRUR 2004, 510	**8** 212
	BPatG, Beschl. v. 5.11.2007 – 24 W (pat) 44/05, BeckRS 2007, 18379	**8** 215, 220
S 400	BPatG, GRUR 2003, 482	**63** 13; **71** 11
S.OLIVER	BPatG, GRUR 1997, 54	**66** 21, 22; **73** 7; **83** 9
Sabèl/Puma (s.a. Springende Raubkatze)	EuGH, GRUR 1998, 387	**14** 95, 111, 112, 118, 141, 156, 158
Sachsendampf	BPatG, Beschl. v. 8.12.2010 – 26 W (pat) 63/07, BeckRS 2011, 00178	**8** 219, 223
SACHSENGOLD	BPatGE 37, 233	**26** 45
Sachsenspiegel/Der Spiegel	OLG Hamburg, GRUR 1992, 336	**15** 45
Sachverständigenkosten	OLG München, GRUR 1960, 79	**142** 16
SAFETYSOUND	BPatG, Beschl. v. 24.3.2010 – 28 W (pat) 501/10, BeckRS 2010, 10239	**8** 48, 144
SAINT MORIS/St. Moritz	BPatG, GRUR 1998, 148	**26** 42; **83** 9
Salat-Fix	BPatG, GRUR 2006, 155	**54** 5
Sali Toft	BGH, WRP 1996, 903 = GRUR 1996, 775	**14** 123
Sallaki	OLG München, PharmR 2011, 231	**26** 28

Name der Entscheidung	Fundstelle	Kommentierung
Salomon	BGH, WRP 1991, 228 = GRUR 1991, 465	**9** 13; **14** 181, 184, 185, 187, 199, 201, 202; **127** 14
Salvatore Ricci/Nina Ricci	BPatG, GRUR-RR 2008, 389	**8** 215, 223
salvent/Salventerol	BGH, WRP 1998, 875 = GRUR 1998, 924	**14** 85
SALZIGE HERINGE	OLG Köln, MD 1996, 1014	**26** 34
SAM	BGH, WRP 1998, 600 = GRUR 1998, 699	**27** 13, 18; **28** 2–3; **Vor §§ 107 bis 125** 2
Sammelmitgliedschaft III	BGH, WRP 2005, 1007	**128** 5
SAN PELLEGRINO	BPatG, Beschl. v. 20.3.1984 – 26 W (pat) 79/81	**8** 136
Sana/Schosana	BGH, GRUR 1993, 972	**14** 85, 87; **26** 3, 15, 20
Sankt Michael	OLG München, Mitt. 1996, 217	**26** 44
Sanopharm	BGH, WRP 1998, 996 = GRUR 1998, 940	**28** 5
SANOX	BPatG, Beschl. v. 29.3.2000 – 29 W (pat) 370/99	**59** 5; **71** 14
sanRemo	BGH, GRUR 1973, 361	**126** 13
SANTIAGO	BPatG, Mitt. 1991, 98	**8** 136
Sapen	BGH, WRP 1998, 497 = GRUR 1998, 570	**26** 44
SAPEN	BPatG, GRUR 1999, 1002	**26** 44
SAT.2	EuGH, GRUR 2004, 943	**8** 26, 55, 65, 69, 99, 121
Saugauf	BPatG, GRUR-RR 2010, 9	**8** 48, 128, 144; **71** 14
Saugeinlagen	BGH, WRP 2008, 666 = GRUR 2008, 443	**2** 8
SBA international	BPatG, GRUR-RR 2010, 454	**71** 7
SB-Beschriftung	BGH, WRP 2004, 1486 = GRUR 2004, 1039	**2** 6

Name der Entscheidung	Fundstelle	Kommentierung
SCAN 2 Print	BPatG, Beschl. v. 22.1.2001 – 30 W (pat) 42/00	**8** 50
Scanner-Werbung	BGH, WRP 2002, 977 = GRUR 2002, 715	**127** 2
Schaftol/Schaftöl	OLG Frankfurt a. M., GRUR 2000, 905	**23** 43
Schallmarke Hexal	HABM, MarkenR 2005, 54	**8** 13, 104
Schaltungsbasis	BGH, GRUR 1979, 219	**76** 8
Schamotte-Einsätze	BGH, WRP 1984, 380 = GRUR 1984, 545	**24** 4, 19, 20
Schaumstoff Lübke	BGH, WRP 2011, 1606 = GRUR 2011, 1140	**14** 26
Schenkelspreizer	BPatG, Beschl. v. 26.11.1997 – 26 W (pat) 107/97, BeckRS 2011, 13266	**8** 190
Scherkopf des Philips Rasierers	BPatG, Beschl. v. 10.12.2003 – 28 W (pat) 147/02	**3** 20
Schinkenland	BPatG, Beschl. v. 26.3.2003 – 28 W (pat) 22/02	**8** 125
Schlaufuchs/Lernfuchs	OLG Köln, MarkenR 2007, 126	**14** 107
Schlehdorn	BPatG, Beschl. v. 27.1.2011 – 26 W (pat) 97/10, BeckRS 2011, 21638	**8** 183
Schleifvorrichtung	OLG Karlsruhe, GRUR 1992, 162	**30** 48
Schloß Caestrich	BPatG, GRUR 1992, 170	**8** 182
Schloß Wachenheim	BPatG, GRUR 1996, 885	**8** 182
SCHLUMPFENWICHSE	BPatG, Beschl. v. 26.9.2011 – 26 W (pat) 8/11, BeckRS 2011, 25440	**8** 190
Schlüpferstürmer	DPA, Mitt. 1985, 215	**8** 190
Schlüssel	BGH, WRP 1999, 1041 = GRUR 1999, 992	**14** 113, 134

Name der Entscheidung	Fundstelle	Kommentierung
Schlüsselmühle	BGH, GRUR 1990, 33	**83** 22
Schmiermittel	BGH, WRP 2008, 1227 = GRUR 2008, 933	**14** 276
Schmuckring	BPatG, BlPMZ 2002, 228	**3** 22
Schneeflöckchen	OLG Nürnberg, LMuR 2011, 51	**140** 18
Schnellrestaurant/Farben, Lacke	OLG Düsseldorf, WRP 1997, 588	**15** 26
Schnick-Schnack	BPatG, GRUR 1983, 117	**14** 74
Schoasdreiber	BPatG, Mitt. 1983, 156	**8** 190
Schokoladenhase	BPatG, Beschl. v. 9.12.2009 – 25 W (pat) 82/09, BeckRS 2009, 89063	**8** 79
Schokoladenstäbchen	OLG Hamburg, MarkenR 2009, 220	**112** 1
Schöner Wetten	BGH, GRUR 2004, 693	**14** 251
Schrägliegeeinrichtung	BGH, GRUR 1989, 494	**83** 21
Schreibstift	BGH, GRUR 1964, 259	**83** 22
Schufafreie Kredite	OLG Hamburg, GRUR-RR 2004, 178	**23** 43
SCHUH CITY	BPatG, Beschl. v. 21.4.1998 – 27 W (pat) 183/96	**8** 51
schuhmarkt.de	OLG Hamburg, GRUR-RR 2004, 77	**Anh § 5** 21
Schuhpark	BGH, WRP 2008, 1434 = GRUR 2008, 1002	**14** 26, 263
Schuhverzierung	BGH, WRP 2009, 1104 = GRUR 2009, 992	**8** 213, 218, 223; **78** 3; **82** 8; **83** 13, 21
SCHULKOMPAS	BPatG, Beschl. v. 21.7.2009 – 27 W (pat) 155/09, BeckRS 2009, 25953	**8** 125
Schultütenspitze	BPatG, MarkenR 2009, 569	**8** 95, 167
Schumpeter School	BPatG, GRUR 2010, 1015	**3** 5; **8** 62

Name der Entscheidung	Fundstelle	Kommentierung
Schutzfristüberwachung	BGH, GRUR 2005, 971	**91** 10
Schutzrechtspiraterie	OLG Nürnberg, WRP 1995, 427	**18** 26
SCHÜTZT WAS GUT IST	BPatG, Beschl. v. 31.5.2010 – 29 W (pat) 506/10, BeckRS 2010, 14012	**8** 55
Schutzverkleidung	BGH, GRUR 1996, 399	**71** 4
SchwabenBus	BPatG, Beschl. v. 18.11.2009 – 29 W (pat) 111/06, BeckRS 2009, 87479	**8** 48, 144
SCHWABENPOST	BPatG, GRUR 2009, 683	**61** 4; **70** 9
Schwardmann	BGH, GRUR 1958, 143	**15** 35
schwarz/zink-gelb	BPatG, GRUR 1998, 574	**3** 11
Schwarzer Krauser	BGH, GRUR 1990, 681	**4** 10, 12; **5** 22; **14** 136
Schwarzwald-Sprudel	BGH, WRP 1994, 616 = GRUR 1994, 905	**5** 15, 17
Schweini	LG München I, GRUR-RR 2007, 214	**13** 3, 4
Schweißelektrode II	BGH, GRUR 1967, 548	**89** 6
Schwingungsdämpfer	BGH, WRP 2009, 1557 = GRUR 2010, 87	**83** 16
SCM	BPatG, Beschl. v. 8.12.1997 – 30 W (pat) 75/97	**8** 65, 155
Scotch Whiskey	BGH, GRUR 1969, 280	**127** 6, 8
Sculpture	OLG Köln, NJWE-WettbR 1998, 205	**24** 15
Seasons	BPatGE 46, 44	**66** 28
segnitz.de	BGH, WRP 2006, 90 = GRUR 2006, 158	**Anh § 5** 6, 24
Seicom	BGH, WRP 2005, 1064 = GRUR 2005, 871	**5** 25, 33, 34; **Anh § 5** 8, 9; **15** 11, 21
Seid bereit	BPatG, GRUR 2007, 240	**8** 223

Name der Entscheidung	Fundstelle	Kommentierung
Seifenspender	BGH, WRP 2006, 1025	**14** 11
SEIT 1895	BPatG, GRUR 1995, 411	**8** 184
Sekt/Weinbrand	EuGH, GRUR Int. 1977, 25	**Vor §§ 126 bis 129** 16
Sektionaltor	BGH, GRUR 2010, 322	**30** 60, 61
Sekundenkleber	OLG Köln, GRUR-RR 2007, 100	**4** 5
Senarol/Serol	DPA, Mitt. 1959, 113	**14** 87
Sequestrationskosten	BGH, Beschl. v. 20.7.2006 – I ZB 105/05	**18** 29
Sermion II	BGH, WRP 1997, 742 = GRUR 1997, 629	**14** 213; **24** 8, 11, 31, 35; **153** 5
Service Master	EG-Kommission GRUR Int. 1989, 675	**30** 47
SHAHI	DPMA MA 1975, 262	**26** 63
SHAMROCK	BPatG, GRUR 1993, 47	**8** 196
Shamrock III	BGH, WRP 1986, 142 = GRUR 1986, 74	**6** 11; **11** 14
shell.de	BGH, WRP 2002, 694 = GRUR 2002, 622	**2** 11, 13; **5** 6, 45, 49, 50; **Anh § 5** 1, 2–4, 6, 14, 17, 19, 20, 23–25; **15** 12; **23** 3
	OLG München, WRP 1999, 955	**Anh § 5** 25
Sherlock Holmes	BGH, WRP 1958, 243 = GRUR 1958, 354	**5** 56
Shield Mark/Kist	EuGH, GRUR 2004, 54	**8** 8, 13
Shisha	OLG Saarbrücken, GRUR-RR 2007, 274	**49** 11
SHOE CITY	BPatG, Beschl. v. 21.4.1998 – 27 W (pat) 183/96	**8** 125
Sicherheit + Technik	OLG Hamburg, WRP 1987, 261 = GRUR 1987, 184	**5** 17
Sieben-Schwaben-Motiv	BGH, GRUR 1974, 467	**14** 111

Name der Entscheidung	Fundstelle	Kommentierung
Sieckmann	EuGH, WRP 2003, 249 = GRUR 2003, 145	**3** 23; **8** 8, 14, 81, 167; **32** 17
siehan.de	OLG Hamburg, CR 2002, 833	**Anh § 5** 21
SIERRA ANTGUO	BGH, WRP 2008, 1342 = GRUR 2008, 903	**14** 133, 178; **15** 14
Sihl	BGH, WRP 1969, 235 = GRUR 1969, 357	**5** 26; **14** 161
Silberquelle	EuGH, GRUR 2009, 410	**26** 9, 29
Silenta	BGH, GRUR 1991, 460	**26** 52
Silhouette	EuGH, GRUR Int. 1998, 695	**21** 14; **24** 8, 13, 16
Silva	BGH, WRP 1978, 642 = GRUR 1978, 642	**25** 1; **26** 13; **44** 5
SIM-Lock	BGH, WRP 2005, 106 = GRUR 2005, 160	**24** 27–29
Simmenthal	BGH, WRP 1994, 621 = GRUR 1994, 512	**26** 45, 54–56
Sirax	BGH, GRUR 1967, 660	**14** 160
Siroset	BGH, GRUR 1967, 304	**6** 11
Sitting Bull	OLG Hamburg, GRUR-RR 2004, 42	**14** 161
Sitzungsschild	BGH, GRUR 1970, 621	**83** 19
Sixt-Franchisevertrag	OLG München, NJWE-WettbR 1997, 234	**30** 43
Ski-Delial	BGH, GRUR 1984, 813	**26** 17
Ski-Sicherheitsbindung	BGH, GRUR 1973, 594	**126** 6
Skylite	LG Düsseldorf, GRUR-RR 2001, 311	**13** 4
SL	BGH, WRP 1991, 296 = GRUR 1991, 609	**8** 248; **9** 13; **14** 152
Sleepover	BGH, GRUR 1989, 666	**8** 28, 59, 60, 146
Sletten	BPatGE 6, 127	**14** 174

Name der Entscheidung	Fundstelle	Kommentierung
Slip	BGH, WRP 1969, 489 = GRUR 1969, 604	**26** 57
Smartkey	BGH, GRUR 2006, 594 OLG Karlsruhe, GRUR-RR 2004, 142	**15** 41, 43 **23** 43
Smart-Turm	HABM, GRUR 2004, 1033	**8** 171
SMARTWARE	BGH, GRUR 1990, 517	**8** 117, 146
Smartweb	BPatG, GRUR 2003, 157	**8** 60
Smarty	BGH, GRUR 1993, 316	**14** 55
sms4u	BGH, WRP 2003, 1443 ff. = GRUR 2003, 1068	**66** 8
Sneakerloft	BPatG, Beschl. v. 9.2.2010 – 27 W (pat) 511/10	**8** 48, 144
SNOMED	OLG Hamburg, GRUR-RR 2003, 269	**11** 7, 10; **17** 3, 4, 7
SNUGGLEDOWN	BPatG, Mitt. 1990, 194	**8** 113
Socialnet	BPatG, Beschl. v. 1.7.2004 – 25 W (pat) 250/02, BeckRS 2008, 26711	**8** 48, 60
soco.de	BGH, WRP 2005, 338	**5** 8, 16, 29; **Anh § 5** 2, 8, 9, 29; **15** 12, 21
SODASTREAM	EuGH, WRP 2005, 222 = GRUR 2005, 162	**23** 24, 29; **24** 32
SOFT MATE	BPatG, Mitt. 1988, 34	**8** 121
SolarWorld	BPatG, Beschl. v. 4.8.2003 – 30 W (pat) 98/02, BeckRS 2009, 01459	**8** 48, 60
solingen.info	BGH, WRP 2007, 76 = GRUR 2007, 259	**Anh § 5** 25
Sombrero	Cour Cass., GRUR Int. 1968, 290	**27** 20
SOMETHING SPECIAL IN THE AIR	BPatG, GRUR 1997, 643	**8** 152
Sonett	BPatG, GRUR 1995, 584	**9** 9; **14** 52; **79** 4

Name der Entscheidung	Fundstelle	Kommentierung
Sonniger September	BPatG, GRUR 1970, 136	**8** 137
soooo…BILLIG	BGH, WRP 2001, 1291 = GRUR 2002, 75	**23** 48
Sorge Dich nicht, lebe/Sorge Dich – lebe trotzdem	LG München, GRUR 2000, 516	**15** 45
Sorgfältige Auskunft	LG Düsseldorf, GRUR-RR 2009, 195	**19** 26
Sorgfaltspflicht bei Auskunft	OLG Hamburg, GRUR-RR 2005, 114	**19** 26
SPA	BGH, WRP 2001, 546 = GRUR 2001, 420 BPatG, GRUR 2005, 865	**Vor §§ 126 bis 129** 8, 18, 23; **126** 11, 13; **127** 3; **128** 4, 11; **Vor §§ 130 bis 139** 30 **8** 106; **71** 15; **83** 7, 112, 114–117, 119, 125
SPA II	BGH, WRP 2008, 1338 = GRUR 2008, 900	**5** 15; **8** 115, 119, 136
SPAR	BPatG, GRUR-Prax 2010, 435	**8** 243
speedfitness	BPatG, Beschl. v. 28.9.2010 – 27 W (pat) 83/10, BeckRS 2010, 25519	**8** 49
Spee-Fuchs	OLG Frankfurt a. M., GRUR 2000, 1063	**4** 4
Speicherstadt	BPatG, MarkenR 2010, 342	**8** 133
Spiegel der Woche	BGH, GRUR 1958, 141	**5** 60
SPIRIT-SUN	OLG Düsseldorf, WRP 2000, 316	**23** 18
SPORTEXPRESS/ EXPRESS	OLG München, GRUR 1987, 925	**15** 45
Sporthosen	BGH, GRUR 1986, 248	**14** 113, 250
SportMaxx	BPatG, Beschl v. 30.6.2004 – 32 W (pat) 236/02	**14** 69

Name der Entscheidung	Fundstelle	Kommentierung
Spreewälder Gurken	EuGH, GRUR Int. 2002, 523 OLG Hamburg, GRUR-RR 2004, 36	**Vor §§ 130 bis 139** 14–16; **130** 2 **Vor §§ 130 bis 139** 24
Spring Garden/Frühlings-garten	BPatG, Mitt. 1986, 76	**14** 107
Spring/Swing	OLG Köln, WRP 1997, 872	**14** 265, 306
Springende Raubkatze	EuGH, WRP 1998, 39 = GRUR 1998, 387 BGH, GRUR 1996,198	**9** 12 **14** 111, 118–120, 129, 134, 141, 142
Spülmittelflasche	EuG, GRUR Int. 2005, 425	**8** 102, 171
SSZ	BPatGE 42, 130	**63** 4
ST	BGH, BlPMZ 1990, 430	**8** 66
ST. JACOB	BPatG, GRUR 2007, 791	**8** 182, 208
St. Pauli Girl	BGH, WRP 2000, 520 = GRUR 2000, 502	**8** 26, 59, 73, 75
St. Pauli-Nachrichten	BGH, WRP 1974, 405 = GRUR 1974, 661	**73** 5
Stabtaschenlampen	BGH, WRP 2001, 265	**3** 10
Stabtaschenlampen II	BGH, WRP 2004, 755 = GRUR 2004, 506	**3** 14
Stadtwerke Bochum	BPatG, GRUR-RR 2009, 128	**8** 108, 120
Stahlexport	BGH, GRUR 1964, 316	**Anh § 5** 26; **141** 5
STAHLSCHLUESSEL	BGH, WRP 2011, 1461 = GRUR 2012, 89	**78** 6; **79** 4
Standbeutel	EuGH, MarkenR 2006, 19	**8** 28, 74, 78, 102, 171
Stangenglas II	BGH, WRP 1986, 322 = GRUR 1986, 469	**126** 14
Star Entertainment	BGH, WRP 2005, 1246 = GRUR 2005, 873	**5** 17
STARFIX	BPatG, Beschl. v. 11.3.1992 – 28 W (pat) 154/90	**8** 60

Name der Entscheidung	Fundstelle	Kommentierung
StarKontor	BPatG, Beschl. v. 13.7.1999 – 27 W (pat) 22/99	**8** 143
Starlight	OLG Hamburg, GRUR 1988, 927	**30** 9
Starlight/Starlux	BPatG, Mitt. 1967, 103	**14** 108
Star-Revue	BGH, GRUR 1957, 276	**5** 61; **15** 45
STARTLINE	BPatG, MarkenR 2003, 44	**8** 60
startup.de	OLG Hamburg, WRP 2001, 717	**Anh § 5** 21
Staubsaugerfiltertüten	BGH, WRP 2005, 496 = GRUR 2005, 423	**23** 24, 36, 47
Steckverbinder	BPatG, Beschl. v. 27.7.2010 – 27 W (pat) 232/09, BeckRS 2010, 21999	**8** 79
Steckverbindergehäuse	BGH WRP 2007, 533 = GRUR 2007, 431	**14** 279
steiff.com	OLG Stuttgart, CR 1998, 620	**Anh § 5** 16; **14** 29
steiff.de	OLG Stuttgart, CR 1998, 620	**Anh § 5** 14, 21
Steinhäger	BGH, WRP 1957, 74 = GRUR 1957, 131	**126** 13, 14
STEPHANSKRONE I	BGH, WRP 1998, 1077 = GRUR 1999, 240	**14** 112, 158, 159, 164
steuertip	BGH, Mitt. 2002, 186	**83** 13, 21
Stich den Buben	BGH, WRP 2000, 1284 = GRUR 2001, 73	**2** 7; **Vor §§ 126 bis 129** 2, 3, 5, 6; **126** 4, 11; **128** 2
Stiftparfüm	BGH, WRP 2011, 1609 = GRUR 2011, 1038	**14** 20
STILNOX	BGH, WRP 2007, 1472	**24** 36
Stofffähnchen	BGH, WRP 2009, 831 = GRUR 209, 766	**14** 15, 48, 50; **26** 20
Stoll	BGH, WRP 1987, 30 = GRUR 1987, 182	**15** 34, 35

Name der Entscheidung	Fundstelle	Kommentierung
Stollwerck	RGZ 116, 210	**15** 30
Stonsdorfer	BGH, WRP 1973, 471 = GRUR 1974, 337	**4** 12; **126** 13
STREETBALL	BGH, WRP 2009, 411 = GRUR 2009, 411	**8** 18, 20, 28, 40, 42, 47, 144
Streitwertbegünstigung	OLG Hamburg, WRP 1985, 281	**142** 5, 7
	OLG Koblenz, WRP 1984, 637 = GRUR 1984, 746	**142** 8
	KG, WRP 1982, 468	**142** 7, 8
STUBENGASSE MÜNSTER	BPatG, GRUR 2011, 918	**8** 61
Stufenleitern	BGH, WRP 2007, 313 = GRUR 2007, 339	**2** 2
stüssy	EuGH, GRUR 2003, 512	**24** 15, 16, 41
	BGH, WRP 2000, 1280 = GRUR 2000, 879	**14** 30; **15** 7, 9; **24** 41
stüssy II	BGH, WRP 2004, 243 = GRUR 2004, 156	**24** 16, 41
SUBWAY/Subwear	BGH, WRP 2000, 1296 = GRUR 2001, 54	**26** 35; **30** 16; **55** 24
suchen.de	EuG, GRUR Int. 2008, 330	**8** 53
Suchwort	BGH, WRP 1994, 739 = GRUR 1994, 841	**24** 39
Südwestbild	BGH, GRUR 1993, 406	**15** 45
Südwestfunk	OLG Karlsruhe, GRUR 1988, 390	**14** 149; **15** 45
Sunkist	BGH, GRUR 1963, 622	**4** 10, 12
Sunpearl II	BGH, GRUR 1960, 130	**4** 10, 11; **5** 22
Super 3/Super TV	LG München I, GRUR 1993, 500	**15** 45
Super E	OLG München, NJWE-WettbR 1999, 88	**23** 43

Name der Entscheidung	Fundstelle	Kommentierung
SUPERgirl	BGH, WRP 2011, 347 = GRUR 2011, 230	**8** 36, 37, 168; **70** 9
SUPERIllu	BGH, WRP 2011, 357 = GRUR-Prax 2011, 104	**26** 14, 32, 34, 36, 40, 60
SUPER-MEIER	BPatG, GRUR 1989, 266	**14** 178
Super-Spar-Fahrkarten	OLG München, WRP 1992, 264	**14** 306
SUPERVARIO	BPatG, Beschl. v. 27.6.2000 – 27 W (pat) 44/00	**8** 143
Suprax	Tribunal Supremo, GRUR Int. 1974, 419	**27** 20
Swensor	BPatG, Mitt. 1987, 220	**8** 139
SWF-3 NACHRICHTEN	BPatG, GRUR 1997, 60	**32** 14; **36** 4
Swing	BPatGE 35, 196	**14** 56
Swingward II	EuGH, Slg. 2007, I-3391	**24** 36
SWISS ARMY	BGH, WRP 2001, 157 = GRUR 2001, 240 BPatG, GRUR 1999, 58	**8** 22, 45 **8** 125
Swops	BGH, WRP 1971, 323 = GRUR 1971, 517	**5** 38, 39
SYLT-Kuh	BGH, WRP 2002, 1284 = GRUR 2002, 1072	**26** 2, 5, 22
SZENE	BGH, WRP 1999, 1279	**5** 63; **15** 36–38, 46
Szene Hamburg	BGH, WRP 1999, 1279	**5** 58, 60; **15** 45
T	HABM, GRUR-RR 2003, 46	**8** 66
T-205	BPatG, GRUR 1999, 1000	**8** 69
Tabacco d'Harar	BGH, GRUR 1986, 72	**8** 248; **14** 120, 123, 126
Tabu I	BGHZ 24, 238	**5** 10, 15, 29
Tabu II	BGH, WRP 1975, 550 = GRUR 1957, 550	**5** 10, 29, 34, 36
TACO BELL	BGH, Mitt. 2003, 70	**83** 21

Name der Entscheidung	Fundstelle	Kommentierung
Tagesbild	OLG Hamburg, GRUR 1992, 73	**15** 45
Tageskarte	BPatG, GRUR-RR 2010, 197	**8** 39, 126
Tagesreport	BGH, WRP 2001, 1193 = GRUR 2001, 154	**5** 56, 60, 64; **15** 14, 36, 37, 40, 41, 46
Tagesschau	BGH, WRP 2001, 1188 = GRUR 2001, 1050	**5** 14, 15, 55, 56, 58, 60; **15** 14, 36, 37, 39–42, 46
TAKE CARE SECURITY	BPatG, Beschl. v. 22.5.2003 – 25 W (pat) 283/01	**8** 51
Tampax	BGH, WRP 1971, 26 = GRUR 1971, 153	**Anh § 5** 26; **141** 6
Taschenlampe	EuG, ABl. HABM 2002, 1322	**3** 23
Taschenlampe II	BPatG, GRUR 2006, 946	**89** 6
Tastmarke	BPatG, GRUR 2005, 770	**32** 18
Tastmarke	BGH, WRP 2007, 69 = GRUR 2007, 148	**3** 3, 12; **8** 8, 94, 15; **14** 79; **32** 18
Tastmarke	BPatG, MarkenR 2007, 516	**32** 18
Tastmarke	BPatG, GRUR 2008, 348	**8** 94
Taurus	BGH, GRUR 1990, 39	**26** 54, 55
TAX FREE	BPatG, GRUR 1997, 283	**14** 96
Taxanil/Taxilan	BPatG 41, 267	**26** 59
TAXI MOTO	BPatG, Mitt. 2005, 277	**28** 5; **66** 14, 15; **125d** 8
Tchibo/Rolex II	BGH, WRP 1992, 700 = GRUR 1993, 55	**14** 274, 277, 283–285, 300; **128** 9
TDI	EuG, MarkenR 2011, 353 EuG, GRUR Int. 2004, 328 HABM, GRUR-RR 2004, 239	**8** 65, 155 **8** 125, 155 **8** 170
teambus	OLG München, Mitt. 2000, 512	**Anh § 5** 22; **15** 18
Technika	BGH, GRUR 1958, 339	**5** 15; **14** 66; **15** 26

Name der Entscheidung	Fundstelle	Kommentierung
Technische Schnittzeichnung	BPatG, Beschl. v. 10.3.2010 – 28 W (pat) 75/08, BeckRS 2010, 08181	**8** 79
Teco	OLG Düsseldorf, GRUR 1996, 361	**5** 7, 41; **15** 26
TECO	BPatG, Mitt. 1979, 165	**26** 11
Teekanne II	BGH, GRUR 1989, 510	**26** 35, 38
Teenage Mutant Hero Turtles	LG München, NJW-RR 1994, 680	**30** 8, 46
TEFLON/TEFLEXAN	BPatG, MarkenR 2011, 129	**14** 85
Tegeler Floristik	BGH, GRUR 2008, 732	**82** 3; **83** 3; **86** 1
Teilpriorität	BPatGE 18, 125	**34** 15
Teilstreitwert	BGH, GRUR 1965, 562	**142** 7
Teilzahlungsankündigung	BGH, GRUR 1988, 459	**14** 259
Teilzurückweisung	BPatG, GRUR 2008, 454	**70** 9
Tele Kiosk	BPatG, Beschl. v. 21.3.2001 – 29 W (pat) 393/99	**8** 125
TELE-CHECK	BPatGE 43, 46	**94** 5
Telefonische Gewinnaus-kunft	WRP 2005, 1511 = GRUR 2005, 1061	**14** 250
Telekom	BGH, WRP 2004, 758 = GRUR 2004, 514	**5** 8, 17; **14** 152
	OLG Köln, MarkenR 2005, 153	**4** 16
Telemall	BPatG, Beschl. v 25.4.2002 – 25 W (pat) 68/01	**8** 125
Terminsladung	BGH, GRUR 1966, 160	**83** 18
terra	EuG, GRUR Int. 2007, 597	**14** 85
Tesoro	BPatG, GRUR 1994, 294	**83** 9
Test it	BGH, WRP 2001, 692 = GRUR 2001, 735	**8** 54, 147

Name der Entscheidung	Fundstelle	Kommentierung
Testpreis-Angebot	BGH, WRP 1998, 718 = GRUR 1998, 824	**14** 258, 261
TETRASIL	BGH, GRUR 1995, 347	**26** 3, 5, 9, 17
Textilhandel	OLG Frankfurt, GRUR-RR 2005, 105	**140** 17
Textmarker	BPatG, Beschl. v. 25.7.2002 – 25 W (pat) 267/01, BeckRS 2009, 15028	**8** 48
T-Flexitel/Flexitel	BPatG, GRUR 2003, 64	**14** 132, 171
The Beatles	OLG München, WRP 1996, 128	**26** 7, 11, 17; **30** 11; **55** 6
The Colour of Elégance	BGH, GRUR 2005, 581	**115** 3
THE HOME DEPOT	BGH, WRP 1996, 1160 = GRUR 1996, 771	**8** 22, 51, 111, 120; **113** 2
THE HOME STORE	BGH, WRP 2008, 236 = GRUR 2008, 254	**14** 26; **15** 11; **49** 10
The New York Times	BGH, WRP 2010, 653 = GRUR 2010, 461	**Anh § 5** 28
THE OUTDOOR CHAN-NEL	BPatG, GRUR 1998, 719	**8** 147; **83** 9
The Polo/Lauren Company	EuGH, WRP 2000, 713	**14** 231
The smell of fresh cut grass	HABM, MarkenR 1999, 142	**3** 23; **8** 17; **14** 116; **32** 17
The taste of artificial strawberry flavour	HABM-BK, Mitt. 2004, 40	**8** 104
Thermalbad	BGH, WRP 2003, 275 = GRUR 2003, 247	**127** 2
THERMOROLL	BGH, GRUR 2009, 888	**2** 9; **8** 223; **14** 288; **83** 11; **140** 18
THOMSON LIFE	EuGH, WRP 2005, 1505 OLG Düsseldorf, GRUR-RR 2004, 322	**14** 119, 133; **15** 20 **14** 119, 132, 133
Thüringer Rostbratwurst	BPatG, GRUR 2004, 82	**82** 4
TIAPRIDAL	BGH, WRP 1998, 306 = GRUR 1998, 407	**23** 36, 43

Name der Entscheidung	Fundstelle	Kommentierung
Tiffany	BGH, WRP 1999, 528 = GRUR 1999, 496	**14** 54, 57, 59
TIGRESS	BGH, WRP 1978, 813 = GRUR 1978, 647	**26** 54
Tina-Spezialversand I	BGH, WRP 1977, 708 = GRUR 1977, 789	**14** 23; **15** 10
Tina-Spezialversand II	BGH, GRUR 1984, 354	**14** 23; **15** 10; **26** 20
T-INNOVA/Innova	BPatG, GRUR 2003, 70	**14** 132, 159, 171, 178
TIP DER WOCHE	BPatG, Beschl. v. 23.9.2010 – 29 W (pat) 174/10, BeckRS 2010, 25559	**8** 49
Titelexklusivität	BGH, WRP 2002, 993 = GRUR 2002, 795	**128** 9
Titelschutzanzeige	BGH, WRP 1990, 242 = GRUR 1989, 760	**5** 63, 64
Titelschutzanzeige für Dritte	BGH, WRP 1998, 976 = GRUR 1998, 956	**5** 64
tnet	OLG München, CR 1999, 778	**Anh § 5** 2, 7, 9, 11; **15** 12
Today	BGH, BlPMZ 1998, 248 BGH, WRP 1995, 495	**8** 137 **8** 45
Toile Monogram	OLG Frankfurt a. M., GRUR-RR 2005, 71	**142** 1
Token & Medaillen Manager	BPatG, Mitt. 2003, 423	**63** 5
Tolbutamid	BGH, GRUR 1980, 841	**14** 276
TOLTEC/TOMTEC	BPatG, WRP 2011, 1215	**26** 67
Toltecs/Dorcet II	EuGH, GRUR Int. 1985, 399	**30** 41
Tomograph	BGH, GRUR 1980, 984	**83** 21
toolshop.de	KG, CR 2001, 125	**Anh § 5** 9
TOOOR!	BGH, WRP 2009, 439 = GRUR 2010, 1100	**8** 18, 22, 27, 28, 31, 42, 57
Top Selection	BGH, WRP 1997, 762 = GRUR 1997, 637	**83** 13

Name der Entscheidung	Fundstelle	Kommentierung
topfitz/topfit	BGH, GRUR 1985, 926	**26** 19, 27, 30
TopTicket	OLG Düsseldorf, GRUR-RR 2002, 212	**14** 303
TORCH	BGH, WRP 1980, 74 = GRUR 1980, 110	**6** 11; **11** 14
Torero	BPatGE 20, 220	**26** 3
Torres	BGH, WRP 1995, 918 = GRUR 1995, 825	**5** 5, 25, 38; **Anh § 5** 8; **15** 1, 4; **28** 7
Tosca	BGH, WRP 1961, 167 = GRUR 1961, 280	**26** 20
TOSCA BLU	BGH, WRP 2006, 1235 = GRUR 2006, 941	**14** 54, 57, 65
Toshiba/Katun	EuGH, GRUR 2002, 354	**23** 48
TOTAL FrameWork	BPatG, Beschl. v. 17.2.1998 – 24 W (pat) 22/97	**8** 51
Tour de Culture	BGH, WRP 1999, 189 = GRUR 1999, 238	**14** 15, 146, 147; **23** 16, 24, 26, 30, 41, 43
TQ	BPatG, Beschl. v. 10.6.2003 – 24 W (pat) 242/01	**8** 65
Tragbarer Informationsträger	BGH, WRP 1999, 1300	**78** 4
TRANSATLANTISCHE	BGH, WRP 1991, 645 = GRUR 1991, 780	**5** 44; **30** 16
Transformatorengehäuse	BGH, WRP 2004, 749 = GRUR 2004, 507	**3** 3, 10, 14, 20; **8** 73
Transportbehälter	BGH, GRUR 1986, 453	**83** 5
Transportfahrzeug	BGH, GRUR 1987, 284	**54** 2
Transportunternehmen kann als Störer auf Zustimmung zur Vernichtung patentverletzender Ware in Anspruch genommen werden	OLG Düsseldorf, Urt. v. 29.11.2007 – I-2 U 51/06, BeckRS 2008, 00088	**18** 6
Traumcabrio	BGH, WRP 2005, 876 = GRUR 2005, 599	**127** 2

Name der Entscheidung	Fundstelle	Kommentierung
TRAVEL WORLD	BPatG, Beschl. v. 1.9.1999 – 32 W (pat) 151/99	**8** 60, 150
TravelSumo	BPatG, Beschl. v. 30.7.2008 – 26 W (pat) 61/07, BeckRS 2008, 18855	**8** 48, 144
TRAVELTAINMENT	BGH, GRUR-RR 2009, 191	**79** 3
Trend	BGH, GRUR 1980, 289	**26** 27, 31
TrendEvent	BPatG, Beschl. v. 22.3.2010 – 27 W (pat) 233/09, BeckRS 2010, 09409	**8** 51
Treppchen	BGH, WRP 1970, 262 = GRUR 1970, 479	**5** 10, 29; **15** 23
Triangle	BGH, WRP 1993, 399 = GRUR 1993, 556	**14** 268; **50** 6; **55** 22
Triatec/Delix	OLG Frankfurt, GRUR-RR 2002, 163	**24** 37
TRILOC/TRELOC	OLG Hamburg, NJOZ 2003, 2786 = GRUR-RR 2003, 369 LS	**24** 37
TRILOPIROX	BGH, GRUR 1994, 803	**8** 54, 139
Tripp-Trapp-Stuhl	BGH, WRP 2009, 1129 = GRUR 2009, 856	**14** 281
Trisorbin	BGH, GRUR 1967, 294	**14** 87
TRM Tenant Relocation Management	BPatG, MarkenR 2007, 519	**8** 67, 156
Trüffel-Pralinen	BPatG, GRUR 2009, 1060	**3** 5; **83** 11
TRUMAN	BPatG, Beschl. v. 23.9.2009 – 26 W (pat) 19/09, BeckRS 2009, 87906	**8** 62
Trumpf	BGH, GRUR 1974, 84	**26** 54, 57
TSP – Trailer-Stabilization-Program	BGH, GRUR 2011, 391 = MarkenR 2011, 267	**82** 3, 7

Name der Entscheidung	Fundstelle	Kommentierung
TSP – Verspätete Zahlung der Beschwerdegebühr	BPatG, Beschl. v. 1.12.2010 – 28 W (pat) 36/10, BeckRS 2011, 05627	**82** 3
TUC-Salzcracker	BGH, WRP 2008, 797 = GRUR 2008, 505	**14** 15, 17, 82, 98, 99, 138
TURBO	BGH, WRP 1995, 617 = GRUR 1995, 410	**8** 22
Turbo II	BGH, WRP 1997, 758 = GRUR 1997, 634	**14** 146; **23** 26
Turbo Tabs	BGH, WRP 2003, 655 = GRUR 2003, 546	**82** 8; **83** 7, 13, 14
TURBOSCAN	BPatG, Beschl. v. 30.9.1999 – 30 W (pat) 111/99	**8** 60, 150
TURBOTABS	BPatG, Beschl. v. 1.3.2000 – 29 W (pat) 100/99	**8** 143
turfa	BPatG, BlPMZ 2000, 286	**30** 46; **64** 1; **82** 3
turkey & corn	BGH, WRP 2004, 103 = GRUR 2004, 76	**83** 13, 16, 17
Turron	EuGH, GRUR Int. 1993, 76	**Vor §§ 126 bis 129** 2, 16, 26; **126** 3, 8; **Vor §§ 130 bis 139** 9
TÜV II	BGH, WRP 2011, 1454 = GRUR 2011, 1043	**23** 43
TÜV-geprüft	BGH, WRP 1991, 163 = GRUR 1991, 552	**Vor §§ 97 bis 106** 5
Tylosin	BGH, GRUR 1976, 579	**24** 40; **55** 18
Ü 30 Party	BPatG, GRUR 2003, 728	**82** 3
Überprüfungsumfang im Erinnerungsverfahren bei beschränkter Erinnerung	BPatG, Beschl. v. 9.12.2009 – 26 W (pat) 49/09	**64** 5
UEXKÜLL & STOLLBERG	BPatG, Beschl. v. 25.1.2005 – 24 W (pat) 219/02	**7** 4
ufa.de	OLG Düsseldorf, WRP 1999, 343	**Anh § 5** 2, 25; **15** 12

Name der Entscheidung	Fundstelle	Kommentierung
UFAC	BPatGE 22, 173	**14** 174
UHQ	BGH, WRP 1997, 450 = GRUR 1996, 202	**5** 18; **156** 4
Uhrengehäuse	BPatGE 39, 238	**3** 10
UHU	BGH, WRP 2009, 956 = GRUR 2009, 783	**4** 5, 7; **8** 7
U-KEY	BGH, GRUR 1995, 269	**8** 60, 121, 140
ULTIMATE	BPatG, GRUR 1997, 467	**8** 125, 147
UltraMind	OLG Münschen, GRUR-RR 2006, 130	**27** 18
Umberto Rosso	BGH, GRUR 1961, 628	**14** 127
Umfang der Aufklärungsinitiative des durch eine Handlung Geschädigten	BGH, NJW 1990, 2808	**20** 11
Umfang der Verjährungsunterbrechung durch Abschlagszahlung des Versicherers	BGH, NJW 1979, 866	**20** 27
Umpacken der mit der Marke versehenen Ware	EuGH, GRUR 2011, 814	**24** 35
Umschreibeverfahren I	BPatG, GRUR 2001, 328	**63** 4, 6
Umschreibeverfahren II	BPatG, GRUR 2001, 329	**63** 4, 6
Umschreibungsantrag	BPatG, GRUR 1999, 349	**28** 5
Umschreibungsverfahren	BPatG, GRUR-RR 2008, 261	**71** 14; **96** 4
Unbegründeter Wiedereinsetzungsantrag wegen Verschulden des Markenanmelders	BPatG, Beschl. v. 31.3.2011 – 30 W (pat) 556/10, BeckRS 2011, 08983	**66** 10
Unbestimmter Unterlassungsantrag III	BGH, GRUR 1998, 489	**128** 5
Underberg	BGH, GRUR 1957, 342	**6** 10; **15** 34, 35
Ungarische Salami I	BGH, WRP 1981, 518 = GRUR 1981, 666	**Vor §§ 126 bis 129** 9; **127** 2

Name der Entscheidung	Fundstelle	Kommentierung
Ungarische Salami II	BGH, WRP 1982, 648 = GRUR 1982, 685	**Vor §§ 126 bis 129** 9
ungenehmigte Durchfuhr	OLG Koblenz, GRUR-RR 2004, 289	**14** 231
Uniplast	BGH, WRP 1966, 369 = GRUR 1966, 495	**5** 16; **8** 113, 247
Universitätsemblem	BGH, WRP 1993, 101 = GRUR 1993, 151	**5** 46, 47, 50; **15** 8; **27** 5; **30** 9, 17, 54
UNO DUE	BPatGE 38, 258	**8** 68
Unordentliche Bündel-packung	OLG Frankfurt a. M., NJWE-WettbR 1998, 157	**24** 38
Unter Uns	BGH, WRP 2000, 739 = GRUR 2000, 720	**8** 22, 45, 55
Unterlassene EuGH-Vorlage	BVerfG, GRUR-RR 2009, 223	**82** 8
Unterschiedliche Anforde-rungen an Unterschrift bei Computerfax und her-kömmlichem Fax	BVerfG, NJW 2002, 3117	**66** 8
Unterschriftsmangel II	BPatG, MarkenR 2011, 133	**61** 3; **66** 4
Unverschuldete Versäumung zur Zahlung der Verlän-gerungsgebühr	BPatG, Beschl. v. 11.2.2004 – 32 W (pat) 237/02, BeckRS 2009, 17831	**91** 3
Unverzichtbarkeit der Ge-währung rechtlichen Gehörs vor der Entscheidung	BPatG, Beschl. v. 04.2.2002 – 10 W (pat) 60/01	**59** 5
Unvollständige EuGH-Recht-sprechung	BVerfG, GRUR 2005, 52	**82** 8
Unwirksame Zustellung	BPatG, Beschl. v. 3.2.2009 – 24 W (pat) 43/06	**66** 17
Unwirksame Zustellung des Patentamts zur Markenlö-schung	BPatG, Beschl. v. 29.4.2004 – 25 W (pat) 52/08	**71** 4

Name der Entscheidung	Fundstelle	Kommentierung
Unzulässige Anhörungsrüge	BGH, Beschl. v. 9.12.2009 – I ZB 82/09, BeckRS 2009, 89442	**89a** 2
Unzumutbarkeit einer Abmahnung	OLG Köln, NJWE-WettbR 1999, 239	**18** 26
Unzureichende Klassengebühren	BPatG, GRUR 2006, 172	**36** 9
Unzuverlässige Ermittlung einer Faxnummer eines Gerichts mittels „Google Maps"	BGH, MMR 2010, 375	**91** 8
urban edition	BPatG, Beschl. v. 11.4.2011 – 29 W (pat) 3/10, BeckRS 2011, 10175	**8** 51, 75
Urkölsch	BGH, GRUR 1952, 511	**126** 15
URLAUB DIREKT	BGH, WRP 2004, 1173 = GRUR 2004, 778	**8** 25, 49; **14** 136
Urselters	BGH, WRP 1985, 696 = GRUR 1986, 316	**Vor §§ 126 bis 129** 10; **126** 15
USTOP	BPatGE 27, 51	**8** 54, 139
Uwe	BGH, WRP 1983, 339 = GRUR 1983, 262	**5** 47
V 5	BPatG, Beschl. v. 24.10.2000 – 28 W (pat) 169/99	**8** 69
VALUE	BGH, WRP 1994, 747 = GRUR 1994, 730	**8** 28, 59, 111, 113, 121, 129, 147; **14** 146
VAMOS	BGH, GRUR 1992, 515	**8** 120, 121, 145
van Linnen Primeur	BPatG, GRUR 1984, 445	**8** 145
Variabler Strichcode	BPatG, GRUR 2008, 416	**8** 16, 97
VARIO	BPatGE 26, 176	**8** 147, 154
veltins.com	OLG Hamburg, CR 2002, 217	**Anh § 5** 16
Vendorplay	BPatG, Beschl. v. 23.11.2010 – 27 W (pat) 217/09, BeckRS 2010, 30233	**8** 144

Name der Entscheidung	Fundstelle	Kommentierung
Venostasin	BGH, GRUR 1957, 339	**14** 164
VENUS MULTI	BGH, WRP 1998, 763 = GRUR 1998, 697	**14** 15; **23** 16, 30, 36, 43
Verbandsausstattung I	BGH, GRUR 1991, 684	**128** 5
Verbandsausstattung II	BGH, WRP 1994, 737 = GRUR 1994, 831	**128** 5
Verbandsaustattungsrecht	BGH, WRP 2002, 544 = GRUR 2002, 616	**4** 8; **5** 21
Verbandstoffe	BPatGE 24, 78	**26** 56, 57
Verbandszeichen	BGH, GRUR 1991, 782	**Vor §§ 97 bis 106** 4; **97** 4, 5; **102** 13
Verbrauchsmaterialien	BGH, WRP 1996, 713	**23** 45, 47
Verfahrensführungsbefugnis	BPatG, GRUR 2002, 234	**66** 14
Verfahrenskostenhilfe	BGH, WRP 1999, 939 = GRUR 1999, 998	**82** 3
Verfassungsgerichtliche Kontrolle der Nichtvorlage an den EuGH	BVerfG, NVwZ-RR 2008, 658	**82** 8
Verfolgungsverjährung	BGH, GRUR 2005, 269	**20** 13
Verfügungskosten	BGH, WRP 1993, 768 = BGHZ 122, 172	**149** 2
vergoldete Visitenkarten	BGH, WRP 1995, 695 = GRUR 1995, 604	**128** 5
Verjährung; Begehungsgefahr	OLG Stuttgart, WRP 1993, 351	**20** 17
Verjährungseintritt im Laufe des Revisionsverfahrens	BGH, NJW 1990, 2754	**25** 10
Verjährungshemmung der Vermieter-Ersatzansprüche durch Verhandlung	BGHZ 93, 64	**20** 28
Verlängerungsgebühr	BPatG, GRUR 1997, 58	**47** 11
Verletzung des Grundsatzes des rechtlichen Gehörs	BPatG, Beschl. v. 14.8.2003 – 10 W (pat) 63/01	**59** 5

Name der Entscheidung	Fundstelle	Kommentierung
VERMOP eurocar	DPA, Mitt. 1990, 37	**8** 179
Vernichtungsanspruch	BGH, WRP 1997, 1189 = GRUR 1997, 899	**18** 16, 17, 18, 22
Verpackung in Wellenform	BPatG, Beschl. v. 15.10.2007 – 30 W (pat) 281/04, BeckRS 2008, 12573	**8** 79
Verpackungsbox	BPatG, GRUR 1993, 123	**113** 2
Verschenktexte I	BGH, WRP 1989, 91 = GRUR 1990, 218	**5** 55, 56, 62, 66; **27** 7
Verschenktexte II	BGH, WRP 1993, 318 = GRUR 1993, 488	**5** 56
Verschlechterungsverbot im Erinnerungsverfahren	BPatG, Beschl v. 12.9.2000 – 24 W (pat) 214/99	**64** 6
Verschlussvorrichtung für Gießkannen	BGH, GRUR 1989, 103	**84** 2
Vertikallibelle	BGH, GRUR 2005, 572	**83** 14
Vertragsauslegung	BGH, GRUR 1993, 156	**83** 17
Vertragsstrafe bis zu…	BGH, GRUR 1985, 155	**14** 260
Vertragsstrafebemessung	BGH, WRP 1994, 37 = GRUR 1994, 146	**14** 258
Vertragsstrafeversprechen	BGH, GRUR 1983, 127	**14** 257, 258
Vertrieb durch Hersteller	OLG Hamburg, NJWE-WettbR 1997, 251	**24** 20
Verwendung eines fremden Kennzeichens als Metatag	BGH, WRP 2006, 1513	**23** 37
Verwirkung markenrechtlicher Ansprüche durch Untätigkeit	LG Nünberg-Fürth, NJWE-WettbR 1997, 19	**20** 13
Via/Viega	BPatG, Mitt. 1996, 172	**14** 88
viagra-tip.de	OLG Frankfurt, GRUR-RR 2003, 607	**Anh § 5** 15
VIDEO WEB	BPatG, Beschl. v. 28.9.2010 – 27 W (pat) 82/10, BeckRS 2010, 24676	**8** 48

Name der Entscheidung	Fundstelle	Kommentierung
Videorent	BGH, WRP 1980, 85 = GRUR 1980, 319	**5** 15
Vier Ringe über Audi	BGH, WRP 2003, 1231 = GRUR 2003, 878	**14** 233; **23** 22, 24, 36, 47; **24** 39
Vierlinden	BGH, GRUR 2009, 994 = EuZW 2009, 708 BPatG, GRUR 2009, 491	**82** 8; **83** 7, 13, 14 **8** 133; **83** 9
Vier-Streifen-Kennzeichnung	OLG Frankfurt, GRUR-RR 2003, 274	**14** 282, 309
Vier-Streifen-Schuh	BGH, GRUR 1987, 364	**14** 287
VIGNETTE	BPatG, Beschl. v. 20.3.2001 – 23 W (pat) 125/00	**8** 125
Villa Marzolini	BPatGE 40, 149	**8** 182
Vincenzo Fusco ./. HABM	EuG, GRUR Int. 2005, 499	**14** 127
Virabler Strichcode	BPatG, GRUR 2008, 416	**83** 7
Virion	BGH, WRP 1994, 536 = GRUR 1994, 652	**5** 39; **14** 39, 40; **17** 10; **30** 20, 60; **55** 24
Virugard	BPatG, Mitt. 1988, 53	**8** 121
Virusinaktiviertes Blutplasma	LG Düsseldorf, GRUR Int. 1999, 772	**30** 52
VISAGE	BGH, WRP 2008, 1087 = GRUR 2008, 710 BPatG, GRUR 2005, 337	**8** 75, 231, 232; **14** 137, 235, 238, 240, 241 **5** 20; **8** 26
VISA-Streifenbild	BPatG, GRUR 1997, 285	**8** 91
VISION	BPatG, MarkenR 2000, 439 = BPatGE 43, 77	**26** 11, 36; **79** 4
Visuelles Gesamtbild	BGH, GRUR 1979, 242	**14** 95
VITACOMBEX	BPatG, GRUR 1998, 727	**26** 60
VITA-MED/MEDI VITAN	OLG München, GRUR 1990, 685	**14** 87
Vitapur	BGH, GRUR 1967, 246	**14** 149; **44** 14
Vittel	BPatG, GRUR Int. 1992, 62	**1** 10; **8** 136; **126** 11

Name der Entscheidung	Fundstelle	Kommentierung
Vittorio Rossi	BPatG, Mitt. 1985, 174	**14** 127
VODNI STAVBY	BPatG, GRUR 1997, 286	**8** 148
Vogeler	BGHZ 32, 103 = GRUR 1960, 490	**5** 54; **29** 6
VOGUE	BPatG, Beschl. v. 15.11.2000 – 28 W (pat) 236/00	**59** 5; **71** 14
voicetrading	BPatG, Beschl. v. 29.7.2008 – 29 W (pat) 125/06, BeckRS 2008, 24242	**8** 48, 60, 126, 144
Volksbank Homburg/ Volksbank Saar-West	BGH, WRP 1992, 776 = GRUR 1992, 865	**5** 17; **15** 23
Volks-Feuerbestattung	BGH, GRUR 1960, 434	**5** 14, 42
VOLKSFLAT	BPAtG, GRUR 2010, 425	**8** 37, 168; **83** 9
Vollstreckungsabwehrklage	BGH, WRP 2001, 950 = GRUR 2002, 52	**71** 13
volvisti	BPatG, GRUR 2005, 56	**14** 170
Vorabinformationspflicht	OLG Hamburg, GRUR-RR 2005, 109	**19** 28, 29
Vorangegangene Prüfertätigkeit	BPatG, GRUR 1983, 503	**57** 3
Voraussetzung der Wirksamkeit des Beschlusses des DPMA	BPatG, Beschl. v. 20.1.2011 – 28 W (pat) 114/10, BeckRS 2011, 03417	**61** 3
Vorgerichtliche Patentanwaltskosten	OLG Frankfurt, GRUR-RR 2010, 127	**14** 288; **140** 18
Vorgerichtliche Patentanwaltskosten in markenrechtlicher Angelegenheit	OLG Hamm, GRUR-RR 2010, 404	**140** 18
Vorprozessuale Patentanwaltskosten	KG, GRUR-RR 2010, 403	**140** 18
Vorsprung durch Technik	EuGH, WRP 2010, 364 = GRUR 2010, 228	**8** 18, 55, 56, 100
Vossius & Partner	BGH, GRUR 2002, 703	**30** 20

Name der Entscheidung	Fundstelle	Kommentierung
vossius.de	BGH, WRP 2002, 691 = GRUR 2002, 706 OLG München, MMR 2000, 101	**2** 11; **5** 7, 14, 42, 45; **Anh § 5** 3, 4, 6, 15, 20, 21, 24 **15** 18
Vulkollan	LG Köln, MA 1993, 15	**18** 12, 22
Wach und Schließ	BGH, WRP 1977, 95 = GRUR 1977, 226	**5** 16, 29, 37
Wagenfeld-Leuchte	BGH, GRUR Int. 2007, 928	**Anh § 5** 27
Wahrung der Schriftform durch Computerfax	BVerfG, NJW 2002, 3534	**66** 8
Waldschatz	BPatG, Beschl. v. 23.7.2008 – 28 W (pat) 193/07, BeckRS 2008, 23885	**8** 215, 223
Waldschlösschen	BPatG, GRUR 2003, 530	**26** 36; **48** 2
Waldschlösschen/Wald-schloß Pils	BPatG, Beschl. v. 13.8.2002 – 24 W (pat) 32/01	**79** 4
WALK-IN	BPatG, Beschl. v. 22.1.2008 – 24 W (pat) 89/07	**62** 2, 4
WALLIS	BPatG, GRUR 2000, 149	**8** 61, 108, 133; **23** 21
Wandsteckdose II	BGH, WRP 1971, 520 = GRUR 1972, 189	**128** 9
Warburg	BPatG, Beschl. v. 17.7.2007 – 33 W (pat) 124/04, BeckRS 2007, 12764	**8** 133, 239
warez.de	LG Frankfurt, CR 1999, 190	**Anh § 5** 11
Wärmeaustauscher	BGH, GRUR 1988, 115	**83** 5
Warmpressen	BGH, GRUR 1963, 645	**83** 13, 21
Warsteiner	EuGH, WRP 2000, 1389 = GRUR 2001, 64	**Vor §§ 126 bis 129** 18, 27; **Vor §§ 130 bis 139** 9, 30
Warsteiner I	BGH, WRP 1998, 998 = GRUR 1999, 70	**Vor §§ 126 bis 129** 3

Name der Entscheidung	Fundstelle	Kommentierung
Warsteiner II	BGH, WRP 1998, 1002 = GRUR 1999, 252	**2** 7; **Vor §§ 126 bis 129** 3, 5, 8; **126** 3, 5, 6, 9, 11, 13; **127** 3
Warsteiner III	BGH, WRP 2001, 1450 = GRUR 2002, 160	**2** 7; **Vor §§ 126 bis 129** 5, 18; **126** 2, 11; **127** 2–4, 16; **Vor §§ 130 bis 139** 30
WAS/WAZ	OLG Hamm, GRUR 1988, 477	**15** 45
Wäschepresse	BGH, GRUR 1952, 565	**91** 15
Waschmittelflasche	EuGH, WRP 2004, 475 = GRUR Int. 2004, 413	**8** 26, 28
Waschmitteltablette	EuG, MarkenR 2001, 418 BPatG, GRUR 2005, 327	**3** 23 **3** 20; **8** 23
Wasserquelle/Quelle	BPatGE 20, 276	**14** 160
Wasserventil	BGH, GRUR 1990, 434	**83** 15
WATERFORD	BPatG, Beschl. v. 14.12.1988 – 26 W (pat) 8/87	**8** 136
WEB VIP/VIP	BPatG, GRUR 2008, 451	**66** 15; **125d** 8
WEB.DE	BPatG, Beschl. v. 3.11.1999 – 29 W (pat) 281/98	**8** 53
WebTr@iner	BPatG, Beschl. v. 6.3.2001 – 27 W (pat) 216/00	**8** 53, 75
WEEK-END	BPatG, Beschl. v. 31.3.1992 – 27 W (pat) 133/90	**8** 137
Wegfall der Beschwer	BGH, NJW-RR 2004, 1365	**66** 16
Wegfall der Wiederholungs-gefahr	BGH, WRP 1996, 199 = GRUR 1996, 290	**14** 259
Wegfall der Wiederholungs-gefahr II	BGH, WRP 1996, 284 = GRUR 1997, 379	**14** 259
weideglück.de	OLG Frankfurt a. M., WRP 2000, 645	**Anh § 5** 22
Weihnachtsbrief	BGH, GRUR 1990, 109	**89** 6

Name der Entscheidung	Fundstelle	Kommentierung
Weinbrandpraline	OLG Köln, MarkenR 2003, 158	**4** 16, 19
Weingarten Eden/Eden	OLG Hamburg, GRUR-RR 2006, 228	**23** 8, 13
Weisel	BPatGE 16, 244	**8** 19
weiß/zink-gelb	BPatG, GRUR 1998, 1015	**3** 11
Weisse Flotte	BGH, GRUR 2008, 1126	**73** 10; **83** 13
weiße Kokosflasche	BPatG, GRUR 1998, 581	**3** 10
WEISSE SEITEN	EuG, GRUR 2006, 498	**8** 174
Weiterbehandlung	BPatG, GRUR 2009, 95	**91a** 3
WELLCARE	BPatG, Mitt. 1988, 290	**8** 139
Wellness	LG München I, GRUR 1991, 931	**5** 61
weltonline.de	BGH, WRP 2005, 893 = GRUR 2005, 689	**Anh § 5** 10, 18, 22; **15** 38, 46
Weltweites Internet-Angebot parallelimportierter Marken-Musikinstrumente	OLG Stuttgart, NJWE-WettbR 1998, 109	**24** 15
weltwunder.de	OLG Frankfurt, MMR 2001, 696	**Anh § 5** 22
Werbung mit Bildmarke eines bekannten Automobil-herstellers	BGH, WRP 2011, 1602 = GRUR 2011, 1135	**23** 47
Weserklause	BGH, WRP 1970, 271 = GRUR 1970, 481	**5** 51
WEST	BGH, GRUR 2007, 534	**83** 13, 17
Westie Kopf	BGH, WRP 2004, 351 = GRUR 2004, 331	**8** 71, 239; **70** 11
Wettbewerbsverein IV	BGH, WRP 1990, 255 = GRUR 1990, 282	**128** 5
Wettenvermittlung	OLG München, GRUR 2007, 174	**14** 303

Name der Entscheidung	Fundstelle	Kommentierung
Wheels-Magazine	BGH, WRP 1999, 186 = GRUR 1999, 236	**5** 58, 60; **15** 36, 37, 45
While You Wait	BPatG, GRUR 1995, 734	**8** 30, 59
White Horse	BGH, GRUR 1966, 267	**5** 38; **15** 26
White Lion	BGH, GRUR 1999, 586	**14** 72, 122
Who is who	KG, GRUR 1988, 158	**5** 65
Wickelform	EuGH, GRUR 2006, 1022	**8** 28, 78
Widerspruchseinlegung durch Gesellschafter einer GbR	BPatG, GRUR 2008, 448	**7** 4
Wie hammas denn?	BGH, GRUR 1988, 211	**73** 4
Wiederbefüllte Toner-Kartusche	OLG Frankfurt, GRUR 2000, 162	**18** 17; **24** 32
Wiedereinsetzung	BGH, GRUR 1962, 384	**79** 6
Wiedereinsetzung – Weiterleitung einer beim unzuständigen Gericht eingegangenen Beschwerde	BPatG, Beschl. v. 5.8.2010 – 30 W (pat) 533/10, BeckRS 2010, 30697	**91** 9
Wiedereinsetzung in den vorherigen Stand	BPatG, Beschl. v. 15.12.2004 – 28 W (pat) 139/03, BeckRS 2009, 03412	**91** 7
Wiedereinsetzung in den vorherigen Stand bei verspäteter Einzahlung der Beschwerdegebühr	BPatG, Beschl. v. 10.2.2010 – 26 W (pat) 188/09, BeckRS 2010, 10221	**91** 10
Wiedereinsetzung nach Irreführung durch das Gericht	BVerfG, NJW 2004, 2887	**91** 7
Wiedereinsetzung nach Verletzung der richterlichen Hinweispflicht	BGH, NJW 2007, 3212	**91** 10
Wiedereinsetzung wegen Fehlers bei Veröffentlichung eines Gesetzestextes	BVerfG, NJW 2008, 2167	**91** 7
Wiederholte Unterwerfung I	BGH, GRUR 1983, 186	**14** 262

Name der Entscheidung	Fundstelle	Kommentierung
Wiederholungszeichen	OLG Frankfurt, GRUR 1992, 445	**26** 63, 64
Wilkenburger	BPatG, Mitt. 1997, 162	**28** 5
Willkommen im Leben	BGH, WRP 2009, 813 = GRUR 2009, 778	**8** 43, 55; **113** 2
WINCAD	BGH, WRP 1998, 877 = GRUR 1998, 1010	**5**, 57, 63, 64
Windsor Estate	BGH, WRP 2007, 1187 = GRUR 2007, 877	**14** 297; **19** 21; **30** 16, 46
Windsurfing Chiemsee	BGH, BlPMZ 2001, 210 LG Düsseldorf, Mitt. 1996, 22	**5** 15, 16 **14** 10; **146** 14
Winnetou	BGH, WRP 2003, 519 = GRUR 2003, 342 OLG Nürnberg, WRP 2000, 1168, 1171	**5** 55, 58; **8** 39, 44, 58 **23** 35
Winnetous Rückkehr	BGH, WRP 2003, 644 = GRUR 2003, 440	**5** 56–58, 65; **15** 39, 42, 46
Winter	BGH, WRP 1996, 541 = GRUR 1996, 422	**5** 45, 50, 51
Wipp	BGH, GRUR 1957, 499	**14** 88
WIR IM SÜDWESTEN	BGH, WRP 1994, 743 = GRUR 1994, 908	**15** 10, 38
Wirobit	ÖOGH, GRUR Int. 1996, 1234	**27** 18
Wirtschaft-Online	OLG Frankfurt a. M., GRUR 1997, 481	**Anh § 5** 10
Wirtschaftsprüfervorbehalt	BGH, GRUR 1981, 535	**14** 291; **19** 28
WISCHMAX/Max	BPatG, GRUR 2002, 438	**14** 122, 162, 170
WKS-Möbel	BGH, GRUR 1964, 381	**4** 8; **8** 248; **Vor §§ 97 bis 106** 3; **97** 4, 8

Name der Entscheidung	Fundstelle	Kommentierung
WM 2006	BGH, Beschl. v. 27.4.2006 – I ZB 97/05, BeckRS 2006, 09470 BGH, GRUR 2006, 850 = WRP 2006, 1126	**8** 64 **30** 11
WM 2010	BGH, WRP 2010, 764 = GRUR 2010, 642	**5** 57; **30** 11
Woche aktuell	OLG Hamburg, WRP 1981, 30	**5** 64; **15** 45
Wochenspiegel/Der Spiegel	BGH, GRUR 1957, 29	**15** 45
Wodka Woronoff	BGH, WRP 1987, 625 = GRUR 1987, 535	**8** 181; **127** 3
WOHN HAUS	BPatG, Beschl. v. 1.8.2011 – 26 W (pat) 72/10, BeckRS 2011, 21109	**8** 75
Wolff	OLG München, GRUR 1989, 598	**14** 166
Wurst in Kleeblattform	OLG Köln, MarkenR 2005, 452	**14** 97
Wurstmühle	BGH, GRUR 1984, 872	**14** 111; **26** 36
WWWSCAN	BPatG, Beschl. v. 13.3.2000 – 30 W (pat) 210/99	**8** 53
Wyeth	BGH, GRUR 1998, 185	**15** 33; **127** 4
X Technology Swiss GmbH	EuG, MarkenR 2010, 348	**8** 103
XTRA	HABM, ABl. HABM 10/98, 1044	**8** 154
Xxero/Zero	BPatG, GRUR 2010, 78	**14** 77
XXL	BPatG, Beschl. v. 8.12.1997 – 30 W (pat) 18/97	**8** 65, 155
XXXL	BPatG, Beschl. v. 12.1.2011 – 26 W (pat) 21/10, BeckRS 2011, 04415	**8** 75
Yellow Phone	BGH, WRP 1997, 310 = GRUR 1997, 311	**14** 107, 152, 205; **153** 5

Name der Entscheidung	Fundstelle	Kommentierung
YES	BGH, WRP 1999, 1167 = GRUR 1999, 1089	**8** 22, 26, 44, 45, 59, 153, 172
Yoghurt Gums	BGH, WRP 2011, 753 = GRUR 2011, 654 BPatG, GRUR-RR 2009, 426	**48** 3; **83** 17; **89** 6 **8** 75
YOUNGStyle	BPatG, Beschl. v. 28.6.2011 – 27 W (pat) 104/10, BeckRS 2011, 21222	**8** 75
YU-GI-OH!-Karten	OLG Hamburg, GRUR-RR 2007, 350	**146** 16
Yves Roche	OLG Hamburg, GRUR 1999, 339	**14** 195, 211, 265
Z	BPatG, Beschl. v. 29.3.2000 – 26 W (pat) 69/99	**8** 66
Zahl 1	BGH, WRP 2002, 1071 = GRUR 2002, 970 BPatG, GRUR 1999, 1086	**8** 68 **8** 68, 157
Zahl 128	BPatG, GRUR 2000, 330	**8** 68, 157
Zahl 442	BPatGE 39, 45 BPatG, GRUR 1998, 403	**8** 68 **8** 68
Zahl 6	BPatG, GRUR 1999, 1088	**8** 68, 157
Zahl 9000	BPatG, GRUR 1998, 572	**8** 68, 157
Zahnpastastrang	BGH, WRP 2001, 31 = GRUR 2001, 239 BPatG, GRUR 1998, 713	**3** 14; **8** 73 **8** 91
Zahnradgetriebe	BPatG, Mitt. 2003, 399	**69** 4
Zahnstruktur	BGH, WRP 2002, 1184 = GRUR 2002, 957	**73** 8
Zamek	BGH, GRUR 1960, 33	**6** 10
Zamek II	BGH, GRUR 1971, 309	**26** 64
Zantac/Zantic	BGH, GRUR 2002, 1059	**14** 213; **24** 37, 38
ZAPPA	OLG Düsseldorf, GRUR-RR 2011, 172	**26** 67

Name der Entscheidung	Fundstelle	Kommentierung
Zappel-Fisch	BGH, WRP 1993, 701 = GRUR 1993, 767	**5** 57
Zeichen 4E	OLG Köln, GRUR 2008, 79	**4** 17
ZEIG DER WELT DEIN SCHÖNSTES LÄCHELN	BPatG, GRUR 2004, 333	**8** 23, 55
Zeiß	BGH, GRUR 1958, 189	**14** 231; **146** 16
ZEN	BPatGE 27, 225	**8** 54, 139
Zentis	BGH, WRP 1986, 82 = GRUR 1986, 253	**15** 14, 17, 23, 24, 26
ZEO/Teo	BPatGE 6, 141	**14** 88
Zerknitterte Zigarren-schachtel	BGH, WRP 2008, 1524 = GRUR 2008, 1124	**5** 47, 53
Zick-Zack-Linie auf Turnschuh	BPatGE 40, 76	**8** 95, 167
Ziegelfertigstürze	BGH, WRP 1984, 540 = GRUR 1984, 737	**Vor §§ 97 bis 106** 4
Ziegelsteinformling	BGH, GRUR 1983, 725	**83** 2, 11, 24
Zigarrenform	EuG, GRUR Int. 2003, 944	**8** 171
Zinkenkreisel	BGH, GRUR 1984, 797	**66** 16; **83** 11; **84** 2
Zino/Davidoff und Levi Strauss	EuGH, GRUR 2002, 156	**24** 8, 16
ZIRH/SIR	EuGH, GRUR 2006, 413	**14** 78
ZOCOR	BGH, WRP 2001, 550	**24** 38
Zoladex	BGH,WRP 2010, 390 = GRUR 2010, 237	**14** 277
Z-TECH	BPatGE 32, 237 = BGH, GRUR 1991, 839	**8** 29; **Vor §§ 107 bis 125** 9; **113** 1
Zu den Voraussetzungen einer Waren- oder Dienst-leistungsähnlichkeit	BPatG, Beschl. v. 21.3.2002 – 25 W (pat) 75/01	**14** 73
Zuka/Zumoka	DPA Bl. 1953, 424	**14** 87

Name der Entscheidung	Fundstelle	Kommentierung
Zulässigkeit der Beschwerde eines Minderjährigen gegen die Löschung einer Marke	BGH, Beschl. v. 2.10.2008 – I ZA 6/08, BeckRS 2008, 22575	**7** 2; **66** 11
ZUMEG/Asko Top	OLG Hamburg, GRUR-RR 2005, 181	**19** 3
Zurückhalten der Beschwerdebegründung	KG, MarkenR 2008, 219	**14** 303
Zurückverweisung	BGH, GRUR 1972, 472	**70** 7
Zusatzgebühr	OLG Frankfurt, GRUR 1979, 76	**140** 19
Zuständigkeit des Einzelrichters	BVerfG, NJW 1967, 2151	**83** 14
Zustellung an Verfahrensbevollmächtigten des Insolvenzverwalters	BPatG, GRUR 2008, 364	**94** 3, 9
Zustellungsadressat	BGH, GRUR 1991, 814	**94** 3
Zustellungswesen	BGH, GRUR 1993, 476	**32** 5; **94** 3; **96** 4
Zweifarbige Farbkombination Dunkelblau/Hellblau	BPatG, MarkenR 2006, 83	**8** 24, 86, 89; **32** 16
Zweifarbige Kombination grün/gelb	BPatG, GRUR 2004, 870	**8** 82, 87, 89, 165
zwilling.de	OLG Karlsruhe, WRP 1998, 900	**Anh § 5** 22
Zwilling/Zweibrüder	BGH, WRP 2004, 1046 = GRUR 2004, 779	**14** 48, 107, 112, 151, 158, 172, 198; **15** 23

Stichwortverzeichnis

Fett gedruckte Zahlen verweisen auf die Paragrafen, magere auf die Randnummern.

Praxiserprobt!

INHALT

- Grundlagen des Geschmacksmusterrechts, aktuelle Rechtsprechung,
  europäische Bezüge (Gemeinschaftsgeschmacksmuster)
- Strategische Bedeutung des Ge-
  schmacksmusterschutzes für
  Unternehmen im Hinblick auf Ge-
  schmacksmusteranmeldungen
- Bedeutung des Wettbewerbsrechts
  und des Markenrechts (Dreidimensionale Formmarke)
- Probleme bei der Bestimmung des
  Schutzumfangs
- Berechnung des Schadensersatzes

AUTOREN

RA **Thorsten Beyerlein**, FA für gewerblichen Rechtsschutz, Grün-
dungspartner der Anwaltssozietät Beyerlein Rechtsanwälte mit Sitz in
Mannheim und Birkenau sowie Lehrbeauftragter der Dualen Hoch-
schule in Mannheim. RA **Philipp H. Günther**, FA für Gewerblichen
Rechtsschutz in der Sozietät Klinkert Zindel Partner. Beide Autoren sind
Verfasser zahlreicher einschlägiger Veröffentlichungen sowie Referenten
in Seminaren rund um das Thema Gewerblicher Rechtsschutz.

ZIELGRUPPEN

Rechtsanwälte, Patentanwälte, Rechtsabteilungen von Unternehmen,
Justiz, Designer, Werbeagenturen, Verbände, Hochschulen

2., überarbeitete Auflage 2011, XVI, 979 Seiten, Geb. € 98,–
ISBN: 978-3-8005-1535-6 BB-Kommentar

Deutscher Fachverlag GmbH
Fachmedien Recht
www.ruw.de
buchverlag@ruw.de